Vade Mecum
PENAL

Ana Cristina Mendonça
Cristiane Dupret

Vade Mecum
PENAL

OAB – XXXIII
Exame de Ordem

- Constituição Federal
- Código Penal
- Código de Processo Penal
- Legislação correlata
- Estatutos
- Regimentos Internos do STF e STJ
- Súmulas

10ª edição | **Revista atualizada ampliada**

2021

EDITORA *Jus*PODIVM
www.editorajuspodivm.com.br

EDITORA JusPODIVM
www.editorajuspodivm.com.br

Rua Canuto Saraiva, 131 – Mooca – CEP: 03113-010 – São Paulo – São Paulo
Tel: (11) 3582.5757
• Contato: https://www.editorajuspodivm.com.br/sac

Capa: Ana Caquetti

Atualizado até 11.08.2021

OAB – XXXIII EXAME DE ORDEM

V123 Vade Mecum Penal / organizadores Ana Cristina Mendonça e Cristiane Dupret. – 10. ed. rev., ampl. e atual.– São Paulo: JusPodivm, 2021.
1424 p.

Inclui índices.
ISBN 978-65-5680-797-3.

1. Ordem dos Advogados do Brasil – Exames. 2. Direito. 3. Serviço Público – Concursos. I. Mendonça, Ana Cristina. II. Dupret, Cristiane. III. Título.

CDD 340

Esta obra destina-se aos estudantes e profissionais que atuam na área do Direito Penal e Processual Penal.

Enquanto organizadores, buscamos compilar todas as leis que, de alguma forma, apresentam dispositivos que tratam ou afetam a matéria, facilitando o acesso a esses conteúdos.

Como uma compilação de leis, é uma obra em constante aprimoramento.

Com o objetivo de torná-la cada vez mais útil, suas críticas e sugestões são bem-vindas por meio do endereço ***https://www.editorajuspodivm.com.br/sac***

Ana Cristina Mendonça e Cristiane Dupret

ABREVIATURAS

ADC(s) – Ação(ões) Declaratória(s) de Constitucionalidade
ADCT – Ato das Disposições Constitucionais Transitórias
ADIN(s) – Ação(ões) Direta(s) de Inconstitucionalidade
ADPF – Ação de Descumprimento de Preceito Fundamental
AGU – Advocacia-Geral da União
BTN – Bônus do Tesouro Nacional
CADE – Conselho Administrativo de Defesa Econômica
CBA – Código Brasileiro de Aeronáutica
CC – Código Civil
c/c – combinado com
CCom – Código Comercial
CDC – Código de Proteção do Consumidor
CE – Código Eleitoral
CETRAN – Conselhos Estaduais de Trânsito
CF – Constituição Federal
CFL – Código Florestal
CGSIM – Comitê para Gestão da Rede Nacional para Simplificação do Registro da legalização de Empresas e Negócios.
CJF – Conselho da Justiça Federal
CLT – Consolidação das leis de trabalho
CNAP – Cadastro Nacional de Aprendizagem Profissional
CNDT – Certidão Negativa de Débitos Trabalhistas
CNDU – Conselho Nacional de Desenvolvimento Urbano
CNJ – Conselho Nacional de Justiça
CNMP – Conselho Nacional do Ministério Público
CNPCP – Conselho Nacional de Política Criminal e Penitenciária
COAF – Conselho de Controle de Atividades Financeiras
CONAMA – Conselho Nacional do Meio Ambiente
CONANDA – Conselho Nacional dos Direitos da Criança e do Adolescente
CONASP – Conselho Nacional de Segurança Pública
CONTRADIFE – Conselho de trânsito do Distrito Federal
CONTRAN – Conselho Nacional de Trânsito
CP – Código Penal
CPP – Código de Processo Penal
CRPS – Conselho de Recursos da Previdência
CTB – Código de Trânsito Brasileiro
CTN – Código de Tributário Nacional
CTPS – Carteira de Trabalho e Previdência Social
CVM – Comissão de Valores Mobiliários
DJE – Diário da Justiça Eletrônico
DJU – Diário da Justiça da União
DNRC – Departamento Nacional de Registro do Comércio
DOU – Diário Oficial da União
DPU – Defensoria Pública da União
EAOAB – Estatuto da Advocacia e da Ordem dos Advogados do Brasil
EC – Emenda Constitucional
ECA – Estatuto da Criança e do Adolescente
EIRELI – Empresa Individual de Responsabilidade Limitada
FCDF – Fundo Constitucional do Distrito Federal
FGTS – Fundo de Garantia do Tempo de Serviço
INSS – Instituto Nacional do Seguro Social
JARI – Juntas Administrativas de Recursos de Infrações
JEFs – Juizado Especiais Federais
LCP – Lei das Contravenções Penais
LDA – Lei de Direitos Autorais
LEF – Lei de Execução Fiscal
LEP – Lei de Execução Penal
LINDB – Lei de Introdução às Normas do Direito Brasileiro
LOM – Lei Orgânica da Magistratura
LPI – Lei de Propriedade Industrial
LRP – Lei de Registros Públicos
LSA – Lei de Sociedades Anônimas
MTE – Ministério do Trabalho e Emprego
MVR – Maior Valor de Referência
CPC/2015 – Código de Processo Civil
OIT – Organização Internacional do Trabalho
OJ(s) – Orientação(ões) Jurisprudencial(ais)
OTN – Obrigações do Tesouro Nacional
PIA – Plano Individual de Atendimento
PNC – Plano Nacional de Cultura
PRONAC – Programa Nacional de Apoio à Cultura
PRONAICA – Programa Nacional de Atenção Integral à Criança e ao Adolescente
PRONASCI – Programa Nacional de Segurança Pública com Cidadania
RENACH – Registro Nacional de Carteiras de Habilitação
RENAVAM – Registro Nacional de Veículos Automotores
s. – Seguinte(s)
SDI-1 – Subseção 1 da Seção Especializada em Dissídios Individuais
SDI-2 – Subseção 2 da Seção Especializada em Dissídios Individuais
SDC – Seção Especializada em Dissídios Coletivos
SENAR – Serviço Nacional de Aprendizes Rural
SINAMOB – Sistema Nacional de Mobilização
SINASE – Sistema Nacional de Atendimento Socioeducativo
SINESP – Sistema Nacional de Informações de Segurança Pública, Prisionais e sobre Drogas
SNDC – Sistema Nacional de Defesa do Consumidor
SNIC – Sistema Nacional de Informações e Indicadores Culturais
STF – Supremo Tribunal Federal
STJ – Superior Tribunal de Justiça
STM – Superior Tribunal Militar
SUDAM – Superintendência de Desenvolvimento da Amazônia
SUDECO – Superintendência de Desenvolvimento do Centro-Oeste
SUDENE – Superintendência de Desenvolvimento do Nordeste
SUFRAMA – Superintendência da Zona Franca de Manaus
TCU – Tribunal de Contas da União
TFR – Tribunal Federal de Recursos
TJLP – Taxa de Juros de Longo Prazo
TR – Taxa Referencial
TRD – Taxa Referencial Diária
TRF – Tribunal Regional Federal
TSE – Tribunal Superior Eleitoral
TST – Tribunal Superior do Trabalho
UFIR – Unidade fiscal de Referência
URV – Unidade Real de Valor

SUMÁRIO

CONSTITUIÇÃO FEDERAL

ÍNDICE SISTEMÁTICO DA CRFB/1988

CONSTITUIÇÃO DA REPÚBLICA FEDERATIVA DO BRASIL DE 1988

PREÂMBULO

NÓS, REPRESENTANTES DO POVO BRASILEIRO, reunidos em Assembleia Nacional Constituinte para instituir um Estado Democrático, destinado a assegurar o exercício dos direitos sociais e individuais, a liberdade, a segurança, o bem-estar, o desenvolvimento, a igualdade e a justiça como valores supremos de uma sociedade fraterna, pluralista e sem preconceitos, fundada na harmonia social e comprometida, na ordem interna e internacional, com a solução pacífica das controvérsias, promulgamos, sob a proteção de Deus, a seguinte CONSTITUIÇÃO DA REPÚBLICA FEDERATIVA DO BRASIL.

TÍTULO I. DOS PRINCÍPIOS FUNDAMENTAIS

ART. 1º. A República Federativa do Brasil, formada pela união indissolúvel dos Estados e Municípios e do Distrito Federal, constitui-se em Estado Democrático de Direito e tem como fundamentos:

- *CF: arts. 18, caput, e 60, § 4º, I e II.*

I – a soberania;

- *CF: arts. 20, VI, 21, I, II e III, 49, II, e 84, VII, VIII, XIX e XX.*
- *CPP: arts. 780 a 790.*
- *RISTF: arts. 215 a 229.*

II – a cidadania;

- *CF: arts. 5º, XXXIV, LIV, LXXI, LXXIII e LXXVII, e 60, § 4º.*

III – a dignidade da pessoa humana;

- *Súmulas Vinculantes nº 6, 11 e 14.*
- *CF: arts. 5º, XXXIV, LIV, LXXI, LXXIII e LXXVII, 34, VII, b, 226, § 7º, 227 e 230.*
- *Lei nº 11.340, de 07-08-2006, cria mecanismos para coibir a violência doméstica e familiar contra a mulher.*

IV – os valores sociais do trabalho e da livre iniciativa;

- *CF: arts. 6º a 11 e 170.*

V – o pluralismo político.

- *CF: art. 17.*

Parágrafo único. Todo o poder emana do povo, que o exerce por meio de representantes eleitos ou diretamente, nos termos desta Constituição.

- *CF: arts. 14, 27, § 4º, 29, § 8º, XIII, 60, § 4º, II e 61, § 2º.*

ART. 2º. São Poderes da União, independentes e harmônicos entre si, o Legislativo, o Executivo e o Judiciário.

- *Súmula nº 649 do STF.*
- *CF: art. 60, § 4º, III.*

ART. 3º. Constituem objetivos fundamentais da República Federativa do Brasil:

I – construir uma sociedade livre, justa e solidária;

II – garantir o desenvolvimento nacional;

- *CF: arts. 23, parágrafo único, e 174, § 1º.*

III – erradicar a pobreza e a marginalização e reduzir as desigualdades sociais e regionais;

- *CF: arts. 23, X e 214.*

IV – promover o bem de todos, sem preconceitos de origem, raça, sexo, cor, idade e quaisquer outras formas de discriminação.

- *Lei nº 7.716, de 05-01-1989, dispõe sobre crimes resultantes de preconceito de raça ou cor.*
- *Lei nº 11.340, de 07-08-2006, cria mecanismos para coibir a violência doméstica e familiar contra a mulher.*

ART. 4º. A República Federativa do Brasil rege-se nas suas relações internacionais pelos seguintes princípios:

- *CF: arts. 21, I e 84, VII e VIII.*

I – independência nacional;

- *CF arts. 78, caput e 91, § 1º, III e IV.*

II – prevalência dos direitos humanos;

- *Dec. nº 678, de 06-11-1992, Promulga a Convenção Americana sobre Direitos Humanos – Pacto de São José da Costa Rica.*

III – autodeterminação dos povos;

IV – não-intervenção;

V – igualdade entre os Estados;

VI – defesa da paz;

VII – solução pacífica dos conflitos;

VIII – repúdio ao terrorismo e ao racismo;

- *CF: art. 5º, XLII e XLIII.*
- *Lei nº 7.716, de 05-01-1989, dispõe sobre crimes resultantes de preconceito de raça ou cor.*
- *Lei nº 8.072, de 25-07-1990, define os crimes hediondos.*

IX – cooperação entre os povos para o progresso da humanidade;

X – concessão de asilo político.

Parágrafo único. A República Federativa do Brasil buscará a integração econômica, política, social e cultural dos povos da América Latina, visando à formação de uma comunidade latino-americana de nações.

TÍTULO II. DOS DIREITOS E GARANTIAS FUNDAMENTAIS

CAPÍTULO I. DOS DIREITOS E DEVERES INDIVIDUAIS E COLETIVOS

ART. 5º. Todos são iguais perante a lei, sem distinção de qualquer natureza, garantindo-se aos brasileiros e aos estrangeiros residentes no País a inviolabilidade do direito à vida, à liberdade, à igualdade, à segurança e à propriedade, nos termos seguintes:

- *Súmulas Vinculantes nº 6 e 11.*
- *CF: arts. 5º, §§ 1º e 2º, 14, caput, e 60, § 4º, IV.*
- *Lei nº 13.445, de 24 de maio de 2017 –Lei de Migração*

▸ *Lei nº 12.288, de 20-07-2010, do Estatuto da Igualdade Racial.*

I – homens e mulheres são iguais em direitos e obrigações, nos termos desta Constituição;

▸ *CF: arts. 143 § 2º, e 226, § 5º.*

II – ninguém será obrigado a fazer ou deixar de fazer alguma coisa senão em virtude de lei;

▸ *CF: arts. 14 § 1º, I, e 143.*

III – ninguém será submetido a tortura nem a tratamento desumano ou degradante;

▸ *Súmula Vinculante nº 11.*

▸ *CF: art. 5º, XLIII, XLVII, e, XLIX, LXII, LXIII, LXV e LXVI.*

▸ *Lei nº 9.455, de 07-04-1997, define os crimes de tortura.*

▸ *Dec. nº 40, de 15-02-1991, promulga a Convenção contra a tortura e outros tratamentos ou penas cruéis, desumanos ou degradante.*

IV – é livre a manifestação do pensamento, sendo vedado o anonimato;

▸ *CF: arts. 220, § 1º.*

▸ *Lei Complementar nº 75, de 20-05-1993, art. 6º, XIV, Institui a Lei Orgânica Nacional do Ministério Público.*

▸ *Lei nº 8.069, de 13-07-1990, art. 16, II, Estatuto da Criança e do Adolescente.*

V – é assegurado o direito de resposta, proporcional ao agravo, além da indenização por dano material, moral ou à imagem;

▸ *Súmulas nº 37, 227, 362, 387, 388 e 403 do STJ.*

▸ *CF: art. 220, § 1º.*

VI – é inviolável a liberdade de consciência e de crença, sendo assegurado o livre exercício dos cultos religiosos e garantida, na forma da lei, a proteção aos locais de culto e a suas liturgias;

▸ *CP: arts. 208 a 212.*

▸ *Lei nº 8.069, de 13-07-1990, art. 16, III, Estatuto da Criança e do Adolescente.*

▸ *Lei nº 4.898 de 9-12-1965, art. 3º, d e e, Lei de Abuso de Autoridade (Revogada pela Lei nº 13.869, de 5.9.2019)*

VII – é assegurada, nos termos da lei, a prestação de assistência religiosa nas entidades civis e militares de internação coletiva;

▸ *Lei nº 7.210, de 11-07-1984, art. 24, Lei de Execução Penal.*

▸ *Lei nº 8.069, de 13-07-1990, art. 124, XIV, Estatuto da Criança e do Adolescente.*

VIII – ninguém será privado de direitos por motivo de crença religiosa ou de convicção filosófica ou política, salvo se as invocar para eximir-se de obrigação legal a todos imposta e recusar-se a cumprir prestação alternativa, fixada em lei;

▸ *CF: art. 15, IV, 143, §§ 1º e 2º.*

▸ *Lei nº 4.898 de 9-12-1965, art. 3º, d e e, Lei de Abuso de Autoridade (Revogada pela Lei nº 13.869, de 5.9.2019)*

IX – é livre a expressão da atividade intelectual, artística, científica e de comunicação, independentemente de censura ou licença;

▸ *CF: art. 220, § 2º.*

▸ *Lei nº 9.609, de 19-02-1998, dispõe sobre a proteção da propriedade intelectual de programa de computador, sua comercialização no País.*

▸ *Lei nº 9.610, de 19-02-1998, altera, atualiza e consolida a legislação sobre direitos autorais.*

X – são invioláveis a intimidade, a vida privada, a honra e a imagem das pessoas, assegurado o direito a indenização pelo dano material ou moral decorrente de sua violação;

▸ *Súmula Vinculante nº 11.*

▸ *Súmula nº 714 do STF.*

▸ *Súmulas nº 227, 370 e 403 do STJ.*

▸ *CF: art. 114, VI.*

XI – a casa é asilo inviolável do indivíduo, ninguém nela podendo penetrar sem consentimento do morador, salvo em caso de flagrante delito ou desastre, ou para prestar socorro, ou, durante o dia, por determinação judicial;

▸ *CPC: art. 212.*

▸ *CP: art. 150, §§ 1º a 5º.*

▸ *CPP: art. 283.*

▸ *Dec. nº 678, de 06-11-1992,art. 11, Promulga a Convenção Americana sobre Direitos Humanos – Pacto de São José da Costa Rica.*

XII – é inviolável o sigilo da correspondência e das comunicações telegráficas, de dados e das comunicações telefônicas, salvo, no último caso, por ordem judicial, nas hipóteses e na forma que a lei estabelecer para fins de investigação criminal ou instrução processual penal;

▸ *CF: arts. 136, § 1º, I, b e c, e 139, III.*

▸ *CP: arts. 151 e 152.*

▸ *CPP: art. 233.*

▸ *Lei Complementar nº 75, de 20-05-1993, art. 6º, XVIII, a, Institui a Lei Orgânica Nacional do Ministério Público.*

▸ *Lei nº 6.538, de 22-06-1978, dispõe sobre serviços postais.*

▸ *Lei nº 8.906, 04-07-1994, Dispõe sobre o Estatuto da Advocacia e a Ordem dos Advogados do Brasil (OAB).*

▸ *Lei nº 9.296, de 24-07-1996, Lei de Interceptação Telefônica.*

XIII – é livre o exercício de qualquer trabalho, ofício ou profissão, atendidas as qualificações profissionais que a lei estabelecer;

▸ *CF: art. 170, 220, § 1º.*

XIV – é assegurado a todos o acesso à informação e resguardado o sigilo da fonte, quando necessário ao exercício profissional;

▸ *CF: art. 220, § 1º.*

▸ *CP: art. 154.*

XV – é livre a locomoção no território nacional em tempo de paz, podendo qualquer pessoa, nos termos da lei, nele entrar, permanecer ou dele sair com seus bens;

▸ *CF: arts. 109, X e 139.*

XVI – todos podem reunir-se pacificamente, sem armas, em locais abertos ao público, independentemente de autorização, desde que não frustrem outra reunião anteriormente convocada para o mesmo local, sendo apenas exigido prévio aviso à autoridade competente;

▸ *CF: arts. 109, X e 139, IV.*

XVII – é plena a liberdade de associação para fins lícitos, vedada a de caráter paramilitar;

▸ *CF: arts. 8º, 17 e 37, VI.*

▸ *CP: art. 199.*

XVIII – a criação de associações e, na forma da lei, a de cooperativas independem de autorização, sendo vedada a interferência estatal em seu funcionamento;

▸ *CF: art. 8º, 37, VI.*

XIX – as associações só poderão ser compulsoriamente dissolvidas ou ter suas atividades suspensas por decisão judicial, exigindo-se, no primeiro caso, o trânsito em julgado;

XX – ninguém poderá ser compelido a associar-se ou a permanecer associado;

XXI – as entidades associativas, quando expressamente autorizadas, têm legitimidade para representar seus filiados judicial ou extrajudicialmente;

- *Súmula nº 629 do STF.*
- *CDC: art. 82, III.*
- *Lei nº 7.853, de 24-10-1989: art. 3º, dispõe sobre o apoio às pessoas portadoras de deficiência.*
- *Lei nº 8.069, de 13-07-1990, art. 210, III, Estatuto da Criança e do Adolescente.*

XXII – é garantido o direito de propriedade;

- *CF: art. 243.*
- *Lei nº 8.257, de 26-10-1991, dispõe sobre a expropriação das glebas nas quais se localizem culturas ilegais de plantas psicotrópicas.*

XXIII – a propriedade atenderá a sua função social;

- *CF: arts. 156, § 1º, 170, III, 182, § 2º e 186 da CF.*
- *Dec.-lei nº 4.657, de 04-09-1942, art. 5º, Lei de Introdução às Normas do Direito Brasileiro.*

XXIV – a lei estabelecerá o procedimento para desapropriação por necessidade ou utilidade pública, ou por interesse social, mediante justa e prévia indenização em dinheiro, ressalvados os casos previstos nesta Constituição;

- *Súmulas nº 23, 111, 157, 164, 218, 345, 378, 416, 475, 561, 617, 618 e 652 do STF.*
- *Súmulas nº 12, 56, 67, 69, 70, 102, 113, 114, 119, 131, 141, 354 e 408 do STJ.*
- *CF: arts. 22, II, 182, § 3º, 184 e 185.*

XXV – no caso de iminente perigo público, a autoridade competente poderá usar de propriedade particular, assegurada ao proprietário indenização ulterior, se houver dano;

XXVI – a pequena propriedade rural, assim definida em lei, desde que trabalhada pela família, não será objeto de penhora para pagamento de débitos decorrentes de sua atividade produtiva, dispondo a lei sobre os meios de financiar o seu desenvolvimento;

- *CF: art. 185.*
- *Lei nº 8.069, de 13-07-1990, art. 4º,§ 2º, Estatuto da Criança e do Adolescente.*

XXVII – aos autores pertence o direito exclusivo de utilização, publicação ou reprodução de suas obras, transmissível aos herdeiros pelo tempo que a lei fixar;

- *Súmulas nº 386 do STF.*
- *Súmulas nº 63, 228 e 261 do STJ.*
- *CP: art. 184.*
- *Lei nº 9.609, de 19-02-1998, dispõe sobre a proteção intelectual de programa de computador, sua comercialização no País.*
- *Lei nº 9.610, de 19-02-1998, dispõe sobre direitos autorais.*

XXVIII – são assegurados, nos termos da lei:

a) a proteção às participações individuais em obras coletivas e à reprodução da imagem e voz humanas, inclusive nas atividades desportivas;

- *Lei nº 9.610, de 19-02-1998, dispõe sobre direitos autorais.*

b) o direito de fiscalização do aproveitamento econômico das obras que criarem ou de que participarem aos criadores, aos intérpretes e às respectivas representações sindicais e associativas;

XXIX – a lei assegurará aos autores de inventos industriais privilégio temporário para sua utilização, bem como proteção às criações industriais, à propriedade das marcas, aos nomes de empresas e a outros signos distintivos, tendo em vista o interesse social e o desenvolvimento tecnológico e econômico do País;

- *CDC: art. 4º, VI.*
- *Lei nº 9.279, de 14-05-1996, Propriedade Industrial.*

XXX – é garantido o direito de herança;

XXXI – a sucessão de bens de estrangeiros situados no País será regulada pela lei brasileira em benefício do cônjuge ou dos filhos brasileiros, sempre que não lhes seja mais favorável a lei pessoal do *de cujus*;

- *Dec.-lei nº 4.657, de 04-09-1942, art. 10, §§ 1º e 2º, Lei de Introdução às Normas do Direito Brasileiro.*

XXXII – o Estado promoverá, na forma da lei, a defesa do consumidor;

- *Lei nº 8.137, de 27-12-1990, define crimes contra a ordem tributária, econômica e contra as relações de consumo.*
- *Lei nº 12.529, de 30-11-2011, Estrutura o Sistema Brasileiro de Defesa da Concorrência.*

XXXIII – todos têm direito a receber dos órgãos públicos informações de seu interesse particular, ou de interesse coletivo ou geral, que serão prestadas no prazo da lei, sob pena de responsabilidade, ressalvadas aquelas cujo sigilo seja imprescindível à segurança da sociedade e do Estado;

- *Súmula Vinculante nº 14.*
- *Súmula nº 202 do STJ.*
- *CF: art. 5º LXXII e LXXVII, 37, § 3º, II.*

XXXIV – são a todos assegurados, independentemente do pagamento de taxas:

a) o direito de petição aos Poderes Públicos em defesa de direitos ou contra ilegalidade ou abuso de poder;

- *Súmula Vinculante nº 21.*
- *Súmula nº 373 do STJ.*

b) a obtenção de certidões em repartições públicas, para defesa de direitos e esclarecimento de situações de interesse pessoal;

- *Súmula nº 667 do STF.*

XXXV – a lei não excluirá da apreciação do Poder Judiciário lesão ou ameaça a direito;

- *Súmula Vinculante nº 28.*
- *Súmula nº 667 do STF.*

XXXVI – a lei não prejudicará o direito adquirido, o ato jurídico perfeito e a coisa julgada;

- *Súmulas nº 654, 678 e 684 do STF.*
- *Súmula nº 487 do STJ.*
- *Dec.-lei nº 4.657, de 04-09-1942, art. 6º, Lei de Introdução às Normas do Direito Brasileiro.*

XXXVII – não haverá juízo ou tribunal de exceção;

- *Dec. nº 678, de 06-11-1992, art. 8º, 1, Promulga a Convenção Americana sobre Direitos Humanos – Pacto de São José da Costa Rica.*

XXXVIII – é reconhecida a instituição do júri, com a organização que lhe der a lei, assegurados:

▸ *CPP: arts. 406 e ss.*

a) a plenitude de defesa;

b) o sigilo das votações;

▸ *CPP: arts. 485, 486 a 491.*

c) a soberania dos veredictos;

▸ *CPP: art. 593, III, d e § 3º.*

d) a competência para o julgamento dos crimes dolosos contra a vida;

▸ *Súmula Vinculante nº 45.*

▸ *Súmula nº 721 do STF.*

▸ *CPP: arts. 406 a 502.*

XXXIX – não há crime sem lei anterior que o defina, nem pena sem prévia cominação legal;

▸ *CP: art. 1º.*

XL – a lei penal não retroagirá, salvo para beneficiar o réu;

▸ *Súmula Vinculante nº 26.*

▸ *Súmulas nº 611 e 711 do STF.*

▸ *CP: art. 2º, parágrafo único.*

▸ *Lei nº 7.210, de 11-07-1984, art. 66, I, Lei de Execução Penal.*

XLI – a lei punirá qualquer discriminação atentatória dos direitos e liberdades fundamentais;

▸ *Lei nº 7.716, de 05-01-1989, dispõe sobre crimes resultantes de preconceito de raça ou cor.*

XLII – a prática do racismo constitui crime inafiançável e imprescritível, sujeito à pena de reclusão, nos termos da lei;

▸ *CF: arts. 5º, LXIII, LXIV e 53, § 2º.*

▸ *CPP: art. 323.*

▸ *Lei nº 7.716, de 05-01-1989, dispõe sobre crimes resultantes de preconceito de raça ou cor.*

XLIII – a lei considerará crimes inafiançáveis e insuscetíveis de graça ou anistia a prática da tortura, o tráfico ilícito de entorpecentes e drogas afins, o terrorismo e os definidos como crimes hediondos, por eles respondendo os mandantes, os executores e os que, podendo evitá-los, se omitirem;

▸ *Súmula Vinculante nº 26.*

▸ *CF: arts. 5º, XLII, XLIV e 53, § 2º.*

▸ *CPP: art. 323.*

▸ *Lei nº 8.072, de 25-07-1990, dispõe sobre os crimes hediondos.*

▸ *Lei nº 9.455, de 07-04-1997, Define os crimes de tortura.*

▸ *Lei nº 11.343, de 23-08-2006, Lei Antidrogas.*

▸ *Lei nº 12. 847, de 02-08-2013, Institui o Sistema Nacional de Combate a Tortura.*

XLIV – constitui crime inafiançável e imprescritível a ação de grupos armados, civis ou militares, contra a ordem constitucional e o Estado Democrático;

▸ *CF: arts. 5º, XLII, XLIII e 53, § 2º.*

▸ *CPP: art. 323.*

▸ *Lei nº 12.850, de 02-08-2013, define organização criminosa.*

XLV – nenhuma pena passará da pessoa do condenado, podendo a obrigação de reparar o dano e a decretação do perdimento de bens ser, nos termos da lei, estendidas aos sucessores e contra eles executadas, até o limite do valor do patrimônio transferido;

▸ *CP: art. 107, I.*

▸ *CPP: arts. 62, 63 a 68, 155, par. ún., 397, IV, 581, VIII, e IX, 593, § 4º., e 683.*

▸ *CC: art. 6º*

XLVI – a lei regulará a individualização da pena e adotará, entre outras, as seguintes:

▸ *Súmula Vinculante nº 26.*

▸ *CP: arts. 32 a 52.*

a) privação ou restrição da liberdade;

▸ *CP: arts. 33 a 42.*

b) perda de bens;

▸ *CP: art. 43, II.*

c) multa;

▸ *CP: art. 49.*

d) prestação social alternativa;

▸ *CP: arts. 44 a 46.*

e) suspensão ou interdição de direitos;

▸ *CP: art. 47.*

XLVII – não haverá penas:

▸ *CF: art. 60, § 4º, IV.*

▸ *CP: arts. 32 e ss.*

a) de morte, salvo em caso de guerra declarada, nos termos do art. 84, XIX.

b) de caráter perpétuo;

c) de trabalhos forçados;

d) de banimento;

e) cruéis;

▸ *Súmulas nº 280, 309 e 419 do STJ.*

XLVIII – a pena será cumprida em estabelecimentos distintos, de acordo com a natureza do delito, a idade e o sexo do apenado;

▸ *CP: arts. 32 a 52.*

▸ *Lei nº 7.210, de 11-07-1984, arts. 82 a 104, Lei de Execução Penal.*

XLIX – é assegurado aos presos o respeito à integridade física e moral;

▸ *Súmula Vinculante nº 11.*

▸ *CF: art. 5º, III.*

▸ *CP: art. 38.*

▸ *Lei nº 7.210, de 11-07-1984, art. 40 Lei de Execução Penal.*

L – às presidiárias serão asseguradas condições para que possam permanecer com seus filhos durante o período de amamentação;

▸ *Lei nº 7.210, de 11-07-1984, arts. 83 a 89 Lei de Execução Penal.*

LI – nenhum brasileiro será extraditado, salvo o naturalizado, em caso de crime comum, praticado antes da naturalização, ou de comprovado envolvimento em tráfico ilícito de entorpecentes e drogas afins, na forma da lei;

▸ *Súmula nº 421 do STF.*

▸ *CF: art. 12, II.*

▸ *Lei nº 13.445, de 24 de maio de 2017, arts. 81 a 99, Lei de Migração.*

▸ *Lei nº 11.343, de 23-08-2006: art. 48, § 1º, Lei Antidrogas.*

LII – não será concedida extradição de estrangeiro por crime político ou de opinião;

- *Lei nº 13.445, de 24 de maio de 2017, arts. 81 a 99, Lei de Migração.*
- *Dec. nº 86.715, de 10-12-1981, Regulamenta a Lei nº 6.815/1980, que define a situação jurídica do estrangeiro no Brasil, cria o Conselho Nacional de Imigração.*

LIII – ninguém será processado nem sentenciado senão pela autoridade competente;

- *Súmula nº 704 do STF.*
- *Dec. nº 678, de 06-11-1992, art. 8º, 1, Promulga a Convenção Americana sobre Direitos Humanos – Pacto de São José da Costa Rica.*

LIV – ninguém será privado da liberdade ou de seus bens sem o devido processo legal;

- *Súmulas Vinculantes nº 13 e 14.*
- *Súmula nº 704 do STF.*
- *Súmulas nº 255 e 347 do STJ.*
- *Lei n. 12.850, de 02-8-2013, art. 4º., § 10-A; Organização criminosa.*

LV – aos litigantes, em processo judicial ou administrativo, e aos acusados em geral são assegurados o contraditório e ampla defesa, com os meios e recursos a ela inerentes;

- *Súmulas Vinculantes nº 3, 5, 14, 21 e 28.*
- *Súmulas 523, 701, 704, 705, 707, 708, 710 e 712 do STF.*
- *Súmulas 273, 347, 522, 533, 545, 591 e 592 do STJ.*
- *CPP: arts. 514, parágrafo único, e 564, III, "c", "e", e IV.*
- *Lei n. 12.850, de 02-8-2013, art. 4º., § 10-A; Organização criminosa.*

LVI – são inadmissíveis, no processo, as provas obtidas por meios ilícitos;

- *CPC: arts. 189 e 369 e ss.*
- *CPP: arts. 157, 395, III, e 564, IV.*
- *Lei nº 9.296, de 24-07-1996, Lei de Interceptação Telefônica.*

LVII – ninguém será considerado culpado até o trânsito em julgado de sentença penal condenatória;

- *Súmula 444 do STJ.*
- *Dec. nº 592, de 6-7-1992, Promulga o Pacto Internacional sobre Direitos Civis e Políticos, art. 8, 2.*
- *Dec. nº 678, de 06-11-1992, Promulga a Convenção Americana sobre Direitos Humanos – Pacto de São José da Costa Rica, art. 14, 2.*
- *CPP: arts. 156 e 283.*

LVIII – o civilmente identificado não será submetido a identificação criminal, salvo nas hipóteses previstas em lei;

- *Súmula nº 568 do STF.*
- *Súmula nº 09 do STJ.*
- *CF: art. 5º, LXVIII e LXIX.*
- *CPP: arts. 6º, III, 647 e 648.*
- *Lei nº 7.210, de 11-07-1984, art. 9-A, Lei de Execução Penal.*
- *Lei nº 12.037, de 01-10-2009, identificação criminal.*
- *Lei n. 14.069, de 1-10-2020, Cadastro Nacional de Pessoas Condenadas por Crime de Estupro.*

LIX – será admitida ação privada nos crimes de ação pública, se esta não for intentada no prazo legal;

- *CF: art. 129, I.*
- *CP: art. 100, § 3º.*
- *CPP: arts. 24, 29 e 46.*

LX – a lei só poderá restringir a publicidade dos atos processuais quando a defesa da intimidade ou o interesse social o exigirem;

- *Súmula nº 708 do STF.*
- *CF: art. 93, IX.*
- *CPP: art. 20.*

LXI – ninguém será preso senão em flagrante delito ou por ordem escrita e fundamentada de autoridade judiciária competente, salvo nos casos de transgressão militar ou crime propriamente militar, definidos em lei;

- *Súmulas nº 09 e 280 do STJ.*
- *CF: art. 5º, LVII e LVIII, e 93, IX.*
- *CPP: art. 302.*

LXII – a prisão de qualquer pessoa e o local onde se encontre serão comunicados imediatamente ao juiz competente e à família do preso ou à pessoa por ele indicada;

- *CF: arts. 5º, LXV, e 136, § 3º, IV.*
- *CPP: arts. 186, 306 e 310, I.*
- *Dec. nº 678, de 06-11-1992, art. 7º, 3 a 6, Promulga a Convenção Americana sobre Direitos Humanos – Pacto de São José da Costa Rica.*

LXIII – o preso será informado de seus direitos, entre os quais o de permanecer calado, sendo-lhe assegurada a assistência da família e de advogado;

- *CF: arts. 5º, LXV, e 136, § 3º, IV.*
- *CPP: art. 6, V, 186, 289-A, § 4º, 304, 306 e 310, I.*
- *Lei nº 8.906, de 04-07-1994, art. 7º, XXI, dispõe sobre o Estatuto da Advocacia e a Ordem dos Advogados do Brasil (OAB).*
- *Dec. nº 678, de 06-11-1992, art. 8º, nº 2, g, Pacto de São José da Costa Rica.*

LXIV – o preso tem direito à identificação dos responsáveis por sua prisão ou por seu interrogatório policial;

- *CPP: art. 186 e 306, § 2º.*

LXV – a prisão ilegal será imediatamente relaxada pela autoridade judiciária;

- *Súmula Vinculante nº 11.*
- *Súmula nº 697 do STF.*
- *Súmula nº 64 do STJ.*
- *CF: art. 5º, LVI, LXI, LXII, LXIII, LXIV, LXVI, LXVIII.*
- *CPP: arts. 304, 306 e 310, I.*
- *CTB: art. 301.*
- *Lei nº 9.099, de 26-09-1995, art. 69, que dispõe sobre os Juizados Especiais Cíveis e Criminais.*
- *Lei 11.343, de 23 de agosto de 2006, arts. 28 e 48, § 2º, Lei de Entorpecentes.*
- *Dec. nº 61.078, de 26-07-1697, art. 36, Promulga a Convenção de Viena sobre Relações Consulares.*
- *Dec. nº 678, de 06-11-1992, art. 7º, 3 a 6, Promulga a Convenção Americana sobre Direitos Humanos – Pacto de São José da Costa Rica.*

LXVI – ninguém será levado à prisão ou nela mantido, quando a lei admitir a liberdade provisória, com ou sem fiança;

- *CPP: arts. 310, III e 321, 323, 324 e 648, V.*

LXVII – não haverá prisão civil por dívida, salvo a do responsável pelo inadimplemento voluntário e inescusável de obrigação alimentícia e a do depositário infiel;

- *Súmula Vinculante nº 25.*
- *Súmula nº 280, 309 e 419 do STJ.*

LXVIII – conceder-se-á "habeas-corpus" sempre que alguém sofrer ou se achar ameaçado de sofrer violência ou coação em sua liberdade de locomoção, por ilegalidade ou abuso de poder;

- *Súmulas nº 208, 299, 319, 344, 395, 431, 606, 691, 692, 693, 694 e 695 do STF.*
- *Súmula nº 64 do STJ.*
- *CF: arts. 102, II, a, 105, II, a, 121, § 4º, V e 142, § 2º.*
- *CP: art. 51.*
- *CPP: arts. 310, I, 311, 581, X e XXIV, 647 a 667 e 689.*
- *CE: arts. 236 e 276, II, b.*
- *Lei nº 4.898 de 9-12-1965, arts. 3º., c, Lei de Abuso de Autoridade (Revogada pela Lei nº 13.869, de 5.9.2019)*
- *Lei nº 13.869, de 5-9-2019, art. 22, Lei de Abuso de Autoridade.*

LXIX – conceder-se-á mandado de segurança para proteger direito líquido e certo, não amparado por "habeas-corpus" ou "habeas-data", quando o responsável pela ilegalidade ou abuso de poder for autoridade pública ou agente de pessoa jurídica no exercício de atribuições do Poder Público;

- *Súmulas nº 266, 267, 268, 271, 272, 294, 299, 304, 319, 330, 405, 429, 430, 597, 622, 623, 624, 625, 626, 627, 629, 630, 631, 632 e 701 do STF.*
- *Súmulas nº 41, 105, 169, 177, 202, 376, 460 e 604 do STJ.*
- *CF: art. 5º LXIII.*
- *CPP: arts. 118 a 124, 131, I, 185, § 5º e 273.*
- *Lei nº 7.210, de 11-07-1984, 41, IX, e 83, § 2º, Lei de Execução Penal.*
- *Lei nº 9.099, de 26-09-1995, art. 76, Lei dos Juizados Especiais Cíveis e Criminais.*
- *Lei nº 11.340, de 07-08-2006, art. 41, IX, cria mecanismos para coibir a violência doméstica e familiar contra a mulher.*
- *Lei nº 12.016, de 07-08-2009, mandado de segurança.*
- *Lei nº 4.898 de 9-12-1965, arts. 3º., c, Lei de Abuso de Autoridade (Revogada pela Lei nº 13.869, de 5.9.2019)*
- *Lei nº 13.869, de 5-9-2019, art. 22, Lei de Abuso de Autoridade.*

LXX – o mandado de segurança coletivo pode ser impetrado por:

- *Súmulas nº 629 e 630 do STF.*
- *Lei nº 12.016, de 07-08-2009: arts. 21 e 22, mandado de segurança.*

a) partido político com representação no Congresso Nacional;

b) organização sindical, entidade de classe ou associação legalmente constituída e em funcionamento há pelo menos um ano, em defesa dos interesses de seus membros ou associados;

- *Súmula nº 629 e 630 do STF.*

LXXI – conceder-se-á mandado de injunção sempre que a falta de norma regulamentadora torne inviável o exercício dos direitos e liberdades constitucionais e das prerrogativas inerentes à nacionalidade, à soberania e à cidadania;

- *Lei nº 8.038, de 28-05-1990, art. 24, par. ún., Institui normas procedimentais para os processos que especifica, perante o Superior Tribunal de Justiça e o Supremo Tribunal Federal.*
- *Lei nº 12.016, de 07-08-2009, mandado de segurança.*

LXXII – conceder-se-á "habeas-data":

- *Súmula nº 368 do STJ.*

a) para assegurar o conhecimento de informações relativas à pessoa do impetrante, constantes de registros ou bancos de dados de entidades governamentais ou de caráter público;

b) para a retificação de dados, quando não se prefira fazê-lo por processo sigiloso, judicial ou administrativo;

LXXIII – qualquer cidadão é parte legítima para propor ação popular que vise a anular ato lesivo ao patrimônio público ou de entidade de que o Estado participe, à moralidade administrativa, ao meio ambiente e ao patrimônio histórico e cultural, ficando o autor, salvo comprovada má-fé, isento de custas judiciais e do ônus da sucumbência;

LXXIV – o Estado prestará assistência jurídica integral e gratuita aos que comprovarem insuficiência de recursos;

- *CF: art. 134.*
- *Lei Complementar nº 80, de 12-11-1994, organiza a Defensoria Pública.*
- *Lei nº 1.060, de 05-02-1950, assistência judiciária.*

LXXV – o Estado indenizará o condenado por erro judiciário, assim como o que ficar preso além do tempo fixado na sentença;

- *CPP: art. 630.*

LXXVI – são gratuitos para os reconhecidamente pobres, na forma da lei:

a) o registro civil de nascimento;

b) a certidão de óbito;

LXXVII – são gratuitas as ações de "habeas-corpus" e "habeas-data", e, na forma da lei, os atos necessários ao exercício da cidadania.

LXXVIII – a todos, no âmbito judicial e administrativo, são assegurados a razoável duração do processo e os meios que garantam a celeridade de sua tramitação. (Incluído pela Emenda Constitucional nº 45, 2004)

§ 1º. As normas definidoras dos direitos e garantias fundamentais têm aplicação imediata.

§ 2º. Os direitos e garantias expressos nesta Constituição não excluem outros decorrentes do regime e dos princípios por ela adotados, ou dos tratados internacionais em que a República Federativa do Brasil seja parte.

- *Súmula Vinculante nº 25.*

§ 3º. Os tratados e convenções internacionais sobre direitos humanos que forem aprovados, em cada Casa do Congresso Nacional, em dois turnos, por três quintos dos votos dos respectivos membros, serão equivalentes às emendas constitucionais. (Incluído pela Emenda Constitucional nº 45, de 2004)

§ 4º. O Brasil se submete à jurisdição de Tribunal Penal Internacional a cuja criação tenha manifestado adesão. (Incluído pela Emenda Constitucional nº 45, de 2004)

CAPÍTULO II.
DOS DIREITOS SOCIAIS

ART. 6º. São direitos sociais a educação, a saúde, a alimentação, o trabalho, a moradia, o transporte, o lazer, a segurança, a previdência social, a proteção à maternidade e à infância, a assistência aos desamparados, na forma desta

Constituição. (Redação dada pela Emenda Constitucional nº 90, de 2015)

▸ CF: arts. 208, 212, § 4º e 227.

ART. 7º. São direitos dos trabalhadores urbanos e rurais, além de outros que visem à melhoria de sua condição social:

I – relação de emprego protegida contra despedida arbitrária ou sem justa causa, nos termos de lei complementar, que preverá indenização compensatória, dentre outros direitos;

II – seguro-desemprego, em caso de desemprego involuntário;

▸ CF: art. 201, IV.

III – fundo de garantia do tempo de serviço;

IV – salário mínimo, fixado em lei, nacionalmente unificado, capaz de atender a suas necessidades vitais básicas e às de sua família com moradia, alimentação, educação, saúde, lazer, vestuário, higiene, transporte e previdência social, com reajustes periódicos que lhe preservem o poder aquisitivo, sendo vedada sua vinculação para qualquer fim;

▸ CF: 39, § 3º.

V – piso salarial proporcional à extensão e à complexidade do trabalho;

VI – irredutibilidade do salário, salvo o disposto em convenção ou acordo coletivo;

VII – garantia de salário, nunca inferior ao mínimo, para os que percebem remuneração variável;

▸ CF: art. 39, § 3º.

VIII – décimo terceiro salário com base na remuneração integral ou no valor da aposentadoria;

IX – remuneração do trabalho noturno superior à do diurno;

X – proteção do salário na forma da lei, constituindo crime sua retenção dolosa;

XI – participação nos lucros, ou resultados, desvinculada da remuneração, e, excepcionalmente, participação na gestão da empresa, conforme definido em lei;

XII – salário-família pago em razão do dependente do trabalhador de baixa renda nos termos da lei; (Redação dada pela Emenda Constitucional nº 20, de 1998)

▸ CF: arts. 39, § 3º e 142, § 3º.

XIII – duração do trabalho normal não superior a oito horas diárias e quarenta e quatro semanais, facultada a compensação de horários e a redução da jornada, mediante acordo ou convenção coletiva de trabalho;

XIV – jornada de seis horas para o trabalho realizado em turnos ininterruptos de revezamento, salvo negociação coletiva;

XV – repouso semanal remunerado, preferencialmente aos domingos;

XVI – remuneração do serviço extraordinário superior, no mínimo, em cinquenta por cento à do normal;

XVII – gozo de férias anuais remuneradas com, pelo menos, um terço a mais do que o salário normal;

XVIII – licença à gestante, sem prejuízo do emprego e do salário, com a duração de cento e vinte dias;

XIX – licença-paternidade, nos termos fixados em lei;

XX – proteção do mercado de trabalho da mulher, mediante incentivos específicos, nos termos da lei;

XXI – aviso prévio proporcional ao tempo de serviço, sendo no mínimo de trinta dias, nos termos da lei;

XXII – redução dos riscos inerentes ao trabalho, por meio de normas de saúde, higiene e segurança;

XXIII – adicional de remuneração para as atividades penosas, insalubres ou perigosas, na forma da lei;

XXIV – aposentadoria;

XXV – assistência gratuita aos filhos e dependentes desde o nascimento até 5 (cinco) anos de idade em creches e pré-escolas; (Redação dada pela Emenda Constitucional nº 53, 2006)

▸ CF: art. 208, IV.

XXVI – reconhecimento das convenções e acordos coletivos de trabalho;

XXVII – proteção em face da automação, na forma da lei;

XXVIII – seguro contra acidentes de trabalho, a cargo do empregador, sem excluir a indenização a que este está obrigado, quando incorrer em dolo ou culpa;

▸ CF: art. 114, VI.

XXIX – ação, quanto aos créditos resultantes das relações de trabalho, com prazo prescricional de cinco anos para os trabalhadores urbanos e rurais, até o limite de dois anos após a extinção do contrato de trabalho; (Redação dada pela Emenda Constitucional nº 28, de 2000)

a) e b) (Revogados pela Emenda Constitucional nº 28 de 25-05-2000)

XXX – proibição de diferença de salários, de exercício de funções e de critério de admissão por motivo de sexo, idade, cor ou estado civil;

XXXI – proibição de qualquer discriminação no tocante a salário e critérios de admissão do trabalhador portador de deficiência;

XXXII – proibição de distinção entre trabalho manual, técnico e intelectual ou entre os profissionais respectivos;

XXXIII – proibição de trabalho noturno, perigoso ou insalubre a menores de 18 anos e de qualquer trabalho a menores de 16 anos, salvo na condição de aprendiz, a partir de 14 anos; (Redação dada pela Emenda Constitucional nº 20, 1998)

▸ Lei nº 8.069, de 13-07-1990, arts. 60 a 69, Estatuto da Criança e do Adolescente.

XXXIV – igualdade de direitos entre o trabalhador com vínculo empregatício permanente e o trabalhador avulso.

Parágrafo único. São assegurados à categoria dos trabalhadores domésticos os direitos previstos nos incisos IV, VI, VII, VIII, X, XIII, XV, XVI, XVII, XVIII, XIX, XXI, XXII, XXIV, XXVI, XXX, XXXI e XXXIII e, atendidas as condições estabelecidas em lei e observada a simplificação do cumprimento das obrigações tributárias, principais e acessórias, decorrentes da relação de trabalho e suas peculiaridades, os previstos nos incisos I, II, III, IX, XII, XXV e XXVIII, bem como a sua integração à previdência social. (Redação dada pela Emenda Constitucional nº 72, de 2013)

ART. 8º. É livre a associação profissional ou sindical, observado o seguinte:

I – a lei não poderá exigir autorização do Estado para a fundação de sindicato, ressalvado o registro no órgão competente, vedadas ao Poder Público a interferência e a intervenção na organização sindical;

II – é vedada a criação de mais de uma organização sindical, em qualquer grau, representativa de categoria profissional ou econômica, na mesma base territorial, que será definida pelos trabalhadores ou empregadores interessados, não podendo ser inferior à área de um Município;

III – ao sindicato cabe a defesa dos direitos e interesses coletivos ou individuais da categoria, inclusive em questões judiciais ou administrativas;

IV – a assembleia geral fixará a contribuição que, em se tratando de categoria profissional, será descontada em folha, para custeio do sistema confederativo da representação sindical respectiva, independentemente da contribuição prevista em lei;

V – ninguém será obrigado a filiar-se ou a manter-se filiado a sindicato;

▸ *CP: art. 199.*

VI – é obrigatória a participação dos sindicatos nas negociações coletivas de trabalho;

VII – o aposentado filiado tem direito a votar e ser votado nas organizações sindicais;

VIII – é vedada a dispensa do empregado sindicalizado a partir do registro da candidatura a cargo de direção ou representação sindical e, se eleito, ainda que suplente, até um ano após o final do mandato, salvo se cometer falta grave nos termos da lei.

Parágrafo único. As disposições deste artigo aplicam-se à organização de sindicatos rurais e de colônias de pescadores, atendidas as condições que a lei estabelecer.

ART. 9º. É assegurado o direito de greve, competindo aos trabalhadores decidir sobre a oportunidade de exercê-lo e sobre os interesses que devam por meio dele defender.

▸ *CF: arts. 37, VII, 114, II, e 142, § 3º, IV.*

§ 1º. A lei definirá os serviços ou atividades essenciais e disporá sobre o atendimento das necessidades inadiáveis da comunidade.

§ 2º. Os abusos cometidos sujeitam os responsáveis às penas da lei.

ART. 10. É assegurada a participação dos trabalhadores e empregadores nos colegiados dos órgãos públicos em que seus interesses profissionais ou previdenciários sejam objeto de discussão e deliberação.

ART. 11. Nas empresas de mais de duzentos empregados, é assegurada a eleição de um representante destes com a finalidade exclusiva de promover-lhes o entendimento direto com os empregadores.

CAPÍTULO III.
DA NACIONALIDADE

ART. 12. São brasileiros:

▸ *CF: art. 5º, LXXI.*

I – natos:

a) os nascidos na República Federativa do Brasil, ainda que de pais estrangeiros, desde que estes não estejam a serviço de seu país;

b) os nascidos no estrangeiro, de pai brasileiro ou mãe brasileira, desde que qualquer deles esteja a serviço da República Federativa do Brasil;

c) os nascidos no estrangeiro de pai brasileiro ou de mãe brasileira, desde que sejam registrados em repartição brasileira competente ou venham a residir na República Federativa do Brasil e optem, em qualquer tempo, depois de atingida a maioridade, pela nacionalidade brasileira; (Redação dada pela Emenda Constitucional nº 54, 2007)

II – naturalizados:

▸ *Lei nº 6.815, de 19-08-1980: arts. 111 e ss, Estatuto do Estrangeiro.*

▸ *Dec. nº 86.715, de 10-12-1981: arts. 119 e ss, Regulamenta a Lei nº 6.815/1980, que define a situação jurídica do estrangeiro no Brasil, cria o Conselho Nacional de Imigração.*

a) os que, na forma da lei, adquiram a nacionalidade brasileira, exigidas aos originários de países de língua portuguesa apenas residência por um ano ininterrupto e idoneidade moral;

b) os estrangeiros de qualquer nacionalidade, residentes na República Federativa do Brasil há mais de quinze anos ininterruptos e sem condenação penal, desde que requeiram a nacionalidade brasileira. (Redação dada pela Emenda Constitucional de Revisão nº 3, 1994)

§ 1º. Aos portugueses com residência permanente no País, se houver reciprocidade em favor de brasileiros, serão atribuídos os direitos inerentes ao brasileiro, salvo os casos previstos nesta Constituição. (Redação dada pela Emenda Constitucional de Revisão nº 3, 1994)

§ 2º. A lei não poderá estabelecer distinção entre brasileiros natos e naturalizados, salvo nos casos previstos nesta Constituição.

§ 3º. São privativos de brasileiro nato os cargos:

I – de Presidente e Vice-Presidente da República;

II – de Presidente da Câmara dos Deputados;

III – de Presidente do Senado Federal;

IV – de Ministro do Supremo Tribunal Federal;

V – da carreira diplomática;

VI – de oficial das Forças Armadas.

VII – de Ministro de Estado da Defesa. (Incluído pela Emenda Constitucional nº 23,1999) § 4º. Será declarada a perda da nacionalidade do brasileiro que:

I – tiver cancelada sua naturalização, por sentença judicial, em virtude de atividade nociva ao interesse nacional;

II – adquirir outra nacionalidade, salvo nos casos: (Incluído pela Emenda Constitucional de Revisão nº 3, 1994)

a) de reconhecimento de nacionalidade originária pela lei estrangeira; (Incluída pela Emenda Constitucional de Revisão nº 3, 1994)

b) de imposição de naturalização, pela norma estrangeira, ao brasileiro residente em estado estrangeiro, como condição para permanência em seu território ou para o exercício de direitos civis; (Incluída pela Emenda Constitucional de Revisão nº 3, 1994)

ART. 13. A língua portuguesa é o idioma oficial da República Federativa do Brasil.

§ 1º. São símbolos da República Federativa do Brasil a bandeira, o hino, as armas e o selo nacionais.

§ 2º. Os Estados, o Distrito Federal e os Municípios poderão ter símbolos próprios.

Capítulo IV.
DOS DIREITOS POLÍTICOS

ART. 14. A soberania popular será exercida pelo sufrágio universal e pelo voto direto e secreto, com valor igual para todos, e, nos termos da lei, mediante:

I – plebiscito;

▸ *CF: art. 18, §§ 3º e 4º.*

II – referendo;

III – iniciativa popular.

▸ *CF: art. 61, § 2º.*

§ 1º. O alistamento eleitoral e o voto são:

I – obrigatórios para os maiores de dezoito anos;

II – facultativos para:

a) os analfabetos;

b) os maiores de setenta anos;

c) os maiores de dezesseis e menores de dezoito anos.

§ 2º. Não podem alistar-se como eleitores os estrangeiros e, durante o período do serviço militar obrigatório, os conscritos.

§ 3º. São condições de elegibilidade, na forma da lei:

I – a nacionalidade brasileira;

II – o pleno exercício dos direitos políticos;

▸ *CP: art. 47, I.*

III – o alistamento eleitoral;

IV – o domicílio eleitoral na circunscrição;

V – a filiação partidária;

VI – a idade mínima de:

a) trinta e cinco anos para Presidente e Vice-Presidente da República e Senador;

b) trinta anos para Governador e Vice-Governador de Estado e do Distrito Federal;

c) vinte e um anos para Deputado Federal, Deputado Estadual ou Distrital, Prefeito, Vice-Prefeito e juiz de paz;

▸ *Dec.-lei nº 201, de 27-02-1967, Responsabilidade dos Prefeitos e Vereadores.*

d) dezoito anos para Vereador.

▸ *Dec.-lei nº 201, de 27-02-1967, Responsabilidade dos Prefeitos e Vereadores.*

§ 4º. São inelegíveis os inalistáveis e os analfabetos.

§ 5º. O Presidente da República, os Governadores de Estado e do Distrito Federal, os Prefeitos e quem os houver sucedido, ou substituído no curso dos mandatos poderão ser reeleitos para um único período subsequente. (Redação dada pela Emenda Constitucional nº 16, 1997)

§ 6º. Para concorrerem a outros cargos, o Presidente da República, os Governadores de Estado e do Distrito Federal e os Prefeitos devem renunciar aos respectivos mandatos até seis meses antes do pleito.

§ 7º. São inelegíveis, no território de jurisdição do titular, o cônjuge e os parentes consanguíneos ou afins, até o segundo grau ou por adoção, do Presidente da República, de Governador de Estado ou Território, do Distrito Federal, de Prefeito ou de quem os haja substituído dentro dos seis meses anteriores ao pleito, salvo se já titular de mandato eletivo e candidato à reeleição.

§ 8º. O militar alistável é elegível, atendidas as seguintes condições:

I – se contar menos de dez anos de serviço, deverá afastar-se da atividade;

II – se contar mais de dez anos de serviço, será agregado pela autoridade superior e, se eleito, passará automaticamente, no ato da diplomação, para a inatividade.

▸ *CF: art. 42, § 1º.*

§ 9º. Lei complementar estabelecerá outros casos de inelegibilidade e os prazos de sua cessação, a fim de proteger a probidade administrativa, a moralidade para exercício de mandato considerada vida pregressa do candidato, e a normalidade e legitimidade das eleições contra a influência do poder econômico ou o abuso do exercício de função, cargo ou emprego na administração direta ou indireta. (Redação dada pela Emenda Constitucional de Revisão nº 4, 1994)

▸ *CF: art. 37, § 4º.*

§ 10. O mandato eletivo poderá ser impugnado ante a Justiça Eleitoral no prazo de quinze dias contados da diplomação, instruída a ação com provas de abuso do poder econômico, corrupção ou fraude.

§ 11. A ação de impugnação de mandato tramitará em segredo de justiça, respondendo o autor, na forma da lei, se temerária ou de manifesta má-fé.

ART. 15. É vedada a cassação de direitos políticos, cuja perda ou suspensão só se dará nos casos de:

I – cancelamento da naturalização por sentença transitada em julgado;

II – incapacidade civil absoluta;

III – condenação criminal transitada em julgado, enquanto durarem seus efeitos;

▸ *CP: art. 92, I.*

IV – recusa de cumprir obrigação a todos imposta ou prestação alternativa, nos termos do art. 5º, VIII;

▸ *CF: art. 143.*

V – improbidade administrativa, nos termos do art. 37, § 4º.

ART. 16. A lei que alterar o processo eleitoral entrará em vigor na data de sua publicação, não se aplicando à eleição que ocorra até um ano da data de sua vigência. (Redação dada pela Emenda Constitucional nº 4, 1993)

▸ *Lei nº 9.504, de 30-09-1997, Estabelece normas para as eleições.*

Capítulo V.
DOS PARTIDOS POLÍTICOS

ART. 17. É livre a criação, fusão, incorporação e extinção de partidos políticos, resguardados a soberania nacional, o regime democrático, o pluripartidarismo, os direitos fundamentais da pessoa humana e observados os seguintes preceitos:

I – caráter nacional;

II – proibição de recebimento de recursos financeiros de entidade ou governo estrangeiros ou de subordinação a estes;

III – prestação de contas à Justiça Eleitoral;

IV – funcionamento parlamentar de acordo com a lei.

§ 1º. É assegurada aos partidos políticos autonomia para definir sua estrutura interna e estabelecer regras sobre escolha, formação e duração de seus órgãos permanentes e provisórios e sobre sua organização e funcionamento e para adotar os critérios de escolha e o regime de suas coligações nas eleições majoritárias, vedada a sua celebração nas eleições proporcionais, sem obrigatoriedade de vinculação entre as candidaturas em âmbito nacional, estadual, distrital ou municipal, devendo seus estatutos estabelecer normas de disciplina e fidelidade partidária. (Redação dada pela Emenda Constitucional nº 97, de 04 de outubro de 2017)

§ 2º. Os partidos políticos, após adquirirem personalidade jurídica, na forma da lei civil, registrarão seus estatutos no Tribunal Superior Eleitoral.

§ 3º. Somente terão direito a recursos do fundo partidário e acesso gratuito ao rádio e à televisão, na forma da lei, os partidos políticos que alternativamente: (Redação dada pela Emenda Constitucional nº 97, de 04 de outubro de 2017)

I – obtiverem, nas eleições para a Câmara dos Deputados, no mínimo, 3% (três por cento) dos votos válidos, distribuídos em pelo menos um terço das unidades da Federação, com um mínimo de 2% (dois por cento) dos votos válidos em cada uma delas; ou (Incluído pela Emenda Constitucional nº 97, de 04 de outubro de 2017)

II – tiverem elegido pelo menos quinze Deputados Federais distribuídos em pelo menos um terço das unidades da Federação. (Incluído pela Emenda Constitucional nº 97, de 04 de outubro de 2017)

§ 4º. É vedada a utilização pelos partidos políticos de organização paramilitar.

§ 5º. Ao eleito por partido que não preencher os requisitos previstos no § 3º deste artigo é assegurado o mandato e facultada a filiação, sem perda do mandato, a outro partido que os tenha atingido, não sendo essa filiação considerada para fins de distribuição dos recursos do fundo partidário e de acesso gratuito ao tempo de rádio e de televisão. (Incluído pela Emenda Constitucional nº 97, de 04 de outubro de 2017)

TÍTULO III. DA ORGANIZAÇÃO DO ESTADO

CAPÍTULO I. DA ORGANIZAÇÃO POLÍTICO-ADMINISTRATIVA

ART. 18. A organização político-administrativa da República Federativa do Brasil compreende a União, os Estados, o Distrito Federal e os Municípios, todos autônomos, nos termos desta Constituição.

§ 1º. Brasília é a Capital Federal.

§ 2º. Os Territórios Federais integram a União, e sua criação, transformação em Estado ou reintegração ao Estado de origem serão reguladas em lei complementar.

§ 3º. Os Estados podem incorporar-se entre si, subdividir-se ou desmembrar-se para se anexarem a outros, ou formarem novos Estados ou Territórios Federais, mediante aprovação da população diretamente interessada, através de plebiscito, e do Congresso Nacional, por lei complementar.

§ 4º. A criação, a incorporação, a fusão e o desmembramento de Municípios, far-se-ão por lei estadual, dentro do período determinado por Lei Complementar Federal, e dependerão de consulta prévia, mediante plebiscito, às populações dos Municípios envolvidos, após divulgação dos Estudos de Viabilidade Municipal, apresentados e publicados na forma da lei. (Redação dada pela Emenda Constitucional nº 15, 1996)

ART. 19. É vedado à União, aos Estados, ao Distrito Federal e aos Municípios:

I – estabelecer cultos religiosos ou igrejas, subvencioná-los, embaraçar-lhes o funcionamento ou manter com eles ou seus representantes relações de dependência ou aliança, ressalvada, na forma da lei, a colaboração de interesse público;

II – recusar fé aos documentos públicos;

III – criar distinções entre brasileiros ou preferências entre si.

CAPÍTULO II. DA UNIÃO

ART. 20. São bens da União:

I – os que atualmente lhe pertencem e os que lhe vierem a ser atribuídos;

II – as terras devolutas indispensáveis à defesa das fronteiras, das fortificações e construções militares, das vias federais de comunicação e à preservação ambiental, definidas em lei;

III – os lagos, rios e quaisquer correntes de água em terrenos de seu domínio, ou que banhem mais de um Estado, sirvam de limites com outros países, ou se estendam a território estrangeiro ou dele provenham, bem como os terrenos marginais e as praias fluviais;

IV – as ilhas fluviais e lacustres nas zonas limítrofes com outros países; as praias marítimas; as ilhas oceânicas e as costeiras, excluídas, destas, as que contenham a sede de Municípios, exceto aquelas áreas afetadas ao serviço público e a unidade ambiental federal, e as referidas no art. 26, II; (Redação dada pela Emenda Constitucional nº 46, 2005)

V – os recursos naturais da plataforma continental e da zona econômica exclusiva;

VI – o mar territorial;

VII – os terrenos de marinha e seus acrescidos;

VIII – os potenciais de energia hidráulica;

IX – os recursos minerais, inclusive os do subsolo;

X – as cavidades naturais subterrâneas e os sítios arqueológicos e pré-históricos;

XI – as terras tradicionalmente ocupadas pelos índios.

§ 1º É assegurada, nos termos da lei, à União, aos Estados, ao Distrito Federal e aos Municípios a participação no resultado da exploração de petróleo ou gás natural, de recursos hídricos para fins de geração de energia elétrica e de outros recursos minerais no respectivo território, plataforma continental, mar territorial ou zona econômica exclusiva, ou compensação financeira por essa exploração. (Redação dada pela Emenda Constitucional nº 102, de 2019, publicada no DOU de 27/9/2019, produzindo efeitos a partir da execução orçamentária do exercício financeiro subsequente)

▸ *CF: art. 177.*

§ 2º. A faixa de até cento e cinquenta quilômetros de largura, ao longo das fronteiras terrestres, designada como faixa de fronteira, é considerada fundamental para defesa do território nacional, e sua ocupação e utilização serão reguladas em lei.

ART. 21. Compete à União:

I – manter relações com Estados estrangeiros e participar de organizações internacionais;

II – declarar a guerra e celebrar a paz;

III – assegurar a defesa nacional;

IV – permitir, nos casos previstos em lei complementar, que forças estrangeiras transitem pelo território nacional ou nele permaneçam temporariamente;

V – decretar o estado de sítio, o estado de defesa e a intervenção federal;

VI – autorizar e fiscalizar a produção e o comércio de material bélico;

VII – emitir moeda;

VIII – administrar as reservas cambiais do País e fiscalizar as operações de natureza financeira, especialmente as de crédito, câmbio e capitalização, bem como as de seguros e de previdência privada;

IX – elaborar e executar planos nacionais e regionais de ordenação do território e de desenvolvimento econômico e social;

X – manter o serviço postal e o correio aéreo nacional;

▸ *Lei nº 6.538, de 22-06-1978, dispõe sobre serviços postais.*

XI – explorar, diretamente ou mediante autorização, concessão ou permissão, os serviços de telecomunicações, nos termos da lei, que disporá sobre a organização dos serviços, a criação de um órgão regulador e outros aspectos institucionais; (Redação dada pela Emenda Constitucional nº 8, 1995)

XII – explorar, diretamente ou mediante autorização, concessão ou permissão:

a) os serviços de radiodifusão sonora, e de sons e imagens; (Redação dada pela Emenda Constitucional nº 8, 1995)

▸ *CF: art. 246.*

b) os serviços e instalações de energia elétrica e o aproveitamento energético dos cursos de água, em articulação com os Estados onde se situam os potenciais hidroenergéticos;

c) a navegação aérea, aeroespacial e a infraestrutura aeroportuária;

d) os serviços de transporte ferroviário e aquaviário entre portos brasileiros e fronteiras nacionais, ou que transponham os limites de Estado ou Território;

e) os serviços de transporte rodoviário interestadual e internacional de passageiros;

f) os portos marítimos, fluviais e lacustres;

XIII – organizar e manter o Poder Judiciário, o Ministério Público do Distrito Federal e dos Territórios e a Defensoria Pública dos Territórios; (Redação dada pela Emenda Constitucional nº 69, 2012)

XIV – organizar e manter a polícia civil, a polícia penal, a polícia militar e o corpo de bombeiros militar do Distrito Federal, bem como prestar assistência financeira ao Distrito Federal para a execução de serviços públicos, por meio de fundo próprio; (Redação dada pela Emenda Constitucional nº 104, de 2019)

XV – organizar e manter os serviços oficiais de estatística, geografia, geologia e cartografia de âmbito nacional;

XVI – exercer a classificação, para efeito indicativo, de diversões públicas e de programas de rádio e televisão;

XVII – conceder anistia;

XVIII – planejar e promover a defesa permanente contra as calamidades públicas, especialmente as secas e as inundações;

XIX – instituir sistema nacional de gerenciamento de recursos hídricos e definir critérios de outorga de direitos de seu uso;

XX – instituir diretrizes para o desenvolvimento urbano, inclusive habitação, saneamento básico e transportes urbanos;

XXI – estabelecer princípios e diretrizes para o sistema nacional de viação;

XXII – executar os serviços de polícia marítima, aeroportuária e de fronteiras; (Redação dada pela Emenda Constitucional nº 19,1998)

XXIII – explorar os serviços e instalações nucleares de qualquer natureza e exercer monopólio estatal sobre a pesquisa, a lavra, o enriquecimento e reprocessamento, a industrialização e o comércio de minérios nucleares e seus derivados, atendidos os seguintes princípios e condições:

a) toda atividade nuclear em território nacional somente será admitida para fins pacíficos e mediante aprovação do Congresso Nacional;

b) sob regime de permissão, são autorizadas a comercialização e a utilização de radioisótopos para a pesquisa e usos médicos, agrícolas e industriais; (Redação dada pela Emenda Constitucional nº 49, 2006)

c) sob regime de permissão, são autorizadas a produção, comercialização e utilização de radioisótopos de meia-vida igual ou inferior a duas horas; (Redação dada pela Emenda Constitucional nº 49, 2006)

d) a responsabilidade civil por danos nucleares independe da existência de culpa; (Renumerada pela Emenda Constitucional nº 49, de 2006)

▸ *Lei nº 6.453, de 17-10-1977, dispõe sobre a responsabilidade civil por danos nucleares e responsabilidade criminal por atos relacionados com atividades nucleares.*

XXIV – organizar, manter e executar a inspeção do trabalho;

▸ CF: art. 174.

XXV – estabelecer as áreas e as condições para o exercício da atividade de garimpagem, em forma associativa.

ART. 22. Compete privativamente à União legislar sobre:

I – direito civil, comercial, penal, processual, eleitoral, agrário, marítimo, aeronáutico, espacial e do trabalho;

II – desapropriação;

III – requisições civis e militares, em caso de iminente perigo e em tempo de guerra;

IV – águas, energia, informática, telecomunicações e radiodifusão;

V – serviço postal;

▸ Lei nº 6.538, de 22-6-1978, dispõe sobre serviços postais.

VI – sistema monetário e de medidas, títulos e garantias dos metais;

VII – política de crédito, câmbio, seguros e transferência de valores;

VIII – comércio exterior e interestadual;

IX – diretrizes da política nacional de transportes;

X – regime dos portos, navegação lacustre, fluvial, marítima, aérea e aeroespacial;

XI – trânsito e transporte;

XII – jazidas, minas, outros recursos minerais e metalurgia;

XIII – nacionalidade, cidadania e naturalização;

▸ Lei nº 6.815, de 19-08-1980, Estatuto do Estrangeiro.

XIV – populações indígenas;

▸ CF: art. 231.

▸ Lei nº 6.001, de 19-12-1973, Estatuto do Índio.

XV – emigração e imigração, entrada, extradição e expulsão de estrangeiros;

▸ Lei nº 6.815, de 19-08-1980, Estatuto do Estrangeiro.

▸ Dec. nº 86.715, de 10-12-1981, Regulamenta a Lei nº 6.815/1980, que define a situação jurídica do estrangeiro no Brasil, cria o Conselho Nacional de Imigração.

XVI – organização do sistema nacional de emprego e condições para o exercício de profissões;

XVII – organização judiciária, do Ministério Público do Distrito Federal e dos Territórios e da Defensoria Pública dos Territórios, bem como organização administrativa destes; (Redação dada pela Emenda Constitucional nº 69, 2012)

▸ Lei Complementar nº 75, de 20-05-1993, art. 6º, XIV, Institui a Lei Orgânica Nacional do Ministério Público.

▸ Lei Complementar nº 80, de 12-01-1994, Organiza a defensoria publica.

XVIII – sistema estatístico, sistema cartográfico e de geologia nacionais;

XIX – sistemas de poupança, captação e garantia da poupança popular;

XX – sistemas de consórcios e sorteios;

XXI - normas gerais de organização, efetivos, material bélico, garantias, convocação, mobilização, inatividades e pensões das polícias militares e dos corpos de bombeiros militares; (Redação dada pela Emenda Constitucional nº 103, de 2019)

XXII – competência da polícia federal e das polícias rodoviária e ferroviária federais;

XXIII – seguridade social;

XXIV – diretrizes e bases da educação nacional;

XXV – registros públicos;

XXVI – atividades nucleares de qualquer natureza;

XXVII – normas gerais de licitação e contratação, em todas as modalidades, para as administrações públicas diretas, autárquicas e fundacionais da União, Estados, Distrito Federal e Municípios, obedecido o disposto no art. 37, XXI, e para as empresas públicas e sociedades de economia mista, nos termos do art. 173, § 1º, III; (Redação dada pela Emenda Constitucional nº 19, 1998).

▸ CF: art. 37, XXI.

▸ Lei nº 8.666, de 21-06-1993, Institui normas para licitações e contratos da Administração Pública.

XXVIII – defesa territorial, defesa aeroespacial, defesa marítima, defesa civil e mobilização nacional;

XXIX – propaganda comercial.

▸ CDC: arts. 36 a 38 e 60 a 68.

Parágrafo único. Lei complementar poderá autorizar os Estados a legislar sobre questões específicas das matérias relacionadas neste artigo.

ART. 23. É competência comum da União, dos Estados, do Distrito Federal e dos Municípios:

I – zelar pela guarda da Constituição, das leis e das instituições democráticas e conservar o patrimônio público;

II – cuidar da saúde e assistência pública, da proteção e garantia das pessoas portadoras de deficiência;

▸ CF: art. 203, V.

▸ Lei nº 7.853, de 24-10-1989, dispõe sobre o apoio às pessoas portadoras de deficiência.

▸ Lei nº 13.146, de 6-07-2015, Estatuto da pessoa com deficiência.

III – proteger os documentos, as obras e outros bens de valor histórico, artístico e cultural, os monumentos, as paisagens naturais notáveis e os sítios arqueológicos;

IV – impedir a evasão, a destruição e a descaracterização de obras de arte e de outros bens de valor histórico, artístico ou cultural;

V – proporcionar os meios de acesso à cultura, à educação, à ciência, à tecnologia, à pesquisa e à inovação; (Redação dada pela Emenda Constitucional nº 85, de 2015)

VI – proteger o meio ambiente e combater a poluição em qualquer de suas formas;

▸ Lei nº 9.605, de 02-02-1998, dispõe sobre as sanções penais e administrativas derivadas de condutas e atividades lesivas ao meio ambiente.

VII – preservar as florestas, a fauna e a flora;

VIII – fomentar a produção agropecuária e organizar o abastecimento alimentar;

IX – promover programas de construção de moradias e a melhoria das condições habitacionais e de saneamento básico;

X – combater as causas da pobreza e os fatores de marginalização, promovendo a integração social dos setores desfavorecidos;

XI – registrar, acompanhar e fiscalizar as concessões de direitos de pesquisa e exploração de recursos hídricos e minerais em seus territórios;

XII – estabelecer e implantar política de educação para a segurança do trânsito.

Parágrafo único. Leis complementares fixarão normas para a cooperação entre a União e os Estados, o Distrito Federal e os Municípios, tendo em vista o equilíbrio do desenvolvimento e do bem-estar em âmbito nacional. (Redação dada pela Emenda Constitucional nº 53, 2006)

ART. 24. Compete à União, aos Estados e ao Distrito Federal legislar concorrentemente sobre:

I – direito tributário, financeiro, penitenciário, econômico e urbanístico;

II – orçamento;

III – juntas comerciais;

IV – custas dos serviços forenses;

V – produção e consumo;

VI – florestas, caça, pesca, fauna, conservação da natureza, defesa do solo e dos recursos naturais, proteção do meio ambiente e controle da poluição;

- *Lei nº 9.605, de 02-02-1998, dispõe sobre as sanções penais e administrativas derivadas de condutas e atividades lesivas ao meio ambiente.*

VII – proteção ao patrimônio histórico, cultural, artístico, turístico e paisagístico;

VIII – responsabilidade por dano ao meio ambiente, ao consumidor, a bens e direitos de valor artístico, estético, histórico, turístico e paisagístico;

- *Lei Complementar nº 75, de 20-05-1993, Institui a Lei Orgânica Nacional do Ministério Público.*
- *Lei nº 8.625, de 12-03-1993, Institui a Lei Orgânica Nacional do Ministério Público, dispõe sobre normas gerais para a organização do Ministério Público dos Estados.*
- *Lei nº 9.605, de 02-02-1998, dispõe sobre as sanções penais e administrativas derivadas de condutas e atividades lesivas ao meio ambiente.*

IX – educação, cultura, ensino, desporto, ciência, tecnologia, pesquisa, desenvolvimento e inovação; (Redação dada pela Emenda Constitucional nº 85, de 2015)

X – criação, funcionamento e processo do juizado de pequenas causas;

- *CF: art. 98, I.*
- *Lei nº 9.099, de 26-09-1995, dispõe sobre os Juizados Especiais Cíveis e Criminais.*
- *Lei nº 10.259, de 12-07-2001, instituição dos Juizados Especiais e Criminais no âmbito da Justiça Federal.*
- *Lei nº 11.340, de 07-08-2006, cria mecanismos para coibir a violência doméstica e familiar contra a mulher.*

XI – procedimentos em matéria processual;

XII – previdência social, proteção e defesa da saúde;

XIII – assistência jurídica e Defensoria pública;

- *Lei Complementar nº 80, de 12-01-1994, Organiza a defensoria publica.*
- *Lei nº 1.060, de 05-02-1950, dispõe sobre a Assistência Judiciária.*

XIV – proteção e integração social das pessoas portadoras de deficiência;

- *CF: 203, V.*
- *Lei nº 7.853, de 24-10-1989, dispõe sobre o apoio às pessoas portadoras de deficiência.*
- *Lei nº 13.146, de 6-07-2015, Estatuto da pessoa com deficiência.*

XV – proteção à infância e à juventude;

- *Lei nº 8.069, de 13-07-1990, Estatuto da Criança e do Adolescente.*

XVI – organização, garantias, direitos e deveres das polícias civis.

§ 1º. No âmbito da legislação concorrente, a competência da União limitar-se-á a estabelecer normas gerais.

§ 2º. A competência da União para legislar sobre normas gerais não exclui a competência suplementar dos Estados.

§ 3º. Inexistindo lei federal sobre normas gerais, os Estados exercerão a competência legislativa plena, para atender a suas peculiaridades.

§ 4º. A superveniência de lei federal sobre normas gerais suspende a eficácia da lei estadual, no que lhe for contrário.

CAPÍTULO III. DOS ESTADOS FEDERADOS

ART. 25. Os Estados organizam-se e regem-se pelas Constituições e leis que adotarem, observados os princípios desta Constituição.

§ 1º. São reservadas aos Estados as competências que não lhes sejam vedadas por esta Constituição.

- *CF: art. 19.*

§ 2º. Cabe aos Estados explorar diretamente, ou mediante concessão, os serviços locais de gás canalizado, na forma da lei, vedada a edição de medida provisória para a sua regulamentação. (Redação dada pela Emenda Constitucional nº 5, 1995)

§ 3º. Os Estados poderão, mediante lei complementar, instituir regiões metropolitanas, aglomerações urbanas e microrregiões, constituídas por agrupamentos de municípios limítrofes, para integrar a organização, o planejamento e a execução de funções públicas de interesse comum.

ART. 26. Incluem-se entre os bens dos Estados:

I – as águas superficiais ou subterrâneas, fluentes, emergentes e em depósito, ressalvadas, neste caso, na forma da lei, as decorrentes de obras da União;

II – as áreas, nas ilhas oceânicas e costeiras, que estiverem no seu domínio, excluídas aquelas sob domínio da União, Municípios ou terceiros;

III – as ilhas fluviais e lacustres não pertencentes à União;

IV – as terras devolutas não compreendidas entre as da União.

ART. 27. O número de Deputados à Assembleia Legislativa corresponderá ao triplo da representação do Estado na Câmara dos Deputados e, atingido o número de trinta e seis, será acrescido de tantos quantos forem os Deputados Federais acima de doze.

- *CF: art. 32.*

§ 1º. Será de quatro anos o mandato dos Deputados Estaduais, aplicando-sê-lhes as regras desta Constituição sobre sistema eleitoral, inviolabilidade, imunidades, remuneração, perda de mandato, licença, impedimentos e incorporação às Forças Armadas.

▸ CF: art. 53, § 2º.

§ 2º. O subsídio dos Deputados Estaduais será fixado por lei de iniciativa da Assembleia Legislativa, na razão de, no máximo, setenta e cinco por cento daquele estabelecido, em espécie, para os Deputados Federais, observado o que dispõem os arts. 39, § 4º, 57, § 7º, 150, II, 153, III, e 153, § 2º, I. (Redação dada pela Emenda Constitucional nº 19, 1998)

§ 3º. Compete às Assembleias Legislativas dispor sobre seu regimento interno, polícia e serviços administrativos de sua secretaria, e prover os respectivos cargos.

§ 4º. A lei disporá sobre a iniciativa popular no processo legislativo estadual.

ART. 28. A eleição do Governador e do Vice-Governador de Estado, para mandato de quatro anos, realizar-se-á no primeiro domingo de outubro, em primeiro turno, e no último domingo de outubro, em segundo turno, se houver, do ano anterior ao do término do mandato de seus antecessores, e a posse ocorrerá em primeiro de janeiro do ano subsequente, observado, quanto ao mais, o disposto no art. 77. (Redação dada pela Emenda Constitucional nº 16, 1997)

▸ Lei nº 9.504, de 30-9-1997, estabelece as normas para as eleições.

§ 1º. Perderá o mandato o Governador que assumir outro cargo ou função na administração pública direta ou indireta, ressalvada a posse em virtude de concurso público e observado o disposto no art. 38, I, IV e V. (Renumerado do parágrafo único, pela Emenda Constitucional nº 19, de 1998)

▸ CF: art. 29, XIV.

§ 2º. Os subsídios do Governador, do Vice-Governador e dos Secretários de Estado serão fixados por lei de iniciativa da Assembleia Legislativa, observado o que dispõem os arts. 37, XI, 39, § 4º, 150, II, 153, III, e 153, § 2º, I. (Incluído pela Emenda Constitucional nº 19, de 1998)

CAPÍTULO IV. DOS MUNICÍPIOS

ART. 29. O Município reger-se-á por lei orgânica, votada em dois turnos, com o interstício mínimo de dez dias, e aprovada por dois terços dos membros da Câmara Municipal, que a promulgará, atendidos os princípios estabelecidos nesta Constituição, na Constituição do respectivo Estado e os seguintes preceitos:

I – eleição do Prefeito, do Vice-Prefeito e dos Vereadores, para mandato de quatro anos, mediante pleito direto e simultâneo realizado em todo o País;

▸ Lei nº 9.504, de 30-9-1997, estabelece as normas para eleições.

II – eleição do Prefeito e do Vice-Prefeito realizada no primeiro domingo de outubro do ano anterior ao término do mandato dos que devam suceder, aplicadas as regras do art. 77, no caso de Municípios com mais de duzentos mil eleitores; (Redação dada pela Emenda Constitucional nº 16, 1997

III – posse do Prefeito e do Vice-Prefeito no dia 1º de janeiro do ano subsequente ao da eleição;

IV – para a composição das Câmaras Municipais, será observado o limite máximo de: (Redação dada pela Emenda Constitucional nº 58, de 2009)

a) 9 (nove) Vereadores, nos Municípios de até 15.000 (quinze mil) habitantes; (Redação dada pela Emenda Constitucional nº 58, de 2009)

b) 11 (onze) Vereadores, nos Municípios de mais de 15.000 (quinze mil) habitantes e de até 30.000 (trinta mil) habitantes; (Redação dada pela Emenda Constitucional nº 58, de 2009)

c) 13 (treze) Vereadores, nos Municípios com mais de 30.000 (trinta mil) habitantes e de até 50.000 (cinquenta mil) habitantes; (Redação dada pela Emenda Constitucional nº 58, de 2009)

d) 15 (quinze) Vereadores, nos Municípios de mais de 50.000 (cinquenta mil) habitantes e de até 80.000 (oitenta mil) habitantes; (Incluída pela Emenda Constitucional nº 58, de 2009)

e) 17 (dezessete) Vereadores, nos Municípios de mais de 80.000 (oitenta mil) habitantes e de até 120.000 (cento e vinte mil) habitantes; (Incluída pela Emenda Constitucional nº 58, de 2009)

f) 19 (dezenove) Vereadores, nos Municípios de mais de 120.000 (cento e vinte mil) habitantes e de até 160.000 (cento sessenta mil) habitantes; (Incluída pela Emenda Constitucional nº 58, de 2009)

g) 21 (vinte e um) Vereadores, nos Municípios de mais de 160.000 (cento e sessenta mil) habitantes e de até 300.000 (trezentos mil) habitantes; (Incluída pela Emenda Constitucional nº 58, de 2009)

h) 23 (vinte e três) Vereadores, nos Municípios de mais de 300.000 (trezentos mil) habitantes e de até 450.000 (quatrocentos e cinquenta mil) habitantes; (Incluída pela Emenda Constitucional nº 58, de 2009)

i) 25 (vinte e cinco) Vereadores, nos Municípios de mais de 450.000 (quatrocentos e cinquenta mil) habitantes e de até 600.000 (seiscentos mil) habitantes; (Incluída pela Emenda Constitucional nº 58, de 2009)

j) 27 (vinte e sete) Vereadores, nos Municípios de mais de 600.000 (seiscentos mil) habitantes e de até 750.000 (setecentos cinquenta mil) habitantes; (Incluída pela Emenda Constitucional nº 58, de 2009)

k) 29 (vinte e nove) Vereadores, nos Municípios de mais de 750.000 (setecentos e cinquenta mil) habitantes e de até 900.000 (novecentos mil) habitantes; (Incluída pela Emenda Constitucional nº 58, de 2009)

l) 31 (trinta e um) Vereadores, nos Municípios de mais de 900.000 (novecentos mil) habitantes e de até 1.050.000 (um milhão e cinquenta mil) habitantes; (Incluída pela Emenda Constitucional nº 58, de 2009)

m) 33 (trinta e três) Vereadores, nos Municípios de mais de 1.050.000 (um milhão e cinquenta mil) habitantes e de até 1.200.000 (um milhão e duzentos mil) habitantes; (Incluída pela Emenda Constitucional nº 58, de 2009)

n) 35 (trinta e cinco) Vereadores, nos Municípios de mais de 1.200.000 (um milhão e duzentos mil) habitantes e de até 1.350.000 (um milhão e trezentos e cinquenta mil) habitantes; (Incluída pela Emenda Constitucional nº 58, de 2009)

o) 37 (trinta e sete) Vereadores, nos Municípios de 1.350.000 (um milhão e trezentos e cinquenta mil) habitantes e de até

1.500.000 (um milhão e quinhentos mil) habitantes; (Incluída pela Emenda Constitucional nº 58, de 2009)

p) 39 (trinta e nove) Vereadores, nos Municípios de mais de 1.500.000 (um milhão e quinhentos mil) habitantes e de até 1.800.000 (um milhão e oitocentos mil) habitantes; (Incluída pela Emenda Constitucional nº 58, de 2009)

q) 41 (quarenta e um) Vereadores, nos Municípios de mais de 1.800.000 (um milhão e oitocentos mil) habitantes e de até 2.400.000 (dois milhões e quatrocentos mil) habitantes; (Incluída pela Emenda Constitucional nº 58, de 2009)

r) 43 (quarenta e três) Vereadores, nos Municípios de mais de 2.400.000 (dois milhões e quatrocentos mil) habitantes e de até 3.000.000 (três milhões) de habitantes; (Incluída pela Emenda Constitucional nº 58, de 2009)

s) 45 (quarenta e cinco) Vereadores, nos Municípios de mais de 3.000.000 (três milhões) de habitantes e de até 4.000.000 (quatro milhões) de habitantes; (Incluída pela Emenda Constitucional nº 58, de 2009)

t) 47 (quarenta e sete) Vereadores, nos Municípios de mais de 4.000.000 (quatro milhões) de habitantes e de até 5.000.000 (cinco milhões) de habitantes; (Incluída pela Emenda Constitucional nº 58, de 2009)

u) 49 (quarenta e nove) Vereadores, nos Municípios de mais de 5.000.000 (cinco milhões) de habitantes e de até 6.000.000 (seis milhões) de habitantes; (Incluída pela Emenda Constitucional nº 58, de 2009)

v) 51 (cinquenta e um) Vereadores, nos Municípios de mais de 6.000.000 (seis milhões) de habitantes e de até 7.000.000 (sete milhões) de habitantes; (Incluída pela Emenda Constitucional nº 58, de 2009)

w) 53 (cinquenta e três) Vereadores, nos Municípios de mais de 7.000.000 (sete milhões) de habitantes e de até 8.000.000 (oito milhões) de habitantes; (Incluída pela Emenda Constitucional nº 58, de 2009)

x) 55 (cinquenta e cinco) Vereadores, nos Municípios de mais de 8.000.000 (oito milhões) de habitantes; (Incluída pela Emenda Constitucional nº 58, de 2009)

V – subsídios do Prefeito, do Vice-Prefeito e dos Secretários Municipais fixados por lei de iniciativa da Câmara Municipal, observado o que dispõem os arts. 37, XI, 39, § 4º, 150, II, 153, III, e 153, § 2º, I; (Redação dada pela Emenda constitucional nº 19, de 1998)

VI – o subsídio dos Vereadores será fixado pelas respectivas Câmaras Municipais em cada legislatura para a subsequente, observado o que dispõe esta Constituição, observados os critérios estabelecidos na respectiva Lei Orgânica e os seguintes limites máximos: (Redação dada pela Emenda Constitucional nº 25, de 2000)

a) em Municípios de até dez mil habitantes, o subsídio máximo dos Vereadores corresponderá a vinte por cento do subsídio dos Deputados Estaduais; (Redação dada pela Emenda Constitucional nº 25, de 2000)

b) em Municípios de dez mil e um a cinquenta mil habitantes, o subsídio máximo dos Vereadores corresponderá a trinta por cento do subsídio dos Deputados Estaduais; (Redação dada pela Emenda Constitucional nº 25, de 2000)

c) em Municípios de cinquenta mil e um a cem mil habitantes, o subsídio máximo dos Vereadores corresponderá a quarenta por cento do subsídio dos Deputados Estaduais; (Redação dada pela Emenda Constitucional nº 25, de 2000)

d) em Municípios de cem mil e um a trezentos mil habitantes, o subsídio máximo dos Vereadores corresponderá a cinquenta por cento do subsídio dos Deputados Estaduais; (Redação dada pela Emenda Constitucional nº 25, de 2000)

e) em Municípios de trezentos mil e um a quinhentos mil habitantes, o subsídio máximo dos Vereadores corresponderá a sessenta por cento do subsídio dos Deputados Estaduais; (Redação dada pela Emenda Constitucional nº 25, de 2000)

f) em Municípios de mais de quinhentos mil habitantes, o subsídio máximo dos Vereadores corresponderá a setenta e cinco por cento do subsídio dos Deputados Estaduais; (Redação dada pela Emenda Constitucional nº 25, de 2000)

VII – o total da despesa com a remuneração dos Vereadores não poderá ultrapassar o montante de cinco por cento da receita do Município; (Incluído pela Emenda Constitucional nº 1, de 1992)

VIII – inviolabilidade dos Vereadores por suas opiniões, palavras e votos no exercício do mandato e na circunscrição do Município; (Renumerado pela Emenda Constitucional nº 1, de 1992)

IX – proibições e incompatibilidades, no exercício da vereança, similares, no que couber, ao disposto nesta Constituição para os membros do Congresso Nacional e na Constituição do respectivo Estado para os membros da Assembleia Legislativa; (Renumerado pela Emenda Constitucional nº 1, de 1992)

X – julgamento do Prefeito perante o Tribunal de Justiça; (Renumerado pela Emenda Constitucional nº 1, de 1992)

- *Súmulas nº 702 e 703 do STF.*
- *Súmulas 164, 208 e 209 do STJ.*
- *Dec.-lei nº 201, de 27-02-1967, Responsabilidade dos Prefeitos e Vereadores.*

XI – organização das funções legislativas e fiscalizadoras da Câmara Municipal; (Renumerado pela Emenda Constitucional nº 1, de 1992)

XII – cooperação das associações representativas no planejamento municipal; (Renumerado pela Emenda Constitucional nº 1, de 1992)

XIII – iniciativa popular de projetos de lei de interesse específico do Município, da cidade ou de bairros, através de manifestação de, pelo menos, cinco por cento do eleitorado; (Renumerado pela Emenda Constitucional nº 1, de 1992)

XIV – perda do mandato do Prefeito, nos termos do art. 28, parágrafo único. (Renumerado pela Emenda Constitucional nº 1, de 1992)

ART. 29-A. O total da despesa do Poder Legislativo Municipal, incluídos os subsídios dos Vereadores e excluídos os gastos com inativos, não poderá ultrapassar os seguintes percentuais, relativos ao somatório da receita tributária e das transferências previstas no § 5º do art. 153 e nos arts. 158 e 159, efetivamente realizado no exercício anterior: (Incluído pela Emenda Constitucional nº 25, de 2000)

- *Atualização: Art. 29-A. O total da despesa do Poder Legislativo Municipal, incluídos os subsídios dos Vereadores e os demais gastos com pessoal inativo e pensionistas, não poderá ultrapassar os seguintes percentuais, relativos ao somatório da receita tributária e das transferências previstas no § 5º do art. 153 e nos arts. 158 e 159 desta Constituição, efetivamente realizado no exercício anterior: (Redação dada pela Emenda*

Constituição Constitucional nº 109, de 2021, com vigência na próxima legislatura)

I – 7% (sete por cento) para Municípios com população de até 100.000 (cem mil) habitantes; (Redação dada pela Emenda Constitucional nº 58, de 2009)

II – 6% (seis por cento) para Municípios com população entre 100.000 (cem mil) e 300.000 (trezentos mil) habitantes; (Redação dada pela Emenda Constitucional nº 58, de 2009)

III – 5% (cinco por cento) para Municípios com população entre 300.001 (trezentos mil e um) e 500.000 (quinhentos mil) habitantes; (Redação dada pela Emenda Constitucional nº 58, de 2009)

IV – 4,5% (quatro inteiros e cinco décimos por cento) para Municípios com população entre 500.001 (quinhentos mil e um) e 3.000.000 (três milhões) de habitantes; (Redação dada pela Emenda Constitucional nº 58, de 2009)

V – 4% (quatro por cento) para Municípios com população entre 3.000.001 (três milhões e um) e 8.000.000 (oito milhões) de habitantes; (Incluído pela Emenda Constitucional nº 58, de 2009)

VI – 3,5% (três inteiros e cinco décimos por cento) para Municípios com população acima de 8.000.001 (oito milhões e um) habitantes (Incluído pela Emenda Constitucional nº 58, de 2009)

§ 1º. A Câmara Municipal não gastará mais de setenta por cento de sua receita com folha de pagamento, incluído o gasto com o subsídio de seus Vereadores. (Incluído pela Emenda Constitucional nº 25, de 2000)

§ 2º. Constitui crime de responsabilidade do Prefeito Municipal: (Incluído pela Emenda Constitucional nº 25, de 2000)

I – efetuar repasse que supere os limites definidos neste artigo; (Incluído pela Emenda Constitucional nº 25, de 2000)

II – não enviar o repasse até o dia vinte de cada mês; ou (Incluído pela Emenda Constitucional nº 25, de 2000)

III – enviá-lo a menor em relação à proporção fixada na Lei Orçamentária. (Incluído pela Emenda Constitucional nº 25, de 2000)

§ 3º. Constitui crime de responsabilidade do Presidente da Câmara Municipal o desrespeito ao § 1º deste artigo. (Incluído pela Emenda Constitucional nº 25, de 2000)

ART. 30. Compete aos Municípios:

I – legislar sobre assuntos de interesse local;

II – suplementar a legislação federal e a estadual no que couber;

III – instituir e arrecadar os tributos de sua competência, bem como aplicar suas rendas, sem prejuízo da obrigatoriedade de prestar contas e publicar balancetes nos prazos fixados em lei;

▸ *CF: art. 156.*

IV – criar, organizar e suprimir distritos, observada a legislação estadual;

V – organizar e prestar, diretamente ou sob regime de concessão ou permissão, os serviços públicos de interesse local, incluído o de transporte coletivo, que tem caráter essencial;

▸ *CF: art. 175.*

VI – manter, com a cooperação técnica e financeira da União e do Estado, programas de educação infantil e de ensino fundamental; (Redação dada pela Emenda Constitucional nº 53, de 2006)

VII – prestar, com a cooperação técnica e financeira da União e do Estado, serviços de atendimento à saúde da população;

VIII – promover, no que couber, adequado ordenamento territorial, mediante planejamento e controle do uso, do parcelamento e da ocupação do solo urbano;

IX – promover a proteção do patrimônio histórico-cultural local, observada a legislação e a ação fiscalizadora federal e estadual.

ART. 31. A fiscalização do Município será exercida pelo Poder Legislativo Municipal, mediante controle externo, e pelos sistemas de controle interno do Poder Executivo Municipal, na forma da lei.

§ 1º. O controle externo da Câmara Municipal será exercido com o auxílio dos Tribunais de Contas dos Estados ou do Município ou dos Conselhos ou Tribunais de Contas dos Municípios, onde houver.

§ 2º. O parecer prévio, emitido pelo órgão competente sobre as contas que o Prefeito deve anualmente prestar, só deixará de prevalecer por decisão de dois terços dos membros da Câmara Municipal.

§ 3º. As contas dos Municípios ficarão, durante sessenta dias, anualmente, à disposição de qualquer contribuinte, para exame e apreciação, o qual poderá questionar-lhes a legitimidade, nos termos da lei.

§ 4º. É vedada a criação de Tribunais, Conselhos ou órgãos de Contas Municipais.

CAPÍTULO V. DO DISTRITO FEDERAL E DOS TERRITÓRIOS

SEÇÃO I. DO DISTRITO FEDERAL

ART. 32. O Distrito Federal, vedada sua divisão em Municípios, reger – se – á por lei orgânica, votada em dois turnos com interstício mínimo de dez dias, e aprovada por dois terços da Câmara Legislativa, que a promulgará, atendidos os princípios estabelecidos nesta Constituição.

§ 1º. Ao Distrito Federal são atribuídas as competências legislativas reservadas aos Estados e Municípios.

▸ *Súmula nº 642 do STF.*

§ 2º. A eleição do Governador e do Vice-Governador, observadas as regras do art. 77, e dos Deputados Distritais coincidirá com a dos Governadores e Deputados Estaduais, para mandato de igual duração.

§ 3º. Aos Deputados Distritais e à Câmara Legislativa aplica-se o disposto no art. 27.

§ 4º. Lei federal disporá sobre a utilização, pelo Governo do Distrito Federal, da polícia civil, da polícia penal, da polícia militar e do corpo de bombeiros militar. (Redação dada pela Emenda Constitucional nº 104, de 2019)

SEÇÃO II. DOS TERRITÓRIOS

ART. 33. A lei disporá sobre a organização administrativa e judiciária dos Territórios.

§ 1º. Os Territórios poderão ser divididos em Municípios, aos quais se aplicará, no que couber, o disposto no Capítulo IV deste Título.

§ 2º. As contas do Governo do Território serão submetidas ao Congresso Nacional, com parecer prévio do Tribunal de Contas da União.

§ 3º. Nos Territórios Federais com mais de cem mil habitantes, além do Governador nomeado na forma desta Constituição, haverá órgãos judiciários de primeira e segunda instância, membros do Ministério Público e defensores públicos federais; a lei disporá sobre as eleições para a Câmara Territorial e sua competência deliberativa.

CAPÍTULO VI. DA INTERVENÇÃO

ART. 34. A União não intervirá nos Estados nem no Distrito Federal, exceto para:

I – manter a integridade nacional;

II – repelir invasão estrangeira ou de uma unidade da Federação em outra;

III – pôr termo a grave comprometimento da ordem pública;

IV – garantir o livre exercício de qualquer dos Poderes nas unidades da Federação;

▸ CF: art. 36, I.

V – reorganizar as finanças da unidade da Federação que:

a) suspender o pagamento da dívida fundada por mais de dois anos consecutivos, salvo motivo de força maior;

b) deixar de entregar aos Municípios receitas tributárias fixadas nesta Constituição, dentro dos prazos estabelecidos em lei;

VI – prover a execução de lei federal, ordem ou decisão judicial;

▸ CF: art. 36, § 3º.

VII – assegurar a observância dos seguintes princípios constitucionais:

a) forma republicana, sistema representativo e regime democrático;

b) direitos da pessoa humana;

c) autonomia municipal;

d) prestação de contas da administração pública, direta e indireta.

e) aplicação do mínimo exigido da receita resultante de impostos estaduais, compreendida a proveniente de transferências, na manutenção e desenvolvimento do ensino e nas ações e serviços públicos de saúde. (Redação dada pela Emenda Constitucional nº 29, de 2000)

▸ CF: art. 212.

ART. 35. O Estado não intervirá em seus Municípios, nem a União nos Municípios localizados em Território Federal, exceto quando:

I – deixar de ser paga, sem motivo de força maior, por dois anos consecutivos, a dívida fundada;

II – não forem prestadas contas devidas, na forma da lei;

III – não tiver sido aplicado o mínimo exigido da receita municipal na manutenção e desenvolvimento do ensino e nas ações e serviços públicos de saúde; (Redação dada pela Emenda Constitucional nº 29, de 2000)

▸ CF: art. 212.

IV – o Tribunal de Justiça der provimento a representação para assegurar a observância de princípios indicados na Constituição Estadual, ou para prover a execução de lei, de ordem ou de decisão judicial.

ART. 36. A decretação da intervenção dependerá:

I – no caso do art. 34, IV, de solicitação do Poder Legislativo ou do Poder Executivo coacto ou impedido, ou de requisição do Supremo Tribunal Federal, se a coação for exercida contra o Poder Judiciário;

II – no caso de desobediência a ordem ou decisão judiciária, de requisição do Supremo Tribunal Federal, do Superior Tribunal de Justiça ou do Tribunal Superior Eleitoral;

▸ Lei nº 8.038, de 28-05-1990, arts. 19 a 22, Institui normas procedimentais para os processos que especifica, perante o Superior Tribunal de Justiça e o Supremo Tribunal Federal.

III – de provimento, pelo Supremo Tribunal Federal, de representação do Procurador-Geral da República, na hipótese do art. 34, VII, e no caso de recusa à execução de lei federal. (Redação dada pela Emenda Constitucional nº 45, de 2004)

IV – (Revogado pela Emenda Constitucional nº 45, de 2004)

§ 1º. O decreto de intervenção, que especificará a amplitude, o prazo e as condições de execução e que, se couber, nomeará o interventor, será submetido à apreciação do Congresso Nacional ou da Assembleia Legislativa do Estado, no prazo de vinte e quatro horas.

§ 2º. Se não estiver funcionando o Congresso Nacional ou a Assembleia Legislativa, far-se-á convocação extraordinária, no mesmo prazo de vinte e quatro horas.

§ 3º. Nos casos do art. 34, VI e VII, ou do art. 35, IV, dispensada a apreciação pelo Congresso Nacional ou pela Assembleia Legislativa, o decreto limitar-se-á a suspender a execução do ato impugnado, se essa medida bastar ao restabelecimento da normalidade.

§ 4º. Cessados os motivos da intervenção, as autoridades afastadas de seus cargos a estes voltarão, salvo impedimento legal.

CAPÍTULO VII. DA ADMINISTRAÇÃO PÚBLICA

SEÇÃO I. DISPOSIÇÕES GERAIS

ART. 37. A administração pública direta e indireta de qualquer dos Poderes da União, dos Estados, do Distrito Federal e dos Municípios obedecerá aos princípios de legalidade, impessoalidade, moralidade, publicidade e eficiência e, também, ao seguinte: (Redação dada pela Emenda Constitucional nº 19, de 1998)

I – os cargos, empregos e funções públicas são acessíveis aos brasileiros que preencham os requisitos estabelecidos em lei, assim como aos estrangeiros, na forma da lei; (Redação dada pela Emenda Constitucional nº 19, de 1998)

II – a investidura em cargo ou emprego público depende de aprovação prévia em concurso público de provas ou de provas e títulos, de acordo com a natureza e a complexidade do cargo ou emprego, na forma prevista em lei, ressalvadas as nomeações para cargo em comissão declarado em lei de livre nomeação e exoneração; (Redação dada pela Emenda Constitucional nº 19, de 1998)

III – o prazo de validade do concurso público será de até dois anos, prorrogável uma vez, por igual período;

IV – durante o prazo improrrogável previsto no edital de convocação, aquele aprovado em concurso público de provas ou de provas e títulos será convocado com prioridade sobre novos concursados para assumir cargo ou emprego, na carreira;

V – as funções de confiança, exercidas exclusivamente por servidores ocupantes de cargo efetivo, e os cargos em comissão, a serem preenchidos por servidores de carreira nos casos, condições e percentuais mínimos previstos em lei, destinam-se apenas às atribuições de direção, chefia e assessoramento; (Redação dada pela Emenda Constitucional nº 19, de 1998)

VI – é garantido ao servidor público civil o direito à livre associação sindical;

VII – o direito de greve será exercido nos termos e nos limites definidos em lei específica; (Redação dada pela Emenda Constitucional nº 19, de 1998)

VIII – a lei reservará percentual dos cargos e empregos públicos para as pessoas portadoras de deficiência e definirá os critérios de sua admissão;

IX - a lei estabelecerá os casos de contratação por tempo determinado para atender a necessidade temporária de excepcional interesse público; (Vide Emenda constitucional nº 106, de 2020)

X – a remuneração dos servidores públicos e o subsídio de que trata o § 4º do art. 39 somente poderão ser fixados ou alterados por lei específica, observada a iniciativa privativa em cada caso, assegurada revisão geral anual, sempre na mesma data e sem distinção de índices; (Redação dada pela Emenda Constitucional nº 19, de 1998)

▸ *CF: art. 39, § 4º, 95, III e 128, § 5º, I, c.*

XI – a remuneração e o subsídio dos ocupantes de cargos, funções e empregos públicos da administração direta, autárquica e fundacional, dos membros de qualquer dos Poderes da União, dos Estados, do Distrito Federal e dos Municípios, dos detentores de mandato eletivo e dos demais agentes políticos e os proventos, pensões ou outra espécie remuneratória, percebidos cumulativamente ou não, incluídas as vantagens pessoais ou de qualquer outra natureza, não poderão exceder o subsídio mensal, em espécie, dos Ministros do Supremo Tribunal Federal, aplicando-se como limite, nos Municípios, o subsídio do Prefeito, e nos Estados e no Distrito Federal, o subsídio mensal do Governador no âmbito do Poder Executivo, o subsídio dos Deputados Estaduais e Distritais no âmbito do Poder Legislativo e o subsídio dos Desembargadores do Tribunal de Justiça, limitado a noventa inteiros e vinte e cinco centésimos por cento do subsídio mensal, em espécie, dos Ministros do Supremo Tribunal Federal, no âmbito do Poder Judiciário, aplicável este limite aos membros do Ministério Público, aos Procuradores e aos Defensores Públicos; (Redação dada pela Emenda Constitucional nº 41, de 2003)

XII – os vencimentos dos cargos do Poder Legislativo e do Poder Judiciário não poderão ser superiores aos pagos pelo Poder Executivo;

▸ *CF: art. 135.*

XIII – é vedada a vinculação ou equiparação de quaisquer espécies remuneratórias para o efeito de remuneração de pessoal do serviço público; (Redação dada pela Emenda Constitucional nº 19, de 1998)

▸ *CF: art. 142, § 3º, VIII.*

XIV – os acréscimos pecuniários percebidos por servidor público não serão computados nem acumulados para fins de concessão de acréscimos ulteriores; (Redação dada pela Emenda Constitucional nº 19, de 1998)

▸ *CF: art. 142, § 3º, VIII.*

XV – o subsídio e os vencimentos dos ocupantes de cargos e empregos públicos são irredutíveis, ressalvado o disposto nos incisos XI e XIV deste artigo e nos arts. 39, § 4º, 150, II, 153, III, e 153, § 2º, I; (Redação dada pela Emenda Constitucional nº 19, de 1998)

▸ *CF: art. 142, § 3º, VIII.*

XVI – é vedada a acumulação remunerada de cargos públicos, exceto, quando houver compatibilidade de horários, observado em qualquer caso o disposto no inciso XI: (Redação dada pela Emenda Constitucional nº 19, de 1998)

a) a de dois cargos de professor; (Redação dada pela Emenda Constitucional nº 19, de 1998)

b) a de um cargo de professor com outro técnico ou científico; (Redação dada pela Emenda Constitucional nº 19, de 1998)

c) a de dois cargos ou empregos privativos de profissionais de saúde, com profissões regulamentadas. (Redação dada pela Emenda Constitucional nº 34, de 2001)

XVII – a proibição de acumular estende-se a empregos e funções e abrange autarquias, fundações, empresas públicas, sociedades de economia mista, suas subsidiárias, e sociedades controladas, direta ou indiretamente, pelo poder público; (Redação dada pela Emenda Constitucional nº 19, de 1998)

XVIII – a administração fazendária e seus servidores fiscais terão, dentro de suas áreas de competência e jurisdição, precedência sobre os demais setores administrativos, na forma da lei;

XIX – somente por lei específica poderá ser criada autarquia e autorizada a instituição de empresa pública, de sociedade de economia mista e de fundação, cabendo à lei complementar, neste último caso, definir as áreas de sua atuação. (Redação dada pela Emenda Constitucional nº 19, de 1998)

XX – depende de autorização legislativa, em cada caso, a criação de subsidiárias das entidades mencionadas no inciso anterior, assim como a participação de qualquer delas em empresa privada;

XXI – ressalvados os casos especificados na legislação, as obras, serviços, compras e alienações serão contratados mediante processo de licitação pública que assegure igualdade de condições a todos os concorrentes, com cláusulas que estabeleçam obrigações de pagamento, mantidas as condições efetivas da proposta, nos termos da lei, o qual somente permitirá as exigências de qualificação técnica e econômica indispensáveis à garantia do cumprimento das obrigações.

▸ *CF: art. 22, XXVII.*

▸ *Lei nº 8.666, de 21-06-1993, Institui normas para licitações e contratos da Administração Pública.*

XXII – as administrações tributárias da União, dos Estados, do Distrito Federal e dos Municípios, atividades essenciais ao funcionamento do Estado, exercidas por servidores de carreiras específicas, terão recursos prioritários para a realização de suas atividades e atuarão de forma integrada, inclusive com o compartilhamento de cadastros e de informações fiscais, na forma da lei ou convênio. (Incluído pela Emenda Constitucional nº 42, de 2003)

▸ *CF: art. 137, IV.*

§ 1º. A publicidade dos atos, programas, obras, serviços e campanhas dos órgãos públicos deverá ter caráter educativo, informativo ou de orientação social, dela não podendo constar nomes, símbolos ou imagens que caracterizem promoção pessoal de autoridades ou servidores públicos.

▸ *CF: art. 224.*

§ 2º. A não observância do disposto nos incisos II e III implicará a nulidade do ato e a punição da autoridade responsável, nos termos da lei.

▸ *Lei nº 8.429, de 02-06-1992, Improbidade Administrativa.*

§ 3º. A lei disciplinará as formas de participação do usuário na administração pública direta e indireta, regulando especialmente: (Redação dada pela Emenda Constitucional nº 19, de 4-6-1998)

I – as reclamações relativas à prestação dos serviços públicos em geral, asseguradas a manutenção de serviços de atendimento ao usuário e a avaliação periódica, externa e interna, da qualidade dos serviços; (Redação dada pela Emenda Constitucional nº 19, de 4-6-1998)

II – o acesso dos usuários a registros administrativos e a informações sobre atos de governo, observado o disposto no art. 5º, X e XXXIII; (Incluído pela Emenda Constitucional nº 19, de 4-6-1998)

III – a disciplina da representação contra o exercício negligente ou abusivo de cargo, emprego ou função na administração pública. (Incluído pela Emenda Constitucional nº 19, de 4-6-1998)

§ 4º. Os atos de improbidade administrativa importarão a suspensão dos direitos políticos, a perda da função pública, a indisponibilidade dos bens e o ressarcimento ao erário, na forma e gradação previstas em lei, sem prejuízo da ação penal cabível.

▸ *CF: art. 15, V.*

▸ *CP: arts. 312 a 327.*

▸ *Lei nº 8.137, de 27-12-1990, define crimes contra a ordem tributária, econômica e contra as relações de consumo.*

▸ *Lei nº 8.429, de 02-06-1992, Improbidade Administrativa.*

▸ *Dec. nº 4.410, de 07-10-2002, promulga a Convenção Interamericana contra a Corrupção.*

§ 5º. A lei estabelecerá os prazos de prescrição para ilícitos praticados por qualquer agente, servidor ou não, que causem prejuízos ao erário, ressalvadas as respectivas ações de ressarcimento.

▸ *Lei nº 8.429, de 02-06-1992, Improbidade Administrativa.*

§ 6º. As pessoas jurídicas de direito público e as de direito privado prestadoras de serviços públicos responderão pelos danos que seus agentes, nessa qualidade, causarem a terceiros, assegurado o direito de regresso contra o responsável nos casos de dolo ou culpa.

§ 7º. A lei disporá sobre os requisitos e as restrições ao ocupante de cargo ou emprego da administração direta e indireta que possibilite o acesso a informações privilegiadas. (Incluído pela Emenda Constitucional nº 19, de 1998)

§ 8º. A autonomia gerencial, orçamentária e financeira dos órgãos e entidades da administração direta e indireta poderá ser ampliada mediante contrato, a ser firmado entre seus administradores e o poder público, que tenha por objeto a fixação de metas de desempenho para o órgão ou entidade, cabendo à lei dispor sobre: (Incluído pela Emenda Constitucional nº 19, de 1998)

I – o prazo de duração do contrato; (Incluído pela Emenda Constitucional nº 19, de 1998)

II – os controles e critérios de avaliação de desempenho, direitos, obrigações e responsabilidade dos dirigentes; (Incluído pela Emenda Constitucional nº 19, de 1998)

III – a remuneração do pessoal. (Incluído pela Emenda Constitucional nº 19, de 1998)

§ 9º. O disposto no inciso XI aplica-se às empresas públicas e às sociedades de economia mista, e suas subsidiárias, que receberem recursos da União, dos Estados, do Distrito Federal ou dos Municípios para pagamento de despesas de pessoal ou de custeio em geral. (Incluído pela Emenda Constitucional nº 19, de 1998)

§ 10. É vedada a percepção simultânea de proventos de aposentadoria decorrentes do art. 40 ou dos arts. 42 e 142 com a remuneração de cargo, emprego ou função pública, ressalvados os cargos acumuláveis na forma desta Constituição, os cargos eletivos e os cargos em comissão declarados em lei de livre nomeação e exoneração. (Incluído pela Emenda Constitucional nº 20, de 1998)

§ 11. Não serão computadas, para efeito dos limites remuneratórios de que trata o inciso XI do *caput* deste artigo, as parcelas de caráter indenizatório previstas em lei. (Incluído pela Emenda Constitucional nº 47, de 2005)

§ 12. Para os fins do disposto no inciso XI do *caput* deste artigo, fica facultado aos Estados e ao Distrito Federal fixar, em seu âmbito, mediante emenda às respectivas Constituições e Lei Orgânica, como limite único, o subsídio mensal dos Desembargadores do respectivo Tribunal de Justiça, limitado a noventa inteiros e vinte e cinco centésimos por cento do subsídio mensal dos Ministros do Supremo Tribunal Federal, não se aplicando o disposto neste parágrafo aos subsídios dos Deputados Estaduais e Distritais e dos Vereadores. (Incluído pela Emenda Constitucional nº 47, de 2005)

§ 13. O servidor público titular de cargo efetivo poderá ser readaptado para exercício de cargo cujas atribuições e responsabilidades sejam compatíveis com a limitação que tenha sofrido em sua capacidade física ou mental, enquanto permanecer nesta condição, desde que possua a habilitação e o nível de escolaridade exigidos para o cargo de destino, mantida a remuneração do cargo de origem. (Acrescido pela Emenda Constitucional nº 103, de 2019)

§ 14. A aposentadoria concedida com a utilização de tempo de contribuição decorrente de cargo, emprego ou função pública, inclusive do Regime Geral de Previdência Social, acarretará o rompimento do vínculo que gerou o referido tempo de contribuição. (Acrescido pela Emenda Constitucional nº 103, de 2019)

§ 15. É vedada a complementação de aposentadorias de servidores públicos e de pensões por morte a seus dependentes que não seja decorrente do disposto nos §§ 14 a 16 do art. 40 ou que não seja prevista em lei que extinga regime próprio de previdência social. (Acrescido pela Emenda Constitucional nº 103, de 2019)

§ 16. Os órgãos e entidades da administração pública, individual ou conjuntamente, devem realizar avaliação das políticas públicas, inclusive com divulgação do objeto a ser avaliado e dos resultados alcançados, na forma da lei. (Incluído pela Emenda Constitucional nº 109, de 2021)

ART. 38. Ao servidor público da administração direta, autárquica e fundacional, no exercício de mandato eletivo, aplicam-se as seguintes disposições: (Redação dada pela Emenda Constitucional nº 19, de 4-6-1998)

‣ *CF: art. 28.*

I – tratando-se de mandato eletivo federal, estadual ou distrital, ficará afastado de seu cargo, emprego ou função;

‣ *CF: art. 28, § 1º.*

II – investido no mandato de Prefeito, será afastado do cargo, emprego ou função, sendo-lhe facultado optar pela sua remuneração;

III – investido no mandato de Vereador, havendo compatibilidade de horários, perceberá as vantagens de seu cargo, emprego ou função, sem prejuízo da remuneração do cargo eletivo, e, não havendo compatibilidade, será aplicada a norma do inciso anterior;

IV – em qualquer caso que exija o afastamento para o exercício de mandato eletivo, seu tempo de serviço será contado para todos os efeitos legais, exceto para promoção por merecimento;

‣ *CF: art. 28, § 1º.*

V - na hipótese de ser segurado de regime próprio de previdência social, permanecerá filiado a esse regime, no ente federativo de origem. (Redação dada pela Emenda Constitucional nº 103, de 2019)

‣ *CF: art. 28, § 1º.*

SEÇÃO II. DOS SERVIDORES PÚBLICOS (Redação dada pela Emenda Constitucional nº 18, de 1998)

ART. 39. A União, os Estados, o Distrito Federal e os Municípios instituirão, no âmbito de sua competência, regime jurídico único e planos de carreira para os servidores da administração pública direta, das autarquias e das fundações públicas.

§ 1º. A fixação dos padrões de vencimento e dos demais componentes do sistema remuneratório observará: (Redação dada pela Emenda Constitucional nº 19, de 1998)

I – a natureza, o grau de responsabilidade e a complexidade dos cargos componentes de cada carreira; (Incluído pela Emenda Constitucional nº 19, de 1998)

II – os requisitos para a investidura; (Incluído pela Emenda Constitucional nº 19, de 1998)

III – as peculiaridades dos cargos. (Incluído pela Emenda Constitucional nº 19, de 1998)

§ 2º. A União, os Estados e o Distrito Federal manterão escolas de governo para a formação e o aperfeiçoamento dos servidores públicos, constituindo-se a participação nos cursos um dos requisitos para a promoção na carreira, facultada, para isso, a celebração de convênios ou contratos entre os entes federados. (Redação dada pela Emenda Constitucional nº 19, de 1998)

§ 3º. Aplica-se aos servidores ocupantes de cargo público o disposto no art. 7º, IV, VII, VIII, IX, XII, XIII, XV, XVI, XVII, XVIII, XIX, XX, XXII e XXX, podendo a lei estabelecer requisitos diferenciados de admissão quando a natureza do cargo o exigir. (Incluído pela Emenda Constitucional nº 19, de 1998)

§ 4º. O membro de Poder, o detentor de mandato eletivo, os Ministros de Estado e os Secretários Estaduais e Municipais serão remunerados exclusivamente por subsídio fixado em parcela única, vedado o acréscimo de qualquer gratificação, adicional, abono, prêmio, verba de representação ou outra espécie remuneratória, obedecido, em qualquer caso, o disposto no art. 37, X e XI. (Incluído pela Emenda Constitucional nº 19, de 1998)

‣ *CF: arts. 27, § 2º, 28, § 2º, 29, V e VI, 37, XV, 48, XV, 49, VII e VIII, 93, V, 95, III, 128, § 5º, I, c e 135.*

§ 5º. Lei da União, dos Estados, do Distrito Federal e dos Municípios poderá estabelecer a relação entre a maior e a menor remuneração dos servidores públicos, obedecido, em qualquer caso, o disposto no art. 37, XI. (Incluído pela Emenda Constitucional nº 19, de 1998)

§ 6º. Os Poderes Executivo, Legislativo e Judiciário publicarão anualmente os valores do subsídio e da remuneração dos cargos e empregos públicos. (Incluído pela Emenda Constitucional nº 19, de 1998)

§ 7º. Lei da União, dos Estados, do Distrito Federal e dos Municípios disciplinará a aplicação de recursos orçamentários provenientes da economia com despesas correntes em cada órgão, autarquia e fundação, para aplicação no desenvolvimento de programas de qualidade e produtividade, treinamento e desenvolvimento, modernização, reaparelhamento e racionalização do serviço público, inclusive sob a forma de adicional ou prêmio de produtividade. (Incluído pela Emenda Constitucional nº 19, de 1998)

§ 8º. A remuneração dos servidores públicos organizados em carreira poderá ser fixada nos termos do § 4º. (Incluído pela Emenda Constitucional nº 19, de 1998)

§ 9º É vedada a incorporação de vantagens de caráter temporário ou vinculadas ao exercício de função de confiança ou de cargo em comissão à remuneração do cargo efetivo. (Acrescido pela Emenda Constitucional nº 103, de 2019)

ART. 40. O regime próprio de previdência social dos servidores titulares de cargos efetivos terá caráter contributivo e solidário, mediante contribuição do respectivo ente federativo, de servidores ativos, de aposentados e de pensionistas, observados critérios que preservem o equilíbrio financeiro e atuarial. (Redação dada pela Emenda Constitucional nº 103, de 2019)

▸ CF: art. 37, § 10, 73, § 3º, e 93, VI.

§ 1º O servidor abrangido por regime próprio de previdência social será aposentado: (Redação dada pela Emenda Constitucional nº 103, de 2019)

I - por incapacidade permanente para o trabalho, no cargo em que estiver investido, quando insuscetível de readaptação, hipótese em que será obrigatória a realização de avaliações periódicas para verificação da continuidade das condições que ensejaram a concessão da aposentadoria, na forma de lei do respectivo ente federativo; (Redação dada pela Emenda Constitucional nº 103, de 2019)

II – compulsoriamente, com proventos proporcionais ao tempo de contribuição, aos 70 (setenta) anos de idade, ou aos 75 (setenta e cinco) anos de idade, na forma de lei complementar; (Redação dada pela Emenda Constitucional nº 88, de 2015)

III - no âmbito da União, aos 62 (sessenta e dois) anos de idade, se mulher, e aos 65 (sessenta e cinco) anos de idade, se homem, e, no âmbito dos Estados, do Distrito Federal e dos Municípios, na idade mínima estabelecida mediante emenda às respectivas Constituições e Leis Orgânicas, observados o tempo de contribuição e os demais requisitos estabelecidos em lei complementar do respectivo ente federativo. (Redação dada pela Emenda Constitucional nº 103, de 2019)

§ 2º Os proventos de aposentadoria não poderão ser inferiores ao valor mínimo a que se refere o § 2º do art. 201 ou superiores ao limite máximo estabelecido para o Regime Geral de Previdência Social, observado o disposto nos §§ 14 a 16. (Redação dada pela Emenda Constitucional nº 103, de 2019)

§ 3º As regras para cálculo de proventos de aposentadoria serão disciplinadas em lei do respectivo ente federativo. (Redação dada pela Emenda Constitucional nº 103, de 2019)

§ 4º É vedada a adoção de requisitos ou critérios diferenciados para concessão de benefícios em regime próprio de previdência social, ressalvado o disposto nos §§ 4º-A, 4º-B, 4º-C e 5º. (Redação dada pela Emenda Constitucional nº 103, de 2019)

§ 4º-A. Poderão ser estabelecidos por lei complementar do respectivo ente federativo idade e tempo de contribuição diferenciados para aposentadoria de servidores com deficiência, previamente submetidos a avaliação biopsicossocial realizada por equipe multiprofissional e interdisciplinar. (Acrescido pela Emenda Constitucional nº 103, de 2019)

§ 4º-B. Poderão ser estabelecidos por lei complementar do respectivo ente federativo idade e tempo de contribuição diferenciados para aposentadoria de ocupantes do cargo de agente penitenciário, de agente socioeducativo ou de policial dos órgãos de que tratam o inciso IV do caput do art. 51, o inciso XIII do caput do art. 52 e os incisos I a IV do caput do art. 144. (Acrescido pela Emenda Constitucional nº 103, de 2019)

§ 4º-C. Poderão ser estabelecidos por lei complementar do respectivo ente federativo idade e tempo de contribuição diferenciados para aposentadoria de servidores cujas atividades sejam exercidas com efetiva exposição a agentes químicos, físicos e biológicos prejudiciais à saúde, ou associação desses agentes, vedada a caracterização por categoria profissional ou ocupação. (Acrescido pela Emenda Constitucional nº 103, de 2019)

§ 5º Os ocupantes do cargo de professor terão idade mínima reduzida em 5 (cinco) anos em relação às idades decorrentes da aplicação do disposto no inciso III do § 1º, desde que comprovem tempo de efetivo exercício das funções de magistério na educação infantil e no ensino fundamental e médio fixado em lei complementar do respectivo ente federativo. (Redação dada pela Emenda Constitucional nº 103, de 2019)

§ 6º Ressalvadas as aposentadorias decorrentes dos cargos acumuláveis na forma desta Constituição, é vedada a percepção de mais de uma aposentadoria à conta de regime próprio de previdência social, aplicando-se outras vedações, regras e condições para a acumulação de benefícios previdenciários estabelecidas no Regime Geral de Previdência Social. (Redação dada pela Emenda Constitucional nº 103, de 2019)

§ 7º Observado o disposto no § 2º do art. 201, quando se tratar da única fonte de renda formal auferida pelo dependente, o benefício de pensão por morte será concedido nos termos de lei do respectivo ente federativo, a qual tratará de forma diferenciada a hipótese de morte dos servidores de que trata o § 4º-B decorrente de agressão sofrida no exercício ou em razão da função. (Redação dada pela Emenda Constitucional nº 103, de 2019)

§ 8º. É assegurado o reajustamento dos benefícios para preservar-lhes, em caráter permanente, o valor real, conforme critérios estabelecidos em lei. (Redação dada pela Emenda Constitucional nº 41, de 2003)

§ 9º O tempo de contribuição federal, estadual, distrital ou municipal será contado para fins de aposentadoria, observado o disposto nos §§ 9º e 9º-A do art. 201, e o tempo de serviço correspondente será contado para fins de disponibilidade. (Redação dada pela Emenda Constitucional nº 103, de 2019)

▸ CF: art. 42, § 1º.

§ 10. A lei não poderá estabelecer qualquer forma de contagem de tempo de contribuição fictício. (Incluído pela Emenda Constitucional nº 20, de 1998)

§ 11. Aplica-se o limite fixado no art. 37, XI, à soma total dos proventos de inatividade, inclusive quando decorrentes da acumulação de cargos ou empregos públicos, bem como de outras atividades sujeitas a contribuição para o regime geral de previdência social, e ao montante resultante da adição de proventos de inatividade com remuneração de cargo acumulável na forma desta Constituição, cargo em comissão declarado em lei de livre nomeação e exoneração, e de cargo eletivo. (Incluído pela Emenda Constitucional nº 20, de 1998)

§ 12. Além do disposto neste artigo, serão observados, em regime próprio de previdência social, no que couber, os requisitos e critérios fixados para o Regime Geral de Previdência Social. (Redação dada pela Emenda Constitucional nº 103, de 2019)

§ 13. Aplica-se ao agente público ocupante, exclusivamente, de cargo em comissão declarado em lei de livre nomeação e exoneração, de outro cargo temporário, inclusive mandato eletivo, ou de emprego público, o Regime

Geral de Previdência Social. (Redação dada pela Emenda Constitucional nº 103, de 2019)

§ 14. A União, os Estados, o Distrito Federal e os Municípios instituirão, por lei de iniciativa do respectivo Poder Executivo, regime de previdência complementar para servidores públicos ocupantes de cargo efetivo, observado o limite máximo dos benefícios do Regime Geral de Previdência Social para o valor das aposentadorias e das pensões em regime próprio de previdência social, ressalvado o disposto no § 16. (Redação dada pela Emenda Constitucional nº 103, de 2019)

§ 15. O regime de previdência complementar de que trata o § 14 oferecerá plano de benefícios somente na modalidade contribuição definida, observará o disposto no art. 202 e será efetivado por intermédio de entidade fechada de previdência complementar ou de entidade aberta de previdência complementar. (Redação dada pela Emenda Constitucional nº 103, de 2019)

§ 16. Somente mediante sua prévia e expressa opção, o disposto nos §§ 14 e 15 poderá ser aplicado ao servidor que tiver ingressado no serviço público até a data da publicação do ato de instituição do correspondente regime de previdência complementar. (Incluído pela Emenda Constitucional nº 20, de 1998)

§ 17. Todos os valores de remuneração considerados para o cálculo do benefício previsto no § 3º serão devidamente atualizados, na forma da lei. (Redação dada pela Emenda Constitucional nº 41, de 2003)

§ 18. Incidirá contribuição sobre os proventos de aposentadorias e pensões concedidas pelo regime de que trata este artigo que superem o limite máximo estabelecido para os benefícios do regime geral de previdência social de que trata o art. 201, com percentual igual ao estabelecido para os servidores titulares de cargos efetivos. (Incluído pela Emenda Constitucional nº 41, de 2003)

§ 19. Observados critérios a serem estabelecidos em lei do respectivo ente federativo, o servidor titular de cargo efetivo que tenha completado as exigências para a aposentadoria voluntária e que opte por permanecer em atividade poderá fazer jus a um abono de permanência equivalente, no máximo, ao valor da sua contribuição previdenciária, até completar a idade para aposentadoria compulsória. (Redação dada pela Emenda Constitucional nº 103, de 2019)

§ 20. É vedada a existência de mais de um regime próprio de previdência social e de mais de um órgão ou entidade gestora desse regime em cada ente federativo, abrangidos todos os poderes, órgãos e entidades autárquicas e fundacionais, que serão responsáveis pelo seu financiamento, observados os critérios, os parâmetros e a natureza jurídica definidos na lei complementar de que trata o § 22. (Redação dada pela Emenda Constitucional nº 103, de 2019)

§ 21. (Revogado pela Emenda Constitucional nº 103, de 2019)

§ 22. Vedada a instituição de novos regimes próprios de previdência social, lei complementar federal estabelecerá, para os que já existam, normas gerais de organização, de funcionamento e de responsabilidade em sua gestão, dispondo, entre outros aspectos, sobre: (Acrescido pela Emenda Constitucional nº 103, de 2019)

I - requisitos para sua extinção e consequente migração para o Regime Geral de Previdência Social;

II - modelo de arrecadação, de aplicação e de utilização dos recursos;

III - fiscalização pela União e controle externo e social;

IV - definição de equilíbrio financeiro e atuarial;

V - condições para instituição do fundo com finalidade previdenciária de que trata o art. 249 e para vinculação a ele dos recursos provenientes de contribuições e dos bens, direitos e ativos de qualquer natureza;

VI - mecanismos de equacionamento do deficit atuarial;

VII - estruturação do órgão ou entidade gestora do regime, observados os princípios relacionados com governança, controle interno e transparência;

VIII - condições e hipóteses para responsabilização daqueles que desempenhem atribuições relacionadas, direta ou indiretamente, com a gestão do regime;

IX - condições para adesão a consórcio público;

X - parâmetros para apuração da base de cálculo e definição de alíquota de contribuições ordinárias e extraordinárias.

ART. 41. São estáveis após três anos de efetivo exercício os servidores nomeados para cargo de provimento efetivo em virtude de concurso público. (Redação dada pela Emenda Constitucional nº 19, de 1998)

§ 1º. O servidor público estável só perderá o cargo: (Redação dada pela Emenda Constitucional nº 19, de 1998)

I – em virtude de sentença judicial transitada em julgado; (Incluído pela Emenda Constitucional nº 19, de 1998)

II – mediante processo administrativo em que lhe seja assegurada ampla defesa; (Incluído pela Emenda Constitucional nº 19, de 1998) III – mediante procedimento de avaliação periódica de desempenho, na forma de lei complementar, assegurada ampla defesa. (Incluído pela Emenda Constitucional nº 19, de 1998)

▸ *CF: arts. 198, § 6º, e 247.*

§ 2º. Invalidada por sentença judicial a demissão do servidor estável, será ele reintegrado, e o eventual ocupante da vaga, se estável, reconduzido ao cargo de origem, sem direito a indenização, aproveitado em outro cargo ou posto em disponibilidade com remuneração proporcional ao tempo de serviço. (Redação dada pela Emenda Constitucional nº 19, de 1998)

§ 3º. Extinto o cargo ou declarada a sua desnecessidade, o servidor estável ficará em disponibilidade, com remuneração proporcional ao tempo de serviço, até seu adequado aproveitamento em outro cargo. (Redação dada pela Emenda Constitucional nº 19, de 1998)

§ 4º. Como condição para a aquisição da estabilidade, é obrigatória a avaliação especial de desempenho por comissão instituída para essa finalidade. (Redação dada pela Emenda Constitucional nº 19, de 1998)

SEÇÃO III. DOS MILITARES DOS ESTADOS, DO DISTRITO FEDERAL E DOS TERRITÓRIOS

(Redação dada pela Emenda Constitucional nº 18, de 05-02-1998)

ART. 42. Os membros das Polícias Militares e Corpos de Bombeiros Militares, instituições organizadas com base na hierarquia e disciplina, são militares dos Estados, do Distrito Federal e dos Territórios. (Redação dada pela Emenda Constitucional nº 18, de 1998)

▸ CF: art. 37, § 10.

§ 1º. Aplicam-se aos militares dos Estados, do Distrito Federal e dos Territórios, além do que vier a ser fixado em lei, as disposições do art. 14, § 8º; do art. 40, § 9º; e do art. 142, §§ 2º e 3º, cabendo a lei estadual específica dispor sobre as matérias do art. 142, § 3º, inciso X, sendo as patentes dos oficiais conferidas pelos respectivos governadores. (Redação dada pela Emenda Constitucional nº 20, de 15/12/98)

§ 2º. Aos pensionistas dos militares dos Estados, do Distrito Federal e dos Territórios aplica-se o que for fixado em lei específica do respectivo ente estatal. (Redação dada pela Emenda Constitucional nº 41, 19.12.2003)

§ 3º Aplica-se aos militares dos Estados, do Distrito Federal e dos Territórios o disposto no art. 37, inciso XVI, com prevalência da atividade militar. (Acrescido pela Emenda Constitucional nº 101, de 2019)

SEÇÃO IV. DAS REGIÕES

ART. 43. Para efeitos administrativos, a União poderá articular sua ação em um mesmo complexo geoeconômico e social, visando a seu desenvolvimento e à redução das desigualdades regionais.

§ 1º. Lei complementar disporá sobre:

I – as condições para integração de regiões em desenvolvimento;

II – a composição dos organismos regionais que executarão, na forma da lei, os planos regionais, integrantes dos planos nacionais de desenvolvimento econômico e social, aprovados juntamente com estes.

§ 2º. Os incentivos regionais compreenderão, além de outros, na forma da lei:

I - igualdade de tarifas, fretes, seguros e outros itens de custos e preços de responsabilidade do Poder Público;

II – juros favorecidos para financiamento de atividades prioritárias;

III – isenções, reduções ou diferimento temporário de tributos federais devidos por pessoas físicas ou jurídicas;

IV – prioridade para o aproveitamento econômico e social dos rios e das massas de água represadas ou represáveis nas regiões de baixa renda, sujeitas a secas periódicas.

§ 3º. Nas áreas a que se refere o § 2º, IV, a União incentivará a recuperação de terras áridas e cooperará com os pequenos e médios proprietários rurais para o estabelecimento, em suas glebas, de fontes de água e de pequena irrigação.

TÍTULO IV. DA ORGANIZAÇÃO DOS PODERES

(Redação dada pela Emenda Constitucional nº 80, de 2014)

CAPÍTULO I. DO PODER LEGISLATIVO

SEÇÃO I. DO CONGRESSO NACIONAL

ART. 44. O Poder Legislativo é exercido pelo Congresso Nacional, que se compõe da Câmara dos Deputados e do Senado Federal.

Parágrafo único. Cada legislatura terá a duração de quatro anos.

ART. 45. A Câmara dos Deputados compõe-se de representantes do povo, eleitos, pelo sistema proporcional, em cada Estado, em cada Território e no Distrito Federal.

§ 1º. O número total de Deputados, bem como a representação por Estado e pelo Distrito Federal, será estabelecido por lei complementar, proporcionalmente à população, procedendo-se aos ajustes necessários, no ano anterior às eleições, para que nenhuma daquelas unidades da Federação tenha menos de oito ou mais de setenta Deputados.

§ 2º. Cada Território elegerá quatro Deputados.

ART. 46. O Senado Federal compõe-se de representantes dos Estados e do Distrito Federal, eleitos segundo o princípio majoritário.

§ 1º. Cada Estado e o Distrito Federal elegerão três Senadores, com mandato de oito anos.

§ 2º. A representação de cada Estado e do Distrito Federal será renovada de quatro em quatro anos, alternadamente, por um e dois terços.

§ 3º. Cada Senador será eleito com dois suplentes.

ART. 47. Salvo disposição constitucional em contrário, as deliberações de cada Casa e de suas Comissões serão tomadas por maioria dos votos, presente a maioria absoluta de seus membros.

SEÇÃO II. DAS ATRIBUIÇÕES DOS CONGRESSO NACIONAL

ART. 48. Cabe ao Congresso Nacional, com a sanção do Presidente da República, não exigida esta para o especificado nos arts. 49, 51 e 52, dispor sobre todas as matérias de competência da União, especialmente sobre:

I – sistema tributário, arrecadação e distribuição de rendas;

II – plano plurianual, diretrizes orçamentárias, orçamento anual, operações de crédito, dívida pública e emissões de curso forçado;

III – fixação e modificação do efetivo das Forças Armadas;

IV – planos e programas nacionais, regionais e setoriais de desenvolvimento;

V – limites do território nacional, espaço aéreo e marítimo e bens do domínio da União;

VI – incorporação, subdivisão ou desmembramento de áreas de Territórios ou Estados, ouvidas as respectivas Assembleias Legislativas;

VII – transferência temporária da sede do Governo Federal;

VIII – concessão de anistia;

▸ Lei nº 7.210, de 11-07-1984, art. 187, Lei de Execução Penal.

IX – organização administrativa, judiciária, do Ministério Público e da Defensoria Pública da União e dos Territórios e organização judiciária e do Ministério Público do Distrito Federal; (Redação dada pela Emenda Constitucional nº 69, de 2012)

X – criação, transformação e extinção de cargos, empregos e funções públicas, observado o que estabelece o art. 84, VI, *b*; (Redação dada pela Emenda Constitucional nº 32, de 2001)

XI – criação e extinção de Ministérios e órgãos da administração pública; (Redação dada pela Emenda Constitucional nº 32, de 2001)

XII – telecomunicações e radiodifusão;

XIII – matéria financeira, cambial e monetária, instituições financeiras e suas operações;

XIV – moeda, seus limites de emissão, e montante da dívida mobiliária federal.

XV – fixação do subsídio dos Ministros do Supremo Tribunal Federal, observado o que dispõem os arts. 39, § 4º; 150, II; 153, III; e 153, § 2º, I. (Redação dada pela Emenda Constitucional nº 41, 19.12.2003)

ART. 49. É da competência exclusiva do Congresso Nacional:

▸ CF: art. 48.

I – resolver definitivamente sobre tratados, acordos ou atos internacionais que acarretem encargos ou compromissos gravosos ao patrimônio nacional;

II – autorizar o Presidente da República a declarar guerra, a celebrar a paz, a permitir que forças estrangeiras transitem pelo território nacional ou nele permaneçam temporariamente, ressalvados os casos previstos em lei complementar;

III – autorizar o Presidente e o Vice-Presidente da República a se ausentarem do País, quando a ausência exceder a quinze dias;

IV – aprovar o estado de defesa e a intervenção federal, autorizar o estado de sítio, ou suspender qualquer uma dessas medidas;

V – sustar os atos normativos do Poder Executivo que exorbitem do poder regulamentar ou dos limites de delegação legislativa;

VI – mudar temporariamente sua sede;

VII – fixar idêntico subsídio para os Deputados Federais e os Senadores, observado o que dispõem os arts. 37, XI, 39, § 4º, 150, II, 153, III, e 153, § 2º, I; (Redação dada pela Emenda Constitucional nº 19, de 1998)

VIII – fixar os subsídios do Presidente e do Vice-Presidente da República e dos Ministros de Estado, observado o que dispõem os arts. 37, XI, 39, § 4º, 150, II, 153, III, e 153, § 2º, I; (Redação dada pela Emenda Constitucional nº 19, de 1998)

IX – julgar anualmente as contas prestadas pelo Presidente da República e apreciar os relatórios sobre a execução dos planos de governo;

X – fiscalizar e controlar, diretamente, ou por qualquer de suas Casas, os atos do Poder Executivo, incluídos os da administração indireta;

XI – zelar pela preservação de sua competência legislativa em face da atribuição normativa dos outros Poderes;

XII – apreciar os atos de concessão e renovação de concessão de emissoras de rádio e televisão;

XIII – escolher dois terços dos membros do Tribunal de Contas da União;

XIV – aprovar iniciativas do Poder Executivo referentes a atividades nucleares;

XV – autorizar referendo e convocar plebiscito;

XVI – autorizar, em terras indígenas, a exploração e o aproveitamento de recursos hídricos e a pesquisa e lavra de riquezas minerais;

XVII – aprovar, previamente, a alienação ou concessão de terras públicas com área superior a dois mil e quinhentos hectares.

XVIII - decretar o estado de calamidade pública de âmbito nacional previsto nos arts. 167-B, 167-C, 167-D, 167-E, 167-F e 167-G desta Constituição. (Incluído pela Emenda Constitucional nº 109, de 2021)

ART. 50. A Câmara dos Deputados e o Senado Federal, ou qualquer de suas Comissões, poderão convocar Ministro de Estado ou quaisquer titulares de órgãos diretamente subordinados à Presidência da República para prestarem, pessoalmente, informações sobre assunto previamente determinado, importando crime de responsabilidade a ausência sem justificação adequada. (Redação dada pela Emenda Constitucional de Revisão nº 2, de 1994)

§ 1º. Os Ministros de Estado poderão comparecer ao Senado Federal, à Câmara dos Deputados, ou a qualquer de suas Comissões, por sua iniciativa e mediante entendimentos com a Mesa respectiva, para expor assunto de relevância de seu Ministério.

§ 2º. As Mesas da Câmara dos Deputados e do Senado Federal poderão encaminhar pedidos escritos de informações a Ministros de Estado ou a qualquer das pessoas referidas no *caput* deste artigo, importando em crime de responsabilidade a recusa, ou o não – atendimento, no prazo de trinta dias, bem como a prestação de informações falsas. (Redação dada pela Emenda Constitucional de Revisão nº 2, de 1994)

SEÇÃO III.
DA CÂMARA DOS DEPUTADOS

ART. 51. Compete privativamente à Câmara dos Deputados:

▸ CF: art. 48.

I – autorizar, por dois terços de seus membros, a instauração de processo contra o Presidente e o Vice-Presidente da República e os Ministros de Estado;

II – proceder à tomada de contas do Presidente da República, quando não apresentadas ao Congresso Nacional dentro de sessenta dias após a abertura da sessão legislativa;

III – elaborar seu regimento interno;

IV – dispor sobre sua organização, funcionamento, polícia, criação, transformação ou extinção dos cargos, empregos e funções de seus serviços, e a iniciativa de lei para fixação da respectiva remuneração, observados os parâmetros estabelecidos na lei de diretrizes orçamentárias; (Redação dada pela Emenda Constitucional nº 19, de 1998)

V – eleger membros do Conselho da República, nos termos do art. 89, VII.

SEÇÃO IV. DO SENADO FEDERAL

ART. 52. Compete privativamente ao Senado Federal:

▸ *CF: art. 48.*

I – processar e julgar o Presidente e o Vice-Presidente da República nos crimes de responsabilidade, bem como os Ministros de Estado e os Comandantes da Marinha, do Exército e da Aeronáutica nos crimes da mesma natureza conexos com aqueles; (Redação dada pela Emenda Constitucional nº 23, de 1999)

▸ *CF: art. 102, I, c.*

▸ *Lei nº 1.079, de 10-04-1950, define os crimes de responsabilidade e regula o respectivo processo de julgamento.*

II – processar e julgar os Ministros do Supremo Tribunal Federal, os membros do Conselho Nacional de Justiça e do Conselho Nacional do Ministério Público, o Procurador-Geral da República e o Advogado-Geral da União nos crimes de responsabilidade; (Redação dada pela Emenda Constitucional nº 45, de 2004)

▸ *CF: art. 103-B, 130-A, 131 e 132.*

III – aprovar previamente, por voto secreto, após arguição pública, a escolha de:

a) Magistrados, nos casos estabelecidos nesta Constituição;

b) Ministros do Tribunal de Contas da União indicados pelo Presidente da República;

c) Governador de Território;

d) Presidente e diretores do banco central;

e) Procurador-Geral da República;

f) titulares de outros cargos que a lei determinar;

IV – aprovar previamente, por voto secreto, após arguição em sessão secreta, a escolha dos chefes de missão diplomática de caráter permanente;

V – autorizar operações externas de natureza financeira, de interesse da União, dos Estados, do Distrito Federal, dos Territórios e dos Municípios;

VI – fixar, por proposta do Presidente da República, limites globais para o montante da dívida consolidada da União, dos Estados, do Distrito Federal e dos Municípios;

VII – dispor sobre limites globais e condições para as operações de crédito externo e interno da União, dos Estados, do Distrito Federal e dos Municípios, de suas autarquias e demais entidades controladas pelo Poder Público federal;

VIII – dispor sobre limites e condições para a concessão de garantia da União em operações de crédito externo e interno;

IX – estabelecer limites globais e condições para o montante da dívida mobiliária dos Estados, do Distrito Federal e dos Municípios;

X – suspender a execução, no todo ou em parte, de lei declarada inconstitucional por decisão definitiva do Supremo Tribunal Federal;

XI – aprovar, por maioria absoluta e por voto secreto, a exoneração, de ofício, do Procurador-Geral da República antes do término de seu mandato;

XII – elaborar seu regimento interno;

XIII – dispor sobre sua organização, funcionamento, polícia, criação, transformação ou extinção dos cargos, empregos e funções de seus serviços, e a iniciativa de lei para fixação da respectiva remuneração, observados os parâmetros estabelecidos na lei de diretrizes orçamentárias; (Redação dada pela Emenda Constitucional nº 19, de 1998)

XIV – eleger membros do Conselho da República, nos termos do art. 89, VII.

XV – avaliar periodicamente a funcionalidade do Sistema Tributário Nacional, em sua estrutura e seus componentes, e o desempenho das administrações tributárias da União, dos Estados e do Distrito Federal e dos Municípios. (Incluído pela Emenda Constitucional nº 42, de 2003)

Parágrafo único. Nos casos previstos nos incisos I e II, funcionará como Presidente o do Supremo Tribunal Federal, limitando-se a condenação, que somente será proferida por dois terços dos votos do Senado Federal, à perda do cargo, com inabilitação, por oito anos, para o exercício de função pública, sem prejuízo das demais sanções judiciais cabíveis.

SEÇÃO V. DOS DEPUTADOS E DOS SENADORES

ART. 53. Os Deputados e Senadores são invioláveis, civil e penalmente, por quaisquer de suas opiniões, palavras e votos. (Redação dada pela Emenda Constitucional nº 35, de 2001)

▸ *Súmula nº 245 do STF.*

▸ *Lei nº 9.504, de 30-09-1997, estabelece normas para as eleições.*

§ 1º. Os Deputados e Senadores, desde a expedição do diploma, serão submetidos a julgamento perante o Supremo Tribunal Federal. (Redação dada pela Emenda Constitucional nº 35, de 2001)

▸ *CF: art. 102, I, b.*

▸ *CPP: art. 4º, parágrafo único.*

§ 2º. Desde a expedição do diploma, os membros do Congresso Nacional não poderão ser presos, salvo em flagrante de crime inafiançável. Nesse caso, os autos serão remetidos dentro de vinte e quatro horas à Casa respectiva, para que, pelo voto da maioria de seus membros, resolva sobre a prisão. (Redação dada pela Emenda Constitucional nº 35, de 2001)

▸ *CF: arts. 5º, XLII, XLIII, XLIV e 27, § 1º.*

▸ *CPP: arts. 4º, parágrafo único, 301, 310, I, 323 e 395.*

§ 3º. Recebida a denúncia contra o Senador ou Deputado, por crime ocorrido após a diplomação, o Supremo Tribunal Federal dará ciência à Casa respectiva, que, por iniciativa de partido político nela representado e pelo voto da maioria de seus membros, poderá, até a decisão final, sustar o andamento da ação. (Redação dada pela Emenda Constitucional nº 35, de 2001)

§ 4º. O pedido de sustação será apreciado pela Casa respectiva no prazo improrrogável de quarenta e cinco dias do seu recebimento pela Mesa Diretora. (Redação dada pela Emenda Constitucional nº 35, de 2001)

§ 5º. A sustação do processo suspende a prescrição, enquanto durar o mandato. (Redação dada pela Emenda Constitucional nº 35, de 2001)

§ 6º. Os Deputados e Senadores não serão obrigados a testemunhar sobre informações recebidas ou prestadas em razão do exercício do mandato, nem sobre as pessoas que lhes confiaram ou deles receberam informações. (Redação dada pela Emenda Constitucional nº 35, de 2001)

§ 7º. A incorporação às Forças Armadas de Deputados e Senadores, embora militares e ainda que em tempo de guerra, dependerá de prévia licença da Casa respectiva. (Redação dada pela Emenda Constitucional nº 35, de 2001)

§ 8º. As imunidades de Deputados ou Senadores subsistirão durante o estado de sítio, só podendo ser suspensas mediante o voto de dois terços dos membros da Casa respectiva, nos casos de atos praticados fora do recinto do Congresso Nacional, que sejam incompatíveis com a execução da medida. (Redação dada pela Emenda Constitucional nº 35, de 2001)

▸ *CF: art. 137 a 141.*

▸ *CP: art. 138 a 145.*

ART. 54. Os Deputados e Senadores não poderão:

I – desde a expedição do diploma:

a) firmar ou manter contrato com pessoa jurídica de direito público, autarquia, empresa pública, sociedade de economia mista ou empresa concessionária de serviço público, salvo quando o contrato obedecer a cláusulas uniformes;

b) aceitar ou exercer cargo, função ou emprego remunerado, inclusive os de que sejam demissíveis "ad nutum", nas entidades constantes da alínea anterior;

II – desde a posse:

a) ser proprietários, controladores ou diretores de empresa que goze de favor decorrente de contrato com pessoa jurídica de direito público, ou nela exercer função remunerada;

b) ocupar cargo ou função de que sejam demissíveis "ad nutum", nas entidades referidas no inciso I, "a";

c) patrocinar causa em que seja interessada qualquer das entidades a que se refere o inciso I, "a";

d) ser titulares de mais de um cargo ou mandato público eletivo.

ART. 55. Perderá o mandato o Deputado ou Senador:

I – que infringir qualquer das proibições estabelecidas no artigo anterior;

II – cujo procedimento for declarado incompatível com o decoro parlamentar;

III – que deixar de comparecer, em cada sessão legislativa, à terça parte das sessões ordinárias da Casa a que pertencer, salvo licença ou missão por esta autorizada;

IV – que perder ou tiver suspensos os direitos políticos;

V – quando o decretar a Justiça Eleitoral, nos casos previstos nesta Constituição;

VI – que sofrer condenação criminal em sentença transitada em julgado.

▸ *CP: art. 92, I do CP.*

§ 1º. É incompatível com o decoro parlamentar, além dos casos definidos no regimento interno, o abuso das prerrogativas asseguradas a membro do Congresso Nacional ou a percepção de vantagens indevidas.

§ 2º. Nos casos dos incisos I, II e VI, a perda do mandato será decidida pela Câmara dos Deputados ou pelo Senado Federal, por maioria absoluta, mediante provocação da respectiva Mesa ou de partido político representado no Congresso Nacional, assegurada ampla defesa. (Redação dada pela Emenda Constitucional nº 76, de 2013)

§ 3º. Nos casos previstos nos incisos III a V, a perda será declarada pela Mesa da Casa respectiva, de ofício ou mediante provocação de qualquer de seus membros, ou de partido político representado no Congresso Nacional, assegurada ampla defesa.

§ 4º. A renúncia de parlamentar submetido a processo que vise ou possa levar à perda do mandato, nos termos deste artigo, terá seus efeitos suspensos até as deliberações finais de que tratam os §§ 2º e 3º. (Incluído pela Emenda Constitucional de Revisão nº 6, de 2001)

ART. 56. Não perderá o mandato o Deputado ou Senador:

I – investido no cargo de Ministro de Estado, Governador de Território, Secretário de Estado, do Distrito Federal, de Território, de Prefeitura de Capital ou chefe de missão diplomática temporária;

II – licenciado pela respectiva Casa por motivo de doença, ou para tratar, sem remuneração, de interesse particular, desde que, neste caso, o afastamento não ultrapasse cento e vinte dias por sessão legislativa.

§ 1º. O suplente será convocado nos casos de vaga, de investidura em funções previstas neste artigo ou de licença superior a cento e vinte dias.

§ 2º. Ocorrendo vaga e não havendo suplente, far-se-á eleição para preenchê-la se faltarem mais de quinze meses para o término do mandato.

§ 3º. Na hipótese do inciso I, o Deputado ou Senador poderá optar pela remuneração do mandato.

SEÇÃO VI. DAS REUNIÕES

ART. 57. O Congresso Nacional reunir-se-á, anualmente, na Capital Federal, de 2 de fevereiro a 17 de julho e de 1º de agosto a 22 de dezembro. (Redação dada pela Emenda Constitucional nº 50, de 2006)

§ 1º. As reuniões marcadas para essas datas serão transferidas para o primeiro dia útil subsequente, quando recaírem em sábados, domingos ou feriados.

§ 2º. A sessão legislativa não será interrompida sem a aprovação do projeto de lei de diretrizes orçamentárias.

§ 3º. Além de outros casos previstos nesta Constituição, a Câmara dos Deputados e o Senado Federal reunir-se-ão em sessão conjunta para:

I – inaugurar a sessão legislativa;

II – elaborar o regimento comum e regular a criação de serviços comuns às duas Casas;

III – receber o compromisso do Presidente e do Vice-Presidente da República;

IV – conhecer do veto e sobre ele deliberar.

§ 4º. Cada uma das Casas reunir-se-á em sessões preparatórias, a partir de 1º de fevereiro, no primeiro ano da legislatura, para a posse de seus membros e eleição das respectivas Mesas, para mandato de 2 (dois) anos, vedada a recondução para o mesmo cargo na eleição imediatamente subsequente. (Redação dada pela Emenda Constitucional nº 50, de 2006)

§ 5º. A Mesa do Congresso Nacional será presidida pelo Presidente do Senado Federal, e os demais cargos serão exercidos, alternadamente, pelos ocupantes de cargos equivalentes na Câmara dos Deputados e no Senado Federal.

§ 6º. A convocação extraordinária do Congresso Nacional far-se-á: (Redação dada pela Emenda Constitucional nº 50, de 2006)

I – pelo Presidente do Senado Federal, em caso de decretação de estado de defesa ou de intervenção federal, de pedido de autorização para a decretação de estado de sítio e para o compromisso e a posse do Presidente e do Vice-Presidente – Presidente da República;

II – pelo Presidente da República, pelos Presidentes da Câmara dos Deputados e do Senado Federal ou a requerimento da maioria dos membros de ambas as Casas, em caso de urgência ou interesse público relevante, em todas as hipóteses deste inciso com a aprovação da maioria absoluta de cada uma das Casas do Congresso Nacional. (Redação dada pela Emenda Constitucional nº 50, de 2006)

§ 7º. Na sessão legislativa extraordinária, o Congresso Nacional somente deliberará sobre a matéria para a qual foi convocado, ressalvada a hipótese do § 8º deste artigo, vedado o pagamento de parcela indenizatória, em razão da convocação. (Redação dada pela Emenda Constitucional nº 50, de 2006)

§ 8º. Havendo medidas provisórias em vigor na data de convocação extraordinária do Congresso Nacional, serão elas automaticamente incluídas na pauta da convocação. (Incluído pela Emenda Constitucional nº 32, de 2001)

SEÇÃO VII. DAS COMISSÕES

ART. 58. O Congresso Nacional e suas Casas terão comissões permanentes e temporárias, constituídas na forma e com as atribuições previstas no respectivo regimento ou no ato de que resultar sua criação.

§ 1º. Na constituição das Mesas e de cada Comissão, é assegurada, tanto quanto possível, a representação proporcional dos partidos ou dos blocos parlamentares que participam da respectiva Casa.

§ 2º. Às comissões, em razão da matéria de sua competência, cabe:

I – discutir e votar projeto de lei que dispensar, na forma do regimento, a competência do Plenário, salvo se houver recurso de um décimo dos membros da Casa;

II – realizar audiências públicas com entidades da sociedade civil;

III – convocar Ministros de Estado para prestar informações sobre assuntos inerentes a suas atribuições;

IV – receber petições, reclamações, representações ou queixas de qualquer pessoa contra atos ou omissões das autoridades ou entidades públicas;

V – solicitar depoimento de qualquer autoridade ou cidadão;

VI – apreciar programas de obras, planos nacionais, regionais e setoriais de desenvolvimento e sobre eles emitir parecer.

§ 3º. As comissões parlamentares de inquérito, que terão poderes de investigação próprios das autoridades judiciais, além de outros previstos nos regimentos das respectivas Casas, serão criadas pela Câmara dos Deputados e pelo Senado Federal, em conjunto ou separadamente, mediante requerimento de um terço de seus membros, para a apuração de fato determinado e por prazo certo, sendo suas conclusões, se for o caso, encaminhadas ao Ministério Público, para que promova a responsabilidade civil ou criminal dos infratores.

▸ *Lei nº 1.579, de 18-03-1952, dispõe sobre as Comissões Parlamentares de Inquérito.*

§ 4º. Durante o recesso, haverá uma Comissão representativa do Congresso Nacional, eleita por suas Casas na última sessão ordinária do período legislativo, com atribuições definidas no regimento comum, cuja composição reproduzirá, quanto possível, a proporcionalidade da representação partidária.

SEÇÃO VIII. DO PROCESSO LEGISLATIVO

SUBSEÇÃO I. DISPOSIÇÃO GERAL

ART. 59. O processo legislativo compreende a elaboração de:

I – emendas à Constituição;

II – leis complementares;

III – leis ordinárias;

IV – leis delegadas;

V – medidas provisórias;

VI – decretos legislativos;

VII – resoluções.

Parágrafo único. Lei complementar disporá sobre a elaboração, redação, alteração e consolidação das leis.

SUBSEÇÃO II. DA EMENDA À CONSTITUIÇÃO

ART. 60. A Constituição poderá ser emendada mediante proposta:

I – de um terço, no mínimo, dos membros da Câmara dos Deputados ou do Senado Federal;

II – do Presidente da República;

III – de mais da metade das Assembleias Legislativas das unidades da Federação, manifestando-se, cada uma delas, pela maioria relativa de seus membros.

§ 1º. A Constituição não poderá ser emendada na vigência de intervenção federal, de estado de defesa ou de estado de sítio.

▸ *CF: arts. 34 a 36 e 136 a 141.*

§ 2º. A proposta será discutida e votada em cada Casa do Congresso Nacional, em dois turnos, considerando-se aprovada se obtiver, em ambos, três quintos dos votos dos respectivos membros.

§ 3º. A emenda à Constituição será promulgada pelas Mesas da Câmara dos Deputados e do Senado Federal, com o respectivo número de ordem.

§ 4º. Não será objeto de deliberação a proposta de emenda tendente a abolir:

I – a forma federativa de Estado;

II – o voto direto, secreto, universal e periódico;

▸ *CF: arts. 1º, 14 e 81, § 1º.*

III – a separação dos Poderes;

IV – os direitos e garantias individuais.

▸ *CF: art. 5º.*

§ 5º. A matéria constante de proposta de emenda rejeitada ou havida por prejudicada não pode ser objeto de nova proposta na mesma sessão legislativa.

SUBSEÇÃO III.
DAS LEIS

ART. 61. A iniciativa das leis complementares e ordinárias cabe a qualquer membro ou Comissão da Câmara dos Deputados, do Senado Federal ou do Congresso Nacional, ao Presidente da República, ao Supremo Tribunal Federal, aos Tribunais Superiores, ao Procurador-Geral da República e aos cidadãos, na forma e nos casos previstos nesta Constituição.

§ 1º. São de iniciativa privativa do Presidente da República as leis que:

I – fixem ou modifiquem os efetivos das Forças Armadas;

II – disponham sobre:

a) criação de cargos, funções ou empregos públicos na administração direta e autárquica ou aumento de sua remuneração;

b) organização administrativa e judiciária, matéria tributária e orçamentária, serviços públicos e pessoal da administração dos Territórios;

c) servidores públicos da União e Territórios, seu regime jurídico, provimento de cargos, estabilidade e aposentadoria; (Redação dada pela Emenda Constitucional nº 18, de 1998)

d) organização do Ministério Público e da Defensoria Pública da União, bem como normas gerais para a organização do Ministério Público e da Defensoria Pública dos Estados, do Distrito Federal e dos Territórios;

e) criação e extinção de Ministérios e órgãos da administração pública, observado o disposto no art. 84, VI; (Redação dada pela Emenda Constitucional nº 32, de 2001)

f) militares das Forças Armadas, seu regime jurídico, provimento de cargos, promoções, estabilidade, remuneração, reforma e transferência para a reserva. (Redação dada pela Emenda Constitucional nº 18, de 1998)

§ 2º. A iniciativa popular pode ser exercida pela apresentação à Câmara dos Deputados de projeto de lei subscrito por, no mínimo, um por cento do eleitorado nacional, distribuído pelo menos por cinco Estados, com não menos de três décimos por cento dos eleitores de cada um deles.

▸ *CF: arts. 29, XIII e 27, § 4º.*

ART. 62. Em caso de relevância e urgência, o Presidente da República poderá adotar medidas provisórias, com força de lei, devendo submetê-las de imediato ao Congresso Nacional. (Redação dada pela Emenda Constitucional nº 32, de 2001)

▸ *CF: arts. 167, § 3º e 246.*

§ 1º. É vedada a edição de medidas provisórias sobre matéria: (Incluído pela Emenda Constitucional nº 32, de 2001)

I – relativa a: (Incluído pela Emenda Constitucional nº 32, de 2001)

a) nacionalidade, cidadania, direitos políticos, partidos políticos e direito eleitoral; (Incluído pela Emenda Constitucional nº 32, de 2001)

b) direito penal, processual penal e processual civil; (Incluído pela Emenda Constitucional nº 32, de 2001)

c) organização do Poder Judiciário e do Ministério Público, a carreira e a garantia de seus membros; (Incluído pela Emenda Constitucional nº 32, de 2001)

d) planos plurianuais, diretrizes orçamentárias, orçamento e créditos adicionais e suplementares, ressalvado o previsto no art. 167, § 3º; (Incluído pela Emenda Constitucional nº 32, de 2001)

II – que vise a detenção ou sequestro de bens, de poupança popular ou qualquer outro ativo financeiro; (Incluído pela Emenda Constitucional nº 32, de 2001)

III – reservada a lei complementar; (Incluído pela Emenda Constitucional nº 32, de 2001)

IV – já disciplinada em projeto de lei aprovado pelo Congresso Nacional e pendente de sanção ou veto do Presidente da República. (Incluído pela Emenda Constitucional nº 32, de 2001)

§ 2º. Medida provisória que implique instituição ou majoração de impostos, exceto os previstos nos arts. 153, I, II, IV, V, e 154, II, só produzirá efeitos no exercício financeiro seguinte se houver sido convertida em lei até o último dia daquele em que foi editada. (Incluído pela Emenda Constitucional nº 32, de 2001)

§ 3º. As medidas provisórias, ressalvado o disposto nos §§ 11 e 12 perderão eficácia, desde a edição, se não forem convertidas em lei no prazo de sessenta dias, prorrogável, nos termos do § 7º, uma vez por igual período, devendo o Congresso Nacional disciplinar, por decreto legislativo, as relações jurídicas delas decorrentes. (Incluído pela Emenda Constitucional nº 32, de 2001)

§ 4º. O prazo a que se refere o § 3º contar-se-á da publicação da medida provisória, suspendendo-se durante os períodos de recesso do Congresso Nacional. (Incluído pela Emenda Constitucional nº 32, de 2001)

§ 5º. A deliberação de cada uma das Casas do Congresso Nacional sobre o mérito das medidas provisórias dependerá de juízo prévio sobre o atendimento de seus pressupostos constitucionais. (Incluído pela Emenda Constitucional nº 32, de 2001)

§ 6º. Se a medida provisória não for apreciada em até quarenta e cinco dias contados de sua publicação, entrará em regime de urgência, subsequentemente, em cada uma das Casas do Congresso Nacional, ficando sobrestadas, até que se ultime a votação, todas as demais deliberações legislativas da Casa em que estiver tramitando. (Incluído pela Emenda Constitucional nº 32, de 2001)

§ 7º. Prorrogar-se-á uma única vez por igual período a vigência de medida provisória que, no prazo de sessenta dias, contado de sua publicação, não tiver a sua votação encerrada nas duas Casas do Congresso Nacional. (Incluído pela Emenda Constitucional nº 32, de 2001)

§ 8º. As medidas provisórias terão sua votação iniciada na Câmara dos Deputados. (Incluído pela Emenda Constitucional nº 32, de 2001)

§ 9º. Caberá à comissão mista de Deputados e Senadores examinar as medidas provisórias e sobre elas emitir parecer, antes de serem apreciadas, em sessão separada, pelo plenário de cada uma das Casas do Congresso Nacional. (Incluído pela Emenda Constitucional nº 32, de 2001)

§ 10. É vedada a reedição, na mesma sessão legislativa, de medida provisória que tenha sido rejeitada ou que tenha perdido sua eficácia por decurso de prazo. (Incluído pela Emenda Constitucional nº 32, de 2001)

§ 11. Não editado o decreto legislativo a que se refere o § 3º até sessenta dias após a rejeição ou perda de eficácia de medida provisória, as relações jurídicas constituídas e decorrentes de atos praticados durante sua vigência conservar-se-ão por ela regidas. (Incluído pela Emenda Constitucional nº 32, de 2001)

§ 12. Aprovado projeto de lei de conversão alterando o texto original da medida provisória, esta manter-se-á integralmente em vigor até que seja sancionado ou vetado o projeto. (Incluído pela Emenda Constitucional nº 32, de 2001)

ART. 63. Não será admitido aumento da despesa prevista:

I – nos projetos de iniciativa exclusiva do Presidente da República, ressalvado o disposto no art. 166, § 3º e § 4º;

II – nos projetos sobre organização dos serviços administrativos da Câmara dos Deputados, do Senado Federal, dos Tribunais Federais e do Ministério Público.

ART. 64. A discussão e votação dos projetos de lei de iniciativa do Presidente da República, do Supremo Tribunal Federal e dos Tribunais Superiores terão início na Câmara dos Deputados.

§ 1º. O Presidente da República poderá solicitar urgência para apreciação de projetos de sua iniciativa.

§ 2º. Se, no caso do § 1º, a Câmara dos Deputados e o Senado Federal não se manifestarem sobre a proposição, cada qual sucessivamente, em até quarenta e cinco dias, sobrestar-se-ão todas as demais deliberações legislativas da respectiva Casa, com exceção das que tenham prazo constitucional determinado, até que se ultime a votação. (Redação dada pela Emenda Constitucional nº 32, de 2001)

§ 3º. A apreciação das emendas do Senado Federal pela Câmara dos Deputados far-se-á no prazo de dez dias, observado quanto ao mais o disposto no parágrafo anterior.

§ 4º. Os prazos do § 2º não correm nos períodos de recesso do Congresso Nacional, nem se aplicam aos projetos de código.

ART. 65. O projeto de lei aprovado por uma Casa será revisto pela outra, em um só turno de discussão e votação, e enviado à sanção ou promulgação, se a Casa revisora o aprovar, ou arquivado, se o rejeitar.

Parágrafo único. Sendo o projeto emendado, voltará à Casa iniciadora.

ART. 66. A Casa na qual tenha sido concluída a votação enviará o projeto de lei ao Presidente da República, que, aquiescendo, o sancionará.

§ 1º. Se o Presidente da República considerar o projeto, no todo ou em parte, inconstitucional ou contrário ao interesse público, vetá-lo-á total ou parcialmente, no prazo de quinze dias úteis, contados da data do recebimento, e comunicará, dentro de quarenta e oito horas, ao Presidente do Senado Federal os motivos do veto.

§ 2º. O veto parcial somente abrangerá texto integral de artigo, de parágrafo, de inciso ou de alínea.

§ 3º. Decorrido o prazo de quinze dias, o silêncio do Presidente da República importará sanção.

§ 4º. O veto será apreciado em sessão conjunta, dentro de trinta dias a contar de seu recebimento, só podendo ser rejeitado pelo voto da maioria absoluta dos Deputados e Senadores. (Redação dada pela Emenda Constitucional nº 76, de 2013)

§ 5º. Se o veto não for mantido, será o projeto enviado, para promulgação, ao Presidente da República.

§ 6º. Esgotado sem deliberação o prazo estabelecido no § 4º, o veto será colocado na ordem do dia da sessão imediata, sobrestadas as demais proposições, até sua votação final. (Redação dada pela Emenda Constitucional nº 32, de 2001)

§ 7º. Se a lei não for promulgada dentro de quarenta e oito horas pelo Presidente da República, nos casos dos § 3º e § 5º, o Presidente do Senado a promulgará, e, se este não o fizer em igual prazo, caberá ao Vice-Presidente do Senado fazê-lo.

ART. 67. A matéria constante de projeto de lei rejeitado somente poderá constituir objeto de novo projeto, na mesma sessão legislativa, mediante proposta da maioria absoluta dos membros de qualquer das Casas do Congresso Nacional.

ART. 68. As leis delegadas serão elaboradas pelo Presidente da República, que deverá solicitar a delegação ao Congresso Nacional.

§ 1º. Não serão objeto de delegação os atos de competência exclusiva do Congresso Nacional, os de competência privativa da Câmara dos Deputados ou do Senado Federal, a matéria reservada à lei complementar, nem a legislação sobre:

I – organização do Poder Judiciário e do Ministério Público, a carreira e a garantia de seus membros;

II – nacionalidade, cidadania, direitos individuais, políticos e eleitorais;

III – planos plurianuais, diretrizes orçamentárias e orçamentos.

§ 2º. A delegação ao Presidente da República terá a forma de resolução do Congresso Nacional, que especificará seu conteúdo e os termos de seu exercício.

§ 3º. Se a resolução determinar a apreciação do projeto pelo Congresso Nacional, este a fará em votação única, vedada qualquer emenda.

ART. 69. As leis complementares serão aprovadas por maioria absoluta.

SEÇÃO IX. DA FISCALIZAÇÃO CONTÁBIL, FINANCEIRA E ORÇAMENTÁRIA

ART. 70. A fiscalização contábil, financeira, orçamentária, operacional e patrimonial da União e das entidades da administração direta e indireta, quanto à legalidade, legitimidade, economicidade, aplicação das subvenções e renúncia de receitas, será exercida pelo Congresso Nacional, mediante controle externo, e pelo sistema de controle interno de cada Poder.

Parágrafo único. Prestará contas qualquer pessoa física ou jurídica, pública ou privada, que utilize, arrecade, guarde, gerencie ou administre dinheiros, bens e valores públicos ou pelos quais a União responda, ou que, em nome desta, assuma obrigações de natureza pecuniária. (Redação dada pela Emenda Constitucional nº 19, de 1998)

ART. 71. O controle externo, a cargo do Congresso Nacional, será exercido com o auxílio do Tribunal de Contas da União, ao qual compete:

I – apreciar as contas prestadas anualmente pelo Presidente da República, mediante parecer prévio que deverá ser elaborado em sessenta dias a contar de seu recebimento;

II – julgar as contas dos administradores e demais responsáveis por dinheiros, bens e valores públicos da administração direta e indireta, incluídas as fundações e sociedades instituídas e mantidas pelo Poder Público federal, e as contas daqueles que derem causa a perda, extravio ou outra irregularidade de que resulte prejuízo ao erário público;

III – apreciar, para fins de registro, a legalidade dos atos de admissão de pessoal, a qualquer título, na administração direta e indireta, incluídas as fundações instituídas e mantidas pelo Poder Público, excetuadas as nomeações para cargo de provimento em comissão, bem como a das concessões de aposentadorias, reformas e pensões, ressalvadas as melhorias posteriores que não alterem o fundamento legal do ato concessório;

IV – realizar, por iniciativa própria, da Câmara dos Deputados, do Senado Federal, de Comissão técnica ou de inquérito, inspeções e auditorias de natureza contábil, financeira, orçamentária, operacional e patrimonial, nas unidades administrativas dos Poderes Legislativo, Executivo e Judiciário, e demais entidades referidas no inciso II;

V – fiscalizar as contas nacionais das empresas supranacionais de cujo capital social a União participe, de forma direta ou indireta, nos termos do tratado constitutivo;

VI – fiscalizar a aplicação de quaisquer recursos repassados pela União mediante convênio, acordo, ajuste ou outros instrumentos congêneres, a Estado, ao Distrito Federal ou a Município;

VII – prestar as informações solicitadas pelo Congresso Nacional, por qualquer de suas Casas, ou por qualquer das respectivas Comissões, sobre a fiscalização contábil, financeira, orçamentária, operacional e patrimonial e sobre resultados de auditorias e inspeções realizadas;

VIII – aplicar aos responsáveis, em caso de ilegalidade de despesa ou irregularidade de contas, as sanções previstas em lei, que estabelecerá, entre outras cominações, multa proporcional ao dano causado ao erário;

IX – assinar prazo para que o órgão ou entidade adote as providências necessárias ao exato cumprimento da lei, se verificada ilegalidade;

X – sustar, se não atendido, a execução do ato impugnado, comunicando a decisão à Câmara dos Deputados e ao Senado Federal;

XI – representar ao Poder competente sobre irregularidades ou abusos apurados.

§ 1º. No caso de contrato, o ato de sustação será adotado diretamente pelo Congresso Nacional, que solicitará, de imediato, ao Poder Executivo as medidas cabíveis.

§ 2º. Se o Congresso Nacional ou o Poder Executivo, no prazo de noventa dias, não efetivar as medidas previstas no parágrafo anterior, o Tribunal decidirá a respeito.

§ 3º. As decisões do Tribunal de que resulte imputação de débito ou multa terão eficácia de título executivo.

§ 4º. O Tribunal encaminhará ao Congresso Nacional, trimestral e anualmente, relatório de suas atividades.

ART. 72. A Comissão mista permanente a que se refere o art. 166, § 1º, diante de indícios de despesas não autorizadas, ainda que sob a forma de investimentos não programados ou de subsídios não aprovados, poderá solicitar à autoridade governamental responsável que, no prazo de cinco dias, preste os esclarecimentos necessários.

§ 1º. Não prestados os esclarecimentos, ou considerados estes insuficientes, a Comissão solicitará ao Tribunal pronunciamento conclusivo sobre a matéria, no prazo de trinta dias.

§ 2º. Entendendo o Tribunal irregular a despesa, a Comissão, se julgar que o gasto possa causar dano irreparável ou grave lesão à economia pública, proporá ao Congresso Nacional sua sustação.

ART. 73. O Tribunal de Contas da União, integrado por nove Ministros, tem sede no Distrito Federal, quadro próprio de pessoal e jurisdição em todo o território nacional, exercendo, no que couber, as atribuições previstas no art. 96.

▸ *CF: art. 84, XV.*

§ 1º. Os Ministros do Tribunal de Contas da União serão nomeados dentre brasileiros que satisfaçam os seguintes requisitos:

I – mais de trinta e cinco e menos de sessenta e cinco anos de idade;

II – idoneidade moral e reputação ilibada;

III – notórios conhecimentos jurídicos, contábeis, econômicos e financeiros ou de administração pública;

IV – mais de dez anos de exercício de função ou de efetiva atividade profissional que exija os conhecimentos mencionados no inciso anterior.

§ 2º. Os Ministros do Tribunal de Contas da União serão escolhidos:

I – um terço pelo Presidente da República, com aprovação do Senado Federal, sendo dois alternadamente dentre auditores e membros do Ministério Público junto ao Tribunal, indicados em lista tríplice pelo Tribunal, segundo os critérios de antiguidade e merecimento;

II – dois terços pelo Congresso Nacional.

§ 3º. Os Ministros do Tribunal de Contas da União terão as mesmas garantias, prerrogativas, impedimentos, vencimentos e vantagens dos Ministros do Superior Tribunal de Justiça, aplicando-se-lhes, quanto à aposentadoria e pensão, as normas constantes do art. 40. (Redação dada pela Emenda Constitucional nº 20, de 1998)

§ 4º. O auditor, quando em substituição a Ministro, terá as mesmas garantias e impedimentos do titular e, quando no exercício das demais atribuições da judicatura, as de juiz de Tribunal Regional Federal.

ART. 74. Os Poderes Legislativo, Executivo e Judiciário manterão, de forma integrada, sistema de controle interno com a finalidade de:

I – avaliar o cumprimento das metas previstas no plano plurianual, a execução dos programas de governo e dos orçamentos da União;

II – comprovar a legalidade e avaliar os resultados, quanto à eficácia e eficiência, da gestão orçamentária, financeira e patrimonial nos órgãos e entidades da administração federal, bem como da aplicação de recursos públicos por entidades de direito privado;

III – exercer o controle das operações de crédito, avais e garantias, bem como dos direitos e haveres da União;

IV – apoiar o controle externo no exercício de sua missão institucional.

§ 1º. Os responsáveis pelo controle interno, ao tomarem conhecimento de qualquer irregularidade ou ilegalidade, dela darão ciência ao Tribunal de Contas da União, sob pena de responsabilidade solidária.

§ 2º. Qualquer cidadão, partido político, associação ou sindicato é parte legítima para, na forma da lei, denunciar irregularidades ou ilegalidades perante o Tribunal de Contas da União.

ART. 75. As normas estabelecidas nesta seção aplicam-se, no que couber, à organização, composição e fiscalização dos Tribunais de Contas dos Estados e do Distrito Federal, bem como dos Tribunais e Conselhos de Contas dos Municípios.

▸ *CF: art. 31, § 4º.*

Parágrafo único. As Constituições estaduais disporão sobre os Tribunais de Contas respectivos, que serão integrados por sete Conselheiros.

CAPÍTULO II. DO PODER EXECUTIVO

SEÇÃO I. DO PRESIDENTE E DO VICE-PRESIDENTE DA REPÚBLICA

ART. 76. O Poder Executivo é exercido pelo Presidente da República, auxiliado pelos Ministros de Estado.

ART. 77. A eleição do Presidente e do Vice-Presidente da República realizar-se-á, simultaneamente, no primeiro domingo de outubro, em primeiro turno, e no último domingo de outubro, em segundo turno, se houver, do ano anterior ao do término do mandato presidencial vigente. (Redação dada pela Emenda Constitucional nº 16, de 1997)

▸ *CF: art. 28, 29, II e 32, § 2º.*

▸ *Lei nº 9.504, de 30-9-1997, estabelece normas para as eleições.*

§ 1º. A eleição do Presidente da República importará a do Vice-Presidente com ele registrado.

§ 2º. Será considerado eleito Presidente o candidato que, registrado por partido político, obtiver a maioria absoluta de votos, não computados os em branco e os nulos.

§ 3º. Se nenhum candidato alcançar maioria absoluta na primeira votação, far-se-á nova eleição em até vinte dias após a proclamação do resultado, concorrendo os dois candidatos mais votados e considerando-se eleito aquele que obtiver a maioria dos votos válidos.

§ 4º. Se, antes de realizado o segundo turno, ocorrer morte, desistência ou impedimento legal de candidato, convocar-se-á, dentre os remanescentes, o de maior votação.

§ 5º. Se, na hipótese dos parágrafos anteriores, remanescer, em segundo lugar, mais de um candidato com a mesma votação, qualificar-se-á o mais idoso.

ART. 78. O Presidente e o Vice-Presidente da República tomarão posse em sessão do Congresso Nacional, prestando o compromisso de manter, defender e cumprir a Constituição, observar as leis, promover o bem geral do povo brasileiro, sustentar a união, a integridade e a independência do Brasil.

Parágrafo único. Se, decorridos dez dias da data fixada para a posse, o Presidente ou o Vice-Presidente, salvo motivo de força maior, não tiver assumido o cargo, este será declarado vago.

ART. 79. Substituirá o Presidente, no caso de impedimento, e suceder-lhe-á, no de vaga, o Vice-Presidente.

Parágrafo único. O Vice-Presidente da República, além de outras atribuições que lhe forem conferidas por lei complementar, auxiliará o Presidente, sempre que por ele convocado para missões especiais.

ART. 80. Em caso de impedimento do Presidente e do Vice-Presidente, ou vacância dos respectivos cargos, serão sucessivamente chamados ao exercício da Presidência o Presidente da Câmara dos Deputados, o do Senado Federal e o do Supremo Tribunal Federal.

ART. 81. Vagando os cargos de Presidente e Vice-Presidente da República, far-se-á eleição noventa dias depois de aberta a última vaga.

§ 1º. Ocorrendo a vacância nos últimos dois anos do período presidencial, a eleição para ambos os cargos será feita trinta dias depois da última vaga, pelo Congresso Nacional, na forma da lei.

§ 2º. Em qualquer dos casos, os eleitos deverão completar o período de seus antecessores.

ART. 82. O mandato do Presidente da República é de quatro anos e terá início em primeiro de janeiro do ano seguinte ao da sua eleição. (Redação dada pela Emenda Constitucional nº 16, de 1997)

ART. 83. O Presidente e o Vice-Presidente da República não poderão, sem licença do Congresso Nacional, ausentar-se do País por período superior a quinze dias, sob pena de perda do cargo.

SEÇÃO II.
DAS ATRIBUIÇÕES DO PRESIDENTE DA REPÚBLICA

ART. 84. Compete privativamente ao Presidente da República:

I – nomear e exonerar os Ministros de Estado;

II – exercer, com o auxílio dos Ministros de Estado, a direção superior da administração federal;

III – iniciar o processo legislativo, na forma e nos casos previstos nesta Constituição;

IV – sancionar, promulgar e fazer publicar as leis, bem como expedir decretos e regulamentos para sua fiel execução;

V – vetar projetos de lei, total ou parcialmente;

▸ *CF: art. 66, §§ 1º a 7º.*

VI – dispor, mediante decreto, sobre: (Redação dada pela Emenda Constitucional nº 32, de 2001)

▸ *CF: art. 61, § 1º, II, e.*

a) organização e funcionamento da administração federal, quando não implicar aumento de despesa nem criação ou extinção de órgãos públicos; (Incluído pela Emenda Constitucional nº 32, de 2001)

b) extinção de funções ou cargos públicos, quando vagos; (Incluído pela Emenda Constitucional nº 32, de 2001)

▸ *CF: art. 48, X.*

VII – manter relações com Estados estrangeiros e acreditar seus representantes diplomáticos;

VIII – celebrar tratados, convenções e atos internacionais, sujeitos a referendo do Congresso Nacional;

IX – decretar o estado de defesa e o estado de sítio;

X – decretar e executar a intervenção federal;

XI – remeter mensagem e plano de governo ao Congresso Nacional por ocasião da abertura da sessão legislativa, expondo a situação do País e solicitando as providências que julgar necessárias;

XII – conceder indulto e comutar penas, com audiência, se necessário, dos órgãos instituídos em lei;

XIII – exercer o comando supremo das Forças Armadas, nomear os Comandantes da Marinha, do Exército e da Aeronáutica, promover seus oficiais-generais e nomeá-los para os cargos que lhes são privativos; (Redação dada pela Emenda Constitucional nº 23, de 1999.)

▸ *CF: art. 49, I.*

XIV – nomear, após aprovação pelo Senado Federal, os Ministros do Supremo Tribunal Federal e dos Tribunais Superiores, os Governadores de Territórios, o Procurador-Geral da República, o presidente e os diretores do banco central e outros servidores, quando determinado em lei;

XV – nomear, observado o disposto no art. 73, os Ministros do Tribunal de Contas da União;

XVI – nomear os magistrados, nos casos previstos nesta Constituição, e o Advogado-Geral da União;

▸ *CF: arts. 131 e 132.*

XVII – nomear membros do Conselho da República, nos termos do art. 89, VII;

XVIII – convocar e presidir o Conselho da República e o Conselho de Defesa Nacional;

XIX – declarar guerra, no caso de agressão estrangeira, autorizado pelo Congresso Nacional ou referendado por ele, quando ocorrida no intervalo das sessões legislativas, e, nas mesmas condições, decretar, total ou parcialmente, a mobilização nacional;

▸ *CF: art. 5º, XLVII, a.*

XX – celebrar a paz, autorizado ou com o referendo do Congresso Nacional;

XXI – conferir condecorações e distinções honoríficas;

XXII – permitir, nos casos previstos em lei complementar, que forças estrangeiras transitem pelo território nacional ou nele permaneçam temporariamente;

XXIII – enviar ao Congresso Nacional o plano plurianual, o projeto de lei de diretrizes orçamentárias e as propostas de orçamento previstos nesta Constituição;

XXIV – prestar, anualmente, ao Congresso Nacional, dentro de sessenta dias após a abertura da sessão legislativa, as contas referentes ao exercício anterior;

XXV – prover e extinguir os cargos públicos federais, na forma da lei;

XXVI – editar medidas provisórias com força de lei, nos termos do art. 62;

XXVII – exercer outras atribuições previstas nesta Constituição.

XXVIII - propor ao Congresso Nacional a decretação do estado de calamidade pública de âmbito nacional previsto nos arts. 167-B, 167-C, 167-D, 167-E, 167-F e 167-G desta Constituição. (Incluído pela Emenda Constitucional nº 109, de 2021)

Parágrafo único. O Presidente da República poderá delegar as atribuições mencionadas nos incisos VI, XII e XXV, primeira parte, aos Ministros de Estado, ao Procurador-Geral da República ou ao Advogado-Geral da União, que observarão os limites traçados nas respectivas delegações.

SEÇÃO III. DA RESPONSABILIDADE DO PRESIDENTE DA REPÚBLICA

ART. 85. São crimes de responsabilidade os atos do Presidente da República que atentem contra a Constituição Federal e, especialmente, contra:

▸ *Lei nº 1.079, de 10-04-1950, define os crimes de responsabilidade e regula o respectivo processo de julgamento.*

▸ *Lei nº 8.429, de 02-06-1992, dispõe sobre as sanções aplicáveis aos agentes públicos direta, indireta ou fundacional.*

I – a existência da União;

II – o livre exercício do Poder Legislativo, do Poder Judiciário, do Ministério Público e dos Poderes constitucionais das unidades da Federação;

III – o exercício dos direitos políticos, individuais e sociais;

IV – a segurança interna do País;

V – a probidade na administração;

VI – a lei orçamentária;

VII – o cumprimento das leis e das decisões judiciais.

Parágrafo único. Esses crimes serão definidos em lei especial, que estabelecerá as normas de processo e julgamento.

▸ *Súmula nº 722 do STF.*

▸ *Lei nº 1.079, de 10-04-1950, define os crimes de responsabilidade e regula o respectivo processo de julgamento.*

ART. 86. Admitida a acusação contra o Presidente da República, por dois terços da Câmara dos Deputados, será ele submetido a julgamento perante o Supremo Tribunal Federal, nas infrações penais comuns, ou perante o Senado Federal, nos crimes de responsabilidade.

§ 1º. O Presidente ficará suspenso de suas funções:

I – nas infrações penais comuns, se recebida a denúncia ou queixa-crime pelo Supremo Tribunal Federal;

II – nos crimes de responsabilidade, após a instauração do processo pelo Senado Federal.

§ 2º. Se, decorrido o prazo de cento e oitenta dias, o julgamento não estiver concluído, cessará o afastamento do Presidente, sem prejuízo do regular prosseguimento do processo.

§ 3º. Enquanto não sobrevier sentença condenatória, nas infrações comuns, o Presidente da República não estará sujeito a prisão.

§ 4º. O Presidente da República, na vigência de seu mandato, não pode ser responsabilizado por atos estranhos ao exercício de suas funções.

SEÇÃO IV. DOS MINISTROS DE ESTADO

ART. 87. Os Ministros de Estado serão escolhidos dentre brasileiros maiores de vinte e um anos e no exercício dos direitos políticos.

Parágrafo único. Compete ao Ministro de Estado, além de outras atribuições estabelecidas nesta Constituição e na lei:

I – exercer a orientação, coordenação e supervisão dos órgãos e entidades da administração federal na área de sua competência e referendar os atos e decretos assinados pelo Presidente da República;

II – expedir instruções para a execução das leis, decretos e regulamentos;

III – apresentar ao Presidente da República relatório anual de sua gestão no Ministério;

IV – praticar os atos pertinentes às atribuições que lhe forem outorgadas ou delegadas pelo Presidente da República.

ART. 88. A lei disporá sobre a criação e extinção de Ministérios e órgãos da administração pública. (Redação dada pela Emenda Constitucional nº 32, de 2001)

SEÇÃO V. DO CONSELHO DA REPÚBLICA E DO CONSELHO DE DEFESA NACIONAL

SUBSEÇÃO I. DO CONSELHO DA REPÚBLICA

ART. 89. O Conselho da República é órgão superior de consulta do Presidente da República, e dele participam:

I – o Vice-Presidente da República;

II – o Presidente da Câmara dos Deputados;

III – o Presidente do Senado Federal;

IV – os líderes da maioria e da minoria na Câmara dos Deputados;

V – os líderes da maioria e da minoria no Senado Federal;

▸ *CF: arts. 51, V, 52, XIV, e 84, XIV.*

VI – o Ministro da Justiça;

VII – seis cidadãos brasileiros natos, com mais de trinta e cinco anos de idade, sendo dois nomeados pelo Presidente da República, dois eleitos pelo Senado Federal e dois eleitos pela Câmara dos Deputados, todos com mandato de três anos, vedada a recondução.

▸ *CF: arts. 51, V, 52, XIV e 84, XVII.*

ART. 90. Compete ao Conselho da República pronunciar-se sobre:

I – intervenção federal, estado de defesa e estado de sítio;

II – as questões relevantes para a estabilidade das instituições democráticas.

§ 1º. O Presidente da República poderá convocar Ministro de Estado para participar da reunião do Conselho, quando constar da pauta questão relacionada com o respectivo Ministério.

§ 2º. A lei regulará a organização e o funcionamento do Conselho da República.

SUBSEÇÃO II. DO CONSELHO DE DEFESA NACIONAL

ART. 91. O Conselho de Defesa Nacional é órgão de consulta do Presidente da República nos assuntos relacionados com a soberania nacional e a defesa do Estado democrático, e dele participam como membros natos:

I – o Vice-Presidente da República;

II – o Presidente da Câmara dos Deputados;

III – o Presidente do Senado Federal;

IV – o Ministro da Justiça;

V – o Ministro de Estado da Defesa; (Redação dada pela Emenda Constitucional nº 23, de 1999)

VI – o Ministro das Relações Exteriores;

VII – o Ministro do Planejamento.

VIII – os Comandantes da Marinha, do Exército e da Aeronáutica. (Redação dada pela Emenda Constitucional nº 23, de 1999)

§ 1º. Compete ao Conselho de Defesa Nacional:

I – opinar nas hipóteses de declaração de guerra e de celebração da paz, nos termos desta Constituição;

II – opinar sobre a decretação do estado de defesa, do estado de sítio e da intervenção federal;

III – propor os critérios e condições de utilização de áreas indispensáveis à segurança do território nacional e opinar sobre seu efetivo uso, especialmente na faixa de fronteira e nas relacionadas com a preservação e a exploração dos recursos naturais de qualquer tipo;

IV – estudar, propor e acompanhar o desenvolvimento de iniciativas necessárias a garantir a independência nacional e a defesa do Estado democrático.

§ 2º. A lei regulará a organização e o funcionamento do Conselho de Defesa Nacional.

CAPÍTULO III. DO PODER JUDICIÁRIO

SEÇÃO I. DISPOSIÇÕES GERAIS

ART. 92. São órgãos do Poder Judiciário:

I – o Supremo Tribunal Federal;

I-A – o Conselho Nacional de Justiça; (Incluído pela Emenda Constitucional nº 24, de 2004)

▸ *CF: art. 103-B.*

II – o Superior Tribunal de Justiça;

II-A – o Tribunal Superior do Trabalho; (Incluído pela Emenda Constitucional nº 92, de 2016)

III – os Tribunais Regionais Federais e Juízes Federais;

IV – os Tribunais e Juízes do Trabalho;

V – os Tribunais e Juízes Eleitorais;

VI – os Tribunais e Juízes Militares;

VII – os Tribunais e Juízes dos Estados e do Distrito Federal e Territórios.

§ 1º. O Supremo Tribunal Federal, o Conselho Nacional de Justiça e os Tribunais Superiores têm sede na Capital Federal. (Incluído pela Emenda Constitucional nº 45, de 2004)

▸ *CF: art. 103-B.*

§ 2º. O Supremo Tribunal Federal e os Tribunais Superiores têm jurisdição em todo o território nacional. (Incluído pela Emenda Constitucional nº 45, de 2004)

ART. 93. Lei complementar, de iniciativa do Supremo Tribunal Federal, disporá sobre o Estatuto da Magistratura, observados os seguintes princípios:

▸ *Lei Complementar nº 35, de 14-3-1979, dispõe sobre a Lei Orgânica da Magistratura Nacional.*

I – ingresso na carreira, cujo cargo inicial será o de juiz substituto, mediante concurso público de provas e títulos, com a participação da Ordem dos Advogados do Brasil em todas as fases, exigindo-se do bacharel em direito, no mínimo, três anos de atividade jurídica e obedecendo-se, nas nomeações, à ordem de classificação; (Redação dada pela Emenda Constitucional nº 45, de 2004)

II – promoção de entrância para entrância, alternadamente, por antiguidade e merecimento, atendidas as seguintes normas:

a) é obrigatória a promoção do juiz que figure por três vezes consecutivas ou cinco alternadas em lista de merecimento;

b) a promoção por merecimento pressupõe dois anos de exercício na respectiva entrância e integrar o juiz a primeira quinta parte da lista de antiguidade desta, salvo se não houver com tais requisitos quem aceite o lugar vago;

c) aferição do merecimento conforme o desempenho e pelos critérios objetivos de produtividade e presteza no exercício da jurisdição e pela frequência e aproveitamento em cursos oficiais ou reconhecidos de aperfeiçoamento; (Redação dada pela Emenda Constitucional nº 45, de 2004)

d) na apuração de antiguidade, o tribunal somente poderá recusar o juiz mais antigo pelo voto fundamentado de dois terços de seus membros, conforme procedimento próprio, e assegurada ampla defesa, repetindo-se a votação até fixar-se a indicação; (Redação dada pela Emenda Constitucional nº 45, de 2004)

e) não será promovido o juiz que, injustificadamente, retiver autos em seu poder além do prazo legal, não podendo devolvê-los ao cartório sem o devido despacho ou decisão; (Redação dada pela Emenda Constitucional nº 45, de 2004)

III – o acesso aos tribunais de segundo grau far-se-á por antiguidade e merecimento, alternadamente, apurados na última ou única entrância; (Redação dada pela Emenda Constitucional nº 45, de 2004)

IV – previsão de cursos oficiais de preparação, aperfeiçoamento e promoção de magistrados, constituindo etapa obrigatória do processo de vitaliciamento a participação em curso oficial ou reconhecido por escola nacional de formação e aperfeiçoamento de magistrados; (Redação dada pela Emenda Constitucional nº 45, de 2004)

V – o subsídio dos Ministros dos Tribunais Superiores corresponderá a noventa e cinco por cento do subsídio mensal fixado para os Ministros do Supremo Tribunal Federal e os subsídios dos demais magistrados serão fixados em lei e escalonados, em nível federal e estadual, conforme as respectivas categorias da estrutura judiciária nacional, não podendo a diferença entre uma e outra ser superior a dez por cento ou inferior a cinco por cento, nem exceder a noventa e cinco por cento do subsídio mensal dos Ministros dos Tribunais Superiores, obedecido, em qualquer caso, o disposto nos arts. 37, XI, e 39, § 4º; (Redação dada pela Emenda Constitucional nº 19, de 1998)

VI – a aposentadoria dos magistrados e a pensão de seus dependentes observarão o disposto no art. 40; (Redação dada pela Emenda Constitucional nº 20, de 1998)

VII – o juiz titular residirá na respectiva comarca, salvo autorização do tribunal; (Redação dada pela Emenda Constitucional nº 45, de 2004)

VIII - o ato de remoção ou de disponibilidade do magistrado, por interesse público, fundar-se-á em decisão por voto da maioria absoluta do respectivo tribunal ou do Conselho Nacional de Justiça, assegurada ampla defesa; (Redação dada pela Emenda Constitucional nº 103, de 2019)

▸ *CF: arts. 95, II e 103-B.*

VIII-A – a remoção a pedido ou a permuta de magistrados de comarca de igual entrância atenderá, no que couber, ao disposto nas alíneas *a, b, c* e *e* do inciso II; (Redação dada pela Emenda Constitucional nº 45, de 2004)

IX – todos os julgamentos dos órgãos do Poder Judiciário serão públicos, e fundamentadas todas as decisões, sob pena de nulidade, podendo a lei limitar a presença, em determinados atos, às próprias partes e a seus advogados, ou somente a estes, em casos nos quais a preservação do direito à intimidade do interessado no sigilo não prejudique o interesse público à informação; (Redação dada pela Emenda Constitucional nº 45, de 2004)

▸ *Súmula nº 123 do STJ.*

▸ *CPP: arts. 315 e 564, V.*

X – as decisões administrativas dos tribunais serão motivadas e em sessão pública, sendo as disciplinares tomadas pelo voto da maioria absoluta de seus membros; (Redação dada pela Emenda Constitucional nº 45, de 2004)

XI – nos tribunais com número superior a vinte e cinco julgadores, poderá ser constituído órgão especial, com o mínimo de onze e o máximo de vinte e cinco membros, para o exercício das atribuições administrativas e jurisdicionais delegadas da competência do tribunal pleno, provendo-se metade das vagas por antiguidade e a outra metade por eleição pelo tribunal pleno; (Redação dada pela Emenda Constitucional nº 45, de 2004)

XII – a atividade jurisdicional será ininterrupta, sendo vedado férias coletivas nos juízos e tribunais de segundo grau, funcionando, nos dias em que não houver expediente forense normal, juízes em plantão permanente; (Incluído pela Emenda Constitucional nº 45, de 2004)

XIII – o número de juízes na unidade jurisdicional será proporcional à efetiva demanda judicial e à respectiva população; (Incluído pela Emenda Constitucional nº 45, de 2004)

XIV – os servidores receberão delegação para a prática de atos de administração e atos de mero expediente sem caráter decisório; (Incluído pela Emenda Constitucional nº 45, de 2004)

XV – a distribuição de processos será imediata, em todos os graus de jurisdição. (Incluído pela Emenda Constitucional nº 45, de 2004)

ART. 94. Um quinto dos lugares dos Tribunais Regionais Federais, dos Tribunais dos Estados, e do Distrito Federal e Territórios será composto de membros, do Ministério Público, com mais de dez anos de carreira, e de advogados de notório saber jurídico e de reputação ilibada, com mais de dez anos de efetiva atividade profissional, indicados em lista sêxtupla pelos órgãos de representação das respectivas classes.

▸ *CF: arts. 104, II e 115, II.*

Parágrafo único. Recebidas as indicações, o tribunal formará lista tríplice, enviando-a ao Poder Executivo, que, nos vinte dias subsequentes, escolherá um de seus integrantes para nomeação.

ART. 95. Os juízes gozam das seguintes garantias:

I – vitaliciedade, que, no primeiro grau, só será adquirida após dois anos de exercício, dependendo a perda do cargo, nesse período, de deliberação do tribunal a que o juiz estiver vinculado, e, nos demais casos, de sentença judicial transitada em julgado;

II – inamovibilidade, salvo por motivo de interesse público, na forma do art. 93, VIII;

III – irredutibilidade de subsídio, ressalvado o disposto nos arts. 37, X e XI, 39, § 4º, 150, II, 153, III, e 153, § 2º, I. (Redação dada pela Emenda Constitucional nº 19, de 1998)

Parágrafo único. Aos juízes é vedado:

I – exercer, ainda que em disponibilidade, outro cargo ou função, salvo uma de magistério;

II – receber, a qualquer título ou pretexto, custas ou participação em processo;

III – dedicar-se à atividade político-partidária.

IV – receber, a qualquer título ou pretexto, auxílios ou contribuições de pessoas físicas, entidades públicas ou privadas, ressalvadas as exceções previstas em lei; (Incluído pela Emenda Constitucional nº 45, de 2004)

V – exercer a advocacia no juízo ou tribunal do qual se afastou, antes de decorridos três anos do afastamento do cargo por aposentadoria ou exoneração. (Incluído pela Emenda Constitucional nº 45, de 2004)

ART. 96. Compete privativamente:

I – aos tribunais:

a) eleger seus órgãos diretivos e elaborar seus regimentos internos, com observância das normas de processo e das garantias processuais das partes, dispondo sobre a competência e o funcionamento dos respectivos órgãos jurisdicionais e administrativos;

b) organizar suas secretarias e serviços auxiliares e os dos juízos que lhes forem vinculados, velando pelo exercício da atividade correcional respectiva;

c) prover, na forma prevista nesta Constituição, os cargos de juiz de carreira da respectiva jurisdição;

d) propor a criação de novas varas judiciárias;

e) prover, por concurso público de provas, ou de provas e títulos, obedecido o disposto no art. 169, parágrafo único, os cargos necessários à administração da Justiça, exceto os de confiança assim definidos em lei;

▸ *CF: art. 169, § 1º.*

f) conceder licença, férias e outros afastamentos a seus membros e aos juízes e servidores que lhes forem imediatamente vinculados;

II – ao Supremo Tribunal Federal, aos Tribunais Superiores e aos Tribunais de Justiça propor ao Poder Legislativo respectivo, observado o disposto no art. 169:

a) a alteração do número de membros dos tribunais inferiores;

b) a criação e a extinção de cargos e a remuneração dos seus serviços auxiliares e dos juízos que lhes forem vinculados, bem como a fixação do subsídio de seus membros e dos juízes, inclusive dos tribunais inferiores, onde houver; (Redação dada pela Emenda Constitucional nº 41, de 2003)

c) a criação ou extinção dos tribunais inferiores;

d) a alteração da organização e da divisão judiciárias;

III – aos Tribunais de Justiça julgar os juízes estaduais e do Distrito Federal e Territórios, bem como os membros do Ministério Público, nos crimes comuns e de responsabilidade, ressalvada a competência da Justiça Eleitoral.

ART. 97. Somente pelo voto da maioria absoluta de seus membros ou dos membros do respectivo órgão especial poderão os tribunais declarar a inconstitucionalidade de lei ou ato normativo do Poder Público.

ART. 98. A União, no Distrito Federal e nos Territórios, e os Estados criarão:

I – juizados especiais, providos por juízes togados, ou togados e leigos, competentes para a conciliação, o julgamento e a execução de causas cíveis de menor complexidade e infrações penais de menor potencial ofensivo, mediante os procedimentos oral e sumariíssimo, permiticos, nas hipóteses previstas em lei, a transação e o julgamento de recursos por turmas de juízes de primeiro grau;

- *Súmula nº 376 do STJ.*
- *Lei nº 9.099, de 26-09-1995, dispõe sobre Juizados Especiais Cíveis e Criminais.*
- *Lei nº 10.259, de 12-07-2001, dispõe sobre os Juizados Especiais Federais.*
- *Lei nº 11.340, de 07-08-2006, cria mecanismos para coibir a violência doméstica e familiar contra a mulher.*

II – justiça de paz, remunerada, composta de cidadãos eleitos pelo voto direto, universal e secreto, com mandato de quatro anos e competência para, na forma da lei, celebrar casamentos, verificar, de ofício ou em face de impugnação apresentada, o processo de habilitação e exercer atribuições conciliatórias, sem caráter jurisdicional, além de outras previstas na legislação.

§ 1º. Lei federal disporá sobre a criação de juizados especiais no âmbito da Justiça Federal. (Renumerada pela Emenda Constitucional nº 45, de 8-12-2004)

- *Súmula nº 428 do STJ.*
- *Lei nº 10.259, de 12-07-2001, dispõe sobre a instituição dos Juizados Especiais Cíveis e Criminais no âmbito da Justiça Federal.*

§ 2º. As custas e emolumentos serão destinados exclusivamente ao custeio dos serviços afetos às atividades específicas da Justiça. (Incluída pela Emenda Constitucional nº 45, de 2004)

ART. 99. Ao Poder Judiciário é assegurada autonomia administrativa e financeira.

- *CF: art. 134, § 2º.*

§ 1º. Os tribunais elaborarão suas propostas orçamentárias dentro dos limites estipulados conjuntamente com os demais Poderes na lei de diretrizes orçamentárias.

§ 2º. O encaminhamento da proposta, ouvidos os outros tribunais interessados, compete:

I – no âmbito da União, aos Presidentes do Supremo Tribunal Federal e dos Tribunais Superiores, com a aprovação dos respectivos tribunais;

II – no âmbito dos Estados e no do Distrito Federal e Territórios, aos Presidentes dos Tribunais de Justiça, com a aprovação dos respectivos tribunais.

§ 3º. Se os órgãos referidos no § 2º não encaminharem as respectivas propostas orçamentárias dentro do prazo estabelecido na lei de diretrizes orçamentárias, o Poder Executivo considerará, para fins de consolidação da proposta orçamentária anual, os valores aprovados na lei orçamentária vigente, ajustados de acordo com os limites estipulados na forma do § 1º deste artigo. (Incluída pela Emenda Constitucional nº 45, de 2004)

§ 4º. Se as propostas orçamentárias de que trata este artigo forem encaminhadas em desacordo com os limites estipulados na forma do § 1º, o Poder Executivo procederá aos ajustes necessários para fins de consolidação da proposta orçamentária anual. (Incluída pela Emenda Constitucional nº 45, de 2004)

§ 5º. Durante a execução orçamentária do exercício, não poderá haver a realização de despesas ou a assunção de obrigações que extrapolem os limites estabelecidos na lei de diretrizes orçamentárias, exceto se previamente autorizadas, mediante a abertura de créditos suplementares ou especiais. (Incluída pela Emenda Constitucional nº 45, de 2004)

ART. 100. Os pagamentos devidos pelas Fazendas Públicas Federal, Estaduais, Distrital e Municipais, em virtude de sentença judiciária, far-se-ão exclusivamente na ordem cronológica de apresentação dos precatórios e à conta dos créditos respectivos, proibida a designação de casos ou de pessoas nas dotações orçamentárias e nos créditos adicionais abertos para este fim. (Redação dada pela Emenda Constitucional nº 62, de 2009)

§ 1º. Os débitos de natureza alimentícia compreendem aqueles decorrentes de salários, vencimentos, proventos, pensões e suas complementações, benefícios previdenciários e indenizações por morte ou por invalidez, fundadas em responsabilidade civil, em virtude de sentença judicial transitada em julgado, e serão pagos com preferência sobre todos os demais débitos, exceto sobre aqueles referidos no § 2º deste artigo. (Redação dada pela Emenda Constitucional nº 62, de 2009)

§ 2º. Os débitos de natureza alimentícia cujos titulares, originários ou por sucessão hereditária, tenham 60 (sessenta) anos de idade, ou sejam portadores de doença grave, ou pessoas com deficiência, assim definidos na forma da lei, serão pagos com preferência sobre todos os demais débitos, até o valor equivalente ao triplo fixado em lei para os fins do disposto no § 3º deste artigo, admitido o fracionamento para essa finalidade, sendo que o restante será pago na ordem cronológica de apresentação do precatório. (Redação dada pela Emenda Constitucional nº 94, de 2016)

§ 3º. O disposto no *caput* deste artigo relativamente à expedição de precatórios não se aplica aos pagamentos de obrigações definidas em leis como de pequeno valor que as Fazendas referidas devam fazer em virtude de sentença judicial transitada em julgado. (Redação dada pela Emenda Constitucional nº 62, de 2009)

- *Lei nº 10.259, de 12-07-2001, art. 17, § 1º, dispõe sobre a instituição dos Juizados Especiais Cíveis e Criminais no âmbito da Justiça Federal.*

§ 4º. Para os fins do disposto no § 3º, poderão ser fixados, por leis próprias, valores distintos às entidades de direito público, segundo as diferentes capacidades econômicas, sendo o mínimo igual ao valor do maior benefício do regime geral de previdência social. (Redação dada pela Emenda Constitucional nº 62, de 2009)

▸ ADCT: art. 97, § 12.

§ 5º. É obrigatória a inclusão, no orçamento das entidades de direito público, de verba necessária ao pagamento de seus débitos, oriundos de sentenças transitadas em julgado, constantes de precatórios judiciários apresentados até 1º de julho, fazendo-se o pagamento até o final do exercício seguinte, quando terão seus valores atualizados monetariamente. (Redação dada pela Emenda Constitucional nº 62, de 2009)

▸ Súmula Vinculante nº 17.

§ 6º. As dotações orçamentárias e os créditos abertos serão consignados diretamente ao Poder Judiciário, cabendo ao Presidente do Tribunal que proferir a decisão exequenda determinar o pagamento integral e autorizar, a requerimento do credor e exclusivamente para os casos de preterimento de seu direito de precedência ou de não alocação orçamentária do valor necessário à satisfação do seu débito, o sequestro da quantia respectiva. (Redação dada pela Emenda Constitucional nº 62, de 2009)

§ 7º. O Presidente do Tribunal competente que, por ato comissivo ou omissivo, retardar ou tentar frustrar a liquidação regular de precatórios incorrerá em crime de responsabilidade e responderá, também, perante o Conselho Nacional de Justiça. (Redação dada pela Emenda Constitucional nº 62, de 2009)

▸ Lei nº 1.079, de 10-04-1950, define os crimes de responsabilidade e regula o respectivo processo de julgamento.

§ 8º. É vedada a expedição de precatórios complementares ou suplementares de valor pago, bem como o fracionamento, repartição ou quebra do valor da execução para fins de enquadramento de parcela do total ao que dispõe o § 3º deste artigo. (Redação dada pela Emenda Constitucional nº 62, de 2009)

§ 9º. No momento da expedição dos precatórios, independentemente de regulamentação, deles deverá ser abatido, a título de compensação, valor correspondente aos débitos líquidos e certos, inscritos ou não em dívida ativa e constituídos contra o credor original pela Fazenda Pública devedora, incluídas parcelas vincendas de parcelamentos, ressalvados aqueles cuja execução esteja suspensa em virtude de contestação administrativa ou judicial. (Redação dada pela Emenda Constitucional nº 62, de 2009)

§ 10. Antes da expedição dos precatórios, o Tribunal solicitará à Fazenda Pública devedora, para resposta em até 30 (trinta) dias, sob pena de perda do direito de abatimento, informação sobre os débitos que preencham as condições estabelecidas no § 9º, para os fins nele previstos. (Redação dada pela Emenda Constitucional nº 62, de 2009)

§ 11. É facultada ao credor, conforme estabelecido em lei da entidade federativa devedora, a entrega de créditos em precatórios para compra de imóveis públicos do respectivo ente federado. (Redação dada pela Emenda Constitucional nº 62, de 2009)

§ 12. A partir da promulgação desta Emenda Constitucional, a atualização de valores de requisitórios, após sua expedição, até o efetivo pagamento, independentemente de sua natureza, será feita pelo índice oficial de remuneração básica da caderneta de poupança, e, para fins de compensação da mora, incidirão juros simples no mesmo percentual de juros incidentes sobre a caderneta de poupança, ficando excluída a incidência de juros compensatórios. (Redação dada pela Emenda Constitucional nº 62, de 2009)

§ 13. O credor poderá ceder, total ou parcialmente, seus créditos em precatórios a terceiros, independentemente da concordância do devedor, não se aplicando ao cessionário o disposto nos §§ 2º e 3º. (Incluída pela Emenda Constitucional nº 62, de 2009)

§ 14. A cessão de precatórios somente produzirá efeitos após comunicação, por meio de petição protocolizada, ao tribunal de origem e à entidade devedora. (Incluída pela Emenda Constitucional nº 62, de 2009)

§ 15. Sem prejuízo do disposto neste artigo, lei complementar a esta Constituição Federal poderá estabelecer regime especial para pagamento de crédito de precatórios de Estados, Distrito Federal e Municípios, dispondo sobre vinculações à receita corrente líquida e forma e prazo de liquidação. (Incluída pela Emenda Constitucional nº 62, de 2009)

§ 16. A seu critério exclusivo e na forma de lei, a União poderá assumir débitos, oriundos de precatórios, de Estados, Distrito Federal e Municípios, refinanciando-os diretamente. (Incluída pela Emenda Constitucional nº 62, de 2009)

§ 17. A União, os Estados, o Distrito Federal e os Municípios aferirão mensalmente, em base anual, o comprometimento de suas respectivas receitas correntes líquidas com o pagamento de precatórios e obrigações de pequeno valor. (Incluído pela Emenda Constitucional nº 94, de 2016)

§ 18. Entende-se como receita corrente líquida, para os fins de que trata o § 17, o somatório das receitas tributárias, patrimoniais, industriais, agropecuárias, de contribuições e de serviços, de transferências correntes e outras receitas correntes, incluindo as oriundas do § 1º do art. 20 da Constituição Federal, verificado no período compreendido pelo segundo mês imediatamente anterior ao de referência e os 11 (onze) meses precedentes, excluídas as duplicidades, e deduzidas: (Incluído pela Emenda Constitucional nº 94, de 2016)

I – na União, as parcelas entregues aos Estados, ao Distrito Federal e aos Municípios por determinação constitucional; (Incluído pela Emenda Constitucional nº 94, de 2016)

II – nos Estados, as parcelas entregues aos Municípios por determinação constitucional; (Incluído pela Emenda Constitucional nº 94, de 2016)

III – na União, nos Estados, no Distrito Federal e nos Municípios, a contribuição dos servidores para custeio de seu sistema de previdência e assistência social e as receitas provenientes da compensação financeira referida no § 9º do art. 201 da Constituição Federal. (Incluído pela Emenda Constitucional nº 94, de 2016)

§ 19. Caso o montante total de débitos decorrentes de condenações judiciais em precatórios e obrigações de pequeno valor, em período de 12 (doze) meses, ultrapasse a média do comprometimento percentual da receita corrente líquida nos 5 (cinco) anos imediatamente anteriores, a parcela que exceder esse percentual poderá ser financiada, excetuada dos limites de endividamento de que tratam os incisos VI e VII do art. 52 da Constituição Federal e de quaisquer outros limites de endividamento previstos, não se aplicando a esse financiamento a vedação de vinculação de receita prevista no inciso IV do art. 167 da Constituição Federal. (Incluído pela Emenda Constitucional nº 94, de 2016)

§ 20. Caso haja precatório com valor superior a 15% (quinze por cento) do montante dos precatórios apresentados nos termos do § 5º deste artigo, 15% (quinze por cento) do valor deste precatório serão pagos até o final do exercício seguinte e o restante em parcelas iguais nos cinco exercícios subsequentes, acrescidas de juros de mora e correção monetária, ou mediante acordos diretos, perante Juízos Auxiliares de Conciliação de Precatórios, com redução máxima de 40% (quarenta por cento) do valor do crédito atualizado, desde que em relação ao crédito não penda recurso ou defesa judicial e que sejam observados os requisitos definidos na regulamentação editada pelo ente federado. (Incluído pela Emenda Constitucional nº 94, de 2016)

SEÇÃO II. DO SUPREMO TRIBUNAL FEDERAL

ART. 101. O Supremo Tribunal Federal compõe-se de onze Ministros, escolhidos dentre cidadãos com mais de trinta e cinco e menos de sessenta e cinco anos de idade, de notável saber jurídico e reputação ilibada.

▸ *Lei nº 8.038, de 28-05-1990. Institui normas procedimentais para os processos que especifica, perante o Superior Tribunal de Justiça e o Supremo Tribunal Federal.*

Parágrafo único. Os Ministros do Supremo Tribunal Federal serão nomeados pelo Presidente da República, depois de aprovada a escolha pela maioria absoluta do Senado Federal.

ART. 102. Compete ao Supremo Tribunal Federal, precipuamente, a guarda da Constituição, cabendo-lhe:

▸ *Lei nº 8.038, de 28-05-1990. Institui normas procedimentais para os processos que especifica, perante o Superior Tribunal de Justiça e o Supremo Tribunal Federal.*

I – processar e julgar, originariamente:

a) a ação direta de inconstitucionalidade de lei ou ato normativo federal ou estadual e a ação declaratória de constitucionalidade de lei ou ato normativo federal; (Redação dada pela Emenda Constitucional nº 3, de 1993)

b) nas infrações penais comuns, o Presidente da República, o Vice-Presidente, os membros do Congresso Nacional, seus próprios Ministros e o Procurador-Geral da República;

c) nas infrações penais comuns e nos crimes de responsabilidade, os Ministros de Estado e os Comandantes da Marinha, do Exército e da Aeronáutica, ressalvado o disposto no art. 52, I, os membros dos Tribunais Superiores, os do Tribunal de Contas da União e os chefes de missão diplomática de caráter permanente; (Redação dada pela Emenda Constitucional nº 23, de 1999)

▸ *Lei nº 1.079, de 10-04-1950, define os crimes de responsabilidade e regula o respectivo processo de julgamento.*

d) o "habeas-corpus", sendo paciente qualquer das pessoas referidas nas alíneas anteriores; o mandado de segurança e o "habeas-data" contra atos do Presidente da República, das Mesas da Câmara dos Deputados e do Senado Federal, do Tribunal de Contas da União, do Procurador-Geral da República e do próprio Supremo Tribunal Federal;

▸ *CPP: art. 647.*

▸ *Lei nº 12.016, de 07-08-2009, Mandado de Segurança.*

e) o litígio entre Estado estrangeiro ou organismo internacional e a União, o Estado, o Distrito Federal ou o Território;

f) as causas e os conflitos entre a União e os Estados, a União e o Distrito Federal, ou entre uns e outros, inclusive as respectivas entidades da administração indireta;

g) a extradição solicitada por Estado estrangeiro;

▸ *Súmula nº 692 do STF.*

h) (Revogado pela Emenda Constitucional nº 45, de 2004)

i) o habeas corpus, quando o coator for Tribunal Superior ou quando o coator ou o paciente for autoridade ou funcionário cujos atos estejam sujeitos diretamente à jurisdição do Supremo Tribunal Federal, ou se trate de crime sujeito à mesma jurisdição em uma única instância; Redação dada pela Emenda Constitucional nº 22, de 1999)

▸ *Súmulas nº 606, 691 e 692 do STF.*

j) a revisão criminal e a ação rescisória de seus julgados;

▸ *CPP: arts. 621 a 631.*

l) a reclamação para a preservação de sua competência e garantia da autoridade de suas decisões;

▸ *CF: art. 103-A, § 3º.*

▸ *CPC/2015: arts. 988, 989 e 992.*

▸ *Lei nº 8.038, de 28-05-1990. Institui normas procedimentais para os processos que especifica, perante o Superior Tribunal de Justiça e o Supremo Tribunal Federal.*

m) a execução de sentença nas causas de sua competência originária, facultada a delegação de atribuições para a prática de atos processuais;

n) a ação em que todos os membros da magistratura sejam direta ou indiretamente interessados, e aquela em que mais da metade dos membros do tribunal de origem estejam impedidos ou sejam direta ou indiretamente interessados;

o) os conflitos de competência entre o Superior Tribunal de Justiça e quaisquer tribunais, entre Tribunais Superiores, ou entre estes e qualquer outro tribunal;

▸ *CF: arts. 105, I, d, 108, I, e, e 114, V.*

p) o pedido de medida cautelar das ações diretas de inconstitucionalidade;

q) o mandado de injunção, quando a elaboração da norma regulamentadora for atribuição do Presidente da República, do Congresso Nacional, da Câmara dos Deputados, do Senado Federal, das Mesas de uma dessas Casas Legislativas, do Tribunal de Contas da União, de um dos Tribunais Superiores, ou do próprio Supremo Tribunal Federal;

r) as ações contra o Conselho Nacional de Justiça e contra o Conselho Nacional do Ministério Público; (Incluída pela Emenda Constitucional nº 45, de 8-12-2004)

▸ *CF: art. 103-A e 103-B.*

II – julgar, em recurso ordinário:

a) o "habeas-corpus", o mandado de segurança, o "habeas-data" e o mandado de injunção decididos em única instância pelos Tribunais Superiores, se denegatória a decisão;

▸ *CPP: arts. 581, X e 647.*

▸ *Lei nº 8.038, de 28-05-1990, art. 30, Institui normas procedimentais para os processos que especifica, perante o Superior Tribunal de Justiça e o Supremo Tribunal Federal.*

▸ *Lei nº 12.016, de 07-08-2009, Mandado de Segurança.*

b) o crime político;

III – julgar, mediante recurso extraordinário, as causas decididas em única ou última instância, quando a decisão recorrida:

▸ *Súmulas nº 279, 282, 283, 284, 286, 287, 356, 369, 640, 699 e 727 do STF.*

▸ *Súmulas nº 98 e 211 do STJ.*

▸ *CPP: arts. 609, par. ún., e 619.*

▸ *CPC/2015: art. 1029 e ss.*

▸ *Lei nº 8.038, de 28-05-1990, arts. 26 e 28, Institui normas procedimentais para os processos que especifica, perante o Superior Tribunal de Justiça e o Supremo Tribunal Federal.*

▸ *Lei nº 8.658, de 26-05-1993, Dispõe sobre a aplicação, nos Tribunais de Justiça e nos Tribunais Regionais Federais, das normas da Lei nº 8.038, de 28 de maio de 1990, sobre ações penais originárias.*

▸ *Lei nº 9.099, de 26-09-1995, Lei dos Juizados Especiais Cíveis e Criminais.*

a) contrariar dispositivo desta Constituição;

▸ *Súmula nº 735 do STF.*

▸ *CPC/2015: art. 1.029 e seguintes.*

b) declarar a inconstitucionalidade de tratado ou lei federal;

c) julgar válida lei ou ato de governo local contestado em face desta Constituição.

d) julgar válida lei local contestada em face de lei federal. (Incluída pela Emenda Constitucional nº 45, de 8-12-2004)

§ 1º. A arguição de descumprimento de preceito fundamental, decorrente desta Constituição, será apreciada pelo Supremo Tribunal Federal, na forma da lei. (Redação dada pela Emenda Constitucional nº 3, de 1993)

§ 2º. As decisões definitivas de mérito, proferidas pelo Supremo Tribunal Federal, nas ações diretas de inconstitucionalidade e nas ações declaratórias de constitucionalidade produzirão eficácia contra todos e efeito vinculante, relativamente aos demais órgãos do Poder Judiciário e à administração pública direta e indireta, nas esferas federal, estadual e municipal. (Redação dada pela Emenda Constitucional nº 45, de 2004)

§ 3º. No recurso extraordinário o recorrente deverá demonstrar a repercussão geral das questões constitucionais discutidas no caso, nos termos da lei, a fim de que o Tribunal examine a admissão do recurso, somente podendo recusá-lo pela manifestação de dois terços de seus membros. (Incluído pela Emenda Constitucional nº 45, de 2004)

▸ *Súmulas nº 282, 284 e 356 do STF.*

▸ *Súmulas nº 98 e 211 do STJ.*

▸ *CPC/2015: art. 1.035, § 1º a § 3º.*

ART. 103. Podem propor a ação direta de inconstitucionalidade e a ação declaratória de constitucionalidade: (Redação dada pela Emenda Constitucional nº 45, de 2004)

I – o Presidente da República;

II – a Mesa do Senado Federal;

III – a Mesa da Câmara dos Deputados;

IV – a Mesa de Assembleia Legislativa ou da Câmara Legislativa do Distrito Federal; (Redação dada pela Emenda Constitucional nº 45, de 2004)

V – o Governador de Estado ou do Distrito Federal; (Redação dada pela Emenda Constitucional nº 45, de 2004)

VI – o Procurador-Geral da República;

VII – o Conselho Federal da Ordem dos Advogados do Brasil;

VIII – partido político com representação no Congresso Nacional;

IX – confederação sindical ou entidade de classe de âmbito nacional.

§ 1º. O Procurador-Geral da República deverá ser previamente ouvido nas ações de inconstitucionalidade e em todos os processos de competência do Supremo Tribunal Federal.

§ 2º. Declarada a inconstitucionalidade por omissão de medida para tornar efetiva norma constitucional, será dada ciência ao Poder competente para a adoção das providências necessárias e, em se tratando de órgão administrativo, para fazê-lo em trinta dias.

§ 3º. Quando o Supremo Tribunal Federal apreciar a inconstitucionalidade, em tese, de norma legal ou ato normativo, citará, previamente, o Advogado-Geral da União, que defenderá o ato ou texto impugnado.

§ 4º. (Revogado pela Emenda Constitucional nº 45, de 2004)

ART. 103-A. O Supremo Tribunal Federal poderá, de ofício ou por provocação, mediante decisão de dois terços dos seus membros, após reiteradas decisões sobre matéria constitucional, aprovar súmula que, a partir de sua publicação na imprensa oficial, terá efeito vinculante em relação aos demais órgãos do Poder Judiciário e à administração pública direta e indireta, nas esferas federal, estadual e municipal, bem como proceder à sua revisão ou cancelamento, na forma estabelecida em lei. (Incluído pela Emenda Constitucional nº 45, de 2004)

§ 1º. A súmula terá por objetivo a validade, a interpretação e a eficácia de normas determinadas, acerca das quais haja controvérsia atual entre órgãos judiciários ou entre esses e a administração pública que acarrete grave insegurança jurídica e relevante multiplicação de processos sobre questão idêntica. (Incluído pela Emenda Constitucional nº 45, de 2004)

§ 2º. Sem prejuízo do que vier a ser estabelecido em lei, a aprovação, revisão ou cancelamento de súmula poderá ser provocada por aqueles que podem propor a ação direta de inconstitucionalidade. (Incluído pela Emenda Constitucional nº 45, de 2004)

§ 3º. Do ato administrativo ou decisão judicial que contrariar a súmula aplicável ou que indevidamente a aplicar, caberá reclamação ao Supremo Tribunal Federal que, julgando-a procedente, anulará o ato administrativo ou cassará a decisão judicial reclamada, e determinará que outra seja proferida com ou sem a aplicação da súmula, conforme o caso. (Incluído pela Emenda Constitucional nº 45, de 2004)

ART. 103-B. O Conselho Nacional de Justiça compõe-se de 15 (quinze) membros com mandato de 2 (dois) anos, admitida 1 (uma) recondução, sendo: (Redação dada pela Emenda Constitucional nº 61, de 2009)

I – o Presidente do Supremo Tribunal Federal; Redação dada pela Emenda Constitucional nº 61, de 2009)

II – um Ministro do Superior Tribunal de Justiça, indicado pelo respectivo tribunal; (Incluído pela Emenda Constitucional nº 45, de 2004)

III – um Ministro do Tribunal Superior do Trabalho, indicado pelo respectivo tribunal; (Incluído pela Emenda Constitucional nº 45, de 2004)

IV – um desembargador de Tribunal de Justiça, indicado pelo Supremo Tribunal Federal; (Incluído pela Emenda Constitucional nº 45, de 2004)

V – um juiz estadual, indicado pelo Supremo Tribunal Federal; (Incluído pela Emenda Constitucional nº 45, de 2004)

VI – um juiz de Tribunal Regional Federal, indicado pelo Superior Tribunal de Justiça; (Incluído pela Emenda Constitucional nº 45, de 2004)

VII – um juiz federal, indicado pelo Superior Tribunal de Justiça; (Incluído pela Emenda Constitucional nº 45, de 2004)

VIII – um juiz de Tribunal Regional do Trabalho, indicado pelo Tribunal Superior do Trabalho; (Incluído pela Emenda Constitucional nº 45, de 2004)

IX – um juiz do trabalho, indicado pelo Tribunal Superior do Trabalho; (Incluído pela Emenda Constitucional nº 45, de 2004)

X – um membro do Ministério Público da União, indicado pelo Procurador-Geral da República; (Incluído pela Emenda Constitucional nº 45, de 2004)

XI – um membro do Ministério Público estadual, escolhido pelo Procurador-Geral da República dentre os nomes indicados pelo órgão competente de cada instituição estadual; (Incluído pela Emenda Constitucional nº 45, de 2004)

XII – dois advogados, indicados pelo Conselho Federal da Ordem dos Advogados do Brasil; (Incluído pela Emenda Constitucional nº 45, de 2004)

XIII – dois cidadãos, de notável saber jurídico e reputação ilibada, indicados um pela Câmara dos Deputados e outro pelo Senado Federal. (Incluído pela Emenda Constitucional nº 45, de 2004)

§ 1º. O Conselho será presidido pelo Presidente do Supremo Tribunal Federal e, nas suas ausências e impedimentos, pelo Vice-Presidente do Supremo Tribunal Federal. (Redação dada pela Emenda Constitucional nº 61, de 2009)

§ 2º. Os demais membros do Conselho serão nomeados pelo Presidente da República, depois de aprovada a escolha pela maioria absoluta do Senado Federal. (Redação dada pela Emenda Constitucional nº 61, de 2009)

§ 3º. Não efetuadas, no prazo legal, as indicações previstas neste artigo, caberá a escolha ao Supremo Tribunal Federal. (Incluído pela Emenda Constitucional nº 45, de 2004)

§ 4º. Compete ao Conselho o controle da atuação administrativa e financeira do Poder Judiciário e do cumprimento dos deveres funcionais dos juízes, cabendo-lhe, além de outras atribuições que lhe forem conferidas pelo Estatuto da Magistratura: (Incluído pela Emenda Constitucional nº 45, de 2004)

I – zelar pela autonomia do Poder Judiciário e pelo cumprimento do Estatuto da Magistratura, podendo expedir atos regulamentares, no âmbito de sua competência, ou recomendar providências; (Incluído pela Emenda Constitucional nº 45, de 2004)

II – zelar pela observância do art. 37 e apreciar, de ofício ou mediante provocação, a legalidade dos atos administrativos praticados por membros ou órgãos do Poder Judiciário, podendo desconstituí-los, revê-los ou fixar prazo para que se adotem as providências necessárias ao exato cumprimento da lei, sem prejuízo da competência do Tribunal de Contas da União; (Incluído pela Emenda Constitucional nº 45, de 2004)

III - receber e conhecer das reclamações contra membros ou órgãos do Poder Judiciário, inclusive contra seus serviços auxiliares, serventias e órgãos prestadores de serviços notariais e de registro que atuem por delegação do poder público ou oficializados, sem prejuízo da competência disciplinar e correicional dos tribunais, podendo avocar processos disciplinares em curso, determinar a remoção ou a disponibilidade e aplicar outras sanções administrativas, assegurada ampla defesa; (Redação dada pela Emenda Constitucional nº 103, de 2019)

IV – representar ao Ministério Público, no caso de crime contra a administração pública ou de abuso de autoridade; (Incluído pela Emenda Constitucional nº 45, de 2004)

- *Lei nº 4.898 de 9-12-1965, Lei de Abuso de Autoridade (Revogada pela Lei nº 13.869, de 5.9.2019)*
- *Lei nº 13.869, de 5-9-2019, Lei de Abuso de Autoridade.*

V – rever, de ofício ou mediante provocação, os processos disciplinares de juízes e membros de tribunais julgados há menos de um ano (Incluído pela Emenda Constitucional nº 45, de 2004)

VI – elaborar semestralmente relatório estatístico sobre processos e sentenças prolatadas, por unidade da Federação, nos diferentes órgãos do Poder Judiciário; (Incluído pela Emenda Constitucional nº 45, de 2004)

VII – elaborar relatório anual, propondo as providências que julgar necessárias, sobre a situação do Poder Judiciário no País e as atividades do Conselho, o qual deve integrar mensagem do Presidente do Supremo Tribunal Federal a ser remetida ao Congresso Nacional, por ocasião da abertura da sessão legislativa. (Incluído pela Emenda Constitucional nº 45, de 2004)

§ 5º. O Ministro do Superior Tribunal de Justiça exercerá a função de Ministro-Corregedor e ficará excluído da distribuição de processos no Tribunal, competindo-lhe, além das atribuições que lhe forem conferidas pelo Estatuto da Magistratura, as seguintes: (Incluído pela Emenda Constitucional nº 45, de 2004)

I – receber as reclamações e denúncias, de qualquer interessado, relativas aos magistrados e aos serviços judiciários; (Incluído pela Emenda Constitucional nº 45, de 2004)

II – exercer funções executivas do Conselho, de inspeção e de correição geral; (Incluído pela Emenda Constitucional nº 45, de 2004)

III – requisitar e designar magistrados, delegando-lhes atribuições, e requisitar servidores de juízos ou tribunais, inclusive nos Estados, Distrito Federal e Territórios. (Incluído pela Emenda Constitucional nº 45, de 2004)

§ 6º. Junto ao Conselho oficiarão o Procurador-Geral da República e o Presidente do Conselho Federal da Ordem dos Advogados do Brasil. (Incluído pela Emenda Constitucional nº 45, de 2004)

§ 7º. A União, inclusive no Distrito Federal e nos Territórios, criará ouvidorias de justiça, competentes para receber reclamações e denúncias de qualquer interessado contra membros ou órgãos do Poder Judiciário, ou contra seus serviços auxiliares, representando diretamente ao Conselho

Nacional de Justiça. (Incluído pela Emenda Constitucional nº 45, de 2004)

SEÇÃO III. DO SUPERIOR TRIBUNAL DE JUSTIÇA

- *Lei nº 8.038, de 28-05-1990, Institui normas procedimentais para os processos que especifica, perante o Superior Tribunal de Justiça e o Supremo Tribunal Federal.*

ART. 104. O Superior Tribunal de Justiça compõe-se de, no mínimo, trinta e três Ministros.

Parágrafo único. Os Ministros do Superior Tribunal de Justiça serão nomeados pelo Presidente da República, dentre brasileiros com mais de trinta e cinco e menos de sessenta e cinco anos, de notável saber jurídico e reputação ilibada, depois de aprovada a escolha pela maioria absoluta do Senado Federal, sendo: (Redação dada pela Emenda Constitucional nº 45, de 2004)

I – um terço dentre juízes dos Tribunais Regionais Federais e um terço dentre desembargadores dos Tribunais de Justiça, indicados em lista tríplice elaborada pelo próprio Tribunal;

II – um terço, em partes iguais, dentre advogados e membros do Ministério Público Federal, Estadual, do Distrito Federal e Territórios, alternadamente, indicados na forma do art. 94.

ART. 105. Compete ao Superior Tribunal de Justiça:

- *Lei nº 8.038, de 28-05-1990, Institui normas procedimentais para os processos que especifica, perante o Superior Tribunal de Justiça e o Supremo Tribunal Federal.*

I – processar e julgar, originariamente:

a) nos crimes comuns, os Governadores dos Estados e do Distrito Federal, e, nestes e nos de responsabilidade, os desembargadores dos Tribunais de Justiça dos Estados e do Distrito Federal, os membros dos Tribunais de Contas dos Estados e do Distrito Federal, os dos Tribunais Regionais Federais, dos Tribunais Regionais Eleitorais e do Trabalho, os membros dos Conselhos ou Tribunais de Contas dos Municípios e os do Ministério Público da União que oficiem perante tribunais;

b) os mandados de segurança e os habeas data contra ato de Ministro de Estado, dos Comandantes da Marinha, do Exército e da Aeronáutica ou do próprio Tribunal; (Redação dada pela Emenda Constitucional nº 23, de 1999)

- *Súmula nº 41 do STJ.*
- *Lei nº 12.016, de 07-08-2009, Mandado de Segurança.*

c) os habeas corpus, quando o coator ou paciente for qualquer das pessoas mencionadas na alínea "a", ou quando o coator for tribunal sujeito à sua jurisdição, Ministro de Estado ou Comandante da Marinha, do Exército ou da Aeronáutica, ressalvada a competência da Justiça Eleitoral; (Redação dada pela Emenda Constitucional nº 23, de 1999)

- *CPP: art. 647.*

d) os conflitos de competência entre quaisquer tribunais, ressalvado o disposto no art. 102, I, "o", bem como entre tribunal e juízes a ele não vinculados e entre juízes vinculados a tribunais diversos;

- *Súmula nº 22 do STJ.*

e) as revisões criminais e as ações rescisórias de seus julgados;

- *CPP: arts. 621 a 632.*

f) a reclamação para a preservação de sua competência e garantia da autoridade de suas decisões;

- *CPC/2015: arts. 988, 989 e 992.*
- *Lei nº 8.038, de 28-05-1990, arts. 13 a 18, Institui normas procedimentais para os processos que especifica, perante o Superior Tribunal de Justiça e o Supremo Tribunal Federal.*

g) os conflitos de atribuições entre autoridades administrativas e judiciárias da União, ou entre autoridades judiciárias de um Estado e administrativas de outro ou do Distrito Federal, ou entre as deste e da União;

h) o mandado de injunção, quando a elaboração da norma regulamentadora for atribuição de órgão, entidade ou autoridade federal, da administração direta ou indireta, excetuados os casos de competência do Supremo Tribunal Federal e dos órgãos da Justiça Militar, da Justiça Eleitoral, da Justiça do Trabalho e da Justiça Federal;

- *CF: art. 109.*

i) a homologação de sentenças estrangeiras e a concessão de exequatur às cartas rogatórias; (Incluída pela Emenda Constitucional nº 45, de 2004)

- *CF: art. 109.*

II – julgar, em recurso ordinário:

a) os "habeas-corpus" decididos em única ou última instância pelos Tribunais Regionais Federais ou pelos tribunais dos Estados, do Distrito Federal e Territórios, quando a decisão for denegatória;

- *CF: art. 121, § 4º, V.*
- *CPP: arts. 581, X e 647.*
- *Lei nº 8.038, de 28-05-1990, art. 30, Institui normas procedimentais para os processos que especifica, perante o Superior Tribunal de Justiça e o Supremo Tribunal Federal.*

b) os mandados de segurança decididos em única instância pelos Tribunais Regionais Federais ou pelos tribunais dos Estados, do Distrito Federal e Territórios, quando denegatória a decisão;

- *Lei nº 8.038, de 28-05-1990, art. 33, Institui normas procedimentais para os processos que especifica, perante o Superior Tribunal de Justiça e o Supremo Tribunal Federal.*
- *Lei nº 12.016, de 07-08-2009, Mandado de Segurança.*

c) as causas em que forem partes Estado estrangeiro ou organismo internacional, de um lado, e, do outro, Município ou pessoa residente ou domiciliada no País;

III – julgar, em recurso especial, as causas decididas, em única ou última instância, pelos Tribunais Regionais Federais ou pelos tribunais dos Estados, do Distrito Federal e Territórios, quando a decisão recorrida:

- *Súmula nº 282, 284, 356 e 699 do STF.*
- *Súmulas nº 7, 98, 123, 126, 203, 207, 211, 320 e 418 do STJ.*
- *CPP: arts. 609, par. ún., e 619.*
- *CPC: art. 1029 e ss.*
- *Lei nº 8.038, de 28-05-1990, arts. 26 e 28, Institui normas procedimentais para os processos que especifica, perante o Superior Tribunal de Justiça e o Supremo Tribunal Federal.*
- *Lei nº 8.658, de 26-05-1993, dispõe sobre a aplicação, nos Tribunais de Justiça e nos Tribunais Regionais Federais, das normas da Lei nº 8.038, de 28 de maio de 1990, sobre ações penais originárias.*

a) contrariar tratado ou lei federal, ou negar-lhes vigência;

- *Súmula nº 518 do STJ.*

b) julgar válido ato de governo local contestado em face de lei federal; (Incluída pela Emenda Constitucional nº 45, de 2004)

c) der a lei federal interpretação divergente da que lhe haja atribuído outro tribunal.

▸ *Súmula nº 13 do STJ.*

▸ *CPC/2015: art. 1.029, § 1º.*

Parágrafo único. Funcionarão junto ao Superior Tribunal de Justiça: (Redação dada pela Emenda Constitucional nº 45, de 2004)

I – a Escola Nacional de Formação e Aperfeiçoamento de Magistrados, cabendo-lhe, dentre outras funções, regulamentar os cursos oficiais para o ingresso e promoção na carreira; (Incluída pela Emenda Constitucional nº 45, de 2004)

II – o Conselho da Justiça Federal, cabendo-lhe exercer, na forma da lei, a supervisão administrativa e orçamentária da Justiça Federal de primeiro e segundo graus, como órgão central do sistema e com poderes correicionais, cujas decisões terão caráter vinculante. (Incluída pela Emenda Constitucional nº 45, de 2004)

SEÇÃO IV. DOS TRIBUNAIS REGIONAIS FEDERAIS E DOS JUÍZES FEDERAIS

ART. 106. São órgãos da Justiça Federal:

I – os Tribunais Regionais Federais;

II – os Juízes Federais.

ART. 107. Os Tribunais Regionais Federais compõem-se de, no mínimo, sete juízes, recrutados, quando possível, na respectiva região e nomeados pelo Presidente da República dentre brasileiros com mais de trinta e menos de sessenta e cinco anos, sendo:

I – um quinto dentre advogados com mais de dez anos de efetiva atividade profissional e membros do Ministério Público Federal com mais de dez anos de carreira;

II – os demais, mediante promoção de juízes federais com mais de cinco anos de exercício, por antiguidade e merecimento, alternadamente.

§ 1º. A lei disciplinará a remoção ou a permuta de juízes dos Tribunais Regionais Federais e determinará sua jurisdição e sede. (Renumerado pela Emenda Constitucional nº 45, de 2004)

§ 2º. Os Tribunais Regionais Federais instalarão a justiça itinerante, com a realização de audiências e demais funções da atividade jurisdicional, nos limites territoriais da respectiva jurisdição, servindo-se de equipamentos públicos e comunitários. (Incluída pela Emenda Constitucional nº 45, de 2004)

§ 3º. Os Tribunais Regionais Federais poderão funcionar descentralizadamente, constituindo Câmaras regionais, a fim de assegurar o pleno acesso do jurisdicionado à justiça em todas as fases do processo. (Incluída pela Emenda Constitucional nº 45, de 2004)

ART. 108. Compete aos Tribunais Regionais Federais:

I – processar e julgar, originariamente:

a) os juízes federais da área de sua jurisdição, incluídos os da Justiça Militar e da Justiça do Trabalho, nos crimes comuns e de responsabilidade, e os membros do Ministério Público da União, ressalvada a competência da Justiça Eleitoral;

b) as revisões criminais e as ações rescisórias de julgados seus ou dos juízes federais da região;

▸ *CPP: arts. 621 a 631.*

c) os mandados de segurança e os "habeas-data" contra ato do próprio Tribunal ou de juiz federal;

▸ *Lei nº 12.016, de 07-08-2009, Mandado de Segurança.*

d) os "habeas-corpus", quando a autoridade coatora for juiz federal;

▸ *CPP: art. 650.*

e) os conflitos de competência entre juízes federais vinculados ao Tribunal;

▸ *Súmulas nº 3 e 428 do STJ.*

II – julgar, em grau de recurso, as causas decididas pelos juízes federais e pelos juízes estaduais no exercício da competência federal da área de sua jurisdição.

▸ *Súmula nº 55 do STJ.*

ART. 109. Aos juízes federais compete processar e julgar:

▸ *Súmula nº 522 do STF.*

▸ *Súmulas nº 3, 32, 122, 147, 151, 192, 200, 208, 428 e 528 do STJ.*

▸ *Lei nº 5.010, de 30-05-1966, art. 15; Lei de Organização da Justiça Federal.*

▸ *Lei nº 7.492, de 16-06-1986, Define os crimes contra o sistema financeiro nacional.*

▸ *Lei nº 10.259, de 12-07-2001, dispõe sobre a instituição dos Juizados Especiais Cíveis e Criminais no âmbito da Justiça Federal.*

I – as causas em que a União, entidade autárquica ou empresa pública federal forem interessadas na condição de autoras, rés, assistentes ou oponentes, exceto as de falência, as de acidentes de trabalho e as sujeitas à Justiça Eleitoral e à Justiça do Trabalho;

▸ *Súmula nº 32, do STJ.*

II – as causas entre Estado estrangeiro ou organismo internacional e Município ou pessoa domiciliada ou residente no País;

III – as causas fundadas em tratado ou contrato da União com Estado estrangeiro ou organismo internacional;

▸ *Súmulas nº 62 e 165 do STJ.*

IV – os crimes políticos e as infrações penais praticadas em detrimento de bens, serviços ou interesse da União ou de suas entidades autárquicas ou empresas públicas, excluídas as contravenções e ressalvada a competência da Justiça Militar e da Justiça Eleitoral;

▸ *Súmula Vinculante nº 36.*

▸ *Súmulas nº 38, 42, 62, 73, 104, 147, 165, 208 e 607 do STJ.*

▸ *Lei nº 13.260, de 16-03-2016, art. 11, Regulamenta o disposto no inciso XLIII do art. 5º da Constituição Federal, disciplinando o terrorismo.*

V – os crimes previstos em tratado ou convenção internacional, quando, iniciada a execução no País, o resultado tenha ou devesse ter ocorrido no estrangeiro, ou reciprocamente;

▸ *CP: art. 149.*

V-A – as causas relativas a direitos humanos a que se refere o § 5º deste artigo; (Incluído pela Emenda Constitucional nº 45, de 8-12-2004)

▸ *CP: art. 149.*

VI – os crimes contra a organização do trabalho e, nos casos determinados por lei, contra o sistema financeiro e a ordem econômico-financeira;

▸ *CP: arts. 149, 197 a 207.*

▸ *Lei nº 7.492, de 16-06-1986, define os crimes contra o sistema financeiro nacional.*

▸ *Lei nº 8.137, de 27-12-1990, define crimes contra a ordem tributária, econômica e contra as relações de consumo.*

▸ *Lei nº 8.176, de 08-02-1991, define crimes contra a ordem econômica.*

VII – os "habeas-corpus", em matéria criminal de sua competência ou quando o constrangimento provier de autoridade cujos atos não estejam diretamente sujeitos a outra jurisdição;

VIII – os mandados de segurança e os "habeas-data" contra ato de autoridade federal, excetuados os casos de competência dos tribunais federais;

▸ *Lei nº 12.016, de 07-08-2009, mandado de segurança.*

IX – os crimes cometidos a bordo de navios ou aeronaves, ressalvada a competência da Justiça Militar;

▸ *CF: art. 125, § 4º.*

X – os crimes de ingresso ou permanência irregular de estrangeiro, a execução de carta rogatória, após o "exequatur", e de sentença estrangeira, após a homologação, as causas referentes à nacionalidade, inclusive a respectiva opção, e à naturalização;

▸ *CF: art. 105, I, i.*

XI – a disputa sobre direitos indígenas.

▸ *Súmula nº 140 do STJ.*

§ 1º. As causas em que a União for autora serão aforadas na seção judiciária onde tiver domicílio a outra parte.

§ 2º. As causas intentadas contra a União poderão ser aforadas na seção judiciária em que for domiciliado o autor, naquela onde houver ocorrido o ato ou fato que deu origem à demanda ou onde esteja situada a coisa, ou, ainda, no Distrito Federal.

§ 3º Lei poderá autorizar que as causas de competência da Justiça Federal em que forem parte instituição de previdência social e segurado possam ser processadas e julgadas na justiça estadual quando a comarca do domicílio do segurado não for sede de vara federal. (Redação dada pela Emenda Constitucional nº 103, de 2019)

▸ *Súmula nº 32 do STJ.*

▸ *Lei nº 5.010, de 30-05-1966, Lei de Organização da Justiça Federal.*

§ 4º. Na hipótese do parágrafo anterior, o recurso cabível será sempre para o Tribunal Regional Federal na área de jurisdição do juiz de primeiro grau.

▸ *Súmula nº 32 do STJ.*

§ 5º. Nas hipóteses de grave violação de direitos humanos, o Procurador-Geral da República, com a finalidade de assegurar o cumprimento de obrigações decorrentes de tratados internacionais de direitos humanos dos quais o Brasil seja parte, poderá suscitar, perante o Superior Tribunal de Justiça, em qualquer fase do inquérito ou processo, incidente de deslocamento de competência para a Justiça Federal. (Incluído pela Emenda Constitucional nº 45, de 2004)

ART. 110. Cada Estado, bem como o Distrito Federal, constituirá uma seção judiciária que terá por sede a respectiva Capital, e varas localizadas segundo o estabelecido em lei.

▸ *Lei nº 5.010, de 30-05-1966, Lei de Organização da Justiça Federal.*

Parágrafo único. Nos Territórios Federais, a jurisdição e as atribuições cometidas aos juízes federais caberão aos juízes da justiça local, na forma da lei.

SEÇÃO V. DO TRIBUNAL SUPERIOR DO TRABALHO, DOS TRIBUNAIS REGIONAIS DO TRABALHO E DOS JUÍZES DO TRABALHO (Redação dada pela Emenda Constitucional nº 92, de 2016)

ART. 111. São órgãos da Justiça do Trabalho:

I – o Tribunal Superior do Trabalho;

II – os Tribunais Regionais do Trabalho;

III – Juízes do Trabalho. (Redação dada pela Emenda Constitucional nº 24, de 1999)

§§ 1º a 3º. (Revogados pela Emenda Constitucional nº 45, de 2004)

ART. 111-A. O Tribunal Superior do Trabalho compor-se-á de vinte e sete Ministros, escolhidos dentre brasileiros com mais de trinta e cinco anos e menos de sessenta e cinco anos, de notável saber jurídico e reputação ilibada, nomeados pelo Presidente da República após aprovação pela maioria absoluta do Senado Federal, sendo: (Redação dada pela Emenda Constitucional nº 92, de 2016)

I – um quinto dentre advogados com mais de dez anos de efetiva atividade profissional e membros do Ministério Público do Trabalho com mais de dez anos de efetivo exercício, observado o disposto no art. 94; (Incluído pela Emenda Constitucional nº 45, de 2004)

II – os demais dentre juízes dos Tribunais Regionais do Trabalho, oriundos da magistratura da carreira, indicados pelo próprio Tribunal Superior. (Incluído pela Emenda Constitucional nº 45, de 2004)

§ 1º. A lei disporá sobre a competência do Tribunal Superior do Trabalho. (Incluído pela Emenda Constitucional nº 45, de 2004)

§ 2º. Funcionarão junto ao Tribunal Superior do Trabalho: (Incluído pela Emenda Constitucional nº 45, de 2004)

I – a Escola Nacional de Formação e Aperfeiçoamento de Magistrados do Trabalho, cabendo-lhe, dentre outras funções, regulamentar os cursos oficiais para o ingresso e promoção na carreira; (Incluído pela Emenda Constitucional nº 45, de 2004)

II – o Conselho Superior da Justiça do Trabalho, cabendo-lhe exercer, na forma da lei, a supervisão administrativa, orçamentária, financeira e patrimonial da Justiça do Trabalho de primeiro e segundo graus, como órgão central do sistema, cujas decisões terão efeito vinculante. (Incluído pela Emenda Constitucional nº 45, de 2004)

§ 3º. Compete ao Tribunal Superior do Trabalho processar e julgar, originariamente, a reclamação para a preservação de sua competência e garantia da autoridade de suas decisões. (Incluído pela Emenda Constitucional nº 92, de 2016)

ART. 112. A lei criará varas da Justiça do Trabalho, podendo, nas comarcas não abrangidas por sua jurisdição, atribuí-la aos juízes de direito, com recurso para o respectivo Tribunal Regional do Trabalho. (Redação dada pela Emenda Constitucional nº 45, de 2004)

ART. 113. A lei disporá sobre a constituição, investidura, jurisdição, competência, garantias e condições de exercício dos órgãos da Justiça do Trabalho. (Redação dada pela Emenda Constitucional nº 24, de 1999)

‣ *Lei Complementar nº 35, de 14-3-1979, dispõe sobre a Lei Orgânica da Magistratura Nacional.*

ART. 114. Compete à Justiça do Trabalho processar e julgar: (Redação dada pela Emenda Constitucional nº 45, de 2004)

‣ *Lei nº 11.101, de 09-02-2005, Regula a recuperação judicial, a extrajudicial e a falência do empresário e da sociedade empresária.*

I – as ações oriundas da relação de trabalho, abrangidos os entes de direito público externo e da administração pública direta e indireta da União, dos Estados, do Distrito Federal e dos Municípios; (Redação dada pela Emenda Constitucional nº 45, de 2004)

II – as ações que envolvam exercício do direito de greve; (Incluído pela Emenda Constitucional nº 45, de 2004)

‣ *CF: art. 9º.*

III – as ações sobre representação sindical, entre sindicatos, entre sindicatos e trabalhadores, e entre sindicatos e empregadores; (Incluído pela Emenda Constitucional nº 45, de 2004)

IV – os mandados de segurança, habeas corpus e habeas data, quando o ato questionado envolver matéria sujeita à sua jurisdição; (Incluído pela Emenda Constitucional nº 45, de 2004)

‣ *CF: art. 5º, LXVIII, LXIX, LXXII, 7º, XXVIII.*

‣ *Lei nº 12.016, de 07-08-2009, Mandado de Segurança.*

V – os conflitos de competência entre órgãos com jurisdição trabalhista, ressalvado o disposto no art. 102, I, o; (Incluído pela Emenda Constitucional nº 45, de 2004)

VI – as ações de indenização por dano moral ou patrimonial, decorrentes da relação de trabalho; (Incluído pela Emenda Constitucional nº 45, de 2004)

‣ *Súmula nº 376 do STJ.*

‣ *CF: arts. 5º, X, e 109, I.*

VII – as ações relativas às penalidades administrativas impostas aos empregadores pelos órgãos de fiscalização das relações de trabalho; (Incluído pela Emenda Constitucional nº 45, de 2004)

VIII – a execução, de ofício, das contribuições sociais previstas no art. 195, I, a, e II, e seus acréscimos legais, decorrentes das sentenças que proferir; (Incluído pela Emenda Constitucional nº 45, de 2004)

IX – outras controvérsias decorrentes da relação de trabalho, na forma da lei. (Incluído pela Emenda Constitucional nº 45, de 2004)

§ 1º. Frustrada a negociação coletiva, as partes poderão eleger árbitros.

§ 2º. Recusando-se qualquer das partes à negociação coletiva ou à arbitragem, é facultado às mesmas, de comum acordo, ajuizar dissídio coletivo de natureza econômica, podendo a Justiça do Trabalho decidir o conflito, respeitadas as disposições mínimas legais de proteção ao trabalho, bem como as convencionadas anteriormente. (Redação dada pela Emenda Constitucional nº 45, de 2004)

§ 3º. Em caso de greve em atividade essencial, com possibilidade de lesão do interesse público, o Ministério Público do Trabalho poderá ajuizar dissídio coletivo, competindo à Justiça do Trabalho decidir o conflito. (Redação dada pela Emenda Constitucional nº 45, de 2004)

‣ *CF: art. 9º, § 1º.*

ART. 115. Os Tribunais Regionais do Trabalho compõem-se de, no mínimo, sete juízes, recrutados, quando possível, na respectiva região, e nomeados pelo Presidente da República dentre brasileiros com mais de trinta e menos de sessenta e cinco anos, sendo: (Redação dada pela Emenda Constitucional nº 45, de 2004)

I – um quinto dentre advogados com mais de dez anos de efetiva atividade profissional e membros do Ministério Público do Trabalho com mais de dez anos de efetivo exercício, observado o disposto no art. 94; (Incluído pela Emenda Constitucional nº 45, de 2004)

II – os demais, mediante promoção de juízes do trabalho por antiguidade e merecimento, alternadamente. (Incluído pela Emenda Constitucional nº 45, de 2004)

§ 1º. Os Tribunais Regionais do Trabalho instalarão a justiça itinerante, com a realização de audiências e demais funções de atividade jurisdicional, nos limites territoriais da respectiva jurisdição, servindo-se de equipamentos públicos e comunitários. (Incluído pela Emenda Constitucional nº 45, de 2004)

§ 2º. Os Tribunais Regionais do Trabalho poderão funcionar descentralizadamente, constituindo Câmaras regionais, a fim de assegurar o pleno acesso do jurisdicionado à justiça em todas as fases do processo. (Incluído pela Emenda Constitucional nº 45, de 2004)

ART. 116. Nas Varas do Trabalho, a jurisdição será exercida por um juiz singular. (Redação dada pela Emenda Constitucional nº 24, de 1999)

Parágrafo único. (Revogado pela Emenda Constitucional nº 24, de 1999)

ART. 117. (Revogado pela Emenda Constitucional nº 24, de 1999)

SEÇÃO VI.
DOS TRIBUNAIS E JUÍZES ELEITORAIS

‣ *CE: arts. 12 a 41.*

ART. 118. São órgãos da Justiça Eleitoral:

I – o Tribunal Superior Eleitoral;

II – os Tribunais Regionais Eleitorais;

III – os Juízes Eleitorais;

IV – as Juntas Eleitorais.

ART. 119. O Tribunal Superior Eleitoral compor-se-á, no mínimo, de sete membros, escolhidos:

I – mediante eleição, pelo voto secreto:

a) três juízes dentre os Ministros do Supremo Tribunal Federal;

b) dois juízes dentre os Ministros do Superior Tribunal de Justiça;

II – por nomeação do Presidente da República, dois juízes dentre seis advogados de notável saber jurídico e idoneidade moral, indicados pelo Supremo Tribunal Federal.

Parágrafo único. O Tribunal Superior Eleitoral elegerá seu Presidente e o Vice-Presidente dentre os Ministros do Supremo Tribunal Federal, e o Corregedor Eleitoral dentre os Ministros do Superior Tribunal de Justiça.

ART. 120. Haverá um Tribunal Regional Eleitoral na Capital de cada Estado e no Distrito Federal.

§ 1°. Os Tribunais Regionais Eleitorais compor-se-ão:

I – mediante eleição, pelo voto secreto:

a) de dois juízes dentre os desembargadores do Tribunal de Justiça;

b) de dois juízes, dentre juízes de direito, escolhidos pelo Tribunal de Justiça;

II – de um juiz do Tribunal Regional Federal com sede na Capital do Estado ou no Distrito Federal, ou, não havendo, de juiz federal, escolhido, em qualquer caso, pelo Tribunal Regional Federal respectivo;

III – por nomeação, pelo Presidente da República, de dois juízes dentre seis advogados de notável saber jurídico e idoneidade moral, indicados pelo Tribunal de Justiça.

§ 2°. O Tribunal Regional Eleitoral elegerá seu Presidente e o Vice-Presidente – dentre os desembargadores.

ART. 121. Lei complementar disporá sobre a organização e competência dos tribunais, dos juízes de direito e das juntas eleitorais.

▸ CE: arts. 22, 23, 29, 30, 34, 40 e 41.

§ 1°. Os membros dos tribunais, os juízes de direito e os integrantes das juntas eleitorais, no exercício de suas funções, e no que lhes for aplicável, gozarão de plenas garantias e serão inamovíveis.

§ 2°. Os juízes dos tribunais eleitorais, salvo motivo justificado, servirão por dois anos, no mínimo, e nunca por mais de dois biênios consecutivos, sendo os substitutos escolhidos na mesma ocasião e pelo mesmo processo, em número igual para cada categoria.

§ 3°. São irrecorríveis as decisões do Tribunal Superior Eleitoral, salvo as que contrariarem esta Constituição e as denegatórias de "habeas-corpus" ou mandado de segurança.

§ 4°. Das decisões dos Tribunais Regionais Eleitorais somente caberá recurso quando:

I – forem proferidas contra disposição expressa desta Constituição ou de lei;

II – ocorrer divergência na interpretação de lei entre dois ou mais tribunais eleitorais;

III – versarem sobre inelegibilidade ou expedição de diplomas nas eleições federais ou estaduais;

IV – anularem diplomas ou decretarem a perda de mandatos eletivos federais ou estaduais;

V – denegarem "habeas-corpus", mandado de segurança, "habeas-data" ou mandado de injunção.

▸ CF: art. 105, II, a.

▸ CE: art. 276, II, b.

▸ Lei nº 8.038, de 28-05-1990, art. 30, Institui normas procedimentais para os processos que especifica, perante o Superior Tribunal de Justiça e o Supremo Tribunal Federal.

SEÇÃO VII. DOS TRIBUNAIS E JUÍZES MILITARES

ART. 122. São órgãos da Justiça Militar:

I – o Superior Tribunal Militar;

II – os Tribunais e Juízes Militares instituídos por lei.

ART. 123. O Superior Tribunal Militar compor-se-á de quinze Ministros vitalícios, nomeados pelo Presidente da República, depois de aprovada a indicação pelo Senado Federal, sendo três dentre oficiais-generais da Marinha, quatro dentre oficiais-generais do Exército, três dentre oficiais-generais da Aeronáutica, todos da ativa e do posto mais elevado da carreira, e cinco dentre civis.

Parágrafo único. Os Ministros civis serão escolhidos pelo Presidente da República dentre brasileiros maiores de trinta e cinco anos, sendo:

I – três dentre advogados de notório saber jurídico e conduta ilibada, com mais de dez anos de efetiva atividade profissional;

II – dois, por escolha paritária, dentre juízes auditores e membros do Ministério Público da Justiça Militar.

ART. 124. À Justiça Militar compete processar e julgar os crimes militares definidos em lei.

Parágrafo único. A lei disporá sobre a organização, o funcionamento e a competência da Justiça Militar.

▸ Lei nº 9.099, de 26-09-1995, art. 90-A, Juizados Especiais Cíveis e Criminais.

SEÇÃO VIII. DOS TRIBUNAIS E JUÍZES DOS ESTADOS

ART. 125. Os Estados organizarão sua Justiça, observados os princípios estabelecidos nesta Constituição.

▸ Súmula Vinculante nº 45.

▸ Súmula nº 721 do STF.

§ 1°. A competência dos tribunais será definida na Constituição do Estado, sendo a lei de organização judiciária de iniciativa do Tribunal de Justiça.

▸ Súmula Vinculante nº 45.

▸ Súmula nº 721 do STF.

§ 2°. Cabe aos Estados a instituição de representação de inconstitucionalidade de leis ou atos normativos estaduais ou municipais em face da Constituição Estadual, vedada a atribuição da legitimação para agir a um único órgão.

§ 3°. A lei estadual poderá criar, mediante proposta do Tribunal de Justiça, a Justiça Militar estadual, constituída, em primeiro grau, pelos juízes de direito e pelos Conselhos de Justiça e, em segundo grau, pelo próprio Tribunal de Justiça, ou por Tribunal de Justiça Militar nos Estados em que o efetivo militar seja superior a vinte mil integrantes. (Redação dada pela Emenda Constitucional nº 45, de 2004)

§ 4º. Compete à Justiça Militar estadual processar e julgar os militares dos Estados, nos crimes militares definidos em lei e as ações judiciais contra atos disciplinares militares, ressalvada a competência do júri quando a vítima for civil, cabendo ao tribunal competente decidir sobre a perda do posto e da patente dos oficiais e da graduação das praças. (Redação dada pela Emenda Constitucional nº 45, de 2004)

▸ *Súmulas nº 6, 53 e 90 do STJ.*

§ 5º. Compete aos juízes de direito do juízo militar processar e julgar, singularmente, os crimes militares cometidos contra civis e as ações judiciais contra atos disciplinares militares, cabendo ao Conselho de Justiça, sob a presidência de juiz de direito, processar e julgar os demais crimes militares. (Redação dada pela Emenda Constitucional nº 45, de 2004)

§ 6º. O Tribunal de Justiça poderá funcionar descentralizadamente, constituindo Câmaras regionais, a fim de assegurar o pleno acesso do jurisdicionado à justiça em todas as fases do processo. (Redação dada pela Emenda Constitucional nº 45, de 2004)

§ 7º. O Tribunal de Justiça instalará a justiça itinerante, com a realização de audiências e demais funções da atividade jurisdicional, nos limites territoriais da respectiva jurisdição, servindo-se de equipamentos públicos e comunitários.

ART. 126. Para dirimir conflitos fundiários, o Tribunal de Justiça proporá a criação de varas especializadas, com competência exclusiva para questões agrárias. (Redação dada pela Emenda Constitucional nº 45, de 2004)

Parágrafo único. Sempre que necessário à eficiente prestação jurisdicional, o juiz far-se-á presente no local do litígio.

CAPÍTULO IV. DAS FUNÇÕES ESSENCIAIS À JUSTIÇA (Redação dada pela Emenda Constitucional nº 80, de 2014)

SEÇÃO I. DO MINISTÉRIO PÚBLICO

▸ *Lei nº 8.625, de 12-02-1993, Lei Orgânica Nacional do Ministério Público.*

▸ *Lei Complementar nº 75, de 20-05-1993, Institui a Lei Orgânica Nacional do Ministério Público.*

ART. 127. O Ministério Público é instituição permanente, essencial à função jurisdicional do Estado, incumbindo-lhe a defesa da ordem jurídica, do regime democrático e dos interesses sociais e individuais indisponíveis.

▸ *Súmula 234 do STJ.*

▸ *CPP: arts. 564, III, d, 257, II.*

▸ *CPC: art. 279.*

§ 1º. São princípios institucionais do Ministério Público a unidade, a indivisibilidade e a independência funcional.

§ 2º. Ao Ministério Público é assegurada autonomia funcional e administrativa, podendo, observado o disposto no art. 169, propor ao Poder Legislativo a criação e extinção de seus cargos e serviços auxiliares, provendo-os por concurso público de provas ou de provas e títulos, a política remuneratória e os planos de carreira; a lei disporá sobre sua organização e funcionamento. (Redação dada pela Emenda Constitucional nº 19, de 1998)

§ 3º. O Ministério Público elaborará sua proposta orçamentária dentro dos limites estabelecidos na lei de diretrizes orçamentárias.

§ 4º. Se o Ministério Público não encaminhar a respectiva proposta orçamentária dentro do prazo estabelecido na lei de diretrizes orçamentárias, o Poder Executivo considerará, para fins de consolidação da proposta orçamentária anual, os valores aprovados na lei orçamentária vigente, ajustados de acordo com os limites estipulados na forma do § 3º. (Redação dada pela Emenda Constitucional nº 45, de 2004)

§ 5º. Se a proposta orçamentária de que trata este artigo for encaminhada em desacordo com os limites estipulados na forma do § 3º, o Poder Executivo procederá aos ajustes necessários para fins de consolidação da proposta orçamentária anual. (Redação dada pela Emenda Constitucional nº 45, de 2004)

§ 6º. Durante a execução orçamentária do exercício, não poderá haver a realização de despesas ou a assunção de obrigações que extrapolem os limites estabelecidos na lei de diretrizes orçamentárias, exceto se previamente autorizadas, mediante a abertura de créditos suplementares ou especiais. (Redação dada pela Emenda Constitucional nº 45, de 2004)

ART. 128. O Ministério Público abrange:

I – o Ministério Público da União, que compreende:

a) o Ministério Público Federal;

b) o Ministério Público do Trabalho;

c) o Ministério Público Militar;

d) o Ministério Público do Distrito Federal e Territórios;

II – os Ministérios Públicos dos Estados.

§ 1º. O Ministério Público da União tem por chefe o Procurador-Geral da República, nomeado pelo Presidente da República dentre integrantes da carreira, maiores de trinta e cinco anos, após a aprovação de seu nome pela maioria absoluta dos membros do Senado Federal, para mandato de dois anos, permitida a recondução.

§ 2º. A destituição do Procurador-Geral da República, por iniciativa do Presidente da República, deverá ser precedida de autorização da maioria absoluta do Senado Federal.

§ 3º. Os Ministérios Públicos dos Estados e o do Distrito Federal e Territórios formarão lista tríplice dentre integrantes da carreira, na forma da lei respectiva, para escolha de seu Procurador-Geral, que será nomeado pelo Chefe do Poder Executivo, para mandato de dois anos, permitida uma recondução.

§ 4º. Os Procuradores-Gerais nos Estados e no Distrito Federal e Territórios poderão ser destituídos por deliberação da maioria absoluta do Poder Legislativo, na forma da lei complementar respectiva.

§ 5º. Leis complementares da União e dos Estados, cuja iniciativa é facultada aos respectivos Procuradores-Gerais, estabelecerão a organização, as atribuições e o estatuto de cada Ministério Público, observadas, relativamente a seus membros:

I – as seguintes garantias:

a) vitaliciedade, após dois anos de exercício, não podendo perder o cargo senão por sentença judicial transitada em julgado;

b) inamovibilidade, salvo por motivo de interesse público, mediante decisão do órgão colegiado competente do Ministério Público, pelo voto da maioria absoluta de seus membros, assegurada ampla defesa; (Redação dada pela Emenda Constitucional nº 45, de 2004)

c) irredutibilidade de subsídio, fixado na forma do art. 39, § 4º, e ressalvado o disposto nos arts. 37, X e XI, 150, II, 153, III, 153, § 2º, I; (Redação dada pela Emenda Constitucional nº 19, de 1998)

II - as seguintes vedações:

a) receber, a qualquer título e sob qualquer pretexto, honorários, percentagens ou custas processuais;

b) exercer a advocacia;

c) participar de sociedade comercial, na forma da lei;

d) exercer, ainda que em disponibilidade, qualquer outra função pública, salvo uma de magistério;

e) exercer atividade político-partidária; (Redação dada pela Emenda Constitucional nº 45, de 2004)

f) receber, a qualquer título ou pretexto, auxílios ou contribuições de pessoas físicas, entidades públicas ou privadas, ressalvadas as exceções previstas em lei. (Incluída pela Emenda Constitucional nº 45, de 2004)

§ 6º. Aplica-se aos membros do Ministério Público o disposto no art. 95, parágrafo único, V. (Incluída pela Emenda Constitucional nº 45, de 2004)

ART. 129. São funções institucionais do Ministério Público:

I - promover, privativamente, a ação penal pública, na forma da lei;

- *Súmula nº 714 do STF.*
- *Súmula nº 234 do STJ.*
- *CF: art. 5º, LIX.*
- *CP: arts. 100, § 1º.*
- *CPP: art. 24 e 564, III, "a" e "d".*
- *Lei nº 8.625, de 12-02-1993, art. 25, III. Lei Orgânica do Ministério Público.*
- *Dec.-lei nº 3.688, de 03-10-1941, art. 17, Lei das Contravenções Penais.*

II - zelar pelo efetivo respeito dos Poderes Públicos e dos serviços de relevância pública aos direitos assegurados nesta Constituição, promovendo as medidas necessárias a sua garantia;

III - promover o inquérito civil e a ação civil pública, para a proteção do patrimônio público e social, do meio ambiente e de outros interesses difusos e coletivos;

- *Súmula nº 329 do STJ.*

IV - promover a ação de inconstitucionalidade ou representação para fins de intervenção da União e dos Estados, nos casos previstos nesta Constituição;

- *CF: arts. 34 a 36.*

V - defender judicialmente os direitos e interesses das populações indígenas;

- *CF: arts. 231 e 232.*

VI - expedir notificações nos procedimentos administrativos de sua competência, requisitando informações e documentos para instruí-los, na forma da lei complementar respectiva;

- *Súmula nº 234 do STJ.*

VII - exercer o controle externo da atividade policial, na forma da lei complementar mencionada no artigo anterior;

- *Lei Complementar nº 75, de 20-05-1993. Institui a Lei Orgânica Nacional do Ministério Público.*

VIII - requisitar diligências investigatórias e a instauração de inquérito policial, indicados os fundamentos jurídicos de suas manifestações processuais;

IX - exercer outras funções que lhe forem conferidas, desde que compatíveis com sua finalidade, sendo-lhe vedada a representação judicial e a consultoria jurídica de entidades públicas.

§ 1º. A legitimação do Ministério Público para as ações civis previstas neste artigo não impede a de terceiros, nas mesmas hipóteses, segundo o disposto nesta Constituição e na lei.

§ 2º. As funções do Ministério Público só podem ser exercidas por integrantes da carreira, que deverão residir na comarca da respectiva lotação, salvo autorização do chefe da instituição. (Redação dada pela Emenda Constitucional nº 45, de 2004)

§ 3º. O ingresso na carreira do Ministério Público far-se-á mediante concurso público de provas e títulos, assegurada a participação da Ordem dos Advogados do Brasil em sua realização, exigindo-se do bacharel em direito, no mínimo, três anos de atividade jurídica e observando-se, nas nomeações, a ordem de classificação. (Redação dada pela Emenda Constitucional nº 45, de 2004)

§ 4º. Aplica-se ao Ministério Público, no que couber, o disposto no art. 93. (Redação dada pela Emenda Constitucional nº 45, de 2004)

§ 5º. A distribuição de processos no Ministério Público será imediata. (Incluído pela Emenda Constitucional nº 45, de 2004)

ART. 130. Aos membros do Ministério Público junto aos Tribunais de Contas aplicam-se as disposições desta seção pertinentes a direitos, vedações e forma de investidura.

ART. 130-A. O Conselho Nacional do Ministério Público compõe-se de quatorze membros nomeados pelo Presidente da República, depois de aprovada a escolha pela maioria absoluta do Senado Federal, para um mandato de dois anos, admitida uma recondução, sendo: (Incluído pela Emenda Constitucional nº 45, de 2004)

I - o Procurador-Geral da República, que o preside; (Incluído pela Emenda Constitucional nº 45, de 2004)

II - quatro membros do Ministério Público da União, assegurada a representação de cada uma de suas carreiras; (Incluído pela Emenda Constitucional nº 45, de 2004)

III - três membros do Ministério Público dos Estados; (Incluído pela Emenda Constitucional nº 45, de 2004)

IV - dois juízes, indicados um pelo Supremo Tribunal Federal e outro pelo Superior Tribunal de Justiça; (Incluído pela Emenda Constitucional nº 45, de 2004)

V - dois advogados, indicados pelo Conselho Federal da Ordem dos Advogados do Brasil; (Incluído pela Emenda Constitucional nº 45, de 2004)

VI - dois cidadãos de notável saber jurídico e reputação ilibada, indicados um pela Câmara dos Deputados e outro pelo Senado Federal. (Incluído pela Emenda Constitucional nº 45, de 2004)

§ 1º. Os membros do Conselho oriundos do Ministério Público serão indicados pelos respectivos Ministérios Públicos, na forma da lei. (Incluído pela Emenda Constitucional nº 45, de 2004)

§ 2º. Compete ao Conselho Nacional do Ministério Público o controle da atuação administrativa e financeira do Ministério Público e do cumprimento dos deveres funcionais de seus membros, cabendo lhe: (Incluído pela Emenda Constitucional nº 45, de 2004)

I – zelar pela autonomia funcional e administrativa do Ministério Público, podendo expedir atos regulamentares, no âmbito de sua competência, ou recomendar providências; (Incluído pela Emenda Constitucional nº 45, de 2004)

II – zelar pela observância do art. 37 e apreciar, de ofício ou mediante provocação, a legalidade dos atos administrativos praticados por membros ou órgãos do Ministério Público da União e dos Estados, podendo desconstituí-los, revê-los ou fixar prazo para que se adotem as providências necessárias ao exato cumprimento da lei, sem prejuízo da competência dos Tribunais de Contas; (Incluído pela Emenda Constitucional nº 45, de 2004)

III - receber e conhecer das reclamações contra membros ou órgãos do Ministério Público da União ou dos Estados, inclusive contra seus serviços auxiliares, sem prejuízo da competência disciplinar e correicional da instituição, podendo avocar processos disciplinares em curso, determinar a remoção ou a disponibilidade e aplicar outras sanções administrativas, assegurada ampla defesa; (Redação dada pela Emenda Constitucional nº 103, de 2019)

IV – rever, de ofício ou mediante provocação, os processos disciplinares de membros do Ministério Público da União ou dos Estados julgados há menos de um ano; (Incluído pela Emenda Constitucional nº 45, de 2004)

V – elaborar relatório anual, propondo as providências que julgar necessárias sobre a situação do Ministério Público no País e as atividades do Conselho, o qual deve integrar a mensagem prevista no art. 84, XI. (Incluído pela Emenda Constitucional nº 45, de 2004)

§ 3º. O Conselho escolherá, em votação secreta, um Corregedor nacional, dentre os membros do Ministério Público que o integram, vedada a recondução, competindo-lhe, além das atribuições que lhe forem conferidas pela lei, as seguintes: (Incluído pela Emenda Constitucional nº 45, de 2004)

I – receber reclamações e denúncias, de qualquer interessado, relativas aos membros do Ministério Público e dos seus serviços auxiliares; (Incluído pela Emenda Constitucional nº 45, de 2004)

II – exercer funções executivas do Conselho, de inspeção e correição geral; (Incluído pela Emenda Constitucional nº 45, de 2004)

III – requisitar e designar membros do Ministério Público, delegando-lhes atribuições, e requisitar servidores de órgãos do Ministério Público. (Incluído pela Emenda Constitucional nº 45, de 2004)

§ 4º. O Presidente do Conselho Federal da Ordem dos Advogados do Brasil oficiará junto ao Conselho. (Incluído pela Emenda Constitucional nº 45, de 2004)

§ 5º. Leis da União e dos Estados criarão ouvidorias do Ministério Público, competentes para receber reclamações e denúncias de qualquer interessado contra membros ou órgãos do Ministério Público, inclusive contra seus serviços auxiliares, representando diretamente ao Conselho Nacional do Ministério Público. (Incluído pela Emenda Constitucional nº 45, de 2004)

SEÇÃO II. DA ADVOCACIA PÚBLICA (Redação dada pela Emenda Constitucional nº 19, de 1998)

ART. 131. A Advocacia-Geral da União é a instituição que, diretamente ou através de órgão vinculado, representa a União, judicial e extrajudicialmente, cabendo-lhe, nos termos da lei complementar que dispuser sobre sua organização e funcionamento, as atividades de consultoria e assessoramento jurídico do Poder Executivo.

§ 1º. A Advocacia-Geral da União tem por chefe o Advogado-Geral da União, de livre nomeação pelo Presidente da República dentre cidadãos maiores de trinta e cinco anos, de notável saber jurídico e reputação ilibada.

§ 2º. O ingresso nas classes iniciais das carreiras da instituição de que trata este artigo far-se-á mediante concurso público de provas e títulos.

§ 3º. Na execução da dívida ativa de natureza tributária, a representação da União cabe à Procuradoria-Geral da Fazenda Nacional, observado o disposto em lei.

ART. 132. Os Procuradores dos Estados e do Distrito Federal, organizados em carreira, na qual o ingresso dependerá de concurso público de provas e títulos, com a participação da Ordem dos Advogados do Brasil em todas as suas fases, exercerão a representação judicial e a consultoria jurídica das respectivas unidades federadas. (Redação dada pela Emenda Constitucional nº 19, de 1998)

Parágrafo único. Aos procuradores referidos neste artigo é assegurada estabilidade após três anos de efetivo exercício, mediante avaliação de desempenho perante os órgãos próprios, após relatório circunstanciado das corregedorias. (Incluído pela Emenda Constitucional nº 19, de 1998)

SEÇÃO III. DA ADVOCACIA (Redação dada pela Emenda Constitucional nº 80, de 2014)

ART. 133. O advogado é indispensável à administração da justiça, sendo inviolável por seus atos e manifestações no exercício da profissão, nos limites da lei.

▸ *Lei nº 8.906, de 04-07-1994, dispõe sobre o Estatuto da Advocacia e a Ordem dos Advogados do Brasil (OAB).*

SEÇÃO IV. DA DEFENSORIA PÚBLICA

ART. 134. A Defensoria Pública é instituição permanente, essencial à função jurisdicional do Estado, incumbindo-lhe, como expressão e instrumento do regime democrático, fundamentalmente, a orientação jurídica, a promoção dos direitos humanos e a defesa, em todos os graus, judicial e extrajudicial, dos direitos individuais e coletivos, de forma integral e gratuita, aos necessitados, na forma do inciso

LXXIV do art. 5º desta Constituição Federal. (Redação dada pela Emenda Constitucional nº 80, de 04/06/2014)

▸ Lei Complementar nº 80, de 12-01-1994, organiza a Defensoria Pública.

§ 1º. Lei complementar organizará a Defensoria Pública da União e do Distrito Federal e dos Territórios e prescreverá normas gerais para sua organização nos Estados, em cargos de carreira, providos, na classe inicial, mediante concurso público de provas e títulos, assegurada a seus integrantes a garantia da inamovibilidade e vedado o exercício da advocacia fora das atribuições institucionais. (Renumerado pela Emenda Constitucional nº 45, de 2004)

§ 2º. Às Defensorias Públicas Estaduais são asseguradas autonomia funcional e administrativa e a iniciativa de sua proposta orçamentária dentro dos limites estabelecidos na lei de diretrizes orçamentárias e subordinação ao disposto no art. 99, § 2º. (Incluído pela Emenda Constitucional nº 45, de 2004)

§ 3º. Aplica-se o disposto no § 2º às Defensorias Públicas da União e do Distrito Federal. (Incluído pela Emenda Constitucional nº 74, de 2013)

§ 4º. São princípios institucionais da Defensoria Pública a unidade, a indivisibilidade e a independência funcional, aplicando-se também, no que couber, o disposto no art. 93 e no inciso II do art. 96 desta Constituição Federal. (Incluído pela Emenda Constitucional nº 80, de 04/06/2014)

ART. 135. Os servidores integrantes das carreiras disciplinadas nas Seções II e III deste Capítulo serão remunerados na forma do art. 39, § 4º. (Redação dada pela Emenda Constitucional nº 19, de 1998)

TÍTULO V. DA DEFESA DO ESTADO E DAS INSTITUIÇÕES DEMOCRÁTICAS

CAPÍTULO I. DO ESTADO DE DEFESA E DO ESTADO DE SÍTIO

SEÇÃO I. DO ESTADO DE DEFESA

ART. 136. O Presidente da República pode, ouvidos o Conselho da República e o Conselho de Defesa Nacional, decretar estado de defesa para preservar ou prontamente restabelecer, em locais restritos e determinados, a ordem pública ou a paz social ameaçadas por grave e iminente instabilidade institucional ou atingidas por calamidades de grandes proporções na natureza.

§ 1º. O decreto que instituir o estado de defesa determinará o tempo de sua duração, especificará as áreas a serem abrangidas e indicará, nos termos e limites da lei, as medidas coercitivas a vigorarem, dentre as seguintes:

I – restrições aos direitos de:

a) reunião, ainda que exercida no seio das associações;

b) sigilo de correspondência;

c) sigilo de comunicação telegráfica e telefônica;

II – ocupação e uso temporário de bens e serviços públicos, na hipótese de calamidade pública, respondendo a União pelos danos e custos decorrentes.

§ 2º. O tempo de duração do estado de defesa não será superior a trinta dias, podendo ser prorrogado uma vez, por igual período, se persistirem as razões que justificaram a sua decretação.

§ 3º. Na vigência do estado de defesa:

I – a prisão por crime contra o Estado, determinada pelo executor da medida, será por este comunicada imediatamente ao juiz competente, que a relaxará, se não for legal, facultado ao preso requerer exame de corpo de delito à autoridade policial;

II – a comunicação será acompanhada de declaração, pela autoridade, do estado físico e mental do detido no momento de sua autuação;

III – a prisão ou detenção de qualquer pessoa não poderá ser superior a dez dias, salvo quando autorizada pelo Poder Judiciário;

IV – é vedada a incomunicabilidade do preso.

§ 4º. Decretado o estado de defesa ou sua prorrogação, o Presidente da República, dentro de vinte e quatro horas, submeterá o ato com a respectiva justificação ao Congresso Nacional, que decidirá por maioria absoluta.

§ 5º. Se o Congresso Nacional estiver em recesso, será convocado, extraordinariamente, no prazo de cinco dias.

§ 6º. O Congresso Nacional apreciará o decreto dentro de dez dias contados de seu recebimento, devendo continuar funcionando enquanto vigorar o estado de defesa.

§ 7º. Rejeitado o decreto, cessa imediatamente o estado de defesa.

SEÇÃO II. DO ESTADO DE SÍTIO

ART. 137. O Presidente da República pode, ouvidos o Conselho da República e o Conselho de Defesa Nacional, solicitar ao Congresso Nacional autorização para decretar o estado de sítio nos casos de:

I – comoção grave de repercussão nacional ou ocorrência de fatos que comprovem a ineficácia de medida tomada durante o estado de defesa;

II – declaração de estado de guerra ou resposta a agressão armada estrangeira.

Parágrafo único. O Presidente da República, ao solicitar autorização para decretar o estado de sítio ou sua prorrogação, relatará os motivos determinantes do pedido, devendo o Congresso Nacional decidir por maioria absoluta.

ART. 138. O decreto do estado de sítio indicará sua duração, as normas necessárias a sua execução e as garantias constitucionais que ficarão suspensas, e, depois de publicado, o Presidente da República designará o executor das medidas específicas e as áreas abrangidas.

§ 1º. O estado de sítio, no caso do art. 137, I, não poderá ser decretado por mais de trinta dias, nem prorrogado, de cada vez, por prazo superior; no do inciso II, poderá ser decretado por todo o tempo que perdurar a guerra ou a agressão armada estrangeira.

§ 2º. Solicitada autorização para decretar o estado de sítio durante o recesso parlamentar, o Presidente do Senado Federal, de imediato, convocará extraordinariamente o Congresso Nacional para se reunir dentro de cinco dias, a fim de apreciar o ato.

§ 3º. O Congresso Nacional permanecerá em funcionamento até o término das medidas coercitivas.

ART. 139. Na vigência do estado de sítio decretado com fundamento no art. 137, I, só poderão ser tomadas contra as pessoas as seguintes medidas:

I – obrigação de permanência em localidade determinada;

II – detenção em edifício não destinado a acusados ou condenados por crimes comuns;

III – restrições relativas à inviolabilidade da correspondência, ao sigilo das comunicações, à prestação de informações e à liberdade de imprensa, radiodifusão e televisão, na forma da lei;

IV – suspensão da liberdade de reunião;

V – busca e apreensão em domicílio;

VI – intervenção nas empresas de serviços públicos;

VII – requisição de bens.

Parágrafo único. Não se inclui nas restrições do inciso III a difusão de pronunciamentos de parlamentares efetuados em suas Casas Legislativas, desde que liberada pela respectiva Mesa.

SEÇÃO III. DISPOSIÇÕES GERAIS

ART. 140. A Mesa do Congresso Nacional, ouvidos os líderes partidários, designará Comissão composta de cinco de seus membros para acompanhar e fiscalizar a execução das medidas referentes ao estado de defesa e ao estado de sítio.

ART. 141. Cessado o estado de defesa ou o estado de sítio, cessarão também seus efeitos, sem prejuízo da responsabilidade pelos ilícitos cometidos por seus executores ou agentes.

Parágrafo único. Logo que cesse o estado de defesa ou o estado de sítio, as medidas aplicadas em sua vigência serão relatadas pelo Presidente da República, em mensagem ao Congresso Nacional, com especificação e justificação das providências adotadas, com relação nominal dos atingidos e indicação das restrições aplicadas.

CAPÍTULO II. DAS FORÇAS ARMADAS

ART. 142. As Forças Armadas, constituídas pela Marinha, pelo Exército e pela Aeronáutica, são instituições nacionais permanentes e regulares, organizadas com base na hierarquia e na disciplina, sob a autoridade suprema do Presidente da República, e destinam-se à defesa da Pátria, à garantia dos poderes constitucionais e, por iniciativa de qualquer destes, da lei e da ordem.

▸ CF: art. 37, X.

▸ CP: art. 121, §2º, VII

§ 1º. Lei complementar estabelecerá as normas gerais a serem adotadas na organização, no preparo e no emprego das Forças Armadas.

§ 2º. Não caberá "habeas-corpus" em relação a punições disciplinares militares.

§ 3º. Os membros das Forças Armadas são denominados militares, aplicando-se-lhes, além das que vierem a ser fixadas em lei, as seguintes disposições: (Incluído pela Emenda Constitucional nº 18, de 1998)

▸ CF: art. 42, § 2º.

I – as patentes, com prerrogativas, direitos e deveres a elas inerentes, são conferidas pelo Presidente da República e asseguradas em plenitude aos oficiais da ativa, da reserva ou reformados, sendo-lhes privativos os títulos e postos militares e, juntamente com os demais membros, o uso dos uniformes das Forças Armadas; (Incluído pela Emenda Constitucional nº 18, de 1998)

II – o militar em atividade que tomar posse em cargo ou emprego público civil permanente, ressalvada a hipótese prevista no art. 37, inciso XVI, alínea "c", será transferido para a reserva, nos termos da lei; (Redação dada pela Emenda Constitucional nº 77, de 2014)

III – o militar da ativa que, de acordo com a lei, tomar posse em cargo, emprego ou função pública civil temporária, não eletiva, ainda que da administração indireta, ressalvada a hipótese prevista no art. 37, inciso XVI, alínea "c", ficará agregado ao respectivo quadro e somente poderá, enquanto permanecer nessa situação, ser promovido por antiguidade, contando-se-lhe o tempo de serviço apenas para aquela promoção e transferência para a reserva, sendo depois de dois anos de afastamento, contínuos ou não, transferido para a reserva, nos termos da lei; (Redação dada pela Emenda Constitucional nº 77, de 2014)

IV – ao militar são proibidas a sindicalização e a greve; (Incluído pela Emenda Constitucional nº 18, de 1998)

V – o militar, enquanto em serviço ativo, não pode estar filiado a partidos políticos; (Incluído pela Emenda Constitucional nº 18, de 1998)

VI – o oficial só perderá o posto e a patente se for julgado indigno do oficialato ou com ele incompatível, por decisão de tribunal militar de caráter permanente, em tempo de paz, ou de tribunal especial, em tempo de guerra; (Incluído pela Emenda Constitucional nº 18, de 1998)

VII – o oficial condenado na justiça comum ou militar a pena privativa de liberdade superior a dois anos, por sentença transitada em julgado, será submetido ao julgamento previsto no inciso anterior; (Incluído pela Emenda Constitucional nº 18, de 1998)

VIII – aplica-se aos militares o disposto no art. 7º, incisos VIII, XII, XVII, XVIII, XIX e XXV, e no art. 37, incisos XI, XIII, XIV e XV, bem como, na forma da lei e com prevalência da atividade militar, no art. 37, inciso XVI, alínea "c"; (Redação dada pela Emenda Constitucional nº 77, de 2014)

IX – (Revogado pela Emenda Constitucional nº 41, de 19.12.2003)

X – a lei disporá sobre o ingresso nas Forças Armadas, os limites de idade, a estabilidade e outras condições de transferência do militar para a inatividade, os direitos, os deveres, a remuneração, as prerrogativas e outras situações especiais dos militares, consideradas as peculiaridades de suas atividades, inclusive aquelas cumpridas por força de compromissos internacionais e de guerra. (Incluído pela Emenda Constitucional nº 18, de 1998)

▸ CF: art. 40, § 20.

ART. 143. O serviço militar é obrigatório nos termos da lei.

§ 1º. Às Forças Armadas compete, na forma da lei, atribuir serviço alternativo aos que, em tempo de paz, após alistados, alegarem imperativo de consciência, entendendo-se como tal o decorrente de crença religiosa e de convicção filosófica ou política, para se eximirem de atividades de caráter essencialmente militar.

§ 2º. As mulheres e os eclesiásticos ficam isentos do serviço militar obrigatório em tempo de paz, sujeitos, porém, a outros encargos que a lei lhes atribuir.

CAPÍTULO III. DA SEGURANÇA PÚBLICA

ART. 144. A segurança pública, dever do Estado, direito e responsabilidade de todos, é exercida para a preservação da ordem pública e da incolumidade das pessoas e do patrimônio, através dos seguintes órgãos:

I – polícia federal;

II – polícia rodoviária federal;

III – polícia ferroviária federal;

IV – polícias civis;

V – polícias militares e corpos de bombeiros militares.

▸ CP: art. 25, par. ún.

▸ CPP: art. 14-A.

VI – polícias penais federal, estaduais e distrital. (Redação dada pela Emenda Constitucional nº 104, de 2019)

§ 1º. A polícia federal, instituída por lei como órgão permanente, organizado e mantido pela União e estruturado em carreira, destina-se a: (Redação dada pela Emenda Constitucional nº 19, de 1998)

I – apurar infrações penais contra a ordem política e social ou em detrimento de bens, serviços e interesses da União ou de suas entidades autárquicas e empresas públicas, assim como outras infrações cuja prática tenha repercussão interestadual ou internacional e exija repressão uniforme, segundo se dispuser em lei;

▸ Lei nº 8.137, de 27-12-1990, define crimes contra a ordem tributária, econômica e contra as relações de consumo.

▸ Lei nº 10.446, de 08-05-2002, dispõe sobre infrações penais de repercussão interestadual ou internacional que exigem repressão uniforme, para fins do disposto neste inciso.

II – prevenir e reprimir o tráfico ilícito de entorpecentes e drogas afins, o contrabando e o descaminho, sem prejuízo da ação fazendária e de outros órgãos públicos nas respectivas áreas de competência;

▸ Lei nº 11.343, de 23-08-2006, Lei Antidrogas.

III – exercer as funções de polícia marítima, aeroportuária e de fronteiras; (Redação dada pela Emenda Constitucional nº 19, de 1998)

IV – exercer, com exclusividade, as funções de polícia judiciária da União.

§ 2º. A polícia rodoviária federal, órgão permanente, organizado e mantido pela União e estruturado em carreira, destina-se, na forma da lei, ao patrulhamento ostensivo das rodovias federais. (Redação dada pela Emenda Constitucional nº 19, de 1998)

§ 3º. A polícia ferroviária federal, órgão permanente, organizado e mantido pela União e estruturado em carreira, destina-se, na forma da lei, ao patrulhamento ostensivo das ferrovias federais. (Redação dada pela Emenda Constitucional nº 19, de 1998)

§ 4º. Às polícias civis, dirigidas por delegados de polícia de carreira, incumbem, ressalvada a competência da União, as funções de polícia judiciária e a apuração de infrações penais, exceto as militares.

§ 5º. às polícias militares cabem a polícia ostensiva e a preservação da ordem pública; aos corpos de bombeiros militares, além das atribuições definidas em lei, incumbe a execução de atividades de defesa civil.

§ 5º-A. Às polícias penais, vinculadas ao órgão administrador do sistema penal da unidade federativa a que pertencem, cabe a segurança dos estabelecimentos penais. (Acrescido pela Emenda Constitucional nº 104, de 2019 – DOU 05.12.2019, publicado após o XXXI edital da OAB)

§ 6º As polícias militares e os corpos de bombeiros militares, forças auxiliares e reserva do Exército subordinam-se, juntamente com as polícias civis e as polícias penais estaduais e distrital, aos Governadores dos Estados, do Distrito Federal e dos Territórios. (Redação dada pela Emenda Constitucional nº 104, de 2019 – DOU 05.12.2019, publicado após o XXXI edital da OAB)

§ 7º. A lei disciplinará a organização e o funcionamento dos órgãos responsáveis pela segurança pública, de maneira a garantir a eficiência de suas atividades.

§ 8º. Os Municípios poderão constituir guardas municipais destinadas à proteção de seus bens, serviços e instalações, conforme dispuser a lei.

§ 9º. A remuneração dos servidores policiais integrantes dos órgãos relacionados neste artigo será fixada na forma do § 4º do art. 39. (Incluído pela Emenda Constitucional nº 19, de 1998)

§ 10. A segurança viária, exercida para a preservação da ordem pública e da incolumidade das pessoas e do seu patrimônio nas vias públicas: (Incluído pela Emenda Constitucional nº 82, de 2014)

I – compreende a educação, engenharia e fiscalização de trânsito, além de outras atividades previstas em lei, que assegurem ao cidadão o direito à mobilidade urbana eficiente; e (Incluído pela Emenda Constitucional nº 82, de 2014)

II – compete, no âmbito dos Estados, do Distrito Federal e dos Municípios, aos respectivos órgãos ou entidades executivos e seus agentes de trânsito, estruturados em Carreira, na forma da lei. (Incluído pela Emenda Constitucional nº 82, de 2014)

TÍTULO VI. DA TRIBUTAÇÃO E DO ORÇAMENTO

CAPÍTULO I. DO SISTEMA TRIBUTÁRIO NACIONAL

▸ *Lei nº 8.137, de 27-12-1990, define crime contra a ordem tributária, econômica e contra as relações de consumo.*

▸ *Lei nº 8.176, de 08-02-1991, define os crimes contra a ordem econômica.*

SEÇÃO I. DOS PRINCÍPIOS GERAIS

ART. 145. A União, os Estados, o Distrito Federal e os Municípios poderão instituir os seguintes tributos:

I – impostos;

II – taxas, em razão do exercício do poder de polícia ou pela utilização, efetiva ou potencial, de serviços públicos específicos e divisíveis, prestados ao contribuinte ou postos a sua disposição;

III – contribuição de melhoria, decorrente de obras públicas.

§ 1º. Sempre que possível, os impostos terão caráter pessoal e serão graduados segundo a capacidade econômica do contribuinte, facultado à administração tributária, especialmente para conferir efetividade a esses objetivos, identificar, respeitados os direitos individuais e nos termos da lei, o patrimônio, os rendimentos e as atividades econômicas do contribuinte.

§ 2º. As taxas não poderão ter base de cálculo própria de impostos.

ART. 146. Cabe à lei complementar:

I – dispor sobre conflitos de competência, em matéria tributária, entre a União, os Estados, o Distrito Federal e os Municípios;

II – regular as limitações constitucionais ao poder de tributar;

III – estabelecer normas gerais em matéria de legislação tributária, especialmente sobre:

▸ *CF: art. 149.*

a) definição de tributos e de suas espécies, bem como, em relação aos impostos discriminados nesta Constituição, a dos respectivos fatos geradores, bases de cálculo e contribuintes;

b) obrigação, lançamento, crédito, prescrição e decadência tributários;

c) adequado tratamento tributário ao ato cooperativo praticado pelas sociedades cooperativas.

d) definição de tratamento diferenciado e favorecido para as microempresas e para as empresas de pequeno porte, inclusive regimes especiais ou simplificados no caso do imposto previsto no art. 155, II, das contribuições previstas no art. 195, I e §§ 12 e 13, e da contribuição a que se refere o art. 239. (Incluída pela Emenda Constitucional nº 42, de 2003)

Parágrafo único. A lei complementar de que trata o inciso III, d, também poderá instituir um regime único de arrecadação dos impostos e contribuições da União, dos Estados, do Distrito Federal e dos Municípios, observado que: (Incluído pela Emenda Constitucional nº 42, de 19.12.2003)

I – será opcional para o contribuinte; (Incluído pela Emenda Constitucional nº 42, de 19.12.2003)

II – poderão ser estabelecidas condições de enquadramento diferenciadas por Estado; (Incluído pela Emenda Constitucional nº 42, de 19.12.2003)

III – o recolhimento será unificado e centralizado e a distribuição da parcela de recursos pertencentes aos respectivos entes federados será imediata, vedada qualquer retenção ou condicionamento; (Incluído pela Emenda Constitucional nº 42, de 19.12.2003)

IV – a arrecadação, a fiscalização e a cobrança poderão ser compartilhadas pelos entes federados, adotado cadastro nacional único de contribuintes. (Incluído pela Emenda Constitucional nº 42, de 19.12.2003)

ART. 146-A. Lei complementar poderá estabelecer critérios especiais de tributação, com o objetivo de prevenir desequilíbrios da concorrência, sem prejuízo da competência de a União, por lei, estabelecer normas de igual objetivo. (Incluído pela Emenda Constitucional nº 42, de 19.12.2003)

ART. 147. Competem à União, em Território Federal, os impostos estaduais e, se o Território não for dividido em Municípios, cumulativamente, os impostos municipais; ao Distrito Federal cabem os impostos municipais.

ART. 148. A União, mediante lei complementar, poderá instituir empréstimos compulsórios:

I – para atender a despesas extraordinárias, decorrentes de calamidade pública, de guerra externa ou sua iminência;

II – no caso de investimento público de caráter urgente e de relevante interesse nacional, observado o disposto no art. 150, III, "b".

Parágrafo único. A aplicação dos recursos provenientes de empréstimo compulsório será vinculada à despesa que fundamentou sua instituição.

ART. 149. Compete exclusivamente à União instituir contribuições sociais, de intervenção no domínio econômico e de interesse das categorias profissionais ou econômicas, como instrumento de sua atuação nas respectivas áreas, observado o disposto nos arts. 146, III, e 150, I e III, e sem prejuízo do previsto no art. 195, § 6º, relativamente às contribuições a que alude o dispositivo.

§ 1º A União, os Estados, o Distrito Federal e os Municípios instituirão, por meio de lei, contribuições para custeio de regime próprio de previdência social, cobradas dos servidores ativos, dos aposentados e dos pensionistas, que poderão ter alíquotas progressivas de acordo com o valor da base de contribuição ou dos proventos de aposentadoria e de pensões. (Redação dada pela Emenda Constitucional nº 103, de 2019)

§ 1º-A. Quando houver deficit atuarial, a contribuição ordinária dos aposentados e pensionistas poderá incidir sobre o valor dos proventos de aposentadoria e de pensões que supere o salário-mínimo. (Acrescido pela Emenda Constitucional nº 103, de 2019)

§ 1º-B. Demonstrada a insuficiência da medida prevista no § 1º-A para equacionar o deficit atuarial, é facultada a instituição de contribuição extraordinária, no âmbito da União, dos servidores públicos ativos, dos aposentados e dos pensionistas. (Acrescido pela Emenda Constitucional nº 103, de 2019)

§ 1º-C. A contribuição extraordinária de que trata o § 1º-B deverá ser instituída simultaneamente com outras medidas para equacionamento do deficit e vigorará por período determinado, contado da data de sua instituição. (Acrescido pela Emenda Constitucional nº 103, de 2019)

§ 2º. As contribuições sociais e de intervenção no domínio econômico de que trata o *caput* deste artigo: (Incluído pela Emenda Constitucional nº 33, de 2001)

I – não incidirão sobre as receitas decorrentes de exportação; (Incluído pela Emenda Constitucional nº 33, de 2001)

II – incidirão também sobre a importação de produtos estrangeiros ou serviços; (Redação dada pela Emenda Constitucional nº 42, de 2003)

III – poderão ter alíquotas: (Incluído pela Emenda Constitucional nº 33, de 2001)

a) *ad valorem*, tendo por base o faturamento, a receita bruta ou o valor da operação e, no caso de importação, o valor aduaneiro; (Incluído pela Emenda Constitucional nº 33, de 2001)

b) específica, tendo por base a unidade de medida adotada. (Incluído pela Emenda Constitucional nº 33, de 2001)

§ 3º. A pessoa natural destinatária das operações de importação poderá ser equiparada a pessoa jurídica, na forma da lei. (Incluído pela Emenda Constitucional nº 33, de 2001)

§ 4º. A lei definirá as hipóteses em que as contribuições incidirão uma única vez. (Incluído pela Emenda Constitucional nº 33, de 2001)

ART. 149-A Os Municípios e o Distrito Federal poderão instituir contribuição, na forma das respectivas leis, para o custeio do serviço de iluminação pública, observado o disposto no art. 150, I e III. (Incluído pela Emenda Constitucional nº 39, de 2002)

Parágrafo único. É facultada a cobrança da contribuição a que se refere o *caput*, na fatura de consumo de energia elétrica. (Incluído pela Emenda Constitucional nº 39, de 2002)

SEÇÃO II.
DAS LIMITAÇÕES DO PODER DE TRIBUTAR

ART. 150. Sem prejuízo de outras garantias asseguradas ao contribuinte, é vedado à União, aos Estados, ao Distrito Federal e aos Municípios:

I – exigir ou aumentar tributo sem lei que o estabeleça;

II – instituir tratamento desigual entre contribuintes que se encontrem em situação equivalente, proibida qualquer distinção em razão de ocupação profissional ou função por eles exercida, independentemente da denominação jurídica dos rendimentos, títulos ou direitos;

III – cobrar tributos:

a) em relação a fatos geradores ocorridos antes do início da vigência da lei que os houver instituído ou aumentado;

b) no mesmo exercício financeiro em que haja sido publicada a lei que os instituiu ou aumentou;

c) antes de decorridos noventa dias da data em que haja sido publicada a lei que os instituiu ou aumentou, observado o disposto na alínea b; (Incluído pela Emenda Constitucional nº 42, de 19.12.2003)

IV – utilizar tributo com efeito de confisco;

V – estabelecer limitações ao tráfego de pessoas ou bens, por meio de tributos interestaduais ou intermunicipais, ressalvada a cobrança de pedágio pela utilização de vias conservadas pelo Poder Público;

VI – instituir impostos sobre:

a) patrimônio, renda ou serviços, uns dos outros;

b) templos de qualquer culto;

c) patrimônio, renda ou serviços dos partidos políticos, inclusive suas fundações, das entidades sindicais dos trabalhadores, das instituições de educação e de assistência social, sem fins lucrativos, atendidos os requisitos da lei;

d) livros, jornais, periódicos e o papel destinado a sua impressão.

e) fonogramas e videofonogramas musicais produzidos no Brasil contendo obras musicais ou literomusicais de autores brasileiros e/ou obras em geral interpretadas por artistas brasileiros bem como os suportes materiais ou arquivos digitais que os contenham, salvo na etapa de replicação industrial de mídias ópticas de leitura a laser. (Incluída pela Emenda Constitucional nº 75, de 15.10.2013)

§ 1º. A vedação do inciso III, *b*, não se aplica aos tributos previstos nos arts. 148, I, 153, I, II, IV e V; e 154, II; e a vedação do inciso III, *c*, não se aplica aos tributos previstos nos arts. 148, I, 153, I, II, III e V; e 154, II, nem à fixação da base de cálculo dos impostos previstos nos arts. 155, III, e 156, I. (Redação dada pela Emenda Constitucional nº 42, de 19.12.2003)

§ 2º. A vedação do inciso VI, "a", é extensiva às autarquias e às fundações instituídas e mantidas pelo Poder Público, no que se refere ao patrimônio, à renda e aos serviços, vinculados a suas finalidades essenciais ou às delas decorrentes.

§ 3º. As vedações do inciso VI, "a", e do parágrafo anterior não se aplicam ao patrimônio, à renda e aos serviços, relacionados com exploração de atividades econômicas regidas pelas normas aplicáveis a empreendimentos privados, ou em que haja contraprestação ou pagamento de preços ou tarifas pelo usuário, nem exonera o promitente comprador da obrigação de pagar imposto relativamente ao bem imóvel.

§ 4º. As vedações expressas no inciso VI, alíneas "b" e "c", compreendem somente o patrimônio, a renda e os serviços, relacionados com as finalidades essenciais das entidades nelas mencionadas.

§ 5º. A lei determinará medidas para que os consumidores sejam esclarecidos acerca dos impostos que incidam sobre mercadorias e serviços.

§ 6º. Qualquer subsídio ou isenção, redução de base de cálculo, concessão de crédito presumido, anistia ou remissão, relativos a impostos, taxas ou contribuições, só poderá ser concedido mediante lei específica, federal, estadual ou municipal, que regule exclusivamente as matérias acima enumeradas ou o correspondente tributo ou contribuição, sem prejuízo do disposto no art. 155, § 2º, XII, g. (Redação dada pela Emenda Constitucional nº 3, de 1993)

§ 7º. A lei poderá atribuir a sujeito passivo de obrigação tributária a condição de responsável pelo pagamento de imposto ou contribuição, cujo fato gerador deva ocorrer posteriormente, assegurada a imediata e preferencial restituição da quantia paga, caso não se realize o fato gerador presumido. (Redação dada pela Emenda Constitucional nº 3, de 1993)

ART. 151. É vedado à União:

I – instituir tributo que não seja uniforme em todo o território nacional ou que implique distinção ou preferência em relação a Estado, ao Distrito Federal ou a Município, em detrimento de outro, admitida a concessão de incentivos fiscais destinados a promover o equilíbrio do desenvolvimento socioeconômico entre as diferentes regiões do País;

II – tributar a renda das obrigações da dívida pública dos Estados, do Distrito Federal e dos Municípios, bem como a remuneração e os proventos dos respectivos agentes públicos, em níveis superiores aos que fixar para suas obrigações e para seus agentes;

III – instituir isenções de tributos da competência dos Estados, do Distrito Federal ou dos Municípios.

ART. 152. É vedado aos Estados, ao Distrito Federal e aos Municípios estabelecer diferença tributária entre bens e serviços, de qualquer natureza, em razão de sua procedência ou destino.

SEÇÃO III. DOS IMPOSTOS DA UNIÃO

ART. 153. Compete à União instituir impostos sobre:

I – importação de produtos estrangeiros;

▸ *CF: arts. 60, § 2º e 154, I.*

II – exportação, para o exterior, de produtos nacionais ou nacionalizados;

▸ *CF: arts. 60, § 2º.*

III – renda e proventos de qualquer natureza;

▸ *CF: arts. 27, § 2º,28, § 2º, V e VI, 37, XV,48, XV,49, VII e VIII, 95, III, 128, § 5º, I, c.*

▸ *Lei nº 9.430, de 27-12-1996, dispõe sobre a legislação tributária federal.*

IV – produtos industrializados;

▸ *CF: art. 60, § 2º.*

V – operações de crédito, câmbio e seguro, ou relativas a títulos ou valores mobiliários;

▸ *CF: art. 62, § 2º.*

VI – propriedade territorial rural;

VII – grandes fortunas, nos termos de lei complementar.

§ 1º. É facultado ao Poder Executivo, atendidas as condições e os limites estabelecidos em lei, alterar as alíquotas dos impostos enumerados nos incisos I, II, IV e V.

▸ *CF: art. 150, § 1º.*

§ 2º. O imposto previsto no inciso III:

I – será informado pelos critérios da generalidade, da universalidade e da progressividade, na forma da lei;

▸ *CF: arts. 27, § 2º, 28, § 2º, 29, V e VI, 37, XV, 48, XV, 49, VII, VIII, 95, III, e 128, § 5º, I, c.*

II – (Revogado pela Emenda Constitucional nº 20, de 1998)

§ 3º. O imposto previsto no inciso IV:

I – será seletivo, em função da essencialidade do produto;

II – será não-cumulativo, compensando-se o que for devido em cada operação com o montante cobrado nas anteriores;

III – não incidirá sobre produtos industrializados destinados ao exterior.

IV – terá reduzido seu impacto sobre a aquisição de bens de capital pelo contribuinte do imposto, na forma da lei. (Incluído pela Emenda Constitucional nº 42, de 19.12.2003)

§ 4º. O imposto previsto no inciso VI do *caput*: (Incluído pela Emenda Constitucional nº 42, de 19.12.2003)

I – será progressivo e terá suas alíquotas fixadas de forma a desestimular a manutenção de propriedades improdutivas; (Incluído pela Emenda Constitucional nº 42, de 19.12.2003)

II – não incidirá sobre pequenas glebas rurais, definidas em lei, quando as explore o proprietário que não possua outro imóvel; (Incluído pela Emenda Constitucional nº 42, de 19.12.2003)

▸ *CF: art. 146, II.*

III – será fiscalizado e cobrado pelos Municípios que assim optarem, na forma da lei, desde que não implique redução do imposto ou qualquer outra forma de renúncia fiscal. (Incluído pela Emenda Constitucional nº 42, de 19.12.2003)

▸ *CF: art. 158, II.*

§ 5º. O ouro, quando definido em lei como ativo financeiro ou instrumento cambial, sujeita-se exclusivamente à incidência do imposto de que trata o inciso V do "*caput*" deste artigo, devido na operação de origem; a alíquota mínima será de um por cento, assegurada a transferência do montante da arrecadação nos seguintes termos.

I – trinta por cento para o Estado, o Distrito Federal ou o Território, conforme a origem;

II – setenta por cento para o Município de origem.

ART. 154. A União poderá instituir:

I – mediante lei complementar, impostos não previstos no artigo anterior, desde que sejam não-cumulativos e não tenham fato gerador ou base de cálculo próprios dos discriminados nesta Constituição;

▸ *CF: art. 62, § 2º, e 195, § 4º.*

II – na iminência ou no caso de guerra externa, impostos extraordinários, compreendidos ou não em sua competência tributária, os quais serão suprimidos, gradativamente, cessadas as causas de sua criação.

▸ *CF: arts. 62, § 2º, 150, § 1º.*

SEÇÃO IV. DOS IMPOSTOS DOS ESTADOS E DO DISTRITO FEDERAL

ART. 155. Compete aos Estados e ao Distrito Federal instituir impostos sobre:

I – transmissão causa mortis e doação, de quaisquer bens ou direitos; (Redação dada pela Emenda Constitucional nº 3, de 1993)

II – operações relativas à circulação de mercadorias e sobre prestações de serviços de transporte interestadual e intermunicipal e de comunicação, ainda que as operações e as prestações se iniciem no exterior; (Redação dada pela Emenda Constitucional nº 3, de 1993)

III – propriedade de veículos automotores. (Redação dada pela Emenda Constitucional nº 3, de 1993)

▸ *CF: art. 155, § 6º.*

§ 1º. O imposto previsto no inciso I: (Redação dada pela Emenda Constitucional nº 3, de 1993)

I – relativamente a bens imóveis e respectivos direitos, compete ao Estado da situação do bem, ou ao Distrito Federal

II – relativamente a bens móveis, títulos e créditos, compete ao Estado onde se processar o inventário ou arrolamento, ou tiver domicílio o doador, ou ao Distrito Federal;

III – terá competência para sua instituição regulada por lei complementar:

a) se o doador tiver domicilio ou residência no exterior;

b) se o de cujus possuía bens, era residente ou domiciliado ou teve o seu inventário processado no exterior;

IV – terá suas alíquotas máximas fixadas pelo Senado Federal;

§ 2º. O imposto previsto no inciso II atenderá ao seguinte: (Redação dada pela Emenda Constitucional nº 3, de 1993)

I – será não-cumulativo, compensando-se o que for devido em cada operação relativa à circulação de mercadorias ou prestação de serviços com o montante cobrado nas anteriores pelo mesmo ou outro Estado ou pelo Distrito Federal;

II – a isenção ou não-incidência, salvo determinação em contrário da legislação:

▸ *CF: art. 155, § 2º, X, a.*

a) não implicará crédito para compensação com o montante devido nas operações ou prestações seguintes;

b) acarretará a anulação do crédito relativo às operações anteriores;

III – poderá ser seletivo, em função da essencialidade das mercadorias e dos serviços;

IV – resolução do Senado Federal, de iniciativa do Presidente da República ou de um terço dos Senadores, aprovada pela maioria absoluta de seus membros, estabelecerá as alíquotas aplicáveis às operações e prestações, interestaduais e de exportação;

V – é facultado ao Senado Federal:

a) estabelecer alíquotas mínimas nas operações internas, mediante resolução de iniciativa de um terço e aprovada pela maioria absoluta de seus membros;

b) fixar alíquotas máximas nas mesmas operações para resolver conflito específico que envolva interesse de Estados, mediante resolução de iniciativa da maioria absoluta e aprovada por dois terços de seus membros;

VI – salvo deliberação em contrário dos Estados e do Distrito Federal, nos termos do disposto no inciso XII, "g", as alíquotas internas, nas operações relativas à circulação de mercadorias e nas prestações de serviços, não poderão ser inferiores às previstas para as operações interestaduais;

VII – nas operações e prestações que destinem bens e serviços a consumidor final, contribuinte ou não do imposto, localizado em outro Estado, adotar-se-á a alíquota interestadual e caberá ao Estado de localização do destinatário o imposto correspondente à diferença entre a alíquota interna do Estado destinatário e a alíquota interestadual; (Redação dada pela Emenda Constitucional nº 87, de 2015)

a) (revogada); (Redação dada pela Emenda Constitucional nº 87, de 2015)

b) (revogada); (Redação dada pela Emenda Constitucional nº 87, de 2015)

VIII – a responsabilidade pelo recolhimento do imposto correspondente à diferença entre a alíquota interna e a interestadual de que trata o inciso VII será atribuída: (Redação dada pela Emenda Constitucional nº 87, de 2015)

a) ao destinatário, quando este for contribuinte do imposto; (Incluído pela Emenda Constitucional nº 87, de 2015)

b) ao remetente, quando o destinatário não for contribuinte do imposto; (Incluído pela Emenda Constitucional nº 87, de 2015)

IX – incidirá também:

a) sobre a entrada de bem ou mercadoria importados do exterior por pessoa física ou jurídica, ainda que não seja contribuinte habitual do imposto, qualquer que seja a sua finalidade, assim como sobre o serviço prestado no exterior, cabendo o imposto ao Estado onde estiver situado o domicílio ou o estabelecimento do destinatário da mercadoria, bem ou serviço; (Redação dada pela Emenda Constitucional nº 33, de 2001)

b) sobre o valor total da operação, quando mercadorias forem fornecidas com serviços não compreendidos na competência tributária dos Municípios;

X – não incidirá:

a) sobre operações que destinem mercadorias para o exterior, nem sobre serviços prestados a destinatários no exterior, assegurada a manutenção e o aproveitamento do montante do imposto cobrado nas operações e prestações anteriores; (Redação dada pela Emenda Constitucional nº 42, de 2003)

▸ *CF: art. 155, § 2º, I.*

b) sobre operações que destinem a outros Estados petróleo, inclusive lubrificantes, combustíveis líquidos e gasosos dele derivados, e energia elétrica;

c) sobre o ouro, nas hipóteses definidas no art. 153, § 5º;

d) nas prestações de serviço de comunicação nas modalidades de radiodifusão sonora e de sons e imagens de recepção livre e gratuita; (Incluído pela Emenda Constitucional nº 42, de 2003)

XI – não compreenderá, em sua base de cálculo, o montante do imposto sobre produtos industrializados, quando a operação, realizada entre contribuintes e relativa a produto destinado à industrialização ou à comercialização, configure fato gerador dos dois impostos;

XII – cabe à lei complementar:

a) definir seus contribuintes;

b) dispor sobre substituição tributária;

c) disciplinar o regime de compensação do imposto;

d) fixar, para efeito de sua cobrança e definição do estabelecimento responsável, o local das operações relativas à circulação de mercadorias e das prestações de serviços;

e) excluir da incidência do imposto, nas exportações para o exterior, serviços e outros produtos além dos mencionados no inciso X, "a";

f) prever casos de manutenção de crédito, relativamente à remessa para outro Estado e exportação para o exterior, de serviços e de mercadorias;

g) regular a forma como, mediante deliberação dos Estados e do Distrito Federal, isenções, incentivos e benefícios fiscais serão concedidos e revogados.

h) definir os combustíveis e lubrificantes sobre os quais o imposto incidirá uma única vez, qualquer que seja a sua finalidade, hipótese em que não se aplicará o disposto no inciso X, b; (Incluída pela Emenda Constitucional nº 33, de 2001)

▸ *CF: art. 155, § 4º.*

i) fixar a base de cálculo, de modo que o montante do imposto a integre, também na importação do exterior de bem, mercadoria ou serviço. (Incluída pela Emenda Constitucional nº 33, de 2001)

§ 3º. À exceção dos impostos de que tratam o inciso II do *caput* deste artigo e o art. 153, I e II, nenhum outro imposto poderá incidir sobre operações relativas a energia elétrica, serviços de telecomunicações, derivados de petróleo, combustíveis e minerais do País. (Incluída pela Emenda Constitucional nº 33, de 2001)

§ 4º. Na hipótese do inciso XII, *h*, observar-se-á o seguinte: (Incluída pela Emenda Constitucional nº 33, de 2001)

I – nas operações com os lubrificantes e combustíveis derivados de petróleo, o imposto caberá ao Estado onde ocorrer o consumo; (Incluída pela Emenda Constitucional nº 33, de 2001)

II – nas operações interestaduais, entre contribuintes, com gás natural e seus derivados, e lubrificantes e combustíveis não incluídos no inciso I deste parágrafo, o imposto será repartido entre os Estados de origem e de destino, mantendo-se a mesma proporcionalidade que ocorre nas operações com as demais mercadorias; (Incluída pela Emenda Constitucional nº 33, de 2001)

III – nas operações interestaduais com gás natural e seus derivados, e lubrificantes e combustíveis não incluídos no inciso I deste parágrafo, destinadas a não contribuinte, o imposto caberá ao Estado de origem; (Incluída pela Emenda Constitucional nº 33, de 2001)

IV – as alíquotas do imposto serão definidas mediante deliberação dos Estados e Distrito Federal, nos termos do § 2º, XII, *g*, observando-se o seguinte: (Incluída pela Emenda Constitucional nº 33, de 2001)

a) serão uniformes em todo o território nacional, podendo ser diferenciadas por produto; (Incluída pela Emenda Constitucional nº 33, de 2001)

b) poderão ser específicas, por unidade de medida adotada, ou ad valorem, incidindo sobre o valor da operação ou sobre o preço que o produto ou seu similar alcançaria em uma venda em condições de livre concorrência; (Incluída pela Emenda Constitucional nº 33, de 2001)

c) poderão ser reduzidas e restabelecidas, não se lhes aplicando o disposto no art. 150, III, b. (Incluída pela Emenda Constitucional nº 33, de 2001)

§ 5º. As regras necessárias à aplicação do disposto no § 4º, inclusive as relativas à apuração e à destinação do imposto, serão estabelecidas mediante deliberação dos Estados e do Distrito Federal, nos termos do § 2º, XII, *g*. (Incluída pela Emenda Constitucional nº 33, de 2001)

§ 6º. O imposto previsto no inciso III: (Incluído pela Emenda Constitucional nº 42, de 19.12.2003)

I – terá alíquotas mínimas fixadas pelo Senado Federal; (Incluído pela Emenda Constitucional nº 42, de 19.12.2003)

II – poderá ter alíquotas diferenciadas em função do tipo e utilização. (Incluído pela Emenda Constitucional nº 42, de 19.12.2003)

SEÇÃO V.
DOS IMPOSTOS DOS MUNICÍPIOS

ART. 156. Compete aos Municípios instituir impostos sobre:

I – propriedade predial e territorial urbana;

II – transmissão "intervivos", a qualquer título, por ato oneroso, de bens imóveis, por natureza ou acessão física, e de direitos reais sobre imóveis, exceto os de garantia, bem como cessão de direitos a sua aquisição;

III – serviços de qualquer natureza, não compreendidos no art. 155, II, definidos em lei complementar. (Redação dada pela Emenda Constitucional nº 3, de 1993)

IV – (Revogado pela Emenda Constitucional nº 3, de 1993)

§ 1º. Sem prejuízo da progressividade no tempo a que se refere o art. 182, § 4º, inciso II, o imposto previsto no inciso I poderá: (Redação dada pela Emenda Constitucional nº 29, de 2000)

▸ *CF: arts. 182, §§ 2º e 4º, e 186.*

I – ser progressivo em razão do valor do imóvel; e (Redação dada pela Emenda Constitucional nº 29, de 2000)

II – ter alíquotas diferentes de acordo com a localização e o uso do imóvel. (Redação dada pela Emenda Constitucional nº 29, de 2000)

§ 2º. O imposto previsto no inciso II:

I – não incide sobre a transmissão de bens ou direitos incorporados ao patrimônio de pessoa jurídica em realização de capital, nem sobre a transmissão de bens ou direitos decorrente de fusão, incorporação, cisão ou extinção de pessoa jurídica, salvo se, nesses casos, a atividade preponderante do adquirente for a compra e venda desses bens ou direitos, locação de bens imóveis ou arrendamento mercantil;

II – compete ao Município da situação do bem.

§ 3º. Em relação ao imposto previsto no inciso III do *caput* deste artigo, cabe à lei complementar: (Redação dada pela Emenda Constitucional nº 37, de 2002)

I – fixar as suas alíquotas máximas e mínimas; (Redação dada pela Emenda Constitucional nº 37, de 2002)

II – excluir da sua incidência exportações de serviços para o exterior. (Incluído pela Emenda Constitucional nº 3, de 1993)

III – regular a forma e as condições como isenções, incentivos e benefícios fiscais serão concedidos e revogados. (Incluído pela Emenda Constitucional nº 3, de 1993)

▸ ADCT: art. 88.

§ 4º. (Revogado pela Emenda Constitucional nº 3, de 1993)

SEÇÃO VI. DA REPARTIÇÃO DAS RECEITAS TRIBUTÁRIAS

ART. 157. Pertencem aos Estados e ao Distrito Federal:

▸ CF: art. 167, § 4º.

I – o produto da arrecadação do imposto da União sobre renda e proventos de qualquer natureza, incidente na fonte, sobre rendimentos pagos, a qualquer título, por eles, suas autarquias e pelas fundações que instituírem e mantiverem;

▸ CF: art. 159, § 1º.

II – vinte por cento do produto da arrecadação do imposto que a União instituir no exercício da competência que lhe é atribuída pelo art. 154, I.

ART. 158. Pertencem aos Municípios:

▸ CF: art. 167, IV.

I – o produto da arrecadação do imposto da União sobre renda e proventos de qualquer natureza, incidente na fonte, sobre rendimentos pagos, a qualquer título, por eles, suas autarquias e pelas fundações que instituírem e mantiverem;

▸ CF: art. 159, § 1º.

II – cinquenta por cento do produto da arrecadação do imposto da União sobre a propriedade territorial rural, relativamente aos imóveis neles situados, cabendo a totalidade na hipótese da opção a que se refere o art. 153, § 4º, III; (Redação dada pela Emenda Constitucional nº 42, de 19.12.2003)

III – cinquenta por cento do produto da arrecadação do imposto do Estado sobre a propriedade de veículos automotores licenciados em seus territórios;

IV – vinte e cinco por cento do produto da arrecadação do imposto do Estado sobre operações relativas à circulação de mercadorias e sobre prestações de serviços de transporte interestadual e intermunicipal e de comunicação.

Parágrafo único. As parcelas de receita pertencentes aos Municípios, mencionadas no inciso IV, serão creditadas conforme os seguintes critérios:

I - 65% (sessenta e cinco por cento), no mínimo, na proporção do valor adicionado nas operações relativas à circulação de mercadorias e nas prestações de serviços, realizadas em seus territórios; (Redação dada pela Emenda Constitucional nº 108, de 2020, produzindo efeitos financeiros a partir de 1º de janeiro de 2021)

II - até 35% (trinta e cinco por cento), de acordo com o que dispuser lei estadual, observada, obrigatoriamente, a distribuição de, no mínimo, 10 (dez) pontos percentuais com base em indicadores de melhoria nos resultados de aprendizagem e de aumento da equidade, considerado o nível socioeconômico dos educandos. (Redação dada pela Emenda Constitucional nº 108, de 2020, produzindo efeitos financeiros a partir de 1º de janeiro de 2021)

ART. 159. A União entregará:

▸ CF: arts. 167, IV.

I – do produto da arrecadação dos impostos sobre renda e proventos de qualquer natureza e sobre produtos industrializados, 49% (quarenta e nove por cento), na seguinte forma: (Redação dada pela Emenda Constitucional nº 84, de 2014)

a) vinte e um inteiros e cinco décimos por cento ao Fundo de Participação dos Estados e do Distrito Federal;

b) vinte e dois inteiros e cinco décimos por cento ao Fundo de Participação dos Municípios;

c) três por cento, para aplicação em programas de financiamento ao setor produtivo das Regiões Norte, Nordeste e Centro-Oeste, através de suas instituições financeiras de caráter regional, de acordo com os planos regionais de desenvolvimento, ficando assegurada ao semiárido do Nordeste a metade dos recursos destinados à Região, na forma que a lei estabelecer;

d) um por cento ao Fundo de Participação dos Municípios, que será entregue no primeiro decêndio do mês de dezembro de cada ano; (Redação dada pela Emenda Constitucional nº 55, de 2007)

e) 1% (um por cento) ao Fundo de Participação dos Municípios, que será entregue no primeiro decêndio do mês de julho de cada ano; (Redação dada pela Emenda Constitucional nº 84, de 2014)

II – do produto da arrecadação do imposto sobre produtos industrializados, dez por cento aos Estados e ao Distrito Federal, proporcionalmente ao valor das respectivas exportações de produtos industrializados.

III – do produto da arrecadação da contribuição de intervenção no domínio econômico prevista no art. 177, § 4º, 29% (vinte e nove por cento) para os Estados e o Distrito Federal, distribuídos na forma da lei, observada a destinação a que se refere o inciso II, *c*, do referido parágrafo. (Redação dada pela Emenda Constitucional nº 44, de 2004)

§ 1º. Para efeito de cálculo da entrega a ser efetuada de acordo com o previsto no inciso I, excluir-se-á a parcela da arrecadação do imposto de renda e proventos de qualquer natureza pertencente aos Estados, ao Distrito Federal e aos Municípios, nos termos do disposto nos arts. 157, I, e 158, I.

§ 2º. A nenhuma unidade federada poderá ser destinada parcela superior a vinte por cento do montante a que se refere o inciso II, devendo o eventual excedente ser distribuído entre os demais participantes, mantido, em relação a esses, o critério de partilha nele estabelecido.

§ 3º. Os Estados entregarão aos respectivos Municípios vinte e cinco por cento dos recursos que receberem nos termos do inciso II, observados os critérios estabelecidos no art. 158, parágrafo único, I e II.

§ 4º. Do montante de recursos de que trata o inciso III que cabe a cada Estado, vinte e cinco por cento serão destinados aos seus Municípios, na forma da lei a que se refere o mencionado inciso. (Incluído pela Emenda Constitucional nº 42, de 19.12.2003)

ART. 160. É vedada a retenção ou qualquer restrição à entrega e ao emprego dos recursos atribuídos, nesta seção, aos Estados, ao Distrito Federal e aos Municípios, neles compreendidos adicionais e acréscimos relativos a impostos.

Parágrafo único. A vedação prevista neste artigo não impede a União e os Estados de condicionarem a entrega de recursos: (Redação dada pela Emenda Constitucional nº 29, de 2000)

I – ao pagamento de seus créditos, inclusive de suas autarquias; (Redação dada pela Emenda Constitucional nº 29, de 2000)

II – ao cumprimento do disposto no art. 198, § 2º, incisos II e III. (Redação dada pela Emenda Constitucional nº 29, de 2000)

ART. 161. Cabe à lei complementar:

I – definir valor adicionado para fins do disposto no art. 158, parágrafo único, I;

II – estabelecer normas sobre a entrega dos recursos de que trata o art. 159, especialmente sobre os critérios de rateio dos fundos previstos em seu inciso I, objetivando promover o equilíbrio socioeconômico entre Estados e entre Municípios;

III – dispor sobre o acompanhamento, pelos beneficiários, do cálculo das quotas e da liberação das participações previstas nos arts. 157, 158 e 159.

Parágrafo único. O Tribunal de Contas da União efetuará o cálculo das quotas referentes aos fundos de participação a que alude o inciso II.

ART. 162. A União, os Estados, o Distrito Federal e os Municípios divulgarão, até o último dia do mês subsequente ao da arrecadação, os montantes de cada um dos tributos arrecadados, os recursos recebidos, os valores de origem tributária entregues e a entregar e a expressão numérica dos critérios de rateio.

Parágrafo único. Os dados divulgados pela União serão discriminados por Estado e por Município; os dos Estados, por Município.

Capítulo II. DAS FINANÇAS PÚBLICAS

Seção I. NORMAS GERAIS

ART. 163. Lei complementar disporá sobre:

I – finanças públicas;

II – dívida pública externa e interna, incluída a das autarquias, fundações e demais entidades controladas pelo Poder Público;

III – concessão de garantias pelas entidades públicas;

IV – emissão e resgate de títulos da dívida pública;

V – fiscalização financeira da administração pública direta e indireta; (Redação dada pela Emenda Constitucional nº 40, de 2003)

VI – operações de câmbio realizadas por órgãos e entidades da União, dos Estados, do Distrito Federal e dos Municípios;

VII – compatibilização das funções das instituições oficiais de crédito da União, resguardadas as características e condições operacionais plenas das voltadas ao desenvolvimento regional.

VIII - sustentabilidade da dívida, especificando: (Incluído pela Emenda Constitucional nº 109, de 2021)

a) indicadores de sua apuração; (Incluído pela Emenda Constitucional nº 109, de 2021)

b) níveis de compatibilidade dos resultados fiscais com a trajetória da dívida; (Incluído pela Emenda Constitucional nº 109, de 2021)

c) trajetória de convergência do montante da dívida com os limites definidos em legislação; (Incluído pela Emenda Constitucional nº 109, de 2021)

d) medidas de ajuste, suspensões e vedações; (Incluído pela Emenda Constitucional nº 109, de 2021)

e) planejamento de alienação de ativos com vistas à redução do montante da dívida.

Parágrafo único. A lei complementar de que trata o inciso VIII do caput deste artigo pode autorizar a aplicação das vedações previstas no art. 167-A desta Constituição. (Incluído pela Emenda Constitucional nº 109, de 2021)

ART. 163-A. A União, os Estados, o Distrito Federal e os Municípios disponibilizarão suas informações e dados contábeis, orçamentários e fiscais, conforme periodicidade, formato e sistema estabelecidos pelo órgão central de contabilidade da União, de forma a garantir a rastreabilidade, a comparabilidade e a publicidade dos dados coletados, os quais deverão ser divulgados em meio eletrônico de amplo acesso público. (Incluído pela Emenda Constitucional nº 108, de 2020, produzindo efeitos financeiros a partir de 1º de janeiro de 2021)

ART. 164. A competência da União para emitir moeda será exercida exclusivamente pelo banco central.

§ 1º. É vedado ao banco central conceder, direta ou indiretamente, empréstimos ao Tesouro Nacional e a qualquer órgão ou entidade que não seja instituição financeira.

§ 2º. O banco central poderá comprar e vender títulos de emissão do Tesouro Nacional, com o objetivo de regular a oferta de moeda ou a taxa de juros.

§ 3º. As disponibilidades de caixa da União serão depositadas no banco central; as dos Estados, do Distrito Federal, dos Municípios e dos órgãos ou entidades do Poder Público e das empresas por ele controladas, em instituições financeiras oficiais, ressalvados os casos previstos em lei.

ART. 164-A. A União, os Estados, o Distrito Federal e os Municípios devem conduzir suas políticas fiscais de forma a manter a dívida pública em níveis sustentáveis, na forma da lei complementar referida no inciso VIII do caput do art. 163 desta Constituição. (Incluído pela Emenda Constitucional nº 109, de 2021)

Parágrafo único. A elaboração e a execução de planos e orçamentos devem refletir a compatibilidade dos indicadores fiscais com a sustentabilidade da dívida. (Incluído pela Emenda Constitucional nº 109, de 2021)

Seção II. DOS ORÇAMENTOS

ART. 165. Leis de iniciativa do Poder Executivo estabelecerão:

I – o plano plurianual;

II – as diretrizes orçamentárias;

III – os orçamentos anuais.

§ 1º. A lei que instituir o plano plurianual estabelecerá, de forma regionalizada, as diretrizes, objetivos e metas da administração pública federal para as despesas de capital e outras delas decorrentes e para as relativas aos programas de duração continuada.

§ 2º A lei de diretrizes orçamentárias compreenderá as metas e prioridades da administração pública federal, estabelecerá as diretrizes de política fiscal e respectivas metas, em consonância com trajetória sustentável da dívida pública, orientará a elaboração da lei orçamentária anual, disporá sobre as alterações na legislação tributária e estabelecerá a política de aplicação das agências financeiras oficiais de fomento. (Redação dada pela Emenda Constitucional nº 109, de 2021)

§ 3º O Poder Executivo publicará, até trinta dias após o encerramento de cada bimestre, relatório resumido da execução orçamentária. (Vide Emenda constitucional nº 106, de 2020)

§ 4º. Os planos e programas nacionais, regionais e setoriais previstos nesta Constituição serão elaborados em consonância com o plano plurianual e apreciados pelo Congresso Nacional.

§ 5º. A lei orçamentária anual compreenderá:

I – o orçamento fiscal referente aos Poderes da União, seus fundos, órgãos e entidades da administração direta e indireta, inclusive fundações instituídas e mantidas pelo Poder Público;

II – o orçamento de investimento das empresas em que a União, direta ou indiretamente, detenha a maioria do capital social com direito a voto;

III – o orçamento da seguridade social, abrangendo todas as entidades e órgãos a ela vinculados, da administração direta ou indireta, bem como os fundos e fundações instituídos e mantidos pelo Poder Público.

§ 6º. O projeto de lei orçamentária será acompanhado de demonstrativo regionalizado do efeito, sobre as receitas e despesas, decorrente de isenções, anistias, remissões, subsídios e benefícios de natureza financeira, tributária e creditícia.

§ 7º. Os orçamentos previstos no § 5º, I e II, deste artigo, compatibilizados com o plano plurianual, terão entre suas funções a de reduzir desigualdades inter-regionais, segundo critério populacional.

§ 8º. A lei orçamentária anual não conterá dispositivo estranho à previsão da receita e à fixação da despesa, não se incluindo na proibição a autorização para abertura de créditos suplementares e contratação de operações de crédito, ainda que por antecipação de receita, nos termos da lei.

▸ *CF: art. 167, IV.*

§ 9º. Cabe à lei complementar:

▸ *CF: art. 168.*

I – dispor sobre o exercício financeiro, a vigência, os prazos, a elaboração e a organização do plano plurianual, da lei de diretrizes orçamentárias e da lei orçamentária anual;

II – estabelecer normas de gestão financeira e patrimonial da administração direta e indireta bem como condições para a instituição e funcionamento de fundos.

III - dispor sobre critérios para a execução equitativa, além de procedimentos que serão adotados quando houver impedimentos legais e técnicos, cumprimento de restos a pagar e limitação das programações de caráter obrigatório, para a realização do disposto nos §§ 11 e 12 do art. 166. (Redação dada pela Emenda Constitucional nº 100, de 2019, DOU de 27/6/2019, produzindo efeitos a partir da execução orçamentária do exercício financeiro subsequente)

§ 10. A administração tem o dever de executar as programações orçamentárias, adotando os meios e as medidas necessários, com o propósito de garantir a efetiva entrega de bens e serviços à sociedade. (Redação dada pela Emenda Constitucional nº 100, de 2019, DOU de 27/6/2019, produzindo efeitos a partir da execução orçamentária do exercício financeiro subsequente)

§ 11. O disposto no § 10 deste artigo, nos termos da lei de diretrizes orçamentárias:

I - subordina-se ao cumprimento de dispositivos constitucionais e legais que estabeleçam metas fiscais ou limites de despesas e não impede o cancelamento necessário à abertura de créditos adicionais;

II - não se aplica nos casos de impedimentos de ordem técnica devidamente justificados;

III - aplica-se exclusivamente às despesas primárias discricionárias. (Acrescido pela Emenda Constitucional nº 102, de 2019, publicada no DOU de 27/9/2019, produzindo efeitos a partir da execução orçamentária do exercício financeiro subsequente)

§ 12. Integrará a lei de diretrizes orçamentárias, para o exercício a que se refere e, pelo menos, para os 2 (dois) exercícios subsequentes, anexo com previsão de agregados fiscais e a proporção dos recursos para investimentos que serão alocados na lei orçamentária anual para a continuidade daqueles em andamento. (Acrescido pela Emenda Constitucional nº 102, de 2019, publicada no DOU de 27/9/2019, produzindo efeitos a partir da execução orçamentária do exercício financeiro subsequente)

§ 13. O disposto no inciso III do § 9º e nos §§ 10, 11 e 12 deste artigo aplica-se exclusivamente aos orçamentos fiscal e da seguridade social da União. (Acrescido pela Emenda Constitucional nº 102, de 2019, publicada no DOU de 27/9/2019, produzindo efeitos a partir da execução orçamentária do exercício financeiro subsequente)

§ 14. A lei orçamentária anual poderá conter previsões de despesas para exercícios seguintes, com a especificação dos investimentos plurianuais e daqueles em andamento. (Acrescido pela Emenda Constitucional nº 102, de 2019, publicada no DOU de 27/9/2019, produzindo efeitos a partir da execução orçamentária do exercício financeiro subsequente)

§ 15. A União organizará e manterá registro centralizado de projetos de investimento contendo, por Estado ou Distrito Federal, pelo menos, análises de viabilidade, estimativas de custos e informações sobre a execução física e financeira. (Acrescido pela Emenda Constitucional nº 102, de 2019, publicada no DOU de 27/9/2019, produzindo efeitos a partir da execução orçamentária do exercício financeiro subsequente)

§ 16. As leis de que trata este artigo devem observar, no que couber, os resultados do monitoramento e da avaliação das políticas públicas previstos no § 16 do art. 37

desta Constituição. (Incluído pela Emenda Constitucional nº 109, de 2021)

ART. 166. Os projetos de lei relativos ao plano plurianual, às diretrizes orçamentárias, ao orçamento anual e aos créditos adicionais serão apreciados pelas duas Casas do Congresso Nacional, na forma do regimento comum.

§ 1º. Caberá a uma Comissão mista permanente de Senadores e Deputados:

I – examinar e emitir parecer sobre os projetos referidos neste artigo e sobre as contas apresentadas anualmente pelo Presidente da República;

II – examinar e emitir parecer sobre os planos e programas nacionais, regionais e setoriais previstos nesta Constituição e exercer o acompanhamento e a fiscalização orçamentária, sem prejuízo da atuação das demais comissões do Congresso Nacional e de suas Casas, criadas de acordo com o art. 58.

§ 2º. As emendas serão apresentadas na Comissão mista, que sobre elas emitirá parecer, e apreciadas, na forma regimental, pelo Plenário das duas Casas do Congresso Nacional.

§ 3º. As emendas ao projeto de lei do orçamento anual ou aos projetos que o modifiquem somente podem ser aprovadas caso:

I – sejam compatíveis com o plano plurianual e com a lei de diretrizes orçamentárias;

II – indiquem os recursos necessários, admitidos apenas os provenientes de anulação de despesa, excluídas as que incidam sobre:

a) dotações para pessoal e seus encargos;

b) serviço da dívida;

c) transferências tributárias constitucionais para Estados, Municípios e Distrito Federal; ou

III – sejam relacionadas:

a) com a correção de erros ou omissões; ou

b) com os dispositivos do texto do projeto de lei.

§ 4º. As emendas ao projeto de lei de diretrizes orçamentárias não poderão ser aprovadas quando incompatíveis com o plano plurianual.

▸ *CF: art. 63, I.*

§ 5º. O Presidente da República poderá enviar mensagem ao Congresso Nacional para propor modificação nos projetos a que se refere este artigo enquanto não iniciada a votação, na Comissão mista, da parte cuja alteração é proposta.

§ 6º. Os projetos de lei do plano plurianual, das diretrizes orçamentárias e do orçamento anual serão enviados pelo Presidente da República ao Congresso Nacional, nos termos da lei complementar a que se refere o art. 165, § 9º.

§ 7º. Aplicam-se aos projetos mencionados neste artigo, no que não contrariar o disposto nesta seção, as demais normas relativas ao processo legislativo.

§ 8º. Os recursos que, em decorrência de veto, emenda ou rejeição do projeto de lei orçamentária anual, ficarem sem despesas correspondentes poderão ser utilizados, conforme o caso, mediante créditos especiais ou suplementares, com prévia e específica autorização legislativa.

§ 9º. As emendas individuais ao projeto de lei orçamentária serão aprovadas no limite de 1,2% (um inteiro e dois décimos por cento) da receita corrente líquida prevista no projeto encaminhado pelo Poder Executivo, sendo que a metade deste percentual será destinada a ações e serviços públicos de saúde. (Incluído pela Emenda Constitucional nº 86, de 2015)

§ 10. A execução do montante destinado a ações e serviços públicos de saúde previsto no § 9º, inclusive custeio, será computada para fins do cumprimento do inciso I do § 2º do art. 198, vedada a destinação para pagamento de pessoal ou encargos sociais. (Incluído pela Emenda Constitucional nº 86, de 2015)

§ 11. É obrigatória a execução orçamentária e financeira das programações a que se refere o § 9º deste artigo, em montante correspondente a 1,2% (um inteiro e dois décimos por cento) da receita corrente líquida realizada no exercício anterior, conforme os critérios para a execução equitativa da programação definidos na lei complementar prevista no § 9º do art. 165. (Incluído pela Emenda Constitucional nº 86, de 2015)

§ 12. A garantia de execução de que trata o § 11 deste artigo aplica-se também às programações incluídas por todas as emendas de iniciativa de bancada de parlamentares de Estado ou do Distrito Federal, no montante de até 1% (um por cento) da receita corrente líquida realizada no exercício anterior. (Redação dada pela Emenda Constitucional nº 100, de 2019)

§ 13. As programações orçamentárias previstas nos §§ 11 e 12 deste artigo não serão de execução obrigatória nos casos dos impedimentos de ordem técnica. (Redação dada pela Emenda Constitucional nº 100, de 2019)

§ 14. Para fins de cumprimento do disposto nos §§ 11 e 12 deste artigo, os órgãos de execução deverão observar, nos termos da lei de diretrizes orçamentárias, cronograma para análise e verificação de eventuais impedimentos das programações e demais procedimentos necessários à viabilização da execução dos respectivos montantes. (Redação dada pela Emenda Constitucional nº 100, de 2019)

I a IV – Revogados pela Emenda Constitucional nº 100, de 2019.

§ 15. Revogado pela Emenda Constitucional nº 100, de 2019.

§ 16. Quando a transferência obrigatória da União para a execução da programação prevista nos §§ 11 e 12 deste artigo for destinada a Estados, ao Distrito Federal e a Municípios, independerá da adimplência do ente federativo destinatário e não integrará a base de cálculo da receita corrente líquida para fins de aplicação dos limites de despesa de pessoal de que trata o caput do art. 169. (Redação dada pela Emenda Constitucional nº 100, de 2019

§ 17. Os restos a pagar provenientes das programações orçamentárias previstas nos §§ 11 e 12 poderão ser considerados para fins de cumprimento da execução financeira até o limite de 0,6% (seis décimos por cento) da receita corrente líquida realizada no exercício anterior, para as programações das emendas individuais, e até o limite de 0,5% (cinco décimos por cento), para as programações das emendas de iniciativa de bancada de parlamentares de Estado ou do Distrito Federal. (Redação dada pela Emenda Constitucional nº 100, de 2019)

§ 18. Se for verificado que a reestimativa da receita e da despesa poderá resultar no não cumprimento da meta de resultado fiscal estabelecida na lei de diretrizes orçamentárias, os montantes previstos nos §§ 11 e 12 deste artigo poderão ser reduzidos em até a mesma proporção da limitação incidente sobre o conjunto das demais despesas discricionárias. (Redação dada pela Emenda Constitucional nº 100, de 2019)

§ 19. Considera-se equitativa a execução das programações de caráter obrigatório que observe critérios objetivos e imparciais e que atenda de forma igualitária e impessoal às emendas apresentadas, independentemente da autoria (Incluído pela Emenda Constitucional nº 100, de 2019)

§ 20. As programações de que trata o § 12 deste artigo, quando versarem sobre o início de investimentos com duração de mais de 1 (um) exercício financeiro ou cuja execução já tenha sido iniciada, deverão ser objeto de emenda pela mesma bancada estadual, a cada exercício, até a conclusão da obra ou do empreendimento. (Incluído pela Emenda Constitucional nº 100, de 2019)

ART. 166-A. As emendas individuais impositivas apresentadas ao projeto de lei orçamentária anual poderão alocar recursos a Estados, ao Distrito Federal e a Municípios por meio de: (Incluído pela Emenda Constitucional nº 105, de 2019)

I - transferência especial; ou

II - transferência com finalidade definida.

§ 1º Os recursos transferidos na forma do caput deste artigo não integrarão a receita do Estado, do Distrito Federal e dos Municípios para fins de repartição e para o cálculo dos limites da despesa com pessoal ativo e inativo, nos termos do § 16 do art. 166, e de endividamento do ente federado, vedada, em qualquer caso, a aplicação dos recursos a que se refere o caput deste artigo no pagamento de:

I - despesas com pessoal e encargos sociais relativas a ativos e inativos, e com pensionistas; e

II - encargos referentes ao serviço da dívida.

§ 2º Na transferência especial a que se refere o inciso I do caput deste artigo, os recursos:

I - serão repassados diretamente ao ente federado beneficiado, independentemente de celebração de convênio ou de instrumento congênere;

II - pertencerão ao ente federado no ato da efetiva transferência financeira; e

III - serão aplicadas em programações finalísticas das áreas de competência do Poder Executivo do ente federado beneficiado, observado o disposto no § 5º deste artigo.

§ 3º O ente federado beneficiado da transferência especial a que se refere o inciso I do caput deste artigo poderá firmar contratos de cooperação técnica para fins de subsidiar o acompanhamento da execução orçamentária na aplicação dos recursos.

§ 4º Na transferência com finalidade definida a que se refere o inciso II do caput deste artigo, os recursos serão:

I - vinculados à programação estabelecida na emenda parlamentar; e

II - aplicados nas áreas de competência constitucional da União.

§ 5º Pelo menos 70% (setenta por cento) das transferências especiais de que trata o inciso I do caput deste artigo deverão ser aplicadas em despesas de capital, observada a restrição a que se refere o inciso II do § 1º deste artigo.

ART. 167. São vedados:

I – o início de programas ou projetos não incluídos na lei orçamentária anual;

II – a realização de despesas ou a assunção de obrigações diretas que excedam os créditos orçamentários ou adicionais;

III - a realização de operações de créditos que excedam o montante das despesas de capital, ressalvadas as autorizadas mediante créditos suplementares ou especiais com finalidade precisa, aprovados pelo Poder Legislativo por maioria absoluta; (Vide Emenda constitucional nº 106, de 2020)

▸ *ADCT: art. 37.*

IV – a vinculação de receita de impostos a órgão, fundo ou despesa, ressalvadas a repartição do produto da arrecadação dos impostos a que se referem os arts. 158 e 159, a destinação de recursos para as ações e serviços públicos de saúde, para manutenção e desenvolvimento do ensino e para realização de atividades da administração tributária, como determinado, respectivamente, pelos arts. 198, § 2º, 212 e 37, XXII, e a prestação de garantias às operações de crédito por antecipação de receita, previstas no art. 165, § 8º, bem como o disposto no § 4º deste artigo; (Redação dada pela Emenda Constitucional nº 42, de 2003)

V – a abertura de crédito suplementar ou especial sem prévia autorização legislativa e sem indicação dos recursos correspondentes;

VI – a transposição, o remanejamento ou a transferência de recursos de uma categoria de programação para outra ou de um órgão para outro, sem prévia autorização legislativa;

VII – a concessão ou utilização de créditos ilimitados;

VIII – a utilização, sem autorização legislativa específica, de recursos dos orçamentos fiscal e da seguridade social para suprir necessidade ou cobrir déficit de empresas, fundações e fundos, inclusive dos mencionados no art. 165, § 5º;

IX – a instituição de fundos de qualquer natureza, sem prévia autorização legislativa.

X – a transferência voluntária de recursos e a concessão de empréstimos, inclusive por antecipação de receita, pelos Governos Federal e Estaduais e suas instituições financeiras, para pagamento de despesas com pessoal ativo, inativo e pensionista, dos Estados, do Distrito Federal e dos Municípios. (Incluído pela Emenda Constitucional nº 19, de 1998)

XI – a utilização dos recursos provenientes das contribuições sociais de que trata o art. 195, I, a, e II, para a realização de despesas distintas do pagamento de benefícios do regime geral de previdência social de que trata o art. 201. (Incluído pela Emenda Constitucional nº 20, de 1998)

XII - na forma estabelecida na lei complementar de que trata o § 22 do art. 40, a utilização de recursos de regime próprio de previdência social, incluídos os valores integrantes dos fundos previstos no art. 249, para a realização de despesas distintas do pagamento dos benefícios previdenciários do respectivo fundo vinculado àquele regime e das despesas necessárias à sua organização e ao seu funcionamento; (Acrescido pela Emenda Constitucional nº 103, de 2019)

XIII - a transferência voluntária de recursos, a concessão de avais, as garantias e as subvenções pela União e a concessão de empréstimos e de financiamentos por instituições financeiras federais aos Estados, ao Distrito Federal e aos Municípios na hipótese de descumprimento das regras gerais de organização e de funcionamento de regime próprio de previdência social. (Acrescido pela Emenda Constitucional nº 103, de 2019)

XIV - a criação de fundo público, quando seus objetivos puderem ser alcançados mediante a vinculação de receitas orçamentárias específicas ou mediante a execução direta por programação orçamentária e financeira de órgão ou entidade da administração pública. (Incluído pela Emenda Constitucional nº 109, de 2021)

§ 1º. Nenhum investimento cuja execução ultrapasse um exercício financeiro poderá ser iniciado sem prévia inclusão no plano plurianual, ou sem lei que autorize a inclusão, sob pena de crime de responsabilidade.

§ 2º. Os créditos especiais e extraordinários terão vigência no exercício financeiro em que forem autorizados, salvo se o ato de autorização for promulgado nos últimos quatro meses daquele exercício, caso em que, reabertos nos limites de seus saldos, serão incorporados ao orçamento do exercício financeiro subsequente.

§ 3º. A abertura de crédito extraordinário somente será admitida para atender a despesas imprevisíveis e urgentes, como as decorrentes de guerra, comoção interna ou calamidade pública, observado o disposto no art. 62.

§ 4º É permitida a vinculação das receitas a que se referem os arts. 155, 156, 157, 158 e as alíneas "a", "b", "d" e "e" do inciso I e o inciso II do caput do art. 159 desta Constituição para pagamento de débitos com a União e para prestar-lhe garantia ou contragarantia. (Redação dada pela Emenda Constitucional nº 109, de 2021)

§ 5º. A transposição, o remanejamento ou a transferência de recursos de uma categoria de programação para outra poderão ser admitidos, no âmbito das atividades de ciência, tecnologia e inovação, com o objetivo de viabilizar os resultados de projetos restritos a essas funções, mediante ato do Poder Executivo, sem necessidade da prévia autorização legislativa prevista no inciso VI deste artigo. (Incluído pela Emenda Constitucional nº 85, de 2015)

§ 6º Para fins da apuração ao término do exercício financeiro do cumprimento do limite de que trata o inciso III do caput deste artigo, as receitas das operações de crédito efetuadas no contexto da gestão da dívida pública mobiliária federal somente serão consideradas no exercício financeiro em que for realizada a respectiva despesa. (Incluído pela Emenda Constitucional nº 109, de 2021)

ART. 167-A. Apurado que, no período de 12 (doze) meses, a relação entre despesas correntes e receitas correntes supera 95% (noventa e cinco por cento), no âmbito dos Estados, do Distrito Federal e dos Municípios, é facultado aos Poderes Executivo, Legislativo e Judiciário, ao Ministério Público, ao Tribunal de Contas e à Defensoria Pública do ente, enquanto permanecer a situação, aplicar o mecanismo de ajuste fiscal de vedação da: (Incluído pela Emenda Constitucional nº 109, de 2021)

I - concessão, a qualquer título, de vantagem, aumento, reajuste ou adequação de remuneração de membros de Poder ou de órgão, de servidores e empregados públicos e de militares, exceto dos derivados de sentença judicial transitada em julgado ou de determinação legal anterior ao início da aplicação das medidas de que trata este artigo; (Incluído pela Emenda Constitucional nº 109, de 2021)

II - criação de cargo, emprego ou função que implique aumento de despesa; (Incluído pela Emenda Constitucional nº 109, de 2021)

III - alteração de estrutura de carreira que implique aumento de despesa; (Incluído pela Emenda Constitucional nº 109, de 2021)

IV - admissão ou contratação de pessoal, a qualquer título, ressalvadas: (Incluído pela Emenda Constitucional nº 109, de 2021)

a) as reposições de cargos de chefia e de direção que não acarretem aumento de despesa; (Incluído pela Emenda Constitucional nº 109, de 2021)

b) as reposições decorrentes de vacâncias de cargos efetivos ou vitalícios; (Incluído pela Emenda Constitucional nº 109, de 2021)

c) as contratações temporárias de que trata o inciso IX do caput do art. 37 desta Constituição; e (Incluído pela Emenda Constitucional nº 109, de 2021)

d) as reposições de temporários para prestação de serviço militar e de alunos de órgãos de formação de militares; (Incluído pela Emenda Constitucional nº 109, de 2021)

V - realização de concurso público, exceto para as reposições de vacâncias previstas no inciso IV deste caput; (Incluído pela Emenda Constitucional nº 109, de 2021)

VI - criação ou majoração de auxílios, vantagens, bônus, abonos, verbas de representação ou benefícios de qualquer natureza, inclusive os de cunho indenizatório, em favor de membros de Poder, do Ministério Público ou da Defensoria Pública e de servidores e empregados públicos e de militares, ou ainda de seus dependentes, exceto quando derivados de sentença judicial transitada em julgado ou de determinação legal anterior ao início da aplicação das medidas de que trata este artigo; (Incluído pela Emenda Constitucional nº 109, de 2021)

VII - criação de despesa obrigatória; (Incluído pela Emenda Constitucional nº 109, de 2021)

VIII - adoção de medida que implique reajuste de despesa obrigatória acima da variação da inflação, observada a preservação do poder aquisitivo referida no inciso IV do caput do art. 7º desta Constituição; (Incluído pela Emenda Constitucional nº 109, de 2021)

IX - criação ou expansão de programas e linhas de financiamento, bem como remissão, renegociação ou refinanciamento de dívidas que impliquem ampliação das despesas com subsídios e subvenções; (Incluído pela Emenda Constitucional nº 109, de 2021)

X - concessão ou ampliação de incentivo ou benefício de natureza tributária. (Incluído pela Emenda Constitucional nº 109, de 2021)

§ 1º Apurado que a despesa corrente supera 85% (oitenta e cinco por cento) da receita corrente, sem exceder o percentual mencionado no caput deste artigo, as medidas nele indicadas podem ser, no todo ou em parte, implementadas por atos do Chefe do Poder Executivo com vigência imediata, facultado aos demais Poderes e órgãos autônomos implementá-las em seus respectivos âmbitos. (Incluído pela Emenda Constitucional nº 109, de 2021)

§ 2º O ato de que trata o § 1º deste artigo deve ser submetido, em regime de urgência, à apreciação do Poder Legislativo. (Incluído pela Emenda Constitucional nº 109, de 2021)

§ 3º O ato perde a eficácia, reconhecida a validade dos atos praticados na sua vigência, quando: (Incluído pela Emenda Constitucional nº 109, de 2021)

I - rejeitado pelo Poder Legislativo; (Incluído pela Emenda Constitucional nº 109, de 2021)

II - transcorrido o prazo de 180 (cento e oitenta) dias sem que se ultime a sua apreciação; ou (Incluído pela Emenda Constitucional nº 109, de 2021)

III - apurado que não mais se verifica a hipótese prevista no § 1º deste artigo, mesmo após a sua aprovação pelo Poder Legislativo. (Incluído pela Emenda Constitucional nº 109, de 2021)

§ 4º A apuração referida neste artigo deve ser realizada bimestralmente. (Incluído pela Emenda Constitucional nº 109, de 2021)

§ 5º As disposições de que trata este artigo: (Incluído pela Emenda Constitucional nº 109, de 2021)

I - não constituem obrigação de pagamento futuro pelo ente da Federação ou direitos de outrem sobre o erário; (Incluído pela Emenda Constitucional nº 109, de 2021)

II - não revogam, dispensam ou suspendem o cumprimento de dispositivos constitucionais e legais que disponham sobre metas fiscais ou limites máximos de despesas. (Incluído pela Emenda Constitucional nº 109, de 2021)

§ 6º Ocorrendo a hipótese de que trata o caput deste artigo, até que todas as medidas nele previstas tenham sido adotadas por todos os Poderes e órgãos nele mencionados, de acordo com declaração do respectivo Tribunal de Contas, é vedada: (Incluído pela Emenda Constitucional nº 109, de 2021)

I - a concessão, por qualquer outro ente da Federação, de garantias ao ente envolvido; (Incluído pela Emenda Constitucional nº 109, de 2021)

II - a tomada de operação de crédito por parte do ente envolvido com outro ente da Federação, diretamente ou por intermédio de seus fundos, autarquias, fundações ou empresas estatais dependentes, ainda que sob a forma de novação, refinanciamento ou postergação de dívida contraída anteriormente, ressalvados os financiamentos destinados a projetos específicos celebrados na forma de operações típicas das agências financeiras oficiais de fomento. (Incluído pela Emenda Constitucional nº 109, de 2021)

ART. 167-B. Durante a vigência de estado de calamidade pública de âmbito nacional, decretado pelo Congresso Nacional por iniciativa privativa do Presidente da República, a União deve adotar regime extraordinário fiscal, financeiro e de contratações para atender às necessidades dele decorrentes, somente naquilo em que a urgência for incompatível com o regime regular, nos termos definidos nos arts. 167-C, 167-D, 167-E, 167-F e 167-G desta Constituição. (Incluído pela Emenda Constitucional nº 109, de 2021)

ART. 167-C. Com o propósito exclusivo de enfrentamento da calamidade pública e de seus efeitos sociais e econômicos, no seu período de duração, o Poder Executivo federal pode adotar processos simplificados de contratação de pessoal, em caráter temporário e emergencial, e de obras, serviços e compras que assegurem, quando possível, competição e igualdade de condições a todos os concorrentes, dispensada a observância do § 1º do art. 169 na contratação de que trata o inciso IX do caput do art. 37 desta Constituição, limitada a dispensa às situações de que trata o referido inciso, sem prejuízo do controle dos órgãos competentes. (Incluído pela Emenda Constitucional nº 109, de 2021)

ART. 167-D. As proposições legislativas e os atos do Poder Executivo com propósito exclusivo de enfrentar a calamidade e suas consequências sociais e econômicas, com vigência e efeitos restritos à sua duração, desde que não impliquem despesa obrigatória de caráter continuado, ficam dispensados da observância das limitações legais quanto à criação, à expansão ou ao aperfeiçoamento de ação governamental que acarrete aumento de despesa e à concessão ou à ampliação de incentivo ou benefício de natureza tributária da qual decorra renúncia de receita. (Incluído pela Emenda Constitucional nº 109, de 2021)

Parágrafo único. Durante a vigência da calamidade pública de âmbito nacional de que trata o art. 167-B, não se aplica o disposto no § 3º do art. 195 desta Constituição. (Incluído pela Emenda Constitucional nº 109, de 2021)

ART. 167-E. Fica dispensada, durante a integralidade do exercício financeiro em que vigore a calamidade pública de âmbito nacional, a observância do inciso III do caput do art. 167 desta Constituição. (Incluído pela Emenda Constitucional nº 109, de 2021)

ART. 167-F. Durante a vigência da calamidade pública de âmbito nacional de que trata o art. 167-B desta Constituição: (Incluído pela Emenda Constitucional nº 109, de 2021)

I - são dispensados, durante a integralidade do exercício financeiro em que vigore a calamidade pública, os limites, as condições e demais restrições aplicáveis à União para a contratação de operações de crédito, bem como sua verificação; (Incluído pela Emenda Constitucional nº 109, de 2021)

II - o superávit financeiro apurado em 31 de dezembro do ano imediatamente anterior ao reconhecimento pode ser destinado à cobertura de despesas oriundas das medidas de combate à calamidade pública de âmbito nacional e ao pagamento da dívida pública. (Incluído pela Emenda Constitucional nº 109, de 2021)

§ 1º Lei complementar pode definir outras suspensões, dispensas e afastamentos aplicáveis durante a vigência do estado de calamidade pública de âmbito nacional. (Incluído pela Emenda Constitucional nº 109, de 2021)

§ 2º O disposto no inciso II do caput deste artigo não se aplica às fontes de recursos: (Incluído pela Emenda Constitucional nº 109, de 2021)

I - decorrentes de repartição de receitas a Estados, ao Distrito Federal e a Municípios; (Incluído pela Emenda Constitucional nº 109, de 2021)

II - decorrentes das vinculações estabelecidas pelos arts. 195, 198, 201, 212, 212-A e 239 desta Constituição; (Incluído pela Emenda Constitucional nº 109, de 2021)

III - destinadas ao registro de receitas oriundas da arrecadação de doações ou de empréstimos compulsórios, de transferências recebidas para o atendimento de finalidades determinadas ou das receitas de capital produto de operações de financiamento celebradas com finalidades contratualmente determinadas. (Incluído pela Emenda Constitucional nº 109, de 2021)

ART. 167-G. Na hipótese de que trata o art. 167-B, aplicam-se à União, até o término da calamidade pública, as vedações previstas no art. 167-A desta Constituição. (Incluído pela Emenda Constitucional nº 109, de 2021)

§ 1º Na hipótese de medidas de combate à calamidade pública cuja vigência e efeitos não ultrapassem a sua duração, não se aplicam as vedações referidas nos incisos II, IV, VII, IX e X do caput do art. 167-A desta Constituição. (Incluído pela Emenda Constitucional nº 109, de 2021)

§ 2º Na hipótese de que trata o art. 167-B, não se aplica a alínea "c" do inciso I do caput do art. 159 desta Constituição, devendo a transferência a que se refere aquele dispositivo ser efetuada nos mesmos montantes transferidos no exercício anterior à decretação da calamidade. (Incluído pela Emenda Constitucional nº 109, de 2021)

§ 3º É facultada aos Estados, ao Distrito Federal e aos Municípios a aplicação das vedações referidas no caput, nos termos deste artigo, e, até que as tenham adotado na integralidade, estarão submetidos às restrições do § 6º do art. 167-A desta Constituição, enquanto perdurarem seus efeitos para a União. (Incluído pela Emenda Constitucional nº 109, de 2021)

ART. 168. Os recursos correspondentes às dotações orçamentárias, compreendidos os créditos suplementares e especiais, destinados aos órgãos dos Poderes Legislativo e Judiciário, do Ministério Público e da Defensoria Pública, ser-lhes-ão entregues até o dia 20 de cada mês, em duodécimos, na forma da lei complementar a que se refere o art. 165, § 9º. (Redação dada pela Emenda Constitucional nº 45, de 2004)

§ 1º É vedada a transferência a fundos de recursos financeiros oriundos de repasses duodecimais. (Incluído pela Emenda Constitucional nº 109, de 2021)

§ 2º O saldo financeiro decorrente dos recursos entregues na forma do caput deste artigo deve ser restituído ao caixa único do Tesouro do ente federativo, ou terá seu valor deduzido das primeiras parcelas duodecimais do exercício seguinte. (Incluído pela Emenda Constitucional nº 109, de 2021)

ART. 169. A despesa com pessoal ativo e inativo e pensionistas da União, dos Estados, do Distrito Federal e dos Municípios não pode exceder os limites estabelecidos em lei complementar. (Redação dada pela Emenda Constitucional nº 109, de 2021)

▸ *CF: arts. 96, II e 127, § 2º.*

§ 1º. A concessão de qualquer vantagem ou aumento de remuneração, a criação de cargos, empregos e funções ou alteração de estrutura de carreiras, bem como a admissão ou contratação de pessoal, a qualquer título, pelos órgãos e entidades da administração direta ou indireta, inclusive fundações instituídas e mantidas pelo poder público, só poderão ser feitas: (Renumerado do parágrafo único, pela Emenda Constitucional nº 19, de 1998)

▸ *CF: art. 96, I, e.*

I – se houver prévia dotação orçamentária suficiente para atender às projeções de despesa de pessoal e aos acréscimos dela decorrentes; (Incluído pela Emenda Constitucional nº 19, de 1998)

II – se houver autorização específica na lei de diretrizes orçamentárias, ressalvadas as empresas públicas e as sociedades de economia mista. (Incluído pela Emenda Constitucional nº 19, de 1998)

§ 2º. Decorrido o prazo estabelecido na lei complementar referida neste artigo para a adaptação aos parâmetros ali previstos, serão imediatamente suspensos todos os repasses de verbas federais ou estaduais aos Estados, ao Distrito Federal e aos Municípios que não observarem os referidos limites. (Incluído pela Emenda Constitucional nº 19, de 1998)

§ 3º. Para o cumprimento dos limites estabelecidos com base neste artigo, durante o prazo fixado na lei complementar referida no *caput*, a União, os Estados, o Distrito Federal e os Municípios adotarão as seguintes providências: (Incluído pela Emenda Constitucional nº 19, de 1998)

I – redução em pelo menos vinte por cento das despesas com cargos em comissão e funções de confiança; (Incluído pela Emenda Constitucional nº 19, de 1998)

II – exoneração dos servidores não estáveis. (Incluído pela Emenda Constitucional nº 19, de 1998)

§ 4º. Se as medidas adotadas com base no parágrafo anterior não forem suficientes para assegurar o cumprimento da determinação da lei complementar referida neste artigo, o servidor estável poderá perder o cargo, desde que ato normativo motivado de cada um dos Poderes especifique a atividade funcional, o órgão ou unidade administrativa objeto da redução de pessoal. (Incluído pela Emenda Constitucional nº 19, de 1998)

▸ *CF: art. 198, § 6º.*

§ 5º. O servidor que perder o cargo na forma do parágrafo anterior fará jus a indenização correspondente a um mês de remuneração por ano de serviço. (Incluído pela Emenda Constitucional nº 19, de 1998)

§ 6º. O cargo objeto da redução prevista nos parágrafos anteriores será considerado extinto, vedada a criação de cargo, emprego ou função com atribuições iguais ou assemelhadas pelo prazo de quatro anos. (Incluído pela Emenda Constitucional nº 19, de 1998)

§ 7º. Lei federal disporá sobre as normas gerais a serem obedecidas na efetivação do disposto no § 4º. (Incluído pela Emenda Constitucional nº 19, de 1998)

▸ *CF: art. 247.*

TÍTULO VII. DA ORDEM ECONÔMICA E FINANCEIRA

CAPÍTULO I. DOS PRINCÍPIOS GERAIS DA ATIVIDADE ECONÔMICA

▸ *Lei nº 8.137, de 27-12-1990, define os crimes contra a ordem tributária, econômica e contra as relações de consumo.*

▸ *Lei nº 8.176, de 08-02-1991, Lei dos Crimes contra a ordem econômica.*

▸ *Lei nº 12.529, de 30-11-2011, Lei do sistema Brasileiro de Defesa da Concorrência.*

ART. 170. A ordem econômica, fundada na valorização do trabalho humano e na livre iniciativa, tem por fim assegurar a todos existência digna, conforme os ditames da justiça social, observados os seguintes princípios:

I – soberania nacional;

▸ *CF: art. 1º, I.*

II – propriedade privada;

▸ *CF: art. 5º, XXII.*

III – função social da propriedade;

▸ *Lei nº 12.529, de 30-11-2011, Lei do Sistema Brasileiro de Defesa da Concorrência.*

IV – livre concorrência;

▸ *Lei nº 12.529, de 30-11-2011, Lei do Sistema Brasileiro de Defesa da Concorrência.*

V – defesa do consumidor;

VI – defesa do meio ambiente, inclusive mediante tratamento diferenciado conforme o impacto ambiental dos produtos e serviços e de seus processos de elaboração e prestação; (Redação dada pela Emenda Constitucional nº 42, de 19.12.2003)

▸ *CF: art. 5º, LXXIII.*

▸ *Lei nº 9.605, de 12-02-1998, Dispõe sobre as sanções penais e administrativas derivadas de condutas e atividades lesivas ao meio ambiente.*

VII – redução das desigualdades regionais e sociais;

▸ *CF: art. 3º, III.*

VIII – busca do pleno emprego;

▸ *CF: arts. 6º e 7º.*

IX – tratamento favorecido para as empresas de pequeno porte constituídas sob as leis brasileiras e que tenham sua sede e administração no País. (Redação dada pela Emenda Constitucional nº 6, de 1995)

▸ *CF: art. 246.*

Parágrafo único. É assegurado a todos o livre exercício de qualquer atividade econômica, independentemente de autorização de órgãos públicos, salvo nos casos previstos em lei.

ART. 171. (Revogado pela Emenda Constitucional nº 6, de 1995)

ART. 172. A lei disciplinará, com base no interesse nacional, os investimentos de capital estrangeiro, incentivará os reinvestimentos e regulará a remessa de lucros.

ART. 173. Ressalvados os casos previstos nesta Constituição, a exploração direta de atividade econômica pelo Estado só será permitida quando necessária aos imperativos da segurança nacional ou a relevante interesse coletivo, conforme definidos em lei.

§ 1º. A lei estabelecerá o estatuto jurídico da empresa pública, da sociedade de economia mista e de suas subsidiárias que explorem atividade econômica de produção ou comercialização de bens ou de prestação de serviços, dispondo sobre: (Redação dada pela Emenda Constitucional nº 19, de 1998)

I – sua função social e formas de fiscalização pelo Estado e pela sociedade; (Incluído pela Emenda Constitucional nº 19, de 1998)

II – a sujeição ao regime jurídico próprio das empresas privadas, inclusive quanto aos direitos e obrigações civis, comerciais, trabalhistas e tributários; (Incluído pela Emenda Constitucional nº 19, de 1998)

III – licitação e contratação de obras, serviços, compras e alienações, observados os princípios da administração pública; (Incluído pela Emenda Constitucional nº 19, de 1998)

▸ *CF: art. 22, XXVII.*

IV – a constituição e o funcionamento dos conselhos de administração e fiscal, com a participação de acionistas minoritários; (Incluído pela Emenda Constitucional nº 19, de 1998)

V – os mandatos, a avaliação de desempenho e a responsabilidade dos administradores. (Incluído pela Emenda Constitucional nº 19, de 1998)

§ 2º. As empresas públicas e as sociedades de economia mista não poderão gozar de privilégios fiscais não extensivos às do setor privado.

§ 3º. A lei regulamentará as relações da empresa pública com o Estado e a sociedade.

§ 4º. A lei reprimirá o abuso do poder econômico que vise à dominação dos mercados, à eliminação da concorrência e ao aumento arbitrário dos lucros.

▸ *Lei nº 8.137, de 27-12-1990, define os Crimes Contra a Ordem Tributária, Econômica e Contra as Relações de consumo.*

▸ *Lei nº 8.176, de 08-02-1991, define os Crimes Contra a Ordem Econômica.*

▸ *Lei nº 12.529, de 30-11-2011, Lei do Sistema Brasileiro de Defesa da Concorrência.*

§ 5º. A lei, sem prejuízo da responsabilidade individual dos dirigentes da pessoa jurídica, estabelecerá a responsabilidade desta, sujeitando-a às punições compatíveis com sua natureza, nos atos praticados contra a ordem econômica e financeira e contra a economia popular.

ART. 174. Como agente normativo e regulador da atividade econômica, o Estado exercerá, na forma da lei, as funções de fiscalização, incentivo e planejamento, sendo este determinante para o setor público e indicativo para o setor privado.

§ 1º. A lei estabelecerá as diretrizes e bases do planejamento do desenvolvimento nacional equilibrado, o qual incorporará e compatibilizará os planos nacionais e regionais de desenvolvimento.

§ 2º. A lei apoiará e estimulará o cooperativismo e outras formas de associativismo.

§ 3º. O Estado favorecerá a organização da atividade garimpeira em cooperativas, levando em conta a proteção do meio ambiente e a promoção econômico-social dos garimpeiros.

§ 4º. As cooperativas a que se refere o parágrafo anterior terão prioridade na autorização ou concessão para pesquisa e lavra dos recursos e jazidas de minerais garimpáveis, nas áreas onde estejam atuando, e naquelas fixadas de acordo com o art. 21, XXV, na forma da lei.

ART. 175. Incumbe ao Poder Público, na forma da lei, diretamente ou sob regime de concessão ou permissão, sempre através de licitação, a prestação de serviços públicos.

Parágrafo único. A lei disporá sobre:

I – o regime das empresas concessionárias e permissionárias de serviços públicos, o caráter especial de seu contrato e de sua prorrogação, bem como as condições de caducidade, fiscalização e rescisão da concessão ou permissão;

II – os direitos dos usuários;

III – política tarifária;

IV – a obrigação de manter serviço adequado.

ART. 176. As jazidas, em lavra ou não, e demais recursos minerais e os potenciais de energia hidráulica constituem propriedade distinta da do solo, para efeito de exploração ou aproveitamento, e pertencem à União, garantida ao concessionário a propriedade do produto da lavra.

§ 1º. A pesquisa e a lavra de recursos minerais e o aproveitamento dos potenciais a que se refere o "*caput*" deste artigo somente poderão ser efetuados mediante autorização ou concessão da União, no interesse nacional, por brasileiros ou empresa constituída sob as leis brasileiras e que tenha sua sede e administração no País, na forma da lei, que estabelecerá as condições específicas quando essas atividades se desenvolverem em faixa de fronteira ou terras indígenas. (Redação dada pela Emenda Constitucional nº 6, de 1995)

▸ *CF: art. 246.*

§ 2º. É assegurada participação ao proprietário do solo nos resultados da lavra, na forma e no valor que dispuser a lei.

§ 3º. A autorização de pesquisa será sempre por prazo determinado, e as autorizações e concessões previstas neste artigo não poderão ser cedidas ou transferidas, total ou parcialmente, sem prévia anuência do poder concedente.

§ 4º. Não dependerá de autorização ou concessão o aproveitamento do potencial de energia renovável de capacidade reduzida.

ART. 177. Constituem monopólio da União:

I – a pesquisa e a lavra das jazidas de petróleo e gás natural e outros hidrocarbonetos fluidos;

II – a refinação do petróleo nacional ou estrangeiro;

III – a importação e exportação dos produtos e derivados básicos resultantes das atividades previstas nos incisos anteriores;

IV – o transporte marítimo do petróleo bruto de origem nacional ou de derivados básicos de petróleo produzidos no País, bem assim o transporte, por meio de conduto, de petróleo bruto, seus derivados e gás natural de qualquer origem;

V – a pesquisa, a lavra, o enriquecimento, o reprocessamento, a industrialização e o comércio de minérios e minerais nucleares e seus derivados, com exceção dos radioisótopos cuja produção, comercialização e utilização poderão ser autorizadas sob regime de permissão, conforme as alíneas *b* e *c* do inciso XXIII do *caput* do art. 21 desta Constituição Federal. (Redação dada pela Emenda Constitucional nº 49, de 2006)

§ 1º. A União poderá contratar com empresas estatais ou privadas a realização das atividades previstas nos incisos I a IV deste artigo observadas as condições estabelecidas em lei. (Redação dada pela Emenda Constitucional nº 9, de 1995)

§ 2º. A lei a que se refere o § 1º disporá sobre: (Incluído pela Emenda Constitucional nº 9, de 1995)

I – a garantia do fornecimento dos derivados de petróleo em todo o território nacional; (Incluído pela Emenda Constitucional nº 9, de 1995)

II – as condições de contratação; (Incluído pela Emenda Constitucional nº 9, de 1995)

III – a estrutura e atribuições do órgão regulador do monopólio da União; (Incluído pela Emenda Constitucional nº 9, de 1995)

§ 3º. A lei disporá sobre o transporte e a utilização de materiais radioativos no território nacional. (Renumerado de § 2º para 3º pela Emenda Constitucional nº 9, de 1995)

§ 4º. A lei que instituir contribuição de intervenção no domínio econômico relativa às atividades de importação ou comercialização de petróleo e seus derivados, gás natural e seus derivados e álcool combustível deverá atender aos seguintes requisitos: (Incluído pela Emenda Constitucional nº 33, de 2001)

I – a alíquota da contribuição poderá ser: (Incluído pela Emenda Constitucional nº 33, de 2001)

a) diferenciada por produto ou uso; (Incluído pela Emenda Constitucional nº 33, de 2001)

b) reduzida e restabelecida por ato do Poder Executivo, não se lhe aplicando o disposto no art. 150, III, *b*; (Incluído pela Emenda Constitucional nº 33, de 2001)

II – os recursos arrecadados serão destinados: (Incluído pela Emenda Constitucional nº 33, de 2001)

a) ao pagamento de subsídios a preços ou transporte de álcool combustível, gás natural e seus derivados e derivados de petróleo; (Incluído pela Emenda Constitucional nº 33, de 2001)

b) ao financiamento de projetos ambientais relacionados com a indústria do petróleo e do gás; (Incluído pela Emenda Constitucional nº 33, de 2001)

c) ao financiamento de programas de infraestrutura de transportes. (Incluído pela Emenda Constitucional nº 33, de 2001)

ART. 178. A lei disporá sobre a ordenação dos transportes aéreo, aquático e terrestre, devendo, quanto à ordenação do transporte internacional, observar os acordos firmados pela União, atendido o princípio da reciprocidade. (Redação dada pela Emenda Constitucional nº 7, de 1995)

▸ *CF: art. 246.*

Parágrafo único. Na ordenação do transporte aquático, a lei estabelecerá as condições em que o transporte de mercadorias na cabotagem e a navegação interior poderão ser feitos por embarcações estrangeiras. (Incluído pela Emenda Constitucional nº 7, de 1995)

▸ *CF: art. 246.*

ART. 179. A União, os Estados, o Distrito Federal e os Municípios dispensarão às microempresas e às empresas de pequeno porte, assim definidas em lei, tratamento jurídico diferenciado, visando a incentivá-las pela simplificação de suas obrigações administrativas, tributárias, previdenciárias e creditícias, ou pela eliminação ou redução destas por meio de lei.

ART. 180. A União, os Estados, o Distrito Federal e os Municípios promoverão e incentivarão o turismo como fator de desenvolvimento social e econômico.

ART. 181. O atendimento de requisição de documento ou informação de natureza comercial, feita por autoridade administrativa ou judiciária estrangeira, a pessoa física ou jurídica residente ou domiciliada no País dependerá de autorização do Poder competente.

CAPÍTULO II. DA POLÍTICA URBANA

ART. 182. A política de desenvolvimento urbano, executada pelo Poder Público municipal, conforme diretrizes gerais fixadas em lei, tem por objetivo ordenar o pleno desenvolvimento das funções sociais da cidade e garantir o bem - estar de seus habitantes.

§ 1º. O plano diretor, aprovado pela Câmara Municipal, obrigatório para cidades com mais de vinte mil habitantes, é o instrumento básico da política de desenvolvimento e de expansão urbana.

§ 2º. A propriedade urbana cumpre sua função social quando atende às exigências fundamentais de ordenação da cidade expressas no plano diretor.

▸ *CF: art. 168.*

§ 3º. As desapropriações de imóveis urbanos serão feitas com prévia e justa indenização em dinheiro.

§ 4º. É facultado ao Poder Público municipal, mediante lei específica para área incluída no plano diretor, exigir, nos termos da lei federal, do proprietário do solo urbano não edificado, subutilizado ou não utilizado, que promova seu adequado aproveitamento, sob pena, sucessivamente, de:

I – parcelamento ou edificação compulsórios;

II – imposto sobre a propriedade predial e territorial urbana progressivo no tempo;

▸ *CF: art. 156, § 1º.*

III – desapropriação com pagamento mediante títulos da dívida pública de emissão previamente aprovada pelo Senado Federal, com prazo de resgate de até dez anos, em parcelas anuais, iguais e sucessivas, assegurados o valor real da indenização e os juros legais.

ART. 183. Aquele que possuir como sua área urbana de até duzentos e cinquenta metros quadrados, por cinco anos, ininterruptamente e sem oposição, utilizando-a para sua moradia ou de sua família, adquirir-lhe-á o domínio, desde que não seja proprietário de outro imóvel urbano ou rural.

§ 1º. O título de domínio e a concessão de uso serão conferidos ao homem ou à mulher, ou a ambos, independentemente do estado civil.

§ 2º. Esse direito não será reconhecido ao mesmo possuidor mais de uma vez.

§ 3º. Os imóveis públicos não serão adquiridos por usucapião.

CAPÍTULO III. DA POLÍTICA AGRÍCOLA E FUNDIÁRIA E DA REFORMA AGRÁRIA

ART. 184. Compete à União desapropriar por interesse social, para fins de reforma agrária, o imóvel rural que não esteja cumprindo sua função social, mediante prévia e justa indenização em títulos da dívida agrária, com cláusula de preservação do valor real, resgatáveis no prazo de até vinte anos, a partir do segundo ano de sua emissão, e cuja utilização será definida em lei.

§ 1º. As benfeitorias úteis e necessárias serão indenizadas em dinheiro.

§ 2º. O decreto que declarar o imóvel como de interesse social, para fins de reforma agrária, autoriza a União a propor a ação de desapropriação.

§ 3º. Cabe à lei complementar estabelecer procedimento contraditório especial, de rito sumário, para o processo judicial de desapropriação.

§ 4º. O orçamento fixará anualmente o volume total de títulos da dívida agrária, assim como o montante de recursos para atender ao programa de reforma agrária no exercício.

§ 5º. São isentas de impostos federais, estaduais e municipais as operações de transferência de imóveis desapropriados para fins de reforma agrária.

ART. 185. São insuscetíveis de desapropriação para fins de reforma agrária:

I – a pequena e média propriedade rural, assim definida em lei, desde que seu proprietário não possua outra;

II – a propriedade produtiva.

Parágrafo único. A lei garantirá tratamento especial à propriedade produtiva e fixará normas para o cumprimento dos requisitos relativos a sua função social.

ART. 186. A função social é cumprida quando a propriedade rural atende, simultaneamente, segundo critérios e graus de exigência estabelecidos em lei, aos seguintes requisitos:

I – aproveitamento racional e adequado;

II – utilização adequada dos recursos naturais disponíveis e preservação do meio ambiente;

III – observância das disposições que regulam as relações de trabalho;

IV – exploração que favoreça o bem-estar dos proprietários e dos trabalhadores.

ART. 187. A política agrícola será planejada e executada na forma da lei, com a participação efetiva do setor de produção, envolvendo produtores e trabalhadores rurais, bem como dos setores de comercialização, de armazenamento e de transportes, levando em conta, especialmente:

I – os instrumentos creditícios e fiscais;

II – os preços compatíveis com os custos de produção e a garantia de comercialização;

III – o incentivo à pesquisa e à tecnologia;

IV – a assistência técnica e extensão rural;

V – o seguro agrícola;

VI – o cooperativismo;

VII – a eletrificação rural e irrigação;

VIII – a habitação para o trabalhador rural.

§ 1º. Incluem-se no planejamento agrícola as atividades agroindustriais, agropecuárias, pesqueiras e florestais.

§ 2º. Serão compatibilizadas as ações de política agrícola e de reforma agrária.

ART. 188. A destinação de terras públicas e devolutas será compatibilizada com a política agrícola e com o plano nacional de reforma agrária.

§ 1º. A alienação ou a concessão, a qualquer título, de terras públicas com área superior a dois mil e quinhentos hectares a pessoa física ou jurídica, ainda que por interposta pessoa, dependerá de prévia aprovação do Congresso Nacional.

§ 2º. Excetuam-se do disposto no parágrafo anterior as alienações ou as concessões de terras públicas para fins de reforma agrária.

ART. 189. Os beneficiários da distribuição de imóveis rurais pela reforma agrária receberão títulos de domínio ou de concessão de uso, inegociáveis pelo prazo de dez anos.

Parágrafo único. O título de domínio e a concessão de uso serão conferidos ao homem ou à mulher, ou a ambos, independentemente do estado civil, nos termos e condições previstos em lei.

ART. 190. A lei regulará e limitará a aquisição ou o arrendamento de propriedade rural por pessoa física ou jurídica estrangeira e estabelecerá os casos que dependerão de autorização do Congresso Nacional.

ART. 191. Aquele que, não sendo proprietário de imóvel rural ou urbano, possua como seu, por cinco anos ininterruptos, sem oposição, área de terra, em zona rural, não superior a cinquenta hectares, tornando-a produtiva por seu trabalho ou de sua família, tendo nela sua moradia, adquirir-lhe-á a propriedade.

Parágrafo único. Os imóveis públicos não serão adquiridos por usucapião.

CAPÍTULO IV. DO SISTEMA FINANCEIRO NACIONAL

- *Lei nº 7.492, de 16-06-1986, define os crimes contra o sistema financeiro nacional.*
- *Lei nº 9.613, de 03-03-1998, dispõe sobre os crimes de "lavagem" ou ocultação de bens, direitos e valores, a prevenção da utilização do sistema financeiro para os ilícitos previstos nesta Lei e cria o Conselho de Controle de Atividades Financeiras – COAF.*

ART. 192. O sistema financeiro nacional, estruturado de forma a promover o desenvolvimento equilibrado do País e a servir aos interesses da coletividade, em todas as partes que o compõem, abrangendo as cooperativas de crédito, será regulado por leis complementares que disporão, inclusive, sobre a participação do capital estrangeiro nas instituições que o integram. (Redação dada pela Emenda Constitucional nº 40, de 2003)

I a VIII – (Revogados pela Emenda Constitucional nº 40, de 2003)

§§ 1º a 3º – (Revogados pela Emenda Constitucional nº 40, de 2003)

TÍTULO VIII. DA ORDEM SOCIAL

CAPÍTULO I. DISPOSIÇÃO GERAL

ART. 193. A ordem social tem como base o primado do trabalho, e como objetivo o bem-estar e a justiça sociais.

Parágrafo único. O Estado exercerá a função de planejamento das políticas sociais, assegurada, na forma da lei, a participação da sociedade nos processos de formulação, de monitoramento, de controle e de avaliação dessas políticas. (Incluído pela Emenda Constitucional nº 108, de 2020)

CAPÍTULO II. DA SEGURIDADE SOCIAL

SEÇÃO I. DISPOSIÇÕES GERAIS

ART. 194. A seguridade social compreende um conjunto integrado de ações de iniciativa dos Poderes Públicos e da sociedade, destinadas a assegurar os direitos relativos à saúde, à previdência e à assistência social.

Parágrafo único. Compete ao Poder Público, nos termos da lei, organizar a seguridade social, com base nos seguintes objetivos:

I – universalidade da cobertura e do atendimento;

II – uniformidade e equivalência dos benefícios e serviços às populações urbanas e rurais;

III – seletividade e distributividade na prestação dos benefícios e serviços;

IV – irredutibilidade do valor dos benefícios;

V – equidade na forma de participação no custeio;

VI - diversidade da base de financiamento, identificando-se, em rubricas contábeis específicas para cada área, as receitas e as despesas vinculadas a ações de saúde, previdência e assistência social, preservado o caráter contributivo da previdência social; (Redação dada pela Emenda Constitucional nº 103, de 2019)

VII – caráter democrático e descentralizado da administração, mediante gestão quadripartite, com participação dos trabalhadores, dos empregadores, dos aposentados e do Governo nos órgãos colegiados. (Redação dada pela Emenda Constitucional nº 20, de 1998)

ART. 195. A seguridade social será financiada por toda a sociedade, de forma direta e indireta, nos termos da lei, mediante recursos provenientes dos orçamentos da União, dos Estados, do Distrito Federal e dos Municípios, e das seguintes contribuições sociais:

- *CF: art. 240.*

I – do empregador, da empresa e da entidade a ela equiparada na forma da lei, incidentes sobre: (Redação dada pela Emenda Constitucional nº 20, de 1998)

a) a folha de salários e demais rendimentos do trabalho pagos ou creditados, a qualquer título, à pessoa física que lhe preste serviço, mesmo sem vínculo empregatício; (Incluído pela Emenda Constitucional nº 20, de 1998)

▸ *CF: art. 114, VIII.*

b) a receita ou o faturamento; (Incluído pela Emenda Constitucional nº 20, de 1998)

c) o lucro; (Incluído pela Emenda Constitucional nº 20, de 1998)

▸ *CF: art. 114, VIII.*

II - do trabalhador e dos demais segurados da previdência social, podendo ser adotadas alíquotas progressivas de acordo com o valor do salário de contribuição, não incidindo contribuição sobre aposentadoria e pensão concedidas pelo Regime Geral de Previdência Social; (Redação dada pela Emenda Constitucional nº 103, de 2019)

▸ *CF: art. 114, VIII, e 167, IX.*

III – sobre a receita de concursos de prognósticos.

IV – do importador de bens ou serviços do exterior, ou de quem a lei a ele equiparar. (Incluído pela Emenda Constitucional nº 42, de 2003)

§ 1º. As receitas dos Estados, do Distrito Federal e dos Municípios destinadas à seguridade social constarão dos respectivos orçamentos, não integrando o orçamento da União.

§ 2º. A proposta de orçamento da seguridade social será elaborada de forma integrada pelos órgãos responsáveis pela saúde, previdência social e assistência social, tendo em vista as metas e prioridades estabelecidas na lei de diretrizes orçamentárias, assegurada a cada área a gestão de seus recursos.

§ 3º A pessoa jurídica em débito com o sistema da seguridade social, como estabelecido em lei, não poderá contratar com o Poder Público nem dele receber benefícios ou incentivos fiscais ou creditícios. (Vide Medida Provisória nº 526, de 2011) (Vide Lei nº 12.453, de 2011) (Vide Emenda constitucional nº 106, de 2020)

§ 4º. A lei poderá instituir outras fontes destinadas a garantir a manutenção ou expansão da seguridade social, obedecido o disposto no art. 154, I.

5º. Nenhum benefício ou serviço da seguridade social poderá ser criado, majorado ou estendido sem a correspondente fonte de custeio total.

§ 6º. As contribuições sociais de que trata este artigo só poderão ser exigidas após decorridos noventa dias da data da publicação da lei que as houver instituído ou modificado, não se lhes aplicando o disposto no art. 150, III, "b".

§ 7º. São isentas de contribuição para a seguridade social as entidades beneficentes de assistência social que atendam às exigências estabelecidas em lei.

§ 8º. O produtor, o parceiro, o meeiro e o arrendatário rurais e o pescador artesanal, bem como os respectivos cônjuges, que exerçam suas atividades em regime de economia familiar, sem empregados permanentes, contribuirão para a seguridade social mediante a aplicação de uma alíquota sobre o resultado da comercialização da produção e farão jus aos benefícios nos termos da lei. (Redação dada pela Emenda Constitucional nº 20, de 1998)

§ 9º As contribuições sociais previstas no inciso I do caput deste artigo poderão ter alíquotas diferenciadas em razão da atividade econômica, da utilização intensiva de mão de obra, do porte da empresa ou da condição estrutural do mercado de trabalho, sendo também autorizada a adoção de bases de cálculo diferenciadas apenas no caso das alíneas "b" e "c" do inciso I do caput. (Redação dada pela Emenda Constitucional nº 103, de 2019)

§ 10. A lei definirá os critérios de transferência de recursos para o sistema único de saúde e ações de assistência social da União para os Estados, o Distrito Federal e os Municípios, e dos Estados para os Municípios, observada a respectiva contrapartida de recursos. (Redação dada pela Emenda Constitucional nº 20, de 1998)

§ 11. São vedados a moratória e o parcelamento em prazo superior a 60 (sessenta) meses e, na forma de lei complementar, a remissão e a anistia das contribuições sociais de que tratam a alínea "a" do inciso I e o inciso II do caput. (Redação dada pela Emenda Constitucional nº 103, de 2019)

§ 12. A lei definirá os setores de atividade econômica para os quais as contribuições incidentes na forma dos incisos I, b; e IV do *caput*, serão não-cumulativas. (Incluído pela Emenda Constitucional nº 42, de 19.12.2003)

§ 13. (Revogado pela Emenda Constitucional nº 103, de 2019)

§ 14. O segurado somente terá reconhecida como tempo de contribuição ao Regime Geral de Previdência Social a competência cuja contribuição seja igual ou superior à contribuição mínima mensal exigida para sua categoria, assegurado o agrupamento de contribuições. (Acrescido pela Emenda Constitucional nº 103, de 2019)

SEÇÃO II.
DA SAÚDE

ART. 196. A saúde é direito de todos e dever do Estado, garantido mediante políticas sociais e econômicas que visem à redução do risco de doença e de outros agravos e ao acesso universal e igualitário às ações e serviços para sua promoção, proteção e recuperação.

ART. 197. São de relevância pública as ações e serviços de saúde, cabendo ao Poder Público dispor, nos termos da lei, sobre sua regulamentação, fiscalização e controle, devendo sua execução ser feita diretamente ou através de terceiros e, também, por pessoa física ou jurídica de direito privado.

ART. 198. As ações e serviços públicos de saúde integram uma rede regionalizada e hierarquizada e constituem um sistema único, organizado de acordo com as seguintes diretrizes:

I – descentralização, com direção única em cada esfera de governo;

II – atendimento integral, com prioridade para as atividades preventivas, sem prejuízo dos serviços assistenciais;

III – participação da comunidade.

§ 1º. O sistema único de saúde será financiado, nos termos do art. 195, com recursos do orçamento da seguridade social, da União, dos Estados, do Distrito Federal e dos

Municípios, além de outras fontes. (Parágrafo único renumerado para § 1° pela Emenda Constitucional n° 29, de 2000)

§ 2°. A União, os Estados, o Distrito Federal e os Municípios aplicarão, anualmente, em ações e serviços públicos de saúde recursos mínimos derivados da aplicação de percentuais calculados sobre: (Incluído pela Emenda Constitucional n° 29, de 2000)

▸ CF: art. 167, IV.

I – no caso da União, a receita corrente líquida do respectivo exercício financeiro, não podendo ser inferior a 15% (quinze por cento); (Redação dada pela Emenda Constitucional n° 86, de 2015)

II – no caso dos Estados e do Distrito Federal, o produto da arrecadação dos impostos a que se refere o art. 155 e dos recursos de que tratam os arts. 157 e 159, inciso I, alínea a, e inciso II, deduzidas as parcelas que forem transferidas aos respectivos Municípios; (Incluído pela Emenda Constitucional n° 29, de 2000)

III – no caso dos Municípios e do Distrito Federal, o produto da arrecadação dos impostos a que se refere o art. 156 e dos recursos de que tratam os arts. 158 e 159, inciso I, alínea b e § 3°. (Incluído pela Emenda Constitucional n° 29, de 2000)

§ 3°. Lei complementar, que será reavaliada pelo menos a cada cinco anos, estabelecerá: (Incluído pela Emenda Constitucional n° 29, de 2000)

I – os percentuais de que tratam os incisos II e III do § 2°; (Redação dada pela Emenda Constitucional n° 86, de 2015)

II – os critérios de rateio dos recursos da União vinculados à saúde destinados aos Estados, ao Distrito Federal e aos Municípios, e dos Estados destinados a seus respectivos Municípios, objetivando a progressiva redução das disparidades regionais; (Incluído pela Emenda Constitucional n° 29, de 2000)

III – as normas de fiscalização, avaliação e controle das despesas com saúde nas esferas federal, estadual, distrital e municipal; (Incluído pela Emenda Constitucional n° 29, de 2000)

IV – (revogado). (Redação dada pela Emenda Constitucional n° 86, de 2015)

§ 4°. Os gestores locais do sistema único de saúde poderão admitir agentes comunitários de saúde e agentes de combate às endemias por meio de processo seletivo público, de acordo com a natureza e complexidade de suas atribuições e requisitos específicos para sua atuação. (Incluído pela Emenda Constitucional n° 51, de 2006)

▸ CF: art. 169.

§ 5°. Lei federal disporá sobre o regime jurídico, o piso salarial profissional nacional, as diretrizes para os Planos de Carreira e a regulamentação das atividades de agente comunitário de saúde e agente de combate às endemias, competindo à União, nos termos da lei, prestar assistência financeira complementar aos Estados, ao Distrito Federal e aos Municípios, para o cumprimento do referido piso salarial. (Redação dada pela Emenda Constitucional n° 63, de 2010)

§ 6°. Além das hipóteses previstas no § 1° do art. 41 e no § 4° do art. 169 da Constituição Federal, o servidor que exerça funções equivalentes às de agente comunitário de saúde ou de agente de combate às endemias poderá perder o cargo em caso de descumprimento dos requisitos específicos, fixados em lei, para o seu exercício. (Incluído pela Emenda Constitucional n° 51, de 2006)

ART. 199. A assistência à saúde é livre à iniciativa privada.

§ 1°. As instituições privadas poderão participar de forma complementar do sistema único de saúde, segundo diretrizes deste, mediante contrato de direito público ou convênio, tendo preferência as entidades filantrópicas e as sem fins lucrativos.

§ 2°. É vedada a destinação de recursos públicos para auxílios ou subvenções às instituições privadas com fins lucrativos.

§ 3°. É vedada a participação direta ou indireta de empresas ou capitais estrangeiros na assistência à saúde no País, salvo nos casos previstos em lei.

§ 4°. A lei disporá sobre as condições e os requisitos que facilitem a remoção de órgãos, tecidos e substâncias humanas para fins de transplante, pesquisa e tratamento, bem como a coleta, processamento e transfusão de sangue e seus derivados, sendo vedado todo tipo de comercialização.

▸ Lei n° 9.434, de 04-02-1997. Dispõe sobre a remoção de órgãos, tecidos e partes do corpo humano para fins de transplante e tratamento.

ART. 200. Ao sistema único de saúde compete, além de outras atribuições, nos termos da lei:

I – controlar e fiscalizar procedimentos, produtos e substâncias de interesse para a saúde e participar da produção de medicamentos, equipamentos, imunobiológicos, hemoderivados e outros insumos;

▸ Lei n° 8.072, de 25-07-1990, art. 1°, VII-B, dispõe sobre os crimes hediondos.

II – executar as ações de vigilância sanitária e epidemiológica, bem como as de saúde do trabalhador;

III – ordenar a formação de recursos humanos na área de saúde;

IV – participar da formulação da política e da execução das ações de saneamento básico;

V – incrementar, em sua área de atuação, o desenvolvimento científico e tecnológico e a inovação; (Redação dada pela Emenda Constitucional n° 85, de 2015)

VI – fiscalizar e inspecionar alimentos, compreendido o controle de seu teor nutricional, bem como bebidas e águas para consumo humano;

VII – participar do controle e fiscalização da produção, transporte, guarda e utilização de substâncias e produtos psicoativos, tóxicos e radioativos;

VIII – colaborar na proteção do meio ambiente, nele compreendido o do trabalho.

SEÇÃO III. DA PREVIDÊNCIA SOCIAL

ART. 201. A previdência social será organizada sob a forma do Regime Geral de Previdência Social, de caráter contributivo e de filiação obrigatória, observados critérios que preservem o equilíbrio financeiro e atuarial, e atenderá, na forma da lei, a: (Redação dada pela Emenda Constitucional n° 103, de 2019)

▸ CF: arts. 40,167, XI e 195, II.

I - cobertura dos eventos de incapacidade temporária ou permanente para o trabalho e idade avançada; (Redação dada pela Emenda Constitucional nº 103, de 2019)

II – proteção à maternidade, especialmente à gestante; (Redação dada pela Emenda Constitucional nº 20, de 1998)

III – proteção ao trabalhador em situação de desemprego involuntário; (Redação dada pela Emenda Constitucional nº 20, de 1998)

IV – salário-família e auxílio-reclusão para os dependentes dos segurados de baixa renda; (Redação dada pela Emenda Constitucional nº 20, de 1998)

V – pensão por morte do segurado, homem ou mulher, ao cônjuge ou companheiro e dependentes, observado o disposto no § 2º. (Redação dada pela Emenda Constitucional nº 20, de 1998)

§ 1º É vedada a adoção de requisitos ou critérios diferenciados para concessão de benefícios, ressalvada, nos termos de lei complementar, a possibilidade de previsão de idade e tempo de contribuição distintos da regra geral para concessão de aposentadoria exclusivamente em favor dos segurados: (Redação dada pela Emenda Constitucional nº 103, de 2019)

I - com deficiência, previamente submetidos a avaliação biopsicossocial realizada por equipe multiprofissional e interdisciplinar; (Acrescido pela Emenda Constitucional nº 103, de 2019)

II - cujas atividades sejam exercidas com efetiva exposição a agentes químicos, físicos e biológicos prejudiciais à saúde, ou associação desses agentes, vedada a caracterização por categoria profissional ou ocupação. (Acrescido pela Emenda Constitucional nº 103, de 2019)

§ 2º. Nenhum benefício que substitua o salário de contribuição ou o rendimento do trabalho do segurado terá valor mensal inferior ao salário mínimo. (Redação dada pela Emenda Constitucional nº 20, de 1998)

§ 3º. Todos os salários de contribuição considerados para o cálculo de benefício serão devidamente atualizados, na forma da lei. (Redação dada pela Emenda Constitucional nº 20, de 1998)

§ 4º. É assegurado o reajustamento dos benefícios para preservar-lhes, em caráter permanente, o valor real, conforme critérios definidos em lei. (Redação dada pela Emenda Constitucional nº 20, de 1998)

§ 5º. É vedada a filiação ao regime geral de previdência social, na qualidade de segurado facultativo, de pessoa participante de regime próprio de previdência. (Redação dada pela Emenda Constitucional nº 20, de 1998)

§ 6º. A gratificação natalina dos aposentados e pensionistas terá por base o valor dos proventos do mês de dezembro de cada ano. (Redação dada pela Emenda Constitucional nº 20, de 1998)

§ 7º. É assegurada aposentadoria no regime geral de previdência social, nos termos da lei, obedecidas as seguintes condições: (Redação dada pela Emenda Constitucional nº 20, de 1998)

I - 65 (sessenta e cinco) anos de idade, se homem, e 62 (sessenta e dois) anos de idade, se mulher, observado tempo mínimo de contribuição; (Redação dada pela Emenda Constitucional nº 103, de 2019)

II - 60 (sessenta) anos de idade, se homem, e 55 (cinquenta e cinco) anos de idade, se mulher, para os trabalhadores rurais e para os que exerçam suas atividades em regime de economia familiar, nestes incluídos o produtor rural, o garimpeiro e o pescador artesanal. (Redação dada pela Emenda Constitucional nº 103, de 2019)

§ 8º O requisito de idade a que se refere o inciso I do § 7º será reduzido em 5 (cinco) anos, para o professor que comprove tempo de efetivo exercício das funções de magistério na educação infantil e no ensino fundamental e médio fixado em lei complementar. (Redação dada pela Emenda Constitucional nº 103, de 2019)

§ 9º Para fins de aposentadoria, será assegurada a contagem recíproca do tempo de contribuição entre o Regime Geral de Previdência Social e os regimes próprios de previdência social, e destes entre si, observada a compensação financeira, de acordo com os critérios estabelecidos em lei. (Redação dada pela Emenda Constitucional nº 103, de 2019)

§ 9º-A. O tempo de serviço militar exercido nas atividades de que tratam os arts. 42, 142 e 143 e o tempo de contribuição ao Regime Geral de Previdência Social ou a regime próprio de previdência social terão contagem recíproca para fins de inativação militar ou aposentadoria, e a compensação financeira será devida entre as receitas de contribuição referentes aos militares e as receitas de contribuição aos demais regimes. (Acrescido pela Emenda Constitucional nº 103, de 2019)

§ 10. Lei complementar poderá disciplinar a cobertura de benefícios não programados, inclusive os decorrentes de acidente do trabalho, a ser atendida concorrentemente pelo Regime Geral de Previdência Social e pelo setor privado. (Redação dada pela Emenda Constitucional nº 103, de 2019)

§ 11. Os ganhos habituais do empregado, a qualquer título, serão incorporados ao salário para efeito de contribuição previdenciária e consequente repercussão em benefícios, nos casos e na forma da lei. (Incluído dada pela Emenda Constitucional nº 20, de 1998)

§ 12. Lei instituirá sistema especial de inclusão previdenciária, com alíquotas diferenciadas, para atender aos trabalhadores de baixa renda, inclusive os que se encontram em situação de informalidade, e àqueles sem renda própria que se dediquem exclusivamente ao trabalho doméstico no âmbito de sua residência, desde que pertencentes a famílias de baixa renda. (Redação dada pela Emenda Constitucional nº 103, de 2019)

§ 13. A aposentadoria concedida ao segurado de que trata o § 12 terá valor de 1 (um) salário-mínimo. (Redação dada pela Emenda Constitucional nº 103, de 2019)

§ 14. É vedada a contagem de tempo de contribuição fictício para efeito de concessão dos benefícios previdenciários e de contagem recíproca. (Acrescido pela Emenda Constitucional nº 103, de 2019)

§ 15. Lei complementar estabelecerá vedações, regras e condições para a acumulação de benefícios previdenciários. (Acrescido pela Emenda Constitucional nº 103, de 2019)

§ 16. Os empregados dos consórcios públicos, das empresas públicas, das sociedades de economia mista e das suas subsidiárias serão aposentados compulsoriamente, observado o cumprimento do tempo mínimo de contribuição, ao atingir a idade máxima de que trata o inciso II do § 1º do art. 40, na forma estabelecida em lei. (Acrescido pela Emenda Constitucional nº 103, de 2019)

ART. 202. O regime de previdência privada, de caráter complementar e organizado de forma autônoma em relação ao regime geral de previdência social, será facultativo, baseado na constituição de reservas que garantam o benefício contratado, e regulado por lei complementar. (Redação dada pela Emenda Constitucional nº 20, de 1998)

▸ CF: art. 40, § 15.

§ 1º. A lei complementar de que trata este artigo assegurará ao participante de planos de benefícios de entidades de previdência privada o pleno acesso às informações relativas à gestão de seus respectivos planos. (Redação dada pela Emenda Constitucional nº 20, de 1998)

§ 2º. As contribuições do empregador, os benefícios e as condições contratuais previstas nos estatutos, regulamentos e planos de benefícios das entidades de previdência privada não integram o contrato de trabalho dos participantes, assim como, à exceção dos benefícios concedidos, não integram a remuneração dos participantes, nos termos da lei. (Redação dada pela Emenda Constitucional nº 20, de 1998)

§ 3º. É vedado o aporte de recursos a entidade de previdência privada pela União, Estados, Distrito Federal e Municípios, suas autarquias, fundações, empresas públicas, sociedades de economia mista e outras entidades públicas, salvo na qualidade de patrocinador, situação na qual, em hipótese alguma, sua contribuição normal poderá exceder a do segurado. (Incluído pela Emenda Constitucional nº 20, de 1998)

§ 4º Lei complementar disciplinará a relação entre a União, Estados, Distrito Federal ou Municípios, inclusive suas autarquias, fundações, sociedades de economia mista e empresas controladas direta ou indiretamente, enquanto patrocinadores de planos de benefícios previdenciários, e as entidades de previdência complementar. (Redação dada pela Emenda Constitucional nº 103, de 2019)

▸ CF: art. 40, § 14.

§ 5º A lei complementar de que trata o § 4º aplicar-se-á, no que couber, às empresas privadas permissionárias ou concessionárias de prestação de serviços públicos, quando patrocinadoras de planos de benefícios em entidades de previdência complementar. (Redação dada pela Emenda Constitucional nº 103, de 2019)

§ 6º Lei complementar estabelecerá os requisitos para a designação dos membros das diretorias das entidades fechadas de previdência complementar instituídas pelos patrocinadores de que trata o § 4º e disciplinará a inserção dos participantes nos colegiados e instâncias de decisão em que seus interesses sejam objeto de discussão e deliberação. (Redação dada pela Emenda Constitucional nº 103, de 2019)

SEÇÃO IV.
DA ASSISTÊNCIA SOCIAL

ART. 203. A assistência social será prestada a quem dela necessitar, independentemente de contribuição à seguridade social, e tem por objetivos:

I – a proteção à família, à maternidade, à infância, à adolescência e à velhice;

II – o amparo às crianças e adolescentes carentes;

III – a promoção da integração ao mercado de trabalho;

IV – a habilitação e reabilitação das pessoas portadoras de deficiência e a promoção de sua integração à vida comunitária;

V – a garantia de um salário mínimo de benefício mensal à pessoa portadora de deficiência e ao idoso que comprovem não possuir meios de prover à própria manutenção ou de tê-la provida por sua família, conforme dispuser a lei.

ART. 204. As ações governamentais na área da assistência social serão realizadas com recursos do orçamento da seguridade social, previstos no art. 195, além de outras fontes, e organizadas com base nas seguintes diretrizes:

I – descentralização político-administrativa, cabendo a coordenação e as normas gerais à esfera federal e a coordenação e a execução dos respectivos programas às esferas estadual e municipal, bem como a entidades beneficentes e de assistência social;

II – participação da população, por meio de organizações representativas, na formulação das políticas e no controle das ações em todos os níveis.

Parágrafo único. É facultado aos Estados e ao Distrito Federal vincular a programa de apoio à inclusão e promoção social até cinco décimos por cento de sua receita tributária líquida, vedada a aplicação desses recursos no pagamento de: (Incluído pela Emenda Constitucional nº 42, de 19.12.2003)

I – despesas com pessoal e encargos sociais; (Incluído pela Emenda Constitucional nº 42, de 19.12.2003)

II – serviço da dívida; (Incluído pela Emenda Constitucional nº 42, de 19.12.2003)

III – qualquer outra despesa corrente não vinculada diretamente aos investimentos ou ações apoiados. (Incluído pela Emenda Constitucional nº 42, de 19.12.2003)

CAPÍTULO III.
DA EDUCAÇÃO, DA CULTURA E DO DESPORTO

SEÇÃO I.
DA EDUCAÇÃO

ART. 205. A educação, direito de todos e dever do Estado e da família, será promovida e incentivada com a colaboração da sociedade, visando ao pleno desenvolvimento da pessoa, seu preparo para o exercício da cidadania e sua qualificação para o trabalho.

ART. 206. O ensino será ministrado com base nos seguintes princípios:

I – igualdade de condições para o acesso e permanência na escola;

II – liberdade de aprender, ensinar, pesquisar e divulgar o pensamento, a arte e o saber;

III – pluralismo de ideias e de concepções pedagógicas, e coexistência de instituições públicas e privadas de ensino;

IV – gratuidade do ensino público em estabelecimentos oficiais;

▸ CF: art. 242.

V – valorização dos profissionais da educação escolar, garantidos, na forma da lei, planos de carreira, com ingresso exclusivamente por concurso público de provas e títulos, aos das redes públicas; (Redação dada pela Emenda Constitucional nº 53, de 2006)

VI – gestão democrática do ensino público, na forma da lei;

VII – garantia de padrão de qualidade.

VIII – piso salarial profissional nacional para os profissionais da educação escolar pública, nos termos de lei federal. (Incluído pela Emenda Constitucional nº 53, de 2006)

IX - garantia do direito à educação e à aprendizagem ao longo da vida. (Incluído pela Emenda Constitucional nº 108, de 2020)

Parágrafo único. A lei disporá sobre as categorias de trabalhadores considerados profissionais da educação básica e sobre a fixação de prazo para a elaboração ou adequação de seus planos de carreira, no âmbito da União, dos Estados, do Distrito Federal e dos Municípios. (Incluído pela Emenda Constitucional nº 53, de 2006)

ART. 207. As universidades gozam de autonomia didático-científica, administrativa e de gestão financeira e patrimonial, e obedecerão ao princípio de indissociabilidade entre ensino, pesquisa e extensão.

§ 1º. É facultado às universidades admitir professores, técnicos e cientistas estrangeiros, na forma da lei. (Incluído pela Emenda Constitucional nº 11, de 1996)

§ 2º. O disposto neste artigo aplica-se às instituições de pesquisa científica e tecnológica. (Incluído pela Emenda Constitucional nº 11, de 1996)

ART. 208. O dever do Estado com a educação será efetivado mediante a garantia de:

I – educação básica obrigatória e gratuita dos 4 (quatro) aos 17 (dezessete) anos de idade, assegurada inclusive sua oferta gratuita para todos os que a ela não tiveram acesso na idade própria; (Redação dada pela Emenda Constitucional nº 59, de 2009)

II – progressiva universalização do ensino médio gratuito; (Redação dada pela Emenda Constitucional nº 14, de 1996)

III – atendimento educacional especializado aos portadores de deficiência, preferencialmente na rede regular de ensino;

IV – educação infantil, em creche e pré-escola, às crianças até 5 (cinco) anos de idade; (Redação dada pela Emenda Constitucional nº 53, de 2006)

▸ CF: art. 7º, XXV.

V – acesso aos níveis mais elevados do ensino, da pesquisa e da criação artística, segundo a capacidade de cada um;

VI – oferta de ensino noturno regular, adequado às condições do educando;

VII – atendimento ao educando, em todas as etapas da educação básica, por meio de programas suplementares de material didático escolar, transporte, alimentação e assistência à saúde. (Redação dada pela Emenda Constitucional nº 59, de 2009)

▸ CF: art. 6 e 212, § 4º.

§ 1º. O acesso ao ensino obrigatório e gratuito é direito público subjetivo.

§ 2º. O não-oferecimento do ensino obrigatório pelo Poder Público, ou sua oferta irregular, importa responsabilidade da autoridade competente.

§ 3º. Compete ao Poder Público recensear os educandos no ensino fundamental, fazer-lhes a chamada e zelar, junto aos pais ou responsáveis, pela frequência à escola.

ART. 209. O ensino é livre à iniciativa privada, atendidas as seguintes condições:

I – cumprimento das normas gerais da educação nacional;

II – autorização e avaliação de qualidade pelo Poder Público.

ART. 210. Serão fixados conteúdos mínimos para o ensino fundamental, de maneira a assegurar formação básica comum e respeito aos valores culturais e artísticos, nacionais e regionais.

§ 1º. O ensino religioso, de matrícula facultativa, constituirá disciplina dos horários normais das escolas públicas de ensino fundamental.

§ 2º. O ensino fundamental regular será ministrado em língua portuguesa, assegurada às comunidades indígenas também a utilização de suas línguas maternas e processos próprios de aprendizagem.

ART. 211. A União, os Estados, o Distrito Federal e os Municípios organizarão em regime de colaboração seus sistemas de ensino.

▸ ADCT: art. 60 e §§.

§ 1º. A União organizará o sistema federal de ensino e o dos Territórios, financiará as instituições de ensino públicas federais e exercerá, em matéria educacional, função redistributiva e supletiva, de forma a garantir equalização de oportunidades educacionais e padrão mínimo de qualidade do ensino mediante assistência técnica e financeira aos Estados, ao Distrito Federal e aos Municípios; (Redação dada pela Emenda Constitucional nº 14, de 1996)

§ 2º. Os Municípios atuarão prioritariamente no ensino fundamental e na educação infantil. (Redação dada pela Emenda Constitucional nº 14, de 1996)

§ 3º. Os Estados e o Distrito Federal atuarão prioritariamente no ensino fundamental e médio. (Redação dada pela Emenda Constitucional nº 14, de 1996)

§ 4º Na organização de seus sistemas de ensino, a União, os Estados, o Distrito Federal e os Municípios definirão formas de colaboração, de forma a assegurar a universalização, a qualidade e a equidade do ensino obrigatório. (Redação dada pela Emenda Constitucional nº 108, de 2020)

§ 5º. A educação básica pública atenderá prioritariamente ao ensino regular. (Incluído pela Emenda Constitucional nº 53, de 2006)

§ 6º A União, os Estados, o Distrito Federal e os Municípios exercerão ação redistributiva em relação a suas escolas. (Incluído pela Emenda Constitucional nº 108, de 2020)

§ 7º O padrão mínimo de qualidade de que trata o § 1º deste artigo considerará as condições adequadas de oferta e terá como referência o Custo Aluno Qualidade (CAQ), pactuados em regime de colaboração na forma disposta em lei complementar, conforme o parágrafo único do art. 23 desta Constituição. (Incluído pela Emenda Constitucional nº 108, de 2020)

ART. 212. A União aplicará, anualmente, nunca menos de dezoito, e os Estados, o Distrito Federal e os Municípios vinte e cinco por cento, no mínimo, da receita resultante de impostos, compreendida a proveniente de transferências, na manutenção e desenvolvimento do ensino.

▸ *CF: arts. 34, VI; 35, III e 167, IV.*

§ 1º. A parcela da arrecadação de impostos transferida pela União aos Estados, ao Distrito Federal e aos Municípios, ou pelos Estados aos respectivos Municípios, não é considerada, para efeito do cálculo previsto neste artigo, receita do governo que a transferir.

§ 2º. Para efeito do cumprimento do disposto no "*caput*" deste artigo, serão considerados os sistemas de ensino federal, estadual e municipal e os recursos aplicados na forma do art. 213.

§ 3º. A distribuição dos recursos públicos assegurará prioridade ao atendimento das necessidades do ensino obrigatório, no que se refere a universalização, garantia de padrão de qualidade e equidade, nos termos do plano nacional de educação. (Redação dada pela Emenda Constitucional nº 59, de 2009)

§ 4º. Os programas suplementares de alimentação e assistência à saúde previstos no art. 208, VII, serão financiados com recursos provenientes de contribuições sociais e outros recursos orçamentários.

§ 5º. A educação básica pública terá como fonte adicional de financiamento a contribuição social do salário-educação, recolhida pelas empresas na forma da lei.

§ 6º. As cotas estaduais e municipais da arrecadação da contribuição social do salário-educação serão distribuídas proporcionalmente ao número de alunos matriculados na educação básica nas respectivas redes públicas de ensino. (Incluído pela Emenda Constitucional nº 53, de 2006)

§ 7º É vedado o uso dos recursos referidos no caput e nos §§ 5º e 6º deste artigo para pagamento de aposentadorias e de pensões. (Incluído pela Emenda Constitucional nº 108, de 2020)

§ 8º Na hipótese de extinção ou de substituição de impostos, serão redefinidos os percentuais referidos no caput deste artigo e no inciso II do caput do art. 212-A, de modo que resultem recursos vinculados à manutenção e ao desenvolvimento do ensino, bem como os recursos subvinculados aos fundos de que trata o art. 212-A desta Constituição, em aplicações equivalentes às anteriormente praticadas. (Incluído pela Emenda Constitucional nº 108, de 2020)

§ 9º A lei disporá sobre normas de fiscalização de avaliação e de controle das despesas com educação nas esferas estadual, distrital e municipal. (Incluído pela Emenda Constitucional nº 108, de 2020)

ART. 212-A. Os Estados, o Distrito Federal e os Municípios destinarão parte dos recursos a que se refere o caput do art. 212 desta Constituição à manutenção e ao desenvolvimento do ensino na educação básica e à remuneração condigna de seus profissionais, respeitadas as seguintes disposições: (Incluído pela Emenda Constitucional nº 108, de 2020)

I - a distribuição dos recursos e de responsabilidades entre o Distrito Federal, os Estados e seus Municípios é assegurada mediante a instituição, no âmbito de cada Estado e do Distrito Federal, de um Fundo de Manutenção e Desenvolvimento da Educação Básica e de Valorização dos Profissionais da Educação (Fundeb), de natureza contábil; (Incluído pela Emenda Constitucional nº 108, de 2020)

II - os fundos referidos no inciso I do caput deste artigo serão constituídos por 20% (vinte por cento) dos recursos a que se referem os incisos I, II e III do caput do art. 155, o inciso II do caput do art. 157, os incisos II, III e IV do caput do art. 158 e as alíneas "a" e "b" do inciso I e o inciso II do caput do art. 159 desta Constituição; (Incluído pela Emenda Constitucional nº 108, de 2020)

III - os recursos referidos no inciso II do caput deste artigo serão distribuídos entre cada Estado e seus Municípios, proporcionalmente ao número de alunos das diversas etapas e modalidades da educação básica presencial matriculados nas respectivas redes, nos âmbitos de atuação prioritária, conforme estabelecido nos §§ 2º e 3º do art. 211 desta Constituição, observadas as ponderações referidas na alínea "a" do inciso X do caput e no § 2º deste artigo; (Incluído pela Emenda Constitucional nº 108, de 2020)

IV - a União complementará os recursos dos fundos a que se refere o inciso II do caput deste artigo; (Incluído pela Emenda Constitucional nº 108, de 2020)

V - a complementação da União será equivalente a, no mínimo, 23% (vinte e três por cento) do total de recursos a que se refere o inciso II do caput deste artigo, distribuída da seguinte forma: (Incluído pela Emenda Constitucional nº 108, de 2020)

a) 10 (dez) pontos percentuais no âmbito de cada Estado e do Distrito Federal, sempre que o valor anual por aluno (VAAF), nos termos do inciso III do caput deste artigo, não alcançar o mínimo definido nacionalmente; (Incluído pela Emenda Constitucional nº 108, de 2020)

b) no mínimo, 10,5 (dez inteiros e cinco décimos) pontos percentuais em cada rede pública de ensino municipal, estadual ou distrital, sempre que o valor anual total por aluno (VAAT), referido no inciso VI do caput deste artigo, não alcançar o mínimo definido nacionalmente; (Incluído pela Emenda Constitucional nº 108, de 2020)

c) 2,5 (dois inteiros e cinco décimos) pontos percentuais nas redes públicas que, cumpridas condicionalidades de melhoria de gestão previstas em lei, alcançarem evolução de indicadores a serem definidos, de atendimento e melhoria da aprendizagem com redução das desigualdades, nos termos do sistema nacional de avaliação da educação básica; (Incluído pela Emenda Constitucional nº 108, de 2020)

VI - o VAAT será calculado, na forma da lei de que trata o inciso X do caput deste artigo, com base nos recursos a que se refere o inciso II do caput deste artigo, acrescidos de outras receitas e de transferências vinculadas à educação, observado o disposto no § 1º e consideradas as matrículas nos termos do inciso III do caput deste artigo; (Incluído pela Emenda Constitucional nº 108, de 2020)

VII - os recursos de que tratam os incisos II e IV do caput deste artigo serão aplicados pelos Estados e pelos Municípios exclusivamente nos respectivos âmbitos de atuação prioritária, conforme estabelecido nos §§ 2º e 3º do art. 211 desta Constituição; (Incluído pela Emenda Constitucional nº 108, de 2020)

VIII - a vinculação de recursos à manutenção e ao desenvolvimento do ensino estabelecida no art. 212 desta Constituição suportará, no máximo, 30% (trinta por cento) da complementação da União, considerados para os fins deste inciso os valores previstos no inciso V do caput deste artigo; (Incluído pela Emenda Constitucional nº 108, de 2020)

IX - o disposto no caput do art. 160 desta Constituição aplica-se aos recursos referidos nos incisos II e IV do caput deste artigo, e seu descumprimento pela autoridade competente importará em crime de responsabilidade; (Incluído pela Emenda Constitucional nº 108, de 2020)

X - a lei disporá, observadas as garantias estabelecidas nos incisos I, II, III e IV do caput e no § 1º do art. 208 e as metas pertinentes do plano nacional de educação, nos termos previstos no art. 214 desta Constituição, sobre: (Incluído pela Emenda Constitucional nº 108, de 2020)

a) a organização dos fundos referidos no inciso I do caput deste artigo e a distribuição proporcional de seus recursos, as diferenças e as ponderações quanto ao valor anual por aluno entre etapas, modalidades, duração da jornada e tipos de estabelecimento de ensino, observados as respectivas especificidades e os insumos necessários para a garantia de sua qualidade; (Incluído pela Emenda Constitucional nº 108, de 2020)

b) a forma de cálculo do VAAF decorrente do inciso III do caput deste artigo e do VAAT referido no inciso VI do caput deste artigo; (Incluído pela Emenda Constitucional nº 108, de 2020)

c) a forma de cálculo para distribuição prevista na alínea "c" do inciso V do caput deste artigo; (Incluído pela Emenda Constitucional nº 108, de 2020)

d) a transparência, o monitoramento, a fiscalização e o controle interno, externo e social dos fundos referidos no inciso I do caput deste artigo, assegurada a criação, a autonomia, a manutenção e a consolidação de conselhos de acompanhamento e controle social, admitida sua integração aos conselhos de educação; (Incluído pela Emenda Constitucional nº 108, de 2020)

e) o conteúdo e a periodicidade da avaliação, por parte do órgão responsável, dos efeitos redistributivos, da melhoria dos indicadores educacionais e da ampliação do atendimento; (Incluído pela Emenda Constitucional nº 108, de 2020)

XI - proporção não inferior a 70% (setenta por cento) de cada fundo referido no inciso I do caput deste artigo, excluídos os recursos de que trata a alínea "c" do inciso V do caput deste artigo, será destinada ao pagamento dos profissionais da educação básica em efetivo exercício, observado, em relação aos recursos previstos na alínea "b" do inciso V do caput deste artigo, o percentual mínimo de 15% (quinze por cento) para despesas de capital; (Incluído pela Emenda Constitucional nº 108, de 2020)

XII - lei específica disporá sobre o piso salarial profissional nacional para os profissionais do magistério da educação básica pública; (Incluído pela Emenda Constitucional nº 108, de 2020)

XIII - a utilização dos recursos a que se refere o § 5º do art. 212 desta Constituição para a complementação da União ao Fundeb, referida no inciso V do caput deste artigo, é vedada. (Incluído pela Emenda Constitucional nº 108, de 2020)

§ 1º O cálculo do VAAT, referido no inciso VI do caput deste artigo, deverá considerar, além dos recursos previstos no inciso II do caput deste artigo, pelo menos, as seguintes disponibilidades: (Incluído pela Emenda Constitucional nº 108, de 2020)

I - receitas de Estados, do Distrito Federal e de Municípios vinculadas à manutenção e ao desenvolvimento do ensino não integrantes dos fundos referidos no inciso I do caput deste artigo; (Incluído pela Emenda Constitucional nº 108, de 2020)

II - cotas estaduais e municipais da arrecadação do salário-educação de que trata o § 6º do art. 212 desta Constituição; (Incluído pela Emenda Constitucional nº 108, de 2020)

III - complementação da União transferida a Estados, ao Distrito Federal e a Municípios nos termos da alínea "a" do inciso V do caput deste artigo. (Incluído pela Emenda Constitucional nº 108, de 2020)

§ 2º Além das ponderações previstas na alínea "a" do inciso X do caput deste artigo, a lei definirá outras relativas ao nível socioeconômico dos educandos e aos indicadores de disponibilidade de recursos vinculados à educação e de potencial de arrecadação tributária de cada ente federado, bem como seus prazos de implementação. (Incluído pela Emenda Constitucional nº 108, de 2020)

§ 3º Será destinada à educação infantil a proporção de 50% (cinquenta por cento) dos recursos globais a que se refere a alínea "b" do inciso V do caput deste artigo, nos termos da lei." (Incluído pela Emenda Constitucional nº 108, de 2020)

ART. 213. Os recursos públicos serão destinados às escolas públicas, podendo ser dirigidos a escolas comunitárias, confessionais ou filantrópicas, definidas em lei, que:

▸ *CF: art. 212.*

I – comprovem finalidade não-lucrativa e apliquem seus excedentes financeiros em educação;

II – assegurem a destinação de seu patrimônio a outra escola comunitária, filantrópica ou confessional, ou ao Poder Público, no caso de encerramento de suas atividades.

§ 1º. Os recursos de que trata este artigo poderão ser destinados a bolsas de estudo para o ensino fundamental e médio, na forma da lei, para os que demonstrarem insuficiência de recursos, quando houver falta de vagas e cursos regulares da rede pública na localidade da residência do educando, ficando o Poder Público obrigado a investir prioritariamente na expansão de sua rede na localidade.

§ 2º. As atividades de pesquisa, de extensão e de estímulo e fomento à inovação realizadas por universidades e/ou por instituições de educação profissional e tecnológica poderão receber apoio financeiro do Poder Público. (Redação dada pela Emenda Constitucional nº 85, de 2015)

ART. 214. A lei estabelecerá o plano nacional de educação, de duração decenal, com o objetivo de articular o sistema nacional de educação em regime de colaboração e definir diretrizes, objetivos, metas e estratégias de implementação para assegurar a manutenção e desenvolvimento do ensino em seus diversos níveis, etapas e modalidades por meio de ações integradas dos poderes públicos das diferentes esferas federativas que conduzam a: (Redação dada pela Emenda Constitucional nº 59, de 2009)

I – erradicação do analfabetismo;

II – universalização do atendimento escolar;

III – melhoria da qualidade do ensino;

IV – formação para o trabalho;

V – promoção humanística, científica e tecnológica do País.

VI – estabelecimento de meta de aplicação de recursos públicos em educação como proporção do produto interno bruto. (Incluído pela Emenda Constitucional nº 59, de 2009)

SEÇÃO II. DA CULTURA

ART. 215. O Estado garantirá a todos o pleno exercício dos direitos culturais e acesso às fontes da cultura nacional, e apoiará e incentivará a valorização e a difusão das manifestações culturais.

§ 1º. O Estado protegerá as manifestações das culturas populares, indígenas e afro-brasileiras, e das de outros grupos participantes do processo civilizatório nacional.

§ 2º. A lei disporá sobre a fixação de datas comemorativas de alta significação para os diferentes segmentos étnicos nacionais.

§ 3º. A lei estabelecerá o Plano Nacional de Cultura, de duração plurianual, visando ao desenvolvimento cultural do País e à integração das ações do poder público que conduzem à: (Incluído pela Emenda Constitucional nº 48, de 2005)

I – defesa e valorização do patrimônio cultural brasileiro; (Incluído pela Emenda Constitucional nº 48, de 2005)

II – produção, promoção e difusão de bens culturais; (Incluído pela Emenda Constitucional nº 48, de 2005)

III – formação de pessoal qualificado para a gestão da cultura em suas múltiplas dimensões; (Incluído pela Emenda Constitucional nº 48, de 2005)

IV – democratização do acesso aos bens de cultura; (Incluído pela Emenda Constitucional nº 48, de 2005)

V – valorização da diversidade étnica e regional. (Incluído pela Emenda Constitucional nº 48, de 2005)

ART. 216. Constituem patrimônio cultural brasileiro os bens de natureza material e imaterial, tomados individualmente ou em conjunto, portadores de referência à identidade, à ação, à memória dos diferentes grupos formadores da sociedade brasileira, nos quais se incluem:

I – as formas de expressão;

II – os modos de criar, fazer e viver;

III – as criações científicas, artísticas e tecnológicas;

IV – as obras, objetos, documentos, edificações e demais espaços destinados às manifestações artístico-culturais;

V – os conjuntos urbanos e sítios de valor histórico, paisagístico, artístico, arqueológico, paleontológico, ecológico e científico.

▸ *Lei nº 9.605, de 12-02-1998, art. 65, § 1º, Dispõe sobre as sanções penais e administrativas derivadas de condutas e atividades lesivas ao meio ambiente.*

§ 1º. O Poder Público, com a colaboração da comunidade, promoverá e protegerá o patrimônio cultural brasileiro, por meio de inventários, registros, vigilância, tombamento e desapropriação, e de outras formas de acautelamento e preservação.

§ 2º. Cabem à administração pública, na forma da lei, a gestão da documentação governamental e as providências para franquear sua consulta a quantos dela necessitem.

§ 3º. A lei estabelecerá incentivos para a produção e o conhecimento de bens e valores culturais.

§ 4º. Os danos e ameaças ao patrimônio cultural serão punidos, na forma da lei.

§ 5º. Ficam tombados todos os documentos e os sítios detentores de reminiscências históricas dos antigos quilombos.

§ 6º. É facultado aos Estados e ao Distrito Federal vincular a fundo estadual de fomento à cultura até cinco décimos por cento de sua receita tributária líquida, para o financiamento de programas e projetos culturais, vedada a aplicação desses recursos no pagamento de: (Incluído pela Emenda Constitucional nº 42, de 19.12.2003)

I – despesas com pessoal e encargos sociais; (Incluído pela Emenda Constitucional nº 42, de 19.12.2003)

II – serviço da dívida; (Incluído pela Emenda Constitucional nº 42, de 19.12.2003)

III – qualquer outra despesa corrente não vinculada diretamente aos investimentos ou ações apoiados. (Incluído pela Emenda Constitucional nº 42, de 19.12.2003)

ART. 216-A. O Sistema Nacional de Cultura, organizado em regime de colaboração, de forma descentralizada e participativa, institui um processo de gestão e promoção conjunta de políticas públicas de cultura, democráticas e permanentes, pactuadas entre os entes da Federação e a sociedade, tendo por objetivo promover o desenvolvimento humano, social e econômico com pleno exercício dos direitos culturais. (Incluído pela Emenda Constitucional nº 71, de 2012)

§ 1º. O Sistema Nacional de Cultura fundamenta-se na política nacional de cultura e nas suas diretrizes, estabelecidas no Plano Nacional de Cultura, e rege-se pelos seguintes princípios: (Incluído pela Emenda Constitucional nº 71, de 2012)

I – diversidade das expressões culturais; (Incluído pela Emenda Constitucional nº 71, de 2012)

II – universalização do acesso aos bens e serviços culturais; (Incluído pela Emenda Constitucional nº 71, de 2012)

III – fomento à produção, difusão e circulação de conhecimento e bens culturais; (Incluído pela Emenda Constitucional nº 71, de 2012)

IV – cooperação entre os entes federados, os agentes públicos e privados atuantes na área cultural; (Incluído pela Emenda Constitucional nº 71, de 2012)

V – integração e interação na execução das políticas, programas, projetos e ações desenvolvidas; (Incluído pela Emenda Constitucional nº 71, de 2012)

VI – complementaridade nos papéis dos agentes culturais; (Incluído pela Emenda Constitucional nº 71, de 2012)

VII – transversalidade das políticas culturais; (Incluído pela Emenda Constitucional nº 71, de 2012)

VIII – autonomia dos entes federados e das instituições da sociedade civil; (Incluído pela Emenda Constitucional nº 71, de 2012)

IX – transparência e compartilhamento das informações; (Incluído pela Emenda Constitucional nº 71, de 2012)

X – democratização dos processos decisórios com participação e controle social; (Incluído pela Emenda Constitucional nº 71, de 2012)

XI – descentralização articulada e pactuada da gestão, dos recursos e das ações; (Incluído pela Emenda Constitucional nº 71, de 2012)

XII – ampliação progressiva dos recursos contidos nos orçamentos públicos para a cultura. (Incluído pela Emenda Constitucional nº 71, de 2012)

§ 2º. Constitui a estrutura do Sistema Nacional de Cultura, nas respectivas esferas da Federação: (Incluído pela Emenda Constitucional nº 71, de 2012)

I – órgãos gestores da cultura; (Incluído pela Emenda Constitucional nº 71, de 2012)

II – conselhos de política cultural; (Incluído pela Emenda Constitucional nº 71, de 2012)

III – conferências de cultura; (Incluído pela Emenda Constitucional nº 71, de 2012)

IV – comissões intergestores; (Incluído pela Emenda Constitucional nº 71, de 2012)

V – planos de cultura; (Incluído pela Emenda Constitucional nº 71, de 2012)

VI – sistemas de financiamento à cultura; (Incluído pela Emenda Constitucional nº 71, de 2012)

VII – sistemas de informações e indicadores culturais; (Incluído pela Emenda Constitucional nº 71, de 2012)

VIII – programas de formação na área da cultura; e (Incluído pela Emenda Constitucional nº 71, de 2012)

IX – sistemas setoriais de cultura. (Incluído pela Emenda Constitucional nº 71, de 2012)

§ 3º. Lei federal disporá sobre a regulamentação do Sistema Nacional de Cultura, bem como de sua articulação com os demais sistemas nacionais ou políticas setoriais de governo. (Incluído pela Emenda Constitucional nº 71, de 2012)

§ 4º. Os Estados, o Distrito Federal e os Municípios organizarão seus respectivos sistemas de cultura em leis próprias. (Incluído pela Emenda Constitucional nº 71, de 2012)

SEÇÃO III. DO DESPORTO

ART. 217. É dever do Estado fomentar práticas desportivas formais e não-formais, como direito de cada um, observados:

I – a autonomia das entidades desportivas dirigentes e associações, quanto a sua organização e funcionamento;

II – a destinação de recursos públicos para a promoção prioritária do desporto educacional e, em casos específicos, para a do desporto de alto rendimento;

III – o tratamento diferenciado para o desporto profissional e o não – profissional;

IV – a proteção e o incentivo às manifestações desportivas de criação nacional.

§ 1º. O Poder Judiciário só admitirá ações relativas à disciplina e às competições desportivas após esgotarem-se as instâncias da justiça desportiva, regulada em lei.

§ 2º. A justiça desportiva terá o prazo máximo de sessenta dias, contados da instauração do processo, para proferir decisão final.

§ 3º. O Poder Público incentivará o lazer, como forma de promoção social.

CAPÍTULO IV. DA CIÊNCIA, TECNOLOGIA E INOVAÇÃO (Redação dada pela Emenda Constitucional nº 85, de 2015)

ART. 218. O Estado promoverá e incentivará o desenvolvimento científico, a pesquisa, a capacitação científica e tecnológica e a inovação. (Redação dada pela Emenda Constitucional nº 85, de 2015)

§ 1º. A pesquisa científica básica e tecnológica receberá tratamento prioritário do Estado, tendo em vista o bem público e o progresso da ciência, tecnologia e inovação. (Redação dada pela Emenda Constitucional nº 85, de 2015)

§ 2º. A pesquisa tecnológica voltar-se-á preponderantemente para a solução dos problemas brasileiros e para o desenvolvimento do sistema produtivo nacional e regional.

§ 3º. O Estado apoiará a formação de recursos humanos nas áreas de ciência, pesquisa, tecnologia e inovação, inclusive por meio do apoio às atividades de extensão tecnológica, e concederá aos que delas se ocupem meios e condições especiais de trabalho. (Redação dada pela Emenda Constitucional nº 85, de 2015)

§ 4º. A lei apoiará e estimulará as empresas que invistam em pesquisa, criação de tecnologia adequada ao País, formação e aperfeiçoamento de seus recursos humanos e que pratiquem sistemas de remuneração que assegurem ao empregado, desvinculada do salário, participação nos ganhos econômicos resultantes da produtividade de seu trabalho.

§ 5º. É facultado aos Estados e ao Distrito Federal vincular parcela de sua receita orçamentária a entidades públicas de fomento ao ensino e à pesquisa científica e tecnológica.

§ 6º. O Estado, na execução das atividades previstas no caput, estimulará a articulação entre entes, tanto públicos quanto privados, nas diversas esferas de governo. (Incluído pela Emenda Constitucional nº 85, de 2015)

§ 7º. O Estado promoverá e incentivará a atuação no exterior das instituições públicas de ciência, tecnologia e inovação, com vistas à execução das atividades previstas no caput. (Incluído pela Emenda Constitucional nº 85, de 2015)

ART. 219. O mercado interno integra o patrimônio nacional e será incentivado de modo a viabilizar o desenvolvimento cultural e socioeconômico, o bem-estar da população e a autonomia tecnológica do País, nos termos de lei federal.

Parágrafo único. O Estado estimulará a formação e o fortalecimento da inovação nas empresas, bem como nos demais entes, públicos ou privados, a constituição e a manutenção de parques e polos tecnológicos e de demais ambientes promotores da inovação, a atuação dos inventores independentes e a criação, absorção, difusão e transferência de tecnologia. (Incluído pela Emenda Constitucional nº 85, de 2015)

ART. 219-A. A União, os Estados, o Distrito Federal e os Municípios poderão firmar instrumentos de cooperação com órgãos e entidades públicos e com entidades privadas, inclusive para o compartilhamento de recursos humanos especializados e capacidade instalada, para a execução de projetos de pesquisa, de desenvolvimento científico e tecnológico e de inovação, mediante contrapartida financeira ou não financeira assumida pelo ente beneficiário, na forma da lei. (Incluído pela Emenda Constitucional nº 85, de 2015)

ART. 219-B. O Sistema Nacional de Ciência, Tecnologia e Inovação (SNCTI) será organizado em regime de colaboração entre entes, tanto públicos quanto privados, com vistas a promover o desenvolvimento científico e tecnológico e a inovação. (Incluído pela Emenda Constitucional nº 85, de 2015)

§ 1º. Lei federal disporá sobre as normas gerais do SNCTI. (Incluído pela Emenda Constitucional nº 85, de 2015)

§ 2º. Os Estados, o Distrito Federal e os Municípios legislarão concorrentemente sobre suas peculiaridades. (Incluído pela Emenda Constitucional nº 85, de 2015)

CAPÍTULO V. DA COMUNICAÇÃO SOCIAL

ART. 220. A manifestação do pensamento, a criação, a expressão e a informação, sob qualquer forma, processo ou veículo não sofrerão qualquer restrição, observado o disposto nesta Constituição.

‣ *CF: arts. 1º, III e IV, 3º, III, IV, 4º, II, 5º, IX, XII, XIV, XXVII, XXVIII e XXIX.*

‣ *CDC: arts. 36,37,43, e 44.*

§ 1º. Nenhuma lei conterá dispositivo que possa constituir embaraço à plena liberdade de informação jornalística em qualquer veículo de comunicação social, observado o disposto no art. 5º, IV, V, X, XIII e XIV.

‣ *Lei nº 9.504, de 30-9-1997, art. 45, estabelece normas para as eleições.*

§ 2º. É vedada toda e qualquer censura de natureza política, ideológica e artística.

§ 3º. Compete à lei federal:

I – regular as diversões e espetáculos públicos, cabendo ao Poder Público informar sobre a natureza deles, as faixas etárias a que não se recomendem, locais e horários em que sua apresentação se mostre inadequada;

‣ *CF: art. 21, XVI.*

‣ *Lei nº 8.069, de 13-07-1990, arts. 74, 80, 247 e 258, Estatuto da Criança e do Adolescente.*

II – estabelecer os meios legais que garantam à pessoa e à família a possibilidade de se defenderem de programas ou programações de rádio e televisão que contrariem o disposto no art. 221, bem como da propaganda de produtos, práticas e serviços que possam ser nocivos à saúde e ao meio ambiente.

‣ *CDC: arts. 9º e 10.*

§ 4º. A propaganda comercial de tabaco, bebidas alcoólicas, agrotóxicos, medicamentos e terapias estará sujeita a restrições legais, nos termos do inciso II do parágrafo anterior, e conterá, sempre que necessário, advertência sobre os malefícios decorrentes de seu uso.

§ 5º. Os meios de comunicação social não podem, direta ou indiretamente, ser objeto de monopólio ou oligopólio.

§ 6º. A publicação de veículo impresso de comunicação independe de licença de autoridade.

ART. 221. A produção e a programação das emissoras de rádio e televisão atenderão aos seguintes princípios:

I – preferência a finalidades educativas, artísticas, culturais e informativas;

II – promoção da cultura nacional e regional e estímulo à produção independente que objetive sua divulgação;

III – regionalização da produção cultural, artística e jornalística, conforme percentuais estabelecidos em lei;

‣ *CF: art. 3º, III.*

IV – respeito aos valores éticos e sociais da pessoa e da família.

‣ *CF: arts. 1º, III, 5º, XLII, XLIII, XLVIII, XLIX, L, 34, VII, b, 225, 226, 227 e 230.*

‣ *Lei nº 11.340, de 7-8-2006, art. 8º, III, cria mecanismos para coibir a violência doméstica e familiar contra a mulher.*

ART. 222. A propriedade de empresa jornalística e de radiodifusão sonora e de sons e imagens é privativa de brasileiros natos ou naturalizados há mais de dez anos, ou de pessoas jurídicas constituídas sob as leis brasileiras e que tenham sede no País. (Redação dada pela Emenda Constitucional nº 36, de 2002)

§ 1º. Em qualquer caso, pelo menos setenta por cento do capital total e do capital votante das empresas jornalísticas e de radiodifusão sonora e de sons e imagens deverá pertencer, direta ou indiretamente, a brasileiros natos ou naturalizados há mais de dez anos, que exercerão obrigatoriamente a gestão das atividades e estabelecerão o conteúdo da programação. (Redação dada pela Emenda Constitucional nº 36, de 2002)

§ 2º. A responsabilidade editorial e as atividades de seleção e direção da programação veiculada são privativas de brasileiros natos ou naturalizados há mais de dez anos, em qualquer meio de comunicação social. (Redação dada pela Emenda Constitucional nº 36, de 2002)

§ 3º. Os meios de comunicação social eletrônica, independentemente da tecnologia utilizada para a prestação do serviço, deverão observar os princípios enunciados no art. 221, na forma de lei específica, que também garantirá a prioridade de profissionais brasileiros na execução de produções nacionais. (Incluído pela Emenda Constitucional nº 36, de 2002)

§ 4º. Lei disciplinará a participação de capital estrangeiro nas empresas de que trata o § 1º. (Incluído pela Emenda Constitucional nº 36, de 2002)

§ 5º. As alterações de controle societário das empresas de que trata o § 1º serão comunicadas ao Congresso Nacional. (Incluído pela Emenda Constitucional nº 36, de 2002)

ART. 223. Compete ao Poder Executivo outorgar e renovar concessão, permissão e autorização para o serviço de radiodifusão sonora e de sons e imagens, observado o princípio da complementaridade dos sistemas privado, público e estatal.

§ 1º. O Congresso Nacional apreciará o ato no prazo do art. 64, § 2º e § 4º, a contar do recebimento da mensagem.

§ 2º. A não renovação da concessão ou permissão dependerá de aprovação de, no mínimo, dois quintos do Congresso Nacional, em votação nominal.

§ 3º. O ato de outorga ou renovação somente produzirá efeitos legais após deliberação do Congresso Nacional, na forma dos parágrafos anteriores.

§ 4º. O cancelamento da concessão ou permissão, antes de vencido o prazo, depende de decisão judicial.

§ 5º. O prazo da concessão ou permissão será de dez anos para as emissoras de rádio e de quinze para as de televisão.

ART. 224. Para os efeitos do disposto neste capítulo, o Congresso Nacional instituirá, como seu órgão auxiliar, o Conselho de Comunicação Social, na forma da lei.

CAPÍTULO VI. DO MEIO AMBIENTE

▸ *Lei nº 9.605, de 12-02-1998, Dispõe sobre as sanções penais e administrativas derivadas de condutas e atividades lesivas ao meio ambiente.*

ART. 225. Todos têm direito ao meio ambiente ecologicamente equilibrado, bem de uso comum do povo e essencial à sadia qualidade de vida, impondo-se ao Poder Público e à coletividade o dever de defendê-lo e preservá-lo para as presentes e futuras gerações.

§ 1º. Para assegurar a efetividade desse direito, incumbe ao Poder Público:

I – preservar e restaurar os processos ecológicos essenciais e prover o manejo ecológico das espécies e ecossistemas;

II – preservar a diversidade e a integridade do patrimônio genético do País e fiscalizar as entidades dedicadas à pesquisa e manipulação de material genético;

▸ *Lei nº 11.105, de 24-03-2005, Lei de Biossegurança.*

III – definir, em todas as unidades da Federação, espaços territoriais e seus componentes a serem especialmente protegidos, sendo a alteração e a supressão permitidas somente através de lei, vedada qualquer utilização que comprometa a integridade dos atributos que justifiquem sua proteção;

IV – exigir, na forma da lei, para instalação de obra ou atividade potencialmente causadora de significativa degradação do meio ambiente, estudo prévio de impacto ambiental, a que se dará publicidade;

▸ *Lei nº 11.105, de 24-03-2005, Lei da Biossegurança.*

V – controlar a produção, a comercialização e o emprego de técnicas, métodos e substâncias que comportem risco para a vida, a qualidade de vida e o meio ambiente;

▸ *Lei nº 11.105, de 24-03-2005, Lei da Biossegurança.*

VI – promover a educação ambiental em todos os níveis de ensino e a conscientização pública para a preservação do meio ambiente;

VII – proteger a fauna e a flora, vedadas, na forma da lei, as práticas que coloquem em risco sua função ecológica, provoquem a extinção de espécies ou submetam os animais a crueldade.

▸ *Lei nº 5.197, de 03-01-1967, dispõe sobre a proteção à fauna.*

▸ *Lei nº 9.605, de 12-02-1998, Dispõe sobre as sanções penais e administrativas derivadas de condutas e atividades lesivas ao meio ambiente.*

§ 2º. Aquele que explorar recursos minerais fica obrigado a recuperar o meio ambiente degradado, de acordo com solução técnica exigida pelo órgão público competente, na forma da lei.

§ 3º. As condutas e atividades consideradas lesivas ao meio ambiente sujeitarão os infratores, pessoas físicas ou jurídicas, a sanções penais e administrativas, independentemente da obrigação de reparar os danos causados.

▸ *Lei nº 9.605, de 12-02-1998, art. 3º e parágrafo único, Dispõe sobre as sanções penais e administrativas derivadas de condutas e atividades lesivas ao meio ambiente.*

§ 4º. A Floresta Amazônica brasileira, a Mata Atlântica, a Serra do Mar, o Pantanal Mato-Grossense e a Zona Costeira são patrimônio nacional, e sua utilização far-se-á, na forma da lei, dentro de condições que assegurem a preservação do meio ambiente, inclusive quanto ao uso dos recursos naturais.

§ 5º. São indisponíveis as terras devolutas ou arrecadadas pelos Estados, por ações discriminatórias, necessárias à proteção dos ecossistemas naturais.

§ 6º. As usinas que operem com reator nuclear deverão ter sua localização definida em lei federal, sem o que não poderão ser instaladas.

§ 7º. Para fins do disposto na parte final do inciso VII do § 1º deste artigo, não se consideram cruéis as práticas desportivas que utilizem animais, desde que sejam manifestações culturais, conforme o § 1º do art. 215 desta Constituição Federal, registradas como bem de natureza imaterial integrante do patrimônio cultural brasileiro, devendo ser regulamentadas por lei específica que assegure o bem-estar dos animais envolvidos. (Redação dada pela Emenda Constitucional nº 96, de 2017)

CAPÍTULO VII. DA FAMÍLIA, DA CRIANÇA, DO ADOLESCENTE, DO JOVEM E DO IDOSO (Redação dada pela Emenda Constitucional nº 65, de 2010)

▸ *Lei nº 8.069, de 13-07-1990, Estatuto da Criança e do Adolescente.*

▸ *Lei nº 10.741, de 01-10-2003, Estatuto do Idoso.*

ART. 226. A família, base da sociedade, tem especial proteção do Estado.

▸ *Lei nº 8.069, de 13-7-1990, Estatuto da Criança e do Adolescente.*

§ 1º. O casamento é civil e gratuita a celebração.

§ 2º. O casamento religioso tem efeito civil, nos termos da lei.

§ 3º. Para efeito da proteção do Estado, é reconhecida a união estável entre o homem e a mulher como entidade familiar, devendo a lei facilitar sua conversão em casamento.

§ 4º. Entende-se, também, como entidade familiar a comunidade formada por qualquer dos pais e seus descendentes.

§ 5º. Os direitos e deveres referentes à sociedade conjugal são exercidos igualmente pelo homem e pela mulher.

§ 6º. O casamento civil pode ser dissolvido pelo divórcio. (Redação dada Pela Emenda Constitucional nº 66, de 2010)

§ 7º. Fundado nos princípios da dignidade da pessoa humana e da paternidade responsável, o planejamento familiar é livre decisão do casal, competindo ao Estado propiciar recursos educacionais e científicos para o exercício desse direito, vedada qualquer forma coercitiva por parte de instituições oficiais ou privadas.

§ 8º. O Estado assegurará a assistência à família na pessoa de cada um dos que a integram, criando mecanismos para coibir a violência no âmbito de suas relações.

▸ *Lei nº 11.340, de 07-08-2006, cria mecanismos para coibir a violência doméstica e familiar contra a mulher.*

ART. 227. É dever da família, da sociedade e do Estado assegurar à criança, ao adolescente e ao jovem, com absoluta prioridade, o direito à vida, à saúde, à alimentação, à educação, ao lazer, à profissionalização, à cultura, à dignidade, ao respeito, à liberdade e à convivência familiar e comunitária, além de colocá-los a salvo de toda forma de negligência, discriminação, exploração, violência, crueldade e opressão. (Redação dada pela Emenda Constitucional nº 65, de 2010)

▸ *CF: arts. 6º, 208 e 212, § 4º.*

▸ *Lei nº 8.069, de 13-07-1990, Estatuto da Criança e do Adolescente.*

§ 1º. O Estado promoverá programas de assistência integral à saúde da criança, do adolescente e do jovem, admitida a participação de entidades não governamentais, mediante políticas específicas e obedecendo aos seguintes preceitos: (Redação dada pela Emenda Constitucional nº 65, de 2010)

I – aplicação de percentual dos recursos públicos destinados à saúde na assistência materno-infantil;

II – criação de programas de prevenção e atendimento especializado para as pessoas portadoras de deficiência física, sensorial ou mental, bem como de integração social do adolescente e do jovem portador de deficiência, mediante o treinamento para o trabalho e a convivência, e a facilitação do acesso aos bens e serviços coletivos, com a eliminação de obstáculos arquitetônicos e de todas as formas de discriminação. (Redação dada Pela Emenda Constitucional nº 65, de 2010)

▸ *Lei nº 8.069, de 13-07-1990, arts. 7º a 14, Estatuto da Criança e do Adolescente.*

§ 2º. A lei disporá sobre normas de construção dos logradouros e dos edifícios de uso público e de fabricação de veículos de transporte coletivo, a fim de garantir acesso adequado às pessoas portadoras de deficiência.

▸ *CF: art. 244.*

§ 3º. O direito a proteção especial abrangerá os seguintes aspectos:

I – idade mínima de quatorze anos para admissão ao trabalho, observado o disposto no art. 7º, XXXIII;

II – garantia de direitos previdenciários e trabalhistas;

III – garantia de acesso do trabalhador adolescente e jovem à escola; (Redação dada Pela Emenda Constitucional nº 65, de 2010)

IV – garantia de pleno e formal conhecimento da atribuição de ato infracional, igualdade na relação processual e defesa técnica por profissional habilitado, segundo dispuser a legislação tutelar específica;

V – obediência aos princípios de brevidade, excepcionalidade e respeito à condição peculiar de pessoa em desenvolvimento, quando da aplicação de qualquer medida privativa da liberdade;

VI – estímulo do Poder Público, através de assistência jurídica, incentivos fiscais e subsídios, nos termos da lei, ao acolhimento, sob a forma de guarda, de criança ou adolescente órfão ou abandonado; (Redação dada Pela Emenda Constitucional nº 65, de 2010)

▸ *Lei nº 8.069, de 13-07-1990, arts. 33 a 35, Estatuto da Criança e do Adolescente.*

VII – programas de prevenção e atendimento especializado à criança, ao adolescente e ao jovem dependente de entorpecentes e drogas afins. (Redação dada Pela Emenda Constitucional nº 65, de 2010)

§ 4º. A lei punirá severamente o abuso, a violência e a exploração sexual da criança e do adolescente.

▸ *CP: arts. 217-A e 218.*

▸ *Lei nº 8.069, de 13-07-1990, arts. 225 a 258, Estatuto da Criança e do Adolescente.*

§ 5º. A adoção será assistida pelo Poder Público, na forma da lei, que estabelecerá casos e condições de sua efetivação por parte de estrangeiros.

▸ *Lei nº 8.069, de 13-07-1990, arts. 39 a 52-D, Estatuto da Criança e do Adolescente.*

▸ *Lei nº 11.343, de 23-08-2006, Lei Antidrogas.*

§ 6º. Os filhos, havidos ou não da relação do casamento, ou por adoção, terão os mesmos direitos e qualificações, proibidas quaisquer designações discriminatórias relativas à filiação.

▸ *Lei nº 8.069, de 13-07-1990, art. 41, §§ 1º e 2º, Estatuto da Criança e do Adolescente.*

§ 7º. No atendimento dos direitos da criança e do adolescente levar-se – á em consideração o disposto no art. 204.

§ 8º. A lei estabelecerá: (Incluído Pela Emenda Constitucional nº 65, de 2010)

I – o estatuto da juventude, destinado a regular os direitos dos jovens; (Incluído Pela Emenda Constitucional nº 65, de 2010)

II – o plano nacional de juventude, de duração decenal, visando à articulação das várias esferas do poder público para a execução de políticas públicas. (Incluído Pela Emenda Constitucional nº 65, de 2010)

ART. 228. São penalmente inimputáveis os menores de dezoito anos, sujeitos às normas da legislação especial.

▸ *Súmula 605 do STJ.*

▸ *Lei nº 8.069, de 13-07-1990, arts. 101, 102 e 104, Estatuto da Criança e do Adolescente.*

ART. 229. Os pais têm o dever de assistir, criar e educar os filhos menores, e os filhos maiores têm o dever de ajudar e amparar os pais na velhice, carência ou enfermidade.

▸ *Lei nº 8.069, de 13-07-1990, art. 22, Estatuto da Criança e do Adolescente.*

▸ *Lei nº 10.741, de 01-10-2003, Estatuto do Idoso.*

ART. 230. A família, a sociedade e o Estado têm o dever de amparar as pessoas idosas, assegurando sua participação na comunidade, defendendo sua dignidade e bem-estar e garantindo-lhes o direito à vida.

▸ *Lei nº 10.741, de 01-10-2003, Estatuto do Idoso.*

§ 1º. Os programas de amparo aos idosos serão executados preferencialmente em seus lares.

§ 2º. Aos maiores de sessenta e cinco anos é garantida a gratuidade dos transportes coletivos urbanos.

CAPÍTULO VIII. DOS ÍNDIOS

ART. 231. São reconhecidos aos índios sua organização social, costumes, línguas, crenças e tradições, e os direitos originários sobre as terras que tradicionalmente ocupam, competindo à União demarcá-las, proteger e fazer respeitar todos os seus bens.

▸ *Lei nº 6.001, de 19-12-1973, Estatuto do Índio.*

§ 1º. São terras tradicionalmente ocupadas pelos índios as por eles habitadas em caráter permanente, as utilizadas para suas atividades produtivas, as imprescindíveis à preservação dos recursos ambientais necessários a seu bem-estar e as necessárias a sua reprodução física e cultural, segundo seus usos, costumes e tradições.

§ 2º. As terras tradicionalmente ocupadas pelos índios destinam-se a sua posse permanente, cabendo-lhes o usufruto exclusivo das riquezas do solo, dos rios e dos lagos nelas existentes.

§ 3º. O aproveitamento dos recursos hídricos, incluídos os potenciais energéticos, a pesquisa e a lavra das riquezas minerais em terras indígenas só podem ser efetivados com autorização do Congresso Nacional, ouvidas as comunidades afetadas, ficando-lhes assegurada participação nos resultados da lavra, na forma da lei.

§ 4º. As terras de que trata este artigo são inalienáveis e indisponíveis, e os direitos sobre elas, imprescritíveis.

§ 5º. É vedada a remoção dos grupos indígenas de suas terras, salvo, "ad referendum" do Congresso Nacional, em caso de catástrofe ou epidemia que ponha em risco sua população, ou no interesse da soberania do País, após deliberação do Congresso Nacional, garantido, em qualquer hipótese, o retorno imediato logo que cesse o risco.

§ 6º. São nulos e extintos, não produzindo efeitos jurídicos, os atos que tenham por objeto a ocupação, o domínio e a posse das terras a que se refere este artigo, ou a exploração das riquezas naturais do solo, dos rios e dos lagos nelas existentes, ressalvado relevante interesse público da União, segundo o que dispuser lei complementar, não gerando a nulidade e a extinção direito a indenização ou a ações contra a União, salvo, na forma da lei, quanto às benfeitorias derivadas da ocupação de boa-fé.

§ 7º. Não se aplica às terras indígenas o disposto no art. 174, § 3º e § 4º.

ART. 232. Os índios, suas comunidades e organizações são partes legítimas para ingressar em juízo em defesa de seus direitos e interesses, intervindo o Ministério Público em todos os atos do processo.

▸ *Lei nº 6.001, de 19-12-1973, Estatuto do Índio.*

TÍTULO IX. DAS DISPOSIÇÕES CONSTITUCIONAIS GERAIS

ART. 233. (Revogado pela Emenda Constitucional nº 28, de 25/05/2000)

ART. 234. É vedado à União, direta ou indiretamente, assumir, em decorrência da criação de Estado, encargos referentes a despesas com pessoal inativo e com encargos e amortizações da dívida interna ou externa da administração pública, inclusive da indireta.

▸ *ADCT: art. 13, § 6º.*

ART. 235. Nos dez primeiros anos da criação de Estado, serão observadas as seguintes normas básicas:

I – a Assembleia Legislativa será composta de dezessete Deputados se a população do Estado for inferior a seiscentos mil habitantes, e de vinte e quatro, se igual ou superior a esse número, até um milhão e quinhentos mil;

II – o Governo terá no máximo dez Secretarias;

III – o Tribunal de Contas terá três membros, nomeados, pelo Governador eleito, dentre brasileiros de comprovada idoneidade e notório saber;

IV – o Tribunal de Justiça terá sete Desembargadores;

V – os primeiros Desembargadores serão nomeados pelo Governador eleito, escolhidos da seguinte forma:

a) cinco dentre os magistrados com mais de trinta e cinco anos de idade, em exercício na área do novo Estado ou do Estado originário;

b) dois dentre promotores, nas mesmas condições, e advogados de comprovada idoneidade e saber jurídico, com dez anos, no mínimo, de exercício profissional, obedecido o procedimento fixado na Constituição;

VI – no caso de Estado proveniente de Território Federal, os cinco primeiros Desembargadores poderão ser escolhidos dentre juízes de direito de qualquer parte do País;

VII – em cada Comarca, o primeiro Juiz de Direito, o primeiro Promotor de Justiça e o primeiro Defensor Público serão nomeados pelo Governador eleito após concurso público de provas e títulos;

VIII – até a promulgação da Constituição Estadual, responderão pela Procuradoria-Geral, pela Advocacia-Geral e pela Defensoria-Geral do Estado advogados de notório saber, com trinta e cinco anos de idade, no mínimo, nomeados pelo Governador eleito e demissíveis "ad nutum";

IX – se o novo Estado for resultado de transformação de Território Federal, a transferência de encargos financeiros da União para pagamento dos servidores optantes que pertenciam à Administração Federal ocorrerá da seguinte forma:

a) no sexto ano de instalação, o Estado assumirá vinte por cento dos encargos financeiros para fazer face ao pagamento dos servidores públicos, ficando ainda o restante sob a responsabilidade da União;

b) no sétimo ano, os encargos do Estado serão acrescidos de trinta por cento e, no oitavo, dos restantes cinquenta por cento;

X – as nomeações que se seguirem às primeiras, para os cargos mencionados neste artigo, serão disciplinadas na Constituição Estadual;

XI – as despesas orçamentárias com pessoal não poderão ultrapassar cinquenta por cento da receita do Estado.

ART. 236. Os serviços notariais e de registro são exercidos em caráter privado, por delegação do Poder Público.

▸ *ADCT: art. 32.*

§ 1º. Lei regulará as atividades, disciplinará a responsabilidade civil e criminal dos notários, dos oficiais de registro e de seus prepostos, e definirá a fiscalização de seus atos pelo Poder Judiciário.

§ 2º. Lei federal estabelecerá normas gerais para fixação de emolumentos relativos aos atos praticados pelos serviços notariais e de registro.

§ 3º. O ingresso na atividade notarial e de registro depende de concurso público de provas e títulos, não se permitindo que qualquer serventia fique vaga, sem abertura de concurso de provimento ou de remoção, por mais de seis meses.

ART. 237. A fiscalização e o controle sobre o comércio exterior, essenciais à defesa dos interesses fazendários nacionais, serão exercidos pelo Ministério da Fazenda.

ART. 238. A lei ordenará a venda e revenda de combustíveis de petróleo, álcool carburante e outros combustíveis derivados de matérias-primas renováveis, respeitados os princípios desta Constituição.

ART. 239. A arrecadação decorrente das contribuições para o Programa de Integração Social, criado pela Lei Complementar nº 7, de 7 de setembro de 1970, e para o Programa de Formação do Patrimônio do Servidor Público, criado pela Lei Complementar nº 8, de 3 de dezembro de 1970, passa, a partir da promulgação desta Constituição, a financiar, nos termos que a lei dispuser, o programa do seguro-desemprego, outras ações da previdência social e o abono de que trata o § 3º deste artigo. (Redação dada pela Emenda Constitucional nº 103, de 2019)

§ 1º Dos recursos mencionados no *caput*, no mínimo 28% (vinte e oito por cento) serão destinados para o financiamento de programas de desenvolvimento econômico, por meio do Banco Nacional de Desenvolvimento Econômico e Social, com critérios de remuneração que preservem o seu valor. (Redação dada pela Emenda Constitucional nº 103, de 2019)

§ 2º. Os patrimônios acumulados do Programa de Integração Social e do Programa de Formação do Patrimônio do Servidor Público são preservados, mantendo-se os critérios de saque nas situações previstas nas leis específicas, com exceção da retirada por motivo de casamento, ficando vedada a distribuição da arrecadação de que trata o "*caput*" deste artigo, para depósito nas contas individuais dos participantes.

§ 3º. Aos empregados que percebam de empregadores que contribuem para o Programa de Integração Social ou para o Programa de Formação do Patrimônio do Servidor Público, até dois salários mínimos de remuneração mensal, é assegurado o pagamento de um salário mínimo anual, computado neste valor o rendimento das contas individuais, no caso daqueles que já participavam dos referidos programas, até a data da promulgação desta Constituição.

§ 4º. O financiamento do seguro-desemprego receberá uma contribuição adicional da empresa cujo índice de rotatividade da força de trabalho superar o índice médio da rotatividade do setor, na forma estabelecida por lei.

§ 5º Os programas de desenvolvimento econômico financiados na forma do § 1º e seus resultados serão anualmente avaliados e divulgados em meio de comunicação social eletrônico e apresentados em reunião da comissão mista permanente de que trata o § 1º do art. 166. (Acrescido pela Emenda Constitucional nº 103, de 2019)

ART. 240. Ficam ressalvadas do disposto no art. 195 as atuais contribuições compulsórias dos empregadores sobre a folha de salários, destinadas às entidades privadas de serviço social e de formação profissional vinculadas ao sistema sindical.

ART. 241. A União, os Estados, o Distrito Federal e os Municípios disciplinarão por meio de lei os consórcios públicos e os convênios de cooperação entre os entes federados, autorizando a gestão associada de serviços públicos, bem como a transferência total ou parcial de encargos, serviços, pessoal e bens essenciais à continuidade dos serviços transferidos. (Redação dada pela Emenda Constitucional nº 19, de 1998)

ART. 242. O princípio do art. 206, IV, não se aplica às instituições educacionais oficiais criadas por lei estadual ou municipal e existentes na data da promulgação desta Constituição, que não sejam total ou preponderantemente mantidas com recursos públicos.

§ 1º. O ensino da História do Brasil levará em conta as contribuições das diferentes culturas e etnias para a formação do povo brasileiro.

§ 2º. O Colégio Pedro II, localizado na cidade do Rio de Janeiro, será mantido na órbita federal.

ART. 243. As propriedades rurais e urbanas de qualquer região do País onde forem localizadas culturas ilegais de plantas psicotrópicas ou a exploração de trabalho escravo na forma da lei serão expropriadas e destinadas à reforma agrária e a programas de habitação popular, sem qualquer indenização ao proprietário e sem prejuízo de outras sanções previstas em lei, observado, no que couber, o disposto no art. 5º. (Redação dada pela Emenda Constitucional nº 81, de 05/06/2014)

▸ *Lei nº 8.257, de 26-11-1991, de 24-6-1992, dispõem sobre a expropriação das glebas nas quais se localizem culturas ilegais de plantas psicotrópicas.*

Parágrafo único. Todo e qualquer bem de valor econômico apreendido em decorrência do tráfico ilícito de entorpecentes e drogas afins e da exploração de trabalho escravo será confiscado e reverterá a fundo especial com destinação específica, na forma da lei. (Redação dada pela Emenda Constitucional nº 81, de 05/06/2014)

ART. 244. A lei disporá sobre a adaptação dos logradouros, dos edifícios de uso público e dos veículos de transporte coletivo atualmente existentes a fim de garantir acesso adequado às pessoas portadoras de deficiência, conforme o disposto no art. 227, § 2º.

ART. 245. A lei disporá sobre as hipóteses e condições em que o Poder Público dará assistência aos herdeiros e dependentes carentes de pessoas vitimadas por crime doloso, sem prejuízo da responsabilidade civil do autor do ilícito.

ART. 246. É vedada a adoção de medida provisória na regulamentação de artigo da Constituição cuja redação tenha sido alterada por meio de emenda promulgada entre 1º de janeiro de 1995 até a promulgação desta emenda, inclusive. (Redação dada pela Emenda Constitucional nº 32, de 2001)

▸ *CF: art. 62.*

ART. 247. As leis previstas no inciso III do § 1º do art. 41 e no § 7º do art. 169 estabelecerão critérios e garantias especiais para a perda do cargo pelo servidor público estável que, em decorrência das atribuições de seu cargo efetivo, desenvolva atividades exclusivas de Estado. (Incluído pela Emenda Constitucional nº 19, de 1998)

Parágrafo único. Na hipótese de insuficiência de desempenho, a perda do cargo somente ocorrerá mediante processo administrativo em que lhe sejam assegurados o contraditório e a ampla defesa. (Incluído pela Emenda Constitucional nº 19, de 1998)

ART. 248. Os benefícios pagos, a qualquer título, pelo órgão responsável pelo regime geral de previdência social, ainda que à conta do Tesouro Nacional, e os não sujeitos ao limite máximo de valor fixado para os benefícios concedidos por esse regime observarão os limites fixados no art. 37, XI. (Incluído pela Emenda Constitucional nº 20, de 1998)

ART. 249. Com o objetivo de assegurar recursos para o pagamento de proventos de aposentadoria e pensões concedidas aos respectivos servidores e seus dependentes, em adição aos recursos dos respectivos tesouros, a União, os Estados, o Distrito Federal e os Municípios poderão constituir fundos integrados pelos recursos provenientes de contribuições e por bens, direitos e ativos de qualquer natureza, mediante lei que disporá sobre a natureza e administração desses fundos. (Incluído pela Emenda Constitucional nº 20, de 1998)

ART. 250. Com o objetivo de assegurar recursos para o pagamento dos benefícios concedidos pelo regime geral de previdência social, em adição aos recursos de sua arrecadação, a União poderá constituir fundo integrado por bens, direitos e ativos de qualquer natureza, mediante lei que disporá sobre a natureza e administração desse fundo. (Incluído pela Emenda Constitucional nº 20, de 1998)

Brasília, 5 de outubro de 1988.
Ulysses Guimarães, Presidente

ATO DAS DISPOSIÇÕES CONSTITUCIONAIS TRANSITÓRIAS

ART. 1º. O Presidente da República, o Presidente do Supremo Tribunal Federal e os membros do Congresso Nacional prestarão o compromisso de manter, defender e cumprir a Constituição, no ato e na data de sua promulgação.

ART. 2º. No dia 7 de setembro de 1993 o eleitorado definirá, através de plebiscito, a forma (república ou monarquia constitucional) e o sistema de governo (parlamentarismo ou presidencialismo) que devem vigorar no País.

§ 1º. Será assegurada gratuidade na livre divulgação dessas formas e sistemas, através dos meios de comunicação de massa cessionários de serviço público.

§ 2º. O Tribunal Superior Eleitoral, promulgada a Constituição, expedirá as normas regulamentadoras deste artigo.

ART. 3º. A revisão constitucional será realizada após cinco anos, contados da promulgação da Constituição, pelo voto da maioria absoluta dos membros do Congresso Nacional, em sessão unicameral.

ART. 4º. O mandato do atual Presidente da República terminará em 15 de março de 1990.

§ 1º. A primeira eleição para Presidente da República após a promulgação da Constituição será realizada no dia 15 de novembro de 1989, não se lhe aplicando o disposto no art. 16 da Constituição.

§ 2º. É assegurada a irredutibilidade da atual representação dos Estados e do Distrito Federal na Câmara dos Deputados.

§ 3º. Os mandatos dos Governadores e dos Vice-Governadores eleitos em 15 de novembro de 1986 terminarão em 15 de março de 1991.

§ 4º. Os mandatos dos atuais Prefeitos, Vice-Prefeitos e Vereadores terminarão no dia 1º de janeiro de 1989, com a posse dos eleitos.

ART. 5º. Não se aplicam às eleições previstas para 15 de novembro de 1988 o disposto no art. 16 e as regras do art. 77 da Constituição.

§ 1º. Para as eleições de 15 de novembro de 1988 será exigido domicílio eleitoral na circunscrição pelo menos durante os quatro meses anteriores ao pleito, podendo os candidatos que preencham este requisito, atendidas as demais exigências da lei, ter seu registro efetivado pela Justiça Eleitoral após a promulgação da Constituição.

§ 2º. Na ausência de norma legal específica, caberá ao Tribunal Superior Eleitoral editar as normas necessárias à realização das eleições de 1988, respeitada a legislação vigente.

§ 3º. Os atuais parlamentares federais e estaduais eleitos Vice-Prefeitos, se convocados a exercer a função de Prefeito, não perderão o mandato parlamentar.

§ 4º. O número de vereadores por município será fixado, para a representação a ser eleita em 1988, pelo respectivo Tribunal Regional Eleitoral, respeitados os limites estipulados no art. 29, IV, da Constituição.

§ 5º. Para as eleições de 15 de novembro de 1988, ressalvados os que já exercem mandato eletivo, são inelegíveis para qualquer cargo, no território de jurisdição do titular, o cônjuge e os parentes por consanguinidade ou afinidade, até o segundo grau, ou por adoção, do Presidente da República, do Governador de Estado, do Governador do Distrito Federal e do Prefeito que tenham exercido mais da metade do mandato.

ART. 6º. Nos seis meses posteriores à promulgação da Constituição, parlamentares federais, reunidos em número não inferior a trinta, poderão requerer ao Tribunal Superior Eleitoral o registro de novo partido político, juntando ao requerimento o manifesto, o estatuto e o programa devidamente assinados pelos requerentes.

§ 1º. O registro provisório, que será concedido de plano pelo Tribunal Superior Eleitoral, nos termos deste artigo, defere ao novo partido todos os direitos, deveres e prerrogativas dos atuais, entre eles o de participar, sob legenda própria, das eleições que vierem a ser realizadas nos doze meses seguintes a sua formação.

§ 2º. O novo partido perderá automaticamente seu registro provisório se, no prazo de vinte e quatro meses, contados de sua formação, não obtiver registro definitivo no Tribunal Superior Eleitoral, na forma que a lei dispuser.

ART. 7º. O Brasil propugnará pela formação de um tribunal internacional dos direitos humanos.

ART. 8º. É concedida anistia aos que, no período de 18 de setembro de 1946 até a data da promulgação da Constituição, foram atingidos, em decorrência de motivação exclusivamente política, por atos de exceção, institucionais ou complementares, aos que foram abrangidos pelo Decreto Legislativo nº 18, de 15 de dezembro de 1961, e aos atingidos pelo Decreto-Lei nº 864, de 12 de setembro de 1969, asseguradas as promoções, na inatividade, ao cargo, emprego, posto ou graduação a que teriam direito se estivessem em serviço ativo, obedecidos os prazos de permanência em atividade previstos nas leis e regulamentos vigentes, respeitadas as características e peculiaridades das carreiras dos servidores públicos civis e militares e observados os respectivos regimes jurídicos.

§ 1º. O disposto neste artigo somente gerará efeitos financeiros a partir da promulgação da Constituição, vedada a remuneração de qualquer espécie em caráter retroativo.

§ 2º. Ficam assegurados os benefícios estabelecidos neste artigo aos trabalhadores do setor privado, dirigentes e representantes sindicais que, por motivos exclusivamente políticos, tenham sido punidos, demitidos ou compelidos ao afastamento das atividades remuneradas que exerciam, bem como aos que foram impedidos de exercer atividades profissionais em virtude de pressões ostensivas ou expedientes oficiais sigilosos.

§ 3º. Aos cidadãos que foram impedidos de exercer, na vida civil, atividade profissional específica, em decorrência das Portarias Reservadas do Ministério da Aeronáutica nº S-50-GM5, de 19 de junho de 1964, e nº S-285-GM5 será concedida reparação de natureza econômica, na forma que dispuser lei de iniciativa do Congresso Nacional e a entrar em vigor no prazo de doze meses a contar da promulgação da Constituição.

§ 4º. Aos que, por força de atos institucionais, tenham exercido gratuitamente mandato eletivo de vereador serão computados, para efeito de aposentadoria no serviço público e previdência social, os respectivos períodos.

§ 5º. A anistia concedida nos termos deste artigo aplica-se aos servidores públicos civis e aos empregados em todos os níveis de governo ou em suas fundações, empresas públicas ou empresas mistas sob controle estatal, exceto nos Ministérios militares, que tenham sido punidos ou demitidos por atividades profissionais interrompidas em virtude de decisão de seus trabalhadores, bem como em decorrência do Decreto-Lei nº 1.632, de 4 de agosto de 1978, ou por motivos exclusivamente políticos, assegurada a readmissão dos que foram atingidos a partir de 1979, observado o disposto no § 1º.

ART. 9º. Os que, por motivos exclusivamente políticos, foram cassados ou tiveram seus direitos políticos suspensos no período de 15 de julho a 31 de dezembro de 1969, por ato do então Presidente da República, poderão requerer ao Supremo Tribunal Federal o reconhecimento dos direitos e vantagens interrompidos pelos atos punitivos, desde que comprovem terem sido estes eivados de vício grave.

Parágrafo único. O Supremo Tribunal Federal proferirá a decisão no prazo de cento e vinte dias, a contar do pedido do interessado.

ART. 10. Até que seja promulgada a lei complementar a que se refere o art. 7º, I, da Constituição:

I – fica limitada a proteção nele referida ao aumento, para quatro vezes, da porcentagem prevista no art. 6º, *"caput"* e § 1º, da Lei nº 5.107, de 13 de setembro de 1966;

II – fica vedada a dispensa arbitrária ou sem justa causa:

a) do empregado eleito para cargo de direção de comissões internas de prevenção de acidentes, desde o registro de sua candidatura até um ano após o final de seu mandato;

b) da empregada gestante, desde a confirmação da gravidez até cinco meses após o parto.

§ 1º. Até que a lei venha a disciplinar o disposto no art. 7º, XIX, da Constituição, o prazo da licença-paternidade a que se refere o inciso é de cinco dias.

§ 2º. Até ulterior disposição legal, a cobrança das contribuições para o custeio das atividades dos sindicatos rurais será feita juntamente com a do imposto territorial rural, pelo mesmo órgão arrecadador.

§ 3º. Na primeira comprovação do cumprimento das obrigações trabalhistas pelo empregador rural, na forma do art. 233, após a promulgação da Constituição, será certificada perante a Justiça do Trabalho a regularidade do contrato e das atualizações das obrigações trabalhistas de todo o período.

ART. 11. Cada Assembleia Legislativa, com poderes constituintes, elaborará a Constituição do Estado, no prazo de um ano, contado da promulgação da Constituição Federal, obedecidos os princípios desta.

Parágrafo único. Promulgada a Constituição do Estado, caberá à Câmara Municipal, no prazo de seis meses, votar a Lei Orgânica respectiva, em dois turnos de discussão e votação, respeitado o disposto na Constituição Federal e na Constituição Estadual.

ART. 12. Será criada, dentro de noventa dias da promulgação da Constituição, Comissão de Estudos Territoriais, com dez membros indicados pelo Congresso Nacional e cinco pelo Poder Executivo, com a finalidade de apresentar estudos sobre o território nacional e anteprojetos relativos a novas unidades territoriais, notadamente na Amazônia Legal e em áreas pendentes de solução.

§ 1º. No prazo de um ano, a Comissão submeterá ao Congresso Nacional os resultados de seus estudos para, nos termos da Constituição, serem apreciados nos doze meses subsequentes, extinguindo-se logo após.

§ 2º. Os Estados e os Municípios deverão, no prazo de três anos, a contar da promulgação da Constituição, promover, mediante acordo ou arbitramento, a demarcação de suas linhas divisórias atualmente litigiosas, podendo para isso fazer alterações e compensações de área que atendam aos acidentes naturais, critérios históricos, conveniências administrativas e comodidade das populações limítrofes.

§ 3º. Havendo solicitação dos Estados e Municípios interessados, a União poderá encarregar-se dos trabalhos demarcatórios.

§ 4º. Se, decorrido o prazo de três anos, a contar da promulgação da Constituição, os trabalhos demarcatórios não tiverem sido concluídos, caberá à União determinar os limites das áreas litigiosas.

§ 5º. Ficam reconhecidos e homologados os atuais limites do Estado do Acre com os Estados do Amazonas e de Rondônia, conforme levantamentos cartográficos e geodésicos realizados pela Comissão Tripartite integrada por representantes dos Estados e dos serviços técnico-especializados do Instituto Brasileiro de Geografia e Estatística.

ART. 13. É criado o Estado do Tocantins, pelo desmembramento da área descrita neste artigo, dando-se sua instalação no quadragésimo sexto dia após a eleição prevista no § 3º, mas não antes de 1º de janeiro de 1989.

§ 1º. O Estado do Tocantins integra a Região Norte e limita-se com o Estado de Goiás pelas divisas norte dos Municípios de São Miguel do Araguaia, Porangatu, Formoso, Minaçu, Cavalcante, Monte Alegre de Goiás e Campos Belos, conservando a leste, norte e oeste as divisas atuais de Goiás com os Estados da Bahia, Piauí, Maranhão, Pará e Mato Grosso.

§ 2º. O Poder Executivo designará uma das cidades do Estado para sua Capital provisória até a aprovação da sede definitiva do governo pela Assembleia Constituinte.

§ 3º. O Governador, o Vice-Governador, os Senadores, os Deputados Federais e os Deputados Estaduais serão eleitos, em um único turno, até setenta e cinco dias após a promulgação da Constituição, mas não antes de 15 de novembro de 1988, a critério do Tribunal Superior Eleitoral, obedecidas, entre outras, as seguintes normas:

I – o prazo de filiação partidária dos candidatos será encerrado setenta e cinco dias antes da data das eleições;

II – as datas das convenções regionais partidárias destinadas a deliberar sobre coligações e escolha de candidatos, de apresentação de requerimento de registro dos candidatos escolhidos e dos demais procedimentos legais serão fixadas, em calendário especial, pela Justiça Eleitoral;

III – são inelegíveis os ocupantes de cargos estaduais ou municipais que não se tenham deles afastado, em caráter definitivo, setenta e cinco dias antes da data das eleições previstas neste parágrafo;

IV – ficam mantidos os atuais diretórios regionais dos partidos políticos do Estado de Goiás, cabendo às comissões executivas nacionais designar comissões provisórias no Estado do Tocantins, nos termos e para os fins previstos na lei.

§ 4º. Os mandatos do Governador, do Vice-Governador, dos Deputados Federais e Estaduais eleitos na forma do parágrafo anterior extinguir-se-ão concomitantemente aos das demais unidades da Federação; o mandato do Senador eleito menos votado extinguir-se-á nessa mesma oportunidade, e os dos outros dois, juntamente com os dos Senadores eleitos em 1986 nos demais Estados.

§ 5º. A Assembleia Estadual Constituinte será instalada no quadragésimo sexto dia da eleição de seus integrantes, mas não antes de 1º de janeiro de 1989, sob a presidência do Presidente do Tribunal Regional Eleitoral do Estado de Goiás, e dará posse, na mesma data, ao Governador e ao Vice-Governador eleitos.

§ 6º. Aplicam-se à criação e instalação do Estado do Tocantins, no que couber, as normas legais disciplinadoras da divisão do Estado de Mato Grosso, observado o disposto no art. 234 da Constituição.

§ 7º. Fica o Estado de Goiás liberado dos débitos e encargos decorrentes de empreendimentos no território do novo Estado, e autorizada a União, a seu critério, a assumir os referidos débitos.

ART. 14. Os Territórios Federais de Roraima e do Amapá são transformados em Estados Federados, mantidos seus atuais limites geográficos.

§ 1º. A instalação dos Estados dar-se-á com a posse dos governadores eleitos em 1990.

§ 2º. Aplicam-se à transformação e instalação dos Estados de Roraima e Amapá as normas e critérios seguidos na criação do Estado de Rondônia, respeitado o disposto na Constituição e neste Ato.

§ 3º. O Presidente da República, até quarenta e cinco dias após a promulgação da Constituição, encaminhará à apreciação do Senado Federal os nomes dos governadores dos Estados de Roraima e do Amapá que exercerão o Poder Executivo até a instalação dos novos Estados com a posse dos governadores eleitos.

§ 4º. Enquanto não concretizada a transformação em Estados, nos termos deste artigo, os Territórios Federais de Roraima e do Amapá serão beneficiados pela transferência de recursos prevista nos arts. 159, I, "a", da Constituição, e 34, § 2º, II, deste Ato.

ART. 15. Fica extinto o Território Federal de Fernando de Noronha, sendo sua área reincorporada ao Estado de Pernambuco.

ART. 16. Até que se efetive o disposto no art. 32, § 2º, da Constituição, caberá ao Presidente da República, com a aprovação do Senado Federal, indicar o Governador e o Vice-Governador do Distrito Federal.

§ 1º. A competência da Câmara Legislativa do Distrito Federal, até que se instale, será exercida pelo Senado Federal.

§ 2º. A fiscalização contábil, financeira, orçamentária, operacional e patrimonial do Distrito Federal, enquanto não for instalada a Câmara Legislativa, será exercida pelo Senado Federal, mediante controle externo, com o auxílio do Tribunal de Contas do Distrito Federal, observado o disposto no art. 72 da Constituição.

§ 3º. Incluem-se entre os bens do Distrito Federal aqueles que lhe vierem a ser atribuídos pela União na forma da lei.

ART. 17. Os vencimentos, a remuneração, as vantagens e os adicionais, bem como os proventos de aposentadoria que estejam sendo percebidos em desacordo com a Constituição serão imediatamente reduzidos aos limites dela decorrentes, não se admitindo, neste caso, invocação de direito adquirido ou percepção de excesso a qualquer título.

§ 1º. É assegurado o exercício cumulativo de dois cargos ou empregos privativos de médico que estejam sendo exercidos por médico militar na administração pública direta ou indireta.

§ 2º. É assegurado o exercício cumulativo de dois cargos ou empregos privativos de profissionais de saúde que estejam sendo exercidos na administração pública direta ou indireta.

ART. 18. Ficam extintos os efeitos jurídicos de qualquer ato legislativo ou administrativo, lavrado a partir da instalação da Assembleia Nacional Constituinte, que tenha por objeto a concessão de estabilidade a servidor admitido sem concurso público, da administração direta ou indireta, inclusive das fundações instituídas e mantidas pelo Poder Público.

ART. 18-A. Os atos administrativos praticados no Estado do Tocantins, decorrentes de sua instalação, entre 1º de janeiro de 1989 e 31 de dezembro de 1994, eivados de qualquer vício jurídico e dos quais decorram efeitos favoráveis para os destinatários ficam convalidados após 5 (cinco) anos, contados da data em que foram praticados, salvo comprovada má-fé. (Incluído pela Emenda Constitucional nº 110/2021)

ART. 19. Os servidores públicos civis da União, dos Estados, do Distrito Federal e dos Municípios, da administração direta, autárquica e das fundações públicas, em exercício na data da promulgação da Constituição, há pelo menos cinco anos continuados, e que não tenham sido admitidos na forma regulada no art. 37, da Constituição, são considerados estáveis no serviço público.

§ 1º. O tempo de serviço dos servidores referidos neste artigo será contado como título quando se submeterem a concurso para fins de efetivação, na forma da lei.

§ 2º. O disposto neste artigo não se aplica aos ocupantes de cargos, funções e empregos de confiança ou em comissão, nem aos que a lei declare de livre exoneração, cujo tempo de serviço não será computado para os fins do "*caput*" deste artigo, exceto se se tratar de servidor.

§ 3º. O disposto neste artigo não se aplica aos professores de nível superior, nos termos da lei.

ART. 20. Dentro de cento e oitenta dias, proceder-se-á à revisão dos direitos dos servidores públicos inativos e pensionistas e à atualização dos proventos e pensões a eles devidos, a fim de ajustá-los ao disposto na Constituição.

ART. 21. Os juízes togados de investidura limitada no tempo, admitidos mediante concurso público de provas e títulos e que estejam em exercício na data da promulgação da Constituição, adquirem estabilidade, observado o estágio probatório, e passam a compor quadro em extinção, mantidas as competências, prerrogativas e restrições da legislação a que se achavam submetidos, salvo as inerentes à transitoriedade da investidura.

Parágrafo único. A aposentadoria dos juízes de que trata este artigo regular-se-á pelas normas fixadas para os demais juízes estaduais.

ART. 22. É assegurado aos defensores públicos investidos na função até a data de instalação da Assembleia Nacional Constituinte o direito de opção pela carreira, com a observância das garantias e vedações previstas no art. 134, parágrafo único, da Constituição.

ART. 23. Até que se edite a regulamentação do art. 21, XVI, da Constituição, os atuais ocupantes do cargo de censor federal continuarão exercendo funções com este compatíveis, no Departamento de Polícia Federal, observadas as disposições constitucionais.

Parágrafo único. A lei referida disporá sobre o aproveitamento dos Censores Federais, nos termos deste artigo.

ART. 24. A União, os Estados, o Distrito Federal e os Municípios editarão leis que estabeleçam critérios para a compatibilização de seus quadros de pessoal ao disposto no art. 39 da Constituição e à reforma administrativa dela decorrente, no prazo de dezoito meses, contados da sua promulgação.

ART. 25. Ficam revogados, a partir de cento e oitenta dias da promulgação da Constituição, sujeito este prazo a prorrogação por lei, todos os dispositivos legais que atribuam ou deleguem a órgão do Poder Executivo competência assinalada pela Constituição ao Congresso Nacional, especialmente no que tange a:

I – ação normativa;

II – alocação ou transferência de recursos de qualquer espécie.

§ 1º. Os decretos-lei em tramitação no Congresso Nacional e por este não apreciados até a promulgação da Constituição terão seus efeitos regulados da seguinte forma:

I – se editados até 2 de setembro de 1988, serão apreciados pelo Congresso Nacional no prazo de até cento e oitenta dias a contar da promulgação da Constituição, não computado o recesso parlamentar;

II – decorrido o prazo definido no inciso anterior, e não havendo apreciação, os decretos-lei alí mencionados serão considerados rejeitados;

III – nas hipóteses definidas nos incisos I e II, terão plena validade os atos praticados na vigência dos respectivos decretos-lei, podendo o Congresso Nacional, se necessário, legislar sobre os efeitos deles remanescentes.

§ 2º. Os decretos-lei editados entre 3 de setembro de 1988 e a promulgação da Constituição serão convertidos, nesta data, em medidas provisórias, aplicando-se-lhes as regras estabelecidas no art. 62, parágrafo único.

▸ *CF: art. 62, § 3º.*

ART. 26. No prazo de um ano a contar da promulgação da Constituição, o Congresso Nacional promoverá, através de Comissão mista, exame analítico e pericial dos atos e fatos geradores do endividamento externo brasileiro.

§ 1º. A Comissão terá a força legal de Comissão parlamentar de inquérito para os fins de requisição e convocação, e atuará com o auxílio do Tribunal de Contas da União.

§ 2º. Apurada irregularidade, o Congresso Nacional proporá ao Poder Executivo a declaração de nulidade do ato e encaminhará o processo ao Ministério Público Federal, que formalizará, no prazo de sessenta dias, a ação cabível.

ART. 27. O Superior Tribunal de Justiça será instalado sob a Presidência do Supremo Tribunal Federal.

§ 1º. Até que se instale o Superior Tribunal de Justiça, o Supremo Tribunal Federal exercerá as atribuições e competências definidas na ordem constitucional precedente.

§ 2º. A composição inicial do Superior Tribunal de Justiça far-se-á:

I – pelo aproveitamento dos Ministros do Tribunal Federal de Recursos;

II – pela nomeação dos Ministros que sejam necessários para completar o número estabelecido na Constituição.

§ 3º. Para os efeitos do disposto na Constituição, os atuais Ministros do Tribunal Federal de Recursos serão considerados pertencentes à classe de que provieram, quando de sua nomeação.

§ 4º. Instalado o Tribunal, os Ministros aposentados do Tribunal Federal de Recursos tornar-se-ão, automaticamente, Ministros aposentados do Superior Tribunal de Justiça.

§ 5º. Os Ministros a que se refere o § 2º, II, serão indicados em lista tríplice pelo Tribunal Federal de Recursos, observado o disposto no art. 104, parágrafo único, da Constituição.

§ 6º. Ficam criados cinco Tribunais Regionais Federais, a serem instalados no prazo de seis meses a contar da promulgação da Constituição, com a jurisdição e sede que lhes fixar o Tribunal Federal de Recursos, tendo em conta o número de processos e sua localização geográfica.

§ 7º. Até que se instalem os Tribunais Regionais Federais, o Tribunal Federal de Recursos exercerá a competência a eles atribuída em todo o território nacional, cabendo-lhe promover sua instalação e indicar os candidatos a todos os cargos da composição inicial, mediante lista tríplice, podendo desta constar juízes federais de qualquer região, observado o disposto no § 9º.

§ 8º. É vedado, a partir da promulgação da Constituição, o provimento de vagas de Ministros do Tribunal Federal de Recursos.

§ 9º. Quando não houver juiz federal que conte o tempo mínimo previsto no art. 107, II, da Constituição, a promoção poderá contemplar juiz com menos de cinco anos no exercício do cargo.

§ 10. Compete à Justiça Federal julgar as ações nela propostas até a data da promulgação da Constituição, e aos Tribunais Regionais Federais bem como ao Superior Tribunal de Justiça julgar as ações rescisórias das decisões até então proferidas pela Justiça Federal, inclusive daquelas cuja matéria tenha passado à competência de outro ramo do Judiciário.

▸ *Súmulas nº 38, 104,147 e 165 do STJ.*

§ 11. São criados, ainda, os seguintes Tribunais Regionais Federais: o da 6ª Região, com sede em Curitiba, Estado do Paraná, e jurisdição nos Estados do Paraná, Santa Catarina e Mato Grosso do Sul; o da 7ª Região, com sede em Belo Horizonte, Estado de Minas Gerais, e jurisdição no Estado de Minas Gerais; o da 8ª Região, com sede em Salvador, Estado da Bahia, e jurisdição nos Estados da Bahia e Sergipe; e o da 9ª Região, com sede em Manaus, Estado do Amazonas, e jurisdição nos Estados do Amazonas, Acre, Rondônia e Roraima. (Incluído pela Emenda Constitucional nº 73, de 2013)

ART. 28. Os juízes federais de que trata o art. 123, § 2º, da Constituição de 1967, com a redação dada pela Emenda Constitucional nº 7, de 1977, ficam investidos na titularidade de varas na Seção Judiciária para a qual tenham sido nomeados ou designados; na inexistência de vagas, proceder-se-á ao desdobramento das varas existentes.

Parágrafo único. Para efeito de promoção por antiguidade, o tempo de serviço desses juízes será computado a partir do dia de sua posse.

ART. 29. Enquanto não aprovadas as leis complementares relativas ao Ministério Público e à Advocacia-Geral da União, o Ministério Público Federal, a Procuradoria-Geral da Fazenda Nacional, as Consultorias Jurídicas dos Ministérios, as Procuradorias e Departamentos Jurídicos de autarquias federais com representação própria e os membros das Procuradorias das Universidades fundacionais públicas continuarão a exercer suas atividades na área das respectivas atribuições.

▸ *Lei Complementar nº 75, de 20-05-1993, Institui a Lei Orgânica Nacional do Ministério Público.*

§ 1º. O Presidente da República, no prazo de cento e vinte dias, encaminhará ao Congresso Nacional projeto de lei complementar dispondo sobre a organização e o funcionamento da Advocacia-Geral da União.

§ 2º. Aos atuais Procuradores da República, nos termos da lei complementar, será facultada a opção, de forma irretratável, entre as carreiras do Ministério Público Federal e da Advocacia-Geral da União.

§ 3º. Poderá optar pelo regime anterior, no que respeita às garantias e vantagens, o membro do Ministério Público admitido antes da promulgação da Constituição, observando-se, quanto às vedações, a situação jurídica na data desta.

§ 4º. Os atuais integrantes do quadro suplementar dos Ministérios Públicos do Trabalho e Militar que tenham adquirido estabilidade nessas funções passam a integrar o quadro da respectiva carreira.

§ 5º. Cabe à atual Procuradoria-Geral da Fazenda Nacional, diretamente ou por delegação, que pode ser ao Ministério Público Estadual, representar judicialmente a União nas causas de natureza fiscal, na área da respectiva competência, até a promulgação das leis complementares previstas neste artigo.

ART. 30. A legislação que criar a justiça de paz manterá os atuais juízes de paz até a posse dos novos titulares, assegurando-lhes os direitos e atribuições conferidos a estes, e designará o dia para a eleição prevista no art. 98, II, da Constituição.

ART. 31. Serão estatizadas as serventias do foro judicial, assim definidas em lei, respeitados os direitos dos atuais titulares.

ART. 32. O disposto no art. 236 não se aplica aos serviços notariais e de registro que já tenham sido oficializados pelo Poder Público, respeitando-se o direito de seus servidores.

ART. 33. Ressalvados os créditos de natureza alimentar, o valor dos precatórios judiciais pendentes de pagamento na data da promulgação da Constituição, incluído o remanescente de juros e correção monetária, poderá ser pago em moeda corrente, com atualização, em prestações anuais, iguais e sucessivas, no prazo máximo de oito anos, a partir de 1º de julho de 1989, por decisão editada pelo Poder Executivo até cento e oitenta dias da promulgação da Constituição.

Parágrafo único. Poderão as entidades devedoras, para o cumprimento do disposto neste artigo, emitir, em cada ano, no exato montante do dispêndio, títulos de dívida pública não computáveis para efeito do limite global de endividamento.

ART. 34. O sistema tributário nacional entrará em vigor a partir do primeiro dia do quinto mês seguinte ao da promulgação da Constituição, mantido, até então, o da Constituição de 1967, com a redação dada pela Emenda nº 1, de 1969, e pelas posteriores.

§ 1º. Entrarão em vigor com a promulgação da Constituição os arts. 148, 149, 150, 154, I, 156, III, e 159, I, «c», revogadas as disposições em contrário da Constituição de 1967 e das Emendas que a modificaram, especialmente de seu art. 25, III.

§ 2º. O Fundo de Participação dos Estados e do Distrito Federal e o Fundo de Participação dos Municípios obedecerão às seguintes determinações:

I – a partir da promulgação da Constituição, os percentuais serão, respectivamente, de dezoito por cento e de vinte por cento, calculados sobre o produto da arrecadação dos impostos referidos no art. 153, III e IV, mantidos os atuais critérios de rateio até a entrada em vigor da lei complementar a que se refere o art. 161, II;

II – o percentual relativo ao Fundo de Participação dos Estados e do Distrito Federal será acrescido de um ponto percentual no exercício financeiro de 1989 e, a partir de 1990, inclusive, à razão de meio ponto por exercício, até 1992, inclusive, atingindo em 1993 o percentual estabelecido no art. 159, I, "a";

III – o percentual relativo ao Fundo de Participação dos Municípios, a partir de 1989, inclusive, será elevado à razão de meio ponto percentual por exercício financeiro, até atingir o estabelecido no art. 159, I, "b".

§ 3º. Promulgada a Constituição, a União, os Estados, o Distrito Federal e os Municípios poderão editar as leis necessárias à aplicação do sistema tributário nacional nela previsto.

§ 4º. As leis editadas nos termos do parágrafo anterior produzirão efeitos a partir da entrada em vigor do sistema tributário nacional previsto na Constituição.

§ 5º. Vigente o novo sistema tributário nacional, fica assegurada a aplicação da legislação anterior, no que não seja incompatível com ele e com a legislação referida nos § 3º e § 4º.

§ 6º. Até 31 de dezembro de 1989, o disposto no art. 150, III, "b", não se aplica aos impostos de que tratam os arts. 155, I, "a" e "b", e 156, II e III, que podem ser cobrados trinta dias após a publicação da lei que os tenha instituído ou aumentado.

§ 7º. Até que sejam fixadas em lei complementar, as alíquotas máximas do imposto municipal sobre vendas a varejo de combustíveis líquidos e gasosos não excederão a três por cento.

§ 8º. Se, no prazo de sessenta dias contados da promulgação da Constituição, não for editada a lei complementar necessária à instituição do imposto de que trata o art. 155, I, "b", os Estados e o Distrito Federal, mediante convênio celebrado nos termos da Lei Complementar nº 24, de 7 de janeiro de 1975, fixarão normas para regular provisoriamente a matéria.

§ 9º. Até que lei complementar disponha sobre a matéria, as empresas distribuidoras de energia elétrica, na condição de contribuintes ou de substitutos tributários, serão as responsáveis, por ocasião da saída do produto de seus estabelecimentos, ainda que destinado a outra unidade da Federação, pelo pagamento do imposto sobre operações relativas à circulação de mercadorias incidente sobre energia elétrica, desde a produção ou importação até a última operação, calculado o imposto sobre o preço então praticado na operação final e assegurado seu recolhimento ao Estado ou ao Distrito Federal, conforme o local onde deva ocorrer essa operação.

§ 10. Enquanto não entrar em vigor a lei prevista no art. 159, I, "c", cuja promulgação se fará até 31 de dezembro de 1989, é assegurada a aplicação dos recursos previstos naquele dispositivo da seguinte maneira:

I – seis décimos por cento na Região Norte, através do Banco da Amazônia S.A.;

II – um inteiro e oito décimos por cento na Região Nordeste, através do Banco do Nordeste do Brasil S.A.;

III – seis décimos por cento na Região Centro-Oeste, através do Banco do Brasil S.A.

§ 11. Fica criado, nos termos da lei, o Banco de Desenvolvimento do Centro-Oeste, para dar cumprimento, na referida região, ao que determinam os arts. 159, I, "c", e 192, § 2º, da Constituição.

§ 12. A urgência prevista no art. 148, II, não prejudica a cobrança do empréstimo compulsório instituído, em benefício das Centrais Elétricas Brasileiras S.A. (Eletrobrás), pela Lei nº 4.156, de 28 de novembro de 1962, com as alterações posteriores.

ART. 35. O disposto no art. 165, § 7º, será cumprido de forma progressiva, no prazo de até dez anos, distribuindo-se os recursos entre as regiões macroeconômicas em razão proporcional à população, a partir da situação verificada no biênio 1986-87.

§ 1º. Para aplicação dos critérios de que trata este artigo, excluem-se das despesas totais as relativas:

I – aos projetos considerados prioritários no plano plurianual;

II – à segurança e defesa nacional;

III – à manutenção dos órgãos federais no Distrito Federal;

IV – ao Congresso Nacional, ao Tribunal de Contas da União e ao Poder Judiciário;

V – ao serviço da dívida da administração direta e indireta da União, inclusive fundações instituídas e mantidas pelo Poder Público federal.

§ 2º. Até a entrada em vigor da lei complementar a que se refere o art. 165, § 9º, I e II, serão obedecidas as seguintes normas:

I – o projeto do plano plurianual, para vigência até o final do primeiro exercício financeiro do mandato presidencial subsequente, será encaminhado até quatro meses antes do encerramento do primeiro exercício financeiro e devolvido para sanção até o encerramento da sessão legislativa;

II – o projeto de lei de diretrizes orçamentárias será encaminhado até oito meses e meio antes do encerramento do exercício financeiro e devolvido para sanção até o encerramento do primeiro período da sessão legislativa;

III – o projeto de lei orçamentária da União será encaminhado até quatro meses antes do encerramento do exercício financeiro e devolvido para sanção até o encerramento da sessão legislativa.

ART. 36. Os fundos existentes na data da promulgação da Constituição, excetuados os resultantes de isenções fiscais que passem a integrar patrimônio privado e os que interessem à defesa nacional, extinguir-se-ão, se não forem ratificados pelo Congresso Nacional no prazo de dois anos.

ART. 37. A adaptação ao que estabelece o art. 167, III, deverá processar-se no prazo de cinco anos, reduzindo-se o excesso à base de, pelo menos, um quinto por ano.

ART. 38. Até a promulgação da lei complementar referida no art. 169, a União, os Estados, o Distrito Federal e os Municípios não poderão despender com pessoal mais do que sessenta e cinco por cento do valor das respectivas receitas correntes.

Parágrafo único. A União, os Estados, o Distrito Federal e os Municípios, quando a respectiva despesa de pessoal exceder o limite previsto neste artigo, deverão retornar àquele limite, reduzindo o percentual excedente à razão de um quinto por ano.

ART. 39. Para efeito do cumprimento das disposições constitucionais que impliquem variações de despesas e receitas da União, após a promulgação da Constituição, o Poder Executivo deverá elaborar e o Poder Legislativo apreciar projeto de revisão da lei orçamentária referente ao exercício financeiro de 1989.

Parágrafo único. O Congresso Nacional deverá votar no prazo de doze meses a lei complementar prevista no art. 161, II.

ART. 40. É mantida a Zona Franca de Manaus, com suas características de área livre de comércio, de exportação e importação, e de incentivos fiscais, pelo prazo de vinte e cinco anos, a partir da promulgação da Constituição.

▸ *ACDT: art. 92.*

Parágrafo único. Somente por lei federal podem ser modificados os critérios que disciplinaram ou venham a disciplinar a aprovação dos projetos na Zona Franca de Manaus.

ART. 41. Os Poderes Executivos da União, dos Estados, do Distrito Federal e dos Municípios reavaliarão todos os incentivos fiscais de natureza setorial ora em vigor, propondo aos Poderes Legislativos respectivos as medidas cabíveis.

▸ *CF: arts. 151, I, 155, XII, g, 195, § 3º, e 227, § 3º, VI.*

§ 1º. Considerar-se-ão revogados após dois anos, a partir da data da promulgação da Constituição, os incentivos que não forem confirmados por lei.

§ 2º. A revogação não prejudicará os direitos que já tiverem sido adquiridos, àquela data, em relação a incentivos concedidos sob condição e com prazo certo.

§ 3º. Os incentivos concedidos por convênio entre Estados, celebrados nos termos do art. 23, § 6º, da Constituição de 1967, com a redação da Emenda Constitucional nº 1, de 17 de outubro de 1969, também deverão ser reavaliados e reconfirmados nos prazos deste artigo.

ART. 42. Durante 40 (quarenta) anos, a União aplicará dos recursos destinados à irrigação: (Redação dada pela Emenda Constitucional nº 89, de 2015)

I – 20% (vinte por cento) na Região Centro-Oeste; (Redação dada pela Emenda Constitucional nº 89, de 2015)

II – 50% (cinquenta por cento) na Região Nordeste, preferencialmente no Semiárido. (Redação dada pela Emenda Constitucional nº 89, de 2015)

Parágrafo único. Dos percentuais previstos nos incisos I e II do caput, no mínimo 50% (cinquenta por cento) serão destinados a projetos de irrigação que beneficiem agricultores familiares que atendam aos requisitos previstos em legislação específica. (Incluído pela Emenda Constitucional nº 89, de 2015)

ART. 43. Na data da promulgação da lei que disciplinar a pesquisa e a lavra de recursos e jazidas minerais, ou no prazo de um ano, a contar da promulgação da Constituição, tornar-se-ão sem efeito as autorizações, concessões e demais títulos atributivos de direitos minerários, caso os trabalhos de pesquisa ou de lavra não hajam sido comprovadamente iniciados nos prazos legais ou estejam inativos.

ART. 44. As atuais empresas brasileiras titulares de autorização de pesquisa, concessão de lavra de recursos minerais e de aproveitamento dos potenciais de energia hidráulica em vigor terão quatro anos, a partir da promulgação da Constituição, para cumprir os requisitos do art. 176, § 1º.

§ 1º. Ressalvadas as disposições de interesse nacional previstas no texto constitucional, as empresas brasileiras ficarão dispensadas do cumprimento do disposto no art. 176, § 1º, desde que, no prazo de até quatro anos da data da promulgação da Constituição, tenham o produto de sua lavra e beneficiamento destinado a industrialização no território nacional, em seus próprios estabelecimentos ou em empresa industrial controladora ou controlada.

§ 2º. Ficarão também dispensadas do cumprimento do disposto no art. 176, § 1º, as empresas brasileiras titulares de concessão de energia hidráulica para uso em seu processo de industrialização.

§ 3º. As empresas brasileiras referidas no § 1º somente poderão ter autorizações de pesquisa e concessões de lavra ou potenciais de energia hidráulica, desde que a energia e o produto da lavra sejam utilizados nos respectivos processos industriais.

ART. 45. Ficam excluídas do monopólio estabelecido pelo art. 177, II, da Constituição as refinarias em funcionamento no País amparadas pelo art. 43 e nas condições do art. 45 da Lei nº 2.004, de 3 de outubro de 1953.

Parágrafo único. Ficam ressalvados da vedação do art. 177, § 1º, os contratos de risco feitos com a Petróleo Brasileiro S.A. (Petrobrás), para pesquisa de petróleo, que estejam em vigor na data da promulgação da Constituição.

ART. 46. São sujeitos à correção monetária desde o vencimento, até seu efetivo pagamento, sem interrupção ou suspensão, os créditos junto a entidades submetidas aos regimes de intervenção ou liquidação extrajudicial, mesmo quando esses regimes sejam convertidos em falência.

Parágrafo único. O disposto neste artigo aplica-se também:

I – às operações realizadas posteriormente à decretação dos regimes referidos no "*caput*" deste artigo;

II – às operações de empréstimo, financiamento, refinanciamento, assistência financeira de liquidez, cessão ou sub-rogação de créditos ou cédulas hipotecárias, efetivação de garantia de depósitos do público ou de compra de obrigações passivas, inclusive as realizadas com recursos de fundos que tenham essas destinações;

III – aos créditos anteriores à promulgação da Constituição;

IV – aos créditos das entidades da administração pública anteriores à promulgação da Constituição, não liquidados até 1 de janeiro de 1988.

ART. 47. Na liquidação dos débitos, inclusive suas renegociações e composições posteriores, ainda que ajuizados, decorrentes de quaisquer empréstimos concedidos por bancos e por instituições financeiras, não existirá correção monetária desde que o empréstimo tenha sido concedido:

I – aos micro e pequenos empresários ou seus estabelecimentos no período de 28 de fevereiro de 1986 a 28 de fevereiro de 1987;

II – ao mini, pequenos e médios produtores rurais no período de 28 de fevereiro de 1986 a 31 de dezembro de 1987, desde que relativos a crédito rural.

§ 1º. Consideram-se, para efeito deste artigo, microempresas as pessoas jurídicas e as firmas individuais com receitas anuais de até dez mil Obrigações do Tesouro Nacional, e pequenas empresas as pessoas jurídicas e as firmas individuais com receita anual de até vinte e cinco mil Obrigações do Tesouro Nacional.

▸ *CF: art. 179.*

§ 2º. A classificação de mini, pequeno e médio produtor rural será feita obedecendo-se às normas de crédito rural vigentes à época do contrato.

§ 3º. A isenção da correção monetária a que se refere este artigo só será concedida nos seguintes casos:

I – se a liquidação do débito inicial, acrescido de juros legais e taxas judiciais, vier a ser efetivada no prazo de noventa dias, a contar da data da promulgação da Constituição;

II – se a aplicação dos recursos não contrariar a finalidade do financiamento, cabendo o ônus da prova à instituição credora;

III – se não for demonstrado pela instituição credora que o mutuário dispõe de meios para o pagamento de seu débito, excluído desta demonstração seu estabelecimento, a casa de moradia e os instrumentos de trabalho e produção;

IV – se o financiamento inicial não ultrapassar o limite de cinco mil Obrigações do Tesouro Nacional;

V – se o beneficiário não for proprietário de mais de cinco módulos rurais.

§ 4º. Os benefícios de que trata este artigo não se estendem aos débitos já quitados e aos devedores que sejam constituintes.

§ 5º. No caso de operações com prazos de vencimento posteriores à data – limite de liquidação da dívida, havendo interesse do mutuário, os bancos e as instituições financeiras promoverão, por instrumento próprio, alteração nas condições contratuais originais de forma a ajustá-las ao presente benefício.

§ 6º. A concessão do presente benefício por bancos comerciais privados em nenhuma hipótese acarretará ônus para o Poder Público, ainda que através de refinanciamento e repasse de recursos pelo banco central.

§ 7º. No caso de repasse a agentes financeiros oficiais ou cooperativas de crédito, o ônus recairá sobre a fonte de recursos originária.

ART. 48. O Congresso Nacional, dentro de cento e vinte dias da promulgação da Constituição, elaborará código de defesa do consumidor.

ART. 49. A lei disporá sobre o instituto da enfiteuse em imóveis urbanos, sendo facultada aos foreiros, no caso de sua extinção, a remição dos aforamentos mediante aquisição do domínio direto, na conformidade do que dispuserem os respectivos contratos.

§ 1º. Quando não existir cláusula contratual, serão adotados os critérios e bases hoje vigentes na legislação especial dos imóveis da União.

§ 2º. Os direitos dos atuais ocupantes inscritos ficam assegurados pela aplicação de outra modalidade de contrato.

§ 3º. A enfiteuse continuará sendo aplicada aos terrenos de marinha e seus acrescidos, situados na faixa de segurança, a partir da orla marítima.

§ 4º. Remido o foro, o antigo titular do domínio direto deverá, no prazo de noventa dias, sob pena de responsabilidade, confiar à guarda do registro de imóveis competente toda a documentação a ele relativa.

ART. 50. Lei agrícola a ser promulgada no prazo de um ano disporá, nos termos da Constituição, sobre os objetivos e instrumentos de política agrícola, prioridades, planejamento de safras, comercialização, abastecimento interno, mercado externo e instituição de crédito fundiário.

ART. 51. Serão revistos pelo Congresso Nacional, através de Comissão mista, nos três anos a contar da data da promulgação da Constituição, todas as doações, vendas e concessões de terras públicas com área superior a três mil hectares, realizadas no período de 1º de janeiro de 1962 a 31 de dezembro de 1987.

§ 1º. No tocante às vendas, a revisão será feita com base exclusivamente no critério de legalidade da operação.

§ 2º. No caso de concessões e doações, a revisão obedecerá aos critérios de legalidade e de conveniência do interesse público.

§ 3º. Nas hipóteses previstas nos parágrafos anteriores, comprovada a ilegalidade, ou havendo interesse público, as terras reverterão ao patrimônio da União, dos Estados, do Distrito Federal ou dos Municípios.

ART. 52. Até que sejam fixadas as condições do art. 192, são vedados: (Redação dada pela Emenda Constitucional nº 40, de 2003)

I – a instalação, no País, de novas agências de instituições financeiras domiciliadas no exterior;

II – o aumento do percentual de participação, no capital de instituições financeiras com sede no País, de pessoas físicas ou jurídicas residentes ou domiciliadas no exterior.

Parágrafo único. A vedação a que se refere este artigo não se aplica às autorizações resultantes de acordos internacionais, de reciprocidade, ou de interesse do Governo brasileiro.

ART. 53. Ao ex-combatente que tenha efetivamente participado de operações bélicas durante a Segunda Guerra Mundial, nos termos da Lei nº 5.315, de 12 de setembro de 1967, serão assegurados os seguintes direitos:
I – aproveitamento no serviço público, sem a exigência de concurso, com estabilidade;

II – pensão especial correspondente à deixada por segundo-tenente das Forças Armadas, que poderá ser requerida a qualquer tempo, sendo inacumulável com quaisquer rendimentos recebidos dos cofres públicos, exceto os benefícios previdenciários, ressalvado o direito de opção;

III – em caso de morte, pensão à viúva ou companheira ou dependente, de forma proporcional, de valor igual à do inciso anterior;

IV – assistência médica, hospitalar e educacional gratuita, extensiva aos dependentes;

V – aposentadoria com proventos integrais aos vinte e cinco anos de serviço efetivo, em qualquer regime jurídico;

VI – prioridade na aquisição da casa própria, para os que não a possuam ou para suas viúvas ou companheiras.

Parágrafo único. A concessão da pensão especial do inciso II substitui, para todos os efeitos legais, qualquer outra pensão já concedida ao Ex-Combatente.

ART. 54. Os seringueiros recrutados nos termos do Decreto-Lei nº 5.813, de 14 de setembro de 1943, e amparados pelo Decreto-Lei nº 9.882, de 16 de setembro de 1946, receberão, quando carentes, pensão mensal vitalícia no valor de dois salários mínimos.

§ 1º. O benefício é estendido aos seringueiros que, atendendo a apelo do Governo brasileiro, contribuíram para o esforço de guerra, trabalhando na produção de borracha, na Região Amazônica, durante a Segunda Guerra Mundial.
§ 2º. Os benefícios estabelecidos neste artigo são transferíveis aos dependentes reconhecidamente carentes.

§ 3º. A concessão do benefício far-se-á conforme lei a ser proposta pelo Poder Executivo dentro de cento e cinquenta dias da promulgação da Constituição.

ART. 54-A. Os seringueiros de que trata o art. 54 deste Ato das Disposições Constitucionais Transitórias receberão indenização, em parcela única, no valor de R$ 25.000,00 (vinte e cinco mil reais). (Incluído pela Emenda Constitucional nº 78, de 2014)

ART. 55. Até que seja aprovada a lei de diretrizes orçamentárias, trinta por cento, no mínimo, do orçamento da seguridade social, excluído o seguro-desemprego, serão destinados ao setor de saúde.

ART. 56. Até que a lei disponha sobre o art. 195, I, a arrecadação decorrente de, no mínimo, cinco dos seis décimos percentuais correspondentes à alíquota da contribuição de que trata o Decreto-Lei nº 1.940, de 25 de maio de 1982, alterada pelo Decreto-Lei nº 2.049, de 1º de agosto de 1983, pelo Decreto nº 91.236, de 8 de maio de 1985, e pela Lei nº 7.611, de 8 de julho de 1987, passa a integrar a receita da seguridade social, ressalvados, exclusivamente no exercício de 1988, os compromissos assumidos com programas e projetos em andamento.

ART. 57. Os débitos dos Estados e dos Municípios relativos às contribuições previdenciárias até 30 de junho de 1988 serão liquidados, com correção monetária, em cento e vinte parcelas mensais, dispensados os juros e multas sobre eles incidentes, desde que os devedores requeiram o parcelamento e iniciem seu pagamento no prazo de cento e oitenta dias a contar da promulgação da Constituição.

§ 1º. O montante a ser pago em cada um dos dois primeiros anos não será inferior a cinco por cento do total do débito consolidado e atualizado, sendo o restante dividido em parcelas mensais de igual valor.

§ 2º. A liquidação poderá incluir pagamentos na forma de cessão de bens e prestação de serviços, nos termos da Lei nº 7.578, de 23 de dezembro de 1986.

§ 3º. Em garantia do cumprimento do parcelamento, os Estados e os Municípios consignarão, anualmente, nos respectivos orçamentos as dotações necessárias ao pagamento de seus débitos.

§ 4º. Descumprida qualquer das condições estabelecidas para concessão do parcelamento, o débito será considerado vencido em sua totalidade, sobre ele incidindo juros de mora; nesta hipótese, parcela dos recursos correspondentes aos Fundos de Participação, destinada aos Estados e Municípios devedores, será bloqueada e repassada à previdência social para pagamento de seus débitos.

ART. 58. Os benefícios de prestação continuada, mantidos pela previdência social na data da promulgação da Constituição, terão seus valores revistos, a fim de que seja restabelecido o poder aquisitivo, expresso em número de salários mínimos, que tinham na data de sua concessão, obedecendo-se a esse critério de atualização até a implantação do plano de custeio e benefícios referidos no artigo seguinte.

Parágrafo único. As prestações mensais dos benefícios atualizadas de acordo com este artigo serão devidas e pagas a partir do sétimo mês a contar da promulgação da Constituição.

ART. 59. Os projetos de lei relativos à organização da seguridade social e aos planos de custeio e de benefício serão apresentados no prazo máximo de seis meses da promulgação da Constituição ao Congresso Nacional, que terá seis meses para apreciá-los.

Parágrafo único. Aprovados pelo Congresso Nacional, os planos serão implantados progressivamente nos dezoito meses seguintes.

ART. 60. A complementação da União referida no inciso IV do caput do art. 212-A da Constituição Federal será implementada progressivamente até alcançar a proporção estabelecida no inciso V do caput do mesmo artigo, a partir de 1º de janeiro de 2021, nos seguintes valores mínimos: (Redação dada pela Emenda Constitucional nº 108, de 2020)

I - 12% (doze por cento), no primeiro ano; (Redação dada pela Emenda Constitucional nº 108, de 2020)

II - 15% (quinze por cento), no segundo ano; (Redação dada pela Emenda Constitucional nº 108, de 2020)

III - 17% (dezessete por cento), no terceiro ano; (Redação dada pela Emenda Constitucional nº 108, de 2020)

IV - 19% (dezenove por cento), no quarto ano; (Redação dada pela Emenda Constitucional nº 108, de 2020)

V - 21% (vinte e um por cento), no quinto ano; (Redação dada pela Emenda Constitucional nº 108, de 2020)

VI - 23% (vinte e três por cento), no sexto ano. (Redação dada pela Emenda Constitucional nº 108, de 2020)

§ 1º A parcela da complementação de que trata a alínea "b" do inciso V do caput do art. 212-A da Constituição Federal observará, no mínimo, os seguintes valores: (Redação dada pela Emenda Constitucional nº 108, de 2020)

I - 2 (dois) pontos percentuais, no primeiro ano; (Redação dada pela Emenda Constitucional nº 108, de 2020)

II - 5 (cinco) pontos percentuais, no segundo ano; (Redação dada pela Emenda Constitucional nº 108, de 2020)

III - 6,25 (seis inteiros e vinte e cinco centésimos) pontos percentuais, no terceiro ano; (Redação dada pela Emenda Constitucional nº 108, de 2020)

IV - 7,5 (sete inteiros e cinco décimos) pontos percentuais, no quarto ano; (Redação dada pela Emenda Constitucional nº 108, de 2020)

V - 9 (nove) pontos percentuais, no quinto ano; (Redação dada pela Emenda Constitucional nº 108, de 2020)

VI - 10,5 (dez inteiros e cinco décimos) pontos percentuais, no sexto ano. (Redação dada pela Emenda Constitucional nº 108, de 2020)

§ 2º A parcela da complementação de que trata a alínea "c" do inciso V do caput do art. 212-A da Constituição Federal observará os seguintes valores: (Redação dada pela Emenda Constitucional nº 108, de 2020)

I - 0,75 (setenta e cinco centésimos) ponto percentual, no terceiro ano; (Redação dada pela Emenda Constitucional nº 108, de 2020)

II - 1,5 (um inteiro e cinco décimos) ponto percentual, no quarto ano; (Redação dada pela Emenda Constitucional nº 108, de 2020)

III - 2 (dois) pontos percentuais, no quinto ano; (Redação dada pela Emenda Constitucional nº 108, de 2020)

IV - 2,5 (dois inteiros e cinco décimos) pontos percentuais, no sexto ano. (Redação dada pela Emenda Constitucional nº 108, de 2020)

ART. 60-A. Os critérios de distribuição da complementação da União e dos fundos a que se refere o inciso I do caput do art. 212-A da Constituição Federal serão revistos em seu sexto ano de vigência e, a partir dessa primeira revisão, periodicamente, a cada 10 (dez) anos. (Incluído pela Emenda Constitucional nº 108, de 2020)

ART. 61. As entidades educacionais a que se refere o art. 213, bem como as fundações de ensino e pesquisa cuja criação tenha sido autorizada por lei, que preencham os requisitos dos incisos I e II do referido artigo e que, nos últimos três anos, tenham recebido recursos públicos, poderão continuar a recebê-los, salvo disposição legal em contrário.

ART. 62. A lei criará o Serviço Nacional de Aprendizagem Rural (SENAR) nos moldes da legislação relativa ao Serviço Nacional de Aprendizagem Industrial (SENAI) e ao Serviço Nacional de Aprendizagem do Comércio (SENAC), sem prejuízo das atribuições dos órgãos públicos que atuam na área.

ART. 63. É criada uma Comissão composta de nove membros, sendo três do Poder Legislativo, três do Poder Judiciário e três do Poder Executivo, para promover as comemorações do centenário da proclamação da República e da promulgação da primeira Constituição republicana do País, podendo, a seu critério, desdobrar-se em tantas subcomissões quantas forem necessárias.

Parágrafo único. No desenvolvimento de suas atribuições, a Comissão promoverá estudos, debates e avaliações sobre a evolução política, social, econômica e cultural do País, podendo articular-se com os governos estaduais e municipais e com instituições públicas e privadas que desejem participar dos eventos.

ART. 64. A Imprensa Nacional e demais gráficas da União, dos Estados, do Distrito Federal e dos Municípios, da administração direta ou indireta, inclusive fundações instituídas e mantidas pelo Poder Público, promoverão edição popular do texto integral da Constituição, que será posta à disposição das escolas e dos cartórios, dos sindicatos, dos quartéis, das igrejas e de outras instituições representativas da comunidade, gratuitamente, de modo que cada cidadão brasileiro possa receber do Estado um exemplar da Constituição do Brasil.

ART. 65. O Poder Legislativo regulamentará, no prazo de doze meses, o art. 220, § 4º.

ART. 66. São mantidas as concessões de serviços públicos de telecomunicações atualmente em vigor, nos termos da lei.

ART. 67. A União concluirá a demarcação das terras indígenas no prazo de cinco anos a partir da promulgação da Constituição.

ART. 68. Aos remanescentes das comunidades dos quilombos que estejam ocupando suas terras é reconhecida a propriedade definitiva, devendo o Estado emitir-lhes os títulos respectivos.

ART. 69. Será permitido aos Estados manter consultorias jurídicas separadas de suas Procuradorias-Gerais ou Advocacias-Gerais, desde que, na data da promulgação da Constituição, tenham órgãos distintos para as respectivas funções.

ART. 70. Fica mantida atual competência dos tribunais estaduais até a mesma seja definida na Constituição do Estado, nos termos do art. 125, § 1º, da Constituição.

ART. 71. É instituído, nos exercícios financeiros de 1994 e 1995, bem assim nos períodos de 01/01/1996 a 30/06/97 e 01/07/97 a 31/12/1999, o Fundo Social de Emergência, com o objetivo de saneamento financeiro da Fazenda Pública Federal e de estabilização econômica, cujos recursos serão aplicados prioritariamente no custeio das ações dos sistemas de saúde e educação, incluindo a complementação de recursos de que trata o § 3º do art. 60 do Ato das Disposições Constitucionais Transitórias, benefícios previdenciários e auxílios assistenciais de prestação continuada, inclusive liquidação de passivo previdenciário, e despesas orçamentárias associadas a programas de relevante interesse econômico e social. (Redação dada pela Emenda Constitucional nº 17, de 1997)

§ 1º. Ao Fundo criado por este artigo não se aplica o disposto na parte final do inciso II do § 9º do art. 165 da Constituição. (Renumerado do parágrafo único, pela Emenda Constitucional nº 10, de 1996)

§ 2º. O Fundo criado por este artigo passa a ser denominado Fundo de Estabilização Fiscal a partir do início do exercício financeiro de 1996. (Incluído pela Emenda Constitucional nº 10, de 1996)

§ 3º. O Poder Executivo publicará demonstrativo da execução orçamentária, de periodicidade bimestral, no qual se discriminarão as fontes e usos do Fundo criado por este artigo. (Incluído pela Emenda Constitucional nº 10, de 1996)

ART. 72. Integram o Fundo Social de Emergência: (Incluído pela Emenda Constitucional de Revisão nº 1, de 1994)

I – o produto da arrecadação do imposto sobre renda e proventos de qualquer natureza incidente na fonte sobre pagamentos efetuados, a qualquer título, pela União, inclusive suas autarquias e fundações; (Incluído pela Emenda Constitucional de Revisão nº 1, de 1994)

II – a parcela do produto da arrecadação do imposto sobre renda e proventos de qualquer natureza e do imposto sobre operações de crédito, câmbio e seguro, ou relativas a títulos e valores mobiliários, decorrente das alterações produzidas pela Lei nº 8.894, de 21 de junho de 1994, e pelas Leis nºs 8.849 e 8.848, ambas de 28 de janeiro de 1994, e modificações posteriores; (Redação dada pela Emenda Constitucional nº 10, de 1996)

III – a parcela do produto da arrecadação resultante da elevação da alíquota da contribuição social sobre o lucro dos contribuintes a que se refere o § 1º do Art. 22 da Lei nº 8.212, de 24 de julho de 1991, a qual, nos exercícios financeiros de 1994 e 1995, bem assim no período de 1º de janeiro de 1996 a 30 de junho de 1997, passa a ser de trinta por cento, sujeita a alteração por lei ordinária, mantidas as demais normas da Lei nº 7.689, de 15 de dezembro de 1988; (Redação dada pela Emenda Constitucional nº 10, de 1996)

IV – vinte por cento do produto da arrecadação de todos os impostos e contribuições da União, já instituídos ou a serem criados, excetuado o previsto nos incisos I, II e III, observado o disposto nos §§ 3º e 4º; (Redação dada pela Emenda Constitucional nº 10, de 1996)

V – a parcela do produto da arrecadação da contribuição de que trata a Lei Complementar nº 7, de 7 de setembro de 1970, devida pelas pessoas jurídicas a que se refere o inciso III deste artigo, a qual será calculada, nos exercícios financeiros de 1994 a 1995, bem assim nos períodos de 1ºde janeiro de 1996 a 30 de junho de 1997 e de 1º de julho de 1997 a 31 de dezembro de 1999, mediante a aplicação da alíquota de setenta e cinco centésimos por cento, sujeita a alteração por lei ordinária posterior, sobre a receita bruta operacional, como definida na legislação do imposto sobre renda e proventos de qualquer natureza. (Redação dada pela Emenda Constitucional nº 17, de 1997)

VI – outras receitas previstas em lei específica. (Incluído pela Emenda Constitucional de Revisão nº 1, de 1994)

§ 1º. As alíquotas e a base de cálculo previstas nos incisos III e V aplicar-se-ão a partir do primeiro dia do mês seguinte aos noventa dias posteriores à promulgação desta Emenda. (Incluído pela Emenda Constitucional de Revisão nº 1, de 1994)

§ 2º. As parcelas de que tratam os incisos I, II, III e V serão previamente deduzidas da base de cálculo de qualquer vinculação ou participação constitucional ou legal, não se lhes aplicando o disposto nos artigos, 159, 212 e 239 da Constituição. (Redação dada pela Emenda Constitucional nº 10, de 1996)

§ 3º. A parcela de que trata o inciso IV será previamente deduzida da base de cálculo das vinculações ou participações constitucionais previstas nos artigos 153, § 5º, 157, II, 212 e 239 da Constituição. (Redação dada pela Emenda Constitucional nº 10, de 1996)

§ 4º. O disposto no parágrafo anterior não se aplica aos recursos previstos nos Artigos 158, II e 159 da Constituição. (Redação dada pela Emenda Constitucional nº 10, de 1996)

§ 5º. A parcela dos recursos provenientes do imposto sobre renda e proventos de qualquer natureza, destinada ao Fundo Social de Emergência, nos termos do inciso II deste artigo, não poderá exceder a cinco inteiros e seis décimos por cento do total do produto da sua arrecadação. (Redação dada pela Emenda Constitucional nº 10, de 1996)

ART. 73. Na regulação do Fundo Social de Emergência não poderá ser utilizado o instrumento previsto no inciso V do art. 59 da Constituição. (Incluído pela Emenda Constitucional de Revisão nº 1, de 1994)

ART. 74. A União poderá instituir contribuição provisória sobre movimentação ou transmissão de valores e de créditos e direitos de natureza financeira. (Incluído pela Emenda Constitucional nº 12, de 1996)

§ 1º. A alíquota da contribuição de que trata este artigo não excederá a vinte e cinco centésimos por cento, facultado ao Poder Executivo reduzi-la ou restabelecê-la, total ou parcialmente, nas condições e limites fixados em lei. (Incluído pela Emenda Constitucional nº 12, de 1996)

§ 2º. A contribuição de que trata este artigo não se aplica o disposto nos arts. 153, § 5º, e 154, I, da Constituição. (Incluído pela Emenda Constitucional nº 12, de 1996)

§ 3º. O produto da arrecadação da contribuição de que trata este artigo será destinado integralmente ao Fundo Nacional de Saúde, para financiamento das ações e serviços de saúde. (Incluído pela Emenda Constitucional nº 12, de 1996)

§ 4º. A contribuição de que trata este artigo terá sua exigibilidade subordinada ao disposto no art. 195, § 6º, da Constituição, e não poderá ser cobrada por prazo superior a dois anos. (Incluído pela Emenda Constitucional nº 12, de 1996)

ART. 75. É prorrogada, por trinta e seis meses, a cobrança da contribuição provisória sobre movimentação ou transmissão de valores e de créditos e direitos de natureza financeira de que trata o art. 74, instituída pela Lei nº 9.311, de 24 de outubro de 1996, modificada pela Lei nº 9.539, de 12 de dezembro de 1997, cuja vigência é também prorrogada por idêntico prazo. (Incluído pela Emenda Constitucional nº 21, de 1999)

§ 1º. Observado o disposto no § 6º do art. 195 da Constituição Federal, a alíquota da contribuição será de trinta e oito centésimos por cento, nos primeiros doze meses, e de trinta centésimos, nos meses subsequentes, facultado ao Poder Executivo reduzi-la total ou parcialmente, nos limites aqui definidos. (Incluído pela Emenda Constitucional nº 21, de 1999)

§ 2º. O resultado do aumento da arrecadação, decorrente da alteração da alíquota, nos exercícios financeiros de 1999, 2000 e 2001, será destinado ao custeio da previdência social. (Incluído pela Emenda Constitucional nº 21, de 1999)

§ 3º. É a União autorizada a emitir títulos da dívida pública interna, cujos recursos serão destinados ao custeio da saúde e da previdência social, em montante equivalente ao produto da arrecadação da contribuição, prevista e não realizada em 1999. (Incluído pela Emenda Constitucional nº 21, de 1999)

ART. 76. São desvinculados de órgão, fundo ou despesa, até 31 de dezembro de 2023, 30% (trinta por cento) da arrecadação da União relativa às contribuições sociais, sem prejuízo do pagamento das despesas do Regime Geral da Previdência Social, às contribuições de intervenção no domínio econômico e às taxas, já instituídas ou que vierem a ser criadas até a referida data. (Redação dada pela Emenda Constitucional nº 93, de 2016)

§ 1º. (Revogado). (Redação dada pela Emenda Constitucional nº 93, de 2016)

§ 2º. Excetua-se da desvinculação de que trata o *caput* a arrecadação da contribuição social do salário-educação a que se refere o § 5º do art. 212 da Constituição Federal. (Redação dada pela Emenda Constitucional nº 68, de 2011)

§ 3º. (Revogado). (Redação dada pela Emenda Constitucional nº 93, de 2016)

§ 4º A desvinculação de que trata o caput não se aplica às receitas das contribuições sociais destinadas ao custeio da seguridade social. (Acrescido pela Emenda Constitucional nº 103, de 2019)

ART. 76-A. São desvinculados de órgão, fundo ou despesa, até 31 de dezembro de 2023, 30% (trinta por cento) das receitas dos Estados e do Distrito Federal relativas a impostos, taxas e multas, já instituídos ou que vierem a ser criados até a referida data, seus adicionais e respectivos acréscimos legais, e outras receitas correntes. (Incluído dada pela Emenda Constitucional nº 93, de 2016)

Parágrafo único. Excetuam-se da desvinculação de que trata o caput: (Incluído dada pela Emenda Constitucional nº 93, de 2016)

I – recursos destinados ao financiamento das ações e serviços públicos de saúde e à manutenção e desenvolvimento do ensino de que tratam, respectivamente, os incisos II e III do § 2º do art. 198 e o art. 212 da Constituição Federal; (Incluído dada pela Emenda Constitucional nº 93, de 2016)

II – receitas que pertencem aos Municípios decorrentes de transferências previstas na Constituição Federal; (Incluído dada pela Emenda Constitucional nº 93, de 2016)

III – receitas de contribuições previdenciárias e de assistência à saúde dos servidores; (Incluído dada pela Emenda Constitucional nº 93, de 2016)

IV – demais transferências obrigatórias e voluntárias entre entes da Federação com destinação especificada em lei; (Incluído dada pela Emenda Constitucional nº 93, de 2016)

V – fundos instituídos pelo Poder Judiciário, pelos Tribunais de Contas, pelo Ministério Público, pelas Defensorias Públicas e pelas Procuradorias-Gerais dos Estados e do Distrito Federal. (Incluído dada pela Emenda Constitucional nº 93, de 2016)

ART. 76-B. São desvinculados de órgão, fundo ou despesa, até 31 de dezembro de 2023, 30% (trinta por cento) das receitas dos Municípios relativas a impostos, taxas e multas, já instituídos ou que vierem a ser criados até a referida data, seus adicionais e respectivos acréscimos legais, e outras receitas correntes. (Incluído dada pela Emenda Constitucional nº 93, de 2016)

Parágrafo único. Excetuam-se da desvinculação de que trata o caput: (Incluído dada pela Emenda Constitucional nº 93, de 2016)

I – recursos destinados ao financiamento das ações e serviços públicos de saúde e à manutenção e desenvolvimento do ensino de que tratam, respectivamente, os incisos II e III do § 2º do art. 198 e o art. 212 da Constituição Federal; (Incluído dada pela Emenda Constitucional nº 93, de 2016)

II – receitas de contribuições previdenciárias e de assistência à saúde dos servidores; (Incluído dada pela Emenda Constitucional nº 93, de 2016)

III – transferências obrigatórias e voluntárias entre entes da Federação com destinação especificada em lei; (Incluído dada pela Emenda Constitucional nº 93, de 2016)

IV – fundos instituídos pelo Tribunal de Contas do Município. (Incluído dada pela Emenda Constitucional nº 93, de 2016)

ART. 77. Até o exercício financeiro de 2004, os recursos mínimos aplicados nas ações e serviços públicos de saúde serão equivalentes: (Incluído pela Emenda Constitucional nº 29, de 2000)

I – no caso da União: (Incluído pela Emenda Constitucional nº 29, de 2000)

a) no ano 2000, o montante empenhado em ações e serviços públicos de saúde no exercício financeiro de 1999 acrescido de, no mínimo, cinco por cento; (Incluído pela Emenda Constitucional nº 29, de 2000)

b) do ano 2001 ao ano 2004, o valor apurado no ano anterior, corrigido pela variação nominal do Produto Interno Bruto – PIB; (Incluído pela Emenda Constitucional nº 29, de 2000)

II – no caso dos Estados e do Distrito Federal, doze por cento do produto da arrecadação dos impostos a que se refere o art. 155 e dos recursos de que tratam os arts. 157 e 159, inciso I, alínea *a*, e inciso II, deduzidas as parcelas que forem transferidas aos respectivos Municípios; e; (Incluído pela Emenda Constitucional nº 29, de 2000)

III – no caso dos Municípios e do Distrito Federal, quinze por cento do produto da arrecadação dos impostos a que se refere o art. 156 e dos recursos de que tratam os arts. 158 e 159, inciso I, alínea *b* e § 3º. (Incluído pela Emenda Constitucional nº 29, de 2000)

§ 1º. Os Estados, o Distrito Federal e os Municípios que apliquem percentuais inferiores aos fixados nos incisos II e III deverão elevá-los gradualmente, até o exercício financeiro de 2004, reduzida a diferença à razão de, pelo menos, um quinto por ano, sendo que, a partir de 2000, a aplicação será de pelo menos sete por cento. (Incluído pela Emenda Constitucional nº 29, de 2000)

§ 2º. Dos recursos da União apurados nos termos deste artigo, quinze por cento, no mínimo, serão aplicados nos Municípios, segundo o critério populacional, em ações e serviços básicos de saúde, na forma da lei. (Incluído pela Emenda Constitucional nº 29, de 2000)

§ 3º. Os recursos dos Estados, do Distrito Federal e dos Municípios destinados às ações e serviços públicos de saúde e os transferidos pela União para a mesma finalidade serão aplicados por meio de Fundo de Saúde que será acompanhado e fiscalizado por Conselho de Saúde, sem prejuízo do disposto no art. 74 da Constituição Federal. (Incluído pela Emenda Constitucional nº 29, de 2000)

§ 4º. Na ausência da lei complementar a que se refere o art. 198, § 3º, a partir do exercício financeiro de 2005, aplicar-se-á à União, aos Estados, ao Distrito Federal e aos Municípios o disposto neste artigo. (Incluído pela Emenda Constitucional nº 29, de 2000)

ART. 78. Ressalvados os créditos definidos em lei como de pequeno valor, os de natureza alimentícia, os de que trata o art. 33 deste Ato das Disposições Constitucionais Transitórias e suas complementações e os que já tiverem os seus respectivos recursos liberados ou depositados em juízo, os precatórios pendentes na data de promulgação desta Emenda e os que decorram de ações iniciais ajuizadas até 31 de dezembro de 1999 serão liquidados pelo seu valor real, em moeda corrente, acrescido de juros legais, em prestações anuais, iguais e sucessivas, no prazo máximo de dez anos, permitida a cessão dos créditos. (Incluído pela Emenda Constitucional nº 30, de 2000)

§ 1º. É permitida a decomposição de parcelas, a critério do credor. (Incluído pela Emenda Constitucional nº 30, de 2000)

§ 2º. As prestações anuais a que se refere o *caput* deste artigo terão, se não liquidadas até o final do exercício a que se referem, poder liberatório do pagamento de tributos da entidade devedora. (Incluído pela Emenda Constitucional nº 30, de 2000)

§ 3º. O prazo referido no *caput* deste artigo fica reduzido para dois anos, nos casos de precatórios judiciais originários de desapropriação de imóvel residencial do credor, desde que comprovadamente único à época da imissão na posse. (Incluído pela Emenda Constitucional nº 30, de 2000)

§ 4º. O Presidente do Tribunal competente deverá, vencido o prazo ou em caso de omissão no orçamento, ou preterição ao direito de precedência, a requerimento do credor, requisitar ou determinar o sequestro de recursos financeiros da entidade executada, suficientes à satisfação da prestação. (Incluído pela Emenda Constitucional nº 30, de 2000)

ART. 79. É instituído, para vigorar até o ano de 2010, no âmbito do Poder Executivo Federal, o Fundo de Combate e Erradicação da Pobreza, a ser regulado por lei complementar com o objetivo de viabilizar a todos os brasileiros acesso a níveis dignos de subsistência, cujos recursos serão aplicados em ações suplementares de nutrição, habitação, educação, saúde, reforço de renda familiar e outros programas de relevante interesse social voltados para melhoria da qualidade de vida. (Incluído pela Emenda Constitucional nº 31, de 2000)

Parágrafo único. O Fundo previsto neste artigo terá Conselho Consultivo e de Acompanhamento que conte com a participação de representantes da sociedade civil, nos termos da lei. (Incluído pela Emenda Constitucional nº 31, de 2000)

ART. 80. Compõem o Fundo de Combate e Erradicação da Pobreza: (Incluído pela Emenda Constitucional nº 31, de 2000)

I – a parcela do produto da arrecadação correspondente a um adicional de oito centésimos por cento, aplicável de 18 de junho de 2000 a 17 de junho de 2002, na alíquota da contribuição social de que trata o art. 75 do Ato das Disposições Constitucionais Transitórias; (Incluído pela Emenda Constitucional nº 31, de 2000)

II – a parcela do produto da arrecadação correspondente a um adicional de cinco pontos percentuais na alíquota do Imposto sobre Produtos Industrializados – IPI, ou do imposto que vier a substituí-lo, incidente sobre produtos supérfluos e aplicável até a extinção do Fundo; (Incluído pela Emenda Constitucional nº 31, de 2000)

III – o produto da arrecadação do imposto de que trata o art. 153, inciso VII, da Constituição; (Incluído pela Emenda Constitucional nº 31, de 2000)

IV – dotações orçamentárias; (Incluído pela Emenda Constitucional nº 31, de 2000)

V– doações, de qualquer natureza, de pessoas físicas ou jurídicas do País ou do exterior; (Incluído pela Emenda Constitucional nº 31, de 2000)

VI – outras receitas, a serem definidas na regulamentação do referido Fundo. (Incluído pela Emenda Constitucional nº 31, de 2000)

§ 1º. Aos recursos integrantes do Fundo de que trata este artigo não se aplica o disposto nos arts. 159 e 167, inciso IV, da Constituição, assim como qualquer desvinculação de recursos orçamentários. (Incluído pela Emenda Constitucional nº 31, de 2000)

§ 2º. A arrecadação decorrente do disposto no inciso I deste artigo, no período compreendido entre 18 de junho de 2000 e o início da vigência da lei complementar a que se refere a art. 79, será integralmente repassada ao Fundo, preservado o seu valor real, em títulos públicos federais, progressivamente resgatáveis após 18 de junho de 2002, na forma da lei. (Incluído pela Emenda Constitucional nº 31, de 2000)

ART. 81. É instituído Fundo constituído pelos recursos recebidos pela União em decorrência da desestatização de sociedades de economia mista ou empresas públicas por ela controladas, direta ou indiretamente, quando a operação envolver a alienação do respectivo controle acionário a pessoa ou entidade não integrante da Administração Pública, ou de participação societária remanescente após a alienação, cujos rendimentos, gerados a partir de 18 de junho de 2002, reverterão ao Fundo de Combate e Erradicação de Pobreza. (Incluído pela Emenda Constitucional nº 31, de 2000)

§ 1º. Caso o montante anual previsto nos rendimentos transferidos ao Fundo de Combate e Erradicação da Pobreza, na forma deste artigo, não alcance o valor de quatro bilhões de reais. far-se-à complementação na forma do art. 80, inciso IV, do Ato das disposições Constitucionais Transitórias. (Incluído pela Emenda Constitucional nº 31, de 2000)

§ 2º. Sem prejuízo do disposto no § 1º, o Poder Executivo poderá destinar ao Fundo a que se refere este artigo outras receitas decorrentes da alienação de bens da União. (Incluído pela Emenda Constitucional nº 31, de 2000)

§ 3°. A constituição do Fundo a que se refere o *caput*, a transferência de recursos ao Fundo de Combate e Erradicação da Pobreza e as demais disposições referentes ao § 1° deste artigo serão disciplinadas em lei, não se aplicando o disposto no art. 165, § 9°, inciso II, da Constituição. (Incluído pela Emenda Constitucional n° 31, de 2000)

ART. 82. Os Estados, o Distrito Federal e os Municípios devem instituir Fundos de Combate á Pobreza, com os recursos de que trata este artigo e outros que vierem a destinar, devendo os referidos Fundos ser geridos por entidades que contem com a participação da sociedade civil. (Incluído pela Emenda Constitucional n° 31, de 2000)

§ 1°. Para o financiamento dos Fundos Estaduais e Distrital, poderá ser criado adicional de até dois pontos percentuais na alíquota do Imposto sobre Circulação de Mercadorias e Serviços - ICMS, sobre os produtos e serviços supérfluos e nas condições definidas na lei complementar de que trata o art. 155, § 2°, XII, da Constituição, não se aplicando, sobre este percentual, o disposto no art. 158, IV, da Constituição. (Redação dada pela Emenda Constitucional n° 42, de 19.12.2003)

§ 2°. Para o financiamento dos Fundos Municipais, poderá ser criado adicional de até meio ponto percentual na alíquota do Imposto sobre serviços ou do imposto que vier a substituí-lo, sobre serviços supérfluos. (Incluído pela Emenda Constitucional n° 31, de 2000)

ART. 83. Lei federal definirá os produtos e serviços supérfluos a que se referem os arts. 80, II, e 82, § 2°. (Redação dada pela Emenda Constitucional n° 42, de 19.12.2003)

ART. 84. A contribuição provisória sobre movimentação ou transmissão de valores e de créditos e direitos de natureza financeira, prevista nos arts. 74, 75 e 80, I, deste Ato das Disposições Constitucionais Transitórias, será cobrada até 31 de dezembro de 2004. (Incluído pela Emenda Constitucional n° 37, de 2002)

§ 1°. Fica prorrogada, até a data referida no *caput* deste artigo, a vigência da Lei n° 9.311, de 24 de outubro de 1996, e suas alterações. (Incluído pela Emenda Constitucional n° 37, de 2002)

§ 2°. Do produto da arrecadação da contribuição social de que trata este artigo será destinada a parcela correspondente à alíquota de: (Incluído pela Emenda Constitucional n° 37, de 2002)

I - vinte centésimos por cento ao Fundo Nacional de Saúde, para financiamento das ações e serviços de saúde; (Incluído pela Emenda Constitucional n° 37, de 2002)

II - dez centésimos por cento ao custeio da previdência social; (Incluído pela Emenda Constitucional n° 37, de 2002)

III - oito centésimos por cento ao Fundo de Combate e Erradicação da Pobreza, de que tratam os arts. 80 e 81 deste Ato das Disposições Constitucionais Transitórias. (Incluído pela Emenda Constitucional n° 37, de 2002)

§ 3°. A alíquota da contribuição de que trata este artigo será de: (Incluído pela Emenda Constitucional n° 37, de 2002)

I - trinta e oito centésimos por cento, nos exercícios financeiros de 2002 e 2003; (Incluído pela Emenda Constitucional n° 37, de 2002)

II - (Revogado pela EC n° 42, de 19-12-2003)

ART. 85. A contribuição a que se refere o art. 84 deste Ato das Disposições Constitucionais Transitórias não incidirá, a partir do trigésimo dia da data de publicação desta Emenda Constitucional, nos lançamentos:. (Incluído pela Emenda Constitucional n° 37, de 2002)

I - em contas correntes de depósito especialmente abertas e exclusivamente utilizadas para operações de:. (Incluído pela Emenda Constitucional n° 37, de 2002)

a) câmaras e prestadoras de serviços de compensação e de liquidação de que trata o parágrafo único do art. 2° da Lei n° 10.214, de 27 de março de 2001;. (Incluído pela Emenda Constitucional n° 37, de 2002)

b) companhias securitizadoras de que trata a Lei n° 9.514, de 20 de novembro de 1997;. (Incluído pela Emenda Constitucional n° 37, de 2002)

c) sociedades anônimas que tenham por objeto exclusivo a aquisição de créditos oriundos de operações praticadas no mercado financeiro; (Incluído pela Emenda Constitucional n° 37, de 2002)

II - em contas correntes de depósito, relativos a: (Incluído pela Emenda Constitucional n° 37, de 2002)

a) operações de compra e venda de ações, realizadas em recintos ou sistemas de negociação de bolsas de valores e no mercado de balcão organizado; (Incluído pela Emenda Constitucional n° 37, de 2002)

b) contratos referenciados em ações ou índices de ações, em suas diversas modalidades, negociados em bolsas de valores, de mercadorias e de futuros; (Incluído pela Emenda Constitucional n° 37, de 2002)

III - em contas de investidores estrangeiros, relativos a entradas no País e a remessas para o exterior de recursos financeiros empregados, exclusivamente, em operações e contratos referidos no inciso II deste artigo. (Incluído pela Emenda Constitucional n° 37, de 2002)

§ 1°. O Poder Executivo disciplinará o disposto neste artigo no prazo de trinta dias da data de publicação desta Emenda Constitucional. (Incluído pela Emenda Constitucional n° 37, de 2002)

§ 2°. O disposto no inciso I deste artigo aplica-se somente às operações relacionadas em ato do Poder Executivo, dentre aquelas que constituam o objeto social das referidas entidades. (Incluído pela Emenda Constitucional n° 37, de 2002)

§ 3°. O disposto no inciso II deste artigo aplica-se somente a operações e contratos efetuados por intermédio de instituições financeiras, sociedades corretoras de títulos e valores mobiliários, sociedades distribuidoras de títulos e valores mobiliários e sociedades corretoras de mercadorias. (Incluído pela Emenda Constitucional n° 37, de 2002)

ART. 86. Serão pagos conforme disposto no art. 100 da Constituição Federal, não se lhes aplicando a regra de parcelamento estabelecida no *caput* do art. 78 deste Ato das Disposições Constitucionais Transitórias, os débitos da Fazenda Federal, Estadual, Distrital ou Municipal oriundos de sentenças transitadas em julgado, que preencham, cumulativamente, as seguintes condições: (Incluído pela Emenda Constitucional n° 37, de 2002)

I - ter sido objeto de emissão de precatórios judiciários; (Incluído pela Emenda Constitucional n° 37, de 2002)

II – ter sido definidos como de pequeno valor pela lei de que trata o § 3º do art. 100 da Constituição Federal ou pelo art. 87 deste Ato das Disposições Constitucionais Transitórias; (Incluído pela Emenda Constitucional nº 37, de 2002)

III – estar, total ou parcialmente, pendentes de pagamento na data da publicação desta Emenda Constitucional. (Incluído pela Emenda Constitucional nº 37, de 2002)

§ 1º. Os débitos a que se refere o *caput* deste artigo, ou os respectivos saldos, serão pagos na ordem cronológica de apresentação dos respectivos precatórios, com precedência sobre os de maior valor. (Incluído pela Emenda Constitucional nº 37, de 2002)

§ 2º. Os débitos a que se refere o *caput* deste artigo, se ainda não tiverem sido objeto de pagamento parcial, nos termos do art. 78 deste Ato das Disposições Constitucionais Transitórias, poderão ser pagos em duas parcelas anuais, se assim dispuser a lei. (Incluído pela Emenda Constitucional nº 37, de 2002)

§ 3º. Observada a ordem cronológica de sua apresentação, os débitos de natureza alimentícia previstos neste artigo terão precedência para pagamento sobre todos os demais. (Incluído pela Emenda Constitucional nº 37, de 2002)

ART. 87. Para efeito do que dispõem o § 3º do art. 100 da Constituição Federal e o art. 78 deste Ato das Disposições Constitucionais Transitórias serão considerados de pequeno valor, até que se dê a publicação oficial das respectivas leis definidoras pelos entes da Federação, observado o disposto no § 4º do art. 100 da Constituição Federal, os débitos ou obrigações consignados em precatório judiciário, que tenham valor igual ou inferior a. (Incluído pela Emenda Constitucional nº 37, de 2002)

I – quarenta salários-mínimos, perante a Fazenda dos Estados e do Distrito Federal;. (Incluído pela Emenda Constitucional nº 37, de 2002)

II – trinta salários-mínimos, perante a Fazenda dos Municípios. (Incluído pela Emenda Constitucional nº 37, de 2002)

Parágrafo único. Se o valor da execução ultrapassar o estabelecido neste artigo, o pagamento far-se-á, sempre, por meio de precatório, sendo facultada à parte exequente a renúncia ao crédito do valor excedente, para que possa optar pelo pagamento do saldo sem o precatório, da forma prevista no § 3º do art. 100. (Incluído pela Emenda Constitucional nº 37, de 2002)

ART. 88. Enquanto lei complementar não disciplinar o disposto nos incisos I e III do § 3º do art. 156 da Constituição Federal, o imposto a que se refere o inciso III do *caput* do mesmo artigo:. (Incluído pela Emenda Constitucional nº 37, de 2002)

I – terá alíquota mínima de dois por cento, exceto para os serviços a que se referem os itens 32, 33 e 34 da Lista de Serviços anexa ao Decreto-Lei nº 406, de 31 de dezembro de 1968;. (Incluído pela Emenda Constitucional nº 37, de 2002)

II – não será objeto de concessão de isenções, incentivos e benefícios fiscais, que resulte, direta ou indiretamente, na redução da alíquota mínima estabelecida no inciso I. (Incluído pela Emenda Constitucional nº 37, de 2002)

ART. 89. Os integrantes da carreira policial militar e os servidores municipais do ex-Território Federal de Rondônia que, comprovadamente, se encontravam no exercício regular de suas funções prestando serviço àquele ex-Território na data em que foi transformado em Estado, bem como os servidores e os policiais militares alcançados pelo disposto no art. 36 da Lei Complementar nº 41, de 22 de dezembro de 1981, e aqueles admitidos regularmente nos quadros do Estado de Rondônia até a data de posse do primeiro Governador eleito, em 15 de março de 1987, constituirão, mediante opção, quadro em extinção da administração federal, assegurados os direitos e as vantagens a eles inerentes, vedado o pagamento, a qualquer título, de diferenças remuneratórias. (Redação dada pela Emenda Constitucional nº 60, de 2009)

§ 1º. Os membros da Polícia Militar continuarão prestando serviços ao Estado de Rondônia, na condição de cedidos, submetidos às corporações da Polícia Militar, observadas as atribuições de função compatíveis com o grau hierárquico. (Incluído pela Emenda Constitucional nº 60, de 2009)

§ 2º. Os servidores a que se refere o *caput* continuarão prestando serviços ao Estado de Rondônia na condição de cedidos, até seu aproveitamento em órgão ou entidade da administração federal direta, autárquica ou fundacional. (Incluído pela Emenda Constitucional nº 60, de 2009)

ART. 90. O prazo previsto no *caput* do art. 84 deste Ato das Disposições Constitucionais Transitórias fica prorrogado até 31 de dezembro de 2007. (Incluído pela Emenda Constitucional nº 42, de 19.12.2003)

§ 1º. Fica prorrogada, até a data referida no *caput* deste artigo, a vigência da Lei nº 9.311, de 24 de outubro de 1996, e suas alterações. (Incluído pela Emenda Constitucional nº 42, de 19.12.2003)

§ 2º. Até a data referida no *caput* deste artigo, a alíquota da contribuição de que trata o art. 84 deste Ato das Disposições Constitucionais Transitórias será de trinta e oito centésimos por cento. (Incluído pela Emenda Constitucional nº 42, de 19.12.2003)

ART. 91. (Revogado pela Emenda Constitucional nº 109, de 2021)

ART. 92. São acrescidos dez anos ao prazo fixado no art. 40 deste Ato das Disposições Constitucionais Transitórias. (Incluído pela Emenda Constitucional nº 42, de 19.12.2003)

ART. 92-A. São acrescidos 50 (cinquenta) anos ao prazo fixado pelo art. 92 deste Ato das Disposições Constitucionais Transitórias. (Incluído pela Emenda Constitucional nº 83, de 2014)

ART. 93. A vigência do disposto no art. 159, III, e § 4º, iniciará somente após a edição da lei de que trata o referido inciso III. (Incluído pela Emenda Constitucional nº 42, de 19.12.2003)

ART. 94. Os regimes especiais de tributação para microempresas e empresas de pequeno porte próprios da União, dos Estados, do Distrito Federal e dos Municípios cessarão a partir da entrada em vigor do regime previsto no art. 146, III, d, da Constituição. (Incluído pela Emenda Constitucional nº 42, de 19.12.2003)

ART. 95. Os nascidos no estrangeiro entre 7 de junho de 1994 e a data da promulgação desta Emenda Constitucional, filhos de pai brasileiro ou mãe brasileira, poderão ser registrados em repartição diplomática ou consular brasileira competente ou em ofício de registro, se vierem a residir na República Federativa do Brasil. (Incluído pela Emenda Constitucional nº 54, de 2007)

▸ *CF: art. 95.*

ART. 96. Ficam convalidados os atos de criação, fusão, incorporação e desmembramento de Municípios, cuja lei tenha sido publicada até 31 de dezembro de 2006, atendidos os requisitos estabelecidos na legislação do respectivo Estado à época de sua criação. (Incluído pela Emenda Constitucional nº 57, de 2008)

ART. 97. Até que seja editada a lei complementar de que trata o § 15 do art. 100 da Constituição Federal, os Estados, o Distrito Federal e os Municípios que, na data de publicação desta Emenda Constitucional, estejam em mora na quitação de precatórios vencidos, relativos às suas administrações direta e indireta, inclusive os emitidos durante o período de vigência do regime especial instituído por este artigo, farão esses pagamentos de acordo com as normas a seguir estabelecidas, sendo inaplicável o disposto no art. 100 desta Constituição Federal, exceto em seus §§ 2º, 3º, 9º, 10, 11, 12, 13 e 14, e sem prejuízo dos acordos de juízos conciliatórios já formalizados na data de promulgação desta Emenda Constitucional. (Incluído pela Emenda Constitucional nº 62, de 2009)

§ 1º. Os Estados, o Distrito Federal e os Municípios sujeitos ao regime especial de que trata este artigo optarão, por meio de ato do Poder Executivo: (Incluído pela Emenda Constitucional nº 62, de 2009)

I – pelo depósito em conta especial do valor referido pelo § 2º deste artigo; ou (Incluído pela Emenda Constitucional nº 62, de 2009)

II – pela adoção do regime especial pelo prazo de até 15 (quinze) anos, caso em que o percentual a ser depositado na conta especial a que se refere o § 2º deste artigo corresponderá, anualmente, ao saldo total dos precatórios devidos, acrescido do índice oficial de remuneração básica da caderneta de poupança e de juros simples no mesmo percentual de juros incidentes sobre a caderneta de poupança para fins de compensação da mora, excluída a incidência de juros compensatórios, diminuído das amortizações e dividido pelo número de anos restantes no regime especial de pagamento. (Incluído pela Emenda Constitucional nº 62, de 2009)

§ 2º. Para saldar os precatórios, vencidos e a vencer, pelo regime especial, os Estados, o Distrito Federal e os Municípios devedores depositarão mensalmente, em conta especial criada para tal fim, 1/12 (um doze avos) do valor calculado percentualmente sobre as respectivas receitas correntes líquidas, apuradas no segundo mês anterior ao mês de pagamento, sendo que esse percentual, calculado no momento de opção pelo regime e mantido fixo até o final do prazo a que se refere o § 14 deste artigo, será: (Incluído pela Emenda Constitucional nº 62, de 2009)

I – para os Estados e para o Distrito Federal: (Incluído pela Emenda Constitucional nº 62, de 2009)

a) de, no mínimo, 1,5% (um inteiro e cinco décimos por cento), para os Estados das regiões Norte, Nordeste e Centro-Oeste, além do Distrito Federal, ou cujo estoque de precatórios pendentes das suas administrações direta e indireta corresponder a até 35% (trinta e cinco por cento) do total da receita corrente líquida; (Incluído pela Emenda Constitucional nº 62, de 2009)

b) de, no mínimo, 2% (dois por cento), para os Estados das regiões Sul e Sudeste, cujo estoque de precatórios pendentes das suas administrações direta e indireta corresponder a mais de 35% (trinta e cinco por cento) da receita corrente líquida; (Incluído pela Emenda Constitucional nº 62, de 2009)

II – para Municípios: (Incluído pela Emenda Constitucional nº 62, de 2009)

a) de, no mínimo, 1% (um por cento), para Municípios das regiões Norte, Nordeste e Centro-Oeste, ou cujo estoque de precatórios pendentes das suas administrações direta e indireta corresponder a até 35% (trinta e cinco por cento) da receita corrente líquida; (Incluído pela Emenda Constitucional nº 62, de 2009)

b) de, no mínimo, 1,5% (um inteiro e cinco décimos por cento), para Municípios das regiões Sul e Sudeste, cujo estoque de precatórios pendentes das suas administrações direta e indireta corresponder a mais de 35 % (trinta e cinco por cento) da receita corrente líquida. (Incluído pela Emenda Constitucional nº 62, de 2009)

§ 3º. Entende-se como receita corrente líquida, para os fins de que trata este artigo, o somatório das receitas tributárias, patrimoniais, industriais, agropecuárias, de contribuições e de serviços, transferências correntes e outras receitas correntes, incluindo as oriundas do § 1º do art. 20 da Constituição Federal, verificado no período compreendido pelo mês de referência e os 11 (onze) meses anteriores, excluídas as duplicidades, e deduzidas: (Incluído pela Emenda Constitucional nº 62, de 2009)

I – nos Estados, as parcelas entregues aos Municípios por determinação constitucional; (Incluído pela Emenda Constitucional nº 62, de 2009)

II – nos Estados, no Distrito Federal e nos Municípios, a contribuição dos servidores para custeio do seu sistema de previdência e assistência social e as receitas provenientes da compensação financeira referida no § 9º do art. 201 da Constituição Federal. (Incluído pela Emenda Constitucional nº 62, de 2009)

§ 4º. As contas especiais de que tratam os §§ 1º e 2º serão administradas pelo Tribunal de Justiça local, para pagamento de precatórios expedidos pelos tribunais. (Incluído pela Emenda Constitucional nº 62, de 2009)

§ 5º. Os recursos depositados nas contas especiais de que tratam os §§ 1º e 2º deste artigo não poderão retornar para Estados, Distrito Federal e Municípios devedores. (Incluído pela Emenda Constitucional nº 62, de 2009)

§ 6º. Pelo menos 50% (cinquenta por cento) dos recursos de que tratam os §§ 1º e 2º deste artigo serão utilizados para pagamento de precatórios em ordem cronológica de apresentação, respeitadas as preferências definidas no § 1º, para os requisitórios do mesmo ano e no § 2º do art. 100, para requisitórios de todos os anos. (Incluído pela Emenda Constitucional nº 62, de 2009)

§ 7º. Nos casos em que não se possa estabelecer a precedência cronológica entre 2 (dois) precatórios, pagar-se-á primeiramente o precatório de menor valor. (Incluído pela Emenda Constitucional nº 62, de 2009)

§ 8º. A aplicação dos recursos restantes dependerá de opção a ser exercida por Estados, Distrito Federal e Municípios devedores, por ato do Poder Executivo, obedecendo à seguinte forma, que poderá ser aplicada isoladamente ou simultaneamente: (Incluído pela Emenda Constitucional nº 62, de 2009)

I – destinados ao pagamento dos precatórios por meio do leilão; (Incluído pela Emenda Constitucional nº 62, de 2009)

II – destinados a pagamento a vista de precatórios não quitados na forma do § 6º e do inciso I, em ordem única e crescente de valor por precatório; (Incluído pela Emenda Constitucional nº 62, de 2009)

III – destinados a pagamento por acordo direto com os credores, na forma estabelecida por lei própria da entidade devedora, que poderá prever criação e forma de funcionamento de câmara de conciliação. (Incluído pela Emenda Constitucional nº 62, de 2009)

§ 9º. Os leilões de que trata o inciso I do § 8º deste artigo: (Incluído pela Emenda Constitucional nº 62, de 2009)

I – serão realizados por meio de sistema eletrônico administrado por entidade autorizada pela Comissão de Valores Mobiliários ou pelo Banco Central do Brasil; (Incluído pela Emenda Constitucional nº 62, de 2009)

II – admitirão a habilitação de precatórios, ou parcela de cada precatório indicada pelo seu detentor, em relação aos quais não esteja pendente, no âmbito do Poder Judiciário, recurso ou impugnação de qualquer natureza, permitida por iniciativa do Poder Executivo a compensação com débitos líquidos e certos, inscritos ou não em dívida ativa e constituídos contra devedor originário pela Fazenda Pública devedora até a data da expedição do precatório, ressalvados aqueles cuja exigibilidade esteja suspensa nos termos da legislação, ou que já tenham sido objeto de abatimento nos termos do § 9º do art. 100 da Constituição Federal; (Incluído pela Emenda Constitucional nº 62, de 2009)

III – ocorrerão por meio de oferta pública a todos os credores habilitados pelo respectivo ente federativo devedor; (Incluído pela Emenda Constitucional nº 62, de 2009)

IV – considerarão automaticamente habilitado o credor que satisfaça o que consta no inciso II; (Incluído pela Emenda Constitucional nº 62, de 2009)

V – serão realizados tantas vezes quanto necessário em função do valor disponível; (Incluído pela Emenda Constitucional nº 62, de 2009)

VI – a competição por parcela do valor total ocorrerá a critério do credor, com deságio sobre o valor desta; (Incluído pela Emenda Constitucional nº 62, de 2009)

VII – ocorrerão na modalidade deságio, associado ao maior volume ofertado cumulado ou não com o maior percentual de deságio, pelo maior percentual de deságio, podendo ser fixado valor máximo por credor, ou por outro critério a ser definido em edital; (Incluído pela Emenda Constitucional nº 62, de 2009)

VIII – o mecanismo de formação de preço constará nos editais publicados para cada leilão; (Incluído pela Emenda Constitucional nº 62, de 2009)

IX – a quitação parcial dos precatórios será homologada pelo respectivo Tribunal que o expediu. (Incluído pela Emenda Constitucional nº 62, de 2009)

§ 10. No caso de não liberação tempestiva dos recursos de que tratam o inciso II do § 1º e os §§ 2º e 6º deste artigo: (Incluído pela Emenda Constitucional nº 62, de 2009)

I – haverá o sequestro de quantia nas contas de Estados, Distrito Federal e Municípios devedores, por ordem do Presidente do Tribunal referido no § 4º, até o limite do valor não liberado; (Incluído pela Emenda Constitucional nº 62, de 2009)

II – constituir-se-á, alternativamente, por ordem do Presidente do Tribunal requerido, em favor dos credores de precatórios, contra Estados, Distrito Federal e Municípios devedores, direito líquido e certo, autoaplicável e independentemente de regulamentação, à compensação automática com débitos líquidos lançados por esta contra aqueles, e, havendo saldo em favor do credor, o valor terá automaticamente poder liberatório do pagamento de tributos de Estados, Distrito Federal e Municípios devedores, até onde se compensarem; (Incluído pela Emenda Constitucional nº 62, de 2009)

III – o chefe do Poder Executivo responderá na forma da legislação de responsabilidade fiscal e de improbidade administrativa; (Incluído pela Emenda Constitucional nº 62, de 2009)

IV – enquanto perdurar a omissão, a entidade devedora: (Incluído pela Emenda Constitucional nº 62, de 2009)

a) não poderá contrair empréstimo externo ou interno; (Incluído pela Emenda Constitucional nº 62, de 2009)

b) ficará impedida de receber transferências voluntárias; (Incluído pela Emenda Constitucional nº 62, de 2009)

V – a União reterá os repasses relativos ao Fundo de Participação dos Estados e do Distrito Federal e ao Fundo de Participação dos Municípios, e os depositará nas contas especiais referidas no § 1º, devendo sua utilização obedecer ao que prescreve o § 5º, ambos deste artigo. (Incluído pela Emenda Constitucional nº 62, de 2009)

§ 11. No caso de precatórios relativos a diversos credores, em litisconsórcio, admite-se o desmembramento do valor, realizado pelo Tribunal de origem do precatório, por credor, e, por este, a habilitação do valor total a que tem direito, não se aplicando, neste caso, a regra do § 3º do art. 100 da Constituição Federal. (Incluído pela Emenda Constitucional nº 62, de 2009)

§ 12. Se a lei a que se refere o § 4º do art. 100 não estiver publicada em até 180 (cento e oitenta) dias, contados da data de publicação desta Emenda Constitucional, será considerado, para os fins referidos, em relação a Estados, Distrito Federal e Municípios devedores, omissos na regulamentação, o valor de: (Incluído pela Emenda Constitucional nº 62, de 2009)

I – 40 (quarenta) salários mínimos para Estados e para o Distrito Federal; (Incluído pela Emenda Constitucional nº 62, de 2009)

II – 30 (trinta) salários mínimos para Municípios. (Incluído pela Emenda Constitucional nº 62, de 2009)

§ 13. Enquanto Estados, Distrito Federal e Municípios devedores estiverem realizando pagamentos de precatórios pelo regime especial, não poderão sofrer sequestro de valores, exceto no caso de não liberação tempestiva dos recursos de que tratam o inciso II do § 1º e o § 2º deste artigo. (Incluído pela Emenda Constitucional nº 62, de 2009)

§ 14. O regime especial de pagamento de precatório previsto no inciso I do § 1° vigorará enquanto o valor dos precatórios devidos for superior ao valor dos recursos vinculados, nos termos do § 2°, ambos deste artigo, ou pelo prazo fixo de até 15 (quinze) anos, no caso da opção prevista no inciso II do § 1°. (Incluído pela Emenda Constitucional n° 62, de 2009)

§ 15. Os precatórios parcelados na forma do art. 33 ou do art. 78 deste Ato das Disposições Constitucionais Transitórias e ainda pendentes de pagamento ingressarão no regime especial com o valor atualizado das parcelas não pagas relativas a cada precatório, bem como o saldo dos acordos judiciais e extrajudiciais. (Incluído pela Emenda Constitucional n° 62, de 2009)

§ 16. A partir da promulgação desta Emenda Constitucional, a atualização de valores de requisitórios, até o efetivo pagamento, independentemente de sua natureza, será feita pelo índice oficial de remuneração básica da caderneta de poupança, e, para fins de compensação da mora, incidirão juros simples no mesmo percentual de juros incidentes sobre a caderneta de poupança, ficando excluída a incidência de juros compensatórios. (Incluído pela Emenda Constitucional n° 62, de 2009)

§ 17. O valor que exceder o limite previsto no § 2° do art. 100 da Constituição Federal será pago, durante a vigência do regime especial, na forma prevista nos §§ 6° e 7° ou nos incisos I, II e III do § 8° deste artigo, devendo os valores dispendidos para o atendimento do disposto no § 2° do art. 100 da Constituição Federal serem computados para efeito do § 6° deste artigo. (Incluído pela Emenda Constitucional n° 62, de 2009)

§ 18. Durante a vigência do regime especial a que se refere este artigo, gozarão também da preferência a que se refere o § 6° os titulares originais de precatórios que tenham completado 60 (sessenta) anos de idade até a data da promulgação desta Emenda Constitucional. (Incluído pela Emenda Constitucional n° 62, de 2009).

ART. 98. O número de defensores públicos na unidade jurisdicional será proporcional à efetiva demanda pelo serviço da Defensoria Pública e à respectiva população (Incluído pela Emenda Constitucional n° 80, de 2014)

§ 1°. No prazo de 8 (oito) anos, a União, os Estados e o Distrito Federal deverão contar com defensores públicos em todas as unidades jurisdicionais, observado o disposto no *caput* deste artigo. (Incluído pela Emenda Constitucional n° 80, de 2014)

§ 2°. Durante o decurso do prazo previsto no § 1° deste artigo, a lotação dos defensores públicos ocorrerá, prioritariamente, atendendo as regiões com maiores índices de exclusão social e adensamento populacional. (Incluído pela Emenda Constitucional n° 80, de 2014)

ART. 99. Para efeito do disposto no inciso VII do § 2° do art. 155, no caso de operações e prestações que destinem bens e serviços a consumidor final não contribuinte localizado em outro Estado, o imposto correspondente à diferença entre a alíquota interna e a interestadual será partilhado entre os Estados de origem e de destino, na seguinte proporção: (Incluído pela Emenda Constitucional n° 87, de 2015)

I – para o ano de 2015: 20% (vinte por cento) para o Estado de destino e 80% (oitenta por cento) para o Estado de origem;

II – para o ano de 2016: 40% (quarenta por cento) para o Estado de destino e 60% (sessenta por cento) para o Estado de origem;

III – para o ano de 2017: 60% (sessenta por cento) para o Estado de destino e 40% (quarenta por cento) para o Estado de origem;

IV – para o ano de 2018: 80% (oitenta por cento) para o Estado de destino e 20% (vinte por cento) para o Estado de origem;

V – a partir do ano de 2019: 100% (cem por cento) para o Estado de destino.

ART. 100. Até que entre em vigor a lei complementar de que trata o inciso II do § 1° do art. 40 da Constituição Federal, os Ministros do Supremo Tribunal Federal, dos Tribunais Superiores e do Tribunal de Contas da União aposentar-se-ão, compulsoriamente, aos 75 (setenta e cinco) anos de idade, nas condições do art. 52 da Constituição Federal. (Incluído pela Emenda Constitucional n° 88, de 2015)

ART. 101. Os Estados, o Distrito Federal e os Municípios que, em 25 de março de 2015, se encontravam em mora no pagamento de seus precatórios quitarão, até 31 de dezembro de 2029, seus débitos vencidos e os que vencerão dentro desse período, atualizados pelo Índice Nacional de Preços ao Consumidor Amplo Especial (IPCA-E), ou por outro índice que venha a substituí-lo, depositando mensalmente em conta especial do Tribunal de Justiça local, sob única e exclusiva administração deste, 1/12 (um doze avos) do valor calculado percentualmente sobre suas receitas correntes líquidas apuradas no segundo mês anterior ao mês de pagamento, em percentual suficiente para a quitação de seus débitos e, ainda que variável, nunca inferior, em cada exercício, ao percentual praticado na data da entrada em vigor do regime especial a que se refere este artigo, em conformidade com plano de pagamento a ser anualmente apresentado ao Tribunal de Justiça local. (Redação dada pela Emenda Constitucional n° 109, de 2021)

§ 1°. Entende-se como receita corrente líquida, para os fins de que trata este artigo, o somatório das receitas tributárias, patrimoniais, industriais, agropecuárias, de contribuições e de serviços, de transferências correntes e outras receitas correntes, incluindo as oriundas do § 1° do art. 20 da Constituição Federal, verificado no período compreendido pelo segundo mês imediatamente anterior ao de referência e os 11 (onze) meses precedentes, excluídas as duplicidades, e deduzidas: (Incluído pela Emenda Constitucional n° 94, de 2016)

I – nos Estados, as parcelas entregues aos Municípios por determinação constitucional; (Incluído pela Emenda Constitucional n° 94, de 2016)

II – nos Estados, no Distrito Federal e nos Municípios, a contribuição dos servidores para custeio de seu sistema de previdência e assistência social e as receitas provenientes da compensação financeira referida no § 9° do art. 201 da Constituição Federal. (Incluído pela Emenda Constitucional n° 94, de 2016)

§ 2° O débito de precatórios será pago com recursos orçamentários próprios provenientes das fontes de receita corrente líquida referidas no § 1° deste artigo e, adicionalmente, poderão ser utilizados recursos dos seguintes instrumentos: (Redação dada pela Emenda constitucional n° 99, de 14 de dezembro de 2017)

I – até 75% (setenta e cinco por cento) dos depósitos judiciais e dos depósitos administrativos em dinheiro referentes a processos judiciais ou administrativos, tributários ou não tributários, nos quais sejam parte os Estados, o Distrito Federal ou os Municípios, e as respectivas autarquias, fundações e empresas estatais dependentes, mediante a instituição de fundo garantidor em montante equivalente a 1/3 (um terço) dos recursos levantados, constituído pela parcela restante dos depósitos judiciais e remunerado pela taxa referencial do Sistema Especial de Liquidação e de Custódia (Selic) para títulos federais, nunca inferior aos índices e critérios aplicados aos depósitos levantados; (Redação dada pela Emenda constitucional nº 99, de 14 de dezembro de 2017)

II – até 30% (trinta por cento) dos demais depósitos judiciais da localidade sob jurisdição do respectivo Tribunal de Justiça, mediante a instituição de fundo garantidor em montante equivalente aos recursos levantados, constituído pela parcela restante dos depósitos judiciais e remunerado pela taxa referencial do Sistema Especial de Liquidação e de Custódia (Selic) para títulos federais, nunca inferior aos índices e critérios aplicados aos depósitos levantados, destinando-se: (Redação dada pela Emenda constitucional nº 99, de 14 de dezembro de 2017)

a) no caso do Distrito Federal, 100% (cem por cento) desses recursos ao próprio Distrito Federal; (Incluído pela Emenda Constitucional nº 94, de 2016)

b) no caso dos Estados, 50% (cinquenta por cento) desses recursos ao próprio Estado e 50% (cinquenta por cento) aos respectivos Municípios, conforme a circunscrição judiciária onde estão depositados os recursos, e, se houver mais de um Município na mesma circunscrição judiciária, os recursos serão rateados entre os Municípios concorrentes, proporcionalmente às respectivas populações, utilizado como referência o último levantamento censitário ou a mais recente estimativa populacional da Fundação Instituto Brasileiro de Geografia e Estatística (IBGE); (Redação dada pela Emenda constitucional nº 99, de 14 de dezembro de 2017)

III – empréstimos, excetuados para esse fim os limites de endividamento de que tratam os incisos VI e VII do caput do art. 52 da Constituição Federal e quaisquer outros limites de endividamento previstos em lei, não se aplicando a esses empréstimos a vedação de vinculação de receita prevista no inciso IV do caput do art. 167 da Constituição Federal; (Redação dada pela Emenda constitucional nº 99, de 14 de dezembro de 2017)

IV – a totalidade dos depósitos em precatórios e requisições diretas de pagamento de obrigações de pequeno valor efetuados até 31 de dezembro de 2009 e ainda não levantados, com o cancelamento dos respectivos requisitórios e a baixa das obrigações, assegurada a revalidação dos requisitórios pelos juízos dos processos perante os Tribunais, a requerimento dos credores e após a oitiva da entidade devedora, mantidas a posição de ordem cronológica original e a remuneração de todo o período. (Incluído pela Emenda constitucional nº 99, de 14 de dezembro de 2017)

§ 3º Os recursos adicionais previstos nos incisos I, II e IV do § 2º deste artigo serão transferidos diretamente pela instituição financeira depositária para a conta especial referida no caput deste artigo, sob única e exclusiva administração do Tribunal de Justiça local, e essa transferência deverá ser realizada em até sessenta dias contados a partir da entrada em vigor deste parágrafo, sob pena de responsabilização pessoal do dirigente da instituição financeira por improbidade. (Incluído pela Emenda constitucional nº 99, de 14 de dezembro de 2017)

§ 4º (Revogado). (Redação dada pela Emenda Constitucional nº 109, de 2021)

I - (revogado); (Redação dada pela Emenda Constitucional nº 109, de 2021)

II - (revogado); (Redação dada pela Emenda Constitucional nº 109, de 2021)

III - (revogado); (Redação dada pela Emenda Constitucional nº 109, de 2021)

IV - (revogado). (Redação dada pela Emenda Constitucional nº 109, de 2021)

ART. 102. Enquanto viger o regime especial previsto nesta Emenda Constitucional, pelo menos 50% (cinquenta por cento) dos recursos que, nos termos do art. 101 deste Ato das Disposições Constitucionais Transitórias, forem destinados ao pagamento dos precatórios em mora serão utilizados no pagamento segundo a ordem cronológica de apresentação, respeitadas as preferências dos créditos alimentares, e, nessas, as relativas à idade, ao estado de saúde e à deficiência, nos termos do § 2º do art. 100 da Constituição Federal, sobre todos os demais créditos de todos os anos. (Incluído pela Emenda Constitucional nº 94, de 2016)

§ 1º A aplicação dos recursos remanescentes, por opção a ser exercida por Estados, Distrito Federal e Municípios, por ato do respectivo Poder Executivo, observada a ordem de preferência dos credores, poderá ser destinada ao pagamento mediante acordos diretos, perante Juízos Auxiliares de Conciliação de Precatórios, com redução máxima de 40% (quarenta por cento) do valor do crédito atualizado, desde que em relação ao crédito não penda recurso ou defesa judicial e que sejam observados os requisitos definidos na regulamentação editada pelo ente federado. (Parágrafo único renumerado para § 1º pela Emenda constitucional nº 99, de 14 de dezembro de 2017)

§ 2º Na vigência do regime especial previsto no art. 101 deste Ato das Disposições Constitucionais Transitórias, as preferências relativas à idade, ao estado de saúde e à deficiência serão atendidas até o valor equivalente ao quíntuplo fixado em lei para os fins do disposto no § 3º do art. 100 da Constituição Federal, admitido o fracionamento para essa finalidade, e o restante será pago em ordem cronológica de apresentação do precatório. (Incluído pela Emenda constitucional nº 99, de 14 de dezembro de 2017)

ART. 103. Enquanto os Estados, o Distrito Federal e os Municípios estiverem efetuando o pagamento da parcela mensal devida como previsto no caput do art. 101 deste Ato das Disposições Constitucionais Transitórias, nem eles, nem as respectivas autarquias, fundações e empresas estatais dependentes poderão sofrer sequestro de valores, exceto no caso de não liberação tempestiva dos recursos. (Incluído pela Emenda Constitucional nº 94, de 2016)

Parágrafo único. Na vigência do regime especial previsto no art. 101 deste Ato das Disposições Constitucionais Transitórias, ficam vedadas desapropriações pelos Estados, pelo Distrito Federal e pelos Municípios, cujos estoques de precatórios ainda pendentes de pagamento, incluídos os precatórios a pagar de suas entidades da administração indireta, sejam superiores a 70% (setenta por cento) das respectivas receitas correntes líquidas, excetuadas as desapropriações para fins de necessidade pública nas áreas de saúde, educação, segurança pública, transporte público, saneamento básico e habitação de interesse social. (Incluído pela Emenda constitucional nº 99, de 14 de dezembro de 2017)

ART. 104. Se os recursos referidos no art. 101 deste Ato das Disposições Constitucionais Transitórias para o pagamento de precatórios não forem tempestivamente liberados, no todo ou em parte: (Incluído pela Emenda Constitucional nº 94, de 2016)

I – o Presidente do Tribunal de Justiça local determinará o sequestro, até o limite do valor não liberado, das contas do ente federado inadimplente; (Incluído pela Emenda Constitucional nº 94, de 2016)

II – o chefe do Poder Executivo do ente federado inadimplente responderá, na forma da legislação de responsabilidade fiscal e de improbidade administrativa; (Incluído pela Emenda Constitucional nº 94, de 2016)

III – a União reterá os recursos referentes aos repasses ao Fundo de Participação dos Estados e do Distrito Federal e ao Fundo de Participação dos Municípios e os depositará na conta especial referida no art. 101 deste Ato das Disposições Constitucionais Transitórias, para utilização como nele previsto; (Incluído pela Emenda Constitucional nº 94, de 2016)

IV – os Estados reterão os repasses previstos no parágrafo único do art. 158 da Constituição Federal e os depositarão na conta especial referida no art. 101 deste Ato das Disposições Constitucionais Transitórias, para utilização como nele previsto. (Incluído pela Emenda Constitucional nº 94, de 2016)

Parágrafo único. Enquanto perdurar a omissão, o ente federado não poderá contrair empréstimo externo ou interno, exceto para os fins previstos no § 2º do art. 101 deste Ato das Disposições Constitucionais Transitórias e ficará impedido de receber transferências voluntárias. (Incluído pela Emenda Constitucional nº 94, de 2016)

ART. 105. Enquanto viger o regime de pagamento de precatórios previsto no art. 101 deste Ato das Disposições Constitucionais Transitórias, é facultada aos credores de precatórios, próprios ou de terceiros, a compensação com débitos de natureza tributária ou de outra natureza que até 25 de março de 2015 tenham sido inscritos na dívida ativa dos Estados, do Distrito Federal ou dos Municípios, observados os requisitos definidos em lei própria do ente federado. (Incluído pela Emenda Constitucional nº 94, de 2016)

§ 1º Não se aplica às compensações referidas no caput deste artigo qualquer tipo de vinculação, como as transferências a outros entes e as destinadas à educação, à saúde e a outras finalidades. (Parágrafo único renumerado para § 1º pela Emenda constitucional nº 99, de 14 de dezembro de 2017)

§ 2º Os Estados, o Distrito Federal e os Municípios regulamentarão nas respectivas leis o disposto no caput deste artigo em até cento e vinte dias a partir de 1º de janeiro de 2018. (Incluído pela Emenda constitucional nº 99, de 14 de dezembro de 2017)

§ 3º Decorrido o prazo estabelecido no § 2º deste artigo sem a regulamentação nele prevista, ficam os credores de precatórios autorizados a exercer a faculdade a que se refere o caput deste artigo. (Incluído pela Emenda constitucional nº 99, de 14 de dezembro de 2017)

ART. 106. Fica instituído o Novo Regime Fiscal no âmbito dos Orçamentos Fiscal e da Seguridade Social da União, que vigorará por vinte exercícios financeiros, nos termos dos arts. 107 a 114 deste Ato das Disposições Constitucionais Transitórias. (Incluído pela Emenda Constitucional nº 95, de 2016)

ART. 107. Ficam estabelecidos, para cada exercício, limites individualizados para as despesas primárias: (Incluído pela Emenda Constitucional nº 95, de 2016)

I – do Poder Executivo; (Incluído pela Emenda Constitucional nº 95, de 2016)

II – do Supremo Tribunal Federal, do Superior Tribunal de Justiça, do Conselho Nacional de Justiça, da Justiça do Trabalho, da Justiça Federal, da Justiça Militar da União, da Justiça Eleitoral e da Justiça do Distrito Federal e Territórios, no âmbito do Poder Judiciário; (Incluído pela Emenda Constitucional nº 95, de 2016)

III – do Senado Federal, da Câmara dos Deputados e do Tribunal de Contas da União, no âmbito do Poder Legislativo; (Incluído pela Emenda Constitucional nº 95, de 2016)

IV – do Ministério Público da União e do Conselho Nacional do Ministério Público; e (Incluído pela Emenda Constitucional nº 95, de 2016)

V – da Defensoria Pública da União. (Incluído pela Emenda Constitucional nº 95, de 2016)

§ 1º. Cada um dos limites a que se refere o caput deste artigo equivalerá: (Incluído pela Emenda Constitucional nº 95, de 2016)

I – para o exercício de 2017, à despesa primária paga no exercício de 2016, incluídos os restos a pagar pagos e demais operações que afetam o resultado primário, corrigida em 7,2% (sete inteiros e dois décimos por cento); e

II – para os exercícios posteriores, ao valor do limite referente ao exercício imediatamente anterior, corrigido pela variação do Índice Nacional de Preços ao Consumidor Amplo – IPCA, publicado pelo Instituto Brasileiro de Geografia e Estatística, ou de outro índice que vier a substituí-lo, para o período de doze meses encerrado em junho do exercício anterior a que se refere a lei orçamentária. (Incluído pela Emenda Constitucional nº 95, de 2016)

§ 2º. Os limites estabelecidos na forma do inciso IV do caput do art. 51, do inciso XIII do caput do art. 52, do § 1º do art. 99, do § 3º do art. 127 e do § 3º do art. 134 da Constituição Federal não poderão ser superiores aos estabelecidos nos termos deste artigo. (Incluído pela Emenda Constitucional nº 95, de 2016)

§ 3º. A mensagem que encaminhar o projeto de lei orçamentária demonstrará os valores máximos de programação compatíveis com os limites individualizados calculados na forma do § 1º deste artigo, observados os § 7º a 9º deste artigo. (Incluído pela Emenda Constitucional nº 95, de 2016)

§ 4º. As despesas primárias autorizadas na lei orçamentária anual sujeitas aos limites de que trata este artigo não poderão exceder os valores máximos demonstrados nos termos do § 3º deste artigo. (Incluído pela Emenda Constitucional nº 95, de 2016)

§ 5º. É vedada a abertura de crédito suplementar ou especial que amplie o montante total autorizado de despesa primária sujeita aos limites de que trata este artigo. (Incluído pela Emenda Constitucional nº 95, de 2016)

§ 6º. Não se incluem na base de cálculo e nos limites estabelecidos neste artigo: (Incluído pela Emenda Constitucional nº 95, de 2016)

I - transferências constitucionais estabelecidas no § 1º do art. 20, no inciso III do parágrafo único do art. 146, no § 5º do art. 153, no art. 157, nos incisos I e II do caput do art. 158, no art. 159 e no § 6º do art. 212, as despesas referentes ao inciso XIV do caput do art. 21 e as complementações de que tratam os incisos IV e V do caput do art. 212-A, todos da Constituição Federal; (Redação dada pela Emenda constitucional nº 108, de 2020)

II – créditos extraordinários a que se refere o § 3º do art. 167 da Constituição Federal; (Incluído pela Emenda Constitucional nº 95, de 2016)

III – despesas não recorrentes da Justiça Eleitoral com a realização de eleições; e (Incluído pela Emenda Constitucional nº 95, de 2016)

IV – despesas com aumento de capital de empresas estatais não dependentes. (Incluído pela Emenda Constitucional nº 95, de 2016)

V - transferências a Estados, Distrito Federal e Municípios de parte dos valores arrecadados com os leilões dos volumes excedentes ao limite a que se refere o § 2º do art. 1º da Lei nº 12.276, de 30 de junho de 2010, e a despesa decorrente da revisão do contrato de cessão onerosa de que trata a mesma Lei. (Acrescido pela Emenda Constitucional nº 102, de 2019)

§ 7º. Nos três primeiros exercícios financeiros da vigência do Novo Regime Fiscal, o Poder Executivo poderá compensar com redução equivalente na sua despesa primária, consoante os valores estabelecidos no projeto de lei orçamentária encaminhado pelo Poder Executivo no respectivo exercício, o excesso de despesas primárias em relação aos limites de que tratam os incisos II a V do caput deste artigo. (Incluído pela Emenda Constitucional nº 95, de 2016)

§ 8º. A compensação de que trata o § 7º deste artigo não excederá a 0,25% (vinte e cinco centésimos por cento) do limite do Poder Executivo. (Incluído pela Emenda Constitucional nº 95, de 2016)

§ 9º. Respeitado o somatório em cada um dos incisos de II a IV do caput deste artigo, a lei de diretrizes orçamentárias poderá dispor sobre a compensação entre os limites individualizados dos órgãos elencados em cada inciso. (Incluído pela Emenda Constitucional nº 95, de 2016)

§ 10. Para fins de verificação do cumprimento dos limites de que trata este artigo, serão consideradas as despesas primárias pagas, incluídos os restos a pagar pagos e demais operações que afetam o resultado primário no exercício. (Incluído pela Emenda Constitucional nº 95, de 2016)

§ 11. O pagamento de restos a pagar inscritos até 31 de dezembro de 2015 poderá ser excluído da verificação do cumprimento dos limites de que trata este artigo, até o excesso de resultado primário dos Orçamentos Fiscal e da Seguridade Social do exercício em relação à meta fixada na lei de diretrizes orçamentárias. (Incluído pela Emenda Constitucional nº 95, de 2016)

ART. 108. O Presidente da República poderá propor, a partir do décimo exercício da vigência do Novo Regime Fiscal, projeto de lei complementar para alteração do método de correção dos limites a que se refere o inciso II do § 1º do art. 107 deste Ato das Disposições Constitucionais Transitórias. (Incluído pela Emenda Constitucional nº 95, de 2016)

ART. 109. Se verificado, na aprovação da lei orçamentária, que, no âmbito das despesas sujeitas aos limites do art. 107 deste Ato das Disposições Constitucionais Transitórias, a proporção da despesa obrigatória primária em relação à despesa primária total foi superior a 95% (noventa e cinco por cento), aplicam-se ao respectivo Poder ou órgão, até o final do exercício a que se refere a lei orçamentária, sem prejuízo de outras medidas, as seguintes vedações: (Redação dada pela Emenda Constitucional nº 109, de 2021)

I - concessão, a qualquer título, de vantagem, aumento, reajuste ou adequação de remuneração de membros de Poder ou de órgão, de servidores e empregados públicos e de militares, exceto dos derivados de sentença judicial transitada em julgado ou de determinação legal anterior ao início da aplicação das medidas de que trata este artigo; (Redação dada pela Emenda Constitucional nº 109, de 2021)

II - criação de cargo, emprego ou função que implique aumento de despesa; (Incluído pela Emenda Constitucional nº 95, de 2016)

III - alteração de estrutura de carreira que implique aumento de despesa; (Incluído pela Emenda Constitucional nº 95, de 2016)

IV - admissão ou contratação de pessoal, a qualquer título, ressalvadas: (Redação dada pela Emenda Constitucional nº 109, de 2021)

a) as reposições de cargos de chefia e de direção que não acarretem aumento de despesa; (Incluído pela Emenda Constitucional nº 109, de 2021)

b) as reposições decorrentes de vacâncias de cargos efetivos ou vitalícios; (Incluído pela Emenda Constitucional nº 109, de 2021)

c) as contratações temporárias de que trata o inciso IX do caput do art. 37 da Constituição Federal; e (Incluído pela Emenda Constitucional nº 109, de 2021)

d) as reposições de temporários para prestação de serviço militar e de alunos de órgãos de formação de militares; (Incluído pela Emenda Constitucional nº 109, de 2021)

V - realização de concurso público, exceto para as reposições de vacâncias previstas no inciso IV; (Incluído pela Emenda Constitucional nº 95, de 2016)

VI - criação ou majoração de auxílios, vantagens, bônus, abonos, verbas de representação ou benefícios de qualquer natureza, inclusive os de cunho indenizatório, em favor de membros de Poder, do Ministério Público ou da Defensoria Pública, de servidores e empregados públicos e de militares, ou ainda de seus dependentes, exceto quando derivados de sentença judicial transitada em julgado ou de determinação legal anterior ao início da aplicação das medidas de que trata este artigo; (Redação dada pela Emenda Constitucional nº 109, de 2021)

VII – criação de despesa obrigatória; e (Incluído pela Emenda Constitucional nº 95, de 2016)

VIII – adoção de medida que implique reajuste de despesa obrigatória acima da variação da inflação, observada a preservação do poder aquisitivo referida no inciso IV do caput do art. 7º da Constituição Federal. (Incluído pela Emenda Constitucional nº 95, de 2016)

IX - aumento do valor de benefícios de cunho indenizatório destinados a qualquer membro de Poder, servidor ou empregado da administração pública e a seus dependentes, exceto quando derivado de sentença judicial transitada em julgado ou de determinação legal anterior ao início da aplicação das medidas de que trata este artigo. (Incluído pela Emenda Constitucional nº 109, de 2021)

§ 1º As vedações previstas nos incisos I, III e VI do caput deste artigo, quando acionadas as vedações para qualquer dos órgãos elencados nos incisos II, III e IV do caput do art. 107 deste Ato das Disposições Constitucionais Transitórias, aplicam-se ao conjunto dos órgãos referidos em cada inciso. (Redação dada pela Emenda Constitucional nº 109, de 2021)

§ 2º Caso as vedações de que trata o caput deste artigo sejam acionadas para o Poder Executivo, ficam vedadas: (Redação dada pela Emenda Constitucional nº 109, de 2021)

I – a criação ou expansão de programas e linhas de financiamento, bem como a remissão, renegociação ou refinanciamento de dívidas que impliquem ampliação das despesas com subsídios e subvenções; e (Incluído pela Emenda Constitucional nº 95, de 2016)

II – a concessão ou a ampliação de incentivo ou benefício de natureza tributária. (Incluído pela Emenda Constitucional nº 95, de 2016)

§ 3º Caso as vedações de que trata o caput deste artigo sejam acionadas, fica vedada a concessão da revisão geral prevista no inciso X do caput do art. 37 da Constituição Federal. (Redação dada pela Emenda Constitucional nº 109, de 2021)

§ 4º As disposições deste artigo: (Redação dada pela Emenda Constitucional nº 109, de 2021)

I - não constituem obrigação de pagamento futuro pela União ou direitos de outrem sobre o erário; (Incluído pela Emenda Constitucional nº 109, de 2021)

II - não revogam, dispensam ou suspendem o cumprimento de dispositivos constitucionais e legais que disponham sobre metas fiscais ou limites máximos de despesas; e (Incluído pela Emenda Constitucional nº 109, de 2021)

III - aplicam-se também a proposições legislativas. (Incluído pela Emenda Constitucional nº 109, de 2021)

§ 5º O disposto nos incisos II, IV, VII e VIII do caput e no § 2º deste artigo não se aplica a medidas de combate a calamidade pública nacional cuja vigência e efeitos não ultrapassem a sua duração. (Incluído pela Emenda Constitucional nº 109, de 2021)

ART. 110. Na vigência do Novo Regime Fiscal, as aplicações mínimas em ações e serviços públicos de saúde e em manutenção e desenvolvimento do ensino equivalerão: (Incluído pela Emenda Constitucional nº 95, de 2016)

I – no exercício de 2017, às aplicações mínimas calculadas nos termos do inciso I do § 2º do art. 198 e do caput do art. 212, da Constituição Federal; e (Incluído pela Emenda Constitucional nº 95, de 2016)

II – nos exercícios posteriores, aos valores calculados para as aplicações mínimas do exercício imediatamente anterior, corrigidos na forma estabelecida pelo inciso II do § 1º do art. 107 deste Ato das Disposições Constitucionais Transitórias. (Incluído pela Emenda Constitucional nº 95, de 2016)

ART. 111. A partir do exercício financeiro de 2018, até o último exercício de vigência do Novo Regime Fiscal, a aprovação e a execução previstas nos § 9º e 11 do art. 166 da Constituição Federal corresponderão ao montante de execução obrigatória para o exercício de 2017, corrigido na forma estabelecida pelo inciso II do § 1º do art. 107 deste Ato das Disposições Constitucionais Transitórias. (Incluído pela Emenda Constitucional nº 95, de 2016)

ART. 112. As disposições introduzidas pelo Novo Regime Fiscal: (Incluído pela Emenda Constitucional nº 95, de 2016)

I – não constituirão obrigação de pagamento futuro pela União ou direitos de outrem sobre o erário; e (Incluído pela Emenda Constitucional nº 95, de 2016)

II – não revogam, dispensam ou suspendem o cumprimento de dispositivos constitucionais e legais que disponham sobre metas fiscais ou limites máximos de despesas. (Incluído pela Emenda Constitucional nº 95, de 2016)

ART. 113. A proposição legislativa que crie ou altere despesa obrigatória ou renúncia de receita deverá ser acompanhada da estimativa do seu impacto orçamentário e financeiro. (Incluído pela Emenda Constitucional nº 95, de 2016)

ART. 114. A tramitação de proposição elencada no caput do art. 59 da Constituição Federal, ressalvada a referida no seu inciso V, quando acarretar aumento de despesa ou renúncia de receita, será suspensa por até vinte dias, a requerimento de um quinto dos membros da Casa, nos termos regimentais, para análise de sua compatibilidade com o Novo Regime Fiscal. (Incluído pela Emenda Constitucional nº 95, de 2016)

Brasília, 5 de outubro de 1988.

Ulysses Guimarães, Presidente.

ÍNDICE ALFABÉTICO-REMISSIVO DA CRFB/1988

- A -

– F –

– I –

-N-

-O-

– P –

- S -

CONSTITUIÇÃO FEDERAL

– Z –

CÓDIGO PENAL

LEI DE INTRODUÇÃO AO CÓDIGO PENAL – DECRETO-LEI Nº 3.914, DE 9 DE DEZEMBRO DE 1941

Lei de introdução do Código Penal (decreto-lei nº 2.848, de 7-12-940) e da Lei das Contravenções Penais (decreto-lei nº 3.688, de 3 outubro de 1941).

O PRESIDENTE DA REPÚBLICA, usando da atribuição que lhe confere o art. 180 da Constituição,

DECRETA:

ART. 1º. Considera-se crime a infração penal que a lei comina pena de reclusão ou de detenção, quer isoladamente, quer alternativa ou cumulativamente com a pena de multa; contravenção, a infração penal a que a lei comina, isoladamente, pena de prisão simples ou de multa, ou ambas, alternativa ou cumulativamente.

ART. 2º. Quem incorrer em falência será punido:

I – se fraudulenta a falência, com a pena de reclusão, por 2 a 6 anos;

II – se culposa, com a pena de detenção, por 6 meses a três anos.

ART. 3º. Os fatos definidos como crimes no Código Florestal, quando irão compreendidos em disposição do Código Penal, passam a constituir contravenções, punidas com a pena de prisão simples, por três meses a um ano, ou de multa, de um conto de réis a dez contos de réis, ou com ambas as penas, cumulativamente.

ART. 4º. Quem cometer contravenção prevista no Código Florestal será punido com pena de prisão simples, por quinze dias a três meses, ou de multa, de duzentos mil réis a cinco contos de réis, ou com ambas as penas, cumulativamente.

ART. 5º. Os fatos definidos como crimes no Código de Pesca (decreto-lei nº 794, de 19 de outubro do 1938) passam a constituir contravenções, punidas com a pena de prisão simples, por três meses a um ano, ou de multa, de quinhentos mil réis a dez contos de réis, ou com ambas as penas, cumulativamente.

ART. 6º. Quem, depois de punido administrativamente por infração da legislação especial sobre a caça, praticar qualquer infração definida na mesma legislação, ficará sujeito à pena de prisão simples, por quinze dias a três meses.

ART. 7º. No caso do art. 71 do Código de Menores (decreto número 17.943-A, de 12 de outubro de 1927), o juiz determinará a Internação do menor em seção especial de escola de reforma.

§ 1º. A internação durará, no mínimo, três anos.

§ 2º. Se o menor completar vinte e um anos, sem que tenha sido revogada a medida de internação, será transferido para colônia agrícola ou para instituto de trabalho, de reeducação ou de ensino profissional, ou seção especial de outro estabelecimento, à disposição do juiz criminal.

§ 3º. Aplicar-se-á, quanto á revogação da medida, o disposto no Código Penal sobre a revogação de medida de segurança.

ART. 8º. As interdições permanentes, previstas na legislação especial como efeito de sentença condenaria, durarão pelo tempo de vinte anos.

ART. 9º. As interdições permanentes, impostas em sentença condenatória passada em julgado, ou desta decorrentes, de acordo com a Consolidação das Leis Penais, durarão pelo prazo máximo estabelecido no Código Penal para a espécie correspondente.

Parágrafo único. Aplicar-se-á o disposto neste artigo às interdições temporárias com prazo de duração superior ao limite máximo fixado no Código Penal.

ART. 10. O disposto nos art. 8º e 9º não se aplica ás interdições que, segundo o Código Penal, podem consistir em incapacitados permanentes.

ART. 11. Observar-se-á, quanto ao prazo de duração das intenções nos casos dos art. 8º e 9º, o disposto no art. 72 do Código Penal, no que for aplicável.

ART. 12. Quando, por fato cometido antes da vigência do Código Penal, se tiver de pronunciar condenação, de acordo com a lei anterior, atender-se-á ao seguinte:

I – a pena de prisão celular, ou de prisão com trabalho, será substituída pela de reclusão, ou de detenção, se uma destas for a pena cominada para o mesmo fato pelo Código Penal;

II – a pena de prisão celular ou de prisão com trabalho será substituída pela de prisão simples, se o fato estiver definido como contravenção na lei anterior, ou na Lei das Contravenções Penais.

ART. 13. A pena de prisão celular ou de prisão com trabalho imposta em sentença irrecorrível, ainda que já iniciada a execução, será, convertida em reclusão, detenção ou prisão simples, de conformidade com as normas prescritas no artigo anterior.

ART. 14. A pena convertida em prisão simples, em virtude do art. 409 da Consolidação das Leis Penais, será convertida em reclusão, detenção ou prisão simples, segundo o disposto no art. 13, desde que o condenado possa ser recolhido a estabelecimento destinado à execução da pena resultante da conversão.

Parágrafo único. Abstrair-se-á, no caso de conversão, do aumento que tiver sido aplicado, de acordo com o disposto no art. 609, In fine, da Consolidação das Leis Penais.

ART. 15. A substituição ou conversão da pena, na forma desta lei, não impedirá a suspensão condicional, se lei anterior não a excluía.

ART. 16. Se, em virtude da substituição da pena, for imposta a de detenção ou a de prisão simples, por tempo superior a 1 (um) ano e que não exceda de 2 (dois), o juiz poderá conceder a suspensão condicional da pena, desde que reunidas as demais condições exigidas pelo art. 57 do Código Penal.

ART. 17. Aplicar-se-á o disposto no art. 81 § 1º ns, II e III, do Código Penal aos indivíduos recolhido a manicômio judiciário ou a outro estabelecimento em virtude do disposto no art. 29, 1ª parte, da Consolidarão das Leis Penais.

ART. 18. As condenações anteriores serão, levadas em conta para determinação da reincidência em relação a fato praticado depois de entrar em vigor o Código Penal.

ART. 19. O juiz aplicará o disposto no art. 2º, parágrafo único. In fine, do Código Penal, nos seguintes casos:

I – se o Código ou a Lei das Contravenções penais cominar para o fato pena de multa, isoladamente, e na sentença tiver sido imposta pena privativa de liberdade;

II – se o Código ou a Lei das Contravenções cominar para o fato pena privativa de liberdade por tempo inferior ao da pena cominada na lei aplicada pela sentença.

Parágrafo único. Em nenhum caso, porém, o juiz reduzirá a pena abaixo do limite que fixaria se pronunciasse condenação de acordo com o Código Penal.

ART. 20. Não poderá ser promovida ação pública por fato praticado antes da vigência do Código Penal:

I – quando, pela lei anterior, somente cabia ação privada;

II – quando, ao contrário do que dispunha a lei anterior, o Código Penal só admite ação privado.

Parágrafo único. O prazo estabelecido no art. 105 do Código Penal correrá, na hipótese do nº II:

a) de 1 do janeiro de 1942, se o ofendido sabia, anteriormente, quem era o autor do fato;

b) no caso contrário, do dia em que vier a saber quem é o autor do fato.

ART. 21. Nos casos em que o Código Penal exige representação, sem esta não poderá ser intentada ação pública por fito praticado antes de 1 de janeiro de 1942; prosseguindo-se, entretanto, na que tiver sido anteriormente iniciada, haja ou não representação.

Parágrafo único. Atender-se-á, no que for aplicável, no disposto no parágrafo único do artigo anterior.

ART. 22. Onde não houver estabelecimento adequado para a execução de medida de segurança detestava estabelecida no art., 88, § 1º, nº III, do Código Penal, aplicar-se-á a de liberdade vigiada, até que seja criado aquele estabelecimento ou adotada qualquer das providências previstas no art. 89, e seu parágrafo, do mesmo Código.

Parágrafo único. Enquanto não existir estabelecimento adequado, as medidas detectavas estabelecidas no art. 88, § 1º ns. I e II, do Código Penal, poderão ser executadas em seções especiais de manicômio comum, asilo ou casa de saúde.

ART. 23. Onde não houver estabelecimento adequado ou adaptado à execução das penas de reclusão, detenção ou prisão, poderão estas ser cumpridas em prisão comum.

ART. 24. Não se aplicará o disposto no art. 79 nº II, do Código Penal a indivíduo que, antes de 1 de janeiro de 1942, tenha sido absolvido por sentença passada em julgado.

ART. 25. A medida de segurança aplicável ao condenado que, a 1 de janeiro de 1942, ainda não tenha cumprido a pena, é a liberdade vigiada.

ART. 26. A presente lei não se aplica aos crimes referidos do artigo 360 do Código Penal, salvo os de falência.

ART. 27. Esta lei entrará em vigor em 1 de janeiro de 1942; revogados as disposições em contrário.

Rio de Janeiro, 9 de dezembro de 1941,
120º da Independência e 53º da República.
GETULIO VARGAS.

Este texto não substitui o publicado no DOU de 9.12.1941

ÍNDICE SISTEMÁTICO DO CÓDIGO PENAL – DECRETO-LEI Nº 2.848/1940

PARTE GERAL

PARTE ESPECIAL

CÓDIGO PENAL – DECRETO-LEI Nº 2.848, DE 7 DE DEZEMBRO DE 1940

Código Penal.

O PRESIDENTE DA REPÚBLICA, usando da atribuição que lhe confere o art. 180 da Constituição, decreta a seguinte Lei:

PARTE GERAL

TÍTULO I. DA APLICAÇÃO DA LEI PENAL (Redação dada pela Lei nº 7.209, de 11.7.1984)

ANTERIORIDADE DA LEI

ART. 1º. Não há crime sem lei anterior que o defina. Não há pena sem prévia cominação legal. (Redação dada pela Lei nº 7.209, de 11.7.1984)

- *CF: art. 5º, XXXIX e XL.*
- *CPP: arts. 2º, 397, III, 386, III, e 415, III.*
- *Lei nº 9.099, de 26-09-1995: art. 61, dispõe sobre os Juizados Especiais Cíveis e Criminais.*
- *Dec.-Lei nº 3.914, de 09-12-1941: art. 1º, Lei de introdução do Código Penal, Dec-lei nº 2.848/1940 e da Lei das Contravenções Penais, Dec.-lei nº 3.688/1941.*
- *Dec. nº 678, de 06-11-1992, art. 9º, Promulga a Convenção Americana sobre Direitos Humanos – Pacto de São José da Costa Rica.*

LEI PENAL NO TEMPO

ART. 2º. Ninguém pode ser punido por fato que lei posterior deixa de considerar crime, cessando em virtude dela a execução e os efeitos penais da sentença condenatória. (Redação dada pela Lei nº 7.209, de 11.7.1984)

- *Súmula nº 611 e 711 do STF.*
- *CF: art. 5º, XXXVI e XL.*
- *CP: art. 107, III.*
- *CPP: art. 2º.*
- *Dec. nº 678, de 06-11-1992, art. 9º, Promulga a Convenção Americana sobre Direitos Humanos – Pacto de São José da Costa Rica.*
- *Lei nº 7.210, de 11-07-1984: art. 66, I, Lei de Execução Penal.*

Parágrafo único. A lei posterior, que de qualquer modo favorecer o agente, aplica-se aos fatos anteriores, ainda que decididos por sentença condenatória transitada em julgado. (Redação dada pela Lei nº 7.209, de 11.7.1984)

- *Súmula nº 611 do STF.*
- *Súmulas nº 471 e 501 do STJ.*
- *CF: art. 5º, XXXVI, XL, LIII e LIV.*
- *CP: art. 107, III.*
- *CPP: art. 2º.*
- *Lei nº 7.210, de 11-07-1984, art. 66, I, Lei de Execução Penal.*

LEI EXCEPCIONAL OU TEMPORÁRIA

ART. 3º. A lei excepcional ou temporária, embora decorrido o período de sua duração ou cessadas as circunstâncias que a determinaram, aplica-se ao fato praticado durante sua vigência. (Redação dada pela Lei nº 7.209, de 1984)

TEMPO DO CRIME

ART. 4º. Considera-se praticado o crime no momento da ação ou omissão, ainda que outro seja o momento do resultado. (Redação dada pela Lei nº 7.209, de 1984)

- *CP: arts. 2º e 13.*
- *CPP: arts. 69, I, 70 e 71.*
- *Lei nº 8.069, de 13-07-1990, art. 104, Estatuto da Criança e do Adolescente.*

TERRITORIALIDADE

ART. 5º. Aplica-se a lei brasileira, sem prejuízo de convenções, tratados e regras de direito internacional, ao crime cometido no território nacional. (Redação dada pela Lei nº 7.209, de 1984)

- *CF: arts. 5º, LIII e §§ 2º a 4º e 20, VI.*
- *CP: art. 116, II.*
- *CPP: arts. 1º, 89 e 90.*
- *Lei nº 13.445, de 24-05-2017: arts. 81 a 99, Lei de Migração.*
- *Lei nº 8.617, de 04-01-1993, Dispõe sobre o mar territorial, a zona contígua, a zona econômica exclusiva e a plataforma continental brasileiros.*
- *Dec.-lei nº 3.688, de 03-10-1941, art. 2º, Lei das Contravenções Penais.*

§ 1º. Para os efeitos penais, consideram-se como extensão do território nacional as embarcações e aeronaves brasileiras, de natureza pública ou a serviço do governo brasileiro onde quer que se encontrem, bem como as aeronaves e as embarcações brasileiras, mercantes ou de propriedade privada, que se achem, respectivamente, no espaço aéreo correspondente ou em alto-mar. (Redação dada pela Lei nº 7.209, de 1984)

§ 2º. É também aplicável a lei brasileira aos crimes praticados a bordo de aeronaves ou embarcações estrangeiras de propriedade privada, achando-se aquelas em pouso no território nacional ou em voo no espaço aéreo correspondente, e estas em porto ou mar territorial do Brasil. (Redação dada pela Lei nº 7.209, de 1984)

LUGAR DO CRIME

ART. 6º. Considera-se praticado o crime no lugar em que ocorreu a ação ou omissão, no todo ou em parte, bem como onde se produziu ou deveria produzir-se o resultado. (Redação dada pela Lei nº 7.209, de 1984)

- *CPP: arts. 70 e 71.*
- *Lei nº 9.009, de 26-09-1995: art. 63, dispõe sobre os Juizados Especiais Cíveis e Criminais.*

EXTRATERRITORIALIDADE

ART. 7º. Ficam sujeitos à lei brasileira, embora cometidos no estrangeiro: (Redação dada pela Lei nº 7.209, de 1984)

- *CP: art. 116, II.*
- *CPP: arts. 1º e 88.*

▸ Lei nº 8.617, de 04-01-1993, Dispõe sobre o mar territorial, a zona contígua, a zona econômica exclusiva e a plataforma continental brasileiros.

▸ Lei n. 9.455, de 07-04-1990: art. 2º.

▸ Lei nº 11.343, de 23-8-2006, art. 40, I - Lei Antidrogas.

I – os crimes: (Redação dada pela Lei nº 7.209, de 11.7.1984)

a) contra a vida ou a liberdade do Presidente da República; (Incluído pela Lei nº 7.209, de 1984)

b) contra o patrimônio ou a fé pública da União, do Distrito Federal, de Estado, de Território, de Município, de empresa pública, sociedade de economia mista, autarquia ou fundação instituída pelo Poder Público; (Incluído pela Lei nº 7.209, de 1984)

▸ CF: art. 109, I, V.

c) contra a administração pública, por quem está a seu serviço; (Incluído pela Lei nº 7.209, de 1984)

▸ CP: arts. 312 a 327.

d) de genocídio, quando o agente for brasileiro ou domiciliado no Brasil; (Incluído pela Lei nº 7.209, de 1984)

▸ Lei nº 2.889, de 01-10-1956, define e pune o crime de genocídio.

▸ Lei nº 8.072, de 25-07-1990: art. 1º, pár. ún, dispõe sobre os crimes hediondos.

II – os crimes: (Redação dada pela Lei nº 7.209, de 11.7.1984)

a) que, por tratado ou convenção, o Brasil se obrigou a reprimir; (Incluído pela Lei nº 7.209, de 1984)

▸ CF: art. 109, V.

b) praticados por brasileiro; (Incluído pela Lei nº 7.209, de 1984)

▸ CF: art. 12.

c) praticados em aeronaves ou embarcações brasileiras, mercantes ou de propriedade privada, quando em território estrangeiro e aí não sejam julgados. (Incluído pela Lei nº 7.209, de 1984)

▸ CP: art. 261.

§ 1º. Nos casos do inciso I, o agente é punido segundo a lei brasileira, ainda que absolvido ou condenado no estrangeiro. (Incluído pela Lei nº 7.209, de 1984)

§ 2º. Nos casos do inciso II, a aplicação da lei brasileira depende do concurso das seguintes condições: (Incluído pela Lei nº 7.209, de 1984)

a) entrar o agente no território nacional; (Incluído pela Lei nº 7.209, de 1984)

▸ Súmula nº. 1 do STF.

b) ser o fato punível também no país em que foi praticado; (Incluído pela Lei nº 7.209, de 1984)

c) estar o crime incluído entre aqueles pelos quais a lei brasileira autoriza a extradição; (Incluído pela Lei nº 7.209, de 1984)

▸ Lei nº 13.445, de 24-05-2017: arts. 81 a 99, Lei de Migração.

d) não ter sido o agente absolvido no estrangeiro ou não ter aí cumprido a pena; (Incluído pela Lei nº 7.209, de 1984)

e) não ter sido o agente perdoado no estrangeiro ou, por outro motivo, não estar extinta a punibilidade, segundo a lei mais favorável. (Incluído pela Lei nº 7.209, de 1984)

▸ CP: arts. 107 a 120.

§ 3º. A lei brasileira aplica-se também ao crime cometido por estrangeiro contra brasileiro fora do Brasil, se, reunidas as condições previstas no parágrafo anterior: (Incluído pela Lei nº 7.209, de 1984)

a) não foi pedida ou foi negada a extradição; (Incluído pela Lei nº 7.209, de 1984)

b) houve requisição do Ministro da Justiça. (Incluído pela Lei nº 7.209, de 1984)

▸ CP: art. 5º, caput.

PENA CUMPRIDA NO ESTRANGEIRO

ART. 8º. A pena cumprida no estrangeiro atenua a pena imposta no Brasil pelo mesmo crime, quando diversas, ou nela é computada, quando idênticas. (Redação dada pela Lei nº 7.209, de 11.7.1984)

▸ CP: arts. 42 e 116, II.

▸ CPP: arts. 787 a 790.

▸ Dec. nº 5.919, de 03-10-2006, Promulga a Convenção Interamericana sobre o Cumprimento de Sentenças Penais no Exterior.

EFICÁCIA DE SENTENÇA ESTRANGEIRA

ART. 9º. A sentença estrangeira, quando a aplicação da lei brasileira produz na espécie as mesmas consequências, pode ser homologada no Brasil para: (Redação dada pela Lei nº 7.209, de 11.7.1984)

▸ Súmula nº 420 do STF.

▸ CF: art. 105, I, i.

▸ CPP: arts. 787 a 790.

I - obrigar o condenado à reparação do dano, a restituições e a outros efeitos civis; (Incluído pela Lei nº 7.209, de 11.7.1984)

▸ CPP: arts. 63 a 68.

II - sujeitá-lo a medida de segurança. (Incluído pela Lei nº 7.209, de 11.7.1984)

▸ CPP: arts. 96 a 99.

▸ Lei nº 7.210, de 11-07-1984, arts. 171 a 179, Lei de Execução Penal.

Parágrafo único. A homologação depende: (Incluído pela Lei nº 7.209, de 11.7.1984)

a) para os efeitos previstos no inciso I, de pedido da parte interessada; (Incluído pela Lei nº 7.209, de 11.7.1984)

b) para os outros efeitos, da existência de tratado de extradição com o país de cuja autoridade judiciária emanou a sentença, ou, na falta de tratado, de requisição do Ministro da Justiça. (Incluído pela Lei nº 7.209, de 11.7.1984)

▸ CP: art. 5º, caput.

CONTAGEM DE PRAZO

ART. 10. O dia do começo inclui-se no cômputo do prazo. Contam-se os dias, os meses e os anos pelo calendário comum. (Redação dada pela Lei nº 7.209, de 11.7.1984)

▸ Súmula 710 do STF.

▸ CP: arts. 33, § 2º, 83 a 90, 103 e 109.

▸ CPP: art. 798, § 1º.

▸ Lei nº 7.210, de 11-07-1984, arts. 112 e 131, Lei de Execução Penal.

▸ Lei nº 7.960, de 21-12-1989, art. 2º, dispõe sobre prisão temporária.

▸ *Lei nº 8.072, de 25-07-1990: art. 2º, § 2º, dispõe sobre os crimes hediondos.*

FRAÇÕES NÃO COMPUTÁVEIS DA PENA

ART. 11. Desprezam-se, nas penas privativas de liberdade e nas restritivas de direitos, as frações de dia, e, na pena de multa, as frações de cruzeiro. (Redação dada pela Lei nº 7.209, de 11.7.1984)

▸ *CP: art. 44, §4º.*

LEGISLAÇÃO ESPECIAL

ART. 12. As regras gerais deste Código aplicam-se aos fatos incriminados por lei especial, se esta não dispuser de modo diverso. (Redação dada pela Lei nº 7.209, de 11.7.1984)

▸ *Dec.-lei nº 3.688, de 03-10-1941, art. 1º, Lei das Contravenções Penais.*

▸ *Lei nº 4.737 de 15 de julho de 1965, art. 287, Código Eleitoral.*

▸ *Lei nº 9.504 de 30-9-1997, art. 90, Lei das Eleições.*

▸ *Súmula nº 171 do STJ.*

TÍTULO II. DO CRIME

RELAÇÃO DE CAUSALIDADE

ART. 13. O resultado, de que depende a existência do crime, somente é imputável a quem lhe deu causa. Considera-se causa a ação ou omissão sem a qual o resultado não teria ocorrido. (Redação dada pela Lei nº 7.209, de 11.7.1984)

▸ *CP: art. 19.*

▸ *CPP: arts. 397, III, 386, III, e 415, III.*

SUPERVENIÊNCIA DE CAUSA INDEPENDENTE

§ 1º. A superveniência de causa relativamente independente exclui a imputação quando, por si só, produziu o resultado; os fatos anteriores, entretanto, imputam-se a quem os praticou. (Incluído pela Lei nº 7.209, de 11.7.1984)

RELEVÂNCIA DA OMISSÃO

§ 2º. A omissão é penalmente relevante quando o omitente devia e podia agir para evitar o resultado. O dever de agir incumbe a quem: (Incluído pela Lei nº 7.209, de 11.7.1984)

a) tenha por lei obrigação de cuidado, proteção ou vigilância; (Incluído pela Lei nº 7.209, de 11.7.1984)

b) de outra forma, assumiu a responsabilidade de impedir o resultado; (Incluído pela Lei nº 7.209, de 11.7.1984)

c) com seu comportamento anterior, criou o risco da ocorrência do resultado. (Incluído pela Lei nº 7.209, de 11.7.1984)

ART. 14. Diz-se o crime: (Redação dada pela Lei nº 7.209, de 11.7.1984)

▸ *CPP: art. 70.*

CRIME CONSUMADO

▸ *Súmula 582 do STJ.*

I – consumado, quando nele se reúnem todos os elementos de sua definição legal; (Incluído pela Lei nº 7.209, de 11.7.1984)

▸ *Súmula Vinculante nº 24.*

▸ *Súmula nº 610 do STF.*

▸ *Súmula nº 96 do STJ.*

▸ *CP: art. 111, I.*

TENTATIVA

II – tentado, quando, iniciada a execução, não se consuma por circunstâncias alheias à vontade do agente. (Incluído pela Lei nº 7.209, de 11.7.1984)

▸ *CP: art. 111, II.*

▸ *CPP: art. 70.*

▸ *Dec.-lei nº 3.688, de 03-10-1941, art. 4º, Lei das Contravenções Penais.*

PENA DE TENTATIVA

Parágrafo único. Salvo disposição em contrário, pune-se a tentativa com a pena correspondente ao crime consumado, diminuída de um a dois terços. (Incluído pela Lei nº 7.209, de 11.7.1984)

▸ *Lei nº 1.079 de 10-4-1950, art. 2º, Lei de Crimes de Responsabilidade.*

▸ *Lei nº 13.260, de 16-03-2016, art. 5º, Regulamenta o disposto no inciso XLIII do art. 5º da Constituição Federal, disciplinando o terrorismo.*

DESISTÊNCIA VOLUNTÁRIA E ARREPENDIMENTO EFICAZ

ART. 15. O agente que, voluntariamente, desiste de prosseguir na execução ou impede que o resultado se produza, só responde pelos atos já praticados. (Redação dada pela Lei nº 7.209, de 11.7.1984)

▸ *Lei nº 13.260, de 16-03-2016, art. 10, Regulamenta o disposto no inciso XLIII do art. 5º da Constituição Federal, disciplinando o terrorismo.*

ARREPENDIMENTO POSTERIOR

ART. 16. Nos crimes cometidos sem violência ou grave ameaça à pessoa, reparado o dano ou restituída a coisa, até o recebimento da denúncia ou da queixa, por ato voluntário do agente, a pena será reduzida de um a dois terços. (Redação dada pela Lei nº 7.209, de 11.7.1984)

▸ *Súmula nº 554 do STF.*

▸ *CP: arts. 65, III, b e 312, § 3º.*

CRIME IMPOSSÍVEL

ART. 17. Não se pune a tentativa quando, por ineficácia absoluta do meio ou por absoluta impropriedade do objeto, é impossível consumar-se o crime. (Redação dada pela Lei nº 7.209, de 11.7.1984)

▸ *Súmula nº 145 do STF.*

▸ *Súmula nº 567 do STJ.*

▸ *CPP: arts. 302 e 310, I, 397, III, 386, III, e 415, III.*

ART. 18. Diz-se o crime: (Redação dada pela Lei nº 7.209, de 11.7.1984)

▸ *Dec.-lei nº 3.688, de 03-10-1941, art. 3º, Lei das Contravenções Penais.*

CRIME DOLOSO

I - doloso, quando o agente quis o resultado ou assumiu o risco de produzi-lo; (Incluído pela Lei nº 7.209, de 11.7.1984)

- *CF: art. 5º, XXXVIII, d.*
- *CP: art. 36, §2º; 77, I; 84, I; 83, I.*
- *CPP: arts. 386, III, 397, III, e 415, III.*

CRIME CULPOSO

II - culposo, quando o agente deu causa ao resultado por imprudência, negligência ou imperícia. (Incluído pela Lei nº 7.209, de 11.7.1984)

Parágrafo único. Salvo os casos expressos em lei, ninguém pode ser punido por fato previsto como crime, senão quando o pratica dolosamente. (Incluído pela Lei nº 7.209, de 11.7.1984)

AGRAVAÇÃO PELO RESULTADO

ART. 19. Pelo resultado que agrava especialmente a pena, só responde o agente que o houver causado ao menos culposamente. (Redação dada pela Lei nº 7.209, de 11.7.1984)

ERRO SOBRE ELEMENTOS DO TIPO

ART. 20. O erro sobre elemento constitutivo do tipo legal de crime exclui o dolo, mas permite a punição por crime culposo, se previsto em lei. (Redação dada pela Lei nº 7.209, de 11.7.1984)

- *CPP: arts. 386, III, 397, III, e 415, III.*

DESCRIMINANTES PUTATIVAS

§ 1º. É isento de pena quem, por erro plenamente justificado pelas circunstâncias, supõe situação de fato que, se existisse, tornaria a ação legítima. Não há isenção de pena quando o erro deriva de culpa e o fato é punível como crime culposo. (Redação dada pela Lei nº 7.209, de 11.7.1984)

- *CP: arts. 23 a 25.*
- *CPP: arts. 386, VI e 415, IV.*

ERRO DETERMINADO POR TERCEIRO

§ 2º. Responde pelo crime o terceiro que determina o erro. (Redação dada pela Lei nº 7.209, de 11.7.1984)

ERRO SOBRE A PESSOA

§ 3º. O erro quanto à pessoa contra a qual o crime é praticado não isenta de pena. Não se consideram, neste caso, as condições ou qualidades da vítima, senão as da pessoa contra quem o agente queria praticar o crime. (Incluído pela Lei nº 7.209, de 11.7.1984)

- *CP: art. 73.*

ERRO SOBRE A ILICITUDE DO FATO

ART. 21. O desconhecimento da lei é inescusável. O erro sobre a ilicitude do fato, se inevitável, isenta de pena; se evitável, poderá diminuí-la de um sexto a um terço. (Redação dada pela Lei nº 7.209, de 11.7.1984)

- *CP: art. 65, II.*
- *CPP: arts. 386, VI, 397, II, e 415, IV.*
- *Dec.-lei nº 3.688, de 03-10-1941, art. 8º, Lei das Contravenções Penais.*
- *Dec.-lei nº 4.657, de 04-09-1942, art. 8º, Lei de Introdução às Normas do Direito Brasileiro.*
- *Dec.-Lei nº 4.657, de 04-09-1942, art. 3º, Lei de Introdução às Normas de Direito Brasileiro.*

Parágrafo único. Considera-se evitável o erro se o agente atua ou se omite sem a consciência da ilicitude do fato, quando lhe era possível, nas circunstâncias, ter ou atingir essa consciência. (Redação dada pela Lei nº 7.209, de 11.7.1984)

COAÇÃO IRRESISTÍVEL E OBEDIÊNCIA HIERÁRQUICA

ART. 22. Se o fato é cometido sob coação irresistível ou em estrita obediência a ordem, não manifestamente ilegal, de superior hierárquico, só é punível o autor da coação ou da ordem. (Redação dada pela Lei nº 7.209, de 11.7.1984)

- *CP: art. 62, II e III; 65, III, c, e 146, §3º, I e II.*
- *CPP: arts. 386, III e VI, 397, II e III, e 415, III e IV.*
- *Lei nº 9.455, de 07-04-1997: art. 1º, I, b, define os crimes de tortura.*

EXCLUSÃO DE ILICITUDE

ART. 23. Não há crime quando o agente pratica o fato: (Redação dada pela Lei nº 7.209, de 11.7.1984)

- *CPP: arts. 65, 310, parágrafo único, 314, 386, VI, 397, I, e 415, IV.*
- *Lei nº10.406, de 10-01-2002, art. 188, I, Código Civil.*

I - em estado de necessidade; (Incluído pela Lei nº 7.209, de 11.7.1984)

- *CPP: art. 310, par. ún.*

II - em legítima defesa; (Incluído pela Lei nº 7.209, de 11.7.1984)

III - em estrito cumprimento de dever legal ou no exercício regular de direito. (Incluído pela Lei nº 7.209, de 11.7.1984)

- *CPP: art. 386, VI.*

EXCESSO PUNÍVEL

Parágrafo único. O agente, em qualquer das hipóteses deste artigo, responderá pelo excesso doloso ou culposo. (Incluído pela Lei nº 7.209, de 11.7.1984)

ESTADO DE NECESSIDADE

ART. 24. Considera-se em estado de necessidade quem pratica o fato para salvar de perigo atual, que não provocou por sua vontade, nem podia de outro modo evitar, direito próprio ou alheio, cujo sacrifício, nas circunstâncias, não era razoável exigir-se. (Redação dada pela Lei nº 7.209, de 11.7.1984)

- *CPP: arts. 310, parágrafo único, 386, VI, 397, I, e 415, IV.*
- *Lei nº 10.406, de 10-01-2002, art. 188, I, Código Civil.*

§ 1º. Não pode alegar estado de necessidade quem tinha o dever legal de enfrentar o perigo. (Redação dada pela Lei nº 7.209, de 11.7.1984)

- *CP: art. 13, § 2º.*

§ 2º. Embora seja razoável exigir-se o sacrifício do direito ameaçado, a pena poderá ser reduzida de um a dois terços. (Redação dada pela Lei nº 7.209, de 11.7.1984)

LEGÍTIMA DEFESA

ART. 25. Entende-se em legítima defesa quem, usando moderadamente dos meios necessários, repele injusta agressão, atual ou iminente, a direito seu ou de outrem. (Redação dada pela Lei nº 7.209, de 11.7.1984)

- CPP: arts. 65, 310, § 1º, 314, 386, VI, 397, I, e 415, IV.
- Lei nº 10.406, de 10-01-2002, art. 188, I, e 1.210, §1º, Código Civil.

Parágrafo único. Observados os requisitos previstos no caput deste artigo, considera-se também em legítima defesa o agente de segurança pública que repele agressão ou risco de agressão a vítima mantida refém durante a prática de crimes. (Incluído pela Lei nº 13.964, de 24.12.2019)

- CF: art. 144.
- CPP: arts. 14-A, 65, 310, § 1º. 314, 386, VI, 397, I, e 415, IV.

Título III. DA IMPUTABILIDADE PENAL

INIMPUTÁVEIS

ART. 26. É isento de pena o agente que, por doença mental ou desenvolvimento mental incompleto ou retardado, era, ao tempo da ação ou da omissão, inteiramente incapaz de entender o caráter ilícito do fato ou de determinar-se de acordo com esse entendimento. (Redação dada pela Lei nº 7.209, de 11.7.1984)

- CP: arts. 96 a 99.
- CPP: arts. 149 a 154, 310, I, 319, VII, 386, VI, 397, II, e 415, IV.
- Lei nº 7.210, de 11-07-1984, art. 99, Lei de Execução Penal.
- Lei nº 11.343 de 23-08-2006, arts. 45 e 46, Lei Antidrogas.
- Lei nº 7.210, de 11-07-1984: arts. 175 a 179, Lei de Execução Penal.

REDUÇÃO DE PENA

Parágrafo único. A pena pode ser reduzida de um a dois terços, se o agente, em virtude de perturbação de saúde mental ou por desenvolvimento mental incompleto ou retardado não era inteiramente capaz de entender o caráter ilícito do fato ou de determinar-se de acordo com esse entendimento. (Redação dada pela Lei nº 7.209, de 11.7.1984)

- Lei nº 11.343, de 23-08-2006: art. 46, Lei Antidrogas.
- Lei nº 7.210, de 11-07-1984, art. 171 a 179, Lei de Execução Penal.

MENORES DE DEZOITO ANOS

ART. 27. Os menores de 18 (dezoito) anos são penalmente inimputáveis, ficando sujeitos às normas estabelecidas na legislação especial. (Redação dada pela Lei nº 7.209, de 11.7.1984)

- Súmula 605 do STJ.
- CF: art. 228.
- CPP: arts. 95, IV, 395, II, e 564, II.
- CC: art. 5º.
- Lei nº 8.069, de 13-07-1990, art. 104, Estatuto da Criança e do Adolescente.
- Lei nº 7.170 de 14-12-1983, art. 7º, parágrafo único, Lei de Segurança Nacional.

EMOÇÃO E PAIXÃO

ART. 28. Não excluem a imputabilidade penal: (Redação dada pela Lei nº 7.209, de 11.7.1984)

I – a emoção ou a paixão; (Redação dada pela Lei nº 7.209, de 11.7.1984)

- CP: arts. 65, III, c e 121, § 1º.

EMBRIAGUEZ

II – a embriaguez, voluntária ou culposa, pelo álcool ou substância de efeitos análogos. (Redação dada pela Lei nº 7.209, de 11.7.1984)

- CP: arts. 61, II, l, 147, 329 e 331.
- Dec.-lei nº 3.688, de 03-10-1941, arts. 62 e 63, Lei das Contravenções Penais.
- Dec. nº 6.117, de 22-05-2007, aprova a Política Nacional sobre o álcool e dispõe sobre as medidas para redução do uso indevido de álcool e sua associação com a violência e criminalidade.

§ 1º. É isento de pena o agente que, por embriaguez completa, proveniente de caso fortuito ou força maior, era, ao tempo da ação ou da omissão, inteiramente incapaz de entender o caráter ilícito do fato ou de determinar-se de acordo com esse entendimento. (Redação dada pela Lei nº 7.209, de 11.7.1984)

- CPP: arts. 386, VI, 397, II, e 415, IV.
- Lei nº 11.343, de 23-08-2006, art. 45, Lei Antidrogas.

§ 2º. A pena pode ser reduzida de um a dois terços, se o agente, por embriaguez, proveniente de caso fortuito ou força maior, não possuía, ao tempo da ação ou da omissão, a plena capacidade de entender o caráter ilícito do fato ou de determinar-se de acordo com esse entendimento. (Redação dada pela Lei nº 7.209, de 11.7.1984)

- Lei nº 11.343, de 23-08-2006: art. 46, Lei Antidrogas.

Título IV. DO CONCURSO DE PESSOAS

REGRAS COMUNS ÀS PENAS PRIVATIVAS DE LIBERDADE

ART. 29. Quem, de qualquer modo, concorre para o crime incide nas penas a este cominadas, na medida de sua culpabilidade. (Redação dada pela Lei nº 7.209, de 11.7.1984)

- CP: arts. 106, I e 117, § 1º.
- CP: arts. 137, 150, § 1º., 155, § 4º., IV, 157, § 2º., II, 158, § 1º, 161, II, 226, I e IV a, 288 e 312, § 2º.
- CPP: art. 77, I, 191, 270 e 580.
- CDC: art. 75.
- Lei nº 11.101, de 09-02-2005: art. 168, § 3º, regula a recuperação judicial, a extrajudicial e a falência do empresário e da sociedade empresária.

§ 1º. Se a participação for de menor importância, a pena pode ser diminuída de um sexto a um terço. (Redação dada pela Lei nº 7.209, de 11.7.1984)

§ 2º. Se algum dos concorrentes quis participar de crime menos grave, ser-lhe-á aplicada a pena deste; essa pena será aumentada até metade, na hipótese de ter sido previsível o resultado mais grave. (Redação dada pela Lei nº 7.209, de 11.7.1984)

CIRCUNSTÂNCIAS INCOMUNICÁVEIS

ART. 30. Não se comunicam as circunstâncias e as condições de caráter pessoal, salvo quando elementares do crime. (Redação dada pela Lei nº 7.209, de 11.7.1984)

CASOS DE IMPUNIBILIDADE

ART. 31. O ajuste, a determinação ou instigação e o auxílio, salvo disposição expressa em contrário, não são puníveis, se o crime não chega, pelo menos, a ser tentado. (Redação dada pela Lei nº 7.209, de 11.7.1984)

- *CP: art. 122.*
- *CPP: arts. 549 e 555.*

TÍTULO V. DAS PENAS

- *Súmulas 40, 341, 439, 441, 471, 491, 520, 526, 533, 534, 535 e 562 do STJ.*

CAPÍTULO I. DAS ESPÉCIES DE PENA

ART. 32. As penas são: (Redação dada pela Lei nº 7.209, de 11.7.1984)

- *CF: art. 5º, XLV a L e LXVII e 84, XII.*
- *Lei nº 7.210, de 11-07-1984, Lei de Execução Penal.*
- *Dec.-lei nº 3.688, de 03-10-1941, art. 5º, Lei das Contravenções Penais.*

I – privativas de liberdade;

- *CF: art. 5º XLVIII e XLIX.*
- *CP: art. 33.*
- *Lei nº 7.210, de 11-07-1984, art. 6º e 105 a 146, Lei de Execução Penal.*

II – restritivas de direitos;

- *CP: art. 43 e 44.*
- *Lei nº 7.210, de 11-07-1984, art. 147 a 155 Lei de Execução Penal.*

III – de multa.

- *CP: art. 49 a 52.*
- *Lei nº 7.210, de 11-07-1984, art. 164 a 170, Lei de Execução Penal.*

SEÇÃO I. DAS PENAS PRIVATIVAS DE LIBERDADE

RECLUSÃO E DETENÇÃO

ART. 33. A pena de reclusão deve ser cumprida em regime fechado, semi-aberto ou aberto. A de detenção, em regime semi-aberto, ou aberto, salvo necessidade de transferência a regime fechado. (Redação dada pela Lei nº 7.209, de 11.7.1984)

- *Súmula Vinculante 56.*
- *Súmula 440 do STJ.*
- *Súmula 719 do STF.*
- *CF: art. 5º, XLVIII.*
- *Lei nº 7.210, de 11-07-1984, arts. 105 a 146 e 180, Lei de Execução Penal.*
- *Lei nº 7.210, de 11-07-1984, art. 87 a 95, Lei de Execução Penal.*
- *Lei nº 13.146, de 06-07-2015, art 79, § 2º, Estatuto da Pessoa com Deficiência*

§ 1º. Considera-se: (Redação dada pela Lei nº 7.209, de 11.7.1984)

a) regime fechado a execução da pena em estabelecimento de segurança máxima ou média;

- *Lei nº 8.072, de 25-07-1990: art. 3º, dispõe sobre os crimes hediondos.*

b) regime semi-aberto a execução da pena em colônia agrícola, industrial ou estabelecimento similar;

- *Súmula nº 493 do STJ.*

c) regime aberto a execução da pena em casa de albergado ou estabelecimento adequado.

- *Súmula n. 493 do STJ.*

§ 2º. As penas privativas de liberdade deverão ser executadas em forma progressiva, segundo o mérito do condenado, observados os seguintes critérios e ressalvadas as hipóteses de transferência a regime mais rigoroso: (Redação dada pela Lei nº 7.209, de 11.7.1984)

- *Súmula Vinculante 56.*
- *Súmulas nº 715, 716, 718 e 719 do STF.*
- *Súmulas 269, 341, 439, 440, 491, 493, 534 e 562 do STJ.*
- *CP: art. 10.*
- *Lei nº 7.210, de 11-07-1984, arts. 112 e 128, Lei de Execução Penal.*
- *Lei nº 8.072, de 25-07-1990, art. 2º, § 2º, Crimes hediondos.*

a) o condenado a pena superior a 8 (oito) anos deverá começar a cumpri-la em regime fechado;

b) o condenado não reincidente, cuja pena seja superior a 4 (quatro) anos e não exceda a 8 (oito), poderá, desde o princípio, cumpri-la em regime semi-aberto;

c) o condenado não reincidente, cuja pena seja igual ou inferior a 4 (quatro) anos, poderá, desde o início, cumpri-la em regime aberto.

- *Súmula nº 269 do STJ.*

§ 3º. A determinação do regime inicial de cumprimento da pena far-se-á com observância dos critérios previstos no art. 59 deste Código. (Redação dada pela Lei nº 7.209, de 11.7.1984)

- *Súmula Vinculante 26.*
- *Súmulas 718 e 719 do STF.*
- *Súmulas 269, 440 e 493 do STJ.*
- *Lei nº 7.210, de 11-07-1984, arts. 93 a 95 e 110 a 119, Lei de Execução Penal.*
- *Lei nº 8.072, de 25-07-1990: art. 2º, § 1º, dispõe sobre os crimes hediondos.*
- *Lei 9.455, de 7-4-1997, art. 1º, § 7º, Lei dos Crimes de Tortura.*

§ 4º. O condenado por crime contra a administração pública terá a progressão de regime do cumprimento da pena condicionada à reparação do dano que causou, ou à devolução do produto do ilícito praticado, com os acréscimos legais. (Incluído pela Lei nº 10.763, de 12.11.2003)

- *CP: arts. 312 e ss.*

REGRAS DO REGIME FECHADO

ART. 34. O condenado será submetido, no início do cumprimento da pena, a exame criminológico de classificação para individualização da execução. (Redação dada pela Lei nº 7.209, de 11.7.1984)

- Súmula Vinculante nº 26.
- Súmula nº 439 do STJ.
- Lei nº 7.210, de 11-07-1984, arts. 5º a 9º, 87 a 90,112 e 174,. Lei de Execução Penal.

§ 1º. O condenado fica sujeito a trabalho no período diurno e a isolamento durante o repouso noturno. (Redação dada pela Lei nº 7.209, de 11.7.1984)

- Lei nº 7.210, de 11-07-1984, arts. 31 a 35 e 126 a 129, Lei de Execução Penal.

§ 2º. O trabalho será em comum dentro do estabelecimento, na conformidade das aptidões ou ocupações anteriores do condenado, desde que compatíveis com a execução da pena. (Redação dada pela Lei nº 7.209, de 11.7.1984)

§ 3º. O trabalho externo é admissível, no regime fechado, em serviços ou obras públicas. (Redação dada pe a Lei nº 7.209, de 11.7.1984)

- Lei nº 7.210, de 11-07-1984, arts. 8, 36 e 37, Lei de Execução Penal.

REGRAS DO REGIME SEMI-ABERTO

ART. 35. Aplica-se a norma do art. 34 deste Código, *caput*, ao condenado que inicie o cumprimento da pena em regime semi-aberto. (Redação dada pela Lei nº 7.209, de 11.7.1984)

- Súmula Vinculante nº 26 do STF
- Súmula nº 439 do STJ
- Lei nº 7.210, de 11-07-1984, arts. 8, 91, 92 e 174, Lei de Execução Penal.

§ 1º. O condenado fica sujeito a trabalho em comum durante o período diurno, em colônia agrícola, industrial ou estabelecimento similar. (Redação dada pela Lei nº 7.209, de 11.7.1984)

- Lei nº 7.210, de 11-07-1984, arts. 31 a 35 e 126 a 129, Lei de Execução Penal.

§ 2º. O trabalho externo é admissível, bem como a frequência a cursos supletivos profissionalizantes, de instrução de segundo grau ou superior. (Redação dada pela Lei nº 7.209, de 11.7.1984)

- Súmula nº 341 do STJ.
- Lei nº 7.210, de 11-07-1984, arts. 8º, parágrafo único, 36 e 37, 122, II e 124, § 2º.
- Lei de Execução Penal.

REGRAS DO REGIME ABERTO

ART. 36. O regime aberto baseia-se na autodisciplina e senso de responsabilidade do condenado. (Redação dada pela Lei nº 7.209, de 11.7.1984)

- Súmula no. 493 do STJ
- Lei nº 7.210, de 11-07-1984, arts. 93 a 95, arts. 113 a 119 Lei de Execução Penal.

§ 1º. O condenado deverá, fora do estabelecimento e sem vigilância, trabalhar, frequentar curso ou exercer outra atividade autorizada, permanecendo recolhido durante o período noturno e nos dias de folga. (Redação dada pela Lei nº 7.209, de 11.7.1984)

§ 2º. O condenado será transferido do regime aberto, se praticar fato definido como crime doloso, se frustrar os fins da execução ou se, podendo, não pagar a multa cumulativamente aplicada. (Redação dada pela Lei nº 7.209, de 11.7.1984)

- CP: art. 51.
- Lei nº 7.210, de 11-07-1984, art. 113 e 118, Lei de Execução Penal.

REGIME ESPECIAL

ART. 37. As mulheres cumprem pena em estabelecimento próprio, observando-se os deveres e direitos inerentes à sua condição pessoal, bem como, no que couber, o disposto neste Capítulo. (Redação dada pela Lei nº 7.209, de 11.7.1984)

- CF: art. 5º, XLVIII e L.
- Lei nº 7.210, de 11-07-1984, art. 82 a 86; 88 e 89, Lei de Execução Penal.

DIREITOS DO PRESO

ART. 38. O preso conserva todos os direitos não atingidos pela perda da liberdade, impondo-se a todas as autoridades o respeito à sua integridade física e moral. (Redação dada pela Lei nº 7.209, de 11.7.1984)

- CF: art. 5º, XLIV.
- Lei nº 7.210, de 11-07-1984, arts. 3º, 40, 41, 42 e 43, Lei de Execução Penal.

TRABALHO DO PRESO

ART. 39. O trabalho do preso será sempre remunerado, sendo-lhe garantidos os benefícios da Previdência Social. (Redação dada pela Lei nº 7.209, de 11.7.1984)

- CP: art. 40.
- Lei nº 7.210, de 11-07-1984, arts. 28 a 37 e 126 a 129, Lei de Execução Penal.

LEGISLAÇÃO ESPECIAL

ART. 40. A legislação especial regulará a matéria prevista nos arts. 38 e 39 deste Código, bem como especificará os deveres e direitos do preso, os critérios para revogação e transferência dos regimes e estabelecerá as infrações disciplinares e correspondentes sanções. (Redação dada pela Lei nº 7.209, de 11.7.1984)

- CF: art. 24, I.
- Lei nº 7.210, de 11-07-1984: arts. 38 a 60 e 110 a 119, Lei de Execução Penal.

SUPERVENIÊNCIA DE DOENÇA MENTAL

ART. 41. O condenado a quem sobrevém doença mental deve ser recolhido a hospital de custódia e tratamento psiquiátrico ou, à falta, a outro estabelecimento adequado. (Redação dada pela Lei nº 7.209, de 11.7.1984)

- CP: art. 26.
- CPP: art. 154.
- Lei nº 7.210, de 11-07-1984, arts. 99 a 101 e 183, Lei de Execução Penal.

DETRAÇÃO

ART. 42. Computam-se, na pena privativa de liberdade e na medida de segurança, o tempo de prisão provisória, no Brasil ou no estrangeiro, o de prisão administrativa e o de internação em qualquer dos estabelecimentos referidos no artigo anterior. (Redação dada pela Lei nº 7.209, de 11.7.1984)

- *Súmula nº 716 do STF.*
- *Súmula nº 526 e 527 do STJ.*
- *CP: art. 8º.*
- *CPP: arts. 301 a 316 e 387, § 2º.*
- *Lei nº 7.210, de 11-07-1984, art. 111, Lei de Execução Penal.*
- *Lei nº 7.960, de 21-12-1989, dispõe sobre prisão temporária.*

SEÇÃO II. DAS PENAS RESTRITIVAS DE DIREITOS

PENAS RESTRITIVAS DE DIREITOS

ART. 43. As penas restritivas de direitos são: (Redação dada pela Lei nº 9.714, de 1998)

- *CP: art. 54, 55, 80, 81, §1º, e 109, parágrafo único.*
- *Lei nº 7.210, de 11-07-1984, arts. 147 a 155 e 181, Lei de Execução Penal.*
- *Lei nº 11.340 de 7-8-2006, art. 17, cria mecanismos para coibir*
- *a violência doméstica e familiar contra a mulher.*
- *Lei nº 11.343, de 23-08-2006, art. 28, Lei Antidrogas.*

I – prestação pecuniária; (Incluído pela Lei nº 9.714, de 1998)

- *CP: art. 45, §§ 1º e 2º.*
- *Lei nº 11.340, de 07-08-2006: art. 17, cria mecanismos para coibir a violência doméstica e familiar contra a mulher.*

II – perda de bens e valores; (Incluído pela Lei nº 9.714, de 1998)

- *CP: art. 45, § 3º.*

III – (VETADO) (Incluído pela Lei nº 9.714, de 1998)

IV – prestação de serviço à comunidade ou a entidades públicas; (Incluído pela Lei nº 7.209, de 11.7.1984, renumerado com alteração pela Lei nº 9.714, de 25.11.1998)

- *CP: art. 46.*
- *CP: art. 55 e 78, §1º.*

V – interdição temporária de direitos; (Incluído pela Lei nº 7.209, de 11.7.1984, renumerado com alteração pela Lei nº 9.714, de 25.11.1998)

- *CP: arts. 47 e 55 a 57.*
- *Lei nº 7.210, de 11-07-1984, art. 154 e 181, §3º, Lei de Execução Penal.*

VI – limitação de fim de semana. (Incluído pela Lei nº 7.209, de 11.7.1984, renumerado com alteração pela Lei nº 9.714, de 25.11.1998)

- *CP: arts. 48, 55, 78, § 1º, e 81, III.*
- *Lei nº 7.210, de 11-07-1984, art. 151 a 153, Lei de Execução Penal.*

ART. 44. As penas restritivas de direitos são autônomas e substituem as privativas de liberdade, quando: (Redação dada pela Lei nº 9.714, de 1998)

- *Súmulas nº. 493, 588 e 643 do STJ*
- *CP: arts. 69, § 1º., 77, III, e 109, parágrafo único.*
- *CDC: art. 78.*
- *CTB: arts. 312-A e 312-B.*
- *Lei nº 11.340, de 7-8-2006, art. 17, cria mecanismos para coibir a violência doméstica e familiar contra a mulher.*
- *Lei nº 11.343, de 23-08-2006, arts. 33, § 4º, e 44, Lei Antidrogas.*
- *Lei nº 13.869, de 5-9-2019, art. 5º., Lei de Abuso de Autoridade.*
- *Resolução nº 5, de 15-02-2012, do Senado Federal.*

I – aplicada pena privativa de liberdade não superior a quatro anos e o crime não for cometido com violência ou grave ameaça à pessoa ou, qualquer que seja a pena aplicada, se o crime for culposo; (Redação dada pela Lei nº 9.714, de 1998)

- *CP: art. 45, 55, 69, §2º.*

II – o réu não for reincidente em crime doloso; (Redação dada pela Lei nº 9.714, de 1998)

- *CP: art. 44, parágrafo 3º.*

III – a culpabilidade, os antecedentes, a conduta social e a personalidade do condenado, bem como os motivos e as circunstâncias indicarem que essa substituição seja suficiente. (Redação dada pela Lei nº 9.714, de 1998)

- *CP: arts. 59, 69, §1º e 77, III.*

§ 1º. (VETADO) (Incluído pela Lei nº 9.714, de 1998)

§ 2º. Na condenação igual ou inferior a um ano, a substituição pode ser feita por multa ou por uma pena restritiva de direitos; se superior a um ano, a pena privativa de liberdade pode ser substituída por uma pena restritiva de direitos e multa ou por duas restritivas de direitos. (Incluído pela Lei nº 9.714, de 1998)

- *Súmula nº 171 do STJ.*
- *CP: art. 58, parágrafo único; 59, IV; 60, §2º; 69, §1º e 77, III.*

§ 3º. Se o condenado for reincidente, o juiz poderá aplicar a substituição, desde que, em face de condenação anterior, a medida seja socialmente recomendável e a reincidência não se tenha operado em virtude da prática do mesmo crime. (Incluído pela Lei nº 9.714, de 1998)

- *CP: art. 59*

§ 4º. A pena restritiva de direitos converte-se em privativa de liberdade quando ocorrer o descumprimento injustificado da restrição imposta. No cálculo da pena privativa de liberdade a executar será deduzido o tempo cumprido da pena restritiva de direitos, respeitado o saldo mínimo de trinta dias de detenção ou reclusão. (Incluído pela Lei nº 9.714, de 1998)

- *CP: art. 11.*

§ 5º. Sobrevindo condenação a pena privativa de liberdade, por outro crime, o juiz da execução penal decidirá sobre a conversão, podendo deixar de aplicá-la se for possível ao condenado cumprir a pena substitutiva anterior. (Incluído pela Lei nº 9.714, de 1998)

CONVERSÃO DAS PENAS RESTRITIVAS DE DIREITOS

ART. 45. Na aplicação da substituição prevista no artigo anterior, proceder-se-á na forma deste e dos arts. 46, 47 e 48. (Redação dada pela Lei nº 9.714, de 1998)

- *Lei nº 7.210, de 11-07-1984, art. 181 e parágrafos, Lei de Execução Penal.*
- *Lei nº 11.340 de 7-8-2006, art. 17, cria mecanismos para coibir a violência doméstica e familiar contra a mulher.*

§ 1º. A prestação pecuniária consiste no pagamento em dinheiro à vítima, a seus dependentes ou a entidade pública ou privada com destinação social, de importância fixada pelo juiz, não inferior a 1 (um) salário mínimo nem superior a 360 (trezentos e sessenta) salários mínimos. O valor pago será deduzido do montante de eventual condenação em ação de reparação civil, se coincidentes os beneficiários. (Incluído pela Lei nº 9.714, de 1998)

- *CP: art. 91, I.*
- *CPP: arts. 63 a 68.*

§ 2º. No caso do parágrafo anterior, se houver aceitação do beneficiário, a prestação pecuniária pode consistir em prestação de outra natureza. (Incluído pela Lei nº 9.714, de 1998)

§ 3º. A perda de bens e valores pertencentes aos condenados dar-se-á, ressalvada a legislação especial, em favor do Fundo Penitenciário Nacional, e seu valor terá como teto – o que for maior – o montante do prejuízo causado ou do provento obtido pelo agente ou por terceiro, em consequência da prática do crime. (Incluído pela Lei nº 9.714, de 1998)

§ 4º. (VETADO) (Incluído pela Lei nº 9.714, de 1998)

PRESTAÇÃO DE SERVIÇOS À COMUNIDADE OU A ENTIDADES PÚBLICAS

ART. 46. A prestação de serviços à comunidade ou a entidades públicas é aplicável às condenações superiores a seis meses de privação da liberdade. (Redação dada pela Lei nº 9.714, de 1998)

- *CF: art. 5º, XLVI, d.*
- *CP: art. 78, § 1º.*
- *Lei nº 7.210, de 11-07-1984, arts. 149 e 150, Lei de Execução Penal.*

§ 1º. A prestação de serviços à comunidade ou a entidades públicas consiste na atribuição de tarefas gratuitas ao condenado. (Incluído pela Lei nº 9.714, de 1998)

§ 2º. A prestação de serviço à comunidade dar-se-á em entidades assistenciais, hospitais, escolas, orfanatos e outros estabelecimentos congêneres, em programas comunitários ou estatais. (Incluído pela Lei nº 9.714, de 1998)

§ 3º. As tarefas a que se refere o § 1º serão atribuídas conforme as aptidões do condenado, devendo ser cumpridas à razão de uma hora de tarefa por dia de condenação, fixadas de modo a não prejudicar a jornada normal de trabalho. (Incluído pela Lei nº 9.714, de 1998)

§ 4º. Se a pena substituída for superior a um ano, é facultado ao condenado cumprir a pena substitutiva em menor tempo (art. 55), nunca inferior à metade da pena privativa de liberdade fixada. (Incluído pela Lei nº 9.714, de 1998)

- *CP: art. 78, §1º*
- *Lei nº 7.210, de 11-07-1984, art. 149 e 150, Lei de Execução Penal.*

INTERDIÇÃO TEMPORÁRIA DE DIREITOS

ART. 47. As penas de interdição temporária de direitos são: (Redação dada pela Lei nº 7.209, de 11.7.1984)

- *CF: art. 5º, XLVI, e, e art. 15, III.*
- *CP: art. 45.*
- *CDC: art. 78.*
- *Lei nº 1.079, de 10-04-1950, art. 2, define os crimes de responsabilidade e regula o respectivo processo e julgamento.*
- *Lei nº 7.210, de 11-07-1984, art. 151 a 155 e 181, §3º, Lei de Execução Penal.*
- *Lei nº 11.101, de 09-02-2005, art. 181, Lei de Falências.*

I – proibição do exercício de cargo, função ou atividade pública, bem como de mandato eletivo; (Redação dada pela Lei nº 7.209, de 11.7.1984)

- *CF: art. 15, III e V; 37, §4º*
- *CP: art. 56 92, I*
- *Dec-Lei nº 3.688 de 3-10-1941, art. 12, II, Lei de Contravenções Penais.*
- *Lei nº 7.210, de 11-07-1984, art. 154 e 155, Lei de Execução Penal.*

II – proibição do exercício de profissão, atividade ou ofício que dependam de habilitação especial, de licença ou autorização do poder público; (Redação dada pela Lei nº 7.209, de 11.7.1984)

- *Dec. -Lei nº 3.688 de 3-10-1941, art. 12, I, Lei de Contravenções Penais.*
- *Lei nº 7.210, de 11-07-1984, art. 154, §2º, Lei de Execução Penal.*

III – suspensão de autorização ou de habilitação para dirigir veículo. (Redação dada pela Lei nº 7.209, de 11.7.1984)

- *CP: art. 57.*

IV – proibição de frequentar determinados lugares. (Incluído pela Lei nº 9.714, de 1998)

- *CF: arts. 5º, XLVI, e 15, III.*
- *CP: art. 45.*

V – proibição de inscrever-se em concurso, avaliação ou exame públicos. (Incluído pela Lei nº 12.550, de 2011)

LIMITAÇÃO DE FIM DE SEMANA

ART. 48. A limitação de fim de semana consiste na obrigação de permanecer, aos sábados e domingos, por 5 (cinco) horas diárias, em casa de albergado ou outro estabelecimento adequado. (Redação dada pela Lei nº 7.209, de 11.7.1984)

- *CF: art. 5, XLVI.*
- *CP: art. 78, § 1º.*
- *Lei nº 7.210, de 11-07-1984, art. 151 a 153, Lei de Execução Penal.*

Parágrafo único. Durante a permanência poderão ser ministrados ao condenado cursos e palestras ou atribuídas atividades educativas. (Redação dada pela Lei nº 7.209, de 11.7.1984)

SEÇÃO III.
DA PENA DE MULTA

MULTA

ART. 49. A pena de multa consiste no pagamento ao fundo penitenciário da quantia fixada na sentença e calculada em dias-multa. Será, no mínimo, de 10 (dez) e, no máximo, de

360 (trezentos e sessenta) dias-multa. (Redação dada pela Lei nº 7.209, de 11.7.1984)

- *Súmula nº 693 do STF.*
- *CF: art. 5, XLVI, c.*
- *Lei nº 7.210, de 11-07-1984, arts. 164 a 170, Lei de Execução Penal.*

§ 1º. O valor do dia-multa será fixado pelo juiz não podendo ser inferior a um trigésimo do maior salário mínimo mensal vigente ao tempo do fato, nem superior a 5 (cinco) vezes esse salário. (Redação dada pela Lei nº 7.209, de 11.7.1984)

- *Lei nº 7.492, de 16-06-1986: art. 33, define os crimes contra o sistema financeiro nacional.*

§ 2º. O valor da multa será atualizado, quando da execução, pelos índices de correção monetária. (Redação dada pela Lei nº 7.209, de 11.7.1984)

- *Lei nº 8.666, de 11-04-1994: art. 99, Institui normas para licitações e contratos da Administração Pública.*

PAGAMENTO DA MULTA

ART. 50. A multa deve ser paga dentro de 10 (dez) dias depois de transitada em julgado a sentença. A requerimento do condenado e conforme as circunstâncias, o juiz pode permitir que o pagamento se realize em parcelas mensais. (Redação dada pela Lei nº 7.209, de 11.7.1984)

- *Lei nº 7.210, de 11-07-1984, arts. 168 a 170, Lei de Execução Penal.*

§ 1º. A cobrança da multa pode efetuar-se mediante desconto no vencimento ou salário do condenado quando: (Redação dada pela Lei nº 7.209, de 11.7.1984)

a) aplicada isoladamente;

b) aplicada cumulativamente com pena restritiva de direitos;

c) concedida a suspensão condicional da pena.

§ 2º. O desconto não deve incidir sobre os recursos indispensáveis ao sustento do condenado e de sua família. (Redação dada pela Lei nº 7.209, de 11.7.1984)

Conversão da Multa e revogação (Redação dada pela Lei nº 7.209, de 11.7.1984)

MODO DE CONVERSÃO

ART. 51. Transitada em julgado a sentença condenatória, a multa será executada perante o juiz da execução penal e será considerada dívida de valor, aplicáveis as normas relativas à dívida ativa da Fazenda Pública, inclusive no que concerne às causas interruptivas e suspensivas da prescrição. (Redação dada pela Lei nº 13.964, de 24.12.2019)

- *Súmula Vinculante nº 25.*
- *Súmula nº 693 do STF.*
- *Súmula nº 521 do STJ.*
- *CF: arts. 5º, LXVII e LXVIII.*
- *CPP: arts. 2º., 581, XXIV, e 689.*
- *Lei nº 7.210, de 11-07-1984, arts. 164 a 170, Lei de Execução Penal.*

§ 1º e § 2º. (Revogados pela Lei nº 9.268, de 1º.4.1996)

SUSPENSÃO DA EXECUÇÃO DA MULTA

ART. 52. É suspensa a execução da pena de multa, se sobrevém ao condenado doença mental. (Redação dada pela Lei nº 7.209, de 11.7.1984)

- *Lei nº 7.210, de 11-07-1984, art. 167, Lei de Execução Penal.*

CAPÍTULO II.
DA COMINAÇÃO DAS PENAS

PENAS PRIVATIVAS DE LIBERDADE

ART. 53. As penas privativas de liberdade têm seus limites estabelecidos na sanção correspondente a cada tipo legal de crime. (Redação dada pela Lei nº 7.209, de 11.7.1984)

- *CP: art. 75.*

PENAS RESTRITIVAS DE DIREITOS

ART. 54. As penas restritivas de direitos são aplicáveis, independentemente de cominação na parte especial, em substituição à pena privativa de liberdade, fixada em quantidade inferior a 1 (um) ano, ou nos crimes culposos. (Redação dada pela Lei nº 7.209, de 11.7.1984)

- *arts. 43 a 48, 55, 59, IV, e 77.*
- *Lei nº 7.210, de 11-07-1984, arts. 147 a 155, 180 e 181, Lei de Execução Penal.*

ART. 55. As penas restritivas de direitos referidas nos incisos III, IV, V e VI do art. 43 terão a mesma duração da pena privativa de liberdade substituída, ressalvado o disposto no § 4º do art. 46. (Redação dada pela Lei nº 9.714, de 1998)

ART. 56. As penas de interdição, previstas nos incisos I e II do art. 47 deste Código, aplicam-se para todo o crime cometido no exercício de profissão, atividade, ofício, cargo ou função, sempre que houver violação dos deveres que lhes são inerentes. (Redação dada pela Lei nº 7.209, de 11.7.1984)

ART. 57. A pena de interdição, prevista no inciso III do art. 47 deste Código, aplica-se aos crimes culposos de trânsito. (Redação dada pela Lei nº 7.209, de 11.7.1984)

- *CTB: arts. 302 e 303.*
- *Lei nº 7.210, de 11-07-1984, arts. 154, § 2º e 181, § 3º, Lei de Execução Penal.*

PENA DE MULTA

ART. 58. A multa, prevista em cada tipo legal de crime, tem os limites fixados no art. 49 e seus parágrafos deste Código. (Redação dada pela Lei nº 7.209, de 11.7.1984)

- *Lei nº 7.210, de 11-07-1984, arts. 164 a 170, Lei de Execução Penal.*

Parágrafo único. A multa prevista no parágrafo único do art. 44 e no § 2º do art. 60 deste Código aplica-se independentemente de cominação na parte especial. (Redação dada pela Lei nº 7.209, de 11.7.1984)

- *CP: art. 44, § 2º.*

CAPÍTULO III. DA APLICAÇÃO DA PENA

▸ *Súmulas 231, 241, 442, 443, 444, 511, 512 e 545 do STJ.*

FIXAÇÃO DA PENA

ART. 59. O juiz, atendendo à culpabilidade, aos antecedentes, à conduta social, à personalidade do agente, aos motivos, às circunstâncias e consequências do crime, bem como ao comportamento da vítima, estabelecerá, conforme seja necessário e suficiente para reprovação e prevenção do crime: (Redação dada pela Lei nº 7.209, de 11.7.1984)

▸ *Súmulas nº. 231, 241, 269, 444 e 636 do STJ.*

▸ *Pacto de São José da Costa Rica, art. 5º; 6.*

I – as penas aplicáveis dentre as cominadas; (Redação dada pela Lei nº 7.209, de 11.7.1984)

II – a quantidade de pena aplicável, dentro dos limites previstos; (Redação dada pela Lei nº 7.209, de 11.7.1984)

III – o regime inicial de cumprimento da pena privativa de liberdade; (Redação dada pela Lei nº 7.209, de 11.7.1984)

▸ *Súmula nº 440 do STJ.*

▸ *CP: art. 33, §2º.*

IV – a substituição da pena privativa da liberdade aplicada, por outra espécie de pena, se cabível. (Redação dada pela Lei nº 7.209, de 11.7.1984)

▸ *Súmula Vinculante nº 26.*

▸ *Súmulas nº 269, 440, 444 e 501 do STJ.*

▸ *CF: art. 5º, XLVI.*

▸ *CP: art. 33, §3º, 44, 68 e 78, §2º.*

▸ *CPP: art. 6º, IX; 381, III; 387, II e III.*

CRITÉRIOS ESPECIAIS DA PENA DE MULTA

ART. 60. Na fixação da pena de multa o juiz deve atender, principalmente, à situação econômica do réu. (Redação dada pela Lei nº 7.209, de 11.7.1984)

▸ *CP: arts. 49 a 52, 58 e 72.*

§ 1º. A multa pode ser aumentada até o triplo, se o juiz considerar que, em virtude da situação econômica do réu, é ineficaz, embora aplicada no máximo. (Redação dada pela Lei nº 7.209, de 11.7.1984)

MULTA SUBSTITUTIVA

§ 2º. A pena privativa de liberdade aplicada, não superior a 6 (seis) meses, pode ser substituída pela de multa, observados os critérios dos incisos II e III do art. 44 deste Código. (Redação dada pela Lei nº 7.209, de 11.7.1984)

▸ *Súmula nº 171 do STJ.*

▸ *CP: art. 58, par. ún.*

▸ *CPP: art. 387, II.*

▸ *Lei nº 11.340, de 07-08-2006: art. 17, cria mecanismos para coibir a violência doméstica e familiar contra a mulher.*

CIRCUNSTÂNCIAS AGRAVANTES

ART. 61. São circunstâncias que sempre agravam a pena, quando não constituem ou qualificam o crime: (Redação dada pela Lei nº 7.209, de 11.7.1984)

▸ *CPP: art. 387 e 484, parágrafo único, I e II.*

I – a reincidência; (Redação dada pela Lei nº 7.209, de 11.7.1984)

▸ *Súmulas nº 241, 444 e 636 do STJ.*

▸ *CP: arts. 63 e 64.*

II – ter o agente cometido o crime: (Redação dada pela Lei nº 7.209, de 11.7.1984)

▸ *Lei nº 8.078, de 11-09-1990, art. 76, Código de Defesa do Consumidor.*

▸ *Lei nº 9.503 de 23-09-1997, art. 298, Código de Trânsito Brasileiro.*

a) por motivo fútil ou torpe;

b) para facilitar ou assegurar a execução, a ocultação, a impunidade ou vantagem de outro crime;

c) à traição, de emboscada, ou mediante dissimulação, ou outro recurso que dificultou ou tornou impossível a defesa do ofendido;

d) com emprego de veneno, fogo, explosivo, tortura ou outro meio insidioso ou cruel, ou de que podia resultar perigo comum;

▸ *Pacto de São José da Costa Rica, art. 5º, 2.*

e) contra ascendente, descendente, irmão ou cônjuge;

f) com abuso de autoridade ou prevalecendo-se de relações domésticas, de coabitação ou de hospitalidade, ou com violência contra a mulher na forma da lei específica; (Redação dada pela Lei nº 11.340, de 2006)

▸ *Lei nº 4.898 de 9-12-1965, arts. 3º., c, Lei de Abuso de Autoridade (Revogada pela Lei nº 13.869, de 5.9.2019)*

▸ *Lei nº 11.340, de 07-08-2006: art. 7º, cria mecanismos para coibir a violência doméstica e familiar contra a mulher.*

▸ *Lei nº 13.869, de 5-9-2019, art. 22, Lei de Abuso de Autoridade.*

g) com abuso de poder ou violação de dever inerente a cargo, ofício, ministério ou profissão;

h) contra criança, maior de 60 (sessenta) anos, enfermo ou mulher grávida; (Redação dada pela Lei nº 10.741, de 2003)

i) quando o ofendido estava sob a imediata proteção da autoridade;

j) em ocasião de incêndio, naufrágio, inundação ou qualquer calamidade pública, ou de desgraça particular do ofendido;

l) em estado de embriaguez preordenada.

▸ *CP: art. 28, II.*

AGRAVANTES NO CASO DE CONCURSO DE PESSOAS

ART. 62. A pena será ainda agravada em relação ao agente que: (Redação dada pela Lei nº 7.209, de 11.7.1984)

I – promove, ou organiza a cooperação no crime ou dirige a atividade dos demais agentes; (Redação dada pela Lei nº 7.209, de 11.7.1984)

▸ *CP: art. 29.*

II – coage ou induz outrem à execução material do crime; (Redação dada pela Lei nº 7.209, de 11.7.1984)

▸ *CP: art. 22.*

▸ *Lei nº 11.343, de 23-8-2006, art. 33, §2º, Lei Antidrogas.*

III – instiga ou determina a cometer o crime alguém sujeito à sua autoridade ou não-punível em virtude de condição ou qualidade pessoal; (Redação dada pela Lei nº 7.209, de 11.7.1984)

▸ *Lei nº 11.343, de 23-8-2006, art. 33, §2º, Lei Antidrogas.*

IV – executa o crime, ou nele participa, mediante paga ou promessa de recompensa. (Redação dada pela Lei nº 7.209, de 11.7.1984)

REINCIDÊNCIA

ART. 63. Verifica-se a reincidência quando o agente comete novo crime, depois de transitar em julgado a sentença que, no País ou no estrangeiro, o tenha condenado por crime anterior. (Redação dada pela Lei nº 7.209, de 11.7.1984)

▸ *Súmula 241 do STJ.*

▸ *CP: art. 33, § 2º, b e c; 77, I; 95; 110, caput e 117, VI.*

▸ *CPP: art. 696, I.*

ART. 64. Para efeito de reincidência: (Redação dada pela Lei nº 7.209, de 11.7.1984)

I – não prevalece a condenação anterior, se entre a data do cumprimento ou extinção da pena e a infração posterior tiver decorrido período de tempo superior a 5 (cinco) anos, computado o período de prova da suspensão ou do livramento condicional, se não ocorrer revogação; (Redação dada pela Lei nº 7.209, de 11.7.1984)

▸ *CPP: art. 313, II.*

II – não se consideram os crimes militares próprios e políticos. (Redação dada pela Lei nº 7.209, de 11.7.1984)

CIRCUNSTÂNCIAS ATENUANTES

ART. 65. São circunstâncias que sempre atenuam a pena: (Redação dada pela Lei nº 7.209, de 11.7.1984)

▸ *Súmulas nº 231 e 501 do STJ.*

I – ser o agente menor de 21 (vinte e um), na data do fato, ou maior de 70 (setenta) anos, na data da sentença; (Redação dada pela Lei nº 7.209, de 11.7.1984)

▸ *Súmula nº 74 do STJ.*

▸ *CP: art. 77, §2º e 115*

▸ *Lei nº 8.069, de 13-07-1990, Estatuto da Criança e do Adolescente.*

▸ *Lei nº 10.741, de 01-10-2003, Estatuto do Idoso.*

II – o desconhecimento da lei; (Redação dada pela Lei nº 7.209, de 11.7.1984)

▸ *CP: art. 21.*

III – ter o agente: (Redação dada pela Lei nº 7.209, de 11.7.1984)

a) cometido o crime por motivo de relevante valor social ou moral;

▸ *CP: art. 121, § 1º.*

b) procurado, por sua espontânea vontade e com eficiência, logo após o crime, evitar-lhe ou minorar-lhe as consequências, ou ter, antes do julgamento, reparado o dano;

▸ *CP: art. 16.*

c) cometido o crime sob coação a que podia resistir, ou em cumprimento de ordem de autoridade superior, ou sob a influência de violenta emoção, provocada por ato injusto da vítima;

▸ *CP: arts. 22 e 23, III e 121, § 1º.*

d) confessado espontaneamente, perante a autoridade, a autoria do crime;

▸ *Súmulas 545 e 630 do STJ.*

▸ *CPP: arts. 197 a 200.*

e) cometido o crime sob a influência de multidão em tumulto, se não o provocou.

▸ *CP: art. 13, § 2º, c.*

ART. 66. A pena poderá ser ainda atenuada em razão de circunstância relevante, anterior ou posterior ao crime, embora não prevista expressamente em lei. (Redação dada pela Lei nº 7.209, de 11.7.1984)

CONCURSO DE CIRCUNSTÂNCIAS AGRAVANTES E ATENUANTES

ART. 67. No concurso de agravantes e atenuantes, a pena deve aproximar-se do limite indicado pelas circunstâncias preponderantes, entendendo-se como tais as que resultam dos motivos determinantes do crime, da personalidade do agente e da reincidência. (Redação dada pela Lei nº 7.209, de 11.7.1984)

▸ *Súmula nº 241 do STJ.*

CÁLCULO DA PENA

ART. 68. A pena-base será fixada atendendo-se ao critério do art. 59 deste Código; em seguida serão consideradas as circunstâncias atenuantes e agravantes; por último, as causas de diminuição e de aumento. (Redação dada pela Lei nº 7.209, de 11.7.1984)

▸ *Súmulas nº 231, 241, 440, 443 e 501 do STJ.*

Parágrafo único. No concurso de causas de aumento ou de diminuição previstas na parte especial, pode o juiz limitar-se a um só aumento ou a uma só diminuição, prevalecendo, todavia, a causa que mais aumente ou diminua. (Redação dada pela Lei nº 7.209, de 11.7.1984)

▸ *Súmulas nº 231, 241 e 443 do STJ.*

CONCURSO MATERIAL

ART. 69. Quando o agente, mediante mais de uma ação ou omissão, pratica dois ou mais crimes, idênticos ou não, aplicam-se cumulativamente as penas privativas de liberdade em que haja incorrido. No caso de aplicação cumulativa de penas de reclusão e de detenção, executa-se primeiro aquela. (Redação dada pela Lei nº 7.209, de 11.7.1984)

▸ *Súmulas n. 81 e 243 do STJ.*

▸ *CP: art. 76 e 119.*

▸ *Lei nº 7.210, de 11-07-1984, art. 111, Lei de Execução Penal.*

§ 1º. Na hipótese deste artigo, quando ao agente tiver sido aplicada pena privativa de liberdade, não suspensa, por um dos crimes, para os demais será incabível a substituição de que trata o art. 44 deste Código. (Redação dada pela Lei nº 7.209, de 11.7.1984)

§ 2º. Quando forem aplicadas penas restritivas de direitos, o condenado cumprirá simultaneamente as que forem compatíveis entre si e sucessivamente as demais. (Redação dada pela Lei nº 7.209, de 11.7.1984)

CONCURSO FORMAL

ART. 70. Quando o agente, mediante uma só ação ou omissão, pratica dois ou mais crimes, idênticos ou não, aplica-se-lhe a mais grave das penas cabíveis ou, se iguais, somente uma delas, mas aumentada, em qualquer caso, de um sexto até metade. As penas aplicam-se, entretanto, cumulativamente, se a ação ou omissão é dolosa e os crimes concorrentes resultam de desígnios autônomos, consoante o disposto no artigo anterior. (Redação dada pela Lei nº 7.209, de 11.7.1984)

- Súmulas n. 17, 81 e 243 do STJ.
- CP: arts. 73, 74 e 119.
- CPP: art. 77, II.
- Lei nº 7.210, de 11-07-1984, art. 111, Lei de Execução Penal.

Parágrafo único. Não poderá a pena exceder a que seria cabível pela regra do art. 69 deste Código. (Redação dada pela Lei nº 7.209, de 11.7.1984)

CRIME CONTINUADO

ART. 71. Quando o agente, mediante mais de uma ação ou omissão, pratica dois ou mais crimes da mesma espécie e, pelas condições de tempo, lugar, maneira de execução e outras semelhantes, devem os subsequentes ser havidos como continuação do primeiro, aplica-se-lhe a pena de um só dos crimes, se idênticas, ou a mais grave, se diversas, aumentada, em qualquer caso, de um sexto a dois terços. (Redação dada pela Lei nº 7.209, de 11.7.1984)

- Súmulas nº 497, 711 e 723 do STF.
- Súmula n. 81 e 243 do STJ.
- CP: art. 119.
- CPP: art.71.

Parágrafo único. Nos crimes dolosos, contra vítimas diferentes, cometidos com violência ou grave ameaça à pessoa, poderá o juiz, considerando a culpabilidade, os antecedentes, a conduta social e a personalidade do agente, bem como os motivos e as circunstâncias, aumentar a pena de um só dos crimes, se idênticas, ou a mais grave, se diversas, até o triplo, observadas as regras do parágrafo único do art. 70 e do art. 75 deste Código. (Redação dada pela Lei nº 7.209, de 11.7.1984)

MULTAS NO CONCURSO DE CRIMES

ART. 72. No concurso de crimes, as penas de multa são aplicadas distinta e integralmente. (Redação dada pela Lei nº 7.209, de 11.7.1984)

ERRO NA EXECUÇÃO

ART. 73. Quando, por acidente ou erro no uso dos meios de execução, o agente, ao invés de atingir a pessoa que pretendia ofender, atinge pessoa diversa, responde como se tivesse praticado o crime contra aquela, atendendo-se ao disposto no § 3º do art. 20 deste Código. No caso de ser também atingida a pessoa que o agente pretendia ofender, aplica-se a regra do art. 70 deste Código. (Redação dada pela Lei nº 7.209, de 11.7.1984)

RESULTADO DIVERSO DO PRETENDIDO

ART. 74. Fora dos casos do artigo anterior, quando, por acidente ou erro na execução do crime, sobrevém resultado diverso do pretendido, o agente responde por culpa, se o fato é previsto como crime culposo; se ocorre também o resultado pretendido, aplica-se a regra do art. 70 deste Código. (Redação dada pela Lei nº 7.209, de 11.7.1984)

LIMITE DAS PENAS

ART. 75. O tempo de cumprimento das penas privativas de liberdade não pode ser superior a 40 (quarenta) anos. (Redação dada pela Lei nº 13.964, de 24.12.2019)

- Redação anterior: Art. 75 - O tempo de cumprimento das penas privativas de liberdade não pode ser superior a 30 (trinta) anos. (Redação dada pela Lei nº 7.209, de 11.7.1984)
- Súmula 715 do STF.
- Súmula nº 527 do STJ.
- CF: art. 5º, XL, XLVII, b e LXXV.
- CP: art. 2º.
- Lei nº 7.210, de 11-07-1984, arts. 66, III, a e 111, Lei de Execução Penal.

§ 1º Quando o agente for condenado a penas privativas de liberdade cuja soma seja superior a 40 (quarenta) anos, devem elas ser unificadas para atender ao limite máximo deste artigo. (Redação dada pela Lei nº 13.964, de 24.12.2019)

- Redação anterior: § 1º - Quando o agente for condenado a penas privativas de liberdade cuja soma seja superior a 30 (trinta) anos, devem elas ser unificadas para atender ao limite máximo deste artigo. (Redação dada pela Lei nº 7.209, de 11.7.1984)
- Súmula nº 715 do STF.
- CF: art. 5º, XL.
- CP: art. 2º.

§ 2º. Sobrevindo condenação por fato posterior ao início do cumprimento da pena, far-se-á nova unificação, desprezando-se, para esse fim, o período de pena já cumprido. (Redação dada pela Lei nº 7.209, de 11.7.1984)

CONCURSO DE INFRAÇÕES

ART. 76. No concurso de infrações, executar-se-á primeiramente a pena mais grave. (Redação dada pela Lei nº 7.209, de 11.7.1984)

CAPÍTULO IV. DA SUSPENSÃO CONDICIONAL DA PENA

REQUISITOS DA SUSPENSÃO DA PENA

- CPP: arts. 696 a 709.

ART. 77. A execução da pena privativa de liberdade, não superior a 2 (dois) anos, poderá ser suspensa, por 2 (dois) a 4 (quatro) anos, desde que: (Redação dada pela Lei nº 7.209, de 11.7.1984)

- Dec. -Lei nº 3.688 de 3-10-1941, art. 11, Lei de Contravenções Penais.
- Lei nº 1.521 26-12-1951, art. 5º, Lei dos Crimes Contra a Economia Popular.
- Lei nº 7.210, de 11-07-1984, art. 156 a 163, Lei de Execução Penal.

I – o condenado não seja reincidente em crime doloso; (Redação dada pela Lei nº 7.209, de 11.7.1984)

II – a culpabilidade, os antecedentes, a conduta social e personalidade do agente, bem como os motivos e as circunstâncias autorizem a concessão do benefício; (Redação dada pela Lei nº 7.209, de 11.7.1984)

CÓDIGO PENAL

III – Não seja indicada ou cabível a substituição prevista no art. 44 deste Código. (Redação dada pela Lei nº 7.209, de 11.7.1984)

▸ *Lei nº 1.521, de 26-12-1951: art. 5º, altera dispositivos da legislação vigente sobre crimes contra a economia popular.*

▸ *Lei nº 7.210, de 11-07-1984, arts. 156 a 163, Lei de Execução Penal.*

§ 1º. A condenação anterior a pena de multa não impede a concessão do benefício. (Redação dada pela Lei nº 7.209, de 11.7.1984)

▸ *Súmula nº 499 do STF.*

§ 2º. A execução da pena privativa de liberdade, não superior a quatro anos, poderá ser suspensa, por quatro a seis anos, desde que o condenado seja maior de setenta anos de idade, ou razões de saúde justifiquem a suspensão. (Redação dada pela Lei nº 9.714, de 1998)

ART. 78. Durante o prazo da suspensão, o condenado ficará sujeito à observação e ao cumprimento das condições estabelecidas pelo juiz. (Redação dada pela Lei nº 7.209, de 11.7.1984)

▸ *CP: art. 81, III.*

§ 1º. No primeiro ano do prazo, deverá o condenado prestar serviços à comunidade (art. 46) ou submeter-se à limitação de fim de semana (art. 48). (Redação dada pela Lei nº 7.209, de 11.7.1984)

§ 2º. Se o condenado houver reparado o dano, salvo impossibilidade de fazê-lo, e se as circunstâncias do art. 59 deste Código lhe forem inteiramente favoráveis, o juiz poderá substituir a exigência do parágrafo anterior pelas seguintes condições, aplicadas cumulativamente: (Redação dada pela Lei nº 9.268, de 1º.4.1996)

▸ *CP: art. 16; 65, III, b e 91, I.*

a) proibição de frequentar determinados lugares; (Redação dada pela Lei nº 7.209, de 11.7.1984)

b) proibição de ausentar-se da comarca onde reside, sem autorização do juiz; (Redação dada pela Lei nº 7.209, de 11.7.1984)

c) comparecimento pessoal e obrigatório a juízo, mensalmente, para informar e justificar suas atividades. (Redação dada pela Lei nº 7.209, de 11.7.1984)

▸ *Lei nº 7.210, de 11-07-1984, arts. 158 e 159, Lei de Execução Penal.*

ART. 79. A sentença poderá especificar outras condições a que fica subordinada a suspensão, desde que adequadas ao fato e à situação pessoal do condenado. (Redação dada pela Lei nº 7.209, de 11.7.1984)

▸ *Súmula nº 249 do TFR.*

ART. 80. A suspensão não se estende às penas restritivas de direitos nem à multa. (Redação dada pela Lei nº 7.209, de 11.7.1984)

REVOGAÇÃO OBRIGATÓRIA

ART. 81. A suspensão será revogada se, no curso do prazo, o beneficiário: (Redação dada pela Lei nº 7.209, de 11.7.1984)

▸ *Lei nº 7.210, de 11-07-1984, art. 162 e 163, Lei de Execução Penal.*

I – é condenado, em sentença irrecorrível, por crime doloso; (Redação dada pela Lei nº 7.209, de 11.7.1984)

II – frustra, embora solvente, a execução de pena de multa ou não efetua, sem motivo justificado, a reparação do dano; (Redação dada pela Lei nº 7.209, de 11.7.1984)

▸ *CP: art. 51.*

III – descumpre a condição do § 1º do art. 78 deste Código. (Redação dada pela Lei nº 7.209, de 11.7.1984)

REVOGAÇÃO FACULTATIVA

§ 1º. A suspensão poderá ser revogada se o condenado descumpre qualquer outra condição imposta ou é irrecorrivelmente condenado, por crime culposo ou por contravenção, a pena privativa de liberdade ou restritiva de direitos. (Redação dada pela Lei nº 7.209, de 11.7.1984)

PRORROGAÇÃO DO PERÍODO DE PROVA

§ 2º. Se o beneficiário está sendo processado por outro crime ou contravenção, considera-se prorrogado o prazo da suspensão até o julgamento definitivo. (Redação dada pela Lei nº 7.209, de 11.7.1984)

§ 3º. Quando facultativa a revogação, o juiz pode, ao invés de decretá-la, prorrogar o período de prova até o máximo, se este não foi o fixado. (Redação dada pela Lei nº 7.209, de 11.7.1984)

▸ *Lei nº 7.210, de 11-07-1984, arts. 162 e 163, Lei de Execução Penal.*

CUMPRIMENTO DAS CONDIÇÕES

ART. 82. Expirado o prazo sem que tenha havido revogação, considera-se extinta a pena privativa de liberdade. (Redação dada pela Lei nº 7.209, de 11.7.1984)

CAPÍTULO V. DO LIVRAMENTO CONDICIONAL

REQUISITOS DO LIVRAMENTO CONDICIONAL

ART. 83. O juiz poderá conceder livramento condicional ao condenado a pena privativa de liberdade igual ou superior a 2 (dois) anos, desde que: (Redação dada pela Lei nº 7.209, de 11.7.1984)

▸ *Súmula nº 715 do STF.*

▸ *Súmula nº 441 do STJ.*

▸ *CP: art. 10.*

▸ *Lei nº 1.521, de 26-12-1951: art. 5º, altera dispositivos da legislação vigente sobre crimes contra a economia popular.*

▸ *Lei nº 7.210, de 11-07-1984, arts. 128, 131 a e 170, §1º, Lei de Execução Penal.*

I – cumprida mais de um terço da pena se o condenado não for reincidente em crime doloso e tiver bons antecedentes; (Redação dada pela Lei nº 7.209, de 11.7.1984)

▸ *CP: arts. 63 e 64.*

II – cumprida mais da metade se o condenado for reincidente em crime doloso; (Redação dada pela Lei nº 7.209, de 11.7.1984)

III – comprovado: (Redação dada pela Lei nº 13.964, de 24.12.2019)

▸ *Redação anterior: III – comprovado comportamento satisfatório durante a execução da pena, bom desempenho no trabalho que lhe foi atribuído e aptidão para prover à própria subsistência mediante trabalho honesto; (Redação dada pela Lei nº 7.209, de 11.7.1984)*

▸ *CF: art. 5º, XL.*

▸ *CP: art 2º.*

▸ *Lei nº 7.210, de 11-07-1984, art. 112, §2º, Lei de Execução Penal.*

a) bom comportamento durante a execução da pena; (Acrescida pela Lei nº 13.964, de 24.12.2019)

b) não cometimento de falta grave nos últimos 12 (doze) meses; (Acrescida pela Lei nº 13.964, de 24.12.2019)

c) bom desempenho no trabalho que lhe foi atribuído; e (Acrescida pela Lei nº 13.964, de 24.12.2019)

d) aptidão para prover a própria subsistência mediante trabalho honesto; (Acrescida pela Lei nº 13.964, de 24.12.2019)

IV – tenha reparado, salvo efetiva impossibilidade de fazê-lo, o dano causado pela infração; (Redação dada pela Lei nº 7.209, de 11.7.1984)

▸ *CP: art. 91, I.*

V – cumpridos mais de dois terços da pena, nos casos de condenação por crime hediondo, prática de tortura, tráfico ilícito de entorpecentes e drogas afins, tráfico de pessoas e terrorismo, se o apenado não for reincidente específico em crimes dessa natureza. (Incluído pela Lei nº 13.344, de 2016)

▸ *Lei 11.343/2006: art. 44.*

Parágrafo único. Para o condenado por crime doloso, cometido com violência ou grave ameaça à pessoa, a concessão do livramento ficará também subordinada à constatação de condições pessoais que façam presumir que o liberado não voltará a delinquir. (Redação dada pela Lei nº 7.209, de 11.7.1984)

SOMA DE PENAS

ART. 84. As penas que correspondem a infrações diversas devem somar-se para efeito do livramento. (Redação dada pela Lei nº 7.209, de 11.7.1984)

▸ *CP: art. 75.*

▸ *Lei nº 7.210, de 11-07-1984, arts. 111 a 1118, II, Lei de Execução Penal.*

ESPECIFICAÇÕES DAS CONDIÇÕES

ART. 85. A sentença especificará as condições a que fica subordinado o livramento. (Redação dada pela Lei nº 7.209, de 11.7.1984)

▸ *Lei nº 7.210, de 11-07-1984, art. 132, Lei de Execução Penal.*

REVOGAÇÃO DO LIVRAMENTO

ART. 86. Revoga-se o livramento, se o liberado vem a ser condenado a pena privativa de liberdade, em sentença irrecorrível: (Redação dada pela Lei nº 7.209, de 11.7.1984)

▸ *Súmula no. 617 do STJ*

I – por crime cometido durante a vigência do benefício; (Redação dada pela Lei nº 7.209, de 11.7.1984)

II – por crime anterior, observado o disposto no art. 84 deste Código. (Redação dada pela Lei nº 7.209, de 11.7.1984)

▸ *Lei nº 7.210, de 11-07-1984, arts. 140 a 145, Lei de Execução Penal.*

REVOGAÇÃO FACULTATIVA

ART. 87. O juiz poderá, também, revogar o livramento, se o liberado deixar de cumprir qualquer das obrigações constantes da sentença, ou for irrecorrivelmente condenado, por crime ou contravenção, a pena que não seja privativa de liberdade. (Redação dada pela Lei nº 7.209, de 11.7.1984)

▸ *Lei nº 7.210, de 11-07-1984, art. 10, par. ún., e 140, par. ún. Lei de Execução Penal.*

EFEITOS DA REVOGAÇÃO

ART. 88. Revogado o livramento, não poderá ser novamente concedido, e, salvo quando a revogação resulta de condenação por outro crime anterior àquele benefício, não se desconta na pena o tempo em que esteve solto o condenado. (Redação dada pela Lei nº 7.209, de 11.7.1984)

EXTINÇÃO

ART. 89. O juiz não poderá declarar extinta a pena, enquanto não passar em julgado a sentença em processo a que responde o liberado, por crime cometido na vigência do livramento. (Redação dada pela Lei nº 7.209, de 11.7.1984)

▸ *Súmula no. 617 do STJ*

▸ *Lei nº 7.210, de 11-07-1984, art. 145 e 146, Lei de Execução Penal.*

ART. 90. Se até o seu término o livramento não é revogado, considera-se extinta a pena privativa de liberdade. (Redação dada pela Lei nº 7.209, de 11.7.1984)

▸ *Súmula n. 617 do STJ.*

▸ *Lei nº 7.210, de 11-07-1984, art. 146, Lei de Execução Penal.*

CAPÍTULO VI.
DOS EFEITOS DA CONDENAÇÃO

EFEITOS GENÉRICOS E ESPECÍFICOS

ART. 91. São efeitos da condenação: (Redação dada pela Lei nº 7.209, de 11.7.1984)

▸ *Súmula nº 249 do TFR.*

I – tornar certa a obrigação de indenizar o dano causado pelo crime; (Redação dada pela Lei nº 7.209, de 11.7.1984)

▸ *CPP: arts. 63 a 68.*

II – a perda em favor da União, ressalvado o direito do lesado ou de terceiro de boa-fé: (Redação dada pela Lei nº 7.209, de 11.7.1984)

▸ *CPP: arts. 118 a 124 e 125 a 133.*

▸ *Lei nº 11.343, de 23-08-2006: arts. 60 a 64, Lei de Entorpecentes.*

▸ *Lei 13.756, de 12-12-2018, art. 3o., II, c, dispõe sobre o Fundo Nacional de Segurança Pública (FNSP), sobre a destinação do produto da arrecadação das loterias.*

a) dos instrumentos do crime, desde que consistam em coisas cujo fabrico, alienação, uso, porte ou detenção constitua fato ilícito;

▸ *CPP: art. 6º*

b) do produto do crime ou de qualquer bem ou valor que constitua proveito auferido pelo agente com a prática do fato criminoso.

▸ *CF: art. 5º, XLV e XLVI,b, e art. 243.*

▸ *CPP: art. 6º, 13 e 119.*

§ 1º. Poderá ser decretada a perda de bens ou valores equivalentes ao produto ou proveito do crime quando estes não forem encontrados ou quando se localizarem no exterior. (Incluído pela Lei nº 12.694, de 2012)

§ 2º. Na hipótese do § 1º, as medidas assecuratórias previstas na legislação processual poderão abranger bens ou valores equivalentes do investigado ou acusado para posterior decretação de perda. (Incluído pela Lei nº 12.694, de 2012)

ART. 91-A. Na hipótese de condenação por infrações às quais a lei comine pena máxima superior a 6 (seis) anos de reclusão, poderá ser decretada a perda, como produto ou proveito do crime, dos bens correspondentes à diferença entre o valor do patrimônio do condenado e aquele que seja compatível com o seu rendimento lícito. (Acrescido pela Lei nº 13.964, de 24.12.2019)

▸ *CPP: arts. 63 a 68, 125 a 144-A e 387, IV.*

§ 1º Para efeito da perda prevista no caput deste artigo, entende-se por patrimônio do condenado todos os bens:

I – de sua titularidade, ou em relação aos quais ele tenha o domínio e o benefício direto ou indireto, na data da infração penal ou recebidos posteriormente; e

II – transferidos a terceiros a título gratuito ou mediante contraprestação irrisória, a partir do início da atividade criminal.

§ 2º O condenado poderá demonstrar a inexistência da incompatibilidade ou a procedência lícita do patrimônio.

§ 3º A perda prevista neste artigo deverá ser requerida expressamente pelo Ministério Público, por ocasião do oferecimento da denúncia, com indicação da diferença apurada.

§ 4º Na sentença condenatória, o juiz deve declarar o valor da diferença apurada e especificar os bens cuja perda for decretada.

§ 5º Os instrumentos utilizados para a prática de crimes por organizações criminosas e milícias deverão ser declarados perdidos em favor da União ou do Estado, dependendo da Justiça onde tramita a ação penal, ainda que não ponham em perigo a segurança das pessoas, a moral ou a ordem pública, nem ofereçam sério risco de ser utilizados para o cometimento de novos crimes.

ART. 92. São também efeitos da condenação: (Redação dada pela Lei nº 7.209, de 11.7.1984)

▸ *Súmula nº 694 do STF.*

▸ *CF: arts. 15 e 37, § 4º.*

▸ *Lei nº 8.069, de 13-07-1990, art. 227-A, Estatuto da Criança e do Adolescente.*

I – a perda de cargo, função pública ou mandato eletivo: (Redação dada pela Lei nº 9.268, de 1º.4.1996)

▸ *CP: art. 47, I.*

a) quando aplicada pena privativa de liberdade por tempo igual ou superior a um ano, nos crimes praticados com abuso de poder ou violação de dever para com a Administração Pública; (Incluído pela Lei nº 9.268, de 1º.4.1996)

b) quando for aplicada pena privativa de liberdade por tempo superior a 4 (quatro) anos nos demais casos. (Incluído pela Lei nº 9.268, de 1º.4.1996)

II – a incapacidade para o exercício do poder familiar, da tutela ou da curatela nos crimes dolosos sujeitos à pena de reclusão cometidos contra outrem igualmente titular do mesmo poder familiar, contra filho, filha ou outro descendente ou contra tutelado ou curatelado; (Redação dada pela Lei nº 13.715, de 2018)

III – a inabilitação para dirigir veículo, quando utilizado como meio para a prática de crime doloso. (Redação dada pela Lei nº 7.209, de 11.7.1984)

▸ *CP: art. 47, III e 93, parágrafo único.*

Parágrafo único. Os efeitos de que trata este artigo não são automáticos, devendo ser motivadamente declarados na sentença. (Redação dada pela Lei nº 7.209, de 11.7.1984)

▸ *Lei nº 7.210, de 11-07-1984, arts. 202, Lei de Execução Penal.*

▸ *Lei nº 8.666, de 21-06-1993: art. 83, institui normas para licitações e contratos da Administração Pública.*

CAPÍTULO VII. DA REABILITAÇÃO

REABILITAÇÃO

ART. 93. A reabilitação alcança quaisquer penas aplicadas em sentença definitiva, assegurando ao condenado o sigilo dos registros sobre o seu processo e condenação. (Redação dada pela Lei nº 7.209, de 11.7.1984)

▸ *CPP: arts. 743 a 750.*

▸ *Lei nº 7.210, de 11-07-1984, art. 202, Lei de Execução Penal.*

Parágrafo único. A reabilitação poderá, também, atingir os efeitos da condenação, previstos no art. 92 deste Código, vedada reintegração na situação anterior, nos casos dos incisos I e II do mesmo artigo. (Redação dada pela Lei nº 7.209, de 11.7.1984)

ART. 94. A reabilitação poderá ser requerida, decorridos 2 (dois) anos do dia em que for extinta, de qualquer modo, a pena ou terminar sua execução, computando-se o período de prova da suspensão e o do livramento condicional, se não sobrevier revogação, desde que o condenado: (Redação dada pela Lei nº 7.209, de 11.7.1984)

I – tenha tido domicílio no País no prazo acima referido; (Redação dada pela Lei nº 7.209, de 11.7.1984)

II – tenha dado, durante esse tempo, demonstração efetiva e constante de bom comportamento público e privado; (Redação dada pela Lei nº 7.209, de 11.7.1984)

III – tenha ressarcido o dano causado pelo crime ou demonstre a absoluta impossibilidade de o fazer, até o dia do pedido, ou exiba documento que comprove a renúncia da vítima ou novação da dívida. (Redação dada pela Lei nº 7.209, de 11.7.1984)

Parágrafo único. Negada a reabilitação, poderá ser requerida, a qualquer tempo, desde que o pedido seja instruído com novos elementos comprobatórios dos requisitos necessários. (Redação dada pela Lei nº 7.209, de 11.7.1984)

ART. 95. A reabilitação será revogada, de ofício ou a requerimento do Ministério Público, se o reabilitado for condenado, como reincidente, por decisão definitiva, a pena que não seja de multa. (Redação dada pela Lei nº 7.209, de 11.7.1984)

▸ *CP: art. 63 e 64.*

TÍTULO VI. DAS MEDIDAS DE SEGURANÇA

▸ *Súmula 527 do STJ.*

ESPÉCIES DE MEDIDAS DE SEGURANÇA

ART. 96. As medidas de segurança são: (Redação dada pela Lei nº 7.209, de 11.7.1984)

▸ *Súmula nº 527 do STJ.*

▸ *CP: arts. 26 e 42.*

I - Internação em hospital de custódia e tratamento psiquiátrico ou, à falta, em outro estabelecimento adequado; (Redação dada pela Lei nº 7.209, de 11.7.1984)

▸ *Lei nº 7.210, de 11-07-1984, arts. 99 a 101 e 108, Lei de Execução Penal.*

II - sujeição a tratamento ambulatorial. (Redação dada pela Lei nº 7.209, de 11.7.1984)

▸ *CPP: art. 58, XIX a XXIII; 627; 685, parágrafo único e 715.*

▸ *Lei nº 7.210, de 11-07-1984, art. 184, Lei de Execução Penal.*

▸ *Lei nº 11.343, de 23-08-2006: arts. 26, 28, § 7º, 45 e 47, Lei de Entorpecentes.*

Parágrafo único. Extinta a punibilidade, não se impõe medida de segurança nem subsiste a que tenha sido imposta. (Redação dada pela Lei nº 7.209, de 11.7.1984)

▸ *CP: art. 107.*

▸ *Lei nº 7.210, de 11-07-1984, arts. 171 a 179, Lei de Execução Penal.*

Imposição da medida de segurança para inimputável

ART. 97. Se o agente for inimputável, o juiz determinará sua internação (art. 26). Se, todavia, o fato previsto como crime for punível com detenção, poderá o juiz submetê-lo a tratamento ambulatorial. (Redação dada pela Lei nº 7.209, de 11.7.1984)

▸ *CP: art. 26.*

▸ *Lei nº 7.210, de 11-07-1984, arts. 101, 175 e 178, Lei de Execução Penal.*

PRAZO

§ 1º. A internação, ou tratamento ambulatorial, será por tempo indeterminado, perdurando enquanto não for averiguada, mediante perícia médica, a cessação de periculosidade. O prazo mínimo deverá ser de 1 (um) a 3 (três) anos. (Redação dada pela Lei nº 7.209, de 11.7.1984)

▸ *Súmulas nº 439 e 527 do STJ.*

▸ *Lei nº 7.210, de 11-07-1984, arts. 175 a 179, Lei de Execução Penal.*

PERÍCIA MÉDICA

§ 2º. A perícia médica realizar-se-á ao termo do prazo mínimo fixado e deverá ser repetida de ano em ano, ou a qualquer tempo, se o determinar o juiz da execução. (Redação dada pela Lei nº 7.209, de 11.7.1984)

DESINTERNAÇÃO OU LIBERAÇÃO CONDICIONAL

§ 3º. A desinternação, ou a liberação, será sempre condicional devendo ser restabelecida a situação anterior se o agente, antes do decurso de 1 (um) ano, pratica fato indicativo de persistência de sua periculosidade. (Redação dada pela Lei nº 7.209, de 11.7.1984)

▸ *Súmula nº 527 do STJ.*

▸ *Lei nº 7.210, de 11-07-1984, art. 178, Lei de Execução Penal.*

§ 4º. Em qualquer fase do tratamento ambulatorial, poderá o juiz determinar a internação do agente, se essa providência for necessária para fins curativos. (Redação dada pela Lei nº 7.209, de 11.7.1984)

SUBSTITUIÇÃO DA PENA POR MEDIDA DE SEGURANÇA PARA O SEMI-IMPUTÁVEL

ART. 98. Na hipótese do parágrafo único do art. 26 deste Código e necessitando o condenado de especial tratamento curativo, a pena privativa de liberdade pode ser substituída pela internação, ou tratamento ambulatorial, pelo prazo mínimo de 1 (um) a 3 (três) anos, nos termos do artigo anterior e respectivos §§ 1º a 4º. (Redação dada pela Lei nº 7.209, de 11.7.1984)

▸ *CP: art. 59, IV.*

▸ *CPP: art. 387, V.*

Direitos do internado

ART. 99. O internado será recolhido a estabelecimento dotado de características hospitalares e será submetido a tratamento. (Redação dada pela Lei nº 7.209, de 11.7.1984)

▸ *Lei nº 7.210, de 11-07-1984, arts. 3º, 41, 42, 99 e 101, Lei de Execução Penal.*

TÍTULO VII. DA AÇÃO PENAL

AÇÃO PÚBLICA E DE INICIATIVA PRIVADA

ART. 100. A ação penal é pública, salvo quando a lei expressamente a declara privativa do ofendido. (Redação dada pela Lei nº 7.209, de 11.7.1984)

▸ *CPP: arts. 24 e ss.*

▸ *Lei nº 8.069, de 13-07-1990, art. 227, Estatuto da Criança e do Adolescente.*

§ 1º. A ação pública é promovida pelo Ministério Público, dependendo, quando a lei o exige, de representação do ofendido ou de requisição do Ministro da Justiça. (Redação dada pela Lei nº 7.209, de 11.7.1984)

▸ *Súmula nº 234 do STJ.*

▸ *CF: art. 129, I.*

▸ *Lei nº 9.099, de 26-09-1995: art. 88, Dispõe sobre os Juizados Especiais Cíveis e Criminais.*

§ 2º. A ação de iniciativa privada é promovida mediante queixa do ofendido ou de quem tenha qualidade para representá-lo. (Redação dada pela Lei nº 7.209, de 11.7.1984)

▸ CPP: arts. 30, 33, 41 e 44.

§ 3º. A ação de iniciativa privada pode intentar-se nos crimes de ação pública, se o Ministério Público não oferece denúncia no prazo legal. (Redação dada pela Lei nº 7.209, de 11.7.1984)

▸ CF: art. 5º, LIX.

▸ CP: art. 103.

▸ CPP: art. 29.

§ 4º. No caso de morte do ofendido ou de ter sido declarado ausente por decisão judicial, o direito de oferecer queixa ou de prosseguir na ação passa ao cônjuge, ascendente, descendente ou irmão. (Redação dada pela Lei nº 7.209, de 11.7.1984)

▸ CF: art. 129, I.

▸ CPP: art. 24, § 1º.

A AÇÃO PENAL NO CRIME COMPLEXO

ART. 101. Quando a lei considera como elemento ou circunstâncias do tipo legal fatos que, por si mesmos, constituem crimes, cabe ação pública em relação àquele, desde que, em relação a qualquer destes, se deva proceder por iniciativa do Ministério Público. (Redação dada pela Lei nº 7.209, de 11.7.1984)

▸ CP: art. 213, § 1º e § 2º.

IRRETRATABILIDADE DA REPRESENTAÇÃO

ART. 102. A representação será irretratável depois de oferecida a denúncia. (Redação dada pela Lei nº 7.209, de 11.7.1984)

▸ CPP: art. 25.

DECADÊNCIA DO DIREITO DE QUEIXA OU DE REPRESENTAÇÃO

ART. 103. Salvo disposição expressa em contrário, o ofendido decai do direito de queixa ou de representação se não o exerce dentro do prazo de 6 (seis) meses, contado do dia em que veio a saber quem é o autor do crime, ou, no caso do § 3º do art. 100 deste Código, do dia em que se esgota o prazo para oferecimento da denúncia. (Redação dada pela Lei nº 7.209, de 11.7.1984)

▸ Súmula nº 594 do STF.

▸ CP: arts. 10 e 107, IV.

▸ CPP: art. 38.

RENÚNCIA EXPRESSA OU TÁCITA DO DIREITO DE QUEIXA

ART. 104. O direito de queixa não pode ser exercido quando renunciado expressa ou tacitamente. (Redação dada pela Lei nº 7.209, de 11.7.1984)

▸ CPP: arts. 48 a 50 e 57.

▸ CP: art. 107, V.

▸ *Lei nº 9.099, de 26-09-1995: art. 74, par. ún, Dispõe sobre os Juizados Especiais Cíveis e Criminais.*

Parágrafo único. Importa renúncia tácita ao direito de queixa a prática de ato incompatível com a vontade de exercê-lo; não a implica, todavia, o fato de receber o ofendido a indenização do dano causado pelo crime. (Redação dada pela Lei nº 7.209, de 11.7.1984)

▸ CPP: art. 57.

PERDÃO DO OFENDIDO

ART. 105. O perdão do ofendido, nos crimes em que somente se procede mediante queixa, obsta ao prosseguimento da ação. (Redação dada pela Lei nº 7.209, de 11.7.1984)

▸ CPP: art. 51 a 59.

▸ CP: art. 107, V.

ART. 106. O perdão, no processo ou fora dele, expresso ou tácito: (Redação dada pela Lei nº 7.209, de 11.7.1984)

▸ CPP: art. 51.

I – se concedido a qualquer dos querelados, a todos aproveita; (Redação dada pela Lei nº 7.209, de 11.7.1984)

II – se concedido por um dos ofendidos, não prejudica o direito dos outros; (Redação dada pela Lei nº 7.209, de 11.7.1984)

III – se o querelado o recusa, não produz efeito. (Redação dada pela Lei nº 7.209, de 11.7.1984)

▸ CPP: art. 58

§ 1º. Perdão tácito é o que resulta da prática de ato incompatível com a vontade de prosseguir na ação. (Redação dada pela Lei nº 7.209, de 11.7.1984)

§ 2º. Não é admissível o perdão depois que passa em julgado a sentença condenatória. (Redação dada pela Lei nº 7.209, de 11.7.1984)

TÍTULO VIII.
DA EXTINÇÃO DA PUNIBILIDADE

EXTINÇÃO DA PUNIBILIDADE

ART. 107. Extingue-se a punibilidade: (Redação dada pela Lei nº 7.209, de 11.7.1984)

▸ Súmula nº 554 do STF.

▸ CP: arts. 109, 168-A, § 2º, 312, §§ 2º e 3º, 337-A, § 1º.

▸ CPP: art. 28-A, § 13, 61 e 387, IV.

▸ *Lei nº 9.099, de 26-09-1995, art. 89, § 5º, Juizados Especiais Cíveis e Criminais.*

▸ *Lei nº 9.430, de 27-12-1996, art. 83, § 4º, Legislação Tributária Federal.*

▸ *Lei nº 10.684, de 30-05-2003, art. 9º, § 2º, Lei do REFIS.*

▸ *Lei 13.254, de 13-01-2016, art. 5º, Regime Especial de Regularização Tributária.*

I – pela morte do agente;

▸ CF: art. 5º, XLV.

▸ CPP: arts. 61 e 62.

II – pela anistia, graça ou indulto;

▸ Súmula 631 do STJ.

▸ CF: art. 5º, XLII, e arts. 21, XVII; 48, VIII e 84, XII.

▸ *Lei nº 7.210, de 11-07-1984, arts. 187 a 193, Lei de Execução Penal.*

III – pela retroatividade de lei que não mais considera o fato como criminoso;

▸ *Súmula nº 611 do STF.*

▸ *CF: art. 5º, XL.*

▸ *CP: art. 2º.*

IV – pela prescrição, decadência ou perempção;

▸ *Súmula nº 438 do STJ.*

▸ *CP: arts. 103 e 109 a 119.*

▸ *CPP: arts. 38, 60 e 497, IX.*

V – pela renúncia do direito de queixa ou pelo perdão aceito, nos crimes de ação privada;

▸ *CP: arts. 104 a 106.*

▸ *CPP: arts. 49 a 59.*

▸ *Lei nº 9.009, de 26-09-1995: art. 74, par. ún, dispõe sobre os Juizados Especiais Cíveis e Criminais.*

VI – pela retratação do agente, nos casos em que a lei a admite;

▸ *CP: arts. 143 e 342, § 2º.*

▸ *CPP: art. 521.*

VII e VIII – (Revogado pela Lei nº 11.106, de 2005)

IX – pelo perdão judicial, nos casos previstos em lei.

▸ *Súmula nº 18 do STJ.*

▸ *CP: art. 120.*

▸ *Dec. -Lei nº 3.688 de 3-10-1941, art. 8º e 39, §2º, Lei de Contravenções Penais.*

ART. 108. A extinção da punibilidade de crime que é pressuposto, elemento constitutivo ou circunstância agravante de outro não se estende a este. Nos crimes conexos, a extinção da punibilidade de um deles não impede, quanto aos outros, a agravação da pena resultante da conexão. (Redação dada pela Lei nº 7.209, de 11.7.1984)

▸ *CPP: art. 61.*

PRESCRIÇÃO ANTES DE TRANSITAR EM JULGADO A SENTENÇA

ART. 109. A prescrição, antes de transitar em julgado a sentença final, salvo o disposto no § 1º do art. 110 deste Código, regula-se pelo máximo da pena privativa de liberdade cominada ao crime, verificando-se: (Redação dada pela Lei nº 12.234, de 05.05.2010).

▸ *Súmulas 146, 147, 497, 592 e 604 do STF.*

▸ *Súmulas 191, 220, 338, 415, 438 do STJ.*

▸ *CF: art. 5º., XL.*

▸ *CP: arts. 10 e 107.*

▸ *Lei nº 12.651, de 25-05-2012: art. 60, dispõe sobre a proteção da vegetação nativa.*

I – em vinte anos, se o máximo da pena é superior a doze;

II – em dezesseis anos, se o máximo da pena é superior a oito anos e não excede a doze;

III – em doze anos, se o máximo da pena é superior a quatro anos e não excede a oito;

IV – em oito anos, se o máximo da pena é superior a dois anos e não excede a quatro;

V – em quatro anos, se o máximo da pena é igual a um ano ou, sendo superior, não excede a dois;

VI – em 3 (três) anos, se o máximo da pena é inferior a 1 (um) ano. (Redação dada pela Lei nº 12.234, de 05-05-2010).

PRESCRIÇÃO DAS PENAS RESTRITIVAS DE DIREITO

Parágrafo único. Aplicam-se às penas restritivas de direito os mesmos prazos previstos para as privativas de liberdade. (Redação dada pela Lei nº 7.209, de 11.7.1984)

PRESCRIÇÃO DEPOIS DE TRANSITAR EM JULGADO SENTENÇA FINAL CONDENATÓRIA

ART. 110. A prescrição depois de transitar em julgado a sentença condenatória regula-se pela pena aplicada e verifica-se nos prazos fixados no artigo anterior, os quais se aumentam de um terço, se o condenado é reincidente. (Redação dada pela Lei nº 7.209, de 11.7.1984)

▸ *Súmulas nº 146, 497 e 604 do STF.*

▸ *Súmulas nº 220 e 338 do STJ.*

▸ *CP: arts. 112 e 113.*

▸ *CPP: arts. 336, par. ún e 648, VII.*

▸ *Lei nº 7.210, de 11-07-1984, arts. 66, II e 197, Lei de Execução Penal.*

§ 1º. A prescrição, depois da sentença condenatória com trânsito em julgado para a acusação ou depois de improvido seu recurso, regula-se pela pena aplicada, não podendo, em nenhuma hipótese, ter por termo inicial data anterior à da denúncia ou queixa. (Redação dada pela Lei nº 12.234, de 05.05.2010).

▸ *Súmula nº 186 do TRF.*

▸ *Súmula nº 146 do STF*

▸ *CF: art. 5º., XL.*

▸ *CPP: art. 617.*

§ 2º. (Revogado pela Lei nº 12.234, de 2010).

TERMO INICIAL DA PRESCRIÇÃO ANTES DE TRANSITAR EM JULGADO A SENTENÇA FINAL

ART. 111. A prescrição, antes de transitar em julgado a sentença final, começa a correr: (Redação dada pela Lei nº 7.209, de 11.7.1984)

I – do dia em que o crime se consumou; (Redação dada pela Lei nº 7.209, de 11.7.1984)

II – no caso de tentativa, do dia em que cessou a atividade criminosa; (Redação dada pela Lei nº 7.209, de 11.7.1984)

III – nos crimes permanentes, do dia em que cessou a permanência; (Redação dada pela Lei nº 7.209, de 11.7.1984)

▸ *Súmula nº 711 do STF.*

IV – nos de bigamia e nos de falsificação ou alteração de assentamento do registro civil, da data em que o fato se tornou conhecido. (Redação dada pela Lei nº 7.209, de 11.7.1984)

V – nos crimes contra a dignidade sexual de crianças e adolescentes, previstos neste Código ou em legislação especial, da data em que a vítima completar 18 (dezoito) anos, salvo se a esse tempo já houver sido proposta a ação penal. (Redação dada pela Lei nº 12.650, de 17.5. 2012).

TERMO INICIAL DA PRESCRIÇÃO APÓS A SENTENÇA CONDENATÓRIA IRRECORRÍVEL

ART. 112. No caso do art. 110 deste Código, a prescrição começa a correr: (Redação dada pela Lei nº 7.209, de 11.7.1984)

I - do dia em que transita em julgado a sentença condenatória, para a acusação, ou a que revoga a suspensão condicional da pena ou o livramento condicional; (Redação dada pela Lei nº 7.209, de 11.7.1984)

II - do dia em que se interrompe a execução, salvo quando o tempo da interrupção deva computar-se na pena. (Redação dada pela Lei nº 7.209, de 11.7.1984)

PRESCRIÇÃO NO CASO DE EVASÃO DO CONDENADO OU DE REVOGAÇÃO DO LIVRAMENTO CONDICIONAL

ART. 113. No caso de evadir-se o condenado ou de revogar-se o livramento condicional, a prescrição é regulada pelo tempo que resta da pena. (Redação dada pela Lei nº 7.209, de 11.7.1984)

▸ CP: arts. 110 e 112.

PRESCRIÇÃO DA MULTA

ART. 114. A prescrição da pena de multa ocorrerá: (Redação dada pela Lei nº 9.268, de 1º.4.1996)

I - em 2 (dois) anos, quando a multa for a única cominada ou aplicada; (Incluído pela Lei nº 9.268, de 1º.4.1996)

II - no mesmo prazo estabelecido para prescrição da pena privativa de liberdade, quando a multa for alternativa ou cumulativamente cominada ou cumulativamente aplicada. (Incluído pela Lei nº 9.268, de 1º.4.1996)

REDUÇÃO DOS PRAZOS DE PRESCRIÇÃO

ART. 115. São reduzidos de metade os prazos de prescrição quando o criminoso era, ao tempo do crime, menor de 21 (vinte e um) anos, ou, na data da sentença, maior de 70 (setenta) anos. (Redação dada pela Lei nº 7.209, de 11.7.1984)

▸ Súmula nº 74 do STJ.

CAUSAS IMPEDITIVAS DA PRESCRIÇÃO

ART. 116. Antes de passar em julgado a sentença final, a prescrição não corre: (Redação dada pela Lei nº 7.209, de 11.7.1984)

I - enquanto não resolvida, em outro processo, questão de que dependa o reconhecimento da existência do crime; (Redação dada pela Lei nº 7.209, de 11.7.1984)

▸ CPP: arts. 92 e 93.

▸ Lei nº 9.099, de 26-09-1995, art. 89, § 6º, dispõe sobre os Juizados Especiais Criminais.

▸ Lei nº 12.651, de 25-05-2012: art. 60, dispõe sobre a proteção da vegetação nativa.

II - enquanto o agente cumpre pena no exterior; (Redação dada pela Lei nº 13.964, de 24.12.2019)

▸ *Redação anterior: II - enquanto o agente cumpre pena no estrangeiro. (Redação dada pela Lei nº 7.209, de 11.7.1984)*

▸ CP: arts. 5º., 7º. e 8º.

III - na pendência de embargos de declaração ou de recursos aos Tribunais Superiores, quando inadmissíveis; e (Acrescido pela Lei nº 13.964, de 24.12.2019)

▸ CPP: arts. 382 e 609, parágrafo único.

▸ CPC: arts. 1.029 a 1.044.

IV - enquanto não cumprido ou não rescindido o acordo de não persecução penal. (Acrescido pela Lei nº 13.964, de 24.12.2019)

▸ CPP: art. 28-A.

Parágrafo único. Depois de passada em julgado a sentença condenatória, a prescrição não corre durante o tempo em que o condenado está preso por outro motivo. (Redação dada pela Lei nº 7.209, de 11.7.1984)

CAUSAS INTERRUPTIVAS DA PRESCRIÇÃO

ART. 117. O curso da prescrição interrompe-se: (Redação dada pela Lei nº 7.209, de 11.7.1984)

▸ Lei nº 12.651, de 25-05-2012: art. 60, dispõe sobre a proteção da vegetação nativa.

I - pelo recebimento da denúncia ou da queixa; (Redação dada pela Lei nº 7.209, de 11.7.1984)

▸ Súmula 709 do STF.

II - pela pronúncia; (Redação dada pela Lei nº 7.209, de 11.7.1984)

▸ Súmula nº 191 do STJ.

III - pela decisão confirmatória da pronúncia; (Redação dada pela Lei nº 7.209, de 11.7.1984)

IV - pela publicação da sentença ou acórdão condenatórios recorríveis; (Redação dada pela Lei nº 11.596, de 29-11-2007).

▸ CPP: art. 389.

V - pelo início ou continuação do cumprimento da pena; (Redação dada pela Lei nº 9.268, de 1º.4.1996)

VI - pela reincidência. (Redação dada pela Lei nº 9.268, de 1º.4.1996)

▸ CP: art. 63 e 64.

§ 1º. Excetuados os casos dos incisos V e VI deste artigo, a interrupção da prescrição produz efeitos relativamente a todos os autores do crime. Nos crimes conexos, que sejam objeto do mesmo processo, estende-se aos demais a interrupção relativa a qualquer deles. (Redação dada pela Lei nº 7.209, de 11.7.1984)

▸ CPP: art. 76 a 92.

§ 2º. Interrompida a prescrição, salvo a hipótese do inciso V deste artigo, todo o prazo começa a correr, novamente, do dia da interrupção. (Redação dada pela Lei nº 7.209, de 11.7.1984)

ART. 118. As penas mais leves prescrevem com as mais graves. (Redação dada pela Lei nº 7.209, de 11.7.1984)

ART. 119. No caso de concurso de crimes, a extinção da punibilidade incidirá sobre a pena de cada um, isoladamente. (Redação dada pela Lei nº 7.209, de 11.7.1984)

▸ Súmula nº 497 do STF.

▸ CP: arts. 69 a 71.

PERDÃO JUDICIAL

ART. 120. A sentença que conceder perdão judicial não será considerada para efeitos de reincidência. (Redação dada pela Lei nº 7.209, de 11.7.1984)

▸ Súmula nº 18 do STJ.

- CP: arts. 107, IX, 121, § 5º, 129, § 8º, 140, § 1º, 168-A, § 3º, 176, par. ún., 180, § 5º, 242, par. ún., e 249, § 2º.
- Dec. -Lei nº 3.688 de 3-10-1941, art. 8º e 39, §2º, Lei de Contravenções Penais.
- Lei nº 9.807, de 13-07-1999, art. 13, Lei de Proteção a vitimas e a testemunhas.
- Lei nº 12.850, de 02-08-2013, art. 4º, Organização Criminosa.

PARTE ESPECIAL

TÍTULO I. DOS CRIMES CONTRA A PESSOA

CAPÍTULO I. DOS CRIMES CONTRA A VIDA

- Súmula Vinculante 45.
- Súmulas do STF: 156, 162, 206, 603, 610, 712, 713, 721.
- Súmula 191 do STJ.
- CF: art. 5º, XXXVIII, d.
- CPP: art. 74, §1º e 406 a 497.
- Dec.-lei nº 3.688, de 03-10-1941, arts. 18 a 23, Lei das Contravenções Penais.
- Dec. nº 3.167, de 14-09-1999, promulga a Convenção sobre a Prevenção e Punição de Crimes Contra Pessoas que Gozam de Proteção Internacional, inclusive Agentes Diplomáticos.

HOMICÍDIO SIMPLES

ART. 121. Matar alguém:

- CF: art. 5º, caput e XXXVIII, d.
- Pacto de São José da Costa Rica¨ art. 4º, 1.
- CPP: arts. 74, § 1C, e 406 a 497.
- Lei nº 7.960, de 21-12-1989, art. 1º, III, a, dispõe sobre prisão temporária.
- Lei nº 8.072 de 25-07-1990, art. 1º I, dispõe sobre os crimes hediondos.
- Lei nº 2.889 de 1º-10-1956, art. 1º Lei do Crime do Genocídio.
- Lei nº 9.434 de 4-2-1997, art. 3º, Lei de Remoção de órgãos e Tecido.

Pena – reclusão, de seis a vinte anos.

CASO DE DIMINUIÇÃO DE PENA

§ 1º. Se o agente comete o crime impelido por motivo de relevante valor social ou moral, ou sob o domínio de violenta emoção, logo em seguida a injusta provocação da vítima, ou juiz pode reduzir a pena de um sexto a um terço.

- CF: art. 5º, XXXVIII, d
- CPP: art. 74, §1º
- CP: art. 65, III a e c

HOMICÍDIO QUALIFICADO

§ 2º. Se o homicídio é cometido:

- CF: art. 5º, XXXVIII, d
- CPP: art. 74, §1º
- Lei 8.072, de 25 de julho de 1990, art. 1º, I, dispõe sobre os crimes hediondos

I – mediante paga ou promessa de recompensa, ou por outro motivo torpe;

II – por motivo fútil;

III – com emprego de veneno, fogo, explosivo, asfixia, tortura ou outro meio insidioso ou cruel, ou de que possa resultar perigo comum;

- Pacto de São José da Costa Rica, art. 5º, 2.

IV – à traição, de emboscada, ou mediante dissimulação ou outro recurso que dificulte ou torne impossível a defesa do ofendido;

V – para assegurar a execução, a ocultação, a impunidade ou vantagem de outro crime:

Pena – reclusão, de doze a trinta anos.

FEMINICÍDIO (INCLUÍDO PELA LEI Nº 13.104, DE 2015)

VI – contra a mulher por razões da condição de sexo feminino: (Incluído pela Lei nº 13.104, de 09-03-2015)

- CF: art. 5º., XXXVIII, d, XL.
- Lei 8.072, de 25 de julho de 1990, art. 1º, I, dispõe sobre os crimes hediondos.
- Lei 11.340, de 07 de agosto de 2006, art. 5º, cria mecanismos para coibir a violência doméstica e familiar contra a mulher.

VII – contra autoridade ou agente descrito nos arts. 142 e 144 da Constituição Federal, integrantes do sistema prisional e da Força Nacional de Segurança Pública, no exercício da função ou em decorrência dela, ou contra seu cônjuge, companheiro ou parente consanguíneo até terceiro grau, em razão dessa condição: (Incluído pela Lei nº 13.142, de 06-07-2015)

- CF: art. 5º., caput, XXXIII, d, e XL.
- Pacto de São José da Costa Rica, art. 4º. 1.
- CPP: arts. 74, § 1º, e 406 a 497.
- Lei nº 7.960, de 21-12-1989, art. 1º, III, a, dispõe sobre prisão temporária.
- Lei nº 8.072 de 25-07-1990, art. 1º I, dispõe sobre os crimes hediondos.
- Lei nº 2.889 de 1º-10-1956, art. 1º, Lei do Crime do Genocídio.
- Lei nº 9.434 de 4-2-1997, art. 3º, Lei de Remoção de órgãos e Tecido.
- Decreto 5.289, de 29-11-2004, dispõe sobre a Organização e o funcionamento da administração pública federal.
- Lei 11.473, de 10-05-2007, dispõe sobre a Cooperação federativa no âmbito da segurança pública.

VIII - com emprego de arma de fogo de uso restrito ou proibido: (Incluído pela Lei nº 13.964, de 24-12-2019, promulgação em 29-04-2021)

Pena - reclusão, de doze a trinta anos.

§ 2º-A. Considera-se que há razões de condição de sexo feminino quando o crime envolve: (Incluído pela Lei nº 13.104, de 2015)

I – violência doméstica e familiar; (Incluído pela Lei nº 13.104, de 2015)

- Lei 11.340, de 07 de agosto de 2006, art. 5º, cria mecanismos para coibir a violência doméstica e familiar contra a mulher.

II – menosprezo ou discriminação à condição de mulher. (Incluído pela Lei nº 13.104, de 2015)

HOMICÍDIO CULPOSO

§ 3º. Se o homicídio é culposo:

Pena – detenção, de um a três anos.

- CF: art. 129.
- CPP: art. 28-A.

▸ Lei nº 9.009, de 26-09-1995: art. 89, dispõe sobre os Juizados Especiais Cíveis e Criminais.

AUMENTO DE PENA

§ 4º. No homicídio culposo, a pena é aumentada de 1/3 (um terço), se o crime resulta de inobservância de regra técnica de profissão, arte ou ofício, ou se o agente deixa de prestar imediato socorro à vítima, não procura diminuir as consequências do seu ato, ou foge para evitar prisão em flagrante. Sendo doloso o homicídio, a pena é aumentada de 1/3 (um terço) se o crime é praticado contra pessoa menor de 14 (quatorze) ou maior de 60 (sessenta) anos. (Redação dada pela Lei nº 10.741, de 2003)

▸ CP: art. 129, § 7º.

▸ CPP: art. 28-A.

§ 5º. Na hipótese de homicídio culposo, o juiz poderá deixar de aplicar a pena, se as consequências da infração atingirem o próprio agente de forma tão grave que a sanção penal se torne desnecessária. (Incluído pela Lei nº 6.416, de 24.5.1977)

▸ CP: art. 107, IX e 120.

§ 6º. A pena é aumentada de 1/3 (um terço) até a metade se o crime for praticado por milícia privada, sob o pretexto de prestação de serviço de segurança, ou por grupo de extermínio. (Incluído pela Lei nº 12.720, de 27-09-2012)

§ 7º. A pena do feminicídio é aumentada de 1/3 (um terço) até a metade se o crime for praticado: (Incluído pela Lei nº 13.104, de 09-3-2015)

I – durante a gestação ou nos 3 (três) meses posteriores ao parto; (Incluído pela Lei nº 13.104, de 09-3-2015)

▸ CF: art. 5º., XL.

II – contra pessoa menor de 14 (catorze) anos, maior de 60 (sessenta) anos, com deficiência ou portadora de doenças degenerativas que acarretem condição limitante ou de vulnerabilidade física ou mental; (Redação dada pela Lei nº 13.771, de 19-12-2018)

▸ CF: art. 5º., XL.

III – na presença física ou virtual de descendente ou de ascendente da vítima; (Redação dada pela Lei nº 13.771, de 19-12-2018)

▸ CF: art. 5º., XL.

IV – em descumprimento das medidas protetivas de urgência previstas nos incisos I, II e III do caput do art. 22 da Lei nº 11.340, de 7 de agosto de 2006. (Incluído pela Lei nº 13.771, de 19-12-2018)

▸ CF: art. 5º., XL.

INDUZIMENTO, INSTIGAÇÃO OU AUXÍLIO A SUICÍDIO OU A AUTOMUTILAÇÃO

▸ (Redação dada pela Lei nº 13.968, de 26.12.2019)

▸ Redação anterior: Induzimento, instigação ou auxílio a suicídio

ART. 122. Induzir ou instigar alguém a suicidar-se ou a praticar automutilação ou prestar-lhe auxílio material para que o faça: (Redação dada pela Lei nº 13.968, de 26.12.2019)

Pena - reclusão, de 6 (seis) meses a 2 (dois) anos. (Redação dada pela Lei nº 13.968, de 26.12.2019)

▸ Redação anterior: Induzimento, instigação ou auxílio a suicídio

Art. 122 - Induzir ou instigar alguém a suicidar-se ou prestar-lhe auxílio para que o faça:

Pena - reclusão, de dois a seis anos, se o suicídio se consuma; ou reclusão, de um a três anos, se da tentativa de suicídio resulta lesão corporal de natureza grave.

Parágrafo único - A pena é duplicada:

Aumento de pena

I - se o crime é praticado por motivo egoístico;

II - se a vítima é menor ou tem diminuída, por qualquer causa, a capacidade de resistência.

▸ CF: art. 5º, XXXVIII, d. e XL.

▸ CPP: arts. 69, II, e 74, caput e §1º.

Dec. nº 678, de 06-11-1992, Promulga a Convenção Americana sobre Direitos Humanos – Pacto de São José da Costa Rica, art. 4º., 1 e art. 5º., 1.

§ 1º Se da automutilação ou da tentativa de suicídio resulta lesão corporal de natureza grave ou gravíssima, nos termos dos §§ 1º e 2º do art. 129 deste Código: (Acrescido pela Lei nº 13.968, de 26.12.2019)

Pena - reclusão, de 1 (um) a 3 (três) anos.

▸ CF: art. 5º., XL.

▸ CP: arts. 2º. e 129, §§ 1º. e 2º.

▸ Dec. nº 678, de 06-11-1992, Promulga a Convenção Americana sobre Direitos Humanos – Pacto de São José da Costa Rica, art. 4º., 1 e art. 5º., 1.

§ 2º Se o suicídio se consuma ou se da automutilação resulta morte: (Acrescido pela Lei nº 13.968, de 26.12.2019)

Pena - reclusão, de 2 (dois) a 6 (seis) anos.

▸ CF: art. 5º., XL.

▸ CP: arts. 2º.

§ 3º A pena é duplicada: (Parágrafo único transformado em § 3º e com redação dada pela Lei nº 13.968, de 26.12.2019)

▸ Redação anterior: Parágrafo único - A pena é duplicada:

I - se o crime é praticado por motivo egoístico;

II - se a vítima é menor ou tem diminuída, por qualquer causa, a capacidade de resistência.

▸ CF: art. 5º., XL.

▸ CP: arts. 2º.

I – se o crime é praticado por motivo egoístico, torpe ou fútil; (Acrescido pela Lei nº 13.968, de 26.12.2019)

II - se a vítima é menor ou tem diminuída, por qualquer causa, a capacidade de resistência. (Acrescido pela Lei nº 13.968, de 26.12.2019)

§ 4º A pena é aumentada até o dobro se a conduta é realizada por meio da rede de computadores, de rede social ou transmitida em tempo real. (Acrescido pela Lei nº 13.968, de 26.12.2019)

▸ CF: art. 5º., XL.

▸ CP: arts. 2º.

§ 5º Aumenta-se a pena em metade se o agente é líder ou coordenador de grupo ou de rede virtual. (Acrescido pela Lei nº 13.968, de 26.12.2019)

▸ CF: art. 5º., XL.

▸ CP: arts. 2º.

§ 6º Se o crime de que trata o § 1º deste artigo resulta em lesão corporal de natureza gravíssima e é cometido contra menor de 14 (quatorze) anos ou contra quem, por enfermidade ou deficiência mental, não tem o necessário discernimento para a prática do ato, ou que, por qualquer outra causa, não pode oferecer resistência, responde o agente pelo crime descrito no § 2º do art. 129 deste Código. (Acrescido pela Lei nº 13.968, de 26.12.2019)

- CF: art. 5º., XL.
- CP: arts. 2º.

§ 7º Se o crime de que trata o § 2º deste artigo é cometido contra menor de 14 (quatorze) anos ou contra quem não tem o necessário discernimento para a prática do ato, ou que, por qualquer outra causa, não pode oferecer resistência, responde o agente pelo crime de homicídio, nos termos do art. 121 deste Código. (Acrescido pela Lei nº 13.968, de 26.12.2019)

- CF: art. 5º., XL.
- CP: arts. 2º. e 121.
- CPP: art. 74, § 1º

INFANTICÍDIO

ART. 123. Matar, sob a influência do estado puerperal, o próprio filho, durante o parto ou logo após:

Pena – detenção, de dois a seis anos.

- CF: art. 5º, XXXVIII, d
- CPP: art. 74, § 1º.
- Pacto de São José da Costa Rica, art. 4º, 1.

ABORTO PROVOCADO PELA GESTANTE OU COM SEU CONSENTIMENTO

ART. 124. Provocar aborto em si mesma ou consentir que outrem lho provoque:

Pena – detenção, de um a três anos.

- CF: art. 5º, XXXVIIII, d.
- CPP: art. 28-A; art. 74, § 1º.
- Lei nº 9.099, de 26-09-1995: art. 89, dispõe sobre os Juizados Especiais Cíveis e Criminais.

ABORTO PROVOCADO POR TERCEIRO

ART. 125. Provocar aborto, sem o consentimento da gestante:

Pena – reclusão, de três a dez anos.

- CF: art. 5º, XXXVIII, d.
- CPP: art. 74, § 1º.
- Pacto de São José da Costa Rica, art. 4º, 1.

ART. 126. Provocar aborto com o consentimento da gestante:

Pena – reclusão, de um a quatro anos.

- CF: art. 5º, XXXVIIII, d.
- CPP: art. 28-A; art. 74, §1º.
- Pacto de São José da Costa Rica, art. 4º, 1.
- Lei nº 9.099, de 26-09-1995: art. 89, dispõe sobre os Juizados Especiais Cíveis e Criminais.

Parágrafo único. Aplica-se a pena do artigo anterior, se a gestante não é maior de quatorze anos, ou é alienada ou debil mental, ou se o consentimento é obtido mediante fraude, grave ameaça ou violência.

FORMA QUALIFICADA

ART. 127. As penas cominadas nos dois artigos anteriores são aumentadas de um terço, se, em consequência do aborto ou dos meios empregados para provocá-lo, a gestante sofre lesão corporal de natureza grave; e são duplicadas, se, por qualquer dessas causas, lhe sobrevém a morte.

- CPP: art. 74, § 1º.

ART. 128. Não se pune o aborto praticado por médico:

- CP: art. 24.

ABORTO NECESSÁRIO

I – se não há outro meio de salvar a vida da gestante;

Aborto no caso de gravidez resultante de estupro

II – se a gravidez resulta de estupro e o aborto é precedido de consentimento da gestante ou, quando incapaz, de seu representante legal.

Capítulo II. DAS LESÕES CORPORAIS

LESÃO CORPORAL

ART. 129. Ofender a integridade corporal ou a saúde de outrem:

Pena – detenção, de três meses a um ano.

- CPP: art. 28-A.
- Lei nº 9.099, de 26-09-1995, art. 88, Lei dos Juizados Especiais Cíveis e Criminais. Sum 542 STJ
- Pacto de São José da Costa Rica, art. 5º, 1.

LESÃO CORPORAL DE NATUREZA GRAVE

- CP: art. 122.
- Lei nº 7.170 de 14-10-1983, art. 27, §1º, Lei da Segurança Nacional.
- Lei nº 11.105 de 24-3-2005, art. 27, §2º, IV, Lei da Biossegurança.

§ 1º. Se resulta:

I – Incapacidade para as ocupações habituais, por mais de trinta dias;

- CPP: art. 168, § 2º.

II – perigo de vida;

III – debilidade permanente de membro, sentido ou função;

IV – aceleração de parto:

Pena – reclusão, de um a cinco anos.

§ 2º. Se resulta:

I – Incapacidade permanente para o trabalho;

II – enfermidade incurável;

III – perda ou inutilização do membro, sentido ou função;

IV – deformidade permanente;

V – aborto:

Pena – reclusão, de dois a oito anos.

LESÃO CORPORAL SEGUIDA DE MORTE

§ 3º. Se resulta morte e as circunstâncias evidenciam que o agente não quis o resultado, nem assumiu o risco de produzi-lo:

Pena – reclusão, de quatro a doze anos.

- *Lei nº 7.170 de 14-10-1983, art. 27, §2º, Lei da Segurança Nacional.*
- *Lei nº 11.105 de 24-3-2005,art. 27, §2º, IV, Lei da Biossegurança.*

DIMINUIÇÃO DE PENA

§ 4º. Se o agente comete o crime impelido por motivo de relevante valor social ou moral ou sob o domínio de violenta emoção, logo em seguida a injusta provocação da vítima, o juiz pode reduzir a pena de um sexto a um terço.

- *CP: art. 65, III, a e c; 121,§1º*

SUBSTITUIÇÃO DA PENA

§ 5º. O juiz, não sendo graves as lesões, pode ainda substituir a pena de detenção pela de multa, de duzentos mil réis a dois contos de réis:

- *CP: art. 59, IV e 60, §2º*

I – se ocorre qualquer das hipóteses do parágrafo anterior;

II – se as lesões são recíprocas.

LESÃO CORPORAL CULPOSA

§ 6º. Se a lesão é culposa:

- *CTB: arts. 291 e 303.*
- *Lei nº 9.099, de 26-09-1995: art. 88, dispõe sobre os Juizados Especiais Cíveis e Criminais.*

Pena – detenção, de dois meses a um ano.

AUMENTO DE PENA

§ 7º. Aumenta-se a pena de 1/3 (um terço) se ocorrer qualquer das hipóteses dos §§ 4º e 6º do art. 121 deste Código. (Redação dada pela Lei nº 12.720, de 2012)

§ 8º. Aplica-se à lesão culposa o disposto no § 5º do art. 121. (Redação dada pela Lei nº 8.069, de 1990)

- *CP: art. 107, IX e 120.*

VIOLÊNCIA DOMÉSTICA (INCLUÍDO PELA LEI Nº 10.886, DE 2004)

§ 9º. Se a lesão for praticada contra ascendente, descendente, irmão, cônjuge ou companheiro, ou com quem conviva ou tenha convivido, ou, ainda, prevalecendo-se o agente das relações domésticas, de coabitação ou de hospitalidade: (Redação dada pela Lei nº 11.340, de 2006)

- *Lei 11.340, de 07 de agosto de 2006, art. 5º, cria mecanismos para coibir a violência doméstica e familiar contra a mulher.*
- *Súmulas 536, 542, 588 e 589 do STJ.*
- *Lei nº 9.099, de 26-09-1995, art. 88, Lei dos Juizados Especiais Cíveis e Criminais.*

Pena – detenção, de 3 (três) meses a 3 (três) anos. (Redação dada pela Lei nº 11.340, de 2006)

§ 10. Nos casos previstos nos §§ 1º a 3º deste artigo, se as circunstâncias são as indicadas no § 9º deste artigo, aumenta-se a pena em 1/3 (um terço). (Incluído pela Lei nº 10.886, de 2004)

§ 11. Na hipótese do § 9º deste artigo, a pena será aumentada de um terço se o crime for cometido contra pessoa portadora de deficiência. (Incluído pela Lei nº 11.340, de 2006)

§ 12. Se a lesão for praticada contra autoridade ou agente descrito nos arts. 142 e 144 da Constituição Federal, integrantes do sistema prisional e da Força Nacional de Segurança Pública, no exercício da função ou em decorrência dela, ou contra seu cônjuge, companheiro ou parente consanguíneo até terceiro grau, em razão dessa condição, a pena é aumentada de um a dois terços. (Incluído pela Lei nº 13.142, de 06-07-2015).

§ 13. Se a lesão for praticada contra a mulher, por razões da condição do sexo feminino, nos termos do § 2º-A do art. 121 deste Código: (Incluído pela Lei nº 14.188, de 28-07-2021)

Pena - reclusão, de 1 (um) a 4 (quatro anos). (Incluído pela Lei nº 14.188, de 28-07-2021)

- *Súmulas 536, 542, 588 e 589 do STJ.*
- *Lei nº 9.099, de 26-09-1995, art. 88, Lei dos Juizados Especiais*
- *Cíveis e Criminais.*
- *Lei 11.340, de 07 de agosto de 2006, arts. 5º e 41, cria mecanismos para coibir a violência doméstica e familiar contra a mulher.*

CAPÍTULO III. DA PERICLITAÇÃO DA VIDA E DA SAÚDE

PERIGO DE CONTÁGIO VENÉREO

ART. 130. Expor alguém, por meio de relações sexuais ou qualquer ato libidinoso, a contágio de moléstia venérea, de que sabe ou deve saber que está contaminado:

Pena – detenção, de três meses a um ano, ou multa.

- *Lei nº 9.099, de 26-09-1995: arts. 61 e 89, dispõe sobre os Juizados Especiais Cíveis e Criminais.*

§ 1º. Se é intenção do agente transmitir a moléstia:

Pena – reclusão, de um a quatro anos, e multa.

§ 2º. Somente se procede mediante representação.

- *CP: art. 100, §1º.*
- *CPP: art. 24.*

PERIGO DE CONTÁGIO DE MOLÉSTIA GRAVE

ART. 131. Praticar, com o fim de transmitir a outrem moléstia grave de que está contaminado, ato capaz de produzir o contágio:

Pena – reclusão, de um a quatro anos, e multa.

- *Lei nº 9.099, de 26-09-1995: art. 89, dispõe sobre os Juizados Especiais Cíveis e Criminais.*

PERIGO PARA A VIDA OU SAÚDE DE OUTREM

ART. 132. Expor a vida ou a saúde de outrem a perigo direto e iminente:

Pena – detenção, de três meses a um ano, se o fato não constitui crime mais grave.

Parágrafo único. A pena é aumentada de um sexto a um terço se a exposição da vida ou da saúde de outrem a perigo decorre do transporte de pessoas para a prestação de serviços em estabelecimentos de qualquer natureza, em desacordo com as normas legais. (Incluído pela Lei nº 9.777, de 29.12.1998)

ABANDONO DE INCAPAZ

ART. 133. Abandonar pessoa que está sob seu cuidado, guarda, vigilância ou autoridade, e, por qualquer motivo, incapaz de defender-se dos riscos resultantes do abandono:

Pena – detenção, de seis meses a três anos.

- *CP: arts. 13, § 2º., e 61, II, f, g e i.*
- *Lei nº 8.069, de 13-07-1990, arts. 7º a 69, Estatuto da Criança e do Adolescente.*
- *Lei nº 9.099, de 26-09-1995: art. 89, dispõe sobre os Juizados Especiais Cíveis e Criminais.*
- *Lei nº 13.146, de 06-07-2015, art. 90, Estatuto da Pessoa com Deficiência.*

§ 1º. Se do abandono resulta lesão corporal de natureza grave:

Pena – reclusão, de um a cinco anos.

§ 2º. Se resulta a morte:

Pena – reclusão, de quatro a doze anos.

AUMENTO DE PENA

§ 3º. As penas cominadas neste artigo aumentam-se de um terço:

- *Lei nº 10.741, de 01-10-2003, Estatuto do Idoso.*
- *CP: art. 61, II, e e h.*

I – se o abandono ocorre em lugar ermo;

II – se o agente é ascendente ou descendente, cônjuge, irmão, tutor ou curador da vítima.

III – se a vítima é maior de 60 (sessenta) anos (Incluído pela Lei nº 10.741, de 2003)

EXPOSIÇÃO OU ABANDONO DE RECÉM-NASCIDO

ART. 134. Expor ou abandonar recém-nascido, para ocultar desonra própria:

Pena – detenção, de seis meses a dois anos.

- *CP: art. 13, § 2º.*
- *Lei nº 9.099, de 26-09-1995: arts. 61 e 89, dispõe sobre os Juizados Especiais Cíveis e Criminais.*

§ 1º. Se do fato resulta lesão corporal de natureza grave:

Pena – detenção, de um a três anos.

§ 2º. Se resulta a morte:

Pena – detenção, de dois a seis anos.

OMISSÃO DE SOCORRO

ART. 135. Deixar de prestar assistência, quando possível fazê-lo sem risco pessoal, à criança abandonada ou extraviada, ou à pessoa inválida ou ferida, ao desamparo ou em grave e iminente perigo; ou não pedir, nesses casos, o socorro da autoridade pública:

Pena – detenção, de um a seis meses, ou multa.

- *CP: arts. 12 e 13, § 2º.*
- *CTB: art. 304.*
- *Lei nº 9.099, de 26-09-1995: arts. 61 e 89, dispõe sobre os Juizados Especiais Cíveis e Criminais.*
- *Lei nº 10741, de 01-10-2003, art. 97, Estatuto do Idoso.*

Parágrafo único. A pena é aumentada de metade, se da omissão resulta lesão corporal de natureza grave, e triplicada, se resulta a morte.

CONDICIONAMENTO DE ATENDIMENTO MÉDICO-HOSPITALAR EMERGENCIAL

ART. 135-A. Exigir cheque-caução, nota promissória ou qualquer garantia, bem como o preenchimento prévio de formulários administrativos, como condição para o atendimento médico-hospitalar emergencial: (Incluído pela Lei nº 12.653, de 28-05-2012)

- *Lei nº 13.146, de 06-07-2015, arts. 8º, IV e § 4º e 9º, Estatuto da Pessoa com Deficiência.*

Pena – detenção, de 3 (três) meses a 1 (um) ano, e multa. (Incluído pela Lei nº 12.653, de 28-05-2012)

Parágrafo único. A pena é aumentada até o dobro se da negativa de atendimento resulta lesão corporal de natureza grave, e até o triplo se resulta a morte. (Incluído pela Lei nº 12.653, de 28-05-2012)

MAUS-TRATOS

ART. 136. Expor a perigo a vida ou a saúde de pessoa sob sua autoridade, guarda ou vigilância, para fim de educação, ensino, tratamento ou custódia, quer privando-a de alimentação ou cuidados indispensáveis, quer sujeitando-a a trabalho excessivo ou inadequado, quer abusando de meios de correção ou disciplina:

Pena – detenção, de dois meses a um ano, ou multa.

- *CP: art. 13, § 2º.*
- *Lei nº 8.069, de 13-07-1990, arts. 7º a 69, Estatuto da Criança e do Adolescente.*
- *Lei nº 9.099, de 26-09-1995: arts. 61 e 89, dispõe sobre os Juizados Especiais Cíveis e Criminais.*
- *Lei nº 9.455, 07-04-1997: art. 1º, II, define os crimes de tortura.*
- *Lei nº 10741, de 01-10-2003, art. 99, Estatuto do Idoso.*

§ 1º. Se do fato resulta lesão corporal de natureza grave:

Pena – reclusão, de um a quatro anos.

§ 2º. Se resulta a morte:

Pena – reclusão, de quatro a doze anos.

§ 3º. Aumenta-se a pena de um terço, se o crime é praticado contra pessoa menor de 14 (catorze) anos. (Incluído pela Lei nº 8.069, de 1990)

CAPÍTULO IV.
DA RIXA

RIXA

ART. 137. Participar de rixa, salvo para separar os contendores:

Pena – detenção, de quinze dias a dois meses, ou multa.

- *Lei nº 9.099, de 26-09-1995: arts. 61 e 89, dispõe sobre os Juizados Especiais Cíveis e Criminais.*

Parágrafo único. Se ocorre morte ou lesão corporal de natureza grave, aplica-se, pelo fato da participação na rixa, a pena de detenção, de seis meses a dois anos.

- *CP: art. 65, III.*

CAPÍTULO V. DOS CRIMES CONTRA A HONRA

CALÚNIA

▸ *Pacto de São José da Costa Rica, art. 11, 1.*

ART. 138. Caluniar alguém, imputando-lhe falsamente fato definido como crime:

Pena – detenção, de seis meses a dois anos, e multa.

▸ *CF: arts. 5º, IX, X, 53 e 145.*

▸ *CP: arts. 145 e 339.*

▸ *CPP: arts. 519 a 523.*

▸ *CE: arts. 288 e 324.*

▸ *Lei nº 4.117 de 27-8-1962, art. 53, Código Brasileiro de Telecomunicações.*

▸ *Lei nº 7.170 de 14-12-1983, art. 26, Lei de Segurança Nacional.*

▸ *Lei nº 9.099, de 26-09-1995: arts. 61 e 89, dispõe sobre os Juizados Especiais Cíveis e Criminais.*

▸ *Lei nº 9.504, de 30-09-1997: art. 58, estabelece normas para as eleições.*

▸ *Lei nº 11.340, de 07-08-2006: art. 7º, V, cria mecanismos para coibir a violência doméstica e familiar contra a mulher.*

§ 1º. Na mesma pena incorre quem, sabendo falsa a imputação, a propala ou divulga.

§ 2º. É punível a calúnia contra os mortos.

EXCEÇÃO DA VERDADE

§ 3º. Admite-se a prova da verdade, salvo:

▸ *CPP: arts. 85 e 523.*

▸ *Súmula nº 396 do STF.*

I – se, constituindo o fato imputado crime de ação privada, o ofendido não foi condenado por sentença irrecorrível;

II – se o fato é imputado a qualquer das pessoas indicadas no nº I do art. 141;

III – se do crime imputado, embora de ação pública, o ofendido foi absolvido por sentença irrecorrível.

DIFAMAÇÃO

ART. 139. Difamar alguém, imputando-lhe fato ofensivo à sua reputação:

Pena – detenção, de três meses a um ano, e multa.

▸ *CF: art. 53.*

▸ *CP: art. 145.*

▸ *CPP: arts. 519 a 523.*

▸ *CE: arts. 288 e 325.*

▸ *Lei nº 4.117 de 27-8-1962, art. 53, Código Brasileiro de Telecomunicações.*

▸ *Lei nº 7.170 de 14-10-1983, art. 26, Lei da Segurança Nacional*

▸ *Lei n. 8.906, de 04-07-1994, art. 7º, § 2º, Estatuto da Ordem dos Advogados do Brasil (OAB).*

▸ *Lei 9.099, de 26-09-1995: arts. 61 e 89, dispõe sobre os Juizados Especiais Cíveis e Criminais.*

EXCEÇÃO DA VERDADE

Parágrafo único. A exceção da verdade somente se admite se o ofendido é funcionário público e a ofensa é relativa ao exercício de suas funções.

▸ *Súmula nº 396 do STF.*

▸ *CPP: art. 85.*

▸ *CE: art. 325, par. ún.*

INJÚRIA

ART. 140. Injuriar alguém, ofendendo-lhe a dignidade ou o decoro:

Pena – detenção, de um a seis meses, ou multa.

▸ *CF: arts. 53 e 145.*

▸ *CP: art. 145.*

▸ *CPP: arts. 256, 519 e 523.*

▸ *CE: art. 288 e 326.*

▸ *Lei nº 8.906, de 04-07-1994, art. 7º, § 2º, Estatuto da Advocacia e Ordem dos Advogados do Brasil (OAB).*

▸ *Lei nº 9.099, de 26-09-1995: arts. 61 e 89, dispõe sobre os Juizados Especiais Cíveis e Criminais.*

▸ *Lei nº 4.117 de 27-8-1962, art. 53, Código Brasileiro de Telecomunicações.*

§ 1º. O juiz pode deixar de aplicar a pena:

▸ *CP: arts. 107, IX e 120.*

I – quando o ofendido, de forma reprovável, provocou diretamente a injúria;

II – no caso de retorsão imediata, que consista em outra injúria.

§ 2º. Se a injúria consiste em violência ou vias de fato, que, por sua natureza ou pelo meio empregado, se considerem aviltantes:

Pena – detenção, de três meses a um ano, e multa, além da pena correspondente à violência.

▸ *Lei nº 9.099, de 26-09-1995, art. 88, Lei dos Juizados Especiais Cíveis e Criminais.*

▸ *Dec. -Lei nº 3.688 de 3-10-1941, art. 21, Lei de Contravenções Penais.*

§ 3º. Se a injúria consiste na utilização de elementos referentes a raça, cor, etnia, religião, origem ou a condição de pessoa idosa ou portadora de deficiência: (Redação dada pela Lei nº 10.741, de 2003)

▸ *CP: art. 145, par. ún.*

Pena – reclusão de um a três anos e multa. (Incluído pela Lei nº 9.459, de 1997)

▸ *CF: art. 3º, IV.*

▸ *Lei nº 7.716, de 05-01-1989, dispõe sobre crimes resultantes de preconceito de raça ou cor.*

▸ *Lei nº 7.853, de 24-10-1989, dispõe sobre o apoio às pessoas portadoras de deficiência.*

▸ *Lei nº 10.741, de 01-10-2003, Estatuto do Idoso.*

▸ *Lei nº 12.288, de 20-07-2010, institui o Estatuto da Igualdade Racial.*

▸ *Lei nº 13.146, de 6-07-2015, Estatuto da pessoa com deficiência.*

DISPOSIÇÕES COMUNS

ART. 141. As penas cominadas neste Capítulo aumentam-se de um terço, se qualquer dos crimes é cometido:

- *CP: arts. 68, pár. ún., e 145, par. ún.*
- *Lei nº 7.170, de 14-12-1983: art. 26, define os crimes contra a segurança nacional, a ordem política e social, estabelece seu processo e julgamento.*

I – contra o Presidente da República, ou contra chefe de governo estrangeiro;

II – contra funcionário público, em razão de suas funções;

- *Súmula nº 714 do STF.*
- *CP: art. 145, par. ún.*

III – na presença de várias pessoas, ou por meio que facilite a divulgação da calúnia, da difamação ou da injúria.

- *CE: arts. 288 e 323.*

IV – contra pessoa maior de 60 (sessenta) anos ou portadora de deficiência, exceto no caso de injúria. (Incluído pela Lei nº 10.741, de 2003)

§ 1º Se o crime é cometido mediante paga ou promessa de recompensa, aplica-se a pena em dobro. (Parágrafo único transformado em § 1º pela Lei nº 13.964, de 24.12.2019)

§ 2º Se o crime é cometido ou divulgado em quaisquer modalidades das redes sociais da rede mundial de computadores, aplica-se em triplo a pena. (Incluído pela Lei nº 13.964, de 24-12-2019, promulgação em 29-04-2021)

EXCLUSÃO DO CRIME

ART. 142. Não constituem injúria ou difamação punível:

I – a ofensa irrogada em juízo, na discussão da causa, pela parte ou por seu procurador;

- *CF: art. 133.*
- *Lei nº 8.906, de 04-07-1994, art. 7º, § 2º, Estatuto da Advocacia e Ordem dos Advogados do Brasil (OAB).*
- *CPC/2015: art. 78, 360, 361, parágrafo único.*

II – a opinião desfavorável da crítica literária, artística ou científica, salvo quando inequívoca a intenção de injuriar ou difamar;

- *CF: art. 5º, IX.*

III – o conceito desfavorável emitido por funcionário público, em apreciação ou informação que preste no cumprimento de dever do ofício.

Parágrafo único. Nos casos dos ns. I e III, responde pela injúria ou pela difamação quem lhe dá publicidade.

RETRATAÇÃO

ART. 143. O querelado que, antes da sentença, se retrata cabalmente da calúnia ou da difamação, fica isento de pena.

- *CP: art. 107, VI.*

Parágrafo único. Nos casos em que o querelado tenha praticado a calúnia ou a difamação utilizando-se de meios de comunicação, a retratação dar-se-á, se assim desejar o ofendido, pelos mesmos meios em que se praticou a ofensa. (Incluído pela Lei nº 13.188, de 2015)

ART. 144. Se, de referências, alusões ou frases, se infere calúnia, difamação ou injúria, quem se julga ofendido pode pedir explicações em juízo. Aquele que se recusa a dá-las ou, a critério do juiz, não as dá satisfatórias, responde pela ofensa.

ART. 145. Nos crimes previstos neste Capítulo somente se procede mediante queixa, salvo quando, no caso do art. 140, § 2º, da violência resulta lesão corporal.

- *CP: arts. 138 a 140.*
- *Lei nº 9.099, de 26-09-1995, art. 88, Lei dos Juizados Especiais Cíveis e Criminais.*

Parágrafo único. Procede-se mediante requisição do Ministro da Justiça, no caso do inciso I do *caput* do art. 141 deste Código, e mediante representação do ofendido, no caso do inciso II do mesmo artigo, bem como no caso do § 3º do art. 140 deste Código. (Redação dada pela Lei nº 12.033, de 2009)

- *Súmula nº 714 do STF.*

CAPÍTULO VI. DOS CRIMES CONTRA A LIBERDADE INDIVIDUAL

SEÇÃO I. DOS CRIMES CONTRA A LIBERDADE PESSOAL

CONSTRANGIMENTO ILEGAL

ART. 146. Constranger alguém, mediante violência ou grave ameaça, ou depois de lhe haver reduzido, por qualquer outro meio, a capacidade de resistência, a não fazer o que a lei permite, ou a fazer o que ela não manda:

Pena – detenção, de três meses a um ano, ou multa.

- *Súmula nº 568 do STF.*
- *CF: art. 5º, II.*
- *Pacto de São José da Costa Rica, arts. 5o., 1 e 2, e 7o., 1.*
- *CDC: art. 71.*
- *CE: arts. 300 e 301.*
- *Lei nº 4.898 de 9-12-1965, arts. 3º., a, 4º., alíneas a, c, d, e, i, Lei de Abuso de Autoridade (Revogada pela Lei nº 13.869, de 5.9.2019)*
- *Lei nº 8.069, de 13-07-1990, art. 232, Estatuto da Criança e do Adolescente.*
- *Lei nº 9.099, de 26-09-1995: arts. 61 e 89, dispõe sobre os Juizados Especiais Cíveis e Criminais.*
- *Lei nº 11.340, de 07-08-2006: art. 16, cria mecanismos para coibir a violência doméstica e familiar contra a mulher.*

AUMENTO DE PENA

§ 1º. As penas aplicam-se cumulativamente e em dobro, quando, para a execução do crime, se reúnem mais de três pessoas, ou há emprego de armas.

§ 2º. Além das penas cominadas, aplicam-se as correspondentes à violência.

§ 3º. Não se compreendem na disposição deste artigo:

I – a intervenção médica ou cirúrgica, sem o consentimento do paciente ou de seu representante legal, se justificada por iminente perigo de vida;

- *Lei nº 13.146, de 06-07-2015, art. 13, Estatuto da Pessoa com Deficiência.*

II – a coação exercida para impedir suicídio.

AMEAÇA

ART. 147. Ameaçar alguém, por palavra, escrito ou gesto, ou qualquer outro meio simbólico, de causar-lhe mal injusto e grave:

Pena – detenção, de um a seis meses, ou multa.

- *Pacto de São José da Costa Rica, arts. 5º, 1 e 2, e 7º, 1.*
- *CE: art. 300.*
- *Lei nº 4.898 de 9-12-1965, art. 3º., a, Lei de Abuso de Autoridade (Revogada pela Lei nº 13.869, de 5.9.2019)*
- *Lei nº 8.078, de 11-09-1990, art. 71, Código de Defesa do Consumidor.*
- *Lei nº 9.099, de 26-09-1995: arts. 61 e 89, dispõe sobre os Juizados Especiais Cíveis e Criminais.*
- *Lei nº 11.340, de 07-08-2006: art. 16, cria mecanismos para coibir a violência doméstica e familiar contra a mulher.*

Parágrafo único. Somente se procede mediante representação.

- *CP: art. 100, §1º.*
- *CPP: art. 24, 38, 39.*

PERSEGUIÇÃO

ART. 147-A. Perseguir alguém, reiteradamente e por qualquer meio, ameaçando-lhe a integridade física ou psicológica, restringindo-lhe a capacidade de locomoção ou, de qualquer forma, invadindo ou perturbando sua esfera de liberdade ou privacidade. (Incluído pela Lei nº 14.132, de 31-03-2021)

Pena – reclusão, de 6 (seis) meses a 2 (dois) anos, e multa. (Incluído pela Lei nº 14.132, de 31-03-2021)

§ 1º A pena é aumentada de metade se o crime é cometido: (Incluído pela Lei nº 14.132, de 31-03-2021)

I – contra criança, adolescente ou idoso; (Incluído pela Lei nº 14.132, de 31-03-2021)

II – contra mulher por razões da condição de sexo feminino, nos termos do § 2º-A do art. 121 deste Código; (Incluído pela Lei nº 14.132, de 31-03-2021)

- *Súmulas 536, 542, 588 e 589 do STJ.*
- *Lei nº 9.099, de 26-09-1995, art. 88, Lei dos Juizados Especiais*
- *Cíveis e Criminais.*
- *Lei 11.340, de 07 de agosto de 2006, arts. 5º e 41, cria mecanismos para coibir a violência doméstica e familiar contra a mulher.*

III – mediante concurso de 2 (duas) ou mais pessoas ou com o emprego de arma. (Incluído pela Lei nº 14.132, de 31-03-2021)

- *CP: art. 29.*

§ 2º As penas deste artigo são aplicáveis sem prejuízo das correspondentes à violência. (Incluído pela Lei nº 14.132, de 31-03-2021)

- *CP: arts. 69 e 70.*

§ 3º Somente se procede mediante representação. (Incluído pela Lei nº 14.132, de 31-03-2021)

- *CP: art. 100, §1º.*
- *CPP: art. 24, 38, 39.*

VIOLÊNCIA PSICOLÓGICA CONTRA A MULHER (INCLUÍDO PELA LEI Nº 14.188, DE 28-07-2021)

ART. 147-B. Causar dano emocional à mulher que a prejudique e perturbe seu pleno desenvolvimento ou que vise a degradar ou a controlar suas ações, comportamentos, crenças e decisões, mediante ameaça, constrangimento, humilhação, manipulação, isolamento, chantagem, ridicularização, limitação do direito de ir e vir ou qualquer outro meio que cause prejuízo à sua saúde psicológica e autodeterminação: (Incluído pela Lei nº 14.188, de 28-07-2021)

Pena - reclusão, de 6 (seis) meses a 2 (dois) anos, e multa, se a conduta não constitui crime mais grave. (Incluído pela Lei nº 14.188, de 28-07-2021)

- *. Súmulas 536, 542, 588 e 589 do STJ.*
- *. Lei nº 9.099, de 26-09-1995, art. 88, Lei dos Juizados Especiais Cíveis e Criminais.*
- *. Lei 11.340, de 07 de agosto de 2006, arts. 5º e 41, cria mecanismos para coibir a violência doméstica e familiar contra a mulher.*

SEQUESTRO E CÁRCERE PRIVADO

ART. 148. Privar alguém de sua liberdade, mediante sequestro ou cárcere privado:

Pena – reclusão, de um a três anos.

- *CF: art. 5, XV.*
- *Pacto de São José da Costa Rica, arts. 5o., 1 e 2, 7º, 1 a 3.*
- *CPP: art. 303.*
- *Lei nº 4.898 de 9-12-1965, arts. 3º., a, 4º., alíneas a, c, d, e, i, Lei de Abuso de Autoridade (Revogada pela Lei nº 13.869, de 5.9.2019)*
- *Lei nº 7.960, de 21-12-1989, art. 1º, III, b dispõe sobre prisão temporária.*
- *Lei nº 8.069, de 13-07-1990, art. 230, Estatuto da Criança e do Adolescente.*
- *Lei nº 9.099, de 26-09-1995: art. 89, dispõe sobre os Juizados Especiais Cíveis e Criminais.*
- *Lei 10.446, de 08-05-2002. Infrações penais de repercussão interestadual ou internacional que exigem repressão uniforme.*
- *Lei nº 2.889 de 1º-10-1956, art. 1º, e, Lei do Crime do Genocídio.*
- *Lei nº 7.170 de 14-12-1983, art. 20, Lei de Segurança Nacional.*
- *Lei nº 10.446 de 8-5-2002, art. 1º, I, Código Civil Brasileiro.*
- *Lei nº 13.869, de 5-9-2019, art. 9, Lei de Abuso de Autoridade.*

§ 1º. A pena é de reclusão, de dois a cinco anos:

I – se a vítima é ascendente, descendente, cônjuge ou companheiro do agente ou maior de 60 (sessenta) anos; (Redação dada pela Lei nº 11.106, de 2005)

II – se o crime é praticado mediante internação da vítima em casa de saúde ou hospital;

III – se a privação da liberdade dura mais de quinze dias.

- *Lei nº 7.960, de 21-12-1989: art. 1º, III, b, dispõe sobre prisão temporária.*

IV – se o crime é praticado contra menor de 18 (dezoito) anos; (Incluído pela Lei nº 11.106, de 2005)

V – se o crime é praticado com fins libidinosos. (Incluído pela Lei nº 11.106, de 2005)

▸ CP: art. 219.

§ 2º. Se resulta à vítima, em razão de maus-tratos ou da natureza da detenção, grave sofrimento físico ou moral:

Pena – reclusão, de dois a oito anos.

▸ Lei nº 7.960, de 21-12-1989: art. 1º, III, b, dispõe sobre prisão temporária.

REDUÇÃO A CONDIÇÃO ANÁLOGA À DE ESCRAVO

ART. 149. Reduzir alguém a condição análoga à de escravo, quer submetendo-o a trabalhos forçados ou a jornada exaustiva, quer sujeitando-o a condições degradantes de trabalho, quer restringindo, por qualquer meio, sua locomoção em razão de dívida contraída com o empregador ou preposto: (Redação dada pela Lei nº 10.803, de 11.12.2003)

▸ CF: arts. 3º, III, 4º, II, 5º, III e § 3º, 109, V-A e VI.

▸ Pacto de São José da Costa Rica, arts. 5º, 1 e 2, 6º e 7º, 1 a 3.

▸ CP: art. 303.

▸ Lei nº 4.898 de 9-12-1965, art. 3º, a, Lei de Abuso de Autoridade (Revogada pela Lei nº 13.869, de 5.9.2019)

▸ Lei nº 13.869, de 5-9-2019, art. 9, Lei de Abuso de Autoridade.

Pena – reclusão, de dois a oito anos, e multa, além da pena correspondente à violência. (Redação dada pela Lei nº 10.803, de 11.12.2003)

§ 1º. Nas mesmas penas incorre quem: (Incluído pela Lei nº 10.803, de 11.12.2003)

I – cerceia o uso de qualquer meio de transporte por parte do trabalhador, com o fim de retê-lo no local de trabalho; (Incluído pela Lei nº 10.803, de 11.12.2003)

II – mantém vigilância ostensiva no local de trabalho ou se apodera de documentos ou objetos pessoais do trabalhador, com o fim de retê-lo no local de trabalho. (Incluído pela Lei nº 10.803, de 11.12.2003)

§ 2º. A pena é aumentada de metade, se o crime é cometido: (Incluído pela Lei nº 10.803, de 11.12.2003)

I – contra criança ou adolescente; (Incluído pela Lei nº 10.803, de 11.12.2003)

II – por motivo de preconceito de raça, cor, etnia, religião ou origem. (Incluído pela Lei nº 10.803, de 11.12.2003)

TRÁFICO DE PESSOAS (INCLUÍDO PELA LEI Nº 13.344, DE 2016)

ART. 149-A. Agenciar, aliciar, recrutar, transportar, transferir, comprar, alojar ou acolher pessoa, mediante grave ameaça, violência, coação, fraude ou abuso, com a finalidade de: (Incluído pela Lei nº 13.344, de 06-10- 2016)

▸ CF: arts. 3º, III, 4º, II, 5º, III e § 3º, 109, V, V-A e VI.

▸ Pacto de São José da Costa Rica, arts. 5º, 1 e 2, 6º e 7º, 1 a 3.

▸ CP: art. 232-A.

▸ Lei nº 4.898 de 9-12-1965, art. 3º., a, Lei de Abuso de Autoridade (Revogada pela Lei nº 13.869, de 5.9.2019)

▸ Lei nº 13.869, de 5-9-2019, art. 9, Lei de Abuso de Autoridade.

I – remover-lhe órgãos, tecidos ou partes do corpo; (Incluído pela Lei nº 13.344, de 06-10- 2016)

II – submetê-la a trabalho em condições análogas à de escravo; (Incluído pela Lei nº 13.344, de 06-10- 2016)

III – submetê-la a qualquer tipo de servidão; (Incluído pela Lei nº 13.344, de 06-10- 2016)

IV – adoção ilegal; ou (Incluído pela Lei nº 13.344, de 06-10- 2016)

V – exploração sexual. (Incluído pela Lei nº 13.344, de 06-10- 2016)

Pena – reclusão, de 4 (quatro) a 8 (oito) anos, e multa. (Incluído pela Lei nº 13.344, de 06-10- 2016)

▸ CP: arts. 231 e 231-A.

§ 1º. A pena é aumentada de um terço até a metade se: (Incluído pela Lei nº 13.344, de 06-10- 2016)

I – o crime for cometido por funcionário público no exercício de suas funções ou a pretexto de exercê-las; (Incluído pela Lei nº 13.344, de 06-10- 2016)

II – o crime for cometido contra criança, adolescente ou pessoa idosa ou com deficiência; (Incluído pela Lei nº 13.344, de 06-10- 2016)

III – o agente se prevalecer de relações de parentesco, domésticas, de coabitação, de hospitalidade, de dependência econômica, de autoridade ou de superioridade hierárquica inerente ao exercício de emprego, cargo ou função; ou (Incluído pela Lei nº 13.344, de 06-10- 2016)

IV – a vítima do tráfico de pessoas for retirada do território nacional. (Incluído pela Lei nº 13.344, de 06-10- 2016)

§ 2º. A pena é reduzida de um a dois terços se o agente for primário e não integrar organização criminosa. (Incluído pela Lei nº 13.344, de 06-10- 2016)

SEÇÃO II. DOS CRIMES CONTRA A INVIOLABILIDADE DO DOMICÍLIO

VIOLAÇÃO DE DOMICÍLIO

ART. 150. Entrar ou permanecer, clandestina ou astuciosamente, ou contra a vontade expressa ou tácita de quem de direito, em casa alheia ou em suas dependências:

Pena – detenção, de um a três meses, ou multa.

▸ CF: art. 5º, XI e LVI.

▸ Pacto de São José da Costa Rica, art. 11.

▸ CPP: arts. 157, 240 a 250, 283 e 293.

▸ Lei nº 4.898 de 9-12-1965, art. 3º., b, Lei de Abuso de Autoridade (Revogada pela Lei nº 13.869, de 5.9.2019)

▸ Lei nº 13.869, de 5-9-2019, art. 22, Lei de Abuso de Autoridade.

§ 1º. Se o crime é cometido durante a noite, ou em lugar ermo, ou com o emprego de violência ou de arma, ou por duas ou mais pessoas:

Pena – detenção, de seis meses a dois anos, além da pena correspondente à violência.

▸ Lei nº 13.869, de 5-9-2019, art. 22, Lei de Abuso de Autoridade.

§ 2º (Revogado pela Lei nº 13.869, de 5.9.2019)

▸ Redação anterior: § 2º - Aumenta-se a pena de um terço, se o fato é cometido por funcionário público, fora dos casos legais, ou com inobservância das formalidades estabelecidas em lei, ou com abuso do poder. (Revogado pela Lei nº 13.869, de 2019)

▸ CF: art. 5º., XL.

▸ CP: art. 2º., parágrafo único.

§ 3º. Não constitui crime a entrada ou permanência em casa alheia ou em suas dependências:

I – durante o dia, com observância das formalidades legais, para efetuar prisão ou outra diligência;

▸ CPP: art. 245.

▸ Lei nº 13.869, de 5-9-2019, art. 22, III, Lei de Abuso de Autoridade.

II – a qualquer hora do dia ou da noite, quando algum crime está sendo ali praticado ou na iminência de o ser.

§ 4º. A expressão "casa" compreende:

I – qualquer compartimento habitado;

II – aposento ocupado de habitação coletiva;

III – compartimento não aberto ao público, onde alguém exerce profissão ou atividade.

§ 5º. Não se compreendem na expressão "casa":

I – hospedaria, estalagem ou qualquer outra habitação coletiva, enquanto aberta, salvo a restrição do nº II do parágrafo anterior;

II – taverna, casa de jogo e outras do mesmo gênero.

SEÇÃO III. DOS CRIMES CONTRA A INVIOLABILIDADE DE CORRESPONDÊNCIA

VIOLAÇÃO DE CORRESPONDÊNCIA

▸ CF: art. 5º, XII.

▸ Lei nº 4.898, de 09-12-1965: art. 3º, c, Lei de Abuso de Autoridade (Revogada pela Lei nº 13.869, de 5.9.2019)

▸ Lei nº 6.538, de 22-06-1978, dispõe sobre serviços postais.

▸ Lei nº 7.210, de 11-07-1984, art. 41, XV e par. ún., Lei de Execução Penal.

▸ Lei nº 11.101, de 09-02-2005: art. 169, regula a recuperação judicial, a extrajudicial e a falência do empresário e da sociedade empresária.

ART. 151. Devassar indevidamente o conteúdo de correspondência fechada, dirigida a outrem:

Pena – detenção, de um a seis meses, ou multa.

▸ Pacto de São José da Costa Rica, art. 11

▸ Lei nº 4.898 de 9-12-1965, arts. 3º., c, Lei de Abuso de Autoridade (Revogada pela Lei nº 13.869, de 5.9.2019)

▸ Lei nº 6.538 de 22-06-1978, art. 40, lei de dispõe sobre os serviços postais.

▸ Lei nº 7.170 de 14-10-1983, art. 13 e 14, Lei da Segurança Nacional

▸ Lei nº 7.210, de 11-07-1984, art. 41, XV e parágrafo único, Lei de Execução Penal.

▸ Lei 9.099, de 26-09-1995: arts. 61 e 89, dispõe sobre os Juizados Especiais Cíveis e Criminais.

▸ Lei nº 13.869, de 5-9-2019, art. 22, Lei de Abuso de Autoridade.

SONEGAÇÃO OU DESTRUIÇÃO DE CORRESPONDÊNCIA

§ 1º. Na mesma pena incorre:

I – quem se apossa indevidamente de correspondência alheia, embora não fechada e, no todo ou em parte, a sonega ou destrói;

▸ Lei nº 6.538, de 22-06-1978: art. 40, § 1º, dispõe sobre serviços postais.

VIOLAÇÃO DE COMUNICAÇÃO TELEGRÁFICA, RADIOELÉTRICA OU TELEFÔNICA

II – quem indevidamente divulga, transmite a outrem ou utiliza abusivamente comunicação telegráfica ou radioelétrica dirigida a terceiro, ou conversação telefônica entre outras pessoas;

III – quem impede a comunicação ou a conversação referidas no número anterior;

IV – quem instala ou utiliza estação ou aparelho radioelétrico, sem observância de disposição legal.

▸ Lei nº 4.117 de 27-8-1962, art. 70, Código Brasileiro de Telecomunicações.

§ 2º. As penas aumentam-se de metade, se há dano para outrem.

§ 3º. Se o agente comete o crime, com abuso de função em serviço postal, telegráfico, radioelétrico ou telefônico:

Pena – detenção, de um a três anos.

§ 4º. Somente se procede mediante representação, salvo nos casos do § 1º, IV, e do § 3º.

CORRESPONDÊNCIA COMERCIAL

ART. 152. Abusar da condição de sócio ou empregado de estabelecimento comercial ou industrial para, no todo ou em parte, desviar, sonegar, subtrair ou suprimir correspondência, ou revelar a estranho seu conteúdo:

Pena – detenção, de três meses a dois anos.

▸ Pacto de São José da Costa Rica, art. 11.

▸ Lei nº 4.898 de 9-12-1965, arts. 3º., c, Lei de Abuso de Autoridade (Revogada pela Lei nº 13.869, de 5.9.2019)

▸ Lei nº 13.869, de 5-9-2019, art. 22, Lei de Abuso de Autoridade.

Parágrafo único. Somente se procede mediante representação.

▸ CP : art. 100, §1º.

▸ CPP: art. 24, 38 e 39.

SEÇÃO IV. DOS CRIMES CONTRA A INVIOLABILIDADE DOS SEGREDOS

DIVULGAÇÃO DE SEGREDO

ART. 153. Divulgar alguém, sem justa causa, conteúdo de documento particular ou de correspondência confidencial, de que é destinatário ou detentor, e cuja divulgação possa produzir dano a outrem:

Pena – detenção, de um a seis meses, ou multa.

▸ Pacto de São José da Costa Rica, art. 11.

▸ CP: art. 325.

▸ CPC/2015: art. 448.

▸ Lei nº 9.099, de 26-09-1995: arts. 61 e 89, dispõe sobre os Juizados Especiais Cíveis e Criminais.

§ 1º. Somente se procede mediante representação. (Parágrafo único renumerado pela Lei nº 9.983, de 2000)

▸ CP: art. 100, §1º.

▸ CPP: art. 24, 38 e 39.

§ 1º.-A. Divulgar, sem justa causa, informações sigilosas ou reservadas, assim definidas em lei, contidas ou não nos sistemas de informações ou banco de dados da Administração Pública: (Incluído pela Lei nº 9.983, de 2000)

Pena – detenção, de 1 (um) a 4 (quatro) anos, e multa. (Incluído pela Lei nº 9.983, de 2000)

§ 2º. Quando resultar prejuízo para a Administração Pública, a ação penal será incondicionada. (Incluído pela Lei nº 9.983, de 2000)

VIOLAÇÃO DO SEGREDO PROFISSIONAL

ART. 154. Revelar alguém, sem justa causa, segredo, de que tem ciência em razão de função, ministério, ofício ou profissão, e cuja revelação possa produzir dano a outrem:

Pena – detenção, de três meses a um ano, ou multa.

- *Pacto de São José da Costa Rica, art. 11.*
- *CPP: art. 24, 38, 39 e 207.*
- *CC: art. 229.*
- *Lei nº 7.170 de 14-12-1983, art. 21, Lei da Segurança Nacional.*
- *Lei nº 8.906, de 04-07-1994, art. 7º, XIX, Estatuto da Advocacia e Ordem dos Advogados do Brasil (OAB).*
- *Lei nº 9.099, de 26-09-1995: arts. 61 e 89, dispõe sobre os Juizados Especiais Cíveis e Criminais.*

Parágrafo único. Somente se procede mediante representação.

INVASÃO DE DISPOSITIVO INFORMÁTICO (INCLUÍDO PELA LEI Nº 12.737, DE 30-11-2012)

ART. 154-A. Invadir dispositivo informático de uso alheio, conectado ou não à rede de computadores, com o fim de obter, adulterar ou destruir dados ou informações sem autorização expressa ou tácita do usuário do dispositivo ou de instalar vulnerabilidades para obter vantagem ilícita: (Redação dada pela Lei nº 14.155, de 27-05-2021)

- *Redação anterior: ART. 154-A. Invadir dispositivo informático alheio, conectado ou não à rede de computadores, mediante violação indevida de mecanismo de segurança e com o fim de obter, adulterar ou destruir dados ou informações sem autorização expressa ou tácita do titular do dispositivo ou instalar vulnerabilidades para obter vantagem ilícita: (Incluído pela Lei nº 12.737, de 30-11-2012)*
- *Lei nº 8.069 de 13-07-1990, art. 190- A; 190- E, Estatuto da Criança e do Adolescente.*

Pena – reclusão, de 1 (um) a 4 (quatro) anos, e multa. (Redação dada pela Lei nº 14.155, de 27-05-2021)

- *Redação anterior: Pena – detenção, de 3 (três) meses a 1 (um) ano, e multa (Incluído pela Lei nº 12.737, de 30-11-2012*
- *CP: arts. 313-A e 313-B.*

§ 1º. Na mesma pena incorre quem produz, oferece, distribui, vende ou difunde dispositivo ou programa de computador com o intuito de permitir a prática da conduta definida no *caput*. (Incluído pela Lei nº 12.737, de 30-11-2012)

§ 2º Aumenta-se a pena de 1/3 (um terço) a 2/3 (dois terços) se da invasão resulta prejuízo econômico. (Redação dada pela Lei nº 14.155, de 27-05-2021)

- *Redação anterior: § 2º. Aumenta-se a pena de um sexto a um terço se da invasão resulta prejuízo econômico. (Incluído pela Lei nº 12.737, de 30-11-2012)*

§ 3º. Se da invasão resultar a obtenção de conteúdo de comunicações eletrônicas privadas, segredos comerciais ou industriais, informações sigilosas, assim definidas em lei, ou o controle remoto não autorizado do dispositivo invadido: (Incluído pela Lei nº 12.737, de 30-11-2012)

Pena – reclusão, de 2 (dois) a 5 (cinco) anos, e multa. (Redação dada pela Lei nº 14.155, de 27-05-2021)

- *Redação anterior: Pena – reclusão, de 6 (seis) meses a 2 (dois) anos, e multa, se a conduta não constitui crime mais grave (Incluído pela Lei nº 12.737, de 2012)*

§ 4º. Na hipótese do § 3º, aumenta-se a pena de um a dois terços se houver divulgação, comercialização ou transmissão a terceiro, a qualquer título, dos dados ou informações obtidos. (Incluído pela Lei nº 12.737, de 30-11-2012)

§ 5º. Aumenta-se a pena de um terço à metade se o crime for praticado contra: (Incluído pela Lei nº 12.737, de 30-11-2012)

I – Presidente da República, governadores e prefeitos; (Incluído pela Lei nº 12.737, de 30-11-2012)

II – Presidente do Supremo Tribunal Federal; (Incluído pela Lei nº 12.737, de 30-11-2012)

III – Presidente da Câmara dos Deputados, do Senado Federal, de Assembleia Legislativa de Estado, da Câmara Legislativa do Distrito Federal ou de Câmara Municipal; (Incluído pela Lei nº 12.737, de 30-11-2012)

IV – dirigente máximo da administração direta e indireta federal, estadual, municipal ou do Distrito Federal. (Incluído pela Lei nº 12.737, de 30-11-2012)

AÇÃO PENAL

ART. 154-B. Nos crimes definidos no art. 154-A, somente se procede mediante representação, salvo se o crime é cometido contra a administração pública direta ou indireta de qualquer dos Poderes da União, Estados, Distrito Federal ou Municípios ou contra empresas concessionárias de serviços públicos. (Incluído pela Lei nº 12.737, de 30-11-2012)

TÍTULO II. DOS CRIMES CONTRA O PATRIMÔNIO

- *Súmulas 17, 24, 48, 73, 96, 107, 244, 442, 511, 567 e 582 do STJ.*
- *CP: 232-A.*

CAPÍTULO I. DO FURTO

- *Dec.-lei nº 3.688, de 03-10-1941, arts. 24 a 26, Lei das Contravenções Penais.*

FURTO

ART. 155. Subtrair, para si ou para outrem, coisa alheia móvel:

Pena – reclusão, de um a quatro anos, e multa.

- *Súmula nº 567 do STJ.*
- *CP: arts. 180 a 183.*
- *Lei nº 9.099, de 26-09-1995: art. 89, dispõe sobre os Juizados Especiais Cíveis e Criminais.*
- *Dec. -Lei nº 3.688 de 3-10-1941, art. 24 e 25 Lei de Contravenções Penais.*

§ 1º. A pena aumenta-se de um terço, se o crime é praticado durante o repouso noturno.

§ 2º. Se o criminoso é primário, e é de pequeno valor a coisa furtada, o juiz pode substituir a pena de reclusão pela de detenção, diminuí-la de um a dois terços, ou aplicar somente a pena de multa.

- *CP: arts. 170, 171, § 1º e 180, § 5º.*
- *Súmula nº 511 do STJ.*

§ 3º. Equipara-se à coisa móvel a energia elétrica ou qualquer outra que tenha valor econômico.

FURTO QUALIFICADO

§ 4º. A pena é de reclusão de dois a oito anos, e multa, se o crime é cometido:

I – com destruição ou rompimento de obstáculo à subtração da coisa;

- *Súmula 511 do STJ.*

II – com abuso de confiança, ou mediante fraude, escalada ou destreza;

- *CP: art. 171.*

III – com emprego de chave falsa;

- *Súmula 511 do STJ.*

IV – mediante concurso de duas ou mais pessoas.

- *Súmula nº 442 e 511 do STJ.*

§ 4º-A. A pena é de reclusão de 4 (quatro) a 10 (dez) anos e multa, se houver emprego de explosivo ou de artefato análogo que cause perigo comum. (Incluído pela Lei nº 13.654, de 23-04-2018)

§ 4º-B. A pena é de reclusão, de 4 (quatro) a 8 (oito) anos, e multa, se o furto mediante fraude é cometido por meio de dispositivo eletrônico ou informático, conectado ou não à rede de computadores, com ou sem a violação de mecanismo de segurança ou a utilização de programa malicioso, ou por qualquer outro meio fraudulento análogo. (Incluído pela Lei nº 14.155, de 27-05-2021)

§ 4º-C. A pena prevista no § 4º-B deste artigo, considerada a relevância do resultado gravoso: (Incluído pela Lei nº 14.155, de 27-05-2021)

I – aumenta-se de 1/3 (um terço) a 2/3 (dois terços), se o crime é praticado mediante a utilização de servidor mantido fora do território nacional; (Incluído pela Lei nº 14.155, de 27-05-2021)

II – aumenta-se de 1/3 (um terço) ao dobro, se o crime é praticado contra idoso ou vulnerável. (Incluído pela Lei nº 14.155, de 27-05-2021)

§ 5º. A pena é de reclusão de três a oito anos, se a subtração for de veículo automotor que venha a ser transportado para outro Estado ou para o exterior. (Incluído pela Lei nº 9.426, de 1996)

- *Lei Complementar nº 121, de 09-02-2006, cria o Sistema Nacional de Prevenção, Fiscalização e Repressão ao Furto e Roubo de Veículos e Cargas.*

§ 6º. A pena é de reclusão de 2 (dois) a 5 (cinco) anos se a subtração for de semovente domesticável de produção, ainda que abatido ou dividido em partes no local da subtração. (Incluído pela Lei nº 13.330, de 02-08-2016)

- *CF: art. 5º, XL.*

§ 7º A pena é de reclusão de 4 (quatro) a 10 (dez) anos e multa, se a subtração for de substâncias explosivas ou de acessórios que, conjunta ou isoladamente, possibilitem sua fabricação, montagem ou emprego. (Incluído pela Lei nº 13.654, de 23-04-2018)

- *CF: art. 5º, XL.*

FURTO DE COISA COMUM

ART. 156. Subtrair o condômino, co-herdeiro ou sócio, para si ou para outrem, a quem legitimamente a detém, a coisa comum:

Pena – detenção, de seis meses a dois anos, ou multa.

- *Súmula nº 442 do STJ.*
- *CP: arts. 100, § 1º, e 168.*
- *CPP: art. 24, 38 e 39.*
- *Lei 9.099, de 26-09-1995: arts. 61 e 89, dispõe sobre os Juizados Especiais Cíveis e Criminais.*

§ 1º. Somente se procede mediante representação.

§ 2º. Não é punível a subtração de coisa comum fungível, cujo valor não excede a quota a que tem direito o agente.

CAPÍTULO II. DO ROUBO E DA EXTORSÃO

ROUBO

ART. 157. Subtrair coisa móvel alheia, para si ou para outrem, mediante grave ameaça ou violência a pessoa, ou depois de havê-la, por qualquer meio, reduzido à impossibilidade de resistência:

Pena – reclusão, de quatro a dez anos, e multa.

- *Súmula nº 582 do STJ.*
- *Lei nº 7.960, de 21-09-1989: art. 1º, III, c, dispõe sobre prisão temporária.*
- *Lei nº 7.170 de 14-12-1983, art. 20, Lei de Segurança Nacional.*

§ 1º. Na mesma pena incorre quem, logo depois de subtraída a coisa, emprega violência contra pessoa ou grave ameaça, a fim de assegurar a impunidade do crime ou a detenção da coisa para si ou para terceiro.

- *Lei nº 7.960, de 21-09-1989: art. 1º, III, c, dispõe sobre prisão temporária.*

§ 2º A pena aumenta-se de 1/3 (um terço) até metade: (Redação dada pela Lei nº 13.654, de 2018)

- *Súmula nº 443 do STJ.*

I – (Revogado pela Lei nº 13.654, de 23-04-2018)

- *Redação anterior: I - se a violência ou ameaça é exercida com emprego de arma;*
- *CF: art. 5º, XL.*
- *CP: arts. 2º, parágrafo único, 157, §§ 2º., VII, 2º-A, I, e 2º-B.*

II – se há o concurso de duas ou mais pessoas;

- *Súmula nº 442 do STJ.*

III – se a vítima está em serviço de transporte de valores e o agente conhece tal circunstância.

- *Lei nº 7.960, de 21-09-1989: art. 1º, III, c, dispõe sobre prisão temporária.*

IV – se a subtração for de veículo automotor que venha a ser transportado para outro Estado ou para o exterior; (Incluído pela Lei nº 9.426, de 1996)

- *Lei Complementar nº 121, de 09-02-2006, cria o Sistema Nacional de Prevenção, Fiscalização e Repressão ao Furto e Roubo de Veículos e Cargas.*

V – se o agente mantém a vítima em seu poder, restringindo sua liberdade. (Incluído pela Lei nº 9.426, de 1996)

▸ *CP: art. 158, § 3º.*

▸ *Lei nº 7.960, de 21-09-1989: art. 1º, III, c, dispõe sobre prisão temporária.*

VI – se a subtração for de substâncias explosivas ou de acessórios que, conjunta ou isoladamente, possibilitem sua fabricação, montagem ou emprego. (Incluído pela Lei nº 13.654, de 2018)

▸ *CF: art. 5º., XL.*

▸ *CP: arts. 2º.*

VII – se a violência ou grave ameaça é exercida com emprego de arma branca; (Acrescido pela Lei nº 13.964, de 24.12.2019)

▸ *CF: art. 5º., XL.*

▸ *CP: arts. 2º. e 157, §§ 2º-A, I, e 2º.-B.*

▸ *CP: art. 2º, I (Redação revogada pela Lei nº 13.654, de 23-04-2018)*

§ 2º-A A pena aumenta-se de 2/3 (dois terços): (Incluído pela Lei nº 13.654, de 23-04-2018)

I – se a violência ou ameaça é exercida com emprego de arma de fogo; (Incluído pela Lei nº 13.654, de 23-04-2018)

▸ *CF: art. 5º, XL.*

▸ *CP: art. 2º, parágrafo único.*

II – se há destruição ou rompimento de obstáculo mediante o emprego de explosivo ou de artefato análogo que cause perigo comum. (Incluído pela Lei nº 13.654, de 23-04-2018)

§ 2º-B. Se a violência ou grave ameaça é exercida com emprego de arma de fogo de uso restrito ou proibido, aplica-se em dobro a pena prevista no caput deste artigo. (Acrescido pela Lei nº 13.964, de 24.12.2019)

▸ *CF: art. 5º., XL.*

▸ *CP: arts. 2º. e 157, § 2º-A, I.*

▸ *CP: art. 2º, I (Redação revogada pela Lei nº 13.654, de 23-04-2018)*

§ 3º Se da violência resulta: (Redação dada pela Lei nº 13.654, de 2018)

I – lesão corporal grave, a pena é de reclusão de 7 (sete) a 18 (dezoito) anos, e multa; (Incluído pela Lei nº 13.654, de 23-04-2018)

II – morte, a pena é de reclusão de 20 (vinte) a 30 (trinta) anos, e multa. (Incluído pela Lei nº 13.654, de 23-04-2018)

▸ *Súmulas nº 603 e 610 do STF.*

▸ *CF: art. 5º, XLIII.*

▸ *Lei nº 7.960, de 21-09-1989: art. 1º, III, c, dispõe sobre prisão temporária.*

▸ *Lei nº 8.072 de 25-7-1990, arts. 1º, II, e 9º, Lei dos Crimes Hediondos.*

EXTORSÃO

ART. 158. Constranger alguém, mediante violência ou grave ameaça, e com o intuito de obter para si ou para outrem indevida vantagem econômica, a fazer, tolerar que se faça ou deixar fazer alguma coisa:

Pena – reclusão, de quatro a dez anos, e multa.

▸ *Súmula nº 96 do STJ.*

▸ *CDC: art. 71.*

▸ *Lei nº 7.170 de 14-10-1983, art. 20, Lei da Segurança Nacional.*

▸ *Lei nº 7.960 de 21-12-1986, art. 1º, III, d, Lei da Prisão Temporária.*

§ 1º. Se o crime é cometido por duas ou mais pessoas, ou com emprego de arma, aumenta-se a pena de um terço até metade.

§ 2º. Aplica-se à extorsão praticada mediante violência o disposto no § 3º do artigo anterior.

▸ *CF: art. 5º, XLIII.*

▸ *Lei nº 8.072 de 25-7-1990,art. 1º, III, Lei dos Crimes Hediondos.*

§ 3º. Se o crime é cometido mediante a restrição da liberdade da vítima, e essa condição é necessária para a obtenção da vantagem econômica, a pena é de reclusão, de 6 (seis) a 12 (doze) anos, além da multa; se resulta lesão corporal grave ou morte, aplicam-se as penas previstas no art. 159, §§ 2º e 3º, respectivamente. (Incluído pela Lei nº 11.923, de 2009)

▸ *CP: art. 157., parágrafo 2º, V e 159.*

▸ *Lei nº 8.072 de 25-7-1990,art. 1º, IV, Lei dos Crimes Hediondos.*

EXTORSÃO MEDIANTE SEQUESTRO

ART. 159. Sequestrar pessoa com o fim de obter, para si ou para outrem, qualquer vantagem, como condição ou preço do resgate:

▸ *Súmula 96 do STJ.*

▸ *CF: art. 5º, XLIII.*

▸ *Lei nº 7.170 de 14-10-1983, art. 20, Lei da Segurança Nacional.*

▸ *Lei nº 7.960 de 21-12-1986, art. 1º, III, a, Lei da Prisão Temporária.*

▸ *Lei nº 8.072 de 25-7-1990,art. 1º, IV, Lei dos Crimes Hediondos.*

Pena – reclusão, de oito a quinze anos. (Redação dada pela Lei nº 8.072, de 25.7.1990)

▸ *Lei nº 7.960, de 21-09-1989, art. 1º, III, dispõe sobre prisão temporária.*

▸ *Lei nº 8.072, de 25-07-1990: arts. 1º, IV e 9º, define os crimes hediondos.*

▸ *Lei nº 9.613, de 03-03-1998, art. 1º, IV, Dispõe sobre os crimes de "lavagem" ou ocultação de bens, direitos e valores.*

§ 1º. Se o sequestro dura mais de 24 (vinte e quatro) horas, se o sequestrado é menor de 18 (dezoito) ou maior de 60 (sessenta) anos, ou se o crime é cometido por bando ou quadrilha. (Redação dada pela Lei nº 10.741, de 2003)

▸ *CP: art. 288.*

▸ *Lei nº 7.960, de 21-09-1989: art. 1º, III, e, dispõe sobre prisão temporária.*

▸ *Lei nº 8.072, de 25-07-1990: arts. 1º, IV e 9º, define os crimes hediondos.*

Pena – reclusão, de doze a vinte anos. (Redação dada pela Lei nº 8.072, de 25.7.1990)

§ 2º. Se do fato resulta lesão corporal de natureza grave: Lei nº 8.072, de 25.7.90

Pena – reclusão, de dezesseis a vinte e quatro anos. (Redação dada pela Lei nº 8.072, de 25.7.1990)

▸ *Lei nº 7.960, de 21-09-1989: art. 1º, III, e, dispõe sobre prisão temporária.*

▸ *Lei nº 8.072, de 25-07-1990: art. 9º, define os crimes hediondos.*

§ 3º. Se resulta a morte: Lei nº 8.072, de 25.7.90

Pena – reclusão, de vinte e quatro a trinta anos. (Redação dada pela Lei nº 8.072, de 25.7.1990)

- *Lei nº 7.960, de 21-09-1989: art. 1º, III, e, dispõe sobre prisão temporária.*
- *Lei nº 8.072, de 25-07-1990: art. 9º, define os crimes hediondos.*

§ 4º. Se o crime é cometido em concurso, o concorrente que o denunciar à autoridade, facilitando a libertação do sequestrado, terá sua pena reduzida de um a dois terços. (Redação dada pela Lei nº 9.269, de 1996)

- *Lei nº 8.072, de 25-07-90, art. 8º, par. ún., define os crimes hediondos.*
- *Lei nº 9.807, de 13-07-1999, institui o Programa Federal de Assistência a Vítimas e a Testemunhas Ameaçadas.*

EXTORSÃO INDIRETA

ART. 160. Exigir ou receber, como garantia de dívida, abusando da situação de alguém, documento que pode dar causa a procedimento criminal contra a vítima ou contra terceiro:

Pena – reclusão, de um a três anos, e multa.

- *CDC: art. 71.*
- *Lei nº 9.099, de 26-09-1995: art. 89, dispõe sobre os Juizados Especiais Cíveis e Criminais.*

CAPÍTULO III. DA USURPAÇÃO

- *CP: arts. 185 e 328.*
- *Lei nº 8.176, de 08-02-1991, art. 2º, define crimes contra a ordem econômica e cria o Sistema de Estoques de Combustíveis.*

ALTERAÇÃO DE LIMITES

ART. 161. Suprimir ou deslocar tapume, marco, ou qualquer outro sinal indicativo de linha divisória, para apropriar-se, no todo ou em parte, de coisa imóvel alheia:

Pena – detenção, de um a seis meses, e multa.

- *Lei nº 8.176 de 8-2-199, art. 2º, Lei dos Crimes contra a Ordem Econômica.*
- *Lei nº 9.099, de 26-09-1995: arts. 61 e 89, dispõe sobre os Juizados Especiais Cíveis e Criminais.*

§ 1º. Na mesma pena incorre quem:

USURPAÇÃO DE ÁGUAS

I – desvia ou represa, em proveito próprio ou de outrem, águas alheias;

ESBULHO POSSESSÓRIO

II – invade, com violência a pessoa ou grave ameaça, ou mediante concurso de mais de duas pessoas, terreno ou edifício alheio, para o fim de esbulho possessório.

- *Lei nº 9.605, de 12-02-1998: art. 63, dispõe sobre as sanções penais e administrativas derivadas de condutas e atividades lesivas ao meio ambiente.*

§ 2º. Se o agente usa de violência, incorre também na pena a esta cominada.

§ 3º. Se a propriedade é particular, e não há emprego de violência, somente se procede mediante queixa.

- *CP: art. 100, §2º.*
- *CPP: art. 29 a 38.*

SUPRESSÃO OU ALTERAÇÃO DE MARCA EM ANIMAIS

ART. 162. Suprimir ou alterar, indevidamente, em gado ou rebanho alheio, marca ou sinal indicativo de propriedade:

Pena – detenção, de seis meses a três anos, e multa.

- *Lei nº 9.099, de 26-09-1995: art. 89, dispõe sobre os Juizados Especiais Cíveis e Criminais.*

CAPÍTULO IV. DO DANO

DANO

ART. 163. Destruir, inutilizar ou deteriorar coisa alheia:

Pena – detenção, de um a seis meses, ou multa.

- *CP: art. 167.*
- *Lei nº 9.099, de 26-09-1995: arts. 61e 89, dispõe sobre os Juizados Especiais Cíveis e Criminais.*
- *Lei nº 9.605, de 12-02-1998: arts. 62 e 65, dispõe sobre as sanções penais e administrativas derivadas de condutas e atividades lesivas ao meio ambiente.*

DANO QUALIFICADO

Parágrafo único. Se o crime é cometido:

I – com violência à pessoa ou grave ameaça;

II – com emprego de substância inflamável ou explosiva, se o fato não constitui crime mais grave

III – contra o patrimônio da União, de Estado, do Distrito Federal, de Município ou de autarquia, fundação pública, empresa pública, sociedade de economia mista ou empresa concessionária de serviços públicos; (Redação dada pela Lei nº 13.531, de 07-12-2017)

IV – por motivo egoístico ou com prejuízo considerável para a vítima:

- *CP: art. 167.*

Pena – detenção, de seis meses a três anos, e multa, além da pena correspondente à violência.

INTRODUÇÃO OU ABANDONO DE ANIMAIS EM PROPRIEDADE ALHEIA

ART. 164. Introduzir ou deixar animais em propriedade alheia, sem consentimento de quem de direito, desde que o fato resulte prejuízo:

Pena – detenção, de quinze dias a seis meses, ou multa.

- *CP: art. 167.*
- *Lei nº 9.099, de 26-09-1995: arts. 61e 89, dispõe sobre os Juizados Especiais Cíveis e Criminais.*

DANO EM COISA DE VALOR ARTÍSTICO, ARQUEOLÓGICO OU HISTÓRICO

ART. 165. Destruir, inutilizar ou deteriorar coisa tombada pela autoridade competente em virtude de valor artístico, arqueológico ou histórico:

Pena – detenção, de seis meses a dois anos, e multa.

- *Lei nº 9.605, de 12-02-1998, art. 63, dispõe sobre as sanções penais e administrativas derivadas de condutas e atividades lesivas ao meio ambiente.*

ALTERAÇÃO DE LOCAL ESPECIALMENTE PROTEGIDO

ART. 166. Alterar, sem licença da autoridade competente, o aspecto de local especialmente protegido por lei:

Pena – detenção, de um mês a um ano, ou multa.

- *CF: art. 216, V.*
- *Lei nº 9.605, de 12-02-1998: art. 63, dispõe sobre as sanções penais e administrativas derivadas de condutas e atividades lesivas ao meio ambiente.*

AÇÃO PENAL

ART. 167. Nos casos do art. 163, do inciso IV do seu parágrafo e do art. 164, somente se procede mediante queixa.

- *CP: art. 100, §2º.*
- *CPP: art. 29 a 38.*

CAPÍTULO V. DA APROPRIAÇÃO INDÉBITA

APROPRIAÇÃO INDÉBITA

ART. 168. Apropriar-se de coisa alheia móvel, de que tem a posse ou a detenção:

Pena – reclusão, de um a quatro anos, e multa.

- *Lei nº 7.492 de 16-6-1986, art. 5º, Lei dos Crimes Contra o Sistema Financeiro Nacional.*
- *Lei nº 9.099, de 26-09-1995: arts. 61e 89, dispõe sobre os Juizados Especiais Cíveis e Criminais.*
- *Lei nº 10741, de 01-10-2003, art. 102, Estatuto do Idoso.*
- *Lei nº 11.101 de 9-2-2005, art. 173, Lei de Recuperação de Empresas e Falências.*
- *Lei nº 13.146, de 06-07-2015, art. 89, Estatuto da Pessoa com Deficiência.*

AUMENTO DE PENA

§ 1º. A pena é aumentada de um terço, quando o agente recebeu a coisa:

I – em depósito necessário;

II – na qualidade de tutor, curador, síndico, liquidatário, inventariante, testamenteiro ou depositário judicial;

III – em razão de ofício, emprego ou profissão.

APROPRIAÇÃO INDÉBITA PREVIDENCIÁRIA (INCLUÍDO PELA LEI Nº 9.983, DE 2000)

ART. 168-A. Deixar de repassar à previdência social as contribuições recolhidas dos contribuintes, no prazo e forma legal ou convencional: (Incluído pela Lei nº 9.983, de 2000)

Pena – reclusão, de 2 (dois) a 5 (cinco) anos, e multa. (Incluído pela Lei nº 9.983, de 2000)

- *Lei nº 8.137, de 27-12-1990: art. 1º e 2º, define crimes contra a ordem tributária, econômica e contra as relações de consumo.*
- *Lei nº 9.430 de 27-12-199, art. 83, Lei que dispõe sobre a legislação tributária federal e as contribuições para a seguridade social.*
- *Lei nº 10.684, de 30-05-2003: art. 9º, altera a legislação tributária.*

§ 1º. Nas mesmas penas incorre quem deixar de: (Incluído pela Lei nº 9.983, de 2000)

I – recolher, no prazo legal, contribuição ou outra importância destinada à previdência social que tenha sido descontada de pagamento efetuado a segurados, a terceiros ou arrecadada do público; (Incluído pela Lei nº 9.983, de 2000)

II – recolher contribuições devidas à previdência social que tenham integrado despesas contábeis ou custos relativos à venda de produtos ou à prestação de serviços; (Incluído pela Lei nº 9.983, de 2000)

III – pagar benefício devido a segurado, quando as respectivas cotas ou valores já tiverem sido reembolsados à empresa pela previdência social. (Incluído pela Lei nº 9.983, de 2000)

§ 2º. É extinta a punibilidade se o agente, espontaneamente, declara, confessa e efetua o pagamento das contribuições, importâncias ou valores e presta as informações devidas à previdência social, na forma definida em lei ou regulamento, antes do início da ação fiscal. (Incluído pela Lei nº 9.983, de 2000)

§ 3º. É facultado ao juiz deixar de aplicar a pena ou aplicar somente a de multa se o agente for primário e de bons antecedentes, desde que: (Incluído pela Lei nº 9.983, de 2000)

I – tenha promovido, após o início da ação fiscal e antes de oferecida a denúncia, o pagamento da contribuição social previdenciária, inclusive acessórios; ou (Incluído pela Lei nº 9.983, de 2000)

II – o valor das contribuições devidas, inclusive acessórios, seja igual ou inferior àquele estabelecido pela previdência social, administrativamente, como sendo o mínimo para o ajuizamento de suas execuções fiscais. (Incluído pela Lei nº 9.983, de 2000)

§ 4º. A faculdade prevista no § 3º deste artigo não se aplica aos casos de parcelamento de contribuições cujo valor, inclusive dos acessórios, seja superior àquele estabelecido, administrativamente, como sendo o mínimo para o ajuizamento de suas execuções fiscais. (Incluído pela Lei nº 13.606, de 09-01-2018)

APROPRIAÇÃO DE COISA HAVIDA POR ERRO, CASO FORTUITO OU FORÇA DA NATUREZA

ART. 169. Apropriar-se alguém de coisa alheia vinda ao seu poder por erro, caso fortuito ou força da natureza:

Pena – detenção, de um mês a um ano, ou multa.

- *CP: art. 171.*
- *Lei nº 9.099, de 26-09-1995: arts. 61e 89, dispõe sobre os Juizados Especiais Cíveis e Criminais.*

Parágrafo único. Na mesma pena incorre:

APROPRIAÇÃO DE TESOURO

I – quem acha tesouro em prédio alheio e se apropria, no todo ou em parte, da quota a que tem direito o proprietário do prédio;

APROPRIAÇÃO DE COISA ACHADA

II – quem acha coisa alheia perdida e dela se apropria, total ou parcialmente, deixando de restituí-la ao dono ou legítimo possuidor ou de entregá-la à autoridade competente, dentro no prazo de quinze dias.

ART. 170. Nos crimes previstos neste Capítulo, aplica-se o disposto no art. 155, § 2º.

CAPÍTULO VI. DO ESTELIONATO E OUTRAS FRAUDES

ESTELIONATO

ART. 171. Obter, para si ou para outrem, vantagem ilícita, em prejuízo alheio, induzindo ou mantendo alguém em erro, mediante artifício, ardil, ou qualquer outro meio fraudulento:

- *Súmulas nº 17, 24, 48, 73, 107 e 244 do STJ.*
- *CP: arts. 289 a 311.*
- *CPP: art. 70, § 4º.*
- *Lei nº 7.492 de 16-6-1986, art. 6º, Lei dos Crimes contra o Sistema Financeiro Nacional.*
- *Lei nº 9.099, de 26-09-1995: art. 89, dispõe sobre os Juizados Especiais Cíveis e Criminais.*
- *Lei nº 11.101, de 09-02-2005: art. 168, regula a recuperação judicial, a extrajudicial e a falência do empresário e da sociedade empresária.*
- *Lei nº 13.146, de 06-07-2015, arts. 89 e 91, Estatuto da Pessoa com Deficiência*
- *Dec.-lei nº 6.259, de 10-02-1944: art. 53, dispõe sobre o serviço de loterias.*

Pena – reclusão, de um a cinco anos, e multa.

§ 1º. Se o criminoso é primário, e é de pequeno valor o prejuízo, o juiz pode aplicar a pena conforme o disposto no art. 155, § 2º.

§ 2º. Nas mesmas penas incorre quem:

DISPOSIÇÃO DE COISA ALHEIA COMO PRÓPRIA

I – vende, permuta, dá em pagamento, em locação ou em garantia coisa alheia como própria;

ALIENAÇÃO OU ONERAÇÃO FRAUDULENTA DE COISA PRÓPRIA

II – vende, permuta, dá em pagamento ou em garantia coisa própria inalienável, gravada de ônus ou litigiosa, ou imóvel que prometeu vender a terceiro, mediante pagamento em prestações, silenciando sobre qualquer dessas circunstâncias;

DEFRAUDAÇÃO DE PENHOR

III – defrauda, mediante alienação não consentida pelo credor ou por outro modo, a garantia pignoratícia, quando tem a posse do objeto empenhado;

FRAUDE NA ENTREGA DE COISA

IV – defrauda substância, qualidade ou quantidade de coisa que deve entregar a alguém;

FRAUDE PARA RECEBIMENTO DE INDENIZAÇÃO OU VALOR DE SEGURO

V – destrói, total ou parcialmente, ou oculta coisa própria, ou lesa o próprio corpo ou a saúde, ou agrava as consequências da lesão ou doença, com o intuito de haver indenização ou valor de seguro;

FRAUDE NO PAGAMENTO POR MEIO DE CHEQUE

VI – emite cheque, sem suficiente provisão de fundos em poder do sacado, ou lhe frustra o pagamento.

- *Súmulas nº 246, 521 e 554 do STF.*
- *Súmula nº 244 do STJ.*

FRAUDE ELETRÔNICA

§ 2º-A. A pena é de reclusão, de 4 (quatro) a 8 (oito) anos, e multa, se a fraude é cometida com a utilização de informações fornecidas pela vítima ou por terceiro induzido a erro por meio de redes sociais, contatos telefônicos ou envio de correio eletrônico fraudulento, ou por qualquer outro meio fraudulento análogo. (Incluído pela Lei nº 14.155, de 27-05-2021)

§ 2º-B. A pena prevista no § 2º-A deste artigo, considerada a relevância do resultado gravoso, aumenta-se de 1/3 (um terço) a 2/3 (dois terços), se o crime é praticado mediante a utilização de servidor mantido fora do território nacional. (Incluído pela Lei nº 14.155, de 27-05-2021)

§ 3º. A pena aumenta-se de um terço, se o crime é cometido em detrimento de entidade de direito público ou de instituto de economia popular, assistência social ou beneficência.

- *Súmula nº 24 do STJ.*

ESTELIONATO CONTRA IDOSO OU VULNERÁVEL (INCLUÍDO PELA LEI Nº 14.155, DE 27-05-2021)

§ 4º A pena aumenta-se de 1/3 (um terço) ao dobro, se o crime é cometido contra idoso ou vulnerável, considerada a relevância do resultado gravoso. (Redação dada pela Lei nº 14.155, de 27-05-2021)

- *Redação anterior: § 4º. Aplica-se a pena em dobro se o crime for cometido contra idoso. (Incluído pela Lei nº 13.228, 28-12-2015)*
- *CF: art. 5º, XL.*
- *CP: art. 2º.*

§ 5º Somente se procede mediante representação, salvo se a vítima for: (Acrescido pela Lei nº 13.964, de 24.12.2019)

- *CP: arts. 2º., parágrafo único, 10, 100, § 1º., 102 e 103.*
- *CPP: arts. 24, parágrafo único, 25 e 38.*

I – a Administração Pública, direta ou indireta;

II – criança ou adolescente;

III – pessoa com deficiência mental; ou

IV – maior de 70 (setenta) anos de idade ou incapaz.

DUPLICATA SIMULADA

ART. 172. Emitir fatura, duplicata ou nota de venda que não corresponda à mercadoria vendida, em quantidade ou qualidade, ou ao serviço prestado. (Redação dada pela Lei nº 8.137, de 27.12.1990)

Pena – detenção, de 2 (dois) a 4 (quatro) anos, e multa. (Redação dada pela Lei nº 8.137, de 27.12.1990)

▸ *Lei nº 8.137, de 27-12-1990: art. 1º, III, define crimes contra a ordem tributária, econômica e contra as relações de consumo.*

Parágrafo único. Nas mesmas penas incorrerá aquele que falsificar ou adulterar a escrituração do Livro de Registro de Duplicatas. (Incluído pela Lei nº 5.474, de 1968)

▸ *Lei nº 8.137, de 27-12-1990: art. 1º, II, define crimes contra a ordem tributária, econômica e contra as relações de consumo.*

ABUSO DE INCAPAZES

ART. 173. Abusar, em proveito próprio ou alheio, de necessidade, paixão ou inexperiência de menor, ou da alienação ou debilidade mental de outrem, induzindo qualquer deles à prática de ato suscetível de produzir efeito jurídico, em prejuízo próprio ou de terceiro:

Pena – reclusão, de dois a seis anos, e multa.

▸ *CP: arts. 26 e 27.*

▸ *Lei nº 1.521 de 26-12-1951, art. 4º, b, Lei dos Crimes contra a Economia Popular.*

▸ *Lei nº 8.069, de 13-07-1990: art. 244-B. Estatuto da Criança e do Adolescente.*

INDUZIMENTO À ESPECULAÇÃO

ART. 174. Abusar, em proveito próprio ou alheio, da inexperiência ou da simplicidade ou inferioridade mental de outrem, induzindo-o à prática de jogo ou aposta, ou à especulação com títulos ou mercadorias, sabendo ou devendo saber que a operação é ruinosa:

Pena – reclusão, de um a três anos, e multa.

▸ *Dec. -Lei nº 3.688 de 3-10-1941, art. 50 a 58, Lei de Contravenções Penais.*

▸ *Lei nº 1.521 de 26-12-1951, art. 2º, Lei dos Crimes contra a Economia Popular.*

▸ *Lei nº 9.099, de 26-09-1995: art. 89, dispõe sobre os Juizados Especiais Cíveis e Criminais.*

FRAUDE NO COMÉRCIO

ART. 175. Enganar, no exercício de atividade comercial, o adquirente ou consumidor:

I – vendendo, como verdadeira ou perfeita, mercadoria falsificada ou deteriorada;

▸ *Lei nº 1.521 de 26-12-1951, art. 2º, Lei dos Crimes contra a Economia Popular.*

II – entregando uma mercadoria por outra:

▸ *Lei nº 1.521, 26-12-1951, altera dispositivos da legislação vigente sobre crimes contra a economia popular.*

▸ *Lei nº 9.099, de 26-09-1995: arts. 61 e 89, dispõe sobre os Juizados Especiais Cíveis e Criminais.*

Pena – detenção, de seis meses a dois anos, ou multa.

§ 1º. Alterar em obra que lhe é encomendada a qualidade ou o peso de metal ou substituir, no mesmo caso, pedra verdadeira por falsa ou por outra de menor valor; vender pedra falsa por verdadeira; vender, como precioso, metal de ou outra qualidade:

Pena – reclusão, de um a cinco anos, e multa.

§ 2º. É aplicável o disposto no art. 155, § 2º.

OUTRAS FRAUDES

ART. 176. Tomar refeição em restaurante, alojar-se em hotel ou utilizar-se de meio de transporte sem dispor de recursos para efetuar o pagamento:

Pena – detenção, de quinze dias a dois meses, ou multa.

▸ *Lei nº 9.099, de 26-09-1995: arts. 61 e 89, dispõe sobre os Juizados Especiais Cíveis e Criminais.*

Parágrafo único. Somente se procede mediante representação, e o juiz pode, conforme as circunstâncias, deixar de aplicar a pena.

▸ *CP: art. 107, IX e 120.*

▸ *CPP: art. 24 e 39.*

FRAUDES E ABUSOS NA FUNDAÇÃO OU ADMINISTRAÇÃO DE SOCIEDADE POR AÇÕES

ART. 177. Promover a fundação de sociedade por ações, fazendo, em prospecto ou em comunicação ao público ou à assembleia, afirmação falsa sobre a constituição da sociedade, ou ocultando fraudulentamente fato a ela relativo:

Pena – reclusão, de um a quatro anos, e multa, se o fato não constitui crime contra a economia popular.

▸ *Lei nº 7.492, de 16-06-1986: art. 4º, define os crimes contra o sistema financeiro nacional.*

▸ *Lei nº 9.099, de 26-09-1995: art. 89, dispõe sobre os Juizados Especiais Cíveis e Criminais.*

§ 1º. Incorrem na mesma pena, se o fato não constitui crime contra a economia popular:

▸ *Lei nº 1.521, 26-12-1951, altera dispositivos da legislação vigente sobre crimes contra a economia popular.*

I – o diretor, o gerente ou o fiscal de sociedade por ações, que, em prospecto, relatório, parecer, balanço ou comunicação ao público ou à assembleia, faz afirmação falsa sobre as condições econômicas da sociedade, ou oculta fraudulentamente, no todo ou em parte, fato a elas relativo;

II – o diretor, o gerente ou o fiscal que promove, por qualquer artifício, falsa cotação das ações ou de outros títulos da sociedade;

III – o diretor ou o gerente que toma empréstimo à sociedade ou usa, em proveito próprio ou de terceiro, dos bens ou haveres sociais, sem prévia autorização da assembleia geral;

IV – o diretor ou o gerente que compra ou vende, por conta da sociedade, ações por ela emitidas, salvo quando a lei o permite;

V – o diretor ou o gerente que, como garantia de crédito social, aceita em penhor ou em caução ações da própria sociedade;

VI – o diretor ou o gerente que, na falta de balanço, em desacordo com este, ou mediante balanço falso, distribui lucros ou dividendos fictícios;

VII – o diretor, o gerente ou o fiscal que, por interposta pessoa, ou conluiado com acionista, consegue a aprovação de conta ou parecer;

VIII – o liquidante, nos casos dos ns. I, II, III, IV, V e VII;

IX – o representante da sociedade anônima estrangeira, autorizada a funcionar no País, que pratica os atos mencionados nos ns. I e II, ou dá falsa informação ao Governo.

CÓDIGO PENAL

§ 2º. Incorre na pena de detenção, de seis meses a dois anos, e multa, o acionista que, a fim de obter vantagem para si ou para outrem, negocia o voto nas deliberações de assembleia geral.

EMISSÃO IRREGULAR DE CONHECIMENTO DE DEPÓSITO OU "WARRANT"

ART. 178. Emitir conhecimento de depósito ou warrant, em desacordo com disposição legal:

Pena – reclusão, de um a quatro anos, e multa.

▸ *Lei nº 9.099, de 26-09-1995: art. 89, dispõe sobre os Juizados Especiais Cíveis e Criminais.*

FRAUDE À EXECUÇÃO

ART. 179. Fraudar execução, alienando, desviando, destruindo ou danificando bens, ou simulando dívidas:

Pena – detenção, de seis meses a dois anos, ou multa.

▸ *Lei nº 7.492, de 16-06-1986: art. 4º, define os crimes contra o sistema financeiro nacional.*

▸ *Lei nº 9.099, de 26-09-1995: arts. 61 e 89, dispõe sobre os Juizados Especiais Cíveis e Criminais.*

Parágrafo único. Somente se procede mediante queixa.

▸ *CP: art. 100, §2º.*

▸ *CPP: arts. 24, §2º., 29 a 38.*

CAPÍTULO VII. DA RECEPTAÇÃO

RECEPTAÇÃO

ART. 180. Adquirir, receber, transportar, conduzir ou ocultar, em proveito próprio ou alheio, coisa que sabe ser produto de crime, ou influir para que terceiro, de boa-fé, a adquira, receba ou oculte: (Redação dada pela Lei nº 9.426, de 1996)

Pena – reclusão, de um a quatro anos, e multa. (Redação dada pela Lei nº 9.426, de 1996)

▸ *CP: arts. 29 e 349.*

▸ *Lei nº 8.176, de 08-02-1991: art. 2º, § 1º, define crimes contra a ordem econômica e cria o Sistema de Estoques de Combustíveis.*

▸ *Lei nº 9.099, de 26-09-1995: art. 89, dispõe sobre os Juizados Especiais Cíveis e Criminais.*

▸ *Lei nº 11.101 de 9-2-2005, art. 174, Lei de Recuperação de Empresas e Falências.*

RECEPTAÇÃO QUALIFICADA

§ 1º. Adquirir, receber, transportar, conduzir, ocultar, ter em depósito, desmontar, montar, remontar, vender, expor à venda, ou de qualquer forma utilizar, em proveito próprio ou alheio, no exercício de atividade comercial ou industrial, coisa que deve saber ser produto de crime: (Redação dada pela Lei nº 9.426, de 1996)

Pena – reclusão, de três a oito anos, e multa. (Redação dada pela Lei nº 9.426, de 1996)

§ 2º. Equipara-se à atividade comercial, para efeito do parágrafo anterior, qualquer forma de comércio irregular ou clandestino, inclusive o exercício em residência. (Redação dada pela Lei nº 9.426, de 1996)

§ 3º. Adquirir ou receber coisa que, por sua natureza ou pela desproporção entre o valor e o preço, ou pela condição de quem a oferece, deve presumir-se obtida por meio criminoso: (Redação dada pela Lei nº 9.426, de 1996)

Pena – detenção, de um mês a um ano, ou multa, ou ambas as penas. (Redação dada pela Lei nº 9.426, de 1996)

§ 4º. A receptação é punível, ainda que desconhecido ou isento de pena o autor do crime de que proveio a coisa. (Redação dada pela Lei nº 9.426, de 1996)

▸ *CF: art. 228.*

▸ *CP: art. 26 e 27.*

§ 5º. Na hipótese do § 3º, se o criminoso é primário, pode o juiz, tendo em consideração as circunstâncias, deixar de aplicar a pena. Na receptação dolosa aplica-se o disposto no § 2º do art. 155. (Incluído pela Lei nº 9.426, de 1996)

▸ *CP: art. 107, IX e 120.*

§ 6º. Tratando-se de bens do patrimônio da União, de Estado, do Distrito Federal, de Município ou de autarquia, fundação pública, empresa pública, sociedade de economia mista ou empresa concessionária de serviços públicos, aplica-se em dobro a pena prevista no caput deste artigo. (Redação dada pela Lei nº 13.531, de 07-12-2017).

▸ *CF: art. 5º, XL.*

RECEPTAÇÃO DE ANIMAL (Incluído pela Lei 13.330/2016)

ART. 180-A. Adquirir, receber, transportar, conduzir, ocultar, ter em depósito ou vender, com a finalidade de produção ou de comercialização, semovente domesticável de produção, ainda que abatido ou dividido em partes, que deve saber ser produto de crime: (Incluído pela Lei nº 13.330, 02-08-2016).

Pena – reclusão, de 2 (dois) a 5 (cinco) anos, e multa. (Incluído pela Lei nº 13.330, de 02-08-2016).

▸ *CF: art. 5º, XL.*

▸ *CP: art. 155, parágrafo 6º.*

CAPÍTULO VIII. DISPOSIÇÕES GERAIS

ART. 181. É isento de pena quem comete qualquer dos crimes previstos neste título, em prejuízo:

I – do cônjuge, na constância da sociedade conjugal;

II – de ascendente ou descendente, seja o parentesco legítimo ou ilegítimo, seja civil ou natural.

▸ *Lei nº 10.741, de 01-10-2003, art. 95, Estatuto do Idoso.*

ART. 182. Somente se procede mediante representação, se o crime previsto neste título é cometido em prejuízo:

I – do cônjuge desquitado ou judicialmente separado;

▸ *CC: arts. 1571 a 1582.*

II – de irmão, legítimo ou ilegítimo;

III – de tio ou sobrinho, com quem o agente coabita.

▸ *Lei nº 10.741, de 01-10-2003, art. 95, Estatuto do Idoso.*

ART. 183. Não se aplica o disposto nos dois artigos anteriores:

I – se o crime é de roubo ou de extorsão, ou, em geral, quando haja emprego de grave ameaça ou violência à pessoa;

II – ao estranho que participa do crime.

III – se o crime é praticado contra pessoa com idade igual ou superior a 60 (sessenta) anos. (Incluído pela Lei nº 10.741, de 2003)

▸ *Lei nº 10.741, de 01-10-2003, Estatuto do Idoso.*

TÍTULO III. DOS CRIMES CONTRA A PROPRIEDADE IMATERIAL

CAPÍTULO I. DOS CRIMES CONTRA A PROPRIEDADE INTELECTUAL

▸ *Súmula 502 e 574 do STJ.*

▸ *CF: art. 5º, IX, XXVII a XXIX.*

▸ *CPP: art. 524 e ss.*

▸ *Lei 9.279, de 14-5-1996, Lei de propriedade industrial.*

▸ *Lei 9.609, de19-2-1998, Lei de proteção da propriedade intelectual de programa de computador.*

▸ *Lei 9.610 de 19-2-1998, Lei dos direitos autorais.*

VIOLAÇÃO DE DIREITO AUTORAL

ART. 184. Violar direitos de autor e os que lhe são conexos: (Redação dada pela Lei nº 10.695, de 1º.7.2003)

Pena – detenção, de 3 (três) meses a 1 (um) ano, ou multa. (Redação dada pela Lei nº 10.695, de 1º.7.2003)

▸ *CF: art. 5º, XXVIII.*

▸ *Súmula 502 e 574 do STJ.*

▸ *Lei nº 9.099, de 26-09-1995: arts. 61 e 89, dispõe sobre os Juizados Especiais Cíveis e Criminais.*

▸ *Lei nº 9.609, de 19-02-1998, dispõe sobre a proteção da propriedade intelectual de programa de computador, sua comercialização no País.*

▸ *Lei nº 9.610, de 19-02-1998, Altera, atualiza e consolida a legislação sobre direitos autorais.*

§ 1º. Se a violação consistir em reprodução total ou parcial, com intuito de lucro direto ou indireto, por qualquer meio ou processo, de obra intelectual, interpretação, execução ou fonograma, sem autorização expressa do autor, do artista intérprete ou executante, do produtor, conforme o caso, ou de quem os represente: (Redação dada pela Lei nº 10.695, de 1º.7.2003)

Pena – reclusão, de 2 (dois) a 4 (quatro) anos, e multa. (Redação dada pela Lei nº 10.695, de 1º.7.2003)

§ 2º. Na mesma pena do § 1º incorre quem, com o intuito de lucro direto ou indireto, distribui, vende, expõe à venda, aluga, introduz no País, adquire, oculta, tem em depósito, original ou cópia de obra intelectual ou fonograma reproduzido com violação do direito de autor, do direito de artista intérprete ou executante ou do direito do produtor de fonograma, ou, ainda, aluga original ou cópia de obra intelectual ou fonograma, sem a expressa autorização dos titulares dos direitos ou de quem os represente. (Redação dada pela Lei nº 10.695, de 1º.7.2003)

▸ *Súmula nº 502 do STJ.*

§ 3º. Se a violação consistir no oferecimento ao público, mediante cabo, fibra ótica, satélite, ondas ou qualquer outro sistema que permita ao usuário realizar a seleção da obra ou produção para recebê-la em um tempo e lugar previamente determinados por quem formula a demanda, com intuito de lucro, direto ou indireto, sem autorização expressa, conforme o caso, do autor, do artista intérprete ou executante, do produtor de fonograma, ou de quem os represente: (Redação dada pela Lei nº 10.695, de 1º.7.2003)

Pena – reclusão, de 2 (dois) a 4 (quatro) anos, e multa. (Incluído pela Lei nº 10.695, de 1º.7.2003)

§ 4º. O disposto nos §§ 1º, 2º e 3º não se aplica quando se tratar de exceção ou limitação ao direito de autor ou os que lhe são conexos, em conformidade com o previsto na Lei nº 9.610, de 19 de fevereiro de 1998, nem a cópia de obra intelectual ou fonograma, em um só exemplar, para uso privado do copista, sem intuito de lucro direto ou indireto. (Incluído pela Lei nº 10.695, de 1º.7.2003)

▸ *Lei nº 9.610, de 19-02-1998: art. 46, II, Altera, atualiza e consolida a legislação sobre direitos autorais.*

USURPAÇÃO DE NOME OU PSEUDÔNIMO ALHEIO

ART. 185. (Revogado pela Lei nº 10.695, de 1º.7.2003)

ART. 186. Procede-se mediante: (Redação dada pela Lei nº 10.695, de 1º.7.2003)

▸ *CPP: art. 24 e ss.*

I – queixa, nos crimes previstos no *caput* do art. 184; (Incluído pela Lei nº 10.695, de 1º.7.2003)

II – ação penal pública incondicionada, nos crimes previstos nos §§ 1º e 2º do art. 184; (Incluído pela Lei nº 10.695, de 1º.7.2003)

III – ação penal pública incondicionada, nos crimes cometidos em desfavor de entidades de direito público, autarquia, empresa pública, sociedade de economia mista ou fundação instituída pelo Poder Público; (Incluído pela Lei nº 10.695, de 1º.7.2003)

IV – ação penal pública condicionada à representação, nos crimes previstos no § 3º do art. 184. (Incluído pela Lei nº 10.695, de 1º.7.2003)

CAPÍTULO II. DOS CRIMES CONTRA O PRIVILÉGIO DE INVENÇÃO

▸ *Lei nº 9.279, de 14-05-1996: arts. 183 a 195, regula direitos e obrigações relativos à propriedade industrial.*

VIOLAÇÃO DE PRIVILÉGIO DE INVENÇÃO

ART. 187. (Revogado pela Lei nº 9.279, de 14.5.1996)

FALSA ATRIBUIÇÃO DE PRIVILÉGIO

ART. 188. (Revogado pela Lei nº 9.279, de 14.5.1996)

USURPAÇÃO OU INDEVIDA EXPLORAÇÃO DE MODELO OU DESENHO PRIVILEGIADO

ART. 189. (Revogado pela Lei nº 9.279, de 14.5.1996)

FALSA DECLARAÇÃO DE DEPÓSITO EM MODELO OU DESENHO

ARTS. 190 e 191. (Revogados pela Lei nº 9.279, de 14.5.1996)

CAPÍTULO III. DOS CRIMES CONTRA AS MARCAS DE INDÚSTRIA E COMÉRCIO

VIOLAÇÃO DO DIREITO DE MARCA

ART. 192. (Revogado pela Lei nº 9.279, de 14.5.1996)

USO INDEVIDO DE ARMAS, BRASÕES E DISTINTIVOS PÚBLICOS

ART. 193. (Revogado pela Lei nº 9.279, de 14.5.1996)

MARCA COM FALSA INDICAÇÃO DE PROCEDÊNCIA

ARTS. 194 e 195. (Revogados pela Lei nº 9.279, de 14.5.1996)

CAPÍTULO IV. DOS CRIMES DE CONCORRÊNCIA DESLEAL

CONCORRÊNCIA DESLEAL

ART. 196. (Revogado pela Lei nº 9.279, de 14.5.1996)

TÍTULO IV. DOS CRIMES CONTRA A ORGANIZAÇÃO DO TRABALHO

- *CF: art. 109, VI.*
- *Dec.-lei nº 3.688, de 03-10-1941, art. 47 a 49, Lei das Contravenções Penais.*
- *Lei nº 7.716, de 05-01-1989: art. 4º, dispõe sobre crimes resultantes de preconceito de raça ou cor.*
- *Lei nº 7.853, de 24-10-1989: art. 8º, III, dispõe sobre o apoio às pessoas portadoras de deficiência.*
- *Lei nº 9.029, de 13-04-1995, art. 2º, Proíbe a exigência de atestados de gravidez e esterilização, e outras práticas discriminatórias, para efeitos admissionais ou de permanência da relação jurídica de trabalho.*
- *Lei nº 13.146, de 6-07-2015, Estatuto da pessoa com deficiência.*

ATENTADO CONTRA A LIBERDADE DE TRABALHO

ART. 197. Constranger alguém, mediante violência ou grave ameaça:

- *CF: art. 9º.*
- *Lei nº 9.099, de 26-09-1995: arts. 61 e 89, dispõe sobre os Juizados Especiais Cíveis e Criminais.*

I – a exercer ou não exercer arte, ofício, profissão ou indústria, ou a trabalhar ou não trabalhar durante certo período ou em determinados dias:

Pena – detenção, de um mês a um ano, e multa, além da pena correspondente à violência;

II – a abrir ou fechar o seu estabelecimento de trabalho, ou a participar de parede ou paralisação de atividade econômica:

Pena – detenção, de três meses a um ano, e multa, além da pena correspondente à violência.

ATENTADO CONTRA A LIBERDADE DE CONTRATO DE TRABALHO E BOICOTAGEM VIOLENTA

ART. 198. Constranger alguém, mediante violência ou grave ameaça, a celebrar contrato de trabalho, ou a não fornecer a outrem ou não adquirir de outrem matéria-prima ou produto industrial ou agrícola:

Pena – detenção, de um mês a um ano, e multa, além da pena correspondente à violência.

- *Lei nº 9.099, de 26-09-1995: arts. 61 e 89, dispõe sobre os Juizados Especiais Cíveis e Criminais.*

ATENTADO CONTRA A LIBERDADE DE ASSOCIAÇÃO

ART. 199. Constranger alguém, mediante violência ou grave ameaça, a participar ou deixar de participar de determinado sindicato ou associação profissional:

Pena – detenção, de um mês a um ano, e multa, além da pena correspondente à violência.

- *CF: art. 5º, XVII a XX.*
- *Lei nº 4.898 de 9-12-1965, arts. 3º., f, Lei de Abuso de Autoridade (Revogada pela Lei nº 13.869, de 5.9.2019)*
- *Lei nº 9.099, de 26-09-1995: arts. 61 e 89, dispõe sobre os Juizados Especiais Cíveis e Criminais.*

PARALISAÇÃO DE TRABALHO, SEGUIDA DE VIOLÊNCIA OU PERTURBAÇÃO DA ORDEM

ART. 200. Participar de suspensão ou abandono coletivo de trabalho, praticando violência contra pessoa ou contra coisa:

Pena – detenção, de um mês a um ano, e multa, além da pena correspondente à violência.

- *CF: art. 9º.*
- *Lei nº 7.783, de 28-06-1989, dispõe sobre o exercício do direito de greve.*
- *Lei nº 9.099, de 26-09-1995: arts. 61 e 89, dispõe sobre os Juizados Especiais Cíveis e Criminais.*

Parágrafo único. Para que se considere coletivo o abandono de trabalho é indispensável o concurso de, pelo menos, três empregados.

PARALISAÇÃO DE TRABALHO DE INTERESSE COLETIVO

ART. 201. Participar de suspensão ou abandono coletivo de trabalho, provocando a interrupção de obra pública ou serviço de interesse coletivo:

Pena – detenção, de seis meses a dois anos, e multa.

- *CF: art. 9º, e 37, VII.*
- *Lei nº 1.521, de 26-12-1951: art. 3º, II, altera dispositivos da legislação vigente sobre crimes contra a economia popular.*
- *Lei nº 7.783, de 28-06-1989, dispõe sobre o exercício do direito de greve.*
- *Lei nº 9.099, de 26-09-1995: arts. 61 e 89, dispõe sobre os Juizados Especiais Cíveis e Criminais.*

INVASÃO DE ESTABELECIMENTO INDUSTRIAL, COMERCIAL OU AGRÍCOLA. SABOTAGEM

ART. 202. Invadir ou ocupar estabelecimento industrial, comercial ou agrícola, com o intuito de impedir ou embaraçar o curso normal do trabalho, ou com o mesmo fim danificar o estabelecimento ou as coisas nele existentes ou delas dispor:

Pena – reclusão, de um a três anos, e multa.

▸ Lei nº 9.099, de 26-09-1995: art. 89, dispõe sobre os Juizados Especiais Cíveis e Criminais.

FRUSTRAÇÃO DE DIREITO ASSEGURADO POR LEI TRABALHISTA

ART. 203. Frustrar, mediante fraude ou violência, direito assegurado pela legislação do trabalho:

Pena – detenção de um ano a dois anos, e multa, além da pena correspondente à violência. (Redação dada pela Lei nº 9.777, de 29.12.1998)

▸ Lei nº 9.099, de 26-09-1995: arts. 61 e 89, dispõe sobre os Juizados Especiais Cíveis e Criminais.

§ 1º. Na mesma pena incorre quem: (Incluído pela Lei nº 9.777, de 29.12.1998)

I – obriga ou coage alguém a usar mercadorias de determinado estabelecimento, para impossibilitar o desligamento do serviço em virtude de dívida; (Incluído pela Lei nº 9.777, de 29.12.1998)

II – impede alguém de se desligar de serviços de qualquer natureza, mediante coação ou por meio da retenção de seus documentos pessoais ou contratuais. (Incluído pela Lei nº 9.777, de 29.12.1998)

§ 2º. A pena é aumentada de um sexto a um terço se a vítima é menor de dezoito anos, idosa, gestante, indígena ou portadora de deficiência física ou mental. (Incluído pela Lei nº 9.777, de 29.12.1998)

FRUSTRAÇÃO DE LEI SOBRE A NACIONALIZAÇÃO DO TRABALHO

ART. 204. Frustrar, mediante fraude ou violência, obrigação legal relativa à nacionalização do trabalho:

Pena – detenção, de um mês a um ano, e multa, além da pena correspondente à violência.

▸ Lei nº 9.099, de 26-09-1995: arts. 61 e 89, dispõe sobre os Juizados Especiais Cíveis e Criminais.

EXERCÍCIO DE ATIVIDADE COM INFRAÇÃO DE DECISÃO ADMINISTRATIVA

ART. 205. Exercer atividade, de que está impedido por decisão administrativa:

Pena – detenção, de três meses a dois anos, ou multa.

▸ Lei nº 9.099, de 26-09-1995: arts. 61 e 89, dispõe sobre os Juizados Especiais Cíveis e Criminais.

▸ Dec.-lei nº 3.688, de 03-10-1941, arts. 47 e 48, Lei das Contravenções Penais.

ALICIAMENTO PARA O FIM DE EMIGRAÇÃO

ART. 206. Recrutar trabalhadores, mediante fraude, com o fim de levá-los para território estrangeiro. (Redação dada pela Lei nº 8.683, de 1993)

Pena – detenção, de 1 (um) a 3 (três) anos e multa. (Redação dada pela Lei nº 8.683, de 1993)

▸ Lei nº 9.099, de 26-09-1995: art. 89, dispõe sobre os Juizados Especiais Cíveis e Criminais.

ALICIAMENTO DE TRABALHADORES DE UM LOCAL PARA OUTRO DO TERRITÓRIO NACIONAL

ART. 207. Aliciar trabalhadores, com o fim de levá-los de uma para outra localidade do território nacional:

Pena – detenção de um a três anos, e multa. (Redação dada pela Lei nº 9.777, de 29.12.1998)

▸ Lei nº 9.099, de 26-09-1995: art. 89, dispõe sobre os Juizados Especiais Cíveis e Criminais.

§ 1º. Incorre na mesma pena quem recrutar trabalhadores fora da localidade de execução do trabalho, dentro do território nacional, mediante fraude ou cobrança de qualquer quantia do trabalhador, ou, ainda, não assegurar condições do seu retorno ao local de origem. (Incluído pela Lei nº 9.777, de 29.12.1998)

§ 2º. A pena é aumentada de um sexto a um terço se a vítima é menor de dezoito anos, idosa, gestante, indígena ou portadora de deficiência física ou mental. (Incluído pela Lei nº 9.777, de 29.12.1998)

TÍTULO V. DOS CRIMES CONTRA O SENTIMENTO RELIGIOSO E CONTRA O RESPEITO AOS MORTOS

CAPÍTULO I. DOS CRIMES CONTRA O SENTIMENTO RELIGIOSO

▸ CF: art. 5º, VI, VII e VIII.

ULTRAJE A CULTO E IMPEDIMENTO OU PERTURBAÇÃO DE ATO A ELE RELATIVO

ART. 208. Escarnecer de alguém publicamente, por motivo de crença ou função religiosa; impedir ou perturbar cerimônia ou prática de culto religioso; vilipendiar publicamente ato ou objeto de culto religioso:

Pena – detenção, de um mês a um ano, ou multa.

▸ CF: art. 5º., VI e VIII.

▸ Dec. -Lei nº 3.688 de 3-10-1941, art. 40 e 65, Lei de Contravenções Penais.

▸ Lei nº 4.898 de 9-12-1965, arts. 3º., d e e, Lei de Abuso de Autoridade (Revogada pela Lei nº 13.869, de 5.9.2019)

▸ Lei nº 6.001 de 19-12-1973, art. 58, I, Estatuto do Índio.

▸ Lei nº 9.099, de 26-09-1995: arts. 61 e 89, dispõe sobre os Juizados Especiais Cíveis e Criminais.

Parágrafo único. Se há emprego de violência, a pena é aumentada de um terço, sem prejuízo da correspondente à violência.

CAPÍTULO II. DOS CRIMES CONTRA O RESPEITO AOS MORTOS

IMPEDIMENTO OU PERTURBAÇÃO DE CERIMÔNIA FUNERÁRIA

ART. 209. Impedir ou perturbar enterro ou cerimônia funerária:

▸ Lei nº 9.099, de 26-09-1995: arts. 61 e 89, dispõe sobre os Juizados Especiais Cíveis e Criminais.

Pena – detenção, de um mês a um ano, ou multa.

▸ *Dec. -Lei nº 3.688 de 3-10-1941, art. 40 e 65, Lei de Contravenções Penais.*

Parágrafo único. Se há emprego de violência, a pena é aumentada de um terço, sem prejuízo da correspondente à violência.

VIOLAÇÃO DE SEPULTURA

ART. 210. Violar ou profanar sepultura ou urna funerária:

Pena – reclusão, de um a três anos, e multa.

▸ *Lei nº 9.099, de 26-09-1995: art. 89, dispõe sobre os Juizados Especiais Cíveis e Criminais.*

▸ *Dec. -Lei nº 3.688 de 3-10-1941, art. 67, Lei de Contravenções Penais.*

DESTRUIÇÃO, SUBTRAÇÃO OU OCULTAÇÃO DE CADÁVER

ART. 211. Destruir, subtrair ou ocultar cadáver ou parte dele:
Pena – reclusão, de um a três anos, e multa.

▸ *Lei nº 9.099, de 26-09-1995: art. 89, dispõe sobre os Juizados Especiais Cíveis e Criminais.*

▸ *Lei nº 9.434 de 4-2-1997, art. 8º, Lei de Remoção de Órgãos e Tecido.*

VILIPÊNDIO A CADÁVER

ART. 212. Vilipendiar cadáver ou suas cinzas:

Pena – detenção, de um a três anos, e multa.

▸ *Lei nº 9.099, de 26-09-1995: art. 89, dispõe sobre os Juizados Especiais Cíveis e Criminais.*

▸ *Lei nº 9.434, de 04-02-1997: arts. 8º e 19, dispõe sobre a remoção de órgãos, tecidos e partes do corpo humano para fins de transplante e tratamento.*

TÍTULO VI. DOS CRIMES CONTRA A DIGNIDADE SEXUAL (Redação dada pela Lei nº 12.015, de 2009)

▸ *Lei nº 11.340, de 07-08-2006: art. 7º, III, cria mecanismos para coibir a violência doméstica e familiar contra a mulher.*

CAPÍTULO I. DOS CRIMES CONTRA A LIBERDADE SEXUAL (Redação dada pela Lei nº 12.015, de 2009)

▸ *CP: art. 225.*

ESTUPRO

ART. 213. Constranger alguém, mediante violência ou grave ameaça, a ter conjunção carnal ou a praticar ou permitir que com ele se pratique outro ato libidinoso: (Redação dada pela Lei nº 12.015, de 07-08-2009)

Pena – reclusão, de 6 (seis) a 10 (dez) anos. (Redação dada pela Lei nº 12.015, de 07-08-2009)

▸ *Súmula nº 608 do STF.*

▸ *CF: art. 5º, XLIII.*

▸ *CP: art. 225.*

▸ *Lei n. 7.210, de 11-7-1984, art. 9-A; Lei de Execuções Penais.*

▸ *Lei nº 7.960 de 21-12-1989: art. 1º, III, f, dispõe sobre prisão temporária.*

▸ *Lei nº 8.072, de 25-07-1990: arts. 1º, V, e 9º, define os crimes hediondos.*

▸ *Lei n. 12.037, de 01-10-2009, arts. 5o., par. ún, 5o.-A, 7-A e 7-B; Dispõe sobre a identificação criminal e coleta de material genético.*

▸ *Lei n. 14.069, de 1º-10-2020: Cadastro Nacional de Pessoas Condenadas por Crime de Estupro*

§ 1º. Se da conduta resulta lesão corporal de natureza grave ou se a vítima é menor de 18 (dezoito) ou maior de 14 (catorze) anos: (Incluído pela Lei nº 12.015, de 07-08-2009)

Pena – reclusão, de 8 (oito) a 12 (doze) anos. (Incluído pela Lei nº 12.015, de 07-08-2009)

▸ *CP: art. 101.*

§ 2º. Se da conduta resulta morte: (Incluído pela Lei nº 12.015, de 07-08-2009)

Pena – reclusão, de 12 (doze) a 30 (trinta) anos (Incluído pela Lei nº 12.015, de 07-08-2009)

▸ *CP: art. 101.*

ATENTADO VIOLENTO AO PUDOR (REVOGADO PELA LEI Nº 12.015, DE 07-8-2009)

ART. 214. (Revogado pela Lei nº 12.015, de 07-08-2009)

▸ *CP: art. 213.*

VIOLAÇÃO SEXUAL MEDIANTE FRAUDE (REDAÇÃO DADA PELA LEI Nº 12.015, DE 07-08-2009)

ART. 215. Ter conjunção carnal ou praticar outro ato libidinoso com alguém, mediante fraude ou outro meio que impeça ou dificulte a livre manifestação de vontade da vítima: (Redação dada pela Lei nº 12.015, de 07-08-2009)

Pena – reclusão, de 2 (dois) a 6 (seis) anos. (Redação dada pela Lei nº 12.015, de 07-08-2009)

Parágrafo único. Se o crime é cometido com o fim de obter vantagem econômica, aplica-se também multa. (Redação dada pela Lei nº 12.015, de 07-08-2009)

IMPORTUNAÇÃO SEXUAL (INCLUÍDO PELA LEI Nº 13.718, DE 24-9-2018)

ART. 215-A. Praticar contra alguém e sem a sua anuência ato libidinoso com o objetivo de satisfazer a própria lascívia ou a de terceiro: (Inclusão dada pela Lei nº 13.718/2018, de 24-9-2018)

Pena – reclusão, de 1 (um) a 5 (cinco) anos, se o ato não constitui crime mais grave. (Inclusão dada pela Lei nº 13.718/2018, de 24-9-2018)

▸ *CF: art. 5º, XL.*

▸ *CP: art. 225.*

ATENTADO AO PUDOR MEDIANTE FRAUDE (REVOGADO PELA LEI Nº 12.015, DE 07-08-2009)

ART. 216. (Revogado pela Lei nº 12.015, de 07-08-2009)

ASSÉDIO SEXUAL (INCLUÍDO PELA LEI Nº 10.224, DE 15 DE 15-05-2001)

ART. 216-A. Constranger alguém com o intuito de obter vantagem ou favorecimento sexual, prevalecendo-se o agente da sua condição de superior hierárquico ou ascendência inerentes ao exercício de emprego, cargo ou função. (Incluído pela Lei nº 10.224, de 15-05-2001)

Pena – detenção, de 1 (um) a 2 (dois) anos. (Incluído pela Lei nº 10.224, de 15-05-2001)

- *CF: art. 5º, XL.*
- *CP: art. 225.*
- *Lei nº 9.099, de 26-09-1995: art. 89, dispõe sobre os Juizados Especiais Cíveis e Criminais.*

Parágrafo único. (VETADO) (Incluído pela Lei nº 10.224, de 15-05-2001)

§ 2º. A pena é aumentada em até um terço se a vítima é menor de 18 (dezoito) anos. (Incluído pela Lei nº 12.015, de 07-08-2009)

CAPÍTULO I-A DA EXPOSIÇÃO DA INTIMIDADE SEXUAL (Incluído pela Lei nº 13.772, de 19-12-2018)

REGISTRO NÃO AUTORIZADO DA INTIMIDADE SEXUAL (INCLUÍDO PELA LEI Nº 13.772, DE 19-12-2018)

ART. 216-B. Produzir, fotografar, filmar ou registrar, por qualquer meio, conteúdo com cena de nudez ou ato sexual ou libidinoso de caráter íntimo e privado sem autorização dos participantes: (Incluído pela Lei nº 13.772, de 19-12-2018)

Pena – detenção, de 6 (seis) meses a 1 (um) ano, e multa.

Parágrafo único. Na mesma pena incorre quem realiza montagem em fotografia, vídeo, áudio ou qualquer outro registro com o fim de incluir pessoa em cena de nudez ou ato sexual ou libidinoso de caráter íntimo. (Incluído pela Lei nº 13.772, de 19-12-2018)

- *CF: art. 5º, XL.*
- *CP: art. 225.*

CAPÍTULO II. DOS CRIMES SEXUAIS CONTRA VULNERÁVEL (Redação dada pela Lei nº 12.015, de 07-08-2009)

- *CP: art. 225.*

SEDUÇÃO

ART. 217. (Revogado pela Lei nº 11.106, de 2005)

ESTUPRO DE VULNERÁVEL (INCLUÍDO PELA LEI Nº 12.015, DE 2009)

ART. 217-A. Ter conjunção carnal ou praticar outro ato libidinoso com menor de 14 (catorze) anos: (Incluído pela Lei nº 12.015, de 07-08-2009)

Pena – reclusão, de 8 (oito) a 15 (quinze) anos. (Incluído pela Lei nº 12.015, de 07-08-2009)

- *Súmula 593 do STJ.*
- *CP: art. 225, par. ún.*
- *Lei nº 8.072, de 25-07-1990: art. 1º, VI, define os crimes hediondos.*
- *Lei nº 8.069 de 13-07-1990, art. 190-A e 190-E, Estatuto da Criança e do Adolescente.*

§ 1º. Incorre na mesma pena quem pratica as ações descritas no *caput* com alguém que, por enfermidade ou deficiência mental, não tem o necessário discernimento para a prática do ato, ou que, por qualquer outra causa, não pode oferecer resistência. (Incluído pela Lei nº 12.015, de 07-08-2009)

§ 2º. (VETADO) (Incluído pela Lei nº 12.015, de 07-08-2009)

§ 3º. Se da conduta resulta lesão corporal de natureza grave: (Incluído pela Lei nº 12.015, de 07-08-2009)

Pena – reclusão, de 10 (dez) a 20 (vinte) anos. (Incluído pela Lei nº 12.015, de 07-08-2009)

§ 4º. Se da conduta resulta morte: (Incluído pela Lei nº 12.015, de 07-08-2009)

Pena – reclusão, de 12 (doze) a 30 (trinta) anos. (Incluído pela Lei nº 12.015, de 07-08-2009)

§ 5º. As penas previstas no caput e nos §§ 1º, 3º e 4º deste artigo aplicam-se independentemente do consentimento da vítima ou do fato de ela ter mantido relações sexuais anteriormente ao crime. (Inclusão dada pela Lei nº 13.718/2018, de 24-9-2018)

- *CF: art. 5º, XL.*
- *Súmula 593 do STJ.*

CORRUPÇÃO DE MENORES

ART. 218. Induzir alguém menor de 14 (catorze) anos a satisfazer a lascívia de outrem: (Redação dada pela Lei nº 12.015, de 07-08-2009)

Pena – reclusão, de 2 (dois) a 5 (cinco) anos. (Redação dada pela Lei nº 12.015, de 07-08-2009)

- *CP: art. 225 e 227.*
- *Lei nº 8.069, de 13-07-1990, arts. 190-A a 190-E, 240, 241-E, 244-A e 244-B, Estatuto da Criança e do Adolescente.*

Parágrafo único. (VETADO). (Incluído pela Lei nº 12.015, de 07-08-2009)

SATISFAÇÃO DE LASCÍVIA MEDIANTE PRESENÇA DE CRIANÇA OU ADOLESCENTE

ART. 218-A. Praticar, na presença de alguém menor de 14 (catorze) anos, ou induzi-lo a presenciar, conjunção carnal ou outro ato libidinoso, a fim de satisfazer lascívia própria ou de outrem: (Redação dada pela Lei nº 12.015, de 07-08-2009)

Pena – reclusão, de 2 (dois) a 4 (quatro) anos." (Redação dada pela Lei nº 12.015, de 07-08-2009)

- *CP: arts. 225 e 229.*
- *Lei nº 8.069 de 13-07-1990, art. 190-A e 190-E, Estatuto da Criança e do Adolescente.*

FAVORECIMENTO DA PROSTITUIÇÃO OU DE OUTRA FORMA DE EXPLORAÇÃO SEXUAL DE CRIANÇA OU ADOLESCENTE OU DE VULNERÁVEL (REDAÇÃO DADA PELA LEI Nº 12.978, DE 21/05/2014)

ART. 218-B. Submeter, induzir ou atrair à prostituição ou outra forma de exploração sexual alguém menor de 18 (dezoito) anos ou que, por enfermidade ou deficiência mental, não tem o necessário discernimento para a prática do ato, facilitá-la, impedir ou dificultar que a abandone: (Incluído pela Lei nº 12.015, de 07-08-2009)

Pena – reclusão, de 4 (quatro) a 10 (dez) anos. (Incluído pela Lei nº 12.015, de 07-08-2009)

- *CF: art. 5º, XL.*
- *CP: art. 225.*
- *Lei nº 8.069, de 13-07-1990, arts. 190-A, 190-E e 244-A, Estatuto da Criança e do Adolescente.*
- *Lei nº 8.072, de 25-07-1990: art. 1º, VIIII define os crimes hediondos.*

§ 1º. Se o crime é praticado com o fim de obter vantagem econômica, aplica-se também multa. (Incluído pela Lei nº 12.015, de 07-08-2009)

§ 2º. Incorre nas mesmas penas: (Incluído pela Lei nº 12.015, de 07-08-2009)

I – quem pratica conjunção carnal ou outro ato libidinoso com alguém menor de 18 (dezoito) e maior de 14 (catorze) anos na situação descrita no *caput* deste artigo; (Incluído pela Lei nº 12.015, de 07-08-2009)

II – o proprietário, o gerente ou o responsável pelo local em que se verifiquem as práticas referidas no *caput* deste artigo. (Incluído pela Lei nº 12.015, de 07-08-2009)

§ 3º. Na hipótese do inciso II do § 2º, constitui efeito obrigatório da condenação a cassação da licença de localização e de funcionamento do estabelecimento. (Incluído pela Lei nº 12.015, de 07-08-2009)

DIVULGAÇÃO DE CENA DE ESTUPRO OU DE CENA DE ESTUPPRO DE VULNERÁVEL, DE CENA DE SEXO OU DE PORNOGRAFIA (INCLUÍDO PELA LEI Nº 13.718, DE 24-9-2018)

ART. 218-C. Oferecer, trocar, disponibilizar, transmitir, vender ou expor à venda, distribuir, publicar ou divulgar, por qualquer meio - inclusive por meio de comunicação de massa ou sistema de informática ou telemática –, fotografia, vídeo ou outro registro audiovisual que contenha cena de estupro ou de estupro de vulnerável ou que faça apologia ou induza a sua prática, ou, sem o consentimento da vítima, cena de sexo, nudez ou pornografia: (Incluído pela Lei nº 13.718, de 24-9-2018)

- *Lei nº 8.069, de 13-07-1990, arts. 241 e 241-A, Estatuto da Criança e do Adolescente.*

Pena – reclusão, de 1 (um) a 5 (cinco) anos, se o fato não constitui crime mais grave. (Incluído pela Lei nº 13.718, de 24-9-2018)

AUMENTO DE PENA

§ 1º. A pena é aumentada de 1/3 (um terço) a 2/3 (dois terços) se o crime é praticado por agente que mantém ou tenha mantido relação íntima de afeto com a vítima ou com o fim de vingança ou humilhação. (Incluído pela Lei nº 13.718, de 24-9-2018)

EXCLUSÃO DE ILICITUDE

§ 2º. Não há crime quando o agente pratica as condutas descritas no caput deste artigo em publicação de natureza jornalística, científica, cultural ou acadêmica com a adoção de recurso que impossibilite a identificação da vítima, ressalvada sua prévia autorização, caso seja maior de 18 (dezoito) anos." (Incluído pela Lei nº 13.718, de 24-9-2018)

- *CF: art. 5º, XL.*
- *CP: art. 225.*

CAPÍTULO III. DO RAPTO (Revogado pela Lei nº 11.106, de 2005)

RAPTO VIOLENTO OU MEDIANTE FRAUDE

ART. 219. (Revogado pela Lei nº 11.106, de 2005)

- *CP: art. 148, § 1º, V.*

RAPTO CONSENSUAL

ART. 220. (Revogado pela Lei nº 11.106, de 2005)

DIMINUIÇÃO DE PENA

ART. 221. (Revogado pela Lei nº 11.106, de 2005)

CONCURSO DE RAPTO E OUTRO CRIME

ART. 222. (Revogado pela Lei nº 11.106, de 2005)

CAPÍTULO IV. DISPOSIÇÕES GERAIS

FORMAS QUALIFICADAS (REVOGADO PELA LEI Nº 12.015, DE 2009)

ART. 223. (Revogado pela Lei nº 12.015, de 07-08-2009)

- *Redação anterior:*

  Formas qualificadas

  Art. 223 - Se da violência resulta lesão corporal de natureza grave:

  Pena - reclusão, de oito a doze anos.

  Parágrafo único - Se do fato resulta a morte:

  Pena - reclusão, de doze a vinte e cinco anos

PRESUNÇÃO DE VIOLÊNCIA (REVOGADO PELA LEI Nº 12.015, DE 2009)

ART. 224. (Revogado pela Lei nº 12.015, de 07-08-2009)

- *Redação anterior : Presunção de violência.*

  Art. 224 - Presume-se a violência, se a vítima:

  a) não é maior de catorze anos;

  b) é alienada ou débil mental, e o agente conhecia esta circunstância;

  c) não pode, por qualquer outra causa, oferecer resistência.

AÇÃO PENAL

ART. 225. Nos crimes definidos nos Capítulos I e II deste Título, procede-se mediante ação penal pública incondicionada. (Redação dada pela Lei nº 13.718, de 24-9-2018)

Parágrafo único. (Revogado). (Redação dada pela Lei nº 13.718, de 24-9-2018)

- *Redação anterior (Lei 12.015, de 07-08-2009): Art. 225. Nos crimes definidos nos Capítulos I e II deste Título, procede-se mediante ação penal pública condicionada à representação. (Redação dada pela Lei nº 12.015, de 07-08-2009)*

Parágrafo único. Procede-se, entretanto, mediante ação penal pública incondicionada se a vítima é menor de 18 (dezoito) anos ou pessoa vulnerável. (Incluído pela Lei nº 12.015, de 07-08-2009)

▸ *Redação original do Código Penal, de 1940: Art. 225 - Nos crimes definidos nos capítulos anteriores, somente se procede mediante queixa.*

§ 1º - Procede-se, entretanto, mediante ação pública:

I - se a vítima ou seus pais não podem prover às despesas do processo, sem privar-se de recursos indispensáveis à manutenção própria ou da família;

II - se o crime é cometido com abuso do pátrio poder, ou da qualidade de padrasto, tutor ou curador.

▸ *Súmula nº 608 do STF.*

▸ *CF: arts. 5º., XL, 129, I e 227.*

▸ *CP: arts. 100, § 1º, 102 e 103.*

▸ *CPP: arts. 24, 25, 38 e 39.*

AUMENTO DE PENA

ART. 226. A pena é aumentada: (Redação dada pela Lei nº 11.106, de 28-03-2005)

I – de quarta parte, se o crime é cometido com o concurso de 2 (duas) ou mais pessoas; (Redação dada pela Lei nº 11.106, de 28-03-2005)

II – de metade, se o agente é ascendente, padrasto ou madrasta, tio, irmão, cônjuge, companheiro, tutor, curador, preceptor ou empregador da vítima ou por qualquer outro título tiver autoridade sobre ela; (Redação dada pela Lei nº 13.718, de 24-9-2018)

▷ **Redação anterior:** II – de metade, se o agente é ascendente, padrasto ou madrasta, tio, irmão, cônjuge, companheiro, tutor, curador, preceptor ou empregador da vítima ou por qualquer outro título tem autoridade sobre ela; (Redação dada pela Lei nº 11.106, de 28-03-2005)

III – (Revogado pela Lei nº 11.106, de 28-03-2005)

IV – de 1/3 (um terço) a 2/3 (dois terços), se o crime é praticado: (Incluído pela Lei nº 13.718, de 24-9-2018)

▸ *CF: art. 5º, XL.*

▸ *CP: art. 225.*

ESTUPRO COLETIVO. (INCLUÍDO PELA LEI Nº 13.718, DE 24-09-2018)

a) mediante concurso de 2 (dois) ou mais agentes; (Incluído pela Lei nº 13.718, de 24-09-2018)

▸ *CF: art. 5º, XL.*

▸ *CP: art. 225.*

ESTUPRO CORRETIVO (INCLUÍDO PELA LEI Nº 13.718, DE 24-09-2018)

b) para controlar o comportamento social ou sexual da vítima. (Incluído pela Lei nº 13.718, de 24-09-2018)

▸ *CF: art. 5º, XL.*

▸ *CP: art. 225.*

CAPÍTULO V. DO LENOCÍNIO E DO TRÁFICO DE PESSOA PARA FIM DE PROSTITUIÇÃO OU OUTRA FORMA DE EXPLORAÇÃO SEXUAL (Redação dada pela Lei nº 12.015, de 07-08-2009)

MEDIAÇÃO PARA SERVIR A LASCÍVIA DE OUTREM

ART. 227. Induzir alguém a satisfazer a lascívia de outrem:

Pena – reclusão, de um a três anos.

▸ *CP: art. 218.*

▸ *Lei nº 9.099, de 26-09-1995: art. 89, dispõe sobre os Juizados Especiais Cíveis e Criminais.*

§ 1º. Se a vítima é maior de 14 (catorze) e menor de 18 (dezoito) anos, ou se o agente é seu ascendente, descendente, cônjuge ou companheiro, irmão, tutor ou curador ou pessoa a quem esteja confiada para fins de educação, de tratamento ou de guarda: (Redação dada pela Lei nº 11.106, de 28-03-2005)

Pena – reclusão, de dois a cinco anos.

▸ *CP: art. 231, § 1º.*

§ 2º. Se o crime é cometido com emprego de violência, grave ameaça ou fraude:

Pena – reclusão, de dois a oito anos, além da pena correspondente à violência.

§ 3º. Se o crime é cometido com o fim de lucro, aplica-se também multa.

FAVORECIMENTO DA PROSTITUIÇÃO OU OUTRA FORMA DE EXPLORAÇÃO SEXUAL (REDAÇÃO DADA PELA LEI Nº 12.015, DE 07-08-2009)

▸ *CP: art. 218-B.*

ART. 228. Induzir ou atrair alguém à prostituição ou outra forma de exploração sexual, facilitá-la, impedir ou dificultar que alguém a abandone: (Redação dada pela Lei nº 12.015, de 07-08-2009)

Pena – reclusão, de 2 (dois) a 5 (cinco) anos, e multa. (Redação dada pela Lei nº 12.015, de 07-08-2009)

§ 1º. Se o agente é ascendente, padrasto, madrasta, irmão, enteado, cônjuge, companheiro, tutor ou curador, preceptor ou empregador da vítima, ou se assumiu, por lei ou outra forma, obrigação de cuidado, proteção ou vigilância: (Redação dada pela Lei nº 12.015, de 07-08-2009)

Pena – reclusão, de 3 (três) a 8 (oito) anos. (Redação dada pela Lei nº 12.015, de 07-08-2009)

§ 2º. Se o crime, é cometido com emprego de violência, grave ameaça ou fraude:

Pena – reclusão, de quatro a dez anos, além da pena correspondente à violência.

§ 3º. Se o crime é cometido com o fim de lucro, aplica-se também multa.

CASA DE PROSTITUIÇÃO

ART. 229. Manter, por conta própria ou de terceiro, estabelecimento em que ocorra exploração sexual, haja, ou não, intuito de lucro ou mediação direta do proprietário ou gerente: (Redação dada pela Lei nº 12.015, de 07-08-2009)

Pena – reclusão, de dois a cinco anos, e multa.

RUFIANISMO

ART. 230. Tirar proveito da prostituição alheia, participando diretamente de seus lucros ou fazendo-se sustentar, no todo ou em parte, por quem a exerça:

Pena – reclusão, de um a quatro anos, e multa.

▸ *Lei nº 9.099, de 26-09-1995: art. 89, dispõe sobre os Juizados Especiais Cíveis e Criminais.*

§ 1º. Se a vítima é menor de 18 (dezoito) e maior de 14 (catorze) anos ou se o crime é cometido por ascendente, padrasto, madrasta, irmão, enteado, cônjuge, companheiro, tutor ou curador, preceptor ou empregador da vítima, ou por quem assumiu, por lei ou outra forma, obrigação de cuidado, proteção ou vigilância: (Redação dada pela Lei nº 12.015, de 07-08-2009)

Pena – reclusão, de 3 (três) a 6 (seis) anos, e multa. (Redação dada pela Lei nº 12.015, de 07-08-2009)

§ 2º. Se o crime é cometido mediante violência, grave ameaça, fraude ou outro meio que impeça ou dificulte a livre manifestação da vontade da vítima: (Redação dada pela Lei nº 12.015, de 07-08-2009)

Pena – reclusão, de 2 (dois) a 8 (oito) anos, sem prejuízo da pena correspondente à violência. (Redação dada pela Lei nº 12.015, de 07-08-2009)

TRÁFICO INTERNACIONAL DE PESSOA PARA FIM DE EXPLORAÇÃO SEXUAL (REVOGADO PELA LEI Nº 13.344, DE 2016)

ART. 231. (Revogado pela Lei nº 13.344, de 2016)

▸ *CP: art. 149-A.*

TRÁFICO INTERNO DE PESSOA PARA FIM DE EXPLORAÇÃO SEXUAL (REVOGADO PELA LEI Nº 13.344, DE 2016)

ART. 231-A. (Revogado pela Lei nº 13.344, de 2016)

▸ *CP: art. 149-A.*

ART. 232. Nos crimes de que trata este Capítulo, é aplicável o disposto nos arts. 223 e 224. (Revogado pela Lei nº 12.015, de 2009)

▸ *CP: art. 149-A.*

PROMOÇÃO DE MIGRAÇÃO ILEGAL

ART. 232-A. Promover, por qualquer meio, com o fim de obter vantagem econômica, a entrada ilegal de estrangeiro em território nacional ou de brasileiro em país estrangeiro: (Incluído pela Lei nº 13.445, de 24-05-2017)

Pena – reclusão, de 2 (dois) a 5 (cinco) anos, e multa. (Incluído pela Lei nº 13.445, de 24-05-2017)

▸ *CF: art. 5º, XL.*

▸ *CP: art. 149-A.*

§ 1º. Na mesma pena incorre quem promover, por qualquer meio, com o fim de obter vantagem econômica, a saída de estrangeiro do território nacional para ingressar ilegalmente em país estrangeiro. (Incluído pela Lei nº 13.445, de 24-05-2017)

§ 2º. A pena é aumentada de 1/6 (um sexto) a 1/3 (um terço) se: (Incluído pela Lei nº 13.445, de 24-05-2017)

I – o crime é cometido com violência; ou (Incluído pela Lei nº 13.445, de 24-05-2017)

II – a vítima é submetida a condição desumana ou degradante. (Incluído pela Lei nº 13.445, de 24-05-2017)

§ 3º. A pena prevista para o crime será aplicada sem prejuízo das correspondentes às infrações conexas. (Incluído pela Lei nº 13.445, de 24-05-2017)

CAPÍTULO VI. DO ULTRAJE PÚBLICO AO PUDOR

ATO OBSCENO

ART. 233. Praticar ato obsceno em lugar público, ou aberto ou exposto ao público:

Pena – detenção, de três meses a um ano, ou multa.

▸ *Lei nº 9.099, de 26-09-1995: arts. 61 e 89, dispõe sobre os Juizados Especiais Cíveis e Criminais.*

▸ *Dec.-lei nº 3.688, de 03-10-1941, art. 61, Lei das Contravenções Penais.*

ESCRITO OU OBJETO OBSCENO

ART. 234. Fazer, importar, exportar, adquirir ou ter sob sua guarda, para fim de comércio, de distribuição ou de exposição pública, escrito, desenho, pintura, estampa ou qualquer objeto obsceno:

Pena – detenção, de seis meses a dois anos, ou multa.

▸ *CF: art. 5º, IX.*

▸ *Lei nº 9.099, de 26-09-1995: arts. 61 e 89, dispõe sobre os Juizados Especiais Cíveis e Criminais.*

▸ *Lei nº 8.069 de 13-07-1990, art. 240 e 241, Estatuto da Criança e do Adolescente.*

Parágrafo único. Incorre na mesma pena quem:

I – vende, distribui ou expõe à venda ou ao público qualquer dos objetos referidos neste artigo;

II – realiza, em lugar público ou acessível ao público, representação teatral, ou exibição cinematográfica de caráter obsceno, ou qualquer outro espetáculo, que tenha o mesmo caráter;

III – realiza, em lugar público ou acessível ao público, ou pelo rádio, audição ou recitação de caráter obsceno.

CAPÍTULO VII. DISPOSIÇÕES GERAIS (Incluído pela Lei nº 12.015, de 2009)

AUMENTO DE PENA

ART. 234-A. Nos crimes previstos neste Título a pena é aumentada: (Incluído pela Lei nº 12.015, de 07-08-2009)

I – (VETADO); (Incluído pela Lei nº 12.015, de 07-08-2009)

II – (VETADO); (Incluído pela Lei nº 12.015, de 07-08-2009)

III – de metade a 2/3 (dois terços), se do crime resulta gravidez; (Redação dada pela Lei nº 13.718, de 24-9-2018)

▸ *CF: art. 5º, XL.*

▷ **Redação anterior:** III – de metade, se do crime resultar gravidez; e (Incluído pela Lei nº 12.015, de 07-08-2009)

IV – de 1/3 (um terço) a 2/3 (dois terços), se o agente transmite à vítima doença sexualmente transmissível de que sabe ou deveria saber ser portador, ou se a vítima é idosa ou pessoa com deficiência. (Redação dada pela Lei nº 13.718, de 24-9-2018)

▸ *CF: art. 5º, XL.*

▷ **Redação anterior:** IV – de um sexto até a metade, se o agente transmite à vítima doença sexualmente transmissível de que sabe ou deveria saber ser portador. (Incluído pela Lei nº 12.015, de 07-08-2009)

▸ *CP: art. 130.*

ART. 234-B. Os processos em que se apuram crimes definidos neste Título correrão em segredo de justiça. (Incluído pela Lei nº 12.015, de 07-08-2009)

ART. 234-C. (VETADO). (Incluído pela Lei nº 12.015, de 07-08-2009)

TÍTULO VII.
DOS CRIMES CONTRA A FAMÍLIA

CAPÍTULO I.
DOS CRIMES CONTRA O CASAMENTO

▸ *Lei nº 7.716, de 05-01-1989: art. 14, dispõe sobre crimes resultantes de preconceito de raça ou cor.*

BIGAMIA

ART. 235. Contrair alguém, sendo casado, novo casamento:

Pena – reclusão, de dois a seis anos.

▸ *CP: art. 111, IV.*

▸ *CPP: art. 92.*

§ 1º. Aquele que, não sendo casado, contrai casamento com pessoa casada, conhecendo essa circunstância, é punido com reclusão ou detenção, de um a três anos.

§ 2º. Anulado por qualquer motivo o primeiro casamento, ou o outro por motivo que não a bigamia, considera-se inexistente o crime.

▸ *CC: art. 1.548 a 1.563.*

INDUZIMENTO A ERRO ESSENCIAL E OCULTAÇÃO DE IMPEDIMENTO

ART. 236. Contrair casamento, induzindo em erro essencial o outro contraente, ou ocultando-lhe impedimento que não seja casamento anterior:

Pena – detenção, de seis meses a dois anos.

▸ *Lei nº 9.099, de 26-09-1995: arts. 61 e 89, dispõe sobre os Juizados Especiais Cíveis e Criminais.*

▸ *CC: art. 1.517 a 1.524.*

Parágrafo único. A ação penal depende de queixa do contraente enganado e não pode ser intentada senão depois de transitar em julgado a sentença que, por motivo de erro ou impedimento, anule o casamento.

▸ *CC: arts. 1.521, 1.522 e 1.548 a 1.563.*

CONHECIMENTO PRÉVIO DE IMPEDIMENTO

ART. 237. Contrair casamento, conhecendo a existência de impedimento que lhe cause a nulidade absoluta:

Pena – detenção, de três meses a um ano.

▸ *CC: arts. 1.521, 1.522, 1.524 e 1.530.*

▸ *Lei nº 9.099, de 26-09-1995: arts. 61 e 89, dispõe sobre os Juizados Especiais Cíveis e Criminais.*

SIMULAÇÃO DE AUTORIDADE PARA CELEBRAÇÃO DE CASAMENTO

ART. 238. Atribuir-se falsamente autoridade para celebração de casamento:

Pena – detenção, de um a três anos, se o fato não constitui crime mais grave.

▸ *Lei nº 9.099, de 26-09-1995: art. 89, dispõe sobre os Juizados Especiais Cíveis e Criminais.*

▸ *CC: art. 1.533 a 1.542.*

SIMULAÇÃO DE CASAMENTO

ART. 239. Simular casamento mediante engano de outra pessoa:

Pena – detenção, de um a três anos, se o fato não constitui elemento de crime mais grave.

▸ *Lei nº 9.099, de 26-09-1995: art. 89, dispõe sobre os Juizados Especiais Cíveis e Criminais.*

ADULTÉRIO

ART. 240. (Revogado pela Lei nº 11.106, de 2005)

CAPÍTULO II.
DOS CRIMES CONTRA O ESTADO DE FILIAÇÃO

▸ *Lei nº 8.069, de 13-07-1990, Estatuto da Criança e do Adolescente.*

REGISTRO DE NASCIMENTO INEXISTENTE

ART. 241. Promover no registro civil a inscrição de nascimento inexistente:

Pena – reclusão, de dois a seis anos.

▸ *Lei nº 8.069, de 13-07-1990, arts. 102, § 1º, 148, par. ún, h, 163, 165, IV e 228, Estatuto da Criança e do Adolescente.*

PARTO SUPOSTO. SUPRESSÃO OU ALTERAÇÃO DE DIREITO INERENTE AO ESTADO CIVIL DE RECÉM-NASCIDO

ART. 242. Dar parto alheio como próprio; registrar como seu o filho de outrem; ocultar recém-nascido ou substituí-lo, suprimindo ou alterando direito inerente ao estado civil: (Redação dada pela Lei nº 6.898, de 1981)

Pena – reclusão, de dois a seis anos. (Redação dada pela Lei nº 6.898, de 1981)

▸ *CP: art. 134.*

Parágrafo único. Se o crime é praticado por motivo de reconhecida nobreza: (Redação dada pela Lei nº 6.898, de 1981)

Pena – detenção, de um a dois anos, podendo o juiz deixar de aplicar a pena. (Redação dada pela Lei nº 6.898, de 1981)

▸ *Súmula nº 18 do STJ.*

▸ *CP: arts. 107, IX, e 120.*

SONEGAÇÃO DE ESTADO DE FILIAÇÃO

ART. 243. Deixar em asilo de expostos ou outra instituição de assistência filho próprio ou alheio, ocultando-lhe a filiação ou atribuindo-lhe outra, com o fim de prejudicar direito inerente ao estado civil:

Pena – reclusão, de um a cinco anos, e multa.

▸ *Lei nº 9.099, de 26-09-1995: art. 89, dispõe sobre os Juizados Especiais Cíveis e Criminais.*

CAPÍTULO III. DOS CRIMES CONTRA A ASSISTÊNCIA FAMILIAR

▸ *CF: arts. 229 e 230.*

▸ *Lei nº 8.069, de 13-07-1990, Estatuto da Criança e do Adolescente.*

ABANDONO MATERIAL

ART. 244. Deixar, sem justa causa, de prover a subsistência do cônjuge, ou de filho menor de 18 (dezoito) anos ou inapto para o trabalho, ou de ascendente inválido ou maior de 60 (sessenta) anos, não lhes proporcionando os recursos necessários ou faltando ao pagamento de pensão alimentícia judicialmente acordada, fixada ou majorada; deixar, sem justa causa, de socorrer descendente ou ascendente, gravemente enfermo: (Redação dada pela Lei nº 10.741, de 2003)

Pena – detenção, de 1 (um) a 4 (quatro) anos e multa, de uma a dez vezes o maior salário mínimo vigente no País. (Redação dada pela Lei nº 5.478, de 1968)

▸ *Lei nº 9.099, de 26-09-1995: art. 89, dispõe sobre os Juizados Especiais Cíveis e Criminais.*

Parágrafo único. Nas mesmas penas incide quem, sendo solvente, frustra ou ilide, de qualquer modo, inclusive por abandono injustificado de emprego ou função, o pagamento de pensão alimentícia judicialmente acordada, fixada ou majorada. (Incluído pela Lei nº 5.478, de 1968)

▸ *CF: art. 5º, LXVII.*

ENTREGA DE FILHO MENOR A PESSOA INIDÔNEA

ART. 245. Entregar filho menor de 18 (dezoito) anos a pessoa em cuja companhia saiba ou deva saber que o menor fica moral ou materialmente em perigo: (Redação dada pela Lei nº 7.251, de 1984)

Pena – detenção, de 1 (um) a 2 (dois) anos. (Redação dada pela Lei nº 7.251, de 1984)

▸ *CP: art. 133.*

▸ *Lei nº 9.099, de 26-09-1995: arts. 61 e 89, dispõe sobre os Juizados Especiais Cíveis e Criminais.*

§ 1º. A pena é de 1 (um) a 4 (quatro) anos de reclusão, se o agente pratica delito para obter lucro, ou se o menor é enviado para o exterior. (Incluído pela Lei nº 7.251, de 1984)

▸ *Lei nº 8.069, de 13-07-1990, art. 238, Estatuto da Criança e do Adolescente.*

§ 2º. Incorre, também, na pena do parágrafo anterior quem, embora excluído o perigo moral ou material, auxilia a efetivação de ato destinado ao envio de menor para o exterior, com o fito de obter lucro. (Incluído pela Lei nº 7.251, de 1984)

▸ *Lei nº 8.069, de 13-07-1990, art. 239, Estatuto da Criança e do Adolescente.*

ABANDONO INTELECTUAL

ART. 246. Deixar, sem justa causa, de prover à instrução primária de filho em idade escolar:

Pena – detenção, de quinze dias a um mês, ou multa.

▸ *Lei nº 8.069, de 13-07-1990, arts. 55, 98, 100 e 101, Estatuto da Criança e do Adolescente.*

▸ *Lei nº 9.099, de 26-09-1995: arts. 61 e 89, dispõe sobre os Juizados Especiais Cíveis e Criminais.*

ART. 247. Permitir alguém que menor de dezoito anos, sujeito a seu poder ou confiado à sua guarda ou vigilância:

I – frequente casa de jogo ou mal-amada, ou conviva com pessoa viciosa ou de má vida;

▸ *Dec. -Lei nº 3.688 de 3-10-1941, art. 50, §4º, Lei de Contravenções Penais.*

II – frequente espetáculo capaz de pervertê-lo ou de ofender-lhe o pudor, ou participe de representação de igual natureza;

▸ *Lei nº 8.069, de 13-07-1990, art. 240, Estatuto da Criança e do Adolescente.*

III – resida ou trabalhe em casa de prostituição;

▸ *CP: arts. 218-B e 229.*

IV – mendigue ou sirva a mendigo para excitar a comiseração pública:

▸ *Dec.-Lei nº 3.688 de 3-10-1941, art. 60, Lei de Contravenções Penais.*

Pena – detenção, de um a três meses, ou multa.

▸ *Lei nº 9.099, de 26-09-1995: arts. 61 e 89, dispõe sobre os Juizados Especiais Cíveis e Criminais.*

▸ *Dec.-lei nº 3.688, 03-10-1941, Lei das Contravenções Penais.*

CAPÍTULO IV. DOS CRIMES CONTRA O PÁTRIO PODER, TUTELA CURATELA

INDUZIMENTO A FUGA, ENTREGA ARBITRÁRIA OU SONEGAÇÃO DE INCAPAZES

ART. 248. Induzir menor de dezoito anos, ou interdito, a fugir do lugar em que se acha por determinação de quem sobre ele exerce autoridade, em virtude de lei ou de ordem judicial; confiar a outrem sem ordem do pai, do tutor ou do curador algum menor de dezoito anos ou interdito, ou deixar, sem justa causa, de entregá-lo a quem legitimamente o reclame:

Pena – detenção, de um mês a um ano, ou multa.

▸ *Lei nº 9.099, de 26-09-1995: arts. 61 e 89, dispõe sobre os Juizados Especiais Cíveis e Criminais.*

SUBTRAÇÃO DE INCAPAZES

ART. 249. Subtrair menor de dezoito anos ou interdito ao poder de quem o tem sob sua guarda em virtude de lei ou de ordem judicial:

Pena – detenção, de dois meses a dois anos, se o fato não constitui elemento de outro crime.

▸ *Lei nº 8.069, de 13-07-1990, art. 237, Estatuto da Criança e do Adolescente.*

§ 1º. O fato de ser o agente pai ou tutor do menor ou curador do interdito não o exime de pena, se destituído ou temporariamente privado do pátrio poder, tutela, curatela ou guarda.

§ 2º. No caso de restituição do menor ou do interdito, se este não sofreu maus-tratos ou privações, o juiz pode deixar de aplicar pena.

TÍTULO VIII. DOS CRIMES CONTRA A INCOLUMIDADE PÚBLICA

CAPÍTULO I. DOS CRIMES DE PERIGO COMUM

INCÊNDIO

ART. 250. Causar incêndio, expondo a perigo a vida, a integridade física ou o patrimônio de outrem:

Pena – reclusão, de três a seis anos, e multa.

▸ *CPP: art. 173 do CPP.*

▸ *Lei nº 7.170 de 14-12-1983, art. 20, Lei de Segurança Nacional.*

AUMENTO DE PENA

§ 1º. As penas aumentam-se de um terço:

I – se o crime é cometido com intuito de obter vantagem pecuniária em proveito próprio ou alheio;

II – se o incêndio é:

▸ *Lei nº 9.605, de 12-02-1998, dispõe sobre as sanções penais e administrativas derivadas de condutas e atividades lesivas ao meio ambiente.*

a) em casa habitada ou destinada a habitação;

b) em edifício público ou destinado a uso público ou a obra de assistência social ou de cultura;

c) em embarcação, aeronave, comboio ou veículo de transporte coletivo;

d) em estação ferroviária ou aeródromo;

e) em estaleiro, fábrica ou oficina;

f) em depósito de explosivo, combustível ou inflamável;

g) em poço petrolífero ou galeria de mineração;

h) em lavoura, pastagem, mata ou floresta.

▸ *Lei nº 9.605 de 12-2-1998, art. 41, Lei dos Crimes Ambientais*

INCÊNDIO CULPOSO

§ 2º. Se culposo o incêndio, é pena de detenção, de seis meses a dois anos.

EXPLOSÃO

ART. 251. Expor a perigo a vida, a integridade física ou o patrimônio de outrem, mediante explosão, arremesso ou simples colocação de engenho de dinamite ou de substância de efeitos análogos:

Pena – reclusão, de três a seis anos, e multa.

▸ *Lei nº 7.170 de 14-12-1983, art. 20, parágrafo único, Lei de Segurança Nacional.*

§ 1º. Se a substância utilizada não é dinamite ou explosivo de efeitos análogos:

Pena – reclusão, de um a quatro anos, e multa.

AUMENTO DE PENA

§ 2º. As penas aumentam-se de um terço, se ocorre qualquer das hipóteses previstas no § 1º, I, do artigo anterior, ou é visada ou atingida qualquer das coisas enumeradas no nº II do mesmo parágrafo.

MODALIDADE CULPOSA

§ 3º. No caso de culpa, se a explosão é de dinamite ou substância de efeitos análogos, a pena é de detenção, de seis meses a dois anos; nos demais casos, é de detenção, de três meses a um ano.

USO DE GÁS TÓXICO OU ASFIXIANTE

ART. 252. Expor a perigo a vida, a integridade física ou o patrimônio de outrem, usando de gás tóxico ou asfixiante:

Pena – reclusão, de um a quatro anos, e multa.

▸ *Lei nº 9.099, de 26-09-1995: art. 89, dispõe sobre os Juizados Especiais Cíveis e Criminais.*

▸ *Lei nº 9.605, de 12-02-1998: arts. 54 e 56, dispõe sobre as sanções penais e administrativas derivadas de condutas e atividades lesivas ao meio ambiente.*

MODALIDADE CULPOSA

Parágrafo único. Se o crime é culposo:

Pena – detenção, de três meses a um ano.

FABRICO, FORNECIMENTO, AQUISIÇÃO POSSE OU TRANSPORTE DE EXPLOSIVOS OU GÁS TÓXICO, OU ASFIXIANTE

ART. 253. Fabricar, fornecer, adquirir, possuir ou transportar, sem licença da autoridade, substância ou engenho explosivo, gás tóxico ou asfixiante, ou material destinado à sua fabricação:

Pena – detenção, de seis meses a dois anos, e multa.

▸ *Lei nº 8.069, de 13-07-1990, art. 242, Estatuto da Criança e do Adolescente.*

▸ *Lei nº 9.099, de 26-09-1995: arts. 61 e 89, dispõe sobre os Juizados Especiais Cíveis e Criminais.*

▸ *Lei nº 10.826 de 22-12-2003, art. 16, parágrafo único, dispõe sobre registro, posse e comercialização de armas de fogo e munição, sobre o Sistema Nacional de Armas- SINARM, define crime dá outras providências.*

INUNDAÇÃO

ART. 254. Causar inundação, expondo a perigo a vida, a integridade física ou o patrimônio de outrem:

Pena – reclusão, de três a seis anos, e multa, no caso de dolo, ou detenção, de seis meses a dois anos, no caso de culpa.

PERIGO DE INUNDAÇÃO

ART. 255. Remover, destruir ou inutilizar, em prédio próprio ou alheio, expondo a perigo a vida, a integridade física ou o patrimônio de outrem, obstáculo natural ou obra destinada a impedir inundação:

Pena – reclusão, de um a três anos, e multa.

- *Lei nº 9.099, de 26-09-1995: art. 89, dispõe sobre os Juizados Especiais Cíveis e Criminais.*

DESABAMENTO OU DESMORONAMENTO

ART. 256. Causar desabamento ou desmoronamento, expondo a perigo a vida, a integridade física ou o patrimônio de outrem:

Pena – reclusão, de um a quatro anos, e multa.

- *Lei nº 9.099, de 26-09-1995: art. 89, dispõe sobre os Juizados Especiais Cíveis e Criminais.*
- *Dec.-lei nº 3.688, de 03-10-1941, arts. 29 e 30, Lei das Contravenções Penais.*

MODALIDADE CULPOSA

Parágrafo único. Se o crime é culposo:

Pena – detenção, de seis meses a um ano.

SUBTRAÇÃO, OCULTAÇÃO OU INUTILIZAÇÃO DE MATERIAL DE SALVAMENTO

ART. 257. Subtrair, ocultar ou inutilizar, por ocasião de incêndio, inundação, naufrágio, ou outro desastre ou calamidade, aparelho, material ou qualquer meio destinado a serviço de combate ao perigo, de socorro ou salvamento; ou impedir ou dificultar serviço de tal natureza:

Pena – reclusão, de dois a cinco anos, e multa.

FORMAS QUALIFICADAS DE CRIME DE PERIGO COMUM

ART. 258. Se do crime doloso de perigo comum resulta lesão corporal de natureza grave, a pena privativa de liberdade é aumentada de metade; se resulta morte, é aplicada em dobro. No caso de culpa, se do fato resulta lesão corporal, a pena aumenta-se de metade; se resulta morte, aplica-se a pena cominada ao homicídio culposo, aumentada de um terço.

- *CP: art. 285.*

DIFUSÃO DE DOENÇA OU PRAGA

ART. 259. Difundir doença ou praga que possa causar dano a floresta, plantação ou animais de utilidade econômica:

Pena – reclusão, de dois a cinco anos, e multa.

- *Lei nº 9.605 de 12-2-1998, art. 61, dispõe sobre as sanções penais e administrativas derivadas de condutas e atividades lesivas ao meio ambiente.*

MODALIDADE CULPOSA

Parágrafo único. No caso de culpa, a pena é de detenção, de um a seis meses, ou multa.

CAPÍTULO II. DOS CRIMES CONTRA A SEGURANÇA DOS MEIOS DE COMUNICAÇÃO E TRANSPORTE E OUTROS SERVIÇOS PÚBLICOS

PERIGO DE DESASTRE FERROVIÁRIO

ART. 260. Impedir ou perturbar serviço de estrada de ferro:

I – destruindo, danificando ou desarranjando, total ou parcialmente, linha férrea, material rodante ou de tração, obra-de-arte ou instalação;

II – colocando obstáculo na linha;

III – transmitindo falso aviso acerca do movimento dos veículos ou interrompendo ou embaraçando o funcionamento de telégrafo, telefone ou radiotelegrafia;

- *Dec. -Lei nº 3.688 de 3-10-1941, art. 41, Lei de Contravenções Penais.*

IV – praticando outro ato de que possa resultar desastre:

Pena – reclusão, de dois a cinco anos, e multa.

- *CP: art. 263.*

DESASTRE FERROVIÁRIO

§ 1º. Se do fato resulta desastre:

Pena – reclusão, de quatro a doze anos e multa.

§ 2º. No caso de culpa, ocorrendo desastre:

Pena – detenção, de seis meses a dois anos.

§ 3º. Para os efeitos deste artigo, entende-se por estrada de ferro qualquer via de comunicação em que circulem veículos de tração mecânica, em trilhos ou por meio de cabo aéreo.

ATENTADO CONTRA A SEGURANÇA DE TRANSPORTE MARÍTIMO, FLUVIAL OU AÉREO

ART. 261. Expor a perigo embarcação ou aeronave, própria ou alheia, ou praticar qualquer ato tendente a impedir ou dificultar navegação marítima, fluvial ou aérea:

Pena – reclusão, de dois a cinco anos.

- *Lei nº 7.170, de 14-12-1983: art. 15, define os crimes contra a segurança nacional, a ordem política e social, estabelece seu processo e julgamento.*
- *Dec. -Lei nº 3.688 de 3-10-1941, art. 35, Lei de Contravenções Penais.*

SINISTRO EM TRANSPORTE MARÍTIMO, FLUVIAL OU AÉREO

§ 1º. Se do fato resulta naufrágio, submersão ou encalhe de embarcação ou a queda ou destruição de aeronave:

Pena – reclusão, de quatro a doze anos.

PRÁTICA DO CRIME COM O FIM DE LUCRO

§ 2º. Aplica-se, também, a pena de multa, se o agente pratica o crime com intuito de obter vantagem econômica, para si ou para outrem.

MODALIDADE CULPOSA

§ 3º. No caso de culpa, se ocorre o sinistro:

Pena – detenção, de seis meses a dois anos.

- *CP: art. 263.*

ATENTADO CONTRA A SEGURANÇA DE OUTRO MEIO DE TRANSPORTE

ART. 262. Expor a perigo outro meio de transporte público, impedir-lhe ou dificultar-lhe o funcionamento:

Pena – detenção, de um a dois anos.

▸ *Lei nº 7.170, de 14-12-1983: art. 15, define os crimes contra a segurança nacional, a ordem política e social, estabelece seu processo e julgamento.*

▸ *Lei nº 9.099, de 26-09-1995: arts. 61 e 89, dispõe sobre os Juizados Especiais Cíveis e Criminais.*

§ 1º. Se do fato resulta desastre, a pena é de reclusão, de dois a cinco anos.

§ 2º. No caso de culpa, se ocorre desastre:

Pena – detenção, de três meses a um ano.

▸ *CP: art. 263.*

FORMA QUALIFICADA

ART. 263. Se de qualquer dos crimes previstos nos arts. 260 a 262, no caso de desastre ou sinistro, resulta lesão corporal ou morte, aplica-se o disposto no art. 258.

ARREMESSO DE PROJÉTIL

ART. 264. Arremessar projétil contra veículo, em movimento, destinado ao transporte público por terra, por água ou pelo ar:

Pena – detenção, de um a seis meses.

▸ *Lei nº 9.099, de 26-09-1995: arts. 61 e 89, dispõe sobre os Juizados Especiais Cíveis e Criminais.*

▸ *Dec. -Lei nº 3.688 de 3-10-1941, art. 37, Lei de Contravenções Penais.*

Parágrafo único. Se do fato resulta lesão corporal, a pena é de detenção, de seis meses a dois anos; se resulta morte, a pena é a do art. 121, § 3º, aumentada de um terço.

ATENTADO CONTRA A SEGURANÇA DE SERVIÇO DE UTILIDADE PÚBLICA

ART. 265. Atentar contra a segurança ou o funcionamento de serviço de água, luz, força ou calor, ou qualquer outro de utilidade pública:

Pena – reclusão, de um a cinco anos, e multa.

▸ *Lei nº 9.099, de 26-09-1995: art. 89, dispõe sobre os Juizados Especiais Cíveis e Criminais.*

Parágrafo único. Aumentar-se-á a pena de 1/3 (um terço) até a metade, se o dano ocorrer em virtude de subtração de material essencial ao funcionamento dos serviços. (Incluído pela Lei nº 5.346, de 3.11.1967)

INTERRUPÇÃO OU PERTURBAÇÃO DE SERVIÇO TELEGRÁFICO, TELEFÔNICO, INFORMÁTICO, TELEMÁTICO OU DE INFORMAÇÃO DE UTILIDADE PÚBLICA

ART. 266. Interromper ou perturbar serviço telegráfico, radiotelegráfico ou telefônico, impedir ou dificultar-lhe o restabelecimento:

Pena – detenção, de um a três anos, e multa.

▸ *Lei nº 9.099, de 26-09-1995: art. 89, dispõe sobre os Juizados Especiais Cíveis e Criminais.*

▸ *Dec. -Lei nº 3.688 de 3-10-1941, art. 41, Lei de Contravenções Penais.*

§ 1º. Incorre na mesma pena quem interrompe serviço telemático ou de informação de utilidade pública, ou impede ou dificulta-lhe o restabelecimento. (Incluído pela Lei nº 12.737, de 30-11-2012)

§ 2º. Aplicam-se as penas em dobro se o crime é cometido por ocasião de calamidade pública. (Incluído pela Lei nº 12.737, de 30-11-2012)

CAPÍTULO III. DOS CRIMES CONTRA A SAÚDE PÚBLICA

EPIDEMIA

ART. 267. Causar epidemia, mediante a propagação de germes patogênicos:

Pena – reclusão, de dez a quinze anos. (Redação dada pela Lei nº 8.072, de 25.7.1990)

§ 1º. Se do fato resulta morte, a pena é aplicada em dobro.

▸ *CF: art. 5º, XLIII.*

▸ *Lei nº 7.960, de 21-12-1989: art. 1º, III, i, dispõe sobre prisão temporária.*

▸ *Lei nº 8.072, de 25-07-1990, art. 1º, VII, dispõe sobre os crimes hediondos.*

§ 2º. No caso de culpa, a pena é de detenção, de um a dois anos, ou, se resulta morte, de dois a quatro anos.

▸ *CP: art. 285.*

INFRAÇÃO DE MEDIDA SANITÁRIA PREVENTIVA

ART. 268. Infringir determinação do poder público, destinada a impedir introdução ou propagação de doença contagiosa:

Pena – detenção, de um mês a um ano, e multa.

▸ *Lei nº 9.099, de 26-09-1995: arts. 61 e 89, dispõe sobre os Juizados Especiais Cíveis e Criminais.*

Parágrafo único. A pena é aumentada de um terço, se o agente é funcionário da saúde pública ou exerce a profissão de médico, farmacêutico, dentista ou enfermeiro.

OMISSÃO DE NOTIFICAÇÃO DE DOENÇA

ART. 269. Deixar o médico de denunciar à autoridade pública doença cuja notificação é compulsória:

Pena – detenção, de seis meses a dois anos, e multa.

▸ *Lei nº 9.099, de 26-09-1995: arts. 61 e 89, dispõe sobre os Juizados Especiais Cíveis e Criminais.*

ENVENENAMENTO DE ÁGUA POTÁVEL OU DE SUBSTÂNCIA ALIMENTÍCIA OU MEDICINAL

ART. 270. Envenenar água potável, de uso comum ou particular, ou substância alimentícia ou medicinal destinada a consumo:

Pena – reclusão, de dez a quinze anos. (Redação dada pela Lei nº 8.072, de 25.7.1990)

▸ *CF: art. 5º, XLIII.*

▸ *Lei nº 2.889 de 1º-10-1956, art. 1º, Lei de Crime de Genocídio.*

▸ *Lei nº 7.960 de 21-12-1986, art. 1º, III, i e j, Lei da Prisão Temporária.*

▸ *Lei nº 9.605 de 12-2-1998, art. 54, dispõe sobre as sanções penais e administrativas derivadas de condutas e atividades lesivas ao meio ambiente.*

§ 1º. Está sujeito à mesma pena quem entrega a consumo ou tem em depósito, para o fim de ser distribuída, a água ou a substância envenenada.

▸ *Lei nº 8.137, de 27-12-1990: art. 7º, define crimes contra a ordem tributária, econômica e contra as relações de consumo.*

▸ *Lei nº 9.605 de 12-2-1998, art. 56, dispõe sobre as sanções penais e administrativas derivadas de condutas e atividades lesivas ao meio ambiente.*

MODALIDADE CULPOSA

§ 2º. Se o crime é culposo:

Pena – detenção, de seis meses a dois anos.

CORRUPÇÃO OU POLUIÇÃO DE ÁGUA POTÁVEL

ART. 271. Corromper ou poluir água potável, de uso comum ou particular, tornando-a imprópria para consumo ou nociva à saúde:

Pena – reclusão, de dois a cinco anos.

▸ *Lei nº 9.605, de 12-02-1998: art. 54, dispõe sobre as sanções penais e administrativas derivadas de condutas e atividades lesivas ao meio ambiente.*

MODALIDADE CULPOSA

Parágrafo único. Se o crime é culposo:

Pena – detenção, de dois meses a um ano.

FALSIFICAÇÃO, CORRUPÇÃO, ADULTERAÇÃO OU ALTERAÇÃO DE SUBSTÂNCIA OU PRODUTOS ALIMENTÍCIOS

ART. 272. Corromper, adulterar, falsificar ou alterar substância ou produto alimentício destinado a consumo, tornando-o nociva à saúde ou reduzindo-lhe o valor nutritivo: (Redação dada pela Lei nº 9.677, de 2.7.1998)

Pena – reclusão, de 4 (quatro) a 8 (oito) anos, e multa. (Redação dada pela Lei nº 9.677, de 2.7.1998)

§ 1º.-A – Incorre nas penas deste artigo quem fabrica, vende, expõe à venda, importa, tem em depósito para vender ou, de qualquer forma, distribui ou entrega a consumo a substância alimentícia ou o produto falsificado, corrompido ou adulterado. (Incluído pela Lei nº 9.677, de 2.7.1998)

§ 1º. Está sujeito às mesmas penas quem pratica as ações previstas neste artigo em relação a bebidas, com ou sem teor alcoólico. (Redação dada pela Lei nº 9.677, de 2.7.1998)

MODALIDADE CULPOSA

§ 2º. Se o crime é culposo: (Redação dada pela Lei nº 9.677, de 2.7.1998)

Pena – detenção, de 1 (um) a 2 (dois) anos, e multa. (Redação dada pela Lei nº 9.677, de 2.7.1998)

FALSIFICAÇÃO, CORRUPÇÃO, ADULTERAÇÃO OU ALTERAÇÃO DE PRODUTO DESTINADO A FINS TERAPÊUTICOS OU MEDICINAIS

ART. 273. Falsificar, corromper, adulterar ou alterar produto destinado a fins terapêuticos ou medicinais: (Redação dada pela Lei nº 9.677, de 2.7.1998)

Pena – reclusão, de 10 (dez) a 15 (quinze) anos, e multa. (Redação dada pela Lei nº 9.677, de 2.7.1998)

▸ *Lei nº 8.072, de 25-07-1990: art. 1º, VII – B, define os crimes hediondos.*

§ 1º. Nas mesmas penas incorre quem importa, vende, expõe à venda, tem em depósito para vender ou, de qualquer forma, distribui ou entrega a consumo o produto falsificado, corrompido, adulterado ou alterado. (Redação dada pela Lei nº 9.677, de 2.7.1998)

▸ *Lei nº 8.072, de 25-07-1990: art. 1º, VII – B, define os crimes hediondos.*

§ 1º.-A – Incluem-se entre os produtos a que se refere este artigo os medicamentos, as matérias-primas, os insumos farmacêuticos, os cosméticos, os saneantes e os de uso em diagnóstico. (Incluído pela Lei nº 9.677, de 2.7.1998)

▸ *Lei nº 8.072, de 25-07-1990: art. 1º, VII – B, define os crimes hediondos.*

§ 1º.-B – Está sujeito às penas deste artigo quem pratica as ações previstas no § 1º em relação a produtos em qualquer das seguintes condições: (Incluído pela Lei nº 9.677, de 2.7.1998)

I – sem registro, quando exigível, no órgão de vigilância sanitária competente; (Incluído pela Lei nº 9.677, de 2.7.1998)

II – em desacordo com a fórmula constante do registro previsto no inciso anterior; (Incluído pela Lei nº 9.677, de 2.7.1998)

III – sem as características de identidade e qualidade admitidas para a sua comercialização; (Incluído pela Lei nº 9.677, de 2.7.1998)

IV – com redução de seu valor terapêutico ou de sua atividade; ((Incluído pela Lei nº 9.677, de 2.7.1998)

V – de procedência ignorada; (Incluído pela Lei nº 9.677, de 2.7.1998)

VI – adquiridos de estabelecimento sem licença da autoridade sanitária competente. (Incluído pela Lei nº 9.677, de 2.7.1998)

▸ *Lei nº 8.072, de 25-07-1990: art. 1º, VII – B, define os crimes hediondos.*

MODALIDADE CULPOSA

§ 2º. Se o crime é culposo:

Pena – detenção, de 1 (um) a 3 (três) anos, e multa. (Redação dada pela Lei nº 9.677, de 2.7.1998)

EMPREGO DE PROCESSO PROIBIDO OU DE SUBSTÂNCIA NÃO PERMITIDA

ART. 274. Empregar, no fabrico de produto destinado a consumo, revestimento, gaseificação artificial, matéria corante, substância aromática, anti-séptica, conservadora ou qualquer outra não expressamente permitida pela legislação sanitária:

Pena – reclusão, de 1 (um) a 5 (cinco) anos, e multa. (Redação dada pela Lei nº 9.677, de 2.7.1998)

▸ Lei nº 9.099, de 26-09-1995: art. 89, dispõe sobre os Juizados Especiais Cíveis e Criminais.

INVÓLUCRO OU RECIPIENTE COM FALSA INDICAÇÃO

ART. 275. Inculcar, em invólucro ou recipiente de produtos alimentícios, terapêuticos ou medicinais, a existência de substância que não se encontra em seu conteúdo ou que nele existe em quantidade menor que a mencionada: (Redação dada pela Lei nº 9.677, de 2.7.1998)

Pena – reclusão, de 1 (um) a 5 (cinco) anos, e multa. (Redação dada pela Lei nº 9.677, de 2.7.1998)

▸ Lei nº 8.137, de 27-12-1990: art. 7º, IV, d, define crimes contra a ordem tributária, econômica e contra as relações de consumo.

▸ Lei nº 9.099, de 26-09-1995: art. 89, dispõe sobre os Juizados Especiais Cíveis e Criminais.

▸ Lei nº 9.279, de 14-05-1996: art. 195, VIII, regula direitos e obrigações relativos à propriedade industrial.

PRODUTO OU SUBSTÂNCIA NAS CONDIÇÕES DOS DOIS ARTIGOS ANTERIORES

ART. 276. Vender, expor à venda, ter em depósito para vender ou, de qualquer forma, entregar a consumo produto nas condições dos arts. 274 e 275.

Pena – reclusão, de 1 (um) a 5 (cinco) anos, e multa. (Redação dada pela Lei nº 9.677, de 2.7.1998)

▸ Lei nº 9.099, de 26-09-1995: art. 89, dispõe sobre os Juizados Especiais Cíveis e Criminais.

▸ Lei nº 8.137, de 27-12-1990: art. 7º, IV, define crimes contra a ordem tributária, econômica e contra as relações de consumo.

SUBSTÂNCIA DESTINADA À FALSIFICAÇÃO

ART. 277. Vender, expor à venda, ter em depósito ou ceder substância destinada à falsificação de produtos alimentícios, terapêuticos ou medicinais: (Redação dada pela Lei nº 9.677, de 2.7.1998)

Pena – reclusão, de 1 (um) a 5 (cinco) anos, e multa. (Redação dada pela Lei nº 9.677, de 2.7.1998)

▸ Lei nº 9.099, de 26-09-1995: art. 89, dispõe sobre os Juizados Especiais Cíveis e Criminais.

OUTRAS SUBSTÂNCIAS NOCIVAS À SAÚDE PÚBLICA

ART. 278. Fabricar, vender, expor à venda, ter em depósito para vender ou, de qualquer forma, entregar a consumo coisa ou substância nociva à saúde, ainda que não destinada à alimentação ou a fim medicinal:

Pena – detenção, de um a três anos, e multa.

▸ Lei nº 9.099, de 26-09-1995: art. 89, dispõe sobre os Juizados Especiais Cíveis e Criminais.

MODALIDADE CULPOSA

Parágrafo único. Se o crime é culposo:

Pena – detenção, de dois meses a um ano.

SUBSTÂNCIA AVARIADA

ART. 279. (Revogado pela Lei nº 8.137, de 27.12.1990)

MEDICAMENTO EM DESACORDO COM RECEITA MÉDICA

ART. 280. Fornecer substância medicinal em desacordo com receita médica:

Pena – detenção, de um a três anos, ou multa.

▸ Lei nº 9.099, de 26-09-1995: art. 89, dispõe sobre os Juizados Especiais Cíveis e Criminais.

MODALIDADE CULPOSA

Parágrafo único. Se o crime é culposo:

Pena – detenção, de dois meses a um ano.

COMÉRCIO, POSSE OU USO DE ENTORPECENTE OU SUBSTÂNCIA QUE DETERMINE DEPENDÊNCIA FÍSICA OU PSÍQUICA

ART. 281. (Revogado pela Lei nº 6.368, 1976)

Exercício ilegal da medicina, arte dentária ou farmacêutica

ART. 282. Exercer, ainda que a título gratuito, a profissão de médico, dentista ou farmacêutico, sem autorização legal ou excedendo-lhe os limites:

Pena – detenção, de seis meses a dois anos.

▸ CF: art. 5º, XIII da CRFB.

▸ Dec. -Lei nº 3.688 de 3-10-1941, art. 47, Lei de Contravenções Penais.

▸ Lei nº 9.099, de 26-09-1995: arts. 61 e 89, dispõe sobre os Juizados Especiais Cíveis e Criminais.

Parágrafo único. Se o crime é praticado com o fim de lucro, aplica-se também multa.

CHARLATANISMO

ART. 283. Inculcar ou anunciar cura por meio secreto ou infalível:

Pena – detenção, de três meses a um ano, e multa.

▸ Lei nº 9.099, de 26-09-1995: arts. 61 e 89, dispõe sobre os Juizados Especiais Cíveis e Criminais.

CURANDEIRISMO

ART. 284. Exercer o curandeirismo:

I – prescrevendo, ministrando ou aplicando, habitualmente, qualquer substância;

II – usando gestos, palavras ou qualquer outro meio;

III – fazendo diagnósticos:

Pena – detenção, de seis meses a dois anos.

▸ Lei nº 9.099, de 26-09-1995: arts. 61 e 89, dispõe sobre os Juizados Especiais Cíveis e Criminais.

Parágrafo único. Se o crime é praticado mediante remuneração, o agente fica também sujeito à multa.

FORMA QUALIFICADA

ART. 285. Aplica-se o disposto no art. 258 aos crimes previstos neste Capítulo, salvo quanto ao definido no art. 267.

▸ Lei nº 7.960, de 21-12-1989: art. 1º, III, j, dispõe sobre prisão temporária.

▸ Lei nº 8.072, de 25-07-1990: arts. 1º e 9º, define os crimes hediondos.

TÍTULO IX. DOS CRIMES CONTRA A PAZ PÚBLICA

INCITAÇÃO AO CRIME

ART. 286. Incitar, publicamente, a prática de crime:

Pena – detenção, de três a seis meses, ou multa.

- Lei nº 2.889 de 1º-10-1956, art. 3º, Lei do Crime do Genocídio.
- Lei nº 7.170 de 14-12-1983, art. 23, Lei da Segurança Nacional.
- Lei nº 7. 716 de 5-1-1989, art. 20, Lei do Racismo.
- Lei nº 9.099, de 26-09-1995: arts. 61 e 89, dispõe sobre os Juizados Especiais Cíveis e Criminais.
- Lei nº 11.343, de 23-08-2006: art. 33, §§ 2º e 3º, Lei de Entorpecentes.

APOLOGIA DE CRIME OU CRIMINOSO

ART. 287. Fazer, publicamente, apologia de fato criminoso ou de autor de crime:

Pena – detenção, de três a seis meses, ou multa.

- Lei nº 9.099, de 26-09-1995: arts. 61 e 89, dispõe sobre os Juizados Especiais Cíveis e Criminais.
- Lei nº 7.170 de 14-10-1983, art. 22, Lei da Segurança Nacional.

ASSOCIAÇÃO CRIMINOSA

ART. 288. Associarem-se 3 (três) ou mais pessoas, para o fim específico de cometer crimes: (Redação dada pela Lei nº 12.850, de 02-08-2013)

Pena – reclusão, de 1 (um) a 3 (três) anos.

- CP: art. 159, § 1º.
- Lei nº 2.889, de 01-10-1956: art. 2º, define e pune o crime de genocídio.
- Lei nº 7.170 de 14-10-1983, art. 14 e 24, Lei da Segurança Nacional.
- Lei nº 7.960, de 21-12-1989: art. 1º, III, I dispõe sobre prisão temporária.
- Lei nº 7.492, de 16-06-1986: art. 25, § 2º, define os crimes contra o sistema financeiro nacional.
- Lei nº 8.072, de 25-07-1990: art. 8º, par ún., dispõe sobre os crimes hediondos.
- Lei nº 8.137, de 27-12-1990: art. 16, par. ún, define crimes contra a ordem tributária, econômica e contra as relações de consumo.
- Lei nº 9.099, de 26-09-1995: art. 89, dispõe sobre os Juizados Especiais Cíveis e Criminais.
- Lei nº 11.343, de 23-08-2006: art. 35, Lei de Entorpecentes.
- Lei nº 12.850 de 2-8-2013, Lei do Crime Organizado.
- Lei nº 13.260, de 16-03-2016, art. 3º, Regulamenta o disposto no inciso XLIII do art. 5º da Constituição Federal, disciplinando o terrorismo

Parágrafo único. A pena aumenta-se até a metade se a associação é armada ou se houver a participação de criança ou adolescente. (Redação dada pela Lei nº 12.850, de 02-08-2013)

CONSTITUIÇÃO DE MILÍCIA PRIVADA

ART. 288-A. Constituir, organizar, integrar, manter ou custear organização paramilitar, milícia particular, grupo ou esquadrão com a finalidade de praticar qualquer dos crimes previstos neste Código: (Incluído dada pela Lei nº 12.720, de 2012)

- Lei nº 13.260, de 16-03-2016, art. 3º, Regulamenta o disposto no inciso XLIII do art. 5º da Constituição Federal, disciplinando o terrorismo.

Pena – reclusão, de 4 (quatro) a 8 (oito) anos. (Incluído dada pela Lei nº 12.720, de 27-092012)

TÍTULO X. DOS CRIMES CONTRA A FÉ PÚBLICA

- Súmulas nº17, 48, 62, 73, 104, 107, 165, 200 do STJ.

CAPÍTULO I. DA MOEDA FALSA

MOEDA FALSA

ART. 289. Falsificar, fabricando-a ou alterando-a, moeda metálica ou papel-moeda de curso legal no país ou no estrangeiro:

- Súmula nº 73 do STJ.
- Dec. -Lei nº 3.688 de 3-10-1941, art. 43 e 44, Lei de Contravenções Penais.

Pena – reclusão, de três a doze anos, e multa.

§ 1º. Nas mesmas penas incorre quem, por conta própria ou alheia, importa ou exporta, adquire, vende, troca, cede, empresta, guarda ou introduz na circulação moeda falsa.

§ 2º. Quem, tendo recebido de boa-fé, como verdadeira, moeda falsa ou alterada, a restitui à circulação, depois de conhecer a falsidade, é punido com detenção, de seis meses a dois anos, e multa.

§ 3º. É punido com reclusão, de três a quinze anos, e multa, o funcionário público ou diretor, gerente, ou fiscal de banco de emissão que fabrica, emite ou autoriza a fabricação ou emissão:

I – de moeda com título ou peso inferior ao determinado em lei;

II – de papel-moeda em quantidade superior à autorizada.

§ 4º. Nas mesmas penas incorre quem desvia e faz circular moeda, cuja circulação não estava ainda autorizada.

CRIMES ASSIMILADOS AO DE MOEDA FALSA

ART. 290. Formar cédula, nota ou bilhete representativo de moeda com fragmentos de cédulas, notas ou bilhetes verdadeiros; suprimir, em nota, cédula ou bilhete recolhidos, para o fim de restituí-los à circulação, sinal indicativo de sua inutilização; restituir à circulação cédula, nota ou bilhete em tais condições, ou já recolhidos para o fim de inutilização:

Pena – reclusão, de dois a oito anos, e multa.

Parágrafo único. O máximo da reclusão é elevado a doze anos e multa, se o crime é cometido por funcionário que trabalha na repartição onde o dinheiro se achava recolhido, ou nela tem fácil ingresso, em razão do cargo. (Lei nº 7.209, de 11.7.1984)

PETRECHOS PARA FALSIFICAÇÃO DE MOEDA

ART. 291. Fabricar, adquirir, fornecer, a título oneroso ou gratuito, possuir ou guardar maquinismo, aparelho, instrumento ou qualquer objeto especialmente destinado à falsificação de moeda:

Pena – reclusão, de dois a seis anos, e multa.

EMISSÃO DE TÍTULO AO PORTADOR SEM PERMISSÃO LEGAL

ART. 292. Emitir, sem permissão legal, nota, bilhete, ficha, vale ou título que contenha promessa de pagamento em dinheiro ao portador ou a que falte indicação do nome da pessoa a quem deva ser pago:

Pena – detenção, de um a seis meses, ou multa.

Parágrafo único. Quem recebe ou utiliza como dinheiro qualquer dos documentos referidos neste artigo incorre na pena de detenção, de quinze dias a três meses, ou multa.

CAPÍTULO II. DA FALSIDADE DE TÍTULOS E OUTROS PAPÉIS PÚBLICOS

FALSIFICAÇÃO DE PAPÉIS PÚBLICOS

ART. 293. Falsificar, fabricando-os ou alterando-os:

I – selo destinado a controle tributário, papel selado ou qualquer papel de emissão legal destinado à arrecadação de tributo; (Redação dada pela Lei nº 11.035, de 2004)

▸ *Lei nº 6.538 de 22-6-1978, art. 36. dispõe sobre os Serviços Postais.*

II – papel de crédito público que não seja moeda de curso legal;

▸ *Lei nº 6.538 de 22-6-1978, art. 36. dispõe sobre os Serviços Postais.*

III – vale postal;

▸ *Lei nº 6.538, de 22-06-1978: art. 36 e par. ún. dispõe sobre os Serviços Postais.*

IV – cautela de penhor, caderneta de depósito de caixa econômica ou de outro estabelecimento mantido por entidade de direito público;

V – talão, recibo, guia, alvará ou qualquer outro documento relativo a arrecadação de rendas públicas ou a depósito ou caução por que o poder público seja responsável;

VI – bilhete, passe ou conhecimento de empresa de transporte administrada pela União, por Estado ou por Município:

Pena – reclusão, de dois a oito anos, e multa.

§ 1º. Incorre na mesma pena quem: (Redação dada pela Lei nº 11.035, de 2004)

▸ *Lei nº 6.538 de 22-6-1978, art. 36. dispõe sobre os Serviços Postais.*

I – usa, guarda, possui ou detém qualquer dos papéis falsificados a que se refere este artigo; (Incluído pela Lei nº 11.035, de 2004)

II – importa, exporta, adquire, vende, troca, cede, empresta, guarda, fornece ou restitui à circulação selo falsificado destinado a controle tributário; (Incluído pela Lei nº 11.035, de 2004)

III – importa, exporta, adquire, vende, expõe à venda, mantém em depósito, guarda, troca, cede, empresta, fornece, porta ou, de qualquer forma, utiliza em proveito próprio ou alheio, no exercício de atividade comercial ou industrial, produto ou mercadoria: (Incluído pela Lei nº 11.035, de 2004)

a) em que tenha sido aplicado selo que se destine a controle tributário, falsificado; (Incluído pela Lei nº 11.035, de 2004)

b) sem selo oficial, nos casos em que a legislação tributária determina a obrigatoriedade de sua aplicação. (Incluído pela Lei nº 11.035, de 2004)

▸ *Lei nº 6.538 de 22-6-1978, art. 36. dispõe sobre os Serviços Postais.*

§ 2º. Suprimir, em qualquer desses papéis, quando legítimos, com o fim de torná-los novamente utilizáveis, carimbo ou sinal indicativo de sua inutilização:

Pena – reclusão, de um a quatro anos, e multa.

▸ *CP: art. 293, § 4º.*

▸ *Lei nº 6.538, de 22-06-1978: art. 37, dispõe sobre os Serviços Postais.*

§ 3º. Incorre na mesma pena quem usa, depois de alterado, qualquer dos papéis a que se refere o parágrafo anterior.

§ 4º. Quem usa ou restitui à circulação, embora recibo de boa-fé, qualquer dos papéis falsificados ou alterados, a que se referem este artigo e o seu § 2º, depois de conhecer a falsidade ou alteração, incorre na pena de detenção, de seis meses a dois anos, ou multa.

§ 5º. Equipara-se a atividade comercial, para os fins do inciso III do § 1º, qualquer forma de comércio irregular ou clandestino, inclusive o exercido em vias, praças ou outros logradouros públicos e em residências. (Incluído pela Lei nº 11.035, de 2004)

PETRECHOS DE FALSIFICAÇÃO

ART. 294. Fabricar, adquirir, fornecer, possuir ou guardar objeto especialmente destinado à falsificação de qualquer dos papéis referidos no artigo anterior:

Pena – reclusão, de um a três anos, e multa.

▸ *Lei nº 6.538, de 22-06-1978: art. 38, dispõe sobre os Serviços Postais.*

▸ *Lei nº 9.099, de 26-09-1995: art. 89, dispõe sobre os Juizados Especiais Cíveis e Criminais.*

ART. 295. Se o agente é funcionário público, e comete o crime prevalecendo-se do cargo, aumenta-se a pena de sexta parte.

CAPÍTULO III. DA FALSIDADE DOCUMENTAL

▸ *Súmulas nº 17, 104 e 200 do STJ.*

▸ *CPP: art. 145.*

▸ *CE: art. 350.*

FALSIFICAÇÃO DO SELO OU SINAL PÚBLICO

ART. 296. Falsificar, fabricando-os ou alterando-os:

I – selo público destinado a autenticar atos oficiais da União, de Estado ou de Município;

II – selo ou sinal atribuído por lei a entidade de direito público, ou a autoridade, ou sinal público de tabelião:

Pena – reclusão, de dois a seis anos, e multa.

▸ *Lei nº 6.538, de 22-06-1978: art. 38, dispõe sobre os Serviços Postais.*

§ 1º. Incorre nas mesmas penas:

I – quem faz uso do selo ou sinal falsificado;

II – quem utiliza indevidamente o selo ou sinal verdadeiro em prejuízo de outrem ou em proveito próprio ou alheio.

III – quem altera, falsifica ou faz uso indevido de marcas, logotipos, siglas ou quaisquer outros símbolos utilizados ou identificadores de órgãos ou entidades da Administração Pública. (Incluído pela Lei nº 9.983, de 2000)

§ 2º. Se o agente é funcionário público, e comete o crime prevalecendo-se do cargo, aumenta-se a pena de sexta parte.

FALSIFICAÇÃO DE DOCUMENTO PÚBLICO

ART. 297. Falsificar, no todo ou em parte, documento público, ou alterar documento público verdadeiro:

Pena – reclusão, de dois a seis anos, e multa.

▸ *Súmula Vinculante 36.*

▸ *Súmula 522 do STJ.*

▸ *Lei 13.254, de 13-01-2016, art. 5º, § 1º, IV e § 2º, Regime Especial de Regularização Tributária.*

▸ *Lei nº 4.737 de 15 de julho de 1965, art. 348, Código Eleitoral.*

§ 1º. Se o agente é funcionário público, e comete o crime prevalecendo-se do cargo, aumenta-se a pena de sexta parte.

§ 2º. Para os efeitos penais, equiparam-se a documento público o emanado de entidade paraestatal, o título ao portador ou transmissível por endosso, as ações de sociedade comercial, os livros mercantis e o testamento particular.

▸ *CP: art. 304.*

§ 3º. Nas mesmas penas incorre quem insere ou faz inserir: (Incluído pela Lei nº 9.983, de 2000)

I – na folha de pagamento ou em documento de informações que seja destinado a fazer prova perante a previdência social, pessoa que não possua a qualidade de segurado obrigatório; (Incluído pela Lei nº 9.983, de 2000)

II – na Carteira de Trabalho e Previdência Social do empregado ou em documento que deva produzir efeito perante a previdência social, declaração falsa ou diversa da que deveria ter sido escrita; (Incluído pela Lei nº 9.983, de 2000)

III – em documento contábil ou em qualquer outro documento relacionado com as obrigações da empresa perante a previdência social, declaração falsa ou diversa da que deveria ter constado. (Incluído pela Lei nº 9.983, de 2000)

§ 4º. Nas mesmas penas incorre quem omite, nos documentos mencionados no § 3º, nome do segurado e seus dados pessoais, a remuneração, a vigência do contrato de trabalho ou de prestação de serviços. (Incluído pela Lei nº 9.983, de 2000)

FALSIFICAÇÃO DE DOCUMENTO PARTICULAR

ART. 298. Falsificar, no todo ou em parte, documento particular ou alterar documento particular verdadeiro:

Pena – reclusão, de um a cinco anos, e multa.

▸ *Lei nº 4.737 de 15 de julho de 1965, art. 349, Código Eleitoral.*

▸ *Lei nº 8.137 de 27-12-1990, art. 1º, III e IV, define crimes contra a ordem tributária, econômica e contra as relações de consumo.*

▸ *Lei nº 9.099, de 26-09-1995: art. 89, dispõe sobre os Juizados Especiais Cíveis e Criminais.*

▸ *Lei 13.254, de 13-01-2016, art. 5º, § 1º, IV e § 2º, Regime Especial de Regularização Tributária.*

▸ *Dec.-lei nº 6.259, de 10-02-1944: art. 54, dispõe sobre o serviço de loterias.*

FALSIFICAÇÃO DE CARTÃO

Parágrafo único. Para fins do disposto no *caput*, equipara-se a documento particular o cartão de crédito ou débito. (Incluído pela Lei nº 12.737, de 30-11-2012)

FALSIDADE IDEOLÓGICA

ART. 299. Omitir, em documento público ou particular, declaração que dele devia constar, ou nele inserir ou fazer inserir declaração falsa ou diversa da que devia ser escrita, com o fim de prejudicar direito, criar obrigação ou alterar a verdade sobre fato juridicamente relevante:

Pena – reclusão, de um a cinco anos, e multa, se o documento é público, e reclusão de um a três anos, e multa, se o documento é particular.

▸ *Súmula 522 do STJ.*

▸ *Lei nº 4.737 de 15 de julho de 1965, art. 315, Código Eleitoral.*

▸ *Lei nº 7.210, de 11-07-1984, art. 130, Lei de Execução Penal.*

▸ *Lei nº7.492 de 16-6-1986, art. 9º e 10, Lei dos Crimes contra o Sistema Financeiro Nacional.*

▸ *Lei nº 9.099, de 26-09-1995: art. 89, dispõe sobre os Juizados Especiais Cíveis e Criminais.*

▸ *Lei nº 11.101 de 9-2-2005, art. 168, caput e parágrafo 1º, Lei de Recuperação de Empresas e Falências.*

▸ *Lei 13.254, de 13-01-2016, art. 5º, § 1º, IV e § 2º, Regime Especial de Regularização Tributária.*

▸ *Lei nº 13.445, de 24-05-2017: art. 45, VIII, Lei de Migração.*

Parágrafo único. Se o agente é funcionário público, e comete o crime prevalecendo-se do cargo, ou se a falsificação ou alteração é de assentamento de registro civil, aumenta-se a pena de sexta parte.

▸ *CP: art. 304.*

▸ *Lei nº 4.737 de 15 de julho de 1965, art. 350, Código Eleitoral.*

FALSO RECONHECIMENTO DE FIRMA OU LETRA

ART. 300. Reconhecer, como verdadeira, no exercício de função pública, firma ou letra que o não seja:

Pena – reclusão, de um a cinco anos, e multa, se o documento é público; e de um a três anos, e multa, se o documento é particular.

▸ *CP: art. 304.*

▸ *Lei nº 9.099, de 26-09-1995: art. 89, dispõe sobre os Juizados Especiais Cíveis e Criminais.*

▸ *Lei nº 4.737 de 15 de julho de 1965, art. 352, Código Eleitoral.*

CERTIDÃO OU ATESTADO IDEOLOGICAMENTE FALSO

ART. 301. Atestar ou certificar falsamente, em razão de função pública, fato ou circunstância que habilite alguém a obter cargo público, isenção de ônus ou de serviço de caráter público, ou qualquer outra vantagem:

Pena – detenção, de dois meses a um ano.

▸ *Lei nº 9.099, de 26-09-1995: arts. 61 e 89, dispõe sobre os Juizados Especiais Cíveis e Criminais.*

FALSIDADE MATERIAL DE ATESTADO OU CERTIDÃO

§ 1º. Falsificar, no todo ou em parte, atestado ou certidão, ou alterar o teor de certidão ou de atestado verdadeiro, para prova de fato ou circunstância que habilite alguém a obter cargo público, isenção de ônus ou de serviço de caráter público, ou qualquer outra vantagem:

Pena – detenção, de três meses a dois anos.

▸ *CP: art. 304.*

§ 2º. Se o crime é praticado com o fim de lucro, aplica-se, além da pena privativa de liberdade, a de multa.

FALSIDADE DE ATESTADO MÉDICO

ART. 302. Dar o médico, no exercício da sua profissão, atestado falso:

Pena – detenção, de um mês a um ano.

▸ *CP: art. 304.*

▸ *Lei nº 9.099, de 26-09-1995: arts. 61 e 89, dispõe sobre os Juizados Especiais Cíveis e Criminais.*

▸ *Dec. -Lei nº 3.688 de 3-10-1941, art. 47, Lei de Contravenções Penais.*

Parágrafo único. Se o crime é cometido com o fim de lucro, aplica-se também multa.

REPRODUÇÃO OU ADULTERAÇÃO DE SELO OU PEÇA FILATÉLICA

ART. 303. Reproduzir ou alterar selo ou peça filatélica que tenha valor para coleção, salvo quando a reprodução ou a alteração está visivelmente anotada na face ou no verso do selo ou peça:

Pena – detenção, de um a três anos, e multa.

▸ *Lei nº 6.538, de 22-06 – 1978: art. 39, dispõe sobre os Serviços Postais.*

▸ *Lei nº 9.099, de 26-09-1995: art. 89, dispõe sobre os Juizados Especiais Cíveis e Criminais.*

Parágrafo único. Na mesma pena incorre quem, para fins de comércio, faz uso do selo ou peça filatélica.

▸ *Lei nº 6.538, de 22-06 – 1978: art. 39, dispõe sobre os Serviços Postais.*

USO DE DOCUMENTO FALSO

ART. 304. Fazer uso de qualquer dos papéis falsificados ou alterados, a que se referem os arts. 297 a 302:

Pena – a cominada à falsificação ou à alteração.

▸ *Súmulas nº 200, 522 e 546 do STJ.*

▸ *Lei 13.254, de 13-01-2016, art. 5º, § 1º, IV e § 2º, Regime Especial de Regularização Tributária.*

▸ *Lei nº 7.492 de 16-6-1986, art. 4, Lei dos Crimes contra o Sistema Financeiro Nacional.*

SUPRESSÃO DE DOCUMENTO

ART. 305. Destruir, suprimir ou ocultar, em benefício próprio ou de outrem, ou em prejuízo alheio, documento público ou particular verdadeiro, de que não podia dispor:

Pena – reclusão, de dois a seis anos, e multa, se o documento é público, e reclusão, de um a cinco anos, e multa, se o documento é particular.

▸ *Lei nº 11.101 de 9-2-2005, art. 168, caput e parágrafo 1º, Lei de Recuperação de Empresas e Falências.*

CAPÍTULO IV.
DE OUTRAS FALSIDADES

FALSIFICAÇÃO DO SINAL EMPREGADO NO CONTRASTE DE METAL PRECIOSO OU NA FISCALIZAÇÃO ALFANDEGÁRIA, OU PARA OUTROS FINS

ART. 306. Falsificar, fabricando-o ou alterando-o, marca ou sinal empregado pelo poder público no contraste de metal precioso ou na fiscalização alfandegária, ou usar marca ou sinal dessa natureza, falsificado por outrem:

Pena – reclusão, de dois a seis anos, e multa.

Parágrafo único. Se a marca ou sinal falsificado é o que usa a autoridade pública para o fim de fiscalização sanitária, ou para autenticar ou encerrar determinados objetos, ou comprovar o cumprimento de formalidade legal:

Pena – reclusão ou detenção, de um a três anos, e multa.

FALSA IDENTIDADE

ART. 307. Atribuir-se ou atribuir a terceiro falsa identidade para obter vantagem, em proveito próprio ou alheio, ou para causar dano a outrem:

Pena – detenção, de três meses a um ano, ou multa, se o fato não constitui elemento de crime mais grave.

▸ *Súmula nº 522 do STJ.*

▸ *Lei nº 9.099, de 26-09-1995: arts. 61 e 89, dispõe sobre os Juizados Especiais Cíveis e Criminais.*

ART. 308. Usar, como próprio, passaporte, título de eleitor, caderneta de reservista ou qualquer documento de identidade alheia ou ceder a outrem, para que dele se utilize, documento dessa natureza, próprio ou de terceiro:

Pena – detenção, de quatro meses a dois anos, e multa, se o fato não constitui elemento de crime mais grave.

▸ *Súmulas nº 200 e 522 do STJ.*

▸ *Lei nº 9.099, de 26-09-1995: arts. 61 e 89, dispõe sobre os Juizados Especiais Cíveis e Criminais.*

▸ *Dec. -Lei nº 3.688 de 3-10-1941, art. 45 e 46 Lei de Contravenções Penais.*

FRAUDE DE LEI SOBRE ESTRANGEIRO

ART. 309. Usar o estrangeiro, para entrar ou permanecer no território nacional, nome que não é o seu:

Pena – detenção, de um a três anos, e multa.

▸ *Súmula nº 522 do STJ.*

▸ *Lei nº 9.099, de 26-09-1995: art. 89, dispõe sobre os Juizados Especiais Cíveis e Criminais.*

▸ *Lei nº 13.445, de 24-05-2017: art. 45, VIII, Lei de Migração.*

Parágrafo único. Atribuir a estrangeiro falsa qualidade para promover-lhe a entrada em território nacional: (Incluído pela Lei nº 9.426, de 1996)

Pena – reclusão, de um a quatro anos, e multa. (Incluído pela Lei nº 9.426, de 1996)

ART. 310. Prestar-se a figurar como proprietário ou possuidor de ação, título ou valor pertencente a estrangeiro, nos casos em que a este é vedada por lei a propriedade ou a posse de tais bens: (Redação dada pela Lei nº 9.426, de 1996)

Pena – detenção, de seis meses a três anos, e multa. (Redação dada pela Lei nº 9.426, de 1996)

▸ *Lei nº 9.099, de 26-09-1995: art. 89, dispõe sobre os Juizados Especiais Cíveis e Criminais.*

ADULTERAÇÃO DE SINAL IDENTIFICADOR DE VEÍCULO AUTOMOTOR

ART. 311. Adulterar ou remarcar número de chassi ou qualquer sinal identificador de veículo automotor, de seu componente ou equipamento: (Redação dada pela Lei nº 9.426, de 1996)

▸ *Lei 13.111, de 25-03-2015. Obrigações dos empresários que comercializam veículos automotores.*

Pena – reclusão, de três a seis anos, e multa. (Redação dada pela Lei nº 9.426, de 1996)

§ 1º. Se o agente comete o crime no exercício da função pública ou em razão dela, a pena é aumentada de um terço. (Incluído pela Lei nº 9.426, de 1996)

§ 2º. Incorre nas mesmas penas o funcionário público que contribui para o licenciamento ou registro do veículo remarcado ou adulterado, fornecendo indevidamente material ou informação oficial. (Incluído pela Lei nº 9.426, de 1996)

CAPÍTULO V. DAS FRAUDES EM CERTAMES DE INTERESSE PÚBLICO (Incluído pela Lei nº 12.550, de 2011)

DAS FRAUDES EM CERTAMES DE INTERESSE PÚBLICO

ART. 311-A. Utilizar ou divulgar, indevidamente, com o fim de beneficiar a si ou a outrem, ou de comprometer a credibilidade do certame, conteúdo sigiloso de: (Incluído pela Lei nº 12.550, de 2011)

I – concurso público; (Incluído pela Lei nº 12.550, de 2011)

II – avaliação ou exame públicos; (Incluído pela Lei nº 12.550, de 2011)

III – processo seletivo para ingresso no ensino superior; ou (Incluído pela Lei nº 12.550, de 2011)

IV – exame ou processo seletivo previstos em lei: (Incluído pela Lei nº 12.550, de 2011)

Pena – reclusão, de 1 (um) a 4 (quatro) anos, e multa. (Incluído pela Lei nº 12.550, de 2011)

§ 1º. Nas mesmas penas incorre quem permite ou facilita, por qualquer meio, o acesso de pessoas não autorizadas às informações mencionadas no *caput*. (Incluído pela Lei nº 12.550, de 2011)

§ 2º. Se da ação ou omissão resulta dano à administração pública: (Incluído pela Lei nº 12.550, de 2011)

Pena – reclusão, de 2 (dois) a 6 (seis) anos, e multa. (Incluído pela Lei nº 12.550, de 2011)

§ 3º. Aumenta-se a pena de 1/3 (um terço) se o fato é cometido por funcionário público. (Incluído pela Lei nº 12.550, de 2011)

TÍTULO XI. DOS CRIMES CONTRA A ADMINISTRAÇÃO PÚBLICA

▸ *Súmula 599 do STJ.*

▸ *CPP: arts. 513 a 518.*

▸ *Lei nº 6.766, de 19-12-1979: arts. 50 e s., dispõe sobre o Parcelamento do Solo Urbano.*

▸ *Lei nº 9.613, de 03-03-1998: art. 1º, V, VIII, dispõe sobre os crimes de "lavagem" ou ocultação de bens, direitos e valores.*

CAPÍTULO I. DOS CRIMES PRATICADOS POR FUNCIONÁRIO PÚBLICO CONTRA A ADMINISTRAÇÃO EM GERAL

▸ *CPP: arts. 513 a 518.*

▸ *Lei nº 8.112, de 11-12-1990, (Vide Lei nº 12.702, de 2012) (Vide Lei nº 12.855, de 2013) (Vide Lei nº 13.135, de 2015) Dispõe sobre o regime jurídico dos servidores públicos civis da União, das autarquias e das fundações públicas federais.*

▸ *Lei nº 8.137, de 27-12-1990: art. 3º, define crimes contra a ordem tributária, econômica e contra as relações de consumo.*

▸ *Lei nº 8.429, de 02-06-1992, dispõe sobre as sanções aplicáveis aos agentes públicos nos casos de enriquecimento ilícito no exercício de mandato, cargo, emprego ou função na administração pública direta, indireta ou fundacional.*

PECULATO

ART. 312. Apropriar-se o funcionário público de dinheiro, valor ou qualquer outro bem móvel, público ou particular, de que tem a posse em razão do cargo, ou desviá-lo, em proveito próprio ou alheio:

▸ *CP: art. 30.*

▸ *CPP: arts. 28-A, 513 a 518.*

▸ *Dec.-lei nº 201 de 27-2-1967, art. 1º, I, lei de Responsabilidade dos Prefeitos e Vereadores.*

▸ *Lei nº 7.492 de 16-6-1986, art. 5º, Lei dos Crimes contra o Sistema Financeiro Nacional.*

▸ *Lei nº 11.101 de 9-2-2005, art. 173, Lei de Recuperação de Empresas e Falências*

Pena – reclusão, de dois a doze anos, e multa.

§ 1º. Aplica-se a mesma pena, se o funcionário público, embora não tendo a posse do dinheiro, valor ou bem, o subtrai, ou concorre para que seja subtraído, em proveito próprio ou alheio, valendo-se de facilidade que lhe proporciona a qualidade de funcionário.

PECULATO CULPOSO

§ 2º. Se o funcionário concorre culposamente para o crime de outrem:

Pena – detenção, de três meses a um ano.

- *CPP: arts. 28-A, 513 a 518.*
- *Lei nº 9.099, de 26-09-1995: arts. 61, 76 e 89, dispõe sobre os Juizados Especiais Cíveis e Criminais.*

§ 3º. No caso do parágrafo anterior, a reparação do dano, se precede à sentença irrecorrível, extingue a punibilidade; se lhe é posterior, reduz de metade a pena imposta.

PECULATO MEDIANTE ERRO DE OUTREM

ART. 313. Apropriar-se de dinheiro ou qualquer utilidade que, no exercício do cargo, recebeu por erro de outrem:

Pena – reclusão, de um a quatro anos, e multa.

- *CPP: arts. 28-A, 513 a 518.*
- *Lei nº 9.099, de 26-09-1995: art. 89, dispõe sobre os Juizados Especiais Cíveis e Criminais.*

INSERÇÃO DE DADOS FALSOS EM SISTEMA DE INFORMAÇÕES

ART. 313-A. Inserir ou facilitar, o funcionário autorizado, a inserção de dados falsos, alterar ou excluir indevidamente dados corretos nos sistemas informatizados ou bancos de dados da Administração Pública com o fim de obter vantagem indevida para si ou para outrem ou para causar dano: (Incluído pela Lei nº 9.983, de 2000)

Pena – reclusão, de 2 (dois) a 12 (doze) anos, e multa. (Incluído pela Lei nº 9.983, de 2000)

- *CPP: arts. 28-A, 513 a 518.*

MODIFICAÇÃO OU ALTERAÇÃO NÃO AUTORIZADA DE SISTEMA DE INFORMAÇÕES

ART. 313-B. Modificar ou alterar, o funcionário, sistema de informações ou programa de informática sem autorização ou solicitação de autoridade competente: (Incluído pela Lei nº 9.983, de 2000)

Pena – detenção, de 3 (três) meses a 2 (dois) anos, e multa. (Incluído pela Lei nº 9.983, de 2000)

- *CPP: arts. 28-A e 513 a 518.*
- *Lei nº 9.099, de 26-09-1995: arts. 61, 76 e 89, dispõe sobre os Juizados Especiais Cíveis e Criminais.*

Parágrafo único. As penas são aumentadas de um terço até a metade se da modificação ou alteração resulta dano para a Administração Pública ou para o administrado. (Incluído pela Lei nº 9.983, de 2000)

EXTRAVIO, SONEGAÇÃO OU INUTILIZAÇÃO DE LIVRO OU DOCUMENTO

ART. 314. Extraviar livro oficial ou qualquer documento, de que tem a guarda em razão do cargo; sonegá-lo ou inutilizá-lo, total ou parcialmente:

Pena – reclusão, de um a quatro anos, se o fato não constitui crime mais grave.

- *CPP: arts. 28-A, 513 a 518.*
- *Lei nº 8.137, de 27-12-1990: art. 3º define crimes contra a ordem tributária, econômica e relações de consumo.*
- *Lei nº 9.099, de 26-09-1995: art. 89, dispõe sobre os Juizados Especiais Cíveis e Criminais.*

EMPREGO IRREGULAR DE VERBAS OU RENDAS PÚBLICAS

ART. 315. Dar às verbas ou rendas públicas aplicação diversa da estabelecida em lei:

Pena – detenção, de um a três meses, ou multa.

- *CPP: arts. 28-A e 513 a 518.*
- *Lei nº 9.099, de 26-09-1995: arts. 61, 76 e 89, dispõe sobre os Juizados Especiais Cíveis e Criminais.*
- *Dec.-lei nº 201, de 27-02-1967: art. 1º, II, dispõe sobre a responsabilidade dos Prefeitos e Vereadores.*

CONCUSSÃO

ART. 316. Exigir, para si ou para outrem, direta ou indiretamente, ainda que fora da função ou antes de assumi-la, mas em razão dela, vantagem indevida:

Pena – reclusão, de 2 (dois) a 12 (doze) anos, e multa. (Redação dada pela Lei nº 13.964, de 24.12.2019)

- *Redação anterior: Pena - reclusão, de dois a oito anos, e multa.*
- *CF: art. 5º., XL.*
- *CP: art. 2º.*
- *CPP: arts. 28-A, 254, 445, 513 a 518.*
- *Lei nº 8.137, 27-12-1990, art. 3º, II, Define crimes contra a ordem tributária, econômica e relações de consumo.*
- *Lei nº 9.613, de 03-03-1998: art. 4º, dispõe sobre os crimes de "lavagem" ou ocultação de bens, direitos e valores.*

EXCESSO DE EXAÇÃO

§ 1º. Se o funcionário exige tributo ou contribuição social que sabe ou deveria saber indevido, ou, quando devido, emprega na cobrança meio vexatório ou gravoso, que a lei não autoriza: (Redação dada pela Lei nº 8.137, de 27.12.1990)

Pena – reclusão, de 3 (três) a 8 (oito) anos, e multa. (Redação dada pela Lei nº 8.137, de 27.12.1990)

- *CPP: arts. 28-A, 513 a 518.*
- *Lei nº 4.898 de 9-12-1965, arts. 4º., f, Lei de Abuso de Autoridade (Revogada pela Lei nº 13.869, de 5.9.2019)*
- *Lei nº 8.137 de 27-12-1990, art. 3º, II, define crimes contra a ordem tributária, econômica e contra as relações de consumo.*
- *Lei nº 13.869, de 5-9-2019, art. 33, parágrafo único, Lei de Abuso de Autoridade.*

§ 2º. Se o funcionário desvia, em proveito próprio ou de outrem, o que recebeu indevidamente para recolher aos cofres públicos:

Pena – reclusão, de dois a doze anos, e multa.

- *CPP: arts. 28-A e 513 a 518.*

CORRUPÇÃO PASSIVA

ART. 317. Solicitar ou receber, para si ou para outrem, direta ou indiretamente, ainda que fora da função ou antes de assumi-la, mas em razão dela, vantagem indevida, ou aceitar promessa de tal vantagem:

Pena – reclusão, de 2 (dois) a 12 (doze) anos, e multa. (Redação dada pela Lei nº 10.763, de 12.11.2003)

- *CPP: arts. 28-A, 445 e 513 a 518.*
- *CE: art. 299.*
- *Lei nº 8.137, de 27-12-1990: art. 3º, II, define crimes contra a ordem tributária, econômica e contra as relações de consumo.*

§ 1º. A pena é aumentada de um terço, se, em consequência da vantagem ou promessa, o funcionário retarda ou deixa de praticar qualquer ato de ofício ou o pratica infringindo dever funcional.

§ 2º. Se o funcionário pratica, deixa de praticar ou retarda ato de ofício, com infração de dever funcional, cedendo a pedido ou influência de outrem:

Pena – detenção, de três meses a um ano, ou multa.

- *CPP: arts. 28-A e 513 a 518.*
- *Lei nº 9.099, de 26-09-1995: arts. 61, 76 e 89, dispõe sobre os Juizados Especiais Cíveis e Criminais.*

FACILITAÇÃO DE CONTRABANDO OU DESCAMINHO

ART. 318. Facilitar, com infração de dever funcional, a prática de contrabando ou descaminho (art. 334):

Pena – reclusão, de 3 (três) a 8 (oito) anos, e multa. (Redação dada pela Lei nº 8.137, de 27.12.1990)

- *CPP: arts. 28-A, 513 a 518.*
- *CP: arts. 334 e 334-A.*

PREVARICAÇÃO

ART. 319. Retardar ou deixar de praticar, indevidamente, ato de ofício, ou praticá-lo contra disposição expressa de lei, para satisfazer interesse ou sentimento pessoal:

Pena – detenção, de três meses a um ano, e multa.

- *CPP: arts. 28-A, 513 a 518.*
- *Lei nº 4.737 de 15 de julho de 1965, art. 345, Código Eleitoral.*
- *Lei nº 1.521 de 26-12-1951, art. 10, §4º, Lei dos Crimes Contra a Economia Popular.*
- *Lei 7.492 de 16-6-1986, art. 23, Lei dos Crimes contra o Sistema Financeiro Nacional.*
- *Lei nº 9.099, de 26-09-1995: arts. 61, 76 e 89, dispõe sobre os Juizados Especiais Cíveis e Criminais.*

ART. 319-A. Deixar o Diretor de Penitenciária e/ou agente público, de cumprir seu dever de vedar ao preso o acesso a aparelho telefônico, de rádio ou similar, que permita a comunicação com outros presos ou com o ambiente externo: (Incluído pela Lei nº 11.466, de 2007).

Pena: detenção, de 3 (três) meses a 1 (um) ano.

- *Súmula nº 441 do STJ.*
- *CP: art. 349-A.*
- *CPP: arts. 28-A e 513 a 518.*
- *Lei nº 7.210, de 11-07-1984, art. 50, VII, Lei de Execução Penal.*
- *Lei nº 9.099, de 26-09-1995: arts. 61, 76 e 89, dispõe sobre os Juizados Especiais Cíveis e Criminais.*

CONDESCENDÊNCIA CRIMINOSA

ART. 320. Deixar o funcionário, por indulgência, de responsabilizar subordinado que cometeu infração no exercício do cargo ou, quando lhe falte competência, não levar o fato ao conhecimento da autoridade competente:

Pena – detenção, de quinze dias a um mês, ou multa.

- *CPP: arts. 28-A e 513 a 518.*
- *Lei nº 9.099, de 26-09-1995: arts. 61, 76 e 89, dispõe sobre os Juizados Especiais Cíveis e Criminais.*
- *Lei nº 1.079 de 10-4-1950, art. 9º, 3, Lei dos Crimes de Responsabilidade.*

ADVOCACIA ADMINISTRATIVA

ART. 321. Patrocinar, direta ou indiretamente, interesse privado perante a administração pública, valendo-se da qualidade de funcionário:

Pena – detenção, de um a três meses, ou multa.

- *CPP: arts. 28-A, 513 a 518.*
- *CE: art. 300.*
- *Lei nº 9.099, de 26-09-1995: arts. 61, 76 e 89, dispõe sobre os Juizados Especiais Cíveis e Criminais.*
- *Lei nº 8.137 de 27-12-1990, art. 3º, III, Lei dos Crimes contra a Ordem Tributária, Econômica e Crimes contra a relação de consumo.*
- *Lei nº 12.529 de 30-11-2011, art. 8º, Lei do Sistema Brasileiro de Defesa da Concorrência.*

Parágrafo único. Se o interesse é ilegítimo:

Pena – detenção, de três meses a um ano, além da multa.

- *CPP: arts. 28-A, 513 a 518.*
- *Lei nº 8.137, de 27-12-1990, art. 3º, III, Define os crimes contra a ordem tributária, econômica e das relações de consumo.*
- *Lei nº 8.666, de 11-04-1994: art. 91, institui normas para licitações e contratos da Administração Pública.*
- *Lei nº 9.099, de 26-09-1995: arts. 61, 76 e 89, dispõe sobre os Juizados Especiais Cíveis e Criminais.*

VIOLÊNCIA ARBITRÁRIA

ART. 322. Praticar violência, no exercício de função ou a pretexto de exercê-la:

Pena – detenção, de seis meses a três anos, além da pena correspondente à violência.

- *CPP: arts. 513 a 518.*
- *CE: art. 301.*
- *Lei nº 4.898 de 9-12-1965, Lei de Abuso de Autoridade (Revogada pela Lei nº 13.869, de 5.9.2019)*
- *Lei nº 9.099, de 26-09-1995: arts. 61 e 89, dispõe sobre os Juizados Especiais Cíveis e Criminais.*
- *Lei nº 13.869, de 5-9-2019, Lei de Abuso de Autoridade.*
- *Dec. -Lei nº 3.688 de 3-10-1941, art. 21, Lei de Contravenções Penais.*

ABANDONO DE FUNÇÃO

ART. 323. Abandonar cargo público, fora dos casos permitidos em lei:

Pena – detenção, de quinze dias a um mês, ou multa.

- *CPP: arts. 28-A e 513 a 518.*
- *Lei nº 9.099, de 26-09-1995: arts. 61, 76 e 89, dispõe sobre os Juizados Especiais Cíveis e Criminais.*
- *Lei nº 4.737 de 15 de julho de 1965, art. 344, Código Eleitoral.*

§ 1º. Se do fato resulta prejuízo público:

Pena – detenção, de três meses a um ano, e multa.

§ 2º. Se o fato ocorre em lugar compreendido na faixa de fronteira:

Pena – detenção, de um a três anos, e multa.

EXERCÍCIO FUNCIONAL ILEGALMENTE ANTECIPADO OU PROLONGADO

ART. 324. Entrar no exercício de função pública antes de satisfeitas as exigências legais, ou continuar a exercê-la, sem autorização, depois de saber oficialmente que foi exonerado, removido, substituído ou suspenso:

Pena – detenção, de quinze dias a um mês, ou multa.

- *Súmula Vinculante nº 43.*
- *CPP: arts. 28-A, 513 a 518.*
- *Lei nº 9.099, de 26-09-1995: arts. 61, 76 e 89, dispõe sobre os Juizados Especiais Cíveis e Criminais.*

VIOLAÇÃO DE SIGILO FUNCIONAL

ART. 325. Revelar fato de que tem ciência em razão do cargo e que deva permanecer em segredo, ou facilitar-lhe a revelação:

Pena – detenção, de seis meses a dois anos, ou multa, se o fato não constitui crime mais grave.

- *CPP: arts. 28-A, 513 a 518.*
- *CE: art. 312.*
- *Lei nº 9.099, de 26-09-1995: arts. 61, 76 e 89, dispõe sobre os Juizados Especiais Cíveis e Criminais.*

§ 1º. Nas mesmas penas deste artigo incorre quem: (Incluído pela Lei nº 9.983, de 2000)

I – permite ou facilita, mediante atribuição, fornecimento e empréstimo de senha ou qualquer outra forma, o acesso de pessoas não autorizadas a sistemas de informações ou banco de dados da Administração Pública; (Incluído pela Lei nº 9.983, de 2000)

II – se utiliza, indevidamente, do acesso restrito. (Incluído pela Lei nº 9.983, de 2000)

§ 2º. Se da ação ou omissão resulta dano à Administração Pública ou a outrem: (Incluído pela Lei nº 9.983, de 2000)

Pena – reclusão, de 2 (dois) a 6 (seis) anos, e multa. (Incluído pela Lei nº 9.983, de 2000)

VIOLAÇÃO DO SIGILO DE PROPOSTA DE CONCORRÊNCIA

ART. 326. Devassar o sigilo de proposta de concorrência pública, ou proporcionar a terceiro o ensejo de devassá-lo:

Pena – Detenção, de três meses a um ano, e multa.

- *CPP: arts. 28-A e 513 a 518.*
- *Lei nº 8.666, de 21-06-1993: arts. 85, 94 e 99, institui normas para licitações e contratos da Administração Pública.*
- *Lei nº 9.099, de 26-09-1995: arts. 61, 76 e 89, dispõe sobre os Juizados Especiais Cíveis e Criminais.*

FUNCIONÁRIO PÚBLICO

ART. 327. Considera-se funcionário público, para os efeitos penais, quem, embora transitoriamente ou sem remuneração, exerce cargo, emprego ou função pública.

§ 1º. Equipara-se a funcionário público quem exerce cargo, emprego ou função em entidade paraestatal, e quem trabalha para empresa prestadora de serviço contratada ou conveniada para a execução de atividade típica da Administração Pública. (Incluído pela Lei nº 9.983, de 2000)

- *CP: art. 337-D.*

§ 2º. A pena será aumentada da terça parte quando os autores dos crimes previstos neste Capítulo forem ocupantes de cargos em comissão ou de função de direção ou assessoramento de órgão da administração direta, sociedade de economia mista, empresa pública ou fundação instituída pelo poder público. (Incluído pela Lei nº 6.799, de 1980)

- *Lei nº 8.666, de 21-06-1993: arts. 83 e 84, institui normas para licitações e contratos da Administração Pública.*

CAPÍTULO II. DOS CRIMES PRATICADOS POR PARTICULAR CONTRA A ADMINISTRAÇÃO EM GERAL

USURPAÇÃO DE FUNÇÃO PÚBLICA

ART. 328. Usurpar o exercício de função pública:

Pena – detenção, de três meses a dois anos, e multa.

- *CP: arts. 324 e 359.*
- *Lei nº 7.210, de 11-07-1984, arts. 45 a 47, Lei de Execução Penal.*
- *Lei nº 9.099, de 26-09-1995: art. 89, dispõe sobre os Juizados Especiais Cíveis e Criminais.*

Parágrafo único. Se do fato o agente aufere vantagem:

Pena – reclusão, de dois a cinco anos, e multa.

RESISTÊNCIA

ART. 329. Opor-se à execução de ato legal, mediante violência ou ameaça a funcionário competente para executá-lo ou a quem lhe esteja prestando auxílio:

Pena – detenção, de dois meses a dois anos.

- *CPP: arts. 284, 292, 795.*
- *Lei nº 9.099, de 26-09-1995: art. 89, dispõe sobre os Juizados Especiais Cíveis e Criminais.*
- *Lei nº 12.529 de 30-11-2011, art. 111, Lei do Sistema Brasileiro de Defesa da Concorrência.*

§ 1º. Se o ato, em razão da resistência, não se executa:

Pena – reclusão, de um a três anos.

§ 2º. As penas deste artigo são aplicáveis sem prejuízo das correspondentes à violência.

DESOBEDIÊNCIA

ART. 330. Desobedecer a ordem legal de funcionário público:

Pena – detenção, de quinze dias a seis meses, e multa.

- *CPP: arts. 163, 245 e 656.*
- *Lei nº 1.079 de 10-4-1950, art. 12, Lei de Crimes de Responsabilidade.*
- *Lei nº 9.099, de 26-09-1995: arts. 61 e 89, dispõe sobre os Juizados Especiais Cíveis e Criminais.*
- *Lei nº 11.101, de 09-02-2005: arts. 23, 99, III, e 104, regula a recuperação judicial, a extrajudicial e a falência do empresário e da sociedade empresária.*
- *Lei 11.340, de 2006: art. 24-A.*
- *Lei nº 12.529 de 30-11-2011, art. 111, Lei do Sistema Brasileiro de Defesa da Concorrência.*

DESACATO

ART. 331. Desacatar funcionário público no exercício da função ou em razão dela:

Pena – detenção, de seis meses a dois anos, ou multa.

▸ *Lei nº 9.099, de 26-09-1995: art. 89, dispõe sobre os Juizados Especiais Cíveis e Criminais.*

▸ *CPP: art. 292.*

TRÁFICO DE INFLUÊNCIA (REDAÇÃO DADA PELA LEI Nº 9.127, DE 1995)

ART. 332. Solicitar, exigir, cobrar ou obter, para si ou para outrem, vantagem ou promessa de vantagem, a pretexto de influir em ato praticado por funcionário público no exercício da função: (Redação dada pela Lei nº 9.127, de 1995)

Pena – reclusão, de 2 (dois) a 5 (cinco) anos, e multa. (Redação dada pela Lei nº 9.127, de 1995)

▸ *CE: art. 299.*

▸ *CP: art. 357.*

Parágrafo único. A pena é aumentada da metade, se o agente alega ou insinua que a vantagem é também destinada ao funcionário. (Redação dada pela Lei nº 9.127, de 1995)

▸ *CP: art. 337-C e 357.*

CORRUPÇÃO ATIVA

ART. 333. Oferecer ou prometer vantagem indevida a funcionário público, para determiná-lo a praticar, omitir ou retardar ato de ofício:

Pena – reclusão, de 2 (dois) a 12 (doze) anos, e multa. (Redação dada pela Lei nº 10.763, de 12.11.2003)

▸ *CP: art. 343*

▸ *CE: art. 299.*

▸ *Lei nº 1.079 de 10-4-1950, art. 6º, 2, Lei de Crimes de Responsabilidade.*

▸ *Lei nº 4.729 de 14-7-1965, art. 1º, V, Lei de Crimes de Sonegação Fiscal.*

▸ *CP: art. 337-B.*

Parágrafo único. A pena é aumentada de um terço, se, em razão da vantagem ou promessa, o funcionário retarda ou omite ato de ofício, ou o pratica infringindo dever funcional.

DESCAMINHO

ART. 334. Iludir, no todo ou em parte, o pagamento de direito ou imposto devido pela entrada, pela saída ou pelo consumo de mercadoria (Redação dada pela Lei nº 13.008, de 26.6.2014)

Pena – reclusão, de 1 (um) a 4 (quatro) anos. (Redação dada pela Lei nº 13.008, de 26.6.2014)

▸ *Súmulas 151 e 583 do STJ.*

▸ *CPP: arts. 395, III, 386, III, e 397, III.*

▸ *Lei nº 10.522, de 19-07-2002; art. 20.*

▸ *Portaria 75 da PGFN, de 22-3-2012, inscrição de débitos na Dívida Ativa da União e execuções fiscais pela PGFN.*

§ 1º. Incorre na mesma pena quem: (Redação dada pela Lei nº 13.008, de 26.6.2014)

I – pratica navegação de cabotagem, fora dos casos permitidos em lei; (Redação dada pela Lei nº 13.008, de 26.6.2014)

▸ *Lei nº 8.617, 04-01-1993, art. 3º, § 3º, dispõe sobre o mar territorial, a zona contígua, a zona econômica exclusiva e a plataforma continental brasileira.*

II – pratica fato assimilado, em lei especial, a descaminho; (Redação dada pela Lei nº 13.008, de 26.6.2014)

III – vende, expõe à venda, mantém em depósito ou, de qualquer forma, utiliza em proveito próprio ou alheio, no exercício de atividade comercial ou industrial, mercadoria de procedência estrangeira que introduziu clandestinamente no País ou importou fraudulentamente ou que sabe ser produto de introdução clandestina no território nacional ou de importação fraudulenta por parte de outrem; (Redação dada pela Lei nº 13.008, de 26.6.2014)

IV – adquire, recebe ou oculta, em proveito próprio ou alheio, no exercício de atividade comercial ou industrial, mercadoria de procedência estrangeira, desacompanhada de documentação legal ou acompanhada de documentos que sabe serem falsos. (Redação dada pela Lei nº 13.008, de 26.6.2014)

§ 2º. Equipara-se às atividades comerciais, para os efeitos deste artigo, qualquer forma de comércio irregular ou clandestino de mercadorias estrangeiras, inclusive o exercido em residências. (Redação dada pela Lei nº 13.008, de 26.6.2014)

§ 3º. A pena aplica-se em dobro se o crime de descaminho é praticado em transporte aéreo, marítimo ou fluvial. (Redação dada pela Lei nº 13.008, de 26.6.2014)

CONTRABANDO

ART. 334-A. Importar ou exportar mercadoria proibida: (Incluído pela Lei nº 13.008, de 26.6.2014)

Pena – reclusão, de 2 (dois) a 5 (cinco) anos. (Incluído pela Lei nº 13.008, de 26.6.2014)

▸ *Súmula nº 151 do STJ.*

▸ *Dec. nº 56.435, de 08-06-1965, art. 36, Promulga a Convenção de Viena sobre Relações Diplomáticas.*

§ 1º. Incorre na mesma pena quem: (Incluído pela Lei nº 13.008, de 26.6.2014)

I – pratica fato assimilado, em lei especial, a contrabando; (Incluído pela Lei nº 13.008, de 26.6.2014)

II – importa ou exporta clandestinamente mercadoria que dependa de registro, análise ou autorização de órgão público competente; (Incluído pela Lei nº 13.008, de 26.6.2014)

III – reinsere no território nacional mercadoria brasileira destinada à exportação; (Incluído pela Lei nº 13.008, de 26.6.2014)

IV – vende, expõe à venda, mantém em depósito ou, de qualquer forma, utiliza em proveito próprio ou alheio, no exercício de atividade comercial ou industrial, mercadoria proibida pela lei brasileira; (Incluído pela Lei nº 13.008, de 26.6.2014)

V – adquire, recebe ou oculta, em proveito próprio ou alheio, no exercício de atividade comercial ou industrial, mercadoria proibida pela lei brasileira. (Incluído pela Lei nº 13.008, de 26.6.2014)

§ 2º. Equipara-se às atividades comerciais, para os efeitos deste artigo, qualquer forma de comércio irregular ou clandestino de mercadorias estrangeiras, inclusive o exercido em residências. (Incluído pela Lei nº 13.008, de 26.6.2014)

§ 3º. A pena aplica-se em dobro se o crime de contrabando é praticado em transporte aéreo, marítimo ou fluvial. (Incluído pela Lei nº 13.008, de 26.6.2014)

IMPEDIMENTO, PERTURBAÇÃO OU FRAUDE DE CONCORRÊNCIA

ART. 335. Impedir, perturbar ou fraudar concorrência pública ou venda em hasta pública, promovida pela administração federal, estadual ou municipal, ou por entidade paraestatal; afastar ou procurar afastar concorrente ou licitante, por meio de violência, grave ameaça, fraude ou oferecimento de vantagem:

Pena – detenção, de seis meses a dois anos, ou multa, além da pena correspondente à violência.

Parágrafo único. Incorre na mesma pena quem se abstém de concorrer ou licitar, em razão da vantagem oferecida.

- *Lei nº 8.666, de 21-06-1993: arts. 93 e 95, institui normas para licitações e contratos da Administração Pública.*

INUTILIZAÇÃO DE EDITAL OU DE SINAL

ART. 336. Rasgar ou, de qualquer forma, inutilizar ou conspurcar edital afixado por ordem de funcionário público; violar ou inutilizar selo ou sinal empregado, por determinação legal ou por ordem de funcionário público, para identificar ou cerrar qualquer objeto:

Pena – detenção, de um mês a um ano, ou multa.

- *Lei nº 9.099, de 26-09-1995: arts. 61 e 89, dispõe sobre os Juizados Especiais Cíveis e Criminais.*

SUBTRAÇÃO OU INUTILIZAÇÃO DE LIVRO OU DOCUMENTO

ART. 337. Subtrair, ou inutilizar, total ou parcialmente, livro oficial, processo ou documento confiado à custódia de funcionário, em razão de ofício, ou de particular em serviço público:

Pena – reclusão, de dois a cinco anos, se o fato não constitui crime mais grave.

SONEGAÇÃO DE CONTRIBUIÇÃO PREVIDENCIÁRIA

ART. 337-A. Suprimir ou reduzir contribuição social previdenciária e qualquer acessório, mediante as seguintes condutas: (Incluído pela Lei nº 9.983, de 2000)

- *Lei nº 9.430 de 27-12-1996, art. 83, dispõe sobre a legislação tributária federal e as contribuições para a seguridade social.*
- *Lei nº 8.137, de 27-12-1990: arts. 1º e 2º, define crimes contra a ordem tributária, econômica e contra as relações de consumo.*
- *Lei nº 10.684, de 30-05-2003: art. 9º, altera a legislação tributária.*
- *Lei 13.254, de 13-01-2016, art. 5º, § 1º, III e § 2º, Regime Especial de Regularização Tributária.*

I – omitir de folha de pagamento da empresa ou de documento de informações previsto pela legislação previdenciária segurados empregado, empresário, trabalhador avulso ou trabalhador autônomo ou a este equiparado que lhe prestem serviços; (Incluído pela Lei nº 9.983, de 2000)

II – deixar de lançar mensalmente nos títulos próprios da contabilidade da empresa as quantias descontadas dos segurados ou as devidas pelo empregador ou pelo tomador de serviços; (Incluído pela Lei nº 9.983, de 2000)

III – omitir, total ou parcialmente, receitas ou lucros auferidos, remunerações pagas ou creditadas e demais fatos geradores de contribuições sociais previdenciárias: (Incluído pela Lei nº 9.983, de 2000)

Pena – reclusão, de 2 (dois) a 5 (cinco) anos, e multa. (Incluído pela Lei nº 9.983, de 2000)

§ 1º. É extinta a punibilidade se o agente, espontaneamente, declara e confessa as contribuições, importâncias ou valores e presta as informações devidas à previdência social, na forma definida em lei ou regulamento, antes do início da ação fiscal. (Incluído pela Lei nº 9.983, de 2000)

§ 2º. É facultado ao juiz deixar de aplicar a pena ou aplicar somente a de multa se o agente for primário e de bons antecedentes, desde que: (Incluído pela Lei nº 9.983, de 2000)

I – (VETADO) (Incluído pela Lei nº 9.983, de 2000)

II – o valor das contribuições devidas, inclusive acessórios, seja igual ou inferior àquele estabelecido pela previdência social, administrativamente, como sendo o mínimo para o ajuizamento de suas execuções fiscais. (Incluído pela Lei nº 9.983, de 2000)

§ 3º. Se o empregador não é pessoa jurídica e sua folha de pagamento mensal não ultrapassa R$ 1.510,00 (um mil, quinhentos e dez reais), o juiz poderá reduzir a pena de um terço até a metade ou aplicar apenas a de multa. (Incluído pela Lei nº 9.983, de 2000)

§ 4º. O valor a que se refere o parágrafo anterior será reajustado nas mesmas datas e nos mesmos índices do reajuste dos benefícios da previdência social. (Incluído pela Lei nº 9.983, de 2000)

CAPÍTULO II-A. DOS CRIMES PRATICADOS POR PARTICULAR CONTRA A ADMINISTRAÇÃO PÚBLICA ESTRANGEIRA (Incluído pela Lei nº 10.467, de 11.6.2002)

CORRUPÇÃO ATIVA EM TRANSAÇÃO COMERCIAL INTERNACIONAL

ART. 337-B. Prometer, oferecer ou dar, direta ou indiretamente, vantagem indevida a funcionário público estrangeiro, ou a terceira pessoa, para determiná-lo a praticar, omitir ou retardar ato de ofício relacionado à transação comercial internacional: (Incluído pela Lei nº 10467, de 11.6.2002)

Pena – reclusão, de 1 (um) a 8 (oito) anos, e multa. (Incluído pela Lei nº 10467, de 11.6.2002)

- *Lei nº 9.099, de 26-09-1995: art. 89, dispõe sobre os Juizados Especiais Cíveis e Criminais.*

Parágrafo único. A pena é aumentada de 1/3 (um terço), se, em razão da vantagem ou promessa, o funcionário público estrangeiro retarda ou omite o ato de ofício, ou o pratica infringindo dever funcional. (Incluído pela Lei nº 10467, de 11.6.2002)

- *CP: arts. 317 e 333.*

TRÁFICO DE INFLUÊNCIA EM TRANSAÇÃO COMERCIAL INTERNACIONAL

ART. 337-C. Solicitar, exigir, cobrar ou obter, para si ou para outrem, direta ou indiretamente, vantagem ou promessa de vantagem a pretexto de influir em ato praticado por funcionário público estrangeiro no exercício de suas funções, relacionado a transação comercial internacional: (Incluído pela Lei nº 10467, de 11.6.2002)

Pena – reclusão, de 2 (dois) a 5 (cinco) anos, e multa. (Incluído pela Lei nº 10467, de 11.6.2002)

Parágrafo único. A pena é aumentada da metade, se o agente alega ou insinua que a vantagem é também destinada a funcionário estrangeiro. (Incluído pela Lei nº 10467, de 11.6.2002)

▸ *CP: art. 332.*

FUNCIONÁRIO PÚBLICO ESTRANGEIRO

ART. 337-D. Considera-se funcionário público estrangeiro, para os efeitos penais, quem, ainda que transitoriamente ou sem remuneração, exerce cargo, emprego ou função pública em entidades estatais ou em representações diplomáticas de países estrangeiro. (Incluído pela Lei nº 10467, de 11.6.2002)

Parágrafo único. Equipara-se a funcionário público estrangeiro quem exerce cargo, emprego ou função em empresas controladas, diretamente ou indiretamente, pelo Poder Público de país estrangeiro ou em organizações públicas internacionais. (Incluído pela Lei nº 10467, de 11.6.2002)

▸ *CP: art. 327.*

CAPÍTULO II-B

DOS CRIMES EM LICITAÇÕES E CONTRATOS ADMINISTRATIVOS

(CAPÍTULO ACRESCIDO PELA LEI Nº 14.133, DE 2021)

CONTRATAÇÃO DIRETA ILEGAL

ART. 337-E. Admitir, possibilitar ou dar causa à contratação direta fora das hipóteses previstas em lei: (Acrescido pela Lei nº 14.133, de 2021)

Pena - reclusão, de 4 (quatro) a 8 (oito) anos, e multa.

▸ *Lei nº 8.666, de 21-06-1993 (revogada pela Lei 14.133, de 01-04.2021): Art. 89.*

Art. 89. Dispensar ou inexigir licitação fora das hipóteses previstas em lei, ou deixar de observar as formalidades pertinentes à dispensa ou à inexigibilidade: Pena - detenção, de 3 (três) a 5 (cinco) anos, e multa.

Parágrafo único. Na mesma pena incorre aquele que, tendo comprovadamente concorrido para a consumação da ilegalidade, beneficiou-se da dispensa ou inexigibilidade ilegal, para celebrar contrato com o Poder Público.

FRUSTRAÇÃO DO CARÁTER COMPETITIVO DE LICITAÇÃO

ART. 337-F. Frustrar ou fraudar, com o intuito de obter para si ou para outrem vantagem decorrente da adjudicação do objeto da licitação, o caráter competitivo do processo licitatório: (Acrescido pela Lei nº 14.133, de 2021)

Pena - reclusão, de 4 (quatro) anos a 8 (oito) anos, e multa.

▸ *Lei nº 8.666, de 21-06-1993 (revogada pela Lei 14.133, de 01-04.2021): Art. 90.*

Art. 90. Frustrar ou fraudar, mediante ajuste, combinação ou qualquer outro expediente, o caráter competitivo do procedimento licitatório, com o intuito de obter, para si ou para outrem, vantagem decorrente da adjudicação do objeto da licitação:

Pena - detenção, de 2 (dois) a 4 (quatro) anos, e multa.

PATROCÍNIO DE CONTRATAÇÃO INDEVIDA

ART. 337-G. Patrocinar, direta ou indiretamente, interesse privado perante a Administração Pública, dando causa à instauração de licitação ou à celebração de contrato cuja invalidação vier a ser decretada pelo Poder Judiciário: (Acrescido pela Lei nº 14.133, de 2021)

Pena - reclusão, de 6 (seis) meses a 3 (três) anos, e multa.

▸ *Lei nº 8.666, de 21-06-1993 (revogada pela Lei 14.133, de 01-04.2021): Art. 91.*

Art. 91. Patrocinar, direta ou indiretamente, interesse privado perante a Administração, dando causa à instauração de licitação ou à celebração de contrato, cuja invalidação vier a ser decretada pelo Poder Judiciário: (Revogado pela Lei nº 14.133, de 2021)

Pena - detenção, de 6 (seis) meses a 2 (dois) anos, e multa.

MODIFICAÇÃO OU PAGAMENTO IRREGULAR EM CONTRATO ADMINISTRATIVO

ART. 337-H. Admitir, possibilitar ou dar causa a qualquer modificação ou vantagem, inclusive prorrogação contratual, em favor do contratado, durante a execução dos contratos celebrados com a Administração Pública, sem autorização em lei, no edital da licitação ou nos respectivos instrumentos contratuais, ou, ainda, pagar fatura com preterição da ordem cronológica de sua exigibilidade: (Acrescido pela Lei nº 14.133, de 2021)

Pena - reclusão, de 4 (quatro) anos a 8 (oito) anos, e multa.

▸ *Lei nº 8.666, de 21-06-1993 (revogada pela Lei 14.133, de 01-04.2021): Art. 92.*

Art. 92. Admitir, possibilitar ou dar causa a qualquer modificação ou vantagem, inclusive prorrogação contratual, em favor do adjudicatário, durante a execução dos contratos celebrados com o Poder Público, sem autorização em lei, no ato convocatório da licitação ou nos respectivos instrumentos contratuais, ou, ainda, pagar fatura com preterição da ordem cronológica de sua exigibilidade, observado o disposto no art. 121 desta Lei:

Pena - detenção, de dois a quatro anos, e multa.

Parágrafo único. Incide na mesma pena o contratado que, tendo comprovadamente concorrido para a consumação da ilegalidade, obtém vantagem indevida ou se beneficia, injustamente, das modificações ou prorrogações contratuais.

PERTURBAÇÃO DE PROCESSO LICITATÓRIO

ART. 337-I. Impedir, perturbar ou fraudar a realização de qualquer ato de processo licitatório: (Acrescido pela Lei nº 14.133, de 2021)

Pena - detenção, de 6 (seis) meses a 3 (três) anos, e multa.

▸ *. Lei nº 8.666, de 21-06-1993 (revogada pela Lei 14.133, de 01-04.2021): Art. 93.*

Art. 93. Impedir, perturbar ou fraudar a realização de qualquer ato de procedimento licitatório:

Pena - detenção, de 6 (seis) meses a 2 (dois) anos, e multa.

VIOLAÇÃO DE SIGILO EM LICITAÇÃO

ART. 337-J. Devassar o sigilo de proposta apresentada em processo licitatório ou proporcionar a terceiro o ensejo de devassá-lo: (Acrescido pela Lei nº 14.133, de 2021)

Pena - detenção, de 2 (dois) anos a 3 (três) anos, e multa.

▸ Lei nº 8.666, de 21-06-1993 (revogada pela Lei 14.133, de 01-04.2021): Art. 94.

Art. 94. Devassar o sigilo de proposta apresentada em procedimento licitatório, ou proporcionar a terceiro o ensejo de devassá-lo:

Pena - detenção, de 2 (dois) a 3 (três) anos, e multa.

AFASTAMENTO DE LICITANTE

ART. 337-K. Afastar ou tentar afastar licitante por meio de violência, grave ameaça, fraude ou oferecimento de vantagem de qualquer tipo: (Acrescido pela Lei nº 14.133, de 2021)

Pena - reclusão, de 3 (três) anos a 5 (cinco) anos, e multa, além da pena correspondente à violência.

Parágrafo único. Incorre na mesma pena quem se abstém ou desiste de licitar em razão de vantagem oferecida. (Acrescido pela Lei nº 14.133, de 2021)

▸ Lei nº 8.666, de 21-06-1993 (revogada pela Lei 14.133, de 01-04.2021): Art. 95.

Art. 95. Afastar ou procurar afastar licitante, por meio de violência, grave ameaça, fraude ou oferecimento de vantagem de qualquer tipo:

Pena - detenção, de 2 (dois) a 4 (quatro) anos, e multa, além da pena correspondente à violência.

Parágrafo único. Incorre na mesma pena quem se abstém ou desiste de licitar, em razão da vantagem oferecida.

FRAUDE EM LICITAÇÃO OU CONTRATO

ART. 337-L. Fraudar, em prejuízo da Administração Pública, licitação ou contrato dela decorrente, mediante: (Acrescido pela Lei nº 14.133, de 2021)

I - entrega de mercadoria ou prestação de serviços com qualidade ou em quantidade diversas das previstas no edital ou nos instrumentos contratuais;

II - fornecimento, como verdadeira ou perfeita, de mercadoria falsificada, deteriorada, inservível para consumo ou com prazo de validade vencido;

III - entrega de uma mercadoria por outra;

IV - alteração da substância, qualidade ou quantidade da mercadoria ou do serviço fornecido;

V - qualquer meio fraudulento que torne injustamente mais onerosa para a Administração Pública a proposta ou a execução do contrato:

Pena - reclusão, de 4 (quatro) anos a 8 (oito) anos, e multa.

▸ Súmula 645 do STJ

▸ Lei nº 8.666, de 21-06-1993 (revogada pela Lei 14.133, de 01-04.2021): Art. 96.

Art. 96. Fraudar, em prejuízo da Fazenda Pública, licitação instaurada para aquisição ou venda de bens ou mercadorias, ou contrato dela decorrente:

I - elevando arbitrariamente os preços;

II - vendendo, como verdadeira ou perfeita, mercadoria falsificada ou deteriorada;

III - entregando uma mercadoria por outra;

IV - alterando substância, qualidade ou quantidade da mercadoria fornecida;

V - tornando, por qualquer modo, injustamente, mais onerosa a proposta ou a execução do contrato:

Pena - detenção, de 3 (três) a 6 (seis) anos, e multa.

CONTRATAÇÃO INIDÔNEA

ART. 337-M. Admitir à licitação empresa ou profissional declarado inidôneo: (Acrescido pela Lei nº 14.133, de 2021)

Pena - reclusão, de 1 (um) ano a 3 (três) anos, e multa.

§ 1º Celebrar contrato com empresa ou profissional declarado inidôneo:

Pena - reclusão, de 3 (três) anos a 6 (seis) anos, e multa.

§ 2º Incide na mesma pena do caput deste artigo aquele que, declarado inidôneo, venha a participar de licitação e, na mesma pena do § 1º deste artigo, aquele que, declarado inidôneo, venha a contratar com a Administração Pública.

▸ Lei nº 8.666, de 21-06-1993 (revogada pela Lei 14.133, de 01-04.2021): Art. 97.

Art. 97. Admitir à licitação ou celebrar contrato com empresa ou profissional declarado inidôneo:

Pena - detenção, de 6 (seis) meses a 2 (dois) anos, e multa.

Parágrafo único. Incide na mesma pena aquele que, declarado inidôneo, venha a licitar ou a contratar com a Administração.

IMPEDIMENTO INDEVIDO

ART. 337-N. Obstar, impedir ou dificultar injustamente a inscrição de qualquer interessado nos registros cadastrais ou promover indevidamente a alteração, a suspensão ou o cancelamento de registro do inscrito: (Acrescido pela Lei nº 14.133, de 2021)

Pena - reclusão, de 6 (seis) meses a 2 (dois) anos, e multa.

▸ Lei nº 8.666, de 21-06-1993 (revogada pela Lei 14.133, de 01-04.2021): Art. 98.

Art. 98. Obstar, impedir ou dificultar, injustamente, a inscrição de qualquer interessado nos registros cadastrais ou promover indevidamente a alteração, suspensão ou cancelamento de registro do inscrito: (Revogado pela Lei nº 14.133, de 2021)

Pena - detenção, de 6 (seis) meses a 2 (dois) anos, e multa.

OMISSÃO GRAVE DE DADO OU DE INFORMAÇÃO POR PROJETISTA

ART. 337-O. Omitir, modificar ou entregar à Administração Pública levantamento cadastral ou condição de contorno em relevante dissonância com a realidade, em frustração ao caráter competitivo da licitação ou em detrimento da seleção da proposta mais vantajosa para a Administração Pública, em contratação para a elaboração de projeto básico, projeto executivo ou anteprojeto, em diálogo competitivo ou em procedimento de manifestação de interesse: (Acrescido pela Lei nº 14.133, de 2021)

Pena - reclusão, de 6 (seis) meses a 3 (três) anos, e multa.

§ 1º Consideram-se condição de contorno as informações e os levantamentos suficientes e necessários para a definição da solução de projeto e dos respectivos preços pelo licitante, incluídos sondagens, topografia, estudos de demanda, condições ambientais e demais elementos ambientais impactantes, considerados requisitos mínimos ou obrigatórios em normas técnicas que orientam a elaboração de projetos.

§ 2º Se o crime é praticado com o fim de obter benefício, direto ou indireto, próprio ou de outrem, aplica-se em dobro a pena prevista no caput deste artigo.

ART. 337-P. A pena de multa cominada aos crimes previstos neste Capítulo seguirá a metodologia de cálculo prevista neste Código e não poderá ser inferior a 2% (dois por cento) do valor do contrato licitado ou celebrado com contratação direta. (Acrescido pela Lei nº 14.133, de 2021)

- *Lei nº 8.666, de 21-06-1993 (revogada pela Lei 14.133, de 01-04.2021): Art. 99.*

  Art. 99. A pena de multa cominada nos arts. 89 a 98 desta Lei consiste no pagamento de quantia fixada na sentença e calculada em índices percentuais, cuja base corresponderá ao valor da vantagem efetivamente obtida ou potencialmente auferível pelo agente.

  § 1º Os índices a que se refere este artigo não poderão ser inferiores a 2% (dois por cento), nem superiores a 5% (cinco por cento) do valor do contrato licitado ou celebrado com dispensa ou inexigibilidade de licitação. (Revogado pela Lei nº 14.133, de 2021)

  § 2º O produto da arrecadação da multa reverterá, conforme o caso, à Fazenda Federal, Distrital, Estadual ou Municipal.

Capítulo III. DOS CRIMES CONTRA A ADMINISTRAÇÃO DA JUSTIÇA

REINGRESSO DE ESTRANGEIRO EXPULSO

ART. 338. Reingressar no território nacional o estrangeiro que dele foi expulso:

Pena – reclusão, de um a quatro anos, sem prejuízo de nova expulsão após o cumprimento da pena.

- *Lei nº 9.099, de 26-09-1995: art. 89, dispõe sobre os Juizados Especiais Cíveis e Criminais.*
- *Lei nº 13.445, de 24-05-2017: arts. 54 a 60, Lei de Migração.*

DENUNCIAÇÃO CALUNIOSA

ART. 339. Dar causa à instauração de inquérito policial, de procedimento investigatório criminal, de processo judicial, de processo administrativo disciplinar, de inquérito civil ou de ação de improbidade administrativa contra alguém, imputando-lhe crime, infração ético-disciplinar ou ato ímprobo de que o sabe inocente: (Redação dada pela Lei nº 14.110, de 18-12-2020)

Pena - reclusão, de dois a oito anos, e multa.

- *Redação anterior: Art. 339. Dar causa à instauração de investigação policial, de processo judicial, instauração de investigação administrativa, inquérito civil ou ação de improbidade administrativa contra alguém, imputando-lhe crime de que o sabe inocente:*

  Pena – reclusão, de dois a oito anos, e multa.
- *CPP: art. 5º, § 3º, e 27.*
- *Lei nº 8.429, de 02-06-1992: art. 19, dispõe sobre as sanções aplicáveis aos agentes públicos nos casos de enriquecimento ilícito no exercício de mandato, cargo, emprego ou função na administração pública direta, indireta ou fundacional.*

§ 1º. A pena é aumentada de sexta parte, se o agente se serve de anonimato ou de nome suposto.

§ 2º. A pena é diminuída de metade, se a imputação é de prática de contravenção.

COMUNICAÇÃO FALSA DE CRIME OU DE CONTRAVENÇÃO

ART. 340. Provocar a ação de autoridade, comunicando-lhe a ocorrência de crime ou de contravenção que sabe não se ter verificado:

Pena – detenção, de um a seis meses, ou multa.

- *CPP: art. 5º, § 3º, e 27.*
- *Lei nº 9.099, de 26-09-1995: arts. 61 e 89, dispõe sobre os Juizados Especiais Cíveis e Criminais.*
- *Dec. -Lei nº 3.688 de 3-10-1941, art. 41, Lei de Contravenções Penais.*

AUTO-ACUSAÇÃO FALSA

ART. 341. Acusar-se, perante a autoridade, de crime inexistente ou praticado por outrem:

Pena – detenção, de três meses a dois anos, ou multa.

- *Lei nº 9.099, de 26-09-1995: art. 89, dispõe sobre os Juizados Especiais Cíveis e Criminais.*

FALSO TESTEMUNHO OU FALSA PERÍCIA

ART. 342. Fazer afirmação falsa, ou negar ou calar a verdade como testemunha, perito, contador, tradutor ou intérprete em processo judicial, ou administrativo, inquérito policial, ou em juízo arbitral: (Redação dada pela Lei nº 10.268, de 28.8.2001)

- *Súmula nº 165 do STJ.*
- *CPP: arts. 210, 211, 222 a 225 e 275 a 281.*
- *Lei nº 9.099, de 26-09-1995: art. 89, dispõe sobre os Juizados Especiais Cíveis e Criminais.*
- *Lei nº 11.101 de 9-2-2005, art. 171, Lei de Recuperação de Empresas e Falências.*

Pena – reclusão, de 2 (dois) a 4 (quatro) anos, e multa. (Redação dada pela Lei nº 12.850, de 2013)

§ 1º. As penas aumentam-se de um sexto a um terço, se o crime é praticado mediante suborno ou se cometido com o fim de obter prova destinada a produzir efeito em processo penal, ou em processo civil em que for parte entidade da administração pública direta ou indireta. (Redação dada pela Lei nº 10.268, de 28.8.2001)

§ 2º. O fato deixa de ser punível se, antes da sentença no processo em que ocorreu o ilícito, o agente se retrata ou declara a verdade. (Redação dada pela Lei nº 10.268, de 28.8.2001)

ART. 343. Dar, oferecer ou prometer dinheiro ou qualquer outra vantagem a testemunha, perito, contador, tradutor ou intérprete, para fazer afirmação falsa, negar ou calar a verdade em depoimento, perícia, cálculos, tradução ou interpretação: (Redação dada pela Lei nº 10.268, de 28.8.2001)

Pena – reclusão, de três a quatro anos, e multa. (Redação dada pela Lei nº 10.268, de 28.8.2001)

- *CPP: arts. 222 a 225 e 275 a 281.*

Parágrafo único. As penas aumentam-se de um sexto a um terço, se o crime é cometido com o fim de obter prova destinada a produzir efeito em processo penal ou em processo civil em que for parte entidade da administração pública direta ou indireta. (Redação dada pela Lei nº 10.268, de 28.8.2001)

COAÇÃO NO CURSO DO PROCESSO

ART. 344. Usar de violência ou grave ameaça, com o fim de favorecer interesse próprio ou alheio, contra autoridade, parte, ou qualquer outra pessoa que funciona ou é chamada a intervir em processo judicial, policial ou administrativo, ou em juízo arbitral:

Pena – reclusão, de um a quatro anos, e multa, além da pena correspondente à violência.

- *Lei nº 9.099, de 26-09-1995: art. 89, dispõe sobre os Juizados Especiais Cíveis e Criminais.*
- *Lei nº 12.529 de 30-11-2011, art. 111, Lei do Sistema Brasileiro de Defesa da Concorrência.*

EXERCÍCIO ARBITRÁRIO DAS PRÓPRIAS RAZÕES

ART. 345. Fazer justiça pelas próprias mãos, para satisfazer pretensão, embora legítima, salvo quando a lei o permite:

Pena – detenção, de quinze dias a um mês, ou multa, além da pena correspondente à violência.

- *Lei nº 9.099, de 26-09-1995: art. 89, dispõe sobre os Juizados Especiais Cíveis e Criminais.*

Parágrafo único. Se não há emprego de violência, somente se procede mediante queixa.

- *CP: art. 100.*

ART. 346. Tirar, suprimir, destruir ou danificar coisa própria, que se acha em poder de terceiro por determinação judicial ou convenção:

Pena – detenção, de seis meses a dois anos, e multa.

- *Lei nº 9.099, de 26-09-1995: arts. 61 e 89, dispõe sobre os Juizados Especiais Cíveis e Criminais.*

FRAUDE PROCESSUAL

ART. 347. Inovar artificiosamente, na pendência de processo civil ou administrativo, o estado de lugar, de coisa ou de pessoa, com o fim de induzir a erro o juiz ou o perito:

Pena – detenção, de três meses a dois anos, e multa.

- *CTB: art. 312.*
- *Lei nº 9.099, de 26-09-1995: arts. 61 e 89, dispõe sobre os Juizados Especiais Cíveis e Criminais.*

Parágrafo único. Se a inovação se destina a produzir efeito em processo penal, ainda que não iniciado, as penas aplicam-se em dobro.

FAVORECIMENTO PESSOAL

ART. 348. Auxiliar a subtrair-se à ação de autoridade pública autor de crime a que é cominada pena de reclusão:

Pena – detenção, de um a seis meses, e multa.

- *CPP: art. 293.*
- *Lei nº 9.099, de 26-09-1995: arts. 61 e 89, dispõe sobre os Juizados Especiais Cíveis e Criminais.*

§ 1º. Se ao crime não é cominada pena de reclusão:

Pena – detenção, de quinze dias a três meses, e multa.

§ 2º. Se quem presta o auxílio é ascendente, descendente, cônjuge ou irmão do criminoso, fica isento de pena.

FAVORECIMENTO REAL

ART. 349. Prestar a criminoso, fora dos casos de co-autoria ou de receptação, auxílio destinado a tornar seguro o proveito do crime:

Pena – detenção, de um a seis meses, e multa.

- *Lei nº 9.099, de 26-09-1995: arts. 61 e 89, dispõe sobre os Juizados Especiais Cíveis e Criminais.*

ART. 349-A. Ingressar, promover, intermediar, auxiliar ou facilitar a entrada de aparelho telefônico de comunicação móvel, de rádio ou similar, sem autorização legal, em estabelecimento prisional. (Incluído pela Lei nº 12.012, de 06.08.2009)

Pena: detenção, de 3 (três) meses a 1 (um) ano. (Incluído pela Lei nº 12.012, de 2009).

- *Súmula nº441 do STJ.*
- *CP: art. 319-A.*
- *Lei nº 7.210, de 11-07-1984, art. 50, VII, Lei de Execução Penal.*
- *Lei nº 9.099, de 26-09-1995: arts. 61 e 89, dispõe sobre os Juizados Especiais Cíveis e Criminais.*

EXERCÍCIO ARBITRÁRIO OU ABUSO DE PODER

ART. 350. (Revogado pela Lei nº 13.869, de 5.9.2019)

- *Redação anterior: Art. 350 - Ordenar ou executar medida privativa de liberdade individual, sem as formalidades legais ou com abuso de poder: (Revogado pela Lei nº 13.869, de 5.9.2019)*

  Pena - detenção, de um mês a um ano.

  Parágrafo único - Na mesma pena incorre o funcionário que: (Revogado pela Lei nº 13.869, de 5.9.2019)

  I - ilegalmente recebe e recolhe alguém a prisão, ou a estabelecimento destinado a execução de pena privativa de liberdade ou de medida de segurança;

  II - prolonga a execução de pena ou de medida de segurança, deixando de expedir em tempo oportuno ou de executar imediatamente a ordem de liberdade;

  III - submete pessoa que está sob sua guarda ou custódia a vexame ou a constrangimento não autorizado em lei;

  IV - efetua, com abuso de poder, qualquer diligência.
- *Súmula vinculante n. 11.*
- *Súmula 526 do STJ.*
- *CPP: arts. 28-A e 513 a 518.*
- *Lei nº 4.898 de 9-12-1965, arts. 3º. e 4º., a e b; Lei de Abuso de Autoridade (Revogada pela Lei nº 13.869, de 5.9.2019).*
- *Lei nº 9.099, de 26-09-1995: arts. 61, 76 e 89, dispõe sobre os Juizados Especiais Cíveis e Criminais.*
- *Lei nº 13.869, de 5-9-2019, arts. 9 e 13, II; Lei de Abuso de Autoridade.*

FUGA DE PESSOA PRESA OU SUBMETIDA A MEDIDA DE SEGURANÇA

ART. 351. Promover ou facilitar a fuga de pessoa legalmente presa ou submetida a medida de segurança detentiva:

CÓDIGO PENAL

Pena – detenção, de seis meses a dois anos.

- *Súmula nº 75 do STJ.*
- *Lei nº 9.099, de 26-09-1995: arts. 61 e 89, dispõe sobre os Juizados Especiais Cíveis e Criminais.*

§ 1º. Se o crime é praticado a mão armada, ou por mais de uma pessoa, ou mediante arrombamento, a pena é de reclusão, de dois a seis anos.

§ 2º. Se há emprego de violência contra pessoa, aplica-se também a pena correspondente à violência.

§ 3º. A pena é de reclusão, de um a quatro anos, se o crime é praticado por pessoa sob cuja custódia ou guarda está o preso ou o internado.

§ 4º. No caso de culpa do funcionário incumbido da custódia ou guarda, aplica-se a pena de detenção, de três meses a um ano, ou multa.

EVASÃO MEDIANTE VIOLÊNCIA CONTRA A PESSOA

ART. 352. Evadir-se ou tentar evadir-se o preso ou o indivíduo submetido a medida de segurança detentiva, usando de violência contra a pessoa:

Pena – detenção, de três meses a um ano, além da pena correspondente à violência.

- *CPP: art. 284.*
- *Lei nº 9.099, de 26-09-1995: arts. 61 e 89, dispõe sobre os Juizados Especiais Cíveis e Criminais.*

ARREBATAMENTO DE PRESO

ART. 353. Arrebatar preso, a fim de maltratá-lo, do poder de quem o tenha sob custódia ou guarda:

Pena – reclusão, de um a quatro anos, além da pena correspondente à violência.

- *Lei nº 9.099, de 26-09-1995: arts. 61 e 89, dispõe sobre os Juizados Especiais Cíveis e Criminais.*

MOTIM DE PRESOS

ART. 354. Amotinarem-se presos, perturbando a ordem ou disciplina da prisão:

Pena – detenção, de seis meses a dois anos, além da pena correspondente à violência.

- *Súmula nº 441 do STJ.*
- *Lei nº 7.210, de 11-07-1984, art. 50, Lei de Execução Penal.*
- *Lei nº 9.099, de 26-09-1995: arts. 61 e 89, dispõe sobre os Juizados Especiais Cíveis e Criminais.*

PATROCÍNIO INFIEL

ART. 355. Trair, na qualidade de advogado ou procurador, o dever profissional, prejudicando interesse, cujo patrocínio, em juízo, lhe é confiado:

Pena – detenção, de seis meses a três anos, e multa.

- *Lei nº 8.666, de 21-06-1993, art. 91, institui normas para licitações e contratos da Administração Pública (REVOGADA pela Lei 14.133, de 01-04.2021)*
- *Lei nº 14.133, de 01-04-2021, art. 337-G, nova Lei de Licitações e contratos.*

PATROCÍNIO SIMULTÂNEO OU TERGIVERSAÇÃO

Parágrafo único. Incorre na pena deste artigo o advogado ou procurador judicial que defende na mesma causa, simultânea ou sucessivamente, partes contrárias.

SONEGAÇÃO DE PAPEL OU OBJETO DE VALOR PROBATÓRIO

ART. 356. Inutilizar, total ou parcialmente, ou deixar de restituir autos, documento ou objeto de valor probatório, que recebeu na qualidade de advogado ou procurador:

Pena – detenção, de seis a três anos, e multa.

- *Lei nº 9.099, de 26-09-1995: arts. 61 e 89, dispõe sobre os Juizados Especiais Cíveis e Criminais.*

EXPLORAÇÃO DE PRESTÍGIO

ART. 357. Solicitar ou receber dinheiro ou qualquer outra utilidade, a pretexto de influir em juiz, jurado, órgão do Ministério Público, funcionário de justiça, perito, tradutor, intérprete ou testemunha:

Pena – reclusão, de um a cinco anos, e multa.

- *CP: art. 332.*
- *CE: art. 299.*
- *Lei nº 9.099, de 26-09-1995: arts. 61 e 89, dispõe sobre os Juizados Especiais Cíveis e Criminais.*

Parágrafo único. As penas aumentam-se de um terço, se o agente alega ou insinua que o dinheiro ou utilidade também se destina a qualquer das pessoas referidas neste artigo.

VIOLÊNCIA OU FRAUDE EM ARREMATAÇÃO JUDICIAL

ART. 358. Impedir, perturbar ou fraudar arrematação judicial; afastar ou procurar afastar concorrente ou licitante, por meio de violência, grave ameaça, fraude ou oferecimento de vantagem:

Pena – detenção, de dois meses a um ano, ou multa, além da pena correspondente à violência.

- *Lei nº 8.666, de 21-06-1993, arts. 93 e 95, institui normas para licitações e contratos da Administração Pública (REVOGADA pela Lei 14.133, de 01-04.2021)*
- *Lei nº 14.133, de 01-04-2021, arts. 337-I e 337-K, nova Lei de Licitações e contratos.*

DESOBEDIÊNCIA A DECISÃO JUDICIAL SOBRE PERDA OU SUSPENSÃO DE DIREITO

ART. 359. Exercer função, atividade, direito, autoridade ou múnus, de que foi suspenso ou privado por decisão judicial:

Pena – detenção, de três meses a dois anos, ou multa.

- *Lei nº 9.099, de 26-09-1995: arts. 61 e 89, dispõe sobre os Juizados Especiais Cíveis e Criminais.*

CAPÍTULO IV.
DOS CRIMES CONTRA AS FINANÇAS PÚBLICAS
(Incluído pela Lei nº 10.028, de 2000)

- *CF: arts. 70 a 75 e 163 a 169.*
- *Lei nº 1.079, 10-04-1950, define os crimes de responsabilidade e regula o respectivo processo de julgamento.*
- *Dec.-lei nº 201, 27-02-1967, dispõe sobre a responsabilidade dos Prefeitos e Vereadores.*

CONTRATAÇÃO DE OPERAÇÃO DE CRÉDITO

ART. 359-A. Ordenar, autorizar ou realizar operação de crédito, interno ou externo, sem prévia autorização legislativa: (Incluído pela Lei nº 10.028, de 2000)

Pena – reclusão, de 1 (um) a 2 (dois) anos. (Incluído pela Lei nº 10.028, de 2000)

▸ *Lei nº 9.099, de 26-09-1995: arts. 61 e 89, dispõe sobre os Juizados Especiais Cíveis e Criminais.*

Parágrafo único. Incide na mesma pena quem ordena, autoriza ou realiza operação de crédito, interno ou externo: (Incluído pela Lei nº 10.028, de 2000)

I – com inobservância de limite, condição ou montante estabelecido em lei ou em resolução do Senado Federal; (Incluído pela Lei nº 10.028, de 2000)

II – quando o montante da dívida consolidada ultrapassa o limite máximo autorizado por lei. (Incluído pela Lei nº 10.028, de 2000)

INSCRIÇÃO DE DESPESAS NÃO EMPENHADAS EM RESTOS A PAGAR

ART. 359-B. Ordenar ou autorizar a inscrição em restos a pagar, de despesa que não tenha sido previamente empenhada ou que exceda limite estabelecido em lei: (Incluído pela Lei nº 10.028, de 2000)

Pena – detenção, de 6 (seis) meses a 2 (dois) anos. (Incluído pela Lei nº 10.028, de 2000)

▸ *Lei nº 9.099, de 26-09-1995: arts. 61 e 89, dispõe sobre os Juizados Especiais Cíveis e Criminais.*

ASSUNÇÃO DE OBRIGAÇÃO NO ÚLTIMO ANO DO MANDATO OU LEGISLATURA

ART. 359-C. Ordenar ou autorizar a assunção de obrigação, nos dois últimos quadrimestres do último ano do mandato ou legislatura, cuja despesa não possa ser paga no mesmo exercício financeiro ou, caso reste parcela a ser paga no exercício seguinte, que não tenha contrapartida suficiente de disponibilidade de caixa: (Incluído pela Lei nº 10.028, de 2000)

Pena – reclusão, de 1 (um) a 4 (quatro) anos. (Incluído pela Lei nº 10.028, de 2000)

▸ *Lei nº 9.099, de 26-09-1995: arts. 61 e 89, dispõe sobre os Juizados Especiais Cíveis e Criminais.*

ORDENAÇÃO DE DESPESA NÃO AUTORIZADA

ART. 359-D. Ordenar despesa não autorizada por lei: (Incluído pela Lei nº 10.028, de 2000)

Pena – reclusão, de 1 (um) a 4 (quatro) anos. (Incluído pela Lei nº 10.028, de 2000)

▸ *Lei nº 9.099, de 26-09-1995: arts. 61 e 89, dispõe sobre os Juizados Especiais Cíveis e Criminais.*

PRESTAÇÃO DE GARANTIA GRACIOSA (Incluído pela Lei nº 10.028, de 2000)

ART. 359-E. Prestar garantia em operação de crédito sem que tenha sido constituída contragarantia em valor igual ou superior ao valor da garantia prestada, na forma da lei: (Incluído pela Lei nº 10.028, de 2000)

Pena – detenção, de 3 (três) meses a 1 (um) ano. (Incluído pela Lei nº 10.028, de 2000)

▸ *Lei nº 9.099, de 26-09-1995: arts. 61 e 89, dispõe sobre os Juizados Especiais Cíveis e Criminais.*

NÃO CANCELAMENTO DE RESTOS A PAGAR

ART. 359-F. Deixar de ordenar, de autorizar ou de promover o cancelamento do montante de restos a pagar inscrito em valor superior ao permitido em lei: (Incluído pela Lei nº 10.028, de 2000)

Pena – detenção, de 6 (seis) meses a 2 (dois) anos. (Incluído pela Lei nº 10.028, de 2000)

▸ *Lei nº 9.099, de 26-09-1995: arts. 61 e 89, dispõe sobre os Juizados Especiais Cíveis e Criminais.*

AUMENTO DE DESPESA TOTAL COM PESSOAL NO ÚLTIMO ANO DO MANDATO OU LEGISLATURA

ART. 359-G. Ordenar, autorizar ou executar ato que acarrete aumento de despesa total com pessoal, nos cento e oitenta dias anteriores ao final do mandato ou da legislatura: (Incluído pela Lei nº 10.028, de 2000)

Pena – reclusão, de 1 (um) a 4 (quatro) anos. (Incluído pela Lei nº 10.028, de 2000)

▸ *Lei nº 9.099, de 26-09-1995: arts. 61 e 89, dispõe sobre os Juizados Especiais Cíveis e Criminais.*

OFERTA PÚBLICA OU COLOCAÇÃO DE TÍTULOS NO MERCADO

ART. 359-H. Ordenar, autorizar ou promover a oferta pública ou a colocação no mercado financeiro de títulos da dívida pública sem que tenham sido criados por lei ou sem que estejam registrados em sistema centralizado de liquidação e de custódia: (Incluído pela Lei nº 10.028, de 2000)

Pena – reclusão, de 1 (um) a 4 (quatro) anos. (Incluído pela Lei nº 10.028, de 2000)

▸ *Lei nº 9.099, de 26-09-1995: arts. 61 e 89, dispõe sobre os Juizados Especiais Cíveis e Criminais.*

DISPOSIÇÕES FINAIS

ART. 360. Ressalvada a legislação especial sobre os crimes contra a existência, a segurança e a integridade do Estado e contra a guarda e o emprego da economia popular, os crimes de imprensa e os de falência, os de responsabilidade do Presidente da República e dos Governadores ou Interventores, e os crimes militares, revogam-se as disposições em contrário.

ART. 361. Este Código entrará em vigor no dia 1º de janeiro de 1942.

Rio de Janeiro, 7 de dezembro de 1940;
119º da Independência e 52º da República.

GETÚLIO VARGAS
Francisco Campos

Este texto não substitui o publicado no DOU de 31.12.1940

ÍNDICE ALFABÉTICO-REMISSIVO DO CÓDIGO PENAL

– A –

CÓDIGO PENAL

CÓDIGO PENAL

– E –

CÓDIGO PENAL

CÓDIGO PENAL

CÓDIGO PENAL

– Q –

– R –

CÓDIGO PENAL

– S –

– W –

CÓDIGO DE PROCESSO PENAL

LEI DE INTRODUÇÃO DO CÓDIGO DE PROCESSO PENAL – DECRETO-LEI Nº 3.931, DE 11 DE DEZEMBRO DE 1941

Lei de Introdução do Código de Processo Penal

O PRESIDENTE DA REPÚBLICA, usando da atribuição que lhe confere o art. 180 da Constituição,

DECRETA:

ART. 1º. O Código de Processo Penal aplicar-se-á aos processos em curso a 1 de janeiro de 1942, observado o disposto nos artigos seguintes, sem prejuízo da validade dos atos realizados sob a vigência da legislação anterior.

ART. 2º. À prisão preventiva e à fiança aplicar-se-ão os dispositivos que forem mais favoráveis.

ART. 3º. O prazo já iniciado, inclusive o estabelecido para a interposição de recurso, será regulado pela lei anterior, se esta não prescrever prazo menor do que o fixado no Código de Processo Penal.

▸ *CPP: art. 2º*

ART. 4º. A falta de arguição em prazo já decorrido, ou dentro no prazo iniciado antes da vigência do Código Penal e terminado depois de sua entrada em vigor, sanará a nulidade, se a legislação anterior lhe atribui este efeito.

▸ *. CP: art. 100, § 2º, E 103.*

▸ *. CPP: arts. 30 e 31, 38, 95, IV, e 564, II.*

ART. 5º. Se tiver sido intentada ação pública por crime que, segundo o Código Penal, só admite ação privada, esta, salvo decadência intercorrente, poderá prosseguir nos autos daquela, desde que a parte legítima para intentá-la ratifique os atos realizados e promova o andamento do processo.

ART. 6º. As ações penais, em que já se tenha iniciado a produção de prova testemunhal, prosseguirão, até a sentença de primeira instância, com o rito estabelecido na lei anterior.

▸ *CPP: art. 2º.*

§ 1º. Nos processos cujo julgamento, segundo a lei anterior, competia ao júri e, pelo Código de Processo Penal, cabe a juiz singular:

a) concluída a inquirição das testemunhas de acusação, proceder-se-á a interrogatório do réu, observado o disposto nos arts. 395 e 396, parágrafo único, do mesmo Código, prosseguindo-se, depois de produzida a prova de defesa, de acordo com o que dispõem os artigos 499 e seguintes;

b) se, embora concluída a inquirição das testemunhas de acusação, ainda não houver sentença de pronúncia ou impronúncia, prosseguir-se-á na forma da letra anterior;

c) se a sentença de pronúncia houver passado em julgado, ou dela não tiver ainda sido interposto recurso, prosseguir-se-á na forma da letra a;

d) se, havendo sentença de impronúncia, esta passar em julgado, só poderá ser instaurado o processo no caso do art. 409, parágrafo único, do Código de Processo Penal;

e) se tiver sido interposto recurso da sentença de pronúncia, aguardar-se-á o julgamento do mesmo, observando-se, afinal, o disposto na letra b ou na letra d.

§ 2º. Aplicar-se-á o disposto no § 1º aos processos da competência do juiz singular, nos quais exista a pronúncia, segundo a lei anterior.

§ 3º. Subsistem os efeitos da pronúncia, inclusive a prisão.

§ 4º. O julgamento caberá ao júri se, na sentença de pronúncia, houver sido ou for o crime classificado no § 1º ou § 2º do art. 295 da Consolidação das Leis Penais.

ART. 7º. O juiz da pronúncia, ao classificar o crime, consumado ou tentado, não poderá reconhecer a existência de causa especial de diminuição da pena.

ART. 8º. As perícias iniciadas antes de 1º de janeiro de 1942 prosseguirão de acordo com a legislação anterior.

ART. 9º. Os processos de contravenções, em qualquer caso, prosseguirão na forma da legislação anterior.

ART. 10. No julgamento, pelo júri, de crime praticado antes da vigência do Código Penal, observar-se-á o disposto no artigo 78 do decreto-lei nº 167, de 5 de janeiro de 1938, devendo os quesitos ser formulados de acordo com a Consolidação das Leis Penais.

§ 1º. Os quesitos sobre causas de exclusão de crime, ou de isenção de pena, serão sempre formulados de acordo com a lei mais favorável.

§ 2º. Quando as respostas do júri importarem condenação, o presidente do Tribunal fará o confronto da pena resultante dessas respostas e da que seria imposta segundo o Código Penal, e aplicará a mais benigna.

§ 3º. Se o confronto das penas concretizadas, segundo uma e outra lei, depender do reconhecimento de algum fato previsto no Código Penal, e que, pelo Código de Processo Penal, deva constituir objeto de quesito, o juiz o formulará.

ART. 11. Já tendo sido interposto recurso de despacho ou de sentença, as condições de admissibilidade, a forma e o julgamento serão regulados pela lei anterior.

ART. 12. No caso do art. 673 do Código de Processo Penal, se tiver sido imposta medida de segurança detentiva ao condenado, este será removido para estabelecimento adequado.

ART. 13. A aplicação da lei nova a fato julgado por sentença condenatória irrecorrível, nos casos previstos no art. 2º e seu parágrafo, do Código Penal, far-se-á mediante despacho do juiz, de ofício, ou a requerimento do condenado ou do Ministério Público.

§ 1º. Do despacho caberá recurso, em sentido estrito.

§ 2º. O recurso interposto pelo Ministério Público terá efeito suspensivo, no caso de condenação por crime a que a lei anterior comine, no máximo, pena privativa de liberdade, por tempo igual ou superior a oito anos.

ART. 14. No caso de infração definida na legislação sobre a caça, verificado que o agente foi, anteriormente, punido, administrativamente, por qualquer infração prevista na mesma legislação, deverão ser os autos remetidos à autoridade judiciária que, mediante portaria, instaurará o processo, na forma do art. 531 do Código de Processo Penal.

Parágrafo único. O disposto neste artigo não exclui a forma de processo estabelecido no Código de Processo Penal, para o caso de prisão em flagrante do contraventor.

ART. 15. No caso do art. 145, nº IV, do Código de Processo Penal, o documento reconhecido como falso será, antes de desentranhado dos autos, rubricado pelo juiz e pelo escrivão em cada uma de suas folhas.

ART. 16. Esta lei entrará em vigor no dia 1º de janeiro de 1942, revogadas as disposições em contrário.

Rio de Janeiro, em 11 de dezembro de 1941;
120º da Independência e 53º da República.
GETULIO VARGAS

Este texto não substitui o publicado no DOU de 13.12.1941

ÍNDICE SISTEMÁTICO DO CÓDIGO DE PROCESSO PENAL – DECRETO-LEI Nº 3.689/1941

CÓDIGO DE PROCESSO PENAL – DECRETO-LEI Nº 3.689, DE 3 DE OUTUBRO DE 1941

Código de Processo Penal.

O PRESIDENTE DA REPÚBLICA, usando da atribuição que lhe confere o art. 180 da Constituição, decreta a seguinte Lei:

LIVRO I. DO PROCESSO EM GERAL

TÍTULO I. DISPOSIÇÕES PRELIMINARES

ART. 1º. O processo penal reger-se-á, em todo o território brasileiro, por este Código, ressalvados:

- *CP: arts. 5º e 7º.*
- *Lei nº 8.617, de 04-01-1993, dispõe sobre o mar territorial, a zona contígua, a zona econômica exclusiva e a plataforma continental brasileira.*

I – os tratados, as convenções e regras de direito internacional;

- *CF: arts. 5º, § 3º e 109, V.*
- *Dec. nº 678, de 06-11-1992, Promulga a Convenção Americana sobre Direitos Humanos – Pacto de São José da Costa Rica.*
- *Dec. nº 3.167, de 14-09-1999, promulga a Convenção sobre a Prevenção e Punição de Crimes Contra Pessoas que Gozam de Proteção Internacional, inclusive Agentes Diplomáticos.*

II – as prerrogativas constitucionais do Presidente da República, dos ministros de Estado, nos crimes conexos com os do Presidente da República, dos ministros do Supremo Tribunal Federal, nos crimes de responsabilidade (Constituição, arts. 86, 89, § 2º, e 100);

- *CF: arts. 50, § 2º, 52, I e par. ún, 85,86 e 102, I.*
- *Lei nº 1.079, de 10-04-1950, Define os crimes de responsabilidade e regula o respectivo julgamento.*

III – os processos da competência da Justiça Militar;

- *CF: art. 124, caput.*

IV – os processos da competência do tribunal especial (Constituição, art. 122, nº 17);

- *CF: art. 5º, XXXV e XXXVII, e 109.*
- *Lei nº 7.170, de 14-12-1983, define os crimes contra a segurança nacional, a ordem política e social, estabelece seu processo e julgamento.*

V – os processos por crimes de imprensa.

Parágrafo único. Aplicar-se-á, entretanto, este Código aos processos referidos nos nºs IV e V, quando as leis especiais que os regulam não dispuserem de modo diverso.

- *Lei nº 9.099, de 26-09-1995, dispõe sobre os Juizados Especiais Cíveis e Criminais.*
- *Lei nº 11.340, de 07-08-2006, cria mecanismos para coibir a violência doméstica e familiar contra a mulher.*
- *Lei nº 11.343, de 23-08-2006: art. 48, § 1º, Lei Antidrogas.*

ART. 2º. A lei processual penal aplicar-se-á desde logo, sem prejuízo da validade dos atos realizados sob a vigência da lei anterior.

- *CP: arts. 1º a 3º.*
- *Dec.-Lei nº 3.931, de 11-12-1941: arts. 3º e 6º, Lei de Introdução do Código de Processo Penal.*

ART. 3º. A lei processual penal admitirá interpretação extensiva e aplicação analógica, bem como o suplemento dos princípios gerais de direito.

- *CP: art. 1º.*
- *CPC/2015: arts. 319, V e 381, § 5º.*
- *LINDB: arts. 4º e 5º.*

JUIZ DAS GARANTIAS

- *(Acrescido pela Lei nº 13.964, de 24.12.2019)*

ART. 3º-A. O processo penal terá estrutura acusatória, vedadas a iniciativa do juiz na fase de investigação e a substituição da atuação probatória do órgão de acusação. (Acrescido pela Lei nº 13.964, de 24.12.2019)

- *CF: art. 129, I.*
- *CPP: arts. 3-B a 3-F, e arts. 5º, II, 28, 28-A, §§ 3º. e 4º., 95, I, 156, I e II, 157, § 5º., 212, 209, § 1º., 252, 254, 311, 384, 385 e 564.*
- *Lei 7.960, de 21-12-1989, art. 2º., caput; Prisão temporária.*
- *Lei n. 9.296, de 24-7-1996, art. 3º.; Lei de interceptação telefônica.*
- *Lei 11.340, de 2006, art. 20; Violência doméstica e familiar contra a mulher.*
- *Lei 12.850, de 2-8-2013, art. 4º., § 6º.; Organização criminosa.*

ART. 3º-B. O juiz das garantias é responsável pelo controle da legalidade da investigação criminal e pela salvaguarda dos direitos individuais cuja franquia tenha sido reservada à autorização prévia do Poder Judiciário, competindo-lhe especialmente: (Acrescido pela Lei nº 13.964, de 24.12.2019)

- *CF: arts. 5º, LIII, e 129, I.*
- *CPP: arts. 3-A, 95, I, 252, 254 e 564, I.*

I – receber a comunicação imediata da prisão, nos termos do inciso LXII do caput do art. 5º da Constituição Federal;

- *CF: arts. 5º, LXII, LXV e LXVI.*
- *CPP: arts. 306 e 310.*

II – receber o auto da prisão em flagrante para o controle da legalidade da prisão, observado o disposto no art. 310 deste Código;

- *CF: arts. 5º, LXII e LXV.*
- *CPP: art. 310, I.*

III – zelar pela observância dos direitos do preso, podendo determinar que este seja conduzido à sua presença, a qualquer tempo;

- *CF: arts. 5º, LXI, LXII, LXIII, LXIV, LXV, LXVI e LXVIII.*
- *CPP: art. 304 a 306, 310, 647, 648, 654, § 2o., e 656.*

IV – ser informado sobre a instauração de qualquer investigação criminal;

- *CF: art. 5º, LXVIII.*
- *CPP: arts. 3-A, VIII e IX, 5º, 10, § 1º, 647, 648, 654, § 2º.*

V – decidir sobre o requerimento de prisão provisória ou outra medida cautelar, observado o disposto no § 1º deste artigo;

- *CF: art. 5º, LXI, 93, IX, e 129, I.*
- *CPP: arts. 127, 134, 136 e 137, 240 e 241, 310, 311, 315, 316.*
- *Lei 7.960, de 21-12-1989, art. 2º., caput; Prisão temporária.*
- *Lei n. 9.296, de 24-7-1996, art. 3º.; Interceptação telefônica.*
- *Lei n. 9.613, de 3-3-1998, art. 4º.; Lavagem de capitais.*
- *Lei 11.343, de 23-8-2006, art. 60; Lei Antidrogas.*
- *Lei 11.343, de 23-8-2006, art. 60; Lei Antidrogas.*
- *Lei 12.850, de 23-8-2006, arts. 8º., § 1º., 10, § 1º., e 10-A; Organização criminosa.*

VI – prorrogar a prisão provisória ou outra medida cautelar, bem como substituí-las ou revogá-las, assegurado, no primeiro caso, o exercício do contraditório em audiência pública e oral, na forma do disposto neste Código ou em legislação especial pertinente;

- *CPP: arts. 282, §§ 5º. e 6º., 310, II e III, 311, 315, 316 e 319.*
- *Lei 7.960, de 21-12-1989, art. 2º., caput; Prisão temporária.*
- *Lei n. 9.296, de 24-7-1996, art. 3º.; Interceptação telefônica.*
- *Lei 11.340, de 7-8-2006, arts. 12-C, I, e 18 a 20; Violência doméstica e familiar contra a mulher.*

VII – decidir sobre o requerimento de produção antecipada de provas consideradas urgentes e não repetíveis, assegurados o contraditório e a ampla defesa em audiência pública e oral;

- *CPP: arts. 155, caput, 156, I, 158 e 225.*

VIII – prorrogar o prazo de duração do inquérito, estando o investigado preso, em vista das razões apresentadas pela autoridade policial e observado o disposto no § 2º deste artigo;

- *CPP: arts. 3-B, §2º., 10, caput e § 3º., 155, caput, 156, I, 158, 225 e 311 a 316.*

IX – determinar o trancamento do inquérito policial quando não houver fundamento razoável para sua instauração ou prosseguimento;

- *CF: art. 5º., LXVIII.*
- *CPP: arts. 647, 648, I e 654, § 2o.*
- *Lei nº 13.869, de 5-9-2019, art. 31, Lei de Abuso de Autoridade.*

X – requisitar documentos, laudos e informações ao delegado de polícia sobre o andamento da investigação;

- *CF: art. 5º., LXVIII.*
- *CPP: arts. 251, 647, 648, I e 654, § 2o.*

XI – decidir sobre os requerimentos de:

a) interceptação telefônica, do fluxo de comunicações em sistemas de informática e telemática ou de outras formas de comunicação;

- *Lei n. 9.296, de 24-7-1996, art. 3º.; Interceptação telefônica.*

b) afastamento dos sigilos fiscal, bancário, de dados e telefônico;

- *CF: art. 5º, X.*
- *CPP: art. 13-B.*
- *Lei Complementar 105, de 10-1-2001, art. 1º., § 4º.; Sigilo das operações de instituições financeiras.*
- *Lei n. 9.296, de 24-7-1996, art. 3º.; Interceptação telefônica.*
- *Lei 12.850, de 23-8-2006, art. 3º., VI; Organização criminosa.*

c) busca e apreensão domiciliar;

- *CF: art. 5º., XI.*
- *CPP: arts. 240 e 241.*

d) acesso a informações sigilosas;

e) outros meios de obtenção da prova que restrinjam direitos fundamentais do investigado;

XII – julgar o habeas corpus impetrado antes do oferecimento da denúncia;

- *CF: art. 5º., LXVIII.*
- *CPP: arts. 647, 648 e 650.*

XIII – determinar a instauração de incidente de insanidade mental;

- *CPP: arts. 145 a 148.*

XIV – decidir sobre o recebimento da denúncia ou queixa, nos termos do art. 399 deste Código;

- *CPP: arts. 41, 395, 397 e 399.*

XV – assegurar prontamente, quando se fizer necessário, o direito outorgado ao investigado e ao seu defensor de acesso a todos os elementos informativos e provas produzidos no âmbito da investigação criminal, salvo no que concerne, estritamente, às diligências em andamento;

- *Súmula vinculante 14.*
- *CF: art. 5º., LV.*
- *CPP: arts. 6º. e 14.*
- *Lei nº 8.906, 04-07-1994; art. 7º., XIV, Estatuto da Advocacia e a Ordem dos Advogados do Brasil (OAB).*

XVI – deferir pedido de admissão de assistente técnico para acompanhar a produção da perícia;

- *CPP: art. 6º., 159, §§ 3º. a 7º.*

XVII – decidir sobre a homologação de acordo de não persecução penal ou os de colaboração premiada, quando formalizados durante a investigação;

- *CPP: arts. 28-A, §§ 4º. a 8º., e 581, XXV.*
- *Lei 12.850, de 23-8-2006, art. 4º., caput e §§ 6º. a 8º.; Organização criminosa.*

XVIII – outras matérias inerentes às atribuições definidas no caput deste artigo.

- *CF: arts. 5º, LIII, e 129, I.*
- *CPP: arts. 3-A, 252 e 254.*

§ 1º O preso em flagrante ou por força de mandado de prisão provisória será encaminhado à presença do juiz de garantias no prazo de 24 (vinte e quatro) horas, momento em que se realizará audiência com a presença do Ministério Público e da Defensoria Pública ou de advogado constituído, vedado o emprego de videoconferência. (Incluído pela Lei nº 13.964, de 24-12-2019, promulgação em 29-04-2021)

§ 2º Se o investigado estiver preso, o juiz das garantias poderá, mediante representação da autoridade policial e ouvido o Ministério Público, prorrogar, uma única vez, a duração do inquérito por até 15 (quinze) dias, após o que, se ainda assim a investigação não for concluída, a prisão será imediatamente relaxada.

- *CF: art. 5º., LXV e LXVIII.*
- *CPP: arts. 3-B, VIII, 10, caput e § 3º., 310, I, 311 a 316, 647 e 648, II.*

ART. 3º-C. A competência do juiz das garantias abrange todas as infrações penais, exceto as de menor potencial ofensivo, e cessa com o recebimento da denúncia ou queixa na forma do art. 399 deste Código. (Acrescido pela Lei nº 13.964, de 24.12.2019)

- *CPP: art. 538.*
- *Lei nº 9.099, de 26-09-1995: art. 61, dispõe sobre os Juizados Especiais Cíveis e Criminais.*

§ 1º Recebida a denúncia ou queixa, as questões pendentes serão decididas pelo juiz da instrução e julgamento.

- *CF: art. 5º., LIII.*
- *CPP: arts. 399.*

§ 2º As decisões proferidas pelo juiz das garantias não vinculam o juiz da instrução e julgamento, que, após o recebimento da denúncia ou queixa, deverá reexaminar a necessidade das medidas cautelares em curso, no prazo máximo de 10 (dez) dias.

- *CF: art. 5º, LIII, 93, IX, e 129, I.*
- *CPP: arts. 127, 134, 136 e 137, 155, caput, 311 a 316 e 399.*
- *Lei n. 9.296, de 24-7-1996, art. 3º.; Interceptação telefônica.*
- *Lei n. 9.613, de 3-3-1998, art. 4º.; Lavagem de capitais.*
- *Lei 11.340, de 7-8-2006, arts. 12-C, I, e 18 a 20; Violência doméstica e familiar contra a mulher.*
- *Lei 11.343, de 23-8-2006, art. 60; Lei Antidrogas.*
- *Lei 12.850, de 23-8-2006, arts. 8º., § 1º., 10, § 1º., e 10-A; Organização criminosa.*

§ 3º Os autos que compõem as matérias de competência do juiz das garantias ficarão acautelados na secretaria desse juízo, à disposição do Ministério Público e da defesa, e não serão apensados aos autos do processo enviados ao juiz da instrução e julgamento, ressalvados os documentos relativos às provas irrepetíveis, medidas de obtenção de provas ou de antecipação de provas, que deverão ser remetidos para apensamento em apartado.

- *CF: art. 129, I.*
- *CPP: arts. 3-A, 155, caput, e 158.*

§ 4º Fica assegurado às partes o amplo acesso aos autos acautelados na secretaria do juízo das garantias.

- *CF: art. 5º., LIV e LV.*
- *CPP: art. 564, III, e, e IV.*

ART. 3º-D. O juiz que, na fase de investigação, praticar qualquer ato incluído nas competências dos arts. 4º e 5º deste Código ficará impedido de funcionar no processo. (Acrescido pela Lei nº 13.964, de 24.12.2019)

- *CF: arts. 5º., LIII, e 129, I.*
- *CPP: arts. 3-A, 252 e 564, I.*

Parágrafo único. Nas comarcas em que funcionar apenas um juiz, os tribunais criarão um sistema de rodízio de magistrados, a fim de atender às disposições deste Capítulo.

ART. 3º-E. O juiz das garantias será designado conforme as normas de organização judiciária da União, dos Estados e do Distrito Federal, observando critérios objetivos a serem periodicamente divulgados pelo respectivo tribunal. (Acrescido pela Lei nº 13.964, de 24.12.2019)

ART. 3º-F. O juiz das garantias deverá assegurar o cumprimento das regras para o tratamento dos presos, impedindo o acordo ou ajuste de qualquer autoridade com órgãos da imprensa para explorar a imagem da pessoa submetida à prisão, sob pena de responsabilidade civil, administrativa e penal. (Acrescido pela Lei nº 13.964, de 24.12.2019)

- *Súmulas vinculantes 11 e 14.*
- *CF: art. 5º, X, XLIX, LVI, LVIII, LXI, LXII, LXIII, LXIV, LXV, LXVI e LXVIII.*
- *Dec. 592, de 6-7-1992, Promulga a Pacto Internacional sobre Direitos Civis e Políticos, art. 9.*
- *Dec. nº 678, de 06-11-1992, Promulga a Convenção Americana sobre Direitos Humanos – Pacto de São José da Costa Rica, art. 7º.*
- *CPP: arts. 304 a 306, 310, 647 e 648.*
- *Lei nº 4.898 de 9-12-1965, art. 4º., c, Lei de Abuso de Autoridade (Revogada pela Lei nº 13.869, de 5.9.2019)*
- *Lei nº 13.869, de 5-9-2019, arts. 9º., parágrafo único, 12 e 13, Lei de Abuso de Autoridade.*

Parágrafo único. Por meio de regulamento, as autoridades deverão disciplinar, em 180 (cento e oitenta) dias, o modo pelo qual as informações sobre a realização da prisão e a identidade do preso serão, de modo padronizado e respeitada a programação normativa aludida no caput deste artigo, transmitidas à imprensa, assegurados a efetividade da persecução penal, o direito à informação e a dignidade da pessoa submetida à prisão.

TÍTULO II.
DO INQUÉRITO POLICIAL

ART. 4º. A polícia judiciária será exercida pelas autoridades policiais no território de suas respectivas circunscrições e terá por fim a apuração das infrações penais e da sua autoria. (Redação dada pela Lei nº 9.043, de 9.5.1995)

- *CF: art. 144, § 1º, IV.*
- *CPP: arts. 12, 13, 16, 17, 18, 22 e 107.*
- *Lei nº 9.099, de 26-09-1995: art. 69, dispõe sobre os Juizados Especiais Cíveis e Criminais.*
- *Lei 12.830, de 20-06-2013. Investigação Criminal conduzida pelo Delegado.*
- *Decreto nº 5.289, de 29-11-2004, art. 2º-A, § 2º, dispõe sobre a Organização e o funcionamento da administração pública federal.*

Parágrafo único. A competência definida neste artigo não excluirá a de autoridades administrativas, a quem por lei seja cometida a mesma função.

- *Súmula nº 397 do STF.*
- *Súmula nº 234 do STJ.*
- *CF: arts. 51, IV; 52, XIII, 53, §§ 1º e 2º, 58, § 3º e 129.*
- *CPP: arts. 12, 13 e 16 a 18, 22.*
- *Lei Complementar nº 35, de 14-03-1979: art. 33, par. ún, dispõe sobre a Lei Orgânica da Magistratura Nacional.*
- *Lei Complementar nº 75, de 20-05-1993: arts. 3º, 9º, 10 e 18, par. ún, dispõe sobre a organização, as atribuições e o estatuto do Ministério Público da União.*
- *Lei nº 8.625, de 12-02-1993: arts. 26, 41 e 80, institui a Lei Orgânica Nacional do Ministério Público.*
- *Lei nº 13.445, de 24-05-2017: art. 54, Lei de Migração.*

ART. 5º. Nos crimes de ação pública o inquérito policial será iniciado:

- *Súmula nº 397 do STF.*
- *Súmula 234 do STJ.*
- *CF: 129.*
- *CPP: arts. 24, 647 e 648.*

- *CP: art. 100.*
- *Lei nº 9.099, de 26-09-1995: art. 69, dispõe sobre os Juizados Especiais Cíveis e Criminais.*
- *Lei 12.830, de 20-06-2013. Investigação Criminal conduzida pelo Delegado.*

I – de ofício;

- *CPP: art. 24, primeira parte.*

II – mediante requisição da autoridade judiciária ou do Ministério Público, ou a requerimento do ofendido ou de quem tiver qualidade para representá-lo.

- *Súmula 234 do STJ.*
- *CF: art. 129, I.*
- *CPP: art. 24, segunda parte.*
- *CP: arts. 7º, § 3º, b, 100, §§ 1º e 2º, 145, par. ún. e 339.*

§ 1º. O requerimento a que se refere o nº II conterá sempre que possível:

a) a narração do fato, com todas as circunstâncias;

b) a individualização do indiciado ou seus sinais característicos e as razões de convicção ou de presunção de ser ele o autor da infração, ou os motivos de impossibilidade de o fazer;

c) a nomeação das testemunhas, com indicação de sua profissão e residência.

- *CPP: arts. 41, 202 e 207.*

§ 2º. Do despacho que indeferir o requerimento de abertura de inquérito caberá recurso para o chefe de Polícia.

- *CF: art. 129, VII.*

§ 3º. Qualquer pessoa do povo que tiver conhecimento da existência de infração penal em que caiba ação pública poderá, verbalmente ou por escrito, comunicá-la à autoridade policial, e esta, verificada a procedência das informações, mandará instaurar inquérito.

- *CPP: art. 17.*
- *CP: arts. 339 e 340.*
- *CE: art. 326-A.*
- *Dec.-lei nº 3.688, de 03-10-1941, art. 66, Lei das Contravenções Penais.*

§ 4º. O inquérito, nos crimes em que a ação pública depender de representação, não poderá sem ela ser iniciado.

- *CPP: arts. 24, segunda parte, 25 e 395, II.*
- *CP: arts. 100, § 1º, 225.*
- *Lei nº 9.099, de 26-09-1995: arts. 69, 75 e 88, dispõe sobre os Juizados Especiais Cíveis e Criminais.*

§ 5º. Nos crimes de ação privada, a autoridade policial somente poderá proceder a inquérito a requerimento de quem tenha qualidade para intentá-la.

- *Súmula nº 594 do STF.*
- *CPP: arts. 30, 31 e 34.*
- *CP: art. 100, § 2º.*
- *CC: art. 5º.*

ART. 6º. Logo que tiver conhecimento da prática da infração penal, a autoridade policial deverá:

- *Lei nº 9.099, de 26-09-1995: art. 69, dispõe sobre os Juizados Especiais Cíveis e Criminais.*
- *Lei nº 11.340, de 07-08-2006, arts. 10 a 12, cria mecanismos para coibir a violência doméstica e familiar contra a mulher.*
- *Lei nº 12.830, de 20-06-2013, dispõe sobre a investigação criminal conduzida pelo delegado.*
- *Dec. n. 9.603, de 10-12-2018, arts. 13, 19 a 26; Sistema de garantia de direitos da criança e do adolescente vítima ou testemunha de violência.*

I – dirigir-se ao local, providenciando para que não se alterem o estado e conservação das coisas, até a chegada dos peritos criminais; (Redação dada pela Lei nº 8.862, de 28.3.1994)

- *CPP: arts. 158 a 184.*

II – apreender os objetos que tiverem relação com o fato, após liberados pelos peritos criminais; (Redação dada pela Lei nº 8.862, de 28.3.1994)

- *CPP: arts. 11, 118 a 124, 158-A a 158-F, e 240 a 250.*
- *CP: art. 91, II, a e b.*

III – colher todas as provas que servirem para o esclarecimento do fato e suas circunstâncias;

- *CPP: arts. 155 a 250.*
- *Lei nº 11.340, de 07-08-2006, art. 12, II, cria mecanismos para coibir a violência doméstica e familiar contra a mulher.*

IV – ouvir o ofendido;

- *CPP: art. 201.*
- *Dec. n. 9.603, de 10-12-2018, arts. 4º., 8º., 9º., § 1º., VII, 19 a 26; Sistema de garantia de direitos da criança e do adolescente vítima ou testemunha de violência.*

V – ouvir o indiciado, com observância, no que for aplicável, do disposto no Capítulo III do Título VII – deste Livro, devendo o respectivo termo ser assinado por duas testemunhas que lhe tenham ouvido a leitura;

- *CF: art. 5º, LIV, LV, LXVIII.*
- *Dec. nº 678, de 06-11-1992, art. 7º., 3, e art. 8º, 2, g, Promulga a Convenção Americana sobre Direitos Humanos – Pacto de São José da Costa Rica.*
- *CPP: art. 260.*
- *Lei nº 8.906, de 04-07-1994, art. 7º, XXI, Estatuto da Advocacia e Ordem dos Advogados do Brasil (OAB).*
- *Lei nº 13.869, de 5-9-2019, arts. 10, 13, parágrafo único, 18 e 20, Lei de Abuso de Autoridade.*

VI – proceder a reconhecimento de pessoas e coisas e a acareações;

- *CPP: arts. 226 a 228, 229 e 230.*

VII – determinar, se for caso, que se proceda a exame de corpo de delito e a quaisquer outras perícias;

- *CPP: art. 149, § 1º. e arts. 158 a 184.*
- *Dec. n. 9.603, de 10-12-2018, arts. 13, 19 a 26; Sistema de garantia de direitos da criança e do adolescente vítima ou testemunha de violência.*

VIII – ordenar a identificação do indiciado pelo processo datiloscópico, se possível, e fazer juntar aos autos sua folha de antecedentes;

- *Súmula nº 568 do STF.*
- *Súmula nº 522 do STJ.*
- *CF: art. 5º, LVIII.*
- *Lei nº 12.037, de 01-10-2009, dispõe sobre a identificação criminal do civilmente identificado.*

IX – averiguar a vida pregressa do indiciado, sob o ponto de vista individual, familiar e social, sua condição econômica, sua atitude e estado de ânimo antes e depois do crime e durante ele, e quaisquer outros elementos que contribuírem para a apreciação do seu temperamento e caráter.

▸ *CP: art. 59.*

▸ *Lei nº 7.210, de 11-07-1984, art. 5º, Lei de Execução Penal.*

X – colher informações sobre a existência de filhos, respectivas idades e se possuem alguma deficiência e o nome e o contato de eventual responsável pelos cuidados dos filhos, indicado pela pessoa presa. (Incluído pela Lei nº 13.257, de 2016)

ART. 7º. Para verificar a possibilidade de haver a infração sido praticada de determinado modo, a autoridade policial poderá proceder à reprodução simulada dos fatos, desde que esta não contrarie a moralidade ou a ordem pública.

▸ *CF: art. 5º, LXIII.*

ART. 8º. Havendo prisão em flagrante, será observado o disposto no Capítulo II do Título IX deste Livro.

▸ *Súmula Vinculante nº 11.*

▸ *Súmulas nº 145 e 397 do STF.*

▸ *CF: art. 53, § 2º.*

▸ *CPP: arts. 292, 294, 301 a 310, 325, § 2º, 332, 530, 564, III, 569 e 581, V.*

▸ *CTB: art. 301.*

▸ *Lei nº 8.906, de 04-07-1994: art. 7º, IV, dispõe sobre o Estatuto da Advocacia e a Ordem dos Advogados do Brasil (OAB).*

▸ *Lei Complementar nº 35, de 14-03-1979: art. 33, II, dispõe sobre a Lei Orgânica da Magistratura Nacional.*

▸ *Lei Complementar nº 75, de 20-05-1993: art. 18, II, d, dispõe sobre a organização, as atribuições e o estatuto do Ministério Público da União.*

▸ *Lei Complementar nº 80, de 12-01-1994: arts. 44, II, 89, II e 128, II, organiza a Defensoria Pública da União, do Distrito Federal e dos Territórios e prescreve normas gerais para sua organização nos Estados.*

▸ *Lei nº 5.010, de 30-05-1966: art. 67, organiza a Justiça Federal de primeira instância.*

▸ *Lei nº 5.197, de 03-01-1967: art. 32, Crimes contra a fauna.*

▸ *Lei nº 8.625, de 12-02-1993: art. 40, III, institui a Lei Orgânica Nacional do Ministério Público.*

▸ *Lei nº 9.099, de 26-09-1995: art. 69, dispõe sobre os Juizados Especiais Cíveis e Criminais.*

▸ *Lei nº 9.605, de 12-02-1998: art. 26, dispõe sobre as sanções penais e administrativas derivadas de condutas e atividades lesivas ao meio ambiente.*

▸ *Lei nº 11.343, de 23-08-2006: art. 50, 54, III, Lei Antidrogas.*

▸ *Lei nº 13.445, de 24-05-2017: art. 84, Lei de Migração.*

ART. 9º. Todas as peças do inquérito policial serão, num só processado, reduzidas a escrito ou datilografadas e, neste caso, rubricadas pela autoridade.

▸ *Súmula Vinculante nº 14.*

▸ *CF: art. 129, VII.*

▸ *Lei nº 8.906, de 04-07-1994: art. 7º, XIV, dispõe sobre o Estatuto da Advocacia e a Ordem dos Advogados do Brasil (OAB).*

▸ *Lei nº 9.099, de 26-09-1995: arts. 2º, 62, 69, dispõe sobre os Juizados Especiais Cíveis e Criminais.*

ART. 10. O inquérito deverá terminar no prazo de 10 dias, se o indiciado tiver sido preso em flagrante, ou estiver preso preventivamente, contado o prazo, nesta hipótese, a partir do dia em que se executar a ordem de prisão, ou no prazo de 30 dias, quando estiver solto, mediante fiança ou sem ela.

▸ *CPP: arts. 310, 311, 312, 647, 648, II e 798, § 1º.*

▸ *Lei nº 1.521, de 26-12-1951: art. 10, § 1º, altera dispositivos da legislação vigente sobre crimes contra a economia popular.*

▸ *Lei nº 5.010, de 30-05-1966: art. 66, organiza a Justiça Federal de primeira instância.*

▸ *Lei nº 7.960, de 21-12-1989, dispõe sobre prisão temporária.*

▸ *Lei nº 8.072, de 25-07-1990: arts. 2º, § 3º, dispõe sobre os crimes hediondos.*

▸ *Lei nº 11.343, de 23-08-2006: art. 51, Lei Antidrogas.*

§ 1º. A autoridade fará minucioso relatório do que tiver sido apurado e enviará autos ao juiz competente.

▸ *CPP: art. 23.*

▸ *Lei nº 11.343, de 23-08-2006: arts. 28, § 2º, e 52, I, Lei Antidrogas.*

§ 2º. No relatório poderá a autoridade indicar testemunhas que não tiverem sido inquiridas, mencionando o lugar onde possam ser encontradas.

§ 3º. Quando o fato for de difícil elucidação, e o indiciado estiver solto, a autoridade poderá requerer ao juiz a devolução dos autos, para ulteriores diligências, que serão realizadas no prazo marcado pelo juiz.

▸ *CF: art. 129, VII.*

▸ *CPP: art. 16.*

ART. 11. Os instrumentos do crime, bem como os objetos que interessarem à prova, acompanharão os autos do inquérito.

▸ *CF: art. 5º, LIV.*

▸ *CPP: arts. 118 a 124, 169 a 175, e 240.*

ART. 12. O inquérito policial acompanhará a denúncia ou queixa, sempre que servir de base a uma ou outra.

▸ *CPP: arts. 27, 39, § 5º, 40 e 46, § 1º.*

ART. 13. Incumbirá ainda à autoridade policial:

▸ *CPP: arts. 125, ss, e 322.*

▸ *Lei nº 9.296, de 24-07-1996. Lei de Interceptação Telefônica.*

▸ *Lei nº 12.850, de 02-08-2013. Organização Criminosa.*

I – fornecer às autoridades judiciárias as informações necessárias à instrução e julgamento dos processos;

II – realizar as diligências requisitadas pelo juiz ou pelo Ministério Público;

▸ *CF: art. 129, VIII.*

▸ *CPP: arts. 297 a 300.*

▸ *Lei nº 8.625, de 12-02-1993: art. 26, I, a, institui a Lei Orgânica Nacional do Ministério Público.*

▸ *Lei Complementar nº 75, de 20-05-1993: art. 8º, IX, dispõe sobre a organização, as atribuições e o estatuto do Ministério Público da União.*

III – cumprir os mandados de prisão expedidos pelas autoridades judiciárias;

▸ *CPP: arts. 282 a 300 e 378, II.*

IV – representar acerca da prisão preventiva.

▸ *CPP: arts. 311 e 312 do Código de Processo Penal.*

▸ *Lei nº 7.960, de 21-12-1989: arts. 1º e 2º, dispõe sobre prisão temporária.*

▸ *Lei nº 11.340, de 07-08-2006, art. 20, cria mecanismos para coibir a violência doméstica e familiar contra a mulher.*

ART. 13-A. Nos crimes previstos nos arts. 148, 149 e 149-A, no § 3º do art. 158 e no art. 159 do Decreto-Lei nº 2.848, de 7 de dezembro de 1940 (Código Penal), e no art. 239 da Lei nº 8.069, de 13 de julho de 1990 (Estatuto da Criança e do Adolescente), o membro do Ministério Público ou o delegado de polícia poderá requisitar, de quaisquer órgãos do poder público ou de empresas da iniciativa privada, dados e informações cadastrais da vítima ou de suspeitos. (Incluído pela Lei nº 13.344, de 2016)

▸ *Lei 12.850, de 23-8-2006, arts. 15 a 17; Organização criminosa.*

Parágrafo único. A requisição, que será atendida no prazo de 24 (vinte e quatro) horas, conterá: (Incluído pela Lei nº 13.344, de 2016)

I – o nome da autoridade requisitante; (Incluído pela Lei nº 13.344, de 2016)

II – o número do inquérito policial; e (Incluído pela Lei nº 13.344, de 2016)

III – a identificação da unidade de polícia judiciária responsável pela investigação. (Incluído pela Lei nº 13.344, de 2016)

ART. 13-B. Se necessário à prevenção e à repressão dos crimes relacionados ao tráfico de pessoas, o membro do Ministério Público ou o delegado de polícia poderão requisitar, mediante autorização judicial, às empresas prestadoras de serviço de telecomunicações e/ou telemática que disponibilizem imediatamente os meios técnicos adequados – como sinais, informações e outros – que permitam a localização da vítima ou dos suspeitos do delito em curso. (Incluído pela Lei nº 13.344, de 2016)

▸ *CPP: art. 3-B.*

§ 1º. Para os efeitos deste artigo, sinal significa posicionamento da estação de cobertura, setorização e intensidade de radiofrequência. (Incluído pela Lei nº 13.344, de 2016)

§ 2º. Na hipótese de que trata o caput, o sinal: (Incluído pela Lei nº 13.344, de 2016)

I – não permitirá acesso ao conteúdo da comunicação de qualquer natureza, que dependerá de autorização judicial, conforme disposto em lei; (Incluído pela Lei nº 13.344, de 2016)

II – deverá ser fornecido pela prestadora de telefonia móvel celular por período não superior a 30 (trinta) dias, renovável por uma única vez, por igual período; (Incluído pela Lei nº 13.344, de 2016)

III – para períodos superiores àquele de que trata o inciso II, será necessária a apresentação de ordem judicial. (Incluído pela Lei nº 13.344, de 2016)

§ 3º. Na hipótese prevista neste artigo, o inquérito policial deverá ser instaurado no prazo máximo de 72 (setenta e duas) horas, contado do registro da respectiva ocorrência policial. (Incluído pela Lei nº 13.344, de 2016)

§ 4º. Não havendo manifestação judicial no prazo de 12 (doze) horas, a autoridade competente requisitará às empresas prestadoras de serviço de telecomunicações e/ou telemática que disponibilizem imediatamente os meios técnicos adequados – como sinais, informações e outros – que permitam a localização da vítima ou dos suspeitos do delito em curso, com imediata comunicação ao juiz. (Incluído pela Lei nº 13.344, de 2016)

ART. 14. O ofendido, ou seu representante legal, e o indiciado poderão requerer qualquer diligência, que será realizada, ou não, a juízo da autoridade.

▸ *Súmula Vinculante nº 14.*

▸ *CPP: arts. 176 e 184.*

▸ *Lei nº 8.906, 04-07-1994: art. 7º., XIV e XIV, Estatuto da Advocacia e a Ordem dos Advogados do Brasil (OAB).*

ART. 14-A. Nos casos em que servidores vinculados às instituições dispostas no art. 144 da Constituição Federal figurarem como investigados em inquéritos policiais, inquéritos policiais militares e demais procedimentos extrajudiciais, cujo objeto for a investigação de fatos relacionados ao uso da força letal praticados no exercício profissional, de forma consumada ou tentada, incluindo as situações dispostas no art. 23 do Decreto-Lei nº 2.848, de 7 de dezembro de 1940 (Código Penal), o indiciado poderá constituir defensor. (Acrescido pela Lei nº 13.964, de 24.12.2019)

▸ *CF: art. 144.*

▸ *CP: art. 25, par. ún.*

§ 1º Para os casos previstos no caput deste artigo, o investigado deverá ser citado da instauração do procedimento investigatório, podendo constituir defensor no prazo de até 48 (quarenta e oito) horas a contar do recebimento da citação.

§ 2º Esgotado o prazo disposto no § 1º deste artigo com ausência de nomeação de defensor pelo investigado, a autoridade responsável pela investigação deverá intimar a instituição a que estava vinculado o investigado à época da ocorrência dos fatos, para que essa, no prazo de 48 (quarenta e oito) horas, indique defensor para a representação do investigado.

§ 3º Havendo necessidade de indicação de defensor nos termos do § 2º deste artigo, a defesa caberá preferencialmente à Defensoria Pública, e, nos locais em que ela não estiver instalada, a União ou a Unidade da Federação correspondente à respectiva competência territorial do procedimento instaurado deverá disponibilizar profissional para acompanhamento e realização de todos os atos relacionados à defesa administrativa do investigado. (Incluído pela Lei nº 13.964, de 24-12-2019, promulgação em 29-04-2021)

§ 4º A indicação do profissional a que se refere o § 3º deste artigo deverá ser precedida de manifestação de que não existe defensor público lotado na área territorial onde tramita o inquérito e com atribuição para nele atuar, hipótese em que poderá ser indicado profissional que não integre os quadros próprios da Administração. (Incluído pela Lei nº 13.964, de 24-12-2019, promulgação em 29-04-2021)

§ 5º Na hipótese de não atuação da Defensoria Pública, os custos com o patrocínio dos interesses dos investigados nos procedimentos de que trata este artigo correrão por conta do orçamento próprio da instituição a que este esteja vinculado à época da ocorrência dos fatos investigados. (Incluído pela Lei nº 13.964, de 24-12-2019, promulgação em 29-04-2021)

§ 6º As disposições constantes deste artigo se aplicam aos servidores militares vinculados às instituições dispostas no art. 142 da Constituição Federal, desde que os fatos investigados digam respeito a missões para a Garantia da Lei e da Ordem.

ART. 15. Se o indiciado for menor, ser-lhe-á nomeado curador pela autoridade policial.

- *Súmula nº 352 do STF.*
- *CP: arts. 27 e 65, I.*
- *CC: art. 5º.*
- *Lei nº 8.069, de 13-07-1990, arts. 142, par. ún. e 184, § 2º. Estatuto da Criança e do Adolescente.*

ART. 16. O Ministério Público não poderá requerer a devolução do inquérito à autoridade policial, senão para novas diligências, imprescindíveis ao oferecimento da denúncia.

- *Súmula 234 do STJ.*
- *CF: art. 129, VII e VIII.*
- *CPP: art. 39, § 5º, 46 e 47, 395, II e III.*
- *Lei 11.343/06, art. 54, II. Lei Antidrogas.*

ART. 17. A autoridade policial não poderá mandar arquivar autos de inquérito.

- *CF: art. 129, VII.*
- *CPP: art. 28 e 42.*

ART. 18. Depois de ordenado o arquivamento do inquérito pela autoridade judiciária, por falta de base para a denúncia, a autoridade policial poderá proceder a novas pesquisas, se de outras provas tiver notícia.

- *Súmula nº 524 do STF.*
- *CPP: arts. 67, I, 409, par. ún., e 414.*
- *Lei nº 1.521, de 26-12-1951: art. 7º, altera dispositivos da legislação vigente sobre crimes contra a economia popular.*

ART. 19. Nos crimes em que não couber ação pública, os autos do inquérito serão remetidos ao juízo competente, onde aguardarão a iniciativa do ofendido ou de seu representante legal, ou serão entregues ao requerente, se o pedir, mediante traslado.

- *CPP: arts. 30 a 38 e 183.*
- *CP: art. 100.*

ART. 20. A autoridade assegurará no inquérito o sigilo necessário à elucidação do fato ou exigido pelo interesse da sociedade.

- *Súmula Vinculante nº 14.*
- *CF: art. 5º, XXXIII.*
- *CPP: arts. 745 e 792.*
- *Lei nº 8.906, de 04-07-1994, art. 7º, XIII, XIV, XV e § 1º, Estatuto da Advocacia e Ordem dos Advogados do Brasil (OAB).*

Parágrafo único. Nos atestados de antecedentes que lhe forem solicitados, a autoridade policial não poderá mencionar quaisquer anotações referentes a instauração de inquérito contra os requerentes. (Redação dada pela Lei nº 12.681, de 2012)

- *CF: art. 5º, XXXIV, b e LVII.*
- *CPP: 748.*
- *Lei nº 7.210, de 11-07-1984, art. 202, Lei de Execução Penal.[.*
- *Lei nº 12.037, de 01-10-2009, art. 6º, dispõe sobre a identificação criminal do civilmente identificado.*

ART. 21. A incomunicabilidade do indiciado dependerá sempre de despacho nos autos e somente será permitida quando o interesse da sociedade ou a conveniência da investigação o exigir.

- *CF: arts. 5º, LXII e 136, § 3º, IV.*
- *Lei nº 4.898 de 9-12-1965, art. 4o., a, b, c, Lei de Abuso de Autoridade (Revogada pela Lei nº 13.869, de 5.9.2019)*
- *Lei nº 13.869, de 5-9-2019, arts. 12, 19,e 20, Lei de Abuso de Autoridade.*

Parágrafo único. A incomunicabilidade, que não excederá de três dias, será decretada por despacho fundamentado do Juiz, a requerimento da autoridade policial, ou do órgão do Ministério Público, respeitado, em qualquer hipótese, o disposto no artigo 89, inciso III, do Estatuto da Ordem dos Advogados do Brasil (Lei nº 4.215, de 27 de abril de 1963) (Redação dada pela Lei nº 5.010, de 30.5.1966)

- *CF: art. 136, § 3º, IV.*
- *Lei nº 7.210, de 11-07-1984, arts. 52, 53, 58, 60 e 87, Lei de Execução Penal.*
- *Lei nº 8.906, de 04-07-1994, art. 7º, III e VIII, Estatuto da Advocacia e Ordem dos Advogados do Brasil (OAB).*

ART. 22. No Distrito Federal e nas comarcas em que houver mais de uma circunscrição policial, a autoridade com exercício em uma delas poderá, nos inquéritos a que esteja procedendo, ordenar diligências em circunscrição de outra, independentemente de precatórias ou requisições, e bem assim providenciará, até que compareça a autoridade competente, sobre qualquer fato que ocorra em sua presença, noutra circunscrição.

- *CPP: arts. 4º e 70.*
- *CP: art. 6º.*

ART. 23. Ao fazer a remessa dos autos do inquérito ao juiz competente, a autoridade policial oficiará ao Instituto de Identificação e Estatística, ou repartição congênere, mencionando o juízo a que tiverem sido distribuídos, e os dados relativos à infração penal e à pessoa do indiciado.

- *CPP: arts. 747 e 809.*
- *Lei nº 7.210, de 11-07-1984, art. 202, Lei de Execução Penal.*

TÍTULO III. DA AÇÃO PENAL

ART. 24. Nos crimes de ação pública, esta será promovida por denúncia do Ministério Público, mas dependerá, quando a Lei o exigir, de requisição do Ministro da Justiça, ou de representação do ofendido ou de quem tiver qualidade para representá-lo.

- *Súmula 234 do STJ.*
- *Súmula nº 714 do STF.*
- *CF: arts. 5º, LIX e 129, I.*
- *CPP: arts. 5º, § 4º, 39, 564, II e III, a, e 569.*
- *CP: arts. 7º, § 3º, b, 100, 101 e 145, par. ún, 1ª parte.*
- *Lei nº 8.625, de 12-02-1993: art. 25, III, institui a Lei Orgânica Nacional do Ministério Público.*
- *Lei nº 9.099, de 26-09-1995: arts. 72, 75, 76, 88 e 89, dispõe sobre os Juizados Especiais Cíveis e Criminais.*
- *Lei nº 11.340, de 07-08-2006: art. 12, I, cria mecanismos para coibir a violência doméstica e familiar contra a mulher.*
- *Lei n. 12.850, de 02-08-2013: art. 4º.*

§ 1º. No caso de morte do ofendido ou quando declarado ausente por decisão judicial, o direito de representação passará ao cônjuge, ascendente, descendente ou irmão. (Parágrafo único renumerado pela Lei nº 8.699, de 27.8.1993)

- Súmula nº 594 do STF.
- CF: art. 226, § 3º.
- CPP: arts. 38, par. ún.
- CP: art. 100, § 4º.
- CPC/2015: art. 744.
- CC: arts. 5º, 6º e 22 a 25.

§ 2º. Seja qual for o crime, quando praticado em detrimento do patrimônio ou interesse da União, Estado e Município, a ação penal será pública. (Incluído pela Lei nº 8.699, de 27.8.1993)

- CP: arts. 7º, § 3º, b,100,101 e 145, par. ún, 1ª parte.
- CPP: arts. 39, 564, II e III, a, e 569.
- Lei nº 8.625, de 12-02-1993: art. 25, III, institui a Lei Orgânica Nacional do Ministério Público.
- Lei nº 9.099, de 26-09-1995: arts. 72, 74, 75, 76, 88 e 89, dispõe sobre os Juizados Especiais Cíveis e Criminais.

ART. 25. A representação será irretratável, depois de oferecida a denúncia.

- CPP: arts. 24 e 38.
- CP: arts. 100, § 1º, e 102.
- Lei nº 9.099, de 26-09-1995: arts. 72, 74, 75 e 79, dispõe sobre os Juizados Especiais Cíveis e Criminais.
- Lei 11.340, art. 16. Cria mecanismos para coibir a violência doméstica e familiar contra a mulher.

ART. 26. A ação penal, nas contravenções, será iniciada com o auto de prisão em flagrante ou por meio de portaria expedida pela autoridade judiciária ou policial.

- CF: arts. 5º, LXI, e 129, I.
- CPC/2015: arts. 2º e 110.
- Dec.-lei nº 3.688, de 03-10-1941, art. 17, Lei das Contravenções Penais.

ART. 27. Qualquer pessoa do povo poderá provocar a iniciativa do Ministério Público, nos casos em que caiba a ação pública, fornecendo-lhe, por escrito, informações sobre o fato e a autoria e indicando o tempo, o lugar e os elementos de convicção.

- CF: art. 5º, LXXIII.
- CPP: art. 5º, § 3º.
- CP: arts. 339 e 340.
- Dec.-lei nº 3.688, de 03-10-1941, art. 66, I e II, Lei das Contravenções Penais.

ART. 28. Ordenado o arquivamento do inquérito policial ou de quaisquer elementos informativos da mesma natureza, o órgão do Ministério Público comunicará à vítima, ao investigado e à autoridade policial e encaminhará os autos para a instância de revisão ministerial para fins de homologação, na forma da lei. (Redação dada pela Lei nº 13.964, de 24.12.2019)

- Redação anterior: Art. 28. Se o órgão do Ministério Público, ao invés de apresentar a denúncia, requerer o arquivamento do inquérito policial ou de quaisquer peças de informação, o juiz, no caso de considerar improcedentes as razões invocadas, fará remessa do inquérito ou peças de informação ao procurador-geral, e este oferecerá a denúncia, designará outro órgão do Ministério Público para oferecê-la, ou insistirá no pedido de arquivamento, ao qual só então estará o juiz obrigado a atender.
- Súmula 234 do STJ.
- Súmulas nº 524 e 696 do STF.
- CF: arts. 128, §§ 1º, 3º e 5º, e 129, I.
- CPP: arts. 3-A, 17, 18 e 28-A.
- Lei nº 1.521, de 26-12-1951: art. 7º, altera dispositivos da legislação vigente sobre crimes contra a economia popular.
- Lei nº 8.625, de 12-02-1993: art. 12, IX, institui a Lei Orgânica Nacional do Ministério Público.
- Lei nº 9.099, de 26-09-1995: arts. 76 e 89, dispõe sobre os Juizados Especiais Cíveis e Criminais.
- Lei nº 11.101, de 09-02-2005: arts. 184 a 188, regula a recuperação judicial, a extrajudicial e a falência do empresário e da sociedade empresária.

§ 1º Se a vítima, ou seu representante legal, não concordar com o arquivamento do inquérito policial, poderá, no prazo de 30 (trinta) dias do recebimento da comunicação, submeter a matéria à revisão da instância competente do órgão ministerial, conforme dispuser a respectiva lei orgânica. (Acrescido pela Lei nº 13.964, de 24.12.2019)

§ 2º Nas ações penais relativas a crimes praticados em detrimento da União, Estados e Municípios, a revisão do arquivamento do inquérito policial poderá ser provocada pela chefia do órgão a quem couber a sua representação judicial. (Acrescido pela Lei nº 13.964, de 24.12.2019)

ART. 28-A. Não sendo caso de arquivamento e tendo o investigado confessado formal e circunstancialmente a prática de infração penal sem violência ou grave ameaça e com pena mínima inferior a 4 (quatro) anos, o Ministério Público poderá propor acordo de não persecução penal, desde que necessário e suficiente para reprovação e prevenção do crime, mediante as seguintes condições ajustadas cumulativa e alternativamente: (Acrescido pela Lei nº 13.964, de 24.12.2019)

- CP: art. 116, IV.

I – reparar o dano ou restituir a coisa à vítima, exceto na impossibilidade de fazê-lo;

- CPP: arts. 90, I, 197 a 200.

II – renunciar voluntariamente a bens e direitos indicados pelo Ministério Público como instrumentos, produto ou proveito do crime;

- CP: arts. 90 e 91-A.

III – prestar serviço à comunidade ou a entidades públicas por período correspondente à pena mínima cominada ao delito diminuída de um a dois terços, em local a ser indicado pelo juízo da execução, na forma do art. 46 do Decreto-Lei nº 2.848, de 7 de dezembro de 1940 (Código Penal);

- CP: art. 46.

IV – pagar prestação pecuniária, a ser estipulada nos termos do art. 45 do Decreto-Lei nº 2.848, de 7 de dezembro de 1940 (Código Penal), a entidade pública ou de interesse social, a ser indicada pelo juízo da execução, que tenha, preferencialmente, como função proteger bens jurídicos iguais ou semelhantes aos aparentemente lesados pelo delito; ou

- CP: art. 45.

V – cumprir, por prazo determinado, outra condição indicada pelo Ministério Público, desde que proporcional e compatível com a infração penal imputada.

§ 1º Para aferição da pena mínima cominada ao delito a que se refere o caput deste artigo, serão consideradas as causas de aumento e diminuição aplicáveis ao caso concreto.

- Súmula 243 do STJ.
- CP: arts. 69, 70 e 71.

§ 2º O disposto no caput deste artigo não se aplica nas seguintes hipóteses:

I – se for cabível transação penal de competência dos Juizados Especiais Criminais, nos termos da lei;

- *Lei nº 9.099, de 26-09-1995, art. 76, Lei dos Juizados Especiais Cíveis e Criminais.*

II – se o investigado for reincidente ou se houver elementos probatórios que indiquem conduta criminal habitual, reiterada ou profissional, exceto se insignificantes as infrações penais pretéritas;

- *CP: arts. 63 e 64.*

III – ter sido o agente beneficiado nos 5 (cinco) anos anteriores ao cometimento da infração, em acordo de não persecução penal, transação penal ou suspensão condicional do processo; e

- *Lei nº 9.099, de 26-09-1995, arts. 76 e 89, Lei dos Juizados Especiais Cíveis e Criminais.*

IV – nos crimes praticados no âmbito de violência doméstica ou familiar, ou praticados contra a mulher por razões da condição de sexo feminino, em favor do agressor.

- *Lei 11.340, de 7-8-2006, arts. 12-C, I, e 18 a 20; Violência doméstica e familiar contra a mulher.*

§ 3º O acordo de não persecução penal será formalizado por escrito e será firmado pelo membro do Ministério Público, pelo investigado e por seu defensor.

- *CF: art. 129, I.*
- *CP: art. 116, IV.*
- *CPP: art. 3-A.*
- *Lei 12.850, de 23-8-2006, art. 4º., § 6º.; Organização criminosa.*

§ 4º Para a homologação do acordo de não persecução penal, será realizada audiência na qual o juiz deverá verificar a sua voluntariedade, por meio da oitiva do investigado na presença do seu defensor, e sua legalidade.

- *CF: arts. 5o., LV e 129, I.*
- *Dec. nº 678, de 06-11-1992, Promulga a Convenção Americana sobre Direitos Humanos – Pacto de São José da Costa Rica, art. 8º., 2, g.*
- *CPP: art. 3-A.*
- *Lei 12.850, de 23-8-2006, art. 4º., § 7º., IV; Organização criminosa.*
- *Lei nº 13.869, de 5-9-2019, art. 13, Lei de Abuso de Autoridade.*

§ 5º Se o juiz considerar inadequadas, insuficientes ou abusivas as condições dispostas no acordo de não persecução penal, devolverá os autos ao Ministério Público para que seja reformulada a proposta de acordo, com concordância do investigado e seu defensor.

§ 6º Homologado judicialmente o acordo de não persecução penal, o juiz devolverá os autos ao Ministério Público para que inicie sua execução perante o juízo de execução penal.

- *CP: art. 116, IV.*

§ 7º O juiz poderá recusar homologação à proposta que não atender aos requisitos legais ou quando não for realizada a adequação a que se refere o § 5º deste artigo.

- *CPP: art. 581, XXV.*

§ 8º Recusada a homologação, o juiz devolverá os autos ao Ministério Público para a análise da necessidade de complementação das investigações ou o oferecimento da denúncia.

- *CPP: art. 581, XXV.*

§ 9º A vítima será intimada da homologação do acordo de não persecução penal e de seu descumprimento.

- *CPP: art. 201, §§ 2º. e 3º.*

§ 10. Descumpridas quaisquer das condições estipuladas no acordo de não persecução penal, o Ministério Público deverá comunicar ao juízo, para fins de sua rescisão e posterior oferecimento de denúncia.

- *Súmula vinculante 45.*

§ 11. O descumprimento do acordo de não persecução penal pelo investigado também poderá ser utilizado pelo Ministério Público como justificativa para o eventual não oferecimento de suspensão condicional do processo.

- *Lei nº 9.099, de 26-09-1995, art. 89, Lei dos Juizados Especiais Cíveis e Criminais.*

§ 12. A celebração e o cumprimento do acordo de não persecução penal não constarão de certidão de antecedentes criminais, exceto para os fins previstos no inciso III do § 2º deste artigo.

- *Súmula 444 do STJ.*
- *CF: art. 5º., LVII.*
- *CPP: art. 20, parágrafo único.*

§ 13. Cumprido integralmente o acordo de não persecução penal, o juízo competente decretará a extinção de punibilidade.

- *CP: art. 107.*

§ 14. No caso de recusa, por parte do Ministério Público, em propor o acordo de não persecução penal, o investigado poderá requerer a remessa dos autos a órgão superior, na forma do art. 28 deste Código.

- *CF: art. 5º. LV.*
- *CPP: art. 28 e 564, III, o.*

ART. 29. Será admitida ação privada nos crimes de ação pública, se esta não for intentada no prazo legal, cabendo ao Ministério Público aditar a queixa, repudiá-la e oferecer denúncia substitutiva, intervir em todos os termos do processo, fornecer elementos de prova, interpor recurso e, a todo tempo, no caso de negligência do querelante, retomar a ação como parte principal.

- *CF: art. 5º, LIX.*
- *CPP: arts. 38, in fine, 44 e 564, III, a.*
- *CP: art. 100, § 3º.*
- *CPC/2015: art. 124*
- *Lei 11.101, de 09-02-2005, art. 184, par. ún., regula a recuperação judicial, a extrajudicial e a falência do empresário e da sociedade empresária.*

ART. 30. Ao ofendido ou a quem tenha qualidade para representá-lo caberá intentar a ação privada.

- *CPP: arts. 41, 44, 73, 387, IV e 564, II e III, a.*
- *CPP: arts. 31, 38, 41, 44, 73, 259, 387, IV, 397, 413, 564, II e III a, 568 e 569.*
- *CP: arts. 100, §§ 2º e 3º, e 225, §§ 1º, I e II, 2º.*
- *CC: art. 5º.*
- *Lei nº 9.099, de 26-09-1995: arts. 61, 63, 72 e 74, pár. ún. dispõe sobre os Juizados Especiais Cíveis e Criminais.*
- *Dec.-Lei nº 3.931, de 03-10-1941: art. 5º, Lei de Introdução ao Código de Processo Penal.*

ART. 31. No caso de morte do ofendido ou quando declarado ausente por decisão judicial, o direito de oferecer queixa ou prosseguir na ação passará ao cônjuge, ascendente, descendente ou irmão.

- *CF: art. 226, § 3º.*
- *CPP: arts. 36, 38, 268, e 598.*
- *CP: arts. 100, § 4º, 236, par. ún.*
- *CPC/2015: art. 744.*
- *CC: arts. 6º e 22.*

ART. 32. Nos crimes de ação privada, o juiz, a requerimento da parte que comprovar a sua pobreza, nomeará advogado para promover a ação penal.

- *CF: arts. 5º, LXXIV e 134.*
- *CPC: arts. 98, 99, § 3º, e 185.*
- *Lei nº 1.060, de 05-02-1950, estabelece normas para a concessão de assistência judiciária aos necessitados.*

§ 1º. Considerar-se-á pobre a pessoa que não puder prover às despesas do processo, sem privar-se dos recursos indispensáveis ao próprio sustento ou da família.

- *CPC/2015: arts. 98 a 102.*
- *Lei nº 1.060, de 05-02-1950.*

§ 2º. Será prova suficiente de pobreza o atestado da autoridade policial em cuja circunscrição residir o ofendido.

- *CPC: arts. 98, caput, 99 §§ 3º e 4º (arts. 98 a 102).*
- *Lei nº 1.060, de 05-02-1950.*

ART. 33. Se o ofendido for menor de 18 anos, ou mentalmente enfermo, ou retardado mental, e não tiver representante legal, ou colidirem os interesses deste com os daquele, o direito de queixa poderá ser exercido por curador especial, nomeado, de ofício ou a requerimento do Ministério Público, pelo juiz competente para o processo penal.

- *CPP: art. 53 e 54.*
- *CP: art. 225, par. ún.*
- *CC: arts. 3º., 4º., 5º., 1.767 e 1.775-A.*
- *CPC: arts. 70, 71 e 72, 747 a 749.*
- *Lei nº 8.069, de 13-07-1990, art. 142, par. ún., Estatuto da Criança e do Adolescente.*

ART. 34. Se o ofendido for menor de 21 e maior de 18 anos, o direito de queixa poderá ser exercido por ele ou por seu representante legal.

- *Súmula nº 594 do STF.*
- *CPP: arts. 50, par. ún. 52 e 54.*
- *CP: art. 104.*
- *CC: art. 5º.*

ART. 35. (Revogado pela Lei nº 9.520, de 27.11.1997)

- *CF: art. 226, § 5º.*

ART. 36. Se comparecer mais de uma pessoa com direito de queixa, terá preferência o cônjuge, e, em seguida, o parente mais próximo na ordem de enumeração constante do art. 31, podendo, entretanto, qualquer delas prosseguir na ação, caso o querelante desista da instância ou a abandone.

- *CPP: arts. 31 e 60, II.*

ART. 37. As fundações, associações ou sociedades legalmente constituídas poderão exercer a ação penal, devendo ser representadas por quem os respectivos contratos ou estatutos designarem ou, no silêncio destes, pelos seus diretores ou sócios-gerentes.

- *CF: art. 5º, XXI.*
- *CPP: arts. 44 e 60, IV.*
- *CC: arts. 45, 46, III, e 47.*

ART. 38. Salvo disposição em contrário, o ofendido, ou seu representante legal, decairá no direito de queixa ou de representação, se não o exercer dentro do prazo de seis meses, contado do dia em que vier a saber quem é o autor do crime, ou, no caso do art. 29, do dia em que se esgotar o prazo para o oferecimento da denúncia.

- *Súmula nº 594 do STF.*
- *CPP: arts. 5º, § 4º e 5º. art. 24, § 1º, 395, 397, 529, 564, III, a, e 569.*
- *CP: arts. 10, 103 e 107, IV, e 236, par. ún.*
- *Lei nº 9.099, de 26-09-1995: arts. 75,79,88 e 91, dispõe sobre os Juizados Especiais Cíveis e Criminais.*

Parágrafo único. Verificar-se-á a decadência do direito de queixa ou representação, dentro do mesmo prazo, nos casos dos arts. 24, parágrafo único, e 31.

- *CPP: arts. 24, § 1º, 25, 33, 34, 36, 38, 50, 564, III, a, e 569.*

ART. 39. O direito de representação poderá ser exercido, pessoalmente ou por procurador com poderes especiais, mediante declaração, escrita ou oral, feita ao juiz, ao órgão do Ministério Público, ou à autoridade policial.

- *Súmula nº 594 do STF.*
- *CPP: arts. 24, 25, 44 e 564, III.*

§ 1º. A representação feita oralmente ou por escrito, sem assinatura devidamente autenticada do ofendido, de seu representante legal ou procurador, será reduzida a termo, perante o juiz ou autoridade policial, presente o órgão do Ministério Público, quando a este houver sido dirigida.

§ 2º. A representação conterá todas as informações que possam servir à apuração do fato e da autoria.

- *CPP: art. 569.*

§ 3º. Oferecida ou reduzida a termo a representação, a autoridade policial procederá a inquérito, ou, não sendo competente, remetê-lo-á à autoridade que o for.

- *CF: arts. 109 e 144, § 1º.*
- *CPP: art. 5º, § 4º.*
- *Lei Complementar nº 35, de 14-03-1979: art. 33, dispõe sobre a Lei Orgânica da Magistratura Nacional.*
- *Lei nº 8.625, de 12-02-1993: art. 40 III, institui a Lei Orgânica Nacional do Ministério Público.*
- *Lei nº 11.340, de 07-08-2006: art. 12, I, cria mecanismos para coibir a violência doméstica e familiar contra a mulher.*

§ 4º. A representação, quando feita ao juiz ou perante este reduzida a termo, será remetida à autoridade policial para que esta proceda a inquérito.

- *CPP: art. 27.*

§ 5º. O órgão do Ministério Público dispensará o inquérito, se com a representação forem oferecidos elementos que o habilitem a promover a ação penal, e, neste caso, oferecerá a denúncia no prazo de quinze dias.

- *CPP: art. 12, 27 e 395, III.*
- *Lei nº 1.408, 01-08-1951, prorroga vencimento de prazos judiciais.*
- *Lei nº 11.343, de 23-08-2006: art. 54, Lei Antidrogas.*

ART. 40. Quando, em autos ou papéis de que conhecerem, os juízes ou tribunais verificarem a existência de crime de ação pública, remeterão ao Ministério Público as cópias e os documentos necessários ao oferecimento da denúncia.

- *Súmula 234 do STJ.*
- *CF: art. 129, I.*
- *CPP: arts. 5º, II, 39, 211, 384 e 417.*
- *Lei nº 11.101, de 09-02-2005: art. 187, § 2º, regula a recuperação judicial, a extrajudicial e a falência do empresário e da sociedade empresária.*

ART. 41. A denúncia ou queixa conterá a exposição do fato criminoso, com todas as suas circunstâncias, a qualificação do acusado ou esclarecimentos pelos quais se possa identificá-lo, a classificação do crime e, quando necessário, o rol das testemunhas.

- *CPP: arts. 30, 38, 44, 259, 387, IV, 397, 413, 564, III a, 568 e 569.*
- *CPP: arts. 30, 38, 44, 259, 387, IV, 395, I, 397, 413, 564, III a, 568 e 569.*
- *CP: art. 100, § 2º.*
- *Dec. nº 678, de 06-11-1992, art. 8º, 2, b e c, Promulga a Convenção Americana sobre Direitos Humanos – Pacto de São José da Costa Rica.*
- *Lei nº 11.419, de 19-12-2006, art. 15, par. ún., Dispõe sobre a informatização do processo judicial.*

ART. 42. O Ministério Público não poderá desistir da ação penal.

- *CF: art. 98, I.*
- *CPP: 385, 395, 397 e 576.*
- *Lei nº 9.099, de 26-09-1995: arts. 76, 79 e 89, dispõe sobre os Juizados Especiais Cíveis e Criminais.*

ART. 43. (Revogado pela Lei nº 11.719, de 2008).

ART. 44. A queixa poderá ser dada por procurador com poderes especiais, devendo constar do instrumento do mandato o nome do querelante e a menção do fato criminoso, salvo quando tais esclarecimentos dependerem de diligências que devem ser previamente requeridas no juízo criminal.

- *CPP: arts. 29, 30, 38, 41, 259, 387, IV, 397, 413, 564, III a, 568 e 569.*
- *CP: arts. 100, §§ 2º e 3º e 339.*
- *CPC/2015: arts. 103 a 107.*

ART. 45. A queixa, ainda quando a ação penal for privativa do ofendido, poderá ser aditada pelo Ministério Público, a quem caberá intervir em todos os termos subsequentes do processo.

- *CF: arts. 5, LIX, e 127.*
- *CPP: arts. 29, 46, § 2º, 257, 564, III, d, e 572.*

ART. 46. O prazo para oferecimento da denúncia, estando o réu preso, será de 5 dias, contado da data em que o órgão do Ministério Público receber os autos do inquérito policial, e de 15 dias, se o réu estiver solto ou afiançado. No último caso, se houver devolução do inquérito à autoridade policial (art. 16), contar-se-á o prazo da data em que o órgão do Ministério Público receber novamente os autos.

- *CF: art. 5º, LIX.*
- *CPP: arts. 10, 29, 648, II, 798, § 1º, 800, § 2º, e 801.*
- *CP: art. 319.*
- *Lei nº 11.101, de 09-02-2005: art. 187, § 1º, regula a recuperação judicial, a extrajudicial e a falência do empresário e da sociedade empresária.*
- *Lei nº 11.343, de 23-08-2006: art. 52, par. ún., Lei Antidrogas.*

§ 1º. Quando o Ministério Público dispensar o inquérito policial, o prazo para o oferecimento da denúncia contar-se-á da data em que tiver recebido as peças de informações ou a representação.

- *CPP: art. 12.*

§ 2º. O prazo para o aditamento da queixa será de 3 dias, contado da data em que o órgão do Ministério Público receber os autos, e, se este não se pronunciar dentro do tríduo, entender-se-á que não tem o que aditar, prosseguindo-se nos demais termos do processo.

- *CF: art. 127.*
- *CPP: arts. 257 e 798.*

ART. 47. Se o Ministério Público julgar necessários maiores esclarecimentos e documentos complementares ou novos elementos de convicção, deverá requisitá-los, diretamente, de quaisquer autoridades ou funcionários que devam ou possam fornecê-los.

- *Súmula 234 do STJ.*
- *CF: arts. 129, VI e VII.*
- *CPP: arts. 16 e 499.*
- *Lei nº 8.625, de 12-02-1993: art. 26, I, b, II e IV, institui a Lei Orgânica Nacional do Ministério Público.*
- *Lei nº 11.343, de 23-08-2006: art. 54, II, Lei Antidrogas.*

ART. 48. A queixa contra qualquer dos autores do crime obrigará ao processo de todos, e o Ministério Público velará pela sua indivisibilidade.

- *CPP: arts. 49 e 417.*
- *CP: art. 107, V.*
- *Lei nº 8.625, de 12-02-1993, institui a Lei Orgânica Nacional do Ministério Público.*

ART. 49. A renúncia ao exercício do direito de queixa, em relação a um dos autores do crime, a todos se estenderá.

- *CP: arts. 104, par. ún, e 107, V.*
- *CPP: arts. 50 e 57.*
- *Lei nº 9.099, de 26-09-1995: arts. 74, dispõe sobre os Juizados Especiais Cíveis e Criminais.*

ART. 50. A renúncia expressa constará de declaração assinada pelo ofendido, por seu representante legal ou procurador com poderes especiais.

- *CPP: arts. 49 e 57.*
- *CP: arts. 104, par. ún, e 107.*
- *Lei nº 9.099, de 26-09-1995: arts. 74, par. ún., dispõe sobre os Juizados Especiais Cíveis e Criminais.*

Parágrafo único. A renúncia do representante legal do menor que houver completado 18 (dezoito) anos não privará este do direito de queixa, nem a renúncia do último excluirá o direito do primeiro.

- *Súmula nº 594 do STF.*
- *CPP: art. 34.*
- *CC: art. 5º.*

ART. 51. O perdão concedido a um dos querelados aproveitará a todos, sem que produza, todavia, efeito em relação ao que o recusar.

- *CP: arts. 105, 106 e 107, V.*

ART. 52. Se o querelante for menor de 21 e maior de 18 anos, o direito de perdão poderá ser exercido por e e ou por seu representante legal, mas o perdão concedido por um, havendo oposição do outro, não produzirá efeito.

- *Súmula nº 594 do STF.*
- *CC: art. 5º.*

ART. 53. Se o querelado for mentalmente enfermo ou retardado mental e não tiver representante legal, ou colidirem os interesses deste com os do querelado, a aceitação do perdão caberá ao curador que o juiz lhe nomear.

- *CPP: art. 33.*
- *Lei nº 8.069, de 13-07-1990, art. 142, par. ún., Estatuto da Criança e do Adolescente.*

ART. 54. Se o querelado for menor de 21 anos, observar-se-á, quanto à aceitação do perdão, o disposto no art. 52.

- *CP: art. 107, V.*
- *CC: art. 5º.*

ART. 55. O perdão poderá ser aceito por procurador com poderes especiais.

ART. 56. Aplicar-se-á ao perdão extraprocessual expresso o disposto no art. 50.

- *CPP: art. 50.*
- *CP: art. 106.*

ART. 57. A renúncia tácita e o perdão tácito admitirão todos os meios de prova.

- *CPP: arts. 49 e 51.*
- *CP: arts. 104, parágrafo único, e 106, § 1º.*

ART. 58. Concedido o perdão, mediante declaração expressa nos autos, o querelado será intimado a dizer, dentro de três dias, se o aceita, devendo, ao mesmo tempo, ser cientificado de que o seu silêncio importará aceitação.

- *CP: art. 106, III, e § 1º.*

Parágrafo único. Aceito o perdão, o juiz julgará extinta a punibilidade.

- *CP: art. 107, V.*

ART. 59. A aceitação do perdão fora do processo constará de declaração assinada pelo querelado, por seu representante legal ou procurador com poderes especiais.

CP: arts. 56 e 106, *caput*.

ART. 60. Nos casos em que somente se procede mediante queixa, considerar-se-á perempta a ação penal:

- *CPP: art. 581, VIII.*
- *CP: art. 107, IV.*
- *CPC/2015: arts. 337, V e 485, V.*

I – quando, iniciada esta, o querelante deixar de promover o andamento do processo durante 30 dias seguidos;

- *CPP: art. 798, § 4º.*
- *CP: art. 10.*

II – quando, falecendo o querelante, ou sobrevindo sua incapacidade, não comparecer em juízo, para prosseguir no processo, dentro do prazo de 60 (sessenta) dias, qualquer das pessoas a quem couber fazê-lo, ressalvado o disposto no art. 36;

- *CPP: arts. 31 e 798, § 4º.*
- *CP: arts. 10 e 100, § 4º.*

III – quando o querelante deixar de comparecer, sem motivo justificado, a qualquer ato do processo a que deva estar presente, ou deixar de formular o pedido de condenação nas alegações finais;

IV – quando, sendo o querelante pessoa jurídica, esta se extinguir sem deixar sucessor.

- *CPP: art. 37.*

ART. 61. Em qualquer fase do processo, o juiz, se reconhecer extinta a punibilidade, deverá declará-lo de ofício.

- *CPP: arts. 49, 51, 60, 62, 67, II, 397, IV, 497, IX, 581, VII e IX, 584, § 1º, 593, § 4º.*
- *CP: art. 107.*

Parágrafo único. No caso de requerimento do Ministério Público, do querelante ou do réu, o juiz mandará autuá-lo em apartado, ouvirá a parte contrária e, se o julgar conveniente, concederá o prazo de cinco dias para a prova, proferindo a decisão dentro de cinco dias ou reservando-se para apreciar a matéria na sentença final.

- *CPP: art. 497, IX.*

ART. 62. No caso de morte do acusado, o juiz somente à vista da certidão de óbito, e depois de ouvido o Ministério Público, declarará extinta a punibilidade.

- *CF: art. 5º, XLV.*
- *CPP: arts. 67, II, 155, par. ún., 397, IV, 497, IX, 581, VIII e IX, 584, § 1º, 593, § 4º.*
- *CP: art. 107, I.*
- *CC: art. 6º*

TÍTULO IV. DA AÇÃO CIVIL

ART. 63. Transitada em julgado a sentença condenatória, poderão promover-lhe a execução, no juízo cível, para o efeito da reparação do dano, o ofendido, seu representante legal ou seus herdeiros.

- *STF: súmula 491.*
- *STJ: súmulas 37, 638 e 642.*
- *CPC/2015: art. 315.*

Parágrafo único Transitada em julgado a sentença condenatória, a execução poderá ser efetuada pelo valor fixado nos termos do inciso IV do *caput* do art. 387 deste Código sem prejuízo da liquidação para a apuração do dano efetivamente sofrido (Incluído pela Lei nº 11719, de 2008)

- *CF: art. 5º, XLV.*
- *CPP: arts. 68, 143 e 630.*
- *CP: arts. 9º, I e 91, I.*
- *CPC/2015: arts. 513 a 533, 771 a 783, 786 a 788.*
- *Lei nº 9.099, de 26-09-1995: arts. 74, 76, § 6º, dispõe sobre os Juizados Especiais Cíveis e Criminais.*

ART. 64. Sem prejuízo do disposto no artigo anterior, a ação para ressarcimento do dano poderá ser proposta no juízo cível, contra o autor do crime e, se for caso, contra o responsável civil (Lei nº 5970, de 1973)

- *Súmula nº 491 do STF.*
- *CC: art. 932.*
- *CPC/2015: art. 315.*

Parágrafo único Intentada a ação penal, o juiz da ação civil poderá suspender o curso desta, até o julgamento definitivo daquela

ART. 65. Faz coisa julgada no cível a sentença penal que reconhecer ter sido o ato praticado em estado de necessidade, em legítima defesa, em estrito cumprimento de dever legal ou no exercício regular de direito

- *CP: arts. 23, 24 e 25.*

ART. 66. Não obstante a sentença absolutória no juízo criminal, a ação civil poderá ser proposta quando não tiver sido, categoricamente, reconhecida a inexistência material do fato

- *CPP: art. 386, I.*

ART. 67. Não impedirão igualmente a propositura da ação civil:

I – o despacho de arquivamento do inquérito ou das peças de informação;

- *CPP: arts. 17, 18, 28 e 414.*

II – a decisão que julgar extinta a punibilidade;

- *CP: art. 107.*

III – a sentença absolutória que decidir que o fato imputado não constitui crime

- *CPP: art. 386, III.*

ART. 68. Quando o titular do direito à reparação do dano for pobre (art. 32, §§ 1º e 2º), a execução da sentença condenatória (art. 63) ou a ação civil (art. 64) será promovida, a seu requerimento, pelo Ministério Público

- *CF: art. 127, caput e 134.*
- *CPC/2015: arts. 176 a 181 e 185 a 187.*

TÍTULO V. DA COMPETÊNCIA

- *Súmulas Vinculantes: 36 e 45.*
- *Súmulas do STF: 297, 396, 398, 451, 498, 508, 521, 522, 526, 603, 611, 691, 702, 704, 706, 712, 721 e 722.*
- *Súmulas do STJ: 3, 6, 22, 32, 33, 38, 42, 47, 48, 53, 59, 62, 73, 75, 78, 90, 96, 104, 107, 122.*

ART. 69. Determinará a competência jurisdicional:

I – o lugar da infração:

- *Súmula nº 521 do STF.*
- *Súmulas nº 200 e 528 do STJ.*
- *CF: art. 5º, LIII.*
- *CPP: arts. 70 e 71, 108, 109 e 564, I.*

II – o domicílio ou residência do réu;

- *CPP: arts. 72 e 73.*

III – a natureza da infração;

- *CF: art. 109.*
- *CPP: art. 74 e 79.*
- *Lei nº 13.260, de 16-03-2016, art. 11, Regulamenta o disposto no inciso XLIII do art. 5º da Constituição Federal, disciplinando o terrorismo*

IV – a distribuição;

- *CPP: art. 75 e 83.*

V – a conexão ou continência;

- *Súmula nº 704 do STF.*
- *CPP: arts. 76 a 82.*

VI – a prevenção;

- *Súmula nº 706 do STF.*
- *Súmula nº 206 do STJ.*
- *CPP: art. 75 e 83.*

VII – a prerrogativa de função.

- *Súmula Vinculante nº 45.*
- *Súmula nº 704 e 721 do STF.*
- *CPP: arts. 84 a 87.*

CAPÍTULO I. DA COMPETÊNCIA PELO LUGAR DA INFRAÇÃO

ART. 70. A competência será, de regra, determinada pelo lugar em que se consumar a infração, ou, no caso de tentativa, pelo lugar em que for praticado o último ato de execução

- *Súmula nº 521 do STF.*
- *Súmula nº 96, 200 e 528 do STJ.*
- *CP: arts. 6º, 14, I e II.*
- *CPP: arts. 76, 77, 427 e 428.*
- *Lei nº 9.099, de 26-09-1995: art. 63, dispõe sobre os Juizados Especiais Cíveis e Criminais.*

§ 1º. Se, iniciada a execução no território nacional, a infração se consumar fora dele, a competência será determinada pelo lugar em que tiver sido praticado, no Brasil, o último ato de execução

- *CF: art. 109, V.*
- *CP: arts. 5º, 6º e 7º.*

§ 2º. Quando o último ato de execução for praticado fora do território nacional, será competente o juiz do lugar em que o crime, embora parcialmente, tenha produzido ou devia produzir seu resultado

- *CF: art. 109, V.*
- *CP: arts. 5º, 6º e 7º.*

§ 3º. Quando incerto o limite territorial entre duas ou mais jurisdições, ou quando incerta a jurisdição por ter sido a infração consumada ou tentada nas divisas de duas ou mais jurisdições, a competência firmar-se-á pela prevenção

- *CPP: arts. 3º, 75 e 83.*
- *CPC/2015: art. 43.*

§ 4º Nos crimes previstos no art. 171 do Decreto-Lei nº 2.848, de 7 de dezembro de 1940 (Código Penal), quando praticados mediante depósito, mediante emissão de cheques sem suficiente provisão de fundos em poder do sacado ou com o pagamento frustrado ou mediante transferência de valores, a competência será definida pelo local do domicílio da vítima, e, em caso de pluralidade de vítimas, a competência firmar-se-á pela prevenção. (Incluído pela Lei nº 14.155, de 27-05-2021)

ART. 71. Tratando-se de infração continuada ou permanente, praticada em território de duas ou mais jurisdições, a competência firmar-se-á pela prevenção.

- *Súmula nº 151 do STJ.*
- *CPP: arts. 75 e 83.*
- *CP: art. 71.*
- *CPC/2015: art. 43.*
- *Lei nº 7.210, de 11-07-1984, art. 66, III, a, Lei de Execução Penal.*

CAPÍTULO II. DA COMPETÊNCIA PELO DOMICÍLIO OU RESIDÊNCIA DO RÉU

ART. 72. Não sendo conhecido o lugar da infração, a competência regular-se-á pelo domicílio ou residência do réu

- *Dec.-Lei nº 4.657, de 04-07-1942: art. 7º, § 8º, Lei de Introdução às normas do Direito Brasileiro.*

§ 1º. Se o réu tiver mais de uma residência, a competência firmar-se-á pela prevenção

§ 2º. Se o réu não tiver residência certa ou for ignorado o seu paradeiro, será competente o juiz que primeiro tomar conhecimento do fato

- *CPP: arts. 75 e 83.*
- *CPC/2015: art. 43.*

ART. 73. Nos casos de exclusiva ação privada, o querelante poderá preferir o foro de domicílio ou da residência do réu, ainda quando conhecido o lugar da infração

- *CPP: arts. 30 e 38.*
- *CP: art. 100, § 2º.*

CAPÍTULO III. DA COMPETÊNCIA PELA NATUREZA DA INFRAÇÃO

ART. 74. A competência pela natureza da infração será regulada pelas leis de organização judiciária, salvo a competência privativa do Tribunal do Júri

- *Súmulas nº 206 e 528 do STJ.*
- *CF: art. 5º, XXXVIII e art. 109.*
- *CP: arts. 14, I e II, 121, caput e §§ 1º e 2º, 122, 123, 124, 125 e 126.*
- *CPP: arts. 76, 77, 394, § 3º, 419, 427, 428 e 492, § 2º.*
- *Lei nº 9.099, de 26-09-1995: arts. 60 e 61, dispõe sobre os Juizados Especiais Cíveis e Criminais.*
- *Lei nº 11.340, de 07-08-2006, arts. 14 e 33, Violência doméstica e familiar contra a mulher.*
- *Lei nº 13.260, de 16-03-2016, art. 11, Regulamenta o disposto no inciso XLIII do art. 5º da Constituição Federal, disciplinando o terrorismo*
- *Lei nº 12.694, de 24-07-2012, art. 1-A; Dispõe sobre o processo e o julgamento colegiado em primeiro grau de jurisdição de crimes praticados por organizações criminosas.*

§ 1º. Compete ao Tribunal do Júri o julgamento dos crimes previstos nos arts. 121, §§ 1º e 2º, 122, parágrafo único, 123, 124, 125, 126 e 127 do Código Penal, consumados ou tentados (Redação dada pela Lei nº 263, de 23/02/1948)

- *Súmula nº 603 do STF.*
- *CF: art. 5º, XXXVIII.*
- *CPP: arts. 424.*

§ 2º. Se, iniciado o processo perante um juiz, houver desclassificação para infração da competência de outro, a este será remetido o processo, salvo se mais graduada for a jurisdição do primeiro, que, em tal caso, terá sua competência prorrogada

- *Súmulas nº 702 e 704 do STF.*
- *CPP: arts. 109, 383, 384.*

§ 3º. Se o juiz da pronúncia desclassificar a infração para outra atribuída à competência de juiz singular, observar-se-á o disposto no art. 410; mas, se a desclassificação for feita pelo próprio Tribunal do Júri, a seu presidente caberá proferir a sentença (art. 492, § 2º)

- *Súmula Vinculante nº 45.*
- *Súmulas nº 712, 713 e 721 do STF.*
- *CPP: arts. 419 e 424.*

CAPÍTULO IV. DA COMPETÊNCIA POR DISTRIBUIÇÃO

ART. 75. A precedência da distribuição fixará a competência quando, na mesma circunscrição judiciária, houver mais de um juiz igualmente competente

Parágrafo único A distribuição realizada para o efeito da concessão de fiança ou da decretação de prisão preventiva ou de qualquer diligência anterior à denúncia ou queixa prevenirá a da ação penal

- *Súmula nº 706 do STF.*
- *CPP: arts. 83, 306, caput e § 1º, 310, e 311.*
- *CPC/2015: arts. 284 a 290*

CAPÍTULO V. DA COMPETÊNCIA POR CONEXÃO OU CONTINÊNCIA

- *Súmula nº 704 do STF.*
- *CP: arts. 108 e 117, § 1º.*

ART. 76. A competência será determinada pela conexão:

I – se, ocorrendo duas ou mais infrações, houverem sido praticadas, ao mesmo tempo, por várias pessoas reunidas, ou por várias pessoas em concurso, embora diverso o tempo e o lugar, ou por várias pessoas, umas contra as outras;

II – se, no mesmo caso, houverem sido umas praticadas para facilitar ou ocultar as outras, ou para conseguir impunidade ou vantagem em relação a qualquer delas;

- *CP: arts. 61, II, b e 121, § 2º, V.*

III – quando a prova de uma infração ou de qualquer de suas circunstâncias elementares influir na prova de outra infração

- *CP: arts. 155 e 180.*

ART. 77. A competência será determinada pela continência quando:

I – duas ou mais pessoas forem acusadas pela mesma infração;

- *Súmula nº 704 do STF.*
- *CPP: art. 580.*

▸ CP: arts. 29, 137 e 288.

II – no caso de infração cometida nas condições previstas nos arts. 51, § 1º, 53, segunda parte, e 54 do Código Penal

▸ CP: arts. 70, 73 e 74.

ART. 78. Na determinação da competência por conexão ou continência, serão observadas as seguintes regras: (Redação dada pela Lei nº 263, de 23 de fevereiro de 1948)

I – no concurso entre a competência do júri e a de outro órgão da jurisdição comum, prevalecerá a competência do júri; (Redação dada pela Lei nº 263, de 23 de fevereiro de 1948)

▸ Súmula Vinculante nº 45.

▸ Súmula nº 704 e 721 do STF.

▸ CF: art. 5º, XXXVIII.

II – no concurso de jurisdições da mesma categoria: (Redação dada pela Lei nº 263, de 23 de fevereiro de 1948)

a) preponderará a do lugar da infração, à qual for cominada a pena mais grave; (Redação dada pela Lei nº 263, de 23 de fevereiro de 1948)

▸ Súmula nº 122 do STJ.

b) prevalecerá a do lugar em que houver ocorrido o maior número de infrações, se as respectivas penas forem de igual gravidade; (Redação dada pela Lei nº 263, de 23 de fevereiro de 1948)

c) firmar-se-á a competência pela prevenção, nos outros casos; (Redação dada pela Lei nº 263, de 23 de fevereiro de 1948)

▸ CPP: arts. 75 e 83.

III – no concurso de jurisdições de diversas categorias, predominará a de maior graduação; (Redação dada pela Lei nº 263, de 23 de fevereiro de 1948)

▸ Súmulas nº 702 e 704 do STF.

▸ Súmula nº 122 do STJ.

IV – no concurso entre a jurisdição comum e a especial, prevalecerá esta (Redação dada pela Lei nº 263, de 23 de fevereiro de 1948)

▸ Súmulas nº 38 e 122 do STJ.

ART. 79. A conexão e a continência importarão unidade de processo e julgamento, salvo:

▸ Súmula nº 704 do STF.

▸ Súmula nº 235 do STJ.

I – no concurso entre a jurisdição comum e a militar;

▸ Súmula nº 90 do STJ.

II – no concurso entre a jurisdição comum e a do juízo de menores

§ 1º. Cessará, em qualquer caso, a unidade do processo, se, em relação a algum co-réu, sobrevier o caso previsto no art. 152

§ 2º. A unidade do processo não importará a do julgamento, se houver co-réu foragido que não possa ser julgado à revelia, ou ocorrer a hipótese do art. 461

▸ CPP: arts. 366, 413, 455 a 458, e 469.

ART. 80. Será facultativa a separação dos processos quando as infrações tiverem sido praticadas em circunstâncias de tempo ou de lugar diferentes, ou, quando pelo excessivo número de acusados e para não lhes prolongar a prisão provisória, ou por outro motivo relevante, o juiz reputar conveniente a separação

▸ Súmula 235 do STJ.

▸ CF: art. 5º, LIII, LV e LXXVIII.

▸ CPP: arts. 78 e 79.

ART. 81. Verificada a reunião dos processos por conexão ou continência, ainda que no processo da sua competência própria venha o juiz ou tribunal a proferir sentença absolutória ou que desclassifique a infração para outra que não se inclua na sua competência, continuará competente em relação aos demais processos

▸ CPP: arts. 76, 77, 78 e 92.

Parágrafo único Reconhecida inicialmente ao júri a competência por conexão ou continência, o juiz, se vier a desclassificar a infração ou impronunciar ou absolver o acusado, de maneira que exclua a competência do júri, remeterá o processo ao juízo competente

▸ CPP: arts. 419, 424 e 492, § 2º.

ART. 82. Se, não obstante a conexão ou continência, forem instaurados processos diferentes, a autoridade de jurisdição prevalente deverá avocar os processos que corram perante os outros juízes, salvo se já estiverem com sentença definitiva. Neste caso, a unidade dos processos só se dará, ulteriormente, para o efeito de soma ou de unificação das penas.

▸ Súmula nº 235 do STJ.

▸ CPP: arts. 581, XVII, e 674, par. ún.

▸ CP: arts. 69, 70, 71 e 75.

▸ Lei nº 7.210, de 11-07-1984, art. 66, III, a, Lei de Execução Penal.

CAPÍTULO VI.
DA COMPETÊNCIA POR PREVENÇÃO

ART. 83. Verificar-se-á a competência por prevenção toda vez que, concorrendo dois ou mais juízes igualmente competentes ou com jurisdição cumulativa, um deles tiver antecedido aos outros na prática de algum ato do processo ou de medida a este relativa, ainda que anterior ao oferecimento da denúncia ou da queixa (arts. 70, § 3º, 71, 72, § 2º, e 78, II, c)

▸ Súmula nº 706 do STF.

▸ Súmula nº 206 do STJ.

▸ CPP: arts. 69, VI, 72, § 1º, 75 e 91.

CAPÍTULO VII.
DA COMPETÊNCIA PELA PRERROGATIVA DE FUNÇÃO

▸ Súmula Vinculante nº 45.

▸ Súmulas nº 245, 396, 451, 702, 704 e 721 do STF.

ART. 84. A competência pela prerrogativa de função é do Supremo Tribunal Federal, do Superior Tribunal de Justiça, dos Tribunais Regionais Federais e Tribunais de Justiça dos Estados e do Distrito Federal, relativamente às pessoas que devam responder perante eles por crimes comuns e de responsabilidade. (Redação dada pela Lei nº 10.628, de 24.12.2002)

▸ *CF: arts. 29, X, 52, I e II, 96, III, 102, I, 'b', 'c' e 'd', 105, I, 'a', 'b' e 'c', 108, I, 'a'.*

▸ *CPP: art. 69, VII.*

~~§ 1º. A competência especial por prerrogativa de função, relativa a atos administrativos do agente, prevalece ainda que o inquérito ou a ação judicial sejam iniciados após a cessação do exercício da função pública. (Incluído pela Lei nº 10.628, de 24.12.2002)~~

~~§ 2º. A ação de improbidade, de que trata a Lei nº 8.429, de 2 de junho de 1992, será proposta perante o tribunal competente para processar e julgar criminalmente o funcionário ou autoridade na hipótese de prerrogativa de foro em razão do exercício de função pública, observado o disposto no § 1º. (Incluído pela Lei nº 10.628, de 24.12.2002)~~

ART. 85. Nos processos por crime contra a honra, em que forem querelantes as pessoas que a Constituição sujeita à jurisdição do Supremo Tribunal Federal e dos Tribunais de Apelação, àquele ou a estes caberá o julgamento, quando oposta e admitida a exceção da verdade.

▸ *Súmulas nº 396 e 714 do STF.*

▸ *CPP: art. 523.*

▸ *CP: arts. 138 a 145.*

ART. 86. Ao Supremo Tribunal Federal competirá, privativamente, processar e julgar:

▸ *Súmula nº 451 do STF.*

▸ *CF: arts. 102, I, 'b', 'c' e 'd'.*

I – os seus ministros, nos crimes comuns;

II – os ministros de Estado, salvo nos crimes conexos com os do Presidente da República;

▸ *CF: art. 52, I, II, e par. ún.*

III – o procurador-geral da República, os desembargadores dos Tribunais de Apelação, os ministros do Tribunal de Contas e os embaixadores e ministros diplomáticos, nos crimes comuns e de responsabilidade.

▸ *CF: arts. 102, I, 'b' e 'c', 105, I, 'a', 108, I, 'a'.*

ART. 87. Competirá, originariamente, aos Tribunais de Apelação o julgamento dos governadores ou interventores nos Estados ou Territórios, e prefeito do Distrito Federal, seus respectivos secretários e chefes de Polícia, juízes de instância inferior e órgãos do Ministério Público.

▸ *CF: arts. 29, X, 96, III, 102, I, 'b', 105, I, 'a', 108, I e 125.*

▸ *Lei nº 8.625, de 12-02-1993: art. 40, institui a Lei Orgânica Nacional do Ministério Público.*

CAPÍTULO VIII. DISPOSIÇÕES ESPECIAIS

ART. 88. No processo por crimes praticados fora do território brasileiro, será competente o juízo da Capital do Estado onde houver por último residido o acusado. Se este nunca tiver residido no Brasil, será competente o juízo da Capital da República.

▸ *Súmula nº 522 do STF.*

▸ *Súmula nº 528 do STJ.*

▸ *CF: art. 109, IX.*

▸ *CP: art. 7º.*

▸ *Dec.-lei nº 3.688, de 03-10-1941, art. 2º, Lei das Contravenções Penais.*

ART. 89. Os crimes cometidos em qualquer embarcação nas águas territoriais da República, ou nos rios e lagos fronteiriços, bem como a bordo de embarcações nacionais, em alto-mar, serão processados e julgados pela justiça do primeiro porto brasileiro em que tocar a embarcação, após o crime, ou, quando se afastar do País, pela do último em que houver tocado.

▸ *CF: art. 109, IX.*

▸ *CP: arts. 4º e 5º, § 2º.*

ART. 90. Os crimes praticados a bordo de aeronave nacional, dentro do espaço aéreo correspondente ao território brasileiro, ou ao alto-mar, ou a bordo de aeronave estrangeira, dentro do espaço aéreo correspondente ao território nacional, serão processados e julgados pela justiça da comarca em cujo território se verificar o pouso após o crime, ou pela da comarca de onde houver partido a aeronave.

▸ *CF: art. 109, IX.*

▸ *CP: arts. 4º e 5º, § 2º.*

▸ *Dec.-lei nº 3.688, de 03-10-1941, art. 2º, Lei das Contravenções Penais.*

ART. 91. Quando incerta e não se determinar de acordo com as normas estabelecidas nos arts. 89 e 90, a competência se firmará pela prevenção. (Redação dada pela Lei nº 4.893, de 9.12.1965)

▸ *CPP: arts. 75 e 83.*

TÍTULO VI. DAS QUESTÕES E PROCESSOS INCIDENTES

CAPÍTULO I. DAS QUESTÕES PREJUDICIAIS

ART. 92. Se a decisão sobre a existência da infração depender da solução de controvérsia, que o juiz repute séria e fundada, sobre o estado civil das pessoas, o curso da ação penal ficará suspenso até que no juízo cível seja a controvérsia dirimida por sentença passada em julgado, sem prejuízo, entretanto, da inquirição das testemunhas e de outras provas de natureza urgente.

▸ *CPP: arts. 81, 95, IV, 155, par. ún., e 581, XVI.*

▸ *CP: art. 116, I.*

Parágrafo único. Se for o crime de ação pública, o Ministério Público, quando necessário, promoverá a ação civil ou prosseguirá na que tiver sido iniciada, com a citação dos interessados.

▸ *CPP: art. 81.*

ART. 93. Se o reconhecimento da existência da infração penal depender de decisão sobre questão diversa da prevista no artigo anterior, da competência do juízo cível, e se neste houver sido proposta ação para resolvê-la, o juiz criminal poderá, desde que essa questão seja de difícil solução e não verse sobre direito cuja prova a lei civil limite, suspender o curso do processo, após a inquirição das testemunhas e realização das outras provas de natureza urgente.

▸ *CP: art. 116, I.*

▸ *CPP: art. 225.*

▸ *CPC/2015: art. 177.*

§ 1º. O juiz marcará o prazo da suspensão, que poderá ser razoavelmente prorrogado, se a demora não for imputável à parte. Expirado o prazo, sem que o juiz cível tenha proferido decisão, o juiz criminal fará prosseguir o processo, retomando sua competência para resolver, de fato e de direito, toda a matéria da acusação ou da defesa.

▸ *CPC/2015: art. 314.*

§ 2º. Do despacho que denegar a suspensão não caberá recurso.

▸ *CPP: arts. 581, XVI e 647.*

§ 3º. Suspenso o processo, e tratando-se de crime de ação pública, incumbirá ao Ministério Público intervir imediatamente na causa cível, para o fim de promover-lhe o rápido andamento.

▸ *CP: art. 116, I.*

▸ *CPC/2015: art. 177.*

ART. 94. A suspensão do curso da ação penal, nos casos dos artigos anteriores, será decretada pelo juiz, de ofício ou a requerimento das partes.

▸ *CPP: art. 581, XVI.*

CAPÍTULO II. DAS EXCEÇÕES

ART. 95. Poderão ser opostas as exceções de:

▸ *CPP: arts. 407 e 581, III.*

I – suspeição;

▸ *Súmula nº 234 do STJ.*

▸ *CPP: arts. 3-A, 3-B a 3-F, 96 a 107, 157, § 5º., 252 a 256, 258, 274, 280, 427 e 428, 448 a 451, 466 e 564, I.*

▸ *Lei nº 9.099, de 26-09-1995: art. 30, dispõe sobre os Juizados Especiais Cíveis e Criminais.*

▸ *RISTF: arts. 277 a 287.*

▸ *RISTJ: arts. 272 a 282.*

II – incompetência de juízo;

▸ *CPP: arts. 108, 109, 111, 114, I, 564, I, 567 e 581, II.*

III – litispendência;

▸ *CPP: arts. 110, 111 e 581, III.*

IV – ilegitimidade de parte;

▸ *CPP: arts. 92, 110, 111, 395, II, 564, II, 568 e 581, III.*

▸ *Dec-Lei 3.931,de 11-12-1941, art. 5º; Lei de Introdução do CPP.*

▸ *CF: arts. 228.*

▸ *CP: art. 27.*

▸ *CPP: arts. 110, 111, 395, II, e 564, II, 568 e 581, III.*

▸ *CE: art. 358, III.*

V – coisa julgada.

▸ *CPP: arts. 110, 111, 148, e 581, III.*

▸ *Dec.-lei nº 4.657, de 04-09-1942, art. 6º, § 3º, Lei de Introdução às Normas do Direito Brasileiro.*

ART. 96. A arguição de suspeição precederá a qualquer outra, salvo quando fundada em motivo superveniente.

▸ *CPP: art. 95, I e 254.*

ART. 97. O juiz que espontaneamente afirmar suspeição deverá fazê-lo por escrito, declarando o motivo legal, e remeterá imediatamente o processo ao seu substituto, intimadas as partes.

▸ *CPP: art. 95, I e 254.*

ART. 98. Quando qualquer das partes pretender recusar o juiz, deverá fazê-lo em petição assinada por ela própria ou por procurador com poderes especiais, aduzindo as suas razões acompanhadas de prova documental ou do rol de testemunhas.

▸ *CPP: arts. 95, I, 252, 254 e 266.*

ART. 99. Se reconhecer a suspeição, o juiz sustará a marcha do processo, mandará juntar aos autos a petição do recusante com os documentos que a instruam, e por despacho se declarará suspeito, ordenando a remessa dos autos ao substituto.

▸ *CPP: art. 95, I.*

ART. 100. Não aceitando a suspeição, o juiz mandará autuar em apartado a petição, dará sua resposta dentro em três dias, podendo instruí-la e oferecer testemunhas, e, em seguida, determinará sejam os autos da exceção remetidos, dentro em 24 vinte e quatro horas, ao juiz ou tribunal a quem competir o julgamento.

§ 1º. Reconhecida, preliminarmente, a relevância da arguição, o juiz ou tribunal, com citação das partes, marcará dia e hora para a inquirição das testemunhas, seguindo-se o julgamento, independentemente de mais alegações.

§ 2º. Se a suspeição for de manifesta improcedência, o juiz ou relator a rejeitará liminarmente.

▸ *Súmula nº 322 do STF.*

▸ *CPP: art. 95, I.*

ART. 101. Julgada procedente a suspeição, ficarão nulos os atos do processo principal, pagando o juiz as custas, no caso de erro inescusável; rejeitada, evidenciando-se a malícia do excipiente, a este será imposta a multa de duzentos mil-réis a dois contos de réis.

▸ *CPP: arts. 49 a 52, 95, I e 564, I.*

ART. 102. Quando a parte contrária reconhecer a procedência da arguição, poderá ser sustado, a seu requerimento, o processo principal, até que se julgue o incidente da suspeição.

▸ *CPP: art. 95, I.*

ART. 103. No Supremo Tribunal Federal e nos Tribunais de Apelação, o juiz que se julgar suspeito deverá declará-lo nos autos e, se for revisor, passar o feito ao seu substituto na ordem da precedência, ou, se for relator, apresentar os autos em mesa para nova distribuição.

▸ *Súmula 72 do STF.*

▸ *CF: art. 5º, XXXIII, XXXIV e LX.*

▸ *CPP: art. 95, I.*

▸ *CPC/2015: arts. 144 a 148.*

▸ *RISTF: arts. 277 a 287.*

▸ RISTJ: 272 a 282.

§ 1º. Se não for relator nem revisor, o juiz que houver de dar-se por suspeito, deverá fazê-lo verbalmente, na sessão de julgamento, registrando-se na ata a declaração.

§ 2º. Se o presidente do tribunal se der por suspeito, competirá ao seu substituto designar dia para o julgamento e presidi-lo.

§ 3º. Observar-se-á, quanto à arguição de suspeição pela parte, o disposto nos arts. 98 a 101, no que lhe for aplicável, atendido, se o juiz a reconhecer, o que estabelece este artigo.

§ 4º. A suspeição, não sendo reconhecida, será julgada pelo tribunal pleno, funcionando como relator o presidente.

§ 5º. Se o recusado for o presidente do tribunal, o relator será o vice-presidente.

▸ CPP: art. 95, I.

ART. 104. Se for arguida a suspeição do órgão do Ministério Público, o juiz, depois de ouvi-lo, decidirá, sem recurso, podendo antes admitir a produção de provas no prazo de três dias.

▸ Súmula nº 234 do STJ.
▸ CPP: arts. 95, I, e 258.
▸ CPC/2015: art. 148.

ART. 105. As partes poderão também arguir de suspeitos os peritos, os intérpretes e os serventuários ou funcionários de justiça, decidindo o juiz de plano e sem recurso, à vista da matéria alegada e prova imediata.

▸ CPP: arts. 95, I, 274, 280, 281 e 460.

ART. 106. A suspeição dos jurados deverá ser arguida oralmente, decidindo de plano do presidente do Tribunal do Júri, que a rejeitará se, negada pelo recusado, não for imediatamente comprovada, o que tudo constará da ata.

▸ CPP: arts. 95, I, 448 a 451, 458 a 462, 461, 462, 571, VIII, e 572, I.

ART. 107. Não se poderá opor suspeição às autoridades policiais nos atos do inquérito, mas deverão elas declarar-se suspeitas, quando ocorrer motivo legal.

▸ CPP: art. 95, I e 254.

ART. 108. A exceção de incompetência do juízo poderá ser oposta, verbalmente ou por escrito, no prazo de defesa.

▸ CPP: arts. 69 a 91, 395 e 581, II.
▸ Lei nº 9.099, de 26-09-1995: art. 81, dispõe sobre os Juizados Especiais Cíveis e Criminais.

§ 1º. Se, ouvido o Ministério Público, for aceita a declinatória, o feito será remetido ao juízo competente, onde, ratificados os atos anteriores, o processo prosseguirá.

§ 2º. Recusada a incompetência, o juiz continuará no feito, fazendo tomar por termo a declinatória, se formulada verbalmente.

▸ CPP: art. 95, II.

ART. 109. Se em qualquer fase do processo o juiz reconhecer motivo que o torne incompetente, declará-lo-á nos autos, haja ou não alegação da parte, prosseguindo-se na forma do artigo anterior.

▸ CPP: arts. 69 a 91, 564, 567 e 581, II.

ART. 110. Nas exceções de litispendência, ilegitimidade de parte e coisa julgada, será observado, no que lhes for aplicável, o disposto sobre a exceção de incompetência do juízo.

▸ CPP: arts. 95, IV e V, 564, II e 581, III.
▸ CPC/2015: art. 337, §§ 1º ao 4º.

§ 1º. Se a parte houver de opor mais de uma dessas exceções, deverá fazê-lo numa só petição ou articulado.

§ 2º. A exceção de coisa julgada somente poderá ser oposta em relação ao fato principal, que tiver sido objeto da sentença.

▸ CPP: art. 95, V.

ART. 111. As exceções serão processadas em autos apartados e não suspenderão, em regra, o andamento da ação penal.

▸ CPP: art. 407.

CAPÍTULO III. DAS INCOMPATIBILIDADES E IMPEDIMENTOS

ART. 112. O juiz, o órgão do Ministério Público, os serventuários ou funcionários de justiça e os peritos ou intérpretes abster-se-ão de servir no processo, quando houver incompatibilidade ou impedimento legal, que declararão nos autos. Se não se der a abstenção, a incompatibilidade ou impedimento poderá ser arguido pelas partes, seguindo-se o processo estabelecido para a exceção de suspeição.

▸ Súmula nº 234 do STJ.
▸ CPP: arts. 252 e 253, 255, 258, 280, 281, 374, 451, 458, 459, 798, § 4º, e 808.

CAPÍTULO IV. DO CONFLITO DE JURISDIÇÃO

ART. 113. As questões atinentes à competência resolver-se-ão não só pela exceção própria, como também pelo conflito positivo ou negativo de jurisdição.

▸ Súmula nº 59 do STJ.
▸ CPP: arts. 69 a 91 e 95, II.

ART. 114. Haverá conflito de jurisdição:

I – quando duas ou mais autoridades judiciárias se considerarem competentes, ou incompetentes, para conhecer do mesmo fato criminoso;

II – quando entre elas surgir controvérsia sobre unidade de juízo, junção ou separação de processos.

▸ CF: arts. 102, I, o, e 105, I, d, 108, I, e.
▸ CPP: arts. 80 a 82.

ART. 115. O conflito poderá ser suscitado:

I – pela parte interessada;

II – pelos órgãos do Ministério Público junto a qualquer dos juízos em dissídio;

III – por qualquer dos juízes ou tribunais em causa.

▸ Súmula nº 59 do STJ.

ART. 116. Os juízes e tribunais, sob a forma de representação, e a parte interessada, sob a de requerimento, darão parte escrita e circunstanciada do conflito, perante o tribunal competente, expondo os fundamentos e juntando os documentos comprobatórios.

▸ *CF: arts. 102, I, 'o', e 105, I, d, 108, I, e.*

§ 1º. Quando negativo o conflito, os juízes e tribunais poderão suscitá-lo nos próprios autos do processo.

§ 2º. Distribuído o feito, se o conflito for positivo, o relator poderá determinar imediatamente que se suspenda o andamento do processo.

§ 3º. Expedida ou não a ordem de suspensão, o relator requisitará informações às autoridades em conflito, remetendo-lhes cópia do requerimento ou representação.

§ 4º. As informações serão prestadas no prazo marcado pelo relator.

§ 5º. Recebidas as informações, e depois de ouvido o procurador-geral, o conflito será decidido na primeira sessão, salvo se a instrução do feito depender de diligência.

§ 6º. Proferida a decisão, as cópias necessárias serão remetidas, para a sua execução, às autoridades contra as quais tiver sido levantado o conflito ou que o houverem suscitado.

ART. 117. O Supremo Tribunal Federal, mediante avocatória, restabelecerá a sua jurisdição, sempre que exercida por qualquer dos juízes ou tribunais inferiores.

▸ *CF: art. 102, I, o.*

CAPÍTULO V. DA RESTITUIÇÃO DAS COISAS APREENDIDAS

ART. 118. Antes de transitar em julgado a sentença final, as coisas apreendidas não poderão ser restituídas enquanto interessarem ao processo.

▸ *CF: art. 37, § 6º.*

▸ *CPP: arts. 6º, 158, 159 § 6º, 166 par. ún. 170 e 175.*

▸ *CP: art. 91, II.*

ART. 119. As coisas a que se referem os arts. 74 e 100 do Código Penal não poderão ser restituídas, mesmo depois de transitar em julgado a sentença final, salvo se pertencerem ao lesado ou a terceiro de boa-fé.

▸ *CP: art. 91.*

▸ *CPP: art. 779.*

▸ *CC: arts. 1.201 e 1.202.*

ART. 120. A restituição, quando cabível, poderá ser ordenada pela autoridade policial ou juiz, mediante termo nos autos, desde que não exista dúvida quanto ao direito do reclamante.

▸ *CPP: art. 6º.*

§ 1º. Se duvidoso esse direito, o pedido de restituição autuar-se-á em apartado, assinando-se ao requerente o prazo de 5 (cinco) dias para a prova. Em tal caso, só o juiz criminal poderá decidir o incidente.

§ 2º. O incidente autuar-se-á também em apartado e só a autoridade judicial o resolverá, se as coisas forem apreendidas em poder de terceiro de boa-fé, que será intimado para alegar e provar o seu direito, em prazo igual e sucessivo ao do reclamante, tendo um e outro dois dias para arrazoar.

▸ *CC: art. 1.201.*

§ 3º. Sobre o pedido de restituição será sempre ouvido o Ministério Público.

§ 4º. Em caso de dúvida sobre quem seja o verdadeiro dono, o juiz remeterá as partes para o juízo cível, ordenando o depósito das coisas em mãos de depositário ou do próprio terceiro que as detinha, se for pessoa idônea.

▸ *CPC/2015: arts. 159 a 161.*

§ 5º. Tratando-se de coisas facilmente deterioráveis, serão avaliadas e levadas a leilão público, depositando-se o dinheiro apurado, ou entregues ao terceiro que as detinha, se este for pessoa idônea e assinar termo de responsabilidade.

ART. 121. No caso de apreensão de coisa adquirida com os proventos da infração, aplica-se o disposto no art. 133 e seu parágrafo.

ART. 122. Sem prejuízo do disposto no art. 120, as coisas apreendidas serão alienadas nos termos do disposto no art. 133 deste Código. (Redação dada pela Lei nº 13.964, de 24.12.2019)

▸ *CP: art. 91, II, a e b, e 91-A.*

▸ *Lei nº 9.613, de 03-03-1998: arts. 4º e 7º, I, dispõe sobre os crimes de "lavagem" ou ocultação de bens, direitos e valores.*

▸ *Lei nº 11.343, de 23-08-2006: arts. 60 e 64, Lei Antidrogas.*

Parágrafo único. (Revogado pela Lei nº 13.964, de 24.12.2019)

ART. 123. Fora dos casos previstos nos artigos anteriores, se dentro no prazo de 90 dias, a contar da data em que transitar em julgado a sentença final, condenatória ou absolutória, os objetos apreendidos não forem reclamados ou não pertencerem ao réu, serão vendidos em leilão, depositando-se o saldo à disposição do juízo de ausentes.

▸ *CPC/2015: arts. 744 e 745.*

ART. 124. Os instrumentos do crime, cuja perda em favor da União for decretada, e as coisas confiscadas, de acordo com o disposto no art. 100 do Código Penal, serão inutilizados ou recolhidos a museu criminal, se houver interesse na sua conservação.

▸ *CP: art. 91, II.*

▸ *Lei nº 11.343, de 23-08-2006: arts. 32, 63,64 e 72, Lei Antidrogas.*

ART. 124-A. Na hipótese de decretação de perdimento de obras de arte ou de outros bens de relevante valor cultural ou artístico, se o crime não tiver vítima determinada, poderá haver destinação dos bens a museus públicos. (Acrescido pela Lei nº 13.964, de 24.12.2019)

CAPÍTULO VI. DAS MEDIDAS ASSECURATÓRIAS

ART. 125. Caberá o sequestro dos bens imóveis, adquiridos pelo indiciado com os proventos da infração, ainda que já tenham sido transferidos a terceiro.

▸ *CF: art. 5º, XLV.*

▸ *CP: art. 91, II.*

▸ *CPC/2015: arts. 159 a 161, 301 e 674 a 681.*

▸ *Dec.-lei nº 3.240, 08-05-1941, sujeita a sequestro os bens de pessoas indiciadas por crimes de que resulta prejuízo para a fazenda pública, e outros.*

▸ *Dec. nº 56.435, de 08-06-1965, art. 22, Promulga a Convenção de Viena sobre Relações Diplomáticas.*

▸ *Lei nº 9.613, de 03-03-1998: art. 4º, dispõe sobre os crimes de "lavagem" ou ocultação de bens, direitos e valores.*

▸ *Lei nº 11.343, de 23-08-2006: art. 6º, caput, Lei Antidrogas.*

▸ *Lei nº 13.260, de 16-03-2016, art. 12, Regulamenta o disposto no inciso XLIII do art. 5º da Constituição Federal, disciplinando o terrorismo.*

▸ *Lei nº 13.756, de 12-12-2018, art. 3º., II, c, dispõe sobre o Fundo Nacional de Segurança Pública (FNSP), sobre a destinação do produto da arrecadação das loterias.*

ART. 126. Para a decretação do sequestro, bastará a existência de indícios veementes da proveniência ilícita dos bens.

▸ *CPP: art. 239.*

ART. 127. O juiz, de ofício, a requerimento do Ministério Público ou do ofendido, ou mediante representação da autoridade policial, poderá ordenar o sequestro, em qualquer fase do processo ou ainda antes de oferecida a denúncia ou queixa.

▸ *Dec. nº 56.435, de 08-06-1965, art. 22, Promulga a Convenção de Viena sobre Relações Diplomáticas.*

▸ *Lei nº 13.260, de 16-03-2016, art. 12, Regulamenta o disposto no inciso XLIII do art. 5º da Constituição Federal, disciplinando o terrorismo.*

ART. 128. Realizado o sequestro, o juiz ordenará a sua inscrição no Registro de Imóveis.

ART. 129. O sequestro autuar-se-á em apartado e admitirá embargos de terceiro.

▸ *CPC/2015: arts. 674 a 681.*

ART. 130. O sequestro poderá ainda ser embargado:

▸ *Dec. nº 56.435, de 08-06-1965, art. 22, Promulga a Convenção de Viena sobre Relações Diplomáticas.*

I – pelo acusado, sob o fundamento de não terem os bens sido adquiridos com os proventos da infração;

II – pelo terceiro, a quem houverem os bens sido transferidos a título oneroso, sob o fundamento de tê-los adquirido de boa-fé.

Parágrafo único. Não poderá ser pronunciada decisão nesses embargos antes de passar em julgado a sentença condenatória.

▸ *CPC/2015: arts. 674 a 681.*

ART. 131. O sequestro será levantado:

I – se a ação penal não for intentada no prazo de sessenta dias, contado da data em que ficar concluída a diligência;

▸ *CF: art. 5º, LXIX.*

▸ *Lei nº 12.016, de 07-08-2009, dispõe sobre mandado de segurança.*

▸ *Lei nº 9.613, de 03-03-1998: art. 4º, § 1º, dispõe sobre os crimes de "lavagem" ou ocultação de bens, direitos e valores.*

II – se o terceiro, a quem tiverem sido transferidos os bens, prestar caução que assegure a aplicação do disposto no art. 74, II, b, segunda parte, do Código Penal;

▸ *CP: art. 91, II, b.*

III – se for julgada extinta a punibilidade ou absolvido o réu, por sentença transitada em julgado.

▸ *CPP: art. 386.*

▸ *CP: art. 107.*

ART. 132. Proceder-se-á ao sequestro dos bens móveis se, verificadas as condições previstas no art. 126, não for cabível a medida regulada no Capítulo XI do Título VII deste Livro.

▸ *CPP: art. 240 e ss.*

▸ *Dec. nº 56.435, de 08-06-1965, art. 22, Promulga a Convenção de Viena sobre Relações Diplomáticas.*

ART. 133. Transitada em julgado a sentença condenatória, o juiz, de ofício ou a requerimento do interessado ou do Ministério Público, determinará a avaliação e a venda dos bens em leilão público cujo perdimento tenha sido decretado. (Redação dada pela Lei nº 13.964, de 24.12.2019)

▸ *CP: arts. 91 e 91-A.*

▸ *CPP: arts. 63, 121, 122 e 143.*

§ 1º Do dinheiro apurado, será recolhido aos cofres públicos o que não couber ao lesado ou a terceiro de boa-fé. (Parágrafo único transformado em § 1º e com redação dada pela Lei nº 13.964, de 24.12.2019)

§ 2º O valor apurado deverá ser recolhido ao Fundo Penitenciário Nacional, exceto se houver previsão diversa em lei especial. (Acrescido pela Lei nº 13.964, de 24.12.2019)

ART. 133-A. O juiz poderá autorizar, constatado o interesse público, a utilização de bem sequestrado, apreendido ou sujeito a qualquer medida assecuratória pelos órgãos de segurança pública previstos no art. 144 da Constituição Federal, do sistema prisional, do sistema socioeducativo, da Força Nacional de Segurança Pública e do Instituto Geral de Perícia, para o desempenho de suas atividades. (Acrescido pela Lei nº 13.964, de 24.12.2019)

§ 1º O órgão de segurança pública participante das ações de investigação ou repressão da infração penal que ensejou a constrição do bem terá prioridade na sua utilização.

§ 2º Fora das hipóteses anteriores, demonstrado o interesse público, o juiz poderá autorizar o uso do bem pelos demais órgãos públicos.

§ 3º Se o bem a que se refere o caput deste artigo for veículo, embarcação ou aeronave, o juiz ordenará à autoridade de trânsito ou ao órgão de registro e controle a expedição de certificado provisório de registro e licenciamento em favor do órgão público beneficiário, o qual estará isento do pagamento de multas, encargos e tributos anteriores à disponibilização do bem para a sua utilização, que deverão ser cobrados de seu responsável.

§ 4º Transitada em julgado a sentença penal condenatória com a decretação de perdimento dos bens, ressalvado o direito do lesado ou terceiro de boa-fé, o juiz poderá determinar a transferência definitiva da propriedade ao órgão público beneficiário ao qual foi custodiado o bem.

ART. 134. A hipoteca legal sobre os imóveis do indiciado poderá ser requerida pelo ofendido em qualquer fase do processo, desde que haja certeza da infração e indícios suficientes da autoria.

▸ *CPP: arts. 142, 144 e 239.*

ART. 135. Pedida a especialização mediante requerimento, em que a parte estimará o valor da responsabilidade civil, e designará e estimará o imóvel ou imóveis que terão de ficar especialmente hipotecados, o juiz mandará logo proceder ao arbitramento do valor da responsabilidade e à avaliação do imóvel ou imóveis.

▸ *CC: art. 1.497.*

§ 1º. A petição será instruída com as provas ou indicação das provas em que se fundar a estimação da responsabilidade, com a relação dos imóveis que o responsável possuir, se outros tiver, além dos indicados no requerimento, e com os documentos comprobatórios do domínio.

§ 2º. O arbitramento do valor da responsabilidade e a avaliação dos imóveis designados far-se-ão por perito nomeado pelo juiz, onde não houver avaliador judicial, sendo-lhe facultada a consulta dos autos do processo respectivo.

▸ *CPP: art. 275 a 281.*

§ 3º. O juiz, ouvidas as partes no prazo de dois dias, que correrá em cartório, poderá corrigir o arbitramento do valor da responsabilidade, se lhe parecer excessivo ou deficiente.

§ 4º. O juiz autorizará somente a inscrição da hipoteca do imóvel ou imóveis necessários à garantia da responsabilidade.

▸ *CC: art. 1.497.*

§ 5º. O valor da responsabilidade será liquidado definitivamente após a condenação, podendo ser requerido novo arbitramento se qualquer das partes não se conformar com o arbitramento anterior à sentença condenatória.

§ 6º. Se o réu oferecer caução suficiente, em dinheiro ou em títulos de dívida pública, pelo valor de sua cotação em Bolsa, o juiz poderá deixar de mandar proceder à inscrição da hipoteca legal.

ART. 136. O arresto do imóvel poderá ser decretado de início, revogando-se, porém, se no prazo de 15 (quinze) dias não for promovido o processo de inscrição da hipoteca legal. (Redação dada pela Lei nº 11.435, de 2006).

▸ *CPP: art. 144.*

▸ *CC: art. 1.489, III.*

ART. 137. Se o responsável não possuir bens imóveis ou os possuir de valor insuficiente, poderão ser arrestados bens móveis suscetíveis de penhora, nos termos em que é facultada a hipoteca legal dos imóveis. (Redação dada pela Lei nº 11.435, de 2006).

▸ *CPP: arts. 142 e 144.*

▸ *CPC/2015: art. 833.*

§ 1º. Se esses bens forem coisas fungíveis e facilmente deterioráveis, proceder-se-á na forma do § 5º do art. 120.

▸ *CC: art. 85.*

§ 2º. Das rendas dos bens móveis poderão ser fornecidos recursos arbitrados pelo juiz, para a manutenção do indiciado e de sua família.

ART. 138. O processo de especialização da hipoteca e do arresto correrão em auto apartado. (Redação dada pela Lei nº 11.435, de 2006).

ART. 139. O depósito e a administração dos bens arrestados ficarão sujeitos ao regime do processo civil. (Redação dada pela Lei nº 11.435, de 2006).

▸ *CPC/2015: arts. 159 a 161 e 301.*

ART. 140. As garantias do ressarcimento do dano alcançarão também as despesas processuais e as penas pecuniárias, tendo preferência sobre estas a reparação do dano ao ofendido.

▸ *CPP: arts. 63 e ss.*

▸ *CP: art. 91, I.*

▸ *CC: art. 1.489, II.*

▸ *CTB: art. 297.*

ART. 141. O arresto será levantado ou cancelada a hipoteca, se, por sentença irrecorrível, o réu for absolvido ou julgada extinta a punibilidade. (Redação dada pela Lei nº 11.435, de 2006).

▸ *CPP: arts. 61 e 62, 63 e s., e 386.*

▸ *CP: art. 107.*

ART. 142. Caberá ao Ministério Público promover as medidas estabelecidas nos arts. 134 e 137, se houver interesse da Fazenda Pública, ou se o ofendido for pobre e o requerer.

▸ *CF: art. 127.*

ART. 143. Passando em julgado a sentença condenatória, serão os autos de hipoteca ou arresto remetidos ao juiz do cível (art. 63). (Redação dada pela Lei nº 11.435, de 2006).

▸ *CPP: arts. 63 e 64, 584 e 597.*

▸ *CC: art. 935.*

ART. 144. Os interessados ou, nos casos do art. 142, o Ministério Público poderão requerer no juízo cível, contra o responsável cível, as medidas previstas nos arts. 134, 136 e 137.

▸ *CPP: arts. 63 e 64.*

▸ *CC: art. 932.*

ART. 144-A. O juiz determinará a alienação antecipada para preservação do valor dos bens sempre que estiverem sujeitos a qualquer grau de deterioração ou depreciação, ou quando houver dificuldade para sua manutenção. (Incluído pela Lei nº 12.694, de 2012)

§ 1º. O leilão far-se-á preferencialmente por meio eletrônico. (Incluído pela Lei nº 12.694, de 2012)

§ 2º. Os bens deverão ser vendidos pelo valor fixado na avaliação judicial ou por valor maior. Não alcançado o valor estipulado pela administração judicial, será realizado novo leilão, em até 10 (dez) dias contados da realização do primeiro, podendo os bens ser alienados por valor não inferior a 80% (oitenta por cento) do estipulado na avaliação judicial. (Incluído pela Lei nº 12.694, de 2012)

§ 3º. O produto da alienação ficará depositado em conta vinculada ao juízo até a decisão final do processo, procedendo-se à sua conversão em renda para a União, Estado ou Distrito Federal, no caso de condenação, ou, no caso de absolvição, à sua devolução ao acusado. (Incluído pela Lei nº 12.694, de 2012)

§ 4º. Quando a indisponibilidade recair sobre dinheiro, inclusive moeda estrangeira, títulos, valores mobiliários ou cheques emitidos como ordem de pagamento, o juízo determinará a conversão do numerário apreendido em moeda nacional corrente e o depósito das correspondentes quantias em conta judicial. (Incluído pela Lei nº 12.694, de 2012)

§ 5º. No caso da alienação de veículos, embarcações ou aeronaves, o juiz ordenará à autoridade de trânsito ou ao equivalente órgão de registro e controle a expedição de certificado de registro e licenciamento em favor do arrematante, ficando este livre do pagamento de multas, encargos e tributos anteriores, sem prejuízo de execução fiscal em relação ao antigo proprietário. (Incluído pela Lei nº 12.694, de 2012)

§ 6º. O valor dos títulos da dívida pública, das ações das sociedades e dos títulos de crédito negociáveis em bolsa será o da cotação oficial do dia, provada por certidão ou publicação no órgão oficial. (Incluído pela Lei nº 12.694, de 2012)

§ 7º. (VETADO). (Incluído pela Lei nº 12.694, de 2012)

CAPÍTULO VII. DO INCIDENTE DE FALSIDADE

ART. 145. Arguida, por escrito, a falsidade de documento constante dos autos, o juiz observará o seguinte processo

- *Súmula nº 522 do STJ.*
- *CPP: art. 581.*
- *CP: arts. 293 a 311.*
- *Lei nº 11.419, de 19-12-2006, art. 11, § 2º, Dispõe sobre a informatização do processo judicial.*

I – mandará autuar em apartado a impugnação, e em seguida ouvirá a parte contrária, que, no prazo de 48 horas, oferecerá resposta;

II – assinará o prazo de três dias, sucessivamente, a cada uma das partes, para prova de suas alegações;

III – conclusos os autos, poderá ordenar as diligências que entender necessárias;

IV – se reconhecida a falsidade por decisão irrecorrível, mandará desentranhar o documento e remetê-lo, com os autos do processo incidente, ao Ministério Público.

- *CPP: arts. 40, 158 e s.*
- *CP: arts. 293 a 311.*
- *Dec.-lei nº 3.931, de 11-12-1941: art. 15, Lei de Introdução do Código de Processo Penal.*

ART. 146. A arguição de falsidade, feita por procurador, exige poderes especiais.

- *CP: arts. 138 e 339.*

ART. 147. O juiz poderá, de ofício, proceder à verificação da falsidade.

ART. 148. Qualquer que seja a decisão, não fará coisa julgada em prejuízo de ulterior processo penal ou civil.

- *CPP: art. 581, XVIII.*
- *CPC/2015: arts. 430 a 433.*

CAPÍTULO VIII. DA INSANIDADE MENTAL DO ACUSADO

ART. 149. Quando houver dúvida sobre a integridade mental do acusado, o juiz ordenará, de ofício ou a requerimento do Ministério Público, do defensor, do curador, do ascendente, descendente, irmão ou cônjuge do acusado, seja este submetido a exame médico-legal.

- *CP: arts. 26, par. ún, 27 e 28.*
- *Lei nº 7.210, de 11-07-1984, arts. 8º, 9º, 108, 110, 112, 167, 175, 176, 183, Lei de Execução Penal.*

§ 1º. O exame poderá ser ordenado ainda na fase do inquérito, mediante representação da autoridade policial ao juiz competente.

- *CPP: art. 6, VII.*

§ 2º. O juiz nomeará curador ao acusado, quando determinar o exame, ficando suspenso o processo, se já iniciada a ação penal, salvo quanto às diligências que possam ser prejudicadas pelo adiamento.

- *CPP: art. 152, § 2º.*
- *CP: arts. 26 a 28 e 97.*

ART. 150. Para o efeito do exame, o acusado, se estiver preso, será internado em manicômio judiciário, onde houver, ou, se estiver solto, e o requererem os peritos, em estabelecimento adequado que o juiz designar.

- *Súmula nº 361 do STF.*

§ 1º. O exame não durará mais de quarenta e cinco dias, salvo se os peritos demonstrarem a necessidade de maior prazo.

§ 2º. Se não houver prejuízo para a marcha do processo, o juiz poderá autorizar sejam os autos entregues aos peritos, para facilitar o exame.

- *CPP: art. 803.*

ART. 151. Se os peritos concluírem que o acusado era, ao tempo da infração, irresponsável nos termos do art. 22 do Código Penal, o processo prosseguirá, com a presença do curador.

- *Súmula nº 361 do STF.*
- *CP: art. 26 e 97, § 1º.*

ART. 152. Se se verificar que a doença mental sobreveio à infração o processo continuará suspenso até que o acusado se restabeleça, observado o § 2º do art. 149.

- *CF: art. 5º, LVII.*
- *CP: art. 79.*

§ 1º. O juiz poderá, nesse caso, ordenar a internação do acusado em manicômio judiciário ou em outro estabelecimento adequado.

- *CF: art. 5º, LIV e LVII.*

§ 2º. O processo retomará o seu curso, desde que se restabeleça o acusado, ficando-lhe assegurada a faculdade de reinquirir as testemunhas que houverem prestado depoimento sem a sua presença.

ART. 153. O incidente da insanidade mental processar-se-á em auto apartado, que só depois da apresentação do laudo, será apenso ao processo principal.

ART. 154. Se a insanidade mental sobrevier no curso da execução da pena, observar-se-á o disposto no art. 682.

- *CP: art. 41.*
- *Lei nº 7.210, de 11-07-1984, art. 183, Lei de Execução Penal.*

TÍTULO VII. DA PROVA

CAPÍTULO I. DISPOSIÇÕES GERAIS

ART. 155. O juiz formará sua convicção pela livre apreciação da prova produzida em contraditório judicial, não podendo fundamentar sua decisão exclusivamente nos elementos informativos colhidos na investigação, ressalvadas as provas cautelares, não repetíveis e antecipadas. (Redação dada pela Lei nº 11.690, de 2008)

- *Súmulas nº 74 e 591 do STJ.*
- *CF: art. 5º, LIV, LV e LVI.*
- *CPP: arts. 3-A, 3-B a 3-F, 62, 92, 158, 158-A a 158-F, 225 e 564, V.*
- *CPC: art. 374.*
- *Lei nº 12.850, de 02-08-2013, Organização Criminosa.*

Parágrafo único. Somente quanto ao estado das pessoas serão observadas as restrições estabelecidas na lei civil. (Incluído pela Lei nº 11.690, de 2008)

- *Súmula nº 74 do STJ.*
- *CPP: arts. 62 e 92.*

ART. 156. A prova da alegação incumbirá a quem a fizer, sendo, porém, facultado ao juiz de ofício: (Redação dada pela Lei nº 11.690, de 2008)

- *CF: art. 5º, LVII, e 129, I.*
- *CPP: art. 3-A*
- *CPC/2015: arts. 370, 373 e 374.*
- *Lei nº 9.099, de 26-09-1995: art. 81, § 1º, dispõe sobre os Juizados Especiais Cíveis e Criminais.*

I – ordenar, mesmo antes de iniciada a ação penal, a produção antecipada de provas consideradas urgentes e relevantes, observando a necessidade, adequação e proporcionalidade da medida; (Incluído pela Lei nº 11.690, de 2008)

- *CF: art. 129, I.*
- *CPP: arts. 3-A, 3-B a 3-F, 158 e 225.*

II – determinar, no curso da instrução, ou antes de proferir sentença, a realização de diligências para dirimir dúvida sobre ponto relevante. (Incluído pela Lei nº 11.690, de 2008)

- *CF: arts. 5º., LVII, e 129, I.*
- *CPP: arts. 3-A, 209, § 1º., 401, § 1º, e 386, VII.*

ART. 157. São inadmissíveis, devendo ser desentranhadas do processo, as provas ilícitas, assim entendidas as obtidas em violação a normas constitucionais ou legais. (Redação dada pela Lei nº 11.690, de 2008)

- *CF: art. 5º, LVI.*
- *CPP: arts. 386, I, II e III, 395, III, 415, I e III, e 564, IV.*

§ 1º. São também inadmissíveis as provas derivadas das ilícitas, salvo quando não evidenciado o nexo de causalidade entre umas e outras, ou quando as derivadas puderem ser obtidas por uma fonte independente das primeiras. (Incluído pela Lei nº 11.690, de 2008)

§ 2º. Considera-se fonte independente aquela que por si só, seguindo os trâmites típicos e de praxe, próprios da investigação ou instrução criminal, seria capaz de conduzir ao fato objeto da prova. (Incluído pela Lei nº 11.690, de 2008)

§ 3º. Preclusa a decisão de desentranhamento da prova declarada inadmissível, esta será inutilizada por decisão judicial, facultado às partes acompanhar o incidente. (Incluído pela Lei nº 11.690, de 2008)

§ 4º. (VETADO) (Incluído pela Lei nº 11.690, de 2008).

§ 5º O juiz que conhecer do conteúdo da prova declarada inadmissível não poderá proferir a sentença ou acórdão. (Acrescido pela Lei nº 13.964, de 24.12.2019)

- *CF: arts. 5º., LVI, 93, IX, e 129, I.*
- *CPP: arts. 3-A, 3-B a 3-F, 95, I, 252 e 254 e 564, IV e V.*

CAPÍTULO II. DO EXAME DE CORPO DE DELITO, DA CADEIA DE CUSTÓDIA E DAS PERÍCIAS EM GERAL

- *(Redação dada pela Lei nº 13.964, de 24.12.2019)*

ART. 158. Quando a infração deixar vestígios, será indispensável o exame de corpo de delito, direto ou indireto, não podendo supri-lo a confissão do acusado.

- *CPP: art. 167.*
- *CPP: arts. 6º, VIII, 525 e 564, III, b.*
- *Lei nº 11.343, de 23-08-2006: art. 50, § 1º, Lei Antidrogas.*

Parágrafo único. Dar-se-á prioridade à realização do exame de corpo de delito quando se tratar de crime que envolva: (Incluído pela Lei nº 13.721, de 2-10-2018).

I – violência doméstica e familiar contra mulher;

II – violência contra criança, adolescente, idoso ou pessoa com deficiência.

- *Dec. n. 9.603, de 10-12-2018, art. 13, §§ 6º. a 8º.; Sistema de garantia de direitos da criança e do adolescente vítima ou testemunha de violência.*

ART. 158-A. Considera-se **cadeia de custódia** o conjunto de todos os procedimentos utilizados para manter e documentar a história cronológica do vestígio coletado em locais ou em vítimas de crimes, para rastrear sua posse e manuseio a partir de seu reconhecimento até o descarte. (Acrescido pela Lei nº 13.964, de 24.12.2019)

- *CF: art. 5º., LIV., LV, LVI e LXVIII.*
- *CPP: arts. 6º., 157, 158, 159, 245, §§ 5º. a 7º., 395, IV, 564, III, b, e IV, 647 e 648, I e VI.*
- *Lei n. 9.296, de 24-7-1996, arts. 6º. a 8º.; Interceptação telefônica.*
- *Lei 11.343, de 23-8-2006, arts. 50 e 50-A; Lei Antidrogas.*

§ 1º O início da cadeia de custódia dá-se com a preservação do local de crime ou com procedimentos policiais ou periciais nos quais seja detectada a existência de vestígio.

§ 2º O agente público que reconhecer um elemento como de potencial interesse para a produção da prova pericial fica responsável por sua preservação.

§ 3º Vestígio é todo objeto ou material bruto, visível ou latente, constatado ou recolhido, que se relaciona à infração penal.

ART. 158-B. A cadeia de custódia compreende o rastreamento do vestígio nas seguintes etapas: (Acrescido pela Lei nº 13.964, de 24.12.2019)

▸ *CF: art. 5º., LIV., LV, LVI e LXVIII.*

▸ *CPP: arts. 6o., 157, 158, 159, 245, §§ 5º. a 7º., 395, IV, 564, III, b, e IV, 647 e 648, I e VI.*

▸ *Lei n. 9.296, de 24-7-1996, arts. 6º. a 8º.; Interceptação telefônica.*

▸ *Lei 11.343, de 23-8-2006, arts. 50 e 50-A; Lei Antidrogas.*

I – reconhecimento: ato de distinguir um elemento como de potencial interesse para a produção da prova pericial;

II – isolamento: ato de evitar que se altere o estado das coisas, devendo isolar e preservar o ambiente imediato, mediato e relacionado aos vestígios e local de crime;

III – fixação: descrição detalhada do vestígio conforme se encontra no local de crime ou no corpo de delito, e a sua posição na área de exames, podendo ser ilustrada por fotografias, filmagens ou croqui, sendo indispensável a sua descrição no laudo pericial produzido pelo perito responsável pelo atendimento;

IV – coleta: ato de recolher o vestígio que será submetido à análise pericial, respeitando suas características e natureza;

V – acondicionamento: procedimento por meio do qual cada vestígio coletado é embalado de forma individualizada, de acordo com suas características físicas, químicas e biológicas, para posterior análise, com anotação da data, hora e nome de quem realizou a coleta e o acondicionamento;

VI – transporte: ato de transferir o vestígio de um local para o outro, utilizando as condições adequadas (embalagens, veículos, temperatura, entre outras), de modo a garantir a manutenção de suas características originais, bem como o controle de sua posse;

VII – recebimento: ato formal de transferência da posse do vestígio, que deve ser documentado com, no mínimo, informações referentes ao número de procedimento e unidade de polícia judiciária relacionada, local de origem, nome de quem transportou o vestígio, código de rastreamento, natureza do exame, tipo do vestígio, protocolo, assinatura e identificação de quem o recebeu;

VIII – processamento: exame pericial em si, manipulação do vestígio de acordo com a metodologia adequada às suas características biológicas, físicas e químicas, a fim de se obter o resultado desejado, que deverá ser formalizado em laudo produzido por perito;

IX – armazenamento: procedimento referente à guarda, em condições adequadas, do material a ser processado, guardado para realização de contraperícia, descartado ou transportado, com vinculação ao número do laudo correspondente;

▸ *CF: art. 5º., LV.*

X – descarte: procedimento referente à liberação do vestígio, respeitando a legislação vigente e, quando pertinente, mediante autorização judicial.

ART. 158-C. A coleta dos vestígios deverá ser realizada preferencialmente por perito oficial, que dará o encaminhamento necessário para a central de custódia, mesmo quando for necessária a realização de exames complementares. (Acrescido pela Lei nº 13.964, de 24.12.2019)

▸ *CF: art. 5º., LIV., LV, LVI e LXVIII.*

▸ *CPP: arts. 6o., 157, 158, 159, 245, §§ 5º. a 7º., 395, IV, 564, III, b, e IV, 647 e 648, I e VI.*

▸ *Lei n. 9.296, de 24-7-1996, arts. 6º. a 8º.; Interceptação telefônica.*

▸ *Lei 11.343, de 23-8-2006, arts. 50 e 50-A; Lei Antidrogas.*

§ 1º Todos vestígios coletados no decurso do inquérito ou processo devem ser tratados como descrito nesta Lei, ficando órgão central de perícia oficial de natureza criminal responsável por detalhar a forma do seu cumprimento.

§ 2º É proibida a entrada em locais isolados bem como a remoção de quaisquer vestígios de locais de crime antes da liberação por parte do perito responsável, sendo tipificada como fraude processual a sua realização.

ART. 158-D. O recipiente para acondicionamento do vestígio será determinado pela natureza do material. (Acrescido pela Lei nº 13.964, de 24.12.2019)

▸ *CF: art. 5º., LIV, LV, LVI e LXVIII.*

▸ *CPP: arts. 6o., 157, 158, 159, 245, §§ 5º. a 7º., 395, IV, 564, III, b, e IV, 647 e 648, I e VI.*

▸ *Lei n. 9.296, de 24-7-1996, arts. 6º. a 8º.; Interceptação telefônica.*

▸ *Lei 11.343, de 23-8-2006, arts. 50 e 50-A; Lei Antidrogas.*

§ 1º Todos os recipientes deverão ser selados com lacres, com numeração individualizada, de forma a garantir a inviolabilidade e a idoneidade do vestígio durante o transporte.

§ 2º O recipiente deverá individualizar o vestígio, preservar suas características, impedir contaminação e vazamento, ter grau de resistência adequado e espaço para registro de informações sobre seu conteúdo.

§ 3º O recipiente só poderá ser aberto pelo perito que vai proceder à análise e, motivadamente, por pessoa autorizada.

§ 4º Após cada rompimento de lacre, deve se fazer constar na ficha de acompanhamento de vestígio o nome e a matrícula do responsável, a data, o local, a finalidade, bem como as informações referentes ao novo lacre utilizado.

§ 5º O lacre rompido deverá ser acondicionado no interior do novo recipiente.

ART. 158-E. Todos os Institutos de Criminalística deverão ter uma central de custódia destinada à guarda e controle dos vestígios, e sua gestão deve ser vinculada diretamente ao órgão central de perícia oficial de natureza criminal. (Acrescido pela Lei nº 13.964, de 24.12.2019)

▸ *CF: art. 5º., LIV., LV, LVI e LXVIII.*

▸ *CPP: arts. 6o., 157, 158, 159, 245, §§ 5º. a 7º., 395, IV, 564, III, b, e IV, 647 e 648, I e VI.*

▸ *Lei n. 9.296, de 24-7-1996, arts. 6º. a 8º.; Interceptação telefônica.*

▸ *Lei 11.343, de 23-8-2006, arts. 50 e 50-A; Lei Antidrogas.*

§ 1º Toda central de custódia deve possuir os serviços de protocolo, com local para conferência, recepção, devolução de materiais e documentos, possibilitando a seleção, a classificação e a distribuição de materiais, devendo ser um espaço seguro e apresentar condições ambientais que não interfiram nas características do vestígio.

§ 2º Na central de custódia, a entrada e a saída de vestígio deverão ser protocoladas, consignando-se informações sobre a ocorrência no inquérito que a eles se relacionam.

§ 3º Todas as pessoas que tiverem acesso ao vestígio armazenado deverão ser identificadas e deverão ser registradas a data e a hora do acesso.

§ 4º Por ocasião da tramitação do vestígio armazenado, todas as ações deverão ser registradas, consignando-se a identificação do responsável pela tramitação, a destinação, a data e horário da ação.

ART. 158-F. Após a realização da perícia, o material deverá ser devolvido à central de custódia, devendo nela permanecer. (Acrescido pela Lei nº 13.964, de 24.12.2019)

- *CF: art. 5º., LIV., LV, LVI e LXVIII.*
- *CPP: arts. 6o., 157, 158, 159, 245, §§ 5º. a 7º., 395, IV, 564, III, b, e IV, 647 e 648, I e VI.*
- *Lei n. 9.296, de 24-7-1996, arts. 6º. a 8º.; Interceptação telefônica.*
- *Lei 11.343, de 23-8-2006, arts. 50 e 50-A; Lei Antidrogas.*

Parágrafo único. Caso a central de custódia não possua espaço ou condições de armazenar determinado material, deverá a autoridade policial ou judiciária determinar as condições de depósito do referido material em local diverso, mediante requerimento do diretor do órgão central de perícia oficial de natureza criminal.

ART. 159. O exame de corpo de delito e outras perícias serão realizados por perito oficial, portador de diploma de curso superior. (Redação dada pela Lei nº 11.690, de 2008)

- *Súmula nº 361 do STF.*
- *CPP: art. 178.*

§ 1º. Na falta de perito oficial, o exame será realizado por 2 (duas) pessoas idôneas, portadoras de diploma de curso superior preferencialmente na área específica, dentre as que tiverem habilitação técnica relacionada com a natureza do exame. (Redação dada pela Lei nº 11.690, de 2008)

- *CPP: art. 179.*

§ 2º. Os peritos não oficiais prestarão o compromisso de bem e fielmente desempenhar o encargo. (Redação dada pela Lei nº 11.690, de 2008)

- *Súmula nº 361 do STF.*
- *CPP: arts. 275, 276, 279, 280, 281, 564, IV e 572.*

§ 3º. Serão facultadas ao Ministério Público, ao assistente de acusação, ao ofendido, ao querelante e ao acusado a formulação de quesitos e indicação de assistente técnico. (Incluído pela Lei nº 11.690, de 2008).

- *CPP: art. 268.*

§ 4º. O assistente técnico atuará a partir de sua admissão pelo juiz e após a conclusão dos exames e elaboração do laudo pelos peritos oficiais, sendo as partes intimadas desta decisão. (Incluído pela Lei nº 11.690, de 2008)

§ 5º. Durante o curso do processo judicial, é permitido às partes, quanto à perícia: (Incluído pela Lei nº 11.690, de 2008)

I – requerer a oitiva dos peritos para esclarecerem a prova ou para responderem a quesitos, desde que o mandado de intimação e os quesitos ou questões a serem esclarecidas sejam encaminhados com antecedência mínima de 10 (dez) dias, podendo apresentar as respostas em laudo complementar; (Incluído pela Lei nº 11.690, de 2008)

II – indicar assistentes técnicos que poderão apresentar pareceres em prazo a ser fixado pelo juiz ou ser inquiridos em audiência. (Incluído pela Lei nº 11.690, de 2008)

§ 6º. Havendo requerimento das partes, o material probatório que serviu de base à perícia será disponibilizado no ambiente do órgão oficial, que manterá sempre sua guarda, e na presença de perito oficial, para exame pelos assistentes, salvo se for impossível a sua conservação. (Incluído pela Lei nº 11.690, de 2008)

§ 7º. Tratando-se de perícia complexa que abranja mais de uma área de conhecimento especializado, poder-se-á designar a atuação de mais de um perito oficial, e a parte indicar mais de um assistente técnico. (Incluído pela Lei nº 11.690, de 2008).

- *Súmula nº 361 do STF.*

ART. 160. Os peritos elaborarão o laudo pericial, onde descreverão minuciosamente o que examinarem, e responderão aos quesitos formulados. (Redação dada pela Lei nº 8.862, de 28.3.1994)

Parágrafo único. O laudo pericial será elaborado no prazo máximo de 10 dias, podendo este prazo ser prorrogado, em casos excepcionais, a requerimento dos peritos. (Redação dada pela Lei nº 8.862, de 28.3.1994)

- *CPP: art. 179, par. ún.*

ART. 161. O exame de corpo de delito poderá ser feito em qualquer dia e a qualquer hora.

- *CPP: art. 6º, VII.*

ART. 162. A autópsia será feita pelo menos seis horas depois do óbito, salvo se os peritos, pela evidência dos sinais de morte, julgarem que possa ser feita antes daquele prazo, o que declararão no auto.

Parágrafo único. Nos casos de morte violenta, bastará o simples exame externo do cadáver, quando não houver infração penal que apurar, ou quando as lesões externas permitirem precisar a causa da morte e não houver necessidade de exame interno para a verificação de alguma circunstância relevante.

ART. 163. Em caso de exumação para exame cadavérico, a autoridade providenciará para que, em dia e hora previamente marcados, se realize a diligência, da qual se lavrará auto circunstanciado.

Parágrafo único. O administrador de cemitério público ou particular indicará o lugar da sepultura, sob pena de desobediência. No caso de recusa ou de falta de quem indique a sepultura, ou de encontrar-se o cadáver em lugar não destinado a inumações, a autoridade procederá às pesquisas necessárias, o que tudo constará do auto.

- *CP: art. 330.*
- *Dec.-lei nº 3.688, de 03-10-1941, art. 67, Lei das Contravenções Penais.*

ART. 164. Os cadáveres serão sempre fotografados na posição em que forem encontrados, bem como, na medida do possível, todas as lesões externas e vestígios deixados no local do crime. (Redação dada pela Lei nº 8.862, de 28.3.1994)

- *CPP: art. 6º, I.*

ART. 165. Para representar as lesões encontradas no cadáver, os peritos, quando possível, juntarão ao laudo do exame provas fotográficas, esquemas ou desenhos, devidamente rubricados.

- *Súmula nº 361 do STF.*

ART. 166. Havendo dúvida sobre a identidade do cadáver exumado, proceder-se-á ao reconhecimento pelo Instituto de Identificação e Estatística ou repartição congênere ou pela inquirição de testemunhas, lavrando-se auto de reconhecimento e de identidade, no qual se descreverá o cadáver, com todos os sinais e indicações.

Parágrafo único. Em qualquer caso, serão arrecadados e autenticados todos os objetos encontrados, que possam ser úteis para a identificação do cadáver.

ART. 167. Não sendo possível o exame de corpo de delito, por haverem desaparecido os vestígios, a prova testemunhal poderá suprir-lhe a falta.

- *CPP: arts. 202 a 225 e 564, III, b.*

ART. 168. Em caso de lesões corporais, se o primeiro exame pericial tiver sido incompleto, proceder-se-á a exame complementar por determinação da autoridade policial ou judiciária, de ofício, ou a requerimento do Ministério Público, do ofendido ou do acusado, ou de seu defensor.

- *CP: art. 129, § 1º, I e III e § 2º, I, II e IV.*

§ 1º. No exame complementar, os peritos terão presente o auto de corpo de delito, a fim de suprir-lhe a deficiência ou retificá-lo.

§ 2º. Se o exame tiver por fim precisar a classificação do delito no art. 129, § 1º, I, do Código Penal, deverá ser feito logo que decorra o prazo de 30 dias, contado da data do crime.

§ 3º. A falta de exame complementar poderá ser suprida pela prova testemunhal.

ART. 169. Para o efeito de exame do local onde houver sido praticada a infração, a autoridade providenciará imediatamente para que não se altere o estado das coisas até a chegada dos peritos, que poderão instruir seus laudos com fotografias, desenhos ou esquemas elucidativos.

- *CPP: art. 6º, I.*
- *CP: art. 166.*

Parágrafo único. Os peritos registrarão, no laudo, as alterações do estado das coisas e discutirão, no relatório, as consequências dessas alterações na dinâmica dos fatos. (Incluído pela Lei nº 8.862, de 28.3.1994)

ART. 170. Nas perícias de laboratório, os peritos guardarão material suficiente para a eventualidade de nova perícia. Sempre que conveniente, os laudos serão ilustrados com provas fotográficas, ou microfotográficas, desenhos ou esquemas.

- *Súmula nº 361 do STF.*

ART. 171. Nos crimes cometidos com destruição ou rompimento de obstáculo a subtração da coisa, ou por meio de escalada, os peritos, além de descrever os vestígios, indicarão com que instrumentos, por que meios e em que época presumem ter sido o fato praticado.

- *Súmula nº 361 do STF.*
- *CP: art. 155, § 4º, I e II.*

ART. 172. Proceder-se-á, quando necessário, à avaliação de coisas destruídas, deterioradas ou que constituam produto do crime.

- *CP: arts. 155, § 2º e 171, § 1º.*

Parágrafo único. Se impossível a avaliação direta, os peritos procederão à avaliação por meio dos elementos existentes nos autos e dos que resultarem de diligências.

ART. 173. No caso de incêndio, os peritos verificarão a causa e o lugar em que houver começado, o perigo que dele tiver resultado para a vida ou para o patrimônio alheio, a extensão do dano e o seu valor e as demais circunstâncias que interessarem à elucidação do fato.

- *Súmula nº 361 do STF.*
- *CP: art. 250.*

ART. 174. No exame para o reconhecimento de escritos, por comparação de letra, observar-se-á o seguinte:

I – a pessoa a quem se atribua ou se possa atribuir o escrito será intimada para o ato, se for encontrada;

II – para a comparação, poderão servir quaisquer documentos que a dita pessoa reconhecer ou já tiverem sido judicialmente reconhecidos como de seu punho, ou sobre cuja autenticidade não houver dúvida;

III – a autoridade, quando necessário, requisitará, para o exame, os documentos que existirem em arquivos ou estabelecimentos públicos, ou nestes realizará a diligência, se daí não puderem ser retirados;

IV – quando não houver escritos para a comparação ou forem insuficientes os exibidos, a autoridade mandará que a pessoa escreva o que lhe for ditado. Se estiver ausente a pessoa, mas em lugar certo, esta última diligência poderá ser feita por precatória, em que se consignarão as palavras que a pessoa será intimada a escrever.

- *CP: arts. 296 a 304.*

ART. 175. Serão sujeitos a exame os instrumentos empregados para a prática da infração, a fim de se lhes verificar a natureza e a eficiência.

- *CPP: art. 6º, II.*

ART. 176. A autoridade e as partes poderão formular quesitos até o ato da diligência.

- *CPP: art. 14.*

ART. 177. No exame por precatória, a nomeação dos peritos far-se-á no juízo deprecado. Havendo, porém, no caso de ação privada, acordo das partes, essa nomeação poderá ser feita pelo juiz deprecante.

- *Súmula nº 361 do STF.*
- *CPP: arts. 276 e 277.*
- *CPC/2015: art. 465, § 6º.*

Parágrafo único. Os quesitos do juiz e das partes serão transcritos na precatória.

ART. 178. No caso do art. 159, o exame será requisitado pela autoridade ao diretor da repartição, juntando-se ao processo o laudo assinado pelos peritos.

ART. 179. No caso do § 1º do art. 159, o escrivão lavrará o auto respectivo, que será assinado pelos peritos e, se presente ao exame, também pela autoridade.

- *Súmula nº 361 do STF.*

Parágrafo único. No caso do art. 160, parágrafo único, o laudo, que poderá ser datilografado, será subscrito e rubricado em suas folhas por todos os peritos.

ART. 180. Se houver divergência entre os peritos, serão consignadas no auto do exame as declarações e respostas de um e de outro, ou cada um redigirá separadamente o seu laudo, e a autoridade nomeará um terceiro; se este divergir de ambos, a autoridade poderá mandar proceder a novo exame por outros peritos.

ART. 181. No caso de inobservância de formalidades, ou no caso de omissões, obscuridades ou contradições, a autoridade judiciária mandará suprir a formalidade, complementar ou esclarecer o laudo. (Redação dada pela Lei nº 8.862, de 28.3.1994)

- *CPP: arts. 563, 564, IV, 566 e 572.*

Parágrafo único. A autoridade poderá também ordenar que se proceda a novo exame, por outros peritos, se julgar conveniente.

- *Súmula nº 361 do STF.*
- *CPP: art. 157.*

ART. 182. O juiz não ficará adstrito ao laudo, podendo aceitá-lo ou rejeitá-lo, no todo ou em parte.

- *CPP: art. 157.*
- *CPC/2015: art. 479.*

ART. 183. Nos crimes em que não couber ação pública, observar-se-á o disposto no art. 19.

- *CPP: art. 525.*

ART. 184. Salvo o caso de exame de corpo de delito, o juiz ou a autoridade policial negará a perícia requerida pelas partes, quando não for necessária ao esclarecimento da verdade.

- *CPP: arts. 14 e 158.*

CAPÍTULO III. DO INTERROGATÓRIO DO ACUSADO

ART. 185. O acusado que comparecer perante a autoridade judiciária, no curso do processo penal, será qualificado e interrogado na presença de seu defensor, constituído ou nomeado. (Redação dada pela Lei nº 10.792, de 1º.12.2003)

- *CF: art. 5º, LIII, LIV, LV e LXIII.*
- *CPP: arts. 6º, V, 261, 263, 304, 360,394, 395 e 465.*
- *Lei nº 9.099, de 26-09-1995: art. 81, dispõe sobre os Juizados Especiais Cíveis e Criminais.*
- *Lei nº 13.146, de 06-07-2015, art. 95, Estatuto da Pessoa com Deficiência*
- *Dec. nº 678, de 06-11-1992, art. 8º, 1, Promulga a Convenção Americana sobre Direitos Humanos – Pacto de São José da Costa Rica.*

§ 1º. O interrogatório do réu preso será realizado, em sala própria, no estabelecimento em que estiver recolhido, desde que estejam garantidas a segurança do juiz, do membro do Ministério Público e dos auxiliares bem como a presença do defensor e a publicidade do ato. (Redação dada pela Lei nº 11.900, de 2009)

§ 2º. Excepcionalmente, o juiz, por decisão fundamentada, de ofício ou a requerimento das partes, poderá realizar o interrogatório do réu preso por sistema de videoconferência ou outro recurso tecnológico de transmissão de sons e imagens em tempo real, desde que a medida seja necessária para atender a uma das seguintes finalidades: (Redação dada pela Lei nº 11.900, de 2009)

- *Lei nº 8.906, de 04-07-1994, art. 7º III, Estatuto da Advocacia e Ordem dos Advogados do Brasil (OAB).*

I – prevenir risco à segurança pública, quando exista fundada suspeita de que o preso integre organização criminosa ou de que, por outra razão, possa fugir durante o deslocamento; (Incluído pela Lei nº 11.900, de 2009)

II – viabilizar a participação do réu no referido ato processual, quando haja relevante dificuldade para seu comparecimento em juízo, por enfermidade ou outra circunstância pessoal; (Incluído pela Lei nº 11.900, de 2009)

III – impedir a influência do réu no ânimo de testemunha ou da vítima, desde que não seja possível colher o depoimento destas por videoconferência, nos termos do art. 217 deste Código; (Incluído pela Lei nº 11.900, de 2009)

IV – responder à gravíssima questão de ordem pública. (Incluído pela Lei nº 11.900, de 2009)

§ 3º. Da decisão que determinar a realização de interrogatório por videoconferência, as partes serão intimadas com 10 (dez) dias de antecedência. (Incluído pela Lei nº 11.900, de 2009)

§ 4º. Antes do interrogatório por videoconferência, o preso poderá acompanhar, pelo mesmo sistema tecnológico, a realização de todos os atos da audiência única de instrução e julgamento de que tratam os arts. 400, 411 e 531 deste Código. (Incluído pela Lei nº 11.900, de 2009)

§ 5º. Em qualquer modalidade de interrogatório, o juiz garantirá ao réu o direito de entrevista prévia e reservada com o seu defensor; se realizado por videoconferência, fica também garantido o acesso a canais telefônicos reservados para comunicação entre o defensor que esteja no presídio e o advogado presente na sala de audiência do Fórum, e entre este e o preso. (Incluído pela Lei nº 11.900, de 2009)

- *CF: art. 5º,LXIII e LXIX*
- *Lei nº 12.016, de 07-08-2009, dispõe sobre mandado de segurança.*

§ 6º. A sala reservada no estabelecimento prisional para a realização de atos processuais por sistema de videoconferência será fiscalizada pelos corregedores e pelo juiz de cada causa, como também pelo Ministério Público e pela Ordem dos Advogados do Brasil. (Incluído pela Lei nº 11.900, de 2009)

§ 7º. Será requisitada a apresentação do réu preso em juízo nas hipóteses em que o interrogatório não se realizar na forma prevista nos §§ 1º e 2º deste artigo. (Incluído pela Lei nº 11.900, de 2009)

§ 8º. Aplica-se o disposto nos §§ 2º, 3º, 4º e 5º deste artigo, no que couber, à realização de outros atos processuais que dependam da participação de pessoa que esteja presa, como acareação, reconhecimento de pessoas e coisas, e inquirição de testemunha ou tomada de declarações do ofendido. (Incluído pela Lei nº 11.900, de 2009)

§ 9º. Na hipótese do § 8º deste artigo, fica garantido o acompanhamento do ato processual pelo acusado e seu defensor. (Incluído pela Lei nº 11.900, de 2009)

§ 10. Do interrogatório deverá constar a informação sobre a existência de filhos, respectivas idades e se possuem alguma deficiência e o nome e o contato de eventual responsável pelos cuidados dos filhos, indicado pela pessoa presa. (Incluído pela Lei nº 13.257, de 2016)

ART. 186. Depois de devidamente qualificado e cientificado do inteiro teor da acusação, o acusado será informado pelo juiz, antes de iniciar o interrogatório, do seu direito de permanecer calado e de não responder perguntas que lhe forem formuladas. (Redação dada pela Lei nº 10.792, de 1º.12.2003)

- *Súmula 522 do STJ.*
- *CF: art. 5º, LXII, LXIII, LXIV e LXVI.*
- *CPP: art. 306.*
- *CP: arts. 297, 299 e 304.*

Parágrafo único. O silêncio, que não importará em confissão, não poderá ser interpretado em prejuízo da defesa. (Incluído pela Lei nº 10.792, de 1º.12.2003)

- *CF: art. 5º, LXIII.*
- *Dec. nº 678, de 06-11-1992, art. 8º, 2, b, Promulga a Convenção Americana sobre Direitos Humanos – Pacto de São José da Costa Rica.*

ART. 187. O interrogatório será constituído de duas partes: sobre a pessoa do acusado e sobre os fatos. (Redação dada pela Lei nº 10.792, de 1º.12.2003)

- *CPP: arts. 261 e 263.*

§ 1º. Na primeira parte o interrogando será perguntado sobre a residência, meios de vida ou profissão, oportunidades sociais, lugar onde exerce a sua atividade, vida pregressa, notadamente se foi preso ou processado alguma vez e, em caso afirmativo, qual o juízo do processo, se houve suspensão condicional ou condenação, qual a pena imposta, se a cumpriu e outros dados familiares e sociais. (Incluído pela Lei nº 10.792, de 1º.12.2003)

- *CPP: art. 6º, IX.*
- *CP: arts. 59, 297, 299 e 304.*
- *Dec.-lei nº 3.688, de 03-10-1941, art. 68, Lei das Contravenções Penais.*

§ 2º. Na segunda parte será perguntado sobre: (Incluído pela Lei nº 10.792, de 1º.12.2003)

I – ser verdadeira a acusação que lhe é feita; (Incluído pela Lei nº 10.792, de 1º.12.2003)

II – não sendo verdadeira a acusação, se tem algum motivo particular a que atribuí-la, se conhece a pessoa ou pessoas a quem deva ser imputada a prática do crime, e quais sejam, e se com elas esteve antes da prática da infração ou depois dela; (Incluído pela Lei nº 10.792, de 1º.12.2003)

III – onde estava ao tempo em que foi cometida a infração e se teve notícia desta; (Incluído pela Lei nº 10.792, de 1º.12.2003)

IV – as provas já apuradas; (Incluído pela Lei nº 10.792, de 1º.12.2003)

- *CPP: art. 6º, III.*

V – se conhece as vítimas e testemunhas já inquiridas ou por inquirir, e desde quando, e se tem o que alegar contra elas; (Incluído pela Lei nº 10.792, de 1º.12.2003)

VI – se conhece o instrumento com que foi praticada a infração, ou qualquer objeto que com esta se relacione e tenha sido apreendido; (Incluído pela Lei nº 10.792, de 1º.12.2003)

- *CPP: art. 6º, II.*

VII – todos os demais fatos e pormenores que conduzam à elucidação dos antecedentes e circunstâncias da infração; (Incluído pela Lei nº 10.792, de 1º.12.2003)

VIII – se tem algo mais a alegar em sua defesa. (Incluído pela Lei nº 10.792, de 1º.12.2003)

ART. 188. Após proceder ao interrogatório, o juiz indagará das partes se restou algum fato para ser esclarecido, formulando as perguntas correspondentes se o entender pertinente e relevante. (Redação dada pela Lei nº 10.792, de 1º.12.2003)

- *CF: art. 5º, LV e LXIII.*
- *CPP: arts. 41 e 259.*
- *Dec.-lei nº 3.688, de 03-10-1941, art. 68, Lei das Contravenções Penais.*

ART. 189. Se o interrogando negar a acusação, no todo ou em parte, poderá prestar esclarecimentos e indicar provas. (Redação dada pela Lei nº 10.792, de 1º.12.2003)

- *CP: arts. 29, 159, § 4º.*
- *CPP: art. 156.*
- *Lei nº 8.072, de 25-07-1990, art. 8º, par. ún., define os crimes hediondos.*
- *Lei nº 9.807, de 13-07-1999, art. 13, institui o Programa Federal de Assistência a Vítimas e a Testemunhas Ameaçadas.*
- *Lei nº 12.850, de 02-08-2013, art. 4º, Organização Criminosa.*

ART. 190. Se confessar a autoria, será perguntado sobre os motivos e circunstâncias do fato e se outras pessoas concorreram para a infração, e quais sejam. (Redação dada pela Lei nº 10.792, de 1º.12.2003)

- *CPP: arts. 200 e 318.*
- *CP: arts. 59 e 65, III, d.*

ART. 191. Havendo mais de um acusado, serão interrogados separadamente. (Redação dada pela Lei nº 10.792, de 1º.12.2003)

- *CPP: arts. 76, 77 e 79.*
- *CP: art. 29.*

ART. 192. O interrogatório do mudo, do surdo ou do surdo-mudo será feito pela forma seguinte: (Redação dada pela Lei nº 10.792, de 1º.12.2003)

I – ao surdo serão apresentadas por escrito as perguntas, que ele responderá oralmente; (Redação dada pela Lei nº 10.792, de 1º.12.2003)

II – ao mudo as perguntas serão feitas oralmente, respondendo-as por escrito; (Redação dada pela Lei nº 10.792, de 1º.12.2003)

III – ao surdo-mudo as perguntas serão formuladas por escrito e do mesmo modo dará as respostas. (Redação dada pela Lei nº 10.792, de 1º.12.2003)

Parágrafo único. Caso o interrogando não saiba ler ou escrever, intervirá no ato, como intérprete e sob compromisso, pessoa habilitada a entendê-lo. (Redação dada pela Lei nº 10.792, de 1º.12.2003)

- *CPP: art. 281.*
- *CC: art. 3º.*

ART. 193. Quando o interrogando não falar a língua nacional, o interrogatório será feito por meio de intérprete. (Redação dada pela Lei nº 10.792, de 1º.12.2003)

- *CPP: art. 281.*

ART. 194. (Revogado pela Lei nº 10.792, de 1º.12.2003)

- *Súmula nº 352 do STF.*
- *CPP: arts. 15, 262 e 564, III.*
- *CP: art. 27.*
- *CC: art. 5º.*

ART. 195. Se o interrogado não souber escrever, não puder ou não quiser assinar, tal fato será consignado no termo. (Redação dada pela Lei nº 10.792, de 1º.12.2003)

ART. 196. A todo tempo o juiz poderá proceder a novo interrogatório de ofício ou a pedido fundamentado de qualquer das partes. (Redação dada pela Lei nº 10.792, de 1º.12.2003)

- *CPP: art. 616.*

CAPÍTULO IV. DA CONFISSÃO

ART. 197. O valor da confissão se aferirá pelos critérios adotados para os outros elementos de prova, e para a sua apreciação o juiz deverá confrontá-la com as demais provas do processo, verificando se entre ela e estas existe compatibilidade ou concordância.

- *Súmulas nº 545 e 630 do STJ.*
- *CPP: arts. 157, 158 e 630, § 2º.*
- *CP: arts. 59 e 65, III, d.*
- *Dec. nº 678, de 06-11-1992, art. 8º, 2, g e 3, Promulga a Convenção Americana sobre Direitos Humanos – Pacto de São José da Costa Rica.*

ART. 198. O silêncio do acusado não importará confissão, mas poderá constituir elemento para a formação do convencimento do juiz.

- *CF: art. 5º, LXII.*
- *CPP: 186, parágrafo único.*
- *Dec. nº 678, de 06-11-1992, art. 8º, 2, g e 3, Promulga a Convenção Americana sobre Direitos Humanos – Pacto de São José da Costa Rica.*

ART. 199. A confissão, quando feita fora do interrogatório, será tomada por termo nos autos, observado o disposto no art. 195.

ART. 200. A confissão será divisível e retratável, sem prejuízo do livre convencimento do juiz, fundado no exame das provas em conjunto.

- *Súmulas nº 545 e 630 do STJ.*
- *CF: art. 5º, LV.*

CAPÍTULO V. DO OFENDIDO (Redação dada pela Lei nº 11.690, de 2008)

ART. 201. Sempre que possível, o ofendido será qualificado e perguntado sobre as circunstâncias da infração, quem seja ou presuma ser o seu autor, as provas que possa indicar, tomando-se por termo as suas declarações. (Redação dada pela Lei nº 11.690, de 2008)

- *CP: art. 339.*
- *Lei nº 9.099, de 26-09-1995: art. 81, dispõe sobre os Juizados Especiais Cíveis e Criminais.*
- *Lei nº 13.431, de 4-4-2017, arts. 5 a 12: Sistema de garantia de direitos da criança e do adolescente vítima ou testemunha de violência.*
- *Dec. n. 9.603, de 10-12-2018, arts. 4º, 8º, 9º, § 1º, VII, 19 a 26: Sistema de garantia de direitos da criança e do adolescente vítima ou testemunha de violência.*

§ 1º. Se, intimado para esse fim, deixar de comparecer sem motivo justo, o ofendido poderá ser conduzido à presença da autoridade. (Incluído pela Lei nº 11.690, de 2008)

- *CF: art. 5º, LV, LXVIII.*
- *Dec. nº 678, de 06-11-1992, art. 7º., 3, e art. 8º, 2, g, Promulga a Convenção Americana sobre Direitos Humanos – Pacto de São José da Costa Rica.*
- *CP: art. 330.*
- *CPP: arts. 218, 220, 260, 411, § 7o., 457, 461, § 1o., e 478, II.*
- *Lei nº 13.869, de 5-9-2019, art. 10, Lei de Abuso de Autoridade.*

§ 2º. O ofendido será comunicado dos atos processuais relativos ao ingresso e à saída do acusado da prisão, à designação de data para audiência e à sentença e respectivos acórdãos que a mantenham ou modifiquem. (Incluído pela Lei nº 11.690, de 2008)

- *Lei 11.340, de 07-08-2006, art. 21, cria mecanismos para coibir a violência doméstica e familiar contra a mulher.*

§ 3º. As comunicações ao ofendido deverão ser feitas no endereço por ele indicado, admitindo-se, por opção do ofendido, o uso de meio eletrônico. (Incluído pela Lei nº 11.690, de 2008)

§ 4º. Antes do início da audiência e durante a sua realização, será reservado espaço separado para o ofendido. (Incluído pela Lei nº 11.690, de 2008)

§ 5º. Se o juiz entender necessário, poderá encaminhar o ofendido para atendimento multidisciplinar, especialmente nas áreas psicossocial, de assistência jurídica e de saúde, a expensas do ofensor ou do Estado. (Incluído pela Lei nº 11.690, de 2008)

§ 6º. O juiz tomará as providências necessárias à preservação da intimidade, vida privada, honra e imagem do ofendido, podendo, inclusive, determinar o segredo de justiça em relação aos dados, depoimentos e outras informações constantes dos autos a seu respeito para evitar sua exposição aos meios de comunicação. (Incluído pela Lei nº 11.690, de 2008)

- *Lei nº 9.807, de 13-07-1999, institui o Programa Federal de Assistência a Vítimas e a Testemunhas Ameaçadas.*

CAPÍTULO VI. DAS TESTEMUNHAS

ART. 202. Toda pessoa poderá ser testemunha.

- *CF: art. 5º, LVI e LVII, 53, § 6º*
- *CPP: arts. 201, 203, 206, 207, 208, 218, 220 e 221.*
- *CP: arts. 342 e 343.*
- *CPC/2015: art. 447.*

CÓDIGO DE PROCESSO PENAL

- *Lei nº 1.079, de 10-04-1950: art. 28, par. ún. 52 e 65, define os crimes de responsabilidade e regula o respectivo processo de julgamento.*
- *Lei nº 9.099, de 26-09-1995: art. 81, dispõe sobre os Juizados Especiais Cíveis e Criminais.*
- *Lei nº 9.807, de 13-07-1999, institui o Programa Federal de Assistência a Vítimas e a Testemunhas Ameaçadas.*
- *Lei nº 12.850, de 02-08-2013, art. 3-C, § 3º, art. 4º, §§ 10, 12 e 14, e arts. 5º, 6º e 7º; Organização criminosa.*
- *Lei nº 13.146, de 06-07-2015, art. 80, Estatuto da Pessoa com Deficiência*
- *Dec. nº 56.435, de 08-06-1965, art. 31.2, Promulga a Convenção de Viena sobre Relações Diplomáticas.*

ART. 203. A testemunha fará, sob palavra de honra, a promessa de dizer a verdade do que souber e lhe for perguntado, devendo declarar seu nome, sua idade, seu estado e sua residência, sua profissão, lugar onde exerce sua atividade, se é parente, e em que grau, de alguma das partes, ou quais suas relações com qualquer delas, e relatar o que souber, explicando sempre as razões de sua ciência ou as circunstâncias pelas quais possa avaliar-se de sua credibilidade.

- *CPP: art. 458.*
- *Lei nº 13.146, de 06-07-2015, art. 80, Estatuto da Pessoa com Deficiência.*
- *Dec.-lei nº 3.688, de 03-10-1941, art. 68, Lei das Contravenções Penais.*
- *Dec. nº 56.435, de 08-06-1965, art. 31.2, Promulga a Convenção de Viena sobre Relações Diplomáticas.*

ART. 204. O depoimento será prestado oralmente, não sendo permitido à testemunha trazê-lo por escrito.

- *CPP: art. 221, § 1º.*
- *Lei nº 13.146, de 06-07-2015, art. 80, Estatuto da Pessoa com Deficiência*

Parágrafo único. Não será vedada à testemunha, entretanto, breve consulta a apontamentos.

ART. 205. Se ocorrer dúvida sobre a identidade da testemunha, o juiz procederá à verificação pelos meios ao seu alcance, podendo, entretanto, tomar-lhe o depoimento desde logo.

- *CP: arts. 307 e 342.*

ART. 206. A testemunha não poderá eximir-se da obrigação de depor. Poderão, entretanto, recusar-se a fazê-lo o ascendente ou descendente, o afim em linha reta, o cônjuge, ainda que desquitado, o irmão e o pai, a mãe, ou o filho adotivo do acusado, salvo quando não for possível, por outro modo, obter-se ou integrar-se a prova do fato e de suas circunstâncias.

- *CC: arts. 1.571 a 1.582.*
- *CPC/2015: art. 447.*
- *Lei nº 13.146, de 06-07-2015, art. 95, Estatuto da Pessoa com Deficiência.*

ART. 207. São proibidas de depor as pessoas que, em razão de função, ministério, ofício ou profissão, devam guardar segredo, salvo se, desobrigadas pela parte interessada, quiserem dar o seu testemunho.

- *CF: art. 5º, LXIII.*
- *CPP: art. 214.*
- *CP: art. 154.*
- *CC: art. 3º e 229, I.*
- *CPC/2015: art. 448*
- *Dec. nº 678, de 06-11-1992, art. 8º, 2, g, Promulga a Convenção Americana sobre Direitos Humanos – Pacto de São José da Costa Rica.*
- *Dec. nº 56.435, de 08-06-1965, art. 31.2, Promulga a Convenção de Viena sobre Relações Diplomáticas.*

ART. 208. Não se deferirá o compromisso a que alude o art. 203 aos doentes e deficientes mentais e aos menores de 14 (quatorze) anos, nem às pessoas a que se refere o art. 206.

- *CPP: art. 214.*
- *CC: art. 3º.*
- *CPC/2015: art. 447, § 1º*
- *Dec. nº 56.435, de 08-06-1965, art. 31.2, Promulga a Convenção de Viena sobre Relações Diplomáticas.*
- *Lei n. 13.431, de 04-04-2017, arts. 5º. a 12; Sistema de garantia de direitos da criança e do adolescente vítima ou testemunha de violência.*
- *Dec. n. 9.603, de 10-12-2018, arts. 4º., 8º., 9º., § 1º., VII, 19 a 26; Sistema de garantia de direitos da criança e do adolescente vítima ou testemunha de violência.*

ART. 209. O juiz, quando julgar necessário, poderá ouvir outras testemunhas, além das indicadas pelas partes.

- *CPP: arts. 41, 395, 407, 398, par. ún, 401, 410 e 411.*
- *Pacto de São José da Costa Rica, art. 8º, 2, f.*

§ 1º. Se ao juiz parecer conveniente, serão ouvidas as pessoas a que as testemunhas se referirem.

§ 2º. Não será computada como testemunha a pessoa que nada souber que interesse à decisão da causa.

ART. 210. As testemunhas serão inquiridas cada uma de per si, de modo que umas não saibam nem ouçam os depoimentos das outras, devendo o juiz adverti-las das penas cominadas ao falso testemunho. (Redação dada pela Lei nº 11.690, de 2008)

- *CPP: art. 40.*
- *CP: art. 342.*

Parágrafo único. Antes do início da audiência e durante a sua realização, serão reservados espaços separados para a garantia da incomunicabilidade das testemunhas. (Incluído pela Lei nº 11.690, de 2008)

ART. 211. Se o juiz, ao pronunciar sentença final, reconhecer que alguma testemunha fez afirmação falsa, calou ou negou a verdade, remeterá cópia do depoimento à autoridade policial para a instauração de inquérito.

- *Súmula nº 165 do STJ.*
- *CF: art. 129, I.*
- *CPP: art. 40.*
- *CP: art. 342.*

Parágrafo único. Tendo o depoimento sido prestado em plenário de julgamento, o juiz, no caso de proferir decisão na audiência (art. 538, § 2º), o tribunal (art. 561), ou o conselho de sentença, após a votação dos quesitos, poderão fazer apresentar imediatamente a testemunha à autoridade policial.

- *CPP: art. 478 e s.*
- *CP: art. 342.*

ART. 212. As perguntas serão formuladas pelas partes diretamente à testemunha, não admitindo o juiz aquelas que puderem induzir a resposta, não tiverem relação com a causa ou importarem na repetição de outra já respondida. (Redação dada pela Lei nº 11.690, de 2008)

- *CPP: art. 468.*
- *CPC/2015: art. 459.*
- *Dec. nº 678, de 06-11-1992, art. 8º, 2, f, Promulga a Convenção Americana sobre Direitos Humanos – Pacto de São José da Costa Rica.*

Parágrafo único. Sobre os pontos não esclarecidos, o juiz poderá complementar a inquirição. (Incluído pela Lei nº 11.690, de 2008)

- *CPP: arts. 156 e 212, par. ún.*

ART. 213. O juiz não permitirá que a testemunha manifeste suas apreciações pessoais, salvo quando inseparáveis da narrativa do fato.

ART. 214. Antes de iniciado o depoimento, as partes poderão contraditar a testemunha ou arguir circunstâncias ou defeitos, que a tornem suspeita de parcialidade, ou indigna de fé. O juiz fará consignar a contradita ou arguição e a resposta da testemunha, mas só excluirá a testemunha ou não lhe deferirá compromisso nos casos previstos nos arts. 207 e 208.

- *CPC/2015: arts. 447, §§ 2º e 3º e 457.*

ART. 215. Na redação do depoimento, o juiz deverá cingir-se, tanto quanto possível, às expressões usadas pelas testemunhas, reproduzindo fielmente as suas frases.

ART. 216. O depoimento da testemunha será reduzido a termo, assinado por ela, pelo juiz e pelas partes. Se a testemunha não souber assinar, ou não puder fazê-lo, pedirá a alguém que o faça por ela, depois de lido na presença de ambos.

ART. 217. Se o juiz verificar que a presença do réu poderá causar humilhação, temor, ou sério constrangimento à testemunha ou ao ofendido, de modo que prejudique a verdade do depoimento, fará a inquirição por videoconferência e, somente na impossibilidade dessa forma, determinará a retirada do réu, prosseguindo na inquirição, com a presença do seu defensor. (Redação dada pela Lei nº 11.690, de 2008)

- *CPP: arts. 497, VI e 796.*

Parágrafo único. A adoção de qualquer das medidas previstas no *caput* deste artigo deverá constar do termo, assim como os motivos que a determinaram. (Incluído pela Lei nº 11.690, de 2008)

ART. 218. Se, regularmente intimada, a testemunha deixar de comparecer sem motivo justificado, o juiz poderá requisitar à autoridade policial a sua apresentação ou determinar seja conduzida por oficial de justiça, que poderá solicitar o auxílio da força pública.

- *CF: art. 5º, XL, LV, LXVIII.*
- *Dec. nº 678, de 06-11-1992, art. 7º., 3, e art. 8º, 2, g, Promulga a Convenção Americana sobre Direitos Humanos – Pacto de São José da Costa Rica.*
- *CPP: arts. 201, § 1o., 411, § 7o., 445, 453, 461, § 1o., e 478, II.*
- *CP: art. 330.*
- *Lei nº 13.869, de 5-9-2019, art. 10, Lei de Abuso de Autoridade.*

ART. 219. O juiz poderá aplicar à testemunha faltosa a multa prevista no art. 453, sem prejuízo do processo penal por crime de desobediência, e condená-la ao pagamento das custas da diligência. (Redação dada pela Lei nº 6.416, de 24.5.1977)

- *CP: art. 330.*
- *CPP: art. 458.*
- *Lei nº 13.146, de 06-07-2015, art. 95, Estatuto da Pessoa com Deficiência*

ART. 220. As pessoas impossibilitadas, por enfermidade ou por velhice, de comparecer para depor, serão inquiridas onde estiverem.

- *Súmula nº 455 do STJ.*
- *CPP: arts. 92, 93, 366 e 792, § 2º.*
- *Lei nº 13.146, de 06-07-2015, art. 95, Estatuto da Pessoa com Deficiência*

ART. 221. O Presidente e o Vice-Presidente da República, os senadores e deputados federais, os ministros de Estado, os governadores de Estados e Territórios, os secretários de Estado, os prefeitos do Distrito Federal e dos Municípios, os deputados às Assembleias Legislativas Estaduais, os membros do Poder Judiciário, os ministros e juízes dos Tribunais de Contas da União, dos Estados, do Distrito Federal, bem como os do Tribunal Marítimo serão inquiridos em local, dia e hora previamente ajustados entre eles e o juiz. (Redação dada pela Lei nº 3.653, de 4.11.1959)

§ 1º. O Presidente e o Vice-Presidente da República, os presidentes do Senado Federal, da Câmara dos Deputados e do Supremo Tribunal Federal poderão optar pela prestação de depoimento por escrito, caso em que as perguntas, formuladas pelas partes e deferidas pelo juiz, lhes serão transmitidas por ofício. (Redação dada pela Lei nº 6.416, de 24.5.1977)

§ 2º. Os militares deverão ser requisitados à autoridade superior. (Redação dada pela Lei nº 6.416, de 24.5.1977)

§ 3º. Aos funcionários públicos aplicar-se-á o disposto no art. 218, devendo, porém, a expedição do mandado ser imediatamente comunicada ao chefe da repartição em que servirem, com indicação do dia e da hora marcados. (Incluído pela Lei nº 6.416, de 24.5.1977)

- *CPP: art. 359.*

ART. 222. A testemunha que morar fora da jurisdição do juiz será inquirida pelo juiz do lugar de sua residência, expedindo-se, para esse fim, carta precatória, com prazo razoável, intimadas as partes.

- *Súmula nº 155 do STF.*
- *Súmula nº 273 do STJ.*
- *CPP: arts. 400 e 531.*

§ 1º. A expedição da precatória não suspenderá a instrução criminal.

- *CPP: arts. 185, 400, 411 e 531.*

§ 2º. Findo o prazo marcado, poderá realizar-se o julgamento, mas, a todo tempo, a precatória, uma vez devolvida, será junta aos autos.

- *CPP: art. 185 e 217.*

§ 3º. Na hipótese prevista no *caput* deste artigo, a oitiva de testemunha poderá ser realizada por meio de videoconferência ou outro recurso tecnológico de transmissão de sons e imagens em tempo real, permitida a presença do defensor e podendo ser realizada, inclusive, durante a realização da audiência de instrução e julgamento. (Incluído pela Lei nº 11.900, de 2009)

▸ *CPP: arts. 153 e 217.*

ART. 222-A. As cartas rogatórias só serão expedidas se demonstrada previamente a sua imprescindibilidade, arcando a parte requerente com os custos de envio. (Incluído pela Lei nº 11.900, de 2009)

Parágrafo único. Aplica-se às cartas rogatórias o disposto nos §§ 1º e 2º do art. 222 deste Código. (Incluído pela Lei nº 11.900, de 2009)

ART. 223. Quando a testemunha não conhecer a língua nacional, será nomeado intérprete para traduzir as perguntas e respostas.

▸ *CPP: art. 193.*

▸ *CPC/2015: arts. 162 e 164.*

Parágrafo único. Tratando-se de mudo, surdo ou surdo-mudo, proceder-se-á na conformidade do art. 192.

ART. 224. As testemunhas comunicarão ao juiz, dentro de um ano, qualquer mudança de residência, sujeitando-se, pela simples omissão, às penas do não-comparecimento.

ART. 225. Se qualquer testemunha houver de ausentar-se, ou, por enfermidade ou por velhice, inspirar receio de que ao tempo da instrução criminal já não exista, o juiz poderá, de ofício ou a requerimento de qualquer das partes, tomar-lhe antecipadamente o depoimento.

▸ *Súmula nº 710 do STF.*

▸ *Súmula nº 455 do STJ.*

▸ *CPC/2015: arts. 381 a 383.*

CAPÍTULO VII. DO RECONHECIMENTO DE PESSOAS E COISAS

ART. 226. Quando houver necessidade de fazer-se o reconhecimento de pessoa, proceder-se-á pela seguinte forma:

▸ *CPP: arts. 6, VI, 400, 411 e 531.*

I – a pessoa que tiver de fazer o reconhecimento será convidada a descrever a pessoa que deva ser reconhecida;

II – a pessoa, cujo reconhecimento se pretender, será colocada, se possível, ao lado de outras que com ela tiverem qualquer semelhança, convidando-se quem tiver de fazer o reconhecimento a apontá-la;

III – se houver razão para recear que a pessoa chamada para o reconhecimento, por efeito de intimidação ou outra influência, não diga a verdade em face da pessoa que deve ser reconhecida, a autoridade providenciará para que esta não veja aquela;

IV – do ato de reconhecimento lavrar-se-á auto pormenorizado, subscrito pela autoridade, pela pessoa chamada para proceder ao reconhecimento e por duas testemunhas presenciais.

Parágrafo único. O disposto no nº III deste artigo não terá aplicação na fase da instrução criminal ou em plenário de julgamento.

ART. 227. No reconhecimento de objeto, proceder-se-á com as cautelas estabelecidas no artigo anterior, no que for aplicável.

ART. 228. Se várias forem as pessoas chamadas a efetuar o reconhecimento de pessoa ou de objeto, cada uma fará a prova em separado, evitando-se qualquer comunicação entre elas.

CAPÍTULO VIII. DA ACAREAÇÃO

ART. 229. A acareação será admitida entre acusados, entre acusado e testemunha, entre testemunhas, entre acusado ou testemunha e a pessoa ofendida, e entre as pessoas ofendidas, sempre que divergirem, em suas declarações, sobre fatos ou circunstâncias relevantes.

▸ *CPP: arts. 6º, VI, 185, § 8º, 400, 411, 473, § 3º, e 531.*

▸ *CPC: art. 461.*

▸ *Lei nº 1.079, de 10-04-1950: arts. 28, par. ún, 52 e 65, define os crimes de responsabilidade e regula o respectivo processo de julgamento.*

Parágrafo único. Os acareados serão reperguntados, para que expliquem os pontos de divergências, reduzindo-se a termo o ato de acareação.

ART. 230. Se ausente alguma testemunha, cujas declarações divirjam das de outra, que esteja presente, a esta se darão a conhecer os pontos da divergência, consignando-se no auto o que explicar ou observar. Se subsistir a discordância, expedir-se-á precatória à autoridade do lugar onde resida a testemunha ausente, transcrevendo-se as declarações desta e as da testemunha presente, nos pontos em que divergirem, bem como o texto do referido auto, a fim de que se complete a diligência, ouvindo-se a testemunha ausente, pela mesma forma estabelecida para a testemunha presente. Esta diligência só se realizará quando não importe demora prejudicial ao processo e o juiz a entenda conveniente.

▸ *CPP: art. 222.*

CAPÍTULO IX. DOS DOCUMENTOS

ART. 231. Salvo os casos expressos em lei, as partes poderão apresentar documentos em qualquer fase do processo.

▸ *CPP: arts. 155, par. ún., 400, 411, § 6o., e 479.*

▸ *CPC: arts. 405 a 429.*

▸ *Dec. nº 56.435, de 08-06-1965, art. 24, Promulga a Convenção de Viena sobre Relações Diplomáticas.*

ART. 232. Consideram-se documentos quaisquer escritos, instrumentos ou papéis, públicos ou particulares.

▸ *CP: art. 297, § 2º.*

▸ *CC: arts. 109, 212, II, 215 e 219 a 221.*

▸ *CPC: arts. 405 a 441.*

Parágrafo único. À fotografia do documento, devidamente autenticada, se dará o mesmo valor do original.

▸ CPC: arts. 270 e 425.

ART. 233. As cartas particulares, interceptadas ou obtidas por meios criminosos, não serão admitidas em juízo.

▸ CF: art. 5º, XII, LVI, LVII.

▸ CPP: art. 157.

▸ CP: arts. 151 e 152.

Parágrafo único. As cartas poderão ser exibidas em juízo pelo respectivo destinatário, para a defesa de seu direito, ainda que não haja consentimento do signatário.

▸ Dec. nº 56.435, de 08-06-1965, art. 24, Promulga a Convenção de Viena sobre Relações Diplomáticas.

ART. 234. Se o juiz tiver notícia da existência de documento relativo a ponto relevante da acusação ou da defesa, providenciará, independentemente de requerimento de qualquer das partes, para sua juntada aos autos, se possível.

▸ CPP: art. 156.

▸ CPC/2015: art. 396.

▸ Dec. nº 56.435, de 08-06-1965, art. 24, Promulga a Convenção de Viena sobre Relações Diplomáticas.

ART. 235. A letra e firma dos documentos particulares serão submetidas a exame pericial, quando contestada a sua autenticidade.

▸ CPP: art. 158 e 174.

▸ CPC/2015: art. 411.

ART. 236. Os documentos em língua estrangeira, sem prejuízo de sua juntada imediata, serão, se necessário, traduzidos por tradutor público, ou, na falta, por pessoa idônea nomeada pela autoridade.

▸ CPP: arts. 784, § 1º, e 788, V.

▸ CP: arts. 342 e 343.

▸ CPC/2015: art. 192.

▸ Dec. nº 56.435, de 08-06-1965, art. 24, Promulga a Convenção de Viena sobre Relações Diplomáticas.

ART. 237. As públicas-formas só terão valor quando conferidas com o original, em presença da autoridade.

ART. 238. Os documentos originais, juntos a processo findo, quando não exista motivo relevante que justifique a sua conservação nos autos, poderão, mediante requerimento, e ouvido o Ministério Público, ser entregues à parte que os produziu, ficando traslado nos autos.

▸ CPP: art. 118.

CAPÍTULO X. DOS INDÍCIOS

ART. 239. Considera-se indício a circunstância conhecida e provada, que, tendo relação com o fato, autorize, por indução, concluir-se a existência de outra ou outras circunstâncias.

▸ CPP: arts. 157 e 413.

CAPÍTULO XI. DA BUSCA E DA APREENSÃO

ART. 240. A busca será domiciliar ou pessoal.

▸ CF: art. 5º, XI.

▸ Dec. nº 56.435, de 08-06-1965, art. 22, Promulga a Convenção de Viena sobre Relações Diplomáticas.

§ 1º. Proceder-se-á à busca domiciliar, quando fundadas razões a autorizarem, para:

▸ CP: art. 150, §§ 4º e 5º.

a) prender criminosos;

▸ CPP: art. 293.

b) apreender coisas achadas ou obtidas por meios criminosos;

▸ CP: art. 169, par. ún, II.

c) apreender instrumentos de falsificação ou de contrafação e objetos falsificados ou contrafeitos;

▸ CP: art. 289 a 311.

d) apreender armas e munições, instrumentos utilizados na prática de crime ou destinados a fim delituoso;

▸ Dec.-lei nº 3.688, de 03-10-1941, art. 18, 19, 24 e 25, Lei das Contravenções Penais.

e) descobrir objetos necessários à prova de infração ou à defesa do réu;

f) apreender cartas, abertas ou não, destinadas ao acusado ou em seu poder, quando haja suspeita de que o conhecimento do seu conteúdo possa ser útil à elucidação do fato;

▸ CF: art. 5º, XII.

▸ CPP: art. 157.

▸ Lei nº 7.210, de 11-07-1984, art. 41, XV e par. ún., Lei de Execução Penal.

g) apreender pessoas vítimas de crimes;

h) colher qualquer elemento de convicção.

§ 2º. Proceder-se-á à busca pessoal quando houver fundada suspeita de que alguém oculte consigo arma proibida ou objetos mencionados nas letras b a f e letra h do parágrafo anterior.

ART. 241. Quando a própria autoridade policial ou judiciária não a realizar pessoalmente, a busca domiciliar deverá ser precedida da expedição de mandado.

▸ CF: art. 5º, XI.

▸ CP: art. 150.

ART. 242. A busca poderá ser determinada de ofício ou a requerimento de qualquer das partes.

ART. 243. O mandado de busca deverá:

I – indicar, o mais precisamente possível, a casa em que será realizada a diligência e o nome do respectivo proprietário ou morador; ou, no caso de busca pessoal, o nome da pessoa que terá de sofrê-la ou os sinais que a identifiquem;

▸ CP: art. 150, §§ 4º e 5º.

II – mencionar o motivo e os fins da diligência;

III – ser subscrito pelo escrivão e assinado pela autoridade que o fizer expedir.

§ 1º. Se houver ordem de prisão, constará do próprio texto do mandado de busca.

§ 2º. Não será permitida a apreensão de documento em poder do defensor do acusado, salvo quando constituir elemento do corpo de delito.

▸ Lei nº 8.906, de 04-07-1994, art. 7º, II, Estatuto da Advocacia e Ordem dos Advogados do Brasil (OAB).

ART. 244. A busca pessoal independerá de mandado, no caso de prisão ou quando houver fundada suspeita de que a pessoa esteja na posse de arma proibida ou de objetos ou papéis que constituam corpo de delito, ou quando a medida for determinada no curso de busca domiciliar.

ART. 245. As buscas domiciliares serão executadas de dia, salvo se o morador consentir que se realizem à noite, e, antes de penetrarem na casa, os executores mostrarão e lerão o mandado ao morador, ou a quem o represente, intimando-o, em seguida, a abrir a porta.

▸ CF: art. 5º, XI.

▸ CP: art. 150, § 3º.

▸ CPC/2015: art. 212.

§ 1º. Se a própria autoridade der a busca, declarará previamente sua qualidade e o objeto da diligência.

§ 2º. Em caso de desobediência, será arrombada a porta e forçada a entrada.

▸ CP: art. 330.

§ 3º. Recalcitrando o morador, será permitido o emprego de força contra coisas existentes no interior da casa, para o descobrimento do que se procura.

§ 4º. Observar-se-á o disposto nos §§ 2º e 3º, quando ausentes os moradores, devendo, neste caso, ser intimado a assistir à diligência qualquer vizinho, se houver e estiver presente.

§ 5º. Se é determinada a pessoa ou coisa que se vai procurar, o morador será intimado a mostrá-la.

§ 6º. Descoberta a pessoa ou coisa que se procura, será imediatamente apreendida e posta sob custódia da autoridade ou de seus agentes.

§ 7º. Finda a diligência, os executores lavrarão auto circunstanciado, assinando-o com duas testemunhas presenciais, sem prejuízo do disposto no § 4º.

ART. 246. Aplicar-se-á também o disposto no artigo anterior, quando se tiver de proceder a busca em compartimento habitado ou em aposento ocupado de habitação coletiva ou em compartimento não aberto ao público, onde alguém exercer profissão ou atividade.

▸ CF: art. 5º, XI.

▸ CP: art. 150, §§ 4º e 5º.

ART. 247. Não sendo encontrada a pessoa ou coisa procurada, os motivos da diligência serão comunicados a quem tiver sofrido a busca, se o requerer.

ART. 248. Em casa habitada, a busca será feita de modo que não moleste os moradores mais do que o indispensável para o êxito da diligência.

▸ CF: art. 5º, XI.

▸ CP: art. 150, §§ 4º e 5º.

ART. 249. A busca em mulher será feita por outra mulher, se não importar retardamento ou prejuízo da diligência.

▸ Lei nº 4.898 de 9-12-1965, art. 4o., b, Lei de Abuso de Autoridade (Revogada pela Lei nº 13.869, de 5.9.2019)

ART. 250. A autoridade ou seus agentes poderão penetrar no território de jurisdição alheia, ainda que de outro Estado, quando, para o fim de apreensão, forem no seguimento de pessoa ou coisa, devendo apresentar-se à competente autoridade local, antes da diligência ou após, conforme a urgência desta.

▸ CPP: art. 22 e 290.

§ 1º. Entender-se-á que a autoridade ou seus agentes vão em seguimento da pessoa ou coisa, quando:

a) tendo conhecimento direto de sua remoção ou transporte, a seguirem sem interrupção, embora depois a percam de vista;

b) ainda que não a tenham avistado, mas sabendo, por informações fidedignas ou circunstâncias indiciárias, que está sendo removida ou transportada em determinada direção, forem ao seu encalço.

§ 2º. Se as autoridades locais tiverem fundadas razões para duvidar da legitimidade das pessoas que, nas referidas diligências, entrarem pelos seus distritos, ou da legalidade dos mandados que apresentarem, poderão exigir as provas dessa legitimidade, mas de modo que não se frustre a diligência.

TÍTULO VIII. DO JUIZ, DO MINISTÉRIO PÚBLICO, DO ACUSADO E DEFENSOR, DOS ASSISTENTES E AUXILIARES DA JUSTIÇA

CAPÍTULO I. DO JUIZ

ART. 251. Ao juiz incumbirá prover à regularidade do processo e manter a ordem no curso dos respectivos atos, podendo, para tal fim, requisitar a força pública.

▸ CPP: arts. 497, 794 e 795.

▸ Lei nº 9.099, de 26-09-1995: arts. 60 e 80, dispõe sobre os Juizados Especiais Cíveis e Criminais.

ART. 252. O juiz não poderá exercer jurisdição no processo em que:

▸ Súmula 234 do STJ.

▸ CF: art. 129, I.

▸ CPP: arts. 3-A, 3-B a 3-F, 95, I, 98, 157, § 5º, 254, 258, 267, 274, 280, 448, § 2º, 449 e e 564, I.

▸ CPC/2015: art. 144.

I – tiver funcionado seu cônjuge ou parente, consanguíneo ou afim, em linha reta ou colateral até o terceiro grau, inclusive, como defensor ou advogado, órgão do Ministério Público, autoridade policial, auxiliar da justiça ou perito;

▸ CPP: art. 97 e 267.

II – ele próprio houver desempenhado qualquer dessas funções ou servido como testemunha;

▸ CPP: art. 112.

III – tiver funcionado como juiz de outra instância, pronunciando-se, de fato ou de direito, sobre a questão;

- *Súmula nº 206 do STF.*
- *CPP: art. 112.*

IV – ele próprio ou seu cônjuge ou parente, consanguíneo ou afim em linha reta ou colateral até o terceiro grau, inclusive, for parte ou diretamente interessado no feito.

ART. 253. Nos juízos coletivos, não poderão servir no mesmo processo os juízes que forem entre si parentes, consanguíneos ou afins, em linha reta ou colateral até o terceiro grau, inclusive.

- *CPP: arts. 112, 448 e 466.*

ART. 254. O juiz dar-se-á por suspeito, e, se não o fizer, poderá ser recusado por qualquer das partes:

- *Súmula 234 do STJ.*
- *CF: art.129, I.*
- *CPP: arts. 3-A, 3-B a 3-F, 95, I, 98, 157, § 5º, 252, 267 e 564, I.*
- *CPC/2015: art. 145.*

I – se for amigo íntimo ou inimigo capital de qualquer deles;

II – se ele, seu cônjuge, ascendente ou descendente, estiver respondendo a processo por fato análogo, sobre cujo caráter criminoso haja controvérsia;

III – se ele, seu cônjuge, ou parente, consanguíneo, ou afim, até o terceiro grau, inclusive, sustentar demanda ou responder a processo que tenha de ser julgado por qualquer das partes;

IV – se tiver aconselhado qualquer das partes;

V – se for credor ou devedor, tutor ou curador, de qualquer das partes;

VI – se for sócio, acionista ou administrador de sociedade interessada no processo.

ART. 255. O impedimento ou suspeição decorrente de parentesco por afinidade cessará pela dissolução do casamento que lhe tiver dado causa, salvo sobrevindo descendentes; mas, ainda que dissolvido o casamento sem descendentes, não funcionará como juiz o sogro, o padrasto, o cunhado, o genro ou enteado de quem for parte no processo.

- *Lei nº 6.515, de 26-12-1977: art. 2º, e seu par. ún, regula os casos de dissolução da sociedade conjugal e do casamento, seus efeitos e respectivos processos.*

ART. 256. A suspeição não poderá ser declarada nem reconhecida, quando a parte injuriar o juiz ou de propósito der motivo para criá-la.

- *CP: art. 140.*
- *CPP: 565.*

Capítulo II.
DO MINISTÉRIO PÚBLICO

ART. 257. Ao Ministério Público cabe: (Redação dada pela Lei nº 11.719, de 2008).

- *CF: arts. 127, 129, I e 130.*
- *CPP: arts. 24, 42, 45, 48, 572 e 576.*
- *Lei nº 9.099, de 26-09-1995: arts. 76 e 89, dispõe sobre os Juizados Especiais Cíveis e Criminais.*
- *Lei nº 8.625, de 12-02-1993, institui a Lei Orgânica Nacional do Ministério Público.*
- *Lei nº 11.340, de 07-08-2006, art. 26, cria mecanismos para coibir a violência doméstica e familiar contra a mulher.*

I – promover, privativamente, a ação penal pública, na forma estabelecida neste Código; e (Incluído pela Lei nº 11.719, de 2008).

II – fiscalizar a execução da lei. (Incluído pela Lei nº 11.719, de 2008).

- *CF: art. 127, caput.*
- *CPP: 564, III, d.*
- *CPC: art. 279.*

ART. 258. Os órgãos do Ministério Público não funcionarão nos processos em que o juiz ou qualquer das partes for seu cônjuge, ou parente, consanguíneo ou afim, em linha reta ou colateral, até o terceiro grau, inclusive, e a eles se estendem, no que lhes for aplicável, as prescrições relativas à suspeição e aos impedimentos dos juízes.

- *Súmula nº 234 do STJ.*
- *CPP: arts. 96, 104, 252, 256 e 470.*
- *CPC/2015: art. 119*

Capítulo III.
DO ACUSADO E SEU DEFENSOR

ART. 259. A impossibilidade de identificação do acusado com o seu verdadeiro nome ou outros qualificativos não retardará a ação penal, quando certa a identidade física. A qualquer tempo, no curso do processo, do julgamento ou da execução da sentença, se for descoberta a sua qualificação, far-se-á a retificação, por termo, nos autos, sem prejuízo da validade dos atos precedentes.

- *CF: art. 5º, LIII, LIV e LV.*
- *CPP: arts. 6º, VIII e 41.*

ART. 260. Se o acusado não atender à intimação para o interrogatório, reconhecimento ou qualquer outro ato que, sem ele, não possa ser realizado, a autoridade poderá ~~mandar conduzi-lo~~ à sua presença.

- *Súmula no. 644 do STJ*
- *CF: art. 5º, LV e LXIII.*
- *Dec. nº 678, de 06-11-1992, art. 7º, 3, e art. 8º, 2, g. Promulga a Convenção Americana sobre Direitos Humanos – Pacto de São José da Costa Rica.*
- *CPP: arts. 6, V, 185 e 186, 411, § 7º, 457, 461, § 1º, e 478, II.*
- *Lei nº 9.099, de 26-09-1995: arts. 67 e par. ún, 68,78, § 1º, e 81, caput, dispõe sobre os Juizados Especiais Cíveis e Criminais.*
- *Lei nº 13.869, de 5-9-2019, art. 10, Lei de Abuso de Autoridade.*

Parágrafo único. O mandado conterá, além da ordem de condução, os requisitos mencionados no art. 352, no que lhe for aplicável.

ART. 261. Nenhum acusado, ainda que ausente ou foragido, será processado ou julgado sem defensor.

- *Súmula nº 523 e 708 do STF.*
- *CF: arts. 5º, LV e 133.*
- *CPP: arts. 564, III.*

▸ *CPC/2015: arts. 111, 112 e 185 a 187.*

▸ *Lei nº 9.099, de 26-09-1995: arts. 68, 76, § 3º e 81, dispõe sobre os Juizados Especiais Cíveis e Criminais.*

▸ *Dec. nº 678, de 06-11-1992, art. 8º, 2, d, e, Promulga a Convenção Americana sobre Direitos Humanos – Pacto de São José da Costa Rica.*

Parágrafo único. A defesa técnica, quando realizada por defensor público ou dativo, será sempre exercida através de manifestação fundamentada. (Incluído pela Lei nº 10.792, de 1º.12.2003)

▸ *Súmula 523 do STF.*

▸ *Lei n. 12.850, de 02-8-2013, art. 4º., § 10-A; Organização criminosa.*

ART. 262. Ao acusado menor dar-se-á curador.

▸ *Súmula nº 352 do STF.*

▸ *CPP: arts. 15, 194 e 564, III, c.*

▸ *CC: art. 5º.*

ART. 263. Se o acusado não o tiver, ser-lhe-á nomeado defensor pelo juiz, ressalvado o seu direito de, a todo tempo, nomear outro de sua confiança, ou a si mesmo defender-se, caso tenha habilitação.

▸ *CF: art. 5º, LV e LXXIV.*

▸ *CPP: arts. 422 e 564, III, "c", e IV.*

▸ *CPC/2015: arts. 185 e 186*

▸ *Lei Complementar nº 80, de 12-01-1994, arts. 44, I, 89, I e 128, I, Organiza a defensoria pública.*

Parágrafo único. O acusado, que não for pobre, será obrigado a pagar os honorários do defensor dativo, arbitrados pelo juiz.

ART. 264. Salvo motivo relevante, os advogados e solicitadores serão obrigados, sob pena de multa de cem a quinhentos mil-réis, a prestar seu patrocínio aos acusados quando nomeados pelo Juiz.

▸ *CP: art. 49.*

▸ *Lei nº 1.060, de 05-02-1950: art. 14, dispõe sobre a Assistência Judiciária.*

ART. 265. O defensor não poderá abandonar o processo senão por motivo imperioso, comunicado previamente o juiz, sob pena de multa de 10 (dez) a 100 (cem) salários mínimos, sem prejuízo das demais sanções cabíveis. (Redação dada pela Lei nº 11.719, de 2008).

▸ *CPP: arts. 403 e 456.*

§ 1º. A audiência poderá ser adiada se, por motivo justificado, o defensor não puder comparecer. (Incluído pela Lei nº 11.719, de 2008).

§ 2º. Incumbe ao defensor provar o impedimento até a abertura da audiência. Não o fazendo, o juiz não determinará o adiamento de ato algum do processo, devendo nomear defensor substituto, ainda que provisoriamente ou só para o efeito do ato. (Incluído pela Lei nº 11.719, de 2008).

ART. 266. A constituição de defensor independerá de instrumento de mandato, se o acusado o indicar por ocasião do interrogatório.

▸ *CPP: arts. 98, 285, 394 e 395.*

ART. 267. Nos termos do art. 252, não funcionarão como defensores os parentes do juiz.

CAPÍTULO IV. DOS ASSISTENTES

ART. 268. Em todos os termos da ação pública, poderá intervir, como assistente do Ministério Público, o ofendido ou seu representante legal, ou, na falta, qualquer das pessoas mencionadas no art. 31.

▸ *Súmulas nº 208 e 448 do STF.*

▸ *CF: arts 109, I e 226, § 3º.*

▸ *CPP: arts. 63, 282, § 4º, 311, 370, 373, 387, IV, 420, 427, 485, 530-H e 598.*

▸ *Lei nº 7.492, de 16-06-1986: art. 26, par. ún, define os crimes contra o sistema financeiro nacional.*

ART. 269. O assistente será admitido enquanto não passar em julgado a sentença e receberá a causa no estado em que se achar.

▸ *CPP: arts. 41, 430 e 447, par. ún e 598.*

ART. 270. O co-réu no mesmo processo não poderá intervir como assistente do Ministério Público.

▸ *CPP: art. 77, I.*

▸ *CP: art. 29.*

ART. 271. Ao assistente será permitido propor meios de prova, requerer perguntas às testemunhas, aditar o libelo e os articulados, participar do debate oral e arrazoar os recursos interpostos pelo Ministério Público, ou por ele próprio, nos casos dos arts. 584, § 1º, e 598.

▸ *Súmulas nº 208, 210 e 448 do STF.*

▸ *CPP: arts. 41, 159 s 3º, 391, 399, 402, 403 § 2º, 411 § 6º, 457, 473 § 1º, 474 § 1º, 476 § 1º, 534 § 2º, 577, 598 e 600 § 1º.*

§ 1º. O juiz, ouvido o Ministério Público, decidirá acerca da realização das provas propostas pelo assistente.

§ 2º. O processo prosseguirá independentemente de nova intimação do assistente, quando este, intimado, deixar de comparecer a qualquer dos atos da instrução ou do julgamento, sem motivo de força maior devidamente comprovado.

▸ *CPP: art. 370.*

ART. 272. O Ministério Público será ouvido previamente sobre a admissão do assistente.

ART. 273. Do despacho que admitir, ou não, o assistente, não caberá recurso, devendo, entretanto, constar dos autos o pedido e a decisão.

▸ *CF: art. 5º, LXIX.*

▸ *Lei nº 12.016, de 07-08-2009, dispõe sobre mandado de segurança.*

CAPÍTULO V. DOS FUNCIONÁRIOS DA JUSTIÇA

ART. 274. As prescrições sobre suspeição dos juízes estendem-se aos serventuários e funcionários da justiça, no que lhes for aplicável.

▸ *CPP: arts. 95, 105, 252, 254 a 258, 280.*

CAPÍTULO VI. DOS PERITOS E INTÉRPRETES

ART. 275. O perito, ainda quando não oficial, estará sujeito à disciplina judiciária.

- CPP: arts. 105 e 109.
- CP: arts. 342 e 343.

ART. 276. As partes não intervirão na nomeação do perito.

- Súmula nº 361 do STF.
- CPP: art. 177.

ART. 277. O perito nomeado pela autoridade será obrigado a aceitar o encargo, sob pena de multa de cem a quinhentos mil-réis, salvo escusa atendível.

- CPP: art. 112.

Parágrafo único. Incorrerá na mesma multa o perito que, sem justa causa, provada imediatamente:

a) deixar de acudir à intimação ou ao chamado da autoridade;

- CPP: arts. 370 a 372.

b) não comparecer no dia e local designados para o exame;

c) não der o laudo, ou concorrer para que a perícia não seja feita, nos prazos estabelecidos.

ART. 278. No caso de não-comparecimento do perito, sem justa causa, a autoridade poderá determinar a sua condução.

ART. 279. Não poderão ser peritos:

I – os que estiverem sujeitos à interdição de direito mencionada nos ns. I e IV do art. 69 do Código Penal;

- CP: art. 47, I e II.

II – os que tiverem prestado depoimento no processo ou opinado anteriormente sobre o objeto da perícia;

III – os analfabetos e os menores de 21 anos.

- CC: arts. 4º, I e 5º.

ART. 280. É extensivo aos peritos, no que lhes for aplicável, o disposto sobre suspeição dos juízes.

- CPP: arts. 95, 105, 252, 254 a 256, 258, 274.

ART. 281. Os intérpretes são, para todos os efeitos, equiparados aos peritos.

- CPP: arts. 105 e 254 a 256.
- CPC/2015: arts. 162 a 164.

TÍTULO IX. DA PRISÃO, DAS MEDIDAS CAUTELARES E DA LIBERDADE PROVISÓRIA (Redação dada pela Lei nº 12.403, de 2011)

CAPÍTULO I. DISPOSIÇÕES GERAIS

- Súmulas Vinculantes: 11 e 25.
- Súmulas do STF: 145, 351, 367, 393, 397 e 697.
- Súmulas do STJ: 9, 21, 267, 347 e 419.

ART. 282. As medidas cautelares previstas neste Título deverão ser aplicadas observando-se a: (Redação dada pela Lei nº 12.403, de 2011).

- CF: art. 5º, LXI a LXVIII.
- CPP: arts. 288, 295 296 300, 306, 310 a 316, 387 e 648, V.
- Lei Complementar nº 35, de 14-03-1979, art. 39, Lei Orgânica da Magistratura.
- Lei nº 8.625, de 14-03-1979, art. 40, III, Lei Orgânica do Ministério Público.
- Dec. nº 678, de 06-11-1992, art. 7º, Promulga a Convenção Americana sobre Direitos Humanos – Pacto de São José da Costa Rica.

I – necessidade para aplicação da lei penal, para a investigação ou a instrução criminal e, nos casos expressamente previstos, para evitar a prática de infrações penais; (Incluído pela Lei nº 12.403, de 2011).

- CP: arts. 1º a 12.

II – adequação da medida à gravidade do crime, circunstâncias do fato e condições pessoais do indiciado ou acusado. (Incluído pela Lei nº 12.403, de 2011).

§ 1º. As medidas cautelares poderão ser aplicadas isolada ou cumulativamente. (Incluído pela Lei nº 12.403, de 2011).

§ 2º As medidas cautelares serão decretadas pelo juiz a requerimento das partes ou, quando no curso da investigação criminal, por representação da autoridade policial ou mediante requerimento do Ministério Público. (Redação dada pela Lei nº 13.964, de 24.12.2019)

- CF: arts. 5º., LXV e LXVIII, e 129, I.
- CPP: arts. 2º., 3-A, 311, 564, III, a e d, 647 e 648, VI.
- Lei nº 7.960, de 21-12-1989, art. 2º., caput e § 1º., Prisão temporária.
- Lei 11.340, de 2006, art. 20; Violência doméstica e familiar contra a mulher.

§ 3º Ressalvados os casos de urgência ou de perigo de ineficácia da medida, o juiz, ao receber o pedido de medida cautelar, determinará a intimação da parte contrária, para se manifestar no prazo de 5 (cinco) dias, acompanhada de cópia do requerimento e das peças necessárias, permanecendo os autos em juízo, e os casos de urgência ou de perigo deverão ser justificados e fundamentados em decisão que contenha elementos do caso concreto que justifiquem essa medida excepcional. (Redação dada pela Lei nº 13.964, de 24.12.2019)

- CF: arts. 5o., LV, e 93, IX.
- CPP: arts. 2º. e 315.

§ 4º No caso de descumprimento de qualquer das obrigações impostas, o juiz, mediante requerimento do Ministério Público, de seu assistente ou do querelante, poderá substituir a medida, impor outra em cumulação, ou, em último caso, decretar a prisão preventiva, nos termos do parágrafo único do art. 312 deste Código. (Redação dada pela Lei nº 13.964, de 24.12.2019)

- CPP: arts. 2º., 319 e 350, par. ún.

§ 5º O juiz poderá, de ofício ou a pedido das partes, revogar a medida cautelar ou substituí-la quando verificar a falta de motivo para que subsista, bem como voltar a decretá-la, se sobrevierem razões que a justifiquem. (Redação dada pela Lei nº 13.964, de 24.12.2019)

- CPP: arts. 311, 312, 313, 316, 317, 318 e 648, IV.
- Lei nº 7.960, de 21-12-1989, dispõe sobre prisão temporária.

§ 6º A prisão preventiva somente será determinada quando não for cabível a sua substituição por outra medida cautelar, observado o art. 319 deste Código, e o não cabimento da substituição por outra medida cautelar deverá ser justificado de forma fundamentada nos elementos presentes do caso concreto, de forma individualizada. (Redação dada pela Lei nº 13.964, de 24.12.2019)

▸ *CF: art. 5º, LXII, LXIII, LXIV e LXVI.*

▸ *CPP: arts. 310, III, 311, 312, 313, 319, 321 e 387.*

▸ *Lei Complementar nº 35, de 14-03-1979, art. 33, II, Lei Orgânica da Magistratura.*

▸ *Lei nº 4.898 de 9-12-1965, Lei de Abuso de Autoridade (Revogada pela Lei nº 13.869, de 5.9.2019)*

▸ *Lei nº 7.960, de 21-12-1989, dispõe sobre prisão temporária.*

▸ *Lei nº 8.072, de 25-07-1990: art. 2º, § 3º, dispõe sobre os crimes hediondos.*

▸ *Lei nº 8.625, de 12-02-1993, art. 40, III, Lei Orgânica do Ministério Público.*

▸ *Lei nº 13.869, de 5-9-2019, art. 9, Lei de Abuso de Autoridade.*

ART. 283. Ninguém poderá ser preso senão em flagrante delito ou por ordem escrita e fundamentada da autoridade judiciária competente, em decorrência de prisão cautelar ou em virtude de condenação criminal transitada em julgado. (Redação dada pela Lei nº 13.964, de 24.12.2019)

▸ *CF: art. 5º, LVII, LXI, LXV, LXVI e LXVIII.*

▸ *CPP: arts. 2o., 301 a 310 e 311 a 316.*

▸ *Lei nº 4.898 de 9-12-1965, art. 4o., Lei de Abuso de Autoridade (Revogada pela Lei nº 13.869, de 5.9.2019)*

▸ *Lei nº 7.960, de 21-12-1989, dispõe sobre prisão temporária.*

▸ *Lei nº 8.072, de 25-07-1990: art. 2º, II, e § 4º, dispõe sobre os crimes hediondos.*

▸ *Lei nº 13.869, de 5-9-2019, art. 9, Lei de Abuso de Autoridade.*

§ 1º. As medidas cautelares previstas neste Título não se aplicam à infração a que não for isolada, cumulativa ou alternativamente cominada pena privativa de liberdade. (Incluído pela Lei nº 12.403, de 2011).

▸ *Lei nº 9.099, de 26-09-1995: art. 69, par. ún, dispõe sobre os Juizados Especiais Cíveis e Criminais.*

▸ *Lei nº 11.343, de 23-08-2006: arts. 28 e 48, § 2º, Lei Antidrogas.*

§ 2º. A prisão poderá ser efetuada em qualquer dia e a qualquer hora, respeitadas as restrições relativas à inviolabilidade do domicílio. (Incluído pela Lei nº 12.403, de 2011).

▸ *Súmulas nº 145 e 397 do STF.*

▸ *CF: art. 5º, XI e LVI.*

▸ *CPP: arts. 240, § 1º., 245, 302 e 303.*

▸ *CP: art. 150.*

▸ *CE: art. 236.*

▸ *Lei nº 9.099, de 26-09-1995: art. 69, par. ún, dispõe sobre os Juizados Especiais Cíveis e Criminais.*

▸ *Lei nº 11.343, de 23-08-2006: arts. 28 e 48, § 2º, Lei Antidrogas*

▸ *Lei nº 13.869, de 5-9-2019, art. 22, Lei de Abuso de Autoridade.*

ART. 284. Não será permitido o emprego de força, salvo a indispensável no caso de resistência ou de tentativa de fuga do preso.

▸ *Súmula Vinculante nº 11.*

▸ *CF: art. 1º, III.*

▸ *CP: arts. 322, 329, 330 e 352.*

▸ *Lei nº 7.210, de 11-07-1984, art. 199, Lei de Execução Penal.*

ART. 285. A autoridade que ordenar a prisão fará expedir o respectivo mandado.

▸ *CF: art. 5, LXI.*

Parágrafo único. O mandado de prisão:

a) será lavrado pelo escrivão e assinado pela autoridade;

▸ *CPP: arts. 564, IV e 572, II.*

b) designará a pessoa, que tiver de ser presa, por seu nome, alcunha ou sinais característicos;

▸ *CPP: arts. 564, IV e 572, II.*

c) mencionará a infração penal que motivar a prisão;

d) declarará o valor da fiança arbitrada, quando afiançável a infração;

▸ *CPP: arts. 322 a 350.*

▸ *Lei nº 4.898 de 9-12-1965, art. 4o., Lei de Abuso de Autoridade (Revogada pela Lei nº 13.869, de 5.9.2019)*

▸ *Lei nº 13.869, de 5-9-2019, art. 9, Lei de Abuso de Autoridade.*

e) será dirigido a quem tiver qualidade para dar-lhe execução.

ART. 286. O mandado será passado em duplicata, e o executor entregará ao preso, logo depois da prisão, um dos exemplares com declaração do dia, hora e lugar da diligência. Da entrega deverá o preso passar recibo no outro exemplar; se recusar, não souber ou não puder escrever, o fato será mencionado em declaração, assinada por duas testemunhas.

▸ *Lei nº 7.960, de 21-12-1989: art. 2º, § 4º, dispõe sobre prisão temporária.*

ART. 287. Se a infração for inafiançável, a falta de exibição do mandado não obstará a prisão, e o preso, em tal caso, será imediatamente apresentado ao juiz que tiver expedido o mandado, para a realização de audiência de custódia. (Redação dada pela Lei nº 13.964, de 24.12.2019)

▸ *CF: arts. 5º, XLII, XLIII, XLIV e 53, § 2º.*

▸ *Dec. 592, de 6-7-1992, Promulga a Pacto Internacional sobre Direitos Civis e Políticos, art. 9, 3.*

▸ *Dec. nº 678, de 06-11-1992, Promulga a Convenção Americana sobre Direitos Humanos – Pacto de São José da Costa Rica, art. 7º., 5 e 6.*

▸ *CPP: arts. 2º., 310, caput e §§ 3º. e 4º., 323 e 324.*

ART. 288. Ninguém será recolhido à prisão, sem que seja exibido o mandado ao respectivo diretor ou carcereiro, a quem será entregue cópia assinada pelo executor ou apresentada a guia expedida pela autoridade competente, devendo ser passado recibo da entrega do preso, com declaração de dia e hora.

▸ *Lei nº 4.898 de 9-12-1965, art. 4o., Lei de Abuso de Autoridade (Revogada pela Lei nº 13.869, de 5.9.2019)*

▸ *Lei nº 7.210, de 11-07-1984, art. 107, Lei de Execução Penal.*

▸ *Lei nº 13.869, de 5-9-2019, arts. 9, 12 e 16, Lei de Abuso de Autoridade.*

Parágrafo único. O recibo poderá ser passado no próprio exemplar do mandado, se este for o documento exibido.

ART. 289. Quando o acusado estiver no território nacional, fora da jurisdição do juiz processante, será deprecada a sua prisão, devendo constar da precatória o inteiro teor do mandado. (Redação dada pela Lei nº 12.403, de 2011).

▸ *CPP: arts. 354 e 665, par. ún.*

§ 1º. Havendo urgência, o juiz poderá requisitar a prisão por qualquer meio de comunicação, do qual deverá constar o motivo da prisão, bem como o valor da fiança se arbitrada. (Incluído pela Lei nº 12.403, de 2011).

§ 2º. A autoridade a quem se fizer a requisição tomará as precauções necessárias para averiguar a autenticidade da comunicação. (Incluído pela Lei nº 12.403, de 2011).

§ 3º. O juiz processante deverá providenciar a remoção do preso no prazo máximo de 30 (trinta) dias, contados da efetivação da medida. (Incluído pela Lei nº 12.403, de 2011).

- *CPP: arts. 298 e 354 e 665, par. ún.*
- *Lei nº 11.419, de 19-12-2006, informatização do processo judicial.*

ART. 289-A. O juiz competente providenciará o imediato registro do mandado de prisão em banco de dados mantido pelo Conselho Nacional de Justiça para essa finalidade. (Incluído pela Lei nº 12.403, de 2011).

- *CF: art. 103-B.*

§ 1º. Qualquer agente policial poderá efetuar a prisão determinada no mandado de prisão registrado no Conselho Nacional de Justiça, ainda que fora da competência territorial do juiz que o expediu. (Incluído pela Lei nº 12.403, de 2011).

§ 2º. Qualquer agente policial poderá efetuar a prisão decretada, ainda que sem registro no Conselho Nacional de Justiça, adotando as precauções necessárias para averiguar a autenticidade do mandado e comunicando ao juiz que a decretou, devendo este proncionar, em seguida, o registro do mandado na forma do *caput* deste artigo. (Incluído pela Lei nº 12.403, de 2011).

§ 3º. A prisão será imediatamente comunicada ao juiz do local de cumprimento da medida o qual providenciará a certidão extraída do registro do Conselho Nacional de Justiça e informará ao juízo que a decretou. (Incluído pela Lei nº 12.403, de 2011).

§ 4º. O preso será informado de seus direitos, nos termos do inciso LXIII do art. 5º da Constituição Federal e, caso o autuado não informe o nome de seu advogado, será comunicado à Defensoria Pública. (Incluído pela Lei nº 12.403, de 2011).

- *Lei Complementar nº 80, de 12-01-1994, organiza a Defensoria Pública da União, do Distrito Federal e dos Territórios e prescreve normas gerais para sua organização nos Estados.*

§ 5º. Havendo dúvidas das autoridades locais sobre a legitimidade da pessoa do executor ou sobre a identidade do preso, aplica-se o disposto no § 2º do art. 290 deste Código. (Incluído pela Lei nº 12.403, de 2011).

§ 6º. O Conselho Nacional de Justiça regulamentará o registro do mandado de prisão a que se refere o *caput* deste artigo. (Incluído pela Lei nº 12.403, de 2011).

ART. 290. Se o réu, sendo perseguido, passar ao território de outro município ou comarca, o executor poderá efetuar lhe a prisão no lugar onde o alcançar, apresentando-o imediatamente à autoridade local, que, depois de lavrado, se for o caso, o auto de flagrante, providenciará para a remoção do preso.

- *CPP: arts. 250, 289-A, § 5º, 304 § 1º e 308.*

§ 1º. Entender-se-á que o executor vai em perseguição do réu, quando:

a) tendo-o avistado, for perseguindo-o sem interrupção, embora depois o tenha perdido de vista;

b) sabendo, por indícios ou informações fidedignas, que o réu tenha passado, há pouco tempo, em tal ou qual direção, pelo lugar em que o procure, for no seu encalço.

§ 2º. Quando as autoridades locais tiverem fundadas razões para duvidar da legitimidade da pessoa do executor ou da legalidade do mandado que apresentar, poderão pôr em custódia o réu, até que fique esclarecida a dúvida.

ART. 291. A prisão em virtude de mandado entender-se-á feita desde que o executor, fazendo-se conhecer do réu, lhe apresente o mandado e o intime a acompanhá-lo.

ART. 292. Se houver, ainda que por parte de terceiros, resistência à prisão em flagrante ou à determinada por autoridade competente, o executor e as pessoas que o auxiliarem poderão usar dos meios necessários para defender-se ou para vencer a resistência, do que tudo se lavrará auto subscrito também por duas testemunhas.

- *CPP: art. 284.*
- *CP: art. 23, III, 329 a 331 e 352.*
- *Lei nº 7.210, de 11-07-1984, art. 199. Lei de Execução Penal.*

Parágrafo único. É vedado o uso de algemas em mulheres grávidas durante os atos médico-hospitalares preparatórios para a realização do parto e durante o trabalho de parto, bem como em mulheres durante o período de puerpério imediato. (Redação dada pela Lei nº 13.434, de 2017)

- *Súmula Vinculante nº 11.*

ART. 293. Se o executor do mandado verificar, com segurança, que o réu entrou ou se encontra em alguma casa, o morador será intimado a entregá-lo, à vista da ordem de prisão. Se não for obedecido imediatamente, o executor convocará duas testemunhas e, sendo dia, entrará à força na casa, arrombando as portas, se preciso; sendo noite, o executor, depois da intimação ao morador, se não for atendido, fará guardar todas as saídas, tornando a casa incomunicável, e, logo que amanheça, arrombará as portas e efetuará a prisão.

- *CF: art. 5º, XI e LXI.*
- *CPP: arts. 240, § 1º, a, 245, § 4º, 283 e 303.*
- *CP: arts. 150 e 348.*
- *Dec. nº 56.435, de 08-06-1965, art. 22, 29 e 30, Promulga a Convenção de Viena sobre Relações Diplomáticas.*

Parágrafo único. O morador que se recusar a entregar o réu oculto em sua casa será levado à presença da autoridade, para que se proceda contra ele como for de direito.

- *CP: art. 348.*

ART. 294. No caso de prisão em flagrante, observar-se-á o disposto no artigo anterior, no que for aplicável.

- *Dec. nº 56.435, de 08-06-1965, art. 22, 29 e 30, Promulga a Convenção de Viena sobre Relações Diplomáticas.*

ART. 295. Serão recolhidos a quartéis ou a prisão especial, à disposição da autoridade competente, quando sujeitos a prisão antes de condenação definitiva:

- *Súmula nº 717 do STF.*
- *CF: art. 53, § 2º.*
- *Lei Complementar nº 35, de 14-03-1979: art. 112, § 2º, dispõe sobre a Lei Orgânica da Magistratura Nacional.*
- *Lei Complementar nº 75, de 20-05-1993: art. 18, II, e, dispõe sobre a organização, as atribuições e o estatuto do Ministério Público da União.*
- *Lei Complementar nº 80, de 12-01-1994: art. 44, III, organiza a Defensoria Pública da União, do Distrito Federal e dos Territórios*

e prescreve normas gerais para sua organização nos Estados, e dá outras.

- *Lei nº 8.069, de 13-07-1990, art. 135, Estatuto da Criança e do Adolescente.*

I – os ministros de Estado;

II – os governadores ou interventores de Estados ou Territórios, o prefeito do Distrito Federal, seus respectivos secretários, os prefeitos municipais, os vereadores e os chefes de Polícia;

III – os membros do Parlamento Nacional, do Conselho de Economia Nacional e das Assembleias Legislativas dos Estados;

- *CF: art. 53, § 1º.*

IV – os cidadãos inscritos no "Livro de Mérito";

V – os oficiais das Forças Armadas e os militares dos Estados, do Distrito Federal e dos Territórios; (Redação dada pela Lei nº 10.258, de 2001)

VI – os magistrados;

VII – os diplomados por qualquer das faculdades superiores da República;

VIII – os ministros de confissão religiosa;

IX – os ministros do Tribunal de Contas;

X – os cidadãos que já tiverem exercido efetivamente a função de jurado, salvo quando excluídos da lista por motivo de incapacidade para o exercício daquela função;

XI – os delegados de polícia e os guardas-civis dos Estados e Territórios, ativos e inativos.

§ 1º. A prisão especial, prevista neste Código ou em outras leis, consiste exclusivamente no recolhimento em local distinto da prisão comum. (Redação dada pela Lei nº 10.258, de 2001)

§ 2º. Não havendo estabelecimento específico para o preso especial, este será recolhido em cela distinta do mesmo estabelecimento. (Redação dada pela Lei nº 10.258, de 2001)

§ 3º. A cela especial poderá consistir em alojamento coletivo, atendidos os requisitos de salubridade do ambiente, pela concorrência dos fatores de aeração, insolação e condicionamento térmico adequados à existência humana. (Redação dada pela Lei nº 10.258, de 2001)

§ 4º. O preso especial não será transportado juntamente com o preso comum. (Redação dada pela Lei nº 10.258, de 2001)

§ 5º. Os demais direitos e deveres do preso especial serão os mesmos do preso comum. (Redação dada pela Lei nº 10.258, de 2001)

ART. 296. Os inferiores e praças de pré, onde for possível, serão recolhidos à prisão, em estabelecimentos militares, de acordo com os respectivos regulamentos.

ART. 297. Para o cumprimento de mandado expedido pela autoridade judiciária, a autoridade policial poderá expedir tantos outros quantos necessários às diligências, devendo neles ser fielmente reproduzido o teor do mandado original.

- *CPP: art. 13, III.*

ART. 298. (Revogado pela Lei nº 12.403, de 2011).

ART. 299. A captura poderá ser requisitada, à vista de mandado judicial, por qualquer meio de comunicação, tomadas pela autoridade, a quem se fizer a requisição, as precauções necessárias para averiguar a autenticidade desta. (Redação dada pela Lei nº 12.403, de 2011).

ART. 300. As pessoas presas provisoriamente ficarão separadas das que já estiverem definitivamente condenadas, nos termos da lei de execução penal. (Redação dada pela Lei nº 12.403, de 2011).

- *Lei nº 7.210, de 11-07-1984, art. 84, Lei de Execução Penal.*

Parágrafo único. O militar preso em flagrante delito, após a lavratura dos procedimentos legais, será recolhido a quartel da instituição a que pertencer, onde ficará preso à disposição das autoridades competentes. (Incluído pela Lei nº 12.403, de 2011).

CAPÍTULO II. DA PRISÃO EM FLAGRANTE

- *CF: art. 5º, LXI, LXII, LXIII, LXIV, LXV, LXVI e LXVII.*

ART. 301. Qualquer do povo poderá e as autoridades policiais e seus agentes deverão prender quem quer que seja encontrado em flagrante delito.

- *Súmulas nº 145 e 397 do STF.*
- *CF: arts. 5º, LXI a LXVI, 53, § 2º, 57, § 1º e 86, § 3º.*
- *CP: arts. 13, § 2º, a, 42 e 329.*
- *CE: arts. 236 e 298.*
- *CTB: art. 301.*
- *Lei Complementar nº 35, de 14-03-1979, art. 33, Lei Orgânica da Magistratura.*
- *Lei nº 8.625, de 12-02-1993, art. 40, III, Lei Orgânica do Ministério Público.*
- *Lei nº 9.099, de 26-09-1995: art. 69, par. ún, dispõe sobre os Juizados Especiais Cíveis e Criminais.*

ART. 302. Considera-se em flagrante delito quem:

- *CF: arts. 53, § 2º e 86, § 3º.*
- *Súmula nº 145 do STF.*
- *Lei Complementar nº 35, de 14-03,1979, art. 33, Lei Orgânica da Magistratura.*
- *Lei nº 8.625, de 12-02-1993, art. 40, III, Lei Orgânica do Ministério Público.*
- *Lei nº 8.906, de 04-07-1994, art. 7º, IV, Estatuto da Advocacia e Ordem dos Advogados do Brasil (OAB).*
- *Lei nº 11.343, de 23-08-2006: arts. 48, § 2º e 53, II, Lei Antidrogas.*
- *Lei nº 12.850, de 02-08-2013, define organização criminosa.*
- *Dec. nº 56.435, de 08-06-1965, art. 29, Promulga a Convenção de Viena sobre Relações Diplomáticas.*

I – está cometendo a infração penal;

- *CPP: art. 303.*

II – acaba de cometê-la;

III – é perseguido, logo após, pela autoridade, pelo ofendido ou por qualquer pessoa, em situação que faça presumir ser autor da infração;

- *CPP: art. 290, § 1º.*

IV – é encontrado, logo depois, com instrumentos, armas, objetos ou papéis que façam presumir ser ele autor da infração.

ART. 303. Nas infrações permanentes, entende-se o agente em flagrante delito enquanto não cessar a permanência.

- *CF: art. 86, § 3º.*
- *CPP: arts. 71 e 302, I.*
- *CP: arts. 148, 149 e 159.*
- *Lei Complementar nº 35, de 14-03-1979, art. 33, Lei Orgânica da Magistratura.*
- *Lei nº 8.625, de 12-02-1993, art. 40, III, Lei Orgânica do Ministério Público.*

ART. 304. Apresentado o preso à autoridade competente, ouvirá esta o condutor e colherá, desde logo, sua assinatura, entregando a este cópia do termo e recibo de entrega do preso. Em seguida, procederá à oitiva das testemunhas que o acompanharem e ao interrogatório do acusado sobre a imputação que lhe é feita, colhendo, após cada oitiva suas respectivas assinaturas, lavrando, a autoridade, afinal, o auto. (Redação dada pela Lei nº 11.113 de 2005).

- *CF: arts. 5º, LXII, LXIII, LXIV e LXV e 53, § 2º.*
- *CPP: arts. 6, V, 185, 564, IV, e 572.*
- *Lei Complementar nº 35, de 14-03-1979: art. 33, II, dispõe sobre a Lei Orgânica da Magistratura Nacional.*
- *Lei Complementar nº 75, de 20-05-1993: art. 18, II, dispõe sobre a organização, as atribuições e o estatuto do Ministério Público da União.*
- *Lei Complementar nº 80, de 12-01-1994: arts. 44, II, 89, II e 128, II, organiza a Defensoria Pública da União, do Distrito Federal e dos Territórios e prescreve normas gerais para sua organização nos Estados.*
- *Lei nº 8.625, de 12-02-1993: art. 40, III, institui a Lei Orgânica Nacional do Ministério Público.*
- *Lei nº 8.906, de 04-07-1994, art. 7º, IV, Estatuto da Advocacia e Ordem dos Advogados do Brasil (OAB).*
- *Lei nº 9.099, de 26-09-1995, art. 69, Juizados Especiais Cíveis e Criminais.*
- *Lei nº 11.343, de 23-08-2006, art. 48, § 2º, Lei Antidrogas.*
- *Lei nº 13.445, de 24-05-2017: art. 84, Lei de Migração.*
- *Dec. nº 678, de 06-11-1992, art. 8º, 2, d, e, g e 3, Promulga a Convenção Americana sobre Direitos Humanos – Pacto de São José da Costa Rica.*
- *Dec. n. 9.603, de 10-12-2018, arts. 13, 19 a 26; Sistema de garantia de direitos da criança e do adolescente vítima ou testemunha de violência.*

§ 1º. Resultando das respostas fundada a suspeita contra o conduzido, a autoridade mandará recolhê-lo à prisão, exceto no caso de livrar-se solto ou de prestar fiança, e prosseguirá nos atos do inquérito ou processo, se para isso for competente; se não o for, enviará os autos à autoridade que o seja.

- *CF: art. 5º, LXV e LXVI.*

§ 2º. A falta de testemunhas da infração não impedirá o auto de prisão em flagrante; mas, nesse caso, com o condutor, deverão assiná-lo pelo menos duas pessoas que hajam testemunhado a apresentação do preso à autoridade.

§ 3º. Quando o acusado se recusar a assinar, não souber ou não puder fazê-lo, o auto de prisão em flagrante será assinado por duas testemunhas, que tenham ouvido sua leitura na presença deste. (Redação dada pela Lei nº 11.113 de 2005).

§ 4º. Da lavratura do auto de prisão em flagrante deverá constar a informação sobre a existência de filhos, respectivas idades e se possuem alguma deficiência e o nome e o contato de eventual responsável pelos cuidados dos filhos, indicado pela pessoa presa. (Incluído pela Lei nº 13.257, de 2016)

- *CPP: art. 318, V e VI.*

ART. 305. Na falta ou no impedimento do escrivão, qualquer pessoa designada pela autoridade lavrará o auto, depois de prestado o compromisso legal.

ART. 306. A prisão de qualquer pessoa e o local onde se encontre serão comunicados imediatamente ao juiz competente, ao Ministério Público e à família do preso ou à pessoa por ele indicada. (Redação dada pela Lei nº 12.403, de 2011).

- *CF: arts. 5º, LXII, LXIII, LXIV, LXV e LXVI e 53, § 2º.*
- *Dec. no 592, de 6-7-1992, art. 9, 2, Promulga o Pacto Internacional sobre Direitos Civis e Políticos.*
- *Dec. nº 678, de 06-11-1992, art. 7º, 3 a 6, Promulga a Convenção Americana sobre Direitos Humanos – Pacto de São José da Costa Rica.*
- *CPP: arts. 186 e 648, II.*
- *Lei Complementar nº 35, de 14-03,1979, art. 33, Lei Orgânica da Magistratura.*
- *Lei nº 4.898 de 9-12-1965, art. 4o., c, Lei de Abuso de Autoridade (Revogada pela Lei nº 13.869, de 5.9.2019)*
- *Lei nº 8.625, de 12-02-1993, art. 40, III, Lei Orgânica do Ministério Público.*
- *Lei nº 8.906, de 04-07-1994, art. 7º, IV, Estatuto da Advocacia e Ordem dos Advogados do Brasil (OAB).*
- *Lei nº 9.099, de 26-09-1995, art. 69, Juizados Especiais Cíveis e Criminais.*
- *Lei nº 11.343, de 23-08-2006, art. 48, § 2º, Lei Antidrogas.*
- *Lei nº 13.869, de 5-9-2019, art. 12, Lei de Abuso de Autoridade.*

§ 1º. Em até 24 (vinte e quatro) horas após a realização da prisão, será encaminhado ao juiz competente o auto de prisão em flagrante e, caso o autuado não informe o nome de seu advogado, cópia integral para a Defensoria Pública. (Redação dada pela Lei nº 12.403, de 2011).

- *CF: art. 5º, LXV e LXVIII.*
- *Dec. n. 592, de 6-7-1992, art. 9, 3, Promulga o Pacto Internacional sobre Direitos Civis e Políticos.*
- *Dec. nº 678, de 06-11-1992, art. 7º, 5 e 6, Promulga a Convenção Americana sobre Direitos Humanos – Pacto de São José da Costa Rica.*
- *CPP: arts. 310, caput e §§ 3º. e 4º, 647 e 648.*
- *Lei Complementar nº 80, de 12-01-1994, organiza a Defensoria Pública da União.*
- *Lei nº 4.898 de 9-12-1965, art. 4º, c e d, Lei de Abuso de Autoridade (Revogada pela Lei nº 13.869, de 5.9.2019)*
- *Lei nº 13.869, de 5-9-2019, arts. 9, parágrafo único I, e 12, Lei de Abuso de Autoridade.*

§ 2º. No mesmo prazo, será entregue ao preso, mediante recibo, a nota de culpa, assinada pela autoridade, com o motivo da prisão, o nome do condutor e os das testemunhas. (Redação dada pela Lei nº 12.403, de 2011).

- *CF: art. 5º, LXIV, LXV e LXVIII.*
- *Dec. n. 592, de 6-7-1992, art. 12, 3, Promulga o Pacto Internacional sobre Direitos Civis e Políticos.*
- *Dec. nº 678, de 06-11-1992, art. 7º, 4, Promulga a Convenção Americana sobre Direitos Humanos – Pacto de São José da Costa Rica.*
- *CPP: arts. 310, caput e §§ 3º. e 4º, 647 e 648.*
- *Lei nº 4.898 de 9-12-1965, art. 4º, a, Lei de Abuso de Autoridade (Revogada pela Lei nº 13.869, de 5.9.2019)*
- *Lei nº 13.869, de 5-9-2019, arts. 9, parágrafo único I, 12 e 16, parágrafo único, Lei de Abuso de Autoridade.*

ART. 307. Quando o fato for praticado em presença da autoridade, ou contra esta, no exercício de suas funções, constarão do auto a narração deste fato, a voz de prisão, as declarações que fizer o preso e os depoimentos das testemunhas, sendo tudo assinado pela autoridade, pelo preso e pelas testemunhas e remetido imediatamente ao juiz a quem couber tomar conhecimento do fato delituoso, se não o for a autoridade que houver presidido o auto.

- *CPP: art. 252, II.*

ART. 308. Não havendo autoridade no lugar em que se tiver efetuado a prisão, o preso será logo apresentado à do lugar mais próximo.

- *Lei nº 4.898 de 9-12-1965, art. 4o., c, Lei de Abuso de Autoridade (Revogada pela Lei nº 13.869, de 5.9.2019)*
- *Lei nº 8.069, de 13-07-1990, art. 231, Estatuto da Criança e do Adolescente.*
- *Lei nº 13.869, de 5-9-2019, arts. 9, 12 e 19, Lei de Abuso de Autoridade.*

ART. 309. Se o réu se livrar solto, deverá ser posto em liberdade, depois de lavrado o auto de prisão em flagrante.

- *CF: art. 5º, LXV e LXVI.*

ART. 310. Após receber o auto de prisão em flagrante, no prazo máximo de até 24 (vinte e quatro) horas após a realização da prisão, o juiz deverá promover audiência de custódia com a presença do acusado, seu advogado constituído ou membro da Defensoria Pública e o membro do Ministério Público, e, nessa audiência, o juiz deverá, fundamentadamente: (Redação dada pela Lei nº 13.964, de 24.12.2019)

- *Dec. no 592, de 6-7-1992, art. 9, 3, Promulga o Pacto Internacional sobre Direitos Civis e Políticos.*
- *Dec. nº 678, de 06-11-1992, art. 7º, 5 e 6, Promulga a Convenção Americana sobre Direitos Humanos – Pacto de São José da Costa Rica.*
- *CPP: arts. 2º e 287.*
- *Lei nº 11.343, de 23-08-2006: art. 50, Lei Antidrogas.*

I – relaxar a prisão ilegal; ou (Incluído pela Lei nº 12.403, de 2011).

- *Súmula Vinculante nº 11.*
- *Súmula nº 145 do STF.*
- *CF: art. 5º, XLII, XLIII, XLIV e LXV.*
- *CE: art. 236, caput.*
- *CTB: art. 301.*
- *LC 35: art. 33, II.*
- *Lei 8.625, de 1993: art. 40, III.*
- *Lei n. 8.906, de 04-7-1994, art. 7º., II, III, IV, V e XXI: Estatudo da OAB.*
- *Lei nº 9.099, de 13-04-1995, art. 69, par. un., Lei dos Juizados Especiais Cíveis e Criminais.*
- *Lei nº 11.343, de 23-08-2006: art. 48, Lei Antidrogas.*
- *Dec. nº 61.078, de 26-07-1697, art. 36, Promulga a Convenção de Viena sobre Relações Consulares.*

II – converter a prisão em flagrante em preventiva, quando presentes os requisitos constantes do art. 312 deste Código, e se revelarem inadequadas ou insuficientes as medidas cautelares diversas da prisão; ou (Incluído pela Lei nº 12.403, de 2011).

- *CF: art. 5º, LXVI.*
- *CPP: arts. 312, 313, 319 e 324, IV.*

III – conceder liberdade provisória, com ou sem fiança. (Incluído pela Lei nº 12.403, de 2011).

- *CF: art. 5º, LXVI.*
- *CPP: arts. 282, § 6º, 319 e 321 a 324.*

§ 1º Se o juiz verificar, pelo auto de prisão em flagrante, que o agente praticou o fato em qualquer das condições constantes dos incisos I, II ou III do caput do art. 23 do Decreto-Lei nº 2.848, de 7 de dezembro de 1940 (Código Penal), poderá, fundamentadamente, conceder ao acusado liberdade provisória, mediante termo de comparecimento obrigatório a todos os atos processuais, sob pena de revogação. (Parágrafo único transformado em § 1º e com redação dada pela Lei nº 13.964, de 24.12.2019)

- *CP: art. 23.*
- *CPP: arts. 314 e 321.*

§ 2º Se o juiz verificar que o agente é reincidente ou que integra organização criminosa armada ou milícia, ou que porta arma de fogo de uso restrito, deverá denegar a liberdade provisória, com ou sem medidas cautelares. (Acrescido pela Lei nº 13.964, de 24.12.2019)

- *CF: art. 5º., LXVI.*
- *CPP: art. 321.*

§ 3º A autoridade que deu causa, sem motivação idônea, à não realização da audiência de custódia no prazo estabelecido no caput deste artigo responderá administrativa, civil e penalmente pela omissão. (Acrescido pela Lei nº 13.964, de 24.12.2019)

- *CF: art. 5º., LXII e LXVIII.*
- *Dec. 592, de 6-7-1992, Promulga a Pacto Internacional sobre Direitos Civis e Políticos, art. 9, 3.*
- *Dec. nº 678, de 06-11-1992, Promulga a Convenção Americana sobre Direitos Humanos – Pacto de São José da Costa Rica, art. 7º., 5 e 6.*
- *CPP: arts. 287, 306, 647 e 648, II.*
- *Lei nº 13.869, de 5-9-2019, arts. 9 e 12, Lei de Abuso de Autoridade.*

§ 4º Transcorridas 24 (vinte e quatro) horas após o decurso do prazo estabelecido no caput deste artigo, a não realização de audiência de custódia sem motivação idônea ensejará também a ilegalidade da prisão, a ser relaxada pela autoridade competente, sem prejuízo da possibilidade de imediata decretação de prisão preventiva. (Acrescido pela Lei nº 13.964, de 24.12.2019)

- *CF: art. 5º., LXV e LXVIII.*
- *Dec. 592, de 6-7-1992, Promulga a Pacto Internacional sobre Direitos Civis e Políticos, art. 9, 3.*
- *Dec. nº 678, de 06-11-1992, Promulga a Convenção Americana sobre Direitos Humanos – Pacto de São José da Costa Rica, art. 7º., 5 e 6.*
- *CPP: arts. 287, 310, I, 647 e 648, II.*
- *Lei nº 13.869, de 5-9-2019, arts. 9 e 12, Lei de Abuso de Autoridade.*

CAPÍTULO III.
DA PRISÃO PREVENTIVA
(Redação dada pela Lei nº 5.349, de 3.11.1967)

- *Lei nº 7.960, de 21-12-1989, dispõe sobre prisão temporária.*
- *Dec.-lei nº 3.931, de 11-12-1941, art. 2º, Lei de Introdução do Código de Processo Penal.*

ART. 311. Em qualquer fase da investigação policial ou do processo penal, caberá a prisão preventiva decretada pelo juiz, a requerimento do Ministério Público, do querelante ou do assistente, ou por representação da autoridade policial. (Redação dada pela Lei nº 13.964, de 24.12.2019)

- *CF: arts. 5º, LXI, LXII, LXVI e 129, I.*
- *CPP: arts. 2º., 3-A, 13, IV, 282, §§ 5º e 6º., 310, 312 a 316, 581, V, 647 e 648, I.*
- *Lei 11.340, de 2006, art. 20; Violência doméstica e familiar contra a mulher.*
- *CP: art. 42.*
- *CE: art. 236.*
- *Lei Complementar nº 35, de 14-03-1979, art. 33, Lei Orgânica da Magistratura.*
- *Lei nº 7.960, de 21-12-1989, dispõe sobre prisão temporária.*
- *Lei nº 11.340, de 07-08-2006: art. 20, cria mecanismos para coibir a violência doméstica e familiar contra a mulher.*
- *Dec.-lei nº 3.931, de 11-12-1941, art. 2º, Lei de Introdução do Código de Processo Penal.*
- *Dec. nº 678, de 06-11-1992, art. 7º, 2, 3 e 6, Promulga a Convenção Americana sobre Direitos Humanos – Pacto de São José da Costa Rica.*

ART. 312. A prisão preventiva poderá ser decretada como garantia da ordem pública, da ordem econômica, por conveniência da instrução criminal ou para assegurar a aplicação da lei penal, quando houver prova da existência do crime e indício suficiente de autoria e de perigo gerado pelo estado de liberdade do imputado. (Redação dada pela Lei nº 13.964, de 24.12.2019)

- *Súmulas nº 21, 52 e 64 do STJ.*
- *CF: arts. 5º., LXI, LXVI, e 86, § 3º.*
- *CPP: 282, §§ 5º e 6º., 310, III, 311,313, 314, 315, 316, 318, 319, 321 a 324, IV, 387, § 1º., 413, §§ 2º. e 3º., e 419, par. ún.*
- *Lei Complementar nº 35, de 14-03-1979, art. 33, Lei Orgânica da Magistratura.*
- *Lei nº 7.492, de 16-061986: arts. 30 e 31, define os crimes contra o sistema financeiro nacional.*
- *Lei nº 8.137, de 27-12-1990: arts. 4º a 6º, define crimes contra a ordem tributária, econômica e contra as relações de consumo.*
- *Lei nº 8.176, de 08-02-1991: art. 1º, define crimes contra a ordem econômica e cria o Sistema de Estoques de Combustíveis.*
- *Lei nº 9.613, de 03-03-1998: art. 3º, dispõe sobre os crimes de "lavagem" ou ocultação de bens, direitos e valores.*

§ 1º A prisão preventiva também poderá ser decretada em caso de descumprimento de qualquer das obrigações impostas por força de outras medidas cautelares (art. 282, § 4º). (Parágrafo único transformado em § 1º pela Lei nº 13.964, de 24.12.2019)

- *CF: arts. 5º., LXI, LXVI, e 86, § 3º.*
- *CPP: arts. 282, §§ 4º., 5º. e 6º., 310, III, 311, 313, 314, 315, 316, 318, 319, 321 a 324, IV, 350, parágrafo único, 387, § 1º., 413, §§ 2º. e 3º., e 419, par. ún.*

§ 2º A decisão que decretar a prisão preventiva deve ser motivada e fundamentada em receio de perigo e existência concreta de fatos novos ou contemporâneos que justifiquem a aplicação da medida adotada. (Acrescido pela Lei nº 13.964, de 24.12.2019)

- *CF: art. 93, IX.*
- *CPP: arts. 315 e 316.*

ART. 313. Nos termos do art. 312 deste Código, será admitida a decretação da prisão preventiva: (Redação dada pela Lei nº 12.403, de 2011).

- *CPP: arts. 312 e 318.*
- *Lei Complementar nº 35, de 14-03-1979, art. 33, Lei Orgânica da Magistratura.*

I – nos crimes dolosos punidos com pena privativa de liberdade máxima superior a 4 (quatro) anos; (Redação dada pela Lei nº 12.403, de 2011).

II – se tiver sido condenado por outro crime doloso, em sentença transitada em julgado, ressalvado o disposto no inciso I do *caput* do art. 64 do Decreto-Lei nº 2.848, de 7 de dezembro de 1940 – Código Penal; (Redação dada pela Lei nº 12.403, de 2011).

III – se o crime envolver violência doméstica e familiar contra a mulher, criança, adolescente, idoso, enfermo ou pessoa com deficiência, para garantir a execução das medidas protetivas de urgência; (Redação dada pela Lei nº 12.403, de 2011).

- *Lei nº 8.069, de 13-07-1990, art. 225 e ss, Estatuto da Criança e do Adolescente.*
- *Lei nº 10.741, de 01-10-2003, art. 95 e ss, Estatuto do Idoso.*
- *Lei nº 11.340, de 07-08-2006, cria mecanismos para coibir a violência doméstica e familiar contra a mulher.*

IV – (Revogado pela Lei nº 12.403, de 2011).

§ 1º Também será admitida a prisão preventiva quando houver dúvida sobre a identidade civil da pessoa ou quando esta não fornecer elementos suficientes para esclarecê-la, devendo o preso ser colocado imediatamente em liberdade após a identificação, salvo se outra hipótese recomendar a manutenção da medida. (Parágrafo único transformado em § 1º pela Lei nº 13.964, de 24.12.2019)

- *CF: art. 5º, LVIII.*
- *Lei nº 12.037, de 01-10-2009, dispõe sobre a identificação criminal do civilmente identificado.*

§ 2º Não será admitida a decretação da prisão preventiva com a finalidade de antecipação de cumprimento de pena ou como decorrência imediata de investigação criminal ou da apresentação ou recebimento de denúncia. (Acrescido pela Lei nº 13.964, de 24.12.2019)

- *CF: art. 5º, LVII.*
- *CPP: arts. 283 e 492, I, a, e §§ 3º. a 6º.*

ART. 314. A prisão preventiva em nenhum caso será decretada se o juiz verificar pelas provas constantes dos autos ter o agente praticado o fato nas condições previstas nos incisos I, II e III do *caput* do art. 23 do Decreto-Lei nº 2.848, de 7 de dezembro de 1940 – Código Penal. (Redação dada pela Lei nº 12.403, de 2011).

- *A referência aqui é feita a dispositivo original do Código Penal: art. 23, I, II e III, da nova Parte Geral do mesmo Código.*
- *CPP: arts. 310, par. ún., 415 e 648, I.*

ART. 315. A decisão que decretar, substituir ou denegar a prisão preventiva será sempre motivada e fundamentada. (Redação dada pela Lei nº 13.964, de 24.12.2019)

- *CF: arts. 5º, LXI, LXV e LXVIII, e 93, IX.*
- *CPP: art. 581, V, 564, V, 647 e 648, VI..*

§ 1º Na motivação da decretação da prisão preventiva ou de qualquer outra cautelar, o juiz deverá indicar concretamente a existência de fatos novos ou contemporâneos que justifiquem a aplicação da medida adotada. (Acrescido pela Lei nº 13.964, de 24.12.2019)

§ 2º Não se considera fundamentada qualquer decisão judicial, seja ela interlocutória, sentença ou acórdão, que: (Acrescido pela Lei nº 13.964, de 24.12.2019)

I – limitar-se à indicação, à reprodução ou à paráfrase de ato normativo, sem explicar sua relação com a causa ou a questão decidida;

II – empregar conceitos jurídicos indeterminados, sem explicar o motivo concreto de sua incidência no caso;

III – invocar motivos que se prestariam a justificar qualquer outra decisão;

IV – não enfrentar todos os argumentos deduzidos no processo capazes de, em tese, infirmar a conclusão adotada pelo julgador;

V – limitar-se a invocar precedente ou enunciado de súmula, sem identificar seus fundamentos determinantes nem demonstrar que o caso sob julgamento se ajusta àqueles fundamentos;

VI – deixar de seguir enunciado de súmula, jurisprudência ou precedente invocado pela parte, sem demonstrar a existência de distinção no caso em julgamento ou a superação do entendimento.

ART. 316. O juiz poderá, de ofício ou a pedido das partes, revogar a prisão preventiva se, no correr da investigação ou do processo, verificar a falta de motivo para que ela subsista, bem como novamente decretá-la, se sobrevierem razões que a justifiquem. (Redação dada pela Lei nº 13.964, de 24.12.2019)

▸ *CF: art. 5º, LVII, LXVI e LXXV.*

▸ *CPP: arts. 80, 282, § 5º, 283, 311, 312, 313, 317, 318, 319, 387, § 1º., 413, § 3º, 419, par. ún. e 648, IV.*

▸ *CC: art. 954, par. ún, III.*

▸ *Lei nº 7.210, de 11-07-1984, art. 146-B, IV, Lei de Execução Penal.*

▸ *Lei nº 7.960, de 21-12-1989, que dispõe sobre a Prisão Temporária.*

▸ *Lei nº 8.906, de 04-07-1994, art. 7º, V, Estatuto da Advocacia e Ordem dos Advogados do Brasil (OAB).*

▸ *Lei nº 8.625, de 12-02-1993: art. 40, III e V, institui a Lei Orgânica Nacional do Ministério Público.*

▸ *Lei nº 13.869, de 5-9-2019, art. 9, 13, par. ún., IV, e 19, Lei de Abuso de Autoridade.*

Parágrafo único. Decretada a prisão preventiva, deverá o órgão emissor da decisão revisar a necessidade de sua manutenção a cada 90 (noventa) dias, mediante decisão fundamentada, de ofício, sob pena de tornar a prisão ilegal. (Acrescido pela Lei nº 13.964, de 24.12.2019)

▸ *CF: art. 5º., LVII e LXVIII.*

▸ *CPP: arts. 282, §§ 3º. a 6º., 283, 312, 313, 317, 318, 319, 387, § 1º., 413, § 3º, 419, par. ún. e 648, IV.*

CAPÍTULO IV.
DA PRISÃO DOMICILIAR

▸ *(Redação dada pela Lei nº 12.403, de 2011)*

ART. 317. A prisão domiciliar consiste no recolhimento do indiciado ou acusado em sua residência, só podendo dela ausentar-se com autorização judicial. (Redação dada pela Lei nº 12.403, de 2011).

▸ *CPP: arts. 282, § 5º, 311, 312, 313, 316 e 318.*

▸ *Lei nº 7.210, de 11-07-1984, art. 117, Lei de Execução Penal.*

ART. 318. Poderá o juiz substituir a prisão preventiva pela domiciliar quando o agente for: (Redação dada pela Lei nº 12.403, de 2011).

▸ *CPP: arts. 282, § 5º, 312, 313, 316 e 317.*

▸ *Lei nº 7.210, de 11-07-1984, art. 117, Lei de Execução Penal.*

I – maior de 80 (oitenta) anos; (Incluído pela Lei nº 12.403, de 2011).

II – extremamente debilitado por motivo de doença grave; (Incluído pela Lei nº 12.403, de 2011).

III – imprescindível aos cuidados especiais de pessoa menor de 6 (seis) anos de idade ou com deficiência; (Incluído pela Lei nº 12.403, de 2011).

IV – gestante; (Redação dada pela Lei nº 13.257, de 2016)

V – mulher com filho de até 12 (doze) anos de idade incompletos; (Incluído pela Lei nº 13.257, de 2016)

▸ *CPP: art. 304, § 4º.*

VI – homem, caso seja o único responsável pelos cuidados do filho de até 12 (doze) anos de idade incompletos. (Incluído pela Lei nº 13.257, de 2016)

▸ *CPP: art. 304, § 4º.*

Parágrafo único. Para a substituição, o juiz exigirá prova idônea dos requisitos estabelecidos neste artigo. (Incluído pela Lei nº 12.403, de 2011).

▸ *Lei nº 7.210, de 11-07-1984, art. 117, Lei de Execução Penal.*

ART. 318-A. A prisão preventiva imposta à mulher gestante ou que for mãe ou responsável por crianças ou pessoas com deficiência será substituída por prisão domiciliar, desde que: (Incluído pela Lei nº 13.769, de 2018).

I – não tenha cometido crime com violência ou grave ameaça a pessoa; (Incluído pela Lei nº 13.769, de 2018).

II – não tenha cometido o crime contra seu filho ou dependente. (Incluído pela Lei nº 13.769, de 2018).

ART. 318-B. A substituição de que tratam os arts. 318 e 318-A poderá ser efetuada sem prejuízo da aplicação concomitante das medidas alternativas previstas no art. 319 deste Código. (Incluído pela Lei nº 13.769, de 2018).

CAPÍTULO V.
DAS OUTRAS MEDIDAS CAUTELARES

▸ *(Redação dada pela Lei nº 12.403, de 2011)*

ART. 319. São medidas cautelares diversas da prisão: (Redação dada pela Lei nº 12.403, de 2011).

▸ *CF: art. 5º, LXI, LXII, LXVI.*

▸ *CPP: arts. 282, 310, 321 e 581, V.*

I – comparecimento periódico em juízo, no prazo e nas condições fixadas pelo juiz, para informar e justificar atividades; (Redação dada pela Lei nº 12.403, de 2011).

II – proibição de acesso ou frequência a determinados lugares quando, por circunstâncias relacionadas ao fato, deva o indiciado ou acusado permanecer distante desses locais para evitar o risco de novas infrações; (Redação dada pela Lei nº 12.403, de 2011).

III – proibição de manter contato com pessoa determinada quando, por circunstâncias relacionadas ao fato, deva o indiciado ou acusado dela permanecer distante; (Redação dada pela Lei nº 12.403, de 2011).

IV – proibição de ausentar-se da Comarca quando a permanência seja conveniente ou necessária para a investigação ou instrução; (Incluído pela Lei nº 12.403, de 2011).

▸ CPP: art. 320.

V – recolhimento domiciliar no período noturno e nos dias de folga quando o investigado ou acusado tenha residência e trabalho fixos; (Incluído pela Lei nº 12.403, de 2011).

VI – suspensão do exercício de função pública ou de atividade de natureza econômica ou financeira quando houver justo receio de sua utilização para a prática de infrações penais; (Incluído pela Lei nº 12.403, de 2011).

VII – internação provisória do acusado nas hipóteses de crimes praticados com violência ou grave ameaça, quando os peritos concluírem ser inimputável ou semi-imputável (art. 26 do Código Penal) e houver risco de reiteração; (Incluído pela Lei nº 12.403, de 2011).

▸ Lei nº 7.210, de 11-07-1984, arts. 42, 67, 81-A, 81-B e 86, Lei de Execução Penal.

VIII – fiança, nas infrações que a admitem, para assegurar o comparecimento a atos do processo, evitar a obstrução do seu andamento ou em caso de resistência injustificada à ordem judicial; (Incluído pela Lei nº 12.403, de 2011).

▸ CPP: art. 336.

IX – monitoração eletrônica. (Incluído pela Lei nº 12.403, de 2011).

▸ Lei nº 7.210, de 11-07-1984, arts. 146-B a 146-D, Lei de Execução Penal.

▸ Decreto nº 7.627, de 24-11-2011, regulamenta a monitoração eletrônica de pessoas.

§§ 1º a 3º. (Revogado pela Lei nº 12.403, de 2011).

§ 4º. A fiança será aplicada de acordo com as disposições do Capítulo VI deste Título, podendo ser cumulada com outras medidas cautelares. (Incluído pela Lei nº 12.403, de 2011).

▸ CPP: arts. 325 a 328 e 330 a 335 e 336.

ART. 320. A proibição de ausentar-se do País será comunicada pelo juiz às autoridades encarregadas de fiscalizar as saídas do território nacional, intimando-se o indiciado ou acusado para entregar o passaporte, no prazo de 24 (vinte e quatro) horas. (Redação dada pela Lei nº 12.403, de 2011).

Capítulo VI. DA LIBERDADE PROVISÓRIA, COM OU SEM FIANÇA

▸ CF: art. 5º LXI.

▸ CPP: arts. 10, caput, 75 par. ún, 289 § 1º, 304, 306 a 309, 310, 380, 392, II, 413, § 3º, 581, V e VII, 648, V e 660, § 3º.

▸ Lei nº 7.492, de 16-06-1986, define os crimes contra o sistema financeiro nacional.

▸ Lei nº 8.072, de 25-07-1990, dispõe sobre os crimes hediondos.

▸ Lei nº 12.850, de 02-08-2013, define organização criminosa.

▸ Lei nº 9.613, de 03-03-1998, dispõe sobre os crimes de "lavagem" ou ocultação de bens, direitos e valores.

▸ Lei nº 10.826, de 22-12-2003, dispõe sobre registro, posse e comercialização de armas de fogo e munição, sobre o Sistema Nacional de Armas – Sinarm.

▸ Lei nº 11.343, de 23-08-2006, Lei Antidrogas.

ART. 321. Ausentes os requisitos que autorizam a decretação da prisão preventiva, o juiz deverá conceder liberdade provisória, impondo, se for o caso, as medidas cautelares previstas no art. 319 deste Código e observados os critérios constantes do art. 282 deste Código. (Redação dada pela Lei nº 12.403, de 2011).

▸ CF: art. 5º LXVI.

▸ CPP: arts. 282, § 6º e 310, III e par. ún., e 314.

ART. 322. A autoridade policial somente poderá conceder fiança nos casos de infração cuja pena privativa de liberdade máxima não seja superior a 4 (quatro) anos. (Redação dada pela Lei nº 12.403, de 2011).

▸ Súmula 81 do STJ.

▸ CPP: arts. 329, 333, 335, 336, 350, 581, V, e 648, V.

Parágrafo único. Nos demais casos, a fiança será requerida ao juiz, que decidirá em 48 (quarenta e oito) horas. (Redação dada pela Lei nº 12.403, de 2011).

▸ CF: art. 5º, LXVI.

▸ CPP: arts. 310,326, 330 e 331, 581, V e 648, V.

▸ CP: art. 333.

▸ Lei nº 9.099, de 26-09-1995, art. 69, par. ún., dispõe sobre os Juizados Especiais Criminais.

ART. 323. Não será concedida fiança: (Redação dada pela Lei nº 12.403, de 2011).

▸ CF: arts. 5º, XLII, XLIII, XLIV e 53, § 2º.

▸ CPP: arts. 325, § 1º, 327, 328, 350, 380 e 648, V.

▸ Lei Complementar nº 35, de 14-03-1979, art. 33, II, Lei Orgânica da Magistratura.

▸ Lei nº 4.898 de 9-12-1965, art. 4º, e, Lei de Abuso de Autoridade (Revogada pela Lei nº 13.869, de 5.9.2019)

▸ Lei nº 8.072, de 25-07-1990, define os crimes hediondos.

▸ Lei nº 8.625, de 12-02-1993, art. 40, III, Lei Orgânica do Ministério Público.

▸ Lei nº 11.343, de 23-08-2006: art. 44, Lei Antidrogas.

▸ Lei nº 12.850, de 02-08-2013, art. 1º, § 2º, II, define organização criminosa.

▸ Lei nº 13.869, de 5-9-2019, art. 9, parágrafo único, II, Lei de Abuso de Autoridade.

I – nos crimes de racismo; (Redação dada pela Lei nº 12.403, de 2011).

▸ Súmula nº 81 do STJ.

▸ CF: art. 5º, XLII.

▸ Lei nº 7.716, de 05-01-1989, dispõe sobre crimes resultantes de preconceito de raça ou cor.

II – nos crimes de tortura, tráfico ilícito de entorpecentes e drogas afins, terrorismo e nos definidos como crimes hediondos; (Redação dada pela Lei nº 12.403, de 2011).

▸ Súmula nº 697 do STF.

▸ CF: art. 5º, XLIII.

▸ Lei nº 9.455, de 07-04-1997: art. 1º, § 6º, define os crimes de tortura.

▸ Lei nº 11.343, de 23-08-2006: art. 44, Lei Antidrogas.

III – nos crimes cometidos por grupos armados, civis ou militares, contra a ordem constitucional e o Estado Democrático; (Redação dada pela Lei nº 12.403, de 2011).

▸ CF: art. 5º, XLIV.

▸ CP: art. 18, I.

IV e V – (Revogados pela Lei nº 12.403, de 2011)

ART. 324. Não será, igualmente, concedida fiança: (Redação dada pela Lei nº 12.403, de 2011).

▸ Lei nº 8.072, de 25-07-1990: art. 2º, II, define os crimes hediondos.

I – aos que, no mesmo processo, tiverem quebrado fiança anteriormente concedida ou infringido, sem motivo justo, qualquer das obrigações a que se referem os arts. 327 e 328 deste Código; (Redação dada pela Lei nº 12.403, de 2011).

▸ CPP: arts. 341 a 343 e 346.

II – em caso de prisão civil ou militar; (Redação dada pela Lei nº 12.403, de 2011).

▸ Súmula Vinculante 25.

▸ Súmula 419 do STJ.

▸ CF: art. 5º, LXVI.

III – (Revogado pela Lei nº 12.403, de 2011).

▸ CP: arts. 77 e 83.

▸ Lei nº 7.210, de 11-07-1984, arts. 131 a 146 e 156 a 163, Lei de Execução Penal.

IV – quando presentes os motivos que autorizam a decretação da prisão preventiva (art. 312). (Redação dada pela Lei nº 12.403, de 2011).

ART. 325. O valor da fiança será fixado pela autoridade que a conceder nos seguintes limites: (Redação dada pela Lei nº 12.403, de 2011).

▸ CPP: arts. 326, 330 e 331 e 350.

a) a c) (Revogadas pela Lei nº 12.403, de 2011).

I – de 1 (um) a 100 (cem) salários mínimos, quando se tratar de infração cuja pena privativa de liberdade, no grau máximo, não for superior a 4 (quatro) anos; (Incluído pela Lei nº 12.403, de 2011).

II – de 10 (dez) a 200 (duzentos) salários mínimos, quando o máximo da pena privativa de liberdade cominada for superior a 4 (quatro) anos. (Incluído pela Lei nº 12.403, de 2011).

§ 1º. Se assim recomendar a situação econômica do preso, a fiança poderá ser: (Redação dada pela Lei nº 12.403, de 2011).

I – dispensada, na forma do art. 350 deste Código; (Redação dada pela Lei nº 12.403, de 2011).

II – reduzida até o máximo de 2/3 (dois terços); ou (Redação dada pela Lei nº 12.403, de 2011).

III – aumentada em até 1.000 (mil) vezes. (Incluído pela Lei nº 12.403, de 2011).

§ 2º. (Revogado pela Lei nº 12.403, de 2011).

I a III – (Revogados pela Lei nº 12.403, de 2011).

ART. 326. Para determinar o valor da fiança, a autoridade terá em consideração a natureza da infração, as condições pessoais de fortuna e vida pregressa do acusado, as circunstâncias indicativas de sua periculosidade, bem como a importância provável das custas do processo, até final julgamento.

ART. 327. A fiança tomada por termo obrigará o afiançado a comparecer perante a autoridade, todas as vezes que for intimado para atos do inquérito e da instrução criminal e para o julgamento. Quando o réu não comparecer, a fiança será havida como quebrada.

▸ CPP: arts. 341, 343, 346, 350, 581, VII.

ART. 328. O réu afiançado não poderá, sob pena de quebramento da fiança, mudar de residência, sem prévia permissão da autoridade processante, ou ausentar-se por mais de 8 (oito) dias de sua residência, sem comunicar àquela autoridade o lugar onde será encontrado.

▸ CF: art. 5º, II.

▸ CPP: art. 350, 581, VII.

ART. 329. Nos juízos criminais e delegacias de polícia, haverá um livro especial, com termos de abertura e de encerramento, numerado e rubricado em todas as suas folhas pela autoridade, destinado especialmente aos termos de fiança. O termo será lavrado pelo escrivão e assinado pela autoridade e por quem prestar a fiança, e dele extrair-se-á certidão para juntar-se aos autos.

Parágrafo único. O réu e quem prestar a fiança serão pelo escrivão notificados das obrigações e da sanção previstas nos arts. 327 e 328, o que constará dos autos.

ART. 330. A fiança, que será sempre definitiva, consistirá em depósito de dinheiro, pedras, objetos ou metais preciosos, títulos da dívida pública, federal, estadual ou municipal, ou em hipoteca inscrita em primeiro lugar.

▸ CC: art. 818.

§ 1º. A avaliação de imóvel, ou de pedras, objetos ou metais preciosos será feita imediatamente por perito nomeado pela autoridade.

§ 2º. Quando a fiança consistir em caução de títulos da dívida pública, o valor será determinado pela sua cotação em Bolsa, e, sendo nominativos, exigir-se-á prova de que se acham livres de ônus.

ART. 331. O valor em que consistir a fiança será recolhido à repartição arrecadadora federal ou estadual, ou entregue ao depositário público, juntando-se aos autos os respectivos conhecimentos.

Parágrafo único. Nos lugares em que o depósito não se puder fazer de pronto, o valor será entregue ao escrivão ou pessoa abonada, a critério da autoridade, e dentro de três dias dar-se-á ao valor o destino que lhe assina este artigo, o que tudo constará do termo de fiança.

ART. 332. Em caso de prisão em flagrante, será competente para conceder a fiança à autoridade que presidir ao respectivo auto, e, em caso de prisão por mandado, o juiz que o houver expedido, ou a autoridade judiciária ou policial a quem tiver sido requisitada a prisão.

▸ CF: art. 5º, LXVI.

▸ CPP: arts. 285, 301 a 310 e 322.

ART. 333. Depois de prestada a fiança, que será concedida independentemente de audiência do Ministério Público, este terá vista do processo a fim de requerer o que julgar conveniente.

▸ CPP: art. 581, V.

ART. 334. A fiança poderá ser prestada enquanto não transitar em julgado a sentença condenatória. (Redação dada pela Lei nº 12.403, de 2011).

▸ *CPP: art. 660, § 3º.*

ART. 335. Recusando ou retardando a autoridade policial a concessão da fiança, o preso, ou alguém por ele, poderá prestá-la, mediante simples petição, perante o juiz competente, que decidirá em 48 (quarenta e oito) horas. (Redação dada pela Lei nº 12.403, de 2011).

▸ *CF: art. 5º LXVI.*

▸ *CPP: art. 648, V.*

▸ *Lei nº 4.898 de 9-12-1965, art. 4o., e, Lei de Abuso de Autoridade (Revogada pela Lei nº 13.869, de 5.9.2019)*

▸ *Lei nº 13.869, de 5-9-2019, arts. 9, parágrafo único, II, e 19. Lei de Abuso de Autoridade.*

ART. 336. O dinheiro ou objetos dados como fiança servirão ao pagamento das custas, da indenização do dano, da prestação pecuniária e da multa, se o réu for condenado. (Redação dada pela Lei nº 12.403, de 2011).

▸ *CPP: art. 63.*

▸ *CP: arts. 49 e 91, I.*

Parágrafo único. Este dispositivo terá aplicação ainda no caso da prescrição depois da sentença condenatória (art. 110 do Código Penal). (Redação dada pela Lei nº 12.403, de 2011).

▸ *CP: art. 110 e §§ 1º e 2º.*

ART. 337. Se a fiança for declarada sem efeito ou passar em julgado sentença que houver absolvido o acusado ou declarada extinta a ação penal, o valor que a constituir, atualizado, será restituído sem desconto, salvo o disposto no parágrafo único do art. 336 deste Código. (Redação dada pela Lei nº 12.403, de 2011).

▸ *CPP: art. 386.*

ART. 338. A fiança que se reconheça não ser cabível na espécie será cassada em qualquer fase do processo.

▸ *CPP: arts. 581, V e 584.*

ART. 339. Será também cassada a fiança quando reconhecida a existência de delito inafiançável, no caso de inovação na classificação do delito.

▸ *CPP: arts. 383 e 384, par. ún e 418 e 419.*

ART. 340. Será exigido o reforço da fiança:

I – quando a autoridade tomar, por engano, fiança insuficiente;

II – quando houver depreciação material ou perecimento dos bens hipotecados ou caucionados, ou depreciação dos metais ou pedras preciosas;

III – quando for inovada a classificação do delito.

Parágrafo único. A fiança ficará sem efeito e o réu será recolhido à prisão, quando, na conformidade deste artigo, não for reforçada.

ART. 341. Julgar-se-á quebrada a fiança quando o acusado: (Redação dada pela Lei nº 12.403, de 2011).

▸ *CPP: art. 581, VII.*

I – regularmente intimado para ato do processo, deixar de comparecer, sem motivo justo; (Incluído pela Lei nº 12.403, de 2011).

II – deliberadamente praticar ato de obstrução ao andamento do processo; (Incluído pela Lei nº 12.403, de 2011).

III – descumprir medida cautelar imposta cumulativamente com a fiança; (Incluído pela Lei nº 12.403, de 2011).

IV – resistir injustificadamente a ordem judicial; (Incluído pela Lei nº 12.403, de 2011).

V – praticar nova infração penal dolosa. (Incluído pela Lei nº 12.403, de 2011).

▸ *CPP: arts. 282, 319 e 581, VII.*

ART. 342. Se vier a ser reformado o julgamento em que se declarou quebrada a fiança, esta subsistirá em todos os seus efeitos.

▸ *CPP: art. 581, V e VII.*

ART. 343. O quebramento injustificado da fiança importará na perda de metade do seu valor, cabendo ao juiz decidir sobre a imposição de outras medidas cautelares ou, se for o caso, a decretação da prisão preventiva. (Redação dada pela Lei nº 12.403, de 2011).

▸ *CPP: arts. 324, I e 581 VII.*

ART. 344. Entender-se-á perdido, na totalidade, o valor da fiança, se, condenado, o acusado não se apresentar para o início do cumprimento da pena definitivamente imposta. (Redação dada pela Lei nº 12.403, de 2011).

▸ *CPP: art. 581 VII.*

ART. 345. No caso de perda da fiança, o seu valor, deduzidas as custas e mais encargos a que o acusado estiver obrigado, será recolhido ao fundo penitenciário, na forma da lei. (Redação dada pela Lei nº 12.403, de 2011).

ART. 346. No caso de quebramento de fiança, feitas as deduções previstas no art. 345 deste Código, o valor restante será recolhido ao fundo penitenciário, na forma da lei. (Redação dada pela Lei nº 12.403, de 2011).

▸ *CPP: arts. 324, I, e 343 a 346.*

ART. 347. Não ocorrendo a hipótese do art. 345, o saldo será entregue a quem houver prestado a fiança, depois de deduzidos os encargos a que o réu estiver obrigado.

ART. 348. Nos casos em que a fiança tiver sido prestada por meio de hipoteca, a execução será promovida no juízo cível pelo órgão do Ministério Público.

▸ *CPC/2015: art. 783, V.*

ART. 349. Se a fiança consistir em pedras, objetos ou metais preciosos, o juiz determinará a venda por leiloeiro ou corretor.

ART. 350. Nos casos em que couber fiança, o juiz, verificando a situação econômica do preso, poderá conceder-lhe liberdade provisória, sujeitando-o às obrigações constantes dos arts. 327 e 328 deste Código e a outras medidas cautelares, se for o caso. (Redação dada pela Lei nº 12.403, de 2011).

▸ CPP: arts. 32, § 2º e 324, I.

Parágrafo único. Se o beneficiado descumprir, sem motivo justo, qualquer das obrigações ou medidas impostas, aplicar-se-á o disposto no § 4º do art. 282 deste Código. (Redação dada pela Lei nº 12.403, de 2011).

TÍTULO X. DAS CITAÇÕES E INTIMAÇÕES

CAPÍTULO I. DAS CITAÇÕES

ART. 351. A citação inicial far-se-á por mandado, quando o réu estiver no território sujeito à jurisdição do juiz que a houver ordenado.

▸ Súmula nº 351 do STF.

▸ CF: art. 5º, LV.

▸ CPP: arts. 564, III, 570 e 572.

▸ Lei nº 7.210, de 11-07-1984, art. 164, Lei de Execução Penal

▸ Lei nº 9.099, de 26-09-1995: arts. 66,68 e 78, dispõe sobre os Juizados Especiais Cíveis e Criminais.

▸ Dec. nº 678, de 06-11-1992, art. 8º, 2, b. Promulga a Convenção Americana sobre Direitos Humanos – Pacto de São José da Costa Rica.

ART. 352. O mandado de citação indicará:

I – o nome do juiz;

II – o nome do querelante nas ações iniciadas por queixa;

III – o nome do réu, ou, se for desconhecido, os seus sinais característicos;

IV – a residência do réu, se for conhecida;

V – o fim para que é feita a citação;

VI – o juízo e o lugar, o dia e a hora em que o réu deverá comparecer;

VII – a subscrição do escrivão e a rubrica do juiz.

▸ Súmula nº 366 do STF.

ART. 353. Quando o réu estiver fora do território da jurisdição do juiz processante, será citado mediante precatória.

▸ Súmula nº 273 do STJ.

▸ CPP: art. 289.

▸ Lei nº 9.099, de 26-09-1995: art. 65, § 2º, dispõe sobre os Juizados Especiais Cíveis e Criminais.

ART. 354. A precatória indicará:

I – o juiz deprecado e o juiz deprecante;

II – a sede da jurisdição de um e de outro;

III – o fim para que é feita a citação, com todas as especificações;

IV – o juízo do lugar, o dia e a hora em que o réu deverá comparecer.

ART. 355. A precatória será devolvida ao juiz deprecante, independentemente de traslado, depois de lançado o "cumpra-se" e de feita a citação por mandado do juiz deprecado.

§ 1º. Verificado que o réu se encontra em território sujeito à jurisdição de outro juiz, a este remeterá o juiz deprecado os autos para efetivação da diligência, desde que haja tempo para fazer-se a citação.

§ 2º. Certificado pelo oficial de justiça que o réu se oculta para não ser citado, a precatória será imediatamente devolvida, para o fim previsto no art. 362.

ART. 356. Se houver urgência, a precatória, que conterá em resumo os requisitos enumerados no art. 354, poderá ser expedida por via telegráfica, depois de reconhecida a firma do juiz, o que a estação expedidora mencionará.

▸ CPP: art. 289.

ART. 357. São requisitos da citação por mandado:

▸ CPP: art. 564, IV.

I – leitura do mandado ao citando pelo oficial e entrega da contrafé, na qual se mencionarão dia e hora da citação;

II – declaração do oficial, na certidão, da entrega da contrafé, e sua aceitação ou recusa.

ART. 358. A citação do militar far-se-á por intermédio do chefe do respectivo serviço.

▸ CPP: art. 221, § 2º.

ART. 359. O dia designado para funcionário público comparecer em juízo, como acusado, será notificado assim a ele como ao chefe de sua repartição.

▸ Súmula nº 351 do STF.

▸ CPP: art. 221, § 3º.

ART. 360. Se o réu estiver preso, será pessoalmente citado. (Redação dada pela Lei nº 10.792, de 1º.12.2003)

▸ Súmula nº 351 do STF.

▸ CPP: art. 570.

ART. 361. Se o réu não for encontrado, será citado por edital, com o prazo de 15 (quinze) dias.

▸ Súmulas nº 351 e 366 do STF.

▸ CPP: arts. 366; 396, parágrafo único, 406, § 1.

ART. 362. Verificando que o réu se oculta para não ser citado, o oficial de justiça certificará a ocorrência e procederá à citação com hora certa, na forma estabelecida nos arts. 227 a 229 da Lei nº 5.869, de 11 de janeiro de 1973 – Código de Processo Civil. (Redação dada pela Lei nº 11.719, de 2008).

▸ CPP: art. 355.

▸ CPC/2015: arts. 252, 253 e 254.

Parágrafo único. Completada a citação com hora certa, se o acusado não comparecer, ser-lhe-á nomeado defensor dativo. (Incluído pela Lei nº 11.719, de 2008).

ART. 363. O processo terá completada a sua formação quando realizada a citação do acusado. (Redação dada pela Lei nº 11.719, de 2008).

I e II– (Revogados pela Lei nº 11.719, de 2008).

▸ CPC/2015: art. 256, § 2º.

§ 1º. Não sendo encontrado o acusado, será procedida a citação por edital. (Incluído pela Lei nº 11.719, de 2008).

§§ 2º e 3º. (VETADOS) (Incluído pela Lei nº 11.719, de 2008).

§ 4º. Comparecendo o acusado citado por edital, em qualquer tempo, o processo observará o disposto nos arts. 394 e seguintes deste Código. (Incluído pela Lei nº 11.719, de 2008).

ART. 364. No caso do artigo anterior, nº I, o prazo será fixado pelo juiz entre 15 (quinze) e 90 (noventa) dias, de acordo com as circunstâncias, e, no caso de nº II, o prazo será de trinta dias.

ART. 365. O edital de citação indicará:

I – o nome do juiz que a determinar;

II – o nome do réu, ou, se não for conhecido, os seus sinais característicos, bem como sua residência e profissão, se constarem do processo;

▸ *CPP: arts. 41, 259, 396, caput e 406.*

III – o fim para que é feita a citação;

IV – o juízo e o dia, a hora e o lugar em que o réu deverá comparecer;

V – o prazo, que será contado do dia da publicação do edital na imprensa, se houver, ou da sua afixação.

▸ *Súmula nº 366 do STF.*

▸ *CPP: art. 798.*

Parágrafo único. O edital será afixado à porta do edifício onde funcionar o juízo e será publicado pela imprensa, onde houver, devendo a afixação ser certificada pelo oficial que a tiver feito e a publicação provada por exemplar do jornal ou certidão do escrivão, da qual conste a página do jornal com a data da publicação.

ART. 366. Se o acusado, citado por edital, não comparecer, nem constituir advogado, ficarão suspensos o processo e o curso do prazo prescricional, podendo o juiz determinar a produção antecipada das provas consideradas urgentes e, se for o caso, decretar prisão preventiva, nos termos do disposto no art. 312. (Redação dada pela Lei nº 9.271, de 17.4.1996)

▸ *Súmula nº 415 e 455 do STJ.*

▸ *CPP: arts. 92, "in fine", 225 e 361.*

▸ *CP: art. 116.*

▸ *Lei nº 9.613, de 03-03-1998, art. 2º, § 2º, dispõe sobre os crimes de "lavagem" ou ocultação de bens, direitos e valores.*

§§ 1º e 2º. (Revogados pela Lei nº 11.719, de 2008).

▸ *CPP: art. 225.*

ART. 367. O processo seguirá sem a presença do acusado que, citado ou intimado pessoalmente para qualquer ato, deixar de comparecer sem motivo justificado, ou, no caso de mudança de residência, não comunicar o novo endereço ao juízo. (Redação dada pela Lei nº 9.271, de 17.4.1996)

▸ *CPP: art. 784 a 786.*

▸ *CPC/2015: art. 377.*

ART. 368. Estando o acusado no estrangeiro, em lugar sabido, será citado mediante carta rogatória, suspendendo-se o curso do prazo de prescrição até o seu cumprimento. (Redação dada pela Lei nº 9.271, de 17.4.1996)

ART. 369. As citações que houverem de ser feitas em legações estrangeiras serão efetuadas mediante carta rogatória. (Redação dada pela Lei nº 9.271, de 17.4.1996)

▸ *CPP: arts. 783 a 786.*

CAPÍTULO II. DAS INTIMAÇÕES

ART. 370. Nas intimações dos acusados, das testemunhas e demais pessoas que devam tomar conhecimento de qualquer ato, será observado, no que for aplicável, o disposto no Capítulo anterior. (Redação dada pela Lei nº 9.271, de 17.4.1996)

▸ *Súmula nº 155 do STF.*

▸ *CPP: arts. 221, 359, 392 e 570.*

§ 1º. A intimação do defensor constituído, do advogado do querelante e do assistente far-se-á por publicação no órgão incumbido da publicidade dos atos judiciais da comarca, incluindo, sob pena de nulidade, o nome do acusado. (Redação dada pela Lei nº 9.271, de 17.4.1996)

▸ *CPP: art. 420, II.*

▸ *Lei nº 9.099, de 26-09-1995: art. 67, dispõe sobre os Juizados Especiais Cíveis e Criminais.*

§ 2º. Caso não haja órgão de publicação dos atos judiciais na comarca, a intimação far-se-á diretamente pelo escrivão, por mandado, ou via postal com comprovante de recebimento, ou por qualquer outro meio idôneo. (Redação dada pela Lei nº 9.271, de 17.4.1996)

§ 3º. A intimação pessoal, feita pelo escrivão, dispensará a aplicação a que alude o § 1º. (Incluído pela Lei nº 9.271, de 17.4.1996)

§ 4º. A intimação do Ministério Público e do defensor nomeado será pessoal. (Incluído pela Lei nº 9.271, de 17.4.1996)

ART. 371. Será admissível a intimação por despacho na petição em que for requerida, observado o disposto no art. 357.

ART. 372. Adiada, por qualquer motivo, a instrução criminal, o juiz marcará desde logo, na presença das partes e testemunhas, dia e hora para seu prosseguimento, do que se lavrará termo nos autos.

TÍTULO XI. DA APLICAÇÃO PROVISÓRIA DE INTERDIÇÕES DE DIREITOS E MEDIDAS DE SEGURANÇA

▸ *CP: arts. 43, 44 e 47.*

▸ *Lei nº 7.210, de 11-07-1984, arts. 147, 171 e 172, Lei de Execução Penal.*

ART. 373. A aplicação provisória de interdições de direitos poderá ser determinada pelo juiz, de ofício, ou a requerimento do Ministério Público, do querelante, do assistente, do ofendido, ou de seu representante legal, ainda que este não se tenha constituído como assistente:

I – durante a instrução criminal após a apresentação da defesa ou do prazo concedido para esse fim;

II – na sentença de pronúncia;

III – na decisão confirmatória da pronúncia ou na que, em grau de recurso, pronunciar o réu;

IV – na sentença condenatória recorrível.

§ 1º. No caso do nº I, havendo requerimento de aplicação da medida, o réu ou seu defensor será ouvido no prazo de 2 (dois) dias.

§ 2º. Decretada a medida, serão feitas as comunicações necessárias para a sua execução, na forma do disposto no Capítulo III do Título II do Livro IV.

▸ CPP: arts. 691 a 695.

ART. 374. Não caberá recurso do despacho ou da parte da sentença que decretar ou denegar a aplicação provisória de interdições de direitos, mas estas poderão ser substituídas ou revogadas:

I – se aplicadas no curso da instrução criminal, durante esta ou pelas sentenças a que se referem os ns. II, III e IV do artigo anterior;

II – se aplicadas na sentença de pronúncia, pela decisão que, em grau de recurso, a confirmar, total ou parcialmente, ou pela sentença condenatória recorrível;

III – se aplicadas na decisão a que se refere o nº III do artigo anterior, pela sentença condenatória recorrível.

ART. 375. O despacho que aplicar, provisoriamente, substituir ou revogar interdição de direito, será fundamentado

ART. 376. A decisão que impronunciar ou absolver o réu fará cessar a aplicação provisória da interdição anteriormente determinada.

ART. 377. Transitando em julgado a sentença condenatória, serão executadas somente as interdições nela aplicadas ou que derivarem da imposição da pena principal.

ART. 378. A aplicação provisória de medida de segurança obedecerá ao disposto nos artigos anteriores, com as modificações seguintes:

I – o juiz poderá aplicar, provisoriamente, a medida de segurança, de ofício, ou a requerimento do Ministério Público;

II – a aplicação poderá ser determinada ainda no curso do inquérito, mediante representação da autoridade policial;

III – a aplicação provisória de medida de segurança, a substituição ou a revogação da anteriormente aplicada poderão ser determinadas, também, na sentença absolutória;

IV – decretada a medida, atender-se-á ao disposto no Título V do Livro IV, no que for aplicável.

ART. 379. Transitando em julgado a sentença, observar-se-á, quanto à execução das medidas de segurança definitivamente aplicadas, o disposto no Título V do Livro IV.

▸ CPP: arts. 751 a 779.

ART. 380. A aplicação provisória de medida de segurança obstará a concessão de fiança, e tornará sem efeito a anteriormente concedida.

▸ CPP: art. 319, VII.

▸ Lei nº 7.210, de 11-07-1984, arts. 171 e ss, Lei de Execução Penal.

TÍTULO XII. DA SENTENÇA

ART. 381. A sentença conterá:

▸ CF: art. 93, IX.

▸ CPP: arts. 564, III, m, e IV, e 800, I.

▸ CPC/2015: art. 489 e ss.

▸ Lei nº 9.099, de 26-09-1995: art. 81, § 3º, dispõe sobre os Juizados Especiais Cíveis e Criminais.

I – os nomes das partes ou, quando não possível, as indicações necessárias para identificá-las;

▸ CPP: art. 259.

II – a exposição sucinta da acusação e da defesa;

III – a indicação dos motivos de fato e de direito em que se fundar a decisão;

▸ CP: art. 59.

IV – a indicação dos artigos de lei aplicados;

V – o dispositivo;

VI – a data e a assinatura do juiz.

ART. 382. Qualquer das partes poderá, no prazo de 2 (dois) dias, pedir ao juiz que declare a sentença, sempre que nela houver obscuridade, ambiguidade, contradição ou omissão.

▸ CF: art. 102, III.

▸ Súmulas nº 282, 284 e 356 do STF.

▸ Súmulas nº 98 e 211 do STJ.

▸ CP: art. 116, III.

▸ CPP: arts. 619, 620 e 798, § 1º.

▸ CPC/2015: arts. 494, 1022 e 1.026.

▸ Lei nº 9.099, de 26-09-1995: art. 83, dispõe sobre os Juizados Especiais Cíveis e Criminais.

ART. 383. O juiz, sem modificar a descrição do fato contida na denúncia ou queixa, poderá atribuir-lhe definição jurídica diversa, ainda que, em consequência, tenha de aplicar pena mais grave. (Redação dada pela Lei nº 11.719, de 2008).

▸ Súmula nº 453 do STF.

▸ CPP: arts. 41, 417 a 419, 569 e 617.

§ 1º. Se, em consequência de definição jurídica diversa, houver possibilidade de proposta de suspensão condicional do processo, o juiz procederá de acordo com o disposto na lei. (Incluído pela Lei nº 11.719, de 2008).

▸ Súmula nº 337 do STJ.

§ 2º. Tratando-se de infração da competência de outro juízo, a este serão encaminhados os autos. (Incluído pela Lei nº 11.719, de 2008).

ART. 384. Encerrada a instrução probatória, se entender cabível nova definição jurídica do fato, em consequência de prova existente nos autos de elemento ou circunstância da infração penal não contida na acusação, o Ministério Público deverá aditar a denúncia ou queixa, no prazo de 5 (cinco) dias, se em virtude desta houver sido instaurado o processo em crime de ação pública, reduzindo-se a termo o aditamento, quando feito oralmente. (Redação dada pela Lei nº 11.719, de 2008).

▸ Súmula nº 453 do STF.

▸ Súmula nº 337 do STJ.

- CF: arts. 5, LV, 54, 55 e 129, I.
- CPP: arts. 24, 41, 156, 417 a 419, 564, III, "a", 569 e 617.
- CPC/2015: arts. 492 e 493.
- Dec. nº 678, de 06-11-1992, art. 8º, 2, b e c. Promulga a Convenção Americana sobre Direitos Humanos – Pacto de São José da Costa Rica.

§ 1º. Não procedendo o órgão do Ministério Público ao aditamento, aplica-se o art. 28 deste Código. (Incluído pela Lei nº 11.719, de 2008).

§ 2º. Ouvido o defensor do acusado no prazo de 5 (cinco) dias e admitido o aditamento, o juiz, a requerimento de qualquer das partes, designará dia e hora para continuação da audiência, com inquirição de testemunhas, novo interrogatório do acusado, realização de debates e julgamento. (Incluído pela Lei nº 11.719, de 2008).

§ 3º. Aplicam-se as disposições dos §§ 1º e 2º do art. 383 ao *caput* deste artigo. (Incluído pela Lei nº 11.719, de 2008).

§ 4º. Havendo aditamento, cada parte poderá arrolar até 3 (três) testemunhas, no prazo de 5 (cinco) dias, ficando o juiz, na sentença, adstrito aos termos do aditamento. (Incluído pela Lei nº 11.719, de 2008).

§ 5º. Não recebido o aditamento, o processo prosseguirá. (Incluído pela Lei nº 11.719, de 2008).

ART. 385. Nos crimes de ação pública, o juiz poderá proferir sentença condenatória, ainda que o Ministério Público tenha opinado pela absolvição, bem como reconhecer agravantes, embora nenhuma tenha sido alegada.

- CPP: arts. 29 e 42.
- CP: arts. 61 e 62.

ART. 386. O juiz absolverá o réu, mencionando a causa na parte dispositiva, desde que reconheça:

- CPP: arts. 593, 596 e 617.

I – estar provada a inexistência do fato;

- CPP: art. 66.

II – não haver prova da existência do fato;

- CPP: art. 66.

III – não constituir o fato infração penal;

- Súmula vinculante: 24.
- Súmulas nº 583 e 599 do STJ.
- CF: art. 5º, XXXIX.
- CPP: arts. 397, III, e 415, III.
- CP: arts. 1º, 13, caput, 17, 20, caput e § 1º, 22.
- Lei nº 7.492, de 16-06-1986. Define os crimes contra o sistema financeiro nacional.
- Lei nº 8.137, de 27-12-1990, art. 1º, define crimes contra a ordem tributária, econômica e contra as relações de consumo.
- Lei nº 10.522, de 19-07-2002; art. 20, dispõe sobre o Cadastro Informativo dos créditos não quitados de órgãos e entidades federais e dá outras providências.
- Portaria 75, de 22-3-2012, Dispõe sobre a inscrição de débitos na Dívida Ativa da União e o ajuizamento de execuções fiscais pela Procuradoria-Geral da Fazenda Nacional.

IV – estar provado que o réu não concorreu para a infração penal; (Redação dada pela Lei nº 11.690, de 2008)

V – não existir prova de ter o réu concorrido para a infração penal; (Redação dada pela Lei nº 11.690, de 2008)

- CPP: arts. 415 e 416.
- CP: arts. 20, 22, 23, 26, 28, § 1º e 97.

VI – existirem circunstâncias que excluam o crime ou isentem o réu de pena (arts. 20, 21, 22, 23, 26 e § 1º do art. 28, todos do Código Penal), ou mesmo se houver fundada dúvida sobre sua existência; (Redação dada pela Lei nº 11.690, de 2008)

- CF: art. 5º, LVI.
- CPP: arts. 65, 397, I e II, e 415, IV.
- CP: arts. 20, caput e § 1º., 21, 22, 23, 24, 25, 26, 27 e 28, § 1º.

VII – não existir prova suficiente para a condenação. (Incluído pela Lei nº 11.690, de 2008)

- Súmula nº 422 do STF.
- CF: art. 5º, LVII.

Parágrafo único. Na sentença absolutória, o juiz:

I – mandará, se for o caso, pôr o réu em liberdade;

- CPP: art. 596.

II – ordenará a cessação das medidas cautelares e provisoriamente aplicadas; (Redação dada pela Lei nº 11.690, de 2008)

III – aplicará medida de segurança, se cabível.

- Súmula nº 422 do STF.
- Súmula 527 do STJ.
- CP: art. 96.

ART. 387. O juiz, ao proferir sentença condenatória: (Lei nº 11.719, de 2008)

- Súmulas 718 e 719 do STF.
- Súmulas 171, 269, 440, 493 , 545 e 648 do STJ.
- CF: art. 93, IX.
- CPP: arts. 593 e 617.
- CP: arts. 91 e 98.

I – mencionará as circunstâncias agravantes ou atenuantes definidas no Código Penal, e cuja existência reconhecer;

- Súmula nº 241 do STJ.
- CP: arts. 61, 62, 65, 66 e 67.

II – mencionará as outras circunstâncias apuradas e tudo o mais que deva ser levado em conta na aplicação da pena, de acordo com o disposto nos arts. 59 e 60 do Decreto-Lei nº 2.848, de 7 de dezembro de 1940 – Código Penal; (Redação dada pela Lei nº 11.719, de 2008).

- CPP: art. 492, I.
- CP: arts. 59 e 60.

III – aplicará as penas de acordo com essas conclusões; (Redação dada pela Lei nº 11.719, de 2008).

- Súmula 171 do STJ.
- CF: art. 5º, XLVI.
- CPP: art. 492, I.
- CP: art. 50.

IV – fixará valor mínimo para reparação dos danos causados pela infração, considerando os prejuízos sofridos pelo ofendido; (Redação dada pela Lei nº 11.719, de 2008).

- CPP: arts. 30, 41 e 492, I.
- CP: art. 96.

V – atenderá, quanto à aplicação provisória de interdições de direitos e medidas de segurança, ao disposto no Título XI deste Livro;

- *CPP: arts. 373 a 380 e 492.*
- *CP: art. 96.*
- *Lei nº 7.210, de 11-07-1984, arts. 147, 171 e 172, Lei de Execução Penal.*

VI – determinará se a sentença deverá ser publicada na íntegra ou em resumo e designará o jornal em que será feita a publicação (art. 73, § 1º, do Código Penal).

- *CPP: art. 492 e 493.*
- *CF: art. 5º, LVII.*

§ 1º. O juiz decidirá, fundamentadamente, sobre a manutenção ou, se for o caso, a imposição de prisão preventiva ou de outra medida cautelar, sem prejuízo do conhecimento de apelação que vier a ser interposta. (Incluído pela Lei nº 12.736, de 2012)

- *Súmula nº 347 do STJ.*
- *CPP: arts. 312 e 313.*

§ 2º. O tempo de prisão provisória, de prisão administrativa ou de internação, no Brasil ou no estrangeiro, será computado para fins de determinação do regime inicial de pena privativa de liberdade. (Incluído pela Lei nº 12.736, de 2012)

- *Súmula nº 716 do STF.*
- *CP: art. 42.*

ART. 388. A sentença poderá ser datilografada e neste caso o juiz a rubricará em todas as folhas.

ART. 389. A sentença será publicada em mão do escrivão, que lavrará nos autos o respectivo termo, registrando-a em livro especialmente destinado a esse fim.

- *CPP: art. 799.*
- *CPC/2015: art. 494.*

ART. 390. O escrivão, dentro de três dias após a publicação, e sob pena de suspensão de cinco dias, dará conhecimento da sentença ao órgão do Ministério Público.

- *CPP: arts. 799 e 800, § 4º.*

ART. 391. O querelante ou o assistente será intimado da sentença, pessoalmente ou na pessoa de seu advogado. Se nenhum deles for encontrado no lugar da sede do juízo, a intimação será feita mediante edital com o prazo de 10 dias, afixado no lugar de costume.

- *CPP: art. 370 § 1º, e 568.*

ART. 392. A intimação da sentença será feita:

- *CPP: art. 798, § 5º.*
- *Lei nº 9.099, de 26-09-1995: art. 82, § 1º, dispõe sobre os Juizados Especiais Cíveis e Criminais.*

I – ao réu, pessoalmente, se estiver preso;

II – ao réu, pessoalmente, ou ao defensor por ele constituído, quando se livrar solto, ou, sendo afiançável a infração tiver prestado fiança;

III – ao defensor constituído pelo réu, se este, afiançável, ou não, a infração, expedido o mandado de prisão, não tiver sido encontrado, e assim o certificar o oficial de justiça;

IV – mediante edital, nos casos do nº II, se o réu e o defensor que houver constituído não forem encontrados, e assim o certificar o oficial de justiça;

V – mediante edital, nos casos do nº III, se o defensor que o réu houver constituído também não for encontrado, e assim o certificar o oficial de justiça;

VI – mediante edital, se o réu, não tendo constituído defensor, não for encontrado, e assim o certificar o oficial de justiça.

§ 1º. O prazo do edital será de 90 dias, se tiver sido imposta pena privativa de liberdade por tempo igual ou superior a um ano, e de 60 dias, nos outros casos.

§ 2º. O prazo para apelação correrá após o término do fixado no edital, salvo se, no curso deste, for feita a intimação por qualquer das outras formas estabelecidas neste artigo.

ART. 393. (Revogado pela Lei nº 12.403, de 2011).

- *Súmula nº 9 do STJ.*
- *CF: art. 5º, LVII.*
- *CP: art. 117, IV.*

LIVRO II. DOS PROCESSOS EM ESPÉCIE

TÍTULO I. DO PROCESSO COMUM

CAPÍTULO I. DA INSTRUÇÃO CRIMINAL

ART. 394. O procedimento será comum ou especial. (Redação dada pela Lei nº 11.719, de 2008).

- *CF: art. 5º, LV.*
- *CPP: arts. 41, 185 a 196, 260, 271, 351, 360 a 363, 366, 394 a 405, 520, 526, 531 a 538, 564, III, 648, I e 800, II.*
- *CP: arts. 81, § 2º, 110, e 117, I.*
- *Lei nº 9.099, de 26-09-1995: arts. 77 a 83º, dispõe sobre os Juizados Especiais Cíveis e Criminais.*

§ 1º. O procedimento comum será ordinário, sumário ou sumaríssimo: (Incluído pela Lei nº 11.719, de 2008).

I – ordinário, quando tiver por objeto crime cuja sanção máxima cominada for igual ou superior a 4 (quatro) anos de pena privativa de liberdade; (Incluído pela Lei nº 11.719, de 2008).

II – sumário, quando tiver por objeto crime cuja sanção máxima cominada seja inferior a 4 (quatro) anos de pena privativa de liberdade; (Incluído pela Lei nº 11.719, de 2008).

- *CPP: art. 538.*

III – sumaríssimo, para as infrações penais de menor potencial ofensivo, na forma da lei. (Incluído pela Lei nº 11.719, de 2008).

- *Lei nº 9.099, de 26-09-1995, arts. 77 a 83, dispõe sobre os Juizados Especiais Cíveis e Criminais.*

§ 2º. Aplica-se a todos os processos o procedimento comum, salvo disposições em contrário deste Código ou de lei especial. (Incluído pela Lei nº 11.719, de 2008).

§ 3º. Nos processos de competência do Tribunal do Júri, o procedimento observará as disposições estabelecidas nos arts. 406 a 497 deste Código. (Incluído pela Lei nº 11.719, de 2008).

§ 4º. As disposições dos arts. 395 a 398 deste Código aplicam-se a todos os procedimentos penais de primeiro grau, ainda que não regulados neste Código. (Incluído pela Lei nº 11.719, de 2008).

- *CPP: arts. 396, 397, 406 e 514.*
- *CE: art. 359, parágrafo único.*
- *Lei nº 8.666, de 21-06-1993, art. 104, institui normas para licitações e contratos da Administração Pública (REVOGADA pela Lei 14.133, de 01-04.2021)*
- *Lei nº 9.099, de 26-09-1995, art. 81, dispõe sobre os Juizados Especiais Cíveis e Criminais.*
- *Lei nº 11.343, de 23-08-2006: art. 55, Lei de Entorpecentes.*

§ 5º. Aplicam-se subsidiariamente aos procedimentos especial, sumário e sumaríssimo as disposições do procedimento ordinário. (Incluído pela Lei nº 11.719, de 2008).

ART. 394-A. Os processos que apurem a prática de crime hediondo terão prioridade de tramitação em todas as instâncias. (Incluído pela Lei nº 13.285, de 2016).

- *Lei nº 8.072, de 25-07-1990, arts. 1º e 2º, define os crimes hediondos.*

ART. 395. A denúncia ou queixa será rejeitada quando: (Redação dada pela Lei nº 11.719, de 2008).

- *CF: arts. 5º, LV e 133.*
- *CPP: arts. 43, 44, 95 a 111, 110, § 2º, 117, I, 261, 263, 265, 266, 399, 564, III, 581, I.*
- *CE: art. 358.*
- *Lei nº 8.038, de 28-05-1990, arts. 4 e 6, Institui normas procedimentais para os processos que especifica, perante o Superior Tribunal de Justiça e o Supremo Tribunal Federal.*
- *Lei nº 9.099, de 26-09-1995: art. 82, dispõe sobre os Juizados Especiais Cíveis e Criminais.*
- *Lei nº 11.343, de 23-08-2006: art. 55, Lei de Entorpecentes.*
- *CRFB: art. 5º, LV.*
- *CPP: art. 41.*
- *Dec. nº 678, de 06-11-1992, art. 8º, 2, b e c, Promulga a Convenção Americana sobre Direitos Humanos – Pacto de São José da Costa Rica.*

I – for manifestamente inepta; (Incluído pela Lei nº 11.719, de 2008).

II – faltar pressuposto processual ou condição para o exercício da ação penal; ou (Incluído pela Lei nº 11.719, de 2008).

- *CF: arts. 5º, XXXIX, e 228.*
- *CP: arts. 1º, 27, 100, § 1º.*
- *CPP: arts. 24, 25, 95, IV, 395, II, e 564, I e II.*

III – faltar justa causa para o exercício da ação penal. (Incluído pela Lei nº 11.719, de 2008).

- *Súmula no. 648 do STJ*
- *Súmula vinculante nº 24*
- *CF: art. 5º, LVI.*
- *CPP: arts. 157, 158 e 564, III, b.*
- *Lei n. 11.343, de 2006, art. 51; Lei de Entorpecentes.*

Parágrafo único. (Revogado). (Incluído pela Lei nº 11.719, de 2008).

ART. 396. Nos procedimentos ordinário e sumário, oferecida a denúncia ou queixa, o juiz, se não a rejeitar liminarmente, recebê-la-á e ordenará a citação do acusado para responder à acusação, por escrito, no prazo de 10 (dez) dias. (Redação dada pela Lei nº 11.719, de 2008).

- *Súmula nº 710 do STF.*
- *CPP: arts. 221, 261, 265, 366, 406, 514, 564, III, "e" e 798.*
- *CE: art. 359, par. ún.*
- *Lei nº 8.038, de 28 de maio de 1990: art. 4o, institui normas procedimentais para os processos que especifica, perante o Superior Tribunal de Justiça e o Supremo Tribunal Federal.*
- *Lei nº 8.666, de 21-06-1993, art. 104, institui normas para licitações e contratos da Administração Pública (REVOGADA pela Lei 14.133, de 01-04.2021)*
- *Lei nº 9.099, de 26-09-1995, art. 81, dispõe sobre os Juizados Especiais Cíveis e Criminais.*
- *Lei nº 11.343, de 23-08-2006: art. 55 e 56, Lei de Entorpecentes.*

Parágrafo único. No caso de citação por edital, o prazo para a defesa começará a fluir a partir do comparecimento pessoal do acusado ou do defensor constituído. (Redação dada pela Lei nº 11.719, de 2008).

- *CPP: art. 261 e 361.*

ART. 396-A. Na resposta, o acusado poderá arguir preliminares e alegar tudo o que interesse à sua defesa, oferecer documentos e justificações, especificar as provas pretendidas e arrolar testemunhas, qualificando-as e requerendo sua intimação, quando necessário. (Incluído pela Lei nº 11.719, de 2008).

- *Dec. nº 678, de 06-11-1992, art. 8º, 2, f, promulga a Convenção Americana sobre Direitos Humanos – Pacto de São José da Costa Rica.*
- *CP: art. 107.*
- *Dec-Lei 3.931, de 11-12-1941, ART. 5º.; Lei de Introdução do CPP.*
- *CPP: arts. 397, 514 e 564, III, e.*
- *CPC: art. 186.*
- *LCP 80, de 12 de janeiro de 1994: arts. 44, I, 89, I, e 128, I, organiza a Defensoria Pública da União, do Distrito Federal e Territórios.*
- *Lei nº 8.666, de 21-06-1993, art. 104, institui normas para licitações e contratos da Administração Pública (REVOGADA pela Lei 14.133, de 01-04.2021)*
- *Lei nº 11.343, de 23-08-2006: art. 55 e 56, Lei de Entorpecentes.*

§ 1º. A exceção será processada em apartado, nos termos dos arts. 95 a 112 deste Código. (Incluído pela Lei nº 11.719, de 2008).

- *CPP: art. 95.*

§ 2º. Não apresentada a resposta no prazo legal, ou se o acusado, citado, não constituir defensor, o juiz nomeará defensor para oferecê-la, concedendo-lhe vista dos autos por 10 (dez) dias. (Incluído pela Lei nº 11.719, de 2008).

ART. 397. Após o cumprimento do disposto no art. 396-A, e parágrafos, deste Código, o juiz deverá absolver sumariamente o acusado quando verificar: (Redação dada pela Lei nº 11.719, de 2008).

- *CF: art. 5º, LV.*
- *CPP: arts. 41, 43, 396-A, 405 e 406.*
- *Lei nº 8.666, de 21-06-1993, art. 104, institui normas para licitações e contratos da Administração Pública (REVOGADA pela Lei 14.133, de 01-04.2021)*

I – a existência manifesta de causa excludente da ilicitude do fato; (Incluído pela Lei nº 11.719, de 2008).

- *CPP: art. 386, VI, e 415, IV.*
- *CP: arts. 23, 24 e 25.*

II – a existência manifesta de causa excludente da culpabilidade do agente, salvo inimputabilidade; (Incluído pela Lei nº 11.719, de 2008).

- *CPP: art. 386, VI, e 415, IV.*
- *CP: arts. 21, 22, 26, caput, 27 e 28, § 1º.*

III – que o fato narrado evidentemente não constitui crime; ou (Incluído pela Lei nº 11.719, de 2008).

- *Súmula vinculante nº 24*
- *Súmulas 583 e 599 do STJ*
- *CF: art. 5º, XXXIX.*
- *CPP: art. 386, III, e 415, III.*
- *CP: arts. 1º, 13, 17, 20 e 22.*
- *Lei nº 7.492, de 16-06-1986. Define os crimes contra o sistema financeiro nacional.*
- *Lei nº 8.137, de 27-12-1990, art. 1º, define crimes contra a ordem tributária, econômica e contra as relações de consumo.*
- *Lei nº 10.522, de 19-07-2002; art. 20, dispõe sobre o Cadastro Informativo dos créditos não quitados de órgãos e entidades federais e dá outras providências.*
- *Portaria 75, de 22-3-2012. Dispõe sobre a inscrição de débitos na Dívida Ativa da União e o ajuizamento de execuções fiscais pela Procuradoria-Geral da Fazenda Nacional.*

IV – extinta a punibilidade do agente. (Incluído pela Lei nº 11.719, de 2008).

- *CP: art. 107.*

ART. 398. (Revogado pela Lei nº 11.719, de 2008)

ART. 399. Recebida a denúncia ou queixa, o juiz designará dia e hora para a audiência, ordenando a intimação do acusado, de seu defensor, do Ministério Público e, se for o caso, do querelante e do assistente. (Redação dada pela Lei nº 11.719, de 2008).

§ 1º. O acusado preso será requisitado para comparecer ao interrogatório, devendo o poder público providenciar sua apresentação. (Incluído pela Lei nº 11.719, de 2008).

§ 2º. O juiz que presidiu a instrução deverá proferir a sentença. (Incluído pela Lei nº 11.719, de 2008).

ART. 400. Na audiência de instrução e julgamento, a ser realizada no prazo máximo de 60 (sessenta) dias, proceder-se-á à tomada de declarações do ofendido, à inquirição das testemunhas arroladas pela acusação e pela defesa, nesta ordem, ressalvado o disposto no art. 222 deste Código, bem como aos esclarecimentos dos peritos, às acareações e ao reconhecimento de pessoas e coisas, interrogando-se, em seguida, o acusado. (Redação dada pela Lei nº 11.719, de 2008).

- *Súmula vinculante 11.*
- *CRFB: art. 5º, LV, .*
- *CPP: arts. 226 a 231, 234, 406, § 2º, 475, 479, 533, 564, III, "e", e IV e 570.*
- *Lei nº 11.343, de 23 de agosto de 2006, art. 57, Lei de Entorpecentes.*

§ 1º. As provas serão produzidas numa só audiência, podendo o juiz indeferir as consideradas irrelevantes, impertinentes ou protelatórias. (Incluído pela Lei nº 11.719, de 2008).

- *CF: art. 5, LVI.*
- *CPP: art. 157.*

§ 2º. Os esclarecimentos dos peritos dependerão de prévio requerimento das partes. (Incluído pela Lei nº 11.719, de 2008).

ART. 401. Na instrução poderão ser inquiridas até 8 (oito) testemunhas arroladas pela acusação e 8 (oito) pela defesa. (Redação dada pela Lei nº 11.719, de 2008).

- *Súmula nº 52 do STJ.*
- *CPP: arts. 209, 395 e 798, § 4º.*

§ 1º. Nesse número não se compreendem as que não prestem compromisso e as referidas. (Incluído pela Lei nº 11.719, de 2008).

§ 2º. A parte poderá desistir da inquirição de qualquer das testemunhas arroladas, ressalvado o disposto no art. 209 deste Código. (Incluído pela Lei nº 11.719, de 2008).

ART. 402. Produzidas as provas, ao final da audiência, o Ministério Público, o querelante e o assistente e, a seguir, o acusado poderão requerer diligências cuja necessidade se origine de circunstâncias ou fatos apurados na instrução. (Redação dada pela Lei nº 11.719, de 2008).

- *CPP: arts. 647 e 648, II.*

ART. 403. Não havendo requerimento de diligências, ou sendo indeferido, serão oferecidas alegações finais orais por 20 (vinte) minutos, respectivamente, pela acusação e pela defesa, prorrogáveis por mais 10 (dez), proferindo o juiz, a seguir, sentença. (Redação dada pela Lei nº 11.719, de 2008).

- *CPP: art. 152, § 2º.*

§ 1º. Havendo mais de um acusado, o tempo previsto para a defesa de cada um será individual. (Incluído pela Lei nº 11.719, de 2008).

- *CF: art. 5º, LV.*
- *CPP: art. 564, III, e.*
- *Lei n. 12.850, de 02-8-2013, art. 4º., § 10-A; Organização criminosa.*

§ 2º. Ao assistente do Ministério Público, após a manifestação desse, serão concedidos 10 (dez) minutos, prorrogando-se por igual período o tempo de manifestação da defesa. (Incluído pela Lei nº 11.719, de 2008).

- *CPP: arts. 268 e 403 § 3º.*

§ 3º. O juiz poderá, considerada a complexidade do caso ou o número de acusados, conceder às partes o prazo de 5 (cinco) dias sucessivamente para a apresentação de memoriais. Nesse caso, terá o prazo de 10 (dez) dias para proferir a sentença. (Incluído pela Lei nº 11.719, de 2008).

- *CPP: art. 798.*
- *CF: art. 360.*
- *Lei nº 8.038, de 28-05-1990, art. 11. Institui normas procedimentais para os processos que especifica, perante o Superior Tribunal de Justiça e o Supremo Tribunal Federal.*
- *Lei nº 8.666, de 21-06-1993, art. 105, institui normas para licitações e contratos da Administração Pública (REVOGADA pela Lei 14.133, de 01-04.2021)*
- *Lei n. 12.850, de 02-8-2013, art. 4º., § 10-A; Organização criminosa.*

ART. 404. Ordenado diligência considerada imprescindível, de ofício ou a requerimento da parte, a audiência será concluída sem as alegações finais. (Redação dada pela Lei nº 11.719, de 2008).

Parágrafo único. Realizada, em seguida, a diligência determinada, as partes apresentarão, no prazo sucessivo de 5 (cinco) dias, suas alegações finais, por memorial, e, no prazo de 10 (dez) dias, o juiz proferirá a sentença. (Incluído pela Lei nº 11.719, de 2008).

ART. 405. Do ocorrido em audiência será lavrado termo em livro próprio, assinado pelo juiz e pelas partes, contendo breve resumo dos fatos relevantes nela ocorridos. (Redação dada pela Lei nº 11.719, de 2008).

▸ *CPP: art. 564, III, 'e', e IV.*

§ 1º. Sempre que possível, o registro dos depoimentos do investigado, indiciado, ofendido e testemunhas será feito pelos meios ou recursos de gravação magnética, estenotipia, digital ou técnica similar, inclusive audiovisual, destinada a obter maior fidelidade das informações. (Incluído pela Lei nº 11.719, de 2008).

§ 2º. No caso de registro por meio audiovisual, será encaminhado às partes cópia do registro original, sem necessidade de transcrição. (Incluído pela Lei nº 11.719, de 2008).

CAPÍTULO II. DO PROCEDIMENTO RELATIVO AOS PROCESSOS DA COMPETÊNCIA DO TRIBUNAL DO JÚRI (Capítulo com Redação dada pela Lei nº 11.689, de 2008)

▸ *Súmula Vinculante 45.*

▸ *Súmulas do STF: 156, 162, 206, 603, 610, 712, 713, 721.*

▸ *Súmula 191 do STJ.*

▸ *CF: art., 5º XXXVIII.*

▸ *CPP: arts. 74, § 1º, 78, I.*

▸ *CP: arts. 121, §§ 1º e 2º e 122 a 128.*

SEÇÃO I. DA ACUSAÇÃO E DA INSTRUÇÃO PRELIMINAR

ART. 406. O juiz, ao receber a denúncia ou a queixa, ordenará a citação do acusado para responder a acusação, por escrito, no prazo de 10 (dez) dias.

▸ *CF: art. 5º, LV.*

▸ *CPP: arts. 41, 360 a 363, 366, 395 a 397, 564, III, a, c, d, e, o, e IV, 648, I, 798 e parágrafos, e 800, II.*

§ 1º. O prazo previsto no *caput* deste artigo será contado a partir do efetivo cumprimento do mandado ou do comparecimento, em juízo, do acusado ou de defensor constituído, no caso de citação inválida ou por edital.

▸ *CPP: art. 366 e 570.*

§ 2º. A acusação deverá arrolar testemunhas, até o máximo de 8 (oito), na denúncia ou na queixa.

▸ *CPP: arts. 24, 29, 41 e 202 e s.*

§ 3º. Na resposta, o acusado poderá arguir preliminares e alegar tudo que interesse à sua defesa, oferecer documentos e justificações, especificar as provas pretendidas e arrolar testemunhas, até o máximo de 8 (oito), qualificando-as e requerendo sua intimação, quando necessário.

▸ *CP: art. 107.*

▸ *CPP: arts. 92 a 94, 95 a 111, 112, 113 a 117, 231 a 238.*

▸ *CPC/2015: arts. 381 a 383.*

▸ *Dec. nº 678, de 06-11-1992, art. 8º, 2, f, Promulga a Convenção Americana sobre Direitos Humanos – Pacto de São José da Costa Rica.*

ART. 407. As exceções serão processadas em apartado, nos termos dos arts. 95 a 112 deste Código.

▸ *CPP: arts. 95 a 114.*

ART. 408. Não apresentada a resposta no prazo legal, o juiz nomeará defensor para oferecê-la em até 10 (dez) dias, concedendo-lhe vista dos autos.

▸ *CF: art. 5º, LV.*

▸ *CPP: art. 261 e par. ún e 798 e par.*

ART. 409. Apresentada a defesa, o juiz ouvirá o Ministério Público ou o querelante sobre preliminares e documentos, em 5 (cinco) dias.

▸ *CPP: arts. 798 e par.*

ART. 410. O juiz determinará a inquirição das testemunhas e a realização das diligências requeridas pelas partes, no prazo máximo de 10 (dez) dias.

▸ *CPP: art. 41 e 202 e s.*

ART. 411. Na audiência de instrução, proceder-se-á à tomada de declarações do ofendido, se possível, à inquirição das testemunhas arroladas pela acusação e pela defesa, nesta ordem, bem como aos esclarecimentos dos peritos, às acareações e ao reconhecimento de pessoas e coisas, interrogando-se, em seguida, o acusado e procedendo-se o debate.

▸ *CPP: arts. 158, 159, 160, 167, 168, 180, 182 e 184, 185, 201, 202 e segs., 226, 229 e 230.*

§ 1º. Os esclarecimentos dos peritos dependerão de prévio requerimento e de deferimento pelo juiz.

§ 2º. As provas serão produzidas em uma só audiência, podendo o juiz indeferir as consideradas irrelevantes, impertinentes ou protelatórias.

§ 3º. Encerrada a instrução probatória, observar-se-á, se for o caso, o disposto no art. 384.

▸ *CPP: art. 384 e par.*

§ 4º. As alegações serão orais, concedendo-se a palavra, respectivamente, à acusação e à defesa, pelo prazo de 20 (vinte) minutos, prorrogáveis por mais 10 (dez).

▸ *CPP: art. 403, § 3º.*

§ 5º. Havendo mais de 1 (um) acusado, o tempo previsto para a acusação e a defesa de cada um deles será individual.

▸ *CF: art. 5º, LV.*

§ 6º. Ao assistente do Ministério Público, após a manifestação deste, serão concedidos 10 (dez) minutos, prorrogando-se por igual período o tempo de manifestação da defesa.

▸ *CF: art. 129, I.*

▸ *CPP: arts. 268 a 273.*

§ 7º. Nenhum ato será adiado, salvo quando imprescindível à prova faltante, determinando o juiz a condução coercitiva de quem deva comparecer.

▸ *CF: art. 5º, LV e LXVIII.*

▸ *Dec. nº 678, de 06-11-1992, art. 7º., 3, e art. 8º, 2, g, Promulga a Convenção Americana sobre Direitos Humanos – Pacto de São José da Costa Rica.*

▸ *CPP: arts. 201, § 1o., 218, 260, 457, 461, § 1o., e 478, II.*

▸ *Lei nº 13.869, de 5-9-2019, art. 10, Lei de Abuso de Autoridade.*

§ 8º. A testemunha que comparecer será inquirida, independentemente da suspensão da audiência, observada em qualquer caso a ordem estabelecida no *caput* deste art go.

§ 9º. Encerrados os debates, o juiz proferirá a sua decisão, ou o fará em 10 (dez) dias, ordenando que os autos para isso lhe sejam conclusos.

ART. 412. O procedimento será concluído no prazo máximo de 90 (noventa) dias.

- *CF: art. 5º, LXV e LXXVIII.*
- *CPP: art. 310, I, 316 e 413, § 3º.*

SEÇÃO II. DA PRONÚNCIA, DA IMPRONÚNCIA E DA ABSOLVIÇÃO SUMÁRIA

ART. 413. O juiz, fundamentadamente, pronunciará o acusado, se convencido da materialidade do fato e da existência de indícios suficientes de autoria ou de participação.

- *Súmula nº 191 do STJ.*
- *CF: art. 93, IX.*
- *CPP: arts. 74, § 3º, 155, 157 e 239 e 581, IV.*
- *CP: art. 117, II.*

§ 1º. A fundamentação da pronúncia limitar-se-á à indicação da materialidade do fato e da existência de indícios suficientes de autoria ou de participação, devendo o juiz declarar o dispositivo legal em que julgar incurso o acusado e especificar as circunstâncias qualificadoras e as causas de aumento de pena.

- *CF: art. 93, IX e art. 5º XXXVIII "c".*
- *CP: arts. 121, §§ 1º e 2º, 122, par. ún. 126, par. ún. e 127.*
- *CPP: arts. 564, III, f, 581, IV.*

§ 2º. Se o crime for afiançável, o juiz arbitrará o valor da fiança para a concessão ou manutenção da liberdade provisória.

- *CF: art. 5º, LXVI.*
- *CPP: arts. 282, 310, 319, 321, 323 e 324.*
- *CP: arts. 122, 123,124 e 126.*

§ 3º. O juiz decidirá, motivadamente, no caso de manutenção, revogação ou substituição da prisão ou medida restritiva de liberdade anteriormente decretada e, tratando-se de acusado solto, sobre a necessidade da decretação da prisão ou imposição de quaisquer das medidas previstas no Título IX do Livro I deste código.

- *CF: art. 93, IX, e art. 5º, LXVI.*
- *CPP: arts. 282, 301 a 307, 310 e par. ún, 311 a 316, 319, 323 a 350.*

ART. 414. Não se convencendo da materialidade do fato ou da existência de indícios suficientes de autoria ou de participação, o juiz, fundamentadamente, impronunciará o acusado.

- *CF: art. 93, IX.*
- *CPP: arts. 416, 593, II, e 779.*

Parágrafo único. Enquanto não ocorrer a extinção da punibilidade, poderá ser formulada nova denúncia ou queixa se houver prova nova.

- *Súmula nº 524 do STF.*
- *CPP: art. 18.*
- *CP: art. 107, I e IV.*

ART. 415. O juiz, fundamentadamente, absolverá desde logo o acusado, quando:

- *CF: art. 93, IX.*
- *CPP: art. 574, II.*

I – provada a inexistência do fato;

II – provado não ser ele autor ou partícipe do fato;

III – o fato não constituir infração penal;

- *CF: art. 5º, XXXIX.*
- *CPP: art. 386, III, e 415, III.*
- *CP: arts. 1º, 13, caput, 17, 20, caput e § 1º, 22.*

IV – demonstrada causa de isenção de pena ou de exclusão do crime.

- *CP: arts. 20, § 1º, 21, 22, 23, 24, 25, 26, 28, § 1º, e 97.*
- *CPP: arts. 386, IV, 397, I e II, 416, 574, II, 593, I, e 596.*

Parágrafo único. Não se aplica o disposto no inciso IV do *caput* deste artigo ao caso de inimputabilidade prevista no *caput* do art. 26 do Decreto-Lei nº 2.848, de 7 de dezembro de 1940 – Código Penal, salvo quando esta for a única tese defensiva.

- *Súmulas 422, 520 e 525 do STF.*
- *Súmula 527 do STJ.*
- *CP: arts. 26, 96 a 99.*

ART. 416. Contra a sentença de impronúncia ou de absolvição sumária caberá apelação.

- *Súmula 428 do STF.*
- *CPP: arts. 414, 415, 593, I e II, 596, 599 a 602.*

ART. 417. Se houver indícios de autoria ou de participação de outras pessoas não incluídas na acusação, o juiz, ao pronunciar ou impronunciar o acusado, determinará o retorno dos autos ao Ministério Público, por 15 (quinze) dias, aplicável, no que couber, o art. 80 deste Código.

- *CF: art. 129, I.*
- *CPP: arts. 77, I, 78, I, 79, 80.*

ART. 418. O juiz poderá dar ao fato definição jurídica diversa da constante da acusação, embora o acusado fique sujeito a pena mais grave.

- *Súmula nº 453 do STF.*
- *CF: art. 129, I.*
- *CPP: arts. 74, § 3º, 383 e 384, par. ún.*

ART. 419. Quando o juiz se convencer, em discordância com a acusação, da existência de crime diverso dos referidos no § 1º do art. 74 e não for competente para o julgamento, remeterá os autos ao juiz que o seja.

- *Súmula nº 603 do STF.*
- *CF: arts. 5º, LV, e 129, I.*
- *CPP: arts. 74, § 3º, 95, II, 109, 113, 114, a 116, 567 e 581, II e IV.*

Parágrafo único. Remetidos os autos do processo a outro juiz, à disposição deste ficará o acusado preso.

- *CPP: arts. 301 e s. e 311 e s.*

ART. 420. A intimação da decisão de pronúncia será feita:

- *CPP: art. 431.*

I – pessoalmente ao acusado, ao defensor nomeado e ao Ministério Público;

II – ao defensor constituído, ao querelante e ao assistente do Ministério Público, na forma do disposto no § 1º do art. 370.

Parágrafo único. Será intimado por edital o acusado solto que não for encontrado.

▸ CPP: art. 392, VI, e § 1º, e 581, IV.

ART. 421. Preclusa a decisão de pronúncia, os autos serão encaminhados ao juiz presidente do Tribunal do Júri.

§ 1º. Ainda que preclusa a decisão de pronúncia, havendo circunstância superveniente que altere a classificação do crime, o juiz ordenará a remessa dos autos ao Ministério Público.

▸ CF: art. 129, I.

▸ CPP: art. 384, par. ún.

§ 2º. Em seguida, os autos serão conclusos ao juiz para decisão.

▸ CPP: arts. 413.

SEÇÃO III. DA PREPARAÇÃO DO PROCESSO PARA JULGAMENTO EM PLENÁRIO

ART. 422. Ao receber os autos, o presidente do Tribunal do Júri determinará a intimação do órgão do Ministério Público ou do querelante, no caso de queixa, e do defensor, para, no prazo de 5 (cinco) dias, apresentarem rol de testemunhas que irão depor em plenário, até o máximo de 5 (cinco), oportunidade em que poderão juntar documentos e requerer diligência.

▸ CPP: art. 370, § 4º.

▸ Dec. nº 678, de 06-11-1992, art. 8º, 2, f, Promulga a Convenção Americana sobre Direitos Humanos – Pacto de São José da Costa Rica.

ART. 423. Deliberando sobre os requerimentos de provas a serem produzidas ou exibidas no plenário do júri, e adotadas as providências devidas, o juiz presidente:

I – ordenará as diligências necessárias para sanar qualquer nulidade ou esclarecer fato que interesse ao julgamento da causa;

▸ CPP: arts. 563 a 573.

II – fará relatório sucinto do processo, determinando sua inclusão em pauta da reunião do Tribunal do Júri.

▸ CPP: art. 381, I e II.

ART. 424. Quando a lei local de organização judiciária não atribuir ao presidente do Tribunal do Júri o preparo para julgamento, o juiz competente remeter-lhe-á os autos do processo preparado até 5 (cinco) dias antes do sorteio a que se refere o art. 433.

Parágrafo único. Deverão ser remetidos, também, os processos preparados até o encerramento da reunião, para a realização de julgamento.

SEÇÃO IV. DO ALISTAMENTO DOS JURADOS

ART. 425. Anualmente, serão alistados pelo presidente do Tribunal do Júri de 800 (oitocentos) a 1.500 (um mil e quinhentos) jurados nas comarcas de mais de 1.000.000 (um milhão) de habitantes, de 300 (trezentos) a 700 (setecentos) nas comarcas de mais de 100.000 (cem mil) habitantes e de 80 (oitenta) a 400 (quatrocentos) nas comarcas de menor população.

▸ CPP: arts. 581, XIV, 586, par. ún.

§ 1º. Nas comarcas onde for necessário, poderá ser aumentado o número de jurados e, ainda, organizada lista de suplentes, depositadas as cédulas em urna especial, com as cautelas mencionadas na parte final do § 3º do art. 426.

§ 2º. O juiz presidente requisitará às autoridades locais, associações de classe e de bairro, entidades associativas e culturais, instituições de ensino em geral, universidades, sindicatos, repartições públicas e outros núcleos comunitários a indicação de pessoas que reúnam as condições para exercer a função de jurado.

▸ CPP: art. 295, X.

▸ CP: art. 327.

▸ Lei nº 7.210, art. 84, § 2º, de 11-07-1984, Lei de Execução Penal.

ART. 426. A lista geral dos jurados, com indicação das respectivas profissões, será publicada pela imprensa até o dia 10 de outubro de cada ano e divulgada em editais afixados à porta do Tribunal do Júri.

§ 1º. A lista poderá ser alterada, de ofício ou mediante reclamação de qualquer do povo, ao juiz presidente, até o dia 10 de novembro, data de sua publicação definitiva.

§ 2º. Juntamente com a lista, serão transcritos os arts. 436 a 446.

§ 3º. Os nomes e endereços dos alistados, em cartões iguais, após serem verificados na presença do Ministério Público, de advogado indicado pela Seção local da Ordem dos Advogados do Brasil e de defensor indicado pelas Defensorias Públicas competentes, permanecerão guardados em urna fechada a chave, sob a responsabilidade do juiz presidente.

§ 4º. O jurado que tiver integrado o Conselho de Sentença nos 12 (doze) meses que antecederem a publicação da lista geral fica dela excluído.

▸ CPP: art. 564, III, f.

§ 5º. Anualmente, a lista geral de jurados será, obrigatoriamente, completada.

SEÇÃO V. DO DESAFORAMENTO

ART. 427. Se o interesse da ordem pública o reclamar ou houver dúvida sobre a imparcialidade do júri ou a segurança pessoal do acusado, o Tribunal, a requerimento do Ministério Público, do assistente, do querelante ou do acusado ou mediante representação do juiz competente, poderá determinar o desaforamento do julgamento para outra comarca da mesma região, onde não existam aqueles motivos, preferindo-se as mais próximas.

▸ Súmula nº 712 do STF.

▸ CPP: art. 70, 268 e 271.

§ 1º. O pedido de desaforamento será distribuído imediatamente e terá preferência de julgamento na Câmara ou Turma competente.

▸ Súmula nº 712 do STF.

§ 2º. Sendo relevantes os motivos alegados, o relator poderá determinar, fundamentadamente, a suspensão do julgamento pelo júri.

§ 3º. Será ouvido o juiz presidente, quando a medida não tiver sido por ele solicitada.

§ 4º. Na pendência de recurso contra a decisão de pronúncia ou quando efetivado o julgamento, não se admitirá o pedido de desaforamento, salvo, nesta última hipótese, quanto a fato ocorrido durante ou após a realização de julgamento anulado.

▸ CPP: art. 581, IV.

ART. 428. O desaforamento também poderá ser determinado, em razão do comprovado excesso de serviço, ouvidos o juiz presidente e a parte contrária, se o julgamento não puder ser realizado no prazo de 6 (seis) meses, contado do trânsito em julgado da decisão de pronúncia.

§ 1º. Para a contagem do prazo referido neste artigo, não se computará o tempo de adiamentos, diligências ou incidentes de interesse da defesa.

▸ CPP: art. 565.

§ 2º. Não havendo excesso de serviço ou existência de processos aguardando julgamento em quantidade que ultrapasse a possibilidade de apreciação pelo Tribunal do Júri, nas reuniões periódicas previstas para o exercício, o acusado poderá requerer ao Tribunal que determine a imediata realização do julgamento.

SEÇÃO VI. DA ORGANIZAÇÃO DA PAUTA

ART. 429. Salvo motivo relevante que autorize alteração na ordem dos julgamentos, terão preferência:

I – os acusados presos;

II – dentre os acusados presos, aqueles que estiverem há mais tempo na prisão;

III – em igualdade de condições, os precedentemente pronunciados.

§ 1º. Antes do dia designado para o primeiro julgamento da reunião periódica, será afixada na porta do edifício do Tribunal do Júri a lista dos processos a serem julgados, obedecida a ordem prevista no *caput* deste artigo.

§ 2º. O juiz presidente reservará datas na mesma reunião periódica para a inclusão de processo que tiver o julgamento adiado.

ART. 430. O assistente somente será admitido se tiver requerido sua habilitação até 5 (cinco) dias antes da data da sessão na qual pretenda atuar.

▸ CF: art. 129, I.

▸ CPP: arts. 268 a 273.

ART. 431. Estando o processo em ordem, o juiz presidente mandará intimar as partes, o ofendido, se for possível, as testemunhas e os peritos, quando houver requerimento, para a sessão de instrução e julgamento, observando, no que couber, o disposto no art. 420.

▸ CPP: arts. 29, 158, 185 201, 202, 226, 229, 230, 231, 261, 268, 275 e 370, § 4º.

SEÇÃO VII. DO SORTEIO E DA CONVOCAÇÃO DOS JURADOS

ART. 432. Em seguida à organização da pauta, o juiz presidente determinará a intimação do Ministério Público, da Ordem dos Advogados do Brasil e da Defensoria Pública para acompanharem, em dia e hora designados, o sorteio dos jurados que atuarão na reunião periódica.

ART. 433. O sorteio, presidido pelo juiz, far-se-á a portas abertas, cabendo-lhe retirar as cédulas até completar o número de 25 (vinte e cinco) jurados, para a reunião periódica ou extraordinária.

§ 1º. O sorteio será realizado entre o décimo quinto e o décimo dias úteis antecedentes à instalação da reunião.

§ 2º. A audiência de sorteio não será adiada pelo não comparecimento das partes.

§ 3º. O jurado não sorteado poderá ter o seu nome novamente incluído para as reuniões futuras.

ART. 434. Os jurados sorteados serão convocados pelo correio ou por qualquer outro meio hábil para comparecer no dia e hora designados para a reunião, sob as penas da lei.

▸ CPP: art. 564, III, i e j.

▸ CP: art. 330.

Parágrafo único. No mesmo expediente de convocação serão transcritos os arts. 436 a 446.

ART. 435. Serão afixados na porta do edifício do Tribunal do Júri a relação dos jurados convocados, os nomes do acusado e dos procuradores das partes, além do dia, hora e local das sessões de instrução e julgamento.

SEÇÃO VIII. DA FUNÇÃO DO JURADO

▸ CPP: arts. 426 e 434.

ART. 436. O serviço do júri é obrigatório. O alistamento compreenderá os cidadãos maiores de 18 (dezoito) anos de notória idoneidade.

▸ CP: arts. 327 e 330.

▸ CC: art. 5º.

§ 1º. Nenhum cidadão poderá ser excluído dos trabalhos do júri ou deixar de ser alistado em razão de cor ou etnia, raça, credo, sexo, profissão, classe social ou econômica, origem ou grau de instrução.

▸ CF: art. 5º.

§ 2º. A recusa injustificada ao serviço do júri acarretará multa no valor de 1 (um) a 10 (dez) salários mínimos, a critério do juiz, de acordo com a condição econômica do jurado.

▸ CPP. arts. 458 e 466, § 1º.

ART. 437. Estão isentos do serviço do júri:

I – o Presidente da República e os Ministros de Estado;

II – os Governadores e seus respectivos Secretários;

III – os membros do Congresso Nacional, das Assembleias Legislativas e das Câmaras Distrital e Municipais;

IV – os Prefeitos Municipais;

V – os Magistrados e membros do Ministério Público e da Defensoria Pública;

VI – os servidores do Poder Judiciário, do Ministério Público e da Defensoria Pública;

VII – as autoridades e os servidores da polícia e da segurança pública;

VIII – os militares em serviço ativo;

IX – os cidadãos maiores de 70 (setenta) anos que requeiram sua dispensa;

X – aqueles que o requererem, demonstrando justo impedimento.

ART. 438. A recusa ao serviço do júri, fundada em convicção religiosa, filosófica ou política, importará no dever de prestar serviço alternativo, sob pena de suspensão dos direitos políticos, enquanto não prestar o serviço imposto.

▸ *CF: arts. 5º, VIII e 15, IV.*

▸ *CP: art. 330.*

§ 1º. Entende-se por serviço alternativo o exercício de atividades de caráter administrativo, assistencial, filantrópico ou mesmo produtivo, no Poder Judiciário, na Defensoria Pública, no Ministério Público ou em entidade conveniada para esses fins.

§ 2º. O juiz fixará o serviço alternativo atendendo aos princípios da proporcionalidade e da razoabilidade.

ART. 439. O exercício efetivo da função de jurado constituirá serviço público relevante e estabelecerá presunção de idoneidade moral. (Redação dada pela Lei nº 12.403, de 2011).

▸ *CP: art. 327.*

▸ *CPP: art. 295, X.*

▸ *Lei nº 7.210, de 11-07-1984,art. 84, § 2º, Lei de Execução Penal.*

ART. 440. Constitui também direito do jurado, na condição do art. 439, preferência, em igualdade de condições, nas licitações públicas e no provimento, mediante concurso, de cargo ou função pública, bem como nos casos de promoção funcional ou remoção voluntária.

ART. 441. Nenhum desconto será feito nos vencimentos ou salário do jurado sorteado que comparecer à sessão do júri.

▸ *CPP: art. 459.*

ART. 442. Ao jurado que, sem causa legítima, deixar de comparecer no dia marcado para a sessão ou retirar-se antes de ser dispensado pelo presidente, será aplicada multa de 1 (um) a 10 (dez) salários mínimos, a critério do juiz, de acordo com a sua condição econômica.

▸ *CPC/2015: art. 223.*

ART. 443. Somente será aceita escusa fundada em motivo relevante devidamente comprovado e apresentada, ressalvadas as hipóteses de força maior, até o momento da chamada dos jurados.

ART. 444. O jurado somente será dispensado por decisão motivada do juiz presidente, consignada na ata dos trabalhos.

ART. 445. O jurado, no exercício da função ou a pretexto de exercê-la, será responsável criminalmente nos mesmos termos em que o são os juízes togados.

▸ *CPP: arts. 252, I a IV, 253 e 466.*

▸ *CP: arts. 316, 317 §§ 1º, 2º e 319.*

ART. 446. Aos suplentes, quando convocados, serão aplicáveis os dispositivos referentes às dispensas, faltas e escusas e à equiparação de responsabilidade penal prevista no art. 445 deste código.

SEÇÃO IX. DA COMPOSIÇÃO DO TRIBUNAL DO JÚRI E DA FORMAÇÃO DO CONSELHO DE SENTENÇA

ART. 447. O Tribunal do Júri é composto por 1 (um) juiz togado, seu presidente e por 25 (vinte e cinco) jurados que serão sorteados dentre os alistados, (sete) dos quais constituirão o Conselho de Sentença em cada sessão de julgamento.

▸ *CF: art. 5º XXXVIII.*

▸ *CPP: art. 78, I.*

▸ *CP: arts. 121, §§ 1º e 2º e 122 a 128.*

ART. 448. São impedidos de servir no mesmo Conselho:

▸ *Súmula 206, STF.*

▸ *CPP: arts. 252 a 256 e 466.*

I – marido e mulher;

II – ascendente e descendente;

III – sogro e genro ou nora;

IV – irmãos e cunhados, durante o cunhado;

V – tio e sobrinho;

VI – padrasto, madrasta ou enteado.

§ 1º. O mesmo impedimento ocorrerá em relação às pessoas que mantenham união estável reconhecida como entidade familiar.

§ 2º. Aplicar-se-á aos jurados o disposto sobre os impedimentos, a suspeição e as incompatibilidades dos juízes togados.

▸ *Súmula nº 206 do STF.*

▸ *CPP: arts. 106, 112, 254.*

ART. 449. Não poderá servir o jurado que:

▸ *CPP: arts. 252 a 256 e 466.*

I – tiver funcionado em julgamento anterior do mesmo processo, independentemente da causa determinante do julgamento posterior;

II – no caso do concurso de pessoas, houver integrado o Conselho de Sentença que julgou o outro acusado;

III – tiver manifestado prévia disposição para condenar ou absolver o acusado.

ART. 450. Dos impedidos entre si por parentesco ou relação de convivência, servirá o que houver sido sorteado em primeiro lugar.

ART. 451. Os jurados excluídos por impedimento, suspeição ou incompatibilidade serão considerados para a constituição do número legal exigível para a realização da sessão.

- CPP: art. 106.

ART. 452. O mesmo Conselho de Sentença poderá conhecer de mais de um processo, no mesmo dia, se as partes o aceitarem, hipótese em que seus integrantes deverão prestar novo compromisso.

SEÇÃO X. DA REUNIÃO E DAS SESSÕES DO TRIBUNAL DO JÚRI

ART. 453. O Tribunal do Júri reunir-se-á para as sessões de instrução e julgamento nos períodos e na forma estabelecida pela lei local de organização judiciária.

ART. 454. Até o momento de abertura dos trabalhos da sessão, o juiz presidente decidirá os casos de isenção e dispensa de jurados e o pedido de adiamento de julgamento, mandando consignar em ata as deliberações.

ART. 455. Se o Ministério Público não comparecer, o juiz presidente adiará o julgamento para o primeiro dia desimpedido da mesma reunião, cientificadas as partes e as testemunhas.

- CF: art. 129, I.
- Lei nº 8.625, de 12-02-1993: art. 25, par. ún, institui a Lei Orgânica Nacional do Ministério Público.

Parágrafo único. Se a ausência não for justificada, o fato será mediatamente comunicado ao Procurador-Geral de Justiça com a data designada para a nova sessão.

- CF: art. 129, I.
- Lei nº 8.625, de 12-02-1993: art. 25, par. ún, institui a Lei Orgânica Nacional do Ministério Público.

ART. 456. Se a falta, sem escusa legítima, for do advogado do acusado, e se outro não for por este constituído, o fato será imediatamente comunicado ao presidente da seccional da Ordem dos Advogados do Brasil, com a data designada para a nova sessão.

- CPP: art. 565.
- Lei nº 8.906, de 04-07-1994, arts. 34 e 70, Estatuto da Advocacia e Ordem dos Advogados do Brasil (OAB).

§ 1º. Não havendo escusa legítima, o julgamento será adiado somente uma vez, devendo o acusado ser julgado quando chamado novamente.

§ 2º. Na hipótese do § 1º deste artigo, o juiz intimará a Defensoria Pública para o novo julgamento, que será adiado para o primeiro dia desimpedido, observado o prazo mínimo de 10 (dez) dias.

- CF: art. 5º, LIII, LIV, LV e LXXIV.
- CPP: art. 261.
- Lei nº 1.060, de 05-02-1950: art. 14, dispõe sobre a Assistência Judiciária.
- Dec. nº 678, de 06-11-1992, arts. 8º, 2, d, e, Promulga a Convenção Americana sobre Direitos Humanos – Pacto de São José da Costa Rica.

ART. 457. O julgamento não será adiado pelo não comparecimento do acusado solto, do assistente ou do advogado do querelante, que tiver sido regularmente intimado.

- CF: art. 5º, LV e LXVIII.
- Dec. nº 678, de 06-11-1992, art. 7º., 3, e art. 8º, 2, g, Promulga a Convenção Americana sobre Direitos Humanos – Pacto de São José da Costa Rica.
- CPP: arts. 201, § 1o., 218, 260, 406, 411, § 7o, 420, 461, § 1o., e 478, II.
- Lei nº 13.869, de 5-9-2019, art. 10, Lei de Abuso de Autoridade.

§ 1º. Os pedidos de adiamento e as justificações de não comparecimento deverão ser, salvo comprovado motivo de força maior, previamente submetidos à apreciação do juiz presidente do Tribunal do Júri.

§ 2º. Se o acusado preso não for conduzido, o julgamento será adiado para o primeiro dia desimpedido da mesma reunião, salvo se houver pedido de dispensa de comparecimento subscrito por ele e seu defensor.

- CF: art. 5º, LV e LXIII.
- CPP: art. 565.

ART. 458. Se a testemunha, sem justa causa, deixar de comparecer, o juiz presidente, sem prejuízo da ação penal pela desobediência, aplicar-lhe-á a multa prevista no § 2º do art. 436 deste código.

- CPP: arts. 201 e ss.
- CP: art. 330.

ART. 459. Aplicar-se-á às testemunhas a serviço do Tribunal do Júri o disposto no art. 441 deste código.

ART. 460. Antes de constituído o Conselho de Sentença, as testemunhas serão recolhidas a lugar onde umas não possam ouvir os depoimentos das outras.

ART. 461. O julgamento não será adiado se a testemunha deixar de comparecer, salvo se uma das partes tiver requerido a sua intimação por mandado, na oportunidade de que trata o art. 422, declarando não prescindir do depoimento e indicando a sua localização.

- CPP: arts. 218, 564, III, h e 572.

§ 1º. Se, intimada, a testemunha não comparecer, o juiz presidente suspenderá os trabalhos e mandará conduzi-la ou adiará o julgamento para o primeiro dia desimpedido, ordenando a sua condução.

- CF: art. 5º, LV e LXVIII.
- Dec. nº 678, de 06-11-1992, art. 7º., 3, e art. 8º, 2, f e g, Promulga a Convenção Americana sobre Direitos Humanos – Pacto de São José da Costa Rica.
- CPP: arts. 201, § 1o., 218, 260, 411, § 7o., 457, 461, § 1o., e 478, II.
- Lei nº 13.869, de 5-9-2019, art. 10, Lei de Abuso de Autoridade.

§ 2º. O julgamento será realizado mesmo na hipótese de a testemunha não ser encontrada no local indicado, se assim for certificado por oficial de justiça.

ART. 462. Realizadas as diligências referidas nos arts. 454 a 461, o juiz presidente verificará se a urna contém as cédulas dos 25 (vinte e cinco) jurados sorteados, mandando que o escrivão proceda à chamada deles.

ART. 463. Comparecendo, pelo menos, 15 (quinze) jurados, o juiz presidente declarará instalados os trabalhos, anunciando o processo que será submetido a julgamento.

§ 1º. O oficial de justiça fará o pregão, certificando a diligência nos autos.

§ 2º. Os jurados excluídos por impedimento ou suspeição serão computados para a constituição do número legal.

▸ Súmula nº 206 do STF.

▸ CPP: arts. 106, 112, 254.

ART. 464. Não havendo o número referido no art. 463, proceder-se-á ao sorteio de tantos suplentes quantos necessários, e designar-se-á nova data para a sessão do júri.

ART. 465. Os nomes dos suplentes serão consignados em ata, remetendo-se o expediente de convocação, com observância do disposto nos arts. 434 e 435 deste código.

ART. 466. Antes do sorteio dos membros do Conselho de Sentença, o juiz presidente esclarecerá sobre os impedimentos, a suspeição e as incompatibilidades constantes dos arts. 448 e 449 deste código.

▸ CPP: 448 e 449.

§ 1º. O juiz presidente também advertirá os jurados de que, uma vez sorteados, não poderão comunicar-se entre si e com outrem, nem manifestar sua opinião sobre o processo, sob pena de exclusão do Conselho e multa, na forma do § 2º do art. 436 deste código.

▸ Súmula nº 206 do STF.

▸ CPP: art. 564, III, j.

§ 2º. A incomunicabilidade será certificada nos autos pelo oficial de justiça.

ART. 467. Verificando que se encontram na urna as cédulas relativas aos jurados presentes, o juiz presidente sorteará 7 (sete) dentre eles para a formação do Conselho de Sentença.

▸ CPP: art. 564, III, j.

ART. 468. À medida que as cédulas forem sendo retiradas da urna, o juiz presidente as lerá e a defesa e, depois dela, o Ministério Público poderão recusar os jurados sorteados, até 3 (três) cada parte, sem motivar a recusa.

Parágrafo único. O jurado recusado imotivadamente por qualquer das partes será excluído daquela sessão de instrução e julgamento, prosseguindo-se o sorteio para a composição do Conselho de Sentença com os jurados remanescentes.

ART. 469. Se forem 2 (dois) ou mais os acusados, as recusas poderão ser feitas por um só defensor.

▸ CPP: arts. 79, § 2º e 80.

▸ CP: art. 29.

§ 1º. A separação dos julgamentos somente ocorrerá se, em razão das recusas, não for obtido o número mínimo de 7 (sete) jurados para compor o Conselho de Sentença.

§ 2º. Determinada a separação dos julgamentos, será julgado em primeiro lugar o acusado a quem foi atribuída a autoria do fato ou, em caso de coautoria, aplicar-se-á o critério de preferência do art. 429 deste código.

▸ CPP: art. 80.

ART. 470. Desacolhida a arguição de impedimento, de suspeição ou de incompatibilidade contra o juiz presidente do Tribunal do Júri, órgão do Ministério Público, jurado ou qualquer funcionário, o julgamento não será suspenso, devendo, entretanto, constar da ata o seu fundamento e a decisão.

▸ Súmula nº 234 do STJ.

▸ CPP: arts. 106, 112, 252, 254, 258, 274 e 564, I.

ART. 471. Se, em consequência do impedimento, suspeição, incompatibilidade, dispensa ou recusa, não houver número para a formação do Conselho, o julgamento será adiado para o primeiro dia desimpedido, após sorteados os suplentes, com observância do disposto no art. 464 deste código.

ART. 472. Formado o Conselho de Sentença, o presidente, levantando-se, e, com ele, todos os presentes, fará aos jurados a seguinte exortação:

▸ CPP: art. 495, XIII.

'Em nome da lei, concito-vos a examinar esta causa com imparcialidade e a proferir a vossa decisão de acordo com a vossa consciência e os ditames da justiça.'

Os jurados, nominalmente chamados pelo presidente, responderão:
'Assim o prometo.'

Parágrafo único. O jurado, em seguida, receberá cópias da pronúncia ou, se for o caso, das decisões posteriores que julgaram admissível a acusação e do relatório do processo.

▸ CPP: arts. 212, 413 e 423, II.

SEÇÃO XI.
DA INSTRUÇÃO EM PLENÁRIO

ART. 473. Prestado o compromisso pelos jurados, será iniciada a instrução plenária quando o juiz presidente, o Ministério Público, o assistente, o querelante e o defensor do acusado tomarão, sucessiva e diretamente, as declarações do ofendido, se possível, e inquirirão as testemunhas arroladas pela acusação.

▸ Súmula vinculante 11.

▸ CF: art. 5º, LV.

▸ CPP: arts. 209, 212 e 417.

§ 1º. Para a inquirição das testemunhas arroladas pela defesa, o defensor do acusado formulará as perguntas antes do Ministério Público e do assistente, mantidos no mais a ordem e os critérios estabelecidos neste artigo.

§ 2º. Os jurados poderão formular perguntas ao ofendido e às testemunhas, por intermédio do juiz presidente.

§ 3º. As partes e os jurados poderão requerer acareações, reconhecimento de pessoas e coisas e esclarecimento dos peritos, bem como a leitura de peças que se refiram, exclusivamente, às provas colhidas por carta precatória e às provas cautelares, antecipadas ou não repetíveis.

▸ CPP: art. 158, 229, par. ún.

ART. 474. A seguir será o acusado interrogado, se estiver presente, na forma estabelecida no Capítulo III do Título VII do Livro I, com as alterações introduzidas nesta Seção.

▸ Súmula vinculante 11.

▸ CF: art. 5º, LXIII.

▸ CPP: arts. 185 a 196, 457, § 2º, 495, XIII, 564, III, e.

§ 1º. O Ministério Público, o assistente, o querelante e o defensor, nessa ordem, poderão formular, diretamente, perguntas ao acusado.

§ 2º. Os jurados formularão perguntas por intermédio do juiz presidente.

§ 3º. Não se permitirá o uso de algemas no acusado durante o período em que permanecer no plenário do júri, salvo se absolutamente necessário à ordem dos trabalhos, à segurança das testemunhas ou à garantia da integridade física dos presentes.

- Súmula Vinculante nº 11.
- CF: art. 5º, X, XLIX.
- CPP: arts. 284, 292.
- CP: arts. 23, III, 329 a 331, 352.
- Lei nº 4.898 de 9-12-1965, art. 3o., i, e 4o., b, Lei de Abuso de Autoridade (Revogada pela Lei nº 13.869, de 5.9.2019)
- Lei nº 7.210, de 11-07-1984, arts. 40 e 199, Lei de Execução Penal.
- Lei nº 13.869, de 5-9-2019, art. 13, II, Lei de Abuso de Autoridade.

ART. 475. O registro dos depoimentos e do interrogatório será feito pelos meios ou recursos de gravação magnética, eletrônica, estenotipia ou técnica similar, destinada a obter maior fidelidade e celeridade na colheita da prova.

Parágrafo único. A transcrição do registro, após feita a degravação, constará dos autos.

SEÇÃO XII. DOS DEBATES

ART. 476. Encerrada a instrução, será concedida a palavra ao Ministério Público, que fará a acusação, nos limites da pronúncia ou das decisões posteriores que julgaram admissível a acusação, sustentando, se for o caso, a existência de circunstância agravante.

- CF: art. 129, I.
- CPP: art. 413, § 1º.
- CP: arts. 61 a 64.

§ 1º. O assistente falará depois do Ministério Público.

- CPP: arts. 268 a 273.

§ 2º. Tratando-se de ação penal de iniciativa privada, falará em primeiro lugar o querelante e, em seguida, o Ministério Público, salvo se este houver retomado a titularidade da ação, na forma do art. 29 deste código.

- CF: art. 129, I.
- CPP: arts. 24 e 29.

§ 3º. Finda a acusação, terá a palavra a defesa.

- CF: art. 5º, LV.

§ 4º. A acusação poderá replicar e a defesa treplicar, sendo admitida a reinquirição de testemunha já ouvida em plenário.

ART. 477. O tempo destinado à acusação e à defesa será de uma hora e meia para cada, e de uma hora para a réplica e outro tanto para a tréplica.

§ 1º. Havendo mais de um acusador ou mais de um defensor, combinarão entre si a distribuição do tempo, que, na falta de acordo, será dividido pelo juiz presidente, de forma a não exceder o determinado neste artigo.

§ 2º. Havendo mais de 1 (um) acusado, o tempo para a acusação e a defesa será acrescido de 1 (uma) hora e elevado ao dobro o da réplica e da tréplica, observado o disposto no § 1º deste artigo.

ART. 478. Durante os debates as partes não poderão, sob pena de nulidade, fazer referências:

- Súmula Vinculante 11.
- CF: art. 5o., LV, LVII.
- CPP: arts. 466, 486 a 491 e 564, IV.

I – à decisão de pronúncia, às decisões posteriores que julgaram admissível a acusação ou à determinação do uso de algemas como argumento de autoridade que beneficiem ou prejudiquem o acusado;

- CPP: arts. 413, 474, § 3º, e 476, caput.

II – ao silêncio do acusado ou à ausência de interrogatório por falta de requerimento, em seu prejuízo.

- CF: art. 5º, LV, LXIII e LXVIII.
- Dec. nº 678, de 06-11-1992, art. 7º., 3, e art. 8º, 2, g, Promulga a Convenção Americana sobre Direitos Humanos – Pacto de São José da Costa Rica.
- CPP: arts. 201, § 1o., 218, 260, 411, § 7o., 457, 461, § 1o., e 478, II.
- Lei nº 13.869, de 5-9-2019, art. 10, Lei de Abuso de Autoridade.

ART. 479. Durante o julgamento não será permitida a leitura de documento ou a exibição de objeto que não tiver sido juntado aos autos com a antecedência mínima 3 (três) dias úteis, dando-se ciência à outra parte.

Parágrafo único. Compreende-se na proibição deste artigo a leitura de jornais ou qualquer outro escrito, bem como a exibição de vídeos, gravações, fotografias, laudos, quadros, croqui ou qualquer outro meio assemelhado, cujo conteúdo versar sobre a matéria de fato submetida à apreciação e julgamento dos jurados.

- CPP: arts. 231 e s.

ART. 480. A acusação, a defesa e os jurados poderão, a qualquer momento, e por intermédio do juiz presidente, pedir ao orador que indique a folha dos autos onde se encontra a peça por ele lida ou citada, facultando-se, ainda, aos jurados solicitar-lhe, pelo mesmo meio, o esclarecimento de fato por ele alegado.

§ 1º. Concluídos os debates, o presidente indagará dos jurados se estão habilitados a julgar ou se necessitam de outros esclarecimentos.

§ 2º. Se houver dúvida sobre questão de fato, o presidente prestará esclarecimentos à vista dos autos.

§ 3º. Os jurados, nesta fase do procedimento, terão acesso aos autos e aos instrumentos do crime se solicitarem ao juiz presidente.

- CPP: art. 479.

ART. 481. Se a verificação de qualquer fato, reconhecida como essencial para o julgamento da causa, não puder ser realizada imediatamente, o juiz presidente dissolverá o Conselho, ordenando a realização das diligências entendidas necessárias.

Parágrafo único. Se a diligência consistir na produção de prova pericial, o juiz presidente, desde logo, nomeará perito e formulará quesitos, facultando às partes também formulá-los e indicar assistentes técnicos, no prazo de 5 (cinco) dias.

- CPP: arts. 158 e s.

SEÇÃO XIII. DO QUESTIONÁRIO E SUA VOTAÇÃO

ART. 482. O Conselho de Sentença será questionado sobre matéria de fato e se o acusado deve ser absolvido.

▸ CPP: art. 483 § 2º.

Parágrafo único. Os quesitos serão redigidos em proposições afirmativas, simples e distintas, de modo que cada um deles possa ser respondido com suficiente clareza e necessária precisão. Na sua elaboração, o presidente levará em conta os termos da pronúncia ou das decisões posteriores que julgaram admissível a acusação, do interrogatório e das alegações das partes.

▸ CF: art. 5º XXXVIII, "b" e "c".

▸ CPP: arts. 413 e 581, IV.

ART. 483. Os quesitos serão formulados na seguinte ordem, indagando sobre:

▸ Súmula nº 156 e 162 do STF.

▸ CPP: art. 564, III, k e par. ún.

I – a materialidade do fato;

II – a autoria ou participação;

III – se o acusado deve ser absolvido;

IV – se existe causa de diminuição de pena alegada pela defesa;

V – se existe circunstância qualificadora ou causa de aumento de pena reconhecidas na pronúncia ou em decisões posteriores que julgaram admissível a acusação.

▸ Súmula nº 156 do STF.

▸ CF: art. 5º, XXXVIII, b.

▸ CPP: art. 158 e 564, III, K.

▸ CP: arts. 29, 68, 121 §§ 1º e 2º, 122, I e II, e 127.

§ 1º. A resposta negativa, de mais de 3 (três) jurados, a qualquer dos quesitos referidos nos incisos I e II do *caput* deste artigo encerra a votação e implica a absolvição do acusado.

§ 2º. Respondidos afirmativamente por mais de 3 (três) jurados os quesitos relativos aos incisos I e II do *caput* deste artigo será formulado quesito com a seguinte redação:

"O jurado absolve o acusado?"

§ 3º. Decidindo os jurados pela condenação, o julgamento prossegue, devendo ser formulados quesitos sobre:

I – causa de diminuição de pena alegada pela defesa;

▸ CP: art. 21, "caput", 26, par. ún, 68 e art., 121, § 1º.

II – circunstância qualificadora ou causa de aumento de pena, reconhecidas na pronúncia ou em decisões posteriores que julgaram admissível a acusação.

▸ CP: arts. 68, 121 § 2º, 122, I e II, e 127.

§ 4º. Sustentada a desclassificação da infração para outra de competência do juiz singular, será formulado quesito a respeito, para ser respondido após o segundo ou terceiro quesito, conforme o caso.

▸ CPP: art. 419.

▸ CP: arts. 23, par. único, 121, § 3º, 157, § 3º.

▸ Lei nº 9.099, de 26-09-1995, dispõe sobre os Juizados Especiais Cíveis e Criminais.

§ 5º. Sustentada a tese de ocorrência do crime na sua forma tentada ou havendo divergência sobre a tipificação do delito, sendo este da competência do Tribunal do Júri, o juiz formulará quesito acerca destas questões, para ser respondido após o segundo quesito.

▸ CP: art. 14, II, e 121 e s.

§ 6º. Havendo mais de um crime ou mais de um acusado, os quesitos serão formulados em séries distintas.

▸ CPP: arts. 76, 77, I, e 78, I.

▸ CP: arts. 29, 69,70,71,73 e 74.

ART. 484. A seguir, o presidente lerá os quesitos e indagará das partes se têm requerimento ou reclamação a fazer, devendo qualquer deles, bem como a decisão, constar da ata.

▸ CPP: art. 495, XV.

Parágrafo único. Ainda em plenário, o juiz presidente explicará aos jurados o significado de cada quesito.

ART. 485. Não havendo dúvida a ser esclarecida, o juiz presidente, os jurados, o Ministério Público, o assistente, o querelante, o defensor do acusado, o escrivão e o oficial de justiça dirigir-se-ão à sala especial a fim de ser procedida a votação.

§ 1º. Na falta de sala especial, o juiz presidente determinará que o público se retire, permanecendo somente as pessoas mencionadas no *caput* deste artigo.

▸ CF: art. 5º, XXXVIII, b.

§ 2º. O juiz presidente advertirá as partes de que não será permitida qualquer intervenção que possa perturbar a livre manifestação do Conselho e fará retirar da sala quem se portar inconvenientemente.

▸ CPP: arts. 251, 497, I e II e 794.

ART. 486. Antes de proceder-se à votação de cada quesito, o juiz presidente mandará distribuir aos jurados pequenas cédulas, feitas de papel opaco e facilmente dobráveis, contendo 7 (sete) delas a palavra 'sim', 7 (sete) a palavra 'não'.

▸ CF: art. 5º, XXXVIII, b e c.

ART. 487. Para assegurar o sigilo do voto, o oficial de justiça recolherá, em urnas separadas, as cédulas correspondentes aos votos, e as não utilizadas.

▸ CF: art. 5º, XXXVIII, b e c.

ART. 488. Após a resposta, verificados os votos e as cédulas não utilizadas, o presidente determinará que o escrivão registre no termo a votação de cada quesito, bem como o resultado do julgamento.

Parágrafo único. Do termo também constará a conferência das cédulas não utilizadas.

▸ CPP: art. 593.

ART. 489. As decisões do Tribunal do Júri serão tomadas por maioria de votos.

ART. 490. Se a resposta a qualquer dos quesitos estiver em contradição com outra ou outras já dadas, o presidente, explicando aos jurados em que consiste a contradição, submeterá novamente à votação os quesitos a que se referirem tais respostas.

▸ CPP: art. 564, par. ún.

Parágrafo único. Se, pela resposta dada a um dos quesitos, o presidente verificar que ficam prejudicados os seguintes, assim o declarará, dando por finda a votação.

ART. 491. Encerrada a votação, será o termo a que se refere o art. 488 assinado pelo presidente, pelos jurados e pelas partes.

▸ CP: art. 211.

SEÇÃO XIV. DA SENTENÇA

▸ CPP: arts. 381 e s.

ART. 492. Em seguida, o presidente proferirá sentença que:

▸ CPP: art. 564, III, m.

I – no caso de condenação:

a) fixará a pena-base;

▸ CP: arts. 59 e 68.

b) considerará as circunstâncias agravantes ou atenuantes alegadas nos debates;

▸ CP: arts. 61, 62, 63, 64, 65 e 67.

c) imporá os aumentos ou diminuições da pena, em atenção às causas admitidas pelo júri;

▸ Súmula nº 422 do STF.

▸ CPP: arts. 386, par. ún., III e 596, par. ún.

▸ CP: art. 68.

d) observará as demais disposições do art. 387;

e) mandará o acusado recolher-se ou recomendá-lo-á à prisão em que se encontra, se presentes os requisitos da prisão preventiva, ou, no caso de condenação a uma pena igual ou superior a 15 (quinze) anos de reclusão, determinará a execução provisória das penas, com expedição do mandado de prisão, se for o caso, sem prejuízo do conhecimento de recursos que vierem a ser interpostos; (Redação dada pela Lei nº 13.964, de 24.12.2019)

▸ CF: art. 5º., XXXVIII, c, e LVII.

▸ CPP: arts. 2o., 283, 312 e 313, 593, III e 597.

f) estabelecerá os efeitos genéricos e específicos da condenação;

▸ CP: art. 91.

II – no caso de absolvição:

a) mandará colocar em liberdade o acusado se por outro motivo não estiver preso;

▸ CPP: arts. 386, par. ún., I e 596.

b) revogará as medidas restritivas provisoriamente decretadas;

▸ CPP: arts. 386, par. ún., II.

c) imporá, se for o caso, a medida de segurança cabível.

▸ Súmula 422 do STF.

▸ Súmula 527 do STJ.

▸ CPP: arts. 386, par. ún., III e 596, par. ún.

▸ CP: art. 26 e 96, 97,98 e 99.

§ 1º. Se houver desclassificação da infração para outra, de competência do juiz singular, ao presidente do Tribunal do Júri caberá proferir sentença em seguida, aplicando-se, quando o delito resultante da nova tipificação for considerado pela lei como infração penal de menor potencial ofensivo, os artigos 69 e seguintes da Lei nº 9.099, de 26 de setembro de 1995.

▸ CP: arts. 121 a 127.

▸ Lei nº 9.099, de 26-09-1995: arts. 69 e 74 a 76, dispõe sobre os Juizados Especiais Cíveis e Criminais.

§ 2º. Em caso de desclassificação, o crime conexo que não seja doloso contra a vida será julgado pelo juiz presidente do Tribunal do Júri, aplicando-se, no que couber, o disposto no § 1º deste artigo.

▸ CPP: art. 78, I.

§ 3º O presidente poderá, excepcionalmente, deixar de autorizar a execução provisória das penas de que trata a alínea e do inciso I do caput deste artigo, se houver questão substancial cuja resolução pelo tribunal ao qual competir o julgamento possa plausivelmente levar à revisão da condenação. (Acrescido pela Lei nº 13.964, de 24.12.2019)

▸ CF: art. 5º., XXXVIII, c, e LVII.

▸ CPP: arts. 2o., 283, 312 e 313, 593, III, a e d, e 597.

§ 4º A apelação interposta contra decisão condenatória do Tribunal do Júri a uma pena igual ou superior a 15 (quinze) anos de reclusão não terá efeito suspensivo. (Acrescido pela Lei nº 13.964, de 24.12.2019)

▸ Este artigo: §§ 3o. e 5o.

▸ CF: art. 5º., XXXVIII, c, e LVII.

▸ CPP: arts. 2o., 283, 312 e 313, 593, III, a e d, e 597.

§ 5º Excepcionalmente, poderá o tribunal atribuir efeito suspensivo à apelação de que trata o § 4º deste artigo, quando verificado cumulativamente que o recurso: (Acrescido pela Lei nº 13.964, de 24.12.2019)

▸ CPP: arts. 2o., 283, 312 e 313, 593, III, a e d, e 597.

I – não tem propósito meramente protelatório; e

II – levanta questão substancial e que pode resultar em absolvição, anulação da sentença, novo julgamento ou redução da pena para patamar inferior a 15 (quinze) anos de reclusão.

▸ CPP: art. 593, III, a e d.

§ 6º O pedido de concessão de efeito suspensivo poderá ser feito incidentemente na apelação ou por meio de petição em separado dirigida diretamente ao relator, instruída com cópias da sentença condenatória, das razões da apelação e de prova da tempestividade, das contrarrazões e das demais peças necessárias à compreensão da controvérsia. (Acrescido pela Lei nº 13.964, de 24.12.2019)

ART. 493. A sentença será lida em plenário pelo presidente antes de encerrada a sessão de instrução e julgamento.

▸ CPP: art. 495, XVII.

SEÇÃO XV. DA ATA DOS TRABALHOS

ART. 494. De cada sessão de julgamento o escrivão lavrará ata, assinada pelo presidente e pelas partes.

▸ CPP: arts. 106, 571, VIII, 572 e 593 e s.

ART. 495. A ata descreverá fielmente todas as ocorrências, mencionando obrigatoriamente:

I – a data e a hora da instalação dos trabalhos;

II – o magistrado que presidiu a sessão e os jurados presentes;

III – os jurados que deixaram de comparecer, com escusa ou sem ela, e as sanções aplicadas;

IV – o ofício ou requerimento de isenção ou dispensa;

V – o sorteio dos jurados suplentes;

VI – o adiamento da sessão, se houver ocorrido, com a indicação do motivo;

VII – a abertura da sessão e a presença do Ministério Público, do querelante e do assistente, se houver, e a do defensor do acusado;

VIII – o pregão e a sanção imposta, no caso de não comparecimento;

IX – as testemunhas dispensadas de depor;

X – o recolhimento das testemunhas a lugar de onde umas não pudessem ouvir o depoimento das outras;

XI – a verificação das cédulas pelo juiz presidente;

XII – a formação do Conselho de Sentença, com o registro dos nomes dos jurados sorteados e recusas;

XIII – o compromisso e o interrogatório, com simples referência ao termo;

XIV – os debates e as alegações das partes com os respectivos fundamentos;

XV – os incidentes;

XVI – o julgamento da causa;

XVII – a publicidade dos atos da instrução plenária, das diligências e da sentença." (NR)

ART. 496. A falta da ata sujeitará o responsável a sanções administrativa e penal.

▸ *CP: art. 319.*

SEÇÃO XVI. DAS ATRIBUIÇÕES DO PRESIDENTE DO TRIBUNAL DO JÚRI

ART. 497. São atribuições do juiz presidente do Tribunal do Júri, além de outras expressamente referidas neste Código:

I – regular a polícia das sessões e prender os desobedientes;

▸ *CPP: art. 795 e par. ún.*

▸ *CP: art. 330.*

II – requisitar o auxílio da força pública, que ficará sob sua exclusiva autoridade;

▸ *CPP: art. 251 e 794.*

III – dirigir os debates, intervindo em caso de abuso, excesso de linguagem ou mediante requerimento de uma das partes;

IV – resolver as questões incidentes que não dependam de pronunciamento do júri;

V – nomear defensor ao acusado, quando considerá-lo indefeso, podendo, neste caso, dissolver o Conselho e designar novo dia para o julgamento, com a nomeação ou a constituição de novo defensor;

▸ *CPP: arts. 261 a 263.*

VI – mandar retirar da sala o acusado que dificultar a realização do julgamento, o qual prosseguirá sem a sua presença;

▸ *CPP: arts. 271 e 796.*

VII – suspender a sessão pelo tempo indispensável à realização das diligências requeridas ou entendidas necessárias, mantida a incomunicabilidade dos jurados;

▸ *CPP: art. 564, III, j.*

VIII – interromper a sessão por tempo razoável, para proferir sentença e para repouso ou refeição dos jurados;

IX – decidir, de ofício, ouvidos o Ministério Público e a defesa, ou a requerimento de qualquer destes, a arguição de extinção de punibilidade;

▸ *CPP: arts. 61 e 67, II.*

▸ *CP: art. 107, IV.*

X – resolver as questões de direito suscitadas no curso do julgamento;

XI – determinar, de ofício ou a requerimento das partes ou de qualquer jurado, as diligências destinadas a sanar nulidade ou a suprir falta que prejudique o esclarecimento da verdade;

XII – regulamentar, durante os debates, a intervenção de uma das partes, quando a outra estiver com a palavra, podendo conceder até 3 (três) minutos para cada aparte requerido, que serão acrescidos ao tempo desta última.

CAPÍTULO III. DO PROCESSO E DO JULGAMENTO DOS CRIMES DA COMPETÊNCIA DO JUIZ SINGULAR

▸ *CPP: arts. 394 a 405.*

ARTS. 498 a 502. (Revogados pela Lei nº 11.719, de 2008).

TÍTULO II. DOS PROCESSOS ESPECIAIS

CAPÍTULO I. DO PROCESSO E DO JULGAMENTO DOS CRIMES DE FALÊNCIA

ARTS. 503 a 512. (Revogados pela Lei nº 11.101, de 2005)

▸ *Lei nº 11.101, de 09-02-2005, regula a recuperação judicial, a extrajudicial e a falência do empresário e da sociedade empresária.*

CAPÍTULO II. DO PROCESSO E DO JULGAMENTO DOS CRIMES DE RESPONSABILIDADE DOS FUNCIONÁRIOS PÚBLICOS

ART. 513. Os crimes de responsabilidade dos funcionários públicos, cujo processo e julgamento competirão aos juízes de direito, a queixa ou a denúncia será instruída com documentos ou justificação que façam presumir a existência do delito ou com declaração fundamentada da impossibilidade de apresentação de qualquer dessas provas.

▸ *CPP: arts. 394, § 4º, e 395 a 405.*

▸ *CP: arts. 312 a 327.*

ART. 514. Nos crimes afiançáveis, estando a denúncia ou queixa em devida forma, o juiz mandará autuá-la e ordenará a notificação do acusado, para responder por escrito, dentro do prazo de quinze dias.

- *Súmula nº 330 do STJ.*
- *CF: art. 5º., LV.*
- *CPP: arts. 323, 324, 394, § 4o., 395, 516, 564, III, "c", "e", e IV.*
- *CP: arts. 312 a 327.*

Parágrafo único. Se não for conhecida a residência do acusado, ou este se achar fora da jurisdição do juiz, ser-lhe-á nomeado defensor, a quem caberá apresentar a resposta preliminar.

- *CF: art. 5º., LV.*
- *CPP: arts. 261 a 263 e 564, III, "e".*

ART. 515. No caso previsto no artigo anterior, durante o prazo concedido para a resposta, os autos permanecerão em cartório, onde poderão ser examinados pelo acusado ou por seu defensor.

- *CPP: art. 803.*

Parágrafo único. A resposta poderá ser instruída com documentos e justificações.

ART. 516. O juiz rejeitará a queixa ou denúncia, em despacho fundamentado, se convencido, pela resposta do acusado ou do seu defensor, da inexistência do crime ou da improcedência da ação.

- *CPP: arts. 386, 395, 581, I, 583, II e 800, I.*

ART. 517. Recebida a denúncia ou a queixa, será o acusado citado, na forma estabelecida no Capítulo I do Título X do Livro I.

- *CPP: arts. 351 a 369.*

ART. 518. Na instrução criminal e nos demais termos do processo, observar-se-á o disposto nos Capítulos I e III, Título I, deste Livro.

- *CPP: arts. 394, § 4º, e 395 a 405.*

CAPÍTULO III.
DO PROCESSO E DO JULGAMENTO DOS CRIMES DE CALÚNIA E INJÚRIA, DE COMPETÊNCIA DO JUIZ SINGULAR

ART. 519. No processo por crime de calúnia ou injúria, para o qual não haja outra forma estabelecida em lei especial, observar-se-á o disposto nos Capítulos I e III, Título I, deste Livro, com as modificações constantes dos artigos seguintes.

- *CPP: arts. 394, § 4º, e 395 a 405.*
- *CP: arts. 138 e 140.*
- *Lei nº 9.099, de 26-09-1995, dispõe sobre os Juizados Especiais Cíveis e Criminais.*

ART. 520. Antes de receber a queixa, o juiz oferecerá às partes oportunidade para se reconciliarem, fazendo-as comparecer em juízo e ouvindo-as, separadamente, sem a presença dos seus advogados, não se lavrando termo.

ART. 521. Se depois de ouvir o querelante e o querelado, o juiz achar provável a reconciliação, promoverá entendimento entre eles, na sua presença.

- *CP: art. 107, VI.*

ART. 522. No caso de reconciliação, depois de assinado pelo querelante o termo da desistência, a queixa será arquivada.

- *CP: art. 107, V.*

ART. 523. Quando for oferecida a exceção da verdade ou da notoriedade do fato imputado, o querelante poderá contestar a exceção no prazo de dois dias, podendo ser inquiridas as testemunhas arroladas na queixa, ou outras indicadas naquele prazo, em substituição às primeiras, ou para completar o máximo legal.

- *CPP: art. 85.*
- *CP: arts. 138, § 3º e 139, par. ún.*

CAPÍTULO IV.
DO PROCESSO E DO JULGAMENTO DOS CRIMES CONTRA A PROPRIEDADE IMATERIAL

- *Súmula 502 e 574 do STJ.*
- *Lei 9.279, de 14-5-1996, Lei de propriedade industrial.*
- *Lei 9.609, de19-2-1998, Lei de proteção da propriedade intelectual de programa de computador.*
- *Lei 9.610 de 19-2-1998, Lei dos direitos autorais.*

ART. 524. No processo e julgamento dos crimes contra a propriedade imaterial, observar-se-á o disposto nos Capítulos I e III do Título I deste Livro, com as modificações constantes dos artigos seguintes.

- *CF: art. 5, XXIX.*
- *CPP: arts. 394 a 405.*
- *Lei nº 9.279, de 14-05-1996: art. 183 a 210, regula direitos e obrigações relativos à propriedade industrial.*

ART. 525. No caso de haver o crime deixado vestígio, a queixa ou a denúncia não será recebida se não for instruída com o exame pericial dos objetos que constituam o corpo de delito.

- *CPP: arts. 158 e 564, III, b.*

ART. 526. Sem a prova de direito à ação, não será recebida a queixa, nem ordenada qualquer diligência preliminarmente requerida pelo ofendido.

ART. 527. A diligência de busca ou de apreensão será realizada por dois peritos nomeados pelo juiz, que verificarão a existência de fundamento para a apreensão, e quer esta se realize, quer não, o laudo pericial será apresentado dentro de 3 (três) dias após o encerramento da diligência.

- *Súmula nº 361 do STF.*
- *CPP: arts. 159 e 240 a 250.*

Parágrafo único. O requerente da diligência poderá impugnar o laudo contrário à apreensão, e o juiz ordenará que esta se efetue, se reconhecer a improcedência das razões aduzidas pelos peritos.

ART. 528. Encerradas as diligências, os autos serão conclusos ao juiz para homologação do laudo.

ART. 529. Nos crimes de ação privativa do ofendido, não será admitida queixa com fundamento em apreensão e em perícia, se decorrido o prazo de 30 dias, após a homologação do laudo.

- *CPP: art. 38.*

CÓDIGO DE PROCESSO PENAL

Parágrafo único. Será dada vista ao Ministério Público dos autos de busca e apreensão requeridas pelo ofendido, se o crime for de ação pública e não tiver sido oferecida queixa no prazo fixado neste artigo.

▸ CPP: art. 29.

ART. 530. Se ocorrer prisão em flagrante e o réu não for posto em liberdade, o prazo a que se refere o artigo anterior será de 8 (oito) dias.

▸ CPP: arts. 301 e ss.

ART. 530-A. O disposto nos arts. 524 a 530 será aplicável aos crimes em que se proceda mediante queixa. (Incluído pela Lei nº 10.695, de 1º.7.2003)

ART. 530-B. Nos casos das infrações previstas nos §§ 1º, 2º e 3º do art. 184 do Código Penal, a autoridade policial procederá à apreensão dos bens ilicitamente produzidos ou reproduzidos, em sua totalidade, juntamente com os equipamentos, suportes e materiais que possibilitaram a sua existência, desde que estes se destinem precipuamente à prática do ilícito. (Incluído pela Lei nº 10.695, de 1º.7.2003)

ART. 530-C. Na ocasião da apreensão será lavrado termo, assinado por 2 (duas) ou mais testemunhas, com a descrição de todos os bens apreendidos e informações sobre suas origens, o qual deverá integrar o inquérito policial ou o processo. (Incluído pela Lei nº 10.695, de 1º.7.2003)

ART. 530-D. Subsequente à apreensão, será realizada, por perito oficial, ou, na falta deste, por pessoa tecnicamente habilitada, perícia sobre todos os bens apreendidos e elaborado o laudo que deverá integrar o inquérito policial ou o processo. (Incluído pela Lei nº 10.695, de 1º.7.2003)

ART. 530-E. Os titulares de direito de autor e os que lhe são conexos serão os fiéis depositários de todos os bens apreendidos, devendo colocá-los à disposição do juiz quando do ajuizamento da ação. (Incluído pela Lei nº 10.695, de 1º.7.2003)

ART. 530-F. Ressalvada a possibilidade de se preservar o corpo de delito, o juiz poderá determinar, a requerimento da vítima, a destruição da produção ou reprodução apreendida quando não houver impugnação quanto à sua ilicitude ou quando a ação penal não puder ser iniciada por falta de determinação de quem seja o autor do ilícito. (Incluído pela Lei nº 10.695, de 1º.7.2003)

ART. 530-G. O juiz, ao prolatar a sentença condenatória, poderá determinar a destruição dos bens ilicitamente produzidos ou reproduzidos e o perdimento dos equipamentos apreendidos, desde que precipuamente destinados à produção e reprodução dos bens, em favor da Fazenda Nacional, que deverá destruí-los ou doá-los aos Estados, Municípios e Distrito Federal, a instituições públicas de ensino e pesquisa ou de assistência social, bem como incorporá-los, por economia ou interesse público, ao patrimônio da União, que não poderão retorná-los aos canais de comércio. (Incluído pela Lei nº 10.695, de 1º.7.2003)

ART. 530-H. As associações de titulares de direitos de autor e os que lhes são conexos poderão, em seu próprio nome, funcionar como assistente da acusação nos crimes previstos no art. 184 do Código Penal, quando praticado em detrimento de qualquer de seus associados. (Incluído pela Lei nº 10.695, de 1º.7.2003)

ART. 530-I. Nos crimes em que caiba ação penal pública incondicionada ou condicionada, observar-se-ão as normas constantes dos arts. 530-B, 530-C, 530-D, 530-E, 530-F, 530-G e 530-H. (Incluído pela Lei nº 10.695, de 1º.7.2003)

CAPÍTULO V. DO PROCESSO SUMÁRIO

ART. 531. Na audiência de instrução e julgamento, a ser realizada no prazo máximo de 30 (trinta) dias, proceder-se-á à tomada de declarações do ofendido, se possível, à inquirição das testemunhas arroladas pela acusação e pela defesa, nesta ordem, ressalvado o disposto no art. 222 deste Código, bem como aos esclarecimentos dos peritos, às acareações e ao reconhecimento de pessoas e coisas, interrogando-se, em seguida, o acusado e procedendo-se, finalmente, ao debate. (Redação dada pela Lei nº 11.719, de 2008).

▸ Súmula nº 601 do STF.

▸ CF: art. 129, I.

▸ CPP: arts. 26 e 569.

▸ Lei nº 9.099, de 26-09-1995: arts. 60 e 61, dispõe sobre os Juizados Especiais Cíveis e Criminais.

▸ Lei nº 11.101, de 09-02-2005: art. 185, regula a recuperação judicial, a extrajudicial e a falência do empresário e da sociedade empresária.

▸ Lei nº 1.521, de 26-12-1951, altera dispositivos da legislação vigente sobre crimes contra a economia popular.

▸ Dec.-Lei nº 3.688, de 03-10-1941, Lei das Contravenções Penais.

▸ Dec.-lei nº 6.259, de 10-02-1944, dispõe sobre o serviço de loterias.

▸ Dec.-lei nº 9.215, de 30-04-1946, proíbe a prática ou exploração de jogos de azar em todo o território nacional.

ART. 532. Na instrução, poderão ser inquiridas até 5 (cinco) testemunhas arroladas pela acusação e 5 (cinco) pela defesa. (Redação dada pela Lei nº 11.719, de 2008).

ART. 533. Aplica-se ao procedimento sumário o disposto nos parágrafos do art. 400 deste Código. (Redação dada pela Lei nº 11.719, de 2008).

§§ 1º a 4º. (Revogados pela Lei nº 11.719, de 2008).

▸ CF: art. 129, I.

ART. 534. As alegações finais serão orais, concedendo-se a palavra, respectivamente, à acusação e à defesa, pelo prazo de 20 (vinte) minutos, prorrogáveis por mais 10 (dez), proferindo o juiz, a seguir, sentença. (Redação dada pela Lei nº 11.719, de 2008).

▸ CPP: art. 403, § 3º.

§ 1º. Havendo mais de um acusado, o tempo previsto para a defesa de cada um será individual. (Incluído pela Lei nº 11.719, de 2008).

§ 2º. Ao assistente do Ministério Público, após a manifestação deste, serão concedidos 10 (dez) minutos, prorrogando-se por igual período o tempo de manifestação da defesa. (Incluído pela Lei nº 11.719, de 2008).

ART. 535. Nenhum ato será adiado, salvo quando imprescindível a prova faltante, determinando o juiz a condução coercitiva de quem deva comparecer. (Redação dada pela Lei nº 11.719, de 2008).

§§ 1º e 2º. (Revogados pela Lei nº 11.719, de 2008).

▸ CF: art. 129, I.

ART. 536. A testemunha que comparecer será inquirida, independentemente da suspensão da audiência, observada em qualquer caso a ordem estabelecida no art. 531 deste Código. (Redação dada pela Lei nº 11.719, de 2008).

▸ *CF: art. 129.*

ART. 537. (Revogado pela Lei nº 11.719, de 2008).

ART. 538. Nas infrações penais de menor potencial ofensivo, quando o juizado especial criminal encaminhar ao juízo comum as peças existentes para a adoção de outro procedimento, observar-se-á o procedimento sumário previsto neste Capítulo. (Redação dada pela Lei nº 11.719, de 2008).

▸ *CPP: arts. 156, 251, 394, II, 571, III, 572, I e 573.*

▸ *Lei nº 9.099, de 26-09-1995: art. 60, dispõe sobre os Juizados Especiais Cíveis e Criminais.*

§§ 1º a 4º. (Revogados pela Lei nº 11.719, de 2008).

▸ *CPP: arts. 211, par. ún., e 226 a 230.*

ART. 539. (Revogado pela Lei nº 11.719, de 2008).

▸ *CPP: art. 532.*

▸ *Lei nº 9.099, de 26-09-1995, dispõe sobre os Juizados Especiais Cíveis e Criminais.*

▸ *Lei nº 11.101, de 09-02-2005: art. 185, regula a recuperação judicial, a extrajudicial e a falência do empresário e da sociedade empresária.*

ART. 540. (Revogado pela Lei nº 11.719, de 2008).

▸ *CPP: arts. 394 a 405.*

CAPÍTULO VI. DO PROCESSO DE RESTAURAÇÃO DE AUTOS EXTRAVIADOS OU DESTRUÍDOS

ART. 541. Os autos originais de processo penal extraviados ou destruídos, em primeira ou segunda instância, serão restaurados.

▸ *CP: arts. 314, 337 e 356.*

§ 1º. Se existir e for exibida cópia autêntica ou certidão do processo, será uma ou outra considerada como original.

§ 2º. Na falta de cópia autêntica ou certidão do processo, o juiz mandará, de ofício, ou a requerimento de qualquer das partes, que:

a) o escrivão certifique o estado do processo, segundo a sua lembrança, e reproduza o que houver a respeito em seus protocolos e registros;

▸ *CPP: art. 389.*

b) sejam requisitadas cópias do que constar a respeito no Instituto Médico-Legal, no Instituto de Identificação e Estatística ou em estabelecimentos congêneres, repartições públicas, penitenciárias ou cadeias;

c) as partes sejam citadas pessoalmente, ou, se não forem encontradas, por edital, com o prazo de dez dias, para o processo de restauração dos autos.

§ 3º. Proceder-se-á à restauração na primeira instância, ainda que os autos se tenham extraviado na segunda.

ART. 542. No dia designado, as partes serão ouvidas, mencionando-se em termo circunstanciado os pontos em que estiverem acordes e a exibição e a conferência das certidões e mais reproduções do processo apresentadas e conferidas.

ART. 543. O juiz determinará as diligências necessárias para a restauração, observando-se o seguinte:

I – caso ainda não tenha sido proferida a sentença, reinquirir-se-ão as testemunhas podendo ser substituídas as que tiverem falecido ou se encontrarem em lugar não sabido;

II – os exames periciais, quando possível, serão repetidos, e de preferência pelos mesmos peritos;

▸ *CPP: arts. 158 a 184.*

III – a prova documental será reproduzida por meio de cópia autêntica ou, quando impossível, por meio de testemunhas;

▸ *CPP: arts. 231 a 238.*

IV – poderão também ser inquiridas sobre os atos do processo, que deverá ser restaurado, as autoridades, os serventuários, os peritos e mais pessoas que tenham nele funcionado;

V – o Ministério Público e as partes poderão oferecer testemunhas e produzir documentos, para provar o teor do processo extraviado ou destruído.

ART. 544. Realizadas as diligências que, salvo motivo de força maior, deverão concluir-se dentro de vinte dias, serão os autos conclusos para julgamento.

Parágrafo único. No curso do processo, e depois de subirem os autos conclusos para sentença, o juiz poderá, dentro em cinco dias, requisitar de autoridades ou de repartições todos os esclarecimentos para a restauração.

ART. 545. Os selos e as taxas judiciárias, já pagos nos autos originais, não serão novamente cobrados.

ART. 546. Os causadores de extravio de autos responderão pelas custas, em dobro, sem prejuízo da responsabilidade criminal.

▸ *CP: arts. 314, 337 e 356.*

ART. 547. Julgada a restauração, os autos respectivos valerão pelos originais.

▸ *CPP: art. 593, II.*

Parágrafo único. Se no curso da restauração aparecerem os autos originais, nestes continuará o processo, apensos a eles os autos da restauração.

ART. 548. Até à decisão que julgue restaurados os autos, a sentença condenatória em execução continuará a produzir efeito, desde que conste da respectiva guia arquivada na cadeia ou na penitenciária, onde o réu estiver cumprindo a pena, ou de registro que torne a sua existência inequívoca.

CAPÍTULO VII. DO PROCESSO DE APLICAÇÃO DE MEDIDA DE SEGURANÇA POR FATO NÃO CRIMINOSO

▸ *Súmula 527 do STJ.*

▸ *CP: arts. 96 a 99.*

ART. 549. Se a autoridade policial tiver conhecimento de fato que, embora não constituindo infração penal, possa determinar a aplicação de medida de segurança (Código Penal, arts. 14 e 27), deverá proceder a inquérito, a fim de apurá-lo e averiguar todos os elementos que possam interessar à verificação da periculosidade do agente.

▸ CP: arts. 17, 31 e 96.

ART. 550. O processo será promovido pelo Ministério Público, mediante requerimento que conterá a exposição sucinta do fato, as suas circunstâncias e todos os elementos em que se fundar o pedido.

▸ CP: art. 96.

ART. 551. O juiz, ao deferir o requerimento, ordenará a intimação do interessado para comparecer em juízo, a fim de ser interrogado.

▸ CP: art. 96.

ART. 552. Após o interrogatório ou dentro do prazo de dois dias, o interessado ou seu defensor poderá oferecer alegações.

Parágrafo único. O juiz nomeará defensor ao interessado que não o tiver.

ART. 553. O Ministério Público, ao fazer o requerimento inicial, e a defesa, no prazo estabelecido no artigo anterior, poderão requerer exames, diligências e arrolar até três testemunhas.

ART. 554. Após o prazo de defesa ou a realização dos exames e diligências ordenados pelo juiz, de ofício ou a requerimento das partes, será marcada audiência, em que, inquiridas as testemunhas e produzidas alegações orais pelo órgão do Ministério Público e pelo defensor, dentro de dez minutos para cada um, o juiz proferirá sentença.

Parágrafo único. Se o juiz não se julgar habilitado a proferir a decisão, designará, desde logo, outra audiência, que se realizará dentro de cinco dias, para publicar a sentença.

ART. 555. Quando, instaurado processo por infração penal, o juiz, absolvendo ou impronunciando o réu, reconhecer a existência de qualquer dos fatos previstos no art. 14 ou no art. 27 do Código Penal, aplicar-lhe-á, se for caso, medida de segurança.

▸ CP: arts. 17, 31 e 96.

TÍTULO III.
DOS PROCESSOS DE COMPETÊNCIA DO SUPREMO TRIBUNAL FEDERAL E DOS TRIBUNAIS DE APELAÇÃO (Revogado pela Lei nº 8.658, de 26.5.1993)

▸ Lei nº 8.038, de 28-05-1990, Institui normas procedimentais para os processos que especifica, perante o Superior Tribunal de Justiça e o Supremo Tribunal Federal.

ARTS. 556 a 562. (Revogados pela Lei nº 8.658, de 26.05.1993)

LIVRO III.
DAS NULIDADES E DOS RECURSOS EM GERAL

TÍTULO I.
DAS NULIDADES

ART. 563. Nenhum ato será declarado nulo, se da nulidade não resultar prejuízo para a acusação ou para a defesa.

▸ Súmula nº 523 do STF.

▸ CPC/2015: art. 282, § 1º.

▸ Lei nº 9.099, de 26-09-1995: arts. 62 e 65, dispõe sobre os Juizados Especiais Cíveis e Criminais.

ART. 564. A nulidade ocorrerá nos seguintes casos:

I – por incompetência, suspeição ou suborno do juiz;

▸ Súmula nº 706 do STF.

▸ CF: arts. 5º., XXXVII e LIII, e .129, I.

▸ CPP: arts. 3-A, 3-B a 3-F, 69 a 91, 95, I, 157, § 5º, 252 a 256, 258, 274 e 567.

II – por ilegitimidade de parte;

▸ Dec-Lei 3.931,de 11-12-1941, ART. 5º.; Lei de Introdução do CPP.

▸ CPP: arts. 95, IV, 110, 395, II e III, e 568.

III – por falta das fórmulas ou dos termos seguintes:

▸ CPP: arts. 603 e 570.

a) a denúncia ou a queixa e a representação e, nos processos de contravenções penais, a portaria ou o auto de prisão em flagrante;

▸ CF: art. 129, I.

▸ CPP: arts. 26, 30, 39, 41, 44 e 384.

b) o exame do corpo de delito nos crimes que deixam vestígios, ressalvado o disposto no Art. 167;

▸ Súmula nº 361 do STF.

▸ Súmula nº 574 do STJ.

▸ CPP: arts. 158, 158-A a 158-F e 168.

▸ Lei nº 11.343, de 23-08-2006: art. 50 §§ 1º e 3º, Lei de Entorpecentes.

c) a nomeação de defensor ao réu presente, que o não tiver, ou ao ausente, e de curador ao menor de 21 anos;

▸ CF: art. 5º, LV.

▸ Súmulas nº 352, 523 e 708 do STF.

▸ CPP: arts. 261 a 267 e 514, parágrafo único.

▸ CC: art. 5º.

d) a intervenção do Ministério Público em todos os termos da ação por ele intentada e nos da intentada pela parte ofendida, quando se tratar de crime de ação pública;

▸ CF: arts. 127, caput e 129, I.

▸ CPP: arts. 24, 29, 257, II e 572.

▸ CPC/2015: art. 279.

e) a citação do réu para ver-se processar, o seu interrogatório, quando presente, e os prazos concedidos à acusação e à defesa;

- CF: art. 5º. LV.
- Súmulas 351 e 366 do STF.
- CPP: arts. 185 a 196, 351 a 369, 400, 572, 564, III, e, e IV.
- Lei nº 11.343, de 23-08-2006: art. 57, Lei de Entorpecentes
- Lei n. 12.850, de 02-8-2013, art. 4º., § 10-A; Organização criminosa.

f) a sentença de pronúncia, o libelo e a entrega da respectiva cópia, com o rol de testemunhas, nos processos perante o Tribunal do Júri;

- CPP: arts. 413, 421, caput, e 422.

g) a intimação do réu para a sessão de julgamento, pelo Tribunal do Júri, quando a lei não permitir o julgamento à revelia;

- CF: art. 5º, LV e LXIII.
- CPP: arts. 420, 431, 455, 457 a 461 e 478, II.
- Dec. nº 678, de 06-11-1992, art. 8º, 2, g, Promulga a Convenção Americana sobre Direitos Humanos – Pacto de São José da Costa Rica.

h) a intimação das testemunhas arroladas no libelo e na contrariedade, nos termos estabelecidos pela lei;

- CPP: arts. 422, 458, 461 e 572.

i) a presença pelo menos de 15 jurados para a constituição do júri;

- CPP: arts. 433, 434, 436, e 463.

j) o sorteio dos jurados do conselho de sentença em número legal e sua incomunicabilidade;

- CPP: arts. 433, 462 a 472 e 495, XII.

k) os quesitos e as respectivas respostas;

- Súmula nº 156 e 162 do STF.
- CPP: arts. 482 a 491.

l) a acusação e a defesa, na sessão de julgamento;

- CPP: arts. 455 a 457 e 473 a 481.

m) a sentença;

- CPP: arts. 381 a 393 e 492 a 493.

n) o recurso de oficio, nos casos em que a lei o tenha estabelecido;

- CF: art. 129, I.
- CPP: arts. 574 e 746.

o) a intimação, nas condições estabelecidas pela lei, para ciência de sentenças e despachos de que caiba recurso;

- CF: art. 5º., LV.
- CPP: arts. 28-A, 370 a 372, 390, 392, 420 e 574.

p) no Supremo Tribunal Federal e nos Tribunais de Apelação, o *quorum* legal para o julgamento;

IV – por omissão de formalidade que constitua elemento essencial do ato.

- Súmula 160 do STF.
- CPP: arts. 158-A a 158-F, 400, 478, 514, 564, IV, 571 e 572.
- Lei nº 8.038, de 28 de maio de 1990: art. 4º, institui normas procedimentais para os processos que especifica, perante o Superior Tribunal de Justiça e o Supremo Tribunal Federal.
- Lei nº 8.666, de 21-06-1993, art. 104, institui normas para licitações e contratos da Administração Pública (REVOGADA pela Lei 14.133, de 01-04.2021)
- Lei nº 9.099, 26 de setembro de 1995: arts. 74, 76 e 89.
- Lei nº 11.343, de 23-08-2006: art. 55 e 57, Lei de Entorpecentes.

V – em decorrência de decisão carente de fundamentação. (Acrescido pela Lei nº 13.964, de 24.12.2019)

- CF: art. 93, IX.
- CPP: art. 315.

Parágrafo único. Ocorrerá ainda a nulidade, por deficiência dos quesitos ou das suas respostas, e contradição entre estas. (Incluído pela Lei nº 263, de 23.2.1948)

- Súmula nº 156 e 162 do STF.
- CPP: arts. 482, par. ú, 483, 484 e 490.

ART. 565. Nenhuma das partes poderá arguir nulidade a que haja dado causa, ou para que tenha concorrido, ou referente a formalidade cuja observância só à parte contrária interesse.

- Súmula 160 do STF.
- CPP: arts. 452 e 563.
- CPC/2015: art. 276.

ART. 566. Não será declarada a nulidade de ato processual que não houver influído na apuração da verdade substancial ou na decisão da causa.

- Súmula nº 352 e 366 do STF.
- CC: art. 5º.
- CPC/2015: art. 277

ART. 567. A incompetência do juízo anula somente os atos decisórios, devendo o processo, quando for declarada a nulidade, ser remetido ao juiz competente.

- Súmula nº 706 do STF.
- CF: arts. 5º, LIII e XXXVII, 102, 105 e 109.
- CPP: arts. 69 a 91, 108, § 1º, 419 e 564, I.

ART. 568. A nulidade por ilegitimidade do representante da parte poderá ser a todo tempo sanada, mediante ratificação dos atos processuais.

- CPP: arts. 33, 38 e 44.
- CPC/2015: art. 103.

ART. 569. As omissões da denúncia ou da queixa, da representação, ou, nos processos das contravenções penais, da portaria ou do auto de prisão em flagrante, poderão ser supridas a todo o tempo, antes da sentença final.

- CPP: arts. 39, 564, III, "a" 41.

ART. 570. A falta ou a nulidade da citação, da intimação ou notificação estará sanada, desde que o interessado compareça, antes de o ato consumar-se, embora declare que o faz para o único fim de arguí-la. O juiz ordenará, todavia, a suspensão ou o adiamento do ato, quando reconhecer que a irregularidade poderá prejudicar direito da parte.

- Súmulas nº 155 e 366 do STF.
- CPP: arts. 351 a 372 e 564, III, "e", "g", "h". e 396.
- CPC/2015: art. 280

ART. 571. As nulidades deverão ser arguidas:

- Súmula nº 155, 160 e 523 do STF.
- CPC/2015: art. 278.

I – as da instrução criminal dos processos da competência do júri, nos prazos a que se refere o art. 406;

- Súmulas nº 156, 162 e 206 do STF.

II – as da instrução criminal dos processos de competência do juiz singular e dos processos especiais, salvo os dos

Capítulos V e VII do Título II do Livro II, nos prazos a que se refere o art. 500;

▸ CPP: arts. 531 a 538, e 549 a 555.

III – as do processo sumário, no prazo a que se refere o art. 537, ou, se verificadas depois desse prazo, logo depois de aberta a audiência e apregoadas as partes;

▸ CF: art. 129, I.

▸ CPP: art. 538.

IV – as do processo regulado no Capítulo VII do Título II do Livro II, logo depois de aberta a audiência;

▸ CPP: arts. 549 a 555.

V – as ocorridas posteriormente à pronúncia, logo depois de anunciado o julgamento e apregoadas as partes (art. 447);

VI – as de instrução criminal dos processos de competência do Supremo Tribunal Federal e dos Tribunais de Apelação, nos prazos a que se refere o art. 500;

▸ CPP: art. 610, par. ún.

VII – se verificadas após a decisão da primeira instância, nas razões de recurso ou logo depois de anunciado o julgamento do recurso e apregoadas as partes;

VIII – as do julgamento em plenário, em audiência ou em sessão do tribunal, logo depois de ocorrerem.

ART. 572. As nulidades previstas no art. 564, III, d e e, segunda parte, g e h, e IV, considerar-se-ão sanadas:

▸ Súmulas nº 155, 156 e 162 do STF.

▸ CPP: arts. 563 e 566.

I – se não forem arguidas, em tempo oportuno, de acordo com o disposto no artigo anterior;

II – se, praticado por outra forma, o ato tiver atingido o seu fim;

▸ Súmula nº 366 do STF.

III – se a parte, ainda que tacitamente, tiver aceito os seus efeitos.

ART. 573. Os atos, cuja nulidade não tiver sido sanada, na forma dos artigos anteriores, serão renovados ou retificados.

§ 1º. A nulidade de um ato, uma vez declarada, causará a dos atos que dele diretamente dependam ou sejam consequência.

▸ CPC/2015: arts. 281 e 282.

§ 2º. O juiz que pronunciar a nulidade declarará os atos a que ela se estende.

▸ CPC/2015: art. 282.

TÍTULO II. DOS RECURSOS EM GERAL

CAPÍTULO I. DISPOSIÇÕES GERAIS

ART. 574. Os recursos serão voluntários, excetuando-se os seguintes casos, em que deverão ser interpostos, de ofício, pelo juiz:

▸ Súmulas nº 160 e 423 do STF.

▸ CF: art. 129, I.

▸ CPP: arts. 415, 416, 564, III, n, 583, I e 746.

▸ CPC/2015: art. 496.

▸ Lei nº 1.521, de 26-12-1951: art. 7º, altera dispositivos da legislação vigente sobre crimes contra a economia popular.

I – da sentença que conceder habeas corpus;

▸ Súmulas nº 344 e 423 do STF.

▸ CPP: arts. 581, X e 647 a 667.

II – da que absolver desde logo o réu com fundamento na existência de circunstância que exclua o crime ou isente o réu de pena, nos termos do Art. 411.

▸ CPP: arts. 415 e 416.

ART. 575. Não serão prejudicados os recursos que, por erro, falta ou omissão dos funcionários, não tiverem seguimento ou não forem apresentados dentro do prazo.

▸ Súmulas nº 320 e 428 do STF.

▸ CPP: art. 798, § 4º.

ART. 576. O Ministério Público não poderá desistir de recurso que haja interposto.

▸ CPP: art. 42.

ART. 577. O recurso poderá ser interposto pelo Ministério Público, ou pelo querelante, ou pelo réu, seu procurador ou seu defensor.

▸ Súmulas nº 210 e 448 do STF.

▸ CPP: arts. 271, caput, e 598, caput.

Parágrafo único. Não se admitirá, entretanto, recurso da parte que não tiver interesse na reforma ou modificação da decisão.

▸ CPP: art. 385.

ART. 578. O recurso será interposto por petição ou por termo nos autos, assinado pelo recorrente ou por seu representante.

▸ Súmulas nº 160 e 428 do STF.

▸ CPP: arts. 587, caput, 600, 620, 625, 633, 640 e 654, § 1º.

§ 1º. Não sabendo ou não podendo o réu assinar o nome, o termo será assinado por alguém, a seu rogo, na presença de duas testemunhas.

§ 2º. A petição de interposição de recurso, com o despacho do juiz, será, até o dia seguinte ao último do prazo, entregue ao escrivão, que certificará no termo da juntada a data da entrega.

▸ Súmulas nº 320 e 428 do STF.

§ 3º. Interposto por termo o recurso, o escrivão, sob pena de suspensão por dez a trinta dias, fará conclusos os autos ao juiz, até o dia seguinte ao último do prazo.

ART. 579. Salvo a hipótese de má-fé, a parte não será prejudicada pela interposição de um recurso por outro.

Parágrafo único. Se o juiz, desde logo, reconhecer a impropriedade do recurso interposto pela parte, mandará processá-lo de acordo com o rito do recurso cabível.

ART. 580. No caso de concurso de agentes (Código Penal, Art. 25), a decisão do recurso interposto por um dos réus, se fundado em motivos que não sejam de caráter exclusivamente pessoal, aproveitará aos outros.

▸ CPP: art. 77, I.

▸ CP: art. 29.

CAPÍTULO II. DO RECURSO EM SENTIDO ESTRITO

ART. 581. Caberá recurso, no sentido estrito, da decisão, despacho ou sentença:

▸ CPP: art. 593, § 4º do Código de Processo Penal.

▸ CTB: art. 294, parágrafo único.

CÓDIGO DE PROCESSO PENAL

- *Lei nº 1.508, de 19-12-51, art. 6º, par. ún., Regula o Processo das Contravenções definidas nos artigos 58 e 60.*
- *Lei nº 9.099, de 26-09-95, art. 82, § 1º, Juizados Especiais Cíveis e Criminais.*
- *Decreto-lei nº 201, de 27-02-1967, art. 2º, III, dispõe sobre a responsabilidade dos Prefeitos e Vereadores.*

I – que não receber a denúncia ou a queixa;

- *Súmulas nº 707 e 709 do STF.*
- *CPP: arts. 30, e 41.*

II – que concluir pela incompetência do juízo;

- *CPP: arts. 108, 109, 419, 564, I e 567.*

III – que julgar procedentes as exceções, salvo a de suspeição;

- *CPP: arts. 95 e seguintes.*

IV – que pronunciar o réu; (Redação dada pela Lei nº 11.689, de 2008)

- *CPP: art. 413.*

V – que conceder, negar, arbitrar, cassar ou julgar inidônea a fiança, indeferir requerimento de prisão preventiva ou revogá-la, conceder liberdade provisória ou relaxar a prisão em flagrante; (Redação dada pela Lei nº 7.780, de 22.6.1989)

- *CPP: arts. 302, 303, 310, 311 a 316, 319, 322 a 350 e 648, V.*
- *Lei nº 7.960, de 21-12-1989: art. 2º, Prisão Temporária.*

VI – (Revogado pela Lei nº 11.689, de 2008)

- *CPP: arts. 416 e 574, II.*

VII – que julgar quebrada a fiança ou perdido o seu valor;

- *CPP: arts. 328 e 341 a 347.*

VIII – que decretar a prescrição ou julgar, por outro modo, extinta a punibilidade;

- *CPP: art. 593, §4º.*
- *CP: arts. 107 a 120.*

IX – que indeferir o pedido de reconhecimento da prescrição ou de outra causa extintiva da punibilidade;

- *CPP: art. 593, §4º e 648, VII.*
- *CP: arts. 107 a 120.*

X – que conceder ou negar a ordem de habeas corpus;

- *CF: arts. 102, II, a, e 105, II, a.*
- *CPP: arts. 574, I, e 647 a 667.*

XI – que conceder, negar ou revogar a suspensão condicional da pena;

- *CP: arts. 77 a 82.*
- *CPP: arts. 593 I e 696 a 709.*
- *Lei nº 7.210, de 11-07-1984, arts. 66, 156 a 163 e 197, Lei de Execução Penal.*
- *Lei nº 9.099, de 26-09-1995, art. 89, Lei dos Juizados Especiais Cíveis e Criminais.*

XII – que conceder, negar ou revogar livramento condicional;

- *CPP: arts. 710 a 733.*
- *CP: arts. 83 a 90.*
- *Lei nº 7.210, de 11-07-1984, arts. 131 e 197, Lei de Execução Penal.*

XIII – que anular o processo da instrução criminal, no todo ou em parte;

XIV – que incluir jurado na lista geral ou desta o excluir;

- *CPP: arts. 425 e 426, 432 a 435, e 586, par. ún.*

XV – que denegar a apelação ou a julgar deserta;

- *CPP: arts. 593, 639, e 806, § 2º.*

XVI – que ordenar a suspensão do processo, em virtude de questão prejudicial;

- *CPP: arts. 92 a 94 e 366.*

XVII – que decidir sobre a unificação de penas;

- *CPP: arts. 82 e 674.*
- *CP: art. 71.*
- *Lei nº 7.210, de 11-07-1984, arts. 111 e 197, Lei de Execução Penal.*

XVIII – que decidir o incidente de falsidade;

- *CPP: arts. 145 a 148.*

XIX – que decretar medida de segurança, depois de transitar a sentença em julgado;

- *CPP: arts. 752 e 753.*
- *CP: art. 96.*
- *Lei nº 7.210, de 11-07-1984, arts. 171 a 179, 183, 184 e 197, Lei de Execução Penal.*

XX – que impuser medida de segurança por transgressão de outra;

- *CPP: arts. 752, 753, 772 e 774.*
- *CP: art. 96.*
- *Lei nº 7.210, de 11-07-1984, arts. 171 a 179, 183, 184 e 197, Lei de Execução Penal.*

XXI – que mantiver ou substituir a medida de segurança, nos casos do Art. 774;

- *CPP: arts. 752 e 753.*
- *CP: art. 96.*
- *Lei nº 7.210, de 11-07-1984, arts. 171 a 179, 183, 184 e 197, Lei de Execução Penal.*

XXII – que revogar a medida de segurança;

- *Súmula 527 do STJ.*
- *CPP: arts. 752, 753, 775 a 778.*
- *CP: arts. 96 e 97, § 3º.*
- *Lei nº 7.210, de 11-07-1984, arts. 171 a 179, 183, 184 e 197, Lei de Execução Penal.*

XXIII – que deixar de revogar a medida de segurança, nos casos em que a lei admita a revogação;

- *CPP: arts. 752 e 753.*
- *CP: art. 96 e 97, § 3º.*
- *Lei nº 7.210, de 11-07-1984, arts. 171 a 179, 183, 184 e 197, Lei de Execução Penal.*

XXIV – que converter a multa em detenção ou em prisão simples.

- *CF: art. 5º, LXVIII.*
- *CPP: arts. 647, 648, I e 689.*
- *CP: art. 51.*
- *Lei nº 7.210, de 11-07-1984, arts. 164 a 170, Lei de Execução Penal.*

XXV – que recusar homologação à proposta de acordo de não persecução penal, previsto no art. 28-A desta Lei. (Acrescido pela Lei nº 13.964, de 24.12.2019)

- *CPP: art. 28-A, §§ 7º. e 8º.*

ART. 582. Os recursos serão sempre para o Tribunal de Apelação, salvo nos casos dos ns. V, X e XIV.

- *CPP: art. 591.*

Parágrafo único. O recurso, no caso do nº XIV, será para o presidente do Tribunal de Apelação.

ART. 583. Subirão nos próprios autos os recursos:

I – quando interpostos de ofício;

II – nos casos do Art. 581, I, III, IV, VI, VIII e X;

III – quando o recurso não prejudicar o andamento do processo.

Parágrafo único. O recurso da pronúncia subirá em traslado, quando, havendo dois ou mais réus, qualquer deles se

CÓDIGO DE PROCESSO PENAL

conformar com a decisão ou todos não tiverem sido ainda intimados da pronúncia.

▸ CPP: arts. 80 e 413 a 415.

ART. 584. Os recursos terão efeito suspensivo nos casos de perda da fiança, de concessão de livramento condicional e dos n°s XV, XVII e XXIV do Art. 581.

▸ Súmula 604 do STJ.

▸ CPP: arts. 343 a 345.

▸ CP: art. 83, I, IV e par. ún.

▸ Lei nº 7.210, de 11-07-1984, arts. 131 a 146, Lei de Execução Penal.

§ 1º. Ao recurso interposto de sentença de impronúncia ou no caso do nº VIII do Art. 581, aplicar-se-á o disposto nos Arts. 596 e 598.

▸ Súmula nº 210 do STF.

§ 2º. O recurso da pronúncia suspenderá tão-somente o julgamento.

§ 3º. O recurso do despacho que julgar quebrada a fiança suspenderá unicamente o efeito de perda da metade do seu valor.

ART. 585. O réu não poderá recorrer da pronúncia senão depois de preso, salvo se prestar fiança, nos casos em que a lei a admitir.

▸ CF: art. 5º, LVII.

▸ CPP: arts. 322 a 350, 416.

ART. 586. O recurso voluntário poderá ser interposto no prazo de cinco dias.

▸ Súmulas nº 319 e 700 do STF.

▸ CPP: art. 798.

Parágrafo único. No caso do Art. 581, XIV, o prazo será de vinte dias, contado da data da publicação definitiva da lista de jurados.

▸ CPP: arts. 439 e 440.

ART. 587. Quando o recurso houver de subir por instrumento, a parte indicará, no respectivo termo, ou em requerimento avulso, as peças dos autos de que pretenda traslado.

Parágrafo único. O traslado será extraído, conferido e concertado no prazo de cinco dias, e dele constarão sempre a decisão recorrida, a certidão de sua intimação, se por outra forma não for possível verificar-se a oportunidade do recurso, e o termo de interposição.

▸ CPP: art. 583.

▸ CPC/2015: 1018.

ART. 588. Dentro de dois dias, contados da interposição do recurso, ou do dia em que o escrivão, extraído o traslado, o fizer com vista ao recorrente, este oferecerá as razões e, em seguida, será aberta vista ao recorrido por igual prazo.

▸ Súmula nº 707 do STF.

▸ CPP: arts. 576, 601 e 643.

▸ Lei nº 7.210, de 11-07-1984, art. 197, Lei de Execução Penal.

Parágrafo único. Se o recorrido for o réu, será intimado do prazo na pessoa do defensor.

ART. 589. Com a resposta do recorrido ou sem ela, será o recurso concluso ao juiz, que, dentro de dois dias, reformará ou sustentará o seu despacho, mandando instruir o recurso com os traslados que lhe parecerem necessários.

▸ CPP: arts. 639 e 643.

▸ Lei nº 7.210, de 11-07-1984, art. 197, Lei de Execução Penal.

Parágrafo único. Se o juiz reformar o despacho recorrido, a parte contrária, por simples petição, poderá recorrer da nova decisão, se couber recurso, não sendo mais lícito ao juiz modificá-la. Neste caso, independentemente de novos arrazoados, subirá o recurso nos próprios autos ou em traslado.

ART. 590. Quando for impossível ao escrivão extrair o traslado no prazo da lei, poderá o juiz prorrogá-lo até o dobro.

▸ CPP: arts. 587, par. ún e 643.

ART. 591. Os recursos serão apresentados ao juiz ou tribunal ad quem, dentro de cinco dias da publicação da resposta do juiz a quo, ou entregues ao Correio dentro do mesmo prazo.

▸ CPP: art. 643.

ART. 592. Publicada a decisão do juiz ou do tribunal ad quem, deverão os autos ser devolvidos, dentro de cinco dias, ao juiz a quo.

▸ CPP: art. 643.

CAPÍTULO III. DA APELAÇÃO

ART. 593. Caberá apelação no prazo de 5 (cinco) dias: (Redação dada pela Lei nº 263, de 23.2.1948)

▸ Súmula 428 do STF.

▸ CPP: arts. 416, 581, XV, 598 e 609.

▸ CP: arts. 77 e 78.

▸ CE: art. 362

▸ Lei nº 8.666, de 21-06-1993, art. 107, institui normas para licitações e contratos da Administração Pública (REVOGADA pela Lei 14.133, de 01-04.2021)

▸ Lei nº 9.099, de 26-09-1995: art. 82, dispõe sobre os Juizados Especiais Cíveis e Criminais.

I – das sentenças definitivas de condenação ou absolvição proferidas por juiz singular; (Redação dada pela Lei nº 263, de 23.2.1948)

▸ Súmula nº 713 do STF.

▸ Súmula nº 526 do STJ.

▸ CPP: arts. 386, 387, 397, 416 e 800, I.

▸ CE: art. 362.

II – das decisões definitivas, ou com força de definitivas, proferidas por juiz singular nos casos não previstos no Capítulo anterior; (Redação dada pela Lei nº 263, de 23.2.1948)

III – das decisões do Tribunal do Júri, quando: (Redação dada pela Lei nº 263, de 23.2.1948)

▸ Súmula nº 713 do STF.

a) ocorrer nulidade posterior à pronúncia; (Redação dada pela Lei nº 263, de 23.2.1948)

▸ Súmula nº 160 do STF.

▸ CPP: arts. 413, 571, V e 617.

b) for a sentença do juiz-presidente contrária à lei expressa ou à decisão dos jurados; (Redação dada pela Lei nº 263, de 23.2.1948)

▸ CPP: art. 492.

c) houver erro ou injustiça no tocante à aplicação da pena ou da medida de segurança; (Redação dada pela Lei nº 263, de 23.2.1948)

▸ Súmula nº 526 do STJ.

▸ CPP: arts. 492 e 493.

d) for a decisão dos jurados manifestamente contrária à prova dos autos. (Redação dada pela Lei nº 263, de 23.2.1948)

▸ Súmula nº 160 do STF.

▸ CPP: arts. 413, 571, V e 617.

§ 1º. Se a sentença do juiz-presidente for contrária à lei expressa ou divergir das respostas dos jurados aos quesitos, o tribunal ad quem fará a devida retificação. (Incluído pela Lei nº 263, de 23.2.1948)

§ 2º. Interposta a apelação com fundamento no nº III, c, deste artigo, o tribunal ad quem, se lhe der provimento, retificará a aplicação da pena ou da medida de segurança. (Incluído pela Lei nº 263, de 23.2.1948)

▸ Súmula nº 526 do STJ.

§ 3º. Se a apelação se fundar no nº III, d, deste artigo, e o tribunal ad quem se convencer de que a decisão dos jurados é manifestamente contrária à prova dos autos, dar-lhe-á provimento para sujeitar o réu a novo julgamento; não se admite, porém, pelo mesmo motivo, segunda apelação. (Incluído pela Lei nº 263, de 23.2.1948)

§ 4º. Quando cabível a apelação, não poderá ser usado o recurso em sentido estrito, ainda que somente de parte da decisão se recorra. (Parágrafo único renumerado pela Lei nº 263, de 23.2.1948)

▸ CPP: art. 581, VIII e IX.

ART. 594. (Revogado pela Lei nº 11.719, de 2008).

▸ Súmula nº 393 do STF.

▸ Súmula nº 9 do STJ.

▸ CF: art. 5º, LVII, LXI e, LXVI.

▸ CPP: arts. 321 a 350, 392, III, 576 e 585.

ART. 595. (Revogado pela Lei nº 12.403, de 2011).

▸ Súmula nº 347 do STJ.

▸ CPP: art. 806, § 2º.

ART. 596. A apelação da sentença absolutória não impedirá que o réu seja posto imediatamente em liberdade. (Redação dada pela Lei nº 263, de 23.2.1948)

▸ CPP: arts. 318, 386, par. ún, I, 492, II, a, 584, § 1º, 669, II, 670 e 673.

Parágrafo único. A apelação não suspenderá a execução da medida de segurança aplicada provisoriamente. (Redação dada pela Lei nº 5.941, de 22.11.1973)

▸ CPP: arts. 374 e 378.

▸ CP: arts. 96.

ART. 597. A apelação de sentença condenatória terá efeito suspensivo, salvo o disposto no Art. 393, a aplicação provisória de interdições de direitos e de medidas de segurança (Arts. 374 e 378), e o caso de suspensão condicional de pena.

▸ Súmula 604 do STJ.

▸ CPP: arts. 669, I, 670, 673, 674, 698, 703 e 706.

ART. 598. Nos crimes de competência do Tribunal do Júri, ou do juiz singular, se da sentença não for interposta apelação pelo Ministério Público no prazo legal, o ofendido ou qualquer das pessoas enumeradas no Art. 31, ainda que não se tenha habilitado como assistente, poderá interpor apelação, que não terá, porém, efeito suspensivo.

▸ Súmulas nº 210 e 713 do STF.

▸ CF: art. 226, § 3º.

▸ CPP: arts. 29, 31, 268, 271, 391, 416, 581, 584, §1º, 593, I e III.

Parágrafo único. O prazo para interposição desse recurso será de quinze dias e correrá do dia em que terminar o do Ministério Público.

▸ Súmula 448 do STF.

ART. 599. As apelações poderão ser interpostas quer em relação a todo o julgado, quer em relação a parte dele.

▸ Súmula nº 160, 705, 708 e 713 do STF.

▸ CPP: art. 576.

ART. 600. Assinado o termo de apelação, o apelante e, depois dele, o apelado terão o prazo de oito dias cada um para oferecer razões, salvo nos processos de contravenção, em que o prazo será de três dias.

▸ Lei nº 9.099, de 26-09-1995, art. 82, §2º, dispõe sobre os Juizados Especiais Cíveis e Criminais.

§ 1º. Se houver assistente, este arrazoará, no prazo de três dias, após o Ministério Público.

§ 2º. Se a ação penal for movida pela parte ofendida, o Ministério Público terá vista dos autos, no prazo do parágrafo anterior.

§ 3º. Quando forem dois ou mais os apelantes ou apelados, os prazos serão comuns.

▸ CP: arts. 29, 76, 77, I, e 79.

§ 4º. Se o apelante declarar, na petição ou no termo, ao interpor a apelação, que deseja arrazoar na superior instância serão os autos remetidos ao tribunal ad quem onde será aberta vista às partes, observados os prazos legais, notificadas as partes pela publicação oficial. (Incluído pela Lei nº 4.336, de 1º.6.1964)

ART. 601. Findos os prazos para razões, os autos serão remetidos à instância superior, com as razões ou sem elas, no prazo de 5 (cinco) dias, salvo no caso do Art. 603, segunda parte, em que o prazo será de trinta dias.

§ 1º. Se houver mais de um réu, e não houverem todos sido julgados, ou não tiverem todos apelado, caberá ao apelante promover extração do traslado dos autos, o qual deverá ser remetido à instância superior no prazo de trinta dias, contado da data da entrega das últimas razões de apelação, ou do vencimento do prazo para a apresentação das do apelado.

§ 2º. As despesas do traslado correrão por conta de quem o solicitar, salvo se o pedido for de réu pobre ou do Ministério Público.

▸ CPP: art. 806, § 2º.

ART. 602. Os autos serão, dentro dos prazos do artigo anterior, apresentados ao tribunal ad quem ou entregues ao Correio, sob registro.

ART. 603. A apelação subirá nos autos originais e, a não ser no Distrito Federal e nas comarcas que forem sede de Tribunal de Apelação, ficará em cartório traslado dos termos essenciais do processo referidos no Art. 564, III.

ARTS. 604 a 606. (Revogados pela Lei nº 263, de 23.2.1948)

CAPÍTULO IV. DO PROTESTO POR NOVO JÚRI (Revogado pela Lei nº 11.689, de 2008)

ARTS. 607 e 608. (Revogados pela Lei nº 11.689, de 2008)

CAPÍTULO V. DO PROCESSO E DO JULGAMENTO DOS RECURSOS EM SENTIDO ESTRITO E DAS APELAÇÕES, NOS TRIBUNAIS DE APELAÇÃO

ART. 609. Os recursos, apelações e embargos serão julgados pelos Tribunais de Justiça, câmaras ou turmas criminais, de acordo com a competência estabelecida nas leis de organização judiciária. (Redação dada pela Lei nº 1.720-B, de 3.11.1952)

- *Súmula nº 431 do STF.*
- *CF: arts. 102, III e 105, III.*
- *Lei nº 9.099, de 26-09-1995, art. 82, dispõe sobre os Juizados Especiais Cíveis e Criminais.*

Parágrafo único. Quando não for unânime a decisão de segunda instância, desfavorável ao réu, admitem-se embargos infringentes e de nulidade, que poderão ser opostos dentro de 10 (dez) dias, a contar da publicação de acórdão, na forma do Art. 613. Se o desacordo for parcial, os embargos serão restritos à matéria objeto de divergência. (Incluído pela Lei nº 1.720-B, de 3.11.1952)

- *Súmulas nº 281, 354 e 355 do STF.*
- *Súmula nº 207 do STJ.*
- *CF: arts. 102, III e 105, III.*
- *CP: art. 116, III.*
- *CPP: arts. 571, VII, 581 e 593.*
- *Lei nº 7.210, de 11-07-1984, art. 197, Lei de Execução Penal.*
- *RISTF: art. 333.*

ART. 610. Nos recursos em sentido estrito, com exceção do de habeas corpus, e nas apelações interpostas das sentenças em processo de contravenção ou de crime a que a lei comine pena de detenção, os autos irão imediatamente com vista ao procurador-geral pelo prazo de cinco dias, e, em seguida, passarão, por igual prazo, ao relator, que pedirá designação de dia para o julgamento.

- *Súmula nº 431 do STF.*
- *CPP: arts. 571, VII, e 581.*

Parágrafo único. Anunciado o julgamento pelo presidente, e apregoadas as partes, com a presença destas ou à sua revelia, o relator fará a exposição do feito e, em seguida, o presidente concederá, pelo prazo de 10 (dez) minutos, a palavra aos advogados ou às partes que a solicitarem e ao procurador-geral, quando o requerer, por igual prazo.

- *CPP: arts. 263 e 370, § 2º.*

ART. 611. (Revogado pelo Decreto-Lei nº 552, de 25.4.1969)

ART. 612. Os recursos de habeas corpus, designado o relator, serão julgados na primeira sessão.

- *Súmula nº 431 do STF.*
- *CPP: arts. 574, I, e 647 a 667.*

ART. 613. As apelações interpostas das sentenças proferidas em processos por crime a que a lei comine pena de reclusão, deverão ser processadas e julgadas pela forma estabelecida no Art. 610, com as seguintes modificações:

- *CPP: art. 609.*

I – exarado o relatório nos autos, passarão estes ao revisor, que terá igual prazo para o exame do processo e pedirá designação de dia para o julgamento;

II – os prazos serão ampliados ao dobro;

III – o tempo para os debates será de um quarto de hora.

ART. 614. No caso de impossibilidade de observância de qualquer dos prazos marcados nos Arts. 610 e 613, os motivos da demora serão declarados nos autos.

- *CPP: arts. 402, 648, II, e 653.*

ART. 615. O tribunal decidirá por maioria de votos.

§ 1º. Havendo empate de votos no julgamento de recursos, se o presidente do tribunal, câmara ou turma, não tiver tomado parte na votação, proferirá o voto de desempate; no caso contrário, prevalecerá a decisão mais favorável ao réu.

§ 2º. O acórdão será apresentado à conferência na primeira sessão seguinte à do julgamento, ou no prazo de duas sessões, pelo juiz incumbido de lavrá-lo.

ART. 616. No julgamento das apelações poderá o tribunal, câmara ou turma proceder a novo interrogatório do acusado, reinquirir testemunhas ou determinar outras diligências.

- *CPP: arts. 185, 196 e 502, par. ún.*

ART. 617. O tribunal, câmara ou turma atenderá nas suas decisões ao disposto nos Arts. 383, 386 e 387, no que for aplicável, não podendo, porém, ser agravada a pena, quando somente o réu houver apelado da sentença.

- *Súmulas nº 160, 453 e 525 do STF.*
- *CP: art. 110, § 1º.*
- *CPP: art. 626, par. ún.*

ART. 618. Os regimentos dos Tribunais de Apelação estabelecerão as normas complementares para o processo e julgamento dos recursos e apelações.

CAPÍTULO VI. DOS EMBARGOS

ART. 619. Aos acórdãos proferidos pelos Tribunais de Apelação, câmaras ou turmas, poderão ser opostos embargos de declaração, no prazo de dois dias contados da sua publicação, quando houver na sentença ambiguidade, obscuridade, contradição ou omissão.

- *Súmulas nº 282, 284 e 356 do STF.*
- *Súmulas nº 98, 211 e 418 do STJ.*
- *CF: arts. 102, III e 105, III.*
- *CPP: arts. 382 e 620.*
- *CPC/2015: arts. 494, 1022 e 1.026.*
- *Lei nº 9.099, de 26-09-1995, art. 83, dispõe sobre os Juizados Especiais Cíveis e Criminais.*

ART. 620. Os embargos de declaração serão deduzidos em requerimento de que constem os pontos em que o acórdão é ambíguo, obscuro, contraditório ou omisso.

- *CPP: art. 578.*

§ 1º. O requerimento será apresentado pelo relator e julgado, independentemente de revisão, na primeira sessão.

- *RISTF: arts. 337 a 339.*
- *RISTJ: arts. 263 a 265.*

§ 2º. Se não preenchidas as condições enumeradas neste artigo, o relator indeferirá desde logo o requerimento.

- *CPP: art. 609, par. ún.*

CAPÍTULO VII. DA REVISÃO

ART. 621. A revisão dos processos findos será admitida:

▸ CPC/2015: art. 381, §5º.

▸ CPP: art. 3º.

I – quando a sentença condenatória for contrária ao texto expresso da lei penal ou à evidência dos autos;

II – quando a sentença condenatória se fundar em depoimentos, exames ou documentos comprovadamente falsos;

▸ CPP: arts. 145 a 148.

III – quando, após a sentença, se descobrirem novas provas de inocência do condenado ou de circunstância que determine ou autorize diminuição especial da pena.

▸ Súmula nº 611 do STF.

ART. 622. A revisão poderá ser requerida em qualquer tempo, antes da extinção da pena ou após.

▸ Súmula nº 393 do STF.

Parágrafo único. Não será admissível a reiteração do pedido, salvo se fundado em novas provas.

ART. 623. A revisão poderá ser pedida pelo próprio réu ou por procurador legalmente habilitado ou, no caso de morte do réu, pelo cônjuge, ascendente, descendente ou irmão.

▸ Súmula nº 393 do STF.

▸ CF: art. 133.

▸ CPP: arts. 609, par. ún.

ART. 624. As revisões criminais serão processadas e julgadas: (Redação dada pelo Decreto-lei nº 504, de 18.3.1969)

I – pelo Supremo Tribunal Federal, quanto às condenações por ele proferidas; (Redação dada pelo Decreto-lei nº 504, de 18.3.1969)

II – pelo Tribunal Federal de Recursos, Tribunais de Justiça ou de Alçada, nos demais casos. (Redação dada pelo Decreto-lei nº 504, de 18.3.1969)

§ 1º. No Supremo Tribunal Federal e no Tribunal Federal de Recursos o processo e julgamento obedecerão ao que for estabelecido no respectivo regimento interno. (Incluído pelo Decreto-lei nº 504, de 18.3.1969)

§ 2º. Nos Tribunais de Justiça ou de Alçada, o julgamento será efetuado pelas câmaras ou turmas criminais, reunidas em sessão conjunta, quando houver mais de uma, e, no caso contrário, pelo tribunal pleno. (Incluído pelo Decreto-lei nº 504, de 18.3.1969)

§ 3º. Nos tribunais onde houver quatro ou mais câmaras ou turmas criminais, poderão ser constituídos dois ou mais grupos de câmaras ou turmas para o julgamento de revisão, obedecido o que for estabelecido no respectivo regimento interno. (Incluído pelo Decreto-lei nº 504, de 18.3.1969)

ART. 625. O requerimento será distribuído a um relator e a um revisor, devendo funcionar como relator um desembargador que não tenha pronunciado decisão em qualquer fase do processo.

§ 1º. O requerimento será instruído com a certidão de haver passado em julgado a sentença condenatória e com as peças necessárias à comprovação dos fatos arguidos.

§ 2º. O relator poderá determinar que se apensem os autos originais, se daí não advier dificuldade à execução normal da sentença.

§ 3º. Se o relator julgar insuficientemente instruído o pedido e inconveniente ao interesse da justiça que se apensem os autos originais, indeferi-lo-á in limine, dando recurso para as câmaras reunidas ou para o tribunal, conforme o caso (Art. 624, parágrafo único).

§ 4º. Interposto o recurso por petição e independentemente de termo, o relator apresentará o processo em mesa para o julgamento e o relatará, sem tomar parte na discussão.

§ 5º. Se o requerimento não for indeferido in limine, abrir-se-á vista dos autos ao procurador-geral, que dará parecer no prazo de dez dias. Em seguida, examinados os autos, sucessivamente, em igual prazo, pelo relator e revisor, julgar-se-á o pedido na sessão que o presidente designar.

ART. 626. Julgando procedente a revisão, o tribunal poderá alterar a classificação da infração, absolver o réu, modificar a pena ou anular o processo.

Parágrafo único. De qualquer maneira, não poderá ser agravada a pena imposta pela decisão revista.

▸ Súmulas nº 160, 453 e 525 do STF.

▸ CPP: arts. 386, 564 e 617.

ART. 627. A absolvição implicará o restabelecimento de todos os direitos perdidos em virtude da condenação, devendo o tribunal, se for caso, impor a medida de segurança cabível.

▸ CPP: arts. 753, 754 e 759.

ART. 628. Os regimentos internos dos Tribunais de Apelação estabelecerão as normas complementares para o processo e julgamento das revisões criminais.

ART. 629. À vista da certidão do acórdão que cassar a sentença condenatória, o juiz mandará juntá-la imediatamente aos autos, para inteiro cumprimento da decisão.

ART. 630. O tribunal, se o interessado o requerer, poderá reconhecer o direito a uma justa indenização pelos prejuízos sofridos.

▸ CF: art. 5º, LXXV.

▸ CPC/2015: arts. 143, I e 183.

▸ CC: arts. 186 e 927.

§ 1º. Por essa indenização, que será liquidada no juízo cível, responderá a União, se a condenação tiver sido proferida pela justiça do Distrito Federal ou de Território, ou o Estado, se o tiver sido pela respectiva justiça.

§ 2º. A indenização não será devida:

a) se o erro ou a injustiça da condenação proceder de ato ou falta imputável ao próprio impetrante, como a confissão ou a ocultação de prova em seu poder;

▸ CPP: arts. 197 a 200.

b) se a acusação houver sido meramente privada.

▸ CF: art. 5º, LXXV.

ART. 631. Quando, no curso da revisão, falecer a pessoa, cuja condenação tiver de ser revista, o presidente do tribunal nomeará curador para a defesa.

CAPÍTULO VIII. DO RECURSO EXTRAORDINÁRIO

ARTS. 632 a 636. (Revogados pela Lei nº 3.396, de 2.6.1958)

ART. 637. O recurso extraordinário não tem efeito suspensivo, e uma vez arrazoados pelo recorrido os autos do traslado, os originais baixarão à primeira instância, para a execução da sentença.

▸ *Súmula nº 267 do STJ.*

ART. 638. O recurso extraordinário e o recurso especial serão processados e julgados no Supremo Tribunal Federal e no Superior Tribunal de Justiça na forma estabelecida por leis especiais, pela lei processual civil e pelos respectivos regimentos internos. (Redação dada pela Lei nº 13.964, de 24.12.2019)

▸ *CF: arts. 102, III, e 105, III.*

▸ *CPC: arts. 1.029 a 1.042.*

▸ *RISTF: arts. 321 a 329.*

▸ *RISTJ: art. 255 a 257.*

CAPÍTULO IX. DA CARTA TESTEMUNHÁVEL

ART. 639. Dar-se-á carta testemunhável:

▸ *CPP: art. 581, XV.*

▸ *CPC: art. 1.042.*

I – da decisão que denegar o recurso;

▸ *CPP: art. 581.*

▸ *Lei nº 7.210, de 11-07-1984, art. 197, Lei de Execução Penal.*

II – da que, admitindo embora o recurso, obstar à sua expedição e seguimento para o juízo ad quem.

▸ *CPP: arts. 581 e 593.*

▸ *Lei nº 7.210, de 11-07-1984, art. 197, Lei de Execução Penal.*

ART. 640. A carta testemunhável será requerida ao escrivão, ou ao secretário do tribunal, conforme o caso, nas quarenta e oito horas seguintes ao despacho que denegar o recurso, indicando o requerente as peças do processo que deverão ser trasladadas.

ART. 641. O escrivão, ou o secretário do tribunal, dará recibo da petição à parte e, no prazo máximo de cinco dias, no caso de recurso no sentido estrito, ou de sessenta dias, no caso de recurso extraordinário, fará entrega da carta, devidamente conferida e concertada.

ART. 642. O escrivão, ou o secretário do tribunal, que se negar a dar o recibo, ou deixar de entregar, sob qualquer pretexto, o instrumento, será suspenso por trinta dias. O juiz, ou o presidente do Tribunal de Apelação, em face de representação do testemunhante, imporá a pena e mandará que seja extraído o instrumento, sob a mesma sanção, pelo substituto do escrivão ou do secretário do tribunal. Se o testemunhante não for atendido, poderá reclamar ao presidente do tribunal ad quem, que avocará os autos, para o efeito do julgamento do recurso e imposição da pena.

ART. 643. Extraído e autuado o instrumento, observar-se-á o disposto nos Arts. 588 a 592, no caso de recurso em sentido estrito, ou o processo estabelecido para o recurso extraordinário, se deste se tratar.

▸ *CPP: arts. 589 e 639.*

ART. 644. O tribunal, câmara ou turma a que competir o julgamento da carta, se desta tomar conhecimento, mandará processar o recurso, ou, se estiver suficientemente instruída, decidirá logo, de meritis.

ART. 645. O processo da carta testemunhável na instância superior seguirá o processo do recurso denegado.

ART. 646. A carta testemunhável não terá efeito suspensivo.

CAPÍTULO X. DO HABEAS CORPUS E SEU PROCESSO

▸ *Súmulas nº 690, 691, 692, 693, 694, 695 do STF.*

▸ *CF: arts. 5º, LXVIII, LXIX, LXXVII, 102, I, "d" e "i", e II, "a", 105, I, "c", II, "a", 108, I, "d", 109, VII, 121, § 3º, e § 4, V, e 142, § 2º.*

ART. 647. Dar-se-á habeas corpus sempre que alguém sofrer ou se achar na iminência de sofrer violência ou coação ilegal na sua liberdade de ir e vir, salvo nos casos de punição disciplinar.

▸ *Súmulas nº 395, 693 e 694 do STF.*

▸ *CF: arts. 5º, LXVIII, 102, I, d, e II, 105, I, c, e II, 121, § 4º, V e 142, § 2º.*

▸ *CPP: arts. 301, 311, 574, I, 581, X e XXIV, 648 e 689.*

▸ *CE: art. 236.*

▸ *Lei nº 8.038, de 28-05-1990, arts. 30, 31 e 32, dispõe sobre normas procedimentais para os processos que específica perante o STF e STJ.*

ART. 648. A coação considerar-se-á ilegal:

▸ *CRFB: art. 5º, LXVIII.*

▸ *CPP: art. 647.*

I – quando não houver justa causa;

▸ *Súmula no. 648 do STJ*

▸ *CPP: art. 581, XXIV.*

II – quando alguém estiver preso por mais tempo do que determina a lei;

▸ *Súmula nº 64 do STJ.*

▸ *CF: art. 5º, LXV.*

▸ *CPP: arts. 3-A, § 2º., 10, caput e § 3º., 46, caput.*

▸ *Lei nº 11.343, de 23-08-2006; art. 51, Lei de Entorpecentes.*

III – quando quem ordenar a coação não tiver competência para fazê-lo;

▸ *CPP: arts. 69 a 87, 95, II, e 109.*

IV – quando houver cessado o motivo que autorizou a coação;

▸ *CF: art. 5º, LXV e LXVI.*

▸ *CPP: arts. 282, § 5º, e 316.*

V – quando não for alguém admitido a prestar fiança, nos casos em que a lei a autoriza;

▸ *CF: art. 5º, LXVI.*

▸ *CPP: arts. 321 a 350, 581, V, e 660, § 3º.*

VI – quando o processo for manifestamente nulo;

▸ *CPP: arts. 563 a 573.*

VII – quando extinta a punibilidade.

▸ Súmula nº 695 do STF.

▸ CP: arts. 107, 109 e ss.

ART. 649. O juiz ou o tribunal, dentro dos limites da sua jurisdição, fará passar imediatamente a ordem impetrada, nos casos em que tenha cabimento, seja qual for a autoridade coatora.

ART. 650. Competirá conhecer, originariamente, do pedido de habeas corpus:

▸ CF: arts. 102, I, d e i, 105, I, c, 108, I, d.

▸ CE: arts. 22, I, e, 29, I, e, e 35, III.

I – ao Supremo Tribunal Federal, nos casos previstos no Art. 101, I, g, da Constituição;

▸ Súmulas nº 691 do STF.

▸ CF: arts. 102, I, "d" e "i"; 105, I, "c"; 105, II, "a".

II – aos Tribunais de Apelação, sempre que os atos de violência ou coação forem atribuídos aos governadores ou interventores dos Estados ou Territórios e ao prefeito do Distrito Federal, ou a seus secretários, ou aos chefes de Polícia.

▸ CF: art. 125, § 1º.

§ 1º. A competência do juiz cessará sempre que a violência ou coação provier de autoridade judiciária de igual ou superior jurisdição.

▸ Súmula nº 606 do STF.

▸ CF: art. 102, I, i.

§ 2º. Não cabe o habeas corpus contra a prisão administrativa, atual ou iminente, dos responsáveis por dinheiro ou valor pertencente à Fazenda Pública, alcançados ou omissos em fazer o seu recolhimento nos prazos legais, salvo se o pedido for acompanhado de prova de quitação ou de depósito do alcance verificado, ou se a prisão exceder o prazo legal.

▸ CF: 5º, LXI, e 102, I, d, e i.

ART. 651. A concessão do habeas corpus não obstará, nem porá termo ao processo, desde que este não esteja em conflito com os fundamentos daquela.

ART. 652. Se o habeas corpus for concedido em virtude de nulidade do processo, este será renovado.

▸ CPP: arts. 563 a 573.

ART. 653. Ordenada a soltura do paciente em virtude de habeas corpus, será condenada nas custas a autoridade que, por má-fé ou ente abuso de poder, tiver determinado a coação.

▸ CP: art. 350.

▸ Lei nº 4.898 de 9-12-1965, arts. 3o., a, e 4o., d, Lei de Abuso de Autoridade (Revogada pela Lei nº 13.869, de 5.9.2019)

▸ Lei nº 13.869, de 5-9-2019, art. 9, parágrafo único, I e III, Lei de Abuso de Autoridade.

Parágrafo único. Neste caso, será remetida ao Ministério Público cópia das peças necessárias para ser promovida a responsabilidade da autoridade.

▸ CF: art. 129, I.

▸ CPP: art. 40.

ART. 654. O habeas corpus poderá ser impetrado por qualquer pessoa, em seu favor ou de outrem, bem como pelo Ministério Público.

▸ CF: arts. 5º, LXXVII, e 133.

▸ CPP: art. 257.

▸ Lei nº 8.625, de 12-02-1993: art. 32, I, institui a Lei Orgânica Nacional do Ministério Público.

▸ Lei nº 8.906, de 04-07-1994, art. 1º, § 1º, Estatuto da Advocacia e Ordem dos Advogados do Brasil (OAB).

§ 1º. A petição de habeas corpus conterá:

▸ CPP: art. 662.

a) o nome da pessoa que sofre ou está ameaçada de sofrer violência ou coação e o de quem exercer a violência, coação ou ameaça;

b) a declaração da espécie de constrangimento ou, em caso de simples ameaça de coação, as razões em que funda o seu temor;

c) a assinatura do impetrante, ou de alguém a seu rogo, quando não souber ou não puder escrever, e a designação das respectivas residências.

§ 2º. Os juízes e os tribunais têm competência para expedir de ofício ordem de habeas corpus, quando no curso de processo verificarem que alguém sofre ou está na iminência de sofrer coação ilegal.

ART. 655. O carcereiro ou o diretor da prisão, o escrivão, o oficial de justiça ou a autoridade judiciária ou policial que embaraçar ou procrastinar a expedição de ordem de habeas corpus, as informações sobre a causa da prisão, a condução e apresentação do paciente, ou a sua soltura, será multado na quantia de duzentos mil-réis a um conto de réis, sem prejuízo das penas em que incorrer. As multas serão impostas pelo juiz do tribunal que julgar o habeas corpus, salvo quando se tratar de autoridade judiciária, caso em que caberá ao Supremo Tribunal Federal ou ao Tribunal de Apelação impor as multas.

▸ CP: arts. 319 e 330.

▸ Lei nº 4.898 de 9-12-1965, arts. 3o., a, e 4o., d, Lei de Abuso de Autoridade (Revogada pela Lei nº 13.869, de 5.9.2019)

▸ Lei nº 13.869, de 5-9-2019, arts. 9, parágrafo único, I e III, e 19, Lei de Abuso de Autoridade.

ART. 656. Recebida a petição de habeas corpus, o juiz, se julgar necessário, e estiver preso o paciente, mandará que este lhe seja imediatamente apresentado em dia e hora que designar.

▸ CPP: art. 474.

Parágrafo único. Em caso de desobediência, será expedido mandado de prisão contra o detentor, que será processado na forma da lei, e o juiz pronunciará para que o paciente seja tirado da prisão e apresentado em juízo.

▸ CP: art. 330.

ART. 657. Se o paciente estiver preso, nenhum motivo escusará a sua apresentação, salvo:

I – grave enfermidade do paciente;

II – não estar ele sob a guarda da pessoa a quem se atribui a detenção;

III – se o comparecimento não tiver sido determinado pelo juiz ou pelo tribunal.

Parágrafo único. O juiz poderá ir ao local em que o paciente se encontrar, se este não puder ser apresentado por motivo de doença.

ART. 658. O detentor declarará à ordem de quem o paciente estiver preso.

ART. 659. Se o juiz ou o tribunal verificar que já cessou a violência ou coação ilegal, julgará prejudicado o pedido.

▸ *Súmula nº 695 do STF.*

▸ *CPP: art. 653, par. ún.*

ART. 660. Efetuadas as diligências, e interrogado o paciente, o juiz decidirá, fundamentadamente, dentro de 24 (vinte e quatro) horas.

§ 1º. Se a decisão for favorável ao paciente, será logo posto em liberdade, salvo se por outro motivo dever ser mantido na prisão.

§ 2º. Se os documentos que instruírem a petição evidenciarem a ilegalidade da coação, o juiz ou o tribunal ordenará que cesse imediatamente o constrangimento.

▸ *Súmula nº 431 do STF.*

§ 3º. Se a ilegalidade decorrer do fato de não ter sido o paciente admitido a prestar fiança, o juiz arbitrará o valor desta, que poderá ser prestada perante ele, remetendo, neste caso, à autoridade os respectivos autos, para serem anexados aos do inquérito policial ou aos do processo judicial.

▸ *CPP: art. 648, V.*

§ 4º. Se a ordem de habeas corpus for concedida para evitar ameaça de violência ou coação ilegal, dar-se-á ao paciente salvo-conduto assinado pelo juiz.

§ 5º. Será incontinenti enviada cópia da decisão à autoridade que tiver ordenado a prisão ou tiver o paciente à sua disposição, a fim de juntar-se aos autos do processo.

§ 6º. Quando o paciente estiver preso em lugar que não seja o da sede do juízo ou do tribunal que conceder a ordem, o alvará de soltura será expedido pelo telégrafo, se houver, observadas as formalidades estabelecidas no Art. 289, parágrafo único, in fine, ou por via postal.

ART. 661. Em caso de competência originária do Tribunal de Apelação, a petição de habeas corpus será apresentada ao secretário, que a enviará imediatamente ao presidente do tribunal, ou da câmara criminal, ou da turma, que estiver reunida, ou primeiro tiver de reunir-se.

ART. 662. Se a petição contiver os requisitos do Art. 654, § 1º, o presidente, se necessário, requisitará da autoridade indicada como coatora informações por escrito. Faltando, porém, qualquer daqueles requisitos, o presidente mandará preenchê-lo, logo que lhe for apresentada a petição.

ART. 663. As diligências do artigo anterior não serão ordenadas, se o presidente entender que o habeas corpus deva ser indeferido in limine. Nesse caso, levará a petição ao tribunal, câmara ou turma, para que delibere a respeito.

ART. 664. Recebidas as informações, ou dispensadas, o habeas corpus será julgado na primeira sessão, podendo, entretanto, adiar-se o julgamento para a sessão seguinte.

▸ *Súmula nº 431 do STF.*

Parágrafo único. A decisão será tomada por maioria de votos. Havendo empate, se o presidente não tiver tomado parte na votação, proferirá voto de desempate; no caso contrário, prevalecerá a decisão mais favorável ao paciente.

▸ *CPP: art. 615, § 1º.*

ART. 665. O secretário do tribunal lavrará a ordem que, assinada pelo presidente do tribunal, câmara ou turma, será dirigida, por ofício ou telegrama, ao detentor, ao carcereiro ou autoridade que exercer ou ameaçar exercer o constrangimento.

Parágrafo único. A ordem transmitida por telegrama obedecerá ao disposto no Art. 289, parágrafo único, in fine.

ART. 666. Os regimentos dos Tribunais de Apelação estabelecerão as normas complementares para o processo e julgamento do pedido de habeas corpus de sua competência originária.

ART. 667. No processo e julgamento do habeas corpus de competência originária do Supremo Tribunal Federal, bem como nos de recurso das decisões de última ou única instância, denegatórias de habeas corpus, observar-se-á, no que lhes for aplicável, o disposto nos artigos anteriores, devendo o regimento interno do tribunal estabelecer as regras complementares.

▸ *Súmula nº 431 do STF.*

▸ *CF: arts. 102, I, b e i, II, a, 105, I, "c" e 105, II, "a".*

LIVRO IV. DA EXECUÇÃO

▸ *Lei nº 7.210, de 11-07-1984, Lei de Execução Penal.*

▸ *Decreto nº 5.919, de 03-10-2006, promulga a Convenção Interamericana sobre o Cumprimento de Sentenças Penais no Exterior.*

▸ *Súmulas 40, 341, 439, 441, 471, 491, 520, 526, 533, 534, 535 e 562 do STJ.*

TÍTULO I. DISPOSIÇÕES GERAIS

ART. 668. A execução, onde não houver juiz especial, incumbirá ao juiz da sentença, ou, se a decisão for do Tribunal do Júri, ao seu presidente.

Parágrafo único. Se a decisão for de tribunal superior, nos casos de sua competência originária, caberá ao respectivo presidente prover-lhe a execução.

ART. 669. Só depois de passar em julgado, será exequível a sentença, salvo:

I – quando condenatória, para o efeito de sujeitar o réu a prisão, ainda no caso de crime afiançável, enquanto não for prestada a fiança;

II – quando absolutória, para o fim de imediata soltura do réu, desde que não proferida em processo por crime a que a lei comine pena de reclusão, no máximo, por tempo igual ou superior a oito anos.

▸ *Lei nº 7.210, de 11-07-1984, art. 105, Lei de Execução Penal.*

ART. 670. No caso de decisão absolutória confirmada ou proferida em grau de apelação, incumbirá ao relator fazer expedir o alvará de soltura, de que dará imediatamente conhecimento ao juiz de primeira instância.

ART. 671. Os incidentes da execução serão resolvidos pelo respectivo juiz.

ART. 672. Computar-se-á na pena privativa da liberdade o tempo:

I – de prisão preventiva no Brasil ou no estrangeiro;

II – de prisão provisória no Brasil ou no estrangeiro;

III – de internação em hospital ou manicômio.

ART. 673. Verificado que o réu, pendente a apelação por ele interposta, já sofreu prisão por tempo igual ao da pena a que foi condenado, o relator do feito mandará pô-lo imediatamente em liberdade, sem prejuízo do julgamento do recurso, salvo se, no caso de crime a que a lei comine pena de reclusão, no máximo, por tempo igual ou superior a 8 anos, o querelante ou o Ministério Público também houver apelado da sentença condenatória.

TÍTULO II. DA EXECUÇÃO DAS PENAS EM ESPÉCIE

CAPÍTULO I. DAS PENAS PRIVATIVAS DE LIBERDADE

▸ *Lei nº 7.210, de 11-07-1984, arts. 105 a 146, Lei de Execução Penal.*

ART. 674. Transitando em julgado a sentença que impuser pena privativa de liberdade, se o réu já estiver preso, ou vier a ser preso, o juiz ordenará a expedição de carta de guia para o cumprimento da pena.

Parágrafo único. Na hipótese do art. 82, última parte, a expedição da carta de guia será ordenada pelo juiz competente para a soma ou unificação das penas.

ART. 675. No caso de ainda não ter sido expedido mandado de prisão, por tratar-se de infração penal em que o réu se livra solto ou por estar afiançado, o juiz, ou o presidente da câmara ou tribunal, se tiver havido recurso, fará expedir o mandado de prisão, logo que transite em julgado a sentença condenatória.

§ 1º. No caso de reformada pela superior instância, em grau de recurso, a sentença absolutória, estando o réu solto, o presidente da câmara ou do tribunal fará, logo após a sessão de julgamento, remeter ao chefe de Polícia o mandado de prisão do condenado.

§ 2º. Se o réu estiver em prisão especial, deverá, ressalvado o disposto na legislação relativa aos militares, ser expedida ordem para sua imediata remoção para prisão comum, até que se verifique a expedição de carta de guia para o cumprimento da pena.

ART. 676. A carta de guia, extraída pelo escrivão e assinada pelo juiz, que a rubricará em todas as folhas, será remetida ao diretor do estabelecimento em que tenha de ser cumprida a sentença condenatória, e conterá:

I – o nome do réu e a alcunha por que for conhecido;

II – a sua qualificação civil (naturalidade, filiação, idade, estado, profissão), instrução e, se constar, número do registro geral do Instituto de Identificação e Estatística ou de repartição congênere;

III – o teor integral da sentença condenatória e a data da terminação da pena.

Parágrafo único. Expedida carta de guia para cumprimento de uma pena, se o réu estiver cumprindo outra, só depois de terminada a execução desta será aquela executada. Retificar-se-á a carta de guia sempre que sobrevenha modificação quanto ao início da execução ou ao tempo de duração da pena.

ART. 677. Da carta de guia e seus aditamentos se remeterá cópia ao Conselho Penitenciário.

ART. 678. O diretor do estabelecimento, em que o réu tiver de cumprir a pena, passará recibo da carta de guia para juntar-se aos autos do processo.

ART. 679. As cartas de guia serão registradas em livro especial, segundo a ordem cronológica do recebimento, fazendo-se no curso da execução as anotações necessárias.

ART. 680. Computar-se-á no tempo da pena o período em que o condenado, por sentença irrecorrível, permanecer preso em estabelecimento diverso do destinado ao cumprimento dela.

ART. 681. Se impostas cumulativamente penas privativas da liberdade, será executada primeiro a de reclusão, depois a de detenção e por último a de prisão simples.

ART. 682. O sentenciado a que sobrevier doença mental, verificada por perícia médica, será internado em manicômio judiciário, ou, à falta, em outro estabelecimento adequado, onde lhe seja assegurada a custódia.

▸ *CPP: art. 154.*

§ 1º. Em caso de urgência, o diretor do estabelecimento penal poderá determinar a remoção do sentenciado, comunicando imediatamente a providência ao juiz, que, em face da perícia médica, ratificará ou revogará a medida.

§ 2º. Se a internação se prolongar até o término do prazo restante da pena e não houver sido imposta medida de segurança detentiva, o indivíduo terá o destino aconselhado pela sua enfermidade, feita a devida comunicação ao juiz de incapazes.

▸ *Súmula 527 do STJ.*

ART. 683. O diretor da prisão a que o réu tiver sido recolhido provisoriamente ou em cumprimento de pena comunicará imediatamente ao juiz o óbito, a fuga ou a soltura do detido ou sentenciado para que fique constando dos autos.

Parágrafo único. A certidão de óbito acompanhará a comunicação.

ART. 684. A recaptura do réu evadido não depende de prévia ordem judicial e poderá ser efetuada por qualquer pessoa.

ART. 685. Cumprida ou extinta a pena, o condenado será posto, imediatamente, em liberdade, mediante alvará do juiz, no qual se ressalvará a hipótese de dever o condenado continuar na prisão por outro motivo legal.

Parágrafo único. Se tiver sido imposta medida de segurança detentiva, o condenado será removido para estabelecimento adequado (art. 762).

▸ Súmula nº 527 do STJ.

Capítulo II.
DAS PENAS PECUNIÁRIAS

▸ Lei nº 7.210, de 11-07-1984, arts. 164 a 170, Lei de Execução Penal.

ART. 686. A pena de multa será paga dentro em 10 dias após haver transitado em julgado a sentença que a impuser.

Parágrafo único. Se interposto recurso da sentença, esse prazo será contado do dia em que o juiz ordenar o cumprimento da decisão da superior instância.

ART. 687. O juiz poderá, desde que o condenado o requeira:

I – prorrogar o prazo do pagamento da multa até três meses, se as circunstâncias justificarem essa prorrogação;

II – permitir, nas mesmas circunstâncias, que o pagamento se faça em parcelas mensais, no prazo que fixar, mediante caução real ou fidejussória, quando necessário. (Redação dada pela Lei nº 6.416, de 24.5.1977)

§ 1º. O requerimento, tanto no caso do nº I, como no do nº II, será feito dentro do decêndio concedido para o pagamento da multa.

§ 2º. A permissão para o pagamento em parcelas será revogada, se o juiz verificar que o condenado dela se vale para fraudar a execução da pena. Nesse caso, a caução resolver-se-á em valor monetário, devolvendo-se ao condenado o que exceder à satisfação da multa e das custas processuais. (Redação dada pela Lei nº 6.416, de 24.5.1977)

ART. 688. Findo o decêndio ou a prorrogação sem que o condenado efetue o pagamento, ou ocorrendo a hipótese prevista no § 2º do artigo anterior, observar-se-á o seguinte:

I – possuindo o condenado bens sobre os quais possa recair a execução, será extraída certidão da sentença condenatória, a fim de que o Ministério Público proceda à cobrança judicial;

II – sendo o condenado insolvente, far-se-á a cobrança:

a) mediante desconto de quarta parte de sua remuneração (arts. 29, § 1º, e 37 do Código Penal), quando cumprir pena privativa da liberdade, cumulativamente imposta com a de multa;

▸ CP: arts. 34, § 1º, e 50.

b) mediante desconto em seu vencimento ou salário, se, cumprida a pena privativa da liberdade, ou concedido o livramento condicional, a multa não houver sido resgatada;

c) mediante esse desconto, se a multa for a única pena imposta ou no caso de suspensão condicional da pena.

§ 1º. O desconto, nos casos das letras b e c, será feito mediante ordem ao empregador, à repartição competente ou à administração da entidade paraestatal, e, antes de fixá-lo, o juiz requisitará informações e ordenará diligências, inclusive arbitramento, quando necessário, para observância do art. 37, § 3º, do Código Penal.

▸ CP: art. 50, § 2º.

§ 2º. Sob pena de desobediência e sem prejuízo da execução a que ficará sujeito, o empregador será intimado a recolher mensalmente, até o dia fixado pelo juiz, a importância correspondente ao desconto, em selo penitenciário, que será inutilizado nos autos pelo juiz.

§ 3º. Se o condenado for funcionário estadual ou municipal ou empregado de entidade paraestatal, a importância do desconto será, semestralmente, recolhida ao Tesouro Nacional, delegacia fiscal ou coletoria federal, como receita do selo penitenciário.

§ 4º. As quantias descontadas em folha de pagamento de funcionário federal constituirão renda do selo penitenciário.

ART. 689. ~~A multa será convertida, à razão de dez mil-réis por dia, em detenção ou prisão simples, no caso de crime ou de contravenção:~~

▸ CF: art. 5º, LXVIII.

▸ CP: art. 51.

▸ CPP: arts. 647 e 648, I.

▸ Lei nº 7.210, de 11-07-1984, arts. 164 a 170, Lei de Execução Penal.

I – se o condenado solvente frustrar o pagamento da multa;

II – se não forem pagas pelo condenado solvente as parcelas mensais autorizadas sem garantia. (Redação dada pela Lei nº 6.416, de 24.5.1977)

▸ Súmula nº 611 do STF.

§ 1º. Se o juiz reconhecer desde logo a existência de causa para a conversão, a ela procederá de ofício ou a requerimento do Ministério Público, independentemente de audiência do condenado; caso contrário, depois de ouvir o condenado, se encontrado no lugar da sede do juízo, poderá admitir a apresentação de prova pelas partes, inclusive testemunhal, no prazo de três dias.

§ 2º. O juiz, desde que transite em julgado a decisão, ordenará a expedição de mandado de prisão ou aditamento à carta de guia, conforme esteja o condenado solto ou em cumprimento de pena privativa da liberdade.

§ 3º. Na hipótese do inciso II deste artigo, a conversão será feita pelo valor das parcelas não pagas. (Incluído pela Lei nº 6.416, de 24.5.1977)

ART. 690. O juiz tornará sem efeito a conversão, expedindo alvará de soltura ou cassando a ordem de prisão, se o condenado, em qualquer tempo:

I – pagar a multa;

II – prestar caução real ou fidejussória que lhe assegure o pagamento.

▸ CPP: art. 689.

Parágrafo único. No caso do nº II, antes de homologada a caução, será ouvido o Ministério Público dentro do prazo de dois dias.

▸ CP: art. 51.

Capítulo III.
DAS PENAS ACESSÓRIAS

▸ CP: art. 32.

ART. 691. O juiz dará à autoridade administrativa competente conhecimento da sentença transitada em julgado, que impuser ou de que resultar a perda da função pública ou a incapacidade temporária para investidura em função pública ou para exercício de profissão ou atividade.

ART. 692. No caso de incapacidade temporária ou permanente para o exercício do pátrio poder, da tutela ou da curatela, o juiz providenciará para que sejam acautelados, no juízo competente, a pessoa e os bens do menor ou do interdito.

ART. 693. A incapacidade permanente ou temporária para o exercício da autoridade marital ou do pátrio poder será averbada no registro civil.

ART. 694. As penas acessórias consistentes em interdições de direitos serão comunicadas ao Instituto de Identificação e Estatística ou estabelecimento congênere, figurarão na folha de antecedentes do condenado e serão mencionadas no rol de culpados.

ART. 695. Iniciada a execução das interdições temporárias (art. 72, a e b, do Código Penal), o juiz, de ofício, a requerimento do Ministério Público ou do condenado, fixará o seu termo final, completando as providências determinadas nos artigos anteriores.

TÍTULO III. DOS INCIDENTES DA EXECUÇÃO

CAPÍTULO I. DA SUSPENSÃO CONDICIONAL DA PENA

▸ *CP: arts. 77 a 82.*

▸ *Lei nº 7.210, de 11-07-1984, arts. 156 a 163, Lei de Execução Penal.*

ART. 696. O juiz poderá suspender, por tempo não inferior a 2 (dois) nem superior a 6 (seis) anos, a execução das penas de reclusão e de detenção que não excedam a 2 (dois) anos, ou, por tempo não inferior a 1 (um) nem superior a 3 (três) anos, a execução da pena de prisão simples, desde que o sentenciado: (Redação dada pela Lei nº 6.416, de 24.5.1977)

I – não haja sofrido, no País ou no estrangeiro, condenação irrecorrível por outro crime a pena privativa da liberdade, salvo o disposto no parágrafo único do art. 46 do Código Penal; (Redação dada pela Lei nº 6.416, de 24.5.1977)

▸ *CP: art. 64, I.*

II – os antecedentes e a personalidade do sentenciado, os motivos e as circunstâncias do crime autorizem a presunção de que não tornará a delinquir.

▸ *Lei nº 1.521, de 26-12-1951: art. 5º, altera dispositivos da legislação vigente sobre crimes contra a economia popular.*

Parágrafo único. Processado o beneficiário por outro crime ou contravenção, considerar-se-á prorrogado o prazo da suspensão da pena até o julgamento definitivo.

ART. 697. O juiz ou tribunal, na decisão que aplicar pena privativa da liberdade não superior a 2 (dois) anos, deverá pronunciar-se, motivadamente, sobre a suspensão condicional, quer a conceda quer a denegue. (Redação dada pela Lei nº 6.416, de 24.5.1977)

ART. 698. Concedida a suspensão, o juiz especificará as condições a que fica sujeito o condenado, pelo prazo previsto, começando este a correr da audiência em que se der conhecimento da sentença ao beneficiário e lhe for entregue documento similar ao descrito no art. 724. (Redação dada pela Lei nº 6.416, de 24.5.1977)

§ 1º. As condições serão adequadas ao delito e à personalidade do condenado. (Incluído pela Lei nº 6.416, de 24.5.1977)

§ 2º. Poderão ser impostas, além das estabelecidas no art. 767, como normas de conduta e obrigações, as seguintes condições: (Incluído pela Lei nº 6.416, de 24.5.1977)

I – frequentar curso de habilitação profissional ou de instrução escolar; (Incluído pela Lei nº 6.416, de 24.5.1977)

II – prestar serviços em favor da comunidade; (Incluído pela Lei nº 6.416, de 24.5.1977)

III – atender aos encargos de família; (Incluído pela Lei nº 6.416, de 24.5.1977)

IV – submeter-se a tratamento de desintoxicação. (Incluído pela Lei nº 6.416, de 24.5.1977)

§ 3º. O juiz poderá fixar, a qualquer tempo, de ofício ou a requerimento do Ministério Público, outras condições além das especificadas na sentença e das referidas no parágrafo anterior, desde que as circunstâncias o aconselhem. (Incluído pela Lei nº 6.416, de 24.5.1977)

§ 4º. A fiscalização do cumprimento das condições deverá ser regulada, nos Estados, Territórios e Distrito Federal, por normas supletivas e atribuída a serviço social penitenciário, patronato, conselho de comunidade ou entidades similares, inspecionadas pelo Conselho Penitenciário, pelo Ministério Público ou ambos, devendo o juiz da execução na comarca suprir, por ato, a falta das normas supletivas. (Incluído pela Lei nº 6.416, de 24.5.1977)

§ 5º. O beneficiário deverá comparecer periodicamente à entidade fiscalizadora, para comprovar a observância das condições a que está sujeito, comunicando, também, a sua ocupação, os salários ou proventos de que vive, as economias que conseguiu realizar e as dificuldades materiais ou sociais que enfrenta. (Incluído pela Lei nº 6.416, de 24.5.1977)

§ 6º. A entidade fiscalizadora deverá comunicar imediatamente ao órgão de inspeção, para os fins legais (arts. 730 e 731), qualquer fato capaz de acarretar a revogação do benefício, a prorrogação do prazo ou a modificação das condições. (Incluído pela Lei nº 6.416, de 24.5.1977)

§ 7º. Se for permitido ao beneficiário mudar-se, será feita comunicação ao juiz e à entidade fiscalizadora do local da nova residência, aos quais deverá apresentar-se imediatamente. (Incluído pela Lei nº 6.416, de 24.5.1977)

ART. 699. No caso de condenação pelo Tribunal do Júri, a suspensão condicional da pena competirá ao seu presidente.

ART. 700. A suspensão não compreende a multa, as penas acessórias, os efeitos da condenação nem as custas.

CÓDIGO DE PROCESSO PENAL

ART. 701. O juiz, ao conceder a suspensão, fixará, tendo em conta as condições econômicas ou profissionais do réu, o prazo para o pagamento, integral ou em prestações, das custas do processo e taxa penitenciária.

ART. 702. Em caso de coautoria, a suspensão poderá ser concedida a uns e negada a outros réus.

ART. 703. O juiz que conceder a suspensão lerá ao réu, em audiência, a sentença respectiva, e o advertirá das consequências de nova infração penal e da transgressão das obrigações impostas.

ART. 704. Quando for concedida a suspensão pela superior instância, a esta caberá estabelecer-lhe as condições, podendo a audiência ser presidida por qualquer membro do tribunal ou câmara, pelo juiz do processo ou por outro designado pelo presidente do tribunal ou câmara.

ART. 705. Se, intimado pessoalmente ou por edital com prazo de 20 dias, o réu não comparecer à audiência a que se refere o art. 703, a suspensão ficará sem efeito e será executada imediatamente a pena, salvo prova de justo impedimento, caso em que será marcada nova audiência.

ART. 706. A suspensão também ficará sem efeito se, em virtude de recurso, for aumentada a pena de modo que exclua a concessão do benefício. (Redação dada pela Lei nº 6.416, de 24.5.1977)

ART. 707. A suspensão será revogada se o beneficiário: (Redação dada pela Lei nº 6.416, de 24.5.1977)

I – é condenado, por sentença irrecorrível, a pena privativa da liberdade; (Redação dada pela Lei nº 6.416, de 24.5.1977)

II – frustra, embora solvente, o pagamento da multa, ou não efetua, sem motivo justificado, a reparação do dano. (Redação dada pela Lei nº 6.416, de 24.5.1977)

Parágrafo único. O juiz poderá revogar a suspensão, se o beneficiário deixa de cumprir qualquer das obrigações constantes da sentença, de observar proibições inerentes à pena acessória, ou é irrecorrivelmente condenado a pena que não seja privativa da liberdade; se não a revogar, deverá advertir o beneficiário, ou exacerbar as condições ou, ainda, prorrogar o período da suspensão até o máximo, se esse limite não foi o fixado. (Redação dada pela Lei nº 6.416, de 24.5.1977)

ART. 708. Expirado o prazo de suspensão ou a prorrogação, sem que tenha ocorrido motivo de revogação, a pena privativa de liberdade será declarada extinta.

Parágrafo único. O juiz, quando julgar necessário, requisitará, antes do julgamento, nova folha de antecedentes do beneficiário.

ART. 709. A condenação será inscrita, com a nota de suspensão, em livros especiais do Instituto de Identificação e Estatística, ou repartição congênere, averbando-se, mediante comunicação do juiz ou do tribunal, a revogação da suspensão ou a extinção da pena. Em caso de revogação, será feita a averbação definitiva no registro geral.

§ 1º. Nos lugares onde não houver Instituto de Identificação e Estatística ou repartição congênere, o registro e a averbação serão feitos em livro próprio no juízo ou no tribunal.

§ 2º. O registro será secreto, salvo para efeito de informações requisitadas por autoridade judiciária, no caso de novo processo.

§ 3º. Não se aplicará o disposto no § 2º, quando houver sido imposta ou resultar de condenação pena acessória consistente em interdição de direitos.

CAPÍTULO II.
DO LIVRAMENTO CONDICIONAL

▸ *CP: arts. 83 a 90.*

▸ *Lei nº 7.210, de 11-07-1984, arts. 131 a 146, Lei de Execução Penal.*

ART. 710. O livramento condicional poderá ser concedido ao condenado a pena privativa da liberdade igual ou superior a 2 (dois) anos, desde que se verifiquem as condições seguintes: (Redação dada pela Lei nº 6.416, de 24.5.1977)

I – cumprimento de mais da metade da pena, ou mais de três quartos, se reincidente o sentenciado; (Redação dada pela Lei nº 6.416, de 24.5.1977)

II – ausência ou cessação de periculosidade;

III – bom comportamento durante a vida carcerária;

IV – aptidão para prover à própria subsistência mediante trabalho honesto;

V – reparação do dano causado pela infração, salvo impossibilidade de fazê-lo. (Redação dada pela Lei nº 6.416, de 24.5.1977)

▸ *Lei nº 1.521, de 26-12-1951: art. 5º, altera dispositivos da legislação vigente sobre crimes contra a economia popular.*

ART. 711. As penas que correspondem a infrações diversas podem somar-se, para efeito do livramento. (Redação dada pela Lei nº 6.416, de 24.5.1977)

ART. 712. O livramento condicional poderá ser concedido mediante requerimento do sentenciado, de seu cônjuge ou de parente em linha reta, ou por proposta do diretor do estabelecimento penal, ou por iniciativa do Conselho Penitenciário. (Redação dada pelo Decreto-lei nº 6.109, de 16.12.1943)

ART. 713. As condições de admissibilidade, conveniência e oportunidade da concessão do livramento serão verificadas pelo Conselho Penitenciário, a cujo parecer não ficará, entretanto, adstrito o juiz.

ART. 714. O diretor do estabelecimento penal remeterá ao Conselho Penitenciário minucioso relatório sobre:

I – o caráter do sentenciado, revelado pelos seus antecedentes e conduta na prisão;

II – o procedimento do liberando na prisão, sua aplicação ao trabalho e seu trato com os companheiros e funcionários do estabelecimento;

III – suas relações, quer com a família, quer com estranhos;

IV – seu grau de instrução e aptidão profissional, com a indicação dos serviços em que haja sido empregado e da especialização anterior ou adquirida na prisão;

V – sua situação financeira, e seus propósitos quanto ao seu futuro meio de vida, juntando o diretor, quando dada por pessoa idônea, promessa escrita de colocação do liberando, com indicação do serviço e do salário.

Parágrafo único. O relatório será, dentro do prazo de quinze dias, remetido ao Conselho, com o prontuário do sentenciado, e, na falta, o Conselho opinará livremente, comunicando à autoridade competente a omissão do diretor da prisão.

ART. 715. Se tiver sido imposta medida de segurança detentiva, o livramento não poderá ser concedido sem que se verifique, mediante exame das condições do sentenciado, a cessação da periculosidade.

▸ *Súmula nº 527 do STJ.*

Parágrafo único. Consistindo a medida de segurança em internação em casa de custódia e tratamento, proceder-se-á a exame mental do sentenciado.

▸ *CP: arts. 96 a 99.*

ART. 716. A petição ou a proposta de livramento será remetida ao juiz ou ao tribunal por ofício do presidente do Conselho Penitenciário, com a cópia do respectivo parecer e do relatório do diretor da prisão.

§ 1º. Para emitir parecer, o Conselho poderá determinar diligências e requisitar os autos do processo.

§ 2º. O juiz ou o tribunal mandará juntar a petição ou a proposta, com o ofício ou documento que a acompanhar, aos autos do processo, e proferirá sua decisão, previamente ouvido o Ministério Público.

ART. 717. Na ausência da condição prevista no art. 710, I, o requerimento será liminarmente indeferido. (Redação dada pela Lei nº 6.416, de 24.5.1977)

ART. 718. Deferido o pedido, o juiz, ao especificar as condições a que ficará subordinado o livramento, atenderá ao disposto no art. 698, §§ 1º, 2º e 5º. (Redação dada pela Lei nº 6.416, de 24.5.1977)

§ 1º. Se for permitido ao liberado residir fora da jurisdição do juiz da execução, remeter-se-á cópia da sentença do livramento à autoridade judiciária do lugar para onde ele se houver transferido, e à entidade de observação cautelar e proteção. (Redação dada pela Lei nº 6.416, de 24.5.1977)

§ 2º. O liberado será advertido da obrigação de apresentar-se imediatamente à autoridade judiciária e à entidade de observação cautelar e proteção. (Redação dada pela Lei nº 6.416, de 24.5.1977)

ART. 719. O livramento ficará também subordinado à obrigação de pagamento das custas do processo e da taxa penitenciária, salvo caso de insolvência comprovada.

Parágrafo único. O juiz poderá fixar o prazo para o pagamento integral ou em prestações, tendo em consideração as condições econômicas ou profissionais do liberado.

ART. 720. A forma de pagamento da multa, ainda não paga pelo liberando, será determinada de acordo com o disposto no art. 688.

ART. 721. Reformada a sentença denegatória do livramento, os autos baixarão ao juiz da primeira instância, a fim de que determine as condições que devam ser impostas ao liberando.

ART. 722. Concedido o livramento, será expedida carta de guia, com a cópia integral da sentença em duas vias, remetendo-se uma ao diretor do estabelecimento penal e outra ao presidente do Conselho Penitenciário.

ART. 723. A cerimônia do livramento condicional será realizada solenemente, em dia marcado pela autoridade que deva presidi-la, observando-se o seguinte:

I – a sentença será lida ao liberando, na presença dos demais presos, salvo motivo relevante, pelo presidente do Conselho Penitenciário, ou pelo seu representante junto ao estabelecimento penal, ou, na falta, pela autoridade judiciária local;

II – o diretor do estabelecimento penal chamará a atenção do liberando para as condições impostas na sentença de livramento;

III – o preso declarará se aceita as condições.

§ 1º. De tudo, em livro próprio, se lavrará termo, subscrito por quem presidir a cerimônia, e pelo liberando, ou alguém a seu rogo, se não souber ou não puder escrever.

§ 2º. Desse termo, se remeterá cópia ao juiz do processo.

ART. 724. Ao sair da prisão o liberado, ser-lhe-á entregue, além do saldo do seu pecúlio e do que lhe pertencer, uma caderneta que exibirá à autoridade judiciária ou administrativa sempre que lhe for exigido. Essa caderneta conterá:

I – a reprodução da ficha de identidade, ou o retrato do liberado, sua qualificação e sinais característicos;

II – o texto impresso dos artigos do presente capítulo;

III – as condições impostas ao liberado;

IV – a pena acessória a que esteja sujeito. (Incluído pela Lei nº 6.416, de 24.5.1977)

§ 1º. Na falta de caderneta, será entregue ao liberado um salvo-conduto, em que constem as condições do livramento e a pena acessória, podendo substituir-se a ficha de identidade ou o retrato do liberado pela descrição dos sinais que possam identificá-lo. (Incluído pela Lei nº 6.416, de 24.5.1977)

§ 2º. Na caderneta e no salvo-conduto deve haver espaço para consignar o cumprimento das condições referidas no art. 718. (Incluído pela Lei nº 6.416, de 24.5.1977)

ART. 725. A observação cautelar e proteção realizadas por serviço social penitenciário, patronato, conselho de comunidade ou entidades similares, terá a finalidade de: (Redação dada pela Lei nº 6.416, de 24.5.1977)

I – fazer observar o cumprimento da pena acessória, bem como das condições especificadas na sentença concessiva do benefício; (Redação dada pela Lei nº 6.416, de 24.5.1977)

II – proteger o beneficiário, orientando-o na execução de suas obrigações e auxiliando-o na obtenção de atividade laborativa. (Redação dada pela Lei nº 6.416, de 24.5.1977)

Parágrafo único. As entidades encarregadas de observação cautelar e proteção do liberado apresentarão relatório ao Conselho Penitenciário, para efeito da representação prevista nos arts. 730 e 731. (Redação dada pela Lei nº 6.416, de 24.5.1977)

ART. 726. Revogar-se-á o livramento condicional, se o liberado vier, por crime ou contravenção, a ser condenado por sentença irrecorrível a pena privativa de liberdade.

ART. 727. O juiz pode, também, revogar o livramento, se o liberado deixar de cumprir qualquer das obrigações constantes da sentença, de observar proibições inerentes à pena acessória ou for irrecorrivelmente condenado, por crime, à pena que não seja privativa da liberdade. (Redação dada pela Lei nº 6.416, de 24.5.1977)

Parágrafo único. Se o juiz não revogar o livramento, deverá advertir o liberado ou exacerbar as condições. (Incluído pela Lei nº 6.416, de 24.5.1977)

ART. 728. Se a revogação for motivada por infração penal anterior à vigência do livramento, computar-se-á no tempo da pena o período em que esteve solto o liberado, sendo permitida, para a concessão de novo livramento, a soma do tempo das duas penas.

ART. 729. No caso de revogação por outro motivo, não se computará na pena o tempo em que esteve solto o liberado, e tampouco se concederá, em relação à mesma pena, novo livramento.

ART. 730. A revogação do livramento será decretada mediante representação do Conselho Penitenciário, ou a requerimento do Ministério Público, ou de ofício, pelo juiz, que, antes, ouvirá o liberado, podendo ordenar diligências e permitir a produção de prova, no prazo de cinco dias. (Redação dada pela Lei nº 6.416, de 24.5.1977)

ART. 731. O juiz, de ofício, a requerimento do Ministério Público, ou mediante representação do Conselho Penitenciário, poderá modificar as condições ou normas de conduta especificadas na sentença, devendo a respectiva decisão ser lida ao liberado por uma das autoridades ou por um dos funcionários indicados no inciso I do art. 723, observado o disposto nos incisos II e III, e §§ 1º e 2º do mesmo artigo. (Redação dada pela Lei nº 6.416, de 24.5.1977)

ART. 732. Praticada pelo liberado nova infração, o juiz ou o tribunal poderá ordenar a sua prisão, ouvido o Conselho Penitenciário, suspendendo o curso do livramento condicional, cuja revogação ficará, entretanto, dependendo da decisão final no novo processo.

ART. 733. O juiz, de ofício, ou a requerimento do interessado, do Ministério Público, ou do Conselho Penitenciário, julgará extinta a pena privativa de liberdade, se expirar o prazo do livramento sem revogação, ou na hipótese do artigo anterior, for o liberado absolvido por sentença irrecorrível.

TÍTULO IV. DA GRAÇA, DO INDULTO, DA ANISTIA E DA REABILITAÇÃO

CAPÍTULO I. DA GRAÇA, DO INDULTO E DA ANISTIA

▸ *CF: art. 84, XII.*

▸ *CP: art. 107, II.*

▸ *Lei nº 7.210, de 11-07-1984, arts. 187 a 193, Lei de Execução Penal.*

ART. 734. A graça poderá ser provocada por petição do condenado, de qualquer pessoa do povo, do Conselho Penitenciário, ou do Ministério Público, ressalvada, entretanto, ao Presidente da República, a faculdade de concedê-la espontaneamente.

▸ *Súmula 631 do STJ.*

ART. 735. A petição de graça, acompanhada dos documentos com que o impetrante a instruir, será remetida ao Ministro da Justiça por intermédio do Conselho Penitenciário.

ART. 736. O Conselho Penitenciário, à vista dos autos do processo, e depois de ouvir o diretor do estabelecimento penal a que estiver recolhido o condenado, fará, em relatório, a narração do fato criminoso, examinará as provas, mencionará qualquer formalidade ou circunstância omitida na petição e exporá os antecedentes do condenado e seu procedimento depois de preso, opinando sobre o mérito do pedido.

ART. 737. Processada no Ministério da Justiça, com os documentos e o relatório do Conselho Penitenciário, a petição subirá a despacho do Presidente da República, a quem serão presentes os autos do processo ou a certidão de qualquer de suas peças, se ele o determinar.

ART. 738. Concedida a graça e junta aos autos cópia do decreto, o juiz declarará extinta a pena ou penas, ou ajustará a execução aos termos do decreto, no caso de redução ou comutação de pena.

ART. 739. O condenado poderá recusar a comutação da pena.

ART. 740. Os autos da petição de graça serão arquivados no Ministério da Justiça.

ART. 741. Se o réu for beneficiado por indulto, o juiz, de ofício ou a requerimento do interessado, do Ministério Público ou por iniciativa do Conselho Penitenciário, providenciará de acordo com o disposto no art. 738.

▸ *Súmula 631 do STJ.*

ART. 742. Concedida a anistia após transitar em julgado a sentença condenatória, o juiz, de ofício ou a requerimento do interessado, do Ministério Público ou por iniciativa do Conselho Penitenciário, declarará extinta a pena.

CAPÍTULO II. DA REABILITAÇÃO

▸ *Lei nº 7.210, de 11-07-1984, arts. 93 a 95, Lei de Execução Penal.*

ART. 743. A reabilitação será requerida ao juiz da condenação, após o decurso de quatro ou oito anos, pelo menos, conforme se trate de condenado ou reincidente, contados do dia em que houver terminado a execução da pena principal ou da medida de segurança detentiva, devendo o requerente indicar as comarcas em que haja residido durante aquele tempo.

▸ *CP: art. 94.*

ART. 744. O requerimento será instruído com:

I – certidões comprobatórias de não ter o requerente respondido, nem estar respondendo a processo penal, em qualquer das comarcas em que houver residido durante o prazo a que se refere o artigo anterior;

II – atestados de autoridades policiais ou outros documentos que comprovem ter residido nas comarcas indicadas e mantido, efetivamente, bom comportamento;

III – atestados de bom comportamento fornecidos por pessoas a cujo serviço tenha estado;

IV – quaisquer outros documentos que sirvam como prova de sua regeneração;

V – prova de haver ressarcido o dano causado pelo crime ou persistir a impossibilidade de fazê-lo.

ART. 745. O juiz poderá ordenar as diligências necessárias para apreciação do pedido, cercando-as do sigilo possível e, antes da decisão final, ouvirá o Ministério Público.

ART. 746. Da decisão que conceder a reabilitação haverá recurso de ofício.

ART. 747. A reabilitação, depois de sentença irrecorrível, será comunicada ao Instituto de Identificação e Estatística ou repartição congênere.

▸ *CPP: arts. 23 e 809.*

ART. 748. A condenação ou condenações anteriores não serão mencionadas na folha de antecedentes do reabilitado, nem em certidão extraída dos livros do juízo, salvo quando requisitadas por juiz criminal.

ART. 749. Indeferida a reabilitação, o condenado não poderá renovar o pedido senão após o decurso de dois anos, salvo se o indeferimento tiver resultado de falta ou insuficiência de documentos.

▸ *CP: art. 94, par. ún.*

ART. 750. A revogação de reabilitação (Código Penal, art. 120) será decretada pelo juiz, de ofício ou a requerimento do Ministério Público.

▸ *CP: art. 95.*

TÍTULO V. DA EXECUÇÃO DAS MEDIDAS DE SEGURANÇA

▸ *Súmulas 422, 520 e 525 do STF.*

▸ *Súmula 527 do STJ.*

▸ *CP: arts. 96 a 99, 350, 351 e 352.*

▸ *CPP: arts. 386, parágrafo único, III, 492, II, c, 596, parágrafo único, 751 e 754.*

▸ *Dec.-lei nº 3.688, de 03-10-1941, arts. 12, II, b, e 13 Lei das Contravenções Penais.*

▸ *Lei nº 7.210, de 11-07-1984, arts. 171 a 179, e 183, Lei de Execução Penal.*

▸ *Lei 11.343, de 23-08-2006, art. 26, Lei de Drogas.*

▸ *Lei 12.714, de 14-09-2012, sistema de acompanhamento da execução das penas, prisão cautelar e medida de segurança.*

ART. 751. Durante a execução da pena ou durante o tempo em que a ela se furtar o condenado, poderá ser imposta medida de segurança, se:

▸ *Súmula nº 527 do STJ.*

I – o juiz ou o tribunal, na sentença:

a) omitir sua decretação, nos casos de periculosidade presumida;

b) deixar de aplicá-la ou de excluí-la expressamente;

c) declarar os elementos constantes do processo insuficientes para a imposição ou exclusão da medida e ordenar indagações para a verificação da periculosidade do condenado;

II – tendo sido, expressamente, excluída na sentença a periculosidade do condenado, novos fatos demonstrarem ser ele perigoso.

ART. 752. Poderá ser imposta medida de segurança, depois de transitar em julgado a sentença, ainda quando não iniciada a execução da pena, por motivo diverso de fuga ou ocultação do condenado:

I – no caso da letra a do nº I do artigo anterior, bem como no da letra b, se tiver sido alegada a periculosidade;

II – no caso da letra c do nº I do mesmo artigo.

ART. 753. Ainda depois de transitar em julgado a sentença absolutória, poderá ser imposta a medida de segurança, enquanto não decorrido tempo equivalente ao da sua duração mínima, a indivíduo que a lei presuma perigoso.

▸ *Súmula 527 do STJ.*

ART. 754. A aplicação da medida de segurança, nos casos previstos nos arts. 751 e 752, competirá ao juiz da execução da pena, e, no caso do art. 753, ao juiz da sentença.

ART. 755. A imposição da medida de segurança, nos casos dos arts. 751 a 753, poderá ser decretada de ofício ou a requerimento do Ministério Público.

Parágrafo único. O diretor do estabelecimento penal, que tiver conhecimento de fatos indicativos da periculosidade do condenado a quem não tenha sido imposta medida de segurança, deverá logo comunicá-los ao juiz.

ART. 756. Nos casos do nº I, a e b, do art. 751, e nº I do art. 752, poderá ser dispensada nova audiência do condenado.

ART. 757. Nos casos do nº I, c, e nº II do art. 751 e nº II do art. 752, o juiz, depois de proceder às diligências que julgar convenientes, ouvirá o Ministério Público e concederá ao condenado o prazo de três dias para alegações, devendo a prova requerida ou reputada necessária pelo juiz ser produzida dentro em dez dias.

§ 1º. O juiz nomeará defensor ao condenado que o requerer.

§ 2º. Se o réu estiver foragido, o juiz procederá às diligências que julgar convenientes, concedendo o prazo de provas, quando requerido pelo Ministério Público.

§ 3º. Findo o prazo de provas, o juiz proferirá a sentença dentro de três dias.

ART. 758. A execução da medida de segurança incumbirá ao juiz da execução da sentença.

ART. 759. No caso do art. 753, o juiz ouvirá o curador já nomeado ou que então nomear, podendo mandar submeter o condenado a exame mental, internando-o, desde logo, em estabelecimento adequado.

ART. 760. Para a verificação da periculosidade, no caso do § 3º do art. 78 do Código Penal, observar-se-á o disposto no art. 757, no que for aplicável.

▸ *CP: arts. 96 a 99.*

ART. 761. Para a providência determinada no art. 84, § 2º, do Código Penal, se as sentenças forem proferidas por juízes diferentes, será competente o juiz que tiver sentenciado por último ou a autoridade de jurisdição prevalente no caso do art. 82.

▸ *CP: arts. 96 a 99.*

ART. 762. A ordem de internação, expedida para executar-se medida de segurança detentiva, conterá:

I – a qualificação do internando;

II – o teor da decisão que tiver imposto a medida de segurança;

III – a data em que terminará o prazo mínimo da internação.

ART. 763. Se estiver solto o internando, expedir-se-á mandado de captura, que será cumprido por oficial de justiça ou por autoridade policial.

ART. 764. O trabalho nos estabelecimentos referidos no art. 88, § 1º, III, do Código Penal, será educativo e remunerado, de modo que assegure ao internado meios de subsistência, quando cessar a internação.

▸ *CP: arts. 96 a 99.*

§ 1º. O trabalho poderá ser praticado ao ar livre.

§ 2º. Nos outros estabelecimentos, o trabalho dependerá das condições pessoais do internado.

ART. 765. A quarta parte do salário caberá ao Estado ou, no Distrito Federal e nos Territórios, à União, e o restante será depositado em nome do internado ou, se este preferir, entregue à sua família.

ART. 766. A internação das mulheres será feita em estabelecimento próprio ou em seção especial.

ART. 767. O juiz fixará as normas de conduta que serão observadas durante a liberdade vigiada.

§ 1º. Serão normas obrigatórias, impostas ao indivíduo sujeito à liberdade vigiada:

a) tomar ocupação, dentro de prazo razoável, se for apto para o trabalho;

b) não mudar do território da jurisdição do juiz, sem prévia autorização deste.

§ 2º. Poderão ser impostas ao indivíduo sujeito à liberdade vigiada, entre outras obrigações, as seguintes:

a) não mudar de habitação sem aviso prévio ao juiz, ou à autoridade incumbida da vigilância;

b) recolher-se cedo à habitação;

c) não trazer consigo armas ofensivas ou instrumentos capazes de ofender;

d) não frequentar casas de bebidas ou de tavolagem, nem certas reuniões, espetáculos ou diversões públicas.

§ 3º. Será entregue ao indivíduo sujeito à liberdade vigiada uma caderneta, de que constarão as obrigações impostas.

ART. 768. As obrigações estabelecidas na sentença serão comunicadas à autoridade policial.

ART. 769. A vigilância será exercida discretamente, de modo que não prejudique o indivíduo a ela sujeito.

ART. 770. Mediante representação da autoridade incumbida da vigilância, a requerimento do Ministério Público ou de ofício, poderá o juiz modificar as normas fixadas ou estabelecer outras.

ART. 771. Para execução do exílio local, o juiz comunicará sua decisão à autoridade policial do lugar ou dos lugares onde o exilado está proibido de permanecer ou de residir.

§ 1º. O infrator da medida será conduzido à presença do juiz que poderá mantê-lo detido até proferir decisão.

§ 2º. Se for reconhecida a transgressão e imposta, consequentemente, a liberdade vigiada, determinará o juiz que a autoridade policial providencie a fim de que o infrator siga imediatamente para o lugar de residência por ele escolhido, e oficiará à autoridade policial desse lugar, observando-se o disposto no art. 768.

ART. 772. A proibição de frequentar determinados lugares será comunicada pelo juiz à autoridade policial, que lhe dará conhecimento de qualquer transgressão.

ART. 773. A medida de fechamento de estabelecimento ou de interdição de associação será comunicada pelo juiz à autoridade policial, para que a execute.

ART. 774. Nos casos do parágrafo único do art. 83 do Código Penal, ou quando a transgressão de uma medida de segurança importar a imposição de outra, observar-se-á o disposto no art. 757, no que for aplicável.

ART. 775. A cessação ou não da periculosidade se verificará ao fim do prazo mínimo de duração da medida de segurança pelo exame das condições da pessoa a que tiver sido imposta, observando-se o seguinte:

I – o diretor do estabelecimento de internação ou a autoridade policial incumbida da vigilância, até um mês antes de expirado o prazo de duração mínima da medida, se não for inferior a um ano, ou até quinze dias nos outros casos, remeterá ao juiz da execução minucioso relatório, que o habilite a resolver sobre a cessação ou permanência da medida;

II – se o indivíduo estiver internado em manicômio judiciário ou em casa de custódia e tratamento, o relatório será acompanhado do laudo de exame pericial feito por dois médicos designados pelo diretor do estabelecimento;

III – o diretor do estabelecimento de internação ou a autoridade policial deverá, no relatório, concluir pela conveniência da revogação, ou não, da medida de segurança;

IV – se a medida de segurança for o exílio local ou a proibição de frequentar determinados lugares, o juiz, até um mês ou quinze dias antes de expirado o prazo mínimo de duração, ordenará as diligências necessárias, para verificar se desapareceram as causas da aplicação da medida;

V – junto aos autos o relatório, ou realizadas as diligências, serão ouvidos sucessivamente o Ministério Público e o curador ou o defensor, no prazo de três dias para cada um;

VI – o juiz nomeará curador ou defensor ao interessado que o não tiver;

VII – o juiz, de ofício, ou a requerimento de qualquer das partes, poderá determinar novas diligências, ainda que já expirado o prazo de duração mínima da medida de segurança;

VIII – ouvidas as partes ou realizadas as diligências a que se refere o número anterior o juiz proferirá a sua decisão, no prazo de três dias.

ART. 776. Nos exames sucessivos a que se referem o § 1º, II, e § 2º do art. 81 do Código Penal, observar-se-á, no que lhes for aplicável, o disposto no artigo anterior.

▸ *CP: art. 97 § 2º.*

ART. 777. Em qualquer tempo, ainda durante o prazo mínimo de duração da medida de segurança, poderá o tribunal, câmara ou turma, a requerimento do Ministério Público ou do interessado, seu defensor ou curador, ordenar o exame, para a verificação da cessação da periculosidade.

▸ *Súmula nº 527 do STJ.*

§ 1º. Designado o relator e ouvido o procurador-geral, se a medida não tiver sido por ele requerida, o pedido será julgado na primeira sessão.

§ 2º. Deferido o pedido, a decisão será imediatamente comunicada ao juiz, que requisitará, marcando prazo, o relatório e o exame a que se referem os ns. I e II do art. 775 ou ordenará as diligências mencionadas no nº IV do mesmo artigo, prosseguindo de acordo com o disposto nos outros incisos do citado artigo.

ART. 778. Transitando em julgado a sentença de revogação, o juiz expedirá ordem para a desinternação, quando se tratar de medida detentiva, ou para que cesse a vigilância ou a proibição, nos outros casos.

ART. 779. O confisco dos instrumentos e produtos do crime, no caso previsto no art. 100 do Código Penal, será decretado no despacho de arquivamento do inquérito, na sentença de impronúncia ou na sentença absolutória.

LIVRO V.
DAS RELAÇÕES JURISDICIONAIS COM AUTORIDADE ESTRANGEIRA

TÍTULO ÚNICO.

CAPÍTULO I.
DISPOSIÇÕES GERAIS

ART. 780. Sem prejuízo de convenções ou tratados, aplicar-se-á o disposto neste Título à homologação de sentenças penais estrangeiras e à expedição e ao cumprimento de cartas rogatórias para citações, inquirições e outras diligências necessárias à instrução de processo penal.

ART. 781. As sentenças estrangeiras não serão homologadas, nem as cartas rogatórias cumpridas, se contrárias à ordem pública e aos bons costumes.

ART. 782. O trânsito, por via diplomática, dos documentos apresentados constituirá prova bastante de sua autenticidade.

CAPÍTULO II.
DAS CARTAS ROGATÓRIAS

▸ *CF: arts. 102, I, h, 105, I, i, 109, X.*

▸ *CPC/2015: arts. 231, 237, 256 e 260.*

▸ *RISTF: arts. 55, VIII, 220, § 1º, 225 a 229.*

ART. 783. As cartas rogatórias serão, pelo respectivo juiz, remetidas ao Ministro da Justiça, a fim de ser pedido o seu cumprimento, por via diplomática, às autoridades estrangeiras competentes.

▸ *CPP: art. 367.*

ART. 784. As cartas rogatórias emanadas de autoridades estrangeiras competentes não dependem de homologação e serão atendidas se encaminhadas por via diplomática e desde que o crime, segundo a lei brasileira, não exclua a extradição.

▸ *Lei nº 13.445, de 24-05-2017: arts. 81 a 99, Lei de Migração.*

▸ *RISTF: art. 225.*

§ 1º. As rogatórias, acompanhadas de tradução em língua nacional, feita por tradutor oficial ou juramentado, serão, após exequatur do presidente do Supremo Tribunal Federal, cumpridas pelo juiz criminal do lugar onde as diligências tenham de efetuar-se, observadas as formalidades prescritas neste Código.

▸ *CPC/2015: art. 268.*

§ 2º. A carta rogatória será pelo presidente do Supremo Tribunal Federal remetida ao presidente do Tribunal de Apelação do Estado, do Distrito Federal, ou do Território, a fim de ser encaminhada ao juiz competente.

§ 3º. Versando sobre crime de ação privada, segundo a lei brasileira, o andamento, após o exequatur, dependerá do interessado, a quem incumbirá o pagamento das despesas.

§ 4º. Ficará sempre na secretaria do Supremo Tribunal Federal cópia da carta rogatória.

ART. 785. Concluídas as diligências, a carta rogatória será devolvida ao presidente do Supremo Tribunal Federal, por intermédio do presidente do Tribunal de Apelação, o qual, antes de devolvê-la, mandará completar qualquer diligência ou sanar qualquer nulidade.

ART. 786. O despacho que conceder o exequatur marcará, para o cumprimento da diligência, prazo razoável, que poderá ser excedido, havendo justa causa, ficando esta consignada em ofício dirigido ao presidente do Supremo Tribunal Federal, juntamente com a carta rogatória.

▸ *CF: arts. 102, I, h, e 109, X.*

▸ *CP: arts. 8º e 9º.*

▸ *CPC/2015: arts. 960, § 2º, 964 e 965.*

▸ *RISTF: arts. 55, XXV, 215 a 224, 347, I e 367 caput.*

CAPÍTULO III.
DA HOMOLOGAÇÃO DAS SENTENÇAS ESTRANGEIRAS

▸ *CF: art. 105, I, i.*

ART. 787. As sentenças estrangeiras deverão ser previamente homologadas pelo Supremo Tribunal Federal para que produzam os efeitos do art. 7º do Código Penal.

▸ *CP: art. 9º.*

▸ *RISTF: arts. 215 a 219.*

ART. 788. A sentença penal estrangeira será homologada, quando a aplicação da lei brasileira produzir na espécie as mesmas consequências e concorrem os seguintes requisitos:

I – estar revestida das formalidades externas necessárias, segundo a legislação do país de origem;

II – haver sido proferida por juiz competente, mediante citação regular, segundo a mesma legislação;

III – ter passado em julgado;

IV – estar devidamente autenticada por cônsul brasileiro;

V – estar acompanhada de tradução, feita por tradutor público.

▸ *CP: art. 9º.*

ART. 789. O procurador-geral da República, sempre que tiver conhecimento da existência de sentença penal estrangeira, emanada de Estado que tenha com o Brasil tratado de extradição e que haja imposto medida de segurança pessoal ou pena acessória que deva ser cumprida no Brasil, pedirá ao Ministro da Justiça providências para obtenção de elementos que o habilitem a requerer a homologação da sentença.

§ 1º. A homologação de sentença emanada de autoridade judiciária de Estado, que não tiver tratado de extradição com o Brasil, dependerá de requisição do Ministro da Justiça.

§ 2º. Distribuído o requerimento de homologação, o relator mandará citar o interessado para deduzir embargos, dentro de dez dias, se residir no Distrito Federal, de trinta dias, no caso contrário.

§ 3º. Se nesse prazo o interessado não deduzir os embargos, ser-lhe-á pelo relator nomeado defensor, o qual dentro de dez dias produzirá a defesa.

§ 4º. Os embargos somente poderão fundar-se em dúvida sobre a autenticidade do documento, sobre a inteligência da sentença, ou sobre a falta de qualquer dos requisitos enumerados nos arts. 781 e 788.

§ 5º. Contestados os embargos dentro de dez dias, pelo procurador-geral, irá o processo ao relator e ao revisor, observando-se no seu julgamento o Regimento Interno do Supremo Tribunal Federal.

§ 6º. Homologada a sentença, a respectiva carta será remetida ao presidente do Tribunal de Apelação do Distrito Federal, do Estado, ou do Território.

§ 7º. Recebida a carta de sentença, o presidente do Tribunal de Apelação a remeterá ao juiz do lugar de residência do condenado, para a aplicação da medida de segurança ou da pena acessória, observadas as disposições do Título II, Capítulo III, e Título V do Livro IV deste Código.

▸ *CPP: arts. 691 a 695, 751 a 779.*

ART. 790. O interessado na execução de sentença penal estrangeira, para a reparação do dano, restituição e outros efeitos civis, poderá requerer ao Supremo Tribunal Federal a sua homologação, observando-se o que a respeito prescreve o Código de Processo Civil.

▸ *CPP: arts. 63 a 68, 691 a 695 e 751 a 779.*

LIVRO VI.
DISPOSIÇÕES GERAIS

ART. 791. Em todos os juízos e tribunais do crime, além das audiências e sessões ordinárias, haverá as extraordinárias, de acordo com as necessidades do rápido andamento dos feitos.

ART. 792. As audiências, sessões e os atos processuais serão, em regra, públicos e se realizarão nas sedes dos juízos e tribunais, com assistência dos escrivães, do secretário, do oficial de justiça que servir de porteiro, em dia e hora certos, ou previamente designados.

▸ *CF: art. 5º, LX.*

▸ *Dec. nº 678, de 06-11-1992: art. 8º, nº 5, promulga a Convenção Americana sobre Direitos Humanos – Pacto de São José da Costa Rica.*

§ 1º. Se da publicidade da audiência, da sessão ou do ato processual, puder resultar escândalo, inconveniente grave ou perigo de perturbação da ordem, o juiz, ou o tribunal, câmara, ou turma, poderá, de ofício ou a requerimento da parte ou do Ministério Público, determinar que o ato seja realizado a portas fechadas, limitando o número de pessoas que possam estar presentes.

▸ *CF: arts. 5º, LX e 93, IX.*

§ 2º. As audiências, as sessões e os atos processuais, em caso de necessidade, poderão realizar-se na residência do juiz, ou em outra casa por ele especialmente designada.

▸ *CF: art. 5º, LX.*

ART. 793. Nas audiências e nas sessões, os advogados, as partes, os escrivães e os espectadores poderão estar sentados. Todos, porém, se levantarão quando se dirigirem aos juízes ou quando estes se levantarem para qualquer ato do processo.

Parágrafo único. Nos atos da instrução criminal, perante os juízes singulares, os advogados poderão requerer sentados.

ART. 794. A polícia das audiências e das sessões compete aos respectivos juízes ou ao presidente do tribunal, câmara, ou turma, que poderão determinar o que for conveniente à manutenção da ordem. Para tal fim, requisitarão força pública, que ficará exclusivamente à sua disposição.

▸ *CPP: arts. 251 e 497, I e II.*

▸ *CPC/2015: art. 365.*

ART. 795. Os espectadores das audiências ou das sessões não poderão manifestar-se.

Parágrafo único. O juiz ou o presidente fará retirar da sala os desobedientes, que, em caso de resistência, serão presos e autuados.

▸ *CP: art. 329.*

▸ *CPP: arts. 251, 307 e 497, VI.*

ART. 796. Os atos de instrução ou julgamento prosseguirão com a assistência do defensor, se o réu se portar inconvenientemente.

▸ *CPP: art. 217 e 497, VI.*

▸ *CPC/2015: art. 360.*

ART. 797. Excetuadas as sessões de julgamento, que não serão marcadas para domingo ou dia feriado, os demais atos do processo poderão ser praticados em período de férias, em domingos e dias feriados. Todavia, os julgamentos iniciados em dia útil não se interromperão pela superveniência de feriado ou domingo.

ART. 798. Todos os prazos correrão em cartório e serão contínuos e peremptórios, não se interrompendo por férias, domingo ou dia feriado.

▸ *Súmula nº 310 do STF.*

▸ *CPP: art. 396.*

▸ *CPC/2015: arts. 221, 223, 224, 233 e 234.*

▸ *Lei nº 11.419, de 19-12-2006, arts. 3º, 5º e 10, § 1º. Dispõe sobre a informatização do processo judicial.*

§ 1º. Não se computará no prazo o dia do começo, incluindo-se, porém, o do vencimento.

▸ *CP: art. 10.*

§ 2º. A terminação dos prazos será certificada nos autos pelo escrivão; será, porém, considerado findo o prazo, ainda que omitida aquela formalidade, se feita a prova do dia em que começou a correr.

§ 3º. O prazo que terminar em domingo ou dia feriado considerar-se-á prorrogado até o dia útil imediato.

§ 4º. Não correrão os prazos, se houver impedimento do juiz, força maior, ou obstáculo judicial oposto pela parte contrária.

▸ *CPP: arts. 112, 152 e 403.*

§ 5º. Salvo os casos expressos, os prazos correrão:

a) da intimação;

▸ *Súmula nº 710 do STF.*

▸ *CPP: arts. 370 a 372.*

b) da audiência ou sessão em que for proferida a decisão, se a ela estiver presente a parte;

c) do dia em que a parte manifestar nos autos ciência inequívoca da sentença ou despacho.

ART. 799. O escrivão, sob pena de multa de cinquenta a quinhentos mil-réis e, na reincidência, suspensão até 30 (trinta) dias, executará dentro do prazo de dois dias os atos determinados em lei ou ordenados pelo juiz.

ART. 800. Os juízes singulares darão seus despachos e decisões dentro dos prazos seguintes, quando outros não estiverem estabelecidos:

I – de dez dias, se a decisão for definitiva, ou interlocutória mista;

▸ *CPP: arts. 386 a 393, 413 a 415, e 492.*

▸ *CPC/2015: art. 203.*

II – de cinco dias, se for interlocutória simples;

III – de um dia, se se tratar de despacho de expediente.

▸ *CPC/2015: arts. 203 e 227.*

§ 1º. Os prazos para o juiz contar-se-ão do termo de conclusão.

§ 2º. Os prazos do Ministério Público contar-se-ão do termo de vista, salvo para a interposição do recurso (art. 798, § 5º).

§ 3º. Em qualquer instância, declarando motivo justo, poderá o juiz exceder por igual tempo os prazos a ele fixados neste Código.

▸ *CPC/2015: art. 227.*

§ 4º. O escrivão que não enviar os autos ao juiz ou ao órgão do Ministério Público no dia em que assinar termo de conclusão ou de vista estará sujeito à sanção estabelecida no art. 799.

ART. 801. Findos os respectivos prazos, os juízes e os órgãos do Ministério Público, responsáveis pelo retardamento, perderão tantos dias de vencimentos quantos forem os excedidos. Na contagem do tempo de serviço, para o efeito de promoção e aposentadoria, a perda será do dobro dos dias excedidos.

▸ *CF: art. 128, § 5º, c.*

ART. 802. O desconto referido no artigo antecedente far-se-á à vista da certidão do escrivão do processo ou do secretário do tribunal, que deverão, de ofício, ou a requerimento de qualquer interessado, remetê-la às repartições encarregadas do pagamento e da contagem do tempo de serviço, sob pena de incorrerem, de pleno direito, na multa de quinhentos mil-réis, imposta por autoridade fiscal.

ART. 803. Salvo nos casos expressos em lei, é proibida a retirada de autos do cartório, ainda que em confiança, sob pena de responsabilidade do escrivão.

▸ *CPP: arts. 150, § 2º, 716, § 1º e 736.*

▸ *Lei nº 8.906, de 04-07-1994, art. 7º, XV e XVI, Estatuto da Advocacia e Ordem dos Advogados do Brasil (OAB).*

ART. 804. A sentença ou o acórdão, que julgar a ação, qualquer incidente ou recurso, condenará nas custas o vencido.

▸ *CF: art. 5º, LXXIV.*

▸ *CPP: arts. 101, 140, 336, 653 e 701.*

ART. 805. As custas serão contadas e cobradas de acordo com os regulamentos expedidos pela União e pelos Estados.

ART. 806. Salvo o caso do art. 32, nas ações intentadas mediante queixa, nenhum ato ou diligência se realizará, sem que seja depositada em cartório a importância das custas.

§ 1º. Igualmente, nenhum ato requerido no interesse da defesa será realizado, sem o prévio pagamento das custas, salvo se o acusado for pobre.

▸ *CPP: art. 32, § 1º.*

▸ *CPC/2015: arts. 98 a 102.*

§ 2º. A falta do pagamento das custas, nos prazos fixados em lei, ou marcados pelo juiz, importará renúncia à diligência requerida ou deserção do recurso interposto.

▸ *Súmula nº 484 do STJ.*

▸ *CPP: art. 581, XV.*

§ 3º. A falta de qualquer prova ou diligência que deixe de realizar-se em virtude do não-pagamento de custas não implicará a nulidade do processo, se a prova de pobreza do acusado só posteriormente foi feita.

▸ CPC/2015: arts. 98 a 102.

ART. 807. O disposto no artigo anterior não obstará à faculdade atribuída ao juiz de determinar de ofício inquirição de testemunhas ou outras diligências.

▸ CPP: art. 156.

ART. 808. Na falta ou impedimento do escrivão e seu substituto, servirá pessoa idônea, nomeada pela autoridade, perante quem prestará compromisso, lavrando o respectivo termo.

ART. 809. A estatística judiciária criminal, a cargo do Instituto de Identificação e Estatística ou repartições congêneres, terá por base o boletim individual, que é parte integrante dos processos e versará sobre:

▸ CPP: arts. 23 e 747.

I – os crimes e as contravenções praticados durante o trimestre, com especificação da natureza de cada um, meios utilizados e circunstâncias de tempo e lugar;

II – as armas proibidas que tenham sido apreendidas;

III – o número de delinquentes, mencionadas as infrações que praticaram, sua nacionalidade, sexo, idade, filiação, estado civil, prole, residência, meios de vida e condições econômicas, grau de instrução, religião, e condições de saúde física e psíquica;

IV – o número dos casos de codelinquência;

V – a reincidência e os antecedentes judiciários;

VI – as sentenças condenatórias ou absolutórias, bem como as de pronúncia ou de impronúncia;

VII – a natureza das penas impostas;

VIII – a natureza das medidas de segurança aplicadas;

IX – a suspensão condicional da execução da pena, quando concedida;

X – as concessões ou denegações de habeas corpus.

§ 1º. Os dados acima enumerados constituem o mínimo exigível, podendo ser acrescidos de outros elementos úteis ao serviço da estatística criminal.

§ 2º. Esses dados serão lançados semestralmente em mapa e remetidos ao Serviço de Estatística Demográfica Moral e Política do Ministério da Justiça. (Redação dada pela Lei nº 9.061, de 14.6.1995)

§ 3º. O boletim individual a que se refere este artigo é dividido em três partes destacáveis, conforme modelo anexo a este Código, e será adotado nos Estados, no Distrito Federal e nos Territórios. A primeira parte ficará arquivada no cartório policial; a segunda será remetida ao Instituto de Identificação e Estatística, ou repartição congênere; e a terceira acompanhará o processo, e, depois de passar em julgado a sentença definitiva, lançados os dados finais, será enviada ao referido Instituto ou repartição congênere.

ART. 810. Este Código entrará em vigor no dia 1º de janeiro de 1942.

ART. 811. Revogam-se as disposições em contrário.

Rio de Janeiro, em 3 de outubro de 1941;
120º da Independência e 53º da República.
GETÚLIO VARGAS

Este texto não substitui o publicado no DOU de 13.10.1941

ÍNDICE ALFABÉTICO-REMISSIVO DO CÓDIGO DE PROCESSO PENAL

– A –

CÓDIGO DE PROCESSO PENAL

ACUSATÓRIO

ADIAMENTO

ADITAMENTO

ADVOGADO

AERONAVE

AGRAVANTES

ÁGUAS TERRITORIAIS

ALEGAÇÕES

AUTO-MAR

ANALFABETO

ALGEMA

CÓDIGO DE PROCESSO PENAL

CÓDIGO DE PROCESSO PENAL

– I –

CÓDIGO DE PROCESSO PENAL

CÓDIGO DE PROCESSO PENAL

CÓDIGO DE PROCESSO PENAL

– L –

CÓDIGO DE PROCESSO PENAL

PRECATÓRIA

CÓDIGO DE PROCESSO PENAL

CÓDIGO DE PROCESSO PENAL

- Q -

- R -

CÓDIGO DE PROCESSO PENAL

– U –

– V –

CÓDIGO ELEITORAL

ÍNDICE SISTEMÁTICO DO CÓDIGO ELEITORAL

CÓDIGO ELEITORAL – LEI Nº 4.737, DE 15 DE JULHO DE 1965

Institui o Código Eleitoral.

O PRESIDENTE DA REPÚBLICA, faço saber que sanciono a seguinte Lei, aprovada pelo Congresso Nacional, nos termos do art. 4º, caput, do Ato Institucional, de 9 de abril de 1964.

DOU 19.07.1965; Retificado no DOU de 30.07.1965

PARTE PRIMEIRA. INTRODUÇÃO

ART. 1º. Este Código contém normas destinadas a assegurar a organização e o exercício de direitos políticos precipuamente os de votar e ser votado.

Parágrafo único. O Tribunal Superior Eleitoral expedirá Instruções para sua fiel execução.

▸ *CF: arts. 118,119 e 121.*

ART. 2º. Todo poder emana do povo e será exercido em seu nome, por mandatários escolhidos, direta e secretamente, dentre candidatos indicados por partidos políticos nacionais, ressalvada a eleição indireta nos casos previstos na Constituição e leis específicas.

▸ *CF: art. 1º, par. ún., 14, caput, 60, § 4º, II, 77 e 81, § 1º.*

ART. 3º. Qualquer cidadão pode pretender investidura em cargo eletivo, respeitadas as condições constitucionais e legais de elegibilidade e incompatibilidade.

▸ *CF: art. 14, §§ 3º,4º e 6º a 8º.*

ART. 4º. São eleitores os brasileiros maiores de 18 anos que se alistarem na forma da lei. (Art. 14 da Constituição Federal)

▸ *CF: arts. 14, § 1º, II, c.*

▸ *CE: art. 42.*

ART. 5º. Não podem alistar-se eleitores:

▸ *CF: arts. 14, § 2º, e 15.*

▸ *CE: arts. 10 e 71, I.*

I – os analfabetos;

▸ *CF: arts. 14, § 1º, II, a.*

II – os que não saibam exprimir-se na língua nacional;

III – os que estejam privados, temporária ou definitivamente dos direitos políticos.

▸ *CF: art. 15.*

▸ *Lei nº 7.210, de 11-07-1984, art. 47, I, Lei de Execução Penal.*

Parágrafo único. Os militares são alistáveis, desde que oficiais, aspirantes a oficiais, guardas-marinha, subtenentes ou suboficiais, sargentos ou alunos das escolas militares de ensino superior para formação de oficiais.

▸ *CF: arts. 14, §§ 2º e 8º.*

ART. 6º. O alistamento e o voto são obrigatórios para os brasileiros de um e outro sexo, salvo:

▸ *CF: arts. 14, § 1º, I e II.*

I – quanto ao alistamento:

▸ *CE: art. 10.*

a) os inválidos;

b) os maiores de setenta anos;

▸ *CF: arts. 14, § 1º, II, b.*

c) os que se encontrem fora do país.

II – quanto ao voto:

a) os enfermos;

b) os que se encontrem fora do seu domicílio;

c) os funcionários civis e os militares, em serviço que os impossibilite de votar.

▸ *CF: art. 38.*

ART. 7º. O eleitor que deixar de votar e não se justificar perante o juiz eleitoral até 30 (trinta) dias após a realização da eleição, incorrerá na multa de 3 (três) a 10 (dez) por cento sobre o salário-mínimo da região, imposta pelo juiz eleitoral e cobrada na forma prevista no art. 367. (Redação dada pela Lei nº 4.961, de 1966)

▸ *CF: art. 7º, IV.*

▸ *CE: art. 231.*

§ 1º. Sem a prova de que votou na última eleição, pagou a respectiva multa ou de que se justificou devidamente, não poderá o eleitor:

I – inscrever-se em concurso ou prova para cargo ou função pública, investir-se ou empossar-se neles;

▸ *CF: art. 37, I.*

II – receber vencimentos, remuneração, salário ou proventos de função ou emprego público, autárquico ou para estatal, bem como fundações governamentais, empresas, institutos e sociedades de qualquer natureza, mantidas ou subvencionadas pelo governo ou que exerçam serviço público delegado, correspondentes ao segundo mês subsequente ao da eleição;

III – participar de concorrência pública ou administrativa da União, dos Estados, dos Territórios, do Distrito Federal ou dos Municípios, ou das respectivas autarquias;

IV - obter empréstimos nas autarquias, sociedades de economia mista, caixas econômicas federais ou estaduais, nos institutos e caixas de previdência social, bem como em qualquer estabelecimento de crédito mantido pelo governo, ou de cuja administração este participe, e com essas entidades celebrar contratos; (Vide Lei nº 14.179, de 2021)

▸ *Atualização: Art. 1º, II, Lei 14.179/2021: "Art. 1º Até 31 de dezembro de 2021, as instituições financeiras privadas e públicas, inclusive as suas subsidiárias, ficam dispensadas, quando aplicável, de observar, nas contratações e nas renegociações de operações de crédito realizadas diretamente ou por meio de agentes financeiros, os seguintes dispositivos legais: (...) II – inciso IV do § 1º do art. 7º da Lei nº 4.737, de 15 de julho de 1965 (Código Eleitoral);"*

V – obter passaporte ou carteira de identidade;

VI – renovar matrícula em estabelecimento de ensino oficial ou fiscalizado pelo governo;

VII – praticar qualquer ato para o qual se exija quitação do serviço militar ou imposto de renda.

§ 2º. Os brasileiros natos ou naturalizados, maiores de 18 anos, salvo os excetuados nos arts. 5º e 6º, nº 1, sem prova de estarem alistados não poderão praticar os atos relacionados no parágrafo anterior.

▸ *CF: arts. 12, I e II, e 14, § 1º, I.*

§ 3º. Realizado o alistamento eleitoral pelo processo eletrônico de dados, será cancelada a inscrição do eleitor que não votar em 3 (três) eleições consecutivas, não pagar a multa ou não se justificar no prazo de 6 (seis) meses, a contar da data da última eleição a que deveria ter comparecido. (Incluído pela Lei nº 7.663, de 1988)

§ 4º. O disposto no inciso V do § 1º não se aplica ao eleitor no exterior que requeira novo passaporte para identificação e retorno ao Brasil. (Incluído pela Lei nº 13.165, de 2015)

ART. 8º. O brasileiro nato que não se alistar até os 19 anos ou o naturalizado que não se alistar até um ano depois de adquirida a nacionalidade brasileira, incorrerá na multa de 3 (três) a 10 (dez) por cento sobre o valor do salário-mínimo da região, imposta pelo juiz e cobrada no ato da inscrição eleitoral através de selo federal inutilizado no próprio requerimento. (Redação dada pela Lei nº 4.961, de 1966)

▸ CF: art. 12.

Parágrafo único. Não se aplicará a pena ao não alistado que requerer sua inscrição eleitoral até o centésimo primeiro dia anterior à eleição subsequente à data em que completar dezenove anos. (Incluído pela Lei nº 9.041, de 1995)

▸ Lei nº 9.504, de 30-9-1997, art. 91, caput, que estabelece normas para as eleições.

ART. 9º. Os responsáveis pela inobservância do disposto nos arts. 7º e 8º incorrerão na multa de 1 (um) a 3 (três) salários-mínimos vigentes na zona eleitoral ou de suspensão disciplinar até 30 (trinta) dias.

ART. 10. O juiz eleitoral fornecerá aos que não votarem por motivo justificado e aos não alistados nos termos dos artigos 5º e 6º, nº 1, documento que os isente das sanções legais.

ART. 11. O eleitor que não votar e não pagar a multa, se se encontrar fora de sua zona e necessitar documento de quitação com a Justiça Eleitoral, poderá efetuar o pagamento perante o Juízo da zona em que estiver.

§ 1º. A multa será cobrada no máximo previsto, salvo se o eleitor quiser aguardar que o juiz da zona em que se encontrar solicite informações sobre o arbitramento ao Juízo da inscrição.

▸ CE: arts. 286, caput e 367, I.

§ 2º. Em qualquer das hipóteses, efetuado o pagamento través de selos federais inutilizados no próprio requerimento, o juiz que recolheu a multa comunicará o fato ao da zona de inscrição e fornecerá ao requerente comprovante do pagamento.

▸ CE: art. 367, II.

PARTE SEGUNDA. DOS ÓRGÃOS DA JUSTIÇA ELEITORAL

ART. 12. São órgãos da Justiça Eleitoral:

I – O Tribunal Superior Eleitoral, com sede na Capital da República e jurisdição em todo o País;

▸ CF: art. 92, par. ún.

II – um Tribunal Regional, na Capital de cada Estado, no Distrito Federal e, mediante proposta do Tribunal Superior, na Capital de Território;

▸ CF: art. 120, caput.

III – juntas eleitorais;

IV – juízes eleitorais.

▸ CE: art. 25.

ART. 13. O número de juízes dos Tribunais Regionais não será reduzido, mas poderá ser elevado até nove, mediante proposta do Tribunal Superior, e na forma por ele sugerida.

▸ CF: arts. 96, II, a, e 120, § 1º.

▸ CE: art. 25.

ART. 14. Os juízes dos Tribunais Eleitorais, salvo motivo justificado, servirão obrigatoriamente por dois anos, e nunca por mais de dois biênios consecutivos.

▸ CF: art. 121, § 2º.

§ 1º. Os biênios serão contados, ininterruptamente, sem o desconto de qualquer afastamento nem mesmo o decorrente de licença, férias, ou licença especial, salvo no caso do § 3º. (Incluído pela Lei nº 4.961, de 1966)

§ 2º. Os juízes afastados por motivo de licença férias e licença especial, de suas funções na Justiça comum, ficarão automaticamente afastados da Justiça Eleitoral pelo tempo correspondente exceto quando com períodos de férias coletivas, coincidir a realização de eleição, apuração ou encerramento de alistamento. (Incluído pela Lei nº 4.961, de 1966)

§ 3º. Da homologação da respectiva convenção partidária até a diplomação e nos feitos decorrentes do processo eleitoral, não poderão servir como juízes nos Tribunais Eleitorais, ou como juiz eleitoral, o cônjuge ou o parente consanguíneo ou afim, até o segundo grau, de candidato a cargo eletivo registrado na circunscrição. (Redação dada pela Lei nº 13.165, de 2015)

▸ CF: art. 227, § 6º.

▸ CC: art. 1.596.

▸ Lei nº 9.504, de 30-9-1997, art. 95, que estabelece normas para as eleições.

§ 4º. No caso de recondução para o segundo biênio observar-se-ão as mesmas formalidades indispensáveis à primeira investidura. (Incluído pela Lei nº 4.961, de 1966)

ART. 15. Os substitutos dos membros efetivos dos Tribunais Eleitorais serão escolhidos, na mesma ocasião e pelo mesmo processo, em número igual para cada categoria.

▸ CF: art. 121, § 2º.

TÍTULO I. DO TRIBUNAL SUPERIOR

ART. 16. Compõe-se o Tribunal Superior Eleitoral: (Redação dada pela Lei nº 7.191, de 1984)

▸ CF: arts. 96, II, a, 119, caput, e 120, § 1º.

I – mediante eleição, pelo voto secreto: (Redação dada pela Lei nº 7.191, de 1984)

a) de três juízes, dentre os Ministros do Supremo Tribunal Federal; e (Redação dada pela Lei nº 7.191, de 1984)

▸ CF: art. 119, I, a.

b) de dois juízes, dentre os membros do Tribunal Federal de Recursos; (Redação dada pela Lei nº 7.191, de 1984)

▸ CF: art. 105, I, d.

II – por nomeação do Presidente da República, de dois entre seis advogados de notável saber jurídico e idoneidade moral, indicados pelo Supremo Tribunal Federal. (Redação dada pela Lei nº 7.191, de 1984)

▸ CF: art. 119, II.

§ 1º. Não podem fazer parte do Tribunal Superior Eleitoral cidadãos que tenham entre si parentesco, ainda que por afinidade, até o quarto grau, seja o vínculo legítimo ou ilegítimo, excluindo-se neste caso o que tiver sido escolhido por último. (Redação dada pela Lei nº 7.191, de 1984)

▸ CF: art. 226, § 6º.

§ 2º. A nomeação de que trata o inciso II deste artigo não poderá recair em cidadão que ocupe cargo público de que seja demissível ad nutum; que seja diretor, proprietário ou sócio de empresa beneficiada com subvenção, privilegio, isenção ou favor em virtude de contrato com a administração pública; ou que exerça mandato de caráter político, federal, estadual ou municipal. (Redação dada pela Lei nº 7.191, de 1984)

ART. 17. O Tribunal Superior Eleitoral elegerá para seu presidente um dos ministros do Supremo Tribunal Federal, cabendo ao outro a vice-presidência, e para Corregedor Geral da Justiça Eleitoral um dos seus membros.

▸ CF: art. 119, par. ún.

§ 1º. As atribuições do Corregedor Geral serão fixadas pelo Tribunal Superior Eleitoral.

§ 2º. No desempenho de suas atribuições o Corregedor Geral se locomoverá para os Estados e Territórios nos seguintes casos:

I – por determinação do Tribunal Superior Eleitoral;

II – a pedido dos Tribunais Regionais Eleitorais;

III – a requerimento de Partido deferido pelo Tribunal Superior Eleitoral;

IV – sempre que entender necessário.

§ 3º. Os provimentos emanados da Corregedoria Gera vinculam os Corregedores Regionais, que lhes devem dar imediato e preciso cumprimento.

ART. 18. Exercerá as funções de Procurador Geral, junto ao Tribunal Superior Eleitoral, o Procurador Geral da República, funcionando, em suas faltas e impedimentos, seu substituto legal.

▸ CF: art. 128, § 1º.

▸ Lei Complementar nº 75, de 20-5-1993, arts. 73 a 75, que dispõe sobre a organização, as atribuições e o estatuto do Ministério Público da União.

Parágrafo único. O Procurador Geral poderá designar outros membros do Ministério Público da União, com exercício no Distrito Federal, e sem prejuízo das respectivas funções, para auxiliá-lo junto ao Tribunal Superior Eleitoral, onde não poderão ter assento.

ART. 19. O Tribunal Superior delibera por maioria de votos, em sessão pública, com a presença da maioria de seus membros.

Parágrafo único. As decisões do Tribunal Superior, assim na interpretação do Código Eleitoral em face da Constituição e cassação de registro de partidos políticos, como sobre quaisquer recursos que importem anulação geral de eleições ou perda de diplomas, só poderão ser tomadas com a presença de todos os seus membros. Se ocorrer impedimento de algum juiz, será convocado o substituto ou o respectivo suplente.

▸ CF: art. 121, § 3º.

ART. 20. Perante o Tribunal Superior, qualquer interessado poderá arguir a suspeição ou impedimento dos seus membros, do Procurador Geral ou de funcionários de sua Secretaria, nos casos previstos na lei processual civil ou penal e por motivo de parcialidade partidária, mediante o processo previsto em regimento.

▸ CPP: arts. 95, I, 98, 104, 105 e 112.

Parágrafo único. Será ilegítima a suspeição quando o excipiente a provocar ou, depois de manifestada a causa, praticar ato que importe aceitação do arguido.

▸ CE: art. 28, § 2º.

ART. 21. Os Tribunais e juízes inferiores devem dar imediato cumprimento às decisões, mandados, instruções e outros atos emanados do Tribunal Superior Eleitoral.

ART. 22. Compete ao Tribunal Superior:

I – Processar e julgar originariamente:

a) o registro e a cassação de registro de partidos políticos, dos seus diretórios nacionais e de candidatos à Presidência e vice-presidência da República;

b) os conflitos de jurisdição entre Tribunais Regionais e juízes eleitorais de Estados diferentes;

c) a suspeição ou impedimento aos seus membros, ao Procurador Geral e aos funcionários da sua Secretaria;

d) os crimes eleitorais e os comuns que lhes forem conexos cometidos pelos seus próprios juízes e pelos juízes dos Tribunais Regionais;

▸ CF: arts. 96, III, 102, I, c, e 105, I, a.

e) o habeas corpus ou mandado de segurança, em matéria eleitoral, relativos a atos do Presidente da República, dos Ministros de Estado e dos Tribunais Regionais; ou, ainda, o habeas corpus, quando houver perigo de se consumar a violência antes que o juiz competente possa prover sobre a impetração;

▸ CF: arts. 102, I, d e i, 105, I, c e h, 108, I, d.

▸ CPP: art. 650.

▸ CE: arts. 29, I, e, e 35, III.

▸ Lei Complementar nº 35, de 14-3-1979, art. 21, que dispõe sobre a Lei Orgânica da Magistratura Nacional.

f) as reclamações relativas a obrigações impostas por lei aos partidos políticos, quanto à sua contabilidade e à apuração da origem dos seus recursos;

g) as impugnações a apuração do resultado geral, proclamação dos eleitos e expedição de diploma na eleição de Presidente e Vice-Presidente da República;

▸ CE: arts. 208,210,211 e 216.

h) os pedidos de desaforamento dos feitos não decididos nos Tribunais Regionais dentro de trinta dias da conclusão ao relator, formulados por partido, candidato, Ministério Público ou parte legitimamente interessada. (Redação dada pela Lei nº 4.961, de 1966)

i) as reclamações contra os seus próprios juízes que, no prazo de trinta dias a contar da conclusão, não houverem julgado os feitos a eles distribuídos. (Incluído pela Lei nº 4.961, de 1966)

▸ Lei nº 9.504 de 30-9-1997, art. 94, §§ 1º e 2º que estabelece normas para as eleições.

j) a ação rescisória, nos casos de inelegibilidade, desde que intentada dentro de cento e vinte dias de decisão irrecorrível, possibilitando-se o exercício do mandato eletivo até o seu trânsito em julgado. (Incluído pela LCP nº 86, de 1996)

▸ Lei nº 9.504 de 30-9-1997, art. 94, §§ 1º e 2º que estabelece normas para as eleições.

II – julgar os recursos interpostos das decisões dos Tribunais Regionais nos termos do Art. 276 inclusive os que versarem matéria administrativa.

▸ CF: art. 121, § 4º.

▸ Lei: art. 276, II, b.

Parágrafo único. As decisões do Tribunal Superior são irrecorrível, salvo nos casos do Art. 281.

▸ CF: art. 121, § 3º.

ART. 23. Compete, ainda, privativamente, ao Tribunal Superior,

I – elaborar o seu regimento interno;

▸ CF: art. 96, I, a.

II – organizar a sua Secretaria e a Corregedoria Geral, propondo ao Congresso Nacional a criação ou extinção dos cargos administrativos e a fixação dos respectivos vencimentos, provendo-os na forma da lei;

▸ CF: art. 96, I, b.

III – conceder aos seus membros licença e férias assim como afastamento do exercício dos cargos efetivos;

▸ CF: art. 96, I, f.

IV – aprovar o afastamento do exercício dos cargos efetivos dos juízes dos Tribunais Regionais Eleitorais;

▸ CF: art. 96, I, f.

V – propor a criação de Tribunal Regional na sede de qualquer dos Territórios;

▸ CF: art. 96, II, c.

VI – propor ao Poder Legislativo o aumento do número dos juízes de qualquer Tribunal Eleitoral, indicando a forma desse aumento;

▸ CF: arts. 96, II, a, e 120, § 1º.

VII – fixar as datas para as eleições de Presidente e Vice-Presidente da República, senadores e deputados federais, quando não o tiverem sido por lei:

▸ CF: arts. 28, caput; 29, I e II; 32, § 2º; 77; caput e § 1º.

▸ Lei nº 9.504 de 30-9-1997, arts. 1º, caput, e 2º; § 1º, que estabelece normas para as eleições.

VIII – aprovar a divisão dos Estados em zonas eleitorais ou a criação de novas zonas;

IX – expedir as instruções que julgar convenientes à execução deste Código;

X – fixar a diária do Corregedor Geral, dos Corregedores Regionais e auxiliares em diligência fora da sede;

XI – enviar ao Presidente da República a lista tríplice organizada pelos Tribunais de Justiça nos termos do ar. 25;

XII – responder, sobre matéria eleitoral, às consultas que lhe forem feitas em tese por autoridade com jurisdição, federal ou órgão nacional de partido político;

XIII – autorizar a contagem dos votos pelas mesas receptoras nos Estados em que essa providência for solicitada pelo Tribunal Regional respectivo;

▸ CE: art. 118.

XIV – requisitar a força federal necessária ao cumprimento da lei, de suas próprias decisões ou das decisões dos Tribunais Regionais que o solicitarem, e para garantir a votação e a apuração; (Redação dada pela Lei nº 4.961, de 1966)

▸ CE: art. 30, XII.

XV – organizar e divulgar a Súmula de sua jurisprudência;

XVI – requisitar funcionários da União e do Distrito Federal quando o exigir o acúmulo ocasional do serviço de sua Secretaria;

XVII – publicar um boletim eleitoral;

XVIII – tomar quaisquer outras providências que julgar convenientes à execução da legislação eleitoral.

ART. 24. Compete ao Procurador Geral, como Chefe do Ministério Público Eleitoral;

I – assistir às sessões do Tribunal Superior e tomar parte nas discussões;

II – exercer a ação pública e promovê-la até final, em todos os feitos de competência originária do Tribunal;

▸ CF: art. 129, III, e § 1º.

III – oficiar em todos os recursos encaminhados ao Tribunal;

IV – manifestar-se, por escrito ou oralmente, em todos os assuntos submetidos à deliberação do Tribunal, quando solicitada sua audiência por qualquer dos juízes, ou por iniciativa sua, se entender necessário;

V – defender a jurisdição do Tribunal;

VI – representar ao Tribunal sobre a fiel observância das leis eleitorais, especialmente quanto à sua aplicação uniforme em todo o País;

▸ CPP: art. 257.

VII – requisitar diligências, certidões e esclarecimentos necessários ao desempenho de suas atribuições;

▸ CPP: art. 47.

VIII – expedir instruções aos órgãos do Ministério Público junto aos Tribunais Regionais;

IX – acompanhar, quando solicitado, o Corregedor Geral, pessoalmente ou por intermédio de Procurador que designe, nas diligências a serem realizadas.

TÍTULO II. DOS TRIBUNAIS REGIONAIS

ART. 25. Os Tribunais Regionais Eleitorais compor-se-ão: (Redação dada pela Lei nº 7.191, de 1984)

▸ CF: art. 120, § 1º e II.

I – mediante eleição, pelo voto secreto: (Redação dada pela Lei nº 7.191, de 1984)

▸ CF: art. 120, § 1º e I.

CÓDIGO ELEITORAL

a) de dois juízes, dentre os desembargadores do Tribunal de Justiça; (Redação dada pela Lei nº 7.191, de 1984)

b) de dois juízes de direito, escolhidos pelo Tribunal de Justiça; (Redação dada pela Lei nº 7.191, de 1984)

II – do juiz federal e, havendo mais de um, do que for escolhido pelo Tribunal Federal de Recursos; e (Redação dada pela Lei nº 7.191, de 1984)

▸ CF: art. 120, § 1º e II.

III – por nomeação do Presidente da República de dois dentre seis cidadãos de notável saber jurídico e idoneidade moral, indicados pelo Tribunal de Justiça. (Redação dada pela Lei nº 7.191, de 1984)

▸ CF: art. 120, § 1º e III.

ART. 26. O Presidente e o Vice-Presidente do Tribunal Regional serão eleitos por este dentre os três desembargadores do Tribunal de Justiça; o terceiro desembargador será o Corregedor Regional da Justiça Eleitoral.

▸ CF: art. 120, § 1º, I, a e § 2º.

§ 1º. As atribuições do Corregedor Regional serão fixadas pelo Tribunal Superior Eleitoral e, em caráter supletivo ou complementar, pelo Tribunal Regional Eleitoral perante o qual servir.

§ 2º. No desempenho de suas atribuições o Corregedor Regional se locomoverá para as zonas eleitorais nos seguintes casos:

I – por determinação do Tribunal Superior Eleitoral ou do Tribunal Regional Eleitoral;

II – a pedido dos juízes eleitorais;

III – a requerimento de Partido, deferido pelo Tribunal Regional;

IV – sempre que entender necessário.

ART. 27. Servirá como Procurador Regional junto a cada Tribunal Regional Eleitoral o Procurador da República no respectivo Estado e, onde houver mais de um, aquele que for designado pelo Procurador Geral da República.

▸ CF: art. 120, § 1º, I, a e § 2º.

▸ Lei Complementar nº 75, de 20-5-1993, arts. 76 a 77, que dispõe sobre a organização, as atribuições e o estatuto do Ministério Público da União.

§ 1º. No Distrito Federal, serão as funções de Procurador Regional Eleitoral exercidas pelo Procurador Geral da Justiça do Distrito Federal.

§ 2º. Substituirá o Procurador Regional, em suas faltas ou impedimentos, o seu substituto legal.

§ 3º. Compete aos Procuradores Regionais exercer, perante os Tribunais junto aos quais servirem, as atribuições do Procurador Geral.

§ 4º. Mediante prévia autorização do Procurador Geral, podendo os Procuradores Regionais requisitar, para auxiliá-los nas suas funções, membros do Ministério Público local, não tendo estes, porém, assento nas sessões do Tribunal.

▸ Lei Complementar nº 75, de 20-5-1993, art. 77, parágrafo único, que dispõe sobre a organização, as atribuições e o estatuto do Ministério Público da União.

ART. 28. Os Tribunais Regionais deliberam por maioria de votos, em sessão pública, com a presença da maioria de seus membros.

▸ CE: art. 19, par. ún.

§ 1º. No caso de impedimento e não existindo quorum, será o membro do Tribunal substituído por outro da mesma categoria, designado na forma prevista na Constituição.

§ 2º. Perante o Tribunal Regional, e com recurso voluntário para o Tribunal Superior qualquer interessado poderá arguir a suspeição dos seus membros, do Procurador Regional, ou de funcionários da sua Secretaria, assim como dos juízes e escrivães eleitorais, nos casos previstos na lei processual civil e por motivo de parcialidade partidária, mediante o processo previsto em regimento.

§ 3º. No caso previsto no parágrafo anterior será observado o disposto no parágrafo único do art. 20. (Incluído pela Lei nº 4.961, de 1966)

§ 4º. As decisões dos Tribunais Regionais sobre quaisquer ações que importem cassação de registro, anulação geral de eleições ou perda de diplomas somente poderão ser tomadas com a presença de todos os seus membros. (Incluído pela Lei nº 13.165, de 2015)

§ 5º. No caso do § 4º, se ocorrer impedimento de algum juiz, será convocado o suplente da mesma classe. (Incluído pela Lei nº 13.165, de 2015)

ART. 29. Compete aos Tribunais Regionais:

I – processar e julgar originariamente:

a) o registro e o cancelamento do registro dos diretórios estaduais e municipais de partidos políticos, bem como de candidatos a Governador, Vice-Governadores, e membro do Congresso Nacional e das Assembleias Legislativas;

b) os conflitos de jurisdição entre juízes eleitorais do respectivo Estado;

▸ Súmula nº 59 do STJ.

c) a suspeição ou impedimentos aos seus membros ao Procurador Regional e aos funcionários da sua Secretaria assim como aos juízes e escrivães eleitorais;

▸ CPP: art. 103, § 4º, e 112.

d) os crimes eleitorais cometidos pelos juízes eleitorais;

▸ CF: art. 96, III.

e) o habeas corpus ou mandado de segurança, em matéria eleitoral, contra ato de autoridades que respondam perante os Tribunais de Justiça por crime de responsabilidade e, em grau de recurso, os denegados ou concedidos pelos juízes eleitorais; ou, ainda, o habeas corpus quando houver perigo de se consumar a violência antes que o juiz competente possa prover sobre a impetração;

▸ CF: arts. 102, I, d e i, 105, I, c e h, 108, I, d.

▸ CPP: art. 650.

▸ CE: arts. 22, I, e, e 35, III.

f) as reclamações relativas a obrigações impostas por lei aos partidos políticos, quanto a sua contabilidade e à apuração da origem dos seus recursos;

g) os pedidos de desaforamento dos feitos não decididos pelos juízes eleitorais em trinta dias da sua conclusão para julgamento, formulados por partido candidato Ministério Público ou parte legitimamente interessada sem prejuízo das sanções decorrentes do excesso de prazo. (Redação dada pela Lei nº 4.961, de 1966)

II – julgar os recursos interpostos:

a) dos atos e das decisões proferidas pelos juízes e juntas eleitorais.

b) das decisões dos juízes eleitorais que concederem ou denegarem habeas corpus ou mandado de segurança.

▸ CE: art. 35, III.

Parágrafo único. As decisões dos Tribunais Regionais são irrecorríveis, salvo nos casos do Art. 276.

▸ CF: art. 121,§ 4º.

ART. 30. Compete, ainda, privativamente, aos Tribunais Regionais:

I – elaborar o seu regimento interno;

▸ CF: art. 96, I, a.

II – organizar a sua Secretaria e a Corregedoria Regional provendo-lhes os cargos na forma da lei, e propor ao Congresso Nacional, por intermédio do Tribunal Superior a criação ou supressão de cargos e a fixação dos respectivos vencimentos;

▸ CF: art. 96, I, b.

III – conceder aos seus membros e aos juízes eleitorais licença e férias, assim como afastamento do exercício dos cargos efetivos submetendo, quanto aqueles, a decisão à aprovação do Tribunal Superior Eleitoral;

▸ CF: art. 96, I, f.

IV – fixar a data das eleições de Governador e Vice-Governador, deputados estaduais, prefeitos, vice-prefeitos, vereadores e juízes de paz, quando não determinada por disposição constitucional ou legal;

▸ CF: art. 96, I, b.

▸ Lei nº 9.504 de 30-9-1997, art. 1º, caput, e 2º, §§ 1º a 3º que estabelece normas para as eleições.

V – constituir as juntas eleitorais e designar a respectiva sede e jurisdição;

▸ CE: art. 36, § 1º.

VI – indicar ao tribunal Superior as zonas eleitorais ou seções em que a contagem dos votos deva ser feita pela mesa receptora;

▸ CE: art. 188.

VII – apurar com os resultados parciais enviados pelas juntas eleitorais, os resultados finais das eleições de Governador e Vice-Governador de membros do Congresso Nacional e expedir os respectivos diplomas, remetendo dentro do prazo de 10 (dez) dias após a diplomação, ao Tribunal Superior, cópia das atas de seus trabalhos;

▸ CE: art. 202, § 4º.

VIII – responder, sobre matéria eleitoral, às consultas que lhe forem feitas, em tese, por autoridade pública ou partido político;

IX – dividir a respectiva circunscrição em zonas eleitorais, submetendo essa divisão, assim como a criação de novas zonas, à aprovação do Tribunal Superior;

X – aprovar a designação do Ofício de Justiça que deva responder pela escrivania eleitoral durante o biênio;

▸ CE: art. 35, VI.

XI – Revogado de acordo com a Lei nº 8.868, de 1994.

XII – requisitar a força necessária ao cumprimento de suas decisões solicitar ao Tribunal Superior a requisição de força federal;

▸ CE: art. 23, XIV.

XIII – autorizar, no Distrito Federal e nas capitais dos Estados, ao seu presidente e, no interior, aos juízes eleitorais, a requisição de funcionários federais, estaduais ou municipais para auxiliarem os escrivães eleitorais, quando o exigir o acúmulo ocasional do serviço;

XIV – requisitar funcionários da União e, ainda, no Distrito Federal e em cada Estado ou Território, funcionários dos respectivos quadros administrativos, no caso de acúmulo ocasional de serviço de suas Secretarias;

XV – aplicar as penas disciplinares de advertência e de suspensão até 30 (trinta) dias aos juízes eleitorais;

XVI – cumprir e fazer cumprir as decisões e instruções do Tribunal Superior;

XVII – determinar, em caso de urgência, providências para a execução da lei na respectiva circunscrição;

XVIII – organizar o fichário dos eleitores do Estado.

XIX – suprimir os mapas parciais de apuração mandando utilizar apenas os boletins e os mapas totalizadores, desde que o menor número de candidatos às eleições proporcionais justifique a supressão, observadas as seguintes normas: (Incluído pela Lei nº 4.961, de 1966)

a) qualquer candidato ou partido poderá requerer ao Tribunal Regional que suprima a exigência dos mapas parciais de apuração; (Incluído pela Lei nº 4.961, de 1966)

b) da decisão do Tribunal Regional qualquer candidato ou partido poderá, no prazo de três dias, recorrer para o Tribunal Superior, que decidirá em cinco dias; (Incluído pela Lei nº 4.961, de 1966)

c) a supressão dos mapas parciais de apuração só será admitida até seis meses antes da data da eleição; (Incluído pela Lei nº 4.961, de 1966)

d) os boletins e mapas de apuração serão impressos pelos Tribunais Regionais, depois de aprovados pelo Tribunal Superior; (Incluído pela Lei nº 4.961, de 1966)

▸ CE: art. 179, § 2º.

e) o Tribunal Regional ouvira os partidos na elaboração dos modelos dos boletins e mapas de apuração a fim de que estes atendam às peculiaridade locais, encaminhando os modelos que aprovar, acompanhados das sugestões ou impugnações formuladas pelos partidos, à decisão do Tribunal Superior. (Incluído pela Lei nº 4.961, de 1966)

ART. 31. Faltando num Território o Tribunal Regional, ficará a respectiva circunscrição eleitoral sob a jurisdição do Tribunal Regional que o Tribunal Superior designar.

TÍTULO III.
DOS JUÍZES ELEITORAIS

ART. 32. Cabe a jurisdição de cada uma das zonas eleitorais a um juiz de direito em efetivo exercício e, na falta deste, ao seu substituto legal que goze das prerrogativas do Art. 95 da Constituição.

▸ CF: art. 95.

▸ O mencionado artigo refere-se à CF de 1946.

▸ Lei Complementar nº 35, de 14-3-1979, art. 11, caput, § 1º, que dispõe sobre a Lei Orgânica da Magistratura Nacional.

Parágrafo único. Onde houver mais de uma vara o Tribunal Regional designara aquela ou aquelas, a que incumbe o serviço eleitoral.

ART. 33. Nas zonas eleitorais onde houver mais de uma serventia de justiça, o juiz indicará ao Tribunal Regional a que deve ter o anexo da escrivania eleitoral pelo prazo de dois anos.

§ 1º. Não poderá servir como escrivão eleitoral, sob pena de demissão, o membro de diretório de partido político, nem o candidato a cargo eletivo, seu cônjuge e parente consanguíneo ou afim até o segundo grau.

§ 2º. O escrivão eleitoral, em suas faltas e impedimentos, será substituído na forma prevista pela lei de organização judiciária local.

ART. 34. Os juízes despacharão todos os dias na sede da sua zona eleitoral.

ART. 35. Compete aos juízes:

I – cumprir e fazer cumprir as decisões e determinações do Tribunal Superior e do Regional;

II – processar e julgar os crimes eleitorais e os comuns que lhe forem conexos, ressalvada a competência originária do Tribunal Superior e dos Tribunais Regionais;

III – decidir habeas corpus e mandado de segurança, em matéria eleitoral, desde que essa competência não esteja atribuída privativamente a instância superior.

▸ CF: arts. 102, I, d e i, 105, I, c e h, 108, I, d.

▸ CPP: art. 650.

▸ CE: arts. 22, I, e, e 29, I, e.

IV – fazer as diligências que julgar necessárias a ordem e presteza do serviço eleitoral;

V – tomar conhecimento das reclamações que lhe forem feitas verbalmente ou por escrito, reduzindo-as a termo, e determinando as providências que cada caso exigir;

VI – indicar, para aprovação do Tribunal Regional, a serventia de justiça que deve ter o anexo da escrivania eleitoral;

▸ CE: art. 30, x.

VII – Revogado de acordo com a Lei nº 8.868, de 1994.

VIII – dirigir os processos eleitorais e determinar a inscrição e a exclusão de eleitores;

IX – expedir títulos eleitorais e conceder transferência de eleitor;

▸ CE: arts. 45, § 4º, e 55, caput.

X – dividir a zona em seções eleitorais;

XI – mandar organizar, em ordem alfabética, relação dos eleitores de cada seção, para remessa a mesa receptora, juntamente com a pasta das folhas individuais de votação;

▸ CE: art. 118.

XII – ordenar o registro e cassação do registro dos candidatos aos cargos eletivos municiais e comunicá-los ao Tribunal Regional;

XIII – designar, até 60 (sessenta) dias antes das eleições os locais das seções;

XIV – nomear, 60 (sessenta) dias antes da eleição, em audiência pública anunciada com pelo menos 5 (cinco) dias de antecedência, os membros das mesas receptoras;

▸ CE: art. 120, caput.

▸ Lei nº 9.504 de 30-9-1997, art. 63, § 2º, e 64 que estabelece normas para as eleições.

XV – instruir os membros das mesas receptoras sobre as suas funções;

▸ CE: art. 122.

XVI – providenciar para a solução das ocorrências que se verificarem nas mesas receptoras;

XVII – tomar todas as providências ao seu alcance para evitar os atos viciosos das eleições;

XVIII – fornecer aos que não votaram por motivo justificado e aos não alistados, por dispensados do alistamento, um certificado que os isente das sanções legais;

XIX – comunicar, até às 12 horas do dia seguinte a realização da eleição, ao Tribunal Regional e aos delegados de partidos credenciados, o número de eleitores que votarem em cada uma das seções da zona sob sua jurisdição, bem como o total de votantes da zona.

▸ CE: art. 156.

TÍTULO IV. DAS JUNTAS ELEITORAIS

ART. 36. Compor-se-ão as juntas eleitorais de um juiz de direito, que será o presidente, e de 2 (dois) ou 4 (quatro) cidadãos de notória idoneidade.

▸ Lei Complementar nº 35, de 14-3-1979, art. 11, § 2º, que dispõe sobre a Lei Orgânica da Magistratura Nacional.

•Lei nº 8.868, de 14-4-1994, art. 15, que dispõe sobre a criação, extinção e transformação de cargos efetivos e em comissão, nas Secretarias do Tribunal Superior Eleitoral e dos Tribunais Regionais Eleitorais.

▸ Lei nº 9.504 de 30-9-1997, art. 98, que estabelece normas para as eleições.

§ 1º. Os membros das juntas eleitorais serão nomeados 60 (sessenta) dia antes da eleição, depois de aprovação do Tribunal Regional, pelo presidente deste, a quem cumpre também designar-lhes a sede.

▸ CE: art. 30, V.

§ 2º. Até 10 (dez) dias antes da nomeação os nomes das pessoas indicadas para compor as juntas serão publicados no órgão oficial do Estado, podendo qualquer partido, no prazo de 3 (três) dias, em petição fundamentada, impugnar as indicações.

§ 3º. Não podem ser nomeados membros das Juntas, escrutinadores ou auxiliares:

I – os candidatos e seus parentes, ainda que por afinidade, até o segundo grau, inclusive, e bem assim o cônjuge;

II – os membros de diretorias de partidos políticos devidamente registrados e cujos nomes tenham sido oficialmente publicados;

III – as autoridades e agentes policiais, bem como os funcionários no desempenho de cargos de confiança do Executivo;

IV – os que pertencerem ao serviço eleitoral.

ART. 37. Poderão ser organizadas tantas Juntas quantas permitir o número de juízes de direito que gozem das garantias do Art. 95 da Constituição, mesmo que não sejam juízes eleitorais.

Parágrafo único. Nas zonas em que houver de ser organizada mais de uma Junta, ou quando estiver vago o cargo de juiz eleitoral ou estiver este impedido, o presidente do Tribunal Regional, com a aprovação deste, designará juízes de direito da mesma ou de outras comarcas, para presidirem as juntas eleitorais.

ART. 38. Ao presidente da Junta é facultado nomear, dentre cidadãos de notória idoneidade, escrutinadores e auxiliares em número capaz de atender a boa marcha dos trabalhos.

§ 1º. É obrigatória essa nomeação sempre que houver mais de dez urnas a apurar.

§ 2º. Na hipótese do desdobramento da Junta em Turmas, o respectivo presidente nomeará um escrutinador para servir como secretário em cada turma.

§ 3º. Além dos secretários a que se refere o parágrafo anterior, será designado pelo presidente da Junta um escrutinador para secretário-geral competindo-lhe;

I – lavrar as atas;

II – tomar por termo ou protocolar os recursos, neles funcionando como escrivão;

III – totalizar os votos apurados.

ART. 39. Até 30 (trinta) dias antes da eleição o presidente da Junta comunicará ao Presidente do Tribunal Regional as nomeações que houver feito e divulgará a composição do órgão por edital publicado ou afixado, podendo qualquer partido oferecer impugnação motivada no prazo de 3 (três) dias.

ART. 40. Compete à Junta Eleitoral;

I – apurar, no prazo de 10 (dez) dias, as eleições realizadas nas zonas eleitorais sob a sua jurisdição.

II – resolver as impugnações e demais incidentes verificados durante os trabalhos da contagem e da apuração;

III – expedir os boletins de apuração mencionados no Art. 178;

IV – expedir diploma aos eleitos para cargos municipais.

Parágrafo único. Nos municípios onde houver mais de uma junta eleitoral a expedição dos diplomas será feita pelo que for presidida pelo juiz eleitoral mais antigo, à qual as demais enviarão os documentos da eleição.

ART. 41. Nas zonas eleitorais em que for autorizada a contagem prévia dos votos pelas mesas receptoras, compete à Junta Eleitoral tomar as providências mencionadas no Art. 195.

PARTE TERCEIRA. DO ALISTAMENTO

TÍTULO I. DA QUALIFICAÇÃO E INSCRIÇÃO

ART. 42. O alistamento se faz mediante a qualificação e inscrição do eleitor.

Parágrafo único. Para o efeito da inscrição, é domicílio eleitoral o lugar de residência ou moradia do requerente, e, verificado ter o alistando mais de uma, considerar-se-á domicílio qualquer delas.

ART. 43. O alistando apresentará em cartório ou local previamente designado, requerimento em fórmula que obedecerá ao modelo aprovado pelo Tribunal Superior.

ART. 44. O requerimento, acompanhado de 3 (três) retratos, será instruído com um dos seguintes documentos, que não poderão ser supridos mediante justificação:

I – carteira de identidade expedida pelo órgão competente do Distrito Federal ou dos Estados;

II – certificado de quitação do serviço militar;

III – certidão de idade extraída do Registro Civil;

IV – instrumento público do qual se infirá, por direito ter o requerente idade superior a dezoito anos e do qual conste, também, os demais elementos necessários à sua qualificação;

V – documento do qual se infira a nacionalidade brasileira, originária ou adquirida, do requerente.

Parágrafo único. Será devolvido o requerimento que não contenta os dados constantes do modelo oficial, na mesma ordem, e em caracteres inequívocos.

ART. 45. O escrivão, o funcionário ou o preparador recebendo a fórmula e documentos determinará que o alistando date e assine a petição e em ato contínuo atestará terem sido a data e a assinatura lançados na sua presença; em seguida, tomará a assinatura do requerente na folha individual de votação" e nas duas vias do título eleitoral, dando recibo da petição e do documento.

§ 1º. O requerimento será submetido ao despacho do juiz nas 48 (quarenta e oito), horas seguintes.

§ 2º. Poderá o juiz se tiver dúvida quanto a identidade do requerente ou sobre qualquer outro requisito para o alistamento, converter o julgamento em diligência para que o alistando esclareça ou complete a prova ou, se for necessário, compareça pessoalmente à sua presença.

§ 3º. Se se tratar de qualquer omissão ou irregularidade que possa ser sanada, fixará o juiz para isso prazo razoável.

§ 4º. Deferido o pedido, no prazo de cinco dias, o título e o documento que instruiu o pedido serão entregues pelo juiz, escrivão, funcionário ou preparador. A entrega far-se-á ao próprio eleitor, mediante recibo, ou a quem o eleitor autorizar por escrito o recebimento, cancelando-se o título cuja assinatura não for idêntica à do requerimento de inscrição e à do recibo. (Redação dada pela Lei nº 4.961, de 1966)

O recibo será obrigatoriamente anexado ao processo eleitoral, incorrendo o juiz que não o fizer na multa de um a cinco salários-mínimos regionais na qual incorrerão ainda o escrivão, funcionário ou preparador, se responsáveis bem como qualquer deles, se entregarem ao eleitor o título cuja assinatura não for idêntica à do requerimento de inscrição e do recibo ou o fizerem a pessoa não autorizada por escrito. (Redação dada pela Lei nº 4.961, de 1966)

§ 5º. A restituição de qualquer documento não poderá ser feita antes de despachado o pedido de alistamento pelo juiz eleitoral.

§ 6º. Quinzenalmente o juiz eleitoral fará publicar pela imprensa, onde houver ou por editais, a lista dos pedidos de inscrição, mencionando os deferidos, os indeferidos e os convertidos em diligência, contando-se dessa publicação o prazo para os recursos a que se refere o parágrafo seguinte.

§ 7º. Do despacho que indeferir o requerimento de inscrição caberá recurso interposto pelo alistando, e do que o deferir poderá recorrer qualquer delegado de partido.

§ 8º. Os recursos referidos no parágrafo anterior serão julgados pelo Tribunal Regional Eleitoral dentro de 5 (cinco) dias.

§ 9º. Findo esse prazo, sem que o alistando se manifeste, ou logo que seja desprovido o recurso em instância superior, o juiz inutilizará a folha individual de votação assinada pelo requerente, a qual ficará fazendo parte integrante do processo e não poderá, em qualquer tempo, se substituída, nem dele retirada, sob pena de incorrer o responsável nas sanções previstas no Art. 293.

§ 10. No caso de indeferimento do pedido, o Cartório devolverá ao requerente, mediante recibo, as fotografias e o documento com que houver instruído o seu requerimento.

§ 11. O título eleitoral e a folha individual de votação somente serão assinados pelo juiz eleitoral depois de preenchidos pelo cartório e de deferido o pedido, sob as penas do artigo 293. (Redação dada pela Lei nº 4.961, de 1966)

§ 12. É obrigatória a remessa ao Tribunal Regional da ficha do eleitor, após a expedição do seu título. (Incluído pela Lei nº 4.961, de 1966)

ART. 46. As folhas individuais de votação e os títulos serão confeccionados de acordo com o modelo aprovado pelo Tribunal Superior Eleitoral.

§ 1º. Da folha individual de votação e do título eleitoral constará a indicação da seção em que o eleitor tiver sido inscrito a qual será localizada dentro do distrito judiciário ou administrativo de sua residência e o mais próximo dela, considerados a distância e os meios de transporte.

§ 2º. As folhas individuais de votação serão conservadas em pastas, uma para cada seção eleitoral; às mesas receptoras serão por estas encaminhadas com a urna e os demais documentos da eleição às juntas eleitorais, que as devolverão, findos os trabalhos da apuração, ao respectivo cartório, onde ficarão guardadas.

§ 3º. O eleitor ficará vinculado permanentemente à seção eleitoral indicada no seu título, salvo:

I – se se transferir de zona ou Município hipótese em que deverá requerer transferência.

II – se, até 100 (cem) dias antes da eleição, provar, perante o Juiz Eleitoral, que mudou de residência dentro do mesmo Município, de um distrito para outro ou para lugar muito distante da seção em que se acha inscrito, caso em que serão feitas na folha de votação e no título eleitoral, para esse fim exibido as alterações correspondentes, devidamente autenticadas pela autoridade judiciária.

§ 4º. O eleitor poderá, a qualquer tempo requerer ao juiz eleitoral a retificação de seu título eleitoral ou de sua folha individual de votação, quando neles constar erro evidente, ou indicação de seção diferente daquela a que devesse corresponder a residência indicada no pedido de inscrição ou transferência. (Incluído pela Lei nº 4.961, de 1966)

§ 5º. O título eleitoral servirá de prova de que o eleitor está inscrito na seção em que deve votar. E, uma vez datado e assinado pelo presidente da mesa receptora, servirá também de prova de haver o eleitor votado. (Renumerado do § 4º pela Lei nº 4.961, de 1966)

ART. 47. As certidões de nascimento ou casamento, quando destinadas ao alistamento eleitoral, serão fornecidas gratuitamente, segundo a ordem dos pedidos apresentados em cartório pelos alistandos ou delegados de partido.

§ 1º. Os cartórios de Registro Civil farão, ainda, gratuitamente, o registro de nascimento visando ao fornecimento de certidão aos alistandos, desde que provem carência de recursos, ou aos Delegados de Partido, para fins eleitorais. (Incluído pela Lei nº 6.018, de 1974)

§ 2º. Em cada Cartório de Registro Civil haverá um livro especial aberto e rubricado pelo Juiz Eleitoral, onde o cidadão ou o delegado de partido deixará expresso o pedido de certidão para fins eleitorais, datando-o. (Incluído como § 1º pela Lei nº 4.961, de 1966 e renumerado do § 1º pela Lei nº 6.018, de 1974)

§ 3º. O escrivão, dentro de quinze dias da data do pedido, concederá a certidão, ou justificará, perante o Juiz Eleitoral por que deixa de fazê-lo. (Incluído como § 2º pela Lei nº 4.961, de 1966 e renumerado do § 2º pela Lei nº 6.018, de 1974)

§ 4º. A infração ao disposto neste artigo sujeitará o escrivão às penas do Art. 293. (Incluído como § 3º pela Lei nº 4.961, de 1966 e renumerado do § 3º pela Lei nº 6.018, de 1974)

ART. 48. O empregado mediante comunicação com 48 (quarenta e oito) horas de antecedência, poderá deixar de comparecer ao serviço, sem prejuízo do salário e por tempo não excedente a 2 (dois) dias, para o fim de se alistar eleitor ou requerer transferência.

ART. 49. Os cegos alfabetizados pelo sistema "Braille", que reunirem as demais condições de alistamento, podem qualificar-se mediante o preenchimento da fórmula impressa e a aposição do nome com as letras do referido alfabeto.

§ 1º. De forma idêntica serão assinadas a folha individual de votação e as vias do título.

§ 2º. Esses atos serão feitos na presença também de funcionários de estabelecimento especializado de amparo e proteção de cegos, conhecedor do sistema "Braille", que subscreverá, com o Escrivão ou funcionário designado, o seguinte declaração a ser lançada no modelo de requerimento; "Atestamos que a presente fórmula bem como a folha individual de votação e vias do título foram subscritas pelo próprio, em nossa presença".

ART. 50. O juiz eleitoral providenciará para que se proceda ao alistamento nas próprias sedes dos estabelecimentos de proteção aos cegos, marcando previamente, dia e hora para tal fim, podendo se inscrever na zona eleitoral correspondente todos os cegos do município.

§ 1º. Os eleitores inscritos em tais condições deverão ser localizados em uma mesma seção da respectiva zona.

§ 2º. Se no alistamento realizado pela forma prevista nos artigos anteriores, o número de eleitores não alcançar o mínimo exigido, este se completará com a inclusão de outros ainda que não sejam cegos.

ART. 51. (Revogado pela Lei nº 7.914, de 1989)

CAPÍTULO I.
DA SEGUNDA VIA

ART. 52. No caso de perda ou extravio de seu título, requererá o eleitor ao juiz do seu domicílio eleitoral, até 10 (dez) dias antes da eleição, que lhe expeça segunda via.

§ 1º. O pedido de segunda via será apresentado em cartório, pessoalmente, pelo eleitor, instruído o requerimento, no caso de inutilização ou dilaceração, com a primeira via do título.

§ 2º. No caso de perda ou extravio do título, o juiz, após receber o requerimento de segunda via, fará publicar, pelo prazo de 5 (cinco) dias, pela imprensa, onde houver, ou por editais, a notícia do extravio ou perda e do requerimento de segunda via, deferindo o pedido, findo este prazo, se não houver impugnação.

ART. 53. Se o eleitor estiver fora do seu domicílio eleitoral poderá requerer a segunda via ao juiz da zona em que se encontrar, esclarecendo se vai recebê-la na sua zona ou na em que requereu.

§ 1º. O requerimento, acompanhado de um novo título assinado pelo eleitor na presença do escrivão ou de funcionário designado e de uma fotografia, será encaminhado ao juiz da zona do eleitor.

§ 2º. Antes de processar o pedido, na forma prevista no artigo anterior, o juiz determinará que se confira a assinatura constante do novo título com a da folha individual de votação ou do requerimento de inscrição.

§ 3º. Deferido o pedido, o título será enviado ao juiz da Zona que remeteu o requerimento, caso o eleitor haja solicitado essa providência, ou ficará em cartório aguardando que o interessado o procure.

§ 4º. O pedido de segunda via formulado nos termos deste artigo só poderá ser recebido até 60 (sessenta) dias antes do pleito.

ART. 54. O requerimento de segunda via, em qualquer das hipóteses, deverá ser assinado sobre selos federais, correspondentes a 2% (dois por cento) do salário-mínimo da zona eleitoral de inscrição.

Parágrafo único. Somente será expedida segunda via a eleitor que estiver quite com a Justiça Eleitoral, exigindo-se, para o que foi multado e ainda não liquidou a dívida, o prévio pagamento, através de selo federal inutilizado nos autos.

CAPÍTULO II.
DA TRANSFERÊNCIA

ART. 55. Em caso de mudança de domicílio, cabe ao eleitor requerer ao juiz do novo domicílio sua transferência, juntando o título anterior.

§ 1º. A transferência só será admitida satisfeitas as seguintes exigências:

I – entrada do requerimento no cartório eleitoral do novo domicílio até 100 (cem) dias antes da data da eleição.

II – transcorrência de pelo menos 1 (um) ano da inscrição primitiva;

III – residência mínima de 3 (três) meses no novo domicílio, atestada pela autoridade policial ou provada por outros meios convincentes.

§ 2º. O disposto nos nº II e III, do parágrafo anterior, não se aplica quando se tratar de transferência de título eleitoral de servidor público civil, militar, autárquico, ou de membro de sua família, por motivo de remoção ou transferência. (Redação dada pela Lei nº 4.961, de 1966)

ART. 56. No caso de perda ou extravio do título anterior declarado esse fato na petição de transferência, o juiz do novo domicílio, como ato preliminar, requisitará, por telegrama, a confirmação do alegado à Zona Eleitoral onde o requerente se achava inscrito.

§ 1º. O Juiz do antigo domicílio, no prazo de 5 (cinco) dias, responderá por ofício ou telegrama, esclarecendo se o interessado é realmente eleitor, se a inscrição está em vigor, e, ainda, qual o número e a data da inscrição respectiva.

§ 2º. A informação mencionada no parágrafo anterior, suprirá a falta do título extraviado, ou perdido, para o efeito da transferência, devendo fazer parte integrante do processo.

ART. 57. O requerimento de transferência de domicílio eleitoral será imediatamente publicado na imprensa oficial na Capital, e em cartório nas demais localidades, podendo os interessados impugná-lo no prazo de dez dias. (Redação dada pela Lei nº 4.961, de 1966)

§ 1º. Certificado o cumprimento do disposto neste artigo o pedido deverá ser desde logo decidido, devendo o despacho do juiz ser publicado pela mesma forma. (Redação dada pela Lei nº 4.961, de 1966)

§ 2º. Poderá recorrer para o Tribunal Regional Eleitoral, no prazo de 3 (três) dias, o eleitor que pediu a transferência, sendo-lhe a mesma negada, ou qualquer delegado de partido, quando o pedido for deferido.

§ 3º. Dentro de 5 (cinco) dias, o Tribunal Regional Eleitoral decidirá do recurso interposto nos termos do parágrafo anterior.

§ 4º. Só será expedido o novo título decorridos os prazos previstos neste artigo e respectivos parágrafos.

ART. 58. Expedido o novo título o juiz comunicará a transferência ao Tribunal Regional competente, no prazo de 10 (dez) dias, enviando-lhe o título eleitoral, se houver, ou documento a que se refere o § 1º do artigo 56.

§ 1º. Na mesma data comunicará ao juiz da zona de origem a concessão da transferência e requisitará a "folha individual de votação".

§ 2º. Na nova folha individual de votação ficará consignado, na coluna destinada a "anotações", que a inscrição foi obtida por transferência, e, de acordo com os elementos constantes do título primitivo, qual o último pleito em que o eleitor transferido votou. Essa anotação constará também, de seu título.

§ 3º. O processo de transferência só será arquivado após o recebimento da folha individual de votação da Zona de origem, que dele ficará constando, devidamente inutilizada, mediante aposição de carimbo a tinta vermelha.

§ 4º. No caso de transferência de município ou distrito dentro da mesma zona, deferido o pedido, o juiz determinará a transposição da folha individual de votação para a pasta correspondente ao novo domicílio, a anotação de mudança no título eleitoral e comunicará ao Tribunal Regional para a necessária averbação na ficha do eleitor.

ART. 59. Na Zona de origem, recebida do juiz do novo domicílio a comunicação de transferência, o juiz tomará as seguintes providencias:

I – determinará o cancelamento da inscrição do transferido e a remessa dentro de três dias, da folha individual de votação ao juiz requisitante;

II – ordenará a retirada do fichário da segunda parte do título;

III – comunicará o cancelamento ao Tribunal Regional a que estiver subordinado, que fará a devida anotação na ficha de seus arquivos;

IV – se o eleitor havia assinado ficha de registro de partido, comunicará ao juiz do novo domicílio e, ainda, ao Tribunal Regional, se a transferência foi concedida para outro Estado.

ART. 60. O eleitor transferido não poderá votar no novo domicílio eleitoral em eleição suplementar à que tiver sido realizada antes de sua transferência.

ART. 61. Somente será concedida transferência ao eleitor que estiver quite com a Justiça Eleitoral.

§ 1º. Se o requerente não instruir o pedido de transferência com o título anterior, o juiz do novo domicílio, ao solicitar informação ao da zona de origem, indagará se o eleitor está quite com a Justiça Eleitoral, ou não o estando, qual a importância da multa imposta e não paga.

§ 2º. Instruído o pedido com o título, e verificado que o eleitor não votou em eleição anterior, o juiz do novo domicílio solicitará informações sobre o valor da multa arbitrada na zona de origem, salvo se o eleitor não quiser aguardar a resposta, hipótese em que pagará o máximo previsto.

§ 3º. O pagamento da multa, em qualquer das hipóteses dos parágrafos anteriores, será comunicado ao juízo de origem para as necessárias anotações.

CAPÍTULO III. DOS PREPARADORES

ARTS. 62 a 65. (Revogado pela Lei nº 8.868, de 1994)

CAPÍTULO IV. DOS DELEGADOS DE PARTIDO PERANTE O ALISTAMENTO

ART. 66. É licito aos partidos políticos, por seus delegados:

I – acompanhar os processos de inscrição;

II – promover a exclusão de qualquer eleitor inscrito ilegalmente e assumir a defesa do eleitor cuja exclusão esteja sendo promovida;

III – examinar, sem perturbação do serviço e em presença dos servidores designados, os documentos relativos ao alistamento eleitoral, podendo deles tirar cópias ou fotocópias.

§ 1º. Perante o juízo eleitoral, cada partido poderá nomear 3 (três) delegados.

§ 2º. Perante os preparadores, cada partido poderá nomear até 2 (dois) delegados, que assistam e fiscalizem os seus atos.

§ 3º. Os delegados a que se refere este artigo serão registrados perante os juízes eleitorais, a requerimento do presidente do Diretório Municipal.

§ 4º. O delegado credenciado junto ao Tribunal Regional Eleitoral poderá representar o partido junto a qualquer juízo ou preparador do Estado, assim como o delegado credenciado perante o Tribunal Superior Eleitoral poderá representar o partido perante qualquer Tribunal Regional, juízo ou preparador.

CAPÍTULO V. DO ENCERRAMENTO DO ALISTAMENTO

ART. 67. Nenhum requerimento de inscrição eleitoral ou de transferência será recebido dentro dos 100 (cem) dias anteriores à data da eleição.

ART. 68. Em audiência pública, que se realizará às 14 (quatorze) horas do 69 (sexagésimo nono) dia anterior à eleição, o juiz eleitoral declarará encerrada a inscrição de eleitores na respectiva zona e proclamará o número dos inscritos até as 18 (dezoito) horas do dia anterior, o que comunicará incontinente ao Tribunal Regional Eleitoral, por telegrama, e fará público em edital, imediatamente afixado no lugar próprio do juízo e divulgado pela imprensa, onde houver, declarando nele o nome do último eleitor inscrito e o número do respectivo título, fornecendo aos diretórios municipais dos partidos cópia autêntica desse edital.

§ 1º. Na mesma data será encerrada a transferência de eleitores, devendo constar do telegrama do juiz eleitoral ao Tribunal Regional Eleitoral, do edital e da cópia deste fornecida aos diretórios municipais dos partidos e da publicação da imprensa, os nomes dos 10 (dez) últimos eleitores, cujos processos de transferência estejam definitivamente ultimados e o número dos respectivos títulos eleitorais.

§ 2º. O despacho de pedido de inscrição, transferência, ou segunda via, proferido após esgotado o prazo legal, sujeita o juiz eleitoral às penas do Art. 291.

ART. 69. Os títulos eleitorais resultantes dos pedidos de inscrição ou de transferência serão entregues até 30 (trinta) dias antes da eleição.

Parágrafo único. A segunda via poderá ser entregue ao eleitor até a véspera do pleito.

ART. 70. O alistamento reabrir-se-á em cada zona, logo que estejam concluídos os trabalhos da sua junta eleitoral.

TÍTULO II. DO CANCELAMENTO E DA EXCLUSÃO

ART. 71. São causas de cancelamento:

I - a infração dos artigos. 5º e 42;

II - a suspensão ou perda dos direitos políticos;

▸ *CF: art. 15.*

III - a pluralidade de inscrição;

IV - o falecimento do eleitor;

V - deixar de votar em 3 (três) eleições consecutivas. (Redação dada pela Lei nº 7.663, de 27.5.1988)

▸ *CE: art. 7º, § 3º.*

§ 1º. A ocorrência de qualquer das causas enumeradas neste artigo acarretará a exclusão do eleitor, que poderá ser promovida ex-ofício, a requerimento de delegado de partido ou de qualquer eleitor.

§ 2º. No caso de ser algum cidadão maior de 18 (dezoito) anos privado temporária ou definitivamente dos direitos políticos, a autoridade que impuser essa pena providenciará para que o fato seja comunicado ao juiz eleitoral ou ao Tribunal Regional da circunscrição em que residir o réu.

§ 3º. Os oficiais de Registro Civil, sob as penas do Art. 293, enviarão, até o dia 15 (quinze) de cada mês, ao juiz eleitoral da zona em que oficiarem, comunicação dos óbitos de cidadãos alistáveis, ocorridos no mês anterior, para cancelamento das inscrições.

§ 4º. Quando houver denúncia fundamentada de fraude no alistamento de uma zona ou município, o Tribunal Regional poderá determinar a realização de correição e, provada a fraude em proporção comprometedora, ordenará a revisão do eleitorado obedecidas as Instruções do Tribunal Superior e as recomendações que, subsidiariamente, baixar, com o cancelamento de ofício das inscrições correspondentes aos títulos que não forem apresentados à revisão. (Incluído pela Lei nº 4.961, de 4.5.1966)

▸ *Lei nº 9.504 de 30-9-1997, art. 92, que estabelece normas para as eleições.*

ART. 72. Durante o processo e até a exclusão pode o eleitor votar validamente.

Parágrafo único. Tratando-se de inscrições contra as quais hajam sido interpostos recursos das decisões que as deferiram, desde que tais recursos venham a ser providos pelo Tribunal Regional ou Tribunal Superior, serão nulos os votos se o seu número for suficiente para alterar qualquer representação partidária ou classificação de candidato eleito pelo princípio maioritário.

ART. 73. No caso de exclusão, a defesa pode ser feita pelo interessado, por outro eleitor ou por delegado de partido.

ART. 74. A exclusão será mandada processar "ex-ofício" pelo juiz eleitoral, sempre que tiver conhecimento de alguma das causas do cancelamento.

ART. 75. O Tribunal Regional, tomando conhecimento através de seu fichário, da inscrição do mesmo eleitor em mais de uma zona sob sua jurisdição, comunicará o fato ao juiz competente para o cancelamento, que de preferência deverá recair:

I - na inscrição que não corresponda ao domicílio eleitoral;

II - naquela cujo título não haja sido entregue ao eleitor;

III - naquela cujo título não haja sido utilizado para o exercício do voto na última eleição;

IV - na mais antiga.

ART. 76. Qualquer irregularidade determinante de exclusão será comunicada por escrito e por iniciativa de qualquer interessado ao juiz eleitoral, que observará o processo estabelecido no artigo seguinte.

ART. 77. O juiz eleitoral processará a exclusão pela forma seguinte:

I - mandará autuar a petição ou representação com os documentos que a instruírem:

II - fará publicar edital com prazo de 10 (dez) dias para ciência dos interessados, que poderão contestar dentro de 5 (cinco) dias;

III - concederá dilação probatória de 5 (cinco) a 10 (dez) dias, se requerida;

IV - decidirá no prazo de 5 (cinco) dias.

ART. 78. Determinado, por sentença, o cancelamento, o cartório tomará as seguintes providências:

I - retirará, da respectiva pasta, a folha de votação, registrará a ocorrência no local próprio para "Anotações" e juntá-la-á ao processo de cancelamento;

II - registrará a ocorrência na coluna de "observações" do livro de inscrição;

III - excluirá dos fichários as respectivas fichas, colecionando-as à parte;

IV - anotará, de forma sistemática, os claros abertos na pasta de votação para o oportuno preenchimento dos mesmos;

V - comunicará o cancelamento ao Tribunal Regional para anotação no seu fichário.

ART. 79. No caso de exclusão por falecimento, tratando-se de caso notório, serão dispensadas as formalidades previstas nos nº. II e III do artigo 77.

ART. 80. Da decisão do juiz eleitoral caberá recurso no prazo de 3 (três) dias, para o Tribunal Regional, interposto pelo excluendo ou por delegado de partido.

ART. 81. Cessada a causa do cancelamento, poderá o interessado requerer novamente a sua qualificação e inscrição.

PARTE QUARTA. DAS ELEIÇÕES

TÍTULO I. DO SISTEMA ELEITORAL

ART. 82. O sufrágio e universal e direto; o voto, obrigatório e secreto.

▸ *CF: art. 14.*

ART. 83. Na eleição direta para o Senado Federal, para Prefeito e Vice-Prefeito, adotar-se-á o princípio majoritário. (Redação dada pela Lei nº 6.534, de 26.5.1978)

▸ *CF: arts. 28,29, II, 32, § 2º, 46, caput, e 77, § 2º.*

ART. 84. A eleição para a Câmara dos Deputados, Assembleias Legislativas e Câmaras Municipais, obedecerá ao princípio da representação proporcional na forma desta lei.

ART. 85. A eleição para deputados federais, senadores e suplentes, presidente e vice-presidente da República, governadores, vice-governadores e deputados estaduais far-se-á, simultaneamente, em todo o País.

▸ *CF: arts. 14, § 3º, VI, c, 28, caput, 29, I e II, 32, §§ 2º e 3º c/c arts. 27 e 45; 33, § 3º, 77, caput, e 98, II.*

▸ *Lei nº 9.504 de 30-9-1997, arts. 1º, caput, parágrafo único, I, e 2º, §§ 1º a 3º, que estabelece normas para as eleições.*

ART. 86. Nas eleições presidenciais, a circunscrição serão País; nas eleições federais e estaduais, o Estado; e nas municipais, o respectivo município.

Capítulo I. DE REGISTRO DOS CANDIDATOS

ART. 87. Somente podem concorrer às eleições candidatos registrados por partidos.

Parágrafo único. Nenhum registro será admitido fora do período de 6 (seis) meses antes da eleição.

ART. 88. Não é permitido registro de candidato embora para cargos diferentes, por mais de uma circunscrição ou para mais de um cargo na mesma circunscrição.

Parágrafo único. Nas eleições realizadas pelo sistema proporcional o candidato deverá ser filiado ao partido, na circunscrição em que concorrer, pelo tempo que fôr fixado nos respectivos estatutos.

ART. 89. Serão registrados:

I – no Tribunal Superior Eleitoral os candidatos a presidente e vice-presidente da República;

II – nos Tribunais Regionais Eleitorais os candidatos a senador, deputado federal, governador e vice-governador e deputado estadual;

III – nos Juízos Eleitorais os candidatos a vereador, prefeito e vice-prefeito e juiz de paz.

ART. 90. Somente poderão inscrever candidatos os partidos que possuam diretório devidamente registrado na circunscrição em que se realizar a eleição.

ART. 91. O registro de candidatos a presidente e vice-presidente, governador e vice-governador, ou prefeito e vice-prefeito, far-se-á sempre em chapa única e indivisível, ainda que resulte a indicação de aliança de partidos.

§ 1º. O registro de candidatos a senador far-se-á com o do suplente partidário.

§ 2º. Nos Territórios far-se-á o registro do candidato a deputado com o do suplente.

ART. 92. Revogado de acordo com a Lei nº 9.504, de 30.9.1997.

ART. 93. O prazo de entrada em cartório ou na Secretaria do Tribunal, conforme o caso, de requerimento de registro de candidato a cargo eletivo terminará, improrrogavelmente, às dezenove horas do dia 15 de agosto do ano em que se realizarem as eleições. (Redação dada pela Lei nº 13.165, de 2015)

§ 1º. Até vinte dias antes da data das eleições, todos os requerimentos, inclusive os que tiverem sido impugnados, devem estar julgados pelas instâncias ordinárias, e publicadas as decisões a eles relativas. (Redação dada pela Lei nº 13.165, de 2015)

§ 2º. As convenções partidárias para a escolha dos candidatos serão realizadas, no máximo, até 5 de agosto do ano em que se realizarem as eleições. (Redação dada pela Lei nº 13.165, de 2015)

§ 3º. Nesse caso, se se tratar de eleição municipal, o juiz eleitoral deverá apresentar a sentença no prazo de 2 (dois) dias, podendo o recorrente, nos 2 (dois) dias seguintes, aditar as razões do recurso; no caso de registro feito perante o Tribunal, se o relator não apresentar o acórdão no prazo de 2 (dois) dias, será designado outro relator, na ordem da votação, o qual deverá lavrar o acórdão do prazo de 3 (três) dias, podendo o recorrente, nesse mesmo prazo, aditar as suas razões.

ART. 94. O registro pode ser promovido por delegado de partido, autorizado em documento autêntico, inclusive telegrama de quem responda pela direção partidária e sempre com assinatura reconhecida por tabelião.

§ 1º. O requerimento de registro deverá ser instruído:

I – com a cópia autêntica da ata da convenção que houver feito a escolha do candidato, a qual deverá ser conferida com o original na Secretaria do Tribunal ou no cartório eleitoral;

II – com autorização do candidato, em documento com a assinatura reconhecida por tabelião;

III – com certidão fornecida pelo cartório eleitoral da zona de inscrição, em que conste que o registrando é eleitor;

IV – com prova de filiação partidária, salvo para os candidatos a presidente e vice-presidente, senador e respectivo suplente, governador e vice-governador, prefeito e vice-prefeito;

V – com folha-corrida fornecida pelos cartórios competentes, para que se verifique se o candidato está no gozo dos direitos políticos (Art. 132, III, e 135 da Constituição Federal); (Redação dada pela Lei nº 4.961, de 4.5.1966)

VI – com declaração de bens, de que constem a origem e as mutações patrimoniais.

§ 2º. A autorização do candidato pode ser dirigida diretamente ao órgão ou juiz competente para o registro.

ART. 95. O candidato poderá ser registrado sem o prenome, ou com o nome abreviado, desde que a supressão não estabeleça dúvida quanto à sua identidade.

ART. 96. Será negado o registro a candidato que, pública ou ostensivamente faça parte, ou seja adepto de partido político cujo registro tenha sido cassado com fundamento no artigo 141, § 13, da Constituição Federal.

ART. 97. Protocolado o requerimento de registro, o presidente do Tribunal ou o juiz eleitoral, no caso de eleição municipal ou distrital, fará publicar imediatamente edital para ciência dos interessados.

§ 1º. O edital será publicado na Imprensa Oficial, nas capitais, e afixado em cartório, no local de costume, nas demais zonas.

§ 2º. Do pedido de registro caberá, no prazo de 2 (dois) dias, a contar da publicação ou afixação do edital, impugnação articulada por parte de candidato ou de partido político.

§ 3º. Poderá, também, qualquer eleitor, com fundamento em inelegibilidade ou incompatibilidade do candidato ou na incidência deste no artigo 96 impugnar o pedido de registro, dentro do mesmo prazo, oferecendo prova do alegado.

§ 4º. Havendo impugnação, o partido requerente do registro terá vista dos autos, por 2 (dois) dias, para falar sobre a mesma, feita a respectiva intimação na forma do § 1º.

ART. 98. Os militares alistáveis são elegíveis, atendidas as seguintes condições:

I - o militar que tiver menos de 5 (cinco) anos de serviço, será, ao se candidatar a cargo eletivo, excluído do serviço ativo;

II - o militar em atividade com 5 (cinco) ou mais anos de serviço ao se candidatar a cargo eletivo, será afastado, temporariamente, do serviço ativo, como agregado, para tratar de interesse particular;

III - o militar não excluído e que vier a ser eleito será, no ato da diplomação, transferido para a reserva ou reformado.

Parágrafo único. O Juízo ou Tribunal que deferir o registro de militar candidato a cargo eletivo comunicará imediatamente a decisão à autoridade a que o mesmo estiver subordinado, cabendo igual obrigação ao partido, quando lançar a candidatura.

ART. 99. Nas eleições majoritárias poderá qualquer partido registrar na mesma circunscrição candidato já por outro registrado, desde que o outro partido e o candidato o consintam por escrito até 10 (dez) dias antes da eleição, observadas as formalidades do Art. 94.

Parágrafo único. A falta de consentimento expresso acarretará a anulação do registro promovido, podendo o partido prejudicado requerê-la ou recorrer da resolução que ordenar o registro.

ART. 100. Nas eleições realizadas pelo sistema proporcional, o Tribunal Superior Eleitoral, até 6 (seis) meses antes do pleito, reservará para cada Partido, por sorteio, em sessão realizada com a presença dos Delegados de Partido, uma série de números a partir de 100 (cem). (Redação dada pela Lei nº 7.015, de 16.7.1982)

§ 1º. A sessão a que se refere o caput deste artigo será anunciada aos Partidos com antecedência mínima de 5 (cinco) dias. (Redação dada pela Lei nº 7.015, de 16.7.1982)

§ 2º. As convenções partidárias para escolha dos candidatos sortearão, por sua vez, em cada Estado e município, os números que devam corresponder a cada candidato. (Redação dada pela Lei nº 7.015, de 16.7.1982)

§ 3º. Nas eleições para Deputado Federal, se o número de Partidos não for superior a 9 (nove), a cada um corresponderá obrigatoriamente uma centena, devendo a numeração dos candidatos ser sorteada a partir da unidade, para que ao primeiro candidato do primeiro Partido corresponda o número 101 (cento e um), ao do segundo Partido 201 (duzentos e um), e assim sucessivamente. (Redação dada pela Lei nº 7.015, de 16.7.1982)

§ 4º. Concorrendo 10 (dez) ou mais Partidos, a cada um corresponderá uma centena a partir de 1.101 (um mil cento e um), de maneira que a todos os candidatos sejam atribuídos sempre 4 (quatro) algarismos, suprimindo-se a numeração correspondente à série 2.001 (dois mil e um) a 2.100 (dois mil e cem), para reiniciá-la em 2.101 (dois mil cento e um), a partir do décimo Partido. (Redação dada pela Lei nº 7.015, de 16.7.1982)

§ 5º. Na mesma sessão, o Tribunal Superior Eleitoral sorteará as séries correspondentes aos Deputados Estaduais e Vereadores, observando, no que couber, as normas constantes dos parágrafos anteriores, e de maneira que a todos os candidatos sejam atribuídos sempre número de 4 (quatro) algarismos. (Redação dada pela Lei nº 7.015, de 16.7.1982)

ART. 101. Pode qualquer candidato requerer, em petição com firma reconhecida, o cancelamento do registro do seu nome. (Redação dada pela Lei nº 6.553, de 19.8.1978)

§ 1º. Desse fato, o presidente do Tribunal ou o juiz, conforme o caso, dará ciência imediata ao partido que tenha feito a inscrição, ao qual ficará ressalvado o direito de substituir por outro o nome cancelado, observadas todas as formalidades exigidas para o registro e desde que o nôvo pedido seja apresentado até 60 (sessenta) dias antes do pleito.

§ 2º. Nas eleições majoritárias, se o candidato vier a falecer ou renunciar dentro do período de 60 (sessenta) dias mencionados no parágrafo anterior, o partido poderá substitui-lo; se o registro do novo candidato estiver deferido até 30 (trinta) dias antes do pleito serão utilizadas as já impressas, computando-se para o novo candidato os votos dados ao anteriormente registrado.

§ 3º. Considerar-se-á nulo o voto dado ao candidato que haja pedido o cancelamento de sua inscrição salvo na hipótese prevista no parágrafo anterior, in fine.

§ 4º. Nas eleições proporcionais, ocorrendo a hipótese prevista neste artigo, ao substituto será atribuído o número anteriormente dado ao candidato cujo registro foi cancelado.

§ 5º. Em caso de morte, renúncia, inelegibilidade e preenchimento de vagas existentes nas respectivas chapas, tanto em eleições proporcionais quanto majoritárias, as substituições e indicações se processarão pelas Comissões Executivas. (Incluído pela Lei nº 6.553, de 19.8.1978)

ART. 102. Os registros efetuados pelo Tribunal Superior serão imediatamente comunicados aos Tribunais Regionais e por estes aos juízes eleitorais.

CAPÍTULO II. DO VOTO SECRETO

ART. 103. O sigilo do voto é assegurado mediante as seguintes providências:

I - uso de cédulas oficiais em todas as eleições, de acordo com modelo aprovado pelo Tribunal Superior;

II – isolamento do eleitor em cabine indevassável para o só efeito de assinalar na cédula o candidato de sua escolha e, em seguida, fechá-la;

III – verificação da autenticidade da cédula oficial à vista das rubricas;

IV – emprego de urna que assegure a inviolabilidade do sufrágio e seja suficientemente ampla para que não se acumulem as cédulas na ordem que forem introduzidas.

CAPÍTULO III. DA CÉDULA OFICIAL

ART. 104. As cédulas oficiais serão confeccionadas e distribuídas exclusivamente pela Justiça Eleitoral, devendo ser impressas em papel branco, opaco e pouco absorvente. A impressão será em tinta preta, com tipos uniformes de letra.

§ 1º. Os nomes dos candidatos para as eleições majoritárias devem figurar na ordem determinada por sorteio.

§ 2º. O sorteio será realizado após o deferimento do último pedido de registro, em audiência presidida pelo juiz ou presidente do Tribunal, na presença dos candidatos e delegados de partido.

§ 3º. A realização da audiência será anunciada com 3 (três) dias de antecedência, no mesmo dia em que for deferido o último pedido de registro, devendo os delegados de partido ser intimados por ofício sob protocolo.

§ 4º. Havendo substituição de candidatos após o sorteio, o nome do novo candidato deverá figurar na cédula na seguinte ordem:

I – se forem apenas 2 (dois), em último lugar;

II – se forem 3 (três), em segundo lugar;

III – se forem mais de 3 (três), em penúltimo lugar;

IV – se permanecer apenas 1 (um) candidato e forem substituídos 2 (dois) ou mais, aquele ficará em primeiro lugar, sendo realizado novo sorteio em relação aos demais.

§ 5º. Para as eleições realizadas pelo sistema proporcional a cédula conterá espaço para que o eleitor escreva o nome ou o número do candidato de sua preferência e indique a sigla do partido.

§ 6º. As cédulas oficiais serão confeccionadas de maneira tal que, dobradas, resguardem o sigilo do voto, sem que seja necessário o emprego de cola para fechá-las.

CAPÍTULO IV. DA REPRESENTAÇÃO PROPORCIONAL

ART. 105. Fica facultado a 2 (dois) ou mais Partidos coligarem-se para o registro de candidatos comuns a deputado federal, deputado estadual e vereador. (Redação dada pela Lei nº 7.454, de 30.12.1985)

§ 1º. A deliberação sobre coligação caberá à Convenção Regional de cada Partido, quando se tratar de eleição para a Câmara dos Deputados e Assembleias Legislativas, e à Convenção Municipal, quando se tratar de eleição para a Câmara de Vereadores, e será aprovada mediante a votação favorável da maioria, presentes 2/3 (dois terços) dos convencionais, estabelecendo-se, na mesma oportunidade, o número de candidatos que caberá a cada Partido. (Incluído pela Lei nº 7.454, de 30.12.1985)

§ 2º. Cada Partido indicará em Convenção os seus candidatos e o registro será promovido em conjunto pela Coligação. (Incluído pela Lei nº 7.454, de 30.12.1985).

ART. 106. Determina-se o quociente eleitoral dividindo-se o número de votos válidos apurados pelo de lugares a preencher em cada circunscrição eleitoral, desprezada a fração se igual ou inferior a meio, equivalente a um, se superior.

Parágrafo único. Revogado de acordo com a Lei nº 9.504, de 30.9.1997.

ART. 107. Determina-se para cada Partido ou coligação o quociente partidário, dividindo-se pelo quociente eleitoral o número de votos válidos dados sob a mesma legenda ou coligação de legendas, desprezada a fração. (Redação dada pela Lei nº 7.454, de 30.12.1985)

ART. 108. Estarão eleitos, entre os candidatos registrados por um partido ou coligação que tenham obtido votos em número igual ou superior a 10% (dez por cento) do quociente eleitoral, tantos quantos o respectivo quociente partidário indicar, na ordem da votação nominal que cada um tenha recebido. (Redação dada pela Lei nº 13.165, de 2015)

Parágrafo único. Os lugares não preenchidos em razão da exigência de votação nominal mínima a que se refere o caput serão distribuídos de acordo com as regras do art. 109. (Incluído pela Lei nº 13.165, de 2015)

ART. 109. Os lugares não preenchidos com a aplicação dos quocientes partidários e em razão da exigência de votação nominal mínima a que se refere o art. 108 serão distribuídos de acordo com as seguintes regras: (Redação dada pela Lei nº 13.165, de 2015)

I – dividir-se-á o número de votos válidos atribuídos a cada partido ou coligação ~~pelo número de lugares definido para o partido pelo cálculo do quociente partidário do art. 107~~, mais um, cabendo ao partido ou coligação que apresentar a maior média um dos lugares a preencher, desde que tenha candidato que atenda à exigência de votação nominal mínima; (Redação dada pela Lei nº 13.165, de 2015)

II – repetir-se-á a operação para cada um dos lugares a preencher; (Redação dada pela Lei nº 13.165, de 2015)

III – quando não houver mais partidos ou coligações com candidatos que atendam às duas exigências do inciso I, as cadeiras serão distribuídas aos partidos que apresentem as maiores médias. (Redação dada pela Lei nº 13.165, de 2015)

§ 1º. O preenchimento dos lugares com que cada partido ou coligação for contemplado far-se-á segundo a ordem de votação recebida por seus candidatos. (Redação dada pela Lei nº 13.165, de 2015)

§ 2º. Poderão concorrer à distribuição dos lugares todos os partidos e coligações que participaram do pleito. (Redação dada pela Lei nº 13.488, de 06.10.2017)

ART. 110. Em caso de empate, haver-se-á por eleito o candidato mais idoso.

ART. 111. Se nenhum Partido ou coligação alcançar o quociente eleitoral, considerar-se-ão eleitos, até serem preenchidos todos os lugares, os candidatos mais votados. (Redação dada pela Lei nº 7.454, de 30.12.1985)

ART. 112. Considerar-se-ão suplentes da representação partidária:

Parágrafo único. Na definição dos suplentes da representação partidária, não há exigência de votação nominal mínima prevista pelo art. 108. (Incluído pela Lei nº 13.165, de 2015)

ART. 113. Na ocorrência de vaga, não havendo suplente para preenchê-la, far-se-á eleição, salvo se faltarem menos de nove meses para findar o período de mandato.

TÍTULO II. DOS ATOS PREPARATÓRIOS DA VOTAÇÃO

ART. 114. Até 70 (setenta) dias antes da data marcada para a eleição, todos os que requererem inscrição como eleitor, ou transferência, já devem estar devidamente qualificados e os respectivos títulos prontos para a entrega, se deferidos pelo juiz eleitoral.

Parágrafo único. Será punido nos termos do art. 293 o juiz eleitoral, o escrivão eleitoral, o preparador ou o funcionário responsável pela transgressão do preceituado neste artigo ou pela não entrega do título pronto ao eleitor que o procurar.

ART. 115. Os juízes eleitorais, sob pena de responsabilidade comunicarão ao Tribunal Regional, até 30 (trinta) dias antes de cada eleição, o número de eleitores alistados.

ART. 116. A Justiça Eleitoral fará ampla divulgação através dos comunicados transmitidos em obediência ao disposto no Art. 250 § 5º pelo rádio e televisão, bem assim por meio de cartazes afixados em lugares públicos, dos nomes dos candidatos registrados, com indicação do partido a que pertençam, bem como do número sob que foram inscritos, no caso dos candidatos a deputado e a vereador.

CAPÍTULO I. DAS SEÇÕES ELEITORAIS

ART. 117. As seções eleitorais, organizadas à medida em que forem sendo deferidos os pedidos de inscrição, não terão mais de 400 (quatrocentos) eleitores nas capitais e de 300 (trezentos) nas demais localidades, nem menos de 50 (cinquenta) eleitores.

§ 1º. Em casos excepcionais, devidamente justificados, o Tribunal Regional poderá autorizar que sejam ultrapassados os índices previstos neste artigo desde que essa providência venha facilitar o exercício do voto, aproximando o eleitor do local designado para a votação.

§ 2º. Se em seção destinada aos cegos, o número de eleitores não alcançar o mínimo exigido este se completará com outros, ainda que não sejam cegos.

ART. 118. Os juízes eleitorais organizarão relação de eleitores de cada seção a qual será remetida aos presidentes das mesas receptoras para facilitação do processo de votação.

CAPÍTULO II. DAS MESAS RECEPTORAS

ART. 119. A cada seção eleitoral corresponde uma mesa receptora de votos.

ART. 120. Constituem a mesa receptora um presidente, um primeiro e um segundo mesários, dois secretários e um suplente, nomeados pelo juiz eleitoral sessenta dias antes da eleição, em audiência pública, anunciado pelo menos com cinco dias de antecedência. (Redação dada pela Lei nº 4.961, de 4.5.1966)

- *Lei Complementar nº 35, de 14-3-1979, art. 11, § 2º, que dispõe sobre a Lei Orgânica da Magistratura Nacional.*
- *Lei nº 9.504, de 30-9-1997, art. 98, que estabelece normas para as eleições.*

§ 1º. Não podem ser nomeados presidentes e mesários:

- *Lei nº 9.504, de 30-9-1997, arts. 63, § 2º, e 64 que estabelece normas para as eleições.*

I – os candidatos e seus parentes ainda que por afinidade, até o segundo grau, inclusive, e bem assim o cônjuge;

II – os membros de diretórios de partidos desde que exerça função executiva;

III – as autoridades e agentes policiais, bem como os funcionários no desempenho de cargos de confiança do Executivo;

IV – os que pertencerem ao serviço eleitoral.

§ 2º. Os mesários serão nomeados, de preferência entre os eleitores da própria seção, e, dentre estes, os diplomados em escola superior, os professores e os serventuários da Justiça.

§ 3º. O juiz eleitoral mandará publicar no jornal oficial, onde houver, e, não havendo, em cartório, as nomeações que tiver feito, e intimará os mesários através dessa publicação, para constituírem as mesas no dia e lugares designados, às 7 horas.

§ 4º. Os motivos justos que tiverem os nomeados para recusar a nomeação, e que ficarão a livre apreciação do juiz eleitoral, somente poderão ser alegados até 5 (cinco) dias a contar da nomeação, salvo se sobrevindos depois desse prazo.

§ 5º. Os nomeados que não declararem a existência de qualquer dos impedimentos referidos no § 1º incorrem na pena estabelecida pelo Art. 310.

ART. 121. Da nomeação da mesa receptora qualquer partido poderá reclamar ao juiz eleitoral, no prazo de 2 (dois) dias, a contar da audiência, devendo a decisão ser proferida em igual prazo.

- *Lei nº 9.504, de 30-9-1997, arts. 63, caput, que estabelece normas para as eleições.*

§ 1º. Da decisão do juiz eleitoral caberá recurso para o Tribunal Regional, interposto dentro de 3 (três) dias, devendo, dentro de igual prazo, ser resolvido.

- *Lei nº 9.504, de 30-9-1997, arts. 63, § 1º, que estabelece normas para as eleições.*

§ 2º. Se o vício da constituição da mesa resultar da incompatibilidade prevista no nº I, do § 1º, do Art. 120, e o registro do candidato for posterior à nomeação do mesário, o prazo para reclamação será contado da publicação dos nomes dos candidatos registrados. Se resultar de qualquer das proibições dos n°s II, III e IV, e em virtude de fato superveniente, o prazo se contará do ato da nomeação ou eleição.

§ 3º. O partido que não houver reclamado contra a composição da mesa não poderá arguir sob esse fundamento, a nulidade da seção respectiva.

ART. 122. Os juízes deverão instruir os mesários sobre o processo da eleição, em reuniões para esse fim convocadas com a necessária antecedência.

▸ *CE: art. 35, XV.*

ART. 123. Os mesários substituirão o presidente, de modo que haja sempre quem responda pessoalmente pela ordem e regularidade do processo eleitoral, e assinarão a ata da eleição.

§ 1º. O presidente deve estar presente ao ato de abertura e de encerramento da eleição, salvo força maior, comunicando o impedimento aos mesários e secretários pelo menos 24 (vinte e quatro) horas antes da abertura dos trabalhos, ou imediatamente, se o impedimento se der dentro desse prazo ou no curso da eleição.

§ 2º. Não comparecendo o presidente até as sete horas e trinta minutos, assumirá a presidência o primeiro mesário e, na sua falta ou impedimento, o segundo mesário, um dos secretários ou o suplente.

§ 3º. Poderá o presidente, ou membro da mesa que assumir a presidência, nomear ad hoc, dentre os eleitores presentes e obedecidas as prescrições do § 1º, do Art. 120, os que forem necessários para completar a mesa.

ART. 124. O membro da mesa receptora que não comparecer no local, em dia e hora determinados para a realização de eleição, sem justa causa apresentada ao juiz eleitoral até 30 (trinta) dias após, incorrerá na multa de 50% (cinquenta por cento) a 1 (um) salário-mínimo vigente na zona eleitoral cobrada mediante selo federal inutilizado no requerimento em que for solicitado o arbitramento ou através de executivo fiscal.

▸ *CF: art. 7º, IV.*

▸ *CE: art. 231.*

§ 1º. Se o arbitramento e pagamento da multa não for requerido pelo mesário faltoso, a multa será arbitrada e cobrada na forma prevista no artigo 367.

§ 2º. Se o faltoso for servidor público ou autárquico, a pena será de suspensão até 15 (quinze) dias.

§ 3º. As penas previstas neste artigo serão aplicadas em dobro se a mesa receptora deixar de funcionar por culpa dos faltosos.

§ 4º. Será também aplicada em dobro observado o disposto nos §§ 1º e 2º, a pena ao membro da mesa que abandonar os trabalhos no decurso da votação sem justa causa apresentada ao juiz até 3 (três) dias após a ocorrência.

ART. 125. Não se reunindo, por qualquer motivo, a mesa receptora, poderão os eleitores pertencentes à respectiva seção votar na seção mais próxima, sob a jurisdição do mesmo juiz, recolhendo-se os seus votos à urna da seção em que deveriam votar, a qual será transportada para aquela em que tiverem de votar.

§ 1º. As assinaturas dos eleitores serão recolhidas nas folhas de votação da seção a que pertencerem, as quais, juntamente com as cédulas oficiais e o material restante, acompanharão a urna.

§ 2º. O transporte da urna e dos documentos da seção será providenciado pelo presidente da mesa, mesário ou secretário que comparecer, ou pelo próprio juiz, ou pessoa que ele designar para esse fim, acompanhando-a os fiscais que o desejarem.

ART. 126. Se no dia designado para o pleito deixarem de se reunir tôdas as mesas de um município, o presidente do Tribunal Regional determinará dia para se realizar o mesmo, instaurando-se inquérito para a apuração das causas da irregularidade e punição dos responsáveis.

Parágrafo único. Essa eleição deverá ser marcada dentro de 15 (quinze) dias, pelo menos, para se realizar no prazo máximo de 30 (trinta) dias.

ART. 127. Compete ao presidente da mesa receptora, e, em sua falta, a quem o substituir:

I – receber os votos dos eleitores;

II – decidir imediatamente todas as dificuldades ou dúvidas que ocorrerem;

III – manter a ordem, para o que disporá de força pública necessária;

IV – comunicar ao juiz eleitoral, que providenciará imediatamente as ocorrências cuja solução deste dependerem;

V – remeter à Junta Eleitoral todos os papéis que tiverem sido utilizados durante a recepção dos votos;

VI – autenticar, com a sua rubrica, as cédulas oficiais e numerá-las nos termos das Instruções do Tribunal Superior Eleitoral;

VII – assinar as fórmulas de observações dos fiscais ou delegados de partido, sobre as votações;

VIII – fiscalizar a distribuição das senhas e, verificando que não estão sendo distribuídas segundo a sua ordem numérica, recolher as de numeração intercalada, acaso retidas, as quais não se poderão mais distribuir.

IX – anotar o não comparecimento do eleitor no verso da folha individual de votação. (Incluído pela Lei nº 4.961, de 4.5.1966)

ART. 128. Compete aos secretários:

I – distribuir aos eleitores as senhas de entrada previamente rubricadas ou carimbadas segundo a respectiva ordem numérica;

II – lavrar a ata da eleição;

III – cumprir as demais obrigações que lhes forem atribuídas em instruções.

Parágrafo único. As atribuições mencionadas no nº 1 serão exercidas por um dos secretários e os constantes dos nº. II e III pelo outro.

ART. 129. Nas eleições proporcionais os presidentes das mesas receptoras deverão zelar pela preservação das listas de candidatos afixadas dentro das cabinas indevassáveis tomando imediatas providências para a colocação de nova lista no caso de inutilização total ou parcial.

Parágrafo único. O eleitor que inutilizar ou arrebatar as listas afixadas nas cabinas indevassáveis ou nos edifícios onde funcionarem mesas receptoras, incorrerá nas penas do artigo 297.

ART. 130. Nos estabelecimentos de internação coletiva de hansenianos os membros das mesas receptoras serão escolhidos de preferência entre os médicos e funcionários sadios do próprio estabelecimento.

CAPÍTULO III. DA FISCALIZAÇÃO PERANTE AS MESAS RECEPTORAS

ART. 131. Cada partido poderá nomear 2 (dois) delegados em cada município e 2 (dois) fiscais junto a cada mesa receptora, funcionando um de cada vez.

▸ *Lei nº 9.504, de 30-9-1997, art. 65, que estabelece normas para as eleições.*

§ 1º. Quando o município abranger mais de uma zona eleitoral cada partido poderá nomear 2 (dois) delegados junto a cada uma delas.

§ 2º. A escolha de fiscal e delegado de partido não poderá recair em quem, por nomeação do juiz eleitoral, já faça parte da mesa receptora.

▸ *Lei nº 9.504, de 30-9-1997, art. 65, caput, que estabelece normas para as eleições.*

§ 3º. As credenciais expedidas pelos partidos, para os fiscais, deverão ser visadas pelo juiz eleitoral.

▸ *Lei nº 9.504, de 30-9-1997, art. 65, § 2º, que estabelece normas para as eleições.*

§ 4º. Para esse fim, o delegado do partido encaminhará as credenciais ao Cartório, juntamente com os títulos eleitorais dos fiscais credenciados, para que, verificado pelo escrivão que as inscrições correspondentes as títulos estão em vigor e se referem aos nomeados, carimbe as credenciais e as apresente ao juiz para o visto.

▸ *Lei nº 9.504, de 30-9-1997, art. 65, § 2º, que estabelece normas para as eleições.*

§ 5º. As credenciais que não forem encaminhadas ao Cartório pelos delegados de partido, para os fins do parágrafo anterior, poderão ser apresentadas pelos próprios fiscais para a obtenção do visto do juiz eleitoral.

▸ *Lei nº 9.504, de 30-9-1997, art. 65, § 2º, que estabelece normas para as eleições.*

§ 6º. Se a credencial apresentada ao presidente da mesa receptora não estiver autenticada na forma do § 4º, o fiscal poderá funcionar perante a mesa, mas o seu voto não será admitido, a não ser na seção em que o seu nome estiver incluído.

§ 7º. O fiscal de cada partido poderá ser substituído por outro no curso dos trabalhos eleitorais.

ART. 132. Pelas mesas receptoras serão admitidos a fiscalizar a votação, formular protestos e fazer impugnações, inclusive sobre a identidade do eleitor, os candidatos registrados, os delegados e os fiscais dos partidos.

▸ *Lei nº 9.504, de 30-9-1997, art. 66, que estabelece normas para as eleições.*

TÍTULO III. DO MATERIAL PARA A VOTAÇÃO

ART. 133. Os juízes eleitorais enviarão ao presidente de cada mesa receptora, pelo menos 72 (setenta e duas) horas antes da eleição, o seguinte material.

I – relação dos eleitores da seção que poderá ser dispensada, no todo ou em parte, pelo respectivo Tribunal Regional Eleitoral em decisão fundamentada e aprovada pelo Tribunal Superior Eleitoral. (Redação dada pela Lei nº 6.055, de 17.6.1974)

▸ *CE: art. 118.*

II – relações dos partidos e dos candidatos registrados, as quais deverão ser afixadas no recinto das seções eleitorais em lugar visível, e dentro das cabinas indevassáveis as relações de candidatos a eleições proporcionais;

▸ *Lei nº 9.504, de 30-9-1997, art. 12, § 5º, I e II, que estabelece normas para as eleições.*

III – as folhas individuais de votação dos eleitores da seção, devidamente acondicionadas;

IV – uma folha de votação para os eleitores de outras seções, devidamente rubricada;

V – uma urna vazia, vedada pelo juiz eleitoral, com tiras de papel ou pano forte;

VI – Revogado de acordo com a Lei nº 4.961, de 4.5.1966.

VI – sobrecartas maiores para os votos impugnados ou sobre os quais haja dúvida; (Renumerado do Inciso VII pela Lei nº 4.961, de 4.5.1966)

VII – cédulas oficiais; (Renumerado do Inciso VIII pela Lei nº 4.961, de 4.5.1966)

VIII – sobrecartas especiais para remessa à Junta Eleitoral dos documentos relativos à eleição; (Renumerado do Inciso IX pela Lei nº 4.961, de 4.5.1966)

IX – senhas para serem distribuídas aos eleitores; (Renumerado do Inciso X pela Lei nº 4.961, de 4.5.1966)

X – tinta, canetas, penas, lápis e papel, necessários aos trabalhos; (Renumerado do Inciso XI pela Lei nº 4.961, de 4.5.1966)

XI – folhas apropriadas para impugnação e folhas para observação de fiscais de partidos; (Renumerado do Inciso XII pela Lei nº 4.961, de 4.5.1966)

XII – modelo da ata a ser lavrada pela mesa receptora; (Renumerado do Inciso XIII pela Lei nº 4.961, de 4.5.1966)

XIII – material necessário para vedar, após a votação, a fenda da urna; (Renumerado do Inciso XIV pela Lei nº 4.961, de 4.5.1966)

XIV – um exemplar das Instruções do Tribunal Superior Eleitoral; (Renumerado do Inciso XV pela Lei nº 4.961, de 4.5.1966)

XV – material necessário à contagem dos votos quando autorizada; (Renumerado do Inciso XVI pela Lei nº 4.961, de 4.5.1966)

XVI – outro qualquer material que o Tribunal Regional julgue necessário ao regular funcionamento da mesa. (Renumerado do Inciso XVII pela Lei nº 4.961, de 4.5.1966)

§ 1º. O material de que trata este artigo deverá ser remetido por protocolo ou pelo correio acompanhado de uma relação ao pé da qual o destinatário declarará o que recebeu e como o recebeu, e aporá sua assinatura.

§ 2º. Os presidentes da mesa que não tiverem recebido até 48 (quarenta e oito) horas antes do pleito o referido material deverão diligenciar para o seu recebimento.

§ 3º. O juiz eleitoral, em dia e hora previamente designados em presença dos fiscais e delegados dos partidos, verificará, antes de fechar e lacrar as urnas, se estas estão completamente vazias; fechadas, enviará uma das chaves, se houver, ao presidente da Junta Eleitoral e a da fenda, também se houver, ao presidente da mesa receptora, juntamente com a urna.

ART. 134. Nos estabelecimentos de internação coletiva para hansenianos serão sempre utilizadas urnas de lona.

▸ *CE: art. 130.*

TÍTULO IV. DA VOTAÇÃO

CAPÍTULO I. DOS LUGARES DA VOTAÇÃO

ART. 135. Funcionarão as mesas receptoras nos lugares designados pelos juízes eleitorais 60 (sessenta) dias antes da eleição, publicando-se a designação.

▸ *Lei nº 9.504, de 30-9-1997, arts. 59 a 62, que estabelece normas para as eleições.*

§ 1º. A publicação deverá conter a seção com a numeração ordinal e local em que deverá funcionar com a indicação da rua, número e qualquer outro elemento que facilite a localização pelo eleitor.

§ 2º. Dar-se-á preferência aos edifícios públicos, recorrendo-se aos particulares se faltarem aqueles em número e condições adequadas.

§ 3º. A propriedade particular será obrigatória e gratuitamente cedida para esse fim.

§ 4º. É expressamente vedado uso de propriedade pertencente a candidato, membro do diretório de partido, delegado de partido ou autoridade policial, bem como dos respectivos cônjuges e parentes, consanguíneos ou afins, até o 2º grau, inclusive.

§ 5º. Não poderão ser localizadas seções eleitorais em fazenda sítio ou qualquer propriedade rural privada, mesmo existindo no local prédio público, incorrendo o juiz nas penas do Art. 312, em caso de infringência. (Redação dada pela Lei nº 4.961, de 4.5.1966)

§ 6º. Os Tribunais Regionais, nas capitais, e os juízes eleitorais, nas demais zonas, farão ampla divulgação da localização das seções.

§ 6º-A. Os Tribunais Regionais Eleitorais deverão, a cada eleição, expedir instruções aos Juízes Eleitorais para orientá-los na escolha dos locais de votação, de maneira a garantir acessibilidade para o eleitor com deficiência ou com mobilidade reduzida, inclusive em seu entorno e nos sistemas de transporte que lhe dão acesso. (Redação dada pela Lei nº 13.146, de 2015)

§ 6º-B. (VETADO) (Incluído pela Lei nº 10.226, de 15 de maio de 2001)

§ 7º. Da designação dos lugares de votação poderá qualquer partido reclamar ao juiz eleitoral, dentro de três dias a contar da publicação, devendo a decisão ser proferida dentro de quarenta e oito horas. (Incluído pela Lei nº 4.961, de 4.5.1966)

§ 8º. Da decisão do juiz eleitoral caberá recurso para o Tribunal Regional, interposto dentro de três dias, devendo no mesmo prazo, ser resolvido. (Incluído pela Lei nº 4.961, de 4.5.1966)

§ 9º. Esgotados os prazos referidos nos §§ 7º e 8º deste artigo, não mais poderá ser alegada, no processo eleitoral, a proibição contida em seu § 5º. (Incluído pela Lei nº 6.336, de 1º.6.1976)

ART. 136. Deverão ser instaladas seções nas vilas e povoados, assim como nos estabelecimentos de internação coletiva, inclusive para cegos e nos leprosários onde haja, pelo menos, 50 (cinquenta) eleitores.

▸ *CE: arts. 50 e 130.*

Parágrafo único. A mesa receptora designada para qualquer dos estabelecimentos de internação coletiva deverá funcionar em local indicado pelo respectivo diretório mesmo critério será adotado para os estabelecimentos especializados para proteção dos cegos.

ART. 137. Até 10 (dez) dias antes da eleição, pelo menos, comunicarão os juízes eleitorais aos chefes das repartições públicas e aos proprietários, arrendatários ou administradores das propriedades particulares a resolução de que serão os respectivos edifícios, ou parte deles, utilizados para pronunciamento das mesas receptoras.

ART. 138. No local destinado a votação, a mesa ficará em recinto separado do público; ao lado haverá uma cabina indevassável onde os eleitores, à medida que comparecerem, possam assinalar a sua preferência na cédula.

▸ *Lei nº 9.504, de 30-9-1997, art. 84, que estabelece normas para as eleições.*

Parágrafo único. O juiz eleitoral providenciará para que nós edifícios escolhidos sejam feitas as necessárias adaptações.

CAPÍTULO II. DA POLÍCIA DOS TRABALHOS ELEITORAIS

ART. 139. Ao presidente da mesa receptora e ao juiz eleitoral cabe a polícia dos trabalhos eleitorais.

ART. 140. Somente podem permanecer no recinto da mesa receptora os seus membros, os candidatos, um fiscal, um delegado de cada partido e, durante o tempo necessário à votação, o eleitor.

§ 1º. O presidente da mesa, que é, durante os trabalhos, a autoridade superior, fará retirar do recinto ou do edifício quem não guardar a ordem e compostura devidas e estiver praticando qualquer ato atentatório da liberdade eleitoral.

§ 2º. Nenhuma autoridade estranha a mesa poderá intervir, sob pretexto algum, em seu funcionamento, salvo o juiz eleitoral.

ART. 141. A força armada conservar-se-á a cem metros da seção eleitoral e não poderá aproximar-se do lugar da votação, ou dele penetrar, sem ordem do presidente da mesa.

▸ CE: art. 238.

CAPÍTULO III. DO INÍCIO DA VOTAÇÃO

ART. 142. No dia marcado para a eleição, às 7 (sete) horas, o presidente da mesa receptora os mesários e os secretários verificarão se no lugar designado estão em orem o material remetido pelo juiz e a urna destinada a recolher os votos, bem como se estão presentes os fiscais de partido.

▸ CE: art. 133, I a XVI.

ART. 143. As 8 (oito) horas, supridas as deficiências declarará o presidente iniciados os trabalhos, procedendo-se em seguida à votação, que começará pelos candidatos e eleitores presentes.

§ 1º. Os membros da mesa e os fiscais de partido deverão votar no correr da votação, depois que tiverem votado os eleitores que já se encontravam presentes no momento da abertura dos trabalhos, ou no encerramento da votação. (Renumerado do parágrafo único pela Lei nº 4.961, de 4.5.1966)

§ 2º. Observada a prioridade assegurada aos candidatos, têm preferência para votar o juiz eleitoral da zona, seus auxiliares de serviço, os eleitores de idade avançada os enfermos e as mulheres grávidas. (Incluído pela Lei nº 4.961, de 4.5.1966)

ART. 144. O recebimento dos votos começará às 8 (oito)e terminará, salvo o disposto no Art. 153, às 17 (dezessete) horas.

ART. 145. O presidente, mesários, secretários, suplentes e os delegados e fiscais de partido votarão, perante as mesas em que servirem, sendo que os delegados e fiscais, desde que a credencial esteja visada na forma do artigo 131, § 3º; quando eleitores de outras seções, seus votos serão tomados em separado. (Redação dada pela Lei nº 4.961, de 4.5.1966)

▸ Lei nº 9.504, de 30-9-1997, art. 65, § 2º, que estabelece normas para as eleições.

§ 1º. (Revogado de acordo com a Lei nº 4.961, de 4.5.1966)

§ 2º. (Renumerado para parágrafo único (abaixo) pela Lei nº 4.961, de 4.5.1966)

§ 3º. (Revogado de acordo com a Lei nº 4.961, de 4.5.1966)

Parágrafo único. Com as cautelas constantes do ar. 147, § 2º, poderão ainda votar fora da respectiva seção: (Renumerado do parágrafo 2º pela Lei nº 4.961, de 4.5.1966)

▸ Lei nº 9.504, de 30-9-1997, art. 65, § 2º, que estabelece normas para as eleições.

I – o juiz eleitoral, em qualquer seção da zona sob sua jurisdição, salvo em eleições municipais, nas quais poderá votar em qualquer seção do município em que for eleitor; (Renumerado do parágrafo 2º pela Lei nº 4.961, de 4.5.1966

II – o Presidente da República, o qual poderá votar em qualquer seção, eleitoral do país, nas eleições presidenciais; em qualquer seção do Estado em que for eleitor nas eleições para governador, vice-governador, senador, deputado federal e estadual; em qualquer seção do município em que estiver inscrito, nas eleições para prefeito, vice-prefeito e vereador; (Renumerado do parágrafo 2º pela Lei nº 4.961, de 4.5.1966

III – os candidatos à Presidência da República, em qualquer seção eleitoral do país, nas eleições presidenciais, e, em qualquer seção do Estado em que forem eleitores, nas eleições de âmbito estadual; (Renumerado do parágrafo 2º pela Lei nº 4.961, de 4.5.1966

IV – os governadores, vice-governadores, senadores, deputados federais e estaduais, em qualquer seção do Estado, nas eleições de âmbito nacional e estadual; em qualquer seção do município de que sejam eleitores, nas eleições municipais; (Renumerado do parágrafo 2º pela Lei nº 4.961, de 4.5.1966

V – os candidatos a governador, vice-governador, senador, deputado federal e estadual, em qualquer seção do Estado de que sejam eleitores, nas eleições de âmbito nacional e estadual; (Renumerado do parágrafo 2º pela Lei nº 4.961, de 4.5.1966

VI – os prefeitos, vice-prefeitos e vereadores, em qualquer seção de município que representarem, desde que eleitores do Estado, sendo que, no caso de eleições municipais, nelas somente poderão votar se inscritos no município; (Renumerado do parágrafo 2º pela Lei nº 4.961, de 4.5.1966

VII – os candidatos a prefeito, vice-prefeito e vereador, em qualquer seção de município, desde que dele sejam eleitores; (Renumerado do parágrafo 2º pela Lei nº 4.961, de 4.5.1966

VIII – os militares, removidos ou transferidos dentro do período de 6 (seis) meses antes do pleito, poderão votar nas eleições para presidente e vice-presidente da República na localidade em que estiverem servindo. (Renumerado do parágrafo 2º pela Lei nº 4.961, de 4.5.1966

IX – os policiais militares em serviço. (Incluído pela Lei nº 9.504, de 9.5.1995)

CAPÍTULO IV. DO ATO DE VOTAR

ART. 146. Observar-se-á na votação o seguinte:

I – o eleitor receberá, ao apresentar-se na seção, e antes de penetrar no recinto da mesa, uma senha numerada, que o secretário rubricará, no momento, depois de verificar pela relação dos eleitores da seção, que o seu nome constada respectiva pasta;

II – no verso da senha o secretário anotará o número de ordem da folha individual da pasta, número esse que constará da relação enviada pelo cartório à mesa receptora;

III – admitido a penetrar no recinto da mesa, segundo a ordem numérica das senhas, o eleitor apresentará ao presidente seu título, o qual poderá ser examinado por fiscal ou delegado de partido, entregando, no mesmo ato, a senha;

IV – pelo número anotado no verso da senha, o presidente, ou mesário, localizará a folha individual de votação, que será confrontada com o título e poderá também ser examinada por fiscal ou delegado de partido;

V – achando-se em ordem o título e a folha individual e não havendo dúvida sobre a identidade do eleitor, o presidente da mesa o convidará a lançar sua assinatura no verso da folha individual de votação; em seguida entregar-lhe-á a cédula única rubricada no ato pelo presidente e mesários

CÓDIGO ELEITORAL

e numerada de acordo com as Instruções do Tribunal Superior instruindo-o sobre a forma de dobrá-la, fazendo-o passar a cabina indevassável, cuja porta ou cortina será encerrada em seguida;

▸ *Lei nº 9.504 de 30-9-1997, art. 83, § 1º, que estabelece normas para as eleições.*

VI – o eleitor será admitido a votar, ainda que deixe de exibir no ato da votação o seu título, desde que seja inscrito na seção e conste da respectiva pasta a sua folha individual de votação; nesse caso, a prova de ter votado será feita mediante certidão que obterá posteriormente, no juízo competente;

VII – no caso da omissão da folha individual na respectiva pasta verificada no ato da votação, será o eleitor, ainda, admitido a votar, desde que exiba o seu título eleitoral e dele conste que o portador é inscrito na seção, sendo o seu voto, nesta hipótese, tomando em separado e colhida sua assinatura na folha de votação modelo 2 (dois). Como ato preliminar da apuração do voto, averiguar-se-á se se trata de eleitor em condições de votar, inclusive se realmente pertence à seção;

▸ *Lei nº 9.504 de 30-9-1997, art. 83, § 1º, que estabelece normas para as eleições.*

VIII – verificada a ocorrência de que trata o número anterior, a Junta Eleitoral, antes de encerrar os seus trabalhos, apurará a causa da omissão. Se tiver havido culpa ou dolo, será aplicada ao responsável, na primeira hipótese, a multa de até 2 (dois) salários-mínimos, e, na segunda, a de suspensão até 30 (trinta) dias;

▸ *CF: art. 7º, IV.*

▸ *CE: arts. 35, XIX e 231.*

IX – na cabina indevassável, onde não poderá permanecer mais de um minuto, o eleitor indicará os candidatos de sua preferência e dobrará a cédula oficial, observadas as seguintes normas:

a) assinalando com uma cruz, ou de modo que torne expressa a sua intenção, o quadrilátero correspondente ao candidato majoritário de sua preferência;

b) escrevendo o nome, o prenome, ou o número do candidato de sua preferência nas eleições proporcionais. (Redação dada pela Lei nº 7.434, de 19.12.1985)

c) escrevendo apenas a sigla do partido de sua preferência, se pretender votar só na legenda; (Revogado pela Lei nº 6.989, de 5.5.1982)

X – ao sair da cabina o eleitor depositará na urna a cédula;

XI – ao depositar a cédula na urna o eleitor deverá fazê-lo de maneira a mostrar a parte rubricada à mesa e aos fiscais de partido, para que verifiquem sem nela tocar, se não foi substituída;

XII – se a cédula oficial não for a mesmo, será o eleitor convidado a voltar à cabina indevassável e a trazer seu voto na cédula que recebeu; senão quiser tornar à cabina ser-lhe-á recusado a ocorrência na ata e ficando o eleitor retido pela mesa, e à sua disposição, até o término da votação ou a devolução da cédula oficial já rubricada e numerada;

XIII – se o eleitor, ao receber a cédula ou ao recolher-se à cabia de votação, verificar que a cédula se acha estragada ou, de qualquer modo, viciada ou assinalada ou se ele próprio, por imprudência, imprevidência ou ignorância, a inutilizar, estragar ou assinalar erradamente, poderá pedir uma outra ao presidente da seção eleitoral, restituindo, porém, a primeira, a qual será imediatamente inutilizada à vista dos presentes e sem quebra do sigilo do que o eleitor haja nela assinalado;

XIV – introduzida a sobrecarta na urna, o presidente da mesa devolverá o título ao eleitor, depois de datá-lo e assiná-lo; em seguida rubricará, no local próprio, a folha individual de votação.

▸ *CE: art. 45, § 5º.*

ART. 147. O presidente da mesa dispensará especial atenção à identidade de cada eleitor admitido a votar Existindo dúvida a respeito, deverá exigir-lhe a exibição da respectiva carteira, e, na falta desta, interrogá-lo sobre os dados constantes do título, ou da folha individual de votação, confrontando a assinatura do mesmo com a feita na sua presença pelo eleitor, e mencionando na ata a dúvida suscitada.

§ 1º. A impugnação à identidade do eleitor, formulada pelos membros da mesa, fiscais, delegados, candidatos ou qualquer eleitor, será apresentada verbalmente ou por escrito, antes de ser o mesmo admitido a votar.

§ 2º. Se persistir a dúvida ou for mantida a impugnação, tomará o presidente da mesa as seguintes providências:

▸ *CE: art. 221, III.*

I – escreverá numa sobrecarta branca o seguinte: "Impugnado por "F";

II – entregará ao eleitor a sobrecarta branca, para que ele, na presença da mesa e dos fiscais, nela coloque a cédula oficial que assinalou, assim como o seu título, a folha de impugnação e qualquer outro documento oferecido pelo impugnante;

III – determinará ao eleitor que feche a sobrecarta branca e a deposite na urna;

IV – anotará a impugnação na ata.

§ 3º. O voto em separado, por qualquer motivo, será sempre tomado na forma prevista no parágrafo anterior.

ART. 148. O eleitor somente poderá votar na seção eleitoral em que estiver incluído o seu nome.

▸ *CE: art. 233-A.*

§ 1º. Essa exigência somente poderá ser dispensada nos casos previstos no Art. 145 e seus parágrafos.

▸ *O art. 145 citado teve seus parágrafos 1º e 3º revogados pela Lei nº 4.961, de 4-5-1966, e o § 2º foi transformado em parágrafo único.*

▸ *Lei nº 9.504 de 30-9-1997, arts. 62 e 65, § 2º, que estabelece normas para as eleições.*

§ 2º. Aos eleitores mencionados no Art. 145 não será permitido votar sem a exibição do título, e nas folhas de votação modelo 2 (dois), nas quais lançarão suas assinaturas, serão sempre anotadas na coluna própria as seções mencionadas nos título retidos.

§ 3º. Quando se tratar de candidato, o presidente da mesa receptora verificará, previamente, se o nome figura na relação enviada à seção, e quando se tratar de fiscal de partido, se a credencial está devidamente visada pelo juiz eleitoral.

§§ 4º e 5º. (Revogados de acordo com a Lei nº 4.961, de 4.5.1966)

ART. 149. Não será admitido recurso contra a votação, se não tiver havido impugnação perante a mesa receptora, no ato da votação, contra as nulidades arguidas.

ART. 150. O eleitor cego poderá:

▸ CE: art. 49, § 1º.

I – assinar a folha individual de votação em letras do alfabeto comum ou do sistema Braille;

II – assinalar a cédula oficial, utilizando também qualquer sistema;

III – usar qualquer elemento mecânico que trouxer consigo, ou lhe for fornecido pela mesa, e que lhe possibilite exercer o direito de voto

ART. 151. (Revogado de acordo com a Lei nº 7.914, de 7.12.1989)

ART. 152. Poderão ser utilizadas máquinas de votar, a critério e mediante regulamentação do Tribunal Superior Eleitoral.

▸ Lei nº 9.504 de 30-9-1997, arts. 59 a 62, que estabelece normas para as eleições.

CAPÍTULO V. DO ENCERRAMENTO DA VOTAÇÃO

ART. 153. Às 17 (dezessete) horas, o presidente fará entregar as senhas a todos os eleitores presentes e, em seguida, os convidará, em voz alta, a entregar à mesa seus títulos, para que sejam admitidos a votar.

▸ CE: arts. 133, IX e 144.

Parágrafo único. A votação continuará na ordem numérica das senhas e o título será devolvido ao eleitor, logo que tenha votado.

ART. 154. Terminada a votação e declarado o seu encerramento elo presidente, tomará estes as seguintes providências:

▸ CE: arts. 191 e 192, § 2º.

I – vedará a fenda de introdução da cédula na urna, de modo a cobri-la inteiramente com tiras de papel ou pano forte, rubricadas pelo presidente e mesários e, facultativamente, pelos fiscais presentes, separará todas as folhas de votação correspondentes aos eleitores faltosos e fará constar, no verso de cada uma delas na parte destinada à assinatura do eleitor, a falta verificada, por meio de breve registro, que autenticará com a sua assinatura. (Redação dada pela Lei nº 4.961, de 4.5.1966)

II – encerrará, com a sua assinatura, a folha de votação modelo 2 (dois), que poderá ser também assinada pelos fiscais;

III – mandará lavrar, por um dos secretários, a ata da eleição, preenchendo o modelo fornecido pela Justiça Eleitoral, para que conste:

a) os nomes dos membros da mesa que hajam comparecido, inclusive o suplente;

b) as substituições e nomeações feitas;

c) os nomes dos fiscais que hajam comparecido e dos que se retiraram durante a votação;

d) a causa, se houver, do retardamento para o começo da votação;

e) o número, por extenso, dos eleitores da seção que compareceram e votaram e o número dos que deixaram de comparecer;

f) o número, por extenso, de eleitores de outras seções que hajam votado e cujos votos hajam sido recolhidos ao invólucro especial;

g) o motivo de não haverem votado alguns dos eleitores que compareceram;

h) os protestos e as impugnações apresentados pelos fiscais, assim como as decisões sobre eles proferidas, tudo em seu inteiro teor;

i) a razão de interrupção da votação, se tiver havido, e o tempo de interrupção;

j) a ressalva das rasuras, emendas e entrelinhas porventura existentes nas folhas de votação e na ata, ou a declaração de não existirem;

IV – mandará, em caso de insuficiência de espaço no modelo destinado ao preenchimento, prosseguir a ata em outra folha devidamente rubricada por ele, mesários e fiscais que o desejarem, mencionado esse fato na própria ata;

V – assinará a ata com os demais membros da mesa, secretários e fiscais que quiserem;

VI – entregará a urna e os documentos do ato eleitoral ao presidente da Junta ou à agência do Correio mais próxima, ou a outra vizinha que ofereça melhores condições de segurança e expedição, sob recibo em triplicata com a indicação de hora, devendo aqueles documentos ser encerrados em sobrecartas rubricadas por ele e pelos fiscais que o quiserem;

▸ CE: art. 165, X.

VII – comunicará em ofício, ou impresso próprio, ao juiz eleitoral da zona a realização da eleição, o número de eleitores que votaram e a remessa da urna e dos documentos à Junta Eleitoral;

VIII – enviará em sobrecarta fechada uma das vias do recibo do Correio à Junta Eleitoral e a outra ao Tribunal Regional.

§ 1º. Os Tribunais Regionais poderão prescrever outros meios de vedação das urnas.

§ 2º. No Distrito Federal e nas capitais dos Estados poderão os Tribunais Regionais determinar normas diversas para a entrega de urnas e papéis eleitorais, com as cautelas destinadas a evitar violação ou extravio.

ART. 155. O presidente da Junta Eleitoral e as agências do Correio tomarão as providências necessárias para o recebimento da urna e dos documentos referidos no artigo anterior.

§ 1º. Os fiscais e delegados de partidos têm direito de vigiar e acompanhar a urna desde o momento da eleição, durante a permanência nas agências do Correio e até a entrega à Junta Eleitoral.

§ 2º. A urna ficará permanentemente à vista dos interessados e sob a guarda de pessoa designada pelo presidente da Junta Eleitoral.

ART. 156. Até as 12 (doze) horas do dia seguinte à realização da eleição, o juiz eleitoral é obrigado, sob pena de responsabilidade e multa de 1 (um) a 2 (dois) salários-mínimos, a comunicar ao Tribunal Regional, e aos delegados de partido perante ele credenciados, o número de eleitores que votaram em cada uma das seções da zona sob sua jurisdição, bem como o total de votantes da zona.

▸ *CF: art. 7º, IV.*

▸ *CE: arts. 35, XIX e 231.*

§ 1º. Se houver retardamento nas medidas referidas no Art. 154, o juiz eleitoral, assim que receba o ofício constante desse dispositivo, nº VII, fará a comunicação constante deste artigo.

§ 2º. Essa comunicação será feita por via postal, em ofícios registrados de que o juiz eleitoral guardará cópia no arquivo da zona, acompanhada do recibo do Correio.

§ 3º. Qualquer candidato, delegado ou fiscal de partido poderá obter, por certidão, o teor da comunicação a que se refere este artigo, sendo defeso ao juiz eleitoral recusá-la ou procrastinar a sua entrega ao requerente.

ART. 157. Revogado de acordo com a Lei nº 7.914, de 7.12.1989.

TÍTULO V. DA APURAÇÃO

CAPÍTULO I. DOS ÓRGÃOS APURADORES

ART. 158. A apuração compete:

I – às Juntas Eleitorais quanto às eleições realizadas na zona sob sua jurisdição;

II – aos Tribunais Regionais a referente às eleições para governador, vice-governador, senador, deputado federal e estadual, de acordo com os resultados parciais enviados pelas Junta Eleitorais;

III – ao Tribunal Superior Eleitoral nas eleições para presidente e vice-presidente da República, pelos resultados parciais remetidos pelos Tribunais Regionais.

CAPÍTULO II. DA APURAÇÃO NAS JUNTAS

SEÇÃO I. DISPOSIÇÕES PRELIMINARES

ART. 159. A apuração começará no dia seguinte ao das eleições e, salvo motivo justificado, deverá terminar dentro de 10 (dez) dias.

▸ *CE: art. 40, I.*

§ 1º. Iniciada a apuração, os trabalhos não serão interrompidos aos sábados, domingos e dias feriados, devendo a Junta funcionar das 8 (oito) às 18 (dezoito) horas, pelo menos.

§ 2º. Em caso de impossibilidade de observância do prazo previsto neste artigo, o fato deverá ser imediatamente justificado perante o Tribunal Regional, mencionando-se as horas ou dias necessários para o adiamento que não poderá exceder a cinco dias. (Redação dada pela Lei nº 4.961, de 4.5.1966)

§ 3º. Esgotado o prazo e a prorrogação estipulada neste artigo ou não tendo havido em tempo hábil o pedido de prorrogação, a respectiva Junta Eleitoral perde a competência para prosseguir na apuração devendo o seu presidente remeter, imediatamente ao Tribunal Regional, todo o material relativo à votação. (Incluído pela Lei nº 4.961, de 4.5.1966)

§ 4º. Ocorrendo a hipótese prevista no parágrafo anterior, competirá ao Tribunal Regional fazer a apuração. (Incluído pela Lei nº 4.961, de 4.5.1966)

§ 5º. Os membros da Junta Eleitoral responsáveis pela inobservância injustificada dos prazos fixados neste artigo estarão sujeitos à multa de dois a dez salários-mínimos, aplicada pelo Tribunal Regional. (Incluído pela Lei nº 4.961, de 4.5.1966)

▸ *CE: art. 231.*

▸ *CF: art. 7º, IV.*

ART. 160. Havendo conveniência, em razão do número de urnas a apurar, a Junta poderá subdividir-se em turmas, até o limite de 5 (cinco), todas presididas por algum dos seus componentes.

Parágrafo único. As dúvidas que forem levantadas em cada turma serão decididas por maioria de votos dos membros da Junta.

ART. 161. Cada partido poderá credenciar perante as Juntas até 3 (três) fiscais, que se revezem na fiscalização dos trabalhos.

▸ *CE: art. 132.*

▸ *Lei nº 9.504 de 30-9-1997, art. 66, caput que estabelece normas para as eleições.*

§ 1º. Em caso de divisão da Junta em turmas, cada partido poderá credenciar até 3 (três) fiscais para cada turma.

§ 2º. Não será permitida, na Junta ou turma, a atuação de mais de 1 (um) fiscal de cada partido.

ART. 162. Cada partido poderá credenciar mais de 1 (um) delegado perante a Junta, mas no decorrer da apuração só funcionará 1 (um) de cada vez.

▸ *Lei nº 9.504 de 30-9-1997, art. 87, caput que estabelece normas para as eleições.*

ART. 163. Iniciada a apuração da urna, não será a mesma interrompida, devendo ser concluída.

Parágrafo único. Em caso de interrupção por motivo de força maior, as cédulas e as folhas de apuração serão recolhidas à urna e está fechada e lacrada, o que constará da ata.

ART. 164. É vedado às Juntas Eleitorais a divulgação, por qualquer meio, de expressões, frases ou desenhos estranhos ao pleito, apostos ou contidos nas cédulas.

§ 1º. Aos membros, escrutinadores e auxiliares das Juntas que infringirem o disposto neste artigo será aplicada a multa de 1 (um) a 2 (dois) salários-mínimos vigentes na Zona Eleitoral, cobrados através de executivo fiscal ou da inutilização de selos federais no processo em que for arbitrada a multa.

▸ *CF: art. 7º, IV.*

▸ *CE: arts. 231 e 367, III.*

§ 2°. Será considerada dívida líquida e certa, para efeito de cobrança, a que for arbitrada pelo Tribunal Regional e inscrita em livro próprio na Secretaria desse órgão.

SEÇÃO II. DA ABERTURA DA URNA

ART. 165. Antes de abrir cada urna a Junta verificará:

I - se há indício de violação da urna;

II - se a mesa receptora se constituiu legalmente;

III - se as folhas individuais de votação e as folhas modelo 2 (dois) são autênticas;

IV - se a eleição se realizou no dia, hora e local designados e se a votação não foi encerrada antes das 17 (dezessete) horas;

V - se foram infringidas as condições que resguardam o sigilo do voto;

VI - se a seção eleitoral foi localizada com infração ao disposto nos §§ 4° e 5° do Art. 135;

VII - se foi recusada, sem fundamento legal, a fiscalização de partidos aos atos eleitorais;

VIII - se votou eleitor excluído do alistamento, sem ser o seu voto tomado em separado;

IX - se votou eleitor de outra seção, a não ser nos casos expressamente admitidos;

X - se houve demora na entrega da urna e dos documentos conforme determina o nº VI, do Art. 154.

XI - se consta nas folhas individuais de votação dos eleitores faltosos o devido registro de sua falta. (Incluído pela Lei nº 4.961, de 4.5.1966)

§ 1°. Se houver indício de violação da urna, proceder-se-á da seguinte forma:

I - antes da apuração, o presidente da Junta indicará pessoa idônea para servir como perito e examinar a urna com assistência do representante do Ministério Público;

II - se o perito concluir pela existência de violação e o seu parecer for aceito pela Junta, o presidente desta comunicará a ocorrência ao Tribunal Regional, para as providências de lei;

III - se o perito e o representante do Ministério Público concluírem pela inexistência de violação, far-se-á a apuração;

IV - se apenas o representante do Ministério Público entender que a urna foi violada, a Junta decidirá, podendo aquele, se a decisão não for unânime, recorrer imediatamente para o Tribunal Regional;

V - não poderão servir de peritos os referidos no Art. 36, § 3°, nº. I a IV.

§ 2°. As impugnações fundadas em violação da urna somente poderão ser apresentadas até a abertura desta.

§ 3°. Verificado qualquer dos casos dos nº. II, III, IV e V do artigo, a Junta anulará a votação, fará a apuração dos votos em separado e recorrerá de ofício para o Tribunal Regional.

§ 4°. Nos casos dos números VI, VII, VIII, IX e X, a Junta decidirá se a votação é válida, procedendo à apuração definitiva em caso afirmativo, ou na forma do parágrafo anterior, se resolver pela nulidade da votação.

§ 5°. A junta deixará de apurar os votos de urna que não estiver acompanhada dos documentos legais e lavrará termo relativo ao fato, remetendo-a, com cópia da sua decisão, ao Tribunal Regional.

ART. 166. Aberta a urna, a Junta verificará se o número de cédulas oficiais corresponde ao de votantes. (Redação dada pela Lei nº 4.961, de 4.5.1966)

§ 1°. A incoincidência entre o número de votantes e o de cédulas oficiais encontradas na urna não constituirá motivo de nulidade da votação, desde que não resulte de fraude comprovada. (Redação dada pela Lei nº 4.961, de 4.5.1966)

§ 2°. Se a Junta entender que a incoincidência resulta de fraude, anulará a votação, fará a apuração em separado e recorrerá de ofício para o Tribunal Regional.

ART. 167. Resolvida a apuração da urna, deverá a Junta inicialmente:

I - examinar as sobrecartas brancas contidas na urna, anulando os votos referentes aos eleitores que não podiam votar; (Redação dada pela Lei nº 4.961, de 4.5.1966)

II - misturar as cédulas oficiais dos que podiam votar com as demais existentes na urna. (Redação dada pela Lei nº 4.961, de 4.5.1966)

III - Revogado de acordo com a Lei n 4.961, de 4.5.1966.

IV - Revogado de acordo com a Lei nº 4.961, de 4.5.1966.

ART. 168. As questões relativas à existência de rasuras, emendas e entrelinhas nas folhas de votação e na ata da eleição, somente poderão ser suscitadas na fase correspondente à abertura das urnas.

SEÇÃO III. DAS IMPUGNAÇÕES E DOS RECURSOS

ART. 169. À medida que os votos forem sendo apurados, poderão os fiscais e delegados de partido, assim como os candidatos, apresentar impugnações que serão decididas de plano pela Junta.

- *CE: art. 40, II, e 265, parágrafo único.*
- *Lei nº 9.504 de 30-9-1997, art. 69, que estabelece normas para as eleições.*

§ 1°. As Juntas decidirão por maioria de votos as impugnações.

- *Lei nº 9.504 de 30-9-1997, art. 71, caput que estabelece normas para as eleições.*

§ 2°. De suas decisões cabe recurso imediato, interposto verbalmente ou por escrito, que deverá ser fundamentado no prazo de 48 (quarenta e oito) horas para que tenha seguimento.

§ 3°. O recurso, quando ocorrerem eleições simultâneas, indicará expressamente eleição a que se refere.

§ 4°. Os recursos serão instruídos de ofício, com certidão da decisão recorrida; se interpostos verbalmente, constará também da certidão o trecho correspondente do boletim. (Redação dada pela Lei nº 4.961, de 4.5.1966)

- *Lei nº 9.504 de 30-9-1997, art. 71, caput que estabelece normas para as eleições.*

ART. 170. As impugnações quanto à identidade do eleitor, apresentadas no ato da votação, serão resolvidas pelo confronto da assinatura tomada no verso da folha individual de votação com a existente no anverso; se o eleitor votou em separado, no caso de omissão da folha individual na respectiva pasta, confrontando-se a assinatura da folha modelo 2 (dois) com a do título eleitoral.

ART. 171. Não será admitido recurso contra a apuração, se não tiver havido impugnação perante a Junta, no ato apuração, contra as nulidades arguidas.

▸ *CE: art. 223.*

ART. 172. Sempre que houver recurso fundado em contagem errônea de votos, vícios de cédulas ou de sobrecartas para votos em separado, deverão as cédulas ser conservadas em invólucro lacrado, que acompanhará o recurso e deverá ser rubricado pelo juiz eleitoral, pelo recorrente e pelos delegados de partido que o desejarem. (Redação dada pela Lei nº 4.961, de 4.5.1966)

SEÇÃO IV. DA CONTAGEM DOS VOTOS

ART. 173. Resolvidas as impugnações a Junta passará a apurar os votos.

Parágrafo único. Na apuração, poderá ser utilizado sistema eletrônico, a critério do Tribunal Superior Eleitoral e na forma por ele estabelecida. (Incluído pela Lei nº 6.978, de 19.1.1982)

▸ *Lei nº 9.504 de 30-9-1997, art. 59, caput que estabelece normas para as eleições.*

ART. 174. As cédulas oficiais, à medida em que forem sendo abertas, serão examinadas e lidas em voz alta por um dos componentes da Junta.

§ 1º. Após fazer a declaração dos votos em branco e antes de ser anunciado o seguinte, será aposto na cédula, no lugar correspondente à indicação do voto, um carimbo com a expressão "em branco", além da rubrica do presidente da turma. (Redação dada pela Lei nº 6.055, de 17.6.1974)

§ 2º. O mesmo processo será adaptado para o voto nulo (Incluído pela Lei nº 6.055, de 17.6.1974)

§ 3º. Não poderá ser iniciada a apuração dos votos da urna subsequente sob as penas do Art. 345, sem que os votos em branco da anterior estejam todos registrados pela forma referida no § 1º. (Incluído pela Lei nº 4.961, de 4.5.1966 e renumerado do § 2º pela Lei nº 6.055, de 17.6.1974)

§ 4º. As questões relativas às cédulas somente poderão ser suscitadas nessa oportunidade. (Renumerado do parágrafo único para § 3º pela Lei nº 4.961, de 4.5.1966 e renumerado do § 3º pela Lei nº 6.055, de 17.6.1974)

ART. 175. Serão nulas as cédulas:

I – que não corresponderem ao modelo oficial;

II – que não estiverem devidamente autenticadas;

III – que contiverem expressões, frases ou sinais que possam identificar o voto.

§ 1º. Serão nulos os votos, em cada eleição majoritária:

I – quando forem assinalados os nomes de dois ou mais candidatos para o mesmo cargo;

II – quando a assinalação estiver colocada fora do quadrilátero próprio, desde que torne duvidosa a manifestação da vontade do eleitor.

§ 2º. Serão nulos os votos, em cada eleição pelo sistema proporcional: (Renumerado do § 3º pela Lei nº 4.961, de 4 5.66)

I – quando o candidato não for indicado, através do nome ou do número, com clareza suficiente para distingui-lo de outro candidato ao mesmo cargo, mas de outro partido, e o eleitor não indicar a legenda; (Renumerado do § 3º pela Lei nº 4.961, de 4 5.66)

II – se o eleitor escrever o nome de mais de um candidato ao mesmo cargo, pertencentes a partidos diversos, ou, indicando apenas os números, o fizer também de candidatos de partidos diferentes; (Renumerado do § 3º pela Lei nº 4.961, de 4 5.66)

III – se o eleitor, não manifestando preferência por candidato, ou o fazendo de modo que não se possa identificar o de sua preferência, escrever duas ou mais legendas diferentes no espaço relativo à mesma eleição. (Renumerado do § 3º pela Lei nº 4.961, de 4 5.66)

IV – (Incluído pela Lei nº 6.989, de 5.5.1982 e restabelecido pela Lei nº 7.332, de 1º.7.1985)

§ 3º. Serão nulos, para todos os efeitos, os votos dados a candidatos inelegíveis ou não registrados. (Renumerado do § 4º pela Lei nº 4.961, de 4 5.66)

§ 4º. O disposto no parágrafo anterior não se aplica quando a decisão de inelegibilidade ou de cancelamento de registro for proferida após a realização da eleição a que concorreu o candidato alcançado pela sentença, caso em que os votos serão contados para o partido pelo qual tiver sido feito o seu registro. (Incluído pela Lei nº 7.179, de 19.12.1983)

ART. 176. Contar-se-á o voto apenas para a legenda, nas eleições pelo sistema proporcional: (Redação dada pela Lei nº 8.037, de 1990)

I – se o eleitor escrever apenas a sigla partidária, não indicando o candidato de sua preferência; (Redação dada pela Lei nº 8.037, de 1990)

II – se o eleitor escrever o nome de mais de um candidato do mesmo Partido; (Redação dada pela Lei nº 8.037, de 1990)

III – se o eleitor, escrevendo apenas os números, indicar mais de um candidato do mesmo Partido; (Redação dada pela Lei nº 8.037, de 1990)

IV – se o eleitor não indicar o candidato através do nome ou do número com clareza suficiente para distingui-lo de outro candidato do mesmo Partido. (Redação dada pela Lei nº 8.037, de 1990)

ART. 177. Na contagem dos votos para as eleições realizadas pelo sistema proporcional observar-se-ão, ainda, as seguintes normas: (Redação dada pela Lei nº 8.037, de 1990)

I – a inversão, omissão ou erro de grafia do nome ou prenome não invalidará o voto, desde que seja possível a identificação do candidato; (Redação dada pela Lei nº 8.037, de 1990)

II – se o eleitor escrever o nome de um candidato e o número correspondente a outro da mesma legenda ou não, contar-se-á o voto para o candidato cujo nome foi escrito, bem como para a legenda a que pertence; (Redação dada pela Lei nº 8.037, de 1990)

III – se o eleitor escrever o nome ou o número de um candidato e a legenda de outro Partido, contar-se-á o voto para o candidato cujo nome ou número foi escrito; (Redação dada pela Lei nº 8.037, de 1990)

IV – se o eleitor escrever o nome ou o número de um candidato a Deputado Federal na parte da cédula referente a Deputado Estadual ou vice-versa, o voto será contado para o candidato cujo nome ou número foi escrito; (Redação dada pela Lei nº 8.037, de 1990)

V – se o eleitor escrever o nome ou o número de candidatos em espaço da cédula que não seja o correspondente ao cargo para o qual o candidato foi registrado, será o voto computado para o candidato e respectiva legenda, conforme o registro. (Incluído pela Lei nº 8.037, de 1990)

ART. 178. O voto dado ao candidato a Presidente da República entender-se-á dado também ao candidato a vice-presidente, assim como o dado aos candidatos a governador, senador, deputado federal nos territórios, prefeito e juiz de paz entender-se-á dado ao respectivo vice ou suplente.

ART. 179. Concluída a contagem dos votos a Junta ou turma deverá:

I – transcrever nos mapas referentes à urna a votação apurada;

II – expedir boletim contendo o resultado da respectiva seção, no qual serão consignados o número de votantes, a votação individual de cada candidato, os votos de cada legenda partidária, os votos nulos e os em branco, bem como recursos, se houver.

▸ *Lei nº 9.504 de 30-9-1997, art. 68, caput, e 87, § 6º, que estabelece normas para as eleições.*

§ 1º. Os mapas, em todas as suas folhas, e os boletins de apuração, serão assinados pelo presidente e membros da Junta e pelos fiscais de partido que o desejarem.

§ 2º. O boletim a que se refere e este artigo obedecerá a modelo aprovado pelo Tribunal Superior Eleitoral, podendo porém, na sua falta, ser substituído por qualquer outro expedido por Tribunal Regional ou pela própria Junta Eleitoral.

▸ *CF: art. 30, XIX, d.*

▸ *Lei nº 9.504 de 30-9-1997, art. 68, caput, e 87, § 6º, que estabelece normas para as eleições.*

§ 3º. Um dos exemplares do boletim de apuração será imediatamente afixado na sede da Junta, em local que possa ser copiado por qualquer pessoa.

§ 4º. Cópia autenticada do boletim de apuração será entregue a cada partido, por intermédio do delegado ou fiscal presente, mediante recibo.

▸ *Lei nº 9.504 de 30-9-1997, arts. 68, §§ 1º e 2º e 87, §§ 2º e 4º, que estabelece normas para as eleições.*

§ 5º. O boletim de apuração ou sua cópia autenticada com a assinatura do juiz e pelo menos de um dos membros da Junta, podendo ser apresentado ao Tribunal Regional, nas eleições federais e estaduais, sempre que o número de votos constantes dos mapas recebidos pela Comissão Apuradora não coincidir com os nele consignados.

▸ *Lei nº 9.504 de 30-9-1997, art. 87, § 5º, que estabelece normas para as eleições.*

§ 6º. O partido ou candidato poderá apresentar o boletim na oportunidade concedida pelo Art. 200, quando terá vista do relatório da Comissão Apuradora, ou antes, se durante os trabalhos da Comissão tiver conhecimento da incoincidência de qualquer resultado.

§ 7º. Apresentado o boletim, será aberta vista aos demais partidos, pelo prazo de 2 (dois) dias, os quais somente poderão contestar o erro indicado com a apresentação de boletim da mesma urna, revestido das mesmas formalidades.

§ 8º. Se o boletim apresentado na contestação consignar outro resultado, coincidente ou não com o que figurar no mapa enviado pela Junta, a urna será requisitada e recontada pelo próprio Tribunal Regional, em sessão.

▸ *Lei nº 9.504 de 30-9-1997, art. 88, que estabelece normas para as eleições.*

§ 9º. A não expedição do boletim imediatamente após a apuração de cada urna e antes de se passa à subsequente, sob qualquer pretexto, constitui o crime previsto no Art. 31

ART. 180. O disposto no artigo anterior e em todos os seus parágrafos aplica-se às eleições municipais, observadas somente as seguintes alterações:

I – o boletim de apuração poderá ser apresentado à Junta até 3 (três) dia depois de totalizados os resultados, devendo os partidos ser cientificados, através de seus delegados, da data em que começará a correr esse prazo;

II – apresentado o boletim será observado o disposto nos §§ 7º e 8º do artigo anterior, devendo a recontagem ser procedida pela própria Junta.

ART. 181. Salvo nos casos mencionados nos artigos anteriores, a recontagem de votos só poderá ser deferida pelos Tribunais Regionais, em recurso interposto imediatamente após a apuração de cada urna.

Parágrafo único. Em nenhuma outra hipótese poderá a Junta determinar a reabertura de urnas já apuradas para recontagem de votos.

ART. 182. Os títulos dos eleitores estranhos à seção serão separados, para remessa, depois de terminados os trabalhos da Junta, ao juiz eleitoral da zona neles mencionadas, a fim de que seja anotado na folha individual de votação o voto dado em outra seção.

▸ *CE: art. 133, IV.*

Parágrafo único. Se, ao ser feita a anotação, no confronto do título com a folha individual, se verificar incoincidência ou outro indício de fraude, serão autuados tais documentos e o juiz determinará as providências necessárias para apuração do fato e consequentes medidas legais.

ART. 183. Concluída a apuração, e antes de se passar à subsequente, as cédulas serão recolhidas à urna, sendo esta fechada e lacrada, não podendo ser reaberta senão depois de transitada em julgado a diplomação, salvo nos casos de recontagem de votos.

▸ *Lei nº 9.504 de 30-9-1997, art. 88, que estabelece normas para as eleições.*

Parágrafo único. O descumprimento do disposto no presente artigo, sob qualquer pretexto, constitui o crime eleitoral previsto no Art. 314.

ART. 184. Terminada a apuração, a Junta remeterá ao Tribunal Regional no prazo de vinte e quatro horas, todos os papéis eleitorais referentes às eleições estaduais ou federais, acompanhados dos documentos referentes à apuração, juntamente com a ata geral dos seus trabalhos, na qual serão consignadas as votações apuradas para cada legenda e candidato e os votos não apurados com a declaração dos motivos porque o não foram. (Redação dada pela Lei nº 4.961, de 4.5.1966)

▸ CE: art. 204, VI.

§ 1º. Essa remessa será feita em invólucros fechado, lacrado e rubricado pelos membros da Junta, delegados e fiscais de Partido, por via postal ou sob protocolo, conforme for mais rápida e segura a chegada ao destino. (Renumerado do parágrafo único pela Lei nº 4.961, de 4.5.1966)

§ 2º. Se a remessa dos papéis eleitorais de que trata este artigo não se verificar no prazo nele estabelecido os membros da Junta estarão sujeitos à multa correspondente à metade do salário-mínimo regional por dia de retardamento. (Incluído pela Lei nº 4.961, de 4.5.1966)

▸ CF: art. 7º, IV.

▸ CE: art. 231.

§ 3º. Decorridos quinze dias sem que o Tribunal Regional tenha recebido os papéis referidos neste artigo ou comunicação de sua expedição, determinará ao Corregedor Regional ou Juiz Eleitoral mais próximo que os faça apreender e enviar imediatamente, transferindo-se para o Tribunal Regional a competência para decidir sobre os mesmos. (Incluído pela Lei nº 4.961, de 4.5.1966)

ART. 185. Sessenta dias após o trânsito em julgado da diplomação de todos os candidatos, eleitos nos pleitos eleitorais realizados simultaneamente e prévia publicação de edital de convocação, as cédulas serão retiradas das urnas e imediatamente incineradas, na presença do Juiz Eleitoral e em ato público, vedado a qualquer pessoa inclusive ao Juiz, o seu exame na ocasião da incineração. (Redação dada pela Lei nº 6.055, de 17.6.1974)

Parágrafo único. Poderá ainda a Justiça Eleitoral, tomadas as medidas necessárias à garantia do sigilo, autorizar a reciclagem industrial das cédulas, em proveito do ensino público de primeiro grau ou de instituições beneficentes. (Incluído pela Lei nº 7.977, de 27.12.1989)

ART. 186. Com relação às eleições municipais e distritais, uma vez terminada a apuração de todas as urnas, a Junta resolverá as dúvidas não decididas, verificará o total dos votos apurados, inclusive os votos em branco, determinará o quociente eleitoral e os quocientes partidários e proclamará os candidatos eleitos.

▸ CF: art. 29, II e III.

▸ Lei nº 9.504 de 30-9-1997, que estabelece normas para as eleições.

§ 1º. O presidente da Junta fará lavrar, por um dos secretários, a ata geral concernente às eleições referidas neste artigo, da qual constará o seguinte:

I – as seções apuradas e o número de votos apurados em cada urna;

II – as seções anuladas, os motivos por que foram e o número de votos não apurados;

III – as seções onde não houve eleição e os motivos;

IV – as impugnações feitas, a solução que lhes foi dada e os recursos interpostos;

V – a votação de cada legenda na eleição para vereador;

VI – o quociente eleitoral e os quocientes partidários;

VII – a votação dos candidatos a vereador, incluídos em cada lista registrada, na ordem da votação recebida;

VIII – a votação dos candidatos a prefeito, vice-prefeito e a juiz de paz, na ordem da votação recebida.

§ 2º. Cópia da ata geral da eleição municipal, devidamente autenticada pelo juiz, será enviada ao Tribunal Regional e ao Tribunal Superior Eleitoral.

ART. 187. Verificando a Junta Apuradora que os votos das seções anuladas e daquelas cujos eleitores foram impedidos de votar, poderão alterar a representação de qualquer partido ou classificação de candidato eleito pelo princípio majoritário, nas eleições municipais, fará imediata comunicação do fato ao Tribunal Regional, que marcará, se for o caso, dia para a renovação da votação naquelas seções.

§ 1º. Nas eleições suplementares municipais observar-se-á, no que couber, o disposto no Art. 201.

§ 2º. Essas eleições serão realizadas perante novas mesas receptoras, nomeadas pelo juiz eleitoral, e apuradas pela própria Junta que, considerando os anteriores e os novos resultados, confirmará ou invalidará os diplomas que houver expedido.

§ 3º. Havendo renovação de eleições para os cargos de prefeito e vice-prefeito, os diplomas somente serão expedidos depois de apuradas as eleições suplementares.

§ 4º. Nas eleições suplementares, quando ser referirem a mandatos de representação proporcional, a votação e a apuração far-se-ão exclusivamente para as legendas registradas.

SEÇÃO V.
DA CONTAGEM DOS VOTOS PELA MESA RECEPTORA

ART. 188. O Tribunal Superior Eleitoral poderá autorizar a contagem de votos pelas mesas receptoras, nos Estados em que o Tribunal Regional indicar as zonas ou seções em que esse sistema deva ser adotado.

▸ CE: art. 23, XIII, e 30, VI.

ART. 189. Os mesários das seções em que for efetuada a contagem dos votos serão nomeados escrutinadores da junta.

ART. 190. Não será efetuada a contagem dos votos pela mesa se esta não se julgar suficientemente garantida, ou se qualquer eleitor houver votado sob impugnação, devendo a mesa, em um ou outro caso, proceder na forma determinada para as demais, das zonas em que a contagem não foi autorizada.

▸ CE: art. 318.

ART. 191. Terminada a votação, o presidente da mesa tomará as providências mencionadas nas alíneas II, III, IV e V do Art. 154.

ART. 192. Lavrada e assinada ata, o presidente da mesa, na presença dos demais membros, fiscais e delegados do partido, abrirá a urna e o invólucro e verificará se o número de cédulas oficiais coincide com o de votantes.

§ 1º. Se não houver coincidência entre o número de votantes e o de cédulas oficiais encontradas na urna e no invólucro a mesa receptora não fará a contagem dos votos.

§ 2º. Ocorrendo a hipótese prevista no parágrafo anterior, o presidente da mesa determinará que as cédulas e as sobrecartas sejam novamente recolhidas a urna e ao invólucro, os quais serão fechados e lacrados, procedendo, em seguida, na forma recomendada pelas alíneas VI, VII e VIII e do Art. 54.

ART. 193. Havendo coincidência entre o número de cédulas e o de votantes deverá a mesa, inicialmente, misturar as cédulas contidas nas sobrecartas brancas, da urna e do invólucro, com as demais.

§ 1º. Em seguida proceder-se-á à abertura das cédulas e contagem dos votos, observando-se o disposto nos artigos. 169 e seguintes, no que couber.

§ 2º. Terminada a contagem dos votos será lavrada ata resumida, de acordo com modelo aprovado pelo Tribunal Superior e da qual constarão apenas as impugnações acaso apresentadas, figurando os resultados no boletim que se incorporará à ata, e do qual se dará cópia aos fiscais dos partidos.

▸ *CE: art. 133, XII.*

ART. 194. Após a lavratura da ata, que deverá ser assinada pelos membros da mesa e fiscais e delegados de partido, as cédulas e as sobrecartas serão recolhidas à urna, sendo esta fechada, lacrada e entregue ao juiz eleitoral pelo presidente da mesa ou por um dos mesários, mediante recibo.

§ 1º. O juiz eleitoral poderá, havendo possibilidade, designar funcionários para recolher as urnas e demais documentos nos próprios locais da votação ou instalar postos e locais diversos para o seu recebimento.

§ 2º. Os fiscais e delegados de partido podem vigiar e acompanhar a urna desde o momento da eleição, durante a permanência nos postos arrecadadores e até a entrega à Junta.

ART. 195. Recebida a urna e documentos, a Junta deverá:

▸ *CE: art. 41.*

I - examinar a sua regularidade, inclusive quanto ao funcionamento normal da seção;

II - rever o boletim de contagem de votos da mesa receptora, a fim de verificar se está aritmeticamente certo, fazendo dele constar que, conferido, nenhum erro foi encontrado;

III - abrir a urna e conferir os votos sempre que a contagem da mesa receptora não permitir o fechamento dos resultados;

IV - proceder à apuração se da ata da eleição constar impugnação de fiscal, delegado, candidato ou membro da própria mesa em relação ao resultado de contagem dos votos;

V - resolver todas as impugnações constantes da ata da eleição;

VI - praticar todos os atos previstos na competência das Juntas Eleitorais.

ART. 196. De acordo com as instruções recebidas a Junta Apuradora poderá reunir os membros das mesas receptoras e demais componentes da Junta em local amplo e adequado no dia seguinte ao da eleição, em horário previamente fixado, e a proceder à apuração na forma estabelecida nos artigos. 159 e seguintes, de uma só vez ou em duas ou mais etapas.

Parágrafo único. Nesse caso cada partido poderá credenciar um fiscal para acompanhar a apuração de cada urna, realizando-se esta sob a supervisão do juiz e dos demais membros da Junta, aos quais caberá decidir, em cada caso, as impugnações e demais incidentes verificados durante os trabalhos.

CAPÍTULO III. DA APURAÇÃO NOS TRIBUNAIS REGIONAIS

ART. 197. Na apuração, compete ao Tribunal Regional.

I - resolver as dúvidas não decididas e os recursos interpostos sobre as eleições federais e estaduais e apurar as votações que haja validado em grau de recurso;

II - verificar o total dos votos apurados entre os quais se incluem os em branco;

III - Determinar os quocientes, eleitoral e partidário, bem como a distribuição das sobras;

IV - proclamar os eleitos e expedir os respectivos diplomas;

V - fazer a apuração parcial das eleições para Presidente e Vice-presidente da República.

ART. 198. A apuração pelo Tribunal Regional começará no dia seguinte ao em que receber os primeiros resultados parciais das Juntas e prosseguirá sem interrupção, inclusive nos sábados, domingos e feriados, de acordo com o horário previamente publicado, devendo terminar 30 (trinta) dias depois da eleição.

§ 1º. Ocorrendo motivos relevantes, expostos com a necessária antecedência, o Tribunal Superior poderá conceder prorrogação desse prazo, uma só vez e por quinze dias. (Renumerado do parágrafo único e alterado pela Lei nº 4.961, de 4.5.1966)

§ 2º. Se o Tribunal Regional não terminar a apuração no prazo legal, seus membros estarão sujeitos à multa correspondente à metade do salário-mínimo regional por dia de retardamento. (Incluído pela Lei nº 4.961, de 4.5.1966)

ART. 199. Antes de iniciar a apuração o Tribunal Regional constituirá com 3 (três) de seus membros, presidida por um destes, uma Comissão Apuradora.

§ 1º. O Presidente da Comissão designará um funcionário do Tribunal para servir de secretário e para auxiliarem os seus trabalhos, tantos outros quantos julgar necessários.

§ 2º. De cada sessão da Comissão Apuradora será lavrada ata resumida.

§ 3º. A Comissão Apuradora fará publicar no órgão oficial, diariamente, um boletim com a indicação dos trabalhos realizados e do número de votos atribuídos a cada candidato.

§ 4º. Os trabalhos da Comissão Apuradora poderão ser acompanhados por delegados dos partidos interessados, sem que, entretanto, neles intervenha com protestos, impugnações ou recursos.

§ 5º. Ao final dos trabalhos, a Comissão Apuradora apresentará ao Tribunal Regional os mapas gerais da apuração e um relatório, que mencione:

I – o número de votos válidos e anulados em cada Junta Eleitoral, relativos a cada eleição;

II – as seções apuradas e os votos nulos e anulados de cada uma;

III – as seções anuladas, os motivos por que o foram e o número de votos anulados ou não apurados;

IV – as seções onde não houve eleição e os motivos;

V – as impugnações apresentadas às Juntas e como foram resolvidas por elas, assim como os recursos que tenham sido interposto:

VI – a votação de cada partido;

VII – a votação de cada candidato;

VIII – o quociente eleitoral;

IX – os quocientes partidários;

X – a distribuição das sobras.

ART. 200. O relatório a que se refere o artigo anterior ficará na Secretaria do Tribunal, pelo prazo de 3 (três) dias, para exame dos partidos e candidatos interessados, que poderão examinar também os documentos em que ele se baseou.

§ 1º. Terminado o prazo supra, os partidos poderão apresentar as suas reclamações, dentro de 2 (dois) dias, sendo estas submetidas a parecer da Comissão Apuradora que, no prazo de 3 (três) dias, apresentará aditamento ao relatório com a proposta das modificações que julgar procedentes, ou com a justificação da improcedência das arguições. (Renumerado do parágrafo único pela Lei nº 4.961, de 4.5.1966)

§ 2º. O Tribunal Regional, antes de aprovar o relatório da Comissão Apuradora e, em três dias improrrogáveis, julgará as impugnações e as reclamações não providas pela Comissão Apuradora, e, se as deferir, voltará o relatório à Comissão para que sejam feitas as alterações resultantes da decisão. (Incluído pela Lei nº 4.961, de 4.5.1966)

ART. 201. De posse do relatório referido no artigo anterior, reunir-se-á o Tribunal, no dia seguinte, para o conhecimento do total dos votos apurados, e, em seguida, se verificar que os votos das seções anuladas e daquelas cujos eleitores foram impedidos de votar, poderão alterar a representação de candidato eleito pelo princípio majoritário, ordenará a realização de novas eleições.

Parágrafo único. As novas eleições obedecerão às seguintes normas:

I – o Presidente do Tribunal fixará, imediatamente, a data, para que se realizem dentro de 15 (quinze) dias, no mínimo, e de 30 (trinta) dias no máximo, a contar do despacho que a fixar, desde que não tenha havido recurso contra a anulação das seções;

II – somente serão admitidos a votar os eleitores da seção, que hajam comparecido a eleição anulada, e os de outras seções que ali houverem votado;

III – nos casos de coação que haja impedido o comparecimento dos eleitores às urnas, no de encerramento da votação antes da hora legal, e quando a votação tiver sido realizada em dia, hora e lugar diferentes dos designados, poderão votar todos os eleitores da seção e somente estes;

IV – nas zonas onde apenas uma seção for anulada, o juiz eleitoral respectivo presidirá a mesa receptora; se houver mais de uma seção anulada, o presidente do Tribunal Regional designará os juízes presidentes das respectivas mesas receptoras.

V – as eleições realizar-se-ão nos mesmos locais anteriormente designados, servindo os mesários e secretários que pelo juiz forem nomeados, com a antecedência de, pelo menos, cinco dias, salvo se a anulação for decretada por infração dos §§ 4º e 5º do Art. 135;

VI – as eleições assim realizadas serão apuradas pelo Tribunal Regional.

ART. 202. Da reunião do Tribunal Regional será lavrada ata geral, assinada pelos seus membros e da qual constarão:

I – as seções apuradas e o número de votos apurados em cada uma;

II – as seções anuladas, as razões por que o foram e o número de votos não apurados;

III – as seções onde não tenha havido eleição e os motivos;

IV – as impugnações apresentadas às juntas eleitorais e como foram resolvidas;

V – as seções em que se vai realizar ou renovar a eleição;

VI – a votação obtida pelos partidos;

VII – o quociente eleitoral e o partidário;

VIII – os nomes dos votados na ordem decrescente dos votos;

IX – os nomes dos eleitos;

X – os nomes dos suplentes, na ordem em que devem substituir ou suceder.

§ 1º. Na mesma sessão o Tribunal Regional proclamará os eleitos e os respectivos suplentes e marcará a data para a expedição solene dos diplomas em sessão pública, salvo quanto a governador e vice-governador, se ocorrer a hipótese prevista na Emenda Constitucional nº 13.

§ 2º. O vice-governador e o suplente de senador, considerar-se-ão eleitos em virtude da eleição do governador e do senador com os quais se candidatarem.

§ 3º. Os candidatos a governador e vice-governador somente serão diplomados depois de realizadas as eleições suplementares referentes a esses cargos.

§ 4º. Um traslado da ata da sessão, autenticado com a assinatura de todos os membros do Tribunal que assinaram a ata original, será remetida ao Presidente do Tribunal Superior.

§ 5º. O Tribunal Regional comunicará o resultado da eleição ao Senado Federal, Câmara dos Deputados e Assembleia Legislativa.

ART. 203. Sempre que forem realizadas eleições de âmbito estadual juntamente com eleições para presidente e vice-presidente da República, o Tribunal Regional desdobrará os seus trabalhos de apuração, fazendo tanto para aquelas como para esta, uma ata geral.

§ 1º. A Comissão Apuradora deverá, também, apresentar relatórios distintos, um dos quais referente apenas às eleições presidenciais.

§ 2º. Concluídos os trabalhos da apuração o Tribunal Regional remeterá ao Tribunal Superior os resultados parciais das eleições para presidente e vice-presidente da República, acompanhados de todos os papéis que lhe digam respeito.

ART. 204. O Tribunal Regional julgando conveniente, poderá determinar que a totalização dos resultados de cada urna seja realizada pela própria Comissão Apuradora.

Parágrafo único. Ocorrendo essa hipótese serão observadas as seguintes regras:

I – a decisão do Tribunal será comunicada, até 30 (trinta) dias antes da eleição aos juízes eleitorais, aos diretórios dos partidos e ao Tribunal Superior;

II – iniciada a apuração os juízes eleitorais remeterão ao Tribunal Regional, diariamente, sob registro postal ou por portador, os mapas de todas as urnas apuradas no dia;

III – os mapas serão acompanhados de ofício sucinto, que esclareça apenas a que seções correspondem e quantas ainda faltam para completar a apuração da zona;

IV – havendo sido interposto recurso em relação a urna correspondente aos mapas enviados, o juiz fará constar do ofício, em seguida à indicação da seção, entre parênteses, apenas esse esclarecimento – "houve recurso";

V – a ata final da junta não mencionará, no seu texto, a votação obtida pelos partidos e candidatos, a qual ficará constando dos boletins de apuração do Juízo, que dela ficarão fazendo parte integrante;

VI – cópia autenticada da ata, assinada por todos os que assinaram o original, será enviada ao Tribunal Regional na forma prevista no art. 184;

VII – a Comissão Apuradora, à medida em que for recebendo os mapas, passará a totalizar os votos, aguardando, porém, a chegada da cópia autêntica da ata para encerrar a totalização referente a cada zona;

VIII – no caso de extravio de mapa o juiz eleitoral providenciará a remessa de 2ª via, preenchida à vista dos delegados de partido especialmente convocados para esse fim e pelos resultados constantes do boletim de apuração que deverá ficar arquivado no Juízo.

CAPÍTULO IV. DA APURAÇÃO NO TRIBUNAL SUPERIOR

ART. 205. O Tribunal Superior fará a apuração geral das eleições para presidente e vice-presidente da República pelos resultados verificados pelos Tribunais Regionais em cada Estado.

ART. 206. Antes da realização da eleição o Presidente do Tribunal sorteará, dentre os juízes, o relator de cada grupo de Estados, ao qual serão distribuídos todos os recursos e documentos da eleição referentes ao respectivo grupo.

ART. 207. Recebidos os resultados de cada Estado, e julgados os recursos interpostos das decisões dos Tribunais Regionais, o relator terá o prazo de 5 (cinco) dias para apresentar seu relatório, com as conclusões seguintes:

I – os totais dos votos válidos e nulos do Estado;

II – os votos apurados pelo Tribunal Regional que devem ser anulados;

III – os votos anulados pelo Tribunal Regional que devem ser computados como válidos;

IV – a votação de cada candidato;

V – o resumo das decisões do Tribunal Regional sobre as dúvidas e impugnações, bem como dos recursos que hajam sido interpostos para o Tribunal Superior, com as respectivas decisões e indicação das implicações sobre os resultados.

ART. 208. O relatório referente a cada Estado ficará na Secretaria do Tribunal, pelo prazo de dois dias, para exame dos partidos e candidatos interessados, que poderão examinar também os documentos em que ele se baseou e apresentar alegações ou documentos sobre o relatório, no prazo de 2 (dois) dias.

Parágrafo único. Findo esse prazo serão os autos conclusos ao relator, que, dentro em 2 (dois) dias, os apresentará a julgamento, que será previamente anunciado.

ART. 209. Na sessão designada será o feito chamado a julgamento de preferência a qualquer outro processo.

§ 1º. Se o relatório tiver sido impugnado, os partidos interessados poderão, no prazo de 15 (quinze) minutos, sustentar oralmente as suas conclusões.

§ 2º. Se do julgamento resultarem alterações na apuração efetuada pelo Tribunal Regional, o acórdão determinará que a Secretaria, dentro em 5 (cinco) dias, levante as folhas de apuração parcial das seções cujos resultados tiverem sido alterados, bem como o mapa geral da respectiva circunscrição, de acordo com as alterações decorrentes do julgado, devendo o mapa, após o visto do relator, ser publicado na Secretaria.

§ 3º. A esse mapa admitir-se-á, dentro em 48 (quarenta e oito) horas de sua publicação, impugnação fundada em erro de conta ou de cálculo, decorrente da própria sentença.

ART. 210. Os mapas gerais de todas as circunscrições com as impugnações, se houver, e a folha de apuração final levantada pela secretaria, serão autuados e distribuídos a um relator geral, designado pelo Presidente.

Parágrafo único. Recebidos os autos, após a audiência do Procurador Geral, o relator, dentro de 48 (quarenta e oito) horas, resolverá as impugnações relativas aos erros de conta ou de cálculo, mandando fazer as correções, se for o caso, e apresentará, a seguir, o relatório final com os nomes dos candidatos que deverão ser proclamados eleitos e os dos demais candidatos, na ordem decrescente das votações.

ART. 211. Aprovada em sessão especial a apuração geral, o Presidente anunciará a votação dos candidatos, proclamando a seguir eleito presidente da República o candidato, mais votado que tiver obtido maioria absoluta de votos, excluídos, para a apuração desta, os em branco e os nulos.

▸ *CF: art. 77, § 2º.*

▸ *Lei nº 9.504 de 30-9-1997, art. 2º, que estabelece normas para as eleições.*

ART. 212. Verificando que os votos das seções anuladas e daquelas cujos eleitores foram impedidos de votar, em todo o país, poderão alterar a classificação de candidato, ordenará o Tribunal Superior a realização de novas eleições.

§ 1º. Essas eleições serão marcadas desde logo pelo Presidente do Tribunal Superior e terão lugar no primeiro domingo ou feriado que ocorrer após o 15º (décimo quinto) dia a contar da data do despacho, devendo ser observado o disposto nos números II a VI do parágrafo único do Art. 201.

§ 2º. Os candidatos a presidente e vice-presidente da República somente serão diplomados depois de realizadas as eleições suplementares referentes a esses cargos.

ART. 213. Não se verificando a maioria absoluta, o Congresso Nacional, dentro de quinze dias após haver recebido a respectiva comunicação do Presidente do Tribunal Superior Eleitoral, reunir-se-á em sessão pública para se manifestar sobre o candidato mais votado, que será considerado eleito se, em escrutínio secreto, obtiver metade mais um dos votos dos seus membros.

▸ *CF: art. 77, caput e § 3º.*

▸ *Lei nº 9.504 de 30-9-1997, art. 2º, § 1º, que estabelece normas para as eleições.*

§ 1º. Se não ocorrer a maioria absoluta referida no caput deste artigo, renovar-se-á, até 30 (trinta) dias depois, a eleição em todo país, à qual concorrerão os dois candidatos mais votados, cujos registros estarão automaticamente revalidados.

§ 2º. No caso de renúncia ou morte, concorrerá à eleição prevista no parágrafo anterior o substituto registrado pelo mesmo partido político ou coligação partidária.

▸ *CF: art. 77, caput e § 4º.*

▸ *Lei nº 9.504 de 30-9-1997, art. 2º, § 2º, que estabelece normas para as eleições.*

ART. 214. O presidente e o vice-presidente da República tomarão posse a 15 (quinze) de março, em sessão do Congresso Nacional.

▸ *CE: arts. 78 e 82.*

Parágrafo único. No caso do § 1º do artigo anterior, a posse realizar-se-á dentro de 15 (quinze) dias a contar da proclamação do resultado da segunda eleição, expirando, porém, o mandato a 15 (quinze) de março do quarto ano.

▸ *CE: arts. 78 e 82.*

CAPÍTULO V.
DOS DIPLOMAS

ART. 215. Os candidatos eleitos, assim como os suplentes, receberão diploma assinado pelo Presidente do Tribunal Regional ou da Junta Eleitoral, conforme o caso.

Parágrafo único. Do diploma deverá constar o nome do candidato, a indicação da legenda sob a qual concorreu, o cargo para o qual foi eleito ou a sua classificação como suplente, e, facultativamente, outros dados a critério do juiz ou do Tribunal.

ART. 216. Enquanto o Tribunal Superior não decidir o recurso interposto contra a expedição do diploma, poderá o diplomado exercer o mandato em toda a sua plenitude

ART. 217. Apuradas as eleições suplementares o juiz ou o Tribunal reverá a apuração anterior, confirmando ou invalidando os diplomas que houver expedido.

Parágrafo único. No caso de provimento, após a diplomação, de recurso contra o registro de candidato ou de recurso parcial, será também revista a apuração anterior, para confirmação ou invalidação de diplomas, observado o disposto no § 3º do Art. 261.

ART. 218. O presidente de Junta ou de Tribunal que diplomar militar candidato a cargo eletivo, comunicará imediatamente a diplomação à autoridade a que o mesmo estiver subordinado, para os fins do Art. 98.

CAPÍTULO VI.
DAS NULIDADES DA VOTAÇÃO

ART. 219. Na aplicação da lei eleitoral o juiz atenderá sempre aos fins e resultados a que ela se dirige, abstendo-se de pronunciar nulidades sem demonstração de prejuízo.

Parágrafo único. A declaração de nulidade não poderá ser requerida pela parte que lhe deu causa nem a ela aproveitar.

ART. 220. É nula a votação:

I – quando feita perante mesa não nomeada pelo juiz eleitoral, ou constituída com ofensa à letra da lei;

II – quando efetuada em folhas de votação falsas;

III – quando realizada em dia, hora, ou local diferentes do designado ou encerrada antes das 17 horas;

IV – quando preterida formalidade essencial do sigilo dos sufrágios.

V – quando a seção eleitoral tiver sido localizada com infração do disposto nos §§ 4º e 5º do art. 135. (Incluído pela Lei nº 4.961, de 4.5.1966)

Parágrafo único. A nulidade será pronunciada quando o órgão apurador conhecer do ato ou dos seus efeitos e o encontrar provada, não lhe sendo lícito supri-la, ainda que haja consenso das partes.

ART. 221. É anulável a votação:

I – quando houver extravio de documento reputado essencial; (Renumerado do inciso II pela Lei nº 4.961, de 4.5.1966)

II – quando for negado ou sofrer restrição o direito de fiscalizar, e o fato constar da ata ou de protesto interposto, por escrito, no momento: (Renumerado do inciso III pela Lei nº 4.961, de 4.5.1966)

III – quando votar, sem as cautelas do Art. 147, § 2º. (Renumerado do inciso IV pela Lei nº 4.961, de 4.5.1966)

a) eleitor excluído por sentença não cumprida por ocasião da remessa das folhas individuais de votação à mesa, desde que haja oportuna reclamação de partido;

b) eleitor de outra seção, salvo a hipótese do Art. 145;

c) alguém com falsa identidade em lugar do eleitor chamado.

ART. 222. É também anulável a votação, quando viciada de falsidade, fraude, coação, uso de meios de que trata o Art. 237, ou emprego de processo de propaganda ou captação de sufrágios vedado por lei.

§§ 1º e 2º. (Revogados de acordo com a Lei nº 4.961, de 4.5.1966)

ART. 223. A nulidade de qualquer ato, não decretada de ofício pela Junta, só poderá ser arguida quando de sua prática, não mais podendo ser alegada, salvo se a arguição se basear em motivo superveniente ou de ordem constitucional.

§ 1º. Se a nulidade ocorrer em fase na qual não possa ser alegada no ato, poderá ser arguida na primeira oportunidade que para tanto se apresente.

§ 2º. Se se basear em motivo superveniente deverá ser alegada imediatamente, assim que se tornar conhecida, podendo as razões do recurso ser aditadas no prazo de 2 (dois) dias.

§ 3º. A nulidade de qualquer ato, baseada em motivo de ordem constitucional, não poderá ser conhecida em recurso interposto fora do prazo. Perdido o prazo numa fase própria, só em outra que se apresentar poderá ser arguida. (Redação dada pela Lei nº 4.961, de 4.5.1966)

ART. 224. Se a nulidade atingir a mais de metade dos votos do país nas eleições presidenciais, do Estado nas eleições federais e estaduais ou do município nas eleições municipais, julgar-se-ão prejudicadas as demais votações e o Tribunal marcará dia para nova eleição dentro do prazo de 20 (vinte) a 40 (quarenta) dias.

§ 1º. Se o Tribunal Regional na área de sua competência, deixar de cumprir o disposto neste artigo, o Procurador Regional levará o fato ao conhecimento do Procurador Geral, que providenciará junto ao Tribunal Superior para que seja marcada imediatamente nova eleição.

§ 2º. Ocorrendo qualquer dos casos previstos neste capítulo o Ministério Público promoverá, imediatamente a punição dos culpados.

§ 3º. A decisão da Justiça Eleitoral que importe o indeferimento do registro, a cassação do diploma ou a perda do mandato de candidato eleito em pleito majoritário acarreta, após o trânsito em julgado, a realização de novas eleições, independentemente do número de votos anulados. (Incluído pela Lei nº 13.165, de 2015)

§ 4º. A eleição a que se refere o § 3º correrá a expensas da Justiça Eleitoral e será: (Incluído pela Lei nº 13.165, de 2015)

I - indireta, se a vacância do cargo ocorrer a menos de seis meses do final do mandato; (Incluído pela Lei nº 13.165, de 2015)

II - direta, nos demais casos. (Incluído pela Lei nº 13.165, de 2015)

CAPÍTULO VII. DO VOTO NO EXTERIOR

ART. 225. Nas eleições para presidente e vice-presidente da República poderá votar o eleitor que se encontrar no exterior.

§ 1º. Para esse fim serão organizadas seções eleitorais, nas sedes das Embaixadas e Consulados Gerais.

§ 2º. Sendo necessário instalar duas ou mais seções poderá ser utilizado local em que funcione serviço do governo brasileiro.

ART. 226. Para que se organize uma seção eleitoral no exterior é necessário que na circunscrição sob a jurisdição da Missão Diplomática ou do Consulado Geral haja um mínimo de 30 (trinta) eleitores inscritos.

Parágrafo único. Quando o número de eleitores não atingir o mínimo previsto no parágrafo anterior, os eleitores poderão votar na mesa receptora mais próxima, desde que localizada no mesmo país, de acordo com a comunicação que lhes for feita.

ART. 227. As mesas receptoras serão organizadas pelo Tribunal Regional do Distrito Federal mediante proposta dos chefes de Missão e cônsules gerais, que ficarão investidos, no que for aplicável, da funções administrativas de juiz eleitoral.

Parágrafo único. Será aplicável às mesas receptoras o processo de composição e fiscalização partidária vigente para as que funcionam no território nacional.

ART. 228. Até 30 (trinta) dias antes da realização da eleição todos os brasileiros eleitores, residentes no estrangeiro, comunicarão à sede da Missão diplomática ou ao consulado geral, em carta, telegrama ou qualquer outra via, a sua condição de eleitor e sua residência.

§ 1º. Com a relação dessas comunicações e com os dados do registro consular, serão organizadas as folhas de votação, e notificados os eleitores da hora e local da votação.

§ 2º. No dia da eleição só serão admitidos a votar os que constem da folha de votação e os passageiros e tripulantes de navios e aviões de guerra e mercantes que, no dia, estejam na sede das sessões eleitorais.

ART. 229. Encerrada a votação, as urnas serão enviadas pelos cônsules gerais às sedes das Missões Diplomáticas. Estas as remeterão, pela mala diplomática, ao Ministério das Relações Exteriores, que delas fará entrega ao Tribunal Regional Eleitoral do Distrito Federal, a quem competirá a apuração dos votos e julgamento das dúvidas e recursos que hajam sido interpostos.

Parágrafo único. Todo o serviço de transporte do material eleitoral será feito por via aérea.

ART. 230. Todos os eleitores que votarem no exterior terão os seus títulos apreendidos pela mesa receptora.

Parágrafo único. A todo eleitor que votar no exterior será concedido comprovante para a comunicação legal ao juiz eleitoral de sua zona.

ART. 231. Todo aquele que, estando obrigado a votar, não o fizer, fica sujeito, além das penalidades previstas para o eleitor que não vota no território nacional, à proibição de requerer qualquer documento perante a repartição diplomática a que estiver subordinado, enquanto não se justificar.

ART. 232. Todo o processo eleitoral realizado no estrangeiro fica diretamente subordinado ao Tribunal Regional do Distrito Federal.

ART. 233. O Tribunal Superior Eleitoral e o Ministério das Relações Exteriores baixarão as instruções necessárias e adotarão as medidas adequadas para o voto no exterior.

ART. 233-A. Aos eleitores em trânsito no território nacional é assegurado o direito de votar para Presidente da República, Governador, Senador, Deputado Federal, Deputado Estadual e Deputado Distrital em urnas especialmente instaladas nas capitais e nos Municípios com mais de cem mil eleitores. (Redação dada pela Lei nº 13.165, de 2015)

§ 1º. O exercício do direito previsto neste artigo sujeita-se à observância das regras seguintes: (Incluído pela Lei nº 13.165, de 2015)

I – para votar em trânsito, o eleitor deverá habilitar-se perante a Justiça Eleitoral no período de até quarenta e cinco dias da data marcada para a eleição, indicando o local em que pretende votar; (Incluído pela Lei nº 13.165, de 2015)

II – aos eleitores que se encontrarem fora da unidade da Federação de seu domicílio eleitoral somente é assegurado o direito à habilitação para votar em trânsito nas eleições para Presidente da República; (Incluído pela Lei nº 13.165, de 2015)

III – os eleitores que se encontrarem em trânsito dentro da unidade da Federação de seu domicílio eleitoral poderão votar nas eleições para Presidente da República, Governador, Senador, Deputado Federal, Deputado Estadual e Deputado Distrital. (Incluído pela Lei nº 13.165, de 2015)

§ 2º. Os membros das Forças Armadas, os integrantes dos órgãos de segurança pública a que se refere o art. 144 da Constituição Federal, bem como os integrantes das guardas municipais mencionados no § 8º do mesmo art. 144, poderão votar em trânsito se estiverem em serviço por ocasião das eleições. (Incluído pela Lei nº 13.165, de 2015)

§ 3º. As chefias ou comandos dos órgãos a que estiverem subordinados os eleitores mencionados no § 2º enviarão obrigatoriamente à Justiça Eleitoral, em até quarenta e cinco dias da data das eleições, a listagem dos que estarão em serviço no dia da eleição com indicação das seções eleitorais de origem e destino. (Incluído pela Lei nº 13.165, de 2015)

§ 4º. Os eleitores mencionados no § 2º, uma vez habilitados na forma do § 3º, serão cadastrados e votarão nas seções eleitorais indicadas nas listagens mencionadas no § 3º independentemente do número de eleitores do Município. (Incluído pela Lei nº 13.165, de 2015)

PARTE QUINTA. DISPOSIÇÕES VÁRIAS

TÍTULO I. DAS GARANTIAS ELEITORAIS

ART. 234. Ninguém poderá impedir ou embaraçar o exercício do sufrágio.

ART. 235. O juiz eleitoral, ou o presidente da mesa receptora, pode expedir salvo-conduto com a cominação de prisão por desobediência até 5 (cinco) dias, em favor do eleitor que sofrer violência, moral ou física, na sua liberdade de votar, ou pelo fato de haver votado.

Parágrafo único. A medida será válida para o período compreendido entre 72 (setenta e duas) horas antes até 48 (quarenta e oito) horas depois do pleito.

ART. 236. Nenhuma autoridade poderá, desde 5 (cinco) dias antes e até 48 (quarenta e oito) horas depois do encerramento da eleição, prender ou deter qualquer eleitor, salvo em flagrante delito ou em virtude de sentença criminal condenatória por crime inafiançável, ou, ainda, por desrespeito a salvo-conduto.

▸ *CF: art. 5º, LXVIII.*

▸ *CPP: arts. 310, I, 311 e 647.*

§ 1º. Os membros das mesas receptoras e os fiscais de partido, durante o exercício de suas funções, não poderão ser detidos ou presos, salvo o caso de flagrante delito; da mesma garantia gozarão os candidatos desde 15 (quinze) dias antes da eleição.

§ 2º. Ocorrendo qualquer prisão o preso será imediatamente conduzido à presença do juiz competente que, se verificar a ilegalidade da detenção, a relaxará e promoverá a responsabilidade do coator.

ART. 237. A interferência do poder econômico e o desvio ou abuso do poder de autoridade, em desfavor da liberdade do voto, serão coibidos e punidos.

§ 1º. O eleitor é parte legítima para denunciar os culpados e promover-lhes a responsabilidade, e a nenhum servidor público. Inclusive de autarquia, de entidade paraestatal e de sociedade de economia mista, será lícito negar ou retardar ato de ofício tendente a esse fim.

§ 2º. Qualquer eleitor ou partido político poderá se dirigir ao Corregedor Geral ou Regional, relatando fatos e indicando provas, e pedir abertura de investigação para apurar uso indevido do poder econômico, desvio ou abuso do poder de autoridade, em benefício de candidato ou de partido político.

§ 3º. O Corregedor, verificada a seriedade da denúncia procederá ou mandará proceder a investigações, regendo-se estas, no que lhes for aplicável, pela Lei nº 1.579 de 18 de março de 1952.

ART. 238. É proibida, durante o ato eleitoral, a presença de força pública no edifício em que funcionar mesa receptora, ou nas imediações, observado o disposto no Art. 141.

ART. 239. Aos partidos políticos é assegurada a prioridade postal durante os 60 (sessenta) dias anteriores à realização das eleições, para remessa de material de propaganda de seus candidatos registrados.

TÍTULO II. DA PROPAGANDA PARTIDÁRIA

ART. 240. A propaganda de candidatos a cargos eletivos somente é permitida após o dia 15 de agosto do ano da eleição. (Redação dada pela Lei nº 13.165, de 2015)

Parágrafo único. É vedada, desde quarenta e oito horas antes até vinte e quatro horas depois da eleição, qualquer propaganda política mediante radiodifusão, televisão, comícios ou reuniões públicas.

ART. 241. Toda propaganda eleitoral será realizada sob a responsabilidade dos partidos e por eles paga, imputando-lhes solidariedade nos excessos praticados pelos seus candidatos e adeptos.

Parágrafo único. A solidariedade prevista neste artigo é restrita aos candidatos e aos respectivos partidos, não alcançando outros partidos, mesmo quando integrantes de uma mesma coligação. (Incluído pela Lei nº 12.891, de 2013)

ART. 242. A propaganda, qualquer que seja a sua forma ou modalidade, mencionará sempre a legenda partidária e só poderá ser feita em língua nacional, não devendo empregar meios publicitários destinados a criar, artificialmente, na opinião pública, estados mentais, emocionais ou passionais. (Redação dada pela Lei nº 7.476, de 15.5.1986)

Parágrafo único. Sem prejuízo do processo e das penas cominadas, a Justiça Eleitoral adotará medidas para fazer impedir ou cessar imediatamente a propaganda realizada com infração do disposto neste artigo.

ART. 243. Não será tolerada propaganda:

I - de guerra, de processos violentos para subverter o regime, a ordem política e social ou de preconceitos de raça ou de classes;

II - que provoque animosidade entre as forças armadas ou contra elas, ou delas contra as classes e instituições civis;

III - de incitamento de atentado contra pessoa ou bens;

IV - de instigação à desobediência coletiva ao cumprimento da lei de ordem pública;

V - que implique em oferecimento, promessa ou solicitação de dinheiro, dádiva, rifa, sorteio ou vantagem de qualquer natureza;

VI - que perturbe o sossego público, com algazarra ou abusos de instrumentos sonoros ou sinais acústicos;

VII - por meio de impressos ou de objeto que pessoa inexperiente ou rústica possa confundir com moeda;

VIII - que prejudique a higiene e a estética urbana ou contravenha a posturas municiais ou a outra qualquer restrição de direito;

IX - que caluniar, difamar ou injuriar quaisquer pessoas, bem como órgãos ou entidades que exerçam autoridade pública.

X - que deprecie a condição de mulher ou estimule sua discriminação em razão do sexo feminino, ou em relação à sua cor, raça ou etnia. (Incluído pela Lei nº 14.192, de 04-08-2021)

§ 1º. O ofendido por calúnia, difamação ou injúria, sem prejuízo e independentemente da ação penal competente, poderá demandar, no Juízo Civil a reparação do dano moral respondendo por este o ofensor e, solidariamente, o partido político deste, quando responsável por ação ou omissão a quem que favorecido pelo crime, haja de qualquer modo contribuído para ele. (Incluído pela Lei nº 4.961, de 4.5.1966)

§ 2º. No que couber aplicar-se-ão na reparação do dano moral, referido no parágrafo anterior, os artigos. 81 a 88 da Lei nº 4.117, de 27 de agosto de 1962. (Incluído pela Lei nº 4.961, de 4.5.1966)

§ 3º. É assegurado o direito de resposta a quem for, injuriado difamado ou caluniado através da imprensa rádio, televisão, ou alto-falante, aplicando-se, no que couber, os artigos. 90 e 96 da Lei nº 4.117, de 27 de agosto de 1962. (Incluído pela Lei nº 4.961, de 4.5.1966)

ART. 244. É assegurado aos partidos políticos registrados o direito de, independentemente de licença da autoridade pública e do pagamento de qualquer contribuição:

I - fazer inscrever, na fachada de suas sedes e dependências, o nome que os designe, pela forma que melhor lhes parecer;

II - instalar e fazer funcionar, normalmente, das quatorze às vinte e duas horas, nos três meses que antecederem as eleições, alto-falantes, ou amplificadores de voz, nos locais referidos, assim como em veículos seus, ou à sua disposição, em território nacional, com observância da legislação comum.

Parágrafo único. Os meios de propaganda a que se refere o nº II deste artigo não serão permitidos, a menos de 500 metros:

I - das sedes do Executivo Federal, dos Estados, Territórios e respectivas Prefeituras Municipais;

II - das Câmaras Legislativas Federais, Estaduais e Municipais;

III - dos Tribunais Judiciais;

IV - dos hospitais e casas de saúde;

V - das escolas, bibliotecas públicas, igrejas e teatros, quando em funcionamento;

VI - dos quartéis e outros estabelecimentos militares.

ART. 245. A realização de qualquer ato de propaganda partidária ou eleitoral, em recinto aberto, não depende de licença da polícia.

§ 1º. Quando o ato de propaganda tiver de realizar-se em lugar designado para a celebração de comício, na forma do disposto no art. 3º da Lei nº 1.207, de 25 de outubro de 1950, deverá ser feita comunicação à autoridade policial, pelo menos 24 (vinte e quatro) horas antes de sua realização.

§ 2º. Não havendo local anteriormente fixado para a celebração de comício, ou sendo impossível ou difícil nele realizar-se o ato de propaganda eleitoral, ou havendo pedido para designação de outro local, a comunicação a que se refere o parágrafo anterior será feita, no mínimo, com antecedência, de 72 (setenta e duas) horas, devendo a autoridade policial, em qualquer desses casos, nas 24 (vinte e quatro) horas seguintes, designar local amplo e de fácil acesso, de modo que não impossibilite ou frustre a reunião.

§ 3º. Aos órgãos da Justiça Eleitoral compete julgar das reclamações sobre a localização dos comícios e providências sobre a distribuição equitativa dos locais aos partidos.

ART. 246. Revogado pela Lei nº 9.504, de 30.9.1997.

ART. 247. Revogado pela Lei nº 9.504, de 30.9.1997.

ART. 248. Ninguém poderá impedir a propaganda eleitoral, nem inutilizar, alterar ou perturbar os meios lícitos nela empregados.

ART. 249. O direito de propaganda não importa restrição ao poder de polícia quando este deva ser exercido em benefício da ordem pública.

ART. 250. Revogado de acordo com a Lei nº 9.504, de 30.9.1997.

ART. 251. No período destinado à propaganda eleitoral gratuita não prevalecerão quaisquer contratos ou ajustes firmados pelas empresas que possam burlar ou tornar inexequível qualquer dispositivo deste Código ou das instruções baixadas pelo Tribunal Superior Eleitoral.

ARTS. 252 a 254. (Revogados pelo Decreto-Lei nº 1.538, de 14.4.1977)

ART. 255. Nos 15 (quinze) dias anteriores ao pleito é proibida a divulgação, por qualquer forma, de resultados de prévias ou testes pré-eleitorais.

ART. 256. As autoridades administrativas federais, estaduais e municipais proporcionarão aos partidos, em igualdade de condições, as facilidades permitidas para a respectiva propaganda.

§ 1º. No período da campanha eleitoral, independentemente do critério de prioridade, os serviços telefônicos, oficiais ou concedidos, farão instalar, na sede dos diretórios devidamente registrados, telefones necessários, mediante requerimento do respectivo presidente e pagamento das taxas devidas. (Incluído pela Lei nº 4.961, de 4.5.1966)

§ 2º. O Tribunal Superior Eleitoral baixará as instruções necessárias ao cumprimento do disposto no parágrafo anterior fixado as condições a serem observadas. (Incluído pela Lei nº 4.961, de 4.5.1966)

TÍTULO III. DOS RECURSOS

CAPÍTULO I. DISPOSIÇÕES PRELIMINARES

ART. 257. Os recursos eleitorais não terão efeito suspensivo.

§ 1º. A execução de qualquer acórdão será feita imediatamente, através de comunicação por ofício, telegrama, ou, em casos especiais, a critério do presidente do Tribunal, através de cópia do acórdão. (Redação dada pela Lei nº 13.165, de 2015)

§ 2º. O recurso ordinário interposto contra decisão proferida por juiz eleitoral ou por Tribunal Regional Eleitoral que resulte em cassação de registro, afastamento do titular ou perda de mandato eletivo será recebido pelo Tribunal competente com efeito suspensivo. (Incluído pela Lei nº 13.165, de 2015)

§ 3º. O Tribunal dará preferência ao recurso sobre quaisquer outros processos, ressalvados os de habeas corpus e de mandado de segurança. (Incluído pela Lei nº 13.165, de 2015)

ART. 258. Sempre que a lei não fixar prazo especial, o recurso deverá ser interposto em três dias da publicação do ato, resolução ou despacho.

ART. 259. São preclusivos os prazos para interposição de recurso, salvo quando neste se discutir matéria constitucional.

Parágrafo único. O recurso em que se discutir matéria constitucional não poderá ser interposto fora do prazo. Perdido o prazo numa fase própria, só em outra que se apresentar poderá ser interposto.

ART. 260. A distribuição do primeiro recurso que chegar ao Tribunal Regional ou Tribunal Superior, prevenirá a competência do relator para todos os demais casos do mesmo município ou Estado.

ART. 261. Os recursos parciais, entre os quais não se incluem os que versarem matéria referente ao registro de candidatos, interpostos para os Tribunais Regionais no caso de eleições municipais, e para o Tribunal Superior no caso de eleições estaduais ou federais, serão julgados à medida que derem entrada nas respectivas Secretarias.

§ 1º. Havendo dois ou mais recursos parciais de um mesmo município ou Estado, ou se todos, inclusive os de diplomação já estiverem no Tribunal Regional ou no Tribunal Superior, serão eles julgados seguidamente, em uma ou mais sessões.

§ 2º. As decisões com os esclarecimentos necessários ao cumprimento, serão comunicadas de uma só vez ao juiz eleitoral ou ao presidente do Tribunal Regional.

§ 3º. Se os recursos de um mesmo município ou Estado deram entrada em datas diversas, sendo julgados separadamente, o juiz eleitoral ou o presidente do Tribunal Regional, aguardará a comunicação de todas as decisões para cumpri-las, salvo se o julgamento dos demais importar em alteração do resultado do pleito que não tenha relação com o recurso já julgado.

§ 4º. Em todos os recursos, no despacho que determinar a remessa dos autos à instância superior, o juízo "a quo" esclarecerá quais os ainda em fase de processamento e, no último, quais os anteriormente remetidos.

§ 5º. Ao se realizar a diplomação, se ainda houver recurso pendente de decisão em outra instância, será consignado que os resultados poderão sofrer alterações decorrentes desse julgamento.

§ 6º. Realizada a diplomação, e decorrido o prazo para recurso, o juiz ou presidente do Tribunal Regional comunicará à instância superior se foi ou não interposto recurso.

ART. 262. O recurso contra expedição de diploma caberá somente nos casos de inelegibilidade superveniente ou de natureza constitucional e de falta de condição de elegibilidade. (Redação dada pela Lei nº 12.891, de 2013)

I a IV – (Revogados pela Lei nº 12.891, de 2013)

§ 1º A inelegibilidade superveniente que atrai restrição à candidatura, se formulada no âmbito do processo de registro não poderá ser deduzida no recurso contra expedição de diploma. (Incluído pela Lei nº 13.877, de 27-9-2019)

§ 2º A inelegibilidade superveniente apta a viabilizar o recurso contra a expedição de diploma, decorrente de alterações fáticas ou jurídicas, deverá ocorrer até a data fixada para que os partidos políticos e as coligações apresentem os seus requerimentos de registros de candidatos. (Incluído pela Lei nº 13.877, de 27-9-2019)

§ 3º O recurso de que trata este artigo deverá ser interposto no prazo de 3 (três) dias após o último dia limite fixado para a diplomação e será suspenso no período compreendido entre os dias 20 de dezembro e 20 de janeiro, a partir do qual retomará seu cômputo. (Incluído pela Lei nº 13.877, de 27-9-2019)

ART. 263. No julgamento de um mesmo pleito eleitoral, as decisões anteriores sobre questões de direito constituem prejulgados para os demais casos, salvo se contra a tese votarem dois terços dos membros do Tribunal.

ART. 264. Para os Tribunais Regionais e para o Tribunal Superior caberá, dentro de 3 (três) dias, recurso dos atos, resoluções ou despachos dos respectivos presidentes.

CAPÍTULO II. DOS RECURSOS PERANTE AS JUNTAS E JUÍZOS ELEITORAIS

ART. 265. Dos atos, resoluções ou despachos dos juízes ou juntas eleitorais caberá recurso para o Tribunal Regional.

Parágrafo único. Os recursos das decisões das Juntas serão processados na forma estabelecida pelos artigos. 169 e seguintes.

ART. 266. O recurso independerá de termo e será interposto por petição devidamente fundamentada, dirigida ao juiz eleitoral e acompanhada, se o entender o recorrente, de novos documentos.

Parágrafo único. Se o recorrente se reportar a coação, fraude, uso de meios de que trata o art. 237 ou emprego de processo de propaganda ou captação de sufrágios vedado por lei, dependentes de prova a ser determinada pelo Tribunal, bastar-lhe-á indicar os meios a elas conducentes. (Incluído pela Lei nº 4.961, de 4.5.1966)

ART. 267. Recebida a petição, mandará o juiz intimar o recorrido para ciência do recurso, abrindo-se lhe vista dos autos a fim de, em prazo igual ao estabelecido para a sua interposição, oferecer razões, acompanhadas ou não de novos documentos.

§ 1º. A intimação se fará pela publicação da notícia da vista no jornal que publicar o expediente da Justiça Eleitoral, onde houver, e nos demais lugares, pessoalmente pelo escrivão, independente de iniciativa do recorrente.

§ 2º. Onde houver jornal oficial, se a publicação não ocorrer no prazo de 3 (três) dias, a intimação se fará pessoalmente ou na forma prevista no parágrafo seguinte.

§ 3º. Nas zonas em que se fizer intimação pessoal, se não for encontrado o recorrido dentro de 48 (quarenta e oito) horas, a intimação se fará por edital afixado no fórum, no local de costume.

§ 4º. Todas as citações e intimações serão feitas na forma estabelecida neste artigo.

§ 5º. Se o recorrido juntar novos documentos, terá o recorrente vista dos autos por 48 (quarenta e oito) horas para falar sobre os mesmos, contado o prazo na forma deste artigo.

§ 6º. Findos os prazos a que se referem os parágrafos anteriores, o juiz eleitoral fará, dentro de 48 (quarenta e oito) horas, subir os autos ao Tribunal Regional com a sua resposta e os documentos em que se fundar, sujeito à multa de dez por cento do salário-mínimo regional por dia de retardamento, salvo se entender de reformar a sua decisão. (Redação dada pela Lei nº 4.961, de 4.5.1966)

§ 7º. Se o juiz reformar a decisão recorrida, poderá o recorrido, dentro de 3 (três) dias, requerer suba o recurso como se por ele interposto.

CAPÍTULO III. DOS RECURSOS NOS TRIBUNAIS REGIONAIS

ART. 268. No Tribunal Regional nenhuma alegação escrita ou nenhum documento poderá ser oferecido por qualquer das partes, salvo o disposto no art. 270. (Redação dada pela Lei nº 4.961, de 4.5.1966)

ART. 269. Os recursos serão distribuídos a um relator em 24 (vinte e quatro) horas e na ordem rigorosa da antiguidade dos respectivos membros, esta última exigência sob pena de nulidade de qualquer ato ou decisão do relator ou do Tribunal.

§ 1º. Feita a distribuição, a Secretaria do Tribunal abrirá vista dos autos à Procuradoria Regional, que deverá emitir parecer no prazo de 5 (cinco) dias.

§ 2º. Se a Procuradoria não emitir parecer no prazo fixado, poderá a parte interessada requerer a inclusão do processo na pauta, devendo o Procurador, nesse caso, proferir parecer oral na assentada do julgamento.

ART. 270. Se o recurso versar sobre coação, fraude, uso de meios de que trata o Art. 237, ou emprego de processo de propaganda ou captação de sufrágios vedado por lei dependente de prova indicada pelas partes ao interpô-lo ou ao impugná-lo, o relator no Tribunal Regional deferi-la-á em vinte e quatro horas da conclusão, realizando-se ela no prazo improrrogável de cinco dias. (Redação dada pela Lei nº 4.961, de 4.5.1966)

§ 1º. Admitir-se-ão como meios de prova para apreciação pelo Tribunal as justificações e as perícias processadas perante o juiz eleitoral da zona, com citação dos partidos que concorreram ao pleito e do representante do Ministério Público. (Incluído pela Lei nº 4.961, de 4.5.1966)

§ 2º. Indeferindo o relator a prova, serão os autos, a requerimento do interessado, nas vinte e quatro horas seguintes, presentes à primeira sessão do Tribunal, que deliberará a respeito. (Incluído pela Lei nº 4.961, de 4.5.1966)

§ 3º. Protocoladas as diligências probatórias, ou com a juntada das justificações ou diligências, a Secretaria do Tribunal abrirá, sem demora, vista dos autos, por vinte e quatro horas, seguidamente, ao recorrente e ao recorrido para dizerem a respeito. (Incluído pela Lei nº 4.961, de 4.5.1966)

§ 4º. Findo o prazo acima, serão os autos conclusos ao relator. (Incluído pela Lei nº 4.961, de 4.5.1966)

ART. 271. O relator devolverá os autos à Secretaria no prazo improrrogável de 8 (oito) dias para, nas 24 (vinte e quatro) horas seguintes, ser o caso incluído na pauta de julgamento do Tribunal.

§ 1º. Tratando-se de recurso contra a expedição de diploma, os autos, uma vez devolvidos pelo relator, serão conclusos ao juiz imediato em antiguidade como revisor, o qual deverá devolvê-los em 4 (quatro) dias.

§ 2º. As pautas serão organizadas com um número de processos que possam ser realmente julgados, obedecendo-se rigorosamente a ordem da devolução dos mesmos à Secretaria pelo Relator, ou Revisor, nos recursos contra a expedição de diploma, ressalvadas as preferências determinadas pelo regimento do Tribunal.

ART. 272. Na sessão do julgamento, uma vez feito o relatório pelo relator, cada uma das partes poderá, no prazo improrrogável de dez minutos, sustentar oralmente as suas conclusões.

Parágrafo único. Quando se tratar de julgamento de recursos contra a expedição de diploma, cada parte terá vinte minutos para sustentação oral.

ART. 273. Realizado o julgamento, o relator, se vitorioso, ou o relator designado para redigir o acórdão, apresentará a redação deste, o mais tardar, dentro em 5 (cinco) dias.

§ 1º. O acórdão conterá uma síntese das questões debatidas e decididas.

§ 2º. Sem prejuízo do disposto no parágrafo anterior, se o Tribunal dispuser de serviço taquigráfico, serão juntas ao processo as notas respectivas.

ART. 274. O acórdão, devidamente assinado, será publicado, valendo como tal a inserção da sua conclusão no órgão oficial.

§ 1º. Se o órgão oficial não publicar o acórdão no prazo de 3 (três) dias, as partes serão intimadas pessoalmente e, se não forem encontradas no prazo de 48 (quarenta e oito) horas, a intimação se fará por edital afixado no Tribunal, no local de costume.

§ 2º. O disposto no parágrafo anterior aplicar-se-á a todos os casos de citação ou intimação.

ART. 275. São admissíveis embargos de declaração nas hipóteses previstas no Código de Processo Civil. (Redação dada pela Lei nº 13.105, de 2015)

§ 1º. Os embargos de declaração serão opostos no prazo de 3 (três) dias, contado da data de publicação da decisão embargada, em petição dirigida ao juiz ou relator, com a indicação do ponto que lhes deu causa. (Redação dada pela Lei nº 13.105, de 2015)

§ 2º. Os embargos de declaração não estão sujeitos a preparo. (Redação dada pela Lei nº 13.105, de 2015)

§ 3º. O juiz julgará os embargos em 5 (cinco) dias. (Redação dada pela Lei nº 13.105, de 2015)

§ 4º. Nos tribunais: (Redação dada pela Lei nº 13.105, de 2015)

I – o relator apresentará os embargos em mesa na sessão subsequente, proferindo voto; (Incluído pela Lei nº 13.105, de 2015)

II – não havendo julgamento na sessão referida no inciso I, será o recurso incluído em pauta; (Incluído pela Lei nº 13.105, de 2015)

III – vencido o relator, outro será designado para lavrar o acórdão. (Incluído pela Lei nº 13.105, de 2015)

§ 5º. Os embargos de declaração interrompem o prazo para a interposição de recurso. (Incluído pela Lei nº 13.105, de 2015)

§ 6º. Quando manifestamente protelatórios os embargos de declaração, o juiz ou o tribunal, em decisão fundamentada, condenará o embargante a pagar ao embargado multa não excedente a 2 (dois) salários-mínimos. (Incluído pela Lei nº 13.105, de 2015)

§ 7º. Na reiteração de embargos de declaração manifestamente protelatórios, a multa será elevada a até 10 (dez) salários-mínimos. (Incluído pela Lei nº 13.105, de 2015)

ART. 276. As decisões dos Tribunais Regionais são terminativas, salvo os casos seguintes em que cabe recurso para o Tribunal Superior:

I – especial:

a) quando forem proferidas contra expressa disposição de lei;

b) quando ocorrer divergência na interpretação de lei entre dois ou mais tribunais eleitorais.

II – ordinário:

a) quando versarem sobre expedição de diplomas nas eleições federais e estaduais;

b) quando denegarem habeas corpus ou mandado de segurança.

- *CF: arts. 5º, LXVIII, e 121, § 4º, V.*
- *Esta lei: art. 22, II.*
- *Lei 8.038, de 1990: art. 30.*

§ 1º. É de 3 (três) dias o prazo para a interposição do recurso, contado da publicação da decisão nos casos dos nº I, letras a e b e II, letra b e da sessão da diplomação no caso do nº II, letra a.

§ 2º. Sempre que o Tribunal Regional determinar a realização de novas eleições, o prazo para a interposição dos recursos, no caso do nº II, a, contar-se-á da sessão em que, feita a apuração das sessões renovadas, for proclamado o resultado das eleições suplementares.

ART. 277. Interposto recurso ordinário contra decisão do Tribunal Regional, o presidente poderá, na própria petição, mandar abrir vista ao recorrido para que, no mesmo prazo, ofereça as suas razões.

Parágrafo único. Juntadas as razões do recorrido, serão os autos remetidos ao Tribunal Superior.

ART. 278. Interposto recurso especial contra decisão do Tribunal Regional, a petição será juntada nas 48 (quarenta e oito) horas seguintes e os autos conclusos ao presidente dentro de 24 (vinte e quatro) horas.

§ 1º. O presidente, dentro em 48 (quarenta e oito) horas do recebimento dos autos conclusos, proferirá despacho fundamentado, admitindo ou não o recurso.

§ 2º. Admitido o recurso, será aberta vista dos autos ao recorrido para que, no mesmo prazo, apresente as suas razões.

§ 3º. Em seguida serão os autos conclusos ao presidente, que mandará remetê-los ao Tribunal Superior.

ART. 279. Denegado o recurso especial, o recorrente poderá interpor, dentro em 3 (três) dias, agravo de instrumento.

§ 1º. O agravo de instrumento será interposto por petição que conterá:

I – a exposição do fato e do direito;

II – as razões do pedido de reforma da decisão;

III – a indicação das peças do processo que devem ser trasladadas.

§ 2º. Serão obrigatoriamente trasladadas a decisão recorrida e a certidão da intimação.

§ 3º. Deferida a formação do agravo, será intimado o recorrido para, no prazo de 3 (três) dias, apresentar as suas razões e indicar as peças dos autos que serão também trasladadas.

§ 4º. Concluída a formação do instrumento o presidente do Tribunal determinará a remessa dos autos ao Tribunal Superior, podendo, ainda, ordenar a extração e a juntada de peças não indicadas pelas partes.

§ 5º. O presidente do Tribunal não poderá negar seguimento ao agravo, ainda que interposto fora do prazo legal.

§ 6º. Se o agravo de instrumento não for conhecido, porque interposto fora do prazo legal, o Tribunal Superior imporá ao recorrente multa correspondente a valor do maior salário-mínimo vigente no país, multa essa que será inscrita e cobrada na forma prevista no art. 367.

§ 7º. Se o Tribunal Regional dispuser de aparelhamento próprio, o instrumento deverá ser formado com fotocópias ou processos semelhantes, pagas as despesas, pelo preço do custo, pelas partes, em relação às peças que indicarem.

CAPÍTULO IV. DOS RECURSOS NO TRIBUNAL SUPERIOR

ART. 280. Aplicam-se ao Tribunal Superior as disposições dos artigos. 268, 269, 270, 271 (caput), 272, 273, 274 e 275.

ART. 281. São irrecorríveis as decisões do Tribunal Superior, salvo as que declararem a invalidade de lei ou ato contrário à Constituição Federal e as denegatórias de "habeas corpus "ou mandado de segurança, das quais caberá recurso ordinário para o Supremo Tribunal Federal, interposto no prazo de 3 (três) dias.

▸ *Súmula nº 728 do STF.*

▸ *CF: arts. 102, II, a, III e 121, § 3º.*

▸ *CE: art. 22, par. ún.*

§ 1º. Juntada a petição nas 48 (quarenta e oito) horas seguintes, os autos serão conclusos ao presidente do Tribunal, que, no mesmo prazo, proferirá despacho fundamentado, admitindo ou não o recurso.

§ 2º. Admitido o recurso será aberta vista dos autos ao recorrido para que, dentro de 3 (três) dias, apresente as suas razões.

§ 3º. Findo esse prazo os autos serão remetidos ao Supremo Tribunal Federal.

ART. 282. Denegado recurso, o recorrente poderá interpor, dentro de 3 (três) dias, agravo de instrumento, observado o disposto no Art. 279 e seus parágrafos, aplicada a multa a que se refere o § 6º pelo Supremo Tribunal Federal.

TÍTULO IV. DISPOSIÇÕES PENAIS

CAPÍTULO I. DISPOSIÇÕES PRELIMINARES

ART. 283. Para os efeitos penais são considerados membros e funcionários da Justiça Eleitoral:

I – os magistrados que, mesmo não exercendo funções eleitorais, estejam presidindo Juntas Apuradoras ou se encontrem no exercício de outra função por designação de Tribunal Eleitoral;

II – Os cidadãos que temporariamente integram órgãos da Justiça Eleitoral;

III – Os cidadãos que hajam sido nomeados para as mesas receptoras ou Juntas Apuradoras;

IV – Os funcionários requisitados pela Justiça Eleitoral.

§ 1º. Considera-se funcionário público, para os efeitos penais, além dos indicados no presente artigo, quem, embora transitoriamente ou sem remuneração, exerce cargo, emprego ou função pública.

▸ *CP: art. 327, caput.*

§ 2º. Equipara-se a funcionário público quem exerce cargo, emprego ou função em entidade paraestatal ou em sociedade de economia mista.

▸ *CP: art. 327, § 1º.*

ART. 284. Sempre que este Código não indicar o grau mínimo, entende-se que será ele de quinze dias para a pena de detenção e de um ano para a de reclusão.

ART. 285. Quando a lei determina a agravação ou atenuação da pena sem mencionar o "quantum", deve o juiz fixá-lo entre um quinto e um terço, guardados os limites da pena cominada ao crime.

▸ *CP: art. 53.*

ART. 286. A pena de multa consiste no pagamento ao Tesouro Nacional, de uma soma de dinheiro, que é fixada em dias-multa. Seu montante é, no mínimo, 1 (um) dia-multa e, no máximo, 300 (trezentos) dias-multa.

▸ *CP: art. 60, caput, e § 1º.*

§ 1º. O montante do dia-multa é fixado segundo o prudente arbítrio do juiz, devendo êste ter em conta as condições pessoais e econômicas do condenado, mas não pode ser inferior ao salário-mínimo diário da região, nem superior ao valor de um salário-mínimo mensal.

▸ *CF: art. 7º, IV.*

▸ *CE: arts. 7º, caput, e 231.*

§ 2º. A multa pode ser aumentada até o triplo, embora não possa exceder o máximo genérico caput, se o juiz considerar que, em virtude da situação econômica do condenado, é ineficaz a cominada, ainda que no máximo, ao crime de que se trate.

ART. 287. Aplicam-se aos fatos incriminados nesta lei as regras gerais do Código Penal.

ART. 288. Nos crimes eleitorais cometidos por meio da imprensa, do rádio ou da televisão, aplicam-se exclusivamente as normas deste Código e as remissões a outra lei nele contempladas.

CAPÍTULO II. DOS CRIMES ELEITORAIS

ART. 289. Inscrever-se fraudulentamente eleitor:

Pena – Reclusão até cinco anos e pagamento de cinco a 15 dias-multa.

ART. 290. Induzir alguém a se inscrever eleitor com infração de qualquer dispositivo deste Código.

Pena – Reclusão até 2 anos e pagamento de 15 a 30 dias-multa.

ART. 291. Efetuar o juiz, fraudulentamente, a inscrição de alistando.

Pena – Reclusão até 5 anos e pagamento de cinco a quinze dias-multa.

ART. 292. Negar ou retardar a autoridade judiciária, sem fundamento legal, a inscrição requerida:

Penal – Pagamento de 30 a 60 dias-multa.

ART. 293. Perturbar ou impedir de qualquer forma o alistamento:

Pena – Detenção de 15 dias a seis meses ou pagamento de 30 a 60 dias-multa.

▸ *CE: arts. 45, §§ 9º e 11, 47, § 4º, 71, § 3º e 114, par. ún.*

ART. 294. Revogado de acordo com a Lei nº 8.868, de 14.4.1994.

ART. 295. Reter título eleitoral contra a vontade do eleitor:

▸ *Decreto-lei nº 4.657, art. 2ª, §1º, Lei de Introdução às Normas do Direito Brasileiro.*

▸ *Lei nº 9.504, de 30-9-1997, art. 91, par. ún., que estabelece normas para as eleições.*

Pena – Detenção até dois meses ou pagamento de 30 a 60 dias-multa.

ART. 296. Promover desordem que prejudique os trabalhos eleitorais;

Pena – Detenção até dois meses e pagamento de 60 a 90 dias-multa.

▸ *Dec.-lei nº 3.688, de 3-10-1941, art. 40, Lei das Contravenções Penais.*

ART. 297. Impedir ou embaraçar o exercício do sufrágio:

Pena – Detenção até seis meses e pagamento de 60 a 100 dias-multa.

ART. 298. Prender ou deter eleitor, membro de mesa receptora, fiscal, delegado de partido ou candidato, com violação do disposto no Art. 236:

Pena – Reclusão até quatro anos.

▸ *Lei nº 4.898 de 9-12-1965, art. 3º., g, Lei de Abuso de Autoridade (Revogada pela Lei nº 13.869, de 5.9.2019)*

ART. 299. Dar, oferecer, prometer, solicitar ou receber, para si ou para outrem, dinheiro, dádiva, ou qualquer outra vantagem, para obter ou dar voto e para conseguir ou prometer abstenção, ainda que a oferta não seja aceita:

Pena – reclusão até quatro anos e pagamento de cinco a quinze dias-multa.

▸ *CP: arts. 317 e 333.*

ART. 300. Valer-se o servidor público da sua autoridade para coagir alguém a votar ou não votar em determinado candidato ou partido:

Pena – detenção até seis meses e pagamento de 60 a 100 dias-multa.

▸ *Lei nº 4.898 de 9-12-1965, art. 3º., g, Lei de Abuso de Autoridade (Revogada pela Lei nº 13.869, de 5.9.2019)*

Parágrafo único. Se o agente é membro ou funcionário da Justiça Eleitoral e comete o crime prevalecendo-se do cargo a pena é agravada.

▸ *CE: arts. 283 e 285.*

ART. 301. Usar de violência ou grave ameaça para coagir alguém a votar, ou não votar, em determinado candidato ou partido, ainda que os fins visados não sejam conseguidos:

Pena – reclusão até quatro anos e pagamento de cinco a quinze dias-multa.

▸ *CP: art. 146.*

ART. 302. Promover, no dia da eleição, com o fim de impedir, embaraçar ou fraudar o exercício do voto a concentração de eleitores, sob qualquer forma, inclusive o fornecimento gratuito de alimento e transporte coletivo: (Redação dada pelo Decreto-Lei nº 1.064, de 24.10.1969)

Pena – reclusão de quatro (4) a seis (6) anos e pagamento de 200 a 300 dias-multa. ((Redação dada pelo Decreto-Lei nº 1.064, de 24.10.1969)

ART. 303. Majorar os preços de utilidades e serviços necessários à realização de eleições, tais como transporte e alimentação de eleitores, impressão, publicidade e divulgação de matéria eleitoral.

Pena – pagamento de 250 a 300 dias-multa.

ART. 304. Ocultar, sonegar açambarcar ou recusar no dia da eleição o fornecimento, normalmente a todos, de utilidades, alimentação e meios de transporte, ou conceder exclusividade dos mesmos a determinado partido ou candidato:

Pena – pagamento de 250 a 300 dias-multa.

ART. 305. Intervir autoridade estranha à mesa receptora, salvo o juiz eleitoral, no seu funcionamento sob qualquer pretexto:

Pena – detenção até seis meses e pagamento de 60 a 90 dias-multa.

ART. 306. Não observar a ordem em que os eleitores devem ser chamados a votar:

CÓDIGO ELEITORAL

Pena – pagamento de 15 a 30 dias-multa.

ART. 307. Fornecer ao eleitor cédula oficial já assinalada ou por qualquer forma marcada:

Pena – reclusão até cinco anos e pagamento de 5 a 15 dias-multa.

ART. 308. Rubricar e fornecer a cédula oficial em outra oportunidade que não a de entrega da mesma ao eleitor.

Pena – reclusão até cinco anos e pagamento de 60 a 90 dias-multa.

ART. 309. Votar ou tentar votar mais de uma vez, ou em lugar de outrem:

Pena – reclusão até três anos.

ART. 310. Praticar, ou permitir membro da mesa receptora que seja praticada, qualquer irregularidade que determine a anulação de votação, salvo no caso do Art. 311:

Pena – detenção até seis meses ou pagamento de 90 a 120 dias-multa.

ART. 311. Votar em seção eleitoral em que não está inscrito, salvo nos casos expressamente previstos, e permitir, o presidente da mesa receptora, que o voto seja admitido:

Pena – detenção até um mês ou pagamento de 5 a 15 dias-multa para o eleitor e de 20 a 30 dias-multa para o presidente da mesa.

ART. 312. Violar ou tentar violar o sigilo do voto:

Pena – detenção até dois anos.

ART. 313. Deixar o juiz e os membros da Junta de expedir o boletim de apuração imediatamente após a apuração de cada urna e antes de passar à subsequente, sob qualquer pretexto e ainda que dispensada a expedição pelos fiscais, delegados ou candidatos presentes:

Pena – pagamento de 90 a 120 dias-multa.

Parágrafo único. Nas seções eleitorais em que a contagem for procedida pela mesa receptora incorrerão na mesma pena o presidente e os mesários que não expedirem imediatamente o respectivo boletim.

▸ *Lei nº 9.504, de 30-9-1997, art. 68, §§ 1º e 2º, que estabelece normas para as eleições.*

ART. 314. Deixar o juiz e os membros da Junta de recolher as cédulas apuradas na respectiva urna, fechá-la e lacrá-la, assim que terminar a apuração de cada seção e antes de passar à subsequente, sob qualquer pretexto e ainda que dispensada a providencia pelos fiscais, delegados ou candidatos presentes:

Pena – detenção até dois meses ou pagamento de 90 a 120 dias-multa.

Parágrafo único. Nas seções eleitorais em que a contagem dos votos for procedida pela mesa receptora incorrerão na mesma pena o presidente e os mesários que não fecharem e lacrarem a urna após a contagem.

ART. 315. Alterar nos mapas ou nos boletins de apuração a votação obtida por qualquer candidato ou lançar nesses documentos votação que não corresponda às cédulas apuradas:

Pena – reclusão até cinco anos e pagamento de 5 a 15 dias-multa.

▸ *CP: arts. 297 e 299.*

▸ *Lei nº 9.504, de 30-9-1997, art. 72, que estabelece normas para as eleições.*

ART. 316. Não receber ou não mencionar nas atas da eleição ou da apuração os protestos devidamente formulados ou deixar de remetê-los à instância superior:

Pena – reclusão até cinco anos e pagamento de 5 a 15 dias-multa.

ART. 317. Violar ou tentar violar o sigilo da urna ou dos invólucros.

Pena – reclusão de três a cinco anos.

ART. 318. Efetuar a mesa receptora a contagem dos votos da urna quando qualquer eleitor houver votado sob impugnação (art. 190):

Pena – detenção até um mês ou pagamento de 30 a 60 dias-multa.

ART. 319. Subscrever o eleitor mais de uma ficha de registro de um ou mais partidos:

Pena – detenção até 1 mês ou pagamento de 10 a 30 dias-multa.

ART. 320. Inscrever-se o eleitor, simultaneamente, em dois ou mais partidos:

Pena – pagamento de 10 a 20 dias-multa.

ART. 321. Colher a assinatura do eleitor em mais de uma ficha de registro de partido:

Pena – detenção até dois meses ou pagamento de 20 a 40 dias-multa.

ART. 322. Revogado de acordo com a Lei nº 9.504, de 30.9.1997.

ART. 323. Divulgar, na propaganda eleitoral ou durante período de campanha eleitoral, fatos que sabe inverídicos em relação a partidos ou a candidatos e capazes de exercer influência perante o eleitorado: (Redação dada pela Lei nº 14.192, de 04-08-2021)

▸ *Redação anterior: Art. 323. Divulgar, na propaganda, fatos que sabe inverídicos, em relação a partidos ou candidatos e capazes de exercerem influência perante o eleitorado:*

Pena - detenção de dois meses a um ano, ou pagamento de 120 a 150 dias-multa.

Parágrafo único. Revogado. (Redação dada pela Lei nº 14.192, de 04-08-2021)

▸ *Redação anterior: Parágrafo único. A pena é agravada se o crime é cometido pela imprensa, rádio ou televisão.*

§ 1º Nas mesmas penas incorre quem produz, oferece ou vende vídeo com conteúdo inverídico acerca de partidos ou candidatos. (Incluído pela Lei nº 14.192, de 04-08-2021)

CÓDIGO ELEITORAL

§ 2º Aumenta-se a pena de 1/3 (um terço) até metade se o crime: (Incluído pela Lei nº 14.192, de 04-08-2021)

I - é cometido por meio da imprensa, rádio ou televisão, ou por meio da internet ou de rede social, ou é transmitido em tempo real; (Incluído pela Lei nº 14.192, de 04-08-2021)

II - envolve menosprezo ou discriminação à condição de mulher ou à sua cor, raça ou etnia. (Incluído pela Lei nº 14.192, de 04-08-2021)

ART. 324. Caluniar alguém, na propaganda eleitoral, ou visando fins de propaganda, imputando-lhe falsamente fato definido como crime:

Pena – detenção de seis meses a dois anos, e pagamento de 10 a 40 dias-multa.

▸ CP: art. 138, caput.

§ 1º. Nas mesmas penas incorre quem, sabendo falsa a imputação, a propala ou divulga.

▸ CP: art. 138, § 1º.

§ 2º. A prova da verdade do fato imputado exclui o crime, mas não é admitida:

▸ CP: art. 138, § 3º.

I – se, constituindo o fato imputado crime de ação privada, o ofendido, não foi condenado por sentença irrecorrível;

II – se o fato é imputado ao Presidente da República ou chefe de governo estrangeiro;

III – se do crime imputado, embora de ação pública, o ofendido foi absolvido por sentença irrecorrível.

ART. 325. Difamar alguém, na propaganda eleitoral, ou visando a fins de propaganda, imputando-lhe fato ofensivo à sua reputação:

Pena – detenção de três meses a um ano, e pagamento de 5 a 30 dias-multa.

Parágrafo único. A exceção da verdade somente se admite se ofendido é funcionário público e a ofensa é relativa ao exercício de suas funções.

▸ CP: art. 139.

ART. 326. Injuriar alguém, na propaganda eleitoral, ou visando a fins de propaganda, ofendendo lhe a dignidade ou o decoro:

Pena – detenção até seis meses, ou pagamento de 30 a 60 dias-multa.

▸ CP: art. 140.

§ 1º. O juiz pode deixar de aplicar a pena:

I – se o ofendido, de forma reprovável, provocou diretamente a injúria;

II – no caso de retorsão imediata, que consista em outra injúria.

§ 2º. Se a injúria consiste em violência ou vias de fato, que, por sua natureza ou meio empregado, se considerem aviltantes:

Pena – detenção de três meses a um ano e pagamento de 5 a 20 dias-multa, além das penas correspondentes à violência prevista no Código Penal.

▸ CP: art. 140.

ART. 326-A. Dar causa à instauração de investigação policial, de processo judicial, de investigação administrativa, de inquérito civil ou ação de improbidade administrativa, atribuindo a alguém a prática de crime ou ato infracional de que o sabe inocente, com finalidade eleitoral: (Incluído pela Lei nº13.834, de 04-06-2019)

Pena – reclusão, de 2 (dois) a 8 (oito) anos, e multa. (Incluído pela Lei nº13.834, de 04-06-2019)

▸ CP: art. 339.

§ 1º A pena é aumentada de sexta parte, se o agente se serve do anonimato ou de nome suposto. (Incluído pela Lei nº13.834, de 04-06-2019)

§ 2º A pena é diminuída de metade, se a imputação é de prática de contravenção. (Incluído pela Lei nº13.834, de 04-06-2019)

▸ CF: Art. 5º, IV.

§ 3º Incorrerá nas mesmas penas deste artigo quem, comprovadamente ciente da inocência do denunciado e com finalidade eleitoral, divulga ou propala, por qualquer meio ou forma, o ato ou fato que lhe foi falsamente atribuído. (Incluído pela Lei nº13.834, de 04-06-2019 – após VETADO, texto promulgado em 08-11-2019)

ART. 326-B. Assediar, constranger, humilhar, perseguir ou ameaçar, por qualquer meio, candidata a cargo eletivo ou detentora de mandato eletivo, utilizando-se de menosprezo ou discriminação à condição de mulher ou à sua cor, raça ou etnia, com a finalidade de impedir ou de dificultar a sua campanha eleitoral ou o desempenho de seu mandato eletivo. (Incluído pela Lei nº 14.192, de 04-08-2021)

Pena - reclusão, de 1 (um) a 4 (quatro) anos, e multa. (Incluído pela Lei nº 14.192, de 04-08-2021)

Parágrafo único. Aumenta-se a pena em 1/3 (um terço), se o crime é cometido contra mulher: (Incluído pela Lei nº 14.192, de 04-08-2021)

I - gestante; (Incluído pela Lei nº 14.192, de 04-08-2021)

II - maior de 60 (sessenta) anos; (Incluído pela Lei nº 14.192, de 04-08-2021)

III - com deficiência. (Incluído pela Lei nº 14.192, de 04-08-2021)

ART. 327. As penas cominadas nos arts. 324, 325 e 326 aumentam-se de 1/3 (um terço) até metade, se qualquer dos crimes é cometido: (Redação dada pela Lei nº 14.192, de 04-08-2021)

▸ Redação anterior: Art. 327. As penas cominadas nos artigos. 324, 325 e 326, aumentam-se de um terço, se qualquer dos crimes é cometido:

▸ CP: art. 141, I a III.

I - contra o Presidente da República ou chefe de governo estrangeiro;

II - contra funcionário público, em razão de suas funções;

III - na presença de várias pessoas, ou por meio que facilite a divulgação da ofensa.

IV - com menosprezo ou discriminação à condição de mulher ou à sua cor, raça ou etnia; (Incluído pela Lei nº 14.192, de 04-08-2021)

V - por meio da internet ou de rede social ou com transmissão em tempo real. (Incluído pela Lei nº 14.192, de 04-08-2021)

ARTS. 328 e 329. (Revogado de acordo com a Lei nº 9.504, de 30.9.1997)

ART. 330. Nos casos dos artigos. 328 e 329 se o agente repara o dano antes da sentença final, o juiz pode reduzir a pena.

▸ *Lei nº 9.504, de 30-9-1997, que estabelece normas para as eleições. Revogou os mencionados arts. 328 e 329.*

ART. 331. Inutilizar, alterar ou perturbar meio de propaganda devidamente empregado:

Pena – detenção até seis meses ou pagamento de 90 a 120 dias-multa.

ART. 332. Impedir o exercício de propaganda:

Pena – detenção até seis meses e pagamento de 30 a 60 dias-multa.

ART. 333. (Revogado de acordo com a Lei nº 9.504, de 30.9.1997)

ART. 334. Utilizar organização comercial de vendas, distribuição de mercadorias, prêmios e sorteios para propaganda ou aliciamento de eleitores:

Pena – detenção de seis meses a um ano e cassação do registro se o responsável for candidato.

▸ *CP: arts. 47, I, e 56.*

ART. 335. Fazer propaganda, qualquer que seja a sua forma, em língua estrangeira:

Pena – detenção de três a seis meses e pagamento de 30 a 60 dias-multa.

Parágrafo único. Além da pena cominada, a infração ao presente artigo importa na apreensão e perda do material utilizado na propaganda.

▸ *CP: art. 91, II, a.*

ART. 336. Na sentença que julgar ação penal pela infração de qualquer dos artigos. 322, 323, 324, 325, 326,328, 329, 331, 332, 333, 334 e 335, deve o juiz verificar, de acordo com o seu livre convencionamento, se diretório local do partido, por qualquer dos seus membros, concorreu para a prática de delito, ou dela se beneficiou conscientemente.

▸ *Lei nº 9.504, de 30-9-1997, que estabelece normas para as eleições. Revogou os mencionados arts. 322, 328, 329 e 333.*

Parágrafo único. Nesse caso, imporá o juiz ao diretório responsável pena de suspensão de sua atividade eleitoral por prazo de 6 a 12 meses, agravada até o dobro nas reincidências.

ART. 337. Participar, o estrangeiro ou brasileiro que não estiver no gozo dos seus direitos políticos, de atividades partidárias inclusive comícios e atos de propaganda em recintos fechados ou abertos:

Pena – detenção até seis meses e pagamento de 90 a 120 dias-multa.

▸ *Lei nº 13.445, de 24-05-2017: art. 82, VII, §1º, Lei de Migração.*

Parágrafo único. Na mesma pena incorrerá o responsável pelas emissoras de rádio ou televisão que autorizar transmissões de que participem os mencionados neste artigo, bem como o diretor de jornal que lhes divulgar os pronunciamentos.

ART. 338. Não assegurar o funcionário postal a prioridade prevista no Art. 239:

Pena – Pagamento de 30 a 60 dias-multa.

ART. 339. Destruir, suprimir ou ocultar urna contendo votos, ou documentos relativos à eleição:

Pena – reclusão de dois a seis anos e pagamento de 5 a 15 dias-multa.

Parágrafo único. Se o agente é membro ou funcionário da Justiça Eleitoral e comete o crime prevalecendo-se do cargo, a pena é agravada.

ART. 340. Fabricar, mandar fabricar, adquirir, fornecer, ainda que gratuitamente, subtrair ou guardar urnas, objetos, mapas, cédulas ou papéis de uso exclusivo da Justiça Eleitoral:

Pena – reclusão até três anos e pagamento de 3 a 15 dias-multa.

Parágrafo único. Se o agente é membro ou funcionário da Justiça Eleitoral e comete o crime prevalecendo-se do cargo, a pena é agravada.

▸ *CE: arts. 283 e 285.*

ART. 341. Retardar a publicação ou não publicar, o diretor ou qualquer outro funcionário de órgão oficial federal, estadual, ou municipal, as decisões, citações ou intimações da Justiça Eleitoral:

Pena – detenção até um mês ou pagamento de 30 a 60 dias-multa.

▸ *CP: art. 319.*

ART. 342. Não apresentar o órgão do Ministério Público, no prazo legal, denúncia ou deixar de promover a execução de sentença condenatória:

Pena – detenção até dois meses ou pagamento de 60 a 90 dias-multa.

▸ *CE: arts. 357 e 363.*

ART. 343. Não cumprir o juiz o disposto no § 3º do Art. 357:

Pena – detenção até dois meses ou pagamento de 60 a 90 dias-multa.

ART. 344. Recusar ou abandonar o serviço eleitoral sem justa causa:

Pena – detenção até dois meses ou pagamento de 90 a 120 dias-multa.

▸ *CP: art. 323.*

ART. 345. Não cumprir a autoridade judiciária, ou qualquer funcionário dos órgãos da Justiça Eleitoral, nos prazos legais, os deveres impostos por este Código, se a infração não estiver sujeita a outra penalidade: (Redação dada pela Lei nº 4.961, de 4.5.1966)

Pena – pagamento de trinta a noventa dias-multa. (Redação dada pela Lei nº 4.961, de 4.5.1966)

▸ Lei nº 9.504, de 30-9-1997, arts. 58, § 7º, e 94, caput, § 2º, que estabelece normas para as eleições.

ART. 346. Violar o disposto no Art. 377:

Pena – detenção até seis meses e pagamento de 30 a 60 dias-multa.

Parágrafo único. Incorrerão na pena, além da autoridade responsável, os servidores que prestarem serviços e os candidatos, membros ou diretores de partido que derem causa à infração.

ART. 347. Recusar alguém cumprimento ou obediência a diligências, ordens ou instruções da Justiça Eleitoral ou opor embaraços à sua execução:

Pena – detenção de três meses a um ano e pagamento de 10 a 20 dias-multa.

ART. 348. Falsificar, no todo ou em parte, documento público, ou alterar documento público verdadeiro, para fins eleitorais:

Pena – reclusão de dois a seis anos e pagamento de 15 a 30 dias-multa.

▸ CP: art. 297.

§ 1º. Se o agente é funcionário público e comete o crime prevalecendo-se do cargo, a pena é agravada.

§ 2º. Para os efeitos penais, equipara-se a documento público o emanado de entidade paraestatal inclusive Fundação do Estado.

ART. 349. Falsificar, no todo ou em parte, documento particular ou alterar documento particular verdadeiro, para fins eleitorais:

Pena – reclusão até cinco anos e pagamento de 3 a 10 dias-multa.

▸ CP: art. 298.

ART. 350. Omitir, em documento público ou particular, declaração que dele devia constar, ou nele inserir ou fazer inserir declaração falsa ou diversa da que devia ser escrita, para fins eleitorais:

Pena – reclusão até cinco anos e pagamento de 5 a 15 dias-multa, se o documento é público, e reclusão até três anos e pagamento de 3 a 10 dias-multa se o documento é particular.

Parágrafo único. Se o agente da falsidade documental é funcionário público e comete o crime prevalecendo-se do cargo ou se a falsificação ou alteração é de assentamentos de registro civil, a pena é agravada.

▸ CP: art. 299.

ART. 351. Equipara-se a documento (348,349 e 350) para os efeitos penais, a fotografia, o filme cinematográfico, o disco fonográfico ou fita de ditafone a que se incorpore declaração ou imagem destinada à prova de fato juridicamente relevante.

ART. 352. Reconhecer, como verdadeira, no exercício da função pública, firma ou letra que o não seja, para fins eleitorais:

▸ CP: art. 300.

Pena – reclusão até cinco anos e pagamento de 5 a 15 dias-multa se o documento é público, e reclusão até três anos e pagamento de 3 a 10 dias-multa se o documento é particular.

ART. 353. Fazer uso de qualquer dos documentos falsificados ou alterados, a que se referem os artigos. 348 a 352:

▸ CP: art. 304.

Pena – a cominada à falsificação ou à alteração.

ART. 354. Obter, para uso próprio ou de outrem, documento público ou particular, material ou ideologicamente falso para fins eleitorais:

Pena – a cominada à falsificação ou à alteração.

ART. 354-A. Apropriar-se o candidato, o administrador financeiro da campanha, ou quem de fato exerça essa função, de bens, recursos ou valores destinados ao financiamento eleitoral, em proveito próprio ou alheio: (Incluído pela Lei nº 13.488, de 06.10.2017)

Pena – reclusão, de dois a seis anos, e multa. (Incluído pela Lei nº 13.488, de 06.10.2017

CAPÍTULO III.
DO PROCESSO DAS INFRAÇÕES

▸ Lei nº 9.504, de 30-9-1997, art. 90, que estabelece normas para as eleições.

ART. 355. As infrações penais definidas neste Código são de ação pública.

▸ CF: art. 129, I.

▸ CPP: art. 24.

ART. 356. Todo cidadão que tiver conhecimento de infração penal deste Código deverá comunicá-la ao juiz eleitoral da zona onde a mesma se verificou.

▸ CPP: art. 27.

§ 1º. Quando a comunicação for verbal, mandará a autoridade judicial reduzi-la a termo, assinado pelo apresentante e por duas testemunhas, e a remeterá ao órgão do Ministério Público local, que procederá na forma deste Código.

§ 2º. Se o Ministério Público julgar necessários maiores esclarecimentos e documentos complementares ou outros elementos de convicção, deverá requisitá-los diretamente de quaisquer autoridades ou funcionários que possam fornecê-los.

▸ CPP: art. 47.

ART. 357. Verificada a infração penal, o Ministério Público oferecerá a denúncia dentro do prazo de 10 (dez) dias.

▸ CPP: art. 46.

§ 1º. Se o órgão do Ministério Público, ao invés de apresentar a denúncia, requerer o arquivamento da comunicação, o juiz, no caso de considerar improcedentes as razões invocadas, fará remessa da comunicação ao Procurador Regional, e este oferecerá a denúncia, designará outro Promotor para oferecê-la, ou insistirá no pedido de arquivamento, ao qual só então estará o juiz obrigado a atender.

▸ CPP: art. 28.

CÓDIGO ELEITORAL

§ 2º. A denúncia conterá a exposição do fato criminoso com todas as suas circunstâncias, a qualificação do acusado ou esclarecimentos pelos quais se possa identificá-lo, a classificação do crime e, quando necessário, o rol das testemunhas.

▸ *CPP: art. 41.*

§ 3º. Se o órgão do Ministério Público não oferecer a denúncia no prazo legal representará contra ele a autoridade judiciária, sem prejuízo da apuração da responsabilidade penal.

▸ *CE: art. 343.*

§ 4º. Ocorrendo a hipótese prevista no parágrafo anterior o juiz solicitará ao Procurador Regional a designação de outro promotor, que, no mesmo prazo, oferecerá a denúncia.

§ 5º. Qualquer eleitor poderá provocar a representação contra o órgão do Ministério Público se o juiz, no prazo de 10 (dez) dias, não agir de ofício.

ART. 358. A denúncia será rejeitada quando:

▸ *CPP: art. 395.*

I – o fato narrado evidentemente não constituir crime;

II – já estiver extinta a punibilidade, pela prescrição ou outra causa;

III – for manifesta a ilegitimidade da parte ou faltar condição exigida pela lei para o exercício da ação penal.

Parágrafo único. Nos casos do número III, a rejeição da denúncia não obstará ao exercício da ação penal, desde que promovida por parte legítima ou satisfeita a condição.

ART. 359. Recebida a denúncia, o juiz designará dia e hora para o depoimento pessoal do acusado, ordenando a citação deste e a notificação do Ministério Público. (Redação dada pela Lei nº 10.732, de 5.9.2003)

▸ *CRFB: art. 5º, LV.*

▸ *CPP: art. 400.*

Parágrafo único. O réu ou seu defensor terá o prazo de 10 (dez) dias para oferecer alegações escritas e arrolar testemunhas. (Incluído pela Lei nº 10.732, de 5.9.2003)

▸ *CPP: arts. 394, § 4º, 396 e 397.*

ART. 360. Ouvidas as testemunhas da acusação e da defesa e praticadas as diligências requeridas pelo Ministério Público e deferidas ou ordenadas pelo juiz, abrir-se-á o prazo de 5 (cinco) dias a cada uma das partes – acusação e defesa – para alegações finais.

▸ *CPP: art. 403, § 3º.*

ART. 361. Decorrido esse prazo, e conclusos os autos ao juiz dentro de quarenta e oito horas, terá o mesmo 10 (dez) dias para proferir a sentença.

ART. 362. Das decisões finais de condenação ou absolvição cabe recurso para o Tribunal Regional, a ser interposto no prazo de 10 (dez) dias.

ART. 363. Se a decisão do Tribunal Regional for condenatória, baixarão imediatamente os autos à instância inferior para a execução da sentença, que será feita no prazo de 5 (cinco) dias, contados da data da vista ao Ministério Público.

Parágrafo único. Se o órgão do Ministério Público deixar de promover a execução da sentença serão aplicadas as normas constantes dos parágrafos 3º, 4º e 5º do Art. 357.

ART. 364. No processo e julgamento dos crimes eleitorais e dos comuns que lhes forem conexos, assim como nos recursos e na execução, que lhes digam respeito, aplicar-se-á, como lei subsidiária ou supletiva, o Código de Processo Penal.

TÍTULO V. DISPOSIÇÕES GERAIS E TRANSITÓRIAS

ART. 365. O serviço eleitoral prefere a qualquer outro, é obrigatório e não interrompe o interstício de promoção dos funcionários para ele requisitados.

▸ *CE: art. 36, caput.*

ART. 366. Os funcionários de qualquer órgão da Justiça Eleitoral não poderão pertencer a diretório de partido político ou exercer qualquer atividade partidária, sob pena de demissão.

ART. 367. A imposição e a cobrança de qualquer multa, salvo no caso das condenações criminais, obedecerão às seguintes normas:

▸ *CE: arts. 7º, 124, § 1º, e 279, § 6º.*

I – No arbitramento será levada em conta a condição econômica do eleitor;

▸ *CP: art. 60, caput.*

II – Arbitrada a multa, de ofício ou a requerimento do eleitor, o pagamento será feito através de selo federal inutilizado no próprio requerimento ou no respectivo processo;

▸ *CE: art. 8º, caput.*

III – Se o eleitor não satisfizer o pagamento no prazo de 30 (trinta) dias, será considerada dívida líquida e certa, para efeito de cobrança mediante executivo fiscal, a que for inscrita em livro próprio no Cartório Eleitoral;

▸ *CE: art. 164, § 2º.*

IV – A cobrança judicial da dívida será feita por ação executiva na forma prevista para a cobrança da dívida ativa da Fazenda Pública, correndo a ação perante os juízos eleitorais;

▸ *Súmula nº 374 do STJ.*

V – Nas Capitais e nas comarcas onde houver mais de um Promotor de Justiça, a cobrança da dívida far-se-á por intermédio do que for designado pelo Procurador Regional Eleitoral;

VI – Os recursos cabíveis, nos processos para cobrança da dívida decorrente de multa, serão interpostos para a instância superior da Justiça Eleitoral;

VII – Em nenhum caso haverá recurso de ofício;

VIII – As custas, nos Estados, Distrito Federal e Territórios serão cobradas nos termos dos respectivos Regimentos de Custas;

IX – Os juízes eleitorais comunicarão aos Tribunais Regionais, trimestralmente, a importância total das multas impostas,

CÓDIGO ELEITORAL

nesse período e quanto foi arrecadado através de pagamentos feitos na forma dos números II e III;

X – Idêntica comunicação será feita pelos Tribunais Regionais ao Tribunal Superior.

§ 1º. As multas aplicadas pelos Tribunais Eleitorais serão consideradas líquidas e certas, para efeito de cobrança mediante executivo fiscal desde que inscritas em livro próprio na Secretaria do Tribunal competente. (Incluído pela Lei nº 4.961, de 4.5.1966)

§ 2º. A multa pode ser aumentada até dez vezes, se o juiz, ou Tribunal considerar que, em virtude da situação econômica do infrator, é ineficaz, embora aplicada no máximo (Incluído pela Lei nº 4.961, de 4.5.1966)

§ 3º. O alistando, ou o eleitor, que comprovar devidamente o seu estado de pobreza, ficará isento do pagamento de multa. (Incluído pela Lei nº 4.961, de 4.5.1966)

§ 4º. Fica autorizado o Tesouro Nacional a emitir selos, sob a designação "Selo Eleitoral", destinados ao pagamento de emolumentos, custas, despesas e multas, tanto as administrativas como as penais, devidas à Justiça Eleitoral. (Incluído pela Lei nº 4.961, de 4.5.1966)

§ 5º. Os pagamentos de multas poderão ser feitos através de guias de recolhimento, se a Justiça Eleitoral não dispuser de selo eleitoral em quantidade suficiente para atender aos interessados. (Incluído pela Lei nº 4.961, de 4.5.1966)

▸ *CE: art. 8, caput.*

ART. 368. Os atos requeridos ou propostos em tempo oportuno, mesmo que não sejam apreciados no prazo legal, não prejudicarão aos interessados.

ART. 368-A. A prova testemunhal singular, quando exclusiva, não será aceita nos processos que possam levar à perda do mandato. (Incluído pela Lei nº 13.165, de 2015)

ART. 369. O Governo da União fornecerá, para ser distribuído por intermédio dos Tribunais Regionais, todo o material destinado ao alistamento eleitoral e às eleições.

ART. 370. As transmissões de natureza eleitoral, feitas por autoridades e repartições competentes, gozam de franquia postal, telegráfica, telefônica, radiotelegráfica ou radiotelefônica, em linhas oficiais ou nas que sejam obrigadas a serviço oficial.

▸ *Lei nº 6.538, de 22-6-1978, arts. 32 e 34 que dispõe sobre os Serviços Postais.*

ART. 371. As repartições públicas são obrigadas, no prazo máximo de 10 (dez) dias, a fornecer às autoridades, aos representantes de partidos ou a qualquer alistando as informações e certidões que solicitarem relativas à matéria eleitoral, desde que os interessados manifestem especificamente as razões e os fins do pedido.

ART. 372. Os tabeliães não poderão deixar de reconhecer nos documentos necessários à instrução dos requerimentos e recursos eleitorais, as firmas de pessoas de seu conhecimento, ou das que se apresentarem com 2 (dois) abonadores conhecidos.

ART. 373. São isentos de selo os requerimentos e todos os papéis destinados a fins eleitorais e é gratuito o reconhecimento de firma pelos tabeliães, para os mesmos fins.

▸ *CE: art. 47.*

▸ *CF: art. 5º, XXXIV, b, e LXXVII.*

Parágrafo único. Nos processos – crimes e nos executivos fiscais referente a cobrança de multas serão pagas custas nos termos do Regimento de Custas de cada Estado, sendo as devidas à União pagas através de selos federais inutilizados nos autos.

ART. 374. Os membros dos tribunais eleitorais, os juízes eleitorais e os servidores públicos requisitados para os órgãos da Justiça Eleitoral, que, em virtude de suas funções nos mencionados órgãos não tiverem as férias que lhes couberem, poderão gozá-las no ano seguinte, acumuladas ou não. (Redação dada pela Lei nº 4.961, de 4.5.1966)

Parágrafo único. Revogado de acordo com a Lei nº 4.961, de 4.5.1966

ART. 375. Nas áreas contestadas, enquanto não forem fixados definitivamente os limites interestaduais, far-se-ão as eleições sob a jurisdição do Tribunal Regional da circunscrição eleitoral em que, do ponto de vista da administração judiciária estadual, estejam elas incluídas.

ART. 376. A proposta orçamentária da Justiça Eleitoral será anualmente elaborada pelo Tribunal Superior, de acordo com as propostas parciais que lhe forem remetidas pelos Tribunais Regionais, e dentro das normas legais vigentes.

▸ *CF: art. 99, §§ 1º e 2º, I.*

Parágrafo único. Os pedidos de créditos adicionais que se fizerem necessários ao bom andamento dos serviços eleitorais, durante o exercício serão encaminhados em relação trimestral à Câmara dos Deputados, por intermédio do Tribunal Superior.

ART. 377. O serviço de qualquer repartição, federal, estadual, municipal, autarquia, fundação do Estado, sociedade de economia mista, entidade mantida ou subvencionada pelo poder público, ou que realiza contrato com este, inclusive o respectivo prédio e suas dependências não poderá ser utilizado para beneficiar partido ou organização de caráter político.

▸ *CE: art. 36, caput.*

▸ *Lei nº 9.504, de 30-9-1997, art. 8º, § 2º, que estabelece normas para as eleições.*

Parágrafo único. O disposto neste artigo será tornado efetivo, a qualquer tempo, pelo órgão competente da Justiça Eleitoral, conforme o âmbito nacional, regional ou municipal do órgão infrator mediante representação fundamentada partidário, ou de qualquer eleitor.

ART. 378. O Tribunal Superior organizará, mediante proposta do Corregedor Geral, os serviços da Corregedoria, designando para desempenhá-los funcionários efetivos do seu quadro e transformando o cargo de um deles, diplomado em direito e de conduta moral irrepreensível, no de Escrivão da Corregedoria símbolo PJ – 1, a cuja nomeação serão inerentes, assim na Secretaria como nas diligências, as atribuições de titular de ofício de Justiça.

ART. 379. Serão considerados de relevância os serviços prestados pelos mesários e componentes das Juntas Apuradoras.

▸ *CE: art. 36, caput.*

▸ *Lei nº 9.504, de 30-9-1997, art. 98, que estabelece normas para as eleições.*

§ 1º. Tratando-se de servidor público, em caso de promoção a prova de haver prestado tais serviços será levada em consideração para efeito de desempate, depois de observados os critérios já previstos em leis ou regulamentos.

§ 2º. Persistindo o empate de que trata o parágrafo anterior, terá preferência, para a promoção, o funcionário que tenha servido maior número de vezes.

§ 3º. O disposto neste artigo não se aplica aos membros ou servidores de Justiça Eleitoral.

ART. 380. Será feriado nacional o dia em que se realizarem eleições de data fixada pela Constituição Federal; nos demais casos, serão as eleições marcadas para um domingo ou dia já considerado feriado por lei anterior.

▸ *CF: arts. 28,29, II, 32, § 2º, e 77.*

▸ *Lei nº 9.504, de 30-9-1997, arts. 1º, caput, e 2º, § 1º, e 3º, § 2º que estabelece normas para as eleições.*

ART. 381. Esta lei não altera a situação das candidaturas a Presidente ou Vice-Presidente da República e a Governador ou Vice-Governador de Estado, desde que resultantes de convenções partidárias regulares e já registradas ou em processo de registro, salvo a ocorrência de outros motivos de ordem legal ou constitucional que as prejudiquem.

Parágrafo único. Se o registro requerido se referir isoladamente a Presidente ou a Vice-Presidente da República e a Governador ou Vice-Governador de Estado, a validade respectiva dependerá de complementação da chapa conjunta na firma e nos prazos previstos neste Código (Constituição, art. 81, com a redação dada pela Emenda Constitucional nº 9).

ART. 382. Este Código entrará em vigor 30 dias após a sua publicação.

▸ *CF: art. 16.*

ART. 383. Revogam-se as disposições em contrário.

Brasília, 15 de julho de 1965.
144º da Independência e
77º da República

H. CASTELLO BRANCO

Este texto não substitui o publicado no DOU de 19.7.1965 e retificado em 30.7.1965

ÍNDICE ALFABÉTICO-REMISSIVO DO CÓDIGO ELEITORAL

– A –

– C –

– D –

– E –

- U -

- V -

CÓDIGO DE DEFESA DO CONSUMIDOR

ÍNDICE SISTEMÁTICO DO CÓDIGO DE DEFESA DO CONSUMIDOR

CÓDIGO DE DEFESA DE CONSUMIDOR – LEI Nº 8.078, DE 11 DE SETEMBRO DE 1990

Dispõe sobre a proteção do consumidor e dá outras providências.

DOU de 12-9-1990, edição extra; Retificada no DOU de 10-01-2007.

- *Súmula nº 469 do STJ.*
- *Lei nº 12.529, 30-11-2011, Sistema Brasileiro de Defesa da Concorrência.*

TÍTULO I. DOS DIREITOS DO CONSUMIDOR

CAPÍTULO I. DISPOSIÇÕES GERAIS

ART. 1º. O presente código estabelece normas de proteção e defesa do consumidor, de ordem pública e interesse social, nos termos dos arts. 5º, inciso XXXII, 170, inciso V, da Constituição Federal e art. 48 de suas Disposições Transitórias.

- *CF: arts. 24, VIII, 150, § 5º, e 170, V.*

ART. 2º. Consumidor é toda pessoa física ou jurídica que adquire ou utiliza produto ou serviço como destinatário final.

- *Súmula nº 321 do STJ.*
- *CDC: arts. 17 e 29.*

Parágrafo único. Equipara-se a consumidor a coletividade de pessoas, ainda que indetermináveis, que haja intervindo nas relações de consumo.

- *Súmula nº 643 do STF.*
- *CDC: art. 18.*

ART. 3º. Fornecedor é toda pessoa física ou jurídica, pública ou privada, nacional ou estrangeira, bem como os entes despersonalizados, que desenvolvem atividade de produção, montagem, criação, construção, transformação, importação, exportação, distribuição ou comercialização de produtos ou prestação de serviços.

- *Súmula nº 297 do STJ.*
- *CDC: art. 28.*
- *CC: art. 966.*
- *Lei nº 10.671, de 15-05-2003, art. 3º, Estatuto do Torcedor.*

§ 1º. Produto é qualquer bem, móvel ou imóvel, material ou imaterial.

- *CC: arts. 79 a 91.*

§ 2º. Serviço é qualquer atividade fornecida no mercado de consumo, mediante remuneração, inclusive as de natureza bancária, financeira, de crédito e securitária, salvo as decorrentes das relações de caráter trabalhista.

- *Súmula nº 297, 321 e 469 do STJ.*

CAPÍTULO II. DA POLÍTICA NACIONAL DE RELAÇÕES DE CONSUMO

ART. 4º. A Política Nacional das Relações de Consumo tem por objetivo o atendimento das necessidades dos consumidores, o respeito à sua dignidade, saúde e segurança, a proteção de seus interesses econômicos, a melhoria da sua qualidade de vida, bem como a transparência e harmonia das relações de consumo, atendidos os seguintes princípios: (Redação dada pela Lei nº 9.008, de 21.3.1995)

I – reconhecimento da vulnerabilidade do consumidor no mercado de consumo;

- *CF: art. 5º, caput.*

II – ação governamental no sentido de proteger efetivamente o consumidor:

a) por iniciativa direta;

b) por incentivos à criação e desenvolvimento de associações representativas;

c) pela presença do Estado no mercado de consumo;

d) pela garantia dos produtos e serviços com padrões adequados de qualidade, segurança, durabilidade e desempenho.

III – harmonização dos interesses dos participantes das relações de consumo e compatibilização da proteção do consumidor com a necessidade de desenvolvimento econômico e tecnológico, de modo a viabilizar os princípios nos quais se funda a ordem econômica (art. 170, da Constituição Federal), sempre com base na boa-fé e equilíbrio nas relações entre consumidores e fornecedores;

IV – educação e informação de fornecedores e consumidores, quanto aos seus direitos e deveres, com vistas à melhoria do mercado de consumo;

V – incentivo à criação pelos fornecedores de meios eficientes de controle de qualidade e segurança de produtos e serviços, assim como de mecanismos alternativos de solução de conflitos de consumo;

VI – coibição e repressão eficientes de todos os abusos praticados no mercado de consumo, inclusive a concorrência desleal e utilização indevida de inventos e criações industriais das marcas e nomes comerciais e signos distintivos, que possam causar prejuízos aos consumidores;

- *CF: art. 170.*
- *Lei nº 9.279, de 14-05-1996: art. 183 a 210, regula direitos e obrigações relativos à propriedade industrial.*
- *Lei nº 12.529, 30-11-2011, Sistema Brasileiro de Defesa da Concorrência.*

VII – racionalização e melhoria dos serviços públicos;

VIII – estudo constante das modificações do mercado de consumo.

IX - fomento de ações direcionadas à educação financeira e ambiental dos consumidores; (Incluído pela Lei nº 14.181, de 2021)

X - prevenção e tratamento do superendividamento como forma de evitar a exclusão social do consumidor. (Incluído pela Lei nº 14.181, de 2021)

ART. 5º. Para a execução da Política Nacional das Relações de Consumo, contará o poder público com os seguintes instrumentos, entre outros:

▸ CF: art. 5º, LXXIV.

▸ Lei nº 1.060, de 05-02-1950, dispõe sobre a Assistência Judiciária.

I – manutenção de assistência jurídica, integral e gratuita para o consumidor carente;

▸ CF: art. 5º, LXXIV.

▸ Lei nº 1.060, de 05-02-1950, dispõe sobre a Assistência Judiciária.

II – instituição de Promotorias de Justiça de Defesa do Consumidor, no âmbito do Ministério Público;

▸ CF: art. 128, § 5º.

III – criação de delegacias de polícia especializadas no atendimento de consumidores vítimas de infrações penais de consumo;

▸ CF: art. 98, I, e 125.

▸ Lei nº 9.099, de 26-09-1995, dispõe sobre os Juizados Especiais Cíveis e Criminais.

▸ Lei nº 10.259, de 12-07-2001, dispõe sobre a instituição dos Juizados Especiais Cíveis e Criminais no âmbito da Justiça Federal.

IV – criação de Juizados Especiais de Pequenas Causas e Varas Especializadas para a solução de litígios de consumo;

V – concessão de estímulos à criação e desenvolvimento das Associações de Defesa do Consumidor.

VI - instituição de mecanismos de prevenção e tratamento extrajudicial e judicial do superendividamento e de proteção do consumidor pessoa natural; (Incluído pela Lei nº 14.181, de 2021)

VII - instituição de núcleos de conciliação e mediação de conflitos oriundos de superendividamento. (Incluído pela Lei nº 14.181, de 2021)

§ 1º. e § 2º (Vetado).

CAPÍTULO III. DOS DIREITOS BÁSICOS DO CONSUMIDOR

ART. 6º. São direitos básicos do consumidor:

I – a proteção da vida, saúde e segurança contra os riscos provocados por práticas no fornecimento de produtos e serviços considerados perigosos ou nocivos;

II – a educação e divulgação sobre o consumo adequado dos produtos e serviços, asseguradas a liberdade de escolha e a igualdade nas contratações;

III – a informação adequada e clara sobre os diferentes produtos e serviços, com especificação correta de quantidade, características, composição, qualidade, tributos incidentes e preço, bem como sobre os riscos que apresentem; (Redação dada pela Lei nº 12.741, de 2012).

▸ CDC: arts. 31 a 66.

IV – a proteção contra a publicidade enganosa e abusiva, métodos comerciais coercitivos ou desleais, bem como contra práticas e cláusulas abusivas ou impostas no fornecimento de produtos e serviços;

▸ CDC: arts. 37, 39 a 41, 51 a 53 e 67.

V – a modificação das cláusulas contratuais que estabeleçam prestações desproporcionais ou sua revisão em razão de fatos supervenientes que as tornem excessivamente onerosas;

VI – a efetiva prevenção e reparação de danos patrimoniais e morais, individuais, coletivos e difusos;

▸ Súmula nº 37 do STJ.

▸ CDC: arts. 25, 57, caput e 100.

▸ CC: arts. 186, 402 e 927.

VII – o acesso aos órgãos judiciários e administrativos com vistas à prevenção ou reparação de danos patrimoniais e morais, individuais, coletivos ou difusos, assegurada a proteção Jurídica, administrativa e técnica aos necessitados;

▸ CF: art. 5º, LXXIV.

▸ CDC: arts. 38, 51, VI e 83.

▸ Lei nº 1.060, de 05-02-1950, dispõe sobre a Assistência Judiciária.

VIII – a facilitação da defesa de seus direitos, inclusive com a inversão do ônus da prova, a seu favor, no processo civil, quando, a critério do juiz, for verossímil a alegação ou quando for ele hipossuficiente, segundo as regras ordinárias de experiências;

▸ CF: art. 5º, LV.

▸ CDC: art. 93.

IX – (Vetado);

X – a adequada e eficaz prestação dos serviços públicos em geral.

XI - a garantia de práticas de crédito responsável, de educação financeira e de prevenção e tratamento de situações de superendividamento, preservado o mínimo existencial, nos termos da regulamentação, por meio da revisão e da repactuação da dívida, entre outras medidas; (Incluído pela Lei nº 14.181, de 2021)

XII - a preservação do mínimo existencial, nos termos da regulamentação, na repactuação de dívidas e na concessão de crédito; (Incluído pela Lei nº 14.181, de 2021)

XIII - a informação acerca dos preços dos produtos por unidade de medida, tal como por quilo, por litro, por metro ou por outra unidade, conforme o caso. (Incluído pela Lei nº 14.181, de 2021)

Parágrafo único. A informação de que trata o inciso III do caput deste artigo deve ser acessível à pessoa com deficiência, observado o disposto em regulamento. (Incluído pela Lei 13.146, de 2015)

ART. 7º. Os direitos previstos neste código não excluem outros decorrentes de tratados ou convenções internacionais de que o Brasil seja signatário, da legislação interna ordinária, de regulamentos expedidos pelas autoridades administrativas competentes, bem como dos que derivem dos princípios gerais do direito, analogia, costumes e equidade.

▸ CF: art. 5º, §§ 2º e 3º.

▸ Dec.-lei nº 4.657, de 04-09-1942, art. 4º. Lei de Introdução às normas do Direito Brasileiro.

Parágrafo único. Tendo mais de um autor a ofensa, todos responderão solidariamente pela reparação dos danos previstos nas normas de consumo.

▸ CDC: arts. 12, 18, caput, 25, §§ 1º e 2º, 28, § 3º, e 34.

▸ CC: arts. 264 a 266, 275, caput, 285 e 942, caput.

CAPÍTULO IV. DA QUALIDADE DE PRODUTOS E SERVIÇOS, DA PREVENÇÃO E DA REPARAÇÃO DOS DANOS

SEÇÃO I. DA PROTEÇÃO À SAÚDE E SEGURANÇA

ART. 8º. Os produtos e serviços colocados no mercado de consumo não acarretarão riscos à saúde ou segurança dos consumidores, exceto os considerados normais e previsíveis em decorrência de sua natureza e fruição, obrigando-se os fornecedores, em qualquer hipótese, a dar as informações necessárias e adequadas a seu respeito.

§ 1º. Em se tratando de produto industrial, ao fabricante cabe prestar as informações a que se refere este artigo, através de impressos apropriados que devam acompanhar o produto. (Redação dada pela Lei nº 13.486, 03.10.2017)

§ 2º. O fornecedor deverá higienizar os equipamentos e utensílios utilizados no fornecimento de produtos ou serviços, ou colocados à disposição do consumidor, e informar, de maneira ostensiva e adequada, quando for o caso, sobre o risco de contaminação. (Incluído pela Lei nº 13.486, 03.10.2017)

ART. 9º. O fornecedor de produtos e serviços potencialmente nocivos ou perigosos à saúde ou segurança deverá informar, de maneira ostensiva e adequada, a respeito da sua nocividade ou periculosidade, sem prejuízo da adoção de outras medidas cabíveis em cada caso concreto.

▸ *CDC: art. 63.*

ART. 10. O fornecedor não poderá colocar no mercado de consumo produto ou serviço que sabe ou deveria saber apresentar alto grau de nocividade ou periculosidade à saúde ou segurança.

§ 1º. O fornecedor de produtos e serviços que, posteriormente à sua introdução no mercado de consumo, tiver conhecimento da periculosidade que apresentem, deverá comunicar o fato imediatamente às autoridades competentes e aos consumidores, mediante anúncios publicitários.

▸ *CDC: art. 64.*

§ 2º. Os anúncios publicitários a que se refere o parágrafo anterior serão veiculados na imprensa, rádio e televisão, às expensas do fornecedor do produto ou serviço.

§ 3º. Sempre que tiverem conhecimento de periculosidade de produtos ou serviços à saúde ou segurança dos consumidores, a União, os Estados, o Distrito Federal e os Municípios deverão informá-los a respeito.

ART. 11. (Vetado).

SEÇÃO II. DA RESPONSABILIDADE PELO FATO DO PRODUTO E DO SERVIÇO

▸ *Lei nº 10.671, de 15-05-2003, Estatuto do Torcedor.*

ART. 12. O fabricante, o produtor, o construtor, nacional ou estrangeiro, e o importador respondem, independentemente da existência de culpa, pela reparação dos danos causados aos consumidores por defeitos decorrentes de projeto, fabricação, construção, montagem, fórmulas, manipulação, apresentação ou acondicionamento de seus produtos, bem como por informações insuficientes ou inadequadas sobre sua utilização e riscos.

▸ *CDC: arts. 7º, par. ún., 25, 27 34 e 51, III.*

§ 1º. O produto é defeituoso quando não oferece a segurança que dele legitimamente se espera, levando-se em consideração as circunstâncias relevantes, entre as quais:

I – sua apresentação;

II – o uso e os riscos que razoavelmente dele se esperam;

III – a época em que foi colocado em circulação.

▸ *CC: art. 945.*

§ 2º. O produto não é considerado defeituoso pelo fato de outro de melhor qualidade ter sido colocado no mercado.

§ 3º. O fabricante, o construtor, o produtor ou importador só não será responsabilizado quando provar:

I – que não colocou o produto no mercado;

II – que, embora haja colocado o produto no mercado, o defeito inexiste;

III – a culpa exclusiva do consumidor ou de terceiro.

ART. 13. O comerciante é igualmente responsável, nos termos do artigo anterior, quando:

I – o fabricante, o construtor, o produtor ou o importador não puderem ser identificados;

II – o produto for fornecido sem identificação clara do seu fabricante, produtor, construtor ou importador;

III – não conservar adequadamente os produtos perecíveis.

Parágrafo único. Aquele que efetivar o pagamento ao prejudicado poderá exercer o direito de regresso contra os demais responsáveis, segundo sua participação na causação do evento danoso.

▸ *CDC: art. 88.*

ART. 14. O fornecedor de serviços responde, independentemente da existência de culpa, pela reparação dos danos causados aos consumidores por defeitos relativos à prestação dos serviços, bem como por informações insuficientes ou inadequadas sobre sua fruição e riscos.

▸ *Súmula nº 130 e 387 do STJ.*

▸ *CDC: arts. 7º, par. ún., 25, 27, 34 e 51, III.*

§ 1º. O serviço é defeituoso quando não fornece a segurança que o consumidor dele pode esperar, levando-se em consideração as circunstâncias relevantes, entre as quais:

I – o modo de seu fornecimento;

II – o resultado e os riscos que razoavelmente dele se esperam;

III – a época em que foi fornecido.

§ 2º. O serviço não é considerado defeituoso pela adoção de novas técnicas.

§ 3º. O fornecedor de serviços só não será responsabilizado quando provar:

I – que, tendo prestado o serviço, o defeito inexiste;

II – a culpa exclusiva do consumidor ou de terceiros.

▸ *Súmula nº 479 do STJ.*

▸ CC: art. 945.

§ 4º. A responsabilidade pessoal dos profissionais liberais será apurada mediante a verificação de culpa.

ARTS. 15 e 16. (Vetados).

ART. 17. Para os efeitos desta Seção, equiparam-se aos consumidores todas as vítimas do evento.

▸ Súmula nº 479 do STJ.

▸ CDC: art. 2º.

SEÇÃO III. DA RESPONSABILIDADE POR VÍCIO DO PRODUTO E DO SERVIÇO

ART. 18. Os fornecedores de produtos de consumo duráveis ou não duráveis respondem solidariamente pelos vícios de qualidade ou quantidade que os tornem impróprios ou inadequados ao consumo a que se destinam ou lhes diminuam o valor, assim como por aqueles decorrentes da disparidade, com a indicações constantes do recipiente, da embalagem, rotulagem ou mensagem publicitária, respeitadas as variações decorrentes de sua natureza, podendo o consumidor exigir a substituição das partes viciadas.

▸ CDC: arts. 7º, par. ún., 19, caput, 25, 26, 34 e 51, III.

§ 1º. Não sendo o vício sanado no prazo máximo de trinta dias, pode o consumidor exigir, alternativamente e à sua escolha:

I – a substituição do produto por outro da mesma espécie, em perfeitas condições de uso;

II – a restituição imediata da quantia paga, monetariamente atualizada, sem prejuízo de eventuais perdas e danos;

III – o abatimento proporcional do preço.

§ 2º. Poderão as partes convencionar a redução ou ampliação do prazo previsto no parágrafo anterior, não podendo ser inferior a sete nem superior a cento e oitenta dias. Nos contratos de adesão, a cláusula de prazo deverá ser convencionada em separado, por meio de manifestação expressa do consumidor.

§ 3º. O consumidor poderá fazer uso imediato das alternativas do § 1º deste artigo sempre que, em razão da extensão do vício, a substituição das partes viciadas puder comprometer a qualidade ou características do produto, diminuir-lhe o valor ou se tratar de produto essencial.

§ 4º. Tendo o consumidor optado pela alternativa do inciso I do § 1º deste artigo, e não sendo possível a substituição do bem, poderá haver substituição por outro de espécie, marca ou modelo diversos, mediante complementação ou restituição de eventual diferença de preço, sem prejuízo do disposto nos incisos II e III do § 1º deste artigo.

§ 5º. No caso de fornecimento de produtos in natura, será responsável perante o consumidor o fornecedor imediato, exceto quando identificado claramente seu produtor.

§ 6º. São impróprios ao uso e consumo:

I – os produtos cujos prazos de validade estejam vencidos;

II – os produtos deteriorados, alterados, adulterados, avariados, falsificados, corrompidos, fraudados, nocivos à vida ou à saúde, perigosos ou, ainda, aqueles em desacordo com as normas regulamentares de fabricação, distribuição ou apresentação;

III – os produtos que, por qualquer motivo, se revelem inadequados ao fim a que se destinam.

ART. 19. Os fornecedores respondem solidariamente pelos vícios de quantidade do produto sempre que, respeitadas as variações decorrentes de sua natureza, seu conteúdo líquido for inferior às indicações constantes do recipiente, da embalagem, rotulagem ou de mensagem publicitária, podendo o consumidor exigir, alternativamente e à sua escolha:

▸ CDC: arts. 7º, par. ún., 25, § 1º, 26 e 58.

I – o abatimento proporcional do preço;

II – complementação do peso ou medida;

III – a substituição do produto por outro da mesma espécie, marca ou modelo, sem os aludidos vícios;

IV – a restituição imediata da quantia paga, monetariamente atualizada, sem prejuízo de eventuais perdas e danos.

§ 1º. Aplica-se a este artigo o disposto no § 4º do artigo anterior.

§ 2º. O fornecedor imediato será responsável quando fizer a pesagem ou a medição e o instrumento utilizado não estiver aferido segundo os padrões oficiais.

ART. 20. O fornecedor de serviços responde pelos vícios de qualidade que os tornem impróprios ao consumo ou lhes diminuam o valor, assim como por aqueles decorrentes da disparidade com as indicações constantes da oferta ou mensagem publicitária, podendo o consumidor exigir, alternativamente e à sua escolha:

▸ CDC: arts. 7º, par. ún., 25, 26 e 58.

I – a reexecução dos serviços, sem custo adicional e quando cabível;

II – a restituição imediata da quantia paga, monetariamente atualizada, sem prejuízo de eventuais perdas e danos;

III – o abatimento proporcional do preço.

§ 1º. A reexecução dos serviços poderá ser confiada a terceiros devidamente capacitados, por conta e risco do fornecedor

§ 2º. São impróprios os serviços que se mostrem inadequados para os fins que razoavelmente deles se esperam, bem como aqueles que não atendam as normas regulamentares de prestabilidade.

ART. 21. No fornecimento de serviços que tenham por objetivo a reparação de qualquer produto considerar-se-á implícita a obrigação do fornecedor de empregar componentes de reposição originais adequados e novos, ou que mantenham as especificações técnicas do fabricante, salvo, quanto a estes últimos, autorização em contrário do consumidor.

▸ CDC: arts. 32 e 70.

ART. 22. Os órgãos públicos, por si ou suas empresas, concessionárias, permissionárias ou sob qualquer outra forma de empreendimento, são obrigados a fornecer serviços adequados, eficientes, seguros e, quanto aos essenciais, contínuos.

▸ CDC: art. 44, § 2º.

Parágrafo único. Nos casos de descumprimento, total ou parcial, das obrigações referidas neste artigo, serão as pessoas jurídicas compelidas a cumpri-las e a reparar os danos causados, na forma prevista neste código.

ART. 23. A ignorância do fornecedor sobre os vícios de qualidade por inadequação dos produtos e serviços não o exime de responsabilidade.

ART. 24. A garantia legal de adequação do produto ou serviço independe de termo expresso, vedada a exoneração contratual do fornecedor.

▸ *CDC: arts. 50 e 74.*

ART. 25. É vedada a estipulação contratual de cláusula que impossibilite, exonere ou atenue a obrigação de indenizar prevista nesta e nas seções anteriores.

§ 1º. Havendo mais de um responsável pela causação do dano, todos responderão solidariamente pela reparação prevista nesta e nas seções anteriores.

§ 2º. Sendo o dano causado por componente ou peça incorporada ao produto ou serviço, são responsáveis solidários seu fabricante, construtor ou importador e o que realizou a incorporação.

▸ *CDC: art. 7º, par. ún.*

SEÇÃO IV. DA DECADÊNCIA E DA PRESCRIÇÃO

ART. 26. O direito de reclamar pelos vícios aparentes ou de fácil constatação caduca em:

▸ *Súmula nº 477 do STJ.*

I – trinta dias, tratando-se de fornecimento de serviço e de produtos não duráveis;

II – noventa dias, tratando-se de fornecimento de serviço e de produtos duráveis.

▸ *CDC: arts. 18 a 20.*

§ 1º. Inicia-se a contagem do prazo decadencial a partir da entrega efetiva do produto ou do término da execução dos serviços.

§ 2º. Obstam a decadência:

I – a reclamação comprovadamente formulada pelo consumidor perante o fornecedor de produtos e serviços até a resposta negativa correspondente, que deve ser transmitida de forma inequívoca;

II – (Vetado).

III – a instauração de inquérito civil, até seu encerramento.

▸ *Súmula nº 477 do STJ.*

▸ *CDC: art. 90.*

§ 3º. Tratando-se de vício oculto, o prazo decadencial inicia-se no momento em que ficar evidenciado o defeito.

ART. 27. Prescreve em cinco anos a pretensão à reparação pelos danos causados por fato do produto ou do serviço prevista na Seção II deste Capítulo, iniciando-se a contagem do prazo a partir do conhecimento do dano e de sua autoria.

▸ *CDC: arts. 101 e 102.*

Parágrafo único. (Vetado).

SEÇÃO V. DA DESCONSIDERAÇÃO DA PERSONALIDADE JURÍDICA

ART. 28. O juiz poderá desconsiderar a personalidade jurídica da sociedade quando, em detrimento do consumidor, houver abuso de direito, excesso de poder, infração da lei, fato ou ato ilícito ou violação dos estatutos ou contrato social. A desconsideração também será efetivada quando houver falência, estado de insolvência, encerramento ou inatividade da pessoa jurídica provocados por má administração.

▸ *Lei nº 12.529, de 30-11-2011, Sistema Brasileiro de Defesa da Concorrência.*

§ 1º. (Vetado).

§ 2º. As sociedades integrantes dos grupos societários e as sociedades controladas, são subsidiariamente responsáveis pelas obrigações decorrentes deste código.

§ 3º. As sociedades consorciadas são solidariamente responsáveis pelas obrigações decorrentes deste código.

§ 4º. As sociedades coligadas só responderão por culpa.

§ 5º. Também poderá ser desconsiderada a pessoa jurídica sempre que sua personalidade for, de alguma forma, obstáculo ao ressarcimento de prejuízos causados aos consumidores.

CAPÍTULO V. DAS PRÁTICAS COMERCIAIS

SEÇÃO I. DAS DISPOSIÇÕES GERAIS

ART. 29. Para os fins deste Capítulo e do seguinte, equiparam-se aos consumidores todas as pessoas determináveis ou não, expostas às práticas nele previstas.

▸ *CDC: art. 2º.*

SEÇÃO II. DA OFERTA

ART. 30. Toda informação ou publicidade, suficientemente precisa, veiculada por qualquer forma ou meio de comunicação com relação a produtos e serviços oferecidos ou apresentados, obriga o fornecedor que a fizer veicular ou dela se utilizar e integra o contrato que vier a ser celebrado.

ART. 31. A oferta e apresentação de produtos ou serviços devem assegurar informações corretas, claras, precisas, ostensivas e em língua portuguesa sobre suas características, qualidades, quantidade, composição, preço, garantia, prazos de validade e origem, entre outros dados, bem como sobre os riscos que apresentam à saúde e segurança dos consumidores.

▸ *CDC: arts. 6º, III, e 66.*

Parágrafo único. As informações de que trata este artigo, nos produtos refrigerados oferecidos ao consumidor, serão gravadas de forma indelével. (Incluído pela Lei nº 11.989, de 2009)

ART. 32. Os fabricantes e importadores deverão assegurar a oferta de componentes e peças de reposição enquanto não cessar a fabricação ou importação do produto.

▸ *CDC: arts. 21 e 70.*

Parágrafo único. Cessadas a produção ou importação, a oferta deverá ser mantida por período razoável de tempo, na forma da lei.

ART. 33. Em caso de oferta ou venda por telefone ou reembolso postal, deve constar o nome do fabricante e endereço na embalagem, publicidade e em todos os impressos utilizados na transação comercial.

▸ *CDC: art. 49, caput.*

Parágrafo único. É proibida a publicidade de bens e serviços por telefone, quando a chamada for onerosa ao consumidor que a origina. (Incluído pela Lei nº 11.800, de 2008).

ART. 34. O fornecedor do produto ou serviço é solicariamente responsável pelos atos de seus prepostos ou representantes autônomos.

▸ *CDC: arts. 7º, par. ún., 18, caput, 19, caput e 25, §§ 1º e 2º, 28, § 3º, e 51, III.*

ART. 35. Se o fornecedor de produtos ou serviços recusar cumprimento à oferta, apresentação ou publicidade, o consumidor poderá, alternativamente e à sua livre escolha:

I – exigir o cumprimento forçado da obrigação, nos termos da oferta, apresentação ou publicidade;

▸ *CDC: arts. 48e 84, § 1º.*

II – aceitar outro produto ou prestação de serviço equivalente;

III – rescindir o contrato, com direito à restituição de quantia eventualmente antecipada, monetariamente atualizada, e a perdas e danos.

▸ *CDC: arts. 13, VI.*

SEÇÃO III. DA PUBLICIDADE

ART. 36. A publicidade deve ser veiculada de tal forma que o consumidor, fácil e imediatamente, a identifique como tal.

Parágrafo único. O fornecedor, na publicidade de seus produtos ou serviços, manterá, em seu poder, para informação dos legítimos interessados, os dados fáticos, técnicos e científicos que dão sustentação à mensagem.

▸ *CDC: arts. 60 e 69.*

ART. 37. É proibida toda publicidade enganosa ou abusiva.

▸ *CDC: arts. 60, caput, 66 e 67.*

§ 1º. É enganosa qualquer modalidade de informação ou comunicação de caráter publicitário, inteira ou parcialmente falsa, ou, por qualquer outro modo, mesmo por omissão, capaz de induzir em erro o consumidor a respeito da natureza, características, qualidade, quantidade, propriedades, origem, preço e quaisquer outros dados sobre produtos e serviços.

§ 2º. É abusiva, dentre outras a publicidade discriminatória de qualquer natureza, a que incite à violência, explore o medo ou a superstição, se aproveite da deficiência de julgamento e experiência da criança, desrespeita valores ambientais, ou que seja capaz de induzir o consumidor a se comportar de forma prejudicial ou perigosa à sua saúde ou segurança.

▸ *CDC: art. 39, IV.*

§ 3º. Para os efeitos deste código, a publicidade é enganosa por omissão quando deixar de informar sobre dado essencial do produto ou serviço.

▸ *CDC: art. 66.*

§ 4º. (Vetado).

ART. 38. O ônus da prova da veracidade e correção da informação ou comunicação publicitária cabe a quem as patrocina.

▸ *CDC: art. 6º, VIII, 35, 51, VI, e 69.*

SEÇÃO IV. DAS PRÁTICAS ABUSIVAS

ART. 39. É vedado ao fornecedor de produtos ou serviços, dentre outras práticas abusivas: (Redação dada pela Lei nº 8.884, de 11.6.1994)

I – condicionar o fornecimento de produto ou de serviço ao fornecimento de outro produto ou serviço, bem como, sem justa causa, a limites quantitativos;

▸ *Súmula nº 473 do STJ.*

II – recusar atendimento às demandas dos consumidores, na exata medida de suas disponibilidades de estoque, e, ainda, de conformidade com os usos e costumes;

▸ *Lei nº 1.521, 26-12-1951, art. 2º, I, altera dispositivos da legislação vigente sobre crimes contra a economia popular.*

III – enviar ou entregar ao consumidor, sem solicitação prévia, qualquer produto, ou fornecer qualquer serviço;

IV – prevalecer-se da fraqueza ou ignorância do consumidor, tendo em vista sua idade, saúde, conhecimento ou condição social, para impingir-lhe seus produtos ou serviços;

V – exigir do consumidor vantagem manifestamente excessiva;

VI – executar serviços sem a prévia elaboração de orçamento e autorização expressa do consumidor, ressalvadas as decorrentes de práticas anteriores entre as partes;

▸ *CDC: art. 40.*

VII – repassar informação depreciativa, referente a ato praticado pelo consumidor no exercício de seus direitos;

VIII – colocar, no mercado de consumo, qualquer produto ou serviço em desacordo com as normas expedidas pelos órgãos oficiais competentes ou, se normas específicas não existirem, pela Associação Brasileira de Normas Técnicas ou outra entidade credenciada pelo Conselho Nacional de Metrologia, Normalização e Qualidade Industrial (Conmetro);

▸ *Lei nº 1.521, 26-12-1951, art. 2º, III, altera dispositivos da legislação vigente sobre crimes contra a economia popular.*

IX – recusar a venda de bens ou a prestação de serviços, diretamente a quem se disponha a adquiri-los mediante pronto pagamento, ressalvados os casos de intermediação regulados em leis especiais; (Redação dada pela Lei nº 8.884, de 11.6.1994)

▸ *Lei nº 1.521, 26-12-1951, art. 2º, I, altera dispositivos da legislação vigente sobre crimes contra a economia popular.*

X – elevar sem justa causa o preço de produtos ou serviços. (Incluído pela Lei nº 8.884, de 11.6.1994)

XI – Dispositivo incluído pela MPV nº 1.890-67, de 22.10.1999, transformado em inciso XIII, quando da conversão na Lei nº 9.870, de 23.11.1999.

XII – deixar de estipular prazo para o cumprimento de sua obrigação ou deixar a fixação de seu termo inicial a seu exclusivo critério. (Incluído pela Lei nº 9.008, de 21.3.1995)

XIII – aplicar fórmula ou índice de reajuste diverso do legal ou contratualmente estabelecido. (Incluído pela Lei nº 9.870, de 23.11.1999)

XIV - permitir o ingresso em estabelecimentos comerciais ou de serviços de um número maior de consumidores que o fixado pela autoridade administrativa como máximo. (Incluído pela Lei nº 13.425, de 2017).

Parágrafo único. Os serviços prestados e os produtos remetidos ou entregues ao consumidor, na hipótese prevista no inciso III, equiparam-se às amostras grátis, inexistindo obrigação de pagamento.

ART. 40. O fornecedor de serviço será obrigado a entregar ao consumidor orçamento prévio discriminando o valor da mão-de-obra, dos materiais e equipamentos a serem empregados, as condições de pagamento, bem como as datas de início e término dos serviços.

▸ *CDC: art. 39.*

§ 1º. Salvo estipulação em contrário, o valor orçado terá validade pelo prazo de dez dias, contado de seu recebimento pelo consumidor.

§ 2º. Uma vez aprovado pelo consumidor, o orçamento obriga os contraentes e somente pode ser alterado mediante livre negociação das partes.

§ 3º. O consumidor não responde por quaisquer ônus ou acréscimos decorrentes da contratação de serviços de terceiros não previstos no orçamento prévio.

ART. 41. No caso de fornecimento de produtos ou de serviços sujeitos ao regime de controle ou de tabelamento de preços, os fornecedores deverão respeitar os limites oficiais sob pena de não o fazendo, responderem pela restituição da quantia recebida em excesso, monetariamente atualizada, podendo o consumidor exigir à sua escolha, o desfazimento do negócio, sem prejuízo de outras sanções cabíveis.

▸ *Lei nº 1.521, 26-12-1951, art. 2º, VI, altera dispositivos da legislação vigente sobre crimes contra a economia popular.*

SEÇÃO V.
DA COBRANÇA DE DÍVIDAS

ART. 42. Na cobrança de débitos, o consumidor inadimplente não será exposto a ridículo, nem será submetido a qualquer tipo de constrangimento ou ameaça.

▸ *CDC: art. 71.*

Parágrafo único. O consumidor cobrado em quantia indevida tem direito à repetição do indébito, por valor igual ao dobro do que pagou em excesso, acrescido de correção monetária e juros legais, salvo hipótese de engano justificável.

ART. 42-A. Em todos os documentos de cobrança de débitos apresentados ao consumidor, deverão constar o nome, o endereço e o número de inscrição no Cadastro de Pessoas Físicas – CPF ou no Cadastro Nacional de Pessoa Jurídica – CNPJ do fornecedor do produto ou serviço correspondente. (Incluído pela Lei nº 12.039, de 2009)

SEÇÃO VI.
DOS BANCOS DE DADOS E CADASTROS DE CONSUMIDORES

ART. 43. O consumidor, sem prejuízo do disposto no art. 86, terá acesso às informações existentes em cadastros, fichas, registros e dados pessoais e de consumo arquivados sobre ele, bem como sobre as suas respectivas fontes.

▸ *CDC: art. 72.*

§ 1º. Os cadastros e dados de consumidores devem ser objetivos, claros, verdadeiros e em linguagem de fácil compreensão, não podendo conter informações negativas referentes a período superior a cinco anos.

▸ *Súmula nº 323 do STJ.*

§ 2º. A abertura de cadastro, ficha, registro e dados pessoais e de consumo deverá ser comunicada por escrito ao consumidor, quando não solicitada por ele.

▸ *Súmula nº 359, 385 e 404 do STJ.*

§ 3º. O consumidor, sempre que encontrar inexatidão nos seus dados e cadastros, poderá exigir sua imediata correção, devendo o arquivista, no prazo de cinco dias úteis, comunicar a alteração aos eventuais destinatários das informações incorretas.

▸ *CDC: art. 73.*

§ 4º. Os bancos de dados e cadastros relativos a consumidores, os serviços de proteção ao crédito e congêneres são considerados entidades de caráter público.

▸ *CF: art. 5º, LXXII, a.*

§ 5º. Consumada a prescrição relativa à cobrança de débitos do consumidor, não serão fornecidas, pelos respectivos Sistemas de Proteção ao Crédito, quaisquer informações que possam impedir ou dificultar novo acesso ao crédito junto aos fornecedores.

▸ *Súmula nº 323 do STJ.*

▸ *CF: art. 5º, LXXII.*

§ 6º. Todas as informações de que trata o caput deste artigo devem ser disponibilizadas em formatos acessíveis, inclusive para a pessoa com deficiência, mediante solicitação do consumidor. (Incluído pela Lei nº 13.146, de 06.07.2015)

ART. 44. Os órgãos públicos de defesa do consumidor manterão cadastros atualizados de reclamações fundamentadas contra fornecedores de produtos e serviços, devendo divulgá-lo pública e anualmente. A divulgação indicará se a reclamação foi atendida ou não pelo fornecedor.

§ 1º. É facultado o acesso às informações lá constantes para orientação e consulta por qualquer interessado.

§ 2º. Aplicam-se a este artigo, no que couber, as mesmas regras enunciadas no artigo anterior e as do parágrafo único do art. 22 deste código.

ART. 45. (Vetado).

CAPÍTULO VI.
DA PROTEÇÃO CONTRATUAL

SEÇÃO I.
DISPOSIÇÕES GERAIS

ART. 46. Os contratos que regulam as relações de consumo não obrigarão os consumidores, se não lhes for dada a oportunidade de tomar conhecimento prévio de seu conteúdo, ou se os respectivos instrumentos forem redigidos de modo a dificultar a compreensão de seu sentido e alcance.

ART. 47. As cláusulas contratuais serão interpretadas de maneira mais favorável ao consumidor.

▸ Súmula nº 181 do STJ.

▸ CC: art. 423.

ART. 48. As declarações de vontade constantes de escritos particulares, recibos e pré-contratos relativos às relações de consumo vinculam o fornecedor, ensejando inclusive execução específica, nos termos do art. 84 e parágrafos.

▸ CDC: art. 35, I.

ART. 49. O consumidor pode desistir do contrato, no prazo de 7 dias a contar de sua assinatura ou do ato de recebimento do produto ou serviço, sempre que a contratação de fornecimento de produtos e serviços ocorrer fora do estabelecimento comercial, especialmente por telefone ou a domicílio.

▸ CDC: art. 33.

Parágrafo único. Se o consumidor exercitar o direito de arrependimento previsto neste artigo, os valores eventualmente pagos, a qualquer título, durante o prazo de reflexão, serão devolvidos, de imediato, monetariamente atualizados.

ART. 50. A garantia contratual é complementar à legal e será conferida mediante termo escrito.

▸ CDC: arts. 24, 66 e 74.

Parágrafo único. O termo de garantia ou equivalente deve ser padronizado e esclarecer, de maneira adequada em que consiste a mesma garantia, bem como a forma, o prazo e o lugar em que pode ser exercitada e os ônus a cargo do consumidor, devendo ser-lhe entregue, devidamente preenchido pelo fornecedor, no ato do fornecimento, acompanhado de manual de instrução, de instalação e uso do produto em linguagem didática, com ilustrações.

SEÇÃO II.
DAS CLÁUSULAS ABUSIVAS

ART. 51. São nulas de pleno direito, entre outras, as cláusulas contratuais relativas ao fornecimento de produtos e serviços que:

▸ CDC: art. 6º, IV.

▸ CC: art. 166.

I – impossibilitem, exonerem ou atenuem a responsabilidade do fornecedor por vícios de qualquer natureza dos produtos e serviços ou impliquem renúncia ou disposição de direitos. Nas relações de consumo entre o fornecedor e o consumidor pessoa jurídica, a indenização poderá ser limitada, em situações justificáveis;

II – subtraiam ao consumidor a opção de reembolso da quantia já paga, nos casos previstos neste código;

▸ CDC: arts. 18, § 1º, II, 19, IV, 20, II, e 49, par. ún.

III – transfiram responsabilidades a terceiros;

▸ Súmula nº 302 e 381 do STJ.

▸ CDC: arts. 4º, III, 53.

IV – estabeleçam obrigações consideradas iníquas, abusivas, que coloquem o consumidor em desvantagem exagerada, ou sejam incompatíveis com a boa-fé ou a equidade;

V – (Vetado);

VI – estabeleçam inversão do ônus da prova em prejuízo do consumidor;

▸ CDC: arts. 6º, VIII, e 38.

VII – determinem a utilização compulsória de arbitragem;

VIII – imponham representante para concluir ou realizar outro negócio jurídico pelo consumidor;

▸ Súmula nº 60 do STJ.

IX – deixem ao fornecedor a opção de concluir ou não o contrato, embora obrigando o consumidor;

X – permitam ao fornecedor, direta ou indiretamente, variação do preço de maneira unilateral;

XI – autorizem o fornecedor a cancelar o contrato unilateralmente, sem que igual direito seja conferido ao consumidor;

XII – obriguem o consumidor a ressarcir os custos de cobrança de sua obrigação, sem que igual direito lhe seja conferido contra o fornecedor;

XIII – autorizem o fornecedor a modificar unilateralmente o conteúdo ou a qualidade do contrato, após sua celebração;

XIV – infrinjam ou possibilitem a violação de normas ambientais;

XV – estejam em desacordo com o sistema de proteção ao consumidor;

XVI – possibilitem a renúncia do direito de indenização por benfeitorias necessárias.

XVII - condicionem ou limitem de qualquer forma o acesso aos órgãos do Poder Judiciário; (Incluído pela Lei nº 14.181, de 2021)

XVIII - estabeleçam prazos de carência em caso de impontualidade das prestações mensais ou impeçam o restabelecimento integral dos direitos do consumidor e de seus meios de pagamento a partir da purgação da mora ou do acordo com os credores; (Incluído pela Lei nº 14.181, de 2021)

XIX - (VETADO). (Incluído pela Lei nº 14.181, de 2021)

§ 1º. Presume-se exagerada, entre outros casos, a vantagem que:

I – ofende os princípios fundamentais do sistema jurídico a que pertence;

II – restringe direitos ou obrigações fundamentais inerentes à natureza do contrato, de tal modo a ameaçar seu objeto ou equilíbrio contratual;

III – se mostra excessivamente onerosa para o consumidor, considerando-se a natureza e conteúdo do contrato, o interesse das partes e outras circunstâncias peculiares ao caso.

§ 2º. A nulidade de uma cláusula contratual abusiva não invalida o contrato, exceto quando de sua ausência, apesar dos esforços de integração, decorrer ônus excessivo a qualquer das partes.

▸ CC: art. 184.

§ 3º. (Vetado).

§ 4º. É facultado a qualquer consumidor ou entidade que o represente requerer ao Ministério Público que ajuíze a competente ação para ser declarada a nulidade de cláusula contratual que contrarie o disposto neste código ou de qualquer forma não assegure o justo equilíbrio entre direitos e obrigações das partes.

▸ CDC: art. 82, I.

ART. 52. No fornecimento de produtos ou serviços que envolva outorga de crédito ou concessão de financiamento ao consumidor, o fornecedor deverá, entre outros requisitos, informá-lo prévia e adequadamente sobre:

▸ CDC: art. 66.

I – preço do produto ou serviço em moeda corrente nacional;

II – montante dos juros de mora e da taxa efetiva anual de juros;

III – acréscimos legalmente previstos;

IV – número e periodicidade das prestações;

V – soma total a pagar, com e sem financiamento.

§ 1º. As multas de mora decorrentes do inadimplemento de obrigações no seu termo não poderão ser superiores a dois por cento do valor da prestação. (Redação dada pela Lei nº 9.298, de 1º.8.1996)

▸ Súmula nº 285 do STJ.

§ 2º. É assegurado ao consumidor a liquidação antecipada do débito, total ou parcialmente, mediante redução proporcional dos juros e demais acréscimos.

§ 3º. (Vetado).

ART. 53. Nos contratos de compra e venda de móveis ou imóveis mediante pagamento em prestações, bem como nas alienações fiduciárias em garantia, consideram-se nulas de pleno direito as cláusulas que estabeleçam a perda total das prestações pagas em benefício do credor que, em razão do inadimplemento, pleitear a resolução do contrato e a retomada do produto alienado.

▸ Súmula nº 284 do STJ.

▸ CDC: art. 51, IV.

§ 1º. (Vetado).

§ 2º. Nos contratos do sistema de consórcio de produtos duráveis, a compensação ou a restituição das parcelas quitadas, na forma deste artigo, terá descontada, além da vantagem econômica auferida com a fruição, os prejuízos que o desistente ou inadimplente causar ao grupo.

▸ Súmula nº 35 do STJ.

▸ CDC: art. 54, § 2º.

§ 3º. Os contratos de que trata o *caput* deste artigo serão expressos em moeda corrente nacional.

SEÇÃO III.
DOS CONTRATOS DE ADESÃO

ART. 54. Contrato de adesão é aquele cujas cláusulas tenham sido aprovadas pela autoridade competente ou estabelecidas unilateralmente pelo fornecedor de produtos ou serviços, sem que o consumidor possa discutir ou modificar substancialmente seu conteúdo.

▸ CDC: art. 18, § 2º.

§ 1º. A inserção de cláusula no formulário não desfigura a natureza de adesão do contrato.

§ 2º. Nos contratos de adesão admite-se cláusula resolutória, desde que a alternativa, cabendo a escolha ao consumidor, ressalvando-se o disposto no § 2º do artigo anterior.

§ 3º. Os contratos de adesão escritos serão redigidos em termos claros e com caracteres ostensivos e legíveis, cujo tamanho da fonte não será inferior ao corpo doze, de modo a facilitar sua compreensão pelo consumidor. (Redação dada pela nº 11.785, de 2008)

▸ CDC: art. 46.

§ 4º. As cláusulas que implicarem limitação de direito do consumidor deverão ser redigidas com destaque, permitindo sua imediata e fácil compreensão.

▸ CC: art. 424.

§ 5º. (Vetado)

CAPÍTULO VI-A

DA PREVENÇÃO E DO TRATAMENTO DO SUPERENDIVIDAMENTO (Incluído pela Lei nº 14.181, de 2021)

ART. 54-A. Este Capítulo dispõe sobre a prevenção do superendividamento da pessoa natural, sobre o crédito responsável e sobre a educação financeira do consumidor. (Incluído pela Lei nº 14.181, de 2021)

§ 1º Entende-se por superendividamento a impossibilidade manifesta de o consumidor pessoa natural, de boa-fé, pagar a totalidade de suas dívidas de consumo, exigíveis e vincendas, sem comprometer seu mínimo existencial, nos termos da regulamentação. (Incluído pela Lei nº 14.181, de 2021)

§ 2º As dívidas referidas no § 1º deste artigo englobam quaisquer compromissos financeiros assumidos decorrentes de relação de consumo, inclusive operações de crédito, compras a prazo e serviços de prestação continuada. (Incluído pela Lei nº 14.181, de 2021)

§ 3º O disposto neste Capítulo não se aplica ao consumidor cujas dívidas tenham sido contraídas mediante fraude ou má-fé, sejam oriundas de contratos celebrados dolosamente com o propósito de não realizar o pagamento ou decorram da aquisição ou contratação de produtos e serviços de luxo de alto valor. (Incluído pela Lei nº 14.181, de 2021)

ART. 54-B. No fornecimento de crédito e na venda a prazo, além das informações obrigatórias previstas no art. 52 deste Código e na legislação aplicável à matéria, o fornecedor ou o intermediário deverá informar o consumidor, prévia e adequadamente, no momento da oferta, sobre: (Incluído pela Lei nº 14.181, de 2021)

I - o custo efetivo total e a descrição dos elementos que o compõem; (Incluído pela Lei nº 14.181, de 2021)

II - a taxa efetiva mensal de juros, bem como a taxa dos juros de mora e o total de encargos, de qualquer natureza, previstos para o atraso no pagamento; (Incluído pela Lei nº 14.181, de 2021)

III - o montante das prestações e o prazo de validade da oferta, que deve ser, no mínimo, de 2 (dois) dias; (Incluído pela Lei nº 14.181, de 2021)

IV - o nome e o endereço, inclusive o eletrônico, do fornecedor; (Incluído pela Lei nº 14.181, de 2021)

V - o direito do consumidor à liquidação antecipada e não onerosa do débito, nos termos do § 2º do art. 52 deste Código e da regulamentação em vigor. (Incluído pela Lei nº 14.181, de 2021)

§ 1º As informações referidas no art. 52 deste Código e no caput deste artigo devem constar de forma clara e resumida do próprio contrato, da fatura ou de instrumento apartado, de fácil acesso ao consumidor. (Incluído pela Lei nº 14.181, de 2021)

§ 2º Para efeitos deste Código, o custo efetivo total da operação de crédito ao consumidor consistirá em taxa percentual anual e compreenderá todos os valores cobrados do consumidor, sem prejuízo do cálculo padronizado pela autoridade reguladora do sistema financeiro. (Incluído pela Lei nº 14.181, de 2021)

§ 3º Sem prejuízo do disposto no art. 37 deste Código, a oferta de crédito ao consumidor e a oferta de venda a prazo, ou a fatura mensal, conforme o caso, devem indicar, no mínimo, o custo efetivo total, o agente financiador e a soma total a pagar, com e sem financiamento. (Incluído pela Lei nº 14.181, de 2021)

ART. 54-C. É vedado, expressa ou implicitamente, na oferta de crédito ao consumidor, publicitária ou não: (Incluído pela Lei nº 14.181, de 2021)

I - (VETADO); (Incluído pela Lei nº 14.181, de 2021)

II - indicar que a operação de crédito poderá ser concluída sem consulta a serviços de proteção ao crédito ou sem avaliação da situação financeira do consumidor; (Incluído pela Lei nº 14.181, de 2021)

III - ocultar ou dificultar a compreensão sobre os ônus e os riscos da contratação do crédito ou da venda a prazo; (Incluído pela Lei nº 14.181, de 2021)

IV - assediar ou pressionar o consumidor para contratar o fornecimento de produto, serviço ou crédito, principalmente se se tratar de consumidor idoso, analfabeto, doente ou em estado de vulnerabilidade agravada ou se a contratação envolver prêmio; (Incluído pela Lei nº 14.181, de 2021)

V - condicionar o atendimento de pretensões do consumidor ou o início de tratativas à renúncia ou à desistência de demandas judiciais, ao pagamento de honorários advocatícios ou a depósitos judiciais. (Incluído pela Lei nº 14.181, de 2021)

Parágrafo único. (VETADO). (Incluído pela Lei nº 14.181, de 2021)

ART. 54-D. Na oferta de crédito, previamente à contratação, o fornecedor ou o intermediário deverá, entre outras condutas: (Incluído pela Lei nº 14.181, de 2021)

I - informar e esclarecer adequadamente o consumidor, considerada sua idade, sobre a natureza e a modalidade do crédito oferecido, sobre todos os custos incidentes, observado o disposto nos arts. 52 e 54-B deste Código, e sobre as consequências genéricas e específicas do inadimplemento; (Incluído pela Lei nº 14.181, de 2021)

II - avaliar, de forma responsável, as condições de crédito do consumidor, mediante análise das informações disponíveis em bancos de dados de proteção ao crédito, observado o disposto neste Código e na legislação sobre proteção de dados; (Incluído pela Lei nº 14.181, de 2021)

III - informar a identidade do agente financiador e entregar ao consumidor, ao garante e a outros coobrigados cópia do contrato de crédito. (Incluído pela Lei nº 14.181, de 2021)

Parágrafo único. O descumprimento de qualquer dos deveres previstos no caput deste artigo e nos arts. 52 e 54-C deste Código poderá acarretar judicialmente a redução dos juros, dos encargos ou de qualquer acréscimo ao principal e a dilação do prazo de pagamento previsto no contrato original, conforme a gravidade da conduta do fornecedor e as possibilidades financeiras do consumidor, sem prejuízo de outras sanções e de indenização por perdas e danos, patrimoniais e morais, ao consumidor. (Incluído pela Lei nº 14.181, de 2021)

ART. 54-E. (VETADO). (Incluído pela Lei nº 14.181, de 2021)

ART. 54-F. São conexos, coligados ou interdependentes, entre outros, o contrato principal de fornecimento de produto ou serviço e os contratos acessórios de crédito que lhe garantam o financiamento quando o fornecedor de crédito: (Incluído pela Lei nº 14.181, de 2021)

I - recorrer aos serviços do fornecedor de produto ou serviço para a preparação ou a conclusão do contrato de crédito; (Incluído pela Lei nº 14.181, de 2021)

II - oferecer o crédito no local da atividade empresarial do fornecedor de produto ou serviço financiado ou onde o contrato principal for celebrado. (Incluído pela Lei nº 14.181, de 2021)

§ 1º O exercício do direito de arrependimento nas hipóteses previstas neste Código, no contrato principal ou no contrato de crédito, implica a resolução de pleno direito do contrato que lhe seja conexo. (Incluído pela Lei nº 14.181, de 2021)

§ 2º Nos casos dos incisos I e II do caput deste artigo, se houver inexecução de qualquer das obrigações e deveres do fornecedor de produto ou serviço, o consumidor poderá requerer a rescisão do contrato não cumprido contra o fornecedor do crédito. (Incluído pela Lei nº 14.181, de 2021)

§ 3º O direito previsto no § 2º deste artigo caberá igualmente ao consumidor: (Incluído pela Lei nº 14.181, de 2021)

I - contra o portador de cheque pós-datado emitido para aquisição de produto ou serviço a prazo; (Incluído pela Lei nº 14.181, de 2021)

II - contra o administrador ou o emitente de cartão de crédito ou similar quando o cartão de crédito ou similar e o produto ou serviço forem fornecidos pelo mesmo fornecedor ou por entidades pertencentes a um mesmo grupo econômico. (Incluído pela Lei nº 14.181, de 2021)

§ 4º A invalidade ou a ineficácia do contrato principal implicará, de pleno direito, a do contrato de crédito que lhe seja conexo, nos termos do caput deste artigo, ressalvado ao fornecedor do crédito o direito de obter do fornecedor do produto ou serviço a devolução dos valores entregues, inclusive relativamente a tributos. (Incluído pela Lei nº 14.181, de 2021)

ART. 54-G. Sem prejuízo do disposto no art. 39 deste Código e na legislação aplicável à matéria, é vedado ao fornecedor de produto ou serviço que envolva crédito, entre outras condutas: (Incluído pela Lei nº 14.181, de 2021)

I - realizar ou proceder à cobrança ou ao débito em conta de qualquer quantia que houver sido contestada pelo consumidor em compra realizada com cartão de crédito ou similar, enquanto não for adequadamente solucionada a controvérsia, desde que o consumidor haja notificado a administradora do cartão com antecedência de pelo menos 10 (dez) dias contados da data de vencimento da fatura, vedada a manutenção do valor na fatura seguinte e assegurado ao consumidor o direito de deduzir do total da fatura o valor em disputa e efetuar o pagamento da parte não contestada, podendo o emissor lançar como crédito em confiança o valor idêntico ao da transação contestada que tenha sido cobrada, enquanto não encerrada a apuração da contestação; (Incluído pela Lei nº 14.181, de 2021)

II - recusar ou não entregar ao consumidor, ao garante e aos outros coobrigados cópia da minuta do contrato principal de consumo ou do contrato de crédito, em papel ou outro suporte duradouro, disponível e acessível, e, após a conclusão, cópia do contrato; (Incluído pela Lei nº 14.181, de 2021)

III - impedir ou dificultar, em caso de utilização fraudulenta do cartão de crédito ou similar, que o consumidor peça e obtenha, quando aplicável, a anulação ou o imediato bloqueio do pagamento, ou ainda a restituição dos valores indevidamente recebidos. (Incluído pela Lei nº 14.181, de 2021)

§ 1º Sem prejuízo do dever de informação e esclarecimento do consumidor e de entrega da minuta do contrato, no empréstimo cuja liquidação seja feita mediante consignação em folha de pagamento, a formalização e a entrega da cópia do contrato ou do instrumento de contratação ocorrerão após o fornecedor do crédito obter da fonte pagadora a indicação sobre a existência de margem consignável. (Incluído pela Lei nº 14.181, de 2021)

§ 2º Nos contratos de adesão, o fornecedor deve prestar ao consumidor, previamente, as informações de que tratam o art. 52 e o caput do art. 54-B deste Código, além de outras porventura determinadas na legislação em vigor, e fica obrigado a entregar ao consumidor cópia do contrato, após a sua conclusão (Incluído pela Lei nº 14.181, de 2021)

CAPÍTULO VII. DAS SANÇÕES ADMINISTRATIVAS (Lei nº 8.656, de 1993)

ART. 55. A União, os Estados e o Distrito Federal, em caráter concorrente e nas suas respectivas áreas de atuação administrativa, baixarão normas relativas à produção, industrialização, distribuição e consumo de produtos e serviços.

§ 1º. A União, os Estados, o Distrito Federal e os Municípios fiscalizarão e controlarão a produção, industrialização, distribuição, a publicidade de produtos e serviços e o mercado de consumo, no interesse da preservação da vida, da saúde, da segurança, da informação e do bem-estar do consumidor, baixando as normas que se fizerem necessárias.

§ 2º. (Vetado).

§ 3º. Os órgãos federais, estaduais, do Distrito Federal e municipais com atribuições para fiscalizar e controlar o mercado de consumo manterão comissões permanentes para elaboração, revisão e atualização das normas referidas no § 1º, sendo obrigatória a participação dos consumidores e fornecedores.

§ 4º. Os órgãos oficiais poderão expedir notificações aos fornecedores para que, sob pena de desobediência, prestem informações sobre questões de interesse do consumidor, resguardado o segredo industrial.

ART. 56. As infrações das normas de defesa do consumidor ficam sujeitas, conforme o caso, às seguintes sanções administrativas, sem prejuízo das de natureza civil, penal e das definidas em normas específicas:

I – multa;

II – apreensão do produto;

III – inutilização do produto;

IV – cassação do registro do produto junto ao órgão competente;

V – proibição de fabricação do produto;

VI – suspensão de fornecimento de produtos ou serviço;

VII – suspensão temporária de atividade;

VIII – revogação de concessão ou permissão de uso;

IX – cassação de licença do estabelecimento ou de atividade;

X – interdição, total ou parcial, de estabelecimento, de obra ou de atividade;

XI – intervenção administrativa;

XII – imposição de contrapropaganda.

Parágrafo único. As sanções previstas neste artigo serão aplicadas pela autoridade administrativa, no âmbito de sua atribuição, podendo ser aplicadas cumulativamente, inclusive por medida cautelar, antecedente ou incidente de procedimento administrativo.

ART. 57. A pena de multa, graduada de acordo com a gravidade da infração, a vantagem auferida e a condição econômica do fornecedor, será aplicada mediante procedimento administrativo, revertendo para o Fundo de que trata a Lei nº 7.347, de 24 de julho de 1985, os valores cabíveis à União, ou para os Fundos estaduais ou municipais de proteção ao consumidor nos demais casos. (Redação dada pela Lei nº 8.656, de 21.5.1993)

Parágrafo único. A multa será em montante não inferior a duzentas e não superior a três milhões de vezes o valor da Unidade Fiscal de Referência (Ufir), ou índice equivalente que venha a substituí-lo. (Parágrafo acrescentado pela Lei nº 8.703, de 6.9.1993)

ART. 58. As penas de apreensão, de inutilização de produtos, de proibição de fabricação de produtos, de suspensão do fornecimento de produto ou serviço, de cassação do registro do produto e revogação da concessão ou permissão de uso serão aplicadas pela administração, mediante procedimento administrativo, assegurada ampla defesa, quando forem constatados vícios de quantidade ou de qualidade por inadequação ou insegurança do produto ou serviço.

ART. 59. As penas de cassação de alvará de licença, de interdição e de suspensão temporária da atividade, bem como a de intervenção administrativa, serão aplicadas mediante procedimento administrativo, assegurada ampla defesa, quando o fornecedor reincidir na prática das infrações de maior gravidade previstas neste código e na legislação de consumo.

§ 1º. A pena de cassação da concessão será aplicada à concessionária de serviço público, quando violar obrigação legal ou contratual.

§ 2º. A pena de intervenção administrativa será aplicada sempre que as circunstâncias de fato desaconselharem a cassação de licença, a interdição ou suspensão da atividade.

§ 3º. Pendendo ação judicial na qual se discuta a imposição de penalidade administrativa, não haverá reincidência até o trânsito em julgado da sentença.

ART. 60. A imposição de contrapropaganda será cominada quando o fornecedor incorrer na prática de publicidade enganosa ou abusiva, nos termos do art. 36 e seus parágrafos, sempre às expensas do infrator.

▸ *A referência ao art. 36 deve ser entendida como sendo ao art. 37.*

§ 1º. A contrapropaganda será divulgada pelo responsável da mesma forma, frequência e dimensão e, preferencialmente no mesmo veículo, local, espaço e horário, de forma capaz de desfazer o malefício da publicidade enganosa ou abusiva.

§ 2º e § 3º (Vetado).

TÍTULO II.
DAS INFRAÇÕES PENAIS

ART. 61. Constituem crimes contra as relações de consumo previstas neste código, sem prejuízo do disposto no Código Penal e leis especiais, as condutas tipificadas nos artigos seguintes.

▸ *Lei nº 8.137, de 27-12-1990, art. 7º, define crimes contra a ordem tributária, econômica e contra as relações de consumo.*

ART. 62. (Vetado).

ART. 63. Omitir dizeres ou sinais ostensivos sobre a nocividade ou periculosidade de produtos, nas embalagens, nos invólucros, recipientes ou publicidade:

▸ *CDC: arts. 8º e 9º.*

Pena – Detenção de seis meses a dois anos e multa.

§ 1º. Incorrerá nas mesmas penas quem deixar de alertar, mediante recomendações escritas ostensivas, sobre a periculosidade do serviço a ser prestado.

§ 2º. Se o crime é culposo:

Pena – Detenção de um a seis meses ou multa.

ART. 64. Deixar de comunicar à autoridade competente e aos consumidores a nocividade ou periculosidade de produtos cujo conhecimento seja posterior à sua colocação no mercado:

▸ *CDC: art. 10, § 1º.*

Pena – Detenção de seis meses a dois anos e multa.

Parágrafo único. Incorrerá nas mesmas penas quem deixar de retirar do mercado, imediatamente quando determinado pela autoridade competente, os produtos nocivos ou perigosos, na forma deste artigo.

ART. 65. Executar serviço de alto grau de periculosidade, contrariando determinação de autoridade competente:

▸ *CDC: art. 10.*

Pena – Detenção de seis meses a dois anos e multa.

§ 1º. As penas deste artigo são aplicáveis sem prejuízo das correspondentes à lesão corporal e à morte. (Renumerado como parágrafo 1º pela Lei nº 13.425, de 30-03-2017).

▸ *CDC: art. 10.*

▸ *CP: art. 19.*

§ 2º. A prática do disposto no inciso XIV do art. 39 desta Lei também caracteriza o crime previsto no caput deste artigo. (Incluído pela Lei nº 13.425, de 30-03-2017)

ART. 66. Fazer afirmação falsa ou enganosa, ou omitir informação relevante sobre a natureza, característica, qualidade, quantidade, segurança, desempenho, durabilidade, preço ou garantia de produtos ou serviços:

Pena – Detenção de três meses a um ano e multa.

▸ *CDC: arts. 6º, III, 31, 37 e 52.*

§ 1º. Incorrerá nas mesmas penas quem patrocinar a oferta.

§ 2º. Se o crime é culposo;

Pena – Detenção de um a seis meses ou multa.

ART. 67. Fazer ou promover publicidade que sabe ou deveria saber ser enganosa ou abusiva:

Pena – Detenção de três meses a um ano e multa.

▸ *CDC: arts. 6º, IV, 36 e 37.*

Parágrafo único. (Vetado).

ART. 68. Fazer ou promover publicidade que sabe ou deveria saber ser capaz de induzir o consumidor a se comportar de forma prejudicial ou perigosa a sua saúde ou segurança:

Pena – Detenção de seis meses a dois anos e multa:

▸ *CDC: arts. 6º, IV, 36 e 37, § 2º.*

Parágrafo único. (Vetado).

ART. 69. Deixar de organizar dados fáticos, técnicos e científicos que dão base à publicidade:

Pena – Detenção de um a seis meses ou multa.

▸ *CDC: arts. 36, par. ún., e 38.*

ART. 70. Empregar na reparação de produtos, peça ou componentes de reposição usados, sem autorização do consumidor:

Pena – Detenção de três meses a um ano e multa.

▸ *CP: arts. 21 e 32.*

ART. 71. Utilizar, na cobrança de dívidas, de ameaça, coação, constrangimento físico ou moral, afirmações falsas incorretas ou enganosas ou de qualquer outro procedimento que exponha o consumidor, injustificadamente, a ridículo ou interfira com seu trabalho, descanso ou lazer:

Pena – Detenção de três meses a um ano e multa.

▸ *CDC: art. 42.*

▸ *CP: arts. 146 e 147.*

ART. 72. Impedir ou dificultar o acesso do consumidor às informações que sobre ele constem em cadastros, banco de dados, fichas e registros:

▸ *CDC: arts. 43 e 44.*

Pena – Detenção de seis meses a um ano ou multa.

ART. 73. Deixar de corrigir imediatamente informação sobre consumidor constante de cadastro, banco de dados, fichas ou registros que sabe ou deveria saber ser inexata:

Pena – Detenção de um a seis meses ou multa.

▸ *CDC: art. 43, § 3º.*

ART. 74. Deixar de entregar ao consumidor o termo de garantia adequadamente preenchido e com especificação clara de seu conteúdo;

Pena – Detenção de um a seis meses ou multa.

▸ *CDC: arts. 24 e 50.*

ART. 75. Quem, de qualquer forma, concorrer para os crimes referidos neste código, incide as penas a esses cominadas na medida de sua culpabilidade, bem como o diretor, administrador ou gerente da pessoa jurídica que promover, permitir ou por qualquer modo aprovar o fornecimento, oferta, exposição à venda ou manutenção em depósito de produtos ou a oferta e prestação de serviços nas condições por ele proibidas.

▸ *CDC: art. 28.*

▸ *CP: art. 29.*

ART. 76. São circunstâncias agravantes dos crimes tipificados neste código:

▸ *CP: art. 61.*

I - serem cometidos em época de grave crise econômica ou por ocasião de calamidade;

▸ *CP: art. 61, II, f.*

II – ocasionarem grave dano individual ou coletivo;

III – dissimular-se a natureza ilícita do procedimento;

IV – quando cometidos:

a) por servidor público, ou por pessoa cuja condição econômico-social seja manifestamente superior à da vítima;

b) em detrimento de operário ou rurícola; de menor de dezoito ou maior de sessenta anos ou de pessoas portadoras de deficiência mental interditadas ou não;

V – serem praticados em operações que envolvam alimentos, medicamentos ou quaisquer outros produtos ou serviços essenciais.

ART. 77. A pena pecuniária prevista nesta Seção será fixada em dias-multa, correspondente ao mínimo e ao máximo de dias de duração da pena privativa da liberdade cominada ao crime. Na individualização desta multa, o juiz observará o disposto no art. 60, § 1º do Código Penal.

ART. 78. Além das penas privativas de liberdade e de multa, podem ser impostas, cumulativa ou alternadamente, observado o disposto nos arts. 44 a 47, do Código Penal:

I - a interdição temporária de direitos;

II – a publicação em órgãos de comunicação de grande circulação ou audiência, às expensas do condenado, de notícia sobre os fatos e a condenação;

III – a prestação de serviços à comunidade.

ART. 79. O valor da fiança, nas infrações de que trata este código, será fixado pelo juiz, ou pela autoridade que presidir o inquérito, entre cem e duzentas mil vezes o valor do Bônus do Tesouro Nacional (BTN), ou índice equivalente que venha a substituí-lo.

Parágrafo único. Se assim recomendar a situação econômica do indiciado ou réu, a fiança poderá ser:

a) reduzida até a metade do seu valor mínimo;

b) aumentada pelo juiz até vinte vezes.

ART. 80. No processo penal atinente aos crimes previstos neste código, bem como a outros crimes e contravenções que envolvam relações de consumo, poderão intervir, como assistentes do Ministério Público, os legitimados indicados no art. 82, inciso III e IV, aos quais também é facultado propor ação penal subsidiária, se a denúncia não for oferecida no prazo legal.

▸ *CF: art. 5º, LIX.*

TÍTULO III. DA DEFESA DO CONSUMIDOR EM JUÍZO

CAPÍTULO I. DISPOSIÇÕES GERAIS

▸ *Lei nº 10.671, de 15-05-2003, art. 3º, Estatuto do Torcedor.*

ART. 81. A defesa dos interesses e direitos dos consumidores e das vítimas poderá ser exercida em juízo individualmente, ou a título coletivo.

▸ *CF: art. 129, III.*

Parágrafo único. A defesa coletiva será exercida quando se tratar de:

▸ *CDC: arts. 82, 91, 93 e 98, § 2º.*

I – interesses ou direitos difusos, assim entendidos, para efeitos deste código, os transindividuais, de natureza indivisível, de que sejam titulares pessoas indeterminadas e ligadas por circunstâncias de fato;

▸ *CDC: arts. 103, I, § 1º, e 104.*

II – interesses ou direitos coletivos, assim entendidos, para efeitos deste código, os transindividuais, de natureza indivisível de que seja titular grupo, categoria ou classe de pessoas ligadas entre si ou com a parte contrária por uma relação jurídica base;

▸ *CDC: arts. 103, II, § 1º, e 104.*

III – interesses ou direitos individuais homogêneos, assim entendidos os decorrentes de origem comum.

▸ *CDC: arts. 93 a 100 e 103, III, § 2º.*

ART. 82. Para os fins do art. 81, parágrafo único, são legitimados concorrentemente: (Redação dada pela Lei nº 9.008, de 21.3.1995)

▸ *CDC: arts. 83, 90, 91, 97, 98 e 100.*

▸ *Lei nº 12.529, de 30-11-2011, Sistema Brasileiro de Defesa da Concorrência.*

I – o Ministério Público,

▸ *CF: arts. 127 e 129, III.*

▸ *CDC: arts. 51, § 4º, 80 e 92.*

II – a União, os Estados, os Municípios e o Distrito Federal;

III – as entidades e órgãos da Administração Pública, direta ou indireta, ainda que sem personalidade jurídica, especificamente destinados à defesa dos interesses e direitos protegidos por este código;

▸ CDC: art. 80.

IV – as associações legalmente constituídas há pelo menos um ano e que incluam entre seus fins institucionais a defesa dos interesses e direitos protegidos por este código, dispensada a autorização assemblear.

▸ CF: arts. 5º, XXI e LXX, e 8º, III.

▸ CDC: art. 80.

§ 1º. O requisito da pré-constituição pode ser dispensado pelo juiz, nas ações previstas nos arts. 91 e seguintes, quando haja manifesto interesse social evidenciado pela dimensão ou característica do dano, ou pela relevância do bem jurídico a ser protegido.

§ 2º. (Vetado).

§ 3º. (Vetado).

ART. 83. Para a defesa dos direitos e interesses protegidos por este código são admissíveis todas as espécies de ações capazes de propiciar sua adequada e efetiva tutela.

Parágrafo único. (Vetado).

ART. 84. Na ação que tenha por objeto o cumprimento da obrigação de fazer ou não fazer, o juiz concederá a tutela específica da obrigação ou determinará providências que assegurem o resultado prático equivalente ao do adimplemento.

▸ CDC: arts. 30, 35, I, e 48.

§ 1º. A conversão da obrigação em perdas e danos somente será admissível se por elas optar o autor ou se impossível a tutela específica ou a obtenção do resultado prático correspondente.

§ 2º. A indenização por perdas e danos se fará sem prejuízo da multa (art. 287, do Código de Processo Civil).

§ 3º. Sendo relevante o fundamento da demanda e havendo justificado receio de ineficácia do provimento final, é lícito ao juiz conceder a tutela liminarmente ou após justificação prévia, citado o réu.

§ 4º. O juiz poderá, na hipótese do § 3º ou na sentença, impor multa diária ao réu, independentemente de pedido do autor, se for suficiente ou compatível com a obrigação, fixando prazo razoável para o cumprimento do preceito.

§ 5º. Para a tutela específica ou para a obtenção do resultado prático equivalente, poderá o juiz determinar as medidas necessárias, tais como busca e apreensão, remoção de coisas e pessoas, desfazimento de obra, impedimento de atividade nociva, além de requisição de força policial.

ART. 85. (Vetado).

ART. 86. (Vetado).

ART. 87. Nas ações coletivas de que trata este código não haverá adiantamento de custas, emolumentos, honorários periciais e quaisquer outras despesas, nem condenação da associação autora, salvo comprovada má-fé, em honorários de advogados, custas e despesas processuais.

Parágrafo único. Em caso de litigância de má-fé, a associação autora e os diretores responsáveis pela propositura da ação serão solidariamente condenados em honorários advocatícios e ao décuplo das custas, sem prejuízo da responsabilidade por perdas e danos.

▸ CC: arts. 264, 265, 402 a 405.

ART. 88. Na hipótese do art. 13, parágrafo único deste código, a ação de regresso poderá ser ajuizada em processo autônomo, facultada a possibilidade de prosseguir-se nos mesmos autos, vedada a denunciação da lide.

▸ CC: art. 283.

ART. 89. (Vetado)

ART. 90. Aplicam-se às ações previstas neste título as normas do Código de Processo Civil e da Lei nº 7.347, de 24 de julho de 1985, inclusive no que respeita ao inquérito civil, naquilo que não contrariar suas disposições.

▸ CDC: art. 26, § 2º, III.

CAPÍTULO II. DAS AÇÕES COLETIVAS PARA A DEFESA DE INTERESSES INDIVIDUAIS HOMOGÊNEOS

ART. 91. Os legitimados de que trata o art. 82 poderão propor, em nome próprio e no interesse das vítimas ou seus sucessores, ação civil coletiva de responsabilidade pelos danos individualmente sofridos, de acordo com o disposto nos artigos seguintes. (Redação dada pela Lei nº 9.008, de 21.3.1995)

▸ CDC: art. 82, § 1º.

ART. 92. O Ministério Público, se não ajuizar a ação, atuará sempre como fiscal da lei.

▸ CF: arts. 127 e 129, IX.

▸ CDC: arts. 51, § 4º, 82, I.

Parágrafo único. (Vetado).

ART. 93. Ressalvada a competência da Justiça Federal, é competente para a causa a justiça local:

▸ CF: art. 109, I e § 2º.

I – no foro do lugar onde ocorreu ou deva ocorrer o dano, quando de âmbito local;

II – no foro da Capital do Estado ou no do Distrito Federal, para os danos de âmbito nacional ou regional, aplicando-se as regras do Código de Processo Civil aos casos de competência concorrente.

ART. 94. Proposta a ação, será publicado edital no órgão oficial, a fim de que os interessados possam intervir no processo como litisconsortes, sem prejuízo de ampla divulgação pelos meios de comunicação social por parte dos órgãos de defesa do consumidor.

ART. 95. Em caso de procedência do pedido, a condenação será genérica, fixando a responsabilidade do réu pelos danos causados.

ART. 96. (Vetado).

ART. 97. A liquidação e a execução de sentença poderão ser promovidas pela vítima e seus sucessores, assim como pelos legitimados de que trata o art. 82.

▸ CDC: art. 103, § 3º.

Parágrafo único. (Vetado).

ART. 98. A execução poderá ser coletiva, sendo promovida pelos legitimados de que trata o art. 82, abrangendo as vítimas cujas indenizações já tiveram sido fixadas em sentença de liquidação, sem prejuízo do ajuizamento de outras execuções. (Redação dada pela Lei nº 9.008, de 21.3.1995)

▸ *CDC: art. 103, § 3º.*

§ 1º. A execução coletiva far-se-á com base em certidão das sentenças de liquidação, da qual deverá constar a ocorrência ou não do trânsito em julgado.

§ 2º. É competente para a execução o juízo:

I – da liquidação da sentença ou da ação condenatória, no caso de execução individual;

II – da ação condenatória, quando coletiva a execução.

ART. 99. Em caso de concurso de créditos decorrentes de condenação prevista na Lei nº 7.347, de 24 de julho de 1985 e de indenizações pelos prejuízos individuais resultantes do mesmo evento danoso, estas terão preferência no pagamento.

▸ *CDC: art. 103, § 3º.*

Parágrafo único. Para efeito do disposto neste artigo, a destinação da importância recolhida ao fundo criado pela Lei nº 7.347 de 24 de julho de 1985, ficará sustada enquanto pendentes de decisão de segundo grau as ações de indenização pelos danos individuais, salvo na hipótese de o patrimônio do devedor ser manifestamente suficiente para responder pela integralidade das dívidas.

▸ *CDC: art. 57.*

ART. 100. Decorrido o prazo de um ano sem habilitação de interessados em número compatível com a gravidade do dano, poderão os legitimados do art. 82 promover a liquidação e execução da indenização devida.

▸ *CDC: art. 57.*

Parágrafo único. O produto da indenização devida reverterá para o fundo criado pela Lei nº 7.347, de 24 de julho de 1985.

CAPÍTULO III. DAS AÇÕES DE RESPONSABILIDADE DO FORNECEDOR DE PRODUTOS E SERVIÇOS

ART. 101. Na ação de responsabilidade civil do fornecedor de produtos e serviços, sem prejuízo do disposto nos Capítulos I e II deste título, serão observadas as seguintes normas:

▸ *CDC: arts. 27 e 81 a 100.*

I – a ação pode ser proposta no domicílio do autor;

▸ *CC: arts. 70 a 78.*

II – o réu que houver contratado seguro de responsabilidade poderá chamar ao processo o segurador, vedada a integração do contraditório pelo Instituto de Resseguros do Brasil. Nesta hipótese, a sentença que julgar procedente o pedido condenará o réu nos termos do art. 80 do Código de Processo Civil. Se o réu houver sido declarado falido, o síndico será intimado a informar a existência de seguro de responsabilidade, facultando-se, em caso afirmativo, o ajuizamento de ação de indenização diretamente contra o segurador, vedada a denunciação da lide ao Instituto de Resseguros do Brasil e dispensado o litisconsórcio obrigatório com este.

▸ *Lei nº 11.101, de 9-2-2005, arts. 21 a 25, regula a recuperação judicial, a extrajudicial e a falência do empresário e da sociedade empresária.*

ART. 102. Os legitimados a agir na forma deste código poderão propor ação visando compelir o Poder Público competente a proibir, em todo o território nacional, a produção, divulgação distribuição ou venda, ou a determinar a alteração na composição, estrutura, fórmula ou acondicionamento de produto, cujo uso ou consumo regular se revele nocivo ou perigoso à saúde pública e à incolumidade pessoal.

▸ *CDC: art. 82.*

§ 1º. (Vetado).

§ 2º. (Vetado)

CAPÍTULO IV. DA COISA JULGADA

ART. 103. Nas ações coletivas de que trata este código, a sentença fará coisa julgada:

I – erga omnes, exceto se o pedido for julgado improcedente por insuficiência de provas, hipótese em que qualquer legitimado poderá intentar outra ação, com idêntico fundamento valendo-se de nova prova, na hipótese do inciso I do parágrafo único do art. 81;

II – ultra partes, mas limitadamente ao grupo, categoria ou classe, salvo improcedência por insuficiência de provas, nos termos do inciso anterior, quando se tratar da hipótese prevista no inciso II do parágrafo único do art. 81;

▸ *CDC: art. 104.*

III – erga omnes, apenas no caso de procedência do pedido, para beneficiar todas as vítimas e seus sucessores, na hipótese do inciso III do parágrafo único do art. 81.

▸ *CDC: art. 104.*

§ 1º. Os efeitos da coisa julgada previstos nos incisos I e II não prejudicarão interesses e direitos individuais dos integrantes da coletividade, do grupo, categoria ou classe.

§ 2º. Na hipótese prevista no inciso III, em caso de improcedência do pedido, os interessados que não tiverem intervindo no processo como litisconsortes poderão propor ação de indenização a título individual.

§ 3º. Os efeitos da coisa julgada de que cuida o art. 16, combinado com o art. 13 da Lei nº 7.347, de 24 de julho de 1985, não prejudicarão as ações de indenização por danos pessoalmente sofridos, propostas individualmente ou na forma prevista neste código, mas, se procedente o pedido, beneficiarão as vítimas e seus sucessores, que poderão proceder à liquidação e à execução, nos termos dos arts. 96 a 99.

§ 4º. Aplica-se o disposto no parágrafo anterior à sentença penal condenatória.

ART. 104. As ações coletivas, previstas nos incisos I e II e do parágrafo único do art. 81, não induzem litispendência para as ações individuais, mas os efeitos da coisa julgada erga omnes ou ultra partes a que aludem os incisos II e III do artigo anterior não beneficiarão os autores das ações individuais, se não for requerida sua suspensão no prazo de trinta dias, a contar da ciência nos autos do ajuizamento da ação coletiva.

▸ *A referência aos incisos I e II do parágrafo único do art. 81, deve ser entendida como sendo incisos II e III do parágrafo único do art. 81.*

CAPÍTULO V
DA CONCILIAÇÃO NO SUPERENDIVIDAMENTO
(Incluído pela Lei nº 14.181, de 2021)

ART. 104-A. A requerimento do consumidor superendividado pessoa natural, o juiz poderá instaurar processo de repactuação de dívidas, com vistas à realização de audiência conciliatória, presidida por ele ou por conciliador credenciado no juízo, com a presença de todos os credores de dívidas previstas no art. 54-A deste Código, na qual o consumidor apresentará proposta de plano de pagamento com prazo máximo de 5 (cinco) anos, preservados o mínimo existencial, nos termos da regulamentação, e as garantias e as formas de pagamento originalmente pactuadas. (Incluído pela Lei nº 14.181, de 2021)

§ 1º Excluem-se do processo de repactuação as dívidas, ainda que decorrentes de relações de consumo, oriundas de contratos celebrados dolosamente sem o propósito de realizar pagamento, bem como as dívidas provenientes de contratos de crédito com garantia real, de financiamentos imobiliários e de crédito rural. (Incluído pela Lei nº 14.181, de 2021)

§ 2º O não comparecimento injustificado de qualquer credor, ou de seu procurador com poderes especiais e plenos para transigir, à audiência de conciliação de que trata o caput deste artigo acarretará a suspensão da exigibilidade do débito e a interrupção dos encargos da mora, bem como a sujeição compulsória ao plano de pagamento da dívida se o montante devido ao credor ausente for certo e conhecido pelo consumidor, devendo o pagamento a esse credor ser estipulado para ocorrer apenas após o pagamento aos credores presentes à audiência conciliatória. (Incluído pela Lei nº 14.181, de 2021)

§ 3º No caso de conciliação, com qualquer credor, a sentença judicial que homologar o acordo descreverá o plano de pagamento da dívida e terá eficácia de título executivo e força de coisa julgada. (Incluído pela Lei nº 14.181, de 2021)

§ 4º Constarão do plano de pagamento referido no § 3º deste artigo: (Incluído pela Lei nº 14.181, de 2021)

I - medidas de dilação dos prazos de pagamento e de redução dos encargos da dívida ou da remuneração do fornecedor, entre outras destinadas a facilitar o pagamento da dívida; (Incluído pela Lei nº 14.181, de 2021)

II - referência à suspensão ou à extinção das ações judiciais em curso; (Incluído pela Lei nº 14.181, de 2021)

III - data a partir da qual será providenciada a exclusão do consumidor de bancos de dados e de cadastros de inadimplentes; (Incluído pela Lei nº 14.181, de 2021)

IV - condicionamento de seus efeitos à abstenção, pelo consumidor, de condutas que importem no agravamento de sua situação de superendividamento. (Incluído pela Lei nº 14.181, de 2021)

§ 5º O pedido do consumidor a que se refere o caput deste artigo não importará em declaração de insolvência civil e poderá ser repetido somente após decorrido o prazo de 2 (dois) anos, contado da liquidação das obrigações previstas no plano de pagamento homologado, sem prejuízo de eventual repactuação. (Incluído pela Lei nº 14.181, de 2021)

ART. 104-B. Se não houver êxito na conciliação em relação a quaisquer credores, o juiz, a pedido do consumidor, instaurará processo por superendividamento para revisão e integração dos contratos e repactuação das dívidas remanescentes mediante plano judicial compulsório e procederá à citação de todos os credores cujos créditos não tenham integrado o acordo porventura celebrado. (Incluído pela Lei nº 14.181, de 2021)

§ 1º Serão considerados no processo por superendividamento, se for o caso, os documentos e as informações prestadas em audiência. (Incluído pela Lei nº 14.181, de 2021)

§ 2º No prazo de 15 (quinze) dias, os credores citados juntarão documentos e as razões da negativa de aceder ao plano voluntário ou de renegociar. (Incluído pela Lei nº 14.181, de 2021)

§ 3º O juiz poderá nomear administrador, desde que isso não onere as partes, o qual, no prazo de até 30 (trinta) dias, após cumpridas as diligências eventualmente necessárias, apresentará plano de pagamento que contemple medidas de temporização ou de atenuação dos encargos. (Incluído pela Lei nº 14.181, de 2021)

§ 4º O plano judicial compulsório assegurará aos credores, no mínimo, o valor do principal devido, corrigido monetariamente por índices oficiais de preço, e preverá a liquidação total da dívida, após a quitação do plano de pagamento consensual previsto no art. 104-A deste Código, em, no máximo, 5 (cinco) anos, sendo que a primeira parcela será devida no prazo máximo de 180 (cento e oitenta) dias, contado de sua homologação judicial, e o restante do saldo será devido em parcelas mensais iguais e sucessivas. (Incluído pela Lei nº 14.181, de 2021)

ART. 104-C. Compete concorrente e facultativamente aos órgãos públicos integrantes do Sistema Nacional de Defesa do Consumidor a fase conciliatória e preventiva do processo de repactuação de dívidas, nos moldes do art. 104-A deste Código, no que couber, com possibilidade de o processo ser regulado por convênios específicos celebrados entre os referidos órgãos e as instituições credoras ou suas associações. (Incluído pela Lei nº 14.181, de 2021)

§ 1º Em caso de conciliação administrativa para prevenir o superendividamento do consumidor pessoa natural, os órgãos públicos poderão promover, nas reclamações individuais, audiência global de conciliação com todos os credores e, em todos os casos, facilitar a elaboração de plano de pagamento, preservado o mínimo existencial, nos termos da regulamentação, sob a supervisão desses órgãos, sem prejuízo das demais atividades de reeducação financeira cabíveis. (Incluído pela Lei nº 14.181, de 2021)

§ 2º O acordo firmado perante os órgãos públicos de defesa do consumidor, em caso de superendividamento do consumidor pessoa natural, incluirá a data a partir da qual será providenciada a exclusão do consumidor de bancos de dados e de cadastros de inadimplentes, bem como o condicionamento de seus efeitos à abstenção, pelo consumidor, de condutas que importem no agravamento de sua situação de superendividamento, especialmente a de contrair novas dívidas. (Incluído pela Lei nº 14.181, de 2021)

TÍTULO IV. DO SISTEMA NACIONAL DE DEFESA DO CONSUMIDOR

ART. 105. Integram o Sistema Nacional de Defesa do Consumidor (SNDC), os órgãos federais, estaduais, do Distrito Federal e municipais e as entidades privadas de defesa do consumidor.

ART. 106. O Departamento Nacional de Defesa do Consumidor, da Secretaria Nacional de Direito Econômico (MJ), ou órgão federal que venha substituí-lo, é organismo de coordenação da política do Sistema Nacional de Defesa do Consumidor, cabendo-lhe:

I – planejar, elaborar, propor, coordenar e executar a política nacional de proteção ao consumidor;

II – receber, analisar, avaliar e encaminhar consultas, denúncias ou sugestões apresentadas por entidades representativas ou pessoas jurídicas de direito público ou privado;

III – prestar aos consumidores orientação permanente sobre seus direitos e garantias;

IV – informar, conscientizar e motivar o consumidor através dos diferentes meios de comunicação;

V – solicitar à polícia judiciária a instauração de inquérito policial para a apreciação de delito contra os consumidores, nos termos da legislação vigente;

VI – representar ao Ministério Público competente para fins de adoção de medidas processuais no âmbito de suas atribuições;

VII – levar ao conhecimento dos órgãos competentes as infrações de ordem administrativa que violarem os interesses difusos, coletivos, ou individuais dos consumidores;

VIII – solicitar o concurso de órgãos e entidades da União, Estados, do Distrito Federal e Municípios, bem como auxiliar a fiscalização de preços, abastecimento, quantidade e segurança de bens e serviços;

IX – incentivar, inclusive com recursos financeiros e outros programas especiais, a formação de entidades de defesa do consumidor pela população e pelos órgãos públicos estaduais e municipais;

X – (Vetado).

XI – (Vetado).

XII – (Vetado)

XIII – desenvolver outras atividades compatíveis com suas finalidades.

Parágrafo único. Para a consecução de seus objetivos, o Departamento Nacional de Defesa do Consumidor poderá solicitar o concurso de órgãos e entidades de notória especialização técnico-científica.

TÍTULO V. DA CONVENÇÃO COLETIVA DE CONSUMO

ART. 107. As entidades civis de consumidores e as associações de fornecedores ou sindicatos de categoria econômica podem regular, por convenção escrita, relações de consumo que tenham por objeto estabelecer condições relativas ao preço, à qualidade, à quantidade, à garantia e características de produtos e serviços, bem como à reclamação e composição do conflito de consumo.

§ 1º. A convenção tornar-se-á obrigatória a partir do registro do instrumento no cartório de títulos e documentos.

§ 2º. A convenção somente obrigará os filiados às entidades signatárias.

§ 3º. Não se exime de cumprir a convenção o fornecedor que se desligar da entidade em data posterior ao registro do instrumento.

ART. 108. (Vetado).

TÍTULO VI. DISPOSIÇÕES FINAIS

ART. 109. (Vetado).

ART. 110. Acrescente-se o seguinte inciso IV ao art. 1º da Lei nº 7.347, de 24 de julho de 1985:

[...]

ART. 111. O inciso II do art. 5º da Lei nº 7.347, de 24 de julho de 1985, passa a ter a seguinte redação:

[...]

ART. 112. O § 3º do art. 5º da Lei nº 7.347, de 24 de julho de 1985, passa a ter a seguinte redação:

[...]

ART. 113. Acrescente-se os seguintes §§ 4º, 5º e 6º ao art. 5º da Lei nº 7.347, de 24 de julho de 1985:

[...]

ART. 114. O art. 15 da Lei nº 7.347, de 24 de julho de 1985, passa a ter a seguinte redação:

[...]

ART. 115. Suprima-se o *caput* do art. 17 da Lei nº 7.347, de 24 de julho de 1985, passando o parágrafo único a constituir o *caput*, com a seguinte redação:

[...]

ART. 116. Dê-se a seguinte redação ao art. 18 da Lei nº 7.347, de 24 de julho de 1985:

[...]

ART. 117. Acrescente-se à Lei nº 7.347, de 24 de julho de 1985, o seguinte dispositivo, renumerando-se os seguintes:

[...]

ART. 118. Este código entrará em vigor dentro de cento e oitenta dias a contar de sua publicação.

ART. 119. Revogam-se as disposições em contrário.

Brasília, 11 de setembro de 1990; 169º da Independência e 102º da República.

FERNANDO COLLOR

Este texto não substitui o publicado no DOU de 12.9.1990 – Retificado no DOU de 10.1.2007

ÍNDICE ALFABÉTICO-REMISSIVO DO CÓDIGO DE DEFESA DO CONSUMIDOR

– A –

– B –

– C –

CÓDIGO DE DEFESA DO CONSUMIDOR

CÓDIGO DE DEFESA DO CONSUMIDOR

CÓDIGO DE TRÂNSITO BRASILEIRO

ÍNDICE SISTEMÁTICO DO CÓDIGO DE TRÂNSITO BRASILEIRO

CÓDIGO DE TRÂNSITO BRASILEIRO – LEI Nº 9.503, DE 23 DE SETEMBRO DE 1997

Institui o Código de Trânsito Brasileiro.

DOU 24.09.1997; Retificada no DOU 25.09.1997

▸ *Súmula 575 do STJ.*

O PRESIDENTE DA REPÚBLICA: Faço saber que o Congresso Nacional decreta e eu sanciono a seguinte Lei:

CAPÍTULO I. DISPOSIÇÕES PRELIMINARES

ART. 1º. O trânsito de qualquer natureza nas vias terrestres do território nacional, abertas à circulação, rege-se por este Código.

§ 1º. Considera-se trânsito a utilização das vias por pessoas, veículos e animais, isolados ou em grupos, conduzidos ou não, para fins de circulação, parada, estacionamento e operação de carga ou descarga.

§ 2º. O trânsito, em condições seguras, é um direito de todos e dever dos órgãos e entidades componentes do Sistema Nacional de Trânsito, a estes cabendo, no âmbito das respectivas competências, adotar as medidas destinadas a assegurar esse direito.

§ 3º. Os órgãos e entidades componentes do Sistema Nacional de Trânsito respondem, no âmbito das respectivas competências, objetivamente, por danos causados aos cidadãos em virtude de ação, omissão ou erro na execução e manutenção de programas, projetos e serviços que garantam o exercício do direito do trânsito seguro.

▸ *CF: art. 37, § 6º.*

§ 4º. (VETADO)

§ 5º. Os órgãos e entidades de trânsito pertencentes ao Sistema Nacional de Trânsito darão prioridade em suas ações à defesa da vida, nela incluída a preservação da saúde e do meio-ambiente.

ART. 2º. São vias terrestres urbanas e rurais as ruas, as avenidas, os logradouros, os caminhos, as passagens, as estradas e as rodovias, que terão seu uso regulamentado pelo órgão ou entidade com circunscrição sobre elas, de acordo com as peculiaridades locais e as circunstâncias especiais.

Parágrafo único. Para os efeitos deste Código, são consideradas vias terrestres as praias abertas à circulação pública, as vias internas pertencentes aos condomínios constituídos por unidades autônomas e as vias e áreas de estacionamento de estabelecimentos privados de uso coletivo. (Redação dada pela Lei nº 13.146, de 2015)

ART. 3º. As disposições deste Código são aplicáveis a qualquer veículo, bem como aos proprietários, condutores dos veículos nacionais ou estrangeiros e às pessoas nele expressamente mencionadas.

ART. 4º. Os conceitos e definições estabelecidos para os efeitos deste Código são os constantes do Anexo I.

CAPÍTULO II. DO SISTEMA NACIONAL DE TRÂNSITO

SEÇÃO I. DISPOSIÇÕES GERAIS

ART. 5º. O Sistema Nacional de Trânsito é o conjunto de órgãos e entidades da União, dos Estados, do Distrito Federal e dos Municípios que tem por finalidade o exercício das atividades de planejamento, administração, normatização, pesquisa, registro e licenciamento de veículos, formação, habilitação e reciclagem de condutores, educação, engenharia, operação do sistema viário, policiamento, fiscalização, julgamento de infrações e de recursos e aplicação de penalidades.

ART. 6º. São objetivos básicos do Sistema Nacional de Trânsito:

I – estabelecer diretrizes da Política Nacional de Trânsito, com vistas à segurança, à fluidez, ao conforto, à defesa ambiental e à educação para o trânsito, e fiscalizar seu cumprimento;

II – fixar, mediante normas e procedimentos, a padronização de critérios técnicos, financeiros e administrativos para a execução das atividades de trânsito;

III – estabelecer a sistemática de fluxos permanentes de informações entre os seus diversos órgãos e entidades, a fim de facilitar o processo decisório e a integração do Sistema.

SEÇÃO II. DA COMPOSIÇÃO E DA COMPETÊNCIA DO SISTEMA NACIONAL DE TRÂNSITO

ART. 7º. Compõem o Sistema Nacional de Trânsito os seguintes órgãos e entidades:

I – o Conselho Nacional de Trânsito – CONTRAN, coordenador do Sistema e órgão máximo normativo e consultivo;

II – os Conselhos Estaduais de Trânsito – CETRAN e o Conselho de Trânsito do Distrito Federal – CONTRANDIFE, órgãos normativos, consultivos e coordenadores;

III – os órgãos e entidades executivos de trânsito da União, dos Estados, do Distrito Federal e dos Municípios;

IV – os órgãos e entidades executivos rodoviários da União, dos Estados, do Distrito Federal e dos Municípios;

V – a Polícia Rodoviária Federal;

VI – as Polícias Militares dos Estados e do Distrito Federal; e

VII – as Juntas Administrativas de Recursos de Infrações – JARI.

ART. 7º-A. A autoridade portuária ou a entidade concessionária de porto organizado poderá celebrar convênios com os órgãos previstos no art. 7º, com a interveniência dos Municípios e Estados, juridicamente interessados, para o fim específico de facilitar a autuação por descumprimento da legislação de trânsito. (Incluído pela Lei nº 12.058, de 2009)

§ 1º. O convênio valerá para toda a área física do porto organizado, inclusive, nas áreas dos terminais alfandegados, nas estações de transbordo, nas instalações portuárias públicas de pequeno porte e nos respectivos estacionamentos ou vias de trânsito internas. (Incluído pela Lei nº 12.058, de 2009)

§ 2º. (VETADO) (Incluído pela Lei nº 12.058, de 2009)

§ 3º. (VETADO) (Incluído pela Lei nº 12.058, de 2009)

ART. 8º. Os Estados, o Distrito Federal e os Municípios organizarão os respectivos órgãos e entidades executivos de trânsito e executivos rodoviários, estabelecendo os limites circunscricionais de suas atuações.

ART. 9º. O Presidente da República designará o ministério ou órgão da Presidência responsável pela coordenação máxima do Sistema Nacional de Trânsito, ao qual estará vinculado o CONTRAN e subordinado o órgão máximo executivo de trânsito da União.

ART. 10. O Conselho Nacional de Trânsito (Contran), com sede no Distrito Federal, tem a seguinte composição: (Redação dada pela Lei 14.071, de 13-10-2020, em vigor após decorridos 180 (cento e oitenta) dias de sua publicação oficial)

I – (VETADO)

II – (VETADO)

II-A - Ministro de Estado da Infraestrutura, que o presidirá; (Incluído pela Lei 14.071, de 13-10-2020, em vigor após decorridos 180 (cento e oitenta) dias de sua publicação oficial)

III - Ministro de Estado da Ciência, Tecnologia e Inovações; (Redação dada pela Lei 14.071, de 13-10-2020, em vigor após decorridos 180 (cento e oitenta) dias de sua publicação oficial)

IV - Ministro de Estado da Educação; (Redação dada pela Lei 14.071, de 13-10-2020, em vigor após decorridos 180 (cento e oitenta) dias de sua publicação oficial)

V - Ministro de Estado da Defesa; (Redação dada pela Lei 14.071, de 13-10-2020, em vigor após decorridos 180 (cento e oitenta) dias de sua publicação oficial)

VI - Ministro de Estado do Meio Ambiente; (Redação dada pela Lei 14.071, de 13-10-2020, em vigor após decorridos 180 (cento e oitenta) dias de sua publicação oficial)

VII - (Revogado pela Lei 14.071, de 13-10-2020, em vigor após decorridos 180 (cento e oitenta) dias de sua publicação oficial)

VIII a XIX – (VETADO)

XX - (Revogado pela Lei 14.071, de 13-10-2020, em vigor após decorridos 180 (cento e oitenta) dias de sua publicação oficial)

XXI – (VETADO)

XXII - Ministro de Estado da Saúde; (Redação dada pela Lei 14.071, de 13-10-2020, em vigor após decorridos 180 (cento e oitenta) dias de sua publicação oficial)

XXIII - Ministro de Estado da Justiça e Segurança Pública; (Redação dada pela Lei 14.071, de 13-10-2020, em vigor após decorridos 180 (cento e oitenta) dias de sua publicação oficial)

XXIV - Ministro de Estado das Relações Exteriores; (Redação dada pela Lei 14.071, de 13-10-2020, em vigor após decorridos 180 (cento e oitenta) dias de sua publicação oficial)

XXV - (Revogado pela Lei 14.071, de 13-10-2020, em vigor após decorridos 180 (cento e oitenta) dias de sua publicação oficial)

XXVI - Ministro de Estado da Economia; e (Incluído pela Lei 14.071, de 13-10-2020, em vigor após decorridos 180 (cento e oitenta) dias de sua publicação oficial)

XXVII - Ministro de Estado da Agricultura, Pecuária e Abastecimento. (Incluído pela Lei 14.071, de 13-10-2020, em vigor após decorridos 180 (cento e oitenta) dias de sua publicação oficial)

§ 1º. a § 3º. (VETADO)

§ 4º Os Ministros de Estado deverão indicar suplente, que será servidor de nível hierárquico igual ou superior ao nível 6 do Grupo-Direção e Assessoramento Superiores - DAS ou, no caso do Ministério da Defesa, alternativamente, Oficial-General. (Incluído pela Lei 14.071, de 13-10-2020, em vigor após decorridos 180 (cento e oitenta) dias de sua publicação oficial)

§ 5º Compete ao dirigente do órgão máximo executivo de trânsito da União atuar como Secretário-Executivo do Contran. (Incluído pela Lei 14.071, de 13-10-2020, em vigor após decorridos 180 (cento e oitenta) dias de sua publicação oficial)

§ 6º O quórum de votação e de aprovação no Contran é o de maioria absoluta. (Incluído pela Lei 14.071, de 13-10-2020, em vigor após decorridos 180 (cento e oitenta) dias de sua publicação oficial)

ART. 10-A. Poderão ser convidados a participar de reuniões do Contran, sem direito a voto, representantes de órgãos e entidades setoriais responsáveis ou impactados pelas propostas ou matérias em exame. (Incluído pela Lei 14.071, de 13-10-2020, em vigor após decorridos 180 (cento e oitenta) dias de sua publicação oficial)

ART. 11. (VETADO)

ART. 12. Compete ao CONTRAN:

I – estabelecer as normas regulamentares referidas neste Código e as diretrizes da Política Nacional de Trânsito;

II – coordenar os órgãos do Sistema Nacional de Trânsito, objetivando a integração de suas atividades;

III – (VETADO)

IV – criar Câmaras Temáticas;

▸ *CTB: art. 13.*

V – estabelecer seu regimento interno e as diretrizes para o funcionamento dos CETRAN e CONTRANDIFE;

VI – estabelecer as diretrizes do regimento das JARI;

VII – zelar pela uniformidade e cumprimento das normas contidas neste Código e nas resoluções complementares;

VIII - estabelecer e normatizar os procedimentos para o enquadramento das condutas expressamente referidas neste Código, para a fiscalização e a aplicação das medidas administrativas e das penalidades por infrações e para a arrecadação das multas aplicadas e o repasse dos valores arrecadados; (Redação dada pela Lei 14.071, de 13-10-2020, em vigor após decorridos 180 (cento e oitenta) dias de sua publicação oficial)

IX – responder às consultas que lhe forem formuladas, relativas à aplicação da legislação de trânsito;

X – normatizar os procedimentos sobre a aprendizagem, habilitação, expedição de documentos de condutores, e registro e licenciamento de veículos;

XI – aprovar, complementar ou alterar os dispositivos de sinalização e os dispositivos e equipamentos de trânsito;

XII - (Revogado pela Lei 14.071, de 13-10-2020, em vigor após decorridos 180 (cento e oitenta) dias de sua publicação oficial)

XIII – avocar, para análise e soluções, processos sobre conflitos de competência ou circunscrição, ou, quando necessário, unificar as decisões administrativas; e

XIV – dirimir conflitos sobre circunscrição e competência de trânsito no âmbito da União, dos Estados e do Distrito Federal.

XV – normatizar o processo de formação do candidato à obtenção da Carteira Nacional de Habilitação, estabelecendo seu conteúdo didático-pedagógico, carga horária, avaliações, exames, execução e fiscalização. (Incluído pela Lei nº 13.281, de 2016)

§ 1º As propostas de normas regulamentares de que trata o inciso I do caput deste artigo serão submetidas a prévia consulta pública, por meio da rede mundial de computadores, pelo período mínimo de 30 (trinta) dias, antes do exame da matéria pelo Contran. (Incluído pela Lei 14.071, de 13-10-2020, em vigor após decorridos 180 (cento e oitenta) dias de sua publicação oficial)

§ 2º As contribuições recebidas na consulta pública de que trata o § 1º deste artigo ficarão à disposição do público pelo prazo de 2 (dois) anos, contado da data de encerramento da consulta pública. (Incluído pela Lei 14.071, de 13-10-2020, em vigor após decorridos 180 (cento e oitenta) dias de sua publicação oficial)

§ 3º Em caso de urgência e de relevante interesse público, o Presidente do Contran poderá editar deliberação, ad referendum do Conselho e com prazo de validade máximo de 90 (noventa) dias, para estabelecer norma regulamentar prevista no inciso I do caput, dispensado o cumprimento do disposto nos §§ 1º e 2º deste artigo, vedada a reedição. (Incluído pela Lei 14.071, de 13-10-2020, em vigor após decorridos 180 (cento e oitenta) dias de sua publicação oficial)

§ 4º Encerrado o prazo previsto no § 3º deste artigo sem o referendo do Contran, a deliberação perderá a sua eficácia, e permanecerão válidos os efeitos dela decorrentes. (Incluído pela Lei 14.071, de 13-10-2020, em vigor após decorridos 180 (cento e oitenta) dias de sua publicação oficial)

§ 5º Norma do Contran poderá dispor sobre o uso de sinalização horizontal ou vertical que utilize técnicas de estímulos comportamentais para a redução de acidentes de trânsito. (Incluído pela Lei 14.071, de 13-10-2020, em vigor após decorridos 180 (cento e oitenta) dias de sua publicação oficial)

ART. 13. As Câmaras Temáticas, órgãos técnicos vinculados ao CONTRAN, são integradas por especialistas e têm como objetivo estudar e oferecer sugestões e embasamento técnico sobre assuntos específicos para decisões daquele colegiado.

▸ *CTB: art. 12, IV.*

§ 1º. Cada Câmara é constituída por especialistas representantes de órgãos e entidades executivos da União, dos Estados, ou do Distrito Federal e dos Municípios, em igual número, pertencentes ao Sistema Nacional de Trânsito, além de especialistas representantes dos diversos segmentos da sociedade relacionados com o trânsito, todos indicados segundo regimento específico definido pelo CONTRAN e designados pelo ministro ou dirigente coordenador máximo do Sistema Nacional de Trânsito.

§ 2º. Os segmentos da sociedade, relacionados no parágrafo anterior, serão representados por pessoa jurídica e devem atender aos requisitos estabelecidos pelo CONTRAN.

§ 3º A coordenação das Câmaras Temáticas será exercida por representantes do órgão máximo executivo de trânsito da União ou dos Ministérios representados no Contran, conforme definido no ato de criação de cada Câmara Temática. (Redação dada pela Lei 14.071, de 13-10-2020, em vigor após decorridos 180 (cento e oitenta) dias de sua publicação oficial)

§ 4º. (VETADO)

I a IV – (VETADO)

ART. 14. Compete aos Conselhos Estaduais de Trânsito – CETRAN e ao Conselho de Trânsito do Distrito Federal – CONTRANDIFE:

I – cumprir e fazer cumprir a legislação e as normas de trânsito, no âmbito das respectivas atribuições;

II – elaborar normas no âmbito das respectivas competências;

III – responder a consultas relativas à aplicação da legislação e dos procedimentos normativos de trânsito;

IV – estimular e orientar a execução de campanhas educativas de trânsito;

V – julgar os recursos interpostos contra decisões:

a) das JARI;

b) dos órgãos e entidades executivos estaduais, nos casos de inaptidão permanente constatados nos exames de aptidão física, mental ou psicológica;

VI – indicar um representante para compor a comissão examinadora de candidatos portadores de deficiência física à habilitação para conduzir veículos automotores;

VII – (VETADO)

VIII – acompanhar e coordenar as atividades de administração, educação, engenharia, fiscalização, policiamento ostensivo de trânsito, formação de condutores, registro e licenciamento de veículos, articulando os órgãos do Sistema no Estado, reportando-se ao CONTRAN;

IX – dirimir conflitos sobre circunscrição e competência de trânsito no âmbito dos Municípios; e

X – informar o CONTRAN sobre o cumprimento das exigências definidas nos §§ 1º e 2º do art. 333.

XI – designar, em caso de recursos deferidos e na hipótese de reavaliação dos exames, junta especial de saúde para examinar os candidatos à habilitação para conduzir veículos automotores. (Incluído pela Lei nº 9.602, de 1998)

Parágrafo único. Dos casos previstos no inciso V, julgados pelo órgão, não cabe recurso na esfera administrativa.

ART. 15. Os presidentes dos CETRAN e do CONTRANDIFE são nomeados pelos Governadores dos Estados e do Distrito Federal, respectivamente, e deverão ter reconhecida experiência em matéria de trânsito.

§ 1º. Os membros dos CETRAN e do CONTRANDIFE são nomeados pelos Governadores dos Estados e do Distrito Federal, respectivamente.

§ 2º. Os membros do CETRAN e do CONTRANDIFE deverão ser pessoas de reconhecida experiência em trânsito.

§ 3º. O mandato dos membros do CETRAN e do CONTRANDIFE é de dois anos, admitida a recondução.

ART. 16. Junto a cada órgão ou entidade executivos de trânsito ou rodoviário funcionarão Juntas Administrativas de Recursos de Infrações – JARI, órgãos colegiados responsáveis pelo julgamento dos recursos interpostos contra penalidades por eles impostas.

Parágrafo único. As JARI têm regimento próprio, observado o disposto no inciso VI do art. 12, e apoio administrativo e financeiro do órgão ou entidade junto ao qual funcionem.

ART. 17. Compete às JARI:

I – julgar os recursos interpostos pelos infratores;

▸ *CF: art. 5º, LV.*

II – solicitar aos órgãos e entidades executivos de trânsito e executivos rodoviários informações complementares relativas aos recursos, objetivando uma melhor análise da situação recorrida;

III – encaminhar aos órgãos e entidades executivos de trânsito e executivos rodoviários informações sobre problemas observados nas autuações e apontados em recursos, e que se repitam sistematicamente.

ART. 18. (VETADO)

ART. 19. Compete ao órgão máximo executivo de trânsito da União:

I – cumprir e fazer cumprir a legislação de trânsito e a execução das normas e diretrizes estabelecidas pelo CONTRAN, no âmbito de suas atribuições;

II – proceder à supervisão, à coordenação, à correição dos órgãos delegados, ao controle e à fiscalização da execução da Política Nacional de Trânsito e do Programa Nacional de Trânsito;

III – articular-se com os órgãos dos Sistemas Nacionais de Trânsito, de Transporte e de Segurança Pública, objetivando o combate à violência no trânsito, promovendo, coordenando e executando o controle de ações para a preservação do ordenamento e da segurança do trânsito;

IV – apurar, prevenir e reprimir a prática de atos de improbidade contra a fé pública, o patrimônio, ou a administração pública ou privada, referentes à segurança do trânsito;

V – supervisionar a implantação de projetos e programas relacionados com a engenharia, educação, administração, policiamento e fiscalização do trânsito e outros, visando à uniformidade de procedimento;

VI – estabelecer procedimentos sobre a aprendizagem e habilitação de condutores de veículos, a expedição de documentos de condutores, de registro e licenciamento de veículos;

VII – expedir a Permissão para Dirigir, a Carteira Nacional de Habilitação, os Certificados de Registro e o de Licenciamento Anual mediante delegação aos órgãos executivos dos Estados e do Distrito Federal;

VIII – organizar e manter o Registro Nacional de Carteiras de Habilitação – RENACH;

IX – organizar e manter o Registro Nacional de Veículos Automotores – RENAVAM;

X – organizar a estatística geral de trânsito no território nacional, definindo os dados a serem fornecidos pelos demais órgãos e promover sua divulgação;

XI – estabelecer modelo padrão de coleta de informações sobre as ocorrências de acidentes de trânsito e as estatísticas do trânsito;

XII – administrar fundo de âmbito nacional destinado à segurança e à educação de trânsito;

XIII – coordenar a administração do registro das infrações de trânsito, da pontuação e das penalidades (Redação dada pela Lei nº 13.281, de 2016).

XV – promover, em conjunto com os órgãos competentes do Ministério da Educação e do Desporto, de acordo com as diretrizes do CONTRAN, a elaboração e a implementação de programas de educação de trânsito nos estabelecimentos de ensino;

XVI – elaborar e distribuir conteúdos programáticos para a educação de trânsito;

XVII – promover a divulgação de trabalhos técnicos sobre o trânsito;

XVIII – elaborar, juntamente com os demais órgãos e entidades do Sistema Nacional de Trânsito, e submeter à aprovação do CONTRAN, a complementação ou alteração da sinalização e dos dispositivos e equipamentos de trânsito;

XIX – organizar, elaborar, complementar e alterar os manuais e normas de projetos de implementação da sinalização, dos dispositivos e equipamentos de trânsito aprovados pelo CONTRAN;

XX – expedir a permissão internacional para conduzir veículo e o certificado de passagem nas alfândegas mediante delegação aos órgãos executivos dos Estados e do Distrito Federal ou a entidade habilitada para esse fim pelo poder público federal; (Redação dada pela lei nº 13.258, de 2016)

XXI – promover a realização periódica de reuniões regionais e congressos nacionais de trânsito, bem como propor a representação do Brasil em congressos ou reuniões internacionais;

XXII – propor acordos de cooperação com organismos internacionais, com vistas ao aperfeiçoamento das ações inerentes à segurança e educação de trânsito;

XXIII – elaborar projetos e programas de formação, treinamento e especialização do pessoal encarregado da execução das atividades de engenharia, educação, policiamento ostensivo, fiscalização, operação e administração de trânsito, propondo medidas que estimulem a pesquisa científica e o ensino técnico-profissional de interesse do trânsito, e promovendo a sua realização;

XXIV – opinar sobre assuntos relacionados ao trânsito interestadual e internacional;

XXV – elaborar e submeter à aprovação do CONTRAN as normas e requisitos de segurança veicular para fabricação e montagem de veículos, consoante sua destinação;

XXVI – estabelecer procedimentos para a concessão do código marca-modelo dos veículos para efeito de registro, emplacamento e licenciamento;

XXVII – instruir os recursos interpostos das decisões do CONTRAN, ao ministro ou dirigente coordenador máximo do Sistema Nacional de Trânsito;

XXVIII – estudar os casos omissos na legislação de trânsito e submetê-los, com proposta de solução, ao Ministério ou órgão coordenador máximo do Sistema Nacional de Trânsito;

XXIX – prestar suporte técnico, jurídico, administrativo e financeiro ao CONTRAN.

XXX – organizar e manter o Registro Nacional de Infrações de Trânsito (Renainf). (Incluído pela Lei nº 13.281, de 2016)

XXXI - organizar, manter e atualizar o Registro Nacional Positivo de Condutores (RNPC). (Incluído pela Lei 14.071, de 13-10-2020, em vigor após decorridos 180 (cento e oitenta) dias de sua publicação oficial)

§ 1º. Comprovada, por meio de sindicância, a deficiência técnica ou administrativa ou a prática constante de atos de improbidade contra a fé pública, contra o patrimônio ou contra a administração pública, o órgão executivo de trânsito da União, mediante aprovação do CONTRAN, assumirá diretamente ou por delegação, a execução total ou parcial das atividades do órgão executivo de trânsito estadual que tenha motivado a investigação, até que as irregularidades sejam sanadas.

§ 2º. O regimento interno do órgão executivo de trânsito da União disporá sobre sua estrutura organizacional e seu funcionamento.

▸ Lei nº 8.429 de 02-06-1992, que dispõe sobre as sanções aplicáveis aos agentes públicos nos casos de enriquecimento ilícito no exercício de mandato, cargo, emprego ou função na administração pública direta, indireta ou fundacional.

§ 3º. Os órgãos e entidades executivos de trânsito e executivos rodoviários da União, dos Estados, do Distrito Federal e dos Municípios fornecerão, obrigatoriamente, mês a mês, os dados estatísticos para os fins previstos no inciso X.

§ 4º. (VETADO). (Incluído pela Lei nº 13.281, de 2016)

ART. 20. Compete à Polícia Rodoviária Federal, no âmbito das rodovias e estradas federais:

I – cumprir e fazer cumprir a legislação e as normas de trânsito, no âmbito de suas atribuições;

II – realizar o patrulhamento ostensivo, executando operações relacionadas com a segurança pública, com o objetivo de preservar a ordem, incolumidade das pessoas, o patrimônio da União e o de terceiros;

III - executar a fiscalização de trânsito, aplicar as penalidades de advertência por escrito e multa e as medidas administrativas cabíveis, com a notificação dos infratores e a arrecadação das multas aplicadas e dos valores provenientes de estadia e remoção de veículos, objetos e animais e de escolta de veículos de cargas superdimensionadas ou perigosas; (Redação dada pela Lei 14.071, de 13-10-2020, em vigor após decorridos 180 (cento e oitenta) dias de sua publicação oficial)

IV – efetuar levantamento dos locais de acidentes de trânsito e dos serviços de atendimento, socorro e salvamento de vítimas;

V – credenciar os serviços de escolta, fiscalizar e adotar medidas de segurança relativas aos serviços de remoção de veículos, escolta e transporte de carga indivisível;

VI – assegurar a livre circulação nas rodovias federais, podendo solicitar ao órgão rodoviário a adoção de medidas emergenciais, e zelar pelo cumprimento das normas legais relativas ao direito de vizinhança, promovendo a interdição de construções e instalações não autorizadas;

VII – coletar dados estatísticos e elaborar estudos sobre acidentes de trânsito e suas causas, adotando ou indicando medidas operacionais preventivas e encaminhando-os ao órgão rodoviário federal;

VIII – implementar as medidas da Política Nacional de Segurança e Educação de Trânsito;

IX – promover e participar de projetos e programas de educação e segurança, de acordo com as diretrizes estabelecidas pelo CONTRAN;

X – integrar-se a outros órgãos e entidades do Sistema Nacional de Trânsito para fins de arrecadação e compensação de multas impostas na área de sua competência, com vistas à unificação do licenciamento, à simplificação e à celeridade das transferências de veículos e de prontuários de condutores de uma para outra unidade da Federação;

XI – fiscalizar o nível de emissão de poluentes e ruído produzidos pelos veículos automotores ou pela sua carga, de acordo com o estabelecido no art. 66, além de dar apoio, quando solicitado, às ações específicas dos órgãos ambientais.

▸ *CF: art. 225.*

XII - aplicar a penalidade de suspensão do direito de dirigir, quando prevista de forma específica para a infração cometida, e comunicar a aplicação da penalidade ao órgão máximo executivo de trânsito da União. (Incluído pela Lei 14.071, de 13-10-2020, em vigor após decorridos 180 (cento e oitenta) dias de sua publicação oficial)

ART. 21. Compete aos órgãos e entidades executivos rodoviários da União, dos Estados, do Distrito Federal e dos Municípios, no âmbito de sua circunscrição:

I – cumprir e fazer cumprir a legislação e as normas de trânsito, no âmbito de suas atribuições;

II – planejar, projetar, regulamentar e operar o trânsito de veículos, de pedestres e de animais, e promover o desenvolvimento da circulação e da segurança de ciclistas;

III – implantar, manter e operar o sistema de sinalização, os dispositivos e os equipamentos de controle viário;

IV – coletar dados e elaborar estudos sobre os acidentes de trânsito e suas causas;

V – estabelecer, em conjunto com os órgãos de policiamento ostensivo de trânsito, as respectivas diretrizes para o policiamento ostensivo de trânsito;

VI – executar a fiscalização de trânsito, autuar, aplicar as penalidades de advertência, por escrito, e ainda as multas e medidas administrativas cabíveis, notificando os infratores e arrecadando as multas que aplicar;

VII – arrecadar valores provenientes de estada e remoção de veículos e objetos, e escolta de veículos de cargas superdimensionadas ou perigosas;

VIII – fiscalizar, autuar, aplicar as penalidades e medidas administrativas cabíveis, relativas a infrações por excesso de peso, dimensões e lotação dos veículos, bem como notificar e arrecadar as multas que aplicar;

IX – fiscalizar o cumprimento da norma contida no art. 95, aplicando as penalidades e arrecadando as multas nele previstas;

X – implementar as medidas da Política Nacional de Trânsito e do Programa Nacional de Trânsito;

XI – promover e participar de projetos e programas de educação e segurança, de acordo com as diretrizes estabelecidas pelo CONTRAN;

XII – integrar-se a outros órgãos e entidades do Sistema Nacional de Trânsito para fins de arrecadação e compensação de multas impostas na área de sua competência, com vistas à unificação do licenciamento, à simplificação e à celeridade das transferências de veículos e de prontuários de condutores de uma para outra unidade da Federação;

XIII – fiscalizar o nível de emissão de poluentes e ruído produzidos pelos veículos automotores ou pela sua carga, de acordo com o estabelecido no art. 66, além de dar apoio às ações específicas dos órgãos ambientais locais quando solicitado;

▸ *CF: art. 225.*

XIV – vistoriar veículos que necessitem de autorização especial para transitar e estabelecer os requisitos técnicos a serem observados para a circulação desses veículos.

XV - aplicar a penalidade de suspensão do direito de dirigir, quando prevista de forma específica para a infração cometida, e comunicar a aplicação da penalidade ao órgão máximo executivo de trânsito da União. (Incluído pela Lei 14.071, de 13-10-2020, em vigor após decorridos 180 (cento e oitenta) dias de sua publicação oficial)

Parágrafo único. (VETADO)

ART. 22. Compete aos órgãos ou entidades executivos de trânsito dos Estados e do Distrito Federal, no âmbito de sua circunscrição:

I – cumprir e fazer cumprir a legislação e as normas de trânsito, no âmbito das respectivas atribuições;

II - realizar, fiscalizar e controlar o processo de formação, de aperfeiçoamento, de reciclagem e de suspensão de condutores e expedir e cassar Licença de Aprendizagem, Permissão para Dirigir e Carteira Nacional de Habilitação, mediante delegação do órgão máximo executivo de trânsito da União; (Redação dada pela Lei 14.071, de 13-10-2020, em vigor após decorridos 180 (cento e oitenta) dias de sua publicação oficial)

III - vistoriar, inspecionar as condições de segurança veicular, registrar, emplacar e licenciar veículos, com a expedição dos Certificados de Registro de Veículo e de Licenciamento Anual, mediante delegação do órgão máximo executivo de trânsito da União; (Redação dada pela Lei 14.071, de 13-10-2020, em vigor após decorridos 180 (cento e oitenta) dias de sua publicação oficial)

IV – estabelecer, em conjunto com as Polícias Militares, as diretrizes para o policiamento ostensivo de trânsito;

V – executar a fiscalização de trânsito, autuar e aplicar as medidas administrativas cabíveis pelas infrações previstas neste Código, excetuadas aquelas relacionadas nos incisos VI e VIII do art. 24, no exercício regular do Poder de Polícia de Trânsito;

VI – aplicar as penalidades por infrações previstas neste Código, com exceção daquelas relacionadas nos incisos VII e VIII do art. 24, notificando os infratores e arrecadando as multas que aplicar;

VII – arrecadar valores provenientes de estada e remoção de veículos e objetos;

VIII – comunicar ao órgão executivo de trânsito da União a suspensão e a cassação do direito de dirigir e o recolhimento da Carteira Nacional de Habilitação;

IX – coletar dados estatísticos e elaborar estudos sobre acidentes de trânsito e suas causas;

X – credenciar órgãos ou entidades para a execução de atividades previstas na legislação de trânsito, na forma estabelecida em norma do CONTRAN;

XI – implementar as medidas da Política Nacional de Trânsito e do Programa Nacional de Trânsito;

XII – promover e participar de projetos e programas de educação e segurança de trânsito de acordo com as diretrizes estabelecidas pelo CONTRAN;

XIII – integrar-se a outros órgãos e entidades do Sistema Nacional de Trânsito para fins de arrecadação e compensação de multas impostas na área de sua competência, com vistas à unificação do licenciamento, à simplificação e à celeridade das transferências de veículos e de prontuários de condutores de uma para outra unidade da Federação;

XIV – fornecer, aos órgãos e entidades executivos de trânsito e executivos rodoviários municipais, os dados cadastrais dos veículos registrados e dos condutores habilitados, para fins de imposição e notificação de penalidades e de arrecadação de multas nas áreas de suas competências;

XV – fiscalizar o nível de emissão de poluentes e ruído produzidos pelos veículos automotores ou pela sua carga, de acordo com o estabelecido no art. 66, além de dar apoio, quando solicitado, às ações específicas dos órgãos ambientais locais;

▸ *CF: art. 225.*

XVI – articular-se com os demais órgãos do Sistema Nacional de Trânsito no Estado, sob coordenação do respectivo CETRAN.

XVII - criar, implantar e manter escolas públicas de trânsito, destinadas à educação de crianças e adolescentes, por meio de aulas teóricas e práticas sobre legislação, sinalização e comportamento no trânsito. (Incluído pela Lei 14.071, de 13-10-2020, em vigor após decorridos 180 (cento e oitenta) dias de sua publicação oficial)

Parágrafo único. As competências descritas no inciso II do caput deste artigo relativas ao processo de suspensão de condutores serão exercidas quando: (Incluído pela Lei 14.071, de 13-10-2020, em vigor após decorridos 180 (cento e oitenta) dias de sua publicação oficial)

I - o condutor atingir o limite de pontos estabelecido no inciso I do art. 261 deste Código;

II - a infração previr a penalidade de suspensão do direito de dirigir de forma específica e a autuação tiver sido efetuada pelo próprio órgão executivo estadual de trânsito.

ART. 23. Compete às Polícias Militares dos Estados e do Distrito Federal:

▸ *CF: art. 144, § 5º.*

I a II – (VETADO)

III – executar a fiscalização de trânsito, quando e conforme convênio firmado, como agente do órgão ou entidade executivos de trânsito ou executivos rodoviários, concomitantemente com os demais agentes credenciados;

IV a VII – (VETADO)

Parágrafo único. (VETADO)

ART. 24. Compete aos órgãos e entidades executivos de trânsito dos Municípios, no âmbito de sua circunscrição: (Redação dada pela Lei nº 13.154, de 2015)

I – cumprir e fazer cumprir a legislação e as normas de trânsito, no âmbito de suas atribuições;

II - planejar, projetar, regulamentar e operar o trânsito de veículos, de pedestres e de animais e promover o desenvolvimento, temporário ou definitivo, da circulação, da segurança e das áreas de proteção de ciclistas; (Redação dada pela Lei 14.071, de 13-10-2020, em vigor após decorridos 180 (cento e oitenta) dias de sua publicação oficial)

III – implantar, manter e operar o sistema de sinalização, os dispositivos e os equipamentos de controle viário;

IV – coletar dados estatísticos e elaborar estudos sobre os acidentes de trânsito e suas causas;

V – estabelecer, em conjunto com os órgãos de polícia ostensiva de trânsito, as diretrizes para o policiamento ostensivo de trânsito;

VI – executar a fiscalização de trânsito em vias terrestres, edificações de uso público e edificações privadas de uso coletivo, autuar e aplicar as medidas administrativas cabíveis e as penalidades de advertência por escrito e multa, por infrações de circulação, estacionamento e parada previstas neste Código, no exercício regular do poder de polícia de trânsito, notificando os infratores e arrecadando as multas que aplicar, exercendo iguais atribuições no âmbito de edificações privadas de uso coletivo, somente para infrações de uso de vagas reservadas em estacionamentos. (Redação dada pela Lei nº 13.281, de 2016)

VII – aplicar as penalidades de advertência por escrito e multa, por infrações de circulação, estacionamento e parada previstas neste Código, notificando os infratores e arrecadando as multas que aplicar;

VIII – fiscalizar, autuar e aplicar as penalidades e medidas administrativas cabíveis relativas a infrações por excesso de peso, dimensões e lotação dos veículos, bem como notificar e arrecadar as multas que aplicar;

IX – fiscalizar o cumprimento da norma contida no art. 95, aplicando as penalidades e arrecadando as multas nele previstas;

X – implantar, manter e operar sistema de estacionamento rotativo pago nas vias;

XI – arrecadar valores provenientes de estada e remoção de veículos e objetos, e escolta de veículos de cargas superdimensionadas ou perigosas;

XII – credenciar os serviços de escolta, fiscalizar e adotar medidas de segurança relativas aos serviços de remoção de veículos, escolta e transporte de carga indivisível;

XIII – integrar-se a outros órgãos e entidades do Sistema Nacional de Trânsito para fins de arrecadação e compensação de multas impostas na área de sua competência, com vistas à unificação do licenciamento, à simplificação e à celeridade das transferências de veículos e de prontuários dos condutores de uma para outra unidade da Federação;

XIV – implantar as medidas da Política Nacional de Trânsito e do Programa Nacional de Trânsito;

XV – promover e participar de projetos e programas de educação e segurança de trânsito de acordo com as diretrizes estabelecidas pelo CONTRAN;

XVI – planejar e implantar medidas para redução da circulação de veículos e reorientação do tráfego, com o objetivo de diminuir a emissão global de poluentes;

XVII – registrar e licenciar, na forma da legislação, veículos de tração e propulsão humana e de tração animal, fiscalizando, autuando, aplicando penalidades e arrecadando multas decorrentes de infrações; (Redação dada pela Lei nº 13.154, de 2015)

XVIII – conceder autorização para conduzir veículos de propulsão humana e de tração animal;

XIX – articular-se com os demais órgãos do Sistema Nacional de Trânsito no Estado, sob coordenação do respectivo CETRAN;

XX – fiscalizar o nível de emissão de poluentes e ruído produzidos pelos veículos automotores ou pela sua carga, de acordo com o estabelecido no art. 66, além de dar apoio às ações específicas de órgão ambiental local, quando solicitado;

XXI – vistoriar veículos que necessitem de autorização especial para transitar e estabelecer os requisitos técnicos a serem observados para a circulação desses veículos.

XXII - aplicar a penalidade de suspensão do direito de dirigir, quando prevista de forma específica para a infração cometida, e comunicar a aplicação da penalidade ao órgão máximo executivo de trânsito da União; (Incluído pela Lei 14.071, de 13-10-2020, em vigor após decorridos 180 (cento e oitenta) dias de sua publicação oficial)

XXIII - criar, implantar e manter escolas públicas de trânsito, destinadas à educação de crianças e adolescentes, por meio de aulas teóricas e práticas sobre legislação, sinalização e comportamento no trânsito. (Incluído pela Lei 14.071, de 13-10-2020, em vigor após decorridos 180 (cento e oitenta) dias de sua publicação oficial)

§ 1º. As competências relativas a órgão ou entidade municipal serão exercidas no Distrito Federal por seu órgão ou entidade executivos de trânsito.

§ 2º Para exercer as competências estabelecidas neste artigo, os Municípios deverão integrar-se ao Sistema Nacional de Trânsito, por meio de órgão ou entidade executivos de trânsito ou diretamente por meio da prefeitura municipal, conforme previsto no art. 333 deste Código. (Redação dada pela Lei 14.071, de 13-10-2020, em vigor após decorridos 180 (cento e oitenta) dias de sua publicação oficial)

ART. 25. Os órgãos e entidades executivos do Sistema Nacional de Trânsito poderão celebrar convênio delegando as atividades previstas neste Código, com vistas à maior eficiência e à segurança para os usuários da via.

§ 1º Os órgãos e entidades de trânsito poderão prestar serviços de capacitação técnica, assessoria e monitoramento das atividades relativas ao trânsito durante prazo a ser estabelecido entre as partes, com ressarcimento dos custos apropriados. (Renumerado pela Lei 14.071, de 13-10-2020, em vigor após decorridos 180 (cento e oitenta) dias de sua publicação oficial)

§ 2º Quando não houver órgão ou entidade executivos de trânsito no respectivo Município, o convênio de que trata o caput deste artigo poderá ser celebrado diretamente pela prefeitura municipal com órgão ou entidade que integre o Sistema Nacional de Trânsito, permitido, inclusive, o consórcio com outro ente federativo. (Incluído pela Lei 14.071, de 13-10-2020, em vigor após decorridos 180 (cento e oitenta) dias de sua publicação oficial)

ART. 25-A. Os agentes dos órgãos policiais da Câmara dos Deputados e do Senado Federal, a que se referem o inciso IV do caput do art. 51 e o inciso XIII do caput do art. 52 da Constituição Federal, respectivamente, mediante convênio com o órgão ou entidade de trânsito com circunscrição sobre a via, poderão lavrar auto de infração de trânsito e remetê-lo ao órgão competente, nos casos em que a infração cometida nas adjacências do Congresso Nacional ou nos locais sob sua responsabilidade comprometer objetivamente os serviços ou colocar em risco a incolumidade das pessoas ou o patrimônio das respectivas Casas Legislativas. (Incluído pela Lei 14.071, de 13-10-2020, em vigor após decorridos 180 (cento e oitenta) dias de sua publicação oficial)

Parágrafo único. Para atuarem na fiscalização de trânsito, os agentes mencionados no caput deste artigo deverão receber treinamento específico para o exercício das atividades, conforme regulamentação do Contran.

CAPÍTULO III. DAS NORMAS GERAIS DE CIRCULAÇÃO E CONDUTA

ART. 26. Os usuários das vias terrestres devem:

▸ *CTB: arts. 173 e 245.*

I – abster-se de todo ato que possa constituir perigo ou obstáculo para o trânsito de veículos, de pessoas ou de animais, ou ainda causar danos a propriedades públicas ou privadas;

II – abster-se de obstruir o trânsito ou torná-lo perigoso, atirando, depositando ou abandonando na via objetos ou substâncias, ou nela criando qualquer outro obstáculo.

ART. 27. Antes de colocar o veículo em circulação nas vias públicas, o condutor deverá verificar a existência e as boas condições de funcionamento dos equipamentos de uso obrigatório, bem como assegurar-se da existência de combustível suficiente para chegar ao local de destino.

▸ *CTB: arts. 180 e 230, IX.*

ART. 28. O condutor deverá, a todo momento, ter domínio de seu veículo, dirigindo-o com atenção e cuidados indispensáveis à segurança do trânsito.

▸ *CTB: art. 169.*

ART. 29. O trânsito de veículos nas vias terrestres abertas à circulação obedecerá às seguintes normas:

I – a circulação far-se-á pelo lado direito da via, admitindo-se as exceções devidamente sinalizadas;

▸ *CTB: arts. 184 a 186.*

II – o condutor deverá guardar distância de segurança lateral e frontal entre o seu e os demais veículos, bem como em relação ao bordo da pista, considerando-se, no momento, a velocidade e as condições do local, da circulação, do veículo e as condições climáticas;

▸ *CTB: arts. 192 e 201.*

III – quando veículos, transitando por fluxos que se cruzem, se aproximarem de local não sinalizado, terá preferência de passagem:

a) no caso de apenas um fluxo ser proveniente de rodovia, aquele que estiver circulando por ela;

b) no caso de rotatória, aquele que estiver circulando por ela;

c) nos demais casos, o que vier pela direita do condutor;

▸ *CTB: art. 215, I.*

IV – quando uma pista de rolamento comportar várias faixas de circulação no mesmo sentido, são as da direita destinadas ao deslocamento dos veículos mais lentos e de maior porte, quando não houver faixa especial a eles destinada, e as da esquerda, destinadas à ultrapassagem e ao deslocamento dos veículos de maior velocidade;

▸ *CTB: art. 185.*

V – o trânsito de veículos sobre passeios, calçadas e nos acostamentos, só poderá ocorrer para que se adentre ou se saia dos imóveis ou áreas especiais de estacionamento;

▸ *CTB: art. 193.*

VI – os veículos precedidos de batedores terão prioridade de passagem, respeitadas as demais normas de circulação;

▸ *CTB: art. 189.*

VII - os veículos destinados a socorro de incêndio e salvamento, os de polícia, os de fiscalização e operação de trânsito e as ambulâncias, além de prioridade no trânsito, gozam de livre circulação, estacionamento e parada, quando em serviço de urgência, de policiamento ostensivo ou de preservação da ordem pública, observadas as seguintes disposições: (Redação dada pela Lei 14.071, de 13-10-2020, em vigor após decorridos 180 (cento e oitenta) dias de sua publicação oficial)

▸ *CTB: arts. 189,190, 222 e 230, XII e XIII.*

a) quando os dispositivos regulamentares de alarme sonoro e iluminação intermitente estiverem acionados, indicando a proximidade dos veículos, todos os condutores deverão deixar livre a passagem pela faixa da esquerda, indo para a direita da via e parando, se necessário; (Redação dada pela Lei 14.071, de 13-10-2020, em vigor após decorridos 180 (cento e oitenta) dias de sua publicação oficial)

b) os pedestres, ao ouvirem o alarme sonoro ou avistarem a luz intermitente, deverão aguardar no passeio e somente atravessar a via quando o veículo já tiver passado pelo local; (Redação dada pela Lei 14.071, de 13-10-2020, em vigor após decorridos 180 (cento e oitenta) dias de sua publicação oficial)

c) o uso de dispositivos de alarme sonoro e de iluminação vermelha intermitente só poderá ocorrer quando da efetiva prestação de serviço de urgência;

d) a prioridade de passagem na via e no cruzamento deverá se dar com velocidade reduzida e com os devidos cuidados de segurança, obedecidas as demais normas deste Código;

e) as prerrogativas de livre circulação e de parada serão aplicadas somente quando os veículos estiverem identificados por dispositivos regulamentares de alarme sonoro e iluminação intermitente; (Incluído pela Lei 14.071, de 13-10-2020, em vigor após decorridos 180 (cento e oitenta) dias de sua publicação oficial)

f) a prerrogativa de livre estacionamento será aplicada somente quando os veículos estiverem identificados por dispositivos regulamentares de iluminação intermitente; (Incluído pela Lei 14.071, de 13-10-2020, em vigor após decorridos 180 (cento e oitenta) dias de sua publicação oficial)

VIII – os veículos prestadores de serviços de utilidade pública, quando em atendimento na via, gozam de livre parada e estacionamento no local da prestação de serviço, desde que devidamente sinalizados, devendo estar identificados na forma estabelecida pelo CONTRAN;

▸ CTB: arts. 230, XII e XIII.

IX – a ultrapassagem de outro veículo em movimento deverá ser feita pela esquerda, obedecida a sinalização regulamentar e as demais normas estabelecidas neste Código, exceto quando o veículo a ser ultrapassado estiver sinalizando o propósito de entrar à esquerda;

▸ CTB: art. 199,200 e 202, I.

X – todo condutor deverá, antes de efetuar uma ultrapassagem, certificar-se de que:

a) nenhum condutor que venha atrás haja começado uma manobra para ultrapassá-lo;

b) quem o precede na mesma faixa de trânsito não haja indicado o propósito de ultrapassar um terceiro;

c) a faixa de trânsito que vai tomar esteja livre numa extensão suficiente para que sua manobra não ponha em perigo ou obstrua o trânsito que venha em sentido contrário;

▸ CTB: art. 191.

XI – todo condutor ao efetuar a ultrapassagem deverá:

a) indicar com antecedência a manobra pretendida, acionando a luz indicadora de direção do veículo ou por meio de gesto convencional de braço;

▸ CTB: art. 196.

b) afastar-se do usuário ou usuários aos quais ultrapassa, de tal forma que deixe livre uma distância lateral de segurança;

▸ CTB: art. 192 e 201.

c) retomar, após a efetivação da manobra, a faixa de trânsito de origem, acionando a luz indicadora de direção do veículo ou fazendo gesto convencional de braço, adotando os cuidados necessários para não pôr em perigo ou obstruir o trânsito dos veículos que ultrapassou;

XII – os veículos que se deslocam sobre trilhos terão preferência de passagem sobre os demais, respeitadas as normas de circulação.

▸ CTB: art. 212.

XIII – (VETADO). (Incluído pela Lei nº 13.281, de 2016).

§ 1º. As normas de ultrapassagem previstas nas alíneas a e b do inciso X e a e b do inciso XI aplicam-se à transposição de faixas, que pode ser realizada tanto pela faixa da esquerda como pela da direita.

§ 2º. Respeitadas as normas de circulação e conduta estabelecidas neste artigo, em ordem decrescente, os veículos de maior porte serão sempre responsáveis pela segurança dos menores, os motorizados pelos não motorizados e, juntos, pela incolumidade dos pedestres.

§ 3º Compete ao Contran regulamentar os dispositivos de alarme sonoro e iluminação intermitente previstos no inciso VII do caput deste artigo. (Incluído pela Lei 14.071, de 13-10-2020, em vigor após decorridos 180 (cento e oitenta) dias de sua publicação oficial)

§ 4º Em situações especiais, ato da autoridade máxima federal de segurança pública poderá dispor sobre a aplicação das exceções tratadas no inciso VII do caput deste artigo aos veículos oficiais descaracterizados. (Incluído pela Lei 14.071, de 13-10-2020, em vigor após decorridos 180 (cento e oitenta) dias de sua publicação oficial)

ART. 30. Todo condutor, ao perceber que outro que o segue tem o propósito de ultrapassá-lo, deverá:

I – se estiver circulando pela faixa da esquerda, deslocar-se para a faixa da direita, sem acelerar a marcha;

II – se estiver circulando pelas demais faixas, manter-se naquela na qual está circulando, sem acelerar a marcha.

▸ CTB: art. 198.

Parágrafo único. Os veículos mais lentos, quando em fila, deverão manter distância suficiente entre si para permitir que veículos que os ultrapassem possam se intercalar na fila com segurança.

ART. 31. O condutor que tenha o propósito de ultrapassar um veículo de transporte coletivo que esteja parado, efetuando embarque ou desembarque de passageiros, deverá reduzir a velocidade, dirigindo com atenção redobrada ou parar o veículo com vistas à segurança dos pedestres.

▸ CTB: art. 200.

ART. 32. O condutor não poderá ultrapassar veículos em vias com duplo sentido de direção e pista única, nos trechos em curvas e em aclives sem visibilidade suficiente, nas passagens de nível, nas pontes e viadutos e nas travessias de pedestres, exceto quando houver sinalização permitindo a ultrapassagem.

▸ CTB: art. 203.

ART. 33. Nas interseções e suas proximidades, o condutor não poderá efetuar ultrapassagem.

▸ *CTB: art. 202, II.*

ART. 34. O condutor que queira executar uma manobra deverá certificar-se de que pode executá-la sem perigo para os demais usuários da via que o seguem, precedem ou vão cruzar com ele, considerando sua posição, sua direção e sua velocidade.

ART. 35. Antes de iniciar qualquer manobra que implique um deslocamento lateral, o condutor deverá indicar seu propósito de forma clara e com a devida antecedência, por meio da luz indicadora de direção de seu veículo, ou fazendo gesto convencional de braço.

▸ *CTB: art. 196.*

Parágrafo único. Entende-se por deslocamento lateral a transposição de faixas, movimentos de conversão à direita, à esquerda e retornos.

ART. 36. O condutor que for ingressar numa via, procedente de um lote lindeiro a essa via, deverá dar preferência aos veículos e pedestres que por ela estejam transitando.

▸ *CTB: arts. 214, V, e 216.*

ART. 37. Nas vias providas de acostamento, a conversão à esquerda e a operação de retorno deverão ser feitas nos locais apropriados e, onde estes não existirem, o condutor deverá aguardar no acostamento, à direita, para cruzar a pista com segurança.

▸ *CTB: art. 204.*

ART. 38. Antes de entrar à direita ou à esquerda, em outra via ou em lotes lindeiros, o condutor deverá:

I – ao sair da via pelo lado direito, aproximar-se o máximo possível do bordo direito da pista e executar sua manobra no menor espaço possível;

II – ao sair da via pelo lado esquerdo, aproximar-se o máximo possível de seu eixo ou da linha divisória da pista, quando houver, caso se trate de uma pista com circulação nos dois sentidos, ou do bordo esquerdo, tratando-se de uma pista de um só sentido.

▸ *CTB: art. 197.*

Parágrafo único. Durante a manobra de mudança de direção, o condutor deverá ceder passagem aos pedestres e ciclistas, aos veículos que transitem em sentido contrário pela pista da via da qual vai sair, respeitadas as normas de preferência de passagem.

ART. 39. Nas vias urbanas, a operação de retorno deverá ser feita nos locais para isto determinados, quer por meio de sinalização, quer pela existência de locais apropriados, ou, ainda, em outros locais que ofereçam condições de segurança e fluidez, observadas as características da via, do veículo, das condições meteorológicas e da movimentação de pedestres e ciclistas.

▸ *CTB: art. 206.*

ART. 40. O uso de luzes em veículo obedecerá às seguintes determinações:

I - o condutor manterá acesos os faróis do veículo, por meio da utilização da luz baixa: (Redação dada pela Lei 14.071, de 13-10-2020, em vigor após decorridos 180 (cento e oitenta) dias de sua publicação oficial)

a) à noite; (Incluído pela Lei 14.071, de 13-10-2020, em vigor após decorridos 180 (cento e oitenta) dias de sua publicação oficial)

b) mesmo durante o dia, em túneis e sob chuva, neblina ou cerração; (Incluído pela Lei 14.071, de 13-10-2020, em vigor após decorridos 180 (cento e oitenta) dias de sua publicação oficial)

▸ *CTB: art. 250, I, a e b.*

II – nas vias não iluminadas o condutor deve usar luz alta, exceto ao cruzar com outro veículo ou ao segui-lo;

▸ *CTB: art. 223.*

III – a troca de luz baixa e alta, de forma intermitente e por curto período de tempo, com o objetivo de advertir outros motoristas, só poderá ser utilizada para indicar a intenção de ultrapassar o veículo que segue à frente ou para indicar a existência de risco à segurança para os veículos que circulam no sentido contrário;

▸ *CTB: art. 251, II.*

IV - (Revogado pela Lei 14.071, de 13-10-2020, em vigor após decorridos 180 (cento e oitenta) dias de sua publicação oficial)

▸ *CTB: art. 250, II.*

V – O condutor utilizará o pisca-alerta nas seguintes situações:

a) em imobilizações ou situações de emergência;

b) quando a regulamentação da via assim o determinar;

▸ *CTB: art. 179 e 251, I.*

VI – durante a noite, em circulação, o condutor manterá acesa a luz de placa; VII – o condutor manterá acesas, à noite, as luzes de posição quando o veículo estiver parado para fins de embarque ou desembarque de passageiros e carga ou descarga de mercadorias.

▸ *CTB: art. 250, III.*

§ 1º Os veículos de transporte coletivo de passageiros, quando circularem em faixas ou pistas a eles destinadas, e as motocicletas, motonetas e ciclomotores deverão utilizar-se de farol de luz baixa durante o dia e à noite. (Parágrafo único transformado em § 1º e com redação dada pela Lei 14.071, de 13-10-2020, em vigor após decorridos 180 (cento e oitenta) dias de sua publicação oficial)

§ 2º Os veículos que não dispuserem de luzes de rodagem diurna deverão manter acesos os faróis nas rodovias de pista simples situadas fora dos perímetros urbanos, mesmo durante o dia. (Incluído pela Lei 14.071, de 13-10-2020, em vigor após decorridos 180 (cento e oitenta) dias de sua publicação oficial)

▸ *CTB: art. 249.*

ART. 41. O condutor de veículo só poderá fazer uso de buzina, desde que em toque breve, nas seguintes situações:

▸ *CTB: art. 250, I,c e d.*

I – para fazer as advertências necessárias a fim de evitar acidentes;

II – fora das áreas urbanas, quando for conveniente advertir a um condutor que se tem o propósito de ultrapassá-lo.

▸ *CTB: art. 227.*

ART. 42. Nenhum condutor deverá frear bruscamente seu veículo, salvo por razões de segurança.

ART. 43. Ao regular a velocidade, o condutor deverá observar constantemente as condições físicas da via, do veículo e da carga, as condições meteorológicas e a intensidade do trânsito, obedecendo aos limites máximos de velocidade estabelecidos para a via, além de:

I – não obstruir a marcha normal dos demais veículos em circulação sem causa justificada, transitando a uma velocidade anormalmente reduzida;

II – sempre que quiser diminuir a velocidade de seu veículo deverá antes certificar-se de que pode fazê-lo sem risco nem inconvenientes para os outros condutores, a não ser que haja perigo iminente;

III – indicar, de forma clara, com a antecedência necessária e a sinalização devida, a manobra de redução de velocidade.

ART. 44. Ao aproximar-se de qualquer tipo de cruzamento, o condutor do veículo deve demonstrar prudência especial, transitando em velocidade moderada, de forma que possa deter seu veículo com segurança para dar passagem a pedestre e a veículos que tenham o direito de preferência.

ART. 44-A. É livre o movimento de conversão à direita diante de sinal vermelho do semáforo onde houver sinalização indicativa que permita essa conversão, observados os arts. 44, 45 e 70 deste Código. (Incluído pela Lei 14.071, de 13-10-2020, em vigor após decorridos 180 (cento e oitenta) dias de sua publicação oficial)

ART. 45. Mesmo que a indicação luminosa do semáforo lhe seja favorável, nenhum condutor pode entrar em uma interseção se houver possibilidade de ser obrigado a imobilizar o veículo na área do cruzamento, obstruindo ou impedindo a passagem do trânsito transversal.

▸ *CTB: art. 183.*

ART. 46. Sempre que for necessária a imobilização temporária de um veículo no leito viário, em situação de emergência, deverá ser providenciada a imediata sinalização de advertência, na forma estabelecida pelo CONTRAN.

▸ *CTB: arts. 179, 180, 225, I e 226.*

ART. 47. Quando proibido o estacionamento na via, a parada deverá restringir-se ao tempo indispensável para embarque ou desembarque de passageiros, desde que não interrompa ou perturbe o fluxo de veículos ou a locomoção de pedestres.

Parágrafo único. A operação de carga ou descarga será regulamentada pelo órgão ou entidade com circunscrição sobre a via e é considerada estacionamento.

ART. 48. Nas paradas, operações de carga ou descarga e nos estacionamentos, o veículo deverá ser posicionado no sentido do fluxo, paralelo ao bordo da pista de rolamento e junto à guia da calçada (meio-fio), admitidas as exceções devidamente sinalizadas.

▸ *CTB: arts. 181, IV e 182, IV.*

§ 1º. Nas vias providas de acostamento, os veículos parados, estacionados ou em operação de carga ou descarga deverão estar situados fora da pista de rolamento.

§ 2º. O estacionamento dos veículos motorizados de duas rodas será feito em posição perpendicular à guia da calçada (meio-fio) e junto a ela, salvo quando houver sinalização que determine outra condição.

§ 3º. O estacionamento dos veículos sem abandono do condutor poderá ser feito somente nos locais previstos neste Código ou naqueles regulamentados por sinalização específica.

ART. 49. O condutor e os passageiros não deverão abrir a porta do veículo, deixá-la aberta ou descer do veículo sem antes se certificarem de que isso não constitui perigo para eles e para outros usuários da via.

Parágrafo único. O embarque e o desembarque devem ocorrer sempre do lado da calçada, exceto para o condutor.

ART. 50. O uso de faixas laterais de domínio e das áreas adjacentes às estradas e rodovias obedecerá às condições de segurança do trânsito estabelecidas pelo órgão ou entidade com circunscrição sobre a via.

▸ *CTB: art. 2º, par. únº 90, § 1º, e 95, § 1º.*

ART. 51. Nas vias internas pertencentes a condomínios constituídos por unidades autônomas, a sinalização de regulamentação da via será implantada e mantida às expensas do condomínio, após aprovação dos projetos pelo órgão ou entidade com circunscrição sobre a via.

ART. 52. Os veículos de tração animal serão conduzidos pela direita da pista, junto à guia da calçada (meio-fio) ou acostamento, sempre que não houver faixa especial a eles destinada, devendo seus condutores obedecer, no que couber, às normas de circulação previstas neste Código e às que vierem a ser fixadas pelo órgão ou entidade com circunscrição sobre a via.

ART. 53. Os animais isolados ou em grupos só podem circular nas vias quando conduzidos por um guia, observado o seguinte:

I – para facilitar os deslocamentos, os rebanhos deverão ser divididos em grupos de tamanho moderado e separados uns dos outros por espaços suficientes para não obstruir o trânsito;

II – os animais que circularem pela pista de rolamento deverão ser mantidos junto ao bordo da pista.

ART. 54. Os condutores de motocicletas, motonetas e ciclomotores só poderão circular nas vias:

I – utilizando capacete de segurança, com viseira ou óculos protetores;

▸ *CTB: arts. 230, X, e 244, I.*

II – segurando o guidom com as duas mãos;

▸ *CTB: art. 244, VII.*

III – usando vestuário de proteção, de acordo com as especificações do CONTRAN.

▸ *CTB: art. 244, I.*

ART. 55. Os passageiros de motocicletas, motonetas e ciclomotores só poderão ser transportado:

I – utilizando capacete de segurança;

▸ *CTB: arts. 230, X, e 244, II.*

II – em carro lateral acoplado aos veículos ou em assento suplementar atrás do condutor;

▸ CTB: art. 244, II.

III – usando vestuário de proteção, de acordo com as especificações do CONTRAN.

ART. 56. (VETADO)

ART. 56-A. (VETADO na Lei 14.071, de 13-10-2020, em vigor após decorridos 180 (cento e oitenta) dias de sua publicação oficial)

ART. 57. Os ciclomotores devem ser conduzidos pela direita da pista de rolamento, preferencialmente no centro da faixa mais à direita ou no bordo direito da pista sempre que não houver acostamento ou faixa própria a eles destinada, proibida a sua circulação nas vias de trânsito rápido e sobre as calçadas das vias urbanas.

Parágrafo único. Quando uma via comportar duas ou mais faixas de trânsito e a da direita for destinada ao uso exclusivo de outro tipo de veículo, os ciclomotores deverão circular pela faixa adjacente à da direita.

▸ CTB: arts. 185, I, 193 e 244, § 2º.

ART. 58. Nas vias urbanas e nas rurais de pista dupla, a circulação de bicicletas deverá ocorrer, quando não houver ciclovia, ciclofaixa, ou acostamento, ou quando não for possível a utilização destes, nos bordos da pista de rolamento, no mesmo sentido de circulação regulamentado para a via, com preferência sobre os veículos automotores.

Parágrafo único. A autoridade de trânsito com circunscrição sobre a via poderá autorizar a circulação de bicicletas no sentido contrário ao fluxo dos veículos automotores, desde que dotado o trecho com ciclofaixa.

ART. 59. Desde que autorizado e devidamente sinalizado pelo órgão ou entidade com circunscrição sobre a via, será permitida a circulação de bicicletas nos passeios.

▸ CTB: art. 225.

ART. 60. As vias abertas à circulação, de acordo com sua utilização, classificam-se em:

I – vias urbanas:

a) via de trânsito rápido;

b) via arterial;

c) via coletora;

d) via local;

II – vias rurais:

a) rodovias;

b) estradas.

ART. 61. A velocidade máxima permitida para a via será indicada por meio de sinalização, obedecidas suas características técnicas e as condições de trânsito.

§ 1º. Onde não existir sinalização regulamentadora, a velocidade máxima será de:

I – nas vias urbanas:

a) oitenta quilômetros por hora, nas vias de trânsito rápido:

b) sessenta quilômetros por hora, nas vias arteriais;

c) quarenta quilômetros por hora, nas vias coletoras;

d) trinta quilômetros por hora, nas vias locais;

II – nas vias rurais:

▸ CTB: art. 218.

a) nas rodovias de pista dupla: (Redação dada pela Lei nº 13.281, de 2016)

1) 110 km/h (cento e dez quilômetros por hora) para automóveis, camionetas e motocicletas; (Redação dada pela Lei nº 13.281, de 2016)

2) 90 km/h (noventa quilômetros por hora) para os demais veículos; (Redação dada pela Lei nº 13.281, de 2016)

3) (revogado); (Redação dada pela Lei nº 13.281, de 2016)

b) nas rodovias de pista simples: (Redação dada pela Lei nº 13.281, de 2016) (Redação dada pela Lei nº 13.281, de 2016)

1) 100 km/h (cem quilômetros por hora) para automóveis, camionetas e motocicletas; (Incluído pela Lei nº 13.281, de 2016)

2) 90 km/h (noventa quilômetros por hora) para os demais veículos; (Incluído pela Lei nº 13.281, de 2016)

c) nas estradas: 60 km/h (sessenta quilômetros por hora). (Incluído pela Lei nº 13.281, de 2016)

§ 2º. O órgão ou entidade de trânsito ou rodoviário com circunscrição sobre a via poderá regulamentar, por meio de sinalização, velocidades superiores ou inferiores àquelas estabelecidas no parágrafo anterior.

ART. 62. A velocidade mínima não poderá ser inferior à metade da velocidade máxima estabelecida, respeitadas as condições operacionais de trânsito e da via.

▸ CTB: art. 219.

ART. 63. (VETADO)

ART. 64. As crianças com idade inferior a 10 (dez) anos que não tenham atingido 1,45 m (um metro e quarenta e cinco centímetros) de altura devem ser transportadas nos bancos traseiros, em dispositivo de retenção adequado para cada idade, peso e altura, salvo exceções relacionadas a tipos específicos de veículos regulamentadas pelo Contran. (Redação dada pela Lei 14.071, de 13-10-2020, em vigor após decorridos 180 (cento e oitenta) dias de sua publicação oficial)

Parágrafo único. O Contran disciplinará o uso excepcional de dispositivos de retenção no banco dianteiro do veículo e as especificações técnicas dos dispositivos de retenção a que se refere o caput deste artigo. (Incluído pela Lei 14.071, de 13-10-2020, em vigor após decorridos 180 (cento e oitenta) dias de sua publicação oficial)

▸ CTB: art. 168.

ART. 65. É obrigatório o uso do cinto de segurança para condutor e passageiros em todas as vias do território nacional, salvo em situações regulamentadas pelo CONTRAN.

▸ CTB: arts. 167 e 230, IX.

ART. 66. (VETADO)

ART. 67. As provas ou competições desportivas, inclusive seus ensaios, em via aberta à circulação, só poderão ser realizadas mediante prévia permissão da autoridade de trânsito com circunscrição sobre a via e dependerão de:

I – autorização expressa da respectiva confederação desportiva ou de entidades estaduais a ela filiadas;

II – caução ou fiança para cobrir possíveis danos materiais à via;

III – contrato de seguro contra riscos e acidentes em favor de terceiros;

IV – prévio recolhimento do valor correspondente aos custos operacionais em que o órgão ou entidade permissionária incorrerá.

Parágrafo único. A autoridade com circunscrição sobre a via arbitrará os valores mínimos da caução ou fiança e do contrato de seguro.

▸ CTB: arts. 173, 174 e 308.

CAPÍTULO III-A. DA CONDUÇÃO DE VEÍCULOS POR MOTORISTAS PROFISSIONAIS

▸ Capítulo acrescentado pela Lei nº 12.619 de 30-4-2012 (DOU 02.05.2012).

ART. 67-A. O disposto neste Capítulo aplica-se aos motoristas profissionais: (Redação dada pela Lei nº 13.103, de 2015)

I – de transporte rodoviário coletivo de passageiros; (Incluído pela Lei nº 13.103, de 2015)

II – de transporte rodoviário de cargas. (Incluído pela Lei nº 13.103, de 2015)

▸ CTB: art. 230, XXIII.

§§ 1º a 7º. (Revogados pela Lei nº 13.103, de 2015)

§ 8º. (VETADO). (Incluído Lei nº 12.619, de 2012)

ART. 67-B. (VETADO). (Incluído Lei nº 12.619, de 2012)

ART. 67-C. É vedado ao motorista profissional dirigir por mais de 5 (cinco) horas e meia ininterruptas veículos de transporte rodoviário coletivo de passageiros ou de transporte rodoviário de cargas. (Redação dada pela Lei nº 13.103, de 2015)

§ 1º. Serão observados 30 (trinta) minutos para descanso dentro de cada 6 (seis) horas na condução de veículo de transporte de carga, sendo facultado o seu fracionamento e o do tempo de direção desde que não ultrapassadas 5 (cinco) horas e meia contínuas no exercício da condução. (Incluído pela Lei nº 13.103, de 2015)

§ 1º-A. Serão observados 30 (trinta) minutos para descanso a cada 4 (quatro) horas na condução de veículo rodoviário de passageiros, sendo facultado o seu fracionamento e o do tempo de direção. (Incluído pela Lei nº 13.103, de 2015)

§ 2º. Em situações excepcionais de inobservância justificada do tempo de direção, devidamente registradas, o tempo de direção poderá ser elevado pelo período necessário para que o condutor, o veículo e a carga cheguem a um lugar que ofereça a segurança e o atendimento demandados, desde que não haja comprometimento da segurança rodoviária. (Incluído pela Lei nº 13.103, de 2015)

§ 3º. O condutor é obrigado, dentro do período de 24 (vinte e quatro) horas, a observar o mínimo de 11 (onze) horas de descanso, que podem ser fracionadas, usufruídas no veículo e coincidir com os intervalos mencionados no § 1º, observadas no primeiro período 8 (oito) horas ininterruptas de descanso. (Incluído pela Lei nº 13.103, de 2015)

§ 4º. Entende-se como tempo de direção ou de condução apenas o período em que o condutor estiver efetivamente ao volante, em curso entre a origem e o destino. (Incluído pela Lei nº 13.103, de 2015)

§ 5º. Entende-se como início de viagem a partida do veículo na ida ou no retorno, com ou sem carga, considerando-se como sua continuação as partidas nos dias subsequentes até o destino. (Incluído pela Lei nº 13.103, de 2015)

§ 6º. O condutor somente iniciará uma viagem após o cumprimento integral do intervalo de descanso previsto no § 3º deste artigo. (Incluído pela Lei nº 13.103, de 2015)

§ 7º. Nenhum transportador de cargas ou coletivo de passageiros, embarcador, consignatário de cargas, operador de terminais de carga, operador de transporte multimodal de cargas ou agente de cargas ordenará a qualquer motorista a seu serviço, ainda que subcontratado, que conduza veículo referido no caput sem a observância do disposto no § 6º. (Incluído pela Lei nº 13.103, de 2015)

ART. 67-D. (VETADO). (Incluído Lei nº 12.619, de 2012)

ART. 67-E. O motorista profissional é responsável por controlar e registrar o tempo de condução estipulado no art. 67-C, com vistas à sua estrita observância. (Incluído pela Lei nº 13.103, de 2015)

§ 1º. A não observância dos períodos de descanso estabelecidos no art. 67-C sujeitará o motorista profissional às penalidades daí decorrentes, previstas neste Código. (Incluído pela Lei nº 13.103, de 2015)

§ 2º. O tempo de direção será controlado mediante registrador instantâneo inalterável de velocidade e tempo e, ou por meio de anotação em diário de bordo, ou papeleta ou ficha de trabalho externo, ou por meios eletrônicos instalados no veículo, conforme norma do Contran. (Incluído pela Lei nº 13.103, de 2015)

§ 3º. O equipamento eletrônico ou registrador deverá funcionar de forma independente de qualquer interferência do condutor, quanto aos dados registrados. (Incluído pela Lei nº 13.103, de 2015)

§ 4º. A guarda, a preservação e a exatidão das informações contidas no equipamento registrador instantâneo inalterável de velocidade e de tempo são de responsabilidade do condutor. (Incluído pela Lei nº 13.103, de 2015)

CAPÍTULO IV. DOS PEDESTRES E CONDUTORES DE VEÍCULOS NÃO MOTORIZADOS

ART. 68. É assegurada ao pedestre a utilização dos passeios ou passagens apropriadas das vias urbanas e dos acostamentos das vias rurais para circulação, podendo a autoridade competente permitir a utilização de parte da calçada para outros fins, desde que não seja prejudicial ao fluxo de pedestres.

§ 1º. O ciclista desmontado empurrando a bicicleta equipara-se ao pedestre em direitos e deveres.

§ 2º. Nas áreas urbanas, quando não houver passeios ou quando não for possível a utilização destes, a circulação de pedestres na pista de rolamento será feita com prioridade sobre os veículos, pelos bordos da pista, em fila única, exceto em locais proibidos pela sinalização e nas situações em que a segurança ficar comprometida.

§ 3º. Nas vias rurais, quando não houver acostamento ou quando não for possível a utilização dele, a circulação de pedestres, na pista de rolamento, será feita com prioridade sobre os veículos, pelos bordos da pista, em fila única, em sentido contrário ao deslocamento de veículos, exceto em locais proibidos pela sinalização e nas situações em que a segurança ficar comprometida.

§ 4º. (VETADO)

§ 5º. Nos trechos urbanos de vias rurais e nas obras de arte a serem construídas, deverá ser previsto passeio destinado à circulação dos pedestres, que não deverão, nessas condições, usar o acostamento.

§ 6º. Onde houver obstrução da calçada ou da passagem para pedestres, o órgão ou entidade com circunscrição sobre a via deverá assegurar a devida sinalização e proteção para circulação de pedestres.

ART. 69. Para cruzar a pista de rolamento o pedestre tomará precauções de segurança, levando em conta, principalmente, a visibilidade, a distância e a velocidade dos veículos, utilizando sempre as faixas ou passagens a ele destinadas sempre que estas existirem numa distância de até cinquenta metros dele, observadas as seguintes disposições:

▸ *CTB: art. 254, V.*

I – onde não houver faixa ou passagem, o cruzamento da via deverá ser feito em sentido perpendicular ao de seu eixo;

II – para atravessar uma passagem sinalizada para pedestres ou delimitada por marcas sobre a pista:

a) onde houver foco de pedestres, obedecer às indicações das luzes;

b) onde não houver foco de pedestres, aguardar que o semáforo ou o agente de trânsito interrompa o fluxo de veículos;

III – nas interseções e em suas proximidades, onde não existam faixas de travessia, os pedestres devem atravessar a via na continuação da calçada, observadas as seguintes normas:

a) não deverão adentrar na pista sem antes se certificar de que podem fazê-lo sem obstruir o trânsito de veículos;

b) uma vez iniciada a travessia de uma pista, os pedestres não deverão aumentar o seu percurso, demorar-se ou parar sobre ela sem necessidade.

ART. 70. Os pedestres que estiverem atravessando a via sobre as faixas delimitadas para esse fim terão prioridade de passagem, exceto nos locais com sinalização semafórica, onde deverão ser respeitadas as disposições deste Código.

Parágrafo único. Nos locais em que houver sinalização semafórica de controle de passagem será dada preferência aos pedestres que não tenham concluído a travessia, mesmo em caso de mudança do semáforo liberando a passagem dos veículos.

ART. 71. O órgão ou entidade com circunscrição sobre a via manterá, obrigatoriamente, as faixas e passagens de pedestres em boas condições de visibilidade, higiene, segurança e sinalização.

▸ *CTB: arts. 214, I e II, e 270.*

CAPÍTULO V.
DO CIDADÃO

ART. 72. Todo cidadão ou entidade civil tem o direito de solicitar, por escrito, aos órgãos ou entidades do Sistema Nacional de Trânsito, sinalização, fiscalização e implantação de equipamentos de segurança, bem como sugerir alterações em normas, legislação e outros assuntos pertinentes a este Código.

ART. 73. Os órgãos ou entidades pertencentes ao Sistema Nacional de Trânsito têm o dever de analisar as solicitações e responder, por escrito, dentro de prazos mínimos, sobre a possibilidade ou não de atendimento, esclarecendo ou justificando a análise efetuada, e, se pertinente, informando ao solicitante quando tal evento ocorrerá.

Parágrafo único. As campanhas de trânsito devem esclarecer quais as atribuições dos órgãos e entidades pertencentes ao Sistema Nacional de Trânsito e como proceder a tais solicitações.

CAPÍTULO VI.
DA EDUCAÇÃO PARA O TRÂNSITO

ART. 74. A educação para o trânsito é direito de todos e constitui dever prioritário para os componentes do Sistema Nacional de Trânsito.

§ 1º. É obrigatória a existência de coordenação educacional em cada órgão ou entidade componente do Sistema Nacional de Trânsito.

§ 2º. Os órgãos ou entidades executivos de trânsito deverão promover, dentro de sua estrutura organizacional ou mediante convênio, o funcionamento de Escolas Públicas de Trânsito, nos moldes e padrões estabelecidos pelo CONTRAN.

ART. 75. O CONTRAN estabelecerá, anualmente, os temas e os cronogramas das campanhas de âmbito nacional que deverão ser promovidas por todos os órgãos ou entidades do Sistema Nacional de Trânsito, em especial nos períodos referentes às férias escolares, feriados prolongados e à Semana Nacional de Trânsito.

§ 1º. Os órgãos ou entidades do Sistema Nacional de Trânsito deverão promover outras campanhas no âmbito de sua circunscrição e de acordo com as peculiaridades locais.

§ 2º. As campanhas de que trata este artigo são de caráter permanente, e os serviços de rádio e difusão sonora de sons e imagens explorados pelo poder público são obrigados a difundi-las gratuitamente, com a frequência recomendada pelos órgãos competentes do Sistema Nacional de Trânsito.

ART. 76. A educação para o trânsito será promovida na pré-escola e nas escolas de 1º, 2º e 3º graus, por meio de planejamento e ações coordenadas entre os órgãos e entidades do Sistema Nacional de Trânsito e de Educação, da União, dos Estados, do Distrito Federal e dos Municípios, nas respectivas áreas de atuação.

Parágrafo único. Para a finalidade prevista neste artigo, o Ministério da Educação e do Desporto, mediante proposta do CONTRAN e do Conselho de Reitores das Universidades Brasileiras, diretamente ou mediante convênio, promoverá:

I - a adoção, em todos os níveis de ensino, de um currículo interdisciplinar com conteúdo programático sobre segurança de trânsito;

II - a adoção de conteúdos relativos à educação para o trânsito nas escolas de formação para o magistério e o treinamento de professores e multiplicadores;

III - a criação de corpos técnicos interprofissionais para levantamento e análise de dados estatísticos relativos ao trânsito;

IV - a elaboração de planos de redução de acidentes de trânsito junto aos núcleos interdisciplinares universitários de trânsito, com vistas à integração universidades-sociedade na área de trânsito.

ART. 77. No âmbito da educação para o trânsito caberá ao Ministério da Saúde, mediante proposta do CONTRAN, estabelecer campanha nacional esclarecendo condutas a serem seguidas nos primeiros socorros em caso de acidente de trânsito.

Parágrafo único. As campanhas terão caráter permanente por intermédio do Sistema Único de Saúde - SUS, sendo intensificadas nos períodos e na forma estabelecidos no art. 76.

ART. 77-A. São assegurados aos órgãos ou entidades componentes do Sistema Nacional de Trânsito os mecanismos instituídos nos arts. 77-B a 77-E para a veiculação de mensagens educativas de trânsito em todo o território nacional, em caráter suplementar às campanhas previstas nos arts. 75 e 77. (Incluído pela Lei nº 12.006, de 2009).

ART. 77-B. Toda peça publicitária destinada à divulgação ou promoção, nos meios de comunicação social, de produto oriundo da indústria automobilística ou afim, incluirá, obrigatoriamente, mensagem educativa de trânsito a ser conjuntamente veiculada. (Incluído pela Lei nº 12.006, de 2009).

§ 1º. Para os efeitos dos arts. 77-A a 77-E, consideram-se produtos oriundos da indústria automobilística ou afins: (Incluído pela Lei nº 12.006, de 2009).

I - os veículos rodoviários automotores de qualquer espécie, incluídos os de passageiros e os de carga; (Incluído pela Lei nº 12.006, de 2009).

II - os componentes, as peças e os acessórios utilizados nos veículos mencionados no inciso I. (Incluído pela Lei nº 12.006, de 2009).

§ 2º. O disposto no *caput* deste artigo aplica-se à propaganda de natureza comercial, veiculada por iniciativa do fabricante do produto, em qualquer das seguintes modalidades: (Incluído pela Lei nº 12.006, de 2009).

I - rádio; (Incluído pela Lei nº 12.006, de 2009).

II - televisão; (Incluído pela Lei nº 12.006, de 2009).

III - jornal; (Incluído pela Lei nº 12.006, de 2009).

IV - revista; (Incluído pela Lei nº 12.006, de 2009).

V - outdoor. (Incluído pela Lei nº 12.006, de 2009).

§ 3º. Para efeito do disposto no § 2º, equiparam-se ao fabricante o montador, o encarroçador, o importador e o revendedor autorizado dos veículos e demais produtos discriminados no § 1º deste artigo. (Incluído pela Lei nº 12.006, de 2009).

ART. 77-C. Quando se tratar de publicidade veiculada em outdoor instalado à margem de rodovia, dentro ou fora da respectiva faixa de domínio, a obrigação prevista no art. 77-B estende-se à propaganda de qualquer tipo de produto e anunciante, inclusive àquela de caráter institucional ou eleitoral. (Incluído pela Lei nº 12.006, de 2009).

ART. 77-D. O Conselho Nacional de Trânsito (Contran) especificará o conteúdo e o padrão de apresentação das mensagens, bem como os procedimentos envolvidos na respectiva veiculação, em conformidade com as diretrizes fixadas para as campanhas educativas de trânsito a que se refere o art. 75. (Incluído pela Lei nº 12.006, de 2009).

ART. 77-E. A veiculação de publicidade feita em desacordo com as condições fixadas nos arts. 77-A a 77-D constitui infração punível com as seguintes sanções: (Incluído pela Lei nº 12.006, de 2009).

I - advertência por escrito; (Incluído pela Lei nº 12.006, de 2009).

II - suspensão, nos veículos de divulgação da publicidade, de qualquer outra propaganda do produto, pelo prazo de até 60 (sessenta) dias; (Incluído pela Lei nº 12.006, de 2009).

III - multa de R$ 1.627,00 (mil, seiscentos e vinte e sete reais) a R$ 8.135,00 (oito mil, cento e trinta e cinco reais), cobrada do dobro até o quíntuplo em caso de reincidência. (Redação dada pela Lei nº 13.281, de 2016)

§ 1º. As sanções serão aplicadas isolada ou cumulativamente, conforme dispuser o regulamento. (Incluído pela Lei nº 12.006, de 2009).

§ 2º. Sem prejuízo do disposto no *caput* deste artigo, qualquer infração acarretará a imediata suspensão da veiculação da peça publicitária até que sejam cumpridas as exigências fixadas nos arts. 77-A a 77-D. (Incluído pela Lei nº 12.006, de 2009).

ART. 78. Os Ministérios da Saúde, da Educação e do Desporto, do Trabalho, dos Transportes e da Justiça, por intermédio do CONTRAN, desenvolverão e implementarão programas destinados à prevenção de acidentes.

Parágrafo único. O percentual de dez por cento do total dos valores arrecadados destinados à Previdência Social, do Prêmio do Seguro Obrigatório de Danos Pessoais causados por Veículos Automotores de Via Terrestre - DPVAT, de que trata a Lei nº 6.194, de 19 de dezembro de 1974, serão repassados mensalmente ao Coordenador do Sistema Nacional de Trânsito para aplicação exclusiva em programas de que trata este artigo.

▸ CTB: art. 320, par. ún.

ART. 79. Os órgãos e entidades executivos de trânsito poderão firmar convênio com os órgãos de educação da União, dos Estados, do Distrito Federal e dos Municípios, objetivando o cumprimento das obrigações estabelecidas neste capítulo.

CAPÍTULO VII. DA SINALIZAÇÃO DE TRÂNSITO

ART. 80. Sempre que necessário, será colocada ao longo da via, sinalização prevista neste Código e em legislação complementar, destinada a condutores e pedestres, vedada a utilização de qualquer outra.

§ 1º. A sinalização será colocada em posição e condições que a tornem perfeitamente visível e legível durante o dia e a noite, em distância compatível com a segurança do trânsito, conforme normas e especificações do CONTRAN.

§ 2º. O CONTRAN poderá autorizar, em caráter experimental e por período prefixado, a utilização de sinalização não prevista neste Código.

§ 3º. A responsabilidade pela instalação da sinalização nas vias internas pertencentes aos condomínios constituídos por unidades autônomas e nas vias e áreas de estacionamento de estabelecimentos privados de uso coletivo é de seu proprietário. (Incluído pela Lei nº 13.281, de 2016)

ART. 81. Nas vias públicas e nos imóveis é proibido colocar luzes, publicidade, inscrições, vegetação e mobiliário que possam gerar confusão, interferir na visibilidade da sinalização e comprometer a segurança do trânsito.

ART. 82. É proibido afixar sobre a sinalização de trânsito e respectivos suportes, ou junto a ambos, qualquer tipo de publicidade, inscrições, legendas e símbolos que não se relacionem com a mensagem da sinalização.

ART. 83. A afixação de publicidade ou de quaisquer legendas ou símbolos ao longo das vias condiciona-se à prévia aprovação do órgão ou entidade com circunscrição sobre a via.

ART. 84. O órgão ou entidade de trânsito com circunscrição sobre a via poderá retirar ou determinar a imediata retirada de qualquer elemento que prejudique a visibilidade da sinalização viária e a segurança do trânsito, com ônus para quem o tenha colocado.

ART. 85. Os locais destinados pelo órgão ou entidade de trânsito com circunscrição sobre a via à travessia de pedestres deverão ser sinalizados com faixas pintadas ou demarcadas no leito da via.

ART. 86. Os locais destinados a postos de gasolina, oficinas, estacionamentos ou garagens de uso coletivo deverão ter suas entradas e saídas devidamente identificadas, na forma regulamentada pelo CONTRAN.

ART. 86-A. As vagas de estacionamento regulamentado de que trata o inciso XVII do art. 181 desta Lei deverão ser sinalizadas com as respectivas placas indicativas de destinação e com placas informando os dados sobre a infração por estacionamento indevido. (Incluído pela Lei nº 13.146, de 2015)

ART. 87. Os sinais de trânsito classificam-se em:

I – verticais;

II – horizontais;

III – dispositivos de sinalização auxiliar;

IV – luminosos;

V – sonoros;

VI – gestos do agente de trânsito e do condutor.

ART. 88. Nenhuma via pavimentada poderá ser entregue após sua construção, ou reaberta ao trânsito após a realização de obras ou de manutenção, enquanto não estiver devidamente sinalizada, vertical e horizontalmente, de forma a garantir as condições adequadas de segurança na circulação.

Parágrafo único. Nas vias ou trechos de vias em obras deverá ser afixada sinalização específica e adequada.

ART. 89. A sinalização terá a seguinte ordem de prevalência:

I – as ordens do agente de trânsito sobre as normas de circulação e outros sinais;

II – as indicações do semáforo sobre os demais sinais;

III – as indicações dos sinais sobre as demais normas de trânsito.

ART. 90. Não serão aplicadas as sanções previstas neste Código por inobservância à sinalização quando esta for insuficiente ou incorreta.

§ 1º. O órgão ou entidade de trânsito com circunscrição sobre a via é responsável pela implantação da sinalização, respondendo pela sua falta, insuficiência ou incorreta colocação.

▸ *CTB: art. 195.*

§ 2º. O CONTRAN editará normas complementares no que se refere à interpretação, colocação e uso da sinalização.

CAPÍTULO VIII. DA ENGENHARIA DE TRÁFEGO, DA OPERAÇÃO, DA FISCALIZAÇÃO E DO POLICIAMENTO OSTENSIVO DE TRÂNSITO

ART. 91. O CONTRAN estabelecerá as normas e regulamentos a serem adotados em todo o território nacional quando da implementação das soluções adotadas pela Engenharia de Tráfego, assim como padrões a serem praticados por todos os órgãos e entidades do Sistema Nacional de Trânsito.

▸ *CTB: art. 333.*

ART. 92. (VETADO)

ART. 93. Nenhum projeto de edificação que possa transformar-se em polo atrativo de trânsito poderá ser aprovado sem prévia anuência do órgão ou entidade com circunscrição sobre a via e sem que do projeto conste área para estacionamento e indicação das vias de acesso adequadas.

▸ *CTB: art. 95, § 4º.*

ART. 94. Qualquer obstáculo à livre circulação e à segurança de veículos e pedestres, tanto na via quanto na calçada, caso não possa ser retirado, deve ser devida e imediatamente sinalizado.

▸ *CTB: art. 95, § 4º.*

Parágrafo único. É proibida a utilização das ondulações transversais e de sonorizadores como redutores de velocidade, salvo em casos especiais definidos pelo órgão ou entidade competente, nos padrões e critérios estabelecidos pelo CONTRAN.

▸ CTB: art. 334.

ART. 95. Nenhuma obra ou evento que possa perturbar ou interromper a livre circulação de veículos e pedestres, ou colocar em risco sua segurança, será iniciada sem permissão prévia do órgão ou entidade de trânsito com circunscrição sobre a via.

▸ CTB: arts. 21, IX e 24, IX.

§ 1º. A obrigação de sinalizar é do responsável pela execução ou manutenção da obra ou do evento.

§ 2º. Salvo em casos de emergência, a autoridade de trânsito com circunscrição sobre a via avisará a comunidade, por intermédio dos meios de comunicação social, com quarenta e oito horas de antecedência, de qualquer interdição da via, indicando-se os caminhos alternativos a serem utilizados.

§ 3º. O descumprimento do disposto neste artigo será punido com multa de R$ 81,35 (oitenta e um reais e trinta e cinco centavos) a R$ 488,10 (quatrocentos e oitenta e oito reais e dez centavos), independentemente das cominações cíveis e penais cabíveis, além de multa diária no mesmo valor até a regularização da situação, a partir do prazo final concedido pela autoridade de trânsito, levando-se em consideração a dimensão da obra ou do evento e o prejuízo causado ao trânsito. (Redação dada pela Lei nº 13.281, de 2016)

§ 4º. Ao servidor público responsável pela inobservância de qualquer das normas previstas neste e nos arts. 93 e 94, a autoridade de trânsito aplicará multa diária na base de cinquenta por cento do dia de vencimento ou remuneração devida enquanto permanecer a irregularidade.

Capítulo IX. DOS VEÍCULOS

Seção I. DISPOSIÇÕES GERAIS

ART. 96. Os veículos classificam-se em:

I – quanto à tração:

a) automotor;

b) elétrico;

c) de propulsão humana;

d) de tração animal;

e) reboque ou semirreboque;

II – quanto à espécie:

a) de passageiros:

1 – bicicleta;

2 – ciclomotor;

3 – motoneta;

4 – motocicleta;

5 – triciclo;

6 – quadriciclo;

7 – automóvel;

8 – micro-ônibus;

9 – ônibus;

10 – bonde;

11 – reboque ou semirreboque;

12 – charrete;

b) de carga:

1 – motoneta;

2 – motocicleta;

3 – triciclo;

4 – quadriciclo;

5 – caminhonete;

6 – caminhão;

7 – reboque ou semirreboque;

8 – carroça;

9 – carro-de-mão;

c) misto:

1 – camioneta;

2 – utilitário;

3 – outros;

d) de competição;

e) de tração:

1 – caminhão-trator;

2 – trator de rodas;

3 – trator de esteiras;

4 – trator misto;

f) especial;

g) de coleção;

III – quanto à categoria:

a) oficial;

b) de representação diplomática, de repartições consulares de carreira ou organismos internacionais acreditados junto ao Governo brasileiro;

c) particular;

d) de aluguel;

e) de aprendizagem.

ART. 97. As características dos veículos, suas especificações básicas, configuração e condições essenciais para registro, licenciamento e circulação serão estabelecidas pelo CONTRAN, em função de suas aplicações.

ART. 98. Nenhum proprietário ou responsável poderá, sem prévia autorização da autoridade competente, fazer ou ordenar que sejam feitas no veículo modificações de suas características de fábrica.

§ 1º Os veículos e motores novos ou usados que sofrerem alterações ou conversões são obrigados a atender aos mesmos limites e exigências de emissão de poluentes e ruído previstos pelos órgãos ambientais competentes e pelo CONTRAN, cabendo à entidade executora das modificações e ao proprietário do veículo a responsabilidade pelo cumprimento das exigências. (Redação dada pela Lei nº 14.071, de 2020)

▸ *CTB: art. 230, VII.*

§ 2º Veículos classificados na espécie misto, tipo utilitár o, carroçaria jipe poderão ter alterado o diâmetro externo do conjunto formado por roda e pneu, observadas restrições impostas pelo fabricante e exigências fixadas pelo Contran. (Incluído pela Lei 14.071, de 13-10-2020, em vigor após decorridos 180 (cento e oitenta) dias de sua publicação oficial)

ART. 99. Somente poderá transitar pelas vias terrestres o veículo cujo peso e dimensões atenderem aos limites estabelecidos pelo CONTRAN.

▸ *CTB: art. 231, IV.*

§ 1º. O excesso de peso será aferido por equipamento de pesagem ou pela verificação de documento fiscal, na forma estabelecida pelo CONTRAN.

§ 2º. Será tolerado um percentual sobre os limites de peso bruto total e peso bruto transmitido por eixo de veículos à superfície das vias, quando aferido por equipamento, na forma estabelecida pelo CONTRAN.

§ 3º. Os equipamentos fixos ou móveis utilizados na pesagem de veículos serão aferidos de acordo com a metodologia e na periodicidade estabelecidas pelo CONTRAN, ouvido o órgão ou entidade de metrologia legal.

ART. 100. Nenhum veículo ou combinação de veículos poderá transitar com lotação de passageiros, com peso bruto total, ou com peso bruto total combinado com peso por eixo, superior ao fixado pelo fabricante, nem ultrapassar a capacidade máxima de tração da unidade tratora.

§ 1º. Os veículos de transporte coletivo de passageiros poderão ser dotados de pneus extralargos. (Incluído pela Lei nº 13.281, de 2016)

§ 2º. O Contran regulamentará o uso de pneus extralargos para os demais veículos. (Incluído pela Lei nº 13.281, de 2016)

§ 3º. É permitida a fabricação de veículos de transporte de passageiros de até 15 m (quinze metros) de comprimento na configuração de chassi 8x2. (Incluído pela Lei nº 13.281, de 2016)

▸ *CTB: art. 231, V, VII e X.*

ART. 101. Ao veículo ou à combinação de veículos utilizados no transporte de carga que não se enquadre nos limites de peso e dimensões estabelecidos pelo Contran, poderá ser concedida, pela autoridade com circunscrição sobre a via, autorização especial de trânsito, com prazo certo, válida para cada viagem ou por período, atendidas as medidas de segurança consideradas necessárias, conforme regulamentação do Contran. (Redação dada pela Lei 14.071, de 13-10-2020, em vigor após decorridos 180 (cento e oitenta) dias de sua publicação oficial)

▸ *CTB: art. 231, IV, VI.*

§ 1º. A autorização será concedida mediante requerimento que especificará as características do veículo ou combinação de veículos e de carga, o percurso, a data e o horário do deslocamento inicial.

§ 2º. A autorização não exime o beneficiário da responsabilidade por eventuais danos que o veículo ou a combinação de veículos causar à via ou a terceiros.

§ 3º. Aos guindastes autopropelidos ou sobre caminhões poderá ser concedida, pela autoridade com circunscrição sobre a via, autorização especial de trânsito, com prazo de seis meses, atendidas as medidas de segurança consideradas necessárias.

ART. 102. O veículo de carga deverá estar devidamente equipado quando transitar, de modo a evitar o derramamento da carga sobre a via.

▸ *CTB: art. 231, II, a.*

Parágrafo único. O CONTRAN fixará os requisitos mínimos e a forma de proteção das cargas de que trata este artigo, de acordo com a sua natureza.

SEÇÃO II.
DA SEGURANÇA DOS VEÍCULOS

ART. 103. O veículo só poderá transitar pela via quando atendidos os requisitos e condições de segurança estabelecidos neste Código e em normas do CONTRAN.

§ 1º. Os fabricantes, os importadores, os montadores e os encarroçadores de veículos deverão emitir certificado de segurança, indispensável ao cadastramento no RENAVAM, nas condições estabelecidas pelo CONTRAN.

§ 2º. O CONTRAN deverá especificar os procedimentos e a periodicidade para que os fabricantes, os importadores, os montadores e os encarroçadores comprovem o atendimento aos requisitos de segurança veicular, devendo, para isso, manter disponíveis a qualquer tempo os resultados dos testes e ensaios dos sistemas e componentes abrangidos pela legislação de segurança veicular.

ART. 104. Os veículos em circulação terão suas condições de segurança, de controle de emissão de gases poluentes e de ruído avaliadas mediante inspeção, que será obrigatória, na forma e periodicidade estabelecidas pelo CONTRAN para os itens de segurança e pelo CONAMA para emissão de gases poluentes e ruído.

▸ *CTB: art. 230, VIII e XVIII.*

§ 1º. (VETADO)

§ 2º. (VETADO)

§ 3º. (VETADO)

§ 4º. (VETADO)

§ 5º. Será aplicada a medida administrativa de retenção aos veículos reprovados na inspeção de segurança e na de emissão de gases poluentes e ruído.

§ 6º. Estarão isentos da inspeção de que trata o caput, durante 3 (três) anos a partir do primeiro licenciamento, os veículos novos classificados na categoria particular, com capacidade para até 7 (sete) passageiros, desde que mantenham suas características originais de fábrica e não se envolvam em acidente de trânsito com danos de média ou grande monta. (Incluído pela Lei nº 13.281, de 2016)

§ 7º. Para os demais veículos novos, o período de que trata o § 6º será de 2 (dois) anos, desde que mantenham suas características originais de fábrica e não se envolvam em acidente de trânsito com danos de média ou grande monta. (Incluído pela Lei nº 13.281, de 2016)

ART. 105. São equipamentos obrigatórios dos veículos, entre outros a serem estabelecidos pelo CONTRAN:

I - cinto de segurança, conforme regulamentação específica do CONTRAN, com exceção dos veículos destinados ao transporte de passageiros em percursos em que seja permitido viajar em pé;

II - para os veículos de transporte e de condução escolar, os de transporte de passageiros com mais de dez lugares e os de carga com peso bruto total superior a quatro mil, quinhentos e trinta e seis quilogramas, equipamento registrador instantâneo inalterável de velocidade e tempo;

▸ CTB: art. 67-A.

III - encosto de cabeça, para todos os tipos de veículos automotores, segundo normas estabelecidas pelo CONTRAN;

IV - (VETADO)

V - dispositivo destinado ao controle de emissão de gases poluentes e de ruído, segundo normas estabelecidas pelo CONTRAN.

VI - para as bicicletas, a campainha, sinalização noturna dianteira, traseira, lateral e nos pedais, e espelho retrovisor do lado esquerdo.

VII - equipamento suplementar de retenção - air bag frontal para o condutor e o passageiro do banco dianteiro. (Incluído pela Lei nº 11.910, de 2009)

VIII - luzes de rodagem diurna. (Incluído pela Lei 14.071, de 13-10-2020, em vigor após decorridos 180 (cento e oitenta) dias de sua publicação oficial)

§ 1º. O CONTRAN disciplinará o uso dos equipamentos obrigatórios dos veículos e determinará suas especificações técnicas.

§ 2º. Nenhum veículo poderá transitar com equipamento ou acessório proibido, sendo o infrator sujeito às penalidades e medidas administrativas previstas neste Código.

§ 3º. Os fabricantes, os importadores, os montadores, os encarroçadores de veículos e os revendedores devem comercializar os seus veículos com os equipamentos obrigatórios definidos neste artigo, e com os demais estabelecidos pelo CONTRAN.

§ 4º. O CONTRAN estabelecerá o prazo para o atendimento do disposto neste artigo.

§ 5º. A exigência estabelecida no inciso VII do *caput* deste artigo será progressivamente incorporada aos novos projetos de automóveis e dos veículos deles derivados, fabricados, importados, montados ou encarroçados, a partir do 1º (primeiro) ano após a definição pelo Contran das especificações técnicas pertinentes e do respectivo cronograma de implantação e a partir do 5º (quinto) ano, após esta definição, para os demais automóveis zero quilômetro de modelos ou projetos já existentes e veículos deles derivados. (Incluído pela Lei nº 11.910, de 2009)

§ 6º. A exigência estabelecida no inciso VII do *caput* deste artigo não se aplica aos veículos destinados à exportação. (Incluído pela Lei nº 11.910, de 2009)

▸ CTB: art. 230, IX e X.

ART. 106. No caso de fabricação artesanal ou de modificação de veículo ou, ainda, quando ocorrer substituição de equipamento de segurança especificado pelo fabricante, será exigido, para licenciamento e registro, certificado de segurança expedido por instituição técnica credenciada por órgão ou entidade de metrologia legal, conforme norma elaborada pelo CONTRAN.

Parágrafo único. Quando se tratar de blindagem de veículo, não será exigido qualquer outro documento ou autorização para o registro ou o licenciamento. (Incluído pela Lei 14.071, de 13-10-2020, em vigor após decorridos 180 (cento e oitenta) dias de sua publicação oficial)

ART. 107. Os veículos de aluguel, destinados ao transporte individual ou coletivo de passageiros, deverão satisfazer, além das exigências previstas neste Código, às condições técnicas e aos requisitos de segurança, higiene e conforto estabelecidos pelo poder competente para autorizar, permitir ou conceder a exploração dessa atividade.

ART. 108. Onde não houver linha regular de ônibus, a autoridade com circunscrição sobre a via poderá autorizar, a título precário, o transporte de passageiros em veículo de carga ou misto, desde que obedecidas as condições de segurança estabelecidas neste Código e pelo CONTRAN.

Parágrafo único. A autorização citada no *caput* não poderá exceder a doze meses, prazo a partir do qual a autoridade pública responsável deverá implantar o serviço regular de transporte coletivo de passageiros, em conformidade com a legislação pertinente e com os dispositivos deste Código. (Incluído pela Lei nº 9.602, de 1998)

▸ CTB: art. 230, II.

ART. 109. O transporte de carga em veículos destinados ao transporte de passageiros só pode ser realizado de acordo com as normas estabelecidas pelo CONTRAN.

▸ CTB: art. 248.

ART. 110. O veículo que tiver alterada qualquer de suas características para competição ou finalidade análoga só poderá circular nas vias públicas com licença especial da autoridade de trânsito, em itinerário e horário fixados.

ART. 111. É vedado, nas áreas envidraçadas do veículo:

I - (VETADO)

II - o uso de cortinas, persianas fechadas ou similares nos veículos em movimento, salvo nos que possuam espelhos retrovisores em ambos os lados.

▸ CTB: art. 230, XVII.

III - aposição de inscrições, películas refletivas ou não, painéis decorativos ou pinturas, quando comprometer a segurança do veículo, na forma de regulamentação do CONTRAN. (Incluído pela Lei nº 9.602, de 1998)

▸ CTB: art. 230, XVI.

Parágrafo único. É proibido o uso de inscrição de caráter publicitário ou qualquer outra que possa desviar a atenção dos condutores em toda a extensão do para-brisa e da traseira dos veículos, salvo se não colocar em risco a segurança do trânsito.

ART. 112. (Revogado de acordo com a Lei nº 9.792, de 1999)

ART. 113. Os importadores, as montadoras, as encarroçadoras e fabricantes de veículos e autopeças são responsáveis civil e criminalmente por danos causados aos usuários, a terceiros, e ao meio ambiente, decorrentes de falhas oriundas de projetos e da qualidade dos materiais e equipamentos utilizados na sua fabricação.

SEÇÃO III. DA IDENTIFICAÇÃO DO VEÍCULO

ART. 114. O veículo será identificado obrigatoriamente por caracteres gravados no chassi ou no monobloco, reproduzidos em outras partes, conforme dispuser o CONTRAN.

§ 1º. A gravação será realizada pelo fabricante ou montador, de modo a identificar o veículo, seu fabricante e as suas características, além do ano de fabricação, que não poderá ser alterado.

§ 2º. As regravações, quando necessárias, dependerão de prévia autorização da autoridade executiva de trânsito e somente serão processadas por estabelecimento por ela credenciado, mediante a comprovação de propriedade do veículo, mantida a mesma identificação anterior, inclusive o ano de fabricação.

§ 3º. Nenhum proprietário poderá, sem prévia permissão da autoridade executiva de trânsito, fazer, ou ordenar que se faça, modificações da identificação de seu veículo.

▸ *CP: art. 311.*

ART. 115. O veículo será identificado externamente por meio de placas dianteira e traseira, sendo esta lacrada em sua estrutura, obedecidas as especificações e modelos estabelecidos pelo CONTRAN.

▸ *CTB: art. 221.*

§ 1º. Os caracteres das placas serão individualizados para cada veículo e o acompanharão até a baixa do registro, sendo vedado seu reaproveitamento.

§ 2º. As placas com as cores verde e amarela da Bandeira Nacional serão usadas somente pelos veículos de representação pessoal do Presidente e do Vice-Presidente da República, dos Presidentes do Senado Federal e da Câmara dos Deputados, do Presidente e dos Ministros do Supremo Tribunal Federal, dos Ministros de Estado, do Advogado-Geral da União e do Procurador-Geral da República.

§ 3º. Os veículos de representação dos Presidentes dos Tribunais Federais, dos Governadores, Prefeitos, Secretários Estaduais e Municipais, dos Presidentes das Assembleias Legislativas, das Câmaras Municipais, dos Presidentes dos Tribunais Estaduais e do Distrito Federal, e do respectivo chefe do Ministério Público e ainda dos Oficiais Generais das Forças Armadas terão placas especiais, de acordo com os modelos estabelecidos pelo CONTRAN.

§ 4º. Os aparelhos automotores destinados a puxar ou a arrastar maquinaria de qualquer natureza ou a executar trabalhos de construção ou de pavimentação são sujeitos ao registro na repartição competente, se transitarem em via pública, dispensados o licenciamento e o emplacamento. (Incluído pela Lei nº 13.154, de 2015)

§ 4º-A. Os tratores e demais aparelhos automotores destinados a puxar ou a arrastar maquinaria agrícola ou a executar trabalhos agrícolas, desde que facultados a transitar em via pública, são sujeitos ao registro único, sem ônus, em cadastro específico do Ministério da Agricultura, Pecuária e Abastecimento, acessível aos componentes do Sistema Nacional de Trânsito. (Incluído pela Lei nº 13.154, de 2015)

§ 5º. O disposto neste artigo não se aplica aos veículos de uso bélico.

§ 6º. Os veículos de duas ou três rodas são dispensados da placa dianteira.

§ 7º. Excepcionalmente, mediante autorização específica e fundamentada das respectivas corregedorias e com a devida comunicação aos órgãos de trânsito competentes, os veículos utilizados por membros do Poder Judiciário e do Ministério Público que exerçam competência ou atribuição criminal poderão temporariamente ter placas especiais, de forma a impedir a identificação de seus usuários específicos, na forma de regulamento a ser emitido, conjuntamente, pelo Conselho Nacional de Justiça – CNJ, pelo Conselho Nacional do Ministério Público – CNMP e pelo Conselho Nacional de Trânsito – CONTRAN. (Incluído pela Lei nº 12.694, de 2012)

§ 8º. Os veículos artesanais utilizados para trabalho agrícola (jericos), para efeito do registro de que trata o § 4º-A, ficam dispensados da exigência prevista no art. 106. (Incluído pela Lei nº 13.154, de 2015)

§ 9º. As placas que possuírem tecnologia que permita a identificação do veículo ao qual estão atreladas são dispensadas da utilização do lacre previsto no caput, na forma a ser regulamentada pelo Contran. (Incluído pela lei nº 13.281, de 2016)

§ 10. O Contran estabelecerá os meios técnicos, de uso obrigatório, para garantir a identificação dos veículos que transitarem por rodovias e vias urbanas com cobrança de uso pelo sistema de livre passagem. (incluído pela Lei 14.157, de 01 de junho de 2021)

ART. 116. Os veículos de propriedade da União, dos Estados e do Distrito Federal, devidamente registrados e licenciados, somente quando estritamente usados em serviço reservado de caráter policial, poderão usar placas particulares, obedecidos os critérios e limites estabelecidos pela legislação que regulamenta o uso de veículo oficial.

ART. 117. Os veículos de transporte de carga e os coletivos de passageiros deverão conter, em local facilmente visível, a inscrição indicativa de sua tara, do peso bruto total (PBT), do peso bruto total combinado (PBTC) ou capacidade máxima de tração (CMT) e de sua lotação, vedado o uso em desacordo com sua classificação.

▸ *CTB: art. 230, XXI.*

CAPÍTULO X. DOS VEÍCULOS EM CIRCULAÇÃO INTERNACIONAL

ART. 118. A circulação de veículo no território nacional, independentemente de sua origem, em trânsito entre o Brasil e os países com os quais exista acordo ou tratado internacional, reger-se-á pelas disposições deste Código, pelas convenções e acordos internacionais ratificados.

ART. 119. As repartições aduaneiras e os órgãos de controle de fronteira comunicarão diretamente ao RENAVAM a entrada e saída temporária ou definitiva de veículos.

§ 1º. Os veículos licenciados no exterior não poderão sair do território nacional sem o prévio pagamento ou o depósito, judicial ou administrativo, dos valores correspondentes às infrações de trânsito cometidas e ao ressarcimento de danos que tiverem causado ao patrimônio público ou de particulares, independentemente da fase do processo administrativo ou judicial envolvendo a questão. (Incluído pela Lei nº 13.281, de 2016)

§ 2º. Os veículos que saírem do território nacional sem o cumprimento do disposto no § 1º e que posteriormente forem flagrados tentando ingressar ou já em circulação no território nacional serão retidos até a regularização da situação. (Incluído pela Lei nº 13.281, de 2016)

CAPÍTULO XI. DO REGISTRO DE VEÍCULOS

ART. 120. Todo veículo automotor, elétrico, articulado, reboque ou semirreboque, deve ser registrado perante o órgão executivo de trânsito do Estado ou do Distrito Federal, no Município de domicílio ou residência de seu proprietário, na forma da lei.

▸ CTB: art. 230, V.

§ 1º. Os órgãos executivos de trânsito dos Estados e do Distrito Federal somente registrarão veículos oficiais de propriedade da administração direta, da União, dos Estados, do Distrito Federal e dos Municípios, de qualquer um dos poderes, com indicação expressa, por pintura nas portas, do nome, sigla ou logotipo do órgão ou entidade em cujo nome o veículo será registrado, excetuando-se os veículos de representação e os previstos no art. 116.

▸ CTB: art. 237.

§ 2º. O disposto neste artigo não se aplica ao veículo de uso bélico.

ART. 121. Registrado o veículo, expedir-se-á o Certificado de Registro de Veículo (CRV), em meio físico e/ou digital, à escolha do proprietário, de acordo com os modelos e com as especificações estabelecidos pelo Contran, com as características e as condições de invulnerabilidade à falsificação e à adulteração. (Redação dada pela Lei 14.071, de 13-10-2020, em vigor após decorridos 180 (cento e oitenta) dias de sua publicação oficial)

▸ CP: art. 311.

ART. 122. Para a expedição do Certificado de Registro de Veículo o órgão executivo de trânsito consultará o cadastro do RENAVAM e exigirá do proprietário os seguintes documentos:

I – nota fiscal fornecida pelo fabricante ou revendedor, ou documento equivalente expedido por autoridade competente;

II – documento fornecido pelo Ministério das Relações Exteriores, quando se tratar de veículo importado por membro de missões diplomáticas, de repartições consulares de carreira, de representações de organismos internacionais e de seus integrantes.

ART. 123. Será obrigatória a expedição de novo Certificado de Registro de Veículo quando:

I – for transferida a propriedade;

II – o proprietário mudar o Município de domicílio ou residência;

III – for alterada qualquer característica do veículo;

IV – houver mudança de categoria.

▸ CTB: art. 233.

§ 1º. No caso de transferência de propriedade, o prazo para o proprietário adotar as providências necessárias à efetivação da expedição do novo Certificado de Registro de Veículo é de trinta dias, sendo que nos demais casos as providências deverão ser imediatas.

§ 2º. No caso de transferência de domicílio ou residência no mesmo Município, o proprietário comunicará o novo endereço num prazo de trinta dias e aguardará o novo licenciamento para alterar o Certificado de Licenciamento Anual.

§ 3º. A expedição do novo certificado será comunicada ao órgão executivo de trânsito que expediu o anterior e ao RENAVAM.

ART. 124. Para a expedição do novo Certificado de Registro de Veículo serão exigidos os seguintes documentos:

I – Certificado de Registro de Veículo anterior;

II – Certificado de Licenciamento Anual;

III – comprovante de transferência de propriedade, quando for o caso, conforme modelo e normas estabelecidas pelo CONTRAN;

IV – Certificado de Segurança Veicular e de emissão de poluentes e ruído, quando houver adaptação ou alteração de características do veículo;

V – comprovante de procedência e justificativa da propriedade dos componentes e agregados adaptados ou montados no veículo, quando houver alteração das características originais de fábrica;

VI – autorização do Ministério das Relações Exteriores, no caso de veículo da categoria de missões diplomáticas, de repartições consulares de carreira, de representações de organismos internacionais e de seus integrantes;

VII – certidão negativa de roubo ou furto de veículo, expedida no Município do registro anterior, que poderá ser substituída por informação do RENAVAM;

VIII – comprovante de quitação de débitos relativos a tributos, encargos e multas de trânsito vinculados ao veículo, independentemente da responsabilidade pelas infrações cometidas;

IX – (Revogado de acordo com a Lei nº 9.602, de 1998)

X – comprovante relativo ao cumprimento do disposto no art. 98, quando houver alteração nas características originais do veículo que afetem a emissão de poluentes e ruído;

XI – comprovante de aprovação de inspeção veicular e de poluentes e ruído, quando for o caso, conforme regulamentações do CONTRAN e do CONAMA.

Parágrafo único. O disposto no inciso VIII do *caput* deste artigo não se aplica à regularização de bens apreendidos ou confiscados na forma da Lei nº 11.343, de 23 de agosto de 2006. (Incluído pela Lei nº 13.886, de 2019).

ART. 125. As informações sobre o chassi, o monobloco, os agregados e as características originais do veículo deverão ser prestadas ao RENAVAM:

I – pelo fabricante ou montadora, antes da comercialização, no caso de veículo nacional;

II – pelo órgão alfandegário, no caso de veículo importado por pessoa física;

III – pelo importador, no caso de veículo importado por pessoa jurídica.

Parágrafo único. As informações recebidas pelo RENAVAM serão repassadas ao órgão executivo de trânsito responsável pelo registro, devendo este comunicar ao RENAVAM, tão logo seja o veículo registrado.

ART. 126. O proprietário de veículo irrecuperável, ou definitivamente desmontado, deverá requerer a baixa do registro, no prazo e forma estabelecidos pelo CONTRAN, sendo vedada a remontagem do veículo sobre o mesmo chassi, de forma a manter o registro anterior. (Redação dada pela Lei nº 12.977, de 2014)

Parágrafo único. A obrigação de que trata este artigo é da companhia seguradora ou do adquirente do veículo destinado à desmontagem, quando estes sucederem ao proprietário.

▸ *CP: 311.*

ART. 127. O órgão executivo de trânsito competente só efetuará a baixa do registro após prévia consulta ao cadastro do RENAVAM.

Parágrafo único. Efetuada a baixa do registro, deverá ser esta comunicada, de imediato, ao RENAVAM.

ART. 128. Não será expedido novo Certificado de Registro de Veículo enquanto houver débitos fiscais e de multas de trânsito e ambientais, vinculadas ao veículo, independentemente da responsabilidade pelas infrações cometidas.

ART. 129. O registro e o licenciamento dos veículos de propulsão humana e dos veículos de tração animal obedecerão à regulamentação estabelecida em legislação municipal do domicílio ou residência de seus proprietários. (Redação dada pela Lei nº 13.154, de 2015)

ART. 129-A. O registro dos tratores e demais aparelhos automotores destinados a puxar ou a arrastar maquinaria agrícola ou a executar trabalhos agrícolas será efetuado, sem ônus, pelo Ministério da Agricultura, Pecuária e Abastecimento, diretamente ou mediante convênio. (Incluído pela Lei nº 13.154, de 2015)

ART. 129-B. O registro de contratos de garantias de alienação fiduciária em operações financeiras, consórcio, arrendamento mercantil, reserva de domínio ou penhor será realizado nos órgãos ou entidades executivos de trânsito dos Estados e do Distrito Federal, em observância ao disposto no § 1º do art. 1.361 da Lei nº 10.406, de 10 de janeiro de 2002 (Código Civil), e na Lei nº 13.709, de 14 de agosto de 2018 (Lei Geral de Proteção de Dados Pessoais). (Incluído pela Lei 14.071, de 13-10-2020, em vigor após decorridos 180 (cento e oitenta) dias de sua publicação oficial)

CAPÍTULO XII. DO LICENCIAMENTO

ART. 130. Todo veículo automotor, elétrico, articulado, reboque ou semi-reboque, para transitar na via, deverá ser licenciado anualmente pelo órgão executivo de trânsito do Estado, ou do Distrito Federal, onde estiver registrado o veículo.

▸ *CTB: art. 230, V.*

§ 1º. O disposto neste artigo não se aplica a veículo de uso bélico.

§ 2º. No caso de transferência de residência ou domicílio, é válido, durante o exercício, o licenciamento de origem.

ART. 131. O Certificado de Licenciamento Anual será expedido ao veículo licenciado, vinculado ao Certificado de Registro de Veículo, em meio físico e/ou digital, à escolha do proprietário, de acordo com o modelo e com as especificações estabelecidos pelo Contran. (Redação dada pela Lei 14.071, de 13-10-2020, em vigor após decorridos 180 (cento e oitenta) dias de sua publicação oficial)

§ 1º. O primeiro licenciamento será feito simultaneamente ao registro.

§ 2º. O veículo somente será considerado licenciado estando quitados os débitos relativos a tributos, encargos e multas de trânsito e ambientais, vinculados ao veículo, independentemente da responsabilidade pelas infrações cometidas.

§ 3º. Ao licenciar o veículo, o proprietário deverá comprovar sua aprovação nas inspeções de segurança veicular e de controle de emissões de gases poluentes e de ruído, conforme disposto no art. 104.

§ 4º As informações referentes às campanhas de chamamento de consumidores para substituição ou reparo de veículos não atendidas no prazo de 1 (um) ano, contado da data de sua comunicação, deverão constar do Certificado de Licenciamento Anual. (Incluído pela Lei 14.071, de 13-10-2020, em vigor após decorridos 180 (cento e oitenta) dias de sua publicação oficial)

§ 5º Após a inclusão das informações de que trata o § 4º deste artigo no Certificado de Licenciamento Anual, o veículo somente será licenciado mediante comprovação do atendimento às campanhas de chamamento de consumidores para substituição ou reparo de veículos. (Incluído pela Lei 14.071, de 13-10-2020, em vigor após decorridos 180 (cento e oitenta) dias de sua publicação oficial)

ART. 132. Os veículos novos não estão sujeitos ao licenciamento e terão sua circulação regulada pelo CONTRAN durante o trajeto entre a fábrica e o Município de destino.

§ 1º. O disposto neste artigo aplica-se, igualmente, aos veículos importados, durante o trajeto entre a alfândega ou entreposto alfandegário e o Município de destino. (Renumerado do parágrafo único pela Lei nº 13.103, de 2015)

§ 2º. (Revogado pela Lei nº 13.154, de 2015)

ART. 133. É obrigatório o porte do Certificado de Licenciamento Anual.

Parágrafo único. O porte será dispensado quando, no momento da fiscalização, for possível ter acesso ao devido sistema informatizado para verificar se o veículo está licenciado. (Incluído pela Lei nº 13.281, de 2016)

ART. 134. No caso de transferência de propriedade, expirado o prazo previsto no § 1º do art. 123 deste Código sem que o novo proprietário tenha tomado as providências necessárias à efetivação da expedição do novo Certificado de Registro de Veículo, o antigo proprietário deverá encaminhar ao órgão executivo de trânsito do Estado ou do Distrito Federal, no prazo de 60 (sessenta) dias, cópia autenticada do comprovante de transferência de propriedade, devidamente assinado e datado, sob pena de ter que se responsabilizar solidariamente pelas penalidades impostas e suas reincidências até a data da comunicação. (Redação dada pela Lei 14.071, de 13-10-2020, em vigor após decorridos 180 (cento e oitenta) dias de sua publicação oficial)

Parágrafo único. O comprovante de transferência de propriedade de que trata o caput deste artigo poderá ser substituído por documento eletrônico com assinatura eletrônica válida, na forma regulamentada pelo Contran. (Redação dada pela Lei 14.071, de 13-10-2020, em vigor após decorridos 180 (cento e oitenta) dias de sua publicação oficial)

ART. 134-A. O Contran especificará as bicicletas motorizadas e equiparados não sujeitos ao registro, ao licenciamento e ao emplacamento para circulação nas vias. (Incluído pela Lei 14.071, de 13-10-2020, em vigor após decorridos 180 (cento e oitenta) dias de sua publicação oficial)

ART. 135. Os veículos de aluguel, destinados ao transporte individual ou coletivo de passageiros de linhas regulares ou empregados em qualquer serviço remunerado, para registro, licenciamento e respectivo emplacamento de característica comercial, deverão estar devidamente autorizados pelo poder público concedente.

▸ *CTB: arts. 231, VIII, e 329.*

CAPÍTULO XIII. DA CONDUÇÃO DE ESCOLARES

ART. 136. Os veículos especialmente destinados à condução coletiva de escolares somente poderão circular nas vias com autorização emitida pelo órgão ou entidade executivos de trânsito dos Estados e do Distrito Federal, exigindo-se, para tanto:

▸ *CTB: arts. 230, XX, e 329.*

I – registro como veículo de passageiros;

II – inspeção semestral para verificação dos equipamentos obrigatórios e de segurança;

III – pintura de faixa horizontal na cor amarela, com quarenta centímetros de largura, à meia altura, em toda a extensão das partes laterais e traseira da carroçaria, com o dístico ESCOLAR, em preto, sendo que, em caso de veículo de carroçaria pintada na cor amarela, as cores aqui indicadas devem ser invertidas;

▸ *CTB: arts. 237.*

IV – equipamento registrador instantâneo inalterável de velocidade e tempo;

V – lanternas de luz branca, fosca ou amarela dispostas nas extremidades da parte superior dianteira e lanternas de luz vermelha dispostas na extremidade superior da parte traseira;

VI – cintos de segurança em número igual à lotação;

VII – outros requisitos e equipamentos obrigatórios estabelecidos pelo CONTRAN.

ART. 137. A autorização a que se refere o artigo anterior deverá ser afixada na parte interna do veículo, em local visível, com inscrição da lotação permitida, sendo vedada a condução de escolares em número superior à capacidade estabelecida pelo fabricante.

ART. 138. O condutor de veículo destinado à condução de escolares deve satisfazer os seguintes requisitos:

I – ter idade superior a vinte e um anos;

II – ser habilitado na categoria D;

III – (VETADO)

IV - não ter cometido mais de uma infração gravíssima nos 12 (doze) últimos meses; (Redação dada pela Lei 14.071, de 13-10-2020, em vigor após decorridos 180 (cento e oitenta) dias de sua publicação oficial)

V – ser aprovado em curso especializado, nos termos da regulamentação do CONTRAN.

ART. 139. O disposto neste Capítulo não exclui a competência municipal de aplicar as exigências previstas em seus regulamentos, para o transporte de escolares.

CAPÍTULO XIII-A. DA CONDUÇÃO DE MOTO-FRETE (Incluído pela Lei nº 12.009, de 2009)

ART. 139-A. As motocicletas e motonetas destinadas ao transporte remunerado de mercadorias – moto-frete – somente poderão circular nas vias com autorização emitida pelo órgão ou entidade executivo de trânsito dos Estados e do Distrito Federal, exigindo-se, para tanto: (Incluído pela Lei nº 12.009, de 2009)

▸ *CTB: art. 244, VIII e IX.*

I – registro como veículo da categoria de aluguel; (Incluído pela Lei nº 12.009, de 2009)

II – instalação de protetor de motor mata-cachorro, fixado no chassi do veículo, destinado a proteger o motor e a perna do condutor em caso de tombamento, nos termos de regulamentação do Conselho Nacional de Trânsito – Contran; (Incluído pela Lei nº 12.009, de 2009)

III – instalação de aparador de linha antena corta-pipas, nos termos de regulamentação do Contran; (Incluído pela Lei nº 12.009, de 2009)

IV – inspeção semestral para verificação dos equipamentos obrigatórios e de segurança. (Incluído pela Lei nº 12.009, de 2009)

§ 1º. A instalação ou incorporação de dispositivos para transporte de cargas deve estar de acordo com a regulamentação do Contran. (Incluído pela Lei nº 12.009, de 2009)

§ 2º. É proibido o transporte de combustíveis, produtos inflamáveis ou tóxicos e de galões nos veículos de que trata este artigo, com exceção do gás de cozinha e de galões contendo água mineral, desde que com o auxílio de side-car, nos termos de regulamentação do Contran. (Incluído pela Lei nº 12.009, de 2009)

ART. 139-B. O disposto neste Capítulo não exclui a competência municipal ou estadual de aplicar as exigências previstas em seus regulamentos para as atividades de moto-frete no âmbito de suas circunscrições. (Incluído pela Lei nº 12.009, de 2009)

CAPÍTULO XIV. DA HABILITAÇÃO

ART. 140. A habilitação para conduzir veículo automotor e elétrico será apurada por meio de exames que deverão ser realizados junto ao órgão ou entidade executivos do Estado ou do Distrito Federal, do domicílio ou residência do candidato, ou na sede estadual ou distrital do próprio órgão, devendo o condutor preencher os seguintes requisitos:

I – ser penalmente imputável;

▸ CP: arts. 26 a 28.

II – saber ler e escrever;

III – possuir Carteira de Identidade ou equivalente.

Parágrafo único. As informações do candidato à habilitação serão cadastradas no RENACH.

ART. 141. O processo de habilitação, as normas relativas à aprendizagem para conduzir veículos automotores e elétricos e à autorização para conduzir ciclomotores serão regulamentados pelo CONTRAN.

§ 1º. A autorização para conduzir veículos de propulsão humana e de tração animal ficará a cargo dos Municípios.

§ 2º. (VETADO)

ART. 142. O reconhecimento de habilitação obtida em outro país está subordinado às condições estabelecidas em convenções e acordos internacionais e às normas do CONTRAN.

ART. 143. Os candidatos poderão habilitar-se nas categorias de A a E, obedecida a seguinte gradação:

I – Categoria A – condutor de veículo motorizado de duas ou três rodas, com ou sem carro lateral;

II – Categoria B – condutor de veículo motorizado, não abrangido pela categoria A, cujo peso bruto total não exceda a três mil e quinhentos quilogramas e cuja lotação não exceda a oito lugares, excluído o do motorista;

III – Categoria C – condutor de veículo motorizado utilizado em transporte de carga, cujo peso bruto total exceda a três mil e quinhentos quilogramas;

IV – Categoria D – condutor de veículo motorizado utilizado no transporte de passageiros, cuja lotação exceda a oito lugares, excluído o do motorista;

V – Categoria E – condutor de combinação de veículos em que a unidade tratora se enquadre nas categorias B, C ou D e cuja unidade acoplada, reboque, semirreboque, trailer ou articulada tenha 6.000 kg (seis mil quilogramas) ou mais de peso bruto total, ou cuja lotação exceda a 8 (oito) lugares. (Redação dada pela Lei nº 12.452, de 2011)

§ 1º. Para habilitar-se na categoria C, o condutor deverá estar habilitado no mínimo há um ano na categoria B e não ter cometido nenhuma infração grave ou gravíssima, ou ser reincidente em infrações médias, durante os últimos doze meses.

§ 2º. São os condutores da categoria B autorizados a conduzir veículo automotor da espécie motor-casa, definida nos termos do Anexo I deste Código, cujo peso não exceda a 6.000 kg (seis mil quilogramas), ou cuja lotação não exceda a 8 (oito) lugares, excluído o do motorista. (Incluído pela Lei nº 12.452, de 2011)

§ 3º. Aplica-se o disposto no inciso V ao condutor da combinação de veículos com mais de uma unidade tracionada, independentemente da capacidade de tração ou do peso bruto total. (Renumerado pela Lei nº 12.452, de 2011)

▸ CTB: art. 162, III.

ART. 144. O trator de roda, o trator de esteira, o trator misto ou o equipamento automotor destinado à movimentação de cargas ou execução de trabalho agrícola, de terraplenagem, de construção ou de pavimentação só podem ser conduzidos na via pública por condutor habilitado nas categorias C, D ou E.

Parágrafo único. O trator de roda e os equipamentos automotores destinados a executar trabalhos agrícolas poderão ser conduzidos em via pública também por condutor habilitado na categoria B. (Redação dada pela Lei nº 13.097, de 2015)

ART. 145. Para habilitar-se nas categorias D e E ou para conduzir veículo de transporte coletivo de passageiros, de escolares, de emergência ou de produto perigoso, o candidato deverá preencher os seguintes requisitos:

I – ser maior de vinte e um anos;

II – estar habilitado:

a) no mínimo há dois anos na categoria B, ou no mínimo há um ano na categoria C, quando pretender habilitar-se na categoria D; e

b) no mínimo há um ano na categoria C, quando pretender habilitar-se na categoria E;

III - não ter cometido mais de uma infração gravíssima nos últimos 12 (doze) meses; (Redação dada pela Lei 14.071, de 13-10-2020, em vigor após decorridos 180 (cento e oitenta) dias de sua publicação oficial)

IV – ser aprovado em curso especializado e em curso de treinamento de prática veicular em situação de risco, nos termos da normatização do CONTRAN.

Parágrafo único. A participação em curso especializado previsto no inciso IV independe da observância do disposto no inciso III. (Incluído pela Lei nº 12.619, de 2012)

§ 2º. (VETADO). (Incluído pela Lei nº 13.154, de 2015)

ART. 145-A. Além do disposto no art. 145, para conduzir ambulâncias, o candidato deverá comprovar treinamento especializado e reciclagem em cursos específicos a cada 5 (cinco) anos, nos termos da normatização do Contran. (Incluído pela Lei nº 12.998, de 2014)

ART. 146. Para conduzir veículos de outra categoria o condutor deverá realizar exames complementares exigidos para habilitação na categoria pretendida.

ART. 147. O candidato à habilitação deverá submeter-se a exames realizados pelo órgão executivo de trânsito, na ordem descrita a seguir, e os exames de aptidão física e mental e a avaliação psicológica deverão ser realizados por médicos e psicólogos peritos examinadores, respectivamente, com titulação de especialista em medicina do tráfego e em psicologia do trânsito, conferida pelo respectivo conselho profissional, conforme regulamentação do Contran: (Redação dada pela Lei nº 14.071/2020, promulgação em 26-03-2021)

I – de aptidão física e mental;

II – (VETADO)

III – escrito, sobre legislação de trânsito;

IV – de noções de primeiros socorros, conforme regulamentação do CONTRAN;

V – de direção veicular, realizado na via pública, em veículo da categoria para a qual estiver habilitando-se.

§ 1º. Os resultados dos exames e a identificação dos respectivos examinadores serão registrados no RENACH. (Renumerado do parágrafo único, pela Lei nº 9.602, de 1998)

§ 2º O exame de aptidão física e mental, a ser realizado no local de residência ou domicílio do examinado, será preliminar e renovável com a seguinte periodicidade: (Redação dada pela Lei 14.071, de 13-10-2020, em vigor após decorridos 180 (cento e oitenta) dias de sua publicação oficial)

I - a cada 10 (dez) anos, para condutores com idade inferior a 50 (cinquenta) anos; (Incluído pela Lei 14.071, de 13-10-2020, em vigor após decorridos 180 (cento e oitenta) dias de sua publicação oficial)

II - a cada 5 (cinco) anos, para condutores com idade igual ou superior a 50 (cinquenta) anos e inferior a 70 (setenta) anos; (Incluído pela Lei 14.071, de 13-10-2020, em vigor após decorridos 180 (cento e oitenta) dias de sua publicação oficial)

III - a cada 3 (três) anos, para condutores com idade igual ou superior a 70 (setenta) anos. (Incluído pela Lei 14.071, de 13-10-2020, em vigor após decorridos 180 (cento e oitenta) dias de sua publicação oficial)

§ 3º. O exame previsto no § 2º incluirá avaliação psicológica preliminar e complementar sempre que a ele se submeter o condutor que exerce atividade remunerada ao veículo, incluindo-se esta avaliação para os demais candidatos apenas no exame referente à primeira habilitação. (Redação dada pela Lei nº 10.350, de 2001)

§ 4º Quando houver indícios de deficiência física ou mental, ou de progressividade de doença que possa diminuir a capacidade para conduzir o veículo, os prazos previstos nos incisos I, II e III do § 2º deste artigo poderão ser diminuídos por proposta do perito examinador. (Redação dada pela Lei 14.071, de 13-10-2020, em vigor após decorridos 180 (cento e oitenta) dias de sua publicação oficial)

§ 5º. O condutor que exerce atividade remunerada ao veículo terá essa informação incluída na sua Carteira Nacional de Habilitação, conforme especificações do Conselho Nacional de Trânsito – Contran. (Incluído pela Lei nº 10.350, de 2001)

§ 6º Os exames de aptidão física e mental e a avaliação psicológica deverão ser analisados objetivamente pelos examinados, limitados aos aspectos técnicos dos procedimentos realizados, conforme regulamentação do Contran, e subsidiarão a fiscalização prevista no § 7º deste artigo. (Incluído pela Lei 14.071, de 13-10-2020, em vigor após decorridos 180 (cento e oitenta) dias de sua publicação oficial)

§ 7º Os órgãos ou entidades executivos de trânsito dos Estados e do Distrito Federal, com a colaboração dos conselhos profissionais de medicina e psicologia, deverão fiscalizar as entidades e os profissionais responsáveis pelos exames de aptidão física e mental e pela avaliação psicológica no mínimo 1 (uma) vez por ano. (Incluído pela Lei 14.071, de 13-10-2020, em vigor após decorridos 180 (cento e oitenta) dias de sua publicação oficial)

ART. 147-A. Ao candidato com deficiência auditiva é assegurada acessibilidade de comunicação, mediante emprego de tecnologias assistivas ou de ajudas técnicas em todas as etapas do processo de habilitação. (Incluído pela Lei nº 13.146, de 2015)

§ 1º. O material didático audiovisual utilizado em aulas teóricas dos cursos que precedem os exames previstos no art. 147 desta Lei deve ser acessível, por meio de subtitulação com legenda oculta associada à tradução simultânea em Libras. (Incluído pela Lei nº 13.146, de 2015)

§ 2º. É assegurado também ao candidato com deficiência auditiva requerer, no ato de sua inscrição, os serviços de intérprete da Libras, para acompanhamento em aulas práticas e teóricas. (Incluído pela Lei nº 13.146, de 2015)

ART. 148. Os exames de habilitação, exceto os de direção veicular, poderão ser aplicados por entidades públicas ou privadas credenciadas pelo órgão executivo de trânsito dos Estados e do Distrito Federal, de acordo com as normas estabelecidas pelo CONTRAN.

§ 1º. A formação de condutores deverá incluir, obrigatoriamente, curso de direção defensiva e de conceitos básicos de proteção ao meio ambiente relacionados com o trânsito.

§ 2º. Ao candidato aprovado será conferida Permissão para Dirigir, com validade de um ano.

§ 3º. A Carteira Nacional de Habilitação será conferida ao condutor no término de um ano, desde que o mesmo não tenha cometido nenhuma infração de natureza grave ou gravíssima ou seja reincidente em infração média.

§ 4º. A não obtenção da Carteira Nacional de Habilitação, tendo em vista a incapacidade de atendimento do disposto no parágrafo anterior, obriga o candidato a reiniciar todo o processo de habilitação.

§ 5º. O Conselho Nacional de Trânsito – CONTRAN poderá dispensar os tripulantes de aeronaves que apresentarem o cartão de saúde expedido pelas Forças Armadas ou pelo Departamento de Aeronáutica Civil, respectivamente, da prestação do exame de aptidão física e mental. (Incluído pela Lei nº 9.602, de 1998)

ART. 148-A. Os condutores das categorias C, D e E deverão comprovar resultado negativo em exame toxicológico para a obtenção e a renovação da Carteira Nacional de Habilitação. (Redação dada pela Lei 14.071, de 13-10-2020, em vigor após decorridos 180 (cento e oitenta) dias de sua publicação oficial)

§ 1º. O exame de que trata este artigo buscará aferir o consumo de substâncias psicoativas que, comprovadamente, comprometam a capacidade de direção e deverá ter janela de detecção mínima de 90 (noventa) dias, nos termos das normas do Contran. (Incluído pela Lei nº 13.103, de 2015)

§ 2º Além da realização do exame previsto no caput deste artigo, os condutores das categorias C, D e E com idade inferior a 70 (setenta) anos serão submetidos a novo exame a cada período de 2 (dois) anos e 6 (seis) meses, a partir da obtenção ou renovação da Carteira Nacional de Habilitação, independentemente da validade dos demais exames de que trata o inciso I do caput do art. 147 deste Código. (Redação dada pela Lei 14.071, de 13-10-2020, em vigor após decorridos 180 (cento e oitenta) dias de sua publicação oficial)

§ 3º (Revogado pela Lei 14.071, de 13-10-2020, em vigor após decorridos 180 (cento e oitenta) dias de sua publicação oficial)

§ 4º É garantido o direito de contraprova e de recurso administrativo, sem efeito suspensivo, no caso de resultado positivo para os exames de que trata este artigo, nos termos das normas do Contran. (Redação dada pela Lei 14.071, de 13-10-2020, em vigor após decorridos 180 (cento e oitenta) dias de sua publicação oficial)

§ 5º O resultado positivo no exame previsto no § 2º deste artigo acarretará a suspensão do direito de dirigir pelo período de 3 (três) meses, condicionado o levantamento da suspensão à inclusão, no Renach, de resultado negativo em novo exame, e vedada a aplicação de outras penalidades, ainda que acessórias. (Redação dada pela Lei 14.071, de 13-10-2020, em vigor após decorridos 180 (cento e oitenta) dias de sua publicação oficial)

§ 6º. O resultado do exame somente será divulgado para o interessado e não poderá ser utilizado para fins estranhos ao disposto neste artigo ou no § 6º do art. 168 da Consolidação das Leis do Trabalho – CLT, aprovada pelo Decreto-Lei nº 5.452, de 1º de maio de 1943. (Incluído pela Lei nº 13.103, de 2015)

§ 7º. O exame será realizado, em regime de livre concorrência, pelos laboratórios credenciados pelo Departamento Nacional de Trânsito – DENATRAN, nos termos das normas do Contran, vedado aos entes públicos: (Incluído pela Lei nº 13.103, de 2015)

I – fixar preços para os exames; (Incluído pela Lei nº 13.103, de 2015)

II – limitar o número de empresas ou o número de locais em que a atividade pode ser exercida; e (Incluído pela Lei nº 13.103, de 2015)

III – estabelecer regras de exclusividade territorial. (Incluído pela Lei nº 13.103, de 2015)

ART. 149. (VETADO)

ART. 150. Ao renovar os exames previstos no artigo anterior, o condutor que não tenha curso de direção defensiva e primeiros socorros deverá a eles ser submetido, conforme normatização do CONTRAN.

Parágrafo único. A empresa que utiliza condutores contratados para operar a sua frota de veículos é obrigada a fornecer curso de direção defensiva, primeiros socorros e outros conforme normatização do CONTRAN.

ART. 151. (Revogado pela Lei 14.071, de 13-10-2020, em vigor após decorridos 180 (cento e oitenta) dias de sua publicação oficial)

ART. 152. O exame de direção veicular será realizado perante comissão integrada por 3 (três) membros designados pelo dirigente do órgão executivo local de trânsito. (Redação dada pela Lei nº 13.281, de 2016)

§ 1º. Na comissão de exame de direção veicular, pelo menos um membro deverá ser habilitado na categoria igual ou superior à pretendida pelo candidato.

§ 2º. Os militares das Forças Armadas e os policiais e bombeiros dos órgãos de segurança pública da União, dos Estados e do Distrito Federal que possuírem curso de formação de condutor ministrado em suas corporações serão dispensados, para a concessão do documento de habilitação, dos exames aos quais se houverem submetido com aprovação naquele curso, desde que neles sejam observadas as normas estabelecidas pelo Contran. (Redação dada pela Lei nº 13.281, de 2016)

§ 3º. O militar, o policial ou o bombeiro militar interessado na dispensa de que trata o § 2º instruirá seu requerimento com ofício do comandante, chefe ou diretor da unidade administrativa onde prestar serviço, do qual constarão o número do registro de identificação, naturalidade, nome, filiação, idade e categoria em que se habilitou a conduzir, acompanhado de cópia das atas dos exames prestados. (Redação dada pela Lei nº 13.281, de 2016)

§ 4º. (VETADO)

ART. 153. O candidato habilitado terá em seu prontuário a identificação de seus instrutores e examinadores, que serão passíveis de punição conforme regulamentação a ser estabelecida pelo CONTRAN.

Parágrafo único. As penalidades aplicadas aos instrutores e examinadores serão de advertência, suspensão e cancelamento da autorização para o exercício da atividade, conforme a falta cometida.

ART. 154. Os veículos destinados à formação de condutores serão identificados por uma faixa amarela, de vinte centímetros de largura, pintada ao longo da carroçaria, à meia altura, com a inscrição AUTO-ESCOLA na cor preta.

Parágrafo único. No veículo eventualmente utilizado para aprendizagem, quando autorizado para servir a esse fim, deverá ser afixada ao longo de sua carroçaria, à meia altura, faixa branca removível, de vinte centímetros de largura, com a inscrição AUTO-ESCOLA na cor preta.

▸ *CTB: art. 237.*

ART. 155. A formação de condutor de veículo automotor e elétrico será realizada por instrutor autorizado pelo órgão executivo de trânsito dos Estados ou do Distrito Federal, pertencente ou não à entidade credenciada.

Parágrafo único. Ao aprendiz será expedida autorização para aprendizagem, de acordo com a regulamentação do CONTRAN, após aprovação nos exames de aptidão física, mental, de primeiros socorros e sobre legislação de trânsito. (Incluído pela Lei nº 9.602, de 1998)

ART. 156. O CONTRAN regulamentará o credenciamento para prestação de serviço pelas autoescolas e outras entidades destinadas à formação de condutores e às exigências necessárias para o exercício das atividades de instrutor e examinador.

ART. 157. (VETADO)

ART. 158. A aprendizagem só poderá realizar-se: (Lei nº 12.217, de 2010)

I – nos termos, horários e locais estabelecidos pelo órgão executivo de trânsito;

II – acompanhado o aprendiz por instrutor autorizado.

§ 1º. Além do aprendiz e do instrutor, o veículo utilizado na aprendizagem poderá conduzir apenas mais um acompanhante. (Renumerado do parágrafo único pela Lei nº 12.217, de 2010).

§2º (Revogado pela Lei 14.071, de 13-10-2020, em vigor após decorridos 180 (cento e oitenta) dias de sua publicação oficial)

ART. 159. A Carteira Nacional de Habilitação, expedida em meio físico e/ou digital, à escolha do condutor, em modelo único e de acordo com as especificações do Contran, atendidos os pré-requisitos estabelecidos neste Código, conterá fotografia, identificação e número de inscrição no Cadastro de Pessoas Físicas (CPF) do condutor, terá fé pública e equivalerá a documento de identidade em todo o território nacional. (Redação dada pela Lei 14.071, de 13-10-2020, em vigor após decorridos 180 (cento e oitenta) dias de sua publicação oficial)

▸ CTB: art. 234.

§ 1º. É obrigatório o porte da Permissão para Dirigir ou da Carteira Nacional de Habilitação quando o condutor estiver à direção do veículo.

▸ CTB: art. 232.

§ 1º-A. O porte do documento de habilitação será dispensado quando, no momento da fiscalização, for possível ter acesso ao sistema informatizado para verificar se o condutor está habilitado. (Incluído pela Lei 14.071, de 13-10-2020, em vigor após decorridos 180 (cento e oitenta) dias de sua publicação oficial)

§ 2º. (VETADO)

§ 3º. A emissão de nova via da Carteira Nacional de Habilitação será regulamentada pelo CONTRAN.

§ 4º. (VETADO)

§ 5º. A Carteira Nacional de Habilitação e a Permissão para Dirigir somente terão validade para a condução de veículo quando apresentada em original.

§ 6º. A identificação da Carteira Nacional de Habilitação expedida e a da autoridade expedidora serão registradas no RENACH.

§ 7º. A cada condutor corresponderá um único registro no RENACH, agregando-se neste todas as informações.

§ 8º. A renovação da validade da Carteira Nacional de Habilitação ou a emissão de uma nova via somente será realizada após quitação de débitos constantes do prontuário do condutor.

§ 9º. (VETADO)

§ 10. A validade da Carteira Nacional de Habilitação está condicionada ao prazo de vigência do exame de aptidão física e mental. (Incluído pela Lei nº 9.602, de 1998)

§ 11. (Revogado pela Lei 14.071, de 13-10-2020, em vigor após decorridos 180 (cento e oitenta) dias de sua publicação oficial)

§ 12. Os órgãos ou entidades executivos de trânsito dos Estados e do Distrito Federal enviarão por meio eletrônico, com 30 (trinta) dias de antecedência, aviso de vencimento da validade da Carteira Nacional de Habilitação a todos os condutores cadastrados no Renach com endereço na respectiva unidade da Federação. (Incluído pela Lei 14.071, de 13-10-2020, em vigor após decorridos 180 (cento e oitenta) dias de sua publicação oficial)

ART. 160. O condutor condenado por delito de trânsito deverá ser submetido a novos exames para que possa voltar a dirigir, de acordo com as normas estabelecidas pelo CONTRAN, independentemente do reconhecimento da prescrição, em face da pena concretizada na sentença.

▸ CTB: art. 263, III.

§ 1º. Em caso de acidente grave, o condutor nele envolvido poderá ser submetido aos exames exigidos neste artigo, a juízo da autoridade executiva estadual de trânsito, assegurada ampla defesa ao condutor.

§ 2º. No caso do parágrafo anterior, a autoridade executiva estadual de trânsito poderá apreender o documento de habilitação do condutor até a sua aprovação nos exames realizados.

Capítulo XV.
DAS INFRAÇÕES

ART. 161. Constitui infração de trânsito a inobservância de qualquer preceito deste Código ou da legislação complementar, e o infrator sujeita-se às penalidades e às medidas administrativas indicadas em cada artigo deste Capítulo e às punições previstas no Capítulo XIX deste Código. (Redação dada pela Lei 14.071, de 13-10-2020, em vigor após decorridos 180 (cento e oitenta) dias de sua publicação oficial)

Parágrafo único. (Revogado pela Lei 14.071, de 13-10-2020, em vigor após decorridos 180 (cento e oitenta) dias de sua publicação oficial)

ART. 162. Dirigir veículo:

▸ CTB: art. 164.

I – sem possuir Carteira Nacional de Habilitação, Permissão para Dirigir ou Autorização para Conduzir Ciclomotor: (Redação dada pela Lei nº 13.281, de 2016)

Infração – gravíssima; (Redação dada pela Lei nº 13.281, de 2016)

Penalidade – multa (três vezes); (Redação dada pela Lei nº 13.281, de 2016)

Medida administrativa – retenção do veículo até a apresentação de condutor habilitado; (Incluído pela Lei nº 13.281, de 2016)

II – com Carteira Nacional de Habilitação, Permissão para Dirigir ou Autorização para Conduzir Ciclomotor cassada ou com suspensão do direito de dirigir: (Redação dada pela Lei nº 13.281, de 2016)

Infração – gravíssima; (Redação dada pela Lei nº 13.281, de 2016)

Penalidade – multa (três vezes); (Redação dada pela Lei nº 13.281, de 2016)

Medida administrativa – recolhimento do documento de habilitação e retenção do veículo até a apresentação de condutor habilitado; (Incluído pela Lei nº 13.281, de 2016)

III – com Carteira Nacional de Habilitação ou Permissão para Dirigir de categoria diferente da do veículo que esteja conduzindo: (Redação dada pela Lei nº 13.281, de 2016)

Infração – gravíssima; (Redação dada pela Lei nº 13.281, de 2016)

Penalidade – multa (duas vezes); (Redação dada pela Lei nº 13.281, de 2016)

Medida administrativa – retenção do veículo até a apresentação de condutor habilitado; (Redação dada pela Lei nº 13.281, de 2016)

▸ CTB: arts. 263, II, e 309.

IV – (VETADO)

V – com validade da Carteira Nacional de Habilitação vencida há mais de trinta dias:

Infração – gravíssima;

Penalidade – multa;

Medida administrativa – recolhimento da Carteira Nacional de Habilitação e retenção do veículo até a apresentação de condutor habilitado;

VI – sem usar lentes corretoras de visão, aparelho auxiliar de audição, de prótese física ou as adaptações do veículo impostas por ocasião da concessão ou da renovação da licença para conduzir:

Infração – gravíssima;

Penalidade – multa;

Medida administrativa – retenção do veículo até o saneamento da irregularidade ou apresentação de condutor habilitado.

ART. 163. Entregar a direção do veículo a pessoa nas condições previstas no artigo anterior:

Infração – as mesmas previstas no artigo anterior;

Penalidade – as mesmas previstas no artigo anterior;

Medida administrativa – a mesma prevista no inciso III do artigo anterior.

▸ CTB: arts. 263, II, e 310.

ART. 164. Permitir que pessoa nas condições referidas nos incisos do art. 162 tome posse do veículo automotor e passe a conduzi-lo na via:

Infração – as mesmas previstas nos incisos do art. 162;

Penalidade – as mesmas previstas no art. 162;

Medida administrativa – a mesma prevista no inciso III do art. 162.

▸ CTB: arts. 263, II, e 310.

ART. 165. Dirigir sob a influência de álcool ou de qualquer outra substância psicoativa que determine dependência: (Redação dada pela Lei nº 11.705, de 2008)

Infração – gravíssima; (Redação dada pela Lei nº 11.705, de 2008)

Penalidade – multa (dez vezes) e suspensão do direito de dirigir por 12 (doze) meses. (Redação dada pela Lei nº 12.760, de 2012)

Medida administrativa – recolhimento do documento de habilitação e retenção do veículo, observado o disposto no § 4º do art. 270 da Lei nº 9.503, de 23 de setembro de 1997 – do Código de Trânsito Brasileiro. (Redação dada pela Lei nº 12.760, de 2012)

Parágrafo único. Aplica-se em dobro a multa prevista no *caput* em caso de reincidência no período de até 12 (doze) meses. (Redação dada pela Lei nº 12.760, de 2012)

▸ CTB: arts. 263, II, 276, 277 e 306.

ART. 165-A. Recusar-se a ser submetido a teste, exame clínico, perícia ou outro procedimento que permita certificar influência de álcool ou outra substância psicoativa, na forma estabelecida pelo art. 277: (Incluído pela Lei nº 13.281, de 2016)

Infração – gravíssima; (Incluído pela Lei nº 13.281, de 2016)

Penalidade – multa (dez vezes) e suspensão do direito de dirigir por 12 (doze) meses; (Incluído pela Lei nº 13.281, de 2016)

Medida administrativa – recolhimento do documento de habilitação e retenção do veículo, observado o disposto no § 4º do art. 270. (Incluído pela Lei nº 13.281, de 2016)

Parágrafo único. Aplica-se em dobro a multa prevista no caput em caso de reincidência no período de até 12 (doze) meses. (Incluído pela Lei nº 13.281, de 2016)

ART. 165-B. Conduzir veículo para o qual seja exigida habilitação nas categorias C, D ou E sem realizar o exame toxicológico previsto no § 2º do art. 148-A deste Código, após 30 (trinta) dias do vencimento do prazo estabelecido: (Incluído pela Lei 14.071, de 13-10-2020, em vigor após decorridos 180 (cento e oitenta) dias de sua publicação oficial)

Infração - gravíssima;

Penalidade - multa (cinco vezes) e suspensão do direito de dirigir por 3 (três) meses, condicionado o levantamento da suspensão à inclusão no Renach de resultado negativo em novo exame.

Parágrafo único. Incorre na mesma penalidade o condutor que exerce atividade remunerada ao veículo e não comprova a realização de exame toxicológico periódico exigido pelo § 2º do art. 148-A deste Código por ocasião da renovação do documento de habilitação nas categorias C, D ou E.

ART. 166. Confiar ou entregar a direção de veículo a pessoa que, mesmo habilitada, por seu estado físico ou psíquico, não estiver em condições de dirigi-lo com segurança:

▸ CTB: art. 310.

Infração – gravíssima;

Penalidade – multa.

ART. 167. Deixar o condutor ou passageiro de usar o cinto de segurança, conforme previsto no art. 65:

Infração – grave;

Penalidade – multa;

Medida administrativa – retenção do veículo até colocação do cinto pelo infrator.

ART. 168. Transportar crianças em veículo automotor sem observância das normas de segurança especiais estabelecidas neste Código:

Infração – gravíssima;

Penalidade – multa;

Medida administrativa – retenção do veículo até que a irregularidade seja sanada.

▸ *CTB: art. 64.*

ART. 169. Dirigir sem atenção ou sem os cuidados indispensáveis à segurança:

Infração – leve;

Penalidade – multa.

▸ *CTB: art. 28.*

ART. 170. Dirigir ameaçando os pedestres que estejam atravessando a via pública, ou os demais veículos:

Infração – gravíssima;

Penalidade – multa e suspensão do direito de dirigir;

Medida administrativa – retenção do veículo e recolhimento do documento de habilitação.

▸ *CP: art. 132.*

ART. 171. Usar o veículo para arremessar, sobre os pedestres ou veículos, água ou detritos:

Infração – média;

Penalidade – multa.

ART. 172. Atirar do veículo ou abandonar na via objetos ou substâncias:

Infração – média;

Penalidade – multa.

▸ *CTB: art. 26.*

ART. 173. Disputar corrida: (Redação dada pela Lei nº 12.971, de 2014)

Infração – gravíssima;

Penalidade – multa (dez vezes), suspensão do direito de dirigir e apreensão do veículo; (Redação dada pela Lei nº 12.971, de 2014)

Medida administrativa – recolhimento do documento de habilitação e remoção do veículo.

Parágrafo único. Aplica-se em dobro a multa prevista no caput em caso de reincidência no período de 12 (doze) meses da infração anterior." (Redação dada pela Lei nº 12.971, de 2014)

ART. 174. Promover, na via, competição, eventos organizados, exibição e demonstração de perícia em manobra de veículo, ou deles participar, como condutor, sem permissão da autoridade de trânsito com circunscrição sobre a via: (Redação dada pela Lei nº 12.971, de 2014)

Infração – gravíssima;

Penalidade – multa (dez vezes), suspensão do direito de dirigir e apreensão do veículo; (Redação dada pela Lei nº 12.971, de 2014)

Medida administrativa – recolhimento do documento de habilitação e remoção do veículo.

§ 1º. As penalidades são aplicáveis aos promotores e aos condutores participantes. (Redação dada pela Lei nº 12.971, de 2014)

§ 2º. Aplica-se em dobro a multa prevista no caput em caso de reincidência no período de 12 (doze) meses da infração anterior." (Redação dada pela Lei nº 12.971, de 2014)

ART. 175. Utilizar-se de veículo para demonstrar ou exibir manobra perigosa, mediante arrancada brusca, derrapagem ou frenagem com deslizamento ou arrastamento de pneus: (Redação dada pela Lei nº 12.971, de 2014)

Infração – gravíssima;

Penalidade – multa (dez vezes), suspensão do direito de dirigir e apreensão do veículo; (Redação dada pela Lei nº 12.971, de 2014)

Medida administrativa – recolhimento do documento de habilitação e remoção do veículo.

Parágrafo único. Aplica-se em dobro a multa prevista no caput em caso de reincidência no período de 12 (doze) meses da infração anterior. (Redação dada pela Lei nº 12.971, de 2014).

ART. 176. Deixar o condutor envolvido em acidente com vítima:

I – de prestar ou providenciar socorro à vítima, podendo fazê-lo;

▸ *CTB: art. 304.*

II – de adotar providências, podendo fazê-lo, no sentido de evitar perigo para o trânsito no local;

III – de preservar o local, de forma a facilitar os trabalhos da polícia e da perícia;

IV – de adotar providências para remover o veículo do local, quando determinadas por policial ou agente da autoridade de trânsito;

V – de identificar-se ao policial e de lhe prestar informações necessárias à confecção do boletim de ocorrência:

Infração – gravíssima;

Penalidade – multa (cinco vezes) e suspensão do direito de dirigir;

Medida administrativa – recolhimento do documento de habilitação.

ART. 177. Deixar o condutor de prestar socorro à vítima de acidente de trânsito quando solicitado pela autoridade e seus agentes:

Infração – grave;

Penalidade – multa.

▸ CP: art. 135.

ART. 178. Deixar o condutor, envolvido em acidente sem vítima, de adotar providências para remover o veículo do local, quando necessária tal medida para assegurar a segurança e a fluidez do trânsito:

Infração – média;

Penalidade – multa.

ART. 179. Fazer ou deixar que se faça reparo em veículo na via pública, salvo nos casos de impedimento absoluto de sua remoção e em que o veículo esteja devidamente sinalizado:

▸ CTB: arts: 40, V, e 46.

I – em pista de rolamento de rodovias e vias de trânsito rápido:

Infração – grave;

Penalidade – multa;

Medida administrativa – remoção do veículo;

II – nas demais vias:

Infração – leve;

Penalidade – multa.

ART. 180. Ter seu veículo imobilizado na via por falta de combustível:

Infração – média;

Penalidade – multa;

Medida administrativa – remoção do veículo.

▸ CTB: arts: 27 e 46.

ART. 181. Estacionar o veículo:

I – nas esquinas e a menos de cinco metros do bordo do alinhamento da via transversal:

Infração – média;

Penalidade – multa;

Medida administrativa – remoção do veículo;

II – afastado da guia da calçada (meio-fio) de cinquenta centímetros a um metro:

Infração – leve;

Penalidade – multa;

Medida administrativa – remoção do veículo;

III – afastado da guia da calçada (meio-fio) a mais de um metro:

Infração – grave;

Penalidade – multa;

Medida administrativa – remoção do veículo;

IV – em desacordo com as posições estabelecidas neste Código:

Infração – média;

Penalidade – multa;

Medida administrativa – remoção do veículo;

▸ CTB: art. 48.

V – na pista de rolamento das estradas, das rodovias, das vias de trânsito rápido e das vias dotadas de acostamento:

Infração – gravíssima;

Penalidade – multa;

Medida administrativa – remoção do veículo;

VI – junto ou sobre hidrantes de incêndio, registro de água ou tampas de poços de visita de galerias subterrâneas, desde que devidamente identificados, conforme especificação do CONTRAN:

Infração – média;

Penalidade – multa;

Medida administrativa – remoção do veículo;

VII – nos acostamentos, salvo motivo de força maior:

Infração – leve;

Penalidade – multa;

Medida administrativa – remoção do veículo;

VIII – no passeio ou sobre faixa destinada a pedestre, sobre ciclovia ou ciclofaixa, bem como nas ilhas, refúgios, ao lado ou sobre canteiros centrais, divisores de pista de rolamento, marcas de canalização, gramados ou jardim público:

Infração – grave;

Penalidade – multa

Medida administrativa – remoção do veículo;

IX – onde houver guia de calçada (meio-fio) rebaixada destinada à entrada ou saída de veículos:

Infração – média;

Penalidade – multa;

Medida administrativa – remoção do veículo;

X – impedindo a movimentação de outro veículo:

Infração – média;

Penalidade – multa;

Medida administrativa – remoção do veículo;

XI – ao lado de outro veículo em fila dupla:

Infração – grave;

Penalidade – multa;

Medida administrativa – remoção do veículo;

XII – na área de cruzamento de vias, prejudicando a circulação de veículos e pedestres:

Infração – grave;

Penalidade – multa;

Medida administrativa – remoção do veículo;

XIII – onde houver sinalização horizontal delimitadora de ponto de embarque ou desembarque de passageiros de transporte coletivo ou, na inexistência desta sinalização, no intervalo compreendido entre dez metros antes e depois do marco do ponto:

Infração – média;

Penalidade – multa;

Medida administrativa – remoção do veículo;

XIV – nos viadutos, pontes e túneis:

Infração – grave;

Penalidade – multa;

Medida administrativa – remoção do veículo;

XV – na contramão de direção:

Infração – média;

Penalidade – multa;

XVI – em aclive ou declive, não estando devidamente freado e sem calço de segurança, quando se tratar de veículo com peso bruto total superior a três mil e quinhentos quilogramas:

Infração – grave;

Penalidade – multa;

Medida administrativa – remoção do veículo;

XVII – em desacordo com as condições regulamentadas especificamente pela sinalização (placa – Estacionamento Regulamentado):

Infração – grave; (Redação dada pela Lei nº 13.146, de 2015)

Penalidade – multa;

Medida administrativa – remoção do veículo;

XVIII – em locais e horários proibidos especificamente pela sinalização (placa – Proibido Estacionar):

Infração – média;

Penalidade – multa;

Medida administrativa – remoção do veículo;

XIX – em locais e horários de estacionamento e parada proibidos pela sinalização (placa – Proibido Parar e Estacionar):

Infração – grave;

Penalidade – multa;

Medida administrativa – remoção do veículo.

XX – nas vagas reservadas às pessoas com deficiência ou idosos, sem credencial que comprove tal condição: (Incluído pela Lei nº 13.281, de 2016)

Infração – gravíssima; (Incluído pela Lei nº 13.281, de 2016)

Penalidade – multa; (Incluído pela Lei nº 13.281, de 2016)

Medida administrativa – remoção do veículo. (Incluído pela Lei nº 13.281, de 2016)

§ 1º. Nos casos previstos neste artigo, a autoridade de trânsito aplicará a penalidade preferencialmente após a remoção do veículo.

§ 2º. No caso previsto no inciso XVI é proibido abandonar o calço de segurança na via.

▸ CTB: art. 172.

ART. 182. Parar o veículo:

I – nas esquinas e a menos de cinco metros do bordo do alinhamento da via transversal:

Infração – média;

Penalidade – multa;

II – afastado da guia da calçada (meio-fio) de cinquenta centímetros a um metro:

Infração – leve;

Penalidade – multa;

III – afastado da guia da calçada (meio-fio) a mais de um metro:

Infração – média;

Penalidade – multa;

IV – em desacordo com as posições estabelecidas neste Código:

Infração – leve;

Penalidade – multa;

▸ CTB: art. 48.

V – na pista de rolamento das estradas, das rodovias, das vias de trânsito rápido e das demais vias dotadas de acostamento:

Infração – grave;

Penalidade – multa;

VI – no passeio ou sobre faixa destinada a pedestres, nas ilhas, refúgios, canteiros centrais e divisores de pista de rolamento e marcas de canalização:

Infração – leve;

Penalidade – multa;

VII – na área de cruzamento de vias, prejudicando a circulação de veículos e pedestres:

Infração – média;

Penalidade – multa;

VIII – nos viadutos, pontes e túneis:

Infração – média;

Penalidade – multa

IX – na contramão de direção:

Infração – média;

Penalidade – multa

X – em local e horário proibidos especificamente pela sinalização (placa – Proibido Parar):

Infração – média;

Penalidade – multa.

XI - sobre ciclovia ou ciclofaixa: (Incluído pela Lei 14.071, de 13-10-2020, em vigor após decorridos 180 (cento e oitenta) dias de sua publicação oficial)

Infração - grave;

Penalidade - multa.

ART. 183. Parar o veículo sobre a faixa de pedestres na mudança de sinal luminoso:

Infração – média;

Penalidade – multa.

ART. 184. Transitar com o veículo:

I – na faixa ou pista da direita, regulamentada como de circulação exclusiva para determinado tipo de veículo, exceto para acesso a imóveis lindeiros ou conversões à direita:

Infração – leve;

Penalidade – multa;

II – na faixa ou pista da esquerda regulamentada como de circulação exclusiva para determinado tipo de veículo:

Infração – grave;

Penalidade – multa.

III – na faixa ou via de trânsito exclusivo, regulamentada com circulação destinada aos veículos de transporte público coletivo de passageiros, salvo casos de força maior e com autorização do poder público competente: (Incluído pela Lei nº 13.154, de 2015)

Infração – gravíssima; (Incluído pela Lei nº 13.154, de 2015)

Penalidade – multa e apreensão do veículo; (Incluído pela Lei nº 13.154, de 2015)

Medida Administrativa – remoção do veículo. (Incluído pela Lei nº 13.154, de 2015)

ART. 185. Quando o veículo estiver em movimento, deixar de conservá-lo:

I – na faixa a ele destinada pela sinalização de regulamentação, exceto em situações de emergência;

II – nas faixas da direita, os veículos lentos e de maior porte:

Infração – média;

Penalidade – multa.

ART. 186. Transitar pela contramão de direção em:

I – vias com duplo sentido de circulação, exceto para ultrapassar outro veículo e apenas pelo tempo necessário, respeitada a preferência do veículo que transitar em sentido contrário:

Infração – grave;

Penalidade – multa;

II – vias com sinalização de regulamentação de sentido único de circulação:

Infração – gravíssima;

Penalidade – multa.

ART. 187. Transitar em locais e horários não permitidos pela regulamentação estabelecida pela autoridade competente

I – para todos os tipos de veículos:

Infração – média;

Penalidade – multa;

II – Revogado de acordo com a Lei nº 9.602, de 1998

ART. 188. Transitar ao lado de outro veículo, interrompendo ou perturbando o trânsito:

Infração – média;

Penalidade – multa

ART. 189. Deixar de dar passagem aos veículos precedidos de batedores, de socorro de incêndio e salvamento, de polícia, de operação e fiscalização de trânsito e às ambulâncias, quando em serviço de urgência e devidamente identificados por dispositivos regulamentados de alarme sonoro e iluminação vermelha intermitentes:

Infração – gravíssima;

Penalidade – multa.

ART. 190. Seguir veículo em serviço de urgência, estando este com prioridade de passagem devidamente identificada por dispositivos regulamentares de alarme sonoro e iluminação vermelha intermitentes:

Infração – grave;

Penalidade – multa.

ART. 191. Forçar passagem entre veículos que, transitando em sentidos opostos, estejam na iminência de passar um pelo outro ao realizar operação de ultrapassagem:

Infração – gravíssima;

Penalidade – multa (dez vezes) e suspensão do direito de dirigir. (Redação dada pela Lei nº 12.971, de 2014)

Parágrafo único. Aplica-se em dobro a multa prevista no caput em caso de reincidência no período de até 12 (doze) meses da infração anterior. (Redação dada pela Lei nº 12.971, de 2014)

ART. 192. Deixar de guardar distância de segurança lateral e frontal entre o seu veículo e os demais, bem como em relação ao bordo da pista, considerando-se, no momento, a velocidade, as condições climáticas do local da circulação e do veículo:

Infração – grave;

Penalidade – multa.

ART. 193. Transitar com o veículo em calçadas, passeios, passarelas, ciclovias, ciclofaixas, ilhas, refúgios, ajardinamentos, canteiros centrais e divisores de pista de rolamento, acostamentos, marcas de canalização, gramados e jardins públicos:

Infração – gravíssima;

Penalidade – multa (três vezes).

ART. 194. Transitar em marcha à ré, salvo na distância necessária a pequenas manobras e de forma a não causar riscos à segurança:

Infração – grave;

Penalidade – multa.

ART. 195. Desobedecer às ordens emanadas da autoridade competente de trânsito ou de seus agentes:

Infração – grave;

Penalidade – multa.

ART. 196. Deixar de indicar com antecedência, mediante gesto regulamentar de braço ou luz indicadora de direção do veículo, o início da marcha, a realização da manobra de parar o veículo, a mudança de direção ou de faixa de circulação:

Infração – grave;

Penalidade – multa.

ART. 197. Deixar de deslocar, com antecedência, o veículo para a faixa mais à esquerda ou mais à direita, dentro da respectiva mão de direção, quando for manobrar para um desses lados:

Infração – média;

Penalidade – multa.

ART. 198. Deixar de dar passagem pela esquerda, quando solicitado:

Infração – média;

Penalidade – multa.

ART. 199. Ultrapassar pela direita, salvo quando o veículo da frente estiver colocado na faixa apropriada e der sinal de que vai entrar à esquerda:

Infração – média;

Penalidade – multa.

ART. 200. Ultrapassar pela direita veículo de transporte coletivo ou de escolares, parado para embarque ou desembarque de passageiros, salvo quando houver refúgio de segurança para o pedestre:

Infração – gravíssima;

Penalidade – multa.

ART. 201. Deixar de guardar a distância lateral de um metro e cinquenta centímetros ao passar ou ultrapassar bicicleta:

Infração – média;

Penalidade – multa.

ART. 202. Ultrapassar outro veículo:

I – pelo acostamento;

II – em interseções e passagens de nível;

Infração – gravíssima; (Redação dada pela Lei nº 12.971, de 2014)

Penalidade – multa (cinco vezes). (Redação dada pela Lei nº 12.971, de 2014)

ART. 203. Ultrapassar pela contramão outro veículo:

I – nas curvas, aclives e declives, sem visibilidade suficiente;

II – nas faixas de pedestre;

III – nas pontes, viadutos ou túneis;

IV – parado em fila junto a sinais luminosos, porteiras, cancelas, cruzamentos ou qualquer outro impedimento à livre circulação;

V – onde houver marcação viária longitudinal de divisão de fluxos opostos do tipo linha dupla contínua ou simples contínua amarela:

Infração – gravíssima; (Redação dada pela Lei nº 12.971, de 2014)

Penalidade – multa (cinco vezes). (Redação dada pela Lei nº 12.971, de 2014)

Parágrafo único. Aplica-se em dobro a multa prevista no caput em caso de reincidência no período de até 12 (doze) meses da infração anterior. (Redação dada pela Lei nº 12.971, de 2014)

ART. 204. Deixar de parar o veículo no acostamento à direita, para aguardar a oportunidade de cruzar a pista ou entrar à esquerda, onde não houver local apropriado para operação de retorno:

Infração – grave;

Penalidade – multa.

ART. 205. Ultrapassar veículo em movimento que integre cortejo, préstito, desfile e formações militares, salvo com autorização da autoridade de trânsito ou de seus agentes:

Infração – leve;

Penalidade – multa.

ART. 206. Executar operação de retorno:

I – em locais proibidos pela sinalização;

II – nas curvas, aclives, declives, pontes, viadutos e túneis;

III – passando por cima de calçada, passeio, ilhas, ajardinamento ou canteiros de divisões de pista de rolamento, refúgios e faixas de pedestres e nas de veículos não motorizados;

IV – nas interseções, entrando na contramão de direção da via transversal;

V – com prejuízo da livre circulação ou da segurança, ainda que em locais permitidos:

Infração – gravíssima;

Penalidade – multa.

ART. 207. Executar operação de conversão à direita ou à esquerda em locais proibidos pela sinalização:

Infração – grave;

Penalidade – multa.

ART. 208. Avançar o sinal vermelho do semáforo ou o de parada obrigatória, exceto onde houver sinalização que permita a livre conversão à direita prevista no art. 44-A deste Código: (Redação dada pela Lei 14.071, de 13-10-2020, em vigor após decorridos 180 (cento e oitenta) dias de sua publicação oficial)

Infração – gravíssima;

Penalidade – multa.

ART. 209. Transpor, sem autorização, bloqueio viário com ou sem sinalização ou dispositivos auxiliares, ou deixar de adentrar as áreas destinadas à pesagem de veículos: (Incluído pela Lei nº 14.157, de 01 de junho de 2021)

Infração – grave;

Penalidade – multa.

ART. 209-A. Evadir-se da cobrança pelo uso de rodovias e vias urbanas para não efetuar o seu pagamento, ou deixar de efetuá-lo na forma estabelecida: (Incluído pela Lei nº 14.157, de 01 de junho 2021)

Infração – grave;

Penalidade – multa.

ART. 210. Transpor, sem autorização, bloqueio viário policial:

Infração – gravíssima;

Penalidade – multa, apreensão do veículo e suspensão do direito de dirigir;

Medida administrativa – remoção do veículo e recolhimento do documento de habilitação.

ART. 211. Ultrapassar veículos em fila, parados em razão de sinal luminoso, cancela, bloqueio viário parcial ou qualquer outro obstáculo, com exceção dos veículos não motorizados:

Infração – grave;

Penalidade – multa.

Parágrafo único. (VETADO na Lei 14.071, de 13-10-2020, em vigor após decorridos 180 (cento e oitenta) dias de sua publicação oficial)

ART. 212. Deixar de parar o veículo antes de transpor linha férrea:

Infração – gravíssima;

Penalidade – multa.

ART. 213. Deixar de parar o veículo sempre que a respectiva marcha for interceptada:

I – por agrupamento de pessoas, como préstitos, passeatas, desfiles e outros:

Infração – gravíssima;

Penalidade – multa.

II – por agrupamento de veículos, como cortejos, formações militares e outros:

Infração – grave;

Penalidade – multa.

ART. 214. Deixar de dar preferência de passagem a pedestre e a veículo não motorizado:

I – que se encontre na faixa a ele destinada;

II – que não haja concluído a travessia mesmo que ocorra sinal verde para o veículo;

III – portadores de deficiência física, crianças, idosos e gestantes:

Infração – gravíssima;

Penalidade – multa.

IV – quando houver iniciado a travessia mesmo que não haja sinalização a ele destinada;

V – que esteja atravessando a via transversal para onde se dirige o veículo:

Infração – grave;

Penalidade – multa.

ART. 215. Deixar de dar preferência de passagem:

I – em interseção não sinalizada:

a) a veículo que estiver circulando por rodovia ou rotatória;

b) a veículo que vier da direita;

II – nas interseções com sinalização de regulamentação de Dê a Preferência:

Infração – grave;

Penalidade – multa.

ART. 216. Entrar ou sair de áreas lindeiras sem estar adequadamente posicionado para ingresso na via e sem as precauções com a segurança de pedestres e de outros veículos:

Infração – média;

Penalidade – multa.

ART. 217. Entrar ou sair de fila de veículos estacionados sem dar preferência de passagem a pedestres e a outros veículos:

Infração – média;

Penalidade – multa.

ART. 218. Transitar em velocidade superior à máxima permitida para o local, medida por instrumento ou equipamento hábil, em rodovias, vias de trânsito rápido, vias arteriais e demais vias: (Redação dada pela Lei nº 11.334, de 2006)

I – quando a velocidade for superior à máxima em até 20% (vinte por cento): (Redação dada pela Lei nº 11.334, de 2006)

Infração – média; (Redação dada pela Lei nº 11.334, de 2006)

Penalidade – multa; (Redação dada pela Lei nº 11.334, de 2006)

II – quando a velocidade for superior à máxima em mais de 20% (vinte por cento) até 50% (cinquenta por cento): (Redação dada pela Lei nº 11.334, de 2006)

Infração – grave; (Redação dada pela Lei nº 11.334, de 2006)

Penalidade – multa; (Redação dada pela Lei nº 11.334, de 2006)

III – quando a velocidade for superior à máxima em mais de 50% (cinquenta por cento): (Incluído pela Lei nº 11.334, de 2006)

Infração - gravíssima; (Redação dada pela Lei 14.071, de 13-10-2020, em vigor após decorridos 180 (cento e oitenta) dias de sua publicação oficial)

Penalidade - multa (três vezes) e suspensão do direito de dirigir. (Redação dada pela Lei 14.071, de 13-10-2020, em vigor após decorridos 180 (cento e oitenta) dias de sua publicação oficial)

ART. 219. Transitar com o veículo em velocidade inferior à metade da velocidade máxima estabelecida para a via, retardando ou obstruindo o trânsito, a menos que as condições de tráfego e meteorológicas não o permitam, salvo se estiver na faixa da direita:

Infração – média;

Penalidade – multa.

ART. 220. Deixar de reduzir a velocidade do veículo de forma compatível com a segurança do trânsito:

I – quando se aproximar de passeatas, aglomerações, cortejos, préstitos e desfiles:

Infração – gravíssima;

Penalidade – multa;

II – nos locais onde o trânsito esteja sendo controlado pelo agente da autoridade de trânsito, mediante sinais sonoros ou gestos;

III – ao aproximar-se da guia da calçada (meio-fio) ou acostamento;

IV – ao aproximar-se de ou passar por interseção não sinalizada;

V – nas vias rurais cuja faixa de domínio não esteja cercada;

VI – nos trechos em curva de pequeno raio;

VII – ao aproximar-se de locais sinalizados com advertência de obras ou trabalhadores na pista;

VIII – sob chuva, neblina, cerração ou ventos fortes;

IX – quando houver má visibilidade;

X – quando o pavimento se apresentar escorregadio, defeituoso ou avariado;

XI – à aproximação de animais na pista;

XII – em declive;

Infração - grave; (Incluído pela Lei 14.071, de 13-10-2020, em vigor após decorridos 180 (cento e oitenta) dias de sua publicação oficial)

Penalidade - multa; (Incluído pela Lei 14.071, de 13-10-2020, em vigor após decorridos 180 (cento e oitenta) dias de sua publicação oficial)

XIII – ao ultrapassar ciclista:

Infração - gravíssima; (Redação dada pela Lei 14.071, de 13-10-2020, em vigor após decorridos 180 (cento e oitenta) dias de sua publicação oficial)

Penalidade - multa; (Redação dada pela Lei 14.071, de 13-10-2020, em vigor após decorridos 180 (cento e oitenta) dias de sua publicação oficial)

XIV – nas proximidades de escolas, hospitais, estações de embarque e desembarque de passageiros ou onde haja intensa movimentação de pedestres:

Infração – gravíssima;

Penalidade – multa.

ART. 221. Portar no veículo placas de identificação em desacordo com as especificações e modelos estabelecidos pelo CONTRAN:

Infração – média;

Penalidade – multa;

Medida administrativa – retenção do veículo para regularização e apreensão das placas irregulares.

Parágrafo único. Incide na mesma penalidade aquele que confecciona, distribui ou coloca, em veículo próprio ou de terceiros, placas de identificação não autorizadas pela regulamentação.

ART. 222. Deixar de manter ligado, nas situações de atendimento de emergência, o sistema de iluminação vermelha intermitente dos veículos de polícia, de socorro de incêndio e salvamento, de fiscalização de trânsito e das ambulâncias, ainda que parados:

Infração – média;

Penalidade – multa.

ART. 223. Transitar com o farol desregulado ou com o facho de luz alta de forma a perturbar a visão de outro condutor:

Infração – grave;

Penalidade – multa;

Medida administrativa – retenção do veículo para regularização.

ART. 224. Fazer uso do facho de luz alta dos faróis em vias providas de iluminação pública:

Infração – leve

Penalidade – multa.

ART. 225. Deixar de sinalizar a via, de forma a prevenir os demais condutores e, à noite, não manter acesas as luzes externas ou omitir-se quanto a providências necessárias para tornar visível o local, quando:

I – tiver de remover o veículo da pista de rolamento ou permanecer no acostamento;

II – a carga for derramada sobre a via e não puder ser retirada imediatamente:

Infração – grave;

Penalidade – multa.

ART. 226. Deixar de retirar todo e qualquer objeto que tenha sido utilizado para sinalização temporária da via:

Infração – média;

Penalidade – multa

ART. 227. Usar buzina:

I – em situação que não a de simples toque breve como advertência ao pedestre ou a condutores de outros veículos;

II – prolongada e sucessivamente a qualquer pretexto;

III – entre as vinte e duas e as seis horas;

IV – em locais e horários proibidos pela sinalização;

V – em desacordo com os padrões e frequências estabelecidas pelo CONTRAN:

Infração – leve;

Penalidade – multa.

ART. 228. Usar no veículo equipamento com som em volume ou frequência que não sejam autorizados pelo CONTRAN:

Infração – grave;

Penalidade – multa;

Medida administrativa – retenção do veículo para regularização.

ART. 229. Usar indevidamente no veículo aparelho de alarme ou que produza sons e ruído que perturbem o sossego público, em desacordo com normas fixadas pelo CONTRAN:

Infração – média;

Penalidade – multa e apreensão do veículo;

Medida administrativa – remoção do veículo.

ART. 230. Conduzir o veículo:

I – com o lacre, a inscrição do chassi, o selo, a placa ou qualquer outro elemento de identificação do veículo violado ou falsificado;

▸ *CP: art. 311.*

II – transportando passageiros em compartimento de carga, salvo por motivo de força maior, com permissão da autoridade competente e na forma estabelecida pelo CONTRAN;

▸ *CTB: art. 108.*

III – com dispositivo antirradar;

IV – sem qualquer uma das placas de identificação;

V – que não esteja registrado e devidamente licenciado;

▸ *CTB: art. 130.*

VI – com qualquer uma das placas de identificação sem condições de legibilidade e visibilidade:

Infração – gravíssima;

Penalidade – multa e apreensão do veículo;

Medida administrativa – remoção do veículo;

VII – com a cor ou característica alterada;

▸ *CTB: art. 98.*

VIII – sem ter sido submetido à inspeção de segurança veicular, quando obrigatória;

▸ *CTB: art. 104.*

IX – sem equipamento obrigatório ou estando este ineficiente ou inoperante;

▸ *CTB: arts. 27 e 105.*

X – com equipamento obrigatório em desacordo com o estabelecido pelo CONTRAN;

XI – com descarga livre ou silenciador de motor de explosão defeituoso, deficiente ou inoperante;

XII – com equipamento ou acessório proibido;

XIII – com o equipamento do sistema de iluminação e de sinalização alterados;

XIV – com registrador instantâneo inalterável de velocidade e tempo viciado ou defeituoso, quando houver exigência desse aparelho;

XV – com inscrições, adesivos, legendas e símbolos de caráter publicitário afixados ou pintados no para-brisa e em toda a extensão da parte traseira do veículo, excetuadas as hipóteses previstas neste Código;

▸ *CTB: art. 111, parágrafo único.*

XVI – com vidros total ou parcialmente cobertos por películas refletivas ou não, painéis decorativos ou pinturas;

▸ *CTB: art. 111, III.*

XVII – com cortinas ou persianas fechadas, não autorizadas pela legislação;

▸ *CTB: art. 111, II.*

XVIII – em mau estado de conservação, comprometendo a segurança, ou reprovado na avaliação de inspeção de segurança e de emissão de poluentes e ruído, prevista no art. 104;

XIX – sem acionar o limpador de para-brisa sob chuva:

Infração – grave;

Penalidade – multa;

Medida administrativa – retenção do veículo para regularização;

XX - sem portar a autorização para condução de escolares, na forma estabelecida no art. 136: (Redação dada pela Lei nº 13.855, de 8 de julho de 2019)

Infração – gravíssima;

Penalidade – multa (cinco vezes);

Medida administrativa – remoção do veículo;

XXI – de carga, com falta de inscrição da tara e demais inscrições previstas neste Código;

▸ *CTB: art. 117.*

XXII – com defeito no sistema de iluminação, de sinalização ou com lâmpadas queimadas:

Infração – média;

Penalidade – multa.

XXIII – em desacordo com as condições estabelecidas no art. 67-C, relativamente ao tempo de permanência do condutor ao volante e aos intervalos para descanso, quando se tratar de veículo de transporte de carga ou coletivo de passageiros: (Redação dada pela Lei nº 13.103, de 2015)

Infração – média; (Redação dada pela Lei nº 13.103, de 2015)

Penalidade – multa; (Redação dada pela Lei nº 13.103, de 2015)

Medida administrativa – retenção do veículo para cumprimento do tempo de descanso aplicável. (Redação dada pela Lei nº 13.103, de 2015)

XXIV – (VETADO). (Incluído pela Lei nº 12.619, de 2012)

§ 1º. Se o condutor cometeu infração igual nos últimos 12 (doze) meses, será convertida, automaticamente, a penalidade disposta no inciso XXIII em infração grave. (Incluído pela Lei nº 13.103, de 2015)

§ 2º. Em se tratando de condutor estrangeiro, a liberação do veículo fica condicionada ao pagamento ou ao depósito, judicial ou administrativo, da multa. (Incluído pela Lei nº 13.103, de 2015)

ART. 231. Transitar com o veículo:

I – danificando a via, suas instalações e equipamentos;

II – derramando, lançando ou arrastando sobre a via:

a) carga que esteja transportando;

▸ *CTB: art. 102.*

b) combustível ou lubrificante que esteja utilizando;

c) qualquer objeto que possa acarretar risco de acidente:

Infração – gravíssima;

Penalidade – multa;

Medida administrativa – retenção do veículo para regularização;

III – produzindo fumaça, gases ou partículas em níveis superiores aos fixados pelo CONTRAN;

IV – com suas dimensões ou de sua carga superiores aos limites estabelecidos legalmente ou pela sinalização, sem autorização:

▸ *CTB: arts. 99 e 101.*

Infração – grave;

Penalidade – multa;

Medida administrativa – retenção do veículo para regularização;

V – com excesso de peso, admitido percentual de tolerância quando aferido por equipamento, na forma a ser estabelecida pelo CONTRAN:

Infração – média;

Penalidade – multa acrescida a cada duzentos quilogramas ou fração de excesso de peso apurado, constante na seguinte tabela:

a) até 600 kg (seiscentos quilogramas) – R$ 5,32 (cinco reais e trinta e dois centavos); (Redação dada pela Lei nº 13.281, de 2016)

b) de 601 (seiscentos e um) a 800 kg (oitocentos quilogramas) – R$ 10,64 (dez reais e sessenta e quatro centavos); (Redação dada pela Lei nº 13.281, de 2016)

c) de 801 (oitocentos e um) a 1.000 kg (mil quilogramas) – R$ 21,28 (vinte e um reais e vinte e oito centavos); (Redação dada pela Lei nº 13.281, de 2016)

d) de 1.001 (mil e um) a 3.000 kg (três mil quilogramas) – R$ 31,92 (trinta e um reais e noventa e dois centavos); (Redação dada pela Lei nº 13.281, de 2016)

e) de 3.001 (três mil e um) a 5.000 kg (cinco mil quilogramas) – R$ 42,56 (quarenta e dois reais e cinquenta e seis centavos); (Redação dada pela Lei nº 13.281, de 2016)

f) acima de 5.001 kg (cinco mil e um quilogramas) – R$ 53,20 (cinquenta e três reais e vinte centavos); (Redação dada pela Lei nº 13.281, de 2016)

Medida administrativa – retenção do veículo e transbordo da carga excedente;

▸ *CTB: art. 100.*

VI – em desacordo com a autorização especial, expedida pela autoridade competente para transitar com dimensões excedentes, ou quando a mesma estiver vencida:

Infração – grave;

Penalidade – multa e apreensão do veículo;

Medida administrativa – remoção do veículo;

▸ *CTB: art. 101.*

VII – com lotação excedente;

▸ *CTB: art. 100.*

VIII - efetuando transporte remunerado de pessoas ou bens, quando não for licenciado para esse fim, salvo casos de força maior ou com permissão da autoridade competente: (Redação dada pela Lei nº 13.855, de 2019)

Infração – gravíssima;

Penalidade – multa;

Medida administrativa – remoção do veículo;

IX – desligado ou desengrenado, em declive:

Infração – média;

Penalidade – multa;

Medida administrativa – retenção do veículo;

X – excedendo a capacidade máxima de tração:

Infração – de média a gravíssima, a depender da relação entre o excesso de peso apurado e a capacidade máxima de tração, a ser regulamentada pelo CONTRAN;

Penalidade – multa;

Medida Administrativa – retenção do veículo e transbordo de carga excedente.

Parágrafo único. Sem prejuízo das multas previstas nos incisos V e X, o veículo que transitar com excesso de peso ou excedendo à capacidade máxima de tração, não computado o percentual tolerado na forma do disposto na legislação, somente poderá continuar viagem após descarregar o que exceder, segundo critérios estabelecidos na referida legislação complementar.

ART. 232. Conduzir veículo sem os documentos de porte obrigatório referidos neste Código:

Infração – leve;

Penalidade – multa;

Medida administrativa – retenção do veículo até a apresentação do documento.

▸ *CTB: arts. 133 e 159, § 1º.*

▸ *Lei Complementar nº 121 de 9-2-2006, que cria o Sistema Nacional de Prevenção, Fiscalização e Repressão ao Furto e Roubo de Veículos e Cargas.*

ART. 233. Deixar de efetuar o registro de veículo no prazo de trinta dias, junto ao órgão executivo de trânsito, ocorridas as hipóteses previstas no art. 123:

Infração - média; (Redação dada pela Lei 14.071, de 13-10-2020, em vigor após decorridos 180 (cento e oitenta) dias de sua publicação oficial)

Penalidade - multa; (Redação dada pela Lei 14.071, de 13-10-2020, em vigor após decorridos 180 (cento e oitenta) dias de sua publicação oficial)

Medida administrativa - remoção do veículo. (Redação dada pela Lei 14.071, de 13-10-2020, em vigor após decorridos 180 (cento e oitenta) dias de sua publicação oficial)

ART. 233-A. (VETADO na Lei 14.071, de 13-10-2020, em vigor após decorridos 180 (cento e oitenta) dias de sua publicação oficial)

ART. 234. Falsificar ou adulterar documento de habilitação e de identificação do veículo:

Infração – gravíssima;

Penalidade – multa e apreensão do veículo;

Medida administrativa – remoção do veículo.

▸ *CP: art. 297.*

ART. 235. Conduzir pessoas, animais ou carga nas partes externas do veículo, salvo nos casos devidamente autorizados:

Infração – grave;

Penalidade – multa;

Medida administrativa – retenção do veículo para transbordo.

ART. 236. Rebocar outro veículo com cabo flexível ou corda, salvo em casos de emergência:

Infração – média;

Penalidade – multa.

ART. 237. Transitar com o veículo em desacordo com as especificações, e com falta de inscrição e simbologia necessárias à sua identificação, quando exigidas pela legislação:

Infração – grave;

Penalidade – multa;

Medida administrativa – retenção do veículo para regularização.

▸ CTB: arts. 120, § 1º, 136, III, e 154.

ART. 238. Recusar-se a entregar à autoridade de trânsito ou a seus agentes, mediante recibo, os documentos de habilitação, de registro, de licenciamento de veículo e outros exigidos por lei, para averiguação de sua autenticidade:

Infração – gravíssima;

Penalidade – multa e apreensão do veículo;

Medida administrativa – remoção do veículo.

▸ CTB: arts. 133 e 159, § 1º.

▸ Lei Complementar nº 121 de 9-2-2006, que cria o Sistema Nacional de Prevenção, Fiscalização e Repressão ao Furto e Roubo de Veículos e Cargas.

ART. 239. Retirar do local veículo legalmente retido para regularização, sem permissão da autoridade competente ou de seus agentes:

Infração – gravíssima;

Penalidade – multa e apreensão do veículo;

Medida administrativa – remoção do veículo.

ART. 240. Deixar o responsável de promover a baixa do registro de veículo irrecuperável ou definitivamente desmontado:

Infração – grave;

Penalidade – multa;

Medida administrativa – Recolhimento do Certificado de Registro e do Certificado de Licenciamento Anual.

ART. 241. Deixar de atualizar o cadastro de registro do veículo ou de habilitação do condutor:

Infração – leve;

Penalidade – multa.

ART. 242. Fazer falsa declaração de domicílio para fins de registro, licenciamento ou habilitação:

Infração – gravíssima;

Penalidade – multa.

▸ CPP: art. 299.

ART. 243. Deixar a empresa seguradora de comunicar ao órgão executivo de trânsito competente a ocorrência de perda total do veículo e de lhe devolver as respectivas placas e documentos:

Infração – grave;

Penalidade – multa;

Medida administrativa – Recolhimento das placas e dos documentos.

ART. 244. Conduzir motocicleta, motoneta ou ciclomotor: (Redação dada pela Lei 14.071, de 13-10-2020, em vigor após decorridos 180 (cento e oitenta) dias de sua publicação oficial)

I - sem usar capacete de segurança ou vestuário de acordo com as normas e as especificações aprovadas pelo Contran; (Redação dada pela Lei 14.071, de 13-10-2020, em vigor após decorridos 180 (cento e oitenta) dias de sua publicação oficial)

▸ CTB: art. 54, I e III.

II – transportando passageiro sem o capacete de segurança, na forma estabelecida no inciso anterior, ou fora do assento suplementar colocado atrás do condutor ou em carro lateral;

▸ CTB: art. 155, I e II.

III – fazendo malabarismo ou equilibrando-se apenas em uma roda;

IV - (Revogado pela Lei 14.071, de 13-10-2020, em vigor após decorridos 180 (cento e oitenta) dias de sua publicação oficial)

V - transportando criança menor de 10 (dez) anos de idade ou que não tenha, nas circunstâncias, condições de cuidar da própria segurança: (Redação dada pela Lei 14.071, de 13-10-2020, em vigor após decorridos 180 (cento e oitenta) dias de sua publicação oficial)

Infração - gravíssima; (Redação dada pela Lei 14.071, de 13-10-2020, em vigor após decorridos 180 (cento e oitenta) dias de sua publicação oficial)

Penalidade - multa e suspensão do direito de dirigir; (Redação dada pela Lei 14.071, de 13-10-2020, em vigor após decorridos 180 (cento e oitenta) dias de sua publicação oficial)

Medida administrativa - retenção do veículo até regularização e recolhimento do documento de habilitação; (Redação dada pela Lei 14.071, de 13-10-2020, em vigor após decorridos 180 (cento e oitenta) dias de sua publicação oficial)

VI – rebocando outro veículo;

▸ CTB: art. 244, § 3º.

VII – sem segurar o guidom com ambas as mãos, salvo eventualmente para indicação de manobras;

▸ CTB: art. 54, II.

VIII – transportando carga incompatível com suas especificações ou em desacordo com o previsto no § 2º do art. 139-A desta Lei; (Redação dada pela Lei nº 12.2009, de 2009

IX – efetuando transporte remunerado de mercadorias em desacordo com o previsto no art. 139-A desta Lei ou com as normas que regem a atividade profissional dos mototaxistas: (Incluído pela Lei nº 12.2009, de 2009)

Infração – grave; (Incluído pela Lei nº 12.2009, de 2009)

Penalidade – multa; (Incluído pela Lei nº 12.2009, de 2009)

Medida administrativa – apreensão do veículo para regularização. (Incluído pela Lei nº 12.2009, de 2009)

X - com a utilização de capacete de segurança sem viseira ou óculos de proteção ou com viseira ou óculos de proteção em desacordo com a regulamentação do Contran; (Incluído pela Lei 14.071, de 13-10-2020, em vigor após decorridos 180 (cento e oitenta) dias de sua publicação oficial)

XI - transportando passageiro com o capacete de segurança utilizado na forma prevista no inciso X do caput deste artigo: (Incluído pela Lei 14.071, de 13-10-2020, em vigor após decorridos 180 (cento e oitenta) dias de sua publicação oficial)

Infração - média;

Penalidade - multa;

Medida administrativa - retenção do veículo até regularização;

XII - (VETADO na Lei 14.071, de 13-10-2020, em vigor após decorridos 180 (cento e oitenta) dias de sua publicação oficial)

§ 1º. Para ciclos aplica-se o disposto nos incisos III, VII e VIII, além de:

a) conduzir passageiro fora da garupa ou do assento especial a ele destinado;

b) transitar em vias de trânsito rápido ou rodovias, salvo onde houver acostamento ou faixas de rolamento próprias;

c) transportar crianças que não tenham, nas circunstâncias, condições de cuidar de sua própria segurança.

§ 2º. Aplica-se aos ciclomotores o disposto na alínea b do parágrafo anterior:

Infração – média;

Penalidade – multa.

‣ CTB: art. 57.

§ 3º. A restrição imposta pelo inciso VI do *caput* deste artigo não se aplica às motocicletas e motonetas que tracionem semi-reboques especialmente projetados para esse fim e devidamente homologados pelo órgão competente. (Incluído pela Lei nº 10.517, de 2002)

ART. 245. Utilizar a via para depósito de mercadorias, materiais ou equipamentos, sem autorização do órgão ou entidade de trânsito com circunscrição sobre a via:

Infração – grave;

Penalidade – multa;

Medida administrativa – remoção da mercadoria ou do material.

Parágrafo único. A penalidade e a medida administrativa incidirão sobre a pessoa física ou jurídica responsável.

‣ CTB: art. 26.

ART. 246. Deixar de sinalizar qualquer obstáculo à livre circulação, à segurança de veículo e pedestres, tanto no leito da via terrestre como na calçada, ou obstaculizar a via indevidamente:

Infração – gravíssima;

Penalidade – multa, agravada em até cinco vezes, a critério da autoridade de trânsito, conforme o risco à segurança.

Parágrafo único. A penalidade será aplicada à pessoa física ou jurídica responsável pela obstrução, devendo a autoridade com circunscrição sobre a via providenciar a sinalização de emergência, às expensas do responsável, ou, se possível, promover a desobstrução.

ART. 247. Deixar de conduzir pelo bordo da pista de rolamento, em fila única, os veículos de tração ou propulsão humana e os de tração animal, sempre que não houver acostamento ou faixa a eles destinados:

Infração – média;

Penalidade – multa.

ART. 248. Transportar em veículo destinado ao transporte de passageiros carga excedente em desacordo com o estabelecido no art. 109:

Infração – grave;

Penalidade – multa;

Medida administrativa – retenção para o transbordo.

ART. 249. Deixar de manter acesas, à noite, as luzes de posição, quando o veículo estiver parado, para fins de embarque ou desembarque de passageiros e carga ou descarga de mercadorias:

Infração – média;

Penalidade – multa.

‣ CTB: art. 40, VII.

ART. 250. Quando o veículo estiver em movimento:

I – deixar de manter acesa a luz baixa:

a) durante a noite;

‣ CTB: art. 40, I.

b) de dia, em túneis e sob chuva, neblina ou cerração; (Redação dada pela Lei 14.071, de 13-10-2020, em vigor após decorridos 180 (cento e oitenta) dias de sua publicação oficial)

‣ CTB: art. 40, I.

c) de dia, no caso de veículos de transporte coletivo de passageiros em circulação em faixas ou pistas a eles destinadas; (Redação dada pela Lei 14.071, de 13-10-2020, em vigor após decorridos 180 (cento e oitenta) dias de sua publicação oficial)

‣ CTB: art. 40, par. ún.

d) de dia, no caso de motocicletas, motonetas e ciclomotores; (Redação dada pela Lei 14.071, de 13-10-2020, em vigor após decorridos 180 (cento e oitenta) dias de sua publicação oficial)

‣ CTB: art. 40, par. ún.

e) de dia, em rodovias de pista simples situadas fora dos perímetros urbanos, no caso de veículos desprovidos de luzes de rodagem diurna; (Incluído pela Lei 14.071, de 13-10-2020, em vigor após decorridos 180 (cento e oitenta) dias de sua publicação oficial)

II - (Revogado pela Lei 14.071, de 13-10-2020, em vigor após decorridos 180 (cento e oitenta) dias de sua publicação oficial)

‣ CTB: art. 40, IV.

III – deixar de manter a placa traseira iluminada, à noite;

‣ CTB: art. 40, VI.

Infração – média;

Penalidade – multa.

ART. 251. Utilizar as luzes do veículo:

‣ CTB: art. 40, V.

I – o pisca-alerta, exceto em imobilizações ou situações de emergência;

II – baixa e alta de forma intermitente, exceto nas seguintes situações:

a) a curtos intervalos, quando for conveniente advertir a outro condutor que se tem o propósito de ultrapassá-lo;

b) em imobilizações ou situação de emergência, como advertência, utilizando pisca-alerta;

c) quando a sinalização de regulamentação da via determinar o uso do pisca-alerta:

▸ *CTB: art. 40, III.*

Infração – média;

Penalidade – multa.

ART. 252. Dirigir o veículo:

I – com o braço do lado de fora;

II – transportando pessoas, animais ou volume à sua esquerda ou entre os braços e pernas;

III – com incapacidade física ou mental temporária que comprometa a segurança do trânsito;

IV – usando calçado que não se firme nos pés ou que comprometa a utilização dos pedais;

V – com apenas uma das mãos, exceto quando deva fazer sinais regulamentares de braço, mudar a marcha do veículo ou acionar equipamentos e acessórios do veículo;

VI – utilizando-se de fones nos ouvidos conectados a aparelhagem sonora ou de telefone celular;

Infração – média;

Penalidade – multa.

VII – realizando a cobrança de tarifa com o veículo em movimento: (Incluído pela Lei nº 13.154, de 2015)

Infração – média; (Incluído pela Lei nº 13.154, de 2015)

Penalidade – multa. (Incluído pela Lei nº 13.154, de 2015)

Parágrafo único. A hipótese prevista no inciso V caracterizar-se-á como infração gravíssima no caso de o condutor estar segurando ou manuseando telefone celular. (Incluído pela Lei nº 13.281, de 2016).

ART. 253. Bloquear a via com veículo:

Infração – gravíssima;

Penalidade – multa e apreensão do veículo;

Medida administrativa – remoção do veículo.

ART. 253-A. Usar qualquer veículo para, deliberadamente, interromper, restringir ou perturbar a circulação na via sem autorização do órgão ou entidade de trânsito com circunscrição sobre ela: (Incluído pela Lei nº 13.281, de 2016)

Infração – gravíssima; (Incluído pela Lei nº 13.281, de 2016)

Penalidade – multa (vinte vezes) e suspensão do direito de dirigir por 12 (doze) meses; (Incluído pela Lei nº 13.281, de 2016)

Medida administrativa – remoção do veículo. (Incluído pela Lei nº 13.281, de 2016)

§ 1º. Aplica-se a multa agravada em 60 (sessenta) vezes aos organizadores da conduta prevista no caput. (Incluído pela Lei nº 13.281, de 2016)

§ 2º. Aplica-se em dobro a multa em caso de reincidência no período de 12 (doze) meses. (Incluído pela Lei nº 13.281, de 2016)

§ 3º. As penalidades são aplicáveis a pessoas físicas ou jurídicas que incorram na infração, devendo a autoridade com circunscrição sobre a via restabelecer de imediato, se possível, as condições de normalidade para a circulação na via. (Incluído pela Lei nº 13.281, de 2016)

ART. 254. É proibido ao pedestre:

I – permanecer ou andar nas pistas de rolamento, exceto para cruzá-las onde for permitido;

II – cruzar pistas de rolamento nos viadutos, pontes, ou túneis, salvo onde exista permissão;

III – atravessar a via dentro das áreas de cruzamento, salvo quando houver sinalização para esse fim;

IV – utilizar-se da via em agrupamentos capazes de perturbar o trânsito, ou para a prática de qualquer folguedo, esporte, desfiles e similares, salvo em casos especiais e com a devida licença da autoridade competente;

V – andar fora da faixa própria, passarela, passagem aérea ou subterrânea;

▸ *CTB: art. 69.*

VI – desobedecer à sinalização de trânsito específica;

Infração – leve;

Penalidade – multa, em 50% (cinquenta por cento) do valor da infração de natureza leve.

VII – (VETADO). (Incluído pela Lei nº 13.281, de 2016)

§ 1º. (VETADO). (Incluído pela Lei nº 13.281, de 2016)

§ 2º. (VETADO). (Incluído pela Lei nº 13.281, de 2016)

§ 3º. (VETADO). (Incluído pela Lei nº 13.281, de 2016)

ART. 255. Conduzir bicicleta em passeios onde não seja permitida a circulação desta, ou de forma agressiva, em desacordo com o disposto no parágrafo único do art. 59:

Infração – média;

Penalidade – multa;

Medida administrativa – remoção da bicicleta, mediante recibo para o pagamento da multa.

CAPÍTULO XVI. DAS PENALIDADES

ART. 256. A autoridade de trânsito, na esfera das competências estabelecidas neste Código e dentro de sua circunscrição, deverá aplicar, às infrações nele previstas, as seguintes penalidades:

I – advertência por escrito;

II – multa;

III – suspensão do direito de dirigir;

IV – (Revogado pela Lei nº 13.281, de 2016)

V – cassação da Carteira Nacional de Habilitação;

VI – cassação da Permissão para Dirigir;

VII – frequência obrigatória em curso de reciclagem.

§ 1º. A aplicação das penalidades previstas neste Código não elide as punições originárias de ilícitos penais decorrentes de crimes de trânsito, conforme disposições de lei.

§ 2º. (VETADO)

§ 3º. A imposição da penalidade será comunicada aos órgãos ou entidades executivos de trânsito responsáveis pelo licenciamento do veículo e habilitação do condutor.

ART. 257. As penalidades serão impostas ao condutor, ao proprietário do veículo, ao embarcador e ao transportador, salvo os casos de descumprimento de obrigações e deveres impostos a pessoas físicas ou jurídicas expressamente mencionados neste Código.

§ 1º. Aos proprietários e condutores de veículos serão impostas concomitantemente as penalidades de que trata este Código toda vez que houver responsabilidade solidária em infração dos preceitos que lhes couber observar, respondendo cada um de per si pela falta em comum que lhes for atribuída.

§ 2º. Ao proprietário caberá sempre a responsabilidade pela infração referente à prévia regularização e preenchimento das formalidades e condições exigidas para o trânsito do veículo na via terrestre, conservação e inalterabilidade de suas características, componentes, agregados, habilitação legal e compatível de seus condutores, quando esta for exigida, e outras disposições que deva observar.

§ 3º. Ao condutor caberá a responsabilidade pelas infrações decorrentes de atos praticados na direção do veículo.

§ 4º. O embarcador é responsável pela infração relativa ao transporte de carga com excesso de peso nos eixos ou no peso bruto total, quando simultaneamente for o único remetente da carga e o peso declarado na nota fiscal, fatura ou manifesto for inferior àquele aferido.

§ 5º. O transportador é o responsável pela infração relativa ao transporte de carga com excesso de peso nos eixos ou quando a carga proveniente de mais de um embarcador ultrapassar o peso bruto total.

§ 6º. O transportador e o embarcador são solidariamente responsáveis pela infração relativa ao excesso de peso bruto total, se o peso declarado na nota fiscal, fatura ou manifesto for superior ao limite legal.

§ 7º Quando não for imediata a identificação do infrator, o principal condutor ou o proprietário do veículo terá o prazo de 30 (trinta) dias, contado da notificação da autuação, para apresentá-lo, na forma em que dispuser o Contran, e, transcorrido o prazo, se não o fizer, será considerado responsável pela infração o principal condutor ou, em sua ausência, o proprietário do veículo. (Redação dada pela Lei 14.071, de 13-10-2020, em vigor após decorridos 180 (cento e oitenta) dias de sua publicação oficial)

§ 8º. Após o prazo previsto no parágrafo anterior, não havendo identificação do infrator e sendo o veículo de propriedade de pessoa jurídica, será lavrada nova multa ao proprietário do veículo, mantida a originada pela infração, cujo valor é o da multa multiplicada pelo número de infrações iguais cometidas no período de doze meses.

§ 9º. O fato de o infrator ser pessoa jurídica não o exime do disposto no § 3º do art. 258 e no art. 259.

§ 10. O proprietário poderá indicar ao órgão executivo de trânsito o principal condutor do veículo, o qual, após aceitar a indicação, terá seu nome inscrito em campo próprio do cadastro do veículo no Renavam. (Incluído pela Lei nº 13.495, 24.10.2017)

§ 11. O principal condutor será excluído do Renavam: (Incluído pela Lei nº 13.495, 24.10.2017)

I – quando houver transferência de propriedade do veículo; (Incluído pela Lei nº 13.495, 24.10.2017)

II – mediante requerimento próprio ou do proprietário do veículo; (Incluído pela Lei nº 13.495, 24.10.2017)

III – a partir da indicação de outro principal condutor. (Incluído pela Lei nº 13.495, 24.10.2017)

ART. 258. As infrações punidas com multa classificam-se, de acordo com sua gravidade, em quatro categorias:

I – infração de natureza gravíssima, punida com multa no valor de R$ 293,47 (duzentos e noventa e três reais e quarenta e sete centavos); (Redação dada pela Lei nº 13.281, de 2016)

II – infração de natureza grave, punida com multa no valor de R$ 195,23 (cento e noventa e cinco reais e vinte e três centavos); (Redação dada pela Lei nº 13.281, de 2016)

III – infração de natureza média, punida com multa no valor de R$ 130,16 (cento e trinta reais e dezesseis centavos); (Redação dada pela Lei nº 13.281, de 2016)

IV – infração de natureza leve, punida com multa no valor de R$ 88,38 (oitenta e oito reais e trinta e oito centavos). (Redação dada pela Lei nº 13.281, de 2016)

§ 1º. (Revogado). (Redação dada pela Lei nº 13.281, de 2016)

§ 2º. Quando se tratar de multa agravada, o fator multiplicador ou índice adicional específico é o previsto neste Código.

§ 3º. (VETADO)

§ 4º. (VETADO)

ART. 259. A cada infração cometida são computados os seguintes números de pontos:

I – gravíssima – sete pontos;

II – grave – cinco pontos;

III – média – quatro pontos;

IV – leve – três pontos.

§ 1º. (VETADO)

§ 2º. (VETADO)

§ 3º. (VETADO). (Incluído pela Lei nº 12.619, de 2012)

§ 4º Ao condutor identificado será atribuída pontuação pelas infrações de sua responsabilidade, nos termos previstos no § 3º do art. 257 deste Código, exceto aquelas: (Redação dada pela Lei 14.071, de 13-10-2020, em vigor após decorridos 180 (cento e oitenta) dias de sua publicação oficial)

I – praticadas por passageiros usuários do serviço de transporte rodoviário de passageiros em viagens de longa distância transitando em rodovias com a utilização de ônibus, em linhas regulares intermunicipal, interestadual, internacional e aquelas em viagem de longa distância por fretamento e turismo ou de qualquer modalidade, excluídas as situações regulamentadas pelo Contran conforme disposto no art. 65 deste Código; (Incluído pela Lei 14.071, de 13-10-2020, em vigor após decorridos 180 (cento e oitenta) dias de sua publicação oficial)

II - previstas no art. 221, nos incisos VII e XXI do art. 230 e nos arts. 232, 233, 233-A, 240 e 241 deste Código, sem prejuízo da aplicação das penalidades e medidas administrativas cabíveis; (Incluído pela Lei 14.071, de 13-10-2020, em vigor após decorridos 180 (cento e oitenta) dias de sua publicação oficial)

III - puníveis de forma específica com suspensão do direito de dirigir. (Incluído pela Lei 14.071, de 13-10-2020, em vigor após decorridos 180 (cento e oitenta) dias de sua publicação oficial)

ART. 260. As multas serão impostas e arrecadadas pelo órgão ou entidade de trânsito com circunscrição sobre a via onde haja ocorrido a infração, de acordo com a competência estabelecida neste Código.

§ 1º. As multas decorrentes de infração cometida em unidade da Federação diversa da do licenciamento do veículo serão arrecadadas e compensadas na forma estabelecida pelo CONTRAN.

§ 2º. As multas decorrentes de infração cometida em unidade da Federação diversa daquela do licenciamento do veículo poderão ser comunicadas ao órgão ou entidade responsável pelo seu licenciamento, que providenciará a notificação.

§ 3º. Revogado de acordo com a Lei nº 9.602, de 1998.

§ 4º. Quando a infração for cometida com veículo licenciado no exterior, em trânsito no território nacional, a multa respectiva deverá ser paga antes de sua saída do País, respeitado o princípio de reciprocidade.

ART. 261. A penalidade de suspensão do direito de dirigir será imposta nos seguintes casos: (pela Lei nº 13.281, de 2016)

I - sempre que, conforme a pontuação prevista no art. 259 deste Código, o infrator atingir, no período de 12 (doze) meses, a seguinte contagem de pontos: (Redação dada pela Lei 14.071, de 13-10-2020, em vigor após decorridos 180 (cento e oitenta) dias de sua publicação oficial)

a) 20 (vinte) pontos, caso constem 2 (duas) ou mais infrações gravíssimas na pontuação; (Incluído pela Lei 14.071, de 13-10-2020, em vigor após decorridos 180 (cento e oitenta) dias de sua publicação oficial)

b) 30 (trinta) pontos, caso conste 1 (uma) infração gravíssima na pontuação; (Incluído pela Lei 14.071, de 13-10-2020, em vigor após decorridos 180 (cento e oitenta) dias de sua publicação oficial)

c) 40 (quarenta) pontos, caso não conste nenhuma infração gravíssima na pontuação; (Incluído pela Lei 14.071, de 13-10-2020, em vigor após decorridos 180 (cento e oitenta) dias de sua publicação oficial)

II – por transgressão às normas estabelecidas neste Código, cujas infrações preveem, de forma específica, a penalidade de suspensão do direito de dirigir. (Incluído pela Lei nº 13.281, de 2016)

§ 1º. Os prazos para aplicação da penalidade de suspensão do direito de dirigir são os seguintes: (Redação dada pela Lei nº 13.281, de 2016)

I – no caso do inciso I do caput: de 6 (seis) meses a 1 (um) ano e, no caso de reincidência no período de 12 (doze) meses, de 8 (oito) meses a 2 (dois) anos; (Incluído pela Lei nº 13.281, de 2016)

II – no caso do inciso II do caput: de 2 (dois) a 8 (oito) meses, exceto para as infrações com prazo descrito no dispositivo infracional, e, no caso de reincidência no período de 12 (doze) meses, de 8 (oito) a 18 (dezoito) meses, respeitado o disposto no inciso II do art. 263. (Incluído pela Lei nº 13.281, de 2016)

§ 2º. Quando ocorrer a suspensão do direito de dirigir, a Carteira Nacional de Habilitação será devolvida a seu titular imediatamente após cumprida a penalidade e o curso de reciclagem.

§ 3º A imposição da penalidade de suspensão do direito de dirigir elimina a quantidade de pontos computados, prevista no inciso I do caput ou no § 5º deste artigo, para fins de contagem subsequente. (Redação dada pela Lei 14.071, de 13-10-2020, em vigor após decorridos 180 (cento e oitenta) dias de sua publicação oficial)

§ 4º. (VETADO). (Incluído pela Lei nº 12.619, de 2012)

§ 5º No caso do condutor que exerce atividade remunerada ao veículo, a penalidade de suspensão do direito de dirigir de que trata o caput deste artigo será imposta quando o infrator atingir o limite de pontos previsto na alínea c do inciso I do caput deste artigo, independentemente da natureza das infrações cometidas, facultado a ele participar de curso preventivo de reciclagem sempre que, no período de 12 (doze) meses, atingir 30 (trinta) pontos, conforme regulamentação do Contran. (Redação dada pela Lei 14.071, de 13-10-2020, em vigor após decorridos 180 (cento e oitenta) dias de sua publicação oficial)

§ 6º. Concluído o curso de reciclagem previsto no § 5º, o condutor terá eliminados os pontos que lhe tiverem sido atribuídos, para fins de contagem subsequente. (Incluído pela Lei nº 13.154, de 2015)

§ 7º. O motorista que optar pelo curso previsto no § 5º não poderá fazer nova opção no período de 12 (doze) meses. (Redação dada pela Lei nº 13.281, 2016)

§ 8º. A pessoa jurídica concessionária ou permissionária de serviço público tem o direito de ser informada dos pontos atribuídos, na forma do art. 259, aos motoristas que integrem seu quadro funcional, exercendo atividade remunerada ao volante, na forma que dispuser o Contran. (Incluído pela Lei nº 13.154, de 2015)

§ 9º. Incorrerá na infração prevista no inciso II do art. 162 o condutor que, notificado da penalidade de que trata este artigo, dirigir veículo automotor em via pública. (Incluído pela Lei nº 13.281 de 2016)

§ 10. O processo de suspensão do direito de dirigir a que se refere o inciso II do caput deste artigo deverá ser instaurado concomitantemente ao processo de aplicação da penalidade de multa, e ambos serão de competência do órgão ou entidade responsável pela aplicação da multa, na forma definida pelo Contran. (Redação dada pela Lei 14.071, de 13-10-2020, em vigor após decorridos 180 (cento e oitenta) dias de sua publicação oficial)

§ 11. O Contran regulamentará as disposições deste artigo. (Incluído pela Lei nº 13.281 de 2016)

ART. 262. (Revogado) (Redação dada pela Lei nº 13.281, de 2016)

ART. 263. A cassação do documento de habilitação dar-se-á:

I – quando, suspenso o direito de dirigir, o infrator conduzir qualquer veículo;

II – no caso de reincidência, no prazo de doze meses, das infrações previstas no inciso III do art. 162 e nos arts. 163, 164, 165, 173, 174 e 175;

III – quando condenado judicialmente por delito de trânsito, observado o disposto no art. 160.

§ 1º. Constatada, em processo administrativo, a irregularidade na expedição do documento de habilitação, a autoridade expedidora promoverá o seu cancelamento.

§ 2º. Decorridos dois anos da cassação da Carteira Nacional de Habilitação, o infrator poderá requerer sua reabilitação, submetendo-se a todos os exames necessários à habilitação, na forma estabelecida pelo CONTRAN.

ART. 264. (VETADO)

ART. 265. As penalidades de suspensão do direito de dirigir e de cassação do documento de habilitação serão aplicadas por decisão fundamentada da autoridade de trânsito competente, em processo administrativo, assegurado ao infrator amplo direito de defesa.

▸ *CF: art. 5º, LV.*

ART. 266. Quando o infrator cometer, simultaneamente, duas ou mais infrações, ser-lhe-ão aplicadas, cumulativamente, as respectivas penalidades.

ART. 267. Deverá ser imposta a penalidade de advertência por escrito à infração de natureza leve ou média, passível de ser punida com multa, caso o infrator não tenha cometido nenhuma outra infração nos últimos 12 (doze) meses. (Redação dada pela Lei 14.071, de 13-10-2020, em vigor após decorridos 180 (cento e oitenta) dias de sua publicação oficial)

§ 1º (Revogado pela Lei 14.071, de 13-10-2020, em vigor após decorridos 180 (cento e oitenta) dias de sua publicação oficial)

§ 2º (Revogado pela Lei 14.071, de 13-10-2020, em vigor após decorridos 180 (cento e oitenta) dias de sua publicação oficial)

ART. 268. O infrator será submetido a curso de reciclagem, na forma estabelecida pelo CONTRAN:

I - (Revogado pela Lei 14.071, de 13-10-2020, em vigor após decorridos 180 (cento e oitenta) dias de sua publicação oficial)

II – quando suspenso do direito de dirigir;

III – quando se envolver em acidente grave para o qual haja contribuído, independentemente de processo judicial;

IV – quando condenado judicialmente por delito de trânsito;

V – a qualquer tempo, se for constatado que o condutor está colocando em risco a segurança do trânsito;

VI - (Revogado pela Lei 14.071, de 13-10-2020, em vigor após decorridos 180 (cento e oitenta) dias de sua publicação oficial)

Parágrafo único. Além do curso de reciclagem previsto no caput deste artigo, o infrator será submetido à avaliação psicológica nos casos dos incisos III, IV e V do caput deste artigo. (Parte promulgada pelo Congresso Nacional)

ART. 268-A. Fica criado o Registro Nacional Positivo de Condutores (RNPC), administrado pelo órgão máximo executivo de trânsito da União, com a finalidade de cadastrar os condutores que não cometeram infração de trânsito sujeita à pontuação prevista no art. 259 deste Código, nos últimos 12 (doze) meses, conforme regulamentação do Contran. (Incluído pela Lei 14.071, de 13-10-2020, em vigor após decorridos 180 (cento e oitenta) dias de sua publicação oficial)

§ 1º O RNPC deverá ser atualizado mensalmente.

§ 2º A abertura de cadastro requer autorização prévia e expressa do potencial cadastrado.

§ 3º Após a abertura do cadastro, a anotação de informação no RNPC independe de autorização e de comunicação ao cadastrado.

§ 4º A exclusão do RNPC dar-se-á:

I - por solicitação do cadastrado;

II - quando for atribuída ao cadastrado pontuação por infração;

III - quando o cadastrado tiver o direito de dirigir suspenso;

IV - quando a Carteira Nacional de Habilitação do cadastrado estiver cassada ou com validade vencida há mais de 30 (trinta) dias;

V - quando o cadastrado estiver cumprindo pena privativa de liberdade.

§ 5º A consulta ao RNPC é garantida a todos os cidadãos, nos termos da regulamentação do Contran.

§ 6º A União, os Estados, o Distrito Federal e os Municípios poderão utilizar o RNPC para conceder benefícios fiscais ou tarifários aos condutores cadastrados, na forma da legislação específica de cada ente da Federação.

CAPÍTULO XVII. DAS MEDIDAS ADMINISTRATIVAS

ART. 269. A autoridade de trânsito ou seus agentes, na esfera das competências estabelecidas neste Código e dentro de sua circunscrição, deverá adotar as seguintes medidas administrativas:

I – retenção do veículo;

II – remoção do veículo;

III – recolhimento da Carteira Nacional de Habilitação;

IV – recolhimento da Permissão para Dirigir;

V – recolhimento do Certificado de Registro;

VI – recolhimento do Certificado de Licenciamento Anual;

VII – (VETADO)

VIII – transbordo do excesso de carga;

IX – realização de teste de dosagem de alcoolemia ou perícia de substância entorpecente ou que determine dependência física ou psíquica;

X – recolhimento de animais que se encontrem soltos nas vias e na faixa de domínio das vias de circulação, restituindo-os aos seus proprietários, após o pagamento de multas e encargos devidos.

XI – realização de exames de aptidão física, mental, de legislação, de prática de primeiros socorros e de direção veicular. (Incluído pela Lei nº 9.602, de 1998)

§ 1º. A ordem, o consentimento, a fiscalização, as medidas administrativas e coercitivas adotadas pelas autoridades de trânsito e seus agentes terão por objetivo prioritário a proteção à vida e à incolumidade física da pessoa.

§ 2º. As medidas administrativas previstas neste artigo não elidem a aplicação das penalidades impostas por infrações estabelecidas neste Código, possuindo caráter complementar a estas.

§ 3º. São documentos de habilitação a Carteira Nacional de Habilitação e a Permissão para Dirigir.

§ 4º. Aplica-se aos animais recolhidos na forma do inciso X o disposto nos arts. 271 e 328, no que couber.

§ 5º No caso de documentos em meio digital, as medidas administrativas previstas nos incisos III, IV, V e VI do caput deste artigo serão realizadas por meio de registro no Renach ou Renavam, conforme o caso, na forma estabelecida pelo Contran. (Incluído pela Lei 14.071, de 13-10-2020, em vigor após decorridos 180 (cento e oitenta) dias de sua publicação oficial)

ART. 270. O veículo poderá ser retido nos casos expressos neste Código.

§ 1º. Quando a irregularidade puder ser sanada no local da infração, o veículo será liberado tão logo seja regularizada a situação.

§ 2º Quando não for possível sanar a falha no local da infração, o veículo, desde que ofereça condições de segurança para circulação, deverá ser liberado e entregue a condutor regularmente habilitado, mediante recolhimento do Certificado de Licenciamento Anual, contra apresentação de recibo, assinalando-se ao condutor prazo razoável, não superior a 30 (trinta) dias, para regularizar a situação, e será considerado notificado para essa finalidade na mesma ocasião. (Redação dada pela Lei 14.071, de 13-10-2020, em vigor após decorridos 180 (cento e oitenta) dias de sua publicação oficial)

§ 3º. O Certificado de Licenciamento Anual será devolvido ao condutor no órgão ou entidade aplicadores das medidas administrativas, tão logo o veículo seja apresentado à autoridade devidamente regularizado.

§ 4º. Não se apresentando condutor habilitado no local da infração, o veículo será removido a depósito, aplicando-se neste caso o disposto no art. 271. (Redação dada pela Lei nº 13.281, de 2016)

§ 5º. A critério do agente, não se dará a retenção imediata, quando se tratar de veículo de transporte coletivo transportando passageiros ou veículo transportando produto perigoso ou perecível, desde que ofereça condições de segurança para circulação em via pública.

§ 6º. Não efetuada a regularização no prazo a que se refere o § 2º, será feito registro de restrição administrativa no Renavam por órgão ou entidade executivo de trânsito dos Estados e do Distrito Federal, que será retirada após comprovada a regularização. (Incluído pela Lei nº 13.160, de 2015)

§ 7º. O descumprimento das obrigações estabelecidas no § 2º resultará em recolhimento do veículo ao depósito, aplicando-se, nesse caso, o disposto no art. 271. (Incluído pela Lei nº 13.160, de 2015)

ART. 271. O veículo será removido, nos casos previstos neste Código, para o depósito fixado pelo órgão ou entidade competente, com circunscrição sobre a via.

§ 1º. A restituição do veículo removido só ocorrerá mediante prévio pagamento de multas, taxas e despesas com remoção e estada, além de outros encargos previstos na legislação específica. (Incluído pela Lei nº 13.160, de 2015)

§ 2º. A liberação do veículo removido é condicionada ao reparo de qualquer componente ou equipamento obrigatório que não esteja em perfeito estado de funcionamento. (Incluído pela Lei nº 13.160, de 2015)

§ 3º. Se o reparo referido no § 2º demandar providência que não possa ser tomada no depósito, a autoridade responsável pela remoção liberará o veículo para reparo, na forma transportada, mediante autorização, assinalando prazo para reapresentação. (Redação dada pela Lei nº 13.281, de 2016)

§ 4º. Os serviços de remoção, depósito e guarda de veículo poderão ser realizados por órgão público, diretamente, ou por particular contratado por licitação pública, sendo o proprietário do veículo o responsável pelo pagamento dos custos desses serviços. (Redação dada pela Lei nº 13.281, de 2016)

§ 5º. O proprietário ou o condutor deverá ser notificado, no ato de remoção do veículo, sobre as providências necessárias à sua restituição e sobre o disposto no art. 328, conforme regulamentação do CONTRAN. (Incluído pela Lei nº 13.160, de 2015)

§ 6º. Caso o proprietário ou o condutor não esteja presente no momento da remoção do veículo, a autoridade de trânsito, no prazo de 10 (dez) dias contado da data da remoção, deverá expedir ao proprietário a notificação prevista no § 5º, por remessa postal ou por outro meio tecnológico hábil que assegure a sua ciência, e, caso reste frustrada, a notificação poderá ser feita por edital. (Redação dada pela Lei nº 13.281, de 2016)

§ 7º. A notificação devolvida por desatualização do endereço do proprietário do veículo ou por recusa desse de recebê-la será considerada recebida para todos os efeitos. (Incluído pela Lei nº 13.160, de 2015)

§ 8º. Em caso de veículo licenciado no exterior, a notificação será feita por edital. (Incluído pela Lei nº 13.160, de 2015)

§ 9º Não caberá remoção nos casos em que a irregularidade for sanada no local da infração. (Redação dada pela Lei 14.071, de 13-10-2020, em vigor após decorridos 180 (cento e oitenta) dias de sua publicação oficial)

§ 9º-A. Quando não for possível sanar a irregularidade no local da infração, o veículo, desde que ofereça condições de segurança para circulação, será liberado e entregue a condutor regularmente habilitado, mediante recolhimento do Certificado de Licenciamento Anual, contra apresentação de recibo, assinalando-se ao condutor prazo razoável, não superior a quinze dias, para regularizar a situação, e será considerado notificado para essa finalidade na mesma ocasião. (Acrescido pela Medida Provisória nº1.050, de 18-05-2021)

§ 9º-B. O disposto no § 9º-A não se aplica à infração prevista no inciso V do caput do art. 230. (Acrescido pela Medida Provisória nº1.050, de 18-05-2021)

§ 9º-C. Não efetuada a regularização no prazo a que se refere o § 9º-A, será feito registro de restrição administrativa no Renavam por órgão ou entidade executivo de trânsito dos Estados e do Distrito Federal, que será retirada após comprovada a regularização. (Acrescido pela Medida Provisória nº1.050, de 18-05-2021)

§ 9º-D. O descumprimento das obrigações estabelecidas no § 9º-A resultará em recolhimento do veículo ao depósito, aplicando-se, nesse caso, o disposto neste artigo. (Acrescido pela Medida Provisória nº1.050, de 18-05-2021)

§ 10. O pagamento das despesas de remoção e estada será correspondente ao período integral, contado em dias, em que efetivamente o veículo permanecer em depósito, limitado ao prazo de 6 (seis) meses. (Incluído pela Lei nº 13.281, de 2016)

§ 11. Os custos dos serviços de remoção e estada prestados por particulares poderão ser pagos pelo proprietário diretamente ao contratado. (Incluído pela Lei nº 13.281, de 2016)

§ 12. O disposto no § 11 não afasta a possibilidade de o respectivo ente da Federação estabelecer a cobrança por meio de taxa instituída em lei. (Incluído pela Lei nº 13.281, de 2016)

§ 13. No caso de o proprietário do veículo objeto do recolhimento comprovar, administrativa ou judicialmente, que o recolhimento foi indevido ou que houve abuso no período de retenção em depósito, é da responsabilidade do ente público a devolução das quantias pagas por força deste artigo, segundo os mesmos critérios da devolução de multas indevidas. (Incluído pela Lei nº 13.281, de 2016)

ART. 272. O recolhimento da Carteira Nacional de Habilitação e da Permissão para Dirigir dar-se-á mediante recibo, além dos casos previstos neste Código, quando houver suspeita de sua inautenticidade ou adulteração.

ART. 273. O recolhimento do Certificado de Registro dar-se-á mediante recibo, além dos casos previstos neste Código, quando:

I – houver suspeita de inautenticidade ou adulteração;

II – se, alienado o veículo, não for transferida sua propriedade no prazo de trinta dias.

ART. 274. O recolhimento do Certificado de Licenciamento Anual dar-se-á mediante recibo, além dos casos previstos neste Código, quando:

I – houver suspeita de inautenticidade ou adulteração;

II – se o prazo de licenciamento estiver vencido;

III – no caso de retenção do veículo, se a irregularidade não puder ser sanada no local.

ART. 275. O transbordo da carga com peso excedente é condição para que o veículo possa prosseguir viagem e será efetuado às expensas do proprietário do veículo, sem prejuízo da multa aplicável.

Parágrafo único. Não sendo possível desde logo atender ao disposto neste artigo, o veículo será recolhido ao depósito, sendo liberado após sanada a irregularidade e pagas as despesas de remoção e estada.

ART. 276. Qualquer concentração de álcool por litro de sangue ou por litro de ar alveolar sujeita o condutor às penalidades previstas no art. 165. (Redação dada pela Lei nº 12.760, de 2012)

Parágrafo único. O Contran disciplinará as margens de tolerância quando a infração for apurada por meio de aparelho de medição, observada a legislação metrológica. (Redação dada pela Lei nº 12.760, de 2012)

▸ CTB: arts. 165 e 306.

ART. 277. O condutor de veículo automotor envolvido em acidente de trânsito ou que for alvo de fiscalização de trânsito poderá ser submetido a teste, exame clínico, perícia ou outro procedimento que, por meios técnicos ou científicos, na forma disciplinada pelo Contran, permita certificar influência de álcool ou outra substância psicoativa que determine dependência. (Redação dada pela Lei nº 12.760, de 2012)

§ 1º. (Revogado de acordo com a redação dada pela Lei nº 12.760, de 2012)

§ 2º. A infração prevista no art. 165 também poderá ser caracterizada mediante imagem, vídeo, constatação de sinais que indiquem, na forma disciplinada pelo Contran, alteração da capacidade psicomotora ou produção de quaisquer outras provas em direito admitidas. (Redação dada pela Lei nº 12.760, de 2012)

§ 3º. Serão aplicadas as penalidades e medidas administrativas estabelecidas no art. 165-A deste Código ao condutor que se recusar a se submeter a qualquer dos procedimentos previstos no caput deste artigo. (Redação dada pela Lei nº 13.281, de 2016)

▸ CTB: art. 165.

ART. 278. Ao condutor que se evadir da fiscalização, não submetendo veículo à pesagem obrigatória nos pontos de pesagem, fixos ou móveis, será aplicada a penalidade prevista no art. 209, além da obrigação de retornar ao ponto de evasão para fim de pesagem obrigatória.

Parágrafo único. No caso de fuga do condutor à ação policial, a apreensão do veículo dar-se-á tão logo seja localizado, aplicando-se, além das penalidades em que incorre, as estabelecidas no art. 210.

ART. 278-A. O condutor que se utilize de veículo para a prática do crime de receptação, descaminho, contrabando, previstos nos arts. 180, 334 e 334-A do Decreto-Lei nº 2.848, de 7 de dezembro de 1940 (Código Penal), condenado por um desses crimes em decisão judicial transitada em julgado, terá cassado seu documento de habilitação ou será proibido de obter a habilitação para dirigir veículo automotor pelo prazo de 5 (cinco) anos. (Incluído pela Lei nº 13.804, de 2019)

§ 1º. O condutor condenado poderá requerer sua reabilitação, submetendo-se a todos os exames necessários à habilitação, na forma deste Código. (Incluído pela Lei nº 13.804, de 2019)

§ 2º. No caso do condutor preso em flagrante na prática dos crimes de que trata o caput deste artigo, poderá o juiz, em qualquer fase da investigação ou da ação penal, se houver necessidade para a garantia da ordem pública, como medida cautelar, de ofício, ou a requerimento do Ministério Público ou ainda mediante representação da autoridade policial, decretar, em decisão motivada, a suspensão da permissão ou da habilitação para dirigir veículo automotor, ou a proibição de sua obtenção. (Incluído pela Lei nº 13.804, de 2019)

▸ *CF: art. 5º, XL.*

ART. 279. Em caso de acidente com vítima, envolvendo veículo equipado com registrador instantâneo de velocidade e tempo, somente o perito oficial encarregado do levantamento pericial poderá retirar o disco ou unidade armazenadora do registro.

CAPÍTULO XVIII. DO PROCESSO ADMINISTRATIVO

SEÇÃO I. DA AUTUAÇÃO

ART. 280. Ocorrendo infração prevista na legislação de trânsito, lavrar-se-á auto de infração, do qual constará:

I – tipificação da infração;

II – local, data e hora do cometimento da infração;

III – caracteres da placa de identificação do veículo, sua marca e espécie, e outros elementos julgados necessários à sua identificação;

IV – o prontuário do condutor, sempre que possível;

V – identificação do órgão ou entidade e da autoridade ou agente autuador ou equipamento que comprovar a infração;

VI – assinatura do infrator, sempre que possível, valendo esta como notificação do cometimento da infração.

§ 1º. (VETADO)

§ 2º. A infração deverá ser comprovada por declaração da autoridade ou do agente da autoridade de trânsito, por aparelho eletrônico ou por equipamento audiovisual, reações químicas ou qualquer outro meio tecnologicamente disponível, previamente regulamentado pelo CONTRAN.

§ 3º. Não sendo possível a autuação em flagrante, o agente de trânsito relatará o fato à autoridade no próprio auto de infração, informando os dados a respeito do veículo, além dos constantes nos incisos I, II e III, para o procedimento previsto no artigo seguinte.

§ 4º. O agente da autoridade de trânsito competente para lavrar o auto de infração poderá ser servidor civil, estatutário ou celetista ou, ainda, policial militar designado pela autoridade de trânsito com jurisdição sobre a via no âmbito de sua competência.

SEÇÃO II. DO JULGAMENTO DAS AUTUAÇÕES E PENALIDADES

ART. 281. A autoridade de trânsito, na esfera da competência estabelecida neste Código e dentro de sua circunscrição, julgará a consistência do auto de infração e aplicará a penalidade cabível.

▸ *CTB: art. 316.*

Parágrafo único. O auto de infração será arquivado e seu registro julgado insubsistente:

I – se considerado inconsistente ou irregular;

II – se, no prazo máximo de trinta dias, não for expedida a notificação da autuação. (Redação dada pela Lei nº 9.602, de 1998)

ART. 281-A. Na notificação de autuação e no auto de infração, quando valer como notificação de autuação, deverá constar o prazo para apresentação de defesa prévia, que não será inferior a 30 (trinta) dias, contado da data de expedição da notificação. (Incluído pela Lei 14.071, de 13-10-2020, em vigor após decorridos 180 (cento e oitenta) dias de sua publicação oficial)

ART. 282. Caso a defesa prévia seja indeferida ou não seja apresentada no prazo estabelecido, será aplicada a penalidade e expedida notificação ao proprietário do veículo ou ao infrator, no prazo máximo de 180 (cento e oitenta) dias, contado da data do cometimento da infração, por remessa postal ou por qualquer outro meio tecnológico hábil que assegure a ciência da imposição da penalidade. (Redação dada pela Lei 14.071, de 13-10-2020, em vigor após decorridos 180 (cento e oitenta) dias de sua publicação oficial) (Redação dada pela Lei 14.071, de 13-10-2020, em vigor após decorridos 180 (cento e oitenta) dias de sua publicação oficial)

§ 1º. A notificação devolvida por desatualização do endereço do proprietário do veículo será considerada válida para todos os efeitos.

§ 2º. A notificação a pessoal de missões diplomáticas, de repartições consulares de carreira e de representações de organismos internacionais e de seus integrantes será remetida ao Ministério das Relações Exteriores para as providências cabíveis e cobrança dos valores, no caso de multa.

§ 3º. Sempre que a penalidade de multa for imposta a condutor, à exceção daquela de que trata o § 1º do art. 259, a notificação será encaminhada ao proprietário do veículo, responsável pelo seu pagamento.

§ 4º. Da notificação deverá constar a data do término do prazo para apresentação de recurso pelo responsável pela infração, que não será inferior a trinta dias contados da data da notificação da penalidade. (Incluído pela Lei nº 9.602, de 1998)

§ 5º. No caso de penalidade de multa, a data estabelecida no parágrafo anterior será a data para o recolhimento de seu valor. (Incluído pela Lei nº 9.602, de 1998).

§ 6º Em caso de apresentação da defesa prévia em tempo hábil, o prazo previsto no caput deste artigo será de 360 (trezentos e sessenta) dias. (Incluído pela Lei 14.071, de 13-10-2020, em vigor após decorridos 180 (cento e oitenta) dias de sua publicação oficial)

§ 7º O descumprimento dos prazos previstos no caput ou no § 6º deste artigo implicará a decadência do direito de aplicar a penalidade. (Incluído pela Lei 14.071, de 13-10-2020, em vigor após decorridos 180 (cento e oitenta) dias de sua publicação oficial)

ART. 282-A. O órgão do Sistema Nacional de Trânsito responsável pela autuação deverá oferecer ao proprietário do veículo ou ao condutor autuado a opção de notificação por meio eletrônico, na forma definida pelo Contran. (Redação dada pela Lei 14.071, de 13-10-2020, em vigor após decorridos 180 (cento e oitenta) dias de sua publicação oficial)

§ 1º O proprietário e o condutor autuado deverão manter seu cadastro atualizado no órgão executivo de trânsito do Estado ou do Distrito Federal. (Redação dada pela Lei 14.071, de 13-10-2020, em vigor após decorridos 180 (cento e oitenta) dias de sua publicação oficial)

§ 2º Na hipótese de notificação prevista no caput deste artigo, o proprietário ou o condutor autuado será considerado notificado 30 (trinta) dias após a inclusão da informação no sistema eletrônico e do envio da respectiva mensagem. (Redação dada pela Lei 14.071, de 13-10-2020, em vigor após decorridos 180 (cento e oitenta) dias de sua publicação oficial)

§ 3º. O sistema previsto no caput será certificado digitalmente, atendidos os requisitos de autenticidade, integridade, validade jurídica e interoperabilidade da Infraestrutura de Chaves Públicas Brasileira (ICP-Brasil). (Incluído pela Lei nº 13.281, de 2016)

ART. 283. (VETADO)

ART. 284. O pagamento da multa poderá ser efetuado até a data do vencimento expressa na notificação, por oitenta por cento do seu valor.

§ 1º Caso o infrator opte pelo sistema de notificação eletrônica, conforme regulamentação do Contran, e opte por não apresentar defesa prévia nem recurso, reconhecendo o cometimento da infração, poderá efetuar o pagamento da multa por 60% (sessenta por cento) do seu valor, em qualquer fase do processo, até o vencimento da multa. (Redação dada pela Lei 14.071, de 13-10-2020, em vigor após decorridos 180 (cento e oitenta) dias de sua publicação oficial)

§ 2º. O recolhimento do valor da multa não implica renúncia ao questionamento administrativo, que pode ser realizado a qualquer momento, respeitado o disposto no § 1º. (Incluído pela Lei nº 13.281, de 2016)

§ 3º. Não incidirá cobrança moratória e não poderá ser aplicada qualquer restrição, inclusive para fins de licenciamento e transferência, enquanto não for encerrada a instância administrativa de julgamento de infrações e penalidades. (Incluído pela Lei nº 13.281, de 2016)

§ 4º. Encerrada a instância administrativa de julgamento de infrações e penalidades, a multa não paga até o vencimento será acrescida de juros de mora equivalentes à taxa referencial do Sistema Especial de Liquidação e de Custódia (Selic) para títulos federais acumulada mensalmente, calculados a partir do mês subsequente ao da consolidação até o mês anterior ao do pagamento, e de 1% (um por cento) relativamente ao mês em que o pagamento estiver sendo efetuado. (Incluído pela Lei nº 13.281, de 2016)

§ 5º O sistema de notificação eletrônica, referido no § 1º deste artigo, deve disponibilizar, na mesma plataforma, campo destinado à apresentação de defesa prévia e de recurso, quando o condutor não reconhecer o cometimento da infração, na forma regulamentada pelo Contran. (Incluído pela Lei 14.071, de 13-10-2020, em vigor após decorridos 180 (cento e oitenta) dias de sua publicação oficial)

ART. 285. O recurso previsto no art. 283 será interposto perante a autoridade que impôs a penalidade, a qual remetê-lo-á à JARI, que deverá julgá-lo em até trinta dias.

§ 1º. O recurso não terá efeito suspensivo.

§ 2º. A autoridade que impôs a penalidade remeterá o recurso ao órgão julgador, dentro dos dez dias úteis subsequentes à sua apresentação, e, se o entender intempestivo, assinalará o fato no despacho de encaminhamento.

§ 3º. Se, por motivo de força maior, o recurso não for julgado dentro do prazo previsto neste artigo, a autoridade que impôs a penalidade, de ofício, ou por solicitação do recorrente, poderá conceder-lhe efeito suspensivo.

§ 4º Na apresentação de defesa ou recurso, em qualquer fase do processo, para efeitos de admissibilidade, não serão exigidos documentos ou cópia de documentos emitidos pelo órgão responsável pela autuação. (Incluído pela Lei 14.071, de 13-10-2020, em vigor após decorridos 180 (cento e oitenta) dias de sua publicação oficial)

ART. 286. O recurso contra a imposição de multa poderá ser interposto no prazo legal, sem o recolhimento do seu valor.

§ 1º. No caso de não provimento do recurso, aplicar-se-á o estabelecido no parágrafo único do art. 284.

§ 2º. Se o infrator recolher o valor da multa e apresentar recurso, se julgada improcedente a penalidade, ser-lhe-á devolvida a importância paga, atualizada em UFIR ou por índice legal de correção dos débitos fiscais.

ART. 287. Se a infração for cometida em localidade diversa daquela do licenciamento do veículo, o recurso poderá ser apresentado junto ao órgão ou entidade de trânsito da residência ou domicílio do infrator.

Parágrafo único. A autoridade de trânsito que receber o recurso deverá remetê-lo, de pronto, à autoridade que impôs a penalidade acompanhado das cópias dos prontuários necessários ao julgamento.

ART. 288. Das decisões da JARI cabe recurso a ser interposto, na forma do artigo seguinte, no prazo de trinta dias contado da publicação ou da notificação da decisão.

§ 1º. O recurso será interposto, da decisão do não provimento, pelo responsável pela infração, e da decisão de provimento, pela autoridade que impôs a penalidade.

§ 2º. (Revogado de acordo com a Lei nº 12.249, de 2010)

ART. 289. O recurso de que trata o artigo anterior será apreciado no prazo de trinta dias:

I - tratando-se de penalidade imposta por órgão ou entidade da União, por colegiado especial integrado pelo Coordenador-Geral da Jari, pelo Presidente da Junta que apreciou o recurso e por mais um Presidente de Junta; (Redação dada pela Lei 14.071, de 13-10-2020, em vigor após decorridos 180 (cento e oitenta) dias de sua publicação oficial)

a) (Revogada pela Lei 14.071, de 13-10-2020, em vigor após decorridos 180 (cento e oitenta) dias de sua publicação oficial)

b) (Revogada pela Lei 14.071, de 13-10-2020, em vigor após decorridos 180 (cento e oitenta) dias de sua publicação oficial)

II – tratando-se de penalidade imposta por órgão ou entidade de trânsito estadual, municipal ou do Distrito Federal, pelos CETRAN E CONTRANDIFE, respectivamente.

Parágrafo único. No caso do inciso I do caput deste artigo, quando houver apenas uma Jari, o recurso será julgado por seus membros. (Redação dada pela Lei 14.071, de 13-10-2020, em vigor após decorridos 180 (cento e oitenta) dias de sua publicação oficial)

ART. 290. Implicam encerramento da instância administrativa de julgamento de infrações e penalidades: (Redação dada pela Lei nº 13.281, de 2016)

I – o julgamento do recurso de que tratam os arts. 288 e 289; (Incluído pela Lei nº 13.281, de 2016)

II – a não interposição do recurso no prazo legal; e (Incluído pela Lei nº 13.281, de 2016)

III – o pagamento da multa, com reconhecimento da infração e requerimento de encerramento do processo na fase em que se encontra, sem apresentação de defesa ou recurso. (Incluído pela Lei nº 13.281, de 2016)

Parágrafo único. Esgotados os recursos, as penalidades aplicadas nos termos deste Código serão cadastradas no RENACH.

▸ CTB: art. 14, par. ún.

CAPÍTULO XIX. DOS CRIMES DE TRÂNSITO

SEÇÃO I. DISPOSIÇÕES GERAIS

ART. 291. Aos crimes cometidos na direção de veículos automotores, previstos neste Código, aplicam-se as normas gerais do Código Penal e do Código de Processo Penal, se este Capítulo não dispuser de modo diverso, bem como a Lei nº 9.099, de 26 de setembro de 1995, no que couber.

▸ CTB: art. 303.

§ 1º. Aplica-se aos crimes de trânsito de lesão corporal culposa o disposto nos arts. 74, 76 e 88 da Lei nº 9.099, de 26 de setembro de 1995, exceto se o agente estiver: (Renumerado do parágrafo único pela Lei nº 11.705, de 2008)

I – sob a influência de álcool ou qualquer outra substância psicoativa que determine dependência; (Incluído pela Lei nº 11.705, de 2008)

II – participando, em via pública, de corrida, disputa ou competição automobilística, de exibição ou demonstração de perícia em manobra de veículo automotor, não autorizada pela autoridade competente; (Incluído pela Lei nº 11.705, de 2008)

III – transitando em velocidade superior à máxima permitida para a via em 50 km/h (cinquenta quilômetros por hora). (Incluído pela Lei nº 11.705, de 2008)

§ 2º. Nas hipóteses previstas no § 1º deste artigo, deverá ser instaurado inquérito policial para a investigação da infração penal. (Incluído pela Lei nº 11.705, de 2008)

§ 3º (VETADO). (Incluído pela Lei nº 13.546, de 2017) (Vigência)

§ 4º O juiz fixará a pena-base segundo as diretrizes previstas no art. 59 do Decreto-Lei nº 2.848, de 7 de dezembro de 1940 (Código Penal), dando especial atenção à culpabilidade do agente e às circunstâncias e consequências do crime. (Incluído pela Lei nº 13.546, de 2017) (Vigência)

ART. 292. A suspensão ou a proibição de se obter a permissão ou a habilitação para dirigir veículo automotor pode ser imposta isolada ou cumulativamente com outras penalidades. (Redação dada pela Lei nº 12.971, de 2014)

ART. 293. A penalidade de suspensão ou de proibição de se obter a permissão ou a habilitação, para dirigir veículo automotor, tem a duração de dois meses a cinco anos.

§ 1º. Transitada em julgado a sentença condenatória, o réu será intimado a entregar à autoridade judiciária, em quarenta e oito horas, a Permissão para Dirigir ou a Carteira de Habilitação.

▸ CTB: art. 307, par. ún.

§ 2º. A penalidade de suspensão ou de proibição de se obter a permissão ou a habilitação para dirigir veículo automotor não se inicia enquanto o sentenciado, por efeito de condenação penal, estiver recolhido a estabelecimento prisional.

ART. 294. Em qualquer fase da investigação ou da ação penal, havendo necessidade para a garantia da ordem pública, poderá o juiz, como medida cautelar, de ofício, ou a requerimento do Ministério Público ou ainda mediante representação da autoridade policial, decretar, em decisão motivada, a suspensão da permissão ou da habilitação para dirigir veículo automotor, ou a proibição de sua obtenção.

Parágrafo único. Da decisão que decretar a suspensão ou a medida cautelar, ou da que indeferir o requerimento do Ministério Público, caberá recurso em sentido estrito, sem efeito suspensivo.

▸ CPP: art. 581.

ART. 295. A suspensão para dirigir veículo automotor ou a proibição de se obter a permissão ou a habilitação será sempre comunicada pela autoridade judiciária ao Conselho Nacional de Trânsito – CONTRAN, e ao órgão de trânsito do Estado em que o indiciado ou réu for domiciliado ou residente.

ART. 296. Se o réu for reincidente na prática de crime previsto neste Código, o juiz aplicará a penalidade de suspensão da permissão ou habilitação para dirigir veículo automotor, sem prejuízo das demais sanções penais cabíveis. (Redação dada pela Lei nº 11.705, de 2008)

ART. 297. A penalidade de multa reparatória consiste no pagamento, mediante depósito judicial em favor da vítima, ou seus sucessores, de quantia calculada com base no disposto no § 1º do art. 49 do Código Penal, sempre que houver prejuízo material resultante do crime.

▸ CP: art. 49, § 1º.

§ 1º. A multa reparatória não poderá ser superior ao valor do prejuízo demonstrado no processo.

§ 2º. Aplica-se à multa reparatória o disposto nos arts. 50 a 52 do Código Penal.

§ 3º. Na indenização civil do dano, o valor da multa reparatória será descontado.

ART. 298. São circunstâncias que sempre agravam as penalidades dos crimes de trânsito ter o condutor do veículo cometido a infração:

I – com dano potencial para duas ou mais pessoas ou com grande risco de grave dano patrimonial a terceiros;

II – utilizando o veículo sem placas, com placas falsas ou adulteradas;

III – sem possuir Permissão para Dirigir ou Carteira de Habilitação;

IV – com Permissão para Dirigir ou Carteira de Habilitação de categoria diferente da do veículo;

V – quando a sua profissão ou atividade exigir cuidados especiais com o transporte de passageiros ou de carga;

VI – utilizando veículo em que tenham sido adulterados equipamentos ou características que afetem a sua segurança ou o seu funcionamento de acordo com os limites de velocidade prescritos nas especificações do fabricante;

VII – sobre faixa de trânsito temporária ou permanentemente destinada a pedestres.

ART. 299. (VETADO)

ART. 300. (VETADO)

ART. 301. Ao condutor de veículo, nos casos de acidentes de trânsito de que resulte vítima, não se imporá a prisão em flagrante, nem se exigirá fiança, se prestar pronto e integral socorro àquela.

- *CF: art. 5º, LXV e LXVIII.*
- *CPP: art. 310, I e 648, I.*
- *Lei n. 9.099, de 26-09-1995: art. 69, Juizados Especiais Criminais.*
- *Lei nº 11.343, de 23-08-2006: art. 48, Institui o Sistema Nacional de Políticas Públicas sobre Drogas – SISNAD; prescreve medidas para prevenção do uso indevido, atenção e reinserção social de usuários e dependentes de drogas; estabelece normas para repressão à produção não autorizada e ao tráfico ilícito de drogas; define crimes.*

SEÇÃO II. DOS CRIMES EM ESPÉCIE

ART. 302. Praticar homicídio culposo na direção de veículo automotor:

- *CP: art. 121, § 3º.*

Penas – detenção, de dois a quatro anos, e suspensão ou proibição de se obter a permissão ou a habilitação para dirigir veículo automotor.

§ 1º. No homicídio culposo cometido na direção de veículo automotor, a pena é aumentada de 1/3 (um terço) à metade, se o agente: (Incluído pela Lei nº 12.971, de 2014)

I – não possuir Permissão para Dirigir ou Carteira de Habilitação; (Incluído pela Lei nº 12.971, de 2014)

II – praticá-lo em faixa de pedestres ou na calçada; (Incluído pela Lei nº 12.971, de 2014)

III – deixar de prestar socorro, quando possível fazê-lo sem risco pessoal, à vítima do acidente; (Incluído pela Lei nº 12.971, de 2014)

IV – no exercício de sua profissão ou atividade, estiver conduzindo veículo de transporte de passageiros. (Incluído pela Lei nº 12.971, de 2014)

V – (Revogado pela Lei nº 11.705, de 2008)

§ 2º. (Revogado pela Lei nº 13.281, de 2016)

Penas – (Revogado pela Lei nº 13.281, de 2016)

§ 3º Se o agente conduz veículo automotor sob a influência de álcool ou de qualquer outra substância psicoativa que determine dependência: (Incluído pela Lei nº 13.546, de 19-12-2017)

Penas - reclusão, de cinco a oito anos, e suspensão ou proibição do direito de se obter a permissão ou a habilitação para dirigir veículo automotor. (Incluído pela Lei nº 13.546, de 19-12-2017)

ART. 303. Praticar lesão corporal culposa na direção de veículo automotor:

- *Esta lei: art. 291.*
- *Lei nº 9.099, de 26-09-1995, art. 88, Lei dos Juizados Especiais Cíveis e Criminais.*

Penas – detenção, de seis meses a dois anos e suspensão ou proibição de se obter a permissão ou a habilitação para dirigir veículo automotor.

§ 1º Aumenta-se a pena de 1/3 (um terço) à metade, se ocorrer qualquer das hipóteses do § 1º do art. 302. (Renumerado do parágrafo único pela Lei nº 13.546, de 19-12-2017)

§ 2º A pena privativa de liberdade é de reclusão de dois a cinco anos, sem prejuízo das outras penas previstas neste artigo, se o agente conduz o veículo com capacidade psicomotora alterada em razão da influência de álcool ou de outra substância psicoativa que determine dependência, e se do crime resultar lesão corporal de natureza grave ou gravíssima. (Incluído pela Lei nº 13.546, de 19-12-2017)

ART. 304. Deixar o condutor do veículo, na ocasião do acidente, de prestar imediato socorro à vítima, ou, não podendo fazê-lo diretamente, por justa causa, deixar de solicitar auxílio da autoridade pública:

Penas – detenção, de seis meses a um ano, ou multa, se o fato não constituir elemento de crime mais grave.

- *CP: art. 135.*

Parágrafo único. Incide nas penas previstas neste artigo o condutor do veículo, ainda que a sua omissão seja suprida por terceiros ou que se trate de vítima com morte instantânea ou com ferimentos leves.

ART. 305. Afastar-se o condutor do veículo do local do acidente, para fugir à responsabilidade penal ou civil que lhe possa ser atribuída:

Penas – detenção, de seis meses a um ano, ou multa.

ART. 306. Conduzir veículo automotor com capacidade psicomotora alterada em razão da influência de álcool ou de outra substância psicoativa que determine dependência: (Redação dada pela Lei nº 12.760, de 2012)

Penas – detenção, de seis meses a três anos, multa e suspensão ou proibição de se obter a permissão ou a habilitação para dirigir veículo automotor.

§ 1º. As condutas previstas no *caput* serão constatadas por: (Incluído pela Lei nº 12.760, de 2012)

I – concentração igual ou superior a 6 decigramas de álcool por litro de sangue ou igual ou superior a 0,3 miligrama de álcool por litro de ar alveolar; ou (Incluído pela Lei nº 12.760, de 2012).

II – sinais que indiquem, na forma disciplinada pelo Contran, alteração da capacidade psicomotora. (Incluído pela Lei nº 12.760, de 2012).

§ 2º. A verificação do disposto neste artigo poderá ser obtida mediante teste de alcoolemia ou toxicológico, exame clínico, perícia, vídeo, prova testemunhal ou outros meios de prova em direito admitidos, observado o direito à contraprova. (Redação dada pela Lei nº 12.971, de 2014)

§ 3º. O Contran disporá sobre a equivalência entre os distintos testes de alcoolemia ou toxicológicos para efeito de caracterização do crime tipificado neste artigo. (Redação dada pela Lei nº 12.971, de 2014)

§ 4º Poderá ser empregado qualquer aparelho homologado pelo Instituto Nacional de Metrologia, Qualidade e Tecnologia - INMETRO - para se determinar o previsto no caput. (Incluído pela Lei nº 13.840, de 2019)

ART. 307. Violar a suspensão ou a proibição de se obter a permissão ou a habilitação para dirigir veículo automotor imposta com fundamento neste Código:

Penas – detenção, de seis meses a um ano e multa, com nova imposição adicional de idêntico prazo de suspensão ou de proibição.

Parágrafo único. Nas mesmas penas incorre o condenado que deixa de entregar, no prazo estabelecido no § 1º do art. 293, a Permissão para Dirigir ou a Carteira de Habilitação.

ART. 308. Participar, na direção de veículo automotor, em via pública, de corrida, disputa ou competição automobilística ou ainda de exibição ou demonstração de perícia em manobra de veículo automotor, não autorizada pela autoridade competente, gerando situação de risco à incolumidade pública ou privada: (Incluído pela Lei nº 13.546, de 19-12-2017)

Penas – detenção, de 6 (seis) meses a 3 (três) anos, multa e suspensão ou proibição de se obter a permissão ou a habilitação para dirigir veículo automotor.

§ 1º. Se da prática do crime previsto no caput resultar lesão corporal de natureza grave, e as circunstâncias demonstrarem que o agente não quis o resultado nem assumiu o risco de produzi-lo, a pena privativa de liberdade é de reclusão, de 3 (três) a 6 (seis) anos, sem prejuízo das outras penas previstas neste artigo.

§ 2º. Se da prática do crime previsto no caput resultar morte, e as circunstâncias demonstrarem que o agente não quis o resultado nem assumiu o risco de produzi-lo, a pena privativa de liberdade é de reclusão de 5 (cinco) a 10 (dez) anos, sem prejuízo das outras penas previstas neste artigo.

ART. 309. Dirigir veículo automotor, em via pública, sem a devida Permissão para Dirigir ou Habilitação ou, ainda, se cassado o direito de dirigir, gerando perigo de dano:

▸ *Súmula nº 720 do STF.*

Penas – detenção, de seis meses a um ano, ou multa.

ART. 310. Permitir, confiar ou entregar a direção de veículo automotor a pessoa não habilitada, com habilitação cassada ou com o direito de dirigir suspenso, ou, ainda, a quem, por seu estado de saúde, física ou mental, ou por embriaguez, não esteja em condições de conduzi-lo com segurança:

Penas – detenção, de seis meses a um ano, ou multa.

▸ *Súmula nº 575 do STJ.*

ART. 310-A. (VETADO) (Incluído pela Lei nº 12.619, de 2012)

ART. 311. Trafegar em velocidade incompatível com a segurança nas proximidades de escolas, hospitais, estações de embarque e desembarque de passageiros, logradouros estreitos, ou onde haja grande movimentação ou concentração de pessoas, gerando perigo de dano:

Penas – detenção, de seis meses a um ano, ou multa.

ART. 312. Inovar artificiosamente, em caso de acidente automobilístico com vítima, na pendência do respectivo procedimento policial preparatório, inquérito policial ou processo penal, o estado de lugar, de coisa ou de pessoa, a fim de induzir a erro o agente policial, o perito, ou juiz:

▸ *CP: art. 347.*

Penas – detenção, de seis meses a um ano, ou multa.

Parágrafo único. Aplica-se o disposto neste artigo, ainda que não iniciados, quando da inovação, o procedimento preparatório, o inquérito ou o processo aos quais se refere.

ART. 312-A. Para os crimes relacionados nos arts. 302 a 312 deste Código, nas situações em que o juiz aplicar a substituição de pena privativa de liberdade por pena restritiva de direitos, esta deverá ser de prestação de serviço à comunidade ou a entidades públicas, em uma das seguintes atividades: (Incluído pela Lei nº 13.281, de 2016)

▸ *CP: art. 44.*

I – trabalho, aos fins de semana, em equipes de resgate dos corpos de bombeiros e em outras unidades móveis especializadas no atendimento a vítimas de trânsito; (Incluído pela Lei nº 13.281, de 2016)

II – trabalho em unidades de pronto-socorro de hospitais da rede pública que recebem vítimas de acidente de trânsito e politraumatizados; (Incluído pela Lei nº 13.281, de 2016)

III – trabalho em clínicas ou instituições especializadas na recuperação de acidentados de trânsito; (Incluído pela Lei nº 13.281, de 2016)

IV – outras atividades relacionadas ao resgate, atendimento e recuperação de vítimas de acidentes de trânsito. (Incluído pela Lei nº 13.281, de 2016)

ART. 312-B. Aos crimes previstos no § 3º do art. 302 e no § 2º do art. 303 deste Código não se aplica o disposto no inciso I do caput do art. 44 do Decreto-Lei nº 2.848, de 7 de dezembro de 1940 (Código Penal). (Acrescido pela Lei 14.071, de 13-10-2020, em vigor após decorridos 180 (cento e oitenta) dias de sua publicação oficial)

▸ *CP: art. 44.*

Capítulo XX.
DISPOSIÇÕES FINAIS E TRANSITÓRIAS

ART. 313. O Poder Executivo promoverá a nomeação dos membros do CONTRAN no prazo de sessenta dias da publicação deste Código.

ART. 314. O CONTRAN tem o prazo de duzentos e quarenta dias a partir da publicação deste Código para expedir as resoluções necessárias à sua melhor execução, bem como revisar todas as resoluções anteriores à sua publicação, dando prioridade àquelas que visam a diminuir o número de acidentes e a assegurar a proteção de pedestres.

Parágrafo único. As resoluções do CONTRAN, existentes até a data de publicação deste Código, continuam em vigor naquilo em que não conflitem com ele.

ART. 315. O Ministério da Educação e do Desporto, mediante proposta do CONTRAN, deverá, no prazo de duzentos e quarenta dias contado da publicação, estabelecer o currículo com conteúdo programático relativo à segurança e à educação de trânsito, a fim de atender o disposto neste Código.

ART. 316. O prazo de notificação previsto no inciso II do parágrafo único do art. 281 só entrará em vigor após duzentos e quarenta dias contados da publicação desta Lei.

ART. 317. Os órgãos e entidades de trânsito concederão prazo de até um ano para a adaptação dos veículos de condução de escolares e de aprendizagem às normas do inciso III do art. 136 e art. 154, respectivamente.

ART. 318. (VETADO)

ART. 319. Enquanto não forem baixadas novas normas pelo CONTRAN, continua em vigor o disposto no art. 92 do Regulamento do Código Nacional de Trânsito – Decreto nº 62.127, de 16 de janeiro de 1968.

ART. 319-A. Os valores de multas constantes deste Código poderão ser corrigidos monetariamente pelo Contran, respeitado o limite da variação do Índice Nacional de Preços ao Consumidor Amplo (IPCA) no exercício anterior.(Incluído pela Lei nº 13.281, de 2016)

Parágrafo único. Os novos valores decorrentes do disposto no caput serão divulgados pelo Contran com, no mínimo, 90 (noventa) dias de antecedência de sua aplicação. (Incluído pela Lei nº 13.281, de 2016)

ART. 320. A receita arrecadada com a cobrança das multas de trânsito será aplicada, exclusivamente, em sinalização, engenharia de tráfego, de campo, policiamento, fiscalização e educação de trânsito.

§ 1º. O percentual de cinco por cento do valor das multas de trânsito arrecadadas será depositado, mensalmente, na conta de fundo de âmbito nacional destinado à segurança e educação de trânsito. (Redação dada pela Lei nº 13.281, de 2016)

§ 2º. O órgão responsável deverá publicar, anualmente, na rede mundial de computadores (internet), dados sobre a receita arrecadada com a cobrança de multas de trânsito e sua destinação. (Incluído pela Lei nº 13.281, de 2016)

§ 3º O valor total destinado à recomposição das perdas de receita das concessionárias de rodovias e vias urbanas, em decorrência do não pagamento de pedágio por usuários da via, não poderá ultrapassar o montante total arrecadado por meio das multas aplicadas com fundamento no art. 209-A deste Código, ressalvado o previsto em regulamento do Poder Executivo. (Incluído pela Lei nº 14.157, de 01-6-2021)

ART. 320-A. Os órgãos e as entidades do Sistema Nacional de Trânsito poderão integrar-se para a ampliação e o aprimoramento da fiscalização de trânsito, inclusive por meio do compartilhamento da receita arrecadada com a cobrança das multas de trânsito. (Incluído pela Lei nº 13.281, de 2016)

ART. 321. (VETADO)

ART. 322. (VETADO)

ART. 323. O CONTRAN, em cento e oitenta dias, fixará a metodologia de aferição de peso de veículos, estabelecendo percentuais de tolerância, sendo durante este período suspensa a vigência das penalidades previstas no inciso V do art. 231, aplicando-se a penalidade de vinte UFIR por duzentos quilogramas ou fração de excesso.

Parágrafo único. Os limites de tolerância a que se refere este artigo, até a sua fixação pelo CONTRAN, são aqueles estabelecidos pela Lei nº 7.408, de 25 de novembro de 1985.

▸ *CTB: art. 19, XII.*

ART. 324. (VETADO)

ART. 325. As repartições de trânsito conservarão por, no mínimo, 5 (cinco) anos os documentos relativos à habilitação de condutores, ao registro e ao licenciamento de veículos e aos autos de infração de trânsito. (Redação dada pela Lei nº 13.281, de 2016)

§ 1º. Os documentos previstos no caput poderão ser gerados e tramitados eletronicamente, bem como arquivados e armazenados em meio digital, desde que assegurada a autenticidade, a fidedignidade, a confiabilidade e a segurança das informações, e serão válidos para todos os efeitos legais, sendo dispensada, nesse caso, a sua guarda física. (Incluído pela Lei nº 13.281, de 2016)

§ 2º. O Contran regulamentará a geração, a tramitação, o arquivamento, o armazenamento e a eliminação de documentos eletrônicos e físicos gerados em decorrência da aplicação das disposições deste Código. (Incluído pela Lei nº 13.281, de 2016)

§ 3º. Na hipótese prevista nos §§ 1º e 2º, o sistema deverá ser certificado digitalmente, atendidos os requisitos de autenticidade, integridade, validade jurídica e interoperabilidade da Infraestrutura de Chaves Públicas Brasileira (ICP-Brasil). (Incluído pela Lei nº 13.281, de 2016)

ART. 326. A Semana Nacional de Trânsito será comemorada anualmente no período compreendido entre 18 e 25 de setembro.

ART. 326-A. A atuação dos integrantes do Sistema Nacional de Trânsito, no que se refere à política de segurança no trânsito, deverá voltar-se prioritariamente para o cumprimento de metas anuais de redução de índice de mortos por grupo de veículos e de índice de mortos por grupo de habitantes, ambos apurados por Estado e por ano, detalhando-se os dados levantados e as ações realizadas por vias federais, estaduais e municipais. (Incluído pela Lei nº 13.614, de 11.1-2018)

§ 1º O objetivo geral do estabelecimento de metas é, ao final do prazo de dez anos, reduzir à metade, no mínimo, o índice nacional de mortos por grupo de veículos e o índice nacional de mortos por grupo de habitantes, relativamente aos índices apurados no ano da entrada em vigor da lei que cria o Plano Nacional de Redução de Mortes e Lesões no Trânsito (Pnatrans). (Incluído pela Lei nº 13.614, de 11.1-2018)

§ 2º As metas expressam a diferença a menor, em base percentual, entre os índices mais recentes, oficialmente apurados, e os índices que se pretende alcançar. (Incluído pela Lei nº 13.614, de 11.1-2018)

§ 3º A decisão que fixar as metas anuais estabelecerá as respectivas margens de tolerância. (Incluído pela Lei nº 13.614, de 11.1-2018)

§ 4º As metas serão fixadas pelo Contran para cada um dos Estados da Federação e para o Distrito Federal, mediante propostas fundamentadas dos Cetran, do Contrandife e do Departamento de Polícia Rodoviária Federal, no âmbito das respectivas circunscrições. (Incluído pela Lei nº 13.614, de 11.1-2018)

§ 5º Antes de submeterem as propostas ao Contran, os Cetran, o Contrandife e o Departamento de Polícia Rodoviária Federal realizarão consulta ou audiência pública para manifestação da sociedade sobre as metas a serem propostas. (Incluído pela Lei nº 13.614, de 11.1-2018)

§ 6º As propostas dos Cetran, do Contrandife e do Departamento de Polícia Rodoviária Federal serão encaminhadas ao Contran até o dia 1o de agosto de cada ano, acompanhadas de relatório analítico a respeito do cumprimento das metas fixadas para o ano anterior e de exposição de ações, projetos ou programas, com os respectivos orçamentos, por meio dos quais se pretende cumprir as metas propostas para o ano seguinte. (Incluído pela Lei nº 13.614, de 11.1-2018)

§ 7º As metas fixadas serão divulgadas em setembro, durante a Semana Nacional de Trânsito, assim como o desempenho, absoluto e relativo, de cada Estado e do Distrito Federal no cumprimento das metas vigentes no ano anterior, detalhados os dados levantados e as ações realizadas por vias federais, estaduais e municipais, devendo tais informações permanecer à disposição do público na rede mundial de computadores, em sítio eletrônico do órgão máximo executivo de trânsito da União. (Incluído pela Lei nº 13.614, de 11.1-2018)

§ 8º O Contran, ouvidos o Departamento de Polícia Rodoviária Federal e demais órgãos do Sistema Nacional de Trânsito, definirá as fórmulas para apuração dos índices de que trata este artigo, assim como a metodologia para a coleta e o tratamento dos dados estatísticos necessários para a composição dos termos das fórmulas. (Incluído pela Lei nº 13.614, de 11.1-2018)

§ 9º Os dados estatísticos coletados em cada Estado e no Distrito Federal serão tratados e consolidados pelo respectivo órgão ou entidade executivos de trânsito, que os repassará ao órgão máximo executivo de trânsito da União até o dia 1o de março, por meio do sistema de registro nacional de acidentes e estatísticas de trânsito. (Incluído pela Lei nº 13.614, de 11.1-2018)

§ 10. Os dados estatísticos sujeitos à consolidação pelo órgão ou entidade executivos de trânsito do Estado ou do Distrito Federal compreendem os coletados naquela circunscrição: (Incluído pela Lei nº 13.614, de 11.1-2018)

I - pela Polícia Rodoviária Federal e pelo órgão executivo rodoviário da União; (Incluído pela Lei nº 13.614, de 11.1-2018)

II - pela Polícia Militar e pelo órgão ou entidade executivos rodoviários do Estado ou do Distrito Federal; (Incluído pela Lei nº 13.614, de 11.1-2018)

III - pelos órgãos ou entidades executivos rodoviários e pelos órgãos ou entidades executivos de trânsito dos Municípios (Incluído pela Lei nº 13.614, de 11.1-2018)

§ 11. O cálculo dos índices, para cada Estado e para o Distrito Federal, será feito pelo órgão máximo executivo de trânsito da União, ouvidos o Departamento de Polícia Rodoviária Federal e demais órgãos do Sistema Nacional de Trânsito. (Incluído pela Lei nº 13.614, de 11.1-2018)

§ 12. Os índices serão divulgados oficialmente até o dia 31 de março de cada ano. (Incluído pela Lei nº 13.614, de 11.1-2018)

§ 13. Com base em índices parciais, apurados no decorrer do ano, o Contran, os Cetran e o Contrandife poderão recomendar aos integrantes do Sistema Nacional de Trânsito alterações nas ações, projetos e programas em desenvolvimento ou previstos, com o fim de atingir as metas fixadas para cada um dos Estados e para o Distrito Federal. (Incluído pela Lei nº 13.614, de 11.1-2018)

§ 14. A partir da análise de desempenho a que se refere o § 7º deste artigo, o Contran elaborará e divulgará, também durante a Semana Nacional de Trânsito: (Incluído pela Lei nº 13.614, de 11.1-2018)

I - duas classificações ordenadas dos Estados e do Distrito Federal, uma referente ao ano analisado e outra que considere a evolução do desempenho dos Estados e do Distrito Federal desde o início das análises; (Incluído pela Lei nº 13.614, de 11.1-2018)

II - relatório a respeito do cumprimento do objetivo geral do estabelecimento de metas previsto no § 1º deste artigo. (Incluído pela Lei nº 13.614, de 11.1-2018)

ART. 327. A partir da publicação deste Código, somente poderão ser fabricados e licenciados veículos que obedeçam aos limites de peso e dimensões fixados na forma desta Lei, ressalvados os que vierem a ser regulamentados pelo CONTRAN.

Parágrafo único. (VETADO)

ART. 328. O veículo apreendido ou removido a qualquer título e não reclamado por seu proprietário dentro do prazo de sessenta dias, contado da data de recolhimento, será avaliado e levado a leilão, a ser realizado preferencialmente por meio eletrônico. (Redação dada pela Lei nº 13.160, de 2015)

§ 1º. Publicado o edital do leilão, a preparação poderá ser iniciada após trinta dias, contados da data de recolhimento do veículo, o qual será classificado em duas categorias:

I – conservado, quando apresenta condições de segurança para trafegar; e (Incluído pela Lei nº 13.160, de 2015)

II – sucata, quando não está apto a trafegar. (Incluído pela Lei nº 13.160, de 2015)

§ 2º. Se não houver oferta igual ou superior ao valor da avaliação, o lote será incluído no leilão seguinte, quando será arrematado pelo maior lance, desde que por valor não inferior a cinquenta por cento do avaliado. (Incluído pela Lei nº 13.160, de 2015)

§ 3º. Mesmo classificado como conservado, o veículo que for levado a leilão por duas vezes e não for arrematado será leiloado como sucata. (Incluído pela Lei nº 13.160, de 2015)

§ 4º. É vedado o retorno do veículo leiloado como sucata à circulação. (Incluído pela Lei nº 13.160, de 2015)

§ 5º. A cobrança das despesas com estada no depósito será limitada ao prazo de seis meses. (Incluído pela Lei nº 13.160, de 2015)

§ 6º. Os valores arrecadados em leilão deverão ser utilizados para custeio da realização do leilão, dividindo-se os custos entre os veículos arrematados, proporcionalmente ao valor da arrematação, e destinando-se os valores remanescentes, na seguinte ordem, para: (Incluído pela Lei nº 13.160, de 2015)

I – as despesas com remoção e estada; (Incluído pela Lei nº 13.160, de 2015)

II – os tributos vinculados ao veículo, na forma do § 10; (Incluído pela Lei nº 13.160, de 2015)

III – os credores trabalhistas, tributários e titulares de crédito com garantia real, segundo a ordem de preferência estabelecida no art. 186 da Lei nº 5.172, de 25 de outubro de 1966 (Código Tributário Nacional); (Incluído pela Lei nº 13.160, de 2015)

IV – as multas devidas ao órgão ou à entidade responsável pelo leilão; (Incluído pela Lei nº 13.160, de 2015)

V – as demais multas devidas aos órgãos integrantes do Sistema Nacional de Trânsito, segundo a ordem cronológica; e (Incluído pela Lei nº 13.160, de 2015)

VI – os demais créditos, segundo a ordem de preferência legal. (Incluído pela Lei nº 13.160, de 2015)

§ 7º. Sendo insuficiente o valor arrecadado para quitar os débitos incidentes sobre o veículo, a situação será comunicada aos credores. (Incluído pela Lei nº 13.160, de 2015)

§ 8º. Os órgãos públicos responsáveis serão comunicados do leilão previamente para que formalizem a desvinculação dos ônus incidentes sobre o veículo no prazo máximo de dez dias. (Incluído pela Lei nº 13.160, de 2015)

§ 9º. Os débitos incidentes sobre o veículo antes da alienação administrativa ficam dele automaticamente desvinculados, sem prejuízo da cobrança contra o proprietário anterior. (Incluído pela Lei nº 13.160, de 2015)

§ 10. Aplica-se o disposto no § 9º inclusive ao débito relativo a tributo cujo fato gerador seja a propriedade, o domínio útil, a posse, a circulação ou o licenciamento de veículo. (Incluído pela Lei nº 13.160, de 2015)

§ 11. Na hipótese de o antigo proprietário reaver o veículo, por qualquer meio, os débitos serão novamente vinculados ao bem, aplicando-se, nesse caso, o disposto nos §§ 1º, 2º e 3º do art. 271. (Incluído pela Lei nº 13.160, de 2015)

§ 12. Quitados os débitos, o saldo remanescente será depositado em conta específica do órgão responsável pela realização do leilão e ficará à disposição do antigo proprietário, devendo ser expedida notificação a ele, no máximo em trinta dias após a realização do leilão, para o levantamento do valor no prazo de cinco anos, após os quais o valor será transferido, definitivamente, para o fundo a que se refere o parágrafo único do art. 320. (Incluído pela Lei nº 13.160, de 2015)

§ 13. Aplica-se o disposto neste artigo, no que couber, ao animal recolhido, a qualquer título, e não reclamado por seu proprietário no prazo de sessenta dias, a contar da data de recolhimento, conforme regulamentação do CONTRAN. (Incluído pela Lei nº 13.160, de 2015)

§ 14. Se identificada a existência de restrição policial ou judicial sobre o prontuário do veículo, a autoridade responsável pela restrição será notificada para a retirada do bem do depósito, mediante a quitação das despesas com remoção e estada, ou para a autorização do leilão nos termos deste artigo. (Redação dada pela Lei nº 13.281, de 2016)

§ 15. Se no prazo de 60 (sessenta) dias, a contar da notificação de que trata o § 14, não houver manifestação da autoridade responsável pela restrição judicial ou policial, estará o órgão de trânsito autorizado a promover o leilão do veículo nos termos deste artigo. (Incluído pela Lei nº 13.281, de 2016)

§ 16. Os veículos, sucatas e materiais inservíveis de bens automotores que se encontrarem nos depósitos há mais de 1 (um) ano poderão ser destinados à reciclagem, independentemente da existência de restrições sobre o veículo. (Incluído pela Lei nº 13.281, de 2016)

§ 17. O procedimento de hasta pública na hipótese do § 16 será realizado por lote de tonelagem de material ferroso, observando-se, no que couber, o disposto neste artigo, condicionando-se a entrega do material arrematado aos procedimentos necessários à descaracterização total do bem e à destinação exclusiva, ambientalmente adequada, à reciclagem siderúrgica, vedado qualquer aproveitamento de peças e partes. (Incluído pela Lei nº 13.281, de 2016)

§ 18. Os veículos sinistrados irrecuperáveis queimados, adulterados ou estrangeiros, bem como aqueles sem possibilidade de regularização perante o órgão de trânsito, serão destinados à reciclagem, independentemente do período em que estejam em depósito, respeitado o prazo previsto no caput deste artigo, sempre que a autoridade responsável pelo leilão julgar ser essa a medida apropriada. (Incluído pela Lei nº 13.281, de 2016)

ART. 329. Os condutores dos veículos de que tratam os arts. 135 e 136, para exercerem suas atividades, deverão apresentar, previamente, certidão negativa do registro de distribuição criminal relativamente aos crimes de homicídio, roubo, estupro e corrupção de menores, renovável a cada cinco anos, junto ao órgão responsável pela respectiva concessão ou autorização.

ART. 330. Os estabelecimentos onde se executem reformas ou recuperação de veículos e os que comprem, vendam ou desmontem veículos, usados ou não, são obrigados a possuir livros de registro de seu movimento de entrada e saída e de uso de placas de experiência, conforme modelos aprovados e rubricados pelos órgãos de trânsito.

§ 1º. Os livros indicarão:

I – data de entrada do veículo no estabelecimento;

II – nome, endereço e identidade do proprietário ou vendedor;

III – data da saída ou baixa, nos casos de desmontagem;

IV – nome, endereço e identidade do comprador;

V – características do veículo constantes do seu certificado de registro;

VI – número da placa de experiência.

§ 2º. Os livros terão suas páginas numeradas tipograficamente e serão encadernados ou em folhas soltas, sendo que, no primeiro caso, conterão termo de abertura e encerramento lavrados pelo proprietário e rubricados pela repartição de trânsito, enquanto, no segundo, todas as folhas serão autenticadas pela repartição de trânsito.

§ 3º. A entrada e a saída de veículos nos estabelecimentos referidos neste artigo registrar-se-ão no mesmo dia em que se verificarem assinaladas, inclusive, as horas a elas correspondentes, podendo os veículos irregulares lá encontrados ou suas sucatas ser apreendidos ou retidos para sua completa regularização.

§ 4º. As autoridades de trânsito e as autoridades policiais terão acesso aos livros sempre que o solicitarem, não podendo, entretanto, retirá-los do estabelecimento.

§ 5º. A falta de escrituração dos livros, o atraso, a fraude ao realizá-lo e a recusa de sua exibição serão punidas com a multa prevista para as infrações gravíssimas, independente das demais cominações legais cabíveis.

§ 6º. Os livros previstos neste artigo poderão ser substituídos por sistema eletrônico, na forma regulamentada pelo Contran. (Incluído pela Lei nº 13.154, de 2015)

ART. 331. Até a nomeação e posse dos membros que passarão a integrar os colegiados destinados ao julgamento dos recursos administrativos previstos na Seção II do Capítulo XVIII deste Código, o julgamento dos recursos ficará a cargo dos órgãos ora existentes.

ART. 332. Os órgãos e entidades integrantes do Sistema Nacional de Trânsito proporcionarão aos membros do CONTRAN, CETRAN e CONTRANDIFE, em serviço, todas as facilidades para o cumprimento de sua missão, fornecendo-lhes as informações que solicitarem, permitindo-lhes inspecionar a execução de quaisquer serviços e deverão atender prontamente suas requisições.

ART. 333. O CONTRAN estabelecerá, em até cento e vinte dias após a nomeação de seus membros, as disposições previstas nos arts. 91 e 92, que terão de ser atendidas pelos órgãos e entidades executivos de trânsito e executivos rodoviários para exercerem suas competências.

§ 1º. Os órgãos e entidades de trânsito já existentes terão prazo de um ano, após a edição das normas, para se adequarem às novas disposições estabelecidas pelo CONTRAN, conforme disposto neste artigo.

§ 2º. Os órgãos e entidades de trânsito a serem criados exercerão as competências previstas neste Código em cumprimento às exigências estabelecidas pelo CONTRAN, conforme disposto neste artigo, acompanhados pelo respectivo CETRAN, se órgão ou entidade municipal, ou CONTRAN se órgão ou entidade estadual, do Distrito Federal ou da União, passando a integrar o Sistema Nacional de Trânsito.

ART. 334. As ondulações transversais existentes deverão ser homologadas pelo órgão ou entidade competente no prazo de um ano, a partir da publicação deste Código, devendo ser retiradas em caso contrário.

▸ CTB: art. 94, par. ún.

ART. 335. (VETADO)

ART. 336. Aplicam-se os sinais de trânsito previstos no Anexo II até a aprovação pelo CONTRAN, no prazo de trezentos e sessenta dias da publicação desta Lei, após a manifestação da Câmara Temática de Engenharia, de Vias e Veículos e obedecidos os padrões internacionais.

ART. 337. Os CETRAN terão suporte técnico e financeiro dos Estados e Municípios que os compõem e, o CONTRANDIFE, do Distrito Federal.

ART. 338. As montadoras, encarroçadoras, os importadores e fabricantes, ao comerciarem veículos automotores de qualquer categoria e ciclos, são obrigados a fornecer, no ato da comercialização do respectivo veículo, manual contendo normas de circulação, infrações, penalidades, direção defensiva, primeiros socorros e Anexos do Código de Trânsito Brasileiro.

ART. 339. Fica o Poder Executivo autorizado a abrir crédito especial no valor de R$ 264.954,00 (duzentos e sessenta e quatro mil, novecentos e cinquenta e quatro reais), em favor do ministério ou órgão a que couber a coordenação máxima do Sistema Nacional de Trânsito, para atender as despesas decorrentes da implantação deste Código.

ART. 340. Este Código entra em vigor cento e vinte dias após a data de sua publicação.

ART. 341. Ficam revogadas as Leis nºs 5.108, de 21 de setembro de 1966, 5.693, de 16 de agosto de 1971, 5.820, de 10 de novembro de 1972, 6.124, de 25 de outubro de 1974, 6.308, de 15 de dezembro de 1975, 6.369, de 27 de outubro de 1976, 6.731, de 4 de dezembro de 1979, 7.031, de 20 de setembro de 1982, 7.052, de 02 de dezembro de 1982, 8.102, de 10 de dezembro de 1990, os arts. 1º a 6º e 11 do Decreto-lei nº 237, de 28 de fevereiro de 1967, e os Decretos-leis nºs 584, de 16 de maio de 1969, 912, de 2 de outubro de 1969, e 2.448, de 21 de julho de 1988.

Brasília, 23 de setembro de 1997;
176º da Independência e 109º da República.

FERNANDO HENRIQUE CARDOSO

Este texto não substitui o publicado no DOU de 24.9.1997.

ANEXO I.
DOS CONCEITOS E DEFINIÇÕES

Para efeito deste Código adotam-se as seguintes definições:

ACOSTAMENTO – parte da via diferenciada da pista de rolamento destinada à parada ou estacionamento de veículos, em caso de emergência, e à circulação de pedestres e bicicletas, quando não houver local apropriado para esse fim.

AGENTE DA AUTORIDADE DE TRÂNSITO – pessoa, civil ou policial militar, credenciada pela autoridade de trânsito para o exercício das atividades de fiscalização, operação, policiamento ostensivo de trânsito ou patrulhamento.

AR ALVEOLAR – ar expirado pela boca de um indivíduo, originário dos alvéolos pulmonares. (Incluído pela Lei nº 12.760, de 2012)

ÁREA DE ESPERA - área delimitada por 2 (duas) linhas de retenção, destinada exclusivamente à espera de motocicletas, motonetas e ciclomotores, junto à aproximação semafórica, imediatamente à frente da linha de retenção dos demais veículos. (Incluído pela Lei 14.071, de 13-10-2020, em vigor após decorridos 180 (cento e oitenta) dias de sua publicação oficial)

AUTOMÓVEL – veículo automotor destinado ao transporte de passageiros, com capacidade para até oito pessoas, exclusive o condutor.

AUTORIDADE DE TRÂNSITO – dirigente máximo de órgão ou entidade executivo integrante do Sistema Nacional de Trânsito ou pessoa por ele expressamente credenciada.

BALANÇO TRASEIRO – distância entre o plano vertical passando pelos centros das rodas traseiras extremas e o ponto mais recuado do veículo, considerando-se todos os elementos rigidamente fixados ao mesmo.

BICICLETA - veículo de propulsão humana, dotado de duas rodas, não sendo, para efeito deste Código, similar à motocicleta, motoneta e ciclomotor.

BICICLETÁRIO - local, na via ou fora dela, destinado ao estacionamento de bicicletas.

BONDE - veículo de propulsão elétrica que se move sobre trilhos.

BORDO DA PISTA - margem da pista, podendo ser demarcada por linhas longitudinais de bordo que delineiam a parte da via destinada à circulação de veículos.

CALÇADA - parte da via, normalmente segregada e em nível diferente, não destinada à circulação de veículos, reservada ao trânsito de pedestres e, quando possível, à implantação de mobiliário urbano, sinalização, vegetação e outros fins.

CAMINHÃO-TRATOR - veículo automotor destinado a tracionar ou arrastar outro.

CAMINHONETE - veículo destinado ao transporte de carga com peso bruto total de até três mil e quinhentos quilogramas.

CAMIONETA - veículo misto destinado ao transporte de passageiros e carga no mesmo compartimento.

CANTEIRO CENTRAL - obstáculo físico construído como separador de duas pistas de rolamento, eventualmente substituído por marcas viárias (canteiro fictício).

CAPACIDADE MÁXIMA DE TRAÇÃO - máximo peso que a unidade de tração é capaz de tracionar, indicado pelo fabricante, baseado em condições sobre suas limitações de geração e multiplicação de momento de força e resistência dos elementos que compõem a transmissão.

CARREATA - deslocamento em fila na via de veículos automotores em sinal de regozijo, de reivindicação, de protesto cívico ou de uma classe.

CARRO DE MÃO - veículo de propulsão humana utilizado no transporte de pequenas cargas.

CARROÇA - veículo de tração animal destinado ao transporte de carga.

CATADIÓPTRICO - dispositivo de reflexão e refração da luz utilizado na sinalização de vias e veículos (olho-de-gato).

CHARRETE - veículo de tração animal destinado ao transporte de pessoas.

CICLO - veículo de pelo menos duas rodas a propulsão humana.

CICLOFAIXA - parte da pista de rolamento destinada à circulação exclusiva de ciclos, delimitada por sinalização específica.

CICLOMOTOR - veículo de 2 (duas) ou 3 (três) rodas, provido de motor de combustão interna, cuja cilindrada não exceda a 50 cm³ (cinquenta centímetros cúbicos), equivalente a 3,05 pol³ (três polegadas cúbicas e cinco centésimos), ou de motor de propulsão elétrica com potência máxima de 4 kW (quatro quilowatts), e cuja velocidade máxima de fabricação não exceda a 50 Km/h (cinquenta quilômetros por hora). (Redação dada pela Lei 14.071, de 13-10-2020, em vigor após decorridos 180 (cento e oitenta) dias de sua publicação oficial)

CICLOVIA - pista própria destinada à circulação de ciclos, separada fisicamente do tráfego comum.

CONVERSÃO - movimento em ângulo, à esquerda ou à direita, de mudança da direção original do veículo.

CRUZAMENTO - interseção de duas vias em nível.

DISPOSITIVO DE SEGURANÇA - qualquer elemento que tenha a função específica de proporcionar maior segurança ao usuário da via, alertando-o sobre situações de perigo que possam colocar em risco sua integridade física e dos demais usuários da via, ou danificar seriamente o veículo.

ESTACIONAMENTO - imobilização de veículos por tempo superior ao necessário para embarque ou desembarque de passageiros.

ESTRADA - via rural não pavimentada.

ETILÔMETRO - aparelho destinado à medição do teor alcoólico no ar alveolar. (Incluído pela Lei nº 12.760, de 2012)

FAIXAS DE DOMÍNIO - superfície lindeira às vias rurais, delimitada por lei específica e sob responsabilidade do órgão ou entidade de trânsito competente com circunscrição sobre a via.

FAIXAS DE TRÂNSITO - qualquer uma das áreas longitudinais em que a pista pode ser subdividida, sinalizada ou não por marcas viárias longitudinais, que tenham uma largura suficiente para permitir a circulação de veículos automotores.

FISCALIZAÇÃO - ato de controlar o cumprimento das normas estabelecidas na legislação de trânsito, por meio do poder de polícia administrativa de trânsito, no âmbito de circunscrição dos órgãos e entidades executivos de trânsito e de acordo com as competências definidas neste Código.

FOCO DE PEDESTRES - indicação luminosa de permissão ou impedimento de locomoção na faixa apropriada.

FREIO DE ESTACIONAMENTO - dispositivo destinado a manter o veículo imóvel na ausência do condutor ou, no caso de um reboque, se este se encontra desengatado.

FREIO DE SEGURANÇA OU MOTOR - dispositivo destinado a diminuir a marcha do veículo no caso de falha do freio de serviço.

FREIO DE SERVIÇO - dispositivo destinado a provocar a diminuição da marcha do veículo ou pará-lo.

GESTOS DE AGENTES - movimentos convencionais de braço, adotados exclusivamente pelos agentes de autoridades de trânsito nas vias, para orientar, indicar o direito de passagem dos veículos ou pedestres ou emitir ordens, sobrepondo-se ou completando outra sinalização ou norma constante deste Código.

GESTOS DE CONDUTORES - movimentos convencionais de braço, adotados exclusivamente pelos condutores, para orientar ou indicar que vão efetuar uma manobra de mudança de direção, redução brusca de velocidade ou parada.

ILHA - obstáculo físico, colocado na pista de rolamento, destinado à ordenação dos fluxos de trânsito em uma interseção.

INFRAÇÃO - inobservância a qualquer preceito da legislação de trânsito, às normas emanadas do Código de Trânsito, do Conselho Nacional de Trânsito e a regulamentação estabelecida pelo órgão ou entidade executiva do trânsito.

INTERSEÇÃO - todo cruzamento em nível, entroncamento ou bifurcação, incluindo as áreas formadas por tais cruzamentos, entroncamentos ou bifurcações.

INTERRUPÇÃO DE MARCHA - imobilização do veículo para atender circunstância momentânea do trânsito.

LICENCIAMENTO – procedimento anual, relativo a obrigações do proprietário de veículo, comprovado por meio de documento específico (Certificado de Licenciamento Anual).

LOGRADOURO PÚBLICO – espaço livre destinado pela municipalidade à circulação, parada ou estacionamento de veículos, ou à circulação de pedestres, tais como calçada, parques, áreas de lazer, calçadões.

LOTAÇÃO – carga útil máxima, incluindo condutor e passageiros, que o veículo transporta, expressa em quilogramas para os veículos de carga, ou número de pessoas, para os veículos de passageiros.

LOTE LINDEIRO – aquele situado ao longo das vias urbanas ou rurais e que com elas se limita.

LUZ ALTA – facho de luz do veículo destinado a iluminar a via até uma grande distância do veículo.

LUZ BAIXA – facho de luz do veículo destinada a iluminar a via diante do veículo, sem ocasionar ofuscamento ou incômodo injustificáveis aos condutores e outros usuários da via que venham em sentido contrário.

LUZ DE FREIO – luz do veículo destinada a indicar aos demais usuários da via, que se encontram atrás do veículo, que o condutor está aplicando o freio de serviço.

LUZ INDICADORA DE DIREÇÃO (pisca-pisca) – luz do veículo destinada a indicar aos demais usuários da via que o condutor tem o propósito de mudar de direção para a direita ou para a esquerda.

LUZ DE MARCHA À RÉ – luz do veículo destinada a iluminar atrás do veículo e advertir aos demais usuários da via que o veículo está efetuando ou a ponto de efetuar uma manobra de marcha à ré.

LUZ DE NEBLINA – luz do veículo destinada a aumentar a iluminação da via em caso de neblina, chuva forte ou nuvens de pó.

LUZ DE POSIÇÃO (lanterna) – luz do veículo destinada a indicar a presença e a largura do veículo.

MANOBRA – movimento executado pelo condutor para alterar a posição em que o veículo está no momento em relação à via.

MARCAS VIÁRIAS – conjunto de sinais constituídos de linhas, marcações, símbolos ou legendas, em tipos e cores diversas, apostos ao pavimento da via.

MICROÔNIBUS – veículo automotor de transporte coletivo com capacidade para até vinte passageiros.

MOTOCICLETA – veículo automotor de duas rodas, com ou sem side-car, dirigido por condutor em posição montada.

MOTONETA – veículo automotor de duas rodas, dirigido por condutor em posição sentada.

MOTOR-CASA (MOTOR-HOME) – veículo automotor cuja carroçaria seja fechada e destinada a alojamento, escritório, comércio ou finalidades análogas.

NOITE – período do dia compreendido entre o pôr-do-sol e o nascer do sol.

ÔNIBUS – veículo automotor de transporte coletivo com capacidade para mais de vinte passageiros, ainda que, em virtude de adaptações com vista à maior comodidade destes, transporte número menor.

OPERAÇÃO DE CARGA E DESCARGA – imobilização do veículo, pelo tempo estritamente necessário ao carregamento ou descarregamento de animais ou carga, na forma disciplinada pelo órgão ou entidade executivo de trânsito competente com circunscrição sobre a via.

OPERAÇÃO DE TRÂNSITO – monitoramento técnico baseado nos conceitos de Engenharia de Tráfego, das condições de fluidez, de estacionamento e parada na via, de forma a reduzir as interferências tais como veículos quebrados, acidentados, estacionados irregularmente atrapalhando o trânsito, prestando socorros imediatos e informações aos pedestres e condutores.

PARADA – imobilização do veículo com a finalidade e pelo tempo estritamente necessário para efetuar embarque ou desembarque de passageiros.

PASSAGEM DE NÍVEL – todo cruzamento de nível entre uma via e uma linha férrea ou trilho de bonde com pista própria.

PASSAGEM POR OUTRO VEÍCULO – movimento de passagem à frente de outro veículo que se desloca no mesmo sentido, em menor velocidade, mas em faixas distintas da via.

PASSAGEM SUBTERRÂNEA – obra de arte destinada à transposição de vias, em desnível subterrâneo, e ao uso de pedestres ou veículos.

PASSARELA – obra de arte destinada à transposição de vias, em desnível aéreo, e ao uso de pedestres.

PASSEIO – parte da calçada ou da pista de rolamento, neste último caso, separada por pintura ou elemento físico separador, livre de interferências, destinada à circulação exclusiva de pedestres e, excepcionalmente, de ciclistas.

PATRULHAMENTO – função exercida pela Polícia Rodoviária Federal com o objetivo de garantir obediência às normas de trânsito, assegurando a livre circulação e evitando acidentes.

PERÍMETRO URBANO – limite entre área urbana e área rural.

PESO BRUTO TOTAL – peso máximo que o veículo transmite ao pavimento, constituído da soma da tara mais a lotação.

PESO BRUTO TOTAL COMBINADO – peso máximo transmitido ao pavimento pela combinação de um caminhão-trator mais seu semirreboque ou do caminhão mais o seu reboque ou reboques.

PISCA-ALERTA – luz intermitente do veículo, utilizada em caráter de advertência, destinada a indicar aos demais usuários da via que o veículo está imobilizado ou em situação de emergência.

PISTA – parte da via normalmente utilizada para a circulação de veículos, identificada por elementos separadores ou por diferença de nível em relação às calçadas, ilhas ou aos canteiros centrais.

PLACAS – elementos colocados na posição vertical, fixados ao lado ou suspensos sobre a pista, transmitindo mensagens de caráter permanente e, eventualmente, variáveis, mediante símbolo ou legendas pré-reconhecidas e legalmente instituídas como sinais de trânsito.

POLICIAMENTO OSTENSIVO DE TRÂNSITO – função exercida pelas Polícias Militares com o objetivo de prevenir e reprimir atos relacionados com a segurança pública e de garantir obediência às normas relativas à segurança de trânsito, assegurando a livre circulação e evitando acidentes.

PONTE – obra de construção civil destinada a ligar margens opostas de uma superfície líquida qualquer.

REBOQUE – veículo destinado a ser engatado atrás de um veículo automotor.

REGULAMENTAÇÃO DA VIA – implantação de sinalização de regulamentação pelo órgão ou entidade competente com circunscrição sobre a via, definindo, entre outros, sentido de direção, tipo de estacionamento, horários e dias.

REFÚGIO – parte da via, devidamente sinalizada e protegida, destinada ao uso de pedestres durante a travessia da mesma.

RENACH – Registro Nacional de Condutores Habilitados.

RENAVAM – Registro Nacional de Veículos Automotores.

RETORNO – movimento de inversão total de sentido da direção original de veículos.

RODOVIA – via rural pavimentada.

SEMI-REBOQUE – veículo de um ou mais eixos que se apoia na sua unidade tratora ou é a ela ligado por meio de articulação.

SINAIS DE TRÂNSITO – elementos de sinalização viária que se utilizam de placas, marcas viárias, equipamentos de controle luminosos, dispositivos auxiliares, apitos e gestos, destinados exclusivamente a ordenar ou dirigir o trânsito dos veículos e pedestres.

SINALIZAÇÃO – conjunto de sinais de trânsito e dispositivos de segurança colocados na via pública com o objetivo de garantir sua utilização adequada, possibilitando melhor fluidez no trânsito e maior segurança dos veículos e pedestres que nela circulam.

SONS POR APITO – sinais sonoros, emitidos exclusivamente pelos agentes da autoridade de trânsito nas vias, para orientar ou indicar o direito de passagem dos veículos ou pedestres, sobrepondo-se ou completando sinalização existente no local ou norma estabelecida neste Código.

TARA – peso próprio do veículo, acrescido dos pesos da carroçaria e equipamento, do combustível, das ferramentas e acessórios, da roda sobressalente, do extintor de incêndio e do fluido de arrefecimento, expresso em quilogramas.

TRAILER – reboque ou semirreboque tipo casa, com duas, quatro, ou seis rodas, acoplado ou adaptado à traseira de automóvel ou camionete, utilizado em geral em atividades turísticas como alojamento, ou para atividades comerciais.

TRÂNSITO – movimentação e imobilização de veículos, pessoas e animais nas vias terrestres.

TRANSPOSIÇÃO DE FAIXAS – passagem de um veículo de uma faixa demarcada para outra.

TRATOR – veículo automotor construído para realizar trabalho agrícola, de construção e pavimentação e tracionar outros veículos e equipamentos.

ULTRAPASSAGEM – movimento de passar à frente de outro veículo que se desloca no mesmo sentido, em menor velocidade e na mesma faixa de tráfego, necessitando sair e retornar à faixa de origem.

UTILITÁRIO – veículo misto caracterizado pela versatilidade do seu uso, inclusive fora de estrada.

VEÍCULO ARTICULADO – combinação de veículos acoplados, sendo um deles automotor.

VEÍCULO AUTOMOTOR – todo veículo a motor de propulsão que circule por seus próprios meios, e que serve normalmente para o transporte viário de pessoas e coisas, ou para a tração viária de veículos utilizados para o transporte de pessoas e coisas. O termo compreende os veículos conectados a uma linha elétrica e que não circulam sobre trilhos (ônibus elétrico).

VEÍCULO DE CARGA – veículo destinado ao transporte de carga, podendo transportar dois passageiros, exclusive o condutor.

VEÍCULO DE COLEÇÃO - veículo fabricado há mais de 30 (trinta) anos, original ou modificado, que possui valor histórico próprio. (Redação dada pela Lei 14.071, de 13-10-2020, em vigor após decorridos 180 (cento e oitenta) dias de sua publicação oficial)

VEÍCULO CONJUGADO – combinação de veículos, sendo o primeiro um veículo automotor e os demais reboques ou equipamentos de trabalho agrícola, construção, terraplenagem ou pavimentação.

VEÍCULO DE GRANDE PORTE – veículo automotor destinado ao transporte de carga com peso bruto total máximo superior a dez mil quilogramas e de passageiros, superior a vinte passageiros.

VEÍCULO DE PASSAGEIROS – veículo destinado ao transporte de pessoas e suas bagagens.

VEÍCULO MISTO – veículo automotor destinado ao transporte simultâneo de carga e passageiro.

VIA – superfície por onde transitam veículos, pessoas e animais, compreendendo a pista, a calçada, o acostamento, ilha e canteiro central.

VIA DE TRÂNSITO RÁPIDO – aquela caracterizada por acessos especiais com trânsito livre, sem interseções em nível, sem acessibilidade direta aos lotes lindeiros e sem travessia de pedestres em nível.

VIA ARTERIAL – aquela caracterizada por interseções em nível, geralmente controlada por semáforo, com acessibilidade aos lotes lindeiros e às vias secundárias e locais, possibilitando o trânsito entre as regiões da cidade.

VIA COLETORA – aquela destinada a coletar e distribuir o trânsito que tenha necessidade de entrar ou sair das vias de trânsito rápido ou arteriais, possibilitando o trânsito dentro das regiões da cidade.

VIA LOCAL – aquela caracterizada por interseções em nível não semaforizadas, destinada apenas ao acesso local ou a áreas restritas.

VIA RURAL – estradas e rodovias.

VIA URBANA – ruas, avenidas, vielas, ou caminhos e similares abertos à circulação pública, situados na área urbana, caracterizados principalmente por possuírem imóveis edificados ao longo de sua extensão.

VIAS E ÁREAS DE PEDESTRES – vias ou conjunto de vias destinadas à circulação prioritária de pedestres.

VIADUTO – obra de construção civil destinada a transpor uma depressão de terreno ou servir de passagem superior.

▸ *(Vide Resolução nº 160, de 22.04.2004 do CONTRAN)*

ÍNDICE ALFABÉTICO-REMISSIVO DO CÓDIGO DE TRÂNSITO BRASILEIRO

– A –

– B –

– C –

– J –

– L –

– M –

– N –

– O –

– P –

– R –

VELOCIDADE

VIAS

ESTATUTOS

ESTATUTO DO ÍNDIO

LEI Nº 6.001, DE 19 DE DEZEMBRO DE 1973

Dispõe sobre o Estatuto do Índio.

O PRESIDENTE DA REPÚBLICA, faço saber que o Congresso Nacional decreta e eu sanciono a seguinte Lei:

TÍTULO I. DOS PRINCÍPIOS E DEFINIÇÕES

ART. 1º. Esta Lei regula a situação jurídica dos índios ou silvícolas e das comunidades indígenas, com o propósito de preservar a sua cultura e integrá-los, progressiva e harmoniosamente, à comunhão nacional.

Parágrafo único. Aos índios e às comunidades indígenas se estende a proteção das leis do País, nos mesmos termos em que se aplicam aos demais brasileiros, resguardados os usos, costumes e tradições indígenas, bem como as condições peculiares reconhecidas nesta Lei.

ART. 2º. Cumpre à União, aos Estados e aos Municípios, bem como aos órgãos das respectivas administrações indiretas, nos limites de sua competência, para a proteção das comunidades indígenas e a preservação dos seus direitos:

I – estender aos índios os benefícios da legislação comum, sempre que possível a sua aplicação;

II – prestar assistência aos índios e às comunidades indígenas ainda não integrados à comunhão nacional;

III – respeitar, ao proporcionar aos índios meios para o seu desenvolvimento, as peculiaridades inerentes à sua condição;

IV – assegurar aos índios a possibilidade de livre escolha dos seus meios de vida e subsistência;

V – garantir aos índios a permanência voluntária no seu habitat, proporcionando-lhes ali recursos para seu desenvolvimento e progresso;

VI – respeitar, no processo de integração do índio à comunhão nacional, a coesão das comunidades indígenas, os seus valores culturais, tradições, usos e costumes;

VII – executar, sempre que possível mediante a colaboração dos índios, os programas e projetos tendentes a beneficiar as comunidades indígenas;

VIII – utilizar a cooperação, o espírito de iniciativa e as qualidades pessoais do índio, tendo em vista a melhoria de suas condições de vida e a sua integração no processo de desenvolvimento;

IX – garantir aos índios e comunidades indígenas nos termos da Constituição, a posse permanente das terras que habitam, reconhecendo-lhes o direito ao usufruto exclusivo das riquezas naturais e de todas as utilidades naquelas terras existentes;

X – garantir aos índios o pleno exercício dos direitos civis e políticos que em face da legislação lhes couberem.

Parágrafo único. (Vetado).

ART. 3º. Para os efeitos de lei, ficam estabelecidas as definições a seguir discriminadas:

I – Índio ou Silvícola – É todo indivíduo de origem e ascendência pré-colombiana que se identifica e é identificado como pertencente a um grupo étnico cujas características culturais o distinguem da sociedade nacional;

II – Comunidade Indígena ou Grupo Tribal – É um conjunto de famílias ou comunidades índias, quer vivendo em estado de completo isolamento em relação aos outros setores da comunhão nacional, quer em contatos intermitentes ou permanentes, sem contudo estarem neles integrados.

ART. 4º. Os índios são considerados:

I – Isolados – Quando vivem em grupos desconhecidos ou de que se possuem poucos e vagos informes através de contatos eventuais com elementos da comunhão nacional;

II – Em vias de integração – Quando, em contato intermitente ou permanente com grupos estranhos, conservam menor ou maior parte das condições de sua vida nativa, mas aceitam algumas práticas e modos de existência comuns aos demais setores da comunhão nacional, da qual vão necessitando cada vez mais para o próprio sustento;

III – Integrados – Quando incorporados à comunhão nacional e reconhecidos no pleno exercício dos direitos civis, ainda que conservem usos, costumes e tradições característicos da sua cultura.

TÍTULO II. DOS DIREITOS CIVIS E POLÍTICOS

CAPÍTULO I. DOS PRINCÍPIOS

ART. 5º. Aplicam-se aos índios ou silvícolas as normas dos artigos 145 e 146, da Constituição Federal, relativas à nacionalidade e à cidadania.

Parágrafo único. O exercício dos direitos civis e políticos pelo índio depende da verificação das condições especiais estabelecidas nesta Lei e na legislação pertinente.

ART. 6º. Serão respeitados os usos, costumes e tradições das comunidades indígenas e seus efeitos, nas relações de família, na ordem de sucessão, no regime de propriedade e nos atos ou negócios realizados entre índios, salvo se optarem pela aplicação do direito comum.

Parágrafo único. Aplicam-se as normas de direito comum às relações entre índios não integrados e pessoas estranhas à comunidade indígena, excetuados os que forem menos favoráveis a eles e ressalvado o disposto nesta Lei.

CAPÍTULO II. DA ASSISTÊNCIA OU TUTELA

ART. 7º. Os índios e as comunidades indígenas ainda não integrados à comunhão nacional ficam sujeito ao regime tutelar estabelecido nesta Lei.

§ 1º. Ao regime tutelar estabelecido nesta Lei aplicam-se no que couber, os princípios e normas da tutela de direito comum, independendo, todavia, o exercício da tutela da especialização de bens imóveis em hipoteca legal, bem como da prestação de caução real ou fidejussória.

§ 2º. Incumbe a tutela à União, que a exercerá através do competente órgão federal de assistência aos silvícolas.

ART. 8º. São nulos os atos praticados entre o índio não integrado e qualquer pessoa estranha à comunidade indígena quando não tenha havido assistência do órgão tutelar competente.

Parágrafo único. Não se aplica a regra deste artigo no caso em que o índio revele consciência e conhecimento do ato praticado, desde que não lhe seja prejudicial, e da extensão dos seus efeitos.

ART. 9º. Qualquer índio poderá requerer ao Juiz competente a sua liberação do regime tutelar previsto nesta Lei, investindo-se na plenitude da capacidade civil, desde que preencha os requisitos seguintes:

I – idade mínima de 21 anos;

II – conhecimento da língua portuguesa;

III – habilitação para o exercício de atividade útil, na comunhão nacional;

IV – razoável compreensão dos usos e costumes da comunhão nacional.

Parágrafo único. O Juiz decidirá após instrução sumária, ouvidos o órgão de assistência ao índio e o Ministério Público, transcrita a sentença concessiva no registro civil.

ART. 10. Satisfeitos os requisitos do artigo anterior e a pedido escrito do interessado, o órgão de assistência poderá reconhecer ao índio, mediante declaração formal, a condição de integrado, cessando toda restrição à capacidade, desde que, homologado judicialmente o ato, seja inscrito no registro civil.

ART. 11. Mediante decreto do Presidente da República, poderá ser declarada a emancipação da comunidade indígena e de seus membros, quanto ao regime tutelar estabelecido em lei, desde que requerida pela maioria dos membros do grupo e comprovada, em inquérito realizado pelo órgão federal competente, a sua plena integração na comunhão nacional.

Parágrafo único. Para os efeitos do disposto neste artigo, exigir-se-á o preenchimento, pelos requerentes, dos requisitos estabelecidos no artigo 9º.

CAPÍTULO III. DO REGISTRO CIVIL

ART. 12. Os nascimentos e óbitos, e os casamentos civis dos índios não integrados, serão registrados de acordo com a legislação comum, atendidas as peculiaridades de sua condição quanto à qualificação do nome, prenome e filiação.

Parágrafo único. O registro civil será feito a pedido do interessado ou da autoridade administrativa competente.

ART. 13. Haverá livros próprios, no órgão competente de assistência, para o registro administrativo de nascimentos e óbitos dos índios, da cessação de sua incapacidade e dos casamentos contraídos segundo os costumes tribais.

Parágrafo único. O registro administrativo constituirá, quando couber documento hábil para proceder ao registro civil do ato correspondente, admitido, na falta deste, como meio subsidiário de prova.

CAPÍTULO IV. DAS CONDIÇÕES DE TRABALHO

ART. 14. Não haverá discriminação entre trabalhadores indígenas e os demais trabalhadores, aplicando-se-lhes todos os direitos e garantias das leis trabalhistas e de previdência social.

Parágrafo único. É permitida a adaptação de condições de trabalho aos usos e costumes da comunidade a que pertencer o índio.

ART. 15. Será nulo o contrato de trabalho ou de locação de serviços realizado com os índios de que trata o artigo 4º, I.

ART. 16. Os contratos de trabalho ou de locação de serviços realizados com indígenas em processo de integração ou habitantes de parques ou colônias agrícolas dependerão de prévia aprovação do órgão de proteção ao índio, obedecendo, quando necessário, a normas próprias.

§ 1º. Será estimulada a realização de contratos por equipe, ou a domicílio, sob a orientação do órgão competente, de modo a favorecer a continuidade da via comunitária.

§ 2º. Em qualquer caso de prestação de serviços por indígenas não integrados, o órgão de proteção ao índio exercerá permanente fiscalização das condições de trabalho, denunciando os abusos e providenciando a aplicação das sanções cabíveis.

§ 3º. O órgão de assistência ao indígena propiciará o acesso, aos seus quadros, de índios integrados, estimulando a sua especialização indigenista.

TÍTULO III. DAS TERRAS DOS ÍNDIOS

CAPÍTULO I. DAS DISPOSIÇÕES GERAIS

ART. 17. Reputam-se terras indígenas:

I – as terras ocupadas ou habitadas pelos silvícolas, a que se referem os artigos 4º, IV, e 198, da Constituição;

II – as áreas reservadas de que trata o Capítulo III deste Título;

III – as terras de domínio das comunidades indígenas ou de silvícolas.

ART. 18. As terras indígenas não poderão ser objeto de arrendamento ou de qualquer ato ou negócio jurídico que restrinja o pleno exercício da posse direta pela comunidade indígena ou pelos silvícolas.

§ 1º. Nessas áreas, é vedada a qualquer pessoa estranha aos grupos tribais ou comunidades indígenas a prática da caça, pesca ou coleta de frutos, assim como de atividade agropecuária ou extrativa.

§ 2º. (Vetado).

ART. 19. As terras indígenas, por iniciativa e sob orientação do órgão federal de assistência ao índio, serão administrativamente demarcadas, de acordo com o processo estabelecido em decreto do Poder Executivo.

§ 1º. A demarcação promovida nos termos deste artigo, homologada pelo Presidente da República, será registrada em livro próprio do Serviço do Patrimônio da União (SPU) e do registro imobiliário da comarca da situação das terras.

§ 2º. Contra a demarcação processada nos termos deste artigo não caberá a concessão de interdito possessório, facultado aos interessados contra ela recorrer à ação petitória ou à demarcatória.

ART. 20. Em caráter excepcional e por qualquer dos motivos adiante enumerados, poderá a União intervir, se não houver solução alternativa, em área indígena, determinada a providência por decreto do Presidente da República.

§ 1º. A intervenção poderá ser decretada:

a) para pôr termo à luta entre grupos tribais;

b) para combater graves surtos epidêmicos, que possam acarretar o extermínio da comunidade indígena, ou qualquer mal que ponha em risco a integridade do silvícola ou do grupo tribal;

c) por imposição da segurança nacional;

d) para a realização de obras públicas que interessem ao desenvolvimento nacional;

e) para reprimir a turbação ou esbulho em larga escala;

f) para a exploração de riquezas do subsolo de relevante interesse para a segurança e o desenvolvimento nacional.

§ 2º. A intervenção executar-se-á nas condições estipuladas no decreto e sempre por meios suasórios, dela podendo resultar, segundo a gravidade do fato, uma ou algumas das medidas seguintes:

a) contenção de hostilidades, evitando-se o emprego de força contra os índios;

b) deslocamento temporário de grupos tribais de uma para outra área;

c) remoção de grupos tribais de uma para outra área.

§ 3º. Somente caberá a remoção de grupo tribal quando de todo impossível ou desaconselhável a sua permanência na área sob intervenção, destinando-se à comunidade indígena removida área equivalente à anterior, inclusive quanto às condições ecológicas.

§ 4º. A comunidade indígena removida será integralmente ressarcida dos prejuízos decorrentes da remoção.

§ 5º. O ato de intervenção terá a assistência direta do órgão federal que exercita a tutela do índio.

ART. 21. As terras espontânea e definitivamente abandonadas por comunidade indígena ou grupo tribal reverterão, por proposta do órgão federal de assistência ao índio e mediante ato declaratório do Poder Executivo, à posse e ao domínio pleno da União.

CAPÍTULO II. DAS TERRAS OCUPADAS

ART. 22. Cabe aos índios ou silvícolas a posse permanente das terras que habitam e o direito ao usufruto exclusivo das riquezas naturais e de todas as utilidades naquelas terras existentes.

Parágrafo único. As terras ocupadas pelos índios, nos termos deste artigo, serão bens inalienáveis da União (artigo 4º, IV, e 198, da Constituição Federal).

ART. 23. Considera-se posse do índio ou silvícola a ocupação efetiva da terra que, de acordo com os usos, costumes e tradições tribais, detém e onde habita ou exerce atividade indispensável à sua subsistência ou economicamente útil.

ART. 24. O usufruto assegurado aos índios ou silvícolas compreende o direito à posse, uso e percepção das riquezas naturais e de todas as utilidades existentes nas terras ocupadas, bem assim ao produto da exploração econômica de tais riquezas naturais e utilidades.

§ 1º. Incluem-se, no usufruto, que se estende aos acessórios e seus acrescidos, o uso dos mananciais e das águas dos trechos das vias fluviais compreendidos nas terras ocupadas.

§ 2º. É garantido ao índio o exclusivo exercício da caça e pesca nas áreas por ele ocupadas, devendo ser executadas por forma suasória as medidas de polícia que em relação a ele eventualmente tiverem de ser aplicadas.

ART. 25. O reconhecimento do direito dos índios e grupos tribais à posse permanente das terras por eles habitadas, nos termos do artigo 198, da Constituição Federal, independerá de sua demarcação, e será assegurado pelo órgão federal de assistência aos silvícolas, atendendo à situação atual e ao consenso histórico sobre a antiguidade da ocupação, sem prejuízo das medidas cabíveis que, na omissão ou erro do referido órgão, tomar qualquer dos Poderes da República.

CAPÍTULO III. DAS ÁREAS RESERVADAS

ART. 26. A União poderá estabelecer, em qualquer parte do território nacional, áreas destinadas à posse e ocupação pelos índios, onde possam viver e obter meios de subsistência, com direito ao usufruto e utilização das riquezas naturais e dos bens nelas existentes, respeitadas as restrições legais.

Parágrafo único. As áreas reservadas na forma deste artigo não se confundem com as de posse imemorial das tribos indígenas, podendo organizar-se sob uma das seguintes modalidades:

a) reserva indígena;

b) parque indígena;

c) colônia agrícola indígena.

ART. 27. Reserva indígena é uma área destinada a servidor de habitat a grupo indígena, com os meios suficientes à sua subsistência.

ART. 28. Parque indígena é a área contida em terra na posse de índios, cujo grau de integração permita assistência econômica, educacional e sanitária dos órgãos da União, em que se preservem as reservas de flora e fauna e as belezas naturais da região.

§ 1º. Na administração dos parques serão respeitados a liberdade, usos, costumes e tradições dos índios.

§ 2º. As medidas de polícia, necessárias à ordem interna e à preservação das riquezas existentes na área do parque, deverão ser tomadas por meios suasórios e de acordo com o interesse dos índios que nela habitem.

§ 3º. O loteamento das terras dos parques indígenas obedecerá ao regime de propriedade, usos e costumes tribais, bem como às normas administrativas nacionais, que deverão ajustar-se aos interesses das comunidades indígenas.

ART. 29. Colônia agrícola indígena é a área destinada à exploração agropecuária, administrada pelo órgão de assistência ao índio, onde convivam tribos aculturadas e membros da comunidade nacional.

ART. 30. Território federal indígena é a unidade administrativa subordinada à União, instituída em região na qual pelo menos um terço da população seja formado por índios.

ART. 31. As disposições deste Capítulo serão aplicadas, no que couber, às áreas em que a posse decorra da aplicação do artigo 198, da Constituição Federal.

CAPÍTULO IV.
DAS TERRAS DE DOMÍNIO INDÍGENA

ART. 32. São de propriedade plena do índio ou da comunidade indígena, conforme o caso, as terras havidas por qualquer das formas de aquisição do domínio, nos termos da legislação civil.

ART. 33. O índio, integrado ou não, que ocupe como próprio, por dez anos consecutivos, trecho de terra inferior a cinquenta hectares, adquirir-lhe-á a propriedade plena.

Parágrafo único. O disposto neste artigo não se aplica às terras do domínio da União, ocupadas por grupos tribais, às áreas reservadas de que trata esta Lei, nem às terras de propriedade coletiva de grupo tribal.

CAPÍTULO V.
DA DEFESA DAS TERRAS INDÍGENAS

ART. 34. O órgão federal de assistência ao índio poderá solicitar a colaboração das Forças Armadas e Auxiliares e da Polícia Federal, para assegurar a proteção das terras ocupadas pelos índios e pelas comunidades indígenas.

ART. 35. Cabe ao órgão federal de assistência ao índio a defesa judicial ou extrajudicial dos direitos dos silvícolas e das comunidades indígenas.

ART. 36. Sem prejuízo do disposto no artigo anterior, compete à União adotar as medidas administrativas ou propor, por intermédio do Ministério Público Federal, as medidas judiciais adequadas à proteção da posse dos silvícolas sobre as terras que habitem.

Parágrafo único. Quando as medidas judiciais previstas neste artigo forem propostas pelo órgão federal de assistência, ou contra ele, a União será litisconsorte ativa ou passiva.

ART. 37. Os grupos tribais ou comunidades indígenas são partes legítimas para a defesa dos seus direitos em juízo, cabendo-lhes, no caso, a assistência do Ministério Público Federal ou do órgão de proteção ao índio.

ART. 38. As terras indígenas são inusucapíveis e sobre elas não poderá recair desapropriação, salvo o previsto no artigo 20.

TÍTULO IV.
DOS BENS E RENDA DO PATRIMÔNIO INDÍGENA

ART. 39. Constituem bens do Patrimônio Indígena:

I – as terras pertencentes ao domínio dos grupos tribais ou comunidades indígenas;

II – o usufruto exclusivo das riquezas naturais e de todas as utilidades existentes nas terras ocupadas por grupos tribais ou comunidades indígenas e nas áreas a eles reservadas;

III – os bens móveis ou imóveis, adquiridos a qualquer título.

ART. 40. São titulares do Patrimônio Indígena:

I – a população indígena do País, no tocante a bens ou rendas pertencentes ou destinadas aos silvícolas, sem discriminação de pessoas ou grupos tribais;

II – o grupo tribal ou comunidade indígena determinada, quanto à posse e usufruto das terras por ele exclusivamente ocupadas, ou a ele reservadas;

III – a comunidade indígena ou grupo tribal nomeado no título aquisitivo da propriedade, em relação aos respectivos imóveis ou móveis.

ART. 41. Não integram o Patrimônio Indígena:

I – as terras de exclusiva posse ou domínio do índio ou silvícola, individualmente considerado, e o usufruto das respectivas riquezas naturais e utilidades;

II – a habitação, os móveis e utensílios domésticos, os objetos de uso pessoal, os instrumentos de trabalho e os produtos da lavoura, caça, pesca e coleta ou do trabalho em geral dos silvícolas.

ART. 42. Cabe ao órgão de assistência a gestão do Patrimônio Indígena, propiciando-se, porém, a participação dos silvícolas e dos grupos tribais na administração dos próprios bens, sendo-lhes totalmente confiado o encargo, quando demonstrem capacidade efetiva para o seu exercício.

Parágrafo único. O arrolamento dos bens do Patrimônio Indígena será permanentemente atualizado, procedendo-se à fiscalização rigorosa de sua gestão, mediante controle interno e externo, a fim de tornar efetiva a responsabilidade dos seus administradores.

ART. 43. A renda indígena é a resultante da aplicação de bens e utilidades integrantes do Patrimônio Indígena, sob a responsabilidade do órgão de assistência ao índio.

§ 1º. A renda indígena será preferencialmente reaplicada em atividades rentáveis ou utilizada em programas de assistência ao índio.

§ 2º. A reaplicação prevista no parágrafo anterior reverterá principalmente em benefício da comunidade que produziu os primeiros resultados econômicos.

ART. 44. As riquezas do solo, nas áreas indígenas, somente pelos silvícolas podem ser exploradas, cabendo-lhes com exclusividade o exercício da garimpagem, faiscação e cata das áreas referidas.

ART. 45. A exploração das riquezas do subsolo nas áreas pertencentes aos índios, ou do domínio da União, mas na posse de comunidades indígenas, far-se-á nos termos da legislação vigente, observado o disposto nesta Lei.

§ 1º. O Ministério do Interior, através do órgão competente de assistência aos índios, representará os interesses da União, como proprietária do solo, mas a participação no resultado da exploração, as indenizações e a renda devida pela ocupação do terreno, reverterão em benefício dos índios e constituirão fontes de renda indígena.

§ 2º. Na salvaguarda dos interesses do Patrimônio Indígena e do bem-estar dos silvícolas, a autorização de pesquisa ou lavra, a terceiros, nas posses tribais, estará condicionada a prévio entendimento com o órgão de assistência ao índio.

ART. 46. O corte de madeira nas florestas indígenas, consideradas em regime de preservação permanente, de acordo com a letra g e § 2º, do artigo 3º, do Código Florestal, está condicionado à existência de programas ou projetos para o aproveitamento das terras respectivas na exploração agropecuária, na indústria ou no reflorestamento.

TÍTULO V. DA EDUCAÇÃO, CULTURA E SAÚDE

ART. 47. É assegurado o respeito ao patrimônio cultural das comunidades indígenas, seus valores artísticos e meios de expressão.

ART. 48. Estende-se à população indígena, com as necessárias adaptações, o sistema de ensino em vigor no País.

ART. 49. A alfabetização dos índios far-se-á na língua do grupo a que pertençam, e em português, salvaguardado o uso da primeira.

ART. 50. A educação do índio será orientada para a integração na comunhão nacional mediante processo de gradativa compreensão dos problemas gerais e valores da sociedade nacional, bem como do aproveitamento das suas aptidões individuais.

ART. 51. A assistência aos menores, para fins educacionais, será prestada, quanto possível, sem afastá-los do convívio familiar ou tribal.

ART. 52. Será proporcionada ao índio a formação profissional adequada, de acordo com o seu grau de aculturação.

ART. 53. O artesanato e as indústrias rurais serão estimulados, no sentido de elevar o padrão de vida do índio com a conveniente adaptação às condições técnicas modernas.

ART. 54. Os índios têm direito aos meios de proteção à saúde facultados à comunhão nacional.

Parágrafo único. Na infância, na maternidade, na doença e na velhice, deve ser assegurada ao silvícola, especial assistência dos poderes públicos, em estabelecimentos a esse fim destinados.

ART. 55. O regime geral da previdência social será extensivo aos índios, atendidas as condições sociais, econômicas e culturais das comunidades beneficiadas.

TÍTULO VI. DAS NORMAS PENAIS

CAPÍTULO I. DOS PRINCÍPIOS

ART. 56. No caso de condenação de índio por infração penal, a pena deverá ser atenuada e na sua aplicação o Juiz atenderá também ao grau de integração do silvícola.

Parágrafo único. As penas de reclusão e de detenção serão cumpridas, se possível, em regime especial de semiliberdade, no local de funcionamento do órgão federal de assistência aos índios mais próximos da habitação do condenado.

ART. 57. Será tolerada a aplicação, pelos grupos tribais, de acordo com as instituições próprias, de sanções penais ou disciplinares contra os seus membros, desde que não revistam caráter cruel ou infamante, proibida em qualquer caso a pena de morte.

CAPÍTULO II. DOS CRIMES CONTRA OS ÍNDIOS

ART. 58. Constituem crimes contra os índios e a cultura indígena:

I – escarnecer de cerimônia, rito, uso, costume ou tradição culturais indígenas, vilipendiá-los ou perturbar, de qualquer modo, a sua prática. Pena – detenção de um a três meses;

II – utilizar o índio ou comunidade indígena como objeto de propaganda turística ou de exibição para fins lucrativos. Pena – detenção de dois a seis meses;

III – propiciar, por qualquer meio, a aquisição, o uso e a disseminação de bebidas alcoólicas, nos grupos tribais ou entre índios não integrados. Pena – detenção de seis meses a dois anos.

Parágrafo único. As penas estatuídas neste artigo são agravadas de um terço, quando o crime for praticado por funcionário ou empregado do órgão de assistência ao índio.

ART. 59. No caso de crime contra a pessoa, o patrimônio ou os costumes, em que o ofendido seja índio não integrado ou comunidade indígena, a pena será agravada de um terço.

TÍTULO VII. DISPOSIÇÕES GERAIS

ART. 60. Os bens e rendas do Patrimônio Indígena gozam de plena isenção tributária.

ART. 61. São extensivos aos interesses do Patrimônio Indígena os privilégios da Fazenda Pública, quanto à impenhorabilidade de bens, rendas e serviços, ações especiais, prazos processuais, juros e custas.

ART. 62. Ficam declaradas a nulidade e a extinção dos efeitos jurídicos dos atos de qualquer natureza que tenham por objeto o domínio, a posse ou a ocupação das terras habitadas pelos índios ou comunidades indígenas.

§ 1º. Aplica-se o disposto deste artigo às terras que tenham sido desocupadas pelos índios ou comunidades indígenas em virtude de ato ilegítimo de autoridade e particular.

§ 2º. Ninguém terá direito a ação ou indenização contra a União, o órgão de assistência ao índio ou os silvícolas em virtude da nulidade e extinção de que trata este artigo, ou de suas consequências econômicas.

§ 3º. Em caráter excepcional e a juízo exclusivo do dirigente do órgão de assistência ao índio, será permitida a continuação, por prazo razoável dos efeitos dos contratos de arrendamento em vigor na data desta Lei, desde que a sua extinção acarrete graves consequências sociais.

ART. 63. Nenhuma medida judicial será concedida liminarmente em causas que envolvam interesse de silvícolas ou do Patrimônio Indígena, sem prévia audiência da União e do órgão de proteção ao índio.

ART. 64. (Vetado).

ART. 65. O Poder Executivo fará, no prazo de cinco anos, a demarcação das terras indígenas, ainda não demarcadas.

ART. 66. O órgão de proteção ao silvícola fará divulgar e respeitar as normas da Convenção 107, promulgada pelo Decreto nº 58.824, de 14 julho de 1966.

ART. 67. É mantida a Lei nº 5.371, de 5 de dezembro de 1967.

ART. 68. Esta Lei entrará em vigor na data de sua publicação, revogadas as disposições em contrário.

EMÍLIO G. MEDICI

Este texto não substitui o publicado no DOU de 21.12.1973

ESTATUTO DO ESTRANGEIRO

LEI Nº 6.815, DE 19 DE AGOSTO DE 1980

Define a situação jurídica do estrangeiro no Brasil, cria o Conselho Nacional de Imigração.

▸ *Revogada pela Lei n. 13.445, de 24 de maio de 2017, Lei de Migração.*

ESTATUTO DA CRIANÇA E DO ADOLESCENTE

LEI Nº 8.069, DE 13 DE JULHO DE 1990

Dispõe sobre o Estatuto da Criança e do Adolescente e dá outras providências.

▸ *Súmulas 108, 265, 338, 342, 383, 492, 500 e 605 do STJ.*

O PRESIDENTE DA REPÚBLICA: Faço saber que o Congresso Nacional decreta e eu sanciono a seguinte Lei:

PARTE GERAL.

TÍTULO I. DAS DISPOSIÇÕES PRELIMINARES

ART. 1º. Esta Lei dispõe sobre a proteção integral à criança e ao adolescente.

ART. 2º. Considera-se criança, para os efeitos desta Lei, a pessoa até doze anos de idade incompletos, e adolescente aquela entre doze e dezoito anos de idade.

Parágrafo único. Nos casos expressos em lei, aplica-se excepcionalmente este Estatuto às pessoas entre dezoito e vinte e um anos de idade.

▸ *Súmula 605 do STJ.*

▸ *CC: arts. 2º e 5º.*

ART. 3º. A criança e o adolescente gozam de todos os direitos fundamentais inerentes à pessoa humana, sem prejuízo da proteção integral de que trata esta Lei, assegurando-se-lhes, por lei ou por outros meios, todas as oportunidades e facilidades, a fim de lhes facultar o desenvolvimento físico, mental, moral, espiritual e social, em condições de liberdade e de dignidade.

▸ *CF: arts. 5º, 6º, 7º, XXV e XXXIII, e 227 a 229.*

Parágrafo único. Os direitos enunciados nesta Lei aplicam-se a todas as crianças e adolescentes, sem discriminação de nascimento, situação familiar, idade, sexo, raça, etnia ou cor, religião ou crença, deficiência, condição pessoal de desenvolvimento e aprendizagem, condição econômica, ambiente social, região e local de moradia ou outra condição que diferencie as pessoas, as famílias ou a comunidade em que vivem. (Incluído pela Lei nº 13.257, de 2016)

ART. 4º. É dever da família, da comunidade, da sociedade em geral e do poder público assegurar, com absoluta prioridade, a efetivação dos direitos referentes à vida, à saúde, à alimentação, à educação, ao esporte, ao lazer, à profissionalização, à cultura, à dignidade, ao respeito, à liberdade e à convivência familiar e comunitária.

▸ *CF: arts. 5º, 6º, 7º, XXV e XXXIII, e 227 a 229.*

Parágrafo único. A garantia de prioridade compreende:

a) primazia de receber proteção e socorro em quaisquer circunstâncias;

b) precedência de atendimento nos serviços públicos ou de relevância pública;

c) preferência na formulação e na execução das políticas sociais públicas;

d) destinação privilegiada de recursos públicos nas áreas relacionadas com a proteção à infância e à juventude.

ART. 5º. Nenhuma criança ou adolescente será objeto de qualquer forma de negligência, discriminação, exploração, violência, crueldade e opressão, punido na forma da lei qualquer atentado, por ação ou omissão, aos seus direitos fundamentais.

▸ CF: arts. 1º, III, 3º, III e IV, e 5º, III, XLIII e XLVII, e.

ART. 6º. Na interpretação desta Lei levar-se-ão em conta os fins sociais a que ela se dirige, as exigências do bem comum, os direitos e deveres individuais e coletivos, e a condição peculiar da criança e do adolescente como pessoas em desenvolvimento.

▸ Dec.-lei nº 4.657, de 04-09-1942, art. 5º, Lei de Introdução às Normas do Direito Brasileiro.

TÍTULO II. DOS DIREITOS FUNDAMENTAIS

CAPÍTULO I. DO DIREITO À VIDA E À SAÚDE

ART. 7º. A criança e o adolescente têm direito a proteção à vida e à saúde, mediante a efetivação de políticas sociais públicas que permitam o nascimento e o desenvolvimento sadio e harmonioso, em condições dignas de existência.

ART. 8º. É assegurado a todas as mulheres o acesso aos programas e às políticas de saúde da mulher e de planejamento reprodutivo e, às gestantes, nutrição adequada, atenção humanizada à gravidez, ao parto e ao puerpério e atendimento pré-natal, perinatal e pós-natal integral no âmbito do Sistema Único de Saúde. (Redação dada pela Lei nº 13.257, de 2016)

ART. 8º-A. Fica instituída a Semana Nacional de Prevenção da Gravidez na Adolescência, a ser realizada anualmente na semana que incluir o dia 1º de fevereiro, com o objetivo de disseminar informações sobre medidas preventivas e educativas que contribuam para a redução da incidência da gravidez na adolescência. (Incluído pela Lei nº 13.798, de 2019)

Parágrafo único. As ações destinadas a efetivar o disposto no caput deste artigo ficarão a cargo do poder público, em conjunto com organizações da sociedade civil, e serão dirigidas prioritariamente ao público adolescente. (Incluído pela Lei nº 13.798, de 2019)

▸ CF: art. 5º, L.

§ 1º. O atendimento pré-natal será realizado por profissionais da atenção primária. (Redação dada pela Lei nº 13.257, de 2016)

§ 2º. Os profissionais de saúde de referência da gestante garantirão sua vinculação, no último trimestre da gestação, ao estabelecimento em que será realizado o parto, garantido o direito de opção da mulher. (Redação dada pela Lei nº 13.257, de 2016)

§ 3º. Os serviços de saúde onde o parto for realizado assegurarão às mulheres e aos seus filhos recém-nascidos alta hospitalar responsável e contrarreferência na atenção primária, bem como o acesso a outros serviços e a grupos de apoio à amamentação. (Redação dada pela Lei nº 13.257, de 2016)

§ 4º. Incumbe ao poder público proporcionar assistência psicológica à gestante e à mãe, no período pré e pós-natal, inclusive como forma de prevenir ou minorar as consequências do estado puerperal. (Incluído pela Lei nº 12.010, de 2009)

§ 5º. A assistência referida no § 4º deste artigo deverá ser prestada também a gestantes e mães que manifestem interesse em entregar seus filhos para adoção, bem como a gestantes e mães que se encontrem em situação de privação de liberdade. (Redação dada pela Lei nº 13.257, de 2016)

§ 6º. A gestante e a parturiente têm direito a 1 (um) acompanhante de sua preferência durante o período do pré-natal, do trabalho de parto e do pós-parto imediato. (Incluído pela Lei nº 13.257, de 2016)

§ 7º. A gestante deverá receber orientação sobre aleitamento materno, alimentação complementar saudável e crescimento e desenvolvimento infantil, bem como sobre formas de favorecer a criação de vínculos afetivos e de estimular o desenvolvimento integral da criança. (Incluído pela Lei nº 13.257, de 2016)

§ 8º. A gestante tem direito a acompanhamento saudável durante toda a gestação e a parto natural cuidadoso, estabelecendo-se a aplicação de cesariana e outras intervenções cirúrgicas por motivos médicos. (Incluído pela Lei nº 13.257, de 2016)

§ 9º. A atenção primária à saúde fará a busca ativa da gestante que não iniciar ou que abandonar as consultas de pré-natal, bem como da puérpera que não comparecer às consultas pós-parto. (Incluído pela Lei nº 13.257, de 2016)

§ 10. Incumbe ao poder público garantir, à gestante e à mulher com filho na primeira infância que se encontrem sob custódia em unidade de privação de liberdade, ambiência que atenda às normas sanitárias e assistenciais do Sistema Único de Saúde para o acolhimento do filho, em articulação com o sistema de ensino competente, visando ao desenvolvimento integral da criança. (Incluído pela Lei nº 13.257, de 2016)

ART. 9º. O poder público, as instituições e os empregadores propiciarão condições adequadas ao aleitamento materno, inclusive aos filhos de mães submetidas a medida privativa de liberdade.

§ 1º. Os profissionais das unidades primárias de saúde desenvolverão ações sistemáticas, individuais ou coletivas, visando ao planejamento, à implementação e à avaliação de ações de promoção, proteção e apoio ao aleitamento materno e à alimentação complementar saudável, de forma contínua. (Incluído pela Lei nº 13.257, de 2016)

§ 2º. Os serviços de unidades de terapia intensiva neonatal deverão dispor de banco de leite humano ou unidade de coleta de leite humano. (Incluído pela Lei nº 13.257, de 2016)

ART. 10. Os hospitais e demais estabelecimentos de atenção à saúde de gestantes, públicos e particulares, são obrigados a:

I – manter registro das atividades desenvolvidas, através de prontuários individuais, pelo prazo de dezoito anos;

II – identificar o recém-nascido mediante o registro de sua impressão plantar e digital e da impressão digital da mãe,

ESTATUTOS

sem prejuízo de outras formas normatizadas pela autoridade administrativa competente;

III – proceder a exames visando ao diagnóstico e terapêutica de anormalidades no metabolismo do recém-nascido, bem como prestar orientação aos pais;

IV – fornecer declaração de nascimento onde constem necessariamente as intercorrências do parto e do desenvolvimento do neonato;

V – manter alojamento conjunto, possibilitando ao neonato a permanência junto à mãe;

VI – acompanhar a prática do processo de amamentação, prestando orientações quanto à técnica adequada, enquanto a mãe permanecer na unidade hospitalar, utilizando o corpo técnico já existente. (Incluído pela Lei nº 13.436, de 2017).

▸ *Atualização:§ 1º Os testes para o rastreamento de doenças no recém-nascido serão disponibilizados pelo Sistema Único de Saúde, no âmbito do Programa Nacional de Triagem Neonatal (PNTN), na forma da regulamentação elaborada pelo Ministério da Saúde, com implementação de forma escalonada, de acordo com a seguinte ordem de progressão: (Acrescido pela Lei 14.154, de 26-05-2021, em vigor 365 dias de sua publicação oficial - DOU 27-05-2021)*

I - etapa 1:

a) fenilcetonúria e outras hiperfenilalaninemias;

b) hipotireoidismo congênito;

c) doença falciforme e outras hemoglobinopatias;

d) fibrose cística;

e) hiperplasia adrenal congênita;

f) deficiência de biotinidase;

g) toxoplasmose congênita;

II - etapa 2:

a) galactosemias;

b) aminoacidopatias;

c) distúrbios do ciclo da ureia;

d) distúrbios da betaoxidação dos ácidos graxos;

III - etapa 3: doenças lisossômicas;

IV - etapa 4: imunodeficiências primárias;

V - etapa 5: atrofia muscular espinhal.

§ 2º A delimitação de doenças a serem rastreadas pelo teste do pezinho, no âmbito do PNTN, será revisada periodicamente, com base em evidências científicas, considerados os benefícios do rastreamento, do diagnóstico e do tratamento precoce, priorizando as doenças com maior prevalência no País, com protocolo de tratamento aprovado e com tratamento incorporado no Sistema Único de Saúde.(Acrescido pela Lei 14.154, de 26-05-2021, em vigor 365 dias de sua publicação oficial - DOU 27-05-2021)

§ 3º O rol de doenças constante do § 1º deste artigo poderá ser expandido pelo poder público com base nos critérios estabelecidos no § 2º deste artigo.(Acrescido pela Lei 14.154, de 26-05-2021, em vigor 365 dias de sua publicação oficial - DOU 27-05-2021)

§ 4º Durante os atendimentos de pré-natal e de puerpério imediato, os profissionais de saúde devem informar a gestante e os acompanhantes sobre a importância do teste do pezinho e sobre as eventuais diferenças existentes entre as modalidades oferecidas no Sistema Único de Saúde e na rede privada de saúde. (Acrescido pela Lei 14.154, de 26-05-2021, em vigor 365 dias de sua publicação oficial - DOU 27-05-2021)

ART. 11. É assegurado acesso integral às linhas de cuidado voltadas à saúde da criança e do adolescente, por intermédio do Sistema Único de Saúde, observado o princípio da equidade no acesso a ações e serviços para promoção, proteção e recuperação da saúde. (Redação dada pela Lei nº 13.257, de 2016)

§ 1º. A criança e o adolescente com deficiência serão atendidos, sem discriminação ou segregação, em suas necessidades gerais de saúde e específicas de habilitação e reabilitação. (Redação dada pela Lei nº 13.257, de 2016)

§ 2º. Incumbe ao poder público fornecer gratuitamente, àqueles que necessitarem, medicamentos, órteses, próteses e outras tecnologias assistivas relativas ao tratamento, habilitação ou reabilitação para crianças e adolescentes, de acordo com as linhas de cuidado voltadas às suas necessidades específicas. (Redação dada pela Lei nº 13.257, de 2016)

§ 3º. Os profissionais que atuam no cuidado diário ou frequente de crianças na primeira infância receberão formação específica e permanente para a detecção de sinais de risco para o desenvolvimento psíquico, bem como para o acompanhamento que se fizer necessário. (Incluído pela Lei nº 13.257, de 2016)

ART. 12. Os estabelecimentos de atendimento à saúde, inclusive as unidades neonatais, de terapia intensiva e de cuidados intermediários, deverão proporcionar condições para a permanência em tempo integral de um dos pais ou responsável, nos casos de internação de criança ou adolescente. (Redação dada pela Lei nº 13.257, de 2016)

ART. 13. Os casos de suspeita ou confirmação de castigo físico, de tratamento cruel ou degradante e de maus-tratos contra criança ou adolescente serão obrigatoriamente comunicados ao Conselho Tutelar da respectiva localidade, sem prejuízo de outras providências legais. (Redação dada pela Lei nº 13.010, de 2014)

§ 1º. As gestantes ou mães que manifestem interesse em entregar seus filhos para adoção serão obrigatoriamente encaminhadas, sem constrangimento, à Justiça da Infância e da Juventude. (Incluído pela Lei nº 13.257, de 2016)

§ 2º. Os serviços de saúde em suas diferentes portas de entrada, os serviços de assistência social em seu componente especializado, o Centro de Referência Especializado de Assistência Social (Creas) e os demais órgãos do Sistema de Garantia de Direitos da Criança e do Adolescente deverão conferir máxima prioridade ao atendimento das crianças na faixa etária da primeira infância com suspeita ou confirmação de violência de qualquer natureza, formulando projeto terapêutico singular que inclua intervenção em rede e, se necessário, acompanhamento domiciliar. (Incluído pela Lei nº 13.257, de 2016)

ART. 14. O Sistema Único de Saúde promoverá programas de assistência médica e odontológica para a prevenção das enfermidades que ordinariamente afetam a população infantil, e campanhas de educação sanitária para pais, educadores e alunos.

§ 1º. É obrigatória a vacinação das crianças nos casos recomendados pelas autoridades sanitárias. (Renumerado do parágrafo único pela Lei nº 13.257, de 2016)

§ 2º. O Sistema Único de Saúde promoverá a atenção à saúde bucal das crianças e das gestantes, de forma transversal, integral e intersetorial com as demais linhas de cuidado direcionadas à mulher e à criança. (Incluído pela Lei nº 13.257, de 2016)

§ 3º. A atenção odontológica à criança terá função educativa protetiva e será prestada, inicialmente, antes de o bebê nascer, por meio de aconselhamento pré-natal, e, posteriormente, no sexto e no décimo segundo anos de vida, com orientações sobre saúde bucal. (Incluído pela Lei nº 13.257, de 2016)

§ 4º. A criança com necessidade de cuidados odontológicos especiais será atendida pelo Sistema Único de Saúde. (Incluído pela Lei nº 13.257, de 2016)

§ 5º. É obrigatória a aplicação a todas as crianças, nos seus primeiros dezoito meses de vida, de protocolo ou outro instrumento construído com a finalidade de facilitar a detecção, em consulta pediátrica de acompanhamento da criança, de risco para o seu desenvolvimento psíquico. (Incluído pela Lei nº 13.438, de 2017, com entrada em vigor a partir do dia 12-07-2017).

CAPÍTULO II.
DO DIREITO À LIBERDADE, AO RESPEITO E À DIGNIDADE

ART. 15. A criança e o adolescente têm direito à liberdade, ao respeito e à dignidade como pessoas humanas em processo de desenvolvimento e como sujeitos de direitos civis, humanos e sociais garantidos na Constituição e nas leis.

ART. 16. O direito à liberdade compreende os seguintes aspectos:

I – ir, vir e estar nos logradouros públicos e espaços comunitários, ressalvadas as restrições legais;

▸ *CF: art. 5º, LXVIII.*

II – opinião e expressão;

III – crença e culto religioso;

IV – brincar, praticar esportes e divertir-se;

V – participar da vida familiar e comunitária, sem discriminação;

VI – participar da vida política, na forma da lei;

VII – buscar refúgio, auxílio e orientação.

ART. 17. O direito ao respeito consiste na inviolabilidade da integridade física, psíquica e moral da criança e do adolescente, abrangendo a preservação da imagem, da identidade, da autonomia, dos valores, ideias e crenças, dos espaços e objetos pessoais.

▸ *CF: art. 5º, X.*

ART. 18. É dever de todos velar pela dignidade da criança e do adolescente, pondo-os a salvo de qualquer tratamento desumano, violento, aterrorizante, vexatório ou constrangedor.

ART. 18-A. A criança e o adolescente têm o direito de ser educados e cuidados sem o uso de castigo físico ou de tratamento cruel ou degradante, como formas de correção, disciplina, educação ou qualquer outro pretexto, pelos pais, pelos integrantes da família ampliada, pelos responsáveis, pelos agentes públicos executores de medidas socioeducativas ou por qualquer pessoa encarregada de cuidar deles, tratá-los, educá-los ou protegê-los. (Incluído pela Lei nº 13.010, de 2014)

Parágrafo único. Para os fins desta Lei, considera-se: (Incluído pela Lei nº 13.010, de 2014)

I – castigo físico: ação de natureza disciplinar ou punitiva aplicada com o uso da força física sobre a criança ou o adolescente que resulte em: (Incluído pela Lei nº 13.010, de 2014)

a) sofrimento físico; ou (Incluído pela Lei nº 13.010, de 2014)

b) lesão; (Incluído pela Lei nº 13.010, de 2014)

II – tratamento cruel ou degradante: conduta ou forma cruel de tratamento em relação à criança ou ao adolescente que: (Incluído pela Lei nº 13.010, de 2014)

a) humilhe; ou (Incluído pela Lei nº 13.010, de 2014)

b) ameace gravemente; ou (Incluído pela Lei nº 13.010, de 2014)

c) ridicularize. (Incluído pela Lei nº 13.010, de 2014)

ART. 18-B. Os pais, os integrantes da família ampliada, os responsáveis, os agentes públicos executores de medidas socioeducativas ou qualquer pessoa encarregada de cuidar de crianças e de adolescentes, tratá-los, educá-los ou protegê-los que utilizarem castigo físico ou tratamento cruel ou degradante como formas de correção, disciplina, educação ou qualquer outro pretexto estarão sujeitos, sem prejuízo de outras sanções cabíveis, às seguintes medidas, que serão aplicadas de acordo com a gravidade do caso: (Incluído pela Lei nº 13.010, de 2014)

I – encaminhamento a programa oficial ou comunitário de proteção à família; (Incluído pela Lei nº 13.010, de 2014)

II – encaminhamento a tratamento psicológico ou psiquiátrico; (Incluído pela Lei nº 13.010, de 2014)

III – encaminhamento a cursos ou programas de orientação; (Incluído pela Lei nº 13.010, de 2014)

IV – obrigação de encaminhar a criança a tratamento especializado; (Incluído pela Lei nº 13.010, de 2014)

V – advertência. (Incluído pela Lei nº 13.010, de 2014)

Parágrafo único. As medidas previstas neste artigo serão aplicadas pelo Conselho Tutelar, sem prejuízo de outras providências legais. (Incluído pela Lei nº 13.010, de 2014)

CAPÍTULO III.
DO DIREITO À CONVIVÊNCIA FAMILIAR E COMUNITÁRIA

SEÇÃO I.
DISPOSIÇÕES GERAIS

ART. 19. É direito da criança e do adolescente ser criado e educado no seio de sua família e, excepcionalmente, em família substituta, assegurada a convivência familiar e comunitária, em ambiente que garanta seu desenvolvimento integral. (Redação dada pela Lei nº 13.257, de 2016)

§ 1º. Toda criança ou adolescente que estiver inserido em programa de acolhimento familiar ou institucional terá sua situação reavaliada, no máximo, a cada 3 (três) meses, devendo a autoridade judiciária competente, com base em relatório elaborado por equipe interprofissional ou multidisciplinar, decidir de forma fundamentada pela possibilidade de reintegração familiar ou pela colocação em família substituta, em quaisquer das modalidades previstas no art. 28 desta Lei. (Redação dada pela Lei nº 13.509, de 22-11-2017)

§ 2º. A permanência da criança e do adolescente em programa de acolhimento institucional não se prolongará por mais de 18 (dezoito meses), salvo comprovada necessidade que atenda ao seu superior interesse, devidamente fundamentada pela autoridade judiciária. (Redação dada pela Lei nº 13.509, de 22-11-2017)

§ 3º. A manutenção ou a reintegração de criança ou adolescente à sua família terá preferência em relação a qualquer outra providência, caso em que será esta incluída em serviços e programas de proteção, apoio e promoção, nos termos do § 1º do art. 23, dos incisos I e IV do caput do art. 101 e dos incisos I a IV do caput do art. 129 desta Lei. (Redação dada pela Lei nº 13.257, de 2016)

§ 4º. Será garantida a convivência da criança e do adolescente com a mãe ou o pai privado de liberdade, por meio de visitas periódicas promovidas pelo responsável ou, nas hipóteses de acolhimento institucional, pela entidade responsável, independentemente de autorização judicial. (Redação dada pela Lei nº 12.962, de 08/04/2014)

§ 5º. Será garantida a convivência integral da criança com a mãe adolescente que estiver em acolhimento institucional. (Incluído pela Lei nº 13.509, de 22-11-2017)

§ 6º. A mãe adolescente será assistida por equipe especializada multidisciplinar. (Incluído pela Lei nº 13.509, de 2017)

ART. 19-A. A gestante ou mãe que manifeste interesse em entregar seu filho para adoção, antes ou logo após o nascimento, será encaminhada à Justiça da Infância e da Juventude. (Incluído pela Lei nº 13.509, de 22-11-2017)

§ 1º. A gestante ou mãe será ouvida pela equipe interprofissional da Justiça da Infância e da Juventude, que apresentará relatório à autoridade judiciária, considerando inclusive os eventuais efeitos do estado gestacional e puerperal. (Incluído pela Lei nº 13.509, de 22-11-2017)

§ 2º. De posse do relatório, a autoridade judiciária poderá determinar o encaminhamento da gestante ou mãe, mediante sua expressa concordância, à rede pública de saúde e assistência social para atendimento especializado. (Incluído pela Lei nº 13.509, de 22-11-2017)

§ 3º. A busca à família extensa, conforme definida nos termos do parágrafo único do art. 25 desta Lei, respeitará o prazo máximo de 90 (noventa) dias, prorrogável por igual período. (Incluído pela Lei nº 13.509, de 22-11-2017)

§ 4º. Na hipótese de não haver a indicação do genitor e de não existir outro representante da família extensa apto a receber a guarda, a autoridade judiciária competente deverá decretar a extinção do poder familiar e determinar a colocação da criança sob a guarda provisória de quem estiver habilitado a adotá-la ou de entidade que desenvolva programa de acolhimento familiar ou institucional. (Incluído pela Lei nº 13.509, de 22-11-2017)

§ 5º. Após o nascimento da criança, a vontade da mãe ou de ambos os genitores, se houver pai registral ou pai indicado, deve ser manifestada na audiência a que se refere o § 1º do art. 166 desta Lei, garantido o sigilo sobre a entrega. (Incluído pela Lei nº 13.509, de 22-11-2017)

§ 6º Na hipótese de não comparecerem à audiência nem o genitor nem representante da família extensa para confirmar a intenção de exercer o poder familiar ou a guarda, a autoridade judiciária suspenderá o poder familiar da mãe, e a criança será colocada sob a guarda provisória de quem esteja habilitado a adotá-la. (Incluído pela Lei nº 13.509, de 22-11-2017)

§ 7º. Os detentores da guarda possuem o prazo de 15 (quinze) dias para propor a ação de adoção, contado do dia seguinte à data do término do estágio de convivência. (Incluído pela Lei nº 13.509, de 22-11-2017)

§ 8º. Na hipótese de desistência pelos genitores – manifestada em audiência ou perante a equipe interprofissional – da entrega da criança após o nascimento, a criança será mantida com os genitores, e será determinado pela Justiça da Infância e da Juventude o acompanhamento familiar pelo prazo de 180 (cento e oitenta) dias. (Incluído pela Lei nº 13.509, de 22-11-2017)

§ 9º. É garantido à mãe o direito ao sigilo sobre o nascimento, respeitado o disposto no art. 48 desta Lei. (Incluído pela Lei nº 13.509, de 22-11-2017)

§ 10. Serão cadastrados para adoção recém-nascidos e crianças acolhidas não procuradas por suas famílias no prazo de 30 (trinta) dias, contado a partir do dia do acolhimento. (Incluído pela Lei nº 13.509, de 22-11-2017)

ART. 19-B. A criança e o adolescente em programa de acolhimento institucional ou familiar poderão participar de programa de apadrinhamento. (Incluído pela Lei nº 13.509, de 22-11-2017)

§ 1º. O apadrinhamento consiste em estabelecer e proporcionar à criança e ao adolescente vínculos externos à instituição para fins de convivência familiar e comunitária e colaboração com o seu desenvolvimento nos aspectos social, moral, físico, cognitivo, educacional e financeiro. (Incluído pela Lei nº 13.509, de 22-11-2017)

§ 2º Podem ser padrinhos ou madrinhas pessoas maiores de 18 (dezoito) anos não inscritas nos cadastros de adoção, desde que cumpram os requisitos exigidos pelo programa de apadrinhamento de que fazem parte. (Incluído pela Lei nº 13.509, de 22-11-2017)

§ 3º. Pessoas jurídicas podem apadrinhar criança ou adolescente a fim de colaborar para o seu desenvolvimento. (Incluído pela Lei nº 13.509, de 22-11-2017)

§ 4º. O perfil da criança ou do adolescente a ser apadrinhado será definido no âmbito de cada programa de apadrinhamento, com prioridade para crianças ou adolescentes com remota possibilidade de reinserção familiar ou colocação em família adotiva. (Incluído pela Lei nº 13.509, de 22-11-2017)

§ 5º. Os programas ou serviços de apadrinhamento apoiados pela Justiça da Infância e da Juventude poderão ser executados por órgãos públicos ou por organizações da sociedade civil. (Incluído pela Lei nº 13.509, de 22-11-2017)

§ 6º. Se ocorrer violação das regras de apadrinhamento, os responsáveis pelo programa e pelos serviços de acolhimento deverão imediatamente notificar a autoridade judiciária competente. (Incluído pela Lei nº 13.509, de 22-11-2017)

ART. 20. Os filhos, havidos ou não da relação do casamento, ou por adoção, terão os mesmos direitos e qualificações, proibidas quaisquer designações discriminatórias relativas à filiação.

▸ *CF: arts. 226, § 5º, e 227, § 6º.*

ART. 21. O poder familiar será exercido, em igualdade de condições, pelo pai e pela mãe, na forma do que dispuser a legislação civil, assegurado a qualquer deles o direito de, em caso de discordância, recorrer à autoridade judiciária competente para a solução da divergência. (Expressão substituída pela Lei nº 12.010, de 2009)

ART. 22. Aos pais incumbe o dever de sustento, guarda e educação dos filhos menores, cabendo-lhes ainda, no interesse destes, a obrigação de cumprir e fazer cumprir as determinações judiciais.

Parágrafo único. A mãe e o pai, ou os responsáveis, têm direitos iguais e deveres e responsabilidades compartilhados no cuidado e na educação da criança, devendo ser resguardado o direito de transmissão familiar de suas crenças e culturas, assegurados os direitos da criança estabelecidos nesta Lei. (Incluído pela Lei nº 13.257, de 2016)

ART. 23. A falta ou a carência de recursos materiais não constitui motivo suficiente para a perda ou a suspensão do poder familiar. (Expressão substituída pela Lei nº 12.010, de 2009)

§ 1º. Não existindo outro motivo que por si só autorize a decretação da medida, a criança ou o adolescente será mantido em sua família de origem, a qual deverá obrigatoriamente ser incluída em serviços e programas oficiais de proteção, apoio e promoção. (Redação dada pela Lei nº 13.257, de 2016)

§ 2º A condenação criminal do pai ou da mãe não implicará a destituição do poder familiar, exceto na hipótese de condenação por crime doloso sujeito à pena de reclusão contra outrem igualmente titular do mesmo poder familiar ou contra filho, filha ou outro descendente." (Redação dada pela Lei nº 13.715, de 24-9-2018)

ART. 24. A perda e a suspensão do poder familiar serão decretadas judicialmente, em procedimento contraditório, nos casos previstos na legislação civil, bem como na hipótese de descumprimento injustificado dos deveres e obrigações a que alude o art. 22. (Expressão substituída pela Lei nº 12.010, de 2009)

SEÇÃO II. DA FAMÍLIA NATURAL

ART. 25. Entende-se por família natural a comunidade formada pelos pais ou qualquer deles e seus descendentes.

Parágrafo único. Entende-se por família extensa ou ampliada aquela que se estende para além da unidade pais e filhos ou da unidade do casal, formada por parentes próximos com os quais a criança ou adolescente convive e mantém vínculos de afinidade e afetividade. (Incluído pela Lei nº 12.010, de 2009)

ART. 26. Os filhos havidos fora do casamento poderão ser reconhecidos pelos pais, conjunta ou separadamente, no próprio termo de nascimento, por testamento, mediante escritura ou outro documento público, qualquer que seja a origem da filiação.

Parágrafo único. O reconhecimento pode preceder o nascimento do filho ou suceder-lhe ao falecimento, se deixar descendentes.

ART. 27. O reconhecimento do estado de filiação é direito personalíssimo, indisponível e imprescritível, podendo ser exercitado contra os pais ou seus herdeiros, sem qualquer restrição, observado o segredo de Justiça.

SEÇÃO III. DA FAMÍLIA SUBSTITUTIVA

SUBSEÇÃO I. DISPOSIÇÕES GERAIS

ART. 28. A colocação em família substituta far-se-á mediante guarda, tutela ou adoção, independentemente da situação jurídica da criança ou adolescente, nos termos desta Lei.

§ 1º. Sempre que possível, a criança ou o adolescente será previamente ouvido por equipe interprofissional, respeitado seu estágio de desenvolvimento e grau de compreensão sobre as implicações da medida, e terá sua opinião devidamente considerada. (Redação dada pela Lei nº 12.010, de 2009)

§ 2º. Tratando-se de maior de 12 (doze) anos de idade, será necessário seu consentimento, colhido em audiência. (Redação dada pela Lei nº 12.010, de 2009)

§ 3º. Na apreciação do pedido levar-se-á em conta o grau de parentesco e a relação de afinidade ou de afetividade, a fim de evitar ou minorar as consequências decorrentes da medida. (Incluído pela Lei nº 12.010, de 2009)

§ 4º. Os grupos de irmãos serão colocados sob adoção, tutela ou guarda da mesma família substituta, ressalvada a comprovada existência de risco de abuso ou outra situação que justifique plenamente a excepcionalidade de solução diversa, procurando-se, em qualquer caso, evitar o rompimento definitivo dos vínculos fraternais. (Incluído pela Lei nº 12.010, de 2009)

§ 5º. A colocação da criança ou adolescente em família substituta será precedida de sua preparação gradativa e acompanhamento posterior, realizados pela equipe interprofissional a serviço da Justiça da Infância e da Juventude, preferencialmente com o apoio dos técnicos responsáveis pela execução da política municipal de garantia do direito à convivência familiar. (Incluído pela Lei nº 12.010, de 2009)

§ 6º. Em se tratando de criança ou adolescente indígena ou proveniente de comunidade remanescente de quilombo, é ainda obrigatório: (Incluído pela Lei nº 12.010, de 2009)

I – que sejam consideradas e respeitadas sua identidade social e cultural, os seus costumes e tradições, bem como suas instituições, desde que não sejam incompatíveis com os direitos fundamentais reconhecidos por esta Lei e pela Constituição Federal; (Incluído pela Lei nº 12.010, de 2009)
II – que a colocação familiar ocorra prioritariamente no seio de sua comunidade ou junto a membros da mesma etnia; (Incluído pela Lei nº 12.010, de 2009)
III – a intervenção e oitiva de representantes do órgão federal responsável pela política indigenista, no caso de crianças e adolescentes indígenas, e de antropólogos, perante a equipe interprofissional ou multidisciplinar que irá acompanhar o caso. (Incluído pela Lei nº 12.010, de 2009)

ART. 29. Não se deferirá colocação em família substituta a pessoa que revele, por qualquer modo, incompatibilidade com a natureza da medida ou não ofereça ambiente familiar adequado.

ART. 30. A colocação em família substituta não admitirá transferência da criança ou adolescente a terceiros ou a entidades governamentais ou não-governamentais, sem autorização judicial.

ART. 31. A colocação em família substituta estrangeira constitui medida excepcional, somente admissível na modalidade de adoção.

ART. 32. Ao assumir a guarda ou a tutela, o responsável prestará compromisso de bem e fielmente desempenhar o encargo, mediante termo nos autos.

Subseção II. DA GUARDA

ART. 33. A guarda obriga a prestação de assistência material, moral e educacional à criança ou adolescente, conferindo a seu detentor o direito de opor-se a terceiros, inclusive aos pais.

§ 1º. A guarda destina-se a regularizar a posse de fato, podendo ser deferida, liminar ou incidentalmente, nos procedimentos de tutela e adoção, exceto no de adoção por estrangeiros.

§ 2º. Excepcionalmente, deferir-se-á a guarda, fora dos casos de tutela e adoção, para atender a situações peculiares ou suprir a falta eventual dos pais ou responsável, podendo ser deferido o direito de representação para a prática de atos determinados.

§ 3º. A guarda confere à criança ou adolescente a condição de dependente, para todos os fins e efeitos de direito, inclusive previdenciários.

§ 4º. Salvo expressa e fundamentada determinação em contrário, da autoridade judiciária competente, ou quando a medida for aplicada em preparação para adoção, o deferimento da guarda de criança ou adolescente a terceiros não impede o exercício do direito de visitas pelos pais, assim como o dever de prestar alimentos, que serão objeto de regulamentação específica, a pedido do interessado ou do Ministério Público. (Incluído pela Lei nº 12.010, de 2009)

ART. 34. O poder público estimulará, por meio de assistência jurídica, incentivos fiscais e subsídios, o acolhimento, sob a forma de guarda, de criança ou adolescente afastado do convívio familiar. (Redação dada pela Lei nº 12.010, de 2009)

§ 1º. A inclusão da criança ou adolescente em programas de acolhimento familiar terá preferência a seu acolhimento institucional, observado, em qualquer caso, o caráter temporário e excepcional da medida, nos termos desta Lei. (Incluído pela Lei nº 12.010, de 2009)

§ 2º. Na hipótese do § 1º deste artigo a pessoa ou casal cadastrado no programa de acolhimento familiar poderá receber a criança ou adolescente mediante guarda, observado o disposto nos arts. 28 a 33 desta Lei. (Incluído pela Lei nº 12.010, de 2009)

§ 3º. A União apoiará a implementação de serviços de acolhimento em família acolhedora como política pública, os quais deverão dispor de equipe que organize o acolhimento temporário de crianças e de adolescentes em residências de famílias selecionadas, capacitadas e acompanhadas que não estejam no cadastro de adoção. (Incluído pela Lei nº 13.257, de 2016)

§ 4º. Poderão ser utilizados recursos federais, estaduais, distritais e municipais para a manutenção dos serviços de acolhimento em família acolhedora, facultando-se o repasse de recursos para a própria família acolhedora. (Incluído pela Lei nº 13.257, de 2016)

ART. 35. A guarda poderá ser revogada a qualquer tempo, mediante ato judicial fundamentado, ouvido o Ministério Público.

Subseção III. DA TUTELA

ART. 36. A tutela será deferida, nos termos da lei civil, a pessoa de até 18 (dezoito) anos incompletos. (Redação dada pela Lei nº 12.010, de 2009)

Parágrafo único. O deferimento da tutela pressupõe a prévia decretação da perda ou suspensão do poder familiar e implica necessariamente o dever de guarda. (Expressão substituída pela Lei nº 12.010, de 2009)

ART. 37. O tutor nomeado por testamento ou qualquer documento autêntico, conforme previsto no parágrafo único do art. 1.729 da Lei nº 10.406, de 10 de janeiro de 2002 – Código Civil, deverá, no prazo de 30 (trinta) dias após a abertura da sucessão, ingressar com pedido destinado ao controle judicial do ato, observando o procedimento previsto nos arts. 165 a 170 desta Lei. (Redação dada pela Lei nº 12.010, de 2009)

Parágrafo único. Na apreciação do pedido, serão observados os requisitos previstos nos arts. 28 e 29 desta Lei, somente sendo deferida a tutela à pessoa indicada na disposição de última vontade, se restar comprovado que a medida é vantajosa ao tutelando e que não existe outra pessoa em melhores condições de assumi-la. (Redação dada pela Lei nº 12.010, de 2009)

ART. 38. Aplica-se à destituição da tutela o disposto no art. 24.

Subseção IV. DA ADOÇÃO

ART. 39. A adoção de criança e de adolescente reger-se-á segundo o disposto nesta Lei.

§ 1º. A adoção é medida excepcional e irrevogável, à qual se deve recorrer apenas quando esgotados os recursos de manutenção da criança ou adolescente na família natural ou extensa, na forma do parágrafo único do art. 25 desta Lei. (Incluído pela Lei nº 12.010, de 2009)

§ 2º. É vedada a adoção por procuração. (Incluído pela Lei nº 12.010, de 2009)

▸ *CF: art. 227, § 5º.*

§ 3º. Em caso de conflito entre direitos e interesses do adotando e de outras pessoas, inclusive seus pais biológicos, devem prevalecer os direitos e os interesses do adotando. (Incluído pela Lei nº 13.509, de 22-11-2017)

ART. 40. O adotando deve contar com, no máximo, dezoito anos à data do pedido, salvo se já estiver sob a guarda ou tutela dos adotantes.

ART. 41. A adoção atribui a condição de filho ao adotado, com os mesmos direitos e deveres, inclusive sucessórios, desligando-o de qualquer vínculo com pais e parentes, salvo os impedimentos matrimoniais.

§ 1º. Se um dos cônjuges ou concubinos adota o filho do outro, mantêm-se os vínculos de filiação entre o adotado e o cônjuge ou concubino do adotante e os respectivos parentes.

§ 2º. É recíproco o direito sucessório entre o adotado, seus descendentes, o adotante, seus ascendentes, descendentes e colaterais até o 4º grau, observada a ordem de vocação hereditária.

ART. 42. Podem adotar os maiores de 18 (dezoito) anos, independentemente do estado civil. (Redação dada pela Lei nº 12.010, de 2009)

§ 1º. Não podem adotar os ascendentes e os irmãos do adotando.

§ 2º. Para adoção conjunta, é indispensável que os adotantes sejam casados civilmente ou mantenham união estável, comprovada a estabilidade da família. (Redação dada pela Lei nº 12.010, de 2009)

§ 3º. O adotante há de ser, pelo menos, dezesseis anos mais velho do que o adotando.

§ 4º. Os divorciados, os judicialmente separados e os ex-companheiros podem adotar conjuntamente, contanto que acordem sobre a guarda e o regime de visitas e desde que o estágio de convivência tenha sido iniciado na constância do período de convivência e que seja comprovada a existência de vínculos de afinidade e afetividade com aquele não detentor da guarda, que justifiquem a excepcionalidade da concessão. (Redação dada pela Lei nº 12.010, de 2009)

§ 5º. Nos casos do § 4º deste artigo, desde que demonstrado efetivo benefício ao adotando, será assegurada a guarda compartilhada, conforme previsto no art. 1.584 da Lei nº 10.406, de 10 de janeiro de 2002 – Código Civil. (Redação dada pela Lei nº 12.010, de 2009)

§ 6º. A adoção poderá ser deferida ao adotante que após inequívoca manifestação de vontade, vier a falecer no curso do procedimento, antes de prolatada a sentença. (Incluído pela Lei nº 12.010, de 2009)

ART. 43. A adoção será deferida quando apresentar reais vantagens para o adotando e fundar-se em motivos legítimos.

ART. 44. Enquanto não der conta de sua administração e saldar o seu alcance, não pode o tutor ou o curador adotar o pupilo ou o curatelado.

ART. 45. A adoção depende do consentimento dos pais ou do representante legal do adotando.

§ 1º. O consentimento será dispensado em relação à criança ou adolescente cujos pais sejam desconhecidos ou tenham sido destituídos do poder familiar. (Expressão substituída pela Lei nº 12.010, de 2009)

§ 2º. Em se tratando de adotando maior de doze anos de idade, será também necessário o seu consentimento.

ART. 46. A adoção será precedida de estágio de convivência com a criança ou adolescente, pelo prazo máximo de 90 (noventa) dias, observadas a idade da criança ou adolescente e as peculiaridades do caso. (Redação dada pela Lei nº 13.509, de 22-11-2017)

§ 1º. O estágio de convivência poderá ser dispensado se o adotando já estiver sob a tutela ou guarda legal do adotante durante tempo suficiente para que seja possível avaliar a conveniência da constituição do vínculo. (Redação dada pela Lei nº 12.010, de 2009)

§ 2º. A simples guarda de fato não autoriza, por si só, a dispensa da realização do estágio de convivência. (Redação dada pela Lei nº 12.010, de 2009)

§ 2º-A. O prazo máximo estabelecido no caput deste artigo pode ser prorrogado por até igual período, mediante decisão fundamentada da autoridade judiciária. (Incluído pela Lei nº 13.509, de 22-11-2017)

§ 3º. Em caso de adoção por pessoa ou casal residente ou domiciliado fora do País, o estágio de convivência será de, no mínimo, 30 (trinta) dias e, no máximo, 45 (quarenta e cinco) dias, prorrogável por até igual período, uma única vez, mediante decisão fundamentada da autoridade judiciária. (Redação dada pela Lei nº 13.509, de 22-11-2017)

§ 3º-A. Ao final do prazo previsto no § 3º deste artigo, deverá ser apresentado laudo fundamentado pela equipe mencionada no § 4º deste artigo, que recomendará ou não o deferimento da adoção à autoridade judiciária. (Incluído pela Lei nº 13.509, de 22-11-2017)

§ 4º. O estágio de convivência será acompanhado pela equipe interprofissional a serviço da Justiça da Infância e da Juventude, preferencialmente com apoio dos técnicos responsáveis pela execução da política de garantia do direito à convivência familiar, que apresentarão relatório minucioso acerca da conveniência do deferimento da medida. (Incluído pela Lei nº 12.010, de 2009)

§ 5º. O estágio de convivência será cumprido no território nacional, preferencialmente na comarca de residência da criança ou adolescente, ou, a critério do juiz, em cidade limítrofe, respeitada, em qualquer hipótese, a competência do juízo da comarca de residência da criança. (Incluído pela Lei nº 13.509, de 22-11-2017)

ART. 47. O vínculo da adoção constitui-se por sentença judicial, que será inscrita no registro civil mediante mandado do qual não se fornecerá certidão.

§ 1º. A inscrição consignará o nome dos adotantes como pais, bem como o nome de seus ascendentes.

§ 2º. O mandado judicial, que será arquivado, cancelará o registro original do adotado.

§ 3º. A pedido do adotante, o novo registro poderá ser lavrado no Cartório do Registro Civil do Município de sua residência. (Redação dada pela Lei nº 12.010, de 2009)

§ 4º. Nenhuma observação sobre a origem do ato poderá constar nas certidões do registro. (Redação dada pela Lei nº 12.010, de 2009)

§ 5º. A sentença conferirá ao adotado o nome do adotante e, a pedido de qualquer deles, poderá determinar a modificação do prenome. (Redação dada pela Lei nº 12.010, de 2009)

§ 6º. Caso a modificação de prenome seja requerida pelo adotante, é obrigatória a oitiva do adotando, observado o disposto nos §§ 1º e 2º do art. 28 desta Lei. (Redação dada pela Lei nº 12.010, de 2009)

§ 7º. A adoção produz seus efeitos a partir do trânsito em julgado da sentença constitutiva, exceto na hipótese prevista no § 6º do art. 42 desta Lei, caso em que terá força retroativa à data do óbito. (Incluído pela Lei nº 12.010, de 2009)

§ 8º. O processo relativo à adoção assim como outros a ele relacionados serão mantidos em arquivo, admitindo-se seu armazenamento em microfilme ou por outros meios, garantida a sua conservação para consulta a qualquer tempo. (Incluído pela Lei nº 12.010, de 2009)

§ 9º. Terão prioridade de tramitação os processos de adoção em que o adotando for criança ou adolescente com deficiência ou com doença crônica. (Incluído pela Lei nº 12.955, de 2014)

§ 10. O prazo máximo para conclusão da ação de adoção será de 120 (cento e vinte) dias, prorrogável uma única vez por igual período, mediante decisão fundamentada da autoridade judiciária. (Incluído pela Lei nº 13.509, de 22-11-2017)

ART. 48. O adotado tem direito de conhecer sua origem biológica, bem como de obter acesso irrestrito ao processo no qual a medida foi aplicada e seus eventuais incidentes, após completar 18 (dezoito) anos. (Redação dada pela Lei nº 12.010, de 2009)

Parágrafo único. O acesso ao processo de adoção poderá ser também deferido ao adotado menor de 18 (dezoito) anos, a seu pedido, assegurada orientação e assistência jurídica e psicológica. (Incluído pela Lei nº 12.010, de 2009)

ART. 49. A morte dos adotantes não restabelece o poder familiar dos pais naturais. (Expressão substituída pela Lei nº 12.010, de 2009)

ART. 50. A autoridade judiciária manterá, em cada comarca ou foro regional, um registro de crianças e adolescentes em condições de serem adotados e outro de pessoas interessadas na adoção.

§ 1º. O deferimento da inscrição dar-se-á após prévia consulta aos órgãos técnicos do juizado, ouvido o Ministério Público.

§ 2º. Não será deferida a inscrição se o interessado não satisfazer os requisitos legais, ou verificada qualquer das hipóteses previstas no art. 29.

§ 3º. A inscrição de postulantes à adoção será precedida de um período de preparação psicossocial e jurídica, orientado pela equipe técnica da Justiça da Infância e da Juventude, preferencialmente com apoio dos técnicos responsáveis pela execução da política municipal de garantia do direito à convivência familiar. (Incluído pela Lei nº 12.010, de 2009)

§ 4º. Sempre que possível e recomendável, a preparação referida no § 3º deste artigo incluirá o contato com crianças e adolescentes em acolhimento familiar ou institucional em condições de serem adotados, a ser realizado sob a orientação, supervisão e avaliação da equipe técnica da Justiça da Infância e da Juventude, com apoio dos técnicos responsáveis pelo programa de acolhimento e pela execução da política municipal de garantia do direito à convivência familiar. (Incluído pela Lei nº 12.010, de 2009)

§ 5º. Serão criados e implementados cadastros estaduais e nacional de crianças e adolescentes em condições de serem adotados e de pessoas ou casais habilitados à adoção. (Incluído pela Lei nº 12.010, de 2009)

§ 6º. Haverá cadastros distintos para pessoas ou casais residentes fora do País, que somente serão consultados na inexistência de postulantes nacionais habilitados nos cadastros mencionados no § 5º deste artigo. (Incluído pela Lei nº 12.010, de 2009)

§ 7º. As autoridades estaduais e federais em matéria de adoção terão acesso integral aos cadastros, incumbindo-lhes a troca de informações e a cooperação mútua, para melhoria do sistema. (Incluído pela Lei nº 12.010, de 2009)

§ 8º. A autoridade judiciária providenciará, no prazo de 48 (quarenta e oito) horas, a inscrição das crianças e adolescentes em condições de serem adotados que não tiveram colocação familiar na comarca de origem, e das pessoas ou casais que tiveram deferida sua habilitação à adoção nos cadastros estadual e nacional referidos no § 5º deste artigo, sob pena de responsabilidade. (Incluído pela Lei nº 12.010, de 2009)

§ 9º. Compete à Autoridade Central Estadual zelar pela manutenção e correta alimentação dos cadastros, com posterior comunicação à Autoridade Central Federal Brasileira. (Incluído pela Lei nº 12.010, de 2009)

§ 10. Consultados os cadastros e verificada a ausência de pretendentes habilitados residentes no País com perfil compatível e interesse manifesto pela adoção de criança ou adolescente inscrito nos cadastros existentes, será realizado o encaminhamento da criança ou adolescente à adoção internacional. (Redação dada pela Lei nº 13.509, de 2017)

§ 11. Enquanto não localizada pessoa ou casal interessado em sua adoção, a criança ou o adolescente, sempre que possível e recomendável, será colocado sob guarda de família cadastrada em programa de acolhimento familiar. (Incluído pela Lei nº 12.010, de 2009)

§ 12. A alimentação do cadastro e a convocação criteriosa dos postulantes à adoção serão fiscalizadas pelo Ministério Público. (Incluído pela Lei nº 12.010, de 2009)

§ 13. Somente poderá ser deferida adoção em favor de candidato domiciliado no Brasil não cadastrado previamente nos termos desta Lei quando: (Incluído pela Lei nº 12.010, de 2009)

I – se tratar de pedido de adoção unilateral; (Incluído pela Lei nº 12.010, de 2009)

II – for formulada por parente com o qual a criança ou adolescente mantenha vínculos de afinidade e afetividade; (Incluído pela Lei nº 12.010, de 2009)

III – oriundo o pedido de quem detém a tutela ou guarda legal de criança maior de 3 (três) anos ou adolescente, desde que o lapso de tempo de convivência comprove a fixação de laços de afinidade e afetividade, e não seja constatada a ocorrência de má-fé ou qualquer das situações previstas nos arts. 237 ou 238 desta Lei. (Incluído pela Lei nº 12.010, de 2009)

§ 14. Nas hipóteses previstas no § 13 deste artigo, o candidato deverá comprovar, no curso do procedimento, que preenche os requisitos necessários à adoção, conforme previsto nesta Lei. (Incluído pela Lei nº 12.010, de 2009)

§ 15. Será assegurada prioridade no cadastro a pessoas interessadas em adotar criança ou adolescente com deficiência, com doença crônica ou com necessidades específicas de saúde, além de grupo de irmãos. (Incluído pela Lei nº 13.509, de 22-11-2017)

ART. 51. Considera-se adoção internacional aquela na qual o pretendente possui residência habitual em país-parte da Convenção de Haia, de 29 de maio de 1993, Relativa à Proteção das Crianças e à Cooperação em Matéria de Adoção Internacional, promulgada pelo Decreto nº 3.087, de 21 junho de 1999, e deseja adotar criança em outro país-parte da Convenção. (Redação dada pela Lei nº 13.509, de 22-11-2017)

§ 1º. A adoção internacional de criança ou adolescente brasileiro ou domiciliado no Brasil somente terá lugar quando restar comprovado: (Redação dada pela Lei nº 12.010, de 2009)

I – que a colocação em família adotiva é a solução adequada ao caso concreto; (Redação dada pela Lei nº 13.509, de 22-11-2017)

II – que foram esgotadas todas as possibilidades de colocação da criança ou adolescente em família adotiva brasileira, com a comprovação, certificada nos autos, da inexistência de adotantes habilitados residentes no Brasil com perfil compatível com a criança ou adolescente, após consulta aos cadastros mencionados nesta Lei; (Redação dada pela Lei nº 13.509, de 22-11-2017)

III – que, em se tratando de adoção de adolescente, este foi consultado, por meios adequados ao seu estágio de desenvolvimento, e que se encontra preparado para a medida, mediante parecer elaborado por equipe interprofissional, observado o disposto nos §§ 1º e 2º do art. 28 desta Lei. (Incluído pela Lei nº 12.010, de 2009)

§ 2º. Os brasileiros residentes no exterior terão preferência aos estrangeiros, nos casos de adoção internacional de criança ou adolescente brasileiro. (Redação dada pela Lei nº 12.010, de 2009)

§ 3º. A adoção internacional pressupõe a intervenção das Autoridades Centrais Estaduais e Federal em matéria de adoção internacional. (Redação dada pela Lei nº 12.010, de 2009)

§ 4º (Revogado pela Lei 12.010, de 03-08-2009)

ART. 52. A adoção internacional observará o procedimento previsto nos arts. 165 a 170 desta Lei, com as seguintes adaptações: (Redação dada pela Lei nº 12.010, de 2009)

I – a pessoa ou casal estrangeiro, interessado em adotar criança ou adolescente brasileiro, deverá formular pedido de habilitação à adoção perante a Autoridade Central em matéria de adoção internacional no país de acolhida, assim entendido aquele onde está situada sua residência habitual; (Incluído pela Lei nº 12.010, de 2009)

II – se a Autoridade Central do país de acolhida considerar que os solicitantes estão habilitados e aptos para adotar, emitirá um relatório que contenha informações sobre a identidade, a capacidade jurídica e adequação dos solicitantes para adotar, sua situação pessoal, familiar e médica, seu meio social, os motivos que os animam e sua aptidão para assumir uma adoção internacional; (Incluído pela Lei nº 12.010, de 2009)

III – a Autoridade Central do país de acolhida enviará o relatório à Autoridade Central Estadual, com cópia para a Autoridade Central Federal Brasileira; (Incluído pela Lei nº 12.010, de 2009)

IV – o relatório será instruído com toda a documentação necessária, incluindo estudo psicossocial elaborado por equipe interprofissional habilitada e cópia autenticada da legislação pertinente, acompanhada da respectiva prova de; (Incluído pela Lei nº 12.010, de 2009)

V – os documentos em língua estrangeira serão devidamente autenticados pela autoridade consular, observados os tratados e convenções internacionais, e acompanhados da respectiva tradução, por tradutor público juramentado; (Incluído pela Lei nº 12.010, de 2009)

VI – a Autoridade Central Estadual poderá fazer exigências e solicitar complementação sobre o estudo psicossocial do postulante estrangeiro à adoção, já realizado no país de acolhida; (Incluído pela Lei nº 12.010, de 2009)

VII – verificada, após estudo realizado pela Autoridade Central Estadual, a compatibilidade da legislação estrangeira com a nacional, além do preenchimento por parte dos postulantes à medida dos requisitos objetivos e subjetivos necessários ao seu deferimento, tanto à luz do que dispõe esta Lei como da legislação do país de acolhida, será expedido laudo de habilitação à adoção internacional, que terá validade por, no máximo, 1 (um) ano; (Incluído pela Lei nº 12.010, de 2009)

VIII – de posse do laudo de habilitação, o interessado será autorizado a formalizar pedido de adoção perante o Juízo da Infância e da Juventude do local em que se encontra a criança ou adolescente, conforme indicação efetuada pela Autoridade Central Estadual. (Incluído pela Lei nº 12.010, de 2009)

§ 1º. Se a legislação do país de acolhida assim o autorizar, admite-se que os pedidos de habilitação à adoção internacional sejam intermediados por organismos credenciados. (Incluído pela Lei nº 12.010, de 2009)

§ 2º. Incumbe à Autoridade Central Federal Brasileira o credenciamento de organismos nacionais e estrangeiros encarregados de intermediar pedidos de habilitação à adoção internacional, com posterior comunicação às Autoridades Centrais Estaduais e publicação nos órgãos oficiais de imprensa e em sítio próprio da internet. (Incluído pela Lei nº 12.010, de 2009)

§ 3º. Somente será admissível o credenciamento de organismos que: (Incluído pela Lei nº 12.010, de 2009)

I – sejam oriundos de países que ratificaram a Convenção de Haia e estejam devidamente credenciados pela Autoridade Central do país onde estiverem sediados e no país de acolhida do adotando para atuar em adoção internacional no Brasil; (Incluído pela Lei nº 12.010, de 2009)

II – satisfizerem as condições de integridade moral, competência profissional, experiência e responsabilidade exigidas pelos países respectivos e pela Autoridade Central Federal Brasileira; (Incluído pela Lei nº 12.010, de 2009)

III – forem qualificados por seus padrões éticos e sua formação e experiência para atuar na área de adoção internacional; (Incluído pela Lei nº 12.010, de 2009)

IV – cumprirem os requisitos exigidos pelo ordenamento jurídico brasileiro e pelas normas estabelecidas pela Autoridade Central Federal Brasileira. (Incluído pela Lei nº 12.010, de 2009)

§ 4º. Os organismos credenciados deverão ainda: (Incluído pela Lei nº 12.010, de 2009)

I – perseguir unicamente fins não lucrativos, nas condições e dentro dos limites fixados pelas autoridades competentes do país onde estiverem sediados, do país de acolhida e pela Autoridade Central Federal Brasileira; (Incluído pela Lei nº 12.010, de 2009)

II – ser dirigidos e administrados por pessoas qualificadas e de reconhecida idoneidade moral, com comprovada formação ou experiência para atuar na área de adoção internacional, cadastradas pelo Departamento de Polícia Federal e aprovadas pela Autoridade Central Federal Brasileira, mediante publicação de portaria do órgão federal competente; (Incluída pela Lei nº 12.010, de 2009)

III – estar submetidos à supervisão das autoridades competentes do país onde estiverem sediados e no país de acolhida, inclusive quanto à sua composição, funcionamento e situação financeira; (Incluído pela Lei nº 12.010, de 2009)

IV – apresentar à Autoridade Central Federal Brasileira, a cada ano, relatório geral das atividades desenvolvidas, bem como relatório de acompanhamento das adoções internacionais efetuadas no período, cuja cópia será encaminhada ao Departamento de Polícia Federal; (Incluído pela Lei nº 12.010, de 2009)

V – enviar relatório pós-adotivo semestral para a Autoridade Central Estadual, com cópia para a Autoridade Central Federal Brasileira, pelo período mínimo de 2 (dois) anos. O envio do relatório será mantido até a juntada de cópia autenticada do registro civil, estabelecendo a cidadania do país de acolhida para o adotado; (Incluído pela Lei nº 12.010, de 2009)

VI – tomar as medidas necessárias para garantir que os adotantes encaminhem à Autoridade Central Federal Brasileira cópia da certidão de registro de nascimento estrangeira e do certificado de nacionalidade tão logo lhes sejam concedidos. (Incluído pela Lei nº 12.010, de 2009)

§ 5º. A não apresentação dos relatórios referidos no § 4º deste artigo pelo organismo credenciado poderá acarretar a suspensão de seu credenciamento. (Incluído pela Lei nº 12.010, de 2009)

§ 6º. O credenciamento de organismo nacional ou estrangeiro encarregado de intermediar pedidos de adoção internacional terá validade de 2 (dois) anos. (Incluído pela Lei nº 12.010, de 2009)

§ 7º. A renovação do credenciamento poderá ser concedida mediante requerimento protocolado na Autoridade Central Federal Brasileira nos 60 (sessenta) dias anteriores ao término do respectivo prazo de validade. (Incluído pela Lei nº 12.010, de 2009)

§ 8º. Antes de transitada em julgado a decisão que concedeu a adoção internacional, não será permitida a saída do adotando do território nacional. (Incluído pela Lei nº 12.010, de 2009)

§ 9º. Transitada em julgado a decisão, a autoridade judiciária determinará a expedição de alvará com autorização de viagem, bem como para obtenção de passaporte, constando, obrigatoriamente, as características da criança ou adolescente adotado, como idade, cor, sexo, eventuais sinais ou traços peculiares, assim como foto recente e a aposição da impressão digital do seu polegar direito, instruindo o documento com cópia autenticada da decisão e certidão de trânsito em julgado. (Incluído pela Lei nº 12.010, de 2009)

§ 10. A Autoridade Central Federal Brasileira poderá, a qualquer momento, solicitar informações sobre a situação das crianças e adolescentes adotados. (Incluído pela Lei nº 12.010, de 2009)

§ 11. A cobrança de valores por parte dos organismos credenciados, que sejam considerados abusivos pela Autoridade Central Federal Brasileira e que não estejam devidamente comprovados, é causa de seu descredenciamento. (Incluído pela Lei nº 12.010, de 2009)

§ 12. Uma mesma pessoa ou seu cônjuge não podem ser representados por mais de uma entidade credenciada para atuar na cooperação em adoção internacional. (Incluído pela Lei nº 12.010, de 2009)

§ 13. A habilitação de postulante estrangeiro ou domiciliado fora do Brasil terá validade máxima de 1 (um) ano, podendo ser renovada. (Incluído pela Lei nº 12.010, de 2009)

§ 14. É vedado o contato direto de representantes de organismos de adoção, nacionais ou estrangeiros, com dirigentes de programas de acolhimento institucional ou familiar, assim como com crianças e adolescentes em condições de serem adotados, sem a devida autorização judicial. (Incluído pela Lei nº 12.010, de 2009)

§ 15. A Autoridade Central Federal Brasileira poderá limitar ou suspender a concessão de novos credenciamentos sempre que julgar necessário, mediante ato administrativo fundamentado. (Incluído pela Lei nº 12.010, de 2009)

ART. 52-A. É vedado, sob pena de responsabilidade e descredenciamento, o repasse de recursos provenientes de organismos estrangeiros encarregados de intermediar pedidos de adoção internacional a organismos nacionais ou a pessoas físicas. (Incluído pela Lei nº 12.010, de 2009)

Parágrafo único. Eventuais repasses somente poderão ser efetuados via Fundo dos Direitos da Criança e do Adolescente e estarão sujeitos às deliberações do respectivo Conselho de Direitos da Criança e do Adolescente. (Incluído pela Lei nº 12.010, de 2009)

ART. 52-B. A adoção por brasileiro residente no exterior em país ratificante da Convenção de Haia, cujo processo de adoção tenha sido processado em conformidade com a legislação vigente no país de residência e atendido o disposto na Alínea "c" do Artigo 17 da referida Convenção, será automaticamente recepcionada com o reingresso no Brasil. (Incluído pela Lei nº 12.010, de 2009)

§ 1º. Caso não tenha sido atendido o disposto na Alínea "c" do Artigo 17 da Convenção de Haia, deverá a sentença ser homologada pelo Superior Tribunal de Justiça. (Incluído pela Lei nº 12.010, de 2009)

§ 2º. O pretendente brasileiro residente no exterior em país não ratificante da Convenção de Haia, uma vez reingressado no Brasil, deverá requerer a homologação da sentença estrangeira pelo Superior Tribunal de Justiça. (Incluído pela Lei nº 12.010, de 2009)

ART. 52-C. Nas adoções internacionais, quando o Brasil for o país de acolhida, a decisão da autoridade competente do país de origem da criança ou do adolescente será conhecida pela Autoridade Central Estadual que tiver processado o pedido de habilitação dos pais adotivos, que comunicará o fato à Autoridade Central Federal e determinará as providências necessárias à expedição do Certificado de Naturalização Provisório. (Incluído pela Lei nº 12.010, de 2009)

§ 1º. A Autoridade Central Estadual, ouvido o Ministério Público, somente deixará de reconhecer os efeitos daquela decisão se restar demonstrado que a adoção é manifestamente contrária à ordem pública ou não atende ao interesse superior da criança ou do adolescente. (Incluído pela Lei nº 12.010, de 2009)

§ 2º. Na hipótese de não reconhecimento da adoção, prevista no § 1º deste artigo, o Ministério Público deverá imediatamente requerer o que for de direito para resguardar os interesses da criança ou do adolescente, comunicando-se as providências à Autoridade Central Estadual, que fará a comunicação à Autoridade Central Federal Brasileira e à Autoridade Central do país de origem. (Incluído pela Lei nº 12.010, de 2009)

ART. 52-D. Nas adoções internacionais, quando o Brasil for o país de acolhida e a adoção não tenha sido deferida no país de origem porque a sua legislação a delega ao país de acolhida, ou, ainda, na hipótese de, mesmo com decisão, a criança ou o adolescente ser oriundo de país que não tenha aderido à Convenção referida, o processo de adoção seguirá as regras da adoção nacional. (Incluído pela Lei nº 12.010, de 2009)

CAPÍTULO IV.
DO DIREITO À EDUCAÇÃO, À CULTURA, AO ESPORTE E AO LAZER

▸ *CF: arts. 205 a 217.*

ART. 53. A criança e o adolescente têm direito à educação, visando ao pleno desenvolvimento de sua pessoa, preparo para o exercício da cidadania e qualificação para o trabalho, assegurando-se-lhes:

I – igualdade de condições para o acesso e permanência na escola;

II – direito de ser respeitado por seus educadores;

III – direito de contestar critérios avaliativos, podendo recorrer às instâncias escolares superiores;

IV – direito de organização e participação em entidades estudantis;

▸ CF: arts. 7º, XXV e 208, IV.

V – acesso à escola pública e gratuita, próxima de sua residência, garantindo-se vagas no mesmo estabelecimento a irmãos que frequentem a mesma etapa ou ciclo de ensino da educação básica. (Redação dada pela Lei nº 13.861, de 2019)

Parágrafo único. É direito dos pais ou responsáveis ter ciência do processo pedagógico, bem como participar da definição das propostas educacionais.

ART. 53-A. É dever da instituição de ensino, clubes e agremiações recreativas e de estabelecimentos congêneres assegurar medidas de conscientização, prevenção e enfrentamento ao uso ou dependência de drogas ilícitas. (Acrescido pela Lei nº 13.840, de 2019)

ART. 54. É dever do Estado assegurar à criança e ao adolescente:

I – ensino fundamental, obrigatório e gratuito, inclusive para os que a ele não tiveram acesso na idade própria;

II – progressiva extensão da obrigatoriedade e gratuidade ao ensino médio;

III – atendimento educacional especializado aos portadores de deficiência, preferencialmente na rede regular de ensino;

IV – atendimento em creche e pré-escola às crianças de zero a cinco anos de idade; (Redação dada pela Lei nº 13.306, de 2016)

▸ CF: ar. 7º, XXV.

V – acesso aos níveis mais elevados do ensino, da pesquisa e da criação artística, segundo a capacidade de cada um;

VI – oferta de ensino noturno regular, adequado às condições do adolescente trabalhador;

VII – atendimento no ensino fundamental, através de programas suplementares de material didático-escolar, transporte, alimentação e assistência à saúde.

§ 1º. O acesso ao ensino obrigatório e gratuito é direito público subjetivo.

§ 2º. O não oferecimento do ensino obrigatório pelo poder público ou sua oferta irregular importa responsabilidade da autoridade competente.

§ 3º. Compete ao poder público recensear os educandos no ensino fundamental, fazer-lhes a chamada e zelar, junto aos pais ou responsável, pela frequência à escola.

ART. 55. Os pais ou responsável têm a obrigação de matricular seus filhos ou pupilos na rede regular de ensino.

ART. 56. Os dirigentes de estabelecimentos de ensino fundamental comunicarão ao Conselho Tutelar os casos de:

I – maus-tratos envolvendo seus alunos;

▸ CP: art. 136.

II – reiteração de faltas injustificadas e de evasão escolar, esgotados os recursos escolares;

III – elevados níveis de repetência.

ART. 57. O poder público estimulará pesquisas, experiências e novas propostas relativas a calendário, seriação, currículo, metodologia, didática e avaliação, com vistas à inserção de crianças e adolescentes excluídos do ensino fundamental obrigatório.

ART. 58. No processo educacional respeitar-se-ão os valores culturais, artísticos e históricos próprios do contexto social da criança e do adolescente, garantindo-se a estes a liberdade da criação e o acesso às fontes de cultura.

ART. 59. Os municípios, com apoio dos estados e da União, estimularão e facilitarão a destinação de recursos e espaços para programações culturais, esportivas e de lazer voltadas para a infância e a juventude.

CAPÍTULO V. DO DIREITO À PROFISSIONALIZAÇÃO E À PROTEÇÃO NO TRABALHO

▸ CP: art. 149.

ART. 60. É proibido qualquer trabalho a menores de quatorze anos de idade, salvo na condição de aprendiz.

▸ CF: arts. 7º, XXXIII, e 227, § 3º.

ART. 61. A proteção ao trabalho dos adolescentes é regulada por legislação especial, sem prejuízo do disposto nesta Lei.

ART. 62. Considera-se aprendizagem a formação técnico-profissional ministrada segundo as diretrizes e bases da legislação de educação em vigor.

ART. 63. A formação técnico-profissional obedecerá aos seguintes princípios:

I – garantia de acesso e frequência obrigatória ao ensino regular;

II – atividade compatível com o desenvolvimento do adolescente;

III – horário especial para o exercício das atividades.

ART. 64. Ao adolescente até quatorze anos de idade é assegurada bolsa de aprendizagem.

ART. 65. Ao adolescente aprendiz, maior de quatorze anos, são assegurados os direitos trabalhistas e previdenciários.

ART. 66. Ao adolescente portador de deficiência é assegurado trabalho protegido.

▸ CF: art. 227, § 1º, II.

ART. 67. Ao adolescente empregado, aprendiz, em regime familiar de trabalho, aluno de escola técnica, assistido em entidade governamental ou não-governamental, é vedado trabalho:

I – noturno, realizado entre as vinte e duas horas de um dia e as cinco horas do dia seguinte;

II – perigoso, insalubre ou penoso;

III – realizado em locais prejudiciais à sua formação e ao seu desenvolvimento físico, psíquico, moral e social;

IV – realizado em horários e locais que não permitam a frequência à escola.

ART. 68. O programa social que tenha por base o trabalho educativo, sob responsabilidade de entidade governamental

ESTATUTOS

ou não-governamental sem fins lucrativos, deverá assegurar ao adolescente que dele participe condições de capacitação para o exercício de atividade regular remunerada.

§ 1º. Entende-se por trabalho educativo a atividade laboral em que as exigências pedagógicas relativas ao desenvolvimento pessoal e social do educando prevalecem sobre o aspecto produtivo.

§ 2º. A remuneração que o adolescente recebe pelo trabalho efetuado ou a participação na venda dos produtos de seu trabalho não desfigura o caráter educativo.

ART. 69. O adolescente tem direito à profissionalização e à proteção no trabalho, observados os seguintes aspectos, entre outros:

I – respeito à condição peculiar de pessoa em desenvolvimento;

II – capacitação profissional adequada ao mercado de trabalho.

TÍTULO III. DA PREVENÇÃO

CAPÍTULO I. DISPOSIÇÕES GERAIS

ART. 70. É dever de todos prevenir a ocorrência de ameaça ou violação dos direitos da criança e do adolescente.

ART. 70-A. A União, os Estados, o Distrito Federal e os Municípios deverão atuar de forma articulada na elaboração de políticas públicas e na execução de ações destinadas a coibir o uso de castigo físico ou de tratamento cruel ou degradante e difundir formas não violentas de educação de crianças e de adolescentes, tendo como principais ações: (Incluído pela Lei nº 13.010, de 2014)

I – a promoção de campanhas educativas permanentes para a divulgação do direito da criança e do adolescente de serem educados e cuidados sem o uso de castigo físico ou de tratamento cruel ou degradante e dos instrumentos de proteção aos direitos humanos; (Incluído pela Lei nº 13.010, de 2014)

II – a integração com os órgãos do Poder Judiciário, do Ministério Público e da Defensoria Pública, com o Conselho Tutelar, com os Conselhos de Direitos da Criança e do Adolescente e com as entidades não governamentais que atuam na promoção, proteção e defesa dos direitos da criança e do adolescente; (Incluído pela Lei nº 13.010, de 2014)

III – a formação continuada e a capacitação dos profissionais de saúde, educação e assistência social e dos demais agentes que atuam na promoção, proteção e defesa dos direitos da criança e do adolescente para o desenvolvimento das competências necessárias à prevenção, à identificação de evidências, ao diagnóstico e ao enfrentamento de todas as formas de violência contra a criança e o adolescente; (Incluído pela Lei nº 13.010, de 2014)

IV – o apoio e o incentivo às práticas de resolução pacífica de conflitos que envolvam violência contra a criança e o adolescente; (Incluído pela Lei nº 13.010, de 2014)

V – a inclusão, nas políticas públicas, de ações que visem a garantir os direitos da criança e do adolescente, desde a atenção pré-natal, e de atividades junto aos pais e responsáveis com o objetivo de promover a informação, a reflexão, o debate e a orientação sobre alternativas ao uso de castigo físico ou de tratamento cruel ou degradante no processo educativo; (Incluído pela Lei nº 13.010, de 2014)

VI – a promoção de espaços intersetoriais locais para a articulação de ações e a elaboração de planos de atuação conjunta focados nas famílias em situação de violência, com participação de profissionais de saúde, de assistência social e de educação e de órgãos de promoção, proteção e defesa dos direitos da criança e do adolescente. (Incluído pela Lei nº 13.010, de 2014)

Parágrafo único. As famílias com crianças e adolescentes com deficiência terão prioridade de atendimento nas ações e políticas públicas de prevenção e proteção. (Incluído pela Lei nº 13.010, de 2014)

ART. 70-B. As entidades, públicas e privadas, que atuem nas áreas a que se refere o art. 71, dentre outras, devem contar, em seus quadros, com pessoas capacitadas a reconhecer e comunicar ao Conselho Tutelar suspeitas ou casos de maus-tratos praticados contra crianças e adolescentes. (Incluído pela Lei nº 13.046, de 2014)

Parágrafo único. São igualmente responsáveis pela comunicação de que trata este artigo, as pessoas encarregadas, por razão de cargo, função, ofício, ministério, profissão ou ocupação, do cuidado, assistência ou guarda de crianças e adolescentes, punível, na forma deste Estatuto, o injustificado retardamento ou omissão, culposos ou dolosos. (Incluído pela Lei nº 13.046, de 2014)

ART. 71. A criança e o adolescente têm direito a informação, cultura, lazer, esportes, diversões, espetáculos e produtos e serviços que respeitem sua condição peculiar de pessoa em desenvolvimento.

ART. 72. As obrigações previstas nesta Lei não excluem da prevenção especial outras decorrentes dos princípios por ela adotados.

ART. 73. A inobservância das normas de prevenção importará em responsabilidade da pessoa física ou jurídica, nos termos desta Lei.

CAPÍTULO II. DA PREVENÇÃO ESPECIAL

SEÇÃO I. DA INFORMAÇÃO, CULTURA, LAZER, ESPORTES, DIVERSÕES E ESPETÁCULOS

ART. 74. O poder público, através do órgão competente, regulará as diversões e espetáculos públicos, informando sobre a natureza deles, as faixas etárias a que não se recomendem, locais e horários em que sua apresentação se mostre inadequada.

Parágrafo único. Os responsáveis pelas diversões e espetáculos públicos deverão afixar, em lugar visível e de fácil acesso, à entrada do local de exibição, informação destacada sobre a natureza do espetáculo e a faixa etária especificada no certificado de classificação.

▸ *ECA: art. 71.*

ART. 75. Toda criança ou adolescente terá acesso às diversões e espetáculos públicos classificados como adequados à sua faixa etária.

Parágrafo único. As crianças menores de dez anos somente poderão ingressar e permanecer nos locais de apresentação ou exibição quando acompanhadas dos pais ou responsável.

ART. 76. As emissoras de rádio e televisão somente exibirão, no horário recomendado para o público infanto juvenil, programas com finalidades educativas, artísticas, culturais e informativas.

Parágrafo único. Nenhum espetáculo será apresentado ou anunciado sem aviso de sua classificação, antes de sua transmissão, apresentação ou exibição.

ART. 77. Os proprietários, diretores, gerentes e funcionários de empresas que explorem a venda ou aluguel de fitas de programação em vídeo cuidarão para que não haja venda ou locação em desacordo com a classificação atribuída pelo órgão competente.

Parágrafo único. As fitas a que alude este artigo deverão exibir, no invólucro, informação sobre a natureza da obra e a faixa etária a que se destinam.

ART. 78. As revistas e publicações contendo material impróprio ou inadequado a crianças e adolescentes deverão ser comercializadas em embalagem lacrada, com a advertência de seu conteúdo.

Parágrafo único. As editoras cuidarão para que as capas que contenham mensagens pornográficas ou obscenas sejam protegidas com embalagem opaca.

ART. 79. As revistas e publicações destinadas ao público infanto-juvenil não poderão conter ilustrações, fotografias, legendas, crônicas ou anúncios de bebidas alcoólicas, tabaco, armas e munições, e deverão respeitar os valores éticos e sociais da pessoa e da família.

ART. 80. Os responsáveis por estabelecimentos que explorem comercialmente bilhar, sinuca ou congênere ou por casas de jogos, assim entendidas as que realizem apostas, ainda que eventualmente, cuidarão para que não seja permitida a entrada e a permanência de crianças e adolescentes no local, afixando aviso para orientação do público.

SEÇÃO II.
DOS PRODUTOS E SERVIÇOS

ART. 81. É proibida a venda à criança ou ao adolescente de:

I – armas, munições e explosivos;

II – bebidas alcoólicas;

▸ *Dec.-lei nº 3.688, de 03-10-1941, art. 63, Lei das Contravenções Penais.*

III – produtos cujos componentes possam causar dependência física ou psíquica ainda que por utilização indevida;

IV – fogos de estampido e de artifício, exceto aqueles que pelo seu reduzido potencial sejam incapazes de provocar qualquer dano físico em caso de utilização indevida;

V – revistas e publicações a que alude o art. 78;

VI – bilhetes lotéricos e equivalentes.

ART. 82. É proibida a hospedagem de criança ou adolescente em hotel, motel, pensão ou estabelecimento congênere, salvo se autorizado ou acompanhado pelos pais ou responsável.

SEÇÃO III.
DA AUTORIZAÇÃO PARA VIAJAR

ART. 83. Nenhuma criança ou adolescente menor de 16 (dezesseis) anos poderá viajar para fora da comarca onde reside desacompanhado dos pais ou dos responsáveis sem expressa autorização judicial. (Redação dada pela Lei nº 13.812, de 2019)

§ 1º A autorização não será exigida quando:

a) tratar-se de comarca contígua à da residência da criança ou do adolescente menor de 16 (dezesseis) anos, se na mesma unidade da Federação, ou incluída na mesma região metropolitana; (Redação dada pela Lei nº 13.812, de 2019)

b) a criança ou o adolescente menor de 16 (dezesseis) anos estiver acompanhado: (Redação dada pela Lei nº 13.812, de 2019)

1) de ascendente ou colateral maior, até o terceiro grau, comprovado documentalmente o parentesco;

2) de pessoa maior, expressamente autorizada pelo pai, mãe ou responsável.

§ 2º A autoridade judiciária poderá, a pedido dos pais ou responsável, conceder autorização válida por dois anos.

ART. 84. Quando se tratar de viagem ao exterior, a autorização é dispensável, se a criança ou adolescente:

I – estiver acompanhado de ambos os pais ou responsável;

II – viajar na companhia de um dos pais, autorizado expressamente pelo outro através de documento com firma reconhecida.

ART. 85. Sem prévia e expressa autorização judicial, nenhuma criança ou adolescente nascido em território nacional poderá sair do País em companhia de estrangeiro residente ou domiciliado no exterior.

PARTE ESPECIAL.

TÍTULO I.
DA POLÍTICA DE ATENDIMENTO

CAPÍTULO I.
DISPOSIÇÕES GERAIS

ART. 86. A política de atendimento dos direitos da criança e do adolescente far-se-á através de um conjunto articulado de ações governamentais e não-governamentais, da União, dos estados, do Distrito Federal e dos municípios.

ART. 87. São linhas de ação da política de atendimento:

I – políticas sociais básicas;

II – serviços, programas, projetos e benefícios de assistência social de garantia de proteção social e de prevenção e redução de violações de direitos, seus agravamentos ou reincidências; (Redação dada pela Lei nº 13.257, de 2016)

III – serviços especiais de prevenção e atendimento médico e psicossocial às vítimas de negligência, maus-tratos, exploração, abuso, crueldade e opressão;

IV – serviço de identificação e localização de pais, responsável, crianças e adolescentes desaparecidos;

V – proteção jurídico-social por entidades de defesa dos direitos da criança e do adolescente.

VI – políticas e programas destinados a prevenir ou abreviar o período de afastamento do convívio familiar e a garantir o efetivo exercício do direito à convivência familiar de crianças e adolescentes; (Incluído pela Lei nº 12.010, de 2009)

VII – campanhas de estímulo ao acolhimento sob forma de guarda de crianças e adolescentes afastados do convívio familiar e à adoção, especificamente inter-racial, de crianças maiores ou de adolescentes, com necessidades específicas de saúde ou com deficiências e de grupos de irmãos. (Incluído pela Lei nº 12.010, de 2009)

ART. 88. São diretrizes da política de atendimento:

I – municipalização do atendimento;

II – criação de conselhos municipais, estaduais e nacional dos direitos da criança e do adolescente, órgãos deliberativos e controladores das ações em todos os níveis, assegurada a participação popular paritária por meio de organizações representativas, segundo leis federal, estaduais e municipais;

III – criação e manutenção de programas específicos, observada a descentralização político-administrativa;

IV – manutenção de fundos nacional, estaduais e municipais vinculados aos respectivos conselhos dos direitos da criança e do adolescente;

V – integração operacional de órgãos do Judiciário, Ministério Público, Defensoria, Segurança Pública e Assistência Social, preferencialmente em um mesmo local, para efeito de agilização do atendimento inicial a adolescente a quem se atribua autoria de ato infracional;

VI – integração operacional de órgãos do Judiciário, Ministério Público, Defensoria, Conselho Tutelar e encarregados da execução das políticas sociais básicas e de assistência social, para efeito de agilização do atendimento de crianças e de adolescentes inseridos em programas de acolhimento familiar ou institucional, com vista na sua rápida reintegração à família de origem ou, se tal solução se mostrar comprovadamente inviável, sua colocação em família substituta, em quaisquer das modalidades previstas no art. 28 desta Lei; (Redação dada pela Lei nº 12.010, de 2009)

VII – mobilização da opinião pública para a indispensável participação dos diversos segmentos da sociedade. (Incluído pela Lei nº 12.010, de 2009)

VIII – especialização e formação continuada dos profissionais que trabalham nas diferentes áreas da atenção à primeira infância, incluindo os conhecimentos sobre direitos da criança e sobre desenvolvimento infantil; (Incluído pela Lei nº 13.257, de 2016)

IX – formação profissional com abrangência dos diversos direitos da criança e do adolescente que favoreça a intersetorialidade no atendimento da criança e do adolescente e seu desenvolvimento integral; (Incluído pela Lei nº 13.257, de 2016)

X – realização e divulgação de pesquisas sobre desenvolvimento infantil e sobre prevenção da violência. (Incluído pela Lei nº 13.257, de 2016)

ART. 89. A função de membro do conselho nacional e dos conselhos estaduais e municipais dos direitos da criança e do adolescente é considerada de interesse público relevante e não será remunerada.

CAPÍTULO II. DAS ENTIDADES DE ATENDIMENTO

SEÇÃO I. DISPOSIÇÕES GERAIS

ART. 90. As entidades de atendimento são responsáveis pela manutenção das próprias unidades, assim como pelo planejamento e execução de programas de proteção e socioeducativos destinados a crianças e adolescentes, em regime de:

I – orientação e apoio sócio-familiar;

II – apoio sócio-educativo em meio aberto;

III – colocação familiar;

IV – acolhimento institucional; (Redação dada pela Lei nº 12.010, de 2009)

V – prestação de serviços à comunidade; (Redação dada pela Lei nº 12.594, de 2012)

VI – liberdade assistida; (Redação dada pela Lei nº 12.594, de 2012)

VII – semiliberdade; e (Redação dada pela Lei nº 12.594, de 2012)

VIII – internação. (Incluído pela Lei nº 12.594, de 2012)

§ 1º. As entidades governamentais e não governamentais deverão proceder à inscrição de seus programas, especificando os regimes de atendimento, na forma definida neste artigo, no Conselho Municipal dos Direitos da Criança e do Adolescente, o qual manterá registro das inscrições e de suas alterações, do que fará comunicação ao Conselho Tutelar e à autoridade judiciária. (Incluído pela Lei nº 12.010, de 2009)

§ 2º. Os recursos destinados à implementação e manutenção dos programas relacionados neste artigo serão previstos nas dotações orçamentárias dos órgãos públicos encarregados das áreas de Educação, Saúde e Assistência Social, dentre outros, observando-se o princípio da prioridade absoluta à criança e ao adolescente preconizado pelo caput do art. 227 da Constituição Federal e pelo caput e parágrafo único do art. 4º desta Lei. (Incluído pela Lei nº 12.010, de 2009)

§ 3º. Os programas em execução serão reavaliados pelo Conselho Municipal dos Direitos da Criança e do Adolescente, no máximo, a cada 2 (dois) anos, constituindo-se critérios para renovação da autorização de funcionamento: (Incluído pela Lei nº 12.010, de 2009)

I – o efetivo respeito às regras e princípios desta Lei, bem como às resoluções relativas à modalidade de atendimento prestado expedidas pelos Conselhos de Direitos da Criança e do Adolescente, em todos os níveis; (Incluído pela Lei nº 12.010, de 2009)

II – a qualidade e eficiência do trabalho desenvolvido, atestadas pelo Conselho Tutelar, pelo Ministério Público e pela Justiça da Infância e da Juventude; (Incluído pela Lei nº 12.010, de 2009)

III – em se tratando de programas de acolhimento institucional ou familiar, serão considerados os índices de sucesso na reintegração familiar ou de adaptação à família substituta, conforme o caso. (Incluído pela Lei nº 12.010, de 2009)

ART. 91. As entidades não-governamentais somente poderão funcionar depois de registradas no Conselho Municipal dos Direitos da Criança e do Adolescente, o qual comunicará o registro ao Conselho Tutelar e à autoridade judiciária da respectiva localidade.

§ 1º. Será negado o registro à entidade que: (Incluído pela Lei nº 12.010, de 2009)

a) não ofereça instalações físicas em condições adequadas de habitabilidade, higiene, salubridade e segurança;

b) não apresente plano de trabalho compatível com os princípios desta Lei;

c) esteja irregularmente constituída;

d) tenha em seus quadros pessoas inidôneas.

e) não se adequar ou deixar de cumprir as resoluções e deliberações relativas à modalidade de atendimento prestado expedidas pelos Conselhos de Direitos da Criança e do Adolescente, em todos os níveis. (Incluída pela Lei nº 12.010, de 2009)

§ 2º. O registro terá validade máxima de 4 (quatro) anos, cabendo ao Conselho Municipal dos Direitos da Criança e do Adolescente, periodicamente, reavaliar o cabimento de sua renovação, observado o disposto no § 1º deste artigo. (Incluído pela Lei nº 12.010, de 2009)

ART. 92. As entidades que desenvolvam programas de acolhimento familiar ou institucional deverão adotar os seguintes princípios: (Redação dada pela Lei nº 12.010, de 2009)

I – preservação dos vínculos familiares e promoção da reintegração familiar; (Redação dada pela Lei nº 12.010, de 2009)

II – integração em família substituta, quando esgotados os recursos de manutenção na família natural ou extensa; (Redação dada pela Lei nº 12.010, de 2009)

III – atendimento personalizado e em pequenos grupos;

IV – desenvolvimento de atividades em regime de co-educação;

V – não desmembramento de grupos de irmãos;

VI – evitar, sempre que possível, a transferência para outras entidades de crianças e adolescentes abrigados;

VII – participação na vida da comunidade local;

VIII – preparação gradativa para o desligamento;

IX – participação de pessoas da comunidade no processo educativo.

§ 1º. O dirigente de entidade que desenvolve programa de acolhimento institucional é equiparado ao guardião, para todos os efeitos de direito. (Incluído pela Lei nº 12.010, de 2009)

§ 2º. Os dirigentes de entidades que desenvolvem programas de acolhimento familiar ou institucional remeterão à autoridade judiciária, no máximo a cada 6 (seis) meses, relatório circunstanciado acerca da situação de cada criança ou adolescente acolhido e sua família, para fins da reavaliação prevista no § 1º do art. 19 desta Lei. (Incluído pela Lei nº 12.010, de 2009)

§ 3º. Os entes federados, por intermédio dos Poderes Executivo e Judiciário, promoverão conjuntamente a permanente qualificação dos profissionais que atuam direta ou indiretamente em programas de acolhimento institucional e destinados à colocação familiar de crianças e adolescentes, incluindo membros do Poder Judiciário, Ministério Público e Conselho Tutelar. (Incluído pela Lei nº 12.010, de 2009)

§ 4º. Salvo determinação em contrário da autoridade judiciária competente, as entidades que desenvolvem programas de acolhimento familiar ou institucional, se necessário com o auxílio do Conselho Tutelar e dos órgãos de assistência social, estimularão o contato da criança ou adolescente com seus pais e parentes, em cumprimento ao disposto nos incisos I e VIII do caput deste artigo. (Incluído pela Lei nº 12.010, de 2009)

§ 5º. As entidades que desenvolvem programas de acolhimento familiar ou institucional somente poderão receber recursos públicos se comprovado o atendimento dos princípios, exigências e finalidades desta Lei. (Incluído pela Lei nº 12.010, de 2009)

§ 6º. O descumprimento das disposições desta Lei pelo dirigente de entidade que desenvolva programas de acolhimento familiar ou institucional é causa de sua destituição, sem prejuízo da apuração de sua responsabilidade administrativa, civil e criminal. (Incluído pela Lei nº 12.010, de 2009)

§ 7º. Quando se tratar de criança de 0 (zero) a 3 (três) anos em acolhimento institucional, dar-se-á especial atenção à atuação de educadores de referência estáveis e qualitativamente significativos, às rotinas específicas e ao atendimento das necessidades básicas, incluindo as de afeto como prioritárias. (Incluído pela Lei nº 13.257, de 2016)

ART. 93. As entidades que mantenham programa de acolhimento institucional poderão, em caráter excepcional e de urgência, acolher crianças e adolescentes sem prévia determinação da autoridade competente, fazendo comunicação do fato em até 24 (vinte e quatro) horas ao Juiz da Infância e da Juventude, sob pena de responsabilidade. (Redação dada pela Lei nº 12.010, de 2009)

Parágrafo único. Recebida a comunicação, a autoridade judiciária, ouvido o Ministério Público e se necessário com o apoio do Conselho Tutelar local, tomará as medidas necessárias para promover a imediata reintegração familiar da criança ou do adolescente ou, se por qualquer razão não for isso possível ou recomendável, para seu encaminhamento a programa de acolhimento familiar, institucional ou a família substituta, observado o disposto no § 2º do art. 101 desta Lei. (Incluído pela Lei nº 12.010, de 2009)

ART. 94. As entidades que desenvolvem programas de internação têm as seguintes obrigações, entre outras:

I - observar os direitos e garantias de que são titulares os adolescentes;

II - não restringir nenhum direito que não tenha sido objeto de restrição na decisão de internação;

III - oferecer atendimento personalizado, em pequenas unidades e grupos reduzidos;

IV - preservar a identidade e oferecer ambiente de respeito e dignidade ao adolescente;

V - diligenciar no sentido do restabelecimento e da preservação dos vínculos familiares;

VI - comunicar à autoridade judiciária, periodicamente, os casos em que se mostre inviável ou impossível o reatamento dos vínculos familiares;

VII - oferecer instalações físicas em condições adequadas de habitabilidade, higiene, salubridade e segurança e os objetos necessários à higiene pessoal;

VIII - oferecer vestuário e alimentação suficientes e adequados à faixa etária dos adolescentes atendidos;

IX - oferecer cuidados médicos, psicológicos, odontológicos e farmacêuticos;

X - propiciar escolarização e profissionalização;

XI - propiciar atividades culturais, esportivas e de lazer;

XII - propiciar assistência religiosa àqueles que desejarem, de acordo com suas crenças;

▸ *CF: art. 5º, VI e VII.*

XIII - proceder a estudo social e pessoal de cada caso;

XIV - reavaliar periodicamente cada caso, com intervalo máximo de seis meses, dando ciência dos resultados à autoridade competente;

XV - informar, periodicamente, o adolescente internado sobre sua situação processual;

XVI - comunicar às autoridades competentes todos os casos de adolescentes portadores de moléstias infecto-contagiosas;

▸ *CP: art. 269.*

XVII - fornecer comprovante de depósito dos pertences dos adolescentes;

XVIII - manter programas destinados ao apoio e acompanhamento de egressos;

XIX - providenciar os documentos necessários ao exercício da cidadania àqueles que não os tiverem;

XX - manter arquivo de anotações onde constem data e circunstâncias do atendimento, nome do adolescente, seus pais ou responsável, parentes, endereços, sexo, idade, acompanhamento da sua formação, relação de seus pertences e demais dados que possibilitem sua identificação e a individualização do atendimento.

§ 1º. Aplicam-se, no que couber, as obrigações constantes deste artigo às entidades que mantêm programas de acolhimento institucional e familiar. (Redação dada pela Lei nº 12.010, de 2009)

§ 2º. No cumprimento das obrigações a que alude este artigo as entidades utilizarão preferencialmente os recursos da comunidade.

ART. 94-A. As entidades, públicas ou privadas, que abriguem ou recepcionem crianças e adolescentes, ainda que em caráter temporário, devem ter, em seus quadros, profissionais capacitados a reconhecer e reportar ao Conselho Tutelar suspeitas ou ocorrências de maus-tratos. (Incluído pela Lei nº 13.046, de 2014)

SEÇÃO II.
DA FISCALIZAÇÃO DAS ENTIDADES

ART. 95. As entidades governamentais e não-governamentais referidas no art. 90 serão fiscalizadas pelo Judiciário, pelo Ministério Público e pelos Conselhos Tutelares.

ART. 96. Os planos de aplicação e as prestações de contas serão apresentados ao estado ou ao município, conforme a origem das dotações orçamentárias.

ART. 97. São medidas aplicáveis às entidades de atendimento que descumprirem obrigação constante do art. 94, sem prejuízo da responsabilidade civil e criminal de seus dirigentes ou prepostos:

I - às entidades governamentais:

a) advertência;

b) afastamento provisório de seus dirigentes;

c) afastamento definitivo de seus dirigentes;

d) fechamento de unidade ou interdição de programa.

II - às entidades não-governamentais:

a) advertência;

b) suspensão total ou parcial do repasse de verbas públicas;

c) interdição de unidades ou suspensão de programa;

d) cassação do registro.

§ 1º. Em caso de reiteradas infrações cometidas por entidades de atendimento, que coloquem em risco os direitos assegurados nesta Lei, deverá ser o fato comunicado ao Ministério Público ou representado perante autoridade judiciária competente para as providências cabíveis, inclusive suspensão das atividades ou dissolução da entidade. (Redação dada pela Lei nº 12.010, de 2009)

§ 2º. As pessoas jurídicas de direito público e as organizações não governamentais responderão pelos danos que seus agentes causarem às crianças e aos adolescentes, caracterizado o descumprimento dos princípios norteadores das atividades de proteção específica. (Redação dada pela Lei nº 12.010, de 2009)

TÍTULO I.
DAS MEDIDAS DE PROTEÇÃO

CAPÍTULO I.
DISPOSIÇÕES GERAIS

ART. 98. As medidas de proteção à criança e ao adolescente são aplicáveis sempre que os direitos reconhecidos nesta Lei forem ameaçados ou violados:

I - por ação ou omissão da sociedade ou do Estado;

II – por falta, omissão ou abuso dos pais ou responsável;

III – em razão de sua conduta.

CAPÍTULO II. DAS MEDIDAS ESPECÍFICAS DE PROTEÇÃO

ART. 99. As medidas previstas neste Capítulo poderão ser aplicadas isolada ou cumulativamente, bem como substituídas a qualquer tempo.

ART. 100. Na aplicação das medidas levar-se-ão em conta as necessidades pedagógicas, preferindo-se aquelas que visem ao fortalecimento dos vínculos familiares e comunitários.

Parágrafo único. São também princípios que regem a aplicação das medidas: (Incluído pela Lei nº 12.010, de 2009)

I – condição da criança e do adolescente como sujeitos de direitos: crianças e adolescentes são os titulares dos direitos previstos nesta e em outras Leis, bem como na Constituição Federal; (Incluído pela Lei nº 12.010, de 2009)

II – proteção integral e prioritária: a interpretação e aplicação de toda e qualquer norma contida nesta Lei deve ser voltada à proteção integral e prioritária dos direitos de que crianças e adolescentes são titulares; (Incluído pela Lei nº 12.010, de 2009)

III – responsabilidade primária e solidária do poder público: a plena efetivação dos direitos assegurados a crianças e a adolescentes por esta Lei e pela Constituição Federal, salvo nos casos por esta expressamente ressalvados, é de responsabilidade primária e solidária das 3 (três) esferas de governo, sem prejuízo da municipalização do atendimento e da possibilidade da execução de programas por entidades não governamentais; (Incluído pela Lei nº 12.010, de 2009)

IV – interesse superior da criança e do adolescente: a intervenção deve atender prioritariamente aos interesses e direitos da criança e do adolescente, sem prejuízo da consideração que for devida a outros interesses legítimos no âmbito da pluralidade dos interesses presentes no caso concreto; (Incluído pela Lei nº 12.010, de 2009)

V – privacidade: a promoção dos direitos e proteção da criança e do adolescente deve ser efetuada no respeito pela intimidade, direito à imagem e reserva da sua vida privada; (Incluído pela Lei nº 12.010, de 2009)

VI – intervenção precoce: a intervenção das autoridades competentes deve ser efetuada logo que a situação de perigo seja conhecida; (Incluído pela Lei nº 12.010, de 2009)

VII – intervenção mínima: a intervenção deve ser exercida exclusivamente pelas autoridades e instituições cuja ação seja indispensável à efetiva promoção dos direitos e à proteção da criança e do adolescente; (Incluído pela Lei nº 12.010, de 2009)

VIII – proporcionalidade e atualidade: a intervenção deve ser a necessária e adequada à situação de perigo em que a criança ou o adolescente se encontram no momento em que a decisão é tomada; (Incluído pela Lei nº 12.010, de 2009)

IX – responsabilidade parental: a intervenção deve ser efetuada de modo que os pais assumam os seus deveres para com a criança e o adolescente; (Incluído pela Lei nº 12.010, de 2009)

X – prevalência da família: na promoção de direitos e na proteção da criança e do adolescente deve ser dada prevalência às medidas que os mantenham ou reintegrem na sua família natural ou extensa ou, se isso não for possível, que promovam a sua integração em família adotiva; (Redação dada pela Lei nº 13.509, de 22-11-2017)

XI – obrigatoriedade da informação: a criança e o adolescente, respeitado seu estágio de desenvolvimento e capacidade de compreensão, seus pais ou responsável devem ser informados dos seus direitos, dos motivos que determinaram a intervenção e da forma como esta se processa; (Incluído pela Lei nº 12.010, de 2009)

XII – oitiva obrigatória e participação: a criança e o adolescente, em separado ou na companhia dos pais, de responsável ou de pessoa por si indicada, bem como os seus pais ou responsável, têm direito a ser ouvidos e a participar nos atos e na definição da medida de promoção dos direitos e de proteção, sendo sua opinião devidamente considerada pela autoridade judiciária competente, observado o disposto nos §§ 1º e 2º do art. 28 desta Lei. (Incluído pela Lei nº 12.010, de 2009)

ART. 101. Verificada qualquer das hipóteses previstas no art. 98, a autoridade competente poderá determinar, dentre outras, as seguintes medidas:

I – encaminhamento aos pais ou responsável, mediante termo de responsabilidade;

II – orientação, apoio e acompanhamento temporários;

III – matrícula e frequência obrigatórias em estabelecimento oficial de ensino fundamental;

IV – inclusão em serviços e programas oficiais ou comunitários de proteção, apoio e promoção da família, da criança e do adolescente; (Redação dada pela Lei nº 13.257, de 2016)

V – requisição de tratamento médico, psicológico ou psiquiátrico, em regime hospitalar ou ambulatorial;

VI – inclusão em programa oficial ou comunitário de auxílio, orientação e tratamento a alcoólatras e toxicômanos;

VII – acolhimento institucional; (Redação dada pela Lei nº 12.010, de 2009)

VIII – inclusão em programa de acolhimento familiar; (Redação dada pela Lei nº 12.010, de 2009)

IX – colocação em família substituta. (Incluído pela Lei nº 12.010, de 2009)

§ 1º. O acolhimento institucional e o acolhimento familiar são medidas provisórias e excepcionais, utilizáveis como forma de transição para reintegração familiar ou, não sendo esta possível, para colocação em família substituta, não implicando privação de liberdade. (Incluído pela Lei nº 12.010, de 2009)

§ 2º. Sem prejuízo da tomada de medidas emergenciais para proteção de vítimas de violência ou abuso sexual e das providências a que alude o art. 130 desta Lei, o afastamento da criança ou adolescente do convívio familiar é de competência exclusiva da autoridade judiciária e importará na deflagração, a pedido do Ministério Público ou de quem tenha legítimo interesse, de procedimento judicial contencioso, no qual se garanta aos pais ou ao responsável legal o exercício do contraditório e da ampla defesa. (Incluído pela Lei nº 12.010, de 2009)

§ 3º. Crianças e adolescentes somente poderão ser encaminhados às instituições que executam programas de acolhimento institucional, governamentais ou não, por meio de uma Guia de Acolhimento, expedida pela autoridade judiciária, na qual obrigatoriamente constará, dentre outros: (Incluído pela Lei nº 12.010, de 2009)

I – sua identificação e a qualificação completa de seus pais ou de seu responsável, se conhecidos; (Incluído pela Lei nº 12.010, de 2009)

II – o endereço de residência dos pais ou do responsável, com pontos de referência; (Incluído pela Lei nº 12.010, de 2009)

III – os nomes de parentes ou de terceiros interessados em tê-los sob sua guarda; (Incluído pela Lei nº 12.010, de 2009)

IV – os motivos da retirada ou da não reintegração ao convívio familiar. (Incluído pela Lei nº 12.010, de 2009)

§ 4º. Imediatamente após o acolhimento da criança ou do adolescente, a entidade responsável pelo programa de acolhimento institucional ou familiar elaborará um plano individual de atendimento, visando à reintegração familiar, ressalvada a existência de ordem escrita e fundamentada em contrário de autoridade judiciária competente, caso em que também deverá contemplar sua colocação em família substituta, observadas as regras e princípios desta Lei. (Incluído pela Lei nº 12.010, de 2009)

§ 5º. O plano individual será elaborado sob a responsabilidade da equipe técnica do respectivo programa de atendimento e levará em consideração a opinião da criança ou do adolescente e a oitiva dos pais ou do responsável. (Incluído pela Lei nº 12.010, de 2009)

§ 6º. Constarão do plano individual, dentre outros: (Incluído pela Lei nº 12.010, de 2009)

I – os resultados da avaliação interdisciplinar; (Incluído pela Lei nº 12.010, de 2009)

II – os compromissos assumidos pelos pais ou responsável; e (Incluído pela Lei nº 12.010, de 2009)

III – a previsão das atividades a serem desenvolvidas com a criança ou com o adolescente acolhido e seus pais ou responsável, com vista na reintegração familiar ou, caso seja esta vedada por expressa e fundamentada determinação judicial, as providências a serem tomadas para sua colocação em família substituta, sob direta supervisão da autoridade judiciária. (Incluído pela Lei nº 12.010, de 2009)

§ 7º. O acolhimento familiar ou institucional ocorrerá no local mais próximo à residência dos pais ou do responsável e, como parte do processo de reintegração familiar, sempre que identificada a necessidade, a família de origem será incluída em programas oficiais de orientação, de apoio e de promoção social, sendo facilitado e estimulado o contato com a criança ou com o adolescente acolhido. (Incluído pela Lei nº 12.010, de 2009)

§ 8º. Verificada a possibilidade de reintegração familiar, o responsável pelo programa de acolhimento familiar ou institucional fará imediata comunicação à autoridade judiciária, que dará vista ao Ministério Público, pelo prazo de 5 (cinco) dias, decidindo em igual prazo. (Incluído pela Lei nº 12.010, de 2009)

§ 9º. Em sendo constatada a impossibilidade de reintegração da criança ou do adolescente à família de origem, após seu encaminhamento a programas oficiais ou comunitários de orientação, apoio e promoção social, será enviado relatório fundamentado ao Ministério Público, no qual conste a descrição pormenorizada das providências tomadas e a expressa recomendação, subscrita pelos técnicos da entidade ou responsáveis pela execução da política municipal de garantia do direito à convivência familiar, para a destituição do poder familiar, ou destituição de tutela ou guarda. (Incluído pela Lei nº 12.010, de 2009)

§ 10. Recebido o relatório, o Ministério Público terá o prazo de 15 (quinze) dias para o ingresso com a ação de destituição do poder familiar, salvo se entender necessária a realização de estudos complementares ou de outras providências indispensáveis ao ajuizamento da demanda. (Redação dada pela Lei nº 13.509, de 22-11-2017)

§ 11. A autoridade judiciária manterá, em cada comarca ou foro regional, um cadastro contendo informações atualizadas sobre as crianças e adolescentes em regime de acolhimento familiar e institucional sob sua responsabilidade, com informações pormenorizadas sobre a situação jurídica de cada um, bem como as providências tomadas para sua reintegração familiar ou colocação em família substituta, em qualquer das modalidades previstas no art. 28 desta Lei. (Incluído pela Lei nº 12.010, de 2009)

▸ *Lei nº 8.069, de 13-07-1990, art. 258-A, Estatuto da Criança e do Adolescente.*

§ 12. Terão acesso ao cadastro o Ministério Público, o Conselho Tutelar, o órgão gestor da Assistência Social e os Conselhos Municipais dos Direitos da Criança e do Adolescente e da Assistência Social, aos quais incumbe deliberar sobre a implementação de políticas públicas que permitam reduzir o número de crianças e adolescentes afastados do convívio familiar e abreviar o período de permanência em programa de acolhimento. (Incluído pela Lei nº 12.010, de 2009)

ART. 102. As medidas de proteção de que trata este Capítulo serão acompanhadas da regularização do registro civil.

§ 1º. Verificada a inexistência de registro anterior, o assento de nascimento da criança ou adolescente será feito à vista dos elementos disponíveis, mediante requisição da autoridade judiciária.

§ 2º. Os registros e certidões necessários à regularização de que trata este artigo são isentos de multas, custas e emolumentos, gozando de absoluta prioridade.

§ 3º. Caso ainda não definida a paternidade, será deflagrado procedimento específico destinado à sua averiguação, conforme previsto pela Lei nº 8.560, de 29 de dezembro de 1992. (Incluído pela Lei nº 12.010, de 2009)

§ 4º. Nas hipóteses previstas no § 3º deste artigo, é dispensável o ajuizamento de ação de investigação de paternidade pelo Ministério Público se, após o não comparecimento ou a recusa do suposto pai em assumir a paternidade a ele atribuída, a criança for encaminhada para adoção. (Incluído pela Lei nº 12.010, de 2009)

§ 5º. Os registros e certidões necessários à inclusão, a qualquer tempo, do nome do pai no assento de nascimento são isentos de multas, custas e emolumentos, gozando de absoluta prioridade. (Incluído dada pela Lei nº 13.257, de 2016)

§ 6º. São gratuitas, a qualquer tempo, a averbação requerida do reconhecimento de paternidade no assento de nascimento e a certidão correspondente. (Incluído dada pela Lei nº 13.257, de 2016)

TÍTULO III. DA PRÁTICA DE ATO INFRACIONAL

CAPÍTULO I. DISPOSIÇÕES GERAIS

ART. 103. Considera-se ato infracional a conduta descrita como crime ou contravenção penal.

▸ *Súmula nº 108 do STJ.*

▸ *Lei nº 8.069, de 13-07-1990, arts. 171 a 190, Estatuto da Criança e do Adolescente.*

ART. 104. São penalmente inimputáveis os menores de dezoito anos, sujeitos às medidas previstas nesta Lei.

▸ *Súmula 605 do STJ.*

▸ *CF: art. 228.*

▸ *CP: art. 27.*

Parágrafo único. Para os efeitos desta Lei, deve ser considerada a idade do adolescente à data do fato.

ART. 105. Ao ato infracional praticado por criança corresponderão as medidas previstas no art. 101.

▸ *Lei nº 8.069, de 13-07-1990, arts. 136, I e 262, Estatuto da Criança e do Adolescente.*

CAPÍTULO II. DOS DIREITOS INDIVIDUAIS

ART. 106. Nenhum adolescente será privado de sua liberdade senão em flagrante de ato infracional ou por ordem escrita e fundamentada da autoridade judiciária competente.

▸ *CF: art. 5º, LXI.*

▸ *CPP: art. 302, I a IV.*

Parágrafo único. O adolescente tem direito à identificação dos responsáveis pela sua apreensão, devendo ser informado acerca de seus direitos.

▸ *CF: art. 5º, LXIII e LXIV.*

ART. 107. A apreensão de qualquer adolescente e o local onde se encontra recolhido serão incontinenti comunicados à autoridade judiciária competente e à família do apreendido ou à pessoa por ele indicada.

▸ *CF: art. 5º, LXII.*

▸ *Lei nº 8.069, de 13-07-1990, arts. 171 e 172, Estatuto da Criança e do Adolescente.*

Parágrafo único. Examinar-se-á, desde logo e sob pena de responsabilidade, a possibilidade de liberação imediata.

▸ *CF: art. 5º, LXV.*

▸ *Lei nº 8.069, de 13-07-1990, art. 174, Estatuto da Criança e do Adolescente.*

ART. 108. A internação, antes da sentença, pode ser determinada pelo prazo máximo de quarenta e cinco dias.

▸ *Lei nº 8.069, de 13-07-1990, arts. 183 a 185, Estatuto da Criança e do Adolescente.*

Parágrafo único. A decisão deverá ser fundamentada e basear-se em indícios suficientes de autoria e materialidade, demonstrada a necessidade imperiosa da medida.

ART. 109. O adolescente civilmente identificado não será submetido a identificação compulsória pelos órgãos policiais, de proteção e judiciais, salvo para efeito de confrontação, havendo dúvida fundada.

▸ *CF: art. 5º, LVIII.*

CAPÍTULO III. DAS GARANTIAS PROCESSUAIS

ART. 110. Nenhum adolescente será privado de sua liberdade sem o devido processo legal.

▸ *Súmulas nº 265 e 342 do STJ.*

▸ *CF: art. 5º, LIV.*

▸ *Lei nº 8.069, de 13-07-1990, arts. 171 a 190, Estatuto da Criança e do Adolescente.*

ART. 111. São asseguradas ao adolescente, entre outras, as seguintes garantias:

I – pleno e formal conhecimento da atribuição de ato infracional, mediante citação ou meio equivalente;

▸ *Lei nº 8.069, de 13-07-1990, art. 84, § 1º, Estatuto da Criança e do Adolescente.*

II – igualdade na relação processual, podendo confrontar-se com vítimas e testemunhas e produzir todas as provas necessárias à sua defesa;

▸ *CF: arts. 5º, LV, e 227, § 3º, IV.*

III – defesa técnica por advogado;

▸ *CF: arts. 5º, LXIII, 133 e 227, § 3º, IV.*

▸ *Lei nº 8.069, de 13-07-1990, arts. 184, § 1º, 186 § 2º, 206 e 207, Estatuto da Criança e do Adolescente.*

IV – assistência judiciária gratuita e integral aos necessitados, na forma da lei;

▸ *CF: arts. 5º, LXXIV e 134.*

▸ *Lei nº 1.060, de 05-02-1950, dispõe sobre a Assistência Judiciária.*

▸ *Lei nº 8.069, de 13-07-1990, art. 141, §§ 1º e 2º, Estatuto da Criança e do Adolescente.*

V – direito de ser ouvido pessoalmente pela autoridade competente;

▸ *Súmula nº 265 do STJ.*

▸ *Lei nº 8.069, de 13-07-1990, arts. 28, § 1º, 45, § 2º, 124, I, 141, 179 e 186, Estatuto da Criança e do Adolescente.*

VI – direito de solicitar a presença de seus pais ou responsável em qualquer fase do procedimento.

CAPÍTULO IV. DAS MEDIDAS SÓCIO-EDUCATIVAS

▸ *Súmulas nº 338 e 342 do STJ.*

SEÇÃO I. DISPOSIÇÕES GERAIS

ART. 112. Verificada a prática de ato infracional, a autoridade competente poderá aplicar ao adolescente as seguintes medidas:

▸ *Lei nº 8.069, de 13-07-1990, arts. 103, 126 a 128, Estatuto da Criança e do Adolescente.*

I – advertência;

▸ Lei nº 8.069, de 13-07-1990, arts. 114 e 115, Estatuto da Criança e do Adolescente.

II – obrigação de reparar o dano;

▸ Lei nº 8.069, de 13-07-1990, art. 116, Estatuto da Criança e do Adolescente.

III – prestação de serviços à comunidade;

▸ Lei nº 8.069, de 13-07-1990, art. 117, Estatuto da Criança e do Adolescente.

IV – liberdade assistida;

▸ Lei nº 8.069, de 13-07-1990, arts. 118 e 119, Estatuto da Criança e do Adolescente.

V – inserção em regime de semiliberdade;

▸ Lei nº 8.069, de 13-07-1990, art. 120, Estatuto da Criança e do Adolescente.

VI – internação em estabelecimento educacional;

▸ Lei nº 8.069, de 13-07-1990, arts. 121 a 125, Estatuto da Criança e do Adolescente.

VII – qualquer uma das previstas no art. 101, I a VI.

▸ Súmula nº 108 do STJ.

▸ Lei nº 8.069, de 13-07-1990, art. 136, VI, Estatuto da Criança e do Adolescente.

§ 1º. A medida aplicada ao adolescente levará em conta a sua capacidade de cumpri-la, as circunstâncias e a gravidade da infração.

§ 2º. Em hipótese alguma e sob pretexto algum, será admitida a prestação de trabalho forçado.

▸ CF: arts. 5º, XLVII, c.

§ 3º. Os adolescentes portadores de doença ou deficiência mental receberão tratamento individual e especializado, em local adequado às suas condições.

▸ Lei nº 8.069, de 13-07-1990, art. 101, V e 112, VII, Estatuto da Criança e do Adolescente.

ART. 113. Aplica-se a este Capítulo o disposto nos arts. 99 e 100.

ART. 114. A imposição das medidas previstas nos incisos II a VI do art. 112 pressupõe a existência de provas suficientes da autoria e da materialidade da infração, ressalvada a hipótese de remissão, nos termos do art. 127.

▸ Lei nº 8.069, de 13-07-1990, arts. 98, III e 112, Estatuto da Criança e do Adolescente.

▸ CPP: arts. 158 a 184.

Parágrafo único. A advertência poderá ser aplicada sempre que houver prova da materialidade e indícios suficientes da autoria.

SEÇÃO II. DA ADVERTÊNCIA

ART. 115. A advertência consistirá em admoestação verbal, que será reduzida a termo e assinada.

SEÇÃO III. DA OBRIGAÇÃO DE REPARAR O DANO

ART. 116. Em se tratando de ato infracional com reflexos patrimoniais, a autoridade poderá determinar, se for o caso, que o adolescente restitua a coisa, promova o ressarcimento do dano, ou, por outra forma, compense o prejuízo da vítima.

▸ Lei nº 8.069, de 13-07-1990, art. 112, § 2º, Estatuto da Criança e do Adolescente.

Parágrafo único. Havendo manifesta impossibilidade, a medida poderá ser substituída por outra adequada.

SEÇÃO IV. DA PRESTAÇÃO DE SERVIÇOS À COMUNIDADE

ART. 117. A prestação de serviços comunitários consiste na realização de tarefas gratuitas de interesse geral, por período não excedente a seis meses, junto a entidades assistenciais, hospitais, escolas e outros estabelecimentos congêneres, bem como em programas comunitários ou governamentais.

▸ CP: art. 46.

Parágrafo único. As tarefas serão atribuídas conforme as aptidões do adolescente, devendo ser cumpridas durante jornada máxima de oito horas semanais, aos sábados, domingos e feriados ou em dias úteis, de modo a não prejudicar a frequência à escola ou à jornada normal de trabalho.

▸ CP: art. 46, § 3º.

SEÇÃO V. DA LIBERDADE ASSISTIDA

ART. 118. A liberdade assistida será adotada sempre que se afigurar a medida mais adequada para o fim de acompanhar, auxiliar e orientar o adolescente.

§ 1º. A autoridade designará pessoa capacitada para acompanhar o caso, a qual poderá ser recomendada por entidade ou programa de atendimento.

▸ Lei nº 8.069, de 13-07-1990, arts. 127 e 181, § 1º, Estatuto da Criança e do Adolescente.

§ 2º. A liberdade assistida será fixada pelo prazo mínimo de seis meses, podendo a qualquer tempo ser prorrogada, revogada ou substituída por outra medida, ouvido o orientador, o Ministério Público e o defensor.

▸ Lei nº 8.069, de 13-07-1990, arts. 126, 127, 186, § 2º e 207, Estatuto da Criança e do Adolescente.

ART. 119. Incumbe ao orientador, com o apoio e a supervisão da autoridade competente, a realização dos seguintes encargos, entre outros:

▸ Lei nº 8.069, de 13-07-1990, arts. 118, § 2º e 181, § 1º, Estatuto da Criança e do Adolescente.

I – promover socialmente o adolescente e sua família, fornecendo-lhes orientação e inserindo-os, se necessário, em programa oficial ou comunitário de auxílio e assistência social;

II – supervisionar a frequência e o aproveitamento escolar do adolescente, promovendo, inclusive, sua matrícula;

III – diligenciar no sentido da profissionalização do adolescente e de sua inserção no mercado de trabalho;

IV – apresentar relatório do caso.

SEÇÃO VI. DO REGIME DE SEMILIBERDADE

ART. 120. O regime de semiliberdade pode ser determinado desde o início, ou como forma de transição para o meio aberto, possibilitada a realização de atividades externas, independentemente de autorização judicial.

§ 1º. São obrigatórias a escolarização e a profissionalização, devendo, sempre que possível, ser utilizados os recursos existentes na comunidade.

§ 2º. A medida não comporta prazo determinado aplicando-se, no que couber, as disposições relativas à internação.

▸ *Lei nº 8.069, de 13-07-1990, arts. 121, § 2º e 124, Estatuto da Criança e do Adolescente.*

SEÇÃO VII. DA INTERNAÇÃO

ART. 121. A internação constitui medida privativa da liberdade, sujeita aos princípios de brevidade, excepcionalidade e respeito à condição peculiar de pessoa em desenvolvimento.

▸ *CF: art. 227, § 3º.*

§ 1º. Será permitida a realização de atividades externas, a critério da equipe técnica da entidade, salvo expressa determinação judicial em contrário.

▸ *Lei nº 8.069, de 13-07-1990, arts. 94, § 2º, 100 e 113, Estatuto da Criança e do Adolescente.*

§ 2º. A medida não comporta prazo determinado, devendo sua manutenção ser reavaliada, mediante decisão fundamentada, no máximo a cada seis meses.

▸ *Lei nº 8.069, de 13-07-1990, art. 94, XIV, Estatuto da Criança e do Adolescente.*

§ 3º. Em nenhuma hipótese o período máximo de internação excederá a três anos.

▸ *Lei nº 8.069, de 13-07-1990, arts. 108 e 183, Estatuto da Criança e do Adolescente.*

§ 4º. Atingido o limite estabelecido no parágrafo anterior, o adolescente deverá ser liberado, colocado em regime de semiliberdade ou de liberdade assistida.

▸ *Lei nº 8.069, de 13-07-1990, art. 2º, par. ún., Estatuto da Criança e do Adolescente.*

§ 5º. A liberação será compulsória aos vinte e um anos de idade.

§ 6º. Em qualquer hipótese a desinternação será precedida de autorização judicial, ouvido o Ministério Público.

§ 7º. A determinação judicial mencionada no § 1º poderá ser revista a qualquer tempo pela autoridade judiciária. (Incluído pela Lei nº 12.594, de 2012)

ART. 122. A medida de internação só poderá ser aplicada quando:

▸ *Súmula nº 492 do STJ.*

I – tratar-se de ato infracional cometido mediante grave ameaça ou violência a pessoa;

II – por reiteração no cometimento de outras infrações graves;

III – por descumprimento reiterado e injustificável da medida anteriormente imposta.

▸ *Lei nº 8.069, de 13-07-1990, arts. 110 e 111, Estatuto da Criança e do Adolescente.*

§ 1º. O prazo de internação na hipótese do inciso III deste artigo não poderá ser superior a 3 (três) meses, devendo ser decretada judicialmente após o devido processo legal. (Redação dada pela Lei nº 12.594, de 2012)

§ 2º. Em nenhuma hipótese será aplicada a internação, havendo outra medida adequada.

ART. 123. A internação deverá ser cumprida em entidade exclusiva para adolescentes, em local distinto daquele destinado ao abrigo, obedecida rigorosa separação por critérios de idade, compleição física e gravidade da infração.

▸ *Lei nº 8.069, de 13-07-1990, art. 101, § 1º, Estatuto da Criança e do Adolescente.*

Parágrafo único. Durante o período de internação, inclusive provisória, serão obrigatórias atividades pedagógicas.

▸ *Lei nº 8.069, de 13-07-1990, arts. 94, X e XI, 124, XI e XII e 208, VIII, Estatuto da Criança e do Adolescente.*

ART. 124. São direitos do adolescente privado de liberdade, entre outros, os seguintes:

I – entrevistar-se pessoalmente com o representante do Ministério Público;

▸ *Lei nº 8.069, de 13-07-1990, art. 141, Estatuto da Criança e do Adolescente.*

II – peticionar diretamente a qualquer autoridade;

▸ *CF: art. 5º, XXXIV, a.*

III – avistar-se reservadamente com seu defensor;

▸ *CPP: art. 21, par. ún.*

▸ *Lei nº 8.069, de 13-07-1990, art. 246, Estatuto da Criança e do Adolescente.*

▸ *Lei nº 8.906, de 04-07-1994, art. 7º, IIII, Estatuto da Advocacia e Ordem dos Advogados do Brasil (OAB).*

IV – ser informado de sua situação processual, sempre que solicitada;

▸ *Lei nº 8.069, de 13-07-1990, art. 94, VII, Estatuto da Criança e do Adolescente.*

V – ser tratado com respeito e dignidade;

▸ *Lei nº 8.069, de 13-07-1990, arts. 15, 17, 18 e 94, IV, Estatuto da Criança e do Adolescente.*

VI – permanecer internado na mesma localidade ou naquela mais próxima ao domicílio de seus pais ou responsável;

▸ *Lei nº 8.069, de 13-07-1990, art. 94, VII, Estatuto da Criança e do Adolescente.*

VII – receber visitas, ao menos, semanalmente;

VIII – corresponder-se com seus familiares e amigos;

IX – ter acesso aos objetos necessários à higiene e asseio pessoal;

▸ *Lei nº 8.069, de 13-07-1990, art. 94, VII, Estatuto da Criança e do Adolescente.*

X – habitar alojamento em condições adequadas de higiene e salubridade;

▸ *Lei nº 8.069, de 13-07-1990, art. 94, VII, Estatuto da Criança e do Adolescente.*

XI – receber escolarização e profissionalização;

▸ *Lei nº 8.069, de 13-07-1990, art. 94, X, 123, par. ún. e 208, VIII, Estatuto da Criança e do Adolescente.*

XII – realizar atividades culturais, esportivas e de lazer:

▸ *Lei nº 8.069, de 13-07-1990, art. 94, XII, Estatuto da Criança e do Adolescente.*

XIII – ter acesso aos meios de comunicação social;

XIV – receber assistência religiosa, segundo a sua crença, e desde que assim o deseje;

▸ *Lei nº 8.069, de 13-07-1990, art. 94, XII, Estatuto da Criança e do Adolescente.*

XV – manter a posse de seus objetos pessoais e dispor de local seguro para guardá-los, recebendo comprovante daqueles porventura depositados em poder da entidade;

▸ *Lei nº 8.069, de 13-07-1990, arts. 17 e 94, XVII, Estatuto da Criança e do Adolescente.*

XVI – receber, quando de sua desinternação, os documentos pessoais indispensáveis à vida em sociedade.

§ 1º. Em nenhum caso haverá incomunicabilidade.

§ 2º. A autoridade judiciária poderá suspender temporariamente a visita, inclusive de pais ou responsável, se existirem motivos sérios e fundados de sua prejudicialidade aos interesses do adolescente.

ART. 125. É dever do Estado zelar pela integridade física e mental dos internos, cabendo-lhe adotar as medidas adequadas de contenção e segurança.

▸ *CF: art. 37, § 6º.*

CAPÍTULO V. DA REMISSÃO

ART. 126. Antes de iniciado o procedimento judicial para apuração de ato infracional, o representante do Ministério Público poderá conceder a remissão, como forma de exclusão do processo, atendendo às circunstâncias e consequências do fato, ao contexto social, bem como à personalidade do adolescente e sua maior ou menor participação no ato infracional.

▸ *Súmula nº 108 do STJ.*

Parágrafo único. Iniciado o procedimento, a concessão da remissão pela autoridade judiciária importará na suspensão ou extinção do processo.

ART. 127. A remissão não implica necessariamente o reconhecimento ou comprovação da responsabilidade, nem prevalece para efeito de antecedentes, podendo incluir eventualmente a aplicação de qualquer das medidas previstas em lei, exceto a colocação em regime de semi-liberdade e a internação.

▸ *Súmula nº 108 do STJ.*

ART. 128. A medida aplicada por força da remissão poderá ser revista judicialmente, a qualquer tempo, mediante pedido expresso do adolescente ou de seu representante legal, ou do Ministério Público.

TÍTULO IV. DAS MEDIDAS PERTINENTES AOS PAIS OU RESPONSÁVEL

ART. 129. São medidas aplicáveis aos pais ou responsável:

I – encaminhamento a serviços e programas oficiais ou comunitários de proteção, apoio e promoção da família; (Redação dada pela Lei nº 13.257, de 2016)

II – inclusão em programa oficial ou comunitário de auxílio, orientação e tratamento a alcoólatras e toxicômanos;

III – encaminhamento a tratamento psicológico ou psiquiátrico;

IV – encaminhamento a cursos ou programas de orientação;

V – obrigação de matricular o filho ou pupilo e acompanhar sua frequência e aproveitamento escolar;

VI – obrigação de encaminhar a criança ou adolescente a tratamento especializado;

VII – advertência;

VIII – perda da guarda;

IX – destituição da tutela;

X – suspensão ou destituição do poder familiar. (Expressão substituída pela Lei nº 12.010, de 2009)

Parágrafo único. Na aplicação das medidas previstas nos incisos IX e X deste artigo, observar-se-á o disposto nos arts. 23 e 24.

ART. 130. Verificada a hipótese de maus-tratos, opressão ou abuso sexual impostos pelos pais ou responsável, a autoridade judiciária poderá determinar, como medida cautelar, o afastamento do agressor da moradia comum.

Parágrafo único. Da medida cautelar constará, ainda, a fixação provisória dos alimentos de que necessitem a criança ou o adolescente dependentes do agressor. (Incluído pela Lei nº 12.415, de 2011)

TÍTULO V. DO CONSELHO TUTELAR

CAPÍTULO I. DISPOSIÇÕES GERAIS

ART. 131. O Conselho Tutelar é órgão permanente e autônomo, não jurisdicional, encarregado pela sociedade de zelar pelo cumprimento dos direitos da criança e do adolescente, definidos nesta Lei.

ART. 132. Em cada Município e em cada Região Administrativa do Distrito Federal haverá, no mínimo, 1 (um) Conselho Tutelar como órgão integrante da administração pública local, composto de 5 (cinco) membros, escolhidos pela população local para mandato de 4 (quatro) anos, permitida recondução por novos processos de escolha. (Redação dada pela Lei nº 13.824, de 2019)

ART. 133. Para a candidatura a membro do Conselho Tutelar, serão exigidos os seguintes requisitos:

I – reconhecida idoneidade moral;

II – idade superior a vinte e um anos;

III – residir no município.

ART. 134. Lei municipal ou distrital disporá sobre o local, dia e horário de funcionamento do Conselho Tutelar, inclusive quanto à remuneração dos respectivos membros, aos quais é assegurado o direito a: (Redação dada pela Lei nº 12.696, de 2012)

I – cobertura previdenciária; (Incluído pela Lei nº 12 696, de 2012)

II – gozo de férias anuais remuneradas, acrescidas de 1/3 (um terço) do valor da remuneração mensal; (Incluído pela Lei nº 12.696, de 2012)

III – licença-maternidade; (Incluído pela Lei nº 12.696, de 2012)

IV – licença-paternidade; (Incluído pela Lei nº 12.696, de 2012)

V – gratificação natalina. (Incluído pela Lei nº 12.696, de 2012)

Parágrafo único. Constará da lei orçamentária municipal e da do Distrito Federal previsão dos recursos necessários ao funcionamento do Conselho Tutelar e à remuneração e formação continuada dos conselheiros tutelares. (Redação dada pela Lei nº 12.696, de 2012)

ART. 135. O exercício efetivo da função de conselheiro constituirá serviço público relevante e estabelecerá presunção de idoneidade moral. (Redação dada pela Lei nº 12.696, de 2012)

▸ *CPP: art. 135.*

CAPÍTULO II. DAS ATRIBUIÇÕES DO CONSELHO

ART. 136. São atribuições do Conselho Tutelar:

I – atender as crianças e adolescentes nas hipóteses previstas nos arts. 98 e 105, aplicando as medidas previstas no art. 101, I a VII;

II – atender e aconselhar os pais ou responsável, aplicando as medidas previstas no art. 129, I a VII;

III – promover a execução de suas decisões, podendo para tanto:

a) requisitar serviços públicos nas áreas de saúde, educação, serviço social, previdência, trabalho e segurança;

b) representar junto à autoridade judiciária nos casos de descumprimento injustificado de suas deliberações.

IV – encaminhar ao Ministério Público notícia de fato que constitua infração administrativa ou penal contra os direitos da criança ou adolescente;

V – encaminhar à autoridade judiciária os casos de sua competência;

VI – providenciar a medida estabelecida pela autoridade judiciária, dentre as previstas no art. 101, de I a VI, para o adolescente autor de ato infracional;

VII – expedir notificações;

VIII – requisitar certidões de nascimento e de óbito de criança ou adolescente quando necessário;

IX – assessorar o Poder Executivo local na elaboração da proposta orçamentária para planos e programas de atendimento dos direitos da criança e do adolescente;

X – representar, em nome da pessoa e da família, contra a violação dos direitos previstos no art. 220, § 3º, inciso II, da Constituição Federal;

XI – representar ao Ministério Público para efeito das ações de perda ou suspensão do poder familiar, após esgotadas as possibilidades de manutenção da criança ou do adolescente junto à família natural. (Redação dada pela Lei nº 12.010, de 2009)

XII – promover e incentivar, na comunidade e nos grupos profissionais, ações de divulgação e treinamento para o reconhecimento de sintomas de maus-tratos em crianças e adolescentes. (Incluído pela Lei nº 13.046, de 2014)

Parágrafo único. Se, no exercício de suas atribuições, o Conselho Tutelar entender necessário o afastamento do convívio familiar, comunicará incontinenti o fato ao Ministério Público, prestando-lhe informações sobre os motivos de tal entendimento e as providências tomadas para a orientação, o apoio e a promoção social da família. (Incluído pela Lei nº 12.010, de 2009)

ART. 137. As decisões do Conselho Tutelar somente poderão ser revistas pela autoridade judiciária a pedido de quem tenha legítimo interesse.

CAPÍTULO III. DA COMPETÊNCIA

ART. 138. Aplica-se ao Conselho Tutelar a regra de competência constante do art. 147.

CAPÍTULO IV. DA ESCOLHA DOS CONSELHEIROS

ART. 139. O processo para a escolha dos membros do Conselho Tutelar será estabelecido em lei municipal e realizado sob a responsabilidade do Conselho Municipal dos Direitos da Criança e do Adolescente, e a fiscalização do Ministério Público. (Redação dada pela Lei nº 8.242, de 12.10.1991)

§ 1º. O processo de escolha dos membros do Conselho Tutelar ocorrerá em data unificada em todo o território nacional a cada 4 (quatro) anos, no primeiro domingo do mês de outubro do ano subsequente ao da eleição presidencial. (Incluído pela Lei nº 12.696, de 2012)

§ 2º. A posse dos conselheiros tutelares ocorrerá no dia 10 de janeiro do ano subsequente ao processo de escolha. (Incluído pela Lei nº 12.696, de 2012)

§ 3º. No processo de escolha dos membros do Conselho Tutelar, é vedado ao candidato doar, oferecer, prometer ou entregar ao eleitor bem ou vantagem pessoal de qualquer natureza, inclusive brindes de pequeno valor. (Incluído pela Lei nº 12.696, de 2012)

CAPÍTULO V. DOS IMPEDIMENTOS

ART. 140. São impedidos de servir no mesmo Conselho marido e mulher, ascendentes e descendentes, sogro e genro ou nora, irmãos, cunhados, durante o cunhado, tio e sobrinho, padrasto ou madrasta e enteado.

Parágrafo único. Estende-se o impedimento do conselheiro, na forma deste artigo, em relação à autoridade judiciária e ao representante do Ministério Público com atuação na Justiça da Infância e da Juventude, em exercício na comarca, foro regional ou distrital.

TÍTULO VI. DO ACESSO À JUSTIÇA

CAPÍTULO I. DISPOSIÇÕES GERAIS

ART. 141. É garantido o acesso de toda criança ou adolescente à Defensoria Pública, ao Ministério Público e ao Poder Judiciário, por qualquer de seus órgãos.

§ 1º. A assistência judiciária gratuita será prestada aos que dela necessitarem, através de defensor público ou advogado nomeado.

▸ *CF: art. 5º, LXXIV e 134.*

▸ *Lei nº 1.060, de 05-02-1950, dispõe sobre a Assistência Judiciária.*

§ 2º. As ações judiciais da competência da Justiça da Infância e da Juventude são isentas de custas e emolumentos, ressalvada a hipótese de litigância de má-fé.

ART. 142. Os menores de dezesseis anos serão representados e os maiores de dezesseis e menores de vinte e um anos assistidos por seus pais, tutores ou curadores, na forma da legislação civil ou processual.

Parágrafo único. A autoridade judiciária dará curador especial à criança ou adolescente, sempre que os interesses destes colidirem com os de seus pais ou responsável, ou quando carecer de representação ou assistência legal ainda que eventual.

ART. 143. E vedada a divulgação de atos judiciais, policiais e administrativos que digam respeito a crianças e adolescentes a que se atribua autoria de ato infracional.

Parágrafo único. Qualquer notícia a respeito do fato não poderá identificar a criança ou adolescente, vedando-se fotografia, referência a nome, apelido, filiação, parentesco, residência e, inclusive, iniciais do nome e sobrenome. (Redação dada pela Lei nº 10.764, de 12.11.2003)

ART. 144. A expedição de cópia ou certidão de atos a que se refere o artigo anterior somente será deferida pela autoridade judiciária competente, se demonstrado o interesse e justificada a finalidade.

CAPÍTULO II. DA JUSTIÇA DA INFÂNCIA E DA JUVENTUDE

SEÇÃO I. DISPOSIÇÕES GERAIS

ART. 145. Os estados e o Distrito Federal poderão criar varas especializadas e exclusivas da infância e da juventude, cabendo ao Poder Judiciário estabelecer sua proporcionalidade por número de habitantes, dotá-las de infraestrutura e dispor sobre o atendimento, inclusive em plantões.

SEÇÃO II. DO JUIZ

ART. 146. A autoridade a que se refere esta Lei é o Juiz da Infância e da Juventude, ou o juiz que exerce essa função, na forma da lei de organização judiciária local.

▸ *Súmula nº 383 do STJ.*

ART. 147. A competência será determinada:

I – pelo domicílio dos pais ou responsável;

II – pelo lugar onde se encontre a criança ou adolescente, à falta dos pais ou responsável.

§ 1º. Nos casos de ato infracional, será competente a autoridade do lugar da ação ou omissão, observadas as regras de conexão, continência e prevenção.

▸ *CPP: arts. 76, 77 e 83.*

§ 2º. A execução das medidas poderá ser delegada à autoridade competente da residência dos pais ou responsável, ou do local onde sediar-se a entidade que abrigar a criança ou adolescente.

§ 3º. Em caso de infração cometida através de transmissão simultânea de rádio ou televisão, que atinja mais de uma comarca, será competente, para aplicação da penalidade, a autoridade judiciária do local da sede estadual da emissora ou rede, tendo a sentença eficácia para todas as transmissoras ou retransmissoras do respectivo estado.

ART. 148. A Justiça da Infância e da Juventude é competente para:

I – conhecer de representações promovidas pelo Ministério Público, para apuração de ato infracional atribuído a adolescente, aplicando as medidas cabíveis;

II – conceder a remissão, como forma de suspensão ou extinção do processo;

III – conhecer de pedidos de adoção e seus incidentes;

IV – conhecer de ações civis fundadas em interesses individuais, difusos ou coletivos afetos à criança e ao adolescente, observado o disposto no art. 209;

V – conhecer de ações decorrentes de irregularidades em entidades de atendimento, aplicando as medidas cabíveis;

VI – aplicar penalidades administrativas nos casos de infrações contra norma de proteção à criança ou adolescente;

VII – conhecer de casos encaminhados pelo Conselho Tutelar, aplicando as medidas cabíveis.

▸ *Súmula nº 108 do STJ.*

Parágrafo único. Quando se tratar de criança ou adolescente nas hipóteses do art. 98, é também competente a Justiça da Infância e da Juventude para o fim de:

a) conhecer de pedidos de guarda e tutela;

b) conhecer de ações de destituição do poder familiar, perda ou modificação da tutela ou guarda; (Expressão substituída pela Lei nº 12.010, de 2009)

c) suprir a capacidade ou o consentimento para o casamento;

d) conhecer de pedidos baseados em discordância paterna ou materna, em relação ao exercício do poder familiar; (Expressão substituída pela Lei nº 12.010, de 2009)

e) conceder a emancipação, nos termos da lei civil, quando faltarem os pais;

f) designar curador especial em casos de apresentação de queixa ou representação, ou de outros procedimentos judiciais ou extrajudiciais em que haja interesses de criança ou adolescente;

▸ *CP: art. 39.*

g) conhecer de ações de alimentos;

h) determinar o cancelamento, a retificação e o suprimento dos registros de nascimento e óbito.

ART. 149. Compete à autoridade judiciária disciplinar, através de portaria, ou autorizar, mediante alvará:

I – a entrada e permanência de criança ou adolescente, desacompanhado dos pais ou responsável, em:

a) estádio, ginásio e campo desportivo;

b) bailes ou promoções dançantes;

c) boate ou congêneres;

d) casa que explore comercialmente diversões eletrônicas;

e) estúdios cinematográficos, de teatro, rádio e televisão.

II – a participação de criança e adolescente em:

a) espetáculos públicos e seus ensaios;

b) certames de beleza.

§ 1º. Para os fins do disposto neste artigo, a autoridade judiciária levará em conta, dentre outros fatores:

a) os princípios desta Lei;

b) as peculiaridades locais;

c) a existência de instalações adequadas;

d) o tipo de frequência habitual ao local;

e) a adequação do ambiente a eventual participação ou frequência de crianças e adolescentes;

f) a natureza do espetáculo.

§ 2º. As medidas adotadas na conformidade deste artigo deverão ser fundamentadas, caso a caso, vedadas as determinações de caráter geral.

SEÇÃO III. DOS SERVIÇOS AUXILIARES

ART. 150. Cabe ao Poder Judiciário, na elaboração de sua proposta orçamentária, prever recursos para manutenção de equipe interprofissional, destinada a assessorar a Justiça da Infância e da Juventude.

ART. 151. Compete à equipe interprofissional dentre outras atribuições que lhe forem reservadas pela legislação local, fornecer subsídios por escrito, mediante laudos, ou verbalmente, na audiência, e bem assim desenvolver trabalhos de aconselhamento, orientação, encaminhamento, prevenção e outros, tudo sob a imediata subordinação à autoridade judiciária, assegurada a livre manifestação do ponto de vista técnico.

Parágrafo único. Na ausência ou insuficiência de servidores públicos integrantes do Poder Judiciário responsáveis pela realização dos estudos psicossociais ou de quaisquer outras espécies de avaliações técnicas exigidas por esta Lei ou por determinação judicial, a autoridade judiciária poderá proceder à nomeação de perito, nos termos do art. 156 da Lei nº 13.105, de 16 de março de 2015 (Código de Processo Civil). (Incluído pela Lei nº 13.509, de 22-11-2017)

CAPÍTULO III. DOS PROCEDIMENTOS

SEÇÃO I. DISPOSIÇÕES GERAIS

ART. 152. Aos procedimentos regulados nesta Lei aplicam-se subsidiariamente as normas gerais previstas na legislação processual pertinente.

§ 1º. É assegurada, sob pena de responsabilidade, prioridade absoluta na tramitação dos processos e procedimentos previstos nesta Lei, assim como na execução dos atos e diligências judiciais a eles referentes. (Incluído pela Lei nº 12.010, de 2009)

§ 2º. Os prazos estabelecidos nesta Lei e aplicáveis aos seus procedimentos são contados em dias corridos, excluído o dia do começo e incluído o dia do vencimento, vedado o prazo em dobro para a Fazenda Pública e o Ministério Público. (Incluído pela Lei nº 13.509, de 22-11-2017)

ART. 153. Se a medida judicial a ser adotada não corresponder a procedimento previsto nesta ou em outra lei, a autoridade judiciária poderá investigar os fatos e ordenar de ofício as providências necessárias, ouvido o Ministério Público.

Parágrafo único. O disposto neste artigo não se aplica para o fim de afastamento da criança ou do adolescente de sua família de origem e em outros procedimentos necessariamente contenciosos. (Incluído pela Lei nº 12.010, de 2009)

ART. 154. Aplica-se às multas o disposto no art. 214.

SEÇÃO II. DA PERDA E DA SUSPENSÃO DO PODER FAMÍLIA

ART. 155. O procedimento para a perda ou a suspensão do poder familiar terá início por provocação do Ministério Público ou de quem tenha legítimo interesse. (Expressão substituída pela Lei nº 12.010, de 2009)

ART. 156. A petição inicial indicará:

I – a autoridade judiciária a que for dirigida;

II – o nome, o estado civil, a profissão e a residência do requerente e do requerido, dispensada a qualificação em se tratando de pedido formulado por representante do Ministério Público;

III – a exposição sumária do fato e o pedido;

IV – as provas que serão produzidas, oferecendo, desde logo, o rol de testemunhas e documentos.

ART. 157. Havendo motivo grave, poderá a autoridade judiciária, ouvido o Ministério Público, decretar a suspensão do poder familiar, liminar ou incidentalmente, até o julgamento definitivo da causa, ficando a criança ou adolescente confiado a pessoa idônea, mediante termo de responsabilidade. (Expressão substituída pela Lei nº 12.010, de 2009)

§ 1º. Recebida a petição inicial, a autoridade judiciária determinará, concomitantemente ao despacho de citação e independentemente de requerimento do interessado, a realização de estudo social ou perícia por equipe interprofissional ou multidisciplinar para comprovar a presença de uma das causas de suspensão ou destituição do poder familiar, ressalvado o disposto no § 10 do art. 101 desta Lei, e observada a Lei nº 13.431, de 4 de abril de 2017 (Incluído pela Lei nº 13.509, de 22-11-2017)

§ 2º. Em sendo os pais oriundos de comunidades indígenas, é ainda obrigatória a intervenção, junto à equipe interprofissional ou multidisciplinar referida no § 1º deste artigo, de representantes do órgão federal responsável pela política indigenista, observado o disposto no § 6º do art. 28 desta Lei. (Incluído pela Lei nº 13.509, de 22-11-2017)

ART. 158. O requerido será citado para, no prazo de dez dias, oferecer resposta escrita, indicando as provas a serem produzidas e oferecendo desde logo o rol de testemunhas e documentos.

§ 1º. A citação será pessoal, salvo se esgotados todos os meios para sua realização. (Incluído pela Lei nº 12.962, de 2014)

§ 2º. O requerido privado de liberdade deverá ser citado pessoalmente. (Incluído pela Lei nº 12.962, de 2014)

§ 3º. Quando, por 2 (duas) vezes, o oficial de justiça houver procurado o citando em seu domicílio ou residência sem o encontrar, deverá, havendo suspeita de ocultação, informar qualquer pessoa da família ou, em sua falta, qualquer vizinho do dia útil em que voltará a fim de efetuar a citação, na hora que designar, nos termos do art. 252 e seguintes da Lei nº 13.105, de 16 de março de 2015 (Código de Processo Civil). (Incluído pela Lei nº 13.509, de 22-11-2017)

§ 4º. Na hipótese de os genitores encontrarem-se em local incerto ou não sabido, serão citados por edital no prazo de 10 (dez) dias, em publicação única, dispensado o envio de ofícios para a localização. (Incluído pela Lei nº 13.509, de 22-11-2017)

ART. 159. Se o requerido não tiver possibilidade de constituir advogado, sem prejuízo do próprio sustento e de sua família, poderá requerer, em cartório, que lhe seja nomeado dativo, ao qual incumbirá a apresentação de resposta, contando-se o prazo a partir da intimação do despacho de nomeação.

Parágrafo único. Na hipótese de requerido privado de liberdade, o oficial de justiça deverá perguntar, no momento da citação pessoal, se deseja que lhe seja nomeado defensor. (Incluído pela Lei nº 12.962, de 2014)

ART. 160. Sendo necessário, a autoridade judiciária requisitará de qualquer repartição ou órgão público a apresentação de documento que interesse à causa, de ofício ou a requerimento das partes ou do Ministério Público.

ART. 161. Se não for contestado o pedido e tiver sido concluído o estudo social ou a perícia realizada por equipe interprofissional ou multidisciplinar, a autoridade judiciária dará vista dos autos ao Ministério Público, por 5 (cinco) dias, salvo quando este for o requerente, e decidirá em igual prazo. (Redação dada pela Lei nº 13.509, de 22-11-2017)

§ 1º. A autoridade judiciária, de ofício ou a requerimento das partes ou do Ministério Público, determinará a oitiva de testemunhas que comprovem a presença de uma das causas de suspensão ou destituição do poder familiar previstas nos arts. 1.637 e 1.638 da Lei nº 10.406, de 10 de janeiro de 2002 (Código Civil), ou no art. 24 desta Lei. (Redação dada pela Lei nº 13.509, de 22-11-2017)

§ 2º. (Revogado). (Redação dada pela Lei nº 13.509, de 22-11-2017)

§ 3º. Se o pedido importar em modificação de guarda, será obrigatória, desde que possível e razoável, a oitiva da criança ou adolescente, respeitado seu estágio de desenvolvimento e grau de compreensão sobre as implicações da medida. (Incluído pela Lei nº 12.010, de 2009)

§ 4º. É obrigatória a oitiva dos pais sempre que eles forem identificados e estiverem em local conhecido, ressalvados os casos de não comparecimento perante a Justiça quando devidamente citados. (Redação dada pela Lei nº 13.509, de 22-11-2017)

§ 5º. Se o pai ou a mãe estiverem privados de liberdade, a autoridade judicial requisitará sua apresentação para a oitiva. (Incluído pela Lei nº 12.962, de 2014)

ART. 162. Apresentada a resposta, a autoridade judiciária dará vista dos autos ao Ministério Público, por cinco dias, salvo quando este for o requerente, designando, desde logo, audiência de instrução e julgamento.

§ 1º. (Revogado). (Redação dada pela Lei nº 13.509, de 22-11-2017)

§ 2º. Na audiência, presentes as partes e o Ministério Público, serão ouvidas as testemunhas, colhendo-se oralmente o parecer técnico, salvo quando apresentado por escrito, manifestando-se sucessivamente o requerente, o requerido e o Ministério Público, pelo tempo de 20 (vinte) minutos cada um, prorrogável por mais 10 (dez) minutos. (Redação dada pela Lei nº 13.509, de 22-11-2017)

§ 3º. A decisão será proferida na audiência, podendo a autoridade judiciária, excepcionalmente, designar data para sua leitura no prazo máximo de 5 (cinco) dias. (Incluído pela Lei nº 13.509, de 22-11-2017)

§ 4º. Quando o procedimento de destituição de poder familiar for iniciado pelo Ministério Público, não haverá necessidade de nomeação de curador especial em favor da criança ou adolescente. (Incluído pela Lei nº 13.509, de 22-11-2017)

ART. 163. O prazo máximo para conclusão do procedimento será de 120 (cento e vinte) dias, e caberá ao juiz, no caso de notória inviabilidade de manutenção do poder familiar, dirigir esforços para preparar a criança ou o adolescente com vistas à colocação em família substituta. (Redação dada pela Lei nº 13.509, de 22-11-2017)

Parágrafo único. A sentença que decretar a perda ou a suspensão do poder familiar será averbada à margem do registro de nascimento da criança ou do adolescente. (Incluído pela Lei nº 12.010, de 2009)

SEÇÃO III. DA DESTITUIÇÃO DA TUTELA

ART. 164. Na destituição da tutela, observar-se-á o procedimento para a remoção de tutor previsto na lei processual civil e, no que couber, o disposto na seção anterior.

SEÇÃO IV. DA COLOCAÇÃO EM FAMÍLIA SUBSTITUTIVA

ART. 165. São requisitos para a concessão de pedidos de colocação em família substituta:

I – qualificação completa do requerente e de seu eventual cônjuge, ou companheiro, com expressa anuência deste;

II – indicação de eventual parentesco do requerente e de seu cônjuge, ou companheiro, com a criança ou adolescente, especificando se tem ou não parente vivo;

III – qualificação completa da criança ou adolescente e de seus pais, se conhecidos;

IV – indicação do cartório onde foi inscrito nascimento, anexando, se possível, uma cópia da respectiva certidão;

V – declaração sobre a existência de bens, direitos ou rendimentos relativos à criança ou ao adolescente.

Parágrafo único. Em se tratando de adoção, observar-se-ão também os requisitos específicos.

ART. 166. Se os pais forem falecidos, tiverem sido destituídos ou suspensos do poder familiar, ou houverem aderido expressamente ao pedido de colocação em família substituta, este poderá ser formulado diretamente em cartório, em petição assinada pelos próprios requerentes, dispensada a assistência de advogado. (Redação dada pela Lei nº 12.010, de 2009)

§ 1º. Na hipótese de concordância dos pais, o juiz: (Redação dada pela Lei nº 13.509, de 22-11-2017)

I – na presença do Ministério Público, ouvirá as partes, devidamente assistidas por advogado ou por defensor público, para verificar sua concordância com a adoção, no prazo máximo de 10 (dez) dias, contado da data do protocolo da petição ou da entrega da criança em juízo, tomando por termo as declarações; e (Incluído pela Lei nº 13.509, de 22-11-2017)

II – declarará a extinção do poder familiar. (Incluído pela Lei nº 13.509, de 22-11-2017)

§ 2º. O consentimento dos titulares do poder familiar será precedido de orientações e esclarecimentos prestados pela equipe interprofissional da Justiça da Infância e da Juventude, em especial, no caso de adoção, sobre a irrevogabilidade da medida. (Incluído pela Lei nº 12.010, de 2009)

§ 3º. São garantidos a livre manifestação de vontade dos detentores do poder familiar e o direito ao sigilo das informações. (Redação dada pela Lei nº 13.509, de 22-11-2017)

§ 4º. O consentimento prestado por escrito não terá validade se não for ratificado na audiência a que se refere o § 1º deste artigo. (Redação dada pela Lei nº 13.509, de 22-11-2017)

§ 5º. O consentimento é retratável até a data da realização da audiência especificada no § 1º deste artigo, e os pais podem exercer o arrependimento no prazo de 10 (dez) dias, contado da data de prolação da sentença de extinção do poder familiar. (Redação dada pela Lei nº 13.509, de 22-11-2017)

§ 6º. O consentimento somente terá valor se for dado após o nascimento da criança. (Incluído pela Lei nº 12.010, de 2009)

§ 7º. A família natural e a família substituta receberão a devida orientação por intermédio de equipe técnica interprofissional a serviço da Justiça da Infância e da Juventude, preferencialmente com apoio dos técnicos responsáveis pela execução da política municipal de garantia do direito à convivência familiar. (Redação dada pela Lei nº 13.509, de 22-11-2017)

ART. 167. A autoridade judiciária, de ofício ou a requerimento das partes ou do Ministério Público, determinará a realização de estudo social ou, se possível, perícia por equipe interprofissional, decidindo sobre a concessão de guarda provisória, bem como, no caso de adoção, sobre o estágio de convivência.

Parágrafo único. Deferida a concessão da guarda provisória ou do estágio de convivência, a criança ou o adolescente será entregue ao interessado, mediante termo de responsabilidade. (Incluído pela Lei nº 12.010, de 2009)

ART. 168. Apresentado o relatório social ou o laudo pericial, e ouvida, sempre que possível, a criança ou o adolescente, dar-se-á vista dos autos ao Ministério Público, pelo prazo de cinco dias, decidindo a autoridade judiciária em igual prazo.

ART. 169. Nas hipóteses em que a destituição da tutela, a perda ou a suspensão do poder familiar constituir pressuposto lógico da medida principal de colocação em família substituta, será observado o procedimento contraditório previsto nas Seções II e III deste Capítulo. (Expressão substituída pela Lei nº 12.010, de 2009)

Parágrafo único. A perda ou a modificação da guarda poderá ser decretada nos mesmos autos do procedimento, observado o disposto no art. 35.

ART. 170. Concedida a guarda ou a tutela, observar-se-á o disposto no art. 32, e, quanto à adoção, o contido no art. 47.

Parágrafo único. A colocação de criança ou adolescente sob a guarda de pessoa inscrita em programa de acolhimento familiar será comunicada pela autoridade judiciária à entidade por este responsável no prazo máximo de 5 (cinco) dias. (Incluído pela Lei nº 12.010, de 2009)

SEÇÃO V. DA APURAÇÃO DE ATO INFRACIONAL ATRIBUÍDO A ADOLESCENTE

ART. 171. O adolescente apreendido por força de ordem judicial será, desde logo, encaminhado à autoridade judiciária.

ART. 172. O adolescente apreendido em flagrante de ato infracional será, desde logo, encaminhado à autoridade policial competente.

Parágrafo único. Havendo repartição policial especializada para atendimento de adolescente e em se tratando de ato infracional praticado em coautoria com maior, prevalecerá a atribuição da repartição especializada, que, após as providências necessárias e conforme o caso, encaminhará o adulto à repartição policial própria.

ART. 173. Em caso de flagrante de ato infracional cometido mediante violência ou grave ameaça a pessoa, a autoridade policial, sem prejuízo do disposto nos arts. 106, parágrafo único, e 107, deverá:

▸ *CPP: arts. 158 a 184.*

ESTATUTOS

I – lavrar auto de apreensão, ouvidos as testemunhas e o adolescente;

II – apreender o produto e os instrumentos da infração;

III – requisitar os exames ou periciais necessários à comprovação da materialidade e autoria da infração.

▸ *CPP: arts. 158 a 184.*

Parágrafo único. Nas demais hipóteses de flagrante, a lavratura do auto poderá ser substituída por boletim de ocorrência circunstanciada.

ART. 174. Comparecendo qualquer dos pais ou responsável, o adolescente será prontamente liberado pela autoridade policial, sob termo de compromisso e responsabilidade de sua apresentação ao representante do Ministério Público, no mesmo dia ou, sendo impossível, no primeiro dia útil imediato, exceto quando, pela gravidade do ato infracional e sua repercussão social, deva o adolescente permanecer sob internação para garantia de sua segurança pessoal ou manutenção da ordem pública.

ART. 175. Em caso de não liberação, a autoridade policial encaminhará, desde logo, o adolescente ao representante do Ministério Público, juntamente com cópia do auto de apreensão ou boletim de ocorrência.

§ 1º. Sendo impossível a apresentação imediata, a autoridade policial encaminhará o adolescente à entidade de atendimento, que fará a apresentação ao representante do Ministério Público no prazo de vinte e quatro horas.

§ 2º. Nas localidades onde não houver entidade de atendimento, a apresentação far-se-á pela autoridade policial. À falta de repartição policial especializada, o adolescente aguardará a apresentação em dependência separada da destinada a maiores, não podendo, em qualquer hipótese, exceder o prazo referido no parágrafo anterior.

ART. 176. Sendo o adolescente liberado, a autoridade policial encaminhará imediatamente ao representante do Ministério Público cópia do auto de apreensão ou boletim de ocorrência.

ART. 177. Se, afastada a hipótese de flagrante, houver indícios de participação de adolescente na prática de ato infracional, a autoridade policial encaminhará ao representante do Ministério Público relatório das investigações e demais documentos.

ART. 178. O adolescente a quem se atribua autoria de ato infracional não poderá ser conduzido ou transportado em compartimento fechado de veículo policial, em condições atentatórias à sua dignidade, ou que impliquem risco à sua integridade física ou mental, sob pena de responsabilidade.

ART. 179. Apresentado o adolescente, o representante do Ministério Público, no mesmo dia e à vista do auto de apreensão, boletim de ocorrência ou relatório policial, devidamente autuados pelo cartório judicial e com informação sobre os antecedentes do adolescente, procederá imediata e informalmente à sua oitiva e, em sendo possível, de seus pais ou responsável, vítima e testemunhas.

Parágrafo único. Em caso de não apresentação, o representante do Ministério Público notificará os pais ou responsável para apresentação do adolescente, podendo requisitar o concurso das polícias civil e militar.

ART. 180. Adotadas as providências a que alude o artigo anterior, o representante do Ministério Público poderá:

I – promover o arquivamento dos autos;

II – conceder a remissão;

III – representar à autoridade judiciária para aplicação de medida socioeducativa.

▸ *Súmula nº 108 do STJ.*

ART. 181. Promovido o arquivamento dos autos ou concedida a remissão pelo representante do Ministério Público, mediante termo fundamentado, que conterá o resumo dos fatos, os autos serão conclusos à autoridade judiciária para homologação.

§ 1º. Homologado o arquivamento ou a remissão, a autoridade judiciária determinará, conforme o caso, o cumprimento da medida.

§ 2º. Discordando, a autoridade judiciária fará remessa dos autos ao Procurador-Geral de Justiça, mediante despacho fundamentado, e este oferecerá representação, designará outro membro do Ministério Público para apresentá-la, ou ratificará o arquivamento ou a remissão, que só então estará a autoridade judiciária obrigada a homologar.

▸ *CP: art. 28.*

ART. 182. Se, por qualquer razão, o representante do Ministério Público não promover o arquivamento ou conceder a remissão, oferecerá representação à autoridade judiciária, propondo a instauração de procedimento para aplicação da medida sócio-educativa que se afigurar a mais adequada.

▸ *Súmula nº 108 do STJ.*

§ 1º. A representação será oferecida por petição, que conterá o breve resumo dos fatos e a classificação do ato infracional e, quando necessário, o rol de testemunhas, podendo ser deduzida oralmente, em sessão diária instalada pela autoridade judiciária.

§ 2º. A representação independe de prova pré-constituída da autoria e materialidade.

ART. 183. O prazo máximo e improrrogável para a conclusão do procedimento, estando o adolescente internado provisoriamente, será de quarenta e cinco dias.

ART. 184. Oferecida a representação, a autoridade judiciária designará audiência de apresentação do adolescente, decidindo, desde logo, sobre a decretação ou manutenção da internação, observado o disposto no art. 108 e parágrafo.

§ 1º. O adolescente e seus pais ou responsável serão cientificados do teor da representação, e notificados a comparecer à audiência, acompanhados de advogado.

§ 2º. Se os pais ou responsável não forem localizados, a autoridade judiciária dará curador especial ao adolescente.

§ 3º. Não sendo localizado o adolescente, a autoridade judiciária expedirá mandado de busca e apreensão, determinando o sobrestamento do feito, até a efetiva apresentação.

§ 4º. Estando o adolescente internado, será requisitada a sua apresentação, sem prejuízo da notificação dos pais ou responsável.

ART. 185. A internação, decretada ou mantida pela autoridade judiciária, não poderá ser cumprida em estabelecimento prisional.

§ 1º. Inexistindo na comarca entidade com as características definidas no art. 123, o adolescente deverá ser imediatamente transferido para a localidade mais próxima.

§ 2º. Sendo impossível a pronta transferência, o adolescente aguardará sua remoção em repartição policial, desde que em seção isolada dos adultos e com instalações apropriadas, não podendo ultrapassar o prazo máximo de cinco dias, sob pena de responsabilidade.

ART. 186. Comparecendo o adolescente, seus pais ou responsável, a autoridade judiciária procederá à oitiva dos mesmos, podendo solicitar opinião de profissional qualificado.

▸ *Súmula nº 342 do STJ.*

§ 1º. Se a autoridade judiciária entender adequada a remissão, ouvirá o representante do Ministério Público, proferindo decisão.

§ 2º. Sendo o fato grave, passível de aplicação de medida de internação ou colocação em regime de semiliberdade, a autoridade judiciária, verificando que o adolescente não possui advogado constituído, nomeará defensor, designando, desde logo, audiência em continuação, podendo determinar a realização de diligências e estudo do caso.

§ 3º. O advogado constituído ou o defensor nomeado, no prazo de três dias contado da audiência de apresentação, oferecerá defesa prévia e rol de testemunhas.

§ 4º. Na audiência em continuação, ouvidas as testemunhas arroladas na representação e na defesa prévia, cumpridas as diligências e juntado o relatório da equipe interprofissional, será dada a palavra ao representante do Ministério Público e ao defensor, sucessivamente, pelo tempo de vinte minutos para cada um, prorrogável por mais dez, a critério da autoridade judiciária, que em seguida proferirá decisão.

ART. 187. Se o adolescente, devidamente notificado, não comparecer, injustificadamente à audiência de apresentação, a autoridade judiciária designará nova data, determinando sua condução coercitiva.

ART. 188. A remissão, como forma de extinção ou suspensão do processo, poderá ser aplicada em qualquer fase do procedimento, antes da sentença.

ART. 189. A autoridade judiciária não aplicará qualquer medida, desde que reconheça na sentença:

I – estar provada a inexistência do fato;

II – não haver prova da existência do fato;

III – não constituir o fato ato infracional;

IV – não existir prova de ter o adolescente concorrido para o ato infracional.

Parágrafo único. Na hipótese deste artigo, estando o adolescente internado, será imediatamente colocado em liberdade.

ART. 190. A intimação da sentença que aplicar medida de internação ou regime de semi-liberdade será feita:

I – ao adolescente e ao seu defensor;

II – quando não for encontrado o adolescente, a seus pais ou responsável, sem prejuízo do defensor.

§ 1º. Sendo outra a medida aplicada, a intimação far-se-á unicamente na pessoa do defensor.

§ 2º. Recaindo a intimação na pessoa do adolescente, deverá este manifestar se deseja ou não recorrer da sentença.

Seção V-A
DA INFILTRAÇÃO DE AGENTES DE POLÍCIA PARA A INVESTIGAÇÃO DE CRIMES CONTRA A DIGNIDADE SEXUAL DE CRIANÇA E DE ADOLESCENTE
(Incluído pela Lei nº 13.441, de 2017)

ART. 190-A. A infiltração de agentes de polícia na internet com o fim de investigar os crimes previstos nos arts. 240, 241, 241-A, 241-B, 241-C e 241-D desta Lei e nos arts. 154-A, 217-A, 218, 218-A e 218-B do Decreto-Lei nº 2.848, de 7 de dezembro de 1940 (Código Penal), obedecerá às seguintes regras: (Incluído pela Lei nº 13.441, de 2017)

I – será precedida de autorização judicial devidamente circunstanciada e fundamentada, que estabelecerá os limites da infiltração para obtenção de prova, ouvido o Ministério Público; (Incluído pela Lei nº 13.441, de 2017)

II – dar-se-á mediante requerimento do Ministério Público ou representação de delegado de polícia e conterá a demonstração de sua necessidade, o alcance das tarefas dos policiais, os nomes ou apelidos das pessoas investigadas e, quando possível, os dados de conexão ou cadastrais que permitam a identificação dessas pessoas; (Incluído pela Lei nº 13.441, de 2017)

III – não poderá exceder o prazo de 90 (noventa) dias, sem prejuízo de eventuais renovações, desde que o total não exceda a 720 (setecentos e vinte) dias e seja demonstrada sua efetiva necessidade, a critério da autoridade judicial. (Incluído pela Lei nº 13.441, de 2017)

§ 1º. A autoridade judicial e o Ministério Público poderão requisitar relatórios parciais da operação de infiltração antes do término do prazo de que trata o inciso II do § 1º deste artigo. (Incluído pela Lei nº 13.441, de 2017)

§ 2º. Para efeitos do disposto no inciso I do § 1º deste artigo, consideram-se: (Incluído pela Lei nº 13.441, de 2017)

I – dados de conexão: informações referentes a hora, data, início, término, duração, endereço de Protocolo de Internet (IP) utilizado e terminal de origem da conexão; (Incluído pela Lei nº 13.441, de 2017)

II – dados cadastrais: informações referentes a nome e endereço de assinante ou de usuário registrado ou autenticado para a conexão a quem endereço de IP, identificação de usuário ou código de acesso tenha sido atribuído no momento da conexão.

§ 3º. A infiltração de agentes de polícia na internet não será admitida se a prova puder ser obtida por outros meios. (Incluído pela Lei nº 13.441, de 2017)

ART. 190-B. As informações da operação de infiltração serão encaminhadas diretamente ao juiz responsável pela autorização da medida, que zelará por seu sigilo. (Incluído pela Lei nº 13.441, de 2017)

Parágrafo único. Antes da conclusão da operação, o acesso aos autos será reservado ao juiz, ao Ministério Público e ao delegado de polícia responsável pela operação, com o objetivo de garantir o sigilo das investigações. (Incluído pela Lei nº 13.441, de 2017)

ART. 190-C. Não comete crime o policial que oculta a sua identidade para, por meio da internet, colher indícios de autoria e materialidade dos crimes previstos nos arts. 240, 241, 241-A, 241-B, 241-C e 241-D desta Lei e nos arts. 154-A, 217-A, 218, 218-A e 218-B do Decreto-Lei nº 2.848, de 7 de dezembro de 1940 (Código Penal). (Incluído pela Lei nº 13.441, de 2017)

Parágrafo único. O agente policial infiltrado que deixar de observar a estrita finalidade da investigação responderá pelos excessos praticados. (Incluído pela Lei nº 13.441, de 2017)

ART. 190-D. Os órgãos de registro e cadastro público poderão incluir nos bancos de dados próprios, mediante procedimento sigiloso e requisição da autoridade judicial, as informações necessárias à efetividade da identidade fictícia criada. (Incluído pela Lei nº 13.441, de 2017)

Parágrafo único. O procedimento sigiloso de que trata esta Seção será numerado e tombado em livro específico. (Incluído pela Lei nº 13.441, de 2017)

ART. 190-E. Concluída a investigação, todos os atos eletrônicos praticados durante a operação deverão ser registrados, gravados, armazenados e encaminhados ao juiz e ao Ministério Público, juntamente com relatório circunstanciado. (Incluído pela Lei nº 13.441, de 2017)

Parágrafo único. Os atos eletrônicos registrados citados no caput deste artigo serão reunidos em autos apartados e apensados ao processo criminal juntamente com o inquérito policial, assegurando-se a preservação da identidade do agente policial infiltrado e a intimidade das crianças e dos adolescentes envolvidos. (Incluído pela Lei nº 13.441, de 2017)

Seção VI.
DA APURAÇÃO DE IRREGULARIDADES EM ENTIDADES DE ATENDIMENTO

ART. 191. O procedimento de apuração de irregularidades em entidade governamental e não-governamental terá início mediante portaria da autoridade judiciária ou representação do Ministério Público ou do Conselho Tutelar, onde conste, necessariamente, resumo dos fatos.

Parágrafo único. Havendo motivo grave, poderá a autoridade judiciária, ouvido o Ministério Público, decretar liminarmente o afastamento provisório do dirigente da entidade, mediante decisão fundamentada.

ART. 192. O dirigente da entidade será citado para, no prazo de dez dias, oferecer resposta escrita, podendo juntar documentos e indicar as provas a produzir.

ART. 193. Apresentada ou não a resposta, e sendo necessário, a autoridade judiciária designará audiência de instrução e julgamento, intimando as partes.

§ 1º. Salvo manifestação em audiência, as partes e o Ministério Público terão cinco dias para oferecer alegações finais, decidindo a autoridade judiciária em igual prazo.

§ 2º. Em se tratando de afastamento provisório ou definitivo de dirigente de entidade governamental, a autoridade judiciária oficiará à autoridade administrativa imediatamente superior ao afastado, marcando prazo para a substituição.

§ 3º. Antes de aplicar qualquer das medidas, a autoridade judiciária poderá fixar prazo para a remoção das irregularidades verificadas. Satisfeitas as exigências, o processo será extinto, sem julgamento de mérito.

§ 4º. A multa e a advertência serão impostas ao dirigente da entidade ou programa de atendimento.

Seção VII.
DA APURAÇÃO DE INFRAÇÃO ADMINISTRATIVA ÀS NORMAS DE PROTEÇÃO À CRIANÇA E AO ADOLESCENTE

ART. 194. O procedimento para imposição de penalidade administrativa por infração às normas de proteção à criança e ao adolescente terá início por representação do Ministério Público, ou do Conselho Tutelar, ou auto de infração elaborado por servidor efetivo ou voluntário credenciado, e assinado por duas testemunhas, se possível.

§ 1º. No procedimento iniciado com o auto de infração, poderão ser usadas fórmulas impressas, especificando-se a natureza e as circunstâncias da infração.

§ 2º. Sempre que possível, à verificação da infração seguir-se-á a lavratura do auto, certificando-se, em caso contrário, dos motivos do retardamento.

ART. 195. O requerido terá prazo de dez dias para apresentação de defesa, contado da data da intimação, que será feita:

I – pelo autuante, no próprio auto, quando este for lavrado na presença do requerido;

II – por oficial de justiça ou funcionário legalmente habilitado, que entregará cópia do auto ou da representação ao requerido, ou a seu representante legal, lavrando certidão;

III – por via postal, com aviso de recebimento, se não for encontrado o requerido ou seu representante legal;

IV – por edital, com prazo de trinta dias, se incerto ou não sabido o paradeiro do requerido ou de seu representante legal.

ART. 196. Não sendo apresentada a defesa no prazo legal, a autoridade judiciária dará vista dos autos do Ministério Público, por cinco dias, decidindo em igual prazo.

ART. 197. Apresentada a defesa, a autoridade judiciária procederá na conformidade do artigo anterior, ou, sendo necessário, designará audiência de instrução e julgamento. (Incluído pela Lei nº 12.010, de 2009)

Parágrafo único. Colhida a prova oral, manifestar-se-ão sucessivamente o Ministério Público e o procurador do requerido, pelo tempo de vinte minutos para cada um, prorrogável por mais dez, a critério da autoridade judiciária, que em seguida proferirá sentença.

SEÇÃO VIII. DA HABILITAÇÃO DE PRETENDENTES À ADOÇÃO

(Incluída pela Lei nº 12.010, de 2009)

ART. 197-A. Os postulantes à adoção, domiciliados no Brasil, apresentarão petição inicial na qual conste: (Incluído pela Lei nº 12.010, de 2009)

I – qualificação completa; (Incluído pela Lei nº 12.010, de 2009)

II – dados familiares; (Incluído pela Lei nº 12.010, de 2009)

III – cópias autenticadas de certidão de nascimento ou casamento, ou declaração relativa ao período de união estável; (Incluído pela Lei nº 12.010, de 2009)

IV – cópias da cédula de identidade e inscrição no Cadastro de Pessoas Físicas; (Incluído pela Lei nº 12.010, de 2009)

V – comprovante de renda e domicílio; (Incluído pela Lei nº 12.010, de 2009)

VI – atestados de sanidade física e mental; (Incluído pela Lei nº 12.010, de 2009)

VII – certidão de antecedentes criminais; (Incluído pela Lei nº 12.010, de 2009)

VIII – certidão negativa de distribuição cível. (Incluído pela Lei nº 12.010, de 2009)

ART. 197-B. A autoridade judiciária, no prazo de 48 (quarenta e oito) horas, dará vista dos autos ao Ministério Público, que no prazo de 5 (cinco) dias poderá: (Incluído pela Lei nº 12.010, de 2009)

I – apresentar quesitos a serem respondidos pela equipe interprofissional encarregada de elaborar o estudo técnico a que se refere o art. 197-C desta Lei; (Incluído pela Lei nº 12.010, de 2009)

II – requerer a designação de audiência para oitiva dos postulantes em juízo e testemunhas; (Incluído pela Lei nº 12.010, de 2009)

III – requerer a juntada de documentos complementares e a realização de outras diligências que entender necessárias. (Incluído pela Lei nº 12.010, de 2009)

ART. 197-C. Intervirá no feito, obrigatoriamente, equipe interprofissional a serviço da Justiça da Infância e da Juventude, que deverá elaborar estudo psicossocial, que conterá subsídios que permitam aferir a capacidade e o preparo dos postulantes para o exercício de uma paternidade ou maternidade responsável, à luz dos requisitos e princípios desta Lei. (Incluído pela Lei nº 12.010, de 2009)

§ 1º. É obrigatória a participação dos postulantes em programa oferecido pela Justiça da Infância e da Juventude, preferencialmente com apoio dos técnicos responsáveis pela execução da política municipal de garantia do direito à convivência familiar e dos grupos de apoio à adoção devidamente habilitados perante a Justiça da Infância e da Juventude, que inclua preparação psicológica, orientação e estímulo à adoção inter-racial, de crianças ou de adolescentes com deficiência, com doenças crônicas ou com necessidades específicas de saúde, e de grupos de irmãos. (Redação dada pela Lei nº 13.509, de 2017)

§ 2º. Sempre que possível e recomendável, a etapa obrigatória da preparação referida no § 1º deste artigo incluirá o contato com crianças e adolescentes em regime de acolhimento familiar ou institucional, a ser realizado sob orientação, supervisão e avaliação da equipe técnica da Justiça da Infância e da Juventude e dos grupos de apoio à adoção, com apoio dos técnicos responsáveis pelo programa de acolhimento familiar e institucional e pela execução da política municipal de garantia do direito à convivência familiar. (Redação dada pela Lei nº 13.509, de 22-11-2017)

§ 3º. É recomendável que as crianças e os adolescentes acolhidos institucionalmente ou por família acolhedora sejam preparados por equipe interprofissional antes da inclusão em família adotiva. (Incluído pela Lei nº 13.509, de 22-11-2017)

ART. 197-D. Certificada nos autos a conclusão da participação no programa referido no art. 197-C desta Lei, a autoridade judiciária, no prazo de 48 (quarenta e oito) horas, decidirá acerca das diligências requeridas pelo Ministério Público e determinará a juntada do estudo psicossocial, designando, conforme o caso, audiência de instrução e julgamento. (Incluído pela Lei nº 12.010, de 2009)

Parágrafo único. Caso não sejam requeridas diligências, ou sendo essas indeferidas, a autoridade judiciária determinará a juntada do estudo psicossocial, abrindo a seguir vista dos autos ao Ministério Público, por 5 (cinco) dias, decidindo em igual prazo. (Incluído pela Lei nº 12.010, de 2009)

ART. 197-E. Deferida a habilitação, o postulante será inscrito nos cadastros referidos no art. 50 desta Lei, sendo a sua convocação para a adoção feita de acordo com ordem cronológica de habilitação e conforme a disponibilidade de crianças ou adolescentes adotáveis. (Incluído pela Lei nº 12.010, de 2009)

§ 1º. A ordem cronológica das habilitações somente poderá deixar de ser observada pela autoridade judiciária nas hipóteses previstas no § 13 do art. 50 desta Lei, quando comprovado ser essa a melhor solução no interesse do adotando. (Incluído pela Lei nº 12.010, de 2009)

§ 2º. A habilitação à adoção deverá ser renovada no mínimo trienalmente mediante avaliação por equipe interprofissional. (Redação dada pela Lei nº 13.509, de 22-11-2017)

§ 3º. Quando o adotante candidatar-se a uma nova adoção, será dispensável a renovação da habilitação, bastando a avaliação por equipe interprofissional. (Incluído pela Lei nº 13.509, de 22-11-2017)

§ 4º. Após 3 (três) recusas injustificadas, pelo habilitado, à adoção de crianças ou adolescentes indicados dentro do perfil escolhido, haverá reavaliação da habilitação concedida. (Incluído pela Lei nº 13.509, de 22-11-2017)

§ 5º. A desistência do pretendente em relação à guarda para fins de adoção ou a devolução da criança ou do adolescente depois do trânsito em julgado da sentença de adoção importará na sua exclusão dos cadastros de adoção e na vedação de renovação da habilitação, salvo decisão judicial fundamentada, sem prejuízo das demais sanções previstas na legislação vigente. (Incluído pela Lei nº 13.509, de 22-11-2017)

ART. 197-F. O prazo máximo para conclusão da habilitação à adoção será de 120 (cento e vinte) dias, prorrogável por igual período, mediante decisão fundamentada da autoridade judiciária. (Incluído pela Lei nº 13.509, de 22-11-2017)

CAPÍTULO IV. DOS RECURSOS

ART. 198. Nos procedimentos afetos à Justiça da Infância e da Juventude, inclusive os relativos à execução das medidas socioeducativas, adotar-se-á o sistema recursal da Lei nº 5.869, de 11 de janeiro de 1973 (Código de Processo Civil), com as seguintes adaptações: (Redação dada pela Lei nº 12.594, de 2012)

I – os recursos serão interpostos independentemente de preparo;

II – em todos os recursos, salvo nos embargos de declaração, o prazo para o Ministério Público e para a defesa será sempre de 10 (dez) dias; (Redação dada pela Lei nº 12.594, de 2012)

III – os recursos terão preferência de julgamento e dispensarão revisor;

IV a VI – Revogado de acordo com a Lei nº 12.010, de 2009

VII – antes de determinar a remessa dos autos à superior instância, no caso de apelação, ou do instrumento, no caso de agravo, a autoridade judiciária proferirá despacho fundamentado, mantendo ou reformando a decisão, no prazo de cinco dias;

VIII – mantida a decisão apelada ou agravada, o escrivão remeterá os autos ou o instrumento à superior instância dentro de vinte e quatro horas, independentemente de novo pedido do recorrente; se a reformar, a remessa dos autos dependerá de pedido expresso da parte interessada ou do Ministério Público, no prazo de cinco dias, contados da intimação.

ART. 199. Contra as decisões proferidas com base no art. 149 caberá recurso de apelação.

ART. 199-A. A sentença que deferir a adoção produz efeito desde logo, embora sujeita a apelação, que será recebida exclusivamente no efeito devolutivo, salvo se se tratar de adoção internacional ou se houver perigo de dano irreparável ou de difícil reparação ao adotando. (Incluído pela Lei nº 12.010, de 2009)

ART. 199-B. A sentença que destituir ambos ou qualquer dos genitores do poder familiar fica sujeita a apelação, que deverá ser recebida apenas no efeito devolutivo. (Incluído pela Lei nº 12.010, de 2009)

ART. 199-C. Os recursos nos procedimentos de adoção e de destituição de poder familiar, em face da relevância das questões, serão processados com prioridade absoluta, devendo ser imediatamente distribuídos, ficando vedado que aguardem, em qualquer situação, oportuna distribuição, e serão colocados em mesa para julgamento sem revisão e com parecer urgente do Ministério Público. (Incluído pela Lei nº 12.010, de 2009)

ART. 199-D. O relator deverá colocar o processo em mesa para julgamento no prazo máximo de 60 (sessenta) dias, contado da sua conclusão. (Incluído pela Lei nº 12.010, de 2009)

Parágrafo único. O Ministério Público será intimado da data do julgamento e poderá na sessão, se entender necessário, apresentar oralmente seu parecer. (Incluído pela Lei nº 12.010, de 2009)

ART. 199-E. O Ministério Público poderá requerer a instauração de procedimento para apuração de responsabilidades se constatar o descumprimento das providências e do prazo previstos nos artigos anteriores. (Incluído pela Lei nº 12.010, de 2009)

CAPÍTULO V. DO MINISTÉRIO PÚBLICO

ART. 200. As funções do Ministério Público previstas nesta Lei serão exercidas nos termos da respectiva lei orgânica.

ART. 201. Compete ao Ministério Público:

I – conceder a remissão como forma de exclusão do processo;

II – promover e acompanhar os procedimentos relativos às infrações atribuídas a adolescentes;

III – promover e acompanhar as ações de alimentos e os procedimentos de suspensão e destituição do poder familiar, nomeação e remoção de tutores, curadores e guardiães, bem como oficiar em todos os demais procedimentos da competência da Justiça da Infância e da Juventude; (Expressão substituída pela Lei nº 12.010, de 2009)

IV – promover, de ofício ou por solicitação dos interessados, a especialização e a inscrição de hipoteca legal e a prestação de contas dos tutores, curadores e quaisquer administradores de bens de crianças e adolescentes nas hipóteses do art. 98;

V – promover o inquérito civil e a ação civil pública para a proteção dos interesses individuais, difusos ou coletivos relativos à infância e à adolescência, inclusive os definidos no art. 220, § 3º inciso II, da Constituição Federal;

VI – instaurar procedimentos administrativos e, para instruí-los:

a) expedir notificações para colher depoimentos ou esclarecimentos e, em caso de não comparecimento injustificado, requisitar condução coercitiva, inclusive pela polícia civil ou militar;

b) requisitar informações, exames, perícias e documentos de autoridades municipais, estaduais e federais, da administração direta ou indireta, bem como promover inspeções e diligências investigatórias;

c) requisitar informações e documentos a particulares e instituições privadas;

VII – instaurar sindicâncias, requisitar diligências investigatórias e determinar a instauração de inquérito policial, para apuração de ilícitos ou infrações às normas de proteção à infância e à juventude;

VIII – zelar pelo efetivo respeito aos direitos e garantias legais assegurados às crianças e adolescentes, promovendo as medidas judiciais e extrajudiciais cabíveis;

IX – impetrar mandado de segurança, de injunção e habeas corpus, em qualquer juízo, instância ou tribunal, na defesa dos interesses sociais e individuais indisponíveis afetos à criança e ao adolescente;

X – representar ao juízo visando à aplicação de penalidade por infrações cometidas contra as normas de proteção à infância e à juventude, sem prejuízo da promoção da responsabilidade civil e penal do infrator, quando cabível;

XI – inspecionar as entidades públicas e particulares de atendimento e os programas de que trata esta Lei, adotando de pronto as medidas administrativas ou judiciais necessárias à remoção de irregularidades porventura verificadas;

XII – requisitar força policial, bem como a colaboração dos serviços médicos, hospitalares, educacionais e de assistência social, públicos ou privados, para o desempenho de suas atribuições.

▸ CP: art. 330.

§ 1º. A legitimação do Ministério Público para as ações cíveis previstas neste artigo não impede a de terceiros, nas mesmas hipóteses, segundo dispuserem a Constituição e esta Lei.

§ 2º. As atribuições constantes deste artigo não excluem outras, desde que compatíveis com a finalidade do Ministério Público.

§ 3º. O representante do Ministério Público, no exercício de suas funções, terá livre acesso a todo local onde se encontre criança ou adolescente.

▸ CP: art. 150.

§ 4º. O representante do Ministério Público será responsável pelo uso indevido das informações e documentos que requisitar, nas hipóteses legais de sigilo.

§ 5º. Para o exercício da atribuição de que trata o inciso VIII deste artigo, poderá o representante do Ministério Público:

a) reduzir a termo as declarações do reclamante, instaurando o competente procedimento, sob sua presidência;

b) entender-se diretamente com a pessoa ou autoridade reclamada, em dia, local e horário previamente notificados ou acertados;

c) efetuar recomendações visando à melhoria dos serviços públicos e de relevância pública afetos à criança e ao adolescente, fixando prazo razoável para sua perfeita adequação.

ART. 202. Nos processos e procedimentos em que não for parte, atuará obrigatoriamente o Ministério Público na defesa dos direitos e interesses de que cuida esta Lei, hipótese em que terá vista dos autos depois das partes, podendo juntar documentos e requerer diligências, usando os recursos cabíveis.

ART. 203. A intimação do Ministério Público, em qualquer caso, será feita pessoalmente.

ART. 204. A falta de intervenção do Ministério Público acarreta a nulidade do feito, que será declarada de ofício pelo juiz ou a requerimento de qualquer interessado.

ART. 205. As manifestações processuais do representante do Ministério Público deverão ser fundamentadas.

CAPÍTULO VI. DO ADVOGADO

ART. 206. A criança ou o adolescente, seus pais ou responsável, e qualquer pessoa que tenha legítimo interesse na solução da lide poderão intervir nos procedimentos de que trata esta Lei, através de advogado, o qual será intimado para todos os atos, pessoalmente ou por publicação oficial, respeitado o segredo de justiça.

Parágrafo único. Será prestada assistência judiciária integral e gratuita àqueles que dela necessitarem.

ART. 207. Nenhum adolescente a quem se atribua a prática de ato infracional, ainda que ausente ou foragido, será processado sem defensor.

▸ CPP: art. 261.

§ 1º. Se o adolescente não tiver defensor, ser-lhe-á nomeado pelo juiz, ressalvado o direito de, a todo tempo, constituir outro de sua preferência.

§ 2º. A ausência do defensor não determinará o adiamento de nenhum ato do processo, devendo o juiz nomear substituto, ainda que provisoriamente, ou para o só efeito do ato.

§ 3º. Será dispensada a outorga de mandato, quando se tratar de defensor nomeado ou, sido constituído, tiver sido indicado por ocasião de ato formal com a presença da autoridade judiciária.

CAPÍTULO VII. DA PROTEÇÃO JUDICIAL DOS INTERESSES INDIVIDUAIS, DIFUSOS E COLETIVOS

ART. 208. Regem-se pelas disposições desta Lei as ações de responsabilidade por ofensa aos direitos assegurados à criança e ao adolescente, referentes ao não oferecimento ou oferta irregular:

I – do ensino obrigatório;

II – de atendimento educacional especializado aos portadores de deficiência;

III – de atendimento em creche e pré-escola às crianças de zero a cinco anos de idade; (Redação dada pela Lei nº 13.306, de 2016)

IV – de ensino noturno regular, adequado às condições do educando;

V – de programas suplementares de oferta de material didático-escolar, transporte e assistência à saúde do educando do ensino fundamental;

VI – de serviço de assistência social visando à proteção à família, à maternidade, à infância e à adolescência, bem como ao amparo às crianças e adolescentes que dele necessitem;

VII – de acesso às ações e serviços de saúde;

VIII – de escolarização e profissionalização dos adolescentes privados de liberdade.

IX – de ações, serviços e programas de orientação, apoio e promoção social de famílias e destinados ao pleno exercício do direito à convivência familiar por crianças e adolescentes. (Incluído pela Lei nº 12.010, de 2009)

X – de programas de atendimento para a execução das medidas socioeducativas e aplicação de medidas de proteção. (Incluído pela Lei nº 12.594, de 2012)

XI – de políticas e programas integrados de atendimento à criança e ao adolescente vítima ou testemunha de violência.

(Incluído pela Lei nº 13.431, de 2017, com entrada em vigor a partir do dia 06-04-2018)

§ 1º. As hipóteses previstas neste artigo não excluem da proteção judicial outros interesses individuais, difusos ou coletivos, próprios da infância e da adolescência, protegidos pela Constituição e pela Lei. (Renumerado do Parágrafo único pela Lei nº 11.259, de 2005)

§ 2º. A investigação do desaparecimento de crianças ou adolescentes será realizada imediatamente após notificação aos órgãos competentes, que deverão comunicar o fato aos portos, aeroportos, Polícia Rodoviária e companhias de transporte interestaduais e internacionais, fornecendo-lhes todos os dados necessários à identificação do desaparecido. (Incluído pela Lei nº 11.259, de 2005)

ART. 209. As ações previstas neste Capítulo serão propostas no foro do local onde ocorreu ou deva ocorrer a ação ou omissão, cujo juízo terá competência absoluta para processar a causa, ressalvadas a competência da Justiça Federal e a competência originária dos tribunais superiores.

ART. 210. Para as ações cíveis fundadas em interesses coletivos ou difusos, consideram-se legitimados concorrentemente:

I – o Ministério Público;

II – a União, os estados, os municípios, o Distrito Federal e os territórios;

III – as associações legalmente constituídas há pelo menos um ano e que incluam entre seus fins institucionais a defesa dos interesses e direitos protegidos por esta Lei, dispensada a autorização da assembleia, se houver prévia autorização estatutária.

§ 1º. Admitir-se-á litisconsórcio facultativo entre os Ministérios Públicos da União e dos estados na defesa dos interesses e direitos de que cuida esta Lei.

§ 2º. Em caso de desistência ou abandono da ação por associação legitimada, o Ministério Público ou outro legitimado poderá assumir a titularidade ativa.

ART. 211. Os órgãos públicos legitimados poderão tomar dos interessados compromisso de ajustamento de sua conduta às exigências legais, o qual terá eficácia de título executivo extrajudicial.

ART. 212. Para defesa dos direitos e interesses protegidos por esta Lei, são admissíveis todas as espécies de ações pertinentes.

§ 1º. Aplicam-se às ações previstas neste Capítulo as normas do Código de Processo Civil.

§ 2º. Contra atos ilegais ou abusivos de autoridade pública ou agente de pessoa jurídica no exercício de atribuições do poder público, que lesem direito líquido e certo previsto nesta Lei, caberá ação mandamental, que se regerá pelas normas da lei do mandado de segurança.

ART. 213. Na ação que tenha por objeto o cumprimento de obrigação de fazer ou não fazer, o juiz concederá a tutela específica da obrigação ou determinará providências que assegurem o resultado prático equivalente ao do adimplemento.

§ 1º. Sendo relevante o fundamento da demanda e havendo justificado receio de ineficácia do provimento final, é lícito ao juiz conceder a tutela liminarmente ou após justificação prévia, citando o réu.

§ 2º. O juiz poderá, na hipótese do parágrafo anterior ou na sentença, impor multa diária ao réu, independentemente de pedido do autor, se for suficiente ou compatível com a obrigação, fixando prazo razoável para o cumprimento do preceito.

§ 3º. A multa só será exigível do réu após o trânsito em julgado da sentença favorável ao autor, mas será devida desde o dia em que se houver configurado o descumprimento.

ART. 214. Os valores das multas reverterão ao fundo gerido pelo Conselho dos Direitos da Criança e do Adolescente do respectivo município.

§ 1º. As multas não recolhidas até trinta dias após o trânsito em julgado da decisão serão exigidas através de execução promovida pelo Ministério Público, nos mesmos autos, facultada igual iniciativa aos demais legitimados.

§ 2º. Enquanto o fundo não for regulamentado, o dinheiro ficará depositado em estabelecimento oficial de crédito, em conta com correção monetária.

ART. 215. O juiz poderá conferir efeito suspensivo aos recursos, para evitar dano irreparável à parte.

ART. 216. Transitada em julgado a sentença que impuser condenação ao poder público, o juiz determinará a remessa de peças à autoridade competente, para apuração da responsabilidade civil e administrativa do agente a que se atribua a ação ou omissão.

ART. 217. Decorridos sessenta dias do trânsito em julgado da sentença condenatória sem que a associação autora lhe promova a execução, deverá fazê-lo o Ministério Público, facultada igual iniciativa aos demais legitimados.

ART. 218. O juiz condenará a associação autora a pagar ao réu os honorários advocatícios arbitrados na conformidade do § 4º do art. 20 da Lei nº 5.869, de 11 de janeiro de 1973 (Código de Processo Civil), quando reconhecer que a pretensão é manifestamente infundada.

Parágrafo único. Em caso de litigância de má-fé, a associação autora e os diretores responsáveis pela propositura da ação serão solidariamente condenados ao décuplo das custas, sem prejuízo de responsabilidade por perdas e danos.

ART. 219. Nas ações de que trata este Capítulo, não haverá adiantamento de custas, emolumentos, honorários periciais e quaisquer outras despesas.

ART. 220. Qualquer pessoa poderá e o servidor público deverá provocar a iniciativa do Ministério Público, prestando-lhe informações sobre fatos que constituam objeto de ação civil, e indicando-lhe os elementos de convicção.

ART. 221. Se, no exercício de suas funções, os juízos e tribunais tiverem conhecimento de fatos que possam ensejar a propositura de ação civil, remeterão peças ao Ministério Público para as providências cabíveis.

ART. 222. Para instruir a petição inicial, o interessado poderá requerer às autoridades competentes as certidões e informações que julgar necessárias, que serão fornecidas no prazo de quinze dias.

ART. 223. O Ministério Público poderá instaurar, sob sua presidência, inquérito civil, ou requisitar, de qualquer pessoa, organismo público ou particular, certidões, informações, exames ou perícias, no prazo que assinalar, o qual não poderá ser inferior a dez dias úteis.

§ 1º. Se o órgão do Ministério Público, esgotadas todas as diligências, se convencer da inexistência de fundamento para a propositura da ação cível, promoverá o arquivamento dos autos do inquérito civil ou das peças informativas, fazendo-o fundamentadamente.

§ 2º. Os autos do inquérito civil ou as peças de informação arquivados serão remetidos, sob pena de se incorrer em falta grave, no prazo de três dias, ao Conselho Superior do Ministério Público.

§ 3º. Até que seja homologada ou rejeitada a promoção de arquivamento, em sessão do Conselho Superior do Ministério público, poderão as associações legitimadas apresentar razões escritas ou documentos, que serão juntados aos autos do inquérito ou anexados às peças de informação.

§ 4º. A promoção de arquivamento será submetida a exame e deliberação do Conselho Superior do Ministério Público, conforme dispuser o seu regimento.

§ 5º. Deixando o Conselho Superior de homologar a promoção de arquivamento, designará, desde logo, outro órgão do Ministério Público para o ajuizamento da ação.

ART. 224. Aplicam-se subsidiariamente, no que couber, as disposições da Lei nº 7.347, de 24 de julho de 1985.

TÍTULO VII. DOS CRIMES E DAS INFRAÇÕES ADMINISTRATIVAS

CAPÍTULO I. DOS CRIMES

SEÇÃO I. DISPOSIÇÕES GERAIS

ART. 225. Este Capítulo dispõe sobre crimes praticados contra a criança e o adolescente, por ação ou omissão, sem prejuízo do disposto na legislação penal.

ART. 226. Aplicam-se aos crimes definidos nesta Lei as normas da Parte Geral do Código Penal e, quanto ao processo, as pertinentes ao Código de Processo Penal.

ART. 227. Os crimes definidos nesta Lei são de ação pública incondicionada

▸ *CP: art. 100.*

ART. 227-A. Os efeitos da condenação prevista no inciso I do caput do art. 92 do Decreto-Lei nº 2.848, de 7 de dezembro de 1940 (Código Penal), para os crimes previstos nesta Lei, praticados por servidores públicos com abuso de autoridade, são condicionados à ocorrência de reincidência. (Incluído pela Lei nº 13.869, de 2019)

Parágrafo único. A perda do cargo, do mandato ou da função, nesse caso, independerá da pena aplicada na reincidência.

▸ *CF: art. 5º, XL.*

▸ *CP: arts. 2º, e 92.*

SEÇÃO II. DOS CRIMES EM ESPÉCIE

ART. 228. Deixar o encarregado de serviço ou o dirigente de estabelecimento de atenção à saúde de gestante de manter registro das atividades desenvolvidas, na forma e prazo referidos no art. 10 desta Lei, bem como de fornecer à parturiente ou a seu responsável, por ocasião da alta médica, declaração de nascimento, onde constem as intercorrências do parto e do desenvolvimento do neonato:

Pena – detenção de seis meses a dois anos.

Parágrafo único. Se o crime é culposo:

Pena – detenção de dois a seis meses, ou multa.

ART. 229. Deixar o médico, enfermeiro ou dirigente de estabelecimento de atenção à saúde de gestante de identificar corretamente o neonato e a parturiente, por ocasião do parto, bem como deixar de proceder aos exames referidos no art. 10 desta Lei:

▸ *CP: art. 268.*

Pena – detenção de seis meses a dois anos.

Parágrafo único. Se o crime é culposo:

Pena – detenção de dois a seis meses, ou multa.

ART. 230. Privar a criança ou o adolescente de sua liberdade, procedendo à sua apreensão sem estar em flagrante de ato infracional ou inexistindo ordem escrita da autoridade judiciária competente:

▸ *CP: art. 148.*

▸ *CPP: arts. 301 a 310.*

Pena – detenção de seis meses a dois anos.

Parágrafo único. Incide na mesma pena aquele que procede à apreensão sem observância das formalidades legais.

ART. 231. Deixar a autoridade policial responsável pela apreensão de criança ou adolescente de fazer imediata comunicação à autoridade judiciária competente e à família do apreendido ou à pessoa por ele indicada:

Pena – detenção de seis meses a dois anos.

ART. 232. Submeter criança ou adolescente sob sua autoridade, guarda ou vigilância a vexame ou a constrangimento:

▸ *CP: art. 146.*

Pena – detenção de seis meses a dois anos.

ART. 233. Revogado de acordo com a Lei nº 9.455, de 7.4.1997, que dispõe sobre crimes de tortura.

ART. 234. Deixar a autoridade competente, sem justa causa, de ordenar a imediata liberação de criança ou adolescente, tão logo tenha conhecimento da ilegalidade da apreensão:

Pena – detenção de seis meses a dois anos.

ART. 235. Descumprir, injustificadamente, prazo fixado nesta Lei em benefício de adolescente privado de liberdade:

Pena – detenção de seis meses a dois anos.

ART. 236. Impedir ou embaraçar a ação de autoridade judiciária, membro do Conselho Tutelar ou representante do Ministério Público no exercício de função prevista nesta Lei:

Pena – detenção de seis meses a dois anos.

ART. 237. Subtrair criança ou adolescente ao poder de quem o tem sob sua guarda em virtude de lei ou ordem judicial, com o fim de colocação em lar substituto:

▸ *CP: art. 249.*

Pena – reclusão de dois a seis anos, e multa.

ART. 238. Prometer ou efetivar a entrega de filho ou pupilo a terceiro, mediante paga ou recompensa:

▸ *CP: art. 245, caput e § 1º.*

Pena – reclusão de um a quatro anos, e multa.

Parágrafo único. Incide nas mesmas penas quem oferece ou efetiva a paga ou recompensa.

ART. 239. Promover ou auxiliar a efetivação de ato destinado ao envio de criança ou adolescente para o exterior com inobservância das formalidades legais ou com o fito de obter lucro:

▸ *CP: art. 245, § 2º.*

Pena – reclusão de quatro a seis anos, e multa.

Parágrafo único. Se há emprego de violência, grave ameaça ou fraude: (Incluído pela Lei nº 10.764, de 12.11.2003)
Pena – reclusão, de 6 (seis) a 8 (oito) anos, além da pena correspondente à violência.

ART. 240. Produzir, reproduzir, dirigir, fotografar, filmar ou registrar, por qualquer meio, cena de sexo explícito ou pornográfica, envolvendo criança ou adolescente: (Redação dada pela Lei nº 11.829, de 2008)

▸ *CP: art. 234, par. ún., II.*

Pena – reclusão, de 4 (quatro) a 8 (oito) anos, e multa. (Redação dada pela Lei nº 11.829, de 2008)

§ 1º. Incorre nas mesmas penas quem agencia, facilita, recruta, coage, ou de qualquer modo intermedeia a participação de criança ou adolescente nas cenas referidas no *caput* deste artigo, ou ainda quem com esses contracena. (Redação dada pela Lei nº 11.829, de 2008)

§ 2º. Aumenta-se a pena de 1/3 (um terço) se o agente comete o crime: (Redação dada pela Lei nº 11.829, de 2008)

I – no exercício de cargo ou função pública ou a pretexto de exercê-la; (Redação dada pela Lei nº 11.829, de 2008)

II – prevalecendo-se de relações domésticas, de coabitação ou de hospitalidade; ou (Redação dada pela Lei nº 11.829, de 2008)

III – prevalecendo-se de relações de parentesco consanguíneo ou afim até o terceiro grau, ou por adoção, de tutor, curador, preceptor, empregador da vítima ou de quem, a qualquer outro título, tenha autoridade sobre ela, ou com seu consentimento. (Incluído pela Lei nº 11.829, de 2008)

ART. 241. Vender ou expor à venda fotografia, vídeo ou outro registro que contenha cena de sexo explícito ou pornográfica envolvendo criança ou adolescente: (Redação dada pela Lei nº 11.829, de 2008)

Pena – reclusão, de 4 (quatro) a 8 (oito) anos, e multa. (Redação dada pela Lei nº 11.829, de 2008)

ART. 241-A. Oferecer, trocar, disponibilizar, transmitir, distribuir, publicar ou divulgar por qualquer meio, inclusive por meio de sistema de informática ou telemático, fotografia, vídeo ou outro registro que contenha cena de sexo explícito ou pornográfica envolvendo criança ou adolescente: (Incluído pela Lei nº 11.829, de 2008)

Pena – reclusão, de 3 (três) a 6 (seis) anos, e multa. (Incluído pela Lei nº 11.829, de 2008)

§ 1º. Nas mesmas penas incorre quem: (Incluído pela Lei nº 11.829, de 2008)

I – assegura os meios ou serviços para o armazenamento das fotografias, cenas ou imagens de que trata o *caput* deste artigo; (Incluído pela Lei nº 11.829, de 2008)

II – assegura, por qualquer meio, o acesso por rede de computadores às fotografias, cenas ou imagens de que trata o *caput* deste artigo. (Incluído pela Lei nº 11.829, de 2008)

§ 2º. As condutas tipificadas nos incisos I e II do § 1º deste artigo são puníveis quando o responsável legal pela prestação do serviço, oficialmente notificado, deixa de desabilitar o acesso ao conteúdo ilícito de que trata o *caput* deste artigo. (Incluído pela Lei nº 11.829, de 2008)

ART. 241-B. Adquirir, possuir ou armazenar, por qualquer meio, fotografia, vídeo ou outra forma de registro que contenha cena de sexo explícito ou pornográfica envolvendo criança ou adolescente: (Incluído pela Lei nº 11.829, de 2008)

Pena – reclusão, de 1 (um) a 4 (quatro) anos, e multa. (Incluído pela Lei nº 11.829, de 2008)

§ 1º. A pena é diminuída de 1 (um) a 2/3 (dois terços) se de pequena quantidade o material a que se refere o *caput* deste artigo. (Incluído pela Lei nº 11.829, de 2008)

§ 2º. Não há crime se a posse ou o armazenamento tem a finalidade de comunicar às autoridades competentes a ocorrência das condutas descritas nos arts. 240, 241, 241-A e 241-C desta Lei, quando a comunicação for feita por: (Incluído pela Lei nº 11.829, de 2008)

I – agente público no exercício de suas funções; (Incluído pela Lei nº 11.829, de 2008)

II – membro de entidade, legalmente constituída, que inclua, entre suas finalidades institucionais, o recebimento, o processamento e o encaminhamento de notícia dos crimes referidos neste parágrafo; (Incluído pela Lei nº 11.829, de 2008)

III – representante legal e funcionários responsáveis de provedor de acesso ou serviço prestado por meio de rede de computadores, até o recebimento do material relativo à notícia feita à autoridade policial, ao Ministério Público ou ao Poder Judiciário. (Incluído pela Lei nº 11.829, de 2008)

§ 3º. As pessoas referidas no § 2º deste artigo deverão manter sob sigilo o material ilícito referido. (Incluído pela Lei nº 11.829, de 2008)

ART. 241-C. Simular a participação de criança ou adolescente em cena de sexo explícito ou pornográfica por meio de adulteração, montagem ou modificação de fotografia, vídeo ou qualquer outra forma de representação visual: (Incluído pela Lei nº 11.829, de 2008)

Pena – reclusão, de 1 (um) a 3 (três) anos, e multa. (Incluído pela Lei nº 11.829, de 2008)

Parágrafo único. Incorre nas mesmas penas quem vende, expõe à venda, disponibiliza, distribui, publica ou divulga por qualquer meio, adquire, possui ou armazena o material produzido na forma do *caput* deste artigo. (Incluído pela Lei nº 11.829, de 2008)

ART. 241-D. Aliciar, assediar, instigar ou constranger, por qualquer meio de comunicação, criança, com o fim de com ela praticar ato libidinoso: (Incluído pela Lei nº 11.829, de 2008)

Pena – reclusão, de 1 (um) a 3 (três) anos, e multa. (Incluído pela Lei nº 11.829, de 2008)

Parágrafo único. Nas mesmas penas incorre quem: (Incluído pela Lei nº 11.829, de 2008)

I – facilita ou induz o acesso à criança de material contendo cena de sexo explícito ou pornográfica com o fim de com ela praticar ato libidinoso; (Incluído pela Lei nº 11.829, de 2008)

II – pratica as condutas descritas no *caput* deste artigo com o fim de induzir criança a se exibir de forma pornográfica ou sexualmente explícita. (Incluído pela Lei nº 11.829, de 2008)

ART. 241-E. Para efeito dos crimes previstos nesta Lei, a expressão "cena de sexo explícito ou pornográfica" compreende qualquer situação que envolva criança ou adolescente em atividades sexuais explícitas, reais ou simuladas, ou exibição dos órgãos genitais de uma criança ou adolescente para fins primordialmente sexuais. (Incluído pela Lei nº 11.829, de 2008)

ART. 242. Vender, fornecer ainda que gratuitamente ou entregar, de qualquer forma, a criança ou adolescente arma, munição ou explosivo:

▸ *Lei nº 10.826, de 22-12-2003, art. 16, Estatuto do Desarmamento.*

Pena – reclusão, de 3 (três) a 6 (seis) anos. (Redação dada pela Lei nº 10.764, de 12.11.2003)

ART. 243. Vender, fornecer, servir, ministrar ou entregar, ainda que gratuitamente, de qualquer forma, a criança ou a adolescente, bebida alcoólica ou, sem justa causa, outros produtos cujos componentes possam causar dependência física ou psíquica: (Redação dada pela Lei nº 13.106, de 2015)

Pena – detenção de 2 (dois) a 4 (quatro) anos, e multa, se o fato não constitui crime mais grave. (Redação dada pela Lei nº 13.106, de 2015)

ART. 244. Vender, fornecer ainda que gratuitamente ou entregar, de qualquer forma, a criança ou adolescente fogos de estampido ou de artifício, exceto aqueles que, pelo seu reduzido potencial, sejam incapazes de provocar qualquer dano físico em caso de utilização indevida:

Pena – detenção de seis meses a dois anos, e multa.

ART. 244-A. Submeter criança ou adolescente, como tais definidos no *caput* do art. 2º desta Lei, à prostituição ou à exploração sexual: (Incluído pela Lei nº 9.975, de 23.6.2000)

Pena – reclusão de quatro a dez anos e multa, além da perda de bens e valores utilizados na prática criminosa em favor do Fundo dos Direitos da Criança e do Adolescente da unidade da Federação (Estado ou Distrito Federal) em que foi cometido o crime, ressalvado o direito de terceiro de boa-fé. (Redação dada pela Lei nº 13.440, de 2017)

§ 1º. Incorrem nas mesmas penas o proprietário, o gerente ou o responsável pelo local em que se verifique a submissão de criança ou adolescente às práticas referidas no *caput* deste artigo. (Incluído pela Lei nº 9.975, de 23.6.2000)

§ 2º. Constitui efeito obrigatório da condenação a cassação da licença de localização e de funcionamento do estabelecimento. (Incluído pela Lei nº 9.975, de 23.6.2000)

ART. 244-B. Corromper ou facilitar a corrupção de menor de 18 (dezoito) anos, com ele praticando infração penal ou induzindo-o a praticá-la: (Incluído pela Lei nº 12.015, de 2009)

Pena – reclusão, de 1 (um) a 4 (quatro) anos. (Incluído pela Lei nº 12.015, de 2009)

§ 1º. Incorre nas penas previstas no *caput* deste artigo quem pratica as condutas ali tipificadas utilizando-se de quaisquer meios eletrônicos, inclusive salas de bate-papo da internet. (Incluído pela Lei nº 12.015, de 2009)

§ 2º. As penas previstas no *caput* deste artigo são aumentadas de um terço no caso de a infração cometida ou induzida estar incluída no rol do art. 1º da Lei nº 8.072, de 25 de julho de 1990. (Incluído pela Lei nº 12.015, de 2009)

▸ *Súmula nº 500 do STJ.).*

CAPÍTULO II. DAS INFRAÇÕES ADMINISTRATIVAS

ART. 245. Deixar o médico, professor ou responsável por estabelecimento de atenção à saúde e de ensino fundamental, pré-escola ou creche, de comunicar à autoridade competente os casos de que tenha conhecimento, envolvendo suspeita ou confirmação de maus-tratos contra criança ou adolescente:

▸ *CP: art. 136.*

Pena – multa de três a vinte salários de referência, aplicando-se o dobro em caso de reincidência.

ART. 246. Impedir o responsável ou funcionário de entidade de atendimento o exercício dos direitos constantes nos incisos II, III, VII, VIII e XI do art. 124 desta Lei:

Pena – multa de três a vinte salários de referência, aplicando-se o dobro em caso de reincidência.

ART. 247. Divulgar, total ou parcialmente, sem autorização devida, por qualquer meio de comunicação, nome, ato ou documento de procedimento policial, administrativo ou judicial relativo a criança ou adolescente a que se atribua ato infracional:

Pena – multa de três a vinte salários de referência, aplicando-se o dobro em caso de reincidência.

§ 1º. Incorre na mesma pena quem exibe, total ou parcialmente, fotografia de criança ou adolescente envolvido em ato infracional, ou qualquer ilustração que lhe diga respeito ou se refira a atos que lhe sejam atribuídos, de forma a permitir sua identificação, direta ou indiretamente.

§ 2º. Se o fato for praticado por órgão de imprensa ou emissora de rádio ou televisão, além da pena prevista neste artigo, a autoridade judiciária poderá determinar a apreensão da publicação ~~ou a suspensão da programação da emissora até por dois dias, bem como da publicação do periódico até por dois números.~~

ART. 248. Deixar de apresentar à autoridade judiciária de seu domicílio, no prazo de cinco dias, com o fim de regularizar a guarda, adolescente trazido de outra comarca para a prestação de serviço doméstico, mesmo que autorizado pelos pais ou responsável:

Pena – multa de três a vinte salários de referência, aplicando-se o dobro em caso de reincidência, independentemente das despesas de retorno do adolescente, se for o caso.

▸ *(Dispositivo a ser revogado pela Lei nº 13.431, de 2017 com entrada em vigor a partir do dia 06-04-2018).*

ART. 249. Descumprir, dolosa ou culposamente, os deveres inerentes ao poder familiar ou decorrente de tutela ou guarda, bem assim determinação da autoridade judiciária ou Conselho Tutelar: (Expressão substituída pela Lei nº 12.010, de 2009)

Pena – multa de três a vinte salários de referência, aplicando-se o dobro em caso de reincidência.

ART. 250. Hospedar criança ou adolescente desacompanhado dos pais ou responsável, ou sem autorização escrita desses ou da autoridade judiciária, em hotel, pensão, motel ou congênere: (Redação dada pela Lei nº 12.038, de 2009).

Pena – multa. (Redação dada pela Lei nº 12.038, de 2009).

§ 1º. Em caso de reincidência, sem prejuízo da pena de multa, a autoridade judiciária poderá determinar o fechamento do estabelecimento por até 15 (quinze) dias. (Incluído pela Lei nº 12.038, de 2009).

§ 2º. Se comprovada a reincidência em período inferior a 30 (trinta) dias, o estabelecimento será definitivamente fechado e terá sua licença cassada. (Incluído pela Lei nº 12.038, de 2009).

ART. 251. Transportar criança ou adolescente, por qualquer meio, com inobservância do disposto nos arts. 83, 84 e 85 desta Lei:

Pena – multa de três a vinte salários de referência, aplicando-se o dobro em caso de reincidência.

ART. 252. Deixar o responsável por diversão ou espetáculo público de afixar, em lugar visível e de fácil acesso, à entrada do local de exibição, informação destacada sobre a natureza da diversão ou espetáculo e a faixa etária especificada no certificado de classificação:

Pena – multa de três a vinte salários de referência, aplicando-se o dobro em caso de reincidência.

ART. 253. Anunciar peças teatrais, filmes ou quaisquer representações ou espetáculos, sem indicar os limites de idade a que não se recomendem:

Pena – multa de três a vinte salários de referência, duplicada em caso de reincidência, aplicável, separadamente, à casa de espetáculo e aos órgãos de divulgação ou publicidade.

ART. 254. Transmitir, através de rádio ou televisão, espetáculo em horário diverso do autorizado ou sem aviso de sua classificação:

Pena – multa de vinte a cem salários de referência; duplicada em caso de reincidência a autoridade judiciária poderá determinar a suspensão da programação da emissora por até dois dias.

ART. 255. Exibir filme, trailer, peça, amostra ou congênere classificado pelo órgão competente como inadequado às crianças ou adolescentes admitidos ao espetáculo:

Pena – multa de vinte a cem salários de referência; na reincidência, a autoridade poderá determinar a suspensão do espetáculo ou o fechamento do estabelecimento por até quinze dias.

ART. 256. Vender ou locar a criança ou adolescente fita de programação em vídeo, em desacordo com a classificação atribuída pelo órgão competente:

Pena – multa de três a vinte salários de referência; em caso de reincidência, a autoridade judiciária poderá determinar o fechamento do estabelecimento por até quinze dias.

ART. 257. Descumprir obrigação constante dos arts. 78 e 79 desta Lei:

Pena – multa de três a vinte salários de referência, duplicando-se a pena em caso de reincidência, sem prejuízo de apreensão da revista ou publicação.

ART. 258. Deixar o responsável pelo estabelecimento ou o empresário de observar o que dispõe esta Lei sobre o acesso de criança ou adolescente aos locais de diversão, ou sobre sua participação no espetáculo:

Pena – multa de três a vinte salários de referência; em caso de reincidência, a autoridade judiciária poderá determinar o fechamento do estabelecimento por até quinze dias.

ART. 258-A. Deixar a autoridade competente de providenciar a instalação e operacionalização dos cadastros previstos no art. 50 e no § 11 do art. 101 desta Lei: (Incluído pela Lei nº 12.010, de 2009)

Pena – multa de R$ 1.000,00 (mil reais) a R$ 3.000,00 (três mil reais). (Incluído pela Lei nº 12.010, de 2009)

Parágrafo único. Incorre nas mesmas penas a autoridade que deixa de efetuar o cadastramento de crianças e de adolescentes em condições de serem adotadas, de pessoas ou casais habilitados à adoção e de crianças e adolescentes em regime de acolhimento institucional ou familiar. (Incluído pela Lei nº 12.010, de 2009)

ART. 258-B. Deixar o médico, enfermeiro ou dirigente de estabelecimento de atenção à saúde de gestante de efetuar imediato encaminhamento à autoridade judiciária de caso de que tenha conhecimento de mãe ou gestante interessada em entregar seu filho para adoção: (Incluído pela Lei nº 12.010, de 2009)

Pena – multa de R$ 1.000,00 (mil reais) a R$ 3.000,00 (três mil reais). (Incluído pela Lei nº 12.010, de 2009)

Parágrafo único. Incorre na mesma pena o funcionário de programa oficial ou comunitário destinado à garantia do direito à convivência familiar que deixa de efetuar a comunicação referida no *caput* deste artigo. (Incluído pela Lei nº 12.010, de 2009)

ART. 258-C. Descumprir a proibição estabelecida no inciso II do art. 81: (Redação dada pela Lei nº 13.106, de 2015)

Pena – multa de R$ 3.000,00 (três mil reais) a R$ 10.000,00 (dez mil reais); (Redação dada pela Lei nº 13.106, de 2015)

Medida Administrativa – interdição do estabelecimento comercial até o recolhimento da multa aplicada. (Redação dada pela Lei nº 13.106, de 2015)

DISPOSIÇÕES TRANSITÓRIAS

ART. 259. A União, no prazo de noventa dias contados da publicação deste Estatuto, elaborará projeto de lei dispondo sobre a criação ou adaptação de seus órgãos às diretrizes da política de atendimento fixadas no art. 88 e ao que estabelece o Título V do Livro II.

Parágrafo único. Compete aos estados e municípios promoverem a adaptação de seus órgãos e programas às diretrizes e princípios estabelecidos nesta Lei.

ART. 260. Os contribuintes poderão efetuar doações aos Fundos dos Direitos da Criança e do Adolescente nacional, distrital, estaduais ou municipais, devidamente comprovadas, sendo essas integralmente deduzidas do imposto de renda, obedecidos os seguintes limites: (Redação dada pela Lei nº 12.594, de 2012)

I – 1% (um por cento) do imposto sobre a renda devido apurado pelas pessoas jurídicas tributadas com base no lucro real; e (Redação dada pela Lei nº 12.594, de 2012)

II – 6% (seis por cento) do imposto sobre a renda apurado pelas pessoas físicas na Declaração de Ajuste Anual, observado o disposto no art. 22 da Lei nº 9.532, de 10 de dezembro de 1997. (Redação dada pela Lei nº 12.594, de 2012)

§ 1º. (Revogado pela Lei nº 9.532, de 1997)

§ 1º-A. Na definição das prioridades a serem atendidas com os recursos captados pelos fundos nacional, estaduais e municipais dos direitos da criança e do adolescente, serão consideradas as disposições do Plano Nacional de Promoção, Proteção e Defesa do Direito de Crianças e Adolescentes à Convivência Familiar e Comunitária e as do Plano Nacional pela Primeira Infância. (Redação dada pela Lei nº 13.257, de 2016)

§ 2º. Os conselhos nacional, estaduais e municipais dos direitos da criança e do adolescente fixarão critérios de utilização, por meio de planos de aplicação, das dotações subsidiadas e demais receitas, aplicando necessariamente percentual para incentivo ao acolhimento, sob a forma de guarda, de crianças e adolescentes e para programas de atenção integral à primeira infância em áreas de maior carência socioeconômica e em situações de calamidade. (Redação dada pela Lei nº 13.257, de 2016)

§ 3º. O Departamento da Receita Federal, do Ministério da Economia, Fazenda e Planejamento, regulamentará a comprovação das doações feitas aos fundos, nos termos deste artigo. (Incluído pela Lei nº 8.242, de 12.10.1991)

§ 4º. O Ministério Público determinará em cada comarca a forma de fiscalização da aplicação, pelo Fundo Municipal dos Direitos da Criança e do Adolescente, dos incentivos fiscais referidos neste artigo. (Incluído pela Lei nº 8.242, de 12.10.1991)

§ 5º. Observado o disposto no § 4º do art. 3º da Lei nº 9.249, de 26 de dezembro de 1995, a dedução de que trata o inciso I do *caput*: (Redação dada pela Lei nº 12.594, de 2012)

I – será considerada isoladamente, não se submetendo a limite em conjunto com outras deduções do imposto; e (Incluído pela Lei nº 12.594, de 2012)

II – não poderá ser computada como despesa operacional na apuração do lucro real. (Incluído pela Lei nº 12.594, de 2012)

ART. 260-A. A partir do exercício de 2010, ano-calendário de 2009, a pessoa física poderá optar pela doação de que trata o inciso II do *caput* do art. 260 diretamente em sua Declaração de Ajuste Anual. (Incluído pela Lei nº 12.594, de 2012)

§ 1º. A doação de que trata o *caput* poderá ser deduzida até os seguintes percentuais aplicados sobre o imposto apurado na declaração: (Incluído pela Lei nº 12.594, de 2012)

I – (VETADO); (Incluído pela Lei nº 12.594, de 2012)

II – (VETADO); (Incluído pela Lei nº 12.594, de 2012)

III – 3% (três por cento) a partir do exercício de 2012. (Incluído pela Lei nº 12.594, de 2012)

§ 2º. A dedução de que trata o *caput*: (Incluído pela Lei nº 12.594, de 2012)

I – está sujeita ao limite de 6% (seis por cento) do imposto sobre a renda apurado na declaração de que trata o inciso II do *caput* do art. 260; (Incluído pela Lei nº 12.594, de 2012)

II – não se aplica à pessoa física que: (Incluído pela Lei nº 12.594, de 2012)

a) utilizar o desconto simplificado; (Incluído pela Lei nº 12.594, de 2012)

b) apresentar declaração em formulário; ou (Incluído pela Lei nº 12.594, de 2012)

c) entregar a declaração fora do prazo; (Incluído pela Lei nº 12.594, de 2012)

III – só se aplica às doações em espécie; e (Incluído pela Lei nº 12.594, de 2012)

IV – não exclui ou reduz outros benefícios ou deduções em vigor. (Incluído pela Lei nº 12.594, de 2012)

§ 3º. O pagamento da doação deve ser efetuado até a data de vencimento da primeira quota ou quota única do imposto, observadas instruções específicas da Secretaria da Receita Federal do Brasil. (Incluído pela Lei nº 12.594, de 2012)

§ 4º. O não pagamento da doação no prazo estabelecido no § 3º implica a glosa definitiva desta parcela de dedução, ficando a pessoa física obrigada ao recolhimento da diferença de imposto devido apurado na Declaração de Ajuste Anual com os acréscimos legais previstos na legislação. (Incluído pela Lei nº 12.594, de 2012)

§ 5º. A pessoa física poderá deduzir do imposto apurado na Declaração de Ajuste Anual as doações feitas, no respectivo ano-calendário, aos fundos controlados pelos Conselhos dos Direitos da Criança e do Adolescente municipais, distrital, estaduais e nacional concomitantemente com a opção de que trata o *caput*, respeitado o limite previsto no inciso II do art. 260. (Incluído pela Lei nº 12.594, de 2012)

ART. 260-B. A doação de que trata o inciso I do art. 260 poderá ser deduzida: (Incluído pela Lei nº 12.594, de 2012)

ESTATUTOS

I - do imposto devido no trimestre, para as pessoas jurídicas que apuram o imposto trimestralmente; e (Incluído pela Lei nº 12.594, de 2012)

II - do imposto devido mensalmente e no ajuste anual, para as pessoas jurídicas que apuram o imposto anualmente. (Incluído pela Lei nº 12.594, de 2012)

Parágrafo único. A doação deverá ser efetuada dentro do período a que se refere a apuração do imposto. (Incluído pela Lei nº 12.594, de 2012)

ART. 260-C. As doações de que trata o art. 260 desta Lei podem ser efetuadas em espécie ou em bens. (Incluído pela Lei nº 12.594, de 2012)

Parágrafo único. As doações efetuadas em espécie devem ser depositadas em conta específica, em instituição financeira pública, vinculadas aos respectivos fundos de que trata o art. 260. (Incluído pela Lei nº 12.594, de 2012)

ART. 260-D. Os órgãos responsáveis pela administração das contas dos Fundos dos Direitos da Criança e do Adolescente nacional, estaduais, distrital e municipais devem emitir recibo em favor do doador, assinado por pessoa competente e pelo presidente do Conselho correspondente, especificando: (Incluído pela Lei nº 12.594, de 2012)

I - número de ordem; (Incluído pela Lei nº 12.594, de 2012)

II - nome, Cadastro Nacional da Pessoa Jurídica (CNPJ) e endereço do emitente; (Incluído pela Lei nº 12.594, de 2012)

III - nome, CNPJ ou Cadastro de Pessoas Físicas (CPF) do doador; (Incluído pela Lei nº 12.594, de 2012)

IV - data da doação e valor efetivamente recebido; e (Incluído pela Lei nº 12.594, de 2012)

V - ano-calendário a que se refere a doação. (Incluído pela Lei nº 12.594, de 2012)

§ 1º. O comprovante de que trata o *caput* deste artigo pode ser emitido anualmente, desde que discrimine os valores doados mês a mês. (Incluído pela Lei nº 12.594, de 2012)

§ 2º. No caso de doação em bens, o comprovante deve conter a identificação dos bens, mediante descrição em campo próprio ou em relação anexa ao comprovante, informando também se houve avaliação, o nome, CPF ou CNPJ e endereço dos avaliadores. (Incluído pela Lei nº 12.594, de 2012)

ART. 260-E. Na hipótese da doação em bens, o doador deverá: (Incluído pela Lei nº 12.594, de 2012)

I - comprovar a propriedade dos bens, mediante documentação hábil; (Incluído pela Lei nº 12.594, de 2012)

II - baixar os bens doados na declaração de bens e direitos, quando se tratar de pessoa física, e na escrituração, no caso de pessoa jurídica; e (Incluído pela Lei nº 12.594, de 2012)

III - considerar como valor dos bens doados: (Incluído pela Lei nº 12.594, de 2012)

a) para as pessoas físicas, o valor constante da última declaração do imposto de renda, desde que não exceda o valor de mercado; (Incluído pela Lei nº 12.594, de 2012)

b) para as pessoas jurídicas, o valor contábil dos bens. (Incluído pela Lei nº 12.594, de 2012)

Parágrafo único. O preço obtido em caso de leilão não será considerado na determinação do valor dos bens doados, exceto se o leilão for determinado por autoridade judiciária. (Incluído pela Lei nº 12.594, de 2012)

ART. 260-F. Os documentos a que se referem os arts. 260-D e 260-E devem ser mantidos pelo contribuinte por um prazo de 5 (cinco) anos para fins de comprovação da dedução perante a Receita Federal do Brasil. (Incluído pela Lei nº 12.594, de 2012)

ART. 260-G. Os órgãos responsáveis pela administração das contas dos Fundos dos Direitos da Criança e do Adolescente nacional, estaduais, distrital e municipais devem: (Incluído pela Lei nº 12.594, de 2012)

I - manter conta bancária específica destinada exclusivamente a gerir os recursos do Fundo; (Incluído pela Lei nº 12.594, de 2012)

II - manter controle das doações recebidas; e (Incluído pela Lei nº 12.594, de 2012)

III - informar anualmente à Secretaria da Receita Federal do Brasil as doações recebidas mês a mês, identificando os seguintes dados por doador: (Incluído pela Lei nº 12.594, de 2012)

a) nome, CNPJ ou CPF; (Incluído pela Lei nº 12.594, de 2012)

b) valor doado, especificando se a doação foi em espécie ou em bens. (Incluído pela Lei nº 12.594, de 2012)

ART. 260-H. Em caso de descumprimento das obrigações previstas no art. 260-G, a Secretaria da Receita Federal do Brasil dará conhecimento do fato ao Ministério Público. (Incluído pela Lei nº 12.594, de 2012)

ART. 260-I. Os Conselhos dos Direitos da Criança e do Adolescente nacional, estaduais, distrital e municipais divulgarão amplamente à comunidade: (Incluído pela Lei nº 12.594, de 2012)

I - o calendário de suas reuniões; (Incluído pela Lei nº 12.594, de 2012)

II - as ações prioritárias para aplicação das políticas de atendimento à criança e ao adolescente; (Incluído pela Lei nº 12.594, de 2012)

III - os requisitos para a apresentação de projetos a serem beneficiados com recursos dos Fundos dos Direitos da Criança e do Adolescente nacional, estaduais, distrital ou municipais; (Incluído pela Lei nº 12.594, de 2012)

IV - a relação dos projetos aprovados em cada ano-calendário e o valor dos recursos previstos para implementação das ações, por projeto; (Incluído pela Lei nº 12.594, de 2012)

V - o total dos recursos recebidos e a respectiva destinação, por projeto atendido, inclusive com cadastramento na base de dados do Sistema de Informações sobre a Infância e a Adolescência; e (Incluído pela Lei nº 12.594, de 2012)

VI - a avaliação dos resultados dos projetos beneficiados com recursos dos Fundos dos Direitos da Criança e do Adolescente nacional, estaduais, distrital e municipais. (Incluído pela Lei nº 12.594, de 2012)

ART. 260-J. O Ministério Público determinará, em cada Comarca, a forma de fiscalização da aplicação dos incentivos fiscais referidos no art. 260 desta Lei. (Incluído pela Lei nº 12.594, de 2012)

Parágrafo único. O descumprimento do disposto nos arts. 260-G e 260-I sujeitará os infratores a responder por ação judicial proposta pelo Ministério Público, que poderá atuar de ofício, a requerimento ou representação de qualquer cidadão. (Incluído pela Lei nº 12.594, de 2012)

ART. 260-K. A Secretaria de Direitos Humanos da Presidência da República (SDH/PR) encaminhará à Secretaria da Receita Federal do Brasil, até 31 de outubro de cada ano, arquivo eletrônico contendo a relação atualizada dos Fundos dos Direitos da Criança e do Adolescente nacional, distrital, estaduais e municipais, com a indicação dos respectivos números de inscrição no CNPJ e das contas bancárias específicas mantidas em instituições financeiras públicas, destinadas exclusivamente a gerir os recursos dos Fundos. (Incluído pela Lei nº 12.594, de 2012)

ART. 260-L. A Secretaria da Receita Federal do Brasil expedirá as instruções necessárias à aplicação do disposto nos arts. 260 a 260-K. (Incluído pela Lei nº 12.594, de 2012)

ART. 261. A falta dos conselhos municipais dos direitos da criança e do adolescente, os registros, inscrições e alterações a que se referem os arts. 90, parágrafo único, e 91 desta Lei serão efetuados perante a autoridade judiciária da comarca a que pertencer a entidade.

Parágrafo único. A União fica autorizada a repassar aos estados e municípios, e os estados aos municípios, os recursos referentes aos programas e atividades previstos nesta Lei, tão logo estejam criados os conselhos dos direitos da criança e do adolescente nos seus respectivos níveis.

ART. 262. Enquanto não instalados os Conselhos Tutelares, as atribuições a eles conferidas serão exercidas pela autoridade judiciária.

ART. 263. O Decreto-Lei nº 2.848, de 7 de dezembro de 1940 (Código Penal), passa a vigorar com as seguintes alterações:

▸ *Alterações já incorporadas no texto da referida lei.*

ART. 264. O art. 102 da Lei nº 6.015, de 31 de dezembro de 1973, fica acrescido do seguinte item:

▸ *Alterações já incorporadas no texto da referida lei.*

ART. 265. A Imprensa Nacional e demais gráficas da União, da administração direta ou indireta, inclusive fundações instituídas e mantidas pelo poder público federal promoverão edição popular do texto integral deste Estatuto, que será posto à disposição das escolas e das entidades de atendimento e de defesa dos direitos da criança e do adolescente.

ART. 265-A. O poder público fará periodicamente ampla divulgação dos direitos da criança e do adolescente nos meios de comunicação social. (Redação dada pela Lei nº 13.257, de 2016)

Parágrafo único. A divulgação a que se refere o caput será veiculada em linguagem clara, compreensível e adequada a crianças e adolescentes, especialmente às crianças com idade inferior a 6 (seis) anos. (Incluído dada pela Lei nº 13.257, de 2016)

ART. 266. Esta Lei entra em vigor noventa dias após sua publicação.

Parágrafo único. Durante o período de vacância deverão ser promovidas atividades e campanhas de divulgação e esclarecimentos acerca do disposto nesta Lei.

ART. 267. Revogam-se as Leis nº 4.513, de 1964, e 6.697, de 10 de outubro de 1979 (Código de Menores), e as demais disposições em contrário.

Brasília, 13 de julho de 1990; 169º da Independência e 102º da República.

FERNANDO COLLOR

ESTATUTO DA ADVOCACIA

LEI Nº 8.906, DE 4 DE JULHO DE 1994

Dispõe sobre o Estatuto da Advocacia e a Ordem dos Advogados do Brasil (OAB).

O PRESIDENTE DA REPÚBLICA, faço saber que o Congresso Nacional decreta e eu sanciono a seguinte lei:

TÍTULO I. DA ADVOCACIA

CAPÍTULO I. DA ATIVIDADE DE ADVOCACIA

ART. 1º. São atividades privativas de advocacia:

▸ *CF: art. 133.*

▸ *Lei nº 8.906, de 04-07-1994, art. 4º, Estatuto da Advocacia e Ordem dos Advogados do Brasil (OAB).*

I – a postulação a ~~qualquer~~ órgão do Poder Judiciário e aos juizados especiais;

II – as atividades de consultoria, assessoria e direção jurídicas.

§ 1º. Não se inclui na atividade privativa de advocacia a impetração de habeas corpus em qualquer instância ou tribunal.

▸ *CF: art. 5º, LXXVII.*

▸ *CPP: art. 654.*

§ 2º. Os atos e contratos constitutivos de pessoas jurídicas, sob pena de nulidade, só podem ser admitidos a registro, nos órgãos competentes, quando visados por advogados.

§ 3º. É vedada a divulgação de advocacia em conjunto com outra atividade.

▸ *Lei nº 8.906, de 04-07-1994, art. 16, caput e § 2º, Estatuto da Advocacia e Ordem dos Advogados do Brasil (OAB).*

ART. 2º. O advogado é indispensável à administração da justiça.

▸ *CF: art. 133.*

▸ *Lei nº 9.099, de 26-09-1995, arts. 9º e 72, Juizados Especiais Cíveis e Criminais.*

§ 1º. No seu ministério privado, o advogado presta serviço público e exerce função social.

▸ *Lei Complementar nº 80, de 12-01-1994: art. 4º, § 6º, Organiza a Defensoria Pública da União, do Distrito Federal e dos Territórios.*

§ 2º. No processo judicial, o advogado contribui, na postulação de decisão favorável ao seu constituinte, ao convencimento do julgador, e seus atos constituem múnus público.

§ 3º. No exercício da profissão, o advogado é inviolável por seus atos e manifestações, nos limites desta lei.

▸ *Lei nº 8.906, de 04-07-1994, art. 7º, II, IV e XIX e §§ 2º e 3º, Estatuto da Advocacia e Ordem dos Advogados do Brasil (OAB).*

ART. 3º. O exercício da atividade de advocacia no território brasileiro e a denominação de advogado são privativos dos inscritos na Ordem dos Advogados do Brasil (OAB),

▸ *Lei nº 8.906, de 04-07-1994, arts. 8º e 14, Estatuto da Advocacia e Ordem dos Advogados do Brasil (OAB).*

§ 1º. Exercem atividade de advocacia, sujeitando-se ao regime desta lei, além do regime próprio a que se subordinem, os integrantes da Advocacia-Geral da União, da Procuradoria da Fazenda Nacional, da Defensoria Pública e das Procuradorias e Consultorias Jurídicas dos Estados, do Distrito Federal, dos Municípios e das respectivas entidades de administração indireta e fundacional.

§ 2º. O estagiário de advocacia, regularmente inscrito, pode praticar os atos previstos no Art. 1º, na forma do regimento geral, em conjunto com advogado e sob responsabilidade deste.

▸ *Lei nº 8.906, de 04-07-1994, arts. 9º e 34, XXIX, Estatuto da Advocacia e Ordem dos Advogados do Brasil (OAB).*

ART. 3º-A. Os serviços profissionais de advogado são, por sua natureza, técnicos e singulares, quando comprovada sua notória especialização, nos termos da lei. (Incluído pela Lei nº 14.039, de 2020)

Parágrafo único. Considera-se notória especialização o profissional ou a sociedade de advogados cujo conceito no campo de sua especialidade, decorrente de desempenho anterior, estudos, experiências, publicações, organização, aparelhamento, equipe técnica ou de outros requisitos relacionados com suas atividades, permita inferir que o seu trabalho é essencial e indiscutivelmente o mais adequado à plena satisfação do objeto do contrato.

ART. 4º. São nulos os atos privativos de advogado praticados por pessoa não inscrita na OAB, sem prejuízo das sanções civis, penais e administrativas.

Parágrafo único. São também nulos os atos praticados por advogado impedido – no âmbito do impedimento – suspenso, licenciado ou que passar a exercer atividade incompatível com a advocacia.

▸ *Lei nº 8.906, de 04-07-1994, art. 2º, Estatuto da Advocacia e Ordem dos Advogados do Brasil (OAB).*

▸ *Lei nº 9.099, de 26-09-1995, arts. 9º e 72, Juizados Especiais Cíveis e Criminais.*

ART. 5º. O advogado postula, em juízo ou fora dele, fazendo prova do mandato.

▸ *CPP: art. 266.*

▸ *Lei nº 8.906, de 04-07-1994, art. 15, § 3º, Estatuto da Advocacia e Ordem dos Advogados do Brasil (OAB).*

§ 1º. O advogado, afirmando urgência, pode atuar sem procuração, obrigando-se a apresentá-la no prazo de quinze dias, prorrogável por igual período.

§ 2º. A procuração para o foro em geral habilita o advogado a praticar todos os atos judiciais, em qualquer juízo ou instância, salvo os que exijam poderes especiais.

▸ *CPP: arts. 44, 50, 98 e 146.*

▸ *Lei nº 8.906, de 04-07-1994, art. 7º, VI, d, Estatuto da Advocacia e Ordem dos Advogados do Brasil (OAB).*

§ 3º. O advogado que renunciar ao mandato continuará, durante os dez dias seguintes à notificação da renúncia, a representar o mandante, salvo se for substituído antes do término desse prazo.

▸ *Lei nº 8.906, de 04-07-1994, art. 34, XI, Estatuto da Advocacia e Ordem dos Advogados do Brasil (OAB).*

CAPÍTULO II. DOS DIREITOS DO ADVOGADO

ART. 6º. Não há hierarquia nem subordinação entre advogados, magistrados e membros do Ministério Público, devendo todos tratar-se com consideração e respeito recíprocos.

Parágrafo único. As autoridades, os servidores públicos e os serventuários da justiça devem dispensar ao advogado, no exercício da profissão, tratamento compatível com a dignidade da advocacia e condições adequadas a seu desempenho.

▸ *Súmula Vinculante nº 14.*

ART. 7º. São direitos do advogado:

▸ *Lei nº 13.869, de 5-9-2019, Lei de Abuso de Autoridade.*

I – exercer, com liberdade, a profissão em todo o território nacional;

II – a inviolabilidade de seu escritório ou local de trabalho, bem como de seus instrumentos de trabalho, de sua correspondência escrita, eletrônica, telefônica e telemática, desde que relativas ao exercício da advocacia; (Redação dada pela Lei nº 11.767, de 2008)

▸ *CF: art. 5o., XI e LVI.*

▸ *CPP: art. 157.*

▸ *CP: art. 150, § 4º, III.*

▸ *Esta Lei: art. 7-B.*

▸ *Lei 9.296, de 1996, art. 2, I, Interceptação telefônica.*

III – comunicar-se com seus clientes, pessoal e reservadamente, mesmo sem procuração, quando estes se acharem presos, detidos ou recolhidos em estabelecimentos civis ou militares, ainda que considerados incomunicáveis;

▸ *CPP: art. 21, par. ún.*

▸ *Esta Lei: art. 7-B.*

▸ *Lei nº 13.869, de 5-9-2019, arts. 15, parágrafo único, II, e 20, Lei de Abuso de Autoridade.*

IV – ter a presença de representante da OAB, quando preso em flagrante, por motivo ligado ao exercício da advocacia, para lavratura do auto respectivo, sob pena de nulidade e, nos demais casos, a comunicação expressa à seccional da OAB;

▸ *CF: art. 5º, LXV e LXVIII.*

▸ *CPP: art. 310, I, 647 e 648, VI.*

V – não ser recolhido preso, antes de sentença transitada em julgado, senão em sala de Estado Maior, com instalações e comodidades condignas, ~~assim reconhecidas pela OAB~~, e, na sua falta, em prisão domiciliar;

▸ *Esta Lei: art. 7-B.*

VI – ingressar livremente:

▸ *Esta Lei: art. 7-B.*

a) nas salas de sessões dos tribunais, mesmo além dos cancelos que separam a parte reservada aos magistrados;

b) nas salas e dependências de audiências, secretarias, cartórios, ofícios de justiça, serviços notariais e de registro, e, no caso de delegacias e prisões, mesmo fora da hora de expediente e independentemente da presença de seus titulares;

c) em qualquer edifício ou recinto em que funcione repartição judicial ou outro serviço público onde o advogado deva praticar ato ou colher prova ou informação útil ao exercício da atividade profissional, dentro do expediente ou fora dele, e ser atendido, desde que se ache presente qualquer servidor ou empregado;

d) em qualquer assembleia ou reunião de que participe ou possa participar o seu cliente, ou perante a qual este deva comparecer, desde que munido de poderes especiais;

VII – permanecer sentado ou em pé e retirar-se de quaisquer locais indicados no inciso anterior, independentemente de licença;

VIII – dirigir-se diretamente aos magistrados nas salas e gabinetes de trabalho, independentemente de horário previamente marcado ou outra condição, observando-se a ordem de chegada;

IX – ~~sustentar oralmente as razões de qualquer recurso ou processo, nas sessões de julgamento, após o voto do relator, em instância judicial ou administrativa, pelo prazo de quinze minutos, salvo se prazo maior for concedido~~;

X – usar da palavra, pela ordem, em qualquer juízo ou tribunal, mediante intervenção sumária, para esclarecer equívoco ou dúvida surgida em relação a fatos, documentos ou afirmações que influam no julgamento, bem como para replicar acusação ou censura que lhe forem feitas;

XI – reclamar, verbalmente ou por escrito, perante qualquer juízo, tribunal ou autoridade, contra a inobservância de preceito de lei, regulamento ou regimento;

XII – falar, sentado ou em pé, em juízo, tribunal ou órgão de deliberação coletiva da Administração Pública ou do Poder Legislativo;

▸ *CPP: art. 793.*

XIII – examinar, em qualquer órgão dos Poderes Judiciário e Legislativo, ou da Administração Pública em geral, autos de processos findos ou em andamento, mesmo sem procuração, quando não estiverem sujeitos a sigilo ou segredo de justiça, assegurada a obtenção de cópias, com possibilidade de tomar apontamentos; (Redação dada pela Lei nº 13.793, de 2019);

▸ *Súmula Vinculante nº 14.*

XIV – examinar, em qualquer instituição responsável por conduzir investigação, mesmo sem procuração, autos de flagrante e de investigações de qualquer natureza, findos ou em andamento, ainda que conclusos à autoridade, podendo copiar peças e tomar apontamentos, em meio físico ou digital; (Redação dada pela Lei nº 13.245, de 2016)

▸ *Súmula Vinculante nº 14.*

▸ *Esta Lei: art. 7-B.*

▸ *Lei nº 13.869, de 5-9-2019, art. 32, Lei de Abuso de Autoridade.*

XV – ter vista dos processos judiciais ou administrativos de qualquer natureza, em cartório ou na repartição competente, ou retirá-los pelos prazos legais;

▸ *CPP: art. 803.*

XVI – retirar autos de processos findos, mesmo sem procuração, pelo prazo de dez dias;

▸ *CPP: art. 803.*

XVII – ser publicamente desagravado, quando ofendido no exercício da profissão ou em razão dela;

XVIII – usar os símbolos privativos da profissão de advogado;

XIX – recusar-se a depor como testemunha em processo no qual funcionou ou deva funcionar, ou sobre fato relacionado com pessoa de quem seja ou foi advogado, mesmo quando autorizado ou solicitado pelo constituinte, bem como sobre fato que constitua sigilo profissional;

XX – retirar-se do recinto onde se encontre aguardando pregão para ato judicial, após trinta minutos do horário designado e ao qual ainda não tenha comparecido a autoridade que deva presidir a ele, mediante comunicação protocolizada em juízo.

XXI – assistir a seus clientes investigados durante a apuração de infrações, sob pena de nulidade absoluta do respectivo interrogatório ou depoimento e, subsequentemente, de todos os elementos investigatórios e probatórios dele decorrentes ou derivados, direta ou indiretamente, podendo, inclusive, no curso da respectiva apuração: (Incluído pela Lei nº 13.245, de 2016)

▸ *CF: art. 5º, LXIII.*

▸ *Esta Lei: art. 7-B.*

▸ *Lei nº 13.869, de 5-9-2019, arts. 15, parágrafo único, II, e 20, Lei de Abuso de Autoridade.*

a) apresentar razões e quesitos; (Incluído pela Lei nº 13.245, de 2016)

b) (VETADO). (Incluído pela Lei nº 13.245, de 2016)

§ 1º. Não se aplica o disposto nos incisos XV e XVI:

1) aos processos sob regime de segredo de justiça;

2) quando existirem nos autos documentos originais de difícil restauração ou ocorrer circunstância relevante que justifique a permanência dos autos no cartório, secretaria ou repartição, reconhecida pela autoridade em despacho motivado, proferido de ofício, mediante representação ou a requerimento da parte interessada;

3) até o encerramento do processo, ao advogado que houver deixado de devolver os respectivos autos no prazo legal, e só o fizer depois de intimado.

▸ *Lei nº 8.906, de 04-07-1994, art. 58, VI, Estatuto da Advocacia e Ordem dos Advogados do Brasil (OAB).*

§ 2º. O advogado tem imunidade profissional, não constituindo injúria, difamação ~~ou desacato~~ puníveis qualquer manifestação de sua parte, no exercício de sua atividade, em juízo ou fora dele, sem prejuízo das sanções disciplinares perante a OAB, pelos excessos que cometer.

§ 3º. O advogado somente poderá ser preso em flagrante, por motivo de exercício da profissão, em caso de crime inafiançável, observado o disposto no inciso IV deste artigo.

§ 4º. O Poder Judiciário e o Poder Executivo devem instalar, em todos os juizados, fóruns, tribunais, delegacias de polícia e presídios, salas especiais permanentes para os advogados, com uso ~~e controle~~ assegurados à OAB.

§ 5º. No caso de ofensa a inscrito na OAB, no exercício da profissão ou de cargo ou função de órgão da OAB, o conselho competente deve promover o desagravo público do ofendido, sem prejuízo da responsabilidade criminal em que incorrer o infrator.

§ 6º. Presentes indícios de autoria e materialidade da prática de crime por parte de advogado, a autoridade judiciária competente poderá decretar a quebra da inviolabilidade de que trata o inciso II do *caput* deste artigo, em decisão motivada, expedindo mandado de busca e apreensão, específico e pormenorizado, a ser cumprido na presença de representante da OAB, sendo, em qualquer hipótese, vedada a utilização dos documentos, das mídias e dos objetos pertencentes a clientes do advogado averiguado, bem como dos demais instrumentos de trabalho que contenham informações sobre clientes. (Incluído pela Lei nº 11.767, de 2008)

§ 7º. A ressalva constante do § 6º deste artigo não se estende a clientes do advogado averiguado que estejam sendo formalmente investigados como seus partícipes ou coautores pela prática do mesmo crime que deu causa à quebra da inviolabilidade. (Incluído pela Lei nº 11.767, de 2008)

§§ 8º e 9º. (VETADOS) (Incluído pela Lei nº 11.767, de 2008)

§ 10. Nos autos sujeitos a sigilo, deve o advogado apresentar procuração para o exercício dos direitos de que trata o inciso XIV. (Incluído pela Lei nº 13.245, de 2016)

§ 11. No caso previsto no inciso XIV, a autoridade competente poderá delimitar o acesso do advogado aos elementos de prova relacionados a diligências em andamento e ainda não documentados nos autos, quando houver risco de comprometimento da eficiência, da eficácia ou da finalidade das diligências. (Incluído pela Lei nº 13.245, de 2016)

§ 12. A inobservância aos direitos estabelecidos no inciso XIV, o fornecimento incompleto de autos ou o fornecimento de autos em que houve a retirada de peças já incluídas no caderno investigativo implicará responsabilização criminal e funcional por abuso de autoridade do responsável que impedir o acesso do advogado com o intuito de prejudicar o exercício da defesa, sem prejuízo do direito subjetivo do advogado de requerer acesso aos autos ao juiz competente. (Incluído pela Lei nº 13.245, de 2016)

▸ *Lei nº 13.869, de 5-9-2019, arts. 15, parágrafo único, II, 20 e 32, Lei de Abuso de Autoridade.*

§ 13. O disposto nos incisos XIII e XIV do caput deste artigo aplica-se integralmente a processos e a procedimentos eletrônicos, ressalvado o disposto nos §§ 10 e 11 deste artigo. (Incluído pela Lei nº 13.793, de 2019)

ART. 7º-A. São direitos da advogada: Incluído pela Lei nº 13.363, de 2016)

I – gestante: (Incluído pela Lei nº 13.363, de 2016)

a) entrada em tribunais sem ser submetida a detectores de metais e aparelhos de raios X; (Incluído pela Lei nº 13.363, de 2016)

b) reserva de vaga em garagens dos fóruns dos tribunais; (Incluído pela Lei nº 13.363, de 2016)

II – lactante, adotante ou que der à luz, acesso a creche, onde houver, ou a local adequado ao atendimento das necessidades do bebê; (Incluído pela Lei nº 13.363, de 2016)

III – gestante, lactante, adotante ou que der à luz, preferência na ordem das sustentações orais e das audiências a serem realizadas a cada dia, mediante comprovação de sua condição; (Incluído pela Lei nº 13.363, de 2016)

IV – adotante ou que der à luz, suspensão de prazos processuais quando for a única patrona da causa, desde que haja notificação por escrito ao cliente. (Incluído pela Lei nº 13.363, de 2016)

§ 1º. Os direitos previstos à advogada gestante ou lactante aplicam-se enquanto perdurar, respectivamente, o estado gravídico ou o período de amamentação. (Incluído pela Lei nº 13.363, de 2016)

§ 2º. Os direitos assegurados nos incisos II e III deste artigo à advogada adotante ou que der à luz serão concedidos pelo prazo previsto no art. 392 do Decreto-Lei nº 5.452, de 1º de maio de 1943 (Consolidação das Leis do Trabalho). (Incluído pela Lei nº 13.363, de 2016)

§ 3º. O direito assegurado no inciso IV deste artigo à advogada adotante ou que der à luz será concedido pelo prazo previsto no § 6º do art. 313 da Lei nº 13.105, de 16 de março de 2015 (Código de Processo Civil). (Incluído pela Lei nº 13.363, de 2016)

ART. 7º-B Constitui crime violar direito ou prerrogativa de advogado previstos nos incisos II, III, IV e V do caput do art. 7º desta Lei: (Parágrafo vetado pelo Presidente da República na Lei 13.869/2019, mantido pelo Congresso Nacional e publicado em 30.09.2019)

Pena - detenção, de 3 (três) meses a 1 (um) ano, e multa.

CAPÍTULO III. DA INSCRIÇÃO

ART. 8º. Para inscrição como advogado é necessário:

I – capacidade civil;

▸ *Lei nº 8.906, de 04-07-1994, arts. 34, XXVI e 61, par. ún., Estatuto da Advocacia e Ordem dos Advogados do Brasil (OAB).*

II – diploma ou certidão de graduação em direito, obtido em instituição de ensino oficialmente autorizada e credenciada;

III – título de eleitor e quitação do serviço militar, se brasileiro;

IV – aprovação em Exame de Ordem;

▸ *Lei nº 8.906, de 04-07-1994, art. 84, Estatuto da Advocacia e Ordem dos Advogados do Brasil (OAB).*

V – não exercer atividade incompatível com a advocacia;

▸ *Lei nº 8.906, de 04-07-1994, arts. 27 e 28, Estatuto da Advocacia e Ordem dos Advogados do Brasil (OAB).*

VI – idoneidade moral;

▸ *Lei nº 8.906, de 04-07-1994, art. 34, Estatuto da Advocacia e Ordem dos Advogados do Brasil (OAB).*

VII – prestar compromisso perante o conselho.

§ 1º. O Exame da Ordem é regulamentado em provimento do Conselho Federal da OAB.

▸ *Lei nº 8.906, de 04-07-1994, art. 58, VI, Estatuto da Advocacia e Ordem dos Advogados do Brasil (OAB).*

§ 2º. O estrangeiro ou brasileiro, quando não graduado em direito no Brasil, deve fazer prova do título de graduação, obtido em instituição estrangeira, devidamente revalidado, além de atender aos demais requisitos previstos neste artigo.

§ 3º. A inidoneidade moral, suscitada por qualquer pessoa, deve ser declarada mediante decisão que obtenha no mínimo dois terços dos votos de todos os membros do conselho competente, em procedimento que observe os termos do processo disciplinar.

§ 4º. Não atende ao requisito de idoneidade moral aquele que tiver sido condenado por crime infamante, salvo reabilitação judicial.

ART. 9º. Para inscrição como estagiário é necessário:

▸ *Lei nº 8.906, de 04-07-1994, art. 61, par. ún., d, Estatuto da Advocacia e Ordem dos Advogados do Brasil (OAB).*

I – preencher os requisitos mencionados nos incisos I, III, V, VI e VII do Art. 8º;

II – ter sido admitido em estágio profissional de advocacia.

§ 1º. O estágio profissional de advocacia, com duração de dois anos, realizado nos últimos anos do curso jurídico, pode ser mantido pelas respectivas instituições de ensino superior pelos Conselhos da OAB, ou por setores, órgãos jurídicos e escritórios de advocacia credenciados pela OAB, sendo obrigatório o estudo deste Estatuto e do Código de Ética e Disciplina.

§ 2º. A inscrição do estagiário é feita no Conselho Seccional em cujo território se localize seu curso jurídico.

§ 3º. O aluno de curso jurídico que exerça atividade incompatível com a advocacia pode frequentar o estágio ministrado pela respectiva instituição de ensino superior, para fins de aprendizagem, vedada a inscrição na OAB.

▸ *Lei nº 8.906, de 04-07-1994, arts. 27 e 28, Estatuto da Advocacia e Ordem dos Advogados do Brasil (OAB).*

§ 4º. O estágio profissional poderá ser cumprido por bacharel em Direito que queira se inscrever na Ordem.

ART. 10. A inscrição principal do advogado deve ser feita no Conselho Seccional em cujo território pretende estabelecer o seu domicílio profissional, na forma do regulamento geral.

§ 1º. Considera-se domicílio profissional a sede principal da atividade de advocacia, prevalecendo, na dúvida, o domicílio da pessoa física do advogado.

§ 2º. Além da principal, o advogado deve promover a inscrição suplementar nos Conselhos Seccionais em cujos territórios passar a exercer habitualmente a profissão considerando-se habitualidade a intervenção judicial que exceder de cinco causas por ano.

§ 3º. No caso de mudança efetiva de domicílio profissional para outra unidade federativa, deve o advogado requerer a transferência de sua inscrição para o Conselho Seccional correspondente.

§ 4º. O Conselho Seccional deve suspender o pedido de transferência ou de inscrição suplementar, ao verificar a existência de vício ou ilegalidade na inscrição principal, contra ela representando ao Conselho Federal.

ART. 11. Cancela-se a inscrição do profissional que:

I – assim o requerer;

II – sofrer penalidade de exclusão;

▸ *Lei nº 8.906, de 04-07-1994, art. 38, Estatuto da Advocacia e Ordem dos Advogados do Brasil (OAB).*

III – falecer;

IV – passar a exercer, em caráter definitivo, atividade incompatível com a advocacia;

▸ *Lei nº 8.906, de 04-07-1994, arts. 27 e 28, Estatuto da Advocacia e Ordem dos Advogados do Brasil (OAB).*

V – perder qualquer um dos requisitos necessários para inscrição.

▸ *Lei nº 8.906, de 04-07-1994, art. 8º, Estatuto da Advocacia e Ordem dos Advogados do Brasil (OAB).*

§ 1º. Ocorrendo uma das hipóteses dos incisos II, III e IV, o cancelamento deve ser promovido, de ofício, pelo conselho competente ou em virtude de comunicação por qualquer pessoa.

§ 2º. Na hipótese de novo pedido de inscrição – que não restaura o número de inscrição anterior – deve o interessado fazer prova dos requisitos dos incisos I, V, VI e VII do Art. 8º.

§ 3º. Na hipótese do inciso II deste artigo, o novo pedido de inscrição também deve ser acompanhado de provas de reabilitação.

ART. 12. Licencia-se o profissional que:

I – assim o requerer, por motivo justificado;

II – passar a exercer, em caráter temporário, atividade incompatível com o exercício da advocacia;

▸ *Lei nº 8.906, de 04-07-1994, arts. 27 e 28, Estatuto da Advocacia e Ordem dos Advogados do Brasil (OAB).*

III – sofrer doença mental considerada curável.

ART. 13. O documento de identidade profissional, na forma prevista no regulamento geral, é de uso obrigatório no exercício da atividade de advogado ou de estagiário e constitui prova de identidade civil para todos os fins legais.

ART. 14. É obrigatória a indicação do nome e do número de inscrição em todos os documentos assinados pelo advogado, no exercício de sua atividade.

Parágrafo único. É vedado anunciar ou divulgar qualquer atividade relacionada com o exercício da advocacia ou o uso da expressão escritório de advocacia, sem indicação expressa do nome e do número de inscrição dos advogados que o integrem ou o número de registro da sociedade de advogados na OAB.

▸ *Lei nº 8.906, de 04-07-1994, arts. 15 e 17, Estatuto da Advocacia e Ordem dos Advogados do Brasil (OAB).*

ESTATUTOS

CAPÍTULO IV. DA SOCIEDADE DE ADVOGADOS

ART. 15. Os advogados podem reunir-se em sociedade simples de prestação de serviços de advocacia ou constituir sociedade unipessoal de advocacia, na forma disciplinada nesta Lei e no regulamento geral. (Redação dada pela Lei nº 13.247, de 2016)

▸ *Lei nº 8.906, de 04-07-1994, arts. 5º e 34, II, Estatuto da Advocacia e Ordem dos Advogados do Brasil (OAB).*

§ 1º. A sociedade de advogados e a sociedade unipessoal de advocacia adquirem personalidade jurídica com o registro aprovado dos seus atos constitutivos no Conselho Seccional da OAB em cuja base territorial tiver sede. (Redação dada pela Lei nº 13.247, de 2016)

§ 2º. Aplica-se à sociedade de advogados e à sociedade unipessoal de advocacia o Código de Ética e Disciplina, no que couber. (Redação dada pela Lei nº 13.247, de 2016)

§ 3º. As procurações devem ser outorgadas individualmente aos advogados e indicar a sociedade de que façam parte.

§ 4º. Nenhum advogado pode integrar mais de uma sociedade de advogados, constituir mais de uma sociedade unipessoal de advocacia, ou integrar, simultaneamente, uma sociedade de advogados e uma sociedade unipessoal de advocacia, com sede ou filial na mesma área territorial do respectivo Conselho Seccional. (Redação dada pela Lei nº 13.247, de 2016)

§ 5º. O ato de constituição de filial deve ser averbado no registro da sociedade e arquivado no Conselho Seccional onde se instalar, ficando os sócios, inclusive o titular da sociedade unipessoal de advocacia, obrigados à inscrição suplementar. (Redação dada pela Lei nº 13.247, de 2016)

§ 6º. Os advogados sócios de uma mesma sociedade profissional não podem representar em juízo clientes de interesses opostos.

▸ *CP: art. 355, par. ún.*

§ 7º. A sociedade unipessoal de advocacia pode resultar da concentração por um advogado das quotas de uma sociedade de advogados, independentemente das razões que motivaram tal concentração. (Incluído pela Lei nº 13.247, de 2016)

ART. 16. Não são admitidas a registro nem podem funcionar todas as espécies de sociedades de advogados que apresentem forma ou características de sociedade empresária, que adotem denominação de fantasia, que realizem atividades estranhas à advocacia, que incluam como sócio ou titular de sociedade unipessoal de advocacia pessoa não inscrita como advogado ou totalmente proibida de advogar. (Redação dada pela Lei nº 13.247, de 2016)

§ 1º. A razão social deve ter, obrigatoriamente, o nome de, pelo menos, um advogado responsável pela sociedade, podendo permanecer o de sócio falecido, desde que prevista tal possibilidade no ato constitutivo.

§ 2º. O licenciamento do sócio para exercer atividade incompatível com a advocacia em caráter temporário deve ser averbado no registro da sociedade, não alterando sua constituição.

▸ *Lei nº 8.906, de 04-07-1994, arts. 27 e 28, Estatuto da Advocacia e Ordem dos Advogados do Brasil (OAB).*

§ 3º. É proibido o registro, nos cartórios de registro civil de pessoas jurídicas e nas juntas comerciais, de sociedade que inclua, entre outras finalidades, a atividade de advocacia.

§ 4º. A denominação da sociedade unipessoal de advocacia deve ser obrigatoriamente formada pelo nome do seu titular, completo ou parcial, com a expressão 'Sociedade Individual de Advocacia'. (Incluído pela Lei nº 13.247, de 2016)

ART. 17. Além da sociedade, o sócio e o titular da sociedade individual de advocacia respondem subsidiária e ilimitadamente pelos danos causados aos clientes por ação ou omissão no exercício da advocacia, sem prejuízo da responsabilidade disciplinar em que possam incorrer. (Redação dada pela Lei nº 13.247, de 2016)

CAPÍTULO V. DO ADVOGADO EMPREGADO

ART. 18. A relação de emprego, na qualidade de advogado, não retira a isenção técnica nem reduz a independência profissional inerentes à advocacia.

Parágrafo único. O advogado empregado não está obrigado à prestação de serviços profissionais de interesse pessoal dos empregadores, fora da relação de emprego.

ART. 19. O salário mínimo profissional do advogado será fixado em sentença normativa, salvo se ajustado em acordo ou convenção coletiva de trabalho.

ART. 20. A jornada de trabalho do advogado empregado, no exercício da profissão, não poderá exceder a duração diária de quatro horas contínuas e a de vinte horas semanais, salvo acordo ou convenção coletiva ou em caso de dedicação exclusiva.

1º Para efeitos deste artigo, considera-se como período de trabalho o tempo em que o advogado estiver à disposição do empregador, aguardando ou executando ordens, no seu escritório ou em atividades externas, sendo-lhe reembolsadas as despesas feitas com transporte, hospedagem e alimentação.

§ 2º. As horas trabalhadas que excederem a jornada normal são remuneradas por um adicional não inferior a cem por cento sobre o valor da hora normal, mesmo havendo contrato escrito.

§ 3º. As horas trabalhadas no período das vinte horas de um dia até as cinco horas do dia seguinte são remuneradas como noturnas, acrescidas do adicional de vinte e cinco por cento.

ART. 21. Nas causas em que for parte o empregador, ou pessoa por este representada, os honorários de sucumbência são devidos aos advogados empregados.

Parágrafo único. Os honorários de sucumbência, percebidos por advogado empregado de sociedade de advogados são partilhados entre ele e a empregadora, na forma estabelecida em acordo.

CAPÍTULO VI. DOS HONORÁRIOS ADVOCATÍCIOS

ART. 22. A prestação de serviço profissional assegura aos inscritos na OAB o direito aos honorários convencionados, aos fixados por arbitramento judicial e aos de sucumbência.

▸ *Lei nº 8.906, de 04-07-1994, arts. 23 e 24, §§ 2º a 4º, Estatuto da Advocacia e Ordem dos Advogados do Brasil (OAB).*

§ 1º. O advogado, quando indicado para patrocinar causa de juridicamente necessitado, no caso de impossibilidade da Defensoria Pública no local da prestação de serviço, tem direito aos honorários fixados pelo juiz, segundo tabela organizada pelo Conselho Seccional da OAB, e pagos pelo Estado.

§ 2º. Na falta de estipulação ou de acordo, os honorários são fixados por arbitramento judicial, em remuneração compatível com o trabalho e o valor econômico da questão, não podendo ser inferiores aos estabelecidos na tabela organizada pelo Conselho Seccional da OAB.

§ 3º. Salvo estipulação em contrário, um terço dos honorários é devido no início do serviço, outro terço até a decisão de primeira instância e o restante no final.

§ 4º. Se o advogado fizer juntar aos autos o seu contrato de honorários antes de expedir-se o mandado de levantamento ou precatório, o juiz deve determinar que lhe sejam pagos diretamente, por dedução da quantia a ser recebida pelo constituinte, salvo se este provar que já os pagou.

§ 5º. O disposto neste artigo não se aplica quando se tratar de mandato outorgado por advogado para defesa em processo oriundo de ato ou omissão praticada no exercício da profissão.

§ 6º O disposto neste artigo aplica-se aos honorários assistenciais, compreendidos como os fixados em ações coletivas propostas por entidades de classe em substituição processual, sem prejuízo aos honorários convencionais. (Incluído pela Lei nº 13.725, de 2018)

§ 7º Os honorários convencionados com entidades de classe para atuação em substituição processual poderão prever a faculdade de indicar os beneficiários que, ao optarem por adquirir os direitos, assumirão as obrigações decorrentes do contrato originário a partir do momento em que este foi celebrado, sem a necessidade de mais formalidades. (Incluído pela Lei nº 13.725, de 2018)

ART. 23. Os honorários incluídos na condenação, por arbitramento ou sucumbência, pertencem ao advogado, tendo este direito autônomo para executar a sentença nesta parte, podendo requerer que o precatório, quando necessário, seja expedido em seu favor.

▸ *Lei nº 8.906, de 04-07-1994, art. 26, Estatuto da Advocacia e Ordem dos Advogados do Brasil (OAB).*

ART. 24. A decisão judicial que fixar ou arbitrar honorários e o contrato escrito que os estipular são títulos executivos e constituem crédito privilegiado na falência, concordata, concurso de credores, insolvência civil e liquidação extrajudicial.

§ 1º. A execução dos honorários pode ser promovida nos mesmos autos da ação em que tenha atuado o advogado, se assim lhe convier.

§ 2º. Na hipótese de falecimento ou incapacidade civil do advogado, os honorários de sucumbência, proporcionais ao trabalho realizado, são recebidos por seus sucessores ou representantes legais.

§ 3º. ~~É nula qualquer disposição, cláusula, regulamento ou convenção individual ou coletiva que retire do advogado o direito ao recebimento dos honorários de sucumbência.~~

§ 4º. O acordo feito pelo cliente do advogado e a parte contrária, salvo aquiescência do profissional, não lhe prejudica os honorários, quer os convencionados, quer os concedidos por sentença.

ART. 25. Prescreve em cinco anos a ação de cobrança de honorários de advogado, contado o prazo:

I – do vencimento do contrato, se houver;

II – do trânsito em julgado da decisão que os fixar;

III – da ultimação do serviço extrajudicial;

IV – da desistência ou transação;

V – da renúncia ou revogação do mandato.

ART. 25-A. Prescreve em cinco anos a ação de prestação de contas pelas quantias recebidas pelo advogado de seu cliente, ou de terceiros por conta dele (art. 34, XXI). (Incluído pela Lei nº 11.902, de 2009)

ART. 26. O advogado substabelecido, com reserva de poderes, não pode cobrar honorários sem a intervenção daquele que lhe conferiu o substabelecimento.

CAPÍTULO VII. DAS INCOMPATIBILIDADES E IMPEDIMENTOS

ART. 27. A incompatibilidade determina a proibição total, e o impedimento, a proibição parcial do exercício da advocacia.

ART. 28. A advocacia é incompatível, mesmo em causa própria, com as seguintes atividades:

I – chefe do Poder Executivo e membros da Mesa do Poder Legislativo e seus substitutos legais;

II – membros de órgãos do Poder Judiciário, do Ministério Público, dos tribunais e conselhos de contas, dos juizados especiais, da justiça de paz, juízes classistas, bem como de todos os que exerçam função de julgamento em órgãos de deliberação coletiva da administração pública direta e indireta;

▸ *Lei nº 8.906, de 04-07-1994, art. 83, Estatuto da Advocacia e Ordem dos Advogados do Brasil (OAB).*

III – ocupantes de cargos ou funções de direção em Órgãos da Administração Pública direta ou indireta, em suas fundações e em suas empresas controladas ou concessionárias de serviço público;

IV – ocupantes de cargos ou funções vinculados direta ou indiretamente a qualquer órgão do Poder Judiciário e os que exercem serviços notariais e de registro;

V – ocupantes de cargos ou funções vinculados direta ou indiretamente a atividade policial de qualquer natureza;

VI – militares de qualquer natureza, na ativa;

VII – ocupantes de cargos ou funções que tenham competência de lançamento, arrecadação ou fiscalização de tributos e contribuições parafiscais;

VIII – ocupantes de funções de direção e gerência em instituições financeiras, inclusive privadas.

§ 1º. A incompatibilidade permanece mesmo que o ocupante do cargo ou função deixe de exercê-lo temporariamente.

▸ *Lei nº 8.906, de 04-07-1994, art. 16, § 2º, Estatuto da Advocacia e Ordem dos Advogados do Brasil (OAB).*

§ 2º. Não se incluem nas hipóteses do inciso III os que não detenham poder de decisão relevante sobre interesses de terceiro, a juízo do conselho competente da OAB, bem como a administração acadêmica diretamente relacionada ao magistério jurídico.

ART. 29. Os Procuradores Gerais, Advogados Gerais, Defensores Gerais e dirigentes de órgãos jurídicos da Administração Pública direta, indireta e fundacional são exclusivamente legitimados para o exercício da advocacia vinculada à função que exerçam, durante o período da investidura.

ART. 30. São impedidos de exercer a advocacia:

I – os servidores da administração direta, indireta e fundacional, contra a Fazenda Pública que os remunere ou à qual seja vinculada a entidade empregadora;

II – os membros do Poder Legislativo, em seus diferentes níveis, contra ou a favor das pessoas jurídicas de direito público, empresas públicas, sociedades de economia mista, fundações públicas, entidades paraestatais ou empresas concessionárias ou permissionárias de serviço público.

Parágrafo único. Não se incluem nas hipóteses do inciso I os docentes dos cursos jurídicos.

CAPÍTULO VIII. DA ÉTICA DO ADVOGADO

ART. 31. O advogado deve proceder de forma que o torne merecedor de respeito e que contribua para o prestígio da classe e da advocacia.

§ 1º. O advogado, no exercício da profissão, deve manter independência em qualquer circunstância.

§ 2º. Nenhum receio de desagradar a magistrado ou a qualquer autoridade, nem de incorrer em impopularidade, deve deter o advogado no exercício da profissão.

ART. 32. O advogado é responsável pelos atos que, no exercício profissional, praticar com dolo ou culpa.

▸ *Lei nº 8.906, de 04-07-1994, art. 17, Estatuto da Advocacia e Ordem dos Advogados do Brasil (OAB).*

Parágrafo único. Em caso de lide temerária, o advogado será solidariamente responsável com seu cliente, desde que coligado com este para lesar a parte contrária, o que será apurado em ação própria.

ART. 33. O advogado obriga-se a cumprir rigorosamente os deveres consignados no Código de Ética e Disciplina.

Parágrafo único. O Código de Ética e Disciplina regula os deveres do advogado para com a comunidade, o cliente, o outro profissional e, ainda, a publicidade, a recusa do patrocínio, o dever de assistência jurídica, o dever geral de urbanidade e os respectivos procedimentos disciplinares.

CAPÍTULO IX. DAS INFRAÇÕES E SANÇÕES DISCIPLINARES

ART. 34. Constitui infração disciplinar:

I – exercer a profissão, quando impedido de fazê-lo, ou facilitar, por qualquer meio, o seu exercício aos não inscritos, proibidos ou impedidos;

▸ *Lei nº 8.906, de 04-07-1994, arts. 28 a 30 e 36, I, Estatuto da Advocacia e Ordem dos Advogados do Brasil (OAB).*

II – manter sociedade profissional fora das normas e preceitos estabelecidos nesta lei;

▸ *Lei nº 8.906, de 04-07-1994, arts. 15 a 17 e 36, I, Estatuto da Advocacia e Ordem dos Advogados do Brasil (OAB).*

III – valer-se de agenciador de causas, mediante participação nos honorários a receber;

▸ *Lei nº 8.906, de 04-07-1994, art. 36, I, Estatuto da Advocacia e Ordem dos Advogados do Brasil (OAB).*

IV – angariar ou captar causas, com ou sem a intervenção de terceiros;

▸ *Lei nº 8.906, de 04-07-1994, art. 36, I, Estatuto da Advocacia e Ordem dos Advogados do Brasil (OAB).*

V – assinar qualquer escrito destinado a processo judicial ou para fim extrajudicial que não tenha feito, ou em que não tenha colaborado;

▸ *Lei nº 8.906, de 04-07-1994, art. 32, par. ún., Estatuto da Advocacia e Ordem dos Advogados do Brasil (OAB).*

VI – advogar contra literal disposição de lei, presumindo-se a boa-fé quando fundamentado na inconstitucionalidade, na injustiça da lei ou em pronunciamento judicial anterior;

▸ *Lei nº 8.906, de 04-07-1994, arts. 32, par. ún., e 36, I, Estatuto da Advocacia e Ordem dos Advogados do Brasil (OAB).*

VII – violar, sem justa causa, sigilo profissional;

▸ *Lei nº 8.906, de 04-07-1994, arts. 7º, XIX e 36, I, Estatuto da Advocacia e Ordem dos Advogados do Brasil (OAB).*

VIII – estabelecer entendimento com a parte adversa sem autorização do cliente ou ciência do advogado contrário;

▸ *Lei nº 8.906, de 04-07-1994, art. 36, I, Estatuto da Advocacia e Ordem dos Advogados do Brasil (OAB).*

IX – prejudicar, por culpa grave, interesse confiado ao seu patrocínio;

▸ *CP: art. 355, caput.*

▸ *Lei nº 8.906, de 04-07-1994, art. 36, I, Estatuto da Advocacia e Ordem dos Advogados do Brasil (OAB).*

X – acarretar, conscientemente, por ato próprio, a anulação ou a nulidade do processo em que funcione;

▸ *Lei nº 8.906, de 04-07-1994, art. 36, I, Estatuto da Advocacia e Ordem dos Advogados do Brasil (OAB).*

XI – abandonar a causa sem justo motivo ou antes de decorridos dez dias da comunicação da renúncia;

▸ *Lei nº 8.906, de 04-07-1994, arts. 5º, § 3º e 36, I, Estatuto da Advocacia e Ordem dos Advogados do Brasil (OAB).*

XII – recusar-se a prestar, sem justo motivo, assistência jurídica, quando nomeado em virtude de impossibilidade da Defensoria Pública;

▸ *Lei nº 8.906, de 04-07-1994, arts. 22, § 1º e 36, I, Estatuto da Advocacia e Ordem dos Advogados do Brasil (OAB).*

XIII – fazer publicar na imprensa, desnecessária e habitualmente, alegações forenses ou relativas a causas pendentes;

▸ *Lei nº 8.906, de 04-07-1994, art. 36, I, Estatuto da Advocacia e Ordem dos Advogados do Brasil (OAB).*

XIV – deturpar o teor de dispositivo de lei, de citação doutrinária ou de julgado, bem como de depoimentos, documentos e alegações da parte contrária, para confundir o adversário ou iludir o juiz da causa;

▸ *Lei nº 8.906, de 04-07-1994, art. 36, I, Estatuto da Advocacia e Ordem dos Advogados do Brasil (OAB).*

XV – fazer, em nome do constituinte, sem autorização escrita deste, imputação a terceiro de fato definido como crime;

▸ *Lei nº 8.906, de 04-07-1994, art. 36, I, Estatuto da Advocacia e Ordem dos Advogados do Brasil (OAB).*

XVI – deixar de cumprir, no prazo estabelecido, determinação emanada do órgão ou de autoridade da Ordem, em matéria da competência desta, depois de regularmente notificado;

▸ *Lei nº 8.906, de 04-07-1994, art. 36, I, Estatuto da Advocacia e Ordem dos Advogados do Brasil (OAB).*

XVII – prestar concurso a clientes ou a terceiros para realização de ato contrário à lei ou destinado a fraudá-la;

▸ *Lei nº 8.906, de 04-07-1994, art. 36, I, Estatuto da Advocacia e Ordem dos Advogados do Brasil (OAB).*

XVIII – solicitar ou receber de constituinte qualquer importância para aplicação ilícita ou desonesta;

▸ *CP: art. 317.*

▸ *Lei nº 8.906, de 04-07-1994, art. 37, I, Estatuto da Advocacia e Ordem dos Advogados do Brasil (OAB).*

XIX – receber valores, da parte contrária ou de terceiro, relacionados com o objeto do mandato, sem expressa autorização do constituinte;

▸ *Lei nº 8.906, de 04-07-1994, art. 37, I, Estatuto da Advocacia e Ordem dos Advogados do Brasil (OAB).*

XX – locupletar-se, por qualquer forma, à custa do cliente ou da parte adversa, por si ou interposta pessoa;

▸ *Lei nº 8.906, de 04-07-1994, art. 37, I, Estatuto da Advocacia e Ordem dos Advogados do Brasil (OAB).*

XXI – recusar-se, injustificadamente, a prestar contas ao cliente de quantias recebidas dele ou de terceiros por conta dele;

▸ *Lei nº 8.906, de 04-07-1994, arts. 25-A e 37, I e § 2º, Estatuto da Advocacia e Ordem dos Advogados do Brasil (OAB).*

XXII – reter, abusivamente, ou extraviar autos recebidos com vista ou em confiança;

▸ *Lei nº 8.906, de 04-07-1994, arts. 7º, § 1º, 37, I, Estatuto da Advocacia e Ordem dos Advogados do Brasil (OAB).*

XXIII – deixar de pagar as contribuições, multas e preços de serviços devidos à OAB, depois de regularmente notificado a fazê-lo;

▸ *Lei nº 8.906, de 04-07-1994, art. 37, I, § 2º, Estatuto da Advocacia e Ordem dos Advogados do Brasil (OAB).*

XXIV – incidir em erros reiterados que evidenciem inépcia profissional;

▸ *Lei nº 8.906, de 04-07-1994, art. 37, I, § 3º, Estatuto da Advocacia e Ordem dos Advogados do Brasil (OAB).*

XXV – manter conduta incompatível com a advocacia;

▸ *Lei nº 8.906, de 04-07-1994, arts. 28, 31 e 37, I, Estatuto da Advocacia e Ordem dos Advogados do Brasil (OAB).*

XXVI – fazer falsa prova de qualquer dos requisitos para inscrição na OAB;

▸ *Lei nº 8.906, de 04-07-1994, arts. 8º e 38, II, Estatuto da Advocacia e Ordem dos Advogados do Brasil (OAB).*

XXVII – tornar-se moralmente inidôneo para o exercício da advocacia;

▸ *Lei nº 8.906, de 04-07-1994, art. 8º, § 3º e 38, II, Estatuto da Advocacia e Ordem dos Advogados do Brasil (OAB).*

XXVIII – praticar crime infamante;

▸ *Lei nº 8.906, de 04-07-1994, art. 8º, =4º e 38, II, Estatuto da Advocacia e Ordem dos Advogados do Brasil (OAB).*

XXIX – praticar, o estagiário, ato excedente de sua habilitação.

▸ *Lei nº 8.906, de 04-07-1994, art. 3º, § 2º e 36, I, Estatuto da Advocacia e Ordem dos Advogados do Brasil (OAB).*

Parágrafo único. Inclui-se na conduta incompatível:

a) prática reiterada de jogo de azar, não autorizado por lei;

b) incontinência pública e escandalosa;

c) embriaguez ou toxicomania habituais.

ART. 35. As sanções disciplinares consistem em:

I – censura;

II – suspensão;

III – exclusão;

IV – multa.

Parágrafo único. As sanções devem constar dos assentamentos do inscrito, após o trânsito em julgado da decisão, não podendo ser objeto de publicidade a de censura.

ART. 36. A censura é aplicável nos casos de:

I – infrações definidas nos incisos I a XVI e XXIX do art. 34;

II – violação a preceito do Código de Ética e Disciplina;

III – violação a preceito desta lei, quando para a infração não se tenha estabelecido sanção mais grave.

Parágrafo único. A censura pode ser convertida em advertência, em ofício reservado, sem registro nos assentamentos do inscrito, quando presente circunstância atenuante.

ART. 37. A suspensão é aplicável nos casos de:

I – infrações definidas nos incisos XVII a XXV do art. 34;

II – reincidência em infração disciplinar.

§ 1º. A suspensão acarreta ao infrator a interdição do exercício profissional, em todo o território nacional, pelo prazo de trinta dias a doze meses, de acordo com os critérios de individualização previstos neste capítulo.

§ 2º. Nas hipóteses dos incisos XXI e XXIII do art. 34, a suspensão perdura até que satisfaça integralmente a dívida, inclusive com correção monetária.

§ 3º. Na hipótese do inciso XXIV do art. 34, a suspensão perdura até que preste novas provas de habilitação.

ART. 38. A exclusão é aplicável nos casos de:

I – aplicação, por três vezes, de suspensão;

ESTATUTOS

II – infrações definidas nos incisos XXVI a XXVIII do art. 34.

Parágrafo único. Para a aplicação da sanção disciplinar de exclusão, é necessária a manifestação favorável de dois terços dos membros do Conselho Seccional competente.

ART. 39. A multa, variável entre o mínimo correspondente ao valor de uma anuidade e o máximo de seu décuplo, é aplicável cumulativamente com a censura ou suspensão, em havendo circunstâncias agravantes.

ART. 40. Na aplicação das sanções disciplinares, são consideradas, para fins de atenuação, as seguintes circunstâncias, entre outras:

I – falta cometida na defesa de prerrogativa profissional;

II – ausência de punição disciplinar anterior;

III – exercício assíduo e proficiente de mandato ou cargo em qualquer órgão da OAB;

IV – prestação de relevantes serviços à advocacia ou à causa pública.

Parágrafo único. Os antecedentes profissionais do inscrito, as atenuantes, o grau de culpa por ele revelada, as circunstâncias e as consequências da infração são considerados para o fim de decidir:

a) sobre a conveniência da aplicação cumulativa da multa e de outra sanção disciplinar;

b) sobre o tempo de suspensão e o valor da multa aplicáveis.

ART. 41. É permitido ao que tenha sofrido qualquer sanção disciplinar requerer, um ano após seu cumprimento, a reabilitação, em face de provas efetivas de bom comportamento.

Parágrafo único. Quando a sanção disciplinar resultar da prática de crime, o pedido de reabilitação depende também da correspondente reabilitação criminal.

ART. 42. Fica impedido de exercer o mandato o profissional a quem forem aplicadas as sanções disciplinares de suspensão ou exclusão.

▸ *Lei nº 8.906, de 04-07-1994, art. 4º, par. ún., Estatuto da Advocacia e Ordem dos Advogados do Brasil (OAB).*

ART. 43. A pretensão à punibilidade das infrações disciplinares prescreve em cinco anos, contados da data da constatação oficial do fato.

§ 1º. Aplica-se a prescrição a todo processo disciplinar paralisado por mais de três anos, pendente de despacho ou julgamento, devendo ser arquivado de ofício, ou a requerimento da parte interessada, sem prejuízo de serem apuradas as responsabilidades pela paralisação.

§ 2º. A prescrição interrompe-se:

I – pela instauração de processo disciplinar ou pela notificação válida feita diretamente ao representado;

II – pela decisão condenatória recorrível de qualquer órgão julgador da OAB.

TÍTULO II. DA ORDEM DOS ADVOGADOS DO BRASIL

CAPÍTULO I. DOS FINS E DA ORGANIZAÇÃO

ART. 44. A Ordem dos Advogados do Brasil (OAB), serviço público, dotada de personalidade jurídica e forma federativa, tem por finalidade:

I – defender a Constituição, a ordem jurídica do Estado democrático de direito, os direitos humanos, a justiça social, e pugnar pela boa aplicação das leis, pela rápida administração da justiça e pelo aperfeiçoamento da cultura e das instituições jurídicas;

II – promover, com exclusividade, a representação, a defesa, a seleção e a disciplina dos advogados em toda a República Federativa do Brasil.

§ 1º. A OAB não mantém com órgãos da Administração Pública qualquer vínculo funcional ou hierárquico.

§ 2º. O uso da sigla OAB é privativo da Ordem dos Advogados do Brasil.

ART. 45. São órgãos da OAB:

I – o Conselho Federal;

▸ *Lei nº 8.906, de 04-07-1994, arts. 51 a 55, Estatuto da Advocacia e Ordem dos Advogados do Brasil (OAB).*

II – os Conselhos Seccionais;

▸ *Lei nº 8.906, de 04-07-1994, arts. 56 a 59, Estatuto da Advocacia e Ordem dos Advogados do Brasil (OAB).*

III – as Subseções;

▸ *Lei nº 8.906, de 04-07-1994, arts. 60 e 61, Estatuto da Advocacia e Ordem dos Advogados do Brasil (OAB).*

IV – as Caixas de Assistência dos Advogados.

▸ *Lei nº 8.906, de 04-07-1994, art. 62, Estatuto da Advocacia e Ordem dos Advogados do Brasil (OAB).*

§ 1º. O Conselho Federal, dotado de personalidade jurídica própria, com sede na capital da República, é o órgão supremo da OAB.

§ 2º. Os Conselhos Seccionais, dotados de personalidade jurídica própria, têm jurisdição sobre os respectivos territórios dos Estados-membros, do Distrito Federal e dos Territórios.

§ 3º. As Subseções são partes autônomas do Conselho Seccional, na forma desta lei e de seu ato constitutivo.

§ 4º. As Caixas de Assistência dos Advogados, dotadas de personalidade jurídica própria, são criadas pelos Conselhos Seccionais, quando estes contarem com mais de mil e quinhentos inscritos.

§ 5º. A OAB, por constituir serviço público, goza de imunidade tributária total em relação a seus bens, rendas e serviços.

§ 6º. Os atos, as notificações e as decisões dos órgãos da OAB, salvo quando reservados ou de administração interna, serão publicados no Diário Eletrônico da Ordem dos Advogados do Brasil, a ser disponibilizado na internet, podendo ser afixados no fórum local, na íntegra ou em resumo (Redação dada pela Lei nº 13.688, de 2018).

ART. 46. Compete à OAB fixar e cobrar, de seus inscritos, contribuições, preços de serviços e multas.

Parágrafo único. Constitui título executivo extrajudicial a certidão passada pela diretoria do Conselho competente, relativa a crédito previsto neste artigo.

ART. 47. O pagamento da contribuição anual à OAB isenta os inscritos nos seus quadros do pagamento obrigatório da contribuição sindical.

ART. 48. O cargo de conselheiro ou de membro de diretoria de órgão da OAB é de exercício gratuito e obrigatório, considerado serviço público relevante, inclusive para fins de disponibilidade e aposentadoria.

ART. 49. Os Presidentes dos Conselhos e das Subseções da OAB têm legitimidade para agir, judicial e extrajudicialmente, contra qualquer pessoa que infringir as disposições ou os fins desta lei.

Parágrafo único. As autoridades mencionadas no *caput* deste artigo têm, ainda, legitimidade para intervir, inclusive como assistentes, nos inquéritos e processos em que sejam indiciados, acusados ou ofendidos os inscritos na OAB.

ART. 50. Para os fins desta lei, os Presidentes dos Conselhos da OAB e das Subseções podem requisitar cópias de peças de autos e documentos a qualquer tribunal, magistrado, cartório e órgão da Administração Pública direta, indireta e fundacional.

CAPÍTULO II. DO CONSELHO FEDERAL

ART. 51. O Conselho Federal compõe-se:

I – dos conselheiros federais, integrantes das delegações de cada unidade federativa;

II – dos seus ex-presidentes, na qualidade de membros honorários vitalícios.

§ 1º. Cada delegação é formada por três conselheiros federais.

§ 2º. Os ex-presidentes têm direito apenas a voz nas sessões.

ART. 52. Os presidentes dos Conselhos Seccionais, nas sessões do Conselho Federal, têm lugar reservado junto à delegação respectiva e direito somente a voz.

ART. 53. O Conselho Federal tem sua estrutura e funcionamento definidos no Regulamento Geral da OAB.

§ 1º. O Presidente, nas deliberações do Conselho tem apenas o voto de qualidade.

§ 2º. O voto é tomado por delegação, e não pode ser exercido nas matérias de interesse da unidade que represente.

§ 3º. Na eleição para a escolha da Diretoria do Conselho Federal, cada membro da delegação terá direito a 1 (um) voto, vedado aos membros honorários vitalícios. (Incluído pela Lei nº 11.179, de 2005)

ART. 54. Compete ao Conselho Federal:

I – dar cumprimento efetivo às finalidades da OAB;

II – representar, em juízo ou fora dele, os interesses coletivos ou individuais dos advogados;

III – velar pela dignidade, independência, prerrogativas e valorização da advocacia;

IV – representar, com exclusividade, os advogados brasileiros nos órgãos e eventos internacionais da advocacia;

V – editar e alterar o Regulamento Geral, o Código de Ética e Disciplina, e os Provimentos que julgar necessários;

VI – adotar medidas para assegurar o regular funcionamento dos Conselhos Seccionais;

VII – intervir nos Conselhos Seccionais, onde e quando constatar grave violação desta lei ou do regulamento geral;

VIII – cassar ou modificar, de ofício ou mediante representação, qualquer ato, de órgão ou autoridade da OAB, contrário a esta lei, ao regulamento geral, ao Código de Ética e Disciplina, e aos Provimentos, ouvida a autoridade ou o órgão em causa;

IX – julgar, em grau de recurso, as questões decididas pelos Conselhos Seccionais, nos casos previstos neste estatuto e no regulamento geral;

X – dispor sobre a identificação dos inscritos na OAB e sobre os respectivos símbolos privativos;

XI – apreciar o relatório anual e deliberar sobre o balanço e as contas de sua diretoria;

XII – homologar ou mandar suprir relatório anual, o balanço e as contas dos Conselhos Seccionais;

XIII – elaborar as listas constitucionalmente previstas, para o preenchimento dos cargos nos tribunais judiciários de âmbito nacional ou interestadual, com advogados que estejam em pleno exercício da profissão, vedada a inclusão de nome de membro do próprio Conselho ou de outro órgão da OAB;

▸ CF: art. 94.

XIV – ajuizar ação direta de inconstitucionalidade de normas legais e atos normativos, ação civil pública, mandado de segurança coletivo, mandado de injunção e demais ações cuja legitimação lhe seja outorgada por lei;

▸ CF: art. 103, VII.

XV – colaborar com o aperfeiçoamento dos cursos jurídicos, e opinar, previamente, nos pedidos apresentados aos órgãos competentes para criação, reconhecimento ou credenciamento desses cursos;

XVI – autorizar, pela maioria absoluta das delegações, a oneração ou alienação de seus bens imóveis;

XVII – participar de concursos públicos, nos casos previstos na Constituição e na lei, em todas as suas fases, quando tiverem abrangência nacional ou interestadual;

▸ CF: art. 93, I.

XVIII – resolver os casos omissos neste estatuto.

Parágrafo único. A intervenção referida no inciso VII deste artigo depende de prévia aprovação por dois terços das delegações, garantido o amplo direito de defesa do Conselho

Seccional respectivo, nomeando-se diretoria provisória para o prazo que se fixar.

ART. 55. A diretoria do Conselho Federal é composta de um Presidente, de um Vice-Presidente, de um Secretário-Geral, de um Secretário-Geral Adjunto e de um Tesoureiro.

§ 1º. O Presidente exerce a representação nacional e internacional da OAB, competindo-lhe convocar o Conselho Federal, presidi-lo, representá-lo ativa e passivamente, em juízo ou fora dele, promover-lhe a administração patrimonial e dar execução às suas decisões.

§ 2º. O regulamento geral define as atribuições dos membros da diretoria e a ordem de substituição em caso de vacância, licença, falta ou impedimento.

§ 3º. Nas deliberações do Conselho Federal, os membros da diretoria votam como membros de suas delegações, cabendo ao Presidente, apenas, o voto de qualidade e o direito de embargar a decisão, se esta não for unânime.

CAPÍTULO III. DO CONSELHO SECCIONAL

ART. 56. O Conselho Seccional compõe-se de conselheiros em número proporcional ao de seus inscritos, segundo critérios estabelecidos no regulamento geral.

§ 1º. São membros honorários vitalícios os seus ex-presidentes, somente com direito a voz em suas sessões.

§ 2º. O Presidente do Instituto dos Advogados local é membro honorário, somente com direito a voz nas sessões do Conselho.

§ 3º. Quando presentes às sessões do Conselho Seccional, o Presidente do Conselho Federal, os Conselheiros Federais integrantes da respectiva delegação, o Presidente da Caixa de Assistência dos Advogados e os Presidentes das Subseções, têm direito a voz.

ART. 57. O Conselho Seccional exerce e observa, no respectivo território, as competências, vedações e funções atribuídas ao Conselho Federal, no que couber e no âmbito de sua competência material e territorial, e as normas gerais estabelecidas nesta lei, no regulamento geral, no Código de Ética e Disciplina, e nos Provimentos.

ART. 58. Compete privativamente ao Conselho Seccional:

I – editar seu regimento interno e resoluções;

II – criar as Subseções e a Caixa de Assistência dos Advogados;

III – julgar, em grau de recurso, as questões decididas por seu Presidente, por sua diretoria, pelo Tribunal de Ética e Disciplina, pelas diretorias das Subseções e da Caixa de Assistência dos Advogados;

IV – fiscalizar a aplicação da receita, apreciar o relatório anual e deliberar sobre o balanço e as contas de sua diretoria, das diretorias das Subseções e da Caixa de Assistência dos Advogados;

V – fixar a tabela de honorários, válida para todo o território estadual;

VI – realizar o Exame de Ordem;

▸ *Lei nº 8.906, de 04-07-1994, art. 8º, § 1º, Estatuto da Advocacia e Ordem dos Advogados do Brasil (OAB).*

VII – decidir os pedidos de inscrição nos quadros de advogados e estagiários;

VIII – manter cadastro de seus inscritos;

IX – fixar, alterar e receber contribuições obrigatórias, preços de serviços e multas;

X – participar da elaboração dos concursos públicos, em todas as suas fases, nos casos previstos na Constituição e nas leis, no âmbito do seu território;

▸ *CF: art. 93, I.*

▸ *Lei nº 8.906, de 04-07-1994, art. 54, XVII, Estatuto da Advocacia e Ordem dos Advogados do Brasil (OAB).*

XI – determinar, com exclusividade, critérios para o traje dos advogados, no exercício profissional;

XII – aprovar e modificar seu orçamento anual;

XIII – definir a composição e o funcionamento do Tribunal de Ética e Disciplina, e escolher seus membros;

XIV – eleger as listas, constitucionalmente previstas, para preenchimento dos cargos nos tribunais judiciários, no âmbito de sua competência e na forma do Provimento do Conselho Federal, vedada a inclusão de membros do próprio Conselho e de qualquer órgão da OAB;

▸ *CF: art. 94.*

▸ *Lei nº 8.906, de 04-07-1994, art. 54, XVII, Estatuto da Advocacia e Ordem dos Advogados do Brasil (OAB).*

XV – intervir nas Subseções e na Caixa de Assistência dos Advogados;

▸ *Lei nº 8.906, de 04-07-1994, arts. 60, § 6º e 62, § 7º, Estatuto da Advocacia e Ordem dos Advogados do Brasil (OAB).*

XVI – desempenhar outras atribuições previstas no regulamento geral.

ART. 59. A diretoria do Conselho Seccional tem composição idêntica e atribuições equivalentes às do Conselho Federal, na forma do regimento interno daquele.

▸ *Lei nº 8.906, de 04-07-1994, art. 55, caput e § 2º, Estatuto da Advocacia e Ordem dos Advogados do Brasil (OAB).*

CAPÍTULO IV. DA SUBSEÇÃO

ART. 60. A Subseção pode ser criada pelo Conselho Seccional, que fixa sua área territorial e seus limites de competência e autonomia.

§ 1º. A área territorial da Subseção pode abranger um ou mais municípios, ou parte de município, inclusive da capital do Estado, contando com um mínimo de quinze advogados, nela profissionalmente domiciliados.

§ 2º. A Subseção é administrada por uma diretoria, com atribuições e composição equivalentes às da diretoria do Conselho Seccional.

▸ *Lei nº 8.906, de 04-07-1994, arts. 55, § 2º e 59, Estatuto da Advocacia e Ordem dos Advogados do Brasil (OAB).*

§ 3º. Havendo mais de cem advogados, a Subseção pode ser integrada, também, por um conselho em número de membros fixado pelo Conselho Seccional.

§ 4º. Os quantitativos referidos nos §§ 1º e 3º deste artigo podem ser ampliados, na forma do regimento interno do Conselho Seccional.

§ 5º. Cabe ao Conselho Seccional fixar, em seu orçamento, dotações específicas destinadas à manutenção das Subseções.

§ 6º. O Conselho Seccional, mediante o voto de dois terços de seus membros, pode intervir nas Subseções, onde constatar grave violação desta lei ou do regimento interno daquele.

▸ *Lei nº 8.906, de 04-07-1994, art. 58, XIV, Estatuto da Advocacia e Ordem dos Advogados do Brasil (OAB).*

ART. 61. Compete à Subseção, no âmbito de seu território:

I – dar cumprimento efetivo às finalidades da OAB;

II – velar pela dignidade, independência e valorização da advocacia, e fazer valer as prerrogativas do advogado;

III – representar a OAB perante os poderes constituídos;

IV – desempenhar as atribuições previstas no regulamento geral ou por delegação de competência do Conselho Seccional.

▸ *Lei nº 8.906, de 04-07-1994, art. 58, Estatuto da Advocacia e Ordem dos Advogados do Brasil (OAB).*

Parágrafo único. Ao Conselho da Subseção, quando houver, compete exercer as funções e atribuições do Conselho Seccional, na forma do regimento interno deste, e ainda:

a) editar seu regimento interno, a ser referendado pelo Conselho Seccional;

b) editar resoluções, no âmbito de sua competência;

c) instaurar e instruir processos disciplinares, para julgamento pelo Tribunal de Ética e Disciplina;

d) receber pedido de inscrição nos quadros de advogado e estagiário, instruindo e emitindo parecer prévio, para decisão do Conselho Seccional.

▸ *Lei nº 8.906, de 04-07-1994, arts. 8º e 9º, Estatuto da Advocacia e Ordem dos Advogados do Brasil (OAB).*

CAPÍTULO V. DA CAIXA DE ASSISTÊNCIA DOS ADVOGADOS

ART. 62. A Caixa de Assistência dos Advogados, com personalidade jurídica própria, destina-se a prestar assistência aos inscritos no Conselho Seccional a que se vincule.

§ 1º. A Caixa é criada e adquire personalidade jurídica com a aprovação e registro de seu estatuto pelo respectivo Conselho Seccional da OAB, na forma do regulamento geral.

§ 2º. A Caixa pode, em benefício dos advogados, promover a seguridade complementar.

§ 3º. Compete ao Conselho Seccional fixar contribuição obrigatória devida por seus inscritos, destinada à manutenção do disposto no parágrafo anterior, incidente sobre atos decorrentes do efetivo exercício da advocacia.

§ 4º. A diretoria da Caixa é composta de cinco membros, com atribuições definidas no seu regimento interno.

§ 5º. Cabe à Caixa a metade da receita das anuidades recebidas pelo Conselho Seccional, considerado o valor resultante após as deduções regulamentares obrigatórias.

§ 6º. Em caso de extinção ou desativação da Caixa, seu patrimônio se incorpora ao do Conselho Seccional respectivo.

§ 7º. O Conselho Seccional, mediante voto de dois terços de seus membros, pode intervir na Caixa de Assistência dos Advogados, no caso de descumprimento de suas finalidades, designando diretoria provisória, enquanto durar a intervenção.

▸ *Lei nº 8.906, de 04-07-1994, art. 58, XV, Estatuto da Advocacia e Ordem dos Advogados do Brasil (OAB).*

CAPÍTULO VI. DAS ELEIÇÕES E DOS MANDATOS

ART. 63. A eleição dos membros de todos os órgãos da OAB será realizada na segunda quinzena do mês de novembro, do último ano do mandato, mediante cédula única e votação direta dos advogados regularmente inscritos.

§ 1º. A eleição, na forma e segundo os critérios e procedimentos estabelecidos no regulamento geral, é de comparecimento obrigatório para todos os advogados inscritos na OAB.

§ 2º. O candidato deve comprovar situação regular perante a OAB, não ocupar cargo exonerável ad nutum, não ter sido condenado por infração disciplinar, salvo reabilitação, e exercer efetivamente a profissão há mais de 3 (três) anos, nas eleições para os cargos de Conselheiro Seccional e das Subseções, quando houver, e há mais de 5 (cinco) anos, nas eleições para os demais cargos.(Redação dada pela Lei nº 13.875, de 2019)

ART. 64. Consideram-se eleitos os candidatos integrantes da chapa que obtiver a maioria dos votos válidos.

§ 1º. A chapa para o Conselho Seccional deve ser composta dos candidatos ao conselho e à sua diretoria e, ainda, à delegação ao Conselho Federal e à Diretoria da Caixa de Assistência dos Advogados para eleição conjunta.

§ 2º. A chapa para a Subseção deve ser composta com os candidatos à diretoria, e de seu conselho quando houver.

ART. 65. O mandato em qualquer órgão da OAB é de três anos, iniciando-se em primeiro de janeiro do ano seguinte ao da eleição, salvo o Conselho Federal.

Parágrafo único. Os conselheiros federais eleitos iniciam seus mandatos em primeiro de fevereiro do ano seguinte ao da eleição.

ART. 66. Extingue-se o mandato automaticamente, antes do seu término, quando:

I – ocorrer qualquer hipótese de cancelamento de inscrição ou de licenciamento do profissional;

II – o titular sofrer condenação disciplinar;

III – o titular faltar, sem motivo justificado, a três reuniões ordinárias consecutivas de cada órgão deliberativo do conselho ou da diretoria da Subseção ou da Caixa de Assistência dos Advogados, não podendo ser reconduzido no mesmo período de mandato.

Parágrafo único. Extinto qualquer mandato, nas hipóteses deste artigo, cabe ao Conselho Seccional escolher o substituto, caso não haja suplente.

ART. 67. A eleição da Diretoria do Conselho Federal, que tomará posse no dia 1º de fevereiro, obedecerá às seguintes regras:

I – será admitido registro, junto ao Conselho Federal, de candidatura à presidência, desde seis meses até um mês antes da eleição;

II – o requerimento de registro deverá vir acompanhado do apoiamento de, no mínimo, seis Conselhos Seccionais;

III – até um mês antes das eleições, deverá ser requerido o registro da chapa completa, sob pena de cancelamento da candidatura respectiva;

IV – no dia 31 de janeiro do ano seguinte ao da eleição, o Conselho Federal elegerá, em reunião presidida pelo conselheiro mais antigo, por voto secreto e para mandato de 3 (três) anos, sua diretoria, que tomará posse no dia seguinte; (Redação dada pela Lei nº 11.179, de 2005)

V – será considerada eleita a chapa que obtiver maioria simples dos votos dos Conselheiros Federais, presente a metade mais 1 (um) de seus membros. (Redação dada pela Lei nº 11.179, de 2005)

Parágrafo único. Com exceção do candidato a Presidente, os demais integrantes da chapa deverão ser conselheiros federais eleitos.

TÍTULO III. DO PROCESSO NA OAB

CAPÍTULO I. DISPOSIÇÕES GERAIS

ART. 68. Salvo disposição em contrário, aplicam-se subsidiariamente ao processo disciplinar as regras da legislação processual penal comum e, aos demais processos, as regras gerais do procedimento administrativo comum e da legislação processual civil, nessa ordem.

ART. 69. Todos os prazos necessários à manifestação de advogados, estagiários e terceiros, nos processos em geral da OAB, são de quinze dias, inclusive para interposição de recursos.

§ 1º. Nos casos de comunicação por ofício reservado, ou de notificação pessoal, o prazo se conta a partir do dia útil imediato ao da notificação do recebimento.

§ 2º. No caso de atos, notificações e decisões divulgados por meio do Diário Eletrônico da Ordem dos Advogados do Brasil, o prazo terá início no primeiro dia útil seguinte à publicação, assim considerada o primeiro dia útil seguinte ao da disponibilização da informação no Diário (Redação dada pela Lei nº 13.688, de 2018)

CAPÍTULO II. DO PROCESSO DISCIPLINAR

ART. 70. O poder de punir disciplinarmente os inscritos na OAB compete exclusivamente ao Conselho Seccional em cuja base territorial tenha ocorrido a infração, salvo se a falta for cometida perante o Conselho Federal.

§ 1º. Cabe ao Tribunal de Ética e Disciplina, do Conselho Seccional competente, julgar os processos disciplinares, instruídos pelas Subseções ou por relatores do próprio conselho.

§ 2º. A decisão condenatória irrecorrível deve ser imediatamente comunicada ao Conselho Seccional onde o representado tenha inscrição principal, para constar dos respectivos assentamentos.

§ 3º. O Tribunal de Ética e Disciplina do Conselho onde o acusado tenha inscrição principal pode suspendê-lo preventivamente, em caso de repercussão prejudicial à dignidade da advocacia, depois de ouvi-lo em sessão especial para a qual deve ser notificado a comparecer, salvo se não atender à notificação. Neste caso, o processo disciplinar deve ser concluído no prazo máximo de noventa dias.

ART. 71. A jurisdição disciplinar não exclui a comum e, quando o fato constituir crime ou contravenção, deve ser comunicado às autoridades competentes.

ART. 72. O processo disciplinar instaura-se de ofício ou mediante representação de qualquer autoridade ou pessoa interessada.

§ 1º. O Código de Ética e Disciplina estabelece os critérios de admissibilidade da representação e os procedimentos disciplinares.

§ 2º. O processo disciplinar tramita em sigilo, até o seu término, só tendo acesso às suas informações as partes, seus defensores e a autoridade judiciária competente.

ART. 73. Recebida a representação, o Presidente deve designar relator, a quem compete a instrução do processo e o oferecimento de parecer preliminar a ser submetido ao Tribunal de Ética e Disciplina.

§ 1º. Ao representado deve ser assegurado amplo direito de defesa, podendo acompanhar o processo em todos os termos, pessoalmente ou por intermédio de procurador, oferecendo defesa prévia após ser notificado, razões finais após a instrução e defesa oral perante o Tribunal de Ética e Disciplina, por ocasião do julgamento.

§ 2º. Se, após a defesa prévia, o relator se manifestar pelo indeferimento liminar da representação, este deve ser decidido pelo Presidente do Conselho Seccional, para determinar seu arquivamento.

§ 3º. O prazo para defesa prévia pode ser prorrogado por motivo relevante, a juízo do relator.

§ 4º. Se o representado não for encontrado, ou for revel, o Presidente do Conselho ou da Subseção deve designar-lhe defensor dativo;

§ 5º. É também permitida a revisão do processo disciplinar, por erro de julgamento ou por condenação baseada em falsa prova.

ART. 74. O Conselho Seccional pode adotar as medidas administrativas e judiciais pertinentes, objetivando a que o profissional suspenso ou excluído devolva os documentos de identificação.

CAPÍTULO III. DOS RECURSOS

ART. 75. Cabe recurso ao Conselho Federal de todas as decisões definitivas proferidas pelo Conselho Seccional, quando não tenham sido unânimes ou, sendo unânimes, contrariem esta lei, decisão do Conselho Federal ou de outro Conselho Seccional e, ainda, o regulamento geral, o Código de Ética e Disciplina e os Provimentos.

Parágrafo único. Além dos interessados, o Presidente do Conselho Seccional é legitimado a interpor o recurso referido neste artigo.

ART. 76. Cabe recurso ao Conselho Seccional de todas as decisões proferidas por seu Presidente, pelo Tribunal de Ética e Disciplina, ou pela diretoria da Subseção ou da Caixa de Assistência dos Advogados.

ART. 77. Todos os recursos têm efeito suspensivo, exceto quando tratarem de eleições (arts. 63 e seguintes), de suspensão preventiva decidida pelo Tribunal de Ética e Disciplina, e de cancelamento da inscrição obtida com falsa prova.

Parágrafo único. O regulamento geral disciplina o cabimento de recursos específicos, no âmbito de cada órgão julgador.

TÍTULO IV. DAS DISPOSIÇÕES GERAIS E TRANSITÓRIAS

ART. 78. Cabe ao Conselho Federal da OAB, por deliberação de dois terços, pelo menos, das delegações, editar o regulamento geral deste estatuto, no prazo de seis meses, contados da publicação desta lei.

ART. 79. Aos servidores da OAB, aplica-se o regime trabalhista.

§ 1º. Aos servidores da OAB, sujeitos ao regime da Lei nº 8.112, de 11 de dezembro de 1990, é concedido o direito de opção pelo regime trabalhista, no prazo de noventa dias a partir da vigência desta lei, sendo assegurado aos optantes o pagamento de indenização, quando da aposentadoria, correspondente a cinco vezes o valor da última remuneração.

§ 2º. Os servidores que não optarem pelo regime trabalhista serão posicionados no quadro em extinção, assegurado o direito adquirido ao regime legal anterior.

ART. 80. Os Conselhos Federal e Seccionais devem promover trienalmente as respectivas Conferências, em data não coincidente com o ano eleitoral, e, periodicamente, reunião do colégio de presidentes a eles vinculados, com finalidade consultiva.

ART. 81. Não se aplicam aos que tenham assumido originariamente o cargo de Presidente do Conselho Federal ou dos Conselhos Seccionais, até a data da publicação desta lei, as normas contidas no Título II, acerca da composição desses Conselhos, ficando assegurado o pleno direito de voz e voto em suas sessões.

ART. 82. Aplicam-se as alterações previstas nesta lei, quanto a mandatos, eleições, composição e atribuições dos órgãos da OAB, a partir do término do mandato dos atuais membros, devendo os Conselhos Federal e Seccionais disciplinarem os respectivos procedimentos de adaptação.

Parágrafo único. Os mandatos dos membros dos órgãos da OAB, eleitos na primeira eleição sob a vigência desta lei, e na forma do Capítulo VI do Título II, terão início no dia seguinte ao término dos atuais mandatos, encerrando-se em 31 de dezembro do terceiro ano do mandato e em 31 de janeiro do terceiro ano do mandato, neste caso com relação ao Conselho Federal.

ART. 83. Não se aplica o disposto no art. 28, inciso II, desta lei, aos membros do Ministério Público que, na data de promulgação da Constituição, se incluam na previsão do art. 29, § 3º, do seu Ato das Disposições Constitucionais Transitórias.

ART. 84. O estagiário, inscrito no respectivo quadro, fica dispensado do Exame de Ordem, desde que comprove, em até dois anos da promulgação desta lei, o exercício e resultado do estágio profissional ou a conclusão, com aproveitamento, do estágio de Prática Forense e Organização Judiciária, realizado junto à respectiva faculdade, na forma da legislação em vigor.

ART. 85. O Instituto dos Advogados Brasileiros e as instituições a ele filiadas têm qualidade para promover perante a OAB o que julgarem do interesse dos advogados em geral ou de qualquer dos seus membros.

ART. 86. Esta lei entra em vigor na data de sua publicação.

ART. 87. Revogam-se as disposições em contrário, especialmente a Lei nº 4.215, de 27 de abril de 1963, a Lei nº 5.390, de 23 de fevereiro de 1968, o Decreto-Lei nº 505, de 18 de março de 1969, a Lei nº 5.681, de 20 de julho de 1971, a Lei nº 5.842, de 6 de dezembro de 1972, a Lei nº 5.960, de 10 de dezembro de 1973, a Lei nº 6.743, de 5 de dezembro de 1979, a Lei nº 6.884, de 9 de dezembro de 1980, a Lei nº 6.994, de 26 de maio de 1982, mantidos os efeitos da Lei nº 7.346, de 22 de julho de 1985.

Brasília, 4 de julho de 1994;
173º da Independência e 106º da República.

ITAMAR FRANCO

Este texto não substitui o publicado no DOU de 5.7.1994.

ESTATUTO DO TORCEDOR

LEI Nº 10.671, DE 15 DE MAIO DE 2003

Dispõe sobre o Estatuto de Defesa do Torcedor e dá outras providências

O PRESIDENTE DA REPÚBLICA Faço saber que o Congresso Nacional decreta e eu sanciono a seguinte Lei:

ESTATUTOS

CAPÍTULO I. DISPOSIÇÕES GERAIS

ART. 1º. Este Estatuto estabelece normas de proteção e defesa do torcedor.

ART. 1º-A. A prevenção da violência nos esportes é de responsabilidade do poder público, das confederações, federações, ligas, clubes, associações ou entidades esportivas, entidades recreativas e associações de torcedores, inclusive de seus respectivos dirigentes, bem como daqueles que, de qualquer forma, promovem, organizam, coordenam ou participam dos eventos esportivos. (Incluído pela Lei nº 12.299, de 2010).

ART. 2º. Torcedor é toda pessoa que aprecie, apoie ou se associe a qualquer entidade de prática desportiva do País e acompanhe a prática de determinada modalidade esportiva.

Parágrafo único. Salvo prova em contrário, presumem-se a apreciação, o apoio ou o acompanhamento de que trata o *caput* deste artigo.

ART. 2º-A. Considera-se torcida organizada, para os efeitos desta Lei, a pessoa jurídica de direito privado ou existente de fato, que se organize para o fim de torcer e apoiar entidade de prática esportiva de qualquer natureza ou modalidade. (Incluído pela Lei nº 12.299, de 2010).

Parágrafo único. A torcida organizada deverá manter cadastro atualizado de seus associados ou membros, o qual deverá conter, pelo menos, as seguintes informações: (Incluído pela Lei nº 12.299, de 2010).

I – nome completo; (Incluído pela Lei nº 12.299, de 2010).

II – fotografia; (Incluído pela Lei nº 12.299, de 2010).

III – filiação; (Incluído pela Lei nº 12.299, de 2010).

IV – número do registro civil; (Incluído pela Lei nº 12.299, de 2010).

V – número do CPF; (Incluído pela Lei nº 12.299, de 2010).

VI – data de nascimento; (Incluído pela Lei nº 12.299, de 2010).

VII – estado civil; (Incluído pela Lei nº 12.299, de 2010).

VIII – profissão; (Incluído pela Lei nº 12.299, de 2010).

IX – endereço completo; e (Incluído pela Lei nº 12.299, de 2010).

X – escolaridade. (Incluído pela Lei nº 12.299, de 2010).

ART. 3º. Para todos os efeitos legais, equiparam-se a fornecedor, nos termos da Lei nº 8.078, de 11 de setembro de 1990, a entidade responsável pela organização da competição, bem como a entidade de prática desportiva detentora do mando de jogo.

ART. 4º. (VETADO)

CAPÍTULO II. DA TRANSPARÊNCIA NA ORGANIZAÇÃO

ART. 5º. São asseguradas ao torcedor a publicidade e transparência na organização das competições administradas pelas entidades de administração do desporto, bem como pelas ligas de que trata o art. 20 da Lei nº 9.615, de 24 de março de 1998.

§ 1º. As entidades de que trata o *caput* farão publicar na internet, em sítio da entidade responsável pela organização do evento: (Incluído pela Lei nº 12.299, de 2010).

I – a íntegra do regulamento da competição; (Incluído pela Lei nº 12.299, de 2010).

II – as tabelas da competição, contendo as partidas que serão realizadas, com especificação de sua data, local e horário; (Incluído pela Lei nº 12.299, de 2010).

III – o nome e as formas de contato do Ouvidor da Competição de que trata o art. 6º; (Incluído pela Lei nº 12.299, de 2010).

IV – os borderôs completos das partidas; (Incluído pela Lei nº 12.299, de 2010).

V – a escalação dos árbitros imediatamente após sua definição; e (Incluído pela Lei nº 12.299, de 2010).

VI – a relação dos nomes dos torcedores impedidos de comparecer ao local do evento desportivo. (Incluído pela Lei nº 12.299, de 2010).

§ 2º. Os dados contidos nos itens V e VI também deverão ser afixados ostensivamente em local visível, em caracteres facilmente legíveis, do lado externo de todas as entradas do local onde se realiza o evento esportivo. (Incluído pela Lei nº 12.299, de 2010).

§ 3º. O juiz deve comunicar às entidades de que trata o *caput* decisão judicial ou aceitação de proposta de transação penal ou suspensão do processo que implique o impedimento do torcedor de frequentar estádios desportivos. (Incluído pela Lei nº 12.299, de 2010).

ART. 6º. A entidade responsável pela organização da competição, previamente ao seu início, designará o Ouvidor da Competição, fornecendo-lhe os meios de comunicação necessários ao amplo acesso dos torcedores.

§ 1º. São deveres do Ouvidor da Competição recolher as sugestões, propostas e reclamações que receber dos torcedores, examiná-las e propor à respectiva entidade medidas necessárias ao aperfeiçoamento da competição e ao benefício do torcedor.

§ 2º. É assegurado ao torcedor:

I – o amplo acesso ao Ouvidor da Competição, mediante comunicação postal ou mensagem eletrônica; e

II – o direito de receber do Ouvidor da Competição as respostas às sugestões, propostas e reclamações, que encaminhou, no prazo de trinta dias.

§ 3º. Na hipótese de que trata o inciso II do § 2º, o Ouvidor da Competição utilizará, prioritariamente, o mesmo meio de comunicação utilizado pelo torcedor para o encaminhamento de sua mensagem.

§ 4º. O sítio da internet em que forem publicadas as informações de que trata o § 1º do art. 5º conterá, também, as manifestações e propostas do Ouvidor da Competição. (Redação dada pela Lei nº 12.299, de 2010).

§ 5º. A função de Ouvidor da Competição poderá ser remunerada pelas entidades de prática desportiva participantes da competição.

ART. 7º. É direito do torcedor a divulgação, durante a realização da partida, da renda obtida pelo pagamento de ingressos e do número de espectadores pagantes e não-pagantes, por intermédio dos serviços de som e imagem instalados no estádio em que se realiza a partida, pela entidade responsável pela organização da competição.

ART. 8º. As competições de atletas profissionais de que participem entidades integrantes da organização desportiva do País deverão ser promovidas de acordo com calendário anual de eventos oficiais que:

I – garanta às entidades de prática desportiva participação em competições durante pelo menos dez meses do ano;

II – adote, em pelo menos uma competição de âmbito nacional, sistema de disputa em que as equipes participantes conheçam, previamente ao seu início, a quantidade de partidas que disputarão, bem como seus adversários.

CAPÍTULO III. DO REGULAMENTO DA COMPETIÇÃO

ART. 9º. É direito do torcedor que o regulamento, as tabelas da competição e o nome do Ouvidor da Competição sejam divulgados até 60 (sessenta) dias antes de seu início, na forma do § 1º do art. 5º. (Redação dada pela Lei nº 12.299, de 2010).

§ 1º. Nos dez dias subsequentes à divulgação de que trata o *caput*, qualquer interessado poderá manifestar-se sobre o regulamento diretamente ao Ouvidor da Competição.

§ 2º. O Ouvidor da Competição elaborará, em setenta e duas horas, relatório contendo as principais propostas e sugestões encaminhadas.

§ 3º. Após o exame do relatório, a entidade responsável pela organização da competição decidirá, em quarenta e oito horas, motivadamente, sobre a conveniência da aceitação das propostas e sugestões relatadas.

§ 4º. O regulamento definitivo da competição será divulgado na forma do § 1º do art. 5º, 45 (quarenta e cinco) dias antes de seu início. (Redação dada pela Lei nº 12.299, de 2010).

§ 5º. É vedado proceder alterações no regulamento da competição desde sua divulgação definitiva, salvo nas hipóteses de:

I – apresentação de novo calendário anual de eventos oficiais para o ano subsequente, desde que aprovado pelo Conselho Nacional do Esporte – CNE;

II – após dois anos de vigência do mesmo regulamento, observado o procedimento de que trata este artigo.

III - interrupção das competições por motivo de surtos, epidemias e pandemias que possam comprometer a integridade física e o bem-estar dos atletas, desde que aprovada pela maioria das agremiações partícipes do evento. *(Acrescido pela Lei nº 14.117, de 8-1-2021)*

§ 6º. A competição que vier a substituir outra, segundo o novo calendário anual de eventos oficiais apresentado para o ano subsequente, deverá ter âmbito territorial diverso da competição a ser substituída.

ART. 10. É direito do torcedor que a participação das entidades de prática desportiva em competições organizadas pelas entidades de que trata o art. 5º seja exclusivamente em virtude de critério técnico previamente definido.

§ 1º. Para os fins do disposto neste artigo, considera-se critério técnico a habilitação de entidade de prática desportiva em razão de: (Redação dada pela Lei nº 13.155, de 2015)

I – colocação obtida em competição anterior; e (Incluído pela Lei nº 13.155, de 2015)

II – cumprimento dos seguintes requisitos: (Incluído pela Lei nº 13.155, de 2015)

a) regularidade fiscal, atestada por meio de apresentação de Certidão Negativa de Débitos relativos a Créditos Tributários Federais e à Dívida Ativa da União – CND; (Incluído pela Lei nº 13.155, de 2015)

b) apresentação de certificado de regularidade do Fundo de Garantia do Tempo de Serviço – FGTS; e (Incluído pela Lei nº 13.155, de 2015)

c) comprovação de pagamento dos vencimentos acertados em contratos de trabalho e dos contratos de imagem dos atletas. (Incluído pela Lei nº 13.155, de 2015)

§ 2º. Fica vedada a adoção de qualquer outro critério, especialmente o convite, observado o disposto no art. 89 da Lei nº 9.615, de 24 de março de 1998.

§ 3º. Em campeonatos ou torneios regulares com mais de uma divisão, serão observados o princípio do acesso e do descenso e as seguintes determinações, sem prejuízo da perda de pontos, na forma do regulamento: (Redação dada pela Lei nº 13.155, de 2015)

I – a entidade de prática desportiva que não cumprir todos os requisitos estabelecidos no inciso II do § 1º deste artigo participará da divisão imediatamente inferior à que se encontra classificada; (Incluído pela Lei nº 13.155, de 2015)

II – a vaga desocupada pela entidade de prática desportiva rebaixada nos termos do inciso I deste parágrafo será ocupada por entidade de prática desportiva participante da divisão que receberá a entidade rebaixada nos termos do inciso I deste parágrafo, obedecida a ordem de classificação do campeonato do ano anterior e desde que cumpridos os requisitos exigidos no inciso II do § 1º deste artigo. (Incluído pela Lei nº 13.155, de 2015)

§ 4º. Serão desconsideradas as partidas disputadas pela entidade de prática desportiva que não tenham atendido ao critério técnico previamente definido, inclusive para efeito de pontuação na competição.

§ 5º. A comprovação da regularidade fiscal de que trata a alínea a do inciso II do § 1º deste artigo poderá ser feita mediante a apresentação de Certidão Positiva com Efeitos de Negativa de Débitos relativos a Créditos Tributários Federais e à Dívida Ativa da União – CPEND. (Incluído pela Lei nº 13.155, de 2015)

§ 6º. (VETADO). (Incluído pela Lei nº 13.155, de 2015)

§ 7º. (VETADO). (Incluído pela Lei nº 13.155, de 2015)

§ 8º. (VETADO). (Incluído pela Lei nº 13.155, de 2015)

ART. 11. É direito do torcedor que o árbitro e seus auxiliares entreguem, em até quatro horas contadas do término da partida, a súmula e os relatórios da partida ao representante da entidade responsável pela organização da competição.

§ 1º. Em casos excepcionais, de grave tumulto ou necessidade de laudo médico, os relatórios da partida poderão ser complementados em até vinte e quatro horas após o seu término.

§ 2º. A súmula e os relatórios da partida serão elaborados em três vias, de igual teor e forma, devidamente assinadas pelo árbitro, auxiliares e pelo representante da entidade responsável pela organização da competição.

§ 3º. A primeira via será acondicionada em envelope lacrado e ficará na posse de representante da entidade responsável pela organização da competição, que a encaminhará ao setor competente da respectiva entidade até as treze horas do primeiro dia útil subsequente.

§ 4º. O lacre de que trata o § 3º será assinado pelo árbitro e seus auxiliares.

§ 5º. A segunda via ficará na posse do árbitro da partida, servindo-lhe como recibo.

§ 6º. A terceira via ficará na posse do representante da entidade responsável pela organização da competição, que a encaminhará ao Ouvidor da Competição até as treze horas do primeiro dia útil subsequente, para imediata divulgação.

ART. 12. A entidade responsável pela organização da competição dará publicidade à súmula e aos relatórios da partida no sítio de que trata o § 1º do art. 5º até as 14 (quatorze) horas do 3º (terceiro) dia útil subsequente ao da realização da partida. (Redação dada pela Lei nº 12.299, de 2010).

CAPÍTULO IV.
DA SEGURANÇA DO TORCEDOR PARTÍCIPE DO EVENTO ESPORTIVO

ART. 13. O torcedor tem direito a segurança nos locais onde são realizados os eventos esportivos antes, durante e após a realização das partidas.

Parágrafo único. Será assegurado acessibilidade ao torcedor portador de deficiência ou com mobilidade reduzida.

▸ *Lei nº 10.671, de 15-05-2003, art. 44, Estatuto do Torcedor.*

ART. 13-A. São condições de acesso e permanência do torcedor no recinto esportivo, sem prejuízo de outras condições previstas em lei: (Incluído pela Lei nº 12.299, de 2010).

I – estar na posse de ingresso válido; (Incluído pela Lei nº 12.299, de 2010).

II – não portar objetos, bebidas ou substâncias proibidas ou suscetíveis de gerar ou possibilitar a prática de atos de violência; (Incluído pela Lei nº 12.299, de 2010).

III – consentir com a revista pessoal de prevenção e segurança; (Incluído pela Lei nº 12.299, de 2010).

IV – não portar ou ostentar cartazes, bandeiras, símbolos ou outros sinais com mensagens ofensivas, inclusive de caráter racista ou xenófobo; (Incluído pela Lei nº 12.299, de 2010).

V – não entoar cânticos discriminatórios, racistas ou xenófobos; (Incluído pela Lei nº 12.299, de 2010).

VI – não arremessar objetos, de qualquer natureza, no interior do recinto esportivo; (Incluído pela Lei nº 12.299, de 2010).

VII – não portar ou utilizar fogos de artifício ou quaisquer outros engenhos pirotécnicos ou produtores de efeitos análogos; (Incluído pela Lei nº 12.299, de 2010).

VIII – não incitar e não praticar atos de violência no estádio, qualquer que seja a sua natureza; e (Incluído pela Lei nº 12.299, de 2010).

IX – não invadir e não incitar a invasão, de qualquer forma, da área restrita aos competidores. (Incluído pela Lei nº 12.299, de 2010).

X – não utilizar bandeiras, inclusive com mastro de bambu ou similares, para outros fins que não o da manifestação festiva e amigável. (Incluído pela Lei nº 12.663, de 2012).

Parágrafo único. O não cumprimento das condições estabelecidas neste artigo implicará a impossibilidade de ingresso do torcedor ao recinto esportivo, ou, se for o caso, o seu afastamento imediato do recinto, sem prejuízo de outras sanções administrativas, civis ou penais eventualmente cabíveis. (Incluído pela Lei nº 12.299, de 2010).

ART. 14. Sem prejuízo do disposto nos arts. 12 a 14 da Lei nº 8.078, de 11 de setembro de 1990, a responsabilidade pela segurança do torcedor em evento esportivo é da entidade de prática desportiva detentora do mando de jogo e de seus dirigentes, que deverão:

▸ *CDC: arts. 12 a 14.*

I – solicitar ao Poder Público competente a presença de agentes públicos de segurança, devidamente identificados, responsáveis pela segurança dos torcedores dentro e fora dos estádios e demais locais de realização de eventos esportivos;

II – informar imediatamente após a decisão acerca da realização da partida, dentre outros, aos órgãos públicos de segurança, transporte e higiene, os dados necessários à segurança da partida, especialmente:

a) o local;

b) o horário de abertura do estádio;

c) a capacidade de público do estádio; e

d) a expectativa de público;

III – colocar à disposição do torcedor orientadores e serviço de atendimento para que aquele encaminhe suas reclamações no momento da partida, em local:

a) amplamente divulgado e de fácil acesso; e

b) situado no estádio.

§ 1º. É dever da entidade de prática desportiva detentora do mando de jogo solucionar imediatamente, sempre que possível, as reclamações dirigidas ao serviço de atendimento referido no inciso III, bem como reportá-las ao Ouvidor da Competição e, nos casos relacionados à violação de direitos e interesses de consumidores, aos órgãos de defesa e proteção do consumidor.

§ 2º. (Revogado de acordo com a Lei nº 12.299, de 2010)

ART. 15. O detentor do mando de jogo será uma das entidades de prática desportiva envolvidas na partida, de acordo com os critérios definidos no regulamento da competição.

ART. 16. É dever da entidade responsável pela organização da competição:

I – confirmar, com até quarenta e oito horas de antecedência, o horário e o local da realização das partidas em que a definição das equipes dependa de resultado anterior;

II - contratar seguro de acidentes pessoais, tendo como beneficiário o torcedor portador de ingresso, válido a partir do momento em que ingressar no estádio;

III - disponibilizar um médico e dois enfermeiros-padrão para cada dez mil torcedores presentes à partida;

IV - disponibilizar uma ambulância para cada dez mil torcedores presentes à partida; e

V - comunicar previamente à autoridade de saúde a realização do evento.

ART. 17. É direito do torcedor a implementação de planos de ação referentes a segurança, transporte e contingências que possam ocorrer durante a realização de eventos esportivos.

§ 1º. Os planos de ação de que trata o *caput* serão elaborados pela entidade responsável pela organização da competição, com a participação das entidades de prática desportiva que a disputarão e dos órgãos responsáveis pela segurança pública, transporte e demais contingências que possam ocorrer, das localidades em que se realizarão as partidas da competição. (Redação dada pela Lei nº 12.299, de 2010).

§ 2º. Planos de ação especiais poderão ser apresentados em relação a eventos esportivos com excepcional expectativa de público.

§ 3º. Os planos de ação serão divulgados no sítio dedicado à competição de que trata o parágrafo único do art. 5º no mesmo prazo de publicação do regulamento definitivo da competição.

▸ Lei nº 10.671, de 15-05-2003, art. 5º, § 1º, Estatuto do Torcedor.

ART. 18. Os estádios com capacidade superior a 10.000 (dez mil) pessoas deverão manter central técnica de informações, com infraestrutura suficiente para viabilizar o monitoramento por imagem do público presente. (Redação dada pela Lei nº 12.299, de 2010).

ART. 19. As entidades responsáveis pela organização da competição, bem como seus dirigentes respondem solidariamente com as entidades de que trata o art. 15 e seus dirigentes, independentemente da existência de culpa, pelos prejuízos causados a torcedor que decorram de falhas de segurança nos estádios ou da inobservância do disposto neste capítulo.

CAPÍTULO V. DOS INGRESSOS

ART. 20. É direito do torcedor partícipe que os ingressos para as partidas integrantes de competições profissionais sejam colocados à venda até setenta e duas horas antes do início da partida correspondente.

§ 1º. O prazo referido no *caput* será de quarenta e oito horas nas partidas em que:

I - as equipes sejam definidas a partir de jogos eliminatórios; e

II - a realização não seja possível prever com antecedência de quatro dias.

§ 2º. A venda deverá ser realizada por sistema que assegure a sua agilidade e amplo acesso à informação.

§ 3º. É assegurado ao torcedor partícipe o fornecimento de comprovante de pagamento, logo após a aquisição dos ingressos.

§ 4º. Não será exigida, em qualquer hipótese, a devolução do comprovante de que trata o § 3º.

§ 5º. Nas partidas que compõem as competições de âmbito nacional ou regional de primeira e segunda divisão, a venda de ingressos será realizada em, pelo menos, cinco postos de venda localizados em distritos diferentes da cidade.

ART. 21. A entidade detentora do mando de jogo implementará, na organização da emissão e venda de ingressos, sistema de segurança contra falsificações, fraudes e outras práticas que contribuam para a evasão da receita decorrente do evento esportivo.

ART. 22. São direitos do torcedor partícipe:

▸ Lei nº 10.671, de 15-05-2003, art. 44, Estatuto do Torcedor.

I - que todos os ingressos emitidos sejam numerados; e

II - ocupar o local correspondente ao número constante do ingresso.

§ 1º. O disposto no inciso II não se aplica aos locais já existentes para assistência em pé, nas competições que o permitirem, limitando-se, nesses locais, o número de pessoas, de acordo com critérios de saúde, segurança e bem-estar.

§ 2º. A emissão de ingressos e o acesso ao estádio nas primeira e segunda divisões da principal competição nacional e nas partidas finais das competições eliminatórias de âmbito nacional deverão ser realizados por meio de sistema eletrônico que viabilize a fiscalização e o controle da quantidade de público e do movimento financeiro da partida. (Redação dada pela Lei nº 12.299, de 2010).

§ 3º. O disposto no § 2º não se aplica aos eventos esportivos realizados em estádios com capacidade inferior a 10.000 (dez mil) pessoas. (Redação dada pela Lei nº 12.299, de 2010).

ART. 23. A entidade responsável pela organização da competição apresentará ao Ministério Público dos Estados e do Distrito Federal, previamente à sua realização, os laudos técnicos expedidos pelos órgãos e autoridades competentes pela vistoria das condições de segurança dos estádios a serem utilizados na competição.

§ 1º. Os laudos atestarão a real capacidade de público dos estádios, bem como suas condições de segurança.

§ 2º. Perderá o mando de jogo por, no mínimo, seis meses, sem prejuízo das demais sanções cabíveis, a entidade de prática desportiva detentora do mando do jogo em que:

I - tenha sido colocado à venda número de ingressos maior do que a capacidade de público do estádio; ou

II - tenham entrado pessoas em número maior do que a capacidade de público do estádio.

III - tenham sido disponibilizados portões de acesso ao estádio em número inferior ao recomendado pela autoridade pública. (Incluído pela Lei nº 12.299, de 2010).

ART. 24. É direito do torcedor partícipe que conste no ingresso o preço pago por ele.

ESTATUTOS

§ 1º. Os valores estampados nos ingressos destinados a um mesmo setor do estádio não poderão ser diferentes entre si, nem daqueles divulgados antes da partida pela entidade detentora do mando de jogo.

§ 2º. O disposto no § 1º não se aplica aos casos de venda antecipada de carnê para um conjunto de, no mínimo, três partidas de uma mesma equipe, bem como na venda de ingresso com redução de preço decorrente de previsão legal.

ART. 25. O controle e a fiscalização do acesso do público ao estádio com capacidade para mais de 10.000 (dez mil) pessoas deverão contar com meio de monitoramento por imagem das catracas, sem prejuízo do disposto no art. 18 desta Lei. (Redação dada pela Lei nº 12.299, de 2010).

▸ *Lei nº 10.671, de 15-05-2003, art. 44, Estatuto do Torcedor.*

CAPÍTULO VI. DO TRANSPORTE

ART. 26. Em relação ao transporte de torcedores para eventos esportivos, fica assegurado ao torcedor partícipe:

I – o acesso a transporte seguro e organizado;

II – a ampla divulgação das providências tomadas em relação ao acesso ao local da partida, seja em transporte público ou privado; e

III – a organização das imediações do estádio em que será disputada a partida, bem como suas entradas e saídas, de modo a viabilizar, sempre que possível, o acesso seguro e rápido ao evento, na entrada, e aos meios de transporte, na saída.

ART. 27. A entidade responsável pela organização da competição e a entidade de prática desportiva detentora do mando de jogo solicitarão formalmente, direto ou mediante convênio, ao Poder Público competente:

I – serviços de estacionamento para uso por torcedores partícipes durante a realização de eventos esportivos, assegurando a estes acesso a serviço organizado de transporte para o estádio, ainda que oneroso; e

II – meio de transporte, ainda que oneroso, para condução de idosos, crianças e pessoas portadoras de deficiência física aos estádios, partindo de locais de fácil acesso, previamente determinados.

Parágrafo único. O cumprimento do disposto neste artigo fica dispensado na hipótese de evento esportivo realizado em estádio com capacidade inferior a 10.000 (dez mil) pessoas. (Redação dada pela Lei nº 12.299, de 2010).

CAPÍTULO VII. DA ALIMENTAÇÃO E DA HIGIENE

ART. 28. O torcedor partícipe tem direito à higiene e à qualidade das instalações físicas dos estádios e dos produtos alimentícios vendidos no local.

§ 1º. O Poder Público, por meio de seus órgãos de vigilância sanitária, verificará o cumprimento do disposto neste artigo, na forma da legislação em vigor.

§ 2º. É vedado impor preços excessivos ou aumentar sem justa causa os preços dos produtos alimentícios comercializados no local de realização do evento esportivo.

ART. 29. É direito do torcedor partícipe que os estádios possuam sanitários em número compatível com sua capacidade de público, em plenas condições de limpeza e funcionamento.

Parágrafo único. Os laudos de que trata o art. 23 deverão aferir o número de sanitários em condições de uso e emitir parecer sobre a sua compatibilidade com a capacidade de público do estádio.

CAPÍTULO VIII. DA RELAÇÃO COM A ARBITRAGEM ESPORTIVA

ART. 30. É direito do torcedor que a arbitragem das competições desportivas seja independente, imparcial, previamente remunerada e isenta de pressões.

Parágrafo único. A remuneração do árbitro e de seus auxiliares será de responsabilidade da entidade de administração do desporto ou da liga organizadora do evento esportivo.

ART. 31. A entidade detentora do mando do jogo e seus dirigentes deverão convocar os agentes públicos de segurança visando a garantia da integridade física do árbitro e de seus auxiliares.

ART. 31-A. É dever das entidades de administração do desporto contratar seguro de vida e acidentes pessoais, tendo como beneficiária a equipe de arbitragem, quando exclusivamente no exercício dessa atividade. (Incluído pela Lei nº 12.299, de 2010).

ART. 32. É direito do torcedor que os árbitros de cada partida sejam escolhidos mediante sorteio, dentre aqueles previamente selecionados, ou audiência pública transmitida ao vivo pela rede mundial de computadores, sob pena de nulidade. (Redação dada pela Lei nº 13.155, de 2015)

§ 1º. O sorteio ou audiência pública serão realizados no mínimo quarenta e oito horas antes de cada rodada, em local e data previamente definidos. (Redação dada pela Lei nº 13.155, de 2015)

§ 2º. O sorteio será aberto ao público, garantida sua ampla divulgação.

CAPÍTULO IX. DA RELAÇÃO COM A ENTIDADE DE PRÁTICA DESPORTIVA

ART. 33. Sem prejuízo do disposto nesta Lei, cada entidade de prática desportiva fará publicar documento que contemple as diretrizes básicas de seu relacionamento com os torcedores, disciplinando, obrigatoriamente:

▸ *Lei nº 10.671, de 15-05-2003, art. 44, Estatuto do Torcedor.*

I – o acesso ao estádio e aos locais de venda dos ingressos;

II – mecanismos de transparência financeira da entidade, inclusive com disposições relativas à realização de auditorias independentes, observado o disposto no art. 46-A da Lei nº 9.615, de 24 de março de 1998; e

III – a comunicação entre o torcedor e a entidade de prática desportiva.

Parágrafo único. A comunicação entre o torcedor e a entidade de prática desportiva de que trata o inciso II do *caput* poderá, dentre outras medidas, ocorrer mediante:

I – a instalação de uma ouvidoria estável;

II – a constituição de um órgão consultivo formado por torcedores não-sócios; ou

III – reconhecimento da figura do sócio torcedor, com direitos mais restritos que os dos demais sócios.

CAPÍTULO X. DA RELAÇÃO COM A JUSTIÇA DESPORTIVA

ART. 34. É direito do torcedor que os órgãos da Justiça Desportiva, no exercício de suas funções, observem os princípios da impessoalidade, da moralidade, da celeridade, da publicidade e da independência.

ART. 35. As decisões proferidas pelos órgãos da Justiça Desportiva devem ser, em qualquer hipótese, motivadas e ter a mesma publicidade que as decisões dos tribunais federais.

§ 1º. Não correm em segredo de justiça os processos em curso perante a Justiça Desportiva.

§ 2º. As decisões de que trata o *caput* serão disponibilizadas no sítio de que trata o § 1º do art. 5º. (Redação dada pela Lei nº 12.299, de 2010).

ART. 36. São nulas as decisões proferidas que não observarem o disposto nos arts. 34 e 35.

CAPÍTULO XI. DAS PENALIDADES

ART. 37. Sem prejuízo das demais sanções cabíveis, a entidade de administração do desporto, a liga ou a entidade de prática desportiva que violar ou de qualquer forma concorrer para a violação do disposto nesta Lei, observado o devido processo legal, incidirá nas seguintes sanções:

I – destituição de seus dirigentes, na hipótese de violação das regras de que tratam os Capítulos II, IV e V desta Lei;

II – suspensão por seis meses dos seus dirigentes, por violação dos dispositivos desta Lei não referidos no inciso I;

III – impedimento de gozar de qualquer benefício fiscal em âmbito federal; e

IV – suspensão por seis meses dos repasses de recursos públicos federais da administração direta e indireta, sem prejuízo do disposto no art. 18 da Lei nº 9.615, de 24 de março de 1998.

§ 1º. Os dirigentes de que tratam os incisos I e II do *caput* deste artigo serão sempre:

I – o presidente da entidade, ou aquele que lhe faça as vezes; e

II – o dirigente que praticou a infração, ainda que por omissão.

§ 2º. A União, os Estados, o Distrito Federal e os Municípios poderão instituir, no âmbito de suas competências, multas em razão do descumprimento do disposto nesta Lei, observado o valor mínimo de R$ 100,00 (cem reais) e o valor máximo de R$ 2.000.000,00 (dois milhões de reais). (Redação dada pela Lei nº 13.155, de 2015)

§ 3º. A instauração do processo apuratório acarretará adoção cautelar do afastamento compulsório dos dirigentes e demais pessoas que, de forma direta ou indiretamente, puderem interferir prejudicialmente na completa elucidação dos fatos, além da suspensão dos repasses de verbas públicas, até a decisão final.

ART. 38. (VETADO)

ART. 39. Revogado pela Lei nº 12.299, de 2010.

ART. 39-A. A torcida organizada que, em evento esportivo, promover tumulto, praticar ou incitar a violência ou invadir local restrito aos competidores, árbitros, fiscais, dirigentes, organizadores ou jornalistas será impedida, assim como seus associados ou membros, de comparecer a eventos esportivos pelo prazo de até 5 (cinco) anos. (Redação dada pela Lei nº 13.912, de 25-11-2019)

ART. 39-B. A torcida organizada responde civilmente, de forma objetiva e solidária, pelos danos causados por qualquer dos seus associados ou membros no local do evento esportivo, em suas imediações ou no trajeto de ida e volta para o evento. (Incluído pela Lei nº 12.299, de 2010).

ART. 39-C. Aplica-se o disposto nos arts. 39-A e 39-B à torcida organizada e a seus associados ou membros envolvidos, mesmo que em local ou data distintos dos relativos à competição esportiva, nos casos de: (Incluído pela Lei nº 13.912, de 25-11-2019)

I – invasão de local de treinamento;

II – confronto, ou induzimento ou auxílio a confronto, entre torcedores;

III – ilícitos praticados contra esportistas, competidores, árbitros, fiscais ou organizadores de eventos esportivos e jornalistas voltados principal ou exclusivamente à cobertura de competições esportivas, mesmo que, no momento, não estejam atuando na competição ou diretamente envolvidos com o evento.

ART. 40. A defesa dos interesses e direitos dos torcedores em juízo observará, no que couber, a mesma disciplina da defesa dos consumidores em juízo de que trata o Título III da Lei nº 8.078, de 11 de setembro de 1990.

ART. 41. A União, os Estados, o Distrito Federal e os Municípios promoverão a defesa do torcedor, e, com a finalidade de fiscalizar o cumprimento do disposto nesta Lei, poderão:

I – constituir órgão especializado de defesa do torcedor; ou

II – atribuir a promoção e defesa do torcedor aos órgãos de defesa do consumidor.

ART. 41-A. Os juizados do torcedor, órgãos da Justiça Ordinária com competência cível e criminal, poderão ser criados pelos Estados e pelo Distrito Federal para o processo, o julgamento e a execução das causas decorrentes das atividades reguladas nesta Lei. (Incluído pela Lei nº 12.299, de 2010).

ESTATUTOS

CAPÍTULO XI-A. DOS CRIMES

(Incluído pela Lei nº 12.299, de 2010)

ART. 41-B. Promover tumulto, praticar ou incitar a violência, ou invadir local restrito aos competidores em eventos esportivos: (Incluído pela Lei nº 12.299, de 2010).

Pena – reclusão de 1 (um) a 2 (dois) anos e multa. (Incluído pela Lei nº 12.299, de 2010).

§ 1º. Incorrerá nas mesmas penas o torcedor que: (Incluído pela Lei nº 12.299, de 2010).

I – promover tumulto, praticar ou incitar a violência num raio de 5.000 (cinco mil) metros ao redor do local de realização do evento esportivo, ou durante o trajeto de ida e volta do local da realização do evento; (Incluído pela Lei nº 12.299, de 2010).

II – portar, deter ou transportar, no interior do estádio, em suas imediações ou no seu trajeto, em dia de realização de evento esportivo, quaisquer instrumentos que possam servir para a prática de violência. (Incluído pela Lei nº 12.299, de 2010).

§ 2º. Na sentença penal condenatória, o juiz deverá converter a pena de reclusão em pena impeditiva de comparecimento às proximidades do estádio, bem como a qualquer local em que se realize evento esportivo, pelo prazo de 3 (três) meses a 3 (três) anos, de acordo com a gravidade da conduta, na hipótese de o agente ser primário, ter bons antecedentes e não ter sido punido anteriormente pela prática de condutas previstas neste artigo. (Incluído pela Lei nº 12.299, de 2010).

§ 3º. A pena impeditiva de comparecimento às proximidades do estádio, bem como a qualquer local em que se realize evento esportivo, converter-se-á em privativa de liberdade quando ocorrer o descumprimento injustificado da restrição imposta. (Incluído pela Lei nº 12.299, de 2010).

§ 4º. Na conversão de pena prevista no § 2º, a sentença deverá determinar, ainda, a obrigatoriedade suplementar de o agente permanecer em estabelecimento indicado pelo juiz, no período compreendido entre as 2 (duas) horas antecedentes e as 2 (duas) horas posteriores à realização de partidas de entidade de prática desportiva ou de competição determinada. (Incluído pela Lei nº 12.299, de 2010).

§ 5º. Na hipótese de o representante do Ministério Público propor aplicação da pena restritiva de direito prevista no art. 76 da Lei nº 9.099, de 26 de setembro de 1995, o juiz aplicará a sanção prevista no § 2º. (Incluído pela Lei nº 12.299, de 2010).

ART. 41-C. Solicitar ou aceitar, para si ou para outrem, vantagem ou promessa de vantagem patrimonial ou não patrimonial para qualquer ato ou omissão destinado a alterar ou falsear o resultado de competição esportiva ou evento a ela associado: (Redação dada pela Lei nº 13.155, de 2015)

Pena – reclusão de 2 (dois) a 6 (seis) anos e multa. (Incluído pela Lei nº 12.299, de 2010).

ART. 41-D. Dar ou prometer vantagem patrimonial ou não patrimonial com o fim de alterar ou falsear o resultado de uma competição desportiva ou evento a ela associado: (Redação dada pela Lei nº 13.155, de 2015)

Pena – reclusão de 2 (dois) a 6 (seis) anos e multa. (Incluído pela Lei nº 12.299, de 2010).

ART. 41-E. Fraudar, por qualquer meio, ou contribuir para que se fraude, de qualquer forma, o resultado de competição esportiva ou evento a ela associado: (Redação dada pela Lei nº 13.155, de 2015)

Pena – reclusão de 2 (dois) a 6 (seis) anos e multa. (Incluído pela Lei nº 12.299, de 2010).

ART. 41-F. Vender ingressos de evento esportivo, por preço superior ao estampado no bilhete: (Incluído pela Lei nº 12.299, de 2010).

Pena – reclusão de 1 (um) a 2 (dois) anos e multa. (Incluído pela Lei nº 12.299, de 2010).

ART. 41-G. Fornecer, desviar ou facilitar a distribuição de ingressos para venda por preço superior ao estampado no bilhete: (Incluído pela Lei nº 12.299, de 2010).

Pena – reclusão de 2 (dois) a 4 (quatro) anos e multa. (Incluído pela Lei nº 12.299, de 2010).

Parágrafo único. A pena será aumentada de 1/3 (um terço) até a metade se o agente for servidor público, dirigente ou funcionário de entidade de prática desportiva, entidade responsável pela organização da competição, empresa contratada para o processo de emissão, distribuição e venda de ingressos ou torcida organizada e se utilizar desta condição para os fins previstos neste artigo. (Incluído pela Lei nº 12.299, de 2010).

CAPÍTULO XII. DISPOSIÇÕES FINAIS E TRANSITÓRIAS

ART. 42. O Conselho Nacional de Esportes – CNE promoverá, no prazo de seis meses, contado da publicação desta Lei, a adequação do Código de Justiça Desportiva ao disposto na Lei nº 9.615, de 24 de março de 1998, nesta Lei e em seus respectivos regulamentos.

ART. 43. Esta Lei aplica-se apenas ao desporto profissional.

ART. 44. O disposto no parágrafo único do art. 13, e nos arts. 18, 22, 25 e 33 entrará em vigor após seis meses da publicação desta Lei.

ART. 45. Esta Lei entra em vigor na data de sua publicação.

Brasília, 15 de maio de 2003;
182º da Independência e 115º da República.

LUIZ INÁCIO LULA DA SILVA

Este texto não substitui o publicado no DOU de 16.5.2003

ESTATUTO DO IDOSO

LEI Nº 10.741, DE 1º DE OUTUBRO DE 2003

Dispõe sobre o Estatuto do Idoso e dá outras providências

O PRESIDENTE DA REPÚBLICA Faço saber que o Congresso Nacional decreta e eu sanciono a seguinte Lei:

TÍTULO I. DISPOSIÇÕES PRELIMINARES

▸ *CF: art. 229 e 230.*

ART. 1º. É instituído o Estatuto do Idoso, destinado a regular os direitos assegurados às pessoas com idade igual ou superior a 60 (sessenta) anos.

ART. 2º. O idoso goza de todos os direitos fundamentais inerentes à pessoa humana, sem prejuízo da proteção integral de que trata esta Lei, assegurando-se-lhe, por lei ou por outros meios, todas as oportunidades e facilidades, para preservação de sua saúde física e mental e seu aperfeiçoamento moral, intelectual, espiritual e social, em condições de liberdade e dignidade.

ART. 3º. É obrigação da família, da comunidade, da sociedade e do Poder Público assegurar ao idoso, com absoluta prioridade, a efetivação do direito à vida, à saúde, à alimentação, à educação, à cultura, ao esporte, ao lazer, ao trabalho, à cidadania, à liberdade, à dignidade, ao respeito e à convivência familiar e comunitária.

▸ *CF: art. 6º.*

§ 1º. A garantia de prioridade compreende: (Redação dada pela Lei nº 13.466, de 2017)

I – atendimento preferencial imediato e individualizado junto aos órgãos públicos e privados prestadores de serviços à população;

II – preferência na formulação e na execução de políticas sociais públicas específicas;

III – destinação privilegiada de recursos públicos nas áreas relacionadas com a proteção ao idoso;

IV – viabilização de formas alternativas de participação, ocupação e convívio do idoso com as demais gerações;

V – priorização do atendimento do idoso por sua própria família, em detrimento do atendimento asilar, exceto dos que não a possuam ou careçam de condições de manutenção da própria sobrevivência;

VI – capacitação e reciclagem dos recursos humanos nas áreas de geriatria e gerontologia e na prestação de serviços aos idosos;

VII – estabelecimento de mecanismos que favoreçam a divulgação de informações de caráter educativo sobre os aspectos biopsicossociais de envelhecimento;

VIII – garantia de acesso à rede de serviços de saúde e de assistência social locais.

IX – prioridade no recebimento da restituição do Imposto de Renda. (Incluído pela Lei nº 11.765, de 2008).

§ 2º. Dentre os idosos, é assegurada prioridade especial aos maiores de oitenta anos, atendendo-se suas necessidades sempre preferencialmente em relação aos demais idosos. (Incluído pela Lei nº 13.466, de 2017)

ART. 4º. Nenhum idoso será objeto de qualquer tipo de negligência, discriminação, violência, crueldade ou opressão, e todo atentado aos seus direitos, por ação ou omissão, será punido na forma da lei.

§ 1º. É dever de todos prevenir a ameaça ou violação aos direitos do idoso.

§ 2º. As obrigações previstas nesta Lei não excluem da prevenção outras decorrentes dos princípios por ela adotados.

ART. 5º. A inobservância das normas de prevenção importará em responsabilidade à pessoa física ou jurídica nos termos da lei.

ART. 6º. Todo cidadão tem o dever de comunicar à autoridade competente qualquer forma de violação a esta Lei que tenha testemunhado ou de que tenha conhecimento.

ART. 7º. Os Conselhos Nacional, Estaduais, do Distrito Federal e Municipais do Idoso, previstos na Lei nº 8.842, de 4 de janeiro de 1994, zelarão pelo cumprimento dos direitos do idoso, definidos nesta Lei.

TÍTULO II. DOS DIREITOS FUNDAMENTAIS

CAPÍTULO I. DO DIREITO À VIDA

ART. 8º. O envelhecimento é um direito personalíssimo e a sua proteção um direito social, nos termos desta Lei e da legislação vigente.

ART. 9º. É obrigação do Estado, garantir à pessoa idosa a proteção à vida e à saúde, mediante efetivação de políticas sociais públicas que permitam um envelhecimento saudável e em condições de dignidade.

CAPÍTULO II. DO DIREITO À LIBERDADE, AO RESPEITO E À DIGNIDADE

ART. 10. É obrigação do Estado e da sociedade, assegurar à pessoa idosa a liberdade, o respeito e a dignidade, como pessoa humana e sujeito de direitos civis, políticos, individuais e sociais, garantidos na Constituição e nas leis.

§ 1º. O direito à liberdade compreende, entre outros, os seguintes aspectos:

I – faculdade de ir, vir e estar nos logradouros públicos e espaços comunitários, ressalvadas as restrições legais;

II – opinião e expressão;

III – crença e culto religioso;

IV – prática de esportes e de diversões;

V – participação na vida familiar e comunitária;

VI – participação na vida política, na forma da lei;

VII – faculdade de buscar refúgio, auxílio e orientação.

§ 2º. O direito ao respeito consiste na inviolabilidade da integridade física, psíquica e moral, abrangendo a preservação da imagem, da identidade, da autonomia, de valores, ideias e crenças, dos espaços e dos objetos pessoais.

§ 3º. É dever de todos zelar pela dignidade do idoso, colocando-o a salvo de qualquer tratamento desumano, violento, aterrorizante, vexatório ou constrangedor.

CAPÍTULO III. DOS ALIMENTOS

ART. 11. Os alimentos serão prestados ao idoso na forma da lei civil.

ART. 12. A obrigação alimentar é solidária, podendo o idoso optar entre os prestadores.

ART. 13. As transações relativas a alimentos poderão ser celebradas perante o Promotor de Justiça ou Defensor Público, que as referendará, e passarão a ter efeito de título executivo extrajudicial nos termos da lei processual civil. (Redação dada pela Lei nº 11.737, de 2008)

ART. 14. Se o idoso ou seus familiares não possuírem condições econômicas de prover o seu sustento, impõe-se ao Poder Público esse provimento, no âmbito da assistência social.

▸ *CF: arts. 203 e ss.*

CAPÍTULO IV. DO DIREITO À SAÚDE

ART. 15. É assegurada a atenção integral à saúde do idoso, por intermédio do Sistema Único de Saúde – SUS, garantindo-lhe o acesso universal e igualitário, em conjunto articulado e contínuo das ações e serviços, para a prevenção, promoção, proteção e recuperação da saúde, incluindo a atenção especial às doenças que afetam preferencialmente os idosos.

▸ *CF: arts. 196 e ss.*

§ 1º. A prevenção e a manutenção da saúde do idoso serão efetivadas por meio de:

I – cadastramento da população idosa em base territorial;

II – atendimento geriátrico e gerontológico em ambulatórios;

III – unidades geriátricas de referência, com pessoal especializado nas áreas de geriatria e gerontologia social;

IV – atendimento domiciliar, incluindo a internação, para a população que dele necessitar e esteja impossibilitada de se locomover, inclusive para idosos abrigados e acolhidos por instituições públicas, filantrópicas ou sem fins lucrativos e eventualmente conveniadas com o Poder Público, nos meios urbano e rural;

▸ *CF: art. 230, § 1º.*

V – reabilitação orientada pela geriatria e gerontologia, para redução das sequelas decorrentes do agravo da saúde.

§ 2º. Incumbe ao Poder Público fornecer aos idosos, gratuitamente, medicamentos, especialmente os de uso continuado, assim como próteses, órteses e outros recursos relativos ao tratamento, habilitação ou reabilitação.

§ 3º. É vedada a discriminação do idoso nos planos de saúde pela cobrança de valores diferenciados em razão da idade.

§ 4º. Os idosos portadores de deficiência ou com limitação incapacitante terão atendimento especializado, nos termos da lei.

§ 5º. É vedado exigir o comparecimento do idoso enfermo perante os órgãos públicos, hipótese na qual será admitido o seguinte procedimento: (Incluído pela Lei nº 12.896, de 2013)

I – quando de interesse do poder público, o agente promoverá o contato necessário com o idoso em sua residência; ou (Incluído pela Lei nº 12.896, de 2013)

II – quando de interesse do próprio idoso, este se fará representar por procurador legalmente constituído. (Incluído pela Lei nº 12.896, de 2013)

§ 6º. É assegurado ao idoso enfermo o atendimento domiciliar pela perícia médica do Instituto Nacional do Seguro Social – INSS, pelo serviço público de saúde ou pelo serviço privado de saúde, contratado ou conveniado, que integre o Sistema Único de Saúde – SUS, para expedição do laudo de saúde necessário ao exercício de seus direitos sociais e de isenção tributária. (Incluído pela Lei nº 12.896, de 2013)

§ 7º. Em todo atendimento de saúde, os maiores de oitenta anos terão preferência especial sobre os demais idosos, exceto em caso de emergência. (Incluído pela Lei nº 13.466, de 2017).

ART. 16. Ao idoso internado ou em observação é assegurado o direito a acompanhante, devendo o órgão de saúde proporcionar as condições adequadas para a sua permanência em tempo integral, segundo o critério médico.

Parágrafo único. Caberá ao profissional de saúde responsável pelo tratamento conceder autorização para o acompanhamento do idoso ou, no caso de impossibilidade, justificá-la por escrito.

ART. 17. Ao idoso que esteja no domínio de suas faculdades mentais é assegurado o direito de optar pelo tratamento de saúde que lhe for reputado mais favorável.

Parágrafo único. Não estando o idoso em condições de proceder à opção, esta será feita:

I – pelo curador, quando o idoso for interditado;

II – pelos familiares, quando o idoso não tiver curador ou este não puder ser contactado em tempo hábil;

III – pelo médico, quando ocorrer iminente risco de vida e não houver tempo hábil para consulta a curador ou familiar;

IV – pelo próprio médico, quando não houver curador ou familiar conhecido, caso em que deverá comunicar o fato ao Ministério Público.

ART. 18. As instituições de saúde devem atender aos critérios mínimos para o atendimento às necessidades do idoso, promovendo o treinamento e a capacitação dos profissionais, assim como orientação a cuidadores familiares e grupos de autoajuda.

ART. 19. Os casos de suspeita ou confirmação de violência praticada contra idosos serão objeto de notificação compulsória pelos serviços de saúde públicos e privados à autoridade sanitária, bem como serão obrigatoriamente comunicados por eles a quaisquer dos seguintes órgãos: (Redação dada pela Lei nº 12.461, de 2011)

I – autoridade policial;

II – Ministério Público;

III – Conselho Municipal do Idoso;

IV – Conselho Estadual do Idoso;

V – Conselho Nacional do Idoso.

§ 1º. Para os efeitos desta Lei, considera-se violência contra o idoso qualquer ação ou omissão praticada em local público ou privado que lhe cause morte, dano ou sofrimento físico ou psicológico. (Incluído pela Lei nº 12.461, de 2011)

§ 2º. Aplica-se, no que couber, à notificação compulsória prevista no *caput* deste artigo, o disposto na Lei nº 6.259, de 30 de outubro de 1975. (Incluído pela Lei nº 12.461, de 2011)

CAPÍTULO V. DA EDUCAÇÃO, CULTURA, ESPORTE E LAZER

ART. 20. O idoso tem direito a educação, cultura, esporte, lazer, diversões, espetáculos, produtos e serviços que respeitem sua peculiar condição de idade.

ART. 21. O Poder Público criará oportunidades de acesso do idoso à educação, adequando currículos, metodologias e material didático aos programas educacionais a e e destinados.

§ 1º. Os cursos especiais para idosos incluirão conteúdo relativo às técnicas de comunicação, computação e demais avanços tecnológicos, para sua integração à vida moderna.

§ 2º. Os idosos participarão das comemorações de caráter cívico ou cultural, para transmissão de conhecimentos e vivências às demais gerações, no sentido da preservação da memória e da identidade culturais.

ART. 22. Nos currículos mínimos dos diversos níveis de ensino formal serão inseridos conteúdos voltados ao processo de envelhecimento, ao respeito e à valorização do idoso, de forma a eliminar o preconceito e a produzir conhecimentos sobre a matéria.

ART. 23. A participação dos idosos em atividades culturais e de lazer será proporcionada mediante descontos de pelo menos 50% (cinquenta por cento) nos ingressos para eventos artísticos, culturais, esportivos e de lazer, bem como o acesso preferencial aos respectivos locais.

ART. 24. Os meios de comunicação manterão espaços ou horários especiais voltados aos idosos, com finalidade informativa, educativa, artística e cultural, e ao público sobre o processo de envelhecimento.

ART. 25. As instituições de educação superior ofertarão às pessoas idosas, na perspectiva da educação ao longo da vida, cursos e programas de extensão, presenciais ou a distância, constituídos por atividades formais e não formais. (Redação dada pela Lei nº 13.535, de 2017)

Parágrafo único. O poder público apoiará a criação de universidade aberta para as pessoas idosas e incentivará a publicação de livros e periódicos, de conteúdo e padrão editorial adequados ao idoso, que facilitem a leitura, considerada a natural redução da capacidade visual. (Incluído pela Lei nº 13.535, de 2017)

CAPÍTULO VI. DA PROFISSIONALIZAÇÃO E DO TRABALHO

ART. 26. O idoso tem direito ao exercício de atividade profissional, respeitadas suas condições físicas, intelectuais e psíquicas.

ART. 27. Na admissão do idoso em qualquer trabalho ou emprego, é vedada a discriminação e a fixação de limite máximo de idade, inclusive para concursos, ressalvados os casos em que a natureza do cargo o exigir.

Parágrafo único. O primeiro critério de desempate em concurso público será a idade, dando-se preferência ao de idade mais elevada.

ART. 28. O Poder Público criará e estimulará programas de:

I – profissionalização especializada para os idosos, aproveitando seus potenciais e habilidades para atividades regulares e remuneradas;

II – preparação dos trabalhadores para a aposentadoria, com antecedência mínima de 1 (um) ano, por meio de estímulo a novos projetos sociais, conforme seus interesses, e de esclarecimento sobre os direitos sociais e de cidadania;

III – estímulo às empresas privadas para admissão de idosos ao trabalho.

CAPÍTULO VII. DA PREVIDÊNCIA SOCIAL

ART. 29. Os benefícios de aposentadoria e pensão do Regime Geral da Previdência Social observarão, na sua concessão, critérios de cálculo que preservem o valor real dos salários sobre os quais incidiram contribuição, nos termos da legislação vigente.

Parágrafo único. Os valores dos benefícios em manutenção serão reajustados na mesma data de reajuste do salário-mínimo, pro rata, de acordo com suas respectivas datas de início ou do seu último reajustamento, com base em percentual definido em regulamento, observados os critérios estabelecidos pela Lei nº 8.213, de 24 de julho de 1991.

ART. 30. A perda da condição de segurado não será considerada para a concessão da aposentadoria por idade, desde que a pessoa conte com, no mínimo, o tempo de contribuição correspondente ao exigido para efeito de carência na data de requerimento do benefício.

Parágrafo único. O cálculo do valor do benefício previsto no *caput* observará o disposto no *caput* e § 2º do art. 3º da Lei nº 9.876, de 26 de novembro de 1999, ou, não havendo salários-de-contribuição recolhidos a partir da competência de julho de 1994, o disposto no art. 35 da Lei nº 8.213, de 1991.

ART. 31. O pagamento de parcelas relativas a benefícios, efetuado com atraso por responsabilidade da Previdência Social, será atualizado pelo mesmo índice utilizado para os reajustamentos dos benefícios do Regime Geral de Previdência Social, verificado no período compreendido entre o mês que deveria ter sido pago e o mês do efetivo pagamento.

ART. 32. O Dia Mundial do Trabalho, 1º de Maio, é a data-base dos aposentados e pensionistas.

CAPÍTULO VIII. DA ASSISTÊNCIA SOCIAL

▸ *CF: arts. 203 e ss.*

ART. 33. A assistência social aos idosos será prestada, de forma articulada, conforme os princípios e diretrizes previstos na Lei Orgânica da Assistência Social, na Política Nacional do Idoso, no Sistema Único de Saúde e demais normas pertinentes.

ART. 34. Aos idosos, a partir de 65 (sessenta e cinco) anos, que não possuam meios para prover sua subsistência, nem de tê-la provida por sua família, é assegurado o benefício mensal de 1 (um) salário-mínimo, nos termos da Lei Orgânica da Assistência Social – Loas.

▸ *CF: arts. 203, V.*

Parágrafo único. O benefício já concedido a qualquer membro da família nos termos do *caput* não será computado para os fins do cálculo da renda familiar per capita a que se refere a Loas.

ART. 35. Todas as entidades de longa permanência, ou casalar, são obrigadas a firmar contrato de prestação de serviços com a pessoa idosa abrigada.

§ 1º. No caso de entidades filantrópicas, ou casalar, é facultada a cobrança de participação do idoso no custeio da entidade.

§ 2º. O Conselho Municipal do Idoso ou o Conselho Municipal da Assistência Social estabelecerá a forma de participação prevista no § 1º, que não poderá exceder a 70% (setenta por cento) de qualquer benefício previdenciário ou de assistência social percebido pelo idoso.

§ 3º. Se a pessoa idosa for incapaz, caberá a seu representante legal firmar o contrato a que se refere o *caput* deste artigo.

ART. 36. O acolhimento de idosos em situação de risco social, por adulto ou núcleo familiar, caracteriza a dependência econômica, para os efeitos legais.

CAPÍTULO IX. DA HABITAÇÃO

ART. 37. O idoso tem direito a moradia digna, no seio da família natural ou substituta, ou desacompanhado de seus familiares, quando assim o desejar, ou, ainda, em instituição pública ou privada.

§ 1º. A assistência integral na modalidade de entidade de longa permanência será prestada quando verificada inexistência de grupo familiar, casalar, abandono ou carência de recursos financeiros próprios ou da família.

§ 2º. Toda instituição dedicada ao atendimento ao idoso fica obrigada a manter identificação externa visível, sob pena de interdição, além de atender toda a legislação pertinente.

§ 3º. As instituições que abrigarem idosos são obrigadas a manter padrões de habitação compatíveis com as necessidades deles, bem como provê-los com alimentação regular e higiene indispensáveis às normas sanitárias e com estas condizentes, sob as penas da lei.

ART. 38. Nos programas habitacionais, públicos ou subsidiados com recursos públicos, o idoso goza de prioridade na aquisição de imóvel para moradia própria, observado o seguinte:

I – reserva de pelo menos 3% (três por cento) das unidades habitacionais residenciais para atendimento aos idosos; (Redação dada pela Lei nº 12.418, de 2011)

II – implantação de equipamentos urbanos comunitários voltados ao idoso;

III – eliminação de barreiras arquitetônicas e urbanísticas, para garantia de acessibilidade ao idoso;

IV – critérios de financiamento compatíveis com os rendimentos de aposentadoria e pensão.

Parágrafo único. As unidades residenciais reservadas para atendimento a idosos devem situar-se, preferencialmente, no pavimento térreo. (Incluído pela Lei nº 12.419, de 2011)

CAPÍTULO X. DO TRANSPORTE

ART. 39. Aos maiores de 65 (sessenta e cinco) anos fica assegurada a gratuidade dos transportes coletivos públicos urbanos e semiurbanos, exceto nos serviços seletivos e especiais, quando prestados paralelamente aos serviços regulares.

▸ *CF: arts. 230, § 2º.*

§ 1º. Para ter acesso à gratuidade, basta que o idoso apresente qualquer documento pessoal que faça prova de sua idade.

§ 2º. Nos veículos de transporte coletivo de que trata este artigo, serão reservados 10% (dez por cento) dos assentos para os idosos, devidamente identificados com a placa de reservado preferencialmente para idosos.

§ 3º. No caso das pessoas compreendidas na faixa etária entre 60 (sessenta) e 65 (sessenta e cinco) anos, ficará a critério da legislação local dispor sobre as condições para exercício da gratuidade nos meios de transporte previstos no *caput* deste artigo.

ART. 40. No sistema de transporte coletivo interestadual observar-se-á, nos termos da legislação específica:

I – a reserva de 2 (duas) vagas gratuitas por veículo para idosos com renda igual ou inferior a 2 (dois) salários-mínimos;

II – desconto de 50% (cinquenta por cento), no mínimo, no valor das passagens, para os idosos que excederem as vagas gratuitas, com renda igual ou inferior a 2 (dois) salários-mínimos.

Parágrafo único. Caberá aos órgãos competentes definir os mecanismos e os critérios para o exercício dos direitos previstos nos incisos I e II.

ART. 41. É assegurada a reserva, para os idosos, nos termos da lei local, de 5% (cinco por cento) das vagas nos estacionamentos públicos e privados, as quais deverão ser posicionadas de forma a garantir a melhor comodidade ao idoso.

ART. 42. São asseguradas a prioridade e a segurança do idoso nos procedimentos de embarque e desembarque nos veículos do sistema de transporte coletivo. (Redação dada pela Lei nº 12.899, de 2013)

TÍTULO III. DAS MEDIDAS DE PROTEÇÃO

CAPÍTULO I. DAS DISPOSIÇÕES GERAIS

ART. 43. As medidas de proteção ao idoso são aplicáveis sempre que os direitos reconhecidos nesta Lei forem ameaçados ou violados:

I – por ação ou omissão da sociedade ou do Estado;

II – por falta, omissão ou abuso da família, curador ou entidade de atendimento;

III – em razão de sua condição pessoal.

CAPÍTULO II. DAS MEDIDAS ESPECÍFICAS DE PROTEÇÃO

ART. 44. As medidas de proteção ao idoso previstas nesta Lei poderão ser aplicadas, isolada ou cumulativamente e levarão em conta os fins sociais a que se destinam e o fortalecimento dos vínculos familiares e comunitários.

ART. 45. Verificada qualquer das hipóteses previstas no art. 43, o Ministério Público ou o Poder Judiciário, a requerimento daquele, poderá determinar, dentre outras, as seguintes medidas:

I – encaminhamento à família ou curador, mediante termo de responsabilidade;

II – orientação, apoio e acompanhamento temporários;

III – requisição para tratamento de sua saúde, em regime ambulatorial, hospitalar ou domiciliar;

IV – inclusão em programa oficial ou comunitário de auxílio, orientação e tratamento a usuários dependentes de drogas lícitas ou ilícitas, ao próprio idoso ou à pessoa de sua convivência que lhe cause perturbação;

V – abrigo em entidade;

VI – abrigo temporário.

TÍTULO IV. DA POLÍTICA DE ATENDIMENTO AO IDOSO

CAPÍTULO I. DISPOSIÇÕES GERAIS

ART. 46. A política de atendimento ao idoso far-se-á por meio do conjunto articulado de ações governamentais e não-governamentais da União, dos Estados, do Distrito Federal e dos Municípios.

ART. 47. São linhas de ação da política de atendimento:

I – políticas sociais básicas, previstas na Lei nº 8.842, de 4 de janeiro de 1994;

II – políticas e programas de assistência social, em caráter supletivo, para aqueles que necessitarem;

III – serviços especiais de prevenção e atendimento às vítimas de negligência, maus-tratos, exploração, abuso, crueldade e opressão;

IV – serviço de identificação e localização de parentes ou responsáveis por idosos abandonados em hospitais e instituições de longa permanência;

V – proteção jurídico-social por entidades de defesa dos direitos dos idosos;

VI – mobilização da opinião pública no sentido da participação dos diversos segmentos da sociedade no atendimento do idoso.

CAPÍTULO II. DAS ENTIDADES DE ATENDIMENTO AO IDOSO

ART. 48. As entidades de atendimento são responsáveis pela manutenção das próprias unidades, observadas as normas de planejamento e execução emanadas do órgão competente da Política Nacional do Idoso, conforme a Lei nº 8.842, de 1994.

Parágrafo único. As entidades governamentais e não-governamentais de assistência ao idoso ficam sujeitas à inscrição de seus programas, junto ao órgão competente da Vigilância Sanitária e Conselho Municipal da Pessoa Idosa, e em sua falta, junto ao Conselho Estadual ou Nacional da Pessoa Idosa, especificando os regimes de atendimento, observados os seguintes requisitos:

I – oferecer instalações físicas em condições adequadas de habitabilidade, higiene, salubridade e segurança;

II – apresentar objetivos estatutários e plano de trabalho compatíveis com os princípios desta Lei;

III – estar regularmente constituída;

IV – demonstrar a idoneidade de seus dirigentes.

ART. 49. As entidades que desenvolvam programas de institucionalização de longa permanência adotarão os seguintes princípios:

I – preservação dos vínculos familiares;

II – atendimento personalizado e em pequenos grupos;

ESTATUTOS

III – manutenção do idoso na mesma instituição, salvo em caso de força maior;

IV – participação do idoso nas atividades comunitárias, de caráter interno e externo;

V – observância dos direitos e garantias dos idosos;

VI – preservação da identidade do idoso e oferecimento de ambiente de respeito e dignidade.

Parágrafo único. O dirigente de instituição prestadora de atendimento ao idoso responderá civil e criminalmente pelos atos que praticar em detrimento do idoso, sem prejuízo das sanções administrativas.

ART. 50. Constituem obrigações das entidades de atendimento:

I – celebrar contrato escrito de prestação de serviço com o idoso, especificando o tipo de atendimento, as obrigações da entidade e prestações decorrentes do contrato, com os respectivos preços, se for o caso;

II – observar os direitos e as garantias de que são titulares os idosos;

III – fornecer vestuário adequado, se for pública, e alimentação suficiente;

IV – oferecer instalações físicas em condições adequadas de habitabilidade;

V – oferecer atendimento personalizado;

VI – diligenciar no sentido da preservação dos vínculos familiares;

VII – oferecer acomodações apropriadas para recebimento de visitas;

VIII – proporcionar cuidados à saúde, conforme a necessidade do idoso;

IX – promover atividades educacionais, esportivas, culturais e de lazer;

X – propiciar assistência religiosa àqueles que desejarem, de acordo com suas crenças;

XI – proceder a estudo social e pessoal de cada caso;

XII – comunicar à autoridade competente de saúde toda ocorrência de idoso portador de doenças infectocontagiosas;

XIII – providenciar ou solicitar que o Ministério Público requisite os documentos necessários ao exercício da cidadania àqueles que não os tiverem, na forma da lei;

XIV – fornecer comprovante de depósito dos bens móveis que receberem dos idosos;

XV – manter arquivo de anotações onde constem data e circunstâncias do atendimento, nome do idoso, responsável, parentes, endereços, cidade, relação de seus pertences, bem como o valor de contribuições, e suas alterações, se houver, e demais dados que possibilitem sua identificação e a individualização do atendimento;

XVI – comunicar ao Ministério Público, para as providências cabíveis, a situação de abandono moral ou material por parte dos familiares;

XVII – manter no quadro de pessoal profissionais com formação específica.

ART. 51. As instituições filantrópicas ou sem fins lucrativos prestadoras de serviço ao idoso terão direito à assistência judiciária gratuita.

▸ *Lei nº 1.060, de 05-02-1990, dispõe sobre a Assistência Judiciária.*

CAPÍTULO III. DA FISCALIZAÇÃO DAS ENTIDADES DE ATENDIMENTO

ART. 52. As entidades governamentais e não-governamentais de atendimento ao idoso serão fiscalizadas pelos Conselhos do Idoso, Ministério Público, Vigilância Sanitária e outros previstos em lei.

ART. 53. O art. 7º da Lei nº 8.842, de 1994, passa a vigorar com a seguinte redação:

[...]

ART. 54. Será dada publicidade das prestações de contas dos recursos públicos e privados recebidos pelas entidades de atendimento.

ART. 55. As entidades de atendimento que descumprirem as determinações desta Lei ficarão sujeitas, sem prejuízo da responsabilidade civil e criminal de seus dirigentes ou prepostos, às seguintes penalidades, observado o devido processo legal:

I – as entidades governamentais:

a) advertência;

b) afastamento provisório de seus dirigentes;

c) afastamento definitivo de seus dirigentes;

d) fechamento de unidade ou interdição de programa;

II – as entidades não-governamentais:

a) advertência;

b) multa;

c) suspensão parcial ou total do repasse de verbas públicas;

d) interdição de unidade ou suspensão de programa;

e) proibição de atendimento a idosos a bem do interesse público.

§ 1º. Havendo danos aos idosos abrigados ou qualquer tipo de fraude em relação ao programa, caberá o afastamento provisório dos dirigentes ou a interdição da unidade e a suspensão do programa.

§ 2º. A suspensão parcial ou total do repasse de verbas públicas ocorrerá quando verificada a má aplicação ou desvio de finalidade dos recursos.

§ 3º. Na ocorrência de infração por entidade de atendimento, que coloque em risco os direitos assegurados nesta Lei, será o fato comunicado ao Ministério Público, para as providências cabíveis, inclusive para promover a suspensão das atividades ou dissolução da entidade, com a proibição de atendimento a idosos a bem do interesse público, sem prejuízo das providências a serem tomadas pela Vigilância Sanitária.

§ 4º. Na aplicação das penalidades, serão consideradas a natureza e a gravidade da infração cometida, os danos que dela provierem para o idoso, as circunstâncias agravantes ou atenuantes e os antecedentes da entidade.

CAPÍTULO IV. DAS INFRAÇÕES ADMINISTRATIVAS

ART. 56. Deixar a entidade de atendimento de cumprir as determinações do art. 50 desta Lei:

Pena – multa de R$ 500,00 (quinhentos reais) a R$ 3.000,00 (três mil reais), se o fato não for caracterizado como crime, podendo haver a interdição do estabelecimento até que sejam cumpridas as exigências legais.

Parágrafo único. No caso de interdição do estabelecimento de longa permanência, os idosos abrigados serão transferidos para outra instituição, a expensas do estabelecimento interditado, enquanto durar a interdição.

ART. 57. Deixar o profissional de saúde ou o responsável por estabelecimento de saúde ou instituição de longa permanência de comunicar à autoridade competente os casos de crimes contra idoso de que tiver conhecimento:

Pena – multa de R$ 500,00 (quinhentos reais) a R$ 3.000,00 (três mil reais), aplicada em dobro no caso de reincidência.

ART. 58. Deixar de cumprir as determinações desta Lei sobre a prioridade no atendimento ao idoso:

Pena – multa de R$ 500,00 (quinhentos reais) a R$ 1.000,00 (um mil reais) e multa civil a ser estipulada pelo juiz, conforme o dano sofrido pelo idoso.

CAPÍTULO V. DA APURAÇÃO ADMINISTRATIVA DE INFRAÇÃO ÀS NORMAS DE PROTEÇÃO AO IDOSO

ART. 59. Os valores monetários expressos no Capítulo IV serão atualizados anualmente, na forma da lei.

ART. 60. O procedimento para a imposição de penalidade administrativa por infração às normas de proteção ao idoso terá início com requisição do Ministério Público ou auto de infração elaborado por servidor efetivo e assinado, se possível, por duas testemunhas.

§ 1º. No procedimento iniciado com o auto de infração poderão ser usadas fórmulas impressas, especificando-se a natureza e as circunstâncias da infração.

§ 2º. Sempre que possível, à verificação da infração seguir-se-á a lavratura do auto, ou este será lavrado dentro de 24 (vinte e quatro) horas, por motivo justificado.

ART. 61. O autuado terá prazo de 10 (dez) dias para a apresentação da defesa, contado da data da intimação, que será feita:

I – pelo autuante, no instrumento de autuação, quando for lavrado na presença do infrator;

II – por via postal, com aviso de recebimento.

ART. 62. Havendo risco para a vida ou à saúde do idoso, a autoridade competente aplicará à entidade de atendimento as sanções regulamentares, sem prejuízo da iniciativa e das providências que vierem a ser adotadas pelo Ministério Público ou pelas demais instituições legitimadas para a fiscalização.

ART. 63. Nos casos em que não houver risco para a vida ou a saúde da pessoa idosa abrigada, a autoridade competente aplicará à entidade de atendimento as sanções regulamentares, sem prejuízo da iniciativa e das providências que vierem a ser adotadas pelo Ministério Público ou pelas demais instituições legitimadas para a fiscalização.

CAPÍTULO VI. DA APURAÇÃO JUDICIAL DE IRREGULARIDADES EM ENTIDADE DE ATENDIMENTO

ART. 64. Aplicam-se, subsidiariamente, ao procedimento administrativo de que trata este Capítulo as disposições das Leis nºs 6.437, de 20 de agosto de 1977, e 9.784, de 29 de janeiro de 1999.

ART. 65. O procedimento de apuração de irregularidade em entidade governamental e não-governamental de atendimento ao idoso terá início mediante petição fundamentada de pessoa interessada ou iniciativa do Ministério Público.

ART. 66. Havendo motivo grave, poderá a autoridade judiciária, ouvido o Ministério Público, decretar liminarmente o afastamento provisório do dirigente da entidade ou outras medidas que julgar adequadas, para evitar lesão aos direitos do idoso, mediante decisão fundamentada.

ART. 67. O dirigente da entidade será citado para, no prazo de 10 (dez) dias, oferecer resposta escrita, podendo juntar documentos e indicar as provas a produzir.

ART. 68. Apresentada a defesa, o juiz procederá na conformidade do art. 69 ou, se necessário, designará audiência de instrução e julgamento, deliberando sobre a necessidade de produção de outras provas.

§ 1º. Salvo manifestação em audiência, as partes e o Ministério Público terão 5 (cinco) dias para oferecer alegações finais, decidindo a autoridade judiciária em igual prazo.

§ 2º. Em se tratando de afastamento provisório ou definitivo de dirigente de entidade governamental, a autoridade judiciária oficiará a autoridade administrativa imediatamente superior ao afastado, fixando-lhe prazo de 24 (vinte e quatro) horas para proceder à substituição.

§ 3º. Antes de aplicar qualquer das medidas, a autoridade judiciária poderá fixar prazo para a remoção das irregularidades verificadas. Satisfeitas as exigências, o processo será extinto, sem julgamento do mérito.

§ 4º. A multa e a advertência serão impostas ao dirigente da entidade ou ao responsável pelo programa de atendimento.

TÍTULO V. DO ACESSO À JUSTIÇA

CAPÍTULO I. DISPOSIÇÕES GERAIS

ART. 69. Aplica-se, subsidiariamente, às disposições deste Capítulo, o procedimento sumário previsto no Código de Processo Civil, naquilo que não contrarie os prazos previstos nesta Lei.

ART. 70. O Poder Público poderá criar varas especializadas e exclusivas do idoso.

ART. 71. É assegurada prioridade na tramitação dos processos e procedimentos e na execução dos atos e diligências judiciais em que figure como parte ou interveniente pessoa com idade igual ou superior a 60 (sessenta) anos, em qualquer instância.

§ 1º. O interessado na obtenção da prioridade a que alude este artigo, fazendo prova de sua idade, requererá o benefício à autoridade judiciária competente para decidir o feito, que determinará as providências a serem cumpridas, anotando-se essa circunstância em local visível nos autos do processo.

§ 2º. A prioridade não cessará com a morte do beneficiado, estendendo-se em favor do cônjuge supérstite, companheiro ou companheira, com união estável, maior de 60 (sessenta) anos.

§ 3º. A prioridade se estende aos processos e procedimentos na Administração Pública, empresas prestadoras de serviços públicos e instituições financeiras, ao atendimento preferencial junto à Defensoria Pública da União, dos Estados e do Distrito Federal em relação aos Serviços de Assistência Judiciária.

▸ *Lei nº 1.060, de 05-02-1950, dispõe sobre assistência judiciária aos necessitados.*

§ 4º. Para o atendimento prioritário será garantido ao idoso o fácil acesso aos assentos e caixas, identificados com a destinação a idosos em local visível e caracteres legíveis.

§ 5º. Dentre os processos de idosos, dar-se-á prioridade especial aos maiores de oitenta anos. (incluído pela Lei 13.466, de 2017).

CAPÍTULO II. DO MINISTÉRIO PÚBLICO

▸ *Súmula 234 do STJ.*

ART. 72. (VETADO)

ART. 73. As funções do Ministério Público, previstas nesta Lei, serão exercidas nos termos da respectiva Lei Orgânica.

▸ *Lei nº 8.625, de 12-02-1993, dispõe sobre a Lei Orgânica do Ministério Público.*

ART. 74. Compete ao Ministério Público:

I – instaurar o inquérito civil e a ação civil pública para a proteção dos direitos e interesses difusos ou coletivos, individuais indisponíveis e individuais homogêneos do idoso;

II – promover e acompanhar as ações de alimentos, de interdição total ou parcial, de designação de curador especial, em circunstâncias que justifiquem a medida e oficiar em todos os feitos em que se discutam os direitos de idosos em condições de risco;

III – atuar como substituto processual do idoso em situação de risco, conforme o disposto no art. 43 desta Lei;

IV – promover a revogação de instrumento procuratório do idoso, nas hipóteses previstas no art. 43 desta Lei, quando necessário ou o interesse público justificar;

V – instaurar procedimento administrativo e, para instruí-lo:

a) expedir notificações, colher depoimentos ou esclarecimentos e, em caso de não comparecimento injustificado da pessoa notificada, requisitar condução coercitiva, inclusive pela Polícia Civil ou Militar;

b) requisitar informações, exames, perícias e documentos de autoridades municipais, estaduais e federais, da administração direta e indireta, bem como promover inspeções e diligências investigatórias;

c) requisitar informações e documentos particulares de instituições privadas;

VI – instaurar sindicâncias, requisitar diligências investigatórias e a instauração de inquérito policial, para a apuração de ilícitos ou infrações às normas de proteção ao idoso;

VII – zelar pelo efetivo respeito aos direitos e garantias legais assegurados ao idoso, promovendo as medidas judiciais e extrajudiciais cabíveis;

VIII – inspecionar as entidades públicas e particulares de atendimento e os programas de que trata esta Lei, adotando de pronto as medidas administrativas ou judiciais necessárias à remoção de irregularidades porventura verificadas;

IX – requisitar força policial, bem como a colaboração dos serviços de saúde, educacionais e de assistência social, públicos, para o desempenho de suas atribuições;

X – referendar transações envolvendo interesses e direitos dos idosos previstos nesta Lei.

§ 1º. A legitimação do Ministério Público para as ações cíveis previstas neste artigo não impede a de terceiros, nas mesmas hipóteses, segundo dispuser a lei.

§ 2º. As atribuições constantes deste artigo não excluem outras, desde que compatíveis com a finalidade e atribuições do Ministério Público.

§ 3º. O representante do Ministério Público, no exercício de suas funções, terá livre acesso a toda entidade de atendimento ao idoso.

ART. 75. Nos processos e procedimentos em que não for parte, atuará obrigatoriamente o Ministério Público na defesa dos direitos e interesses de que cuida esta Lei, hipóteses em que terá vista dos autos depois das partes, podendo juntar documentos, requerer diligências e produção de outras provas, usando os recursos cabíveis.

ART. 76. A intimação do Ministério Público, em qualquer caso, será feita pessoalmente.

ART. 77. A falta de intervenção do Ministério Público acarreta a nulidade do feito, que será declarada de ofício pelo juiz ou a requerimento de qualquer interessado.

CAPÍTULO III. DA PROTEÇÃO JUDICIAL DOS INTERESSES DIFUSOS, COLETIVOS E INDIVIDUAIS INDISPONÍVEIS OU HOMOGÊNEOS

ART. 78. As manifestações processuais do representante do Ministério Público deverão ser fundamentadas.

ART. 79. Regem-se pelas disposições desta Lei as ações de responsabilidade por ofensa aos direitos assegurados ao idoso, referentes à omissão ou ao oferecimento insatisfatório de:

I – acesso às ações e serviços de saúde;

II – atendimento especializado ao idoso portador de deficiência ou com limitação incapacitante;

III – atendimento especializado ao idoso portador de doença infectocontagiosa;

IV – serviço de assistência social visando ao amparo do idoso.

Parágrafo único. As hipóteses previstas neste artigo não excluem da proteção judicial outros interesses difusos, coletivos, individuais indisponíveis ou homogêneos, próprios do idoso, protegidos em lei.

ART. 80. As ações previstas neste Capítulo serão propostas no foro do domicílio do idoso, cujo juízo terá competência absoluta para processar a causa, ressalvadas as competências da Justiça Federal e a competência originária dos Tribunais Superiores.

ART. 81. Para as ações cíveis fundadas em interesses difusos, coletivos, individuais indisponíveis ou homogêneos, consideram-se legitimados, concorrentemente:

I – o Ministério Público;

II – a União, os Estados, o Distrito Federal e os Municípios;

III – a Ordem dos Advogados do Brasil;

IV – as associações legalmente constituídas há pelo menos 1 (um) ano e que incluam entre os fins institucionais a defesa dos interesses e direitos da pessoa idosa, dispensada a autorização da assembleia, se houver prévia autorização estatutária.

§ 1º. Admitir-se-á litisconsórcio facultativo entre os Ministérios Públicos da União e dos Estados na defesa dos interesses e direitos de que cuida esta Lei.

§ 2º. Em caso de desistência ou abandono da ação por associação legitimada, o Ministério Público ou outro legitimado deverá assumir a titularidade ativa.

ART. 82. Para defesa dos interesses e direitos protegidos por esta Lei, são admissíveis todas as espécies de ação pertinentes.

Parágrafo único. Contra atos ilegais ou abusivos de autoridade pública ou agente de pessoa jurídica no exercício de atribuições de Poder Público, que lesem direito líquido e certo previsto nesta Lei, caberá ação mandamental, que se regerá pelas normas da lei do mandado de segurança.

▸ *Lei nº 12.016, de 07-08-2009, dispõe sobre mandado de segurança.*

ART. 83. Na ação que tenha por objeto o cumprimento de obrigação de fazer ou não-fazer, o juiz concederá a tutela específica da obrigação ou determinará providências que assegurem o resultado prático equivalente ao adimplemento.

§ 1º. Sendo relevante o fundamento da demanda e havendo justificado receio de ineficácia do provimento final, é lícito ao juiz conceder a tutela liminarmente ou após justificação prévia, na forma do art. 273 do Código de Processo Civil.

§ 2º. O juiz poderá, na hipótese do § 1º ou na sentença, impor multa diária ao réu, independentemente do pedido do autor, se for suficiente ou compatível com a obrigação, fixando prazo razoável para o cumprimento do preceito.

§ 3º. A multa só será exigível do réu após o trânsito em julgado da sentença favorável ao autor, mas será devida desde o dia em que se houver configurado.

ART. 84. Os valores das multas previstas nesta Lei reverterão ao Fundo do Idoso, onde houver, ou na falta deste, ao Fundo Municipal de Assistência Social, ficando vinculados ao atendimento ao idoso.

Parágrafo único. As multas não recolhidas até 30 (trinta) dias após o trânsito em julgado da decisão serão exigidas por meio de execução promovida pelo Ministério Público, nos mesmos autos, facultada igual iniciativa aos demais legitimados em caso de inércia daquele.

ART. 85. O juiz poderá conferir efeito suspensivo aos recursos, para evitar dano irreparável à parte.

ART. 86. Transitada em julgado a sentença que impuser condenação ao Poder Público, o juiz determinará a remessa de peças à autoridade competente, para apuração da responsabilidade civil e administrativa do agente a que se atribua a ação ou omissão.

ART. 87. Decorridos 60 (sessenta) dias do trânsito em julgado da sentença condenatória favorável ao idoso sem que o autor lhe promova a execução, deverá fazê-lo o Ministério Público, facultada, igual iniciativa aos demais legitimados, como assistentes ou assumindo o pólo ativo, em caso de inércia desse órgão.

ART. 88. Nas ações de que trata este Capítulo, não haverá adiantamento de custas, emolumentos, honorários periciais e quaisquer outras despesas.

Parágrafo único. Não se imporá sucumbência ao Ministério Público.

ART. 89. Qualquer pessoa poderá, e o servidor deverá, provocar a iniciativa do Ministério Público, prestando-lhe informações sobre os fatos que constituam objeto de ação civil e indicando-lhe os elementos de convicção.

ART. 90. Os agentes públicos em geral, os juízes e tribunais, no exercício de suas funções, quando tiverem conhecimento de fatos que possam configurar crime de ação pública contra idoso ou ensejar a propositura de ação para sua defesa, devem encaminhar as peças pertinentes ao Ministério Público, para as providências cabíveis.

ART. 91. Para instruir a petição inicial, o interessado poderá requerer às autoridades competentes as certidões e informações que julgar necessárias, que serão fornecidas no prazo de 10 (dez) dias.

ART. 92. O Ministério Público poderá instaurar sob sua presidência, inquérito civil, ou requisitar, de qualquer pessoa, organismo público ou particular, certidões, informações, exames ou perícias, no prazo que assinalar, o qual não poderá ser inferior a 10 (dez) dias.

§ 1º. Se o órgão do Ministério Público, esgotadas todas as diligências, se convencer da inexistência de fundamento para a propositura da ação civil ou de peças informativas, determinará o seu arquivamento, fazendo-o fundamentadamente.

§ 2º. Os autos do inquérito civil ou as peças de informação arquivados serão remetidos, sob pena de se incorrer em falta grave, no prazo de 3 (três) dias, ao Conselho Superior do Ministério Público ou à Câmara de Coordenação e Revisão do Ministério Público.

§ 3º. Até que seja homologado ou rejeitado o arquivamento, pelo Conselho Superior do Ministério Público ou por Câmara de Coordenação e Revisão do Ministério Público, as associações legitimadas poderão apresentar razões escritas ou documentos, que serão juntados ou anexados às peças de informação.

§ 4º. Deixando o Conselho Superior ou a Câmara de Coordenação e Revisão do Ministério Público de homologar a promoção de arquivamento, será designado outro membro do Ministério Público para o ajuizamento da ação.

TÍTULO VI. DOS CRIMES

CAPÍTULO I. DISPOSIÇÕES GERAIS

▸ CPP: art. 313, III.

ART. 93. Aplicam-se subsidiariamente, no que couber, as disposições da Lei nº 7.347, de 24 de julho de 1985.

ART. 94. Aos crimes previstos nesta Lei, cuja pena máxima privativa de liberdade não ultrapasse 4 (quatro) anos, aplica-se o procedimento previsto na Lei nº 9.099, de 26 de setembro de 1995, e, subsidiariamente, no que couber, as disposições do Código Penal e do Código de Processo Penal.

▸ Lei nº 9.099, de 26-09-1995, art. 81, dispõe sobre Juizados Especiais Cíveis e Criminais.

CAPÍTULO II. DOS CRIMES EM ESPÉCIE

ART. 95. Os crimes definidos nesta Lei são de ação penal pública incondicionada, não se lhes aplicando os arts. 181 e 182 do Código Penal.

▸ CF: art. 129, I.

▸ CP: art. 100.

ART. 96. Discriminar pessoa idosa, impedindo ou dificultando seu acesso a operações bancárias, aos meios de transporte, ao direito de contratar ou por qualquer outro meio ou instrumento necessário ao exercício da cidadania, por motivo de idade:

Pena – reclusão de 6 (seis) meses a 1 (um) ano e multa.

§ 1º. Na mesma pena incorre quem desdenhar, humilhar, menosprezar ou discriminar pessoa idosa, por qualquer motivo.

§ 2º. A pena será aumentada de 1/3 (um terço) se a vítima se encontrar sob os cuidados ou responsabilidade do agente.

§ 3º Não constitui crime a negativa de crédito motivada por superendividamento do idoso. (Incluído pela Lei nº 14.181, de 01-07-2021)

ART. 97. Deixar de prestar assistência ao idoso, quando possível fazê-lo sem risco pessoal, em situação de iminente perigo, ou recusar, retardar ou dificultar sua assistência à saúde, sem justa causa, ou não pedir, nesses casos, o socorro de autoridade pública:

Pena – detenção de 6 (seis) meses a 1 (um) ano e multa.

Parágrafo único. A pena é aumentada de metade, se da omissão resulta lesão corporal de natureza grave, e triplicada, se resulta a morte.

ART. 98. Abandonar o idoso em hospitais, casas de saúde, entidades de longa permanência, ou congêneres, ou não prover suas necessidades básicas, quando obrigado por lei ou mandado:

Pena – detenção de 6 (seis) meses a 3 (três) anos e multa.

▸ CP: art. 244.

ART. 99. Expor a perigo a integridade e a saúde, física ou psíquica, do idoso, submetendo-o a condições desumanas ou degradantes ou privando-o de alimentos e cuidados indispensáveis, quando obrigado a fazê-lo, ou sujeitando-o a trabalho excessivo ou inadequado:

Pena – detenção de 2 (dois) meses a 1 (um) ano e multa.

▸ CP: art. 136.

§ 1º. Se do fato resulta lesão corporal de natureza grave:

Pena – reclusão de 1 (um) a 4 (quatro) anos.

§ 2º. Se resulta a morte:

Pena – reclusão de 4 (quatro) a 12 (doze) anos.

ART. 100. Constitui crime punível com reclusão de 6 (seis) meses a 1 (um) ano e multa:

I – obstar o acesso de alguém a qualquer cargo público por motivo de idade;

II – negar a alguém, por motivo de idade, emprego ou trabalho;

III – recusar, retardar ou dificultar atendimento ou deixar de prestar assistência à saúde, sem justa causa, a pessoa idosa;

IV – deixar de cumprir, retardar ou frustrar, sem justo motivo, a execução de ordem judicial expedida na ação civil a que alude esta Lei;

V – recusar, retardar ou omitir dados técnicos indispensáveis à propositura da ação civil objeto desta Lei, quando requisitados pelo Ministério Público.

ART. 101. Deixar de cumprir, retardar ou frustrar, sem justo motivo, a execução de ordem judicial expedida nas ações em que for parte ou interveniente o idoso:

Pena – detenção de 6 (seis) meses a 1 (um) ano e multa.

ART. 102. Apropriar-se de ou desviar bens, proventos, pensão ou qualquer outro rendimento do idoso, dando-lhes aplicação diversa da de sua finalidade:

Pena – reclusão de 1 (um) a 4 (quatro) anos e multa.

▸ CP: art. 168.

ART. 103. Negar o acolhimento ou a permanência do idoso, como abrigado, por recusa deste em outorgar procuração à entidade de atendimento:

Pena – detenção de 6 (seis) meses a 1 (um) ano e multa.

ART. 104. Reter o cartão magnético de conta bancária relativa a benefícios, proventos ou pensão do idoso, bem como qualquer outro documento com objetivo de assegurar recebimento ou ressarcimento de dívida:

Pena – detenção de 6 (seis) meses a 2 (dois) anos e multa.

ART. 105. Exibir ou veicular, por qualquer meio de comunicação, informações ou imagens depreciativas ou injuriosas à pessoa do idoso:

Pena – detenção de 1 (um) a 3 (três) anos e multa.

ART. 106. Induzir pessoa idosa sem discernimento de seus atos a outorgar procuração para fins de administração de bens ou deles dispor livremente:

Pena – reclusão de 2 (dois) a 4 (quatro) anos.

ART. 107. Coagir, de qualquer modo, o idoso a doar, contratar, testar ou outorgar procuração:

Pena – reclusão de 2 (dois) a 5 (cinco) anos.

ART. 108. Lavrar ato notarial que envolva pessoa idosa sem discernimento de seus atos, sem a devida representação legal:

Pena – reclusão de 2 (dois) a 4 (quatro) anos.

TÍTULO VII. DISPOSIÇÕES FINAIS E TRANSITÓRIAS

ART. 109. Impedir ou embaraçar ato do representante do Ministério Público ou de qualquer outro agente fiscalizador:

Pena – reclusão de 6 (seis) meses a 1 (um) ano e multa.

ART. 110. O Decreto-Lei nº 2.848, de 7 de dezembro de 1940, Código Penal, passa a vigorar com as seguintes alterações:

▸ CP: arts. 61, II, h; 121; 133; 140; 141, IV; 148, § 1º, I; 159, § 1º; 183, III; 244.

ART. 111. O art. 21 do Decreto-Lei nº 3.688, de 3 de outubro de 1941, Lei das Contravenções Penais, passa a vigorar acrescido do seguinte parágrafo único:

▸ Dec.-lei nº 3.688, de 03-10-1941, art. 21, par. ún., Lei das Contravenções Penais.

ART. 112. O inciso II do § 4º do art. 1º da Lei nº 9.455, de 7 de abril de 1997, passa a vigorar com a seguinte redação:

▸ Lei nº 9.455, de 07-04-1997, art. 1º, § 4º, II, define os crimes de tortura.

ART. 113. O inciso III do art. 18 da Lei nº 6.368, de 21 de outubro de 1976, passa a vigorar com a seguinte redação:

▸ *A Lei 6.368, de 21-10-1976 foi revogada pela Lei 11.343, de 23-08-2006.*

ART. 114. O art. 1º da Lei nº 10.048, de 8 de novembro de 2000, passa a vigorar com a seguinte redação:

[...]

ART. 115. O Orçamento da Seguridade Social destinará ao Fundo Nacional de Assistência Social, até que o Fundo Nacional do Idoso seja criado, os recursos necessários, em cada exercício financeiro, para aplicação em programas e ações relativos ao idoso.

ART. 116. Serão incluídos nos censos demográficos dados relativos à população idosa do País.

ART. 117. O Poder Executivo encaminhará ao Congresso Nacional projeto de lei revendo os critérios de concessão do Benefício de Prestação Continuada previsto na Lei Orgânica da Assistência Social, de forma a garantir que o acesso ao direito seja condizente com o estágio de desenvolvimento socioeconômico alcançado pelo País.

ART. 118. Esta Lei entra em vigor decorridos 90 (noventa) dias da sua publicação, ressalvado o disposto no *caput* do art. 36, que vigorará a partir de 1º de janeiro de 2004.

Brasília, 1º de outubro de 2003;
182º da Independência e 115º da República.
LUIZ INÁCIO LULA DA SILVA

Este texto não substitui o publicado no DOU de 3.10.2003

ESTATUTO DO DESARMAMENTO

LEI Nº 10.826, DE 22 DE DEZEMBRO DE 2003

Dispõe sobre registro, posse e comercialização de armas de fogo e munição, sobre o Sistema Nacional de Armas – SINARM, define crimes e dá outras providências.

▸ *Súmula 513 do STJ.*

▸ *Vide Dec. n. 9.845, de 25 de junho de 2019; Regulamenta a aquisição, o cadastro, o registro e a posse de armas de fogo e de munição.*

▸ *Vide Dec. n. 9.846, de 25 de junho de 2019; Regulamenta o registro, o cadastro e a aquisição de armas e de munições por caçadores, colecionadores e atiradores.*

▸ *Vide Dec. n. 9.847, de 25 de junho de 2019; Regulamenta a aquisição, o cadastro, o registro, o porte e a comercialização de armas de fogo e de munição e sobre o Sistema Nacional de Armas e o Sistema de Gerenciamento Militar de Armas.*

O PRESIDENTE DA REPÚBLICA Faço saber que o Congresso Nacional decreta e eu sanciono a seguinte Lei:

CAPÍTULO I. DO SISTEMA NACIONAL DE ARMAS

ART. 1º. O Sistema Nacional de Armas - SINARM, instituído no Ministério da Justiça, no âmbito da Polícia Federal, tem circunscrição em todo o território nacional.

ART. 2º. Ao SINARM compete:

I - identificar as características e a propriedade de armas de fogo, mediante cadastro;

II - cadastrar as armas de fogo produzidas, importadas e vendidas no País;

III - cadastrar as autorizações de porte de arma de fogo e as renovações expedidas pela Polícia Federal;

IV - cadastrar as transferências de propriedade, extravio, furto, roubo e outras ocorrências suscetíveis de alterar os dados cadastrais, inclusive as decorrentes de fechamento de empresas de segurança privada e de transporte de valores;

V - identificar as modificações que alterem as características ou o funcionamento de arma de fogo;

VI - integrar no cadastro os acervos policiais já existentes;

VII - cadastrar as apreensões de armas de fogo, inclusive as vinculadas a procedimentos policiais e judiciais;

VIII - cadastrar os armeiros em atividade no País, bem como conceder licença para exercer a atividade;

IX - cadastrar mediante registro os produtores, atacadistas, varejistas, exportadores e importadores autorizados de armas de fogo, acessórios e munições;

X - cadastrar a identificação do cano da arma, as características das impressões de raiamento e de microestriamento de projétil disparado, conforme marcação e testes obrigatoriamente realizados pelo fabricante;

XI - informar às Secretarias de Segurança Pública dos Estados e do Distrito Federal os registros e autorizações de porte de armas de fogo nos respectivos territórios, bem como manter o cadastro atualizado para consulta.

Parágrafo único. As disposições deste artigo não alcançam as armas de fogo das Forças Armadas e Auxiliares, bem como as demais que constem dos seus registros próprios.

CAPÍTULO II. DO REGISTRO

ART. 3º. É obrigatório o registro de arma de fogo no órgão competente.

Parágrafo único. As armas de fogo de uso restrito serão registradas no Comando do Exército, na forma do regulamento desta Lei.

- *Dec. n. 9.845, de 25 de junho de 2019: Regulamenta a aquisição, o cadastro, o registro e a posse de armas de fogo e de munição.*
- *Dec. n. 9.846, de 25 de junho de 2019: Regulamenta o registro, o cadastro e a aquisição de armas e de munições por caçadores, colecionadores e atiradores.*
- *Dec. n. 9.847, de 25 de junho de 2019: Regulamenta a aquisição, o cadastro, o registro, o porte e a comercialização de armas de fogo e de munição e sobre o Sistema Nacional de Armas e o Sistema de Gerenciamento Militar de Armas.*

ART. 4º. Para adquirir arma de fogo de uso permitido o interessado deverá, além de declarar a efetiva necessidade, atender aos seguintes requisitos:

I - comprovação de idoneidade, com a apresentação de certidões negativas de antecedentes criminais fornecidas pela Justiça Federal, Estadual, Militar e Eleitoral e de não estar respondendo a inquérito policial ou a processo criminal, que poderão ser fornecidas por meios eletrônicos; (Redação dada pela Lei nº 11.706, de 2008)

II - apresentação de documento comprobatório de ocupação lícita e de residência certa;

III - comprovação de capacidade técnica e de aptidão psicológica para o manuseio de arma de fogo, atestadas na forma disposta no regulamento desta Lei.

- *Dec. n. 9.845, de 25 de junho de 2019: Regulamenta a aquisição, o cadastro, o registro e a posse de armas de fogo e de munição.*
- *Dec. n. 9.846, de 25 de junho de 2019: Regulamenta o registro, o cadastro e a aquisição de armas e de munições por caçadores, colecionadores e atiradores.*
- *Dec. n. 9.847, de 25 de junho de 2019: Regulamenta a aquisição, o cadastro, o registro, o porte e a comercialização de armas de fogo e de munição e sobre o Sistema Nacional de Armas e o Sistema de Gerenciamento Militar de Armas.*

§ 1º. O SINARM expedirá autorização de compra de arma de fogo após atendidos os requisitos anteriormente estabelecidos, em nome do requerente e para a arma indicada, sendo intransferível esta autorização.

§ 2º. A aquisição de munição somente poderá ser feita no calibre correspondente à arma registrada e na quantidade estabelecida no regulamento desta Lei. (Redação dada pela Lei nº 11.706, de 2008)

§ 3º. A empresa que comercializar arma de fogo em território nacional é obrigada a comunicar a venda à autoridade competente, como também a manter banco de dados com todas as características da arma e cópia dos documentos previstos neste artigo.

§ 4º. A empresa que comercializa armas de fogo, acessórios e munições responde legalmente por essas mercadorias, ficando registradas como de sua propriedade enquanto não forem vendidas.

§ 5º. A comercialização de armas de fogo, acessórios e munições entre pessoas físicas somente será efetivada mediante autorização do SINARM.

§ 6º. A expedição da autorização a que se refere o § 1º será concedida, ou recusada com a devida fundamentação, no prazo de 30 (trinta) dias úteis, a contar da data do requerimento do interessado.

§ 7º. O registro precário a que se refere o § 4º prescinde do cumprimento dos requisitos dos incisos I, II e III deste artigo.

§ 8º. Estará dispensado das exigências constantes do inciso III do *caput* deste artigo, na forma do regulamento, o interessado em adquirir arma de fogo de uso permitido que comprove estar autorizado a portar arma com as mesmas características daquela a ser adquirida. (Incluído pela Lei nº 11.706, de 2008)

ART. 5º. O certificado de Registro de Arma de Fogo, com validade em todo o território nacional, autoriza o seu proprietário a manter a arma de fogo exclusivamente no interior de sua residência ou domicílio, ou dependência desses, ou, ainda, no seu local de trabalho, desde que seja ele o titular ou o responsável legal pelo estabelecimento ou empresa. (Redação dada pela Lei nº 10.884, de 2004)

§ 1º. O certificado de registro de arma de fogo será expedido pela Polícia Federal e será precedido de autorização do SINARM.

§ 2º. Os requisitos de que tratam os incisos I, II e III do art. 4º deverão ser comprovados periodicamente, em período não inferior a 3 (três) anos, na conformidade do estabelecido no regulamento desta Lei, para a renovação do Certificado de Registro de Arma de Fogo.

§ 3º. O proprietário de arma de fogo com certificados de registro de propriedade expedido por órgão estadual ou do Distrito Federal até a data da publicação desta Lei que não optar pela entrega espontânea prevista no art. 32 desta Lei deverá renová-lo mediante o pertinente registro federal, até o dia 31 de dezembro de 2008, ante a apresentação de documento de identificação pessoal e comprovante de residência fixa, ficando dispensado do pagamento de taxas e do cumprimento das demais exigências constantes dos incisos I a III do *caput* do art. 4º desta Lei. (Redação dada pela Lei nº 11.706, de 2008)

§ 4º. Para fins do cumprimento do disposto no § 3º deste artigo, o proprietário de arma de fogo poderá obter, no Departamento de Polícia Federal, certificado de registro provisório, expedido na rede mundial de computadores – internet, na forma do regulamento e obedecidos os procedimentos a seguir: (Redação dada pela Lei nº 11.706, de 2008)

I – emissão de certificado de registro provisório pela internet, com validade inicial de 90 (noventa) dias; e (Incluído pela Lei nº 11.706, de 2008)

II – revalidação pela unidade do Departamento de Polícia Federal do certificado de registro provisório pelo prazo que estimar como necessário para a emissão definitiva do certificado de registro de propriedade. (Incluído pela Lei nº 11.706, de 2008)

§ 5º Aos residentes em área rural, para os fins do disposto no *caput* deste artigo, considera-se residência ou domicílio toda a extensão do respectivo imóvel rural. (Parágrafo acrescido pela Lei nº 13.870, de 17.09.2019)

CAPÍTULO III. DO PORTE

ART. 6º. É proibido o porte de arma de fogo em todo o território nacional, salvo para os casos previstos em legislação própria e para:

- *Esta Lei: art. 4º, III.*
- *Lei nº 11.340, de 07-08-2006, art. 22, I e § 2º, cria mecanismos para coibir a violência doméstica e familiar contra a mulher.*
- *Dec. n. 9.845, de 25 de junho de 2019; Regulamenta a aquisição, o cadastro, o registro e a posse de armas de fogo e de munição.*
- *Dec. n. 9.846, de 25 de junho de 2019; Regulamenta o registro, o cadastro e a aquisição de armas e de munições por caçadores, colecionadores e atiradores.*
- *Dec. n. 9.847, de 25 de junho de 2019; Regulamenta a aquisição, o cadastro, o registro, o porte e a comercialização de armas de fogo e de munição e sobre o Sistema Nacional de Armas e o Sistema de Gerenciamento Militar de Armas.*

I – os integrantes das Forças Armadas;

II – os integrantes de órgãos referidos nos incisos I, II, III, IV e V do caput do art. 144 da Constituição Federal e os da Força Nacional de Segurança Pública (FNSP); (Redação dada pela Lei nº 13.500, de 26 de outubro de 2017)

III – os integrantes das guardas municipais ~~das capitais dos Estados~~ e dos Municípios ~~com mais de 500.000 (quinhentos mil) habitantes~~, nas condições estabelecidas no regulamento desta Lei;

- *Dec. n. 9.845, de 25 de junho de 2019; Regulamenta a aquisição, o cadastro, o registro e a posse de armas de fogo e de munição.*
- *Dec. n. 9.846, de 25 de junho de 2019; Regulamenta o registro, o cadastro e a aquisição de armas e de munições por caçadores, colecionadores e atiradores.*
- *Dec. n. 9.847, de 25 de junho de 2019; Regulamenta a aquisição, o cadastro, o registro, o porte e a comercialização de armas de fogo e de munição e sobre o Sistema Nacional de Armas e o Sistema de Gerenciamento Militar de Armas.*

~~IV – os integrantes das guardas municipais dos Municípios com mais de 50.000 (cinquenta mil) e menos de 500.000 (quinhentos mil) habitantes, quando em serviço; (Redação dada pela Lei nº 10.867, de 2004)~~

- *Dec. n. 9.845, de 25 de junho de 2019; Regulamenta a aquisição, o cadastro, o registro e a posse de armas de fogo e de munição.*
- *Dec. n. 9.846, de 25 de junho de 2019; Regulamenta o registro, o cadastro e a aquisição de armas e de munições por caçadores, colecionadores e atiradores.*
- *Dec. n. 9.847, de 25 de junho de 2019; Regulamenta a aquisição, o cadastro, o registro, o porte e a comercialização de armas de fogo e de munição e sobre o Sistema Nacional de Armas e o Sistema de Gerenciamento Militar de Armas.*

V – os agentes operacionais da Agência Brasileira de Inteligência e os agentes do Departamento de Segurança do Gabinete de Segurança Institucional da Presidência da República;

VI – os integrantes dos órgãos policiais referidos no art. 51, IV, e no art. 52, XIII, da Constituição Federal;

VII – os integrantes do quadro efetivo dos agentes e guardas prisionais, os integrantes das escoltas de presos e as guardas portuárias;

VIII – as empresas de segurança privada e de transporte de valores constituídas, nos termos desta Lei;

- *Dec. n. 9.845, de 25 de junho de 2019; Regulamenta a aquisição, o cadastro, o registro e a posse de armas de fogo e de munição.*
- *Dec. n. 9.846, de 25 de junho de 2019; Regulamenta o registro, o cadastro e a aquisição de armas e de munições por caçadores, colecionadores e atiradores.*
- *Dec. n. 9.847, de 25 de junho de 2019; Regulamenta a aquisição, o cadastro, o registro, o porte e a comercialização de armas de fogo e de munição e sobre o Sistema Nacional de Armas e o Sistema de Gerenciamento Militar de Armas.*

IX – para os integrantes das entidades de desporto legalmente constituídas, cujas atividades esportivas demandem o uso de armas de fogo, na forma do regulamento desta Lei, observando-se, no que couber, a legislação ambiental.

X – integrantes das Carreiras de Auditoria da Receita Federal do Brasil e de Auditoria-Fiscal do Trabalho, cargos de Auditor-Fiscal e Analista Tributário. (Redação dada pela Lei nº 11.501, de 2007)

XI – os tribunais do Poder Judiciário descritos no art. 92 da Constituição Federal e os Ministérios Públicos da União e dos Estados, para uso exclusivo de servidores de seus quadros pessoais que efetivamente estejam no exercício de funções de segurança, na forma de regulamento a ser emitido pelo Conselho Nacional de Justiça – CNJ e pelo

Conselho Nacional do Ministério Público – CNMP. (Incluído pela Lei nº 12.694, de 2012)

§ 1º. As pessoas previstas nos incisos I, II, III, V e VI do *caput* deste artigo terão direito de portar arma de fogo de propriedade particular ou fornecida pela respectiva corporação ou instituição, mesmo fora de serviço, nos termos do regulamento desta Lei, com validade em âmbito nacional para aquelas constantes dos incisos I, II, V e VI. (Redação dada pela Lei nº 11.706, de 2008)

§ 1º-A. (Revogado de acordo com a Lei nº 11.706, de 2008)

§ 1º-B. Os integrantes do quadro efetivo de agentes e guardas prisionais poderão portar arma de fogo de propriedade particular ou fornecida pela respectiva corporação ou instituição, mesmo fora de serviço, desde que estejam: (Incluído pela Lei nº 12.993, de 2014)

I – submetidos a regime de dedicação exclusiva; (Incluído pela Lei nº 12.993, de 2014)

II – sujeitos à formação funcional, nos termos do regulamento; e (Incluído pela Lei nº 12.993, de 2014)

III – subordinados a mecanismos de fiscalização e de controle interno. (Incluído pela Lei nº 12.993, de 2014)

§ 1º-C. (VETADO) (Incluído pela Lei nº 12.993, de 2014)

§ 2º. A autorização para o porte de arma de fogo aos integrantes das instituições descritas nos incisos V, VI, VII e X do *caput* deste artigo está condicionada à comprovação do requisito a que se refere o inciso III do *caput* do art. 4º desta Lei nas condições estabelecidas no regulamento desta Lei. (Redação dada pela Lei nº 11.706, de 2008)

§ 3º. A autorização para o porte de arma de fogo das guardas municipais está condicionada à formação funcional de seus integrantes em estabelecimentos de ensino de atividade policial e à existência de mecanismos de fiscalização e de controle interno, nas condições estabelecidas no regulamento desta Lei, observada a supervisão do Comando do Exército. (Redação dada pela Lei nº 10.867, de 2004)

§ 4º. Os integrantes das Forças Armadas, das polícias federais e estaduais e do Distrito Federal, bem como os militares dos Estados e do Distrito Federal, ao exercerem o direito descrito no art. 4º, ficam dispensados do cumprimento do disposto nos incisos I, II e III do mesmo artigo, na forma do regulamento desta Lei.

§ 5º. Aos residentes em áreas rurais, maiores de 25 (vinte e cinco) anos que comprovem depender do emprego de arma de fogo para prover sua subsistência alimentar familiar será concedido pela Polícia Federal o porte de arma de fogo, na categoria caçador para subsistência, de uma arma de uso permitido, de tiro simples, com 1 (um) ou 2 (dois) canos, de alma lisa e de calibre igual ou inferior a 16 (dezesseis), desde que o interessado comprove a efetiva necessidade em requerimento ao qual deverão ser anexados os seguintes documentos: (Redação dada pela Lei nº 11.706, de 2008)

I – documento de identificação pessoal; (Incluído pela Lei nº 11.706, de 2008)

II – comprovante de residência em área rural; e (Incluído pela Lei nº 11.706, de 2008)

III – atestado de bons antecedentes. (Incluído pela Lei nº 11.706, de 2008)

§ 6º. O caçador para subsistência que der outro uso à sua arma de fogo, independentemente de outras tipificações penais, responderá, conforme o caso, por porte ilegal ou por disparo de arma de fogo de uso permitido. (Redação dada pela Lei nº 11.706, de 2008)

§ 7º. Aos integrantes das guardas municipais dos Municípios que integram regiões metropolitanas será autorizado porte de arma de fogo, quando em serviço. (Incluído pela Lei nº 11.706, de 2008)

ART. 7º. As armas de fogo utilizadas pelos empregados das empresas de segurança privada e de transporte de valores, constituídas na forma da lei, serão de propriedade, responsabilidade e guarda das respectivas empresas, somente podendo ser utilizadas quando em serviço, devendo essas observar as condições de uso e de armazenagem estabelecidas pelo órgão competente, sendo o certificado de registro e a autorização de porte expedidos pela Polícia Federal em nome da empresa.

§ 1º. O proprietário ou diretor responsável de empresa de segurança privada e de transporte de valores responderá pelo crime previsto no parágrafo único do art. 13 desta Lei, sem prejuízo das demais sanções administrativas e civis, se deixar de registrar ocorrência policial e de comunicar à Polícia Federal perda, furto, roubo ou outras formas de extravio de armas de fogo, acessórios e munições que estejam sob sua guarda, nas primeiras 24 (vinte e quatro) horas depois de ocorrido o fato.

§ 2º. A empresa de segurança e de transporte de valores deverá apresentar documentação comprobatória do preenchimento dos requisitos constantes do art. 4º desta Lei quanto aos empregados que portarão arma de fogo.

§ 3º. A listagem dos empregados das empresas referidas neste artigo deverá ser atualizada semestralmente junto ao SINARM.

ART. 7º-A. As armas de fogo utilizadas pelos servidores das instituições descritas no inciso XI do art. 6º serão de propriedade, responsabilidade e guarda das respectivas instituições, somente podendo ser utilizadas quando em serviço, devendo estas observar as condições de uso e de armazenagem estabelecidas pelo órgão competente, sendo o certificado de registro e a autorização de porte expedidos pela Polícia Federal em nome da instituição. (Incluído pela Lei nº 12.694, de 2012)

§ 1º. A autorização para o porte de arma de fogo de que trata este artigo independe do pagamento de taxa. (Incluído pela Lei nº 12.694, de 2012)

§ 2º. O presidente do tribunal ou o chefe do Ministério Público designará os servidores de seus quadros pessoais no exercício de funções de segurança que poderão portar arma de fogo, respeitado o limite máximo de 50% (cinquenta por cento) do número de servidores que exerçam funções de segurança. (Incluído pela Lei nº 12.694, de 2012)

§ 3º. O porte de arma pelos servidores das instituições de que trata este artigo fica condicionado à apresentação de documentação comprobatória do preenchimento dos requisitos constantes do art. 4º desta Lei, bem como à formação funcional em estabelecimentos de ensino de atividade policial e à existência de mecanismos de fiscalização e de controle interno, nas condições estabelecidas no regulamento desta Lei. (Incluído pela Lei nº 12.694, de 2012)

§ 4º. A listagem dos servidores das instituições de que trata este artigo deverá ser atualizada semestralmente no SINARM. (Incluído pela Lei nº 12.694, de 2012)

§ 5º. As instituições de que trata este artigo são obrigadas a registrar ocorrência policial e a comunicar à Polícia Federal eventual perda, furto, roubo ou outras formas de extravio de armas de fogo, acessórios e munições que estejam sob sua guarda, nas primeiras 24 (vinte e quatro) horas depois de ocorrido o fato. (Incluído pela Lei nº 12.694, de 2012)

ART. 8º. As armas de fogo utilizadas em entidades desportivas legalmente constituídas devem obedecer às condições de uso e de armazenagem estabelecidas pelo órgão competente, respondendo o possuidor ou o autorizado a portar a arma pela sua guarda na forma do regulamento desta Lei.

ART. 9º. Compete ao Ministério da Justiça a autorização do porte de arma para os responsáveis pela segurança de cidadãos estrangeiros em visita ou sediados no Brasil e, ao Comando do Exército, nos termos do regulamento desta Lei, o registro e a concessão de porte de trânsito de arma de fogo para colecionadores, atiradores e caçadores e de representantes estrangeiros em competição internacional oficial de tiro realizada no território nacional.

ART. 10. A autorização para o porte de arma de fogo de uso permitido, em todo o território nacional, é de competência da Polícia Federal e somente será concedida após autorização do SINARM.

§ 1º. A autorização prevista neste artigo poderá ser concedida com eficácia temporária e territorial limitada, nos termos de atos regulamentares, e dependerá de o requerente:

I – demonstrar a sua efetiva necessidade por exercício de atividade profissional de risco ou de ameaça à sua integridade física;

II – atender às exigências previstas no art. 4º desta Lei;

III – apresentar documentação de propriedade de arma de fogo, bem como o seu devido registro no órgão competente.

§ 2º. A autorização de porte de arma de fogo, prevista neste artigo, perderá automaticamente sua eficácia caso o portador dela seja detido ou abordado em estado de embriaguez ou sob efeito de substâncias químicas ou alucinógenas.

ART. 11. Fica instituída a cobrança de taxas, nos valores constantes do Anexo desta Lei, pela prestação de serviços relativos:

I – ao registro de arma de fogo;

II – à renovação de registro de arma de fogo;

III – à expedição de segunda via de registro de arma de fogo;

IV – à expedição de porte federal de arma de fogo;

V – à renovação de porte de arma de fogo;

VI – à expedição de segunda via de porte federal de arma de fogo.

§ 1º. Os valores arrecadados destinam-se ao custeio e à manutenção das atividades do SINARM, da Polícia Federal e do Comando do Exército, no âmbito de suas respectivas responsabilidades.

§ 2º. São isentas do pagamento das taxas previstas neste artigo as pessoas e as instituições a que se referem os incisos I a VII e X e o § 5º do art. 6º desta Lei. (Redação dada pela Lei nº 11.706, de 2008)

ART. 11-A. O Ministério da Justiça disciplinará a forma e as condições do credenciamento de profissionais pela Polícia Federal para comprovação da aptidão psicológica e da capacidade técnica para o manuseio de arma de fogo. (Incluído pela Lei nº 11.706, de 2008)

§ 1º. Na comprovação da aptidão psicológica, o valor cobrado pelo psicólogo não poderá exceder ao valor médio dos honorários profissionais para realização de avaliação psicológica constante do item 1.16 da tabela do Conselho Federal de Psicologia. (Incluído pela Lei nº 11.706, de 2008)

§ 2º. Na comprovação da capacidade técnica, o valor cobrado pelo instrutor de armamento e tiro não poderá exceder R$ 80,00 (oitenta reais), acrescido do custo da munição. (Incluído pela Lei nº 11.706, de 2008)

§ 3º. A cobrança de valores superiores aos previstos nos §§ 1º e 2º deste artigo implicará o descredenciamento do profissional pela Polícia Federal. (Incluído pela Lei nº 11.706, de 2008)

CAPÍTULO IV.
DOS CRIMES E DAS PENAS

▸ *Dec. n. 9.845, de 25 de junho de 2019: Regulamenta a aquisição, o cadastro, o registro e a posse de armas de fogo e de munição.*

▸ *Dec. n. 9.846, de 25 de junho de 2019: Regulamenta o registro, o cadastro e a aquisição de armas e de munições por caçadores, colecionadores e atiradores.*

▸ *Dec. n. 9.847, de 25 de junho de 2019: Regulamenta a aquisição, o cadastro, o registro, o porte e a comercialização de armas de fogo e de munição e sobre o Sistema Nacional de Armas e o Sistema de Gerenciamento Militar de Armas.*

POSSE IRREGULAR DE ARMA DE FOGO DE USO PERMITIDO

ART. 12. Possuir ou manter sob sua guarda arma de fogo, acessório ou munição, de uso permitido, em desacordo com determinação legal ou regulamentar, no interior de sua residência ou dependência desta, ou, ainda no seu local de trabalho, desde que seja o titular ou o responsável legal do estabelecimento ou empresa:

Pena – detenção, de 1 (um) a 3 (três) anos, e multa.

▸ *CP: art. 150, § 4º e 5º.*

OMISSÃO DE CAUTELA

ART. 13. Deixar de observar as cautelas necessárias para impedir que menor de 18 (dezoito) anos ou pessoa portadora de deficiência mental se apodere de arma de fogo que esteja sob sua posse ou que seja de sua propriedade:

Pena – detenção, de 1 (um) a 2 (dois) anos, e multa.

Parágrafo único. Nas mesmas penas incorrem o proprietário ou diretor responsável de empresa de segurança e transporte de valores que deixarem de registrar ocorrência policial e de comunicar à Polícia Federal perda, furto, roubo ou outras formas de extravio de arma de fogo, acessório ou munição que estejam sob sua guarda, nas primeiras 24 (vinte quatro) horas depois de ocorrido o fato.

PORTE ILEGAL DE ARMA DE FOGO DE USO PERMITIDO

ART. 14. Portar, deter, adquirir, fornecer, receber, ter em depósito, transportar, ceder, ainda que gratuitamente, emprestar, remeter, empregar, manter sob guarda ou ocultar arma de fogo, acessório ou munição, de uso permitido, sem autorização e em desacordo com determinação legal ou regulamentar:

- *Vide Dec. n. 9.845, de 25 de junho de 2019; Regulamenta a aquisição, o cadastro, o registro e a posse de armas de fogo e de munição.*
- *Vide Dec. n. 9.846, de 25 de junho de 2019; Regulamenta o registro, o cadastro e a aquisição de armas e de munições por caçadores, colecionadores e atiradores.*
- *Vide Dec. n. 9.847, de 25 de junho de 2019; Regulamenta a aquisição, o cadastro, o registro, o porte e a comercialização de armas de fogo e de munição e sobre o Sistema Nacional de Armas e o Sistema de Gerenciamento Militar de Armas.*

Pena – reclusão, de 2 (dois) a 4 (quatro) anos, e multa.

Parágrafo único. ~~O crime previsto neste artigo é inafiançável, salvo quando a arma de fogo estiver registrada em nome do agente.~~

DISPARO DE ARMA DE FOGO

ART. 15. Disparar arma de fogo ou acionar munição em lugar habitado ou em suas adjacências, em via pública ou em direção a ela, desde que essa conduta não tenha como finalidade a prática de outro crime:

Pena – reclusão, de 2 (dois) a 4 (quatro) anos, e multa.

Parágrafo único. ~~O crime previsto neste artigo é inafiançável.~~

POSSE OU PORTE ILEGAL DE ARMA DE FOGO DE USO RESTRITO

ART. 16. Possuir, deter, portar, adquirir, fornecer, receber, ter em depósito, transportar, ceder, ainda que gratuitamente, emprestar, remeter, empregar, manter sob sua guarda ou ocultar arma de fogo, acessório ou munição de uso restrito, sem autorização e em desacordo com determinação legal ou regulamentar: (Redação dada pela Lei nº 13.964, de 2019)

- **Redação anterior**: *Art. 16. Possuir, deter, portar, adquirir, fornecer, receber, ter em depósito, transportar, ceder, ainda que gratuitamente, emprestar, remeter, empregar, manter sob sua guarda ou ocultar arma de fogo, acessório ou munição de uso proibido ou restrito, sem autorização e em desacordo com determinação legal ou regulamentar:*
- *CF: art. 5º, XL.*
- *CP: art. 2º.*
- *Lei nº 8.072, de 25-07-1990, art. 1º, parágrafo único, define os crimes hediondos.*
- *Vide Dec. n. 9.845, de 25 de junho de 2019; Regulamenta a aquisição, o cadastro, o registro e a posse de armas de fogo e de munição.*
- *Vide Dec. n. 9.846, de 25 de junho de 2019; Regulamenta o registro, o cadastro e a aquisição de armas e de munições por caçadores, colecionadores e atiradores.*
- *Vide Dec. n. 9.847, de 25 de junho de 2019; Regulamenta a aquisição, o cadastro, o registro, o porte e a comercialização de armas de fogo e de munição e sobre o Sistema Nacional de Armas e o Sistema de Gerenciamento Militar de Armas.*

Pena – reclusão, de 3 (três) a 6 (seis) anos, e multa.

- *Lei nº 7.170, de 14-12-1983, art. 12, define os crimes contra a segurança nacional, a ordem política e social, estabelece seu processo e julgamento.*

§ 1º Nas mesmas penas incorre quem: (Parágrafo único transformado em § 1º pela Lei nº 13.964, de 2019)

I – suprimir ou alterar marca, numeração ou qualquer sinal de identificação de arma de fogo ou artefato;

II – modificar as características de arma de fogo, de forma a torná-la equivalente a arma de fogo de uso proibido ou restrito ou para fins de dificultar ou de qualquer modo induzir a erro autoridade policial, perito ou juiz;

III – possuir, detiver, fabricar ou empregar artefato explosivo ou incendiário, sem autorização ou em desacordo com determinação legal ou regulamentar;

IV – portar, possuir, adquirir, transportar ou fornecer arma de fogo com numeração, marca ou qualquer outro sinal de identificação raspado, suprimido ou adulterado;

- *Súmula 513 do STJ.*

V – vender, entregar ou fornecer, ainda que gratuitamente, arma de fogo, acessório, munição ou explosivo a criança ou adolescente; e

- *Lei nº 8.069, de 13-07-1990, art. 242, Estatuto da Criança e do Adolescente.*

VI – produzir, recarregar ou reciclar, sem autorização legal, ou adulterar, de qualquer forma, munição ou explosivo.

§ 2º Se as condutas descritas no caput e no § 1º deste artigo envolverem arma de fogo de uso proibido, a pena é de reclusão, de 4 (quatro) a 12 (doze) anos. (Acrescido pela Lei nº 13.964, de 2019)

- *CF: art. 5º, XL.*
- *CP: art. 2º.*

COMÉRCIO ILEGAL DE ARMA DE FOGO

ART. 17. Adquirir, alugar, receber, transportar, conduzir, ocultar, ter em depósito, desmontar, montar, remontar, adulterar, vender, expor à venda, ou de qualquer forma utilizar, em proveito próprio ou alheio, no exercício de atividade comercial ou industrial, arma de fogo, acessório ou munição, sem autorização ou em desacordo com determinação legal ou regulamentar:

Pena - reclusão, de 6 (seis) a 12 (doze) anos, e multa. (Pena com redação dada pela Lei nº 13.964, de 24/12/2019, publicada na Edição Extra do DOU de 24/12/2019, em vigor 30 dias após a publicação)

- **Redação anterior**: *Pena – reclusão, de 4 (quatro) a 8 (oito) anos, e multa.*
- *CF: art. 5º., XL.*
- *CP: art. 2º.*
- *Lei nº 7.170, de 14-12-1983, art. 12, define os crimes contra a segurança nacional, a ordem política e social, estabelece seu processo e julgamento.*

§ 1º Equipara-se à atividade comercial ou industrial, para efeito deste artigo, qualquer forma de prestação de serviços, fabricação ou comércio irregular ou clandestino, inclusive o exercido em residência. (Parágrafo único transformado em § 1º pela Lei nº 13.964, de 2019)

- **Redação anterior**: *Parágrafo único. Equipara-se à atividade comercial ou industrial, para efeito deste artigo, qualquer forma de prestação de serviços, fabricação ou comércio irregular ou clandestino, inclusive o exercido em residência.*
- *CF: art. 5º., XL.*
- *CP: art. 2º.*

§ 2º Incorre na mesma pena quem vende ou entrega arma de fogo, acessório ou munição, sem autorização ou em desacordo com a determinação legal ou regulamentar, a agente policial disfarçado, quando presentes elementos probatórios razoáveis de conduta criminal preexistente. (Acrescido pela Lei nº 13.964, de 2019)

- *Súmula 145 do STF.*
- *CF: art. 5º., XL.*
- *CP: arts. 2º. e 17.*
- *CPP: art. 303.*

TRÁFICO INTERNACIONAL DE ARMA DE FOGO

ART. 18. Importar, exportar, favorecer a entrada ou saída do território nacional, a qualquer título, de arma de fogo, acessório ou munição, sem autorização da autoridade competente:

Pena - reclusão, de 8 (oito) a 16 (dezesseis) anos, e multa. (Redação dada pela Lei nº 13.964, de 2019)

- **Redação anterior**: *Pena – reclusão de 4 (quatro) a 8 (oito) anos, e multa*
- *CF: art. 5º., XL.*
- *CP: art. 2º.*
- *Lei nº 7.170, de 14-12-1983, art. 12, define os crimes contra a segurança nacional, a ordem política e social, estabelece seu processo e julgamento.*

Parágrafo único. Incorre na mesma pena quem vende ou entrega arma de fogo, acessório ou munição, em operação de importação, sem autorização da autoridade competente, a agente policial disfarçado, quando presentes elementos probatórios razoáveis de conduta criminal preexistente. (Acrescido pela Lei nº 13.964, de 2019)

- *Súmula 145 do STF.*
- *CF: art. 5º., XL.*
- *CP: arts. 2º. e 17.*
- *CPP: art. 303.*

ART. 19. Nos crimes previstos nos arts. 17 e 18, a pena é aumentada da metade se a arma de fogo, acessório ou munição forem de uso proibido ou restrito.

ART. 20. Nos crimes previstos nos arts. 14, 15, 16, 17 e 18, a pena é aumentada da metade se: (Redação dada pela Lei nº 13.964, de 2019)

- **Redação anterior**: *Art. 20. Nos crimes previstos nos arts. 14, 15, 16, 17 e 18, a pena é aumentada da metade se forem praticados por integrante dos órgãos e empresas referidas nos arts. 6o, 7o e 8o desta Lei.*
- *CF: art. 5º., XL.*
- *CP: art. 2º.*

I – forem praticados por integrante dos órgãos e empresas referidas nos arts. 6º, 7º e 8º desta Lei; ou (Acrescido pela Lei nº 13.964, de 2019)

II – o agente for reincidente específico em crimes dessa natureza. (Acrescido pela Lei nº 13.964, de 2019)

ART. 21. ~~Os crimes previstos nos arts. 16, 17 e 18 são insuscetíveis de liberdade provisória.~~

CAPÍTULO V. DISPOSIÇÕES GERAIS

ART. 22. O Ministério da Justiça poderá celebrar convênios com os Estados e o Distrito Federal para o cumprimento do disposto nesta Lei.

ART. 23. A classificação legal, técnica e geral bem como a definição das armas de fogo e demais produtos controlados, de usos proibidos, restritos, permitidos ou obsoletos e de valor histórico serão disciplinadas em ato do chefe do Poder Executivo Federal, mediante proposta do Comando do Exército. (Redação dada pela Lei nº 11.706, de 2008)

§ 1º. Todas as munições comercializadas no País deverão estar acondicionadas em embalagens com sistema de código de barras, gravado na caixa, visando possibilitar a identificação do fabricante e do adquirente, entre outras informações definidas pelo regulamento desta Lei.

§ 2º. Para os órgãos referidos no art. 6º, somente serão expedidas autorizações de compra de munição com identificação do lote e do adquirente no culote dos projéteis, na forma do regulamento desta Lei.

§ 3º. As armas de fogo fabricadas a partir de 1 (um) ano da data de publicação desta Lei conterão dispositivo intrínseco de segurança e de identificação, gravado no corpo da arma, definido pelo regulamento desta Lei, exclusive para os órgãos previstos no art. 6º.

§ 4º. As instituições de ensino policial e as guardas municipais referidas nos incisos III e IV do *caput* do art. 6º desta Lei e no seu § 7º poderão adquirir insumos e máquinas de recarga de munição para o fim exclusivo de suprimento de suas atividades, mediante autorização concedida nos termos definidos em regulamento. (Incluído pela Lei nº 11.706, de 2008)

ART. 24. Excetuadas as atribuições a que se refere o art. 2º desta Lei, compete ao Comando do Exército autorizar e fiscalizar a produção, exportação, importação, desembaraço alfandegário e o comércio de armas de fogo e demais produtos controlados, inclusive o registro e o porte de trânsito de arma de fogo de colecionadores, atiradores e caçadores.

ART. 25. As armas de fogo apreendidas, após a elaboração do laudo pericial e sua juntada aos autos, quando não mais interessarem à persecução penal serão encaminhadas pelo juiz competente ao Comando do Exército, no prazo de até 48 (quarenta e oito) horas, para destruição ou doação aos órgãos de segurança pública ou às Forças Armadas, na forma do regulamento desta Lei. (Redação dada pela Lei nº 13.886, de 17-10-2019)

§ 1º. As armas de fogo encaminhadas ao Comando do Exército que receberem parecer favorável à doação, obedecidos o padrão e a dotação de cada Força Armada ou órgão de segurança pública, atendidos os critérios de prioridade estabelecidos pelo Ministério da Justiça e ouvido o Comando do Exército, serão arroladas em relatório reservado trimestral a ser encaminhado àquelas instituições, abrindo-se-lhes prazo para manifestação de interesse. (Incluído pela Lei nº 11.706, de 2008)

§ 1º-A. As armas de fogo e munições apreendidas em decorrência do tráfico de drogas de abuso, ou de qualquer forma utilizadas em atividades ilícitas de produção ou comercialização de drogas abusivas, ou, ainda, que tenham sido adquiridas com recursos provenientes do tráfico de drogas de abuso, perdidas em favor da União e encaminhadas para o Comando do Exército, devem ser, após perícia ou vistoria que atestem seu bom estado, destinadas com prioridade para os órgãos de segurança pública e do sistema penitenciário da unidade da federação responsável pela apreensão. (Incluído pela Lei nº 13.886, de 17-10-2019)

§ 2º. O Comando do Exército encaminhará a relação das armas a serem doadas ao juiz competente, que determinará o seu perdimento em favor da instituição beneficiada. (Incluído pela Lei nº 11.706, de 2008)

§ 3º. O transporte das armas de fogo doadas será de responsabilidade da instituição beneficiada, que procederá ao seu cadastramento no SINARM ou no Sigma. (Incluído pela Lei nº 11.706, de 2008)

§ 4º. (VETADO) (Incluído pela Lei nº 11.706, de 2008)

§ 5º. O Poder Judiciário instituirá instrumentos para o encaminhamento ao SINARM ou ao Sigma, conforme se trate de arma de uso permitido ou de uso restrito, semestralmente, da relação de armas acauteladas em juízo, mencionando suas características e o local onde se encontram. (Incluído pela Lei nº 11.706, de 2008)

ART. 26. São vedadas a fabricação, a venda, a comercialização e a importação de brinquedos, réplicas e simulacros de armas de fogo, que com estas se possam confundir.

Parágrafo único. Excetuam-se da proibição as réplicas e os simulacros destinados à instrução, ao adestramento, ou à coleção de usuário autorizado, nas condições fixadas pelo Comando do Exército.

ART. 27. Caberá ao Comando do Exército autorizar, excepcionalmente, a aquisição de armas de fogo de uso restrito.

Parágrafo único. O disposto neste artigo não se aplica às aquisições dos Comandos Militares.

ART. 28. É vedado ao menor de 25 (vinte e cinco) anos adquirir arma de fogo, ressalvados os integrantes das entidades constantes dos incisos I, II, III, V, VI, VII e X do *caput* do art. 6º desta Lei. (Redação dada pela Lei nº 11.706, de 2008)

ART. 29. As autorizações de porte de armas de fogo já concedidas expirar-se-ão 90 (noventa) dias após a publicação desta Lei.

Parágrafo único. O detentor de autorização com prazo de validade superior a 90 (noventa) dias poderá renová-la, perante a Polícia Federal, nas condições dos arts. 4º, 6º e 10 desta Lei, no prazo de 90 (noventa) dias após sua publicação, sem ônus para o requerente.

ART. 30. Os possuidores e proprietários de arma de fogo de uso permitido ainda não registrada deverão solicitar seu registro até o dia 31 de dezembro de 2008, mediante apresentação de documento de identificação pessoal e comprovante de residência fixa, acompanhados de nota fiscal de compra ou comprovação da origem lícita da posse, pelos meios de prova admitidos em direito, ou declaração firmada na qual constem as características da arma e a sua condição de proprietário, ficando este dispensado do pagamento de taxas e do cumprimento das demais exigências constantes dos incisos I a III do *caput* do art. 4ºdesta Lei. (Redação dada pela Lei nº 11.706, de 2008)

Parágrafo único. Para fins do cumprimento do disposto no *caput* deste artigo, o proprietário de arma de fogo poderá obter, no Departamento de Polícia Federal, certificado de registro provisório, expedido na forma do § 4º do art. 5º desta Lei. (Incluído pela Lei nº 11.706, de 2008)

▸ *Súmula 513 do STJ.*

ART. 31. Os possuidores e proprietários de armas de fogo adquiridas regularmente poderão, a qualquer tempo, entregá-las à Polícia Federal, mediante recibo e indenização, nos termos do regulamento desta Lei.

ART. 32. Os possuidores e proprietários de arma de fogo poderão entregá-la, espontaneamente, mediante recibo, e, presumindo-se de boa-fé, serão indenizados, na forma do regulamento, ficando extinta a punibilidade de eventual posse irregular da referida arma. (Redação dada pela Lei nº 11.706, de 2008)

Parágrafo único. Revogado de acordo com a Lei nº 11.706, de 2008.

ART. 33. Será aplicada multa de R$ 100.000,00 (cem mil reais) a R$ 300.000,00 (trezentos mil reais), conforme especificar o regulamento desta Lei:

I – à empresa de transporte aéreo, rodoviário, ferroviário, marítimo, fluvial ou lacustre que deliberadamente, por qualquer meio, faça, promova, facilite ou permita o transporte de arma ou munição sem a devida autorização ou com inobservância das normas de segurança;

II – à empresa de produção ou comércio de armamentos que realize publicidade para venda, estimulando o uso indiscriminado de armas de fogo, exceto nas publicações especializadas.

ART. 34. Os promotores de eventos em locais fechados, com aglomeração superior a 1000 (um mil) pessoas, adotarão, sob pena de responsabilidade, as providências necessárias para evitar o ingresso de pessoas armadas, ressalvados os eventos garantidos pelo inciso VI do art. 5º da Constituição Federal.

Parágrafo único. As empresas responsáveis pela prestação dos serviços de transporte internacional e interestadual de passageiros adotarão as providências necessárias para evitar o embarque de passageiros armados.

ART. 34-A. Os dados relacionados à coleta de registros balísticos serão armazenados no Banco Nacional de Perfis Balísticos. (Acrescido pela Lei nº 13.964, de 2019)

§ 1º O Banco Nacional de Perfis Balísticos tem como objetivo cadastrar armas de fogo e armazenar características de classe e individualizadoras de projéteis e de estojos de munição deflagrados por arma de fogo.

§ 2º O Banco Nacional de Perfis Balísticos será constituído pelos registros de elementos de munição deflagrados por armas de fogo relacionados a crimes, para subsidiar ações destinadas às apurações criminais federais, estaduais e distritais.

§ 3º O Banco Nacional de Perfis Balísticos será gerido pela unidade oficial de perícia criminal.

§ 4º Os dados constantes do Banco Nacional de Perfis Balísticos terão caráter sigiloso, e aquele que permitir ou promover sua utilização para fins diversos dos previstos nesta Lei ou em decisão judicial responderá civil, penal e administrativamente.

§ 5º É vedada a comercialização, total ou parcial, da base de dados do Banco Nacional de Perfis Balísticos.

§ 6º A formação, a gestão e o acesso ao Banco Nacional de Perfis Balísticos serão regulamentados em ato do Poder Executivo federal.

CAPÍTULO VI.
DISPOSIÇÕES FINAIS

ART. 35. É proibida a comercialização de arma de fogo e munição em todo o território nacional, salvo para as entidades previstas no art. 6º desta Lei.

§ 1º. Este dispositivo, para entrar em vigor, dependerá de aprovação mediante referendo popular, a ser realizado em outubro de 2005.

§ 2º. Em caso de aprovação do referendo popular, o disposto neste artigo entrará em vigor na data de publicação de seu resultado pelo Tribunal Superior Eleitoral.

ART. 36. É revogada a Lei nº 9.437, de 20 de fevereiro de 1997.

ART. 37. Esta Lei entra em vigor na data de sua publicação.

Brasília, 22 de dezembro de 2003;
182º da Independência e 115º da República.

LUIZ INÁCIO LULA DA SILVA

Este texto não substitui o publicado no DOU de 23.12.2003

ESTATUTO DA IGUALDADE RACIAL LEI Nº 12.288, DE 20 DE JULHO DE 2010

Institui o Estatuto da Igualdade Racial; altera as Leis nº 7.716, de 5 de janeiro de 1989, 9.029, de 13 de abril de 1995, 7.347, de 24 de julho de 1985, e 10.778, de 24 de novembro de 2003.

O PRESIDENTE DA REPÚBLICA Faço saber que o Congresso Nacional decreta e eu sanciono a seguinte Lei:

▸ *CF: art. 3º, IV, e 4º, VIII.*

▸ *Lei nº 7.716, de 05-01-1989, dispõe sobre crimes resultantes de preconceito de raça ou cor.*

TÍTULO I.
DISPOSIÇÕES PRELIMINARES

ART. 1º. Esta Lei institui o Estatuto da Igualdade Racial, destinado a garantir à população negra a efetivação da igualdade de oportunidades, a defesa dos direitos étnicos individuais, coletivos e difusos e o combate à discriminação e às demais formas de intolerância étnica.

▸ *CF: arts. 3º, IV, 4º, VIII e 5º, XLI e XLII.*

Parágrafo único. Para efeito deste Estatuto, considera-se:

I – discriminação racial ou étnico-racial: toda distinção, exclusão, restrição ou preferência baseada em raça, cor, descendência ou origem nacional ou étnica que tenha por objeto anular ou restringir o reconhecimento, gozo ou exercício, em igualdade de condições, de direitos humanos e liberdades fundamentais nos campos político, econômico, social, cultural ou em qualquer outro campo da vida pública ou privada;

▸ *Lei nº 7.716, de 05-01-1989, dispõe sobre os crimes resultantes de preconceitos de raça ou de cor.*

II – desigualdade racial: toda situação injustificada de diferenciação de acesso e fruição de bens, serviços e oportunidades, nas esferas pública e privada, em virtude de raça, cor, descendência ou origem nacional ou étnica;

III – desigualdade de gênero e raça: assimetria existente no âmbito da sociedade que acentua a distância social entre mulheres negras e os demais segmentos sociais;

IV – população negra: o conjunto de pessoas que se autodeclaram pretas e pardas, conforme o quesito cor ou raça usado pela Fundação Instituto Brasileiro de Geografia e Estatística (IBGE), ou que adotam autodefinição análoga;

V – políticas públicas: as ações, iniciativas e programas adotados pelo Estado no cumprimento de suas atribuições institucionais;

VI – ações afirmativas: os programas e medidas especiais adotados pelo Estado e pela iniciativa privada para a correção das desigualdades raciais e para a promoção da igualdade de oportunidades.

ART. 2º. É dever do Estado e da sociedade garantir a igualdade de oportunidades, reconhecendo a todo cidadão brasileiro, independentemente da etnia ou da cor da pele, o direito à participação na comunidade, especialmente nas atividades políticas, econômicas, empresariais, educacionais, culturais e esportivas, defendendo sua dignidade e seus valores religiosos e culturais.

ART. 3º. Além das normas constitucionais relativas aos princípios fundamentais, aos direitos e garantias fundamentais e aos direitos sociais, econômicos e culturais, o Estatuto da Igualdade Racial adota como diretriz político-jurídica a inclusão das vítimas de desigualdade étnico-racial, a valorização da igualdade étnica e o fortalecimento da identidade nacional brasileira.

ART. 4º. A participação da população negra, em condição de igualdade de oportunidade, na vida econômica, social, política e cultural do País será promovida, prioritariamente, por meio de:

I – inclusão nas políticas públicas de desenvolvimento econômico e social;

II – adoção de medidas, programas e políticas de ação afirmativa;

III – modificação das estruturas institucionais do Estado para o adequado enfrentamento e a superação das desigualdades étnicas decorrentes do preconceito e da discriminação étnica;

IV – promoção de ajustes normativos para aperfeiçoar o combate à discriminação étnica e às desigualdades étnicas em todas as suas manifestações individuais, institucionais e estruturais;

V – eliminação dos obstáculos históricos, socioculturais e institucionais que impedem a representação da diversidade étnica nas esferas pública e privada;

VI – estímulo, apoio e fortalecimento de iniciativas oriundas da sociedade civil direcionadas à promoção da igualdade de oportunidades e ao combate às desigualdades étnicas, inclusive mediante a implementação de incentivos e critérios de condicionamento e prioridade no acesso aos recursos públicos;

VII - implementação de programas de ação afirmativa destinados ao enfrentamento das desigualdades étnicas no tocante à educação, cultura, esporte e lazer, saúde, segurança, trabalho, moradia, meios de comunicação de massa, financiamentos públicos, acesso à terra, à Justiça, e outros.

▸ *Lei nº 12.288, de 20-07-2010, art. 56, Estatuto da Igualdade Racial.*

Parágrafo único. Os programas de ação afirmativa constituir-se-ão em políticas públicas destinadas a reparar as distorções e desigualdades sociais e demais práticas discriminatórias adotadas, nas esferas pública e privada, durante o processo de formação social do País.

ART. 5º. Para a consecução dos objetivos desta Lei, é instituído o Sistema Nacional de Promoção da Igualdade Racial (SINAPIR), conforme estabelecido no Título III.

TÍTULO II. DOS DIREITOS FUNDAMENTAIS

CAPÍTULO I. DO DIREITO À SAÚDE

ART. 6º. O direito à saúde da população negra será garantido pelo poder público mediante políticas universais, sociais e econômicas destinadas à redução do risco de doenças e de outros agravos.

§ 1º. O acesso universal e igualitário ao Sistema Único de Saúde (SUS) para promoção, proteção e recuperação da saúde da população negra será de responsabilidade dos órgãos e instituições públicas federais, estaduais, distritais e municipais, da administração direta e indireta.

§ 2º. O poder público garantirá que o segmento da população negra vinculado aos seguros privados de saúde seja tratado sem discriminação.

ART. 7º. O conjunto de ações de saúde voltadas à população negra constitui a Política Nacional de Saúde Integral da População Negra, organizada de acordo com as diretrizes abaixo especificadas:

I - ampliação e fortalecimento da participação de lideranças dos movimentos sociais em defesa da saúde da população negra nas instâncias de participação e controle social do SUS;

II - produção de conhecimento científico e tecnológico em saúde da população negra;

III - desenvolvimento de processos de informação, comunicação e educação para contribuir com a redução das vulnerabilidades da população negra.

ART. 8º. Constituem objetivos da Política Nacional de Saúde Integral da População Negra:

I - a promoção da saúde integral da população negra, priorizando a redução das desigualdades étnicas e o combate à discriminação nas instituições e serviços do SUS;

II - a melhoria da qualidade dos sistemas de informação do SUS no que tange à coleta, ao processamento e à análise dos dados desagregados por cor, etnia e gênero;

III - o fomento à realização de estudos e pesquisas sobre racismo e saúde da população negra;

IV - a inclusão do conteúdo da saúde da população negra nos processos de formação e educação permanente dos trabalhadores da saúde;

V - a inclusão da temática saúde da população negra nos processos de formação política das lideranças de movimentos sociais para o exercício da participação e controle social no SUS.

Parágrafo único. Os moradores das comunidades de remanescentes de quilombos serão beneficiários de incentivos específicos para a garantia do direito à saúde, incluindo melhorias nas condições ambientais, no saneamento básico, na segurança alimentar e nutricional e na atenção integral à saúde.

CAPÍTULO II. DO DIREITO À EDUCAÇÃO, À CULTURA, AO ESPORTE E AO LAZER

SEÇÃO I. DISPOSIÇÕES GERAIS

ART. 9º. A população negra tem direito a participar de atividades educacionais, culturais, esportivas e de lazer adequadas a seus interesses e condições, de modo a contribuir para o patrimônio cultural de sua comunidade e da sociedade brasileira.

ART. 10. Para o cumprimento do disposto no art. 9º, os governos federal, estaduais, distrital e municipais adotarão as seguintes providências:

I - promoção de ações para viabilizar e ampliar o acesso da população negra ao ensino gratuito e às atividades esportivas e de lazer;

II - apoio à iniciativa de entidades que mantenham espaço para promoção social e cultural da população negra;

III - desenvolvimento de campanhas educativas, inclusive nas escolas, para que a solidariedade aos membros da população negra faça parte da cultura de toda a sociedade;

IV - implementação de políticas públicas para o fortalecimento da juventude negra brasileira.

SEÇÃO II. DA EDUCAÇÃO

ART. 11. Nos estabelecimentos de ensino fundamental e de ensino médio, públicos e privados, é obrigatório o estudo da história geral da África e da história da população negra no Brasil, observado o disposto na Lei nº 9.394, de 20 de dezembro de 1996.

§ 1º. Os conteúdos referentes à história da população negra no Brasil serão ministrados no âmbito de todo o currículo escolar, resgatando sua contribuição decisiva para o desenvolvimento social, econômico, político e cultural do País.

§ 2º. O órgão competente do Poder Executivo fomentará a formação inicial e continuada de professores e a elaboração de material didático específico para o cumprimento do disposto no *caput* deste artigo.

§ 3º. Nas datas comemorativas de caráter cívico, os órgãos responsáveis pela educação incentivarão a participação de intelectuais e representantes do movimento negro para debater com os estudantes suas vivências relativas ao tema em comemoração.

ART. 12. Os órgãos federais, distritais e estaduais de fomento à pesquisa e à pós-graduação poderão criar incentivos a pesquisas e a programas de estudo voltados para temas referentes às relações étnicas, aos quilombos e às questões pertinentes à população negra.

ART. 13. O Poder Executivo federal, por meio dos órgãos competentes, incentivará as instituições de ensino superior públicas e privadas, sem prejuízo da legislação em vigor, a:

I – resguardar os princípios da ética em pesquisa e apoiar grupos, núcleos e centros de pesquisa, nos diversos programas de pós-graduação que desenvolvam temáticas de interesse da população negra;

II – incorporar nas matrizes curriculares dos cursos de formação de professores temas que incluam valores concernentes à pluralidade étnica e cultural da sociedade brasileira;

III – desenvolver programas de extensão universitária destinados a aproximar jovens negros de tecnologias avançadas, assegurado o princípio da proporcionalidade de gênero entre os beneficiários;

IV – estabelecer programas de cooperação técnica, nos estabelecimentos de ensino públicos, privados e comunitários, com as escolas de educação infantil, ensino fundamental, ensino médio e ensino técnico, para a formação docente baseada em princípios de equidade, de tolerância e de respeito às diferenças étnicas.

ART. 14. O poder público estimulará e apoiará ações socioeducacionais realizadas por entidades do movimento negro que desenvolvam atividades voltadas para a inclusão social, mediante cooperação técnica, intercâmbios, convênios e incentivos, entre outros mecanismos.

ART. 15. O poder público adotará programas de ação afirmativa.

ART. 16. O Poder Executivo federal, por meio dos órgãos responsáveis pelas políticas de promoção da igualdade e de educação, acompanhará e avaliará os programas de que trata esta seção.

SEÇÃO III.
DA CULTURA

ART. 17. O poder público garantirá o reconhecimento das sociedades negras, clubes e outras formas de manifestação coletiva da população negra, com trajetória histórica comprovada, como patrimônio histórico e cultural, nos termos dos arts. 215 e 216 da Constituição Federal.

ART. 18. É assegurado aos remanescentes das comunidades dos quilombos o direito à preservação de seus usos, costumes, tradições e manifestos religiosos, sob a proteção do Estado.

▸ *CF: art. 5º, VI, VII e VIII.*

Parágrafo único. A preservação dos documentos e dos sítios detentores de reminiscências históricas dos antigos quilombos, tombados nos termos do § 5º do art. 216 da Constituição Federal, receberá especial atenção do poder público.

ART. 19. O poder público incentivará a celebração das personalidades e das datas comemorativas relacionadas à trajetória do samba e de outras manifestações culturais de matriz africana, bem como sua comemoração nas instituições de ensino públicas e privadas.

ART. 20. O poder público garantirá o registro e a proteção da capoeira, em todas as suas modalidades, como bem de natureza imaterial e de formação da identidade cultural brasileira, nos termos do art. 216 da Constituição Federal.

Parágrafo único. O poder público buscará garantir, por meio dos atos normativos necessários, a preservação dos elementos formadores tradicionais da capoeira nas suas relações internacionais.

SEÇÃO IV.
DO ESPORTE E LAZER

ART. 21. O poder público fomentará o pleno acesso da população negra às práticas desportivas, consolidando o esporte e o lazer como direitos sociais.

ART. 22. A capoeira é reconhecida como desporto de criação nacional, nos termos do art. 217 da Constituição Federal.

§ 1º. A atividade de capoeirista será reconhecida em todas as modalidades em que a capoeira se manifesta, seja como esporte, luta, dança ou música, sendo livre o exercício em todo o território nacional.

§ 2º. É facultado o ensino da capoeira nas instituições públicas e privadas pelos capoeiristas e mestres tradicionais, pública e formalmente reconhecidos.

CAPÍTULO III.
DO DIREITO À LIBERDADE DE CONSCIÊNCIA E DE CRENÇA E AO LIVRE EXERCÍCIO DOS CULTOS RELIGIOSOS

ART. 23. É inviolável a liberdade de consciência e de crença, sendo assegurado o livre exercício dos cultos religiosos e garantida, na forma da lei, a proteção aos locais de culto e a suas liturgias.

ART. 24. O direito à liberdade de consciência e de crença e ao livre exercício dos cultos religiosos de matriz africana compreende:

I – a prática de cultos, a celebração de reuniões relacionadas à religiosidade e a fundação e manutenção, por iniciativa privada, de lugares reservados para tais fins;

II – a celebração de festividades e cerimônias de acordo com preceitos das respectivas religiões;

III – a fundação e a manutenção, por iniciativa privada, de instituições beneficentes ligadas às respectivas convicções religiosas;

IV – a produção, a comercialização, a aquisição e o uso de artigos e materiais religiosos adequados aos costumes e às práticas fundadas na respectiva religiosidade, ressalvadas as condutas vedadas por legislação específica;

▸ *Lei nº 9.605, de 12-2-1998, dispõe sobre as sanções penais e administrativas derivadas de condutas e atividades lesivas ao meio ambiente.*

V – a produção e a divulgação de publicações relacionadas ao exercício e à difusão das religiões de matriz africana;

VI – a coleta de contribuições financeiras de pessoas naturais e jurídicas de natureza privada para a manutenção das atividades religiosas e sociais das respectivas religiões;

VII – o acesso aos órgãos e aos meios de comunicação para divulgação das respectivas religiões;

VIII – a comunicação ao Ministério Público para abertura de ação penal em face de atitudes e práticas de intolerância religiosa nos meios de comunicação e em quaisquer outros locais.

ART. 25. É assegurada a assistência religiosa aos praticantes de religiões de matrizes africanas internados em hospitais ou em outras instituições de internação coletiva, inclusive àqueles submetidos a pena privativa de liberdade.

▸ *CF: art. 5º, VII.*

ART. 26. O poder público adotará as medidas necessárias para o combate à intolerância com as religiões de matrizes africanas e à discriminação de seus seguidores, especialmente com o objetivo de:

I – coibir a utilização dos meios de comunicação social para a difusão de proposições, imagens ou abordagens que exponham pessoa ou grupo ao ódio ou ao desprezo por motivos fundados na religiosidade de matrizes africanas;

II – inventariar, restaurar e proteger os documentos, obras e outros bens de valor artístico e cultural, os monumentos, mananciais, flora e sítios arqueológicos vinculados às religiões de matrizes africanas;

▸ *CF: art. 216.*

III – assegurar a participação proporcional de representantes das religiões de matrizes africanas, ao lado da representação das demais religiões, em comissões, conselhos, órgãos e outras instâncias de deliberação vinculadas ao poder público.

CAPÍTULO IV. DO ACESSO À TERRA E À MORADIA ADEQUADA

▸ *CF: art. 6º.*

SEÇÃO I. DO ACESSO À TERRA

ART. 27. O poder público elaborará e implementará políticas públicas capazes de promover o acesso da população negra à terra e às atividades produtivas no campo.

ART. 28. Para incentivar o desenvolvimento das atividades produtivas da população negra no campo, o poder público promoverá ações para viabilizar e ampliar o seu acesso ao financiamento agrícola.

ART. 29. Serão assegurados à população negra a assistência técnica rural, a simplificação do acesso ao crédito agrícola e o fortalecimento da infraestrutura de logística para a comercialização da produção.

ART. 30. O poder público promoverá a educação e a orientação profissional agrícola para os trabalhadores negros e as comunidades negras rurais.

ART. 31. Aos remanescentes das comunidades dos quilombos que estejam ocupando suas terras é reconhecida a propriedade definitiva, devendo o Estado emitir-lhes os títulos respectivos.

▸ *ADCT: art. 68.*

ART. 32. O Poder Executivo federal elaborará e desenvolverá políticas públicas especiais voltadas para o desenvolvimento sustentável dos remanescentes das comunidades dos quilombos, respeitando as tradições de proteção ambiental das comunidades.

▸ *Lei nº 8.069, de 13-07-1990, art. 28, § 6º, Estatuto da Criança e do Adolescente.*

ART. 33. Para fins de política agrícola, os remanescentes das comunidades dos quilombos receberão dos órgãos competentes tratamento especial diferenciado, assistência técnica e linhas especiais de financiamento público, destinados à realização de suas atividades produtivas e de infraestrutura.

ART. 34. Os remanescentes das comunidades dos quilombos se beneficiarão de todas as iniciativas previstas nesta e em outras leis para a promoção da igualdade étnica.

SEÇÃO II. DA MORADIA

ART. 35. O poder público garantirá a implementação de políticas públicas para assegurar o direito à moradia adequada da população negra que vive em favelas, cortiços, áreas urbanas subutilizadas, degradadas ou em processo de degradação, a fim de reintegrá-las à dinâmica urbana e promover melhorias no ambiente e na qualidade de vida.

Parágrafo único. O direito à moradia adequada, para os efeitos desta Lei, inclui não apenas o provimento habitacional, mas também a garantia da infraestrutura urbana e dos equipamentos comunitários associados à função habitacional, bem como a assistência técnica e jurídica para a construção, a reforma ou a regularização fundiária da habitação em área urbana.

ART. 36. Os programas, projetos e outras ações governamentais realizadas no âmbito do Sistema Nacional de Habitação de Interesse Social (SNHIS), regulado pela Lei nº 11.124, de 16 de junho de 2005, devem considerar as peculiaridades sociais, econômicas e culturais da população negra.

Parágrafo único. Os Estados, o Distrito Federal e os Municípios estimularão e facilitarão a participação de organizações e movimentos representativos da população negra na composição dos conselhos constituídos para fins de aplicação do Fundo Nacional de Habitação de Interesse Social (FNHIS).

ART. 37. Os agentes financeiros, públicos ou privados, promoverão ações para viabilizar o acesso da população negra aos financiamentos habitacionais.

CAPÍTULO V. DO TRABALHO

ART. 38. A implementação de políticas voltadas para a inclusão da população negra no mercado de trabalho será de responsabilidade do poder público, observando-se:

I – o instituído neste Estatuto;

II – os compromissos assumidos pelo Brasil ao ratificar a Convenção Internacional sobre a Eliminação de Todas as Formas de Discriminação Racial, de 1965;

III – os compromissos assumidos pelo Brasil ao ratificar a Convenção nº 111, de 1958, da Organização Internacional do Trabalho (OIT), que trata da discriminação no emprego e na profissão;

IV – os demais compromissos formalmente assumidos pelo Brasil perante a comunidade internacional.

ART. 39. O poder público promoverá ações que assegurem a igualdade de oportunidades no mercado de trabalho para a população negra, inclusive mediante a implementação de medidas visando à promoção da igualdade nas contratações do setor público e o incentivo à adoção de medidas similares nas empresas e organizações privadas.

§ 1º. A igualdade de oportunidades será lograda mediante a adoção de políticas e programas de formação profissional, de emprego e de geração de renda voltados para a população negra.

§ 2º. As ações visando a promover a igualdade de oportunidades na esfera da administração pública far-se-ão por meio de normas estabelecidas ou a serem estabelecidas em legislação específica e em seus regulamentos.

§ 3º. O poder público estimulará, por meio de incentivos, a adoção de iguais medidas pelo setor privado.

§ 4º. As ações de que trata o *caput* deste artigo assegurarão o princípio da proporcionalidade de gênero entre os beneficiários.

§ 5º. Será assegurado o acesso ao crédito para a pequena produção, nos meios rural e urbano, com ações afirmativas para mulheres negras.

§ 6º. O poder público promoverá campanhas de sensibilização contra a marginalização da mulher negra no trabalho artístico e cultural.

§ 7º. O poder público promoverá ações com o objetivo de elevar a escolaridade e a qualificação profissional nos setores da economia que contem com alto índice de ocupação por trabalhadores negros de baixa escolarização.

ART. 40. O Conselho Deliberativo do Fundo de Amparo ao Trabalhador (Codefat) formulará políticas, programas e projetos voltados para a inclusão da população negra no mercado de trabalho e orientará a destinação de recursos para seu financiamento.

ART. 41. As ações de emprego e renda, promovidas por meio de financiamento para constituição e ampliação de pequenas e médias empresas e de programas de geração de renda, contemplarão o estímulo à promoção de empresários negros.

Parágrafo único. O poder público estimulará as atividades voltadas ao turismo étnico com enfoque nos locais, monumentos e cidades que retratem a cultura, os usos e os costumes da população negra.

ART. 42. O Poder Executivo federal poderá implementar critérios para provimento de cargos em comissão e funções de confiança destinados a ampliar a participação de negros, buscando reproduzir a estrutura da distribuição étnica nacional ou, quando for o caso, estadual, observados os dados demográficos oficiais.

CAPÍTULO VI. DOS MEIOS DE COMUNICAÇÃO

ART. 43. A produção veiculada pelos órgãos de comunicação valorizará a herança cultural e a participação da população negra na história do País.

ART. 44. Na produção de filmes e programas destinados à veiculação pelas emissoras de televisão e em salas cinematográficas, deverá ser adotada a prática de conferir oportunidades de emprego para atores, figurantes e técnicos negros, sendo vedada toda e qualquer discriminação de natureza política, ideológica, étnica ou artística.

Parágrafo único. A exigência disposta no *caput* não se aplica aos filmes e programas que abordem especificidades de grupos étnicos determinados.

ART. 45. Aplica-se à produção de peças publicitárias destinadas à veiculação pelas emissoras de televisão e em salas cinematográficas o disposto no art. 44.

ART. 46. Os órgãos e entidades da administração pública federal direta, autárquica ou fundacional, as empresas públicas e as sociedades de economia mista federais deverão incluir cláusulas de participação de artistas negros nos contratos de realização de filmes, programas ou quaisquer outras peças de caráter publicitário.

§ 1º. Os órgãos e entidades de que trata este artigo incluirão, nas especificações para contratação de serviços de consultoria, conceituação, produção e realização de filmes, programas ou peças publicitárias, a obrigatoriedade da prática de iguais oportunidades de emprego para as pessoas relacionadas com o projeto ou serviço contratado.

§ 2º. Entende-se por prática de iguais oportunidades de emprego o conjunto de medidas sistemáticas executadas com a finalidade de garantir a diversidade étnica, de sexo e de idade na equipe vinculada ao projeto ou serviço contratado.

§ 3º. A autoridade contratante poderá, se considerar necessário para garantir a prática de iguais oportunidades de emprego, requerer auditoria por órgão do poder público federal.

§ 4º. A exigência disposta no *caput* não se aplica às produções publicitárias quando abordarem especificidades de grupos étnicos determinados.

TÍTULO III. DO SISTEMA NACIONAL DE PROMOÇÃO DA IGUALDADE RACIAL (SINAPIR)

CAPÍTULO I. DISPOSIÇÃO PRELIMINAR

ART. 47. É instituído o Sistema Nacional de Promoção da Igualdade Racial (SINAPIR) como forma de organização e de articulação voltadas à implementação do conjunto de políticas e serviços destinados a superar as desigualdades étnicas existentes no País, prestados pelo poder público federal.

§ 1º. Os Estados, o Distrito Federal e os Municípios poderão participar do SINAPIR mediante adesão.

ESTATUTOS

§ 2º. O poder público federal incentivará a sociedade e a iniciativa privada a participar do SINAPIR.

CAPÍTULO II.
DOS OBJETIVOS

ART. 48. São objetivos do SINAPIR:

I - promover a igualdade étnica e o combate às desigualdades sociais resultantes do racismo, inclusive mediante adoção de ações afirmativas;

II - formular políticas destinadas a combater os fatores de marginalização e a promover a integração social da população negra;

III - descentralizar a implementação de ações afirmativas pelos governos estaduais, distrital e municipais;

IV - articular planos, ações e mecanismos voltados à promoção da igualdade étnica;

V - garantir a eficácia dos meios e dos instrumentos criados para a implementação das ações afirmativas e o cumprimento das metas a serem estabelecidas.

CAPÍTULO III.
DA ORGANIZAÇÃO E COMPETÊNCIA

ART. 49. O Poder Executivo federal elaborará plano nacional de promoção da igualdade racial contendo as metas, princípios e diretrizes para a implementação da Política Nacional de Promoção da Igualdade Racial (PNPIR).

§ 1º. A elaboração, implementação, coordenação, avaliação e acompanhamento da PNPIR, bem como a organização, articulação e coordenação do SINAPIR, serão efetivados pelo órgão responsável pela política de promoção da igualdade étnica em âmbito nacional.

§ 2º. É o Poder Executivo federal autorizado a instituir fórum intergovernamental de promoção da igualdade étnica, a ser coordenado pelo órgão responsável pelas políticas de promoção da igualdade étnica, com o objetivo de implementar estratégias que visem à incorporação da política nacional de promoção da igualdade étnica nas ações governamentais de Estados e Municípios.

§ 3º. As diretrizes das políticas nacional e regional de promoção da igualdade étnica serão elaboradas por órgão colegiado que assegure a participação da sociedade civil.

ART. 50. Os Poderes Executivos estaduais, distrital e municipais, no âmbito das respectivas esferas de competência, poderão instituir conselhos de promoção da igualdade étnica, de caráter permanente e consultivo, compostos por igual número de representantes de órgãos e entidades públicas e de organizações da sociedade civil representativas da população negra.

Parágrafo único. O Poder Executivo priorizará o repasse dos recursos referentes aos programas e atividades previstos nesta Lei aos Estados, Distrito Federal e Municípios que tenham criado conselhos de promoção da igualdade étnica.

CAPÍTULO V.
DAS OUVIDORIAS PERMANENTES E DO ACESSO À JUSTIÇA E À SEGURANÇA

ART. 51. O poder público federal instituirá, na forma da lei e no âmbito dos Poderes Legislativo e Executivo, Ouvidorias Permanentes em Defesa da Igualdade Racial, para receber e encaminhar denúncias de preconceito e discriminação com base em etnia ou cor e acompanhar a implementação de medidas para a promoção da igualdade.

ART. 52. É assegurado às vítimas de discriminação étnica o acesso aos órgãos de Ouvidoria Permanente, à Defensoria Pública, ao Ministério Público e ao Poder Judiciário, em todas as suas instâncias, para a garantia do cumprimento de seus direitos.

Parágrafo único. O Estado assegurará atenção às mulheres negras em situação de violência, garantida a assistência física, psíquica, social e jurídica.

ART. 53. O Estado adotará medidas especiais para coibir a violência policial incidente sobre a população negra.

Parágrafo único. O Estado implementará ações de ressocialização e proteção da juventude negra em conflito com a lei e exposta a experiências de exclusão social.

ART. 54. O Estado adotará medidas para coibir atos de discriminação e preconceito praticados por servidores públicos em detrimento da população negra, observado, no que couber, o disposto na Lei nº 7.716, de 5 de janeiro de 1989.

ART. 55. Para a apreciação judicial das lesões e das ameaças de lesão aos interesses da população negra decorrentes de situações de desigualdade étnica, recorrer-se-á, entre outros instrumentos, à ação civil pública, disciplinada na Lei nº 7.347, de 24 de julho de 1985.

CAPÍTULO V.
DO FINANCIAMENTO DAS INICIATIVAS DE PROMOÇÃO DA IGUALDADE RACIAL

ART. 56. Na implementação dos programas e das ações constantes dos planos plurianuais e dos orçamentos anuais da União, deverão ser observadas as políticas de ação afirmativa a que se refere o inciso VII do art. 4º desta Lei e outras políticas públicas que tenham como objetivo promover a igualdade de oportunidades e a inclusão social da população negra, especialmente no que tange a:

I - promoção da igualdade de oportunidades em educação, emprego e moradia;

II - financiamento de pesquisas, nas áreas de educação, saúde e emprego, voltadas para a melhoria da qualidade de vida da população negra;

III - incentivo à criação de programas e veículos de comunicação destinados à divulgação de matérias relacionadas aos interesses da população negra;

IV - incentivo à criação e à manutenção de microempresas administradas por pessoas autodeclaradas negras;

V - iniciativas que incrementem o acesso e a permanência das pessoas negras na educação fundamental, média, técnica e superior;

VI - apoio a programas e projetos dos governos estaduais, distrital e municipais e de entidades da sociedade civil voltados para a promoção da igualdade de oportunidades para a população negra;

VII - apoio a iniciativas em defesa da cultura, da memória e das tradições africanas e brasileiras.

§ 1º. O Poder Executivo federal é autorizado a adotar medidas que garantam, em cada exercício, a transparência na alocação e na execução dos recursos necessários ao financiamento das ações previstas neste Estatuto, explicitando, entre outros, a proporção dos recursos orçamentários destinados aos programas de promoção da igualdade, especialmente nas áreas de educação, saúde, emprego e renda, desenvolvimento agrário, habitação popular, desenvolvimento regional, cultura, esporte e lazer.

§ 2º. Durante os 5 (cinco) primeiros anos, a contar do exercício subsequente à publicação deste Estatuto, os órgãos do Poder Executivo federal que desenvolvem políticas e programas nas áreas referidas no § 1º deste artigo discriminarão em seus orçamentos anuais a participação nos programas de ação afirmativa referidos no inciso VII do art. 4º desta Lei.

§ 3º. O Poder Executivo é autorizado a adotar as medidas necessárias para a adequada implementação do disposto neste artigo, podendo estabelecer patamares de participação crescente dos programas de ação afirmativa nos orçamentos anuais a que se refere o § 2º deste artigo.

§ 4º. O órgão colegiado do Poder Executivo federal responsável pela promoção da igualdade racial acompanhará e avaliará a programação das ações referidas neste artigo nas propostas orçamentárias da União.

ART. 57. Sem prejuízo da destinação de recursos ordinários, poderão ser consignados nos orçamentos fiscal e da seguridade social para financiamento das ações de que trata o art. 56:

I - transferências voluntárias dos Estados, do Distrito Federal e dos Municípios;

II - doações voluntárias de particulares;

III - doações de empresas privadas e organizações não governamentais, nacionais ou internacionais;

IV - doações voluntárias de fundos nacionais ou internacionais;

V - doações de Estados estrangeiros, por meio de convênios, tratados e acordos internacionais.

TÍTULO IV. DISPOSIÇÕES FINAIS

ART. 58. As medidas instituídas nesta Lei não excluem outras em prol da população negra que tenham sido ou venham a ser adotadas no âmbito da União, dos Estados, do Distrito Federal ou dos Municípios.

ART. 59. O Poder Executivo federal criará instrumentos para aferir a eficácia social das medidas previstas nesta Lei e efetuará seu monitoramento constante, com a emissão e a divulgação de relatórios periódicos, inclusive pela rede mundial de computadores.

ART. 60. Os arts. 3º e 4º da Lei nº 7.716, de 1989, passam a vigorar com a seguinte redação:

▸ *Alteração incorporada ao texto da referida lei.*

ART. 61. Os arts. 3º e 4º da Lei nº 9.029, de 13 de abril de 1995, passam a vigorar com a seguinte redação:

▸ *Alteração não relevante para a área penal.*

ART. 62. O art. 13 da Lei nº 7.347, de 1985, passa a vigorar acrescido do seguinte § 2º, renumerando-se o atual parágrafo único como § 1º:

[...]

ART. 63. O § 1º do art. 1º da Lei nº 10.778, de 24 de novembro de 2003, passa a vigorar com a seguinte redação:

[...]

ART. 64. O § 3º do art. 20 da Lei nº 7.716, de 1989, passa a vigorar acrescido do seguinte inciso III:

▸ *Alterações incorporadas no texto da referida Lei.*

ART. 65. Esta Lei entra em vigor 90 (noventa) dias após a data de sua publicação.

Brasília, 20 de julho de 2010;
189º da Independência e 122º da República.

LUIZ INÁCIO LULA DA SILVA

Este texto não substitui o publicado no DOU de 21.7.2010

ESTATUTO DA PESSOA COM DEFICIÊNCIA

LEI Nº 13.146, DE 6 DE JULHO DE 2015

Institui a Lei Brasileira de Inclusão da Pessoa com Deficiência (Estatuto da Pessoa com Deficiência).

▸ *Esta Lei: arts. 88 a 93.*

LIVRO I. PARTE GERAL

TÍTULO I. DISPOSIÇÕES PRELIMINARES

CAPÍTULO I. DISPOSIÇÕES GERAIS

ART. 1º. É instituída a Lei Brasileira de Inclusão da Pessoa com Deficiência (Estatuto da Pessoa com Deficiência), destinada a assegurar e a promover, em condições de igualdade, o exercício dos direitos e das liberdades fundamentais por pessoa com deficiência, visando à sua inclusão social e cidadania.

Parágrafo único. Esta Lei tem como base a Convenção sobre os Direitos das Pessoas com Deficiência e seu Protocolo Facultativo, ratificados pelo Congresso Nacional por meio do Decreto Legislativo nº 186, de 9 de julho de 2008, em conformidade com o procedimento previsto no § 3º do art. 5º da Constituição da República Federativa do Brasil, em vigor para o Brasil, no plano jurídico externo, desde 31 de agosto de 2008, e promulgados pelo Decreto nº 6.949, de 25 de agosto de 2009, data de início de sua vigência no plano interno.

ART. 2º. Considera-se pessoa com deficiência aquela que tem impedimento de longo prazo de natureza física, mental, intelectual ou sensorial, o qual, em interação com uma ou mais barreiras, pode obstruir sua participação plena e efetiva na sociedade em igualdade de condições com as demais pessoas.

§ 1º. A avaliação da deficiência, quando necessária, será biopsicossocial, realizada por equipe multiprofissional e interdisciplinar e considerará:

▸ *Parágrafo com vigência em 08-07-2017.*

I – os impedimentos nas funções e nas estruturas do corpo;

II – os fatores socioambientais, psicológicos e pessoais;

III – a limitação no desempenho de atividades; e

IV – a restrição de participação.

§ 2º. O Poder Executivo criará instrumentos para avaliação da deficiência.

ART. 3º. Para fins de aplicação desta Lei, consideram-se:

I – acessibilidade: possibilidade e condição de alcance para utilização, com segurança e autonomia, de espaços, mobiliários, equipamentos urbanos, edificações, transportes, informação e comunicação, inclusive seus sistemas e tecnologias, bem como de outros serviços e instalações abertos ao público, de uso público ou privados de uso coletivo, tanto na zona urbana como na rural, por pessoa com deficiência ou com mobilidade reduzida;

II – desenho universal: concepção de produtos, ambientes, programas e serviços a serem usados por todas as pessoas, sem necessidade de adaptação ou de projeto específico, incluindo os recursos de tecnologia assistiva;

III – tecnologia assistiva ou ajuda técnica: produtos, equipamentos, dispositivos, recursos, metodologias, estratégias, práticas e serviços que objetivem promover a funcionalidade, relacionada à atividade e à participação da pessoa com deficiência ou com mobilidade reduzida, visando à sua autonomia, independência, qualidade de vida e inclusão social;

IV – barreiras: qualquer entrave, obstáculo, atitude ou comportamento que limite ou impeça a participação social da pessoa, bem como o gozo, a fruição e o exercício de seus direitos à acessibilidade, à liberdade de movimento e de expressão, à comunicação, ao acesso à informação, à compreensão, à circulação com segurança, entre outros, classificadas em:

a) barreiras urbanísticas: as existentes nas vias e nos espaços públicos e privados abertos ao público ou de uso coletivo;

b) barreiras arquitetônicas: as existentes nos edifícios públicos e privados;

c) barreiras nos transportes: as existentes nos sistemas e meios de transportes;

d) barreiras nas comunicações e na informação: qualquer entrave, obstáculo, atitude ou comportamento que dificulte ou impossibilite a expressão ou o recebimento de mensagens e de informações por intermédio de sistemas de comunicação e de tecnologia da informação;

e) barreiras atitudinais: atitudes ou comportamentos que impeçam ou prejudiquem a participação social da pessoa com deficiência em igualdade de condições e oportunidades com as demais pessoas;

f) barreiras tecnológicas: as que dificultam ou impedem o acesso da pessoa com deficiência às tecnologias;

V – comunicação: forma de interação dos cidadãos que abrange, entre outras opções, as línguas, inclusive a Língua Brasileira de Sinais (Libras), a visualização de textos, o Braille, o sistema de sinalização ou de comunicação tátil, os caracteres ampliados, os dispositivos multimídia, assim como a linguagem simples, escrita e oral, os sistemas auditivos e os meios de voz digitalizados e os modos, meios e formatos aumentativos e alternativos de comunicação, incluindo as tecnologias da informação e das comunicações;

VI – adaptações razoáveis: adaptações, modificações e ajustes necessários e adequados que não acarretem ônus desproporcional e indevido, quando requeridos em cada caso, a fim de assegurar que a pessoa com deficiência possa gozar ou exercer, em igualdade de condições e oportunidades com as demais pessoas, todos os direitos e liberdades fundamentais;

VII – elemento de urbanização: quaisquer componentes de obras de urbanização, tais como os referentes a pavimentação, saneamento, encanamento para esgotos, distribuição de energia elétrica e de gás, iluminação pública, serviços de comunicação, abastecimento e distribuição de água, paisagismo e os que materializam as indicações do planejamento urbanístico;

VIII – mobiliário urbano: conjunto de objetos existentes nas vias e nos espaços públicos, superpostos ou adicionados aos elementos de urbanização ou de edificação, de forma que sua modificação ou seu traslado não provoque alterações substanciais nesses elementos, tais como semáforos, postes de sinalização e similares, terminais e pontos de acesso coletivo às telecomunicações, fontes de água, lixeiras, toldos, marquises, bancos, quiosques e quaisquer outros de natureza análoga;

IX – pessoa com mobilidade reduzida: aquela que tenha, por qualquer motivo, dificuldade de movimentação, permanente ou temporária, gerando redução efetiva da mobilidade, da flexibilidade, da coordenação motora ou da percepção, incluindo idoso, gestante, lactante, pessoa com criança de colo e obeso;

X – residências inclusivas: unidades de oferta do Serviço de Acolhimento do Sistema Único de Assistência Social (Suas) localizadas em áreas residenciais da comunidade, com estruturas adequadas, que possam contar com apoio psicossocial para o atendimento das necessidades da pessoa acolhida, destinadas a jovens e adultos com deficiência, em situação de dependência, que não dispõem de condições de autossustentabilidade e com vínculos familiares fragilizados ou rompidos;

XI – moradia para a vida independente da pessoa com deficiência: moradia com estruturas adequadas capazes de proporcionar serviços de apoio coletivos e individualizados que respeitem e ampliem o grau de autonomia de jovens e adultos com deficiência;

XII – atendente pessoal: pessoa, membro ou não da família, que, com ou sem remuneração, assiste ou presta cuidados básicos e essenciais à pessoa com deficiência no exercício de suas atividades diárias, excluídas as técnicas ou os procedimentos identificados com profissões legalmente estabelecidas;

XIII – profissional de apoio escolar: pessoa que exerce atividades de alimentação, higiene e locomoção do estudante com deficiência e atua em todas as atividades escolares nas quais se fizer necessária, em todos os níveis e modalidades de ensino, em instituições públicas e privadas, excluídas as técnicas ou os procedimentos identificados com profissões legalmente estabelecidas;

XIV – acompanhante: aquele que acompanha a pessoa com deficiência, podendo ou não desempenhar as funções de atendente pessoal.

CAPÍTULO II.
DA IGUALDADE E DA NÃO DISCRIMINAÇÃO

ART. 4º. Toda pessoa com deficiência tem direito à igualdade de oportunidades com as demais pessoas e não sofrerá nenhuma espécie de discriminação.

§ 1º. Considera-se discriminação em razão da deficiência toda forma de distinção, restrição ou exclusão, por ação ou omissão, que tenha o propósito ou o efeito de prejudicar, impedir ou anular o reconhecimento ou o exercício dos direitos e das liberdades fundamentais de pessoa com deficiência, incluindo a recusa de adaptações razoáveis e de fornecimento de tecnologias assistivas.

§ 2º. A pessoa com deficiência não está obrigada à fruição de benefícios decorrentes de ação afirmativa.

ART. 5º. A pessoa com deficiência será protegida de toda forma de negligência, discriminação, exploração, violência, tortura, crueldade, opressão e tratamento desumano ou degradante.

Parágrafo único. Para os fins da proteção mencionada no caput deste artigo, são considerados especialmente vulneráveis a criança, o adolescente, a mulher e o idoso, com deficiência.

ART. 6º. A deficiência não afeta a plena capacidade civil da pessoa, inclusive para:

I – casar-se e constituir união estável;

II – exercer direitos sexuais e reprodutivos;

III – exercer o direito de decidir sobre o número de filhos e de ter acesso a informações adequadas sobre reprodução e planejamento familiar;

IV – conservar sua fertilidade, sendo vedada a esterilização compulsória;

V – exercer o direito à família e à convivência familiar e comunitária; e

VI – exercer o direito à guarda, à tutela, à curatela e à adoção, como adotante ou adotando, em igualdade de oportunidades com as demais pessoas.

ART. 7º. É dever de todos comunicar à autoridade competente qualquer forma de ameaça ou de violação aos direitos da pessoa com deficiência.

Parágrafo único. Se, no exercício de suas funções, os juízes e os tribunais tiverem conhecimento de fatos que caracterizem as violações previstas nesta Lei, devem remeter peças ao Ministério Público para as providências cabíveis.

ART. 8º. É dever do Estado, da sociedade e da família assegurar à pessoa com deficiência, com prioridade, a efetivação dos direitos referentes à vida, à saúde, à sexualidade, à paternidade e à maternidade, à alimentação, à habitação, à educação, à profissionalização, ao trabalho, à previdência social, à habilitação e à reabilitação, ao transporte, à acessibilidade, à cultura, ao desporto, ao turismo, ao lazer, à informação, à comunicação, aos avanços científicos e tecnológicos, à dignidade, ao respeito, à liberdade, à convivência familiar e comunitária, entre outros decorrentes da Constituição Federal, da Convenção sobre os Direitos das Pessoas com Deficiência e seu Protocolo Facultativo e das leis e de outras normas que garantam seu bem-estar pessoal, social e econômico.

SEÇÃO ÚNICA.
DO ATENDIMENTO PRIORITÁRIO

ART. 9º. A pessoa com deficiência tem direito a receber atendimento prioritário, sobretudo com a finalidade de:

I – proteção e socorro em quaisquer circunstâncias;

II – atendimento em todas as instituições e serviços de atendimento ao público;

III – disponibilização de recursos, tanto humanos quanto tecnológicos, que garantam atendimento em igualdade de condições com as demais pessoas;

IV – disponibilização de pontos de parada, estações e terminais acessíveis de transporte coletivo de passageiros e garantia de segurança no embarque e no desembarque;

V – acesso a informações e disponibilização de recursos de comunicação acessíveis;

VI – recebimento de restituição de imposto de renda;

VII – tramitação processual e procedimentos judiciais e administrativos em que for parte ou interessada, em todos os atos e diligências.

§ 1º. Os direitos previstos neste artigo são extensivos ao acompanhante da pessoa com deficiência ou ao seu atendente pessoal, exceto quanto ao disposto nos incisos VI e VII deste artigo.

§ 2º. Nos serviços de emergência públicos e privados, a prioridade conferida por esta Lei é condicionada aos protocolos de atendimento médico.

TÍTULO II.
DOS DIREITOS FUNDAMENTAIS

CAPÍTULO I.
DO DIREITO À VIDA

ART. 10. Compete ao poder público garantir a dignidade da pessoa com deficiência ao longo de toda a vida.

Parágrafo único. Em situações de risco, emergência ou estado de calamidade pública, a pessoa com deficiência será considerada vulnerável, devendo o poder público adotar medidas para sua proteção e segurança.

ART. 11. A pessoa com deficiência não poderá ser obrigada a se submeter a intervenção clínica ou cirúrgica, a tratamento ou a institucionalização forçada.

Parágrafo único. O consentimento da pessoa com deficiência em situação de curatela poderá ser suprido, na forma da lei.

ART. 12. O consentimento prévio, livre e esclarecido da pessoa com deficiência é indispensável para a realização de tratamento, procedimento, hospitalização e pesquisa científica.

§ 1º. Em caso de pessoa com deficiência em situação de curatela, deve ser assegurada sua participação, no maior grau possível, para a obtenção de consentimento.

§ 2º. A pesquisa científica envolvendo pessoa com deficiência em situação de tutela ou de curatela deve ser realizada, em caráter excepcional, apenas quando houver indícios de benefício direto para sua saúde ou para a saúde de outras pessoas com deficiência e desde que não haja outra opção de pesquisa de eficácia comparável com participantes não tutelados ou curatelados.

ART. 13. A pessoa com deficiência somente será atendida sem seu consentimento prévio, livre e esclarecido em casos de risco de morte e de emergência em saúde, resguardado seu superior interesse e adotadas as salvaguardas legais cabíveis.

CAPÍTULO II. DO DIREITO À HABILITAÇÃO E À REABILITAÇÃO

ART. 14. O processo de habilitação e de reabilitação é um direito da pessoa com deficiência.

Parágrafo único. O processo de habilitação e de reabilitação tem por objetivo o desenvolvimento de potencialidades, talentos, habilidades e aptidões físicas, cognitivas, sensoriais, psicossociais, atitudinais, profissionais e artísticas que contribuam para a conquista da autonomia da pessoa com deficiência e de sua participação social em igualdade de condições e oportunidades com as demais pessoas.

ART. 15. O processo mencionado no art. 14 desta Lei baseia-se em avaliação multidisciplinar das necessidades, habilidades e potencialidades de cada pessoa, observadas as seguintes diretrizes:

I – diagnóstico e intervenção precoces;

II – adoção de medidas para compensar perda ou limitação funcional, buscando o desenvolvimento de aptidões;

III – atuação permanente, integrada e articulada de políticas públicas que possibilitem a plena participação social da pessoa com deficiência;

IV – oferta de rede de serviços articulados, com atuação intersetorial, nos diferentes níveis de complexidade, para atender às necessidades específicas da pessoa com deficiência;

V – prestação de serviços próximo ao domicílio da pessoa com deficiência, inclusive na zona rural, respeitadas a organização das Redes de Atenção à Saúde (RAS) nos territórios locais e as normas do Sistema Único de Saúde (SUS).

ART. 16. Nos programas e serviços de habilitação e de reabilitação para a pessoa com deficiência, são garantidos:

I – organização, serviços, métodos, técnicas e recursos para atender às características de cada pessoa com deficiência;

II – acessibilidade em todos os ambientes e serviços;

III – tecnologia assistiva, tecnologia de reabilitação, materiais e equipamentos adequados e apoio técnico profissional, de acordo com as especificidades de cada pessoa com deficiência;

IV – capacitação continuada de todos os profissionais que participem dos programas e serviços.

ART. 17. Os serviços do SUS e do Suas deverão promover ações articuladas para garantir à pessoa com deficiência e sua família a aquisição de informações, orientações e formas de acesso às políticas públicas disponíveis, com a finalidade de propiciar sua plena participação social.

Parágrafo único. Os serviços de que trata o caput deste artigo podem fornecer informações e orientações nas áreas de saúde, de educação, de cultura, de esporte, de lazer, de transporte, de previdência social, de assistência social, de habitação, de trabalho, de empreendedorismo, de acesso ao crédito, de promoção, proteção e defesa de direitos e nas demais áreas que possibilitem à pessoa com deficiência exercer sua cidadania.

CAPÍTULO III. DO DIREITO À SAÚDE

ART. 18. É assegurada atenção integral à saúde da pessoa com deficiência em todos os níveis de complexidade, por intermédio do SUS, garantido acesso universal e igualitário.

§ 1º. É assegurada a participação da pessoa com deficiência na elaboração das políticas de saúde a ela destinadas.

§ 2º. É assegurado atendimento segundo normas éticas e técnicas, que regulamentarão a atuação dos profissionais de saúde e contemplarão aspectos relacionados aos direitos e às especificidades da pessoa com deficiência, incluindo temas como sua dignidade e autonomia.

§ 3º. Aos profissionais que prestam assistência à pessoa com deficiência, especialmente em serviços de habilitação e de reabilitação, deve ser garantida capacitação inicial e continuada.

§ 4º. As ações e os serviços de saúde pública destinados à pessoa com deficiência devem assegurar:

I – diagnóstico e intervenção precoces, realizados por equipe multidisciplinar;

II – serviços de habilitação e de reabilitação sempre que necessários, para qualquer tipo de deficiência, inclusive para a manutenção da melhor condição de saúde e qualidade de vida;

III – atendimento domiciliar multidisciplinar, tratamento ambulatorial e internação;

IV – campanhas de vacinação;

V – atendimento psicológico, inclusive para seus familiares e atendentes pessoais;

VI – respeito à especificidade, à identidade de gênero e à orientação sexual da pessoa com deficiência;

VII – atenção sexual e reprodutiva, incluindo o direito à fertilização assistida;

VIII – informação adequada e acessível à pessoa com deficiência e a seus familiares sobre sua condição de saúde;

IX – serviços projetados para prevenir a ocorrência e o desenvolvimento de deficiências e agravos adicionais;

X – promoção de estratégias de capacitação permanente das equipes que atuam no SUS, em todos os níveis de atenção, no atendimento à pessoa com deficiência, bem como orientação a seus atendentes pessoais;

XI – oferta de órteses, próteses, meios auxiliares de locomoção, medicamentos, insumos e fórmulas nutricionais, conforme as normas vigentes do Ministério da Saúde.

§ 5º. As diretrizes deste artigo aplicam-se também às instituições privadas que participem de forma complementar do SUS ou que recebam recursos públicos para sua manutenção.

ART. 19. Compete ao SUS desenvolver ações destinadas à prevenção de deficiências por causas evitáveis, inclusive por meio de:

I – acompanhamento da gravidez, do parto e do puerpério, com garantia de parto humanizado e seguro;

II – promoção de práticas alimentares adequadas e saudáveis, vigilância alimentar e nutricional, prevenção e cuidado integral dos agravos relacionados à alimentação e nutrição da mulher e da criança;

III – aprimoramento e expansão dos programas de imunização e de triagem neonatal;

IV – identificação e controle da gestante de alto risco.

ART. 20. As operadoras de planos e seguros privados de saúde são obrigadas a garantir à pessoa com deficiência, no mínimo, todos os serviços e produtos ofertados aos demais clientes.

ART. 21. Quando esgotados os meios de atenção à saúde da pessoa com deficiência no local de residência, será prestado atendimento fora de domicílio, para fins de diagnóstico e de tratamento, garantidos o transporte e a acomodação da pessoa com deficiência e de seu acompanhante.

ART. 22. À pessoa com deficiência internada ou em observação é assegurado o direito a acompanhante ou a atendente pessoal, devendo o órgão ou a instituição de saúde proporcionar condições adequadas para sua permanência em tempo integral.

§ 1º. Na impossibilidade de permanência do acompanhante ou do atendente pessoal junto à pessoa com deficiência, cabe ao profissional de saúde responsável pelo tratamento justificá-la por escrito.

§ 2º. Na ocorrência da impossibilidade prevista no § 1º deste artigo, o órgão ou a instituição de saúde deve adotar as providências cabíveis para suprir a ausência do acompanhante ou do atendente pessoal.

ART. 23. São vedadas todas as formas de discriminação contra a pessoa com deficiência, inclusive por meio de cobrança de valores diferenciados por planos e seguros privados de saúde, em razão de sua condição.

ART. 24. É assegurado à pessoa com deficiência o acesso aos serviços de saúde, tanto públicos como privados, e às informações prestadas e recebidas, por meio de recursos de tecnologia assistiva e de todas as formas de comunicação previstas no inciso V do art. 3º desta Lei.

ART. 25. Os espaços dos serviços de saúde, tanto públicos quanto privados, devem assegurar o acesso da pessoa com deficiência, em conformidade com a legislação em vigor, mediante a remoção de barreiras, por meio de projetos arquitetônico, de ambientação de interior e de comunicação que atendam às especificidades das pessoas com deficiência física, sensorial, intelectual e mental.

ART. 26. Os casos de suspeita ou de confirmação de violência praticada contra a pessoa com deficiência serão objeto de notificação compulsória pelos serviços de saúde públicos e privados à autoridade policial e ao Ministério Público, além dos Conselhos dos Direitos da Pessoa com Deficiência.

Parágrafo único. Para os efeitos desta Lei, considera-se violência contra a pessoa com deficiência qualquer ação ou omissão, praticada em local público ou privado, que lhe cause morte ou dano ou sofrimento físico ou psicológico.

CAPÍTULO IV.
DO DIREITO À EDUCAÇÃO

ART. 27. A educação constitui direito da pessoa com deficiência, assegurados sistema educacional inclusivo em todos os níveis e aprendizado ao longo de toda a vida, de forma a alcançar o máximo desenvolvimento possível de seus talentos e habilidades físicas, sensoriais, intelectuais e sociais, segundo suas características, interesses e necessidades de aprendizagem.

Parágrafo único. É dever do Estado, da família, da comunidade escolar e da sociedade assegurar educação de qualidade à pessoa com deficiência, colocando-a a salvo de toda forma de violência, negligência e discriminação.

ART. 28. Incumbe ao poder público assegurar, criar, desenvolver, implementar, incentivar, acompanhar e avaliar:

I – sistema educacional inclusivo em todos os níveis e modalidades, bem como o aprendizado ao longo de toda a vida;

II – aprimoramento dos sistemas educacionais, visando a garantir condições de acesso, permanência, participação e aprendizagem, por meio da oferta de serviços e de recursos de acessibilidade que eliminem as barreiras e promovam a inclusão plena;

III – projeto pedagógico que institucionalize o atendimento educacional especializado, assim como os demais serviços e adaptações razoáveis, para atender às características dos estudantes com deficiência e garantir o seu pleno acesso ao currículo em condições de igualdade, promovendo a conquista e o exercício de sua autonomia;

IV – oferta de educação bilíngue, em Libras como primeira língua e na modalidade escrita da língua portuguesa como segunda língua, em escolas e classes bilíngues e em escolas inclusivas;

V – adoção de medidas individualizadas e coletivas em ambientes que maximizem o desenvolvimento acadêmico e social dos estudantes com deficiência, favorecendo o acesso, a permanência, a participação e a aprendizagem em instituições de ensino;

VI – pesquisas voltadas para o desenvolvimento de novos métodos e técnicas pedagógicas, de materiais didáticos, de equipamentos e de recursos de tecnologia assistiva;

VII – planejamento de estudo de caso, de elaboração de plano de atendimento educacional especializado, de organização de recursos e serviços de acessibilidade e de disponibilização e usabilidade pedagógica de recursos de tecnologia assistiva;

VIII – participação dos estudantes com deficiência e de suas famílias nas diversas instâncias de atuação da comunidade escolar;

IX – adoção de medidas de apoio que favoreçam o desenvolvimento dos aspectos linguísticos, culturais, vocacionais e profissionais, levando-se em conta o talento, a criatividade, as habilidades e os interesses do estudante com deficiência;

X – adoção de práticas pedagógicas inclusivas pelos programas de formação inicial e continuada de professores e oferta de formação continuada para o atendimento educacional especializado;

XI – formação e disponibilização de professores para o atendimento educacional especializado, de tradutores e intérpretes da Libras, de guias intérpretes e de profissionais de apoio;

XII – oferta de ensino da Libras, do Sistema Braille e de uso de recursos de tecnologia assistiva, de forma a ampliar habilidades funcionais dos estudantes, promovendo sua autonomia e participação;

XIII – acesso à educação superior e à educação profissional e tecnológica em igualdade de oportunidades e condições com as demais pessoas;

XIV – inclusão em conteúdos curriculares, em cursos de nível superior e de educação profissional técnica e tecnológica, de temas relacionados à pessoa com deficiência nos respectivos campos de conhecimento;

XV – acesso da pessoa com deficiência, em igualdade de condições, a jogos e a atividades recreativas, esportivas e de lazer, no sistema escolar;

XVI – acessibilidade para todos os estudantes, trabalhadores da educação e demais integrantes da comunidade escolar às edificações, aos ambientes e às atividades concernentes a todas as modalidades, etapas e níveis de ensino;

XVII – oferta de profissionais de apoio escolar;

XVIII – articulação intersetorial na implementação de políticas públicas.

§ 1º. Às instituições privadas, de qualquer nível e modalidade de ensino, aplica-se obrigatoriamente o disposto nos incisos I, II, III, V, VII, VIII, IX, X, XI, XII, XIII, XIV, XV, XVI, XVII e XVIII do caput deste artigo, sendo vedada a cobrança de valores adicionais de qualquer natureza em suas mensalidades, anuidades e matrículas no cumprimento dessas determinações.

§ 2º. Na disponibilização de tradutores e intérpretes da Libras a que se refere o inciso XI do caput deste artigo, deve-se observar o seguinte:

I – os tradutores e intérpretes da Libras atuantes na educação básica devem, no mínimo, possuir ensino médio completo e certificado de proficiência na Libras;

II – os tradutores e intérpretes da Libras, quando direcionados à tarefa de interpretar nas salas de aula dos cursos de graduação e pós-graduação, devem possuir nível superior, com habilitação, prioritariamente, em Tradução e Interpretação em Libras.

▸ *Incisos I e II com vigência em 08-07-2019.*

ART. 29. (VETADO).

ART. 30. Nos processos seletivos para ingresso e permanência nos cursos oferecidos pelas instituições de ensino superior e de educação profissional e tecnológica, públicas e privadas, devem ser adotadas as seguintes medidas:

I – atendimento preferencial à pessoa com deficiência nas dependências das Instituições de Ensino Superior (IES) e nos serviços;

II – disponibilização de formulário de inscrição de exames com campos específicos para que o candidato com deficiência informe os recursos de acessibilidade e de tecnologia assistiva necessários para sua participação;

III – disponibilização de provas em formatos acessíveis para atendimento às necessidades específicas do candidato com deficiência;

IV – disponibilização de recursos de acessibilidade e de tecnologia assistiva adequados, previamente solicitados e escolhidos pelo candidato com deficiência;

V – dilação de tempo, conforme demanda apresentada pelo candidato com deficiência, tanto na realização de exame para seleção quanto nas atividades acadêmicas, mediante prévia solicitação e comprovação da necessidade;

VI – adoção de critérios de avaliação das provas escritas, discursivas ou de redação que considerem a singularidade linguística da pessoa com deficiência, no domínio da modalidade escrita da língua portuguesa;

VII – tradução completa do edital e de suas retificações em Libras.

CAPÍTULO V.
DO DIREITO À MORADIA

ART. 31. A pessoa com deficiência tem direito à moradia digna, no seio da família natural ou substituta, com seu cônjuge ou companheiro ou desacompanhada, ou em moradia para a vida independente da pessoa com deficiência, ou, ainda, em residência inclusiva.

§ 1º. O poder público adotará programas e ações estratégicas para apoiar a criação e a manutenção de moradia para a vida independente da pessoa com deficiência.

§ 2º. A proteção integral na modalidade de residência inclusiva será prestada no âmbito do Suas à pessoa com deficiência em situação de dependência que não disponha de condições de autossustentabilidade, com vínculos familiares fragilizados ou rompidos.

ART. 32. Nos programas habitacionais, públicos ou subsidiados com recursos públicos, a pessoa com deficiência ou o seu responsável goza de prioridade na aquisição de imóvel para moradia própria, observado o seguinte:

I – reserva de, no mínimo, 3% (três por cento) das unidades habitacionais para pessoa com deficiência;

II – (VETADO);

III – em caso de edificação multifamiliar, garantia de acessibilidade nas áreas de uso comum e nas unidades habitacionais no piso térreo e de acessibilidade ou de adaptação razoável nos demais pisos;

IV – disponibilização de equipamentos urbanos comunitários acessíveis;

V – elaboração de especificações técnicas no projeto que permitam a instalação de elevadores.

§ 1º. O direito à prioridade, previsto no caput deste artigo, será reconhecido à pessoa com deficiência beneficiária apenas uma vez.

§ 2º. Nos programas habitacionais públicos, os critérios de financiamento devem ser compatíveis com os rendimentos da pessoa com deficiência ou de sua família.

§ 3º. Caso não haja pessoa com deficiência interessada nas unidades habitacionais reservadas por força do disposto no inciso I do caput deste artigo, as unidades não utilizadas serão disponibilizadas às demais pessoas.

ART. 33. Ao poder público compete:

I – adotar as providências necessárias para o cumprimento do disposto nos arts. 31 e 32 desta Lei; e

II – divulgar, para os agentes interessados e beneficiários, a política habitacional prevista nas legislações federal, estaduais, distrital e municipais, com ênfase nos dispositivos sobre acessibilidade.

CAPÍTULO VI. DO DIREITO AO TRABALHO

SEÇÃO I. DISPOSIÇÕES GERAIS

ART. 34. A pessoa com deficiência tem direito ao trabalho de sua livre escolha e aceitação, em ambiente acessível e inclusivo, em igualdade de oportunidades com as demais pessoas.

§ 1º. As pessoas jurídicas de direito público, privado ou de qualquer natureza são obrigadas a garantir ambientes de trabalho acessíveis e inclusivos.

§ 2º. A pessoa com deficiência tem direito, em igualdade de oportunidades com as demais pessoas, a condições justas e favoráveis de trabalho, incluindo igual remuneração por trabalho de igual valor.

§ 3º. É vedada restrição ao trabalho da pessoa com deficiência e qualquer discriminação em razão de sua condição, inclusive nas etapas de recrutamento, seleção, contratação, admissão, exames admissional e periódico, permanência no emprego, ascensão profissional e reabilitação profissional, bem como exigência de aptidão plena.

§ 4º. A pessoa com deficiência tem direito à participação e ao acesso a cursos, treinamentos, educação continuada, planos de carreira, promoções, bonificações e incentivos profissionais oferecidos pelo empregador, em igualdade de oportunidades com os demais empregados.

§ 5º. É garantida aos trabalhadores com deficiência acessibilidade em cursos de formação e de capacitação.

ART. 35. É finalidade primordial das políticas públicas de trabalho e emprego promover e garantir condições de acesso e de permanência da pessoa com deficiência no campo de trabalho.

Parágrafo único. Os programas de estímulo ao empreendedorismo e ao trabalho autônomo, incluídos o cooperativismo e o associativismo, devem prever a participação da pessoa com deficiência e a disponibilização de linhas de crédito, quando necessárias.

SEÇÃO II. DA HABILITAÇÃO PROFISSIONAL E REABILITAÇÃO PROFISSIONAL

ART. 36. O poder público deve implementar serviços e programas completos de habilitação profissional e de reabilitação profissional para que a pessoa com deficiência possa ingressar, continuar ou retornar ao campo do trabalho, respeitados sua livre escolha, sua vocação e seu interesse.

§ 1º. Equipe multidisciplinar indicará, com base em critérios previstos no § 1º do art. 2º desta Lei, programa de habilitação ou de reabilitação que possibilite à pessoa com deficiência restaurar sua capacidade e habilidade profissional ou adquirir novas capacidades e habilidades de trabalho.

§ 2º. A habilitação profissional corresponde ao processo destinado a propiciar à pessoa com deficiência aquisição de conhecimentos, habilidades e aptidões para exercício de profissão ou de ocupação, permitindo nível suficiente de desenvolvimento profissional para ingresso no campo de trabalho.

§ 3º. Os serviços de habilitação profissional, de reabilitação profissional e de educação profissional devem ser dotados de recursos necessários para atender a toda pessoa com deficiência, independentemente de sua característica específica, a fim de que ela possa ser capacitada para trabalho que lhe seja adequado e ter perspectivas de obtê-lo, de conservá-lo e de nele progredir.

§ 4º. Os serviços de habilitação profissional, de reabilitação profissional e de educação profissional deverão ser oferecidos em ambientes acessíveis e inclusivos.

§ 5º. A habilitação profissional e a reabilitação profissional devem ocorrer articuladas com as redes públicas e privadas, especialmente de saúde, de ensino e de assistência social, em todos os níveis e modalidades, em entidades de formação profissional ou diretamente com o empregador.

§ 6º. A habilitação profissional pode ocorrer em empresas por meio de prévia formalização do contrato de emprego da pessoa com deficiência, que será considerada para o cumprimento da reserva de vagas prevista em lei, desde que por tempo determinado e concomitante com a inclusão profissional na empresa, observado o disposto em regulamento.

§ 7º. A habilitação profissional e a reabilitação profissional atenderão à pessoa com deficiência.

SEÇÃO III. DA INCLUSÃO DA PESSOA COM DEFICIÊNCIA NO TRABALHO

ART. 37. Constitui modo de inclusão da pessoa com deficiência no trabalho a colocação competitiva, em igualdade de oportunidades com as demais pessoas, nos termos da legislação trabalhista e previdenciária, na qual devem ser atendidas as regras de acessibilidade, o fornecimento de recursos de tecnologia assistiva e a adaptação razoável no ambiente de trabalho.

Parágrafo único. A colocação competitiva da pessoa com deficiência pode ocorrer por meio de trabalho com apoio, observadas as seguintes diretrizes:

I – prioridade no atendimento à pessoa com deficiência com maior dificuldade de inserção no campo de trabalho;

II – provisão de suportes individualizados que atendam a necessidades específicas da pessoa com deficiência, inclusive a disponibilização de recursos de tecnologia assistiva, de agente facilitador e de apoio no ambiente de trabalho;

III – respeito ao perfil vocacional e ao interesse da pessoa com deficiência apoiada;

IV – oferta de aconselhamento e de apoio aos empregadores, com vistas à definição de estratégias de inclusão e de superação de barreiras, inclusive atitudinais;

V – realização de avaliações periódicas;

VI – articulação intersetorial das políticas públicas;

VII – possibilidade de participação de organizações da sociedade civil.

ART. 38. A entidade contratada para a realização de processo seletivo público ou privado para cargo, função ou emprego está obrigada à observância do disposto nesta Lei e em outras normas de acessibilidade vigentes.

CAPÍTULO VII. DO DIREITO À ASSISTÊNCIA SOCIAL

ART. 39. Os serviços, os programas, os projetos e os benefícios no âmbito da política pública de assistência social à pessoa com deficiência e sua família têm como objetivo a garantia da segurança de renda, da acolhida, da habilitação e da reabilitação, do desenvolvimento da autonomia e da convivência familiar e comunitária, para a promoção do acesso a direitos e da plena participação social.

§ 1º. A assistência social à pessoa com deficiência, nos termos do caput deste artigo, deve envolver conjunto articulado de serviços do âmbito da Proteção Social Básica e da Proteção Social Especial, ofertados pelo Suas, para a garantia de seguranças fundamentais no enfrentamento de situações de vulnerabilidade e de risco, por fragilização de vínculos e ameaça ou violação de direitos.

§ 2º. Os serviços socioassistenciais destinados à pessoa com deficiência em situação de dependência deverão contar com cuidadores sociais para prestar-lhe cuidados básicos e instrumentais.

ART. 40. É assegurado à pessoa com deficiência que não possua meios para prover sua subsistência nem de tê-la provida por sua família o benefício mensal de 1 (um) salário-mínimo, nos termos da Lei nº 8.742, de 7 de dezembro de 1993.

CAPÍTULO VIII. DO DIREITO À PREVIDÊNCIA SOCIAL

ART. 41. A pessoa com deficiência segurada do Regime Geral de Previdência Social (RGPS) tem direito à aposentadoria nos termos da Lei Complementar nº 142, de 8 de maio de 2013.

CAPÍTULO IX. DO DIREITO À CULTURA, AO ESPORTE, AO TURISMO E AO LAZER

ART. 42. A pessoa com deficiência tem direito à cultura, ao esporte, ao turismo e ao lazer em igualdade de oportunidades com as demais pessoas, sendo-lhe garantido o acesso:

I – a bens culturais em formato acessível;

II – a programas de televisão, cinema, teatro e outras atividades culturais e desportivas em formato acessível; e

III – a monumentos e locais de importância cultural e a espaços que ofereçam serviços ou eventos culturais e esportivos.

§ 1º. É vedada a recusa de oferta de obra intelectual em formato acessível à pessoa com deficiência, sob qualquer argumento, inclusive sob a alegação de proteção dos direitos de propriedade intelectual.

§ 2º. O poder público deve adotar soluções destinadas à eliminação, à redução ou à superação de barreiras para a promoção do acesso a todo patrimônio cultural, observadas as normas de acessibilidade, ambientais e de proteção do patrimônio histórico e artístico nacional.

ART. 43. O poder público deve promover a participação da pessoa com deficiência em atividades artísticas, intelectuais, culturais, esportivas e recreativas, com vistas ao seu protagonismo, devendo:

I – incentivar a provisão de instrução, de treinamento e de recursos adequados, em igualdade de oportunidades com as demais pessoas;

II – assegurar acessibilidade nos locais de eventos e nos serviços prestados por pessoa ou entidade envolvida na organização das atividades de que trata este artigo; e

III – assegurar a participação da pessoa com deficiência em jogos e atividades recreativas, esportivas, de lazer, culturais e artísticas, inclusive no sistema escolar, em igualdade de condições com as demais pessoas.

ART. 44. Nos teatros, cinemas, auditórios, estádios, ginásios de esporte, locais de espetáculos e de conferências e similares, serão reservados espaços livres e assentos para a pessoa com deficiência, de acordo com a capacidade de lotação da edificação, observado o disposto em regulamento.

§ 1º. Os espaços e assentos a que se refere este artigo devem ser distribuídos pelo recinto em locais diversos, de boa visibilidade, em todos os setores, próximos aos corredores, devidamente sinalizados, evitando-se áreas segregadas de público e obstrução das saídas, em conformidade com as normas de acessibilidade.

§ 2º. No caso de não haver comprovada procura pelos assentos reservados, esses podem, excepcionalmente, ser ocupados por pessoas sem deficiência ou que não tenham mobilidade reduzida, observado o disposto em regulamento.

§ 3º. Os espaços e assentos a que se refere este artigo devem situar-se em locais que garantam a acomodação de, no mínimo, 1 (um) acompanhante da pessoa com deficiência ou com mobilidade reduzida, resguardado o direito de se acomodar proximamente a grupo familiar e comunitário.

§ 4º. Nos locais referidos no caput deste artigo, deve haver, obrigatoriamente, rotas de fuga e saídas de emergência acessíveis, conforme padrões das normas de acessibilidade, a fim de permitir a saída segura da pessoa com deficiência ou com mobilidade reduzida, em caso de emergência.

§ 5º. Todos os espaços das edificações previstas no caput deste artigo devem atender às normas de acessibilidade em vigor.

§ 6º. As salas de cinema devem oferecer, em todas as sessões, recursos de acessibilidade para a pessoa com deficiência.

▸ *Parágrafo com vigência em 08-07-2019.*

§ 7º. O valor do ingresso da pessoa com deficiência não poderá ser superior ao valor cobrado das demais pessoas.

ART. 45. Os hotéis, pousadas e similares devem ser construídos observando-se os princípios do desenho universal, além de adotar todos os meios de acessibilidade, conforme legislação em vigor.

▸ *Artigo com vigência em 08-07-2017.*

§ 1º. Os estabelecimentos já existentes deverão disponibilizar, pelo menos, 10% (dez por cento) de seus dormitórios acessíveis, garantida, no mínimo, 1 (uma) unidade acessível.

§ 2º. Os dormitórios mencionados no § 1º deste artigo deverão ser localizados em rotas acessíveis.

CAPÍTULO X. DO DIREITO AO TRANSPORTE E À MOBILIDADE

ART. 46. O direito ao transporte e à mobilidade da pessoa com deficiência ou com mobilidade reduzida será assegurado em igualdade de oportunidades com as demais pessoas, por meio de identificação e de eliminação de todos os obstáculos e barreiras ao seu acesso.

§ 1º. Para fins de acessibilidade aos serviços de transporte coletivo terrestre, aquaviário e aéreo, em todas as jurisdições, consideram-se como integrantes desses serviços os veículos, os terminais, as estações, os pontos de parada, o sistema viário e a prestação do serviço.

§ 2º. São sujeitas ao cumprimento das disposições desta Lei, sempre que houver interação com a matéria nela regulada, a outorga, a concessão, a permissão, a autorização, a renovação ou a habilitação de linhas e de serviços de transporte coletivo.

§ 3º. Para colocação do símbolo internacional de acesso nos veículos, as empresas de transporte coletivo de passageiros dependem da certificação de acessibilidade emitida pelo gestor público responsável pela prestação do serviço.

ART. 47. Em todas as áreas de estacionamento aberto ao público, de uso público ou privado de uso coletivo e em vias públicas, devem ser reservadas vagas próximas aos acessos de circulação de pedestres, devidamente sinalizadas, para veículos que transportem pessoa com deficiência com comprometimento de mobilidade, desde que devidamente identificados.

§ 1º. As vagas a que se refere o caput deste artigo devem equivaler a 2% (dois por cento) do total, garantida, no mínimo, 1 (uma) vaga devidamente sinalizada e com as especificações de desenho e traçado de acordo com as normas técnicas vigentes de acessibilidade.

§ 2º. Os veículos estacionados nas vagas reservadas devem exibir, em local de ampla visibilidade, a credencial de beneficiário, a ser confeccionada e fornecida pelos órgãos de trânsito, que disciplinarão suas características e condições de uso.

§ 3º. A utilização indevida das vagas de que trata este artigo sujeita os infratores às sanções previstas no inciso XX do art. 181 da Lei nº 9.503, de 23 de setembro de 1997 (Código de Trânsito Brasileiro). (Redação dada pela lei nº 13.281, de 2016)

§ 4º. A credencial a que se refere o § 2º deste artigo é vinculada à pessoa com deficiência que possui comprometimento de mobilidade e é válida em todo o território nacional.

ART. 48. Os veículos de transporte coletivo terrestre, aquaviário e aéreo, as instalações, as estações, os portos e os terminais em operação no País devem ser acessíveis, de forma a garantir o seu uso por todas as pessoas.

§ 1º. Os veículos e as estruturas de que trata o caput deste artigo devem dispor de sistema de comunicação acessível que disponibilize informações sobre todos os pontos do itinerário.

§ 2º. São asseguradas à pessoa com deficiência prioridade e segurança nos procedimentos de embarque e de desembarque nos veículos de transporte coletivo, de acordo com as normas técnicas.

§ 3º. Para colocação do símbolo internacional de acesso nos veículos, as empresas de transporte coletivo de passageiros dependem da certificação de acessibilidade emitida pelo gestor público responsável pela prestação do serviço.

ART. 49. As empresas de transporte de fretamento e de turismo, na renovação de suas frotas, são obrigadas ao cumprimento do disposto nos arts. 46 e 48 desta Lei.

▸ *Artigo com vigência em 08-07-2019.*

ART. 50. O poder público incentivará a fabricação de veículos acessíveis e a sua utilização como táxis e vans, de forma a garantir o seu uso por todas as pessoas.

ART. 51. As frotas de empresas de táxi devem reservar 10% (dez por cento) de seus veículos acessíveis à pessoa com deficiência.

§ 1º. É proibida a cobrança diferenciada de tarifas ou de valores adicionais pelo serviço de táxi prestado à pessoa com deficiência.

§ 2º. O poder público é autorizado a instituir incentivos fiscais com vistas a possibilitar a acessibilidade dos veículos a que se refere o caput deste artigo.

ART. 52. As locadoras de veículos são obrigadas a oferecer 1 (um) veículo adaptado para uso de pessoa com deficiência, a cada conjunto de 20 (vinte) veículos de sua frota.

Parágrafo único. O veículo adaptado deverá ter, no mínimo, câmbio automático, direção hidráulica, vidros elétricos e comandos manuais de freio e de embreagem.

TÍTULO III. DA ACESSIBILIDADE

CAPÍTULO I. DISPOSIÇÕES GERAIS

ART. 53. A acessibilidade é direito que garante à pessoa com deficiência ou com mobilidade reduzida viver de forma independente e exercer seus direitos de cidadania e de participação social.

ART. 54. São sujeitas ao cumprimento das disposições desta Lei e de outras normas relativas à acessibilidade, sempre que houver interação com a matéria nela regulada:

I – a aprovação de projeto arquitetônico e urbanístico ou de comunicação e informação, a fabricação de veículos de transporte coletivo, a prestação do respectivo serviço e a execução de qualquer tipo de obra, quando tenham destinação pública ou coletiva;

II – a outorga ou a renovação de concessão, permissão, autorização ou habilitação de qualquer natureza;

III – a aprovação de financiamento de projeto com utilização de recursos públicos, por meio de renúncia ou de incentivo fiscal, contrato, convênio ou instrumento congênere; e

IV – a concessão de aval da União para obtenção de empréstimo e de financiamento internacionais por entes públicos ou privados.

ART. 55. A concepção e a implantação de projetos que tratem do meio físico, de transporte, de informação e comunicação, inclusive de sistemas e tecnologias da informação e comunicação, e de outros serviços, equipamentos e instalações abertos ao público, de uso público ou privado de uso coletivo, tanto na zona urbana como na rural, devem atender aos princípios do desenho universal, tendo como referência as normas de acessibilidade.

§ 1º. O desenho universal será sempre tomado como regra de caráter geral.

§ 2º. Nas hipóteses em que comprovadamente o desenho universal não possa ser empreendido, deve ser adotada adaptação razoável.

§ 3º. Caberá ao poder público promover a inclusão de conteúdos temáticos referentes ao desenho universal nas diretrizes curriculares da educação profissional e tecnológica e do ensino superior e na formação das carreiras de Estado.

§ 4º. Os programas, os projetos e as linhas de pesquisa a serem desenvolvidos com o apoio de organismos públicos de auxílio à pesquisa e de agências de fomento deverão incluir temas voltados para o desenho universal.

§ 5º. Desde a etapa de concepção, as políticas públicas deverão considerar a adoção do desenho universal.

ART. 56. A construção, a reforma, a ampliação ou a mudança de uso de edificações abertas ao público, de uso público ou privadas de uso coletivo deverão ser executadas de modo a serem acessíveis.

§ 1º. As entidades de fiscalização profissional das atividades de Engenharia, de Arquitetura e correlatas, ao anotarem a responsabilidade técnica de projetos, devem exigir a responsabilidade profissional declarada de atendimento às regras de acessibilidade previstas em legislação e em normas técnicas pertinentes.

§ 2º. Para a aprovação, o licenciamento ou a emissão de certificado de projeto executivo arquitetônico, urbanístico e de instalações e equipamentos temporários ou permanentes e para o licenciamento ou a emissão de certificado de conclusão de obra ou de serviço, deve ser atestado o atendimento às regras de acessibilidade.

§ 3º. O poder público, após certificar a acessibilidade de edificação ou de serviço, determinará a colocação, em espaços ou em locais de ampla visibilidade, do símbolo internacional de acesso, na forma prevista em legislação e em normas técnicas correlatas.

ART. 57. As edificações públicas e privadas de uso coletivo já existentes devem garantir acessibilidade à pessoa com deficiência em todas as suas dependências e serviços, tendo como referência as normas de acessibilidade vigentes.

ART. 58. O projeto e a construção de edificação de uso privado multifamiliar devem atender aos preceitos de acessibilidade, na forma regulamentar.

§ 1º. As construtoras e incorporadoras responsáveis pelo projeto e pela construção das edificações a que se refere o caput deste artigo devem assegurar percentual mínimo de suas unidades internamente acessíveis, na forma regulamentar.

§ 2º. É vedada a cobrança de valores adicionais para a aquisição de unidades internamente acessíveis a que se refere o § 1º deste artigo.

ART. 59. Em qualquer intervenção nas vias e nos espaços públicos, o poder público e as empresas concessionárias responsáveis pela execução das obras e dos serviços devem garantir, de forma segura, a fluidez do trânsito e a livre circulação e acessibilidade das pessoas, durante e após sua execução.

ART. 60. Orientam-se, no que couber, pelas regras de acessibilidade previstas em legislação e em normas técnicas, observado o disposto na Lei nº 10.098, de 19 de dezembro de 2000, nº 10.257, de 10 de julho de 2001, e nº 12.587, de 3 de janeiro de 2012:

I – os planos diretores municipais, os planos diretores de transporte e trânsito, os planos de mobilidade urbana e os planos de preservação de sítios históricos elaborados ou atualizados a partir da publicação desta Lei;

II – os códigos de obras, os códigos de postura, as leis de uso e ocupação do solo e as leis do sistema viário;

III – os estudos prévios de impacto de vizinhança;

IV – as atividades de fiscalização e a imposição de sanções; e

V – a legislação referente à prevenção contra incêndio e pânico.

§ 1º. A concessão e a renovação de alvará de funcionamento para qualquer atividade são condicionadas à observação e à certificação das regras de acessibilidade.

§ 2º. A emissão de carta de habite-se ou de habilitação equivalente e sua renovação, quando esta tiver sido emitida anteriormente às exigências de acessibilidade, é condicionada à observação e à certificação das regras de acessibilidade.

ART. 61. A formulação, a implementação e a manutenção das ações de acessibilidade atenderão às seguintes premissas básicas:

I – eleição de prioridades, elaboração de cronograma e reserva de recursos para implementação das ações; e

II – planejamento contínuo e articulado entre os setores envolvidos.

ART. 62. É assegurado à pessoa com deficiência, mediante solicitação, o recebimento de contas, boletos, recibos, extratos e cobranças de tributos em formato acessível.

CAPÍTULO II. DO ACESSO À INFORMAÇÃO E À COMUNICAÇÃO

ART. 63. É obrigatória a acessibilidade nos sítios da internet mantidos por empresas com sede ou representação comercial no País ou por órgãos de governo, para uso da pessoa com deficiência, garantindo-lhe acesso às informações disponíveis, conforme as melhores práticas e diretrizes de acessibilidade adotadas internacionalmente.

§ 1º. Os sítios devem conter símbolo de acessibilidade em destaque.

§ 2º. Telecentros comunitários que receberem recursos públicos federais para seu custeio ou sua instalação e *lan houses* devem possuir equipamentos e instalações acessíveis.

§ 3º. Os telecentros e as *lan houses* de que trata o § 2º deste artigo devem garantir, no mínimo, 10% (dez por cento) de seus computadores com recursos de acessibilidade para pessoa com deficiência visual, sendo assegurado pelo menos 1 (um) equipamento, quando o resultado percentual for inferior a 1 (um).

ART. 64. A acessibilidade nos sítios da internet de que trata o art. 63 desta Lei deve ser observada para obtenção do financiamento de que trata o inciso III do art. 54 desta Lei.

ART. 65. As empresas prestadoras de serviços de telecomunicações deverão garantir pleno acesso à pessoa com deficiência, conforme regulamentação específica.

ART. 66. Cabe ao poder público incentivar a oferta de aparelhos de telefonia fixa e móvel celular com acessibilidade que, entre outras tecnologias assistivas, possuam possibilidade de indicação e de ampliação sonoras de todas as operações e funções disponíveis.

ART. 67. Os serviços de radiodifusão de sons e imagens devem permitir o uso dos seguintes recursos, entre outros:

I – subtitulação por meio de legenda oculta;

II – janela com intérprete da Libras;

III – audiodescrição.

ART. 68. O poder público deve adotar mecanismos de incentivo à produção, à edição, à difusão, à distribuição e à comercialização de livros em formatos acessíveis, inclusive em publicações da administração pública ou financiadas com recursos públicos, com vistas a garantir à pessoa com deficiência o direito de acesso à leitura, à informação e à comunicação.

§ 1º. Nos editais de compras de livros, inclusive para o abastecimento ou a atualização de acervos de bibliotecas em todos os níveis e modalidades de educação e de bibliotecas públicas, o poder público deverá adotar cláusulas de impedimento à participação de editoras que não ofertem sua produção também em formatos acessíveis.

§ 2º. Consideram-se formatos acessíveis os arquivos digitais que possam ser reconhecidos e acessados por softwares leitores de telas ou outras tecnologias assistivas que vierem a substituí-los, permitindo leitura com voz sintetizada, ampliação de caracteres, diferentes contrastes e impressão em Braille.

§ 3º. O poder público deve estimular e apoiar a adaptação e a produção de artigos científicos em formato acessível, inclusive em Libras.

ART. 69. O poder público deve assegurar a disponibilidade de informações corretas e claras sobre os diferentes produtos e serviços ofertados, por quaisquer meios de comunicação empregados, inclusive em ambiente virtual, contendo a especificação correta de quantidade, qualidade, características, composição e preço, bem como sobre os eventuais riscos à saúde e à segurança do consumidor com deficiência, em caso de sua utilização, aplicando-se, no que couber, os arts. 30 a 41 da Lei nº 8.078, de 11 de setembro de 1990.

§ 1º. Os canais de comercialização virtual e os anúncios publicitários veiculados na imprensa escrita, na internet, no rádio, na televisão e nos demais veículos de comunicação abertos ou por assinatura devem disponibilizar, conforme a compatibilidade do meio, os recursos de acessibilidade de que trata o art. 67 desta Lei, a expensas do fornecedor do produto ou do serviço, sem prejuízo da observância do disposto nos arts. 36 a 38 da Lei nº 8.078, de 11 de setembro de 1990.

§ 2º. Os fornecedores devem disponibilizar, mediante solicitação, exemplares de bulas, prospectos, textos ou qualquer outro tipo de material de divulgação em formato acessível.

ART. 70. As instituições promotoras de congressos, seminários, oficinas e demais eventos de natureza científico-cultural devem oferecer à pessoa com deficiência, no mínimo, os recursos de tecnologia assistiva previstos no art. 67 desta Lei.

ART. 71. Os congressos, os seminários, as oficinas e os demais eventos de natureza científico-cultural promovidos ou financiados pelo poder público devem garantir as condições de acessibilidade e os recursos de tecnologia assistiva.

ART. 72. Os programas, as linhas de pesquisa e os projetos a serem desenvolvidos com o apoio de agências de financiamento e de órgãos e entidades integrantes da administração pública que atuem no auxílio à pesquisa devem contemplar temas voltados à tecnologia assistiva.

ART. 73. Caberá ao poder público, diretamente ou em parceria com organizações da sociedade civil, promover a capacitação de tradutores e intérpretes da Libras, de guias intérpretes e de profissionais habilitados em Braille, audiodescrição, estenotipia e legendagem.

CAPÍTULO III. DA TECNOLOGIA ASSISTIVA

ART. 74. É garantido à pessoa com deficiência acesso a produtos, recursos, estratégias, práticas, processos, métodos e serviços de tecnologia assistiva que maximizem sua autonomia, mobilidade pessoal e qualidade de vida.

ART. 75. O poder público desenvolverá plano específico de medidas, a ser renovado em cada período de 4 (quatro) anos, com a finalidade de:

I – facilitar o acesso a crédito especializado, inclusive com oferta de linhas de crédito subsidiadas, específicas para aquisição de tecnologia assistiva;

ESTATUTOS

II – agilizar, simplificar e priorizar procedimentos de importação de tecnologia assistiva, especialmente as questões atinentes a procedimentos alfandegários e sanitários;

III – criar mecanismos de fomento à pesquisa e à produção nacional de tecnologia assistiva, inclusive por meio de concessão de linhas de crédito subsidiado e de parcerias com institutos de pesquisa oficiais;

IV – eliminar ou reduzir a tributação da cadeia produtiva e de importação de tecnologia assistiva;

V – facilitar e agilizar o processo de inclusão de novos recursos de tecnologia assistiva no rol de produtos distribuídos no âmbito do SUS e por outros órgãos governamentais.

Parágrafo único. Para fazer cumprir o disposto neste artigo, os procedimentos constantes do plano específico de medidas deverão ser avaliados, pelo menos, a cada 2 (dois) anos.

CAPÍTULO IV. DO DIREITO À PARTICIPAÇÃO NA VIDA PÚBLICA E POLÍTICA

ART. 76. O poder público deve garantir à pessoa com deficiência todos os direitos políticos e a oportunidade de exercê-los em igualdade de condições com as demais pessoas.

§ 1º. À pessoa com deficiência será assegurado o direito de votar e de ser votada, inclusive por meio das seguintes ações:

I – garantia de que os procedimentos, as instalações, os materiais e os equipamentos para votação sejam apropriados, acessíveis a todas as pessoas e de fácil compreensão e uso, sendo vedada a instalação de seções eleitorais exclusivas para a pessoa com deficiência;

II – incentivo à pessoa com deficiência a candidatar-se e a desempenhar quaisquer funções públicas em todos os níveis de governo, inclusive por meio do uso de novas tecnologias assistivas, quando apropriado;

III – garantia de que os pronunciamentos oficiais, a propaganda eleitoral obrigatória e os debates transmitidos pelas emissoras de televisão possuam, pelo menos, os recursos elencados no art. 67 desta Lei;

IV – garantia do livre exercício do direito ao voto e, para tanto, sempre que necessário e a seu pedido, permissão para que a pessoa com deficiência seja auxiliada na votação por pessoa de sua escolha.

§ 2º. O poder público promoverá a participação da pessoa com deficiência, inclusive quando institucionalizada, na condução das questões públicas, sem discriminação e em igualdade de oportunidades, observado o seguinte:

I – participação em organizações não governamentais relacionadas à vida pública e à política do País e em atividades e administração de partidos políticos;

II – formação de organizações para representar a pessoa com deficiência em todos os níveis;

III – participação da pessoa com deficiência em organizações que a representem.

TÍTULO IV. DA CIÊNCIA E TECNOLOGIA

ART. 77. O poder público deve fomentar o desenvolvimento científico, a pesquisa e a inovação e a capacitação tecnológicas, voltados à melhoria da qualidade de vida e ao trabalho da pessoa com deficiência e sua inclusão social.

§ 1º. O fomento pelo poder público deve priorizar a geração de conhecimentos e técnicas que visem à prevenção e ao tratamento de deficiências e ao desenvolvimento de tecnologias assistiva e social.

§ 2º. A acessibilidade e as tecnologias assistiva e social devem ser fomentadas mediante a criação de cursos de pós-graduação, a formação de recursos humanos e a inclusão do tema nas diretrizes de áreas do conhecimento.

§ 3º. Deve ser fomentada a capacitação tecnológica de instituições públicas e privadas para o desenvolvimento de tecnologias assistiva e social que sejam voltadas para melhoria da funcionalidade e da participação social da pessoa com deficiência.

§ 4º. As medidas previstas neste artigo devem ser reavaliadas periodicamente pelo poder público, com vistas ao seu aperfeiçoamento.

ART. 78. Devem ser estimulados a pesquisa, o desenvolvimento, a inovação e a difusão de tecnologias voltadas para ampliar o acesso da pessoa com deficiência às tecnologias da informação e comunicação e às tecnologias sociais.

Parágrafo único. Serão estimulados, em especial:

I – o emprego de tecnologias da informação e comunicação como instrumento de superação de limitações funcionais e de barreiras à comunicação, à informação, à educação e ao entretenimento da pessoa com deficiência;

II – a adoção de soluções e a difusão de normas que visem a ampliar a acessibilidade da pessoa com deficiência à computação e aos sítios da internet, em especial aos serviços de governo eletrônico.

LIVRO II. PARTE ESPECIAL

TÍTULO I. DO ACESSO À JUSTIÇA

CAPÍTULO I. DISPOSIÇÕES GERAIS

ART. 79. O poder público deve assegurar o acesso da pessoa com deficiência à justiça, em igualdade de oportunidades com as demais pessoas, garantindo, sempre que requeridos, adaptações e recursos de tecnologia assistiva.

§ 1º. A fim de garantir a atuação da pessoa com deficiência em todo o processo judicial, o poder público deve capacitar os membros e os servidores que atuam no Poder Judiciário, no Ministério Público, na Defensoria Pública, nos órgãos de segurança pública e no sistema penitenciário quanto aos direitos da pessoa com deficiência.

§ 2º. Devem ser assegurados à pessoa com deficiência submetida a medida restritiva de liberdade todos os direitos e garantias a que fazem jus os apenados sem deficiência, garantida a acessibilidade.

§ 3º. A Defensoria Pública e o Ministério Público tomarão as medidas necessárias à garantia dos direitos previstos nesta Lei.

ART. 80. Devem ser oferecidos todos os recursos de tecnologia assistiva disponíveis para que a pessoa com deficiência tenha garantido o acesso à justiça, sempre que figure em um dos polos da ação ou atue como testemunha, partícipe da lide posta em juízo, advogado, defensor público, magistrado ou membro do Ministério Público.

Parágrafo único. A pessoa com deficiência tem garantido o acesso ao conteúdo de todos os atos processuais de seu interesse, inclusive no exercício da advocacia.

ART. 81. Os direitos da pessoa com deficiência serão garantidos por ocasião da aplicação de sanções penais.

ART. 82. (VETADO).

ART. 83. Os serviços notariais e de registro não podem negar ou criar óbices ou condições diferenciadas à prestação de seus serviços em razão de deficiência do solicitante, devendo reconhecer sua capacidade legal plena, garantida a acessibilidade.

Parágrafo único. O descumprimento do disposto no caput deste artigo constitui discriminação em razão de deficiência.

CAPÍTULO II.
DO RECONHECIMENTO IGUAL PERANTE A LEI

ART. 84. A pessoa com deficiência tem assegurado o direito ao exercício de sua capacidade legal em igualdade de condições com as demais pessoas.

§ 1º. Quando necessário, a pessoa com deficiência será submetida à curatela, conforme a lei.

§ 2º. É facultado à pessoa com deficiência a adoção de processo de tomada de decisão apoiada.

§ 3º. A definição de curatela de pessoa com deficiência constitui medida protetiva extraordinária, proporcional às necessidades e às circunstâncias de cada caso, e durará o menor tempo possível.

§ 4º. Os curadores são obrigados a prestar, anualmente, contas de sua administração ao juiz, apresentando o balanço do respectivo ano.

ART. 85. A curatela afetará tão somente os atos relacionados aos direitos de natureza patrimonial e negocial.

§ 1º. A definição da curatela não alcança o direito ao próprio corpo, à sexualidade, ao matrimônio, à privacidade, à educação, à saúde, ao trabalho e ao voto.

§ 2º. A curatela constitui medida extraordinária, devendo constar da sentença as razões e motivações de sua definição, preservados os interesses do curatelado.

§ 3º. No caso de pessoa em situação de institucionalização, ao nomear curador, o juiz deve dar preferência a pessoa que tenha vínculo de natureza familiar, afetiva ou comunitária com o curatelado.

ART. 86. Para emissão de documentos oficiais, não será exigida a situação de curatela da pessoa com deficiência.

ART. 87. Em casos de relevância e urgência e a fim de proteger os interesses da pessoa com deficiência em situação de curatela, será lícito ao juiz, ouvido o Ministério Público, de oficio ou a requerimento do interessado, nomear, desde logo, curador provisório, o qual estará sujeito, no que couber, às disposições do Código de Processo Civil.

TÍTULO II.
DOS CRIMES E DAS INFRAÇÕES ADMINISTRATIVAS

ART. 88. Praticar, induzir ou incitar discriminação de pessoa em razão de sua deficiência:

Pena – reclusão, de 1 (um) a 3 (três) anos, e multa.

§ 1º. Aumenta-se a pena em 1/3 (um terço) se a vítima encontrar-se sob cuidado e responsabilidade do agente.

§ 2º. Se qualquer dos crimes previstos no caput deste artigo é cometido por intermédio de meios de comunicação social ou de publicação de qualquer natureza:

Pena – reclusão, de 2 (dois) a 5 (cinco) anos, e multa.

§ 3º. Na hipótese do § 2º deste artigo, o juiz poderá determinar, ouvido o Ministério Público ou a pedido deste, ainda antes do inquérito policial, sob pena de desobediência:

I – recolhimento ou busca e apreensão dos exemplares do material discriminatório;

II – interdição das respectivas mensagens ou páginas de informação na internet.

§ 4º. Na hipótese do § 2º deste artigo, constitui efeito da condenação, após o trânsito em julgado da decisão, a destruição do material apreendido.

ART. 89. Apropriar-se de ou desviar bens, proventos, pensão, benefícios, remuneração ou qualquer outro rendimento de pessoa com deficiência:

Pena – reclusão, de 1 (um) a 4 (quatro) anos, e multa.

Parágrafo único. Aumenta-se a pena em 1/3 (um terço) se o crime é cometido:

I – por tutor, curador, síndico, liquidatário, inventariante, testamenteiro ou depositário judicial; ou

II – por aquele que se apropriou em razão de ofício ou de profissão.

ART. 90. Abandonar pessoa com deficiência em hospitais, casas de saúde, entidades de abrigamento ou congêneres:

Pena – reclusão, de 6 (seis) meses a 3 (três) anos, e multa.

Parágrafo único. Na mesma pena incorre quem não prover as necessidades básicas de pessoa com deficiência quando obrigado por lei ou mandado.

ART. 91. Reter ou utilizar cartão magnético, qualquer meio eletrônico ou documento de pessoa com deficiência destinados ao recebimento de benefícios, proventos, pensões ou remuneração ou à realização de operações financeiras, com o fim de obter vantagem indevida para si ou para outrem:

Pena – detenção, de 6 (seis) meses a 2 (dois) anos, e multa.

Parágrafo único. Aumenta-se a pena em 1/3 (um terço) se o crime é cometido por tutor ou curador.

ESTATUTOS

TÍTULO III. DISPOSIÇÕES FINAIS E TRANSITÓRIAS

ART. 92. É criado o Cadastro Nacional de Inclusão da Pessoa com Deficiência (Cadastro-Inclusão), registro público eletrônico com a finalidade de coletar, processar, sistematizar e disseminar informações georreferenciadas que permitam a identificação e a caracterização socioeconômica da pessoa com deficiência, bem como das barreiras que impedem a realização de seus direitos.

§ 1º. O Cadastro-Inclusão será administrado pelo Poder Executivo federal e constituído por base de dados, instrumentos, procedimentos e sistemas eletrônicos.

§ 2º. Os dados constituintes do Cadastro-Inclusão serão obtidos pela integração dos sistemas de informação e da base de dados de todas as políticas públicas relacionadas aos direitos da pessoa com deficiência, bem como por informações coletadas, inclusive em censos nacionais e nas demais pesquisas realizadas no País, de acordo com os parâmetros estabelecidos pela Convenção sobre os Direitos das Pessoas com Deficiência e seu Protocolo Facultativo.

§ 3º. Para coleta, transmissão e sistematização de dados, é facultada a celebração de convênios, acordos, termos de parceria ou contratos com instituições públicas e privadas, observados os requisitos e procedimentos previstos em legislação específica.

§ 4º. Para assegurar a confidencialidade, a privacidade e as liberdades fundamentais da pessoa com deficiência e os princípios éticos que regem a utilização de informações, devem ser observadas as salvaguardas estabelecidas em lei.

§ 5º. Os dados do Cadastro-Inclusão somente poderão ser utilizados para as seguintes finalidades:

I – formulação, gestão, monitoramento e avaliação das políticas públicas para a pessoa com deficiência e para identificar as barreiras que impedem a realização de seus direitos;

II – realização de estudos e pesquisas.

§ 6º. As informações a que se refere este artigo devem ser disseminadas em formatos acessíveis.

ART. 93. Na realização de inspeções e de auditorias pelos órgãos de controle interno e externo, deve ser observado o cumprimento da legislação relativa à pessoa com deficiência e das normas de acessibilidade vigentes.

ART. 94. Terá direito a auxílio-inclusão, nos termos da lei, a pessoa com deficiência moderada ou grave que:

I – receba o benefício de prestação continuada previsto no art. 20 da Lei nº 8.742, de 7 de dezembro de 1993, e que passe a exercer atividade remunerada que a enquadre como segurado obrigatório do RGPS;

II – tenha recebido, nos últimos 5 (cinco) anos, o benefício de prestação continuada previsto no art. 20 da Lei nº 8.742, de 7 de dezembro de 1993, e que exerça atividade remunerada que a enquadre como segurado obrigatório do RGPS.

ART. 95. É vedado exigir o comparecimento de pessoa com deficiência perante os órgãos públicos quando seu deslocamento, em razão de sua limitação funcional e de condições de acessibilidade, imponha-lhe ônus desproporcional e indevido, hipótese na qual serão observados os seguintes procedimentos:

I – quando for de interesse do poder público, o agente promoverá o contato necessário com a pessoa com deficiência em sua residência;

II – quando for de interesse da pessoa com deficiência, ela apresentará solicitação de atendimento domiciliar ou fará representar-se por procurador constituído para essa finalidade.

Parágrafo único. É assegurado à pessoa com deficiência atendimento domiciliar pela perícia médica e social do Instituto Nacional do Seguro Social (INSS), pelo serviço público de saúde ou pelo serviço privado de saúde, contratado ou conveniado, que integre o SUS e pelas entidades da rede socioassistencial integrantes do Suas, quando seu deslocamento, em razão de sua limitação funcional e de condições de acessibilidade, imponha-lhe ônus desproporcional e indevido.

ART. 96. O § 6º-A do art. 135 da Lei nº 4.737, de 15 de julho de 1965 (Código Eleitoral), passa a vigorar com a seguinte redação:

▸ <u>*Alterações incorporadas no texto da referida Lei.*</u>

ART. 97. A Consolidação das Leis do Trabalho (CLT), aprovada pelo Decreto-Lei nº 5.452, de 1º de maio de 1943, passa a vigorar com as seguintes alterações:

[...]

ART. 98. A Lei nº 7.853, de 24 de outubro de 1989, passa a vigorar com as seguintes alterações:

▸ <u>*Alterações incorporadas no texto da referida Lei.*</u>

ART. 99. O art. 20 da Lei nº 8.036, de 11 de maio de 1990, passa a vigorar acrescido do seguinte inciso XVIII:

▸ <u>*Alterações incorporadas no texto da referida Lei.*</u>

ART. 100. A Lei nº 8.078, de 11 de setembro de 1990 (Código de Defesa do Consumidor), passa a vigorar com as seguintes alterações:

▸ <u>*Alterações incorporadas no texto da referida Lei.*</u>

ART. 101. A Lei nº 8.213, de 24 de julho de 1991, passa a vigorar com as seguintes alterações:

[...]

ART. 102. O art. 2º da Lei nº 8.313, de 23 de dezembro de 1991, passa a vigorar acrescido do seguinte § 3º:

[...]

ART. 103. O art. 11 da Lei nº 8.429, de 2 de junho de 1992, passa a vigorar acrescido do seguinte inciso IX:

▸ <u>*Alterações incorporadas no texto da referida Lei.*</u>

ART. 104. A Lei nº 8.666, de 21 de junho de 1993, passa a vigorar com as seguintes alterações:

▸ <u>*Alterações incorporadas no texto da referida Lei.*</u>

▸ <u>*Lei nº 8.666, de 21-06-1993, institui normas para licitações e contratos da Administração Pública (REVOGADA pela Lei 14.133, de 01-04.2021)*</u>

▸ <u>*Lei nº 14.133, de 01-04-2021, nova Lei de Licitações e contratos.*</u>

ART. 105. O art. 20 da Lei nº 8.742, de 7 de dezembro de 1993, passa a vigorar com as seguintes alterações:

[...]

ART. 106. (VETADO).

ART. 107. A Lei nº 9.029, de 13 de abril de 1995, passa a vigorar com as seguintes alterações:

▸ *Alterações incorporadas no texto da referida Lei.*

ART. 108. O art. 35 da Lei nº 9.250, de 26 de dezembro de 1995, passa a vigorar acrescido do seguinte § 5º:

[...]

ART. 109. A Lei nº 9.503, de 23 de setembro de 1997 (Código de Trânsito Brasileiro), passa a vigorar com as seguintes alterações:

▸ *Alterações incorporadas no texto da referida Lei.*

ART. 110. O inciso VI e o § 1º do art. 56 da Lei nº 9.615, de 24 de março de 1998, passam a vigorar com a seguinte redação:

[...]

ART. 111. O art. 1º da Lei nº 10.048, de 8 de novembro de 2000, passa a vigorar com a seguinte redação:

[...]

ART. 112. A Lei nº 10.098, de 19 de dezembro de 2000, passa a vigorar com as seguintes alterações:

[...]

ART. 113. A Lei nº 10.257, de 10 de julho de 2001 (Estatuto da Cidade), passa a vigorar com as seguintes alterações:

[...]

ART. 114. A Lei nº 10.406, de 10 de janeiro de 2002 (Código Civil), passa a vigorar com as seguintes alterações:

[...]

ART. 115. O Título IV do Livro IV da Parte Especial da Lei nº 10.406, de 10 de janeiro de 2002 (Código Civil), passa a vigorar com a seguinte redação:

[...]

ART. 116. O Título IV do Livro IV da Parte Especial da Lei nº 10.406, de 10 de janeiro de 2002 (Código Civil), passa a vigorar acrescido do seguinte Capítulo III:

[...]

ART. 117. O art. 1º da Lei nº 11.126, de 27 de junho de 2005, passa a vigorar com a seguinte redação:

[...]

ART. 118. O inciso IV do art. 46 da Lei nº 11.904, de 14 de janeiro de 2009, passa a vigorar acrescido da seguinte alínea "k":

[...]

ART. 119. A Lei nº 12.587, de 3 de janeiro de 2012, passa a vigorar acrescida do seguinte art. 12-B:

[...]

ART. 120. Cabe aos órgãos competentes, em cada esfera de governo, a elaboração de relatórios circunstanciados sobre o cumprimento dos prazos estabelecidos por força das Leis nº 10.048, de 8 de novembro de 2000, e nº 10.098, de 19 de dezembro de 2000, bem como o seu encaminhamento ao Ministério Público e aos órgãos de regulação para adoção das providências cabíveis.

Parágrafo único. Os relatórios a que se refere o caput deste artigo deverão ser apresentados no prazo de 1 (um) ano a contar da entrada em vigor desta Lei.

ART. 121. Os direitos, os prazos e as obrigações previstos nesta Lei não excluem os já estabelecidos em outras legislações, inclusive em pactos, tratados, convenções e declarações internacionais aprovados e promulgados pelo Congresso Nacional, e devem ser aplicados em conformidade com as demais normas internas e acordos internacionais vinculantes sobre a matéria.

Parágrafo único. Prevalecerá a norma mais benéfica à pessoa com deficiência.

ART. 122. Regulamento disporá sobre a adequação do disposto nesta Lei ao tratamento diferenciado, simplificado e favorecido a ser dispensado às microempresas e às empresas de pequeno porte, previsto no § 3º do art. 1º da Lei Complementar nº 123, de 14 de dezembro de 2006.

ART. 123. Revogam-se os seguintes dispositivos:

I – o inciso II do § 2º do art. 1º da Lei nº 9.008, de 21 de março de 1995;

II – os incisos I, II e III do art. 3º da Lei nº 10.406, de 10 de janeiro de 2002 (Código Civil);

III – os incisos II e III do art. 228 da Lei nº 10.406, de 10 de janeiro de 2002 (Código Civil);

IV – o inciso I do art. 1.548 da Lei nº 10.406, de 10 de janeiro de 2002 (Código Civil);

V – o inciso IV do art. 1.557 da Lei nº 10.406, de 10 de janeiro de 2002 (Código Civil);

VI – os incisos II e IV do art. 1.767 da Lei nº 10.406, de 10 de janeiro de 2002 (Código Civil);

VII – os arts. 1.776 e 1.780 da Lei nº 10.406, de 10 de janeiro de 2002 (Código Civil).

ART. 124. O § 1º do art. 2º desta Lei deverá entrar em vigor em até 2 (dois) anos, contados da entrada em vigor desta Lei.

ART. 125. Devem ser observados os prazos a seguir discriminados, a partir da entrada em vigor desta Lei, para o cumprimento dos seguintes dispositivos:

I – incisos I e II do § 2º do art. 28, 48 (quarenta e oito) meses;

II - § 6º do art. 44, 84 (oitenta e quatro) meses; (Redação dada pela Lei nº 14.159, de 2-6-2021)

III – art. 45, 24 (vinte e quatro) meses;

IV – art. 49, 48 (quarenta e oito) meses.

ART. 126. Prorroga-se até 31 de dezembro de 2021 a vigência da Lei nº 8.989, de 24 de fevereiro de 1995.

ART. 127. Esta Lei entra em vigor após decorridos 180 (cento e oitenta) dias de sua publicação oficial.

Brasília, 6 de julho de 2015;
194º da Independência e 127º da República.

DILMA ROUSSEF

Este texto não substitui o publicado no DOU de 7.7.2015

ESTATUTOS

CÓDIGO PENAL MILITAR (Excertos)

CÓDIGO PENAL MILITAR – DECRETO-LEI Nº 1.001, DE 21 DE OUTUBRO DE 1969.

OS MINISTROS DA MARINHA DE GUERRA, DO EXÉRCITO E DA AERONÁUTICA MILITAR, usando das atribuições que lhes confere o art. 3º do Ato Institucional nº 16, de 14 de outubro de 1969, combinado com o § 1° do art. 2°, do Ato Institucional n° 5, de 13 de dezembro de 1968, decretam:

CÓDIGO PENAL MILITAR

PARTE GERAL

LIVRO ÚNICO

TÍTULO I. DA APLICAÇÃO DA LEI PENAL MILITAR

• • • • • • • • • • • • • • • • • •

CRIMES MILITARES EM TEMPO DE PAZ

ART. 9º Consideram-se crimes militares, em tempo de paz:

I - os crimes de que trata êste Código, quando definidos de modo diverso na lei penal comum, ou nela não previstos, qualquer que seja o agente, salvo disposição especial;

II – os crimes previstos neste Código e os previstos na legislação penal, quando praticados: (Redação dada pela Lei nº 13.491, de 2017)

a) por militar em situação de atividade ou assemelhado, contra militar na mesma situação ou assemelhado;

b) por militar em situação de atividade ou assemelhado, em lugar sujeito à administração militar, contra militar da reserva, ou reformado, ou assemelhado, ou civil;

c) por militar em serviço ou atuando em razão da função, em comissão de natureza militar, ou em formatura, ainda que fora do lugar sujeito à administração militar contra militar da reserva, ou reformado, ou civil; (Redação dada pela Lei nº 9.299, de 8.8.1996)

d) por militar durante o período de manobras ou exercício, contra militar da reserva, ou reformado, ou assemelhado, ou civil;

e) por militar em situação de atividade, ou assemelhado, contra o patrimônio sob a administração militar, ou a ordem administrativa militar;

f) revogada. (Redação dada pela Lei nº 9.299, de 8.8.1996)

III - os crimes praticados por militar da reserva, ou reformado, ou por civil, contra as instituições militares, considerando-se como tais não só os compreendidos no inciso I, como os do inciso II, nos seguintes casos:

a) contra o patrimônio sob a administração militar, ou contra a ordem administrativa militar;

b) em lugar sujeito à administração militar contra militar em situação de atividade ou assemelhado, ou contra funcionário de Ministério militar ou da Justiça Militar, no exercício de função inerente ao seu cargo;

c) contra militar em formatura, ou durante o período de prontidão, vigilância, observação, exploração, exercício, acampamento, acantonamento ou manobras;

d) ainda que fora do lugar sujeito à administração militar, contra militar em função de natureza militar, ou no desempenho de serviço de vigilância, garantia e preservação da ordem pública, administrativa ou judiciária, quando legalmente requisitado para aquêle fim, ou em obediência a determinação legal superior.

§ 1º Os crimes de que trata este artigo, quando dolosos contra a vida e cometidos por militares contra civil, serão da competência do Tribunal do Júri. (Redação dada pela Lei nº 13.491, de 2017)

§ 2º Os crimes de que trata este artigo, quando dolosos contra a vida e cometidos por militares das Forças Armadas contra civil, serão da competência da Justiça Militar da União, se praticados no contexto: (Incluído pela Lei nº 13.491, de 2017)

I – do cumprimento de atribuições que lhes forem estabelecidas pelo Presidente da República ou pelo Ministro de Estado da Defesa; (Incluído pela Lei nº 13.491, de 2017)

II – de ação que envolva a segurança de instituição militar ou de missão militar, mesmo que não beligerante; ou (Incluído pela Lei nº 13.491, de 2017)

III – de atividade de natureza militar, de operação de paz, de garantia da lei e da ordem ou de atribuição subsidiária, realizadas em conformidade com o disposto no art. 142 da Constituição Federal e na forma dos seguintes diplomas legais: (Incluído pela Lei nº 13.491, de 2017)

a) Lei nº 7.565, de 19 de dezembro de 1986 - Código Brasileiro de Aeronáutica; (Incluída pela Lei nº 13.491, de 2017)

b) Lei Complementar nº 97, de 9 de junho de 1999; (Incluída pela Lei nº 13.491, de 2017)

c) Decreto-Lei nº 1.002, de 21 de outubro de 1969 - Código de Processo Penal Militar; e (Incluída pela Lei nº 13.491, de 2017)

d) Lei nº 4.737, de 15 de julho de 1965 - Código Eleitoral. (Incluída pela Lei nº 13.491, de 2017)

CRIMES MILITARES EM TEMPO DE GUERRA

ART. 10. Consideram-se crimes militares, em tempo de guerra:

I - os especialmente previstos neste Código para o tempo de guerra;

II - os crimes militares previstos para o tempo de paz;

III - os crimes previstos neste Código, embora também o sejam com igual definição na lei penal comum ou especial, quando praticados, qualquer que seja o agente:

a) em território nacional, ou estrangeiro, militarmente ocupado;

b) em qualquer lugar, se comprometem ou podem comprometer a preparação, a eficiência ou as operações militares ou, de qualquer outra forma, atentam contra a segurança externa do País ou podem expô-la a perigo;

IV - os crimes definidos na lei penal comum ou especial, embora não previstos neste Código, quando praticados em zona de efetivas operações militares ou em território estrangeiro, militarmente ocupado.

• • • • • • • • • • • • • • • • • •

DISPOSIÇÕES FINAIS

ART. 409. São revogados o Decreto-lei número 6.227, de 24 de janeiro de 1944, e demais disposições contrárias a êste Código, salvo as leis especiais que definem os crimes contra a segurança nacional e a ordem política e social.

ART. 410. Êste Código entrará em vigor no dia 1° de janeiro de 1970.

Brasília, 21 de outubro de 1969;
148° da Independência e 81° da República.

AUGUSTO HAMANN RADEMAKER GRUNEWALD
AURÉLIO DE LYRA TAVARES
MÁRCIO DE SOUZA E MELLO
LUÍS ANTÔNIO DA GAMA E SILVA

Este texto não substitui o publicado no DOU de 21.10.1969

CÓDIGO PENAL MILITAR

CÓDIGO CIVIL
(Excertos)

CÓDIGO CIVIL – LEI Nº 10.406, DE 10 DE JANEIRO DE 2002

Institui o Código Civil

O PRESIDENTE DA REPÚBLICA Faço saber que o Congresso Nacional decreta e eu sanciono a seguinte Lei:

PARTE GERAL.

LIVRO I. DAS PESSOAS

TÍTULO I. DAS PESSOAS NATURAIS

CAPÍTULO I. DA PERSONALIDADE E DA CAPACIDADE

• • • • • • • • • • • • • • • • •

ART. 3º. São absolutamente incapazes de exercer pessoalmente os atos da vida civil os menores de 16 (dezesseis) anos. (Redação dada pela Lei nº 13.146, de 2015)

I – (Revogado); (Redação dada pela Lei nº 13.146, de 2015)

II – (Revogado); (Redação dada pela Lei nº 13.146, de 2015)

III – (Revogado). (Redação dada pela Lei nº 13.146, de 2015)

ART. 4º. São incapazes, relativamente a certos atos ou à maneira de os exercer: (Redação dada pela Lei nº 13.146, de 2015)

I – os maiores de dezesseis e menores de dezoito anos;

II – os ébrios habituais e os viciados em tóxico; (Redação dada pela Lei nº 13.146, de 2015)

III – aqueles que, por causa transitória ou permanente, não puderem exprimir sua vontade; (Redação dada pela Lei nº 13.146, de 2015)

IV – os pródigos.

Parágrafo único. A capacidade dos indígenas será regulada por legislação especial. (Redação dada pela Lei nº 13.146, de 2015)

ART. 5º. A menoridade cessa aos dezoito anos completos, quando a pessoa fica habilitada à prática de todos os atos da vida civil.

- *Súmula 594 do STF.*
- *CPP: art. 34.*
- *Lei nº 8.069, de 13-07-1990, art. 148, par. ún., e, Estatuto da Criança e do Adolescente.*
- *Lei nº 6.001, de 19-12-1973: art. 9º, I, Estatuto do Índio.*

Parágrafo único. Cessará, para os menores, a incapacidade:

I – pela concessão dos pais, ou de um deles na falta do outro, mediante instrumento público, independentemente de homologação judicial, ou por sentença do juiz, ouvindo o tutor, se o menor tiver dezesseis anos completos;

- *CF: art. 266, § 5º.*
- *Lei nº 8.069, de 13-07-1990, art. 148, par. ún., Estatuto da Criança e do Adolescente.*

II – pelo casamento;

- *CF: art. 226.*

III – pelo exercício de emprego público efetivo;

IV – pela colação de grau em curso de ensino superior;

V – pelo estabelecimento civil ou comercial, ou pela existência de relação de emprego, desde que, em função deles, o menor com dezesseis anos completos tenha economia própria.

- *CF: art. 7º, XXXIII.*

ART. 6º. A existência da pessoa natural termina com a morte; presume-se esta, quanto aos ausentes, nos casos em que a lei autoriza a abertura de sucessão definitiva.

- *CP: arts. 107, I.*
- *CPP: art. 62.*
- *Lei nº 9.434, de 4-2-1997: art. 3º, dispõe sobre a remoção de órgãos, tecidos e partes do corpo humano para fins de transplante e tratamento.*

• • • • • • • • • • • • • • • • •

CAPÍTULO III. DA AUSÊNCIA

- *CC: art. 6º, e 1.571, § 1º.*

SEÇÃO I. DA CURADORIA DOS BENS DO AUSENTE

ART. 22. Desaparecendo uma pessoa do seu domicílio sem dela haver notícia, se não houver deixado representante ou procurador a quem caiba administrar-lhe os bens, o juiz, a requerimento de qualquer interessado ou do Ministério Público, declarará a ausência, e nomear-lhe-á curador.

- *Lei nº 11.101, de 9-2-2005: art. 94, III, f, regula a recuperação judicial, a extrajudicial e a falência do empresário e da sociedade empresária.*

• • • • • • • • • • • • • • • • •

SEÇÃO II. DA SUCESSÃO PROVISÓRIA

ART. 36. Se o ausente aparecer, ou se lhe provar a existência, depois de estabelecida a posse provisória, cessarão para logo as vantagens dos sucessores nela imitidos, ficando, todavia, obrigados a tomar as medidas assecuratórias precisas, até a entrega dos bens a seu dono.

• • • • • • • • • • • • • • • • •

TÍTULO II. DAS PESSOAS JURÍDICAS

CAPÍTULO I. DISPOSIÇÕES GERAIS

ART. 45. Começa a existência legal das pessoas jurídicas de direito privado com a inscrição do ato constitutivo no respectivo registro, precedida, quando necessário, de autorização ou aprovação do Poder Executivo, averbando-se no registro todas as alterações por que passar o ato constitutivo.

- *Lei nº 8.906, de 04-07-1994, art. 1º, § 2º, Estatuto da Advocacia e Ordem dos Advogados do Brasil (OAB).*
- *Lei nº 9.279, de 14-05-1996, Regula direitos e obrigações relativos à propriedade industrial.*

Parágrafo único. Decai em três anos o direito de anular a constituição das pessoas jurídicas de direito privado, por defeito do ato respectivo, contado o prazo da publicação de sua inscrição no registro.

• • • • • • • • • • • • • • • • • •

LIVRO II. DOS BENS

TÍTULO ÚNICO. DAS DIFERENTES CLASSES DE BENS

CAPÍTULO I. DOS BENS CONSIDERADOS EM SI MESMOS

SEÇÃO I. DOS BENS IMÓVEIS

ART. 79. São bens imóveis o solo e tudo quanto se lhe incorporar natural ou artificialmente.

- *CF: arts. 174, §§ 3º e 4º, e 176, §§ 1º a 4º.*

ART. 80. Consideram-se imóveis para os efeitos legais:

I – os direitos reais sobre imóveis e as ações que os asseguram;

II – o direito à sucessão aberta.

ART. 81. Não perdem o caráter de imóveis:

I – as edificações que, separadas do solo, mas conservando a sua unidade, forem removidas para outro local;

II – os materiais provisoriamente separados de um prédio, para nele se reempregarem.

SEÇÃO II. DOS BENS MÓVEIS

ART. 82. São móveis os bens suscetíveis de movimento próprio, ou de remoção por força alheia, sem alteração da substância ou da destinação econômico-social.

ART. 83. Consideram-se móveis para os efeitos legais:

I – as energias que tenham valor econômico;

- *CP: art. 155, § 3º.*

II – os direitos reais sobre objetos móveis e as ações correspondentes;

III – os direitos pessoais de caráter patrimonial e respectivas ações.

ART. 84. Os materiais destinados a alguma construção, enquanto não forem empregados, conservam sua qualidade de móveis; readquirem essa qualidade os provenientes da demolição de algum prédio.

SEÇÃO III. DOS BENS FUNGÍVEIS E CONSUMÍVEIS

ART. 85. São fungíveis os móveis que podem substituir-se por outros da mesma espécie, qualidade e quantidade.

• • • • • • • • • • • • • • • • • •

LIVRO III. DOS FATOS JURÍDICOS

TÍTULO I. DO NEGÓCIO JURÍDICO

CAPÍTULO I. DISPOSIÇÕES GERAIS

ART. 109. No negócio jurídico celebrado com a cláusula de não valer sem instrumento público, este é da substância do ato.

• • • • • • • • • • • • • • • • • •

TÍTULO III. DOS ATOS ILÍCITOS

ART. 186. Aquele que, por ação ou omissão voluntária, negligência ou imprudência, violar direito e causar dano a outrem, ainda que exclusivamente moral, comete ato ilícito.

ART. 187. Também comete ato ilícito o titular de um direito que, ao exercê-lo, excede manifestamente os limites impostos pelo seu fim econômico ou social, pela boa-fé ou pelos bons costumes.

- *CC: art. 927.*

ART. 188. Não constituem atos ilícitos:

I – os praticados em legítima defesa ou no exercício regular de um direito reconhecido;

- *CC: art. 929 e 930.*

II – a deterioração ou destruição da coisa alheia, ou a lesão a pessoa, a fim de remover perigo iminente.

- *CC: art. 929.*

Parágrafo único. No caso do inciso II, o ato será legítimo somente quando as circunstâncias o tornarem absolutamente necessário, não excedendo os limites do indispensável para a remoção do perigo.

▸ CP: arts. 23, 24 e 25.

• • • • • • • • • • • • • • • • • •

TÍTULO V.
DA PROVA

ART. 212. Salvo o negócio a que se impõe forma especial, o fato jurídico pode ser provado mediante:

▸ CC: arts. 109 e 221, par. ún.

I – confissão;

II – documento;

▸ CC: arts. 215 a 221.

III – testemunha;

IV – presunção;

V – perícia.

• • • • • • • • • • • • • • • • • •

ART. 215. A escritura pública, lavrada em notas de tabelião, é documento dotado de fé pública, fazendo prova plena.

§ 1º. Salvo quando exigidos por lei outros requisitos, a escritura pública deve conter:

I – data e local de sua realização;

II – reconhecimento da identidade e capacidade das partes e de quantos hajam comparecido ao ato, por si, como representantes, intervenientes ou testemunhas;

III – nome, nacionalidade, estado civil, profissão, domicílio e residência das partes e demais comparecentes, com a indicação, quando necessário, do regime de bens do casamento, nome do outro cônjuge e filiação;

IV – manifestação clara da vontade das partes e dos intervenientes;

V – referência ao cumprimento das exigências legais e fiscais inerentes à legitimidade do ato;

VI – declaração de ter sido lida na presença das partes e demais comparecentes, ou de que todos a leram;

VII – assinatura das partes e dos demais comparecentes, bem como a do tabelião ou seu substituto legal, encerrando o ato.

§ 2º. Se algum comparecente não puder ou não souber escrever, outra pessoa capaz assinará por ele, a seu rogo.

§ 3º. A escritura será redigida na língua nacional.

§ 4º. Se qualquer dos comparecentes não souber a língua nacional e o tabelião não entender o idioma em que se expressa, deverá comparecer tradutor público para servir de intérprete, ou, não o havendo na localidade, outra pessoa capaz que, a juízo do tabelião, tenha idoneidade e conhecimento bastantes.

§ 5º. Se algum dos comparecentes não for conhecido do tabelião, nem puder identificar-se por documento, deverão participar do ato pelo menos duas testemunhas que o conheçam e atestem sua identidade.

ART. 216. Farão a mesma prova que os originais as certidões textuais de qualquer peça judicial, do protocolo das audiências, ou de outro qualquer livro a cargo do escrivão, sendo extraídas por ele, ou sob a sua vigilância, e por ele subscritas, assim como os traslados de autos, quando por outro escrivão consertados.

ART. 217. Terão a mesma força probante os traslados e as certidões, extraídos por tabelião ou oficial de registro, de instrumentos ou documentos lançados em suas notas.

ART. 218. Os traslados e as certidões considerar-se-ão instrumentos públicos, se os originais se houverem produzido em juízo como prova de algum ato.

ART. 219. As declarações constantes de documentos assinados presumem-se verdadeiras em relação aos signatários.

Parágrafo único. Não tendo relação direta, porém, com as disposições principais ou com a legitimidade das partes, as declarações enunciativas não eximem os interessados em sua veracidade do ônus de prová-las.

ART. 220. A anuência ou a autorização de outrem, necessária à validade de um ato, provar-se-á do mesmo modo que este, e constará, sempre que se possa, do próprio instrumento.

ART. 221. O instrumento particular, feito e assinado, ou somente assinado por quem esteja na livre disposição e administração de seus bens, prova as obrigações convencionais de qualquer valor; mas os seus efeitos, bem como os da cessão, não se operam, a respeito de terceiros, antes de registrado no registro público.

▸ Lei nº 6.766, de 19-12-1979, art. 31, Parcelamento do solo urbano.

Parágrafo único. A prova do instrumento particular pode suprir-se pelas outras de caráter legal.

▸ CC: art. 212.

• • • • • • • • • • • • • • • • • •

PARTE ESPECIAL.

LIVRO I.
DO DIREITO DAS OBRIGAÇÕES

TÍTULO IX.
DA RESPONSABILIDADE CIVIL

CAPÍTULO I.
DA OBRIGAÇÃO DE INDENIZAR

▸ CF: arts. 5º, V, X, LXXXV e 37, § 6º.

ART. 927. Aquele que, por ato ilícito (arts. 186 e 187), causar dano a outrem, fica obrigado a repará-lo.

Parágrafo único. Haverá obrigação de reparar o dano, independentemente de culpa, nos casos especificados em lei, ou quando a atividade normalmente desenvolvida pelo autor do dano implicar, por sua natureza, risco para os direitos de outrem.

ART. 928. O incapaz responde pelos prejuízos que causar, se as pessoas por ele responsáveis não tiverem obrigação de fazê-lo ou não dispuserem de meios suficientes.

- *CC: arts. 3º a 5º.*
- *Lei nº 8.069, de 13-07-1990, art. 116, Estatuto da Criança e do Adolescente.*

Parágrafo único. A indenização prevista neste artigo, que deverá ser equitativa, não terá lugar se privar do necessário o incapaz ou as pessoas que dele dependem.

ART. 929. Se a pessoa lesada, ou o dono da coisa, no caso do inciso II do art. 188, não forem culpados do perigo, assistir-lhes-á direito à indenização do prejuízo que sofreram.

ART. 930. No caso do inciso II do art. 188, se o perigo ocorrer por culpa de terceiro, contra este terá o autor do dano ação regressiva para haver a importância que tiver ressarcido ao lesado.

Parágrafo único. A mesma ação competirá contra aquele em defesa de quem se causou o dano (art. 188, inciso I).

• •

ART. 932. São também responsáveis pela reparação civil:

I – os pais, pelos filhos menores que estiverem sob sua autoridade e em sua companhia;

- *CC: arts. 3º a 5º e 928.*

II – o tutor e o curador, pelos pupilos e curatelados, que se acharem nas mesmas condições;

III – o empregador ou comitente, por seus empregados, serviçais e prepostos, no exercício do trabalho que lhes competir, ou em razão dele;

IV – os donos de hotéis, hospedarias, casas ou estabelecimentos onde se albergue por dinheiro, mesmo para fins de educação, pelos seus hóspedes, moradores e educandos;

V – os que gratuitamente houverem participado nos produtos do crime, até a concorrente quantia.

• •

ART. 935. A responsabilidade civil é independente da criminal, não se podendo questionar mais sobre a existência do fato, ou sobre quem seja o seu autor, quando estas questões se acharem decididas no juízo criminal.

- *CPP: arts. 63 a 68 e 92 a 94.*

• •

ART. 943. O direito de exigir reparação e a obrigação de prestá-la transmitem-se com a herança.

CAPÍTULO II.
DA INDENIZAÇÃO

• •

ART. 946. Se a obrigação for indeterminada, e não houver na lei ou no contrato disposição fixando a indenização devida pelo inadimplente, apurar-se-á o valor das perdas e danos na forma que a lei processual determinar.

• •

ART. 948. No caso de homicídio, a indenização consiste, sem excluir outras reparações:

I – no pagamento das despesas com o tratamento da vítima, seu funeral e o luto da família;

II – na prestação de alimentos às pessoas a quem o morto os devia, levando-se em conta a duração provável da vida da vítima.

ART. 949. No caso de lesão ou outra ofensa à saúde, o ofensor indenizará o ofendido das despesas do tratamento e dos lucros cessantes até ao fim da convalescença, além de algum outro prejuízo que o ofendido prove haver sofrido.

- *CC: art. 951.*

ART. 950. Se da ofensa resultar defeito pelo qual o ofendido não possa exercer o seu ofício ou profissão, ou se lhe diminua a capacidade de trabalho, a indenização, além das despesas do tratamento e lucros cessantes até ao fim da convalescença, incluirá pensão correspondente à importância do trabalho para que se inabilitou, ou da depreciação que ele sofreu.

Parágrafo único. O prejudicado, se preferir, poderá exigir que a indenização seja arbitrada e paga de uma só vez.

ART. 951. O disposto nos arts. 948, 949 e 950 aplica-se ainda no caso de indenização devida por aquele que, no exercício de atividade profissional, por negligência, imprudência ou imperícia, causar a morte do paciente, agravar-lhe o mal, causar-lhe lesão, ou inabilitá-lo para o trabalho.

ART. 952. Havendo usurpação ou esbulho do alheio, além da restituição da coisa, a indenização consistirá em pagar o valor das suas deteriorações e o devido a título de lucros cessantes; faltando a coisa, dever-se-á reembolsar o seu equivalente ao prejudicado.

Parágrafo único. Para se restituir o equivalente, quando não exista a própria coisa, estimar-se-á ela pelo seu preço ordinário e pelo de afeição, contanto que este não se avantaje àquele.

ART. 953. A indenização por injúria, difamação ou calúnia consistirá na reparação do dano que delas resulte ao ofendido.

- *CP: arts. 138 a 145.*

Parágrafo único. Se o ofendido não puder provar prejuízo material, caberá ao juiz fixar, equitativamente, o valor da indenização, na conformidade das circunstâncias do caso.

- *CC: art. 954.*

ART. 954. A indenização por ofensa à liberdade pessoal consistirá no pagamento das perdas e danos que sobrevierem ao ofendido, e se este não puder provar prejuízo, tem aplicação o disposto no parágrafo único do artigo antecedente.

Parágrafo único. Consideram-se ofensivos da liberdade pessoal:

I – o cárcere privado;

- *CP: art. 148.*

II – a prisão por queixa ou denúncia falsa e de má-fé;

- *CP: art. 339.*

III – a prisão ilegal.

• •

LIVRO III. DO DIREITO DAS COISAS

TÍTULO I. DA POSSE

CAPÍTULO I. DA POSSE E SUA CLASSIFICAÇÃO

• •

ART. 1.201. É de boa-fé a posse, se o possuidor ignora o vício, ou o obstáculo que impede a aquisição da coisa.

Parágrafo único. O possuidor com justo título tem por si a presunção de boa-fé, salvo prova em contrário, ou quando a lei expressamente não admite esta presunção.

ART. 1.202. A posse de boa-fé só perde este caráter no caso e desde o momento em que as circunstâncias façam presumir que o possuidor não ignora que possui indevidamente.

• •

TÍTULO X. DO PENHOR, DA HIPOTECA E DA ANTICRESE

CAPÍTULO III. DA HIPOTECA

SEÇÃO II. DA HIPOTECA LEGAL

ART. 1.489. A lei confere hipoteca:

I – às pessoas de direito público interno (art. 41) sobre os imóveis pertencentes aos encarregados da cobrança, guarda ou administração dos respectivos fundos e rendas;

II – aos filhos, sobre os imóveis do pai ou da mãe que passar a outras núpcias, antes de fazer o inventário do casal anterior;

III – ao ofendido, ou aos seus herdeiros, sobre os imóveis do delinquente, para satisfação do dano causado pelo delito e pagamento das despesas judiciais;

IV – ao coerdeiro, para garantia do seu quinhão ou torna da partilha, sobre o imóvel adjudicado ao herdeiro reponente;

V – ao credor sobre o imóvel arrematado, para garantia do pagamento do restante do preço da arrematação.

▸ *CC: art. 2.040.*

ART. 1.490. O credor da hipoteca legal, ou quem o represente, poderá, provando a insuficiência dos imóveis especializados, exigir do devedor que seja reforçado com outros.

ART. 1.491. A hipoteca legal pode ser substituída por caução de títulos da dívida pública federal ou estadual, recebidos pelo valor de sua cotação mínima no ano corrente; ou por outra garantia, a critério do juiz, a requerimento do devedor.

SEÇÃO III. DO REGISTRO DA HIPOTECA

• •

ART. 1.497. As hipotecas legais, de qualquer natureza, deverão ser registradas e especializadas.

§ 1º. O registro e a especialização das hipotecas legais incumbem a quem está obrigado a prestar a garantia, mas os interessados podem promover a inscrição delas, ou solicitar ao Ministério Público que o faça.

§ 2º. As pessoas, às quais incumbir o registro e a especialização das hipotecas legais, estão sujeitas a perdas e danos pela omissão.

• •

SEÇÃO IV. DA EXTINÇÃO DA HIPOTECA

ART. 1.499. A hipoteca extingue-se:

I – pela extinção da obrigação principal;

II – pelo perecimento da coisa;

III – pela resolução da propriedade;

IV – pela renúncia do credor;

V – pela remição;

VI – pela arrematação ou adjudicação.

▸ *CC: art. 1.501.*

ART. 1.500. Extingue-se ainda a hipoteca com a averbação, no Registro de Imóveis, do cancelamento do registro, à vista da respectiva prova.

ART. 1.501. Não extinguirá a hipoteca, devidamente registrada, a arrematação ou adjudicação, sem que tenham sido notificados judicialmente os respectivos credores hipotecários, que não forem de qualquer modo partes na execução.

• •

LIVRO IV. DO DIREITO DE FAMÍLIA

TÍTULO I. DO DIREITO PESSOAL

▸ *Dec.-lei nº 4.657, de 04-09-1942, arts. 7º, § 1º, 18 e 19, Lei de Introdução às Normas do Direito Brasileiro.*

▸ *CP: arts. 235 a 240.*

SUBTÍTULO I. DO CASAMENTO

• •

CAPÍTULO II. DA CAPACIDADE PARA O CASAMENTO

ART. 1.517. O homem e a mulher com dezesseis anos podem casar, exigindo-se autorização de ambos os pais, ou de seus representantes legais, enquanto não atingida a maioridade civil.

ART. 1.518. Até a celebração do casamento podem os pais ou tutores revogar a autorização. (Redação dada pela Lei nº 13.146, de 2015)

ART. 1.519. A denegação do consentimento, quando injusta, pode ser suprida pelo juiz.

ART. 1.520. Não será permitido, em qualquer caso, o casamento de quem não atingiu a idade núbil, observado o disposto no art. 1.517 deste Código. (Redação dada pela Lei nº 13.811, de 2019)

• • • • • • • • • • • • • • • • • •

CAPÍTULO III. DOS IMPEDIMENTOS

ART. 1.521. Não podem casar:

I – os ascendentes com os descendentes, seja o parentesco natural ou civil;

II – os afins em linha reta;

III – o adotante com quem foi cônjuge do adotado e o adotado com quem o foi do adotante;

IV – os irmãos, unilaterais ou bilaterais, e demais colaterais, até o terceiro grau inclusive;

V – o adotado com o filho do adotante;

VI – as pessoas casadas;

VII – o cônjuge sobrevivente com o condenado por homicídio ou tentativa de homicídio contra o seu consorte.

ART. 1.522. Os impedimentos podem ser opostos, até o momento da celebração do casamento, por qualquer pessoa capaz.

Parágrafo único. Se o juiz, ou o oficial de registro, tiver conhecimento da existência de algum impedimento, será obrigado a declará-lo.

• • • • • • • • • • • • • • • • • •

CAPÍTULO V DO PROCESSO DE HABILITAÇÃO PARA O CASAMENTO

ART. 1.530. O oficial do registro dará aos nubentes ou a seus representantes nota da oposição, indicando os fundamentos, as provas e o nome de quem a ofereceu.

[...]

• • • • • • • • • • • • • • • • • •

CAPÍTULO VI DA CELEBRAÇÃO DO CASAMENTO

ART. 1.533. Celebrar-se-á o casamento, no dia, hora e lugar previamente designados pela autoridade que houver de presidir o ato, mediante petição dos contraentes, que se mostrem habilitados com a certidão do art. 1.531.

ART. 1.534. A solenidade realizar-se-á na sede do cartório, com toda publicidade, a portas abertas, presentes pelo menos duas testemunhas, parentes ou não dos contraentes, ou, querendo as partes e consentindo a autoridade celebrante, noutro edifício público ou particular.

§ 1º Quando o casamento for em edifício particular, ficará este de portas abertas durante o ato.

§ 2º Serão quatro as testemunhas na hipótese do parágrafo anterior e se algum dos contraentes não souber ou não puder escrever.

ART. 1.535. Presentes os contraentes, em pessoa ou por procurador especial, juntamente com as testemunhas e o oficial do registro, o presidente do ato, ouvida aos nubentes a afirmação de que pretendem casar por livre e espontânea vontade, declarará efetuado o casamento, nestes termos: "De acordo com a vontade que ambos acabais de afirmar perante mim, de vos receberdes por marido e mulher, eu, em nome da lei, vos declaro casados."

ART. 1.536. Do casamento, logo depois de celebrado, lavrar-se-á o assento no livro de registro. No assento, assinado pelo presidente do ato, pelos cônjuges, as testemunhas, e o oficial do registro, serão exarados:

I – os prenomes, sobrenomes, datas de nascimento, profissão, domicílio e residência atual dos cônjuges;

II – os prenomes, sobrenomes, datas de nascimento ou de morte, domicílio e residência atual dos pais;

III – o prenome e sobrenome do cônjuge precedente e a data da dissolução do casamento anterior;

IV – a data da publicação dos proclamas e da celebração do casamento;

V – a relação dos documentos apresentados ao oficial do registro;

VI – o prenome, sobrenome, profissão, domicílio e residência atual das testemunhas;

VII – o regime do casamento, com a declaração da data e do cartório em cujas notas foi lavrada a escritura antenupcial, quando o regime não for o da comunhão parcial, ou o obrigatoriamente estabelecido.

ART. 1.537. O instrumento da autorização para casar transcrever-se-á integralmente na escritura antenupcial.

ART. 1.538. A celebração do casamento será imediatamente suspensa se algum dos contraentes:

I – recusar a solene afirmação da sua vontade;

II – declarar que esta não é livre e espontânea;

III – manifestar-se arrependido.

Parágrafo único. O nubente que, por algum dos fatos mencionados neste artigo, der causa à suspensão do ato, não será admitido a retratar-se no mesmo dia.

ART. 1.539. No caso de moléstia grave de um dos nubentes, o presidente do ato irá celebrá-lo onde se encontrar o impedido, sendo urgente, ainda que à noite, perante duas testemunhas que saibam ler e escrever.

§ 1º A falta ou impedimento da autoridade competente para presidir o casamento suprir-se-á por qualquer dos seus substitutos legais, e a do oficial do Registro Civil por outro ad hoc, nomeado pelo presidente do ato.

§ 2º O termo avulso, lavrado pelo oficial ad hoc, será registrado no respectivo registro dentro em cinco dias, perante duas testemunhas, ficando arquivado.

ART. 1.540. Quando algum dos contraentes estiver em iminente risco de vida, não obtendo a presença da autoridade à qual incumba presidir o ato, nem a de seu substituto, poderá o casamento ser celebrado na presença de seis testemunhas, que com os nubentes não tenham parentesco em linha reta, ou, na colateral, até segundo grau.

ART. 1.541. Realizado o casamento, devem as testemunhas comparecer perante a autoridade judicial mais próxima, dentro em dez dias, pedindo que lhes tome por termo a declaração de:

I – que foram convocadas por parte do enfermo;

II – que este parecia em perigo de vida, mas em seu juízo;

III – que, em sua presença, declararam os contraentes, livre e espontaneamente, receber-se por marido e mulher.

§ 1º Autuado o pedido e tomadas as declarações, o juiz procederá às diligências necessárias para verificar se os contraentes podiam ter-se habilitado, na forma ordinária, ouvidos os interessados que o requererem, dentro em quinze dias.

§ 2º Verificada a idoneidade dos cônjuges para o casamento, assim o decidirá a autoridade competente, com recurso voluntário às partes.

§ 3º Se da decisão não se tiver recorrido, ou se ela passar em julgado, apesar dos recursos interpostos, o juiz mandará registrá-la no livro do Registro dos Casamentos.

§ 4º O assento assim lavrado retrotrairá os efeitos do casamento, quanto ao estado dos cônjuges, à data da celebração.

§ 5º Serão dispensadas as formalidades deste e do artigo antecedente, se o enfermo convalescer e puder ratificar o casamento na presença da autoridade competente e do oficial do registro.

ART. 1.542. O casamento pode celebrar-se mediante procuração, por instrumento público, com poderes especiais.

§ 1º A revogação do mandato não necessita chegar ao conhecimento do mandatário; mas, celebrado o casamento sem que o mandatário ou o outro contraente tivessem ciência da revogação, responderá o mandante por perdas e danos.

§ 2º O nubente que não estiver em iminente risco de vida poderá fazer-se representar no casamento nuncupativo.

§ 3º A eficácia do mandato não ultrapassará noventa dias.

§ 4º Só por instrumento público se poderá revogar o mandato.

CAPÍTULO VIII
DA INVALIDADE DO CASAMENTO

ART. 1.557. Considera-se erro essencial sobre a pessoa do outro cônjuge:

I – o que diz respeito à sua identidade, sua honra e boa fama, sendo esse erro tal que o seu conhecimento ulterior torne insuportável a vida em comum ao cônjuge enganado;

II – a ignorância de crime, anterior ao casamento, que, por sua natureza, torne insuportável a vida conjugal;

III – a ignorância, anterior ao casamento, de defeito físico irremediável que não caracterize deficiência ou de moléstia grave e transmissível, por contágio ou por herança, capaz de pôr em risco a saúde do outro cônjuge ou de sua descendência; (Redação dada pela Lei nº 13.146, de 2015)

IV – (Revogado). (Redação dada pela Lei nº 13.146, de 2015)

• • • • • • • • • • • • • • • • •

CAPÍTULO X.
DA DISSOLUÇÃO DA SOCIEDADE E DO VÍNCULO CONJUGAL

ART. 1.571. A sociedade conjugal termina:

I – pela morte de um dos cônjuges;

II – pela nulidade ou anulação do casamento;

III – pela separação judicial;

IV – pelo divórcio.

▸ CF: art. 226, § 6º.

§ 1º. O casamento válido só se dissolve pela morte de um dos cônjuges ou pelo divórcio, aplicando-se a presunção estabelecida neste Código quanto ao ausente.

▸ CC: arts. 22 e 36.

§ 2º. Dissolvido o casamento pelo divórcio direto ou por conversão, o cônjuge poderá manter o nome de casado; salvo, no segundo caso, dispondo em contrário a sentença de separação judicial.

▸ CC: art. 1.578.

ART. 1.572. Qualquer dos cônjuges poderá propor a ação de separação judicial, imputando ao outro qualquer ato que importe grave violação dos deveres do casamento e torne insuportável a vida em comum.

▸ CC: arts. 1.573.

§ 1º. A separação judicial pode também ser pedida se um dos cônjuges provar ruptura da vida em comum há mais de um ano e a impossibilidade de sua reconstituição.

§ 2º. O cônjuge pode ainda pedir a separação judicial quando o outro estiver acometido de doença mental grave, manifestada após o casamento, que torne impossível a continuação da vida em comum, desde que, após uma duração de dois anos, a enfermidade tenha sido reconhecida de cura improvável.

§ 3º. No caso do parágrafo 2º, reverterão ao cônjuge enfermo, que não houver pedido a separação judicial, os remanescentes dos bens que levou para o casamento, e se o regime dos bens adotado o permitir, a meação dos adquiridos na constância da sociedade conjugal.

ART. 1.573. Podem caracterizar a impossibilidade da comunhão de vida a ocorrência de algum dos seguintes motivos:

I – adultério;

▸ CP: art. 240, revogado pela Lei nº 11.106, de 28-3-2005.

II – tentativa de morte;

III – sevícia ou injúria grave;

IV – abandono voluntário do lar conjugal, durante um ano contínuo;

V – condenação por crime infamante;

VI – conduta desonrosa.

Parágrafo único. O juiz poderá considerar outros fatos que tornem evidente a impossibilidade da vida em comum.

ART. 1.574. Dar-se-á a separação judicial por mútuo consentimento dos cônjuges se forem casados por mais de um ano e o manifestarem perante o juiz, sendo por ele devidamente homologada a convenção.

▸ *CF: art. 226, § 6º.*

Parágrafo único. O juiz pode recusar a homologação e não decretar a separação judicial se apurar que a convenção não preserva suficientemente os interesses dos filhos ou de um dos cônjuges.

ART. 1.575. A sentença de separação judicial importa a separação de corpos e a partilha de bens.

Parágrafo único. A partilha de bens poderá ser feita mediante proposta dos cônjuges e homologada pelo juiz ou por este decidida.

ART. 1.576. A separação judicial põe termo aos deveres de coabitação e fidelidade recíproca e ao regime de bens.

Parágrafo único. O procedimento judicial da separação caberá somente aos cônjuges, e, no caso de incapacidade, serão representados pelo curador, pelo ascendente ou pelo irmão.

ART. 1.577. Seja qual for a causa da separação judicial e o modo como esta se faça, é lícito aos cônjuges restabelecer, a todo tempo, a sociedade conjugal, por ato regular em juízo.

Parágrafo único. A reconciliação em nada prejudicará o direito de terceiros, adquirido antes e durante o estado de separado, seja qual for o regime de bens.

ART. 1.578. O cônjuge declarado culpado na ação de separação judicial perde o direito de usar o sobrenome do outro, desde que expressamente requerido pelo cônjuge inocente e se a alteração não acarretar:

I – evidente prejuízo para a sua identificação;

II – manifesta distinção entre o seu nome de família e o dos filhos havidos da união dissolvida;

III – dano grave reconhecido na decisão judicial.

§ 1º. O cônjuge inocente na ação de separação judicial poderá renunciar, a qualquer momento, ao direito de usar o sobrenome do outro.

§ 2º. Nos demais casos caberá a opção pela conservação do nome de casado.

▸ *CC: art. 1.571, § 2º.*

ART. 1.579. O divórcio não modificará os direitos e deveres dos pais em relação aos filhos.

Parágrafo único. Novo casamento de qualquer dos pais, ou de ambos, não poderá importar restrições aos direitos e deveres previstos neste artigo.

ART. 1.580. Decorrido um ano do trânsito em julgado da sentença que houver decretado a separação judicial, ou da decisão concessiva da medida cautelar de separação de corpos, qualquer das partes poderá requerer sua conversão em divórcio.

§ 1º. A conversão em divórcio da separação judicial dos cônjuges será decretada por sentença, da qual não constará referência à causa que a determinou.

§ 2º. O divórcio poderá ser requerido, por um ou por ambos os cônjuges, no caso de comprovada separação de fato por mais de dois anos.

ART. 1.581. O divórcio pode ser concedido sem que haja prévia partilha de bens.

ART. 1.582. O pedido de divórcio somente competirá aos cônjuges.

Parágrafo único. Se o cônjuge for incapaz para propor a ação ou defender-se, poderá fazê-lo o curador, o ascendente ou o irmão.

• • • • • • • • • • • • • • • •

LIVRO IV. DO DIREITO DE FAMÍLIA

TÍTULO I. DO DIREITO PESSOAL

• • • • • • • • • • • • • • • •

SUBTÍTULO II. DAS RELAÇÕES DE PARENTESCO

• • • • • • • • • • • • • • • •

CAPÍTULO V. DO PODER FAMILIAR

SEÇÃO I DISPOSIÇÕES GERAIS

ART. 1.630. Os filhos estão sujeitos ao poder familiar, enquanto menores.

ART. 1.631. Durante o casamento e a união estável, compete o poder familiar aos pais; na falta ou impedimento de um deles, o outro o exercerá com exclusividade.

Parágrafo único. Divergindo os pais quanto ao exercício do poder familiar, é assegurado a qualquer deles recorrer ao juiz para solução do desacordo.

ART. 1.632. A separação judicial, o divórcio e a dissolução da união estável não alteram as relações entre pais e filhos senão quanto ao direito, que aos primeiros cabe, de terem em sua companhia os segundos.

ART. 1.633. O filho, não reconhecido pelo pai, fica sob poder familiar exclusivo da mãe; se a mãe não for conhecida ou capaz de exercê-lo, dar-se-á tutor ao menor.

SEÇÃO II DO EXERCÍCIO DO PODER FAMILIAR

ART. 1.634. Compete a ambos os pais, qualquer que seja a sua situação conjugal, o pleno exercício do poder familiar, que consiste em, quanto aos filhos: (Redação dada pela Lei nº 13.058, de 2014)

I - dirigir-lhes a criação e a educação; (Redação dada pela Lei nº 13.058, de 2014)

II - exercer a guarda unilateral ou compartilhada nos termos do art. 1.584; (Redação dada pela Lei nº 13.058, de 2014)

III - conceder-lhes ou negar-lhes consentimento para casarem; (Redação dada pela Lei nº 13.058, de 2014)

IV - conceder-lhes ou negar-lhes consentimento para viajarem ao exterior; (Redação dada pela Lei nº 13.058, de 2014)

V - conceder-lhes ou negar-lhes consentimento para mudarem sua residência permanente para outro Município; (Redação dada pela Lei nº 13.058, de 2014)

VI - nomear-lhes tutor por testamento ou documento autêntico, se o outro dos pais não lhe sobreviver, ou o sobrevivo não puder exercer o poder familiar; (Redação dada pela Lei nº 13.058, de 2014)

VII - representá-los judicial e extrajudicialmente até os 16 (dezesseis) anos, nos atos da vida civil, e assisti-los, após essa idade, nos atos em que forem partes, suprindo-lhes o consentimento; (Redação dada pela Lei nº 13.058, de 2014)

VIII - reclamá-los de quem ilegalmente os detenha; (Incluído pela Lei nº 13.058, de 2014)

IX - exigir que lhes prestem obediência, respeito e os serviços próprios de sua idade e condição. (Incluído pela Lei nº 13.058, de 2014)

SEÇÃO III. DA SUSPENSÃO E EXTINÇÃO DO PODER FAMILIAR

ART. 1.635. Extingue-se o poder familiar:

I – pela morte dos pais ou do filho;

II – pela emancipação, nos termos do art. 5º, parágrafo único;

III – pela maioridade;

IV – pela adoção;

V – por decisão judicial, na forma do artigo 1.638.

ART. 1.636. O pai ou a mãe que contrai novas núpcias, ou estabelece união estável, não perde, quanto aos filhos do relacionamento anterior, os direitos ao poder familiar, exercendo-os sem qualquer interferência do novo cônjuge ou companheiro.

Parágrafo único. Igual preceito ao estabelecido neste artigo aplica-se ao pai ou à mãe solteiros que casarem ou estabelecerem união estável.

ART. 1.637. Se o pai, ou a mãe, abusar de sua autoridade, faltando aos deveres a eles inerentes ou arruinando os bens dos filhos, cabe ao juiz, requerendo algum parente, ou o Ministério Público, adotar a medida que lhe pareça reclamada pela segurança do menor e seus haveres, até suspendendo o poder familiar, quando convenha.

Parágrafo único. Suspende-se igualmente o exercício do poder familiar ao pai ou à mãe condenados por sentença irrecorrível, em virtude de crime cuja pena exceda a dois anos de prisão.

ART. 1.638. Perderá por ato judicial o poder familiar o pai ou a mãe que:

I – castigar imoderadamente o filho;

II – deixar o filho em abandono;

III – praticar atos contrários à moral e aos bons costumes;

IV – incidir, reiteradamente, nas faltas previstas no artigo antecedente.

V – entregar de forma irregular o filho a terceiros para fins de adoção. (Incluído pela Lei nº 13.509, de 2017)

Parágrafo único. Perderá também por ato judicial o poder familiar aquele que: (Incluído pela Lei nº 13.715, de 24-9-2018)

I - praticar contra outrem igualmente titular do mesmo poder familiar: (Incluído pela Lei nº 13.715, de 24-9-2018)

a) homicídio, feminicídio ou lesão corporal de natureza grave ou seguida de morte, quando se tratar de crime doloso envolvendo violência doméstica e familiar ou menosprezo ou discriminação à condição de mulher; (Incluído pela Lei nº 13.715, de 24-9-2018)

b) estupro ou outro crime contra a dignidade sexual sujeito à pena de reclusão; (Incluído pela Lei nº 13.715, de 24-9-2018)

II - praticar contra filho, filha ou outro descendente: (Incluído pela Lei nº 13.715, de 24-9-2018)

a) homicídio, feminicídio ou lesão corporal de natureza grave ou seguida de morte, quando se tratar de crime doloso envolvendo violência doméstica e familiar ou menosprezo ou discriminação à condição de mulher; (Incluído pela Lei nº 13.715, de 24-9-2018)

b) estupro, estupro de vulnerável ou outro crime contra a dignidade sexual sujeito à pena de reclusão. (Incluído pela Lei nº 13.715, de 24-9-2018)

TÍTULO II. DO DIREITO PATRIMONIAL

SUBTÍTULO I. DO REGIME DE BENS ENTRE OS CÔNJUGES

CAPÍTULO I. DISPOSIÇÕES GERAIS

ART. 1.639. É lícito aos nubentes, antes de celebrado o casamento, estipular, quanto aos seus bens, o que lhes aprouver.

§ 1º. O regime de bens entre os cônjuges começa a vigorar desde a data do casamento.

§ 2º. É admissível alteração do regime de bens, mediante autorização judicial em pedido motivado de ambos os cônjuges, apurada a procedência das razões invocadas e ressalvados os direitos de terceiros.

ART. 1.640. Não havendo convenção, ou sendo ela nula ou ineficaz, vigorará, quanto aos bens entre os cônjuges, o regime da comunhão parcial.

Parágrafo único. Poderão os nubentes, no processo de habilitação, optar por qualquer dos regimes que este código regula. Quanto à forma, reduzir-se-á a termo a opção pela comunhão parcial, fazendo-se o pacto antenupcial por escritura pública, nas demais escolhas.

ART. 1.641. É obrigatório o regime da separação de bens no casamento:

I – das pessoas que o contraírem com inobservância das causas suspensivas da celebração do casamento;

II – da pessoa maior de 70 (setenta) anos; (Redação dada pela Lei nº 12.344, de 2010)

III – de todos os que dependerem, para casar, de suprimento judicial.

ART. 1.642. Qualquer que seja o regime de bens, tanto o marido quanto a mulher podem livremente:

I – praticar todos os atos de disposição e de administração necessários ao desempenho de sua profissão, com as limitações estabelecida no inciso I do art. 1.647;

II – administrar os bens próprios;

III – desobrigar ou reivindicar os imóveis que tenham sido gravados ou alienados sem o seu consentimento ou sem suprimento judicial;

IV – demandar a rescisão dos contratos de fiança e doação, ou a invalidação do aval, realizados pelo outro cônjuge com infração do disposto nos incisos III e IV do art. 1.647;

V – reivindicar os bens comuns, móveis ou imóveis, doados ou transferidos pelo outro cônjuge ao concubino, desde que provado que os bens não foram adquiridos pelo esforço comum destes, se o casal estiver separado de fato por mais de cinco anos;

VI – praticar todos os atos que não lhes forem vedados expressamente.

ART. 1.643. Podem os cônjuges, independentemente de autorização um do outro:

I – comprar, ainda a crédito, as coisas necessárias à economia doméstica;

II – obter, por empréstimo, as quantias que a aquisição dessas coisas possa exigir.

ART. 1.644. As dívidas contraídas para os fins do artigo antecedente obrigam solidariamente ambos os cônjuges.

ART. 1.645. As ações fundadas nos incisos III, IV e V do art. 1.642 competem ao cônjuge prejudicado e a seus herdeiros.

ART. 1.646. No caso dos incisos III e IV do art. 1.642, o terceiro, prejudicado com a sentença favorável ao autor, terá direito regressivo contra o cônjuge, que realizou o negócio jurídico, ou seus herdeiros.

ART. 1.647. Ressalvado o disposto no art. 1.648, nenhum dos cônjuges pode, sem autorização do outro, exceto no regime da separação absoluta:

I – alienar ou gravar de ônus real os bens imóveis;

II – pleitear, como autor ou réu, acerca desses bens ou direitos;

III – prestar fiança ou aval;

IV – fazer doação, não sendo remuneratória, de bens comuns, ou dos que possam integrar futura meação.

Parágrafo único. São válidas as doações nupciais feitas aos filhos quando casarem ou estabelecerem economia separada.

ART. 1.648. Cabe ao juiz, nos casos do artigo antecedente, suprir a outorga, quando um dos cônjuges a denegue sem motivo justo, ou lhe seja impossível concedê-la.

ART. 1.649. A falta de autorização, não suprida pelo juiz, quando necessária (art. 1.647), tornará anulável o ato praticado, podendo o outro cônjuge pleitear-lhe a anulação, até dois anos depois de terminada a sociedade conjugal.

Parágrafo único. A aprovação torna válido o ato, desde que feita por instrumento público, ou particular, autenticado.

ART. 1.650. A decretação de invalidade dos atos praticados sem outorga, sem consentimento, ou sem suprimento do juiz, só poderá ser demandada pelo cônjuge a quem cabia concedê-la, ou por seus herdeiros.

ART. 1.651. Quando um dos cônjuges não puder exercer a administração dos bens que lhe incumbe, segundo o regime de bens, caberá ao outro:

I – gerir os bens comuns e os do consorte;

II – alienar os bens móveis comuns;

III – alienar os imóveis comuns e os móveis ou imóveis do consorte, mediante autorização judicial.

ART. 1.652. O cônjuge, que estiver na posse dos bens particulares do outro, será para com este e seus herdeiros responsável:

I – como usufrutuário, se o rendimento for comum;

II – como procurador, se tiver mandato expresso ou tácito para os administrar;

III – como depositário, se não for usufrutuário, nem administrador.

CAPÍTULO II. DO PACTO ANTENUPCIAL

ART. 1.653. É nulo o pacto antenupcial se não for feito por escritura pública, e ineficaz se não lhe seguir o casamento.

ART. 1.654. A eficácia do pacto antenupcial, realizado por menor, fica condicionada à aprovação de seu representante legal, salvo as hipóteses de regime obrigatório de separação de bens.

ART. 1.655. É nula a convenção ou cláusula dela que contravenha disposição absoluta de lei.

ART. 1.656. No pacto antenupcial, que adotar o regime de participação final nos aqüestos, poder-se-á convencionar a livre disposição dos bens imóveis, desde que particulares.

ART. 1.657. As convenções antenupciais não terão efeito perante terceiros senão depois de registradas, em livro especial, pelo oficial do Registro de Imóveis do domicílio dos cônjuges.

CAPÍTULO III. DO REGIME DE COMUNHÃO PARCIAL

ART. 1.658. No regime de comunhão parcial, comunicam-se os bens que sobrevierem ao casal, na constância do casamento, com as exceções dos artigos seguintes.

ART. 1.659. Excluem-se da comunhão:

I – os bens que cada cônjuge possuir ao casar, e os que lhe sobrevierem, na constância do casamento, por doação ou sucessão, e os sub-rogados em seu lugar;

II – os bens adquiridos com valores exclusivamente pertencentes a um dos cônjuges em sub-rogação dos bens particulares;

III – as obrigações anteriores ao casamento;

IV – as obrigações provenientes de atos ilícitos, salvo reversão em proveito do casal;

V – os bens de uso pessoal, os livros e instrumentos de profissão;

VI – os proventos do trabalho pessoal de cada cônjuge;

VII – as pensões, meios-soldos, montepios e outras rendas semelhantes.

ART. 1.660. Entram na comunhão:

I – os bens adquiridos na constância do casamento por título oneroso, ainda que só em nome de um dos cônjuges;

II – os bens adquiridos por fato eventual, com ou sem o concurso de trabalho ou despesa anterior;

III – os bens adquiridos por doação, herança ou legado, em favor de ambos os cônjuges;

IV – as benfeitorias em bens particulares de cada cônjuge;

V – os frutos dos bens comuns, ou dos particulares de cada cônjuge, percebidos na constância do casamento, ou pendentes ao tempo de cessar a comunhão.

ART. 1.661. São incomunicáveis os bens cuja aquisição tiver por título uma causa anterior ao casamento.

ART. 1.662. No regime da comunhão parcial, presumem-se adquiridos na constância do casamento os bens móveis, quando não se provar que o foram em data anterior.

ART. 1.663. A administração do patrimônio comum compete a qualquer dos cônjuges.

§ 1º. As dívidas contraídas no exercício da administração obrigam os bens comuns e particulares do cônjuge que os administra, e os do outro na razão do proveito que houver auferido.

§ 2º. A anuência de ambos os cônjuges é necessária para os atos, a título gratuito, que impliquem cessão do uso ou gozo dos bens comuns.

§ 3º. Em caso de malversação dos bens, o juiz poderá atribuir a administração a apenas um dos cônjuges.

ART. 1.664. Os bens da comunhão respondem pelas obrigações contraídas pelo marido ou pela mulher para atender aos encargos da família, às despesas de administração e às decorrentes de imposição legal.

ART 1.665. A administração e a disposição dos bens constitutivos do patrimônio particular competem ao cônjuge proprietário, salvo convenção diversa em pacto antenupcial.

ART. 1.666. As dívidas, contraídas por qualquer dos cônjuges na administração de seus bens particulares e em benefício destes, não obrigam os bens comuns.

CAPÍTULO IV. DO REGIME DE COMUNHÃO UNIVERSAL

ART. 1.667. O regime de comunhão universal importa a comunicação de todos os bens presentes e futuros dos cônjuges e suas dívidas passivas, com as exceções do artigo seguinte.

ART. 1.668. São excluídos da comunhão:

I – os bens doados ou herdados com a cláusula de incomunicabilidade e os sub-rogados em seu lugar;

II – os bens gravados de fideicomisso e o direito do herdeiro fideicomissário, antes de realizada a condição suspensiva;

III – as dívidas anteriores ao casamento, salvo se provierem de despesas com seus aprestos, ou reverterem em proveito comum;

IV – as doações antenupciais feitas por um dos cônjuges ao outro com a cláusula de incomunicabilidade;

V – Os bens referidos nos incisos V a VII do art. 1.659.

ART. 1.669. A incomunicabilidade dos bens enumerados no artigo antecedente não se estende aos frutos, quando se percebam ou vençam durante o casamento.

ART. 1.670. Aplica-se ao regime da comunhão universal o disposto no Capítulo antecedente, quanto à administração dos bens.

ART. 1.671. Extinta a comunhão, e efetuada a divisão do ativo e do passivo, cessará a responsabilidade de cada um dos cônjuges para com os credores do outro.

CAPÍTULO V. DO REGIME DE PARTICIPAÇÃO FINAL NOS AQÜESTOS

ART. 1.672. No regime de participação final nos aqüestos, cada cônjuge possui patrimônio próprio, consoante disposto no artigo seguinte, e lhe cabe, à época da dissolução da sociedade conjugal, direito à metade dos bens adquiridos pelo casal, a título oneroso, na constância do casamento.

ART. 1.673. Integram o patrimônio próprio os bens que cada cônjuge possuía ao casar e os por ele adquiridos, a qualquer título, na constância do casamento.

Parágrafo único. A administração desses bens é exclusiva de cada cônjuge, que os poderá livremente alienar, se forem móveis.

ART. 1.674. Sobrevindo a dissolução da sociedade conjugal, apurar-se-á o montante dos aqüestos, excluindo-se da soma dos patrimônios próprios:

I – os bens anteriores ao casamento e os que em seu lugar se sub-rogaram;

II – os que sobrevieram a cada cônjuge por sucessão ou liberalidade;

III – as dívidas relativas a esses bens.

Parágrafo único. Salvo prova em contrário, presumem-se adquiridos durante o casamento os bens móveis.

CÓDIGO CIVIL

ART. 1.675. Ao determinar-se o montante dos aqüestos, computar-se-á o valor das doações feitas por um dos cônjuges, sem a necessária autorização do outro; nesse caso, o bem poderá ser reivindicado pelo cônjuge prejudicado ou por seus herdeiros, ou declarado no monte partilhável, por valor equivalente ao da época da dissolução.

ART. 1.676. Incorpora-se ao monte o valor dos bens alienados em detrimento da meação, se não houver preferência do cônjuge lesado, ou de seus herdeiros, de os reivindicar.

ART. 1.677. Pelas dívidas posteriores ao casamento, contraídas por um dos cônjuges, somente este responderá, salvo prova de terem revertido, parcial ou totalmente, em benefício do outro.

ART. 1.678. Se um dos cônjuges solveu uma dívida do outro com bens do seu patrimônio, o valor do pagamento deve ser atualizado e imputado, na data da dissolução, à meação do outro cônjuge.

ART. 1.679. No caso de bens adquiridos pelo trabalho conjunto, terá cada um dos cônjuges uma quota igual no condomínio ou no crédito por aquele modo estabelecido.

ART. 1.680. As coisas móveis, em face de terceiros, presumem-se do domínio do cônjuge devedor, salvo se o bem for de uso pessoal do outro.

ART. 1.681. Os bens imóveis são de propriedade do cônjuge cujo nome constar no registro.

Parágrafo único. Impugnada a titularidade, caberá ao cônjuge proprietário provar a aquisição regular dos bens.

ART. 1.682. O direito à meação não é renunciável, cessível ou penhorável na vigência do regime matrimonial.

ART. 1.683. Na dissolução do regime de bens por separação judicial ou por divórcio, verificar-se-á o montante dos aqüestos à data em que cessou a convivência.

ART. 1.684. Se não for possível nem conveniente a divisão de todos os bens em natureza, calcular-se-á o valor de alguns ou de todos para reposição em dinheiro ao cônjuge não-proprietário.

Parágrafo único. Não se podendo realizar a reposição em dinheiro, serão avaliados e, mediante autorização judicial, alienados tantos bens quantos bastarem.

ART. 1.685. Na dissolução da sociedade conjugal por morte, verificar-se-á a meação do cônjuge sobrevivente de conformidade com os artigos antecedentes, deferindo-se a herança aos herdeiros na forma estabelecida neste Código.

ART. 1.686. As dívidas de um dos cônjuges, quando superiores à sua meação, não obrigam ao outro, ou a seus herdeiros.

CAPÍTULO VI. DO REGIME DE SEPARAÇÃO DE BENS

ART. 1.687. Estipulada a separação de bens, estes permanecerão sob a administração exclusiva de cada um dos cônjuges, que os poderá livremente alienar ou gravar de ônus real.

ART. 1.688. Ambos os cônjuges são obrigados a contribuir para as despesas do casal na proporção dos rendimentos de seu trabalho e de seus bens, salvo estipulação em contrário no pacto antenupcial.

• • • • • • • • • • • • • • • • •

SUBTÍTULO IV. DO BEM DE FAMÍLIA

ART. 1.711. Podem os cônjuges, ou a entidade familiar, mediante escritura pública ou testamento, destinar parte de seu patrimônio para instituir bem de família, desde que não ultrapasse um terço do patrimônio líquido existente ao tempo da instituição, mantidas as regras sobre a impenhorabilidade do imóvel residencial estabelecida em lei especial.

Parágrafo único. O terceiro poderá igualmente instituir bem de família por testamento ou doação, dependendo a eficácia do ato da aceitação expressa de ambos os cônjuges beneficiados ou da entidade familiar beneficiada.

ART. 1.712. O bem de família consistirá em prédio residencial urbano ou rural, com suas pertenças e acessórios, destinando-se em ambos os casos a domicílio familiar, e poderá abranger valores mobiliários, cuja renda será aplicada na conservação do imóvel e no sustento da família.

ART. 1.713. Os valores mobiliários, destinados aos fins previstos no artigo antecedente, não poderão exceder o valor do prédio instituído em bem de família, à época de sua instituição.

§ 1º. Deverão os valores mobiliários ser devidamente individualizados no instrumento de instituição do bem de família.

§ 2º. Se se tratar de títulos nominativos, a sua instituição como bem de família deverá constar dos respectivos livros de registro.

§ 3º. O instituidor poderá determinar que a administração dos valores mobiliários seja confiada a instituição financeira, bem como disciplinar a forma de pagamento da respectiva renda aos beneficiários, caso em que a responsabilidade dos administradores obedecerá às regras do contrato de depósito.

ART. 1.714. O bem de família, quer instituído pelos cônjuges ou por terceiro, constitui-se pelo registro de seu título no Registro de Imóveis.

ART. 1.715. O bem de família é isento de execução por dívidas posteriores à sua instituição, salvo as que provierem de tributos relativos ao prédio, ou de despesas de condomínio.

Parágrafo único. No caso de execução pelas dívidas referidas neste artigo, o saldo existente será aplicado em outro prédio, como bem de família, ou em títulos da dívida pública, para sustento familiar, salvo se motivos relevantes aconselharem outra solução, a critério do juiz.

ART. 1.716. A isenção de que trata o artigo antecedente durará enquanto viver um dos cônjuges, ou, na falta destes, até que os filhos completem a maioridade.

ART. 1.717. O prédio e os valores mobiliários, constituídos como bem da família, não podem ter destino diverso do previsto no art. 1.712 ou serem alienados sem o consentimento dos interessados e seus representantes legais, ouvido o Ministério Público.

ART. 1.718. Qualquer forma de liquidação da entidade administradora, a que se refere o § 3º do art. 1.713, não atingirá os valores a ela confiados, ordenando o juiz a sua transferência para outra instituição semelhante, obedecendo-se, no caso de falência, ao disposto sobre pedido de restituição.

ART. 1.719. Comprovada a impossibilidade da manutenção do bem de família nas condições em que foi instituído, poderá o juiz, a requerimento dos interessados, extingui-lo ou autorizar a sub-rogação dos bens que o constituem em outros, ouvidos o instituidor e o Ministério Público.

ART. 1.720. Salvo disposição em contrário do ato de instituição, a administração do bem de família compete a ambos os cônjuges, resolvendo o juiz em caso de divergência.

Parágrafo único. Com o falecimento de ambos os cônjuges, a administração passará ao filho mais velho, se for maior, e, do contrário, a seu tutor.

ART. 1.721. A dissolução da sociedade conjugal não extingue o bem de família.

Parágrafo único. Dissolvida a sociedade conjugal pela morte de um dos cônjuges, o sobrevivente poderá pedir a extinção do bem de família, se for o único bem do casal.

ART. 1.722. Extingue-se, igualmente, o bem de família com a morte de ambos os cônjuges e a maioridade dos filhos, desde que não sujeitos a curatela.

TÍTULO III.
DA UNIÃO ESTÁVEL

ART. 1.723. É reconhecida como entidade familiar a união estável entre o homem e a mulher, configurada na convivência pública, contínua e duradoura e estabelecida com o objetivo de constituição de família.

§ 1º. A união estável não se constituirá se ocorrerem os impedimentos do art. 1.521; não se aplicando a incidência do inciso VI no caso de a pessoa casada se achar separada de fato ou judicialmente.

§ 2º. As causas suspensivas do art. 1.523 não impedirão a caracterização da união estável.

ART. 1.724. As relações pessoais entre os companheiros obedecerão aos deveres de lealdade, respeito e assistência, e de guarda, sustento e educação dos filhos.

ART. 1.725. Na união estável, salvo contrato escrito entre os companheiros, aplica-se às relações patrimoniais, no que couber, o regime da comunhão parcial de bens.

ART. 1.726. A união estável poderá converter-se em casamento, mediante pedido dos companheiros ao juiz e assento no Registro Civil.

ART. 1.727. As relações não eventuais entre o homem e a mulher, impedidos de casar, constituem concubinato.

• •

CAPÍTULO II
DA CURATELA

SEÇÃO I
DOS INTERDITOS

ART. 1.767. Estão sujeitos a curatela:

I – aqueles que, por causa transitória ou permanente, não puderem exprimir sua vontade; (Redação dada pela Lei nº 13.146, de 2015)

‣ CPP: art. 33.

II – (Revogado pela Lei nº 13.146, de 2015)

III – os ébrios habituais e os viciados em tóxico; (Redação dada pela Lei nº 13.146, de 2015)

IV – (Revogado pela Lei nº 13.146, de 2015)

V – os pródigos.

ARTS. 1.768 A 1.773. (Revogados pela Lei n º 13.105, de 2015)

ART. 1.774. Aplicam-se à curatela as disposições concernentes à tutela, com as modificações dos artigos seguintes.

ART. 1.775. O cônjuge ou companheiro, não separado judicialmente ou de fato, é, de direito, curador do outro, quando interdito.

§1º Na falta do cônjuge ou companheiro, é curador legítimo o pai ou a mãe; na falta destes, o descendente que se demonstrar mais apto.

§ 2º Entre os descendentes, os mais próximos precedem aos mais remotos.

§ 3º Na falta das pessoas mencionadas neste artigo, compete ao juiz a escolha do curador.

ART. 1.775-A. Na nomeação de curador para a pessoa com deficiência, o juiz poderá estabelecer curatela compartilhada a mais de uma pessoa. (Incluído pela Lei nº 13.146, de 2015)

‣ CPP: art. 33.

ART. 1.776. (Revogado pela Lei nº 13.146, de 2015)

ART. 1.777. As pessoas referidas no inciso I do art. 1.767 receberão todo o apoio necessário para ter preservado o direito à convivência familiar e comunitária, sendo evitado o seu recolhimento em estabelecimento que os afaste desse convívio. (Redação dada pela Lei nº 13.146, de 2015)

ART. 1.778. A autoridade do curador estende-se à pessoa e aos bens dos filhos do curatelado, observado o art. 5 o .

SEÇÃO II
DA CURATELA DO NASCITURO E DO ENFERMO OU PORTADOR DE DEFICIÊNCIA FÍSICA

ART. 1.779. Dar-se-á curador ao nascituro, se o pai falecer estando grávida a mulher, e não tendo o poder familiar.

Parágrafo único. Se a mulher estiver interdita, seu curador será o do nascituro.

ART. 1.780. (Revogado pela Lei nº 13.146, de 2015)

Seção III
DO EXERCÍCIO DA CURATELA

ART. 1.781. As regras a respeito do exercício da tutela aplicam-se ao da curatela, com a restrição do art. 1.772 e as desta Seção.

ART. 1.782. A interdição do pródigo só o privará de, sem curador, emprestar, transigir, dar quitação, alienar, hipotecar, demandar ou ser demandado, e praticar, em geral, os atos que não sejam de mera administração.

ART. 1.783. Quando o curador for o cônjuge e o regime de bens do casamento for de comunhão universal, não será obrigado à prestação de contas, salvo determinação judicial.

• • • • • • • • • • • • • • • • • •

Livro V.
DO DIREITO DAS SUCESSÕES

Título I.
DA SUCESSÃO EM GERAL

• • • • • • • • • • • • • • • • • •

Capítulo V.
DOS EXCLUÍDOS DA SUCESSÃO

ART. 1.814. São excluídos da sucessão os herdeiros ou legatários:

I – que houverem sido autores, co-autores ou partícipes de homicídio doloso, ou tentativa deste, contra a pessoa de cuja sucessão se tratar, seu cônjuge, companheiro, ascendente ou descendente;

II – que houverem acusado caluniosamente em juízo o autor da herança ou incorrerem em crime contra a sua honra, ou de seu cônjuge ou companheiro;

III – que, por violência ou meios fraudulentos, inibirem ou obstarem o autor da herança de dispor livremente de seus bens por ato de última vontade.

ART. 1.815. A exclusão do herdeiro ou legatário, em qualquer desses casos de indignidade, será declarada por sentença.

§ 1º. O direito de demandar a exclusão do herdeiro ou legatário extingue-se em quatro anos, contados da abertura da sucessão. (Redação dada pela Lei nº 13.532, de 2017)

§ 2º. Na hipótese do inciso I do art. 1.814, o Ministério Público tem legitimidade para demandar a exclusão do herdeiro ou legatário. (Incluído pela Lei nº 13.532, de 2017)

ART. 1.816. São pessoais os efeitos da exclusão; os descendentes do herdeiro excluído sucedem, como se ele morto fosse antes da abertura da sucessão.

Parágrafo único. O excluído da sucessão não terá direito ao usufruto ou à administração dos bens que a seus sucessores couberem na herança, nem à sucessão eventual desses bens.

ART. 1.817. São válidas as alienações onerosas de bens hereditários a terceiros de boa-fé, e os atos de administração legalmente praticados pelo herdeiro, antes da sentença de exclusão; mas aos herdeiros subsiste, quando prejudicados, o direito de demandar-lhe perdas e danos.

Parágrafo único. O excluído da sucessão é obrigado a restituir os frutos e rendimentos que dos bens da herança houver percebido, mas tem direito a ser indenizado das despesas com a conservação deles.

ART. 1.818. Aquele que incorreu em atos que determinem a exclusão da herança será admitido a suceder, se o ofendido o tiver expressamente reabilitado em testamento, ou em outro ato autêntico.

Parágrafo único. Não havendo reabilitação expressa, o indigno, contemplado em testamento do ofendido, quando o testador, ao testar, já conhecia a causa da indignidade, pode suceder no limite da disposição testamentária.

• • • • • • • • • • • • • • • • • •

Livro Complementar.
DAS DISPOSIÇÕES FINAIS E TRANSITÓRIAS

ART. 2.028. Serão os da lei anterior os prazos, quando reduzidos por este Código, e se, na data de sua entrada em vigor, já houver transcorrido mais da metade do tempo estabelecido na lei revogada. (Lei nº 3.071, de 1º de janeiro de 1916).

ART. 2.029. Até dois anos após a entrada em vigor deste Código, os prazos estabelecidos no parágrafo único do art. 1.238 e no parágrafo único do art. 1.242 serão acrescidos de dois anos, qualquer que seja o tempo transcorrido na vigência do anterior, Lei nº 3.071, de 1º de janeiro de 1916.

ART. 2.030. O acréscimo de que trata o artigo antecedente, será feito nos casos a que se refere o § 4º do art. 1.228.

ART. 2.031. As associações, sociedades e fundações, constituídas na forma das leis anteriores, bem como os empresários, deverão se adaptar às disposições deste Código até 11 de janeiro de 2007. (Redação dada pela Lei nº 11.127, de 2005)

Parágrafo único. O disposto neste artigo não se aplica às organizações religiosas nem aos partidos políticos. (Incluído pela Lei nº 10.825, de 22.12.2003)

ART. 2.032. As fundações, instituídas segundo a legislação anterior, inclusive as de fins diversos dos previstos no parágrafo único do art. 62, subordinam-se, quanto ao seu funcionamento, ao disposto neste Código.

ART. 2.033. Salvo o disposto em lei especial, as modificações dos atos constitutivos das pessoas jurídicas referidas no art. 44, bem como a sua transformação, incorporação, cisão ou fusão, regem-se desde logo por este Código.

ART. 2.034. A dissolução e a liquidação das pessoas jurídicas referidas no artigo antecedente, quando iniciadas antes da vigência deste Código, obedecerão ao disposto nas leis anteriores.

ART. 2.035. A validade dos negócios e demais atos jurídicos, constituídos antes da entrada em vigor deste Código, obedece ao disposto nas leis anteriores, referidas no art. 2.045, mas os seus efeitos, produzidos após a vigência deste Código, aos preceitos dele se subordinam, salvo se houver sido prevista pelas partes determinada forma de execução.

Parágrafo único. Nenhuma convenção prevalecerá se contrariar preceitos de ordem pública, tais como os estabelecidos por este Código para assegurar a função social da propriedade e dos contratos.

ART. 2.036. A locação de prédio urbano, que esteja sujeita à lei especial, por esta continua a ser regida.

ART. 2.037. Salvo disposição em contrário, aplicam-se aos empresários e sociedades empresárias as disposições de lei não revogadas por este Código, referentes a comerciantes, ou a sociedades comerciais, bem como a atividades mercantis.

ART. 2.038. Fica proibida a constituição de enfiteuses e subenfiteuses, subordinando-se as existentes, até sua extinção, às disposições do Código Civil anterior, Lei nº 3.071, de 1º de janeiro de 1916, e leis posteriores.

§ 1º. Nos aforamentos a que se refere este artigo é defeso:

I – cobrar laudêmio ou prestação análoga nas transmissões de bem aforado, sobre o valor das construções ou plantações;

II – constituir subenfiteuse.

§ 2º. A enfiteuse dos terrenos de marinha e acrescidos regula-se por lei especial.

ART. 2.039. O regime de bens nos casamentos celebrados na vigência do Código Civil anterior, Lei nº 3.071, de 1º de janeiro de 1916, é o por ele estabelecido.

ART. 2.040. A hipoteca legal dos bens do tutor ou curador, inscrita em conformidade com o inciso IV do art. 827 do Código Civil anterior, Lei nº 3.071, de 1º de janeiro de 1916, poderá ser cancelada, obedecido o disposto no parágrafo único do art. 1.745 deste Código.

ART. 2.041. As disposições deste Código relativas à ordem da vocação hereditária (arts. 1.829 a 1.844) não se aplicam à sucessão aberta antes de sua vigência, prevalecendo o disposto na lei anterior (Lei nº 3.071, de 1º de janeiro de 1916).

ART. 2.042. Aplica-se o disposto no *caput* do art. 1.848, quando aberta a sucessão no prazo de um ano após a entrada em vigor deste Código, ainda que o testamento tenha sido feito na vigência do anterior, Lei nº 3.071, de 1º de janeiro de 1916; se, no prazo, o testador não aditar o testamento para declarar a justa causa de cláusula aposta à legítima, não subsistirá a restrição.

ART. 2.043. Até que por outra forma se disciplinem, continuam em vigor as disposições de natureza processual, administrativa ou penal, constantes de leis cujos preceitos de natureza civil hajam sido incorporados a este Código.

ART. 2.044. Este Código entrará em vigor 1 (um) ano após a sua publicação.

ART. 2.045. Revogam-se a Lei nº 3.071, de 1º de janeiro de 1916 – Código Civil e a Parte Primeira do Código Comercial, Lei nº 556, de 25 de junho de 1850.

▸ *CC: art. 2.035.*

ART. 2.046. Todas as remissões, em diplomas legislativos, aos Códigos referidos no artigo antecedente, consideram-se feitas às disposições correspondentes deste Código.

Brasília, 10 de janeiro de 2002;
181º da Independência e 114º da República.

FERNANDO HENRIQUE CARDOSO

CÓDIGO DE PROCESSO CIVIL (Excertos)

CÓDIGO DE PROCESSO CIVIL – LEI Nº 13.105, DE 16 DE MARÇO DE 2015

Código de Processo Civil.

PARTE GERAL.

LIVRO I. DAS NORMAS PROCESSUAIS CIVIS

TÍTULO ÚNICO. DAS NORMAS FUNDAMENTAIS E DA APLICAÇÃO DAS NORMAS PROCESSUAIS

CAPÍTULO I. DAS NORMAS FUNDAMENTAIS DO PROCESSO CIVIL

ART. 1º. O processo civil será ordenado, disciplinado e interpretado conforme os valores e as normas fundamentais estabelecidos na Constituição da República Federativa dc Brasil, observando-se as disposições deste Código.

ART. 2º. O processo começa por iniciativa da parte e se desenvolve por impulso oficial, salvo as exceções previstas em lei.

ART. 3º. Não se excluirá da apreciação jurisdicional ameaça ou lesão a direito.

§ 1º. É permitida a arbitragem, na forma da lei.

§ 2º. O Estado promoverá, sempre que possível, a solução consensual dos conflitos.

§ 3º. A conciliação, a mediação e outros métodos de solução consensual de conflitos deverão ser estimulados por juízes, advogados, defensores públicos e membros do Ministério Público, inclusive no curso do processo judicial.

▸ *CF: art. 5º, XXXV.*

ART. 4º. As partes têm o direito de obter em prazo razoável a solução integral do mérito, incluída a atividade satisfativa.

▸ *CF: art. 5º, LXXVIII.*

ART. 5º. Aquele que de qualquer forma participa do processo deve comportar-se de acordo com a boa-fé.

ART. 6º. Todos os sujeitos do processo devem cooperar entre si para que se obtenha, em tempo razoável, decisão de mérito justa e efetiva.

ART. 7º. É assegurada às partes paridade de tratamento em relação ao exercício de direitos e faculdades processuais, aos meios de defesa, aos ônus, aos deveres e à aplicação de sanções processuais, competindo ao juiz zelar pelo efetivo contraditório.

▸ *CF: art. 5º, LV.*

ART. 8º. Ao aplicar o ordenamento jurídico, o juiz atenderá aos fins sociais e às exigências do bem comum, resguardando e promovendo a dignidade da pessoa humana e observando a proporcionalidade, a razoabilidade, a legalidade, a publicidade e a eficiência.

▸ *CF: arts. 1º, III e 37.*

▸ *Dec.-lei nº 4.657, de 04-09-1942, art. 5º, Lei de Introdução às Normas do Direito Brasileiro.*

ART. 9º. Não se proferirá decisão contra uma das partes sem que ela seja previamente ouvida.

Parágrafo único. O disposto no *caput* não se aplica:

I – à tutela provisória de urgência;

II – às hipóteses de tutela da evidência previstas no art. 311, incisos II e III;

III – à decisão prevista no art. 701.

ART. 10. O juiz não pode decidir, em grau algum de jurisdição, com base em fundamento a respeito do qual não se tenha dado às partes oportunidade de se manifestar, ainda que se trate de matéria sobre a qual deva decidir de ofício.

ART. 11. Todos os julgamentos dos órgãos do Poder Judiciário serão públicos, e fundamentadas todas as decisões, sob pena de nulidade.

▸ *CF: art. 93, IX.*

Parágrafo único. Nos casos de segredo de justiça, pode ser autorizada a presença somente das partes, de seus advogados, de defensores públicos ou do Ministério Público.

▸ *CF: art. 93, IX.*

ART. 12. Os juízes e os tribunais atenderão, preferencialmente, à ordem cronológica de conclusão para proferir sentença ou acórdão. (Redação dada pela Lei nº 13.256, de 2016)

§ 1º. A lista de processos aptos a julgamento deverá estar permanentemente à disposição para consulta pública em cartório e na rede mundial de computadores.

§ 2º. Estão excluídos da regra do *caput*:

I – as sentenças proferidas em audiência, homologatórias de acordo ou de improcedência liminar do pedido;

II – o julgamento de processos em bloco para aplicação de tese jurídica firmada em julgamento de casos repetitivos;

III – o julgamento de recursos repetitivos ou de incidente de resolução de demandas repetitivas;

IV – as decisões proferidas com base nos arts. 485 e 932;

V – o julgamento de embargos de declaração;

VI – o julgamento de agravo interno;

VII – as preferências legais e as metas estabelecidas pelo Conselho Nacional de Justiça;

VIII – os processos criminais, nos órgãos jurisdicionais que tenham competência penal;

IX – a causa que exija urgência no julgamento, assim reconhecida por decisão fundamentada.

§ 3º. Após elaboração de lista própria, respeitar-se-á a ordem cronológica das conclusões entre as preferências legais.

§ 4º. Após a inclusão do processo na lista de que trata o § 1º, o requerimento formulado pela parte não altera a ordem cronológica para a decisão, exceto quando implicar a reabertura da instrução ou a conversão do julgamento em diligência.

§ 5º. Decidido o requerimento previsto no § 4º, o processo retornará à mesma posição em que anteriormente se encontrava na lista.

§ 6º. Ocupará o primeiro lugar na lista prevista no § 1º ou, conforme o caso, no § 3º, o processo que:

I – tiver sua sentença ou acórdão anulado, salvo quando houver necessidade de realização de diligência ou de complementação da instrução;

II – se enquadrar na hipótese do art. 1.040, inciso II.

Capítulo II. DA APLICAÇÃO DAS NORMAS PROCESSUAIS

ART. 13. A jurisdição civil será regida pelas normas processuais brasileiras, ressalvadas as disposições específicas previstas em tratados, convenções ou acordos internacionais de que o Brasil seja parte.

ART. 14. A norma processual não retroagirá e será aplicável imediatamente aos processos em curso, respeitados os atos processuais praticados e as situações jurídicas consolidadas sob a vigência da norma revogada.

ART. 15. Na ausência de normas que regulem processos eleitorais, trabalhistas ou administrativos, as disposições deste Código lhes serão aplicadas supletiva e subsidiariamente.

Livro II. DA FUNÇÃO JURISDICIONAL

Título I. DA JURISDIÇÃO E DA AÇÃO

ART. 16. A jurisdição civil é exercida pelos juízes e pelos tribunais em todo o território nacional, conforme as disposições deste Código.

- *CF: art. 5, XXXVII.*

ART. 17. Para postular em juízo é necessário ter interesse e legitimidade.

ART. 18. Ninguém poderá pleitear direito alheio em nome próprio, salvo quando autorizado pelo ordenamento jurídico.

- *CF: arts. 5º, XXI e LXX e 8º, III.*
- *CPC/2015: arts. 485 e 330.*
- *CDC: arts. 81 e 82.*
- *Lei nº 7.347, de 24-7-1985: art. 5º, dispõe sobre ação civil pública.*

Parágrafo único. Havendo substituição processual, o substituído poderá intervir como assistente litisconsorcial.

ART. 19. O interesse do autor pode limitar-se à declaração:

I – da existência, da inexistência ou do modo de ser de uma relação jurídica;

- *Súmula nº 181 e 242 do STJ.*

II – da autenticidade ou da falsidade de documento.

- *Súmula nº 258 do STF.*

ART. 20. É admissível a ação meramente declaratória, ainda que tenha ocorrido a violação do direito.

Título II. DOS LIMITES DA JURISDIÇÃO NACIONAL E DA COOPERAÇÃO INTERNACIONAL

Capítulo II. DA COOPERAÇÃO INTERNACIONAL

Seção I. DISPOSIÇÕES GERAIS

ART. 26. A cooperação jurídica internacional será regida por tratado de que o Brasil faz parte e observará:

I – o respeito às garantias do devido processo legal no Estado requerente;

II – a igualdade de tratamento entre nacionais e estrangeiros, residentes ou não no Brasil, em relação ao acesso à justiça e à tramitação dos processos, assegurando-se assistência judiciária aos necessitados;

III – a publicidade processual, exceto nas hipóteses de sigilo previstas na legislação brasileira ou na do Estado requerente;

IV – a existência de autoridade central para recepção e transmissão dos pedidos de cooperação;

V – a espontaneidade na transmissão de informações a autoridades estrangeiras.

§ 1º. Na ausência de tratado, a cooperação jurídica internacional poderá realizar-se com base em reciprocidade, manifestada por via diplomática.

§ 2º. Não se exigirá a reciprocidade referida no § 1º para homologação de sentença estrangeira.

§ 3º. Na cooperação jurídica internacional não será admitida a prática de atos que contrariem ou que produzam resultados incompatíveis com as normas fundamentais que regem o Estado brasileiro.

§ 4º. O Ministério da Justiça exercerá as funções de autoridade central na ausência de designação específica.

ART. 27. A cooperação jurídica internacional terá por objeto:

I – citação, intimação e notificação judicial e extrajudicial;

II – colheita de provas e obtenção de informações;

III – homologação e cumprimento de decisão;

IV – concessão de medida judicial de urgência;

V – assistência jurídica internacional;

VI – qualquer outra medida judicial ou extrajudicial não proibida pela lei brasileira.

Seção II. DO AUXÍLIO DIRETO

ART. 28. Cabe auxílio direto quando a medida não decorrer diretamente de decisão de autoridade jurisdicional estrangeira a ser submetida a juízo de delibação no Brasil.

ART. 29. A solicitação de auxílio direto será encaminhada pelo órgão estrangeiro interessado à autoridade central, cabendo ao Estado requerente assegurar a autenticidade e a clareza do pedido.

ART. 30. Além dos casos previstos em tratados de que o Brasil faz parte, o auxílio direto terá os seguintes objetos:

I – obtenção e prestação de informações sobre o ordenamento jurídico e sobre processos administrativos ou jurisdicionais findos ou em curso;

II – colheita de provas, salvo se a medida for adotada em processo, em curso no estrangeiro, de competência exclusiva de autoridade judiciária brasileira;

III – qualquer outra medida judicial ou extrajudicial não proibida pela lei brasileira.

ART. 31. A autoridade central brasileira comunicar-se-á diretamente com suas congêneres e, se necessário, com outros órgãos estrangeiros responsáveis pela tramitação e pela execução de pedidos de cooperação enviados e recebidos pelo Estado brasileiro, respeitadas disposições específicas constantes de tratado.

ART. 32. No caso de auxílio direto para a prática de atos que, segundo a lei brasileira, não necessitem de prestação jurisdicional, a autoridade central adotará as providências necessárias para seu cumprimento.

ART. 33. Recebido o pedido de auxílio direto passivo, a autoridade central o encaminhará à Advocacia-Geral da União, que requererá em juízo a medida solicitada.

Parágrafo único. O Ministério Público requererá em juízo a medida solicitada quando for autoridade central.

▸ *Súmula nº 206 do STJ.*

ART. 34. Compete ao juízo federal do lugar em que deva ser executada a medida apreciar pedido de auxílio direto passivo que demande prestação de atividade jurisdicional.

▸ *CF: art. 109, X.*

Seção III. DA CARTA ROGATÓRIA

ART. 35. (VETADO).

ART. 36. O procedimento da carta rogatória perante o Superior Tribunal de Justiça é de jurisdição contenciosa e deve assegurar às partes as garantias do devido processo legal.

▸ *CF: arts. 105, I, i e 109, X.*

§ 1º. A defesa restringir-se-á à discussão quanto ao atendimento dos requisitos para que o pronunciamento judicial estrangeiro produza efeitos no Brasil.

§ 2º. Em qualquer hipótese, é vedada a revisão do mérito do pronunciamento judicial estrangeiro pela autoridade judiciária brasileira.

Seção IV. DISPOSIÇÕES COMUNS ÀS SEÇÕES ANTERIORES

ART. 37. O pedido de cooperação jurídica internacional oriundo de autoridade brasileira competente será encaminhado à autoridade central para posterior envio ao Estado requerido para lhe dar andamento.

ART. 38. O pedido de cooperação oriundo de autoridade brasileira competente e os documentos anexos que o instruem serão encaminhados à autoridade central, acompanhados de tradução para a língua oficial do Estado requerido.

ART. 39. O pedido passivo de cooperação jurídica internacional será recusado se configurar manifesta ofensa à ordem pública.

ART. 40. A cooperação jurídica internacional para execução de decisão estrangeira dar-se-á por meio de carta rogatória ou de ação de homologação de sentença estrangeira, de acordo com o art. 960.

ART. 41. Considera-se autêntico o documento que instruir pedido de cooperação jurídica internacional, inclusive tradução para a língua portuguesa, quando encaminhado ao Estado brasileiro por meio de autoridade central ou por via diplomática, dispensando-se ajuramentação, autenticação ou qualquer procedimento de legalização.

Parágrafo único. O disposto no *caput* não impede, quando necessária, a aplicação pelo Estado brasileiro do princípio da reciprocidade de tratamento.

Título III. DA COMPETÊNCIA INTERNA

Capítulo I. DA COMPETÊNCIA

Seção I. DISPOSIÇÕES GERAIS

ART. 42. As causas cíveis serão processadas e decididas pelo juiz nos limites de sua competência, ressalvado às partes o direito de instituir juízo arbitral, na forma da lei.

▸ *CF: art. 5ª, XXXV.*

• • • • • • • • • • • • • • • • • • • •

Seção III. DA INCOMPETÊNCIA

ART. 64. A incompetência, absoluta ou relativa, será alegada como questão preliminar de contestação.

▸ *Súmulas nºs 33 e 187 do STJ.*

§ 1º. A incompetência absoluta pode ser alegada em qualquer tempo e grau de jurisdição e deve ser declarada de ofício.

CÓDIGO DE PROCESSO CIVIL

§ 2º. Após manifestação da parte contrária, o juiz decidirá imediatamente a alegação de incompetência.

§ 3º. Caso a alegação de incompetência seja acolhida, os autos serão remetidos ao juízo competente.

§ 4º. Salvo decisão judicial em sentido contrário, conservar-se-ão os efeitos de decisão proferida pelo juízo incompetente até que outra seja proferida, se for o caso, pelo juízo competente.

ART. 65. Prorrogar-se-á a competência relativa se o réu não alegar a incompetência em preliminar de contestação.

Parágrafo único. A incompetência relativa pode ser alegada pelo Ministério Público nas causas em que atuar.

ART. 66. Há conflito de competência quando:

I – 2 (dois) ou mais juízes se declaram competentes;

II – 2 (dois) ou mais juízes se consideram incompetentes, atribuindo um ao outro a competência;

III – entre 2 (dois) ou mais juízes surge controvérsia acerca da reunião ou separação de processos.

▸ *Súmulas nºs 59, 236 e 428, STJ.*

Parágrafo único. O juiz que não acolher a competência declinada deverá suscitar o conflito, salvo se a atribuir a outro juízo.

CAPÍTULO II.
DA COOPERAÇÃO NACIONAL

ART. 67. Aos órgãos do Poder Judiciário, estadual ou federal, especializado ou comum, em todas as instâncias e graus de jurisdição, inclusive aos tribunais superiores, incumbe o dever de recíproca cooperação, por meio de seus magistrados e servidores.

ART. 68. Os juízos poderão formular entre si pedido de cooperação para prática de qualquer ato processual.

ART. 69. O pedido de cooperação jurisdicional deve ser prontamente atendido, prescinde de forma específica e pode ser executado como:

I – auxílio direto;

II – reunião ou apensamento de processos;

III – prestação de informações;

IV – atos concertados entre os juízes cooperantes.

§ 1º. As cartas de ordem, precatória e arbitral seguirão o regime previsto neste Código.

§ 2º. Os atos concertados entre os juízes cooperantes poderão consistir, além de outros, no estabelecimento de procedimento para:

I – a prática de citação, intimação ou notificação de ato;

II – a obtenção e apresentação de provas e a coleta de depoimentos;

III – a efetivação de tutela provisória;

IV – a efetivação de medidas e providências para recuperação e preservação de empresas;

V – a facilitação de habilitação de créditos na falência e na recuperação judicial;

VI – a centralização de processos repetitivos;

VII – a execução de decisão jurisdicional.

§ 3º. O pedido de cooperação judiciária pode ser realizado entre órgãos jurisdicionais de diferentes ramos do Poder Judiciário.

LIVRO III.
DOS SUJEITOS DO PROCESSO

TÍTULO I.
DAS PARTES E DOS PROCURADORES

CAPÍTULO I.
DA CAPACIDADE PROCESSUAL

ART. 70. Toda pessoa que se encontre no exercício de seus direitos tem capacidade para estar em juízo.

▸ *Lei nº 9.099, de 26-09-1995, art. 8º, dispõe sobre Juizado Especiais.*

ART. 71. O incapaz será representado ou assistido por seus pais, por tutor ou por curador, na forma da lei.

▸ *CC: arts. 3º e 4º.*

ART. 72. O juiz nomeará curador especial ao:

I – incapaz, se não tiver representante legal ou se os interesses deste colidirem com os daquele, enquanto durar a incapacidade;

II – réu preso revel, bem como ao réu revel citado por edital ou com hora certa, enquanto não for constituído advogado.

Parágrafo único. A curatela especial será exercida pela Defensoria Pública, nos termos da lei.

▸ *Súmula nº 196 do STJ.*

▸ *CC: arts. 3º, 4º e 1.692.*

ART. 73. O cônjuge necessitará do consentimento do outro para propor ação que verse sobre direito real imobiliário, salvo quando casados sob o regime de separação absoluta de bens.

§ 1º. Ambos os cônjuges serão necessariamente citados para a ação:

I – que verse sobre direito real imobiliário, salvo quando casados sob o regime de separação absoluta de bens;

II – resultante de fato que diga respeito a ambos os cônjuges ou de ato praticado por eles;

III – fundada em dívida contraída por um dos cônjuges a bem da família;

▸ *CF: art. 226, § 5º.*

IV – que tenha por objeto o reconhecimento, a constituição ou a extinção de ônus sobre imóvel de um ou de ambos os cônjuges.

§ 2º. Nas ações possessórias, a participação do cônjuge do autor ou do réu somente é indispensável nas hipóteses de composse ou de ato por ambos praticado.

§ 3º. Aplica-se o disposto neste artigo à união estável comprovada nos autos.

ART. 74. O consentimento previsto no art. 73 pode ser suprido judicialmente quando for negado por um dos cônjuges sem justo motivo, ou quando lhe seja impossível concedê-lo.

Parágrafo único. A falta de consentimento, quando necessário e não suprido pelo juiz, invalida o processo.

ART. 75. Serão representados em juízo, ativa e passivamente:

I – a União, pela Advocacia-Geral da União, diretamente ou mediante órgão vinculado;

▸ *CF: arts. 131 e 132.*

II – o Estado e o Distrito Federal, por seus procuradores;

III – o Município, por seu prefeito ou procurador;

IV – a autarquia e a fundação de direito público, por quem a lei do ente federado designar;

V – a massa falida, pelo administrador judicial;

VI – a herança jacente ou vacante, por seu curador;

VII – o espólio, pelo inventariante;

VIII – a pessoa jurídica, por quem os respectivos atos constitutivos designarem ou, não havendo essa designação, por seus diretores;

IX – a sociedade e a associação irregulares e outros entes organizados sem personalidade jurídica, pela pessoa a quem couber a administração de seus bens;

X – a pessoa jurídica estrangeira, pelo gerente, representante ou administrador de sua filial, agência ou sucursal aberta ou instalada no Brasil;

XI – o condomínio, pelo administrador ou síndico.

§ 1º. Quando o inventariante for dativo, os sucessores do falecido serão intimados no processo no qual o espólio seja parte.

§ 2º. A sociedade ou associação sem personalidade jurídica não poderá opor a irregularidade de sua constituição quando demandada.

§ 3º. O gerente de filial ou agência presume-se autorizado pela pessoa jurídica estrangeira a receber citação para qualquer processo.

§ 4º. Os Estados e o Distrito Federal poderão ajustar compromisso recíproco para prática de ato processual por seus procuradores em favor de outro ente federado, mediante convênio firmado pelas respectivas procuradorias.

ART. 76. Verificada a incapacidade processual ou a irregularidade da representação da parte, o juiz suspenderá o processo e designará prazo razoável para que seja sanado o vício.

§ 1º. Descumprida a determinação, caso o processo esteja na instância originária:

I – o processo será extinto, se a providência couber ao autor;

II – o réu será considerado revel, se a providência lhe couber;

III – o terceiro será considerado revel ou excluído do processo, dependendo do polo em que se encontre.

§ 2º. Descumprida a determinação em fase recursal perante tribunal de justiça, tribunal regional federal ou tribunal superior, o relator:

I – não conhecerá do recurso, se a providência couber ao recorrente;

II – determinará o desentranhamento das contrarrazões, se a providência couber ao recorrido.

CAPÍTULO II. DOS DEVERES DAS PARTES E DE SEUS PROCURADORES

SEÇÃO I. DOS DEVERES

ART. 77. Além de outros previstos neste Código, são deveres das partes, de seus procuradores e de todos aqueles que de qualquer forma participem do processo:

I – expor os fatos em juízo conforme a verdade;

II – não formular pretensão ou de apresentar defesa quando cientes de que são destituídas de fundamento;

III – não produzir provas e não praticar atos inúteis ou desnecessários à declaração ou à defesa do direito;

IV – cumprir com exatidão as decisões jurisdicionais, de natureza provisória ou final, e não criar embaraços à sua efetivação;

V – declinar, no primeiro momento que lhes couber falar nos autos, o endereço residencial ou profissional onde receberão intimações, atualizando essa informação sempre que ocorrer qualquer modificação temporária ou definitiva;

VI – não praticar inovação ilegal no estado de fato de bem ou direito litigioso.

§ 1º. Nas hipóteses dos incisos IV e VI, o juiz advertirá qualquer das pessoas mencionadas no *caput* de que sua conduta poderá ser punida como ato atentatório à dignidade da justiça.

§ 2º. A violação ao disposto nos incisos IV e VI constitui ato atentatório à dignidade da justiça, devendo o juiz, sem prejuízo das sanções criminais, civis e processuais cabíveis, aplicar ao responsável multa de até vinte por cento do valor da causa, de acordo com a gravidade da conduta.

§ 3º. Não sendo paga no prazo a ser fixado pelo juiz, a multa prevista no § 2º será inscrita como dívida ativa da União ou do Estado após o trânsito em julgado da decisão que a fixou, e sua execução observará o procedimento da execução fiscal, revertendo-se aos fundos previstos no art. 97.

§ 4º. A multa estabelecida no § 2º poderá ser fixada independentemente da incidência das previstas nos arts. 523, § 1º, e 536, § 1º.

§ 5º. Quando o valor da causa for irrisório ou inestimável, a multa prevista no § 2º poderá ser fixada em até 10 (dez) vezes o valor do salário-mínimo.

§ 6º. Aos advogados públicos ou privados e aos membros da Defensoria Pública e do Ministério Público não se aplica o disposto nos §§ 2º a 5º, devendo eventual responsabilidade disciplinar ser apurada pelo respectivo órgão de classe ou corregedoria, ao qual o juiz oficiará.

§ 7º. Reconhecida violação ao disposto no inciso VI, o juiz determinará o restabelecimento do estado anterior, podendo, ainda, proibir a parte de falar nos autos até a purgação do atentado, sem prejuízo da aplicação do § 2º.

§ 8º. O representante judicial da parte não pode ser compelido a cumprir decisão em seu lugar.

ART. 78. É vedado às partes, a seus procuradores, aos juízes, aos membros do Ministério Público e da Defensoria Pública e a qualquer pessoa que participe do processo empregar expressões ofensivas nos escritos apresentados.

▸ *CP: art. 142, I e par. ún.*

▸ *Lei nº 8.906, de 04-07-1994, art. 7º, § 2º, Estatuto da Advocacia e Ordem dos Advogados do Brasil (OAB).*

§ 1º. Quando expressões ou condutas ofensivas forem manifestadas oral ou presencialmente, o juiz advertirá o ofensor de que não as deve usar ou repetir, sob pena de lhe ser cassada a palavra.

§ 2º. De ofício ou a requerimento do ofendido, o juiz determinará que as expressões ofensivas sejam riscadas e, a requerimento do ofendido, determinará a expedição de certidão com inteiro teor das expressões ofensivas e a colocará à disposição da parte interessada.

SEÇÃO II. DA RESPONSABILIDADE DAS PARTES POR DANO PROCESSUAL

ART. 79. Responde por perdas e danos aquele que litigar de má-fé como autor, réu ou interveniente.

ART. 80. Considera-se litigante de má-fé aquele que:

I – deduzir pretensão ou defesa contra texto expresso de lei ou fato incontroverso;

▸ *Lei nº 8.906, de 04-07-1994, art. 32, Estatuto da Advocacia e Ordem dos Advogados do Brasil (OAB).*

II – alterar a verdade dos fatos;

III – usar do processo para conseguir objetivo ilegal;

IV – opuser resistência injustificada ao andamento do processo;

V – proceder de modo temerário em qualquer incidente ou ato do processo;

VI – provocar incidente manifestamente infundado;

VII – interpuser recurso com intuito manifestamente protelatório.

ART. 81. De ofício ou a requerimento, o juiz condenará o litigante de má-fé a pagar multa, que deverá ser superior a um por cento e inferior a dez por cento do valor corrigido da causa, a indenizar a parte contrária pelos prejuízos que esta sofreu e a arcar com os honorários advocatícios e com todas as despesas que efetuou.

▸ *CF: art. 5º, LV.*

▸ *CDC: art. 87.*

▸ *Lei nº 8.906, de 04-07-1994, art. 32, par. ún., Estatuto da Advocacia e Ordem dos Advogados do Brasil (OAB).*

§ 1º. Quando forem 2 (dois) ou mais os litigantes de má-fé, o juiz condenará cada um na proporção de seu respectivo interesse na causa ou solidariamente aqueles que se coligaram para lesar a parte contrária.

▸ *Lei nº 8.906, de 04-07-1994, art. 32 par. ún., Estatuto da Advocacia e Ordem dos Advogados do Brasil (OAB).*

§ 2º. Quando o valor da causa for irrisório ou inestimável, a multa poderá ser fixada em até 10 (dez) vezes o valor do salário-mínimo.

▸ *CC: arts. 275 a 285.*

§ 3º. O valor da indenização será fixado pelo juiz ou, caso não seja possível mensurá-lo, liquidado por arbitramento ou pelo procedimento comum, nos próprios autos.

SEÇÃO III. DAS DESPESAS, DOS HONORÁRIOS ADVOCATÍCIOS E DAS MULTAS

ART. 82. Salvo as disposições concernentes à gratuidade da justiça, incumbe às partes prover as despesas dos atos que realizarem ou requererem no processo, antecipando-lhes o pagamento, desde o início até a sentença final ou, na execução, até a plena satisfação do direito reconhecido no título.

▸ *Súmulas nos 111 e 232 do STJ.*

▸ *CF: art. 5º, LXIII, LXIV e LXXVII.*

§ 1º. Incumbe ao autor adiantar as despesas relativas a ato cuja realização o juiz determinar de ofício ou a requerimento do Ministério Público, quando sua intervenção ocorrer como fiscal da ordem jurídica.

§ 2º. A sentença condenará o vencido a pagar ao vencedor as despesas que antecipou.

▸ *Lei nº 8.906, de 04-07-1994, arts. 23 a 26, Estatuto da Advocacia e Ordem dos Advogados do Brasil (OAB).*

• • • • • • • • • • • • • • • • • •

SEÇÃO IV. DA GRATUIDADE DA JUSTIÇA

ART. 98. A pessoa natural ou jurídica, brasileira ou estrangeira, com insuficiência de recursos para pagar as custas, as despesas processuais e os honorários advocatícios tem direito à gratuidade da justiça, na forma da lei.

▸ *CPP: arts. 32, § 1º e § 2º e 806, § 1º e § 3º.*

§ 1º. A gratuidade da justiça compreende:

I – as taxas ou as custas judiciais;

II – os selos postais;

III – as despesas com publicação na imprensa oficial, dispensando-se a publicação em outros meios;

IV – a indenização devida à testemunha que, quando empregada, receberá do empregador salário integral, como se em serviço estivesse;

V – as despesas com a realização de exame de código genético – DNA e de outros exames considerados essenciais;

VI – os honorários do advogado e do perito e a remuneração do intérprete ou do tradutor nomeado para apresentação de versão em português de documento redigido em língua estrangeira;

VII – o custo com a elaboração de memória de cálculo, quando exigida para instauração da execução;

VIII – os depósitos previstos em lei para interposição de recurso, para propositura de ação e para a prática de outros atos processuais inerentes ao exercício da ampla defesa e do contraditório;

IX – os emolumentos devidos a notários ou registradores em decorrência da prática de registro, averbação ou qualquer outro ato notarial necessário à efetivação de decisão judicial ou à continuidade de processo judicial no qual o benefício tenha sido concedido.

§ 2º. A concessão de gratuidade não afasta a responsabilidade do beneficiário pelas despesas processuais e pelos honorários advocatícios decorrentes de sua sucumbência.

§ 3º. Vencido o beneficiário, as obrigações decorrentes de sua sucumbência ficarão sob condição suspensiva de exigibilidade e somente poderão ser executadas se, nos 5 (cinco) anos subsequentes ao trânsito em julgado da decisão que as certificou, o credor demonstrar que deixou de existir a situação de insuficiência de recursos que justificou a concessão de gratuidade, extinguindo-se, passado esse prazo, tais obrigações do beneficiário.

§ 4º. A concessão de gratuidade não afasta o dever de o beneficiário pagar, ao final, as multas processuais que lhe sejam impostas.

§ 5º. A gratuidade poderá ser concedida em relação a algum ou a todos os atos processuais, ou consistir na redução percentual de despesas processuais que o beneficiário tiver de adiantar no curso do procedimento.

§ 6º. Conforme o caso, o juiz poderá conceder direito ao parcelamento de despesas processuais que o beneficiário tiver de adiantar no curso do procedimento.

§ 7º. Aplica-se o disposto no art. 95, §§ 3º a 5º, ao custeio dos emolumentos previstos no § 1º, inciso IX, do presente artigo, observada a tabela e as condições da lei estadual ou distrital respectiva.

§ 8º. Na hipótese do § 1º, inciso IX, havendo dúvida fundada quanto ao preenchimento atual dos pressupostos para a concessão de gratuidade, o notário ou registrador após praticar o ato, pode requerer, ao juízo competente para decidir questões notariais ou registrais, a revogação total ou parcial do benefício ou a sua substituição pelo parcelamento de que trata o § 6º deste artigo, caso em que o beneficiário será citado para, em 15 (quinze) dias, manifestar-se sobre esse requerimento.

ART. 99. O pedido de gratuidade da justiça pode ser formulado na petição inicial, na contestação, na petição para ingresso de terceiro no processo ou em recurso.

▸ *CPP: arts. 32, § 1º e § 2º e 806, § 1º e § 3º.*

§ 1º. Se superveniente à primeira manifestação da parte na instância, o pedido poderá ser formulado por petição simples, nos autos do próprio processo, e não suspenderá seu curso.

§ 2º. O juiz somente poderá indeferir o pedido se houver nos autos elementos que evidenciem a falta dos pressupostos legais para a concessão de gratuidade, devendo, antes de indeferir o pedido, determinar à parte a comprovação do preenchimento dos referidos pressupostos.

§ 3º. Presume-se verdadeira a alegação de insuficiência deduzida exclusivamente por pessoa natural.

§ 4º. A assistência do requerente por advogado particular não impede a concessão de gratuidade da justiça.

§ 5º. Na hipótese do § 4º, o recurso que verse exclusivamente sobre valor de honorários de sucumbência fixados em favor do advogado de beneficiário estará sujeito a preparo, salvo se o próprio advogado demonstrar que tem direito à gratuidade.

§ 6º. O direito à gratuidade da justiça é pessoal, não se estendendo a litisconsorte ou a sucessor do beneficiário, salvo requerimento e deferimento expressos.

§ 7º. Requerida a concessão de gratuidade da justiça em recurso, o recorrente estará dispensado de comprovar o recolhimento do preparo, incumbindo ao relator, neste caso, apreciar o requerimento e, se indeferi-lo, fixar prazo para realização do recolhimento.

ART. 100. Deferido o pedido, a parte contrária poderá oferecer impugnação na contestação, na réplica, nas contrarrazões de recurso ou, nos casos de pedido superveniente ou formulado por terceiro, por meio de petição simples, a ser apresentada no prazo de 15 (quinze) dias, nos autos do próprio processo, sem suspensão de seu curso.

▸ *CPP: arts. 32, § 1º e § 2º e 806, § 1º e § 3º.*

Parágrafo único. Revogado o benefício, a parte arcará com as despesas processuais que tiver deixado de adiantar e pagará, em caso de má-fé, até o décuplo de seu valor a título de multa, que será revertida em benefício da Fazenda Pública estadual ou federal e poderá ser inscrita em dívida ativa.

ART. 101. Contra a decisão que indeferir a gratuidade ou a que acolher pedido de sua revogação caberá agravo de instrumento, exceto quando a questão for resolvida na sentença, contra a qual caberá apelação.

▸ *CPP: arts. 32, § 1º e § 2º e 806, § 1º e § 3º.*

§ 1º. O recorrente estará dispensado do recolhimento de custas até decisão do relator sobre a questão, preliminarmente ao julgamento do recurso.

§ 2º. Confirmada a denegação ou a revogação da gratuidade, o relator ou o órgão colegiado determinará ao recorrente o recolhimento das custas processuais, no prazo de 5 (cinco) dias, sob pena de não conhecimento do recurso.

ART. 102. Sobrevindo o trânsito em julgado de decisão que revoga a gratuidade, a parte deverá efetuar o recolhimento de todas as despesas de cujo adiantamento foi dispensada, inclusive as relativas ao recurso interposto, se houver, no prazo fixado pelo juiz, sem prejuízo de aplicação das sanções previstas em lei.

▸ *CPP: arts. 32, § 1º e § 2º e 806, § 1º e § 3º.*

Parágrafo único. Não efetuado o recolhimento, o processo será extinto sem resolução de mérito, tratando-se do autor, e, nos demais casos, não poderá ser deferida a realização de nenhum ato ou diligência requerida pela parte enquanto não efetuado o depósito.

CAPÍTULO III. DOS PROCURADORES

ART. 103. A parte será representada em juízo por advogado regularmente inscrito na Ordem dos Advogados do Brasil.

▸ *CF: art. 133.*

Parágrafo único. É lícito à parte postular em causa própria quando tiver habilitação legal.

▸ *CF: art. 133.*

▸ *Lei nº 8.906, de 04-07-1994, art. 1º, Estatuto da Advocacia e Ordem dos Advogados do Brasil (OAB).*

▸ *Lei nº 9.099, de 26-09-1995, art. 9º, dispõe sobre Juizados Especiais Cíveis e Criminais.*

ART. 104. O advogado não será admitido a postular em juízo sem procuração, salvo para evitar preclusão, decadência ou prescrição, ou para praticar ato considerado urgente.

▸ *Súmula nº 644 do STF.*

▸ *Súmula nº 115 do STJ.*

▸ *CC: arts. 662 e 692.*

▸ *Lei nº 8.906, de 04-07-1994, arts. 5º e 15, § 3º, Estatuto da Advocacia e Ordem dos Advogados do Brasil (OAB).*

§ 1º. Nas hipóteses previstas no *caput*, o advogado deverá, independentemente de caução, exibir a procuração no prazo de 15 (quinze) dias, prorrogável por igual período por despacho do juiz.

§ 2º. O ato não ratificado será considerado ineficaz relativamente àquele em cujo nome foi praticado, respondendo o advogado pelas despesas e por perdas e danos.

▸ *CC: arts. 402 a 405 e 927.*

ART. 105. A procuração geral para o foro, outorgada por instrumento público ou particular assinado pela parte, habilita o advogado a praticar todos os atos do processo, exceto receber citação, confessar, reconhecer a procedência do pedido, transigir, desistir, renunciar ao direito sobre o qual se funda a ação, receber, dar quitação, firmar compromisso e assinar declaração de hipossuficiência econômica, que devem constar de cláusula específica.

▸ *CC: arts. 653, 654 e 692.*

§ 1º. A procuração pode ser assinada digitalmente, na forma da lei.

§ 2º. A procuração deverá conter o nome do advogado, seu número de inscrição na Ordem dos Advogados do Brasil e endereço completo.

§ 3º. Se o outorgado integrar sociedade de advogados, a procuração também deverá conter o nome dessa, seu número de registro na Ordem dos Advogados do Brasil e endereço completo.

§ 4º. Salvo disposição expressa em sentido contrário constante do próprio instrumento, a procuração outorgada na fase de conhecimento é eficaz para todas as fases do processo, inclusive para o cumprimento de sentença.

ART. 106. Quando postular em causa própria, incumbe ao advogado:

I – declarar, na petição inicial ou na contestação, o endereço, seu número de inscrição na Ordem dos Advogados do Brasil e o nome da sociedade de advogados da qual participa, para o recebimento de intimações;

II – comunicar ao juízo qualquer mudança de endereço.

§ 1º. Se o advogado descumprir o disposto no inciso I, o juiz ordenará que se supra a omissão, no prazo de 5 (cinco) dias, antes de determinar a citação do réu, sob pena de indeferimento da petição.

§ 2º. Se o advogado infringir o previsto no inciso II, serão consideradas válidas as intimações enviadas por carta registrada ou meio eletrônico ao endereço constante dos autos.

ART. 107. O advogado tem direito a:

▸ *Lei nº 8.906, de 04-07-1994, art. 7º, Estatuto da Advocacia e Ordem dos Advogados do Brasil (OAB).*

I – examinar, em cartório de fórum e secretaria de tribunal, mesmo sem procuração, autos de qualquer processo, independentemente da fase de tramitação, assegurados a obtenção de cópias e o registro de anotações, salvo na hipótese de segredo de justiça, nas quais apenas o advogado constituído terá acesso aos autos;

II – requerer, como procurador, vista dos autos de qualquer processo, pelo prazo de 5 (cinco) dias;

III – retirar os autos do cartório ou da secretaria, pelo prazo legal, sempre que neles lhe couber falar por determinação do juiz, nos casos previstos em lei.

§ 1º. Ao receber os autos, o advogado assinará carga em livro ou documento próprio.

§ 2º. Sendo o prazo comum às partes, os procuradores poderão retirar os autos somente em conjunto ou mediante prévio ajuste, por petição nos autos.

§ 3º. Na hipótese do § 2º, é lícito ao procurador retirar os autos para obtenção de cópias, pelo prazo de 2 (duas) a 6 (seis) horas, independentemente de ajuste e sem prejuízo da continuidade do prazo.

§ 4º. O procurador perderá no mesmo processo o direito a que se refere o § 3º se não devolver os autos tempestivamente, salvo se o prazo for prorrogado pelo juiz.

§ 5º. O disposto no inciso I do caput deste artigo aplica-se integralmente a processos eletrônicos. (Incluído pela Lei nº 13.793, de 2019)

CAPÍTULO IV.
DA SUCESSÃO DAS PARTES E DOS PROCURADORES

ART. 108. No curso do processo, somente é lícita a sucessão voluntária das partes nos casos expressos em lei.

ART. 109. A alienação da coisa ou do direito litigioso por ato entre vivos, a título particular, não altera a legitimidade das partes.

§ 1º. O adquirente ou cessionário não poderá ingressar em juízo, sucedendo o alienante ou cedente, sem que o consinta a parte contrária.

§ 2º. O adquirente ou cessionário poderá intervir no processo como assistente litisconsorcial do alienante ou cedente.

§ 3º. Estendem-se os efeitos da sentença proferida entre as partes originárias ao adquirente ou cessionário.

ART. 110. Ocorrendo a morte de qualquer das partes, dar-se-á a sucessão pelo seu espólio ou pelos seus sucessores, observado o disposto no art. 313, §§ 1º e 2º.

ART. 111. A parte que revogar o mandato outorgado a seu advogado constituirá, no mesmo ato, outro que assuma o patrocínio da causa.

▸ *CPP: art. 261.*

Parágrafo único. Não sendo constituído novo procurador no prazo de 15 (quinze) dias, observar-se-á o disposto no art. 76.

ART. 112. O advogado poderá renunciar ao mandato a qualquer tempo, provando, na forma prevista neste Código, que comunicou a renúncia ao mandante, a fim de que este nomeie sucessor.

▸ CF: art. 5º, LV.

▸ CPP: art. 261.

§ 1º. Durante os 10 (dez) dias seguintes, o advogado continuará a representar o mandante, desde que necessário para lhe evitar prejuízo

§ 2º. Dispensa-se a comunicação referida no *caput* quando a procuração tiver sido outorgada a vários advogados e a parte continuar representada por outro, apesar da renúncia.

• • • • • • • • • • • • • • • • • •

TÍTULO III. DA INTERVENÇÃO DE TERCEIROS

CAPÍTULO I. DA ASSISTÊNCIA

SEÇÃO I. DISPOSIÇÕES COMUNS

ART. 119. Pendendo causa entre 2 (duas) ou mais pessoas, o terceiro juridicamente interessado em que a sentença seja favorável a uma delas poderá intervir no processo para assisti-la.

▸ CPP: art. 258.

Parágrafo único. A assistência será admitida em qualquer procedimento e em todos os graus de jurisdição, recebendo o assistente o processo no estado em que se encontre.

• • • • • • • • • • • • • • • • • •

SEÇÃO III. DA ASSISTÊNCIA LITISCONSORCIAL

ART. 124. Considera-se litisconsorte da parte principal o assistente sempre que a sentença influir na relação jurídica entre ele e o adversário do assistido.

▸ CPP: art. 29.

• • • • • • • • • • • • • • • • • •

TÍTULO IV. DO JUIZ E DOS AUXILIARES DA JUSTIÇA

CAPÍTULO I. DOS PODERES, DOS DEVERES E DA RESPONSABILIDADE DO JUIZ

ART. 139. O juiz dirigirá o processo conforme as disposições deste Código, incumbindo-lhe:

I – assegurar às partes igualdade de tratamento;

II – velar pela duração razoável do processo;

▸ CDC: art. 2º.

▸ Lei complementar nº 35, de 14-3-1979: art. 49, dispõe sobre Lei Orgânica da Magistratura Nacional.

III – prevenir ou reprimir qualquer ato contrário à dignidade da justiça e indeferir postulações meramente protelatórias;

IV – determinar todas as medidas indutivas, coercitivas, mandamentais ou sub-rogatórias necessárias para assegurar o cumprimento de ordem judicial, inclusive nas ações que tenham por objeto prestação pecuniária;

V – promover, a qualquer tempo, a autocomposição, preferencialmente com auxílio de conciliadores e mediadores judiciais;

VI – dilatar os prazos processuais e alterar a ordem de produção dos meios de prova, adequando-os às necessidades do conflito de modo a conferir maior efetividade à tutela do direito;

VII – exercer o poder de polícia, requisitando, quando necessário, força policial, além da segurança interna dos fóruns e tribunais;

VIII – determinar, a qualquer tempo, o comparecimento pessoal das partes, para inquiri-las sobre os fatos da causa, hipótese em que não incidirá a pena de confesso;

IX – determinar o suprimento de pressupostos processuais e o saneamento de outros vícios processuais;

X – quando se deparar com diversas demandas individuais repetitivas, oficiar o Ministério Público, a Defensoria Pública e, na medida do possível, outros legitimados a que se referem o art. 5º da Lei nº 7.347, de 24 de julho de 1985, e o art. 82 da Lei nº 8.078, de 11 de setembro de 1990, para, se for o caso, promover a propositura da ação coletiva respectiva.

Parágrafo único. A dilação de prazos prevista no inciso VI somente pode ser determinada antes de encerrado o prazo regular.

ART. 140. O juiz não se exime de decidir sob a alegação de lacuna ou obscuridade do ordenamento jurídico.

▸ Dec.-lei nº 4.657, de 04-09-1942, arts. 4º e 5º, Lei de Introdução às Normas do Direito Brasileiro.

Parágrafo único. O juiz só decidirá por equidade nos casos previstos em lei.

ART. 141. O juiz decidirá o mérito nos limites propostos pelas partes, sendo-lhe vedado conhecer de questões não suscitadas a cujo respeito a lei exige iniciativa da parte.

ART. 142. Convencendo-se, pelas circunstâncias, de que autor e réu se serviram do processo para praticar ato simulado ou conseguir fim vedado por lei, o juiz proferirá decisão que impeça os objetivos das partes, aplicando, de ofício, as penalidades da litigância de má-fé.

ART. 143. O juiz responderá, civil e regressivamente, por perdas e danos quando:

I – no exercício de suas funções, proceder com dolo ou fraude;

II – recusar, omitir ou retardar, sem justo motivo, providência que deva ordenar de ofício ou a requerimento da parte.

▸ Lei complementar nº 35, de 14-3-1979: art. 49, dispõe sobre Lei Orgânica da Magistratura Nacional.

CÓDIGO DE PROCESSO CIVIL

Parágrafo único. As hipóteses previstas no inciso II somente serão verificadas depois que a parte requerer ao juiz que determine a providência e o requerimento não for apreciado no prazo de 10 (dez) dias.

CAPÍTULO II. DOS IMPEDIMENTOS E DA SUSPEIÇÃO

ART. 144. Há impedimento do juiz, sendo-lhe vedado exercer suas funções no processo:

I – em que interveio como mandatário da parte, oficiou como perito, funcionou como membro do Ministério Público ou prestou depoimento como testemunha;

II – de que conheceu em outro grau de jurisdição, tendo proferido decisão;

III – quando nele estiver postulando, como defensor público, advogado ou membro do Ministério Público, seu cônjuge ou companheiro, ou qualquer parente, consanguíneo ou afim, em linha reta ou colateral, até o terceiro grau, inclusive;

IV – quando for parte no processo ele próprio, seu cônjuge ou companheiro, ou parente, consanguíneo ou afim, em linha reta ou colateral, até o terceiro grau, inclusive;

V – quando for sócio ou membro de direção ou de administração de pessoa jurídica parte no processo;

VI – quando for herdeiro presuntivo, donatário ou empregador de qualquer das partes;

VII – em que figure como parte instituição de ensino com a qual tenha relação de emprego ou decorrente de contrato de prestação de serviços;

VIII – em que figure como parte cliente do escritório de advocacia de seu cônjuge, companheiro ou parente, consanguíneo ou afim, em linha reta ou colateral, até o terceiro grau, inclusive, mesmo que patrocinado por advogado de outro escritório;

IX – quando promover ação contra a parte ou seu advogado.

§ 1º. Na hipótese do inciso III, o impedimento só se verifica quando o defensor público, o advogado ou o membro do Ministério Público já integrava o processo antes do início da atividade judicante do juiz.

§ 2º. É vedada a criação de fato superveniente a fim de caracterizar impedimento do juiz.

§ 3º. O impedimento previsto no inciso III também se verifica no caso de mandato conferido a membro de escritório de advocacia que tenha em seus quadros advogado que individualmente ostente a condição nele prevista, mesmo que não intervenha diretamente no processo.

▸ *Súmula nº 252 do STF.*

ART. 145. Há suspeição do juiz:

I – amigo íntimo ou inimigo de qualquer das partes ou de seus advogados;

II – que receber presentes de pessoas que tiverem interesse na causa antes ou depois de iniciado o processo, que aconselhar alguma das partes acerca do objeto da causa ou que subministrar meios para atender às despesas do litígio;

III – quando qualquer das partes for sua credora ou devedora, de seu cônjuge ou companheiro ou de parentes destes, em linha reta até o terceiro grau, inclusive;

IV – interessado no julgamento do processo em favor de qualquer das partes.

§ 1º. Poderá o juiz declarar-se suspeito por motivo de foro íntimo, sem necessidade de declarar suas razões.

§ 2º. Será ilegítima a alegação de suspeição quando:

I – houver sido provocada por quem a alega;

II – a parte que a alega houver praticado ato que signifique manifesta aceitação do arguido.

ART. 146. No prazo de 15 (quinze) dias, a contar do conhecimento do fato, a parte alegará o impedimento ou a suspeição, em petição específica dirigida ao juiz do processo, na qual indicará o fundamento da recusa, podendo instruí-la com documentos em que se fundar a alegação e com rol de testemunhas.

§ 1º. Se reconhecer o impedimento ou a suspeição ao receber a petição, o juiz ordenará imediatamente a remessa dos autos a seu substituto legal, caso contrário, determinará a autuação em apartado da petição e, no prazo de 15 (quinze) dias, apresentará suas razões, acompanhadas de documentos e de rol de testemunhas, se houver, ordenando a remessa do incidente ao tribunal.

§ 2º. Distribuído o incidente, o relator deverá declarar os seus efeitos, sendo que, se o incidente for recebido:

I – sem efeito suspensivo, o processo voltará a correr;

II – com efeito suspensivo, o processo permanecerá suspenso até o julgamento do incidente.

§ 3º. Enquanto não for declarado o efeito em que é recebido o incidente ou quando este for recebido com efeito suspensivo, a tutela de urgência será requerida ao substituto legal.

§ 4º. Verificando que a alegação de impedimento ou de suspeição é improcedente, o tribunal rejeita-la-á.

§ 5º. Acolhida a alegação, tratando-se de impedimento ou de manifesta suspeição, o tribunal condenará o juiz nas custas e remeterá os autos ao seu substituto legal, podendo o juiz recorrer da decisão.

§ 6º. Reconhecido o impedimento ou a suspeição, o tribunal fixará o momento a partir do qual o juiz não poderia ter atuado.

§ 7º. O tribunal decretará a nulidade dos atos do juiz, se praticados quando já presente o motivo de impedimento ou de suspeição.

ART. 147. Quando 2 (dois) ou mais juízes forem parentes, consanguíneos ou afins, em linha reta ou colateral, até o terceiro grau, inclusive, o primeiro que conhecer do processo impede que o outro nele atue, caso em que o segundo se escusará, remetendo os autos ao seu substituto legal.

ART. 148. Aplicam-se os motivos de impedimento e de suspeição:

I – ao membro do Ministério Público;

II – aos auxiliares da justiça;

III – aos demais sujeitos imparciais do processo.

§ 1º. A parte interessada deverá arguir o impedimento ou a suspeição, em petição fundamentada e devidamente instruída, na primeira oportunidade em que lhe couber falar nos autos.

§ 2º. O juiz mandará processar o incidente em separado e sem suspensão do processo, ouvindo o arguido no prazo de 15 (quinze) dias e facultando a produção de prova, quando necessária.

§ 3º. Nos tribunais, a arguição a que se refere o § 1º será disciplinada pelo regimento interno.

§ 4º. O disposto nos §§ 1º e 2º não se aplica à arguição de impedimento ou de suspeição de testemunha.

CAPÍTULO III. DOS AUXILIARES DA JUSTIÇA

ART. 149. São auxiliares da Justiça, além de outros cujas atribuições sejam determinadas pelas normas de organização judiciária, o escrivão, o chefe de secretaria, o oficial de justiça, o perito, o depositário, o administrador, o intérprete, o tradutor, o mediador, o conciliador judicial, o partidor, o distribuidor, o contabilista e o regulador de avarias.

SEÇÃO I. DO ESCRIVÃO, DO CHEFE DE SECRETARIA E DO OFICIAL DE JUSTIÇA

ART. 150. Em cada juízo haverá um ou mais ofícios de justiça, cujas atribuições serão determinadas pelas normas de organização judiciária.

ART. 151. Em cada comarca, seção ou subseção judiciária haverá, no mínimo, tantos oficiais de justiça quantos sejam os juízos.

ART. 152. Incumbe ao escrivão ou ao chefe de secretaria:

I – redigir, na forma legal, os ofícios, os mandados, as cartas precatórias e os demais atos que pertençam ao seu ofício;

II – efetivar as ordens judiciais, realizar citações e intimações, bem como praticar todos os demais atos que lhe forem atribuídos pelas normas de organização judiciária;

III – comparecer às audiências ou, não podendo fazê-lo, designar servidor para substituí-lo;

IV – manter sob sua guarda e responsabilidade os autos, não permitindo que saiam do cartório, exceto:

a) quando tenham de seguir à conclusão do juiz;

b) com vista a procurador, à Defensoria Pública, ao Ministério Público ou à Fazenda Pública;

c) quando devam ser remetidos ao contabilista ou ao partidor;

d) quando forem remetidos a outro juízo em razão da modificação da competência;

V – fornecer certidão de qualquer ato ou termo do processo, independentemente de despacho, observadas as disposições referentes ao segredo de justiça;

VI – praticar, de ofício, os atos meramente ordinatórios.

§ 1º. O juiz titular editará ato a fim de regulamentar a atribuição prevista no inciso VI.

§ 2º. No impedimento do escrivão ou chefe de secretaria, o juiz convocará substituto e, não o havendo, nomeará pessoa idônea para o ato.

ART. 153. O escrivão ou o chefe de secretaria atenderá, preferencialmente, à ordem cronológica de recebimento para publicação e efetivação dos pronunciamentos judiciais. (Redação dada pela Lei nº 13.256, de 2016)

§ 1º. A lista de processos recebidos deverá ser disponibilizada, de forma permanente, para consulta pública.

§ 2º. Estão excluídos da regra do *caput*:

I – os atos urgentes, assim reconhecidos pelo juiz no pronunciamento judicial a ser efetivado;

II – as preferências legais.

§ 3º. Após elaboração de lista própria, respeitar-se-ão a ordem cronológica de recebimento entre os atos urgentes e as preferências legais.

§ 4º. A parte que se considerar preterida na ordem cronológica poderá reclamar, nos próprios autos, ao juiz do processo, que requisitará informações ao servidor, a serem prestadas no prazo de 2 (dois) dias.

§ 5º. Constatada a preterição, o juiz determinará o imediato cumprimento do ato e a instauração de processo administrativo disciplinar contra o servidor.

ART. 154. Incumbe ao oficial de justiça:

I – fazer pessoalmente citações, prisões, penhoras, arrestos e demais diligências próprias do seu ofício, sempre que possível na presença de 2 (duas) testemunhas, certificando no mandado o ocorrido, com menção ao lugar, ao dia e à hora;

II – executar as ordens do juiz a que estiver subordinado;

III – entregar o mandado em cartório após seu cumprimento;

IV – auxiliar o juiz na manutenção da ordem;

V – efetuar avaliações, quando for o caso;

VI – certificar, em mandado, proposta de autocomposição apresentada por qualquer das partes, na ocasião de realização de ato de comunicação que lhe couber.

Parágrafo único. Certificada a proposta de autocomposição prevista no inciso VI, o juiz ordenará a intimação da parte contrária para manifestar-se, no prazo de 5 (cinco) dias, sem prejuízo do andamento regular do processo, entendendo-se o silêncio como recusa.

ART. 155. O escrivão, o chefe de secretaria e o oficial de justiça são responsáveis, civil e regressivamente, quando:

I – sem justo motivo, se recusarem a cumprir no prazo os atos impostos pela lei ou pelo juiz a que estão subordinados;

II – praticarem ato nulo com dolo ou culpa.

SEÇÃO II. DO PERITO

ART. 156. O juiz será assistido por perito quando a prova do fato depender de conhecimento técnico ou científico.

§ 1º. Os peritos serão nomeados entre os profissionais legalmente habilitados e os órgãos técnicos ou científicos devidamente inscritos em cadastro mantido pelo tribunal ao qual o juiz está vinculado.

§ 2º. Para formação do cadastro, os tribunais devem realizar consulta pública, por meio de divulgação na rede mundial de computadores ou em jornais de grande circulação, além de consulta direta a universidades, a conselhos de classe, ao Ministério Público, à Defensoria Pública e à Ordem dos Advogados do Brasil, para a indicação de profissionais ou de órgãos técnicos interessados.

§ 3º. Os tribunais realizarão avaliações e reavaliações periódicas para manutenção do cadastro, considerando a formação profissional, a atualização do conhecimento e a experiência dos peritos interessados.

§ 4º. Para verificação de eventual impedimento ou motivo de suspeição, nos termos dos arts. 148 e 467, o órgão técnico ou científico nomeado para realização da perícia informará ao juiz os nomes e os dados de qualificação dos profissionais que participarão da atividade.

§ 5º. Na localidade onde não houver inscrito no cadastro disponibilizado pelo tribunal, a nomeação do perito é de livre escolha pelo juiz e deverá recair sobre profissional ou órgão técnico ou científico comprovadamente detentor do conhecimento necessário à realização da perícia.

▸ *Súmula nº 232 do STJ.*

ART. 157. O perito tem o dever de cumprir o ofício no prazo que lhe designar o juiz, empregando toda sua diligência, podendo escusar-se do encargo alegando motivo legítimo.

§ 1º. A escusa será apresentada no prazo de 15 (quinze) dias, contado da intimação, da suspeição ou do impedimento supervenientes, sob pena de renúncia ao direito a alegá-la.

§ 2º. Será organizada lista de peritos na vara ou na secretaria, com disponibilização dos documentos exigidos para habilitação à consulta de interessados, para que a nomeação seja distribuída de modo equitativo, observadas a capacidade técnica e a área de conhecimento.

ART. 158. O perito que, por dolo ou culpa, prestar informações inverídicas responderá pelos prejuízos que causar à parte e ficará inabilitado para atuar em outras perícias no prazo de 2 (dois) a 5 (cinco) anos, independentemente das demais sanções previstas em lei, devendo o juiz comunicar o fato ao respectivo órgão de classe para adoção das medidas que entender cabíveis.

▸ *CP: art. 342.*

SEÇÃO III. DO DEPOSITÁRIO E DO ADMINISTRADOR

ART. 159. A guarda e a conservação de bens penhorados, arrestados, sequestrados ou arrecadados serão confiadas a depositário ou a administrador, não dispondo a lei de outro modo.

▸ *Súmulas nºs 304 e 305 do STJ.*

▸ *CPP: art. 139.*

ART. 160. Por seu trabalho o depositário ou o administrador perceberá remuneração que o juiz fixará levando em conta a situação dos bens, ao tempo do serviço e às dificuldades de sua execução.

▸ *CPP: art. 139.*

Parágrafo único. O juiz poderá nomear um ou mais prepostos por indicação do depositário ou do administrador.

ART. 161. O depositário ou o administrador responde pelos prejuízos que, por dolo ou culpa, causar à parte, perdendo a remuneração que lhe foi arbitrada, mas tem o direito a haver o que legitimamente despendeu no exercício do encargo.

Parágrafo único. O depositário infiel responde civilmente pelos prejuízos causados, sem prejuízo de sua responsabilidade penal e da imposição de sanção por ato atentatório à dignidade da justiça.

▸ *Súmula Vinculante nº 25.*

▸ *CPP: art. 139.*

SEÇÃO IV. DO INTÉRPRETE E DO TRADUTOR

ART. 162. O juiz nomeará intérprete ou tradutor quando necessário para:

▸ *CPP: art. 281.*

I – traduzir documento redigido em língua estrangeira;

II – verter para o português as declarações das partes e das testemunhas que não conhecerem o idioma nacional;

III – realizar a interpretação simultânea dos depoimentos das partes e testemunhas com deficiência auditiva que se comuniquem por meio da Língua Brasileira de Sinais, ou equivalente, quando assim for solicitado.

▸ *CC: arts. 224, 1.871 e 1.880.*

ART. 163. Não pode ser intérprete ou tradutor quem:

▸ *CPP: art. 281.*

I – não tiver a livre administração de seus bens;

II – for arrolado como testemunha ou atuar como perito no processo;

III – estiver inabilitado para o exercício da profissão por sentença penal condenatória, enquanto durarem seus efeitos.

ART. 164. O intérprete ou tradutor, oficial ou não, é obrigado a desempenhar seu ofício, aplicando-se-lhe o disposto nos arts. 157 e 158.

▸ *CPP: art. 281.*

• • • • • • • • • • • • • • • • •

TÍTULO V. DO MINISTÉRIO PÚBLICO

ART. 176. O Ministério Público atuará na defesa da ordem jurídica, do regime democrático e dos interesses e direitos sociais e individuais indisponíveis.

ART. 177. O Ministério Público exercerá o direito de ação em conformidade com suas atribuições constitucionais.

▸ *CF: arts. 127 e 129.*

ART. 178. O Ministério Público será intimado para, no prazo de 30 (trinta) dias, intervir como fiscal da ordem jurídica nas hipóteses previstas em lei ou na Constituição Federal e nos processos que envolvam:

I – interesse público ou social;

II – interesse de incapaz;

III – litígios coletivos pela posse de terra rural ou urbana.

▸ *Súmula nº 226 do STJ.*

▸ *Lei nº 10.741, de 01-10-2003, art. 75, Estatuto do Idoso.*

Parágrafo único. A participação da Fazenda Pública não configura, por si só, hipótese de intervenção do Ministério Público.

ART. 179. Nos casos de intervenção como fiscal da ordem jurídica, o Ministério Público:

I – terá vista dos autos depois das partes, sendo intimado de todos os atos do processo;

II – poderá produzir provas, requerer as medidas processuais pertinentes e recorrer.

ART. 180. O Ministério Público gozará de prazo em dobro para manifestar-se nos autos, que terá início a partir de sua intimação pessoal, nos termos do art. 183, § 1º.

§ 1º. Findo o prazo para manifestação do Ministério Público sem o oferecimento de parecer, o juiz requisitará os autos e dará andamento ao processo.

§ 2º. Não se aplica o benefício da contagem em dobro quando a lei estabelecer, de forma expressa, prazo próprio para o Ministério Público.

ART. 181. O membro do Ministério Público será civil e regressivamente responsável quando agir com dolo ou fraude no exercício de suas funções.

▸ *CC: arts. 187, 402 a 405, 927 e 940.*

• • • • • • • • • • • • • • • • • • • •

TÍTULO VII. DA DEFENSORIA PÚBLICA

ART. 185. A Defensoria Pública exercerá a orientação jurídica, a promoção dos direitos humanos e a defesa dos direitos individuais e coletivos dos necessitados, em todos os graus, de forma integral e gratuita.

▸ *CF: art. 5º, LV.*

▸ *CPP: arts. 261, 263 e 798.*

▸ *Lei Complementar nº 80, de 12-01-1994, arts. 44, I, 89, I e 128, I, Organiza a defensoria pública.*

ART. 186. A Defensoria Pública gozará de prazo em dobro para todas as suas manifestações processuais.

▸ *CPP: art. 261.*

▸ *Lei Complementar nº 80, arts. 44, I, 89, I e 128, I, de 12-01-1994, Organiza a defensoria pública.*

§ 1º. O prazo tem início com a intimação pessoal do defensor público, nos termos do art. 183, § 1º.

§ 2º. A requerimento da Defensoria Pública, o juiz determinará a intimação pessoal da parte patrocinada quando o ato processual depender de providência ou informação que somente por ela possa ser realizada ou prestada.

§ 3º. O disposto no *caput* aplica-se aos escritórios de prática jurídica das faculdades de Direito reconhecidas na forma da lei e às entidades que prestam assistência jurídica gratuita em razão de convênios firmados com a Defensoria Pública.

§ 4º. Não se aplica o benefício da contagem em dobro quando a lei estabelecer, de forma expressa, prazo próprio para a Defensoria Pública.

ART. 187. O membro da Defensoria Pública será civil e regressivamente responsável quando agir com dolo ou fraude no exercício de suas funções.

▸ *CPP: art. 261.*

LIVRO IV. DOS ATOS PROCESSUAIS

TÍTULO I. DA FORMA, DO TEMPO E DO LUGAR DOS ATOS PROCESSUAIS

CAPÍTULO I. DA FORMA DOS ATOS PROCESSUAIS

SEÇÃO I. DOS ATOS EM GERAL

ART. 188. Os atos e os termos processuais independem de forma determinada, salvo quando a lei expressamente a exigir, considerando-se válidos os que, realizados de outro modo, lhe preencham a finalidade essencial.

ART. 189. Os atos processuais são públicos, todavia tramitam em segredo de justiça os processos:

▸ *CF: arts. 5º, LX e 93, IX.*

I – em que o exija o interesse público ou social;

II – que versem sobre casamento, separação de corpos, divórcio, separação, união estável, filiação, alimentos e guarda de crianças e adolescentes;

III – em que constem dados protegidos pelo direito constitucional à intimidade;

IV – que versem sobre arbitragem, inclusive sobre cumprimento de carta arbitral, desde que a confidencialidade estipulada na arbitragem seja comprovada perante o juízo.

§ 1º. O direito de consultar os autos de processo que tramite em segredo de justiça e de pedir certidões de seus atos é restrito às partes e aos seus procuradores.

§ 2º. O terceiro que demonstrar interesse jurídico pode requerer ao juiz certidão do dispositivo da sentença, bem como de inventário e de partilha resultantes de divórcio ou separação.

• • • • • • • • • • • • • • • • • • • •

ART. 192. Em todos os atos e termos do processo é obrigatório o uso da língua portuguesa.

Parágrafo único. O documento redigido em língua estrangeira somente poderá ser juntado aos autos quando acompanhado de versão para a língua portuguesa tramitada por via diplomática ou pela autoridade central, ou firmada por tradutor juramentado.

▸ *CC: art. 224.*

SEÇÃO II. DA PRÁTICA ELETRÔNICA DE ATOS PROCESSUAIS

ART. 193. Os atos processuais podem ser total ou parcialmente digitais, de forma a permitir que sejam produzidos, comunicados, armazenados e validados por meio eletrônico, na forma da lei.

Parágrafo único. O disposto nesta Seção aplica-se, no que for cabível, à prática de atos notariais e de registro.

ART. 194. Os sistemas de automação processual respeitarão a publicidade dos atos, o acesso e a participação das partes e de seus procuradores, inclusive nas audiências e sessões de julgamento, observadas as garantias da disponibilidade, independência da plataforma computacional, acessibilidade e interoperabilidade dos sistemas, serviços, dados e informações que o Poder Judiciário administre no exercício de suas funções.

ART. 195. O registro de ato processual eletrônico deverá ser feito em padrões abertos, que atenderão aos requisitos de autenticidade, integridade, temporalidade, não repúdio, conservação e, nos casos que tramitem em segredo de justiça, confidencialidade, observada a infraestrutura de chaves públicas unificada nacionalmente, nos termos da lei.

ART. 196. Compete ao Conselho Nacional de Justiça e, supletivamente, aos tribunais, regulamentar a prática e a comunicação oficial de atos processuais por meio eletrônico e velar pela compatibilidade dos sistemas, disciplinando a incorporação progressiva de novos avanços tecnológicos e editando, para esse fim, os atos que forem necessários, respeitadas as normas fundamentais deste Código.

ART. 197. Os tribunais divulgarão as informações constantes de seu sistema de automação em página própria na rede mundial de computadores, gozando a divulgação de presunção de veracidade e confiabilidade.

Parágrafo único. Nos casos de problema técnico do sistema e de erro ou omissão do auxiliar da justiça responsável pelo registro dos andamentos, poderá ser configurada a justa causa prevista no art. 223, *caput* e § 1º.

ART. 198. As unidades do Poder Judiciário deverão manter gratuitamente, à disposição dos interessados, equipamentos necessários à prática de atos processuais e à consulta e ao acesso ao sistema e aos documentos dele constantes.

Parágrafo único. Será admitida a prática de atos por meio não eletrônico no local onde não estiverem disponibilizados os equipamentos previstos no *caput*.

ART. 199. As unidades do Poder Judiciário assegurarão às pessoas com deficiência acessibilidade aos seus sítios na rede mundial de computadores, ao meio eletrônico de prática de atos judiciais, à comunicação eletrônica dos atos processuais e à assinatura eletrônica.

SEÇÃO III. DOS ATOS DAS PARTES

ART. 200. Os atos das partes consistentes em declarações unilaterais ou bilaterais de vontade produzem imediatamente a constituição, modificação ou extinção de direitos processuais.

Parágrafo único. A desistência da ação só produzirá efeitos após homologação judicial.

ART. 201. As partes poderão exigir recibo de petições, arrazoados, papéis e documentos que entregarem em cartório.

ART. 202. É vedado lançar nos autos cotas marginais ou interlineares, as quais o juiz mandará riscar, impondo a quem as escrever multa correspondente à metade do salário-mínimo.

SEÇÃO IV. DOS PRONUNCIAMENTOS DO JUIZ

ART. 203. Os pronunciamentos do juiz consistirão em sentenças, decisões interlocutórias e despachos.

§ 1º. Ressalvadas as disposições expressas dos procedimentos especiais, sentença é o pronunciamento por meio do qual o juiz, com fundamento nos arts. 485 e 487, põe fim à fase cognitiva do procedimento comum, bem como extingue a execução.

§ 2º. Decisão interlocutória é todo pronunciamento judicial de natureza decisória que não se enquadre no § 1º.

§ 3º. São despachos todos os demais pronunciamentos do juiz praticados no processo, de ofício ou a requerimento da parte.

§ 4º. Os atos meramente ordinatórios, como a juntada e a vista obrigatória, independem de despacho, devendo ser praticados de ofício pelo servidor e revistos pelo juiz quando necessário.

ART. 204. Acórdão é o julgamento colegiado proferido pelos tribunais.

ART. 205. Os despachos, as decisões, as sentenças e os acórdãos serão redigidos, datados e assinados pelos juízes.

§ 1º. Quando os pronunciamentos previstos no *caput* forem proferidos oralmente, o servidor os documentará, submetendo-os aos juízes para revisão e assinatura.

§ 2º. A assinatura dos juízes, em todos os graus de jurisdição, pode ser feita eletronicamente, na forma da lei.

§ 3º. Os despachos, as decisões interlocutórias, o dispositivo das sentenças e a ementa dos acórdãos serão publicados no Diário de Justiça Eletrônico.

SEÇÃO V. DOS ATOS DO ESCRIVÃO OU DO CHEFE DE SECRETARIA

ART. 206. Ao receber a petição inicial de processo, o escrivão ou o chefe de secretaria a autuará, mencionando o juízo, a natureza do processo, o número de seu registro, os nomes das partes e a data de seu início, e procederá do mesmo modo em relação aos volumes em formação.

ART. 207. O escrivão ou o chefe de secretaria numerará e rubricará todas as folhas dos autos.

Parágrafo único. À parte, ao procurador, ao membro do Ministério Público, ao defensor público e aos auxiliares da justiça é facultado rubricar as folhas correspondentes aos atos em que intervierem.

ART. 208. Os termos de juntada, vista, conclusão e outros semelhantes constarão de notas datadas e rubricadas pelo escrivão ou pelo chefe de secretaria.

ART. 209. Os atos e os termos do processo serão assinados pelas pessoas que neles intervierem, todavia, quando essas não puderem ou não quiserem firmá-los, o escrivão ou o chefe de secretaria certificará a ocorrência.

§ 1º. Quando se tratar de processo total ou parcialmente documentado em autos eletrônicos, os atos processuais praticados na presença do juiz poderão ser produzidos e armazenados de modo integralmente digital em arquivo eletrônico inviolável, na forma da lei, mediante registro em termo, que será assinado digitalmente pelo juiz e pelo escrivão ou chefe de secretaria, bem como pelos advogados das partes.

§ 2º. Na hipótese do § 1º, eventuais contradições na transcrição deverão ser suscitadas oralmente no momento de realização do ato, sob pena de preclusão, devendo o juiz decidir de plano e ordenar o registro, no termo, da alegação e da decisão.

ART. 210. É lícito o uso da taquigrafia, da estenotipia ou de outro método idôneo em qualquer juízo ou tribunal.

ART. 211. Não se admitem nos atos e termos processuais espaços em branco, salvo os que forem inutilizados, assim como entrelinhas, emendas ou rasuras, exceto quando expressamente ressalvadas.

Capítulo II. DO TEMPO E DO LUGAR DOS ATOS PROCESSUAIS

Seção I. DO TEMPO

ART. 212. Os atos processuais serão realizados em dias úteis, das 6 (seis) às 20 (vinte) horas.

§ 1º. Serão concluídos após as 20 (vinte) horas os atos iniciados antes, quando o adiamento prejudicar a diligência ou causar grave dano.

§ 2º. Independentemente de autorização judicial, as citações, intimações e penhoras poderão realizar-se no período de férias forenses, onde as houver, e nos feriados ou dias úteis fora do horário estabelecido neste artigo, observado o disposto no art. 5º, inciso XI, da Constituição Federal.

§ 3º. Quando o ato tiver de ser praticado por meio de petição em autos não eletrônicos, essa deverá ser protocolada no horário de funcionamento do fórum ou tribunal, conforme o disposto na lei de organização judiciária local.

ART. 213. A prática eletrônica de ato processual pode ocorrer em qualquer horário até as 24 (vinte e quatro) horas do último dia do prazo.

Parágrafo único. O horário vigente no juízo perante o qual o ato deve ser praticado será considerado para fins de atendimento do prazo.

ART. 214. Durante as férias forenses e nos feriados, não se praticarão atos processuais, excetuando-se:

I – os atos previstos no art. 212, § 2º;

II – a tutela de urgência.

ART. 215. Processam-se durante as férias forenses, onde as houver, e não se suspendem pela superveniência delas:

I – os procedimentos de jurisdição voluntária e os necessários à conservação de direitos, quando puderem ser prejudicados pelo adiamento;

II – a ação de alimentos e os processos de nomeação ou remoção de tutor e curador;

III – os processos que a lei determinar.

ART. 216. Além dos declarados em lei, são feriados, para efeito forense, os sábados, os domingos e os dias em que não haja expediente forense.

Seção II. DO LUGAR

ART. 217. Os atos processuais realizar-se-ão ordinariamente na sede do juízo, ou, excepcionalmente, em outro lugar em razão de deferência, de interesse da justiça, da natureza do ato ou de obstáculo arguido pelo interessado e acolhido pelo juiz.

Capítulo III. DOS PRAZOS

Seção I. DISPOSIÇÕES GERAIS

ART. 218. Os atos processuais serão realizados nos prazos prescritos em lei.

§ 1º. Quando a lei for omissa, o juiz determinará os prazos em consideração à complexidade do ato.

§ 2º. Quando a lei ou o juiz não determinar prazo, as intimações somente obrigarão a comparecimento após decorridas 48 (quarenta e oito) horas.

§ 3º. Inexistindo preceito legal ou prazo determinado pelo juiz, será de 5 (cinco) dias o prazo para a prática de ato processual a cargo da parte.

§ 4º. Será considerado tempestivo o ato praticado antes do termo inicial do prazo.

ART. 219. Na contagem de prazo em dias, estabelecido por lei ou pelo juiz, computar-se-ão somente os dias úteis.

Parágrafo único. O disposto neste artigo aplica-se somente aos prazos processuais.

ART. 220. Suspende-se o curso do prazo processual nos dias compreendidos entre 20 de dezembro e 20 de janeiro, inclusive.

§ 1º. Ressalvadas as férias individuais e os feriados instituídos por lei, os juízes, os membros do Ministério Público, da Defensoria Pública e da Advocacia Pública e os auxiliares da Justiça exercerão suas atribuições durante o período previsto no *caput*.

§ 2º. Durante a suspensão do prazo, não se realizarão audiências nem sessões de julgamento.

ART. 221. Suspende-se o curso do prazo por obstáculo criado em detrimento da parte ou ocorrendo qualquer das hipóteses do art. 313, devendo o prazo ser restituído por tempo igual ao que faltava para sua complementação.

▸ *Súmula nº 173 do STF.*

Parágrafo único. Suspendem-se os prazos durante a execução de programa instituído pelo Poder Judiciário para promover a autocomposição, incumbindo aos tribunais especificar, com antecedência, a duração dos trabalhos.

ART. 222. Na comarca, seção ou subseção judiciária onde for difícil o transporte, o juiz poderá prorrogar os prazos por até 2 (dois) meses.

§ 1º. Ao juiz é vedado reduzir prazos peremptórios sem anuência das partes.

§ 2º. Havendo calamidade pública, o limite previsto no *caput* para prorrogação de prazos poderá ser excedido.

ART. 223. Decorrido o prazo, extingue-se o direito de praticar ou de emendar o ato processual, independentemente de declaração judicial, ficando assegurado, porém, à parte provar que não o realizou por justa causa.

§ 1º. Considera-se justa causa o evento alheio à vontade da parte e que a impediu de praticar o ato por si ou por mandatário.

§ 2º. Verificada a justa causa, o juiz permitirá à parte a prática do ato no prazo que lhe assinar.

ART. 224. Salvo disposição em contrário, os prazos serão contados excluindo o dia do começo e incluindo o dia do vencimento.

§ 1º. Os dias do começo e do vencimento do prazo serão protraídos para o primeiro dia útil seguinte, se coincidirem com dia em que o expediente forense for encerrado antes ou iniciado depois da hora normal ou houver indisponibilidade da comunicação eletrônica.

§ 2º. Considera-se como data de publicação o primeiro dia útil seguinte ao da disponibilização da informação no Diário da Justiça eletrônico.

§ 3º. A contagem do prazo terá início no primeiro dia útil que seguir ao da publicação.

▸ *Súmula nº 310 do STF.*

ART. 225. A parte poderá renunciar ao prazo estabelecido exclusivamente em seu favor, desde que o faça de maneira expressa.

ART. 226. O juiz proferirá:

I – os despachos no prazo de 5 (cinco) dias;

II – as decisões interlocutórias no prazo de 10 (dez) dias;

III – as sentenças no prazo de 30 (trinta) dias.

ART. 227. Em qualquer grau de jurisdição, havendo motivo justificado, pode o juiz exceder, por igual tempo, os prazos a que está submetido.

ART. 228. Incumbirá ao serventuário remeter os autos conclusos no prazo de 1 (um) dia e executar os atos processuais no prazo de 5 (cinco) dias, contado da data em que:

I – houver concluído o ato processual anterior, se lhe foi imposto pela lei;

II – tiver ciência da ordem, quando determinada pelo juiz.

§ 1º. Ao receber os autos, o serventuário certificará o dia e a hora em que teve ciência da ordem referida no inciso II.

§ 2º. Nos processos em autos eletrônicos, a juntada de petições ou de manifestações em geral ocorrerá de forma automática, independentemente de ato de serventuário da justiça.

ART. 229. Os litisconsortes que tiverem diferentes procuradores, de escritórios de advocacia distintos, terão prazos contados em dobro para todas as suas manifestações, em qualquer juízo ou tribunal, independentemente de requerimento.

▸ *Súmula nº 641 do STF.*

§ 1º. Cessa a contagem do prazo em dobro se, havendo apenas 2 (dois) réus, é oferecida defesa por apenas um deles.

§ 2º. Não se aplica o disposto no *caput* aos processos em autos eletrônicos.

ART. 230. O prazo para a parte, o procurador, a Advocacia Pública, a Defensoria Pública e o Ministério Público será contado da citação, da intimação ou da notificação.

ART. 231. Salvo disposição em sentido diverso, considera-se dia do começo do prazo:

I – a data de juntada aos autos do aviso de recebimento, quando a citação ou a intimação for pelo correio;

▸ *Súmula nº 429 do STJ.*

II – a data de juntada aos autos do mandado cumprido, quando a citação ou a intimação for por oficial de justiça;

III – a data de ocorrência da citação ou da intimação, quando ela se der por ato do escrivão ou do chefe de secretaria;

IV – o dia útil seguinte ao fim da dilação assinada pelo juiz, quando a citação ou a intimação for por edital;

V – o dia útil seguinte à consulta ao teor da citação ou da intimação ou ao término do prazo para que a consulta se dê, quando a citação ou a intimação for eletrônica;

VI – a data de juntada do comunicado de que trata o art. 232 ou, não havendo esse, a data de juntada da carta aos autos de origem devidamente cumprida, quando a citação ou a intimação se realizar em cumprimento de carta;

VII – a data de publicação, quando a intimação se der pelo Diário da Justiça impresso ou eletrônico;

VIII – o dia da carga, quando a intimação se der por meio da retirada dos autos, em carga, do cartório ou da secretaria.

§ 1º. Quando houver mais de um réu, o dia do começo do prazo para contestar corresponderá à última das datas a que se referem os incisos I a VI do *caput*.

§ 2º. Havendo mais de um intimado, o prazo para cada um é contado individualmente.

§ 3º. Quando o ato tiver de ser praticado diretamente pela parte ou por quem, de qualquer forma, participe do processo, sem a intermediação de representante judicial, o dia do começo do prazo para cumprimento da determinação judicial corresponderá à data em que se der a comunicação.

§ 4º. Aplica-se o disposto no inciso II do *caput* à citação com hora certa.

ART. 232. Nos atos de comunicação por carta precatória, rogatória ou de ordem, a realização da citação ou da intimação será imediatamente informada, por meio eletrônico, pelo juiz deprecado ao juiz deprecante.

SEÇÃO II. DA VERIFICAÇÃO DOS PRAZOS E DAS PENALIDADES

ART. 233. Incumbe ao juiz verificar se o serventuário excedeu, sem motivo legítimo, os prazos estabelecidos em lei.

§ 1º. Constatada a falta, o juiz ordenará a instauração de processo administrativo, na forma da lei.

§ 2º. Qualquer das partes, o Ministério Público ou a Defensoria Pública poderá representar ao juiz contra o serventuário que injustificadamente exceder os prazos previstos em lei.

ART. 234. Os advogados públicos ou privados, o defensor público e o membro do Ministério Público devem restituir os autos no prazo do ato a ser praticado.

▸ *Lei nº 8.906, de 04-07-1994, arts. 7º, XV e XV, § 1º, § 3º e 34, XXII, Estatuto da Advocacia e Ordem dos Advogados do Brasil (OAB).*

§ 1º. É lícito a qualquer interessado exigir os autos do advogado que exceder prazo legal.

§ 2º. Se, intimado, o advogado não devolver os autos no prazo de 3 (três) dias, perderá o direito à vista fora de cartório e incorrerá em multa correspondente à metade do salário-mínimo.

§ 3º. Verificada a falta, o juiz comunicará o fato à seção local da Ordem dos Advogados do Brasil para procedimento disciplinar e imposição de multa.

§ 4º. Se a situação envolver membro do Ministério Público, da Defensoria Pública ou da Advocacia Pública, a multa, se for o caso, será aplicada ao agente público responsável pelo ato.

§ 5º. Verificada a falta, o juiz comunicará o fato ao órgão competente responsável pela instauração de procedimento disciplinar contra o membro que atuou no feito.

ART. 235. Qualquer parte, o Ministério Público ou a Defensoria Pública poderá representar ao corregedor do tribunal ou ao Conselho Nacional de Justiça contra juiz ou relator que injustificadamente exceder os prazos previstos em lei, regulamento ou regimento interno.

§ 1º. Distribuída a representação ao órgão competente e ouvido previamente o juiz, não sendo caso de arquivamento liminar, será instaurado procedimento para apuração da responsabilidade, com intimação do representado por meio eletrônico para, querendo, apresentar justificativa no prazo de 15 (quinze) dias.

§ 2º. Sem prejuízo das sanções administrativas cabíveis, em até 48 (quarenta e oito) horas após a apresentação ou não da justificativa de que trata o § 1º, se for o caso, o corregedor do tribunal ou o relator no Conselho Nacional de Justiça determinará a intimação do representado por meio eletrônico para que, em 10 (dez) dias, pratique o ato.

§ 3º. Mantida a inércia, os autos serão remetidos ao substituto legal do juiz ou do relator contra o qual se representou para decisão em 10 (dez) dias.

TÍTULO II. DA COMUNICAÇÃO DOS ATOS PROCESSUAIS

CAPÍTULO I. DISPOSIÇÕES GERAIS

ART. 236. Os atos processuais serão cumpridos por ordem judicial.

§ 1º. Será expedida carta para a prática de atos fora dos limites territoriais do tribunal, da comarca, da seção ou da subseção judiciárias, ressalvadas as hipóteses previstas em lei.

§ 2º. O tribunal poderá expedir carta para juízo a ele vinculado, se o ato houver de se realizar fora dos limites territoriais do local de sua sede.

§ 3º. Admite-se a prática de atos processuais por meio de videoconferência ou outro recurso tecnológico de transmissão de sons e imagens em tempo real.

ART. 237. Será expedida carta:

I – de ordem, pelo tribunal, na hipótese do § 2º do art. 236;

II – rogatória, para que órgão jurisdicional estrangeiro pratique ato de cooperação jurídica internacional, relativo a processo em curso perante órgão jurisdicional brasileiro;

III – precatória, para que órgão jurisdicional brasileiro pratique ou determine o cumprimento, na área de sua competência territorial, de ato relativo a pedido de cooperação judiciária formulado por órgão jurisdicional de competência territorial diversa;

IV – arbitral, para que órgão do Poder Judiciário pratique ou determine o cumprimento, na área de sua competência territorial, de ato objeto de pedido de cooperação judiciária formulado por juízo arbitral, inclusive os que importem efetivação de tutela provisória.

Parágrafo único. Se o ato relativo a processo em curso na justiça federal ou em tribunal superior houver de ser praticado em local onde não haja vara federal, a carta poderá ser dirigida ao juízo estadual da respectiva comarca.

CAPÍTULO II. DA CITAÇÃO

ART. 238. Citação é o ato pelo qual são convocados o réu, o executado ou o interessado para integrar a relação processual.

ART. 239. Para a validade do processo é indispensável a citação do réu ou do executado, ressalvadas as hipóteses de indeferimento da petição inicial ou de improcedência liminar do pedido.

§ 1º O comparecimento espontâneo do réu ou do executado supre a falta ou a nulidade da citação, fluindo a partir desta data o prazo para apresentação de contestação ou de embargos à execução.

§ 2º. Rejeitada a alegação de nulidade, tratando-se de processo de:

I – conhecimento, o réu será considerado revel;

II – execução, o feito terá seguimento.

• •

ART. 241. Transitada em julgado a sentença de mérito proferida em favor do réu antes da citação, incumbe ao escrivão ou ao chefe de secretaria comunicar-lhe o resultado do julgamento.

• •

ART. 243. A citação poderá ser feita em qualquer lugar em que se encontre o réu, o executado ou o interessado.

Parágrafo único. O militar em serviço ativo será citado na unidade em que estiver servindo, se não for conhecida sua residência ou nela não for encontrado.

ART. 244. Não se fará a citação, salvo para evitar o perecimento do direito:

I – de quem estiver participando de ato de culto religioso;

II – de cônjuge, de companheiro ou de qualquer parente do morto, consanguíneo ou afim, em linha reta ou na linha colateral em segundo grau, no dia do falecimento e nos 7 (sete) dias seguintes;

III – de noivos, nos 3 (três) primeiros dias seguintes ao casamento;

IV – de doente, enquanto grave o seu estado.

ART. 245. Não se fará citação quando se verificar que o citando é mentalmente incapaz ou está impossibilitado de recebê-la.

§ 1º. O oficial de justiça descreverá e certificará minuciosamente a ocorrência.

§ 2º. Para examinar o citando, o juiz nomeará médico, que apresentará laudo no prazo de 5 (cinco) dias.

§ 3º. Dispensa-se a nomeação de que trata o § 2º se pessoa da família apresentar declaração do médico do citando que ateste a incapacidade deste.

§ 4º. Reconhecida a impossibilidade, o juiz nomeará curador ao citando, observando, quanto à sua escolha, a preferência estabelecida em lei e restringindo a nomeação à causa.

§ 5º. A citação será feita na pessoa do curador, a quem incumbirá a defesa dos interesses do citando.

• •

ART. 251. Incumbe ao oficial de justiça procurar o citando e, onde o encontrar, citá-lo:

I – lendo-lhe o mandado e entregando-lhe a contrafé;

II – portando por fé se recebeu ou recusou a contrafé;

III – obtendo a nota de ciente ou certificando que o citando não a após no mandado.

ART. 252. Quando, por 2 (duas) vezes, o oficial de justiça houver procurado o citando em seu domicílio ou residência sem o encontrar, deverá, havendo suspeita de ocultação, intimar qualquer pessoa da família ou, em sua falta, qualquer vizinho de que, no dia útil imediato, voltará a fim de efetuar a citação, na hora que designar.

▸ *CPP: art. 362.*

Parágrafo único. Nos condomínios edilícios ou nos loteamentos com controle de acesso, será válida a intimação a que se refere o *caput* feita a funcionário da portaria responsável pelo recebimento de correspondência.

ART. 253. No dia e na hora designados, o oficial de justiça, independentemente de novo despacho, comparecerá ao domicílio ou à residência do citando a fim de realizar a diligência.

▸ *CC: arts. 70 a 78.*

▸ *CPP: art. 362.*

§ 1º. Se o citando não estiver presente, o oficial de justiça procurará informar-se das razões da ausência, dando por feita a citação, ainda que o citando se tenha ocultado em outra comarca, seção ou subseção judiciárias.

§ 2º. A citação com hora certa será efetivada mesmo que a pessoa da família ou o vizinho que houver sido intimado esteja ausente, ou se, embora presente, a pessoa da família ou o vizinho se recusar a receber o mandado.

§ 3º. Da certidão da ocorrência, o oficial de justiça deixará contrafé com qualquer pessoa da família ou vizinho, conforme o caso, declarando-lhe o nome.

§ 4º. O oficial de justiça fará constar do mandado a advertência de que será nomeado curador especial se houver revelia.

ART. 254. Feita a citação com hora certa, o escrivão ou chefe de secretaria enviará ao réu, executado ou interessado, no prazo de 10 (dez) dias, contado da data da juntada do mandado aos autos, carta, telegrama ou correspondência eletrônica, dando-lhe de tudo ciência.

▸ *Súmula nº 196 do STJ.*

▸ *CPP: art. 362.*

ART. 255. Nas comarcas contíguas de fácil comunicação e nas que se situem na mesma região metropolitana, o oficial de justiça poderá efetuar, em qualquer delas, citações, intimações, notificações, penhoras e quaisquer outros atos executivos.

▸ *CC: art. 238.*

ART. 256. A citação por edital será feita:

▸ *Súmula nº 238 do STJ.*

I – quando desconhecido ou incerto o citando;

II – quando ignorado, incerto ou inacessível o lugar em que se encontrar o citando;

III – nos casos expressos em lei.

§ 1º. Considera-se inacessível, para efeito de citação por edital, o país que recusar o cumprimento de carta rogatória.

§ 2º. No caso de ser inacessível o lugar em que se encontrar o réu, a notícia de sua citação será divulgada também pelo rádio, se na comarca houver emissora de radiodifusão.

§ 3º. O réu será considerado em local ignorado ou incerto se infrutíferas as tentativas de sua localização, inclusive mediante requisição pelo juízo de informações sobre seu endereço nos cadastros de órgãos públicos ou de concessionárias de serviços públicos.

ART. 257. São requisitos da citação por edital:

I – a afirmação do autor ou a certidão do oficial informar do a presença das circunstâncias autorizadoras;

II – a publicação do edital na rede mundial de computadores, no sítio do respectivo tribunal e na plataforma de editais do Conselho Nacional de Justiça, que deve ser certificada nos autos;

III – a determinação, pelo juiz, do prazo, que variará entre 20 (vinte) e 60 (sessenta) dias, fluindo da data da publicação única ou, havendo mais de uma, da primeira;

IV – a advertência de que será nomeado curador especial em caso de revelia.

Parágrafo único. O juiz poderá determinar que a publicação do edital seja feita também em jornal local de ampla circulação ou por outros meios, considerando as peculiaridades da comarca, da seção ou da subseção judiciárias.

• •

CAPÍTULO III. DAS CARTAS

ART. 260. São requisitos das cartas de ordem, precatória e rogatória:

I – a indicação dos juízes de origem e de cumprimento do ato;

II – o inteiro teor da petição, do despacho judicial e do instrumento do mandato conferido ao advogado;

III – a menção do ato processual que lhe constitui o objeto;

IV – o encerramento com a assinatura do juiz.

§ 1º. O juiz mandará trasladar para a carta quaisquer outras peças, bem como instruí-la com mapa, desenho ou gráfico, sempre que esses documentos devam ser examinados, na diligência, pelas partes, pelos peritos ou pelas testemunhas.

§ 2º. Quando o objeto da carta for exame pericial sobre documento, este será remetido em original, ficando nos autos reprodução fotográfica.

§ 3º. A carta arbitral atenderá, no que couber, aos requisitos a que se refere o *caput* e será instruída com a convenção de arbitragem e com as provas da nomeação do árbitro e de sua aceitação da função.

ART. 261. Em todas as cartas o juiz fixará o prazo para cumprimento, atendendo à facilidade das comunicações e à natureza da diligência.

§ 1º. As partes deverão ser intimadas pelo juiz do ato de expedição da carta.

§ 2º. Expedida a carta, as partes acompanharão o cumprimento da diligência perante o juízo destinatário, ao qual compete a prática dos atos de comunicação.

§ 3º. A parte a quem interessar o cumprimento da diligência cooperará para que o prazo a que se refere o *caput* seja cumprido.

ART. 262. A carta tem caráter itinerante, podendo, antes ou depois de lhe ser ordenado o cumprimento, ser encaminhada a juízo diverso do que dela consta, a fim de se praticar o ato.

Parágrafo único. O encaminhamento da carta a outro juízo será imediatamente comunicado ao órgão expedidor, que intimará as partes.

ART. 263. As cartas deverão, preferencialmente, ser expedidas por meio eletrônico, caso em que a assinatura do juiz deverá ser eletrônica, na forma da lei.

ART. 264. A carta de ordem e a carta precatória por meio eletrônico, por telefone ou por telegrama conterão, em resumo substancial, os requisitos mencionados no art. 250, especialmente no que se refere à aferição da autenticidade.

ART. 265. O secretário do tribunal, o escrivão ou o chefe de secretaria do juízo deprecante transmitirá, por telefone, a carta de ordem ou a carta precatória ao juízo em que houver de se cumprir o ato, por intermédio do escrivão do primeiro ofício da primeira vara, se houver na comarca mais de um ofício ou de uma vara, observando-se, quanto aos requisitos, o disposto no art. 264.

§ 1º. O escrivão ou o chefe de secretaria, no mesmo dia ou no dia útil imediato, telefonará ou enviará mensagem eletrônica ao secretário do tribunal, ao escrivão ou ao chefe de secretaria do juízo deprecante, lendo-lhe os termos da carta e solicitando-lhe que os confirme.

§ 2º. Sendo confirmada, o escrivão ou o chefe de secretaria submeterá a carta a despacho.

ART. 266. Serão praticados de ofício os atos requisitados por meio eletrônico e de telegrama, devendo a parte depositar, contudo, na secretaria do tribunal ou no cartório do juízo deprecante, a importância correspondente às despesas que serão feitas no juízo em que houver de praticar-se o ato.

ART. 267. O juiz recusará cumprimento a carta precatória ou arbitral, devolvendo-a com decisão motivada quando:

I – a carta não estiver revestida dos requisitos legais;

II – faltar ao juiz competência em razão da matéria ou da hierarquia;

III – o juiz tiver dúvida acerca de sua autenticidade.

Parágrafo único. No caso de incompetência em razão da matéria ou da hierarquia, o juiz deprecado, conforme o ato a ser praticado, poderá remeter a carta ao juiz ou ao tribunal competente.

ART. 268. Cumprida a carta, será devolvida ao juízo de origem no prazo de 10 (dez) dias, independentemente de traslado, pagas as custas pela parte.

CAPÍTULO IV. DAS INTIMAÇÕES

ART. 269. Intimação é o ato pelo qual se dá ciência a alguém dos atos e dos termos do processo.

§ 1º. É facultado aos advogados promover a intimação do advogado da outra parte por meio do correio, juntando aos autos, a seguir, cópia do ofício de intimação e do aviso de recebimento.

§ 2º. O ofício de intimação deverá ser instruído com cópia do despacho, da decisão ou da sentença.

§ 3º. A intimação da União, dos Estados, do Distrito Federal, dos Municípios e de suas respectivas autarquias e fundações de direito público será realizada perante o órgão de Advocacia Pública responsável por sua representação judicial.

TÍTULO III. DAS NULIDADES

ART. 276. Quando a lei prescrever determinada forma sob pena de nulidade, a decretação desta não pode ser requerida pela parte que lhe deu causa.

ART. 277. Quando a lei prescrever determinada forma, o juiz considerará válido o ato se, realizado de outro modo, lhe alcançar a finalidade.

▸ *CPP: art. 566.*

ART. 278. A nulidade dos atos deve ser alegada na primeira oportunidade em que couber à parte falar nos autos, sob pena de preclusão.

▸ *CPP: art. 571.*

Parágrafo único. Não se aplica o disposto no *caput* às nulidades que o juiz deva decretar de ofício, nem prevalece a preclusão provando a parte legítimo impedimento.

ART. 279. É nulo o processo quando o membro do Ministério Público não for intimado a acompanhar o feito em que deva intervir.

▸ *Lei nº 8.625, de 12-2-1993, dispõe sobre a Lei Orgânica Nacional do Ministério Público.*

▸ *CPP: art. 564, III, d.*

§ 1º. Se o processo tiver tramitado sem conhecimento do membro do Ministério Público, o juiz invalidará os atos praticados a partir do momento em que ele deveria ter sido intimado.

§ 2º. A nulidade só pode ser decretada após a intimação do Ministério Público, que se manifestará sobre a existência ou a inexistência de prejuízo.

ART. 280. As citações e as intimações serão nulas quando feitas sem observância das prescrições legais.

▸ *CPP: art. 570.*

ART. 281. Anulado o ato, consideram-se de nenhum efeito todos os subsequentes que dele dependam, todavia, a nulidade de uma parte do ato não prejudicará as outras que dela sejam independentes.

▸ *CPP: art. 573, § 1º.*

ART. 282. Ao pronunciar a nulidade, o juiz declarará que atos são atingidos e ordenará as providências necessárias a fim de que sejam repetidos ou retificados.

▸ *CPP: art. 573, § 1º.*

§ 1º. O ato não será repetido nem sua falta será suprida quando não prejudicar a parte.

▸ *CPP: art. 563.*

§ 2º. Quando puder decidir o mérito a favor da parte a quem aproveite a decretação da nulidade, o juiz não a pronunciará nem mandará repetir o ato ou suprir-lhe a falta.

ART. 283. O erro de forma do processo acarreta unicamente a anulação dos atos que não possam ser aproveitados, devendo ser praticados os que forem necessários a fim de se observarem as prescrições legais.

Parágrafo único. Dar-se-á o aproveitamento dos atos praticados desde que não resulte prejuízo à defesa de qualquer parte.

TÍTULO IV. DA DISTRIBUIÇÃO E DO REGISTRO

ART. 284. Todos os processos estão sujeitos a registro, devendo ser distribuídos onde houver mais de um juiz.

▸ *CPP: art. 75.*

ART. 285. A distribuição, que poderá ser eletrônica, será alternada e aleatória, obedecendo-se rigorosa igualdade.

▸ *CPP: art. 75.*

Parágrafo único. A lista de distribuição deverá ser publicada no Diário de Justiça.

ART. 286. Serão distribuídas por dependência as causas de qualquer natureza:

▸ *Súmula nº 253 do STJ.*

▸ *CPP: art. 75.*

I – quando se relacionarem, por conexão ou continência, com outra já ajuizada;

▸ *Súmula nº 235 do STJ.*

II – quando, tendo sido extinto o processo sem resolução de mérito, for reiterado o pedido, ainda que em litisconsórcio com outros autores ou que sejam parcialmente alterados os réus da demanda;

III – quando houver ajuizamento de ações nos termos do art. 55, § 3º, ao juízo prevento.

Parágrafo único. Havendo intervenção de terceiro, reconvenção ou outra hipótese de ampliação objetiva do processo, o juiz, de ofício, mandará proceder à respectiva anotação pelo distribuidor.

ART. 287. A petição inicial deve vir acompanhada de procuração, que conterá os endereços do advogado, eletrônico e não eletrônico.

▸ *CPP: art. 75.*

Parágrafo único. Dispensa-se a juntada da procuração:

I – no caso previsto no art. 104;

II – se a parte estiver representada pela Defensoria Pública;

III – se a representação decorrer diretamente de norma prevista na Constituição Federal ou em lei.

ART. 288. O juiz, de ofício ou a requerimento do interessado, corrigirá o erro ou compensará a falta de distribuição.

▸ *CPP: art. 75.*

ART. 289. A distribuição poderá ser fiscalizada pela parte, por seu procurador, pelo Ministério Público e pela Defensoria Pública.

▸ *CPP: art. 75.*

ART. 290. Será cancelada a distribuição do feito se a parte, intimada na pessoa de seu advogado, não realizar o pagamento das custas e despesas de ingresso em 15 (quinze) dias.

▸ *CPP: art. 75.*

TÍTULO V.
DO VALOR DA CAUSA

ART. 291. A toda causa será atribuído valor certo, ainda que não tenha conteúdo econômico imediatamente aferível.

• • • • • • • • • • • • • • • • • •

ART. 297. O juiz poderá determinar as medidas que considerar adequadas para efetivação da tutela provisória.

▸ *Súmula nº 212 do STJ.*

Parágrafo único. A efetivação da tutela provisória observará as normas referentes ao cumprimento provisório da sentença, no que couber.

ART. 298. Na decisão que conceder, negar, modificar ou revogar a tutela provisória, o juiz motivará seu convencimento de modo claro e preciso.

ART. 299. A tutela provisória será requerida ao juízo da causa e, quando antecedente, ao juízo competente para conhecer do pedido principal.

Parágrafo único. Ressalvada disposição especial, na ação de competência originária de tribunal e nos recursos a tutela provisória será requerida ao órgão jurisdicional competente para apreciar o mérito.

TÍTULO II.
DA TUTELA DE URGÊNCIA

CAPÍTULO I.
DISPOSIÇÕES GERAIS

ART. 300. A tutela de urgência será concedida quando houver elementos que evidenciem a probabilidade do direito e o perigo de dano ou o risco ao resultado útil do processo.

§ 1º. Para a concessão da tutela de urgência, o juiz pode, conforme o caso, exigir caução real ou fidejussória idônea para ressarcir os danos que a outra parte possa vir a sofrer, podendo a caução ser dispensada se a parte economicamente hipossuficiente não puder oferecê-la.

§ 2º. A tutela de urgência pode ser concedida liminarmente ou após justificação prévia.

§ 3º. A tutela de urgência de natureza antecipada não será concedida quando houver perigo de irreversibilidade dos efeitos da decisão.

ART. 301. A tutela de urgência de natureza cautelar pode ser efetivada mediante arresto, sequestro, arrolamento de bens, registro de protesto contra alienação de bem e qualquer outra medida idônea para asseguração do direito.

ART. 302. Independentemente da reparação por dano processual, a parte responde pelo prejuízo que a efetivação da tutela de urgência causar à parte adversa, se:

I – a sentença lhe for desfavorável;

II – obtida liminarmente a tutela em caráter antecedente, não fornecer os meios necessários para a citação do requerido no prazo de 5 (cinco) dias;

III – ocorrer a cessação da eficácia da medida em qualquer hipótese legal;

IV – o juiz acolher a alegação de decadência ou prescrição da pretensão do autor.

Parágrafo único. A indenização será liquidada nos autos em que a medida tiver sido concedida, sempre que possível.

CAPÍTULO II.
DO PROCEDIMENTO DA TUTELA ANTECIPADA REQUERIDA EM CARÁTER ANTECEDENTE

ART. 303. Nos casos em que a urgência for contemporânea à propositura da ação, a petição inicial pode limitar-se ao requerimento da tutela antecipada e à indicação do pedido de tutela final, com a exposição da lide, do direito que se busca realizar e do perigo de dano ou do risco ao resultado útil do processo.

§ 1º. Concedida a tutela antecipada a que se refere o *caput* deste artigo:

I – o autor deverá aditar a petição inicial, com a complementação de sua argumentação, a juntada de novos documentos e a confirmação do pedido de tutela final, em 15 (quinze) dias ou em outro prazo maior que o juiz fixar;

II – o réu será citado e intimado para a audiência de conciliação ou de mediação na forma do art. 334;

III – não havendo autocomposição, o prazo para contestação será contado na forma do art. 335.

§ 2º. Não realizado o aditamento a que se refere o inciso I do § 1º deste artigo, o processo será extinto sem resolução do mérito.

§ 3º. O aditamento a que se refere o inciso I do § 1º deste artigo dar-se-á nos mesmos autos, sem incidência de novas custas processuais.

§ 4º. Na petição inicial a que se refere o *caput* deste artigo, o autor terá de indicar o valor da causa, que deve levar em consideração o pedido de tutela final.

§ 5º. O autor indicará na petição inicial, ainda, que pretende valer-se do benefício previsto no *caput* deste artigo.

§ 6º. Caso entenda que não há elementos para a concessão de tutela antecipada, o órgão jurisdicional determinará a emenda da petição inicial em até 5 (cinco) dias, sob pena de ser indeferida e de o processo ser extinto sem resolução de mérito.

• • • • • • • • • • • • • • • • • •

CAPÍTULO III.
DO PROCEDIMENTO DA TUTELA CAUTELAR REQUERIDA EM CARÁTER ANTECEDENTE

ART. 305. A petição inicial da ação que visa à prestação de tutela cautelar em caráter antecedente indicará a lide e seu fundamento, a exposição sumária do direito que se objetiva assegurar e o perigo de dano ou o risco ao resultado útil do processo.

Parágrafo único. Caso entenda que o pedido a que se refere o *caput* tem natureza antecipada, o juiz observará o disposto no art. 303.

ART. 306. O réu será citado para, no prazo de 5 (cinco) dias, contestar o pedido e indicar as provas que pretende produzir.

ART. 307. Não sendo contestado o pedido, os fatos alegados pelo autor presumir-se-ão aceitos pelo réu como ocorridos, caso em que o juiz decidirá dentro de 5 (cinco) dias.

Parágrafo único. Contestado o pedido no prazo legal, observar-se-á o procedimento comum.

ART. 308. Efetivada a tutela cautelar, o pedido principal terá de ser formulado pelo autor no prazo de 30 (trinta) dias, caso em que será apresentado nos mesmos autos em que deduzido o pedido de tutela cautelar, não dependendo do adiantamento de novas custas processuais.

§ 1º. O pedido principal pode ser formulado conjuntamente com o pedido de tutela cautelar.

§ 2º. A causa de pedir poderá ser aditada no momento de formulação do pedido principal.

§ 3º. Apresentado o pedido principal, as partes serão intimadas para a audiência de conciliação ou de mediação, na forma do art. 334, por seus advogados ou pessoalmente, sem necessidade de nova citação do réu.

§ 4º. Não havendo autocomposição, o prazo para contestação será contado na forma do art. 335.

ART. 309. Cessa a eficácia da tutela concedida em caráter antecedente, se:

I – o autor não deduzir o pedido principal no prazo legal;

▸ *Súmula nº 482 do STJ.*

II – não for efetivada dentro de 30 (trinta) dias;

III – o juiz julgar improcedente o pedido principal formulado pelo autor ou extinguir o processo sem resolução de mérito.

Parágrafo único. Se por qualquer motivo cessar a eficácia da tutela cautelar, é vedado à parte renovar o pedido, salvo sob novo fundamento.

ART. 310. O indeferimento da tutela cautelar não obsta a que a parte formule o pedido principal, nem influi no julgamento desse, salvo se o motivo do indeferimento for o reconhecimento de decadência ou de prescrição.

LIVRO VI. DA FORMAÇÃO, DA SUSPENSÃO E DA EXTINÇÃO DO PROCESSO

TÍTULO I. DA FORMAÇÃO DO PROCESSO

ART. 312. Considera-se proposta a ação quando a petição inicial for protocolada, todavia, a propositura da ação só produz quanto ao réu os efeitos mencionados no art. 240 depois que for validamente citado.

TÍTULO II. DA SUSPENSÃO DO PROCESSO

ART. 313. Suspende-se o processo:

I – pela morte ou pela perda da capacidade processual de qualquer das partes, de seu representante legal ou de seu procurador;

II – pela convenção das partes;

III – pela arguição de impedimento ou de suspeição;

IV – pela admissão de incidente de resolução de demandas repetitivas;

V – quando a sentença de mérito:

a) depender do julgamento de outra causa ou da declaração de existência ou de inexistência de relação jurídica que constitua o objeto principal de outro processo pendente;

b) tiver de ser proferida somente após a verificação de determinado fato ou a produção de certa prova, requisitada a outro juízo;

VI – por motivo de força maior;

VII – quando se discutir em juízo questão decorrente de acidentes e fatos da navegação de competência do Tribunal Marítimo;

VIII – nos demais casos que este Código regula.

IX – pelo parto ou pela concessão de adoção, quando a advogada responsável pelo processo constituir a única patrona da causa; (Incluído pela Lei nº 13.363, de 2016)

X – quando o advogado responsável pelo processo constituir o único patrono da causa e tornar-se pai. (Incluído pela Lei nº 13.363, de 2016)

§ 1º. Na hipótese do inciso I, o juiz suspenderá o processo, nos termos do art. 689.

§ 2º. Não ajuizada ação de habilitação, ao tomar conhecimento da morte, o juiz determinará a suspensão do processo e observará o seguinte:

I – falecido o réu, ordenará a intimação do autor para que promova a citação do respectivo espólio, de quem for o sucessor ou, se for o caso, dos herdeiros, no prazo que designar, de no mínimo 2 (dois) e no máximo 6 (seis) meses;

II – falecido o autor e sendo transmissível o direito em litígio, determinará a intimação de seu espólio, de quem for o sucessor ou, se for o caso, dos herdeiros, pelos meios de divulgação que reputar mais adequados, para que manifestem interesse na sucessão processual e promovam a respectiva habilitação no prazo designado, sob pena de extinção do processo sem resolução de mérito.

§ 3º. No caso de morte do procurador de qualquer das partes, ainda que iniciada a audiência de instrução e julgamento, o juiz determinará que a parte constitua novo mandatário, no prazo de 15 (quinze) dias, ao final do qual extinguirá o processo sem resolução de mérito, se o autor não nomear novo mandatário, ou ordenará o prosseguimento do processo à revelia do réu, se falecido o procurador deste.

§ 4º. O prazo de suspensão do processo nunca poderá exceder 1 (um) ano nas hipóteses do inciso V e 6 (seis) meses naquela prevista no inciso II.

§ 5º. O juiz determinará o prosseguimento do processo assim que esgotados os prazos previstos no § 4º.

§ 6º. No caso do inciso IX, o período de suspensão será de 30 (trinta) dias, contado a partir da data do parto ou da concessão da adoção, mediante apresentação de certidão de nascimento ou documento similar que comprove a realização do parto, ou de termo judicial que tenha concedido a adoção, desde que haja notificação ao cliente. (Incluído pela Lei nº 13.363, de 2016)

§ 7º. No caso do inciso X, o período de suspensão será de 8 (oito) dias, contado a partir da data do parto ou da concessão da adoção, mediante apresentação de certidão de nascimento ou documento similar que comprove a realização do parto, ou de termo judicial que tenha concedido a adoção, desde que haja notificação ao cliente. (Incluído pela Lei nº 13.363, de 2016)

ART. 314. Durante a suspensão é vedado praticar qualquer ato processual, podendo o juiz, todavia, determinar a realização de atos urgentes a fim de evitar dano irreparável, salvo no caso de arguição de impedimento e de suspeição.

ART. 315. Se o conhecimento do mérito depender de verificação da existência de fato delituoso, o juiz pode determinar a suspensão do processo até que se pronuncie a justiça criminal.

▸ *Súmula nº 18 do STF.*

▸ *CC: art. 953.*

▸ *CPP: art. 63*

§ 1º. Se a ação penal não for proposta no prazo de 3 (três) meses, contado da intimação do ato de suspensão, cessará o efeito desse, incumbindo ao juiz cível examinar incidentemente a questão prévia.

§ 2º. Proposta a ação penal, o processo ficará suspenso pelo prazo máximo de 1 (um) ano, ao final do qual aplicar-se-á o disposto na parte final do § 1º.

TÍTULO III. DA EXTINÇÃO DO PROCESSO

ART. 316. A extinção do processo dar-se-á por sentença.

ART. 317. Antes de proferir decisão sem resolução de mérito, o juiz deverá conceder à parte oportunidade para, se possível, corrigir o vício.

PARTE ESPECIAL.

LIVRO I. DO PROCESSO DE CONHECIMENTO E DO CUMPRIMENTO DE SENTENÇA

TÍTULO I. DO PROCEDIMENTO COMUM

• • • • • • • • • • • • • • • • •

CAPÍTULO II. DA PETIÇÃO INICIAL

SEÇÃO I. DOS REQUISITOS DA PETIÇÃO INICIAL

ART. 319. A petição inicial indicará:

I – o juízo a que é dirigida;

II – os nomes, os prenomes, o estado civil, a existência de união estável, a profissão, o número de inscrição no Cadastro de Pessoas Físicas ou no Cadastro Nacional da Pessoa Jurídica, o endereço eletrônico, o domicílio e a residência do autor e do réu;

III – o fato e os fundamentos jurídicos do pedido;

IV – o pedido com as suas especificações;

V – o valor da causa;

VI – as provas com que o autor pretende demonstrar a verdade dos fatos alegados;

VII – a opção do autor pela realização ou não de audiência de conciliação ou de mediação.

§ 1º. Caso não disponha das informações previstas no inciso II, poderá o autor, na petição inicial, requerer ao juiz diligências necessárias a sua obtenção.

§ 2º. A petição inicial não será indeferida se, a despeito da falta de informações a que se refere o inciso II, for possível a citação do réu.

§ 3º. A petição inicial não será indeferida pelo não atendimento ao disposto no inciso II deste artigo se a obtenção de tais informações tornar impossível ou excessivamente oneroso o acesso à justiça.

ART. 320. A petição inicial será instruída com os documentos indispensáveis à propositura da ação.

ART. 321. O juiz, ao verificar que a petição inicial não preenche os requisitos dos arts. 319 e 320 ou que apresenta defeitos e irregularidades capazes de dificultar o julgamento de mérito, determinará que o autor, no prazo de 15 (quinze) dias, a emende ou a complete, indicando com precisão o que deve ser corrigido ou completado.

Parágrafo único. Se o autor não cumprir a diligência, o juiz indeferirá a petição inicial.

• • • • • • • • • • • • • • • • •

SEÇÃO III. DO INDEFERIMENTO DA PETIÇÃO INICIAL

ART. 330. A petição inicial será indeferida quando:

I – for inepta;

II – a parte for manifestamente ilegítima;

III – o autor carecer de interesse processual;

IV – não atendidas as prescrições dos arts. 106 e 321.

§ 1º. Considera-se inepta a petição inicial quando:

I – lhe faltar pedido ou causa de pedir;

II – o pedido for indeterminado, ressalvadas as hipóteses legais em que se permite o pedido genérico;

III – da narração dos fatos não decorrer logicamente a conclusão;

IV – contiver pedidos incompatíveis entre si.

§ 2º. Nas ações que tenham por objeto a revisão de obrigação decorrente de empréstimo, de financiamento ou de alienação de bens, o autor terá de, sob pena de inépcia, discriminar na petição inicial, dentre as obrigações contratuais, aquelas que pretende controverter, além de quantificar o valor incontroverso do débito.

§ 3º. Na hipótese do § 2º, o valor incontroverso deverá continuar a ser pago no tempo e modo contratados.

ART. 331. Indeferida a petição inicial, o autor poderá apelar, facultado ao juiz, no prazo de 5 (cinco) dias, retratar-se.

§ 1º. Se não houver retratação, o juiz mandará citar o réu para responder ao recurso.

§ 2º. Sendo a sentença reformada pelo tribunal, o prazo para a contestação começará a correr da intimação do retorno dos autos, observado o disposto no art. 334.

§ 3º. Não interposta a apelação, o réu será intimado do trânsito em julgado da sentença.

CAPÍTULO VI. DA CONTESTAÇÃO

ART. 335. O réu poderá oferecer contestação, por petição, no prazo de 15 (quinze) dias, cujo termo inicial será a data:

I – da audiência de conciliação ou de mediação, ou da última sessão de conciliação, quando qualquer parte não comparecer ou, comparecendo, não houver autocomposição;

II – do protocolo do pedido de cancelamento da audiência de conciliação ou de mediação apresentado pelo réu, quando ocorrer a hipótese do art. 334, § 4º, inciso I;

III – prevista no art. 231, de acordo com o modo como foi feita a citação, nos demais casos.

§ 1º. No caso de litisconsórcio passivo, ocorrendo a hipótese do art. 334, § 6º, o termo inicial previsto no inciso II será, para cada um dos réus, a data de apresentação de seu respectivo pedido de cancelamento da audiência.

§ 2º. Quando ocorrer a hipótese do art. 334, § 4º, inciso II, havendo litisconsórcio passivo e o autor desistir da ação em relação a réu ainda não citado, o prazo para resposta correrá da data de intimação da decisão que homologar a desistência.

ART. 336. Incumbe ao réu alegar, na contestação, toda a matéria de defesa, expondo as razões de fato e de direito com que impugna o pedido do autor e especificando as provas que pretende produzir.

ART. 337. Incumbe ao réu, antes de discutir o mérito, alegar:

▸ Súmula nº 237 do STF.

I – inexistência ou nulidade da citação;

II – incompetência absoluta e relativa;

III – incorreção do valor da causa;

IV – inépcia da petição inicial;

V – perempção;

VI – litispendência;

VII – coisa julgada;

▸ CF: art. 5º, XXXVI.

VIII – conexão;

IX – incapacidade da parte, defeito de representação ou falta de autorização;

X – convenção de arbitragem;

▸ Súmula nº 485 do STJ.

XI – ausência de legitimidade ou de interesse processual;

XII – falta de caução ou de outra prestação que a lei exige como preliminar;

▸ Súmula nº 237 do STF.

▸ Súmula nº 485 do STJ.

XIII – indevida concessão do benefício de gratuidade de justiça.

§ 1º. Verifica-se a litispendência ou a coisa julgada quando se reproduz ação anteriormente ajuizada.

§ 2º. Uma ação é idêntica a outra quando possui as mesmas partes, a mesma causa de pedir e o mesmo pedido.

§ 3º. Há litispendência quando se repete ação que está em curso.

§ 4º. Há coisa julgada quando se repete ação que já foi decidida por decisão transitada em julgado.

§ 5º. Excetuadas a convenção de arbitragem e a incompetência relativa, o juiz conhecerá de ofício das matérias enumeradas neste artigo.

§ 6º. A ausência de alegação da existência de convenção de arbitragem, na forma prevista neste Capítulo, implica aceitação da jurisdição estatal e renúncia ao juízo arbitral.

CAPÍTULO XII. DAS PROVAS

SEÇÃO I. DISPOSIÇÕES GERAIS

ART. 369. As partes têm o direito de empregar todos os meios legais, bem como os moralmente legítimos, ainda que não especificados neste Código, para provar a verdade dos fatos em que se funda o pedido ou a defesa e influir eficazmente na convicção do juiz.

▸ Súmula nº 231 do STF.

ART. 370. Caberá ao juiz, de ofício ou a requerimento da parte, determinar as provas necessárias ao julgamento do mérito.

Parágrafo único. O juiz indeferirá, em decisão fundamentada, as diligências inúteis ou meramente protelatórias.

ART. 371. O juiz apreciará a prova constante dos autos, independentemente do sujeito que a tiver promovido, e indicará na decisão as razões da formação de seu convencimento.

ART. 372. O juiz poderá admitir a utilização de prova produzida em outro processo, atribuindo-lhe o valor que considerar adequado, observado o contraditório.

ART. 373. O ônus da prova incumbe:

▸ *CDC: art. 6º, VIII.*

▸ *CPP: art. 156.*

I – ao autor, quanto ao fato constitutivo de seu direito;

II – ao réu, quanto à existência de fato impeditivo, modificativo ou extintivo do direito do autor.

§ 1º. Nos casos previstos em lei ou diante de peculiaridades da causa relacionadas à impossibilidade ou à excessiva dificuldade de cumprir o encargo nos termos do *caput* ou à maior facilidade de obtenção da prova do fato contrário, poderá o juiz atribuir o ônus da prova de modo diverso, desde que o faça por decisão fundamentada, caso em que deverá dar à parte a oportunidade de se desincumbir do ônus que lhe foi atribuído.

§ 2º. A decisão prevista no § 1º deste artigo não pode gerar situação em que a desincumbência do encargo pela parte seja impossível ou excessivamente difícil.

§ 3º. A distribuição diversa do ônus da prova também pode ocorrer por convenção das partes, salvo quando:

I – recair sobre direito indisponível da parte;

II – tornar excessivamente difícil a uma parte o exercício do direito.

§ 4º. A convenção de que trata o § 3º pode ser celebrada antes ou durante o processo.

▸ *CDC: art. 6º, VIII, 38.*

ART. 374. Não dependem de prova os fatos:

I – notórios;

II – afirmados por uma parte e confessados pela parte contrária;

III – admitidos no processo como incontroversos;

IV – em cujo favor milita presunção legal de existência ou de veracidade.

▸ *Súmula nº 301 do STJ.*

ART. 375. O juiz aplicará as regras de experiência comum subministradas pela observação do que ordinariamente acontece e, ainda, as regras de experiência técnica, ressalvado, quanto a estas, o exame pericial.

ART. 376. A parte que alegar direito municipal, estadual, estrangeiro ou consuetudinário provar-lhe-á o teor e a vigência, se assim o juiz determinar.

ART. 377. A carta precatória, a carta rogatória e o auxílio direto suspenderão o julgamento da causa no caso previsto no art. 313, inciso V, alínea "b", quando, tendo sido requeridos antes da decisão de saneamento, a prova neles solicitada for imprescindível.

Parágrafo único. A carta precatória e a carta rogatória não devolvidas no prazo ou concedidas sem efeito suspensivo poderão ser juntadas aos autos a qualquer momento.

ART. 378. Ninguém se exime do dever de colaborar com o Poder Judiciário para o descobrimento da verdade.

ART. 379. Preservado o direito de não produzir prova contra si própria, incumbe à parte:

I – comparecer em juízo, respondendo ao que lhe for interrogado;

II – colaborar com o juízo na realização de inspeção judicial que for considerada necessária;

III – praticar o ato que lhe for determinado.

ART. 380. Incumbe ao terceiro, em relação a qualquer causa:

I – informar ao juiz os fatos e as circunstâncias de que tenha conhecimento;

II – exibir coisa ou documento que esteja em seu poder.

Parágrafo único. Poderá o juiz, em caso de descumprimento, determinar, além da imposição de multa, outras medidas indutivas, coercitivas, mandamentais ou sub-rogatórias.

▸ *CF: art. 5º, XIV.*

SEÇÃO II.
DA PRODUÇÃO ANTECIPADA DA PROVA

ART. 381. A produção antecipada da prova será admitida nos casos em que:

I – haja fundado receio de que venha a tornar-se impossível ou muito difícil a verificação de certos fatos na pendência da ação;

II – a prova a ser produzida seja suscetível de viabilizar a autocomposição ou outro meio adequado de solução de conflito;

III – o prévio conhecimento dos fatos possa justificar ou evitar o ajuizamento de ação.

§ 1º. O arrolamento de bens observará o disposto nesta Seção quando tiver por finalidade apenas a realização de documentação e não a prática de atos de apreensão.

§ 2º. A produção antecipada da prova é da competência do juízo do foro onde esta deva ser produzida ou do foro de domicílio do réu.

§ 3º. A produção antecipada da prova não previne a competência do juízo para a ação que venha a ser proposta.

§ 4º. O juízo estadual tem competência para produção antecipada de prova requerida em face da União, de entidade autárquica ou de empresa pública federal se, na localidade, não houver vara federal.

§ 5º. Aplica-se o disposto nesta Seção àquele que pretender justificar a existência de algum fato ou relação jurídica para simples documento e sem caráter contencioso, que exporá, em petição circunstanciada, a sua intenção.

• • • • • • • • • • • • •

SEÇÃO VII.
DA PROVA DOCUMENTAL

SUBSEÇÃO I.
DA FORÇA PROBANTE DOS DOCUMENTOS

ART. 405. O documento público faz prova não só da sua formação, mas também dos fatos que o escrivão, o chefe de secretaria, o tabelião ou o servidor declarar que ocorreram em sua presença.

▸ CC: art. 215.

ART. 406. Quando a lei exigir instrumento público como da substância do ato, nenhuma outra prova, por mais especial que seja, pode suprir-lhe a falta.

▸ CC: arts. 108 e 215.

ART. 407. O documento feito por oficial público incompetente ou sem a observância das formalidades legais, sendo subscrito pelas partes, tem a mesma eficácia probatória do documento particular.

ART. 408. As declarações constantes do documento particular escrito e assinado ou somente assinado presumem-se verdadeiras em relação ao signatário.

▸ CC: arts. 219 e 220.

▸ Lei nº 7.115, de 29-8-1983, dispõe sobre prova documental nos casos que indica.

Parágrafo único. Quando, todavia, contiver declaração de ciência de determinado fato, o documento particular prova a ciência, mas não o fato em si, incumbindo o ônus de prová-lo ao interessado em sua veracidade.

ART. 409. A data do documento particular, quando a seu respeito surgir dúvida ou impugnação entre os litigantes, provar-se-á por todos os meios de direito.

Parágrafo único. Em relação a terceiros, considerar-se-á datado o documento particular:

I – no dia em que foi registrado;

II – desde a morte de algum dos signatários;

III – a partir da impossibilidade física que sobreveio a qualquer dos signatários;

IV – da sua apresentação em repartição pública ou em juízo;

V – do ato ou do fato que estabeleça, de modo certo, a anterioridade da formação do documento.

ART. 410. Considera-se autor do documento particular:

I – aquele que o fez e o assinou;

II – aquele por conta de quem ele foi feito, estando assinado;

III – aquele que, mandando compô-lo, não o firmou porque, conforme a experiência comum, não se costuma assinar, como livros empresariais e assentos domésticos.

ART. 411. Considera-se autêntico o documento quando:

I – o tabelião reconhecer a firma do signatário;

II – a autoria estiver identificada por qualquer outro meio legal de certificação, inclusive eletrônico, nos termos da lei;

III – não houver impugnação da parte contra quem foi produzido o documento.

ART. 412. O documento particular de cuja autenticidade não se duvida prova que o seu autor fez a declaração que lhe é atribuída.

Parágrafo único. O documento particular admitido expressa ou tacitamente é indivisível, sendo vedado à parte que pretende utilizar-se dele aceitar os fatos que lhe são favoráveis e recusar os que são contrários ao seu interesse, salvo se provar que estes não ocorreram.

ART. 413. O telegrama, o radiograma ou qualquer outro meio de transmissão tem a mesma força probatória do documento particular se o original constante da estação expedidora tiver sido assinado pelo remetente.

▸ Súmula nº 216 do STJ.

Parágrafo único. A firma do remetente poderá ser reconhecida pelo tabelião, declarando-se essa circunstância no original depositado na estação expedidora.

ART. 414. O telegrama ou o radiograma presume-se conforme com o original, provando as datas de sua expedição e de seu recebimento pelo destinatário.

ART. 415. As cartas e os registros domésticos provam contra quem os escreveu quando:

I – enunciam o recebimento de um crédito;

II – contêm anotação que visa a suprir a falta de título em favor de quem é apontado como credor;

III – expressam conhecimento de fatos para os quais não se exija determinada prova.

ART. 416. A nota escrita pelo credor em qualquer parte de documento representativo de obrigação, ainda que não assinada, faz prova em benefício do devedor.

Parágrafo único. Aplica-se essa regra tanto para o documento que o credor conservar em seu poder quanto para aquele que se achar em poder do devedor ou de terceiro.

ART. 417. Os livros empresariais provam contra seu autor, sendo lícito ao empresário, todavia, demonstrar, por todos os meios permitidos em direito, que os lançamentos não correspondem à verdade dos fatos.

ART. 418. Os livros empresariais que preencham os requisitos exigidos por lei provam a favor de seu autor no litígio entre empresários.

ART. 419. A escrituração contábil é indivisível, e, se dos fatos que resultam dos lançamentos, uns são favoráveis ao interesse de seu autor e outros lhe são contrários, ambos serão considerados em conjunto, como unidade.

ART. 420. O juiz pode ordenar, a requerimento da parte, a exibição integral dos livros empresariais e dos documentos do arquivo:

I – na liquidação de sociedade;

II – na sucessão por morte de sócio;

III – quando e como determinar a lei.

ART. 421. O juiz pode, de ofício, ordenar à parte a exibição parcial dos livros e dos documentos, extraindo-se deles a suma que interessar ao litígio, bem como reproduções autenticadas.

▸ Súmula nº 260 do STF.

ART. 422. Qualquer reprodução mecânica, como a fotográfica, a cinematográfica, a fonográfica ou de outra espécie, tem aptidão para fazer prova dos fatos ou das coisas representadas, se a sua conformidade com o documento original não for impugnada por aquele contra quem foi produzida.

§ 1º. As fotografias digitais e as extraídas da rede mundial de computadores fazem prova das imagens que reproduzem, devendo, se impugnadas, ser apresentada a respectiva autenticação eletrônica ou, não sendo possível, realizada perícia.

§ 2º. Se se tratar de fotografia publicada em jornal ou revista, será exigido um exemplar original do periódico, caso impugnada a veracidade pela outra parte.

§ 3º. Aplica-se o disposto neste artigo à forma impressa de mensagem eletrônica.

ART. 423. As reproduções dos documentos particulares, fotográficas ou obtidas por outros processos de repetição, valem como certidões sempre que o escrivão ou o chefe de secretaria certificar sua conformidade com o original.

ART. 424. A cópia de documento particular tem o mesmo valor probante que o original, cabendo ao escrivão, intimadas as partes, proceder à conferência e certificar a conformidade entre a cópia e o original.

ART. 425. Fazem a mesma prova que os originais:

I – as certidões textuais de qualquer peça dos autos, do protocolo das audiências ou de outro livro a cargo do escrivão ou do chefe de secretaria, se extraídas por ele ou sob sua vigilância e por ele subscritas;

II – os traslados e as certidões extraídas por oficial público de instrumentos ou documentos lançados em suas notas;

III – as reproduções dos documentos públicos, desde que autenticadas por oficial público ou conferidas em cartório com os respectivos originais;

IV – as cópias reprográficas de peças do próprio processo judicial declaradas autênticas pelo advogado, sob sua responsabilidade pessoal, se não lhes for impugnada a autenticidade;

V – os extratos digitais de bancos de dados públicos e privados, desde que atestado pelo seu emitente, sob as penas da lei, que as informações conferem com o que consta na origem;

VI – as reproduções digitalizadas de qualquer documento público ou particular, quando juntadas aos autos pelos órgãos da justiça e seus auxiliares, pelo Ministério Público e seus auxiliares, pela Defensoria Pública e seus auxiliares, pelas procuradorias, pelas repartições públicas em geral e por advogados, ressalvada a alegação motivada e fundamentada de adulteração.

§ 1º. Os originais dos documentos digitalizados mencionados no inciso VI deverão ser preservados pelo seu detentor até o final do prazo para propositura de ação rescisória.

§ 2º. Tratando-se de cópia digital de título executivo extrajudicial ou de documento relevante à instrução do processo, o juiz poderá determinar seu depósito em cartório ou secretaria.

▸ CC: arts. 216 e 217.

ART. 426. O juiz apreciará fundamentadamente a fé que deva merecer o documento, quando em ponto substancial e sem ressalva contiver entrelinha, emenda, borrão ou cancelamento.

ART. 427. Cessa a fé do documento público ou particular sendo-lhe declarada judicialmente a falsidade.

Parágrafo único. A falsidade consiste em:

I – formar documento não verdadeiro;

II – alterar documento verdadeiro.

ART. 428. Cessa a fé do documento particular quando:

I – for impugnada sua autenticidade e enquanto não se comprovar sua veracidade;

II – assinado em branco, for impugnado seu conteúdo, por preenchimento abusivo.

Parágrafo único. Dar-se-á abuso quando aquele que recebeu documento assinado com texto não escrito no todo ou em parte formá-lo ou completá-lo por si ou por meio de outrem, violando o pacto feito com o signatário.

ART. 429. Incumbe o ônus da prova quando:

I – se tratar de falsidade de documento ou de preenchimento abusivo, à parte que a arguir;

II – se tratar de impugnação da autenticidade, à parte que produziu o documento.

SUBSEÇÃO II. DA ARGUIÇÃO DE FALSIDADE

ART. 430. A falsidade deve ser suscitada na contestação, na réplica ou no prazo de 15 (quinze) dias, contado a partir da intimação da juntada do documento aos autos.

Parágrafo único. Uma vez arguida, a falsidade será resolvida como questão incidental, salvo se a parte requerer que o juiz a decida como questão principal, nos termos do inciso II do art. 19.

ART. 431. A parte arguirá a falsidade expondo os motivos em que funda a sua pretensão e os meios com que provará o alegado.

ART. 432. Depois de ouvida a outra parte no prazo de 15 (quinze) dias, será realizado o exame pericial.

Parágrafo único. Não se procederá ao exame pericial se a parte que produziu o documento concordar em retirá-lo.

ART. 433. A declaração sobre a falsidade do documento, quando suscitada como questão principal, constará da parte dispositiva da sentença e sobre ela incidirá também a autoridade da coisa julgada.

SUBSEÇÃO III. DA PRODUÇÃO DA PROVA DOCUMENTAL

• • • • • • • • • • • • • • • •

ART. 435. É lícito às partes, em qualquer tempo, juntar aos autos documentos novos, quando destinados a fazer prova de fatos ocorridos depois dos articulados ou para contrapô-los aos que foram produzidos nos autos.

Parágrafo único. Admite-se também a juntada posterior de documentos formados após a petição inicial ou a contestação, bem como dos que se tornaram conhecidos, acessíveis ou disponíveis após esses atos, cabendo à parte que os produzir comprovar o motivo que a impediu de juntá-los anteriormente e incumbindo ao juiz, em qualquer caso, avaliar a conduta da parte de acordo com o art. 5º.

ART. 436. A parte, intimada a falar sobre documento constante dos autos, poderá:

I – impugnar a admissibilidade da prova documental;

II – impugnar sua autenticidade;

III – suscitar sua falsidade, com ou sem deflagração do incidente de arguição de falsidade;

IV – manifestar-se sobre seu conteúdo.

Parágrafo único. Nas hipóteses dos incisos II e III, a impugnação deverá basear-se em argumentação específica, não se admitindo alegação genérica de falsidade.

• •

SEÇÃO VIII. DOS DOCUMENTOS ELETRÔNICOS

ART. 439. A utilização de documentos eletrônicos no processo convencional dependerá de sua conversão à forma impressa e da verificação de sua autenticidade, na forma da lei.

ART. 440. O juiz apreciará o valor probante do documento eletrônico não convertido, assegurado às partes o acesso ao seu teor.

ART. 441. Serão admitidos documentos eletrônicos produzidos e conservados com a observância da legislação específica.

SEÇÃO IX. DA PROVA TESTEMUNHAL

SUBSEÇÃO I. DA ADMISSIBILIDADE E DO VALOR DA PROVA TESTEMUNHAL

• •

ART. 447. Podem depor como testemunhas todas as pessoas, exceto as incapazes, impedidas ou suspeitas.

▸ *CPP: art. 206.*

§ 1º. São incapazes:

I – o interdito por enfermidade ou deficiência mental;

II – o que, acometido por enfermidade ou retardamento mental, ao tempo em que ocorreram os fatos, não podia discerni-los, ou, ao tempo em que deve depor, não está habilitado a transmitir as percepções;

III – o que tiver menos de 16 (dezesseis) anos;

IV – o cego e o surdo, quando a ciência do fato depender dos sentidos que lhes faltam.

▸ *CC: art. 228.*

▸ *CPP: art. 208.*

§ 2º. São impedidos:

▸ *CPP: art. 214.*

I – o cônjuge, o companheiro, o ascendente e o descendente em qualquer grau e o colateral, até o terceiro grau, de alguma das partes, por consanguinidade ou afinidade, salvo se o exigir o interesse público ou, tratando-se de causa relativa ao estado da pessoa, não se puder obter de outro modo a prova que o juiz repute necessária ao julgamento do mérito;

II – o que é parte na causa;

III – o que intervém em nome de uma parte, como o tutor, o representante legal da pessoa jurídica, o juiz, o advogado e outros que assistam ou tenham assistido as partes.

§ 3º. São suspeitos:

▸ *CPP: art. 214.*

I – o inimigo da parte ou o seu amigo íntimo;

II – o que tiver interesse no litígio.

§ 4º. Sendo necessário, pode o juiz admitir o depoimento das testemunhas menores, impedidas ou suspeitas.

§ 5º. Os depoimentos referidos no § 4º serão prestados independentemente de compromisso, e o juiz lhes atribuirá o valor que possam merecer.

ART. 448. A testemunha não é obrigada a depor sobre fatos:

I – que lhe acarretem grave dano, bem como ao seu cônjuge ou companheiro e aos seus parentes consanguíneos ou afins, em linha reta ou colateral, até o terceiro grau;

II – a cujo respeito, por estado ou profissão, deva guardar sigilo.

▸ *CF: art. 5º, LXIII.*

▸ *CP: arts. 153 e 154.*

▸ *CPP: art. 207.*

▸ *Dec. nº 678, de 06-11-1992, art. 8º, 2, g. Promulga a Convenção Americana sobre Direitos Humanos – Pacto de São José da Costa Rica.*

ART. 449. Salvo disposição especial em contrário, as testemunhas devem ser ouvidas na sede do juízo.

Parágrafo único. Quando a parte ou a testemunha, por enfermidade ou por outro motivo relevante, estiver impossibilitada de comparecer, mas não de prestar depoimento, o juiz designará, conforme as circunstâncias, dia, hora e lugar para inquiri-la.

SUBSEÇÃO II. DA PRODUÇÃO DA PROVA TESTEMUNHAL

• •

ART. 453. As testemunhas depõem, na audiência de instrução e julgamento, perante o juiz da causa, exceto:

I – as que prestam depoimento antecipadamente;

II – as que são inquiridas por carta.

§ 1º. A oitiva de testemunha que residir em comarca, seção ou subseção judiciária diversa daquela onde tramita o processo poderá ser realizada por meio de videoconferência ou outro recurso tecnológico de transmissão e recepção de sons e imagens em tempo real, o que poderá ocorrer, inclusive, durante a audiência de instrução e julgamento.

§ 2º. Os juízos deverão manter equipamento para a transmissão e recepção de sons e imagens a que se refere o § 1º.

ART. 454. São inquiridos em sua residência ou onde exercem sua função:

I – o presidente e o vice-presidente da República;

II – os ministros de Estado;

III – os ministros do Supremo Tribunal Federal, os conselheiros do Conselho Nacional de Justiça e os ministros do Superior Tribunal de Justiça, do Superior Tribunal Militar, do Tribunal Superior Eleitoral, do Tribunal Superior do Trabalho e do Tribunal de Contas da União;

IV – o procurador-geral da República e os conselheiros do Conselho Nacional do Ministério Público;

V – o advogado-geral da União, o procurador-geral do Estado, o procurador-geral do Município, o defensor público-geral federal e o defensor público-geral do Estado;

VI – os senadores e os deputados federais;

VII – os governadores dos Estados e do Distrito Federal;

VIII – o prefeito;

IX – os deputados estaduais e distritais;

X – os desembargadores dos Tribunais de Justiça, dos Tribunais Regionais Federais, dos Tribunais Regionais do Trabalho e dos Tribunais Regionais Eleitorais e os conselheiros dos Tribunais de Contas dos Estados e do Distrito Federal;

▸ *EC nº 45, de 30-12-2004: art. 4º.*

XI – o procurador-geral de justiça;

XII – o embaixador de país que, por lei ou tratado, concede idêntica prerrogativa a agente diplomático do Brasil.

§ 1º. O juiz solicitará à autoridade que indique dia, hora e local a fim de ser inquirida, remetendo-lhe cópia da petição inicial ou da defesa oferecida pela parte que a arrolou como testemunha.

§ 2º. Passado 1 (um) mês sem manifestação da autoridade, o juiz designará dia, hora e local para o depoimento, preferencialmente na sede do juízo.

§ 3º. O juiz também designará dia, hora e local para o depoimento, quando a autoridade não comparecer, injustificadamente, à sessão agendada para a colheita de seu testemunho no dia, hora e local por ela mesma indicados.

• • • • • • • • • • • • • • •

ART. 457. Antes de depor, a testemunha será qualificada, declarará ou confirmará seus dados e informará se tem relações de parentesco com a parte ou interesse no objeto do processo.

§ 1º. É lícito à parte contraditar a testemunha, arguindo-lhe a incapacidade, o impedimento ou a suspeição, bem como, caso a testemunha negue os fatos que lhe são imputados, provar a contradita com documentos ou com testemunhas, até 3 (três), apresentadas no ato e inquiridas em separado.

§ 2º. Sendo provados ou confessados os fatos a que se refere o § 1º, o juiz dispensará a testemunha ou lhe tomará o depoimento como informante.

§ 3º. A testemunha pode requerer ao juiz que a escuse de depor, alegando os motivos previstos neste Código, decidindo o juiz de plano após ouvidas as partes.

ART. 458. Ao início da inquirição, a testemunha prestará o compromisso de dizer a verdade do que souber e lhe for perguntado.

Parágrafo único. O juiz advertirá à testemunha que incorre em sanção penal quem faz afirmação falsa, cala ou oculta a verdade.

▸ *CP: art. 342.*

ART. 459. As perguntas serão formuladas pelas partes diretamente à testemunha, começando pela que a arrolou, não admitindo o juiz aquelas que puderem induzir a resposta, não tiverem relação com as questões de fato objeto da atividade probatória ou importarem repetição de outra já respondida.

§ 1º. O juiz poderá inquirir a testemunha tanto antes quanto depois da inquirição feita pelas partes.

§ 2º. As testemunhas devem ser tratadas com urbanidade, não se lhes fazendo perguntas ou considerações impertinentes, capciosas ou vexatórias.

§ 3º. As perguntas que o juiz indeferir serão transcritas no termo, se a parte o requerer.

ART. 460. O depoimento poderá ser documentado por meio de gravação.

§ 1º. Quando digitado ou registrado por taquigrafia, estenotipia ou outro método idôneo de documentação, o depoimento será assinado pelo juiz, pelo depoente e pelos procuradores.

§ 2º. Se houver recurso em processo em autos não eletrônicos, o depoimento somente será digitado quando for impossível o envio de sua documentação eletrônica.

§ 3º. Tratando-se de autos eletrônicos, observar-se-á o disposto neste Código e na legislação específica sobre a prática eletrônica de atos processuais.

ART. 461. O juiz pode ordenar, de ofício ou a requerimento da parte:

I – a inquirição de testemunhas referidas nas declarações da parte ou das testemunhas;

II – a acareação de 2 (duas) ou mais testemunhas ou de alguma delas com a parte, quando, sobre fato determinado que possa influir na decisão da causa, divergirem as suas declarações.

§ 1º. Os acareados serão reperguntados para que expliquem os pontos de divergência, reduzindo-se a termo o ato de acareação.

§ 2º. A acareação pode ser realizada por videoconferência ou por outro recurso tecnológico de transmissão de sons e imagens em tempo real.

• • • • • • • • • • • • • • • •

ART. 463. O depoimento prestado em juízo é considerado serviço público.

Parágrafo único. A testemunha, quando sujeita ao regime da legislação trabalhista, não sofre, por comparecer à audiência, perda de salário nem desconto no tempo de serviço.

SEÇÃO X. DA PROVA PERICIAL

• •

ART. 465. O juiz nomeará perito especializado no objeto da perícia e fixará de imediato o prazo para a entrega do laudo.

§ 1º. Incumbe às partes, dentro de 15 (quinze) dias contados da intimação do despacho de nomeação do perito:

I – arguir o impedimento ou a suspeição do perito, se for o caso;

II – indicar assistente técnico;

III – apresentar quesitos.

§ 2º. Ciente da nomeação, o perito apresentará em 5 (cinco) dias:

I – proposta de honorários;

II – currículo, com comprovação de especialização;

III – contatos profissionais, em especial o endereço eletrônico, para onde serão dirigidas as intimações pessoais.

§ 3º. As partes serão intimadas da proposta de honorários para, querendo, manifestar-se no prazo comum de 5 (cinco) dias, após o que o juiz arbitrará o valor, intimando-se as partes para os fins do art. 95.

§ 4º. O juiz poderá autorizar o pagamento de até cinquenta por cento dos honorários arbitrados a favor do perito no início dos trabalhos, devendo o remanescente ser pago apenas ao final, depois de entregue o laudo e prestados todos os esclarecimentos necessários.

§ 5º. Quando a perícia for inconclusiva ou deficiente, o juiz poderá reduzir a remuneração inicialmente arbitrada para o trabalho.

§ 6º. Quando tiver de realizar-se por carta, poder-se-á proceder à nomeação de perito e à indicação de assistentes técnicos no juízo ao qual se requisitar a perícia.

ART. 466. O perito cumprirá escrupulosamente o encargo que lhe foi cometido, independentemente de termo de compromisso.

§ 1º. Os assistentes técnicos são de confiança da parte e não estão sujeitos a impedimento ou suspeição.

§ 2º. O perito deve assegurar aos assistentes das partes o acesso e o acompanhamento das diligências e dos exames que realizar, com prévia comunicação, comprovada nos autos, com antecedência mínima de 5 (cinco) dias.

ART. 467. O perito pode escusar-se ou ser recusado por impedimento ou suspeição.

Parágrafo único. O juiz, ao aceitar a escusa ou ao julgar procedente a impugnação, nomeará novo perito.

• •

ART. 470. Incumbe ao juiz:

I – indeferir quesitos impertinentes;

II – formular os quesitos que entender necessários ao esclarecimento da causa.

• •

ART. 479. O juiz apreciará a prova pericial de acordo com o disposto no art. 371, indicando na sentença os motivos que o levaram a considerar ou a deixar de considerar as conclusões do laudo, levando em conta o método utilizado pelo perito.

• •

SEÇÃO XI. DA INSPEÇÃO JUDICIAL

ART. 481. O juiz, de ofício ou a requerimento da parte, pode, em qualquer fase do processo, inspecionar pessoas ou coisas, a fim de se esclarecer sobre fato que interesse à decisão da causa.

ART. 482. Ao realizar a inspeção, o juiz poderá ser assistido por um ou mais peritos.

ART. 483. O juiz irá ao local onde se encontre a pessoa ou a coisa quando:

I – julgar necessário para a melhor verificação ou interpretação dos fatos que deva observar;

II – a coisa não puder ser apresentada em juízo sem consideráveis despesas ou graves dificuldades;

III – determinar a reconstituição dos fatos.

Parágrafo único. As partes têm sempre direito a assistir à inspeção, prestando esclarecimentos e fazendo observações que considerem de interesse para a causa.

ART. 484. Concluída a diligência, o juiz mandará lavrar auto circunstanciado, mencionando nele tudo quanto for útil ao julgamento da causa.

Parágrafo único. O auto poderá ser instruído com desenho, gráfico ou fotografia.

CAPÍTULO XIII. DA SENTENÇA E DA COISA JULGADA

SEÇÃO I. DISPOSIÇÕES GERAIS

ART. 485. O juiz não resolverá o mérito quando:

I – indeferir a petição inicial;

II – o processo ficar parado durante mais de 1 (um) ano por negligência das partes;

III – por não promover os atos e as diligências que lhe incumbir, o autor abandonar a causa por mais de 30 (trinta) dias;

▸ *Súmula nº 240 do STJ.*

IV – verificar a ausência de pressupostos de constituição e de desenvolvimento válido e regular do processo;

V – reconhecer a existência de perempção, de litispendência ou de coisa julgada;

VI – verificar ausência de legitimidade ou de interesse processual;

VII – acolher a alegação de existência de convenção de arbitragem ou quando o juízo arbitral reconhecer sua competência;

▸ *Súmula nº 485 do STJ.*

VIII – homologar a desistência da ação;

IX – em caso de morte da parte, a ação for considerada intransmissível por disposição legal; e

▸ CC: art. 11.

X – nos demais casos prescritos neste Código.

§ 1º. Nas hipóteses descritas nos incisos II e III, a parte será intimada pessoalmente para suprir a falta no prazo de 5 (cinco) dias.

§ 2º. No caso do § 1º, quanto ao inciso II, as partes pagarão proporcionalmente as custas, e, quanto ao inciso III, o autor será condenado ao pagamento das despesas e dos honorários de advogado.

§ 3º. O juiz conhecerá de ofício da matéria constante dos incisos IV, V, VI e IX, em qualquer tempo e grau de jurisdição, enquanto não ocorrer o trânsito em julgado.

§ 4º. Oferecida a contestação, o autor não poderá, sem o consentimento do réu, desistir da ação.

§ 5º. A desistência da ação pode ser apresentada até a sentença.

§ 6º. Oferecida a contestação, a extinção do processo por abandono da causa pelo autor depende de requerimento do réu.

§ 7º. Interposta a apelação em qualquer dos casos de que tratam os incisos deste artigo, o juiz terá 5 (cinco) dias para retratar-se.

ART. 486. O pronunciamento judicial que não resolve o mérito não obsta a que a parte proponha de novo a ação.

§ 1º. No caso de extinção em razão de litispendência e nos casos dos incisos I, IV, VI e VII do art. 485, a propositura da nova ação depende da correção do vício que levou à sentença sem resolução do mérito.

§ 2º. A petição inicial, todavia, não será despachada sem a prova do pagamento ou do depósito das custas e dos honorários de advogado.

§ 3º. Se o autor der causa, por 3 (três) vezes, a sentença fundada em abandono da causa, não poderá propor nova ação contra o réu com o mesmo objeto, ficando-lhe ressalvada, entretanto, a possibilidade de alegar em defesa o seu direito.

ART. 487. Haverá resolução de mérito quando o juiz:

I – acolher ou rejeitar o pedido formulado na ação ou na reconvenção;

II – decidir, de ofício ou a requerimento, sobre a ocorrência de decadência ou prescrição;

▸ Súmulas nºs 149, 150, 151, 153, 154, 383, 443, 445 e 494 do STF.

▸ Súmulas nºs 101, 119 e 409 do STJ.

III – homologar:

a) o reconhecimento da procedência do pedido formulado na ação ou na reconvenção;

b) a transação;

c) a renúncia à pretensão formulada na ação ou na reconvenção.

▸ Súmula nº 409 do STJ.

Parágrafo único. Ressalvada a hipótese do § 1º do art. 332, a prescrição e a decadência não serão reconhecidas sem que antes seja dada às partes oportunidade de manifestar-se.

SEÇÃO II. DOS ELEMENTOS E DOS EFEITOS DA SENTENÇA

ART. 489. São elementos essenciais da sentença:

▸ CPP: art. 381.

I – o relatório, que conterá os nomes das partes, a identificação do caso, com a suma do pedido e da contestação, e o registro das principais ocorrências havidas no andamento do processo;

II – os fundamentos, em que o juiz analisará as questões de fato e de direito;

III – o dispositivo, em que o juiz resolverá as questões principais que as partes lhe submeterem.

§ 1º. Não se considera fundamentada qualquer decisão judicial, seja ela interlocutória, sentença ou acórdão, que:
I – se limitar à indicação, à reprodução ou à paráfrase de ato normativo, sem explicar sua relação com a causa ou a questão decidida;

II – empregar conceitos jurídicos indeterminados, sem explicar o motivo concreto de sua incidência no caso;

III – invocar motivos que se prestariam a justificar qualquer outra decisão;

IV – não enfrentar todos os argumentos deduzidos no processo capazes de, em tese, infirmar a conclusão adotada pelo julgador;

V – se limitar a invocar precedente ou enunciado de súmula, sem identificar seus fundamentos determinantes nem demonstrar que o caso sob julgamento se ajusta àqueles fundamentos;

VI – deixar de seguir enunciado de súmula, jurisprudência ou precedente invocado pela parte, sem demonstrar a existência de distinção no caso em julgamento ou a superação do entendimento.

§ 2º. No caso de colisão entre normas, o juiz deve justificar o objeto e os critérios gerais da ponderação efetuada, enunciando as razões que autorizam a interferência na norma afastada e as premissas fáticas que fundamentam a conclusão.

§ 3º. A decisão judicial deve ser interpretada a partir da conjugação de todos os seus elementos e em conformidade com o princípio da boa-fé.

ART. 490. O juiz resolverá o mérito acolhendo ou rejeitando, no todo ou em parte, os pedidos formulados pelas partes.

ART. 492. É vedado ao juiz proferir decisão de natureza diversa da pedida, bem como condenar a parte em quantidade superior ou em objeto diverso do que lhe foi demandado.

Parágrafo único. A decisão deve ser certa, ainda que resolva relação jurídica condicional.

ART. 493. Se, depois da propositura da ação, algum fato constitutivo, modificativo ou extintivo do direito influir no julgamento do mérito, caberá ao juiz tomá-lo em consideração, de ofício ou a requerimento da parte, no momento de proferir a decisão.

Parágrafo único. Se constatar de ofício o fato novo, o juiz ouvirá as partes sobre ele antes de decidir.

ART. 494. Publicada a sentença, o juiz só poderá alterá-la:

▸ *Súmula nº 453 do STJ.*

▸ *CPP: arts. 382 e 619.*

▸ *CPC/2015: art. 494.*

I – para corrigir-lhe, de ofício ou a requerimento da parte, inexatidões materiais ou erros de cálculo;

II – por meio de embargos de declaração.

▸ *Súmula nº 317 do STF.*

• • • • • • • • • • • • • • • • • •

Seção V.
DA COISA JULGADA

ART. 502. Denomina-se coisa julgada material a autoridade que torna imutável e indiscutível a decisão de mérito não mais sujeita a recurso.

▸ *CF: art. 5º, XXXVI.*

▸ *Dec.-lei nº 4.657, de 04-09-1942, art. 6º, § 3º, Lei de Introdução às Normas do Direito Brasileiro.*

• • • • • • • • • • • • • • • • • •

Capítulo VII.
DOS EMBARGOS DE TERCEIRO

ART. 674. Quem, não sendo parte no processo, sofrer constrição ou ameaça de constrição sobre bens que possua ou sobre os quais tenha direito incompatível com o ato constritivo, poderá requerer seu desfazimento ou sua inibição por meio de embargos de terceiro.

▸ *Súmulas nºs 84, 134, 195, 196 e 303 do STJ.*

§ 1º. Os embargos podem ser de terceiro proprietário, inclusive fiduciário, ou possuidor.

§ 2º. Considera-se terceiro, para ajuizamento dos embargos:

I – o cônjuge ou companheiro, quando defende a posse de bens próprios ou de sua meação, ressalvado o disposto no art. 843;

II – o adquirente de bens cuja constrição decorreu de decisão que declara a ineficácia da alienação realizada em fraude à execução;

III – quem sofre constrição judicial de seus bens por força de desconsideração da personalidade jurídica, de cujo incidente não fez parte;

IV – o credor com garantia real para obstar expropriação judicial do objeto de direito real de garantia, caso não tenha sido intimado, nos termos legais dos atos expropriatórios respectivos.

ART. 675. Os embargos podem ser opostos a qualquer tempo no processo de conhecimento enquanto não transitada em julgado a sentença e, no cumprimento de sentença ou no processo de execução, até 5 (cinco) dias depois da adjudicação, da alienação por iniciativa particular ou da arrematação, mas sempre antes da assinatura da respectiva carta.

Parágrafo único. Caso identifique a existência de terceiro titular de interesse em embargar o ato, o juiz mandará intimá-lo pessoalmente.

ART. 676. Os embargos serão distribuídos por dependência ao juízo que ordenou a constrição e autuados em apartado.

Parágrafo único. Nos casos de ato de constrição realizado por carta, os embargos serão oferecidos no juízo deprecado, salvo se indicado pelo juízo deprecante o bem constrito ou se já devolvida a carta.

ART. 677. Na petição inicial, o embargante fará a prova sumária de sua posse ou de seu domínio e da qualidade de terceiro, oferecendo documentos e rol de testemunhas.

§ 1º. É facultada a prova da posse em audiência preliminar designada pelo juiz.

▸ *Súmula nº 303 do STJ.*

▸ *CC: art. 1.197.*

§ 2º. O possuidor direto pode alegar, além da sua posse, o domínio alheio.

§ 3º. A citação será pessoal, se o embargado não tiver procurador constituído nos autos da ação principal.

§ 4º. Será legitimado passivo o sujeito a quem o ato de constrição aproveita, assim como o será seu adversário no processo principal quando for sua a indicação do bem para a constrição judicial.

ART. 678. A decisão que reconhecer suficientemente provado o domínio ou a posse determinará a suspensão das medidas constritivas sobre os bens litigiosos objeto dos embargos, bem como a manutenção ou a reintegração provisória da posse, se o embargante a houver requerido.

Parágrafo único. O juiz poderá condicionar a ordem de manutenção ou de reintegração provisória de posse à prestação de caução pelo requerente, ressalvada a impossibilidade da parte economicamente hipossuficiente.

ART. 679. Os embargos poderão ser contestados no prazo de 15 (quinze) dias, findo o qual se seguirá o procedimento comum.

ART. 680. Contra os embargos do credor com garantia real, o embargado somente poderá alegar que:

I – o devedor comum é insolvente;

II – o título é nulo ou não obriga a terceiro;

III – outra é a coisa dada em garantia.

ART. 681. Acolhido o pedido inicial, o ato de constrição judicial indevida será cancelado, com o reconhecimento do domínio, da manutenção da posse ou da reintegração definitiva do bem ou do direito ao embargante.

• • • • • • • • • • • • • • • • • •

CAPÍTULO XIV. DA RESTAURAÇÃO DE AUTOS

ART. 712. Verificado o desaparecimento dos autos, eletrônicos ou não, pode o juiz, de ofício, qualquer das partes ou o Ministério Público, se for o caso, promover-lhes a restauração.

Parágrafo único. Havendo autos suplementares, nesses prosseguirá o processo.

ART. 713. Na petição inicial, declarará a parte o estado do processo ao tempo do desaparecimento dos autos, oferecendo:

I – certidões dos atos constantes do protocolo de audiências do cartório por onde haja corrido o processo;

II – cópia das peças que tenha em seu poder;

III – qualquer outro documento que facilite a restauração.

ART. 714. A parte contrária será citada para contestar o pedido no prazo de 5 (cinco) dias, cabendo-lhe exibir as cópias, as contrafés e as reproduções dos atos e dos documentos que estiverem em seu poder.

§ 1º. Se a parte concordar com a restauração, lavrar-se-á o auto que, assinado pelas partes e homologado pelo juiz, suprirá o processo desaparecido.

§ 2º. Se a parte não contestar ou se a concordância for parcial, observar-se-á o procedimento comum.

ART. 715. Se a perda dos autos tiver ocorrido depois da produção das provas em audiência, o juiz, se necessário, mandará repeti-las.

§ 1º. Serão reinquiridas as mesmas testemunhas, que, em caso de impossibilidade, poderão ser substituídas de ofício ou a requerimento.

§ 2º. Não havendo certidão ou cópia do laudo, far-se-á nova perícia, sempre que possível pelo mesmo perito.

§ 3º. Não havendo certidão de documentos, esses serão reconstituídos mediante cópias ou, na falta dessas, pelos meios ordinários de prova.

§ 4º. Os serventuários e os auxiliares da justiça não podem eximir-se de depor como testemunhas a respeito de atos que tenham praticado ou assistido.

§ 5º. Se o juiz houver proferido sentença da qual ele próprio ou o escrivão possua cópia, esta será juntada aos autos e terá a mesma autoridade da original.

ART. 716. Julgada a restauração, seguirá o processo os seus termos.

Parágrafo único. Aparecendo os autos originais, neles se prosseguirá, sendo-lhes apensados os autos da restauração.

ART. 717. Se o desaparecimento dos autos tiver ocorrido no tribunal, o processo de restauração será distribuído, sempre que possível, ao relator do processo.

§ 1º. A restauração far-se-á no juízo de origem quanto aos atos nele realizados.

§ 2º. Remetidos os autos ao tribunal, nele completar-se-á a restauração e proceder-se-á ao julgamento.

ART. 718. Quem houver dado causa ao desaparecimento dos autos responderá pelas custas da restauração e pelos honorários de advogado, sem prejuízo da responsabilidade civil ou penal em que incorrer.

CAPÍTULO XV. DOS PROCEDIMENTOS DE JURISDIÇÃO VOLUNTÁRIA

• • • • • • • • • • • • • • • • •

SEÇÃO II. DA NOTIFICAÇÃO E DA INTERPELAÇÃO

ART. 726. Quem tiver interesse em manifestar formalmente sua vontade a outrem sobre assunto juridicamente relevante poderá notificar pessoas participantes da mesma relação jurídica para dar-lhes ciência de seu propósito.

§ 1º. Se a pretensão for a de dar conhecimento geral ao público, mediante edital, o juiz só a deferirá se a tiver por fundada e necessária ao resguardo de direito.

§ 2º. Aplica-se o disposto nesta Seção, no que couber, ao protesto judicial.

ART. 727. Também poderá o interessado interpelar o requerido, no caso do art. 726, para que faça ou deixe de fazer o que o requerente entenda ser de seu direito.

ART. 728. O requerido será previamente ouvido antes do deferimento da notificação ou do respectivo edital:

I – se houver suspeita de que o requerente, por meio da notificação ou do edital, pretende alcançar fim ilícito;

II – se tiver sido requerida a averbação da notificação em registro público.

ART. 729. Deferida e realizada a notificação ou interpelação, os autos serão entregues ao requerente.

• • • • • • • • • • • • • • • • •

CAPÍTULO IV. DOS REQUISITOS NECESSÁRIOS PARA REALIZAR QUALQUER EXECUÇÃO

SEÇÃO I. DO TÍTULO EXECUTIVO

ART. 783. A execução para cobrança de crédito fundar-se-á sempre em título de obrigação certa, líquida e exigível.

ART. 784. São títulos executivos extrajudiciais:

I – a letra de câmbio, a nota promissória, a duplicata, a debênture e o cheque;

- Súmula nº 600 do STF.
- Súmulas nºs 60 e 258 do STJ.

II – a escritura pública ou outro documento público assinado pelo devedor;

- Súmulas nºs 233, 247 e 300 do STJ.
- Lei nº 8.906, de 04-07-1994, art. 24, Estatuto da Advocacia e Ordem dos Advogados do Brasil (OAB).

III – o documento particular assinado pelo devedor e por 2 (duas) testemunhas;

IV – o instrumento de transação referendado pelo Ministério Público, pela Defensoria Pública, pela Advocacia Pública, pelos advogados dos transatores ou por conciliador ou mediador credenciado por tribunal;

V – o contrato garantido por hipoteca, penhor, anticrese ou outro direito real de garantia e aquele garantido por caução;

VI – o contrato de seguro de vida em caso de morte;

VII – o crédito decorrente de foro e laudêmio;

VIII – o crédito, documentalmente comprovado, decorrente de aluguel de imóvel, bem como de encargos acessórios, tais como taxas e despesas de condomínio;

IX – a certidão de dívida ativa da Fazenda Pública da União, dos Estados, do Distrito Federal e dos Municípios, correspondente aos créditos inscritos na forma da lei;

▸ *Súmula nº 392 do STJ.*

X – o crédito referente às contribuições ordinárias ou extraordinárias de condomínio edilício, previstas na respectiva convenção ou aprovadas em assembleia geral, desde que documentalmente comprovadas;

XI – a certidão expedida por serventia notarial ou de registro relativa a valores de emolumentos e demais despesas devidas pelos atos por ela praticados, fixados nas tabelas estabelecidas em lei;

XII – todos os demais títulos aos quais, por disposição expressa, a lei atribuir força executiva.

§ 1º. A propositura de qualquer ação relativa a débito constante de título executivo não inibe o credor de promover-lhe a execução.

§ 2º. Os títulos executivos extrajudiciais oriundos de país estrangeiro não dependem de homologação para serem executados.

§ 3º. O título estrangeiro só terá eficácia executiva quando satisfeitos os requisitos de formação exigidos pela lei do lugar de sua celebração e quando o Brasil for indicado como o lugar de cumprimento da obrigação.

ART. 785. A existência de título executivo extrajudicial não impede a parte de optar pelo processo de conhecimento, a fim de obter título executivo judicial.

• • • • • • • • • • • • • • • • • •

Seção III. DA PENHORA, DO DEPÓSITO E DA AVALIAÇÃO

Subseção I. DO OBJETO DA PENHORA

• • • • • • • • • • • • • • • • • •

ART. 832. Não estão sujeitos à execução os bens que a lei considera impenhoráveis ou inalienáveis.

▸ *Súmula nº 364 do STJ.*

▸ *Lei nº 8.009, de 29-3-1990, dispõe sobre a impenhorabilidade do bem de família.*

ART. 833. São impenhoráveis:

▸ *Súmulas nºs 364 e 486 do STJ.*

▸ *Súmula nº 242 do TFR.*

▸ *Lei nº 8.009, de 29-3-1990, dispõe sobre a impenhorabilidade do bem de família.*

I – os bens inalienáveis e os declarados, por ato voluntário, não sujeitos à execução;

II – os móveis, os pertences e as utilidades domésticas que guarnecem a residência do executado, salvo os de elevado valor ou os que ultrapassem as necessidades comuns correspondentes a um médio padrão de vida;

III – os vestuários, bem como os pertences de uso pessoal do executado, salvo se de elevado valor;

IV – os vencimentos, os subsídios, os soldos, os salários, as remunerações, os proventos de aposentadoria, as pensões, os pecúlios e os montepios, bem como as quantias recebidas por liberalidade de terceiro e destinadas ao sustento do devedor e de sua família, os ganhos de trabalhador autônomo e os honorários de profissional liberal, ressalvado o § 2º;

V – os livros, as máquinas, as ferramentas, os utensílios, os instrumentos ou outros bens móveis necessários ou úteis ao exercício da profissão do executado;

▸ *Súmula nº 451 do STJ.*

VI – o seguro de vida;

VII – os materiais necessários para obras em andamento, salvo se essas forem penhoradas;

VIII – a pequena propriedade rural, assim definida em lei, desde que trabalhada pela família;

IX – os recursos públicos recebidos por instituições privadas para aplicação compulsória em educação, saúde ou assistência social;

X – a quantia depositada em caderneta de poupança, até o limite de 40 (quarenta) salários-mínimos;

XI – os recursos públicos do fundo partidário recebidos por partido político, nos termos da lei;

XII – os créditos oriundos de alienação de unidades imobiliárias, sob regime de incorporação imobiliária, vinculados à execução da obra.

§ 1º. A impenhorabilidade não é oponível à execução de dívida relativa ao próprio bem, inclusive àquela contraída para sua aquisição.

§ 2º. O disposto nos incisos IV e X do *caput* não se aplica à hipótese de penhora para pagamento de prestação alimentícia, independentemente de sua origem, bem como às importâncias excedentes a 50 (cinquenta) salários-mínimos mensais, devendo a constrição observar o disposto no art. 528, § 8º, e no art. 529, § 3º.

§ 3º. Incluem-se na impenhorabilidade prevista no inciso V do *caput* os equipamentos, os implementos e as máquinas agrícolas pertencentes a pessoa física ou a empresa individual produtora rural, exceto quando tais bens tenham sido objeto de financiamento e estejam vinculados em garantia a negócio jurídico ou quando respondam por dívida de natureza alimentar, trabalhista ou previdenciária.

▸ *Súmula nº 451 do STJ.*

▸ *CF: art. 5º, XXVI.*

CÓDIGO DE PROCESSO CIVIL

ART. 834. Podem ser penhorados, à falta de outros bens, os frutos e os rendimentos dos bens inalienáveis.

. . . .

LIVRO III. DOS PROCESSOS NOS TRIBUNAIS E DOS MEIOS DE IMPUGNAÇÃO DAS DECISÕES JUDICIAIS

TÍTULO I. DA ORDEM DOS PROCESSOS E DOS PROCESSOS DE COMPETÊNCIA ORIGINÁRIA DOS TRIBUNAIS

CAPÍTULO I. DISPOSIÇÕES GERAIS

ART. 926. Os tribunais devem uniformizar sua jurisprudência e mantê-la estável, íntegra e coerente.

§ 1º. Na forma estabelecida e segundo os pressupostos fixados no regimento interno, os tribunais editarão enunciados de súmula correspondentes a sua jurisprudência dominante.

§ 2º. Ao editar enunciados de súmula, os tribunais devem ater-se às circunstâncias fáticas dos precedentes que motivaram sua criação.

ART. 927. Os juízes e os tribunais observarão:

I – as decisões do Supremo Tribunal Federal em controle concentrado de constitucionalidade;

II – os enunciados de súmula vinculante;

III – os acórdãos em incidente de assunção de competência ou de resolução de demandas repetitivas e em julgamento de recursos extraordinário e especial repetitivos;

IV – os enunciados das súmulas do Supremo Tribunal Federal em matéria constitucional e do Superior Tribunal de Justiça em matéria infraconstitucional;

V – a orientação do plenário ou do órgão especial aos quais estiverem vinculados.

§ 1º. Os juízes e os tribunais observarão o disposto no art. 10 e no art. 489, § 1º, quando decidirem com fundamento neste artigo.

§ 2º. A alteração de tese jurídica adotada em enunciado de súmula ou em julgamento de casos repetitivos poderá ser precedida de audiências públicas e da participação de pessoas, órgãos ou entidades que possam contribuir para a rediscussão da tese.

§ 3º. Na hipótese de alteração de jurisprudência dominante do Supremo Tribunal Federal e dos tribunais superiores ou daquela oriunda de julgamento de casos repetitivos, pode haver modulação dos efeitos da alteração no interesse social e no da segurança jurídica.

§ 4º. A modificação de enunciado de súmula, de jurisprudência pacificada ou de tese adotada em julgamento de casos repetitivos observará a necessidade de fundamentação adequada e específica, considerando os princípios da segurança jurídica, da proteção da confiança e da isonomia.

§ 5º. Os tribunais darão publicidade a seus precedentes, organizando-os por questão jurídica decidida e divulgando-os, preferencialmente, na rede mundial de computadores.

ART. 928. Para os fins deste Código, considera-se julgamento de casos repetitivos a decisão proferida em:

I – incidente de resolução de demandas repetitivas;

II – recursos especial e extraordinário repetitivos.

Parágrafo único. O julgamento de casos repetitivos tem por objeto questão de direito material ou processual.

CAPÍTULO II. DA ORDEM DOS PROCESSOS NO TRIBUNAL

ART. 929. Os autos serão registrados no protocolo do tribunal no dia de sua entrada, cabendo à secretaria ordená-los, com imediata distribuição.

Parágrafo único. A critério do tribunal, os serviços de protocolo poderão ser descentralizados, mediante delegação a ofícios de justiça de primeiro grau.

ART. 930. Far-se-á a distribuição de acordo com o regimento interno do tribunal, observando-se a alternatividade, o sorteio eletrônico e a publicidade.

Parágrafo único. O primeiro recurso protocolado no tribunal tornará prevento o relator para eventual recurso subsequente interposto no mesmo processo ou em processo conexo.

ART. 931. Distribuídos, os autos serão imediatamente conclusos ao relator, que, em 30 (trinta) dias, depois de elaborar o voto, restituí-los-á, com relatório, à secretaria.

ART. 932. Incumbe ao relator:

I – dirigir e ordenar o processo no tribunal, inclusive em relação à produção de prova, bem como, quando for o caso, homologar autocomposição das partes;

II – apreciar o pedido de tutela provisória nos recursos e nos processos de competência originária do tribunal;

III – não conhecer de recurso inadmissível, prejudicado ou que não tenha impugnado especificamente os fundamentos da decisão recorrida;

IV – negar provimento a recurso que for contrário a:

a) súmula do Supremo Tribunal Federal, do Superior Tribunal de Justiça ou do próprio tribunal;

b) acórdão proferido pelo Supremo Tribunal Federal ou pelo Superior Tribunal de Justiça em julgamento de recursos repetitivos;

c) entendimento firmado em incidente de resolução de demandas repetitivas ou de assunção de competência;

V – depois de facultada a apresentação de contrarrazões, dar provimento ao recurso se a decisão recorrida for contrária a:

a) súmula do Supremo Tribunal Federal, do Superior Tribunal de Justiça ou do próprio tribunal;

b) acórdão proferido pelo Supremo Tribunal Federal ou pelo Superior Tribunal de Justiça em julgamento de recursos repetitivos;

c) entendimento firmado em incidente de resolução de demandas repetitivas ou de assunção de competência;

VI – decidir o incidente de desconsideração da personalidade jurídica, quando este for instaurado originariamente perante o tribunal;

VII – determinar a intimação do Ministério Público, quando for o caso;

VIII – exercer outras atribuições estabelecidas no regimento interno do tribunal.

Parágrafo único. Antes de considerar inadmissível o recurso, o relator concederá o prazo de 5 (cinco) dias ao recorrente para que seja sanado vício ou complementada a documentação exigível.

▸ *Súmula nº 115 do STJ.*

ART. 933. Se o relator constatar a ocorrência de fato superveniente à decisão recorrida ou a existência de questão apreciável de ofício ainda não examinada que devam ser considerados no julgamento do recurso, intimará as partes para que se manifestem no prazo de 5 (cinco) dias.

§ 1º. Se a constatação ocorrer durante a sessão de julgamento, esse será imediatamente suspenso a fim de que as partes se manifestem especificamente.

§ 2º. Se a constatação se der em vista dos autos, deverá o juiz que a solicitou encaminhá-los ao relator, que tomará as providências previstas no *caput* e, em seguida, solicitará a inclusão do feito em pauta para prosseguimento do julgamento, com submissão integral da nova questão aos julgadores.

ART. 934. Em seguida, os autos serão apresentados ao presidente, que designará dia para julgamento, ordenando, em todas as hipóteses previstas neste Livro, a publicação da pauta no órgão oficial.

ART. 935. Entre a data de publicação da pauta e a da sessão de julgamento decorrerá, pelo menos, o prazo de 5 (cinco) dias, incluindo-se em nova pauta os processos que não tenham sido julgados, salvo aqueles cujo julgamento tiver sido expressamente adiado para a primeira sessão seguinte.

▸ *Súmula nº 117 do STJ.*

§ 1º. Às partes será permitida vista dos autos em cartório após a publicação da pauta de julgamento.

§ 2º. Afixar-se-á a pauta na entrada da sala em que se realizar a sessão de julgamento.

ART. 936. Ressalvadas as preferências legais e regimentais, os recursos, a remessa necessária e os processos de competência originária serão julgados na seguinte ordem:

I – aqueles nos quais houver sustentação oral, observada a ordem dos requerimentos;

II – os requerimentos de preferência apresentados até o início da sessão de julgamento;

III – aqueles cujo julgamento tenha iniciado em sessão anterior; e

IV – os demais casos.

ART. 937. Na sessão de julgamento, depois da exposição da causa pelo relator, o presidente dará a palavra, sucessivamente, ao recorrente, ao recorrido e, nos casos de sua intervenção, ao membro do Ministério Público, pelo prazo improrrogável de 15 (quinze) minutos para cada um, a fim de sustentarem suas razões, nas seguintes hipóteses, nos termos da parte final do *caput* do art. 1.021:

I – no recurso de apelação;

II – no recurso ordinário;

III – no recurso especial;

IV – no recurso extraordinário;

V – nos embargos de divergência;

VI – na ação rescisória, no mandado de segurança e na reclamação;

VII – (VETADO);

VIII – no agravo de instrumento interposto contra decisões interlocutórias que versem sobre tutelas provisórias de urgência ou da evidência;

IX – em outras hipóteses previstas em lei ou no regimento interno do tribunal.

§ 1º. A sustentação oral no incidente de resolução de demandas repetitivas observará o disposto no art. 984, no que couber.

§ 2º. O procurador que desejar proferir sustentação oral poderá requerer, até o início da sessão, que o processo seja julgado em primeiro lugar, sem prejuízo das preferências legais.

§ 3º. Nos processos de competência originária previstos no inciso VI, caberá sustentação oral no agravo interno interposto contra decisão de relator que o extinga.

§ 4º. É permitido ao advogado com domicílio profissional em cidade diversa daquela onde está sediado o tribunal realizar sustentação oral por meio de videoconferência ou outro recurso tecnológico de transmissão de sons e imagens em tempo real, desde que o requeira até o dia anterior ao da sessão.

ART. 938. A questão preliminar suscitada no julgamento será decidida antes do mérito, deste não se conhecendo caso seja incompatível com a decisão.

§ 1º. Constatada a ocorrência de vício sanável, inclusive aquele que possa ser conhecido de ofício, o relator determinará a realização ou a renovação do ato processual, no próprio tribunal ou em primeiro grau de jurisdição, intimadas as partes.

§ 2º. Cumprida a diligência de que trata o § 1º, o relator, sempre que possível, prosseguirá no julgamento do recurso.

§ 3º. Reconhecida a necessidade de produção de prova, o relator converterá o julgamento em diligência, que se realizará no tribunal ou em primeiro grau de jurisdição, decidindo-se o recurso após a conclusão da instrução.

§ 4º. Quando não determinadas pelo relator, as providências indicadas nos §§ 1º e 3º poderão ser determinadas pelo órgão competente para julgamento do recurso.

ART. 939. Se a preliminar for rejeitada ou se a apreciação do mérito for com ela compatível, seguir-se-ão a discussão e o julgamento da matéria principal, sobre a qual deverão se pronunciar os juízes vencidos na preliminar.

ART. 940. O relator ou outro juiz que não se considerar habilitado a proferir imediatamente seu voto poderá solicitar vista pelo prazo máximo de 10 (dez) dias, após o qual o recurso será reincluído em pauta para julgamento na sessão seguinte à data da devolução.

§ 1º. Se os autos não forem devolvidos tempestivamente ou se não for solicitada pelo juiz prorrogação de prazo de no máximo mais 10 (dez) dias, o presidente do órgão fracionário os requisitará para julgamento do recurso na sessão ordinária subsequente, com publicação da pauta em que for incluído.

§ 2º. Quando requisitar os autos na forma do § 1º, se aquele que fez o pedido de vista ainda não se sentir habilitado a votar, o presidente convocará substituto para proferir voto, na forma estabelecida no regimento interno do tribunal.

ART. 941. Proferidos os votos, o presidente anunciará o resultado do julgamento, designando para redigir o acórdão o relator ou, se vencido este, o autor do primeiro voto vencedor.

§ 1º. O voto poderá ser alterado até o momento da proclamação do resultado pelo presidente, salvo aquele já proferido por juiz afastado ou substituído.

§ 2º. No julgamento de apelação ou de agravo de instrumento, a decisão será tomada, no órgão colegiado, pelo voto de 3 (três) juízes.

§ 3º. O voto vencido será necessariamente declarado e considerado parte integrante do acórdão para todos os fins legais, inclusive de pré-questionamento.

▸ Súmula nº 200 do STJ.

• •

ART. 943. Os votos, os acórdãos e os demais atos processuais podem ser registrados em documento eletrônico inviolável e assinados eletronicamente, na forma da lei, devendo ser impressos para juntada aos autos do processo quando este não for eletrônico.

§ 1º. Todo acórdão conterá ementa.

§ 2º. Lavrado o acórdão, sua ementa será publicada no órgão oficial no prazo de 10 (dez) dias.

ART. 944. Não publicado o acórdão no prazo de 30 (trinta) dias, contado da data da sessão de julgamento, as notas taquigráficas o substituirão, para todos os fins legais, independentemente de revisão.

Parágrafo único. No caso do *caput*, o presidente do tribunal lavrará, de imediato, as conclusões e a ementa e mandará publicar o acórdão.

ART. 945. (Revogado pela Lei nº 13.256, de 2016)

ART. 946. O agravo de instrumento será julgado antes da apelação interposta no mesmo processo.

Parágrafo único. Se ambos os recursos de que trata o *caput* houverem de ser julgados na mesma sessão, terá precedência o agravo de instrumento.

CAPÍTULO III. DO INCIDENTE DE ASSUNÇÃO DE COMPETÊNCIA

ART. 947. É admissível a assunção de competência quando o julgamento de recurso, de remessa necessária ou de processo de competência originária envolver relevante questão de direito, com grande repercussão social, sem repetição em múltiplos processos.

§ 1º. Ocorrendo a hipótese de assunção de competência, o relator proporá, de ofício ou a requerimento da parte, do Ministério Público ou da Defensoria Pública, que seja o recurso, a remessa necessária ou o processo de competência originária julgado pelo órgão colegiado que o regimento indicar.

§ 2º. O órgão colegiado julgará o recurso, a remessa necessária ou o processo de competência originária se reconhecer interesse público na assunção de competência.

§ 3º. O acórdão proferido em assunção de competência vinculará todos os juízes e órgãos fracionários, exceto se houver revisão de tese.

§ 4º. Aplica-se o disposto neste artigo quando ocorrer relevante questão de direito a respeito da qual seja conveniente a prevenção ou a composição de divergência entre câmaras ou turmas do tribunal.

CAPÍTULO IV. DO INCIDENTE DE ARGUIÇÃO DE INCONSTITUCIONALIDADE

ART. 948. Arguida, em controle difuso, a inconstitucionalidade de lei ou de ato normativo do poder público, o relator, após ouvir o Ministério Público e as partes, submeterá a questão à turma ou à câmara à qual competir o conhecimento do processo.

▸ CF: arts. 102, I, a e 103.

ART. 949. Se a arguição for:

I – rejeitada, prosseguirá o julgamento;

II – acolhida, a questão será submetida ao plenário do tribunal ou ao seu órgão especial, onde houver.

Parágrafo único. Os órgãos fracionários dos tribunais não submeterão ao plenário ou ao órgão especial a arguição de inconstitucionalidade quando já houver pronunciamento destes ou do plenário do Supremo Tribunal Federal sobre a questão.

ART. 950. Remetida cópia do acórdão a todos os juízes, o presidente do tribunal designará a sessão de julgamento.

§ 1º. As pessoas jurídicas de direito público responsáveis pela edição do ato questionado poderão manifestar-se no incidente de inconstitucionalidade se assim o requererem, observados os prazos e as condições previstos no regimento interno do tribunal.

§ 2º. A parte legitimada à propositura das ações previstas no art. 103 da Constituição Federal poderá manifestar-se, por escrito, sobre a questão constitucional objeto de apreciação, no prazo previsto pelo regimento interno, sendo-lhe assegurado o direito de apresentar memoriais ou de requerer a juntada de documentos.

§ 3º. Considerando a relevância da matéria e a representatividade dos postulantes, o relator poderá admitir, por despacho irrecorrível, a manifestação de outros órgãos ou entidades.

▸ Súmula Vinculante nº 10.

▸ Súmulas nºs 293 e 455 do STF.

▸ CF: arts. 97 e 103.

• • • • • • • • • • • • • • • • •

CAPÍTULO VI. DA HOMOLOGAÇÃO DE DECISÃO ESTRANGEIRA E DA CONCESSÃO DO EXEQUATUR À CARTA ROGATÓRIA

ART. 960. A homologação de decisão estrangeira será requerida por ação de homologação de decisão estrangeira, salvo disposição especial em sentido contrário prevista em tratado.

§ 1º. A decisão interlocutória estrangeira poderá ser executada no Brasil por meio de carta rogatória.

§ 2º. A homologação obedecerá ao que dispuserem os tratados em vigor no Brasil e o Regimento Interno do Superior Tribunal de Justiça.

▸ CF: art. 109, X.

▸ Lei nº 9.307, de 23-09-1996, art. 37, dispõe sobre arbitragem.

§ 3º. A homologação de decisão arbitral estrangeira obedecerá ao disposto em tratado e em lei, aplicando-se, subsidiariamente, as disposições deste Capítulo.

ART. 961. A decisão estrangeira somente terá eficácia no Brasil após a homologação de sentença estrangeira ou a concessão do *exequatur* às cartas rogatórias, salvo disposição em sentido contrário de lei ou tratado.

§ 1º. É passível de homologação a decisão judicial definitiva, bem como a decisão não judicial que, pela lei brasileira, teria natureza jurisdicional.

§ 2º. A decisão estrangeira poderá ser homologada parcialmente.

§ 3º. A autoridade judiciária brasileira poderá deferir pedidos de urgência e realizar atos de execução provisória no processo de homologação de decisão estrangeira.

§ 4º. Haverá homologação de decisão estrangeira para fins de execução fiscal quando prevista em tratado ou em promessa de reciprocidade apresentada à autoridade brasileira.

§ 5º. A sentença estrangeira de divórcio consensual produz efeitos no Brasil, independentemente de homologação pelo Superior Tribunal de Justiça.

§ 6º. Na hipótese do § 5º, competirá a qualquer juiz examinar a validade da decisão, em caráter principal ou incidental, quando essa questão for suscitada em processo de sua competência.

ART. 962. É passível de execução a decisão estrangeira concessiva de medida de urgência.

§ 1º. A execução no Brasil de decisão interlocutória estrangeira concessiva de medida de urgência dar-se-á por carta rogatória.

§ 2º. A medida de urgência concedida sem audiência do réu poderá ser executada, desde que garantido o contraditório em momento posterior.

§ 3º. O juízo sobre a urgência da medida compete exclusivamente à autoridade jurisdicional prolatora da decisão estrangeira.

§ 4º. Quando dispensada a homologação para que a sentença estrangeira produza efeitos no Brasil, a decisão concessiva de medida de urgência dependerá, para produzir efeitos, de ter sua validade expressamente reconhecida pelo juiz competente para dar-lhe cumprimento, dispensada a homologação pelo Superior Tribunal de Justiça.

ART. 963. Constituem requisitos indispensáveis à homologação da decisão:

I – ser proferida por autoridade competente;

II – ser precedida de citação regular, ainda que verificada a revelia;

III – ser eficaz no país em que foi proferida;

IV – não ofender a coisa julgada brasileira;

V – estar acompanhada de tradução oficial, salvo disposição que a dispense prevista em tratado;

VI – não conter manifesta ofensa à ordem pública.

Parágrafo único. Para a concessão do *exequatur* às cartas rogatórias, observar-se-ão os pressupostos previstos no *caput* deste artigo e no art. 962, § 2º.

▸ Dec.-lei nº 4.657, de 04-09-1942, art. 15, Lei de Introdução às Normas do Direito Brasileiro.

ART. 964. Não será homologada a decisão estrangeira na hipótese de competência exclusiva da autoridade judiciária brasileira.

Parágrafo único. O dispositivo também se aplica à concessão do *exequatur* à carta rogatória.

ART. 965. O cumprimento de decisão estrangeira far-se-á perante o juízo federal competente, a requerimento da parte, conforme as normas estabelecidas para o cumprimento de decisão nacional.

Parágrafo único. O pedido de execução deverá ser instruído com cópia autenticada da decisão homologatória ou do *exequatur*, conforme o caso.

▸ CF: art. 109, X.

• • • • • • • • • • • • • • • • •

CAPÍTULO VIII. DO INCIDENTE DE RESOLUÇÃO DE DEMANDAS REPETITIVAS

ART. 976. É cabível a instauração do incidente de resolução de demandas repetitivas quando houver, simultaneamente:

I – efetiva repetição de processos que contenham controvérsia sobre a mesma questão unicamente de direito;

II – risco de ofensa à isonomia e à segurança jurídica.

§ 1º. A desistência ou o abandono do processo não impede o exame de mérito do incidente.

§ 2º. Se não for o requerente, o Ministério Público intervirá obrigatoriamente no incidente e deverá assumir sua titularidade em caso de desistência ou de abandono.

§ 3º. A inadmissão do incidente de resolução de demandas repetitivas por ausência de qualquer de seus pressupostos de admissibilidade não impede que, uma vez satisfeito o requisito, seja o incidente novamente suscitado.

§ 4º. É incabível o incidente de resolução de demandas repetitivas quando um dos tribunais superiores, no âmbito de sua respectiva competência, já tiver afetado recurso para definição de tese sobre questão de direito material ou processual repetitiva.

§ 5º. Não serão exigidas custas processuais no incidente de resolução de demandas repetitivas.

ART. 977. O pedido de instauração do incidente será dirigido ao presidente de tribunal:

I – pelo juiz ou relator, por ofício;

II – pelas partes, por petição;

III – pelo Ministério Público ou pela Defensoria Pública, por petição.

Parágrafo único. O ofício ou a petição será instruído com os documentos necessários à demonstração do preenchimento dos pressupostos para a instauração do incidente.

ART. 978. O julgamento do incidente caberá ao órgão indicado pelo regimento interno dentre aqueles responsáveis pela uniformização de jurisprudência do tribunal.

Parágrafo único. O órgão colegiado incumbido de julgar o incidente e de fixar a tese jurídica julgará igualmente o recurso, a remessa necessária ou o processo de competência originária de onde se originou o incidente.

ART. 979. A instauração e o julgamento do incidente serão sucedidos da mais ampla e específica divulgação e publicidade, por meio de registro eletrônico no Conselho Nacional de Justiça.

§ 1º. Os tribunais manterão banco eletrônico de dados atualizados com informações específicas sobre questões de direito submetidas ao incidente, comunicando-o imediatamente ao Conselho Nacional de Justiça para inclusão no cadastro.

§ 2º. Para possibilitar a identificação dos processos abrangidos pela decisão do incidente, o registro eletrônico das teses jurídicas constantes do cadastro conterá, no mínimo, os fundamentos determinantes da decisão e os dispositivos normativos a ela relacionados.

§ 3º. Aplica-se o disposto neste artigo ao julgamento de recursos repetitivos e da repercussão geral em recurso extraordinário.

ART. 980. O incidente será julgado no prazo de 1 (um) ano e terá preferência sobre os demais feitos, ressalvados os que envolvam réu preso e os pedidos de *habeas corpus*.

Parágrafo único. Superado o prazo previsto no *caput*, cessa a suspensão dos processos prevista no art. 982, salvo decisão fundamentada do relator em sentido contrário.

ART. 981. Após a distribuição, o órgão colegiado competente para julgar o incidente procederá ao seu juízo de admissibilidade, considerando a presença dos pressupostos do art. 976.

ART. 982. Admitido o incidente, o relator:

I – suspenderá os processos pendentes, individuais ou coletivos, que tramitam no Estado ou na região, conforme o caso;

II – poderá requisitar informações a órgãos em cujo juízo tramita processo no qual se discute o objeto do incidente, que as prestarão no prazo de 15 (quinze) dias;

III – intimará o Ministério Público para, querendo, manifestar-se no prazo de 15 (quinze) dias.

§ 1º. A suspensão será comunicada aos órgãos jurisdicionais competentes.

§ 2º. Durante a suspensão, o pedido de tutela de urgência deverá ser dirigido ao juízo onde tramita o processo suspenso.

§ 3º. Visando à garantia da segurança jurídica, qualquer legitimado mencionado no art. 977, incisos II e III, poderá requerer, ao tribunal competente para conhecer do recurso extraordinário ou especial, a suspensão de todos os processos individuais ou coletivos em curso no território nacional que versem sobre a questão objeto do incidente já instaurado.

§ 4º. Independentemente dos limites da competência territorial, a parte no processo em curso no qual se discuta a mesma questão objeto do incidente é legitimada para requerer a providência prevista no § 3º deste artigo.

§ 5º. Cessa a suspensão a que se refere o inciso I do *caput* deste artigo se não for interposto recurso especial ou recurso extraordinário contra a decisão proferida no incidente.

ART. 983. O relator ouvirá as partes e os demais interessados, inclusive pessoas, órgãos e entidades com interesse na controvérsia, que, no prazo comum de 15 (quinze) dias, poderão requerer a juntada de documentos, bem como as diligências necessárias para a elucidação da questão de direito controvertida, e, em seguida, manifestar-se-á o Ministério Público, no mesmo prazo.

§ 1º. Para instruir o incidente, o relator poderá designar data para, em audiência pública, ouvir depoimentos de pessoas com experiência e conhecimento na matéria.

§ 2º. Concluídas as diligências, o relator solicitará dia para o julgamento do incidente.

ART. 984. No julgamento do incidente, observar-se-á a seguinte ordem:

I – o relator fará a exposição do objeto do incidente;

II – poderão sustentar suas razões, sucessivamente:

a) o autor e o réu do processo originário e o Ministério Público, pelo prazo de 30 (trinta) minutos;

b) os demais interessados, no prazo de 30 (trinta) minutos, divididos entre todos, sendo exigida inscrição com 2 (dois) dias de antecedência.

§ 1º. Considerando o número de inscritos, o prazo poderá ser ampliado.

§ 2º. O conteúdo do acórdão abrangerá a análise de todos os fundamentos suscitados concernentes à tese jurídica discutida, sejam favoráveis ou contrários.

ART. 985. Julgado o incidente, a tese jurídica será aplicada:

I – a todos os processos individuais ou coletivos que versem sobre idêntica questão de direito e que tramitem na área de jurisdição do respectivo tribunal, inclusive àqueles que tramitem nos juizados especiais do respectivo Estado ou região;

II – aos casos futuros que versem idêntica questão de direito e que venham a tramitar no território de competência do tribunal, salvo revisão na forma do art. 986.

§ 1º. Não observada a tese adotada no incidente, caberá reclamação.

§ 2º. Se o incidente tiver por objeto questão relativa a prestação de serviço concedido, permitido ou autorizado, o resultado do julgamento será comunicado ao órgão, ao ente ou à agência reguladora competente para fiscalização da efetiva aplicação, por parte dos entes sujeitos a regulação, da tese adotada.

ART. 986. A revisão da tese jurídica firmada no incidente far-se-á pelo mesmo tribunal, de ofício ou mediante requerimento dos legitimados mencionados no art. 977, inciso III.

ART. 987. Do julgamento do mérito do incidente caberá recurso extraordinário ou especial, conforme o caso.

§ 1º. O recurso tem efeito suspensivo, presumindo-se a repercussão geral de questão constitucional eventualmente discutida.

§ 2º. Apreciado o mérito do recurso, a tese jurídica adotada pelo Supremo Tribunal Federal ou pelo Superior Tribunal de Justiça será aplicada no território nacional a todos os processos individuais ou coletivos que versem sobre idêntica questão de direito.

CAPÍTULO IX. DA RECLAMAÇÃO

ART. 988. Caberá reclamação da parte interessada ou do Ministério Público para:

I – preservar a competência do tribunal;

II – garantir a autoridade das decisões do tribunal;

III – garantir a observância de enunciado de súmula vinculante e de decisão do Supremo Tribunal Federal em controle concentrado de constitucionalidade; (Redação dada pela Lei nº 13.256, de 2016)

IV – garantir a observância de acórdão proferido em julgamento de incidente de resolução de demandas repetitivas ou de incidente de assunção de competência; (Redação dada pela Lei nº 13.256, de 2016)

§ 1º. A reclamação pode ser proposta perante qualquer tribunal, e seu julgamento compete ao órgão jurisdicional cuja competência se busca preservar ou cuja autoridade se pretenda garantir.

§ 2º. A reclamação deverá ser instruída com prova documental e dirigida ao presidente do tribunal.

§ 3º. Assim que recebida, a reclamação será autuada e distribuída ao relator do processo principal, sempre que possível.

§ 4º. As hipóteses dos incisos III e IV compreendem a aplicação indevida da tese jurídica e sua não aplicação aos casos que a ela correspondam.

§ 5º. É inadmissível a reclamação: (Redação dada pela Lei nº 13.256, de 2016)

I – proposta após o trânsito em julgado da decisão reclamada; (Incluído pela Lei nº 13.256, de 2016)

II – proposta para garantir a observância de acórdão de recurso extraordinário com repercussão geral reconhecida ou de acórdão proferido em julgamento de recursos extraordinário ou especial repetitivos, quando não esgotadas as instâncias ordinárias. (Incluído pela Lei nº 13.256, de 2016)

§ 6º. A inadmissibilidade ou o julgamento do recurso interposto contra a decisão proferida pelo órgão reclamado não prejudica a reclamação.

ART. 989. Ao despachar a reclamação, o relator:

I – requisitará informações da autoridade a quem for imputada a prática do ato impugnado, que as prestará no prazo de 10 (dez) dias;

II – se necessário, ordenará a suspensão do processo ou do ato impugnado para evitar dano irreparável;

III – determinará a citação do beneficiário da decisão impugnada, que terá prazo de 15 (quinze) dias para apresentar a sua contestação.

ART. 990. Qualquer interessado poderá impugnar o pedido do reclamante.

ART. 991. Na reclamação que não houver formulado, o Ministério Público terá vista do processo por 5 (cinco) dias, após o decurso do prazo para informações e para o oferecimento da contestação pelo beneficiário do ato impugnado.

ART. 992. Julgando procedente a reclamação, o tribunal cassará a decisão exorbitante de seu julgado ou determinará medida adequada à solução da controvérsia.

ART. 993. O presidente do tribunal determinará o imediato cumprimento da decisão, lavrando-se o acórdão posteriormente.

TÍTULO II. DOS RECURSOS

CAPÍTULO I. DISPOSIÇÕES GERAIS

ART. 994. São cabíveis os seguintes recursos:

I – apelação;

II – agravo de instrumento;

III – agravo interno;

IV – embargos de declaração;

V – recurso ordinário;

VI – recurso especial;

VII – recurso extraordinário;

VIII – agravo em recurso especial ou extraordinário;

IX – embargos de divergência.

▸ Súmulas nºs 158, 168, 315, 316 e 420 do STJ.

• • • • • • • • • • • • • • • • • • • •

TÍTULO II. DOS RECURSOS

CAPÍTULO I. DISPOSIÇÕES GERAIS

• • • • • • • • • • • • • • • • • • • •

ART. 1.003. O prazo para interposição de recurso conta-se da data em que os advogados, a sociedade de advogados, a Advocacia Pública, a Defensoria Pública ou o Ministério Público são intimados da decisão.

§ 1º. Os sujeitos previstos no caput considerar-se-ão intimados em audiência quando nesta for proferida a decisão.

§ 2º. Aplica-se o disposto no art. 231, incisos I a VI, ao prazo de interposição de recurso pelo réu contra decisão proferida anteriormente à citação.

§ 3º. No prazo para interposição de recurso, a petição será protocolada em cartório ou conforme as normas de organização judiciária, ressalvado o disposto em regra especial.

§ 4º. Para aferição da tempestividade do recurso remetido pelo correio, será considerada como data de interposição a data de postagem.

§ 5º. Excetuados os embargos de declaração, o prazo para interpor os recursos e para responder-lhes é de 15 (quinze) dias.

▸ Súmula nº 727 do STF.

▸ Súmula nº 579 do STJ.

▸ CRFB: arts. 102, III e 105, III.

▸ CPP: art. 798.

▸ CPC/2015: arts. 1.029 a 1.042.

§ 6º. O recorrente comprovará a ocorrência de feriado local no ato de interposição do recurso

• • • • • • • • • • • • • • • • • • • •

CAPÍTULO III. DO AGRAVO DE INSTRUMENTO

ART. 1.015. Cabe agravo de instrumento contra as decisões interlocutórias que versarem sobre:

I – tutelas provisórias;

▸ CPC: art. 1.003, § 5º.

▸ Lei nº 11.340, de 07-08-2006, art. 19, cria mecanismos para coibir a violência doméstica e familiar contra a mulher.

• • • • • • • • • • • • • • • • • • • •

XIII – outros casos expressamente referidos em lei.

• • • • • • • • • • • • • • • • • • • •

ART. 1.016. O agravo de instrumento será dirigido diretamente ao tribunal competente, por meio de petição com os seguintes requisitos:

I – os nomes das partes;

II – a exposição do fato e do direito;

III – as razões do pedido de reforma ou de invalidação da decisão e o próprio pedido;

▸ Súmula nº 182 do STJ.

IV – o nome e o endereço completo dos advogados constantes do processo.

ART. 1.017. A petição de agravo de instrumento será instruída:

I – obrigatoriamente, com cópias da petição inicial, da contestação, da petição que ensejou a decisão agravada, da própria decisão agravada, da certidão da respectiva intimação ou outro documento oficial que comprove a tempestividade e das procurações outorgadas aos advogados do agravante e do agravado;

▸ Súmula nº 223 do STJ.

II – com declaração de inexistência de qualquer dos documentos referidos no inciso I, feita pelo advogado do agravante, sob pena de sua responsabilidade pessoal;

III – facultativamente, com outras peças que o agravante reputar úteis.

§ 1º. Acompanhará a petição o comprovante do pagamento das respectivas custas e do porte de retorno, quando devidos, conforme tabela publicada pelos tribunais.

§ 2º. No prazo do recurso, o agravo será interposto por:

I – protocolo realizado diretamente no tribunal competente para julgá-lo;

II – protocolo realizado na própria comarca, seção ou subseção judiciárias;

III – postagem, sob registro, com aviso de recebimento;

IV – transmissão de dados tipo fac-símile, nos termos da lei;

V – outra forma prevista em lei.

§ 3º. Na falta da cópia de qualquer peça ou no caso de algum outro vício que comprometa a admissibilidade do agravo de instrumento, deve o relator aplicar o disposto no art. 932, parágrafo único.

§ 4º. Se o recurso for interposto por sistema de transmissão de dados tipo fac-símile ou similar, as peças devem ser juntadas no momento de protocolo da petição original.

§ 5º. Sendo eletrônicos os autos do processo, dispensam-se as peças referidas nos incisos I e II do *caput*, facultando-se ao agravante anexar outros documentos que entender úteis para a compreensão da controvérsia.

ART. 1.018. O agravante poderá requerer a juntada, aos autos do processo, de cópia da petição do agravo de instrumento, do comprovante de sua interposição e da relação dos documentos que instruíram o recurso.

▸ CPP: art. 587.

§ 1º. Se o juiz comunicar que reformou inteiramente a decisão, o relator considerará prejudicado o agravo de instrumento.

§ 2º. Não sendo eletrônicos os autos, o agravante tomará a providência prevista no *caput*, no prazo de 3 (três) dias a contar da interposição do agravo de instrumento.

§ 3º. O descumprimento da exigência de que trata o § 2º, desde que arguido e provado pelo agravado, importa inadmissibilidade do agravo de instrumento.

ART. 1.019. Recebido o agravo de instrumento no tribunal e distribuído imediatamente, se não for o caso de aplicação do art. 932, incisos III e IV, o relator, no prazo de 5 (cinco) dias:

I – poderá atribuir efeito suspensivo ao recurso ou deferir, em antecipação de tutela, total ou parcialmente, a pretensão recursal, comunicando ao juiz sua decisão;

II – ordenará a intimação do agravado pessoalmente, por carta com aviso de recebimento, quando não tiver procurador constituído, ou pelo Diário da Justiça ou por carta com aviso de recebimento dirigida ao seu advogado, para que responda no prazo de 15 (quinze) dias, facultando-lhe juntar a documentação que entender necessária ao julgamento do recurso;

III – determinará a intimação do Ministério Público, preferencialmente por meio eletrônico, quando for o caso de sua intervenção, para que se manifeste no prazo de 15 (quinze) dias.

ART. 1.020. O relator solicitará dia para julgamento em prazo não superior a 1 (um) mês da intimação do agravado.

▸ *Súmula nº 86 do STJ.*

CAPÍTULO IV.
DO AGRAVO INTERNO

ART. 1.021. Contra decisão proferida pelo relator caberá agravo interno para o respectivo órgão colegiado, observadas, quanto ao processamento, as regras do regimento interno do tribunal.

§ 1º. Na petição de agravo interno, o recorrente impugnará especificadamente os fundamentos da decisão agravada.

§ 2º. O agravo será dirigido ao relator, que intimará o agravado para manifestar-se sobre o recurso no prazo de 15 (quinze) dias, ao final do qual, não havendo retratação, o relator levá-lo-á a julgamento pelo órgão colegiado, com inclusão em pauta.

§ 3º. É vedado ao relator limitar-se à reprodução dos fundamentos da decisão agravada para julgar improcedente o agravo interno.

§ 4º. Quando o agravo interno for declarado manifestamente inadmissível ou improcedente em votação unânime, o órgão colegiado, em decisão fundamentada, condenará o agravante a pagar ao agravado multa fixada entre um e cinco por cento do valor atualizado da causa.

§ 5º. A interposição de qualquer outro recurso está condicionada ao depósito prévio do valor da multa prevista no § 4º, à exceção da Fazenda Pública e do beneficiário de gratuidade da justiça, que farão o pagamento ao final.

▸ *Súmula nº 117 do STJ.*

CAPÍTULO V.
DOS EMBARGOS DE DECLARAÇÃO

ART. 1.022. Cabem embargos de declaração contra qualquer decisão judicial para:

▸ *CPP: arts. 382 e 619.*

I – esclarecer obscuridade ou eliminar contradição;

II – suprir omissão de ponto ou questão sobre o qual devia se pronunciar o juiz de ofício ou a requerimento;

▸ *Súmulas nºs 98, 211 e 453 do STJ.*

III – corrigir erro material.

Parágrafo único. Considera-se omissa a decisão que:

I – deixe de se manifestar sobre tese firmada em julgamento de casos repetitivos ou em incidente de assunção de competência aplicável ao caso sob julgamento;

II – incorra em qualquer das condutas descritas no art. 489, § 1º.

ART. 1.023. Os embargos serão opostos, no prazo de 5 (cinco) dias, em petição dirigida ao juiz, com indicação do erro, obscuridade, contradição ou omissão, e não se sujeitam a preparo.

§ 1º. Aplica-se aos embargos de declaração o art. 229.

§ 2º. O juiz intimará o embargado para, querendo, manifestar-se, no prazo de 5 (cinco) dias, sobre os embargos opostos, caso seu eventual acolhimento implique a modificação da decisão embargada.

ART. 1.024. O juiz julgará os embargos em 5 (cinco) dias.

§ 1º. Nos tribunais, o relator apresentará os embargos em mesa na sessão subsequente, proferindo voto, e, não havendo julgamento nessa sessão, será o recurso incluído em pauta automaticamente.

§ 2º. Quando os embargos de declaração forem opostos contra decisão de relator ou outra decisão unipessoal proferida em tribunal, o órgão prolator da decisão embargada decidi-los-á monocraticamente.

§ 3º. O órgão julgador conhecerá dos embargos de declaração como agravo interno se entender ser este o recurso cabível, desde que determine previamente a intimação do recorrente para, no prazo de 5 (cinco) dias, complementar as razões recursais, de modo a ajustá-las às exigências do art. 1.021, § 1º.

§ 4º. Caso o acolhimento dos embargos de declaração implique modificação da decisão embargada, o embargado que já tiver interposto outro recurso contra a decisão originária tem o direito de complementar ou alterar suas razões, nos exatos limites da modificação, no prazo de 15 (quinze) dias, contado da intimação da decisão dos embargos de declaração.

§ 5º. Se os embargos de declaração forem rejeitados ou não alterarem a conclusão do julgamento anterior, o recurso interposto pela outra parte antes da publicação do julgamento dos embargos de declaração será processado e julgado independentemente de ratificação.

▸ *Súmula nº 418 do STJ.*

ART. 1.025. Consideram-se incluídos no acórdão os elementos que o embargante suscitou, para fins de pré-questionamento, ainda que os embargos de declaração sejam inadmitidos ou rejeitados, caso o tribunal superior considere existentes erro, omissão, contradição ou obscuridade.

▸ *Súmula nº 211 do STJ.*

ART. 1.026. Os embargos de declaração não possuem efeito suspensivo e interrompem o prazo para a interposição de recurso.

▸ *Súmulas nºs 98 e 418 do STJ.*

▸ *CPP: arts. 382 e 619.*

§ 1º. A eficácia da decisão monocrática ou colegiada poderá ser suspensa pelo respectivo juiz ou relator se demonstrada a probabilidade de provimento do recurso ou, sendo relevante a fundamentação, se houver risco de dano grave ou de difícil reparação.

§ 2º. Quando manifestamente protelatórios os embargos de declaração, o juiz ou o tribunal, em decisão fundamentada, condenará o embargante a pagar ao embargado multa não excedente a dois por cento sobre o valor atualizado da causa.

§ 3º. Na reiteração de embargos de declaração manifestamente protelatórios, a multa será elevada a até dez por cento sobre o valor atualizado da causa, e a interposição de qualquer recurso ficará condicionada ao depósito prévio do valor da multa, à exceção da Fazenda Pública e do beneficiário de gratuidade da justiça, que a recolherão ao final.

▸ *Súmula nº 98 do STJ.*

§ 4º. Não serão admitidos novos embargos de declaração se os 2 (dois) anteriores houverem sido considerados protelatórios.

CAPÍTULO VI. DOS RECURSOS PARA O SUPREMO TRIBUNAL FEDERAL E PARA O SUPERIOR TRIBUNAL DE JUSTIÇA

SEÇÃO I. DO RECURSO ORDINÁRIO

ART. 1.027. Serão julgados em recurso ordinário:

▸ *CF: arts. 102, II e 105, II.*

I – pelo Supremo Tribunal Federal, os mandados de segurança, os *habeas data* e os mandados de injunção decididos em única instância pelos tribunais superiores, quando denegatória a decisão;

II – pelo Superior Tribunal de Justiça:

a) os mandados de segurança decididos em única instância pelos tribunais regionais federais ou pelos tribunais de justiça dos Estados e do Distrito Federal e Territórios, quando denegatória a decisão;

b) os processos em que forem partes, de um lado, Estado estrangeiro ou organismo internacional e, de outro, Município ou pessoa residente ou domiciliada no País.

§ 1º. Nos processos referidos no inciso II, alínea "b", contra as decisões interlocutórias caberá agravo de instrumento dirigido ao Superior Tribunal de Justiça, nas hipóteses do art. 1.015.

§ 2º. Aplica-se ao recurso ordinário o disposto nos arts. 1.013, § 3º, e 1.029, § 5º.

ART. 1.028. Ao recurso mencionado no art. 1.027, inciso II, alínea "b", aplicam-se, quanto aos requisitos de admissibilidade e ao procedimento, as disposições relativas à apelação e o Regimento Interno do Superior Tribunal de Justiça.

§ 1º. Na hipótese do art. 1.027, § 1º, aplicam-se as disposições relativas ao agravo de instrumento e o Regimento Interno do Superior Tribunal de Justiça.

§ 2º. O recurso previsto no art. 1.027, incisos I e II, alínea "a", deve ser interposto perante o tribunal de origem, cabendo ao seu presidente ou vice-presidente determinar a intimação do recorrido para, em 15 (quinze) dias, apresentar as contrarrazões.

§ 3º. Findo o prazo referido no § 2º, os autos serão remetidos ao respectivo tribunal superior, independentemente de juízo de admissibilidade.

SEÇÃO II. DO RECURSO EXTRAORDINÁRIO E DO RECURSO ESPECIAL

SUBSEÇÃO I. DISPOSIÇÕES GERAIS

▸ *Súmulas nºs 288, 633 a 640, 733 e 735 do STF.*

▸ *Súmulas nºs 5, 7, 83, 86, 126, 203, 207, 211, 256, 320 e 418 do STJ.*

▸ *Lei nº 8.038, de 28-05-1990, dispõe sobre normas procedimentais para os processos que especifica perante o STF e STJ.*

▸ *CP: art. 116, III.*

ART. 1.029. O recurso extraordinário e o recurso especial, nos casos previstos na Constituição Federal, serão interpostos perante o presidente ou o vice-presidente do tribunal recorrido, em petições distintas que conterão:

I – a exposição do fato e do direito;

II – a demonstração do cabimento do recurso interposto;

III – as razões do pedido de reforma ou de invalidação da decisão recorrida.

▸ *Súmula nº 727 do STF.*

▸ *Súmula nº 579 do STJ.*

▸ *CF: art. 102, III, a.*

▸ *CPC/2015: arts. 1.003, § 5º e 1.042.*

§ 1º. Quando o recurso fundar-se em dissídio jurisprudencial, o recorrente fará a prova da divergência com a certidão, cópia ou citação do repositório de jurisprudência, oficial ou credenciado, inclusive em mídia eletrônica, em que houver sido publicado o acórdão divergente, ou ainda com a reprodução de julgado disponível na rede mundial de computadores, com indicação da respectiva fonte, devendo-se, em qualquer caso, mencionar as circunstâncias que identifiquem ou assemelhem os casos confrontados.

▸ *CF: art. 105, III, c.*

§ 2º. (Revogado). (Redação dada pela Lei nº 13.256, de 2016)

§ 3º. O Supremo Tribunal Federal ou o Superior Tribunal de Justiça poderá desconsiderar vício formal de recurso tempestivo ou determinar sua correção, desde que não o repute grave.

§ 4º. Quando, por ocasião do processamento do incidente de resolução de demandas repetitivas, o presidente do Supremo Tribunal Federal ou do Superior Tribunal de Justiça receber requerimento de suspensão de processos em que se discuta questão federal constitucional ou infraconstitucional, poderá, considerando razões de segurança jurídica ou de excepcional interesse social, estender a suspensão a todo o território nacional, até ulterior decisão do recurso extraordinário ou do recurso especial a ser interposto.

§ 5º. O pedido de concessão de efeito suspensivo a recurso extraordinário ou a recurso especial poderá ser formulado por requerimento dirigido:

▸ *Súmula 604 do STJ.*

I – ao tribunal superior respectivo, no período compreendido entre a publicação da decisão de admissão do recurso e sua distribuição, ficando o relator designado para seu exame prevento para julgá-lo; (Redação dada pela Lei nº 13.256, de 2016)

II – ao relator, se já distribuído o recurso;

III – ao presidente ou ao vice-presidente do tribunal recorrido, no período compreendido entre a interposição do recurso e a publicação da decisão de admissão do recurso, assim como no caso de o recurso ter sido sobrestado, nos termos do art. 1.037. (Redação dada pela Lei nº 13.256, de 2016)

▸ *Súmulas nºs 634 e 635 do STF.*

▸ *Súmula nº 115 do STJ.*

ART. 1.030. Recebida a petição do recurso pela secretaria do tribunal, o recorrido será intimado para apresentar contrarrazões no prazo de 15 (quinze) dias, findo o qual os autos serão conclusos ao presidente ou ao vice-presidente do tribunal recorrido, que deverá: (Redação dada pela Lei nº 13.256, de 2016)

▸ *CPC/2015: art. 1.003, § 5º.*

I – negar seguimento: (Incluído pela Lei nº 13.256, de 2016)

a) a recurso extraordinário que discuta questão constitucional à qual o Supremo Tribunal Federal não tenha reconhecido a existência de repercussão geral ou a recurso extraordinário interposto contra acórdão que esteja em conformidade com entendimento do Supremo Tribunal Federal exarado no regime de repercussão geral; (Incluída pela Lei nº 13.256, de 2016)

b) a recurso extraordinário ou a recurso especial interposto contra acórdão que esteja em conformidade com entendimento do Supremo Tribunal Federal ou do Superior Tribunal de Justiça, respectivamente, exarado no regime de julgamento de recursos repetitivos; (Incluída pela Lei nº 13.256, de 2016)

II – encaminhar o processo ao órgão julgador para realização do juízo de retratação, se o acórdão recorrido divergir do entendimento do Supremo Tribunal Federal ou do Superior Tribunal de Justiça exarado, conforme o caso, nos regimes de repercussão geral ou de recursos repetitivos; (Incluído pela Lei nº 13.256, de 2016)

III – sobrestar o recurso que versar sobre controvérsia de caráter repetitivo ainda não decidida pelo Supremo Tribunal Federal ou pelo Superior Tribunal de Justiça, conforme se trate de matéria constitucional ou infraconstitucional; (Incluído pela Lei nº 13.256, de 2016)

IV – selecionar o recurso como representativo de controvérsia constitucional ou infraconstitucional, nos termos do § 6º do art. 1.036; (Incluído pela Lei nº 13.256, de 2016)

V – realizar o juízo de admissibilidade e, se positivo, remeter o feito ao Supremo Tribunal Federal ou ao Superior Tribunal de Justiça, desde que: (Incluído pela Lei nº 13.256, de 2016)

a) o recurso ainda não tenha sido submetido ao regime de repercussão geral ou de julgamento de recursos repetitivos; (Incluída pela Lei nº 13.256, de 2016)

b) o recurso tenha sido selecionado como representativo da controvérsia; ou (Incluída pela Lei nº 13.256, de 2016)

c) o tribunal recorrido tenha refutado o juízo de retratação. (Incluída pela Lei nº 13.256, de 2016)

§ 1º. Da decisão de inadmissibilidade proferida com fundamento no inciso V caberá agravo ao tribunal superior, nos termos do art. 1.042. (Incluído pela Lei nº 13.256, de 2016)

§ 2º. Da decisão proferida com fundamento nos incisos I e III caberá agravo interno, nos termos do art. 1.021. (Incluído pela Lei nº 13.256, de 2016)

ART. 1.031. Na hipótese de interposição conjunta de recurso extraordinário e recurso especial, os autos serão remetidos ao Superior Tribunal de Justiça.

§ 1º. Concluído o julgamento do recurso especial, os autos serão remetidos ao Supremo Tribunal Federal para apreciação do recurso extraordinário, se este não estiver prejudicado.

§ 2º. Se o relator do recurso especial considerar prejudicial o recurso extraordinário, em decisão irrecorrível, sobrestará o julgamento e remeterá os autos ao Supremo Tribunal Federal.

§ 3º. Na hipótese do § 2º, se o relator do recurso extraordinário, em decisão irrecorrível, rejeitar a prejudicialidade, devolverá os autos ao Superior Tribunal de Justiça para o julgamento do recurso especial.

ART. 1.032. Se o relator, no Superior Tribunal de Justiça, entender que o recurso especial versa sobre questão constitucional, deverá conceder prazo de 15 (quinze) dias para que o recorrente demonstre a existência de repercussão geral e se manifeste sobre a questão constitucional.

Parágrafo único. Cumprida a diligência de que trata o *caput*, o relator remeterá o recurso ao Supremo Tribunal Federal, que, em juízo de admissibilidade, poderá devolvê-lo ao Superior Tribunal de Justiça.

ART. 1.033. Se o Supremo Tribunal Federal considerar como reflexa a ofensa à Constituição afirmada no recurso extraordinário, por pressupor a revisão da interpretação de lei federal ou de tratado, remetê-lo-á ao Superior Tribunal de Justiça para julgamento como recurso especial.

▸ *Súmula nº 636 do STF.*

ART. 1.034. Admitido o recurso extraordinário ou o recurso especial, o Supremo Tribunal Federal ou o Superior Tribunal de Justiça julgará o processo, aplicando o direito.

Parágrafo único. Admitido o recurso extraordinário ou o recurso especial por um fundamento, devolve-se ao tribunal superior o conhecimento dos demais fundamentos para a solução do capítulo impugnado.

▸ *Súmulas nºs 292, 456 e 528 do STF.*

ART. 1.035. O Supremo Tribunal Federal, em decisão irrecorrível, não conhecerá do recurso extraordinário quando a questão constitucional nele versada não tiver repercussão geral, nos termos deste artigo.

▸ *CF: art. 102, § 3º.*

§ 1º. Para efeito de repercussão geral, será considerada a existência ou não de questões relevantes do ponto de vista econômico, político, social ou jurídico que ultrapassem os interesses subjetivos do processo.

▸ *Súmulas nº 282, 284 e 356 do STF.*

▸ *Súmulas nº 98 e 211 do STJ.*

§ 2º. O recorrente deverá demonstrar a existência de repercussão geral para apreciação exclusiva pelo Supremo Tribunal Federal.

§ 3º. Haverá repercussão geral sempre que o recurso impugnar acórdão que:

▸ *Súmulas nº 282, 284 e 356 do STF.*

▸ *Súmulas nº 98 e 211 do STJ.*

I – contrarie súmula ou jurisprudência dominante do Supremo Tribunal Federal;

II – (Revogado); (Redação dada pela Lei nº 13.256, de 2016)

III – tenha reconhecido a inconstitucionalidade de tratado ou de lei federal, nos termos do art. 97 da Constituição Federal.

§ 4º. O relator poderá admitir, na análise da repercussão geral, a manifestação de terceiros, subscrita por procurador habilitado, nos termos do Regimento Interno do Supremo Tribunal Federal.

§ 5º. Reconhecida a repercussão geral, o relator no Supremo Tribunal Federal determinará a suspensão do processamento de todos os processos pendentes, individuais ou coletivos, que versem sobre a questão e tramitem no território nacional.

§ 6º. O interessado pode requerer, ao presidente ou ao vice-presidente do tribunal de origem, que exclua da decisão de sobrestamento e inadmita o recurso extraordinário que tenha sido interposto intempestivamente, tendo o recorrente o prazo de 5 (cinco) dias para manifestar-se sobre esse requerimento.

§ 7º. Da decisão que indeferir o requerimento referido no § 6º ou que aplicar entendimento firmado em regime de repercussão geral ou em julgamento de recursos repetitivos caberá agravo interno. (Redação dada pela Lei nº 13.256, de 2016)

§ 8º. Negada a repercussão geral, o presidente ou o vice-presidente do tribunal de origem negará seguimento aos recursos extraordinários sobrestados na origem que versem sobre matéria idêntica.

§ 9º. O recurso que tiver a repercussão geral reconhecida deverá ser julgado no prazo de 1 (um) ano e terá preferência sobre os demais feitos, ressalvados os que envolvam réu preso e os pedidos de *habeas corpus*.

§ 10. (Revogado). (Redação dada pela Lei nº 13.256, de 2016)

§ 11. A súmula da decisão sobre a repercussão geral constará de ata, que será publicada no diário oficial e valerá como acórdão.

SUBSEÇÃO II. DO JULGAMENTO DOS RECURSOS EXTRAORDINÁRIO E ESPECIAL REPETITIVOS

ART. 1.036. Sempre que houver multiplicidade de recursos extraordinários ou especiais com fundamento em idêntica questão de direito, haverá afetação para julgamento de acordo com as disposições desta Subseção, observado o disposto no Regimento Interno do Supremo Tribunal Federal e no do Superior Tribunal de Justiça.

§ 1º. O presidente ou o vice-presidente de tribunal de justiça ou de tribunal regional federal selecionará 2 (dois) ou mais recursos representativos da controvérsia, que serão encaminhados ao Supremo Tribunal Federal ou ao Superior Tribunal de Justiça para fins de afetação, determinando a suspensão do trâmite de todos os processos pendentes, individuais ou coletivos, que tramitem no Estado ou na região, conforme o caso.

§ 2º. O interessado pode requerer, ao presidente ou ao vice-presidente, que exclua da decisão de sobrestamento e inadmita o recurso especial ou o recurso extraordinário que tenha sido interposto intempestivamente, tendo o recorrente o prazo de 5 (cinco) dias para manifestar-se sobre esse requerimento.

§ 3º. Da decisão que indeferir o requerimento referido no § 2º caberá apenas agravo interno. (Redação dada pela Lei nº 13.256, de 2016)

§ 4º. A escolha feita pelo presidente ou vice-presidente do tribunal de justiça ou do tribunal regional federal não vinculará o relator no tribunal superior, que poderá selecionar outros recursos representativos da controvérsia.

§ 5º. O relator em tribunal superior também poderá selecionar 2 (dois) ou mais recursos representativos da controvérsia para julgamento da questão de direito independentemente da iniciativa do presidente ou do vice-presidente do tribunal de origem.

§ 6º. Somente podem ser selecionados recursos admissíveis que contenham abrangente argumentação e discussão a respeito da questão a ser decidida.

ART. 1.037. Selecionados os recursos, o relator, no tribunal superior, constatando a presença do pressuposto do *caput* do art. 1.036, proferirá decisão de afetação, na qual:

I – identificará com precisão a questão a ser submetida a julgamento;

II – determinará a suspensão do processamento de todos os processos pendentes, individuais ou coletivos, que versem sobre a questão e tramitem no território nacional;

III – poderá requisitar aos presidentes ou aos vice-presidentes dos tribunais de justiça ou dos tribunais regionais federais a remessa de um recurso representativo da controvérsia.

§ 1º. Se, após receber os recursos selecionados pelo presidente ou pelo vice-presidente de tribunal de justiça ou de tribunal regional federal, não se proceder à afetação, o relator, no tribunal superior, comunicará o fato ao presidente ou ao vice-presidente que os houver enviado, para que seja revogada a decisão de suspensão referida no art. 1.036, § 1º.

§ 2º. (Revogado pela Lei nº 13.256, de 2016)

§ 3º. Havendo mais de uma afetação, será prevento o relator que primeiro tiver proferido a decisão a que se refere o inciso I do *caput*.

§ 4º. Os recursos afetados deverão ser julgados no prazo de 1 (um) ano e terão preferência sobre os demais feitos, ressalvados os que envolvam réu preso e os pedidos de *habeas corpus*.

§ 5º. (Revogado pela Lei nº 13.256, de 2016)

§ 6º. Ocorrendo a hipótese do § 5º, é permitido a outro relator do respectivo tribunal superior afetar 2 (dois) ou mais recursos representativos da controvérsia na forma do art. 1.036.

§ 7º. Quando os recursos requisitados na forma do inciso III do *caput* contiverem outras questões além daquela que é objeto da afetação, caberá ao tribunal decidir esta em primeiro lugar e depois as demais, em acórdão específico para cada processo.

§ 8º. As partes deverão ser intimadas da decisão de suspensão de seu processo, a ser proferida pelo respectivo juiz ou relator quando informado da decisão a que se refere o inciso II do *caput*.

§ 9º. Demonstrando distinção entre a questão a ser decidida no processo e aquela a ser julgada no recurso especial ou extraordinário afetado, a parte poderá requerer o prosseguimento do seu processo.

§ 10. O requerimento a que se refere o § 9º será dirigido:

I – ao juiz, se o processo sobrestado estiver em primeiro grau;

II – ao relator, se o processo sobrestado estiver no tribunal de origem;

III – ao relator do acórdão recorrido, se for sobrestado recurso especial ou recurso extraordinário no tribunal de origem;

IV – ao relator, no tribunal superior, de recurso especial ou de recurso extraordinário cujo processamento houver sido sobrestado.

§ 11. A outra parte deverá ser ouvida sobre o requerimento a que se refere o § 9º, no prazo de 5 (cinco) dias.

§ 12. Reconhecida a distinção no caso:

I – dos incisos I, II e IV do § 10, o próprio juiz ou relator dará prosseguimento ao processo;

II – do inciso III do § 10, o relator comunicará a decisão ao presidente ou ao vice-presidente que houver determinado o sobrestamento, para que o recurso especial ou o recurso extraordinário seja encaminhado ao respectivo tribunal superior, na forma do art. 1.030, parágrafo único.

§ 13. Da decisão que resolver o requerimento a que se refere o § 9º caberá:

I – agravo de instrumento, se o processo estiver em primeiro grau;

II – agravo interno, se a decisão for de relator.

ART. 1.038. O relator poderá:

I – solicitar ou admitir manifestação de pessoas, órgãos ou entidades com interesse na controvérsia, considerando a relevância da matéria e consoante dispuser o regimento interno;

II – fixar data para, em audiência pública, ouvir depoimentos de pessoas com experiência e conhecimento na matéria, com a finalidade de instruir o procedimento;

III – requisitar informações aos tribunais inferiores a respeito da controvérsia e, cumprida a diligência, intimará o Ministério Público para manifestar-se.

§ 1º. No caso do inciso III, os prazos respectivos são de 15 (quinze) dias, e os atos serão praticados, sempre que possível, por meio eletrônico.

§ 2º. Transcorrido o prazo para o Ministério Público e remetida cópia do relatório aos demais ministros, haverá inclusão em pauta, devendo ocorrer o julgamento com preferência sobre os demais feitos, ressalvados os que envolvam réu preso e os pedidos de *habeas corpus*.

§ 3º. O conteúdo do acórdão abrangerá a análise dos fundamentos relevantes da tese jurídica discutida. (Redação dada pela Lei nº 13.256, de 2016)

ART. 1.039. Decididos os recursos afetados, os órgãos colegiados declararão prejudicados os demais recursos versando sobre idêntica controvérsia ou os decidirão aplicando a tese firmada.

Parágrafo único. Negada a existência de repercussão geral no recurso extraordinário afetado, serão considerados automaticamente inadmitidos os recursos extraordinários cujo processamento tenha sido sobrestado.

ART. 1.040. Publicado o acórdão paradigma:

I – o presidente ou o vice-presidente do tribunal de origem negará seguimento aos recursos especiais ou extraordinários sobrestados na origem, se o acórdão recorrido coincidir com a orientação do tribunal superior;

II – o órgão que proferiu o acórdão recorrido, na origem, reexaminará o processo de competência originária, a remessa necessária ou o recurso anteriormente julgado, se o acórdão recorrido contrariar a orientação do tribunal superior;

III – os processos suspensos em primeiro e segundo graus de jurisdição retomarão o curso para julgamento e aplicação da tese firmada pelo tribunal superior;

IV – se os recursos versarem sobre questão relativa a prestação de serviço público objeto de concessão, permissão ou autorização, o resultado do julgamento será comunicado ao órgão, ao ente ou à agência reguladora competente para fiscalização da efetiva aplicação, por parte dos entes sujeitos a regulação, da tese adotada.

§ 1º. A parte poderá desistir da ação em curso no primeiro grau de jurisdição, antes de proferida a sentença, se a questão nela discutida for idêntica à resolvida pelo recurso representativo da controvérsia.

§ 2º. Se a desistência ocorrer antes de oferecida contestação, a parte ficará isenta do pagamento de custas e de honorários de sucumbência.

§ 3º. A desistência apresentada nos termos do § 1º independe de consentimento do réu, ainda que apresentada contestação.

ART. 1.041. Mantido o acórdão divergente pelo tribunal de origem, o recurso especial ou extraordinário será remetido ao respectivo tribunal superior, na forma do art. 1.036, § 1º.

§ 1º. Realizado o juízo de retratação, com alteração do acórdão divergente, o tribunal de origem, se for o caso, decidirá as demais questões ainda não decididas cujo enfrentamento se tornou necessário em decorrência da alteração.

§ 2º. Quando ocorrer a hipótese do inciso II do caput do art. 1.040 e o recurso versar sobre outras questões, caberá ao presidente ou ao vice-presidente do tribunal recorrido, depois do reexame pelo órgão de origem e independentemente de ratificação do recurso, sendo positivo o juízo de admissibilidade, determinar a remessa do recurso ao tribunal superior para julgamento das demais questões. (Redação dada pela Lei nº 13.256, de 2016)

SEÇÃO III. DO AGRAVO EM RECURSO ESPECIAL E EM RECURSO EXTRAORDINÁRIO

ART. 1.042. Cabe agravo contra decisão do presidente ou do vice-presidente do tribunal recorrido que inadmitir recurso extraordinário ou recurso especial, salvo quando fundada na aplicação de entendimento firmado em regime de repercussão geral ou em julgamento de recursos repetitivos. (Redação dada pela Lei nº 13.256, de 2016)

▸ *Súmula nº 727 do STF*

▸ *Súmula nº 579 do STJ.*

▸ *CF: arts. 102, III e 105, III.*

▸ *CPC/2015: arts. 1.003, § 5º, 1.029 e 1.030.*

I – (Revogado); (Redação dada pela Lei nº 13.256, de 2016)

II – (Revogado); (Redação dada pela Lei nº 13.256, de 2016)

III – (Revogado); (Redação dada pela Lei nº 13.256, de 2016)

§ 1º. (Revogado); (Redação dada pela Lei nº 13.256, de 2016)

I – (Revogado); (Redação dada pela Lei nº 13.256, de 2016)

II – (Revogado); (Redação dada pela Lei nº 13.256, de 2016)

a) (Revogada); (Redação dada pela Lei nº 13.256, de 2016)

b) (Revogada); (Redação dada pela Lei nº 13.256, de 2016)

§ 2º. A petição de agravo será dirigida ao presidente ou ao vice-presidente do tribunal de origem e independe do pagamento de custas e despesas postais, aplicando-se a ela o regime de repercussão geral e de recursos repetitivos, inclusive quanto à possibilidade de sobrestamento e do juízo de retratação. (Redação dada pela Lei nº 13.256, de 2016)

§ 3º. O agravado será intimado, de imediato, para oferecer resposta no prazo de 15 (quinze) dias.

§ 4º. Após o prazo de resposta, não havendo retratação, o agravo será remetido ao tribunal superior competente.

§ 5º. O agravo poderá ser julgado, conforme o caso, conjuntamente com o recurso especial ou extraordinário, assegurada, neste caso, sustentação oral, observando-se, ainda, o disposto no regimento interno do tribunal respectivo.

§ 6º. Na hipótese de interposição conjunta de recursos extraordinário e especial, o agravante deverá interpor um agravo para cada recurso não admitido.

§ 7º. Havendo apenas um agravo, o recurso será remetido ao tribunal competente, e, havendo interposição conjunta, os autos serão remetidos ao Superior Tribunal de Justiça.

§ 8º. Concluído o julgamento do agravo pelo Superior Tribunal de Justiça e, se for o caso, do recurso especial, independentemente de pedido, os autos serão remetidos ao Supremo Tribunal Federal para apreciação do agravo a ele dirigido, salvo se estiver prejudicado.

▸ *Súmulas nºs 288 e 639 do STF.*

SEÇÃO IV. DOS EMBARGOS DE DIVERGÊNCIA

ART. 1.043. É embargável o acórdão de órgão fracionário que:

I – em recurso extraordinário ou em recurso especial, divergir do julgamento de qualquer outro órgão do mesmo tribunal, sendo os acórdãos, embargado e paradigma, de mérito;

II – (Revogado pela Lei nº 13.256, de 2016)

III – em recurso extraordinário ou em recurso especial, divergir do julgamento de qualquer outro órgão do mesmo tribunal, sendo um acórdão de mérito e outro que não tenha conhecido do recurso, embora tenha apreciado a controvérsia;

IV – (Revogado pela Lei nº 13.256, de 2016)

§ 1º. Poderão ser confrontadas teses jurídicas contidas em julgamentos de recursos e de ações de competência originária.

§ 2º. A divergência que autoriza a interposição de embargos de divergência pode verificar-se na aplicação do direito material ou do direito processual.

§ 3º. Cabem embargos de divergência quando o acórdão paradigma for da mesma turma que proferiu a decisão embargada, desde que sua composição tenha sofrido alteração em mais da metade de seus membros.

§ 4º. O recorrente provará a divergência com certidão, cópia ou citação de repositório oficial ou credenciado de jurisprudência, inclusive em mídia eletrônica, onde foi publicado o acórdão divergente, ou com a reprodução de julgado disponível na rede mundial de computadores, indicando a respectiva fonte, e mencionará as circunstâncias que identificam ou assemelham os casos confrontados.

§ 5º. (Revogado pela Lei nº 13.256, de 2016)

▸ *Súmulas nºs 353, 598 do STF.*

▸ *Súmulas nºs 158, 168, 315, 316, 420 do STJ.*

ART. 1.044. No recurso de embargos de divergência, será observado o procedimento estabelecido no regimento interno do respectivo tribunal superior.

▸ *Súmulas nºs 315 e 316 do STJ.*

§ 1º. A interposição de embargos de divergência no Superior Tribunal de Justiça interrompe o prazo para interposição de recurso extraordinário por qualquer das partes.

§ 2º. Se os embargos de divergência forem desprovidos ou não alterarem a conclusão do julgamento anterior, o recurso extraordinário interposto pela outra parte antes da publicação do julgamento dos embargos de divergência será processado e julgado independentemente de ratificação.

LIVRO COMPLEMENTAR. DISPOSIÇÕES FINAIS E TRANSITÓRIAS

ART. 1.045. Este Código entra em vigor após decorrido 1 (um) ano da data de sua publicação oficial.

ART. 1.046. Ao entrar em vigor este Código, suas disposições se aplicarão desde logo aos processos pendentes, ficando revogada a Lei nº 5.869, de 11 de janeiro de 1973.

• •

§ 2º. Permanecem em vigor as disposições especiais dos procedimentos regulados em outras leis, aos quais se aplicará supletivamente este Código.

• •

§ 4º. As remissões a disposições do Código de Processo Civil revogado, existentes em outras leis, passam a referir-se às que lhes são correspondentes neste Código.

§ 5º. A primeira lista de processos para julgamento em ordem cronológica observará a antiguidade da distribuição entre os já conclusos na data da entrada em vigor deste Código.

• •

ART. 1.048. Terão prioridade de tramitação, em qualquer juízo ou tribunal, os procedimentos judiciais:

I – em que figure como parte ou interessado pessoa com idade igual ou superior a 60 (sessenta) anos ou portadora de doença grave, assim compreendida qualquer das enumeradas no art. 6º, inciso XIV, da Lei nº 7.713, de 22 de dezembro de 1988;

II – regulados pela Lei nº 8.069, de 13 de julho de 1990 (Estatuto da Criança e do Adolescente).

III – em que figure como parte a vítima de violência doméstica e familiar, nos termos da Lei nº 11.340, de 7 de agosto de 2006 (Lei Maria da Penha). (Incluído pela Lei nº 13.894, de 29-10-2019)

IV - em que se discuta a aplicação do disposto nas normas gerais de licitação e contratação a que se refere o inciso XXVII do caput do art. 22 da Constituição Federal. (Incluído pela Lei nº 14.133, de 01-04-2021)

§ 1º. A pessoa interessada na obtenção do benefício, juntando prova de sua condição, deverá requerê-lo à autoridade judiciária competente para decidir o feito, que determinará ao cartório do juízo as providências a serem cumpridas.

§ 2º. Deferida a prioridade, os autos receberão identificação própria que evidencie o regime de tramitação prioritária.

§ 3º. Concedida a prioridade, essa não cessará com a morte do beneficiado, estendendo-se em favor do cônjuge supérstite ou do companheiro em união estável.

§ 4º. A tramitação prioritária independe de deferimento pelo órgão jurisdicional e deverá ser imediatamente concedida diante da prova da condição de beneficiário.

ART. 1.049. Sempre que a lei remeter a procedimento previsto na lei processual sem especificá-lo, será observado o procedimento comum previsto neste Código.

Parágrafo único. Na hipótese de a lei remeter ao procedimento sumário, será observado o procedimento comum previsto neste Código, com as modificações previstas na própria lei especial, se houver.

• •

ART. 1.053. Os atos processuais praticados por meio eletrônico até a transição definitiva para certificação digital ficam convalidados, ainda que não tenham observado os requisitos mínimos estabelecidos por este Código, desde que tenham atingido sua finalidade e não tenha havido prejuízo à defesa de qualquer das partes.

• •

Brasília, 16 de março de 2015;
194º da Independência e 127º da República.

DILMA ROUSSEFF

Este texto não substitui o publicado no DOU de 17-03-2015

DECRETOS-LEIS

DECRETO-LEI Nº 3.240, DE 8 DE MAIO DE 1941

Sujeita a sequestro os bens de pessoas indiciadas por crimes de que resulta prejuízo para a fazenda pública, e outros

O PRESIDENTE DA REPÚBLICA, usando da atribuição que lhe confere o art. 180 da Constituição,

DECRETA:

ART. 1º. Ficam sujeitos a sequestro os bens de pessoa indiciada por crime de que resulta prejuízo para a fazenda pública, ou por crime definido no Livro II, Títulos V, VI e VII da Consolidação das Leis Penais desde que dele resulte locupletamento ilícito para o indiciado.

ART. 2º. O sequestro é decretado pela autoridade judiciária, sem audiência da parte, a requerimento do ministério público fundado em representação da autoridade incumbida do processo administrativo ou do inquérito policial.

§ 1º. A ação penal terá início dentro de noventa dias contados da decretação do sequestro.

§ 2º. O sequestro só pode ser embargado por terceiros.

ART. 3º. Para a decretação do sequestro é necessário que haja indícios veementes da responsabilidade, os quais serão comunicados ao juiz em segredo, por escrito ou por declarações orais reduzidas a termo, e com indicação dos bens que devam ser objeto da medida.

ART. 4º. O sequestro pode recair sobre todos os bens do indiciado, e compreender os bens em poder de terceiros desde que estes os tenham adquirido dolosamente, ou com culpa grave.

Os bens doados após a pratica do crime serão sempre compreendidos no sequestro.

§ 1º. Quanto se tratar de bens moveis, a autoridade judiciária nomeará depositário, que assinará termo de compromisso de bem e fielmente desempenhar o cargo e de assumir todas as responsabilidades a este inerentes.

§ 2º. Tratando-se de imóveis:

1) o juiz determinará, ex-officio, a averbação do sequestro no registo de imóveis;

2) o ministério público promoverá a hipoteca legal em favor da fazenda pública.

ART. 5º. Incumbe ao depositário, além dos demais atos relativo ao cargo:

1) informar à autoridade judiciária da existência de bens ainda não compreendidos no sequestro;

2) fornecer, à custa dos bens arrecadados, pensão módica, arbitrada pela autoridade judiciária, para a manutenção do indiciado e das pessoas que vivem a suas expensas;

3) prestar mensalmente contas da administração.

ART. 6º. Cessa o sequestro, ou a hipoteca:

1) se a ação penal não é iniciada, ou reiniciada, no prazo do artigo 2º, parágrafo único;

2) se, por sentença, transitada em julgado, é julgada extinta a ação ou o réu absolvido.

ART. 7º. A cessação do sequestro, ou da hipoteca, não exclui:

1) tratando-se de pessoa que exerça, ou tenha exercido função pública, à incorporação, à fazenda pública, dos bens que foram julgado de aquisição ilegítima;

2) o direito, para a fazenda pública, de pleitear a reparação do dano de acordo com a lei civil.

ART. 8º. Transitada em julgado, a sentença condenatória importa a perda, em favor da fazenda pública, dos bens que forem produto, ou adquiridos com o produto do crime, ressalvado o direito de terceiro de boa-fé.

ART. 9º. Se do crime resulta, para a fazenda pública, prejuízo que não seja coberto na forma do artigo anterior, promover-se-á, no juízo competente, a execução da sentença condenatória, a qual recairá sobre tantos bens quantos bastem para ressarci-lo.

ART. 10. Esta lei aplica-se aos processos criminais já iniciados na data da sua publicação.

Rio de Janeiro, em 8 de maio de 1941, 120º da Independência e 53º da República.

GETULIO VARGAS

Este texto não substitui o Publicado na CLBR de 1941

DECRETO-LEI Nº 3.688, DE 3 DE OUTUBRO DE 1941 – LEI DAS CONTRAVENÇÕES PENAIS

Parte Geral.

APLICAÇÃO DAS REGRAS GERAIS DO CÓDIGO PENAL

ART. 1º. Aplicam-se as contravenções às regras gerais do Código Penal, sempre que a presente lei não disponha de modo diverso.

▸ *CP: art. 12.*

TERRITORIALIDADE

ART. 2º. A lei brasileira só é aplicável à contravenção praticada no território nacional.

▸ *CP: art. 5º.*

VOLUNTARIEDADE. DOLO E CULPA

ART. 3º. Para a existência da contravenção, basta a ação ou omissão voluntária. Deve-se, todavia, ter em conta o dolo ou a culpa, se a lei faz depender, de um ou de outra, qualquer efeito jurídico.

▸ CP: arts. 13 e 18.

TENTATIVA

ART. 4º. Não é punível a tentativa de contravenção.

▸ CP: art. 14, II.

PENAS PRINCIPAIS

ART. 5º. As penas principais são:

▸ CP: art. 32.

I – prisão simples.

II – multa.

PRISÃO SIMPLES

ART. 6º. A pena de prisão simples deve ser cumprida, sem rigor penitenciário, em estabelecimento especial ou seção especial de prisão comum, em regime semi-aberto ou aberto. (Redação dada pela Lei nº 6.416, de 24.5.1977)

▸ CP: arts. 33 a 36.

§ 1º. O condenado a pena de prisão simples fica sempre separado dos condenados à pena de reclusão ou de detenção.

▸ CF: art. 5º, XLVIII.

▸ Lei nº 7.210, de 11-07-1984, arts. 82 a 104, Lei de Execução Penal.

§ 2º. O trabalho é facultativo, se a pena aplicada, não excede a quinze dias.

▸ Lei nº 7.210, de 11-07-1984, arts. 28, 39, V e 41, II, Lei de Execução Penal.

REINCIDÊNCIA

ART. 7º. Verifica-se a reincidência quando o agente pratica uma contravenção depois de passar em julgado a sentença que o tenha condenado, no Brasil ou no estrangeiro, por qualquer crime, ou, no Brasil, por motivo de contravenção.

▸ CP: arts. 63 e 64.

ERRO DIREITO

ART. 8º. No caso de ignorância ou de errada compreensão da lei, quando escusáveis, a pena pode deixar de ser aplicada.

▸ CP: arts. 21 e 65, II.

CONVERSÃO DA MULTA EM PRISÃO SIMPLES

ART. 9º. A multa converte-se em prisão simples, de acordo com o que dispõe o Código Penal sobre a conversão de multa em detenção.

▸ CP: art. 51.

Parágrafo único. Se a multa é a única pena cominada, a conversão em prisão simples se faz entre os limites de quinze dias e três meses.

LIMITES DAS PENAS

ART. 10. A duração da pena de prisão simples não pode, em caso algum, ser superior a cinco anos, nem a importância das multas ultrapassar cinquenta contos.

▸ CP: arts. 49, § 1º, 60, § 1º e 75.

SUSPENSÃO CONDICIONAL DA PENA DE PRISÃO SIMPLES

ART. 11. Desde que reunidas as condições legais, o juiz pode suspender por tempo não inferior a um ano nem superior a três, a execução da pena de prisão simples, bem como conceder livramento condicional. (Redação dada pela Lei nº 6.416, de 24.5.1977)

▸ CP: arts. 77 a 90.

▸ Lei nº 7.210, de 11-07-1984, arts. 131 a 146 e 156 a 163, Lei de Execução Penal.

PENAS ACESSÓRIAS

ART. 12. As penas acessórias são a publicação da sentença e as seguintes interdições de direitos:

I – a incapacidade temporária para profissão ou atividade, cujo exercício dependa de habilitação especial, licença ou autorização do poder público;

▸ CP: art. 47, II.

II – a suspensão dos direitos políticos.

Parágrafo único. Incorrem:

a) na interdição sob nº I, por um mês a dois anos, o condenado por motivo de contravenção cometida com abuso de profissão ou atividade ou com infração de dever a ela inerente;

b) na interdição sob nº II, o condenado a pena privativa de liberdade, enquanto dure a execução do pena ou a aplicação da medida de segurança detentiva.

MEDIDAS DE SEGURANÇA

ART. 13. Aplicam-se, por motivo de contravenção, os medidas de segurança estabelecidas no Código Penal, à exceção do exílio local.

▸ CP: arts. 96 a 99.

▸ Lei nº 7.210, de 11-07-1984, arts. 171 a 179, Lei de Execução Penal.

PRESUNÇÃO DE PERICULOSIDADE

ART. 14. Presumem-se perigosos, além dos indivíduos a que se referem os nºs I e II do art. 78 do Código Penal:

I – o condenado por motivo de contravenção cometido, em estado de embriaguez pelo álcool ou substância de efeitos análogos, quando habitual a embriaguez;

II – o condenado por vadiagem ou mendicância;

III e IV – (Revogado de acordo com a Lei nº 6.416, de 24.5.1977)

INTERNAÇÃO EM COLÔNIA AGRÍCOLA OU EM INSTITUTO DE TRABALHO, DE REDUÇÃO OU DE ENSINO PROFISSIONAL

ART. 15. São internados em colônia agrícola ou em instituto de trabalho, de reeducação ou de ensino profissional, pelo prazo mínimo de um ano:

I – o condenado por vadiagem (art. 59);

II – o condenado por mendicância (art. 60 e seu parágrafo);

III – (Revogado de acordo com a Lei nº 6.416, de 24.5.1977)

Internação em manicômio judiciário ou em casa de custódia e tratamento

ART. 16. O prazo mínimo de duração da internação em manicômio judiciário ou em casa de custódia e tratamento é de seis meses.

▸ *CP: art. 97.*

▸ *Lei nº 7.210, de 11-07-1984, arts. 99 a 101 e 175 a 179, Lei de Execução Penal.*

Parágrafo único. O juiz, entretanto, pode, ao invés de decretar a internação, submeter o indivíduo a liberdade vigiada.

▸ *CP: art. 98.*

AÇÃO PENAL

ART. 17. A ação penal é pública, devendo a autoridade proceder de ofício.

▸ *CF: art. 129, I.*

Parte Especial

Capítulo I. DAS CONTRAVENÇÕES REFERENTES À PESSOA

FABRICO, COMÉRCIO, OU DETENÇÃO DE ARMAS OU MUNIÇÃO

ART. 18. Fabricar, importar, exportar, ter em depósito ou vender, sem permissão da autoridade, arma ou munição:

Pena – prisão simples, de três meses a um ano, ou multa, de um a cinco contos de réis, ou ambas cumulativamente, se o fato não constitui crime contra a ordem política ou social.

▸ *CP: arts. 91, II, a, 253 e 334.*

▸ *Lei nº 8.069, de 13-07-1990, art. 242, Estatuto da Criança e do Adolescente.*

▸ *Lei nº 7.170, de 14-12-1983, art. 12, define os crimes contra a segurança nacional, a ordem política e social, estabelece seu processo e julgamento.*

PORTE DE ARMA

ART. 19. Trazer consigo arma fora de casa ou de dependência desta, sem licença da autoridade:

Pena – prisão simples, de quinze dias a seis meses, ou multa, ou ambas cumulativamente.

▸ *CP: art. 150, §§ 4º e 5º.*

▸ *Lei nº 10.826, de 22-12-2003, art. 14 e 16, Estatuto do Desarmamento.*

▸ *Dec. 9.493, de 5-9-2018, Aprova o Regulamento para a Fiscalização de Produtos Controlados.*

§ 1º. A pena é aumentada de um terço até metade, se o agente já foi condenado, em sentença irrecorrível, por violência contra pessoa.

§ 2º. Incorre na pena de prisão simples, de quinze dias a três meses, ou multa, de duzentos mil réis a um conto de réis, quem, possuindo arma ou munição:

a) deixa de fazer comunicação ou entrega à autoridade, quando a lei o determina;

b) permite que alienado menor de 18 anos ou pessoa inexperiente no manejo de arma a tenha consigo;

c) omite as cautelas necessárias para impedir que dela se apodere facilmente alienado, menor de 18 anos ou pessoa inexperiente em manejá-la.

ANÚNCIO DE MEIO ABORTIVO

ART. 20. Anunciar processo, substância ou objeto destinado a provocar aborto: (Redação dada pela Lei nº 6.734, de 1979)

Pena – multa. (Redação dada pela Lei nº 6.734, de 1979)

▸ *CP: arts. 124 a 128.*

▸ *CDC: art. 68.*

VIAS DE FATO

ART. 21. Praticar vias de fato contra alguém:

Pena – prisão simples, de quinze dias a três meses, ou multa, de cem mil réis a um conto de réis, se o fato não constitui crime.

▸ *CP: art. 140, § 2º.*

Parágrafo único. Aumenta-se a pena de 1/3 (um terço) até a metade se a vítima é maior de 60 (sessenta) anos. (Incluído pela Lei nº 10.741, de 2003)

INTERNAÇÃO IRREGULAR EM ESTABELECIMENTO PSIQUIÁTRICO

ART. 22. Receber em estabelecimento psiquiátrico, e nele internar, sem as formalidades legais, pessoa apresentada como doente mental:

Pena – multa.

▸ *CP: art. 148, II.*

§ 1º. Aplica-se a mesma pena a quem deixa de comunicar a autoridade competente, no prazo legal, internação que tenha admitido, por motivo de urgência, sem as formalidades legais.

§ 2º. Incorre na pena de prisão simples, de quinze dias a três meses, ou multa de quinhentos mil réis a cinco contos de réis, aquele que, sem observar as prescrições legais, deixa retirar-se ou despede de estabelecimento psiquiátrico pessoa nele, internada.

INDEVIDA CUSTÓDIA DE DOENTE MENTAL

ART. 23. Receber e ter sob custódia doente mental, fora do caso previsto no artigo anterior, sem autorização de quem de direito:

Pena – prisão simples, de quinze dias a três meses, ou multa.

CAPÍTULO II. DAS CONTRAVENÇÕES REFERENTES AO PATRIMÔNIO

INSTRUMENTO DE EMPREGO USUAL NA PRÁTICA DE FURTO

ART. 24. Fabricar, ceder ou vender gazua ou instrumento empregado usualmente na prática de crime de furto:

Pena – prisão simples, de seis meses a dois anos, e multa.

▸ CP: arts. 91, II, a e 155.

POSSE NÃO JUSTIFICADA DE INSTRUMENTO DE EMPREGO USUAL NA PRÁTICA DE FURTO

ART. 25. Ter alguém em seu poder, depois de condenado, por crime de furto ou roubo, ou enquanto sujeito à liberdade vigiada ou quando conhecido como vadio ou mendigo, gazuas, chaves falsas ou alteradas ou instrumentos empregados usualmente na prática de crime de furto, desde que não prove destinação legítima:

Pena – prisão simples, de dois meses a um ano, e multa.

▸ CP: arts. 155 e 157.

VIOLAÇÃO DE LUGAR OU OBJETO

ART. 26. Abrir alguém, no exercício de profissão de serralheiro ou ofício análogo, a pedido ou por incumbência de pessoa de cuja legitimidade não se tenha certificado previamente, fechadura ou qualquer outro aparelho destinado à defesa de lugar nu objeto:

Pena – prisão simples, de quinze dias a três meses, ou multa.

EXPLORAÇÃO DE CREDULIDADE PÚBLICA

ART. 27. (Revogado pela Lei nº 9.521, de 27.11.1997)

CAPÍTULO III. DAS CONTRAVENÇÕES REFERENTES À INCOLUMIDADE PÚBLICA

DISPARO DE ARMA DE FOGO

ART. 28. Disparar arma de fogo em lugar habitado ou em suas adjacências, em via pública ou em direção a ela:

Pena – prisão simples, de um a seis meses, ou multa.

▸ CP: art. 132.

▸ Lei nº 10.826, de 22-12-2003, art. 15, Estatuto do Desarmamento.

Parágrafo único. Incorre na pena de prisão simples, de quinze dias a dois meses, ou multa, de duzentos mil réis a dois contos de réis, quem, em lugar habitado ou em suas adjacências, em via pública ou em direção a ela, sem licença da autoridade, causa deflagração perigosa, queima fogo de artifício ou solta balão aceso.

▸ Lei nº 9.605, de 12-02-1998, art. 42, dispõe sobre as sanções penais e administrativas derivadas de condutas e atividades lesivas ao meio ambiente.

DESABAMENTO DE CONSTRUÇÃO

ART. 29. Provocar o desabamento de construção ou, por erro no projeto ou na execução, dar-lhe causa:

Pena – multa, se o fato não constitui crime contra a incolumidade pública.

▸ CP: art. 256.

PERIGO DE DESABAMENTO

ART. 30. Omitir alguém a providência reclamada pelo Estado ruinoso de construção que lhe pertence ou cuja conservação lhe incumbe:

Pena – multa.

▸ CP: art. 256.

OMISSÃO DE CAUTELA NA GUARDA OU CONDUÇÃO DE ANIMAIS

ART. 31. Deixar em liberdade, confiar à guarda de pessoa inexperiente, ou não guardar com a devida cautela animal perigoso:

Pena – prisão simples, de dez dias a dois meses, ou multa.

Parágrafo único. Incorre na mesma pena quem:

a) na via pública, abandona animal de tiro, carga ou corrida, ou o confia à pessoa inexperiente;

b) excita ou irrita animal, expondo a perigo a segurança alheia;

c) conduz animal, na via pública, pondo em perigo a segurança alheia.

FALTA DE HABILITAÇÃO PARA DIRIGIR VEÍCULO

ART. 32. Dirigir, sem a devida habilitação, veículo na via pública, ou embarcação a motor em águas públicas:

Pena – multa.

▸ Súmula nº 720 do STF.

▸ CTB: arts. 298, 302, par. ún., I e 309.

DIREÇÃO NÃO LICENCIADA DE AERONAVE

ART. 33. Dirigir aeronave sem estar devidamente licenciado:

Pena – prisão simples, de quinze dias a três meses, e multa.

DIREÇÃO PERIGOSA DE VEÍCULO NA VIA PÚBLICA

ART. 34. Dirigir veículos na via pública, ou embarcações em águas públicas, pondo em perigo a segurança alheia:

Pena – prisão simples, de quinze das a três meses, ou multa.

▸ CP: art. 132.

▸ CTB: art. 306.

ABUSO NA PRÁTICA DA AVIAÇÃO

ART. 35. Entregar-se na prática da aviação, a acrobacias ou a voos baixos, fora da zona em que a lei o permite, ou fazer descer a aeronave fora dos lugares destinados a esse fim:

Pena – prisão simples, de quinze dias a três meses, ou multa.

SINAIS DE PERIGO

ART. 36. Deixar do colocar na via pública, sinal ou obstáculo, determinado em lei ou pela autoridade e destinado a evitar perigo a transeuntes:

Pena – prisão simples, de dez dias a dois meses, ou multa.

▸ *CP: art. 257.*

Parágrafo único. Incorre na mesma pena quem:

a) apaga sinal luminoso, destrói ou remove sinal de outra natureza ou obstáculo destinado a evitar perigo a transeuntes;

▸ *CP: art. 262.*

b) remove qualquer outro sinal de serviço público.

▸ *CP: art. 265.*

ARREMESSO OU COLOCAÇÃO PERIGOSA

ART. 37. Arremessar ou derramar em via pública, ou em lugar de uso comum, ou do uso alheio, coisa que possa ofender, sujar ou molestar alguém:

Pena – multa.

▸ *CP: art. 264.*

Parágrafo único. Na mesma pena incorre aquele que, sem as devidas cautelas, coloca ou deixa suspensa coisa que, caindo em via pública ou em lugar de uso comum ou de uso alheio, possa ofender, sujar ou molestar algum.

EMISSÃO DE FUMAÇA, VAPOR OU GÁS

ART. 38. Provocar, abusivamente, emissão de fumaça, vapor ou gás, que possa ofender ou molestar alguém:

Pena – multa.

▸ *CP: art. 252 e 253.*

▸ *Lei nº 9.605, de 12-02-1998, art. 54, dispõe sobre as sanções penais e administrativas derivadas de condutas e atividades lesivas ao meio ambiente.*

Capítulo IV. DAS CONTRAVENÇÕES REFERENTES À PAZ PÚBLICA

ASSOCIAÇÃO SECRETA

ART. 39. Participar de associação de mais de cinco pessoas, que se reúnam periodicamente, sob compromisso de ocultar à autoridade a existência, objetivo, organização ou administração da associação:

Pena – prisão simples, de um a seis meses, ou multa.

▸ *CF: art. 5º, XVI a XXI.*

▸ *CP: art. 288.*

§ 1º. Na mesma pena incorre o proprietário ou ocupante de prédio que o cede, no todo ou em parte, para reunião de associação que saiba ser de caráter secreto.

§ 2º. O juiz pode, tendo em vista as circunstâncias, deixar de aplicar a pena, quando lícito o objeto da associação.

PROVOCAÇÃO DE TUMULTO. CONDUTA INCONVENIENTE

ART. 40. Provocar tumulto ou portar-se de modo inconveniente ou desrespeitoso, em solenidade ou ato oficial, em assembleia ou espetáculo público, se o fato não constitui infração penal mais grave;

Pena – prisão simples, de quinze dias a seis meses, ou multa.

▸ *CP: arts. 208 e 209.*

▸ *CE: arts. 293, 296 e 297.*

FALSO ALARMA

ART. 41. Provocar alarma, anunciando desastre ou perigo inexistente, ou praticar qualquer ato capaz de produzir pânico ou tumulto:

Pena – prisão simples, de quinze dias a seis meses, ou multa.

▸ *CP: art. 340.*

PERTURBAÇÃO DO TRABALHO OU DO SOSSEGO ALHEIO

ART. 42. Perturbar alguém o trabalho ou o sossego alheios:

▸ *Este decreto-lei: art. 65.*

I – com gritaria ou algazarra;

▸ *Este decreto-lei: art. 40.*

II – exercendo profissão incômoda ou ruidosa, em desacordo com as prescrições legais;

▸ *Este decreto-lei: art. 47.*

III – abusando de instrumentos sonoros ou sinais acústicos;

IV – provocando ou não procurando impedir barulho produzido por animal de que tem a guarda:

Pena – prisão simples, de quinze dias a três meses, ou multa.

Capítulo V. DAS CONTRAVENÇÕES REFERENTES À FÉ PÚBLICA

RECUSA DE MOEDA DE CURSO LEGAL

ART. 43. Recusar-se a receber, pelo seu valor, moeda de curso legal no país:

Pena – multa.

IMITAÇÃO DE MOEDA PARA PROPAGANDA

ART. 44. Usar, como propaganda, de impresso ou objeto que pessoa inexperiente ou rústica possa confundir com moeda:

Pena – multa.

▸ *CDC: arts. 67 e 68.*

SIMULAÇÃO DA QUALIDADE DE FUNCIONÁRIO

ART. 45. Fingir-se funcionário público:

Pena – prisão simples, de um a três meses, ou multa.

▸ *CP: arts. 307, 324 e 328.*

USO ILEGÍTIMO ILEGAL DE PROFISSÃO OU ATIVIDADE

ART. 46. Usar, publicamente, de uniforme, ou distintivo de função pública que não exerce; usar, indevidamente, de sinal, distintivo ou denominação cujo emprego seja regulado por lei. (Redação dada pelo Decreto-Lei nº 6.916, de 2.10.1944)

DECRETOS-LEIS

Pena – multa, se o fato não constitui infração penal mais grave. (Redação dada pelo Decreto-Lei nº 6.916, de 2.10.1944)

▸ CP: art. 304.

CAPÍTULO VI. DAS CONTRAVENÇÕES RELATIVAS À ORGANIZAÇÃO DO TRABALHO

EXERCÍCIO ILEGAL DE PROFISSÃO OU ATIVIDADE

ART. 47. Exercer profissão ou atividade econômica ou anunciar que a exerce, sem preencher as condições a que por lei está subordinado o seu exercício:

Pena – prisão simples, de quinze dias a três meses, ou multa.

▸ CP: art. 282.

EXERCÍCIO ILEGAL DO COMÉRCIO DE COISAS ANTIGAS E OBRAS DE ARTE

ART. 48. Exercer, sem observância das prescrições legais, comércio de antiguidades, de obras de arte, ou de manuscritos e livros antigos ou raros:

Pena – prisão simples de um a seis meses, ou multa.

MATRÍCULA OU ESCRITURAÇÃO DE INDÚSTRIA E PROFISSÃO

ART. 49. Infringir determinação legal relativa à matrícula ou à escrituração de indústria, de comércio, ou de outra atividade:

Pena – multa.

▸ CP: arts. 197 a 207.

CAPÍTULO VII. DAS CONTRAVENÇÕES RELATIVAS À POLÍCIA DE COSTUMES

▸ Decreto-lei 6.259, de 10-2-1944, arts. 50 a 65, dispõe sobre o serviço de loterias.

▸ Súmula 81 do STJ.

JOGO DE AZAR

ART. 50. Estabelecer ou explorar jogo de azar em lugar público ou acessível ao público, mediante o pagamento de entrada ou sem ele:

Pena – prisão simples, de três meses a um ano, e multa, estendendo-se os efeitos da condenação à perda dos móveis e objetos de decoração do local.

▸ Súmula nº 362 do STF.

§ 1º. A pena é aumentada de um terço, se existe entre os empregados ou participa do jogo pessoa menor de dezoito anos.

§ 2º. Incorre na pena de multa, de R$ 2.000,00 (dois mil reais) a R$ 200.000,00 (duzentos mil reais), quem é encontrado a participar do jogo, ainda que pela internet ou por qualquer outro meio de comunicação, como ponteiro ou apostador. (Redação dada pela Lei nº 13.155, de 2015)

§ 3º. Consideram-se, jogos de azar:

c) o jogo em que o ganho e a perda dependem exclusiva ou principalmente da sorte;

b) as apostas sobre corrida de cavalos fora de hipódromo ou de local onde sejam autorizadas;

c) as apostas sobre qualquer outra competição esportiva.

§ 4º. Equiparam-se, para os efeitos penais, a lugar acessível ao público:

a) a casa particular em que se realizam jogos de azar, quando deles habitualmente participam pessoas que não sejam da família de quem a ocupa;

▸ CP: art. 150, § 5º, II.

b) o hotel ou casa de habitação coletiva, a cujos hóspedes e moradores se proporciona jogo de azar;

▸ CP: art. 150, § 5º, II.

c) a sede ou dependência de sociedade ou associação, em que se realiza jogo de azar;

d) o estabelecimento destinado à exploração de jogo de azar, ainda que se dissimule esse destino.

LOTERIA NÃO AUTORIZADA

ART. 51. Promover ou fazer extrair loteria, sem autorização legal:

Pena – prisão simples, de seis meses a dois anos, e multa, estendendo-se os efeitos da condenação à perda dos móveis existentes no local.

§ 1º. Incorre na mesma pena quem guarda, vende ou expõe à venda, tem sob sua guarda para o fim de venda, introduz ou tenta introduzir na circulação bilhete de loteria não autorizada.

§ 2º. Considera-se loteria toda operação que, mediante a distribuição de bilhete, listas, cupões, vales, sinais, símbolos ou meios análogos, faz depender de sorteio a obtenção de prêmio em dinheiro ou bens de outra natureza.

§ 3º. Não se compreendem na definição do parágrafo anterior os sorteios autorizados na legislação especial.

LOTERIA ESTRANGEIRA

ART. 52. Introduzir, no país, para o fim de comércio, bilhete de loteria, rifa ou tômbola estrangeiras:

Pena – prisão simples, de quatro meses a um ano, e multa.

Parágrafo único. Incorre na mesma pena quem vende, expõe à venda, tem sob sua guarda. para o fim de venda, introduz ou tenta introduzir na circulação, bilhete de loteria estrangeira.

LOTERIA ESTADUAL

ART. 53. Introduzir, para o fim de comércio, bilhete de loteria estadual em território onde não possa legalmente circular:

Pena – prisão simples, de dois a seis meses, e multa.

Parágrafo único. Incorre na mesma pena quem vende, expõe à venda, tem sob sua guarda, para o fim de venda, introduz ou tonta introduzir na circulação, bilhete de loteria estadual, em território onde não possa legalmente circular.

EXIBIÇÃO OU GUARDA DE LISTA DE SORTEIO

ART. 54. Exibir ou ter sob sua guarda lista de sorteio de loteria estrangeira:

Pena – prisão simples, de um a três meses, e multa.

Parágrafo único. Incorre na mesma pena quem exibe ou tem sob sua guarda lista de sorteio de loteria estadual, em território onde esta não possa legalmente circular.

IMPRESSÃO DE BILHETES, LISTA DE ANÚNCIOS

ART. 55. Imprimir ou executar qualquer serviço de feitura de bilhetes, lista de sorteio, avisos ou cartazes relativos a loteria, em lugar onde ela não possa legalmente circular:

Pena – prisão simples, de um a seis meses, e multa.

DISTRIBUIÇÃO OU TRANSPORTE DE LISTAS OU AVISOS

ART. 56. Distribuir ou transportar cartazes, listas de sorteio ou avisos de loteria, onde ela não possa legalmente circular:

Pena – prisão simples, de um a três meses, e multa.

PUBLICIDADE DE SORTEIO

ART. 57. Divulgar, por meio de jornal ou outro impresso, de rádio, cinema, ou qualquer outra forma, ainda que disfarçadamente, anúncio, aviso ou resultado de extração de loteria, onde a circulação dos seus bilhetes não seria legal:

Pena – multa.

JOGO DO BICHO

ART. 58. Explorar ou realizar a loteria denominada jogo do bicho, ou praticar qualquer ato relativo à sua realização ou exploração:

▸ *Súmulas 51 e 81 do STJ.*

▸ *Dec-lei nº 6.259, de 10-02-1944: art. 58, dispõe sobre o serviço de loterias.*

Pena – prisão simples, de quatro meses a um ano, e multa.

Parágrafo único. Incorre na pena de multa, de duzentos mil réis a dois contos de réis, aquele que participa da loteria, visando a obtenção de prêmio, para si ou para terceiro.

VADIAGEM

ART. 59. Entregar-se alguém habitualmente à ociosidade, sendo válido para o trabalho, sem ter renda que lhe assegure meios bastantes de subsistência, ou prover à própria subsistência mediante ocupação ilícita:

Pena – prisão simples, de quinze dias a três meses.

Parágrafo único. A aquisição superveniente de renda, que assegure ao condenado meios bastantes de subsistência, extingue a pena.

MENDICÂNCIA

ART. 60. (Revogado de acordo com a Lei nº 11.983, de 2009).

IMPORTUNAÇÃO OFENSIVA AO PUDOR

ART. 61 (Revogado pela Lei nº 13.718, de 24-9-2018)

▸ *CP: arts. 233 e 234.*

▷ **Redação anterior:** Art. 61. Importunar alguém, em lugar público ou acessível ao público, de modo ofensivo ao pudor:

Pena – multa.

EMBRIAGUEZ

ART. 62. Apresentar-se publicamente em estado de embriaguez, de modo que cause escândalo ou ponha em perigo a segurança própria ou alheia:

▸ *CP: arts. 28, II e 61, II, l.*

Pena – prisão simples, de quinze dias a três meses, ou multa.

Parágrafo único. Se habitual a embriaguez, o contraventor é internado em casa de custódia e tratamento.

BEBIDAS ALCOÓLICAS

ART. 63. Servir bebidas alcoólicas:

I – (Revogado pela Lei nº 13.106, de 2015)

II – a quem se acha em estado de embriaguez;

III – a pessoa que o agente sabe sofrer das faculdades mentais;

IV – a pessoa que o agente sabe estar judicialmente proibida de frequentar lugares onde se consome bebida de tal natureza:

Pena – prisão simples, de dois meses a um ano, ou multa.

CRUELDADE COM ANIMAIS

ART. 64. Tratar animal com crueldade ou submetê-lo a trabalho excessivo:

Pena – prisão simples, de dez dias a um mês, ou multa.

▸ *Lei nº 9.605, de 12-02-1998, art. 32, Lei dos Crimes Ambientais.*

§ 1º. Na mesma pena incorre aquele que, embora para fins didáticos ou científicos, realiza em lugar público ou exposto ao público, experiência dolorosa ou cruel em animal vivo.

§ 2º. Aplica-se a pena com aumento de metade, se o animal é submetido a trabalho excessivo ou tratado com crueldade, em exibição ou espetáculo público.

PERTURBAÇÃO DA TRANQUILIDADE

ART. 65. (Revogado pela Lei nº 14.132, de 31-03-2021)

▸ *Redação anterior: Art. 65. Molestar alguém ou perturbar-lhe a tranquilidade, por acinte ou por motivo reprovável:*

▸ *Pena – prisão simples, de quinze dias a dois meses, ou multa, de duzentos mil réis a dois contos de réis.*

▸ *CP: arts. 2º., 147-A e 147-B.*

CAPÍTULO VIII. DAS CONTRAVENÇÕES REFERENTES À ADMINISTRAÇÃO PÚBLICA

OMISSÃO DE COMUNICAÇÃO DE CRIME

ART. 66. Deixar de comunicar à autoridade competente:

▸ *CP: art. 320.*

▸ *CPP: art. 27.*

▸ *Lei nº 9.099, de 26-09-1995, arts. 61 e 69, dispõe sobre Juizados Especiais Cíveis e Criminais.*

I – crime de ação pública, de que teve conhecimento no exercício de função pública, desde que a ação penal não dependa de representação;

II – crime de ação pública, de que teve conhecimento no exercício da medicina ou de outra profissão sanitária, desde que a ação penal não dependa de representação e a comunicação não exponha o cliente a procedimento criminal:

Pena – multa.

INUMAÇÃO OU EXUMAÇÃO DE CADÁVER

ART. 67. Inumar ou exumar cadáver, com infração das disposições legais:

Pena – prisão simples, de um mês a um ano, ou multa.

▸ *CP: arts. 210 a 212.*

RECUSA DE DADOS SOBRE PRÓPRIA IDENTIDADE OU QUALIFICAÇÃO

ART. 68. Recusar à autoridade, quando por esta, justificadamente solicitados ou exigidos, dados ou indicações concernentes à própria identidade, estado, profissão, domicílio e residência:

Pena – multa.

▸ *CP: arts. 299, 307, 330 e 331.*

Parágrafo único. Incorre na pena de prisão simples, de um a seis meses, e multa, de duzentos mil réis a dois contos de réis, se o fato não constitui infração penal mais grave, quem, nas mesmas circunstâncias, faz declarações inverídicas a respeito de sua identidade pessoal, estado, profissão, domicílio e residência.

PROIBIÇÃO DE ATIVIDADE REMUNERADA A ESTRANGEIRO

ART. 69. (Revogado de acordo com a Lei nº 6.815, de 19.8.1980).

▸ *Lei nº 13.445, de 24-05-2017, Lei de Migração.*

VIOLAÇÃO DO PRIVILÉGIO POSTAL DA UNIÃO

ART. 70. Praticar qualquer ato que importe violação do monopólio postal da União:

Pena – prisão simples, de três meses a um ano, ou multa, ou ambas cumulativamente.

DISPOSIÇÕES FINAIS

ART. 71. Ressalvada a legislação especial sobre florestas, caça e pesca, revogam-se as disposições em contrário.

ART. 72. Esta lei entrará em vigor no dia 1º de janeiro de 1942.

Rio de Janeiro, 3 de outubro de 1941;
120º da Independência e 58º da República.

GETULIO VARGAS

DECRETO-LEI Nº 4.657, DE 4 DE SETEMBRO DE 1942

Lei de Introdução às normas do Direito Brasileiro. (Redação dada pela Lei nº 12.376, de 2010)

O PRESIDENTE DA REPÚBLICA, usando da atribuição que lhe confere o artigo 180 da Constituição, decreta:

ART. 1º Salvo disposição contrária, a lei começa a vigorar em todo o país quarenta e cinco dias depois de oficialmente publicada.

▸ *CF: art. 62, §§ 3º., 4º., 6º. e 7º.*

§ 1º Nos Estados, estrangeiros, a obrigatoriedade da lei brasileira, quando admitida, se inicia três meses depois de oficialmente publicada.

§ 2º (Revogado pela Lei nº 12.036, de 2009).

§ 3º Se, antes de entrar a lei em vigor, ocorrer nova publicação de seu texto, destinada a correção, o prazo deste artigo e dos parágrafos anteriores começará a correr da nova publicação.

§ 4º As correções a texto de lei já em vigor consideram-se lei nova.

ART. 2º Não se destinando à vigência temporária, a lei terá vigor até que outra a modifique ou revogue.

§ 1º A lei posterior revoga a anterior quando expressamente o declare, quando seja com ela incompatível ou quando regule inteiramente a matéria de que tratava a lei anterior.

§ 2º A lei nova, que estabeleça disposições gerais ou especiais a par das já existentes, não revoga nem modifica a lei anterior.

§ 3º Salvo disposição em contrário, a lei revogada não se restaura por ter a lei revogadora perdido a vigência.

ART. 3º Ninguém se escusa de cumprir a lei, alegando que não a conhece.

ART. 4º Quando a lei for omissa, o juiz decidirá o caso de acordo com a analogia, os costumes e os princípios gerais de direito.

ART. 5º Na aplicação da lei, o juiz atenderá aos fins sociais a que ela se dirige e às exigências do bem comum.

▸ *CF: art. 5º., LIV.*

▸ *Lei 9.099, de 26-09-1995: art. 6o., dispõe sobre os Juizados Especiais Cíveis e Criminais.*

ART. 6º A Lei em vigor terá efeito imediato e geral, respeitados o ato jurídico perfeito, o direito adquirido e a coisa julgada. (Redação dada pela Lei nº 3.238, de 1957)

▸ CF: art. 5º., XXXVI.

▸ CC: art. 1.577.

§ 1º Reputa-se ato jurídico perfeito o já consumado segundo a lei vigente ao tempo em que se efetuou. (Incluído pela Lei nº 3.238, de 1957)

§ 2º Consideram-se adquiridos assim os direitos que o seu titular, ou alguém por êle, possa exercer, como aquêles cujo comêço do exercício tenha têrmo pré-fixo, ou condição pré-estabelecida inalterável, a arbítrio de outrem. (Incluído pela Lei nº 3.238, de 1957)

§ 3º Chama-se coisa julgada ou caso julgado a decisão judicial de que já não caiba recurso. (Incluído pela Lei nº 3.238, de 1957)

▸ CF: art. 5º., XXXVI.

ART. 7º A lei do país em que domiciliada a pessoa determina as regras sobre o começo e o fim da personalidade, o nome, a capacidade e os direitos de família.

▸ CC: arts. 3º. e 5º.

§ 1º Realizando-se o casamento no Brasil, será aplicada a lei brasileira quanto aos impedimentos dirimentes e às formalidades da celebração.

§ 2º O casamento de estrangeiros poderá celebrar-se perante autoridades diplomáticas ou consulares do país de ambos os nubentes. (Redação dada pela Lei nº 3.238, de 1957)

§ 3º Tendo os nubentes domicílio diverso, regerá os casos de invalidade do matrimônio a lei do primeiro domicílio conjugal.

§ 4º O regime de bens, legal ou convencional, obedece à lei do país em que tiverem os nubentes domicílio, e, se este for diverso, a do primeiro domicílio conjugal.

§ 5º - O estrangeiro casado, que se naturalizar brasileiro, pode, mediante expressa anuência de seu cônjuge, requerer ao juiz, no ato de entrega do decreto de naturalização, se apostile ao mesmo a adoção do regime de comunhão parcial de bens, respeitados os direitos de terceiros e dada esta adoção ao competente registro. (Redação dada pela Lei nº 6.515, de 1977)

§ 6º O divórcio realizado no estrangeiro, se um ou ambos os cônjuges forem brasileiros, só será reconhecido no Brasil depois de 1 (um) ano da data da sentença, salvo se houver sido antecedida de separação judicial por igual prazo, caso em que a homologação produzirá efeito imediato, obedecidas as condições estabelecidas para a eficácia das sentenças estrangeiras no país. O Superior Tribunal de Justiça, na forma de seu regimento interno, poderá reexaminar, a requerimento do interessado, decisões já proferidas em pedidos de homologação de sentenças estrangeiras de divórcio de brasileiros, a fim de que passem a produzir todos os efeitos legais. (Redação dada pela Lei nº 12.036, de 2009).

▸ CF: art. 227, § 6º.

▸ CC: art. 1.571 e ss.

§ 7º Salvo o caso de abandono, o domicílio do chefe da família estende-se ao outro cônjuge e aos filhos não emancipados, e o do tutor ou curador aos incapazes sob sua guarda.

▸ CF: arts. 226, § 5º e 227, § 6º.

§ 8º Quando a pessoa não tiver domicílio, considerar-se-á domiciliada no lugar de sua residência ou naquele em que se encontre.

ART. 8º Para qualificar os bens e regular as relações a eles concernentes, aplicar-se-á a lei do país em que estiverem situados.

▸ Lei 8.617, de 4-1-1993, dispõe sobre o mar territorial , a zona contígua, a zona econômica exclusiva e a plataforma continental brasileira.

§ 1º Aplicar-se-á a lei do país em que for domiciliado o proprietário, quanto aos bens moveis que ele trouxer ou se destinarem a transporte para outros lugares.

§ 2º O penhor regula-se pela lei do domicílio que tiver a pessoa, em cuja posse se encontre a coisa apenhada.

ART. 9º Para qualificar e reger as obrigações, aplicar-se-á a lei do país em que se constituirem.

§ 1º Destinando-se a obrigação a ser executada no Brasil e dependendo de forma essencial, será esta observada, admitidas as peculiaridades da lei estrangeira quanto aos requisitos extrínsecos do ato.

§ 2º A obrigação resultante do contrato reputa-se constituida no lugar em que residir o proponente.

ART. 10. A sucessão por morte ou por ausência obedece à lei do país em que domiciliado o defunto ou o desaparecido, qualquer que seja a natureza e a situação dos bens.

▸ CF: art. 5º., XXXI.

§ 1º A sucessão de bens de estrangeiros, situados no País, será regulada pela lei brasileira em benefício do cônjuge ou dos filhos brasileiros, ou de quem os represente, sempre que não lhes seja mais favorável a lei pessoal do de cujus. (Redação dada pela Lei nº 9.047, de 1995)

§ 2º A lei do domicílio do herdeiro ou legatário regula a capacidade para suceder.

ART. 11. As organizações destinadas a fins de interesse coletivo, como as sociedades e as fundações, obedecem à lei do Estado em que se constituirem.

§ 1º Não poderão, entretanto ter no Brasil filiais, agências ou estabelecimentos antes de serem os atos constitutivos aprovados pelo Governo brasileiro, ficando sujeitas à lei brasileira.

▸ CF: art. 170, par. ún.

§ 2º Os Governos estrangeiros, bem como as organizações de qualquer natureza, que eles tenham constituido, dirijam ou hajam investido de funções públicas, não poderão adquirir no Brasil bens imóveis ou susceptiveis de desapropriação.

§ 3º Os Governos estrangeiros podem adquirir a propriedade dos prédios necessários à sede dos representantes diplomáticos ou dos agentes consulares. (Vide Lei nº 4.331, de 1964)

ART. 12. É competente a autoridade judiciária brasileira, quando for o réu domiciliado no Brasil ou aqui tiver de ser cumprida a obrigação.

§ 1º Só à autoridade judiciária brasileira compete conhecer das ações relativas a imóveis situados no Brasil.

§ 2º A autoridade judiciária brasileira cumprirá, concedido o exequatur e segundo a forma estabelecida pele lei brasileira, as diligências deprecadas por autoridade estrangeira competente, observando a lei desta, quanto ao objeto das diligências.

▸ CF: arts. 105, I, i e 109, X.

ART. 13. A prova dos fatos ocorridos em país estrangeiro rege-se pela lei que nele vigorar, quanto ao ônus e aos meios de produzir-se, não admitindo os tribunais brasileiros provas que a lei brasileira desconheça.

ART. 14. Não conhecendo a lei estrangeira, poderá o juiz exigir de quem a invoca prova do texto e da vigência.

ART. 15. Será executada no Brasil a sentença proferida no estrangeiro, que reuna os seguintes requisitos:

a) haver sido proferida por juiz competente;

b) terem sido os partes citadas ou haver-se legalmente verificado à revelia;

c) ter passado em julgado e estar revestida das formalidades necessárias para a execução no lugar em que foi proferida;

d) estar traduzida por intérprete autorizado;

e) ter sido homologada pelo Supremo Tribunal Federal.

▸ *CF: art. 105, I, i.*

▸ *CP: art. 9º.*

▸ *CPP: arts. 787 a 790.*

Parágrafo único. (Revogado pela Lei nº 12.036, de 2009).

ART. 16. Quando, nos termos dos artigos precedentes, se houver de aplicar a lei estrangeira, ter-se-á em vista a disposição desta, sem considerar-se qualquer remissão por ela feita a outra lei.

ART. 17. As leis, atos e sentenças de outro país, bem como quaisquer declarações de vontade, não terão eficácia no Brasil, quando ofenderem a soberania nacional, a ordem pública e os bons costumes.

ART. 18. Tratando-se de brasileiros, são competentes as autoridades consulares brasileiras para lhes celebrar o casamento e os mais atos de Registro Civil e de tabelionato, inclusive o registro de nascimento e de óbito dos filhos de brasileiro ou brasileira nascido no país da sede do Consulado. (Redação dada pela Lei nº 3.238, de 1957)

§ 1º As autoridades consulares brasileiras também poderão celebrar a separação consensual e o divórcio consensual de brasileiros, não havendo filhos menores ou incapazes do casal e observados os requisitos legais quanto aos prazos, devendo constar da respectiva escritura pública as disposições relativas à descrição e à partilha dos bens comuns e à pensão alimentícia e, ainda, ao acordo quanto à retomada pelo cônjuge de seu nome de solteiro ou à manutenção do nome adotado quando se deu o casamento. (Incluído pela Lei nº 12.874, de 2013)

§ 2º É indispensável a assistência de advogado, devidamente constituído, que se dará mediante a subscrição de petição, juntamente com ambas as partes, ou com apenas uma delas, caso a outra constitua advogado próprio, não se fazendo necessário que a assinatura do advogado conste da escritura pública. (Incluído pela Lei nº 12.874, de 2013)

▸ *CF: art. 12, I, c.*

ART. 19. Reputam-se válidos todos os atos indicados no artigo anterior e celebrados pelos cônsules brasileiros na vigência do Decreto-lei nº 4.657, de 4 de setembro de 1942, desde que satisfaçam todos os requisitos legais. (Incluído pela Lei nº 3.238, de 1957)

Parágrafo único. No caso em que a celebração dêsses atos tiver sido recusada pelas autoridades consulares, com fundamento no artigo 18 do mesmo Decreto-lei, ao interessado é facultado renovar o pedido dentro em 90 (noventa) dias contados da data da publicação desta lei. (Incluído pela Lei nº 3.238, de 1957)

ART. 20. Nas esferas administrativa, controladora e judicial, não se decidirá com base em valores jurídicos abstratos sem que sejam consideradas as consequências práticas da decisão. (Incluído pela Lei nº 13.655, de 2018)

▸ *Vide Dec. 9.830/2019: regulamenta o disposto nos art. 20 ao art. 30 do Dec-Lei 4.657/1942 (LINDB).*

Parágrafo único. A motivação demonstrará a necessidade e a adequação da medida imposta ou da invalidação de ato, contrato, ajuste, processo ou norma administrativa, inclusive em face das possíveis alternativas. (Incluído pela Lei nº 13.655, de 2018)

ART. 21. A decisão que, nas esferas administrativa, controladora ou judicial, decretar a invalidação de ato, contrato, ajuste, processo ou norma administrativa deverá indicar de modo expresso suas consequências jurídicas e administrativas. (Incluído pela Lei nº 13.655, de 2018)

▸ *Vide Dec. 9.830/2019: regulamenta o disposto nos art. 20 ao art. 30 do Dec-Lei 4.657/1942 (LINDB).*

Parágrafo único. A decisão a que se refere o caput deste artigo deverá, quando for o caso, indicar as condições para que a regularização ocorra de modo proporcional e equânime e sem prejuízo aos interesses gerais, não se podendo impor aos sujeitos atingidos ônus ou perdas que, em função das peculiaridades do caso, sejam anormais ou excessivos. (Incluído pela Lei nº 13.655, de 2018)

ART. 22. Na interpretação de normas sobre gestão pública, serão considerados os obstáculos e as dificuldades reais do gestor e as exigências das políticas públicas a seu cargo, sem prejuízo dos direitos dos administrados.

▸ *Vide Dec. 9.830/2019: regulamenta o disposto nos art. 20 ao art. 30 do Dec-Lei 4.657/1942 (LINDB).*

§ 1º Em decisão sobre regularidade de conduta ou validade de ato, contrato, ajuste, processo ou norma administrativa, serão consideradas as circunstâncias práticas que houverem imposto, limitado ou condicionado a ação do agente. (Incluído pela Lei nº 13.655, de 2018)

§ 2º Na aplicação de sanções, serão consideradas a natureza e a gravidade da infração cometida, os danos que dela provierem para a administração pública, as circunstâncias agravantes ou atenuantes e os antecedentes do agente. (Incluído pela Lei nº 13.655, de 2018)

§ 3º As sanções aplicadas ao agente serão levadas em conta na dosimetria das demais sanções de mesma natureza e relativas ao mesmo fato. (Incluído pela Lei nº 13.655, de 2018)

ART. 23. A decisão administrativa, controladora ou judicial que estabelecer interpretação ou orientação nova sobre norma de conteúdo indeterminado, impondo novo dever ou novo condicionamento de direito, deverá prever regime de transição quando indispensável para que o novo dever ou condicionamento de direito seja cumprido de modo proporcional, equânime e eficiente e sem prejuízo aos interesses gerais.

▸ *Vide Dec. 9.830/2019: regulamenta o disposto nos art. 20 ao art. 30 do Dec-Lei 4.657/1942 (LINDB).*

Parágrafo único. (VETADO). (Incluído pela Lei nº 13.655, de 2018)

ART. 24. A revisão, nas esferas administrativa, controladora ou judicial, quanto à validade de ato, contrato, ajuste, processo ou norma administrativa cuja produção já se houver completado levará em conta as orientações gerais da época, sendo vedado que, com base em mudança posterior de orientação geral, se declarem inválidas situações plenamente constituídas. (Incluído pela Lei nº 13.655, de 2018)

▸ *Vide Dec. 9.830/2019: regulamenta o disposto nos art. 20 ao art. 30 do Dec-Lei 4.657/1942 (LINDB).*

Parágrafo único. Consideram-se orientações gerais as interpretações e especificações contidas em atos públicos de caráter geral ou em jurisprudência judicial ou administrativa majoritária, e ainda as adotadas por prática administrativa reiterada e de amplo conhecimento público. (Incluído pela Lei nº 13.655, de 2018)

ART. 25. (VETADO). (Incluído pela Lei nº 13.655, de 2018)

ART. 26. Para eliminar irregularidade, incerteza jurídica ou situação contenciosa na aplicação do direito público, inclusive no caso de expedição de licença, a autoridade administrativa poderá, após oitiva do órgão jurídico e, quando for o caso, após realização de consulta pública, e presentes razões de relevante interesse geral, celebrar compromisso com os interessados, observada a legislação aplicável, o qual só produzirá efeitos a partir de sua publicação oficial. (Incluído pela Lei nº 13.655, de 2018)

▸ *Vide Dec. 9.830/2019: regulamenta o disposto nos art. 20 ao art. 30 do Dec-Lei 4.657/1942 (LINDB).*

§ 1º O compromisso referido no caput deste artigo: (Incluído pela Lei nº 13.655, de 2018)

I - buscará solução jurídica proporcional, equânime, eficiente e compatível com os interesses gerais; (Incluído pela Lei nº 13.655, de 2018)

II – (VETADO; (Incluído pela Lei nº 13.655, de 2018)

III - não poderá conferir desoneração permanente de dever ou condicionamento de direito reconhecidos por orientação geral; (Incluído pela Lei nº 13.655, de 2018)

IV - deverá prever com clareza as obrigações das partes, o prazo para seu cumprimento e as sanções aplicáveis em caso de descumprimento. (Incluído pela Lei nº 13.655, de 2018)

§ 2º (VETADO). (Incluído pela Lei nº 13.655, de 2018)

ART. 27. A decisão do processo, nas esferas administrativa, controladora ou judicial, poderá impor compensação por benefícios indevidos ou prejuízos anormais ou injustos resultantes do processo ou da conduta dos envolvidos. (Incluído pela Lei nº 13.655, de 2018)

▸ *Vide Dec. 9.830/2019: regulamenta o disposto nos art. 20 ao art. 30 do Dec-Lei 4.657/1942 (LINDB).*

§ 1º A decisão sobre a compensação será motivada, ouvidas previamente as partes sobre seu cabimento, sua forma e, se for o caso, seu valor. (Incluído pela Lei nº 13.655, de 2018)

§ 2º Para prevenir ou regular a compensação, poderá ser celebrado compromisso processual entre os envolvidos. (Incluído pela Lei nº 13.655, de 2018)

ART. 28. O agente público responderá pessoalmente por suas decisões ou opiniões técnicas em caso de dolo ou erro grosseiro. (Incluído pela Lei nº 13.655, de 2018)

▸ *Vide Dec. 9.830/2019: regulamenta o disposto nos art. 20 ao art. 30 do Dec-Lei 4.657/1942 (LINDB).*

§ 1º (VETADO). (Incluído pela Lei nº 13.655, de 2018)

§ 2º (VETADO). (Incluído pela Lei nº 13.655, de 2018)

§ 3º (VETADO). (Incluído pela Lei nº 13.655, de 2018)

ART. 29. Em qualquer órgão ou Poder, a edição de atos normativos por autoridade administrativa, salvo os de mera organização interna, poderá ser precedida de consulta pública para manifestação de interessados, preferencialmente por meio eletrônico, a qual será considerada na decisão. (Incluído pela Lei nº 13.655, de 25-4-2018)

▸ *Vide Dec. 9.830/2019: regulamenta o disposto nos art. 20 ao art. 30 do Dec-Lei 4.657/1942 (LINDB).*

§ 1º. A convocação conterá a minuta do ato normativo e fixará o prazo e demais condições da consulta pública, observadas as normas legais e regulamentares específicas, se houver. (Incluído pela Lei nº 13.655, de 2018)

§ 2º (VETADO). (Incluído pela Lei nº 13.655, de 2018)

ART. 30. As autoridades públicas devem atuar para aumentar a segurança jurídica na aplicação das normas, inclusive por meio de regulamentos, súmulas administrativas e respostas a consultas. (Incluído pela Lei nº 13.655, de 2018)

▸ *Vide Dec. 9.830/2019: regulamenta o disposto nos art. 20 ao art. 30 do Dec-Lei 4.657/1942 (LINDB).*

Parágrafo único. Os instrumentos previstos no caput deste artigo terão caráter vinculante em relação ao órgão ou entidade a que se destinam, até ulterior revisão. (Incluído pela Lei nº 13.655, de 2018)

Rio de Janeiro, 4 de setembro de 1942,
121º da Independência e 54º da República.
GETULIO VARGAS
Alexandre Marcondes Filho
Oswaldo Aranha.

*Este texto não substitui o publicado no DOU de 9.9.1942**

DECRETO-LEI Nº 6.259 DE 10 DE FEVEREIRO DE 1944 (EXCERTOS)

Dispõe sobre o serviço de loterias, e dá outras providências.

O PRESIDENTE DA REPÚBLICA, usando da atribuição que lhe confere o artigo 180 da Constituição,

DECRETA:

ART. 1º. O Serviço de loteria, federal ou estadual, executar-se-á, em todo o território do país, de acordo com as disposições do presente Decreto-lei.

ART. 2º. Os Governos da União e dos Estados poderão atribuir a exploração do serviço de loteria a concessionários de comprovada idoneidade moral e financeira.

§ 1º. A loteria federal terá livre circulação em todo o território do país, enquanto que as loterias estaduais ficarão adstritas aos limites do Estado respectivo.

§ 2º. A circulação da loteria federal não poderá ser obstada ou embaraçada por quaisquer autoridades estaduais ou municipais.

ART. 3º. A concessão ou exploração lotérica, como derrogação das normas do Direito Penal, que proíbem o jogo de azar, emanará sempre da União, por autorização direta quanto à loteria federal ou mediante decreto de ratificação quanto às loterias estaduais.

Parágrafo único. O Governo Federal decretará a nulidade de loteria ratificada, no caso de transgressão de qualquer das suas cláusulas.

DAS CONCESSÕES

ART. 4º. Somente a União e os Estados poderão explorar ou conceder serviço de loteria, vedada àquela e a estes mais de uma exploração ou concessão lotérica.

• • • • • • • • • • • • • • • • •

ART. 9º. A loteria federal e as estaduais subordinar-se-ão às seguintes condições:

1) prazo máximo de cinco (5) anos para as concessões;

2) distribuição da percentagem mínima de setenta por cento (70%) em prêmios, sobre cada emissão;

3) impossibilidade de exploração, simultânea, direta ou indiretamente, de mais de um serviço lotérico pela mesma pessoa, física ou jurídica;

• • • • • • • • • • • • • • • • •

7) Os Estados que executam o serviço de loteria, diretamente ou em regime de autarquia, poderão realizar, uma vez ao ano, extração especial, para fins de assistência social, hospitalar, educacional e cultural, a cargo do Poder Executivo, com a emissão máxima de 100.000 (cem mil) bilhetes, ao preço maior de Cr$ 500,00 (quinhentos cruzeiros) cada um e distribuição de prêmios e comissões, com as demais despesas, até Cr$ 20.000.000,00 (vinte milhões de cruzeiros). (Incluído pela Lei nº 3.346, de 1957) (Redigido pela Lei nº 3.491, de 1958)

ART. 10. É defeso ao concessionário modificar a sua firma ou transferir a concessão, sem prévio assentimento do poder concedeste, exigida sempre a inalterável idoneidade moral do responsável, e perfeita garantia financeira, pelo prazo restante do contrato.

• • • • • • • • • • • • • • • • •

ART. 18. O concessionário da loteria federal poderá estabelecer agências em todos os Estados, no Distrito Federal e territórios, as quais funcionarão mediante licença expedida pela Diretoria das Rendas Internas.

§ 1º. No edifício da sede da loteria federal haverá lugar apropriado para a venda direta de bilhetes ao público, sem ágio.

§ 2º. A loteria federal comunicará à Fiscalização Geral de Loterias, antes de feita qualquer remessa de bilhetes, a nomeação dos seus agentes ou as alterações que com êles ocorram. Multa de mil cruzeiros (Cr$ 1.000,00) a cinco mil cruzeiros (Cr$ 5.000,00) e o dobro na reincidência.

ART. 19. A loteria federal, bem assim as estaduais em regime de exploração direta pelo Estado ou por órgão autárquico, excetuadas as hipóteses das loterias de São João e Natal a que se refere o inciso 4º do artigo 9º, somente poderão apresentar plano com prêmio maior que o de Cr$ 5.000.000,00 (cinco milhões de cruzeiros), mediante prévia autorização do Ministro de Estado dos Negócios da Fazenda e prestadas as garantias que forem exigidas. (Redação dada pela Lei nº 4.161, de 1962)

ART. 20. Ninguém poderá distribuir, vender ou expor à venda bilhetes de loteria federal ou estadual, sem ter sido previamente licenciado pela repartição federal competente, sob pena de multa igual ao valor da licença e o dobro na reincidência.

• • • • • • • • • • • • • • • • •

DAS EXPLORAÇÕES

ART. 33. As extrações serão feitas, em sala franqueada ao público, pelo sistema de urnas transparentes e esferas numeradas por inteiro.

ART. 34. A loteria federal e as loterias estaduais serão extraídas nos dias designados pelo Diretor das Rendas Internas.

ART. 35. Depois de postos os bilhetes em circulação, a extração só deixará de realizar-se ou será adiada, por deliberação do Diretor das Rendas Internas.

Parágrafo único. No primeiro caso serão recolhidos os bilhetes e restituídos os respectivos preços, e nos segundos avisar-se-á pela imprensa o novo dia designado para a extração.

• • • • • • • • • • • • • • • • •

DAS LOTERIAS PROIBIDAS

ART. 40. Constitui jogo de azar passível de repressão penal, a loteria de qualquer espécie não autorizada ou ratificada expressamente pelo Governo Federal.

Parágrafo único. Seja qual for a sua denominação e processo de sorteio adotado, considera-se loteria toda operação, jogo ou aposta para a obtenção de um prêmio em dinheiro ou em bens de outra natureza, mediante colocação de bilhetes, listas, cupões, vales, papéis, manuscritos, sinais, símbolos, ou qualquer outro meio de distribuição dos números e designação dos jogadores ou apostadores.

ART. 41. Não se compreendem na disposição do artigo anterior:

a) os sorteios realizados para simples resgate de ações ou debêntures, desde que não haja qualquer bonificação;

b) a venda de imóveis ou de artigos de comércio, mediante sorteio, na forma do respectivo regulamento, sendo defeso converter em dinheiro os prêmios sorteados ou concedê-los em proporção que desvirtue a operação de compra e venda;

c) os sorteios de apólices da dívida pública da União, dos Estados e dos Municípios, autorizados pelo Governo Federal;

d) os sorteios de apólices realizados pelas companhias de seguro de vida, que operem pelo sistema de prêmios fixos atuariais, desde que os respectivos regulamentos o permitam;

e) os sorteios das sociedades de capitalização, feitos exclusivamente para amortização do capital garantido;

f) os sorteios bianuais autorizados pelos Decretos-leis números 338, de 16 de março de 1938, e 2.870, de 13 de dezembro de 1940.

Parágrafo único. Para os sorteios de mercadorias e imóveis não se permitirá emissão de bilhetes, cupões, ou vales, ao portador, mas deverão constar do livro apropriado os nomes de todos os prestamistas, com indicação dos pagamentos feitos e por fazer.

ART. 42. Fica permitida a distribuição de títulos da Dívida Pública Federal, Estadual ou Municipal como prêmio de sorteio, competindo à fiscalização verificar a prévia aquisição dos títulos e sua efetiva distribuição aos contemplados

Parágrafo único. Nenhum prêmio poderá ser constituído de mais de uma apólice federal, estadual ou municipal, englobadamente.

ART. 43. A título de propaganda poderão os estabelecimentos comerciais, quando autorizados por cartas-patente, distribuir brindes aos seus clientes, mediante coleção de bilhetes, vales ou cupões sorteáveis, desde que as respectivas cautelas sejam gratuitas e os prêmios de pequeno valor.

ART. 44. Compete ao Diretor Geral da Fazenda Nacional conceder cartas-patentes para funcionamento de clubes de mercadorias mediante sorteio.

Parágrafo único. Sempre que houver deturpação dos fins para que foi concedida, a carta-patente será cancelada pelo Diretor Geral da Fazenda Nacional.

DAS CONTRAVENÇÕES

ART. 45. Extrair loteria sem concessão regular do poder competente ou sem a ratificação de que cogita o art. 3º Penas: de um (1) a quatro (4) anos de prisão simples, multa de cinco mil cruzeiros (Cr$ 5.000,00) a dez mil cruzeiros (Cr$ 10.000,00), além da perda para a Fazenda Nacional de todos os aparelhos de extração, mobiliário, utensílios e valores pertencentes à loteria.

ART. 46. Introduzir no país bilhetes de loterias, rifas ou tômbolas estrangeiras, ou em qualquer Estado, bilhetes de outra loteria estadual. Penas: de seis (6) meses a um (1) ano de prisão simples, multa de mil cruzeiros (Cr$ 1.000,00) a cinco mil cruzeiros (Cr$ 5.000,00), além da perda para a Fazenda Nacional de todos os bilhetes apreendidos.

ART. 47. Possuir, ter sob a sua guarda, procurar colocar, distribuir ou lançar em circulação bilhetes de loterias estrangeiras. Penas: de seis (6) meses e um (1) ano de prisão simples, multa de mil cruzeiros (Cr$ 1.000,00) a cinco mil cruzeiros (Cr$ 5.000,00), além de perda para a Fazenda Nacional de todos os bilhetes apreendidos.

ART. 48. Possuir, ter sob sua guarda, procurar colocar, distribuir ou lançar em circulação bilhetes de loteria estadual fora do território do Estado respectivo. Penas: de dois (2) a seis (6) meses de prisão simples, multa de quinhentos cruzeiros (Cr$ 500,00) a mil cruzeiros (Cr$ 1.000,00), além de perda para a Fazenda Nacional dos bilhetes apreendidos.

ART. 49. Exibir, ou ter sob sua guarda, listas de sorteios de loteria estrangeira ou de estadual fora do território do Estado respectivo. Penas: de em (1) a quatro (4) meses de prisão simples e multa de duzentos cruzeiros (Cr$ 200,00) a quinhentos cruzeiros (Cr$ 500,00).

ART. 50. Efetuar o pagamento de prêmio relativo a bilhete de loteria estrangeira ou estadual que não possa circular legalmente no lugar do pagamento. Penas: de dois (2) a seis (6) meses de prisão simples e multa de quinhentos cruzeiros (Cr$ 500,00) a mil cruzeiros (Cr$ 1.000,00).

ART. 51. Executar serviços de impressão ou acabamento de bilhetes, listas, avisos ou cartazes, relativos a loteria que não possa legalmente circular no lugar onde se executem tais serviços. Penas: de dois (2) a seis (6) meses de prisão simples, multa de quinhentos cruzeiros (Cr$ 500,00) a mil cruzeiros (Cr$ 1.000,00), e a inutilização dos bilhetes, listas, avisos e cartazes, além da pena de prisão aos proprietários e gerentes dos respectivos estabelecimentos.

ART. 52. Distribuir ou transportar cartazes, listas ou avisos de loterias onde os mesmos não possam legalmente circular. Penas: de um (1) a quatro (4) meses de prisão simples e multa de duzentos cruzeiros (Cr$ 200,00) a quinhentos cruzeiros (Cr$ 500,00).

ART. 53. Colocar, distribuir ou lançar em circulação bilhetes de loterias relativos a extrações já feitas. Penas: as do art. 171 do Código Penal.

ART. 54. Falsificar emendar ou adulterar bilhetes de loteria. Penas: as do art. 298 do Código Penal.

ART. 55. Divulgar por meio de jornal, revista, rádio, cinema ou por qualquer outra forma, clara ou disfarçadamente, anúncio, aviso ou resultado de extração de loteria que não possa legalmente circular no lugar em que funciona a empresa divulgadora. Penas: de multa de mil cruzeiros (Cr$ 1.000,00) a cinco mil cruzeiros (Cr$ 5.000,00) aplicável aos proprietários e gerentes das respectivas empresas, e o dobro na reincidência.

Parágrafo único. A Fiscalização Geral de Loterias deverá apreender os jornais, revistas ou impressos que inserirem reiteradamente anúncio ou aviso proibidos, e requisitar a cassação da licença para o funcionamento das empresas de rádio e cinema que, da mesma forma, infringirem a disposição deste artigo.

ART. 56. Transmitir pelo telégrafo ou por qualquer outro meio o resultado da extração da loteria que não possa circular no lugar para onde se fizer a transmissão. Penas: de multa de quinhentos cruzeiros (Cr$ 500,00) a mil cruzeiros (Cr$ 1.000,00).

Parágrafo único. Nas mesmas penas incorrerá a empresa telegráfica particular que efetuar a transmissão;

ART. 57. As repartições postais não farão a remessa de bilhetes, listas, avisos ou cartazes referentes a loterias consideradas ilegais ou os de loteria de determinado Estado, quando se destinem a outro Estado, ao Distrito Federal ou aos territórios.

§ 1º. Serão apreendidos os bilhetes, listas, avisos ou cartazes encontrados em repartição situada em lugar onde a loteria não possa legalmente circular, devendo os funcionários efetuar, quando possível, a prisão em flagrante do contraventor.

§ 2º. Efetuada a prisão do contraventor, a cousa apreendida será entregue à autoridade policial que lavrar o flagrante. No caso de simples apreensão, caberá aos funcionários lavrar o respectivo auto, para pronunciamento das Recebedorias Federais no Rio de Janeiro e em São Paulo, ou das Delegacias Fiscais nos demais Estados, às quais, se caracterizada e provada a infração, caberá impor as multas previstas neste capítulo.

§ 3º. Aos funcionários apreendedores fica assegurada a vantagem prevista no parágrafo único do art. 62.

ART. 58. Realizar o denominado "jogo do bicho", em que um dos participantes, considerado comprador ou ponto, entrega certa quantia com a indicação de combinações de algarismos ou nome de animais, a que correspondem números, ao outro participante, considerado o vendedor ou banqueiro, que se obriga mediante qualquer sorteio ao pagamento de prêmios em dinheiro. Penas: de seis (6) meses a um (1) ano de prisão simples e multa de dez mil cruzeiros (Cr$ 10.000,00) a cinquenta mil cruzeiros (Cr$ 50.000,00) ao vendedor ou banqueiro, e de quarenta (40) a trinta (30) dias de prisão celular ou multa de duzentos cruzeiros (Cr$ 200,00) a quinhentos cruzeiros (Cr$ 500,00) ao comprador ou ponto.

▸ *LCP: art. 58.*

§ 1º. Incorrerão nas penas estabelecidas para vendedores ou banqueiros:

a) os que servirem de intermediários na efetuação do jogo;

b) os que transportarem, conduzirem, possuírem, tiverem sob sua guarda ou poder, fabricarem, darem, cederem, trocarem, guardarem em qualquer parte, listas com indicações do jogo ou material próprio para a contravenção, bem como de qualquer forma contribuírem para a sua confecção, utilização, curso ou emprego, seja qual for a sua espécie ou quantidade;

c) os que procederem à apuração de listas ou à organização de mapas relativos ao movimento do jogo;

d) os que por qualquer modo promoverem ou facilitarem a realização do jogo.

§ 2º. Consideram-se idôneos para a prova do ato contravencional quaisquer listas com indicações claras ou disfarçadas, uma vez que a perícia revele se destinarem à perpetração do jogo do bicho.

§ 3º. (Revogado pela Lei nº 1.508, de 1951)

ART. 59. Serão inafiançáveis as contravenções previstas nos arts. 45 a 49 e 58 e seus parágrafos.

ART. 60. Constituem contravenções, puníveis com as penas do art. 45, o jogo sobre corridas de cavalos, feito fora dos hipódromos, ou da sede e dependências das entidades autorizadas, e as apostas sobre quaisquer outras competições esportivas.

Parágrafo único. Consideram-se competições esportivas, aquelas em que se classifiquem vencedores

a) pelo esforço físico, destreza ou habilidade do homem;

b) pela seleção ou adestramento de animais, postos em disputa, carreira ou luta de qualquer natureza.

DO PROCESSO FISCAL

ART. 61. O processo fiscal das contravenções a que se refere este Decreto-lei, obedecerá as normas estabelecidas pelo Decreto-lei nº 739, de 24 de setembro de 1938.

ART. 62. Os bilhetes apreendidos em virtude de contravenção meramente administrativa serão conservados, no Distrito Federal, pela Fiscalização Geral de Loterias, e nos Estados pelas Delegacias Fiscais, em invólucro fechado e lacrado, com as declarações necessárias.

Parágrafo único. Na hipótese de ser premiado qualquer dos bilhetes apreendidos, efetuar-se-á a cobrança, ficando o produto em depósito no Tesouro Nacional ou suas Delegacias Fiscais, até decisão final do processo. Metade dos prêmios pertencerá aos apreensores que tiverem assinado o respectivo auto, e a outra metade será convertida em renda eventual da União.

ART. 63. Além das autoridades policiais, são competentes os Funcionários da Fiscalização Geral de Loterias, os Fiscais de loterias, os Delegados Fiscais do Tesouro, os Coletores federais, os Agentes fiscais do imposto de consumo, os Fiscais dos clubes de mercadorias, os funcionários postais, os empregados ferroviários e os Agentes do fisco estadual e municipal, para efetuar a prisão em flagrante quando ocorrerem as infrações deste Decreto-lei puníveis com pena de prisão, apreender bilhetes, aparelhos e utensílios, e inutilizar listas, cartazes ou quaisquer papéis relativos a loterias clandestinas ou jogos proibidos.

Parágrafo único. No desempenho das atribuições previstas neste artigo, poderão os funcionários e autoridades, quando necessário, proceder a revistas pessoais, bem como arrombar portas ou imóveis em estabelecimentos de comércio.

• • • • • • • • • • • • • • • • • •

ART. 73. O presente Decreto-lei entrará em vigor na data de sua publicação.

ART. 74. Revogam-se as disposições em contrário.

Rio de Janeiro, 10 de fevereiro de 1944, 123º da Independência e 56º da República.

GETULIO VARGAS.

Este texto não substitui o publicado no DOU de 18.2.1944

DECRETO-LEI Nº 9.215, DE 30 DE ABRIL DE 1946

Proíbe a prática ou exploração de jogos de azar em todo o território nacional

O PRESIDENTE DA REPÚBLICA, usando da atribuição que lhe confere o artigo 180 da Constituição, e

Considerando que a repressão aos jogos de azar é um imperativo da consciência universal;

Considerando que a legislação penal de todos os povos cultos contém preceitos tendentes a esse fim;

Considerando que a tradição moral jurídica e religiosa do povo brasileiro e contrária à prática e à exploração e jogos de azar;

Considerando que, das exceções abertas à lei geral, decorreram abusos nocivos à moral e aos bons costumes;

Considerando que as licenças e concessões para a prática e exploração de jogos de azar na Capital Federal e nas estâncias hidroterápicas, balneárias ou climáticas foram dadas a título precário, podendo ser cassadas a qualquer momento:

DECRETA:

ART. 1º. Fica restaurada em todo o território nacional a vigência do artigo 50 e seus parágrafos da Lei das Contravenções Penais (Decreto-lei nº 3.688, de 2 de Outubro de 1941).

ART. 2º. Esta Lei revoga os Decretos-leis nº 241, de 4 de Fevereiro de 1938, nº 5.089, de 15 de Dezembro de 1942 e nº 5.192, de 14 de Janeiro de 1943 e disposições em contrário.

ART. 3º. Ficam declaradas nulas e sem efeito todas as licenças, concessões ou autorizações dadas pelas autoridades federais, estaduais ou municipais, com fundamento nas leis ora, revogadas, ou que, de qualquer forma, contenham autorização em contrário ao disposto no artigo 50 e seus Parágrafos da Lei das Contravenções penais.

ART. 4º. Esta lei entra em vigor na data de sua publicação.

Rio de Janeiro, em 30 de Abril de 1946, 125º da Independência e 58º da República.

EURICO G. DUTRA.

Este texto não substitui o publicado no DOU de 30.4.1946

DECRETO-LEI Nº 201, DE 27 DE FEVEREIRO DE 1967

Dispõe sobre a responsabilidade dos Prefeitos e Vereadores, e dá outras providências.

▸ *Súmulas 164, 208 e 209 do STJ.*

O PRESIDENTE DA REPÚBLICA, usando da atribuição que lhe confere o parágrafo 2º, do artigo 9º, do Ato Institucional nº 4, de 7 de dezembro de 1966,

DECRETA:

ART. 1º. São crimes de responsabilidade dos Prefeitos Municipal, sujeitos ao julgamento do Poder Judiciário, independentemente do pronunciamento da Câmara dos Vereadores:

▸ *Súmula nº 164 do STJ.*

I – apropriar-se de bens ou rendas públicas, ou desviá-los em proveito próprio ou alheio;

II – utilizar-se, indevidamente, em proveito próprio ou alheio, de bens, rendas ou serviços públicos;

III – desviar, ou aplicar indevidamente, rendas ou verbas públicas;

IV – empregar subvenções, auxílios, empréstimos ou recursos de qualquer natureza, em desacordo com os planos ou programas a que se destinam;

V – ordenar ou efetuar despesas não autorizadas por lei, ou realizá-las em desacordo com as normas financeiras pertinentes;

VI – deixar de prestar contas anuais da administração financeira do Município a Câmara de Vereadores, ou ao órgão que a Constituição do Estado indicar, nos prazos e condições estabelecidos;

VII – Deixar de prestar contas, no devido tempo, ao órgão competente, da aplicação de recursos, empréstimos subvenções ou auxílios internos ou externos, recebidos a qualquer título;

VIII – Contrair empréstimo, emitir apólices, ou obrigar o Município por títulos de crédito, sem autorização da Câmara, ou em desacordo com a lei;

IX – Conceder empréstimo, auxílios ou subvenções sem autorização da Câmara, ou em desacordo com a lei;

X – Alienar ou onerar bens imóveis, ou rendas municipais, sem autorização da Câmara, ou em desacordo com a lei;

XI – Adquirir bens, ou realizar serviços e obras, sem concorrência ou coleta de preços, nos casos exigidos em lei;

XII – Antecipar ou inverter a ordem de pagamento a credores do Município, sem vantagem para o erário;

XIII – Nomear, admitir ou designar servidor, contra expressa disposição de lei;

XIV – Negar execução a lei federal, estadual ou municipal, ou deixar de cumprir ordem judicial, sem dar o motivo da recusa ou da impossibilidade, por escrito, à autoridade competente;

XV – Deixar de fornecer certidões de atos ou contratos municipais, dentro do prazo estabelecido em lei.

XVI – deixar de ordenar a redução do montante da dívida consolidada, nos prazos estabelecidos em lei, quando o montante ultrapassar o valor resultante da aplicação do limite máximo fixado pelo Senado Federal; (Incluído pela Lei nº 10.028, de 2000)

XVII – ordenar ou autorizar a abertura de crédito em desacordo com os limites estabelecidos pelo Senado Federal, sem fundamento na lei orçamentária ou na de crédito adicional ou com inobservância de prescrição legal; (Incluído pela Lei nº 10.028, de 2000)

XVIII – deixar de promover ou de ordenar, na forma da lei, o cancelamento, a amortização ou a constituição de reserva para anular os efeitos de operação de crédito realizada com inobservância de limite, condição ou montante estabelecido em lei; (Incluído pela Lei nº 10.028, de 2000)

XIX – deixar de promover ou de ordenar a liquidação integral de operação de crédito por antecipação de receita orçamentária, inclusive os respectivos juros e demais encargos, até o encerramento do exercício financeiro; (Incluído pela Lei nº 10.028, de 2000)

XX – ordenar ou autorizar, em desacordo com a lei, a realização de operação de crédito com qualquer um dos demais entes da Federação, inclusive suas entidades da administração indireta, ainda que na forma de novação, refinanciamento ou postergação de dívida contraída anteriormente; (Incluído pela Lei nº 10.028, de 2000)

XXI – captar recursos a título de antecipação de receita de tributo ou contribuição cujo fato gerador ainda não tenha ocorrido; (Incluído pela Lei nº 10.028, de 2000)

XXII – ordenar ou autorizar a destinação de recursos provenientes da emissão de títulos para finalidade diversa da prevista na lei que a autorizou; (Incluído pela Lei nº 10.028, de 2000)

XXIII – realizar ou receber transferência voluntária em desacordo com limite ou condição estabelecida em lei. (Incluído pela Lei nº 10.028, de 2000)

§ 1º. Os crimes definidos neste artigo são de ação pública, punidos os dos itens I e II, com a pena de reclusão, de dois a doze anos, e os demais, com a pena de detenção, de três meses a três anos.

§ 2º. A condenação definitiva em qualquer dos crimes definidos neste artigo, acarreta a perda de cargo e a inabilitação, pelo prazo de cinco anos, para o exercício de cargo ou função pública, eletivo ou de nomeação, sem prejuízo da reparação civil do dano causado ao patrimônio público ou particular.

ART. 2º. O processo dos crimes definidos no artigo anterior é o comum do juízo singular, estabelecido pelo Código de Processo Penal, com as seguintes modificações:

▸ *Súmula nº 702 do STF.*

I – Antes de receber a denúncia, o Juiz ordenará a notificação do acusado para apresentar defesa prévia, no prazo de cinco dias. Se o acusado não for encontrado para a notificação, ser-lhe-á nomeado defensor, a quem caberá apresentar a defesa, dentro no mesmo prazo.

II – Ao receber a denúncia, o Juiz manifestar-se-á, obrigatória e motivadamente, sobre a prisão preventiva do acusado, nos casos dos itens I e II do artigo anterior, e sobre o seu afastamento do exercício do cargo durante a instrução criminal, em todos os casos.

▸ *CPP: arts. 311 a 316.*

III – Do despacho, concessivo ou denegatório, de prisão preventiva, ou de afastamento do cargo do acusado, caberá recurso, em sentido estrito, para o Tribunal competente, no prazo de cinco dias, em autos apartados. O recurso do despacho que decreta a prisão preventiva ou o afastamento do cargo terá efeito suspensivo.

▸ *CPP: art. 581.*

▸ *Lei nº 8.038, de 28-05-1990, arts. 1 a 12, Institui normas procedimentais para os processos que especifica, perante o Superior Tribunal de Justiça e o Supremo Tribunal Federal.*

§ 1º. Os órgãos federais, estaduais ou municipais, interessados na apuração da responsabilidade do Prefeito, podem requerer a abertura do inquérito policial ou a instauração da ação penal pelo Ministério Público, bem como intervir, em qualquer fase do processo, como assistente da acusação.

§ 2º. Se as previdências para a abertura do inquérito policial ou instauração da ação penal não forem atendidas pela autoridade policial ou pelo Ministério Público estadual, poderão ser requeridas ao Procurador-Geral da República.

ART. 3º. O Vice-Prefeito, ou quem vier a substituir o Prefeito, fica sujeito ao mesmo processo do substituído, ainda que tenha cessado a substituição.

ART. 4º. São infrações político-administrativas dos Prefeitos Municipais sujeitas ao julgamento pela Câmara dos Vereadores e sancionadas com a cassação do mandato:

I – Impedir o funcionamento regular da Câmara;

II – Impedir o exame de livros, folhas de pagamento e demais documentos que devam constar dos arquivos da Prefeitura, bem como a verificação de obras e serviços municipais, por comissão de investigação da Câmara ou auditoria, regularmente instituída;

III – Desatender, sem motivo justo, as convocações ou os pedidos de informações da Câmara, quando feitos a tempo e em forma regular;

IV – Retardar a publicação ou deixar de publicar as leis e atos sujeitos a essa formalidade;

V – Deixar de apresentar à Câmara, no devido tempo, e em forma regular, a proposta orçamentária;

VI – Descumprir o orçamento aprovado para o exercício financeiro,

VII – Praticar, contra expressa disposição de lei, ato de sua competência ou omitir-se na sua prática;

VIII – Omitir-se ou negligenciar na defesa de bens, rendas, direitos ou interesses do Município sujeito à administração da Prefeitura;

IX – Ausentar-se do Município, por tempo superior ao permitido em lei, ou afastar-se da Prefeitura, sem autorização da Câmara dos Vereadores;

X – Proceder de modo incompatível com a dignidade e o decoro do cargo.

ART. 5º. O processo de cassação do mandato do Prefeito pela Câmara, por infrações definidas no artigo anterior, obedecerá ao seguinte rito, se outro não for estabelecido pela legislação do Estado respectivo:

I – A denúncia escrita da infração poderá ser feita por qualquer eleitor, com a exposição dos fatos e a indicação das provas. Se o denunciante for Vereador, ficará impedido de votar sobre a denúncia e de integrar a Comissão processante, podendo, todavia, praticar todos os atos de acusação. Se o denunciante for o Presidente da Câmara, passará a Presidência ao substituto legal, para os atos do processo, e só votará se necessário para completar o quorum de julgamento. Será convocado o suplente do Vereador impedido de votar, o qual não poderá integrar a Comissão processante.

II – De posse da denúncia, o Presidente da Câmara, na primeira sessão, determinará sua leitura e consultará a Câmara sobre o seu recebimento. Decidido o recebimento, pelo voto da maioria dos presentes, na mesma sessão será constituída a Comissão processante, com três Vereadores sorteados entre os desimpedidos, os quais elegerão, desde logo, o Presidente e o Relator.

III – Recebendo o processo, o Presidente da Comissão iniciará os trabalhos, dentro em cinco dias, notificando o denunciado, com a remessa de cópia da denúncia e documentos que a instruírem, para que, no prazo de dez dias, apresente defesa prévia, por escrito, indique as provas que pretender produzir e arrole testemunhas, até o máximo de dez. Se estiver ausente do Município, a notificação far-se-á por edital, publicado duas vezes, no órgão oficial, com intervalo de três dias, pelo menos, contado o prazo da primeira publicação. Decorrido o prazo de defesa, a Comissão processante emitirá parecer dentro em cinco dias, opinando pelo prosseguimento ou arquivamento da denúncia, o qual, neste caso, será submetido ao Plenário. Se a Comissão opinar pelo prosseguimento, o Presidente designará desde logo, o início da instrução, e determinará os atos, diligências e audiências que se fizerem necessários, para o depoimento do denunciado e inquirição das testemunhas.

IV – O denunciado deverá ser intimado de todos os atos do processo, pessoalmente, ou na pessoa de seu procurador, com a antecedência, pelo menos, de vinte e quatro horas, sendo lhe permitido assistir as diligências e audiências, bem como formular perguntas e reperguntas às testemunhas e requerer o que for de interesse da defesa.

V – concluída a instrução, será aberta vista do processo ao denunciado, para razões escritas, no prazo de 5 (cinco) dias, e, após, a Comissão processante emitirá parecer final, pela procedência ou improcedência da acusação, e solicitará ao Presidente da Câmara a convocação de sessão para julgamento. Na sessão de julgamento, serão lidas as peças requeridas por qualquer dos Vereadores e pelos denunciados, e, a seguir, os que desejarem poderão manifestar-se verbalmente, pelo tempo máximo de 15 (quinze) minutos cada um, e, ao final, o denunciado, ou seu procurador, terá o prazo máximo de 2 (duas) horas para produzir sua defesa oral; (Redação dada pela Lei nº 11.966, de 2009).

VI – Concluída a defesa, proceder-se-á a tantas votações nominais, quantas forem as infrações articuladas na denúncia. Considerar-se-á afastado, definitivamente, do cargo, o denunciado que for declarado pelo voto de dois terços, pelo menos, dos membros da Câmara, em curso de qualquer das infrações especificadas na denúncia. Concluído o julgamento, o Presidente da Câmara proclamará imediatamente o resultado e fará lavrar ata que consigne a votação nominal sobre cada infração, e, se houver condenação, expedirá o competente decreto legislativo de cassação do mandato de Prefeito. Se o resultado da votação for absolutório, o Presidente determinará o arquivamento do processo. Em qualquer dos casos, o Presidente da Câmara comunicará à Justiça Eleitoral o resultado.

VII – O processo, a que se refere este artigo, deverá estar concluído dentro em noventa dias, contados da data em que se efetivar a notificação do acusado. Transcorrido o prazo sem o julgamento, o processo será arquivado, sem prejuízo de nova denúncia ainda que sobre os mesmos fatos.

ART. 6º. Extingue-se o mandato de Prefeito, e, assim, deve ser declarado pelo Presidente da Câmara de Vereadores, quando:

I – Ocorrer falecimento, renúncia por escrito, cassação dos direitos políticos, ou condenação por crime funcional ou eleitoral.

II – Deixar de tomar posse, sem motivo justo aceito pela Câmara, dentro do prazo estabelecido em lei.

III – Incidir nos impedimentos para o exercício do cargo, estabelecidos em lei, e não se desincompatibilizar até a posse, e, nos casos supervenientes, no prazo que a lei ou a Câmara fixar.

Parágrafo único. A extinção do mandato independe de deliberação do plenário e se tornará efetiva desde a declaração do fato ou ato extintivo pelo Presidente e sua inserção em ata.

ART. 7º. A Câmara poderá cassar o mandato de Vereador, quando:

I – Utilizar-se do mandato para a prática de atos de corrupção ou de improbidade administrativa;

II – Fixar residência fora do Município;

▸ *CE: art. 42, par. ún.*

III – Proceder de modo incompatível com a dignidade, da Câmara ou faltar com o decoro na sua conduta pública.

§ 1º. O processo de cassação de mandato de Vereador é, no que couber, o estabelecido no art. 5º deste decreto-lei.

§ 2º. (Revogado pela Lei nº 9.504, de 1997).

ART. 8º. Extingue-se o mandato do Vereador e assim será declarado pelo Presidente da Câmara, quando:

I – Ocorrer falecimento, renúncia por escrito, cassação dos direitos políticos ou condenação por crime funcional ou eleitoral;

II – Deixar de tomar posse, sem motivo justo aceito pela Câmara, dentro do prazo estabelecido em lei;

III – deixar de comparecer, em cada sessão legislativa anual, à terça parte das sessões ordinárias da Câmara Municipal, salvo por motivo de doença comprovada, licença ou missão autorizada pela edilidade; ou, ainda, deixar de comparecer a cinco sessões extraordinárias convocadas pelo prefeito, por escrito e mediante recibo de recebimento, para apreciação de matéria urgente, assegurada ampla defesa, em ambos os casos. (Redação dada pela Lei nº 6.793, de 13.06.1980)

IV – Incidir nos impedimentos para o exercício do mandato, estabelecidos em lei e não se desincompatibilizar até a posse, e, nos casos supervenientes, no prazo fixado em lei ou pela Câmara.

§ 1º. Ocorrido e comprovado o ato ou fato extintivo, o Presidente da Câmara, na primeira sessão, comunicará ao plenário e fará constar da ata a declaração da extinção do mandato e convocará imediatamente o respectivo suplente.

§ 2º. Se o Presidente da Câmara omitir-se nas providências no parágrafo anterior, o suplente do Vereador ou o Prefeito Municipal poderá requerer a declaração de extinção do mandato, por via judicial, e se procedente, o juiz condenará o Presidente omisso nas custas do processo e honorários de advogado que fixará de plano, importando a decisão judicial na destituição automática do cargo da Mesa e no impedimento para nova investidura durante toda a legislatura.

§ 3º. O disposto no item III não se aplicará às sessões extraordinárias que forem convocadas pelo Prefeito, durante os períodos de recesso das Câmaras Municipais. (Incluído pela Lei nº 5.659, de 8.6.1971)

ART. 9º. O presente decreto-lei entrará em vigor na data de sua publicação, revogadas as Leis números 211, de

7 de janeiro de 1948, e 3.528, de 3 de janeiro de 1959, e demais disposições em contrário.

Brasília, 24 de fevereiro de 1967; 146º da Independência e 79º da República.

H. CASTELLO BRANCO

Este texto não substitui o publicado no DOU de 27.2.1967 e retificado no DOU de 14.3.1967

DECRETO-LEI Nº 288, DE 28 DE FEVEREIRO DE 1967

Altera as disposições da Lei número 3.173 de 6 de junho de 1957 e regula a Zona Franca de Manaus.

O PRESIDENTE DA REPÚBLICA, usando da atribuição que lhe confere o art. 9º, parágrafo 2º do Ato Institucional nº 4, de 7 de dezembro de 1966,

DECRETA:

CAPÍTULO I. DAS FINALIDADES E LOCALIZAÇÃO DA ZONA FRANCA DE MANAUS

ART. 1º. A Zona Franca de Manaus é uma área de livre comércio de importação e exportação e de incentivos fiscais especiais, estabelecida com a finalidade de criar no interior da Amazônia um centro industrial, comercial e agropecuário dotado de condições econômicas que permitam seu desenvolvimento, em face dos fatores locais e da grande distância, a que se encontram, os centros consumidores de seus produtos.

ART. 2º. O Poder Executivo fará, demarcar, à margem esquerda dos rios Negro e Amazonas, uma área contínua com uma superfície mínima de dez mil quilômetros quadrados, incluindo a cidade de Manaus e seus arredores, na qual se instalará a Zona Franca.

§ 1º. A área da Zona Franca terá um comprimento máximo continuo nas margens esquerdas dos rios Negro e Amazonas, de cinquenta quilômetros a juzante de Manaus e de setenta quilômetros a montante desta cidade.

§ 2º. A faixa da superfície dos rios adjacentes à Zona Franca, nas proximidades do porto ou portos desta, considera-se nela integrada, na extensão mínima de trezentos metros a contar da margem.

§ 3º. O Poder Executivo, mediante decreto e por proposta da Superintendência da Zona Franca, aprovada pelo Ministério do Interior, poderá aumentar a área originalmente estabelecida ou alterar sua configuração dentro dos limites estabelecidos no parágrafo 1º deste artigo.

CAPÍTULO II. DOS INCENTIVOS FISCAIS

ART. 3º. A entrada de mercadorias estrangeiras na Zona Franca, destinadas a seu consumo interno, industrialização em qualquer grau, inclusive beneficiamento, agropecuária, pesca, instalação e operação de indústrias e serviços de qualquer natureza e a estocagem para reexportação, será isenta dos impostos de importação, e sôbre produtos industrializados.

§ 1º. Excetuam-se da isenção fiscal prevista no caput deste artigo as seguintes mercadorias: armas e munições, fumo, bebidas alcoólicas, automóveis de passageiros e produtos de perfumaria ou de toucador, preparados e preparações cosméticas, salvo quanto a estes (posições 3303 a 3307 da Tarifa Aduaneira do Brasil – TAB), se destinados, exclusivamente, a consumo interno na Zona Franca de Manaus ou quando produzidos com utilização de matérias-primas da fauna e da flora regionais, em conformidade com processo produtivo básico. (Redação dada pela Lei nº 8.387, de 30.12.91)

▸ *Atualização: § 1º Excetuam-se da isenção fiscal prevista no caput deste artigo armas e munições, fumo, bebidas alcoólicas, automóveis de passageiros, petróleo, lubrificantes e combustíveis líquidos e gasosos derivados de petróleo, e produtos de perfumaria ou de toucador, preparados e preparações cosméticas, salvo quanto a estes (posições 3303 a 3307 da Nomenclatura Comum do Mercosul), se destinados exclusivamente a consumo interno na Zona Franca de Manaus ou se produzidos com utilização de matérias-primas da fauna e da flora regionais, em conformidade com processo produtivo básico. (Redação dada pela 14.183 de 14-07-2021, produzindo efeitos a partir do primeiro dia do quarto mês subsequente ao de sua publicação - DOU 15-07-2021)*

§ 2º. Com o objetivo de coibir práticas ilegais, ou anti-econômicas, e por proposta justificada da Superintendência, aprovada pelos Ministérios do Interior, Fazenda e Planejamento, a lista de mercadorias constante do parágrafo 1º pode ser alterada por decreto.

§ 3º. As mercadorias entradas na Zona Franca de Manaus nos termos do caput deste artigo poderão ser posteriormente destinadas à exportação para o exterior, ainda que usadas, com a manutenção da isenção dos tributos incidentes na importação. (Incluído pela Lei nº 11.196, de 2005)

§ 4º. O disposto no § 3º deste artigo aplica-se a procedimento idêntico que, eventualmente, tenha sido anteriormente adotado. (Incluído pela Lei nº 11.196, de 2005)

ART. 4º. A exportação de mercadorias de origem nacional para consumo ou industrialização na Zona Franca de Manaus, ou reexportação para o estrangeiro, será para todos os efeitos fiscais, constantes da legislação em vigor, equivalente a uma exportação brasileira para o estrangeiro.

▸ *Atualização: Art. 4º. A exportação de mercadorias de origem nacional para consumo ou industrialização na Zona Franca de Manaus, ou reexportação para o estrangeiro, será, para todos os efeitos fiscais constantes da legislação em vigor, equivalente a uma exportação brasileira para o estrangeiro, exceto a exportação ou reexportação de petróleo, lubrificantes e combustíveis líquidos e gasosos derivados de petróleo para a Zona Franca de Manaus. (Redação dada pela 14.183 de 14-07-2021, produzindo efeitos a partir do primeiro dia do quarto mês subsequente ao de sua publicação - DOU 15-07-2021)*

ART. 5º. A exportação de mercadorias da Zona Franca para o estrangeiro, qualquer que seja sua origem, está isenta do imposto de exportação.

ART. 6º. As mercadorias de origem estrangeira estocadas na Zona Franca, quando saírem desta para comercialização em qualquer ponto do território nacional, ficam sujeitas ao pagamento de todos os impostos de uma importação do exterior, a não ser nos casos de isenção prevista em legislação específica.

ART. 7º. Os produtos industrializados na Zona Franca de Manaus, salvo os bens de informática e os veículos automóveis, tratores e outros veículos terrestres, suas partes e peças, excluídos os das posições 8711 a 8714 da Tarifa Aduaneira do Brasil (TAB), e respectivas partes e peças, quando dela saírem para qualquer ponto do Território Nacional, estarão sujeitos à exigibilidade do Imposto sobre Importação relativo a matérias-primas, produtos intermediários, materiais secundários e de embalagem, componentes e outros insumos de origem estrangeira neles empregados, calculado o tributo mediante coeficiente de redução de sua alíquota ad valorem, na conformidade do § 1º deste artigo, desde que atendam nível de industrialização local compatível com processo produtivo básico para produtos compreendidos na mesma posição e subposição da Tarifa Aduaneira do Brasil (TAB). (Redação dada pela Lei nº 8.387, de 30.12.91)

§ 1º. O coeficiente de redução do imposto será obtido mediante a aplicação da fórmula que tenha: (Parágrafo incluído pela Lei nº 8.387, de 30.12.91)

I – no dividendo, a soma dos valores de matérias-primas, produtos intermediários, materiais secundários e de embalagem, componentes e outros insumos de produção nacional e da mão-de-obra empregada no processo produtivo; (Inciso incluído pela Lei nº 8.387, de 30.12.91)

II – no divisor, a soma dos valores de matérias-primas, produtos intermediários, materiais secundários e de embalagem, componentes e outros insumos de produção nacional e de origem estrangeira, e da mão-de-obra empregada no processo produtivo. (Inciso incluído pela Lei nº 8.387, de 30.12.91)

§ 2º. No prazo de até doze meses, contado da data de vigência desta lei, o Poder Executivo enviará ao Congresso Nacional projeto de lei estabelecendo os coeficientes diferenciados de redução das alíquotas do Imposto sobre Importação, em substituição à fórmula de que trata o parágrafo anterior. (Inciso incluído pela Lei nº 8.387, de 30.12.91)

§ 3º. Os projetos para produção de bens sem similares ou congêneres na Zona Franca de Manaus, que vierem a ser aprovados entre o início da vigência desta lei e o da lei a que se refere o § 2º, poderão optar pela fórmula prevista no § 1º. (Parágrafo incluído pela Lei nº 8.387, de 30.12.91)

§ 4º. Para os produtos industrializados na Zona Franca de Manaus, salvo os bens de informática e os veículos automóveis, tratores e outros veículos terrestres, suas partes e peças, excluídos os das posições 8711 a 8714 da Tarifa Aduaneira do Brasil (TAB), cujos projetos tenham sido aprovados pelo Conselho de Administração da Suframa até 31 de março de 1991 ou para seus congêneres ou similares, compreendidos na mesma posição e subposição da Tarifa Aduaneira do Brasil (TAB), constantes de projetos que venham a ser aprovados, no prazo de que trata o art. 40 do Ato das Disposições Constitucionais Transitórias, a redução de que trata o caput deste artigo será de oitenta e oito por cento. (Parágrafo incluído pela Lei nº 8.387, de 30.12.91)

§ 5º. A exigibilidade do Imposto sobre Importação, de que trata o caput deste artigo, abrange as matérias-primas, produtos intermediários, materiais secundários e de embalagem empregados no processo produtivo industrial do produto final, exceto quando empregados por estabelecimento industrial localizado na Zona Franca de Manaus, de acordo com projeto aprovado com processo produtivo básico, na fabricação de produto que, por sua vez tenha sido utilizado como insumo por outra empresa, não coligada à empresa fornecedora do referido insumo, estabelecida na mencionada Região, na industrialização dos produtos de que trata o parágrafo anterior. (Parágrafo incluído pela Lei nº 8.387, de 30.12.91)

§ 6º. Os Ministros de Estado do Desenvolvimento, Indústria e Comércio Exterior e da Ciência e Tecnologia estabelecerão os processos produtivos básicos no prazo máximo de cento e vinte dias, contado da data da solicitação fundada da empresa interessada, devendo ser indicados em portaria interministerial os processos aprovados, bem como os motivos determinantes do indeferimento. (Redação dada pela Lei nº 10.176, de 2001)

§ 7º. A redução do Imposto sobre Importação, de que trata este artigo, somente será deferida a produtos industrializados previstos em projeto aprovado pelo Conselho de Administração da Suframa que: (Parágrafo incluído pela Lei nº 8.387, de 30.12.91)

I – se atenha aos limites anuais de importação de matérias-primas, produtos intermediários, materiais secundários e de embalagem, constantes da respectiva resolução aprobatória do projeto e suas alterações; (Inciso incluído pela Lei nº 8.387, de 30.12.91)

II – objetive: (Inciso incluído pela Lei nº 8.387, de 30.12.91)

a) o incremento de oferta de emprego na região; (Alínea incluída pela Lei nº 8.387, de 30.12.91)

b) a concessão de benefícios sociais aos trabalhadores; (Alínea incluída pela Lei nº 8.387, de 30.12.91)

c) a incorporação de tecnologias de produtos e de processos de produção compatíveis com o estado da arte e da técnica; (Alínea incluída pela Lei nº 8.387, de 30.12.91)

d) níveis crescentes de produtividade e de competitividade; (Alínea incluída pela Lei nº 8.387, de 30.12.91)

e) reinvestimento de lucros na região; e (Alínea incluída pela Lei nº 8.387, de 30.12.91)

f) investimento na formação e capacitação de recursos humanos para o desenvolvimento científico e tecnológico. (Alínea incluída pela Lei nº 8.387, de 30.12.91)

§ 8º. Para os efeitos deste artigo, consideram-se: (Parágrafo incluído pela Lei nº 8.387, de 30.12.91)

a) produtos industrializados os resultantes das operações de transformação, beneficiamento, montagem e recondicionamento, como definidas na legislação de regência do Imposto sobre Produtos Industrializados; (Alínea incluída pela Lei nº 8.387, de 30.12.91)

b) processo produtivo básico é o conjunto mínimo de operações, no estabelecimento fabril, que caracteriza a efetiva industrialização de determinado produto. (Alínea incluída pela Lei nº 8.387, de 30.12.91)

§ 9º. Os veículos automóveis, tratores e outros veículos terrestres, suas partes e peças, excluídos os das posições e subposições 8711 a 8714 da Tabela Aduaneira do Brasil (TAB) e respectivas partes e peças, industrializados na Zona Franca de Manaus, quando dela saírem para qualquer ponto do Território Nacional, estarão sujeitos à exigibilidade do Imposto sobre Importação relativo a matérias-primas, produtos intermediários, materiais secundários e de embalagem, componentes e outros insumos, de origem estrangeira e neles empregados, conforme coeficiente de redução estabelecido neste artigo, ao qual serão acrescidos cinco pontos percentuais. (Parágrafo incluído pela Lei nº 8.387, de 30.12.91)

§ 10. Em nenhum caso o percentual previsto no parágrafo anterior poderá ser superior a cem. (Parágrafo incluído pela Lei nº 8.387, de 30.12.91)

§ 11. A alíquota que serviu de base para a aplicação dos coeficientes de redução de que trata este artigo permanecerá aplicável, ainda que haja alteração na classificação dos produtos beneficiados na Nomenclatura Comum do Mercosul. (Incluído pela Lei nº 12.431, de 2011).

§ 12. O disposto no § 11 não se aplica no caso de alteração da classificação fiscal do produto decorrente de incorreção na classificação adotada à época da aprovação do projeto respectivo. (Incluído pela Lei nº 12.431, de 2011).

§ 13. O tratamento tributário estabelecido no caput e nos §§ 4º e 9º deste artigo, aplicáveis às posições 8711 a 8714, estende-se aos quadriciclos e triciclos e às respectivas partes e peças, independentemente do código da Nomenclatura Comum do Mercosul (NCM). (Incluído pela Lei nº 13.755, de 2018).

§ 14. (VETADO). (Incluído pela Lei nº 13.755, de 2018).

ART. 8º. As mercadorias de origem nacional destinadas à Zona Franca com a finalidade de serem reexportadas para outros pontos do território nacional serão estocadas em armazéns, ou embarcações, sob controle da Superintendência e pagarão todos os impostos em vigor para a produção e circulação de mercadorias no país.

ART. 9º. Estão isentas do Imposto sobre Produtos Industrializados (IPI) todas as mercadorias produzidas na Zona Franca de Manaus, quer se destinem ao seu consumo interno, quer à comercialização em qualquer ponto do Território Nacional. (Redação dada pela Lei nº 8.387, de 30.12.91)

§ 1º. A isenção de que trata este artigo, no que respeita aos produtos industrializados na Zona Franca de Manaus que devam ser internados em outras regiões do País, ficará condicionada à observância dos requisitos estabelecidos no art. 7º deste decreto-lei. (Incluído pela Lei nº 8.387, de 30.12.91)

§ 2º. A isenção de que trata este artigo não se aplica às mercadorias referidas no § 1º do art. 3º deste Decreto-Lei, excetuados os quadriciclos e triciclos e as respectivas partes e peças. (Redação dada pela Lei nº 13.755, de 2018).

CAPÍTULO III.
DA ADMINISTRAÇÃO DA ZONA FRANCA

ART. 10. A administração das instalações e serviços da Zona Franca será exercida pela Superintendência da Zona Franca de Manaus (SUFRAMA) entidade autárquica, com personalidade jurídica e patrimônio próprio, autonomia administrativa e financeira, com sede e foro na cidade de Manaus, capital do Estado do Amazonas.

Parágrafo único. A SUFRAMA vincula-se ao Ministério do Interior.

ART. 11. São atribuições da SUFRAMA:

a) elaborar o Plano Diretor Plurienal da Zona Franca e coordenar ou promover a sua execução, diretamente ou mediante convênio com órgãos ou entidades públicas inclusive sociedades de economia mista, ou através de contrato com pessoas ou entidades privadas;

b) revisar, uma vez por ano, o Plano Diretor e avaliar, os resultados de sua execução;

c) promover a elaboração e a execução dos programas e projetos de interesse para o desenvolvimento da Zona Franca;

d) prestar assistência técnica a entidades públicas ou privadas, na elaboração ou execução de programas de interesse para o desenvolvimento da Zona Franca;

e) manter constante articulação com a Superintendência do Desenvolvimento da Amazônia (SUDAM), com o Governo do Estado do Amazonas e autoridades dos municípios em que se encontra localizada a Zona Franca;

f) sugerir a SUDAM e a outras entidades governamentais, estaduais ou municipais, providências julgadas necessárias ao desenvolvimento da Zona Franca;

g) promover e divulgar pesquisas, estudos e análises, visando ao reconhecimento sistemático das potencialidades econômicas da Zona Franca;

h) praticar todos os demais atos necessários as suas funções de órgão de planejamento, promoção, coordenação e administração da Zona Franca.

ART. 12. A Superintendência da Zona Franca de Manaus dirigida por um Superintendente, é assim constituída:

a) Conselho Técnico;

b) Unidades Administrativas.

ART. 13. O Superintendente será nomeado pelo Presidente da República, por indicação do Ministro do Interior e demissível ad nutum.

Parágrafo único. O Superintendente será auxiliado por um Secretário Executivo nomeado pelo Presidente da República, por indicação daquele e demissível ad nutum.

ART. 14. Compete ao Superintendente:

a) praticar todos os atos necessários ao bom desempenho das atribuições estabelecidas para a SUFRAMA;

b) elaborar o regulamento da entidade a ser aprovado pelo Poder Executivo;

c) elaborar o Regimento Interno;

d) submeter à apreciação do Conselho Técnico os planos e suas revisões anuais;

e) representar a autarquia ativa e passivamente, em juízo ou fora dele.

Parágrafo único. O Secretário Executivo é o substituto eventual do Superintendente e desempenhará as funções que por este lhe forem cometidas.

ART. 15. Compete ao Conselho Técnico:

a) sugerir e apreciar as normas básicas da elaboração do Plano Diretor e suas revisões anuais;

b) aprovar o Regulamento e Regimento Interno da Zona Franca;

c) homologar a escolha de firma ou firmas auditores a que se refere o artigo 27 da presente lei;

d) aprovar as necessidades de pessoal e níveis salariais das diversas categorias ocupacionais da SUFRAMA;

e) aprovar os critérios da contratação de serviços técnicos ou de natureza especializada, com terceiros;

f) aprovar relatórios periódicos apresentados pelo Superintendente;

g) aprovar o balanço anual da autarquia;

h) aprovar a Plano Diretor da Zona Franca e suas revisões anuais;

i) aprovar as propostas do Superintendente de Compra e alienação de bens imóveis e de bens móveis de capital;

j) aprovar o orçamento da SUFRAMA e os programas de aplicação das dotações globais e de quaisquer outros recursos que lhe forem atribuídos;

k) aprovar convênios, contratos e acordos firmados pela SUFRAMA, quando se referirem a execução de obras.

ART. 16. O Conselho Técnico é composto do Superintendente, que o presidirá, do Secretário Executivo, do Representante do Governo do Estado do Amazonas, do Representante da Superintendência do Desenvolvimento da Amazônia e de dois membros nomeados pelo Presidente da República, e indicados pelo Superintendente da SUFRAMA, sendo um engenheiro e o outro especialista em assuntos fiscais.

Parágrafo único. Os membros do Conselho Técnico deverão ter reputação ilibada, larga experiência e notório conhecimento no campo de sua especialidade.

ART. 17. As unidades administrativas terão as atribuições definidas no Regimento Interno da Entidade.

ART. 18. A SUFRAMA contará exclusivamente com pessoal sob o regime de legislação trabalhista, cujos níveis salar ais serão fixado pelo Superintendente, com observância do mercado de trabalho, e aprovados pelo Conselho Técnico.

ART. 19. O Superintendente e Secretário Executivo perceberão, respectivamente, 20% (vinte por cento), 10% (dez por cento) a mais do maior salário pago pela SUFRAMA aos seus servidores, de acordo com o estabelecido na presente lei.

CAPÍTULO IV. DOS RECURSOS E REGIME FINANCEIRO E CONTÁBIL

ART. 20. Constituem recurso da SUFRAMA:

I – as dotações orçamentárias ou créditos adicionais que lhe sejam atribuídos;

II – o produto de juros de depósitos bancários, de multas, emolumentos e taxas devidas a SUFRAMA;

III – os auxílios, subvenções, contribuições e doações de entidades públicas ou privadas, internacionais ou estrangeiras;

IV – as rendas provenientes de serviços prestados;

V – a sua renda patrimonial.

ART. 21. As dotações orçamentárias e os créditos adicionais destinados à SUFRAMA serão distribuídos independentemente de prévio registro no Tribunal de Contas da União.

Parágrafo único. Os contratos, acordos ou convênios firmados pela SUFRAMA independem de registro prévio no Tribunal de Contas da União.

ART. 22. Os recursos provenientes de dotações orçamentárias ou de créditos adicionais ou provenientes de outras fontes atribuídas à SUFRAMA incorporar-se-ão ao seu patrimônio, podendo os saldos ter aplicação nos exercícios subsequentes.

Parágrafo único. Os saldos não entregues à SUFRAMA até o fim do exercício serão escriturados como "Restos a Pagar".

ART. 23. A SUFRAMA, por proposta do Superintendente, aprovada pela Conselho Técnico da autarquia, poderá contrair empréstimos no país ou no Exterior para acelerar ou garantir a execução de programas ou projetos integrantes do Plano Diretor da Zona Franca.

§ 1º. As operações em moedas estrangeiras dependerão de autorização do Chefe do Poder Executivo;

§ 2º. As operações de que trata este artigo poderão ser garantidas com os próprios recursos da SUFRAMA;

§ 3º. Fica o Poder Executivo autorizado a dar a garantia do Tesouro Nacional para operações de crédito externo ou interno, destinadas a realização de obras e serviços básicos, previstos no orçamento do Plano Diretor;

§ 4º. A garantia de que tratam os parágrafos anteriores será concedida às operações de crédito contratadas diretamente pela SUFRAMA ou com sua interveniência, sempre mediante parecer fundamentado do Superintendente aprovado pelo Conselho Técnico;

§ 5º. As operações de crédito mencionadas neste artigo serão isentas de todos os impostos e taxas federais;

§ 6º. Considera-se aplicação legal dos recursos destinados à SUFRAMA, a amortização e o pagamento de juros relativos a operações de crédito por ela contratadas, para aplicação em programas ou projetos atinentes às desatinações dos mesmos recursos.

ART. 24. A SUFRAMA poderá cobrar taxas por utilização de suas instalações e emolumentos por serviços prestados a particular.

Parágrafo único. As taxas e emolumentos de que tratam este artigo serão fixadas pelo Superintendente depois de aprovadas pelo Conselho Técnico.

ART. 25. Os recursos da SUFRAMA sem desatinação prevista em lei e as dotações globais que lhe sejam atribuídas, serão empregados nos serviços e obras do Pano Diretor, de acordo com os programas de aplicação propostos pelo Superintendente aprovados pelo Conselho Técnico.

ART. 26. A SUFRAMA autorizada a realizar despesas de pronto pagamento até cinco (5) vezes o valor do maior salário mínimo vigente no país.

ART. 27. No controle dos atos de gestão da SUFRAMA será adotado, além da auditoria interna, o regime de auditoria externa independente a ser contratada com firma ou firmas brasileiras de reconhecida idoneidade moral e técnica.

ART. 28. A SUFRAMA terá completo serviço de contabilidade patrimonial, financeira e orçamentária.

Parágrafo único. Até o dia 30 de junho de cada ano, a SUFRAMA remeterá os balanços do exercício anterior ao Ministro do Interior e através deste ao Ministério da Fazenda.

ART. 29. A SUFRAMA poderá alienar bens móveis e imóveis integrantes do seu patrimônio, mediante proposta de Superintendente aprovada pelo Conselho Técnico.

Parágrafo único. A compra e alienação de bens imóveis depende de autorização do Ministro do Interior.

ART. 30. Fica o Superintendente da SUFRAMA autorizado a dispensar licitação e contrato formal para aquisição de material, prestação de serviços, execução de obras ou locação de imóveis até 500 (quinhentas) vezes o valor do maior salário-mínimo vigente no país.

ART. 31. O Superintendente da SUFRAMA, na conformidade das disposições do parágrafo único do artigo 139, da Lei nº 830, de 23 de setembro de 1949, apresentará ao Tribunal de Contas da União, até o dia 30 de junho de cada ano, prestação de contas correspondentes à gestão administrativa do exercício anterior.

ART. 32. São Extensivos à SUFRAMA os privilégios da Fazenda Pública quanto à impenhorabilidade de bens, renda ou serviços, aos prazos, cobranças de crédito, uso de ações especiais, juros e custas.

ART. 33. A SUFRAMA terá todas as isenções tributárias deferidas aos órgãos e serviços da União.

ART. 34. A SUFRAMA desempenhará suas funções especializadas preferentemente através da contratação de serviços com pessoas físicas ou jurídicas habilitadas, segundo os critérios que forem aprovados pelo Conselho Técnico.

ART. 35. A SUFRAMA apresentará relatórios periódicos de suas atividades, ao Ministro do Interior.

CAPÍTULO V.
DAS DISPOSIÇÕES GERAIS E TRANSITÓRIAS

ART. 36. O Plano Diretor da Zona Franca e o orçamento-programa da SUFRAMA serão aprovados pelo Ministro do Interior e considerado àquele como empreendimento prioritário na elaboração e execução do Plano de Valorização Econômica da Amazônia.

ART. 37. As disposições contidas no presente Decreto-lei não se aplicam ao estabelecido na legislação atual sobre a importação, exportação e tributação de lubrificantes e combustíveis líquidos e gasosos de petróleo.

▸ *Atualização: Art. 37. As disposições deste Decreto-Lei não serão aplicadas às exportações ou reexportações, às importações e às operações realizadas dentro do território nacional, inclusive as ocorridas exclusivamente dentro da Zona Franca de Manaus, com petróleo, lubrificantes e combustíveis líquidos e gasosos derivados de petróleo por empresa localizada na Zona Franca de Manaus. (Redação dada pela 14.183 de 14-07-2021, produzindo efeitos a partir do primeiro dia do quarto mês subsequente ao de sua publicação - DOU 15-07-2021)*

ART. 38. A entrada e saída de mercadorias na Zona Franca de Manaus independem de licença de importação ou exportação ficando sujeitas, somente, a registro de controle estatístico, com exceção dos casos de pagamento do Imposto de Importação previsto neste decreto-lei. (Revogado pelo Decreto-Lei nº 1.455, de 1976)

ART. 39. Será considerado contrabando a saída de mercadorias da Zona Franca sem a autorização legal expedida pelas autoridades competentes.

ART. 40. Compete ao Governo Federal a vigilância das áreas limites da Zona Franca e a repressão ao contrabando.

ART. 41. Na Zona Franca de Manaus poderão instalar-se depósitos e agências aduaneiras de outros países na forma de tratados ou notas complementares a tratados de comércio.

§ 1º. Para os fins deste artigo, o Governo brasileiro, conforme haja sido ou venha a ser pactuado, proporcionará facilidades para a construção ou locação dos entrepostos de depósito franco e instalações conexas.

§ 2º. Poderão estender-se àqueles países, quanto às mercadorias estocadas nos depósitos a que se refere este artigo, os privilégios e obrigações especificados no Regulamento da Zona Franca, segundo as condições estabelecidas em ajuste entre o Brasil e cada país.

ART. 42. As isenções previstas neste decreto-lei vigorarão pelo prazo de trinta anos, podendo ser prorrogadas por decreto do Poder Executivo, mediante aprovação prévia do Conselho de Segurança Nacional.

ART. 43. O pessoal pertencente à antiga Zona Franca poderia ser aproveitado na SUFRAMA, uma vez verificada, em cada caso, a necessidade desse aproveitamento e a habilitação do servidor para as funções que deverá exercer.

§ 1º. O pessoal não aproveitado na SUFRAMA, segundo o critério que esta estabelecer, será relotado em outro órgão da Administração Pública Federal, de acordo com as conveniências desta.

§ 2º. Até 31 de julho de 1967, o pessoal não aproveitado continuará a ser pago pela SUFRAMA, caso não tenha sido relotado em outros órgãos da Administração Federal, na forma do parágrafo.

ART. 44. O Servidor da antiga Zona Franca, ao ser admitido, pela SUFRAMA, passa a reger-se pela Legislação Trabalhista e será considerado, em caráter excepcional, automaticamente licenciado de sua função pública, sem vencimentos, por esta, e em prazo não excedente a 2 (dois) anos.

ART. 45. Até quatro meses antes de se esgotar o prazo a que se refere o artigo anterior, o servidor da antiga Zona Franca deverá declarar, por escrito, ao Ministro do Interior, sua opção quanto a situação que preferir adotar.

§ 1º. A opção pela permanência a serviço da SUFRAMA implicará em perda imediata da condição de servidor.

§ 2º. Esgotado o prazo de dois (2) anos a contar da data da publicação deste decreto-lei, a SUFRAMA não poderá ter em sua lotação de servidores pessoa alguma no gozo da qualidade do funcionário público.

ART. 46. Fica a SUFRAMA autorizada a reexaminar os acordos, contratos, ajustes e convênios firmados pela antiga Administração da Zona Franca, a fim de ratificá-los bem como promover a sua modificação ou seu cancelamento, em consonância com as normas deste decreto-lei.

ART. 47. O Poder Executivo baixará decreto regulamentando o presente decreto-lei, dentro do prazo de 90 (noventa) dias a contar da data de sua publicação.

ART. 48. Fica o Poder Executivo autorizado a abrir, pelo Ministério da Fazenda, o crédito especial de NCr$ 1.000.000,00 (Hum milhão de cruzeiros novos) para atender as despesas de capital e custeio da Zona Franca, durante o ano de 1967.

§ 1º. O crédito especial de que trata este artigo será registrado pelo Tribunal de Contas e distribuído automaticamente ao Tesouro Nacional.

§ 2º. Fica revogada a Lei nº 3.173, de 6 de junho de 1957 e o Decreto nº 47.757, de 2 de fevereiro de 1960 que a regulamenta.

ART. 49. As isenções fiscais previstas neste decreto-lei somente entrarão em vigor na data em que for concedida:

I – pelo Estado do Amazonas, crédito do imposto de circulação de mercadorias nas operações comerciais dentro da Zona, igual ao montante que teria sido pago na origem em outros estados da União, se a remessa de mercadorias para a Zona Franca não fosse equivalente a uma exportação brasileira para a estrangeiro;

II – pelos Municípios do Estado do Amazonas, isenção do Imposto de Serviços na área em que estiver instalada a Zona Franca.

ART. 50. Este decreto-lei entrará em vigor na data de sua publicação, revogadas as disposições em contrário.

Brasília, 28 de fevereiro de 1967;
146º da Independência e 79º da República.

H. CASTELLO BRANCO

Este texto não substitui o publicado no DOU de 28.2.1967 e retificado em 10.3.1967

DECRETO-LEI Nº 1.593, DE 21 DE DEZEMBRO DE 1977 (EXCERTOS)

Altera a legislação do Imposto sobre Produtos Industrializados, em relação aos casos que especifica, e dá outras providências.

▸ *Este Decreto-lei: arts. 2º, III, 2º-A e 2º-B.*

O PRESIDENTE DA REPÚBLICA, no uso das atribuições que lhe confere o artigo 55, item II, da Constituição,

DECRETA:

ART. 1º. A fabricação de cigarros classificados no código 2402.20.00 da Tabela de Incidência do Imposto sobre Produtos Industrializados – TIPI, aprovada pelo Decreto nº 2.092, de 10 de dezembro de 1996, será exercida exclusivamente pelas empresas que, dispondo de instalações industriais adequadas, mantiverem registro especial na Secretaria da Receita Federal do Ministério da Fazenda. (Redação dada pela Medida Provisória nº 2158-35, de 2001)

§ 1º. As empresas fabricantes de cigarros estarão ainda obrigadas a constituir-se sob a forma de sociedade e com o capital mínimo estabelecido pelo Secretário da Receita Federal. (Redação dada pela Medida Provisória nº 2158-35, de 2001)

§ 2º. A concessão do registro especial dar-se-á por estabelecimento industrial e estará, também, na hipótese de produção, condicionada à instalação de contadores automáticos da quantidade produzida e, nos termos e condições a serem estabelecidos pela Secretaria da Receita Federal, à comprovação da regularidade fiscal por parte: (Redação dada pela Medida Provisória nº 2158-35, de 2001)

I – da pessoa jurídica requerente ou detentora do registro especial; (Redação dada pela Medida Provisória nº 2158-35, de 2001)

II – de seus sócios, pessoas físicas, diretores, gerentes, administradores e procuradores; (Redação dada pela Medida Provisória nº 2158-35, de 2001)

III – das pessoas jurídicas controladoras da pessoa jurídica referida no inciso I, bem assim de seus respectivos sócios, diretores, gerentes, administradores e procuradores. (Redação dada pela Medida Provisória nº 2158-35, de 2001)

§ 3º. O disposto neste artigo aplica-se também à importação de cigarros, exceto quando destinados à venda em loja franca, no País. (Redação dada pela Medida Provisória nº 2158-35, de 2001)

§ 4º. O registro especial será concedido por autoridade designada pelo Secretário da Receita Federal. (Redação dada pela Medida Provisória nº 2158-35, de 2001)

§ 5º. Do ato que indeferir o pedido de registro especial caberá recurso ao Secretário da Receita Federal, no prazo de trinta dias, contado da data em que o contribuinte tomar ciência do indeferimento, sendo definitiva a decisão na esfera administrativa. (Redação dada pela Medida Provisória nº 2158-35, de 2001)

§ 6º. O registro especial poderá também ser exigido dos estabelecimentos que industrializarem ou importarem outros produtos, a serem especificados por meio de ato do Secretário da Receita Federal. (Redação dada pela Medida Provisória nº 2158-35, de 2001)

ART. 2º. O registro especial poderá ser cancelado, a qualquer tempo, pela autoridade concedente, se, após a sua concessão, ocorrer um dos seguintes fatos: (Redação dada pela Medida Provisória nº 2158-35, de 2001)

I – desatendimento dos requisitos que condicionaram a concessão do registro;

II – não-cumprimento de obrigação tributária principal ou acessória, relativa a tributo ou contribuição administrado pela Secretaria da Receita Federal; (Redação dada pela Lei nº 9.822, de 1999)

III – prática de conluio ou fraude, como definidos na Lei nº 4.502, de 30 de novembro de 1964, ou de crime contra a ordem tributária previsto na Lei nº 8.137, de 27 de dezembro de 1990, ou de crime de falsificação de selos de controle tributário previsto no art. 293 do Decreto-Lei nº 2.848, de 7 de dezembro de 1940 – Código Penal, ou de qualquer outra infração cuja tipificação decorra do descumprimento de normas reguladoras da produção, importação e comercialização de cigarros e outros derivados de tabaco, após decisão transitada em julgado. (Redação dada pela Lei nº 12.715, de 2012)

§ 1º. Para os fins de aplicação do disposto no inciso II do *caput*, deverão ser consideradas as seguintes práticas reiteradas por parte da pessoa jurídica detentora do registro especial: (Redação dada pela Lei nº 12.715, de 2012)

I – comercialização de cigarros sem a emissão de nota fiscal; (Incluído pela Lei nº 12.715, de 2012)

II – não recolhimento ou recolhimento de tributos menor que o devido; (Incluído pela Lei nº 12.715, de 2012)

III – omissão ou erro nas declarações de informações exigidas pela Secretaria da Receita Federal do Brasil. (Incluído pela Lei nº 12.715, de 2012)

§ 2º. Na ocorrência das hipóteses mencionadas nos incisos I e II do *caput* deste artigo, a empresa será intimada a regularizar sua situação fiscal ou a apresentar os esclarecimentos e provas cabíveis, no prazo de dez dias. (Redação dada pela Medida Provisória nº 2158-35, de 2001)

§ 3º. A autoridade concedente do registro decidirá sobre a procedência dos esclarecimentos e das provas apresentadas, expedindo ato declaratório cancelando o registro especial, no caso de improcedência ou falta de regularização da situação fiscal, dando ciência de sua decisão à empresa. (Redação dada pela Medida Provisória nº 2158-35, de 2001)

§ 4º. Será igualmente expedido ato declaratório cancelando o registro especial se decorrido o prazo previsto no § 2º sem qualquer manifestação da parte interessada. (Redação dada pela Medida Provisória nº 2158-35, de 2001)

§ 5º. Do ato que cancelar o registro especial caberá recurso ao Secretário da Receita Federal, sem efeito suspensivo, dentro de trinta dias, contados da data de sua publicação, sendo definitiva a decisão na esfera administrativa. (Incluído pela Medida Provisória nº 2158-35, de 2001)

§ 6º. O cancelamento da autorização ou sua ausência implica, sem prejuízo da exigência dos impostos e das contribuições devidos e da imposição de sanções previstas na legislação tributária e penal, apreensão do estoque de matérias-primas, produtos em elaboração, produtos acabados e materiais de embalagem, existente no estabelecimento. (Incluído pela Medida Provisória nº 2158-35, de 2001)

§ 7º. O estoque apreendido na forma do § 6º poderá ser liberado se, no prazo de noventa dias, contado da data do cancelamento ou da constatação da falta de registro especial, for restabelecido ou concedido o registro, respectivamente. (Incluído pela Medida Provisória nº 2158-35, de 2001)

§ 8º. Serão destruídos em conformidade ao disposto no art. 14 deste Decreto-Lei, os produtos apreendidos que não tenham sido liberados, nos termos do § 7º. (Incluído pela Medida Provisória nº 2158-35, de 2001)

§ 9º. O disposto neste artigo aplica-se também aos demais produtos cujos estabelecimentos produtores ou importadores estejam sujeitos a registro especial. (Incluído pela Medida Provisória nº 2158-35, de 2001)

§ 10. Para fins do disposto no § 1º, considera-se prática reiterada a reincidência das hipóteses ali elencadas, independentemente de ordem ou cumulatividade. (Incluído pela Lei nº 12.715, de 2012)

ART. 2º-A. A caracterização das práticas descritas nos incisos II e III do art. 2º, para fins de cancelamento do registro especial, independe da prova de regularidade fiscal da pessoa jurídica perante a Fazenda Nacional. (Incluído pela Lei nº 12.715, de 2012)

ART. 2º-B. Fica vedada a concessão de novo registro especial, pelo prazo de 5 (cinco) anos-calendário, à pessoa jurídica que teve registro especial cancelado conforme disposto no art. 2º. (Incluído pela Lei nº 12.715, de 2012)

Parágrafo único. A vedação de que trata o *caput* também se aplica à concessão de registro especial a pessoas jurídicas que possuam em seu quadro societário: (Incluído pela Lei nº 12.715, de 2012)

I – pessoa física que tenha participado, na qualidade de sócio, diretor, gerente ou administrador, de pessoa jurídica que teve registro especial cancelado conforme disposto no art. 2º; (Incluído pela Lei nº 12.715, de 2012)

II – cônjuge, companheiro ou parente em linha reta ou colateral, por consanguinidade ou afinidade, até o terceiro grau, das pessoas físicas mencionadas no inciso I; (Incluído pela Lei nº 12.715, de 2012)

III – pessoa jurídica que teve registro especial cancelado conforme disposto no art. 2º. (Incluído pela Lei nº 12.715, de 2012)

ART. 2º-C. (VETADO). (Incluído pela Lei nº 12.715, de 2012)

ART. 2º-D. É vedada a produção e importação de marcas de cigarros anteriormente comercializadas por fabricantes ou importadores que tiveram o registro especial cancelado conforme disposto no art. 2º. (Incluído pela Lei nº 12.715, de 2012)

Parágrafo único. Aplicar-se-á a pena de perdimento aos cigarros produzidos ou importados em desacordo com o disposto no *caput*. (Incluído pela Lei nº 12.715, de 2012)

• • • • • • • • • • • • • • • • •

ART. 35. O Poder Executivo, dentro de 120 (cento e vinte) dias, expedirá novo regulamento de Imposto sobre Produtos Industrializados.

ART. 36. Este Decreto-lei entrará em vigor a partir de 1º de janeiro de 1978, revogados o artigo 3º do Decreto-lei nº 1.133, de 6 de novembro de 1970, e as observações 1ª, 3ª, 5ª, 6ª, 7ª, 12ª, 13ª e 15ª do capítulo 24 da tabela anexa à Lei nº 4.502, de 30 de novembro de 1964, com a redação dada pela alteração 29ª do artigo 2º do Decreto-lei nº 34, de 18 de novembro de 1966, e demais disposições em contrário.

Brasília, 21 de dezembro de 1977;
156º da Independência e 89º da República.
ERNESTO GIESEL

Este texto não substitui o publicado no DOU de 22.12.1977

DECRETOS-LEIS

DECRETOS

DECRETO Nº 56.435, DE 8 DE JUNHO DE 1965

Promulga a Convenção de Viena sobre Relações Diplomáticas.

O PRESIDENTE DA REPÚBLICA, Havendo o CONGRESSO NACIONAL aprovado pelo Decreto Legislativo nº 103, de 1964, a Convenção de Viena sobre Relações Diplomáticas, assinada a 18 de abril de 1961;

E havendo a referida Convenção entrado em vigor para o Brasil, de acordo com o artigo 51, parágrafo 2, a 24 de abril de 1965, trinta dias após o depósito do Instrumento brasileiro de ratificação, que se efetuou a 25 de março de 1965,

DECRETA:

Que o mesmo, apenso por cópia ao presente decreto, seja executado e cumprido tão inteiramente como se contém.

Brasília, 8 de junho de 1965; 144º da Independência e 77º da República.

H. CASTELLO BRANCO
V. da Cunha

Este texto não substitui o publicado no DOU 11.6.1965 e retificado no DOU de 7.7.1965

CONVENÇÃO DE VIENA SOBRE RELAÇÕES DIPLOMÁTICAS

OS ESTADOS PARTES NA PRESENTE CONVENÇÃO,

Considerando que, desde tempos remotos, os povos de todas as Nações têm reconhecido a condição dos agentes diplomáticos;

Conscientes dos propósitos e princípios da Carta das Nações unidas relativos à igualdade soberana dos Estados, à manutenção da paz e da segurança internacional e ao desenvolvimento das relações de amizade entre as Nações;

Estimando que uma Convenção Internacional sobre relações, privilégios e imunidades diplomáticas contribuirá para o desenvolvimento de relações amistosas entre as Nações, independentemente da diversidade dos seus regimes constitucionais e sociais;

Reconhecendo que a finalidade de tais privilégios e imunidades não é beneficiar indivíduos, mas, sim, a de garantir o eficaz desempenho das funções das Missões diplomáticas, em seu caráter de representantes dos Estados;

Afirmando que as normas de Direito internacional consuetudinário devem continuar regendo as questões que não tenham sido expressamente reguladas nas disposições da presente Convenção;

CONVIERAM NO SEGUINTE:

ARTIGO 1

Para os efeitos da presente Convenção:

a) "Chefe de Missão" é a pessoa encarregada pelo Estado acreditante de agir nessa qualidade;

b) "Membros da Missão" são o Chefe da Missão e os membros do pessoal da Missão;

c) "Membros do Pessoal da Missão" são os membros do pessoal diplomático, do pessoal administrativo e técnico e do pessoal de serviço da Missão;

d) "Membros do Pessoal Diplomático" são os membros do pessoal da Missão que tiverem a qualidade de diplomata;

e) "Agente Diplomático" é o Chefe da Missão ou um membro do pessoal diplomático da Missão;

f) "Membros do Pessoal Administrativo e Técnico" são os membros do pessoal da Missão empregados no serviço administrativo e técnico da Missão;

g) "Membros do Pessoal de Serviço" são os membros do pessoal da Missão empregados no serviço doméstico da Missão;

h) "Criado particular" é a pessoa do serviço doméstico de um membro da Missão que não seja empregado do Estado acreditante,

i) "Locais da Missão" são os edifícios, ou parte dos edifícios, e terrenos anexos, seja quem for o seu proprietário, utilizados para as finalidades da Missão inclusive a residência do Chefe da Missão.

ARTIGO 2

O estabelecimento de relações diplomáticas entre Estados e o envio de Missões diplomáticas permanentes efetua-se por consentimento mútuo.

ARTIGO 3

1. As funções de uma Missão diplomática consistem, entre outras, em:

a) representar o Estado acreditante perante o Estado acreditado;

b) proteger no Estado acreditado os interesses do Estado acreditante e de seus nacionais, dentro dos limites permitidos pelo direito internacional;

c) negociar com o Governo do Estado acreditado;

d) inteirar-se por todos os meios lícitos das condições existentes e da evolução dos acontecimentos no Estado acreditado e informar a esse respeito o Governo do Estado acreditante;

e) promover relações amistosas e desenvolver as relações econômicas, culturais e científicas entre o Estado acreditante e o Estado acreditado.

2. Nenhuma disposição da presente Convenção poderá ser interpretada como impedindo o exercício de funções consulares pela Missão diplomática.

ARTIGO 4

1. O Estado acreditante deverá certificar-se de que a pessoa que pretende nomear como Chefe da Missão perante o Estado acreditado obteve o Agrément do referido Estado.

2. O Estado acreditado não está obrigado a dar ao Estado acreditante as razões da negação do " agrément ".

ARTIGO 5

1. O Estado acreditante poderá depois de haver feito a devida notificação aos Estados creditados interessados, nomear um Chefe de Missão ou designar qualquer membro do pessoal diplomático perante dois ou mais Estados, a não ser que um dos Estados acreditados a isso se oponha expressamente.

2. Se um Estado acredita um Chefe de Missão perante dois ou mais Estados, poderá estabelecer uma Missão diplomática dirigida por um Encarregado de Negócios ad interim em cada um dos Estados onde o Chefe da Missão não tenha a sua sede permanente.

3. O Chefe da Missão ou qualquer membro do pessoal diplomático da Missão poderá representar o Estado acreditante perante uma organização internacional.

ARTIGO 6

Dois ou mais Estados poderão acreditar a mesma pessoa como Chefe de Missão perante outro Estado, a não ser que o Estado acreditado a isso se oponha.

ARTIGO 7

Respeitadas as disposições dos artigos, 5, 8, 9 e 11, o Estado acreditante poderá nomear livremente os membros do pessoal da Missão. No caso dos adidos militar, naval ou aéreo, o Estado acreditado poderá exigir que seus nomes lhes sejam previamente submetidos para efeitos de aprovação.

ARTIGO 8

1. Os membros do pessoal diplomático da Missão deverão, em princípio, ter a nacionalidade do Estado acreditante.

2. Os membros do pessoal diplomático da Missão não poderão ser nomeados dentre pessoas que tenham a nacionalidade do Estado acreditado, exceto com o consentimento do referido Estado, que poderá retirá-lo em qualquer momento.

3. O Estado acreditado poderá exercer o mesmo direito com relação a nacionais de terceiro Estado que não sejam igualmente nacionais do Estado acreditante.

ARTIGO 9

1. O Estado acreditado poderá a qualquer momento, e sem ser obrigado a justificar a sua decisão, notificar ao Estado acreditante que o Chefe da Missão ou qualquer membro do pessoal diplomático da Missão é persona non grata ou que outro membro do pessoal da Missão não é aceitável. O Estado acreditante, conforme o caso, retirará a pessoa em questão ou dará por terminadas as suas funções na Missão. Uma Pessoa poderá ser declarada non grata ou não aceitável mesmo antes de chegar ao território do Estado acreditado.

2. Se o Estado acreditante se recusar a cumprir, ou não cumpre dentro de um prazo razoável, as obrigações que lhe incumbem, nos termos do parágrafo 1 deste artigo, o Estado acreditado poderá recusar-se a reconhecer tal pessoa como membro da Missão.

ARTIGO 10

1. Serão notificados ao Ministério das Relações Exteriores do Estado acreditado, ou a outro Ministério em que se tenha convindo:

a) a nomeação dos membros do pessoal da Missão, sua chegada e partida definitiva ou o termo das suas funções na Missão;

b) a chegada e partida definitiva de pessoas pertencentes à família de um membro da missão e, se for o caso, o fato de uma pessoa vir a ser ou deixar de ser membro da família de um membro da Missão;

c) a chegada e a partida definitiva dos criados particulares a serviço das pessoas a que se refere a alínea a) deste parágrafo e, se for o caso, o fato de terem deixado o serviço de tais pessoas;

d) a admissão e a despedida de pessoas residentes no Estado acreditado como membros da Missão ou como criados particulares com direito a privilégios e imunidades.

2. Sempre que possível, a chegada e a partida definitiva deverão também ser previamente notificadas.

ARTIGO 11

1. Não havendo acordo explícito sobre o número de membros da Missão, o Estado acreditado poderá exigir que o efetivo da Missão seja mantido dentro dos limites que considere razoável e normal, tendo em conta as circunstâncias e condições existentes nesse Estado e as necessidades da referida Missão.

2. O Estado acreditado poderá igualmente, dentro dos mesmos limites e sem discriminação, recusar-se a admitir funcionários de uma determinada categoria.

ARTIGO 12

O Estado acreditado não poderá, sem o consentimento expresso e prévio do Estado acreditado, instalar escritórios que façam parte da Missão em localidades distintas daquela em que a Missão tem a sua sede.

ARTIGO 13

1. O Chefe da Missão é considerado como tendo assumido as suas funções no Estado acreditado no momento em que tenha entregado suas credenciais ou tenha comunicado a sua chegada e apresentado as cópias figuradas de suas credenciais ao Ministério das Relações Exteriores, ou ao Ministério em que se tenha convindo, de acordo com a prática observada no Estado acreditado, a qual deverá ser aplicada de maneira uniforme.

2. A ordem de entrega das credenciais ou de sua cópia figurada será determinada pela data e hora da chegada do Chefe da Missão.

ARTIGO 14

1. Os Chefes de Missão dividem-se em três classes:

a) Embaixadores ou Núncios acreditados perante Chefes de Estado, e outros Chefes de Missões de categoria equivalente;

b) Enviados, Ministro ou internúncios, acreditados perante Chefe de Estado;

c) Encarregados de Negócios, acreditados perante Ministros das Relações Exteriores.

2. Salvo em questões de precedência e etiqueta, não se fará nenhuma distinção entre Chefes de Missão em razão de sua classe.

ARTIGO 15

Os Estados, por acordo, determinarão a classe a que devem pertencer os Chefes de suas Missões.

ARTIGO 16

1. A precedência dos Chefes de Missão, dentro de cada classe, se estabelecerá de acordo com a data e hora em que tenham assumido suas funções, nos termos do art. 13.

2. As modificações nas credenciais de um Chefe de Missão, desde que não impliquem mudança de classe, não alteram a sua ordem de precedência.

3. O presente artigo não afeta a prática que exista ou venha a existir no Estado acreditado com respeito à precedência do representante da Santa Sé.

ARTIGO 17

O Chefe da Missão notificará ao Ministério da Relações Exteriores, ou a outro Ministério em que as partes tenham convindo, a ordem de precedência dos Membros do pessoal diplomático da Missão.

ARTIGO 18

O Cerimonial que se observe em cada Estado para recepção dos Chefes de Missão deverá ser uniforme a respeito de cada classe.

ARTIGO 19

1. Em caso de vacância do posto de Chefe da Missão, ou se um Chefe de Missão estiver impedido de desempenhar suas funções, um Encarregado de Negócios ad interim exercerá provisoriamente a chefia da Missão. O nome do Encarregado de Negócios ad interim será comunicado ao Ministério das relações Exteriores do Estado acreditado, ou ao Ministério em que as partes tenham convindo, pelo Chefe da Missão ou, se este não poder fazê-lo, pelo Ministério das Relações Extintores do Estado acreditante.

2. Se nenhum membro do pessoal diplomático estiver presente no Estado acreditado, um membro do pessoal administrativo e técnico poderá, com o consentimento do Estado acreditado, ser designado pelo Estado acreditante para encarregar-se dos assuntos administrativos correntes da Missão.

ARTIGO 20

A missão e seu Chefe terão o direito de usar a bandeira e o escudo do Estado acreditante nos locais da Missão, inclusive na residência do Chefe da Missão e nos seus meios de transporte.

ARTIGO 21

1. O Estado acreditado deverá facilitar a aquisição em seu território, de acordo com as suas leis, pelo Estado acreditado, dos locais necessários à Missão ou ajudá-lo a consegui-los de outra maneira.

2. Quando necessário, ajudará também as Missões a obterem alojamento adequado para seus membros.

ARTIGO 22

1. Os locais da Missão são invioláveis. Os Agentes do Estado acreditado não poderão neles penetrar sem o consentimento do Chefe da Missão.

2. O Estado acreditado tem a obrigação especial de adotar todas as medidas apropriadas para proteger os locais da Missão contra qualquer intrusão ou dano e evitar perturbações à tranquilidade da Missão ou ofensas à sua dignidade.

3. Os locais da Missão, em mobiliário e demais bens neles situados, assim como os meios de transporte da Missão, não poderão ser objeto de busca, requisição, embargo ou medida de execução.

ARTIGO 23

1. O Estado acreditante e o Chefe da Missão estão isentos de todos os impostos e taxas, nacionais, regionais ou municipais, sobre os locais da Missão de que sejam proprietários ou inquilinos, excetuados os que representem o pagamento de serviços específicos que lhes sejam prestados.

2. A isenção fiscal a que se refere este artigo não se aplica aos impostos e taxas cujo pagamento, na conformidade da legislação do Estado acreditado, incumbir as pessoas que contratem com o Estado acreditante ou com o Chefe da Missão.

ARTIGO 24

Os arquivos e documentos da Missão são invioláveis, em qualquer momento e onde quer que se encontrem.

ARTIGO 25

O Estado acreditado dará todas as facilidades para o desempenho das funções da Missão.

ARTIGO 26

Salvo o disposto nas leis e regulamentos relativos a zonas cujo acesso é proibido ou regulamentado por motivos de segurança nacional, o Estado acreditado garantirá a todos os membros da Missão a liberdade de circulação e trânsito em seu território.

ARTIGO 27

1. O Estado acreditado permitirá e protegerá a livre comunicação da Missão para todos os fins oficiais. Para comunicar-se com o Governo e demais Missões e Consulados do Estado acreditante, onde quer que se encontrem, a Missão poderá empregar todos os meios de comunicação adequados, inclusive correios diplomáticos e mensagens em códigos ou cifra. Não obstante, a Missão só poderá instalar e usar uma emissora de rádio com o consentimento do Estado acreditado.

2. A correspondência oficial da Missão é inviolável. Por correspondência oficial entende-se toda correspondência concernente à Missão e suas funções.

3. A mala diplomática não poderá ser aberta ou retida.

4. Os volumes que constituam a mala diplomática deverão conter sinais exteriores visíveis que indiquem o seu caráter e só poderão conter documentos diplomáticos e objetos destinados a uso oficial.

5. O correio diplomático, que deverá estar munido de um documento oficial que indique sua condição e o número de volumes que constituam a mala diplomática, será, no desempenho das suas funções, protegido pelo Estado acreditado.

6. O Estado acreditante ou a Missão poderão designar correios diplomáticos "ad hoc". Em tal caso, aplicar-se-ão as disposições do parágrafo 5 deste artigo, mas as imunidades nele mencionadas deixarão de se aplicar, desde que o referido correio tenha entregado ao destinatário a mala diplomática que lhe fora confiada.

7. A mala diplomática poderá ser confiada ao comandante de uma aeronave comercial que tenha de aterrissar num aeroporto de entrada autorizada. O comandante será munido de um documento oficial que indique o número de volumes que constituam a mala, mas não será considerado correio

diplomático. A Missão poderá enviar um de seus membros para receber a mala diplomática, direta e livremente, das mãos do comandante da aeronave.

ARTIGO 28

Os direitos e emolumentos que a Missão perceba em razão da prática de atos oficiais estarão isentos de todos os impostos ou taxas.

ARTIGO 29

A pessoa do agente diplomático é inviolável. Não poderá ser objeto de nenhuma forma de detenção ou prisão. O Estado acreditado trata-lo-á com o devido respeito e adotará todas as medidas adequadas para impedir qualquer ofensa à sua pessoa, liberdade ou dignidade.

ARTIGO 30

1. A residência particular do agente diplomático goza da mesma inviolabilidade e proteção que os locais da missão.

2. Seus documentos, sua correspondência e, sob reserva do disposto no parágrafo 3 do artigo 31, seus bens gozarão igualmente de inviolabilidade.

ARTIGO 31

1. O agente diplomático gozará de imunidade de jurisdição penal do Estado acreditado. Gozará também da imunidade de jurisdição civil e administrativa, a não ser que se trate de:

a) uma ação real sobre imóvel privado situado no território do Estado acreditado, salvo se o agente diplomático o possuir por conta do Estado acreditado para os fins da missão.

b) uma ação sucessória na qual o agente diplomático figure, a título privado e não em nome do Estado, como executor testamentário, administrador, herdeiro ou legatário.

c) uma ação referente a qualquer profissão liberal ou atividade comercial exercida pelo agente diplomático no Estado acreditado fora de suas funções oficiais.

2. O agente diplomático não é obrigado a prestar depoimento como testemunha.

3. O agente diplomático não esta sujeito a nenhuma medida de execução a não ser nos casos previstos nas alineas " a ", " b " e " c " do parágrafo 1 deste artigo e desde que a execução possa realizar-se sem afetar a inviolabilidade de sua pessoa ou residência.

4. A imunidade de jurisdição de um agente diplomático no Estado acreditado não o isenta da jurisdição do Estado acreditante.

ARTIGO 32

1. O Estado acreditante pode renunciar à imunidade de jurisdição dos seus agentes diplomáticos e das pessoas que gozam de imunidade nos termos do artigo 37.

2. A renúncia será sempre expressa.

3. Se um agente diplomático ou uma pessoa que goza de imunidade de jurisdição nos termos do artigo 37 inicia uma ação judicial, não lhe será permitido invocar a imunidade de jurisdição no tocante a uma reconvenção ligada à ação principal.

4. A renúncia à imunidade de jurisdição no tocante às ações civis ou administrativas não implica renúncia a imunidade quanto as medidas de execução da sentença, para as quais nova renúncia é necessária.

ARTIGO 33

1. Salvo o disposto no parágrafo 3 deste artigo o agente diplomático estará no tocante aos serviços prestados ao Estado acreditante, isento das disposições sobre seguro social que possam vigorar no Estado acreditado.

2. A isenção prevista no parágrafo 1 deste artigo aplicar-se-á também aos criados particulares que se acham ao serviço exclusivo do agente diplomático, desde que.

a) Não sejam nacionais do Estado acreditado nem nele tenham residência permanente; e

b) Estejam protegidos pelas disposições sobre seguro social vigentes no Estado acreditado ou em terceiro estado.

3. O agente diplomático que empregue pessoas a quem não se aplique a isenção prevista no parágrafo 2 deste artigo deverá respeitar as obrigações impostas aos patrões pelas disposições sobre seguro social vigentes no Estado acreditado.

4. A isenção prevista nos parágrafos 1 e 2 deste artigo não exclui a participação voluntária no sistema de seguro social do Estado acreditado, desde que tal participação seja admitida pelo referido Estado.

5. As disposições deste artigo não afetam os acordos bilaterais ou multilaterais sobre seguro social já concluídos e não impedem a celebração ulterior de acordos de tal natureza.

ARTIGO 34

O agente diplomático gozará de isenção de todos os impostos e taxas, pessoais ou reais, nacionais, regionais ou municipais, com as exceções seguintes:

a) os impostos indiretos que estejam normalmente incluídos no preço das mercadorias ou dos serviços;

b) os impostos e taxas sobre bens imóveis privados situados no território do Estado acreditado, a não ser que o agente diplomático os possua em nome do Estado acreditante e para os fins da missão;

c) os direitos de sucessão percebidos pelo Estado acreditado, salvo o disposto no parágrafo 4 do artigo 39;

d) os impostos e taxas sobre rendimentos privados que tenham a sua origem no Estado acreditado e os impostos sobre o capital referentes a investimentos em empresas comerciais no Estado acreditado.

e) os impostos e taxas que incidem sobre a remuneração relativa a serviços específicos;

f) os direitos de registro, de hipoteca, custas judiciais e imposto de selo relativos a bens imóveis, salvo o disposto no artigo 23.

ARTIGO 35

O estado acreditado devera isentar os agentes diplomáticos de toda prestação pessoal, de todo serviço público, seja qual for a sua natureza, e de obrigações militares tais como requisições, contribuições e alojamento militar.

ARTIGO 36

1. De acordo com leis e regulamentos que adote, o estado acreditado permitirá a entrada livre do pagamento de direitos aduaneiros, taxas e gravames conexos que não constituam

despesas de armazenagem, transporte e outras relativas a serviços análogos;

a) dos objetos destinados ao uso oficial da missão;

b) dos objetos destinados ao uso pessoal do agente diplomático ou dos membros da sua família que com ele vivam, incluídos os bens destinados à sua instalação.

2. A bagagem pessoal do agente diplomático não está sujeita a inspeção, salvo se existirem motivos sérios para crer que a mesma contém objetos não previstos nas isenções mencionadas no parágrafo 1 deste artigo, ou objetos cuja importação ou exportação é proibida pela legislação do Estado acreditado, ou sujeitos aos seus regulamentos de quarentena. Nesse caso a inspeção só poderá ser feita em presença de agente diplomático ou de seu representante autorizado.

ARTIGO 37

1. Os membros da família de um agente diplomático que com ele vivam gozarão dos privilégios e imunidade mencionados nos artigos 29 e 36, desde que não sejam nacionais do estado acreditado.

2. Os membros do pessoal administrativo e técnico da missão, assim como os membros de suas famílias que com eles vivam, desde que não sejam nacionais do estado acreditado nem nele tenham residência permanente, gozarão dos privilégios e imunidades mencionados nos artigos 29 a 35 com ressalva de que a imunidade de jurisdição civil e administrativa do estado acreditado, mencionado no parágrafo 1 do artigo 31, não se estenderá aos atos por eles praticados fora do exército de suas funções; gozarão também dos privilégios mencionados no parágrafo 1 do artigo 36, no que respeita aos objetos importados para a primeira instalação.

3. Os membros do pessoal de serviço da Missão, que não sejam nacionais do Estado acreditado nem nele tenham residência permanente, gozarão de imunidades quanto aos atos praticados no exercício de suas funções, de isenção de impostos e taxas sobre os salários que perceberem pelos seus serviços e da isenção prevista no artigo 33.

4. Os criados particulares dos membros da Missão, que não sejam nacionais do Estado acreditado nem nele tenham residência permanente, estão isentos de impostos e taxas sobre os salários que perceberem pelos seus serviços. Nos demais casos, só gozarão de privilégios e imunidades na medida reconhecida pelo referido Estado. Todavia, o Estado acreditado deverá exercer a sua jurisdição sobre tais pessoas de modo a não interferir demasiadamente como o desempenho das funções da Missão.

ARTIGO 38

1. A não ser na medida em que o Estado acreditado conceda outros privilégios e imunidades, o agente diplomático que seja nacional do referido Estado ou nele tenha residência permanente gozará da imunidade de jurisdição e de inviolabilidade apenas quanto aos atos oficiais praticados no desempenho de suas funções.

2. Os demais membros do pessoal da Missão e os criados particulares, que sejam nacionais do Estado acreditado ou nele tenham a sua residência permanente, gozarão apenas dos privilégios e imunidades que lhes forem reconhecidos pelo referido Estado. Todavia, o Estado acreditado deverá exercer a sua jurisdição sobre tais pessoas de maneira a não interferir demasiadamente como o desempenho das funções da Missão.

ARTIGO 39

1. Toda a pessoa que tenha direito a privilégios e imunidades gozará dos mesmos a partir do momento em que entrar no território do estado acreditado para assumir o seu posto ou, no caso de já se encontrar no referido território, desde que a sua nomeação tenha sido notificada ao Ministério das Relações Exteriores ou ao Ministério em que se tenha convindo.

2. Quando terminarem as funções de uma pessoa que goze de privilégios e imunidades esses privilégios e imunidades cessarão normalmente no momento em que essa pessoa deixar o país ou quando transcorrido um prazo razoável que lhe tenha sido concedido para tal fim mas perdurarão até esse momento mesmo em caso de conflito armado. Todavia a imunidade subsiste no que diz respeito aos atos praticados por tal pessoal no exercício de suas funções como Membro da Missão.

3. Em caso de falecimento de um membro da Missão os membros de sua família continuarão no gozo dos privilégios e imunidades a que tem direito até a expiração de um prazo razoável que lhes permita deixar o território do Estado acreditado.

4. Em caso de falecimento de um membro da Missão, que não seja nacional do Estado acreditado nem nele tenha residência permanente, ou de membro de sua família que com ele viva, o Estado acreditado permitirá que os bens móveis do falecido sejam retirados do país com exceção dos que nele foram adquiridos e cuja exportação seja proibida no momento do falecimento. Não serão cobrados direitos de sucessão sobre os bens móveis cuja situação no Estado acreditado era devida unicamente à presença do falecimento no referido Estado, como membro da Missão ou como membro da família de um membro da Missão.

ARTIGO 40

1. Se o agente diplomático atravessa o território ou se encontra no território de um terceiro Estado, que lhe concedeu visto no passaporte quando esse visto for exigido, a fim de assumir ou reassumir o seu posto ou regressar ao seu país, o terceiro Estado conceder-lhe-á inviolabilidade e todas as outras imunidades necessárias para lhe permitir o trânsito ou o regresso. Esta regra será igualmente aplicável aos membros da família; que gozem de privilégios e imunidades, que acompanhem o agente diplomático quer viagem separadamente. Para reunir-se a ele ou regressar ao seu país.

2. Em circunstâncias análogas às previstas no parágrafo 1 deste artigo, os terceiros Estados não deverão dificultar a passagem através do seu território dos membros do pessoal administrado e técnico ou de serviço da Missão e dos membros de suas famílias.

3. Os terceiros Estados concederão à correspondência e a outras comunicações oficiais em trânsito inclusive às mensagens em código ou cifra a mesma liberdade e proteção concedida pelo Estado acreditado. Concederão aos correios diplomáticos a quem um visto no passaporte tenha sido concedido quando esse visto for exigido bem como às malas diplomáticas em trânsito a mesma inviolabilidade e proteção a que se acha obrigado o Estado acreditado.

4. As obrigações dos terceiros Estados em virtude dos parágrafos 1, 2 e 3 deste artigo serão aplicáveis também às pessoas mencionadas respectivamente nesses parágrafos, bem como às comunicações oficiais e às malas diplomáticas quanto as mesmas se encontrem no território do terceiro Estado por motivo de força maior.

ARTIGO 41

1. Sem prejuízo de seus privilégios e imunidade todas as pessoas que gozem desses privilégios e imunidades deverão respeitar as leis e os regulamentos do Estado acreditado. Têm também o dever de não se imiscuir nos assuntos internos do referido Estado.

2. Todos os assuntos oficiais que o Estado acreditante confiar à Missão para serem tratados com o Estado 0acreditado deverão sê-lo com o Ministério das Relações Exteriores ou por seu intermédio ou com outro Ministério em que se tenha convindo.

3. Os locais da Missão não devem ser utilizados de maneira incompatível com as funções da Missão tais como são enunciadas na presente Convenção em outras normas de direito internacional geral ou em acordos especiais em vigor entre o Estado acreditado.

ARTIGO 42

O agente diplomático não exercerá no Estado acreditado nenhuma atividade profissional ou comercial em proveito próprio.

ARTIGO 43

As funções de agente diplomático terminarão, inter-alia.

a) pela notificação do Estado acreditante ao Estado acreditado e que as funções do agente diplomático terminaram;

b) pela notificação do Estado acreditado ao Estado acreditante de que, nos termos do parágrafo 2 do artigo 9, se recusa a reconhecer o agente diplomático como membro da Missão.

ARTIGO 44

O Estado acreditado deverá, mesmo no caso de conflito armado conceder facilidades para que as pessoas que gozem de privilégios e imunidades e não sejam nacionais do Estado acreditado, bem como os membros de suas famílias, seja qual for a sua nacionalidade, possam deixar o seu território o mais depressa possível. Especialmente, deverá colocar à sua disposição se necessário, os meios de transporte indispensáveis para tais pessoas e seus bens.

ARTIGO 45

Em caso de ruptura das relações diplomáticas entre dois Estados ou se uma Missão e retirada definitiva ou temporariamente:

a) o Estado acreditado está obrigado a respeitar e a proteger, mesmo em caso de conflito armado, os locais da Missão bem como os seus bens e arquivos;

b) o Estado acreditante poderá confiar a guarda dos locais da Missão bem como de seus bens e arquivos a um terceiro Estado aceitável para o Estado acreditado;

c) o Estado acreditante poderá confiar a proteção de seus interesses e dos de seus nacionais a um terceiro Estado acreditado.

ARTIGO 46

Com o consentimento prévio do Estado acreditado e a pedido de um terceiro Estado nele não representado, o Estado acreditante poderá assumir a proteção temporária dos interesses do terceiro Estado e de seus nacionais.

ARTIGO 47

1. Na aplicação das disposições da presente Convenção, o Estado acreditado não fará nenhuma discriminação entre Estado.

2. Todavia, não será considerada discriminação:

a) o fato de o Estado acreditante aplicar restritivamente uma das disposições da presente Convenção, quando a mesma for aplicada de igual maneira à sua Missão no Estado acreditado;

b) o fato de os Estados em virtude de costume ou convênio se concederem reciprocamente um tratamento mais favorável do que o questionado pelas disposições da presente Convenção.

ARTIGO 48

A presente Convenção ficará aberta para assinatura de todos os Estados Membros das Nações Unidas de uma organização especializada bem como dos Estados Partes no Estatuto da Corte Internacional de Justiça e de qualquer outro Estado convidado pela Assembleia Geral das Nações Unidas a tornar-se Parte na Convenção, da maneira seguinte: até 31 de outubro de 1961, no Ministério Federal dos Negócios Estrangeiros da Áustria e, depois, até 13 de marco de 1962, na sede das Nações Unidas, em Nova York.

ARTIGO 49

A presente Convenção será ratificada, os instrumentos de ratificação serão depositados perante o Secretário-Geral das Nações Unidas.

ARTIGO 50

A presente Convenção permanecerá aberta à adesão de todo o Estado pertencente a qualquer das quatro categorias mencionadas no artigo 48. Os instrumentos de adesão serão depositados perante o Secretário-Geral das Nações Unidas.

ARTIGO 51

1. A presente Convenção entrará em vigor no trigésimo dia que se seguir à data do deposito perante o Secretário-Geral das Nações Unidas do vigésimo-segundo instrumento de ratificação ou adesão.

2. Para cada um dos Estados que ratificarem a Convenção ou a ela aderirem depois do depósito do vigésimo segundo instrumento de ratificação ou adesão, a Convenção entrará em vigor no trigésimo dia após o depósito, por esse Estado, do instrumento de ratificação ou adesão.

ARTIGO 52

O Secretário-Geral das Nações Unidas comunicará a todos os Estados pertencentes a qualquer das quatro categorias mencionadas no artigo 48:

a) as assinaturas apostas à presente Convenção e o deposito dos instrumentos de ratificação ou adesão nos termos dos artigos 48, 49 e 50,

b) a data em que a presente Convenção entrara em vigor, nos termos do artigo 51.

ARTIGO 53

O original da presente Convenção, cujos textos em chinês, espanhol, francês, inglês e russo, fazem igualmente fé, será depositado perante o Secretário-Geral das Nações Unidas, que enviará cópias certificadas conforme a todos os Estados pertencentes a qualquer das quatro categorias mencionadas no artigo 48.

Em fé do que, os plenipotenciários os assinados, devidamente autorizados pelos respectivos Governos assinaram a presente Convenção.

Feito em Viena, aos dezoito dias do mês de abril de mil novecentos e sessenta e um.

DECRETO Nº 61.078, DE 26 DE JULHO DE 1967 (EXCERTOS)

Promulga a Convenção de Viena sobre Relações Consulares.

O PRESIDENTE DA REPÚBLICA, HAVENDO o CONGRESSO NACIONAL aprovado pelo Decreto Legislativo número 6, de 1967, a Convenção de Viena sobre Relações Consulares, assinada nessa cidade, a 24 de abril de 1963; E HAVENDO a referida Convenção entrado em vigor para o Brasil, de conformidade com seu artigo 77, parágrafo 2º a 10 de junho de 1967, isto é, trinta dias após o depósito do instrumento brasileiro de ratificação junto ao Secretário-Geral, das Nações Unidas realizado a 11 de maio de 1967;

DECRETA que a mesma, apensa por cópia ao presente Decreto, seja executada e cumprida tão inteiramente como nela se contém.

Brasília, 26 de julho de 1967; 146º da Independência e 79º da República.

A. COSTA E SILVA

José de Magalhães Pinto

Este texto não substitui o publicado no DOU de 28.7.1967

CONFERÊNCIA DAS NAÇÕES UNIDAS SOBRE RELAÇÕES CONSULARES

CONVENÇÃO DE VIENA SOBRE RELAÇÕES CONSULARES

Os Estados Partes na presente Convenção, Considerando que, desde tempos remotos, se estabeleceram relações consulares entre os povos, Conscientes dos propósitos e princípios da Carta das Nações Unidas relativos à igualdade soberana dos Estados, à manutenção da paz e da segurança internacionais e ao desenvolvimento das relações de amizade entre as nações, Considerando que a Conferência das Nações Unidas sobre as Relações e Imunidades Diplomáticas adotou a Convenção de Viena sobre Relações Diplomáticas, que foi aberta à assinatura no dia 18 de abril de 1961, Persuadidos de que uma convenção internacional sobre as relações, privilégios e imunidades consulares contribuiria também para o desenvolvimento de relações amistosas entre os países, independentemente de seus regimes constitucionais e sociais, Convencidos de que a finalidade de tais privilégios e imunidades não é beneficiar indivíduos, mas assegurar o eficaz desempenho das funções das repartições consulares, em nome de seus respectivos Estados, Afirmando que as normas de direito consuetudinário internacional devem continuar regendo as questões que não tenham sido expressamente reguladas pelas disposições da presente convenção, Convieram no seguinte:

• • • • • • • • • • • • • • • •

CAPÍTULO II. FACILIDADES, PRIVILÉGIOS E IMUNIDADES RELATIVAS ÀS REPARTIÇÕES CONSULARES, AOS FUNCIONÁRIOS CONSULARES DE CARREIRA E A OUTROS MEMBROS DA REPARTIÇÃO CONSULAR.

SEÇÃO I. FACILIDADES, PRIVILÉGIOS E IMUNIDADES RELATIVAS ÀS REPARTIÇÕES CONSULARES

• • • • • • • • • • • • • • • •

ARTIGO 33º

Inviolabilidade dos arquivos e documentos consulares

Os arquivos e documentos consulares serão sempre invioláveis, onde quer que estejam.

• • • • • • • • • • • • • • • •

ARTIGO 36º

Comunicação com os nacionais do Estado que envia

1. A fim de facilitar o exercício das funções consulares relativas aos nacionais do Estado que envia:

a) os funcionários consulares terão liberdade de se comunicar com os nacionais do Estado que envia e visitá-los. Os nacionais do Estado que envia terão a mesma liberdade de se comunicarem com os funcionários consulares e de visitá-los;

b) se o interessado lhes solicitar, as autoridades competentes do Estado receptor deverão, sem tardar, informar à repartição consular competente quando, em sua jurisdição, um nacional do Estado que envia for preso, encarcerado, posto em prisão preventiva ou detido de qualquer outra maneira.

Qualquer comunicação endereçada à repartição consular pela pessoa detida, encarcerada ou presa preventivamente deve igualmente ser transmitida sem tardar pelas referidas autoridades. Estas deverão imediatamente informar o interessado de seus direitos nos termos do presente subparágrafo;

c) os funcionários consulares terão direito de visitar o nacional do Estado que envia, o qual estiver detido, encarcerado ou preso preventivamente, conversar e corresponder-se com ele, e providenciar sua defesa perante os tribunais.

Terão igualmente o direito de visitar qualquer nacional do Estado que envia encarcerado, preso ou detido em sua jurisdição em virtude de execução de uma sentença, todavia, os funcionário consulares deverão abster-se de intervir em favor de um nacional encarcerado, preso ou detido preventivamente, sempre que o interessado a isso se opuser expressamente.

2. As prerrogativas a que se refere o parágrafo 1 do presente artigo serão exercidas de acordo com as leis e regulamentos do Estado receptor, devendo, contudo, entender-se que tais leis e regulamentos não poderão impedir o pleno efeito dos direitos reconhecidos pelo presente artigo.

• • • • • • • • • • • • • • • • • • •

SEÇÃO II.

• • • • • • • • • • • • • • • • • • •

ARTIGO 41º

Inviolabilidade pessoal dos funcionário consulares

1. Os funcionários consulares não poderão ser detidos ou presos preventivamente, exceto em caso de crime grave e em decorrência de decisão de autoridade judiciária competente.

2. Exceto no caso previsto no parágrafo 1 do presente artigo, os funcionários consulares não podem ser presos nem submetidos a qualquer outra forma de limitação de sua liberdade pessoal, senão em decorrência de sentença judiciária definitiva.

3. Quando se instaurar processo penal contra um funcionário consular, este será obrigado a comparecer perante as autoridades competentes. Todavia, as diligências serão conduzidas com as deferências devidas à sua posição oficial e, exceto no caso previsto no parágrafo 1 deste artigo, de maneira a que perturbe o menos possível o exercício das funções consulares. Quando, nas circunstâncias previstas no parágrafo 1 deste artigo, for necessário decretar a prisão preventiva de um funcionário consular, o processo correspondente deverá iniciar-se sem a menor demora.

ARTIGO 42º

Notificação em caso de detenção, prisão preventiva ou instauração de processo

Em caso de detenção, prisão preventiva de um membro do pessoal consular ou de instauração de processo penal contra o mesmo, o Estado receptor deverá notificar imediatamente o chefe da repartição consular. Se este último for o objeto de tais medidas, o Estado receptor levará o fato ao conhecimento do Estado que enviar, por via diplomática.

• • • • • • • • • • • • • • • • • • •

ARTIGO 44º

Obrigação de prestar depoimento

1. Os membros de uma repartição consular poderão ser chamados a depor como testemunhas no decorrer de um processo judiciário ou administrativo. Um empregado consular ou um membro do pessoal de serviço não poderá negar-se a depor como testemunha, exceto nos casos mencionados no parágrafo 3 do presente artigo. Se um funcionário consular recusar-se a prestar depoimento, nenhuma medida coercitiva ou qualquer outra sanção ser-lhe-á aplicada.

2. A autoridade que solicitar o testemunho deverá evitar que o funcionário consular seja perturbado no exercício de suas funções. Poderá tomar o depoimento do funcionário consular em seu domicílio ou na repartição consular, ou aceitar sua declaração por escrito, sempre que for possível.

3. Os membros de uma repartição consular não serão obrigados a depor sobre fatos relacionados com o exercício de suas funções, nem a exibir correspondência e documentos oficiais que a elas se refiram. Poderá, igualmente, recusar-se a depor na qualidade de peritos sobre as leis do Estado que envia.

ARTIGO 45º

Renúncia aos privilégios e imunidades

1. O Estado que envia poderá renunciar, com relação a um membro da repartição consular, aos privilégios e imunidades previstos nos artigos 41, 43 e 44.

2. A renúncia será sempre expressa, exceto no caso do disposto no parágrafo 3 do presente artigo, e deve ser comunicada por escrito ao Estado receptor.

3. Se um funcionário consular, ou empregado consular, propor ação judicial sobre matéria de que goze de imunidade de jurisdição de acordo com o disposto no artigo 43, não poderá alegar esta imunidade com relação a qualquer pedido de reconvenção diretamente ligado à demanda principal.

4. A renúncia à imunidade de jurisdição quanto a ações civis ou administrativas não implicará na renúncia à imunidade quanto a medidas de execução de sentença, para as quais nova renúncia será necessária.

• • • • • • • • • • • • • • • • • • •

ARTIGO 53º

Começo e fim dos privilégios e imunidades consulares

1. Todo membro da repartição consular gozará dos privilégios e imunidades previstos pela presente Convenção desde o momento em que entre no território do Estado receptor para chegar a seu posto, ou, se ele já se encontrar nesse território, desde o momento em que assumir suas funções na repartição consular.

2. Os membros da família de um membro da repartição consular que com ele vivam, assim como, os membros de seu pessoal privado, gozarão dos privilégios e imunidades previstos na presente Convenção, a partir da última das seguintes datas: aquela a partir da qual o membro da repartição consular goze dos privilégios e imunidades de acordo com o parágrafo 1 do presente artigo; a data de sua entrada no território do Estado receptor ou a data em que se tornarem membros da referida família ou do referido pessoal privado.

3. Quando terminarem as funções de um membro da repartição consular, seus privilégios e imunidades, assim como os dos membros de sua família que com eles vivam, ou dos membros de seu pessoal privado, cessarão normalmente na primeira das datas seguintes: no momento em que a referida pessoa abandonar o território do Estado receptor ou na expiração de um prazo razoável que lhe será concedido para este fim subsistindo, contudo, até esse momento, mesmo no caso de conflito armado. Quanto às pessoas mencionadas no parágrafo 2 do presente artigo, seus privilégios e imunidades cessarão no momento em que deixarem de pertencer à família de um membro da repartição consular ou de estar a seu serviço. Entretanto,

quando essas pessoas se dispuserem a deixar o Estado receptor dentro de um prazo razoável seus privilégios e imunidades subsistirão até o momento de sua partida.

4. Todavia, no que concerne aos atos praticados por um funcionário consular ou um empregado consular no exercício das suas funções a imunidade de jurisdição subsistirá indefinidamente.

5. No caso de morte de um membro da repartição consular, os membros de sua família que com ele tenha vivido continuarão a gozar dos privilégios e imunidade que lhe correspondiam até a primeira das seguintes datas; a da partida do território do Estado receptor ou a da expiração de um prazo razoável que lhes será concedido para esse fim.

• • • • • • • • • • • • • • • • •

CAPÍTULO III. REGIME APLICÁVEL AOS FUNCIONÁRIOS CONSULARES HONORÁRIOS E ÀS REPARTIÇÕES CONSULARES POR ELES DIRIGIDAS

• • • • • • • • • • • • • • • • •

ARTIGO 63º

Processo Penal

Quando um processo penal for instaurado contra funcionário consular honorário, este é obrigado a se apresentar as autoridades competentes. Entretanto, o processo deverá ser conduzido com as deferências devidas ao funcionário consular honorário interessado, em razão de sua posição oficial, e, exceto no caso em que esteja preso ou detido, de maneira a perturbar o menos possível o exercício das funções consulares. Quando for necessário decretar a prisão preventiva de um funcionário consular honorário, o processo correspondente deverá iniciar-se o mais breve possível.

• • • • • • • • • • • • • • • • •

CAPÍTULO IV. DISPOSIÇÕES GERAIS

• • • • • • • • • • • • • • • • •

ARTIGO 71º

Nacionais ou residentes permanentes do Estado receptor

1. Salvo se o Estado receptor conceder outras facilidades, privilégios e imunidades, os funcionários consulares que sejam nacionais ou residentes permanentes desse Estado somente gozarão de imunidade de jurisdição e de inviolabilidade pessoal pelos atos oficiais realizados no exercício de suas funções e do privilégio estabelecido no parágrafo 3 do artigo 44. No que diz respeito a esses funcionários consulares, o Estado receptor deverá também cumprir a obrigação prevista no artigo 42. Se um processo penal for instaurado contra esses funcionários consulares, as diligências deverão ser conduzidas, exceto no caso em que o funcionário estiver preso ou detido, de maneira a que se perturbe o menos possível o exercício das funções consulares.

2. Os demais membros da repartição consular que sejam nacionais ou residentes permanentes do Estado receptor e os membros de sua família, assim como os membros da família dos funcionários consulares mencionados no parágrafo 1 do presente artigo, só gozarão de facilidades, privilégios e imunidades que lhes forem concedidos pelo Estado receptor. Do mesmo modo, os membros da família de um membro da repartição consular e os membros do pessoal privado que sejam nacionais ou residentes permanentes do Estado receptor só gozarão das facilidades, privilégios e imunidades que lhes forem concedidos pelo Estado receptor. Todavia, o Estado receptor deverá exercer sua jurisdição sobre essas pessoas de maneira a não perturbar indevidamente o exercício das funções da repartição consular.

• • • • • • • • • • • • • • • • •

ARTIGO 73º

Relação entre a presente Convenção e outros acordos internacionais

1. As disposições da presente Convenção não prejudicarão outros acordos internacionais em vigor entre as partes contratantes dos mesmos.

2. Nenhuma das disposições da presente Convenção impedirá que os Estados concluam acordos que confirmem, completem, estendam ou ampliem suas disposições.

DECRETO Nº 154, DE 26 DE JUNHO DE 1991

Promulga a Convenção Contra o Tráfico Ilícito de Entorpecentes e Substâncias Psicotrópicas.

O PRESIDENTE DA REPÚBLICA, usando da atribuição que lhe confere o art. 84, inciso IV da Constituição, e

Considerando que a Convenção Contra o Tráfico Ilícito de Entorpecentes e Substâncias Psicotrópicas, foi concluída em Viena, a 20 de dezembro de 1988;

Considerando que a referida Convenção foi aprovada pelo Congresso Nacional, pelo Decreto Legislativo nº 162, de 14 de junho de 1991;

Considerando que a Convenção ora promulgada entrou em vigor internacional em 11 de novembro de 1990,

DECRETA:

ART. 1º A Convenção Contra o Tráfico Ilícito de Entorpecentes e Substâncias Psicotrópicas, apensa por cópia a este Decreto, será executada e cumprida tão inteiramente como nela se contém.

ART. 2º Este Decreto entra em vigor na data prevista no parágrafo 2º do artigo 29 da Convenção.

Brasília, 26 de junho de 1991; 170º da Independência e 103º da República.

FERNANDO COLLOR
Francisco Rezek

CONVENÇÃO CONTRA O TRÁFICO ILÍCITO DE ENTORPECENTES E DE SUBSTÂNCIAS PSICOTRÓPICAS

As Partes nesta Convenção,

Profundamente preocupadas com a magnitude e a crescente tendência da produção, da demanda e do tráfico ilícitos de entorpecentes e de substâncias psicotrópicas, que representam uma grave ameaça à saúde e ao bem-estar dos seres humanos e que têm efeitos nefastos sobre as bases econômicas, culturais e políticas da sociedade,

Profundamente preocupadas também com a sustentada e crescente expansão do tráfico ilícito de entorpecentes e de substâncias psicotrópicas nos diversos grupos sociais e, em particular, pela exploração de crianças em muitas partes do mundo, tanto na qualidade de consumidores como na condição de instrumentos utilizados na produção, na distribuição e no comércio ilícitos de entorpecentes e de substâncias psicotrópicas, o que constitui um perigo de gravidade incalculável.

Reconhecendo os vínculos que existem entre o tráfico ilícito e outras atividades criminosas organizadas, a ele relacionadas, que minam as economias lícitas de ameaçam a estabilidade, a segurança e a soberania dos Estados,

Reconhecendo também que o tráfico ilícito é uma atividade criminosa internacional, cuja supressão exige atenção urgente e a mais alta prioridade,

Conscientes de que o tráfico ilícito gera consideráveis rendimentos financeiros e grandes fortunas que permitem às organizações criminosas transnacionais invadir, contaminar e corromper as estruturas da administração pública, as atividades comerciais e financeiras lícitas e a sociedade em todos os seus níveis.

Decididas a privar as pessoas dedicadas ao tráfico ilícito do produto de suas atividades criminosas e eliminar, assim, o principal incentivo a essa atividade,

Interessadas em eliminar as causas profundas do problema do uso indevido de entorpecentes e de substâncias psicotrópicas, compreendendo a demanda ilícita de tais drogas e substâncias e os enormes ganhos derivados do tráfico ilícito,

Considerando que são necessárias medidas para o controle de determinadas substâncias, tais como precursores, produtos químicos e solventes que são utilizados na fabricação de entorpecentes e substâncias psicotrópicas e que, pela facilidade com que são obtidas, têm provocado um aumento da fabricação clandestina dessas drogas e substâncias,

Decididas a melhorar a cooperação internacional para a supressão do tráfico ilícito pelo mar,

Reconhecendo que a erradicação de tráfico ilícito é responsabilidade coletiva de todos os Estados e que, para esse fim, é necessária uma ação coordenada no nível da cooperação internacional,

Reconhecendo a competência das Nações Unidas em matéria de fiscalização de entorpecentes e de substâncias psicotrópicas e desejando que os organismos internacionais interessados nessa fiscalização atuem dentro do quadro das Nações Unidas,

Reafirmando os princípios que regem os tratados vigentes sobre a fiscalização de entorpecentes e de substâncias psicotrópicas e o sistema de fiscalização estabelecido por esses tratados,

Reconhecendo a necessidade de fortalecer e complementar as medidas previstas na Convenção Única de 1961 sobre Entorpecentes, emendada pelo Protocolo de 1972 de Modificação da Convenção Única sobre Entorpecentes, de 1961, e na Convenção sobre Substâncias Psicotrópicas de 1971, a fim de enfrentar a magnitude e a expansão do tráfico ilícito e suas graves conseqüências,

Reconhecendo também a importância de fortalecer e intensificar os meios jurídicos efetivos para a cooperação internacional em matéria penal para suprimir as atividades criminosas internacionais do tráfico ilícito,

Interessadas em concluir uma convenção internacional, que seja um instrumento completo, eficaz e operativo, especificamente dirigido contra o tráfico ilícito, levando em conta os diversos aspectos nos tratados vigentes, no âmbito dos entorpecentes e das substâncias psicotrópicas.

Convêm o que segue:

ARTIGO 1
Definições

Salvo indicação expressa em contrário, ou onde o contexto exigir outra interpretação, as seguintes definições se aplicarão em todo o texto desta Convenção:

a) Por "apreensão preventiva" ou "apreensão" se entende a proibição temporária de transferir, converter, alienar ou mover bens, ou manter bens em custódia ou sob controle temporário, por ordem expedida por um tribunal ou por autoridade competente;

b) Por "arbusto de coca" se entende a planta de qualquer espécie do gênero Erythroxylon;

c) Por "bens" se entendem os ativos de qualquer tipo, corpóreos ou incorpóreos, móveis e imóveis, tangíveis ou intangíveis, e os documentos ou instrumentos legais que confirmam a propriedade ou outros direitos sobre os ativos em questão;

d) Por "Comissão" se entende a Comissão de Entorpecentes do Conselho Econômico e Social das Nações Unidas;

e) Por "confisco" se entende a privação em caráter definitivo, de algum bem, por decisão de um tribunal ou de outra autoridade competente;

f) Por "Conselho" se entende o Conselho Econômico social das Nações Unidas;

g) Por "Convenção de 1961" se entende a Convenção Única de 1961 sobre Entorpecentes;

h) Por "Convenção de 1961 em sua forma emendada" se entende a Convenção Única de 1961 sobre Entorpecentes, emendada pelo Protocolo de 1972 que modifica a Convenção Única de 1961 sobre Entorpecentes;

i) Por "Convenção de 1971" se entende a Convenção sobre Substâncias Psicotrópicas de 1971;

j) Por "entorpecente" se entende qualquer substância, natural ou sintética, que figura na Lista I ou na Lista II da Convenção Única de 1961 sobre Entorpecentes, emendada pelo Protocolo de 1972 que modifica a Convenção Única de 1961 sobre Entorpecentes;

l) Por "entrega vigiada" se entenda a técnica de deixar que remessas ilícitas ou suspeitas de entorpecentes, substâncias psicotrópicas, substâncias que figuram no Quadro I e no Quadro II anexos nesta Convenção, ou substâncias que tenham substituído as anteriormente mencionadas, saiam do território de um ou mais países, que o atravessem ou que nele ingressem, com o conhecimento e sob a supervisão de suas autoridades competentes, com o fim de identificar as pessoas envolvidas em praticar delitos especificados no parágrafo 1 do Artigo 2 desta Convenção;

m) Por "Estado de trânsito" se entende o Estado, através de cujo território passam de maneira ilícita entorpecentes, substâncias psicotrópicas e substâncias que figuram no Quadro I e no Quadro II, e que não seja nem o ponto de procedência nem o ponto de destino final dessas substâncias;

n) Por "Junta" se entende a Junta Internacional de Fiscalização de Entorpecentes, estabelecida pela Convenção Única de 1961 sobre Entorpecentes, emendada pelo Protocolo de 1972 que modifica a Convenção Única de 1961 sobre Entorpecentes;

o) Por "semente de ópio" se entende a planta da espécie papaver Somniferum L;

p) Por "planta de cannabis" se entende toda planta co gênero cannabis;

q) Por "produto" se entendem os bens obtidos ou derivados, direta ou indiretamente, da prática de delitos estabelecidos de acordo com o parágrafo 1 do Artigo 3;

r) Por "Quadro I e Quadro II" se entende a lista de substâncias que, com essa numeração, se anexa a esta Convenção, emendada oportunamente em conformidade com o Artigo 12;

s) Por "Secretário Geral" se entende o Secretário Gera das Nações Unidas;

t) Por "substâncias psicotrópicas" se entende qualquer substância, natural que sintética, ou qualquer material natural, que figure nas listas I, II, III, IV da Convenção sobre Substâncias Psicotrópicas de 1971;

u) Por "tráfico ilícito" se entendem os delitos estabelecidos de acordo com os parágrafos 1 e 2 do Artigo 3 desta Convenção.

ARTIGO 2
Alcance da Presente Convenção

1 - O propósito desta Convenção é promover a cooperação entre as Partes a fim de que se possa fazer frente, com maior eficiência, aos diversos aspectos do tráfico ilícito de entorpecentes e de substâncias psicotrópicas que tenham dimensão internacional. No cumprimento das obrigações que tenham sido contraídas em virtude desta Convenção, as Partes adotarão as medidas necessárias, compreendidas as de ordem legislativa e administrativa, de acordo com as disposições fundamentais de seus respectivos ordenamentos jurídicos internos.

2 - As Partes cumprirão suas obrigações oriundas desta Convenção de maneira a se coadunar com os princípios da igualdade soberana e da integridade territorial dos Estado e da não-ingerência em assuntos internos de outros Estados.

3 - Uma Parte não terá, no território de outra Parte, nem jurisdição nem funções que tenham sido reservadas exclusivamente às autoridades dessa outra Parte, por seu direito interno.

ARTIGO 3
Delitos e Sanções

1 - Cada uma das Partes adotará as medidas necessárias para caracterizar como delitos penais em seu direito interno, quando cometidos internacionalmente:

a) i) a produção, a fabricação, a extração, a preparação, a oferta para venda, a distribuição, a venda, a entrega em quaisquer condições, a corretagem, o envio, o envio em trânsito, o transporte, a importação ou a exportação de qualquer entorpecente ou substância psicotrópica, contra o disposto na Convenção de 1961 em sua forma emendada, ou na Convenção de 1971;

ii) o cultivo de sementes de ópio, do arbusto da coca ou da planta de cannabis, com o objetivo de produzir entorpecentes, contra o disposto na Convenção de 1961 em sua forma emendada;

iii) a posse ou aquisição de qualquer entorpecente ou substância psicotrópica com o objetivo de realizar qualquer uma das atividades enumeradas no item i) acima;

iv) a fabricação, o transporte ou a distribuição de equipamento, material ou das substâncias enumeradas no Quadro I e no Quadro II, sabendo que serão utilizados para o cultivo, a produção ou a fabricação ilícita de entorpecentes ou substâncias psicotrópicas;

v) a organização, a gestão ou o financiamento de um dos delitos enumerados nos itens i), ii), iii) ou iv);

b) i) a conversão ou a transferência de bens, com conhecimento de que tais bens são procedentes de algum ou alguns dos delitos estabelecidos no inciso a) deste parágrafo, ou da prática do delito ou delitos em questão, com o objetivo de ocultar ou encobrir a origem ilícita dos bens, ou de ajudar a qualquer pessoa que participe na prática do delito ou delitos em questão, para fugir das conseqüências jurídicas de seus atos;

ii) a ocultação ou o encobrimento, da natureza, origem, localização, destino, movimentação ou propriedade verdadeira dos bens, sabendo que procedem de algum ou alguns dos delitos mencionados no inciso a) deste parágrafo ou de participação no delito ou delitos em questão;

c) de acordo com seus princípios constitucionais e com os conceitos fundamentais de seu ordenamento jurídico;

i) a aquisição, posse ou utilização de bens, tendo conhecimento, no momento em que os recebe, de que tais bens procedem de algum ou alguns delitos mencionados no inciso a) deste parágrafo ou de ato de participação no delito ou delitos em questão;

ii) a posse de equipamentos ou materiais ou substâncias, enumeradas no Quadro I e no Quadro II, tendo conhecimento prévio de que são utilizados, ou serão utilizados, no cultivo, produção ou fabricação ilícitos de entorpecentes ou de substâncias psicotrópicas;

iii) instigar ou induzir publicamente outrem, por qualquer meio, a cometer alguns dos delitos mencionados neste Artigo ou a utilizar ilicitamente entorpecentes ou de substâncias psicotrópicas;

iv) a participação em qualquer dos delitos mencionados neste Artigo, a associação e a confabulação para cometê-los, a tentativa de cometê-los e a assistência, a incitação, a facilitação ou o assessoramento para a prática do delito.

2 - Reservados os princípios constitucionais e os conceitos fundamentais de seu ordenamento jurídico, cada Parte adotará as medidas necessárias para caracterizar como delito penal, de acordo com seu direito interno, quando configurar a posse, à aquisição ou o cultivo intencionais de entorpecentes ou de substâncias psicotrópicas para consumo pessoal, contra o disposto na Convenção de 1961, na Convenção de 1961 em sua forma emendada, ou na Convenção de 1971.

3 - O conhecimento, a intenção ou o propósito como elementos necessários de qualquer delito estabelecido no parágrafo 1 deste Artigo poderão ser inferidos das circunstâncias objetivas de cada caso.

4 - a) Cada uma das Partes disporá que, pela prática dos delitos estabelecidos no parágrafo I deste Artigo, se apliquem sanções proporcionais à gravidade dos delitos, tais como a pena de prisão, ou outras formas de privação de liberdade, sanções pecuniárias e o confisco.

b) As Partes poderão dispor, nos casos de delitos estabelecidos no parágrafo 1 deste Artigo, que, como complemento da condenação ou da sanção penal, o delinqüente seja submetido a tratamento, educação, acompanhamento posterior, reabilitação ou reintegração social.

c) Não obstante o disposto nos incisos anteriores, nos casos apropriados de infrações de caráter menor, as Partes poderão substituir a condenação ou a sanção penal pela aplicação de outras medidas tais como educação, reabilitação ou reintegração social, bem como, quando o delinqüente é toxicômano, de tratamento e de acompanhamento posterior.

d) As Partes poderão, seja a título substitutivo de condenação ou de sanção penal por um delito estabelecido no parágrafo 2 deste Artigo, seja como complemento dessa condenação ou dessa sanção penal, propor medidas de tratamento, educação, acompanhamento posterior, reabilitação ou reintegração social do delinqüente.

5 - As Partes assegurarão que seus tribunais, ou outras autoridades jurisdicionais competentes possam levar em consideração circunstâncias efetivas que tornem especialmente grave a prática dos delitos estabelecidos no parágrafo 1 deste Artigo, tais como:

a) o envolvimento, no delito, de grupo criminoso organizado do qual o delinqüente faça parte;

b) o envolvimento do delinqüente em outras atividades de organizações criminosas internacionais;

c) o envolvimento do delinqüente em outras atividades ilegais facilitadas pela prática de delito;

d) o uso de violência ou de armas pelo delinqüente;

e) o fato de o delinqüente ocupar cargo público com o qual o delito tenha conexão;

f) vitimar ou usar menores;

g) o fato de o delito ser cometido em instituição penal, educacional ou assistencial, ou em sua vizinhança imediata ou em outros locais aos quais crianças ou estudantes se dirijam para fins educacionais, esportivos ou sociais;

h) condenação prévia, particularmente se por ofensas similares, seja no exterior seja no país, com a pena máxima permitida pelas leis internas da Parte.

6 - As Partes se esforçarão para assegurar que qualquer poder legal discricionário, com base em seu direito interno, no que se refere ao julgamento de pessoas pelos delitos mencionados neste Artigo, seja exercido para dotar de eficiência máxima as medidas de detecção e repressão desses delitos, levando devidamente em conta a necessidade de se exercer um efeito dissuasivo à prática desses delitos.

7 - As Partes velarão para que seus tribunais ou demais autoridades competentes levem em conta a gravidade dos delitos estabelecidos no parágrafo 1 deste Artigo, e as circunstâncias especificadas no parágrafo 5 deste Artigo, ao considerar a possibilidade de conceder liberdade antecipada ou liberdade condicional a pessoas que tenham sido condenadas por alguns desses delitos.

8 - Cada Parte estabelecerá, quando for procedente em seu direito interno, um prazo de prescrição prolongado dentro do qual se possa iniciar o julgamento de qualquer dos delitos estabelecidos no parágrafo 1 deste Artigo. Tal prazo será maior quando o suposto delinqüente houver eludido a administração da justiça.

9 - Cada Parte adotará medidas adequadas, conforme o previsto em seu próprio ordenamento jurídico, para que a pessoa que tenha sido acusada ou declarada culpada de algum dos delitos estabelecidos no parágrafo 1 deste Artigo, e que se encontre no território da Parte em questão, compareça ao processo penal correspondente.

10 - Para os fins de cooperação entre as Partes, previstas nesta Convenção, em particular da cooperação prevista nos Artigos 5, 6, 7 e 9, os delitos estabelecidos no presente Artigo não serão considerados como delitos politicamente motivados, sem prejuízo das limitações constitucionais e dos princípios fundamentais do direito interno das Partes.

11 - Nenhuma disposição do presente Artigo afetará o princípio de que a caracterização dos delitos a que se refere ou as exceções alegáveis com relação a estes fica reservada ao direito interno das Partes e que esses delitos deverão ser julgados e punidos de conformidade com esse direito.

ARTIGO 4
Jurisdição

1 - Cada parte:

a) adotará as medidas que forem necessárias para declarar-se competente no que se refere aos delitos estabelecidos no parágrafo 1 do Artigo 3:

i) quando o delito é cometido em seu território;

ii) quando o delito é cometido a bordo de navio que traz seu pavilhão ou de aeronave matriculada de acordo com sua legislação quando o delito foi cometido;

b) poderá adotar as medidas que sejam necessárias para se declarar foro competente quanto aos delitos estabelecidos no parágrafo 1 do Artigo 3:

i) quando o delito for cometido por nacional do país ou por pessoa que tenha residência habitual em seu território;

ii) quando o delito for cometido a bordo de nave sobre a qual a Parte tenha sido autorizada a tomar as medidas necessárias de acordo com o Artigo 17, uma vez que tal jurisdição fundamenta-se nos acordos ou ajustes referidos nos parágrafos 4 e 9 daquele Artigo;

iii) quando o delito for um dos referidos no subtítulo iv, do inciso c) do parágrafo 1 do Artigo 3 e seja cometido fora de seu território com o intuito de perpetuar nele um dos delitos estabelecidos no parágrafo 1 do Artigo 3.

2 - Cada Parte:

a) adotará também as medidas que forem necessárias para se declarar foro competente com respeito a delitos, estabelecidos no parágrafo 1 do Artigo 3, quando o suposto delinqüente se encontre em seu território e a Parte em questão não extradita à outra, baseando-se em que:

i) o delito tenha sido cometido em seu território ou a bordo de um navio que traz seu pavilhão ou de aeronave matriculada de acordo com suas leis, no momento em que o delito é cometido; ou

ii) o delito tenha sido cometido por nacionais do país em questão;

b) poderá adotar, também, as medidas que sejam necessárias para se declarar foro competente com relação aos delitos estabelecidos no parágrafo 1 do Artigo 3, quando o suposto delinqüente se encontre em seu território e a Parte em questão não o extradite à outra.

3 - Esta Convenção não exclui o exercício do foro penal, estabelecido por uma Parte, de acordo com seu direito interno.

ARTIGO 5
Confisco

1 - Cada parte adotará as medidas necessárias para autorizar o confisco:

a) do produto derivado de delitos estabelecidos no parágrafo 1 do Artigo 3, ou de bens cujo valor seja equivalente ao desse produto;

b) de entorpecentes e de substâncias psicotrópicas, das matérias e instrumentos utilizados ou destinados à utilização, em qualquer forma, na prática dos delitos estabelecidos no parágrafo 1 do Artigo 3.

2 - Cada Parte adotará também as medidas necessárias para permitir que suas autoridades competentes identifiquem, detectem e decretem a apreensão preventiva ou confisco do produto, dos bens, dos instrumentos ou de quaisquer outros elementos a que se refere o parágrafo 1 deste Artigo, com o objetivo de seu eventual confisco;

3 - A fim de aplicar as medidas mencionadas neste Artigo, cada Parte facultará seus tribunais ou outras autoridades competentes a ordenar a apresentação ou o confisco de documentos bancários, financeiros ou comerciais. As partes não poderão negar-se a aplicar os dispositivos do presente parágrafo, alegando sigilo bancário.

7 - cada Parte considerará a possibilidade de inverter o ônus da prova com respeito à origem lícita do suposto produto ou outros bens sujeitos a confisco, na medida em que isto seja compatível com os princípios de direito interno e com a natureza de seus procedimentos jurídicos e de outros procedimentos.

8 - O disposto neste Artigo não poderá ser interpretado em prejuízo dos direitos de terceiros de boa fé.

9 - Nada do disposto neste Artigo afetará o princípio de que as medidas aqui previstas serão definidas e implementadas de acordo como direito interno de cada uma das Partes.

ARTIGO 6
Extradição

1 - O presente artigo se aplicará aos delitos estabelecidos pelas Partes, de acordo com o parágrafo I do Artigo 3.

2 - Cada um dos delitos aos quais se aplica ao presente Artigo se considerará incluído entre os delitos passíveis de extradição em todo tratado de extradição vigente entre as Partes. As Partes se comprometem a incluir tais delitos, como casos passíveis de extradição, em todo tratado de extradição que celebrem entre si.

3 - Se uma Parte, que condiciona a extradição à exigência de tratado, receber de outra Parte, com a qual não tem nenhum tratado de extradição, um pedido de extradição, poderá considerar a presente Convenção como base jurídica para a extradição por delitos aos quais se aplica este Artigo. As Partes que requeiram uma legislação detalhada para fazer valer esta Convenção com base jurídica da extradição, considerarão a possibilidade de promulgar a legislação necessária.

4 - As Partes, que não condicionam a extradição à existência de um tratado, reconhecerão os delitos aos quais se aplica este Artigo como casos de extradição entre elas.

5 - A extradição estará sujeita às condições previstas pela legislação da Parte requerida ou pelos tratados de extradição aplicáveis, incluindo os motivos pelos quais a Parte requerida pode denegar a extradição.

6 - Ao examinar as solicitações recebidas em conformidade com este Artigo, o Estado requerido poderá negar-se a dar-lhes cumprimento, quando existam motivos justificados que induzam as autoridades judiciárias ou outras autoridades competentes a presumir que o cumprimento facilitaria o julgamento ou castigo de uma pessoa, por causa de sua raça, religião, nacionalidade ou convicções políticas, ou que o indivíduo, afetado pela solicitação, fosse prejudicado por uma dessas razões.

7 - As Partes se esforçarão em agilizar os procedimentos de extradição e em simplificar as necessidades de apresentação de provas no que diz respeito a qualquer um dos delitos aos quais se aplica o presente Artigo.

8 - Sujeito ao disposto em seu direito interno e em seus Tratados de Extradição, a Parte requerida, depois de haver-se certificado de que as circunstâncias assim o justificam, de seu caráter de urgência e, por solicitação da Parte requerente, poderá proceder à detenção do indivíduo, cuja extradição foi solicitada e que se encontre em seu território, ou adotar outras medidas adequadas para assegurar seu comparecimento aos trâmites de extradição.

9 - Sem prejuízo do exercício de qualquer jurisdição estabelecida em conformidade com seu direito interino, a Parte em cujo território se encontre um suposto delinqüente deverá:

a) se não extraditar por um delito estabelecido de acordo com o parágrafo 1 do Artigo 3 pelos motivos mencionados no inciso a) do parágrafo 2 do Artigo 4, poderá apresentar o caso perante suas autoridades competentes para julgá-lo, salvo se houver ajustado outra ação com a Parte requerente;

b) se não o extraditar por um delito desse tipo para o qual se tenha declarado foro competente para julgar o delito baseado no inciso b) do parágrafo 2 do Artigo 4, apresentará o caso perante suas autoridade competentes para julgá-lo, salvo quando a Parte requerente solicitar outra ação para salvaguardar sua competência legítima.

10 - Se a extradição solicitada com o propósito de fazer cumprir uma condenação, for denegada, porque o indivíduo objeto da solicitação é nacional da Parte requerida, esta, se sua legislação assim o permitir, e de acordo com as determinações da legislação em questão, e a pedido da parte requerente, considerará a possibilidade de fazer cumprir a pena imposta, ou o que resta da pena ainda a cumprir, de acordo com a legislação da Parte requerente.

11 - As Partes procurarão negociar acordos bilaterais e multilaterais seja para cumprir a extradição seja para aumentar sua eficácia.

12 - As Partes poderão considerar a possibilidade de celebrar acordos bilaterais ou multilaterais, especiais ou gerais, que visem à transferência de pessoas condenadas a prisão ou a outra forma de privação de liberdade pelos delitos cometidos, aos quais se aplica este Artigo, a fim de que possam terminar de cumprir sua pena em seu país.

ARTIGO 7
Assistência Jurídica Recíproca

1 - As Partes se prestarão, de acordo com o disposto no presente Artigo, a mais ampla assistência jurídica recíproca nas investigações, julgamentos e processos jurídicos referentes a delitos estabelecidos no parágrafo 1 do Artigo 3.

2 - A assistência jurídica recíproca que deverá ser prestada, de acordo com este Artigo, poderá ser solicitada para qualquer um dos seguintes fins:

a) receber testemunhas ou declarações de pessoas;

b) apresentar documentos jurídicos;

c) efetuar buscas e apreensões;

d) examinar objetos e locais;

e) facilitar acesso de informações e evidência;

f) entregar originais ou cópias autenticadas de documentos e expedientes relacionadas ao caso, inclusive documentação bancária, financeira, social ou comercial;

g) identificar ou detectar o produto, os bens, os instrumentos ou outros elementos comprobatórios.

3 - As Partes poderão prestar qualquer outra forma de assistência judicial recíproca autorizada pelo direito interno da Parte requerida.

18 - A testemunha, perito ou outra pessoa que consinta em depor em juízo ou colaborar em uma investigação, processo ou procedimento judicial no território da Parte requerente não será objeto de processo, detenção ou punição, nem de nenhum tipo de restrição de sua liberdade pessoal no território em questão, por atos, omissões ou declarações de culpa anteriores à data em que partiu o território da parte requerida. Contudo, este salvo-conduto cessará quando a testemunha, o perito ou outra pessoa tenha tido, por 15 dias consecutivos, ou durante qualquer outro período acertado pelas Partes, a oportunidade de sair do país, a partir da data em que tenha sido oficialmente informado de que as autoridades judiciais já não requeriam sua presença e não obstante, tenha permanecido voluntariamente no território ou a ele tenha regressada espontaneamente depois de ter partido.

ARTIGO 8
Transferência dos Procedimentos Penais

As Partes considerarão a possibilidade de remeterem-se processos penais que dizem respeito aos delitos estabelecidos de acordo com o parágrafo 1 do Artigo 3, quando se estime que essa remissão será no interesse da correta administração da justiça.

ARTIGO 9
Outras Formas de Cooperação e Capacitação

1 - As Partes Colaborarão estreitamente entre si, em harmonia com seus respectivos ordenamentos jurídicos e sua administração, com o objetivo de aumentar a eficácia das medidas de detecção e repressão, visando à supressão da prática de delitos estabelecidos no parágrafo 1 do Artigo 3. Deverão fazê-lo, em particular, com base nos acordos ou ajustes bilaterais ou multilaterais:

a) estabelecer e manter canais de comunicação entre seus órgãos e serviços competentes, a fim de facilitar o intercâmbio rápido e seguro de informação sobre todos os aspectos dos delitos estabelecidos de acordo com o parágrafo 1 do Artigo 3, inclusive, sempre que as Partes interessadas estimarem oportuno sobre seus vínculos com outras atividades criminosas;

b) cooperar entre si na condução de inquéritos referentes aos delitos estabelecidos de acordo com o parágrafo 1 do Artigo 3, que tenham caráter internacional e digam respeito:

i) à identidade, paradeiro e atividades de pessoas supostamente implicadas em delitos estabelecidos de acordo com o parágrafo 1 do Artigo 3;

ii) à movimentação do produto ou dos bens derivados da prática desses delitos;

iii) no movimento de entorpecentes, de substâncias psicotrópicas, substâncias que figuram no Quadro I e no Quadro II desta Convenção e instrumentos utilizados ou destinados a serem utilizados na prática desses delitos;

c) quando for oportuno, e sempre que não contravenha o disposto no direito interno, criar equipes conjuntas, levando em consideração a necessidade de proteger a segurança das pessoas e das operações, para dar cumprimento ao disposto neste parágrafo. Os funcionários de qualquer umas das Partes, que integrem as equipes, atuarão de acordo com a autorização das autoridades competentes da Parte em cujo território se realizará a operação. Em todos os casos, as Partes em questão velarão para que seja plenamente respeitada a soberania da parte em cujo território se realizará a operação;

d) proporcionar, quando corresponda, quantidades necessárias de substâncias para análise ou procedimentos de investigação;

e) facilitar uma coordenação eficaz entre seus organismos e serviços competentes e promover intercâmbio de pessoal e de outros técnicos, inclusive destacando funcionários de interligação.

ARTIGO 11
Entrega Vigiada

1 - Se os princípios fundamentais dos respectivos ordenamentos jurídicos internos o permitirem, as Partes adotarão as medidas necessárias, dentro de suas possibilidades, para que se possa recorrer, de forma adequada, no plano internacional, à entrega vigiada, com base nos acordos e ajustes mutuamente negociados, com a finalidade de descobrir as pessoas implicadas em delitos estabelecidos de acordo com o parágrafo 1 do Artigo 3 e de encetar ações legais contra estes.

2 - As decisões de recorrer à entrega vigiada serão adotadas, caso a caso, e poderão, quando necessário, levar em conta ajustes financeiros e entendimentos relativos ao exercício de sua competência pelas Partes interessadas.

3 - As remessas ilícitas, cuja entrega vigiada tenha sido negociada poderão, com o consentimento das Partes interessadas, ser interceptadas e autorizadas a prosseguir intactas ou tendo sido retirado ou subtraído, total ou parcialmente, os entorpecentes ou substâncias psicotrópicas que continham.

ARTIGO 14
Medidas para Erradicar o Cultivo Ilícito de Plantas das Quais se Extraem Entorpecentes e para Eliminar a Demanda Ilícita de Entorpecentes e de Substâncias Psicotrópicas

2 - Cada uma das Partes adotará medidas adequadas para evitar o cultivo ilícito das plantas que contenham entorpecentes ou substâncias psicotrópicas, tais como as semente ópio; os arbustos de coca e as plantas de cannabis, assim como para erradicar aquelas que são ilicitamente cultivadas em seu território. As medidas adotadas deverão respeitar os direitos humanos fundamentais e levarão em devida consideração, não só os usos tradicionais, onde exista evidência histórica sobre o assunto, senão também a proteção do meio ambiente.

3 - a) As Partes poderão cooperar para aumentar a eficiência dos esforços de erradicação. Essa cooperação poderá compreender, inter alia, apoio, quando proceder, ao desenvolvimento rural integrado que tende a oferecer soluções substitutivas e economicamente viáveis ao cultivo ilícito. Fatores como acesso ao mercado, disponibilidade de recursos e condições sócio-econômicas urgentes deverão ser ponderados antes de implementar aqueles programas. As Partes poderão chegar a acordos sobre quaisquer outras medidas adequadas de cooperação.

4 - A Partes adotarão medidas adequadas que tenderão a suprimir ou reduzir a demanda ilícita de entorpecentes e de substâncias psicotrópicas com vistas a diminuir o sofrimento humano e eliminar os incentivos financeiros do tráfico ilícito. Aquelas medidas poderão fundamentar-se, inter alia, em recomendações das Nações Unidas, tais como a Organização Mundial da Saúde e outras organizações internacionais competentes e, no Plano Amplo e Multidisciplinário aprovado pela Conferência Internacional sobre o Uso Indevido e o Tráfico Ilícito de Drogas, celebrado em 1987, na medida em que se relacione com os esforços das organizações governamentais e não governamentais e de entidades privadas no âmbito da prevenção, tratamento e reabilitação. As Partes poderão negociar Acordos ou Ajustes bilaterais ou multilaterais que tendam a eliminar ou reduzir a demanda ilícita de entorpecentes e substâncias psicotrópicas.

5 - As Partes poderão também adotar as medidas necessárias para que os entorpecentes, as substâncias psicotrópicas e outras substâncias inscritas no Quadro I e no Quadro II, que tenham sido retidas ou confiscadas, sejam prontamente destruídas ou utilizadas de acordo com a lei e para que as quantidades necessárias e devidamente certificadas dessas substâncias sejam admissíveis como evidência.

ARTIGO 17
Tráfico Ilícito por Mar

1 - As Partes cooperação, de todas as maneiras possíveis, para eliminar o tráfico ilícito por mar, de acordo com o estabelecido no direito internacional do mar.

2 - Toda Parte que tenha motivos razoáveis para suspeitar que um navio com seu pavilhão, ou que não traga nenhum, ou que não tenha registro, esteja sendo utilizada para o tráfico ilícito poderá solicitar a assistência de outras Partes, para por fim a essa utilização. As Partes das quais se solicita assistência a prestarão dentre os meios de que dispõem.

3 - Toda Parte que tenha motivos razoáveis para suspeitar que um navio esteja exercendo liberdade de navegação, conforme o direito internacional, e que traga o pavilhão ou tenha registro em outra Parte, e que esteja sendo utilizado para o tráfico ilícito, poderá notificá-lo ao Estado-pavilhão e solicitar que confirme o registro; se confirmado, poderá solicitar-lhe autorização para adotar medidas adequadas quanto ao navio.

4 - De acordo com o parágrafo 3 ou com os tratados vigentes entre as Partes, ou com qualquer outro acordo ou ajuste que tenha sido concluído entre elas, o Estado-pavilhão poderá autorizar o Estado requerente, entre outras coisas, a:

a) abordar o navio;

b) inspecionar o navio;

c) se provas que impliquem em tráfico ilícito forem descobertas, adotar medidas adequadas com respeito ao navio, às pessoas e à carga que se encontrem a bordo.

5 - Quando se adota uma medida em conformidade com este Artigo, as Partes interessadas levarão devidamente em conta a necessidade de não colocar em perigo a segurança da vida no mar e a da carga e de não prejudicar os interesses comerciais e jurídicos do Estado-pavilhão ou de qualquer outro Estado interessado.

6 - O Estado-Pavilhão poderá, em consonância com suas obrigações, previstas no parágrafo 1 do presente Artigo submeter sua autorização a condições que serão acordadas entre o Estado em questão e a Parte requerente, incluindo as condições referentes à responsabilidade.

7 - Para o efeito dos parágrafos 3 e 4 deste Artigo, as Partes responderão com presteza às solicitações de outras Partes de que se averigúe se um navio, que traz seu pavilhão, está autorizado a fazê-lo, assim como às solicitações de autorização que forem feitas de acordo como parágrafo 3. Cada Estado, no momento em que fizer Parte desta Convenção,

indicará uma ou, caso necessário, várias autoridades que se encarregarão de receber as solicitações em questão e de responder a elas. Essa indicação será divulgada, por intermédio do Secretário Geral, a todas as demais Partes, dentro do mês que se seguir à designação.

8 - A Parte que tiver adotado qualquer uma das medidas previstas no presente Artigo, informará prontamente o Estado-pavilhão sobre os resultados dessa medida.

9 - As Partes considerarão a possibilidade de celebrar acordos e ajustes bilaterais e regionais para levar a cabo as disposições deste Artigo ou torná-las mais eficazes.

10 - As medias, que se adotam em cumprimento do parágrafo 4 deste Artigo, somente serão aplicadas por navios de guerra ou aviões militares, ou por outros navios ou aviões que tenham sinais claros e que sejam identificáveis como navios ou aviões a serviço de um Governo e que estejam autorizados a cumprir aquela finalidade.

11 - Toda medida adotada de acordo com este Artigo levará em devida consideração a necessidade de não intervir no exercício da jurisdição dos Estados ribeirinhos ou afetar seus direitos ou obrigações, em consonância com o Direito Internacional do Mar.

ARTIGO 18
Zonas e Portos Livres

1 - As Partes, a fim de eliminar, nas zonas e portos livres, o tráfico ilícito de entorpecentes, substâncias psicotrópicas inscritas nos Quadros I e II, adotarão medidas não menos estritas que as aplicadas em outras partes de seu território.

2 - As Partes procurarão:

a) controlar o movimento de bens e pessoas nas zonas e portos livre, para o que facultarão as autoridades a inspecionar as cargas e os navios na chegada e na partida, incluídos as embarcações de recreio e barcos pesqueiros, assim como aviões e veículos e, quando proceder, a revistar os membros da tripulação, os passageiros e as respectivos bagagens;

b) estabelecer e manter um sistema para descobrir as remessas suspeitas de conter entorpecentes, substâncias psicotrópicas e substâncias inscritas nos Quadros I e II, que entrem ou saiam das zonas em questão;

c) estabelecer e manter sistemas de vigilância nas zonas do porto, nas docas, nos aeroportos de controle de fronteiras das zonas e portos livres.

ARTIGO 19
Utilização dos Serviços Postais

1 - As Partes, de acordo com suas obrigações oriundas das Convenções da União Postal Universal, e de acordo com os princípios fundamentais de seus respectivos ordenamentos jurídicos internos, adotarão medidas e cooperação entre si a fim de suprimir a utilização dos sérvios postais para o tráfico ilícito.

2 - As medidas a que se refere o parágrafo 1 do presente Artigo incluirão, em particular:

a) medidas coordenadas e orientadas para prevenir e reprimir a utilização dos serviços postais para o tráfico ilícito;

b) a introdução e a manutenção, por pessoal de detecção e repressão competente, de técnicas de pesquisa e controle direcionados para detectar as remessas postais com conteúdo ilícito de entorpecentes, de substâncias psicotrópicas e substâsncias incluídas nos Quadros I e II;

c) medidas legislativas que permitam recorrer a meios adequados a fim de assegurar as provas necessárias para iniciar procedimentos jurídicos.

Em testemunho do que os abaixo-assinados, devidamente autorizados para tanto, firmaram a presente Convenção.

Feito em Viena, em um único original, no dia vinte de dezembro de mil novecentos e oitenta e oito.

DECRETO Nº 592, DE 6 DE JULHO DE 1992 – PROMULGA O PACTO INTERNACIONAL SOBRE DIREITOS CIVIS E POLÍTICOS (EXCERTOS)

Atos Internacionais. Pacto Internacional sobre Direitos Civis e Políticos. Promulgação.

▸ *Dec. nº 678, de 06-11-1992, Promulga a Convenção Americana sobre Direitos Humanos – Pacto de São José da Costa Rica.*

O PRESIDENTE DA REPÚBLICA, no uso da atribuição que lhe confere o art. 84, inciso VIII, da Constituição, e

Considerando que o Pacto Internacional sobre Direitos Civis e Políticos foi adotado pela XXI Sessão da Assembleia-Geral das Nações Unidas, em 16 de dezembro de 1966;

Considerando que o Congresso Nacional aprovou o texto do referido diploma internacional por meio do Decreto Legislativo nº 226, de 12 de dezembro de 1991;

Considerando que a Carta de Adesão ao Pacto Internacional sobre Direitos Civis e Políticos foi depositada em 24 de janeiro de 1992;

Considerando que o pacto ora promulgado entrou em vigor, para o Brasil, em 24 de abril de 1992, na forma de seu art. 49, § 2º;

DECRETA:

ART. 1º O Pacto Internacional sobre Direitos Civis e Políticos, apenso por cópia ao presente decreto, será executado e cumprido tão inteiramente como nele se contém.

ART. 2º Este Decreto entra em vigor na data de sua publicação.

Brasília, 06 de julho de 1992; 171º da Independência e 104º da República.

FERNANDO COLLOR
Celso Lafer

Este texto não substitui o publicado no D.O.U. de 7.7.1992

ANEXO AO DECRETO QUE PROMULGA O PACTO INTERNACIONAL SOBRE DIREITOS CIVIS E POLÍTICOS/MRE

PACTO INTERNACIONAL SOBRE DIREITOS CIVIS E POLÍTICOS

PREÂMBULO

OS ESTADOS PARTES DO PRESENTE PACTO,

Considerando que, em conformidade com os princípios proclamados na Carta das Nações Unidas, o reconhecimento da dignidade inerente a todos os membros da família humana e de seus direitos iguais e inalienáveis constitui o fundamento da liberdade, da justiça e da paz no mundo,

Reconhecendo que esses direitos decorrem da dignidade inerente à pessoa humana,

Reconhecendo que, em conformidade com a Declaração Universal dos Direitos do Homem, o ideal do ser humano livre, no gozo das liberdades civis e políticas e liberto do temor e da miséria, não pode ser realizado e menos cue se criem às condições que permitam a cada um gozar de seus direitos civis e políticos, assim como de seus direitos econômicos, sociais e culturais,

Considerando que a Carta das Nações Unidas impõe aos Estados a obrigação de promover o respeito universal e efetivo dos direitos e das liberdades do homem,

Compreendendo que o indivíduo, por ter deveres para com seus semelhantes e para com a coletividade a que pertence, tem a obrigação de lutar pela promoção e observância dos direitos reconhecidos no presente Pacto,

ACORDAM O SEGUINTE:

PARTE I

ARTIGO 1

▸ *CF: arts. 1º. a 4º.*

1. Todos os povos têm direito à autodeterminação. Em virtude desse direito, determinam livremente seu estatuto político e asseguram livremente seu desenvolvimento econômico, social e cultural.

2. Para a consecução de seus objetivos, todos os povos podem dispor livremente se suas riquezas e de seus recursos naturais, sem prejuízo das obrigações decorrentes da cooperação econômica internacional, baseada no princípio do proveito mútuo, e do Direito Internacional. Em caso algum, poderá um povo ser privado de seus meios de subsistência.

3. Os Estados Partes do presente Pacto, inclusive aqueles que tenham a responsabilidade de administrar territórios não-autônomos e territórios sob tutela, deverão promover o exercício do direito à autodeterminação e respeitar esse direito, em conformidade com as disposições da Carta das Nações Unidas.

PARTE II

ARTIGO 2

▸ *CF: art. 5º.*

1. Os Estados Partes do presente pacto comprometem-se a respeitar e garantir a todos os indivíduos que se achem em seu território e que estejam sujeitos a sua jurisdição os direitos reconhecidos no presente Pacto, sem discriminação alguma por motivo de raça, cor, sexo. língua, religião, opinião política ou de outra natureza, origem nacional ou social, situação econômica, nascimento ou qualquer condição.

2. Na ausência de medidas legislativas ou de outra natureza destinadas a tornar efetivos os direitos reconhecidos no presente Pacto, os Estados Partes do presente Pacto comprometem-se a tomar as providências necessárias com vistas a adotá-las, levando em consideração seus respectivos procedimentos constitucionais e as disposições do presente Pacto.

3. Os Estados Partes do presente Pacto comprometem-se a:

a) Garantir que toda pessoa, cujos direitos e liberdades reconhecidos no presente Pacto tenham sido violados, possa de um recurso efetivo, mesmo que a violência tenha sido perpetra por pessoas que agiam no exercício de funções oficiais;

b) Garantir que toda pessoa que interpuser tal recurso terá seu direito determinado pela competente autoridade judicial, administrativa ou legislativa ou por qualquer outra autoridade competente prevista no ordenamento jurídico do Estado em questão; e a desenvolver as possibilidades de recurso judicial;

c) Garantir o cumprimento, pelas autoridades competentes, de qualquer decisão que julgar procedente tal recurso.

ARTIGO 3

Os Estados Partes no presente Pacto comprometem-se a assegurar a homens e mulheres igualdade no gozo de todos os direitos civis e políticos enunciados no presente Pacto.

▸ *CF: art. 5º., I.*

ARTIGO 4

1. Quando situações excepcionais ameacem a existência da nação e sejam proclamadas oficialmente, os Estados Partes do presente Pacto podem adotar, na estrita medida exigida pela situação, medidas que suspendam as obrigações decorrentes do presente Pacto, desde que tais medidas não sejam incompatíveis com as demais obrigações que lhes sejam impostas pelo Direito Internacional e não acarretem discriminação alguma apenas por motivo de raça, cor, sexo, língua, religião ou origem social.

2. A disposição precedente não autoriza qualquer suspensão dos artigos 6, 7, 8 (parágrafos 1 e 2) 11, 15, 16, e 18.

3. Os Estados Partes do presente Pacto que fizerem uso do direito de suspensão devem comunicar imediatamente aos outros Estados Partes do presente Pacto, por intermédio do Secretário-Geral da Organização das Nações Unidas, as disposições que tenham suspendido, bem como os motivos de tal suspensão. Os Estados partes deverão fazer uma nova comunicação, igualmente por intermédio

do Secretário-Geral da Organização das Nações Unidas, na data em que terminar tal suspensão.

ARTIGO 5

1. Nenhuma disposição do presente Pacto poderá ser interpretada no sentido de reconhecer a um Estado, grupo ou indivíduo qualquer direito de dedicar-se a quaisquer atividades ou praticar quaisquer atos que tenham por objetivo destruir os direitos ou liberdades reconhecidos no presente Pacto ou impor-lhe limitações mais amplas do que aquelas nele previstas.

2. Não se admitirá qualquer restrição ou suspensão dos direitos humanos fundamentais reconhecidos ou vigentes em qualquer Estado Parte do presente Pacto em virtude de leis, convenções, regulamentos ou costumes, sob pretexto de que o presente Pacto não os reconheça ou os reconheça em menor grau.

PARTE III

ARTIGO 6

1. O direito à vida é inerente à pessoa humana. Esse direito deverá ser protegido pela lei. Ninguém poderá ser arbitrariamente privado de sua vida.

▸ *CF: arts 1o., III, e 5º.*

▸ *Dec. nº 678, de 06-11-1992, Promulga a Convenção Americana sobre Direitos Humanos – Pacto de São José da Costa Rica, art. 4º.*

▸ *CP: art. 121.*

2. Nos países em que a pena de morte não tenha sido abolida, esta poderá ser imposta apenas nos casos de crimes mais graves, em conformidade com legislação vigente na época em que o crime foi cometido e que não esteja em conflito com as disposições do presente Pacto, nem com a Convenção sobra a Prevenção e a Punição do Crime de Genocídio. Poder-se-á aplicar essa pena apenas em decorrência de uma sentença transitada em julgado e proferida por tribunal competente.

▸ *CF: art. 5º., caput e incisos XXXIX, XL, XL, a.*

3. Quando a privação da vida constituir crime de genocídio, entende-se que nenhuma disposição do presente artigo autorizará qualquer Estado Parte do presente Pacto a eximir-se, de modo algum, do cumprimento de qualquer das obrigações que tenham assumido em virtude das disposições da Convenção sobre a Prevenção e a Punição do Crime de Genocídio.

▸ *CF: art. 5º., caput e inciso XLIII.*

▸ *Lei nº 8.072, de 25-07-1990, art. 1º., parágrafo único, I, define os crimes hediondos.*

▸ *Lei nº 2.889, de 01-10-1956, define e pune o crime de genocídio.*

4. Qualquer condenado à morte terá o direito de pedir indulto ou comutação da pena. A anistia, o indulto ou a comutação da pena poderá ser concedido em todos os casos.

▸ *CF: art. 5º., caput e incisos XLIII e XLVII, a.*

5. A pena de morte não deverá ser imposta em casos de crimes cometidos por pessoas menores de 18 anos, nem aplicada a mulheres em estado de gravidez.

▸ *CF: art. 5º., caput e incisos XLIII e XLVII, a.*

6. Não se poderá invocar disposição alguma do presente artigo para retardar ou impedir a abolição da pena de morte por um Estado Parte do presente Pacto.

▸ *CF: art. 5º., caput e incisos XLIII e XLVII, a.*

ARTIGO 7

Ninguém poderá ser submetido à tortura, nem a penas ou tratamento cruéis, desumanos ou degradantes. Será proibido sobretudo, submeter uma pessoa, sem seu livre consentimento, a experiências médicas ou científicas.

▸ *CF: arts. 1º., III, 4º., II, e 5º., caput e incisos III e XLIII.*

▸ *Dec. nº 678, de 06-11-1992, Promulga a Convenção Americana sobre Direitos Humanos – Pacto de São José da Costa Rica, art. 5º.*

▸ *Lei nº 8.072, de 25-07-1990, art. 2º., define os crimes hediondos.*

▸ *Lei nº 9.455, de 07-04-1997, define os crimes de tortura.*

ARTIGO 8

▸ *Dec. nº 678, de 06-11-1992, Promulga a Convenção Americana sobre Direitos Humanos – Pacto de São José da Costa Rica, art. 6º.*

1. Ninguém poderá ser submetido á escravidão; a escravidão e o tráfico de escravos, em todos as suas formas, ficam proibidos.

▸ *CF: arts. 1º., III, 4º., II, e 5º., caput e LXI, § 3º.*

2. Ninguém poderá ser submetido à servidão.

▸ *CF: arts. 1º., III, 4º., II, e 5º., caput e LXI, § 3º.*

3. a) Ninguém poderá ser obrigado a executar trabalhos forçados ou obrigatórios;

▸ *CF: arts. 1º., III, 4º., II, e 5º., caput e LXVII, c.*

b) A alínea a) do presente parágrafo não poderá ser interpretada no sentido de proibir, nos países em que certos crimes sejam punidos com prisão e trabalhos forçados, o cumprimento de uma pena de trabalhos forçados, imposta por um tribunal competente;

▸ *CF: art. 5º., caput e LXVII, c.*

c) Para os efeitos do presente parágrafo, não serão considerados "trabalhos forçados ou obrigatórios":

i) qualquer trabalho ou serviço, não previsto na alínea b) normalmente exigido de um individuo que tenha sido encarcerado em cumprimento de decisão judicial ou que, tendo sido objeto de tal decisão, ache-se em liberdade condicional;

ii) qualquer serviço de caráter militar e, nos países em que se admite a isenção por motivo de consciência, qualquer serviço nacional que a lei venha a exigir daqueles que se oponham ao serviço militar por motivo de consciência;

iii) qualquer serviço exigido em casos de emergência ou de calamidade que ameacem o bem-estar da comunidade;

iv) qualquer trabalho ou serviço que faça parte das obrigações cívicas normais.

ARTIGO 9

▸ *Dec. nº 678, de 06-11-1992, Promulga a Convenção Americana sobre Direitos Humanos – Pacto de São José da Costa Rica, art. 7º.*

1. Toda pessoa tem direito à liberdade e à segurança pessoais. Ninguém poderá ser preso ou encarcerado

arbitrariamente. Ninguém poderá ser privado de liberdade, salvo pelos motivos previstos em lei e em conformidade com os procedimentos nela estabelecidos.

- *CF: art. 5º., caput e incisos XXXIX, XLVI, LIV, LVII, LXI, LXV, LXVI, LXVII e LXVIII.*

2. Qualquer pessoa, ao ser presa, deverá ser informada das razões da prisão e notificada, sem demora, das acusações formuladas contra ela.

- *CF: art. 5º., caput e incisos LXIII e LXIV.*
- *CPP: arts. 306 e 310, I.*
- *Lei nº 13.869, de 5-9-2019, art. 9, Lei de Abuso de Autoridade.*

3. Qualquer pessoa presa ou encarcerada em virtude de infração penal deverá ser conduzida, sem demora, à presença do juiz ou de outra autoridade habilitada por lei a exercer funções judiciais e terá o direito de ser julgada em prazo razoável ou de ser posta em liberdade. A prisão preventiva de pessoas que aguardam julgamento não deverá constituir a regra geral, mas a soltura poderá estar condicionada a garantias que assegurem o comparecimento da pessoa em questão à audiência, a todos os atos do processo e, se necessário for, para a execução da sentença.

- *CF: art. 5º., caput e incisos LXII, LXV e LXVIII.*
- *Dec. nº 678, de 06-11-1992, Promulga a Convenção Americana sobre Direitos Humanos – Pacto de São José da Costa Rica, art. 7º., 5 e 6.*
- *CPP: arts. 287, 306, 310, caput, inciso I e §§ 3o. e 4o., 647 e 648.*
- *Lei nº 13.869, de 5-9-2019, art. 9, Lei de Abuso de Autoridade.*

4. Qualquer pessoa que seja privada de sua liberdade por prisão ou encarceramento terá o direito de recorrer a um tribunal para que este decida sobre a legislação de seu encarceramento e ordene sua soltura, caso a prisão tenha sido ilegal.

- *CF: art. 5º., caput e incisos LXV e LXVIII.*
- *CPP: arts. 310, 647 e 648.*

5. Qualquer pessoa vítima de prisão ou encarceramento ilegais terá direito à reparação.

- *CF: art. 5º., caput e inciso LXXV.*

ARTIGO 10

1. Toda pessoa privada de sua liberdade deverá ser tratada com humanidade e respeito à dignidade inerente à pessoa humana.

- *CF: arts. 1o., III, e 5º., caput e incisos III, XLIX, XLVI, L, LIV e LVII.*

2. a) As pessoas processadas deverão ser separadas, salvo em circunstâncias excepcionais, das pessoas condenadas e receber tratamento distinto, condizente com sua condição de pessoa não-condenada.

- *CF: art. 5º., caput e inciso LVII.*
- *Dec. nº 678, de 06-11-1992, Promulga a Convenção Americana sobre Direitos Humanos – Pacto de São José da Costa Rica, art. 8º, 2.*

b) As pessoas processadas, jovens, deverão ser separadas das adultas e julgadas o mais rápido possível.

- *CF: art. 228.*
- *Lei nº 8.069, de 13-07-1990, Estatuto da Criança e do Adolescente.*

3. O regime penitenciário consistirá num tratamento cujo objetivo principal seja a reforma e a reabilitação normal dos prisioneiros. Os delinqüentes juvenis deverão ser separados dos adultos e receber tratamento condizente com sua idade e condição jurídica.

- *CF: art. 5º., caput e incisos XLVI, XLVIII, XLIX, L, e art. 228.*
- *CP: arts 33 a 37, 75, e 83 a 90.*
- *Lei nº 7.210, de 11-07-1984, arts. 110 a 119 e 131 a 146, Lei de Execução Penal.*

ARTIGO 11

Ninguém poderá ser preso apenas por não poder cumprir com uma obrigação contratual.

- *CF: art. 5º., caput e inciso LXVII.*
- *Dec. nº 678, de 06-11-1992, Promulga a Convenção Americana sobre Direitos Humanos – Pacto de São José da Costa Rica, art. 7, 7.*

ARTIGO 12

- *CF: art. 5º., caput e inciso LXII.*
- *Lei nº 13.445, de 24 de maio de 2017, Lei de Migração.*

1. Toda pessoa que se ache legalmente no território de um Estado terá o direito de nele livremente circular e escolher sua residência.

2. Toda pessoa terá o direito de sair livremente de qualquer país, inclusive de seu próprio país.

3. Os direitos supracitados não poderão em lei e no intuito de restrições, a menos que estejam previstas em lei e no intuito de proteger a segurança nacional e a ordem, a saúde ou a moral pública, bem como os direitos e liberdades das demais pessoas, e que sejam compatíveis com os outros direitos reconhecidos no presente Pacto.

4. Ninguém poderá ser privado arbitrariamente do direito de entrar em seu próprio país.

ARTIGO 13

- *Lei nº 13.445, de 24 de maio de 2017, Lei de Migração.*

Um estrangeiro que se ache legalmente no território de um Estado Parte do presente Pacto só poderá dele ser expulso em decorrência de decisão adotada em conformidade com a lei e, a menos que razões imperativas de segurança nacional a isso se oponham, terá a possibilidade de expor as razões que militem contra sua expulsão e de ter seu caso reexaminado pelas autoridades competentes, ou por uma ou varias pessoas especialmente designadas pelas referidas autoridades, e de fazer-se representar com esse objetivo.

ARTIGO 14

- *Dec. nº 678, de 06-11-1992, Promulga a Convenção Americana sobre Direitos Humanos – Pacto de São José da Costa Rica, art. 8º.*

1. Todas as pessoas são iguais perante os tribunais e as cortes de justiça. Toda pessoa terá o direito de ser ouvida publicamente e com devidas garantias por um tribunal competente, independente e imparcial, estabelecido por lei, na apuração de qualquer acusação de caráter penal formulada contra ela ou na determinação de seus direitos e obrigações de caráter civil. A imprensa e o público poderão ser excluídos de parte da totalidade de um julgamento, quer por motivo de moral pública, de ordem pública ou de segurança nacional em uma sociedade democrática, quer quando o interesse da vida privada das Partes o exija, que

na medida em que isso seja estritamente necessário na opinião da justiça, em circunstâncias específicas, nas quais a publicidade venha a prejudicar os interesses da justiça; entretanto, qualquer sentença proferida em matéria penal ou civil deverá torna-se pública, a menos que o interesse de menores exija procedimento oposto, ou processo diga respeito à controvérsia matrimoniais ou à tutela de menores.

- *CF: arts. 5º., caput e incisos LIII, LIV, LVII e LX, e 93, inciso IX.*
- *Dec. nº 678, de 06-11-1992, Promulga a Convenção Americana sobre Direitos Humanos – Pacto de São José da Costa Rica, art. 8, 1.*

2. Toda pessoa acusada de um delito terá direito a que se presuma sua inocência enquanto não for legalmente comprovada sua culpa.

- *CF: art. 5º., LVII.*
- *Dec. nº 678, de 06-11-1992, Promulga a Convenção Americana sobre Direitos Humanos – Pacto de São José da Costa Rica, art. 8, 2.*

3. Toda pessoa acusada de um delito terá direito, em plena igualdade, a, pelo menos, as seguintes garantias:

a) De ser informado, sem demora, numa língua que compreenda e de forma minuciosa, da natureza e dos motivos da acusação contra ela formulada;

- *CF: art. 5º., LV.*
- *Dec. nº 678, de 06-11-1992, Promulga a Convenção Americana sobre Direitos Humanos – Pacto de São José da Costa Rica, art. 8, 2, a.*
- *CPP: arts. 193, 275 a 281.*

b) De dispor do tempo e dos meios necessários à preparação de sua defesa e a comunicar-se com defensor de sua escolha;

- *Súmula 523 do STF.*
- *CF: art. 5º., LV.*
- *Dec. nº 678, de 06-11-1992, Promulga a Convenção Americana sobre Direitos Humanos – Pacto de São José da Costa Rica, art. 8, 2, a, d e e.*
- *Lei nº 13.869, de 5-9-2019, art. 20, Lei de Abuso de Autoridade.*

c) De ser julgado sem dilações indevidas;

- *CF: art. 5º., LXXVIII.*
- *Dec. nº 678, de 06-11-1992, Promulga a Convenção Americana sobre Direitos Humanos – Pacto de São José da Costa Rica, art. 8, 1.*
- *CPP: arts. 400 e 412.*
- *Lei nº 11.343, de 23-08-2006: art. 56, § 2º., Lei Antidrogas.*

d) De estar presente no julgamento e de defender-se pessoalmente ou por intermédio de defensor de sua escolha; de ser informado, caso não tenha defensor, do direito que lhe assiste de tê-lo e, sempre que o interesse da justiça assim exija, de ter um defensor designado ex-offício gratuitamente, se não tiver meios para remunerá-lo;

- *Súmula 523 do STF.*
- *CF: art. 5º., LV e LXXIV.*
- *Dec. nº 678, de 06-11-1992, Promulga a Convenção Americana sobre Direitos Humanos – Pacto de São José da Costa Rica, art. 8, 2, d.*
- *CPP: art. 261.*

e) De interrogar ou fazer interrogar as testemunhas de acusação e de obter o comparecimento e o interrogatório das testemunhas de defesa nas mesmas condições de que dispõem as de acusação;

- *CF: arts. 5º., caput e incisos LIV e LV, e 129, I.*
- *CPP: arts. 3-A, 400, 401 e 411.*
- *Lei nº 11.343, de 23-08-2006: art. 57, Lei Antidrogas.*

f) De ser assistida gratuitamente por um intérprete, caso não compreenda ou não fale a língua empregada durante o julgamento;

g) De não ser obrigada a depor contra si mesma, nem a confessar-se culpada.

- *CF: arts. 5º., LV, LVI, LVII, LXIII, LXV e LXVIII e 136, § 3º., IV.*
- *Dec. nº 678, de 06-11-1992, Promulga a Convenção Americana sobre Direitos Humanos – Pacto de São José da Costa Rica, art. 8º., 2, g e art. 3º.*
- *CPP: arts. 6º., V, 157, 186, 187, 198, 260, 289-A, § 4º., 304, 306, 310, I, 478, II, 647 e 648.*
- *Lei nº 8.906, de 04-07-1994, art. 7º, XXI, dispõe sobre o Estatuto da Advocacia e a Ordem dos Advogados do Brasil (OAB).*
- *Lei nº 9.455, de 07-04-1997: art. 1º, I, a, define os crimes de tortura.*
- *Lei nº 13.869, de 5-9-2019, arts. 13, II e III, 15, parágrafo único, e 18, Lei de Abuso de Autoridade.Lei nº 13.869, de 5-9-2019, arts. 13, III, 15, parágrafo único, e 18, Lei de Abuso de Autoridade.*

4. O processo aplicável a jovens que não sejam maiores nos termos da legislação penal em conta a idade dos menos e a importância de promover sua reintegração social.

5. Toda pessoa declarada culpada por um delito terá direito de recorrer da sentença condenatória e da pena a uma instância superior, em conformidade com a lei.

- *Dec. nº 678, de 06-11-1992, Promulga a Convenção Americana sobre Direitos Humanos – Pacto de São José da Costa Rica, art. 8, 2, h.*

6. Se uma sentença condenatória passada em julgado for posteriormente anulada ou se um indulto for concedido, pela ocorrência ou descoberta de fatos novos que provem cabalmente a existência de erro judicial, a pessoa que sofreu a pena decorrente dessa condenação deverá ser indenizada, de acordo com a lei, a menos que fique provado que se lhe pode imputar, total ou parcialmente, a não revelação dos fatos desconhecidos em tempo útil.

- *Súmulas 160 e 453 do STF.*
- *CF: art. 5º., LXXV.*
- *CPP: art. 384*

7. Ninguém poderá ser processado ou punido por um delito pelo qual já foi absorvido ou condenado por sentença passada em julgado, em conformidade com a lei e os procedimentos penais de cada país.

ARTIGO 15

1. Ninguém poderá ser condenado por atos omissões que não constituam delito de acordo com o direito nacional ou internacional, no momento em que foram cometidos. Tampouco poder-se-á impor pena mais grave do que a aplicável no momento da ocorrência do delito. Se, depois de perpetrado o delito, a lei estipular a imposição de pena mais leve, o delinqüente deverá dela beneficiar-se.

- *CF: art. 5º., caput e inciso XXXIX.*
- *CP: art. 1º.*

2. Nenhuma disposição do presente Pacto impedirá o julgamento ou a condenação de qualquer individuo por

atos ou omissões que, momento em que foram cometidos, eram considerados delituosos de acordo com os princíp os gerais de direito reconhecidos pela comunidade das nações.

- *CF: art. 5º., caput e incisos XXXIX e XL.*
- *CP: arts. 1º. e 2º.*

ARTIGO 16

Toda pessoa terá direito, em qualquer lugar, ao reconhecimento de sua personalidade jurídica.

- *Dec. nº 678, de 06-11-1992, Promulga a Convenção Americana sobre Direitos Humanos – Pacto de São José da Costa Rica, art. 16.*

ARTIGO 17

1. Ninguém poderá ser objetivo de ingerências arbitrárias ou ilegais em sua vida privada, em sua família, em seu domicílio ou em sua correspondência, nem de ofensas ilegais às suas honra e reputação.

- *CF: art. 5º., caput e incisos X a XII.*

2. Toda pessoa terá direito à proteção da lei contra essas ingerências ou ofensas.

- *CF: art. 5º., caput e inciso XXXV.*

ARTIGO 18

1. Toda pessoa terá direito a liberdade de pensamento, de consciência e de religião. Esse direito implicará a liberdade de ter ou adotar uma religião ou uma crença de sua escolha e a liberdade de professar sua religião ou crença, individual ou coletivamente, tanto pública como privadamente, por meio do culto, da celebração de ritos, de práticas e do ensino.

- *CF: art. 5º., caput e incisos IV e VI.*

2. Ninguém poderá ser submetido a medidas coercitivas que possam restringir sua liberdade de ter ou de adotar uma religião ou crença de sua escolha.

- *CF: art. 5º., caput e inciso VIII.*

3. A liberdade de manifestar a própria religião ou crença estará sujeita apenas à limitações previstas em lei e que se façam necessárias para proteger a segurança, a ordem, a saúde ou a moral públicas ou os direitos e as liberdades das demais pessoas.

- *CF: art. 5º., caput e incisos VI a VIII.*

4. Os Estados Partes do presente Pacto comprometem-se a respeitar a liberdade dos pais e, quando for o caso, dos tutores legais - de assegurar a educação religiosa e moral dos filhos que esteja de acordo com suas próprias convicções.

ARTIGO 19

1. Ninguém poderá ser molestado por suas opiniões.

- *CF: art. 5º., caput e incisos IV a X.*

2. Toda pessoa terá direito à liberdade de expressão; esse direito incluirá a liberdade de procurar, receber e difundir informações e idéias de qualquer natureza, independentemente de considerações de fronteiras, verbalmente ou por escrito, em forma impressa ou artística, ou por qualquer outro meio de sua escolha.

- *CF: art. 5º., caput e incisos IX e XIV.*

3. O exercício do direito previsto no parágrafo 2 do presente artigo implicará deveres e responsabilidades especiais. Conseqüentemente, poderá estar sujeito a certas restrições, que devem, entretanto, ser expressamente previstas em lei e que se façam necessárias para:

a) assegurar o respeito dos direitos e da reputação das demais pessoas;

b) proteger a segurança nacional, a ordem, a saúde ou a moral públicas.

ARTIGO 20

1. Será proibida por lei qualquer propaganda em favor da guerra.

- *CF: art. 5º., caput e incisos VI e VII.*
- *Lei nº 7.170 de 14-12-1983, arts. 22 e 23, Lei de Segurança Nacional.*

2. Será proibida por lei qualquer apologia do ódio nacional, racial ou religioso que constitua incitamento à discriminação, à hostilidade ou a violência

- *CF: art. 3º., caput e inciso IV, art. 4º., caput e inciso VIII, e art. 5º., caput e incisos XLI e XLII.*
- *Lei nº 7.716, de 05-01-1989, Define os crimes resultantes de preconceito de raça ou de cor.*

ARTIGO 21

O direito de reunião pacífica será reconhecido. O exercício desse direito estará sujeito apenas às restrições previstas em lei e que se façam necessárias, em uma sociedade democrática, no interesse da segurança nacional, da segurança ou da ordem pública, ou para proteger a saúde ou a moral pública ou os direitos e as liberdades das demais pessoas.

- *CF: art. 5º., caput e incisos XVI a XXI.*

ARTIGO 22

- *CF: art. 5º., caput e incisos XVI a XXI.*

1. Toda pessoa terá o direito de associar-se livremente a outras, inclusive o direito de construir sindicatos e de a eles filiar-se, para a proteção de seus interesses.

2. O exercício desse direito estará sujeito apenas às restrições previstas em lei e que se façam necessárias, em uma sociedade democrática, no interesse da segurança nacional, da segurança e da ordem públicas, ou para proteger a saúde ou a moral públicas ou os direitos e liberdades das demais pessoas. O presente artigo não impedirá que se submeta a restrições legais o exercício desse direito por membros das forças armadas e da polícia.

3. Nenhuma das disposições do presente artigo permitirá que Estados Partes da Convenção de 1948 da Organização Internacional do Trabalho, relativa à liberdade sindical e à proteção do direito sindical, venham a adotar medidas legislativas que restrinjam ou aplicar a lei de maneira a restringir as garantias previstas na referida Convenção.

ARTIGO 23

- *CF: art. 5º., caput e inciso , 226 a 230*

1. A família é o elemento natural e fundamental da sociedade e terá o direito de ser protegida pela sociedade e pelo Estado.

2. Será reconhecido o direito do homem e da mulher de, em idade núbil, contrair casamento e constituir família.

3. Casamento algum será celebrado sem o consentimento livre e pleno dos futuros esposos.

4. Os Estados Partes do presente Pacto deverão adotar as medidas apropriadas para assegurar a igualdade de direitos e responsabilidades dos esposos quanto ao casamento, durante o mesmo e por ocasião de sua dissolução. Em caso de dissolução, deverão adotar-se disposições que assegurem a proteção necessária para os filhos.

ARTIGO 24

▸ CF: art. 5º., caput e inciso 6, 7 e 8

▸ ECA

1. Toda criança terá direito, sem discriminação alguma por motivo de cor, sexo, língua, religião, origem nacional ou social, situação econômica ou nascimento, às medidas de proteção que a sua condição de menor requerer por parte de sua família, da sociedade e do Estado.

2. Toda criança deverá ser registrada imediatamente após seu nascimento e deverá receber um nome.

3. Toda criança terá o direito de adquirir uma nacionalidade.

ARTIGO 25

Todo cidadão terá o direito e a possibilidade, sem qualquer das formas de discriminação mencionadas no artigo 2 e sem restrições infundadas:

a) de participar da condução dos assuntos públicos, diretamente ou por meio de representantes livremente escolhidos;

b) de votar e de ser eleito em eleições periódicas, autênticas, realizadas por sufrágio universal e igualitário e por voto secreto, que garantam a manifestação da vontade dos eleitores;

c) de ter acesso, em condições gerais de igualdade, às funções públicas de seu país.

ARTIGO 26

Todas as pessoas são iguais perante a lei e têm direito, sem discriminação alguma, a igual proteção da Lei. A este respeito, a lei deverá proibir qualquer forma de discriminação e garantir a todas as pessoas proteção igual e eficaz contra qualquer discriminação por motivo de raça, cor, sexo, língua, religião, opinião política ou de outra natureza, origem nacional ou social, situação econômica, nascimento ou qualquer outra situação.

▸ CF: art. 1º., caput e inciso 3

▸ CF: art. 3º., caput e inciso 1, 3 e 4

▸ CF: art. 5º., caput e inciso 1, 6, 7 8, 41 e 42

▸ Lei 7716

ARTIGO 27

Nos Estados em que haja minorias étnicas, religiosas ou linguísticas, as pessoas pertencentes a essas minorias não poderão ser privadas do direito de ter, conjuntamente com outros membros de seu grupo, sua própria vida cultural, de professar e praticar sua própria religião e usar sua própria língua.

▸ CF: art. 1º., caput e inciso 3

▸ CF: art. 3º., caput e inciso 1, 3 e 4

▸ CF: art. 5º., caput e inciso 1, 6, 7 8, 41 e 42

▸ CF: art. 231 e 232

▸ lei7716

▸ lei6001 de 19/12/73 estatuto do indio

• •

Em fé do quê, os abaixo-assinados, devidamente autorizados por seus respectivos Governos, assinaram o presente Pacto, aberto à assinatura em Nova York, aos 19 dias do mês de dezembro do ano de mil novecentos e sessenta e seis.

DECRETO Nº 678, DE 6 DE NOVEMBRO DE 1992 – PACTO DE SÃO JOSÉ DA COSTA RICA

Promulga a Convenção Americana sobre Direitos Humanos (Pacto de São José da Costa Rica), de 22 de novembro de 1969.

O VICE-PRESIDENTE DA REPÚBLICA, no exercício do cargo de PRESIDENTE DA REPÚBLICA, no uso da atribuição que lhe confere o art. 84, inciso VIII, da Constituição, e Considerando que a Convenção Americana sobre Direitos Humanos (Pacto de São José da Costa Rica), adotada no âmbito da Organização dos Estados Americanos, em São José da Costa Rica, em 22 de novembro de 1969, entrou em vigor internacional em 18 de julho de 1978, na forma do segundo parágrafo de seu art. 74;

Considerando que o Governo brasileiro depositou a carta de adesão a essa convenção em 25 de setembro de 1992; Considerando que a Convenção Americana sobre Direitos Humanos (Pacto de São José da Costa Rica) entrou em vigor, para o Brasil, em 25 de setembro de 1992, de conformidade com o disposto no segundo parágrafo de seu art. 74;

DECRETA:

ART. 1º. A Convenção Americana sobre Direitos Humanos (Pacto de São José da Costa Rica), celebrada em São José da Costa Rica, em 22 de novembro de 1969, apensa por cópia ao presente decreto, deverá ser cumprida tão inteiramente como nela se contém.

ART. 2º. Ao depositar a carta de adesão a esse ato internacional, em 25 de setembro de 1992, o Governo brasileiro fez a seguinte declaração interpretativa: "O Governo do Brasil entende que os arts. 43 e 48, alínea d, não incluem o direito automático de visitas e inspeções in loco da Comissão Interamericana de Direitos Humanos, as quais dependerão da anuência expressa do Estado".

ART. 3º. O presente decreto entra em vigor na data de sua publicação.

Brasília, 6 de novembro de 1992; 171º da Independência e 104º da República.

ITAMAR FRANCO

Este texto não substitui o publicado no DOU de 9.11.1992

ANEXO AO DECRETO QUE PROMULGA A CONVENÇÃO AMERICANA SOBRE DIREITOS HUMANOS (PACTO DE SÃO JOSÉ DA COSTA RICA) – MRE

CONVENÇÃO AMERICANA SOBRE DIREITOS HUMANOS (PACTO DE SÃO JOSÉ DA COSTA RICA)

PREÂMBULO

OS ESTADOS AMERICANOS SIGNATÁRIOS DA PRESENTE CONVENÇÃO,

Reafirmando seu propósito de consolidar neste Continente, dentro do quadro das instituições democráticas, um regime de liberdade pessoal e de justiça social, fundado no respeito dos direitos essenciais do homem;

Reconhecendo que os direitos essenciais do homem não derivam do fato de ser ele nacional de determinado Estado, mas sim do fato de ter como fundamento os atributos da pessoa humana, razão por que justificam uma proteção internacional, de natureza convencional, coadjuvante ou complementar da que oferece o direito interno dos Estados americanos;

Considerando que esses princípios foram consagrados na Carta da Organização dos Estados

Americanos, na Declaração Americana dos Direitos e Deveres do Homem e na Declaração

Universal dos Direitos do Homem, e que foram reafirmados e desenvolvidos em outros instrumentos internacionais, tanto em âmbito mundial como regional;

Reiterando que, de acordo com a Declaração Universal dos Direitos do Homem, só pode ser realizado o ideal do ser humano livre, isento do temor e da miséria, se forem criadas condições que permitam a cada pessoa gozar dos seus direitos econômicos, sociais e culturais, bem como dos seus direitos civis e políticos; e

Considerando que a Terceira Conferência Interamericana Extraordinária (Buenos Aires, 1967) aprovou a incorporação à própria Carta da Organização de normas mais amplas sobre direitos econômicos, sociais e educacionais e resolveu que uma convenção interamericana sobre direitos humanos determinasse a estrutura, competência e processo dos órgãos encarregados dessa matéria;

CONVIERAM NO SEGUINTE:

PARTE I. DEVERES DOS ESTADOS E DIREITOS PROTEGIDOS

CAPÍTULO I. ENUMERAÇÃO DE DEVERES

ARTIGO 1º

Obrigação de respeitar os direitos

1. Os Estados Partes nesta Convenção comprometem-se a respeitar os direitos e liberdades nela reconhecidos e a garantir seu livre e pleno exercício a toda pessoa que esteja sujeita a sua jurisdição, sem discriminação alguma por motivo de raça, cor, sexo, idioma, religião, opiniões políticas ou de qualquer outra natureza, origem nacional ou social, posição econômica, nascimento ou qualquer outra condição social.

▸ *Lei nº 13.445, de 24-05-2017, Lei de Migração.*

2. Para os efeitos desta Convenção, pessoa é todo ser humano.

▸ *CF: arts. 3º e 5º.*

▸ *Lei nº 12.288, de 20-07-2010, Estatuto da Igualdade Racial.*

▸ *Lei 7.716, de 05-01-1989, dispõe sobre crimes resultante de preconceito de raça ou de cor.*

ARTIGO 2º

Dever de adotar disposições de direito interno

Se o exercício dos direitos e liberdades mencionados no artigo 1º ainda não estiver garantido por disposições legislativas ou de outra natureza, os Estados Partes comprometem-se a adotar, de acordo com as suas normas constitucionais e com as disposições desta Convenção, as medidas legislativas ou de outra natureza que forem necessárias para tornar efetivos tais direitos e liberdades.

CAPÍTULO II. DIREITOS CIVIS E POLÍTICOS

ARTIGO 3º

Direito ao reconhecimento da personalidade jurídica.

▸ **Dec. 592, de 6-7-1992, Promulga a Pacto Internacional sobre Direitos Civis e Políticos, art. 16.**

Toda pessoa tem direito ao reconhecimento de sua personalidade jurídica.

ARTIGO 4º

Direito à vida

▸ *CF: art. 5º, caput, XLVII, a.*

▸ *Dec. 592, de 6-7-1992, Promulga a Pacto Internacional sobre Direitos Civis e Políticos, art. 6.*

▸ *CP: art. 121.*

1. Toda pessoa tem direito de que se respeite sua vida. Esse direito deve ser protegido pela lei e, em geral, desde o momento da concepção. Ninguém pode ser privado da vida arbitrariamente.

2. Nos países que não houverem abolido a pena de morte, esta só poderá ser imposta pelos delitos mais graves, em cumprimento de sentença final de tribunal competente e

em conformidade com lei que estabeleça tal pena, promulgada antes de haver o delito sido cometido. Tampouco se estenderá sua aplicação a delitos aos quais não se aplique atualmente.

3. Não se pode restabelecer a pena de morte nos Estados que a hajam abolido.

4. Em nenhum caso pode a pena de morte ser aplicada por delitos políticos nem por delitos comuns conexos com delitos políticos.

5. Não se deve impor a pena de morte a pessoa que, no momento da perpetração do delito, for menor de dezoito anos, ou maior de setenta, nem aplicá-la a mulher em estado de gravidez.

6. Toda pessoa condenada à morte tem direito a solicitar anistia, indulto ou comutação da pena, os quais podem ser concedidos em todos os casos. Não se pode executar a pena de morte enquanto o pedido estiver pendente de decisão ante a autoridade competente.

ARTIGO 5º

Direito à integridade pessoal

- *Dec. 592, de 6-7-1992, Promulga a Pacto Internacional sobre Direitos Civis e Políticos, art. 7.*

1. Toda pessoa tem direito de que se respeite sua integridade física, psíquica e moral.

- *CF: art. 5º, XLIX.*

2. Ninguém deve ser submetido a torturas nem a penas ou tratamentos cruéis, desumanos ou degradantes. Toda pessoa privada da liberdade deve ser tratada com respeito devido à dignidade inerente ao ser humano.

- *CF: art. 5º, III.*

3. A pena não pode passar da pessoa do delinquente.

- *CF: art. 5º, XLV.*

4. Os processados devem ficar separados dos condenados, salvo em circunstâncias excepcionais, e ser submetidos a tratamento adequado à sua condição de pessoas não condenadas.

5. Os menores, quando puderem ser processados, devem ser separados dos adultos e conduzidos a tribunal especializado, com a maior rapidez possível, para seu tratamento.
6. As penas privativas da liberdade devem ter por finalidade essencial a reforma e a readaptação social dos condenados.

ARTIGO 6º

Proibição da escravidão e da servidão

- *CF: art. 5º, XIII e XLVII, c.*
- *Dec. 592, de 6-7-1992, Promulga a Pacto Internacional sobre Direitos Civis e Políticos, art. 8.*
- *CP: arts. 149, 203, 206, 207, 231 e 231-A.*
- *Dec. nº 5.017, de12-03-2004, dispõe sobre o Protocolo Adicional à Convenção das Nações Unidas contra o Crime Organizado Transnacional relativo à prevenção, repressão e punição do tráfico de pessoas.*

1. Ninguém pode ser submetido a escravidão ou a servidão, e tanto estas como o tráfico de escravos e o tráfico de mulheres são proibidos em todas as suas formas.

2. Ninguém deve ser constrangido a executar trabalho forçado ou obrigatório. Nos países em que se prescreve, para certos delitos, pena privativa da liberdade acompanhada de trabalhos forçados, esta disposição não pode ser interpretada no sentido de que proíbe o cumprimento da dita pena, imposta por juiz ou tribunal competente. O trabalho forçado não deve afetar a dignidade nem a capacidade física e intelectual do recluso.

3. Não constituem trabalhos forçados ou obrigatórios para os efeitos deste artigo:

a) os trabalhos ou serviços normalmente exigidos de pessoa reclusa em cumprimento de sentença ou resolução formal expedida pela autoridade judiciária competente. Tais trabalhos ou serviços devem ser executados sob a vigilância e controle das autoridades públicas, e os indivíduos que os executarem não devem ser postos à disposição de particulares, companhias ou pessoas jurídicas de caráter privado;

b) o serviço militar e, nos países onde se admite a isenção por motivos de consciência, o serviço nacional que a lei estabelecer em lugar daquele;

c) o serviço imposto em casos de perigo ou calamidade que ameace a existência ou o bem-estar da comunidade; e

d) o trabalho ou serviço que faça parte das obrigações cívicas normais.

ARTIGO 7º

- *CF: art. 5º, LXII e LXV.*
- *Dec. 592, de 6-7-1992, Promulga a Pacto Internacional sobre Direitos Civis e Políticos, arts. 9 e 10.*

Direito à liberdade pessoal

1. Toda pessoa tem direito à liberdade e à segurança pessoais.

2. Ninguém pode ser privado de sua liberdade física, salvo pelas causas e nas condições previamente fixadas pelas constituições políticas dos Estados Partes ou pelas leis de acordo com elas promulgadas.

- *CF: art. 5º, LXI.*

3. Ninguém pode ser submetido a detenção ou encarceramento arbitrários.

4. Toda pessoa detida ou retida deve ser informada das razões da sua detenção e notificada, sem demora, da acusação ou acusações formuladas contra ela.

- *CF: art. 5º, LXIV.*
- *Lei nº 13.869, de 5-9-2019, art. 12, parágrafo único, III, Lei de Abuso de Autoridade.*

5. Toda pessoa detida ou retida deve ser conduzida, sem demora, à presença de um juiz ou outra autoridade autorizada pela lei a exercer funções judiciais e tem direito a ser julgada dentro de um prazo razoável ou a ser posta em liberdade, sem prejuízo de que prossiga o processo. Sua liberdade pode ser condicionada a garantias que assegurem o seu comparecimento em juízo.

- *CF: art. 5º, XL, LXII, LXV, LXVI e LXVIII.*
- *Dec. 592, de 6-7-1992, Promulga a Pacto Internacional sobre Direitos Civis e Políticos, art. 9, 3 e 4.*
- *CPP: art. 287, 306, caput e § 1º, 310, caput, incisos I e III e §§ 3º e 4º, 647 e 648.*
- *Lei nº 13.869, de 5-9-2019, art. 12, parágrafo único, III, Lei de Abuso de Autoridade.*

6. Toda pessoa privada da liberdade tem direito a recorrer a um juiz ou tribunal competente, a fim de que este decida, sem demora, sobre a legalidade de sua prisão ou detenção e ordene sua soltura se a prisão ou a detenção forem ilegais. Nos Estados Partes cujas leis preveem que toda pessoa

que se vir ameaçada de ser privada de sua liberdade tem direito a recorrer a um juiz ou tribunal competente a fim de que este decida sobre a legalidade de tal ameaça tal recurso não pode ser restringido nem abolido. O recurso pode ser interposto pela própria pessoa ou por outra pessoa.

- *CF: art. 5º, XL, LXII, LXV, LXVI e LXVIII.*
- *Dec. 592, de 6-7-1992, Promulga a Pacto Internacional sobre Direitos Civis e Políticos, art. 9, 3 e 4.*
- *CPP: art. 287, 306, caput e § 1º, 310, caput, incisos I e III e §§ 3º e 4º, 647 e 648.*
- *Lei nº 13.869, de 5-9-2019, art. 12, parágrafo único, III, Lei de Abuso de Autoridade.*

7. Ninguém deve ser detido por dívidas. Este princípio não limita os mandados de autoridade judiciária competente expedidos em virtude de inadimplemento de obrigação alimentar.

- *Súmula Vinculante nº 25.*
- *Súmula nº 419 do STJ.*
- *CF: art. 5º, LXVII.*
- *Dec. nº 592, de 6-7-1992, Promulga o Pacto Internacional sobre Direitos Civis e Políticos, art. 11.*

ARTIGO 8º

Garantias judiciais

- *Dec. nº 592, de 6-7-1992, Promulga o Pacto Internacional sobre Direitos Civis e Políticos, art. 14.*

1. Toda pessoa tem direito a ser ouvida, com as devidas garantias e dentro de um prazo razoável, por um juiz ou tribunal competente, independente e imparcial, estabelecido anteriormente por lei, na apuração de qualquer acusação penal formulada contra ela, ou para que se determinem seus direitos ou obrigações de natureza civil, trabalhista, fiscal ou de qualquer outra natureza.

- *CF: art. 5º, XXXVII, LIII e LXXVIII.*
- *Dec. nº 592, de 6-7-1992, Promulga o Pacto Internacional sobre Direitos Civis e Políticos, art. 14, 1.*

2. Toda pessoa acusada de delito tem direito a que se presuma sua inocência enquanto não se comprove legalmente sua culpa. Durante o processo, toda pessoa tem direito, em plena igualdade, às seguintes garantias mínimas:

- *Súmula nº 444 do STJ.*
- *CF: art. 5º, LVII.*
- *Dec. nº 592, de 6-7-1992, Promulga o Pacto Internacional sobre Direitos Civis e Políticos, art. 10, 2, a.*

a) direito do acusado de ser assistido gratuitamente por tradutor ou intérprete, se não compreender ou não falar o idioma do juízo ou tribunal;

- *Dec. nº 592, de 6-7-1992, Promulga o Pacto Internacional sobre Direitos Civis e Políticos, art. 14, 3, a.*

b) comunicação prévia e pormenorizada ao acusado da acusação formulada;

- *Dec. n. 592, de 6-7-1992, Promulga o Pacto Internacional sobre Direitos Civis e Políticos, art. 14, 3, a.*
- *CPP: art. 41.*

c) concessão ao acusado do tempo e dos meios adequados para a preparação de sua defesa;

- *Dec. n. 592, de 6-7-1992, Promulga o Pacto Internacional sobre Direitos Civis e Políticos, art. 14, 3, b.*

d) direito do acusado de defender-se pessoalmente ou de ser assistido por um defensor de sua escolha e de comunicar-se, livremente e em particular, com seu defensor;

- *Súmula 523 do STF.*
- *CF: art. 5º., LV.*
- *Dec. n. 592, de 6-7-1992, Promulga o Pacto Internacional sobre Direitos Civis e Políticos, art. 14, 3, d.*
- *CPP: art. 261.*

e) direito irrenunciável de ser assistido por um defensor proporcionado pelo Estado, remunerado ou não, segundo a legislação interna, se o acusado não se defender ele próprio nem nomear defensor dentro do prazo estabelecido pela lei;

- *Súmula 523 do STF.*
- *CF: art. 5º, LV e LXXIV.*
- *Dec. n. 592, de 6-7-1992, Promulga o Pacto Internacional sobre Direitos Civis e Políticos, art. 14, 3, d.*
- *CPP: art. 261.*

f) direito da defesa de inquirir as testemunhas presentes no tribunal e de obter o comparecimento, como testemunhas ou peritos, de outras pessoas que possam lançar luz sobre os fatos;

- *CF: arts. 5º, caput e incisos LIV e LV, e 129, I.*
- *Dec. n. 592, de 6-7-1992, Promulga o Pacto Internacional sobre Direitos Civis e Políticos, art. 14, 3, d.*
- *CPP: arts. 3-A, 400, 401 e 411.*
- *Lei nº 11.343, de 23-08-2006: art. 57, Lei Antidrogas.*

g) direito de não ser obrigado a depor contra si mesma, nem a declarar-se culpada; e

- *CF: arts. 5º., LV, LVI, LVII, LXIII, LXV e LXVIII e 136, § 3º., IV.*
- *Dec. n. 592, de 6-7-1992, Promulga o Pacto Internacional sobre Direitos Civis e Políticos, art. 14, 3, g.*
- *Dec. nº 678, de 06-11-1992, Promulga a Convenção Americana sobre Direitos Humanos – Pacto de São José da Costa Rica, art. 3º.*
- *CPP: arts. 6º., V, 157, 186, 187, 198, 260, 289-A, § 4º., 304, 306, 310, I, 478, II, 647 e 648.*
- *Lei nº 8.906, de 04-07-1994, art. 7º, XXI, dispõe sobre o Estatuto da Advocacia e a Ordem dos Advogados do Brasil (OAB).*
- *Lei nº 13.869, de 5-9-2019, arts. 13, III, 15, parágrafo único, e 18, Lei de Abuso de Autoridade.*

h) direito de recorrer da sentença a juiz ou tribunal superior.

- *Dec. n. 592, de 6-7-1992, Promulga o Pacto Internacional sobre Direitos Civis e Políticos, art. 14, 5.*

3. A confissão do acusado só é válida se feita sem coação de nenhuma natureza.

- *CF: art. 5º., III, XL, LV, LVI, LVII, LXIII, LXV e LXVIII e 136, § 3º., IV.*
- *Dec. n. 592, de 6-7-1992, Promulga o Pacto Internacional sobre Direitos Civis e Políticos, art. 14, 3, g.*
- *Dec. nº 678, de 06-11-1992, Promulga a Convenção Americana sobre Direitos Humanos – Pacto de São José da Costa Rica, art. 8º., 2, g.*
- *CPP: arts. 6º., V, 157, 186, 187, 198, 260, 289-A, § 4º., 304, 306, 310, I, 478, II, 647 e 648.*
- *Lei nº 8.906, de 04-07-1994, art. 7º, XXI, dispõe sobre o Estatuto da Advocacia e a Ordem dos Advogados do Brasil (OAB).*
- *Lei nº 9.455, de 07-04-1997: art. 1º, I, a, define os crimes de tortura.*
- *Lei nº 13.869, de 5-9-2019,- arts. 13, II e III, 15, parágrafo único, e 18, Lei de Abuso de Autoridade.*

4. O acusado absolvido por sentença transitada em julgado não poderá ser submetido a novo processo pelos mesmos fatos.

5. O processo penal deve ser público, salvo no que for necessário para preservar os interesses da justiça.

▸ *CF: arts. 5, LX, 93, IX e 129, I.*

▸ *CPP: art. 3-A.*

ARTIGO 9º

Princípio da legalidade e da retroatividade

▸ *CF: art. 5º, XXXIX e XL.*

▸ *CP: art. 2º, par. Un.*

▸ *Lei nº 7.210, de 11-07-1984, art. 66, I, Lei de Execução Penal.*

Ninguém pode ser condenado por ações ou omissões que, no momento em que forem cometidas, não sejam delituosas, de acordo com o direito aplicável. Tampouco se pode impor pena mais grave que a aplicável no momento da perpetração do delito. Se depois da perpetração do delito a lei dispuser a imposição de pena mais leve, o delinquente será por isso beneficiado.

ARTIGO 10º

Direito a indenização

▸ *CF: art. 5º, LXXV.*

▸ *CPP: art. 60.*

Toda pessoa tem direito de ser indenizada conforme a lei, no caso de haver sido condenada em sentença passada em julgado, por erro judiciário.

ARTIGO 11

Proteção da honra e da dignidade

▸ *CF: art. 5º, X, XI e XII.*

1. Toda pessoa tem direito ao respeito de sua honra e ao reconhecimento de sua dignidade.

2. Ninguém pode ser objeto de ingerências arbitrárias ou abusivas em sua vida privada, na de sua família, em seu domicílio ou em sua correspondência, nem de ofensas ilegais à sua honra ou reputação.

3. Toda pessoa tem direito à proteção da lei contra tais ingerências ou tais ofensas.

ARTIGO 12

Liberdade de consciência e de religião

▸ *CF: art. 5º, VI a VIII.*

1. Toda pessoa tem direito à liberdade de consciência e de religião. Esse direito implica a liberdade de conservar sua religião ou suas crenças, ou de mudar de religião ou de crença, bem como a liberdade de professar e divulgar sua religião ou suas crenças, individual ou coletivamente, tanto em público como em privado.

2. Ninguém pode ser objeto de medidas restritivas que possam limitar sua liberdade de conservar sua religião ou suas crenças, ou de mudar de religião ou de crenças.

3. A liberdade de manifestar a própria religião e as próprias crenças está sujeita unicamente às limitações prescritas pela lei e que sejam necessárias para proteger a segurança, a ordem, a saúde ou a moral públicas ou os direitos e liberdades das demais pessoas.

4. Os pais, e quando for o caso os tutores, têm direito a que seus filhos ou pupilos recebam a educação religiosa e moral que esteja acorde com suas próprias convicções.

ARTIGO 13

Liberdade de pensamento e de expressão

▸ *CF: art. 5º, IX.*

1. Toda pessoa tem direito à liberdade de pensamento e de expressão. Esse direito compreende a liberdade de buscar, receber e difundir informações e ideias de toda natureza, sem consideração de fronteiras, verbalmente ou por escrito, ou em forma impressa ou artística, ou por qualquer outro processo de sua escolha.

2. O exercício do direito previsto no inciso precedente não pode estar sujeito a censura prévia, mas a responsabilidades ulteriores, que devem ser expressamente fixadas pela lei e ser necessárias para assegurar:

a) o respeito aos direitos ou à reputação das demais pessoas; ou

b) a proteção da segurança nacional, da ordem pública, ou da saúde ou da moral públicas.

3. Não se pode restringir o direito de expressão por vias ou meios indiretos, tais como o abuso de controles oficiais ou particulares de papel de imprensa, de frequências radioelétricas ou de equipamentos e aparelhos usados na difusão de informação, nem por quaisquer outros meios destinados a obstar a comunicação e a circulação de ideias e opiniões.

4. A lei pode submeter os espetáculos públicos a censura prévia, com o objetivo exclusivo de regular o acesso a eles, para proteção moral da infância e da adolescência, sem prejuízo do disposto no inciso 2.

5. A lei deve proibir toda a propaganda a favor da guerra, bem como toda apologia ao ódio nacional, racial ou religioso que constitua incitação à discriminação, à hostilidade, ao crime ou à violência.

ARTIGO 14

Direito de retificação ou resposta

▸ *CF: art. 5º, V.*

1. Toda pessoa atingida por informações inexatas ou ofensivas emitidas em seu prejuízo por meios de difusão legalmente regulamentados e que se dirijam ao público em geral tem direito a fazer, pelo mesmo órgão de difusão, sua retificação ou resposta, nas condições que estabeleça a lei.

2. Em nenhum caso a retificação ou a resposta eximirão das outras responsabilidades legais e que se houver incorrido.

3. Para a efetiva proteção da honra e da reputação, toda publicação ou empresa jornalística, cinematográfica, de rádio ou televisão, deve ter uma pessoa responsável que não seja protegida por imunidades nem goze de foro especial.

ARTIGO 15

Direito de reunião

É reconhecido o direito de reunião pacífica e sem armas. O exercício de tal direito só pode estar sujeito às restrições previstas pela lei e que sejam necessárias, em uma sociedade democrática, no interesse da segurança nacional, da segurança ou da ordem públicas, ou para proteger a saúde ou a moral públicas ou os direitos e liberdades das demais pessoas.

ARTIGO 16

Liberdade de associação

1. Todas as pessoas têm o direito de associar-se livremente com fins ideológicos, religiosos, políticos, econômicos, trabalhistas, sociais, culturais, desportivos ou de qualquer outra natureza.

2. O exercício de tal direito só pode estar sujeito às restrições previstas pela lei que sejam necessárias, em uma sociedade democrática, no interesse da segurança nacional, da segurança ou da ordem públicas, ou para proteger a saúde ou a moral públicas ou os direitos e liberdades das demais pessoas.

3. O disposto neste artigo não impede a imposição de restrições legais, e mesmo a privação do exercício do direito de associação, aos membros das forças armadas e da polícia.

ARTIGO 17

Proteção da família

▸ *CF: art. 226.*

1. A família é o elemento natural e fundamental da sociedade e deve ser protegida pela sociedade e pelo Estado.

2. É reconhecido o direito do homem e da mulher de contraírem casamento e de fundarem uma família, se tiverem a idade e as condições para isso exigidas pelas leis internas, na medida em que não afetem estas o princípio da não-discriminação estabelecido nesta Convenção.

3. O casamento não pode ser celebrado sem o livre e pleno consentimento dos contraentes.

4. Os Estados Partes devem tomar medidas apropriadas no sentido de assegurar a igualdade de direitos e a adequada equivalência de responsabilidades dos cônjuges quanto ao casamento, durante o casamento e em caso de dissolução do mesmo. Em caso de dissolução, serão adotadas disposições que assegurem a proteção necessária aos filhos, com base unicamente no interesse e conveniência dos mesmos.

5. A lei deve reconhecer iguais direitos tanto aos filhos nascidos fora do casamento como aos nascidos dentro do casamento.

ARTIGO 18

Direito ao nome

▸ *CC: art. 16.*

Toda pessoa tem direito a um prenome e aos nomes de seus pais ou ao de um destes.

A lei deve regular a forma de assegurar a todos esse direito, mediante nomes fictícios, se for necessário.

ARTIGO 19

Direitos da criança

▸ *CF: art. 227.*

▸ *Lei nº 8.069, de 13-07-1990, Estatuto da Criança e do Adolescente.*

Toda criança tem direito às medidas de proteção que a sua condição de menor requer por parte da sua família da sociedade e do Estado.

ARTIGO 20

Direito à nacionalidade

▸ *CF: art. 12.*

1. Toda pessoa tem direito a uma nacionalidade.

2. Toda pessoa tem direito à nacionalidade do Estado em cujo território houver nascido, se não tiver direito a outra.

3. A ninguém se deve privar arbitrariamente de sua nacionalidade nem do direito de mudá-la.

ARTIGO 21

Direito à propriedade privada

▸ *CF: art. 5º, XXII a XXV.*

1. Toda pessoa tem direito ao uso e gozo dos seus bens. A lei pode subordinar esse uso e gozo ao interesse social.

2. Nenhuma pessoa pode ser privada de seus bens, salvo mediante o pagamento de indenização justa, por motivo de utilidade pública ou de interesse social e nos casos e na forma estabelecidos pela lei.

3. Tanto a usura como qualquer outra forma de exploração do homem pelo homem devem ser reprimidas pela lei.

ARTIGO 22

Direito de circulação e de residência

▸ *CF: art. 5º, XV, LI e LII.*

▸ *Lei nº 13.445, de 24-05-2017, Lei de Migração.*

1. Toda pessoa que se ache legalmente no território de um Estado tem direito de circular nele e de nele residir em conformidade com as disposições legais.

2. Toda pessoa tem direito de sair livremente de qualquer país, inclusive do próprio.

3. O exercício dos direitos acima mencionados não pode ser restringido senão em virtude de lei, na medida indispensável, em uma sociedade democrática, para prevenir infrações penais ou para proteger a segurança nacional, a segurança ou a ordem públicas, a moral ou a saúde públicas, ou os direitos e liberdades das demais pessoas.

4. O exercício dos direitos reconhecidos no inciso 1 pode também ser restringido pela lei, em zonas determinadas, por motivo de interesse público.

5. Ninguém pode ser expulso do território do Estado do qual for nacional nem ser privado do direito de nele entrar.

6. O estrangeiro que se ache legalmente no território de um Estado Parte nesta Convenção só poderá dele ser expulso em cumprimento de decisão adotada de acordo com a lei.

7. Toda pessoa tem o direito de buscar e receber asilo em território estrangeiro, em caso de perseguição por delitos políticos ou comuns conexos com delitos políticos e de acordo com a legislação de cada Estado e com as convenções internacionais.

8. Em nenhum caso o estrangeiro pode ser expulso ou entregue a outro país, seja ou não de origem, onde seu direito à vida ou à liberdade pessoal esteja em risco de violação por causa da sua raça, nacionalidade, religião, condição social ou de suas opiniões políticas.

9. É proibida a expulsão coletiva de estrangeiros.

ARTIGO 23

Direitos políticos

▸ *CF: arts. 14 a 17.*

1. Todos os cidadãos devem gozar dos seguintes direitos e oportunidades:

a) de participar na direção dos assuntos públicos, diretamente ou por meio de representantes livremente eleitos;

b) de votar e ser eleitos em eleições periódicas autênticas, realizadas por sufrágio universal e igual e por voto secreto que garanta a livre expressão da vontade dos eleitores; e

c) de ter acesso, em condições gerais de igualdade, às funções públicas de seu país. 2. A lei pode regular o exercício dos direitos e oportunidades a que ser refere o inciso anterior, exclusivamente por motivos de idade, nacionalidade, residência, idioma, instrução, capacidade civil ou mental, ou condenação, por juiz competente, em processo penal.

ARTIGO 24

Igualdade perante a lei

▸ *CF: art. 5º, caput.*

Todas as pessoas são iguais perante a lei. Por conseguinte, têm direito, sem discriminação, a igual proteção da lei.

ARTIGO 25

Proteção judicial

▸ *CF: art. 5º, XXXV.*

1. Toda pessoa tem direito a um recurso simples e rápido ou a qualquer outro recurso efetivo, perante os juízes ou tribunais competentes, que a proteja contra atos que violem seus direitos fundamentais reconhecidos pela constituição, pela lei ou pela presente Convenção, mesmo quando tal violação seja cometida por pessoas que estejam atuando no exercício de suas funções oficiais.

2. Os Estados Partes comprometem-se:

a) a assegurar que a autoridade competente prevista pelo sistema legal do Estado decida sobre os direitos de toda pessoa que interpuser tal recurso;

b) a desenvolver as possibilidades de recurso judicial; e

c) a assegurar o cumprimento, pelas autoridades competentes, de toda decisão em que se tenha considerado procedente o recurso.

Capítulo III. DIREITOS ECONÔMICOS, SOCIAIS E CULTURAIS

ARTIGO 26

Desenvolvimento progressivo

Os Estados Partes comprometem-se a adotar providências, tanto no âmbito interno como mediante cooperação internacional, especialmente econômica e técnica, a fim de conseguir progressivamente a plena efetividade dos direitos que decorrem das normas econômicas, sociais e sobre educação, ciência e cultura, constantes da Carta da Organização dos Estados Americanos, reformada pelo Protocolo de Buenos Aires, na medida dos recursos disponíveis, por via legislativa ou por outros meios apropriados.

Capítulo IV. SUSPENSÃO DE GARANTIAS, INTERPRETAÇÃO E APLICAÇÃO

ARTIGO 27

Suspensão de garantias

1. Em caso de guerra, de perigo público, ou de outra emergência que ameace a independência ou segurança do Estado Parte, este poderá adotar disposições que, na medida e pelo tempo estritamente limitados às exigências da situação, suspendam as obrigações contraídas em virtude desta Convenção, desde que tais disposições não sejam incompatíveis com as demais obrigações que lhe impõe o Direito Internacional e não encerrem discriminação alguma fundada em motivos de raça, cor, sexo, idioma, religião ou origem social.

2. A disposição precedente não autoriza a suspensão dos direitos determinados nos seguintes artigos: 3º (Direito ao reconhecimento da personalidade jurídica), 4º (Direito à vida), 5º (Direito à integridade pessoal), 6º (Proibição da escravidão e servidão), 9º (Princípio da legalidade e da retroatividade), 12º (Liberdade de consciência e de religião), 17º (Proteção da família), 18º (Direito ao nome), 19º (Direitos da criança), 20º (Direito à nacionalidade), e 23º (Direitos políticos), nem das garantias indispensáveis para a proteção de tais direitos.

3. Todo Estado Parte que fizer uso do direito de suspensão deverá informar imediatamente os outros Estados Partes na presente Convenção, por intermédio do Secretário-Geral da Organização dos Estados Americanos, das disposições cuja aplicação haja suspendido, dos motivos determinantes da suspensão e da data em que haja dado por terminada tal suspensão.

ARTIGO 28

Cláusula federal

1. Quando se tratar de um Estado Parte constituído como Estado federal, o governo nacional do aludido Estado Parte cumprirá todas as disposições da presente Convenção, relacionadas com as matérias sobre as quais exerce competência legislativa e judicial.

2. No tocante às disposições relativas às matérias que correspondem à competência das entidades componentes da federação, o governo nacional deve tomar imediatamente as medidas pertinentes, em conformidade com a sua constituição e suas leis, a fim de que as autoridades competentes das referidas entidades possam adotar as disposições cabíveis para o cumprimento desta Convenção.

3. Quando dois ou mais Estados Partes decidirem constituir entre eles uma federação ou outro tipo de associação, diligenciarão no sentido de que o pacto comunitário respectivo contenha as disposições necessárias para que continuem sendo efetivas no novo Estado assim organizado as normas da presente Convenção.

ARTIGO 29

Normas de interpretação

Nenhuma disposição desta Convenção pode ser interpretada no sentido de:

a) permitir a qualquer dos Estados Partes, grupo ou pessoa, suprimir o gozo e exercício dos direitos e liberdades reconhecidos na Convenção ou limitá-los em maior medida do que a nela prevista;

b) limitar o gozo e exercício de qualquer direito ou liberdade que possam ser reconhecidos de acordo com as leis de qualquer dos Estados Partes ou de acordo com outra convenção em que seja parte um dos referidos Estados;

c) excluir outros direitos e garantias que são inerentes ao ser humano ou que decorrem da forma democrática representativa de governo; e

d) excluir ou limitar o efeito que possam produzir a Declaração Americana dos Direitos e Deveres do Homem e outros atos internacionais da mesma natureza.

ARTIGO 30

Alcance das restrições

As restrições permitidas, de acordo com esta Convenção, ao gozo e exercício dos direitos e liberdades nela reconhecidos, não podem ser aplicadas senão de acordo com leis que forem promulgadas por motivo de interesse geral e com o propósito para o qual houverem sido estabelecidas.

ARTIGO 31

Reconhecimento de outros direitos

Poderão ser incluídos no regime de proteção desta Convenção outros direitos e liberdades que forem reconhecidos de acordo com os processos estabelecidos nos artigos 69º e 70º.

▸ *CF: arts. 76 e 77.*

Capítulo V. DEVERES DAS PESSOAS

ARTIGO 32

Correlação entre deveres e direitos

1. Toda pessoa tem deveres para com a família, a comunidade e a humanidade.

2. Os direitos de cada pessoa são limitados pelos direitos dos demais, pela segurança de todos e pelas justas exigências do bem comum, em uma sociedade democrática.

Parte II. MEIOS DE PROTEÇÃO

Capítulo VI. ÓRGÃOS COMPETENTES

ARTIGO 33

São competentes para conhecer dos assuntos relacionados com o cumprimento dos compromissos assumidos pelos Estados Partes nesta Convenção:

a) a Comissão Interamericana de Direitos Humanos, doravante denominada a Comissão; e

b) a Corte Interamericana de Direitos Humanos, doravante denominada a Corte.

Capítulo VII. COMISSÃO INTERAMERICANA DE DIREITOS HUMANOS

Seção I. ORGANIZAÇÃO

ARTIGO 34

A Comissão Interamericana de Direitos Humanos compor-se-á de sete membros, que deverão ser pessoas de alta autoridade moral e de reconhecido saber em matéria de direitos humanos.

ARTIGO 35

A Comissão representa todos os Membros da Organização dos Estados Americanos.

ARTIGO 36

1. Os membros da Comissão serão eleitos a título pessoal, pela Assembleia Geral da Organização, de uma lista de candidatos propostos pelos governos dos Estados membros.

2. Cada um dos referidos governos pode propor até três candidatos, nacionais do Estado que os propuser ou de qualquer outro Estado membro da Organização dos Estados Americanos. Quando for proposta uma lista de três candidatos, pelo menos um deles deverá ser nacional de Estado diferente do proponente.

ARTIGO 37

1. Os membros da Comissão serão eleitos por quatro anos e só poderão ser reeleitos uma vez, porém o mandato de três dos membros designados na primeira eleição expirará ao cabo de dois anos. Logo depois da referida eleição, serão determinados por sorteio, na Assembleia Geral, os nomes desses três membros.

2. Não pode fazer parte da Comissão mais de um nacional de um mesmo Estado.

ARTIGO 38

As vagas que ocorrerem na Comissão, que não se devam à expiração normal do mandato, serão preenchidas pelo Conselho Permanente da Organização, de acordo com o que dispuser o Estatuto da Comissão.

ARTIGO 39

A Comissão elaborará seu Estatuto e submetê-lo-á à aprovação da Assembleia Geral e expedirá seu próprio Regulamento.

ARTIGO 40

Os serviços de secretaria da Comissão devem ser desempenhados pela unidade funcional especializada que faz parte da Secretaria-Geral da Organização, e deve dispor dos recursos necessários para cumprir as tarefas que lhe forem confiadas pela Comissão.

Seção II. FUNÇÕES

ARTIGO 41

A Comissão tem a função principal de promover a observância e a defesa dos direitos humanos e, no exercício do seu mandato, tem as seguintes funções e atribuições:

a) estimular a consciência dos direitos humanos nos povos da América;

b) formular recomendações aos governos dos Estados membros, quando o considerar conveniente, no sentido de que adotem medidas progressivas em prol dos direitos humanos no âmbito de suas leis internas e seus preceitos constitucionais, bem como disposições apropriadas para promover o devido respeito a esses direitos;

c) preparar os estudos ou relatórios que considerar convenientes para o desempenho de suas funções;

d) solicitar aos governos dos Estados membros que lhe proporcionem informações sobre as medidas que adotarem em matéria de direitos humanos;

e) atender às consultas que, por meio da Secretaria-Geral da Organização dos Estados

Americanos, lhe formularem os Estados membros sobre questões relacionadas com os direitos humanos e, dentro de suas possibilidades, prestar-lhes o assessoramento que eles lhe solicitarem;

f) atuar com respeito às petições e outras comunicações, no exercício de sua autoridade, de conformidade com o disposto nos artigos 44º a 51º desta Convenção; e

g) apresentar um relatório anual à Assembleia Geral da Organização dos Estados Americanos.

ARTIGO 42

Os Estados Partes devem remeter à Comissão cópia dos relatórios e estudos que, em seus respectivos campos, submetem anualmente às Comissões Executivas do Conselho Interamericano Econômico e Social e do Conselho Interamericano de Educação, Ciência e Cultura, a fim de que aquela zele por que se promovam os direitos decorrentes das normas econômicas, sociais e sobre educação, ciência e cultura, constantes da Carta da Organização dos Estados Americanos, reformada pelo Protocolo de Buenos Aires.

ARTIGO 43

Os Estados Partes obrigam-se a proporcionar à Comissão as informações que esta lhes solicitar sobre a maneira pela qual o seu direito interno assegura a aplicação efetiva de quaisquer disposições desta Convenção.

Seção III. COMPETÊNCIA

ARTIGO 44

Qualquer pessoa ou grupo de pessoas, ou entidade não-governamental legalmente reconhecida em um ou mais Estados membros da Organização, pode apresentar à Comissão petições que contenham denúncias ou queixas de violação desta Convenção por um Estado Parte.

ARTIGO 45

1. Todo Estado Parte pode, no momento do depósito do seu instrumento de ratificação desta Convenção ou de adesão a ela, ou em qualquer momento posterior, declarar que reconhece a competência da Comissão para receber e examinar as comunicações em que um Estado Parte alegue haver outro Estado Parte incorrido em violações dos direitos humanos estabelecidos nesta Convenção.

2. As comunicações feitas em virtude deste artigo só podem ser admitidas e examinadas se forem apresentadas por um Estado Parte que haja feito uma declaração pela qual reconheça a referida competência da Comissão. A Comissão não admitirá nenhuma comunicação contra um Estado Parte que não haja feito tal declaração.

3. As declarações sobre reconhecimento de competência podem ser feitas para que esta vigore por tempo indefinido, por período determinado ou para casos específicos.

4. As declarações serão depositadas na Secretaria-Geral da Organização dos Estados Americanos, a qual encaminhará cópia das mesmas aos Estados membros da referida Organização.

ARTIGO 46

1. Para que uma petição ou comunicação apresentada de acordo com os artigos 44º ou 45º seja admitida pela Comissão, será necessário:

a) que hajam sido interpostos e esgotados os recursos da jurisdição interna, de acordo com os princípios de direito internacional geralmente reconhecidos;

b) que seja apresentada dentro do prazo de seis meses, a partir da data em que o presumido prejudicado em seus direitos tenha sido notificado da decisão definitiva;

c) que a matéria da petição ou comunicação não esteja pendente de outro processo de solução internacional; e

d) que, no caso do artigo 44º, a petição contenha o nome, a nacionalidade, a profissão, o domicílio e a assinatura da pessoa ou pessoas ou do representante legal da entidade que submeter a petição.

2. As disposições das alíneas a e b do inciso 1 deste artigo não se aplicarão quando:

a) não existir, na legislação interna do Estado de que se tratar, o devido processo legal para a proteção do direito ou direitos que se alegue tenham sido violados;

b) não se houver permitido ao presumido prejudicado em seus direitos o acesso aos recursos da jurisdição interna, ou houver sido ele impedido de esgotá-los; e,

c) houver demora injustificada na decisão sobre os mencionados recursos.

ARTIGO 47

A Comissão declarará inadmissível toda petição ou comunicação apresentada de acordo com os artigos 44º e 45º quando:

a) não preencher algum dos requisitos estabelecidos no artigo 46º;

b) não expuser fatos que caracterizem violação dos direitos garantidos por esta Convenção;

c) pela exposição do próprio peticionário ou do Estado for manifestamente infundada a petição ou comunicação ou for evidente sua total improcedência; ou

d) for substancialmente reprodução de petição ou comunicação anterior, já examinada pela Comissão ou por outro organismo internacional.

Seção IV. PROCESSO

ARTIGO 48

1. A Comissão, ao receber uma petição ou comunicação na qual se alegue violação de qualquer dos direitos consagrados nesta Convenção, procederá da seguinte maneira:

a) se reconhecer a admissibilidade da petição ou comunicação, solicitará informações ao Governo do Estado ao qual pertença a autoridade apontada como responsável pela violação alegada e transcreverá as partes pertinentes da petição ou comunicação. As referidas informações devem ser enviadas dentro de um prazo razoável, fixado pela Comissão ao considerar as circunstâncias de cada caso;

b) recebidas as informações, ou transcorrido o prazo fixado sem que sejam elas recebidas, verificará se existem ou subsistem os motivos da petição ou comunicação. No caso de não existirem ou não subsistirem, mandará arquivar o expediente;

c) poderá também declarar a inadmissibilidade ou a improcedência da petição ou comunicação, com base na informação ou prova supervenientes;

d) se o expediente não houver sido arquivado, e com o fim de comprovar os fatos, a Comissão procederá, com conhecimento das partes, a um exame do assunto exposto na petição ou comunicação. Se for necessário e conveniente, a Comissão procederá a uma investigação para cuja eficaz realização solicitará, e os Estados interessados lhe proporcionarão, todas as facilidades necessárias;

e) poderá pedir aos Estados interessados qualquer informação pertinente e receberá, se isso lhe for solicitado, as exposições verbais ou escritas que apresentarem os interessados; e

f) pôr-se-á à disposição das partes interessadas, a fim de chegar a uma solução amistosa do assunto, fundada no respeito aos direitos humanos reconhecidos nesta Convenção.

2. Entretanto, em casos graves e urgentes, pode ser realizada uma investigação, mediante prévio consentimento do Estado em cujo território se alegue houver sido cometida a violação, tão-somente com a apresentação de uma petição ou comunicação que reúna todos os requisitos formais de admissibilidade.

ARTIGO 49

Se se houver chegado a uma solução amistosa de acordo com as disposições do inciso 1, f, do artigo 48º, a Comissão redigirá um relatório que será encaminhado ao peticionário e aos Estados

Partes nesta Convenção e, posteriormente, transmitido, para sua publicação, ao Secretário-Geral das Organização dos Estados Americanos. O referido relatório conterá uma breve exposição dos fatos e da solução alcançada. Se qualquer das Partes no caso o solicitar, ser-lhe-á proporcionada a mais ampla informação possível.

ARTIGO 50

1. Se não se chegar a uma solução, e dentro do prazo que for fixado pelo Estatuto da Comissão, esta redigirá um relatório no qual exporá os fatos e suas conclusões. Se o relatório não representar, no todo ou em parte, o acordo unânime dos membros da Comissão, qualquer deles poderá agregar ao referido relatório seu voto em separado. Também se agregarão ao relatório as exposições verbais ou escritas que houverem sido feitas pelos interessados em virtude do inciso 1, e, do artigo 48º.

2. O relatório será encaminhado aos Estados interessados, aos quais não será facultado publicá-lo.

3. Ao encaminhar o relatório, a Comissão pode formular as proposições e recomendações que julgar adequadas.

ARTIGO 51

1. Se, no prazo de três meses, a partir da remessa aos Estados interessados do relatório da

Comissão, o assunto não houver sido solucionado ou submetido à decisão da Corte pela

Comissão ou pelo Estado interessado, aceitando sua competência, a Comissão poderá emitir, pelo voto da maioria absoluta dos seus membros, sua opinião e conclusões sobre a questão submetida à sua consideração.

2. A Comissão fará as recomendações pertinentes e fixará um prazo dentro do qual o Estado deve tomar as medidas que lhe competirem para remediar a situação examinada.
3. Transcorrido o prazo fixado, a Comissão decidirá, pelo voto da maioria absoluta dos seus membros, se o Estado tomou ou não medidas adequadas e se publica ou não seu relatório.

Capítulo VIII. CORTE INTERAMERICANA DE DIREITOS HUMANOS

Seção I. ORGANIZAÇÃO

ARTIGO 52

1. A Corte compor-se-á de sete juízes, nacionais dos Estados membros da Organização, eleitos a título pessoal dentre juristas da mais alta autoridade moral, de reconhecida competência em matéria de direitos humanos, que reúnam as condições requeridas para o exercício das mais elevadas funções judiciais, de acordo com a lei do Estado do qual sejam nacionais, ou do Estado que os propuser como candidatos.

2. Não deve haver dois juízes da mesma nacionalidade.

ARTIGO 53

1. Os juízes da Corte serão eleitos, em votação secreta e pelo voto da maioria absoluta dos

Estados Partes na Convenção, na Assembleia Geral da Organização, de uma lista de candidatos propostos pelos mesmos Estados.

2. Cada um dos Estados Partes pode propor até três candidatos, nacionais do Estado que os propuser ou de qualquer outro Estado membro da Organização dos Estados Americanos. Quando se propuser uma lista de três

candidatos, pelo menos um deles deverá ser nacional de Estado diferente do proponente.

ARTIGO 54

1. Os juízes da Corte serão eleitos por um período de seis anos e só poderão ser reeleitos uma vez. O mandato de três anos dos juízes designados na primeira eleição expirará ao cabo de três anos. Imediatamente depois da referida eleição, determinar-se-ão por sorteio, na Assembleia Geral, os nomes desses três juízes.

2. O juiz eleito para substituir outro cujo mandato não haja expirado completará o período deste.

3. Os juízes permanecerão em funções até o término dos seus mandatos. Entretanto, continuarão funcionando nos casos de que já houverem tomado conhecimento e que se encontrarem em fase de sentença e, para tais efeitos, não serão substituídos pelos novos juízes eleitos.

ARTIGO 55

1. O juiz que for nacional de algum dos Estados Partes no caso submetido à Corte conservará o seu direito de conhecer do mesmo.

2. Se um dos juízes chamados a conhecer do caso for de nacionalidade de um dos Estados Partes, outro Estado Parte no caso poderá designar uma pessoa de sua escolha para fazer parte da Corte na qualidade de juiz ad hoc.

3. Se, dentre os juízes chamados a conhecer do caso, nenhum for da nacionalidade dos Estados Partes, cada um destes poderá designar um juiz ad hoc.

4. O juiz ad hoc deve reunir os requisitos indicados no artigo 52º.

5. Se vários Estados Partes na Convenção tiverem o mesmo interesse no caso, serão considerados como uma só parte, para os fins das disposições anteriores. Em caso de dúvida, a Corte decidirá.

ARTIGO 56

O quórum para as deliberações da Corte é constituído por cinco juízes.

ARTIGO 57

A Comissão comparecerá em todos os casos perante a Corte.

ARTIGO 58

1. A Corte terá sua sede no lugar que for determinado na Assembleia Geral da Organização, pelos Estados Partes na Convenção, mas poderá realizar reuniões no território de qualquer Estado membro da Organização dos Estados Americanos em que o considerar conveniente a maioria dos seus membros e mediante prévia aquiescência do Estado respectivo. Os Estados Partes na Convenção podem, na Assembleia Geral, por dois terços dos seus votos, mudar a sede da Corte.

2. A Corte designará seu Secretário.

3. O Secretário residirá na sede da Corte e deverá assistir às reuniões que ela realizar fora da mesma.

ARTIGO 59

A Secretaria da Corte será por esta estabelecida e funcionará sob a direção do Secretário da Corte, de acordo com as normas administrativas da Secretaria-Geral da Organização em tudo o que não for incompatível com a independência da Corte. Seus funcionários serão nomeados pelo Secretário-Geral da Organização, em consulta com o Secretário da Corte.

ARTIGO 60

A Corte elaborará seu Estatuto e submetê-lo-á à aprovação da Assembleia Geral e expedirá seu Regimento.

SEÇÃO II. COMPETÊNCIA E FUNÇÕES

ARTIGO 61

1. Somente os Estados Partes e a Comissão têm direito de submeter caso à decisão da Corte.

2. Para que a Corte possa conhecer de qualquer caso, é necessário que sejam esgotados os processos previstos nos artigos 48º a 50º.

ARTIGO 62

1. Todo Estado Parte pode, no momento do depósito do seu instrumento de ratificação desta

Convenção ou de adesão a ela, ou em qualquer momento posterior, declarar que reconhece como obrigatória, de pleno direito e sem convenção especial, a competência da Corte em todos os casos relativos à interpretação ou aplicação desta Convenção.

2. A declaração pode ser feita incondicionalmente, ou sob condição de reciprocidade, por prazo determinado ou para casos específicos. Deverá ser apresentada ao Secretário-Geral da Organização, que encaminhará cópias da mesma aos outros Estados membros da Organização e ao Secretário da Corte.

3. A Corte tem competência para conhecer de qualquer caso relativo à interpretação e aplicação das disposições desta Convenção que lhe seja submetido, desde que os Estados Partes no caso tenham reconhecido ou reconheçam a referida competência, seja por declaração especial, como preveem os incisos anteriores, seja por convenção especial.

ARTIGO 63

1. Quando decidir que houve violação de um direito ou liberdade protegidos nesta Convenção, a Corte determinará que se assegure ao prejudicado o gozo do seu direito ou liberdade violados.

Determinará também, se isso for procedente, que sejam reparadas as consequências da medida ou situação que haja configurado a violação desses direitos, bem como o pagamento de indenização justa à parte lesada.

2. Em casos de extrema gravidade e urgência, e quando se fizer necessário evitar danos irreparáveis às pessoas, a Corte, nos assuntos de que estiver conhecendo, poderá tomar as medidas provisórias que considerar pertinentes. Se se tratar de assuntos que ainda não estiverem submetidos ao seu conhecimento, poderá atuar a pedido da Comissão.

ARTIGO 64

1. Os Estados membros da Organização poderão consultar a Corte sobre a interpretação desta

Convenção ou de outros tratados concernentes à proteção dos direitos humanos nos Estados americanos. Também poderão consultá-la, no que lhe compete, os órgãos enumerados no capítulo X da Carta da Organização dos Estados Americanos, reformada pelo Protocolo de Buenos Aires.

2. A Corte, a pedido de um Estado membro da Organização, poderá emitir pareceres sobre a compatibilidade entre qualquer de suas leis internas e os mencionados instrumentos internacionais.

ARTIGO 65

A Corte submeterá à consideração da Assembleia Geral da Organização, em cada período ordinário de sessões, um relatório sobre suas atividades no ano anterior. De maneira especial, e com as recomendações pertinentes, indicará os casos em que um Estado não tenha dado cumprimento as suas sentenças.

SEÇÃO III. PROCESSO

ARTIGO 66

1. A sentença da Corte deve ser fundamentada.

2. Se a sentença não expressar no todo ou em parte a opinião unânime dos juízes, qualquer deles terá direito a que se agregue à sentença o seu voto dissidente ou individual.

ARTIGO 67

A sentença da Corte será definitiva e inapelável. Em caso de divergência sobre o sentido ou alcance da sentença, a Corte interpretá-la-á, a pedido de qualquer das partes desde que o pedido seja apresentado dentro de noventa dias a partir da data da notificação da sentença.

ARTIGO 68

1. Os Estados Partes na Convenção comprometem-se a cumprir a decisão da Corte em todo caso em que forem partes.

2. A parte da sentença que determinar indenização compensatória poderá ser executada no país respectivo pelo processo interno vigente para a execução de sentenças contra o Estado.

ARTIGO 69

A sentença da Corte deve ser notificada às partes no caso e transmitida aos Estados Partes na Convenção.

CAPÍTULO IX. DISPOSIÇÕES COMUNS

ARTIGO 70

1. Os juízes da Corte e os membros da Comissão gozam, desde o momento de sua eleição e enquanto durar o seu mandato, das imunidades reconhecidas aos agentes diplomáticos pelo

Direito Internacional. Durante o exercício dos seus cargos gozam, além disso, dos privilégios diplomáticos necessários para o desempenho de suas funções.

2. Não se poderá exigir responsabilidade em tempo algum dos juízes da Corte nem dos membros da Comissão, por votos e opiniões emitidos no exercício de suas funções.

ARTIGO 71

Os cargos de juiz da Corte ou de membro da Comissão são incompatíveis com outras atividades que possam afetar sua independência ou imparcialidade, conforme o que for determinado nos respectivos Estatutos.

ARTIGO 72

Os juízes da Corte e os membros da Comissão perceberão honorários e despesas de viagem na forma e nas condições que determinarem os seus Estatutos, levando em conta a importância e independência de suas funções. Tais honorários e despesas de viagem serão fixados no orçamento--programa da Organização dos Estados Americanos, no qual devem ser incluídas, além disso, as despesas da Corte e da sua Secretaria. Para tais efeitos, a Corte elaborará seu próprio projeto de orçamento e submetê-lo-á à aprovação da Assembleia Geral, por intermédio da Secretaria-Geral. Esta última não poderá nele introduzir modificações.

ARTIGO 73

Somente por solicitação da Comissão ou da Corte, conforme o caso, cabe à Assembleia Geral da Organização resolver sobre as sanções aplicáveis aos membros da Comissão ou aos juízes da Corte que incorrerem nos casos previstos nos respectivos Estatutos. Para expedir uma resolução, será necessária maioria de dois terços dos votos dos Estados membros da Organização, no caso dos membros da Comissão; e, além disso, de dois terços dos votos dos Estados Partes na Convenção, se se tratar dos juízes da Corte.

PARTE III. DISPOSIÇÕES GERAIS E TRANSITÓRIAS

CAPÍTULO X. ASSINATURA, RATIFICAÇÃO, RESERVA, EMENDA, PROTOCOLO E DENÚNCIA

ARTIGO 74

1. Esta Convenção fica aberta à assinatura e à ratificação ou adesão de todos os Estados membros da Organização dos Estados Americanos.

2. A ratificação desta Convenção ou a adesão a ela efetuar-se-á mediante depósito de um instrumento de ratificação ou de adesão na Secretaria-Geral da Organização dos Estados Americanos. Esta Convenção entrará em vigor logo que onze Estados houverem depositado os seus respectivos instrumentos de ratificação ou de adesão. Com referência a qualquer outro Estado que a ratificar ou que a ela aderir ulteriormente, a Convenção entrará em vigor na data do depósito do seu instrumento de ratificação ou de adesão.

3. O Secretário-Geral informará todos os Estados membros da Organização sobre a entrada em vigor da Convenção.

ARTIGO 75

Esta Convenção só pode ser objeto de reservas em conformidade com as disposições da Convenção de Viena sobre Direito dos Tratados, assinada em 23 de maio de 1969.

ARTIGO 76

1. Qualquer Estado-Parte, diretamente, e a Comissão ou a Corte, por intermédio do Secretário – Geral, para o que julgarem conveniente, proposta de emenda a esta Convenção,

2. As emendas entrarão em vigor para os Estados que ratificarem as mesmas na data em que houver sido depositado o respectivo instrumento de ratificação que corresponda ao número de dois terços dos Estados Partes nesta Convenção. Quanto aos outros Estados Partes, entrarão em vigor na data em que eles depositarem os seus respectivos instrumentos de ratificação.

ARTIGO 77

1. De acordo com a faculdade estabelecida no artigo 31º, qualquer Estado Parte e a Comissão podem submeter à consideração dos Estados Partes reunidos por ocasião da Assembleia Geral projetos de Protocolos adicionais a esta Convenção, com a finalidade de incluir progressivamente no regime de proteção da mesma outros direitos e liberdades.

2. Cada Protocolo deve estabelecer as modalidades de sua entrada em vigor e será aplicado somente entre os Estados Partes no mesmo.

ARTIGO 78

1. Os Estados Partes poderão denunciar esta Convenção depois de expirado um prazo de cinco anos, a partir da data da entrada em vigor da mesma e mediante aviso prévio de um ano, notificando o Secretário-Geral da Organização, o qual deve informar as outras Partes.

2. Tal denúncia não terá o efeito de desligar o Estado Parte interessado das obrigações contidas nesta Convenção, no que diz respeito a qualquer ato que, podendo constituir violação dessas obrigações, houver sido cometido por ele anteriormente à data na qual a denúncia produzir efeito.

CAPÍTULO XI.
DISPOSIÇÕES TRANSITÓRIAS

SEÇÃO I.
COMISSÃO INTERAMERICANA DE DIREITOS HUMANOS

ARTIGO 79

Ao entrar em vigor esta Convenção, o Secretário-Geral pedirá por escrito a cada Estado membro da Organização que apresente, dentro de um prazo de noventa dias, seus candidatos a membro da Comissão Interamericana de Direitos Humanos. O Secretário-Geral preparará uma lista por ordem alfabética dos candidatos apresentados e a encaminhará aos Estados membros da Organização pelo menos trinta dias antes da Assembleia Geral seguinte.

ARTIGO 80

A eleição dos membros da Comissão far-se-á dentre os candidatos que figurem na lista a que se refere o artigo 79º, por votação secreta da Assembleia Geral, e serão declarados eleitos os candidatos que obtiverem maior número de votos e a maioria absoluta dos votos dos representantes dos Estados membros. Se, para eleger todos os membros da Comissão, for necessário realizar várias votações, serão eliminados sucessivamente, na forma que for determinada pela Assembleia Geral, os candidatos que receberem menor número de votos.

SEÇÃO II.
CORTE INTERAMERICANA DE DIREITOS HUMANOS

ARTIGO 81

Ao entrar em vigor esta Convenção, o Secretário-Geral solicitará por escrito a cada Estado Parte que apresente, dentro de um prazo de noventa dias, seus candidatos a juiz da Corte Interamericana de Direitos Humanos. O Secretário-Geral preparará uma lista por ordem alfabética dos candidatos apresentados e a encaminhará aos Estados Partes pelo menos trinta dias antes da Assembleia Geral seguinte.

ARTIGO 82

A eleição dos juízes da Corte far-se-á dentre os candidatos que figurem na lista a que se refere o artigo 81º, por votação secreta dos Estados Partes, na Assembleia Geral, e serão declarados eleitos os candidatos que obtiverem maior número de votos e a maioria absoluta dos votos dos representantes dos Estados Partes. Se, para eleger todos os juízes da Corte, for necessário realizar várias votações, serão eliminados sucessivamente, na forma que for determinada pelos Estados Partes, os candidatos que receberem menor número de votos.

DECLARAÇÕES E RESERVAS

DECLARAÇÃO DO CHILE

A Delegação do Chile apõe sua assinatura a esta Convenção, sujeita à sua posterior aprovação parlamentar e ratificação, em conformidade com as normas constitucionais vigentes.

DECLARAÇÃO DO EQUADOR

A Delegação do Equador tem a honra de assinar a Convenção Americana sobre Direitos Humanos. Não crê necessário especificar reserva alguma, deixando a salvo tão somente a faculdade geral constante da mesma Convenção, que deixa aos governos a liberdade de ratificá-la.

RESERVA DO URUGUAI

O artigo 80, parágrafo 2º, da Constituição da República Oriental do Uruguai, estabelece que se suspende a cidadania "pela condição de legalmente processado em causa criminal de que possa resultar pena de penitenciária." Essa limitação ao exercício dos direitos reconhecidos no artigo 23 da Convenção não está prevista entre as circunstâncias que a tal respeito prevê o parágrafo 2 do referido artigo 23, motivo por que a Delegação do Uruguai formula reserva pertinente.

Em fé do que, os plenipotenciários abaixo-assinados, cujos plenos poderes foram encontrados em boa e devida forma, assinam esta Convenção, que se denominará "Pacto de São José da Costa Rica, em vinte e dois de novembro de mil novecentos e sessenta e nove.

DECLARAÇÃO INTERPRETATIVA DO BRASIL

Ao depositar a Carta de Adesão à Convenção Americana sobre Direitos Humanos (Pacto de São José da Costa Rica), em 25 de setembro de 1992, o Governo brasileiro fez a seguinte declaração interpretativa sobre os artigos 43 e 48, alínea d:

"O Governo do Brasil entende que os artigos 43 e 48, alínea d, não incluem o direito automático de visitas e inspeções in loco da Comissão Interamericana de Direitos Humanos, as quais dependerão da anuência expressa do Estado."

DECRETO Nº 1.093, DE 23 DE MARÇO DE 1994

Regulamenta a Lei Complementar nº 79, de 7 de janeiro de 1994, que cria o Fundo Penitenciário Nacional (FUNPEN), e dá outras providências.

ART. 1º. O Fundo Penitenciário Nacional (FUNPEN), instituído pela Lei Complementar nº 79, de 7 de janeiro de 1994, tem por finalidade proporcionar recursos e meios destinados a financiar e apoiar as atividades e os programas de modernização e aprimoramento do Sistema Penitenciário Brasileiro.

ART. 2º. Os recursos do FUNPEN serão aplicados:

I – na construção, reforma, ampliação e reequipamento de instalações e serviços de penitenciárias e outros estabelecimentos prisionais;

II – na manutenção dos serviços penitenciários, mediante a celebração de convênios, acordos, ajustes ou contratos com entidades públicas ou privadas;

III – na formação, aperfeiçoamento e especialização de servidores das áreas de administração, de segurança e de vigilância dos estabelecimentos penitenciários;

IV – na formação educacional e cultural do preso e do internado, mediante cursos curriculares de 1º e 2º graus, ou profissionalizantes de nível médio ou superior;

V – na elaboração e execução de projetos destinados à reinserção social de presos, internados e egressos;

VI – na execução de programas voltados à assistência jurídica aos presos e internados carentes;

VII – na execução de programas destinados a dar assistência às vítimas de crime e aos dependentes do preso ou do internado;

VIII – na participação de representantes oficiais em eventos científicos, realizados no Brasil e no exterior, sobre matéria penal, penitenciária ou criminológica;

IX – nas publicações e na pesquisa científica na área penal, penitenciária ou criminológica;

X – nos custos decorrentes de sua própria gestão, excetuadas as despesas de pessoal referentes a servidores públicos que já percebem remuneração dos cofres públicos.

Parágrafo único. Na aplicação dos recursos do FUNPEN, o Departamento de Assuntos Penitenciários observará os critérios e prioridades estabelecidos pela Secretaria dos Direitos da Cidadania e Justiça e as resoluções do Conselho Nacional de Política Criminal e Penitenciária.

ART. 3º. O FUNPEN será gerido pelo Diretor do Departamento de Assuntos Penitenciários da Secretaria dos Direitos da Cidadania e Justiça.

ART. 4º. Constituem recursos do FUNPEN os enumerados no art. 2º da Lei Complementar nº 79, de 1994.

Parágrafo único. Os recursos referidos no inciso IX do art. 2º da Lei Complementar nº 79, de 1994, compreendendo os rendimentos de qualquer natureza, auferidos como remuneração de aplicações financeiras, reverterão automaticamente à receita do FUNPEN.

ART. 5º. A Caixa Econômica Federal, até o quinto dia de cada mês, procederá ao depósito das quantias devidas ao FUNPEN, relativas ao percentual arrecadado dos concursos de prognósticos, sorteios e loterias, no âmbito do Governo Federal, previsto no art. 2º, inciso VIII, da Lei Complementar nº 79, de 1994.

Parágrafo único. Os demais recursos do FUNPEN, estabelecidos no art. 2º da Lei Complementar nº 79, de 1994, serão depositados pelos respectivos gestores públicos, responsáveis ou titulares legais.

ART. 6º. Os recursos do FUNPEN poderão ser repassados aos Estados, para a consecução dos objetivos previstos no art. 2º mediante acordos, convênios, ajustes ou qualquer outra modalidade estabelecida em lei.

§ 1º. Serão repassados aos Estados de origem, na proporção de cinquenta por cento, as quantias relativas às custas judiciais recolhidas em favor da União Federal, pertinentes aos seus serviços forenses.

§ 2º. Para a programação do repasse dos recursos a que se refere este artigo, o Departamento de Assuntos Penitenciários da Secretaria dos Direitos da Cidadania e Justiça manterá permanente articulação com as áreas específicas das unidades federativas beneficiadas.

ART. 7º. As receitas do FUNPEN serão permanentemente aplicadas em fundos de investimentos, geridos pelo Banco do Brasil S.A. revertidos, automaticamente, seus rendimentos.

ART. 8º. Este Decreto entra em vigor na data de sua publicação.

Brasília, 23 de março de 1994;
173º da Independência e 106º da República.

ITAMAR FRANCO

Este texto não substitui o publicado no DOU de 24.3.1994

DECRETO Nº 3.167, DE 14 DE SETEMBRO DE 1999

Promulga a Convenção sobre a Prevenção e Punição de Crimes Contra Pessoas que Gozam de Proteção Internacional, inclusive Agentes Diplomáticos, concluída em Nova York, em 14 de dezembro de 1973, com a reserva prevista no parágrafo 2º do art. 13 da Convenção.

Considerando que a Convenção sobre a Prevenção e Punição de Crimes Contra Pessoas que Gozam de Proteção Internacional, inclusive Agentes Diplomáticos, concluída em Nova York, em 14 de dezembro de 1973;

Considerando que a Convenção em tela entrou em vigor internacional em 20 de fevereiro de 1977;

Considerando que o Congresso Nacional aprovou o Ato multilateral em epígrafe por meio do Decreto Legislativo nº 25, de 31 de março de 1999, com a reserva prevista no parágrafo 2º do art. 13 da Convenção;

Considerando que o Governo brasileiro depositou o Instrumento de Adesão do referido Ato em 7 de junho de 1999, passando a mesma a vigorar, para o Brasil, em 7 de junho de 1999;

DECRETA:

ART. 1º. A Convenção sobre a Prevenção e Punição de Crimes Contra Pessoas que Gozam de Proteção Internacional, inclusive Agentes Diplomáticos, concluída em Nova York, em 14 de dezembro de 1973, com a reserva prevista no parágrafo 2o do art. 13 da Convenção, apensa por cópia a este Decreto, deverá ser executada e cumprida tão inteiramente como nela se contém.

ART. 2º. Este Decreto entra em vigor na data de sua publicação.

Brasília, 14 de setembro de 1999; 178º da Independência e 111º da República.

FERNANDO HENRIQUE CARDOSO

Convenção sobre a Prevenção e Punição de Crimes contra Pessoas que Gozam de Proteção Internacional, inclusive Agentes Diplomáticos

A ASSEMBLEIA GERAL,

Considerando que a codificação e o desenvolvimento progressivo do direito internacional contribuem para a realização dos propósitos e princípios estabelecidos nos Artigos 1 e 2 da Carta das Nações Unidas,

Lembrando que, em resposta à solicitação formulada na resolução 2780 (XXVI) da Assembleia Geral, em 3 de dezembro de 1971, a Comissão de Direito Internacional, em sua vigésima-quarta sessão, estudou a questão da proteção e da inviolabilidade de agentes diplomáticos e outras pessoas com direito a gozar de proteção especial por parte do direito internacional, e elaborou um projeto de Artigos sobre a prevenção e a punição de crimes contra tais pessoas,

Tendo examinado o projeto de Artigos, bem como os comentários e observações pertinentes apresentados pelos Estados, organismos especializados e outras organizações intergovernamentais, em resposta ao convite formulado pela Assembleia Geral em sua resolução 2926 (XXVII), de 28 de novembro de 1972,

Convencida da importância de chegar-se a um acordo internacional quanto às medidas apropriadas e eficazes para a prevenção e a punição de crimes contra agentes diplomáticos e outras pessoas que gozam de proteção internacional, tendo em vista a grave ameaça a manutenção e à promoção do desenvolvimento de relações amistosas e de cooperação entre os Estados, criada pela perpetração de tais crimes,

Tendo elaborado, para esse fim, os dispositivos contidos na Convenção anexada à presente resolução,

1. Adota a Convenção sobre a Prevenção e Punição de Crimes contra Pessoas que Gozam de Proteção Internacional, inclusive Agentes Diplomáticos, anexada à presente resolução;

2. Torna a salientar a grande importância das normas de direito internacional, no que se refere à inviolabilidade e proteção especial que hão de gozar as pessoas protegidas por legislação internacional, e às obrigações concomitantes dos Estados;

3. Considera que a Convenção anexada à presente resolução possibilitará aos Estados dar cumprimento a suas obrigações de modo mais eficiente;

4. Reconhece, igualmente, que os dispositivos da Convenção anexada à presente resolução não poderão, de forma alguma, prejudicar o exercício do legítimo direito à autodeterminação e independência, em conformidade com os propósitos e princípios da Carta das Nações Unidas e da Declaração sobre os Princípios de Direito Internacional, que dizem respeito às Relações Amistosas e a Cooperação entre os Estados, em conformidade com a Carta das Nações Unidas, por parte dos povos que lutam contra o colonialismo, a dominação estrangeira, a ocupação estrangeira, a discriminação racial e o "apartheid";

5. Convida os Estados a tornarem-se partes da Convenção anexada;

6. Decide que a presente resolução, cujos dispositivos referem-se à Convenção anexada, será publicada sempre junto com esta.

2.202ª sessão plenária

14 de dezembro de 1973.

Anexo.

CONVENÇÃO SOBRE A PREVENÇÃO E A PUNIÇÃO DE CRIMES CONTRA PESSOAS QUE GOZAM DE PROTEÇÃO INTERNACIONAL, INCLUSIVE AGENTES DIPLOMÁTICOS

OS ESTADOS PARTES DA PRESENTE CONVENÇÃO,

Conscientes dos propósitos e princípios da Carta das Nações Unidas, no que se refere à manutenção da paz internacional e à promoção das relações amistosas e da cooperação entre os Estados,

Considerando que os crimes contra agentes diplomáticos e outras pessoas que gozam de proteção internacional, ao pôr em risco a segurança das mesmas, representam uma séria ameaça para a manutenção de relações internacionais normais, necessárias à cooperação entre os Estados,

Julgando que a perpetração de tais crimes constitui motivo de grave preocupação para a comunidade Internacional,

Convencidos de que urge adotar medidas apropriadas e eficazes visando à prevenção e a punição de tais crimes,

ACORDARAM O SEGUINTE:

ARTIGO 1.

Para as finalidades da presente Convenção:

1. A expressão "pessoa que goza de proteção internacional", aplicar-se-á:

a) a todo Chefe de Estado, inclusive a todo membro de um órgão colegiado que, por delegação da constituição do respectivo Estado, possa desempenhar as funções de Chefe de Estado, a todo Chefe de Governo, ou a todo Ministro das Relações Exteriores, sempre que tal pessoa encontre-se em um Estado estrangeiro, assim como aos membros de sua família que o acompanham;

b) a todo representante ou funcionário de um Estado, inclusive a todo agente oficial ou outro de uma organização intergovernamental, que, na ocasião e no local em que se comete um crime contra a sua pessoa, contra o seu local oficial de trabalho, contra a sua residência particular ou contra o seu meio de transporte, tenha direito, em conformidade com a legislação internacional, a proteção especial contra qualquer atentado à sua pessoa, liberdade ou dignidade, ou aos membros de sua família que constituem o seu lar;

2. A expressão "autor presumido do crime" aplicar-se-á a toda pessoa sobre a qual existem elementos de prova suficientes para determinar prima facie que a mesma cometeu um ou mais dos crimes estipulados no Artigo 2, ou deles participou.

ARTIGO 2.

1. A perpetração intencional de:

a) assassinato, sequestro ou outro tipo de atentado contra a pessoa ou a liberdade de uma pessoa que goza de proteção internacional;

b) atentado violento contra as dependências oficiais, contra a residência particular ou contra os meios de transporte de uma pessoa que goza de proteção internacional, tal que possa constituir ameaça para a sua pessoa ou para a liberdade desta pessoa;

c) ameaça de perpetrar semelhante atentado;

d) tentativa de perpetrar semelhante atentado; e

e) ato que implique em participação como cúmplice em semelhante atentado, será enquadrada como crime por todo Estado, parte da presente Convenção, em sua respectiva legislação.

2. Todo Estado Parte fará com que tais crimes sejam passíveis de punição mediante penas apropriadas, as quais levem em conta a natureza grave dos mesmos.

3. Os parágrafos 1 e 2 do presente Artigo não serão, de forma alguma, interpretados em detrimento da obrigação dos Estados Partes, em conformidade com o direito internacional, de tomar todas as medidas apropriadas para impedir outros tipos de atentado à pessoa, à liberdade ou à dignidade de uma pessoa que goza de proteção internacional.

ARTIGO 3.

1. Todo Estado Parte tomará as medidas que forem necessárias para estabelecer a sua jurisdição sobre os crimes estipulados no Artigo 2, nos seguintes casos:

a) quando o crime for cometido no território do referido Estado ou a bordo de navio ou aeronave nele registrado;

b) quando o autor presumido do crime for nacional daquele Estado;

c) quando o crime for cometido contra pessoa que goza de proteção internacional, tal como definida no Artigo 1, a qual usufrui dessa condição em virtude das funções que exerce em nome do dito Estado.

2. Todo Estado Parte deverá, igualmente, tomar as medidas que forem necessárias para o estabelecimento de sua jurisdição sobre tais crimes, caso o autor presumido do crime encontre-se em seu território, e o referido Estado não proceder à sua extradição, em conformidade com o Artigo 8, para nenhum dos Estados mencionados no parágrafo 1 do presente Artigo.

3. A presente Convenção não exclui nenhuma jurisdição penal exercida em conformidade com a legislação interna.

ARTIGO 4.

Os Estados Partes deverão cooperar para a prevenção dos crimes estipulados no Artigo 2, em particular:

a) tomar todas as medidas ao seu alcance para impedir que, em seus respectivos territórios, realizem-se preparativos para a execução de tais crimes, dentro ou fora de seus territórios;

b) trocar informações e coordenar a adoção de medidas administrativas e outras, conforme proceda, para impedir a perpetração de tais crimes.

ARTIGO 5.

1. O Estado Parte em cujo território for cometido um ou mais dos crimes estipulados no Artigo 2, caso tenha razões bem fundadas para crer que o autor presumido do crime fugiu de seu território, deverá dar conhecimento aos demais Estados interessados, diretamente ou por intermédio do Secretário-Geral das Nações Unidas, de todos os fatos pertinentes ao crime cometido e de todas as informações de que disponha sobre a identidade do autor presumido do crime.

2. Quando um ou mais dos crimes estipulados no Artigo 2 for cometido contra pessoa que goza de proteção internacional, todo Estado Parte que dispuser de informações relativas à vítima e às circunstâncias do crime, deverá envidar todos os esforços para transmiti-las, em conformidade com o disposto na respectiva legislação, de forma integral e em tempo hábil, ao Estado Parte em do qual a mesma exercia as suas funções.

ARTIGO 6.

1. Se entender que as circunstâncias assim o justificam, o Estado Parte, em cujo território o autor presumido do crime encontra-se, adotará as medidas apropriadas, em

conformidade com o disposto na respectiva legislação, para garantir a presença do mesmo para fins de instauração de processo penal ou de extradição. Tais medidas deverão ser comunicadas sem dilação diretamente ou por intermédio do Secretário-Geral das Nações Unidas:

a) ao Estado em que o crime foi cometido;

b) ao Estado ou aos Estados dos quais o autor presumido do crime é nacional, ou, se se tratar de apátrida, em cujo território o mesmo tenha residência permanente;

c) ao Estado ou aos Estados dos quais a pessoa que goza de proteção internacional é nacional, ou em nome dos quais esteja exercendo as suas funções;

d) a todos os demais Estados interessados; e

e) à organização internacional da qual a pessoa que goza de proteção internacional é funcionário ou agente.

2. Toda pessoa contra a qual sejam adotadas as medidas previstas no parágrafo 1 deste Artigo terá direito a:

a) comunicar-se sem dilação, com o representante competente mais próximo do Estado de que é nacional, ou do Estado a que, por outras razões, compete proteger os seus direitos, ou, se se tratar de pessoa apátrida, do Estado que se dispuser, mediante solicitação da mesma, a proteger os seus direitos;

b) receber a visita de um representante desse Estado.

ARTIGO 7.

O Estado Parte em cujo território encontra-se o autor presumido do crime, caso não proceder à extradição do mesmo, deverá, sem nenhuma exceção e sem dilação injustificada, submeter o assunto às autoridades competentes, para fins de instauração de processo penal, em conformidade com o disposto na respectiva legislação.

ARTIGO 8.

1. Na medida em que os crimes estipulados no Artigo 2 não constem como crimes passíveis de extradição em nenhum dos tratados celebrados entre os Estados Partes, tais crimes, não obstante, serão assim considerados em decorrência da presente Convenção. Os Estados Partes comprometem-se a incluir tais crimes entre aqueles passíveis de extradição em todo tratado de extradição que venham a celebrar no futuro.

2. Se um Estado Parte, o qual condiciona a extradição à existência de um tratado, receber um pedido de extradição de outro Estado Parte, com o qual não mantém tratado de extradição, o Estado Parte solicitado poderá, a seu juízo, tomar a presente Convenção como fundamento legal para a extradição, no que diz respeito aos referidos crimes. A extradição estará sujeita aos trâmites processuais e demais condições previstas na legislação do Estado solicitado.

3. Os Estados Partes que não condicionam a extradição à existência de um tratado, reconhecerão os crimes previstos no Artigo 1 como passíveis de extradição entre eles, estando a mesma sujeita aos trâmites processuais e demais condições previstas na legislação do Estado solicitado.

4. Os crimes ora referidos serão considerados, para fins de extradição entre os Estados Partes, como tendo sido cometidos não somente no lugar onde ocorreram, mas também nos territórios dos Estados Partes obrigados a estabelecer a sua jurisdição, em conformidade com o parágrafo 1 do Artigo 3.

ARTIGO 9.

Toda pessoa contra a qual seja instaurada ação penal relativa a um ou mais crimes estipulados no Artigo 2, deverá receber garantias de tratamento equitativo em todas as etapas do processo.

ARTIGO 10.

1. Os Estados Partes prestar-se-ão a maior ajuda possível, no que diz respeito aos processos penais relativos aos crimes estipulados no Artigo 2 inclusive a apresentação de todas as provas necessárias ao processo de que disponham.

2. Os dispositivos do parágrafo 1 do presente Artigo não atingirão as obrigações relativas à cooperação judicial estipuladas em qualquer outro tratado.

ARTIGO 11.

O Estado Parte, onde o autor presumido do crime responde a ação penal deverá comunicar o resultado final do processo ao Secretário-Geral das Nações Unidas, que transmitirá a informação aos demais Estados Partes.

ARTIGO 12.

Os dispositivos da presente Convenção não atingirão a aplicação dos tratados de asilo, vigentes na data de adoção da presente Convenção, no que diz respeito aos Estados Partes dos referidos tratados; entretanto, um Estado Parte da presente Convenção não poderá invocar tais tratados com relação a outro Estado Parte da presente Convenção que não seja parte daqueles.

ARTIGO 13.

1. Toda controvérsia entre dois ou mais Estados Partes, relativa à interpretação ou aplicação da presente Convenção, caso não seja resolvida pela via de negociação, deverá, por solicitação de uma das Partes, ser submetida à arbitragem. Se, dentro de seis meses a partir da data de solicitação da arbitragem, as Partes não chegarem a um acordo quanto à forma da arbitragem, qualquer das Partes poderá submeter a controvérsia à Corte Internacional de Justiça, mediante solicitação, em conformidade com o Estatuto da Corte.

2. Todo Estado Parte poderá, por ocasião da assinatura ou ratificação da presente Convenção, ou de sua adesão a ela, declarar que não se considera obrigado pelos dispositivos do parágrafo 1 do presente Artigo. Os demais Estados Partes não estarão obrigados pelos referidos dispositivos com respeito a qualquer Estado Parte que tenha formulado semelhante reserva.

3. Todo Estado Parte que tiver formulado a reserva prevista no parágrafo 2 do presente Artigo, poderá suspendê-la, a qualquer momento, mediante notificação dirigida ao Secretário-Geral das Nações Unidas.

ARTIGO 14.

A presente Convenção estará aberta à assinatura de todos os Estados até o dia 31 de dezembro de 1974, na Sede das Nações Unidas, em Nova York.

ARTIGO 15.

A presente Convenção deverá ser ratificada. Os instrumentos para ratificação serão depositados junto ao Secretário-geral das Nações Unidas.

ARTIGO 16.

A presente Convenção estará aberta à adesão de qualquer Estado. Os instrumentos de adesão serão depositados junto ao Secretário-Geral das Nações Unidas.

ARTIGO 17.

1. A presente Convenção entrará em vigor no trigésimo dia após a data do depósito do vigésimo-segundo instrumento de ratificação ou adesão junto ao Secretário-Geral das Nações Unidas.

2. Para todo Estado que ratificar a Convenção, ou a ela aderir, depois do depósito do vigésimo-segundo instrumento de ratificação ou adesão, a presente Convenção entrará em vigor depois do trigésimo dia da data do depósito dos instrumentos de ratificação ou adesão pelos respectivos Estados.

ARTIGO 18.

1. Todo Estado Parte poderá denunciar a presente Convenção, mediante notificação por escrito dirigida ao Secretário-Geral das Nações Unidas.

2. A denúncia entrará em vigor seis meses após a data do recebimento da notificação pelo Secretário-Geral das Nações Unidas.

ARTIGO 19.

O Secretário-Geral das Nações Unidas deverá dar conhecimento a todos os Estados, inter alia:

a) das assinaturas à presente Convenção, do depósito dos instrumentos de ratificação ou adesão, em conformidade com o disposto nos Artigos 14, 15 e 16, e das notificações, dirigidas em conformidade com o disposto no Artigo 18

b) da data da entrada em vigor da presente Convenção, em conformidade com o disposto no Artigo 17.

ARTIGO 20.

A presente Convenção, cujos textos em árabe, chinês, inglês, francês, russo e espanhol fazem igualmente fé, será depositada junto ao Secretário-Geral das Nações Unidas. Cópias da mesma, devidamente autenticadas, serão transmitidas por este último a todos os Estados signatários.

Em fé do que, os abaixo-assinados, devidamente autorizados a isso por seus respectivos Governos, firmaram a presente Convenção, aberta para assinatura em Nova York, no dia 14 de dezembro de 1973.

DECRETO Nº 4.410, DE 7 DE OUTUBRO DE 2002 – CONVENÇÃO INTERAMERICANA CONTRA A CORRUPÇÃO

Promulga a Convenção Interamericana contra a Corrupção, de 29 de março de 1996, com reserva para o art. XI, parágrafo 1º, inciso "c".

O PRESIDENTE DA REPÚBLICA, no uso da atribuição que lhe confere o art. 84, inciso VIII, da Constituição,

Considerando que o Congresso Nacional aprovou por meio do Decreto Legislativo nº 152, de 25 de junho de 2002, o texto da Convenção Interamericana contra a Corrupção, adotada em Caracas, em 29 de março de 1996, com reserva para o art. XI, parágrafo 1º, inciso "c";

Considerando que a Convenção entrou em vigor, para o Brasil, em 24 de agosto de 2002, nos termos de seu artigo XXV;

DECRETA:

ART. 1º. A Convenção Interamericana contra a Corrupção, adotada em Caracas, em 29 de março de 1996, apensa por cópia ao presente Decreto, será executada e cumprida tão inteiramente como nela se contém, com reserva para o art. XI, parágrafo 1º, inciso "c". (Redação dada pelo Decreto nº 4.534, de 19.12.2002)

ART. 2º. São sujeitos à aprovação do Congresso Nacional quaisquer atos que possam resultar em revisão da referida Convenção, assim como quaisquer ajustes complementares que, nos termos do art. 49, inciso I, da Constituição, acarretem encargos ou compromissos gravosos ao patrimônio nacional.

ART. 3º. Este Decreto entra em vigor na data de sua publicação.

Brasília, 7 de outubro de 2002;
181º da Independência e 114º da República.
FERNANDO HENRIQUE CARDOSO
Este texto não substitui o publicado no DOU de 8.10.2002

CONVENÇÃO INTERAMERICANA CONTRA A CORRUPÇÃO

PREÂMBULO

OS ESTADOS MEMBROS DA ORGANIZAÇÃO DOS ESTADOS AMERICANOS,

CONVENCIDOS de que a corrupção solapa a legitimidade das instituições públicas e atenta contra a sociedade, a ordem moral e a justiça, bem como contra o desenvolvimento integral dos povos;

CONSIDERANDO que a democracia representativa, condição indispensável para a estabilidade, a paz e o desenvolvimento da região, exige, por sua própria natureza, o combate a toda forma de corrupção no exercício das funções públicas e aos atos de corrupção especificamente vinculados a seu exercício;

PERSUADIDOS de que o combate à corrupção reforça as instituições democráticas e evita distorções na economia, vícios na gestão pública e deterioração da moral social;

RECONHECENDO que, muitas vezes, a corrupção é um dos instrumentos de que se serve o crime organizado para concretizar os seus fins;

CONVENCIDOS da importância de gerar entre a população dos países da região uma consciência em relação à existência e à gravidade desse problema e da necessidade de reforçar a participação da sociedade civil na prevenção e na luta contra a corrupção;

RECONHECENDO que a corrupção, em alguns casos, se reveste de transcendência internacional, o que exige por parte dos Estados uma ação coordenada para combatê-la eficazmente;

CONVENCIDOS da necessidade de adotar o quanto antes um instrumento internacional que promova e facilite a cooperação internacional para combater a corrupção e, de modo especial, para tomar as medidas adequadas contra as pessoas que cometam atos de corrupção no exercício das funções públicas ou especificamente vinculados a esse exercício, bem como a respeito dos bens que sejam fruto desses atos;

PROFUNDAMENTE PREOCUPADOS com os vínculos cada vez mais estreitos entre a corrupção e as receitas do tráfico ilícito de entorpecentes, que ameaçam e corroem as atividades comerciais e financeiras legítimas e a sociedade, em todos os níveis;

TENDO PRESENTE que, para combater a corrupção, é responsabilidade dos Estados erradicar a impunidade e que a cooperação entre eles é necessária para que sua ação neste campo seja efetiva; e

DECIDIDOS a envidar todos os esforços para prevenir, detectar, punir e erradicar a corrupção no exercício das funções públicas e nos atos de corrupção especificamente vinculados a seu exercício,

CONVIERAM em assinar a seguinte

Convenção Interamericana Contra A Corrupção

ARTIGO I.

DEFINIÇÕES

Para os fins desta Convenção, entende-se por:

"Função pública" toda atividade, temporária ou permanente, remunerada ou honorária realizada por uma pessoa física em nome do Estado ou a serviço do Estado ou de suas entidades, em qualquer de seus níveis hierárquicos.

"Funcionário público", "funcionário de governo" ou "servidor público" qualquer funcionário ou empregado de um Estado ou de suas entidades, inclusive os que tenham sido selecionados, nomeados ou eleitos para desempenhar atividades ou funções em nome do Estado ou a serviço do Estado em qualquer de seus níveis hierárquicos.

"Bens" os ativos de qualquer tipo, quer sejam móveis ou imóveis, tangíveis ou intangíveis, e os documentos e instrumentos legais que comprovem ou pretendam comprovar a propriedade ou outros direitos sobre estes ativos, ou que se refiram à propriedade ou outros direitos.

ARTIGO II.

PROPÓSITOS

Os propósitos desta Convenção são:

1. Promover e fortalecer o desenvolvimento, por cada um dos Estados Partes, dos mecanismos necessários para prevenir, detectar, punir e erradicar a corrupção; e

2. Promover, facilitar e regular a cooperação entre os Estados Partes a fim de assegurar a eficácia das medidas e ações adotadas para prevenir, detectar, punir e erradicar a corrupção no exercício das funções públicas, bem como os atos de corrupção especificamente vinculados a seu exercício.

ARTIGO III.

MEDIDAS PREVENTIVAS

Para os fins estabelecidos no artigo II desta Convenção, os Estados Partes convêm em considerar a aplicabilidade de medidas, em seus próprios sistemas institucionais destinadas a criar, manter e fortalecer:

1. Normas de conduta para o desempenho correto, honrado e adequado das funções públicas. Estas normas deverão ter por finalidade prevenir conflitos de interesses, assegurar a guarda e uso adequado dos recursos confiados aos funcionários públicos no desempenho de suas funções e estabelecer medidas e sistemas para exigir dos funcionários públicos que informem as autoridades competentes dos atos de corrupção nas funções públicas de que tenham conhecimento. Tais medidas ajudarão a preservar a confiança na integridade dos funcionários públicos e na gestão pública.

2. Mecanismos para tornar efetivo o cumprimento dessas normas de conduta.

3. Instruções ao pessoal dos órgãos públicos a fim de garantir o adequado entendimento de suas responsabilidades e das normas éticas que regem as suas atividades.

4. Sistemas para a declaração das receitas, ativos e passivos por parte das pessoas que desempenhem funções públicas em determinados cargos estabelecidos em lei e, quando for o caso, para a divulgação dessas declarações.

5. Sistemas de recrutamento de funcionários públicos e de aquisição de bens e serviços por parte do Estado de forma a assegurar sua transparência, equidade e eficiência.

6. Sistemas para arrecadação e controle da renda do Estado que impeçam a prática da corrupção.

7. Leis que vedem tratamento tributário favorável a qualquer pessoa física ou jurídica em relação a despesas efetuadas com violação dos dispositivos legais dos Estados Partes contra a corrupção.

8. Sistemas para proteger funcionários públicos e cidadãos particulares que denunciarem de boa-fé atos de corrupção, inclusive a proteção de sua identidade, sem prejuízo da Constituição do Estado e dos princípios fundamentais de seu ordenamento jurídico interno.

9. Órgãos de controle superior, a fim de desenvolver mecanismos modernos para prevenir, detectar, punir e erradicar as práticas corruptas.

10. Medidas que impeçam o suborno de funcionários públicos nacionais e estrangeiros, tais como mecanismos para garantir que as sociedades mercantis e outros tipos de associações mantenham registros que, com razoável nível de detalhe, reflitam com exatidão a aquisição e alienação de ativos e mantenham controles contábeis internos que permitam aos funcionários da empresa detectarem a ocorrência de atos de corrupção.

11. Mecanismos para estimular a participação da sociedade civil e de organizações não-governamentais nos esforços para prevenir a corrupção.

12. O estudo de novas medidas de prevenção, que levem em conta a relação entre uma remuneração equitativa e a probidade no serviço público.

ARTIGO IV.

ÂMBITO

Esta Convenção é aplicável sempre que o presumido ato de corrupção seja cometido ou produza seus efeitos em um Estado Parte.

ARTIGO V.

JURISDIÇÃO

1. Cada Estado Parte adotará as medidas que forem necessárias para estabelecer sua jurisdição sobre os delitos que tiver tipificado nos termos desta Convenção, quando o delito for cometido em seu território.

2. Cada Estado Parte poderá adotar as medidas que sejam necessárias para estabelecer sua jurisdição em relação aos delitos que haja tipificado, nos termos desta Convenção, quando o delito for cometido por um de seus cidadãos ou por uma pessoa que tenha sua residência habitual em seu território.

3. Cada Estado Parte adotará as medidas que sejam necessárias para estabelecer sua jurisdição em relação aos delitos que haja tipificado, nos termos desta Convenção, quando o suspeito se encontrar em seu território e a referida parte não o extraditar para outro país por motivo da nacionalidade do suspeito.

4. Esta Convenção não exclui a aplicação de qualquer outra regra de jurisdição penal estabelecida por uma parte em virtude de sua legislação nacional.

ARTIGO VI.

ATOS DE CORRUPÇÃO

1. Esta Convenção é aplicável aos seguintes atos de corrupção:

a) a solicitação ou a aceitação, direta ou indiretamente, por um funcionário público ou pessoa que exerça funções públicas, de qualquer objeto de valor pecuniário ou de outros benefícios como dádivas, favores, promessas ou vantagens para si mesmo ou para outra pessoa ou entidade em troca da realização ou omissão de qualquer ato no exercício de suas funções públicas;

b) a oferta ou outorga, direta ou indiretamente, a um funcionário público ou pessoa que exerça funções públicas, de qualquer objeto de valor pecuniário ou de outros benefícios como dádivas, favores, promessas ou vantagens a esse funcionário público ou outra pessoa ou entidade em troca da realização ou omissão de qualquer ato no exercício de suas funções públicas;

c) a realização, por parte de um funcionário público ou pessoa que exerça funções públicas, de qualquer ato ou omissão no exercício de suas funções, a fim de obter ilicitamente benefícios para si mesmo ou para um terceiro;

d) o aproveitamento doloso ou a ocultação de bens provenientes de qualquer dos atos a que se refere este artigo; e

e) a participação, como autor, coautor, instigador, cúmplice, acobertador ou mediante qualquer outro modo na perpetração, na tentativa de perpetração ou na associação ou confabulação para perpetrar qualquer dos atos a que se refere este artigo.

2. Esta Convenção também é aplicável por acordo mútuo entre dois ou mais Estados Partes com referência a quaisquer outros atos de corrupção que a própria Convenção não defina.

ARTIGO VII.

LEGISLAÇÃO INTERNA

Os Estados Partes que ainda não o tenham feito adotarão as medidas legislativas ou de outra natureza que forem necessárias para tipificar como delitos em seu direito interno os atos de corrupção descritos no artigo VI, parágrafo I, e para facilitar a cooperação entre eles nos termos desta Convenção.

ARTIGO VIII.

SUBORNO TRANSNACIONAL

Sem prejuízo de sua Constituição e dos princípios fundamentais de seu ordenamento jurídico, cada Estado Parte proibirá e punirá o oferecimento ou outorga, por parte de seus cidadãos, pessoas que tenham residência habitual em seu território e empresas domiciliadas no mesmo, a um funcionário público de outro Estado, direta ou indiretamente, de qualquer objeto de valor pecuniário ou outros benefícios, como dádivas, favores, promessas ou vantagens em troca da realização ou omissão, por esse funcionário, de qualquer ato no exercício de suas funções públicas relacionado com uma transação de natureza econômica ou comercial.

Entre os Estados Partes que tenham tipificado o delito de suborno transnacional, este será considerado um ato de corrupção para os propósitos desta Convenção.

O Estado Parte que não tenha tipificado o suborno transnacional prestará a assistência e cooperação previstas nesta Convenção relativamente a este delito, na medida em que o permitirem as suas leis.

ARTIGO IX.

ENRIQUECIMENTO ILÍCITO

Sem prejuízo de sua Constituição e dos princípios fundamentais de seu ordenamento jurídico, os Estados Partes que ainda não o tenham feito adotarão as medidas necessárias para tipificar como delito em sua legislação o aumento do patrimônio de um funcionário público que exceda de modo significativo sua renda legítima durante o exercício de suas funções e que não possa justificar razoavelmente.

Entre os Estados Partes que tenham tipificado o delito de enriquecimento ilícito, este será considerado um ato de corrupção para os propósitos desta Convenção.

O Estado Parte que não tenha tipificado o enriquecimento ilícito prestará a assistência e cooperação previstas nesta Convenção relativamente a este delito, na medida em que o permitirem as suas leis.

ARTIGO X.

NOTIFICAÇÃO

Quando um Estado Parte adotar a legislação a que se refere o parágrafo I dos artigos VIII e IX, notificará o Secretário-geral da Organização dos Estados Americanos, que, por sua vez, notificará os demais Estados Partes. Os delitos de suborno transnacional e de enriquecimento ilícito, no que se refere a este Estado Parte, serão considerados atos de corrupção para os propósitos desta Convenção a partir de 30 dias, contados da data da referida notificação.

ARTIGO XI.
DESENVOLVIMENTO PROGRESSIVO

1. A fim de impulsionar o desenvolvimento e a harmonização das legislações nacionais e a consecução dos objetivos desta Convenção, os Estados Partes julgam conveniente considerar a tipificação das seguintes condutas em suas legislações e a tanto se comprometem:

a) o aproveitamento indevido, em benefício próprio ou de terceiros, por parte do funcionário público ou pessoa no exercício de funções públicas de qualquer tipo de informação reservada ou privilegiada da qual tenha tomado conhecimento em razão ou por ocasião do desempenho da função pública;

b) o uso ou aproveitamento indevido, em benefício próprio ou de terceiros por parte de funcionário público ou pessoa que exerça funções públicas de qualquer tipo de bens do Estado ou de empresas ou instituições em que este tenha parte aos quais tenha tido acesso em razão ou por ocasião do desempenho da função;

c) toda ação ou omissão realizada por qualquer pessoa que, por si mesma ou por interposta pessoa, ou atuando como intermediária, procure a adoção, por parte da autoridade pública, de uma decisão em virtude da qual obtenha ilicitamente, para si ou para outrem, qualquer benefício ou proveito, haja ou não prejuízo para o patrimônio do Estado; e

d) o desvio de bens móveis ou imóveis, dinheiro ou valores pertencentes ao Estado para fins não relacionados com aqueles aos quais se destinavam a um organismo descentralizado ou a um particular, praticado, em benefício próprio ou de terceiros, por funcionários públicos que os tiverem recebido em razão de seu cargo, para administração, guarda ou por outro motivo.

2. Entre os Estados Partes que os tenham tipificado, estes delitos serão considerados atos de corrupção para os propósitos desta Convenção.

3. O Estado Parte que não tiver tipificado qualquer dos delitos definidos neste artigo prestará a assistência e cooperação previstas nesta Convenção relativamente a esses delitos, na medida em que o permitirem as suas leis.

ARTIGO XII.
EFEITOS SOBRE O PATRIMÔNIO DO ESTADO

Para os fins desta Convenção, não será exigível que os atos de corrupção nela descritos produzam prejuízo patrimonial para o Estado.

ARTIGO XIII.
EXTRADIÇÃO

1. Este artigo será aplicado aos delitos tipificados pelos Estados Partes de conformidade com esta Convenção.

2. Cada um dos delitos a que se aplica este artigo será considerado como incluído entre os delitos que dão lugar a extradição em todo tratado de extradição vigente entre os Estados Partes. Os Estados Partes comprometem-se a incluir esses delitos como base para a concessão da extradição em todo tratado de extradição que celebrarem entre si.

3. Se um Estado Parte que subordinar a extradição à existência de um tratado receber uma solicitação de extradição de outro Estado Parte com o qual não estiver vinculado por nenhum tratado de extradição, poderá considerar esta Convenção como a base jurídica da extradição em relação aos delitos a que se aplica este artigo.

4. Os Estados Partes que não subordinarem a extradição à existência de um tratado reconhecerão os delitos a que se aplica este artigo como delitos suscetíveis de extradição entre si.

5. A extradição estará sujeita às condições previstas pela legislação do Estado Parte requerido ou pelos tratados de extradição aplicáveis, incluídos os motivos pelos quais o Estado Parte requerido pode recusar a extradição.

6. Se a extradição solicitada em razão de um delito a que se aplique este artigo foi recusada baseando-se exclusivamente na nacionalidade da pessoa reclamada, ou por o Estado Parte requerido considerar-se competente, o Estado Parte requerido submeterá o caso a suas autoridades competentes para julgá-lo, a menos que tenha sido acordado em contrário com o Estado Parte requerente, e o informará oportunamente do seu resultado final.

7. Sem prejuízo do disposto em seu direito interno e em seus tratados de extradição, o Estado Parte requerido, por solicitação do Estado Parte requerente, poderá depois de certificar-se de que as circunstâncias o justificam e têm caráter urgente proceder à detenção da pessoa cuja extradição se solicitar e que se encontrar em seu território, ou adotar outras medidas adequadas para assegurar seu comparecimento nos trâmites de extradição.

ARTIGO XIV.
ASSISTÊNCIA E COOPERAÇÃO

1. Os Estados Partes prestarão a mais ampla assistência recíproca, em conformidade com suas leis e com os tratados aplicáveis, dando curso às solicitações emanadas de suas autoridades que, de acordo com seu direito interno, tenham faculdades para investigar ou processar atos de corrupção definidos nesta Convenção, com vistas à obtenção de provas e à realização de outros atos necessários para facilitar os processos e as diligências ligadas à investigação ou processo penal por atos de corrupção.

2. Além disso, os Estados Partes prestarão igualmente a mais ampla cooperação técnica recíproca sobre as formas e métodos mais efetivos para prevenir, detectar, investigar e punir os atos de corrupção. Com esta finalidade, facilitarão o intercâmbio de experiências por meio de acordos e reuniões entre os órgãos e instituições competentes e dispensarão atenção especial às formas e métodos de participação civil na luta contra a corrupção.

ARTIGO XV.
MEDIDAS SOBRE BENS

1. Em conformidade com as legislações nacionais aplicáveis e os tratados pertinentes ou outros acordos que estejam em vigor entre eles, os Estados Partes prestarão mutuamente a mais ampla assistência possível para identificar, localizar, bloquear, apreender e confiscar bens obtidos ou provenientes da prática dos delitos tipificados de acordo com esta Convenção, ou os bens usados para essa prática, ou o respectivo produto.

2. O Estado Parte que executar suas próprias sentenças de confisco, ou as sentenças de outro Estado Parte, a respeito dos bens ou produtos mencionados no parágrafo anterior deste artigo, disporá desses bens ou produtos segundo sua própria legislação. Na medida em que o permitirem suas leis e nas condições que considere adequadas, esse Estado Parte

poderá transferir esses bens ou produtos, total ou parcialmente, para outro Estado Parte que tenha prestado assistência na investigação ou nas diligências judiciais conexas.

ARTIGO XVI.

SIGILO BANCÁRIO

1. O Estado Parte requerido não poderá negar-se a proporcionar a assistência solicitada pelo Estado Parte requerente alegando sigilo bancário. Este artigo será aplicado pelo Estado Parte requerido em conformidade com seu direito interno, com suas disposições processuais e com os acordos bilaterais ou multilaterais que o vinculem ao Estado Parte requerente.

2. O Estado Parte requerente compromete-se a não usar informações protegidas por sigilo bancário que receba para propósito algum que não o do processo que motivou a solicitação, salvo com autorização do Estado Parte requerido.

ARTIGO XVII.

NATUREZA DO ATO

Para os fins previstos nos artigos XIII, XIV, XV e XVI desta Convenção, o fato de os bens provenientes do ato de corrupção terem sido destinados a finalidades políticas ou a alegação de que um ato de corrupção foi cometido por motivações ou finalidades políticas não serão suficientes, por si sós, para considerá-lo como delito político ou como delito comum vinculado a um delito político.

ARTIGO XVIII.

AUTORIDADES CENTRAIS

1. Para os propósitos da assistência e cooperação internacionais previstas nesta Convenção, cada Estado Parte poderá designar uma autoridade central ou utilizar as autoridades centrais previstas nos tratados pertinentes ou outros acordos.

2. As autoridades centrais estarão encarregadas de formular e receber as solicitações de assistência e cooperação a que se refere esta Convenção.

3. As autoridades centrais comunicar-se-ão de forma direta para os efeitos desta Convenção.

ARTIGO XIX.

APLICAÇÃO NO TEMPO

Sem prejuízo dos princípios constitucionais, do ordenamento jurídico interno de cada Estado e dos tratados vigentes entre os Estados Partes, o fato de o presumido ato de corrupção ter sido cometido antes desta Convenção entrar em vigor não impedirá a cooperação processual em assuntos criminais, entre os Estados Partes. Esta disposição não afetará em caso algum o princípio da não retroatividade da lei penal nem sus aplicação interromperá os prazos de prescrição que estejam correndo em relação aos delitos anteriores à data da entrada em vigor desta Convenção.

ARTIGO XX.

OUTROS ACORDOS OU PRÁTICAS

Nenhuma das normas desta Convenção será interpretada no sentido de impedir que os Estados Partes prestem, reciprocamente, cooperação com base no previsto em outros acordos internacionais, bilaterais ou multilaterais, vigentes ou que forem celebrados no futuro entre eles, ou em qualquer outro acordo ou prática aplicável.

ARTIGO XXI.

ASSINATURA

Esta Convenção ficará aberta à assinatura dos Estados membros da Organização dos Estados Americanos.

ARTIGO XXII.

RATIFICAÇÃO

Esta Convenção está sujeita a ratificação. Os instrumentos de ratificação serão depositados na Secretaria-Geral da Organização dos Estados Americanos.

ARTIGO XXIII.

ADESÃO

Esta Convenção ficará aberta à adesão de qualquer outro Estado. Os instrumentos de adesão serão depositados na Secretaria-Geral da Organização dos Estados Americanos.

ARTIGO XXIV.

RESERVA

Os Estados Partes poderão formular reservas a esta Convenção no momento de aprová-la, assiná-la, ratificá-la ou a ela aderir, desde que sejam compatíveis com o objeto e propósitos da Convenção e versem sobre uma ou mais disposições específicas.

ARTIGO XXV.

ENTRADA EM VIGOR

Esta Convenção entrará em vigor no trigésimo dia a partir da data em que haja sido depositado o segundo instrumento de ratificação. Para cada Estado que ratificar a Convenção ou a ela aderir depois de haver sido depositado o segundo instrumento de ratificação, a Convenção entrará em vigor no trigésimo dia a partir da data em que esse Estado haja depositado seu instrumento de ratificação ou de adesão.

ARTIGO XXVI.

DENÚNCIA

Esta Convenção vigorará por prazo indefinido, mas qualquer dos Estados Partes poderá denunciá-la. O instrumento de denúncia será depositado na Secretaria-Geral da Organização dos Estados Americanos. Transcorrido um ano da data do depósito do instrumento de denúncia, os efeitos da Convenção cessarão para o Estado denunciante, mas subsistirão para os demais Estados Partes.

ARTIGO XXVII.

PROTOCOLOS ADICIONAIS

Qualquer Estado Parte poderá submeter à consideração dos outros Estados Partes, por ocasião de um período de sessões da Assembleia Geral da Organização dos Estados Americanos, projetos de protocolos adicionais a esta Convenção, com a finalidade de contribuir para a consecução dos propósitos relacionados no artigo II.

Cada protocolo adicional estabelecerá as modalidades de sua entrada em vigor e será aplicado somente entre os Estados Partes nesse protocolo.

ARTIGO XXVIII.

DEPÓSITO DO INSTRUMENTO ORIGINAL

O instrumento original desta Convenção, cujos textos em português, espanhol, francês e inglês são igualmente autênticos, será depositado na Secretaria-Geral da Organização dos Estados Americanos, que enviará cópia autenticada do seu texto ao Secretariado das Nações Unidas, para seu registro de publicação, de conformidade com o artigo 102 da Carta das Nações Unidas. A Secretaria-Geral da Organização dos Estados Americanos notificará aos Estados membros da referida Organização e aos Estados que houverem aderido à Convenção as assinaturas e os depósitos de instrumentos de ratificação, adesão e denúncia, bem como as reservas eventualmente formuladas.

DECRETO Nº 5.017, DE 12 DE MARÇO DE 2004 – PROTOCOLO ADICIONAL À CONVENÇÃO DAS NAÇÕES UNIDAS CONTRA O CRIME ORGANIZADO TRANSNACIONAL RELATIVO À PREVENÇÃO, REPRESSÃO E PUNIÇÃO DO TRÁFICO DE PESSOAS, EM ESPECIAL MULHERES E CRIANÇAS

Promulga o Protocolo Adicional à Convenção das Nações Unidas contra o Crime Organizado Transnacional Relativo à Prevenção, Repressão e Punição do Tráfico de Pessoas, em Especial Mulheres e Crianças.

O PRESIDENTE DA REPÚBLICA, no uso da atribuição que lhe confere o art. 84, inciso IV, da Constituição, e

Considerando que o Congresso Nacional aprovou, por meio do Decreto Legislativo nº 231, de 29 de maio de 2003, o texto do Protocolo Adicional à Convenção das Nações Unidas contra o Crime Organizado Transnacional Relativo à Prevenção, Repressão e Punição do Tráfico de Pessoas, em Especial Mulheres e Crianças, adotado em Nova York em 15 de novembro de 2000;

Considerando que o Governo brasileiro depositou o instrumento de ratificação junto à Secretaria-Geral da ONU em 29 de janeiro de 2004;

Considerando que o Protocolo entrou em vigor internacional em 29 de setembro de 2003, e entrou em vigor para o Brasil em 28 de fevereiro de 2004;

DECRETA:

ART. 1º. O Protocolo Adicional à Convenção das Nações Unidas contra o Crime Organizado
Transnacional Relativo à Prevenção, Repressão e Punição do Tráfico de Pessoas, em Especial Mulheres e Crianças, adotado em Nova York em 15 de novembro de 2000, apenso por cópia ao presente Decreto, será executado e cumprido tão inteiramente como nele se contém.

ART. 2º. São sujeitos à aprovação do Congresso Nacional quaisquer atos que possam resultar em revisão do referido Protocolo ou que acarretem encargos ou compromissos gravosos ao patrimônio nacional, nos termos do art. 49, inciso I, da Constituição.

ART. 3º. Este Decreto entra em vigor na data de sua publicação.

Brasília, 12 de março de 2004;
183º da Independência e 116º da República.

LUIZ INÁCIO LULA DA SILVA

Este texto não substitui o publicado no DOU de 15.3.2004

PROTOCOLO ADICIONAL À CONVENÇÃO DAS NAÇÕES UNIDAS CONTRA O CRIME ORGANIZADO TRANSNACIONAL RELATIVO À PREVENÇÃO, REPRESSÃO E PUNIÇÃO DO TRÁFICO DE PESSOAS, EM ESPECIAL MULHERES E CRIANÇAS

PREÂMBULO

OS ESTADOS PARTES DESTE PROTOCOLO,

Declarando que uma ação eficaz para prevenir e combater o tráfico de pessoas, em especial mulheres e crianças, exige por parte dos países de origem, de trânsito e de destino uma abordagem global e internacional, que inclua medidas destinadas a prevenir esse tráfico, punir os traficantes e proteger as vítimas desse tráfico, designadamente protegendo os seus direitos fundamentais, internacionalmente reconhecidos,

Tendo em conta que, apesar da existência de uma variedade de instrumentos internacionais que contêm normas e medidas práticas para combater a exploração de pessoas, especialmente mulheres e crianças, não existe nenhum instrumento universal que trate de todos os aspectos relativos ao tráfico de pessoas,

Preocupados com o fato de a ausência desse instrumento, as pessoas vulneráveis ao tráfico não estarem suficientemente protegidas,

Recordando a Resolução 53/111 da Assembleia Geral, de 9 de Dezembro de 1998, na qual a Assembleia decidiu criar um comitê intergovernamental especial, de composição aberta, para elaborar uma convenção internacional global contra o crime organizado transnacional e examinar a possibilidade de elaborar, designadamente, um instrumento internacional de luta contra o tráfico de mulheres e de crianças.

Convencidos de que para prevenir e combater esse tipo de criminalidade será útil completar a Convenção das Nações Unidas contra o Crime Organizado Transnacional com um instrumento internacional destinado a prevenir, reprimir e punir o tráfico de pessoas, em especial mulheres e crianças,

ACORDARAM O SEGUINTE:

I. DISPOSIÇÕES GERAIS

ARTIGO 1.

RELAÇÃO COM A CONVENÇÃO DAS NAÇÕES UNIDAS CONTRA O CRIME ORGANIZADO TRANSNACIONAL

1. O presente Protocolo completa a Convenção das Nações Unidas contra o Crime Organizado Transnacional e será interpretado em conjunto com a Convenção.

2. As disposições da Convenção aplicar-se-ão mutatis mutandis ao presente Protocolo, salvo se no mesmo se dispuser o contrário.

3. As infrações estabelecidas em conformidade com o Artigo 5 do presente Protocolo serão consideradas como infrações estabelecidas em conformidade com a Convenção.

ARTIGO 2.

OBJETIVO

Os objetivos do presente Protocolo são os seguintes:

a) Prevenir e combater o tráfico de pessoas, prestando uma atenção especial às mulheres e às crianças;

b) Proteger e ajudar as vítimas desse tráfico, respeitando plenamente os seus direitos humanos; e

c) Promover a cooperação entre os Estados Partes de forma a atingir esses objetivos.

ARTIGO 3.

DEFINIÇÕES

Para efeitos do presente Protocolo:

a) A expressão "tráfico de pessoas" significa o recrutamento, o transporte, a transferência, o alojamento ou o acolhimento de pessoas, recorrendo à ameaça ou uso da força ou a outras formas de coação, ao rapto, à fraude, ao engano, ao abuso de autoridade ou à situação de vulnerabilidade ou à entrega ou aceitação de pagamentos ou benefícios para obter o consentimento de uma pessoa que tenha autoridade sobre outra para fins de exploração. A exploração incluirá, no mínimo, a exploração da prostituição de outrem ou outras formas de exploração sexual, o trabalho ou serviços forçados, escravatura ou práticas similares à escravatura, a servidão ou a remoção de órgãos;

▸ *Lei nº 13.869, de 5-9-2019, Lei de Abuso de Autoridade.*

b) O consentimento dado pela vítima de tráfico de pessoas tendo em vista qualquer tipo de exploração descrito na alínea a) do presente Artigo será considerado irrelevante se tiver sido utilizado qualquer um dos meios referidos na alínea a);

c) O recrutamento, o transporte, a transferência, o alojamento ou o acolhimento de uma criança para fins de exploração serão considerados "tráfico de pessoas" mesmo que não envolvam nenhum dos meios referidos da alínea a) do presente Artigo;

d) O termo "criança" significa qualquer pessoa com idade inferior a dezoito anos.

ARTIGO 4.

ÂMBITO DE APLICAÇÃO

O presente Protocolo aplicar-se-á, salvo disposição em contrário, à prevenção, investigação e repressão das infrações estabelecidas em conformidade com o Artigo 5 do presente Protocolo, quando essas infrações forem de natureza transnacional e envolverem grupo criminoso organizado, bem como à proteção das vítimas dessas infrações.

ARTIGO 5.

CRIMINALIZAÇÃO

1. Cada Estado Parte adotará as medidas legislativas e outras que considere necessárias de forma a estabelecer como infrações penais os atos descritos no Artigo 3 do presente Protocolo, quando tenham sido praticados intencionalmente.

2. Cada Estado Parte adotará igualmente as medidas legislativas e outras que considere necessárias para estabelecer como infrações penais:

a) Sem prejuízo dos conceitos fundamentais do seu sistema jurídico, a tentativa de cometer uma infração estabelecida em conformidade com o parágrafo 1 do presente Artigo;

b) A participação como cúmplice numa infração estabelecida em conformidade com o parágrafo 1 do presente Artigo; e

c) Organizar a prática de uma infração estabelecida em conformidade com o parágrafo 1 do presente Artigo ou dar instruções a outras pessoas para que a pratiquem.

II. PROTEÇÃO DE VÍTIMAS DE TRÁFICO DE PESSOAS

ARTIGO 6.

ASSISTÊNCIA E PROTEÇÃO ÀS VÍTIMAS DE TRÁFICO DE PESSOAS

1. Nos casos em que se considere apropriado e na medida em que seja permitido pelo seu direito interno, cada Estado Parte protegerá a privacidade e a identidade das vítimas de tráfico de pessoas, incluindo, entre outras (ou inter alia), a confidencialidade dos procedimentos judiciais relativos a esse tráfico.

2. Cada Estado Parte assegurará que o seu sistema jurídico ou administrativo contenha medidas que forneçam às vítimas de tráfico de pessoas, quando necessário:

a) Informação sobre procedimentos judiciais e administrativos aplicáveis;

b) Assistência para permitir que as suas opiniões e preocupações sejam apresentadas e tomadas em conta em fases adequadas do processo penal instaurado contra os autores das infrações, sem prejuízo dos direitos da defesa.

3. Cada Estado Parte terá em consideração a aplicação de medidas que permitam a recuperação física, psicológica e social das vítimas de tráfico de pessoas, incluindo, se for caso disso, em cooperação com organizações não-governamentais, outras organizações competentes e outros elementos de sociedade civil e, em especial, o fornecimento de:

a) Alojamento adequado;

b) Aconselhamento e informação, especialmente quanto aos direitos que a lei lhes reconhece, numa língua que compreendam;

c) Assistência médica, psicológica e material; e

d) Oportunidades de emprego, educação e formação.

4. Cada Estado Parte terá em conta, ao aplicar as disposições do presente Artigo, a idade, o sexo e as necessidades

específicas das vítimas de tráfico de pessoas, designadamente as necessidades específicas das crianças, incluindo o alojamento, a educação e cuidados adequados.

5. Cada Estado Parte envidará esforços para garantir a segurança física das vítimas de tráfico de pessoas enquanto estas se encontrarem no seu território.

6. Cada Estado Parte assegurará que o seu sistema jurídico contenha medidas que ofereçam às vítimas de tráfico de pessoas a possibilidade de obterem indenização pelos danos sofridos.

ARTIGO 7.

ESTATUTO DAS VÍTIMAS DE TRÁFICO DE PESSOAS NOS ESTADOS DE ACOLHIMENTO

1. Além de adotar as medidas em conformidade com o Artigo 6 do presente Protocolo, cada Estado Parte considerará a possibilidade de adotar medidas legislativas ou outras medidas adequadas que permitam às vítimas de tráfico de pessoas permanecerem no seu território a título temporário ou permanente, se for caso disso.

2. Ao executar o disposto no parágrafo 1 do presente Artigo, cada Estado Parte terá devidamente em conta fatores humanitários e pessoais.

ARTIGO 8.

REPATRIAMENTO DAS VÍTIMAS DE TRÁFICO DE PESSOAS

1. O Estado Parte do qual a vítima de tráfico de pessoas é nacional ou no qual a pessoa tinha direito de residência permanente, no momento de entrada no território do Estado Parte de acolhimento, facilitará e aceitará, sem demora indevida ou injustificada, o regresso dessa pessoa, tendo devidamente em conta a segurança da mesma.

2. Quando um Estado Parte retornar uma vítima de tráfico de pessoas a um Estado Parte do qual essa pessoa seja nacional ou no qual tinha direito de residência permanente no momento de entrada no território do Estado Parte de acolhimento, esse regresso levará devidamente em conta a segurança da pessoa bem como a situação de qualquer processo judicial relacionado ao fato de tal pessoa ser uma vítima de tráfico, preferencialmente de forma voluntária.

3. A pedido do Estado Parte de acolhimento, um Estado Parte requerido verificará, sem demora indevida ou injustificada, se uma vítima de tráfico de pessoas é sua nacional ou se tinha direito de residência permanente no seu território no momento de entrada no território do Estado Parte de acolhimento.

4. De forma a facilitar o regresso de uma vítima de tráfico de pessoas que não possua os documentos devidos, o Estado Parte do qual essa pessoa é nacional ou no qual tinha direito de residência permanente no momento de entrada no território do Estado Parte de acolhimento aceitará emitir, a pedido do Estado Parte de acolhimento, os documentos de viagem ou outro tipo de autorização necessária que permita à pessoa viajar e ser readmitida no seu território.

5. O presente Artigo não prejudica os direitos reconhecidos às vítimas de tráfico de pessoas por força de qualquer disposição do direito interno do Estado Parte de acolhimento.

6. O presente Artigo não prejudica qualquer acordo ou compromisso bilateral ou multilateral aplicável que regule, no todo ou em parte, o regresso de vítimas de tráfico de pessoas.

III. PREVENÇÃO, COOPERAÇÃO E OUTRAS MEDIDAS

ARTIGO 9.

PREVENÇÃO DO TRÁFICO DE PESSOAS

1. Os Estados Partes estabelecerão políticas abrangentes, programas e outras medidas para:

a) Prevenir e combater o tráfico de pessoas; e

b) Proteger as vítimas de tráfico de pessoas, especialmente as mulheres e as crianças, de nova vitimação.

2. Os Estados Partes envidarão esforços para tomarem medidas tais como pesquisas, campanhas de informação e de difusão através dos órgãos de comunicação, bem como iniciativas sociais e econômicas de forma a prevenir e combater o tráfico de pessoas.

3. As políticas, programas e outras medidas estabelecidas em conformidade com o presente Artigo incluirão, se necessário, a cooperação com organizações não-governamentais, outras organizações relevantes e outros elementos da sociedade civil.

4. Os Estados Partes tomarão ou reforçarão as medidas, inclusive mediante a cooperação bilateral ou multilateral, para reduzir os fatores como a pobreza, o subdesenvolvimento e a desigualdade de oportunidades que tornam as pessoas, especialmente as mulheres e as crianças, vulneráveis ao tráfico.

5. Os Estados Partes adotarão ou reforçarão as medidas legislativas ou outras, tais como medidas educacionais, sociais ou culturais, inclusive mediante a cooperação bilateral ou multilateral, a fim de desencorajar a procura que fomenta todo o tipo de exploração de pessoas, especialmente de mulheres e crianças, conducentes ao tráfico.

ARTIGO 10.

INTERCÂMBIO DE INFORMAÇÕES E FORMAÇÃO

1. As autoridades competentes para a aplicação da lei, os serviços de imigração ou outros serviços competentes dos Estados Partes, cooperarão entre si, na medida do possível, mediante troca de informações em conformidade com o respectivo direito interno, com vistas a determinar:

a) Se as pessoas que atravessam ou tentam atravessar uma fronteira internacional com documentos de viagem pertencentes a terceiros ou sem documentos de viagem são autores ou vítimas de tráfico de pessoas;

b) Os tipos de documentos de viagem que as pessoas têm utilizado ou tentado utilizar para atravessar uma fronteira internacional com o objetivo de tráfico de pessoas; e

c) Os meios e métodos utilizados por grupos criminosos organizados com o objetivo de tráfico de pessoas, incluindo o recrutamento e o transporte de vítimas, os itinerários e as ligações entre as pessoas e os grupos envolvidos no referido tráfico, bem como as medidas adequadas à sua detecção.

2. Os Estados Partes assegurarão ou reforçarão a formação dos agentes dos serviços competentes para a aplicação da lei, dos serviços de imigração ou de outros serviços competentes na prevenção do tráfico de pessoas.

A formação deve incidir sobre os métodos utilizados na prevenção do referido tráfico, na ação penal contra os traficantes e na proteção das vítimas, inclusive protegendo-as dos traficantes. A formação deverá também ter em conta a necessidade de considerar os direitos humanos e os problemas específicos das mulheres e das crianças bem como encorajar a cooperação com organizações não-governamentais, outras organizações relevantes e outros elementos da sociedade civil.

3. Um Estado Parte que receba informações respeitará qualquer pedido do Estado Parte que transmitiu essas informações, no sentido de restringir sua utilização.

ARTIGO 11.

MEDIDAS NAS FRONTEIRAS

1. Sem prejuízo dos compromissos internacionais relativos à livre circulação de pessoas, os Estados Partes reforçarão, na medida do possível, os controles fronteiriços necessários para prevenir e detectar o tráfico de pessoas.

2. Cada Estado Parte adotará medidas legislativas ou outras medidas apropriadas para prevenir, na medida do possível, a utilização de meios de transporte explorados por transportadores comerciais na prática de infrações estabelecidas em conformidade com o Artigo 5 do presente Protocolo.

3. Quando se considere apropriado, e sem prejuízo das convenções internacionais aplicáveis, tais medidas incluirão o estabelecimento da obrigação para os transportadores comerciais, incluindo qualquer empresa de transporte, proprietário ou operador de qualquer meio de transporte, de certificar-se de que todos os passageiros sejam portadores dos documentos de viagem exigidos para a entrada no Estado de acolhimento.

4. Cada Estado Parte tomará as medidas necessárias, em conformidade com o seu direito interno, para aplicar sanções em caso de descumprimento da obrigação constante do parágrafo 3 do presente Artigo.

5. Cada Estado Parte considerará a possibilidade de tomar medidas que permitam, em conformidade com o direito interno, recusar a entrada ou anular os vistos de pessoas envolvidas na prática de infrações estabelecidas em conformidade com o presente Protocolo.

6. Sem prejuízo do disposto no Artigo 27 da Convenção, os Estados Partes procurarão intensificar a cooperação entre os serviços de controle de fronteiras, mediante, entre outros, o estabelecimento e a manutenção de canais de comunicação diretos.

ARTIGO 12.

SEGURANÇA E CONTROLE DOS DOCUMENTOS

Cada Estado Parte adotará as medidas necessárias, de acordo com os meios disponíveis para:

a) Assegurar a qualidade dos documentos de viagem ou de identidade que emitir, para que não sejam indevidamente utilizados nem facilmente falsificados ou modificados, reproduzidos ou emitidos de forma ilícita; e

b) Assegurar a integridade e a segurança dos documentos de viagem ou de identidade por si ou em seu nome emitidos e impedir a sua criação, emissão e utilização ilícitas.

ARTIGO 13.

LEGITIMIDADE E VALIDADE DOS DOCUMENTOS

A pedido de outro Estado Parte, um Estado Parte verificará, em conformidade com o seu direito interno e dentro de um prazo razoável, a legitimidade e validade dos documentos de viagem ou de identidade emitidos ou supostamente emitidos em seu nome e de que se suspeita terem sido utilizados para o tráfico de pessoas.

IV. DISPOSIÇÕES FINAIS

ARTIGO 14.

CLÁUSULA DE SALVAGUARDA

1. Nenhuma disposição do presente Protocolo prejudicará os direitos, obrigações e responsabilidades dos Estados e das pessoas por força do direito internacional, incluindo o direito internacional humanitário e o direito internacional relativo aos direitos humanos e, especificamente, na medida em que sejam aplicáveis, a Convenção de 1951 e o Protocolo de 1967 relativos ao Estatuto dos Refugiados e ao princípio do non-refoulement neles enunciado.

2. As medidas constantes do presente Protocolo serão interpretadas e aplicadas de forma a que as pessoas que foram vítimas de tráfico não sejam discriminadas. A interpretação e aplicação das referidas medidas estarão em conformidade com os princípios de não-discriminação internacionalmente reconhecidos.

ARTIGO 15.

SOLUÇÃO DE CONTROVÉRSIAS

1. Os Estados Partes envidarão esforços para resolver as controvérsias relativas à interpretação ou aplicação do presente Protocolo por negociação direta.

2. As controvérsias entre dois ou mais Estados Partes com respeito à aplicação ou à interpretação do presente Protocolo que não possam ser resolvidas por negociação, dentro de um prazo razoável, serão submetidas, a pedido de um desses Estados Partes, a arbitragem. Se, no prazo de seis meses após a data do pedido de arbitragem, esses Estados Partes não chegarem a um acordo sobre a organização da arbitragem, qualquer desses Estados Partes poderá submeter o diferendo ao Tribunal Internacional de Justiça mediante requerimento, em conformidade com o Estatuto do Tribunal.

3. Cada Estado Parte pode, no momento da assinatura, da ratificação, da aceitação ou da aprovação do presente Protocolo ou da adesão ao mesmo, declarar que não se considera vinculado ao parágrafo 2 do presente Artigo. Os demais Estados Partes não ficarão vinculados ao parágrafo 2 do presente Artigo em relação a qualquer outro Estado Parte que tenha feito essa reserva.

4. Qualquer Estado Parte que tenha feito uma reserva em conformidade com o parágrafo 3 do presente Artigo pode, a qualquer momento, retirar essa reserva através de notificação ao Secretário-Geral das Nações Unidas.

ARTIGO 16.

ASSINATURA, RATIFICAÇÃO, ACEITAÇÃO, APROVAÇÃO E ADESÃO

1. O presente Protocolo será aberto à assinatura de todos os Estados de 12 a 15 de Dezembro de 2000 em Palermo, Itália, e, em seguida, na sede da Organização das Nações Unidas em Nova Iorque até 12 de Dezembro de 2002.

2. O presente Protocolo será igualmente aberto à assinatura de organizações regionais de integração econômica na condição de que pelo menos um Estado membro dessa organização tenha assinado o presente Protocolo em conformidade com o parágrafo 1 do presente Artigo.

3. O presente Protocolo está sujeito a ratificação, aceitação ou aprovação. Os instrumentos de ratificação, de aceitação ou de aprovação serão depositados junto ao Secretário-Geral da Organização das Nações Unidas. Uma organização regional de integração econômica pode depositar o seu instrumento de ratificação, de aceitação ou de aprovação se pelo menos um dos seus Estados membros o tiver feito. Nesse instrumento de ratificação, de aceitação e de aprovação essa organização declarará o âmbito da sua competência relativamente às matérias reguladas pelo presente Protocolo. Informará igualmente o depositário de qualquer modificação relevante do âmbito da sua competência.

4. O presente Protocolo está aberto à adesão de qualquer Estado ou de qualquer organização regional de integração econômica da qual pelo menos um Estado membro seja Parte do presente Protocolo. Os instrumentos de adesão serão depositados junto do Secretário-Geral das Nações Unidas. No momento da sua adesão, uma organização regional de integração econômica declarará o âmbito da sua competência relativamente às matérias reguladas pelo presente Protocolo. Informará igualmente o depositário de qualquer modificação relevante do âmbito da sua competência.

ARTIGO 17.

ENTRADA EM VIGOR

1. O presente Protocolo entrará em vigor no nonagésimo dia seguinte à data do depósito do quadragésimo instrumento de ratificação, de aceitação, de aprovação ou de adesão mas não antes da entrada em vigor da Convenção. Para efeitos do presente número, nenhum instrumento depositado por uma organização regional de integração econômica será somado aos instrumentos depositados por Estados membros dessa organização.

2. Para cada Estado ou organização regional de integração econômica que ratifique, aceite, aprove ou adira ao presente Protocolo após o depósito do quadragésimo instrumento pertinente, o presente Protocolo entrará em vigor no trigésimo dia seguinte à data de depósito desse instrumento por parte do Estado ou organização ou na data de entrada em vigor do presente Protocolo, em conformidade com o parágrafo 1 do presente Artigo, se esta for posterior.

ARTIGO 18.

EMENDAS

1. Cinco anos após a entrada em vigor do presente Protocolo, um Estado Parte no Protocolo pode propor emenda e depositar o texto junto do Secretário-Geral das Nações Unidas, que em seguida comunicará a proposta de emenda aos Estados Partes e à Conferência das Partes na Convenção para analisar a proposta e tomar uma decisão. Os Estados Partes no presente Protocolo reunidos na Conferência das Partes farão todos os esforços para chegar a um consenso sobre qualquer emenda. Se todos os esforços para chegar a um consenso forem esgotados e não se chegar a um acordo, será necessário, em último caso, para que a alteração seja aprovada, uma maioria de dois terços dos Estados Partes no presente Protocolo, que estejam presentes e expressem o seu voto na Conferência das Partes.

2. As organizações regionais de integração econômica, em matérias da sua competência, exercerão o seu direito de voto nos termos do presente Artigo com um número de votos igual ao número dos seus Estados membros que sejam Partes no presente Protocolo. Essas organizações não exercerão seu direito de voto se seus Estados membros exercerem o seu e vice-versa.

3. Uma emenda adotada em conformidade com o parágrafo 1 do presente Artigo estará sujeita a ratificação, aceitação ou aprovação dos Estados Partes.

4. Uma emenda adotada em conformidade com o parágrafo 1 do presente Protocolo entrará em vigor para um Estado Parte noventa dias após a data do depósito do instrumento de ratificação, de aceitação ou de aprovação da referida emenda junto ao Secretário-Geral das Nações Unidas.

5. A entrada em vigor de uma emenda vincula as Partes que manifestaram o seu consentimento em obrigar-se por essa alteração. Os outros Estados Partes permanecerão vinculados pelas disposições do presente Protocolo, bem como por qualquer alteração anterior que tenham ratificado, aceito ou aprovado.

ARTIGO 19.

DENÚNCIA

1. Um Estado Parte pode denunciar o presente Protocolo mediante notificação por escrito dirigida ao Secretário-Geral das Nações Unidas. A denúncia tornar-se-á efetiva um ano após a data de recepção da notificação pelo Secretário-Geral.

2. Uma organização regional de integração econômica deixará de ser Parte no presente Protocolo quando todos os seus Estados membros o tiverem denunciado.

ARTIGO 20.

DEPOSITÁRIO E IDIOMAS

1. O Secretário-Geral das Nações Unidas é o depositário do presente Protocolo.

2. O original do presente Protocolo, cujos textos em árabe, chinês, espanhol, francês, inglês e russo são igualmente autênticos, será depositado junto ao Secretário-Geral das Nações Unidas.

EM FÉ DO QUE, os plenipotenciários abaixo assinados, devidamente autorizados pelos seus respectivos Governos, assinaram o presente Protocolo.

DECRETO Nº 5.289 DE 29 DE NOVEMBRO DE 2004

Disciplina a organização e o funcionamento da administração pública federal, para desenvolvimento do programa de cooperação federativa denominado Força Nacional de Segurança Pública, e dá outras providências.

ART. 1º. Este Decreto disciplina as regras gerais de organização e funcionamento da administração pública federal, para desenvolvimento do programa de cooperação federativa denominado Força Nacional de Segurança Pública, ao qual poderão voluntariamente aderir os Estados interessados, por meio de atos formais específicos.

ART. 2º. A Força Nacional de Segurança Pública atuará em atividades destinadas à preservação da ordem pública e da incolumidade das pessoas e do patrimônio, nas hipóteses previstas neste Decreto e no ato formal de adesão dos Estados e do Distrito Federal. (Redação dada pelo Decreto nº 7.318, de 2010).

ART. 2º-A. A atuação dos servidores civis nas atividades desenvolvidas no âmbito da Força Nacional de Segurança Pública, conforme previsto nos arts. 3º e 5º da Lei nº 11.473, de 10 de maio de 2007, compreende:(Incluído pelo Decreto nº 7.318, de 2010).

I – auxílio às ações de polícia judiciária estadual na função de investigação de infração penal, para a elucidação das causas, circunstâncias, motivos, autoria e materialidade; (Incluído pelo Decreto nº 7.318, de 2010).

II – auxílio às ações de inteligência relacionadas às atividades destinadas à preservação da ordem pública e da incolumidade das pessoas e do patrimônio; (Incluído pelo Decreto nº 7.318, de 2010).

III – realização de atividades periciais e de identificação civil e criminal destinadas a colher e resguardar indícios ou provas da ocorrência de fatos ou de infração penal; (Incluído pelo Decreto nº 7.318, de 2010).

IV – auxílio na ocorrência de catástrofes ou desastres coletivos, inclusive para reconhecimento de vitimados; (Redação dada pelo Decreto nº 7.957, de 2013)

V – apoio a ações que visem à proteção de indivíduos, grupos e órgãos da sociedade que promovam e protejam os direitos humanos e as liberdades fundamentais; e (Incluído pelo Decreto nº 7.957, de 2013)

VI – apoio às atividades de conservação e policiamento ambiental. (Incluído pelo Decreto nº 7.957, de 2013)

§ 1º. As atividades de cooperação federativa serão desenvolvidas sob a coordenação conjunta da União e do ente convenente. (Incluído pelo Decreto nº 7.318, de 2010).

§ 2º. A presidência do inquérito policial será exercida pela autoridade policial da circunscrição local, nos termos do art. 4º do Decreto-Lei nº 3.689, de 3 de outubro de 1941 – Código de Processo Penal. (Incluído pelo Decreto nº 7.318, de 2010).

ART. 2º-B. Fica instituída a Companhia de Operações Ambientais da Força Nacional de Segurança Pública, com os seguintes objetivos: (Incluído pelo Decreto nº 7.957, de 2013)

I – apoiar as ações de fiscalização ambiental desenvolvidas por órgãos federais, estaduais, distritais e municipais na proteção do meio ambiente; (Incluído pelo Decreto nº 7.957, de 2013)

II – atuar na prevenção a crimes e infrações ambientais; (Incluído pelo Decreto nº 7.957, de 2013)

III – executar tarefas de defesa civil em defesa do meio ambiente; (Incluído pelo Decreto nº 7.957, de 2013)

IV – auxiliar as ações da polícia judiciária na investigação de crimes ambientais; e (Incluído pelo Decreto nº 7.957, de 2013)

V – prestar auxílio à realização de levantamentos e laudos técnicos sobre impactos ambientais negativos. (Incluído pelo Decreto nº 7.957, de 2013)

ART. 3º. Nas atividades da Força Nacional de Segurança Pública, serão atendidos, dentre outros, os seguintes princípios:

I – respeito aos direitos individuais e coletivos, inclusive à integridade moral das pessoas;

II – uso moderado e proporcional da força;

III – unidade de comando;

IV – eficácia;

V – pronto atendimento;

VI – emprego de técnicas proporcionais e adequadas de controle de distúrbios civis;

VII – qualificação especial para gestão de conflitos; e

VIII – solidariedade federativa.

ART. 4º. A Força Nacional de Segurança Pública poderá ser empregada em qualquer parte do território nacional, mediante solicitação expressa do respectivo Governador de Estado, do Distrito Federal ou de Ministro de Estado. (Redação dada pelo Decreto nº 7.957, de 2013)

§ 1º. Compete ao Ministro de Estado da Justiça determinar o emprego da Força Nacional de Segurança Pública, que será episódico e planejado.

§ 2º. O contingente mobilizável da Força Nacional de Segurança Pública será composto por servidores que tenham recebido, do Ministério da Justiça, treinamento especial para atuação conjunta, integrantes das polícias federais e dos órgãos de segurança pública dos Estados que tenham aderido ao programa de cooperação federativa.

§ 3º. O ato do Ministro de Estado da Justiça que determinar o emprego da Força Nacional de Segurança Pública conterá:

I – delimitação da área de atuação e limitação do prazo nos quais as atividades da Força Nacional de Segurança Pública serão desempenhadas;

II – indicação das medidas de preservação da ordem pública a serem implementadas; e

III – as diretrizes que nortearão o desenvolvimento das operações de segurança pública.

§ 4º. As atribuições dos integrantes dos órgãos de segurança pública envolvidos em atividades da Força Nacional de Segurança Pública são aquelas previstas no art. 144 da Constituição e na legislação em vigor.

§ 5º. O Ministério da Justiça deverá assegurar contingente permanente mínimo de quinhentos homens da Força Nacional de Segurança Pública treinados para emprego imediato. (Incluído pelo Decreto nº 6.189, de 2007)

ART. 5º. Os servidores de órgãos de segurança pública mobilizados para atuar de forma integrada, no programa de cooperação federativa, ficarão sob coordenação do Ministério da Justiça enquanto durar sua mobilização, mas não deixam de integrar o quadro funcional de seus respectivos órgãos.

§§ 1º a 4º. (Revogados pelo Decreto nº 6.189, de 2007)

Parágrafo único. Os servidores civis e militares dos Estados e do Distrito Federal que participarem de atividades desenvolvidas em decorrência de convênio de cooperação de que trata este Decreto farão jus ao recebimento de diária, a ser paga na forma prevista pelo art. 6º da Lei nº 11.473, de 10 de maio de 2007. (Incluído pelo Decreto nº 6.189, de 2007)

ART. 6º. O Ministério da Justiça, consultados os Estados que aderirem ao programa de cooperação federativa, elaborará proposta para a provisão de assistência médica e seguro de vida e de acidentes dos servidores mobilizados, vitimados quando em atuação efetiva em operações da Força Nacional de Segurança Pública.

ART. 7º. Caso algum servidor militar mobilizado venha a responder a inquérito policial ou a processo judicial por sua atuação efetiva em operações da Força Nacional de Segurança Pública, poderá ser ele representado judicialmente pela Advocacia-Geral da União, nos termos do art. 22, parágrafo único, da Lei nº 9.028, de 12 de abril de 1995.

ART. 8º. Os servidores dos Estados mobilizados para atuar em operação da Força Nacional de Segurança Pública serão designados pelo Ministério da Justiça.

ART. 9º. A União poderá fornecer recursos humanos e materiais complementares ou suplementares quando forem inexistentes, indisponíveis, inadequados ou insuficientes os recursos dos órgãos estaduais, para o desempenho das atividades da Força Nacional de Segurança Pública.

§ 1º. As Forças Armadas, por autorização específica do Presidente da República, e outros órgãos federais desvinculados do Ministério da Justiça poderão oferecer instalações, recursos de inteligência, transporte, logística e treinamento de modo a contribuir com as atividades da Força Nacional de Segurança Pública.

§ 2º. Em caso de emprego das Forças Armadas para a garantia da lei e da ordem, na forma da legislação específica, o Presidente da República poderá determinar ao Ministério da Justiça que coloque à disposição do Ministério da Defesa os recursos materiais da Força Nacional de Segurança Pública.

§ 3º. Os Estados também poderão participar de operações conjuntas da Força Nacional de Segurança Pública, fornecendo recursos materiais e logísticos.

ART. 10. Caberá ao Ministério da Justiça:

I – coordenar o planejamento, o preparo e a mobilização da Força Nacional de Segurança Pública, compreendendo:

a) mobilização, coordenação e definição da estrutura de comando dos integrantes da Força Nacional de Segurança Pública;

b) administração e disposição dos recursos materiais e financeiros necessários ao emprego da Força Nacional de Segurança Pública;

c) realização de consultas a outros órgãos da administração pública federal sobre quaisquer aspectos pertinentes às atividades da Força Nacional de Segurança Pública;

d) solicitação de apoio da administração dos Estados e do Distrito Federal às atividades da Força Nacional de Segurança Pública, respeitando-se a organização federativa; e

e) inteligência e gestão das informações produzidas pelos órgãos de segurança pública;

II – providenciar a aquisição de bens e equipamentos necessários às atividades da Força Nacional de Segurança Pública e gerir programas de apoio material e reaparelhamento dirigidos aos órgãos de segurança pública dos Estados e do Distrito Federal, com recursos do Fundo Nacional de Segurança Pública, após o aprovo do seu Conselho Gestor, na forma do parágrafo único do art. 3º e § 1º do art. 4º da Lei nº 10.201, de 14 de fevereiro de 2001;

III – estabelecer os critérios de seleção e treinamento dos servidores integrantes da Força Nacional de Segurança Pública;

IV – selecionar e treinar os servidores policiais que os Governadores dos Estados participantes do programa de cooperação federativa colocarem à disposição da Força Nacional de Segurança Pública;

V – realizar o planejamento orçamentário e a gestão financeira relativos à execução das atividades da Força Nacional de Segurança Pública, de acordo com as autorizações do Conselho Gestor do Fundo Nacional de Segurança Pública, na forma do parágrafo único do art. 3º e § 1º do art. 4º da Lei nº 10.201, de 2001;

VI – estabelecer a interlocução com os Estados e o Distrito Federal, bem assim com órgãos de segurança pública e do Governo Federal, para a disponibilização de recursos humanos, materiais e financeiros necessários ao funcionamento da Força Nacional de Segurança Pública; e

VII – definir, de acordo com a legislação específica em vigor, os sinais exteriores de identificação e o uniforme dos servidores policiais mobilizados para atuar nas operações da Força Nacional de Segurança Pública.

ART. 11. A estrutura hierárquica existente nos órgãos de segurança pública da União, dos Estados e do Distrito Federal e o princípio da unidade de comando serão observados nas operações da Força Nacional de Segurança Pública.

ART. 12. As aquisições de equipamentos, armamentos, munições, veículos, aeronaves e embarcações para uso em treinamento e operações coordenadas da Força Nacional de Segurança Pública serão feitas mediante critérios técnicos de qualidade, quantidade, modernidade, eficiência e resistência, apropriados ao uso em ações de segurança destinadas à preservação da ordem pública, com respeito à integridade física das pessoas.

Parágrafo único. Caberá ao Ministério da Justiça estabelecer os parâmetros administrativos e especificações técnicas para o atendimento do contido neste artigo.

ART. 13. Fica o Ministério da Justiça autorizado a celebrar com os Estados interessados convênio de cooperação federativa, nos termos e para os fins específicos deste Decreto.

ART. 14. Este Decreto entra em vigor na data de sua publicação.

Brasília, 29 de novembro de 2004;
183º da Independência e 116º da República.

LUIZ INÁCIO LULA DA SILVA

Este texto não substitui o publicado no DOU de 30.11.2004.

DECRETO Nº 5.912, DE 27 DE SETEMBRO DE 2006

Regulamenta a Lei nº 11.343, de 23 de agosto de 2006, que trata das políticas públicas sobre drogas e da instituição do Sistema Nacional de Políticas Públicas sobre Drogas – SISNAD, e dá outras providências.

O PRESIDENTE DA REPÚBLICA, no uso das atribuições que lhe confere o art. 84, incisos IV e VI, alínea "a", da Constituição, e tendo em vista o disposto na Lei nº 11.343, de 23 de agosto de 2006,

DECRETA:

CAPÍTULO I. DA FINALIDADE E DA ORGANIZAÇÃO DO SISNAD

ART. 1º. O Sistema Nacional de Políticas Públicas sobre Drogas - SISNAD, instituído pela Lei nº 11.343, de 23 de agosto de 2006, tem por finalidade articular, integrar, organizar e coordenar as atividades relacionadas com:

I – a prevenção do uso indevido, atenção e reinserção social de usuários e dependentes de drogas; e

II – a repressão da produção não autorizada e do tráfico ilícito de drogas.

ART. 2º. Integram o SISNAD:

I – o Conselho Nacional Antidrogas – CONAD, órgão normativo e de deliberação coletiva do sistema, vinculado ao Ministério da Justiça; (Redação dada pelo Decreto nº 7.426, de 2010)

II – a Secretaria Nacional Antidrogas – SENAD, na qualidade de secretaria-executiva do colegiado;

III – o conjunto de órgãos e entidades públicos que exerçam atividades de que tratam os incisos I e II do art. 1º:

a) do Poder Executivo federal;

b) dos Estados, dos Municípios e do Distrito Federal, mediante ajustes específicos; e

IV – as organizações, instituições ou entidades da sociedade civil que atuam nas áreas da atenção à saúde e da assistência social e atendam usuários ou dependentes de drogas e respectivos familiares, mediante ajustes específicos.

ART. 3º. A organização do SISNAD assegura a orientação central e a execução descentralizada das atividades realizadas em seu âmbito, nas esferas federal e, mediante ajustes específicos, estadual, municipal e do Distrito Federal, dispondo para tanto do Observatório Brasileiro de Informações sobre Drogas, unidade administrativa da Estrutura Regimental aprovada pelo Decreto nº 5.772, de 8 de maio de 2006.

CAPÍTULO II. DA COMPETÊNCIA E DA COMPOSIÇÃO DO CONAD

ARTS. 4º A 12. (Revogados pelo Decreto nº 9.926, de 2019)

CAPÍTULO III. DAS ATRIBUIÇÕES DO PRESIDENTE DO CONAD

ART. 13. (Revogado pelo Decreto nº 9.926, de 2019)

CAPÍTULO IV. DAS COMPETÊNCIAS ESPECÍFICAS DOS ÓRGÃOS E ENTIDADES QUE COMPÕEM O SISNAD

ART. 14. Para o cumprimento do disposto neste Decreto, são competências específicas dos órgãos e entidades que compõem o SISNAD:

I – do Ministério da Saúde:

a) publicar listas atualizadas periodicamente das substâncias ou produtos capazes de causar dependência;

b) baixar instruções de caráter geral ou específico sobre limitação, fiscalização e controle da produção, do comércio e do uso das drogas;

c) autorizar o plantio, a cultura e a colheita dos vegetais dos quais possam ser extraídas ou produzidas drogas, exclusivamente para fins medicinais ou científicos, em local e prazo predeterminados, mediante fiscalização, ressalvadas as hipóteses de autorização legal ou regulamentar;

d) assegurar a emissão da indispensável licença prévia, pela autoridade sanitária competente, para produzir, extrair, fabricar, transformar, preparar, possuir, manter em depósito, importar, exportar, reexportar, remeter, transportar, expor, oferecer, vender, comprar, trocar, ceder ou adquirir, para qualquer fim, drogas ou matéria-prima destinada à sua preparação, observadas as demais exigências legais;

e) disciplinar a política de atenção aos usuários e dependentes de drogas, bem como aos seus familiares, junto à rede do Sistema Único de Saúde – SUS;

f) disciplinar as atividades que visem à redução de danos e riscos sociais e à saúde;

g) disciplinar serviços públicos e privados que desenvolvam ações de atenção às pessoas que façam uso ou sejam dependentes de drogas e seus familiares;

h) gerir, em articulação com a SENAD, o banco de dados das instituições de atenção à saúde e de assistência social que atendam usuários ou dependentes de drogas;

II – do Ministério da Educação:

a) propor e implementar, em articulação com o Ministério da Saúde, a Secretaria Especial dos Direitos Humanos da Presidência da República e a SENAD, políticas de formação continuada para os profissionais de educação nos três níveis de ensino que abordem a prevenção ao uso indevido de drogas;

b) apoiar os dirigentes das instituições de ensino público e privado na elaboração de projetos pedagógicos alinhados às Diretrizes Curriculares Nacionais e aos princípios de prevenção do uso indevido de drogas, de atenção e reinserção social de usuários e dependentes, bem como seus familiares;

III – do Ministério da Justiça: (Redação dada pelo Decreto nº 7.426, de 2010)

a) articular e coordenar as atividades de repressão da produção não autorizada e do tráfico ilícito de drogas; (Redação dada pelo Decreto nº 7.426, de 2010)

b) propor a atualização da política nacional sobre drogas na esfera de sua competência; (Redação dada pelo Decreto nº 7.426, de 2010)

c) instituir e gerenciar o sistema nacional de dados estatísticos de repressão ao tráfico ilícito de drogas; (Redação dada pelo Decreto nº 7.426, de 2010)

d) (Revogado pelo Decreto nº 7434, de 2011)

e) articular e coordenar as atividades de prevenção do uso indevido, a atenção e a reinserção social de usuários e dependentes de drogas; (Incluída pelo Decreto nº 7.426, de 2010)

f) (Revogado pelo Decreto nº 7434, de 2011)

g) gerir o FUNAD e o Observatório Brasileiro de Informações sobre Drogas; e (Incluída pelo Decreto nº 7.426, de 2010)

IV – (Revogado pelo Decreto nº 7.426, de 2010)

V – dos órgãos formuladores de políticas sociais, identificar e regulamentar rede nacional das instituições da sociedade civil, sem fins lucrativos, que atendam usuários ou dependentes de drogas e respectivos familiares.

Parágrafo único. As competências específicas dos Ministérios e órgãos de que trata este artigo se estendem, quando for o caso, aos órgãos e entidades que lhes sejam vinculados.

ART. 15. No âmbito de suas respectivas competências, os órgãos e entidades de que trata o art. 2º atentarão para:

I – o alinhamento das suas respectivas políticas públicas setoriais ao disposto nos princípios e objetivos do SISNAD, de que tratam os arts. 4º e 5º da Lei nº 11.343, de 2006;

II – as orientações e normas emanadas do CONAD; e

III – a colaboração nas atividades de prevenção do uso indevido, atenção e reinserção social de usuários e dependentes de drogas.

CAPÍTULO V. DA GESTÃO DAS INFORMAÇÕES

ART. 16. O Observatório Brasileiro de Informações sobre Drogas reunirá e centralizará informações e conhecimentos atualizados sobre drogas, incluindo dados de estudos, pesquisas e levantamentos nacionais, produzindo e divulgando informações, fundamentadas cientificamente, que contribuam para o desenvolvimento de novos conhecimentos aplicados às atividades de prevenção do uso indevido, de atenção e de reinserção social de usuários e dependentes de drogas e para a criação de modelos de intervenção baseados nas necessidades específicas das diferentes populações-alvo, respeitadas suas características socioculturais.

§ 1º. Respeitado o caráter sigiloso das informações, fará parte do banco de dados central de que trata este artigo base de dados atualizada das instituições de atenção à saúde ou de assistência social que atendam usuários ou dependentes de drogas, bem como das de ensino e pesquisa que participem de tais atividades.

§ 2º. Os órgãos e entidades da administração pública federal prestarão as informações de que necessitar o Observatório Brasileiro de Informações sobre Drogas, obrigando-se a atender tempestivamente às requisições da SENAD.

ART. 17. Será estabelecido mecanismo de intercâmbio de informações com os Estados, os Municípios e o Distrito Federal, com o objetivo de se evitar duplicidade de ações no apoio às atividades de que trata este Decreto, executadas nas respectivas unidades federadas.

ART. 18. As instituições com atuação nas áreas da atenção à saúde e da assistência social que atendam usuários ou dependentes de drogas devem comunicar ao órgão competente do respectivo sistema municipal de saúde os casos atendidos e os óbitos ocorridos, preservando a identidade das pessoas, conforme orientações emanadas do CONAD.

CAPÍTULO VI. DAS DISPOSIÇÕES FINAIS

ART. 19. (Revogado pelo Decreto nº 9.926, de 2019)

ART. 20. As despesas com viagem de conselheiros poderão correr à conta do FUNAD, em conformidade com o disposto no art. 5º da Lei nº 7.560, de 19 de dezembro de 1986, sem prejuízo da assunção de tais despesas pelos respectivos órgãos e entidades que representem.

ART. 21. Este Decreto entra em vigor em 8 de outubro de 2006, data de início da vigência da Lei nº 11.343, de 2006.

ART. 22. Ficam revogados os Decretos nº 3.696, de 21 de dezembro de 2000, e 4.513, de 13 de dezembro de 2002.

Brasília, 27 de setembro de 2006; 185º da Independência e 118º da República.

LUIZ INÁCIO LULA DA SILVA

Este texto não substitui o publicado no DOU de 28.9.2006.

DECRETO Nº 5.919, DE 03 DE OUTUBRO DE 2006

Promulga a Convenção Interamericana sobre o Cumprimento de Sentenças Penais no Exterior, concluída em Manágua, em 9 de junho de 1993, com reserva à primeira parte do parágrafo 2º do Artigo VII, relativa

à redução dos períodos de prisão ou de cumprimento alternativo da pena.

O PRESIDENTE DA REPÚBLICA, no uso da atribuição que lhe confere o art. 84, inciso IV, da Constituição, e

Considerando que o Congresso Nacional aprovou, com reserva, o texto da Convenção Interamericana sobre o Cumprimento de Sentenças Penais no Exterior, concluída em Manágua, em 9 de junho de 1993, por meio do Decreto Legislativo nº 293, de 12 de julho de 2006;

Considerando que o Governo brasileiro ratificou a citada Convenção em 26 de abril de 2001;

Considerando que a Convenção entrou em vigor internacional em 12 de abril de 1996, e para o Brasil em 26 de maio de 2001;

DECRETA:

ART. 1º. A Convenção Interamericana sobre o Cumprimento de Sentenças Penais no Exterior, concluída em Manágua, em 9 de junho de 1993, apensa por cópia ao presente Decreto, será executada e cumprida tão inteiramente como nela se contém, com reserva à primeira parte do parágrafo 2º do Artigo VII, relativa à redução dos períodos de prisão ou de cumprimento alternativo da pena.

ART. 2º. São sujeitos à aprovação do Congresso Nacional quaisquer atos que possam resultar em revisão da referida Convenção ou que acarretem encargos ou compromissos gravosos ao patrimônio nacional, nos termos do art. 49, inciso I, da Constituição.

ART. 3º. Este Decreto entra em vigor na data de sua publicação.

Brasília, 3 de outubro de 2006;
185º da Independência e 118º da República.
LUIZ INÁCIO LULA DA SILVA

Este texto não substitui o publicado no DOU de 4.10.2006.

CONVENÇÃO INTERAMERICANA SOBRE O CUMPRIMENTO DE SENTENÇAS PENAIS NO EXTERIOR

OS ESTADOS MEMBROS DA ORGANIZAÇÃO DOS ESTADOS AMERICANOS,

Considerando que um dos propósitos essenciais da Organização dos Estados Americanos é, de conformidade com o artigo 2, alínea e, da Carta da OEA, "procurar a solução dos problemas políticos, jurídicos e econômicos que surgirem entre os Estados Membros";

Animados do desejo de cooperar a fim de assegurar melhor administração da justiça mediante a reabilitação social da pessoa sentenciada;

Persuadidos de que, para o cumprimento desses objetivos, é conveniente que se possa conceder à pessoa sentenciada a oportunidade de cumprir a sua pena no país do qual é nacional; e

Convencidos de que a melhor maneira de obter esses resultados é mediante a transferência da pessoa sentenciada,

Resolvem aprovar a seguinte Convenção Interamericana sobre o Cumprimento de Sentenças Penais no Exterior:

ARTIGO I

Definições

Para os efeitos desta Convenção, entender-se-á por:

1. Estado sentenciador: o Estado Parte do qual a pessoa sentenciada tenha de ser transferida.

2. Estado receptor: o Estado Parte para o qual a pessoa sentenciada tenha de ser transferida.

3. Sentença: a decisão judicial definitiva mediante a qual se imponha a uma pessoa, como pena pela prática de um delito, a privação da liberdade ou a restrição da mesma, em regime de liberdade vigiada, pena de execução condicional ou outras formas de supervisão sem detenção. Entende-se que uma sentença é definitiva se não estiver pendente apelação ordinária contra a condenação ou sentença no Estado Sentenciador, e se o prazo previsto para a apelação estiver expirado.

4. Pessoa sentenciada: a pessoa que, no território de um dos Estados Partes, venha a cumprir ou esteja cumprindo uma sentença.

ARTIGO II

Princípios Gerais

De conformidade com as disposições desta Convenção:

a) as sentenças impostas em um dos Estados Partes a nacionais de outro Estado Parte poderão ser cumpridas pela pessoa sentenciada no Estado do qual seja nacional; e

b) os Estados Partes comprometem-se a prestar a mais ampla cooperação no tocante à transferência de pessoas sentenciadas.

ARTIGO III

Condições para a Aplicação da Convenção

Esta Convenção aplicar-se-á unicamente nas seguintes condições:

1. Que exista sentença firme e definitiva na forma como foi definida no artigo I, parágrafo 3 desta Convenção.

2. Que a pessoa sentenciada concorde expressamente com a transferência, tendo sido previamente informada a respeito das consequências jurídicas da mesma.

3. Que o ato pelo qual a pessoa tenha sido condenada configure delito também no Estado receptor. Para esse efeito, não se levarão em conta as diferenças de denominação ou as que não afetem a natureza do delito.

4. Que a pessoa sentenciada seja nacional do Estado receptor.

5. Que a pena a ser cumprida não seja pena de morte.

6. Que a duração da pena ainda a ser cumprida seja, no momento da solicitação, de pelo menos seis meses.

7. Que a aplicação da sentença não seja contraditória com o ordenamento jurídico interno do Estado receptor.

ARTIGO IV

Prestação de Informação

1. Cada Estado Parte informará a respeito do conteúdo desta Convenção qualquer pessoa sentenciada que esteja compreendida nas disposições da mesma.

2. Os Estados Partes manterão informada a pessoa sentenciada a respeito do trâmite de sua transferência.

ARTIGO V

Procedimento para a Transferência

A transferência da pessoa sentenciada de um Estado para outro estará sujeita ao seguinte procedimento:

1. O trâmite poderá ser promovido pelo Estado sentenciador ou pelo Estado receptor. Em ambos os casos, requer-se que a pessoa sentenciada haja expressado seu consentimento ou, quando cabível, formulado a solicitação.

2. A solicitação de transferência será tramitada por intermédio das autoridades centrais indicadas conforme o artigo XI desta Convenção ou, na falta desta pela via diplomática ou consular. De conformidade com seu direito interno, cada Estado Parte informará as autoridades que considerar necessária a respeito do conteúdo desta Convenção. Além disso, procurará criar mecanismos de cooperação entre a autoridade central e as demais autoridades que devam intervir na transferência da pessoa sentenciada.

3. Se a sentença tiver sido proferida por um Estado ou província com jurisdição penal independente do Governo Federal, requerer-se-á para a aplicação deste procedimento de transferência a aprovação do respectivo Estado ou província.

4. Na solicitação de transferência, deverá ser proporcionada a informação que acredite o cumprimento das condições dispostas no artigo III.

5. Antes de efetuar-se a transferência, o Estado sentenciador permitirá ao Estado receptor verificar, se assim o desejar e por meio de um funcionário por este designado, se a pessoa sentenciada deu seu consentimento com pleno conhecimento das consequências jurídicas da mesma.

6. Ao decidir quanto à transferência de uma pessoa sentenciada, os Estados Partes poderão considerar, entre outros fatores, a possibilidade de contribuir para a sua reabilitação social; a gravidade do delito; conforme o caso, os antecedentes penais da pessoa sentenciada; seu estado de saúde; e os vínculos familiares, sociais ou de outra natureza com o Estado sentenciador e o Estado receptor.

7. O Estado sentenciador proporcionará ao Estado receptor cópia certificada da sentença, inclusive informação sobre o tempo já cumprido pela pessoa sentenciada e o que lhe deva ser creditado por motivos tais como trabalho, boa conduta ou prisão preventiva. O Estado receptor poderá solicitar qualquer informação adicional que considerar pertinente.

8. A entrega da pessoa sentenciada pelo Estado sentenciador ao Estado receptor será efetuada em local acordado pelas autoridades centrais. O Estado receptor será responsável pela custódia da pessoa sentenciada desde o momento em que esta lhe for entregue.

9. Todas as despesas relacionadas com a transferência da pessoa sentenciada até a entrega para sua custódia ao Estado receptor correrão por conta do Estado sentenciador.

10. O Estado receptor será responsável por todas as despesas em que se incorra na transferência da pessoa sentenciada desde o momento em que esta ficar sob sua custódia.

ARTIGO VI

Denegação de Transferência

Quando um Estado não aprovar a transferência de uma pessoa sentenciada, comunicará imediatamente sua decisão ao Estado solicitante e explicará o motivo de sua denegação, quando isto for possível e conveniente.

ARTIGO VII

Direito da Pessoa Sentenciada Transferida e Forma de Cumprimento da Sentença

1. A pessoa sentenciada que for transferida conforme previsto nesta Convenção não poderá ser detida, processada ou condenada novamente no Estado receptor pelo mesmo delito que motivou a sentença imposta pelo Estado sentenciador.

2. Salvo o disposto no artigo VIII desta Convenção, a pena de uma pessoa sentenciada transferida será cumprida de acordo com as leis e procedimentos do Estado receptor, inclusive a aplicação de quaisquer disposições relativas à redução de períodos de prisão ou do cumprimento alternativo da pena. Nenhum sentença será executada pelo Estado receptor de modo a prolongar a duração da pena para além da data em que expiraria, de acordo com os termos da sentença do tribunal do Estado sentenciador.

3. As autoridades do Estado Sentenciador poderão solicitar, por meio das autoridades centrais, informações sobre a situação corrente do cumprimento da pena de qualquer pessoa sentenciada transferida ao Estado receptor, de acordo com esta Convenção.

ARTIGO VIII

Revisão de Sentença e Efeitos no Estado Receptor

O Estado sentenciador conservará sua plena jurisdição para a revisão das sentenças proferidas por seus tribunais. Além disso, conservará a faculdade de conceder indulto, anistia ou perdão à pessoa sentenciada. O Estado receptor, ao receber notificação de qualquer decisão a respeito, deverá adotar imediatamente as medidas pertinentes.

ARTIGO IX

Aplicação da Convenção em Casos Especiais

Esta Convenção também poderá ser aplicada a pessoas sujeitas à vigilância ou a outras medidas de acordo com as leis de um Estado Parte relacionadas com infratores menores de idade. Para a transferência, obter-se-á consentimento de um representante legalmente autorizado.

Se o acordarem as Partes e para efeitos de seu tratamento no Estado receptor, poderá aplicar-se esta Convenção a pessoas que a autoridade competente houver declarado inimputáveis. As partes acordarão, de conformidade com o seu direito interno, o tipo de tratamento a ser dispensado às pessoas transferidas. Para a transferência deverá obter-se o consentimento de quem estiver legalmente facultado a concedê-lo.

ARTIGO X

Trânsito

Se a pessoa sentenciada, ao ser transferida, tiver que atravessar o território de um terceiro Estado Parte nesta Convenção, este deverá ser notificado, mediante o envio da decisão que concedeu a transferência pelo Estado sob cuja custódia se efetuará a citada transferência. Em tais casos, o Estado Parte de trânsito poderá ou não consentir no trânsito da pessoa sentenciada por seu território.

A mencionada notificação não será necessária quando se utilizarem os meios de transporte aéreo e não estiver prevista qualquer aterrissagem de escala no território do Estado Parte a ser sobrevoado.

ARTIGO XI

Autoridade Central

Os Estados Partes, ao assinar ou ratificar esta Convenção ou ao aderir a ela, notificarão à Secretaria-Geral da Organização dos Estados Americanos a designação da autoridade central encarregada de exercer as funções previstas nesta Convenção. A Secretaria-Geral distribuirá aos Estados Partes nesta Convenção uma lista das designações que tiver recebido.

ARTIGO XII

Alcance da Convenção

Nada do previsto nesta Convenção será interpretado no sentido de restringir outros tratados bilaterais ou multilaterais ou outros acordos assinados entre as Partes.

ARTIGO XIII

Cláusulas Finais

Esta Convenção estará aberta à assinatura dos Estados Membros da Organização dos Estados Americanos.

ARTIGO XIV

Esta Convenção estará sujeita a ratificação. Os instrumentos de ratificação serão depositados na Secretaria Geral da Organização dos Estados Americanos.

ARTIGO XV

Esta Convenção permanecerá aberta à adesão de qualquer outro Estado. Os instrumentos de adesão serão depositados na Secretaria Geral da Organização dos Estados Americanos.

ARTIGO XVI

Os Estados Partes poderão formular reservas a esta Convenção ao aprová-la, assiná-la, ratificá-la ou a ela aderir, desde que não sejam incompatíveis com o objetivo e propósito da Convenção e se refiram a uma ou mais disposições específicas.

ARTIGO XVII

Esta Convenção entrará em vigor para os Estados ratificantes no trigésimo dia contado a partir da data em que tiver sido depositado o segundo instrumento de ratificação.

Para o Estado que ratificar a Convenção ou a ela aderir depois de haver sido depositado o segundo instrumento de ratificação, a Convenção entrará em vigor no trigésimo dia contado a partir da data em que houver o Estado depositado seu instrumento de ratificação ou adesão.

ARTIGO XVIII

Esta Convenção vigerá indefinidamente, mas qualquer dos Estados Partes poderá denunciá-lo em qualquer momento. A denúncia será comunicada à Secretaria Geral da Organização dos Estados Americanos. Transcorrido um ano a partir da data da denúncia, a convenção cessará em seus efeitos para o Estado denunciante.

Não obstante, suas disposições permanecerão em vigor para o Estado denunciante em relação às pessoas condenadas que, ao amparo das mesmas, houverem sido transferidas, até o término das respectiva penas.

Os pedidos de traslado que se encontrem em trâmite no momento da denúncia desta Convenção serão complementados até sua completa execução, a menos que as Partes decidam o contrário.

ARTIGO XIX

O instrumento original desta Convenção, cujos textos em espanhol, francês, inglês e português são igualmente autênticos, será depositado na Secretaria Geral da Organização dos Estados Americanos, que enviará cópia autenticada do seu texto, para o respectivo registro e publicação, ao Secretariado das Nações Unidas, de conformidade com o artigo 102 da Carta das Nações Unidas. A Secretaria Geral da Organização dos Estados Americanos notificará aos Estados membros da referida Organização e aos Estados que houverem aderido à Convenção as assinaturas e os depósitos de instrumento de ratificação, de adesão e de denúncia, bem como as reservas que houver.

Em fé do que, os plenipotenciários abaixo assinados, devidamente autorizados por seus respectivos governos, assinam esta Convenção, que se denominará "Convenção Interamericana sobre o Cumprimento de Sentenças Penais no Exterior".

Feito na cidade de Manágua, Nicarágua, em nove de junho de mil novecentos e noventa e três.

DECRETO Nº 7.627, DE 24 DE NOVEMBRO DE 2011

Regulamenta a monitoração eletrônica de pessoas prevista no Decreto-Lei nº 3.689, de 3 de outubro de 1941 – Código de Processo Penal, e na Lei nº 7.210, de 11 de julho de 1984 – Lei de Execução Penal.

A PRESIDENTA DA REPÚBLICA, no uso da atribuição que lhe confere o art. 84, inciso IV, da Constituição, e tendo em vista o disposto no inciso IX do art. 319 no Decreto-Lei nº 3.689, de 3 de outubro de 1941 – Código de Processo Penal, e nos arts. 146-B, 146-C e 146-D da Lei nº 7.210, de 11 de julho de 1984 – Lei de Execução Penal,

DECRETA:

ART. 1º. Este Decreto regulamenta a monitoração eletrônica de pessoas prevista no inciso IX do art. 319 do Decreto-Lei nº 3.689, de 3 de outubro de 1941 – Código de Processo Penal, e nos arts. 146-B, 146-C e 146-D da Lei nº 7.210, de 11 de julho de 1984 – Lei de Execução Penal.

ART. 2º. Considera-se monitoração eletrônica a vigilância telemática posicional à distância de pessoas presas sob medida cautelar ou condenadas por sentença transitada em julgado, executada por meios técnicos que permitam indicar a sua localização.

ART. 3º. A pessoa monitorada deverá receber documento no qual constem, de forma clara e expressa, seus direitos e os deveres a que estará sujeita, o período de vigilância e os procedimentos a serem observados durante a monitoração.

ART. 4º. A responsabilidade pela administração, execução e controle da monitoração eletrônica caberá aos órgãos de gestão penitenciária, cabendo-lhes ainda:

I – verificar o cumprimento dos deveres legais e das condições especificadas na decisão judicial que autorizar a monitoração eletrônica;

II – encaminhar relatório circunstanciado sobre a pessoa monitorada ao juiz competente na periodicidade estabelecida ou, a qualquer momento, quando por este determinado ou quando as circunstâncias assim o exigirem;

III – adequar e manter programas e equipes multiprofissionais de acompanhamento e apoio à pessoa monitorada condenada;

IV – orientar a pessoa monitorada no cumprimento de suas obrigações e auxiliá-la na reintegração social, se for o caso; e

V – comunicar, imediatamente, ao juiz competente sobre fato que possa dar causa à revogação da medida ou modificação de suas condições.

Parágrafo único. A elaboração e o envio de relatório circunstanciado poderão ser feitos por meio eletrônico certificado digitalmente pelo órgão competente.

ART. 5º. O equipamento de monitoração eletrônica deverá ser utilizado de modo a respeitar a integridade física, moral e social da pessoa monitorada.

ART. 6º. O sistema de monitoramento será estruturado de modo a preservar o sigilo dos dados e das informações da pessoa monitorada.

ART. 7º. O acesso aos dados e informações da pessoa monitorada ficará restrito aos servidores expressamente autorizados que tenham necessidade de conhecê-los em virtude de suas atribuições.

ART. 8º. Este Decreto entra em vigor na data de sua publicação.

Brasília, 24 de novembro de 2011;
190º da Independência e 123º da República.

DILMA ROUSSEFF

Este texto não substitui o publicado no DOU de 25.11.2011

DECRETO Nº 8.614, DE 22 DE DEZEMBRO DE 2015

Regulamenta a Lei Complementar nº 121, de 9 de fevereiro de 2006, para instituir a Política Nacional de Repressão ao Furto e Roubo de Veículos e Cargas e para disciplinar a implantação do Sistema Nacional de Prevenção, Fiscalização e Repressão ao Furto e Roubo de Veículos e Cargas.

ART. 1º. Fica instituída, nos termos da Lei Complementar nº 121, de 9 de fevereiro de 2006, a Política Nacional de Repressão ao Furto e Roubo de Veículos e Cargas, com os seguintes objetivos:

I – estabelecer os planos, os programas e as estratégias de ação voltados para a repressão ao furto e roubo de veículos e cargas em todo o território nacional;

II – promover a capacitação e articular a atuação dos órgãos e das entidades federais, estaduais, municipais e do Distrito Federal com competências pertinentes ao objeto da Lei Complementar nº 121, de 2006;

III – promover a integração e incentivar as ações de prevenção, de fiscalização e de repressão dos crimes de furto e roubo de veículos e cargas pelos órgãos de segurança e fazendários da União, dos Estados, do Distrito Federal e dos Municípios;

IV – incentivar a formação e o aperfeiçoamento do pessoal civil e militar empregado na área de trânsito e segurança pública, nos âmbitos federal, estadual, distrital e municipal, no tocante à prevenção, à fiscalização e à repressão aos crimes de furto e roubo de veículos e cargas;

V – propor alterações, na legislação penal e de trânsito, com vistas à redução dos índices de furto e roubo de veículos e cargas;

VI – promover a implantação, a integração, a modernização e a adequação tecnológica dos sistemas de monitoramento veicular dos equipamentos e dos procedimentos empregados, com vistas à unificação de dados de interesse nas atividades de prevenção, de fiscalização e de repressão ao furto e roubo de veículos e cargas;

VII – desenvolver campanhas de esclarecimento e de orientação aos transportadores e proprietários de veículos e cargas, quanto à segurança pessoal e, em particular, à segurança da operação de transporte;

VIII – organizar, operar e manter sistema de informações para o conjunto dos órgãos integrantes do Sistema Nacional de Prevenção, Fiscalização e Repressão ao Furto e Roubo de Veículos e Cargas; e

IX – promover e implantar o uso, na cadeia produtiva e logística, de protocolos e certificações de segurança e de meios que identifiquem, na nota fiscal, o lote e a unidade do produto que está sendo transportado.

ART. 2º. A Política instituída pelo art. 1º será implementada pela União em regime de cooperação com os Estados, o Distrito Federal, os Municípios e a sociedade civil.

ART. 3º. O Sistema Nacional de Prevenção, Fiscalização e Repressão ao Furto e Roubo de Veículos e Cargas, nos termos do § 1º do art. 2º da Lei Complementar nº 121, de 2006, será constituído pelos seguintes órgãos:

I - do Ministério da Justiça e Segurança Pública: (Redação dada pelo Decreto nº 9.877, de 2019)

a) Secretaria Nacional de Segurança Pública; (Redação dada pelo Decreto nº 9.877, de 2019)

b) Secretaria de Operações Integradas; (Redação dada pelo Decreto nº 9.877, de 2019)

c) Polícia Federal; (Redação dada pelo Decreto nº 9.877, de 2019)

d) Polícia Rodoviária Federal; e (Redação dada pelo Decreto nº 9.877, de 2019)

II - do Ministério da Infraestrutura: (Redação dada pelo Decreto nº 9.877, de 2019)

a) Departamento Nacional de Infraestrutura de Transportes; (Redação dada pelo Decreto nº 9.877, de 2019)

b) Agência Nacional de Transportes Terrestres; e (Redação dada pelo Decreto nº 9.877, de 2019)

c) Departamento Nacional de Trânsito; e (Redação dada pelo Decreto nº 9.877, de 2019)

III - dos Estados e do Distrito Federal: (Redação dada pelo Decreto nº 9.877, de 2019)

a) secretarias de segurança pública ou órgão equivalente; (Redação dada pelo Decreto nº 9.877, de 2019)

b) secretarias da fazenda ou órgão equivalente; (Redação dada pelo Decreto nº 9.877, de 2019)

c) órgãos policiais; e (Acrescida pelo Decreto nº 9.877, de 2019)

d) órgãos e entidades pertencentes ao Sistema Nacional de Trânsito. (Acrescida pelo Decreto nº 9.877, de 2019)

§ 1º. O Sistema Nacional de Prevenção, Fiscalização e Repressão ao Furto e Roubo de Veículos e Cargas será coordenado pelo Comitê Gestor da Política Nacional de Repressão ao Furto e Roubo de Veículos e Cargas, de que tratam os arts. 7º a 9º.

§ 2º. Todos os órgãos e entidades integrantes do Sistema Nacional de Prevenção, Fiscalização e Repressão ao Furto e Roubo de Veículos e Cargas ficam obrigados a fornecer informações relativas a furto e roubo de veículos e cargas, de acordo com as diretrizes do Comitê Gestor da Política Nacional de Repressão ao Furto e Roubo de Veículos e Cargas, para constituir banco de dados do sistema de informações previsto no inciso VIII do *caput* do art. 1º.

§ 3º. Com base no disposto no § 2º, são instrumentos do Sistema Nacional de Prevenção, Fiscalização e Repressão ao Furto e Roubo de Veículos e Cargas, no que se refere à prevenção, à fiscalização e à repressão ao furto e roubo de veículos e cargas, cuja utilização será normatizada pelo Comitê Gestor da Política Nacional de Repressão ao Furto e Roubo de Veículos e Cargas:

I - o Centro Integrado de Comando e Controle Nacional do Ministério da Justiça e Segurança Pública; (Redação dada pelo Decreto nº 9.877, de 2019)

II – o Sistema Nacional de Informações de Segurança Pública, Prisionais e sobre Drogas – Sinesp;

III – o Sistema Nacional de Identificação Automática de Veículos – Siniav;

IV – o Sistema Integrado de Monitoramento e Registro Automático de Veículos – Simrav;

V – o Sistema Georreferenciado de Informações Viárias – SGV;

VI – o Sistema Nacional de Identificação, Rastreamento e Autenticação de Mercadorias – Brasil-ID; e

VII – o Sistema Alerta Brasil.

§ 4º. O Sinesp criará e manterá banco de dados nacional para o registro dos roubos e furtos de cargas, a ser utilizado pelos organismos policiais integrantes do Sistema Nacional de Prevenção, Fiscalização e Repressão ao Furto e Roubo de Veículos e Cargas de acordo com normas estabelecidas pelo Comitê Gestor da Política Nacional de Repressão ao Furto e Roubo de Veículos e Cargas.

ART. 4º. Compete às autoridades fazendárias integrantes do Sistema Nacional de Prevenção, Fiscalização e Repressão ao Furto e Roubo de Veículos e Cargas:

I – estabelecer as padronizações técnicas e as normas de execução para o cumprimento do disposto no inciso IX do *caput* do art. 1º; e

II – encaminhar à autoridade policial competente cópia dos autos de infração referentes a veículos e mercadorias desacompanhados de documento regular de aquisição encontrados durante ação fiscal.

ART. 5º. Compete ao Conselho Nacional de Trânsito – Contran, além das competências definidas no art. 7º da Lei Complementar nº 121, de 2006, estabelecer a padronização e editar as normas relativas à emissão da autorização para conduzir veículo de que trata o art. 8º da referida Lei.

ART. 6º. Compete à Susep, ouvido o Contran, estabelecer os parâmetros e editar as normas relativas ao cumprimento do disposto no art. 9º da Lei Complementar nº 121, de 2006.

ART. 7º Fica instituído o Comitê Gestor da Política Nacional de Repressão ao Furto e Roubo de Veículos e Cargas, órgão colegiado de natureza consultiva e deliberativa, vinculado ao Ministério da Justiça e Segurança Pública, que tem por finalidade promover a atuação integrada de órgãos e de entidades responsáveis pela prevenção, pela fiscalização e pela repressão ao furto e ao roubo de veículos e cargas. (Redação dada pelo Decreto nº 9.877, de 2019)

ART. 8º. O Comitê Gestor da Política Nacional de Repressão ao Furto e Roubo de Veículos e Cargas será composto por representante, titular e suplente, de cada órgão a seguir indicado:

I - do Ministério da Justiça e Segurança Pública: (Redação dada pelo Decreto nº 9.877, de 2019)

a) Secretaria Nacional de Segurança Pública; (Incluído pelo Decreto nº 9.877, de 2019)

b) Secretaria de Operações Integradas; (Incluído pelo Decreto nº 9.877, de 2019)

c) Polícia Federal; (Incluído pelo Decreto nº 9.877, de 2019)

d) Polícia Rodoviária Federal; (Incluído pelo Decreto nº 9.877, de 2019)

II - do Ministério da Infraestrutura: (Redação dada pelo Decreto nº 9.877, de 2019)

a) Departamento Nacional de Infraestrutura de Transportes; (Incluído pelo Decreto nº 9.877, de 2019)

b) Agência Nacional de Transportes Terrestres; e (Incluído pelo Decreto nº 9.877, de 2019)

c) Departamento Nacional de Trânsito. (Incluído pelo Decreto nº 9.877, de 2019)

§ 1º O Comitê Gestor da Política Nacional de Repressão ao Furto e Roubo de Veículos e Cargas será presidido por um representante do Ministério da Justiça e Segurança Pública, designado pelo Ministro de Estado da Justiça e Segurança Pública. (Redação dada pelo Decreto nº 9.877, de 2019)

§ 2º. Integrará o Comitê Gestor da Política Nacional de Repressão ao Furto e Roubo de Veículos e Cargas um representante, e respectivo suplente, de cada um dos seguintes colegiados:

I – Conselho Nacional de Comandantes Gerais das Polícias Militares dos Estados e do Distrito Federal;

II – Conselho Nacional de Chefes de Polícia Civil dos Estados e do Distrito Federal; e

III – Conselho Nacional de Política Fazendária.

§ 3º Os membros do Comitê Gestor da Política Nacional de Repressão ao Furto e Roubo de Veículos e Cargas serão indicados pelos titulares dos órgãos que representam e designados pelo Ministro de Estado da Justiça e Segurança Pública para mandato de dois anos, admitida uma recondução. (Redação dada pelo Decreto nº 9.877, de 2019)

§ 4º O Comitê Gestor da Política Nacional de Repressão ao Furto e Roubo de Veículos e Cargas poderá convidar representantes de órgãos ou entidades, públicas ou privadas, ou especialistas em assuntos de interesse para participar de suas reuniões, sem direito a voto. (Redação dada pelo Decreto nº 9.877, de 2019)

§ 5º O Ministério da Justiça e Segurança Pública providenciará o apoio administrativo e logístico ao Comitê Gestor da Política Nacional de Repressão ao Furto e Roubo de Veículos e Cargas. (Redação dada pelo Decreto nº 9.877, de 2019)

§ 6º O Comitê Gestor da Política Nacional de Repressão ao Furto e Roubo de Veículos e Cargas se reunirá, em caráter ordinário, bimestralmente e, em caráter extraordinário, sempre que convocado por seu Presidente, por iniciativa própria ou a requerimento de, no mínimo, um terço de seus membros. (Incluído pelo Decreto nº 9.877, de 2019)

§ 7º O quórum de reunião do Comitê Gestor da Política Nacional de Repressão ao Furto e Roubo de Veículos e Cargas é de maioria absoluta dos membros e o quórum de aprovação é de maioria simples. (Incluído pelo Decreto nº 9.877, de 2019)

§ 8º A participação no Comitê Gestor da Política Nacional de Repressão ao Furto e Roubo de Veículos e Cargas será considerada prestação de serviço público relevante, não remunerada. (Incluído pelo Decreto nº 9.877, de 2019)

§ 9º Os membros do Comitê Gestor da Política Nacional de Repressão ao Furto e Roubo de Veículos e Cargas se reunirão prioritariamente por meio de videoconferência, caso não haja prejuízo à condução dos trabalhos do colegiado. (Incluído pelo Decreto nº 9.877, de 2019)

ART. 9º O Comitê Gestor da Política Nacional de Repressão ao Furto e Roubo de Veículos e Cargas poderá constituir até cinco câmaras técnicas simultaneamente, que terão a finalidade de oferecer sugestões e embasamento técnico às decisões do Comitê Gestor. (Redação dada pelo Decreto nº 9.877, de 2019)

Parágrafo único. A constituição de câmara técnica deverá: (Incluído pelo Decreto nº 9.877, de 2019)

I - limitar o número de membros ao máximo de sete participantes;

II - ter caráter temporário; e

III - ter duração não superior a cento e oitenta dias, admitida uma prorrogação por igual período.

ART. 10. Os órgãos e entidades referidos no *caput* do art. 8º deverão fornecer aos demais integrantes do Sistema, nos termos estabelecidos pelo Comitê Gestor da Política Nacional de Repressão ao Furto e Roubo de Veículos e Cargas, os dados e as informações de interesse para as ações de prevenção, de fiscalização e de repressão ao furto e roubo de veículos e cargas, observadas as restrições constantes em legislação específica.

ART. 11. Os Estados, os Municípios e o Distrito Federal poderão tornar disponíveis aos órgãos e entidades do Comitê Gestor da Política Nacional de Repressão ao Furto e Roubo de Veículos e Cargas, por meio eletrônico, os dados e as informações constantes das notas fiscais eletrônicas, dos conhecimentos de transporte eletrônicos e dos manifestos de transporte eletrônicos.

ART. 12. Fica instituído o Alerta Brasil, sistema de monitoramento de fluxo de veículos, a ser gerido pela Polícia Rodoviária Federal do Ministério da Justiça e Segurança Pública, com a finalidade de integrar e compartilhar os dados e as informações sobre veículos, cargas e passageiros em rodovias e áreas de interesse da União e subsidiar ações de prevenção, de fiscalização e de repressão de órgãos e de entidades integrantes do Sistema Nacional de Prevenção, Fiscalização e Repressão ao Furto e Roubo de Veículos e Cargas. (Redação dada pelo Decreto nº 9.877, de 2019)

ART. 13. Fica instituído o Programa de Operações Integradas de Combate ao Roubo de Cargas – Proint, com a finalidade de articular a repressão uniforme ao furto, ao roubo e à receptação de cargas transportadas em operação interestadual ou internacional, quando houver indícios da atuação de quadrilha ou bando em mais de uma unidade da Federação, nos termos do disposto na Lei nº 10.446, de 8 de maio de 2002.

§ 1º. O Proint será coordenado pelo DPF e sua execução será realizada em conjunto com a Polícia Rodoviária Federal e com as Polícias Militares e Civis dos Estados e do Distrito Federal, mediante acordo de cooperação técnica e em conformidade com as competências constitucionais e legais dos órgãos de segurança pública envolvidos.

§ 2º. Os acordos de cooperação técnica e seus planos de trabalho conterão obrigatoriamente a descrição detalhada do objeto, metas de execução e mecanismos de monitoramento e avaliação da efetividade das intervenções e do cumprimento das metas estabelecidas.

ART. 14. Este Decreto entra em vigor na data de sua publicação.

Brasília, 22 de dezembro de 2015; 194º da Independência e 127º da República.

DILMA ROUSSEFF

Este texto não substitui o publicado no DOU de 23.12.2015

DECRETO Nº 8.858, DE 26 DE SETEMBRO DE 2016

Regulamenta o disposto no art. 199 da Lei nº 7.210, de 11 de julho de 1984 – Lei de Execução Penal.

ART. 1º. O emprego de algemas observará o disposto neste Decreto e terá como diretrizes:

I – o inciso III do *caput* do art. 1º e o inciso III do *caput* do art. 5º da Constituição, que dispõem sobre a proteção e a promoção da dignidade da pessoa humana e sobre a proibição de submissão ao tratamento desumano e degradante;

II – a Resolução nº 2010/16, de 22 de julho de 2010, das Nações Unidas sobre o tratamento de mulheres presas e medidas não privativas de liberdade para mulheres infratoras (Regras de Bangkok); e

III – o Pacto de San José da Costa Rica, que determina o tratamento humanitário dos presos e, em especial, das mulheres em condição de vulnerabilidade.

ART. 2º. É permitido o emprego de algemas apenas em casos de resistência e de fundado receio de fuga ou de perigo à integridade física própria ou alheia, causado pelo preso ou por terceiros, justificada a sua excepcionalidade por escrito.

ART. 3º. É vedado emprego de algemas em mulheres presas em qualquer unidade do sistema penitenciário nacional durante o trabalho de parto, no trajeto da parturiente entre a unidade prisional e a unidade hospitalar e após o parto, durante o período em que se encontrar hospitalizada.

ART. 4º. Este Decreto entra em vigor na data de sua publicação.

Brasília, 26 de setembro de 2016; 195º da Independência e 128º da República.

MICHEL TEMER

Este texto não substitui o publicado no DOU de 27.9.2016

DECRETO Nº 9.199, DE 20 DE NOVEMBRO DE 2017 (EXCERTOS)

Regulamenta a Lei nº 13.445, de 24 de maio de 2017, que institui a Lei de Migração.
O PRESIDENTE DA REPÚBLICA, no uso da atribuição que lhe confere o art. 84, *caput*, inciso IV, da Constituição, e tendo em vista o disposto na Lei nº 13.445, de 24 de maio de 2017,

▸ *Lei nº 13.445, de 24-05-2017, Lei de Migração.*

▸ *Portaria MJSP nº 770, de 11-10-2019.*

DECRETA:

CAPÍTULO I
DISPOSIÇÕES PRELIMINARES

ART. 1º Este Decreto regulamenta a Lei de Migração, instituída pela Lei nº 13.445, de 24 de maio de 2017.

Parágrafo único. Para fins do disposto na Lei nº 13.445, de 2017, consideram-se:

I – migrante – pessoa que se desloque de país ou região geográfica ao território de outro país ou região geográfica, em que estão incluídos o imigrante, o emigrante e o apátrida;

II – imigrante – pessoa nacional de outro país ou apátrida que trabalhe ou resida e se estabeleça temporária ou definitivamente na República Federativa do Brasil;

III – emigrante – brasileiro que se estabeleça temporária ou definitivamente no exterior;

IV – residente fronteiriço – pessoa nacional de país limítrofe ou apátrida que conserve a sua residência habitual em Município fronteiriço de país vizinho;

V – visitante – pessoa nacional de outro país ou apátrida que venha à República Federativa do Brasil para estadas de curta duração, sem pretensão de se estabelecer temporária ou definitivamente no território nacional;

VI – apátrida – pessoa que não seja considerada como nacional por nenhum Estado, conforme a sua legislação, nos termos da Convenção sobre o Estatuto dos Apátridas, de 1954, promulgada pelo Decreto nº 4.246, de 22 de maio de 2002, ou assim reconhecida pelo Estado brasileiro;

VII – refugiado – pessoa que tenha recebido proteção especial do Estado brasileiro, conforme previsto na Lei nº 9.474, de 22 de julho de 1997; e

VIII – ano migratório – período de doze meses, contado da data da primeira entrada do visitante no território nacional, conforme disciplinado em ato do dirigente máximo da Polícia Federal.

ART. 2º Ao imigrante são garantidos os direitos previstos em lei, vedada a exigência de prova documental impossível ou descabida que dificulte ou impeça o exercício de seus direitos.

Parágrafo único. Os órgãos da administração pública federal revisarão procedimentos e normativos internos com vistas à observância ao disposto no *caput*.

ART. 3º É vedado denegar visto ou residência ou impedir o ingresso no País por motivo de etnia, religião, nacionalidade, pertinência a grupo social ou opinião política.

....

CAPÍTULO VI
DO ASILO POLÍTICO

ART. 108. O asilo político, que constitui ato discricionário do Estado, poderá ser diplomático ou territorial e será concedido como instrumento de proteção à pessoa que se encontre perseguida em um Estado por suas crenças, opiniões e filiação política ou por atos que possam ser considerados delitos políticos.

Parágrafo único. Nos termos do Estatuto de Roma do Tribunal Penal Internacional, de 1998, promulgado pelo Decreto nº 4.388, de 2002, não será concedido asilo a quem tenha cometido:

I – crime de genocídio;

II – crime contra a humanidade;

III – crime de guerra; ou

IV – crime de agressão.

....

CAPÍTULO VIII
DA AUTORIZAÇÃO DE RESIDÊNCIA

SUBSEÇÃO II
DA NEGATIVA DE CONCESSÃO, DA DENEGAÇÃO, DA PERDA E DO CANCELAMENTO DA AUTORIZAÇÃO DE RESIDÊNCIA

ART. 132. A autorização de residência não será concedida à pessoa condenada criminalmente no País ou no exterior por sentença transitada em julgado, desde que a conduta esteja tipificada na legislação penal brasileira, ressalvados as hipóteses em que:

I – a conduta caracterize infração de menor potencial ofensivo;

II – o prazo de cinco anos, após a extinção da pena, tenha transcorrido;

III – o crime a que o imigrante tenha sido condenado no exterior não seja passível de extradição ou a punibilidade segundo a lei brasileira esteja extinta; ou

IV – o pedido de autorização de residência se fundamente em:

a) tratamento de saúde;

b) acolhida humanitária;

c) reunião familiar;

d) tratado em matéria de residência e livre circulação; ou

e) cumprimento de pena no País.

Parágrafo único. O disposto no *caput* não impedirá a progressão de regime de cumprimento de pena, nos termos estabelecidos na Lei nº 7.210, de 11 de julho de 1984 - Lei de Execução Penal, hipótese em que a pessoa ficará autorizada a trabalhar quando assim exigido pelo novo regime de cumprimento de pena.

ART. 133. A autorização de residência poderá ser negada à pessoa:

I – anteriormente expulsa do País, enquanto os efeitos da expulsão vigorarem;

II – nos termos definidos pelo Estatuto de Roma do Tribunal Penal Internacional, de 1998, promulgado pelo Decreto nº 4.388, de 2002, condenada ou respondendo a processo por:

a) crime de genocídio;

b) crime contra a humanidade;

c) crime de guerra; ou

d) crime de agressão;

III – condenada ou respondendo a processo em outro país por crime doloso passível de extradição segundo a lei brasileira;

IV – que tenha nome incluído em lista de restrições por ordem judicial ou por compromisso assumido pelo País perante organismo internacional; e

V – que tenha praticado ato contrário aos princípios ou aos objetivos dispostos na Constituição.

ART. 134. Caberá recurso da decisão que negar a autorização de residência, no prazo de dez dias, contados da data da ciência do imigrante, assegurados os princípios do contraditório e da ampla defesa e aplicadas, subsidiariamente, as disposições da Lei nº 9.784, de 29 de janeiro de 1999.

ART. 135. A perda da autorização de residência será decretada nas seguintes hipóteses:

I – cessação do fundamento que embasou a autorização de residência;

II – obtenção de autorização de residência com fundamento em outra hipótese; e

III – ausência do País por período superior a dois anos sem apresentação de justificativa.

§ 1º. O imigrante deverá comunicar à Polícia Federal sempre que deixar de possuir as condições que embasaram a concessão de sua autorização de residência durante a sua vigência.

§ 2º. O disposto no inciso I do *caput* não impede o imigrante de solicitar autorização de residência com fundamento em outra hipótese.

ART. 136. A autorização de residência será cancelada, a qualquer tempo, nas seguintes hipóteses:

I – fraude;

II – ocultação de condição impeditiva de concessão de visto, ingresso ou autorização de residência no País;

III – quando a informação acerca da condenação prevista nos incisos II e III do *caput* do art. 133 seja conhecida após a concessão da autorização de residência; ou

IV – se constatado que o nome do requerente encontrava-se em lista a que se refere o inciso IV do *caput* do art. 133 na data da autorização de residência.

ART. 137. A decretação da perda e o cancelamento da autorização de residência serão precedidos de procedimento administrativo no qual serão observados os princípios do contraditório e da ampla defesa.

ART. 138. Os procedimentos de decretação da perda e do cancelamento da autorização de residência serão instaurados em ato do Ministro de Estado da Justiça e Segurança Pública ou do Trabalho, conforme o caso, e instruídos, de imediato, com o termo de notificação do imigrante.

§ 1º. O ato a que se refere o *caput* conterá relato do fato motivador da decretação da perda ou do cancelamento da autorização de residência e a sua fundamentação legal, e determinará que o imigrante seja notificado de imediato e, preferencialmente, por meio eletrônico.

§ 2º. Nas hipóteses de perda ou cancelamento da autorização de residência para fins de trabalho, o empregador poderá ser notificado, observado o disposto no § 1º.

§ 3º. Na hipótese de o imigrante não ser encontrado, a administração pública federal dará publicidade à instauração do procedimento administrativo de decretação da perda ou do cancelamento da autorização de residência em sítio eletrônico e tal publicação será considerada como notificação para todos os atos do referido procedimento.

§ 4º. O imigrante terá o prazo de dez dias para apresentação de defesa no procedimento administrativo.

§ 5º. O imigrante que, regularmente notificado, não apresentar defesa no prazo a que se refere o § 4º será considerado revel.

§ 6º. O imigrante poderá, por meios próprios ou por meio de defensor constituído, apresentar defesa no prazo estabelecido no § 4º e fazer uso dos meios e dos recursos admitidos em direito, inclusive tradutor ou intérprete.

ART. 139. A decisão quanto à decretação da perda ou do cancelamento da autorização de residência caberá ao órgão que a houver concedido.

§ 1º. O imigrante terá o prazo de dez dias para interpor recurso contra a decisão de que trata o *caput*.

§ 2º. Encerrado o procedimento administrativo e decretada a perda ou o cancelamento definitivo da autorização de residência, o imigrante será notificado nos termos estabelecidos no art. 176.

ART. 140. No procedimento administrativo de que trata o art. 177, os documentos e as provas constantes de procedimentos de decretação da perda ou do cancelamento da autorização de residência poderão ser utilizados.

ART. 141. Ato conjunto dos Ministros de Estado da Justiça e Segurança Pública e do Trabalho disporão sobre os procedimentos administrativos referentes ao cancelamento e à perda de autorização de residência e ao recurso contra a negativa de concessão de autorização de residência.

SEÇÃO II
DAS HIPÓTESES DE AUTORIZAÇÃO DE RESIDÊNCIA

ART. 142. O requerimento de autorização de residência poderá ter como fundamento as seguintes hipóteses:

II – a pessoa:

f) tenha sido vítima de tráfico de pessoas, trabalho escravo ou violação de direito agravada por sua condição migratória;

g) esteja em liberdade provisória ou em cumprimento de pena no País; ou

§ 1º. A autorização de residência ao imigrante poderá ser concedida com fundamento em apenas uma das hipóteses previstas no *caput*.

§ 2º. A autorização de residência com fundamento nas hipóteses elencadas nas alíneas "a", "c", "e", "g", "h" e "j" do inciso I do *caput* e na alínea "b" do inciso II do *caput* poderá ser concedida inicialmente pelo prazo de até dois anos.

§ 3º. Decorrido o prazo de residência previsto no § 1º, o órgão que concedeu a autorização de residência inicial poderá, por meio de requerimento do imigrante, promover a renovação do prazo inicial de residência pelo período de até dois anos ou a alteração do prazo de residência para prazo indeterminado.

§ 4º. Quando o contrato do imigrante junto a instituição de pesquisa, ensino ou extensão acadêmica for por prazo indeterminado, a autorização de residência por prazo indeterminado poderá ser, excepcionalmente, concedida.

§ 5º. A autorização de residência para exercer cargo, função ou atribuição será concedida por prazo indeterminado quando a legislação brasileira assim exigir.

ART. 143. A autorização de residência para fins de pesquisa, ensino ou extensão acadêmica poderá ser concedida ao imigrante com ou sem vínculo empregatício com instituição de pesquisa ou de ensino brasileira, exigida, na hipótese de vínculo, a comprovação de formação superior compatível ou reconhecimento científico equivalente.

§ 1º. A autorização de residência para pesquisa, ensino ou extensão acadêmica com vínculo empregatício no País será concedida ao imigrante que comprovar oferta de trabalho, caracterizada por meio de contrato de trabalho ou de prestação de serviços celebrado com instituição de pesquisa ou de ensino brasileira.

§ 2º. A autorização de residência para pesquisa, ensino ou extensão acadêmica sem vínculo empregatício no País será concedida ao imigrante detentor de bolsa ou auxílio em uma das modalidades previstas no *caput*, quando o prazo de vigência da bolsa for superior a noventa dias.

§ 3º. O imigrante que possua vínculo institucional exclusivamente no exterior e pretenda realizar atividade de pesquisa, ensino ou de extensão acadêmica subsidiada por instituição de pesquisa ou de ensino estrangeira enquadra-se na hipótese prevista no § 2º, desde que em parceria com instituição brasileira.

§ 4º. O imigrante que se encontre no País sob o amparo da autorização de residência de que trata o *caput*, sem vínculo empregatício no País, por prazo superior a noventa dias, poderá exercer atividade remunerada no País, desde que relacionada à área de pesquisa, de ensino ou de extensão acadêmica.

§ 5º. O requerimento de autorização de residência com fundamento em pesquisa, ensino ou extensão acadêmica deverá respeitar os requisitos, as condições, os prazos e os procedimentos previstos em resolução do Conselho Nacional de Imigração.

....

ART. 145. A autorização de residência para fins de acolhida humanitária poderá ser concedida ao apátrida ou ao nacional de qualquer país em situação de:

I – instabilidade institucional grave ou iminente;

II – conflito armado;

III – calamidade de grande proporção;

IV – desastre ambiental; ou

V – violação grave aos direitos humanos ou ao direito internacional humanitário.

§ 1º. Ato conjunto dos Ministros de Estado da Justiça e Segurança Pública, das Relações Exteriores e do Trabalho estabelecerá os requisitos para a concessão de autorização de residência com fundamento em acolhida humanitária, a renovação do prazo da residência e a sua alteração para prazo indeterminado.

§ 2º. A possibilidade de livre exercício de atividade laboral será reconhecida ao imigrante a quem se tenha sido concedida a autorização de residência de que trata o *caput*, nos termos da legislação vigente.

....

ART. 156. A autorização de residência poderá ser concedida à pessoa beneficiária de:

I – proteção ao apátrida;

II – asilo político; ou

III – refúgio.

§ 1º. A autorização de residência do refugiado observará o disposto no art. 28 da Lei nº 9.474, de 1997.

§ 2º. A autorização de residência do refugiado, do asilado político e do apátrida será concedida por prazo indeterminado.

§ 3º. O solicitante de refúgio, asilo político ou proteção ao apátrida fará jus à autorização provisória de residência até decisão final quanto ao seu pedido.

§ 4º. A autorização provisória de residência prevista no § 3º será demonstrada por meio de protocolo de solicitação de reconhecimento da condição de refugiado, asilado político ou apátrida.

§ 5º. O beneficiário da autorização de residência do refugiado, do asilado político e do apátrida ou da autorização de residência provisória a que se refere o § 3º poderá exercer qualquer atividade no País, inclusive remunerada, em igualdade de condições com o nacional brasileiro, nos termos da legislação vigente.

§ 6º. A autorização de residência concedida àquele cuja condição de refugiado, asilado ou apátrida tiver cessado permanecerá válida pelo prazo de noventa dias.

§ 7º. O disposto no § 6º não se aplica às seguintes hipóteses:

I – perda da proteção ao apátrida;

II – revogação do asilo político; e

III – perda da condição de refugiado.

§ 8º. A cessação da proteção ao apátrida ou da condição de refugiado ou asilado político não impedirá a solicitação de nova autorização de residência, observado o disposto no art. 142.

§ 9º. O requerimento de autorização de residência com fundamento no disposto neste artigo deverá respeitar os requisitos previstos em ato do Ministro de Estado da Justiça e Segurança Pública, consultados os demais Ministérios interessados.

....

ART. 158. A autorização de residência poderá ser concedida à vítima de:

I - tráfico de pessoas;

II – trabalho escravo; ou

III – violação de direito agravada por sua condição migratória.

§ 1º. A autorização de residência com fundamento no disposto neste artigo será concedida por prazo indeterminado.

§ 2º. O requerimento previsto neste artigo poderá ser encaminhado diretamente ao Ministério da Justiça e Segurança Pública pelo Ministério Público, pela Defensoria Pública ou pela Auditoria Fiscal do Trabalho, na forma estabelecida em ato conjunto dos Ministros de Estado da Justiça e Segurança Pública e do Trabalho, consultados os demais Ministérios interessados, o qual disporá sobre outras autoridades públicas que poderão reconhecer a situação do imigrante como vítima, nos termos estabelecidos no *caput*.

§ 3º. A autoridade pública que representar pela regularização migratória das vítimas a que se refere o *caput* deverá instruir a representação com documentação que permita identificar e localizar o imigrante.

§ 4º. O beneficiário da autorização de residência concedida a vítima a que se refere o *caput* deverá apresentar anuência ao requerimento ofertado pela autoridade pública.

ART. 159. A autorização de residência poderá ser concedida à pessoa que esteja em liberdade provisória ou em cumprimento de pena no País.

§ 1º. O prazo de residência para o imigrante em liberdade provisória será de até um ano, renovável por meio da apresentação de certidão expedida pelo Poder Judiciário que disponha sobre o andamento do processo.

§ 2º. Na hipótese de imigrante sentenciado, o prazo de residência estará vinculado ao período da pena a ser cumprido, informado pelo juízo responsável pela execução criminal.

§ 3º. Na instrução do requerimento de autorização de residência com fundamento no disposto neste artigo, deverá ser apresentada, além dos documentos a que se refere o art. 129, decisão judicial da concessão da liberdade provisória ou certidão emitida pelo juízo responsável pela execução criminal do qual conste o período de pena a ser cumprida, conforme o caso.

§ 4º. Na ausência da apresentação do documento a que se refere o inciso II do *caput* do art. 129, deverá ser apresentado ofício emitido pelo juízo responsável do qual conste a qualificação completa do imigrante.

ART. 160. A concessão de nova autorização de residência para imigrante poderá ser fornecida, atendido o disposto na alínea "h" do inciso II do *caput* do art. 142 a imigrante que tenha sido anteriormente beneficiado com autorização de residência, fundamentado em reunião familiar, satisfeitos os seguintes requisitos:

I – ter residido no País por, no mínimo, quatro anos;

II – comprovar meios de subsistência; e

III – apresentar certidão negativa de antecedentes criminais.

§ 1º. A nova autorização de residência com fundamento no disposto neste artigo será concedida por prazo indeterminado.

§ 2º. O disposto neste artigo não se aplica às hipóteses em que o requisito para o reconhecimento da condição anterior tenha deixado de ser atendido em razão de fraude.

....

SEÇÃO II
DO IMPEDIMENTO DE INGRESSO

ART. 171. Após entrevista individual e mediante ato fundamentado, o ingresso no País poderá ser impedido à pessoa:

I – anteriormente expulsa do país, enquanto os efeitos da expulsão vigorarem;

II – nos termos definidos pelo Estatuto de Roma do Tribunal Penal Internacional, de 1998, promulgado pelo Decreto nº 4.388, de 2002, condenada ou respondendo a processo por:

a) ato de terrorismo ou crime de genocídio;

b) crime contra a humanidade;

c) crime de guerra; ou

d) crime de agressão;

III – condenada ou respondendo a processo em outro país por crime doloso passível de extradição segundo a lei brasileira;

IV – que tenha o nome incluído em lista de restrições por ordem judicial ou por compromisso assumido pelo País perante organismo internacional;

V – que apresente documento de viagem que:

a) não seja válido no território nacional;

b) esteja com o prazo de validade vencido; ou

c) esteja com rasura ou indício de falsificação;

VI – que não apresente documento de viagem ou, quando admitido, documento de identidade;

VII – cuja razão da viagem não seja condizente com o visto ou com o motivo alegado para a isenção de visto ou que não possua visto válido, quando exigível;

VIII – que tenha comprovadamente fraudado documentação ou prestado informação falsa por ocasião da solicitação de visto;

IX – que tenha praticado ato contrário aos princípios e aos objetivos dispostos na Constituição;

X – a quem tenha sido denegado visto, enquanto permanecerem as condições que ensejaram a denegação;

XI – que não tenha prazo de estada disponível no ano migratório vigente, na qualidade de visitante;

XII – que tenha sido beneficiada com medida de transferência de pessoa condenada aplicada conjuntamente com impedimento de reingresso no território nacional, observado o disposto no § 2º do art. 103 da Lei nº. 13.445, de 2017, desde que ainda esteja no cumprimento de sua pena;

XIII – que não atenda às recomendações temporárias ou permanentes de emergências em saúde pública internacional definidas pelo Regulamento Sanitário Internacional; ou

XIV – que não atenda às recomendações temporárias ou permanentes de emergências em saúde pública de importância nacional definidas pelo Ministério da Saúde.

§ 1º. O procedimento de efetivação do impedimento de ingresso será disciplinado em ato do dirigente máximo da Polícia Federal.

§ 2º. Nas hipóteses previstas nos incisos XIII e XIV do *caput*, o fundamento para o impedimento de ingresso será comunicado à Polícia Federal pelo Ministério da Saúde.

....

SEÇÃO III
DA DEPORTAÇÃO

ART. 187. A deportação consiste em medida decorrente de procedimento administrativo da qual resulta a retirada compulsória da pessoa que se encontre em situação migratória irregular no território nacional.

Parágrafo único. Os procedimentos concernentes à deportação observarão os princípios do contraditório, da ampla defesa e da garantia de recurso com efeito suspensivo.

ART. 188. O procedimento que poderá levar à deportação será instaurado pela Polícia Federal.

§ 1º. O ato de que trata o *caput* conterá relato do fato motivador da medida e a sua fundamentação legal, e determinará:

I – a juntada do comprovante da notificação pessoal do deportando prevista no art. 176;

II – notificação, preferencialmente por meio eletrônico:

a) da repartição consular do país de origem do imigrante;

b) do defensor constituído do deportando, quando houver, para apresentação de defesa técnica no prazo de dez dias; e

c) da Defensoria Pública da União, na ausência de defensor constituído, para apresentação de defesa técnica no prazo de vinte dias.

§ 2º. As irregularidades verificadas no procedimento administrativo da deportação constarão, expressamente, das notificações de que trata o § 1º.

§ 3º. A assistência jurídica providenciará defesa técnica no prazo a que se refere o § 1º, e, se entender necessário:

I – tradutor ou intérprete; e

II – exames ou estudos.

§ 4º. A ausência de manifestação da Defensoria Pública da União, desde que prévia e devidamente notificada, não impedirá a efetivação da medida de deportação.

ART. 189. Caberá recurso com efeito suspensivo da decisão sobre deportação no prazo de dez dias, contado da data da notificação do deportando.

ART. 190. Não se procederá à deportação se a medida configurar extradição não admitida pela legislação brasileira.

ART. 191. Ato do dirigente máximo da Polícia Federal disporá sobre os procedimentos administrativos necessários para a deportação.

Parágrafo único. Ato do Ministro de Estado da Justiça e Segurança Pública definirá as hipóteses de redução do prazo de que trata o § 6º do art. 50 da Lei nº. 13.445, de 2017.

SEÇÃO IV
DA EXPULSÃO

ART. 192. A expulsão consiste em medida administrativa da retirada compulsória do território nacional instaurada por meio de Inquérito Policial de Expulsão, conjugada com impedimento de reingresso por prazo determinado do imigrante ou do visitante com sentença condenatória transitada em julgado pela prática de:

I – nos termos definidos pelo Estatuto de Roma do Tribunal Penal Internacional, de 1998, promulgado pelo Decreto nº. 4.388, de 2002:

a) crime de genocídio;

b) crime contra a humanidade;

c) crime de guerra; ou

d) crime de agressão; ou

II – crime comum doloso passível de pena privativa de liberdade, consideradas a gravidade e as possibilidades de ressocialização no território nacional.

ART. 193. O Ministério da Justiça e Segurança Pública não procederá à expulsão daqueles a que se refere o art. 192 quando:

I – a medida configurar extradição não admitida pela lei brasileira;

II – o expulsando:

a) tiver filho brasileiro que esteja sob a sua guarda ou dependênciaeconômica ou socioafetiva ou tiver pessoa brasileira sob a sua tutela;

b) tiver cônjuge ou companheiro residente no País, sem discriminação alguma, reconhecido judicial ou legalmente;

c) tiver ingressado no País antes de completar os doze anos de idade, desde que resida, desde então, no País; ou

d) seja pessoa com mais de setenta anos que resida no País há mais de dez anos, considerados a gravidade e o fundamento da expulsão.

ART. 194. Enquanto o procedimento de expulsão estiver pendente, o expulsando permanecerá aguardando a sua decisão, sem alteração de sua condição migratória.

ART. 195. O procedimento de expulsão será iniciado por meio de Inquérito Policial de Expulsão.

§ 1º. OInquérito Policial de Expulsão será instaurado pela Polícia Federal, de ofício ou por determinação do Ministro de Estado da Justiça e Segurança Pública, de requisição ou de requerimento fundamentado em sentença, e terá como objetivo produzir relatório final sobre a pertinência ou não da medida de expulsão, com o levantamento de subsídios para a decisão, realizada pelo Ministro de Estado da Justiça e Segurança Pública, acerca:

I – da existência de condição de inexpulsabilidade;

II – da existência de medidas de ressocialização, se houver execução de pena; e

III – da gravidade do ilícito penal cometido.

§ 2º. A instauração do Inquérito Policial de Expulsão será motivada:

I – na hipótese prevista no inciso I do *caput* do art. 192, pelo recebimento, a qualquer tempo, por via diplomática, de sentença definitiva expedida pelo Tribunal Penal Internacional; ou

II – na hipótese prevista no inciso II do *caput* do art. 192, pela existência de sentença.

§ 3º. Os procedimentos concernentes à expulsão observarão os princípios do contraditório e da ampla defesa.

§ 4º. O ato de que trata o *caput* conterá relato do fato motivador da expulsão e a sua fundamentação legal, e determinará que seja realizada, de imediato, a notificação, preferencialmente por meio eletrônico:

I – do expulsando;

II – da repartição consular do país de origem do imigrante;

III – do defensor constituído do expulsando, quando houver; e

IV – da Defensoria Pública da União.

§ 5º. A assistência jurídica providenciará defesa técnica no prazo a que se refere o art. 196, e, se entender necessário, tradutor ou intérprete.

§ 6º. A expulsão somente ocorrerá após o trânsito em julgado da ação que julgar o processo de expulsão.

ART. 196. O defensor constituído terá o prazo de dez dias para apresentação de defesa técnica no procedimento administrativo de expulsão e dez dias para interposição de pedido de reconsideração, quando for o caso.

Parágrafo único. Os prazos estabelecidos no *caput* serão contados em dobro em relação à Defensoria Pública da União.

ART. 197. Iniciado o processo de expulsão, o expulsando será notificado da sua instauração, além da data e do horário fixados para o seu interrogatório.

Parágrafo único. Se o expulsando não for encontrado, a Polícia Federal dará publicidade à instauração do Inquérito Policial de Expulsão em seu sítio eletrônico e tal publicação será considerada como notificação para todos os atos do referido procedimento.

ART. 198. Na hipótese de expulsando preso fora das dependências da Polícia Federal, a sua presença na repartição policial será solicitada ao juízo de execuções penais, sem prejuízo da autorização para realização de qualificação e interrogatório no estabelecimento penitenciário.

ART. 199. O expulsando que, regularmente notificado, não se apresentar ao interrogatório será considerado revel e a sua defesa caberá à Defensoria Pública da União ou, em sua ausência, a defensor dativo.

Parágrafo único.Na hipótese de revelia e de o expulsando se encontrar em lugar incerto e não sabido, a Polícia Federal providenciará a qualificação indireta do expulsando.

ART. 200. O Inquérito Policial de Expulsão será instruído com os seguintes documentos:

I – o ato a que se refere o art. 195, § 1º, e a documentação que fundamentou a sua edição;

II – a cópia da sentença penal condenatória e a certidão de trânsito em julgado, se disponíveis;

III – o documento do juízo de execução penal que ateste se o expulsando é beneficiário de medidas de ressocialização em cumprimento de penas cominadas ou executadas no território nacional, se já houver execução;

IV – o termo de notificação pessoal do expulsando ou a cópia da notificação publicada no sítio eletrônico da Polícia Federal;

V – os termos de notificação:

a) do representante consular do país de nacionalidade do expulsando; e

b) do defensor constituído do expulsando ou, em sua ausência, da Defensoria Pública da União ou de defensor dativo;

VI – o auto de qualificação e interrogatório;

VII – a defesa técnica apresentada:

a) pelo defensor constituído do expulsando, quando houver; ou

b) pela Defensoria Pública da União ou por defensor dativo;

VIII – o termo das diligências realizadas; e

IX – o relatório final.

§ 1º. O Inquérito Policial de Expulsão poderá ser instruído com outros documentos, a critério da autoridade que o presidir.

§ 2º. O documento a que se refere o inciso VII do *caput* será dispensado quando não for apresentado pela defesa do expulsando, desde que os termos de notificação tenham sido devidamente apresentados.

§ 3º. O termo de compromisso assinado pelo expulsando constará do auto de qualificação e interrogatório, no qual assegurará que manterá as suas informações pessoais e relativas ao local de domicílio atualizadas.

§ 4º. Durante o inquérito, suscitada a hipótese de inexpulsabilidade, as diligências para a sua confirmação serão providenciadas.

§ 5º. Na hipótese de indeferimento das diligências requeridas pela defesa do expulsando, a autoridade que presidir o Inquérito Policial de Expulsão deverá elaborar despacho fundamentado.

ART. 201. O direito à palavra deverá ser dado ao expulsando e ao seu defensor na oitiva de testemunhas e no interrogatório, anteriormente ao encerramento do Inquérito Policial de Expulsão.

ART. 202. O relatório final com a recomendação técnica pela efetivação da expulsão ou pelo reconhecimento de causa de impedimento da medida de retirada compulsória será encaminhado para apreciação e deliberação do Ministro de Estado da Justiça e Segurança Pública.

ART. 203. Publicado o ato do Ministro de Estado da Justiça e Segurança Pública que disponha sobre a expulsão e o prazo determinado de impedimento para reingresso no território nacional, o expulsando poderá interpor pedido de reconsideração no prazo de dez dias, contado da data da sua notificação pessoal.

Parágrafo único. Ato do dirigente máximo da Polícia Federal disporá sobre a notificação pessoal por meio eletrônico nas hipóteses de expulsão.

ART. 204. O prazo de vigência da medida de impedimento vinculada aos efeitos da expulsão será proporcional ao prazo total da pena aplicada e não será superior ao dobro de seu tempo.

§ 1º. O prazo de vigência da medida de impedimento definido no ato a que se refere o art. 203 será contado da data da saída do imigrante expulso do País.

§ 2º. O Ministério da Justiça e Segurança Pública registrará e informará à Polícia Federal sobre o decurso do período de impedimento de retorno do imigrante expulso ao País.

§ 3º. Encerrado o prazo para o pedido de reconsideração sem que haja formalização do pedido pelo expulsando ou no caso de seu indeferimento, a Polícia Federal ficará autorizada a efetivar o ato expulsório.

ART. 205. A existência de procedimento de expulsão não impedirá a saída do expulsando do País.

§ 1º. A saída voluntária do expulsando do País não suspenderá o processo de expulsão.

§ 2º. Quando verificado que o expulsando com expulsão já decretada tenha comparecido a ponto de fiscalização para deixar voluntariamente o País, será lavrado termo e registrada a saída do território nacional como expulsão.

ART. 206. O requerimento de suspensão dos efeitos e de revogação da medida de expulsão e de impedimento de ingresso e permanência no território nacional deverá ter por fundamento a ocorrência de causa de inexpulsabilidade prevista no art. 193, *caput*, inciso II, alíneas "a" a "d", quando não observada ou não existente no decorrer do processo administrativo.

§ 1º. O requerimento a que se refere o *caput* poderá ser apresentado em representação diplomática brasileira e será enviado ao Ministério da Justiça e Segurança Pública para avaliação.

§ 2º. O efeito da medida impeditiva de reingresso não será automaticamente suspenso com a apresentação do requerimento a que se refere o *caput*, hipótese em que a suspensão ficará sujeita à decisão do Ministério da Justiça e Segurança Pública.

§ 3º. O requerimento a que se refere o *caput* terá prioridade em sua instrução e sua decisão.

§ 4º. Caberá ao Ministro de Estado da Justiça e Segurança Pública decidir sobre a revogação da medida de expulsão.

CAPÍTULO XII
DA NACIONALIDADE E DA NATURALIZAÇÃO

....

CAPÍTULO XIV
DAS MEDIDAS DE COOPERAÇÃO VINCULADAS À MOBILIDADE

SEÇÃO I
DA EXTRADIÇÃO

ART. 262. A extradição é a medida de cooperação internacional entre o Estado brasileiro e outro Estado pela qual será concedida ou solicitada a entrega de pessoa sobre quem recaia condenação criminal definitiva ou para fins de instrução de processo penal em curso.

§ 1º A tramitação do pedido será feita por via diplomática ou pelas autoridades centrais designadas para esse fim.

§ 2º. A extradição e a sua rotina de comunicação serão realizadas pelo Ministério da Justiça e Segurança Pública em coordenação com o Ministério das Relações Exteriores e com as autoridades judiciárias e policiais competentes.

ART. 263. São condições para concessão da extradição:

I – o crime ter sido cometido no território do Estado requerente ou serem aplicáveis ao extraditando as leis penais desse Estado; e

II – o extraditando estar respondendo a processo investigatório ou a processo penal ou ter sido condenado pelas autoridades judiciárias do Estado requerente à pena privativa de liberdade superior a dois anos.

ART. 264. Compete ao Ministério da Justiça e Segurança Pública a autorização de trânsito de pessoas extraditadas por pedido de outros Estados estrangeiros pelo território nacional, observado o disposto na Lei nº 13.445, de 2017.

ART. 265. Ato do Ministro de Estado da Justiça e Segurança Pública disporá sobre os procedimentos necessários para efetivar as extradições em que o Estado brasileiro figure no polo ativo ou passivo.

SUBSEÇÃO I
DA EXTRADIÇÃO PASSIVA

ART. 266. A extradição passiva ocorre quando o Estado estrangeiro solicita ao Estado brasileiro a entrega de pessoa que se encontre no território nacional sobre quem recaia condenação criminal definitiva ou para fins de instrução de processo penal em curso.

Parágrafo único. O disposto no *caput* não impedirá a transferência temporária de pessoas sob custódia para fins de auxílio jurídico mútuo, nos termos de tratado ou de promessa de reciprocidade de tratamento.

ART. 267. A extradição não será concedida quando:

I – o indivíduo cuja extradição seja solicitada ao País for brasileiro nato;

II – o fato que motivar o pedido não for considerado crime no País ou no Estado requerente;

III – o País for competente, segundo as suas leis, para julgar o crime imputado ao extraditando;

IV – a lei brasileira impuser ao crime pena de prisão inferior a dois anos;

V – o extraditando estiver respondendo a processo ou já houver sido condenado ou absolvido no País pelo mesmo fato em que se fundar o pedido;

VI – a punibilidade estiver extinta pela prescrição, segundo a lei brasileira ou a do Estado requerente;

VII – o fato constituir crime político ou de opinião;

VIII – o extraditando tiver de responder, no Estado requerente, perante tribunal ou juízo de exceção; ou

IX – o extraditando for beneficiário de refúgio, nos termos da Lei nº 9.474, de 1997, ou de asilo territorial.

§ 1º. A hipótese prevista no inciso VII do *caput* não impedirá a extradição quando o fato constituir, principalmente, infração à lei penal comum ou quando o crime comum, conexo ao delito político, constituir o fato principal.

§ 2º. A apreciação do caráter da infração caberá ao Supremo Tribunal Federal.

§ 3º. Para determinar a incidência da hipótese prevista no inciso I do *caput*, a anterioridade do fato gerador da extradição será observada nos casos de aquisição de outra nacionalidade por naturalização.

§ 4º. O Supremo Tribunal Federal poderá deixar de considerar crime político:

I – atentado contra chefe de Estado ou outras autoridades;
II – crime contra a humanidade;

III – crime de guerra;

IV – crime de genocídio; e

V – ato de terrorismo.

§ 5º. A extradição de brasileiro naturalizado pela prática de crime comum antes da naturalização ou o envolvimento em tráfico ilícito de entorpecentes e drogas afins independerá da perda da nacionalidade.

ART. 268. O extraditando poderá entregar-se voluntariamente ao Estado requerente, desde que o declare expressamente, esteja assistido por advogado e seja advertido de que tem direito ao processo judicial de extradição e à proteção que tal direito encerra, hipótese em que o pedido será decidido pelo Supremo Tribunal Federal.

ART. 269. O pedido de extradição originário de Estado estrangeiro será recebido pelo Ministério da Justiça e Segurança Pública e, após o exame da presença dos pressupostos formais de admissibilidade exigidos na Lei nº. 13.445, de 2017, ou em tratado de que o País seja parte, será encaminhado ao Supremo Tribunal Federal.

§ 1º. Os compromissos de que trata o art. 274 deverão ser apresentados no ato de formalização do pedido pelo Estado requerente.

§ 2º. Não preenchidos os pressupostos de que trata este artigo, o pedido será arquivado mediante decisão fundamentada, sem prejuízo da possibilidade de renovação do pedido, devidamente instruído, uma vez superado o óbice apontado.

ART. 270. Nenhuma extradição será concedida sem prévio pronunciamento do Supremo Tribunal Federal sobre sua legalidade e sua procedência.

Parágrafo único. Não caberá recurso da decisão proferida pelo Supremo Tribunal Federal.

ART. 271. Julgada procedente a extradição pelo Supremo Tribunal Federal, o Ministério da Justiça e Segurança Pública avaliará se o estrangeiro cumpre os requisitos para ser extraditado.

Parágrafo único. Em caso positivo, o cumprimento dos requisitos será comunicado por via diplomática ou pelas autoridades centrais ao Estado requerente, que, no prazo de sessenta dias, contado da data da ciência da comunicação, deverá retirar o extraditando do território nacional.

ART. 272. Se o extraditando estiver respondendo a processo ou tiver sido condenado no País por crime punível com pena privativa de liberdade, a extradição apenas será executada após a conclusão do processo ou o cumprimento total da pena, exceto nas seguintes hipóteses:

I – liberação antecipada do extraditando pelo Poder Judiciário; ou

II – solicitação do extraditando para ser transferido para cumprir o restante da pena em seu país de origem ou no país onde possuía residência habitual ou possua vínculo pessoal.

ART. 273. Se o Estado requerente não retirar o extraditando do território nacional no prazo estabelecido no art. 272, ele será posto em liberdade, sem prejuízo de outras medidas aplicáveis.

ART. 274. A entrega do extraditando não será efetivada sem que o Estado requerente assuma o compromisso de:

I – não submeter o extraditando a prisão ou a processo por fato anterior ao pedido de extradição;

II – computar o tempo de prisão que, no País, tenha sido imposta por força da extradição;

III – comutar a pena corporal, perpétua ou de morte em pena privativa de liberdade, respeitado o limite máximo de cumprimento de trinta anos;

IV – não entregar o extraditando, sem consentimento do País, a outro Estado que o reclame;

V – não considerar qualquer motivo político para agravar a pena; e

VI – não submeter o extraditando a tortura ou a outros tratamentos ou penas cruéis, desumanos ou degradantes.

ART. 275. Em caso de urgência, o Estado interessado na extradição poderá, prévia ou conjuntamente com a formalização do pedido de extradição, requerer, por via diplomática ou por meio de autoridade central, no âmbito do Ministério da Justiça e Segurança Pública, prisão cautelar com o objetivo de assegurar a executoriedade da medida de extradição, hipótese em que caberá à autoridade central, após o exame da presença dos pressupostos formais de admissibilidade exigidos na Lei nº 13.445, de 2017, ou em tratado de que o País seja parte, representar ao Supremo Tribunal Federal, que ouvirá previamente o Ministério Público Federal.

§ 1º. O pedido de prisão cautelar deverá conter informação sobre o crime cometido e deverá ser fundamentado, o qual poderá ser apresentado por correio, fax, mensagem eletrônica ou qualquer outro meio que assegure a comunicação por escrito.

§ 2º. Na ausência de tratado, o Ministério das Relações Exteriores será provocado pelo Ministério da Justiça e Segurança Pública para obtenção, junto ao país requerente, da promessa de reciprocidade de tratamento necessária à instrução do pedido de prisão.

§ 3º. O pedido de prisão cautelar poderá ser transmitido ao Supremo TribunalFederal para extradição no País por meio de canal estabelecido com o ponto focal da Interpol no País, devidamente instruído com a documentação comprobatória da existência de ordem de prisão proferida por Estado estrangeiro, e, na ausência de tratado, com a promessa de reciprocidade de tratamento recebida por via diplomática.

§ 4º. Efetivada a prisão do extraditando, o pedido de extradição será encaminhado ao Supremo Tribunal Federal.

§ 5º. Na ausência de disposição específica em convenção ou tratado internacional, o Estado estrangeiro deverá formalizar o pedido de extradição no prazo de sessenta dias, contado da data em que tiver sido cientificado da prisão do extraditando.

§ 6º. A prisão cautelar poderá ser prorrogada até o julgamento final da autoridade judiciária competente quanto à legalidade do pedido de extradição, resguardada a manutenção da prisão até a entrega efetiva do extraditando ao Estado estrangeiro, observado o disposto nos art. 92 e art. 93 da Lei nº. 13.445, de 2017.

ART. 276. Ao ser comunicado pelo Supremo Tribunal Federal a respeito da decisão sobre a concessão de prisão cautelar, o Ministério da Justiça e Segurança Pública deverá:

I – se deferida a prisão, dar cumprimento à ordem e comunicar o Estado requerente, sem prejuízo das comunicações entre as congêneres da Interpol, realizadas por seu canal oficial; ou

II – se denegada a prisão, comunicar prontamente o Estado requerente.

ART. 277. Efetivada a prisão, o Ministério da Justiça e Segurança Pública deverá informar ao Supremo Tribunal Federal a data do cumprimento da medida e o local onde o extraditando ficará custodiado no País, hipótese em que o preso ficará à disposição daquele Tribunal.

SUBSEÇÃO II
DA EXTRADIÇÃO ATIVA

ART. 278. A extradição ativa ocorre quando o Estado brasileiro requer a Estado Estrangeiro a entrega de pessoa sobre quem recaia condenação criminal definitiva ou para fins de instrução de processo penal em curso.

Parágrafo único. O disposto no *caput* não impedirá a transferência temporária de pessoas sob custódia para fins de auxílio jurídico mútuo, nos termos de tratado ou de promessa de reciprocidade de tratamento.

ART. 279. O pedido que possa originar processo de extradição perante Estado estrangeiro deverá ser encaminhado ao Ministério da Justiça e Segurança Pública diretamente pelo órgão do Poder Judiciário responsável pela decisão ou pelo processo penal que a fundamenta.

§ 1º. Compete ao Ministério da Justiça e Segurança Pública o papel de orientação, de informação e de avaliação dos elementos formais de admissibilidade dos processos preparatórios para encaminhamento ao Estado requerido, por via diplomática ou por via de autoridades centrais.

§ 2º. Compete exclusivamente ao órgão do Poder Judiciário responsável pelo processo penal o encaminhamento do pedido de extradição ativa para o Ministério da Justiça e Segurança Pública devidamente instruído, acompanhado da tradução juramentada.

§ 3º. Caso o pedido de extradição ativa seja encaminhado diretamente ao Ministério das Relações Exteriores, este deverá necessariamente retransmiti-lo ao Ministério da Justiça e Segurança Pública, a fim de ser realizado o juízo prévio de admissibilidade.

§ 4º. O Ministério da Justiça e Segurança Pública poderá notificar os órgãos do sistema de Justiça vinculados ao processo gerador do pedido de extradição, a fim de que tais órgãos viabilizem a apresentação ao juízo competente dos documentos, das manifestações e dos demais elementos necessários para o processamento do pedido, acompanhado das traduções oficiais.

§ 5º. O encaminhamento do pedido de extradição pelo órgão do Poder Judiciário responsável pelo processo penal ao Ministério da Justiça e Segurança Pública confere autenticidade aos documentos.

ART. 280. O Ministério da Justiça e Segurança Pública realizará o exame da presença dos pressupostos formais de admissibilidade exigidos em lei ou em tratado e, caso atendidos, providenciará o encaminhamento imediato do pedido de prisão ou de extradição ao Estado requerido, por via diplomática ou por via de autoridades centrais.

SEÇÃO II
DA TRANSFERÊNCIA DE EXECUÇÃO DA PENA

ART. 281. Nas hipóteses em que couber solicitação de extradição executória, o Ministério da Justiça e Segurança Pública exercerá a função de autoridade central e realizará o exame da presença dos pressupostos formais de admissibilidade exigidos na legislação brasileira ou em tratado de que o País faça parte, a fim de que o pedido de transferência de execução da pena possa ser processado perante as autoridades brasileiras competentes, desde que observado o princípio do *non bis in idem.*

ART. 282. São requisitos para a transferência de execução de pena:

I – o condenado em território estrangeiro ser nacional ou ter residência habitual ou vínculo pessoal no País;

II – asentença ter transitado em julgado;

III – a duração da condenação a cumprir ou que restar para cumprir ser de, no mínimo, um ano na data da apresentação do pedido ao Estado da condenação;

IV – o fato que originou a condenação constituir infração penal perante a lei de ambas as partes; e

V – a transferência ser baseada em tratado ou promessa de reciprocidade de tratamento.

ART. 283. O pedido será recebido pelo Ministério da Justiça e Segurança Pública, que, após o exame da presença dos pressupostos formais de admissibilidade exigidos na legislação brasileira ou em tratado de que o País faça parte, encaminhará a solicitação ao Superior Tribunal de Justiça para decisão quanto à homologação da sentença estrangeira.

ART. 284. Ato do Ministro de Estado da Justiça e Segurança Pública definirá os procedimentos necessários para efetuar as transferências de execução de pena, sejam aquelas solicitadas, sejam aquelas autorizadas pelo Estado brasileiro.

SEÇÃO III
DA TRANSFERÊNCIA DE PESSOA CONDENADA

ART. 285. A transferência da pessoa condenada, mecanismo de cooperação jurídica internacional de natureza humanitária que visa a contribuir para a reintegração social do beneficiado, poderá ser concedida quando o pedido for fundamentado em tratado de que o País faça parte ou houver promessa de reciprocidade de tratamento.

§ 1º. O condenado no território nacional poderá ser transferido para o seu país de nacionalidade ou para o país em que tiver residência habitual ou vínculo pessoal, desde que expresse interesse nesse sentido, a fim de cumprir a pena a ele imposta pelo Estado brasileiro por sentença transitada em julgado.

§ 2º. A transferência da pessoa condenada no País poderá ser concedida juntamente com a aplicação de medida de impedimento de reingresso no território nacional.

§ 3º. Compete ao Ministério da Justiça e Segurança Pública o processamento e a autorização das transferências de pessoas condenadas, além da análise técnica dos processos de negociação e ampliação da rede de tratados internacionais sobre a matéria, em coordenação com o Ministério das Relações Exteriores.

§ 4º. Nas hipóteses de transferência, a Polícia Federal providenciará o registro de dados biográficos e biométricos do condenado, do qual constarão a coleta de impressões digitais e fotografia.

ART. 286. A responsabilidade pela aplicação e pela administração continuada da pena deverá passar do Estado remetente para o Estado recebedor assim que a pessoa condenada for formalmente entregue à custódia das autoridades do Estado recebedor.

§ 1º. Quando a pessoa condenada for entregue à custódia das autoridades do Estado recebedor, a aplicação da sentença pelo Estado remetente cessará.

§ 2º. Na hipótese de pessoa condenada transferida que retorne ao Estado remetente depois do término do cumprimento da sentença no Estado recebedor, o Estado remetente não deverá aplicará novamente a sentença original.

ART. 287. O Ministério da Justiça e Segurança Pública manterá contato com o juízo competente no território nacional ou com a autoridade central do Estado recebedor, conforme o caso, para monitorar a aplicação continuada da sentença depois da transferência.

ART. 288. A aplicação da pena será regida pela lei do Estado recebedor, inclusive quanto às formas de extinção da punibilidade, exceto se previsto de maneira diversa em tratado de que o País seja parte.

ART. 289. Nenhuma pessoa condenada será transferida, a menos que a sentença seja de duração e natureza exequíveis ou que tenha sido adaptada a duração exequível no Estado recebedor por suas autoridades competentes, nos termos da legislação interna.

Parágrafo único. O Ministério da Justiça e Segurança Pública, no acompanhamento da aplicação da pena, atentará para que o Estado recebedor não agrave, de qualquer modo, a pena imposta no Estado remetente, observada a legislação do Estado remetente.

ART. 290. Ato do Ministro de Estado da Justiça e Segurança Pública disporá sobre os procedimentos necessários para efetivar a transferência de pessoas condenadas.

SUBSEÇÃO I
DA TRANSFERÊNCIA PASSIVA

ART. 291. A transferência passiva ocorre quando a pessoa condenada pela Justiça brasileira solicitar ou concordar com a transferência para o seu país de nacionalidade ou para o país em que tiver residência habitual ou vínculo pessoal para cumprir o restante da pena.

ART. 292. O processo de transferência passiva de pessoa condenada somente será iniciado por meio de solicitação ao Ministério da Justiça e Segurança Pública feita:

I – pela pessoa condenada; ou

II – por qualquer pessoa ou autoridade, brasileira ou estrangeira, que tenha conhecimento do interesse da pessoa condenada em ser transferida.

ART. 293. Apresentado o pedido de transferência de pessoa condenada, o Ministério da Justiça e Segurança Pública verificará o preenchimento dos seguintes requisitos:

I – o condenado no território de uma das partes ser nacional ou ter residência habitual ou vínculo pessoal no território da outra parte que justifique a transferência;

II – a sentença ter transitado em julgado;

III – a duração da condenação a cumprir ou que restar para cumprir ser de, no mínimo, um ano na data da apresentação do pedido ao Estado da condenação;

IV – o fato que originou a condenação constituir infração penal perante a lei de ambos os Estados;

V – haver manifestação de vontade do condenado ou, quando for o caso, de seu representante; e

VI – haver concordância de ambos os Estados.

§ 1º O Ministério da Justiça e Segurança Pública poderá atuar junto ao Poder Judiciário, aos estabelecimentos penitenciários, às repartições diplomáticas ou consulares e ao Estado recebedor, por via diplomática ou por via de autoridades centrais, e a outros órgãos envolvidos, a fim de obter informações quanto ao atendimento aos requisitos estabelecidos no *caput*.

§ 2º. Na hipótese de não haver sentença transitada em julgado, o processo será sobrestado até a sentença condenatória definitiva.

§ 3º. Caso os demais requisitos estabelecidos no *caput* além daquele a que se refere o § 2º não sejam atendidos, o processo será arquivado e o interessado será comunicado imediatamente, sem prejuízo de nova solicitação de transferência.

ART. 294. O pedido de transferência será fundamentado em tratado de que o País seja parte ou, na sua ausência, em promessa de reciprocidade de tratamento.

Parágrafo único. A promessa de reciprocidade de tratamento será solicitada, por via diplomática, ao Estado recebedor pelo Ministério das Relações Exteriores.

ART. 295. Ato do Ministro de Estado da Justiça e Segurança Pública disporá sobre a documentação necessária à instrução dos processos, considerados os tratados e os compromissos assumidos por reciprocidade de tratamento.

SUBSEÇÃO II
DA TRANSFERÊNCIA ATIVA

ART. 296. A transferência ativa ocorre quando a pessoa condenada pela Justiça do Estado estrangeiro solicitar ou concordar com a transferência para o País, por possuir nacionalidade brasileira ou residência habitual ou vínculo pessoal no território nacional, para cumprir o restante da pena.

ART. 297. O processo de transferência ativa de pessoa condenada somente será iniciado por meio de solicitação ao Ministério da Justiça e Segurança Pública feita:

I – pela pessoa condenada; ou

II – por qualquer pessoa ou autoridade, brasileira ou estrangeira, que tenha conhecimento do interesse da pessoa condenada em ser transferida.

ART. 298. Apresentado o pedido de transferência de pessoa condenada, o Ministério da Justiça e Segurança Pública verificará o preenchimento dos seguintes requisitos:

I – o condenado no território de uma das partes ser nacional ou ter residência habitual ou vínculo pessoal no território da outra parte que justifique a transferência;

II – a sentença ter transitado em julgado;

III – a duração da condenação a cumprir ou que restar para cumprir ser de, no mínimo, um ano na data da apresentação do pedido ao Estado da condenação;

IV – o fato que originou a condenação constituir infração penal perante a lei de ambos os Estados;

V – haver manifestação de vontade do condenado ou, quando for o caso, de seu representante; e

VI – haver concordância de ambos os Estados.

§ 1º. O Ministério da Justiça e Segurança Pública informará ao juízo competente da Justiça Federal sobre o pedido de transferência recebido, para que a vaga em estabelecimento prisional onde a pessoa condenada cumprirá o restante da pena no território nacional seja providenciada.

§ 2º. O Ministério da Justiça Segurança Pública poderá atuar junto ao Poder Judiciário, aos estabelecimentos penitenciários, às repartições diplomáticas ou consulares, às Secretarias Estaduais de Segurança Pública, ao Estado remetente, por via diplomática ou por via de autoridades centrais, e aos demais órgãos envolvidos, a fim de obter informações quanto ao atendimento aos requisitos estabelecidos no *caput*.

§ 3º Na hipótese de não haver sentença transitada em julgado, o processo será sobrestado até a sentença condenatória definitiva.

§ 4º Caso os demais requisitos estabelecidos no *caput* além daquele a que se refere o § 3º não sejam atendidos, o processo será arquivado e o interessado será comunicado imediatamente, sem prejuízo de nova solicitação de transferência.

ART. 299. O Ministério da Justiça e Segurança Pública definirá a documentação necessária à instrução dos processos, considerados os tratados e os compromissos assumidos por reciprocidade.

....

ART. 319. Este Decreto entra em vigor na data de sua publicação.

Brasília, 20 de novembro de 2017; 196º da Independência e 129º da República.

MICHEL TEMER
Torquato Jardin
Aloysio Nunes Ferreira Filho
Ronaldo Nogueira de Oliveira

▸ *Este texto não substitui o publicado no DOU de 21.11.2017*

DECRETO Nº 9.527, DE 15 DE OUTUBRO DE 2018

CRIA A FORÇA-TAREFA DE INTELIGÊNCIA PARA O ENFRENTAMENTO AO CRIME ORGANIZADO NO BRASIL.

O PRESIDENTE DA REPÚBLICA, no uso da atribuição que lhe confere o art. 84, *caput* , inciso VI, alínea "a", da Constituição,

DECRETA :

ART. 1º Fica criada a Força-Tarefa de Inteligência para o enfrentamento ao crime organizado no Brasil com as competências de analisar e compartilhar dados e de produzir relatórios de inteligência com vistas a subsidiar a elaboração de políticas públicas e a ação governamental no enfrentamento a organizações criminosas que afrontam o Estado brasileiro e as suas instituições.

ART. 2º A Força-Tarefa de Inteligência para o enfrentamento ao crime organizado no Brasil será composto por um representante, titular e suplente, dos seguintes órgãos:

I - Gabinete de Segurança Institucional da Presidência da República, que o coordenará;

II - Agência Brasileira de Inteligência;

III - Centro de Inteligência da Marinha do Comando da Marinha do Ministério da Defesa;

IV - Centro de Inteligência do Exército do Comando do Exército do Ministério da Defesa;

V - Centro de Inteligência da Aeronáutica do Comando da Aeronáutica do Ministério da Defesa;

VI - Conselho de Controle de Atividades Financeiras do Ministério da Economia; (Redação dada pelo Decreto nº 9.843, de 2019)

VII - Secretaria Especial da Receita Federal do Brasil do Ministério da Economia; (Redação dada pelo Decreto nº 9.843, de 2019)

VIII - Polícia Federal do Ministério da Justiça e Segurança Pública; (Redação dada pelo Decreto nº 9.843, de 2019)

IX - Polícia Rodoviária Federal do Ministério da Justiça e Segurança Pública; (Redação dada pelo Decreto nº 9.843, de 2019)

X - Departamento Penitenciário Nacional do Ministério da Justiça e Segurança Pública; e (Redação dada pelo Decreto nº 9.843, de 2019)

XI - Secretaria de Operações Integradas do Ministério da Justiça e Segurança Pública; (Redação dada pelo Decreto nº 9.843, de 2019)

§ 1º Os representantes de que trata este artigo serão indicados pelos titulares dos órgãos referidos nos incisos I a XI do *caput* , no prazo de dez dias, contado da data de publicação deste Decreto, e designados em ato do Ministro de Estado Chefe do Gabinete de Segurança Institucional da Presidência da República.

§ 2º A Força-Tarefa de Inteligência para o enfrentamento ao crime organizado no Brasil poderá convidar representantes de outros órgãos e entidades da administração pública federal cujas participações sejam consideradas indispensáveis ao cumprimento do disposto neste Decreto.

§ 3º Cada membro do colegiado terá um suplente, que o substituirá em suas ausências e impedimentos. (Incluído pelo Decreto nº 9.843, de 2019)

ART. 3º O Coordenador da Força-Tarefa de Inteligência para o enfrentamento ao crime organizado no Brasil elaborará Norma Geral de Ação que regulará o desenvolvimento de ações e de rotinas de trabalho, em consonância com a Política Nacional de Inteligência - PNI, com a Estratégia Nacional de Inteligência - ENINT e com a legislação em vigor.

§ 1º A Norma Geral de Ação definirá a forma de articulação e de intercâmbio de informações entre a Força-Tarefa de Inteligência para o enfrentamento ao crime organizado no Brasil e o Conselho Nacional de Segurança Pública e Defesa Social.

§ 2º A Norma Geral de Ação será submetida à deliberação dos integrantes da Força-Tarefa de Inteligência para o enfrentamento ao crime organizado no Brasil e, na hipótese de ser aprovada, por maioria absoluta, será publicada no Diário Oficial da União por meio de Portaria do Ministro de Estado Chefe do Gabinete de Segurança Institucional da Presidência da República.

~~Art. 4º A Agência Brasileira de Inteligência prestará o apoio administrativo à Força-Tarefa de Inteligência para o enfrentamento ao crime organizado no Brasil.~~

ART. 4º A Secretaria-Executiva da Força Tarefa de Inteligência será exercida pela Agência Brasileira de Inteligência. (Redação dada pelo Decreto nº 9.843, de 2019)

ART. 5º A Força-Tarefa de Inteligência para o enfrentamento ao crime organizado no Brasil realizará reuniões de trabalho, em caráter ordinário, semanalmente, ou em caráter extraordinário, por convocação do coordenador, sempre que necessário.

Parágrafo único. As reuniões de trabalho da Força-Tarefa de Inteligência para o enfrentamento ao crime organizado no Brasil independerão de quórum mínimo para serem realizadas.

ART. 6º A participação na Força-Tarefa de Inteligência para o enfrentamento ao crime organizado no Brasil será considerada prestação de serviço público relevante, não remunerada.

ART. 7º Este Decreto entra em vigor na data de sua publicação.

Brasília, 15 de outubro de 2018; 197º da Independência e 130º da República.

MICHEL TEMER
Sergio Westphalen Etchegoyen

▸ *Este texto não substitui o publicado no DOU de 16.10.2018*

DECRETO Nº 9.603, DE 10 DE DEZEMBRO DE 2018

Regulamenta a Lei nº 13.431, de 4 de abril de 2017, que estabelece o sistema de garantia de direitos da criança e do adolescente vítima ou testemunha de violência.

O PRESIDENTE DA REPÚBLICA, no uso das atribuições que lhe confere o art. 84, *caput*, incisos IV e VI, alínea "a", da Constituição, e tendo em vista o disposto na Lei nº 13.431, de 4 de abril de 2017,

DECRETA:

CAPÍTULO I
DISPOSIÇÕES PRELIMINARES

SEÇÃO I
DOS PRINCÍPIOS E DOS CONCEITOS

ART. 1º Este Decreto regulamenta a Lei nº 13.431, de 4 de abril de 2017, que estabelece o sistema de garantia de direitos da criança e do adolescente vítima ou testemunha de violência.

ART. 2º Este Decreto será regido pelos seguintes princípios:

I – a criança e o adolescente são sujeitos de direito e pessoas em condição peculiar de desenvolvimento e gozam de proteção integral, conforme o disposto no art. 1º da Lei nº 8.069, de 13 de julho de 1990 – Estatuto da Criança e do Adolescente;

II – a criança e o adolescente devem receber proteção integral quando os seus direitos forem violados ou ameaçados;

III – a criança e o adolescente têm o direito de ter seus melhores interesses avaliados e considerados nas ações ou nas decisões que lhe dizem respeito, resguardada a sua integridade física e psicológica;

IV – em relação às medidas adotadas pelo Poder Público, a criança e o adolescente têm preferência:

a) em receber proteção e socorro em quaisquer circunstâncias;

b) em receber atendimento em serviços públicos ou de relevância pública;

c) na formulação e na execução das políticas sociais públicas; e

d) na destinação privilegiada de recursos públicos para a proteção de seus direitos;

V – a criança e o adolescente devem receber intervenção precoce, mínima e urgente das autoridades competentes tão logo a situação de perigo seja conhecida;

VI – a criança e o adolescente têm assegurado o direito de exprimir suas opiniões livremente nos assuntos que lhes digam respeito, inclusive nos procedimentos administrativos e jurídicos, consideradas a sua idade e a sua maturidade, garantido o direito de permanecer em silêncio;

VII – a criança e o adolescente têm o direito de não serem discriminados em função de raça, cor, sexo, idioma, crença, opinião política ou de outra natureza, origem nacional ou regional, étnica ou social, posição econômica, deficiência, nascimento ou outra condição, de seus pais ou de seus responsáveis legais;

VIII – a criança e o adolescente devem ter sua dignidade individual, suas necessidades, seus interesses e sua privacidade respeitados e protegidos, incluída a inviolabilidade da integridade física, psíquica e moral e a preservação da imagem, da identidade, da autonomia, dos valores, das ideias, das crenças, dos espaços e dos objetos pessoais; e

IX – a criança e o adolescente têm direito de serem consultados acerca de sua preferência em serem atendido por profissional do mesmo gênero.

ART. 3º. O sistema de garantia de direitos intervirá nas situações de violência contra crianças e adolescentes com a finalidade de:

I – mapear as ocorrências das formas de violência e suas particularidades no território nacional;

II – prevenir os atos de violência contra crianças e adolescentes;

III – fazer cessar a violência quando esta ocorrer;

IV – prevenir a reiteração da violência já ocorrida;

V – promover o atendimento de crianças e adolescentes para minimizar as sequelas da violência sofrida; e

VI – promover a reparação integral dos direitos da criança e do adolescente.

ART. 4º. A criança ou o adolescente, brasileiro ou estrangeiro, que fale outros idiomas deverá ser consultado quanto ao idioma em que prefere se manifestar, em qualquer serviço, programa ou equipamento público do sistema de garantia de direitos da criança e do adolescente vítima ou testemunha de violência, tomadas as medidas necessárias para esse atendimento, quando possível.

▸ *CPP: arts. 201 e 208.*

ART. 5º. Para fins do disposto neste Decreto, considera-se:

I – violência institucional – violência praticada por agente público no desempenho de função pública, em instituição de qualquer natureza, por meio de atos comissivos ou omissivos que prejudiquem o atendimento à criança ou ao adolescente vítima ou testemunha de violência;

II – revitimização – discurso ou prática institucional que submeta crianças e adolescentes a procedimentos desnecessários, repetitivos, invasivos, que levem as vítimas ou testemunhas a reviver a situação de violência ou outras situações que gerem sofrimento, estigmatização ou exposição de sua imagem;

III – acolhimento ou acolhida – posicionamento ético do profissional, adotado durante o processo de atendimento da criança, do adolescente e de suas famílias, com o objetivo de identificar as necessidades apresentadas por eles, de maneira a demonstrar cuidado, responsabilização e resolutividade no atendimento; e

IV – serviço de acolhimento no âmbito do Sistema Único de Assistência Social – Suas – serviço realizado em tipos de equipamentos e modalidades diferentes, destinados às famílias ou aos indivíduos com vínculos familiares rompidos ou fragilizados, a fim de garantir sua proteção integral.

SEÇÃO II
DA ACESSIBILIDADE

ART. 6º. A acessibilidade aos espaços de atendimento da criança e do adolescente vítima ou testemunha de violência deverá ser garantida por meio de:

I – implementação do desenho universal nos espaços de atendimentos a serem construídos;

II – eliminação de barreiras e implementação de estratégias para garantir a plena comunicação de crianças e adolescentes durante o atendimento;

III – adaptações razoáveis nos prédios públicos ou de uso público já existentes; e

IV – utilização de tecnologias assistivas ou ajudas técnicas, quando necessário.

CAPÍTULO II
DISPOSIÇÕES GERAIS

SEÇÃO I
DO SISTEMA DE GARANTIA DE DIREITOS

ART. 7º. Os órgãos, os programas, os serviços e os equipamentos das políticas setoriais que integram os eixos de promoção, controle e defesa dos direitos da criança e do adolescente compõem o sistema de garantia de direitos e são responsáveis pela detecção dos sinais de violência.

ART. 8º. O Poder Público assegurará condições de atendimento adequadas para que crianças e adolescentes vítimas de violência ou testemunhas de violência sejam acolhidos e protegidos e possam se expressar livremente em um ambiente compatível com suas necessidades, características e particularidades.

▸ *CPP: arts. 201 e 208.*

ART. 9º. Os órgãos, os serviços, os programas e os equipamentos públicos trabalharão de forma integrada e coordenada, garantidos os cuidados necessários e a proteção das crianças e dos adolescentes vítimas ou testemunhas de violência, os quais deverão, no prazo de cento e oitenta dias, contado da data de publicação deste Decreto:

I – instituir, preferencialmente no âmbito dos conselhos de direitos das crianças e dos adolescentes, o comitê de gestão colegiada da rede de cuidado e de proteção social das crianças e dos adolescentes vítimas ou testemunhas de violência, com a finalidade de articular, mobilizar, planejar, acompanhar e avaliar as ações da rede intersetorial, além de colaborar para a definição dos fluxos de atendimento e o aprimoramento da integração do referido comitê;

II – definir o fluxo de atendimento, observados os seguintes requisitos:

a) os atendimentos à criança ou ao adolescente serão feitos de maneira articulada;

b) a superposição de tarefas será evitada;

c) a cooperação entre os órgãos, os serviços, os programas e os equipamentos públicos será priorizada;

d) os mecanismos de compartilhamento das informações serão estabelecidos;

e) o papel de cada instância ou serviço e o profissional de referência que o supervisionará será definido; e

III – criar grupos intersetoriais locais para discussão, acompanhamento e encaminhamento de casos de suspeita ou de confirmação de violência contra crianças e adolescentes.

§ 1º. O atendimento intersetorial poderá conter os seguintes procedimentos:

I – acolhimento ou acolhida;

II – escuta especializada nos órgãos do sistema de proteção;

III – atendimento da rede de saúde e da rede de assistência social;

IV – comunicação ao Conselho Tutelar;

V – comunicação à autoridade policial;

VI – comunicação ao Ministério Público;

VII – depoimento especial perante autoridade policial ou judiciária; e

▸ CPP: arts. 201 e 208.

VIII – aplicação de medida de proteção pelo Conselho Tutelar, caso necessário.

§ 2º. Os serviços deverão compartilhar entre si, de forma integrada, as informações coletadas junto às vítimas, aos membros da família e a outros sujeitos de sua rede afetiva, por meio de relatórios, em conformidade com o fluxo estabelecido, preservado o sigilo das informações.

§ 3º. Poderão ser adotados outros procedimentos, além daqueles previstos no § 1º, quando o profissional avaliar, no caso concreto, que haja essa necessidade.

ART. 10. A atenção à saúde das crianças e dos adolescentes em situação de violência será realizada por equipe multiprofissional do Sistema Único de Saúde – SUS, nos diversos níveis de atenção, englobado o acolhimento, o atendimento, o tratamento especializado, a notificação e o seguimento da rede.

Parágrafo único. Nos casos de violência sexual, o atendimento deverá incluir exames, medidas profiláticas contra infecções sexualmente transmissíveis, anticoncepção de emergência, orientações, quando houver necessidade, além da coleta, da identificação, da descrição e da guarda de vestígios.

ART. 11. Na hipótese de o profissional da educação identificar ou a criança ou adolescente revelar atos de violência, inclusive no ambiente escolar, ele deverá:

I – acolher a criança ou o adolescente;

II – informar à criança ou ao adolescente, ou ao responsável ou à pessoa de referência, sobre direitos, procedimentos de comunicação à autoridade policial e ao conselho tutelar;

III – encaminhar a criança ou o adolescente, quando couber, para atendimento emergencial em órgão do sistema de garantia de direitos da criança e do adolescente vítima ou testemunha de violência; e

IV – comunicar o Conselho Tutelar.

Parágrafo único. As redes de ensino deverão contribuir para o enfrentamento das vulnerabilidades que possam comprometer o pleno desenvolvimento escolar de crianças e adolescentes por meio da implementação de programas de prevenção à violência.

ART. 12. O Suas disporá de serviços, programas, projetos e benefícios para prevenção das situações de vulnerabilidades, riscos e violações de direitos de crianças e de adolescentes e de suas famílias no âmbito da proteção social básica e especial.

§ 1º. A proteção social básica deverá fortalecer a capacidade protetiva das famílias e prevenir as situações de violência e de violação de direitos da criança e do adolescente, além de direcioná-los à proteção social especial para o atendimento especializado quando essas situações forem identificadas.

§ 2º. O acompanhamento especializado de crianças e adolescentes em situação de violência e de suas famílias será realizado preferencialmente no Centro de Referência Especializado de Assistência Social – Creas, por meio do Serviço de Proteção e Atendimento Especializado a Famílias e Indivíduos, em articulação com os demais serviços, programas e projetos do Suas.

§ 3º. Onde não houver Creas, a criança ou o adolescente será encaminhado ao profissional de referência da proteção social especial.

§ 4º. As crianças e os adolescentes vítimas ou testemunhas de violência e em situação de risco pessoal e social, cujas famílias ou cujos responsáveis se encontrem temporariamente impossibilitados de cumprir sua função de cuidado e proteção, podem acessar os serviços de acolhimento de modo excepcional e provisório, hipótese em que os profissionais deverão observar as normas e as orientações referentes aos processos de escuta qualificada quando se configurarem situações de violência.

ART. 13. A autoridade policial procederá ao registro da ocorrência policial e realizará a perícia.

▸ CPP: art. 6º.

§ 1º. O registro da ocorrência policial consiste na descrição preliminar das circunstâncias em que se deram o fato e, sempre que possível, será elaborado a partir de documentação remetida por outros serviços, programas e equipamentos públicos, além do relato do acompanhante da criança ou do adolescente.

§ 2º. O registro da ocorrência policial deverá ser assegurado, ainda que a criança ou o adolescente esteja desacompanhado.

§ 3º. A autoridade policial priorizará a busca de informações com a pessoa que acompanha a criança ou o adolescente, de forma a preservá-lo, observado o disposto na Lei nº 13.431, de 2017.

§ 4º. Sempre que possível, a descrição do fato não será realizada diante da criança ou do adolescente.

§ 5º. A descrição do fato não será realizada em lugares públicos que ofereçam exposição da identidade da criança ou do adolescente vítima ou testemunha de violência.

§ 6º. A perícia médica ou psicológica primará pela intervenção profissional mínima.

▸ CPP: 158, parágrafo único, II.

§ 7º. A perícia física será realizada somente nos casos em que se fizer necessária a coleta de vestígios, evitada a perícia para descarte da ocorrência de fatos.

▸ CPP: 158, parágrafo único, II.

§ 8º. Os peritos deverão, sempre que possível, obter as informações necessárias sobre o fato ocorrido com os adultos acompanhantes da criança ou do adolescente ou por meio de atendimentos prévios realizados pela rede de serviços.

▸ CPP: 158, parágrafo único, II.

ART. 14. Recebida a comunicação de que trata o art. 13 da Lei nº 13.431, de 2017, o Conselho Tutelar deverá efetuar o registro do atendimento realizado, do qual deverão constar as informações coletadas com o familiar ou o acompanhante da criança ou do adolescente e aquelas necessárias à aplicação da medida de proteção da criança ou do adolescente.

ART. 15. Os profissionais envolvidos no sistema de garantia de direitos da criança e do adolescente vítima ou testemunha de violência primarão pela não revitimização da criança ou adolescente e darão preferência à abordagem de questionamentos mínimos e estritamente necessários ao atendimento.

Parágrafo único. Poderá ser coletada informação com outros profissionais do sistema de garantia de direitos da criança e do adolescente vítima ou testemunha de violência, além de familiar ou acompanhante da criança ou do adolescente.

ART. 16. Caso a violência contra a criança ou o adolescente ocorra em programa de acolhimento institucional ou familiar, em unidade de internação ou semiliberdade do sistema socioeducativo, o fato será imediatamente avaliado pela equipe multiprofissional, considerado o melhor interesse da criança ou do adolescente.

ART. 17. No atendimento à criança e ao adolescente pertencente a povos ou comunidades tradicionais, deverão ser respeitadas suas identidades sociais e culturais, seus costumes e suas tradições.

Parágrafo único. Poderão ser adotadas práticas dos povos e das comunidades tradicionais em complementação às medidas de atendimento institucional.

ART. 18. No atendimento à criança ou ao adolescente pertencente a povos indígenas, a Fundação Nacional do Índio – Funai do Ministério da Justiça e o Distrito Sanitário Especial Indígena do Ministério da Saúde deverão ser comunicados.

SEÇÃO II
DA ESCUTA ESPECIALIZADA

ART. 19. A escuta especializada é o procedimento realizado pelos órgãos da rede de proteção nos campos da educação, da saúde, da assistência social, da segurança pública e dos direitos humanos, com o objetivo de assegurar o acompanhamento da vítima ou da testemunha de violência, para a superação das consequências da violação sofrida, limitado ao estritamente necessário para o cumprimento da finalidade de proteção social e de provimento de cuidados.

▸ *CPP: arts. 201 e 208.*

§ 1º. A criança ou o adolescente deve ser informado em linguagem compatível com o seu desenvolvimento acerca dos procedimentos formais pelos quais terá que passar e sobre a existência de serviços específicos da rede de proteção, de acordo com as demandas de cada situação.

§ 2º. A busca de informações para o acompanhamento da criança e do adolescente deverá ser priorizada com os profissionais envolvidos no atendimento, com seus familiares ou acompanhantes.

§ 3º. O profissional envolvido no atendimento primará pela liberdade de expressão da criança ou do adolescente e sua família e evitará questionamentos que fujam aos objetivos da escuta especializada.

§ 4º. A escuta especializada não tem o escopo de produzir prova para o processo de investigação e de responsabilização, e fica limitada estritamente ao necessário para o cumprimento de sua finalidade de proteção social e de provimento de cuidados.

ART. 20. A escuta especializada será realizada por profissional capacitado conforme o disposto no art. 27.

▸ *CPP: arts. 201 e 208.*

ART. 21. Os órgãos, os serviços, os programas e os equipamentos da rede de proteção adotarão procedimentos de atendimento condizentes com os princípios estabelecidos no art. 2º.

SEÇÃO III
DO DEPOIMENTO ESPECIAL

ART. 22. O depoimento especial é o procedimento de oitiva de criança ou adolescente vítima ou testemunha de violência perante autoridade policial ou judiciária com a finalidade de produção de provas.

▸ *CPP: arts. 201 e 208.*

§ 1º. O depoimento especial deverá primar pela não revitimização e pelos limites etários e psicológicos de desenvolvimento da criança ou do adolescente.

§ 2º. A autoridade policial ou judiciária deverá avaliar se é indispensável a oitiva da criança ou do adolescente, consideradas as demais provas existentes, de forma a preservar sua saúde física e mental e seu desenvolvimento moral, intelectual e social.

§ 3º. A criança ou o adolescente serão respeitados em sua iniciativa de não falar sobre a violência sofrida.

ART. 23. O depoimento especial deverá ser gravado com equipamento que assegure a qualidade audiovisual.

Parágrafo único. A sala de depoimento especial será reservada, silenciosa, com decoração acolhedora e simples, para evitar distrações.

▸ *CPP: arts. 201 e 208.*

ART. 24. A sala de depoimento especial poderá ter sala de observação ou equipamento tecnológico destinado ao acompanhamento e à contribuição de outros profissionais da área da segurança pública e do sistema de justiça.

ART. 25. O depoimento especial será regido por protocolo de oitiva.

ART. 26. O depoimento especial deverá ser conduzido por autoridades capacitadas, observado o disposto no art. 27, e realizado em ambiente adequado ao desenvolvimento da criança ou do adolescente.

▸ *CPP: arts. 201 e 208.*

§ 1º. A condução do depoimento especial observará o seguinte:

I – os repasses de informações ou os questionamentos que possam induzir o relato da criança ou do adolescente deverão ser evitados em qualquer fase da oitiva;

II – os questionamentos que atentem contra a dignidade da criança ou do adolescente ou, ainda, que possam ser considerados violência institucional deverão ser evitados;

III – o profissional responsável conduzirá livremente a oitiva sem interrupções, garantida a sua autonomia profissional e respeitados os códigos de ética e as normas profissionais;

IV – as perguntas demandadas pelos componentes da sala de observação serão realizadas após a conclusão da oitiva;

V – as questões provenientes da sala de observação poderão ser adaptadas à linguagem da criança ou do adolescente e ao nível de seu desenvolvimento cognitivo e emocional, de acordo com o seu interesse superior; e

VI – durante a oitiva, deverão ser respeitadas as pausas prolongadas, os silêncios e os tempos de que a criança ou o adolescente necessitarem.

§ 2º. A oitiva deverá ser registrada na sua íntegra desde o começo.

§ 3º. Em casos de ocorrência de problemas técnicos impeditivos ou de bloqueios emocionais que impeçam a conclusão da oitiva, ela deverá ser reagendada, respeitadas as particularidades da criança ou do adolescente.

SEÇÃO IV
DA CAPACITAÇÃO DOS PROFISSIONAIS DO SISTEMA DE GARANTIA DE DIREITOS

ART. 27. Os profissionais do sistema de garantia de direitos da criança e do adolescente vítima ou testemunha de violência participarão de cursos de capacitação para o desempenho adequado das funções previstas neste Decreto, respeitada a disponibilidade orçamentária e financeira dos órgãos envolvidos.

Parágrafo único. O Poder Público criará matriz intersetorial de capacitação para os profissionais de que trata este Decreto, considerados os documentos e os atos normativos de referência dos órgãos envolvidos.

CAPÍTULO III
DISPOSIÇÕES FINAIS

ART. 28. Será adotado modelo de registro de informações para compartilhamento do sistema de garantia de direitos da criança e do adolescente vítima ou testemunha de violência, que conterá, no mínimo:

I – os dados pessoais da criança ou do adolescente;

II – a descrição do atendimento;

III – o relato espontâneo da criança ou do adolescente, quando houver; e

IV – os encaminhamentos efetuados.

ART. 29. O compartilhamento completo do registro de informações será realizado por meio de encaminhamento ao serviço, ao programa ou ao equipamento do sistema de garantia de direitos da criança e do adolescente vítima ou testemunha de violência, que acolherá, em seguida, a criança ou o adolescente vítima ou testemunha de violência.

ART. 30. O compartilhamento de informações de que trata o art. 29 deverá primar pelo sigilo dos dados pessoais da criança e do adolescente vítima ou testemunha de violência.

ART. 31. Ato conjunto dos Ministros de Estado da Justiça, da Segurança Pública, da Educação, do Desenvolvimento Social, da Saúde e dos Direitos Humanos disporá, no prazo de noventa dias, contado da data de publicação deste Decreto, sobre as normas complementares necessárias à integração e à coordenação dos serviços, dos programas, da capacitação e dos equipamentos públicos para o atendimento da criança e do adolescente vítima ou testemunha de violência.

Parágrafo único. O ato conjunto de que trata o *caput* disporá sobre a criação de sistema eletrônico de informações, que será implementado com vistas a integrar, de forma sigilosa, as informações produzidas pelo sistema de garantia de direitos da criança e do adolescente vítima ou testemunha de violência.

ART. 32. Este Decreto entra em vigor na data de sua publicação.

Brasília, 10 de dezembro de 2018; 197º da Independência e 130º da República.

MICHEL TEMER

Rossieli Soares da Silva
Gilberto Magalhães Ochi
Alberto Beltrame
Gustavo do Vale Rocha
Raul Jungmann

▸ *Este texto não substitui o publicado no DOU de 11.12.2018 e retificado em 19.12.2018*

DECRETO Nº 9.845, DE 25 DE JUNHO DE 2019

Regulamenta a Lei nº 10.826, de 22 de dezembro de 2003, para dispor sobre a aquisição, o cadastro, o registro e a posse de armas de fogo e de munição.

O PRESIDENTE DA REPÚBLICA, no uso da atribuição que lhe confere o art. 84, *caput*, inciso IV, da Constituição, e tendo em vista o disposto na Lei nº 10.826, de 22 de dezembro de 2003,

DECRETA:

CAPÍTULO I
DISPOSIÇÕES GERAIS

ART. 1º Este Decreto regulamenta a Lei nº 10.826, de 22 de dezembro de 2003, com o objetivo de estabelecer regras e procedimentos para a aquisição, o cadastro, o registro e a posse de armas de fogo e de munição.

ART. 2º Para fins do disposto neste Decreto, são adotadas as definições e classificações constantes do Anexo I ao Decreto nº 10.030, de 30 de setembro de 2019. (Redação dada pelo Decreto 10.628 de 12-02-2021)

I ao XII - Revogados pelo Decreto 10.628 de 12-02-2021.

§ 1º O Comando do Exército estabelecerá os parâmetros de aferição e a listagem dos calibres nominais que se enquadrem nos limites estabelecidos nos incisos I, II e IV do caput do parágrafo único do art. 3º do Anexo I do Decreto nº 10.030, de 2019, no prazo de sessenta dias, contado da data de publicação deste Decreto. (Redação dada pelo Decreto nº10.628 de 12-02-2021)

§ 2º Ato conjunto do Ministro de Estado da Defesa e do Ministro de Estado da Justiça e Segurança Pública estabelecerá as quantidades de munições passíveis de aquisição pelas pessoas físicas autorizadas a adquirir ou portar arma de fogo e pelos integrantes dos órgãos e das instituições a que se referem o § 2º do art. 4º os incisos I a VII e X do caput art. 6º da Lei nº 10.826, de 2003, observada a legislação, no prazo de sessenta dias, contado da data de publicação do Decreto nº 10.030, de 30 de setembro de 2019. (Acrescido pelo Decreto nº 10.030, de 30-09-2019)

CAPÍTULO II DA AQUISIÇÃO E DO REGISTRO DE ARMA DE FOGO ADMINISTRADA PELO SISTEMA NACIONAL DE ARMAS (REDAÇÃO DADA PELO DECRETO 10.628 DE 12-02-2021)

ART. 3º Para fins de aquisição de arma de fogo de uso permitido e de emissão do Certificado de Registro de Arma de Fogo administrada pelo Sistema Nacional de Armas - Sinarm, o interessado deverá: (Redação dada pelo Decreto 10.628 de 12-02-2021)

I - apresentar declaração de efetiva necessidade;

II - ter, no mínimo, vinte e cinco anos de idade;

III - apresentar original e cópia de documento de identificação pessoal;

IV - comprovar a idoneidade moral e a inexistência de inquérito policial ou processo criminal, por meio de certidões de antecedentes criminais das Justiças Federal, Estadual, Militar e Eleitoral;

V - apresentar documento comprobatório de ocupação lícita e de residência fixa;

VI - comprovar, periodicamente, a capacidade técnica para o manuseio da arma de fogo;

VII - comprovar a aptidão psicológica para o manuseio de arma de fogo, atestada em laudo conclusivo fornecido por psicólogo credenciado pela Polícia Federal; e

VIII - apresentar declaração de que possui lugar seguro para armazenamento das armas de fogo das quais seja proprietário de modo a adotar as medidas necessárias para impedir que menor de dezoito anos de idade ou pessoa com deficiência mental se apodere de arma de fogo que esteja sob sua posse ou que seja de sua propriedade nos termos do disposto no art. 13 da Lei nº 10.826, de 2003.

§ 1º Presume-se a veracidade dos fatos e das circunstâncias afirmadas na declaração de efetiva necessidade a que se refere o inciso I do *caput*.

§ 2º O indeferimento do pedido para aquisição a que se refere o *caput* será comunicado ao interessado em documento próprio e apenas poderá ter como fundamento:

I - a comprovação documental de que:

a) não são verdadeiros os fatos e as circunstâncias afirmados pelo interessado na declaração de efetiva necessidade a que se refere o inciso I do *caput*;

b) o interessado instruiu o pedido com declarações ou documentos falsos; ou

c) o interessado mantém vínculo com grupos criminosos ou age como pessoa interposta de quem não preenche os requisitos a que se referem os incisos I a VIII do *caput*.

II - o interessado não ter a idade mínima exigida no inciso II do *caput*; ou

III - a não apresentação de um ou mais documentos a que se referem o inciso III ao inciso VIII do *caput*.

§ 3º Serão exigidas as certidões de antecedentes a que se refere o inciso IV do *caput* apenas do local de domicílio do requerente, que apresentará declaração de inexistência de inquéritos policiais ou processos criminais contra si em trâmite nos demais entes federativos.

§ 4º O comprovante de capacidade técnica de que trata o inciso VI do *caput* deverá ser expedido por instrutor de armamento e de tiro credenciado pela Polícia Federal no Sinarm e deverá atestar, necessariamente: (Redação dada pelo Decreto nº 10.628 de 12-02-2021)

I - conhecimento da conceituação e das normas de segurança relativas a arma de fogo;

II - conhecimento básico dos componentes e das partes da arma de fogo para a qual foi requerida a autorização de aquisição; e

III - habilidade no uso da arma de fogo demonstrada pelo interessado em estande de tiro credenciado pelo Comando do Exército ou pela Polícia Federal.

§ 5º Cumpridos os requisitos a que se refere o *caput*, será expedida pelo Sinarm, no prazo de até trinta dias, contado da data do protocolo da solicitação, a autorização para a aquisição da arma de fogo em nome do interessado.

§ 6º É pessoal e intransferível a autorização para a aquisição da arma de fogo de que trata o § 5º.

§ 7º Fica dispensado da comprovação de cumprimento dos requisitos a que se referem os incisos VI e VII do *caput* o interessado em adquirir arma de fogo que:

I - comprove estar autorizado a portar arma de fogo da mesma espécie daquela a ser adquirida, desde que o porte de arma de fogo esteja válido; e

II - tenha se submetido às avaliações técnica e psicológica no prazo estabelecido para obtenção ou manutenção do porte de arma de fogo.

§ 8º O disposto no § 1º aplica-se à aquisição de até seis armas de fogo de uso permitido, de porte ou portáteis, não dispensada a caracterização da efetiva necessidade se presentes outros fatos e circunstâncias que a justifiquem, inclusive para a aquisição de armas de fogo de uso permitido em quantidade superior a esse limite. (Redação dada pelo Decreto nº 10.628 de 12-02-2021)

§ 8º-A. Os ocupantes dos cargos de que tratam os incisos I, II, V e VI do caput do art. 6º da Lei nº 10.826, de 2003, os membros da magistratura, do Ministério Público e os integrantes das polícias penais federal, estadual ou distrital, e os agentes e guardas prisionais, além do limite estabelecido no § 8º, poderão adquirir até duas armas de fogo de uso restrito, de porte ou portáteis, de funcionamento semiautomático ou de repetição. (Acrescido pelo Decreto nº 10.628 de 12-02-2021)

§ 9º (Revogado pelo Decreto nº 10.030, de 30-09-2021)

§ 10. Os requisitos de que tratam os incisos V, VI e VII do caput serão comprovados, periodicamente, a cada dez anos, junto à Polícia Federal, para fins de renovação do Certificado de Registro. (Acrescido pelo Decreto nº 10.030, de 30-09-2019)

§ 11. Os integrantes das Forças Armadas, das polícias federais, estaduais e do Distrito Federal e os militares dos Estados e do Distrito Federal, ao adquirirem arma de fogo de uso permitido ou restrito ou renovarem o respectivo Certificado de Registro, ficam dispensados do cumprimento dos requisitos de que tratam os incisos I, II, IV, V, VI e VII do caput. (Acrescido pelo Decreto nº 10.030, de 30-09-2019)

§ 12. Os integrantes das entidades de que tratam os incisos I, II, III, V, VI, VII e X do caput do art. 6º da Lei nº 10.826, de 2003, ficam dispensados do cumprimento do requisito de que trata o inciso II do caput deste artigo.(Acrescido pelo Decreto nº 10.030, de 30-09-2019)

§ 13. Os profissionais de que tratam os incisos I, II, III, IV, V, VI, VII e X do caput do art. 6º da Lei nº 10.826, de 2003, e os atiradores desportivos com Certificado de Registro de Arma de Fogo válido, que possuam armas apostiladas no acervo de atirador, que estejam credenciados junto à Polícia Federal como instrutores de armamento e tiro poderão utilizar as suas armas registradas no Sistema de Gerenciamento Militar de Armas - Sigma para aplicar os testes de tiro para fornecimento do comprovante de capacidade técnica. (Acrescido pelo Decreto nº 10.628 de 12-02-2021)

§ 14. O cumprimento dos requisitos legais e regulamentares necessários ao porte e aquisição de armas de fogo dos servidores de que tratam os incisos X e XI do caput do art. 6º da Lei nº 10.826, de 2003, dos membros da magistratura e do Ministério Público poderá ser atestado por declaração da própria instituição, na forma estabelecida pela Secretaria Especial da Receita Federal do Brasil do Ministério da Economia, pelo Conselho Nacional de Justiça e pelo Conselho Nacional do Ministério Público, respectivamente, adotados os parâmetros técnicos estabelecidos pela Polícia Federal.(Acrescido pelo Decreto nº 10.628 de 12-02-2021)

ART. 4º O Certificado de Registro de Arma de Fogo, expedido pela Polícia Federal, precedido de cadastro no Sinarm, tem validade no território nacional e autoriza o proprietário a manter a arma de fogo exclusivamente no interior de sua residência ou nas dependências desta, ou, ainda, de seu local de trabalho, desde que seja ele o titular ou o responsável legal pelo estabelecimento ou pela empresa.

§ 1º Para fins do disposto no *caput*, considera-se:

I - interior da residência ou dependências desta - toda a extensão da área particular do imóvel, edificada ou não, em que resida o titular do registro, inclusive quando se tratar de imóvel rural;

II - interior do local de trabalho - toda a extensão da área particular do imóvel, edificada ou não, em que esteja instalada a pessoa jurídica, registrada como sua sede ou filial;

III - titular do estabelecimento ou da empresa - aquele assim definido no contrato social; e

IV - responsável legal pelo estabelecimento ou pela empresa - aquele designado em contrato individual de trabalho, com poderes de gerência.

§ 2º O cumprimento dos requisitos de que tratam os incisos IV, V, VI e VII do *caput* do art. 3º deverá ser comprovado, periodicamente, a cada dez anos, junto à Polícia Federal, para fins de renovação do Certificado de Registro de Arma de Fogo.

§ 3º O disposto no § 2º não se aplica aos integrantes dos órgãos, das instituições e das corporações de que tratam o inciso I ao inciso VII do *caput* do art. 6º da Lei nº 10.826, de 2003.

§ 4º O registro não será renovado somente se comprovada uma das hipóteses previstas no § 2º do art. 3º, sem prejuízo do recolhimento das taxas devidas.

§ 5º O proprietário de arma de fogo de que trata este artigo, na hipótese de mudança de domicílio ou outra situação que implique o transporte da arma de fogo, deverá solicitar guia de trânsito à Polícia Federal para as armas de fogo cadastradas no Sinarm, na forma estabelecida em ato do Diretor-Geral da Polícia Federal.

§ 6º A guia de trânsito a que se refere o § 5º autoriza tão somente o transporte da arma de fogo, devidamente desmuniciada e acondicionada, para o percurso nela autorizado.

§ 7º Os Certificados de Registro de Arma de Fogo das armas de fogo de propriedade dos órgãos a que se referem os incisos I, II, III, IV, V, VI, VII, X e XI do caput do art. 6º da Lei nº 10.826, de 2003, possuem prazo de validade indeterminado.

§ 8º As armas de fogo particulares e as institucionais não brasonadas deverão ser conduzidas com o seu respectivo Certificado de Registro de Arma de Fogo ou com o termo de cautela decorrente de autorização judicial para uso.

ART. 5º A transferência de propriedade da arma de fogo entre particulares, por quaisquer das formas em Direito admitidas, será autorizada sempre que o adquirente cumprir os requisitos legais previstos para aquisição.

§ 1º A solicitação de autorização para transferência de arma de fogo será instruída com a comprovação de que é intenção do proprietário aliená-la a terceiro, vedado ao Comando do Exército e à Polícia Federal exigir o cumprimento de qualquer outro requisito ou formalidade por parte do alienante ou do adquirente para efetivar a autorização a que se refere o *caput*, para fins de cadastro e registro da arma de fogo no Sinarm.

§ 2º A entrega da arma de fogo pelo alienante ao adquirente só poderá ser efetivada após a devida autorização da Polícia Federal ou do Comando do Exército, conforme o caso.

§ 3º Na hipótese de transferência de arma de fogo entre sistemas de controle e enquanto os dados do Sistema de Gerenciamento Militar de Armas - Sigma e do Sinarm não estiverem compartilhados, a Polícia Federal ou o Comando do Exército, conforme o caso, expedirá autorização de transferência para permitir que a arma de fogo seja transferida para o outro Sistema.

ART. 6º O proprietário de arma de fogo fica obrigado a comunicar, imediatamente, à polícia judiciária e ao Sinarm, o extravio, o furto, o roubo e a recuperação de arma de fogo ou do Certificado de Registro de Arma de Fogo.

§ 1º A polícia judiciária remeterá, no prazo de quarenta e oito horas, contado da data de recebimento da comunicação, as informações coletadas à Polícia Federal ou ao Comando do Exército, para fins de cadastro no Sinarm.

§ 2º Sem prejuízo do disposto no *caput*, o proprietário deverá, ainda, comunicar o ocorrido à Polícia Federal ou ao Comando do Exército, conforme o caso, e encaminhar cópia do boletim de ocorrência.

ART. 7º Serão cassadas as autorizações de posse de arma de fogo do titular que esteja respondendo a inquérito ou a processo criminal por crime doloso.

§ 1º Nas hipóteses de que trata o *caput*, o proprietário entregará a arma de fogo à Polícia Federal ou ao Comando do Exército, conforme o caso, mediante indenização, na forma prevista no art. 48 do Decreto nº 9.847 , de 25 de junho de 2019, ou providenciará a sua transferência para terceiro, no prazo de sessenta dias, contado da data da ciência do indiciamento ou do recebimento da denúncia ou da queixa pelo juiz. (Redação dada pelo Decreto nº 9.847, de 2019)

§ 2º A cassação a que se refere o *caput* será determinada a partir do indiciamento do investigado no inquérito policial ou do recebimento da denúncia ou queixa pelo juiz.

§ 3º A autorização de posse de arma de fogo não será cancelada na hipótese de o proprietário de arma de fogo estar respondendo a inquérito ou ação penal em razão da utilização da arma em estado de necessidade, legítima defesa, em estrito cumprimento do dever legal ou exercício regular de direito, exceto nas hipóteses em que o juiz, convencido da necessidade da medida, justificadamente determinar.

§ 4º Na hipótese a que se refere o § 3º, a arma será apreendida quando for necessário periciá-la e será restituída ao proprietário após a realização da perícia mediante assinatura de termo de compromisso e responsabilidade, pelo qual se comprometerá a apresentar a arma de fogo perante a autoridade competente sempre que assim for determinado.

§ 5º O disposto neste artigo aplica-se a todas as armas de fogo de propriedade do indiciado ou acusado.

§ 6º A apreensão da arma de fogo é de responsabilidade da polícia judiciária competente para a investigação do crime que motivou a cassação.

ART. 8º Na hipótese de não cumprimento dos requisitos de que trata o art. 3º para a renovação do Certificado de Registro de Arma de Fogo, o proprietário entregará a arma de fogo à Polícia Federal, mediante indenização, na forma prevista no art. 48 do Decreto nº 9.847, de 2019, ou providenciará a sua transferência, no prazo de sessenta dias, para terceiro interessado na aquisição, observado o disposto no art. 5º. (Redação dada pelo Decreto nº 9.847, de 2019)

Parágrafo único. A inobservância ao disposto no *caput* implicará a apreensão da arma de fogo pela Polícia Federal ou por órgão público por esta credenciado.

ART. 9º Este Decreto entra em vigor na data de sua publicação.

Brasília, 25 de junho de 2019;
198º da Independência e 131º da República.

JAIR MESSIAS BOLSONARO
Onyx Lorenzoni

▸ *Este texto não substitui o publicado no DOU de 25.6.2019 - Edição extra - A*

DECRETO Nº 9.846, DE 25 DE JUNHO DE 2019

Regulamenta a Lei nº 10.826, de 22 de dezembro de 2003, para dispor sobre o registro, o cadastro e a aquisição de armas e de munições por caçadores, colecionadores e atiradores.

O PRESIDENTE DA REPÚBLICA, no uso da atribuição que lhe confere o art. 84, *caput*, inciso IV, da Constituição, e tendo em vista o disposto na Lei nº 10.826, de 22 de dezembro de 2003,

DECRETA:

ART. 1º Este Decreto regulamenta a Lei nº 10.826, de 22 de dezembro de 2003, com o objetivo de estabelecer regras e procedimentos para o registro, o cadastro e a aquisição de armas e de munições por caçadores, colecionadores e atiradores.

§ 1º As armas de fogo dos acervos de colecionadores, atiradores e caçadores serão cadastradas no Sistema de Gerenciamento Militar de Armas - Sigma. (Redação dada pelo Decreto nº 10.629 de 12-02-2021)

§ 2º O Certificado de Registro de Colecionador, Atirador e Caçador expedido pelo Comando do Exército, terá validade de dez anos.

§ 3º A expedição e a renovação do Certificado de Registro de Colecionador, Atirador e Caçador e os registros de propriedade de armas de fogo, as transferências, o lançamento e a alteração de dados no Sigma serão realizados diretamente no Serviço de Fiscalização de Produtos Controlados das Organizações Militares, de forma descentralizada, em cada Região Militar, por meio de ato do responsável pelo setor, com taxas e procedimentos uniformes a serem estabelecidos em ato do Comandante do Exército.

§ 4º O protocolo do pedido de renovação do Certificado de Registro de Colecionador, Atirador e Caçador, realizado no prazo legal e perante a autoridade competente, concederá provisoriamente ao seu requerente os direitos inerentes ao Certificado de Registro original até que o seu pedido seja apreciado.

ART. 2º Para fins do disposto neste Decreto, são adotadas as definições e classificações constantes do Anexo I ao Decreto nº 10.030, de 30 de setembro de 2019. (Redação dada pelo Decreto nº 10.629 de 12-02-2021)

I ao XIII - Revogados pelo Decreto nº 10.629 de 12-02-2021

Parágrafo único. O Comando do Exército estabelecerá os parâmetros de aferição e a listagem dos calibres nominais que se enquadrem nos limites estabelecidos nos incisos I, II e IV do caput do parágrafo único do art. 3º do Anexo I ao Decreto 10.030, de 2019, no prazo de sessenta dias, contado da data de publicação deste Decreto. (Redação dada pelo Decreto nº 10.629 de 12-02-2021)

ART. 3º A aquisição de arma de fogo de porte e de arma de fogo portátil por colecionadores, atiradores e caçadores estará condicionada aos seguintes limites:(Redação dada pelo Decreto nº 10.629 de 12-02-2021)

I - para armas de uso permitido:

a) cinco armas de fogo de cada modelo, para os colecionadores;

b) quinze armas de fogo, para os caçadores; e

c) trinta armas de fogo, para os atiradores; e

II - para armas de uso restrito:

a) cinco armas de cada modelo, para os colecionadores;

b) quinze armas, para os caçadores; e

c) trinta armas, para os atiradores.

§ 1º Poderão ser concedidas autorizações para aquisição de arma de fogo de uso permitido em quantidade superior aos limites estabelecidos no inciso I do caput, a critério do Comando do Exército. (Redação dada pelo Decreto nº 10.030, de 2019)

§ 2º Para fins de registro de colecionadores, atiradores e caçadores no Comando do Exército, o interessado deverá: (Redação dada pelo Decreto nº 10.030, de 2019)

I - ter, no mínimo, vinte e cinco anos de idade para adquirir e apostilar armas de fogo em seus acervos;(Redação dada pelo Decreto nº 10.629 de 12-02-2021)

II - apresentar original e cópia de documento de identificação pessoal;

III - comprovar a idoneidade moral e a inexistência de inquérito policial ou de processo criminal, por meio de certidões de antecedentes criminais das Justiças Federal, Estadual, Militar e Eleitoral;

IV - apresentar documento comprobatório de ocupação lícita e de residência fixa;

V - comprovar, periodicamente, a capacidade técnica para o manuseio da arma de fogo, por meio de laudo expedido por instrutor de tiro desportivo ou instrutor de armamento e tiro credenciado junto à Polícia Federal; e(Redação dada pelo Decreto nº 10.629 de 12-02-2021)

VI - comprovar a aptidão psicológica para o manuseio da arma de fogo, atestada em laudo conclusivo fornecido por psicólogo com registro profissional ativo em Conselho Regional de Psicologia.(Redação dada pelo Decreto nº 10.629 de 12-02-2021)

§ 3º O cumprimento dos requisitos de que tratam os incisos III, IV, V, VI do *caput* do § 2º deverá ser comprovado, a cada dez anos, junto ao Comando do Exército, para fins de renovação do Certificado de Registro de Colecionador Atirador e Caçador.

§ 4º Ato do Comandante do Exército regulamentará a aquisição de armas de fogo não portáteis por colecionadores registrados no Comando do Exército.

§ 5º A aquisição de armas de fogo por colecionadores, atiradores e caçadores ficará condicionada à apresentação: (Incluído pelo Decreto nº 10.030, de 2019)

I – de documento de identificação e Certificado de Registro válidos; e

II - da autorização de aquisição expedida pelo Comando do Exército, quando as quantidades excederem os limites estabelecidos nos incisos I e II do caput. (Redação dada pelo Decreto nº 10.629 de 12-02-2021)

§ 6º Para a renovação da atividade de atirador, deverá ser apresentado atestado de habitualidade emitido pela entidade de tiro ou agremiação que confirme frequência mínima de seis jornadas em estande de tiro, em dias alternados, para treinamento ou participação em competições, no período de doze meses. (Acrescido pelo Decreto nº 10.629 de 12-02-2021)

§ 7º O laudo de capacidade técnica para o manuseio da arma de fogo, expedido por instrutor de tiro desportivo ou instrutor de armamento e tiro credenciado junto à Polícia Federal, para atiradores poderá ser substituído pela declaração de habitualidade fornecida por associação, clube, federação ou confederação a que estiverem filiados, referente ao ano anterior ao pedido de aquisição, comprovada a sua participação em treinamentos e competições, no período e nas quantidades mínimas exigidas. (Acrescido pelo Decreto nº 10.629 de 12-02-2021)

§ 8º A pessoa jurídica registrada no Comando do Exército com a atividade de capacitação com arma de fogo apostilada ao Certificado de Registro que possua, em seu quadro societário empregado que seja instrutor de tiro desportivo ou instrutor de armamento e tiro credenciado junto à Polícia Federal, poderá fornecer laudo de capacidade técnica para o manuseio de arma de fogo, que deverá ser assinado pelo instrutor. (Acrescido pelo Decreto nº 10.629 de 12-02-2021)

§ 9º Nas hipóteses de inobservância aos limites estabelecidos nos incisos I e II do caput ou de inexistência da autorização de que trata o § 1º, as armas de fogo de porte e as armas de fogo portáteis adquiridas por colecionadores, atiradores e caçadores não poderão ser registradas e deverão ser apreendidas e doadas ao Comando do Exército. (Acrescido pelo Decreto nº 10.629 de 12-02-2021)

ART. 4º A aquisição de munição ou insumos para recarga por colecionadores, atiradores e caçadores ficará condicionada apenas à apresentação pelo adquirente de documento de identificação válido e do Certificado de Registro de Arma de Fogo no Sinarm ou no Sigma, conforme o caso, e ficará restrita ao calibre correspondente à arma de fogo registrada.

§ 1º Os atiradores e os caçadores proprietários de arma de fogo poderão adquirir, no período de um ano: (Redação dada pelo Decreto nº 10.629 de 12-02-2021)

I - até mil unidades de munição e insumos para recarga de até dois mil cartuchos para cada arma de fogo de uso restrito; e(Acrescido pelo Decreto nº 10.629 de 12-02-2021)

II - até cinco mil unidades de munição e insumos para recarga de até cinco mil cartuchos para cada arma de uso permitido registradas em seu nome.(Acrescido pelo Decreto nº 10.629 de 12-02-2021)

§ 1º-A. Os caçadores e os atiradores comunicarão a aquisição de munições e insumos ao Comando do Exército no prazo de setenta e duas horas, contado da data de efetivação da compra, e o endereço do local em que serão armazenados.(Acrescido pelo Decreto nº 10.629 de 12-02-2021)

§ 2º Não estão sujeitas ao limite de que trata o § 1º as munições adquiridas por entidades e escolas de tiro devidamente credenciadas para fornecimento aos seus membros, associados, integrantes ou clientes, para realização de treinamentos, cursos, instruções, aulas, provas, competições e testes de capacidade técnica para o manuseio de arma de fogo.(Redação dada pelo Decreto nº 10.629 de 12-02-2021)

§ 3º As armas pertencentes ao acervo de colecionador não podem ser consideradas para a aquisição de munições a que se refere o § 1º.

§ 4º Os caçadores e os atiradores poderão ser autorizados a adquirir munições em quantidade superior ao limite estabelecido no § 1º, a critério do Comando do Exército e por meio de requerimento, desde que respeitados os seguintes quantitativos: (Redação dada pelo Decreto nº 10.629 de 12-02-2021)

I - para caçadores, até duas vezes o limite estabelecido no § 1º; e(Acrescido pelo Decreto nº 10.629 de 12-02-2021)

II - para atiradores desportivos, até cinco vezes o limite estabelecido no § 1º.(Acrescido pelo Decreto nº 10.629 de 12-02-2021)

ART. 5º Os clubes e as escolas de tiro e os colecionadores, os atiradores e os caçadores serão registrados no Comando do Exército.

§ 1º O Comando do Exército fiscalizará o cumprimento das normas e das condições de segurança dos depósitos de armas de fogo, munições e equipamentos de recarga.

§ 2º Fica garantido, no território nacional, o direito de transporte desmuniciado das armas dos clubes e das escolas de tiro e de seus integrantes e dos colecionadores, dos atiradores e dos caçadores, por meio da apresentação do Certificado de Registro de Colecionador, Atirador e Caçador ou do Certificado de Registro de Arma de Fogo válido, desde que a munição transportada seja acondicionada em recipiente próprio, separado das armas. (Redação dada pelo Decreto nº 10.629 de 12-02-2021)

§ 3º Os colecionadores, os atiradores e os caçadores poderão portar uma arma de fogo de porte municiada, alimentada e carregada, pertencente a seu acervo cadastrado no Sigma, no trajeto entre o local de guarda autorizado e os de treinamento, instrução, competição, manutenção, exposição, caça ou abate, por meio da apresentação do Certificado de Registro de Arma de Fogo e da Guia de Tráfego válida, expedida pelo Comando do Exército. (Redação dada pelo Decreto nº 10.629 de 12-02-2021)

§ 4º A Guia de Tráfego é o documento que confere a autorização para o tráfego de armas, acessórios e munições no território nacional e corresponde ao porte de trânsito previsto no art. 24 da Lei nº 10.826, de 22 de dezembro de 2003.

§ 5º A Guia de Tráfego a que refere o § 4º poderá ser emitida no sítio eletrônico do Comando do Exército. (Redação dada pelo Decreto nº 10.030, de 2019)

§ 6º Para fins do disposto no § 3º, considera-se trajeto qualquer itinerário realizado entre o local de guarda autorizado e os de treinamento, instrução, competição, manutenção, exposição, caça ou abate, independentemente do horário, assegurado o direito de retorno ao local de guarda do acervo.(Acrescido pelo Decreto nº 10.629 de 12-02-2021)

§ 7º Os atiradores desportivos poderão:(Acrescido pelo Decreto nº 10.629 de 12-02-2021)

I - apostilar armas de pressão utilizadas em competições de tiro nas modalidades de ar comprimido ao seu acervo de atirador; e

II - solicitar Guia de Tráfego para transportar as armas a que se refere o inciso I para os locais de provas e competições.

ART. 6º Os clubes e as escolas de tiro poderão fornecer a seus associados e clientes munição original e recarregada para uso exclusivo nas dependências da agremiação em treinamentos, cursos, instruções, aulas, provas, competições e testes de capacidade técnica para o manuseio de arma de fogo.(Redação dada pelo Decreto nº 10.629 de 12-02-2021)

§ 1º O limite de que trata o § 1º do art. 3º não se aplica aos clubes e às escolas de tiro com registro válido no Comando do Exército.(Redação dada pelo Decreto nº 10.629 de 12-02-2021)

§ 2º Os clubes e as escolas de tiro poderão fornecer, nas mesmas condições, munição para os cidadãos que tiverem iniciado os procedimentos para aquisição de arma de fogo para defesa pessoal ou para obtenção do Certificado de Registro de Colecionador, Atirador e Caçador para uso exclusivo dentro das agremiações.(Acrescido pelo Decreto nº 10.629 de 12-02-2021)

§ 3º Na hipótese prevista no § 2º, as munições serão controladas pelo Sistema de Controle de Venda e Estoque de Munições - Sicovem.(Acrescido pelo Decreto nº 10.629 de 12-02-2021)

ART. 7º A prática de tiro desportivo, nas modalidades aceitas pelas entidades nacionais de administração do tiro, por pessoas com idade entre quatorze e dezoito anos:

I - será previamente autorizada conjuntamente por seus responsáveis legais, ou por apenas um deles, na falta do outro;

II - se restringirá tão somente aos locais autorizados pelo Comando do Exército; e

III - quando o menor estiver acompanhado de seu responsável legal, poderá ser feita com a utilização de:(Redação dada pelo Decreto nº 10.629 de 12-02-2021)

a) arma de fogo e munição da entidade de tiro ou da agremiação ;(Acrescida pelo Decreto nº 10.629 de 12-02-2021)

b) arma de fogo registrada e cedida por outro desportista; ou (Acrescida pelo Decreto nº 10.629 de 12-02-2021)

c) arma de fogo do responsável legal.(Acrescida pelo Decreto nº 10.629 de 12-02-2021)

§ 1º As pessoas com idade entre quatorze e dezoito anos deverão apresentar os documentos a que se referem os incisos II, III, V e VI do § 2º do art. 3º à entidade de tiro ou à agremiação, que serão arquivados pela referida entidade pelo prazo de sessenta meses.(Redação dada pelo Decreto nº 10.629 de 12-02-2021)

§ 2º Poderá ser emitida autorização exclusivamente para despacho de munição, vinculada ao dependente cujo responsável legal também seja atleta de tiro, quando comprovada a sua inscrição em evento desportivo que demande transporte aéreo.(Acrescido pelo Decreto nº 10.629 de 12-02-2021)

§ 3º Os documentos referidos no § 1º poderão ser dispensados, por decisão da entidade de tiro ou da agremiação, para as pessoas que pratiquem apenas atividades esportivas de tiro com armas de pressão nas modalidades de ar comprimido.(Acrescido pelo Decreto nº 10.629 de 12-02-2021)

ART. 7º-A. A prática de tiro desportivo, nas modalidades aceitas pelas entidades nacionais de administração do tiro, por pessoas com idade entre dezoito e vinte e cinco anos:(Acrescido pelo Decreto nº 10.629 de 12-02-2021)

I - se restringirá aos locais autorizados pelo Comando do Exército; e

II - poderá ser feita com a utilização de arma de fogo e munição da entidade de tiro, da agremiação ou cedida por outro desportista.

§ 1º A pessoa com idade entre dezoito e vinte e cinco anos fará jus à concessão de Certificado de Registro de Colecionador, Atirador e Caçador, contudo não poderá adquirir arma de fogo para compor os seus acervos.

§ 2º O disposto no § 1º não se aplica às pessoas e às entidades a que se referem os incisos I, II, III, IV, V, VI, VII e X do caput do art. 6º da Lei nº 10.826, de 2003.

ART. 8º Os caçadores registrados no Comando do Exército poderão portar armas portáteis e de porte do seu acervo de armas de caçador durante a realização do abate controlado, observado o disposto na legislação ambiental.(Redação dada pelo Decreto nº 10.629 de 12-02-2021)

§ 1º Fica garantido o porte de trânsito de uma arma de porte municiada, apostilada ao acervo de armas de caçador ou atirador desportivo, para defesa de seu acervo no trajeto entre o local de guarda autorizado e o da prática do abate, por meio da apresentação do Certificado de Registro de Arma de Fogo, da Guia de Tráfego e do Certificado de Regularidade emitido pelo órgão ambiental.(Acrescido pelo Decreto nº 10.629 de 12-02-2021)

§ 2º Para fins do disposto no § 1º, considera-se trajeto qualquer itinerário realizado entre o local de guarda autorizado e o da prática do abate, independentemente do horário, assegurado o direito de retorno ao local de guarda do acervo.(Acrescido pelo Decreto nº 10.629 de 12-02-2021)

§ 3º As armas deverão estar acompanhadas do Certificado de Registro de Arma de Fogo e da Guia de Tráfego.(Acrescido pelo Decreto nº 10.629 de 12-02-2021)

ART. 8º-A É facultado, nas solicitações e nos requerimentos, o agrupamento de atos administrativos no mesmo processo, desde que o interessado tenha realizado o recolhimento das taxas devidas, previstas em Lei. (Acrescido pelo Decreto nº 10.629 de 12-02-2021)

§ 1º Poderão ser requeridos, eletronicamente, no mesmo processo:

I - a concessão do Certificado de Registro de Colecionador, Atirador e Caçador de pessoa física e a autorização de compra de arma de fogo, quando as quantidades excederem os limites estabelecidos nos incisos I e II do caput do art. 3º;

II - o apostilamento e o registro de arma de fogo; e

III - a emissão do Certificado de Registro de Arma de Fogo e da Guia de Tráfego.

§ 2º Os Certificados de Registro de Armas de Fogo de armas que compõem o acervo de colecionador poderão ser substituídos por um mapa de armas, por meio de requerimento, independentemente da quantidade de armas que componham a hoploteca.

§ 3º Os usuários ou os seus procuradores poderão protocolar os requerimentos a que se referem os incisos I e II do § 1º presencialmente.

§ 4º Na hipótese prevista no § 3º, o atendimento aos usuários ou aos seus procuradores será realizado durante todos os dias e horários de funcionamento da repartição recebedora, vedado qualquer tipo de restrição quanto à quantidade de requerimentos por usuário.

§ 5º Para exercer a função de procurador a que se refere o § 4º, não será requerido o apostilamento ao Certificado de Registro de Arma de Fogo, hipótese em que será considerada suficiente a apresentação de procuração destinada a essa finalidade.

§ 6º A procuração a que se refere o § 5º poderá ser assinada em meio eletrônico, nos termos do disposto no § 1º do art. 105 da Lei nº 13.105, de 16 de março de 2015 - Código de Processo Civil.

ART. 9º Este Decreto entra em vigor na data de sua publicação.

Brasília, 25 de junho de 2019;
198º da Independência e 131º da República.

JAIR MESSIAS BOLSONARO
Onyx Lorenzoni

▸ *Este texto não substitui o publicado no DOU de 25.6.2019 - Edição extra - A*

DECRETO Nº 9.847, DE 25 DE JUNHO DE 2019

Regulamenta a Lei nº 10.826, de 22 de dezembro de 2003, para dispor sobre a aquisição, o cadastro, o registro, o porte e a comercialização de armas de fogo e de munição e sobre o Sistema Nacional de Armas e o Sistema de Gerenciamento Militar de Armas.

O PRESIDENTE DA REPÚBLICA, no uso da atribuição que lhe confere o art. 84, caput, inciso IV, da Constituição, e tendo em vista o disposto na Lei nº 10.826, de 22 de dezembro de 2003,

DECRETA:

CAPÍTULO I
DISPOSIÇÕES GERAIS

ART. 1º Este Decreto regulamenta a Lei nº 10.826, de 22 de dezembro de 2003, com o objetivo de estabelecer regras e procedimentos para a aquisição, o cadastro, o registro, o porte e a comercialização de armas de fogo e de munição e de dispor sobre a estruturação do Sistema Nacional de Armas - Sinarm e do Sistema de Gerenciamento Militar de Armas - Sigma.

ART. 2º Para fins do disposto neste Decreto, adotam-se as definições e classificações constantes do Anexo I ao Decreto nº 10.030, de 30 de setembro de 2019 , e considera-se, ainda: (Redação dada pelo Decreto nº 10.630, de 2021)

I - registros precários - dados referentes ao estoque de armas de fogo, acessórios e munições das empresas autorizadas a comercializá-los; e (Redação dada pelo Decreto nº 10.630, de 2021)

II - registros próprios - aqueles realizados por órgãos, instituições e corporações em documentos oficiais de caráter permanente. (Redação dada pelo Decreto nº 10.630, de 2021)

III - (Revogado pelo Decreto nº 10.630, de 2021)

IV - (Revogado pelo Decreto nº 10.630, de 2021)

V - (Revogado pelo Decreto nº 10.630, de 2021)

VI - (Revogado pelo Decreto nº 10.630, de 2021)

VII - (Revogado pelo Decreto nº 10.630, de 2021)

VIII - (Revogado pelo Decreto nº 10.630, de 2021)

IX - (Revogado pelo Decreto nº 10.630, de 2021)

X - (Revogado pelo Decreto nº 10.630, de 2021)

XI - (Revogado pelo Decreto nº 10.630, de 2021)

XII - (Revogado pelo Decreto nº 10.630, de 2021)

XIII - (Revogado pelo Decreto nº 10.630, de 2021)

XIV - (Revogado pelo Decreto nº 10.630, de 2021)

§ 1º Fica proibida a produção de réplicas e simulacros que possam ser confundidos com arma de fogo, nos termos do disposto no art. 26 da Lei nº 10.826, de 2003, que não sejam classificados como arma de pressão nem destinados à instrução, ao adestramento, ou à coleção de usuário autorizado.

§ 2º O Comando do Exército estabelecerá os parâmetros de aferição e a listagem dos calibres nominais que se enquadrem nos limites estabelecidos nos incisos I, II e IV do parágrafo único do art. 3º do Anexo I do Decreto nº 10.030, de 2019 , no prazo de sessenta dias, contado da data de publicação deste Decreto. (Redação dada pelo Decreto nº 10.630, de 2021)

§ 3º Ato conjunto do Ministro de Estado da Defesa e do Ministro de Estado da Justiça e Segurança Pública estabelecerá as quantidades de munições passíveis de aquisição pelas pessoas físicas autorizadas a adquirir ou portar arma de fogo e pelos integrantes dos órgãos e das instituições a que se referem os incisos I a VII e X do caput do art. 6º da Lei nº 10.826, de 2003, observada a legislação, no prazo de sessenta dias, contado da data de publicação do Decreto nº 10.030, de 30 de setembro de 2019. (Incluído pelo Decreto nº 10.030, de 2019)

CAPÍTULO II
DOS SISTEMAS DE CONTROLE DE ARMAS DE FOGO

SEÇÃO I
DO SISTEMA NACIONAL DE ARMAS

ART. 3º O Sinarm, instituído no âmbito da Polícia Federal do Ministério da Justiça e Segurança Pública, manterá cadastro nacional, das armas de fogo importadas, produzidas e comercializadas no País.

§ 1º A Polícia Federal manterá o registro de armas de fogo de competência do Sinarm.

§ 2º Serão cadastrados no Sinarm:

I - os armeiros em atividade no País e as respectivas licenças para o exercício da atividade profissional;

II - os produtores, os atacadistas, os varejistas, os exportadores e os importadores autorizados de armas de fogo, acessórios e munições;

III - os instrutores de armamento e de tiro credenciados para a aplicação de teste de capacidade técnica, ainda que digam respeito a arma de fogo de uso restrito; e

IV - os psicólogos credenciados para a aplicação do exame de aptidão psicológica a que se refere o inciso III do *caput* do art. 4º da Lei nº 10.826, de 2003.

§ 3º Serão cadastradas no Sinarm as armas de fogo:

I - importadas, produzidas e comercializadas no País, de uso permitido ou restrito, exceto aquelas pertencentes às Forças Armadas e Auxiliares, ao Gabinete de Segurança Institucional da Presidência da República e à Agência Brasileira de Inteligência;

II - apreendidas, ainda que não constem dos cadastros do Sinarm ou do Sigma, incluídas aquelas vinculadas a procedimentos policiais e judiciais;

III - institucionais, observado o disposto no inciso I, constantes de cadastros próprios:

a) da Polícia Federal;

b) da Polícia Rodoviária Federal;

c) da Força Nacional de Segurança Pública;

d) dos órgãos do sistema penitenciário federal, estadual ou distrital; (Redação dada pelo Decreto nº 10.630, de 2021)

e) das polícias civis dos Estados e do Distrito Federal;

f) dos órgãos policiais da Câmara dos Deputados e do Senado Federal, a que se referem, respectivamente, o inciso IV do *caput* do art. 51 e o inciso XIII do *caput* do art. 52 da Constituição;

g) das guardas municipais;

h) dos órgãos públicos aos quais sejam vinculados os agentes e os guardas prisionais e os integrantes das escoltas de presos dos Estados e das guardas portuárias;

i) dos órgãos do Poder Judiciário, para uso exclusivo de servidores de seus quadros pessoais que efetivamente estejam no exercício de funções de segurança, na forma do regulamento estabelecido pelo Conselho Nacional de Justiça;

j) dos órgãos dos Ministérios Públicos da União, dos Estados e do Distrito Federal e Territórios, para uso exclusivo de servidores de seus quadros pessoais que efetivamente estejam no exercício de funções de segurança, na forma do regulamento estabelecido pelo Conselho Nacional do Ministério Público;

k) da Secretaria Especial da Receita Federal do Brasil do Ministério da Economia, adquiridas para uso dos integrantes da Carreira de Auditoria da Receita Federal do Brasil, compostos pelos cargos de Auditor-Fiscal e Analista-Tributário;

l) do órgão ao qual se vincula a Carreira de Auditoria-Fiscal do Trabalho, adquiridas para uso de seus integrantes;

m) dos órgãos públicos cujos servidores tenham autorização, concedida por legislação específica, para portar arma de fogo em serviço e que não tenham sido mencionados nas alíneas "a" a "l"; e

n) do Poder Judiciário e do Ministério Público, adquiridas para uso de seus membros;

IV - dos integrantes:

a) da Polícia Federal;

b) da Polícia Rodoviária Federal;

c) dos órgãos do sistema penitenciário federal, estadual ou distrital; (Redação dada pelo Decreto nº 10.630, de 2021)

d) das polícias civis dos Estados e do Distrito Federal;

e) dos órgãos policiais da Câmara dos Deputados e do Senado Federal, a que se referem, respectivamente, o inciso IV do *caput* do art. 51 e o inciso XIII do *caput* do art. 52 da Constituição;

f) das guardas municipais;

g) dos quadros efetivos dos agentes e guardas prisionais, das escoltas de presos dos Estados e das guardas portuárias;

h) do quadro efetivo dos órgãos do Poder Judiciário que efetivamente estejam no exercício de funções de segurança, na forma do regulamento estabelecido pelo Conselho Nacional de Justiça;

i) do quadro efetivo dos órgãos dos Ministérios Públicos da União, dos Estados e do Distrito Federal e Territórios que efetivamente estejam no exercício de funções de segurança, na forma do regulamento estabelecido pelo Conselho Nacional do Ministério Público;

j) dos quadros efetivos da Carreira de Auditoria da Receita Federal do Brasil da Secretaria Especial da Receita Federal do Brasil do Ministério da Economia, composta pelos cargos de Auditor-Fiscal e Analista-Tributário, e da Carreira de Auditoria-Fiscal do Trabalho;

k) dos quadros efetivos dos órgãos públicos cujos servidores tenham autorização, concedida por legislação específica, para portar arma de fogo em serviço e que não tenham sido mencionados nas alíneas "a" a "j";

l) dos membros do Poder Judiciário e do Ministério Público; e

m) das empresas de segurança privada e de transporte de valores;

V - dos instrutores de armamento e tiro credenciados pela Polícia Federal, exceto aquelas que já estiverem, obrigatoriamente, cadastradas no Sigma; e (Redação dada pelo Decreto nº 10.630, de 2021)

VI - adquiridas por qualquer cidadão autorizado na forma do disposto no § 1º do art. 4º da Lei nº 10.826, de 2003.

§ 4º O disposto no inciso III ao inciso V do § 3º aplica-se às armas de fogo de uso restrito.

§ 5º O cadastramento de armas de fogo adulteradas, sem numeração ou com numeração raspada será feito no Sinarm com as características que permitam a sua identificação.

§ 6º Serão, ainda, cadastradas no Sinarm as ocorrências de extravio, furto, roubo, recuperação e apreensão de armas de fogo de uso permitido ou restrito.

§ 7º As ocorrências de extravio, furto, roubo, recuperação e apreensão de armas de fogo serão imediatamente comunicadas à Polícia Federal pela autoridade competente. (Redação dada pelo Decreto nº 10.030, de 2019)

§ 8º A Polícia Federal deverá informar às secretarias de segurança pública dos Estados e do Distrito Federal os registros e as autorizações de porte de armas de fogo existentes nos respectivos territórios.

§ 9º A Polícia Federal poderá celebrar convênios com os órgãos de segurança pública dos Estados e do Distrito Federal para possibilitar a integração de seus sistemas correlatos ao Sinarm.

§ 10. As especificações e os procedimentos para o cadastro das armas de fogo de que trata este artigo serão estabelecidos em ato do Diretor-Geral da Polícia Federal.

§ 11. O registro e o cadastro das armas de fogo a que se refere o inciso II do § 3º serão feitos por meio de comunicação das autoridades competentes à Polícia Federal.

§ 12. Sem prejuízo do disposto neste artigo, as unidades de criminalística da União, dos Estados e do Distrito Federal responsáveis por realizar perícia em armas de fogo apreendidas deverão encaminhar, trimestralmente, arquivo eletrônico com a relação das armas de fogo periciadas para cadastro e eventuais correções no Sinarm, na forma estabelecida em ato do Diretor-Geral da Polícia Federal.

Seção II
DO SISTEMA DE GERENCIAMENTO MILITAR DE ARMAS

ART. 4º O Sigma, instituído no âmbito do Comando do Exército do Ministério da Defesa, manterá cadastro nacional das armas de fogo importadas, produzidas e comercializadas no País que não estejam previstas no art. 3º.

§ 1º O Comando do Exército manterá o registro de proprietários de armas de fogo de competência do Sigma.

§ 2º Serão cadastradas no Sigma as armas de fogo:

I - institucionais, constantes de registros próprios:

a) das Forças Armadas;

b) das polícias militares e dos corpos de bombeiros militares dos Estados e do Distrito Federal;

c) da Agência Brasileira de Inteligência; e

d) do Gabinete de Segurança Institucional da Presidência da República;

II - dos integrantes:

a) das Forças Armadas;

b) das polícias militares e dos corpos de bombeiros militares dos Estados e do Distrito Federal;

c) da Agência Brasileira de Inteligência; e

d) do Gabinete de Segurança Institucional da Presidência da República;

III - obsoletas;

IV - das representações diplomáticas; e

V - importadas ou adquiridas no País com a finalidade de servir como instrumento para a realização de testes e avaliações técnicas.

§ 3º O disposto no § 2º aplica-se às armas de fogo de uso permitido.

§ 4º Serão, ainda, cadastradas no Sigma as informações relativas às importações e às exportações de armas de fogo, munições e demais produtos controlados.

§ 5º Os processos de autorização para aquisição, registro e cadastro de armas de fogo no Sigma tramitarão de maneira descentralizada, na forma estabelecida em ato do Comandante do Exército.

Seção III
DO CADASTRO E DA GESTÃO DOS SISTEMAS

ART. 5º O Sinarm e o Sigma conterão, no mínimo, as seguintes informações, para fins de cadastro e de registro das armas de fogo, conforme o caso:

I - relativas à arma de fogo:

a) o número do cadastro no Sinarm ou no Sigma, conforme o caso;

b) a identificação do produtor e do vendedor;

c) o número e a data da nota fiscal de venda;

d) a espécie, a marca e o modelo;

e) o calibre e a capacidade dos cartuchos;

f) a forma de funcionamento;

g) a quantidade de canos e o comprimento;

h) o tipo de alma, lisa ou raiada;

i) a quantidade de raias e o sentido delas;

j) o número de série gravado no cano da arma de fogo; e

k) a identificação do cano da arma de fogo, as características das impressões de raiamento e de microestriamento do projétil disparado; e

II - relativas ao proprietário:

a) o nome, a filiação, a data e o local de nascimento;

b) o domicílio e o endereço residencial;

c) o endereço da empresa ou do órgão em que trabalhe;

d) a profissão;

e) o número da cédula de identidade, a data de expedição, o órgão e o ente federativo expedidor; e

f) o número de inscrição no Cadastro de Pessoas Físicas - CPF ou no Cadastro Nacional da Pessoa Jurídica - CNPJ.

§ 1º Os produtores e os importadores de armas de fogo informarão à Polícia Federal, no prazo de quarenta e oito horas, para fins de cadastro no Sinarm, quando da saída do estoque, relação das armas produzidas e importadas, com as informações a que se refere o inciso I do *caput* e os dados dos adquirentes.

§ 2º As empresas autorizadas pelo Comando do Exército a comercializar armas de fogo, munições e acessórios encaminharão as informações a que se referem os incisos I e II do *caput* à Polícia Federal ou ao Comando do Exército, para fins de cadastro e registro da arma de fogo, da munição ou do acessório no Sinarm ou no Sigma, conforme o caso, no prazo de quarenta e oito horas, contado da data de efetivação da venda.

§ 3º Os adquirentes informarão a aquisição de armas de fogo, munições ou acessórios à Polícia Federal ou ao Comando do Exército, para fins de registro da arma de fogo, da munição ou do acessório no Sinarm ou no Sigma, conforme o caso, no prazo de sete dias úteis, contado da data de sua aquisição, com as seguintes informações:

I - a identificação do produtor, do importador ou do comerciante de quem as armas de fogo, as munições e os acessórios tenham sido adquiridos; e

II - o endereço em que serão armazenadas as armas de fogo, as munições e os acessórios adquiridos.

§ 4º Na hipótese de estarem relacionados a integrantes da Agência Brasileira de Inteligência, o cadastro e o registro das armas de fogo, das munições e dos acessórios no Sigma estarão restritos ao número da matrícula funcional, no que se refere à qualificação pessoal, inclusive nas operações de compra e venda e nas ocorrências de extravio, furto, roubo ou recuperação de arma de fogo ou de seus documentos.

§ 5º Fica vedado o registro ou a renovação de registro de armas de fogo adulteradas, sem numeração ou com numeração raspada.

§ 6º Os dados necessários ao cadastro das informações a que se refere a alínea "k" do inciso I do *caput* serão enviados ao Sinarm ou ao Sigma, conforme o caso:

I - pelo produtor, conforme marcação e testes por ele realizados; ou

II - pelo importador, conforme marcação e testes realizados, de acordo com padrões internacionais, pelo produtor ou por instituição por ele contratada.

ART. 6º As regras referentes ao credenciamento e à fiscalização de psicólogos, instrutores de tiro e armeiros serão estabelecidas em ato do Diretor-Geral da Polícia Federal.

ART. 7º O Comando do Exército fornecerá à Polícia Federal as informações necessárias ao cadastramento dos produtores, atacadistas, varejistas, exportadores e importadores autorizados de arma de fogo, acessórios e munições do País.

ART. 8º Os dados do Sinarm e do Sigma serão compartilhados entre si e com o Sistema Nacional de Informações de Segurança Pública - Sinesp.

Parágrafo único. Ato conjunto do Diretor-Geral da Polícia Federal e do Comandante do Exército estabelecerá as regras para interoperabilidade e compartilhamento dos dados existentes no Sinarm e no Sigma, no prazo de um ano, contado da data de entrada em vigor deste Decreto.

ART. 9º Fica permitida a venda de armas de fogo de porte e portáteis, munições e acessórios por estabelecimento comercial credenciado pelo Comando do Exército.

ART. 10. Os estabelecimentos que comercializarem armas de fogo, munições e acessórios ficam obrigados a comunicar, mensalmente, à Polícia Federal ou ao Comando do Exército, conforme o caso, as vendas que efetuarem e a quantidade de mercadorias disponíveis em estoque.

§ 1º As mercadorias disponíveis em estoque são de responsabilidade do estabelecimento comercial e serão registradas, de forma precária, como de sua propriedade, enquanto não forem vendidas.

§ 2º Os estabelecimentos a que se refere o *caput* manterão à disposição da Polícia Federal e do Comando do Exército a relação dos estoques e das vendas efetuadas mensalmente nos últimos cinco anos.

§ 3º Os procedimentos e a forma pela qual será efetivada a comunicação a que se refere o *caput* serão disciplinados em ato do Comandante do Exército ou do Diretor-Geral da Polícia Federal, conforme o caso.

ART. 11. A comercialização de armas de fogo, de acessórios, de munições e de insumos para recarga só poderá ser efetuada em estabelecimento comercial credenciado pelo Comando do Exército.

ART. 12. Para fins de aquisição de arma de fogo de uso permitido e de emissão do Certificado de Registro de Arma de Fogo, o interessado deverá:

I - ter, no mínimo, vinte e cinco anos de idade;

II - apresentar original e cópia de documento de identificação pessoal;

III - comprovar a idoneidade moral e a inexistência de inquérito policial ou processo criminal, por meio de certidões de antecedentes criminais das Justiças Federal, Estadual, Militar e Eleitoral;

IV - apresentar documento comprobatório de ocupação lícita e de residência fixa;

V - comprovar, periodicamente, a capacidade técnica para o manuseio da arma de fogo; e

VI - comprovar a aptidão psicológica para o manuseio de arma de fogo, atestada em laudo conclusivo fornecido por psicólogo credenciado pela Polícia Federal.

§ 1º O indeferimento do pedido para aquisição a que se refere o *caput* será comunicado ao interessado em documento próprio e apenas poderá ter como fundamento:

I - a comprovação documental de que:

a) o interessado instruiu o pedido com declarações ou documentos falsos; ou

b) o interessado mantém vínculo com grupos criminosos ou age como pessoa interposta de quem não preenche os requisitos a que se referem os incisos I a VI do *caput*;

II - o interessado não ter a idade mínima exigida no inciso I do *caput*; ou

III - a não apresentação de um ou mais documentos a que se referem o inciso III ao inciso VI do *caput*.

§ 2º Serão exigidas as certidões de antecedentes a que se refere o inciso III do *caput* apenas do local de domicílio do requerente, que apresentará declaração de inexistência de inquéritos policiais ou processos criminais contra si em trâmite nos demais entes federativos.

§ 3º O comprovante de capacidade técnica de que trata o inciso V do *caput* deverá ser expedido por instrutor de armamento e de tiro credenciado pela Polícia Federal no Sinarm e deverá atestar, necessariamente:

I - conhecimento da conceituação e das normas de segurança relativas a arma de fogo;

II - conhecimento básico dos componentes e das partes da arma de fogo para a qual foi requerida a autorização de aquisição; e

III - habilidade no uso da arma de fogo demonstrada pelo interessado em estande de tiro credenciado pelo Comando do Exército ou pela Polícia Federal.

§ 3º-A Os profissionais descritos nos incisos I, II, III, IV, V, VI, VII e X do caput do art. 6º da Lei nº 10.826, de 2003, e o atirador desportivo com certificado de registro válido, que possua armas apostiladas no acervo de atirador, que estejam credenciados junto à Polícia Federal como instrutores de armamento e tiro poderão utilizar suas armas registradas no Sigma para aplicar os testes de tiro para fornecimento do comprovante de capacidade técnica. (Incluído pelo Decreto nº 10.630, de 2021)

§ 4º Cumpridos os requisitos a que se refere o *caput*, será expedida pelo Sinarm, no prazo de até trinta dias, contado da data do protocolo da solicitação, a autorização para a aquisição da arma de fogo em nome do interessado.

§ 5º É pessoal e intransferível a autorização para a aquisição da arma de fogo de que trata o § 4º.

§ 6º Fica dispensado da comprovação de cumprimento dos requisitos a que se referem os incisos V e VI do *caput* o interessado em adquirir arma de fogo que:

I - comprove estar autorizado a portar arma de fogo da mesma espécie daquela a ser adquirida, desde que o porte de arma de fogo esteja válido; e

II - tenha se submetido às avaliações técnica e psicológica no prazo estabelecido para obtenção ou manutenção do porte de arma de fogo.

§ 7º Para fins de aquisição de arma de fogo de uso restrito, o interessado deverá solicitar autorização prévia ao Comando do Exército.

§ 8º O disposto no § 7º se aplica às aquisições de munições e acessórios das armas de uso restrito adquiridas.

§ 9º O disposto no § 7º não se aplica aos Comandos Militares, nos termos do disposto no parágrafo único do art. 27 da Lei nº 10.826, de 2003.

§ 10. O certificado de registro concedido às pessoas jurídicas que comercializem ou produzam armas de fogo, munições e acessórios e aos clubes e às escolas de tiro, expedido pelo Comando do Exército, terá validade de dez anos.

§ 11. Os requisitos de que tratam os incisos IV, V e VI do caput serão comprovados, periodicamente, a cada dez anos, junto à Polícia Federal, para fins de renovação do Certificado de Registro. (Incluído pelo Decreto nº 10.030, de 2019)

§ 12. Os integrantes das Forças Armadas, das polícias federais, estaduais e do Distrito Federal e os militares dos Estados e do Distrito Federal, ao adquirirem arma de fogo de uso permitido ou restrito ou renovarem o Certificado de Registro, ficam dispensados do cumprimento dos requisitos de que tratam os incisos I, III, IV, V e VI do caput. (Incluído pelo Decreto nº 10.030, de 2019)

§ 13. Os integrantes das entidades de que tratam os incisos I, II, III, V, VI, VII e X do caput do art. 6º da Lei nº 10.826, de 2003, ficam dispensados do cumprimento do requisito de que trata o inciso I do caput deste artigo. (Incluído pelo Decreto nº 10.030, de 2019)

§ 14. O cumprimento dos requisitos legais e regulamentares necessários ao porte e à aquisição de armas de fogo dos servidores previstos nos incisos X e XI do caput do art. 6º da Lei nº 10.826, de 2003 , dos membros da Magistratura e do Ministério Público poderá ser atestado por declaração da própria instituição, na forma estabelecida pela Secretaria da Receita Federal do Brasil do Ministério da Economia, pelo Conselho Nacional de Justiça e pelo Conselho Nacional do Ministério Público, respectivamente, adotados os parâmetros técnicos estabelecidos pela Polícia Federal. (Incluído pelo Decreto nº 10.630, de 2021)

ART. 13. O proprietário de arma de fogo fica obrigado a comunicar, imediatamente após à ciência dos fatos, à polícia judiciária e ao Sinarm, o extravio, o furto, o roubo e a recuperação de arma de fogo ou do Certificado de Registro de Arma de Fogo. (Redação dada pelo Decreto nº 10.630, de 2021)

§ 1º A polícia judiciária remeterá, no prazo de quarenta e oito horas, contado da data de recebimento da comunicação, as informações coletadas à Polícia Federal ou ao Comando do Exército, para fins de cadastro no Sinarm.

§ 2º Na hipótese de arma de fogo de uso restrito, a Polícia Federal encaminhará as informações ao Comando do Exército, para fins de cadastro no Sigma.

§ 3º Sem prejuízo do disposto no *caput*, o proprietário deverá, ainda, comunicar o ocorrido à Polícia Federal ou ao Comando do Exército, conforme o caso, e encaminhar-lhe cópia do boletim de ocorrência.

ART. 14. Serão cassadas as autorizações de porte de arma de fogo do titular a que se referem o inciso VIII ao inciso XI do *caput* do art. 6º e o § 1º do art. 10 da Lei nº 10.826, de 2003, que esteja respondendo a inquérito ou a processo criminal por crime doloso.

§ 1º Nas hipóteses de que trata o *caput*, o proprietário entregará a arma de fogo à Polícia Federal ou ao Comando do Exército, conforme o caso, mediante indenização na forma prevista no art. 48, ou providenciará a sua transferência para terceiro, no prazo de sessenta dias, contado da data da ciência do indiciamento ou do recebimento da denúncia ou da queixa pelo juiz.

§ 2º A cassação a que se refere o *caput* será determinada a partir do indiciamento do investigado no inquérito policial ou do recebimento da denúncia ou queixa pelo juiz.

§ 3º A autorização de posse e de porte de arma de fogo não será cancelada na hipótese de o proprietário de arma de fogo estar respondendo a inquérito ou ação penal em razão da utilização da arma em estado de necessidade, legítima defesa, em estrito cumprimento do dever legal ou exercício regular de direito, exceto nas hipóteses em que o juiz, convencido da necessidade da medida, justificadamente determinar.

§ 4º Na hipótese a que se refere o § 3º, a arma será apreendida quando for necessário periciá-la e será restituída ao proprietário após a realização da perícia mediante assinatura de termo de compromisso e responsabilidade, por meio do qual se comprometerá a apresentar a arma de fogo perante a autoridade competente sempre que assim for determinado.

§ 5º O disposto neste artigo aplica-se a todas as armas de fogo de propriedade do indiciado ou acusado.

§ 6º A apreensão da arma de fogo é de responsabilidade da polícia judiciária competente para a investigação do crime que motivou a cassação.

ART. 15. O porte de arma de fogo de uso permitido, vinculado ao registro prévio da arma e ao cadastro no Sinarm, será expedido pela Polícia Federal, no território nacional, desde que atendidos os requisitos previstos nos incisos I, II e III do § 1º do art. 10 da Lei nº 10.826, de 2003 . (Redação dada pelo Decreto nº 10.630, de 2021)

§ 1º Na análise da efetiva necessidade, de que trata o inciso I do § 1º do art. 10 da Lei nº 10.826, de 2003 , devem ser consideradas as circunstâncias fáticas enfrentadas, as atividades exercidas e os critérios pessoais descritos pelo requerente, especialmente os que demonstrem os indícios de riscos potenciais à sua vida, incolumidade ou integridade física, permitida a utilização de todas as provas admitidas em direito para comprovar o alegado. (Incluído pelo Decreto nº 10.630, de 2021)

§ 2º O indeferimento do requerimento de porte de arma de fogo que trata o caput deverá ser devidamente fundamentado pela autoridade concedente. (Incluído pelo Decreto nº 10.630, de 2021)

§ 3º A taxa estipulada para o porte de arma de fogo somente será recolhida após a análise e a aprovação dos documentos apresentados. (Incluído pelo Decreto nº 10.630, de 2021)

ART. 16. O porte de arma de fogo é documento obrigatório para a condução da arma e deverá conter os seguintes dados:

I - abrangência territorial;

II - eficácia temporal;

III - características das armas; (Redação dada pelo Decreto nº 10.630, de 2021)

IV - número dos cadastros de, ao menos, uma das armas no Sinarm ou Sigma; (Redação dada pelo Decreto nº 10.630, de 2021)

V - identificação do proprietário das armas; e (Redação dada pelo Decreto nº 10.630, de 2021)

VI - assinatura, cargo e função da autoridade concedente.

ART. 17. O porte de arma de fogo é pessoal, intransferível e revogável a qualquer tempo, e será válido em todo o território nacional para as armas de fogo de porte de uso permitido devidamente registradas no acervo do proprietário no Sinarm ou no Sigma. (Redação dada pelo Decreto nº 10.630, de 2021)

§ 1º O porte de arma de fogo autoriza a condução simultânea de até duas armas de fogo, respectivas munições e acessórios. (Incluído pelo Decreto nº 10.630, de 2021) (Vide ADIN 6675) (Vide ADIN 6676) (Vide ADIN 6677) (Vide ADIN 6695)

§ 2º O documento de porte deverá ser apresentado em conjunto com o documento de identificação do portador e o Certificado de Registro da Arma de Fogo válido. (Incluído pelo Decreto nº 10.630, de 2021)

§3º Os integrantes das entidades de que tratam os incisos I, II, V, VI, X e XI do caput do art. 6º da Lei nº 10.826, de 2003 , e os membros da Magistratura e do Ministério Público poderão portar as armas apostiladas em seus certificados de registro, no acervo de atirador desportivo. (Incluído pelo Decreto nº 10.630, de 2021)

ART. 18. (Revogado pelo Decreto nº 10.630, de 2021)

ART. 19. O titular do porte de arma de fogo deverá comunicar imediatamente:

I - a mudança de domicílio ao órgão expedidor do porte de arma de fogo; e

II - o extravio, o furto ou o roubo da arma de fogo, à unidade policial mais próxima e, posteriormente, à Polícia Federal.

Parágrafo único. A inobservância ao disposto neste artigo implicará na suspensão do porte de arma de fogo por prazo a ser estipulado pela autoridade concedente.

ART. 20. O titular de porte de arma de fogo para defesa pessoal concedido nos termos do disposto no art. 10 da Lei nº 10.826, de 2003, não poderá conduzi-la ostensivamente ou com ela adentrar ou permanecer em locais públicos, tais como igrejas, escolas, estádios desportivos, clubes, agências bancárias ou outros locais onde haja aglomeração de pessoas em decorrência de eventos de qualquer natureza.

§ 1º A inobservância ao disposto neste artigo implicará na cassação do porte de arma de fogo e na apreensão da arma, pela autoridade competente, que adotará as medidas legais pertinentes.

§ 2º Aplica-se o disposto no § 1º na hipótese de o titular do porte de arma de fogo portar o armamento em estado de embriaguez ou sob o efeito de drogas ou medicamentos que provoquem alteração do desempenho intelectual ou motor.

ART. 21. Será concedido pela Polícia Federal, nos termos do disposto no § 5º do art. 6º da Lei nº 10.826, de 2003, o porte de arma de fogo, na categoria caçador de subsistência, de uma arma portátil, de uso permitido, de tiro simples, com um ou dois canos, de alma lisa e de calibre igual ou inferior a dezesseis, desde que o interessado comprove a efetiva necessidade em requerimento ao qual deverão ser anexados os seguintes documentos:

I - documento comprobatório de residência em área rural ou certidão equivalente expedida por órgão municipal;

II - original e cópia, ou cópia autenticada, do documento de identificação pessoal; e

III - atestado de bons antecedentes.

Parágrafo único. Aplicam-se ao portador do porte de arma de fogo mencionado neste artigo as demais obrigações estabelecidas neste Decreto.

ART. 22. Observado o princípio da reciprocidade previsto em convenções internacionais de que a República Federativa do Brasil seja signatária, poderá ser autorizado o porte de arma de fogo pela Polícia Federal a diplomatas de missões diplomáticas e consulares acreditadas junto ao Governo brasileiro, e a agentes de segurança de dignitários estrangeiros durante a permanência no País, independentemente dos requisitos estabelecidos neste Decreto.

ART. 23. Caberá à Polícia Federal estabelecer os procedimentos relativos à concessão e à renovação do porte de arma de fogo.

ART. 24. O porte de arma de fogo é deferido aos militares das Forças Armadas, aos policiais federais, estaduais e distritais, civis e militares, aos corpos de bombeiros militares e aos policiais da Câmara dos Deputados e do Senado Federal em razão do desempenho de suas funções institucionais.

§ 1º O porte de arma de fogo é garantido às praças das Forças Armadas com estabilidade de que trata a alínea "a" do inciso IV do *caput* do art. 50 da Lei nº 6.880, de 9 de dezembro de 1980 - Estatuto dos Militares.

§ 2º A autorização do porte de arma de fogo para as praças sem estabilidade assegurada será regulamentada em ato do Comandante da Força correspondente.

§ 3º Ato do Comandante da Força correspondente disporá sobre as hipóteses excecpcionais de suspensão, cassação e demais procedimentos relativos ao porte de arma de fogo de que trata este artigo.

§ 4º Atos dos comandantes-gerais das corporações disporão sobre o porte de arma de fogo dos policiais militares e dos bombeiros militares.

§ 5º (Revogado pelo Decreto nº 9.981, de 20/8/2019)

ART. 24-A. O porte de arma de fogo também será deferido aos integrantes das entidades de que tratam os incisos III, IV, V, X e XI do caput do art. 6º da Lei nº 10.826, de 2003 , aos integrantes do quadro efetivo das polícias penais federal, estadual ou distrital e aos agentes e guardas prisionais, em razão do desempenho de suas funções institucionais. (Incluído pelo Decreto nº 10.630, de 2021)

ART. 25. A autorização para o porte de arma de fogo previsto em legislação própria, na forma prevista no *caput* do art. 6º da Lei nº 10.826, de 2003, fica condicionada ao atendimento dos requisitos previstos no inciso III do *caput* do art. 4º da referida Lei.

ART. 26. Os órgãos, as instituições e as corporações a que se referem os incisos I, II, III, V, VI, VII e X do *caput* do art. 6º da Lei nº 10.826, de 2003, estabelecerão, em normas próprias, os procedimentos relativos às condições para a utilização das armas de fogo de sua propriedade, ainda que fora de serviço.

§ 1º As instituições a que se referem o inciso IV do *caput* do art. 6º da Lei nº 10.826, de 2003, estabelecerão, em normas próprias, os procedimentos relativos às condições para a utilização, em serviço, das armas de fogo de sua propriedade.

§ 2º As instituições, os órgãos e as corporações, ao definir os procedimentos a que se refere o *caput*, disciplinarão as normas gerais de uso de arma de fogo de sua propriedade, fora do serviço, quando se tratar de locais onde haja aglomeração de pessoas, em decorrência de evento de qualquer natureza, tais como no interior de igrejas, escolas, estádios desportivos e clubes, públicos e privados.

§ 3º Os órgãos e as instituições que tenham os portes de arma de seus agentes públicos ou políticos estabelecidos em lei própria, na forma prevista no *caput* do art. 6º da Lei nº 10.826, de 2003, deverão encaminhar à Polícia Federal a relação das pessoas autorizadas a portar arma de fogo, observado, no que couber, o disposto no art. 20.

§ 4º Não será concedida a autorização para o porte de arma de fogo de que trata o art. 15 a integrantes de órgãos, instituições e corporações não autorizados a portar arma de fogo fora de serviço, exceto se comprovarem o risco à sua integridade física, observado o disposto no art. 11 da Lei nº 10.826, de 2003.

§ 5º O porte de que tratam os incisos V, VI e X do *caput* do art. 6º da Lei nº 10.826, de 2003, e aquele previsto em lei própria, na forma prevista no *caput* do art. 6º da Lei nº 10.826, de 2003, serão concedidos, exclusivamente, para defesa pessoal, hipótese em que será vedado aos seus titulares o porte ostensivo da arma de fogo.

§ 6º A vedação prevista no § 5º não se aplica aos servidores designados para execução da atividade fiscalizatória do Instituto Brasileiro do Meio Ambiente e dos Recursos Naturais Renováveis - Ibama e do Instituto Chico Mendes de Conservação da Biodiversidade - Instituto Chico Mendes.

ART. 27. Poderá ser autorizado, em casos excepcionais, pelo órgão competente, o uso, em serviço, de arma de fogo de propriedade dos integrantes dos órgãos, das instituições ou das corporações a que se referem os incisos I, II, III, V, VI e VII do caput do art. 6º da Lei nº 10.826, de 2003. (Redação dada pelo Decreto nº 10.630, de 2021)

§ 1º A autorização de que trata o *caput* será regulamentada em ato próprio do órgão, da instituição ou da corporação competente.

§ 2º Na hipótese prevista neste artigo, a arma de fogo deverá ser sempre conduzida com o seu Certificado de Registro de Arma de Fogo.

§ 3º Para fins do disposto no caput , deverá ser observado o disposto no § 1º-B do art. 6º da Lei nº 10.826, de 2003 , em relação aos integrantes do quadro efetivo das polícias penais federal, estadual ou distrital e aos agentes e guardas prisionais . (Incluído pelo Decreto nº 10.630, de 2021)

ART. 28. As armas de fogo particulares de que trata o art. 27 e as institucionais não brasonadas deverão ser conduzidas com o seu Certificado de Registro de Arma de Fogo ou com o termo de cautela decorrente de autorização judicial para uso, sob pena de aplicação das sanções penais cabíveis.

ART. 29. A capacidade técnica e a aptidão psicológica para o manuseio de armas de fogo, para os integrantes das instituições a que se referem os incisos III, IV, V, VI, VII, X e XI do caput do art. 6º da Lei nº 10.826, de 2003 , poderão ser atestadas por profissionais da própria instituição ou por instrutores de armamento e tiro credenciados, depois de cumpridos os requisitos técnicos e psicológicos estabelecidos pela Polícia Federal, nos termos do disposto neste Decreto. (Redação dada pelo Decreto nº 10.630, de 2021)

Parágrafo único. Caberá à Polícia Federal expedir o porte de arma de fogo para os guardas portuários.

ART. 29-A. A Polícia Federal, diretamente ou por meio de convênio com os órgãos de segurança pública dos Estados, do Distrito Federal e dos Municípios, nos termos do disposto no § 3º do art. 6º da Lei nº 10.826, de 2003, e observada a supervisão do Ministério da Justiça e Segurança Pública: (Incluído pelo Decreto nº 10.030, de 2019)

I – estabelecerá o currículo da disciplina de armamento e tiro dos cursos de formação das guardas municipais;

II – concederá porte de arma de fogo funcional aos integrantes das guardas municipais, com validade pelo prazo de dez anos, contado da data de emissão do porte, nos limites territoriais do Estado em que exerce a função; e

III – fiscalizará os cursos de formação para assegurar o cumprimento do currículo da disciplina a que se refere o inciso I.

Parágrafo único. Os guardas municipais autorizados a portar arma de fogo, nos termos do inciso II do caput, poderão portá-la nos deslocamentos para suas residências, mesmo quando localizadas em município situado em Estado limítrofe.

ART. 29-B. A formação de guardas municipais poderá ocorrer somente em: (Incluído pelo Decreto nº 10.030, de 2019)

I – estabelecimento de ensino de atividade policial;

II – órgão municipal para formação, treinamento e aperfeiçoamento de integrantes da guarda municipal;

III – órgão de formação criado e mantido por Municípios consorciados para treinamento e aperfeiçoamento dos integrantes da guarda municipal; ou

IV – órgão estadual centralizado e conveniado a seus Municípios, para formação e aperfeiçoamento de guardas municipais, no qual seja assegurada a participação dos municípios conveniados no conselho gestor.

ART. 29-C. O porte de arma de fogo aos integrantes das instituições de que tratam os incisos III e IV do caput do art. 6º da Lei nº 10.826, de 2003, será concedido somente mediante comprovação de treinamento técnico de, no mínimo: (Incluído pelo Decreto nº 10.030, de 2019)

I - sessenta horas, para armas de repetição, caso a instituição possua este tipo de armamento em sua dotação; (Redação dada pelo Decreto nº 10.630, de 2021)

II - cem horas, para arma de fogo semiautomática; e (Redação dada pelo Decreto nº 10.630, de 2021)

III - sessenta horas, para arma de fogo automática. (Incluído pelo Decreto nº 10.630, de 2021)

§ 1º O treinamento de que trata o caput destinará, no mínimo, sessenta e cinco por cento de sua carga horária ao conteúdo prático.

§ 2º O curso de formação dos profissionais das guardas municipais de que trata o art. 29-A conterá técnicas de tiro defensivo e de defesa pessoal.

§ 3º Os profissionais das guardas municipais com porte de arma de fogo serão submetidos a estágio de qualificação profissional por, no mínimo, oitenta horas anuais.

ART. 29-D. A Polícia Federal poderá conceder porte de arma de fogo, nos termos do disposto no § 3º do art. 6º da Lei nº 10.826, de 2003, às guardas municipais dos Municípios que tenham instituído: (Incluído pelo Decreto nº 10.030, de 2019)

I – corregedoria própria e independente para a apuração de infrações disciplinares atribuídas aos servidores integrantes da guarda municipal; e

II – ouvidoria, como órgão permanente, autônomo e independente, com competência para fiscalizar, investigar, auditar e propor políticas de qualificação das atividades desenvolvidas pelos integrantes das guardas municipais.

ART. 30. Os integrantes das Forças Armadas e os servidores dos órgãos, instituições e corporações mencionados nos incisos II, V, VI e VII do *caput* do art. 6º da Lei nº 10.826, de 2003, transferidos para a reserva remunerada ou aposentados, para conservarem a autorização de porte de arma de fogo de sua propriedade deverão submeter-se, a cada dez anos, aos testes de avaliação psicológica a que faz menção o inciso III do *caput* do art. 4º da Lei nº 10.826, de 2003.

§ 1º O cumprimento dos requisitos a que se refere o *caput* será atestado pelos órgãos, instituições e corporações de vinculação.

§ 2º Não se aplicam aos integrantes da reserva não remunerada das Forças Armadas e Auxiliares as prerrogativas mencionadas no *caput*.

ART. 31. A entrada de arma de fogo e munição no País, como bagagem de atletas, destinadas ao uso em competições internacionais será autorizada pelo Comando do Exército.

§ 1º O porte de trânsito das armas a serem utilizadas por delegações estrangeiras em competição oficial de tiro no País será expedido pelo Comando do Exército.

§ 2º Os responsáveis pelas delegações estrangeiras e brasileiras em competição oficial de tiro no País e os seus integrantes transportarão as suas armas desmuniciadas.

ART. 32. As empresas de segurança privada e de transporte de valores solicitarão à Polícia Federal autorização para aquisição de armas de fogo.

§ 1º A autorização de que trata o *caput*:

I - será concedida se houver comprovação de que a empresa possui autorização de funcionamento válida e justificativa da necessidade de aquisição com base na atividade autorizada; e

II - será válida apenas para a utilização da arma de fogo em serviço.

§ 2º As empresas de que trata o *caput* encaminharão, trimestralmente, à Polícia Federal a relação nominal dos vigilantes que utilizem armas de fogo de sua propriedade.

§ 3º A transferência de armas de fogo entre estabelecimentos da mesma empresa ou para empresa diversa será autorizada pela Polícia Federal, desde que cumpridos os requisitos de que trata o § 1º.

§ 4º Durante o trâmite do processo de transferência de armas de fogo de que trata o § 3º, a Polícia Federal poderá autorizar a empresa adquirente a utilizar as armas de fogo em fase de aquisição, em seus postos de serviço, antes da expedição do novo Certificado de Registro de Arma de Fogo.

§ 5º É vedada a utilização em serviço de arma de fogo particular do empregado das empresas de que trata este artigo.

§ 6º É de responsabilidade das empresas de segurança privada a guarda e o armazenamento das armas, das munições e dos acessórios de sua propriedade, nos termos da legislação específica.

§ 7º A perda, o furto, o roubo ou outras formas de extravio de arma de fogo, de acessório e de munições que estejam sob a guarda das empresas de segurança privada e de transporte de valores deverão ser comunicadas àPolícia Federal, no prazo de vinte e quatro horas, contado da ocorrência do fato, sob pena de responsabilização do proprietário ou do responsável legal.

ART. 33. A classificação legal, técnica e geral, a definição das armas de fogo e a dos demais produtos controlados são aquelas constantes do Decreto nº 10.030, de 2019, e de sua legislação complementar. (Redação dada pelo Decreto nº 10.630, de 2021)

CAPÍTULO III
DA IMPORTAÇÃO E DA EXPORTAÇÃO

ART. 34. O Comando do Exército autorizará previamente a aquisição e a importação de armas de fogo de uso restrito, munições de uso restrito e demais produtos controlados de uso restrito, para os seguintes órgãos, instituições e corporações: (Redação dada pelo Decreto nº 10.030, de 2019)

I - a Polícia Federal;

II - a Polícia Rodoviária Federal;

III - o Gabinete de Segurança Institucional da Presidência da República;

IV - a Agência Brasileira de Inteligência;

V - os órgãos do sistema penitenciário federal, estadual e distrital; (Redação dada pelo Decreto nº 10.630, de 2021)

VI - a Força Nacional de Segurança Pública, por meio da Secretaria Nacional de Segurança Pública;

VII - os órgãos policiais da Câmara dos Deputados e do Senado Federal a que se referem, respectivamente, o inciso IV do *caput* do art. 51 e o inciso XIII do *caput* do art. 52 da Constituição;

VIII - as polícias civis dos Estados e do Distrito Federal;

IX - as polícias militares dos Estados e do Distrito Federal;

X - os corpos de bombeiros militares dos Estados e do Distrito Federal; (Redação dada pelo Decreto nº 10.630, de 2021)

XI - as guardas municipais; (Redação dada pelo Decreto nº 10.630, de 2021)

XII- os tribunais e o Ministério Público; e (Incluído pelo Decreto nº 10.630, de 2021)

XIII - a Secretaria da Receita Federal do Brasil do Ministério da Economia. (Incluído pelo Decreto nº 10.630, de 2021)

§ 1º Ato do Comandante do Exército disporá sobre os procedimentos relativos à comunicação prévia aque se refere o *caput* e sobre as informações que dela devam constar.

§ 1º-A. Para a concessão da autorização a que se refere o caput, os órgãos, as instituições e as corporações comunicarão previamente ao Comando do Exército o quantitativo de armas e munições de uso restrito que pretendem adquirir. (Incluído pelo Decreto nº 10.030, de 2019)

§ 2º Serão, ainda, autorizadas a adquirir e importar armas de fogo, munições, acessórios e demais produtos controlados: (Redação dada pelo Decreto nº 10.030, de 2019)

I - os integrantes das instituições a que se referem os incisos I a XIII do *caput* ; (Redação dada pelo Decreto nº 10.630, de 2021)

II - pessoas naturais autorizadas a adquirir arma de fogo, munições ou acessórios, de uso permitido ou restrito, conforme o caso, nos termos do disposto no art. 12, nos limites da autorização obtida;

III - pessoas jurídicas credenciadas no Comando do Exército para comercializar armas de fogo, munições e produtos controlados; e

IV - os integrantes das Forças Armadas.

§ 3º Ato do Comandante do Exército disporá sobre as condições para a importação de armas de fogo, munições, acessórios e demais produtos controlados a que se refere o § 2º, no prazo de trinta dias, contado da data de publicação do Decreto nº 10.030, de 30 de setembro de 2019. (Redação dada pelo Decreto nº 10.030, de 2019)

§ 4º O disposto nesse artigo não se aplica aos comandos militares.

§ 5º A autorização de que trata o caput poderá ser concedida pelo Comando do Exército após avaliação e aprovação de planejamento estratégico, com duração de, no máximo, quatro anos, para a aquisição de armas, munições e produtos controlados de uso restrito pelos órgãos, pelas instituições e pelas corporações de que trata o caput . (Redação dada pelo Decreto nº 10.630, de 2021)

§ 5º-A A autorização de que trata o caput poderá, excepcionalmente, ser concedida antes da aprovação do planejamento estratégico de que trata o § 5º, em consideração aos argumentos apresentados pela instituição demandante. (Incluído pelo Decreto nº 10.630, de 2021)

§ 5º-B Na ausência de manifestação do Comando do Exército no prazo de sessenta dias úteis, contado da data do recebimento do processo, a autorização de que trata o caput será considerada tacitamente concedida. (Incluído pelo Decreto nº 10.630, de 2021)

§ 5º-C Na hipótese de serem verificadas irregularidades ou a falta de documentos nos planejamentos estratégicos, o prazo de que trata o § 5º-B ficará suspenso até a correção do processo. (Incluído pelo Decreto nº 10.630, de 2021)

§ 6º A aquisição de armas de fogo e munições de uso permitido pelos órgãos, pelas instituições e pelas corporações a que se refere o caput será comunicada ao Comando do Exército. (Incluído pelo Decreto nº 10.030, de 2019)

ART. 35. Compete ao Comando do Exército:

I - autorizar e fiscalizar a produção, a exportação, a importação, o desembaraço alfandegário e o comércio de armas, munições e demais produtos controlados no território nacional;

II - manter banco de dados atualizado com as informações acerca das armas de fogo, acessórios e munições importados; e

III - editar normas:

a) para dispor sobre a forma de acondicionamento das munições em embalagens com sistema de rastreamento;

b) para dispor sobre a definição dos dispositivos de segurança e de identificação de que trata o § 3º do art. 23 da Lei nº 10.826, de 2003;

c) para que, na comercialização de munições para os órgãos referidos no art. 6º da Lei nº 10.826, de 2003, estas contenham gravação na base dos estojos que permita identificar o fabricante, o lote de venda e o adquirente; e

d) para o controle da produção, da importação, do comércio, da utilização de simulacros de armas de fogo, nos termos do disposto no parágrafo único do art. 26 da Lei nº 10.826, de 2003.

Parágrafo único. Para fins do disposto no inciso III do *caput*, o Comando do Exército ouvirá previamente o Ministério da Justiça e Segurança Pública.

ART. 36. Concedida a autorização a que se refere o art. 34, a importação de armas de fogo, munições e demais produtos controlados pelas instituições e pelos órgãos a que se referem o inciso I ao inciso XI do *caput* do art. 34 ficará sujeita ao regime de licenciamento automático da mercadoria.

ART. 37. A importação de armas de fogo, munições e demais produtos controlados pelas pessoas a que se refere o § 2º do art. 34 ficará sujeita ao regime de licenciamento não automático prévio ao embarque da mercadoria no exterior.

§ 1º O Comando do Exército expedirá o Certificado Internacional de Importação após a comunicação a que se refere o § 1º do art. 34.

§ 2º O Certificado Internacional de Importação a que se refere o § 1º terá validade até o término do processo de importação.

ART. 38. As instituições, os órgãos e as pessoas de que trata o art. 34, quando interessadas na importação de armas de fogo, munições e demais produtos controlados, deverão preencher a Licença de Importação no Sistema Integrado de Comércio Exterior - Siscomex.

§ 1º O desembaraço aduaneiro das mercadorias ocorrerá após o cumprimento do disposto no *caput*.

§ 2º A Licença de Importação a que se refere o *caput* terá validade até o término do processo de importação.

ART. 39. As importações realizadas pelas Forças Armadas serão comunicadas ao Ministério da Defesa.

ART. 40. A Secretaria Especial da Receita Federal do Brasil do Ministério da Economia e o Comando do Exército fornecerão à Polícia Federal as informações relativas às importações de que trata este Capítulo e que devam constar do Sinarm.

ART. 41. Fica autorizada a entrada temporária no País, por prazo determinado, de armas de fogo, munições e acessórios para fins de demonstração, exposição, conserto, mostruário ou testes, por meio de comunicação do interessado, de seus representantes legais ou das representações diplomáticas do país de origem ao Comando do Exército.

§ 1º A importação sob o regime de admissão temporária será autorizada por meio do Certificado Internacional de Importação.

§ 2º Terminado o evento que motivou a importação, o material deverá retornar ao seu país de origem e não poderá ser doado ou vendido no território nacional, exceto se a doação for destinada aos museus dos órgãos e das instituições a que se referem o inciso I ao inciso XI do *caput* do art. 34.

§ 3º A Secretaria Especial da Receita Federal do Brasil do Ministério da Economia fiscalizará a entrada e a saída do País dos produtos a que se refere este artigo.

ART. 42. Fica vedada a importação de armas de fogo completas e suas partes essenciais, armações, culatras, ferrolhos e canos, e de munições e seus insumos para recarga, do tipo pólvora ou outra carga propulsora e espoletas, por meio do serviço postal e similares. (Redação dada pelo Decreto nº 10.630, de 2021)

ART. 43. O Comando do Exército autorizará a exportação de armas, munições e demais produtos controlados, nos termos estabelecidos em legislação específica para exportação de produtos de defesa e no disposto no art. 24 da Lei nº 10.826, de 2003.

ART. 44. O desembaraço aduaneiro de armas de fogo, munições e demais produtos controlados será feito pela Secretaria Especial da Receita Federal do Brasil do Ministério da Economia, após autorização do Comando do Exército.

§ 1º O desembaraço aduaneiro de que trata o *caput* incluirá:

I - as operações de importação e de exportação, sob qualquer regime;

II - a internação de mercadoria em entrepostos aduaneiros;

III - a nacionalização de mercadoria entrepostada;

IV - a entrada e a saída do País de armas de fogo e de munição de atletas brasileiros e estrangeiros inscritos em competições nacionais ou internacionais;

V - a entrada e a saída do País de armas de fogo e de munição trazidas por agentes de segurança de dignitários estrangeiros em visita ao País;

VI - a entrada e a saída de armas de fogo e de munição de órgãos de segurança estrangeiros, para participação em operações, exercícios e instruções de natureza oficial; e

VII - as armas de fogo, as munições, as suas partes e as suas peças, trazidas como bagagem acompanhada ou desacompanhada.

§ 2º O desembaraço aduaneiro de armas de fogo e de munição ficará condicionado ao cumprimento das normas específicas sobre marcação estabelecidas pelo Comando do Exército.

CAPÍTULO IV
DISPOSIÇÕES FINAIS

ART. 45. As armas de fogo apreendidas, após a finalização dos procedimentos relativos à elaboração do laudo pericial e quando não mais interessarem à persecução penal, serão encaminhadas pelo juiz competente ao Comando do Exército, no prazo de quarenta e oito horas, para doação aos órgãos de segurança pública ou às Forças Armadas ou para destruição quando inservíveis. (Redação dada pelo Decreto nº 10.630, de 2021)

§ 1º O Comando do Exército indicará no relatório trimestral reservado de que trata o § 1º do art. 25 da Lei nº 10.826, de 2003 , as armas, as munições e os acessórios passíveis de doação. (Redação dada pelo Decreto nº 10.630, de 2021)

§ 2º Os órgãos de segurança pública ou as Forças Armadas manifestarão interesse pelas armas de fogo apreendidas, ao Comando do Exército, no prazo de trinta dias, contado da data do recebimento do relatório reservado trimestral por aquelas instituições. (Redação dada pelo Decreto nº 10.630, de 2021)

§ 3º Os órgãos de segurança pública ou as Forças Armadas que efetivaram a apreensão terão preferência na doação das armas. (Redação dada pelo Decreto nº 10.630, de 2021)

§ 4º O Comando do Exército se manifestará favoravelmente à doação de que trata este artigo, no prazo de trinta dias, na hipótese de serem atendidos os critérios de priorização estabelecidos pelo Ministério da Justiça e Segurança Pública, nos termos do disposto no § 1º do art. 25 da Lei nº 10.826, de 2003 , dentre os quais, destaque-se: (Redação dada pelo Decreto nº 10.630, de 2021)

I - a comprovação da necessidade de destinação do armamento; e (Redação dada pelo Decreto nº 10.630, de 2021)

II - a adequação das armas de fogo ao padrão de cada instituição. (Redação dada pelo Decreto nº 10.630, de 2021)

§ 5º Os critérios de priorização a que se refere o § 4º deverão ser atendidos inclusive pelos órgãos de segurança pública ou pelas Forças Armadas responsáveis pela apreensão. (Redação dada pelo Decreto nº 10.630, de 2021)

§ 6º Cumpridos os requisitos de que trata o § 4º e observada a regra de preferência do órgão apreensor, o Comando do Exército encaminhará, no prazo de trinta dias, a relação das armas de fogo a serem doadas ao juiz competente, que determinará o seu perdimento em favor do órgão ou da Força Armada beneficiária. (Redação dada pelo Decreto nº 10.630, de 2021)

§ 7º As armas de fogo de valor histórico ou obsoletas poderão ser objeto de doação a museus das Forças Armadas ou de instituições policiais indicados pelo Comando do Exército. (Redação dada pelo Decreto nº 10.630, de 2021)

§ 8º A decisão sobre o destino final das armas de fogo não doadas aos órgãos interessados nos termos do disposto neste Decreto caberá ao Comando do Exército, que deverá concluir pela sua destruição ou pela doação às Forças Armadas. (Redação dada pelo Decreto nº 10.630, de 2021)

§ 9º As munições e os acessórios apreendidos, concluídos os procedimentos relativos à elaboração do laudo pericial e quando não mais interessarem à persecução penal, serão encaminhados pelo juiz competente ao Comando do Exército, no prazo de quarenta e oito horas, para destruição ou doação aos órgãos de segurança pública ou às Forças Armadas, na forma estabelecida neste artigo. (Redação dada pelo Decreto nº 10.630, de 2021)

§ 10. O órgão de segurança pública ou as Forças Armadas responsáveis pela apreensão das munições serão o destinatário da doação, desde que manifestem interesse, no prazo de trinta dias, contado da data do recebimento do relatório trimestral reservado. (Redação dada pelo Decreto nº 10.630, de 2021)

§ 11. Na hipótese de não haver interesse por parte do órgão ou das Forças Armadas responsáveis pela apreensão, as munições serão destinadas ao primeiro órgão que manifestar interesse. (Redação dada pelo Decreto nº 10.630, de 2021)

§ 12. Compete ao órgão de segurança pública beneficiário da doação das munições periciá-las para atestar a sua validade e encaminhá-las ao Comando do Exército para destruição, na hipótese de ser constatado que são inservíveis. (Redação dada pelo Decreto nº 10.630, de 2021)

§ 13. As armas de fogo, as munições e os acessórios apreendidos que forem de propriedade das instituições a que se referem os incisos I a XIII do caput do art. 34 serão devolvidos à instituição após a realização de perícia, exceto se determinada sua retenção até o final do processo pelo juízo competente. (Redação dada pelo Decreto nº 10.630, de 2021)

§ 14. (Revogado pelo Decreto nº 10.630, de 2021)

§ 15. (Revogado pelo Decreto nº 10.630, de 2021)

ART. 45-A. As armas de fogo e munições apreendidas em decorrência do tráfico de drogas ou de qualquer forma utilizadas em atividades ilícitas de produção ou comercialização de drogas, ou ainda, que tenham sido adquiridas com recursos provenientes do tráfico de drogas, perdidas em favor da União e encaminhadas para o Comando do Exército, serão destinadas à doação, após perícia ou vistoria que atestem seu bom estado, observado o seguinte critério de prioridade: (Incluído pelo Decreto nº 10.630, de 2021)

I - órgão de segurança pública responsável pela apreensão; (Incluído pelo Decreto nº 10.630, de 2021)

II - demais órgãos de segurança pública ou do sistema penitenciário do ente federativo responsável pela apreensão; e (Incluído pelo Decreto nº 10.630, de 2021)

III - órgãos de segurança pública ou do sistema penitenciário dos demais entes federativos. (Incluído pelo Decreto nº 10.630, de 2021)

§ 1º O pedido do ente federativo deverá ser feito no prazo de vinte dias, contado da data do recebimento do relatório trimestral reservado, observado o critério de prioridade de que trata o caput . (Incluído pelo Decreto nº 10.630, de 2021)

§ 2º O pedido de doação previsto neste artigo deverá atender aos critérios de priorização estabelecidos pelo Ministério da Justiça e Segurança Pública, nos termos do disposto no § 4º do art. 45. (Incluído pelo Decreto nº 10.630, de 2021)

ART. 45-B. As armas de fogo apreendidas poderão ser devolvidas pela autoridade competente aos seus legítimos proprietários na hipótese de serem cumpridos os requisitos de que trata o art. 4º da Lei nº 10.826, de 2003 . (Incluído pelo Decreto nº 10.630, de 2021)

ART. 46. As solicitações dos órgãos de segurança pública sobre informações relativas ao cadastro de armas de fogo, munições e demais produtos controlados junto ao Sinarm e ao Sigma serão encaminhadas diretamente à Polícia Federal ou ao Comando do Exército, conforme o caso.

ART. 47. Na hipótese de falecimento ou interdição do proprietário de arma de fogo, o administrador da herança ou o curador, conforme o caso, providenciará a transferência da propriedade da arma, por meio de alvará judicial ou de autorização firmada por todos os herdeiros, desde que sejam maiores de idade e capazes, observado o disposto no art. 12.

§ 1º O administrador da herança ou o curador comunicará à Polícia Federal ou ao Comando do Exército, conforme o caso, a morte ou a interdição do proprietário da arma de fogo.

§ 2º Na hipótese de que trata o *caput*, a arma de fogo permanecerá sob a guarda e a responsabilidade do administrador da herança ou do curador, depositada em local seguro, até a expedição do Certificado de Registro de Arma de Fogo e a entrega ao novo proprietário.

§ 3º A inobservância ao disposto no § 2º implicará a apreensão da arma de fogo pela autoridade competente, sem prejuízo das sanções penais cabíveis.

ART. 48. O valor da indenização de que tratam os art. 31 e art. 32 da Lei nº 10.826, de 2003, e o procedimento para o respectivo pagamento serão fixados pelo Ministério da Justiça e Segurança Pública.

ART. 49. Os recursos financeiros necessários ao cumprimento do disposto nos art. 31 e art. 32 da Lei nº 10.826, de 2003, serão custeados por dotação orçamentária específica consignada ao Ministério da Justiça e Segurança Pública.

ART. 50. Será presumida a boa-fé dos possuidores e dos proprietários de armas de fogo que as entregar espontaneamente à Polícia Federal ou aos postos de recolhimento credenciados, nos termos do disposto no art. 32 da Lei nº 10.826, de 2003.

ART. 51. A entrega da arma de fogo de que tratam os art. 31 e art. 32 da Lei nº 10.826, de 2003, de seus acessórios ou de sua munição será feita na Polícia Federal ou em órgãos e entidades credenciados pelo Ministério da Justiça e Segurança Pública.

§ 1º Para o transporte da arma de fogo até o local de entrega, será exigida guia de trânsito, expedida pela Polícia Federal ou por órgão por ela credenciado, que conterá as especificações mínimas estabelecidas pelo Ministério da Justiça e Segurança Pública.

§ 2º A guia de trânsito de que trata o § 1º poderá ser expedida pela internet, na forma estabelecida em ato do Diretor-Geral da Polícia Federal.

§ 3º A guia de trânsito de que trata o § 1º autorizará tão-somente o transporte da arma, devidamente desmuniciada e acondicionada de maneira que seu uso não possa ser imediato, limitado para o percurso nela autorizado.

§ 4º O transporte da arma de fogo sem a guia de trânsito, ou o transporte realizado com a guia, mas sem a observância ao que nela estiver estipulado, sujeitará o infrator às sanções penais cabíveis.

ART. 52. As disposições sobre a entrega de armas de fogo de que tratam os art. 31 e art. 32 da Lei nº 10.826, de 2003, não se aplicam às empresas de segurança privada e de transporte de valores.

ART. 53. Será aplicada pelo órgão competente pela fiscalização multa de:

I - R$ 100.000,00 (cem mil reais):

a) à empresa de transporte aéreo, rodoviário, ferroviário, marítimo, fluvial ou lacustre que permita o transporte de arma de fogo, munição ou acessórios sem a devida autorização ou com inobservância às normas de segurança; e

b) à empresa de produção ou de comercialização de armas de fogo que realize publicidade para estimular a venda e o uso indiscriminado de armas de fogo, acessórios e munição, exceto nas publicações especializadas;

II - R$ 200.000,00 (duzentos mil reais), sem prejuízo das sanções penais cabíveis:

a) à empresa de transporte aéreo, rodoviário, ferroviário, marítimo, fluvial ou lacustre que deliberadamente, por qualquer meio, realize, promova ou facilite o transporte de arma de fogo ou de munição sem a devida autorização ou com inobservância às normas de segurança; e

b) à empresa de produção ou de comercialização de armas de fogo que reincidir na conduta de que trata a alínea "b" do inciso I do *caput*; e

III - R$ 300.000,00 (trezentos mil reais), sem prejuízo das sanções penais cabíveis, à empresa que reincidir na conduta de que tratam a alínea "a" do inciso I e as alíneas "a" e "b" do inciso II.

ART. 54. A empresa de segurança e de transporte de valores ficará sujeita às penalidades de que trata o art. 23 da Lei nº 7.102, de 20 de junho de 1983, na hipótese de não apresentar, nos termos do disposto nos § 2º e § 3º do art. 7º da Lei nº 10.826, de 2003:

I - a documentação comprobatória do cumprimento dos requisitos constantes do art. 4º da Lei nº 10.826, de 2003, quanto aos empregados que portarão arma de fogo; e

II - semestralmente, ao Sinarm, a listagem atualizada de seus empregados.

ART. 55. Os recursos arrecadados em razão das taxas e das sanções pecuniárias de caráter administrativo previstas neste Decreto serão aplicados nos termos do disposto no § 1º do art. 11 da Lei nº 10.826, de 2003.

ART. 56. As receitas destinadas ao Sinarm serão recolhidas ao Banco do Brasil S.A., na conta Fundo para Aparelhamento e Operacionalização das Atividades-Fim da Polícia Federal, e serão alocadas para o reaparelhamento, a manutenção e o custeio das atividades de controle e de fiscalização da circulação de armas de fogo e de repressão ao seu tráfico ilícito, de competência da Polícia Federal.

ART. 57. Os requerimentos formulados ao Comando do Exército, ao Sigma, à Polícia Federal e ao Sinarm referentes aos procedimentos previstos neste Decreto serão apreciados e julgados no prazo de sessenta dias.

§ 1º A apreciação e o julgamento a que se refere o *caput* ficarão condicionados à apresentação do requerimento devidamente instruído à autoridade competente.

§ 2º O prazo a que se refere o *caput* será contado da data:

I - da entrega do requerimento devidamente instruído; ou

II - da entrega da documentação completa de instrução do requerimento, na hipótese de as datas da entrega do requerimento e dos documentos que o instruem não coincidirem.

§ 3º Transcorrido o prazo a que se refere o *caput* sem a apreciação e o julgamento do requerimento, observado o disposto no § 1º, consideram-se aprovados tacitamente os pedidos nele formulados.

§ 4º A aprovação tácita não impede a continuidade da apreciação do requerimento, que poderá ser cassado, caso constatado o não cumprimento dos requisitos legais.

ART. 57-A. Os procedimentos previstos neste Decreto serão realizados prioritariamente de forma eletrônica, dispensado o comparecimento pessoal do requerente, exceto se houver necessidade especificamente motivada e comunicada de apresentação dos documentos originais. (Incluído pelo Decreto nº 10.630, de 2021)

ART. 58. O Decreto nº 9.607, de 12 de dezembro de 2018, passa a vigorar com as seguintes alterações:

"Art. 34-B. A autorização para importação de Prode, conforme definido em ato do Ministro de Estado da Defesa, poderá ser concedida:

I - aos órgãos e às entidades da administração pública;

II - aos fabricantes de Prode em quantidade necessária à realização de pesquisa, estudos e testes, à composição de sistemas de Prode ou à fabricação de Prode;

III - aos representantes de empresas estrangeiras, em regime de admissão temporária, para fins de experiências, testes ou demonstração, junto às Forças Armadas do Brasil ou a órgãos ou entidades públicas, desde que comprovem exercer a representação comercial do fabricante estrangeiro no território nacional e apresentem documento comprobatório do interesse das instituições envolvidas;

IV - aos expositores, para participação em feiras, mostras, exposições e eventos, por período determinado;

V - aos agentes de segurança de dignitários estrangeiros em visita ao País, em caráter temporário;

VI - às representações diplomáticas;

VII - aos integrantes de Forças Armadas do Brasil ou de órgãos de segurança estrangeiros, em caráter temporário, para:

a) participação em exercícios combinados; ou

b) participação, na qualidade de instrutor, aluno ou competidor, em cursos e eventos profissionais das Forças Armadas do Brasil e de órgãos de segurança nacionais, desde que o Prode seja essencial para o curso ou o evento; e

VIII - aos colecionadores, aos atiradores desportivos, aos caçadores e às pessoas naturais cujas armas de fogo devam ser registradas pelo Comando do Exército, nas condições estabelecidas no Regulamento para a Fiscalização de Produtos Controlados.

§ 1º Nas hipóteses previstas nos incisos III, IV e VII do *caput*, a importação será limitada às amostras necessárias ao evento, vedada a importação do produto para outros fins, e os Prode deverão ser reexportados após o término do evento motivador da importação ou, a critério do importador e com autorização do Ministério da Defesa, doados.

§ 2º Na hipótese prevista no inciso III do *caput*, os Prode não serão entregues aos seus importadores e ficarão diretamente sob a guarda dos órgãos ou das instituições envolvidos." (NR)

ART. 59. O Decreto nº 9.845, de 25 de junho de 2019, passa a vigorar com as seguintes alterações:

"Art. 7º ....

....

§ 1º Nas hipóteses de que trata o *caput*, o proprietário entregará a arma de fogo à Polícia Federal ou ao Comando do Exército, conforme o caso, mediante indenização, na forma prevista no art. 48 do Decreto nº 9.847 , de 25 de junho de 2019, ou providenciará a sua transferência para terceiro, no prazo de sessenta dias, contado da data da ciência do indiciamento ou do recebimento da denúncia ou da queixa pelo juiz.

....

..............." (NR)

"Art. 8º Na hipótese de não cumprimento dos requisitos de que trata o art. 3º para a renovação do Certificado de Registro de Arma de Fogo, o proprietário entregará a arma de fogo à Polícia Federal, mediante indenização, na forma prevista no art. 48 do Decreto nº 9.847, de 2019, ou providenciará a sua transferência, no prazo de sessenta dias, para terceiro interessado na aquisição, observado o disposto no art. 5º.

....

..............." (NR)

ART. 60. Ficam revogados:

I - os seguintes dispositivos do Anexo ao Decreto nº 3.665, de 20 de novembro de 2000:

a) o art. 183; e

b) o art. 190;

II - o art. 34-A do Decreto nº 9.607, de 2018;

III - o Decreto nº 9.785, de 7 de maio de 2019;

IV - o Decreto nº 9.797, de 21 de maio de 2019; e

V - o Decreto nº 9.844, de 25 de junho de 2019.

ART. 61. Este Decreto entra em vigor na data de sua publicação.

Brasília, 25 de junho de 2019;
198º da Independência e 131º da República.

JAIR MESSIAS BOLSONARO
Onyx Lorenzoni

▸ Este texto não substitui o publicado no DOU de 25.6.2019 - Edição extra - B

DECRETO Nº 9.875, DE 27 DE JUNHO DE 2019

Dispõe sobre o Conselho Nacional de Combate à Pirataria e aos Delitos contra a Propriedade Intelectual.

O VICE-PRESIDENTE DA REPÚBLICA, no exercício do cargo de Presidente da República, no uso das atribuições que lhe confere o art. 84, *caput*, inciso VI, alínea "a", da Constituição,

DECRETA:

ART. 1º Este Decreto dispõe sobre o Conselho Nacional de Combate à Pirataria e aos Delitos contra a Propriedade Intelectual.

ART. 2º O Conselho Nacional de Combate à Pirataria e aos Delitos contra a Propriedade Intelectual é órgão consultivo integrante do Ministério da Justiça e Segurança Pública destinado a estabelecer diretrizes para a formulação e a proposição de plano nacional de combate à pirataria, ao contrabando, à sonegação fiscal delas decorrentes e aos delitos contra a propriedade intelectual.

Parágrafo único. Para fins deste Decreto, considera-se pirataria a violação aos direitos autorais de que tratam a Lei nº 9.609 de 19 de fevereiro de 1998, e a Lei nº 9.610, de 19 de fevereiro de 1998.

ART. 3º Compete ao Conselho Nacional de Combate à Pirataria e aos Delitos contra a Propriedade Intelectual:

I - elaborar estudos e propor medidas e ações destinadas ao combate à pirataria, ao contrabando, à sonegação fiscal delas decorrentes e aos delitos contra a propriedade intelectual no País;

II - efetuar levantamentos estatísticos, criar e manter, a partir de informações coletadas em âmbito nacional, banco de dados integrado ao Sistema Único de Segurança Pública, com o objetivo de estabelecer mecanismos eficazes de prevenção e repressão à pirataria, ao contrabando, à sonegação fiscal delas decorrentes e aos delitos contra a propriedade intelectual;

III - apoiar as medidas necessárias ao combate à pirataria, ao contrabando, à sonegação fiscal delas decorrentes e aos delitos contra a propriedade intelectual junto aos Estados e ao Distrito Federal;

IV - incentivar e auxiliar o planejamento de operações especiais e investigativas de prevenção e repressão à pirataria, ao contrabando, à sonegação fiscal delas decorrentes e aos delitos contra a propriedade intelectual;

V - propor mecanismos de combate à entrada de produtos que violem direitos de propriedade intelectual e de controle do ingresso no País de produtos cuja importação, ainda que regular, possam vir a se constituir em insumos para a prática de pirataria;

VI - sugerir fiscalizações específicas nos portos, nos aeroportos, nos postos de fronteiras e na malha rodoviária brasileira;

VII - estimular, auxiliar e fomentar o treinamento de agentes públicos envolvidos em operações e processamento de informações relativas à pirataria, ao contrabando, à sonegação fiscal delas decorrentes e aos delitos contra a propriedade intelectual;

VIII - fomentar ou coordenar campanhas educativas sobre o combate à pirataria, ao contrabando, à sonegação fiscal delas decorrentes e aos delitos contra a propriedade intelectual;

IX - acompanhar, por meio de relatórios enviados pelos órgãos competentes, a execução das atividades de prevenção e de repressão à violação de obras protegidas por direito autoral; e

X - estabelecer mecanismos de diálogo e colaboração com os Poderes Legislativo e Judiciário, com o propósito de promover ações efetivas de combate à pirataria, ao contrabando, à sonegação fiscal delas decorrentes e aos delitos contra a propriedade intelectual.

Parágrafo único. Para o exercício de suas competências, o Conselho poderá requerer aos órgãos públicos federais e solicitar aos órgãos públicos estaduais, distritais e municipais envolvidos no combate à pirataria, ao contrabando, à sonegação fiscal delas decorrentes e aos delitos contra a propriedade intelectual, o fornecimento de informações e de dados estatísticos relativos a ações de prevenção e repressão realizadas sobre o tema.

ART. 4º O Conselho Nacional de Combate à Pirataria e aos Delitos contra a Propriedade Intelectual é composto por dezoito representantes dos seguintes órgãos e entidades e da sociedade civil:

I - cinco do Ministério da Justiça e Segurança Pública, indicados pela:

a) Secretaria Nacional do Consumidor, que o presidirá;

b) Secretaria Nacional de Segurança Pública;

c) Secretaria de Operações Integradas;

d) Polícia Federal; e

e) Polícia Rodoviária Federal;

II - dois do Ministério da Economia, indicados pela:

a) Secretaria Especial da Receita Federal do Brasil; e

b) Secretaria Especial de Comércio Exterior e Assuntos Internacionais.

III - um do Ministério das Relações Exteriores;

IV - um do Ministério da Cidadania;

V - um da Agência Nacional do Cinema;

VI - um da Agência Nacional de Vigilância Sanitária;

VII - um da Agência Nacional de Telecomunicações;

VIII - um do Instituto Nacional da Propriedade Industrial; e

IX - cinco representantes da sociedade civil, escolhidos pelo Ministro de Estado da Justiça e Segurança Pública, após indicação de entidades, organizações ou associações civis reconhecidas, por meio de chamamento público, conforme definido em regulamento.

§ 1º Cada membro do Conselho Nacional de Combate à Pirataria e aos Delitos contra a Propriedade Intelectual terá um suplente, que o substituirá em suas ausências e impedimentos.

§ 2º Serão convidados a compor o Conselho Nacional de Combate à Pirataria e aos Delitos contra a Propriedade Intelectual um representante do Senado Federal e um da Câmara dos Deputados, com direito a voto.

§ 3º Os membros titulares do Conselho Nacional de Combate à Pirataria e aos Delitos contra a Propriedade Intelectual e respectivos suplentes serão indicados pelos titulares dos órgãos e entidades que representam e designados pelo Ministro de Estado da Justiça e Segurança Pública, observado o disposto no inciso IX do *caput*.

§ 4º O Conselho Nacional de Combate à Pirataria e aos Delitos contra a Propriedade Intelectual poderá convidar para participar de suas reuniões, sem direito a voto, entidades ou pessoas do setor público ou privado, que atuem profissionalmente em atividades relacionadas à defesa dos direitos autorais, sempre que entenda necessária sua colaboração para o pleno alcance dos seus objetivos, não sendo necessária sua designação pelo Ministro de Estado da Justiça e Segurança Pública.

ART. 5º A Secretaria-Executiva do Conselho Nacional de Combate à Pirataria e aos Delitos contra a Propriedade Intelectual será exercida pela Secretaria Nacional do Consumidor do Ministério da Justiça e Segurança Pública, a qual promoverá a coordenação dos órgãos do Governo no planejamento e execução das ações do Conselho.

Parágrafo único. À Secretaria-Executiva do Conselho Nacional de Combate à Pirataria e aos Delitos contra a Propriedade Intelectual compete a elaboração de relatório anual de atividades e, sempre que requerido pelo Presidente do Conselho, de relatórios parciais.

ART. 6º O Conselho Nacional de Combate à Pirataria e aos Delitos contra a Propriedade Intelectual se reunirá em caráter ordinário a cada bimestre e em caráter extraordinário sempre que convocado por seu Presidente ou por requerimento de um terço dos membros.

§ 1º É vedada a divulgação das discussões em curso sem a prévia anuência do Presidente do Conselho Nacional de Combate à Pirataria e aos Delitos contra a Propriedade Intelectual.

§ 2º O quórum de reunião do Conselho Nacional de Combate à Pirataria e aos Delitos contra a Propriedade Intelectual é de dois terços e o quórum de aprovação é de maioria simples dos membros presentes na reunião.

§ 3º Além do voto ordinário, o Presidente do Conselho Nacional de Combate à Pirataria e aos Delitos contra a Propriedade Intelectual terá o voto de qualidade em caso de empate.

§ 4º As deliberações do Conselho Nacional de Combate à Pirataria e aos Delitos contra a Propriedade Intelectual serão registradas em ata.

ART. 7º O Conselho Nacional de Combate à Pirataria e aos Delitos contra a Propriedade Intelectual poderá instituir comissões especiais com o objetivo de:

I - avaliar matérias específicas relativas ao combate à pirataria, ao contrabando, à sonegação fiscal delas decorrentes e aos delitos contra a propriedade intelectual, que demandem aprofundamento de estudos e proposição de ações mediatas e imediatas; e

II - acompanhar a implementação das ações definidas pelo Conselho.

ART. 8º As comissões especiais:

I - serão compostas na forma de ato do Conselho Nacional de Combate à Pirataria e aos Delitos contra a Propriedade Intelectual;

II - não poderão ter mais de cinco membros;

III - terão caráter temporário e duração não superior a um ano; e

IV - estão limitadas a cinco operando simultaneamente.

ART. 9º Os membros do Conselho Nacional de Combate à Pirataria e aos Delitos contra a Propriedade Intelectual e das comissões especiais que se encontrarem no Distrito Federal se reunirão presencialmente e os membros que se encontrem em outros entes federativos participarão da reunião por meio de videoconferência.

ART. 10. A participação no Conselho Nacional de Combate à Pirataria e aos Delitos contra a Propriedade Intelectual e nas comissões especiais será considerada prestação de serviço público relevante, não remunerada.

ART. 11. Ato do Ministro de Estado da Justiça e Segurança Pública aprovará o regimento interno do Conselho Nacional de Combate à Pirataria e aos Delitos contra a Propriedade Intelectual, no prazo de noventa dias, contado da data de publicação deste Decreto.

ART. 12. O Ministro de Estado da Justiça e Segurança Pública poderá editar atos complementares ao disposto neste Decreto.

ART. 13. Fica revogado o Decreto nº 5.244, de 14 de outubro de 2004.

ART. 14. Este Decreto entra em vigor na data de sua publicação.

Brasília, 27 de junho de 2019;
198º da Independência e 131º da República.
ANTÔNIO HAMILTON MARTINS MOURÃO
Sérgio Moro

▸ *Este texto não substitui o publicado no DOU de 28.6.2019*

DECRETO Nº 10.030, DE 30 DE SETEMBRO DE 2019

Aprova o Regulamento de Produtos Controlados.

O PRESIDENTE DA REPÚBLICA, no uso da atribuição que lhe confere o art. 84, caput, inciso IV, da Constituição, e tendo em vista o disposto na Lei nº 10.826, de 22 de dezembro de 2003, e no art. 2º, § 2º, da Lei nº 10.834, de 29 de dezembro de 2003,

DECRETA:

ART. 1º Fica aprovado o Regulamento de Produtos Controlados, constante do Anexo I.

ART. 2º O Decreto nº 9.607, de 12 de dezembro de 2018, passa a vigorar com as seguintes alterações:

"Art. 34-B. ....

....

VIII - aos colecionadores, aos atiradores desportivos, aos caçadores e às pessoas físicas a que se referem os incisos I a VII e X do *caput* do art. 6º da Lei nº 10.826, de 22 de dezembro de 2003, nos termos do disposto no Regulamento de Produtos Controlados, aprovado pelo Decreto nº 10.030, de 30 de setembro de 2019.

...." (NR)

ART. 3º O Decreto nº 9.845, de 25 de junho de 2019, passa a vigorar com a seguintes alterações:

"Art. 2º ....

....

§ 1º O Comando do Exército estabelecerá os parâmetros de aferição e a listagem dos calibres nominais que se enquadrem nos limites estabelecidos nos incisos I, II e IV do *caput*, no prazo de sessenta dias, contado da data de publicação deste Decreto.

§ 2º Ato conjunto do Ministro de Estado da Defesa e do Ministro de Estado da Justiça e Segurança Pública estabelecerá as quantidades de munições passíveis de aquisição pelas pessoas físicas autorizadas a adquirir ou portar arma de fogo e pelos integrantes dos órgãos e das instituições a que se referem o § 2º do art. 4º os incisos I a VII e X do *caput* art. 6º da Lei nº 10.826, de 2003, observada a legislação, no prazo de sessenta dias, contado da data de publicação do Decreto nº 10.030, de 30 de setembro de 2019." (NR)

"Art. 3º ....

....

§ 10. Os requisitos de que tratam os incisos V, VI e VII do *caput* serão comprovados, periodicamente, a cada dez anos, junto à Polícia Federal, para fins de renovação do Certificado de Registro.

§ 11. Os integrantes das Forças Armadas, das polícias federais, estaduais e do Distrito Federal e os militares dos Estados e do Distrito Federal, ao adquirirem arma de fogo de uso permitido ou restrito ou renovarem o respectivo Certificado de Registro, ficam dispensados do cumprimento dos requisitos de que tratam os incisos I, II, IV, V, VI e VII do *caput*.

§ 12. Os integrantes das entidades de que tratam os incisos I, II, III, V, VI, VII e X do *caput* do art. 6º da Lei nº 10.826, de 2003, ficam dispensados do cumprimento do requisito de que trata o inciso II do *caput* deste artigo." (NR)

ART. 4º O Decreto nº 9.846, de 25 de junho de 2019, passa a vigorar com as seguintes alterações:

"Art. 3º ....

....

§ 1º Poderão ser concedidas autorizações para aquisição de arma de fogo de uso permitido em quantidade superior aos limites estabelecidos no inciso I do *caput*, a critério do Comando do Exército.

§ 2º Para fins de registro de colecionadores, atiradores e caçadores no Comando do Exército, o interessado deverá:

....

§ 5º A aquisição de armas de fogo por colecionadores, atiradores e caçadores ficará condicionada à apresentação:

I - de documento de identificação e Certificado de Registro válidos; e

II - da autorização de aquisição expedida pelo Comando do Exército." (NR)

"Art. 4º ....

§ 1º O colecionador, o atirador e o caçador proprietário de arma de fogo poderá adquirir até mil munições anuais para cada arma de fogo de uso restrito e cinco mil munições para as de uso permitido registradas em seu nome e comunicará a aquisição ao Comando do Exército, no prazo de setenta e duas horas, contado da data de efetivação da compra, e informará o endereço em que serão armazenadas.

...." (NR)

"Art. 5º ....

....

§ 5º A Guia de Tráfego a que refere o § 4º poderá ser emitida no sítio eletrônico do Comando do Exército." (NR)

ART. 5º O Decreto nº 9.847, de 25 de junho de 2019, passa a vigorar com as seguintes alterações: *(Artigo republicado na Edição Extra A do DOU de 1º/10/2019)*

"Art. 2º ....

....

§ 3º Ato conjunto do Ministro de Estado da Defesa e do Ministro de Estado da Justiça e Segurança Pública estabelecerá as quantidades de munições passíveis de aquisição pelas pessoas físicas autorizadas a adquirir ou portar arma de fogo e pelos integrantes dos órgãos e das instituições a que se referem os incisos I a VII e X do *caput* do art. 6º da Lei nº 10.826, de 2003, observada a legislação, no prazo de sessenta dias, contado da data de publicação do Decreto nº 10.030, de 30 de setembro de 2019." (NR)

"Art. 3º ....

....

§ 7º As ocorrências de extravio, furto, roubo, recuperação e apreensão de armas de fogo serão imediatamente comunicadas à Polícia Federal pela autoridade competente.

...." (NR)

"Art. 12. ....

....

§ 11. Os requisitos de que tratam os incisos IV, V e VI do *caput* serão comprovados, periodicamente, a cada dez anos, junto à Polícia Federal, para fins de renovação do Certificado de Registro.

§ 12. Os integrantes das Forças Armadas, das polícias federais, estaduais e do Distrito Federal e os militares dos Estados e do Distrito Federal, ao adquirirem arma de fogo de uso permitido ou restrito ou renovarem o Certificado de Registro, ficam dispensados do cumprimento dos requisitos de que tratam os incisos I, III, IV, V e VI do *caput*.

§ 13. Os integrantes das entidades de que tratam os incisos I, II, III, V, VI, VII e X do *caput* do art. 6º da Lei nº 10.826, de 2003, ficam dispensados do cumprimento do requisito de que trata o inciso I do *caput* deste artigo." (NR)

"Art. 29-A. A Polícia Federal, diretamente ou por meio de convênio com os órgãos de segurança pública dos Estados, do Distrito Federal e dos Municípios, nos termos do disposto no § 3º do art. 6º da Lei nº 10.826, de 2003, e observada a supervisão do Ministério da Justiça e Segurança Pública:

I - estabelecerá o currículo da disciplina de armamento e tiro dos cursos de formação das guardas municipais;

II - concederá porte de arma de fogo funcional aos integrantes das guardas municipais, com validade pelo prazo de dez anos, contado da data de emissão do porte, nos limites territoriais do Estado em que exerce a função; e

III - fiscalizará os cursos de formação para assegurar o cumprimento do currículo da disciplina a que se refere o inciso I.

Parágrafo único. Os guardas municipais autorizados a portar arma de fogo, nos termos do inciso II do *caput*, poderão portá-la nos deslocamentos para suas residências, mesmo quando localizadas em município situado em Estado limítrofe." (NR)

"Art. 29-B. A formação de guardas municipais poderá ocorrer somente em:

I - estabelecimento de ensino de atividade policial;

II - órgão municipal para formação, treinamento e aperfeiçoamento de integrantes da guarda municipal;

III - órgão de formação criado e mantido por Municípios consorciados para treinamento e aperfeiçoamento dos integrantes da guarda municipal; ou

IV - órgão estadual centralizado e conveniado a seus Municípios, para formação e aperfeiçoamento de guardas municipais, no qual seja assegurada a participação dos municípios conveniados no conselho gestor." (NR)

"Art. 29-C. O porte de arma de fogo aos integrantes das instituições de que tratam os incisos III e IV do *caput* do art. 6º da Lei nº 10.826, de 2003, será concedido somente mediante comprovação de treinamento técnico de, no mínimo:

I - sessenta horas, para armas de repetição; e

II - cem horas, para arma de fogo semiautomática.

§ 1º O treinamento de que trata o *caput* destinará, no mínimo, sessenta e cinco por cento de sua carga horária ao conteúdo prático.

§ 2º O curso de formação dos profissionais das guardas municipais de que trata o art. 29-A conterá técnicas de tiro defensivo e de defesa pessoal.

§ 3º Os profissionais das guardas municipais com porte de arma de fogo serão submetidos a estágio de qualificação profissional por, no mínimo, oitenta horas anuais." (NR)

"Art. 29-D. A Polícia Federal poderá conceder porte de arma de fogo, nos termos do disposto no § 3º do art. 6º da Lei nº 10.826, de 2003, às guardas municipais dos Municípios que tenham instituído:

I - corregedoria própria e independente para a apuração de infrações disciplinares atribuídas aos servidores integrantes da guarda municipal; e

II - ouvidoria, como órgão permanente, autônomo e independente, com competência para fiscalizar, investigar, auditar e propor políticas de qualificação das atividades desenvolvidas pelos integrantes das guardas municipais." (NR)

"Art. 34. O Comando do Exército autorizará previamente a aquisição e a importação de armas de fogo de uso restrito, munições de uso restrito e demais produtos controlados de uso restrito, para os seguintes órgãos, instituições e corporações:

....

§ 1º-A Para a concessão da autorização a que se refere o *caput*, os órgãos, as instituições e as corporações comunicarão previamente ao Comando do Exército o quantitativo de armas e munições de uso restrito que pretendem adquirir.

§ 2º Serão, ainda, autorizadas a adquirir e importar armas de fogo, munições, acessórios e demais produtos controlados:

....

§ 3º Ato do Comandante do Exército disporá sobre as condições para a importação de armas de fogo, munições, acessórios e demais produtos controlados a que se refere o § 2º, no prazo de trinta dias, contado da data de publicação do Decreto nº 10.030, de 30 de setembro de 2019.

....

§ 5º A autorização de que trata o *caput* poderá ser concedida pelo Comando do Exército mediante avaliação e aprovação de planejamento estratégico, com duração de, no máximo, quatro anos, de aquisição de armas, munições e produtos controlados de uso restrito pelos órgãos, pelas instituições e pelas corporações de que trata o *caput*.

§ 6º A aquisição de armas de fogo e munições de uso permitido pelos órgãos, pelas instituições e pelas corporações a que se refere o *caput* será comunicada ao Comando do Exército." (NR)

"Art. 45. ....

....

§ 4º A análise do cumprimento do requisito estabelecido no inciso III do § 2º será realizada no prazo de trinta dias, contado da data de manifestação do Comando do Exército em relação à comprovação de necessidade e adequação ao padrão do órgão interessado:

I - pela Secretaria Nacional de Segurança Pública do Ministério da Justiça e Segurança Pública, na hipótese de a manifestação ter sido apresentada pelos órgãos de segurança pública; ou

II - pelo Comando do Exército, na hipótese de a manifestação ter sido apresentada pelas Forças Armadas.

...." (NR)

ART. 6º Ficam revogados:

I - o Decreto nº 3.665, de 20 de novembro de 2000;

II - o Decreto nº 9.493, de 5 de setembro de 2018; e

III - do Decreto nº 9.845, de 2019:

a) o parágrafo único do art. 2º; e

b) o § 9º do art. 3º.

ART. 7º Este Decreto entra em vigor na data de sua publicação.

Brasília, 30 de setembro de 2019;
198º da Independência e 131º da República.
JAIR MESSIAS BOLSONARO
Sérgio Moro
Fernando Azevedo e Silva

ANEXO I
REGULAMENTO DE PRODUTOS CONTROLADOS

TÍTULO I
DISPOSIÇÕES PRELIMINARES

CAPÍTULO I
DA FISCALIZAÇÃO DE PRODUTOS CONTROLADOS

ART. 1º Este Regulamento dispõe sobre os princípios, as classificações, as definições e as normas para a fiscalização de produtos controlados pelo Comando do Exército, observado o disposto na Lei nº 10.826, 22 de dezembro de 2003.

ART. 2º Para fins do disposto neste Regulamento, Produto Controlado pelo Comando do Exército - PCE é aquele que:

I - apresenta:

a) poder destrutivo;

b) propriedade que possa causar danos às pessoas ou ao patrimônio; ou

c) indicação de necessidade de restrição de uso por motivo de incolumidade pública; ou

II - seja de interesse militar.

§ 1º Os PCE são classificados quanto:

a) ao tipo;

b) ao grupo; e

c) ao grau de restrição.

§ 2º As classificações dos PCE quanto ao tipo e ao grupo constam do Anexo II.

§ 3º Não são considerados PCE: (Acrescido pelo Decreto nº 10.627, de 2021)

I - os projéteis de munição para armas de porte ou portáteis, até ao calibre nominal máximo com medida de 12,7 mm, exceto os químicos, perfurantes, traçantes e incendiários;

II - as máquinas e prensas, ambas não pneumáticas ou de produção industrial, para recarga de munições, seus acessórios e suas matrizes (dies), para calibres permitidos e restritos, para armas de porte ou portáteis;

III - as armas de fogo obsoletas, de antecarga e de retrocarga, cujos projetos sejam anteriores a 1900 e que utilizem pólvora negra;

IV - os carregadores destacáveis tipo cofre ou tipo tubular, metálicos ou plásticos, com qualquer capacidade de munição, cuja ausência não impeça o disparo da arma de fogo;

V - os quebra-chamas;

VI -as miras optrônicas, holográficas ou reflexivas; e

VII - as miras telescópicas, independentemente de aumento.

§ 4º As armas de fogo obsoletas poderão ser utilizadas em demonstrações e exposições. (Acrescido pelo Decreto nº 10.627, de 2021)

§ 5º O transporte das armas de fogo obsoletas não exigirá guia de tráfego e elas não deverão estar municiadas ao serem transportadas. (Acrescido pelo Decreto nº 10.627, de 2021)

§ 6º As armas de fogo obsoletas serão registradas no Sistema de Gerenciamento Militar de Armas - Sigma apenas quando o apostilamento a acervo for solicitado por: (Acrescido pelo Decreto nº 10.627, de 2021)

I - colecionador, atirador ou caçador;

II - museu público;

III - museu privado;

IV - fundação ou associação que mantenha hoploteca;

V - federação ou confederação de tiro; ou

VI - associação nacional de colecionadores de armas de fogo e munições.

ART. 3º As definições dos termos empregados neste Regulamento são aquelas constantes deste artigo e do Anexo III. ("Caput" do artigo com redação dada pelo Decreto nº 10.627, de 2021)

Parágrafo único. Para fins do disposto neste Regulamento, considera-se: (Acrescido pelo Decreto nº 10.627, de 2021)

I - arma de fogo de uso permitido - as armas de fogo semiautomáticas ou de repetição que sejam:

a) de porte, cujo calibre nominal, com a utilização de munição comum, não atinja, na saída do cano de prova, energia cinética superior a mil e duzentas libras-pé ou mil seiscentos e vinte joules;

b) portáteis de alma lisa; ou

c) portáteis de alma raiada, cujo calibre nominal, com a utilização de munição comum, não atinja, na saída do cano de prova, energia cinética superior a mil e duzentas libras-pé ou mil seiscentos e vinte joules;

II - arma de fogo de uso restrito - as armas de fogo automáticas, de qualquer tipo ou calibre, semiautomáticas ou de repetição que sejam:

a) não portáteis;

b) de porte, cujo calibre nominal, com a utilização de munição comum, atinja, na saída do cano de prova, energia cinética superior a mil e duzentas libras-pé ou mil seiscentos e vinte joules; ou

c) portáteis de alma raiada, cujo calibre nominal, com a utilização de munição comum, atinja, na saída do cano de prova, energia cinética superior a mil e duzentas libras-pé ou mil seiscentos e vinte joules;

III - arma de fogo de uso proibido:

a) as armas de fogo classificadas como de uso proibido em acordos ou tratados internacionais dos quais a República Federativa do Brasil seja signatária; e

b) as armas de fogo dissimuladas, com aparência de objetos inofensivos;

IV - munição de uso restrito - as munições que:

a) atinjam, na saída do cano de prova de armas de fogo de porte ou de armas de fogo portáteis de alma raiada, energia cinética superior a mil e duzentas libras-pé ou mil seiscentos e vinte joules;

b) sejam traçantes, perfurantes ou fumígenas;

c) sejam granadas de obuseiro, de canhão, de morteiro, de mão ou de bocal; ou

d) sejam rojões, foguetes, mísseis ou bombas de qualquer natureza;

V - munição de uso proibido - as munições:

a) assim classificadas em acordos ou tratados internacionais dos quais a República Federativa do Brasil seja signatária; ou

b) incendiárias ou químicas;

VI - arma de fogo obsoleta - as armas de fogo que não se prestam ao uso efetivo em caráter permanente, em razão de:

a) sua munição e seus elementos de munição não serem mais produzidos;

b) sua produção ou seu modelo ser muito antigo e estar fora de uso, caracterizada como relíquia ou peça de coleção inerte; ou

c) serem armas de antecarga ou de retrocarga que utilizam a pólvora negra como carga propulsora e suas réplicas atuais;

VII - arma de fogo de porte - as armas de fogo de dimensões e peso reduzidos que podem ser disparadas pelo atirador com apenas uma de suas mãos, tais como pistolas, revólveres e garruchas;

VIII - arma de fogo portátil - as armas de fogo que, devido às suas dimensões ou ao seu peso, podem ser transportadas por uma pessoa, tais como fuzil, carabina e espingarda;

IX - arma de fogo não portátil - as armas de fogo que, devido às suas dimensões ou ao seu peso:

a) precisam ser transportadas por mais de uma pessoa, com a utilização de veículos, automotores ou não; ou

b) sejam fixadas em estruturas permanentes;

X - cadastro de arma de fogo - inclusão de arma de fogo de produção nacional ou importada em banco de dados, com a descrição de suas características;

XI - registro - matrícula da arma de fogo vinculada à identificação do respectivo proprietário em banco de dados;

XII - porte de trânsito - direito previsto:

a) no § 3º do art. 5º do Decreto nº 9.846, de 25 de junho de 2019, e nos art. 9º e art. 24 da Lei nº 10.826, de 2003, concedido aos colecionadores, aos atiradores e aos caçadores registrados junto ao Comando do Exército para transitar com armas de fogo registradas em seus respectivos acervos, com os acessórios e munições necessários às práticas previstas nos art. 42, art. 52 e art. 55;

b) nos incisos III a VIII do caput do art. 30, concedido aos estrangeiros temporários, vedado o trânsito com arma municiada e pronta para o uso;

XIII - insumo para carregar ou recarregar munição - os materiais utilizados para carregar cartuchos, incluídos o estojo, a espoleta, a pólvora ou outro tipo de carga propulsora, o projétil e a bucha utilizados em armas de fogo;

XIV - arma brasonada - as armas:

a) pertencentes a uma Força Armada ou a uma instituição de segurança pública e qualificada como material carga;

b) marcadas durante a fabricação com o brasão de armas, o nome ou a abreviatura da instituição; e

c) que passaram por desfazimento pela instituição por transferência de carga, alienação por licitação ou doação, registro por anistia ou outro meio legal, e que podem fazer parte de acervos de colecionadores, atiradores e caçadores; e

XV - arma histórica - as armas de fogo:

a) marcadas com brasões ou símbolos pátrios, nacionais ou internacionais;

b) coloniais;

c) utilizadas em guerras, combates e batalhas;

d) que pertenceram a personalidades ou que estiveram em eventos históricos; e

e) que, por sua aparência e composição das partes integrantes, possam ser consideradas raras e únicas e possam fazer parte do patrimônio histórico e cultural.

ART. 4º Compete ao Comando do Exército a elaboração da lista dos PCE e suas alterações posteriores.

§ 1º As alterações de que trata o *caput* referem-se à inclusão, à exclusão ou à mudança de nomenclatura dos PCE.

§ 2º O Ministério da Defesa poderá solicitar a inclusão ou a exclusão, na lista de que trata o *caput*, dos Produtos de Defesa - Prode previstos na Lei nº 12.598, de 21 de março de 2012.

§ 3º A inclusão ou a exclusão de que trata o § 2º será condicionada ao enquadramento do produto como PCE, nos termos estabelecidos no art. 2º.

ART. 5º A fiscalização de PCE tem por finalidade:

I - contribuir para a segurança da sociedade, por meio do controle das atividades com PCE;

II - cooperar com o Ministério da Defesa nas ações da Estratégia Nacional de Defesa;

III - colaborar com a mobilização industrial de recursos logísticos de defesa;

IV - acompanhar a evolução científico-tecnológica dos PCE; e

V- colaborar com a preservação do patrimônio histórico nacional, no que se refere a PCE.

ART. 6º Compete, ainda, ao Comando do Exército regulamentar, autorizar e fiscalizar o exercício, por pessoas físicas ou jurídicas, das atividades relacionadas com PCE de fabricação, comércio, importação, exportação, utilização, prestação de serviços, colecionamento, tiro desportivo ou caça.

Parágrafo único. Ficam excluídas do disposto no *caput* as competências atribuídas ao Sistema Nacional de Armas - Sinarm, nos termos do disposto no art. 24 da Lei nº 10.826, de 2003.

ART. 7º É obrigatório o registro de pessoas físicas ou jurídicas junto ao Comando do Exército para o exercício, próprio ou terceirizado, das atividades com PCE, previstas no art. 6º, as quais estarão sujeitas ao seu controle e fiscalização.

§ 1º Fica dispensado o registro:

I - dos agentes públicos que utilizam PCE no exercício da função;

II - das pessoas que utilizam PCE eventualmente, conforme regulamentação do Comando do Exército;

III - das pessoas físicas que utilizam PCE do tipo arma de pressão ou pirotécnico;

IV - das pessoas que utilizam PCE como fertilizantes ou seus insumos;

V - dos proprietários de veículos automotores blindados; (Redação dada pelo Decreto nº 10.627, de 2021)

VI - das pessoas jurídicas que exercem atividades de comércio, utilização ou prestação de serviços com PCE do tipo pirotécnico ou de arma de pressão; e (Redação dada pelo Decreto nº 10.627, de 2021)

VII - das pessoas físicas que utilizam PCE do tipo arma de fogo e munição para a prática de tiro recreativo não desportivo nas instalações de entidades, clubes ou escolas de tiro, sem habitualidade e finalidade desportiva, quando acompanhadas de instrutor de tiro, instrutor de tiro desportivo ou atirador desportivo registrados junto ao Comando do Exército, e a responsabilidade pela prevenção de acidentes ou incidentes recairá sobre as referidas entidades, clubes ou escolas de tiro e seus instrutores. (Acrescido pelo Decreto nº 10.627, de 2021)

§ 2º O exercício das atividades com PCE fica restrito às condições estabelecidas no registro a que se refere o *caput*.

ART. 8º Compete ao Comando do Exército a fiscalização de PCE, que será executada por meio de seus órgãos subordinados ou vinculados.

Parágrafo único. Para a consecução dos fins de que trata o *caput*, o Comando do Exército poderá firmar acordos ou convênios para a execução de atividades complementares e acessórias.

ART. 9º O fabricante, o produtor, o importador, o comerciante e o prestador de serviços que exercem atividades com PCE responderão pelo fato do produto ou do serviço na forma estabelecida na Lei nº 8.078, de 11 de setembro de 1990 - Código de Defesa do Consumidor.

ART. 10. A reutilização ou a reciclagem de PCE ou de seus resíduos, após expirado o seu prazo de validade, obedecerá, no que couber, o disposto na Lei nº 12.305, de 2 de agosto de 2010.

CAPÍTULO II
DO SISTEMA DE FISCALIZAÇÃO DE PRODUTOS CONTROLADOS

ART. 11. Fica instituído o Sistema de Fiscalização de Produtos Controlados - SisFPC, com a finalidade de promover a regulamentação, a autorização e a fiscalização de atividades referentes aos PCE, com vistas a atingir, de maneira eficiente, eficaz e efetiva, os seguintes objetivos:

I - regulamentar, fiscalizar e autorizar as atividades de pessoas físicas e jurídicas referentes às atividades com PCE;

II - definir o direcionamento estratégico do SisFPC;

III - assegurar aos usuários do SisFPC a prestação de serviço eficiente;

IV - assegurar a eficiência da gestão orçamentária, financeira e patrimonial; e

V - valorizar e aperfeiçoar os seus recursos humanos.

ART. 12. A governança do SisFPC assegurará:

I - a efetividade, a eficácia, a eficiência e a economicidade dos processos do SisFPC, garantida a entrega dos produtos e dos serviços;

II - a transparência em suas ações, por meio do acesso da sociedade às informações geridas pelo SisFPC;

III - a orientação para o usuário;

IV - a auditoria de seus processos e a gestão de riscos;

V - a responsabilidade na prestação de contas; e

VI - o aperfeiçoamento técnico-profissional dos integrantes do SisFPC.

ART. 13. Integram o SisFPC, na condição de auxiliares da fiscalização de PCE realizada pelo Comando do Exército:

I - os órgãos de segurança pública;

II - os órgãos da administração pública federal aos quais compete a supervisão de atividades relacionadas com o comércio exterior;

III - a Secretaria Especial da Receita Federal do Brasil do Ministério da Economia;

IV - o Instituto Nacional de Metrologia, Qualidade e Tecnologia - Inmetro;

V - os serviços postal, similares ou de encomendas; e

VI - as entidades de tiro desportivo.

§ 1º Os órgãos e as entidades de que trata o *caput* comunicarão ao Comando do Exército as irregularidades ou os delitos verificados na execução de atividades relacionadas com PCE.

§ 2º O Comando do Exército disponibilizará acesso aos dados do tráfego de PCE, em tempo real, aos órgãos de que tratam os incisos I a III do *caput*.

ART. 14. Os órgãos e as entidades da administração pública federal cooperarão com o Comando do Exército nas ações de fiscalização de PCE, quando solicitados.

§ 1º O Comando do Exército poderá promover reuniões temáticas, inclusive em nível regional, com os órgãos e as entidades de que trata o *caput*, com a finalidade de estabelecer e aperfeiçoar os instrumentos de coordenação e de controle nas ações de fiscalização de PCE.

§ 2º Os órgãos estaduais e distritais com poder de polícia judiciária poderão:

I - colaborar com o Comando do Exército na fiscalização de PCE, nas áreas sob a sua responsabilidade, com vistas à manutenção da segurança da sociedade;

II - colaborar com o Comando do Exército na identificação de pessoas físicas e jurídicas que exerçam irregularmente atividade com PCE;

III - comunicar imediatamente aos órgãos de fiscalização do Comando do Exército irregularidade administrativa constatada em atividades com PCE;

IV - fornecer à pessoa idônea, conforme legislação estadual, carteira de encarregado de fogo (*blaster*);

V - disponibilizar ao Ministério da Justiça e Segurança Pública a relação atualizada dos dados cadastrais das pessoas que portam as carteiras de que trata o inciso IV; e

VI - exercer outras atribuições estabelecidas em lei ou regulamento.

CAPÍTULO III
DOS PRODUTOS CONTROLADOS

ART. 15. Os PCE são classificados, quanto ao grau de restrição, da seguinte forma:

I - de uso proibido;

II - de uso restrito; ou

III - de uso permitido.

§ 1º São produtos controlados de uso proibido:

I - os produtos químicos listados na Convenção Internacional sobre a Proibição do Desenvolvimento, Produção, Estocagem e Uso de Armas Químicas e sobre a Destruição das Armas Químicas Existentes no Mundo, promulgada pelo Decreto nº 2.977, de 1º de março de 1999, e na legislação correlata, quando utilizados para fins de desenvolvimento, de produção, estocagem e uso em armas químicas;

II - as armas de fogo de uso proibido; e

III - as munições de uso proibido.

§ 2º São produtos controlados de uso restrito:

I - armas de fogo de uso restrito;

II - os acessórios de arma de fogo que tenham por objetivo:

a) suprimir ou abrandar o estampido; ou

b) modificar as condições de emprego, conforme regulamentação do Comando do Exército;

III - as munições de uso restrito;

IV - os explosivos, os iniciadores e os acessórios;

V - os veículos automotores com blindagem às munições de uso restrito, conforme estabelecido em norma editada pelo Comando do Exército;

VI - as proteções balísticas contra as munições de uso restrito, conforme estabelecido em norma editada pelo Comando do Exército;

VII - os agentes lacrimogêneos e os seus dispositivos de lançamento;

VIII - (Revogado pelo Decreto nº 10.627, de 2021)

IX - os fogos de artifício da classe D a que se refere o Decreto-Lei nº 4.238, de 8 de abril de 1942;

X - os equipamentos de visão noturna ou termal de emprego militar ou policial;

XI - os PCE que apresentem particularidades técnicas ou táticas direcionadas exclusivamente ao emprego militar ou policial; e

XII - os redutores de calibre de armas de fogo de emprego finalístico militar ou policial.

§ 3º São produtos controlados de uso permitido os PCE não relacionados nos § 1º e § 2º.

§ 4º A classificação de armas e munições de usos proibido, restrito e permitido é aquela prevista na regulamentação da Lei nº 10.826, de 2003.

CAPÍTULO IV DAS ATIVIDADES COM PRODUTOS CONTROLADOS

SEÇÃO I DA FABRICAÇÃO

ART. 16. A autorização para a fabricação de PCE dos tipos arma de fogo, menos-letal, munição, pirotécnicos e proteção balística será precedida da aprovação do protótipo, por meio de avaliação da conformidade.

ART. 17. Compete ao Comando do Exército estabelecer os requisitos mínimos de segurança e desempenho dos PCE a serem submetidos à avaliação da conformidade.

§ 1º Os requisitos mínimos de que trata o *caput* garantirão padrões adequados de qualidade, segurança, durabilidade e desempenho.

§ 2º As normas técnicas que disciplinam os requisitos mínimos dos PCE serão revisadas periodicamente.

§ 3º O Ministro de Estado da Justiça e Segurança Pública poderá estabelecer requisitos adicionais aos PCE de interesse da segurança pública, com vistas à padronização de equipamentos, de tecnologias e dos procedimentos de avaliação da conformidade, nos termos do disposto na Lei nº 13.675, de 11 de junho de 2018.

ART. 18. A certificação do atendimento dos requisitos mínimos de segurança e desempenho do PCE será realizada por Organismo de Avaliação da Conformidade - OAC, designado pelo Comando do Exército que seja acreditado:

I - pelo Inmetro; ou

II - por órgão de acreditação signatário de acordos de reconhecimento mútuo de cooperações regionais ou internacionais de acreditação dos quais o Inmetro seja signatário.

§ 1º A avaliação positiva do PCE quanto ao cumprimento dos requisitos de segurança e desempenho importará na emissão de certificado de conformidade por OAC.

§ 2º O certificado de conformidade de que trata o § 1º:

I - será homologado pelo Comando do Exército; e

II - terá prazo de validade estabelecido em norma editada pelo Comando do Exército.

ART. 19. Para fins do disposto neste Regulamento, considera-se protótipo o modelo ou a implementação preliminar de produto ou sistema utilizado para:

I - avaliar a arquitetura, o desenho, o desempenho, o potencial de produção ou a documentação de seus requisitos; ou

II - obter entendimento melhor sobre o produto.

ART. 20. É vedado ao fabricante comercializar PCE com características diferentes daquelas constantes do certificado de conformidade.

§ 1º A garantia de que as alterações do processo de fabricação não impliquem modificações nas características do PCE homologado será de responsabilidade de seu fabricante.

§ 2º Alterações no projeto ou nas características técnicas de PCE homologado serão submetidas a OAC, competente para avaliação da necessidade de novo processo de certificação.

§ 3º É exigida nova homologação do Comando do Exército para o produto que for submetido a um novo processo de certificação.

ART. 21. A relação entre fabricante, prestador de serviço e importador de PCE e consumidor de PCE ocorrerá na forma estabelecida pela Lei nº 8.078, de 1990 - Código de Defesa do Consumidor.

ART. 22. É proibida a fabricação de fogos de artifício ou de artifícios pirotécnicos compostos por altos explosivos, como iniciadores e explosivos de ruptura, ou por substâncias tóxicas.

Parágrafo único. As substâncias tóxicas referidas no *caput* poderão ser admitidas na composição de fogos de artifícios ou de artifícios pirotécnicos, desde que atendidas as tolerâncias especificadas nas normas técnicas editadas pelo Comando do Exército.

SEÇÃO II DO COMÉRCIO

ART. 23. Os produtos controlados de uso restrito e de uso permitido poderão ser comercializados em estabelecimentos comerciais.

§ 1º Os produtos do tipo explosivos não poderão ser objeto de exposição no local de venda.

§ 2º Em lojas de armas e munições e outros estabelecimentos comerciais congêneres, é vedada a comercialização de munição recarregada para armas de fogo de porte ou portáteis, de uso permitido ou de uso restrito, exceto a munição de salva e festim e a comercializada por entidades, clubes ou escolas de tiro para uso imediato no local. (Parágrafo com redação dada pelo Decreto nº 10.627, de 2021)

ART. 24. As pessoas que comercializarem PCE manterão à disposição da fiscalização, período de cinco anos e na forma estabelecidos pelo Comando do Exército:

I - os dados referentes aos estoques; e

II - a relação das vendas efetuadas.

Parágrafo único. As pessoas que comercializarem PCE manterão atualizado o sistema informatizado *online* para registro dos dados referentes aos estoques e às vendas de produtos controlados.

SEÇÃO III
DA IMPORTAÇÃO E DA EXPORTAÇÃO

ART. 25. A importação de PCE ficará sujeita à autorização prévia do Comando do Exército.

ART. 26. O Comando do Exército autorizará, mediante comunicação prévia, a importação de armas de fogo, munições e demais produtos controlados para os seguintes órgãos, instituições e corporações:

I - Polícia Federal;

II - Polícia Rodoviária Federal;

III - Gabinete de Segurança Institucional da Presidência da República;

IV - Agência Brasileira de Inteligência;

V - órgãos do sistema penitenciário federal ou estadual;

VI - Força Nacional de Segurança Pública, por meio da Secretaria Nacional de Segurança Pública do Ministério da Justiça e Segurança Pública;

VII - órgãos policiais da Câmara dos Deputados e do Senado Federal a que se referem o inciso IV do *caput* do art. 51 e o inciso XIII do *caput* do art. 52 da Constituição, respectivamente;

VIII - polícias civis dos Estados e do Distrito Federal;

IX - polícias militares dos Estados e do Distrito Federal;

X - corpos de bombeiros militares dos Estados e do Distrito Federal; (Inciso com redação dada pelo Decreto nº 10.627, de 2021)

XI - guardas municipais; e (Inciso com redação dada pelo Decreto nº 10.627, de 2021)

XII - Secretaria Especial da Receita Federal do Brasil do Ministério da Economia. (Inciso acrescido pelo Decreto nº 10.627, de 2021)

Parágrafo único. As importações de PCE realizadas pelas Forças Armadas independerão de autorização prévia do Comando do Exército.

ART. 27. O Certificado de Usuário Final relativo às autorizações de importação de PCE será expedido pelo Comando do Exército.

ART. 28. A entrada no País de PCE objeto de importação ocorrerá somente em locais onde haja fiscalização do Comando do Exército.

ART. 29. É vedada a importação, por meio de remessa postal ou expressa, dos PCE:

I - explosivos, iniciadores e acessórios; e

II - agentes de guerra química.

ART. 30. A autorização para a importação de armas de fogo, munições e demais produtos controlados poderá ser concedida:

I - aos órgãos e às entidades da administração pública;

II - aos fabricantes de PCE;

III - aos representantes de empresas estrangeiras, em caráter temporário, para fins de exposições, testes ou demonstrações;

IV - aos agentes de segurança de dignitários estrangeiros em visita oficial ao País, em caráter temporário;

V - às representações diplomáticas;

VI - aos integrantes de Forças Armadas estrangeiras ou de órgãos de segurança estrangeiros, para:

a) participação em exercícios conjuntos; e

b) participação, como instrutores, em cursos profissionais das Forças Armadas e dos órgãos de segurança pública nacionais, desde que o PCE seja essencial ao curso ministrado;

VII - aos atiradores desportivos estrangeiros para competições oficiais no País, quando se tratar de PCE pertinente à atividade realizada, em caráter temporário;

VIII - aos caçadores estrangeiros para abate de espécies da fauna, com autorização das autoridades competentes, quando se tratar de PCE pertinente à atividade realizada;

IX - às pessoas jurídicas registradas no Comando do Exército não enquadradas nas hipóteses previstas nos incisos I a VIII, conforme procedimentos estabelecidos pelo referido Comando; e

X - às pessoas a que se referem os incisos I a VII e IX a XI do caput do art. 6º da Lei nº 10.826, de 2003. (Inciso com redação dada pelo Decreto nº 10.627, de 2021)

Parágrafo único. Nas hipóteses previstas nos incisos III, IV, VI, VII e VIII do *caput*, a importação ficará limitada às quantidades necessárias ao evento, vedada a importação do produto para outros fins e, após o término do evento que motivou a importação, os PCE serão reexportados ou doados, mediante autorização do Comando do Exército.

ART. 31. Os PCE importados serão marcados em observância às normas de marcação editadas pelo Comando do Exército, para fins de rastreamento.

Parágrafo único. A marcação de que trata o *caput* não dispensa as marcações identificadoras do importador.

ART. 32. A exportação de PCE ficará sujeita à autorização prévia do Comando do Exército.

§ 1º O Comando do Exército editará normas complementares para regulamentar os procedimentos administrativos para exportação de PCE.

§ 2º As exportações de PCE realizadas pelas Forças Armadas independerão de autorização prévia do Comando do Exército.

§ 3º A autorização prévia de que trata o *caput* considerará as restrições relativas à exportação de PCE, conforme as informações disponibilizadas pelo Ministério das Relações Exteriores.

§ 4º A exportação de PCE catalogado como Prode ficará sujeita também à autorização prévia do Ministério da Defesa.

ART. 33. A autorização para exportação de PCE em fase de avaliação da conformidade poderá ser concedida, em caráter excepcional, para as pessoas com registro no Comando do Exército.

ART. 34. Os exportadores nacionais apresentarão ao Comando do Exército o Certificado Internacional de Importação assinado e timbrado pelo governo do país importador para os seguintes PCE:

I - agente e precursor de agente de guerra química;

II - armas de fogo;

III - armas de guerra;

IV - explosivos, exceto dispositivo gerador de gás instantâneo com explosivos ou mistura pirotécnica em sua composição, como *air bag* e cinto de segurança com pré-tensor e

V - munições.

§ 1º O Certificado Internacional de Importação de que trata o *caput*, no caso de países com livre importação de PCE, poderá ser substituído por declaração da representação diplomática do país importador ou de repartição diplomática brasileira no país de destino, com prazo de validade estabelecido em norma editada pelo Comando do Exército.

§ 2º O exportador apresentará também o certificado de usuário final, quando solicitado.

§ 3º O Certificado Internacional de Importação e o certificado de usuário final serão traduzidos para a língua portuguesa por tradutor juramentado, quando solicitado.

ART. 35. É vedada a exportação de explosivos e de agentes de guerra química por meio de remessa postal ou expressa.

ART. 36. Os PCE a serem exportados serão objeto de desembaraço alfandegário como condição para a anuência do registro de exportação ou de documento equivalente.

ART. 37. A autorização para importação e para exportação de PCE poderá ser concedida:

I - por meio eletrônico, no sítio eletrônico do Portal de Comércio Exterior - Portal Siscomex; ou

II - por meio de formulário, nas hipóteses exigidas em lei.

SEÇÃO IV
DA UTILIZAÇÃO

ART. 38. A utilização de PCE compreende a aplicação, o uso industrial, a demonstração, a exposição, a pesquisa, o emprego na cenografia, o emprego em espetáculos pirotécnicos com fogos de artifício, a apresentação de bacamarteiros, o emprego na segurança pública, o emprego na segurança de patrimônio público, o emprego na segurança privada, o emprego na segurança institucional e outra finalidade considerada excepcional.

Parágrafo único. Para os fins do disposto no *caput*, considera-se:

I - aplicação - emprego de PCE que pode resultar em outro produto, controlado ou não; e

II - uso industrial - emprego de PCE em processo produtivo com reação física ou química que resulte em outro produto, controlado ou não.

SEÇÃO V
DA PRESTAÇÃO DE SERVIÇOS

ART. 39. A prestação de serviço compreende o transporte, a armazenagem, a manutenção, a reparação, a aplicação de blindagem balística, a capacitação para utilização de PCE, a detonação, a destruição de PCE, a locação, os serviços de correios, a representação comercial autônoma e o serviço de procurador legal de pessoas que exerçam atividade com PCE.

§ 1º A locação de que trata o *caput* se refere a veículos automotores blindados e a PCE para emprego cenográfico.

§ 2º O PCE objeto de locação para emprego cenográfico não poderá permitir o disparo de projétil.

§ 3º Quando os serviços elencados no *caput* forem realizados por meios próprios das pessoas jurídicas, serão considerados atividades orgânicas e serão apostilados ao registro.

§ 4º A representação comercial autônoma é regida pelo disposto na Lei nº 4.886, de 9 de dezembro de 1965.

§ 5º O transporte de PCE obedecerá às normas editadas pelo Comando do Exército quanto à fiscalização de PCE, sem prejuízo ao disposto em legislação e disciplina peculiar a cada produto e ao meio de transporte empregado.

§ 6º A armazenagem compreende a prestação de serviço por meio de acondicionamento em depósitos, em local autorizado, conforme definido em norma técnica editada pelo Comando do Exército.

§ 7º O processo de blindagem compreende a aplicação de PCE em veículos automotores, embarcações e aeronaves ou em estruturas arquitetônicas.

§ 8º Para fins do disposto neste Regulamento, os serviços de correios estão enquadrados na prestação de serviços quando transportarem PCE no território nacional.

§ 9º A capacitação para a utilização de PCE dos tipos arma de fogo e seus acessórios e munições compreende: (Acrescido pelo Decreto nº 10.627, de 2021)

I - os cursos e os treinamentos promovidos por entidades registradas junto ao Comando do Exército, sem prejuízo do disposto no inciso I do caput do art. 53; e

II - os testes de capacidade técnica para o manuseio de arma de fogo.

§ 10. A capacitação para a utilização de PCE dos tipos arma de fogo e seus acessórios e munições será ministrada por: (Acrescido pelo Decreto nº 10.627, de 2021)

I - instrutor de tiro desportivo, com a atividade apostilada em seu certificado de registro;

II - instrutor de armamento e tiro credenciado na Polícia Federal; ou

III - pessoa jurídica com as atividades de capacitação para utilização dos vários tipos de PCE apostiladas aos seus certificados de registro.

ART. 40. O Comando do Exército editará normas relativas: (Artigo com redação dada pelo Decreto nº 10.627, de 2021)

I - à segurança do armazenamento de PCE; (Acrescido pelo Decreto nº 10.627, de 2021)

II - ao apostilamento da atividade de instrutor de tiro desportivo ao certificado de registro de pessoa física; e (Acrescido pelo Decreto nº 10.627, de 2021)

III - à atividade de escola de tiro e outras normas relativas à capacitação para utilização de PCE. (Acrescido pelo Decreto nº 10.627, de 2021)

SEÇÃO VI
DO COLECIONAMENTO

ART. 41. O colecionamento de PCE tem por finalidade preservar e divulgar o patrimônio material histórico, no que se refere a armas, munições, viaturas militares e outros PCE, e colaborar com a preservação do patrimônio cultural brasileiro, nos termos estabelecidos no art. 215 e no art. 216 da Constituição.

ART. 42. Para fins do disposto neste Regulamento, colecionador é a pessoa física ou jurídica registrada no Comando do Exército que tem a finalidade de adquirir, reunir, manter sob a sua guarda e conservar PCE e colaborar para a preservação e a valorização do patrimônio histórico nacional.

ART. 43. Para fins do disposto neste Regulamento, coleção é a reunião de PCE de mesma natureza, de valor histórico ou não, ou que guardem relação entre si.

ART. 44. A classificação de produto como PCE de valor histórico ficará condicionada ao atendimento de parâmetros de raridade, originalidade singularidade e de critérios de pertinência.

§ 1º Para fins do disposto neste Regulamento, serão considerados os seguintes parâmetros: (Acrescido pelo Decreto nº 10.627, de 2021)

I - raridade - refere-se à quantidade das armas de fogo existentes, em circulação ou fora de circulação;

II - originalidade - refere-se aos atributos de autenticidade e de autoria do objeto;

III - singularidade - refere-se à ligação do PCE a acontecimento, fato ou personagem relevante da história brasileira; e

IV - critérios de pertinência - referem-se à:

a) sua ligação com a história das Forças Armadas ou das Forças Auxiliares;

b) sua ligação com a história do País; ou

c) sua contribuição para a mudança de paradigma estratégico, tático ou operacional da doutrina militar brasileira.

§ 2º Poderão fornecer declaração ou laudo que comprove os parâmetros de que trata o caput: (Acrescido pelo Decreto nº 10.627, de 2021)

I - o Instituto do Patrimônio Histórico e Artístico Nacional - Iphan;

II - os institutos de patrimônio histórico dos Estados e do Distrito Federal;

III - a Diretoria do Patrimônio Histórico e Cultural do Exército do Departamento de Educação e Cultura do Exército do Comando do Exército;

IV - os museus públicos;

V - os museus privados;

VI - as fundações e as associações que mantenham hoplotecas;

VII - as federações e confederações de tiro; e

VIII - as associações nacionais de colecionadores de armas de fogo e munições.

ART. 45. É vedado o colecionamento dos seguintes PCE:

I - arma de fogo:

a) de uso proibido; e

b) de uso restrito que seja automática, de qualquer calibre, cujo modelo original tenha sido projetado há menos de quarenta anos: (Alínea com redação dada pelo Decreto nº 10.627, de 2021)

1. automática, de qualquer calibre; e

2. (Revogado pelo Decreto nº 10.627, de 2021)

II - acessório de arma de fogo que tenha por objetivo suprimir o estampido; (Inciso com redação dada pelo Decreto nº 10.627, de 2021)

III - explosivos;

IV - armas químicas, biológicas e nucleares de qualquer tipo ou modalidade;

V - granadas, exceto se descarregadas e inertes; e

VI - munições de uso proibido.

Parágrafo único. O dispostos no inciso II do caput não se aplica quando o acessório: (Acrescido pelo Decreto nº 10.627, de 2021)

I - constituir parte integrante da arma de fogo; ou

II - for comercializado com a arma de fogo, como componente do conjunto fabricado.

ART. 46. A utilização de PCE que pode ser colecionado em eventos públicos e o empréstimo para fins artísticos ou culturais ficarão condicionadas à autorização prévia do Comando do Exército.

ART. 47. É vedada a realização de tiro com arma de fogo de acervo de coleção, exceto para realização de testes eventualmente necessários à sua manutenção ou ao seu reparo.

ART. 48. Não é permitida a alteração das características originais de armamento objeto de coleção.

ART. 49. Os reparos ou as restaurações em armas de acervo de colecionador serão executados por pessoas registradas no Comando do Exército, mantidas as características originais do armamento.

ART. 50. Os museus serão registrados no Comando do Exército, para fins de cadastramento de PCE em seu acervo.

SEÇÃO VII
DO TIRO DESPORTIVO

ART. 51. Para fins de fiscalização de PCE, o tiro desportivo enquadra-se como esporte formal e de rendimento, nos termos do disposto na Lei nº 9.615, de 24 de março de 1998. (Artigo com redação dada pelo Decreto nº 10.627, de 2021)

§ 1º Fica permitida à pessoa física a prática do tiro recreativo de natureza não desportiva, desde que: (Acrescido pelo Decreto nº 10.627, de 2021)

I - realizada, sem habitualidade, nas instalações de entidades, clubes ou escolas de tiro autorizadas pelo Comando do Exército, independente de certificado de registro de pessoa física;

II - acompanhada por instrutor de tiro, instrutor de tiro desportivo ou instrutor de armamento e tiro credenciado junto à Polícia Federal, nos termos do disposto no § 2º do art. 1º da Lei nº 9.615, de 1998; e

III - as entidades, clubes ou escolas de tiro e seus instrutores se responsabilizem pela prevenção de acidentes ou incidentes.

§ 2º Para fins do disposto no § 1º, poderá ser utilizado o PCE da entidade de desporto ou do acervo do instrutor. (Acrescido pelo Decreto nº 10.627, de 2021)

ART. 52. Para fins do disposto neste Regulamento, considera-se:

I - atirador desportivo - a pessoa física registrada no Comando do Exército e que pratica habitualmente o tiro como esporte; e

II - habitualidade - a prática frequente do tiro desportivo realizada em local autorizado, em treinamentos ou em competições.

§ 1º A habitualidade da prática do tiro desportivo será comprovada mediante declaração emitida por entidade de tiro ou agremiação que confirme frequência mínima de seis jornadas em estandes de tiro, em dias alternados, para treinamento ou participação em competições, no período de doze meses. (Acrescido pelo Decreto nº 10.627, de 2021)

§ 2º Os detentores de porte previstos nos incisos I, II, V, VI, VII, X e XI do caput do art. 6º da Lei nº 10.826, de 2003, os membros da Magistratura e do Ministério Público, incluídos os aposentados, os da reserva, os reformados, os ativos e os inativos, poderão: (Acrescido pelo Decreto nº 10.627, de 2021)

I - praticar o tiro desportivo com as armas do acervo de cidadão; e

II - a cada doze meses, adquirir insumos nacionais ou importados para recarga de até cinco mil cartuchos para os calibres das armas registradas em seu nome e que componham o acervo de que trata o inciso I, mediante a apresentação do certificado de registro de arma de fogo.

§ 3º Os detentores de porte de arma de que trata o § 2º deverão comunicar a aquisição de PCE, no prazo de setenta e duas horas, ao Serviço de Fiscalização de Produtos Controlados da circunscrição do seu domicílio legal. (Acrescido pelo Decreto nº 10.627, de 2021)

§ 4º Fica dispensada a exigência de comprovação de habitualidade para a concessão ou renovação do certificado de registro ou a emissão de guia de tráfego e autorização para a importação ou aquisição de PCE pelos detentores de porte de arma de que trata o § 2º mediante a apresentação da cédula de identidade funcional, acompanhada de declaração firmada de próprio punho de que não está cumprindo condenação penal ou respondendo a inquérito policial ou policial militar por crime doloso. (Acrescido pelo Decreto nº 10.627, de 2021)

ART. 52-A. O atirador registrado junto ao Comando do Exército poderá realizar seu treinamento em qualquer entidade de tiro ou de caça. (Artigo acrescido pelo Decreto nº 10.627, de 2021)

§ 1º Fica assegurado aos atiradores o direito ao transporte de armas de fogo desmuniciadas, munições, equipamentos e acessórios considerados PCE, para fins de competição, treinamento, teste de tiro ou manutenção, no território nacional, mediante a apresentação do certificado de registro de pessoa física ou do certificado de registro de arma de fogo válido.

§ 2º Aplica-se o disposto no § 1º quando o transporte destina-se a outro país, para fins de competição, treino, manutenção ou caça, mediante o cumprimento das normas de despacho aéreo ou terrestre, conforme o caso.

ART. 53. As entidades de tiro desportivo, na forma estabelecida no art. 16 da Lei nº 9.615, de 1998, pessoas jurídicas registradas no Comando do Exército, são auxiliares da fiscalização de PCE quanto ao controle, em suas instalações, da aquisição, da utilização e da administração de PCE e têm como atribuições:

I - ministrar cursos sobre modalidades de tiro desportivo, armamentos, recarga de munições, segurança, legislação de PCE e legislação sobre armas para os seus associados e para cidadãos idôneos interessados, em locais autorizados pelo Comando do Exército; (Inciso com redação dada pelo Decreto nº 10.627, de 2021)

II - promover o aperfeiçoamento técnico dos atiradores desportivos; (Inciso com redação dada pelo Decreto nº 10.627, de 2021)

III - manter cadastro dos matriculados, com informações atualizadas do registro, da participação em treinamentos e das competições de tiro, com o controle de armas, calibres e quantidade de munição utilizada pelos atiradores desportivos, com responsabilidade pela salvaguarda desses dados;

IV - (Revogado pelo Decreto nº 10.627, de 2021)

V - não permitir o uso de arma não registrada pelos órgãos competentes em suas dependências;

VI - notificar imediatamente os órgãos de segurança pública quando ocorrer a hipótese prevista no inciso V;

VII - atualizar e disponibilizar os registros referentes à aquisição e ao consumo de munição pela entidade;

VIII - colaborar com o Comando do Exército durante as inspeções de competições de tiro ou de treinamentos que ocorram em suas instalações;

IX - enviar ao Comando do Exército, até 31 de dezembro de cada ano, a programação de competições para o ano seguinte e atualizá-la quando houver alteração;

X - informar imediatamente ao Comando do Exército o desligamento ou o afastamento de atirador desportivo vinculado à entidade;

XI - promover ou participar de reuniões temáticas, seminários ou simpósios, para atualização de informações, trocas de experiências ou propostas de sugestões sobre normas afetas às atividades de tiro desportivo;

XII - emitir certificados e declarações referentes aos atiradores vinculados; e

XIII - responsabilizar-se, na pessoa de seu presidente ou de seu substituto legal, observado o disposto na legislação penal, pelas informações prestadas ao Comando do Exército quanto aos atiradores vinculados e às irregularidades ocorridas em suas instalações ou em atividades esportivas sob seu patrocínio.

§ 1º As entidades de tiro desportivo poderão fornecer munições recarregadas ou originais de fábrica para utilização em suas instalações, atendidas as exigências de segurança de que tratam o art. 98 ao art. 101, de maneira que não se configure a prática de comércio. (Acrescido pelo Decreto nº 10.627, de 2021)

§ 2º Na hipótese a que se refere o § 1º, as munições deverão ser adquiridas e deflagradas no próprio estande da entidade, sem a possibilidade de uso em outro local ou de serem transportadas, exceto quando houver autorização específica do Comando do Exército. (Acrescido pelo Decreto nº 10.627, de 2021)

ART. 54. As escolas de tiro previstas no Decreto nº 9.846, de 2019, e no Decreto nº 9.847, de 25 de junho de 2019, são consideradas entidades de tiro, registradas no Comando do Exército, com a finalidade de realizar cursos de tiro para as pessoas: ("Caput" do artigo com redação dada pelo Decreto nº 10.627, de 2021)

I - autorizadas a ter a posse de armas de fogo; e (Acrescido pelo Decreto nº 10.627, de 2021)

II - que necessitem de treinamento para realizar os testes de tiro para fornecimento do comprovante de capacidade técnica para: (Acrescido pelo Decreto nº 10.627, de 2021)

a) posse de arma de fogo;

b) porte de arma de fogo; e

c) obtenção de certificado de registro de caçador, atirador e colecionador.

§ 1º As escolas de tiro possibilitarão, ainda, a prática de tiro recreativo quando realizada nas instalações de entidades, clubes ou escolas de tiro e com observância das demais condições previstas no § 1º do art. 51. (Acrescido pelo Decreto nº 10.627, de 2021)

§ 2º Para fins do disposto no § 1º, os cidadãos interessados deverão apresentar documento de identificação pessoal e as certidões eletrônicas de antecedentes criminais das Justiças Federal, Estadual, Militar. (Acrescido pelo Decreto nº 10.627, de 2021)

§ 3º Os clubes de tiro e as escolas de tiro estarão sujeitas às mesmas regras e condicionantes aplicáveis às entidades de tiro desportivo de que trata esta Seção e poderão se organizar sob a forma associativa ou societária. (Acrescido pelo Decreto nº 10.627, de 2021)

SEÇÃO VIII
DA CAÇA

ART. 55. Para fins do disposto neste Regulamento, considera-se caçador a pessoa física registrada junto ao Comando do Exército que realiza o abate de espécies da fauna, em observância às normas de proteção ao meio ambiente. ("Caput" do artigo com redação dada pelo Decreto nº 10.627, de 2021)

Parágrafo único. São consideradas entidades de caça os clubes, as associações, as federações e as confederações de caça que se dedicam a essa atividade e que estejam registradas no Comando do Exército.

ART. 56. Para o exercício das atividades de treinamento e de abate de espécies da fauna, obedecida a competência dos órgãos responsáveis pela tutela do meio ambiente, compete ao Comando do Exército a expedição de guia de tráfego para a utilização de PCE, exceto nas hipóteses previstas neste artigo e no § 2º do art. 5º do Decreto nº 9.846, de 2019. ("Caput" do artigo com redação dada pelo Decreto nº 10.627, de 2021)

§ 1º O caçador registrado junto ao Comando do Exército poderá realizar seu treinamento em qualquer entidade de tiro ou de caça. (Acrescido pelo Decreto nº 10.627, de 2021)

§ 2º Fica garantido aos caçadores o direito do transporte desmuniciado de armas de fogo, munições e acessórios considerados PCE, para fins de abate de espécies da fauna de acordo com as normas ambientais, no território nacional, mediante a apresentação do certificado de registro de pessoa física ou do certificado de registro de arma de fogo válido. (Acrescido pelo Decreto nº 10.627, de 2021)

§ 3º Aplica-se o disposto no § 2º quando o transporte se destinar a outro país, mediante o cumprimento das normas de despacho aéreo ou terrestre, conforme o caso. (Acrescido pelo Decreto nº 10.627, de 2021)

ART. 57. São atribuições das entidades de caça:

I - ministrar cursos sobre modalidades de caça, armamentos, segurança e normas pertinentes a essa atividade para seus associados e para cidadãos idôneos; (Redação dada pelo Decreto nº 10.627, de 2021)

II - manter cadastro dos caçadores matriculados, com informações atualizadas da participação em treinamentos;

III - (Revogado pelo Decreto nº 10.627, de 2021)

IV - (Revogado pelo Decreto nº 10.627, de 2021)

V - informar imediatamente ao Comando do Exército o desligamento ou o afastamento de caçador vinculado à entidade;

VI - promover reuniões temáticas, seminários ou simpósios para atualização de informações, trocas de experiências ou propostas de sugestões para o aperfeiçoamento do controle da atividade de caça;

VII - atualizar e disponibilizar os registros referentes à aquisição e ao consumo de munição pela entidade;

VIII - colaborar com o Comando do Exército durante as inspeções que ocorram em suas instalações; e

IX - responsabilizar-se, na pessoa de seu presidente ou de seu substituto legal, observado o disposto na legislação penal, pelas informações prestadas ao Comando do Exército quanto aos caçadores vinculados e às irregularidades ocorridas em suas instalações ou em atividades sob seu patrocínio.

Parágrafo único. As entidades de caça poderão fornecer munições recarregadas e originais de fábrica para utilização em suas instalações. (Parágrafo único acrescido pelo Decreto nº 10.627, de 2021)

TÍTULO II
DO CONTROLE E DA SEGURANÇA

CAPÍTULO I
DOS PROCESSOS DE CONTROLE

ART. 58. Os processos de controle de PCE são mecanismos operacionais, automatizados ou não, que têm a finalidade de:

I - verificar a conformidade normativa do PCE em relação ao disposto neste Regulamento;

II - produzir indicadores institucionais;

III - fornecer informações para subsidiar a tomada de decisão; e

IV - permitir a fiscalização efetiva de PCE pelo Comando do Exército.

§ 1º Os processos de controle compreendem o registro, a autorização para aquisição, a autorização para o tráfego, a autorização para importação e exportação, o desembaraço alfandegário, o rastreamento, o controle da destruição, a avaliação da conformidade e o destino final.

§ 2º O destino final de PCE de que trata o § 1º refere-se ao controle do Comando do Exército na fase final do ciclo de vida do produto, após o emprego de PCE nas atividades elencadas neste Regulamento.

ART. 59. A pessoa que exercer atividade com PCE estabelecerá mecanismos de controle próprios de entrada e saída de PCE, por meio de registros, que serão informados ou ficarão à disposição do Comando do Exército, conforme norma editada pelo Comando do Exército.

ART. 60. As informações pessoais e técnicas sobre pessoas que exerçam atividades com PCE serão consideradas de acesso restrito.

SEÇÃO I
DO REGISTRO

ART. 61. O registro conterá os dados de identificação da pessoa, do PCE, da atividade autorizada ou de outra informação complementar considerada pertinente pelo Comando do Exército.

Parágrafo único. As alterações nos dados do registro, a alienação ou alteração de área perigosa e o arrendamento de estabelecimento empresarial, seja este fábrica ou comércio, e de equipamentos fixos ou móveis de bombeamento ficarão condicionados à autorização prévia do Comando do Exército.

ART. 62. Cada registro será vinculado a apenas um número de Cadastro da Pessoa Física - CPF ou de Cadastro Nacional da Pessoa Jurídica - CNPJ da Secretaria Especial da Receita Federal do Brasil do Ministério da Economia.

ART. 63. A concessão de registro é o processo que atesta o atendimento aos requisitos para o exercício de atividades com PCE e a sua possibilidade de aquisição. (Artigo com redação dada pelo Decreto nº 10.627, de 2021)

ART. 64. A revalidação de registro é o processo de renovação de sua validade, mediante o atendimento aos parâmetros preestabelecidos pelo Comando do Exército e a validade do certificado de conformidade.

ART. 65. O registro permanecerá válido até decisão final sobre o processo de revalidação, desde que esta tenha sido solicitada no prazo estabelecido.

ART. 66. A expiração da validade do registro implicará o seu cancelamento, ressalvado o disposto no art. 65.

ART. 67. O cancelamento do registro ou do apostilamento é uma medida administrativa que poderá ocorrer, a qualquer tempo, nas seguintes hipóteses:

I - por solicitação do interessado, do representante ou do responsável legal; ou

II - *ex officio*, nos casos de:

a) decorrência de cassação do registro;

b) término de validade do registro e inércia do titular;

c) perda da capacidade técnica para a continuidade da atividade inicialmente autorizada;

d) perda de idoneidade da pessoa; ou

e) inaptidão psicológica, quando se tratar de pessoa física.

Parágrafo único. Nos casos de cancelamento do registro ou do apostilamento, serão observados o contraditório e a ampla defesa em processo administrativo sancionador. (Parágrafo único acrescido pelo Decreto nº 10.627, de 2021)

ART. 68. A pessoa física ou jurídica cujo registro seja cancelado terá o prazo de noventa dias, contado da data da ciência no processo, por via postal com aviso de recebimento, por telegrama ou por outro meio que assegure a certeza da ciência do interessado, para providenciar: ("Caput" do artigo com redação dada pelo Decreto nº 10.627, de 2021)

I - a destinação ao PCE; ou

II - a autorização para a concessão de novo registro.

§ 1º Os produtos de que trata o caput poderão ser transferidos para pessoa física ou jurídica autorizada.

§ 2º Na hipótese de impossibilidade de realização da transferência no prazo de noventa dias, o PCE poderá ser: (Parágrafo acrescido pelo Decreto nº 10.627, de 2021)

I - doado às instituições de segurança pública; ou

II - destruído.

ART. 69. O prazo previsto no art. 68 poderá ser prorrogado, em caráter excepcional, por igual período, mediante solicitação fundamentada ao Comando do Exército.

ART. 70. O apostilamento ao registro é o processo de alteração de dados, por meio de inclusão, exclusão ou modificação, da pessoa, do PCE, da atividade ou de informações complementares, mediante iniciativa do interessado.

Parágrafo único. O apostilamento de PCE poderá ser cancelado quando for alterada característica do produto sem autorização do Comando do Exército.

ART. 71. As vistorias têm por objetivo a verificação das condições de segurança do local e da capacidade técnica da pessoa com a finalidade de subsidiar os processos de concessão, de revalidação ou de apostilamento ao registro, ou como medida de controle de PCE nos processos de cancelamento de registro.

§ 1º É facultado ao vistoriado a presença de até três testemunhas de sua escolha para o acompanhamento da vistoria.

§ 2º A decisão quanto à conveniência, à oportunidade e aos critérios para a realização de vistoria serão estabelecidos em norma editada pelo Comando do Exército.

§ 3º A vistoria para verificação da capacidade técnica a que se refere o *caput* se aplica somente à atividade de fabricação, conforme norma editada pelo Comando do Exército.

§ 4º A vistoria dos acervos de armas de fogo de pessoa física será precedida de comunicação ao vistoriado, por meio físico ou eletrônico, com antecedência de, no mínimo, vinte e quatro horas. (Acrescido pelo Decreto nº 10.627, de 2021)

ART. 72. A suspensão é a medida administrativa preventiva que interrompe temporariamente, a qualquer tempo, a autorização para o exercício de atividades com PCE, aplicada na hipótese de ser identificada atividade realizada em desconformidade com o registro concedido à pessoa física ou jurídica.

Parágrafo único. A suspensão da atividade deverá ser motivada e fundamentada, observados o disposto em lei, o contraditório e a ampla defesa, e deverá ser comunicada à Polícia Federal, quando se tratar de armeiro ou de empresa que comercializa armas de fogo. (Redação dada pelo Decreto nº 10.627, de 2021)

ART. 73. O Comando do Exército editará normas complementares para dispor sobre os procedimentos necessários à concessão, à revalidação, ao apostilamento e ao cancelamento de registro.

SEÇÃO II
DA AQUISIÇÃO

ART. 74. A aquisição de PCE será autorizada pelo Comando do Exército.

§ 1º A aquisição de que trata o *caput* se refere a qualquer forma de aquisição que implique mudança de titularidade do PCE.

§ 2º A aquisição de PCE será documentada, com identificação do alienante, do adquirente e do produto.

ART. 75. A aquisição de PCE pelas Forças Armadas para uso institucional dispensa autorização do Comando do Exército, observado o disposto no § 2º do art. 74.

Parágrafo único. O Comando do Exército, nos termos da regulamentação e mediante comunicação prévia, autorizará a aquisição de armas de fogo, munições e demais produtos controlados, para os seguintes órgãos, instituições e corporações:

I - Polícia Federal;

II - Polícia Rodoviária Federal;

III - Gabinete de Segurança Institucional da Presidência da República;

IV - Agência Brasileira de Inteligência;

V - órgãos do sistema penitenciário federal ou estadual;

VI - Força Nacional de Segurança Pública, por meio da Secretaria Nacional de Segurança Pública do Ministério da Justiça e Segurança Pública;

VII - órgãos policiais da Câmara dos Deputados e do Senado Federal a que se referem o inciso IV do *caput* do art. 51 e o inciso XIII do *caput* do art. 52 da Constituição, respectivamente;

VIII - polícias civis dos Estados e do Distrito Federal;

IX - polícias militares dos Estados e do Distrito Federal;

X - corpos de bombeiros militares dos Estados e do Distrito Federal;(Redação dada pelo Decreto nº 10.627, de 2021)

XI - guardas municipais; (Redação dada pelo Decreto nº 10.627, de 2021)

XII - Secretaria Especial da Receita Federal do Brasil do Ministério da Economia; e (Acrescido pelo Decreto nº 10.627, de 2021)

XIII - Instituto Brasileiro do Meio Ambiente e dos Recursos Naturais Renováveis - Ibama; (Acrescido pelo Decreto nº 10.627, de 2021)

XIV - Instituto Chico Mendes de Conservação da Biodiversidade - ICMBio; (Acrescido pelo Decreto nº 10.627, de 2021)

XV - tribunais do Poder Judiciário; e (Acrescido pelo Decreto nº 10.627, de 2021)

XVI - Ministério Público. (Acrescido pelo Decreto nº 10.627, de 2021)

ART. 76. Serão, ainda, autorizados a adquirir armas de fogo, munições, acessórios, insumos do tipo pólvora ou outra carga propulsora, espoletas para recarga de munição e demais produtos controlados, nos termos da regulamentação do Comando do Exército: ("Caput" do artigo com redação dada pelo Decreto nº 10.627, de 2021)

I - integrantes das Forças Armadas e das instituições a que se refere o parágrafo único do art. 75;

II - pessoas naturais autorizadas a adquirir arma de fogo, munições ou acessórios, de uso permitido ou restrito, nos limites da autorização obtida; e

III - pessoas jurídicas credenciadas no Comando do Exército para comercializar armas de fogo, munições e produtos controlados.

§ 1º Outras pessoas físicas ou jurídicas que necessitem, justificadamente, utilizar PCE, poderão ser excepcionalmente autorizadas pelo Comando do Exército a adquirir o PCE. (Acrescido pelo Decreto nº 10.627, de 2021)

§ 2º As pessoas de que trata o inciso I do caput poderão adquirir, anualmente, insumos para recarga de até cinco mil cartuchos nos calibres das armas de fogo registradas em seu nome, mediante a apresentação do certificado de registro de arma de fogo válido. (Acrescido pelo Decreto nº 10.627, de 2021)

ART. 77. A aquisição de PCE por empresa de segurança privada será autorizada pela Polícia Federal.

ART. 78. Caberá à Polícia Federal definir a dotação de PCE das empresas de segurança privada, justificadas a sua necessidade e a sua conveniência, e encaminhá-la ao Comando do Exército para aprovação.

ART. 79. Os órgãos e as entidades da administração pública que realizarem licitações para aquisição de PCE farão constar do instrumento convocatório a exigência de registro válido no Comando do Exército, para fins de habilitação jurídica.

Parágrafo único. O disposto no *caput* não será aplicado às licitações internacionais.

SEÇÃO III
DO TRÁFEGO

ART. 80. Para fins do disposto neste Regulamento, tráfego é a circulação de PCE no território nacional.

ART. 81. A guia de tráfego é o documento que materializa a autorização para o tráfego de PCE no território nacional e corresponde ao porte de trânsito previsto no art. 24 da Lei nº 10.826, de 2003.

Parágrafo único. A guia de tráfego será expedida com código verificador que permitirá aos órgãos de fiscalização e policiamento a conferência da autenticidade de seus dados por meio eletrônico.

ART. 82. A pessoa que transportar PCE deverá portar a guia de tráfego correspondente aos produtos, desde a origem até o seu destino, e ficará sujeita à fiscalização em todo o trajeto.

§ 1º O trânsito aduaneiro entre a unidade da Secretaria Especial da Receita Federal do Brasil do Ministério da Economia de entrada e a de despacho deverá estar coberto por guia de tráfego. (Acrescido pelo Decreto nº 10.627, de 2021)

§ 2º O PCE dos tipos armas de fogo, acessórios e munições têm o seu transporte autorizado para a prática de treinos, competições, manutenção, abate e demonstrações em locais autorizados pelo Comando do Exército e pelos órgãos ambientais, conforme o caso, mediante a apresentação do certificado de registro de pessoa física ou do certificado de registro de arma de fogo válido, independentemente do itinerário que componha o trajeto, assegurado, a qualquer tempo, o direito de retorno ao local de guarda destinado a este fim. (Acrescido pelo Decreto nº 10.627, de 2021)

§ 3º Para fins do disposto neste artigo, serão observadas as condições previstas no § 2º e no § 3º do art. 5º do Decreto nº 9.846, de 2019. (Acrescido pelo Decreto nº 10.627, de 2021)

ART. 83. O tráfego de PCE no território nacional seguirá as normas editadas pelo Comando do Exército no que concerne ao controle de PCE.

§ 1º O PCE importado por países fronteiriços em trânsito aduaneiro de passagem pelo território nacional ficará sujeito ao controle de tráfego.

§ 2º O tráfego de PCE das empresas de segurança privada e transporte de valores seguirá as normas editadas pela Polícia Federal.

§ 3º Os colecionadores, os atiradores e os caçadores poderão portar uma arma de fogo de porte municiada, alimentada e carregada, pertencente a seu acervo cadastrado no Sigma, no trajeto entre o local de guarda do acervo e o local de treinamento, de instrução, de competição, de manutenção, de exposição, de caça ou de abate, mediante a apresentação do certificado de registro de arma de fogo e da guia de tráfego válidos. (Acrescido pelo Decreto nº 10.627, de 2021)

§ 4º Para fins do disposto no § 3º, considera-se trajeto qualquer itinerário realizado entre o local de guarda autorizado e os de treinamento, instrução, competição, manutenção, exposição, caça ou abate, independentemente do horário, assegurado o direito de retorno ao local de guarda. (Acrescido pelo Decreto nº 10.627, de 2021)

SEÇÃO IV
DO DESEMBARAÇO ALFANDEGÁRIO

ART. 84. A autorização para o desembaraço alfandegário de PCE é o tratamento administrativo que antecede o deferimento da licença de importação ou a efetivação do registro de exportação, ou de documentos equivalentes, e compreende o exame documental e a conferência física.

§ 1º Para efeitos de desembaraço alfandegário, os PCE são classificados em três faixas:

I - faixa verde - o desembaraço alfandegário será realizado apenas por meio de exame documental;

II - faixa amarela - o desembaraço alfandegário será realizado por meio de exame documental, em todos os casos, e de conferência física por amostragem; e

III - faixa vermelha - o desembaraço alfandegário exigirá, sempre, o exame documental e a conferência física.

§ 2º A autorização do desembaraço alfandegário é materializada com o deferimento da licença de importação, a efetivação do registro de exportação ou por meio de formulários.

ART. 85. As importações de países limítrofes, quando se tratar de PCE, serão desembaraçadas pela fiscalização de PCE para fins de trânsito aduaneiro de passagem.
Parágrafo único. A fiscalização de PCE observará as normas editadas pela autoridade aduaneira, a quem compete dispor sobre a matéria, de maneira a indicar as mercadorias passíveis de trânsito aduaneiro de passagem.

SEÇÃO V
DO RASTREAMENTO

ART. 86. O rastreamento é a busca de registros relativos a PCE com a finalidade de proceder a diligências próprias ou em atendimento a órgãos policiais ou judiciais.

ART. 87. As medidas de controle que permitam o rastreamento do PCE por meio das embalagens ou dos próprios produtos serão aquelas previstas em norma editada pelo Comando do Exército, mediante manifestação do Ministério da Justiça e Segurança Pública.

SEÇÃO VI
DA DESTRUIÇÃO

ART. 88. Ressalvadas as disposições referentes às Forças Armadas e aos órgãos e às entidades da administração pública, a destruição de PCE ocorrerá em decorrência de:

I - decisão judicial transitada em julgado;

II - previsão legal;

III - perda de estabilidade química ou apresentação de indícios de decomposição;

IV - solução exarada em processo administrativo;

V - apreensão de PCE por motivo de cancelamento de registro do titular e de não cumprimento ao disposto no art. 68; ou

VI - término de validade, quando se tratar de explosivos, produtos químicos e outros PCE.

§ 1º A destruição é de responsabilidade do proprietário do PCE, que poderá realizá-la diretamente ou contratar serviço para esse fim.

§ 2º Na hipótese de solução de processo administrativo de que trata o inciso IV do *caput*, os PCE serão destruídos quando:

I - forem considerados impróprios para o uso;

II - estiverem em mau estado de conservação ou sem estabilidade química;

III - for desaconselhável a recuperação ou o reaproveitamento, técnica ou economicamente; ou

IV - oferecerem risco ao meio ambiente.

§ 3º Os PCE que oferecerem risco iminente à segurança poderão, motivadamente, ser destruídos sem a manifestação prévia do interessado, independentemente da instauração de processo administrativo necessário para a destruição.

§ 4º As armas de fogo entregues espontaneamente à Polícia Federal ou aos postos de recolhimento credenciados, nos termos do disposto nos art. 31 e art. 32 da Lei nº 10.826, de 2003, e as armas e munições arrecadadas pela Polícia Federal, nas hipóteses de cancelamento de autorização para funcionamento das empresas de segurança privada e de transporte de valores, com trânsito em julgado da decisão administrativa, serão encaminhadas ao Comando do Exército para triagem, classificação e, se for o caso, destruição. (Redação dada pelo Decreto nº 10.627, de 2021)

§ 5º As armas históricas poderão, excepcionalmente e mediante justificativa escrita, ser destruídas, conforme regulamentação do Comando do Exército. (Acrescido pelo Decreto nº 10.627, de 2021)

§ 6º As armas históricas e obsoletas poderão ser assim reconhecidas em declaração ou laudo que as descrevam, elaborados: (Acrescido pelo Decreto nº 10.627, de 2021)

I - pelo Iphan;

II - por institutos de patrimônio histórico dos Estados e do Distrito Federal;

III - pela Diretoria do Patrimônio Histórico e Cultural do Exército do Departamento de Educação e Cultura do Exército do Comando do Exército;

IV - por museus públicos;

V - por museus privados;

VI - por fundações ou associações que mantenham hoplotecas;

VII - pelas federações ou confederações de tiro; ou

VIII - pelas associações nacionais de colecionadores de armas de fogo e munições.

§ 7º As armas referidas nos § 5º e § 6º poderão ser doadas para instituições ou para colecionadores que possam possuí-las, conforme regulamentação do Comando do Exército. (Acrescido pelo Decreto nº 10.627, de 2021)

ART. 89. A destruição de PCE será documentada em termo de destruição do qual constarão os produtos destruídos, as quantidades, os responsáveis, as testemunhas, o local, a data e a identificação seriada do produto, quando for o caso.

Parágrafo único. O termo de destruição constará de registros permanentes do proprietário e será disponibilizado para a fiscalização de PCE, quando solicitado.

ART. 90. Na destruição de PCE, serão observadas as prescrições relativas à segurança e à saúde do trabalho e ao meio ambiente.

ART. 91. O Comando do Exército estabelecerá as normas técnico-administrativas sobre os procedimentos referentes à destruição ou a outra destinação de PCE.

SEÇÃO VII
DA AVALIAÇÃO DA CONFORMIDADE

ART. 92. Para fins do disposto neste Regulamento, avaliação da conformidade é o processo de verificação do atendimento aos requisitos mínimos de segurança e desempenho do PCE.

ART. 93. São princípios gerais do processo de avaliação da conformidade de PCE:

I - assegurar que os produtos fabricados no País estejam em conformidade com as normas técnicas vigentes ou com as normas adotadas pelo Comando do Exército;

II - assegurar o atendimento aos requisitos de qualidade, segurança, durabilidade e desempenho;

III - facilitar a inserção do País em acordos internacionais de reconhecimento mútuo;

IV - promover a isonomia no tratamento dado aos interessados na avaliação da conformidade de PCE; e

V - dar tratamento de acesso restrito às informações técnicas, que assim o exijam, entre aquelas disponibilizadas pelas partes interessadas por força deste Regulamento.

ART. 94. Compete ao Comando do Exército:

I - estabelecer os requisitos mínimos de segurança e desempenho dos PCE;

II - designar OAC; e

III - homologar certificado de conformidade e relatório de avaliação técnica.

§ 1º O Ministério da Justiça e Segurança Pública, nos termos da Lei nº 13.675, de 2018, poderá:

I - designar OAC para realizar certificação de conformidade adicional para os PCE de interesse da segurança pública; e

II - homologar certificado de conformidade adicional para os PCE de interesse da segurança pública.

§ 2º Os OAC, designados e os certificados homologados pelo Comando do Exército e pelo Ministério da Justiça e Segurança Pública serão publicados em seus respectivos sítios eletrônicos.

ART. 95. O OAC, será acreditado pelo Inmetro ou por órgão de acreditação signatário de acordos de reconhecimento mútuo.

Parágrafo único. Na hipótese de descumprimento do disposto no *caput*, o Comando do Exército poderá estabelecer prazo para que a acreditação seja realizada.

ART. 96. A conformidade do PCE apostilado com o produto fabricado poderá ser verificada por meio de avaliações técnicas complementares a qualquer tempo.

§ 1º Na hipótese de não conformidade, serão determinados a correção da produção, a apreensão dos produtos estocados e o recolhimento dos produtos já vendidos, sem prejuízo da aplicação das medidas repressivas previstas neste Regulamento.

§ 2º A certificação do atendimento aos requisitos de avaliação da conformidade de PCE não exime o fabricante, o comerciante ou o importador da responsabilidade pela qualidade, pelo desempenho e pela garantia do PCE.

ART. 97. O fabricante, o comerciante ou o importador de PCE, por iniciativa própria ou por meio de suas associações representativas, poderão buscar as certificações do produto em OAC.

CAPÍTULO II
DA SEGURANÇA

ART. 98. Para fins do disposto neste Regulamento, a segurança refere-se à:

I - segurança de área; e

II - segurança de PCE.

§ 1º A segurança de área corresponde à observação das condições de segurança das instalações onde haja atividade com PCE, contra acidentes que possam colocar em risco a integridade de pessoas e de bens.

§ 2º A segurança de PCE corresponde à adoção de medidas contra desvios, extravios, roubos e furtos de bens e aquisição ilícita do conhecimento relativo às atividades com PCE, a fim de evitar a sua utilização na prática de ilícitos.

ART. 99. O planejamento e a implementação das medidas de segurança previstas no art. 98 serão de responsabilidade da pessoa jurídica detentora de registro e serão consubstanciadas em um plano de segurança de PCE.

§ 1º O plano de segurança abordará os seguintes aspectos:

I - análise de risco das atividades relacionadas com PCE;

II - medidas de controle de acesso de pessoal;

III - medidas ativas e passivas de proteção ao patrimônio, às pessoas e ao conhecimento envolvidos em atividades relacionadas com PCE;

IV - medidas preventivas contra roubos e furtos de PCE durante os deslocamentos e as paradas, na hipótese de tráfego de PCE;

V - medidas de contingência, na hipótese de acidentes ou de detecção da prática de ilícitos com PCE, incluída a informação à fiscalização de PCE; e

VI - medidas de capacitação e treinamento do pessoal para a implementação do plano de segurança, com o registro adequado.

§ 2º A pessoa jurídica registrada designará responsável pelo plano de que trata o *caput* e a execução da segurança poderá ser terceirizada.

§ 3º O plano de segurança permanecerá na sede da empresa, atualizado e legível, disponível para a fiscalização de PCE, quando solicitado.

ART. 100. A pessoa, física ou jurídica, que detiver a posse ou a propriedade de PCE é a responsável pela guarda ou pelo armazenamento dos produtos e deverá seguir as medidas de segurança previstas neste Regulamento, nas normas complementares ou na legislação editada por órgão competente.

ART. 101. O Comando do Exército editará normas técnico-administrativas sobre segurança de área e segurança de PCE de que trata este Capítulo.

CAPÍTULO III
DAS AÇÕES DE FISCALIZAÇÃO

ART. 102. As ações de fiscalização são medidas executadas pelo Comando do Exército com a finalidade de evitar o cometimento de irregularidade com PCE.

ART. 103. As ações de fiscalização de PCE compreendem:

I - auditoria física ou de sistemas; e

II - operações de fiscalização.

ART. 104. As ações de fiscalização não se estendem às Forças Armadas e aos órgãos de segurança pública na hipótese de emprego de PCE para utilização própria.

ART. 105. As pessoas físicas ou jurídicas que exercerem atividades com PCE sem autorização ficam sujeitas às ações de fiscalização e às penalidades previstas neste Regulamento e na legislação complementar.

ART. 106. Os órgãos e as entidades da administração pública poderão participar de operações de fiscalização de PCE juntamente ao Comando do Exército.

Parágrafo único. O planejamento e a coordenação das operações de fiscalização de que trata o *caput* são de competência do Comando do Exército.

ART. 107. As pessoas fiscalizadas garantirão, durante as ações de fiscalização:

I - o acesso às instalações e à documentação relativa a PCE; e

II - a indicação de responsável para acompanhamento.

ART. 108. Na hipótese de risco iminente à segurança de pessoas ou de patrimônio, a fiscalização militar poderá, excepcional e motivadamente, adotar providências acauteladoras, sem a prévia manifestação do interessado, nos termos do art. 45 da Lei nº 9.784, de 29 de janeiro de 1999.

§ 1º A instauração de processo administrativo não é condição para a adoção de providências acauteladoras para a fiscalização de PCE.

§ 2º As providências acauteladoras não constituem a sanção administrativa de que trata este Regulamento e terão a extensão necessária, no tempo e no espaço, até a remoção do motivo de sua adoção ou até a decisão final do processo administrativo.

§ 3º As providências de que trata o *caput* referem-se à suspensão da atividade com PCE e à apreensão ou à destruição do PCE.

§ 4º Cessados os motivos da interdição, a fiscalização de PCE revogará a medida, por meio de auto de desinterdição.

ART. 109. O Comando do Exército editará normas complementares sobre as ações de fiscalização de PCE.

TÍTULO III
DAS MEDIDAS REPRESSIVAS

CAPÍTULO I
DAS INFRAÇÕES

ART. 110. As infrações administrativas às normas de fiscalização de PCE e as sanções administrativas são aquelas previstas neste Regulamento.

Parágrafo único. Para fins do disposto neste Regulamento, considera-se infração administrativa a ação ou a omissão de pessoas físicas ou jurídicas que violem norma jurídica referente a PCE.

ART. 111. São infrações administrativas às normas de fiscalização:

I - fabricar, comercializar, importar, exportar, prestar serviço, utilizar, colecionar ou praticar tiro desportivo com PCE sem autorização ou em desacordo com a autorização concedida;

II - utilizar PCE autorizado para a prática de caça em desacordo com a autorização concedida;

III - adquirir, aplicar, armazenar, arrendar, doar, embalar, empregar em cenografia, emprestar, ceder, expor, locar, permutar, possuir, transferir, transformar, transportar, usar industrialmente ou vender PCE sem autorização;

IV - realizar demonstração, detonação, espetáculo pirotécnico ou pesquisa ou trafegar com PCE sem autorização;

V - recarregar munição, realizar manutenção ou reparação em PCE ou exercer representação comercial sem autorização;

VI - desenvolver ou fabricar protótipo de PCE sem autorização ou em desacordo com a autorização concedida;

VII - alterar documentos ou fazer uso de documentos falsos, ou que contenham declarações falsas;

VIII - impedir ou dificultar a ação da fiscalização de PCE;

IX - deixar de cumprir normas de segurança ao lidar com PCE;

X - portar ou ceder arma de fogo constante de acervo de colecionador, atirador desportivo ou caçador para segurança pessoal, em desacordo com a legislação; (Redação dada pelo Decreto nº 10.627, de 2021)

XI - utilizar PCE que esteja sob a sua guarda, na condição de fiel depositário;

XII - não comprovar a origem lícita de PCE;

XIII - exercer atividade com PCE com prazo de validade expirado, sem estabilidade química ou que apresente sinal de decomposição, de maneira a colocar em risco a integridade de pessoas ou de patrimônio;

XIV - comercializar ou fornecer munição recarregada sem autorização ou para pessoa não autorizada;

XV - extraviar arma de fogo ou munição pertencente a acervo de colecionador, atirador desportivo ou caçador, por dolo ou culpa;

XVI - deixar de apresentar registros documentais de controle, quando solicitado pela fiscalização de PCE;

XVII - deixar as entidades de tiro e de caça de verificar, em suas instalações físicas, o cumprimento das normas deste Regulamento pelos seus associados e usuários; e

XVIII - deixar de comunicar furto, perda, roubo ou extravio de PCE no prazo estabelecido neste Regulamento.

Parágrafo único. Não constitui infração administrativa a utilização de PCE dos tipos arma de fogo e munições supervisionada por instrutor de tiro desportivo em entidades de tiro desportivo registradas junto ao comando do Comando do Exército. (Acrescido pelo Decreto nº 10.627, de 2021)

ART. 112. A infração administrativa é imputável a quem lhe deu causa ou a quem para ela concorreu.

Parágrafo único. Concorre para infração quem de alguma forma poderia ter evitado ou contribuído para evitar o cometimento da infração.

CAPÍTULO II
DAS PENALIDADES

ART. 113. Sem prejuízo das sanções de natureza civil ou penal, serão aplicadas as seguintes penalidades às pessoas físicas e jurídicas que cometerem as infrações administrativas de que trata o Capítulo I deste Título:

I - advertência;

II - multa simples;

III - multa pré-interditória;

IV - interdição; ou

V - cassação.

ART. 114. A penalidade de advertência corresponde à admoestação, por escrito, ao infrator.

ART. 115. s penalidades de multa correspondem ao pagamento de obrigação pecuniária pelo infrator.

ART. 116. penalidade de interdição é a sanção administrativa que suspende o exercício de atividade com PCE.

ART. 117. A penalidade de cassação implica o cancelamento do registro do infrator.

CAPÍTULO III
DA APLICAÇÃO DE PENALIDADE

ART. 118. A aplicação de penalidade será precedida da análise da conduta e do enquadramento ao tipo administrativo correspondente.

§ 1º A análise da infração a que se refere o *caput* compreende a apuração de sua gravidade e dos riscos para a incolumidade pública.

§ 2º O enquadramento a que se refere o *caput* corresponde à classificação da infração em uma das penalidades previstas no art. 113.

ART. 119. Na aplicação de penalidade, a pena será agravada se houver reincidência.

§ 1º A reincidência será caracterizada pelo cometimento de qualquer outra infração administrativa no período de três anos, contado da data da decisão administrativa irrecorrível em processo administrativo.

§ 2º O agravamento da penalidade ocorrerá da seguinte forma:

I - a advertência será convertida em multa simples;

II - a multa simples será convertida em multa pré-interditória;

III - a multa pré-interditória será convertida em interdição; e

IV - a interdição será convertida em cassação.

ART. 120. As infrações administrativas cometidas com arma de fogo e suas peças, com munição e seus insumos ou com explosivos e seus acessórios ou aquelas previstas nos incisos I, V, VI e X do *caput* do art. 111 serão consideradas faltas graves.

ART. 121. A penalidade de advertência não será aplicada para as faltas consideradas graves.

ART. 122. Na aplicação de multa, serão observados os seguintes critérios:

I - a multa simples mínima será aplicada quando forem cometidas até duas infrações simultâneas;

II - a multa simples média será aplicada quando forem cometidas até três infrações simultâneas;

III - a multa simples máxima será aplicada quando forem cometidas até cinco infrações simultâneas ou quando a falta for grave; e

IV - a multa pré-interditória será aplicada quando forem cometidas mais de cinco infrações, no período de dois anos, ou mais de uma falta grave, simultaneamente.

ART. 123. A penalidade de interdição será aplicada quando houver cometimento de, no mínimo, três faltas graves, no período de dois anos.

Parágrafo único. A penalidade de interdição será aplicada pelo prazo mínimo de quinze e máximo de noventa dias corridos.

ART. 124. A penalidade de cassação será aplicada quando:

I - houver cometimento de, no mínimo, três faltas graves, no período de um ano; ou

II - a pessoa jurídica fizer uso do exercício de sua atividade para o cometimento de prática delituosa, respeitada a independência das esferas penal e administrativa.

ART. 125. A pessoa que sofrer a penalidade de cassação somente poderá obter novo registro após decorrido o prazo de cinco anos, contado da data da cassação.

CAPÍTULO IV
DA APREENSÃO DE PRODUTOS CONTROLADOS

ART. 126. São autoridades competentes para determinar a apreensão de PCE:

I - autoridades militares;

II - autoridades policiais;

III - autoridades fazendárias;

IV - autoridades ambientais; e

V - autoridades judiciárias.

ART. 127. O PCE ou o protótipo de PCE poderá ser apreendido quando:

I - for utilizado em atividades sem autorização ou em desacordo com normas legais;

II - não for comprovada a sua origem;

III - estiver em poder de pessoas não habilitadas ao seu uso ou manuseio, exceto nas hipóteses permitidas por este Regulamento e em disposições previstas nos decretos regulamentadores da Lei nº 10.826, de 2003; (Redação dada pelo Decreto nº 10.627, de 2021)

IV - estiver em circulação no País sem autorização;

V - houver expirado o seu prazo de validade de registro;

VI - não estiver apostilado ao registro;

VII - apresentar risco iminente à segurança de pessoas e bens, com motivação; ou

VIII - houver sido fabricado com especificações técnicas distintas da autorização apostilada.

ART. 128. A apreensão de PCE não isentará os infratores das penalidades previstas neste Regulamento e na legislação penal.

ART. 129. A autoridade que efetuar a apreensão de PCE comunicará imediatamente o fato ao Comando do Exército.

ART. 130. Na hipótese de encaminhamento de PCE apreendido por outro órgão da administração pública caberá ao SisFPC providenciar a destinação do material e verificar a necessidade de instauração de processo administrativo sancionador.

Parágrafo único. O disposto no *caput* não se aplica à apreensão de armas de fogo, seus acessórios, munições e explosivos.

CAPÍTULO V
DO PROCESSO ADMINISTRATIVO SANCIONADOR

ART. 131. O processo administrativo sancionador é o instrumento para apuração e aplicação de penalidades administrativas quando constatada a autoria e a materialidade do ilícito administrativo.

ART. 132. Encerrado o processo administrativo e imputada a penalidade de multa administrativa, o sancionado será intimado para efetuar o pagamento no prazo de trinta dias, contado da data da intimação.

Parágrafo único. O não pagamento da multa administrativa no prazo estipulado no *caput* acarretará a cobrança judicial, mediante inscrição do devedor na Dívida Ativa da União.

ART. 133. Após a instauração do processo administrativo será possível a celebração de termo de ajustamento de conduta entre os órgãos da fiscalização militar e os administrados do SisFPC, com vistas à correção das ilicitudes verificadas.

§ 1º A celebração do termo de ajustamento de conduta importará na suspensão do processo administrativo sancionador até a solução das pendências encontradas, hipótese em que ocorrerá o arquivamento do processo.

§ 2º Na hipótese de descumprimento das obrigações previstas no termo de ajustamento de conduta pelo administrado, o trâmite do processo administrativo sancionador será retomado e seguirá até decisão final.

ART. 134. O administrado poderá interpor recurso administrativo das decisões proferidas pela Administração Militar, no prazo de dez dias, contado da data de ciência da decisão.

Parágrafo único. O recurso será dirigido à autoridade que proferiu a decisão e, na hipótese de não haver reconsideração no prazo de cinco dias, será encaminhado à autoridade superior.

ART. 135. Os processos administrativos poderão ser revistos, a qualquer tempo, a pedido ou de ofício, quando surgirem fatos novos ou circunstâncias relevantes suscetíveis para justificar a inadequação da sanção aplicada.

Parágrafo único. Da revisão do processo não poderá resultar agravamento da sanção.

ART. 136. Na hipótese da existência de indícios da prática de crimes por parte da pessoa, registrada ou não no Comando do Exército, o fato será levado ao conhecimento da autoridade policial ou do Ministério Público para a adoção das medidas cabíveis.

ART. 137. A prescrição da ação punitiva ocorrerá na forma estabelecida na Lei nº 9.873, de 23 de novembro de 1999.

ART. 138. Os ritos do processo administrativo serão estabelecidos em norma editada pelo Comando do Exército.

TÍTULO IV
DISPOSIÇÕES GERAIS

ART. 139. Os estandes de tiro credenciados pelo Comando do Exército, nos termos do disposto no Decreto nº 9.846, de 2019, são aqueles apostilados às pessoas jurídicas registradas no Comando do Exército ou aqueles vinculados às Forças Armadas ou aos órgãos de segurança pública.

§ 1º Os estandes de tiro de pessoas jurídicas a que se refere o *caput* atenderão aos requisitos estabelecidos pelo Poder Público municipal quanto à sua localização.

§ 2º As condições de segurança operacional do estande poderão ser atestadas por engenheiro inscrito regularmente no Conselho Regional de Engenharia e Agronomia, mediante Anotação de Responsabilidade Técnica.

§ 3º As condições de segurança operacional dos estandes de tiro das Forças Armadas e dos órgãos de segurança pública poderão ser atestadas por profissional capacitado da própria organização.

ART. 140. A exposição e a demonstração dos seguintes PCE serão precedidas de autorização do Comando do Exército, exceto quando promovidas pelos órgãos referidos no art. 6º da Lei nº 10.826, de 2003:

I - as armas de fogo;

II - as munições;

III - as armas menos-letais; ou

IV - os explosivos, exceto quanto aos pirotécnicos.

ART. 141. Os valores das multas relacionadas às sanções administrativas são aqueles constantes do Anexo IV.

ART. 142. A perda, o furto, o roubo e o extravio de produto controlado do explosivo serão informados ao Comando do Exército em até setenta e duas horas.

ART. 143. A edição de normas pelo Comando do Exército sobre a atividade de fiscalização de PCE poderá ser precedida de consulta pública, na forma estabelecida no Decreto nº 9.191, de 1º de novembro de 2017.

ART. 144. Compete ao Comando do Exército a edição de normas complementares sobre o exercício das atividades, os processos de controle de PCE e as proteções balísticas de que trata este Regulamento, ressalvadas as competências do Ministério da Justiça e Segurança Pública.

TÍTULO V
DISPOSIÇÕES FINAIS

ART. 145. Ficam mantidos os atos administrativos para o exercício das atividades com PCE em vigor que não contrariem o disposto neste Regulamento e nos decretos regulamentadores da Lei nº 10.826, de 2003. (Redação dada pelo Decreto nº 10.627, de 2021)

ART. 146. O Ministério das Relações Exteriores consultará o Comando do Exército, por meio do Ministério da Defesa, previamente à assinatura de tratados internacionais que envolvam atividades com PCE.

ANEXO II
CLASSIFICAÇÃO DOS PRODUTOS CONTROLADOS PELO COMANDO DO EXÉRCITO

TIPO	GRUPO
ARMA DE FOGO	Arma de fogo
	Acessório
	Componente/peça
	Equipamento
ARMA DE PRESSÃO	Arma de pressão
	Acessório
EXPLOSIVO	Explosivos de ruptura
	Baixos explosivos (propelentes)
	Iniciador explosivo
	Acessório
	Equipamento de bombeamento
MENOS-LETAL	Arma
	Munição
	Equipamento
MUNIÇÃO	Munição
	Insumo
	Equipamento
PIROTÉCNICOS	Fogos de artifício
	Artifícios pirotécnicos
	Iniciador pirotécnico
PRODUTO QUÍMICO	Agente GQ
	Precursor AGQ
	PQIM
PROTEÇÃO BALÍSTICA	Blindagem balística
	Veículo
	Equipamento
OUTROS PRODUTOS	Outros

ANEXO III
(Anexo com redação dada pelo Anexo ao Decreto nº 10.627, de 2021)

GLOSSÁRIO

Acervo de cidadão: relação das armas de fogo pertencentes a uma pessoa física, destinadas à sua defesa pessoal para segurança própria. (Termo acrescido pelo Anexo ao Decreto nº 10.627, de 2021)

Acessório de arma de fogo: artefatos listados nominalmente na legislação como Produto Controlado pelo Exército - PCE que, acoplados a uma arma, possibilitam a alteração da configuração normal do armamento, tal como um supressor de som. (Termo com redação dada pelo Anexo ao Decreto nº 10.627, de 2021)

Acessório explosivo: engenho não muito sensível, de elevada energia de ativação, que tem por finalidade fornecer energia suficiente à continuidade de um trem explosivo e que necessita de um acessório iniciador para ser ativado.

Agente químico de guerra: substância em qualquer estado físico (sólido, líquido, gasoso ou estados físicos intermediários), com propriedades físico-químicas que a torna própria para emprego militar e que apresenta propriedades químicas causadoras de efeitos, permanentes ou provisórios, letais ou danosos a seres humanos, animais, vegetais e materiais, bem como provoca efeitos fumígenos ou incendiários.

Área perigosa: local de manejo de Produto Controlado pelo Exército (PCE) no qual são necessários procedimentos específicos para resguardar a segurança de pessoas e patrimônio.

Arma de antecarga: armas nas quais o carregamento é feito pela parte anterior do cano, ou seja, pela extremidade de saída do projétil, tais como bacamartes, arcabuzes e mosquetes. (Termo acrescido pelo Anexo ao Decreto nº 10.627, de 2021)

Arma de fogo automática: arma em que o carregamento, o disparo e todas as operações de funcionamento ocorrem continuamente enquanto o gatilho estiver sendo acionado.

Arma de fogo de repetição: arma em que a recarga exige a ação mecânica do atirador sobre um componente para a continuidade do tiro.

Arma de fogo obsoleta: arma de fogo que não se presta ao uso regular, devido à sua munição e aos elementos de munição não serem mais fabricados, por ser ela própria de fabricação muito antiga ou de modelo muito antigo e fora de uso, e que, pela sua obsolescência, presta-se a ser considerada relíquia ou a constituir peça de coleção. (Termo acrescido pelo Anexo ao Decreto nº 10.627, de 2021)

Arma de fogo semiautomática: arma que realiza, automaticamente, todas as operações de funcionamento com exceção do disparo, exigindo, para isso, novo acionamento do gatilho.

Arma de fogo: arma que arremessa projéteis empregando a força expansiva dos gases, gerados pela combustão de um propelente confinado em uma câmara, normalmente solidária a um cano, que tem a função de dar continuidade à combustão do propelente, além de direção e estabilidade ao projétil.

Arma de pressão: arma cujo princípio de funcionamento é o emprego de gases comprimidos para impulsão de projétil, os quais podem estar previamente armazenados em uma câmara ou ser produzidos por ação de um mecanismo, tal como um êmbolo solidário a uma mola.

Arma de retrocarga: arma de fogo cuja munição é adicionada ao cano pela parte posterior, ou seja, na parte mais próxima ao atirador, tal como pistola, revólver, carabina, fuzil e espingarda. (Termo acrescido pelo Anexo ao Decreto nº 10.627, de 2021)

Artifício pirotécnico: qualquer artigo, que contenha substâncias explosivas ou uma mistura explosiva de substâncias, concebido para produzir um efeito calorífico, luminoso, sonoro, gasoso ou fumígeno, ou uma combinação destes efeitos; devido a reações químicas exotérmicas autossustentadas.

Bacamarteiros: grupo de pessoas que se apresentam em folguedos regionais dando salvas de tiros com bacamartes em homenagem a santos católicos reverenciados no mês de junho.

Bélico: termo usado para referir-se a produto de emprego militar de guerra.

Blaster: elemento encarregado de organizar e conectar a distribuição e disposição dos explosivos e acessórios empregados no desmonte de rochas.

Calibre: medida do diâmetro interno do cano de uma arma, medido entre os fundos do raiamento; medida do diâmetro externo de um projétil sem cinta; dimensão usada para definir ou caracterizar um tipo de munição ou de arma.

Canhão: armamento bélico que realiza tiro de trajetória tensa e cujo calibre é maior ou igual a vinte milímetros.

Carregador: depósito ou receptáculo para armazenamento de cartuchos de munição para disparo em armas de fogo, integrante ou destacável do armamento. (Termo com redação dada pelo Anexo ao Decreto nº 10.627, de2021)

Ciclo de vida do produto: série de etapas que envolvem o desenvolvimento do produto, a obtenção de matérias-primas e insumos, o processo produtivo, o consumo e a disposição final.

Detonação: é o fenômeno no qual uma onda de choque autossustentada, de alta energia, percorre o corpo de um explosivo causando sua transformação em produtos mais estáveis com a liberação de grande quantidade de calor; ou prestação de serviço com utilização de explosivos.

Designação: ato pelo qual se atribui competência nas hipóteses previstas neste regulamento a Organismo de Avaliação da Conformidade - OAC para coordenar o processo de avaliação da conformidade e expedir certificados de conformidade.

Dignitário estrangeiro: pessoa que exerce alto cargo em representações diplomáticas de países estrangeiros.

Equipamento de bombeamento: equipamento utilizado para injetar material explosivo em receptáculos com fins de detonação, podendo ser móvel ou fixo.

Explosivo: tipo de matéria que, quando iniciada, sofre decomposição muito rápida, com grande liberação de calor e desenvolvimento súbito de pressão.

Explosivos de ruptura ou altos explosivos: são destinados à produção de um trabalho de destruição pela ação da força viva dos gases e da onda de choque produzidos em sua transformação.

Explosivos primários ou iniciadores: são os que se destinam a provocar a transformação (iniciação) de outros explosivos menos sensíveis. Decompõem-se, unicamente, pela detonação e o impulso inicial exigido é a chama (calor) ou choque.

Fogos de artifício: é um artigo pirotécnico destinado para ser utilizado em entretenimento.

Freio de Boca: dispositivo colocado ao final do cano para reduzir o recuo do armamento, também conhecido como compensador. (Termo acrescido pelo Anexo ao Decreto nº 10.627, de 2021)

Grupo de produtos controlados: é a classificação secundária referente à distinção dos produtos vinculados a um tipo de PCE.

Homologação: ato pelo qual nas hipóteses e nas formas previstas neste regulamento reconhece-se os certificados de conformidade.

Iniciação: fenômeno que consiste no desencadeamento de um processo ou série de processos explosivos.

Iniciador explosivo: engenho sensível, de pequena energia de ativação, cuja finalidade é proporcionar a energia necessária à iniciação de um explosivo.

Iniciador pirotécnico: engenho sensível, de pequena energia de ativação, cuja finalidade é proporcionar a energia necessária à iniciação de um produto pirotécnico.

Manuseio de produto controlado: trato com produto controlado por pessoa autorizada e com finalidade específica.

Menos-letais: produtos que causam fortes incômodos em pessoas, com a finalidade de interromper comportamentos agressivos e, em condições normais de utilização, não causam risco de morte, incluídos os instrumentos de menor potencial ofensivo ou não-letais, nos termos da Lei nº 13.060 de 22 de dezembro de 2014.

Morteiro: armamento bélico pesado de carregamento antecarga (carregamento pela boca), que realiza tiro de trajetória curva.

Munição de salva: munição de pólvora seca de canhões e obuseiros, usada em cerimônias militares.

Obuseiro: armamento pesado, que realiza tanto o tiro de trajetória tensa quanto o de trajetória curva e dispara granadas de calibres acima de vinte milímetros, com velocidade inicial baixa.

Organismo de Avaliação da Conformidade (OAC): organismo que realiza os serviços de avaliação da conformidade e emite o certificado de conformidade.

PCE de uso permitido: produto controlado listado nominalmente na legislação como PCE cujo acesso e utilização podem ser autorizados para as pessoas em geral, observada a classificação elaborada pelo Comando do Exército, prevista nos decretos regulamentadores da Lei nº 10.826, de 22 de dezembro de 2003. (Termo com redação dada pelo Anexo ao Decreto nº 10.627, de 2021)

PCE de uso restrito: produto controlado listado nominalmente na legislação como PCE que, devido às suas particularidades técnicas ou táticas, deve ter seu acesso e sua utilização restringidos, observada a classificação elaborada pelo Comando do Exército, prevista nos decretos regulamentadores da Lei nº 10.826, de 2003. (Termo com redação dada pelo Anexo ao Decreto nº 10.627, de 2021)

Produto de interesse militar: produto que, mesmo não tendo aplicação militar finalística, apresenta características técnicas ou táticas que o torna passível de emprego bélico ou é utilizado no processo de fabricação de produto com aplicação militar.

Propelentes ou baixos explosivos: são os que têm por finalidade a produção de um efeito balístico. Sua transformação é a deflagração e o impulso inicial que exigem a chama (calor). Apresentam como característica importante uma velocidade de transformação que pode ser controlada.

Proteções balísticas: produto com a finalidade de deter o impacto ou modificar a trajetória de um projétil contra ele disparado.

Quebra-chamas: dispositivo situado ao final do cano, que tem por objetivo diminuir o clarão oriundo do disparo. (Termo acrescido pelo Anexo ao Decreto nº 10.627, de 2021)

Réplica ou simulacro de arma de fogo: para fins do disposto no art. 26 da Lei nº 10.826, de 22 de dezembro de 2003, é um objeto que, visualmente, pode ser confundido com uma arma de fogo, mas que não possui aptidão para a realização de tiro de qualquer natureza.

Tipo de produtos controlados: é a classificação primária dos produtos controlados pelo Exército que os distingue em função de características e efeitos.

Trem explosivo: nome dado ao arranjamento dos engenhos energéticos, cujas características de sensibilidade e potência determinam a sua disposição de maneira crescente com relação à potência e decrescente com relação à sensibilidade.

Uso industrial: quando um produto controlado pelo Exército é empregado em um processo industrial.

ANEXO IV
MULTAS

MULTAS	VALOR
Multa simples mínima	R$ 500,00
Multa simples média	R$ 1.000,00
Multa simples máxima	R$ 2.000,00
Multa pré-interditória	R$ 2.500,00

DECRETO Nº 10.153, DE 3 DE DEZEMBRO DE 2019

Dispõe sobre as salvaguardas de proteção à identidade dos denunciantes de ilícitos e de irregularidades praticados contra a administração pública federal direta e indireta e altera o Decreto nº 9.492, de 5 de setembro de 2018.

▸ *Vigência a partir de 03-03-2020.*

O PRESIDENTE DA REPÚBLICA, no uso das atribuições que lhe confere o art. 84, **caput**, incisos IV e VI, alínea "a", da Constituição, e tendo em vista o disposto nos art. 9º e art. 10 da Lei nº 13.460, de 26 de junho de 2017,

DECRETA:

ART. 1º Este Decreto estabelece salvaguardas de proteção à identidade do denunciante de ilícito ou de irregularidade praticados contra órgãos e entidades da administração pública federal, direta e indireta, nos termos do disposto nos art. 9º e art. 10 da Lei nº 13.460, de 26 de junho de 2017.

ART. 2º O disposto neste Decreto se aplica:

I – aos órgãos da administração pública federal direta, autárquica e fundacional;

II – às empresas estatais que recebem recursos do Tesouro Nacional para o custeio total ou parcial de despesas de pessoal ou para o custeio em geral; e

III – às empresas estatais que prestam serviços públicos, ainda que não recebam recursos do Tesouro Nacional para custeio total ou parcial de despesas de pessoal ou para o custeio em geral.

ART. 3º Para fins deste Decreto, considera-se:

I – elemento de identificação – qualquer dado ou informação que permita a associação direta ou indireta do denunciante à denúncia por ele realizada; e

II – pseudonimização – tratamento por meio do qual um dado perde a possibilidade de associação, direta ou indireta, a um indivíduo, senão pelo uso de informação adicional mantida separadamente pelo controlador em ambiente controlado e seguro.

ART. 4º A denúncia será dirigida à unidade de ouvidoria do órgão ou entidade responsável, observado o disposto no Decreto nº 9.492, de 5 de setembro de 2018.

§ 1º Os órgãos e entidades adotarão medidas que assegurem o recebimento de denúncia exclusivamente por meio de suas unidades de ouvidoria.

§ 2º Não será recusado o recebimento de denúncia formulada nos termos do disposto neste Decreto, sob pena de responsabilidade do agente público que a recusou.

§ 3º Os agentes públicos que não desempenhem funções na unidade ouvidoria e recebam denúncia de irregularidades praticadas contra a administração pública federal deverão encaminhá-las imediatamente à unidade do Sistema de Ouvidoria do Poder Executivo federal vinculada ao seu órgão ou entidade e não poderão dar publicidade ao conteúdo da denúncia ou a elemento de identificação do denunciante.

§ 4º Os agentes públicos a que se refere o § 3º orientarão o denunciante sobre a necessidade de a denúncia ser encaminhada por meio do Sistema de Ouvidoria do Poder Executivo federal.

ART. 5º As unidades do Sistema de Ouvidoria do Poder Executivo federal garantirão ao denunciante a possibilidade de:

I – formular a denúncia por qualquer meio existente, inclusive oralmente, hipótese na qual será reduzida a termo;

II – ter acesso livre e gratuito aos meios e aos canais oficiais de recebimento de denúncia, vedada a cobrança de taxas ou de emolumentos; e

III – conhecer os trâmites para fazer uma denúncia, nos termos do disposto na Lei nº 12.527, de 18 de novembro de 2011.

ART. 6º O denunciante terá seus elementos de identificação preservados desde o recebimento da denúncia, nos termos do disposto no § 7º do art. 10 da Lei nº 13.460, de 2017.

§ 1º A restrição de acesso aos elementos de identificação do denunciante será mantida pela unidade de ouvidoria responsável pelo tratamento da denúncia pelo prazo de cem anos, conforme o disposto no inciso I do § 1º do art. 31 da Lei nº 12.527, de 2011.

§ 2º A preservação dos elementos de identificação referidos no *caput* será realizada por meio do sigilo do nome, do endereço e de quaisquer outros elementos que possam identificar o denunciante.

§ 3º As unidades de ouvidoria que fazem tratamento de denúncia com elementos de identificação do denunciante por meio de sistemas informatizados terão controle de acesso que registre os nomes dos agentes públicos que acessem as denúncias e as respectivas datas de acesso à denúncia.

§ 4º A unidade de ouvidoria responsável pelo tratamento da denúncia providenciará a sua pseudonimização para o posterior envio aos órgãos de apuração competentes, observado o disposto no § 2º.

§ 5º Na hipótese de reclassificação da denúncia com a finalidade de enquadrá-la nas tipologias a que se referem os incisos I, III, IV e V do caput do art. 3º do Decreto nº 9.492, de 2018, a unidade do Sistema de Ouvidoria do Poder Executivo federal informará o denunciante.

ART. 7º O órgão de apuração poderá requisitar informações sobre a identidade do denunciante quando indispensável à análise dos fatos relatados na denúncia.

Parágrafo único. O compartilhamento de elementos de identificação do denunciante com outros órgãos não implica a perda de sua natureza restrita.

ART. 8º O encaminhamento de denúncia com elementos de identificação do denunciante entre unidades do Sistema de Ouvidoria do Poder Executivo federal será precedido de solicitação de consentimento do denunciante, que se manifestará no prazo de vinte dias, contado da data da solicitação do consentimento realizada pela unidade de ouvidoria encaminhadora.

Parágrafo único. Na hipótese de negativa ou de decurso do prazo previsto no **caput**, a unidade de ouvidoria que tenha recebido originalmente a denúncia somente poderá encaminhá-la ou compartilhá-la após a sua pseudonimização.

ART. 9º As unidades do Sistema de Ouvidoria do Poder Executivo federal implantarão medidas necessárias para o recebimento, a triagem e o encaminhamento das denúncias e para a proteção das informações recebidas.

Parágrafo único. As unidades do Sistema de Ouvidorias do Poder Executivo federal disporão de instalações e de meios adequados para que os procedimentos de atendimento da denúncia obedeçam às salvaguardas das informações previstas neste Decreto.

ART. 10. Compete ao órgão central do Sistema de Ouvidoria do Poder Executivo federal monitorar o cumprimento do disposto neste Decreto.

ART. 11. Na hipótese de descumprimento do disposto neste Decreto, o denunciante poderá comunicar ao órgão central do Sistema de Ouvidoria do Poder Executivo federal, de que trata o Decreto nº 9.492, de 2018.

Art. 12. O Decreto nº 9.492, de 2018, passa a vigorar com as seguintes alterações:

"Art. 3º ....

VI – certificação de identidade – procedimento de conferência de identidade do manifestante por meio de documento de identificação válido ou, na hipótese de manifestação por meio eletrônico, por meio de assentamento constante de cadastro público federal, respeitado o disposto na legislação sobre sigilo e proteção de dados e informações pessoais;

VII – decisão administrativa final – ato administrativo por meio do qual o órgão ou a entidade da administração pública federal se posiciona sobre a manifestação, com apresentação de solução ou comunicação quanto à sua impossibilidade; e

VIII – pseudonimização – tratamento por meio do qual um dado perde a possibilidade de associação, direta ou indireta, a um indivíduo, senão pelo uso de informação adicional mantida separadamente pelo controlador em ambiente controlado e seguro." (NR)

"Art. 16. ....

§ 3º A unidade do Sistema de Ouvidoria do Poder Executivo federal que receber manifestação sobre matéria alheia à sua competência a encaminhará à unidade do Sistema de Ouvidoria responsável pelas providências requeridas, exceto quando se tratar de denúncia.

§ 4º O encaminhamento de denúncia com elementos de identificação do denunciante entre unidades do Sistema de Ouvidoria do Poder Executivo federal será precedida de consentimento do denunciante, sem o qual a denúncia somente poderá ser encaminhada após a sua pseudominização pela unidade encaminhadora." (NR)

ART. 13. Este Decreto entra em vigor em 3 de março de 2020.

Brasília, 3 de dezembro de 2019; 198º da Independência e 131º da República.

JAIR MESSIAS BOLSONARO
Wagner de Campos Rosário

LEIS COMPLEMENTARES

LEI COMPLEMENTAR Nº 35, DE 14 DE MARÇO DE 1979

Dispõe sobre a Lei Orgânica da Magistratura Nacional.

TÍTULO I. DO PODER JUDICIÁRIO

▸ *CF: arts. 112 a 144.*

CAPÍTULO I. DOS ÓRGÃOS DO PODER JUDICIÁRIO

ART. 1º. O Poder Judiciário é exercido pelos seguintes órgãos:

I – Supremo Tribunal Federal;

II – Conselho Nacional da Magistratura;

III – Tribunal Federal de Recursos e Juízes Federais;

▸ *A CF/1988 extinguiu o TFR.*

IV – Tribunais e Juízes Militares;

V – Tribunais e Juízes Eleitorais;

VI – Tribunais e Juízos do Trabalho;

VII – Tribunais e Juízes Estaduais;

VIII – Tribunal e Juízes do Distrito Federal e dos Territórios.

ART. 2º. O Supremo Tribunal Federal, com sede na Capital da União e jurisdição em todo o território nacional, compõem-se de onze Ministros vitalícios, nomeados pelo Presidente da República, depois de aprovada a escolha pelo Senado Federal, dentre cidadãos maiores de trinta e cinco anos, de notável saber jurídico e reputação ilibada.

ART. 3º. O Conselho Nacional da Magistratura, com sede na Capital da União e jurisdição em todo o território nacional, compõe-se de sete Ministros do Supremo Tribunal Federal, por este escolhidos, mediante votação nominal para um período de dois anos, inadmitida a recusa do encargo.

§ 1º. A eleição far-se-á juntamente com a do Presidente e Vice-Presidente do Supremo Tribunal Federal, os quais passam a integrar, automaticamente, o Conselho, nele exercendo as funções de Presidente e Vice-Presidente, respectivamente.

§ 2º. Os Ministros não eleitos poderão ser convocados pelo Presidente, observada a ordem decrescente de antiguidade, para substituir os membros do Conselho, nos casos de impedimento ou afastamento temporário.

§ 3º. Junto ao Conselho funcionará o Procurador-Geral da República.

ART. 4º. O Tribunal Federal de Recursos, com sede na Capital da União e jurisdição em todo o território nacional, compõe-se de vinte e sete Ministros vitalícios, nomeados pelo Presidente da República, após aprovada a escolha pelo Senado Federal, salvo quanto à dos Juízes Federais, sendo quinze dentre Juízes Federais, indicados em lista tríplice pelo próprio Tribunal; quatro dentre membros do Ministério Público Federal; quatro dentre advogados maiores de trinta e cinco anos, de notável saber jurídico e de reputação ilibada; e quatro dentre magistrados ou membros do Ministério Público dos Estados e do Distrito Federal.

▸ *A CF/ 1988 extinguiu o TFR.*

ART. 5º. Os Juízes Federais serão nomeados pelo Presidente da República, escolhidos, sempre que possível, em lista tríplice, organizada pelo Tribunal Federal de Recursos, dentre os candidatos com idade superior a vinte e cinco anos, de reconhecida idoneidade moral, aprovados em concurso público de provas e títulos, além da satisfação de outros requisitos especificados em lei.

§ 1º. Cada Estado, bem como o Distrito Federal, constitui uma Seção Judiciária, que tem por sede a respectiva Capital, e Varas localizadas segundo o estabelecido em lei.

§ 2º. Nos Territórios do Amapá, Roraima e Rondônia, a jurisdição e as atribuições cometidas aos Juízes Federais caberão aos juízes da Justiça local, na forma que a lei dispuser. O Território de Fernando de Noronha está compreendido na Seção Judiciária do Estado de Pernambuco.

ART. 6º. O Superior Tribunal Militar, com sede na Capital da União e jurisdição em todo o território nacional, compõe-se de quinze Ministros vitalícios, nomeados pelo Presidente da República, depois de aprovada a escolha pelo Senado Federal, sendo três dentre Oficiais-Generais da Marinha, quatro dentre Oficiais-Generais do Exército e três dentre Oficiais-Generais da Aeronáutica, todos da ativa, e cinco dentre civis, maiores de trinta e cinco anos, dos quais três cidadãos de notório saber jurídico e idoneidade moral, com mais de dez anos de pratica forense, e dois Juízes Auditores ou membros do Ministério Público da Justiça Militar, de comprovado saber jurídico.

ART. 7º. São órgãos da Justiça Militar da União, além do Superior Tribunal Militar, os Juízes Auditores e os Conselhos de Justiça, cujos número, organização e competência são definidos em lei.

ART. 8º. O Tribunal Superior Eleitoral, com sede na Capital da União e jurisdição em todo o território nacional, é composto de sete Juízes, dos quais três Ministros do Supremo Tribunal Federal e dois Ministros do Tribunal Federal de Recursos, escolhidos pelo respectivo Tribunal, mediante eleição, pelo voto secreto, e dois nomeados pelo Presidente da República, dentre seis advogados de notável saber jurídico e idoneidade moral, indicados pelo Supremo Tribunal Federal.

ART. 9º. Os Tribunais Regionais Eleitorais, com sede na Capital do Estado em que tenham jurisdição e no Distrito Federal, compõe-se de quatro Juízes eleitos, pelo voto secreto, pelo respectivo Tribunal de Justiça, sendo dois dentre Desembargadores e dois dentre Juízes de Direito; um Juiz Federal, escolhido pelo Tribunal Federal de Recursos, e na Seção Judiciária houver mais de um, e, por nomeação do Presidente da República, de dois dentre seis cidadãos de notável saber jurídico e idoneidade moral, indicados pelo Tribunal de Justiça.

ART. 10. Os Juízes do Tribunal Superior Eleitoral e dos Tribunais Regionais Eleitorais, bem como os respectivos substitutos, escolhidos na mesma ocasião e por igual processo, salvo motivo justificado, servirão, obrigatoriamente, por dois anos, no mínimo, e nunca por mais de dois biênios consecutivos.

ART. 11. Os Juízes de Direito exercem as funções de juízes eleitorais, nos termos da lei.

§ 1º. A lei pode outorgar a outros Juízes competência para funções não decisórias.

§ 2º. Para a apuração de eleições, constituir-se-ão Juntas Eleitorais, presididas por Juízes de Direito, e cujos membros, indicados conforme dispuser a legislação eleitoral, serão aprovados pelo Tribunal Regional Eleitoral e nomeados pelo seu Presidente.

ART. 12. O Tribunal Superior do Trabalho, com sede na Capital da União e jurisdição em todo o território nacional, compõe-se de dezessete Ministros, nomeados pelo Presidente da República, onze dos quais, togados e vitalícios, depois de aprovada a escolha pelo Senado Federal, sendo sete dentre magistrados da Justiça do Trabalho, dois dentre advogados no exercício efetivo da profissão, e dois dentre membros do Ministério Público da Justiça do Trabalho, maiores de trinta e cinco anos, de notável saber jurídico e reputação ilibada, e seis classistas e temporários, em representação paritária dos empregadores e dos trabalhadores, de conformidade com a lei, e vedada a recondução por mais de dois períodos de três anos.

ART. 13. Os Tribunais Regionais do Trabalho, com sede, jurisdição e número definidos em lei, compõe-se de dois terços de Juízes togados e vitalícios e um terço de Juízes classistas e temporários, todos nomeados pelo Presidente da República, observada, quanto aos Juízes togados, a proporcionalidade fixada no art. 12 relativamente aos Juízes de carreira, advogados e membros do Ministério Público da Justiça do Trabalho e, em relação aos Juízes classistas, a proibição constante da parte final do artigo anterior.

ART. 14. As Juntas de Conciliação e Julgamento têm a sede, a jurisdição e a composição definidas em lei, assegurada a paridade de representação entre empregadores e trabalhadores, inadmitida a recondução dos representantes classistas por mais de dois períodos de três anos.

§ 1º. Nas Comarcas onde não for instituída Junta de Conciliação e Julgamento, poderá a lei atribuir as suas funções aos Juízes de Direito.

§ 2º. Poderão ser criados por lei outros órgãos da Justiça do Trabalho.

ART. 15. Os órgãos do Poder Judiciário da União (art. 1º, incisos I a VI) têm a organização e a competência definidas na Constituição, na lei e, quanto aos Tribunais, ainda, no respectivo Regimento Interno.

ART. 16. Os Tribunais de Justiça dos Estados, com sede nas respectivas Capitais e jurisdição no território estadual, e os Tribunais de Alçada, onde forem criados, têm a composição, a organização e a competência estabelecidos na Constituição, nesta Lei, na legislação estadual e nos seus Regimentos Internos.

Parágrafo único. Nos Tribunais de Justiça com mais de vinte e cinco Desembargadores, será constituído órgão especial, com o mínimo de onze e o máximo de vinte e cinco membros, para o exercício das atribuições administravas e jurisdicionais, da competência do Tribunal Pleno, bem como para uniformização da jurisprudência no caso de divergência entre suas Seções.

ART. 17. Os Juízes de Direito, onde não houver Juízes substitutos, e estes, onde os houver, serão nomeados mediante concurso público de provas e títulos.

§ 1º. (Vetado.)

§ 2º. Antes de decorrido o biênio do estágio, e desde que seja apresentada proposta do Tribunal ao Chefe do Poder Executivo, para o ato de exoneração, o Juiz substituto ficará automaticamente afastado de suas funções e perderá o direito à vitaliciedade, ainda que o ato de exoneração seja assinado após o decurso daquele período.

§ 3º. Os Juízes de Direito e os Juízes substitutos têm a sede, a jurisdição e a competência fixadas em lei.

§ 4º. Poderão os Estados instituir, mediante proposta do respectivo Tribunal de Justiça, ou órgão especial, Juízes togados, com investidura limitada no tempo e competência para o julgamento de causas de pequeno valor e crimes a que não seja cominada pena de reclusão, bem como para a substituição dos Juízes vitalícios.

§ 5º. Podem, ainda, os Estados criar Justiça de Paz temporária, compete para o processo de habilitação e celebração de casamento.

ART. 18. São órgãos da Justiça Militar estadual os Tribunais de Justiça e os Conselhos de Justiça, cujas composição, organização e competência são definidos na Constituição e na lei.

Parágrafo único. Nos Estados de Minas, Paraná, Rio Grande do Sul e São Paulo, a segunda instância da Justiça Militar estadual é constituída rolo respectivo Tribunal Militar, integrado por oficiais do mais alto posto da Polícia Militar e por civis, sempre em número ímpar, excedendo os primeiros aos segundos em uma unidade.

ART. 19. O Tribunal de Justiça do Distrito Federal e dos Territórios, com sede na Capital da União, tem a composição, a organização e a competência estabelecidas em lei.

ART. 20. Os Juízes de Direito e os Juízes substitutos da Justiça do Distrito Federal e dos Territórios, vitalícios após dois anos de exercício, investido mediante concurso público de provas e títulos, e os Juízes togados temporários, todos nomeados pelo Presidente da República, têm a sede, a jurisdição e a competência prescritas em lei.

CAPÍTULO II. DOS TRIBUNAIS

ART. 21. Compete aos Tribunais, privativamente:

I – eleger seus Presidentes e demais titulares de sua direção, observado o disposto na presente Lei;

II – organizar seus serviços auxiliares, os provendo-lhes os cargos, na forma da lei; propor ao Poder Legislativo a criação ou a extinção de cargos e a fixação dos respectivos vencimentos;

III – elaborar seus regimentos internos e neles estabelecer, observada esta Lei, a competência de suas Câmaras ou

Turmas isoladas, Grupos, Seções ou outros órgãos com funções jurisdicionais ou administrativas;

IV – conceder licença e férias, nos termos da lei, aos seus membros o aos Juízes e serventuários que lhes são imediatamente subordinados;

V – exercer a direção e disciplina dos órgãos e serviços que lhes forem subordinados;

VI – julgar, originariamente, os mandados de segurança contra seus atos, os dos respectivos Presidentes e os de suas Câmaras, Turmas ou Seções.

▸ *Súmula nº 624 do STF.*

▸ *Súmula nº 376 do STJ.*

Capítulo III. DOS MAGISTRADOS

ART. 22. São vitalícios:

I – a partir da posse:

a) os Ministros do Supremo Tribunal Federal;

b) os Ministros do Tribunal Federal de Recursos;

c) os Ministros do Superior Tribunal Militar;

d) os Ministros e Juízes togados do Tribunal Superior do Trabalho e dos Tribunais Regionais do Trabalho;

e) os Desembargadores, os Juízes dos Tribunais de Alçada e dos Tribunais de segunda instância da Justiça Militar dos Estados;

II – após dois anos de exercício:

a) os Juízes Federais;

b) os Juízes Auditores e Juízes Auditores substitutos da Justiça Militar da União;

c) os Juízes do Trabalho Presidentes de Junta de Conciliação e Julgamento e os Juízes do Trabalho Substitutos;

d) os Juízes de Direito e os Juízes substitutos da Justiça dos Estados, do Distrito Federal e dos Territórios, bem assim os juízes auditores da Justiça Militar dos Estados.

§ 1º. Os Juízes mencionados no inciso II deste artigo, mesmo que não hajam adquirido a vitaliciedade, não poderão perder o cargo senão por proposta do Tribunal ou do órgão especial competente, adotada pelo voto de dois terços de seus membros efetivos.

§ 2º. Os Juízes a que se refere o inciso II deste artigo, mesmo que não hajam adquirido a vitaliciedade, poderão praticar todos os atos reservados por lei aos Juízes vitalícios.

ART. 23. Os Juízes e membros de Tribunais e Juntas Eleitorais, no exercício de suas funções e no que es for aplicável, gozarão de plenas garantias e serão inamovíveis.

ART. 24. O Juíz togado, de investidura temporária (art. 17, § 4º), poderá ser demitido, em caso de falta grave, por proposta do Tribunal ou do órgão especial, adotado pelo voto de dois terços de seus membros efetivos.

Parágrafo único. O quorum de dois terços de membros efetivos do Tribunal, ou de seu órgão especial, será apurado em relação ao número de Desembargadores em condições legais de votar, como tal se considerando os não atingidos por impedimento ou suspeição e os não licenciados por motivo de saúde.

Título II. DAS GARANTIAS DA MAGISTRATURA E DAS PRERROGATIVAS DO MAGISTRADO

Capítulo I. DAS GARANTIAS DA MAGISTRATURA

Seção I. DA VITALICIEDADE

ART. 25. Salvo as restrições expressas na Constituição, os magistrados gozam das garantias de vitaliciedade, inamovibilidade e irredutibilidade de vencimentos.

ART. 26. O magistrado vitalício somente perderá o cargo (vetado):

I – em ação penal por crime comum ou de responsabilidade;

II – em procedimento administrativo para a perda do cargo nas hipóteses seguintes:

a) exercício, ainda que em disponibilidade, de qualquer outra função, salvo um cargo de magistério superior, público ou particular;

b) recebimento, a qualquer título e sob qualquer pretexto, de percentagens ou custas nos processos sujeitos a seu despacho e julgamento;

c) exercício de atividade politico-partidária.

§ 1º. O exercício de cargo de magistério superior, público ou particular, somente será permitido se houver correlação de matérias e compatibilidade de horários, vedado, em qualquer hipótese, o desempenho de função de direção administrativa ou técnica de estabelecimento de ensino.

§ 2º. Não se considera exercício do cargo o desempenho de função docente em curso oficial de preparação para judicatura ou aperfeiçoamento de magistrados.

ART. 27. O procedimento para a decretação da perda do cargo terá início por determinação do Tribunal, ou do seu órgão especial, a que pertença ou esteja subordinado o magistrado, de ofício ou mediante representação fundamentada do Poder Executivo ou Legislativo, do Ministério Público ou do Conselho Federal ou Secional da Ordem dos Advogados do Brasil.

§ 1º. Em qualquer hipótese, a instauração do processo preceder-se-á da defesa prévia do magistrado, no prazo de quinze dias, contado da entrega da cópia do teor da acusação e das provas existentes, que lhe remeterá o Presidente do Tribunal, mediante ofício, nas quarenta e oito horas imediatamente seguintes à apresentação da acusação.

§ 2º. Findo o prazo da defesa prévia, haja ou não sido apresentada, o Presidente, no dia útil imediato, convocará o Tribunal ou o seu órgão especial para que, em sessão secreta, decida sobre a instauração do processo, e, caso determinada esta, no mesmo dia distribuirá o feito e fará entregá-lo ao relator.

§ 3º. O Tribunal ou o seu órgão especial, na sessão em que ordenar a instauração do processo, como no curso dele, poderá afastar o magistrado do exercício das suas funções, sem prejuízo dos vencimentos e das vantagens, até a decisão final.

§ 4º. As provas requeridas e deferidos, bem como as que o relator determinar de ofício, serão produzidas no prazo de vinte dias, cientes o Ministério Público, o magistrado ou o procurador por ele constituído, a fim de que possam delas participar.

§ 5º. Finda a instrução, o Ministério Público e o magistrado ou seu procurador terão, sucessivamente, vista dos autos por dez dias, para razões.

§ 6º. O julgamento será realizado em sessão secreta do Tribunal ou de seu órgão especial, depois de relatório oral, e a decisão no sentido da penalização do magistrado só será tomada pelo voto de dois terços dos membros do colegiado, em escrutínio secreto.

§ 7º. Da decisão publicar-se-á somente a conclusão.

§ 8º. Se a decisão concluir pela perda do cargo, será comunicada, imediatamente, ao Poder Executivo, para a formalização do ato.

ART. 28. O magistrado vitalício poderá ser compulsoriamente aposentado ou posto em disponibilidade, nos termos da Constituição e da presente Lei.

ART. 29. Quando, pela natureza ou gravidade da infração penal, se torne aconselhável o recebimento de denúncia ou de queixa contra magistrado, o Tribunal, ou seu órgão especial, poderá, em decisão tomada pelo voto de dois terços de seus membros, determinar o afastamento do cargo do magistrado denunciado.

SEÇÃO II. DA INAMOVIBILIDADE

ART. 30. O Juiz não poderá ser removido ou promovido senão com seu assentimento, manifestado na forma da lei, ressalvado o disposto no art. 45, item I.

ART. 31. Em caso de mudança da sede do Juízo será facultado ao Juiz remover-se para ela ou para Comarca de igual entrância, ou obter a disponibilidade com vencimentos integrais.

SEÇÃO III. DA IRREDUTIBILIDADE DE VENCIMENTOS

ART. 32. Os vencimentos dos magistrados são irredutíveis, sujeitos, entretanto, aos impostos gerais, inclusive o de renda, e aos impostos extraordinários.

Parágrafo único. A irredutibilidade dos vencimentos dos magistrados não impede os descontos fixados em lei, em base igual à estabelecida para os servidores públicos, para fins previdenciários.

CAPÍTULO II. DAS PRERROGATIVAS DO MAGISTRADO

ART. 33. São prerrogativas do magistrado:

I – ser ouvido como testemunha em dia, hora e local previamente ajustados com a autoridade ou Juiz de instância igual ou inferior;

II – não ser preso senão por ordem escrita do Tribunal ou do órgão especial competente para o julgamento, salvo em flagrante de crime inafiançável, caso em que a autoridade fará imediata comunicação e apresentação do magistrado ao Presidente do Tribunal a que esteja vinculado;

▸ CPP: arts. 301 a 303, 310, I, e 323.

III – ser recolhido a prisão especial, ou a sala especial de Estado-Maior, por ordem e à disposição do Tribunal ou do órgão especial competente, quando sujeito a prisão antes do julgamento final;

▸ CPP: art. 295.

IV – não estar sujeito a notificação ou a intimação para comparecimento, salvo se expedida por autoridade judicial;

V – portar arma de defesa pessoal.

▸ Lei nº 10.826, de 22-12-2003, Estatuto do desarmamento.

▸ Dec. 9.493, de 5-9-2018, Aprova o Regulamento para a Fiscalização de Produtos Controlados.

Parágrafo único. Quando, no curso de investigação, houver indício da prática de crime por parte do magistrado, a autoridade policial, civil ou militar, remeterá os respectivos autos ao Tribunal ou órgão especial competente para o julgamento, a fim de que prossiga na investigação.

ART. 34. Os membros do Supremo Tribunal Federal, do Tribunal Federal de Recursos, do Superior Tribunal Militar, do Tribunal Superior Eleitoral e do Tribunal Superior do Trabalho têm o título de Ministro; os dos Tribunais de Justiça, o de Desembargador; sendo o de Juiz privativo dos outros Tribunais e da Magistratura de primeira instância.

TÍTULO III. DA DISCIPLINA JUDICIÁRIA

CAPÍTULO I. DOS DEVERES DO MAGISTRADO

ART. 35. São deveres do magistrado:

I – Cumprir e fazer cumprir, com independência, serenidade e exatidão, as disposições legais e os atos de ofício;

II – não exceder injustificadamente os prazos para sentenciar ou despachar;

III – determinar as providências necessárias para que os atos processuais se realizem nos prazos legais;

IV – tratar com urbanidade as partes, os membros do Ministério Público, os advogados, as testemunhas, os funcionários e auxiliares da Justiça, e atender aos que o procurarem, a qualquer momento, quanto se trate de providência que reclame e possibilite solução de urgência.

V – residir na sede da Comarca salvo autorização do órgão disciplinar a que estiver subordinado;

VI – comparecer pontualmente à hora de iniciar-se o expediente ou a sessão, e não se ausentar injustificadamente antes de seu término;

VII – exercer assídua fiscalização sobre os subordinados, especialmente no que se refere à cobrança de custas e emolumentos, embora não haja reclamação das partes;

VIII – manter conduta irrepreensível na vida pública e particular.

ART. 36. É vedado ao magistrado:

I – exercer o comércio ou participar de sociedade comercial, inclusive de economia mista, exceto como acionista ou quotista;

II – exercer cargo de direção ou técnico de sociedade civil, associação ou fundação, de qualquer natureza ou finalidade, salvo de associação de classe, e sem remuneração;

III – manifestar, por qualquer meio de comunicação, opinião sobre processo pendente de julgamento, seu ou de outrem, ou juízo depreciativo sobre despachos, votos ou sentenças, de órgãos judiciais, ressalvada a crítica nos autos e em obras técnicas ou no exercício do magistério.

Parágrafo único. (Vetado.)

ART. 37. Os Tribunais farão publicar, mensalmente, no órgão oficial, dados estatísticos sobre seus trabalhos no mês anterior, entre os quais: o número de votos que cada um de seus membros, nominalmente indicado, proferiu como relator e revisor; o número de feitos que lhe foram distribuídos no mesmo período; o número de processos que recebeu em consequência de pedido de vista ou como revisor; a relação dos feitos que lhe foram conclusos para voto, despacho, lavratura de acórdão, ainda não devolvidos, embora decorridos os prazos legais, com as datas das respectivas conclusões.

Parágrafo único. Compete ao Presidente do Tribunal velar pela regularidade e pela exatidão das publicações.

ART. 38. Sempre que, encerrada a sessão, restarem em pauta ou em mesa mais de vinte feitos sem julgamento, o Presidente fará realizar uma ou mais sessões extraordinárias destinadas ao julgamento daqueles processos.

ART. 39. Os juízes remeterão, até o dia dez de cada mês, ao órgão corregedor competente de segunda instância, informação a respeito dos feitos em seu poder, cujos prazos para despacho ou decisão hajam sido excedidos, bem como indicação do número de sentenças proferidas no mês anterior.

CAPÍTULO II. DAS PENALIDADES

ART. 40. A atividade censória de Tribunais e Conselhos é exercida com o resguardo devido à dignidade e à independência do magistrado.

ART. 41. Salvo os casos de impropriedade ou excesso de linguagem o magistrado não pode ser punido ou prejudicado pelas opiniões que manifestar ou pelo teor das decisões que proferir.

ART. 42. São penas disciplinares:

I – advertência;

II – censura;

III – remoção compulsória;

IV – disponibilidade com vencimentos proporcionais ao tempo de serviço;

V – aposentadoria compulsória com vencimentos proporcionais ao tempo de serviço;

VI – demissão.

Parágrafo único. As penas de advertência e de censura somente são aplicáveis aos Juízes de primeira instância.

ART. 43. A pena de advertência aplicar-se-á reservadamente, por escrito, no caso de negligência no cumprimento dos deveres do cargo.

ART. 44. A pena de censura será aplicada reservadamente, por escrito, no caso de reiterada negligência no cumprimento dos deveres do cargo, ou no de procedimento incorreto, se a infração não justificar punição mais grave.

Parágrafo único. O Juiz punido com a pena de censura não poderá figurar em lista de promoção por merecimento pelo prazo de um ano, contado da imposição da pena.

ART. 45. O Tribunal ou seu órgão especial poderá determinar, por motivo de interesse público, em escrutínio secreto e pelo voto de dois terços de seus membros efetivos:

I – a remoção de Juiz de instância inferior;

II – a disponibilidade de membro do próprio Tribunal ou de Juiz de instância inferior, com vencimentos proporcionais ao tempo de serviço.

Parágrafo único. Na determinação de quorum de decisão aplicar-se-á o disposto no parágrafo único do art. 24.

ART. 46. O procedimento para a decretação da remoção ou disponibilidade de magistrado obedecerá ao prescrito no art. 27 desta Lei.

ART. 47. A pena de demissão será aplicada:

I – aos magistrados vitalícios, nos casos previstos no art. 26, I e II;

II – aos Juízes nomeados mediante concurso de provas e títulos, enquanto não adquirirem a vitaliciedade, e aos Juízes togados temporários, em caso de falta grave, inclusive nas hipóteses previstas no art. 56.

ART. 48. Os Regimentos Internos dos Tribunais estabelecerão o procedimento para a apuração de faltas puníveis com advertência ou censura.

CAPÍTULO III. DA RESPONSABILIDADE CIVIL DO MAGISTRADO

ART. 49. Responderá por perdas e danos o magistrado, quando:

LEIS COMPLEMENTARES

I – no exercício de suas funções, proceder com dolo ou fraude;

II – recusar, omitir ou retardar, sem justo motivo, providência que deva ordenar o ofício, ou a requerimento das partes.

Parágrafo único. Reputar-se-ão verificadas as hipóteses previstas no inciso II somente depois que a parte, por intermédio do Escrivão, requerer ao magistrado que determine a providência, e este não lhe atender o pedido dentro de dez dias.

CAPÍTULO IV. DO CONSELHO NACIONAL DA MAGISTRATURA

ART. 50. Ao Conselho Nacional da Magistratura cabe conhecer de reclamações contra membros de Tribunais, podendo avocar processos disciplinares contra Juízes de primeira instância e, em qualquer caso, determinar a disponibilidade ou a aposentadoria de uns e outros, com vencimentos proporcionais ao tempo de Serviço.

ART. 51. Ressalvado o poder de avocação, a que se refere o artigo anterior, o exercício das atribuições específicas do Conselho Nacional da Magistratura não prejudica a competência disciplinar dos Tribunais, estabelecida em lei, nem interfere nela.

ART. 52. A reclamação contra membro de Tribunal será formulada em petição, devidamente fundamentada e acompanhada de elementos comprobatórios das alegações.

§ 1º. A petição a que se refere este artigo deve ter firma reconhecida, sob pena de arquivamento liminar, salvo se assinada pelo Procurador-Geral da República, pelo Presidente do Conselho Federal ou Seccional da Ordem dos Advogados do Brasil ou pelo Procurador-Geral da Justiça do Estado.

§ 2º. Distribuída a reclamação, poderá o relator, desde logo, propor ao Conselho o arquivamento, se considerar manifesta a sua improcedência.

§ 3º. Caso o relator não use da faculdade, prevista no parágrafo anterior mandará ouvir o reclamado, no prazo de quinze dias, a fim de que, por si ou por procurador, alegue, querendo, o que entender conveniente a bem de seu direito.

§ 4º. Com a resposta do reclamado, ou sem ela, deliberará o Conselho sobre o arquivamento ou a conveniência de melhor instrução do processo, fixando prazo para a produção de provas e para as diligências que determinar.

§ 5º. Se desnecessárias outras provas ou diligências, e se o Conselho não concluir pelo arquivamento da reclamação, abrir-se-á vista para alegações, sucessivamente, pelo prazo de dez dias, ao reclamado, ou a seu advogado, e ao Procurador-Geral da República.

§ 6º. O julgamento será realizado em sessão secreta do Conselho, com a presença de todos os seus membros, publicando-se somente a conclusão do acórdão.

§ 7º. Em todos os atos e termos do processo, poderá o reclamado fazer-se acompanhar ou representar por advogado, devendo o Procurador-Geral da República oficiará neles como fiscal da lei.

ART. 53. A avocação de processo disciplinar contra Juiz de instância inferior dar-se-á mediante representação fundamentada do Procurador-Geral da República, do Presidente do Conselho Federal ou Secional da Ordem dos Advogados do Brasil ou do Procurador-Geral da Justiça do Estado, oferecida dentro de sessenta dias da ciência da decisão disciplinar final do órgão, a que estiver sujeito o Juiz, ou, a qualquer tempo, se, decorridos mais de três meses do início do processo, não houver sido proferido o julgamento.

§ 1º. Distribuída a representação, mandará o relator ouvir, em quinze dias, o Juiz e o órgão disciplinar que proferiu a decisão que deveria havê-la proferido.

§ 2º. Findo o prazo de quinze dias, com ou sem as informações, deliberará o Conselho Nacional da Magistratura sobre o arquivamento da representação ou avocação do processo, procedendo-se neste caso, na conformidade do §§ 4º a 7º do artigo anterior.

ART. 54. O processo e o julgamento das representações e reclamações serão sigilosos, para resguardar a dignidade do magistrado, sem prejuízo de poder o relator delegar a instrução a Juiz de posição funcional igual ou superior à do indiciado.

ART. 55. As reuniões do Conselho Nacional da Magistratura serão secretas, cabendo a um de seus membros, designado pelo Presidente, lavrar-lhes as respectivas atas, das quais constarão os nomes dos Juízes presentes e, em resumo, os processos apreciados e as decisões adotadas.

ART. 56. O Conselho Nacional da Magistratura poderá determinar a aposentadoria, com vencimentos proporcionais ao tempo de serviço, do magistrado:

I – manifestadamente negligente no cumprimento dos deveres do cargo;

II – de procedimento incompatível com a dignidade, a honra e o decoro de suas funções;

III – de escassa ou insuficiente capacidade de trabalho, ou cujo proceder funcional seja incompatível com o bom desempenho das atividades do Poder Judiciário.

ART. 57. O Conselho Nacional da Magistratura poderá determinar a disponibilidade de magistrado, com vencimentos proporcionais ao tempo de serviço, no caso em que a gravidade das faltas a que se reporta o artigo anterior não justifique a decretação da aposentadoria.

§ 1º. O magistrado, posto em disponibilidade por determinação do Conselho, somente poderá pleitear o seu aproveitamento, decorridos dois anos do afastamento.

§ 2º. O pedido, devidamente instruído e justificado, acompanhado de parecer do Tribunal competente, ou de seu órgão especial, será apreciado pelo Conselho Nacional da Magistratura após parecer do Procurador-Geral da República. Deferido o pedido, o aproveitamento far-se-á a critério do Tribunal ou seu órgão especial.

§ 3º. Na Hipótese deste artigo, o tempo de disponibilidade não será computado, senão para efeito de aposentadoria.

§ 4º. O aproveitamento de magistrado, posto em disponibilidade nos termos do item IV do art. 42 e do item II do art. 45, observará as normas dos parágrafos deste artigo.

ART. 58. A aplicação da pena de disponibilidade ou aposentadoria será imediatamente comunicada ao Presidente do Tribunal a que pertencer ou a que estiver sujeito o magistrado, para imediato afastamento das suas funções. Igual comunicação far-se-á ao Chefe do Poder Executivo competente, a fim de que formalize o ato de declaração da disponibilidade ou aposentadoria do magistrado.

ART. 59. O Conselho Nacional da Magistratura, se considerar existente crime de ação pública, pelo que constar de reclamação ou representação, remeterá ao Ministério Público cópia das peças que entender necessárias ao oferecimento da denúncia ou à instauração de inquérito policial.

ART. 60. O Conselho Nacional da Magistratura estabelecerá, em seu Regimento Interno, disposições complementares das constantes deste Capítulo.

TÍTULO IV. DOS VENCIMENTOS, VANTAGENS E DIREITOS DOS MAGISTRADOS

CAPÍTULO I. DOS VENCIMENTOS E VANTAGENS PECUNIÁRIAS

ART. 61. Os vencimentos dos magistrados são fixados em lei, em valor certo, atendido o que estatui o art. 32, parágrafo único.

Parágrafo único. À Magistratura de primeira instância da União assegurar-se-ão vencimentos não inferiores a dois terços dos valores fixados para os membros de segunda instância respectiva, assegurados aos Ministros do Supremo Tribunal Federal vencimentos pelo menos iguais aos dos Ministros de Estado, e garantidos aos Juízes vitalícios do mesmo grau de jurisdição iguais vencimentos.

ART. 62. Os Ministros militares togados do Superior Tribunal Militar, bem como os Ministros do Tribunal Superior do Trabalho, têm vencimentos iguais aos dos Ministros do Tribunal Federal de Recursos.

ART. 63. Os vencimentos dos Desembargadores dos Tribunais de Justiça dos Estados e do Tribunal de Justiça do Distrito Federal e dos Territórios não serão inferiores, no primeiro caso, aos dos Secretários de Estado, e no segundo, aos dos Secretários de Governo do Distrito Federal, não podendo ultrapassar, porém, os fixados para os Ministros do Supremo Tribunal Federal. Os Juízes vitalícios dos Estados têm os seus vencimentos fixados com diferença não excedente a vinte por cento de uma para outra entrância, atribuindo-se aos da entrância mais elevada não menos de dois terços dos vencimentos dos Desembargadores.

§ 1º. Os Juízes de Direito da Justiça do Distrito Federal e dos Territórios têm seus vencimentos fixados em proporção não inferior a dois terços do que percebem os Desembargadores e os Juízes substitutos, da mesma Justiça, em percentual não inferior a vinte por cento dos vencimentos daqueles.

§ 2º. Para o efeito de equivalência e limite de vencimentos previstos nesse artigo, são excluídas de cômputo apenas as vantagens de caráter pessoal ou de natureza transitória.

ART. 64. Os vencimentos dos magistrados estaduais serão pagos na mesma data fixada para o pagamento dos vencimentos dos Secretários de Estado ou dos subsídios dos membros do Poder Legislativo, considerando-se que desatende de às garantias do Poder judiciário atraso que ultrapasse o décimo dia útil do mês seguinte ao vencido.

ART. 65. Além dos vencimentos, poderão ser outorgadas aos magistrados, nos termos da lei, as seguintes vantagens:

I – ajuda de custo, para despesas de transporte e mudança;

II – ajuda de custo, para moradia, nas localidades em que não houver residência oficial à disposição do Magistrado.

III – salário-família;

IV – diárias;

V – representação;

VI – gratificação pela prestação de serviço à Justiça Eleitoral;

VII – gratificação pela prestação de serviço à Justiça do Trabalho, nas Comarcas onde não forem instituídas Juntas de Conciliação e Julgamento;

VIII – gratificação adicional de cinco por cento por quinquênio de serviço, até o máximo de sete;

IX – gratificação de magistério, por aula proferida em curso oficial de preparação para a Magistratura ou em Escola Oficial de Aperfeiçoamento de Magistrados (arts. 78, § 1º, e 87, § 1º), exceto quando receba remuneração específica para esta atividade;

X – gratificação pelo efetivo exercício em Comarca de difícil provimento, assim definida e indicada em lei.

§ 1º. A verba de representação, salvo quando concedida em razão do exercício de cargo em função temporária, integra os vencimentos para todos os efeitos legais.

§ 2º. É vedada a concessão de adicionais ou vantagens pecuniárias não previstas na presente Lei, bem como em bases e limites superiores aos nela fixados.

§ 3º. Caberá ao respectivo Tribunal, para aplicação do disposto nos incisos I e II deste artigo, conceder ao Magistrado auxílio-transporte em até 25% (vinte e cinco por cento), auxílio-moradia em até 30% (trinta por cento), calculados os respectivos percentuais sobre os vencimentos e cessando qualquer benefício indireto que, ao mesmo título, venha sendo recebido. (Execução suspensa pela Resolução/SF nº 31, de 1993)

CAPÍTULO II. DAS FÉRIAS

ART. 66. Os magistrados terão direito a férias anuais, por sessenta dias, coletivas ou individuais.

§ 1º. Os membros dos Tribunais, salvo os dos Tribunais Regionais do Trabalho, que terão férias individuais, gozarão de férias coletivas, nos períodos de 2 a 31 de janeiro e de 2 a 31 de julho. Os Juízes de primeiro grau gozarão de férias coletivas ou individuais, conforme dispuser a lei.

§ 2º. Os Tribunais iniciarão e encerrarão seus trabalhos, respectivamente, nos primeiro e último dias úteis de cada período, com a realização de sessão.

LEIS COMPLEMENTARES

ART. 67. Se a necessidade do serviço judiciário lhes exigir a contínua presença nos Tribunais, gozarão de trinta dias consecutivos de férias individuais, por semestre:

I – os Presidentes e Vice-Presidentes dos Tribunais;

II – os Corregedores;

III – os Juízes das Turmas ou Câmaras de férias.

§ 1º. As férias individuais não podem fracionar-se em períodos inferiores a trinta dias, e somente podem acumular-se por imperiosa necessidade do serviço e pelo máximo de dois meses.

§ 2º. É vedado o afastamento do Tribunal ou de qualquer de seus órgãos judicantes, em gozo de férias individuais, no mesmo período, de Juízes em número que possa comprometer o quorum de julgamento.

§ 3º. As Turmas ou Câmaras de férias terão a composição e competência estabelecidas no Regimento Interno do Tribunal.

ART. 68. Durante as férias coletivas, nos Tribunais em que não houver Turma ou Câmara de férias, poderá o Presidente, ou seu substituto legal, decidir de pedidos de liminar em mandado de segurança, determinar liberdade provisória ou sustação de ordem de prisão, e demais medidas que reclamam urgência.

CAPÍTULO III. DAS LICENÇAS

ART. 69. Conceder-se-á licença:

I – para tratamento de saúde;

II – por motivo de doença em pessoa da família;

III – para repouso à gestante;

IV – (Vetado.)

ART. 70. A licença para tratamento de saúde por prazo superior a trinta dias, bem como as prorrogações que importem em licença por período ininterrupto, também superior a trinta dia, dependem de inspeção por Junta Médica.

ART. 71. O magistrado licenciado não pode exercer qualquer das suas funções jurisdicionais ou administrativas, nem exercitar qualquer função pública ou particular (vetado).

§ 1º. Os períodos de licenças concedidos aos magistrados não terão limites inferiores aos reconhecidos por lei ao funcionalismo da mesma pessoa de direito público.

§ 2º. Salvo contraindicação médica, o magistrado licenciado poderá proferir decisões em processos que, antes da licença, lhe hajam sido conclusos para julgamento ou tenham recebido o seu visto como relator ou revisor.

CAPÍTULO IV. DAS CONCESSÕES

ART. 72. Sem prejuízo do vencimento, remuneração ou de qualquer direito ou vantagem legal, o magistrado poderá afastar-se de suas funções até oito dias consecutivos por motivo de:

I – casamento;

II – falecimento de cônjuge, ascendente, descendente ou irmão.

ART. 73. Conceder-se-á afastamento ao magistrado, sem prejuízo de seus vencimentos e vantagens:

I – para frequência a cursos ou seminários de aperfeiçoamento e estudos, a critério do Tribunal ou de seu órgão especial, pelo prazo máximo de dois anos;

II – para a prestação de serviços, exclusivamente à Justiça Eleitoral.

III – para exercer a presidência de associação de classe.

CAPÍTULO V. DA APOSENTADORIA

ART. 74. A aposentadoria dos magistrados vitalícios será compulsória, aos setenta anos de idade ou por invalidez comprovada, e facultativo, após trinta anos de serviço público, com vencimentos integrais, ressalvado o disposto nos arts. 50 e 56.

Parágrafo único. Lei ordinária disporá sobre a aposentadoria dos Juízes temporários de qualquer instância.

ART. 75. Os proveitos da aposentadoria serão reajustados na mesma proporção dos aumentos de vencimentos concedidos, a qualquer título, aos magistrados em atividade.

ART. 76. Os Tribunais disciplinarão, nos Regimentos Internos, o processo de verificação da invalidez do magistrado para o fim de aposentadoria, com observância dos seguintes requisitos:

I – o processo terá início a requerimento do magistrado, por ordem do Presidente do Tribunal, de ofício, em cumprimento de deliberação do Tribunal ou seu órgão especial ou por provocação da Corregedoria de Justiça;

II – tratando-se de incapacidade mental, o Presidente do Tribunal nomeará curador ao paciente, sem prejuízo da defesa que este queira oferecer pessoalmente, ou por procurador que constituir;

III – o paciente deverá ser afastado, desde logo, do exercício do cargo, até final decisão, devendo ficar concluído o processo no prazo de sessenta dias;

IV – a recusa do paciente em submeter-se a perícia médica permitirá o julgamento baseado em quaisquer outras provas;

V – o magistrado que, por dois anos consecutivos, afastar-se, ao todo, por seis meses ou mais para tratamento de saúde, deverá submeter-se, ao requerer nova licença para igual fim, dentro de dois anos, a exame para verificação de invalidez;

VI – se o Tribunal ou seu órgão especial concluir pela incapacidade do magistrado, comunicará imediatamente a decisão ao Poder Executivo, para os devidos fins.

ART. 77. Computar-se-á, para efeito de aposentadoria e disponibilidade, o tempo de exercício da advocacia, até o máximo de quinze anos, em favor dos Ministros do Supremo Tribunal Federal e dos membros dos demais Tribunais que tenham sido nomeados para os lugares reservados a advogados, nos termos da Constituição federal.

TÍTULO V. DA MAGISTRATURA DE CARREIRA

CAPÍTULO I. DO INGRESSO

ART. 78. O ingresso na Magistratura de carreira dar-se-á mediante nomeação, após concurso público de provas e títulos, organizado e realizado com a participação do Conselho Secional da Ordem dos Advogados do Brasil.

§ 1º. A lei pode exigir dos candidatos, para a inscrição no concurso, título de habilitação em curso oficial de preparação para a Magistratura.

§ 2º. Os candidatos serão submetidos a investigação relativa aos aspectos moral e social, e a exame de sanidade física e mental, conforme dispuser a lei.

§ 3º. Serão indicados para nomeação, pela ordem de classificação, candidatos em número correspondente às vagas, mais dois, para cada vaga, sempre que possível.

ART. 79. O Juiz, no ato da posse, deverá apresentar a declaração pública de seus bens, e prestará o compromisso de desempenhar com retidão as funções do cargo, cumprindo a Constituição e as leis.

CAPÍTULO II. DA PROMOÇÃO, DA REMOÇÃO E DO ACESSO

ART. 80. A lei regulará o processo de promoção, prescrevendo a observância dos critérios ele antiguidade e de merecimento, alternadamente, e o da indicação dos candidatos à promoção por merecimento, em lista tríplice, sempre que possível.

§ 1º. Na Justiça dos Estados:

I – apurar-se-ão na entrância a antiguidade e o merecimento, este em lista tríplice, sendo obrigatória a promoção do Juiz que figurar pela quinta vez consecutiva em lista de merecimento; havendo empate na antiguidade, terá precedência o Juiz mais antigo na carreira;

II – para efeito da composição da lista tríplice, o merecimento será apurado na entrância e aferido com prevalência de critérios de ordem objetiva, na forma do Regulamento baixado pelo Tribunal de Justiça, tendo-se em conta a conduta do Juiz, sua operosidade no exercício do cargo, número de vezes que tenha figurado na lista, tanto para entrância a prover, como para as anteriores, bem como o aproveitamento em cursos de aperfeiçoamento;

III – no caso de antiguidade, o Tribunal de Justiça, ou seu órgão especial, somente poderá recusar o Juiz mais antigo pelo voto da maioria absoluta do seus membros, repetindo-se a votação até fixar-se a indicação;

IV – somente após dois anos de exercício na entrância, poderá o Juiz ser promovido, salvo se não houver, com tal requisito, quem aceite o lugar vago, ou se forem recusados, pela maioria absoluta dos membros do Tribunal de Justiça, ou de seu órgão especial, candidatos que hajam completado o período.

§ 2º. Aplica-se, no que couber, aos Juízes togados da Justiça do Trabalho, o disposto no parágrafo anterior.

ART. 81. Na Magistratura de carreira dos Estados, ao provimento inicial e à promoção por merecimento precederá a remoção.

§ 1º. A remoção far-se-á mediante escolha pelo Poder Executivo, sempre que possível, de nome constante de lista tríplice, organizada pelo Tribunal de Justiça e contendo os nomes dos candidatos com mais de dois anos de efetivo exercício na entrância.

§ 2º. A juízo do Tribunal de Justiça, ou de seu órgão especial, poderá, ainda, ser provida, pelo mesmo critério fixado no parágrafo anterior vaga decorrente de remoção, destinando-se a seguinte, obrigatoriamente, ao provimento por promoção.

ART. 82. Para cada vaga destinada ao preenchimento por promoção ou por remoção, abrir-se-á inscrição distinta, sucessivamente, com a indicação da Comarca ou Vara a ser provida.

Parágrafo único. Ultimado o preenchimento das vagas, se mais de uma deva ser provida por merecimento, a lista conterá número de Juízes igual ao das vagas mais dois.

ART. 83. A notícia da ocorrência de vaga a ser preenchida, mediante promoção ou remoção, deve ser imediatamente veiculada pelo órgão oficial próprio, com indicação, no caso de provimento através de promoção, das que devam ser preenchidas segundo o critério de antiguidade ou de merecimento.

ART. 84. O acesso de Juízes Federais ao Tribunal Federal de Recursos far-se-á por escolha do Presidente da República dentre os indicados em lista tríplice, elaborada pelo Tribunal.

ART. 85. O acesso de Juízes Auditores e membros do Ministério Público da Justiça Militar ao Superior Tribunal Militarfar-se-á por livre escolha do Presidente da República.

ART. 86. O acesso dos Juízes do Trabalho Presidentes de Juntas de Conciliação e Julgamento ao Tribunal Regional do Trabalho, e dos Juízes do Trabalho substitutos àqueles cargos, far-se-á, alternadamente, por antiguidade e por merecimento, este através de lista tríplice votada por Juízes vitalícios do Tribunal e encaminhada ao Presidente da República.

ART. 87. Na Justiça dos Estados e do Distrito Federal e dos Territórios, o acesso dos Juízes de Direito aos Tribunais de Justiça far-se-á, alternadamente, por antiguidade e merecimento.

§ 1º. A lei poderá condicionar o acesso por merecimento aos Tribunais, como a promoção por igual critério, à frequência, com aprovação, a curso ministrado por escola oficial de aperfeiçoamento de magistrado.

§ 2º. O disposto no parágrafo anterior aplica-se ao acesso dos Juízes Federais ao Tribunal Federal de Recursos.

ART. 88. Nas promoções ou acessos, havendo mais de uma vaga a ser preenchida por merecimento, a lista conterá, se possível, número de magistrados igual ao das vagas mais dois para cada uma delas.

LEIS COMPLEMENTARES

TÍTULO VI. DO TRIBUNAL FEDERAL DE RECURSOS

CAPÍTULO ÚNICO.

ART. 89. O Tribunal Federal de Recursos funciona:

I – em Tribunal Pleno;

II – em Seções de Turmas especializadas;

III – em Turmas especializadas.

§ 1º. Compete ao Tribunal Pleno processar e julgar:

a) os Juízes Federais, os Juízes dos Tribunais Regionais do Trabalho e os da primeira instância da Justiça do Trabalho, bem como os membros dos Tribunais de Conta dos Estados e do Distrito Federal e os do Ministério Público da União, nos crimes comuns e nos de responsabilidade;

b) os mandados de segurança e habeas corpus contra ato de Ministro de Estado, do Diretor-Geral da Polícia Federal, do Presidente do próprio Tribunal ou de suas Turmas ou Seções;

c) os conflitos de jurisdição entre as Seções;

d) as revisões criminais e ações rescisórias de seus próprios julgados.

§ 2º. Compete, ainda, ao Tribunal Pleno:

a) uniformizar a jurisprudência em caso de divergência na interpretação do direito entre as Seções;

b) declarar a inconstitucionalidade de lei ou ato normativo;

c) eleger, pela maioria dos seus Ministros, em votação secreta, o Presidente, o Vice-Presidente e os membros do Conselho da Justiça Federal, com mandato de dois anos, vedada a reeleição;

d) exercer as funções administrativas que lhe forem atribuídas pela lei ou no Regimento Interno;

e) dar posse aos seus Ministros e aos titulares da sua direção.

§ 3º. O Vice-Presidente do Tribunal e o Corregedor-Geral da Justiça Federal participarão do Tribunal Pleno, também com as funções de relator e revisor.

§ 4º. Haverá no Tribunal Federal de Recursos duas Seções, constituídas, cada uma, pelos integrantes das Turmas da respectiva área de especialização, na forma estabelecida no Regimento Interno. As Seções serão presididas, uma pelo Vice-Presidente do Tribunal e a outra pelo Corregedor-Geral da Justiça Federal, que nelas terão apenas voto de qualidade.

§ 5º. A cada uma das Seções incumbirá processar e julgar:

a) os embargos infringentes ou de divergência das decisões das Turmas da respectiva área de especialização;

b) os conflitos de jurisdição relativamente, às matérias das respectivas áreas de especialização;

c) a uniformização da jurisprudência quando ocorrer divergência na interpretação do direito entre as Turmas que a integram;

d) os mandados de segurança contrato de Juiz Federal;

e) as revisões criminais e as ações rescisórias dos julgados de primeiro grau, da própria Seção ou das respectivas Turmas.

§ 6º. Haverá no Tribunal Federal de Recursos seis Turmas especializadas compostas de quatro Ministros cada uma, votando apenas três deles, na forma prevista na lei ou no Regimento Interno.

§ 7º. O Presidente, o Vice-Presidente e o Corregedor-Geral da Justiça Federal não integrarão Turma, podendo a ela comparecer para julgar feitos a que estejam vinculados.

ART. 90. O Regulamento Interno disporá sobre as áreas de especialização do Tribunal Federal de Recursos e o número de Turmas especializadas de cada uma das Seções bem assim sobre a forma de distribuição dos processos.

§ 1º. Com finalidade de abreviar o julgamento, o Regimento Interno poderá também prever casos em que será dispensada a remessa do feito ao revisor, desde que o recurso verse matéria predominantemente de direito.

§ 2º. O relator julgará pedido ou recurso que manifestamente haja perdido objeto, bem assim, mandará arquivar ou negará seguimento a pedido ou recurso manifestamente intempestivo ou incabível ou, ainda, que contrariar as questões predominantemente de direito, súmula do Tribunal ou do Supremo Tribunal Federal. Deste despacho caberá agravo, em cinco dias, para o órgão do Tribunal competente, para o julgamento do pedido ou recurso, que será julgado na primeira sessão seguinte, não participando o relator da votação.

TÍTULO VII. DA JUSTIÇA DO TRABALHO

CAPÍTULO ÚNICO.

ART. 91. Os cargos da Magistratura do Trabalho são os seguintes:

I – Ministro do Tribunal Superior do Trabalho;

II – Juiz do Tribunal Regional do Trabalho;

III – Juiz do Trabalho Presidente de Junta de Conciliação e Julgamento;

IV – Juiz do Trabalho substituto.

ART. 92. O ingresso na Magistratura do Trabalho dar-se-á no cargo de Juiz do Trabalho substituto.

ART. 93. Aplica-se à Justiça do Trabalho, inclusive quanto à convocação de Juiz de Tribunal Regional do Trabalho para substituir Ministro do Tribunal Superior do Trabalho, o disposto no art. 118 desta lei.

Parágrafo único. O sorteio, para efeito de substituição nos Tribunais Regionais do Trabalho, será feito entre os Juízes Presidentes de Junta de Conciliação e Julgamento da sede da Região respectiva.

ART. 94. Aos cargos de direção do Tribunal Superior do Trabalho e dos Tribunais Regionais do Trabalho aplica-se o disposto no art. 102 e seu parágrafo único.

TÍTULO VIII. DA JUSTIÇA DOS ESTADOS

CAPÍTULO I. DA ORGANIZAÇÃO JUDICIÁRIA

ART. 95. Os Estados organizarão a sua Justiça com observância o disposto na Constituição federal e na presente Lei.

ART. 96. Para a administração da Justiça, a lei dividirá o território do Estado em Comarcas, podendo agrupá-las em Circunscrição e dividi-las em Distrito.

ART. 97. Para a criação, extinção e classificação de Comarcas, a legislação estadual estabelecerá critérios uniformes, levando em conta:

I – a extensão territorial;

II – número de habitantes;

III – o número de eleitores;

IV – a receita tributária;

V – o movimento forense.

§ 1º. Os critérios a serem fixados, conforme previsto no *caput* deste artigo, deverão orientar, conforme índices também estabelecidos em lei estadual, o desdobramento de Juízos ou a criação de novas Varas, nas Comarcas de maior importância.

§ 2º. Os índices mínimos estabelecidos em lei poderão ser dispensados, para efeito do disposto no *caput* deste artigo, em relação a Municípios com precários meios de comunicação.

ART. 98. Quando o regular exercício das funções do Poder Judiciário for impedido por falta de recursos decorrente de injustificada redução de sua proposta orçamentária, ou pela não-satisfação oportuna das dotações que lhe correspondam, caberá ao Tribunal de Justiça, pela maioria absoluta de seus membros, solicitar ao Supremo Tribunal Federal a intervenção da União no Estado.

CAPÍTULO II. DOS TRIBUNAIS DE JUSTIÇA

ART. 99. Compõem o órgão especial a que se refere o parágrafo único do art. 16 o Presidente, o Vice-Presidente do Tribunal de Justiça e o Corregedor da Justiça, que exercerão nele iguais funções, os Desembargadores de maior antiguidade no cargo, respeitada a representação de advogados e membros do Ministério Público, e inadmitida a recusa do encargo.

§ 1º. Na composição do órgão especial observar-se-á, tanto quanto possível, a representação, em número paritário, de todas as Câmaras, Turmas ou Seções especializadas.

§ 2º. Os Desembargadores não integrantes do órgão especial, observada a ordem decrescente de antiguidade, poderão ser convocados pelo Presidente para substituir os que o componham, nos casos de afastamento ou impedimento.

ART. 100. Na composição de qualquer Tribunal, um quinto dos lugares será preenchido por advogados, em efetivo exercício da profissão, e membros do Ministério Público, todos de notário merecimento e idoneidade moral, com dez anos, pelo menos, de prática forense.

§ 1º. Os lugares reservados a membros do Ministério Público ou advogados serão preenchidos, respectivamente, por membros do Ministério Público ou por advogados, indicados em lista tríplice pelo Tribunal de Justiça ou seu órgão especial.

§ 2º. Nos Tribunais em que for ímpar o número de vagas destinadas ao quinto constitucional, uma delas será, alternada e sucessivamente, preenchida por advogado e por membro do Ministério Público, de tal forma que, também sucessiva e alternadamente, os representantes de uma dessas classes superem os da outra em uma Unidade.

§ 3º. Nos Estados em que houver Tribunal de Alçada, constitui este, para efeito de acesso ao Tribunal de Justiça, a mais alta entrância da Magistratura estadual.

§ 4º. Os Juízes que integrem os Tribunais de Alçada somente concorrerão às vagas no Tribunal de Justiça correspondente à classe dos magistrados.

§ 5º. Não se consideram membros do Ministério Público, para preenchimento de vagas nos Tribunais, os juristas estranhos à carreira, nomeados em comissão para o cargo de Procurador-Geral ou outro de chefia.

ART. 101. Os Tribunais compor-se-ão de Câmaras ou Turmas, especializadas ou agrupadas em Seções especializadas. A composição e competência das Câmaras ou Turmas serão fixadas na lei e no Regimento Interno.

§ 1º. Salvo nos casos de embargos infringentes ou de divergência, do julgamento das Câmaras ou Turmas, participarão apenas três dos seus membros, se maior o número de composição de umas ou outras.

§ 2º. As Seções especializadas serão integradas, conforme disposto no Regimento Interno, pelas Turmas ou Câmaras da respectiva área de especialização.

§ 3º. A cada uma das Seções caberá processar e julgar:

a) os embargos infringentes ou de divergência das decisões das Turmas da respectiva área de especialização;

b) os conflitos de jurisdição relativamente às matérias das respectivas áreas de especialização;

c) a uniformização da jurisprudência, quando ocorrer divergência na interpretação do direito entre as Turmas que a integram;

d) os mandados de segurança contra ato de Juiz de Direito;

e) as revisões criminais e as ações rescisórias dos julgamentos de primeiro grau, da própria Seção ou das respectivas Turmas.

§ 4º. Cada Câmara, Turma ou Seção especializada funcionará como Tribunal distinto das demais, cabendo ao Tribunal Pleno, ou ao seu órgão especial, onde houver, o julgamento dos feitos que, por lei, excedam a competência de Seção.

ART. 102. Os Tribunais, pela maioria dos seus membros efetivos, por votação secreta, elegerão dentre seus Juízes mais antigos, em número correspondente ao dos cargos de direção, os titulares destes, com mandato por dois anos, proibida a reeleição. Quem tiver exercido quaisquer cargos de direção por quatro anos, ou o de Presidente, não figurará mais entre os elegíveis, até que se esgotem todos os nomes, na ordem de antiguidade. É obrigatória a aceitação do cargo, salvo recusa manifestada e aceita antes da eleição.

Parágrafo único. O disposto neste artigo não se aplica ao Juiz eleito, para completar período de mandato inferior a um ano.

ART. 103. O Presidente e o Corregedor da Justiça não integrarão as Câmaras ou Turmas. A Lei estadual poderá estender a mesma proibição também aos Vice-Presidentes.

§ 1º. Nos Tribunais com mais de trinta Desembargadores a lei de organização judiciária poderá prever a existência de mais de um Vice-Presidente, com as funções que a lei e o Regimento Interno determinarem, observado quanto a eles, inclusive, o disposto no *caput* deste artigo.

§ 2º. Nos Estados com mais de cem Comarcas e duzentas Varas, poderá haver até dois Corregedores, com as funções que a lei e o Regimento Interno determinarem.

ART. 104. Haverá nos Tribunais de Justiça um Conselho da Magistratura, com função disciplinar, do qual serão membros natos o Presidente, o Vice-Presidente e o Corregedor, não devendo, tanto quanto possível, seus demais integrantes ser escolhidos dentre os outros do respectivo órgão especial, onde houver. A composição, a competência e o funcionamento desse Conselho, que terá como órgão superior o Tribunal Pleno ou o órgão especial, serão estabelecidos no Regimento Interno.

ART. 105. A lei estabelecerá o número mínimo de Comarcas a serem visitadas, anualmente, pelo Corregedor, em correição geral ordinária, sem prejuízo das correições extraordinárias, gerais ou parciais, que entenda fazer, ou haja de realizar por determinação do Conselho de Magistratura.

ART. 106. Dependerá de proposta do Tribunal de Justiça, ou de seu órgão especial, a alteração numérica dos membros do próprio Tribunal ou dos Tribunais inferiores de segunda instância e dos Juízes de Direito de primeira instância.

§ 1º. Somente será majorado o número dos membros do Tribunal se o total de processos distribuídos e julgados, durante o ano anterior, superar o índice de trezentos feitos por Juiz.

§ 2º. Se o total de processos judiciais distribuídos no Tribunal de Justiça, durante o ano anterior, superar índice de seiscentos feitos por Juiz e não for proposto o aumento de número de Desembargadores, o acúmulo de serviços não excluirá a aplicação das sanções previstas nos arts. 56 e 57 desta Lei.

§ 3º. Para efeito do cálculo a que se referem os parágrafos anteriores, não serão computados os membros do Tribunal que, pelo exercício de cargos de direção, não integrarem as Câmaras, Turmas ou Seções, ou que, integrando-as, nelas não servirem como relator ou revisor.

§ 4º. Elevado o número de membros do Tribunal de Justiça ou dos Tribunais inferiores de segunda instância, ou neles ocorrendo vaga, serão previamente aproveitados os em disponibilidade, salvo o disposto no § 2º do art. 202 da Constituição federal e no § 1º do art. 57 desta Lei, nas vagas reservadas aos magistrados.

§ 5º. No caso do parágrafo anterior, havendo mais de um concorrente à mesma vaga, terá preferência o de maior tempo de disponibilidade, e, sendo este o mesmo, o de maior antiguidade, sucessivamente, na substituição e no cargo.

ART. 107. É vedada a convocação ou designação de Juiz para exercer cargo ou função nos Tribunais, ressalvada a substituição ocasional de seus integrantes (art. 118).

CAPÍTULO III.
DOS TRIBUNAIS DE ALÇADA

ART. 108. Poderão ser criados nos Estados, mediante proposta dos respectivos Tribunais de Justiça, Tribunais inferiores de segunda instância, denominados Tribunais de Alçada, observados os seguintes requisitos:

I – ter o Tribunal de Justiça número de Desembargadores igual ou superior a trinta;

II – haver o número de processos distribuídos no Tribunal de Justiça nos dois últimos anos, superado o índice de trezentos feitos por Desembargador, em cada ano;

III – limitar-se a competência do Tribunal de Alçada, em matéria cível, a recursos:

a) em quaisquer ações relativas à locação de imóveis, bem assim nas possessórias;

b) nas ações relativas à matéria fiscal da competência dos Municípios;

c) nas ações de acidentes do trabalho;

d) nas ações de procedimento sumaríssimo, em razão da matéria

e) nas execuções por título extrajudicial, exceto as relativas à matéria fiscal da competência dos Estados;

IV – limitar-se a competência do Tribunal de Alçada, em matéria penal, a habeas corpus e recursos:

a) nos crimes contra o patrimônio, seja qual for a natureza da pena cominada;

b) nas demais infrações a que não seja cominada a pena de reclusão, isolada, cumulativa ou alternadamente, excetuados os crimes ou contravenções relativas a tóxicos ou entorpecentes, e a falência.

Parágrafo único. Nos Estados em que houver mais de um Tribunal de Alçada, caberá privativamente a um deles, pelo menos, exercer a competência prevista no inciso IV deste artigo.

ART. 109. Nos casos de conexão ou continência entre ações de competência do Tribunal de Justiça e do Tribunal de Alçada, prorrogar-se-á a do primeiro, o mesmo ocorrendo quando, em matéria penal, houver desclassificação para crime de competência do último.

ART. 110. Os Tribunais de Alçada terão jurisdição na totalidade ou em parte do território do Estado, e sede na Capital ou em cidade localizada na área de sua jurisdição.

Parágrafo único. Aplica-se, no que couber, aos Tribunais de Alçada, o disposto nos arts. 100, *caput*, §§ 1º, 2º e 5º, 101 e 102.

ART. 111. Nos Estados com mais de um Tribunal de Alçada é assegurado aos seus Juízes o direito de remoção de um para outro Tribunal, mediante prévia aprovação do Tribunal de Justiça, observado o quinto constitucional.

CAPÍTULO IV. DA JUSTIÇA DE PAZ

ART. 112. A Justiça de Paz temporária, criada por lei, mediante proposta do Tribunal de Justiça, tem competência somente para o processo de habilitação e a celebração do casamento.

§ 1º. O Juiz de Paz será nomeado pelo Governador, mediante escolha em lista tríplice, organizada pelo Presidente do Tribunal de Justiça, ouvido o Juiz de Direito da Comarca, e composta de eleitores residentes no Distrito, não pertencentes a órgão de direção ou de ação de Partido Político. Os demais nomes constantes da lista tríplice serão nomeados primeiro e segundo suplentes.

§ 2º. O exercício efetivo da função de Juiz de Paz constitui serviço público relevante e assegurará prisão especial, em caso de crime comum, até definitivo julgamento.

§ 3º. Nos casos de falta, ausência ou impedimento do Juiz de Paz e de seus suplentes caberá ao Juiz de Direito da Comarca a nomeação de Juiz de Paz ad hoc.

ART. 113. A impugnação à regularidade do processo de habilitação matrimonial e a contestação a impedimento oposto serão decididas pelo Juiz de Direito.

TÍTULO IX. DA SUBSTITUIÇÃO NOS TRIBUNAIS

ART. 114. O Presidente do Tribunal é substituído pelo Vice-Presidente, e este e o Corregedor, pelos demais membros, na ordem decrescente de antiguidade.

ART. 115. (Revogado pela Lei Complementar nº 54, de 1986)

ART. 116. Quando o afastamento for por período igual ou superior a três dias, serão redistribuídos, mediante oportuna compensação, os habeas corpus, os mandados de segurança e os feitos que, consoante fundada alegação do interessado, reclamem solução urgente. Em caso de vaga, ressalvados esses processos, os demais serão atribuídos ao nomeado para preenchê-la.

ART. 117. Para compor o quorum de julgamento, o magistrado, nos casos de ausência ou impedimento eventual, será substituído por outro da mesmo Câmara ou Turma, na ordem de antiguidade, ou, se impossível, de outra, de preferência da mesma Seção especializada, na forma prevista no Regimento Interno. Na ausência de critérios objetivos, a convocação far-se-á mediante sorteio público, realizado pelo Presidente da Câmara, Turma ou Seção especializada.

ART. 118. Em caso de vaga ou afastamento, por prazo superior a 30 (trinta) dias, de membro dos Tribunais Superiores, dos Tribunais Regionais, dos Tribunais de Justiça e dos Tribunais de Alçada, (Vetado) poderão ser convocados Juízes, em Substituição (Vetado) escolhidos (Vetado) por decisão da maioria absoluta do Tribunal respectivo, ou, se houver, de seu Órgão Especial:

§ 1º. A convocação far-se-á mediante sorteio público dentre:

I – os Juízes Federais, para o Tribunal Federal de Recursos;

II – o Corregedor e Juízes Auditores para a substituição de Ministro togado do Superior Tribunal Militar;

III – Os Juízes da Comarca da Capital para os Tribunais de Justiça dos Estados onde não houver Tribunal de Alçada e, onde houver, dentre os membros deste para os Tribunais de Justiça e dentre os Juízes da Comarca da sede do Tribunal de Alçada para o mesmo;

IV – os Juízes de Direito do Distrito Federal, para o Tribunal de Justiça do Distrito Federal e dos Territórios;

V – os Juízes Presidentes de Junta de Conciliação o Julgamento da sede da Região para os Tribunais Regionais do Trabalho.

§ 2º. Não poderão ser convocados Juízes punidos com as penas previstas no art. 42, I, II, III e IV, nem os que estejam respondendo ao procedimento previsto no art. 27.

§ 3º. A convocação de Juiz de Tribunal do Trabalho, para substituir Ministro do Tribunal Superior do Trabalho, obedecerá o disposto neste artigo.

§ 4º. Em nenhuma hipótese, salvo vacância do cargo, haverá redistribuição de processos aos Juízes convocados. (Incluído pela Lei Complementar nº 54, de 22.12.1986)

ART. 119. A redistribuição de feitos, a substituição nos casos de ausência ou impedimento eventual e a convocação para completar quorum de julgamento não autorizam a concessão de qualquer vantagem, salvo diárias e transporte, se for o caso.

TÍTULO X. DISPOSIÇÕES FINAIS E TRANSITÓRIAS

ART. 120. Os Regimentos Internos dos Tribunais disporão sobre a devolução e julgamento dos feitos, no sentido de que, ressalvadas as preferências legais, se obedeça, tanto quanto possível, na organização das pautas, a igualdade numérica entre os processos em que o Juiz funcione como relator e revisor.

ART. 121. Nos julgamentos, o pedido de vista não impede votem os Juízes que se tenham por habilitados a fazê-lo, e o Juiz que o formular restituirá os autos ao Presidente dentro em dez dias, no máximo, contados do dia do pedido, devendo prosseguir o julgamento do feito na primeira sessão subsequente a este prazo.

ART. 122. Os Presidentes e Vice-Presidentes de Tribunal, assim como os Corregedores, não poderão participar de Tribunal Eleitoral.

ART. 123. Poderão ter seus mandatos prorrogados, por igual período, o Presidente, o Vice-Presidente e o Corregedor que, por força de disposição regimental, estejam, na data da publicação desta Lei, cumprindo mandato de um ano.

ART. 124. O Magistrado que for convocado para substituir, em primeira ou segunda instância, perceberá a diferença de vencimentos correspondentes ao cargo que passa a exercer, inclusive diárias e transporte, se for o caso. (Redação dada pela Lei Complementar nº 54, de 22.12.1986)

ART. 125. O Presidente do Tribunal, de comum acordo com o Vice-Presidente, poderá delegar-lhe atribuições.

ART. 126. O Conselho da Justiça Federal compõe-se do Presidente e do Vice-Presidente do Tribunal Federal de Recursos, e de mais três Ministros eleitos pelo Tribunal, com mandato de dois anos.

Parágrafo único. O Tribunal Federal de Recursos, ao eleger os três Ministros que integrarão o Conselho, indicará, dentre eles, o Corregedor-Geral, bem como elegerá os respectivos suplentes.

ART. 127. Nas Justiças da União, os Estados e do Distrito Federal e dos Territórios, poderão existir outros órgãos com funções disciplinares e de correição, nos termos da lei, ressalvadas as competências dos previstos nesta.

ART. 128. Nos Tribunais, não poderão ter assento na mesma Turma, Câmara ou Seção, cônjuges e parentes consangüíneos ou afins em linha reta, bem como em linha colateral até o terceiro grau.

Parágrafo único. Nas sessões do Tribunal Pleno ou órgão que o substituir, onde houver, o primeiro dos membros mutuamente impedidos, que votar, excluirá a participação do outro no julgamento.

ART. 129. O magistrado, pelo exercício em órgão disciplinar ou de correição, nenhuma vantagem pecuniária perceberá, salvo transporte e diária para alimentação e pousada, quando se deslocar de sua sede.

ART. 130. (Revogado pela Lei Complementar nº 37, de 1979)

ART. 131. Ao magistrado que responder a processo disciplinar findo este, dar-se-á certidão de suas peças, se o requerer.

ART. 132. Aplicam-se à Justiça do Distrito Federal e dos Territórios, no que couber, as normas referentes à Justiça dos Estados.

ART. 133. O Presidente do Supremo Tribunal Federal adotará as providências necessárias à instalação do Conselho Nacional da Magistratura no prazo de trinta dias, contado da entrada em vigor desta Lei.

ART. 134. Concluídas as instalações que possam atender á nova composição do Tribunal Federal de Recursos, serão preenchidos oito cargos de Ministro, para completar o número de vinte e sete, nos termos do art. 4º, devendo o Presidente do Tribunal no prazo de trinta dias, tornar efetiva a reorganização determinada nesta Lei e promover, a adaptação do Regimento Interno às regras nela estabelecias.

Parágrafo único. As disposições dos arts. 115 e 118 da Lei Complementar nº 35, de 14 de março de 1979, não se aplicarão ao Tribunal Federal de Recursos, enquanto não forem preenchidos os oito cargos de Ministro, para complementar o número de vinte e sete, nos termos previstos neste artigo.

ART. 135. O mandato dos membros do Conselho Nacional da Magistratura eleitos no prazo do artigo anterior, com início da data da sua eleição, terminará juntamente com o do Presidente e do Vice-Presidente do Supremo Tribunal Federal eleitos em substituição aos atuais.

ART. 136. Para efeito do aumento do número de Desembargadores, previsto no art. 106, § 1º, poderá ser computado o número de processos distribuídos durante o ano anterior, e que, por força desta Lei, passaram à competência dos Tribunais de Justiça.

ART. 137. Os cargos de Desembargadores criados após a promulgação da Emenda Constitucional nº 7, de 13 de abril de 1977, e ainda não providos à data da vigência desta Lei, somente o serão uma vez satisfeito o requisito constante do art. 106, § 1º.

ART. 138. Aos Juízes togados, nomeados mediante concurso de provas e ainda sujeitos a concurso de títulos consoante as legislações estaduais, computar-se-á, no período de dois anos de estágio para aquisição da vitaliciedade, o tempo de exercício anterior a 13 de abril de 1977.

ART. 139. Dentro de seis meses contados da vigência desta Lei, os Estados adaptarão sua organização judiciária aos preceitos e aos constantes da Constituição federal.

§ 1º. Nos Estados em que houver Tribunal de Alçada, os Tribunais de Justiça observarão quanto à competência o disposto no art. 108, incisos III e IV.

§ 2º. Os Tribunais de Justiça e os de Alçada conservarão, residualmente, sua competência, para o processo e julgamento dos feitos e recursos que houverem sido entregues, nas respectivas Secretarias, até a data da entrada em vigor da lei estadual de adaptação prevista no art. 202 da Constituição, ainda que não tenham sido registrados ou autuados.

ART. 140. Vencido o prazo do artigo anterior, ficarão extintos os cargos de Juiz substituto de segunda instância, qualquer que seja a sua denominação, e seus ocupantes, em disponibilidade, com vencimentos integrais até serem aproveitados.

§ 1º. O aproveitamento far-se-á por promoção ao Tribunal de Justiça ou ao Tribunal de Alçada, conforme o caso, respeitado o quinto constitucional, alternadamente, pelos critérios de antiguidade e merecimento, e, enquanto não foi, possível, nas Varas da Comarca da Capital, de entrância igual à dos ocupantes aos cargos extintos.

§ 2º. No Estado do Rio de Janeiro, nas primeiras vagas que ocorrerem ou vierem a ser criadas no Tribunal de Justiça, ressalvada a faculdade do Governador, de prévio aproveitamento dos atuais Desembargadores em disponibilidade (Emenda Constitucional nº 7,77, art. 202, § 2º) e observado o quinto constitucional, serão aproveitados os atuais Juízes de Direito substitutos de Desembargador, sem prejuízo da antiguidade que tiverem os demais Juízes de Direito de entrância especial, na oportunidade do acesso ao Tribunal.

§ 3º. Os Juízes substitutos dos Tribunais de Alçada do mesmo Estado serão aproveitados nas primeiras vagas que ocorrerem ou vierem a ser criadas em qualquer desses Tribunais, observados os mesmos critérios deste artigo.

§ 4º. Os Juízes que, na data da entrada em vigor desta Lei, estejam no exercício de função substituinte, mediante convocação temporária, reassumirão o exercício das Varas de que sejam titulares.

§ 5º. É, vedado o aproveitamento por forma diversa da prevista nos artigos anteriores, inclusive como assessor, assistente ou auxiliar de Desembargador ou de Juiz de Tribunal de Alçada.

ART. 141. Independentemente do disposto no § 3º do art. 100 desta Lei, fica assegurado o acesso aos Tribunais de Justiça, pelo critério de antiguidade, de todos os Juízes de Direito que, à data da promulgação desta Lei, integrem a mais elevada entrância, desde que, segundo as disposições estaduais então vigentes, tenham igual ou maior antiguidade do que a daqueles que integram os Tribunais de Alçada ressalvada a recusa prevista no inciso III do art. 144 da Constituição federal.

ART. 142. No Estado do Rio de Janeiro a aplicação do disposto no § 3º do art. 100 não poderá afetar a antiguidade que tiverem, na data da entrada em vigor desta Lei, os Juízes que atualmente compõem a entrância especial, entre os quais se incluem os Juízes que integram os Tribunais de Alçada.

ART. 143. O disposto no § 4º do art. 100 não se aplica às vagas ocorrentes antes da data da entrada em vigor desta Lei.

ART. 144. (Vetado.)

ART. 145. As gratificações e adicionais atualmente atribuídos a magistrados, não previstos no art. 65, ou excedentes das percentagens e limites nele fixados, ficam extintos e seus valores atuais passam a ser percebidos como vantagem pessoal inalterável no seu quantum, a ser absorvida em futuros aumentos ou reajustes de vencimentos.

Parágrafo único. A absorção a que se refere este artigo não se aplica ao excesso decorrente do número de quinquênios e não excederá de vinte por cento em cada aumento ou reajuste de vencimento.

ART. 146. Esta Lei entrará em vigor sessenta dias após sua publicação.

ART. 147. Revogam-se as disposições em contrário.

Brasília, 14 de março de 1979;
128º da Independência e 91º da República.

Ernesto Geisel

Publicado no DOU de 14-03-1979

LEI COMPLEMENTAR Nº 75, DE 20 DE MAIO DE 1993

Dispõe sobre a organização, as atribuições e o estatuto do Ministério Público da União.

▸ Súmula 234 do STJ.

▸ Lei nº 8.625, de 12-02-1993, Lei Orgânica Nacional do Ministério Público.

TÍTULO I. DAS DISPOSIÇÕES GERAIS

CAPÍTULO I. DA DEFINIÇÃO, DOS PRINCÍPIOS E DAS FUNÇÕES INSTITUCIONAIS

ART. 1º. O Ministério Público da União, organizado por esta lei Complementar, é instituição permanente, essencial à função jurisdicional do Estado, incumbindo-lhe a defesa da ordem jurídica, do regime democrático, dos interesses sociais e dos interesses individuais indisponíveis.

ART. 2º. Incumbem ao Ministério Público as medidas necessárias para garantir o respeito dos Poderes Públicos e dos serviços de relevância pública aos direitos assegurados pela Constituição Federal.

ART. 3º. O Ministério Público da União exercerá o controle externo da atividade policial tendo em vista:

a) o respeito aos fundamentos do Estado Democrático de Direito, aos objetivos fundamentais da República Federativa do Brasil, aos princípios informadores das relações internacionais, bem como aos direitos assegurados na Constituição Federal e na lei;

b) a preservação da ordem pública, da incolumidade das pessoas e do patrimônio público;

c) a prevenção e a correção de ilegalidade ou de abuso de poder;

d) a indisponibilidade da persecução penal;

e) a competência dos órgãos incumbidos da segurança pública.

ART. 4º. São princípios institucionais do Ministério Público da União a unidade, a indivisibilidade e a independência funcional.

ART. 5º. São funções institucionais do Ministério Público da União:

I – a defesa da ordem jurídica, do regime democrático, dos interesses sociais e dos interesses individuais indisponíveis, considerados, dentre outros, os seguintes fundamentos e princípios:

a) a soberania e a representatividade popular;

b) os direitos políticos;

c) os objetivos fundamentais da República Federativa do Brasil;

d) a indissolubilidade da União;

LEIS COMPLEMENTARES

e) a independência e a harmonia dos Poderes da União;

f) a autonomia dos Estados, do Distrito Federal e dos Municípios;

g) as vedações impostas à União, aos Estados, ao Distrito Federal e aos Municípios;

h) a legalidade, a impessoalidade, a moralidade e a publicidade, relativas à administração pública direta, indireta ou fundacional, de qualquer dos Poderes da União;

II – zelar pela observância dos princípios constitucionais relativos:

a) ao sistema tributário, às limitações do poder de tributar, à repartição do poder impositivo e das receitas tributárias e aos direitos do contribuinte;

b) às finanças públicas;

c) à atividade econômica, à política urbana, agrícola, fundiária e de reforma agrária e ao sistema financeiro nacional;

d) à seguridade social, à educação, à cultura e ao desporto, à ciência e à tecnologia, à comunicação social e ao meio ambiente;

e) à segurança pública;

III – a defesa dos seguintes bens e interesses:

a) o patrimônio nacional;

b) o patrimônio público e social;

c) o patrimônio cultural brasileiro;

d) o meio ambiente;

e) os direitos e interesses coletivos, especialmente das comunidades indígenas, da família, da criança, do adolescente e do idoso;

IV – zelar pelo efetivo respeito dos Poderes Públicos da União, dos serviços de relevância pública e dos meios de comunicação social aos princípios, garantias, condições, direitos, deveres e vedações previstos na Constituição Federal e na lei, relativos à comunicação social;

V – zelar pelo efetivo respeito dos Poderes Públicos da União e dos serviços de relevância pública quanto:

a) aos direitos assegurados na Constituição Federal relativos às ações e aos serviços de saúde e à educação;

b) aos princípios da legalidade, da impessoalidade, da moralidade e da publicidade;

VI – exercer outras funções previstas na Constituição Federal e na lei.

§ 1º. Os órgãos do Ministério Público da União devem zelar pela observância dos princípios e competências da Instituição, bem como pelo livre exercício de suas funções.

§ 2º. Somente a lei poderá especificar as funções atribuídas pela Constituição Federal e por esta Lei Complementar ao Ministério Público da União, observados os princípios e normas nelas estabelecidos.

Capítulo II.
DOS INSTRUMENTOS DE ATUAÇÃO

ART. 6º. Compete ao Ministério Público da União:

I – promover a ação direta de inconstitucionalidade e o respectivo pedido de medida cautelar;

II – promover a ação direta de inconstitucionalidade por omissão;

III – promover a arguição de descumprimento de preceito fundamental decorrente da Constituição Federal;

IV – promover a representação para intervenção federal nos Estados e no Distrito Federal;

V – promover, privativamente, a ação penal pública, na forma da lei;

VI – impetrar habeas corpus e mandado de segurança;

VII – promover o inquérito civil e a ação civil pública para:

a) a proteção dos direitos constitucionais;

b) a proteção do patrimônio público e social, do meio ambiente, dos bens e direitos de valor artístico, estético, histórico, turístico e paisagístico;

c) a proteção dos interesses individuais indisponíveis, difusos e coletivos, relativos às comunidades indígenas, à família, à criança, ao adolescente, ao idoso, às minorias étnicas e ao consumidor;

d) outros interesses individuais indisponíveis, homogêneos, sociais, difusos e coletivos;

VIII – promover outras ações, nelas incluído o mandado de injunção sempre que a falta de norma regulamentadora torne inviável o exercício dos direitos e liberdades constitucionais e das prerrogativas inerentes à nacionalidade, à soberania e à cidadania, quando difusos os interesses a serem protegidos;

IX – promover ação visando ao cancelamento de naturalização, em virtude de atividade nociva ao interesse nacional;

X – promover a responsabilidade dos executores ou agentes do estado de defesa ou do estado de sítio, pelos ilícitos cometidos no período de sua duração;

XI – defender judicialmente os direitos e interesses das populações indígenas, incluídos os relativos às terras por elas tradicionalmente habitadas, propondo as ações cabíveis;

XII – propor ação civil coletiva para defesa de interesses individuais homogêneos;

XIII – propor ações de responsabilidade do fornecedor de produtos e serviços;

XIV – promover outras ações necessárias ao exercício de suas funções institucionais, em defesa da ordem jurídica, do regime democrático e dos interesses sociais e individuais indisponíveis, especialmente quanto:

a) ao Estado de Direito e às instituições democráticas;

b) à ordem econômica e financeira;

c) à ordem social;

d) ao patrimônio cultural brasileiro;

e) à manifestação de pensamento, de criação, de expressão ou de informação;

f) à probidade administrativa;

g) ao meio ambiente;

XV – manifestar-se em qualquer fase dos processos, acolhendo solicitação do juiz ou por sua iniciativa, quando entender existente interesse em causa que justifique a intervenção;

XVI – (Vetado);

XVII – propor as ações cabíveis para:

a) perda ou suspensão de direitos políticos, nos casos previstos na Constituição Federal;

b) declaração de nulidade de atos ou contratos geradores do endividamento externo da União, de suas autarquias, fundações e demais entidades controladas pelo Poder Público Federal, ou com repercussão direta ou indireta em suas finanças;

c) dissolução compulsória de associações, inclusive de partidos políticos, nos casos previstos na Constituição Federal;

d) cancelamento de concessão ou de permissão, nos casos previstos na Constituição Federal;

e) declaração de nulidade de cláusula contratual que contrarie direito do consumidor;

XVIII – representar;

a) ao órgão judicial competente para quebra de sigilo da correspondência e das comunicações telegráficas, de dados e das comunicações telefônicas, para fins de investigação criminal ou instrução processual penal, bem como manifestar-se sobre representação a ele dirigida para os mesmos fins;

b) ao Congresso Nacional, visando ao exercício das competências deste ou de qualquer de suas Casas ou comissões;

c) ao Tribunal de Contas da União, visando ao exercício das competências deste;

d) ao órgão judicial competente, visando à aplicação de penalidade por infrações cometidas contra as normas de proteção à infância e à juventude, sem prejuízo da promoção da responsabilidade civil e penal do infrator, quando cabível;

XIX – promover a responsabilidade:

a) da autoridade competente, pelo não exercício das incumbências, constitucional e legalmente impostas ao Poder Público da União, em defesa do meio ambiente, de sua preservação e de sua recuperação;

b) de pessoas físicas ou jurídicas, em razão da prática de atividade lesiva ao meio ambiente, tendo em vista a aplicação de sanções penais e a reparação dos danos causados;

XX – expedir recomendações, visando à melhoria dos serviços públicos e de relevância pública, bem como ao respeito, aos interesses, direitos e bens cuja defesa lhe cabe promover, fixando prazo razoável para a adoção das providências cabíveis.

§ 1º. Será assegurada a participação do Ministério Público da União, como instituição observadora, na forma e nas condições estabelecidas em ato do Procurador-Geral da República, em qualquer órgão da administração pública direta, indireta ou fundacional da União, que tenha atribuições correlatas às funções da Instituição.

§ 2º. A lei assegurará a participação do Ministério Público da União nos órgãos colegiados estatais, federais ou do Distrito Federal, constituídos para defesa de direitos e interesses relacionados com as funções da Instituição.

ART. 7º. Incumbe ao Ministério Público da União, sempre que necessário ao exercício de suas funções institucionais:

I – instaurar inquérito civil e outros procedimentos administrativos correlatos;

II – requisitar diligências investigatórias e a instauração de inquérito policial e de inquérito policial militar, podendo acompanhá-los e apresentar provas;

III – requisitar à autoridade competente a instauração de procedimentos administrativos, ressalvados os de natureza disciplinar, podendo acompanhá-los e produzir provas.

ART. 8º. Para o exercício de suas atribuições, o Ministério Público da União poderá, nos procedimentos de sua competência:

I – notificar testemunhas e requisitar sua condução coercitiva, no caso de ausência injustificada;

II – requisitar informações, exames, perícias e documentos de autoridades da Administração Pública direta ou indireta;

III – requisitar da Administração Pública serviços temporários de seus servidores e meios materiais necessários para a realização de atividades específicas;

IV – requisitar informações e documentos a entidades privadas;

V – realizar inspeções e diligências investigatórias;

VI – ter livre acesso a qualquer local público ou privado, respeitadas as normas constitucionais pertinentes à inviolabilidade do domicílio;

VII – expedir notificações e intimações necessárias aos procedimentos e inquéritos que instaurar;

VIII – ter acesso incondicional a qualquer banco de dados de caráter público ou relativo a serviço de relevância pública;

IX – requisitar o auxílio de força policial.

§ 1º. O membro do Ministério Público será civil e criminalmente responsável pelo uso indevido das informações e documentos que requisitar; a ação penal, na hipótese, poderá ser proposta também pelo ofendido, subsidiariamente, na forma da lei processual penal.

§ 2º. Nenhuma autoridade poderá opor ao Ministério Público, sob qualquer pretexto, a exceção de sigilo, sem prejuízo da subsistência do caráter sigiloso da informação, do registro, do dado ou do documento que lhe seja fornecido.

§ 3º. A falta injustificada e o retardamento indevido do cumprimento das requisições do Ministério Público implicarão a responsabilidade de quem lhe der causa.

§ 4º. As correspondências, notificações, requisições e intimações do Ministério Público quando tiverem como destinatário o Presidente da República, o Vice-Presidente da República, membro do Congresso Nacional, Ministro do Supremo Tribunal Federal, Ministro de Estado, Ministro de Tribunal Superior, Ministro do Tribunal de Contas da União ou chefe de missão diplomática de caráter permanente serão encaminhadas e levadas a efeito pelo Procurador-Geral da República ou outro órgão do Ministério Público a quem essa atribuição seja delegada, cabendo às autoridades mencionadas fixar data, hora e local em que puderem ser ouvidas, se for o caso.

§ 5º. As requisições do Ministério Público serão feitas fixando-se prazo razoável de até dez dias úteis para atendimento, prorrogável mediante solicitação justificada.

CAPÍTULO III. DO CONTROLE EXTERNO DA ATIVIDADE POLICIAL

ART. 9º. O Ministério Público da União exercerá o controle externo da atividade policial por meio de medidas judiciais e extrajudiciais podendo:

I – ter livre ingresso em estabelecimentos policiais ou prisionais;

II – ter acesso a quaisquer documentos relativos à atividade-fim policial;

III – representar à autoridade competente pela adoção de providências para sanar a omissão indevida, ou para prevenir ou corrigir ilegalidade ou abuso de poder;

IV – requisitar à autoridade competente para instauração de inquérito policial sobre a omissão ou fato ilícito ocorrido no exercício da atividade policial;

V – promover a ação penal por abuso de poder.

ART. 10. A prisão de qualquer pessoa, por parte de autoridade federal ou do Distrito Federal e Territórios, deverá ser comunicada imediatamente ao Ministério Público competente, com indicação do lugar onde se encontra o preso e cópia dos documentos comprobatórios da legalidade da prisão.

CAPÍTULO IV. DA DEFESA DOS DIREITOS CONSTITUCIONAIS

ART. 11. A defesa dos direitos constitucionais do cidadão visa à garantia do seu efetivo respeito pelos Poderes Públicos e pelos prestadores de serviços de relevância pública.

ART. 12. O Procurador dos Direitos do Cidadão agirá de ofício ou mediante representação, notificando a autoridade questionada para que preste informação, no prazo que assinar.

ART. 13. Recebidas ou não as informações e instruído o caso, se o Procurador dos Direitos do Cidadão concluir que direitos constitucionais foram ou estão sendo desrespeitados, deverá notificar o responsável para que tome as providências necessárias a prevenir a repetição ou que determine a cessação do desrespeito verificado.

ART. 14. Não atendida, no prazo devido, a notificação prevista no artigo anterior, a Procuradoria dos Direitos do Cidadão representará ao poder ou autoridade competente para promover a responsabilidade pela ação ou omissão inconstitucionais.

ART. 15. É vedado aos órgãos de defesa dos direitos constitucionais do cidadão promover em juízo a defesa de direitos individuais lesados.

§ 1º. Quando a legitimidade para a ação decorrente da inobservância da Constituição Federal, verificada pela Procuradoria, couber a outro órgão do Ministério Público, os elementos de informação ser-lhe-ão remetidos.

§ 2º. Sempre que o titular do direito lesado não puder constituir advogado e a ação cabível não incumbir ao Ministério Público, o caso, com os elementos colhidos, será encaminhado à Defensoria Pública competente.

ART. 16. A lei regulará os procedimentos da atuação do Ministério Público na defesa dos direitos constitucionais do cidadão.

CAPÍTULO V. DAS GARANTIAS E DAS PRERROGATIVAS

ART. 17. Os membros do Ministério Público da União gozam das seguintes garantias:

I – vitaliciedade, após dois anos de efetivo exercício, não podendo perder o cargo senão por sentença judicial transitada em julgado;

II – inamovibilidade, salvo por motivo de interesse público, mediante decisão do Conselho Superior, por voto de dois terços de seus membros, assegurada ampla defesa;

III – (Vetado)

ART. 18. São prerrogativas dos membros do Ministério Público da União:

I – institucionais:

a) sentar-se no mesmo plano e imediatamente à direita dos juízes singulares ou presidentes dos órgãos judiciários perante os quais oficiem;

b) usar vestes talares;

c) ter ingresso e trânsito livres, em razão de serviço, em qualquer recinto público ou privado, respeitada a garantia constitucional da inviolabilidade do domicílio;

d) a prioridade em qualquer serviço de transporte ou comunicação, público ou privado, no território nacional, quando em serviço de caráter urgente;

e) o porte de arma, independentemente de autorização;

f) carteira de identidade especial, de acordo com modelo aprovado pelo Procurador-Geral da República e por ele expedida, nela se consignando as prerrogativas constantes do inciso I, alíneas c, d e e do inciso II, alíneas d, e e f, deste artigo;

II – processuais:

a) do Procurador-Geral da República, ser processado e julgado, nos crimes comuns, pelo Supremo Tribunal Federal e pelo Senado Federal, nos crimes de responsabilidade;

b) do membro do Ministério Público da União que oficie perante tribunais, ser processado e julgado, nos crimes comuns e de responsabilidade, pelo Superior Tribunal de Justiça;

c) do membro do Ministério Público da União que oficie perante juízos de primeira instância, ser processado e julgado, nos crimes comuns e de responsabilidade, pelos Tribunais Regionais Federais, ressalvada a competência da Justiça Eleitoral;

d) ser preso ou detido somente por ordem escrita do tribunal competente ou em razão de flagrante de crime inafiançável, caso em que a autoridade fará imediata comunicação àquele tribunal e ao Procurador-Geral da República, sob pena de responsabilidade;

e) ser recolhido à prisão especial ou à sala especia de Estado-Maior, com direito a privacidade e à disposição do tribunal competente para o julgamento, quando sujeito a prisão antes da decisão final; e a dependência separada no estabelecimento em que tiver de ser cumprida a pena;

f) não ser indiciado em inquérito policial, observado o disposto no parágrafo único deste artigo;

g) ser ouvido, como testemunhas, em dia, hora e local previamente ajustados com o magistrado ou a autoridade competente;

h) receber intimação pessoalmente nos autos em qualquer processo e grau de jurisdição nos feitos em que tiver que oficiar.

Parágrafo único. Quando, no curso de investigação, houver indício da prática de infração penal por membro do Ministério Público da União, a autoridade policial, civil ou militar, remeterá imediatamente os autos ao Procurador-Geral da República, que designará membro do Ministério Público para prosseguimento da apuração do fato.

ART. 19. O Procurador-Geral da República terá as mesmas honras e tratamento dos Ministros do Supremo Tribunal Federal; e os demais membros da instituição, as que forem reservadas aos magistrados perante os quais oficiem.

ART. 20. Os órgãos do Ministério Público da União terão presença e palavra asseguradas em todas as sessões dos colegiados em que oficiem.

ART. 21. As garantias e prerrogativas dos membros do Ministério Público da União são inerentes ao exercício de suas funções e irrenunciáveis.

Parágrafo único. As garantias e prerrogativas previstas nesta Lei Complementar não excluem as que sejam estabelecidas em outras leis.

CAPÍTULO VI. DA AUTONOMIA DO MINISTÉRIO PÚBLICO

ART. 22. Ao Ministério Público da União é assegurada autonomia funcional, administrativa e financeira, cabendo-lhe:

I – propor ao Poder Legislativo a criação e extinção de seus cargos e serviços auxiliares, bem como a fixação dos vencimentos de seus membros e servidores;

II – prover os cargos de suas carreiras e dos serviços auxiliares;

III – organizar os serviços auxiliares;

IV – praticar atos próprios de gestão.

ART. 23. O Ministério Público da União elaborará sua proposta orçamentária dentro dos limites da lei de diretrizes orçamentárias.

§ 1º. Os recursos correspondentes às suas dotações orçamentárias, compreendidos os créditos suplementares e especiais, ser-lhe-ão entregues até o dia vinte de cada mês.

§ 2º. A fiscalização contábil, financeira, orçamentária, operacional e patrimonial do Ministério Público da União será exercida pelo Congresso Nacional, mediante controle externo, com o auxílio do Tribunal de Contas da União, segundo o disposto no Título IV, Capítulo I, Seção IX, da Constituição Federal, e por sistema próprio de controle interno.

§ 3º. As contas referentes ao exercício anterior serão prestadas, anualmente, dentro de sessenta dias da abertura da sessão legislativa do Congresso Nacional.

CAPÍTULO VII. DA ESTRUTURA

ART. 24. O Ministério Público da União compreende:

I – O Ministério Público Federal;

II – o Ministério Público do Trabalho;

III – o Ministério Público Militar;

IV – o Ministério Público do Distrito Federal e Territórios.

Parágrafo único. A estrutura básica do Ministério Público da União será organizada por regulamento, nos termos da lei.

CAPÍTULO VIII. DO PROCURADOR-GERAL DA REPÚBLICA

ART. 25. O Procurador-Geral da República é o chefe do Ministério Público da União, nomeado pelo Presidente da República dentre integrantes da carreira, maiores de trinta e cinco anos, permitida a recondução precedida de nova decisão do Senado Federal.

Parágrafo único. A exoneração, de ofício, do Procurador-Geral da República, por iniciativa do Presidente da República, deverá ser precedida de autorização da maioria absoluta do Senado Federal, em votação secreta.

ART. 26. São atribuições do Procurador-Geral da República, como Chefe do Ministério Público da União:

I – representar a instituição;

II – propor ao Poder Legislativo os projetos de lei sobre o Ministério Público da União;

III – apresentar a proposta de orçamento do Ministério Público da União, compatibilizando os anteprojetos dos diferentes ramos da Instituição, na forma da lei de diretrizes orçamentárias;

IV – nomear e dar posse ao Vice-Procurador-Geral da República, ao Procurador-Geral do Trabalho, ao Procurador-Geral da Justiça Militar, bem como dar posse ao Procurador-Geral de Justiça do Distrito Federal e Territórios;

V – encaminhar ao Presidente da República a lista tríplice para nomeação do Procurador-Geral de Justiça do Distrito Federal e Territórios;

VI – encaminhar aos respectivos Presidentes as listas sêxtuplas para composição dos Tribunais Regionais Federais, do Tribunal de Justiça do Distrito Federal e Territórios, do Superior Tribunal de Justiça, do Tribunal Superior do Trabalho e dos Tribunais Regionais do Trabalho;

VII – dirimir conflitos de atribuição entre integrantes de ramos diferentes do Ministério Público da União;

VIII – praticar atos de gestão administrativa, financeira e de pessoal;

IX – prover e desprover os cargos das carreiras do Ministério Público da União e de seus serviços auxiliares;

X – arbitrar o valor das vantagens devidas aos membros do Ministério Público da União, nos casos previstos nesta Lei Complementar;

XI – fixar o valor das bolsas devidas aos estagiários;

XII – exercer outras atribuições previstas em lei;

XIII – exercer o poder regulamentar, no âmbito do Ministério Público da União, ressalvadas as competências estabelecidas nesta Lei Complementar para outros órgãos nela instituídos.

§ 1º. O Procurador-Geral da República poderá delegar aos Procuradores-Gerais as atribuições previstas nos incisos VII e VIII deste artigo.

§ 2º. A delegação também poderá ser feita ao Diretor-Geral da Secretaria do Ministério Público da União para a prática de atos de gestão administrativa, financeira e de pessoal, estes apenas em relação aos servidores e serviços auxiliares.

ART. 27. O Procurador-Geral da República designará, dentre os integrantes da carreira, maiores de trinta e cinco anos, o Vice-Procurador-Geral da República, que o substituirá em seus impedimentos. No caso de vacância, exercerá o cargo o Vice-Presidente do Conselho Superior do Ministério Público Federal, até o provimento definitivo do cargo.

CAPÍTULO IX. DO CONSELHO DE ASSESSORAMENTO SUPERIOR DO MINISTÉRIO PÚBLICO DA UNIÃO

ART. 28. O Conselho de Assessoramento Superior do Ministério Público da União, sob a presidência do Procurador-Geral da República será integrado pelo Vice-Procurador-Geral da República, pelo Procurador-Geral do Trabalho, pelo Procurador-Geral da Justiça Militar e pelo Procurador-Geral de Justiça do Distrito Federal e Territórios.

ART. 29. As reuniões do Conselho de Assessoramento Superior do Ministério Público da União serão convocadas pelo Procurador-Geral da República, podendo solicitá-las qualquer de seus membros.

ART. 30. O Conselho de Assessoramento Superior do Ministério Público da União deverá opinar sobre as matérias de interesse geral da Instituição, e em especial sobre:

I – projetos de lei de interesse comum do Ministério Público da União, neles incluídos:

a) os que visem a alterar normas gerais da Lei Orgânica do Ministério Público da União;

b) a proposta de orçamento do Ministério Público da União;

c) os que proponham a fixação dos vencimentos nas carreiras e nos serviços auxiliares;

II – a organização e o funcionamento da Diretoria-Geral e dos Serviços da Secretaria do Ministério Público da União.

ART. 31. O Conselho de Assessoramento Superior poderá propor aos Conselhos Superiores dos diferentes ramos do Ministério Público da União medidas para uniformizar os atos decorrentes de seu poder normativo.

CAPÍTULO X. DAS CARREIRAS

ART. 32. As carreiras dos diferentes ramos do Ministério Público da União são independentes entre si, tendo cada uma delas organização própria, na forma desta lei complementar.

ART. 33. As funções do Ministério Público da União só podem ser exercidas por integrantes da respectiva carreira, que deverão residir onde estiverem lotados.

ART. 34. A lei estabelecerá o número de cargos das carreiras do Ministério Público da União e os ofícios em que serão exercidas suas funções.

CAPÍTULO XI. DOS SERVIÇOS AUXILIARES

ART. 35. A Secretaria do Ministério Público da União é dirigida pelo seu Diretor-Geral de livre escolha do Procurador-Geral da República e demissível ad nutum, incumbindo-lhe os serviços auxiliares de apoio técnico e administrativo à Instituição.

ART. 36. O pessoal dos serviços auxiliares será organizado em quadro próprio de carreira, sob regime estatutário, para apoio técnico-administrativo adequado às atividades específicas da Instituição.

TÍTULO II. DOS RAMOS DO MINISTÉRIO PÚBLICO DA UNIÃO

CAPÍTULO I. DO MINISTÉRIO PÚBLICO FEDERAL

SEÇÃO I. DA COMPETÊNCIA, DOS ÓRGÃOS E DA CARREIRA

ART. 37. O Ministério Público Federal exercerá as suas funções:

I – nas causas de competência do Supremo Tribunal Federal, do Superior Tribunal de Justiça, dos Tribunais Regionais Federais e dos Juízes Federais, e dos Tribunais e Juízes Eleitorais;

II – nas causas de competência de quaisquer juízes e tribunais, para defesa de direitos e interesses dos índios e das populações indígenas, do meio ambiente, de bens e direitos de valor artístico, estético, histórico, turístico e paisagístico, integrantes do patrimônio nacional;

III – (Vetado).

Parágrafo único. O Ministério Público Federal será parte legítima para interpor recurso extraordinário das decisões da Justiça dos Estados nas representações de inconstitucionalidade.

ART. 38. São funções institucionais do Ministério Público Federal as previstas nos Capítulos I, II, III e IV do Título I, incumbindo-lhe, especialmente:

I – instaurar inquérito civil e outros procedimentos administrativos correlatos;

II – requisitar diligências investigatórias e instauração de inquérito policial, podendo acompanhá-los e apresentar provas;

III – requisitar à autoridade competente a instauração de procedimentos administrativos, ressalvados os de natureza disciplinar, podendo acompanhá-los e produzir provas;

IV – exercer o controle externo da atividade das polícias federais, na forma do art. 9º;

V – participar dos Conselhos Penitenciários;

VI – integrar os órgãos colegiados previstos no § 2º do art. 6º, quando componentes da estrutura administrativa da União;

VII – fiscalizar a execução da pena, nos processos de competência da Justiça Federal e da Justiça Eleitoral.

ART. 39. Cabe ao Ministério Público Federal exercer a defesa dos direitos constitucionais do cidadão, sempre que se cuidar de garantir-lhes o respeito:

I – pelos Poderes Públicos Federais;

II – pelos órgãos da administração pública federal direta ou indireta;

III – pelos concessionários e permissionários de serviço público federal;

IV – por entidades que exerçam outra função delegada da União.

ART. 40. O Procurador-Geral da República designará, dentre os Subprocuradores-Gerais da República e mediante prévia aprovação do nome pelo Conselho Superior, o Procurador Federal dos Direitos do Cidadão, para exercer as funções do ofício pelo prazo de dois anos, permitida uma recondução, precedida de nova decisão do Conselho Superior.

§ 1º. Sempre que possível, o Procurador não acumulará o exercício de suas funções com outras do Ministério Público Federal.

§ 2º. O Procurador somente será dispensado, antes do termo de sua investidura, por iniciativa do Procurador-Geral da República, anuindo a maioria absoluta do Conselho Superior.

ART. 41. Em cada Estado e no Distrito Federal será designado, na forma do art. 49, III, órgão do Ministério Público Federal para exercer as funções do ofício de Procurador Regional dos Direitos do Cidadão.

Parágrafo único. O Procurador Federal dos Direitos do Cidadão expedirá instruções para o exercício das funções dos ofícios de Procurador dos Direitos do Cidadão, respeitado o princípio da independência funcional.

ART. 42. A execução da medida prevista no art. 14 incumbe ao Procurador Federal dos Direitos do Cidadão.

ART. 43. São órgãos do Ministério Público Federal:

I – o Procurador-Geral da República;

II – o Colégio de Procuradores da República;

III – o Conselho Superior do Ministério Público Federal;

IV – as Câmaras de Coordenação e Revisão do Ministério Público Federal;

V – a Corregedoria do Ministério Público Federal;

VI – os Subprocuradores-Gerais da República;

VII – os Procuradores Regionais da República;

VIII – os Procuradores da República.

Parágrafo único. As Câmaras de Coordenação e Revisão poderão funcionar isoladas ou reunidas, integrando Conselho Institucional, conforme dispuser o seu regimento.

ART. 44. A carreira do Ministério Público Federal é constituída pelos cargos de Subprocurador-Geral da República, Procurador Regional da República e Procurador da República.

Parágrafo único. O cargo inicial da carreira é o de Procurador da República e o do último nível o de Subprocurador-Geral da República.

SEÇÃO II. DA CHEFIA DO MINISTÉRIO PÚBLICO FEDERAL

ART. 45. O Procurador-Geral da República é o Chefe do Ministério Público Federal.

ART. 46. Incumbe ao Procurador-Geral da República exercer as funções do Ministério Público junto ao Supremo Tribunal Federal, manifestando-se previamente em todos os processos de sua competência.

Parágrafo único. O Procurador-Geral da República proporá perante o Supremo Tribunal Federal:

I – a ação direta de inconstitucionalidade de lei ou ato normativo federal ou estadual e o respectivo pedido de medida cautelar;

II – a representação para intervenção federal nos Estados e no Distrito Federal, nas hipóteses do art. 34, VII, da Constituição Federal;

III – as ações cíveis e penais cabíveis.

ART. 47. O Procurador-Geral da República designará os Subprocuradores-Gerais da República que exercerão, por delegação, suas funções junto aos diferentes órgãos jurisdicionais do Supremo Tribunal Federal.

§ 1º. As funções do Ministério Público Federal junto aos Tribunais Superiores da União, perante os quais lhe compete atuar, somente poderão ser exercidas por titular do cargo de Subprocurador-Geral da República.

§ 2º. Em caso de vaga ou afastamento de Subprocurador-Geral da República, por prazo superior a trinta dias, poderá ser convocado Procurador Regional da República para substituição, pelo voto da maioria do Conselho Superior.

§ 3º. O Procurador Regional da República convocado receberá a diferença de vencimento correspondente ao cargo de Subprocurador-Geral da República, inclusive diárias e transporte, se for o caso.

ART. 48. Incumbe ao Procurador-Geral da República propor perante o Superior Tribunal de Justiça:

I – a representação para intervenção federal nos Estados e no Distrito Federal, no caso de recusa à execução de lei federal;

II – a ação penal, nos casos previstos no art. 105, I, "a", da Constituição Federal.

Parágrafo único. A competência prevista neste artigo poderá ser delegada a Subprocurador-Geral da República.

ART. 49. São atribuições do Procurador-Geral da República, como Chefe do Ministério Público Federal:

I – representar o Ministério Público Federal;

II – integrar, como membro nato, e presidir o Colégio de Procuradores da República, o Conselho Superior do Ministério Federal e a Comissão de Concurso;

III – designar o Procurador Federal dos Direitos do Cidadão e os titulares da Procuradoria nos Estados e no Distrito Federal;

IV – designar um dos membros e o Coordenador de cada uma das Câmaras de Coordenação e Revisão do Ministério Público Federal;

V – nomear o Corregedor-Geral do Ministério Público Federal, segundo lista formada pelo Conselho Superior;

VI – designar, observados os critérios da lei e os estabelecidos pelo Conselho Superior, os ofícios em que exercerão suas funções os membros do Ministério Público Federal;

VII – designar:

a) o Chefe da Procuradoria Regional da República, dentre os Procuradores Regionais da República lotados na respectiva Procuradoria Regional;

b) o Chefe da Procuradoria da República nos Estados e no Distrito Federal, dentre os Procuradores da República lotados na respectiva unidade;

VIII – decidir, em grau de recurso, os conflitos de atribuições entre órgãos do Ministério Público Federal;

IX – determinar a abertura de correção, sindicância ou inquérito administrativo;

X – determinar instauração de inquérito ou processo administrativo contra servidores dos serviços auxiliares;

XI – decidir processo disciplinar contra membro da carreira ou servidor dos serviços auxiliares, aplicando as sanções cabíveis;

XII – decidir, atendendo à necessidade do serviço, sobre:

a) remoção a pedido ou por permuta;

b) alteração parcial da lista bienal de designações;

XIII – autorizar o afastamento de membros do Ministério Público Federal, depois de ouvido o Conselho Superior, nas hipóteses previstas em lei;

XIV – dar posse aos membros do Ministério Público Federal;

XV – designar membro do Ministério Público Federal para:

a) funcionar nos órgãos em que a participação da Instituição seja legalmente prevista, ouvido o Conselho Superior;

b) integrar comissões técnicas ou científicas, relacionadas às funções da Instituição, ouvido o Conselho Superior;

c) assegurar a continuidade dos serviços, em caso de vacância, afastamento temporário, ausência, impedimento ou suspensão do titular, na inexistência ou falta do substituto designado;

d) funcionar perante juízos que não os previstos no inciso I, do art. 37, desta lei complementar;

e) acompanhar procedimentos administrativos e inquéritos policiais instaurados em áreas estranhas à sua competência específica, desde que relacionados a fatos de interesse da Instituição.

XVI – homologar, ouvido o Conselho Superior, o resultado do concurso para ingresso na carreira;

XVII – fazer publicar aviso de existência de vaga na lotação e na relação bienal de designações;

XVIII – elaborar a proposta orçamentária do Ministério Público Federal, submetendo-a, para aprovação, ao Conselho Superior;

XIX – organizar a prestação de contas do exercício anterior;

XX – praticar atos de gestão administrativa, financeira e de pessoal;

XXI – elaborar o relatório das atividades do Ministério Público Federal;

XXII – coordenar as atividades do Ministério Público Federal;

XXIII – exercer outras atividades previstas em lei.

ART. 50. As atribuições do Procurador-Geral da República, previstas no artigo anterior, poderão ser delegadas:

I – a Coordenador de Câmara de Coordenação e Revisão, as dos incisos XV, alínea c e XXII;

II – aos Chefes das Procuradorias Regionais da República e aos Chefes das Procuradorias da República nos Estados e no Distrito Federal, as dos incisos I, XV, alínea c, XX e XXII.

ART. 51. A ação penal pública contra o Procurador-Geral da República, quando no exercício do cargo, caberá ao Subprocurador-Geral da República que for designado pelo Conselho Superior do Ministério Público Federal.

SEÇÃO III. DO COLÉGIO DE PROCURADORES DA REPÚBLICA

ART. 52. O Colégio de Procuradores da República, presidido pelo Procurador-Geral da República, é integrado por todos os membros da carreira em atividade no Ministério Público Federal.

ART. 53. Compete ao Colégio de Procuradores da República:

I – elaborar, mediante voto plurinominal, facultativo e secreto, a lista sêxtupla para a composição do Superior Tribunal de Justiça, sendo elegíveis os membros do Ministério Público Federal, com mais de dez anos na carreira, tendo mais de trinta e cinco e menos de sessenta e cinco anos de idade;

II – elaborar, mediante voto plurinominal, facultativo e secreto, a lista sêxtupla para a composição dos Tribunais Regionais Federais, sendo elegíveis os membros do Ministério Público Federal, com mais de dez anos de carreira, que contém mais de trinta e menos de sessenta e cinco anos de idade, sempre que possível lotados na respectiva região;

III – eleger, dentre os Subprocuradores-Gerais da República e mediante voto plurinominal, facultativo e secreto, quatro membros do Conselho Superior do Ministério Público Federal;

IV – opinar sobre assuntos gerais de interesse da instituição.

§ 1º. Para os fins previstos nos incisos I, II e III, deste artigo, prescindir-se-á de reunião do Colégio de Procuradores, procedendo-se segundo dispuser o seu regimento interno e exigindo-se o voto da maioria absoluta dos eleitores.

§ 2º. Excepcionalmente, em caso de interesse relevante da Instituição, o Colégio de Procuradores reunir-se-á em local designado pelo Procurador-Geral da República, desde que convocado por ele ou pela maioria de seus membros.

§ 3º. O Regimento Interno do Colégio de Procuradores da República disporá sobre seu funcionamento.

SEÇÃO IV. DO CONSELHO SUPERIOR DO MINISTÉRIO PÚBLICO FEDERAL

ART. 54. O Conselho Superior do Ministério Público Federal, presidido pelo Procurador-Geral da República, tem a seguinte composição:

I – o Procurador-Geral da República e o Vice-Procurador-Geral da República, que o integram como membros natos;

II – quatro Subprocuradores-Gerais da República eleitos, para mandato de dois anos, na forma do art. 53, III, permitida uma reeleição;

III – quatro Subprocuradores-Gerais da República eleitos, para mandato de dois anos, por seus pares, mediante voto plurinominal, facultativo e secreto, permitida uma reeleição.

§ 1º. Serão suplentes dos membros de que tratam os incisos II e III, os demais votados, em ordem decrescente, observados os critérios gerais de desempate.

§ 2º. O Conselho Superior elegerá o seu Vice-Presidente, que substituirá o Presidente em seus impedimentos e em caso de vacância.

ART. 55. O Conselho Superior do Ministério Público Federal reunir-se-á, ordinariamente, uma vez por mês, em dia previamente fixado, e, extraordinariamente, quando convocado pelo Procurador-Geral da República, ou por proposta da maioria de seus membros.

ART. 56. Salvo disposição em contrário, as deliberações do Conselho Superior serão tomadas por maioria de votos, presente a maioria absoluta dos seus membros.

§ 1º. Em caso de empate, prevalecerá o voto do Presidente, exceto em matéria de sanções, caso em que prevalecerá a solução mais favorável ao acusado.

§ 2º. As deliberações do Conselho Superior serão publicadas no Diário da Justiça, exceto quando o Regimento Interno determinar sigilo.

ART. 57. Compete ao Conselho Superior do Ministério Público Federal:

I – exercer o poder normativo no âmbito do Ministério Público Federal, observados os princípios desta Lei Complementar, especialmente para elaborar e aprovar:

a) o seu regimento interno, o do Colégio de Procuradores da República e os das Câmaras de Coordenação e Revisão do Ministério Público Federal;

b) as normas e as instruções para o concurso de ingresso na carreira;

c) as normas sobre as designações para os diferentes ofícios do Ministério Público Federal;

d) os critérios para distribuição de inquéritos, procedimentos administrativos e quaisquer outros feitos, no Ministério Público Federal;

e) os critérios de promoção por merecimento, na carreira;

f) o procedimento para avaliar o cumprimento das condições do estágio probatório;

II – aprovar o nome do Procurador Federal dos Direitos do Cidadão;

III – indicar integrantes das Câmaras de Coordenação e Revisão;

IV – aprovar a destituição do Procurador Regional Eleitoral;

V – destituir, por iniciativa do Procurador-Geral da República e pelo voto de dois terços de seus membros, antes do término do mandato, o Corregedor-Geral;

VI – elaborar a lista tríplice para Corregedor-Geral do Ministério Público Federal;

VII – elaborar a lista tríplice destinada à promoção por merecimento;

VIII – aprovar a lista de antiguidade dos membros do Ministério Público Federal e decidir sobre as reclamações a ela concernentes;

IX – indicar o membro do Ministério Público Federal para promoção por antiguidade, observado o disposto no art. 93, II, alínea d, da Constituição Federal;

X – designar o Subprocurador-Geral da República para conhecer de inquérito, peças de informação ou representação sobre crime comum atribuível ao Procurador-Geral da República e, sendo o caso, promover a ação penal;

XI – opinar sobre a designação de membro do Ministério Público Federal para:

a) funcionar nos órgãos em que a participação da instituição seja legalmente prevista;

b) integrar comissões técnicas ou científicas relacionadas às funções da instituição;

XII – opinar sobre o afastamento temporário de membro do Ministério Público Federal;

XIII – autorizar a designação, em caráter excepcional, de membros do Ministério Público Federal, para exercício de atribuições processuais perante juízos, tribunais ou ofícios diferentes dos estabelecidos para cada categoria;

XIV – determinar a realização de correições e sindicâncias e apreciar os relatórios correspondentes;

LEIS COMPLEMENTARES

XV – determinar a instauração de processos administrativos em que o acusado seja membro do Ministério Público Federal, apreciar seus relatórios e propor as medidas cabíveis;

XVI – determinar o afastamento preventivo do exercício de suas funções, do membro do Ministério Público Federal, indiciado ou acusado em processo disciplinar, e o seu retorno;

XVII – designar a comissão de processo administrativo em que o acusado seja membro do Ministério Público Federal;

XVIII – decidir sobre o cumprimento do estágio probatório por membro do Ministério Público Federal, encaminhando cópia da decisão ao Procurador-Geral da República, quando for o caso, para ser efetivada sua exoneração;

XIX – decidir sobre remoção e disponibilidade de membro do Ministério Público Federal, por motivo de interesse público;

XX – autorizar, pela maioria absoluta de seus membros, que o Procurador-Geral da República ajuíze a ação de perda de cargo contra membro vitalício do Ministério Público Federal, nos casos previstos nesta lei;

XXI – opinar sobre os pedidos de reversão de membro da carreira;

XXII – opinar sobre o encaminhamento de proposta de lei de aumento do número de cargos da carreira;

XXIII – deliberar sobre a realização de concurso para o ingresso na carreira, designar os membros da Comissão de Concurso e opinar sobre a homologação dos resultados;

XXIV – aprovar a proposta orçamentária que integrará o projeto de orçamento do Ministério Público da União;

XXV – exercer outras funções estabelecidas em lei.

§ 1º. O Procurador-Geral e qualquer membro do Conselho Superior estão impedidos de participar das decisões deste nos casos previstos nas leis processuais para o impedimento e a suspeição de membro do Ministério Público.

§ 2º. As deliberações relativas aos incisos I, alíneas a e e, IV, XIII, XV, XVI, XVII, XIX e XXI somente poderão ser tomadas com o voto favorável de dois terços dos membros do Conselho Superior.

SEÇÃO V.
DAS CÂMARAS DE COORDENAÇÃO E REVISÃO DO MINISTÉRIO PÚBLICO FEDERAL

ART. 58. As Câmaras de Coordenação e Revisão do Ministério Público Federal são os órgãos setoriais de coordenação, de integração e de revisão do exercício funcional na instituição.

ART. 59. As Câmaras de Coordenação e Revisão serão organizadas por função ou por matéria, através de ato normativo.

Parágrafo único. O Regimento Interno, que disporá sobre o funcionamento das Câmaras de Coordenação e Revisão, será elaborado pelo Conselho Superior.

ART. 60. As Câmaras de Coordenação e Revisão serão compostas por três membros do Ministério Público Federal, sendo um indicado pelo Procurador-Geral da República e dois pelo Conselho Superior, juntamente com seus suplentes, para um mandato de dois anos, dentre integrantes do último grau da carreira, sempre que possível.

ART. 61. Dentre os integrantes da Câmara de Coordenação e Revisão, um deles será designado pelo Procurador-Geral para a função executiva de Coordenador.

ART. 62. Compete às Câmaras de Coordenação e Revisão:

I – promover a integração e a coordenação dos órgãos institucionais que atuem em ofícios ligados ao setor de sua competência, observado o princípio da independência funcional;

II – manter intercâmbio com órgãos ou entidades que atuem em áreas afins;

III – encaminhar informações técnico-jurídicas aos órgãos institucionais que atuem em seu setor;

IV – manifestar-se sobre o arquivamento de inquérito policial, inquérito parlamentar ou peças de informação, exceto nos casos de competência originária do Procurador-Geral;

V – resolver sobre a distribuição especial de feitos que, por sua contínua reiteração, devam receber tratamento uniforme;

VI – resolver sobre a distribuição especial de inquéritos, feitos e procedimentos, quando a matéria, por sua natureza ou relevância, assim o exigir;

VII – decidir os conflitos de atribuições entre os órgãos do Ministério Público Federal.

Parágrafo único. A competência fixada nos incisos V e VI será exercida segundo critérios objetivos previamente estabelecidos pelo Conselho Superior.

SEÇÃO VI.
DA CORREGEDORIA DO MINISTÉRIO PÚBLICO FEDERAL

ART. 63. A Corregedoria do Ministério Público Federal, dirigida pelo Corregedor-Geral, é o órgão fiscalizador das atividades funcionais e da conduta dos membros do Ministério Público.

ART. 64. O Corregedor-Geral será nomeado pelo Procurador-Geral da República dentre os Subprocuradores-Gerais da República, integrantes de lista tríplice elaborada pelo Conselho Superior, para mandato de dois anos, renovável uma vez.

§ 1º. Não poderão integrar a lista tríplice os membros do Conselho Superior.

§ 2º. Serão suplentes do Corregedor-Geral os demais integrantes da lista tríplice, na ordem em que os designar o Procurador-Geral.

§ 3º. O Corregedor-Geral poderá ser destituído por iniciativa do Procurador-Geral, antes do término do mandato, pelo Conselho Superior, observado o disposto no inciso V do art. 57.

ART. 65. Compete ao Corregedor-Geral do Ministério Público Federal:

I – participar, sem direito a voto, das reuniões do Conselho Superior;

II – realizar, de ofício, ou por determinação do Procurador-Geral ou do Conselho Superior, correições e sindicâncias, apresentando os respectivos relatórios;

III – instaurar inquérito contra integrante da carreira e propor ao Conselho Superior a instauração do processo administrativo consequente;

IV – acompanhar o estágio probatório dos membros do Ministério Público Federal;

V – propor ao Conselho Superior a exoneração de membro do Ministério Público Federal que não cumprir as condições do estágio probatório.

Seção VII. DOS SUBPROCURADORES-GERAIS DA REPÚBLICA

ART. 66. Os Subprocuradores-Gerais da República serão designados para oficiar junto ao Supremo Tribunal Federal, ao Superior Tribunal de Justiça, ao Tribunal Superior Eleitoral e nas Câmaras de Coordenação e Revisão.

§ 1º. No Supremo Tribunal Federal e no Tribunal Superior Eleitoral, os Subprocuradores-Gerais da República atuarão por delegação do Procurador-Geral da República.

§ 2º. A designação de Subprocurador-Geral da República para oficiar em órgãos jurisdicionais diferentes dos previstos para a categoria dependerá de autorização do Conselho Superior.

ART. 67. Cabe aos Subprocuradores-Gerais da República, privativamente, o exercício das funções de:

I – Vice-Procurador-Geral da República;

II – Vice-Procurador-Geral Eleitoral;

III – Corregedor-Geral do Ministério Público Federal;

IV – Procurador Federal dos Direitos do Cidadão;

V – Coordenador de Câmara de Coordenação e Revisão.

Seção VIII. DOS PROCURADORES REGIONAIS DA REPÚBLICA

ART. 68. Os Procuradores Regionais da República serão designados para oficiar junto aos Tribunais Regionais Federais.

Parágrafo único. A designação de Procurador Regional da República para oficiar em órgãos jurisdicionais diferentes dos previstos para a categoria dependerá de autorização do Conselho Superior.

ART. 69. Os Procuradores Regionais da República serão lotados nos ofícios nas Procuradorias Regionais da República.

Seção IX. DOS PROCURADORES DA REPÚBLICA

ART. 70. Os Procuradores da República serão designados para oficiar junto aos Juízes Federais e junto aos Tribunais Regionais Eleitorais, onde não tiver sede a Procuradoria Regional da República.

Parágrafo único. A designação de Procurador da República para oficiar em órgãos jurisdicionais diferentes dos previstos para a categoria dependerá de autorização do Conselho Superior.

ART. 71. Os Procuradores da República serão lotados nos ofícios nas Procuradorias da República nos Estados e no Distrito Federal.

Seção X. DAS FUNÇÕES ELEITORAIS DO MINISTÉRIO PÚBLICO FEDERAL

ART. 72. Compete ao Ministério Público Federal exercer, no que couber, junto à Justiça Eleitoral, as funções do Ministério Público, atuando em todas as fases e instâncias do processo eleitoral.

Parágrafo único. O Ministério Público Federal tem legitimação para propor, perante o juízo competente, as ações para declarar ou decretar a nulidade de negócios jurídicos ou atos da administração pública, infringentes de vedações legais destinadas a proteger a normalidade e a legitimidade das eleições, contra a influência do poder econômico ou o abuso do poder político ou administrativo.

ART. 73. O Procurador-Geral Eleitoral é o Procurador-Geral da República.

Parágrafo único. O Procurador-Geral Eleitoral designará, dentre os Subprocuradores-Gerais da República, o Vice-Procurador-Geral Eleitoral, que o substituirá em seus impedimentos e exercerá o cargo em caso de vacância, até o provimento definitivo.

ART. 74. Compete ao Procurador-Geral Eleitoral exercer as funções do Ministério Público nas causas de competência do Tribunal Superior Eleitoral.

Parágrafo único. Além do Vice-Procurador-Geral Eleitoral, o Procurador-Geral poderá designar, por necessidade de serviço, membros do Ministério Público Federal para oficiarem, com sua aprovação, perante o Tribunal Superior Eleitoral.

ART. 75. Incumbe ao Procurador-Geral Eleitoral:

I – designar o Procurador Regional Eleitoral em cada Estado e no Distrito Federal;

II – acompanhar os procedimentos do Corregedor-Geral Eleitoral;

III – dirimir conflitos de atribuições;

IV – requisitar servidores da União e de suas autarquias, quando o exigir a necessidade do serviço, sem prejuízo dos direitos e vantagens inerentes ao exercício de seus cargos ou empregos.

ART. 76. O Procurador Regional Eleitoral, juntamente com o seu substituto, será designado pelo Procurador-Geral Eleitoral, dentre os Procuradores Regionais da República no Estado e no Distrito Federal, ou, onde não houver, dentre os Procuradores da República vitalícios, para um mandato de dois anos.

§ 1º. O Procurador Regional Eleitoral poderá ser reconduzido uma vez.

§ 2º. O Procurador Regional Eleitoral poderá ser destituído, antes do término do mandato, por iniciativa do Procurador-Geral Eleitoral, anuindo a maioria absoluta do Conselho Superior do Ministério Público Federal.

ART. 77. Compete ao Procurador Regional Eleitoral exercer as funções do Ministério Público nas causas de competência do Tribunal Regional Eleitoral respectivo, além de dirigir, no Estado, as atividades do setor.

Parágrafo único. O Procurador-Geral Eleitoral poderá designar, por necessidade de serviço, outros membros do Ministério Público Federal para oficiar, sob a coordenação do Procurador Regional, perante os Tribunais Regionais Eleitorais.

ART. 78. As funções eleitorais do Ministério Público Federal perante os Juízes e Juntas Eleitorais serão exercidas pelo Promotor Eleitoral.

ART. 79. O Promotor Eleitoral será o membro do Ministério Público local que oficie junto ao Juízo incumbido do serviço eleitoral de cada Zona.

Parágrafo único. Na inexistência de Promotor que oficie perante a Zona Eleitoral, ou havendo impedimento ou recusa justificada, o Chefe do Ministério Público local indicará ao Procurador Regional Eleitoral o substituto a ser designado.

ART. 80. A filiação a partido político impede o exercício de funções eleitorais por membro do Ministério Público até dois anos do seu cancelamento.

SEÇÃO XI. DAS UNIDADES DE LOTAÇÃO E DE ADMINISTRAÇÃO

ART. 81. Os ofícios na Procuradoria-Geral da República, nas Procuradorias Regionais da República e nas Procuradorias da República nos Estados e no Distrito Federal são unidades de lotação e de administração do Ministério Público Federal.

Parágrafo único. Nos municípios do interior onde tiverem sede juízos federais, a lei criará unidades da Procuradoria da República no respectivo Estado.

ART. 82. A estrutura básica das unidades de lotação e de administração será organizada por regulamento, nos termos da lei.

CAPÍTULO II. DO MINISTÉRIO PÚBLICO DO TRABALHO

SEÇÃO I. DA COMPETÊNCIA, DOS ÓRGÃOS E DA CARREIRA

ART. 83. Compete ao Ministério Público do Trabalho o exercício das seguintes atribuições junto aos órgãos da Justiça do Trabalho:

I – promover as ações que lhe sejam atribuídas pela Constituição Federal e pelas leis trabalhistas;

II – manifestar-se em qualquer fase do processo trabalhista, acolhendo solicitação do juiz ou por sua iniciativa, quando entender existente interesse público que justifique a intervenção;

III – promover a ação civil pública no âmbito da Justiça do Trabalho, para defesa de interesses coletivos, quando desrespeitados os direitos sociais constitucionalmente garantidos;

IV – propor as ações cabíveis para declaração de nulidade de cláusula de contrato, acordo coletivo ou convenção coletiva que viole as liberdades individuais ou coletivas ou os direitos individuais indisponíveis dos trabalhadores;

V – propor as ações necessárias à defesa dos direitos e interesses dos menores, incapazes e índios, decorrentes das relações de trabalho;

VI – recorrer das decisões da Justiça do Trabalho, quando entender necessário, tanto nos processos em que for parte, como naqueles em que oficiar como fiscal da lei, bem como pedir revisão dos Enunciados da Súmula de Jurisprudência do Tribunal Superior do Trabalho;

VII – funcionar nas sessões dos Tribunais Trabalhistas, manifestando-se verbalmente sobre a matéria em debate, sempre que entender necessário, sendo-lhe assegurado o direito de vista dos processos em julgamento, podendo solicitar as requisições e diligências que julgar convenientes;

VIII – instaurar instância em caso de greve, quando a defesa da ordem jurídica ou o interesse público assim o exigir;

IX – promover ou participar da instrução e conciliação em dissídios decorrentes da paralisação de serviços de qualquer natureza, oficiando obrigatoriamente nos processos, manifestando sua concordância ou discordância, em eventuais acordos firmados antes da homologação, resguardado o direito de recorrer em caso de violação à lei e à Constituição Federal;

X – promover mandado de injunção, quando a competência for da Justiça do Trabalho;

XI – atuar como árbitro, se assim for solicitado pelas partes, nos dissídios de competência da Justiça do Trabalho;

XII – requerer as diligências que julgar convenientes para o correto andamento dos processos e para a melhor solução das lides trabalhistas;

XIII – intervir obrigatoriamente em todos os feitos nos segundo e terceiro graus de jurisdição da Justiça do Trabalho, quando a parte for pessoa jurídica de Direito Público, Estado estrangeiro ou organismo internacional.

ART. 84. Incumbe ao Ministério Público do Trabalho, no âmbito das suas atribuições, exercer as funções institucionais previstas nos Capítulos I, II, III e IV do Título I, especialmente:

I – integrar os órgãos colegiados previstos no § 1º do art. 6º, que lhes sejam pertinentes;

II – instaurar inquérito civil e outros procedimentos administrativos, sempre que cabíveis, para assegurar a observância dos direitos sociais dos trabalhadores;

III – requisitar à autoridade administrativa federal competente, dos órgãos de proteção ao trabalho, a instauração de procedimentos administrativos, podendo acompanhá-los e produzir provas;

IV – ser científicado pessoalmente das decisões proferidas pela Justiça do Trabalho, nas causas em que o órgão tenha intervido ou emitido parecer escrito;

V – exercer outras atribuições que lhe forem conferidas por lei, desde que compatíveis com sua finalidade.

ART. 85. São órgãos do Ministério Público do Trabalho:

I – o Procurador-Geral do Trabalho;

II – o Colégio de Procuradores do Trabalho;

III – o Conselho Superior do Ministério Público do Trabalho;

IV – a Câmara de Coordenação e Revisão do Ministério Público do Trabalho;

V – a Corregedoria do Ministério Público do Trabalho;

VI – os Subprocuradores-Gerais do Trabalho;

VII – os Procuradores Regionais do Trabalho;

VIII – os Procuradores do Trabalho.

ART. 86. A carreira do Ministério Público do Trabalho será constituída pelos cargos de Subprocurador-Geral do Trabalho, Procurador Regional do Trabalho e Procurador do Trabalho.

Parágrafo único. O cargo inicial da carreira é o de Procurador do Trabalho e o do último nível o de Subprocurador-Geral do Trabalho.

SEÇÃO II. DO PROCURADOR-GERAL DO TRABALHO

ART. 87. O Procurador-Geral do Trabalho é o Chefe do Ministério Público do Trabalho.

ART. 88. O Procurador-Geral do Trabalho será nomeado pelo Procurador-Geral da República, dentre integrantes da instituição, com mais de trinta e cinco anos de idade e de cinco anos na carreira, integrante de lista tríplice escolhida mediante voto plurinominal, facultativo e secreto, pelo Colégio de Procuradores para um mandato de dois anos, permitida uma recondução, observado o mesmo processo. Caso não haja número suficiente de candidatos com mais de cinco anos na carreira, poderá concorrer à lista tríplice quem contar mais de dois anos na carreira.

Parágrafo único. A exoneração do Procurador-Geral do Trabalho, antes do término do mandato, será proposta ao Procurador-Geral da República pelo Conselho Superior, mediante deliberação obtida com base em voto secreto de dois terços de seus integrantes.

ART. 89. O Procurador-Geral do Trabalho designará, dentre os Subprocuradores-Gerais do Trabalho, o Vice-Procurador-Geral do Trabalho, que o substituirá em seus impedimentos. Em caso de vacância, exercerá o cargo o Vice-Presidente do Conselho Superior, até o seu provimento definitivo.

ART. 90. Compete ao Procurador-Geral do Trabalho exercer as funções atribuídas ao Ministério Público do Trabalho junto ao Plenário do Tribunal Superior do Trabalho, propondo as ações cabíveis e manifestando-se nos processos de sua competência.

ART. 91. São atribuições do Procurador-Geral do Trabalho:

I – representar o Ministério Público do Trabalho;

II – integrar, como membro nato, e presidir o Colégio de Procuradores do Trabalho, o Conselho Superior do Ministério Público do Trabalho e a Comissão de Concurso;

III – nomear o Corregedor-Geral do Ministério Público do Trabalho, segundo lista tríplice formada pelo Conselho Superior;

IV – designar um dos membros e o Coordenador da Câmara de Coordenação e Revisão do Ministério Público do Trabalho;

V – designar, observados os critérios da lei e os estabelecidos pelo Conselho Superior, os ofícios em que exercerão suas funções os membros do Ministério Público do Trabalho;

VI – designar o Chefe da Procuradoria Regional do Trabalho dentre os Procuradores Regionais do Trabalho lotados na respectiva Procuradoria Regional;

VII – decidir, em grau de recurso, os conflitos de atribuição entre os órgãos do Ministério Público do Trabalho;

VIII – determinar a abertura de correição, sindicância ou inquérito administrativo;

IX – determinar a instauração de inquérito ou processo administrativo contra servidores dos serviços auxiliares;

X – decidir processo disciplinar contra membro da carreira ou servidor dos serviços auxiliares, aplicando as sanções que sejam de sua competência;

XI – decidir, atendendo a necessidade do serviço, sobre:

a) remoção a pedido ou por permuta;

b) alteração parcial da lista bienal de designações;

XII – autorizar o afastamento de membros do Ministério Público do Trabalho, ouvido o Conselho Superior, nos casos previstos em lei;

XIII – dar posse aos membros do Ministério Público do Trabalho;

XIV – designar membro do Ministério Público do Trabalho para:

a) funcionar nos órgãos em que a participação da Instituição seja legalmente prevista, ouvido o Conselho Superior;

b) integrar comissões técnicas ou científicas, relacionadas às funções da Instituição, ouvido o Conselho Superior;

c) assegurar a continuidade dos serviços, em caso de vacância, afastamento temporário, ausência, impedimento ou suspeição do titular, na inexistência ou falta do substituto designado;

XV – homologar, ouvido o Conselho Superior, o resultado do concurso para ingresso na carreira;

XVI – fazer publicar aviso de existência de vaga, na lotação e na relação bienal de designações;

XVII – propor ao Procurador-Geral da República, ouvido o Conselho Superior, a criação e extinção de cargos da carreira e dos ofícios em que devam ser exercidas suas funções;

XVIII – elaborar a proposta orçamentária do Ministério Público do Trabalho, submetendo-a, para aprovação, ao Conselho Superior;

LEIS COMPLEMENTARES

XIX – encaminhar ao Procurador-Geral da República a proposta orçamentária do Ministério Público do Trabalho, após sua aprovação pelo Conselho Superior;

XX – organizar a prestação de contas do exercício anterior, encaminhando-a ao Procurador-Geral da República;

XXI – praticar atos de gestão administrativa, financeira e de pessoal;

XXII – elaborar o relatório de atividades do Ministério Público do Trabalho;

XXIII – coordenar as atividades do Ministério Público do Trabalho;

XXIV – exercer outras atribuições previstas em lei.

ART. 92. As atribuições do Procurador-Geral do Trabalho, previstas no artigo anterior, poderão ser delegadas:

I – ao Coordenador da Câmara de Coordenação e Revisão, as dos incisos XIV, alínea c, e XXIII;

II – aos Chefes das Procuradorias Regionais do Trabalho nos Estados e no Distrito Federal, as dos incisos I, XIV, alínea c, XXI e XXIII.

SEÇÃO III. DO COLÉGIO DE PROCURADORES DO TRABALHO

ART. 93. O Colégio de Procuradores do Trabalho, presidido pelo Procurador-Geral do Trabalho, é integrado por todos os membros da carreira em atividade no Ministério Público do Trabalho.

ART. 94. São atribuições do Colégio de Procuradores do Trabalho:

I – elaborar, mediante voto plurinominal, facultativo e secreto, a lista tríplice para a escolha do Procurador-Geral do Trabalho;

II – elaborar, mediante voto plurinominal, facultativo e secreto, a lista sêxtupla para a composição do Tribunal Superior do Trabalho, sendo elegíveis os membros do Ministério Público do Trabalho com mais de dez anos na carreira, tendo mais de trinta e cinco e menos de sessenta e cinco anos de idade;

III – elaborar, mediante voto plurinominal, facultativo e secreto, a lista sêxtupla para os Tribunais Regionais do Trabalho, dentre os Procuradores com mais de dez anos de carreira;

IV – eleger, dentre os Subprocuradores-Gerais do Trabalho e mediante voto plurinominal, facultativo e secreto, quatro membros do Conselho Superior do Ministério Público do Trabalho.

§ 1º. Para os fins previstos nos incisos deste artigo, prescindir-se-á de reunião do Colégio de Procuradores, procedendo-se segundo dispuser o seu Regimento Interno, exigido o voto da maioria absoluta dos eleitores.

§ 2º. Excepcionalmente, em caso de interesse relevante da Instituição, o Colégio de Procuradores reunir-se-á em local designado pelo Procurador-Geral do Trabalho, desde que convocado por ele ou pela maioria de seus membros.

§ 3º. O Regimento Interno do Colégio de Procuradores do Trabalho disporá sobre seu funcionamento.

SEÇÃO IV. DO CONSELHO SUPERIOR DO MINISTÉRIO PÚBLICO DO TRABALHO

ART. 95. O Conselho Superior do Ministério Público do Trabalho, presidido pelo Procurador-Geral do Trabalho, tem a seguinte composição:

I – o Procurador-Geral do Trabalho e o Vice-Procurador-Geral do Trabalho, que o integram como membros natos;

II – quatro Subprocuradores-Gerais do Trabalho, eleitos para um mandato de dois anos, pelo Colégio de Procuradores do Trabalho, mediante voto plurinominal, facultativo e secreto, permitida uma reeleição;

III – quatro Subprocuradores-Gerais do Trabalho, eleitos para um mandato de dois anos, por seus pares, mediante voto plurinominal, facultativo e secreto, permitida uma reeleição.

§ 1º. Serão suplentes dos membros de que tratam os incisos II e III os demais votados, em ordem decrescente, observados os critérios gerais de desempate.

§ 2º. O Conselho Superior elegerá o seu Vice-Presidente, que substituirá o Presidente em seus impedimentos e em caso de vacância.

ART. 96. O Conselho Superior do Ministério Público do Trabalho reunir-se-á ordinariamente, uma vez por mês, em dia previamente fixado, e, extraordinariamente, quando convocado pelo Procurador-Geral do Trabalho ou por proposta da maioria absoluta de seus membros.

ART. 97. Salvo disposição em contrário, as deliberações do Conselho Superior serão tomadas por maioria de votos, presente a maioria absoluta de seus membros.

§ 1º. Em caso de empate, prevalecerá o voto do Presidente, exceto em matéria de sanções, caso em que prevalecerá a solução mais favorável ao acusado.

§ 2º. As deliberações do Conselho Superior serão publicadas no Diário da Justiça, exceto quando o Regimento Interno determinar sigilo.

ART. 98. Compete ao Conselho Superior do Ministério Público do Trabalho:

I – exercer o poder normativo no âmbito do Ministério Público do Trabalho, observados os princípios desta lei complementar, especialmente para elaborar e aprovar:

a) o seu Regimento Interno, o do Colégio de Procuradores do Trabalho e o da Câmara de Coordenação e Revisão do Ministério Público do Trabalho;

b) as normas e as instruções para o concurso de ingresso na carreira;

c) as normas sobre as designações para os diferentes ofícios do Ministério Público do Trabalho;

d) os critérios para distribuição de procedimentos administrativos e quaisquer outros feitos, no Ministério Público do Trabalho;

e) os critérios de promoção por merecimento na carreira;

f) o procedimento para avaliar o cumprimento das condições do estágio probatório;

II – indicar os integrantes da Câmara de Coordenação e Revisão do Ministério Público do Trabalho;

III – propor a exoneração do Procurador-Geral do Trabalho;

IV – destituir, por iniciativa do Procurador-Geral do Trabalho e pelo voto de dois terços de seus membros, antes do término do mandato, o Corregedor-Geral;

V – elaborar a lista tríplice destinada à promoção por merecimento;

VI – elaborar a lista tríplice para Corregedor-Geral do Ministério Público do Trabalho;

VII – aprovar a lista de antiguidade do Ministério Público do Trabalho e decidir sobre as reclamações a ela concernentes;

VIII – indicar o membro do Ministério Público do Trabalho para promoção por antiguidade, observado o disposto no art. 93, II, alínea d, da Constituição Federal;

IX – opinar sobre a designação de membro do Ministério Público do Trabalho para:

a) funcionar nos órgãos em que a participação da Instituição seja legalmente prevista;

b) integrar comissões técnicas ou científicas relacionadas às funções da Instituição;

X – opinar sobre o afastamento temporário de membro do Ministério Público do Trabalho;

XI – autorizar a designação, em caráter excepcional, de membros do Ministério Público do Trabalho, para exercício de atribuições processuais perante juízos, tribunais ou ofícios diferentes dos estabelecidos para cada categoria;

XII – determinar a realização de correições e sindicâncias e apreciar os relatórios correspondentes;

XIII – determinar a instauração de processos administrativos em que o acusado seja membro do Ministério Público do Trabalho, apreciar seus relatórios e propor as medidas cabíveis;

XIV – determinar o afastamento do exercício de suas funções, de membro do Ministério Público do Trabalho, indiciado ou acusado em processo disciplinar, e o seu retorno;

XV – designar a comissão de processo administrativo em que o acusado seja membro do Ministério Público do Trabalho;

XVI – decidir sobre o cumprimento do estágio probatório por membro do Ministério Público do Trabalho, encaminhando cópia da decisão ao Procurador-Geral da República, quando for o caso, para ser efetivada sua exoneração;

XVII – decidir sobre remoção e disponibilidade de membro do Ministério Público do Trabalho, por motivo de interesse público;

XVIII – autorizar, pela maioria absoluta de seus membros, que o Procurador-Geral da República ajuíze a ação de perda de cargo contra membro vitalício do Ministério Público do Trabalho, nos casos previstos em lei;

XIX – opinar sobre os pedidos de reversão de membro da carreira;

XX – aprovar a proposta de lei para o aumento do número de cargos da carreira e dos ofícios;

XXI – deliberar sobre a realização de concurso para o ingresso na carreira, designar os membros da Comissão de Concurso e opinar sobre a homologação dos resultados;

XXII – aprovar a proposta orçamentária que integrará o projeto de orçamento do Ministério Público da União;

XXIII – exercer outras funções atribuídas em lei.

§ 1º. Aplicam-se ao Procurador-Geral e aos demais membros do Conselho Superior as normas processuais em geral, pertinentes aos impedimentos e suspeição dos membros do Ministério Público.

§ 2º. As deliberações relativas aos incisos I, alíneas a e e, XI, XIII, XIV, XV e XVII somente poderão ser tomadas com o voto favorável de dois terços dos membros do Conselho Superior.

SEÇÃO V.
DA CÂMARA DE COORDENAÇÃO E REVISÃO DO MINISTÉRIO PÚBLICO DO TRABALHO

ART. 99. A Câmara de Coordenação e Revisão do Ministério Público do Trabalho é um órgão de coordenação, de integração e de revisão do exercício funcional na Instituição.

ART. 100. A Câmara de Coordenação e Revisão do Ministério Público do Trabalho será organizada por ato normativo, e o Regimento Interno, que disporá sobre seu funcionamento, será elaborado pelo Conselho Superior.

ART. 101. A Câmara de Coordenação e Revisão do Ministério Público do Trabalho será composta por três membros do Ministério Público do Trabalho, sendo um indicado pelo Procurador-Geral do Trabalho e dois pelo Conselho Superior do Ministério Público do Trabalho, juntamente com seus suplentes, para um mandato de dois anos, sempre que possível, dentre integrantes do último grau da carreira.

ART. 102. Dentre os integrantes da Câmara de Coordenação e Revisão, um deles será designado pelo Procurador-Geral para a função executiva de Coordenador.

ART. 103. Compete à Câmara de Coordenação e Revisão do Ministério Público do Trabalho:

I – promover a integração e a coordenação dos órgãos institucionais do Ministério Público do Trabalho, observado o princípio da independência funcional;

II – manter intercâmbio com órgãos ou entidades que atuem em áreas afins;

III – encaminhar informações técnico-jurídicas aos órgãos institucionais do Ministério Público do Trabalho;

IV – resolver sobre a distribuição especial de feitos e procedimentos, quando a matéria, por sua natureza ou relevância, assim o exigir;

V – resolver sobre a distribuição especial de feitos, que por sua contínua reiteração, devam receber tratamento uniforme;

VI – decidir os conflitos de atribuição entre os órgãos do Ministério Público do Trabalho.

Parágrafo único. A competência fixada nos incisos IV e V será exercida segundo critérios objetivos previamente estabelecidos pelo Conselho Superior.

SEÇÃO VI. DA CORREGEDORIA DO MINISTÉRIO PÚBLICO DO TRABALHO

ART. 104. A Corregedoria do Ministério Público do Trabalho, dirigida pelo Corregedor-Geral, é o órgão fiscalizador das atividades funcionais e da conduta dos membros do Ministério Público.

ART. 105. O Corregedor-Geral será nomeado pelo Procurador-Geral do Trabalho dentre os Subprocuradores-Gerais do Trabalho, integrantes de lista tríplice elaborada pelo Conselho Superior, para mandato de dois anos, renovável uma vez.

§ 1º. Não poderão integrar a lista tríplice os membros do Conselho Superior.

§ 2º. Serão suplentes do Corregedor-Geral os demais integrantes da lista tríplice, na ordem em que os designar o Procurador-Geral.

§ 3º. O Corregedor-Geral poderá ser destituído, por iniciativa do Procurador-Geral, antes do término do mandato, pelo voto de dois terços dos membros do Conselho Superior.

ART. 106. Incumbe ao Corregedor-Geral do Ministério Público:

I – participar, sem direito a voto, das reuniões do Conselho Superior;

II – realizar, de ofício ou por determinação do Procurador-Geral ou do Conselho Superior, correições e sindicâncias, apresentando os respectivos relatórios;

III – instaurar inquérito contra integrante da carreira e propor ao Conselho Superior a instauração do processo administrativo consequente;

IV – acompanhar o estágio probatório dos membros do Ministério Público do Trabalho;

V – propor ao Conselho Superior a exoneração de membro do Ministério Público do Trabalho que não cumprir as condições do estágio probatório.

SEÇÃO VII. DOS SUBPROCURADORES-GERAIS DO TRABALHO

ART. 107. Os Subprocuradores-Gerais do Trabalho serão designados para oficiar junto ao Tribunal Superior do Trabalho e nos ofícios na Câmara de Coordenação e Revisão.

Parágrafo único. A designação de Subprocurador-Geral do Trabalho para oficiar em órgãos jurisdicionais diferentes do previsto para a categoria dependerá de autorização do Conselho Superior.

ART. 108. Cabe aos Subprocuradores-Gerais do Trabalho, privativamente, o exercício das funções de:

I – Corregedor-Geral do Ministério Público do Trabalho;

II – Coordenador da Câmara de Coordenação e Revisão do Ministério Público do Trabalho.

ART. 109. Os Subprocuradores-Gerais do Trabalho serão lotados nos ofícios na Procuradoria-Geral do Trabalho.

SEÇÃO VIII. DOS PROCURADORES REGIONAIS DO TRABALHO

ART. 110. Os Procuradores Regionais do Trabalho serão designados para oficiar junto aos Tribunais Regionais do Trabalho.

Parágrafo único. Em caso de vaga ou de afastamento de Subprocurador-Geral do Trabalho por prazo superior a trinta dias, poderá ser convocado pelo Procurador-Geral, mediante aprovação do Conselho Superior, Procurador Regional do Trabalho para substituição.

ART. 111. Os Procuradores Regionais do Trabalho serão lotados nos ofícios nas Procuradorias Regionais do Trabalho nos Estados e no Distrito Federal.

SEÇÃO IX. DOS PROCURADORES DO TRABALHO

ART. 112. Os Procuradores do Trabalho serão designados para funcionar junto aos Tribunais Regionais do Trabalho e, na forma das leis processuais, nos litígios trabalhistas que envolvam, especialmente, interesses de menores e incapazes.

Parágrafo único. A designação de Procurador do Trabalho para oficiar em órgãos jurisdicionais diferentes dos previstos para a categoria dependerá de autorização do Conselho Superior.

ART. 113. Os Procuradores do Trabalho serão lotados nos ofícios nas Procuradorias Regionais do Trabalho nos Estados e no Distrito Federal.

SEÇÃO X. DAS UNIDADES DE LOTAÇÃO E DE ADMINISTRAÇÃO

ART. 114. Os ofícios na Procuradoria-Geral do Trabalho e nas Procuradorias Regionais do Trabalho nos Estados e no Distrito Federal são unidades de lotação e de administração do Ministério Público do Trabalho.

ART. 115. A estrutura básica das unidades de lotação e de administração será organizada por regulamento, nos termos da lei.

CAPÍTULO III. DO MINISTÉRIO PÚBLICO MILITAR

SEÇÃO I. DA COMPETÊNCIA, DOS ÓRGÃOS E DA CARREIRA

ART. 116. Compete ao Ministério Público Militar o exercício das seguintes atribuições junto aos órgãos da Justiça Militar:

I – promover, privativamente, a ação penal pública;

II – promover a declaração de indignidade ou de incompatibilidade para o oficialato;

III – manifestar-se em qualquer fase do processo, acolhendo solicitação do juiz ou por sua iniciativa, quando entender existente interesse público que justifique a intervenção.

ART. 117. Incumbe ao Ministério Público Militar:

I – requisitar diligências investigatórias e a instauração de inquérito policial-militar, podendo acompanhá-los e apresentar provas;

II – exercer o controle externo da atividade da polícia judiciária militar.

ART. 118. São órgãos do Ministério Público Militar:

I – o Procurador-Geral da Justiça Militar;

II – o Colégio de Procuradores da Justiça Militar;

III – o Conselho Superior do Ministério Público Militar;

IV – a Câmara de Coordenação e Revisão do Ministério Público Militar;

V – a Corregedoria do Ministério Público Militar;

VI – os Subprocuradores-Gerais da Justiça Militar;

VII – os Procuradores da Justiça Militar;

VIII – os Promotores da Justiça Militar.

ART. 119. A carreira do Ministério Público Militar é constituída pelos cargos de Subprocurador-Geral da Justiça Militar, Procurador da Justiça Militar e Promotor da Justiça Militar.

Parágrafo único. O cargo inicial da carreira é o de Promotor da Justiça Militar e o do último nível é o de Subprocurador-Geral da Justiça Militar.

SEÇÃO II. DO PROCURADOR-GERAL DA JUSTIÇA MILITAR

ART. 120. O Procurador-Geral da Justiça Militar é o Chefe do Ministério Público Militar.

ART. 121. O Procurador-Geral da Justiça Militar será nomeado pelo Procurador-Geral da República, dentre integrantes da Instituição, com mais de trinta e cinco anos de idade e de cinco anos na carreira, escolhidos em lista tríplice mediante voto plurinominal, facultativo e secreto, pelo Colégio de Procuradores, para um mandato de dois anos, permitida uma recondução, observado o mesmo processo. Caso não haja número suficiente de candidatos com mais de cinco anos na carreira, poderá concorrer à lista tríplice quem contar mais de dois anos na carreira.

Parágrafo único. A exoneração do Procurador-Geral da Justiça Militar, antes do término do mandato, será proposta pelo Conselho Superior ao Procurador-Geral da República, mediante deliberação obtida com base em voto secreto de dois terços de seus integrantes.

ART. 122. O Procurador-Geral da Justiça Militar designará, dentre os Subprocuradores-Gerais, o Vice-Procurador-Geral da Justiça Militar, que o substituirá em seus impedimentos. Em caso de vacância, exercerá o cargo o Vice-Presidente do Conselho Superior, até o seu provimento definitivo

ART. 123. Compete ao Procurador-Geral da Justiça Militar exercer as funções atribuídas ao Ministério Público Militar junto ao Superior Tribunal Militar, propondo as ações cabíveis e manifestando-se nos processos de sua competência.

ART. 124. São atribuições do Procurador-Geral da Justiça Militar:

I – representar o Ministério Público Militar;

II – integrar, como membro nato, e presidir o Colégio de Procuradores da Justiça Militar, o Conselho Superior do Ministério Público da Justiça Militar e a Comissão de Concurso;

III – nomear o Corregedor-Geral do Ministério Público Militar, segundo lista tríplice elaborada pelo Conselho Superior;

IV – designar um dos membros e o Coordenador da Câmara de Coordenação e Revisão do Ministério Público Militar;

V – designar, observados os critérios da lei e os estabelecidos pelo Conselho Superior, os ofícios em que exercerão suas funções os membros do Ministério Público Militar;

VI – decidir, em grau de recurso, os conflitos de atribuições entre os órgãos do Ministério Público Militar;

VII – determinar a abertura de correição, sindicância ou inquérito administrativo;

VIII – determinar a instauração de inquérito ou processo administrativo contra servidores dos serviços auxiliares;

IX – decidir processo disciplinar contra membro da carreira ou servidor dos serviços auxiliares, aplicando as sanções que sejam de sua competência;

X – decidir, atendida a necessidade do serviço, sobre:

a) remoção a pedido ou por permuta;

b) alteração parcial da lista bienal de designações;

XI – autorizar o afastamento de membros do Ministério Público Militar, ouvido o Conselho Superior, nas hipóteses da lei;

XII – dar posse aos membros do Ministério Público Militar;

XIII – designar membro do Ministério Público Militar para:

a) funcionar nos órgãos em que a participação da instituição seja legalmente prevista, ouvido o Conselho Superior;

b) integrar comissões técnicas ou científicas, relacionadas às funções da Instituição, ouvido o Conselho Superior;

c) assegurar a continuidade dos serviços, em caso de vacância, afastamento temporário, ausência, impedimento ou suspeição do titular, na inexistência ou falta do substituto designado;

XIV – homologar, ouvido o Conselho Superior, o resultado do concurso para ingresso na carreira;

XV – fazer publicar o aviso de existência de vaga, na lotação e na relação bienal de designações;

XVI – propor ao Procurador-Geral da República, ouvido o Conselho Superior, a criação e extinção de cargos da carreira e dos ofícios em que devam ser exercidas suas funções;

XVII – elaborar a proposta orçamentária do Ministério Público Militar, submetendo-a ao Conselho Superior;

XVIII – encaminhar ao Procurador-Geral da República a proposta orçamentária do Ministério Público Militar, após sua aprovação pelo Conselho Superior;

XIX – organizar a prestação de contas do exercício anterior, encaminhando-a ao Procurador-Geral da República;

XX – praticar atos de gestão administrativa, financeira e de pessoal;

XXI – elaborar o relatório de atividades do Ministério Público Militar;

XXII – coordenar as atividades do Ministério Público Militar;

XXIII – exercer outras atribuições previstas em lei.

ART. 125. As atribuições do Procurador-Geral da Justiça Militar, previstas no artigo anterior poderão ser delegadas:

I – ao Coordenador da Câmara de Coordenação e Revisão, as dos incisos XIII, alínea c, e XXII;

II – a Procurador da Justiça Militar, as dos incisos I e XX.

SEÇÃO III. DO COLÉGIO DE PROCURADORES DA JUSTIÇA MILITAR

ART. 126. O Colégio de Procuradores da Justiça Militar, presidido pelo Procurador-Geral da Justiça Militar, é integrado por todos os membros da carreira em atividade no Ministério Público da Justiça Militar.

ART. 127. Compete ao Colégio de Procuradores da Justiça Militar:

I – elaborar, mediante voto plurinominal, facultativo e secreto, lista tríplice para a escolha do Procurador-Geral da Justiça Militar;

II – opinar sobre assuntos gerais de interesse da Instituição.

§ 1º. Para os fins previstos no inciso I, prescindir-se-á de reunião do Colégio de Procuradores, procedendo-se segundo dispuser o seu regimento interno, exigido o voto da maioria absoluta dos eleitores.

§ 2º. Excepcionalmente, em caso de interesse relevante da Instituição, o Colégio de Procuradores reunir-se-á em local designado pelo Procurador-Geral da Justiça Militar, desde que convocado por ele ou pela maioria de seus membros.

§ 3º. O Regimento Interno do Colégio de Procuradores Militares disporá sobre seu funcionamento.

SEÇÃO IV. DO CONSELHO SUPERIOR DO MINISTÉRIO PÚBLICO MILITAR

ART. 128. O Conselho Superior do Ministério Público Militar, presidido pelo Procurador-Geral da Justiça Militar, tem a seguinte composição:

I – o Procurador-Geral da Justiça Militar e o Vice-Procurador-Geral da Justiça Militar;

II – os Subprocuradores-Gerais da Justiça Militar.

Parágrafo único. O Conselho Superior elegerá o seu Vice-Presidente, que substituirá o Presidente em seus impedimentos e em caso de vacância.

ART. 129. O Conselho Superior do Ministério Público Militar reunir-se-á, ordinariamente, uma vez por mês, em dia previamente fixado, e, extraordinariamente, quando convocado pelo Procurador-Geral da Justiça Militar ou por proposta da maioria absoluta de seus membros.

ART. 130. Salvo disposição em contrário, as deliberações do Conselho Superior serão tomadas por maioria de votos, presente a maioria absoluta dos seus membros.

§ 1º. Em caso de empate, prevalecerá o voto do Presidente, exceto em matéria de sanções, caso em que prevalecerá a solução mais favorável ao acusado.

§ 2º. As deliberações do Conselho Superior serão publicadas no Diário da Justiça, exceto quando o regimento interno determine sigilo.

ART. 131. Compete ao Conselho Superior do Ministério Público Militar:

I – exercer o poder normativo no âmbito do Ministério Público Militar, observados os princípios desta lei complementar, especialmente para elaborar e aprovar:

a) o seu regimento interno, o do Colégio de Procuradores da Justiça Militar e o da Câmara de Coordenação e Revisão do Ministério Público Militar;

b) as normas e as instruções para o concurso de ingresso na carreira;

c) as normas sobre as designações para os diferentes ofícios do Ministério Público Militar;

d) os critérios para distribuição de inquéritos e quaisquer outros feitos, no Ministério Público Militar;

e) os critérios de promoção por merecimento na carreira;

f) o procedimento para avaliar o cumprimento das condições do estágio probatório;

II – indicar os integrantes da Câmara de Coordenação e Revisão do Ministério Público Militar;

III – propor a exoneração do Procurador-Geral da Justiça Militar;

IV – destituir, por iniciativa do Procurador-Geral do Ministério Público Militar e pelo voto de dois terços de seus membros, antes do término do mandato, o Corregedor-Geral;

V – elaborar a lista tríplice, destinada à promoção por merecimento;

VI – elaborar a lista tríplice para Corregedor-Geral do Ministério Público Militar;

VII – aprovar a lista de antiguidade do Ministério Público Militar e decidir sobre as reclamações a ela concernentes;

VIII – indicar o membro do Ministério Público Militar para promoção por antiguidade, observado o disposto no art. 93, II, alínea d, da Constituição Federal;

IX – opinar sobre a designação de membro do Ministério Público Militar para:

a) funcionar nos órgãos em que a participação da Instituição seja legalmente prevista;

b) integrar comissões técnicas ou científicas relacionadas às funções da Instituição;

X – opinar sobre o afastamento temporário de membro do Ministério Público Militar;

XI – autorizar a designação, em caráter excepcional, de membro do Ministério Público Militar, para exercício de atribuições processuais perante juízos, tribunais ou ofícios diferentes dos estabelecidos para cada categoria;

XII – determinar a realização de correições e sindicâncias e apreciar os relatórios correspondentes;

XIII – determinar a instauração de processos administrativos em que o acusado seja membro do Ministério Público Militar, apreciar seus relatórios e propor as medidas cabíveis;

XIV – determinar o afastamento preventivo do exercício de suas funções, de membro do Ministério Público Militar, indiciado ou acusado em processo disciplinar, e seu retorno;

XV – designar a comissão de processo administrativo em que o acusado seja membro do Ministério Público Militar;

XVI – decidir sobre o cumprimento do estágio probatório por membro do Ministério Público Militar, encaminhando cópia da decisão ao Procurador-Geral da República, quando for o caso, para ser efetivada sua exoneração;

XVII – decidir sobre remoção e disponibilidade de membro do Ministério Público Militar, por motivo de interesse público;

XVIII – autorizar, pela maioria absoluta de seus membros, que o Procurador-Geral da República ajuíze ação de perda de cargo contra membro vitalício do Ministério Público Militar, nos casos previstos nesta lei complementar;

XIX – opinar sobre os pedidos de reversão de membro da carreira;

XX – aprovar a proposta de lei para o aumento do número de cargos da carreira e dos ofícios;

XXI – deliberar sobre a realização de concurso para ingresso na carreira, designar os membros da Comissão de Concurso e opinar sobre a homologação dos resultados;

XXII – exercer outras funções atribuídas em lei.

§ 1º. Aplicam-se ao Procurador-Geral e aos demais membros do Conselho Superior as normas processuais em geral, pertinentes aos impedimentos e suspeição dos membros do Ministério Público.

§ 2º. As deliberações relativas aos incisos I, alíneas a e e, XI, XIII, XIV, XV e XVII somente poderão ser tomadas com o voto favorável de dois terços dos membros do Conselho Superior.

SEÇÃO V. DA CÂMARA DE COORDENAÇÃO E REVISÃO DO MINISTÉRIO PÚBLICO MILITAR

ART. 132. A Câmara de Coordenação e Revisão do Ministério Público Militar é o órgão de coordenação, de integração e de revisão do exercício funcional na Instituição.

ART. 133. A Câmara de Coordenação e Revisão do Ministério Público Militar será organizada por ato normativo e o Regimento Interno, que disporá sobre seu funcionamento, será elaborado e aprovado pelo Conselho Superior.

ART. 134. A Câmara de Coordenação e Revisão do Ministério Público Militar será composta por três membros do Ministério Público Militar, sendo um indicado pelo Procurador-Geral da Justiça Militar e dois pelo Conselho Superior do Ministério Público Militar, juntamente com seus suplentes, para um mandato de dois anos, sempre que possível, dentre integrantes do último grau da carreira.

ART. 135. Dentre os integrantes da Câmara de Coordenação e Revisão, um deles será designado pelo Procurador-Geral para a função executiva de Coordenador.

ART. 136. Compete à Câmara de Coordenação e Revisão do Ministério Público Militar:

I – promover a integração e a coordenação dos órgãos institucionais do Ministério Público Militar, observado o princípio da independência funcional;

II – manter intercâmbio com órgãos ou entidades que atuem em áreas afins;

III – encaminhar informações técnico-jurídicas aos órgãos institucionais do Ministério Público Militar;

IV – manifestar-se sobre o arquivamento de inquérito policial militar, exceto nos casos de competência originária do Procurador-Geral;

V – resolver sobre a distribuição especial de inquéritos e quaisquer outros feitos, quando a matéria, por sua natureza ou relevância, assim o exigir;

VI – decidir os conflitos de atribuição entre os órgãos do Ministério Público Militar.

Parágrafo único. A competência fixada no inciso V será exercida segundo critérios objetivos previamente estabelecidos pelo Conselho Superior.

SEÇÃO VI. DA CORREGEDORIA DO MINISTÉRIO PÚBLICO MILITAR

ART. 137. A Corregedoria do Ministério Público Militar, dirigida pelo Corregedor-Geral, é o órgão fiscalizador das atividades funcionais e da conduta dos membros do Ministério Público.

ART. 138. O Corregedor-Geral do Ministério Público Militar será nomeado pelo Procurador – Geral da Justiça Militar dentre os Subprocuradores-Gerais da Justiça Militar, integrantes de lista tríplice elaborada pelo Conselho Superior, para mandato de dois anos, renovável uma vez.

§ 1º. Serão suplentes do Corregedor-Geral os demais integrantes da lista tríplice, na ordem em que os designar o Procurador-Geral.

§ 2º. O Corregedor-Geral poderá ser destituído, por iniciativa do Procurador-Geral, antes do término do mandato, pelo voto de dois terços dos membros do Conselho Superior.

ART. 139. Incumbe ao Corregedor-Geral do Ministério Público:

I – realizar, de ofício, ou por determinação do Procurador-Geral ou do Conselho Superior, correições e sindicâncias, apresentando os respectivos relatórios;

II – instaurar inquérito contra integrante da carreira e propor ao Conselho a instauração do processo administrativo consequente;

LEIS COMPLEMENTARES

III – acompanhar o estágio probatório dos membros do Ministério Público Militar;

IV – propor ao Conselho Superior a exoneração de membro do Ministério Público Militar que não cumprir as condições do estágio probatório.

SEÇÃO VII.
DOS SUBPROCURADORES-GERAIS DA JUSTIÇA MILITAR

ART. 140. Os Subprocuradores-Gerais da Justiça Militar serão designados para oficiar junto ao Superior Tribunal Militar e à Câmara de Coordenação e Revisão.

Parágrafo único. A designação de Subprocurador-Geral Militar para oficiar em órgãos jurisdicionais diferentes do previsto para a categoria dependerá de autorização do Conselho Superior.

ART. 141. Cabe aos Subprocuradores-Gerais da Justiça Militar, privativamente, o exercício das funções de:

I – Corregedor-Geral do Ministério Público Militar;

II – Coordenador da Câmara de Coordenação e Revisão do Ministério Público Militar.

ART. 142. Os Subprocuradores-Gerais da Justiça Militar serão lotados nos ofícios na Procuradoria-Geral da Justiça Militar.

SEÇÃO VIII.
DOS PROCURADORES DA JUSTIÇA MILITAR

ART. 143. Os Procuradores da Justiça Militar serão designados para oficiar junto às Auditorias Militares.

§ 1º. Em caso de vaga ou afastamento do Subprocurador-Geral da Justiça Militar por prazo superior a trinta dias, poderá ser convocado pelo Procurador-Geral, mediante aprovação pelo Conselho Superior, Procurador da Justiça Militar e, nenhum desses aceitando, poderá ser convocado Promotor da Justiça Militar, para substituição.

§ 2º. O Procurador da Justiça Militar convocado, ou o Promotor da Justiça Militar, receberá a diferença de vencimentos, correspondente ao cargo de Subprocurador-Geral da Justiça Militar, inclusive diárias e transporte se for o caso.

ART. 144. Os Procuradores da Justiça Militar serão lotados nos ofícios nas Procuradorias da Justiça Militar.

SEÇÃO IX.
DOS PROMOTORES DA JUSTIÇA MILITAR

ART. 145. Os Promotores da Justiça Militar serão designados para oficiar junto às Auditorias Militares.

Parágrafo único. Em caso de vaga ou afastamento de Procurador da Justiça Militar por prazo superior a trinta dias, poderá ser convocado pelo Procurador-Geral, mediante aprovação do Conselho Superior, Promotor da Justiça Militar, para a substituição.

ART. 146. Os Promotores da Justiça Militar serão lotados nos ofícios nas Procuradorias da Justiça Militar.

SEÇÃO X.
DAS UNIDADES DE LOTAÇÃO E DE ADMINISTRAÇÃO

ART. 147. Os ofícios na Procuradoria-Geral da Justiça Militar e nas Procuradorias da Justiça Militar são unidades de lotação e de administração do Ministério Público Militar.

ART. 148. A estrutura das unidades de lotação e de administração será organizada por regulamento, nos termos da lei.

CAPÍTULO IV.
DO MINISTÉRIO PÚBLICO DO DISTRITO FEDERAL E TERRITÓRIOS

SEÇÃO I.
DA COMPETÊNCIA, DOS ÓRGÃOS E DA CARREIRA

ART. 149. O Ministério Público do Distrito Federal e Territórios exercerá as suas funções nas causas de competência do Tribunal de Justiça e dos Juízes do Distrito Federal e Territórios.

ART. 150. Incumbe ao Ministério Público do Distrito Federal e Territórios:

I – instaurar inquérito civil e outros procedimentos administrativos correlatos;

II – requisitar diligências investigatórias e a instauração de inquérito policial, podendo acompanhá-los e apresentar provas;

III – requisitar à autoridade competente a instauração de procedimentos administrativos, ressalvados os de natureza disciplinar, podendo acompanhá-los e produzir provas;

IV – exercer o controle externo da atividade da polícia do Distrito Federal e da dos Territórios;

V – participar dos Conselhos Penitenciários;

VI – participar, como instituição observadora, na forma e nas condições estabelecidas em ato do Procurador-Geral da República, de qualquer órgão da administração pública direta, indireta ou fundacional do Distrito Federal, que tenha atribuições correlatas às funções da Instituição;

VII – fiscalizar a execução da pena, nos processos de competência da Justiça do Distrito Federal e Territórios.

ART. 151. Cabe ao Ministério Público do Distrito Federal e Territórios exercer a defesa dos direitos constitucionais do cidadão, sempre que se cuide de garantir-lhes o respeito:

I – pelos Poderes Públicos do Distrito Federal e dos Territórios;

II – pelos órgãos da administração pública, direta ou indireta, do Distrito Federal e dos Territórios;

III – pelos concessionários e permissionários do serviço público do Distrito Federal e dos Territórios;

IV – por entidades que exerçam outra função delegada do Distrito Federal e dos Territórios.

ART. 152. O Procurador-Geral de Justiça designará, dentre os Procuradores de Justiça e mediante prévia aprovação do nome pelo Conselho Superior, o Procurador Distrital dos Direitos do Cidadão, para servir pelo prazo de dois anos, permitida a recondução, precedida de nova decisão do Conselho Superior.

§ 1º. Sempre que possível, o Procurador Distrital não acumulará o exercício de suas funções com outras do Ministério Público.

§ 2º. O Procurador Distrital somente será dispensado, antes do termo de sua investidura, por iniciativa do Procurador-Geral de Justiça, anuindo a maioria absoluta do Conselho Superior.

ART. 153. São órgãos do Ministério Público do Distrito Federal e Territórios:

I – o Procurador-Geral de Justiça;

II – o Colégio de Procuradores e Promotores de Justiça;

III – o Conselho Superior do Ministério Público do Distrito Federal e Territórios;

IV – a Corregedoria do Ministério Público do Distrito Federal e Territórios;

V – as Câmaras de Coordenação e Revisão do Ministério Público do Distrito Federal e Territórios;

VI – os Procuradores de Justiça;

VII – os Promotores de Justiça;

VIII – os Promotores de Justiça Adjuntos.

ART. 154. A carreira do Ministério Público do Distrito Federal e Territórios é constituída pelos cargos de Procurador de Justiça, Promotor de Justiça e Promotor de Justiça Adjunto.

Parágrafo único. O cargo inicial da carreira é o de Promotor de Justiça Adjunto e o último o de Procurador de Justiça.

SEÇÃO II. DO PROCURADOR-GERAL DE JUSTIÇA

ART. 155. O Procurador-Geral de Justiça é o Chefe do Ministério Público do Distrito Federal e Territórios.

ART. 156. O Procurador-Geral de Justiça será nomeado pelo Presidente da República dentre integrantes de lista tríplice elaborada pelo Colégio de Procuradores e Promotores de Justiça, para mandato de dois anos, permitida uma recondução, precedida de nova lista tríplice.

§ 1º. Concorrerão à lista tríplice os membros do Ministério Público do Distrito Federal com mais de cinco anos de exercício nas funções da carreira e que não tenham sofrido, nos últimos quatro anos, qualquer condenação definitiva ou não estejam respondendo a processo penal ou administrativo.

§ 2º. O Procurador-Geral poderá ser destituído, antes do término do mandato, por deliberação da maioria absoluta do Senado Federal, mediante representação do Presidente da República.

ART. 157. O Procurador-Geral designará, dentre os Procuradores de Justiça, o Vice-Procurador-Geral de Justiça, que o substituirá em seus impedimentos. Em caso de vacância, exercerá o cargo o Vice-Presidente do Conselho Superior, até o seu provimento definitivo.

ART. 158. Compete ao Procurador-Geral de Justiça exercer as funções atribuídas ao Ministério Público no Plenário do Tribunal de Justiça do Distrito Federal e Territórios, propondo as ações cabíveis e manifestando-se nos processos de sua competência.

ART. 159. Incumbe ao Procurador-Geral de Justiça, como Chefe do Ministério Público:

I – representar o Ministério Público do Distrito Federal e Territórios;

II – integrar, como membro nato, o Colégio de Procuradores e Promotores de Justiça, o Conselho Superior e a Comissão de Concurso;

III – designar o Procurador Distrital dos Direitos do Cidadão;

IV – designar um dos membros e o Coordenador de cada uma das Câmaras de Coordenação e Revisão do Ministério Público do Distrito Federal e Territórios;

V – nomear o Corregedor-Geral do Ministério Público do Distrito Federal e Territórios;

VI – decidir, em grau de recurso, os conflitos de atribuições entre órgãos do Ministério Público do Distrito Federal e Territórios;

VII – determinar a abertura de correição, sindicância ou inquérito administrativo;

VIII – determinar a instauração de inquérito ou processo administrativo contra servidores dos serviços auxiliares;

IX – decidir processo disciplinar contra membro da carreira ou servidor dos serviços auxiliares, aplicando as sanções que sejam de sua competência;

X – decidir, atendendo a necessidade do serviço, sobre:

a) remoção a pedido ou por permuta;

b) alteração parcial da lista bienal de designações;

XI – autorizar o afastamento de membros do Ministério Público do Distrito Federal e Territórios, ouvido o Conselho Superior, nos casos previstos em lei;

XII – dar posse aos membros do Ministério Público do Distrito Federal e Territórios;

XIII – designar membro do Ministério Público do Distrito Federal e Territórios para:

a) funcionar nos órgãos em que a participação da Instituição seja legalmente prevista, ouvido o Conselho Superior;

b) integrar comissões técnicas ou científicas, relacionadas às funções da Instituição, ouvido o Conselho Superior;

c) assegurar a continuidade dos serviços, em caso de vacância, afastamento temporário, ausência, impedimento ou suspeição do titular, na inexistência ou falta do substituto designado;

d) acompanhar procedimentos administrativos e inquéritos policiais, instaurados em áreas estranhas à sua competência específica, desde que relacionados a fatos de interesse da Instituição;

XIV – homologar, ouvido o Conselho Superior, o resultado de concurso para ingresso na carreira;

LEIS COMPLEMENTARES

XV – fazer publicar o aviso de existência de vaga, na lotação e na relação bienal de designações;

XVI – propor ao Procurador-Geral da República, ouvido o Conselho Superior, a criação e a extinção de cargos da carreira e dos ofícios em que devam ser exercidas suas funções;

XVII – elaborar a proposta orçamentária do Ministério Público do Distrito Federal e Territórios, submetendo-a ao Conselho Superior;

XVIII – encaminhar ao Procurador-Geral da República a proposta orçamentária do Ministério Público do Distrito Federal e Territórios, após sua aprovação pelo Conselho Superior;

XIX – organizar a prestação de contas do exercício anterior, encaminhando-a ao Procurador-Geral da República;

XX – praticar atos de gestão administrativa, financeira e de pessoal;

XXI – elaborar o relatório de atividades do Ministério Público do Distrito Federal e Territórios;

XXII – coordenar as atividades do Ministério Público do Distrito Federal e Territórios;

XXIII – exercer outras atribuições previstas em lei.

ART. 160. As atribuições do Procurador-Geral de Justiça, previstas nos incisos XIII, alíneas c, d, XXII e XXIII, do artigo anterior, poderão ser delegadas a Coordenador de Câmara de Coordenação e Revisão.

SEÇÃO III.
DO COLÉGIO DE PROCURADORES E PROMOTORES DE JUSTIÇA

ART. 161. O Colégio de Procuradores e Promotores de Justiça, presidido pelo Procurador-Geral de Justiça, é integrado por todos os membros da carreira em atividade no Ministério Público do Distrito Federal e Territórios.

ART. 162. Compete ao Colégio de Procuradores e Promotores de Justiça:

I – elaborar, mediante voto plurinominal, facultativo e secreto, a lista tríplice para o cargo de Procurador-Geral de Justiça;

II – opinar sobre assuntos gerais de interesse da Instituição;

III – elaborar, mediante voto plurinominal, facultativo e secreto, lista sêxtupla para a composição do Tribunal de Justiça do Distrito Federal e Territórios, sendo elegíveis os membros do Ministério Público do Distrito Federal e Territórios com mais de dez anos de carreira;

IV – eleger, dentre os Procuradores de Justiça e mediante voto plurinominal, facultativo e secreto, quatro membros do Conselho Superior do Ministério Público do Distrito Federal e Territórios;

V – elaborar, mediante voto plurinominal, facultativo e secreto, lista sêxtupla para a composição do Superior Tribunal de Justiça, sendo elegíveis os membros do Ministério Público do Distrito Federal e Territórios, com mais de trinta e cinco e menos de sessenta e cinco anos de idade.

§ 1º. Para os fins previstos nos incisos I, II, III, IV e V, prescindir-se-á de reunião do Colégio de Procuradores e Promotores de Justiça, procedendo-se segundo dispuser o seu Regimento Interno, exigido o voto da maioria absoluta dos eleitores.

§ 2º. Excepcionalmente, em caso de interesse relevante da Instituição, o Colégio de Procuradores e Promotores de Justiça reunir-se-á em local designado pelo Procurador-Geral de Justiça, desde que convocado por ele ou pela maioria de seus membros.

§ 3º. O Regimento Interno do Colégio de Procuradores e Promotores de Justiça disporá sobre seu funcionamento.

SEÇÃO IV.
DO CONSELHO SUPERIOR DO MINISTÉRIO PÚBLICO DO DISTRITO FEDERAL E TERRITÓRIOS

ART. 163. O Conselho Superior do Ministério Público do Distrito Federal e Territórios, presidido pelo Procurador-Geral de Justiça, tem a seguinte composição:

I – o Procurador-Geral de Justiça e o Vice-Procurador-Geral de Justiça, que o integram como membros natos;

II – quatro Procuradores de Justiça, eleitos, para mandato de dois anos, na forma do inciso IV do artigo anterior, permitida uma reeleição;

III – quatro Procuradores de Justiça, eleitos para um mandato de dois anos, por seus pares, mediante voto plurinominal, facultativo e secreto, permitida uma reeleição.

§ 1º. Serão suplentes dos membros de que tratam os incisos II e III os demais votados, em ordem decrescente, observados os critérios gerais de desempate.

§ 2º. O Conselho Superior elegerá o seu Vice-Presidente, que substituirá o Presidente em seus impedimentos e em caso de vacância.

ART. 164. O Conselho Superior do Ministério Público do Distrito Federal e Territórios reunir-se-á, ordinariamente, uma vez por mês, em dia previamente fixado, e, extraordinariamente, quando convocado pelo Procurador-Geral de Justiça ou por proposta da maioria absoluta de seus membros.

ART. 165. Salvo disposição em contrário, as deliberações do Conselho Superior serão tomadas por maioria de votos, presente a maioria absoluta de seus membros.

ART. 166. Compete ao Conselho Superior do Ministério Público do Distrito Federal e Territórios:

I – exercer o poder normativo no âmbito do Ministério Público do Distrito Federal e Territórios, observados os princípios desta lei complementar, especialmente para elaborar e aprovar:

a) o seu regimento interno, o do Colégio de Procuradores e Promotores de Justiça do Distrito Federal e Territórios e os das Câmaras de Coordenação e Revisão do Ministério Público do Distrito Federal e Territórios;

b) as normas e as instruções para o concurso de ingresso na carreira;

c) as normas sobre as designações para os diferentes ofícios do Ministério Público do Distrito Federal e Territórios;

d) os critérios para distribuição de inquéritos, procedimentos administrativos e quaisquer outros feitos no Ministério Público do Distrito Federal e Territórios;

e) os critérios de promoção por merecimento, na carreira;

f) o procedimento para avaliar o cumprimento das condições do estágio probatório;

II – aprovar o nome do Procurador Distrital dos Direitos do Cidadão;

III – indicar os integrantes das Câmaras de Coordenação e Revisão;

IV – destituir, por iniciativa do Procurador-Geral e pelo voto de dois terços de seus membros, o Corregedor-Geral;

V – elaborar a lista tríplice destinada à promoção por merecimento;

VI – elaborar a lista tríplice para Corregedor-Geral do Ministério Público do Distrito Federal e Territórios;

VII – aprovar a lista de antiguidade do Ministério Público do Distrito Federal e Territórios e decidir sobre as reclamações a ela concernentes;

VIII – indicar o membro do Ministério Público do Distrito Federal e Territórios para promoção por antiguidade, observado o disposto no art. 93, II, alínea d, da Constituição Federal;

IX – opinar sobre a designação de membro do Ministério Público do Distrito Federal e Territórios para:

a) funcionar nos órgãos em que a participação da Instituição seja legalmente prevista;

b) integrar comissões técnicas ou científicas relacionadas às funções da Instituição;

X – opinar sobre o afastamento temporário de membro do Ministério Público do Distrito Federal e Territórios;

XI – determinar a realização de correições e sindicâncias e apreciar os relatórios correspondentes;

XII – determinar a instauração de processos administrativos em que o acusado seja membro do Ministério Público do Distrito Federal e Territórios, apreciar seus relatórios e propor as medidas cabíveis;

XIII – determinar o afastamento preventivo do exercício de suas funções, de membro do Ministério Público do Distrito Federal e Territórios, indiciado ou acusado em processo disciplinar, e seu retorno;

XIV – autorizar a designação, em caráter excepcional, de membros do Ministério Público do Distrito Federal e Territórios, para exercício de atribuições processuais perante juízos, tribunais ou ofícios diferentes dos estabelecidos para cada categoria;

XV – designar a comissão de processo administrativo em que o acusado seja membro do Ministério Público do Distrito Federal e Territórios;

XVI – decidir sobre o cumprimento do estágio probatório por membro do Ministério Público do Distrito Federal e Territórios, propondo ao Procurador-Geral da República, quando for o caso, a sua exoneração;

XVII – decidir sobre remoção e disponibilidade de membro do Ministério Público do Distrito Federal e Territórios, por motivo de interesse público;

XVIII – autorizar, pela maioria absoluta de seus membros, que o Procurador-Geral da República ajuíze ação de perda de cargo contra membro vitalício do Ministério Público do Distrito Federal e Territórios, nos casos previstos em lei;

XIX – opinar sobre os pedidos de reversão de membro da carreira;

XX – aprovar proposta de lei para o aumento do número de cargos da carreira e dos ofícios;

XXI – deliberar sobre a realização de concurso para ingresso na carreira, designar os membros da Comissão de Concurso e opinar sobre a homologação dos resultados;

XXII – aprovar a proposta orçamentária que integrará o projeto de orçamento do Ministério Público da União;

XXIII – exercer outras funções atribuídas em lei.

Parágrafo único. O Procurador-Geral de Justiça e os membros do Conselho Superior estarão impedidos de participar das decisões deste nos casos previstos nas leis processuais para o impedimento e a suspeição de membros do Ministério Público.

Seção V.
DAS CÂMARAS DE COORDENAÇÃO E REVISÃO DO MINISTÉRIO PÚBLICO DO DISTRITO FEDERAL E TERRITÓRIOS

ART. 167. As Câmaras de Coordenação e Revisão do Ministério Público do Distrito Federal e Territórios são órgãos setoriais de coordenação, de integração e de revisão do exercício funcional na instituição.

ART. 168. As Câmaras de Coordenação e Revisão serão organizadas por função ou por matéria, através de ato normativo.

Parágrafo único. O Regimento Interno, que disporá sobre o funcionamento das Câmaras de Coordenação e Revisão, será elaborado e aprovado pelo Conselho Superior.

ART. 169. As Câmaras de Coordenação e Revisão do Ministério Público do Distrito Federal e Territórios serão compostas por três membros do Ministério Público do Distrito Federal e Territórios, sendo um indicado pelo Procurador-Geral de Justiça e dois pelo Conselho Superior do Ministério Público do Distrito Federal e Territórios, juntamente com seus suplentes, para um mandato de dois anos, sempre que possível, dentre integrantes do último grau da carreira.

ART. 170. Dentre os integrantes da respectiva Câmara de Coordenação e Revisão, um será designado pelo Procurador-Geral para a função executiva de Coordenador.

ART. 171. Compete às Câmaras de Coordenação e Revisão:

I – promover a integração e a coordenação dos órgãos institucionais que atuem em ofícios ligados à sua atividade setorial, observado o princípio da independência funcional;

II – manter intercâmbio com órgãos ou entidades que atuem em áreas afins;

III – encaminhar informações técnico-jurídicas aos órgãos institucionais que atuem em seu setor;

IV – homologar a promoção de arquivamento de inquérito civil ou peças de informação ou designar outro órgão do Ministério Público para fazê-lo;

V – manifestar-se sobre o arquivamento de inquérito policial, inquérito parlamentar ou peças de informação, exceto nos casos de competência originária do Procurador-Geral;

VI – resolver sobre a distribuição especial de inquéritos, feitos e procedimentos, quando a matéria, por sua natureza ou relevância, assim o exigir;

VII – resolver sobre a distribuição especial de feitos, que, por sua contínua reiteração, devam receber tratamento uniforme;

VIII – decidir os conflitos de atribuição entre os órgãos do Ministério Público do Distrito Federal e Territórios.

Parágrafo único. A competência fixada nos incisos VI e VII será exercida segundo critérios objetivos previamente estabelecidos pelo Conselho Superior.

SEÇÃO VI. DA CORREGEDORIA DO MINISTÉRIO PÚBLICO DO DISTRITO FEDERAL E TERRITÓRIOS

ART. 172. A Corregedoria do Ministério Público do Distrito Federal e Territórios, dirigida pelo Corregedor-Geral, é o órgão fiscalizador das atividades funcionais e da conduta dos membros do Ministério Público do Distrito Federal e Territórios.

ART. 173. O Corregedor-Geral do Ministério Público do Distrito Federal e Territórios será nomeado pelo Procurador-Geral dentre os Procuradores de Justiça integrantes de lista tríplice elaborada pelo Conselho Superior, para mandato de dois anos, renovável uma vez.

§ 1º. Não poderão integrar a lista tríplice os membros do Conselho Superior.

§ 2º. Serão suplentes do Corregedor-Geral os demais integrantes da lista tríplice, na ordem em que os designar o Procurador-Geral.

§ 3º. O Corregedor-Geral poderá ser destituído por iniciativa do Procurador-Geral, antes do término do mandato, pelo Conselho Superior, observado o disposto no inciso IV do art. 166.

ART. 174. Compete ao Corregedor-Geral do Ministério Público do Distrito Federal e Territórios:

I – participar, sem direito a voto, das reuniões do Conselho Superior;

II – realizar, de ofício ou por determinação do Procurador-Geral ou do Conselho Superior, correições e sindicâncias, apresentando os respectivos relatórios;

III – instaurar inquérito contra integrante da carreira e propor ao Conselho Superior a instauração do processo administrativo consequente;

IV – acompanhar o estágio probatório dos membros do Ministério Público do Distrito Federal e Territórios;

V – propor ao Conselho Superior a exoneração de membro do Ministério Público do Distrito Federal e Territórios que não cumprir as condições do estágio probatório.

SEÇÃO VII. DOS PROCURADORES DE JUSTIÇA

ART. 175. Os Procuradores de Justiça serão designados para oficiar junto ao Tribunal de Justiça e nas Câmaras de Coordenação e Revisão.

Parágrafo único. A designação de Procurador de Justiça para oficiar em órgãos jurisdicionais diferentes do previsto para a categoria dependerá de autorização do Conselho Superior.

ART. 176. Cabe aos Procuradores de Justiça, privativamente, o exercício das funções de:

I – Corregedor-Geral do Ministério Público do Distrito Federal e Territórios;

II – Procurador Distrital dos Direitos do Cidadão;

III – Coordenador de Câmara de Coordenação e Revisão.

ART. 177. Os Procuradores de Justiça serão lotados nos ofícios na Procuradoria-Geral da Justiça do Distrito Federal e Territórios.

SEÇÃO VIII. DOS PROMOTORES DE JUSTIÇA

ART. 178. Os Promotores de Justiça serão designados para oficiar junto às Varas da Justiça do Distrito Federal e Territórios.

Parágrafo único. Os Promotores de Justiça serão lotados nos ofícios previstos para as Promotorias de Justiça.

SEÇÃO IX. DOS PROMOTORES DE JUSTIÇA ADJUNTOS

ART. 179. Os Promotores de Justiça Adjuntos serão designados para oficiar junto às Varas da Justiça do Distrito Federal e Territórios.

Parágrafo único. Os Promotores de Justiça Adjuntos serão lotados nos ofícios previstos para as Promotorias de Justiça.

SEÇÃO X. DAS UNIDADES DE LOTAÇÃO E DE ADMINISTRAÇÃO

ART. 180. Os ofícios na Procuradoria-Geral da Justiça do Distrito Federal e Territórios e nas Promotorias de Justiça serão unidades de lotação e de administração do Ministério Público do Distrito Federal e Territórios.

ART. 181. A estrutura básica da Procuradoria-Geral de Justiça será organizada por regulamento, nos termos da lei.

TÍTULO III. DAS DISPOSIÇÕES ESTATUTÁRIAS ESPECIAIS

CAPÍTULO I. DA CARREIRA

SEÇÃO I. DO PROVIMENTO

ART. 182. Os cargos do Ministério Público da União, salvo os de Procurador-Geral da República, Procurador-Geral do Trabalho, Procurador-Geral da Justiça Militar e Procurador-Geral de Justiça do Distrito Federal e Territórios, são de provimento vitalício e constituem as carreiras independentes de cada ramo.

ART. 183. Os cargos das classes iniciais serão providos por nomeação, em caráter vitalício, mediante concurso público específico para cada ramo.

ART. 184. A vitaliciedade somente será alcançada após dois anos de efetivo exercício.

ART. 185. É vedada a transferência ou aproveitamento nos cargos do Ministério Público da União, mesmo de um para outro de seus ramos.

SEÇÃO II. DO CONCURSO

ART. 186. O concurso público de provas e títulos para ingresso em cada carreira do Ministério Público da União terá âmbito nacional, destinando-se ao preenchimento de todas as vagas existentes e das que ocorrerem no prazo de eficácia.

Parágrafo único. O concurso será realizado, obrigatoriamente, quando o número de vagas exceder a dez por cento do quadro respectivo e, facultativamente, a juízo do Conselho Superior competente.

ART. 187. Poderão inscrever-se no concurso bacharéis em Direito há pelo menos dois anos, de comprovada idoneidade moral.

ART. 188. O concurso obedecerá ao regulamento elaborado pelo Conselho Superior competente, observado o disposto no art. 31.

ART. 189. A Comissão de Concurso será integrada pelo Procurador-Geral, seu Presidente, por dois membros do respectivo ramo do Ministério Público e por um jurista de reputação ilibada, indicados pelo Conselho Superior e por um advogado indicado pelo Conselho Federal da Ordem dos Advogados do Brasil.

ART. 190. O edital de abertura do concurso conterá a relação dos cargos vagos, com a respectiva lotação, e fixará, para as inscrições, prazo não inferior a trinta dias, contado de sua publicação no Diário Oficial.

ART. 191. Não serão nomeados os candidatos aprovados no concurso, que tenham completado sessenta e cinco anos ou que venham a ser considerados inaptos para o exercício do cargo, em exame de higidez física e mental.

ART. 192. O Procurador-Geral competente, ouvido o Conselho Superior, decidirá sobre a homologação do concurso, dentro de trinta dias, contados da publicação do resultado final.

ART. 193. O prazo de eficácia do concurso, para efeito de nomeação, será de dois anos contados da publicação do ato homologatório, prorrogável uma vez pelo mesmo período.

ART. 194. A nomeação dos candidatos habilitados no concurso obedecerá à ordem de classificação.

§ 1º. Os candidatos aprovados, na ordem de classificação, escolherão a lotação de sua preferência, na relação das vagas que, após o resultado do concurso, o Conselho Superior decidir que devam ser providas inicialmente.

§ 2º. O candidato aprovado poderá renunciar à nomeação correspondente à sua classificação, antecipadamente ou até o termo final do prazo de posse, caso em que o renunciante será deslocado para o último lugar na lista dos classificados.

SEÇÃO III. DA POSSE E DO EXERCÍCIO

ART. 195. O prazo para a posse nos cargos do Ministério Público da União é de trinta dias, contado da publicação do ato de nomeação, prorrogável por mais sessenta dias, mediante comunicação do nomeado, antes de findo o primeiro prazo.

Parágrafo único. O empossado prestará compromisso de bem cumprir os deveres do cargo, em ato solene, presidido pelo Procurador-Geral.

ART. 196. Para entrar no exercício do cargo, o empossado terá o prazo de trinta dias, prorrogável por igual período, mediante comunicação, antes de findo o prazo inicial.

SEÇÃO IV. DO ESTÁGIO PROBATÓRIO

ART. 197. Estágio probatório é o período dos dois primeiros anos de efetivo exercício do cargo pelo membro do Ministério Público da União.

ART. 198. Os membros do Ministério Público da União, durante o estágio probatório, somente poderão perder o cargo mediante decisão da maioria absoluta do respectivo Conselho Superior.

SEÇÃO V. DAS PROMOÇÕES

ART. 199. As promoções far-se-ão, alternadamente, por antiguidade e merecimento.

§ 1º. A promoção deverá ser realizada até trinta dias da ocorrência da vaga; não decretada no prazo legal, a promoção produzirá efeitos a partir do termo final dele.

§ 2º. Para todos os efeitos, será considerado promovido o membro do Ministério Público da União que vier a falecer ou se aposentar sem que tenha sido efetivada, no prazo

LEIS COMPLEMENTARES

legal, a promoção que cabia por antiguidade, ou por força do § 3º do artigo subsequente.

§ 3º. É facultada a recusa de promoção, sem prejuízo do critério de preenchimento da vaga recusada.

§ 4º. É facultada a renúncia à promoção, em qualquer tempo, desde que haja vaga na categoria imediatamente anterior.

ART. 200. O merecimento, para efeito de promoção, será apurado mediante critérios de ordem objetiva, fixados em regulamento elaborado pelo Conselho Superior do respectivo ramo, observado o disposto no art. 31 desta lei complementar.

§ 1º. À promoção por merecimento só poderão concorrer os membros do Ministério Público da União com pelo menos dois anos de exercício na categoria e integrantes da primeira quinta parte da lista de antiguidade, salvo se não houver com tais requisitos quem aceite o lugar vago; em caso de recusa, completar-se-á a fração incluindo-se outros integrantes da categoria, na sequência da ordem de antiguidade.

§ 2º. Não poderá concorrer à promoção por merecimento quem tenha sofrido penalidade de censura ou suspensão, no período de um ano imediatamente anterior à ocorrência da vaga, em caso de censura; ou de dois anos, em caso de suspensão.

§ 3º. Será obrigatoriamente promovido quem houver figurado por três vezes consecutivas, ou cinco alternadas, na lista tríplice elaborada pelo Conselho Superior.

ART. 201. Não poderá concorrer à promoção por merecimento, até um dia após o regresso, o membro do Ministério Público da União afastado da carreira para:

I – exercer cargo eletivo ou a ele concorrer;

II – exercer outro cargo público permitido por lei.

ART. 202. (Vetado).

§ 1º. A lista de antiguidade será organizada no primeiro trimestre de cada ano, aprovada pelo Conselho Superior e publicada no Diário Oficial até o último dia do mês seguinte.

§ 2º. O prazo para reclamação contra a lista de antiguidade será de trinta dias, contado da publicação.

§ 3º. O desempate na classificação por antiguidade será determinado, sucessivamente, pelo tempo de serviço na respectiva carreira do Ministério Público da União, pelo tempo de serviço público federal, pelo tempo de serviço público em geral e pela idade dos candidatos, em favor do mais idoso; na classificação inicial, o primeiro desempate será determinado pela classificação no concurso.

§ 4º. Na indicação à promoção por antiguidade, o Conselho Superior somente poderá recusar o mais antigo pelo voto de dois terços de seus integrantes, repetindo-se a votação até fixar-se a indicação.

SEÇÃO VI. DOS AFASTAMENTOS

ART. 203. Sem prejuízo dos vencimentos, vantagens, ou qualquer direito, o membro do Ministério Público da União poderá afastar-se de suas funções:

I – até oito dias consecutivos, por motivo de casamento;

II – até oito dias consecutivos, por motivo de falecimento de cônjuge ou companheiro, ascendente ou descendente, irmão ou pessoa que viva sob sua dependência econômica;

III – até cinco dias úteis, para comparecimento a encontros ou congressos, no âmbito da instituição ou promovidos pela entidade de classe a que pertença, atendida a necessidade do serviço.

ART. 204. O membro do Ministério Público da União poderá afastar-se do exercício de suas funções para:

I – frequentar cursos de aperfeiçoamento e estudos, no País ou no exterior, por prazo não superior a dois anos, prorrogável, no máximo, por igual período;

II – comparecer a seminários ou congressos, no País ou no exterior;

III – ministrar cursos e seminários destinados ao aperfeiçoamento dos membros da instituição;

IV – exercer cargo eletivo nos casos previstos em lei ou a ele concorrer, observadas as seguintes condições:

a) o afastamento será facultativo e sem remuneração, durante o período entre a escolha como candidato a cargo eletivo em convenção partidária e a véspera do registro da candidatura na Justiça Eleitoral;

b) o afastamento será obrigatório a partir do dia do registro da candidatura pela Justiça;

V – ausentar-se do País em missão oficial.

§ 1º. O afastamento, salvo na hipótese do inciso IV, só se dará mediante autorização do Procurador-Geral, depois de ouvido o Conselho Superior e atendida a necessidade de serviço.

§ 2º. Os casos de afastamento previstos neste artigo dar-se-ão sem prejuízo dos vencimentos, vantagens ou qualquer direito inerente ao cargo, assegurada, no caso do inciso IV, a escolha da remuneração preferida, sendo o tempo de afastamento considerado de efetivo exercício para todos os fins e efeitos de direito.

§ 3º. Não se considera de efetivo exercício, para fins de estágio probatório, o período de afastamento do membro do Ministério Público da União.

§ 4º. Ao membro do Ministério Público da União que haja se afastado de suas funções para o fim previsto no inciso I não será concedida exoneração ou licença para tratar de interesses particulares antes de decorrido período igual ao de afastamento, ressalvada a hipótese de ressarcimento do que houver recebido a título de vencimentos e vantagens em virtude do afastamento.

SEÇÃO VII. DA REINTEGRAÇÃO

ART. 205. A reintegração, que decorrerá de decisão judicial passada em julgado, é o reingresso do membro do Ministério Público da União na carreira, com ressarcimento dos vencimentos e vantagens deixados de perceber em razão da demissão, contando-se o tempo de serviço correspondente ao afastamento.

§ 1º. O titular do cargo no qual se deva dar a reintegração será reconduzido àquele que anteriormente ocupava, o mesmo acontecendo com o titular do cargo para o qual deva ocorrer a recondução; sendo da classe inicial o cargo objeto da reintegração ou da recondução, seu titular ficará em disponibilidade, com proventos idênticos à remuneração que venceria, se em atividade estivesse.

§ 2º. A disponibilidade prevista no parágrafo anterior cessará com o aproveitamento obrigatório na primeira vaga que venha a ocorrer na classe inicial.

§ 3º. O reconduzido, caso tenha sido promovido por merecimento, fará jus à promoção na primeira vaga a ser provida por idêntico critério, atribuindo-se-lhe, quanto à antiguidade na classe, os efeitos de sua promoção anterior.

§ 4º. O reintegrado será submetido ao exame médico exigido para o ingresso na carreira, e, verificando-se sua inaptidão para exercício do cargo, será aposentado, com as vantagens a que teria direito, se efetivada a reintegração.

SEÇÃO VIII. DA REVERSÃO E DA READMISSÃO

ART. 206. (Vetado).

ART. 207. (Vetado).

CAPÍTULO II. DOS DIREITOS

SEÇÃO I. DA VITALICIEDADE E DA INAMOVIBILIDADE

ART. 208. Os membros do Ministério Público da União, após dois anos de efetivo exercício, só poderão ser demitidos por decisão judicial transitada em julgado.

Parágrafo único. A propositura de ação para perda de cargo, quando decorrente de proposta do Conselho Superior depois de apreciado o processo administrativo, acarretará o afastamento do membro do Ministério Público da União do exercício de suas funções, com a perda dos vencimentos e das vantagens pecuniárias do respectivo cargo.

ART. 209. Os membros do Ministério Público da União são inamovíveis, salvo motivo de interesse público, na forma desta lei complementar.

ART. 210. A remoção, para efeito desta lei complementar, é qualquer alteração de lotação.

Parágrafo único. A remoção será feita de ofício, a pedido singular ou por permuta.

ART. 211. A remoção de ofício, por iniciativa do Procurador-Geral, ocorrerá somente por motivo de interesse público, mediante decisão do Conselho Superior, pelo voto de dois terços de seus membros, assegurada ampla defesa.

ART. 212. A remoção a pedido singular atenderá à conveniência do serviço, mediante requerimento apresentado nos quinze dias seguintes à publicação de aviso da existência de vaga; ou, decorrido este prazo, até quinze dias após a publicação da deliberação do Conselho Superior sobre a realização de concurso para ingresso na carreira.

§ 1º. O aviso será publicado no Diário Oficial, dentro de quinze dias da vacância.

§ 2º. Havendo mais de um candidato à remoção, ao fim do primeiro prazo previsto no *caput* deste artigo, será removido o de maior antiguidade; após o decurso deste prazo, prevalecerá a ordem cronológica de entrega dos pedidos.

ART. 213. A remoção por permuta será concedida mediante requerimento dos interessados.

SEÇÃO II. DAS DESIGNAÇÕES

ART. 214. A designação é o ato que discrimina as funções que sejam compatíveis com as previstas nesta lei complementar, para cada classe das diferentes carreiras.

Parágrafo único. A designação para o exercício de funções diferentes das previstas para cada classe, nas respectivas carreiras, somente será admitida por interesse do serviço, exigidas a anuência do designado e a autorização do Conselho Superior.

ART. 215. As designações serão feitas observados os critérios da lei e os estabelecidos pelo Conselho Superior:

I – para o exercício de função definida por esta lei complementar;

II – para o exercício de função nos ofícios definidos em lei.

ART. 216. As designações, salvo quando estabelecido outro critério por esta lei complementar, serão feitas por lista, no último mês do ano, para vigorar por um biênio, facultada a renovação.

ART. 217. A alteração da lista poderá ser feita, antes do termo do prazo, por interesse do serviço, havendo:

I – provimento de cargo;

II – desprovimento de cargo;

III – criação de ofício;

IV – extinção de ofício;

V – pedido do designado;

VI – pedido de permuta.

ART. 218. A alteração parcial da lista, antes do termo do prazo, quando modifique a função do designado, sem a sua anuência, somente será admitida nas seguintes hipóteses:

I – extinção, por lei, da função ou ofício para o qual estava designado;

II – nova lotação, em decorrência de:

a) promoção; e

b) remoção;

III – afastamento ou disponibilidade;

IV – aprovação pelo Conselho Superior, de proposta do Procurador-Geral, pelo voto secreto de dois terços de seus membros.

Parágrafo único. A garantia estabelecida neste artigo não impede a acumulação eventual de ofícios ou que sejam ampliadas as funções do designado.

ART. 219. (Vetado).

SEÇÃO III. DAS FÉRIAS E LICENÇAS

ART. 220. Os membros do Ministério Público terão direito a férias de sessenta dias por ano, contínuos ou divididos em dois períodos iguais, salvo acúmulo por necessidade de serviço e pelo máximo de dois anos.

§ 1º. Os períodos de gozo de férias dos membros do Ministério Público da União, que oficiem perante Tribunais, deverão ser simultâneos com os das férias coletivas destes, salvo motivo relevante ou o interesse do serviço.

§ 2º. Independentemente de solicitação, será paga ao membro do Ministério Público da União, por ocasião das férias, importância correspondente a um terço da remuneração do período em que as mesmas devam ser gozadas.

§ 3º. O pagamento da remuneração das férias será efetuado até dois dias antes do início de gozo do respectivo período, facultada a conversão de um terço das mesmas em abono pecuniário, requerido com pelo menos sessenta dias de antecedência, nele considerado o valor do acréscimo previsto no parágrafo anterior.

§ 4º. Em caso de exoneração, será devida ao membro do Ministério Público da União indenização relativa ao período de férias a que tiver direito e ao incompleto, na proporção de um doze avos por mês de efetivo exercício, ou fração superior a quatorze dias, calculada com base na remuneração do mês em que for publicado o ato exoneratório.

ART. 221. O direito a férias será adquirido após o primeiro ano de exercício.

ART. 222. Conceder-se-á aos membros do Ministério Público da União licença:

I – por motivo de doença em pessoa da família;

II – por motivo de afastamento do cônjuge ou companheiro;

III – prêmio por tempo de serviço;

IV – para tratar de interesses particulares;

V – para desempenho de mandato classista.

§ 1º. A licença prevista no inciso I será precedida de exame por médico ou junta médica oficial, considerando-se pessoas da família o cônjuge ou companheiro, o padrasto, a madrasta, o ascendente, o descendente, o enteado, o colateral consanguíneo ou afim até o segundo grau civil. A licença estará submetida, ainda, às seguinte condições:

a) somente será deferida se a assistência direta do membro do Ministério Público da União for indispensável e não puder ser dada simultaneamente com o exercício do cargo;

b) será concedida sem prejuízo dos vencimentos, vantagens ou qualquer direito inerente ao cargo, salvo para contagem de tempo de serviço em estágio probatório, até noventa dias, podendo ser prorrogada por igual prazo nas mesmas condições. Excedida a prorrogação, a licença será considerada como para tratar de interesses particulares.

§ 2º. A licença prevista no inciso II poderá ser concedida quando o cônjuge ou companheiro for deslocado para outro ponto do território nacional, para o exterior ou para exercício de mandato eletivo dos Poderes Executivo e Legislativo; será por prazo indeterminado e sem remuneração, salvo se o membro do Ministério Público da União puder ser lotado, provisoriamente, em ofício vago no local para onde tenha se deslocado e compatível com o seu cargo, caso em que a licença será convertida em remoção provisória.

§ 3º. A licença prevista no inciso III será devida após cada quinquênio ininterrupto de exercício, pelo prazo de três meses, observadas as seguintes condições:

a) será convertida em pecúnia em favor dos beneficiários do membro do Ministério Público da União falecido, que não a tiver gozado;

b) não será devida a quem houver sofrido penalidade de suspensão durante o período aquisitivo ou tiver gozado as licenças previstas nos incisos II e IV;

c) será concedida sem prejuízo dos vencimentos, vantagens ou qualquer direito inerente ao cargo;

d) para efeito de aposentadoria, será contado em dobro o período não gozado.

§ 4º. A licença prevista no inciso IV poderá ser concedida ao membro do Ministério Público da União vitalício, pelo prazo de até dois anos consecutivos, sem remuneração, observadas as seguintes condições:

a) poderá ser interrompida, a qualquer tempo, a pedido do interessado ou no interesse do serviço;

b) não será concedida nova licença antes de decorrido dois anos do término da anterior.

§ 5º. A licença prevista no inciso V será devida ao membro do Ministério Público da União investido em mandato em confederação, federação, associação de classe de âmbito nacional ou sindicato representativo da categoria, observadas as seguintes condições:

a) somente farão jus à licença os eleitos para cargos de direção ou representantes nas referidas entidades, até o máximo de três por entidade;

b) a licença terá duração igual à do mandato, podendo ser prorrogada no caso de reeleição, e por uma única vez;

c) será concedida sem prejuízo dos vencimentos, vantagens ou qualquer direito inerente ao cargo.

§ 6º. É vedado o exercício de atividade remunerada durante o período da licença prevista no inciso I.

§ 7º. A licença concedida dentro de sessenta dias do término de outra da mesma espécie será considerada como prorrogação.

ART. 223. Conceder-se-á aos membros do Ministério Público da União, além das previstas no artigo anterior, as seguintes licenças:

I – para tratamento de saúde, a pedido ou de ofício, com base em perícia médica, observadas as seguintes condições:

a) a licença será concedida sem prejuízo dos vencimentos e vantagens do cargo;

b) a perícia será feita por médico ou junta médica oficial, se necessário, na residência do examinado ou no estabelecimento hospitalar em que estiver internado;

c) inexistindo médico oficial, será aceito atestado passado por médico particular;

d) findo o prazo da licença, o licenciado será submetido a inspeção médica oficial, que concluirá pela volta ao serviço, pela prorrogação da licença ou pela aposentadoria;

e) a existência de indícios de lesões orgânicas ou funcionais é motivo de inspeção médica;

II – por acidente em serviço, observadas as seguintes condições:

a) configura acidente em serviço o dano físico ou mental que se relacione, mediata ou imediatamente, com as funções exercidas;

b) equipara-se ao acidente em serviço o dano decorrente de agressão não provocada e sofrida no exercício funcional, bem como o dano sofrido em trânsito a ele pertinente;

c) a licença será concedida sem prejuízo dos vencimentos e vantagens inerentes ao exercício do cargo;

d) o acidentado em serviço, que necessite de tratamento especializado, não disponível em instituição pública, poderá ser tratado em instituição privada, à conta de recursos públicos, desde que o tratamento seja recomendado por junta médica oficial;

e) a prova do acidente deverá ser feita no prazo de dez dias, contado de sua ocorrência, prorrogável quando as circunstâncias o exigirem;

III – à gestante, por cento e vinte dias, observadas as seguintes condições:

a) poderá ter início no primeiro dia no nono mês de gestação, salvo antecipação por prescrição médica;

b) no caso de nascimento prematuro, a licença terá início a partir do parto;

c) no caso de natimorto, decorridos trinta dias do evento a mãe será submetida a exame médico e, se julgada apta, reassumirá as suas funções;

d) em caso de aborto atestado por médico oficial, a licença dar-se-á por trinta dias, a partir da sua ocorrência;

IV – pelo nascimento ou a adoção de filho, o pai ou adotante, até cinco dias consecutivos;

V – pela adoção ou a obtenção de guarda judicial de criança até um ano de idade, o prazo da licença do adotante ou detentor da guarda será de trinta dias.

SEÇÃO IV.
DOS VENCIMENTOS E VANTAGENS

ART. 224. Os membros do Ministério Público da União receberão o vencimento, a representação e as gratificações previstas em lei.

§ 1º. Sobre os vencimentos incidirá a gratificação adicional por tempo de serviço, à razão de um por cento por ano de serviço público efetivo, sendo computado o tempo de advocacia, até o máximo de quinze anos, desde que não cumulativo com tempo de serviço público.

§ 2º. (Vetado)

§ 3º. Os vencimentos serão fixados com diferença não superior a dez por cento de uma para outra das classes de cada carreira.

§ 4º. Os Subprocuradores-Gerais do Ministério Público da União terão os mesmos vencimentos e vantagens.

ART. 225. Os vencimentos do Procurador-Geral da República são os de Subprocurador – Geral da República, acrescidos de vinte por cento, não podendo exceder os valores percebidos como remuneração, em espécie, a qualquer título, por Ministros do Supremo Tribunal Federal.

Parágrafo único. O acréscimo previsto neste artigo não se incorpora aos vencimentos do cargo de Procurador-Geral da República.

ART. 226. (Vetado).

ART. 227. Os membros do Ministério Público da União farão jus, ainda, às seguintes vantagens:

I – ajuda-de-custo em caso de:

a) remoção de ofício, promoção ou nomeação que importe em alteração do domicílio legal, para atender às despesas de instalação na nova sede de exercício em valor correspondente a até três meses de vencimentos;

b) serviço fora da sede de exercício, por período superior a trinta dias, em valor correspondente a um trinta avos dos vencimentos, pelos dias em que perdurar o serviço, sem prejuízo da percepção de diárias;

II – diárias, por serviço eventual fora da sede, de valor mínimo equivalente a um trinta avos dos vencimentos para atender às despesas de locomoção, alimentação e pousada;

III – transporte:

a) pessoal e dos dependentes, bem como de mobiliário, em caso de remoção, promoção ou nomeação, previstas na alínea a do inciso I;

b) pessoal, no caso de qualquer outro deslocamento a serviço, fora da sede de exercício;

IV – auxílio-doença, no valor de um mês de vencimento, quando ocorrer licença para tratamento de saúde por mais de doze meses, ou invalidez declarada no curso deste prazo;

V – salário-família;

VI – pro labore pela atividade de magistério, por hora-aula proferida em cursos, seminários ou outros eventos destinados ao aperfeiçoamento dos membros da instituição;

VII – assistência médico-hospitalar, extensiva aos inativos, pensionistas e dependentes, assim entendida como o conjunto de atividades relacionadas com a prevenção, conservação ou recuperação da saúde, abrangendo serviços profissionais médicos, paramédicos, farmacêuticos e odontológicos, bem como o fornecimento e a aplicação dos meios e dos cuidados essenciais à saúde;

VIII – auxílio-moradia, em caso de lotação em local cujas condições de moradia sejam particularmente difíceis ou onerosas, assim definido em ato do Procurador-Geral da República;

IX – gratificação natalina, correspondente a um doze avos da remuneração a que fizer jus no mês de dezembro, por mês de exercício no respectivo ano, considerando-se como mês integral a fração igual ou superior a quinze dias.

§ 1º. A gratificação natalina será paga até o dia vinte do mês de dezembro de cada ano.

§ 2º. Em caso de exoneração antes do mês de dezembro, a gratificação natalina será proporcional aos meses de exercício e calculada com base na remuneração do mês em que ocorrer a exoneração.

§ 3º. A gratificação natalina não será considerada para cálculo de qualquer vantagem pecuniária.

§ 4º. Em caso de nomeação, as vantagens previstas nos incisos I, alínea a, e III, alínea a, são extensivas ao membro do Ministério Público da União sem vínculo estatutário imediatamente precedente, desde que seu último domicílio voluntário date de mais de doze meses.

§ 5º. (Vetado).

§ 6º. A assistência médico-hospitalar de que trata o inciso VII será proporcionada pela União, de preferência através de seus serviços, de acordo com normas e condições reguladas por ato do Procurador-Geral da República, sem prejuízo da assistência devida pela previdência social.

§ 7º. (Vetado).

§ 8º. À família do membro do Ministério Público da União que falecer no prazo de um ano a partir de remoção de ofício, promoção ou nomeação de que tenha resultado mudança de domicílio legal serão devidos a ajuda de custo e o transporte para a localidade de origem, no prazo de um ano, contado do óbito.

ART. 228. Salvo por imposição legal, ou ordem judicial, nenhum desconto incidirá sobre a remuneração ou provento e a pensão devida aos membros do Ministério Público da União ou a seus beneficiários.

§ 1º. Mediante autorização do devedor, poderá haver consignação em folha de pagamento a favor de terceiro.

§ 2º. As reposições e indenizações em favor do erário serão descontadas em parcelas mensais de valor não excedente à décima parte da remuneração ou provento, em valores atualizados.

ART. 229. O membro do Ministério Público da União que, estando em débito com o erário, for demitido, exonerado ou que tiver sua aposentadoria ou disponibilidade cassada, terá o prazo de sessenta dias para quitar o débito.

Parágrafo único. Não ocorrendo a quitação do débito no prazo estabelecido neste artigo, deverá ele ser inscrito em dívida ativa.

ART. 230. A remuneração, o provento e a pensão dos membros do Ministério Público da União e de seus beneficiários não serão objeto de arresto, sequestro ou penhora, salvo em caso de dívida de alimentos, resultante de decisão judicial.

SEÇÃO V.
DA APOSENTADORIA E DA PENSÃO

ART. 231. O membro do Ministério Público da União será aposentado, compulsoriamente, por invalidez ou aos setenta anos de idade, e facultativamente aos trinta anos de serviço, após cinco anos de exercício efetivo na carreira.

§ 1º. Será contado como tempo de serviço para aposentadoria, não cumulativamente, até o limite de quinze anos, o tempo de exercício da advocacia.

§ 2º. O membro do Ministério Público da União poderá ainda ser aposentado, voluntariamente, aos sessenta e cinco anos de idade, se homem, e aos sessenta, se mulher, com proventos proporcionais ao tempo de serviço.

§ 3º. Ao membro do Ministério Público da União, do sexo feminino, é facultada a aposentadoria, com proventos proporcionais, aos vinte e cinco anos de serviço.

§ 4º. A aposentadoria por invalidez será precedida de licença para tratamento de saúde por período não excedente a vinte e quatro meses, salvo quando o laudo médico concluir pela incapacidade definitiva para o exercício de suas funções.

§ 5º. Será aposentado o membro do Ministério Público que, após vinte e quatro meses contínuos de licença para tratamento de saúde, for considerado inválido para o exercício de suas funções, não terá efeito interruptivo desse prazo qualquer período de exercício das funções inferiores a trinta dias.

ART. 232. Os proventos da aposentadoria serão integrais.

Parágrafo único. Para o cálculo dos proventos da aposentadoria serão considerados os vencimentos do cargo imediatamente superior ao último exercício pelo aposentado; caso a aposentadoria se dê no último nível da carreira, os vencimentos deste serão acrescidos do percentual de vinte por cento.

ART. 233. Os proventos da aposentadoria serão revistos na mesma proporção e data em que se modificar a remuneração dos membros do Ministério Público em atividade, sendo também estendidos aos inativos quaisquer benefícios e vantagens novas asseguradas à carreira, ainda que por força de transformação ou reclassificação do cargo.

ART. 234. O aposentado conservará as prerrogativas previstas no art. 18, inciso I, alínea e e inciso II, alínea e, bem como carteira de identidade especial, de acordo com o modelo aprovado pelo Procurador-Geral da República e por ele expedida, contendo expressamente tais prerrogativas e o registro da situação de aposentado.

ART. 235. A pensão por morte, devida pelo órgão previdenciário aos dependentes de membros do Ministério Público da União, corresponderá à totalidade dos vencimentos ou proventos do falecido, assegurada a revisão do benefício, na forma do art. 233.

CAPÍTULO III.
DA DISCIPLINA

SEÇÃO I.
DOS DEVERES E VEDAÇÕES

ART. 236. O membro do Ministério Público da União, em respeito à dignidade de suas funções e à da Justiça, deve observar as normas que regem o seu exercício e especialmente:

I – cumprir os prazos processuais;

II – guardar segredo sobre assunto de caráter sigiloso que conheça em razão do cargo ou função;

III – velar por suas prerrogativas institucionais e processuais;

IV – prestar informações aos órgãos da administração superior do Ministério Público, quando requisitadas;

V – atender ao expediente forense e participar dos atos judiciais, quando for obrigatória a sua presença; ou assistir a outros, quando conveniente ao interesse do serviço;

VI – declarar-se suspeito ou impedido, nos termos da lei;

VII – adotar as providências cabíveis em face das irregularidades de que tiver conhecimento ou que ocorrerem nos serviços a seu cargo;

VIII – tratar com urbanidade as pessoas com as quais se relacione em razão do serviço;

IX – desempenhar com zelo e probidade as suas funções;

X – guardar decoro pessoal.

ART. 237. É vedado ao membro do Ministério Público da União:

I – receber, a qualquer título e sob qualquer pretexto; honorários, percentagens ou custas processuais;

II – exercer a advocacia;

III – exercer o comércio ou participar de sociedade comercial, exceto como cotista ou acionista;

IV – exercer, ainda que em disponibilidade, qualquer outra função pública, salvo uma de magistério;

V – exercer atividade político-partidária, ressalvada a filiação e o direito de afastar-se para exercer cargo eletivo ou a ele concorrer.

SEÇÃO II. DOS IMPEDIMENTOS E SUSPEIÇÕES

ART. 238. Os impedimentos e as suspeições dos membros do Ministério Público são os previstos em lei.

SEÇÃO III. DAS SANÇÕES

ART. 239. Os membros do Ministério Público são passíveis das seguintes sanções disciplinares:

I – advertência;

II – censura;

III – suspensão;

IV – demissão; e

V – cassação de aposentadoria ou de disponibilidade.

ART. 240. As sanções previstas no artigo anterior serão aplicadas:

I – a de advertência, reservadamente e por escrito, em caso de negligência no exercício das funções;

II – a de censura, reservadamente e por escrito, em caso de reincidência em falta anteriormente punida com advertência ou de descumprimento de dever legal;

III – a de suspensão, até quarenta e cinco dias, em caso de reincidência em falta anteriormente punida com censura;

IV – a de suspensão, de quarenta e cinco a noventa dias, em caso de inobservância das vedações impostas por esta lei complementar ou de reincidência em falta anteriormente punida com suspensão até quarenta e cinco dias;

V – as de demissão, nos casos de:

a) lesão aos cofres públicos, dilapidação do patrimônio nacional ou de bens confiados à sua guarda;

b) improbidade administrativa, nos termos do art. 37, § 4º, da Constituição Federal;

c) condenação por crime praticado com abuso de poder ou violação de dever para com a Administração Pública, quando a pena aplicada for igual ou superior a dois anos;

d) incontinência pública e escandalosa que comprometa gravemente, por sua habitualidade, a dignidade da Instituição;

e) abandono de cargo;

f) revelação de assunto de caráter sigiloso, que conheça em razão do cargo ou função, comprometendo a dignidade de suas funções ou da justiça;

g) aceitação ilegal de cargo ou função pública;

h) reincidência no descumprimento do dever legal, anteriormente punido com a suspensão prevista no inciso anterior;

VI – cassação de aposentadoria ou de disponibilidade, nos casos de falta punível com demissão, praticada quando no exercício do cargo ou função.

§ 1º. A suspensão importa, enquanto durar, na perda dos vencimentos e das vantagens pecuniárias inerentes ao exercício do cargo, vedada a sua conversão em multa.

§ 2º. Considera-se reincidência, para os efeitos desta lei complementar, a prática de nova infração, dentro de quatro anos após cientificado o infrator do ato que lhe tenha imposto sanção disciplinar.

§ 3º. Considera-se abandono do cargo a ausência do membro do Ministério Público ao exercício de suas funções, sem causa justificada, por mais de trinta dias consecutivos.

§ 4º. Equipara-se ao abandono de cargo a falta injustificada por mais de sessenta dias intercalados, no período de doze meses.

§ 5º. A demissão poderá ser convertida, uma única vez, em suspensão, nas hipóteses previstas nas alíneas a e h do inciso V, quando de pequena gravidade o fato ou irrelevantes os danos causados, atendido o disposto no art. 244.

ART. 241. Na aplicação das penas disciplinares, considerar-se-ão os antecedentes do infrator, a natureza e a gravidade da infração, as circunstâncias em que foi praticada e os danos que dela resultaram ao serviço ou à dignidade da Instituição ou da Justiça.

ART. 242. As infrações disciplinares serão apuradas em processo administrativo; quando lhes forem cominadas penas de demissão, de cassação de aposentadoria ou de disponibilidade, a imposição destas dependerá, também, de decisão judicial com trânsito em julgado.

ART. 243. Compete ao Procurador-Geral de cada ramo do Ministério Público da União aplicar a seus membros as penas de advertência, censura e suspensão.

SEÇÃO IV. DA PRESCRIÇÃO

ART. 244. Prescreverá:

I – em um ano, a falta punível com advertência ou censura;

II – em dois anos, a falta punível com suspensão;

III – em quatro anos, a falta punível com demissão e cassação de aposentadoria ou de disponibilidade.

Parágrafo único. A falta, prevista na lei penal como crime, prescreverá juntamente com este.

ART. 245. A prescrição começa a correr:

I – do dia em que a falta for cometida; ou

II – do dia em que tenha cessado a continuação ou permanência, nas faltas continuadas ou permanentes.

Parágrafo único. Interrompem a prescrição a instauração de processo administrativo e a citação para a ação de perda do cargo.

SEÇÃO V.
DA SINDICÂNCIA

ART. 246. A sindicância é o procedimento que tem por objeto a coleta sumária de dados para instauração, se necessário, de inquérito administrativo.

SEÇÃO VI.
DO INQUÉRITO ADMINISTRATIVO

ART. 247. O inquérito administrativo, de caráter sigiloso, será instaurado pelo Corregedor-Geral, mediante portaria, em que designará comissão de três membros para realizá-lo, sempre que tomar conhecimento de infração disciplinar.

§ 1º. A comissão, que poderá ser presidida pelo Corregedor-Geral, será composta de integrantes da carreira, vitalícios e de classe igual ou superior à do indicado.

§ 2º. As publicações relativas a inquérito administrativo conterão o respectivo número, omitido o nome do indiciado, que será cientificado pessoalmente.

ART. 248. O prazo para a conclusão do inquérito e apresentação do relatório final é de trinta dias, prorrogável, no máximo, por igual período.

ART. 249. A comissão procederá à instrução do inquérito, podendo ouvir o indiciado e testemunhas, requisitar perícias e documentos e promover diligências, sendo-lhe facultado o exercício das prerrogativas outorgadas ao Ministério Público da União, por esta lei complementar, para instruir procedimentos administrativos.

ART. 250. Concluída a instrução do inquérito, abrir-se-á vista dos autos ao indiciado, para se manifestar, no prazo de quinze dias.

ART. 251. A comissão encaminhará o inquérito ao Conselho Superior, acompanhado de seu parecer conclusivo, pelo arquivamento ou pela instauração de processo administrativo.

§ 1º. O parecer que concluir pela instauração do processo administrativo formulará a súmula de acusação, que conterá a exposição do fato imputado, com todas as suas circunstâncias e a capitulação legal da infração.

§ 2º. O inquérito será submetido à deliberação do Conselho Superior, que poderá:

I – determinar novas diligências, se o considerar insuficientemente instruído;

II – determinar o seu arquivamento;

III – instaurar processo administrativo, caso acolha a súmula de acusação;

IV – encaminhá-lo ao Corregedor-Geral, para formular a súmula da acusação, caso não acolha a proposta de arquivamento.

SEÇÃO VII.
DO PROCESSO ADMINISTRATIVO

ART. 252. O processo administrativo, instaurado por decisão do Conselho Superior, será contraditório, assegurada ampla defesa ao acusado.

§ 1º. A decisão que instaurar processo administrativo designará comissão composta de três membros escolhidos dentre os integrantes da carreira, vitalícios, e de classe igual ou superior à do acusado, indicará o presidente e mencionará os motivos de sua constituição.

§ 2º. Da comissão de processo administrativo não poderá participar quem haja integrado a precedente comissão de inquérito.

§ 3º. As publicações relativas a processo administrativo conterão o respectivo número, omitido o nome do acusado, que será cientificado pessoalmente.

ART. 253. O prazo para a conclusão do processo administrativo e apresentação do relatório final é de noventa dias, prorrogável, no máximo, por trinta dias, contados da publicação da decisão que o instaurar.

ART. 254. A citação será pessoal, com entrega de cópia da portaria, do relatório final do inquérito e da súmula da acusação, cientificado o acusado do dia, da hora e do local do interrogatório.

§ 1º. Não sendo encontrado o acusado em seu domicílio, proceder-se-á à citação por edital, publicado no Diário Oficial, com o prazo de quinze dias.

§ 2º. O acusado, por si ou através de defensor que nomear, poderá oferecer defesa prévia, no prazo de quinze dias, contado do interrogatório, assegurando-se-lhe vista dos autos no local em que funcione a comissão.

§ 3º. Se o acusado não tiver apresentado defesa, a comissão nomeará defensor, dentre os integrantes da carreira e de classe igual ou superior à sua, reabrindo-se-lhe o prazo fixado no parágrafo anterior.

§ 4º. Em defesa prévia, poderá o acusado requerer a produção de provas orais, documentais e periciais, inclusive pedir a repetição daquelas já produzidas no inquérito.

§ 5º. A comissão poderá indeferir, fundamentadamente, as provas desnecessárias ou requeridas com intuito manifestamente protelatório.

ART. 255. Encerrada a produção de provas, a comissão abrirá vista dos autos ao acusado, para oferecer razões finais, no prazo de quinze dias.

ART. 256. Havendo mais de um acusado, os prazos para defesa serão comuns e em dobro.

ART. 257. Em qualquer fase do processo, será assegurada à defesa a extração de cópia das peças dos autos.

ART. 258. Decorrido o prazo para razões finais, a comissão remeterá o processo, dentro de quinze dias, ao Conselho Superior, instruído com relatório dos seus trabalhos.

ART. 259. O Conselho do Ministério Público, apreciando o processo administrativo, poderá:

I – determinar novas diligências, se o considerar insuficientemente instruído, caso em que, efetivadas estas, proceder-se-á de acordo com os arts. 264 e 265;

II – propor o seu arquivamento ao Procurador-Geral;

III – propor ao Procurador-Geral a aplicação de sanções que sejam de sua competência;

IV – propor ao Procurador-Geral da República o ajuizamento de ação civil para:

a) demissão de membro do Ministério Público da União com garantia de vitaliciedade;

b) cassação de aposentadoria ou disponibilidade.

Parágrafo único. Não poderá participar da deliberação do Conselho Superior quem haja oficiado na sindicância, ou integrado as comissões do inquérito ou do processo administrativo.

ART. 260. Havendo prova da infração e indícios suficientes de sua autoria, o Conselho Superior poderá determinar, fundamentadamente, o afastamento preventivo do indiciado, enquanto sua permanência for inconveniente ao serviço ou prejudicial à apuração dos fatos.

§ 1º. O afastamento do indiciado não poderá ocorrer quando ao fato imputado corresponderem somente as penas de advertência ou de censura.

§ 2º. O afastamento não ultrapassará o prazo de cento e vinte dias, salvo em caso de alcance.

§ 3º. O período de afastamento será considerado como de serviço efetivo, para todos os efeitos.

ART. 261. Aplicam-se, subsidiariamente, ao processo disciplinar, as normas do Código de Processo Penal.

SEÇÃO VIII. DA REVISÃO DO PROCESSO ADMINISTRATIVO

ART. 262. Cabe, em qualquer tempo, a revisão do processo de que houver resultado a imposição de penalidade administrativa:

I – quando se aduzam fatos ou circunstâncias suscetíveis de provar inocência ou de justificar a imposição de sanção mais branda; ou

II – quando a sanção se tenha fundado em prova falsa.

ART. 263. A instauração do processo de revisão poderá ser determinada de ofício, a requerimento do próprio interessado, ou, se falecido, do seu cônjuge ou companheiro, ascendente, descendente ou irmão.

ART. 264. O processo de revisão terá o rito do processo administrativo.

Parágrafo único. Não poderá integrar a comissão revisora quem haja atuado em qualquer fase do processo revisando.

ART. 265. Julgada procedente a revisão, será tornada sem efeito a sanção aplicada, com o restabelecimento, em sua plenitude, dos direitos por ela atingidos, exceto se for o caso de aplicar-se penalidade menor.

TÍTULO IV. DAS DISPOSIÇÕES FINAIS E TRANSITÓRIAS

ART. 266. (Vetado).

ART. 267. (Vetado).

ART. 268. Ficam criados seis cargos de Subprocurador-Geral da República.

ART. 269. Ficam criados setenta e quatro cargos de Procurador Regional da República.

§ 1º. O primeiro provimento de todos os cargos de Procurador Regional da República será considerado simultâneo, independentemente da data dos atos de promoção.

§ 2º. Os vencimentos iniciais do cargo de Procurador Regional da República serão iguais aos do cargo de Procurador de Justiça do Distrito Federal.

ART. 270. Os atuais Procuradores da República de 1ª Categoria, que ingressaram na carreira até a data da promulgação da Constituição Federal, terão seus cargos transformados em cargos de Procurador Regional da República, mantidos seus titulares e lotações.

§ 1º. Os cargos transformados na forma deste artigo, excedentes do limite previsto no artigo anterior, serão extintos à medida que vagarem.

§ 2º. Os Procuradores da República ocupantes dos cargos transformados na forma deste artigo poderão ser designados para oficiar perante os Juízes Federais e os Tribunais Regionais Eleitorais.

ART. 271. Os cargos de Procurador da República de 1ª Categoria não alcançados pelo artigo anterior e os atuais cargos de Procurador da República de 2ª Categoria são transformados em cargos de Procurador da República.

§ 1º. Na nova classe, para efeito de antiguidade, os atuais Procuradores da República de 1ª Categoria precederão os de 2ª Categoria; estes manterão na nova classe a atual ordem de antiguidade.

§ 2º. Os vencimentos iniciais do cargo de Procurador da República serão iguais aos do atual cargo de Procurador da República de 1ª Categoria.

ART. 272. São transformados em cargos de Procurador do Trabalho de 1ª Categoria cem cargos de Procurador do Trabalho de 2ª Categoria.

ART. 273. Os cargos de Procurador do Trabalho de 1ª e de 2ª Categoria passam a denominar-se, respectivamente, Procurador Regional do Trabalho e Procurador do Trabalho.

§ 1º. Até que sejam criados novos cargos de Subprocurador-Geral do Trabalho, os atuais Procuradores do Trabalho de 1ª Categoria, cujo cargo passa a denominar-se Procurador Regional do Trabalho e que estejam atuando junto ao Tribunal Superior do Trabalho, ali permanecerão exercendo suas atribuições.

§ 2º. Os vencimentos iniciais dos cargos de Procurador Regional do Trabalho e de Procurador do Trabalho serão iguais aos dos cargos de Procurador Regional da República e de Procurador da República, respectivamente.

LEIS COMPLEMENTARES

ART. 274. Os cargos de Procurador Militar de 1ª e 2ª Categoria passam a denominar-se, respectivamente, Procurador da Justiça Militar e Promotor da Justiça Militar.

Parágrafo único. Até que sejam criados novos cargos de Subprocurador-Geral da Justiça Militar, os atuais Procuradores Militares da 1ª Categoria, cujos cargos passam a denominar-se Procuradores da Justiça Militar e que estejam atuando junto ao Superior Tribunal Militar, ali permanecerão exercendo suas atribuições.

ART. 275. O cargo de Promotor de Justiça Substituto passa a denominar-se Promotor de Justiça Adjunto.

ART. 276. Na falta da lei prevista no art. 16, a atuação do Ministério Público na defesa dos direitos constitucionais do cidadão observará, além das disposições desta lei complementar, as normas baixadas pelo Procurador-Geral da República.

ART. 277. As promoções nas carreiras do Ministério Público da União, na vigência desta lei complementar, serão precedidas da adequação das listas de antiguidade aos critérios de desempate nela estabelecidos.

ART. 278. Não se farão promoções nas carreiras do Ministério Público da União antes da instalação do Conselho Superior do ramo respectivo.

ART. 279. As primeiras eleições, para composição do Conselho Superior de cada ramo do Ministério Público da União e para elaboração das listas tríplices para Procurador-Geral do Trabalho, Procurador-Geral da Justiça Militar e Procurador-Geral de Justiça, serão convocadas pelo Procurador-Geral da República, para se realizarem no prazo de noventa dias da promulgação desta lei complementar.

§ 1º. O Procurador-Geral da República disporá, em ato normativo, sobre as eleições previstas neste artigo, devendo a convocação anteceder de trinta dias à data de sua realização.

§ 2º. Os Conselhos Superiores serão instalados no prazo de quinze dias, contado do encerramento da apuração.

ART. 280. Entre os eleitos para a primeira composição do Conselho Superior de cada ramo do Ministério Público da União, os dois mais votados, em cada eleição, terão mandato de dois anos; os menos votados, de um ano.

ART. 281. Os membros do Ministério Público da União, nomeados antes de 5 de outubro de 1988, poderão optar entre o novo regime jurídico e o anterior à promulgação da Constituição Federal, quanto às garantias, vantagens e vedações do cargo.

Parágrafo único. A opção poderá ser exercida dentro de dois anos, contados da promulgação desta lei complementar, podendo a retratação ser feita no prazo de dez anos.

ART. 282. Os Procuradores da República nomeados antes de 5 de outubro de 1988 deverão optar, de forma irretratável, entre as carreiras do Ministério Público Federal e da Advocacia-Geral da União.

§ 1º. (Vetado).

§ 2º. Não manifestada a opção, no prazo estabelecido no parágrafo anterior, o silêncio valerá como opção tácita pela carreira do Ministério Público Federal.

ART. 283. Será criada por lei a Escola Superior do Ministério Público da União, como órgão auxiliar da Instituição.

ART. 284. Poderão ser admitidos como estagiários no Ministério Público da União estudantes de Direito inscritos na Ordem dos Advogados do Brasil.

Parágrafo único. As condições de admissão e o valor da bolsa serão fixados pelo Procurador-Geral da República, sendo a atividade dos estagiários regulada pelo Conselho Superior de cada ramo.

ART. 285. (Vetado).

ART. 286. As despesas decorrentes desta lei complementar correrão à conta das dotações constantes do Orçamento da União.

ART. 287. Aplicam-se subsidiariamente aos membros do Ministério Público da União as disposições gerais referentes aos servidores públicos, respeitadas, quando for o caso, as normas especiais contidas nesta lei complementar.

§ 1º. O regime de remuneração estabelecido nesta lei complementar não prejudica a percepção de vantagens concedidas, em caráter geral, aos servidores públicos civis da União.

§ 2º. O disposto neste artigo não poderá importar em restrições ao regime jurídico instituído nesta lei complementar ou na imposição de condições com ele incompatíveis.

ART. 288. Os membros do Ministério Público Federal, cuja promoção para o cargo final de carreira tenha acarretado a sua remoção para o Distrito Federal, poderão, no prazo de trinta dias da promulgação desta lei complementar, renunciar à referida promoção e retornar ao Estado de origem, ocupando o cargo de Procurador Regional da República.

ART. 289. Sempre que ocorrer a criação simultânea de mais de um cargo de mesmo nível nas carreiras do Ministério Público da União, o provimento dos mesmos, mediante promoção, presumir-se-á simultâneo, independentemente da data dos atos de promoção.

ART. 290. Os membros do Ministério Público da União terão mantida em caráter provisório a sua lotação, enquanto não entrarem em vigor a lei e o ato a que se referem os arts. 34 e 214.

Parágrafo único. O disposto neste artigo não obsta as alterações de lotação decorrentes de remoção, promoção ou designação previstas nesta lei complementar.

ART. 291. (Vetado).

ART. 292. (Vetado).

ART. 293. Ao membro ou servidor do Ministério Público da União é vedado manter, sob sua chefia imediata, em cargo ou função de confiança, cônjuge, companheiro, ou parente até o segundo grau civil.

ART. 294. Esta lei complementar entra em vigor na data de sua publicação.

ART. 295. Revogam-se as disposições em contrário.

Brasília, 20 de maio de 1993;
172º da Independência e 105º da República.

ITAMAR FRANCO

Publicado no DOU de 21.05.1993.

LEI COMPLEMENTAR Nº 79, DE 07 DE JANEIRO DE 1994

Cria o Fundo Penitenciário Nacional – FUNPEN, e dá outras providências.

O PRESIDENTE DA REPÚBLICA Faço saber que o Congresso Nacional decreta e eu sanciono a seguinte Lei:

ART. 1º. Fica instituído, no âmbito do Ministério da Justiça e Segurança Pública, o Fundo Penitenciário Nacional (Funpen), a ser gerido pelo Departamento Penitenciário Nacional (Depen), com a finalidade de proporcionar recursos e meios para financiar e apoiar as atividades e os programas de modernização e aprimoramento do sistema penitenciário nacional. (Redação dada pela Lei nº 13.500, de 26.10.2017)

ART. 2º. Constituirão recursos do FUNPEN:

I – dotações orçamentárias da União;

II – doações, contribuições em dinheiro, valores, bens móveis e imóveis, que venha a receber de organismos ou entidades nacionais, internacionais ou estrangeiras, bem como de pessoas físicas e jurídicas, nacionais ou estrangeiras;

III – recursos provenientes de convênios, contratos ou acordos firmados com entidades públicas ou privadas, nacionais, internacionais ou estrangeiras;

IV – recursos confiscados ou provenientes da alienação dos bens perdidos em favor da União Federal, nos termos da legislação penal ou processual penal, excluindo-se aqueles já destinados ao Fundo de que trata a Lei nº 7.560, de 19 de dezembro de 1986;

V – multas decorrentes de sentenças penais condenatórias com trânsito em julgado;

VI – fianças quebradas ou perdidas, em conformidade com o disposto na lei processual penal;

VII – (Revogado pela Lei nº 13.500, de 26.10.2017)

VIII – (Revogado pela Lei nº 13.756, de 2018)

IX – rendimentos de qualquer natureza, auferidos como remuneração, decorrentes de aplicação do patrimônio do FUNPEN;

X – outros recursos que lhe forem destinados por lei.

ART. 3º. Os recursos do FUNPEN serão aplicados em:

I – construção, reforma, ampliação e aprimoramento de estabelecimentos penais;

II – manutenção dos serviços e realização de investimentos penitenciários, inclusive em informação e segurança; (Redação dada pela Lei nº 13.500, de 26.10.2017)

III – formação, aperfeiçoamento e especialização do serviço penitenciário;

IV – aquisição de material permanente, equipamentos e veículos especializados, imprescindíveis ao funcionamento e à segurança dos estabelecimentos penais; (Redação dada pela Lei nº 13.500, de 26.10.2017)

V – implantação de medidas pedagógicas relacionadas ao trabalho profissionalizante do preso e do internado;

VI – formação educacional e cultural do preso e do internado;

VII – elaboração e execução de projetos destinados à reinserção social de presos, internados e egressos, inclusive por meio da realização de cursos técnicos e profissionalizantes; (Redação dada pela Lei nº 13.500, de 16.10.2017)

VIII – programas de assistência jurídica aos presos e internados carentes;

IX – programa de assistência às vítimas de crime;

X – programa de assistência aos dependentes de presos e internados;

XI – participação de representantes oficiais em eventos científicos sobre matéria penal, penitenciária ou criminológica, realizados no Brasil ou no exterior;

XII – publicações e programas de pesquisa científica na área penal, penitenciária ou criminológica;

XIII – custos de sua própria gestão, excetuando-se despesas de pessoal relativas a servidores públicos já remunerados pelos cofres públicos.

XIV – manutenção de casas de abrigo destinadas a acolher vítimas de violência doméstica. (Incluído pela Lei Complementar nº 119, de 2005)

XV – implantação e manutenção de berçário, creche e seção destinada à gestante e à parturiente nos estabelecimentos penais, nos termos do § 2º do art. 83 e do art. 89 da Lei nº 7.210, de 11 de julho de 1984 – Lei de Execução Penal. (Incluído pela Lei Complementar nº 153, de 2015)

XVI – programas de alternativas penais à prisão com o intuito do cumprimento de penas restritivas de direitos e de prestação de serviços à comunidade, executados diretamente ou mediante parcerias, inclusive por meio da viabilização de convênios e acordos de cooperação; e (Redação dada pela Lei nº 13.500, de 26.10.2017)

XVII – financiamento e apoio a políticas e atividades preventivas, inclusive da inteligência policial, vocacionadas à redução da criminalidade e da população carcerária. (Redação dada pela Lei nº 13.500, de 26.10. 2017)

§ 1º. Os recursos do Funpen poderão, ressalvado o disposto no art. 3º-A desta Lei, ser repassados mediante convênio, acordos ou ajustes que se enquadrem nas atividades previstas neste artigo. (Redação dada pela Lei nº 13.500, de 26.10.2017)

§ 2º. (Revogado pela Lei nº 13.500, de 26.10.2017)

§ 3º. Os saldos verificados no final de cada exercício serão obrigatoriamente transferidos para crédito do FUNPEN no exercício seguinte.

§ 4º. Os entes federados integrantes do Sistema Nacional de Informações de Segurança Pública, Prisionais, de Rastreabilidade de Armas e Munições, de Material Genético, de Digitais e de Drogas (Sinesp) que deixarem de fornecer ou atualizar seus dados no Sistema não poderão receber recursos do Funpen. (Redação dada pela Lei nº 13.675, de 11-6-2018)

§ 5º. No mínimo, 30% (trinta por cento) dos recursos do Funpen serão aplicados nas atividades previstas no inciso I do caput deste artigo. (Redação dada pela Lei nº 13.500, de 26.10.2017)

§ 6º. É vedado o contingenciamento de recursos do Funpen. (Incluído pela Lei nº 13.500, de 26.10.2017)

§ 7º. A União deverá aplicar preferencialmente os recursos de que trata o § 5º deste artigo em estabelecimentos penais federais de âmbito regional. (Incluído pela Lei nº 13.500, de 26.10.2017)

ART. 3º-A. A União deverá repassar aos fundos dos Estados, do Distrito Federal e dos Municípios, a título de transferência obrigatória e independentemente de convênio ou instrumento congênere, os seguintes percentuais da dotação orçamentária do Funpen: (Redação dada pela Lei nº 13.500, de 26.10.2017)

I – até 31 de dezembro de 2017, até 75% (setenta e cinco por cento); (Redação dada pela Lei nº 13.500, de 26.10.2017)

II – no exercício de 2018, até 45% (quarenta e cinco por cento); (Redação dada pela Lei nº 13.500, de 26.10.2017)

III – no exercício de 2019, até 25% (vinte e cinco por cento); e (Redação dada pela Lei nº 13.500, de 26.10.2017)

IV – nos exercícios subsequentes, 40% (quarenta por cento). (Redação dada pela Lei nº 13.500, de 26.10.2017)

§ 1º. Os percentuais a que se referem os incisos I, II, III e IV do caput deste artigo serão auferidos excluindo as despesas de custeio e de investimento do Depen. (Redação dada pela Lei nº 13.500, de 26.10.2017)

§ 2º. Os repasses a que se refere o caput deste artigo serão aplicados nas atividades previstas no art. 3º desta Lei, no financiamento de programas para melhoria do sistema penitenciário nacional, no caso dos Estados e do Distrito Federal, e no financiamento de programas destinados à reinserção social de presos, internados e egressos, ou de programas de alternativas penais, no caso dos Municípios. (Redação dada pela Lei nº 13.500, de 26.10.2017)

§ 3º. O repasse previsto no caput deste artigo fica condicionado, em cada ente federativo, à: (Redação dada pela Lei nº 13.500, de 26.10.2017)

I – existência de fundo penitenciário, no caso dos Estados e do Distrito Federal, e de fundo específico, no caso dos Municípios; (Incluído pela Lei nº 13.500, de 26.10.2017)

II – existência de órgão ou de entidade específica responsável pela gestão do fundo de que trata o inciso I deste parágrafo; (Incluído pela Lei nº 13.500, de 26.10.2017)

III – apresentação de planos associados aos programas a que se refere o § 2º deste artigo, dos quais constarão a contrapartida do ente federativo, segundo critérios e condições definidos, quando exigidos em ato do Ministro de Estado da Justiça e Segurança Pública; (Incluído pela Lei nº 13.500, de 26.10.2017)

IV – habilitação do ente federativo nos programas instituídos; (Incluído pela Lei nº 13.500, de 26.10.2017)

V – aprovação de relatório anual de gestão, o qual conterá dados sobre a quantidade de presos, com classificação por sexo, etnia, faixa etária, escolaridade, exercício de atividade de trabalho, estabelecimento penal, motivo, regime e duração da prisão, entre outros a serem definidos em regulamento; e (Incluído pela Lei nº 13.500, de 26.10.2017)

VI – existência de conselhos estadual ou distrital penitenciários, de segurança pública, ou congênere, para apoio ao controle e à fiscalização da aplicação dos recursos do fundo de que trata o inciso I deste parágrafo, no caso dos Estados e do Distrito Federal. (Incluído pela Lei nº 13.500, de 26.10.2017)

§ 4º. A não utilização dos recursos transferidos, nos prazos definidos em ato do Ministro de Estado da Justiça e Segurança Pública, obrigará o ente federativo à devolução do saldo remanescente devidamente atualizado. (Redação dada pela Lei nº 13.500, de 26.10.2017)

§ 5º. Ato do Ministro de Estado da Justiça e Segurança Pública poderá dispor sobre a prorrogação do prazo a que se refere o § 4º deste artigo. (Redação dada pela Lei nº 13.500, de 26.10.2017)

§ 6º. Os recursos financeiros transferidos, enquanto não utilizados, serão obrigatoriamente aplicados em conta bancária em instituição financeira oficial, conforme previsto em ato normativo do Ministro de Estado da Justiça e Segurança Pública. (Redação dada pela Lei nº 13.500, de 26.10.2017)

§ 7º. Os repasses serão partilhados conforme as seguintes regras: (Incluído pela Lei nº 13.500, de 26.10.2017)

I – 90% (noventa por cento) dos recursos serão destinados aos fundos penitenciários dos Estados e do Distrito Federal, desta forma: (Incluído pela Lei nº 13.500, de 26.10.2017)

a) 30% (trinta por cento) distribuídos conforme as regras do Fundo de Participação dos Estados; (Incluído pela Lei nº 13.500, de 26.10.2017)

b) 30% (trinta por cento) distribuídos proporcionalmente à respectiva população carcerária; e (Incluído pela Lei nº 13.500, de 26.10.2017)

c) 30% (trinta por cento) distribuídos de forma igualitária; (Incluído pela Lei nº 13.500, de 26.10.2017)

II – 10% (dez por cento) dos recursos serão destinados aos fundos específicos dos Municípios onde se encontrem estabelecimentos penais em sua área geográfica, distribuídos de forma igualitária. (Incluído pela Lei nº 13.500, de 26.10.2017)

§ 8º. A população carcerária de cada ente federativo previsto no § 7º deste artigo será apurada anualmente pelo Ministério da Justiça e Segurança Pública. (Incluído pela Lei nº 13.500, de 26.10.2017)

ART. 3º-B. Fica autorizada a transferência de recursos do Funpen à organização da sociedade civil que administre estabelecimento penal destinado a receber condenados a pena privativa de liberdade, observadas as vedações estabelecidas na legislação correlata, e desde que atenda aos seguintes requisitos: (Incluído pela Lei nº 13.500, de 26.10.2017)

I – apresentação de projeto aprovado pelo Tribunal de Justiça e pelo Tribunal de Contas da unidade federativa em que desenvolverá suas atividades; (Incluído pela Lei nº 13.500, de 26.10.2017)

II – existência de cadastro no Depen e no Sistema de Gestão de Convênios e Contratos de Repasse (Siconv) do governo federal; (Incluído pela Lei nº 13.500, de 26.10.2017)

III – habilitação no órgão competente da unidade federativa em que desenvolverá suas atividades, após aprovação do Conselho Nacional de Política Criminal e Penitenciária, que atestará o cumprimento dos requisitos para recebimento de recursos; (Incluído pela Lei nº 13.500, de 26.10.2017)

IV – apresentação ao Ministério da Justiça e Segurança Pública de relatório anual de gestão, de reincidência criminal e de outras informações solicitadas; e (Incluído pela Lei nº 13.500, de 26.10.2017)

V – prestação de contas ao Tribunal de Contas da unidade federativa em que desenvolverá suas atividades. (Incluído pela Lei nº 13.500, de 26.10.2017)

ART. 4º. O Poder Executivo baixará os atos necessários à regulamentação desta Lei Complementar.

ART. 5º. Esta Lei Complementar entra em vigor na data de sua publicação.

Brasília, 7 de janeiro de 1994,

173º da Independência e 106º da República.

ITAMAR FRANCO

Maurício Corrêa

Este texto não substitui o publicado no DOU de 10.1.1994

LEI COMPLEMENTAR Nº 80, DE 12 DE JANEIRO DE 1994

Organiza a Defensoria Pública da União, do Distrito Federal e dos Territórios e prescreve normas gerais para sua organização nos Estados, e dá outras providências.

TÍTULO I.

DISPOSIÇÕES GERAIS

ART. 1º. A Defensoria Pública é instituição permanente, essencial à função jurisdicional do Estado, incumbindo-lhe, como expressão e instrumento do regime democrático, fundamentalmente, a orientação jurídica, a promoção dos direitos humanos e a defesa, em todos os graus, judicial e extrajudicial, dos direitos individuais e coletivos, de forma integral e gratuita, aos necessitados, assim considerados na forma do inciso LXXIV do art. 5º da Constituição Federal. (Redação dada pela Lei Complementar nº 132, de 2009)

▸ CF: arts. 5º, LXXIV, 133 e 134.

▸ CPP: art. 32.

▸ Lei nº 1.060, de 05-02-1950, dispõe sobre a Assistência Judiciária.

ART. 2º. A Defensoria Pública abrange:

I – a Defensoria Pública da União;

II – a Defensoria Pública do Distrito Federal e dos Territórios;

III – as Defensorias Públicas dos Estados.

ART. 3º. São princípios institucionais da Defensoria Pública a unidade, a indivisibilidade e a independência funcional.

Parágrafo único. (VETADO).

ART. 3º-A. São objetivos da Defensoria Pública: (Incluído pela Lei Complementar nº 132, de 2009)

I – a primazia da dignidade da pessoa humana e a redução das desigualdades sociais; (Incluído pela Lei Complementar nº 132, de 2009)

II – a afirmação do Estado Democrático de Direito;

III – a prevalência e efetividade dos direitos humanos; e (Incluído pela Lei Complementar nº 132, de 2009)

IV – a garantia dos princípios constitucionais da ampla defesa e do contraditório. (Incluído pela Lei Complementar nº 132, de 2009)

ART. 4º. São funções institucionais da Defensoria Pública, dentre outras:

I – prestar orientação jurídica e exercer a defesa dos necessitados, em todos os graus; (Redação dada pela Lei Complementar nº 132, de 2009)

II – promover, prioritariamente, a solução extrajudicial dos litígios, visando à composição entre as pessoas em conflito de interesses, por meio de mediação, conciliação, arbitragem e demais técnicas de composição e administração de conflitos; (Redação dada pela Lei Complementar nº 132, de 2009)

III – promover a difusão e a conscientização dos direitos humanos, da cidadania e do ordenamento jurídico; (Redação dada Lei Complementar nº 132, de 2009)

IV – prestar atendimento interdisciplinar, por meio de órgãos ou de servidores de suas Carreiras de apoio para o exercício de suas atribuições; (Redação dada Lei Complementar nº 132, de 2009)

V – exercer, mediante o recebimento dos autos com vista, a ampla defesa e o contraditório em favor de pessoas naturais e jurídicas, em processos administrativos e judiciais, perante todos os órgãos e em todas as instâncias, ordinárias ou extraordinárias, utilizando todas as medidas capazes de propiciar a adequada e efetiva defesa de seus interesses; (Redação dada Lei Complementar nº 132, de 2009)

▸ CF: art. 5º, LV.

VI – representar aos sistemas internacionais de proteção dos direitos humanos, postulando perante seus órgãos; (Redação dada Lei Complementar nº 132, de 2009)

VII – promover ação civil pública e todas as espécies de ações capazes de propiciar a adequada tutela dos direitos difusos, coletivos ou individuais homogêneos quando o resultado da demanda puder beneficiar grupo de pessoas hipossuficientes; (Redação dada Lei Complementar nº 132, de 2009)

VIII – exercer a defesa dos direitos e interesses individuais, difusos, coletivos e individuais homogêneos e dos direitos do consumidor, na forma do inciso LXXIV do art. 5º da Constituição Federal; (Redação dada Lei Complementar nº 132, de 2009)

▸ CDC: arts. 81 a 104.

IX – impetrar habeas corpus, mandado de injunção, habeas data e mandado de segurança ou qualquer outra ação em defesa das funções institucionais e prerrogativas de seus órgãos de execução; (Redação dada Lei Complementar nº 132, de 2009)

▸ Lei nº 12.016, de 07-08-2009, Mandado de Segurança.

X – promover a mais ampla defesa dos direitos fundamentais dos necessitados, abrangendo seus direitos individuais, coletivos, sociais, econômicos, culturais e ambientais, sendo admissíveis todas as espécies de ações capazes de propiciar sua adequada e efetiva tutela; (Redação dada pela Lei Complementar nº 132, de 2009).

XI – exercer a defesa dos interesses individuais e coletivos da criança e do adolescente, do idoso, da pessoa portadora de necessidades especiais, da mulher vítima de violência doméstica e familiar e de outros grupos sociais vulneráveis que mereçam proteção especial do Estado; (Redação dada pela Lei Complementar nº 132, de 2009).

XII – (VETADO);

XIII – (VETADO);

XIV – acompanhar inquérito policial, inclusive com a comunicação imediata da prisão em flagrante pela autoridade policial, quando o preso não constituir advogado; (Incluído pela Lei Complementar nº 132, de 2009)

▸ *CPP: arts. 4º e s.*

XV – patrocinar ação penal privada e a subsidiária da pública; (Incluído pela Lei Complementar nº 132, de 2009)

▸ *CPP: arts. 29 a 34.*

XVI – exercer a curadoria especial nos casos previstos em lei; (Incluído pela Lei Complementar nº 132, de 2009)1

XVII – atuar nos estabelecimentos policiais, penitenciários e de internação de adolescentes, visando a assegurar às pessoas, sob quaisquer circunstâncias, o exercício pleno de seus direitos e garantias fundamentais; (Incluído pela Lei Complementar nº 132, de 2009)

XVIII – atuar na preservação e reparação dos direitos de pessoas vítimas de tortura, abusos sexuais, discriminação ou qualquer outra forma de opressão ou violência, propiciando o acompanhamento e o atendimento interdisciplinar das vítimas; (Incluído pela Lei Complementar nº 132, de 2009)

▸ *Lei nº 9.455, de 07-04-1997, define os crimes de tortura.*

XIX – atuar nos Juizados Especiais; (Incluído pela Lei Complementar nº 132, de 2009).

▸ *Lei nº 9.099, de 26-09-1995: arts. 75,79,88 e 91, dispõe sobre os Juizados Especiais Cíveis e Criminais.*

▸ *Lei nº 10.259, de 12-07-2001, dispõe sobre a instituição dos Juizados Especiais Cíveis e Criminais no âmbito da Justiça Federal.*

XX – participar, quando tiver assento, dos conselhos federais, estaduais e municipais afetos às funções institucionais da Defensoria Pública, respeitadas as atribuições de seus ramos; (Incluído pela Lei Complementar nº 132, de 2009).

XXI – executar e receber as verbas sucumbenciais decorrentes de sua atuação, inclusive quando devidas por quaisquer entes públicos, destinando-as a fundos geridos pela Defensoria Pública e destinados, exclusivamente, ao aparelhamento da Defensoria Pública e à capacitação profissional de seus membros e servidores; (Incluído pela Lei Complementar nº 132, de 2009)

XXII – convocar audiências públicas para discutir matérias relacionadas às suas funções institucionais. (Incluído pela Lei Complementar nº 132, de 2009)

§ 1º. (VETADO).

§ 2º. As funções institucionais da Defensoria Pública serão exercidas inclusive contra as Pessoas Jurídicas de Direito Público.

§ 3º. (VETADO).

§ 4º. O instrumento de transação, mediação ou conciliação referendado pelo Defensor Público valerá como título executivo extrajudicial, inclusive quando celebrado com a pessoa jurídica de direito público. (Incluído pela Lei Complementar nº 132, de 2009)

§ 5º. A assistência jurídica integral e gratuita custeada ou fornecida pelo Estado será exercida pela Defensoria Pública. (Incluído pela Lei Complementar nº 132, de 2009)

§ 6º. A capacidade postulatória do Defensor Público decorre exclusivamente de sua nomeação e posse no cargo público. (Incluído pela Lei Complementar nº 132, de 2009)

§ 7º. Aos membros da Defensoria Pública é garantido sentar-se no mesmo plano do Ministério Público. (Incluído pela Lei Complementar nº 132, de 2009)

§ 8º. Se o Defensor Público entender inexistir hipótese de atuação institucional, dará imediata ciência ao Defensor Público-Geral, que decidirá a controvérsia, indicando, se for o caso, outro Defensor Público para atuar. (Incluído pela Lei Complementar nº 132, de 2009)

§ 9º. O exercício do cargo de Defensor Público é comprovado mediante apresentação de carteira funcional expedida pela respectiva Defensoria Pública, conforme modelo previsto nesta Lei Complementar, a qual valerá como documento de identidade e terá fé pública em todo o território nacional. (Incluído pela Lei Complementar nº 132, de 2009)

§ 10. O exercício do cargo de Defensor Público é indelegável e privativo de membro da Carreira. (Incluído pela Lei Complementar nº 132, de 2009)

§ 11. Os estabelecimentos a que se refere o inciso XVII do *caput* reservarão instalações adequadas ao atendimento jurídico dos presos e internos por parte dos Defensores Públicos, bem como a esses fornecerão apoio administrativo, prestarão as informações solicitadas e assegurarão acesso à documentação dos presos e internos, aos quais é assegurado o direito de entrevista com os Defensores Públicos. (Incluído pela Lei Complementar nº 132, de 2009)

ART. 4º-A. São direitos dos assistidos da Defensoria Pública, além daqueles previstos na legislação estadual ou em atos normativos internos: (Incluído pela Lei Complementar nº 132, de 2009)

I – a informação sobre: (Incluído pela Lei Complementar nº 132, de 2009)

a) localização e horário de funcionamento dos órgãos da Defensoria Pública; (Incluído pela Lei Complementar nº 132, de 2009)

b) a tramitação dos processos e os procedimentos para a realização de exames, perícias e outras providências necessárias à defesa de seus interesses; (Incluído pela Lei Complementar nº 132, de 2009)

II – a qualidade e a eficiência do atendimento; (Incluído pela Lei Complementar nº 132, de 2009)

III – o direito de ter sua pretensão revista no caso de recusa de atuação pelo Defensor Público; (Incluído pela Lei Complementar nº 132, de 2009)

IV – o patrocínio de seus direitos e interesses pelo defensor natural; (Incluído pela Lei Complementar nº 132, de 2009)

V – a atuação de Defensores Públicos distintos, quando verificada a existência de interesses antagônicos ou colidentes entre destinatários de suas funções. (Incluído pela Lei Complementar nº 132, de 2009)

TÍTULO II.

DA ORGANIZAÇÃO DA DEFENSORIA PÚBLICA DA UNIÃO

CAPÍTULO I.

DA ESTRUTURA

ART. 5º. A Defensoria Pública da União compreende:

I – órgãos de administração superior:

a) a Defensoria Público-Geral da União;

b) a Subdefensoria Público-Geral da União;

c) o Conselho Superior da Defensoria Pública da União;

d) a Corregedoria-Geral da Defensoria Pública da União;

II – órgãos de atuação:

a) as Defensorias Públicas da União nos Estados, no Distrito Federal e nos Territórios;

b) os Núcleos da Defensoria Pública da União;

III – órgãos de execução:

a) os Defensores Públicos Federais nos Estados, no Distrito Federal e nos Territórios. (Incluído pela Lei Complementar nº 132, de 2009)

SEÇÃO I.

DO DEFENSOR PÚBLICO-GERAL FEDERAL E DO SUBDEFENSOR PÚBLICO-GERAL FEDERAL (Redação dada pela Lei Complementar nº 132, de 2009)

ART. 6º. A Defensoria Pública da União tem por chefe o Defensor Público-Geral Federal, nomeado pelo Presidente da República, dentre membros estáveis da Carreira e maiores de 35 (trinta e cinco) anos, escolhidos em lista tríplice formada pelo voto direto, secreto, plurinominal e obrigatório de seus membros, após a aprovação de seu nome pela maioria absoluta dos membros do Senado Federal, para mandato de 2 (dois) anos, permitida uma recondução, precedida de nova aprovação do Senado Federal. (Redação dada pela Lei Complementar nº 132, de 2009)

§ 1º. (VETADO).

§ 2º. (VETADO).

ART. 7º. O Defensor Público-Geral Federal será substituído, em suas faltas, impedimentos, licenças e férias, pelo Subdefensor Público-Geral Federal, nomeado pelo Presidente da República, dentre os integrantes da Categoria Especial da Carreira, escolhidos pelo Conselho Superior, para mandato de 2 (dois) anos. (Redação dada pela Lei Complementar nº 132, de 2009)

Parágrafo único. A União poderá, segundo suas necessidades, ter mais de um Subdefensor Público-Geral Federal. (Redação dada pela Lei Complementar nº 132, de 2009)

ART. 8º. São atribuições do Defensor Público-Geral, dentre outras:

I – dirigir a Defensoria Pública da União, superintender e coordenar suas atividades e orientar-lhe a atuação;

II – representar a Defensoria Pública da União judicial e extrajudicialmente;

III – velar pelo cumprimento das finalidades da Instituição;

IV – integrar, como membro nato, e presidir o Conselho Superior da Defensoria Pública da União;

V – submeter ao Conselho Superior proposta de criação ou de alteração do Regimento Interno da Defensoria Pública-Geral da União; (Redação dada pela Lei Complementar nº 132, de 2009)

VI – autorizar os afastamentos dos membros da Defensoria Pública da União;

VII – estabelecer a lotação e a distribuição dos membros e dos servidores da Defensoria Pública da União;

VIII – dirimir conflitos de atribuições entre membros da Defensoria Pública da União, com recurso para seu Conselho Superior;

IX – proferir decisões nas sindicâncias e processos administrativos disciplinares promovidos pela Corregedoria-Geral da Defensoria Pública da União;

X – instaurar processo disciplinar contra membros e servidores da Defensoria Pública da União, por recomendação de seu Conselho Superior;

XI – abrir concursos públicos para ingresso na carreira da Defensoria Pública da União;

XII – determinar correições extraordinárias;

XIII – praticar atos de gestão administrativa, financeira e de pessoal;

XIV – convocar o Conselho Superior da Defensoria Pública da União;

XV – designar membro da Defensoria Pública da União para exercício de suas atribuições em órgão de atuação diverso do de sua lotação ou, em caráter excepcional, perante Juízos, Tribunais ou Ofícios diferentes dos estabelecidos para cada categoria;

XVI – requisitar de qualquer autoridade pública e de seus agentes, certidões, exames, perícias, vistorias, diligências, processos, documentos, informações, esclarecimentos e demais providências necessárias à atuação da Defensoria Pública;

XVII – aplicar a pena da remoção compulsória, aprovada pelo voto de dois terços do Conselho Superior da Defensoria Pública da União, assegurada ampla defesa;

XVIII – delegar atribuições a autoridade que lhe seja subordinada, na forma da lei.

XIX – requisitar força policial para assegurar a incolumidade física dos membros da Defensoria Pública da União, quando estes se encontrarem ameaçados em razão do desempenho de suas atribuições institucionais; (Incluído pela Lei Complementar nº 132, de 2009)

XX – apresentar plano de atuação da Defensoria Pública da União ao Conselho Superior. (Incluído pela Lei Complementar nº 132, de 2009)

Parágrafo único. Ao Subdefensor Público-Geral Federal, além da atribuição prevista no art. 7º desta Lei Complementar, compete: (Redação dada pela Lei Complementar nº 132, de 2009)

I – auxiliar o Defensor Público-Geral nos assuntos de interesse da Instituição;

II – desincumbir-se das tarefas e delegações que lhe forem determinadas pelo Defensor Público-Geral.

SEÇÃO II.

DO CONSELHO SUPERIOR DA DEFENSORIA PÚBLICA DA UNIÃO

ART. 9º. A composição do Conselho Superior da Defensoria Pública da União deve incluir obrigatoriamente o Defensor Público-Geral Federal, o Subdefensor Público-Geral Federal e o Corregedor-Geral Federal, como membros natos, e, em sua maioria, representantes estáveis da Carreira, 2 (dois) por categoria, eleitos pelo voto direto, plurinominal, obrigatório e secreto de todos integrantes da Carreira. (Redação dada pela Lei Complementar nº 132, de 2009)

§ 1º. O Conselho Superior é presidido pelo Defensor Público-Geral, que, além do seu voto de membro, tem o de qualidade, exceto em matéria de remoção e promoção, sendo as deliberações tomadas por maioria de votos.

§ 2º. As eleições serão realizadas em conformidade com as instruções baixadas pelo Defensor Público-Geral.

§ 3º. Os membros do Conselho Superior são eleitos para mandato de dois anos, mediante voto nominal, direto e secreto.

§ 4º. São elegíveis os Defensores Públicos Federais que não estejam afastados da Carreira, para mandato de 2 (dois) anos, permitida 1 (uma) reeleição. (Redação dada pela Lei Complementar nº 132, de 2009)

§ 5º. São suplentes dos membros eleitos de que trata o *caput* deste artigo os demais votados, em ordem decrescente.

§ 6º. Qualquer membro, exceto os natos, pode desistir de sua participação no Conselho Superior, assumindo, imediatamente, o cargo, o respectivo suplente.

ART. 10. Ao Conselho Superior da Defensoria Pública da União compete:

I – exercer o poder normativo no âmbito da Defensoria Pública da União;

II – opinar, por solicitação do Defensor Público-Geral, sobre matéria pertinente à autonomia funcional e administrativa da Defensoria Pública da União;

III – elaborar lista tríplice destinada à promoção por merecimento;

IV – aprovar a lista de antiguidade dos membros da Defensoria Pública da União e decidir sobre as reclamações a ela concernentes;

V – recomendar ao Defensor Público-Geral a instauração de processo disciplinar contra membros e servidores da Defensoria Pública da União;

VI – conhecer e julgar recurso contra decisão em processo administrativo disciplinar;

VII – decidir sobre pedido de revisão de processo administrativo disciplinar;

VIII – decidir acerca da remoção voluntária dos integrantes da carreira da Defensoria Pública da União;

IX – decidir sobre a avaliação do estágio probatório dos membros da Defensoria Pública da União, submetendo sua decisão à homologação do Defensor Público-Geral;

X – decidir acerca da destituição do Corregedor-Geral, por voto de dois terços de seus membros, assegurada ampla defesa;

XI – deliberar sobre a organização de concurso para ingresso na carreira e designar os representantes da Defensoria Pública da União que integrarão a Comissão de Concurso;

XII – organizar os concursos para provimento dos cargos da carreira de Defensor Público da União e os seus respectivos regulamentos;

XII – organizar os concursos para provimento dos cargos da Carreira de Defensor Público Federal e editar os respectivos regulamentos; (Redação dada pela Lei Complementar nº 132, de 2009)

XIII – recomendar correições extraordinárias;

XIV – indicar os 6 (seis) nomes dos membros da classe mais elevada da Carreira para que o Presidente da República nomeie, dentre esses, o Subdefensor Público-Geral Federal e o Corregedor-Geral Federal da Defensoria Pública da União; (Redação dada pela Lei Complementar nº 132, de 2009)

XV – editar as normas regulamentando a eleição para Defensor Público-Geral Federal. (Redação dada pela Lei Complementar nº 132, de 2009)

Parágrafo único. As decisões do Conselho Superior serão motivadas e publicadas, salvo as hipóteses legais de sigilo.

SEÇÃO III.

DA CORREGEDORIA-GERAL DA DEFENSORIA PÚBLICA DA UNIÃO

ART. 11. A Corregedoria-Geral da Defensoria Pública da União é órgão de fiscalização da atividade funcional e da conduta dos membros e dos servidores da Defensoria Pública da União.

ART. 12. A Corregedoria-Geral da Defensoria Pública da União é exercida pelo Corregedor-Geral, indicado dentre os integrantes da classe mais elevada da carreira pelo Conselho Superior e nomeado pelo Presidente da República para mandato de dois anos.

Parágrafo único. O Corregedor-Geral poderá ser destituído, antes do término do mandato, por proposta do Defensor Público-Geral, pelo voto de dois terços dos membros do Conselho Superior, assegurada ampla defesa.

ART. 13. À Corregedoria-Geral da Defensoria Pública da União compete:

I – realizar correições e inspeções funcionais;

II – sugerir ao Defensor Público-Geral o afastamento de Defensor Público que esteja sendo submetido a correição, sindicância ou processo administrativo disciplinar, quando cabível;

III – propor, fundamentadamente, ao Conselho Superior a suspensão do estágio probatório de membros da Defensoria Pública da União;

IV – receber e processar as representações contra os membros da Defensoria Pública da União, encaminhando-as, com parecer, ao Conselho Superior;

V – apresentar ao Defensor Público-Geral, em janeiro de cada ano, relatório das atividades desenvolvidas no ano anterior;

VI – propor a instauração de processo disciplinar contra membros da Defensoria Pública da União e seus servidores;

VII – acompanhar o estágio probatório dos membros da Defensoria Pública da União;

VIII – propor a exoneração de membros da Defensoria Pública da União que não cumprirem as condições do estágio probatório.

SEÇÃO IV.

DA DEFENSORIA PÚBLICA DA UNIÃO NOS ESTADOS, NO DISTRITO FEDERAL E NOS TERRITÓRIOS

ART. 14. A Defensoria Pública da União atuará nos Estados, no Distrito Federal e nos Territórios, junto às Justiças Federal, do Trabalho, Eleitoral, Militar, Tribunais Superiores e instâncias administrativas da União.

§ 1º. A Defensoria Pública da União deverá firmar convênios com as Defensorias Públicas dos Estados e do Distrito Federal, para que estas, em seu nome, atuem junto aos órgãos de primeiro e segundo graus de jurisdição referidos no *caput*, no desempenho das funções que lhe são cometidas por esta Lei Complementar. (Incluído pela Lei Complementar nº 98, de 1999)

§ 2º. Não havendo na unidade federada Defensoria Pública constituída nos moldes desta Lei Complementar, é autorizado o convênio com a entidade pública que desempenhar essa função, até que seja criado o órgão próprio. (Incluído pela Lei Complementar nº 98, de 1999)

§ 3º. A prestação de assistência judiciária pelos órgãos próprios da Defensoria Pública da União dar-se-á, preferencialmente, perante o Supremo Tribunal Federal e os Tribunais superiores. (Incluído pela Lei Complementar nº 98, de 1999)

ART. 15. Os órgãos de atuação da Defensoria Pública da União em cada Estado, no Distrito Federal e nos Territórios serão dirigidos por Defensor Público-Chefe, designado pelo Defensor Público-Geral, dentre os integrantes da carreira.

Parágrafo único. Ao Defensor Público-Chefe, sem prejuízo de suas funções institucionais, compete, especialmente:

I – coordenar as atividades desenvolvidas pelos Defensores Públicos Federais que atuem em sua área de competência; (Redação dada pela Lei Complementar nº 132, de 2009)

II – sugerir ao Defensor Público-Geral providências para o aperfeiçoamento das atividades institucionais em sua área de competência;

III – deferir ao membro da Defensoria Pública da União sob sua coordenação direitos e vantagens legalmente autorizados, por expressa delegação de competência do Defensor Público-Geral;

IV – solicitar providências correlacionais ao Defensor Público-Geral, em sua área de competência;

V – remeter, semestralmente, ao Corregedor-Geral, relatório das atividades na sua área de competência.

ART. 15-A. A organização da Defensoria Pública da União deve primar pela descentralização, e sua atuação deve incluir atendimento interdisciplinar, bem como a tutela dos interesses individuais, difusos, coletivos e individuais homogêneos. (Redação dada pela Lei Complementar nº 132, de 2009)

SEÇÃO V.

DOS NÚCLEOS DA DEFENSORIA PÚBLICA DA UNIÃO NOS ESTADOS, NO DISTRITO FEDERAL E NOS TERRITÓRIOS

ART. 16. A Defensoria Pública da União nos Estados, no Distrito Federal e nos Territórios poderá atuar por meio de Núcleos.

ART. 17. Os Núcleos são dirigidos por Defensor Público-Chefe, nos termos do art. 15 desta Lei Complementar.

SEÇÃO VI.

DOS DEFENSORES PÚBLICOS FEDERAIS (Redação dada pela Lei Complementar nº 132, de 2009)

ART. 18. Aos Defensores Públicos Federais incumbe o desempenho das funções de orientação, postulação e defesa dos direitos e interesses dos necessitados, cabendo-lhes, especialmente: (Redação dada pela Lei Complementar nº 132, de 2009)

I – atender às partes e aos interessados;

II – postular a concessão de gratuidade de justiça para os necessitados;

▸ <u>Lei nº 1.060, de 05-02-1950, dispõe sobre a Assistência Judiciária.</u>

III – tentar a conciliação das partes, antes de promover a ação cabível;

▸ <u>Esta lei: art. 4º, II.</u>

IV – acompanhar e comparecer aos atos processuais e impulsionar os processos;

V – interpor recurso para qualquer grau de jurisdição e promover revisão criminal, quando cabível;

▸ <u>CPP: arts. 621 a 631.</u>

VI – sustentar, oralmente ou por memorial, os recursos interpostos e as razões apresentadas por intermédio da Defensoria Pública da União;

VII – defender os acusados em processo disciplinar.

VIII – participar, com direito de voz e voto, do Conselho Penitenciário; (Incluído pela Lei Complementar nº 132, de 2009)

IX – certificar a autenticidade de cópias de documentos necessários à instrução de processo administrativo ou judicial, à vista da apresentação dos originais; (Incluído pela Lei Complementar nº 132, de 2009)

X – atuar nos estabelecimentos penais sob a administração da União, visando ao atendimento jurídico permanente dos presos e sentenciados, competindo à administração do sistema penitenciário federal reservar instalações seguras e adequadas aos seus trabalhos, franquear acesso a todas as dependências do estabelecimento independentemente de prévio agendamento, fornecer apoio administrativo, prestar todas as informações solicitadas, assegurar o acesso à documentação dos presos e internos, aos quais não poderá, sob fundamento algum, negar o direito de entrevista com os membros da Defensoria Pública da União. (Incluído pela Lei Complementar nº 132, de 2009)

CAPÍTULO II.

DA CARREIRA

ART. 19. A Defensoria Pública da União é integrada pela Carreira de Defensor Público Federal, composta de 3 (três) categorias de cargos efetivos: (Redação dada pela Lei Complementar nº 132, de 2009)

I – Defensor Público Federal de 2ª Categoria (inicial); (Redação dada pela Lei Complementar nº 132, de 2009)

II – Defensor Público Federal de 1ª Categoria (intermediária); (Redação dada pela Lei Complementar nº 132, de 2009)

III – Defensor Público Federal de Categoria Especial (final). (Redação dada pela Lei Complementar nº 132, de 2009)

LEIS COMPLEMENTARES

ART. 20. Os Defensores Públicos Federais de 2ª Categoria atuarão junto aos Juízos Federais, aos Juízos do Trabalho, às Juntas e aos Juízes Eleitorais, aos Juízes Militares, às Auditorias Militares, ao Tribunal Marítimo e às instâncias administrativas. (Redação dada pela Lei Complementar nº 132, de 2009)

ART. 21. Os Defensores Públicos Federais de 1ª Categoria atuarão nos Tribunais Regionais Federais, nas Turmas dos Juizados Especiais Federais, nos Tribunais Regionais do Trabalho e nos Tribunais Regionais Eleitorais. (Redação dada pela Lei Complementar nº 132, de 2009)

ART. 22. Os Defensores Públicos Federais de Categoria Especial atuarão no Superior Tribunal de Justiça, no Tribunal Superior do Trabalho, no Tribunal Superior Eleitoral, no Superior Tribunal Militar e na Turma Nacional de Uniformização dos Juizados Especiais Federais. (Redação dada pela Lei Complementar nº 132, de 2009)

Parágrafo único. (VETADO).

ART. 23. O Defensor Público-Geral atuará junto ao Supremo Tribunal Federal.

SEÇÃO I. DO INGRESSO NA CARREIRA

ART. 24. O ingresso na Carreira da Defensoria Pública da União far-se-á mediante aprovação prévia em concurso público, de âmbito nacional, de provas e títulos, com a participação da Ordem dos Advogados do Brasil, no cargo inicial de Defensor Público Federal de 2ª Categoria. (Redação dada pela Lei Complementar nº 132, de 2009)

§ 1º. Do regulamento do concurso constarão os programas das disciplinas sobre as quais versarão as provas, bem como outras disposições pertinentes à sua organização e realização.

§ 2º. O edital de abertura de inscrições no concurso indicará, obrigatoriamente, o número de cargos vagos na categoria inicial da carreira.

ART. 25. O concurso de ingresso realizar-se-á, obrigatoriamente, quando o número de vagas exceder a um quinto dos cargos iniciais da carreira e, facultativamente, quando o exigir o interesse da administração.

ART. 26. O candidato, no momento da inscrição, deve possuir registro na Ordem dos Advogados do Brasil, ressalvada a situação dos proibidos de obtê-la, e comprovar, no mínimo, dois anos de prática forense, devendo indicar sua opção por uma das unidades da federação onde houver vaga.

§ 1º. Considera-se como atividade jurídica o exercício da advocacia, o cumprimento de estágio de Direito reconhecido por lei e o desempenho de cargo, emprego ou função, de nível superior, de atividades eminentemente jurídicas. (Redação dada pela Lei Complementar nº 132, de 2009)

§ 2º. Os candidatos proibidos de inscrição na Ordem dos Advogados do Brasil comprovarão o registro até a posse no cargo de Defensor Público.

ART. 26-A. Aos aprovados no concurso deverá ser ministrado curso oficial de preparação à Carreira, objetivando o treinamento específico para o desempenho das funções técnico-jurídicas e noções de outras disciplinas necessárias à consecução dos princípios institucionais da Defensoria Pública. (Incluído pela Lei Complementar nº 132, de 2009)

ART. 27. O concurso será realizado perante bancas examinadoras constituídas pelo Conselho Superior.

SEÇÃO II. DA NOMEAÇÃO, DA LOTAÇÃO E DA DISTRIBUIÇÃO

ART. 28. O candidato aprovado ao concurso público para ingresso na carreira da Defensoria Pública será nomeado pelo Presidente da República para cargo inicial da carreira, respeitada a ordem de classificação e o número de vagas existentes.

ART. 29. Os Defensores Públicos Federais serão lotados e distribuídos pelo Defensor Público-Geral Federal, assegurado aos nomeados para os cargos iniciais o direito de escolha do órgão de atuação, desde que vago e obedecida a ordem de classificação no concurso. (Redação dada pela Lei Complementar nº 132, de 2009)

SEÇÃO III. DA PROMOÇÃO

ART. 30. A promoção consiste no acesso imediato dos membros efetivos da Defensoria Pública da União de uma categoria para outra da carreira.

ART. 31. As promoções obedecerão aos critérios de antiguidade e merecimento alternadamente.

§ 1º. A antiguidade será apurada na categoria e determinada pelo tempo de efetivo exercício na mesma.

§ 2º. A promoção por merecimento dependerá de lista tríplice para cada vaga, organizada pelo Conselho Superior, em sessão secreta, com ocupantes da lista de antiguidade, em seu primeiro terço.

§ 3º. Os membros da Defensoria Pública somente poderão ser promovidos após dois anos de efetivo exercício na categoria, dispensado o interstício se não houver quem preencha tal requisito ou se quem o preencher recusar a promoção.

§ 4º. As promoções serão efetivadas por ato do Defensor Público-Geral Federal. (Redação dada pela Lei Complementar nº 132, de 2009)

ART. 32. É facultada a recusa de promoção, sem prejuízo do critério para o preenchimento da vaga recusada.

ART. 33. O Conselho Superior fixará os critérios de ordem objetiva para a aferição de merecimento dos membros da instituição, considerando-se, entre outros, a eficiência e a presteza demonstradas no desempenho da função e a aprovação em cursos de aperfeiçoamento, de natureza jurídica, promovidos pela instituição, ou por estabelecimentos de ensino superior oficialmente reconhecidos.

§ 1º. Os cursos de aperfeiçoamento de que trata este artigo compreenderão necessariamente, as seguintes atividades:

a) apresentação de trabalho escrito sobre assunto de relevância jurídica;

b) defesa oral do trabalho que tenha sido aceito por banca examinadora.

§ 2º. Não poderá concorrer à promoção por merecimento quem tenha sofrido penalidade de advertência ou suspensão, no período de um ano imediatamente anterior à ocorrência da vaga, em caso de advertência, ou de dois anos, em caso de suspensão.

§ 3º. É obrigatória a promoção do Defensor Público que figurar por três vezes consecutivas ou cinco alternadas em lista de merecimento, ressalvada a hipótese do § 2º.

CAPÍTULO III. DA INAMOVIBILIDADE E DA REMOÇÃO

▸ Esta lei: arts. 43, II, e 50, § 4º.

ART. 34. Os membros da Defensoria Pública da União são inamovíveis, salvo se apenados com remoção compulsória, na forma desta Lei Complementar.

ART. 35. A remoção será feita a pedido ou por permuta, sempre entre membros da mesma categoria da carreira.

ART. 36. A remoção compulsória somente será aplicada com prévio parecer do Conselho Superior, assegurada ampla defesa em processo administrativo disciplinar.

ART. 37. A remoção a pedido far-se-á mediante requerimento ao Defensor Público-Geral, nos quinze dias seguintes à publicação, no Diário Oficial, do aviso de existência de vaga.

§ 1º. Findo o prazo fixado no *caput* deste artigo e, havendo mais de um candidato à remoção, será removido o mais antigo na categoria e, ocorrendo empate, sucessivamente, o mais antigo na carreira, no serviço público da União, no serviço público em geral, o mais idoso e o mais bem classificado no concurso para ingresso na Defensoria Pública.

§ 2º. A remoção precederá o preenchimento da vaga por promoção.

ART. 38. Quando por permuta, a remoção será concedida mediante requerimento do interessado, atendida a conveniência do serviço e observada a ordem de antiguidade na Carreira. (Redação dada pela Lei Complementar nº 132, de 2009)

WCAPÍTULO IV. DOS DIREITOS, DAS GARANTIAS E DAS PRERROGATIVAS DOS MEMBROS DA DEFENSORIA PÚBLICA DA UNIÃO

SEÇÃO I. DA REMUNERAÇÃO

ART. 39. À lei cabe fixar a remuneração dos cargos da carreira da Defensoria Pública da União, observado o disposto no art. 135 da Constituição Federal.

§ 1º. (VETADO).

§ 2º. Os membros da Defensoria Pública da União têm os direitos assegurados pela Lei nº 8.112, de 11 de dezembro de 1990, e nesta Lei Complementar. (Redação dada pela Lei Complementar nº 132, de 2009)

I – Revogado pela Lei Complementar nº 98, de 03-12-1999.

II – (VETADO);

III – Revogado pela Lei Complementar nº 98, de 03-12-1999.

IV – Revogado pela Lei Complementar nº 98, de 03-12-1999.

V – Revogado pela Lei Complementar nº 98, de 03-12-1999.

VI – Revogado pela Lei Complementar nº 98, de 03-12-1999.

VII – (VETADO);

VIII – Revogado pela Lei Complementar nº 98, de 03-12-1999.

SEÇÃO II. DAS FÉRIAS E DO AFASTAMENTO

ART. 40. Revogado pela Lei Complementar nº 98, de 03-12-1999.

ART. 41. As férias dos membros da Defensoria Pública da União serão concedidas pelas chefias a que estiverem subordinados.

ART. 42. O afastamento para estudo ou missão no interesse da Defensoria Pública da União será autorizado pelo Defensor Público-Geral.

§ 1º. O afastamento de que trata este artigo somente será concedido pelo Defensor Público-Geral, após o estágio probatório e pelo prazo máximo de dois anos.

§ 2º. Quando o interesse público o exigir, o afastamento poderá ser interrompido a juízo do Defensor Público-Geral.

ART. 42-A. É assegurado o direito de afastamento para exercício de mandato em entidade de classe de âmbito nacional, de maior representatividade, sem prejuízo dos vencimentos, vantagens ou qualquer direito inerente ao cargo. (Incluído pela Lei Complementar nº 132, de 2009)

§ 1º. O afastamento será concedido ao presidente da entidade de classe e terá duração igual à do mandato, devendo ser prorrogado no caso de reeleição. (Incluído pela Lei Complementar nº 132, de 2009)

§ 2º. O afastamento para exercício de mandato será contado como tempo de serviço para todos os efeitos legais. (Incluído pela Lei Complementar nº 132, de 2009)

SEÇÃO III. DAS GARANTIAS E DAS PRERROGATIVAS

ART. 43. São garantias dos membros da Defensoria Pública da União:

I – a independência funcional no desempenho de suas atribuições;

II – a inamovibilidade;

III – a irredutibilidade de vencimentos;

IV – a estabilidade;

▸ Esta lei: arts. 34 a 38.

ART. 44. São prerrogativas dos membros da Defensoria Pública da União:

I – receber, inclusive quando necessário, mediante entrega dos autos com vista, intimação pessoal em qualquer processo e grau de jurisdição ou instância administrativa,

LEIS COMPLEMENTARES

contando-se-lhes em dobro todos os prazos; (Redação dada pela Lei Complementar nº 132, de 2009)

▸ Esta Lei: arts. 89, I, e 128, I.

▸ CPP: art. 396-A.

▸ CPC: art. 186.

II – não ser preso, senão por ordem judicial escrita, salvo em flagrante, caso em que a autoridade fará imediata comunicação ao Defensor Público-Geral;

▸ CF: art. 5º, LXI.

III – ser recolhido a prisão especial ou a sala especial de Estado-Maior, com direito a privacidade e, após sentença condenatória transitada em julgado, ser recolhido em dependência separada, no estabelecimento em que tiver de ser cumprida a pena;

IV – usar vestes talares e as insígnias privativas da Defensoria Pública;

V – (VETADO);

VI – ter vista pessoal dos processos fora dos cartórios e secretarias, ressalvadas as vedações legais;

VII – comunicar-se, pessoal e reservadamente, com seus assistidos, ainda quando esses se acharem presos ou detidos, mesmo incomunicáveis, tendo livre ingresso em estabelecimentos policiais, prisionais e de internação coletiva, independentemente de prévio agendamento; (Redação dada pela Lei Complementar nº 132, de 2009)

▸ CF: art. 5º, LXIII.

▸ CPP: art. 21.

VIII – examinar, em qualquer repartição pública, autos de flagrantes, inquéritos e processos, assegurada a obtenção de cópias e podendo tomar apontamentos; (Redação dada pela Lei Complementar nº 132, de 2009)

IX – manifestar-se em autos administrativos ou judiciais por meio de cota;

X – requisitar de autoridade pública e de seus agentes exames, certidões, perícias, vistorias, diligências, processos, documentos, informações, esclarecimentos e providências necessárias ao exercício de suas atribuições;

XI – representar a parte, em feito administrativo ou judicial, independentemente de mandato, ressalvados os casos para os quais a lei exija poderes especiais;

XII – deixar de patrocinar ação, quando ela for manifestamente incabível ou inconveniente aos interesses da parte sob seu patrocínio, comunicando o fato ao Defensor Público-Geral, com as razões de seu proceder;

XIII – ter o mesmo tratamento reservado aos magistrados e demais titulares dos cargos das funções essenciais à justiça;

XIV – ser ouvido como testemunha, em qualquer processo ou procedimento, em dia, hora e local previamente ajustados com a autoridade competente;

XV – (VETADO);

XVI – (VETADO);

Parágrafo único. Quando, no curso de investigação policial, houver indício de prática de infração penal por membro da Defensoria Pública da União, a autoridade policial, civil ou militar, comunicará, imediatamente, o fato ao Defensor Público-Geral, que designará membro da Defensoria Pública para acompanhar a apuração.

CAPÍTULO V. DOS DEVERES, DAS PROIBIÇÕES, DOS IMPEDIMENTOS E DA RESPONSABILIDADE FUNCIONAL

SEÇÃO I. DOS DEVERES

ART. 45. São deveres dos membros da Defensoria Pública da União:

I – residir na localidade onde exercem suas funções;

II – desempenhar, com zelo e presteza, os serviços a seu cargo;

III – representar ao Defensor Público-Geral sobre as irregularidades de que tiver ciência, em razão do cargo;

IV – prestar informações aos órgãos de administração superior da Defensoria Pública da União, quando solicitadas;

V – atender ao expediente forense e participar dos atos judiciais, quando for obrigatória a sua presença;

VI – declarar-se suspeito ou impedido, nos termos da lei;

VII – interpor os recursos cabíveis para qualquer instância ou Tribunal e promover revisão criminal, sempre que encontrar fundamentos na lei, jurisprudência ou prova dos autos, remetendo cópia à Corregedoria-Geral.

SEÇÃO II. DAS PROIBIÇÕES

ART. 46. Além das proibições decorrentes do exercício de cargo público, aos membros da Defensoria Pública da União é vedado:

I – exercer a advocacia fora das atribuições institucionais;

II – requerer, advogar, ou praticar em Juízo ou fora dele, atos que de qualquer forma colidam com as funções inerentes ao seu cargo, ou com os preceitos éticos de sua profissão;

III – receber, a qualquer título e sob qualquer pretexto, honorários, percentagens ou custas processuais, em razão de suas atribuições;

IV – exercer o comércio ou participar de sociedade comercial, exceto como cotista ou acionista;

V – exercer atividade político-partidária, enquanto atuar junto à justiça eleitoral.

SEÇÃO III. DOS IMPEDIMENTOS

ART. 47. Ao membro da Defensoria Pública da União é defeso exercer suas funções em processo ou procedimento:

I – em que seja parte ou, de qualquer forma, interessado;

II – em que haja atuado como representante da parte, perito, Juiz, membro do Ministério Público, Autoridade Policial, Escrivão de Polícia, Auxiliar de Justiça ou prestado depoimento como testemunha;

III – em que for interessado cônjuge ou companheiro, parente consanguíneo ou afim em linha reta ou colateral, até o terceiro grau;

IV – no qual haja postulado como advogado de qualquer das pessoas mencionadas no inciso anterior;

V – em que qualquer das pessoas mencionadas no inciso III funcione ou haja funcionado como Magistrado, membro do Ministério Público, Autoridade Policial, Escrivão de Polícia ou Auxiliar de Justiça;

VI – em que houver dado à parte contrária parecer verbal ou escrito sobre o objeto da demanda;

VII – em outras hipóteses previstas em lei.

ART. 48. Os membros da Defensoria Pública da União não podem participar de comissão, banca de concurso, ou qualquer decisão, quando o julgamento ou votação disser respeito a seu cônjuge ou companheiro, ou parente consanguíneo ou afim em linha reta ou colateral, até o terceiro grau.

SEÇÃO IV. DA RESPONSABILIDADE FUNCIONAL

ART. 49. A atividade funcional dos membros da Defensoria Pública da União está sujeita a:

I – correição ordinária, realizada anualmente pelo Corregedor-Geral e por seus auxiliares, para verificar a regularidade e eficiência dos serviços;

II – correição extraordinária, realizada pelo Corregedor-Geral e por seus auxiliares, de ofício ou por determinação do Defensor Público-Geral;

§ 1º. Cabe ao Corregedor-Geral, concluída a correição, apresentar ao Defensor Público-Geral relatório dos fatos apurados e das providências a serem adotadas.

§ 2º. Qualquer pessoa pode representar ao Corregedor-Geral sobre os abusos, erros ou omissões dos membros da Defensoria Pública da União.

ART. 50. Constituem infrações disciplinares, além de outras definidas em lei complementar, a violação dos deveres funcionais e vedações contidas nesta Lei Complementar, bem como a prática de crime contra a Administração Pública ou ato de improbidade administrativa.

▸ *CP: arts. 312 a 327.*

▸ *Lei nº 8.429 de 02-06-1992, que dispõe sobre as sanções aplicáveis aos agentes públicos nos casos de enriquecimento ilícito no exercício de mandato, cargo, emprego ou função na administração pública direta, indireta ou fundacional.*

§ 1º. Os membros da Defensoria Pública da União são passíveis das seguintes sanções:

I – advertência;

II – suspensão por até noventa dias;

III – remoção compulsória;

▸ *Esta lei: arts. 34 e 36.*

IV – demissão;

V – cassação da aposentadoria.

§ 2º. A advertência será aplicada por escrito nos casos de violação dos deveres e das proibições funcionais, quando o fato não justificar a imposição de pena mais grave.

§ 3º. A suspensão será aplicada em caso de reincidência em falta punida com advertência ou quando a infração dos deveres ou das proibições funcionais, pela sua gravidade, justificar a sua imposição.

§ 4º. A remoção compulsória será aplicada sempre que a falta praticada, pela sua gravidade e repercussão, tornar incompatível a permanência do faltoso no órgão de atuação de sua lotação.

§ 5º. A pena de demissão será aplicável nas hipóteses previstas em lei, e no caso de reincidência em falta punida com suspensão ou remoção compulsória.

§ 6º. As penas de demissão e cassação da aposentadoria serão aplicadas pelo Presidente da República e as demais pelo Defensor Público-Geral, garantida sempre a ampla defesa, sendo obrigatório o inquérito administrativo nos casos de aplicação de remoção compulsória, suspensão, demissão e cassação da aposentadoria.

§ 7º. Prescrevem em dois anos, a contar da data em que foram cometidas, as faltas puníveis com advertência, suspensão e remoção compulsória, aplicando-se, quanto às demais, os prazos previstos em lei.

ART. 51. A qualquer tempo poderá ser requerida revisão do processo disciplinar, quando se aduzirem fatos novos ou circunstâncias suscetíveis de provar, a inocência do apenado ou de justificar a imposição de pena mais branda.

§ 1º. Poderá requerer a instauração de processo revisional o próprio interessado ou, se falecido ou interdito, o seu cônjuge ou companheiro, ascendente, descendente ou irmão.

§ 2º. Se for procedente a revisão, será tornado sem efeito o ato punitivo ou aplicada a penalidade adequada restabelecendo-se os direitos atingidos pela punição, na sua plenitude.

TÍTULO III. DA ORGANIZAÇÃO DA DEFENSORIA PÚBLICA DO DISTRITO FEDERAL E DOS TERRITÓRIOS

CAPÍTULO I. DA ESTRUTURA

ART. 52. A Defensoria Pública do Distrito Federal e dos Territórios é organizada e mantida pela União.

ART. 53. A Defensoria Pública do Distrito Federal e dos Territórios compreende:

I – órgãos de administração superior:

a) a Defensoria Pública-Geral do Distrito Federal e dos Territórios;

b) a Subdefensoria Pública-Geral do Distrito Federal e dos Territórios;

c) o Conselho Superior da Defensoria Pública do Distrito Federal e dos Territórios;

d) a Corregedoria-Geral da Defensoria Pública do Distrito Federal e dos Territórios;

II – órgãos de atuação:

a) as Defensorias Públicas do Distrito Federal e dos Territórios;

b) os Núcleos da Defensoria Pública do Distrito Federal e dos Territórios;

III – órgãos de execução: os Defensores Públicos do Distrito Federal e dos Territórios.

LEIS COMPLEMENTARES

SEÇÃO I. DO DEFENSOR PÚBLICO-GERAL E DO SUBDEFENSOR PÚBLICO-GERAL DO DISTRITO FEDERAL E DOS TERRITÓRIOS

ART. 54. A Defensoria Pública do Distrito Federal e dos Territórios tem por Chefe o Defensor Público-Geral, nomeado pelo Presidente da República, dentre membros estáveis da Carreira e maiores de 35 (trinta e cinco) anos, escolhidos em lista tríplice formada pelo voto direto, secreto, plurinominal e obrigatório de seus membros, para mandato de 2 (dois) anos, permitida 1 (uma) recondução. (Redação dada pela Lei Complementar nº 132, de 2009)

§ 1º. (VETADO)

§ 2º. (VETADO)

ART. 55. O Defensor Público-Geral será substituído, em suas faltas, impedimentos, licenças e férias, pelo Subdefensor Público-Geral, nomeado pelo Presidente da República, dentre os integrantes da Categoria Especial da carreira, escolhidos pelo Conselho Superior, para mandato de dois anos.

▸ *Esta lei: art. 56, par. ún.*

ART. 56. São atribuições do Defensor Público-Geral:

I – dirigir a Defensoria Pública do Distrito Federal e dos Territórios, superintender e coordenar suas atividades e orientar-lhe a atuação;

II – representar a Defensoria Pública do Distrito Federal e dos Territórios judicial e extrajudicialmente;

III – velar pelo cumprimento das finalidades da Instituição;

▸ *Esta lei: art. 4º.*

IV – integrar, como membro nato, e presidir o Conselho Superior da Defensoria Pública do Distrito Federal e dos Territórios;

V – baixar o Regimento Interno da Defensoria Pública-Geral do Distrito Federal e dos Territórios;

VI – autorizar os afastamentos dos membros da Defensoria Pública do Distrito Federal e dos Territórios;

VII – estabelecer a lotação e a distribuição dos membros e servidores da Defensoria Pública do Distrito Federal e dos Territórios;

VIII – dirimir conflitos de atribuições entre membros da Defensoria Pública do Distrito Federal e dos Territórios, com recurso para seu Conselho Superior;

IX – proferir decisões nas sindicâncias e processos administrativos disciplinares promovidos pela Corregedoria-Geral do Distrito Federal e dos Territórios;

X – instaurar processo disciplinar contra membros e servidores da Defensoria Pública do Distrito Federal e dos Territórios;

XI – abrir concursos públicos para ingresso na carreira da Defensoria Pública do Distrito Federal e dos Territórios;

XII – determinar correições extraordinárias;

XIII – praticar atos de gestão administrativa, financeira e de pessoal;

XIV – convocar o Conselho Superior da Defensoria Pública do Distrito Federal e dos Territórios e dar execução às suas deliberações;

XV – designar membro da Defensoria Pública do Distrito Federal e dos Territórios para exercício de suas atribuições em órgão de atuação diverso do de sua lotação ou, em caráter excepcional, perante Juízos, Tribunais ou Ofícios diferentes dos estabelecidos para cada categoria;

XVI – requisitar de qualquer autoridade pública e de seus agentes, certidões, exames, perícias, vistorias, diligências, processos, documentos, informações, esclarecimentos e demais providências necessárias à atuação da Defensoria Pública;

XVII – aplicar a pena de remoção compulsória, aprovada pelo voto de dois terços do Conselho Superior, aos membros da Defensoria Pública do Distrito Federal e dos Territórios;

XVIII – delegar atribuições a autoridade que lhe seja subordinada, na forma da lei.

Parágrafo único. Ao Subdefensor Público-Geral, além da atribuição prevista no art. 55 desta Lei Complementar, compete:

a) auxiliar o Defensor Público-Geral nos assuntos de interesse da Instituição;

b) desincumbir-se das tarefas e delegações que lhe forem determinadas pelo Defensor Público-Geral.

SEÇÃO II. DO CONSELHO SUPERIOR DA DEFENSORIA PÚBLICA DO DISTRITO FEDERAL E DOS TERRITÓRIOS

ART. 57. A composição do Conselho Superior da Defensoria Pública do Distrito Federal e dos Territórios deve incluir obrigatoriamente o Defensor Público-Geral, o Subdefensor Público-Geral e o Corregedor-Geral, como membros natos, e, em sua maioria, representantes estáveis da Carreira, 2 (dois) por categoria, eleitos pelo voto direto, plurinominal, secreto e obrigatório, de todos os integrantes da Carreira. (Redação dada pela Lei Complementar nº 132, de 2009)

§ 1º. O Conselho Superior é presidido pelo Defensor Público-Geral, que terá voto de qualidade, exceto em matéria disciplinar. (Redação dada pela Lei Complementar nº 132, de 2009)

§ 2º. As eleições serão realizadas em conformidade com as instruções baixadas pelo Conselho Superior. (Redação dada pela Lei Complementar nº 132, de 2009)

§ 3º. Os membros do Conselho Superior são eleitos para mandato de 2 (dois) anos, permitida 1 (uma) reeleição. (Redação dada pela Lei Complementar nº 132, de 2009)

§ 4º. São elegíveis os Defensores Públicos do Distrito Federal e dos Territórios que não estejam afastados da carreira.

§ 5º. São suplentes dos membros eleitos de que trata o *caput* deste artigo os demais votados, em ordem decrescente.

§ 6º. Qualquer membro, exceto o nato, pode desistir de sua participação no Conselho Superior, assumindo, imediatamente, o cargo, o respectivo suplente.

§ 7º. O presidente da entidade de classe de âmbito distrital de maior representatividade dos membros da Defensoria Pública do Distrito Federal e dos Territórios terá assento e voz nas reuniões do Conselho Superior. (Incluído pela Lei Complementar nº 132, de 2009)

ART. 58. Ao Conselho Superior da Defensoria Pública do Distrito Federal e dos Territórios compete:

I – exercer o poder normativo no âmbito da Defensoria Pública do Distrito Federal e dos Territórios;

II – opinar, por solicitação do Defensor Público-Geral, sobre matéria pertinente à autonomia funcional e administrativa da Defensoria Pública do Distrito Federal e dos Territórios;

III – elaborar lista tríplice destinada à promoção por merecimento;

IV – aprovar a lista de antiguidade dos membros da Defensoria Pública do Distrito Federal e dos Territórios e decidir sobre as reclamações a ela concernentes;

V – recomendar ao Defensor Público-Geral a instauração de processo disciplinar contra membros e servidores da Defensoria Pública do Distrito Federal e dos Territórios;

VI – conhecer e julgar recurso contra decisão em processo administrativo-disciplinar;

VII – decidir sobre pedido de revisão de processo administrativo-disciplinar;

VIII – decidir acerca da remoção dos integrantes da carreira da Defensoria Pública do Distrito Federal e dos Territórios;

IX – decidir sobre a avaliação do estágio probatório dos membros da Defensoria Pública do Distrito Federal e dos Territórios, submetendo sua decisão à homologação do Defensor Público-Geral;

X – decidir, por voto de dois terços de seus membros, acerca da destituição do Corregedor-Geral;

XI – deliberar sobre a organização de concurso para ingresso na carreira e designar os representantes da Defensoria Pública do Distrito Federal e dos Territórios que integrarão a Comissão de Concurso;

XII – organizar os concursos para provimento dos cargos da carreira de Defensor Público do Distrito Federal e dos Territórios e os seus respectivos regulamentos;

XIII – recomendar correições extraordinárias;

XIV – indicar os seis nomes dos membros da classe mais elevada da carreira para que o Presidente da República nomeie, dentre estes, o Subdefensor Público-Geral e o Corregedor-Geral.

XV – editar as normas regulamentando a eleição para Defensor Público-Geral. (Incluído pela Lei Complementar nº 132, de 2009)

Parágrafo único. As decisões do Conselho Superior serão motivadas e publicadas, salvo as hipóteses legais de sigilo.

SEÇÃO III. DA CORREGEDORIA-GERAL DA DEFENSORIA PÚBLICA DO DISTRITO FEDERAL E DOS TERRITÓRIOS

ART. 59. A Corregedoria-Geral da Defensoria Pública do Distrito Federal e dos Territórios é órgão de fiscalização da atividade funcional e da conduta dos membros e dos servidores da Defensoria Pública do Distrito Federal e dos Territórios.

ART. 60. A Corregedoria-Geral da Defensoria Pública do Distrito Federal e dos Territórios é exercida pelo Corregedor-Geral, indicado dentre os integrantes da classe mais elevada da carreira pelo Conselho Superior e nomeado pelo Presidente da República, para mandato de dois anos.

Parágrafo único. O Corregedor-Geral poderá ser destituído por proposta do Defensor Público-Geral, pelo voto de dois terços dos membros do Conselho Superior, antes do término do mandato.

ART. 61. À Corregedoria-Geral da Defensoria Pública do Distrito Federal e dos Territórios compete:

I – realizar correições e inspeções funcionais;

II – sugerir ao Defensor Público-Geral o afastamento de Defensor Público que esteja sendo submetido a correição, sindicância ou processo administrativo disciplinar, quando cabível;

III – propor, fundamentadamente, ao Conselho Superior a suspensão do estágio probatório de membros da Defensoria Pública do Distrito Federal e dos Territórios;

IV – receber e processar as representações contra os membros da Defensoria Pública do Distrito Federal e dos Territórios, encaminhado-as, com parecer, ao Conselho Superior;

V – apresentar ao Defensor Público-Geral, em janeiro de cada ano, relatório das atividades desenvolvidas no ano anterior;

VI – propor a instauração de processo disciplinar contra membros da Defensoria Pública do Distrito Federal e dos Territórios e seus servidores;

VII – acompanhar o estágio probatório dos membros da Defensoria Pública do Distrito Federal e dos Territórios;

VIII – propor a exoneração de membros da Defensoria Pública do Distrito Federal e dos Territórios que não cumprirem as condições do estágio probatório.

SEÇÃO IV. DOS NÚCLEOS DA DEFENSORIA PÚBLICA DO DISTRITO FEDERAL E DOS TERRITÓRIOS

ART. 62. A Defensoria Pública do Distrito Federal e dos Territórios exercerá suas funções institucionais através de Núcleos.

ART. 63. Os Núcleos da Defensoria Pública do Distrito Federal e dos Territórios são dirigidos por Defensor Público-Chefe, designado pelo Defensor Público-Geral, dentre integrantes da carreira, competindo-lhe, no exercício de suas funções institucionais:

I – prestar, no Distrito Federal e nos Territórios, assistência jurídica, judicial e extrajudicial, integral e gratuita, aos necessitados;

▸ *CF: art. 5º, LXXIV.*

II – integrar e orientar as atividades desenvolvidas pelos Defensores Públicos que atuem em sua área de competência;

III – remeter, semestralmente, ao Corregedor-Geral, relatório de suas atividades;

IV – exercer as funções que lhe forem delegadas pelo Defensor Público-Geral.

SEÇÃO IV. DOS DEFENSORES PÚBLICOS DO DISTRITO FEDERAL E DOS TERRITÓRIOS

ART. 64. Aos Defensores Públicos do Distrito Federal e dos Territórios incumbe o desempenho das funções de orientação, postulação e defesa dos direitos e interesses dos necessitados, em todos os graus de jurisdição e instâncias administrativas, cabendo-lhes especialmente:

I – atender às partes e aos interessados;

II – postular a concessão de gratuidade de justiça para os necessitados;

III – tentar a conciliação das partes, antes de promover a ação cabível;

IV – acompanhar e comparecer aos atos processuais e impulsionar os processos;

V – interpor recurso para qualquer grau de jurisdição e promover Revisão Criminal, quando cabível;

VI – sustentar, oralmente ou por memorial, os recursos interpostos e as razões apresentadas por intermédio da Defensoria Pública do Distrito Federal e dos Territórios;

VII – defender os acusados em processo disciplinar.

VIII – participar, com direito a voz e voto, do Conselho Penitenciário; (Incluído pela Lei Complementar nº 132, de 2009)

IX – certificar a autenticidade de cópias de documentos necessários à instrução de processo administrativo ou judicial, à vista da apresentação dos originais; (Incluído pela Lei Complementar nº 132, de 2009)

X – atuar nos estabelecimentos penais sob a administração do Distrito Federal, visando ao atendimento jurídico permanente dos presos e sentenciados, competindo à administração do sistema penitenciário distrital reservar instalações seguras e adequadas aos seus trabalhos, franquear acesso a todas as dependências do estabelecimento, independentemente de prévio agendamento, fornecer apoio administrativo, prestar todas as informações solicitadas e assegurar o acesso à documentação dos presos e internos, aos quais não poderá, sob fundamento algum, negar o direito de entrevista com os membros da Defensoria Pública do Distrito Federal. (Incluído pela Lei Complementar nº 132, de 2009)

CAPÍTULO II.
DA CARREIRA

ART. 65. A Defensoria Pública do Distrito Federal e dos Territórios é integrada pela carreira de Defensor Público do Distrito Federal e dos Territórios, composta de três categorias de cargos efetivos:

I – Defensor Público do Distrito Federal e dos Territórios de 2ª Categoria (inicial);

II – Defensor Público do Distrito Federal e dos Territórios de 1ª Categoria (intermediária);

III – Defensor Público do Distrito Federal e dos Territórios de Categoria Especial (final).

ART. 66. Os Defensores Públicos do Distrito Federal de 2ª Categoria atuarão nos Núcleos das Cidades Satélites, junto aos Juízes de Direito e às instâncias administrativas do Distrito Federal e dos Territórios, ou em função de auxílio ou substituição nos Núcleos do Plano Piloto.

ART. 67. Os Defensores Públicos do Distrito Federal e dos Territórios de 1ª Categoria atuarão nos Núcleos do Plano Piloto, junto aos Juízes de Direito e às instâncias administrativas do Distrito Federal e dos Territórios, ou em função de auxílio ou substituição junto ao Tribunal de Justiça do Distrito Federal e Territórios.

ART. 68. Os Defensores Públicos do Distrito Federal e dos Territórios de Categoria Especial atuarão junto ao Tribunal de Justiça do Distrito Federal e Territórios, e aos Tribunais Superiores, quando couber (art. 22, parágrafo único).

SEÇÃO I.
DO INGRESSO NA CARREIRA

ART. 69. O ingresso na Carreira da Defensoria Pública do Distrito Federal e dos Territórios far-se-á mediante aprovação prévia em concurso público, de provas e títulos, com a participação da Ordem dos Advogados do Brasil, no cargo inicial de Defensor Público do Distrito Federal e dos Territórios de 2ª Categoria.

§ 1º. Do regulamento do concurso constarão os programas das disciplinas sobre as quais versarão as provas, bem como outras disposições pertinentes à sua organização e realização.

§ 2º. O edital de abertura de inscrições no concurso indicará, obrigatoriamente, o número de cargos vagos na categoria inicial da carreira.

ART. 70. O concurso de ingresso realizar-se-á, obrigatoriamente, quando o número de vagas exceder a um quinto dos cargos iniciais da carreira e, facultativamente, quando o exigir o interesse da administração.

ART. 71. O candidato, no momento da inscrição, deve possuir registro na Ordem dos Advogados do Brasil, ressalvada a situação dos proibidos de obtê-la, e comprovar, no mínimo, dois anos de prática forense.

§ 1º. Considera-se como prática forense o exercício profissional de consultoria, assessoria, o cumprimento de estágio nas Defensorias Públicas e o desempenho de cargo, emprego ou função de nível superior, de atividades eminentemente jurídicas.

§ 2º. Os candidatos proibidos de inscrição na Ordem dos Advogados do Brasil comprovarão o registro até a posse no cargo de Defensor Público.

ART. 72. O concurso será realizado perante bancas examinadoras constituídas pelo Conselho Superior.

SEÇÃO II.
DA NOMEAÇÃO, DA LOTAÇÃO E DA DISTRIBUIÇÃO

ART. 73. O candidato aprovado no concurso público para ingresso na carreira da Defensoria Pública será nomeado pelo Presidente da República para cargo inicial da carreira, respeitada a ordem de classificação e o número de vagas existentes.

ART. 74. Os Defensores Públicos do Distrito Federal e dos Territórios serão lotados e distribuídos pelo Defensor Público-Geral, assegurado aos nomeados para os cargos iniciais o direito de escolha do órgão de atuação, desde que vago e obedecida a ordem de classificação no concurso.

SEÇÃO III. DA PROMOÇÃO

ART. 75. A promoção consiste no acesso imediato dos membros efetivos da Defensoria Pública do Distrito Federal e dos Territórios de uma categoria para outra da carreira.

ART. 76. As promoções obedecerão aos critérios de antiguidade e merecimento alternadamente.

§ 1º. A antiguidade será apurada na categoria e determinada pelo tempo de efetivo exercício na mesma.

§ 2º. A promoção por merecimento dependerá de lista tríplice para cada vaga, organizada pelo Conselho Superior, em sessão secreta, com ocupantes da lista de antiguidade, em seu primeiro terço.

§ 3º. Os membros da Defensoria Pública do Distrito Federal e dos Territórios somente poderão ser promovidos depois de dois anos de efetivo exercício na categoria, dispensado o interstício se não houver quem preencha tal requisito ou se quem o preencher recusar a promoção.

§ 4º. As promoções serão efetivadas por ato do Defensor Público-Geral.

ART. 77. É facultada a recusa à promoção, sem prejuízo do critério para o preenchimento da vaga recusada.

ART. 78. O Conselho Superior fixará os critérios de ordem objetiva para a aferição de merecimento dos membros da Instituição, considerando-se, entre outros, a eficiência e a presteza demonstradas no desempenho da função e aprovação em cursos de aperfeiçoamento, de natureza jurídica, promovidos pela Instituição, ou por estabelecimentos de ensino superior, oficialmente reconhecidos.

§ 1º. Os cursos de aperfeiçoamento de que trata este artigo compreenderão, necessariamente, as seguintes atividades:

a) apresentação de trabalho escrito sobre assunto de relevância jurídica;

b) defesa oral do trabalho que tenha sido aceito por banca examinadora.

§ 2º. Não poderá concorrer à promoção por merecimento quem tenha sofrido penalidade de advertência ou suspensão; no período de um ano imediatamente anterior à ocorrência da vaga, no caso de advertência; ou de dois anos, em caso de suspensão.

§ 3º. É obrigatória a promoção do Defensor Público que figurar por três vezes consecutivas ou cinco alternadas em lista de merecimento, ressalvada a hipótese do § 2º.

CAPÍTULO III. DA INAMOVIBILIDADE E DA REMOÇÃO

▸ *Esta lei: arts. 88, II, e 95, § 4º.*

ART. 79. Os membros da Defensoria Pública do Distrito Federal e dos Territórios são inamovíveis, salvo se apenados com remoção compulsória, na forma desta Lei Complementar.

ART. 80. A remoção será feita a pedido ou por permuta, sempre entre membros da mesma categoria da carreira.

ART. 81. A remoção compulsória somente será aplicada com prévio parecer do Conselho Superior, assegurada ampla defesa em processo administrativo disciplinar.

ART. 82. A remoção a pedido far-se-á mediante requerimento ao Defensor Público-Geral, nos quinze dias seguintes à publicação, no Diário Oficial, do aviso de existência da vaga.

§ 1º. Findo o prazo fixado no *caput* deste artigo e, havendo mais de um candidato à remoção, será removido o mais antigo na categoria e, ocorrendo empate, sucessivamente, o mais antigo na carreira, no serviço público da União, no serviço público em geral, o mais idoso e o mais bem classificado no concurso para ingresso na Defensoria Pública.

§ 2º. A remoção precederá o preenchimento de vaga por promoção.

ART. 83. Quando por permuta, a remoção será concedida mediante requerimento dos interessados, atendida a conveniência do serviço.

CAPÍTULO IV. DOS DIREITOS, DAS GARANTIAS E DAS PRERROGATIVAS DOS MEMBROS DA DEFENSORIA PÚBLICA DO DISTRITO FEDERAL E DOS TERRITÓRIOS

SEÇÃO I. DA REMUNERAÇÃO

ART. 84. À lei cabe fixar a remuneração dos cargos da carreira da Defensoria Pública do Distrito Federal e dos Territórios, observado o disposto no artigo 135 da Constituição Federal.

§ 1º. (VETADO).

§ 2º. Os membros da Defensoria Pública do Distrito Federal e dos Territórios têm os direitos assegurados pela Lei nº 8.112, de 1990, e nesta Lei Complementar. (Redação dada pela Lei Complementar nº 132, de 2009)

▸ *Redação dada pela LC nº 98, de 03-12-1999.*

I – Revogado pela Lei Complementar nº 98, de 03-12-1999.

II – (VETADO);

III – Revogado pela Lei Complementar nº 98, de 03-12-1999.

IV – Revogado pela Lei Complementar nº 98, de 03-12-1999.

V – Revogado pela Lei Complementar nº 98, de 03-12-1999.

VI – Revogado pela Lei Complementar nº 98, de 03-12-1999.

VII – (VETADO);

VIII – Revogado pela Lei Complementar nº 98, de 03-12-1999.

SEÇÃO II. DAS FÉRIAS E DO AFASTAMENTO

ART. 85. Revogado pela Lei Complementar nº 98, de 03-12-1999.

ART. 86. As férias dos membros da Defensoria Pública do Distrito Federal e dos Territórios serão concedidas pelas chefias a que estiverem subordinados.

ART. 87. O afastamento para estudo ou missão no interesse da Defensoria Pública do Distrito Federal e dos Territórios será autorizado pelo Defensor Público-Geral.

§ 1º. O afastamento de que trata este artigo somente será concedido pelo Defensor Público-Geral, após o estágio probatório e pelo prazo máximo de dois anos.

§ 2º. Quando o interesse público o exigir, o afastamento poderá ser interrompido a juízo do Defensor Público-Geral.

ART. 87-A. É assegurado o direito de afastamento para exercício de mandato em entidade de classe de âmbito nacional e distrital, de maior representatividade, sem prejuízo dos vencimentos, vantagens ou qualquer direito inerente ao cargo. (Incluído pela Lei Complementar nº 132, de 2009)

§ 1º. O afastamento será concedido ao presidente da entidade de classe e terá duração igual à do mandato, devendo ser prorrogado no caso de reeleição. (Incluído pela Lei Complementar nº 132, de 2009)

§ 2º. O afastamento para exercício de mandato será contado como tempo de serviço para todos os efeitos legais. (Incluído pela Lei Complementar nº 132, de 2009)

SEÇÃO III.
DAS GARANTIAS E DAS PRERROGATIVAS

ART. 88. São garantias dos membros da Defensoria Pública do Distrito Federal e dos Territórios:

I – a independência funcional no desempenho de suas atribuições;

II – a inamovibilidade;

▸ *Esta lei: arts. 79 a 83.*

III – a irredutibilidade de vencimentos;

IV – a estabilidade.

ART. 89. São prerrogativas dos membros da Defensoria Pública do Distrito Federal e dos Territórios:

I – receber, inclusive quando necessário, mediante entrega dos autos com vista, intimação pessoal em qualquer processo e grau de jurisdição ou instância administrativa, contando-se-lhes em dobro todos os prazos; (Redação dada pela Lei Complementar nº 132, de 2009)

▸ *Esta Lei: arts. 44, I, e 128, I.*

▸ *CPP: art. 396-A.*

▸ *CPC: art. 186.*

II – não ser preso, senão por ordem judicial escrita, salvo em flagrante, caso em que a autoridade fará imediata comunicação ao Defensor Público-Geral;

▸ *CF: art. 5º, LXI.*

III – ser recolhido a prisão especial ou a sala especial de Estado-Maior, com direito a privacidade e, após sentença condenatória transitada em julgado, ser recolhido em dependência separada, no estabelecimento em que tiver de ser cumprida a pena;

IV – usar vestes talares e as insígnias privativas da Defensoria Pública;

V – (VETADO);

VI – ter vista pessoal dos processos fora dos cartórios e secretarias, ressalvadas as vedações legais;

VII – comunicar-se, pessoal e reservadamente, com seus assistidos, ainda quando esses se acharem presos ou detidos, mesmo incomunicáveis, tendo livre ingresso em estabelecimentos policiais, prisionais e de internação coletiva, independentemente de prévio agendamento; (Redação dada pela Lei Complementar nº 132, de 2009)

▸ *CF: art. 5º, LXIII.*

▸ *CPP: art. 21.*

VIII – examinar, em qualquer repartição pública, autos de flagrante, inquéritos e processos, assegurada a obtenção de cópias e podendo tomar apontamentos; (Redação dada pela Lei Complementar nº 132, de 2009)

IX – manifestar-se em autos administrativos ou judiciais por meio de cota;

X – requisitar de autoridade pública ou de seus agentes exames, certidões, perícias, vistorias, diligências, processos, documentos, informações, esclarecimentos e providências necessárias ao exercício de suas atribuições;

XI – representar a parte, em feito administrativo ou judicial, independentemente de mandato, ressalvados os casos para os quais a lei exija poderes especiais;

XII – deixar de patrocinar ação, quando ela for manifestamente incabível ou inconveniente aos interesses da parte sob seu patrocínio, comunicando o fato ao Defensor Público-Geral, com as razões de seu proceder;

XIII – ter o mesmo tratamento reservado aos Magistrados e demais titulares dos cargos das funções essenciais à justiça;

XIV – ser ouvido como testemunha, em qualquer processo ou procedimento, em dia, hora e local previamente ajustados com a autoridade competente;

XV – (VETADO).

XVI – ter acesso a qualquer banco de dados de caráter público, bem como a locais que guardem pertinência com suas atribuições. (Incluído pela Lei Complementar nº 132, de 2009)

Parágrafo único. Quando, no curso de investigação policial, houver indício de prática de infração penal por membro da Defensoria Pública do Distrito Federal e dos Territórios, a autoridade policial, civil ou militar, comunicará imediatamente o fato ao Defensor Público-Geral, que designará membro da Defensoria Pública para acompanhar a apuração.

CAPÍTULO V.
DOS DEVERES, DAS PROIBIÇÕES, DOS IMPEDIMENTOS E DA RESPONSABILIDADE FUNCIONAL

SEÇÃO I.
DOS DEVERES

ART. 90. São deveres dos membros da Defensoria Pública do Distrito Federal e dos Territórios:

I – residir na localidade onde exercem suas funções;

II – desempenhar, com zelo e presteza, os serviços a seu cargo;

III – representar ao Defensor Público-Geral sobre as irregularidades de que tiver ciência em razão do cargo;

IV – prestar informações aos órgãos de administração superior da Defensoria Pública do Distrito Federal e dos Territórios, quando solicitadas;

V – atender ao expediente forense e participar dos atos judiciais, quando for obrigatória a sua presença;

VI – declarar-se suspeito, ou impedido, nos termos da lei;

VII – interpor os recursos cabíveis para qualquer instância ou Tribunal e promover revisão criminal, sempre que encontrar fundamentos na lei, jurisprudência ou prova dos autos, remetendo cópia à Corregedoria-Geral.

SEÇÃO II. DAS PROIBIÇÕES

ART. 91. Além das proibições decorrentes do exercício de cargo público, aos membros da Defensoria Pública do Distrito Federal e dos Territórios é vedado:

I – exercer a advocacia fora das atribuições institucionais;

II – requerer, advogar, ou praticar em Juízo ou fora dele, atos que de qualquer forma colidam com as funções inerentes ao seu cargo, ou com os preceitos éticos de sua profissão;

III – receber, a qualquer título e sob qualquer pretexto, honorários, percentagens ou custas processuais, em razão de suas atribuições;

IV – exercer o comércio ou participar de sociedade comercial, exceto como cotista ou acionista;

V – exercer atividade político-partidária, enquanto atuar junto à Justiça Eleitoral.

SEÇÃO III. DOS IMPEDIMENTOS

ART. 92. Ao membro da Defensoria Pública do Distrito Federal e dos Territórios é defeso exercer suas funções em processo ou procedimento:

I – em que seja parte ou, de qualquer forma, interessado;

II – em que haja atuado como representante da parte, perito, Juiz, membro do Ministério Público, Autoridade Policial, Escrivão de Polícia, Auxiliar de Justiça ou prestado depoimento como testemunha;

III – em que for interessado cônjuge ou companheiro, parente consanguíneo ou afim em linha reta ou colateral, até o terceiro grau;

IV – no qual haja postulado como advogado de qualquer das pessoas mencionadas no inciso anterior;

V – em que qualquer das pessoas mencionadas no inciso III funcione ou haja funcionado como Magistrado, membro do Ministério Público, Autoridade Policial, Escrivão de Polícia ou Auxiliar de Justiça;

VI – em que houver dado à parte contrária parecer verbal ou escrito sobre o objeto da demanda;

VII – em outras hipóteses previstas em lei.

ART. 93. Os membros da Defensoria Pública do Distrito Federal e dos Territórios não podem participar de comissão, banca de concurso, ou de qualquer decisão, quando o julgamento ou votação disser respeito a seu cônjuge ou companheiro, ou parente consanguíneo ou afim em linha reta ou colateral, até o terceiro grau.

SEÇÃO IV. DA RESPONSABILIDADE FUNCIONAL

ART. 94. A atividade funcional dos membros da Defensoria Pública do Distrito Federal e dos Territórios está sujeita a:

I – correição ordinária, realizada anualmente pelo Corregedor-Geral e por seus auxiliares, para verificar a regularidade e eficiência dos serviços;

II – correição extraordinária, realizada pelo Corregedor-Geral e por seus auxiliares, de ofício ou por determinação do Defensor Público-Geral.

§ 1º. Cabe ao Corregedor-Geral, concluída a correição, apresentar ao Defensor Público-Geral relatório dos fatos apurados e das providências a serem adotadas.

§ 2º. Qualquer pessoa pode representar ao Corregedor-Geral sobre os abusos, erros ou omissões dos membros da Defensoria Pública do Distrito Federal e dos Territórios.

ART. 95. Constituem infrações disciplinares, além de outras definidas em lei, a violação dos deveres funcionais e vedações contidas nesta Lei Complementar, bem como a prática de crime contra a Administração Pública ou ato de improbidade administrativa.

§ 1º. Os membros da Defensoria Pública do Distrito Federal e dos Territórios são passíveis das seguintes sanções:

I – advertência;

II – suspensão por até noventa dias;

III – remoção compulsória;

▸ Esta lei: arts. 79 e 81.

IV – demissão;

V – cassação da aposentadoria.

§ 2º. A advertência será aplicada por escrito nos casos de violação aos deveres e das proibições funcionais, quando o fato não justificar a imposição de pena mais grave.

§ 3º. A suspensão será aplicada em caso de reincidência em falta punida com advertência ou quando a infração dos deveres e das proibições funcionais, pela sua gravidade, justificar a sua imposição.

§ 4º. A remoção compulsória será aplicada sempre que a falta praticada, pela sua gravidade e repercussão, tornar incompatível a permanência do faltoso no órgão de atuação de sua lotação.

§ 5º. A pena de demissão será aplicável nas hipóteses previstas em lei, e no caso de reincidência em falta punida com suspensão ou remoção compulsória.

§ 6º. As penas de demissão e cassação da aposentadoria serão aplicadas pelo Presidente da República e as demais pelo Defensor Público-Geral, garantida sempre ampla defesa, sendo obrigatório o inquérito administrativo nos casos de aplicação de remoção compulsória, suspensão, demissão e cassação de aposentadoria.

§ 7º. Prescrevem em dois anos, a contar da data em que foram cometidas, as faltas puníveis com advertência, suspensão e remoção compulsória, aplicando-se, quanto às demais, os prazos previstos em lei.

ART. 96. A qualquer tempo poderá ser requerida revisão do processo disciplinar, quando se aduzirem fatos novos ou circunstâncias suscetíveis de provar a inocência do apenado ou de justificar a imposição de pena mais branda.

§ 1º. Poderá requerer a instauração de processo revisional o próprio interessado ou, se falecido ou interdito, o seu cônjuge ou companheiro, ascendente, descendente ou irmão.

§ 2º. Se for procedente a revisão, será tornado sem efeito o ato punitivo ou aplicada a penalidade adequada, restabelecendo-se os direito atingidos pela punição, na sua plenitude.

TÍTULO IV. DAS NORMAS GERAIS PARA A ORGANIZAÇÃO DA DEFENSORIA PÚBLICA DOS ESTADOS

CAPÍTULO I. DA ORGANIZAÇÃO

ART. 97. A Defensoria Pública dos Estados organizar-se-á de acordo com as normas gerais estabelecidas nesta Lei Complementar.

ART. 97-A. À Defensoria Pública do Estado é assegurada autonomia funcional, administrativa e iniciativa para elaboração de sua proposta orçamentária, dentro dos limites estabelecidos na lei de diretrizes orçamentárias, cabendo-lhe, especialmente: (Incluído pela Lei Complementar nº 132, de 2009)

I – abrir concurso público e prover os cargos de suas Carreiras e dos serviços auxiliares; (Incluído pela Lei Complementar nº 132, de 2009)

II – organizar os serviços auxiliares; (Incluído pela Lei Complementar nº 132, de 2009)

III – praticar atos próprios de gestão; (Incluído pela Lei Complementar nº 132, de 2009)

IV – compor os seus órgãos de administração superior e de atuação; (Incluído pela Lei Complementar nº 132, de 2009)

V – elaborar suas folhas de pagamento e expedir os competentes demonstrativos; (Incluído pela Lei Complementar nº 132, de 2009)

VI – praticar atos e decidir sobre situação funcional e administrativa do pessoal, ativo e inativo da Carreira, e dos serviços auxiliares, organizados em quadros próprios; (Incluído pela Lei Complementar nº 132, de 2009)

VII – exercer outras competências decorrentes de sua autonomia. (Incluído pela Lei Complementar nº 132, de 2009)

ART. 97-B. A Defensoria Pública do Estado elaborará sua proposta orçamentária atendendo aos seus princípios, às diretrizes e aos limites definidos na lei de diretrizes orçamentárias, encaminhando-a ao Chefe do Poder Executivo para consolidação e encaminhamento ao Poder Legislativo. (Incluído pela Lei Complementar nº 132, de 2009)

§ 1º. Se a Defensoria Pública do Estado não encaminhar a respectiva proposta orçamentária dentro do prazo estabelecido na lei de diretrizes orçamentárias, o Poder Executivo considerará, para fins de consolidação da proposta orçamentária anual, os valores aprovados na lei orçamentária vigente, ajustados de acordo com os limites estipulados na forma do *caput*. (Incluído pela Lei Complementar nº 132, de 2009)

§ 2º. Se a proposta orçamentária de que trata este artigo for encaminhada em desacordo com os limites estipulados no *caput*, o Poder Executivo procederá aos ajustes necessários para fim de consolidação da proposta orçamentária anual. (Incluído pela Lei Complementar nº 132, de 2009)

§ 3º. Durante a execução orçamentária do exercício, não poderá haver a realização de despesas que extrapolem os limites estabelecidos na lei de diretrizes orçamentárias, exceto se previamente autorizadas, mediante a abertura de créditos suplementares ou especiais. (Incluído pela Lei Complementar nº 132, de 2009)

§ 4º. Os recursos correspondentes às suas dotações orçamentárias próprias e globais, compreendidos os créditos suplementares e especiais, ser-lhe-ão entregues, até o dia 20 (vinte) de cada mês, na forma do art. 168 da Constituição Federal. (Incluído pela Lei Complementar nº 132, de 2009)

§ 5º. As decisões da Defensoria Pública do Estado, fundadas em sua autonomia funcional e administrativa, obedecidas as formalidades legais, têm eficácia plena e executoriedade imediata, ressalvada a competência constitucional do Poder Judiciário e do Tribunal de Contas. (Incluído pela Lei Complementar nº 132, de 2009)

§ 6º. A fiscalização contábil, financeira, orçamentária, operacional e patrimonial da Defensoria Pública do Estado, quanto à legalidade, legitimidade, aplicação de dotações e recursos próprios e renúncia de receitas, será exercida pelo Poder Legislativo, mediante controle externo e pelo sistema de controle interno estabelecido em lei. (Incluído pela Lei Complementar nº 132, de 2009)

ART. 98. A Defensoria Pública dos Estados compreende:

I – órgãos de administração superior:

a) a Defensoria Pública-Geral do Estado;

b) a Subdefensoria Pública-Geral do Estado;

c) o Conselho Superior da Defensoria Pública do Estado;

d) a Corregedoria-Geral da Defensoria Pública do Estado;

II – órgãos de atuação:

a) as Defensorias Públicas do Estado;

b) os Núcleos da Defensoria Pública do Estado;

III – órgãos de execução:

a) os Defensores Públicos do Estado.

IV – órgão auxiliar: Ouvidoria-Geral da Defensoria Pública do Estado. (Incluído pela Lei Complementar nº 132, de 2009)

SEÇÃO I. DO DEFENSOR PÚBLICO-GERAL E DO SUBDEFENSOR PÚBLICO-GERAL DO ESTADO

ART. 99. A Defensoria Pública do Estado tem por chefe o Defensor Público-Geral, nomeado pelo Governador do Estado, dentre membros estáveis da Carreira e maiores de 35 (trinta e cinco) anos, escolhidos em lista tríplice formada pelo voto direto, secreto, plurinominal e obrigatório de seus membros, para mandato de 2 (dois) anos, permitida uma recondução. (Redação dada pela Lei Complementar nº 132, de 2009)

§ 1º. O Defensor Público-Geral será substituído em suas faltas, licenças, férias e impedimentos pelo Subdefensor Público-Geral, por ele nomeado dentre integrantes estáveis da Carreira, na forma da legislação estadual. (Redação dada pela Lei Complementar nº 132, de 2009)

§ 2º. Os Estados, segundo suas necessidades, poderão ter mais de um Subdefensor Público-Geral.

§ 3º. O Conselho Superior editará as normas regulamentando a eleição para a escolha do Defensor Público-Geral. (Incluído pela Lei Complementar nº 132, de 2009)

§ 4º. Caso o Chefe do Poder Executivo não efetive a nomeação do Defensor Público-Geral nos 15 (quinze) dias que se seguirem ao recebimento da lista tríplice, será investido automaticamente no cargo o Defensor Público mais votado para exercício do mandato. (Incluído pela Lei Complementar nº 132, de 2009)

ART. 100. Ao Defensor Público-Geral do Estado compete dirigir a Defensoria Pública do Estado, superintender e coordenar suas atividades, orientando sua atuação, e representando-a judicial e extrajudicialmente.

ART. 101. A composição do Conselho Superior da Defensoria Pública do Estado deve incluir obrigatoriamente o Defensor Público-Geral, o Subdefensor Público-Geral, o Corregedor-Geral e o Ouvidor-Geral, como membros natos, e, em sua maioria, representantes estáveis da Carreira, eleitos pelo voto direto, plurinominal, obrigatório e secreto de seus membros, em número e forma a serem fixados em lei estadual. (Redação dada pela Lei Complementar nº 132, de 2009)

§ 1º. O Conselho Superior é presidido pelo Defensor Público-Geral, que terá voto de qualidade, exceto em matéria disciplinar. (Incluído pela Lei Complementar nº 132, de 2009)

§ 2º. As eleições serão realizadas em conformidade com as instruções baixadas pelo Conselho Superior da Defensoria Pública do Estado. (Incluído pela Lei Complementar nº 132, de 2009)

§ 3º. Os membros do Conselho Superior são eleitos para mandato de 2 (dois) anos, permitida uma reeleição. (Incluído pela Lei Complementar nº 132, de 2009)

§ 4º. São elegíveis os membros estáveis da Defensoria Pública que não estejam afastados da Carreira. (Incluído pela Lei Complementar nº 132, de 2009)

§ 5º. O presidente da entidade de classe de maior representatividade dos membros da Defensoria Pública do Estado terá assento e voz nas reuniões do Conselho Superior. (Incluído pela Lei Complementar nº 132, de 2009)

ART. 102. Ao Conselho Superior compete exercer as atividades consultivas, normativas e decisórias a serem previstas na lei estadual.

§ 1º. Caberá ao Conselho Superior decidir sobre a fixação ou a alteração de atribuições dos órgãos de atuação da Defensoria Pública e, em grau de recurso, sobre matéria disciplinar e os conflitos de atribuições entre membros da Defensoria Pública, sem prejuízo de outras atribuições. (Incluído pela Lei Complementar nº 132, de 2009)

§ 2º. Caberá ao Conselho Superior aprovar o plano de atuação da Defensoria Pública do Estado, cujo projeto será precedido de ampla divulgação. (Incluído pela Lei Complementar nº 132, de 2009)

§ 3º. As decisões do Conselho Superior serão motivadas e publicadas, e suas sessões deverão ser públicas, salvo nas hipóteses legais de sigilo, e realizadas, no mínimo, bimestralmente, podendo ser convocada por qualquer conselheiro, caso não realizada dentro desse prazo. (Incluído pela Lei Complementar nº 132, de 2009)

SEÇÃO III.
DA CORREGEDORIA-GERAL DA DEFENSORIA PÚBLICA DO ESTADO

ART. 103. A Corregedoria-Geral é órgão de fiscalização da atividade funcional e da conduta dos membros e dos servidores da Instituição.

ART. 104. A Corregedoria-Geral é exercida pelo Corregedor-Geral indicado dentre os integrantes da classe mais elevada da Carreira, em lista tríplice formada pelo Conselho Superior, e nomeado pelo Defensor Público-Geral para mandato de 2 (dois) anos, permitida 1 (uma) recondução. (Redação dada pela Lei Complementar nº 132, de 2009)

§ 1º. O Corregedor-Geral poderá ser destituído por proposta do Defensor Público-Geral, pelo voto de dois terços do Conselho Superior, antes do término do mandato. (Renumerado pela Lei Complementar nº 132, de 2009)

§ 2º. A lei estadual poderá criar um ou mais cargos de Subcorregedor, fixando as atribuições e especificando a forma de designação. (Incluído pela Lei Complementar nº 132, de 2009)

ART. 105. À Corregedoria-Geral da Defensoria Pública do Estado compete:

I – realizar correições e inspeções funcionais;

II – sugerir ao Defensor Público-Geral o afastamento de Defensor Público que esteja sendo submetido a correição, sindicância ou processo administrativo disciplinar, quando cabível;

III – propor, fundamentadamente, ao Conselho Superior a suspensão do estágio probatório de membro da Defensoria Pública do Estado;

IV – apresentar ao Defensor Público-Geral, em janeiro de cada ano, relatório das atividades desenvolvidas no ano anterior;

V – receber e processar as representações contra os membros da Defensoria Pública do Estado, encaminhado-as, com parecer, ao Conselho Superior;

VI – propor a instauração de processo disciplinar contra membros da Defensoria Pública do Estado e seus servidores;

VII – acompanhar o estágio probatório dos membros da Defensoria Pública do Estado;

VIII – propor a exoneração de membros da Defensoria Pública do Estado que não cumprirem as condições do estágio probatório.

IX – baixar normas, no limite de suas atribuições, visando à regularidade e ao aperfeiçoamento das atividades da Defensoria Pública, resguardada a independência funcional de seus membros; (Incluído pela Lei Complementar nº 132, de 2009)

X – manter atualizados os assentamentos funcionais e os dados estatísticos de atuação dos membros da Defensoria Pública, para efeito de aferição de merecimento; (Incluído pela Lei Complementar nº 132, de 2009)

XI – expedir recomendações aos membros da Defensoria Pública sobre matéria afeta à competência da Corregedoria-Geral da Defensoria Pública; (Incluído pela Lei Complementar nº 132, de 2009)

XII – desempenhar outras atribuições previstas em lei ou no regulamento interno da Defensoria Pública. (Incluído pela Lei Complementar nº 132, de 2009)

SEÇÃO III-A
DA OUVIDORIA-GERAL DA DEFENSORIA PÚBLICA DO ESTADO
(Incluído pela Lei Complementar nº 132, de 2009)

ART. 105-A. A Ouvidoria-Geral é órgão auxiliar da Defensoria Pública do Estado, de promoção da qualidade dos serviços prestados pela Instituição. (Incluído pela Lei Complementar nº 132, de 2009)

Parágrafo único. A Ouvidoria-Geral contará com servidores da Defensoria Pública do Estado e com a estrutura definida pelo Conselho Superior após proposta do Ouvidor-Geral. (Incluído pela Lei Complementar nº 132, de 2009)

ART. 105-B. O Ouvidor-Geral será escolhido pelo Conselho Superior, dentre cidadãos de reputação ilibada, não integrante da Carreira, indicados em lista tríplice formada pela sociedade civil, para mandato de 2 (dois) anos, permitida 1 (uma) recondução. (Incluído pela Lei Complementar nº 132, de 2009)

§ 1º. O Conselho Superior editará normas regulamentando a forma de elaboração da lista tríplice. (Incluído pela Lei Complementar nº 132, de 2009)

§ 2º. O Ouvidor-Geral será nomeado pelo Defensor Público-Geral do Estado. (Incluído pela Lei Complementar nº 132, de 2009)

§ 3º. O cargo de Ouvidor-Geral será exercido em regime de dedicação exclusiva. (Incluído pela Lei Complementar nº 132, de 2009)

ART. 105-C. À Ouvidoria-Geral compete: (Incluído pela Lei Complementar nº 132, de 2009)

I – receber e encaminhar ao Corregedor-Geral representação contra membros e servidores da Defensoria Pública do Estado, assegurada a defesa preliminar; (Incluído pela Lei Complementar nº 132, de 2009)

II – propor aos órgãos de administração superior da Defensoria Pública do Estado medidas e ações que visem à consecução dos princípios institucionais e ao aperfeiçoamento dos serviços prestados; (Incluído pela Lei Complementar nº 132, de 2009)

III – elaborar e divulgar relatório semestral de suas atividades, que conterá também as medidas propostas aos órgãos competentes e a descrição dos resultados obtidos; (Incluído pela Lei Complementar nº 132, de 2009)

IV – participar, com direito a voz, do Conselho Superior da Defensoria Pública do Estado; (Incluído pela Lei Complementar nº 132, de 2009)

V – promover atividades de intercâmbio com a sociedade civil; (Incluído pela Lei Complementar nº 132, de 2009)

VI – estabelecer meios de comunicação direta entre a Defensoria Pública e a sociedade, para receber sugestões e reclamações, adotando as providências pertinentes e informando o resultado aos interessados; (Incluído pela Lei Complementar nº 132, de 2009)

VII – contribuir para a disseminação das formas de participação popular no acompanhamento e na fiscalização da prestação dos serviços realizados pela Defensoria Pública; (Incluído pela Lei Complementar nº 132, de 2009)

VIII – manter contato permanente com os vários órgãos da Defensoria Pública do Estado, estimulando-os a atuar em permanente sintonia com os direitos dos usuários; (Incluído pela Lei Complementar nº 132, de 2009)

IX – coordenar a realização de pesquisas periódicas e produzir estatísticas referentes ao índice de satisfação dos usuários, divulgando os resultados. (Incluído pela Lei Complementar nº 132, de 2009)

Parágrafo único. As representações podem ser apresentadas por qualquer pessoa, inclusive pelos próprios membros e servidores da Defensoria Pública do Estado, entidade ou órgão público. (Incluído pela Lei Complementar nº 132, de 2009)

SEÇÃO IV.
DA DEFENSORIA PÚBLICA DO ESTADO

ART. 106. A Defensoria Pública do Estado prestará assistência jurídica aos necessitados, em todos os graus de jurisdição e instâncias administrativas do Estado.

Parágrafo único. À Defensoria Pública do Estado caberá interpor recursos aos Tribunais Superiores, quando cabíveis.

ART. 106-A. A organização da Defensoria Pública do Estado deve primar pela descentralização, e sua atuação deve incluir atendimento interdisciplinar, bem como a tutela dos interesses individuais, difusos, coletivos e individuais homogêneos. (Incluído pela Lei Complementar nº 132, de 2009)

SEÇÃO V.
DOS NÚCLEOS DA DEFENSORIA PÚBLICA DO ESTADO

ART. 107. A Defensoria Pública do Estado poderá atuar por intermédio de núcleos ou núcleos especializados, dando-se prioridade, de todo modo, às regiões com maiores índices de exclusão social e adensamento populacional. (Redação dada pela Lei Complementar nº 132, de 2009)

SEÇÃO VI.
DOS DEFENSORES PÚBLICOS DOS ESTADOS

ART. 108. Aos membros da Defensoria Pública do Estado incumbe, sem prejuízo de outras atribuições estabelecidas pelas Constituições Federal e Estadual, pela Lei Orgânica e por demais diplomas legais, a orientação jurídica e a defesa dos seus assistidos, no âmbito judicial, extrajudicial e administrativo. (Redação dada pela Lei Complementar nº 132, de 2009)

Parágrafo único. São, ainda, atribuições dos Defensores Públicos Estaduais: (Incluído pela Lei Complementar nº 132, de 2009)

I – atender às partes e aos interessados; (Incluído pela Lei Complementar nº 132, de 2009)

II – participar, com direito a voz e voto, dos Conselhos Penitenciários; (Incluído pela Lei Complementar nº 132, de 2009)

III – certificar a autenticidade de cópias de documentos necessários à instrução de processo administrativo ou judicial, à vista da apresentação dos originais; (Incluído pela Lei Complementar nº 132, de 2009)

IV – atuar nos estabelecimentos prisionais, policiais, de internação e naqueles reservados a adolescentes, visando ao atendimento jurídico permanente dos presos provisórios, sentenciados, internados e adolescentes, competindo à administração estadual reservar instalações seguras e adequadas aos seus trabalhos, franquear acesso a todas as dependências do estabelecimento independentemente de prévio agendamento, fornecer apoio administrativo, prestar todas as informações solicitadas e assegurar o acesso à documentação dos assistidos, aos quais não poderá, sob fundamento algum, negar o direito de entrevista com os membros da Defensoria Pública do Estado. (Incluído pela Lei Complementar nº 132, de 2009)

Seção VII. DOS ÓRGÃOS AUXILIARES

ART. 109. Cabe à lei estadual disciplinar os órgãos e serviços auxiliares de apoio administrativo, organizando-o em quadro próprio, com cargos que atendam às peculiaridades e às necessidades da administração e das atividades funcionais da Instituição.

Capítulo II. DA CARREIRA

ART. 110. A Defensoria Pública do Estado é integrada pela carreira de Defensor Público do Estado, composta das categorias de cargos efetivos necessárias ao cumprimento das suas funções institucionais, na forma a ser estabelecida na legislação estadual.

ART. 111. O Defensor Público do Estado atuará, na forma do que dispuser a legislação estadual, junto a todos os Juízos de 1º grau de jurisdição, núcleos, órgãos judiciários de 2º grau de jurisdição, instâncias administrativas e Tribunais Superiores (art. 22, parágrafo único).

Seção I. DO INGRESSO NA CARREIRA

ART. 112. O ingresso nos cargos iniciais da carreira far-se-á mediante aprovação prévia em concurso público de provas e títulos, com a participação da Ordem dos Advogados do Brasil.

§ 1º. Do regulamento do concurso constarão os programas das disciplinas sobre as quais versarão as provas, bem como outras disposições pertinentes à sua organização e realização.

§ 2º. O edital de abertura de inscrições no concurso indicará, obrigatoriamente, o número de cargos vagos na categoria inicial da carreira.

ART. 112-A. Aos aprovados no concurso deverá ser ministrado curso oficial de preparação à Carreira, objetivando o treinamento específico para o desempenho das funções técnico-jurídicas e noções de outras disciplinas necessárias à consecução dos princípios institucionais da Defensoria Pública. (Incluído pela Lei Complementar nº 132, de 2009)

Seção II. DA NOMEAÇÃO E DA ESCOLHA DAS VAGAS

ART. 113. O candidato aprovado no concurso público para ingresso na carreira da Defensoria Pública do Estado será nomeado pelo Governador do Estado para cargo inicial da carreira, respeitada a ordem de classificação e o número de vagas existentes.

ART. 114. O candidato aprovado poderá renunciar à nomeação correspondente à sua classificação, antecipadamente ou até o termo final do prazo de posse, caso em que, optando o renunciante, será deslocado para o último lugar da lista de classificados.

Seção III. DA PROMOÇÃO

ART. 115. A promoção consiste no acesso imediato dos membros efetivos da Defensoria Pública do Estado de uma categoria para outra da carreira.

ART. 116. As promoções serão efetivadas por ato do Defensor Público-Geral do Estado, obedecidos, alternadamente, os critérios de antiguidade e merecimento.

§ 1º. É facultada a recusa à promoção, sem prejuízo do critério do preenchimento da vaga recusada.

§ 2º. A antiguidade será apurada na categoria e determinada pelo tempo de efetivo exercício na mesma.

§ 3º. A promoção por merecimento dependerá de lista tríplice para cada vaga, elaborada pelo Conselho Superior, em sessão secreta, com ocupantes do primeiro terço da lista de antiguidade.

§ 4º. Os membros da Defensoria Pública do Estado somente poderão ser promovidos após dois anos de efetivo exercício na categoria, dispensado o interstício se não houver quem preencha tal requisito, ou se quem o preencher recusar a promoção.

§ 5º. É obrigatória a promoção do Defensor Público que figurar por três vezes consecutivas ou cinco alternadas em lista de merecimento, ressalvada a hipótese do art. 117, § 2º.

ART. 117. O Conselho Superior fixará os critérios de ordem objetiva para a aferição de merecimento dos membros da Instituição, considerando-se, entre outros, a eficiência e a presteza demonstradas no desempenho da função e a aprovação em cursos de aperfeiçoamento, de natureza jurídica, promovidos pela Instituição, ou por estabelecimentos de ensino superior, oficialmente reconhecidos.

§ 1º. Os cursos de aperfeiçoamento de que trata este artigo compreenderão, necessariamente, as seguintes atividades:

a) apresentação de trabalho escrito sobre assunto de relevância jurídica;

b) defesa oral do trabalho que tenha sido aceito por banca examinadora.

§ 2º. A lei estadual estabelecerá os prazos durante os quais estará impedido de concorrer à promoção por merecimento o membro da instituição que tiver sofrido imposição de penalidade em processo administrativo disciplinar.

▸ *Esta lei: art. 116, § 5º.*

CAPÍTULO III. DA INAMOVIBILIDADE E DA REMOÇÃO

ART. 118. Os membros da Defensoria Pública do Estado são inamovíveis, salvo se apenados com remoção compulsória, na forma da lei estadual.

ART. 119. A remoção será feita a pedido ou por permuta, sempre entre membros da mesma categoria da carreira.

ART. 120. A remoção compulsória somente será aplicada com prévio parecer do Conselho Superior, assegurada ampla defesa em processo administrativo disciplinar.

ART. 121. A remoção a pedido far-se-á mediante requerimento ao Defensor Público-Geral, nos quinze dias seguintes à publicação, no Diário Oficial, do aviso de existência de vaga.

Parágrafo único. Findo o prazo fixado neste artigo e, havendo mais de um candidato à remoção, será removido o mais antigo na categoria e, ocorrendo empate, sucessivamente, o mais antigo na carreira, no serviço público do Estado, no serviço público em geral, o mais idoso e o mais bem classificado no concurso para ingresso na Defensoria Pública.

ART. 122. A remoção precederá o preenchimento da vaga por merecimento.

ART. 123. Quando por permuta, a remoção será concedida mediante requerimento dos interessados, respeitada a antiguidade dos demais, na forma da lei estadual. (Redação dada pela Lei Complementar nº 132, de 2009)

Parágrafo único. O Defensor Público-Geral dará ampla divulgação aos pedidos de permuta. (Incluído pela Lei Complementar nº 132, de 2009)

CAPÍTULO IV. DOS DIREITOS, DAS GARANTIAS E DAS PRERROGATIVAS DOS MEMBROS DA DEFENSORIA PÚBLICA DOS ESTADOS

SEÇÃO I. DA REMUNERAÇÃO

ART. 124. À lei estadual cabe fixar a remuneração dos cargos da carreira do respectivo Estado, observado o disposto no art. 135 da Constituição Federal.

§ 1º. (VETADO).

§ 2º. Os membros das Defensorias Públicas dos Estados têm os direitos assegurados pela legislação da respectiva unidade da Federação e nesta Lei Complementar. (Redação dada pela Lei Complementar nº 132, de 2009)

I – (Revogado pela Lei Complementar nº 98, de 03-12-1999)

II – (VETADO).

III – (Revogado pela Lei Complementar nº 98, de 03-12-1999)

IV – (Revogado pela Lei Complementar nº 98, de 03-12-1999)

V – (Revogado pela Lei Complementar nº 98, de 03-12-1999)

VI – (Revogado pela Lei Complementar nº 98, de 03-12-1999)

VII – (VETADO);.

VIII – revogado pela Lei Complementar nº 98, de 03-12-1999.

SEÇÃO II. DAS FÉRIAS E DO AFASTAMENTO

ART. 125. As férias dos membros da Defensoria Pública do Estado serão concedidas de acordo com a lei estadual.

ART. 126. O afastamento para estudo ou missão, no interesse da Defensoria Pública do Estado, será autorizado pelo Defensor Público-Geral.

§ 1º. O afastamento de que trata este artigo somente será concedido pelo Defensor Público-Geral, após estágio probatório e pelo prazo máximo de dois anos.

§ 2º. Quando o interesse público o exigir, o afastamento poderá ser interrompido a juízo do Defensor Público-Geral.

ART. 126-A. É assegurado o direito de afastamento para exercício de mandato em entidade de classe de âmbito estadual ou nacional, de maior representatividade, sem prejuízo dos vencimentos, vantagens ou qualquer direito inerente ao cargo. (Incluído pela Lei Complementar nº 132, de 2009)

§ 1º. O afastamento será concedido ao presidente da entidade de classe e terá duração igual à do mandato, devendo ser prorrogado no caso de reeleição. (Incluído pela Lei Complementar nº 132, de 2009)

§ 2º. O afastamento para exercício de mandato será contado como tempo de serviço para todos os efeitos legais. (Incluído pela Lei Complementar nº 132, de 2009)

§ 3º. Lei estadual poderá estender o afastamento a outros membros da diretoria eleita da entidade. (Incluído pela Lei Complementar nº 132, de 2009)

SEÇÃO III. DAS GARANTIAS E DAS PRERROGATIVAS

ART. 127. São garantias dos membros da Defensoria Pública do Estado, sem prejuízo de outras que a lei estadual estabelecer:

I – a independência funcional no desempenho de suas atribuições;

II – a inamovibilidade;

III – a irredutibilidade de vencimentos;

IV – a estabilidade.

ART. 128. São prerrogativas dos membros da Defensoria Pública do Estado, dentre outras que a lei local estabelecer:

I – receber, inclusive quando necessário, mediante entrega dos autos com vista, intimação pessoal em qualquer processo e grau de jurisdição ou instância administrativa, contando-se-lhes em dobro todos os prazos; (Incluído pela Lei Complementar nº 132, de 2009)

▸ *Esta Lei: arts. 44, I, e 89, I.*

▸ *CPP: art. 396-A.*

▸ *CPC: art. 186.*

II – não ser preso, senão por ordem judicial escrita, salvo em flagrante, caso em que a autoridade fará imediata comunicação ao Defensor Público-Geral;

III – ser recolhido à prisão especial ou à sala especial de Estado-Maior, com direito a privacidade e, após sentença condenatória transitada em julgado, ser recolhido em dependência separada, no estabelecimento em que tiver de ser cumprida a pena;

IV – usar vestes talares e as insígnias privativas da Defensoria Pública;

V – (VETADO);

VI – comunicar-se, pessoal e reservadamente, com seus assistidos, ainda quando estes se acharem presos ou detidos, mesmo incomunicáveis, tendo livre ingresso em estabelecimentos policiais, prisionais e de internação coletiva, independentemente de prévio agendamento; (Incluído pela Lei Complementar nº 132, de 2009)

VII – ter vista pessoal dos processos fora dos cartórios e secretarias, ressalvadas as vedações legais;

VIII – examinar, em qualquer repartição pública, autos de flagrantes, inquéritos e processos, assegurada a obtenção de cópias e podendo tomar apontamentos; (Incluído pela Lei Complementar nº 132, de 2009)

IX – manifestar-se em autos administrativos ou judiciais por meio de cota;

X – requisitar de autoridade pública ou de seus agentes exames, certidões, perícias, vistorias, diligências, processos, documentos, informações, esclarecimentos e providências necessárias ao exercício de suas atribuições;

XI – representar a parte, em feito administrativo ou judicial, independentemente de mandato, ressalvados os casos para os quais a lei exija poderes especiais;

XII – deixar de patrocinar ação, quando ela for manifestamente incabível ou inconveniente aos interesses da parte sob seu patrocínio, comunicando o fato ao Defensor Público-Geral, com as razões de seu proceder;

XIII – ter o mesmo tratamento reservado aos Magistrados e demais titulares dos cargos das funções essenciais à justiça;

XIV – ser ouvido como testemunha, em qualquer processo ou procedimento, em dia, hora e local previamente ajustados com a autoridade competente;

XV – (VETADO);

XVI – (VETADO).

Parágrafo único. Quando, no curso de investigação policial, houver indício de prática de infração penal por membro da Defensoria Pública do Estado, a autoridade policial, civil ou militar, comunicará imediatamente o fato ao Defensor Público-Geral, que designará membro da Defensoria Pública para acompanhar a apuração.

CAPÍTULO V.
DOS DEVERES, DAS PROIBIÇÕES, DOS IMPEDIMENTOS E DA RESPONSABILIDADE FUNCIONAL

SEÇÃO I.
DOS DEVERES

ART. 129. São deveres dos membros da Defensoria Pública dos Estados:

I – residir na localidade onde exercem suas funções, na forma do que dispuser a lei estadual;

II – desempenhar com zelo e presteza, dentro dos prazos, os serviços a seu cargo e os que, na forma da lei, lhes sejam atribuídos pelo Defensor Público-Geral;

III – representar ao Defensor Público-Geral sobre as irregularidades de que tiver ciência, em razão do cargo;

IV – prestar informações aos órgãos de administração superior da Defensoria Pública do Estado, quando solicitadas;

V – atender ao expediente forense e participar dos atos judiciais, quando for obrigatória a sua presença;

VI – declarar-se suspeito ou impedido, nos termos da lei;

VII – interpor os recursos cabíveis para qualquer instância ou Tribunal e promover revisão criminal, sempre que encontrar fundamentos na lei, jurisprudência ou prova dos autos, remetendo cópia à Corregedoria-Geral.

SEÇÃO II.
DAS PROIBIÇÕES

ART. 130. Além das proibições decorrentes do exercício de cargo público, aos membros da Defensoria Pública dos Estados é vedado:

I – exercer a advocacia fora das atribuições institucionais;

II – requerer, advogar, ou praticar em Juízo ou fora dele, atos que de qualquer forma colidam com as funções inerentes ao seu cargo, ou com os preceitos éticos de sua profissão;

III – receber, a qualquer título e sob qualquer pretexto, honorários, percentagens ou custas processuais, em razão de suas atribuições;

IV – exercer o comércio ou participar de sociedade comercial, exceto como cotista ou acionista;

V – exercer atividade político-partidária, enquanto atuar junto à Justiça Eleitoral.

SEÇÃO III.
DOS IMPEDIMENTOS

ART. 131. É defeso ao membro da Defensoria Pública do Estado exercer suas funções em processo ou procedimento:

I – em que seja parte ou, de qualquer forma, interessado;

II – em que haja atuado como representante da parte, perito, Juiz, membro do Ministério Público, Autoridade Policial, Escrivão de Polícia, Auxiliar de Justiça ou prestado depoimento como testemunha;

III – em que for interessado cônjuge ou companheiro, parente consanguíneo ou afim em linha reta ou colateral, até o terceiro grau;

IV – no qual haja postulado como advogado de qualquer das pessoas mencionadas no inciso anterior;

V – em que qualquer das pessoas mencionadas no inciso III funcione ou haja funcionado como Magistrado, membro do Ministério Público, Autoridade Policial, Escrivão de Polícia ou Auxiliar de Justiça;

VI – em que houver dado à parte contrária parecer verbal ou escrito sobre o objeto da demanda;

VII – em outras hipóteses previstas em lei.

ART. 132. Os membros da Defensoria Pública do Estado não podem participar de comissão, banca de concurso, ou de qualquer decisão, quando o julgamento ou votação disser respeito a seu cônjuge ou companheiro, ou parente consanguíneo ou afim em linha reta ou colateral, até o terceiro grau.

SEÇÃO IV. DA RESPONSABILIDADE FUNCIONAL

ART. 133. A atividade funcional dos membros da Defensoria Pública dos Estados está sujeita a:

I – correição ordinária, realizada anualmente pelo Corregedor-Geral e por seus auxiliares, para verificar a regularidade e eficiência dos serviços;

II – correição extraordinária, realizada pelo Corregedor-Geral e por seus auxiliares, para verificar a regularidade e eficiência dos serviços.

§ 1º. Cabe ao Corregedor-Geral, concluída a correição, apresentar ao Defensor Público-Geral relatório dos fatos apurados e das providências a serem adotadas.

§ 2º. Qualquer pessoa pode representar ao Corregedor-Geral sobre os abusos, erros ou omissões dos membros da Defensoria Pública dos Estados.

ART. 134. A lei estadual estabelecerá as infrações disciplinares, com as respectivas sanções, procedimentos cabíveis e prazos prescricionais.

§ 1º. A lei estadual preverá a pena de remoção compulsória nas hipóteses que estabelecer, e sempre que a falta praticada, pela sua gravidade e repercussão, tornar incompatível a permanência do faltoso no órgão de atuação de sua lotação.

§ 2º. Caberá ao Defensor Público-Geral aplicar as penalidades previstas em lei, exceto no caso de demissão e cassação de aposentadoria, em que será competente para aplicá-las o Governador do Estado.

§ 3º. Nenhuma penalidade será aplicada sem que se garanta ampla defesa, sendo obrigatório o inquérito administrativo nos casos de aplicação de remoção compulsória.

ART. 135. A lei estadual preverá a revisão disciplinar, estabelecendo as hipóteses de cabimento e as pessoas habilitadas a requerê-la.

Parágrafo único. Procedente a revisão, será tornado sem efeito o ato punitivo ou aplicada a penalidade adequada, restabelecendo-se os direitos atingidos pela punição, na sua plenitude.

TÍTULO V. DAS DISPOSIÇÕES FINAIS E TRANSITÓRIAS

ART. 136. Os Defensores Públicos Federais, bem como os do Distrito Federal, estão sujeitos ao regime jurídico desta Lei Complementar e gozam de independência no exercício de suas funções, aplicando-se-lhes, subsidiariamente, o instituído pela Lei nº 8.112, de 11 de dezembro de 1990. (Incluído pela Lei Complementar nº 132, de 2009)

ART. 137. Aos Defensores Públicos investidos na função até a data da instalação da Assembleia Nacional Constituinte é assegurado o direito de opção pela carreira, garantida a inamovibilidade e vedado o exercício da advocacia fora das atribuições constitucionais.

▸ *Esta lei: art. 141.*

Parágrafo único. (VETADO)

ART. 138. Os atuais cargos de Advogado de Ofício e de Advogado de Ofício Substituto da Justiça Militar e de Advogado de Ofício da Procuradoria Especial da Marinha, cujos ocupantes tenham sido aprovados em concurso público de provas ou de provas e títulos e optem pela carreira, são transformados em cargos de Defensor Público da União.

§ 1º. Os cargos a que se refere este artigo passam a integrar o Quadro Permanente da Defensoria Pública da União, nos seguintes termos:

I – os cargos de Advogado de Ofício Substituto da Justiça Militar passam a denominar-se Defensor Público da União de 1ª Categoria;

II – os cargos de Advogado de Ofício da Justiça Militar passam a denominar-se Defensor Público da União de Categoria Especial;

III – os cargos de Advogado de Ofício da Procuradoria Especial da Marinha passam a denominar-se Defensor Público da União de 1ª Categoria.

§ 2º. Os cargos de Defensor Público cujos ocupantes optarem pela carreira são transformados em cargos integrantes do Quadro Permanente da Defensoria Pública da União, respeitadas as diferenças existentes entre eles, de conformidade com o disposto na Lei nº 7.384, de 18 de outubro de 1985, que reestruturou em carreira a Defensoria de Ofício da Justiça Militar Federal.

§ 3º. São estendidos aos inativos os benefícios e vantagens decorrentes da transformação dos cargos previstos nesta Lei Complementar, nos termos da Constituição Federal, art. 40, § 4º.

§ 4º. O disposto neste artigo somente surtirá efeitos financeiros a partir da vigência da lei a que se refere o parágrafo único do art. 146, observada a existência de prévia dotação orçamentária.

ART. 139. É assegurado aos ocupantes de cargos efetivos de assistente jurídico, lotados no Centro de Assistência Judiciária da Procuradoria-Geral do Distrito Federal, o ingresso, mediante opção, na carreira de Defensoria Pública do Distrito Federal e dos Territórios.

Parágrafo único. Serão estendidos aos inativos em situação idêntica os benefícios e vantagens previstos nesta Lei Complementar.

ART. 140. Os concursos públicos para preenchimento dos cargos transformados em cargos do Quadro Permanente da Defensoria Pública da União, cujo prazo de validade não se tenha expirado, habilitam os aprovados, obedecida a ordem de classificação, a preenchimento das vagas existentes no Quadro Permanente da Defensoria Pública da União.

ART. 141. As leis estaduais estenderão os benefícios e vantagens decorrentes da aplicação do art. 137 desta Lei Complementar aos inativos aposentados como titulares dos cargos transformados em cargos do Quadro de Carreira de Defensor Público.

ART. 142. Os Estados adaptarão a organização de suas Defensorias Públicas aos preceitos desta Lei Complementar, no prazo de cento e oitenta dias.

ART. 143. À Comissão de Concurso incumbe realizar a seleção dos candidatos ao ingresso na Carreira da Defensoria Pública da União, do Distrito Federal e dos Territórios.

ART. 144. Cabe à lei dispor sobre os órgãos e serviços auxiliares de apoio administrativo, que serão organizados em quadro próprio, composto de cargos que atendam às peculiaridades e às necessidades da administração e das atividades funcionais da instituição.

ART. 145. As Defensorias Públicas da União, do Distrito Federal e dos Territórios e dos Estados adotarão providências no sentido de selecionar, como estagiários, os acadêmicos de Direito que, comprovadamente, estejam matriculados nos quatro últimos semestres de cursos mantidos por estabelecimentos de ensino oficialmente reconhecidos.

§ 1º. Os estagiários serão designados pelo Defensor Público-Geral, pelo período de um ano, podendo este prazo ser prorrogado por igual período.

§ 2º. Os estagiários poderão ser dispensados do estágio, antes de decorrido o prazo de sua duração, nas seguintes hipóteses:

a) a pedido;

b) por prática de ato que justifique seu desligamento.

§ 3º. O tempo de estágio será considerado serviço público relevante e como prática forense.

ART. 146. Os preceitos desta Lei Complementar aplicam-se imediatamente aos membros da Defensoria de Ofício da Justiça Militar, que continuarão subordinados, administrativamente, ao Superior Tribunal Militar, até a nomeação e posse do Defensor Público-Geral da União.

Parágrafo único. Após a aprovação das dotações orçamentárias necessárias para fazer face às despesas decorrentes desta Lei Complementar, o Poder Executivo enviará projeto de lei dimensionando o Quadro Permanente dos agentes das Defensorias Públicas da União, do Distrito Federal e dos Territórios, e de seu pessoal de apoio.

▸ *Esta lei: art. 138, § 4º.*

ART. 147. Ficam criados os cargos, de natureza especial, de Defensor Público-Geral e de Subdefensor Público-Geral da União e de Defensor Público-Geral e de Subdefensor Público-Geral do Distrito Federal e dos Territórios.

ART. 148. Esta Lei Complementar entra em vigor na data de sua publicação.

ART. 149. Revogam-se as disposições em contrário.

Brasília, 12 de janeiro de 1994;
173º da Independência e 106º da República.
ITAMAR FRANCO
Publicado no DOU de 13.01.1994

LEI COMPLEMENTAR Nº 105, DE 10 DE JANEIRO DE 2001

Dispõe sobre o sigilo das operações de instituições financeiras e dá outras providências.

ART. 1º. As instituições financeiras conservarão sigilo em suas operações ativas e passivas e serviços prestados.

▸ *CF: art. 5º, X e XII.*

§ 1º. São consideradas instituições financeiras, para os efeitos desta Lei Complementar:

I – os bancos de qualquer espécie;

II – distribuidoras de valores mobiliários;

III – corretoras de câmbio e de valores mobiliários;

IV – sociedades de crédito, financiamento e investimentos;

V – sociedades de crédito imobiliário;

VI – administradoras de cartões de crédito;

VII – sociedades de arrendamento mercantil;

VIII – administradoras de mercado de balcão organizado;

IX – cooperativas de crédito;

X – associações de poupança e empréstimo;

XI – bolsas de valores e de mercadorias e futuros;

XII – entidades de liquidação e compensação;

XIII – outras sociedades que, em razão da natureza de suas operações, assim venham a ser consideradas pelo Conselho Monetário Nacional.

§ 2º. As empresas de fomento comercial ou factoring, para os efeitos desta Lei Complementar, obedecerão às normas aplicáveis às instituições financeiras previstas no § 1º.

§ 3º. Não constitui violação do dever de sigilo:

I – a troca de informações entre instituições financeiras, para fins cadastrais, inclusive por intermédio de centrais de risco, observadas as normas baixadas pelo Conselho Monetário Nacional e pelo Banco Central do Brasil;

II – o fornecimento de informações constantes de cadastro de emitentes de cheques sem provisão de fundos e de devedores inadimplentes, a entidades de proteção ao crédito, observadas as normas baixadas pelo Conselho Monetário Nacional e pelo Banco Central do Brasil;

III – o fornecimento das informações de que trata o § 2º do art. 11 da Lei nº 9.311, de 24 de outubro de 1996;

IV – a comunicação, às autoridades competentes, da prática de ilícitos penais ou administrativos, abrangendo o fornecimento de informações sobre operações que envolvam recursos provenientes de qualquer prática criminosa;

V – a revelação de informações sigilosas com o consentimento expresso dos interessados;

VI – a prestação de informações nos termos e condições estabelecidos nos artigos 2º, 3º, 4º, 5º, 6º, 7º e 9º desta Lei Complementar.

VII - o fornecimento de dados financeiros e de pagamentos, relativos a operações de crédito e obrigações de pagamento adimplidas ou em andamento de pessoas naturais ou jurídicas, a gestores de bancos de dados, para formação de histórico de crédito, nos termos de lei específica. (Incluído pela Lei Complementar nº 166, de 2019)

§ 4º. A quebra de sigilo poderá ser decretada, quando necessária para apuração de ocorrência de qualquer ilícito, em qualquer fase do inquérito ou do processo judicial, e especialmente nos seguintes crimes:

I – de terrorismo;

II – de tráfico ilícito de substâncias entorpecentes ou drogas afins;

III – de contrabando ou tráfico de armas, munições ou material destinado a sua produção;

IV – de extorsão mediante sequestro;

V – contra o sistema financeiro nacional;

VI – contra a Administração Pública;

VII – contra a ordem tributária e a previdência social;

VIII – lavagem de dinheiro ou ocultação de bens, direitos e valores;

IX – praticado por organização criminosa.

ART. 2º. O dever de sigilo é extensivo ao Banco Central do Brasil, em relação às operações que realizar e às informações que obtiver no exercício de suas atribuições.

§ 1º. O sigilo, inclusive quanto a contas de depósitos, aplicações e investimentos mantidos em instituições financeiras, não pode ser oposto ao Banco Central do Brasil:

I – no desempenho de suas funções de fiscalização, compreendendo a apuração, a qualquer tempo, de ilícitos praticados por controladores, administradores, membros de conselhos estatutários, gerentes, mandatários e prepostos de instituições financeiras;

II – ao proceder a inquérito em instituição financeira submetida a regime especial.

§ 2º. As comissões encarregadas dos inquéritos a que se refere o inciso II do § 1º poderão examinar quaisquer documentos relativos a bens, direitos e obrigações das instituições financeiras, de seus controladores, administradores, membros de conselhos estatutários, gerentes, mandatários e prepostos, inclusive contas correntes e operações com outras instituições financeiras.

§ 3º. O disposto neste artigo aplica-se à Comissão de Valores Mobiliários, quando se tratar de fiscalização de operações e serviços no mercado de valores mobiliários, inclusive nas instituições financeiras que sejam companhias abertas.

§ 4º. O Banco Central do Brasil e a Comissão de Valores Mobiliários, em suas áreas de competência, poderão firmar convênios:

I – com outros órgãos públicos fiscalizadores de instituições financeiras, objetivando a realização de fiscalizações conjuntas, observadas as respectivas competências;

II – com bancos centrais ou entidades fiscalizadoras de outros países, objetivando:

a) a fiscalização de filiais e subsidiárias de instituições financeiras estrangeiras, em funcionamento no Brasil e de filiais e subsidiárias, no exterior, de instituições financeiras brasileiras;

b) a cooperação mútua e o intercâmbio de informações para a investigação de atividades ou operações que impliquem aplicação, negociação, ocultação ou transferência de ativos financeiros e de valores mobiliários relacionados com a prática de condutas ilícitas.

§ 5º. O dever de sigilo de que trata esta Lei Complementar estende-se aos órgãos fiscalizadores mencionados no § 4º e a seus agentes.

§ 6º. O Banco Central do Brasil, a Comissão de Valores Mobiliários e os demais órgãos de fiscalização, nas áreas de suas atribuições, fornecerão ao Conselho de Controle de Atividades Financeiras – COAF, de que trata o art. 14 da Lei nº 9.613, de 3 de março de 1998, as informações cadastrais e de movimento de valores relativos às operações previstas no inciso I do art. 11 da referida Lei.

ART. 3º. Serão prestadas pelo Banco Central do Brasil, pela Comissão de Valores Mobiliários e pelas instituições financeiras as informações ordenadas pelo Poder Judiciário, preservado o seu caráter sigiloso mediante acesso restrito às partes, que delas não poderão servir-se para fins estranhos à lide.

§ 1º. Dependem de prévia autorização do Poder Judiciário a prestação de informações e o fornecimento de documentos sigilosos solicitados por comissão de inquérito administrativo destinada a apurar responsabilidade de servidor público por infração praticada no exercício de suas atribuições, ou que tenha relação com as atribuições do cargo em que se encontre investido.

§ 2º. Nas hipóteses do § 1º, o requerimento de quebra de sigilo independe da existência de processo judicial em curso.

§ 3º. Além dos casos previstos neste artigo o Banco Central do Brasil e a Comissão de Valores Mobiliários fornecerão à Advocacia-Geral da União as informações e os documentos necessários à defesa da União nas ações em que seja parte.

ART. 4º. O Banco Central do Brasil e a Comissão de Valores Mobiliários, nas áreas de suas atribuições, e as instituições financeiras fornecerão ao Poder Legislativo Federal as informações e os documentos sigilosos que, fundamentadamente, se fizerem necessários ao exercício de suas respectivas competências constitucionais e legais.

§ 1º. As comissões parlamentares de inquérito, no exercício de sua competência constitucional e legal de ampla investigação, obterão as informações e documentos sigilosos de que necessitarem, diretamente das instituições financeiras, ou por intermédio do Banco Central do Brasil ou da Comissão de Valores Mobiliários.

§ 2º. As solicitações de que trata este artigo deverão ser previamente aprovadas pelo Plenário da Câmara dos Deputados, do Senado Federal, ou do plenário de suas respectivas comissões parlamentares de inquérito.

ART. 5º. O Poder Executivo disciplinará, inclusive quanto à periodicidade e aos limites de valor, os critérios segundo os quais as instituições financeiras informarão à administração tributária da União, as operações financeiras efetuadas pelos usuários de seus serviços.

§ 1º. Consideram-se operações financeiras, para os efeitos deste artigo:

I – depósitos à vista e a prazo, inclusive em conta de poupança;

II – pagamentos efetuados em moeda corrente ou em cheques;

III – emissão de ordens de crédito ou documentos assemelhados;

IV – resgates em contas de depósitos à vista ou a prazo, inclusive de poupança;

V – contratos de mútuo;

VI – descontos de duplicatas, notas promissórias e outros títulos de crédito;

VII – aquisições e vendas de títulos de renda fixa ou variável;

VIII – aplicações em fundos de investimentos;

IX – aquisições de moeda estrangeira;

X – conversões de moeda estrangeira em moeda nacional;

XI – transferências de moeda e outros valores para o exterior;

XII – operações com ouro, ativo financeiro;

XIII – operações com cartão de crédito;

XIV – operações de arrendamento mercantil; e

XV – quaisquer outras operações de natureza semelhante que venham a ser autorizadas pelo Banco Central do Brasil, Comissão de Valores Mobiliários ou outro órgão competente.

§ 2º. As informações transferidas na forma do caput deste artigo restringir-se-ão a informes relacionados com a identificação dos titulares das operações e os montantes globais mensalmente movimentados, vedada a inserção de qualquer elemento que permita identificar a sua origem ou a natureza dos gastos a partir deles efetuados.

§ 3º. Não se incluem entre as informações de que trata este artigo as operações financeiras efetuadas pelas administrações direta e indireta da União, dos Estados, do Distrito Federal e dos Municípios.

§ 4º. Recebidas as informações de que trata este artigo, se detectados indícios de falhas, incorreções ou omissões, ou de cometimento de ilícito fiscal, a autoridade interessada poderá requisitar as informações e os documentos de que necessitar, bem como realizar fiscalização ou auditoria para a adequada apuração dos fatos.

§ 5º. As informações a que refere este artigo serão conservadas sob sigilo fiscal, na forma da legislação em vigor.

ART. 6º. As autoridades e os agentes fiscais tributários da União, dos Estados, do Distrito Federal e dos Municípios somente poderão examinar documentos, livros e registros de instituições financeiras, inclusive os referentes a contas de depósitos e aplicações financeiras, quando houver processo administrativo instaurado ou procedimento fiscal em curso e tais exames sejam considerados indispensáveis pela autoridade administrativa competente.

Parágrafo único. O resultado dos exames, as informações e os documentos a que se refere este artigo serão conservados em sigilo, observada a legislação tributária.

ART. 7º. Sem prejuízo do disposto no § 3º do art. 2º, a Comissão de Valores Mobiliários, instaurado inquérito administrativo, poderá solicitar à autoridade judiciária competente o levantamento do sigilo junto às instituições financeiras de informações e documentos relativos a bens, direitos e obrigações de pessoa física ou jurídica submetida ao seu poder disciplinar.

Parágrafo único. O Banco Central do Brasil e a Comissão de Valores Mobiliários, manterão permanente intercâmbio de informações acerca dos resultados das inspeções que realizarem, dos inquéritos que instaurarem e das penalidades que aplicarem, sempre que as informações forem necessárias ao desempenho de suas atividades.

ART. 8º. O cumprimento das exigências e formalidades previstas nos artigos 4º, 6º e 7º, será expressamente declarado pelas autoridades competentes nas solicitações dirigidas ao Banco Central do Brasil, à Comissão de Valores Mobiliários ou às instituições financeiras.

ART. 9º. Quando, no exercício de suas atribuições, o Banco Central do Brasil e a Comissão de Valores Mobiliários verificarem a ocorrência de crime definido em lei como de ação pública, ou indícios da prática de tais crimes, informarão ao Ministério Público, juntando à comunicação os documentos necessários à apuração ou comprovação dos fatos.

§ 1º. A comunicação de que trata este artigo será efetuada pelos Presidentes do Banco Central do Brasil e da Comissão de Valores Mobiliários, admitida delegação de competência, no prazo máximo de quinze dias, a contar do recebimento do processo, com manifestação dos respectivos serviços jurídicos.

§ 2º. Independentemente do disposto no caput deste artigo, o Banco Central do Brasil e a Comissão de Valores Mobiliários comunicarão aos órgãos públicos competentes as irregularidades e os ilícitos administrativos de que tenham conhecimento, ou indícios de sua prática, anexando os documentos pertinentes.

ART. 10. A quebra de sigilo, fora das hipóteses autorizadas nesta Lei Complementar, constitui crime e sujeita os responsáveis à pena de reclusão, de um a quatro anos, e multa, aplicando-se, no que couber, o Código Penal, sem prejuízo de outras sanções cabíveis.

Parágrafo único. Incorre nas mesmas penas quem omitir, retardar injustificadamente ou prestar falsamente as informações requeridas nos termos desta Lei Complementar.

ART. 11. O servidor público que utilizar ou viabilizar a utilização de qualquer informação obtida em decorrência da quebra de sigilo de que trata esta Lei Complementar responde pessoal e diretamente pelos danos decorrentes, sem prejuízo da responsabilidade objetiva da entidade pública, quando comprovado que o servidor agiu de acordo com orientação oficial.

ART. 12. Esta Lei Complementar entra em vigor na data de sua publicação.

ART. 13. Revoga-se o art. 38 da Lei nº 4.595, de 31 de dezembro de 1964.

Brasília, 10 de janeiro de 2001;
180º da Independência e 113º da República.

FERNANDO HENRIQUE CARDOSO

Publicado no DOU de 11.01.2001

LEI COMPLEMENTAR Nº 121, DE 9 DE FEVEREIRO DE 2006

Cria o Sistema Nacional de Prevenção, Fiscalização e Repressão ao Furto e Roubo de Veículos e Cargas e dá outras providências.

O VICE-PRESIDENTE DA REPÚBLICA, no exercício do cargo de PRESIDENTE DA REPÚBLICA Faço saber que o Congresso Nacional decreta e eu sanciono a seguinte Lei:

ART. 1º. Esta Lei Complementar cria o Sistema Nacional de Prevenção, Fiscalização e Repressão ao Furto e Roubo de Veículos e Cargas.

ART. 2º. Fica instituído, no âmbito do Poder Executivo, o Sistema Nacional de Prevenção, Fiscalização e Repressão ao Furto e Roubo de Veículos e Cargas, com os seguintes objetivos:

I – planejar e implantar a política nacional de combate ao furto e roubo de veículos e cargas;

II – gerar e implementar mecanismos de cooperação entre a União, os Estados e o Distrito Federal, para o desenvolvimento de ações conjuntas de combate ao furto e roubo de veículos e cargas, com a participação dos respectivos órgãos de segurança e fazendários;

III – promover a capacitação e a articulação dos órgãos federais, estaduais e do Distrito Federal com atribuições pertinentes ao objeto desta Lei Complementar;

IV – incentivar a formação e o aperfeiçoamento do pessoal civil e militar empregado na área de trânsito e segurança pública, no âmbito federal, estadual e do Distrito Federal;

V – propor alterações na legislação nacional de trânsito e penal com vistas na redução dos índices de furto e roubo de veículos e cargas;

VI – empreender a modernização e a adequação tecnológica dos equipamentos e procedimentos empregados nas atividades de prevenção, fiscalização e repressão ao furto e roubo de veículos e cargas;

VII – desenvolver campanhas de esclarecimento e orientação aos transportadores e proprietários de veículos e cargas;

VIII – organizar, operar e manter sistema de informações para o conjunto dos órgãos integrantes do Sistema, nos seus diferentes níveis de atuação;

IX – promover e implantar o uso, pelos fabricantes, de códigos que identifiquem na nota fiscal o lote e a unidade do produto que está sendo transportado.

§ 1º. O Sistema compreende o conjunto dos órgãos, programas, atividades, normas, instrumentos, procedimentos, instalações, equipamentos e recursos materiais, financeiros e humanos destinados à execução da política nacional de prevenção, fiscalização e repressão ao roubo e furto de veículos e cargas.

§ 2º. (VETADO)

§ 3º. Todos os órgãos integrantes do Sistema ficam obrigados a fornecer informações relativas a roubo e furto de veículos e cargas, com vistas em constituir banco de dados do sistema de informações previsto no inciso VIII do *caput* deste artigo.

ART. 3º. A União, os Estados e o Distrito Federal, mediante celebração de convênios, poderão estabelecer, conjuntamente, planos, programas e estratégias de ação voltados para o combate ao furto e roubo de veículos e cargas em todo o território nacional.

ART. 4º. (VETADO)

ART. 5º. (VETADO)

ART. 6º. (VETADO)

ART. 7º. O Conselho Nacional de Trânsito – CONTRAN estabelecerá:

I – os dispositivos antifurto obrigatórios nos veículos novos, saídos de fábrica, produzidos no País ou no exterior;

II – os sinais obrigatórios de identificação dos veículos, suas características técnicas e o local exato em que devem ser colocados nos veículos;

III – os requisitos técnicos e atributos de segurança obrigatórios nos documentos de propriedade e transferência de propriedade de veículo.

§ 1º. As alterações necessárias nos veículos ou em sua documentação em virtude do disposto pela Resolução do CONTRAN, mencionada no *caput* deste artigo, deverão ser providenciadas no prazo de 24 (vinte e quatro) meses a contar da publicação dessa Resolução.

§ 2º. Findo o prazo determinado no § 1º deste artigo, nenhum veículo poderá ser mantido ou entrar em circulação se não forem atendidas as condições fixadas pelo CONTRAN, conforme estabelecido neste artigo.

ART. 8º. Todo condutor de veículo comercial de carga deverá portar, quando este não for de sua propriedade, autorização para conduzi-lo fornecida pelo seu proprietário ou arrendatário.

§ 1º. A autorização para conduzir o veículo, de que trata este artigo, é de porte obrigatório e será exigida pela fiscalização de trânsito, podendo relacionar um ou mais condutores para vários veículos, de acordo com as necessidades do serviço e de operação da frota.

§ 2º. A infração pelo descumprimento do que dispõe este artigo será punida com as penalidades previstas no art. 232 da Lei nº 9.503, de 23 de setembro de 1997, que institui o Código de Trânsito Brasileiro.

ART. 9º. Para veículos dotados de dispositivo opcional de prevenção contra furto e roubo, as companhias seguradoras reduzirão o valor do prêmio do seguro contratado.

Parágrafo único. O CONTRAN regulamentará a utilização dos dispositivos mencionados no *caput* deste artigo de forma a resguardar as normas de segurança do veículo e das pessoas envolvidas no transporte de terceiros.

ART. 10. Ficam as autoridades fazendárias obrigadas a fornecer à autoridade policial competente cópia dos autos de infração referentes a veículos e mercadorias desacompanhados de documento regular de aquisição, encontrados durante qualquer ação fiscal.

ART. 11. (VETADO)

ART. 12. Esta Lei Complementar entra em vigor na data de sua publicação.

Brasília, 9 de fevereiro de 2006;
185º da Independência e 118º da República.
JOSÉ ALENCAR GOMES DA SILVA

Este texto não substitui o publicado no DOU de 10.2.2006

LEIS ORDINÁRIAS

LEI Nº 1.060, DE 5 DE FEVEREIRO DE 1950 – LEI DA ASSISTÊNCIA JUDICIÁRIA

Estabelece normas para a concessão de assistência judiciária aos necessitados.

O PRESIDENTE DA REPÚBLICA:

Faço saber que o Congresso Nacional decreta e eu sanciono a seguinte Lei:

▸ *CF: art. 5º, LXXIV.*

▸ *Lei nº 10.741, de 01-10-2003, art. 51. Estatuto do Idoso.*

ART. 1º. Os poderes públicos federal e estadual, independente da colaboração que possam receber dos municípios e da Ordem dos Advogados do Brasil, – OAB, concederão assistência judiciária aos necessitados nos termos da presente Lei. (Redação dada pela Lei nº 7.510, de 1986)

▸ *CF: art. 5º, LXXIV e 134.*

▸ *Lei nº 8.906, de 04-07-1994, art. 22, § 1º e § 3º, XII, Estatuto da Advocacia e Ordem dos Advogados do Brasil (OAB).*

ARTS. 2º a 4º. (Revogados pela Lei nº 13.105, de 2015)

ART. 5º. O juiz, se não tiver fundadas razões para indeferir o pedido, deverá julgá-lo de plano, motivando ou não o deferimento dentro do prazo de setenta e duas horas.

§ 1º. Deferido o pedido, o juiz determinará que o serviço de assistência judiciária, organizado e mantido pelo Estado, onde houver, indique, no prazo de dois dias úteis o advogado que patrocinará a causa do necessitado.

§ 2º. Se no Estado não houver serviço de assistência judiciária, por ele mantido, caberá a indicação à Ordem dos Advogados, por suas Seções Estaduais, ou Subseções Municipais.

§ 3º. Nos municípios em que não existirem subseções da Ordem dos Advogados do Brasil. o próprio juiz fará a nomeação do advogado que patrocinará a causa do necessitado.

§ 4º. Será preferido para a defesa da causa o advogado que o interessado indicar e que declare aceitar o encargo.

§ 5º. Nos Estados onde a Assistência Judiciária seja organizada e por eles mantida, o Defensor Público, ou quem exerça cargo equivalente, será intimado pessoalmente de todos os atos do processo, em ambas as Instâncias, contando-se-lhes em dobro todos os prazos. (Incluído pela Lei nº 7.871, de 1989)

▸ *Lei Complementar nº 80, de 12-1-1994: art. 128, I, dispõe sobre organização da Defensoria Pública da União, do Distrito Federal e dos Territórios e prescreve normas gerais para sua organização nos Estados.*

ARTS. 6º e 7º. (Revogados pela Lei nº 13.105, de 2015)

ART. 8º. Ocorrendo as circunstâncias mencionadas no artigo anterior, poderá o juiz, *ex officio*, decretar a revogação dos benefícios, ouvida a parte interessada dentro de quarenta e oito horas improrrogáveis.

ART. 9º. Os benefícios da assistência judiciária compreendem todos os atos do processo até decisão final do litígio, em todas as instâncias.

ART. 10. São individuais e concedidos em cada caso ocorrente os benefícios de assistência judiciária, que se não transmitem ao cessionário de direito e se extinguem pela morte do beneficiário, podendo, entretanto, ser concedidos aos herdeiros que continuarem a demanda e que necessitarem de tais favores, na forma estabelecida nesta Lei.

ARTS. 11 e 12. (Revogados pela Lei nº 13.105, de 2015)

ART. 13. Se o assistido puder atender, em parte, as despesas do processo, o Juiz mandará pagar as custas que serão rateadas entre os que tiverem direito ao seu recebimento.

ART. 14. Os profissionais liberais designados para o desempenho do encargo de defensor ou de perito, conforme o caso, salvo justo motivo previsto em lei ou, na sua omissão, a critério da autoridade judiciária competente, são obrigados ao respectivo cumprimento, sob pena de multa de Cr$ 1.000,00 (mil cruzeiros) a Cr$ 10.000,00 (dez mil cruzeiros), sujeita ao reajustamento estabelecido na Lei nº 6.205, de 29 de abril de 1975, sem prejuízo de sanção disciplinar cabível. (Redação dada pela Lei nº 6.465, de 1977)

§ 1º. Na falta de indicação pela assistência ou pela própria parte, o juiz solicitará a do órgão de classe respectivo. (Incluído pela Lei nº 6.465, de 1977)

§ 2º. A multa prevista neste artigo reverterá em benefício do profissional que assumir o encargo na causa. (Renumerado do Parágrafo Único, com nova redação, pela Lei nº 6.465, de 1977)

ART. 15. São motivos para a recusa do mandato pelo advogado designado ou nomeado:

§ 1º. Estar impedido de exercer a advocacia.

§ 2º. Ser procurador constituído pela parte contrária ou ter com ela relações profissionais de interesse atual;

§ 3º. Ter necessidade de se ausentar da sede do juízo para atender a outro mandato anteriormente outorgado ou para defender interesses próprios inadiáveis;

§ 4º. Já haver manifestado por escrito sua opinião contrária ao direito que o necessitado pretende pleitear;

§ 5º. Haver dada à parte contrária parecer escrito sobre a contenda.

Parágrafo único. A recusa será solicitada ao juiz, que, de plano a concederá, temporária u definitivamente, ou a denegará.

ART. 16. Se o advogado, ao comparecer em juízo, não exibir o instrumento do mandato outorgado pelo assistido, o juiz determinará que se exarem na ata da audiência os termos da referida outorga.

Parágrafo único. O instrumento de mandato não será exigido, quando a parte for representada em juízo por advogado integrante de entidade de direito público incumbido na forma da lei, de prestação de assistência judiciária gratuita, ressalvados: (Incluído pela Lei nº 6.248, de 1975)

a) os atos previstos no art. 38 do Código de Processo Civil; (Incluída pela Lei nº 6.248, de 1975)

b) o requerimento de abertura de inquérito por crime de ação privada, a proposição de ação penal privada ou o oferecimento de representação por crime de ação pública condicionada. (Incluída pela Lei nº 6.248, de 1975)

ART. 17. (Revogado pela Lei nº 13.105, de 2015)

ART. 18. Os acadêmicos de direito, a partir da 4ª série, poderão ser indicados pela assistência judiciária, ou nomeados pelo juiz para auxiliar o patrocínio das causas dos necessitados, ficando sujeitos às mesmas obrigações impostas por esta Lei aos advogados.

▸ *Lei nº 8.906, de 04-07-1994, art. 3º, § 2º, Estatuto da Advocacia e Ordem dos Advogados do Brasil (OAB).*

ART. 19. Esta Lei entrará em vigor trinta dias depois da sua publicação no Diário oficial da União, revogadas as disposições em contrário.

Rio de Janeiro, 5 de fevereiro de 1950;
129º da Independência e 62º da República.
EURICO G. DUTRA

Este texto não substitui o publicado no DOU de 13.2.1950

LEI Nº 1.079, DE 10 DE ABRIL DE 1950 – CRIMES DE RESPONSABILIDADE

Define os crimes de responsabilidade e regula o respectivo processo de julgamento.

O PRESIDENTE DA REPÚBLICA Faço saber que o Congresso Nacional decreta eu sanciono a seguinte Lei:

PARTE PRIMEIRA. DO PRESIDENTE DA REPÚBLICA E MINISTROS DE ESTADO

ART. 1º. São crimes de responsabilidade os que esta lei especifica.

▸ *CF: arts. 50, § 2º e 85, pár. ún.*

▸ *Lei 9.394, de 1996: art. 5º, § 4º.*

ART. 2º. Os crimes definidos nesta lei, ainda quando simplesmente tentados, são passíveis da pena de perda do cargo, com inabilitação, até cinco anos, para o exercício de qualquer função pública, imposta pelo Senado Federal nos processos contra o Presidente da República ou Ministros de Estado, contra os Ministros do Supremo Tribunal Federal ou contra o Procurador Geral da República.

▸ *CF: art. 52, par. ún.*

▸ *CP: art. 14, II.*

ART. 3º. A imposição da pena referida no artigo anterior não exclui o processo e julgamento do acusado por crime comum, na justiça ordinária, nos termos das leis de processo penal.

▸ *CF: art. 52, par. ún.*

ART. 4º. São crimes de responsabilidade os atos do Presidente da República que atentarem contra a Constituição Federal, e, especialmente, contra:

▸ *CF: art. 85.*

I – A existência da União:

▸ *CF: art. 85, I.*

▸ *Esta lei: art. 5º.*

II – O livre exercício do Poder Legislativo, do Poder Judiciário e dos poderes constitucionais dos Estados;

▸ *CF: art. 85, II.*

▸ *Esta lei: art. 6º.*

III – O exercício dos direitos políticos, individuais e sociais:

▸ *CF: art. 85, III.*

IV – A segurança interna do país:

▸ *CF: art. 85, IV.*

▸ *Esta lei: art. 8º.*

V – A probidade na administração;

▸ *CF: arts. 37, § 4º e 85, V.*

▸ *Esta lei: art. 9º.*

VI – A lei orçamentária;

▸ *CF: art. 85, VI.*

▸ *Esta lei: art. 10.*

VII – A guarda e o legal emprego dos dinheiros públicos;

▸ *Esta lei: art. 11.*

VIII – O cumprimento das decisões judiciárias (Constituição, artigo 89).

▸ *CF: art. 85, VII, par. ún.*

▸ *Esta lei: art. 12.*

TÍTULO I.

CAPÍTULO I. DOS CRIMES CONTRA A EXISTÊNCIA DA UNIÃO

ART. 5º. São crimes de responsabilidade contra a existência política da União:

1 – entreter, direta ou indiretamente, inteligência com governo estrangeiro, provocando-o a fazer guerra ou cometer hostilidade contra a República, prometer-lhe assistência ou favor, ou dar-lhe qualquer auxílio nos preparativos ou planos de guerra contra a República;

▸ *Lei nº 7.170, de 14-12-1983: art. 8º, define os crimes contra a segurança nacional, a ordem política e social, estabelece seu processo e julgamento.*

2 – tentar, diretamente e por fatos, submeter a União ou algum dos Estados ou Territórios a domínio estrangeiro, ou dela separar qualquer Estado ou porção do território nacional;

▸ *CF: art. 60, § 4º, I: art. 1º, caput.*

▸ *Lei nº 7.170, de 14-12-1983: arts. 9º a 11, define os crimes contra a segurança nacional, a ordem política e social, estabelece seu processo e julgamento.*

3 – cometer ato de hostilidade contra nação estrangeira, expondo a República ao perigo da guerra, ou comprometendo-lhe a neutralidade;

▸ *CF: art. 4º, III a VIII.*

▸ *Lei nº 7.170, de 14-12-1983: art. 10, define os crimes contra a segurança nacional, a ordem política e social, estabelece seu processo e julgamento.*

4 – revelar negócios políticos ou militares, que devam ser mantidos secretos a bem da defesa da segurança externa ou dos interesses da Nação;

▸ *Lei nº 7.170, de 14-12-1983: arts. 13 e 21, define os crimes contra a segurança nacional, a ordem política e social, estabelece seu processo e julgamento.*

5 – auxiliar, por qualquer modo, nação inimiga a fazer a guerra ou a cometer hostilidade contra a República;

▸ *Lei nº 7.170, de 14-12-1983: arts. 8º e 10, define os crimes contra a segurança nacional, a ordem política e social, estabelece seu processo e julgamento.*

6 – celebrar tratados, convenções ou ajustes que comprometam a dignidade da Nação;

7 – violar a imunidade dos embaixadores ou ministros estrangeiros acreditados no país;

▸ *CF: arts. 49, II e 84, XIX.*

8 – declarar a guerra, salvo os casos de invasão ou agressão estrangeira, ou fazer a paz, sem autorização do Congresso Nacional.

9 – não empregar contra o inimigo os meios de defesa de que poderia dispor;

10 – permitir o Presidente da República, durante as sessões legislativas e sem autorização do Congresso Nacional, que forças estrangeiras transitem pelo território do país, ou, por motivo de guerra, nele permaneçam temporariamente;

▸ *CF: art. 84, XIX.*

11 – violar tratados legitimamente feitos com nações estrangeiras.

CAPÍTULO II. DOS CRIMES CONTRA O LIVRE EXERCÍCIO DOS PODERES CONSTITUCIONAIS

ART. 6º. São crimes de responsabilidade contra o livre exercício dos poderes legislativo e judiciário e dos poderes constitucionais dos Estados:

1 – tentar dissolver o Congresso Nacional, impedir a reunião ou tentar impedir por qualquer modo o funcionamento de qualquer de suas Câmaras;

2 – usar de violência ou ameaça contra algum representante da Nação para afastá-lo da Câmara a que pertença ou para coagi-lo no modo de exercer o seu mandato bem como conseguir ou tentar conseguir o mesmo objetivo mediante suborno ou outras formas de corrupção;

▸ *CP: arts. 146 e 333.*

3 – violar as imunidades asseguradas aos membros do Congresso Nacional, das Assembleias Legislativas dos Estados, da Câmara dos Vereadores do Distrito Federal e das Câmaras Municipais;

▸ *CF: art. 53.*

4 – permitir que força estrangeira transite pelo território do país ou nele permaneça quando a isso se oponha o Congresso Nacional;

▸ *CF: art. 84, XXII.*

5 – opor-se diretamente e por fatos ao livre exercício do Poder Judiciário, ou obstar, por meios violentos, ao efeito dos seus atos, mandados ou sentenças;

6 – usar de violência ou ameaça, para constranger juiz, ou jurado, a proferir ou deixar de proferir despacho, sentença ou voto, ou a fazer ou deixar de fazer ato do seu ofício;

▸ *CP: art. 146.*

7 – praticar contra os poderes estaduais ou municipais ato definido como crime neste artigo;

8 – intervir em negócios peculiares aos Estados ou aos Municípios com desobediência às normas constitucionais.

CAPÍTULO III. DOS CRIMES CONTRA O EXERCÍCIO DOS DIREITOS POLÍTICOS, INDIVIDUAIS E SOCIAIS

ART. 7º. São crimes de responsabilidade contra o livre exercício dos direitos políticos, individuais e sociais:

1 – impedir por violência, ameaça ou corrupção, o livre exercício do voto;

▸ *CE: art. 301.*

2 – obstar ao livre exercício das funções dos mesários eleitorais;

▸ *CE: art. 305.*

3 – violar o escrutínio de seção eleitoral ou inquinar de nulidade o seu resultado pela subtração, desvio ou inutilização do respectivo material;

4 – utilizar o poder federal para impedir a livre execução da lei eleitoral;

5 – servir-se das autoridades sob sua subordinação imediata para praticar abuso do poder, ou tolerar que essas autoridades o pratiquem sem repressão sua;

6 – subverter ou tentar subverter por meios violentos a ordem politica e social;

▸ *Lei nº 7.170, de 14-12-1983: art. 17, define os crimes contra a segurança nacional, a ordem política e social, estabelece seu processo e julgamento.*

7 – incitar militares à desobediência à lei ou infração à disciplina;

▸ *Lei nº 7.170, de 14-12-1983: art. 23, I, define os crimes contra a segurança nacional, a ordem política e social, estabelece seu processo e julgamento.*

8 – provocar animosidade entre as classes armadas ou contra elas, ou delas contra as instituições civis;

- *Lei nº 7.170, de 14-12-1983: art. 23, II, define os crimes contra a segurança nacional, a ordem política e social, estabelece seu processo e julgamento.*

9 – violar patentemente qualquer direito ou garantia individual constante do art. 141 e bem assim os direitos sociais assegurados no artigo 157 da Constituição;

10 – tomar ou autorizar durante o estado de sítio, medidas de repressão que excedam os limites estabelecidos na Constituição.

- *CF: arts. 136 a 141.*

CAPÍTULO IV. DOS CRIMES CONTRA A SEGURANÇA INTERNA DO PAÍS

ART. 8º. São crimes contra a segurança interna do país:

1 – tentar mudar por violência a forma de governo da República;

- *CF: art. 60, § 4º, I.*
- *Lei nº 7.170, de 14-12-1983: art. 17, define os crimes contra a segurança nacional, a ordem política e social, estabelece seu processo e julgamento.*

2 – tentar mudar por violência a Constituição Federal ou de algum dos Estados, ou lei da União, de Estado ou Município;

- *Lei nº 7.170, de 14-12-1983: art. 18, define os crimes contra a segurança nacional, a ordem política e social, estabelece seu processo e julgamento.*

3 – decretar o estado de sítio, estando reunido o Congresso Nacional, ou no recesso deste, não havendo comoção interna grave nem fatos que evidenciem estar a mesma a irromper ou não ocorrendo guerra externa;

- *CF: arts. 136 a 139.*

4 – praticar ou concorrer para que se perpetre qualquer dos crimes contra a segurança interna, definidos na legislação penal;

- *Lei nº 7.170, de 14-12-1983, define os crimes contra a segurança nacional, a ordem política e social, estabelece seu processo e julgamento.*

5 – não dar as providências de sua competência para impedir ou frustrar a execução desses crimes;

6 – ausentar-se do país sem autorização do Congresso Nacional;

- *CF: art. 83.*

7 – permitir, de forma expressa ou tácita, a infração de lei federal de ordem pública;

8 – deixar de tomar, nos prazos fixados, as providências determinadas por lei ou tratado federal e necessário a sua execução e cumprimento.

CAPÍTULO V. DOS CRIMES CONTRA A PROBIDADE NA ADMINISTRAÇÃO

ART. 9º. São crimes de responsabilidade contra a probidade na administração:

1 – omitir ou retardar dolosamente a publicação das leis e resoluções do Poder Legislativo ou dos atos do Poder Executivo;

2 – não prestar ao Congresso Nacional dentro de sessenta dias após a abertura da sessão legislativa, as contas relativas ao exercício anterior;

- *CF: art. 49, IX.*
- *CP: art. 320.*

3 – não tornar efetiva a responsabilidade dos seus subordinados, quando manifesta em delitos funcionais ou na prática de atos contrários à Constituição;

4 – expedir ordens ou fazer requisição de forma contrária às disposições expressas da Constituição;

5 – infringir no provimento dos cargos públicos, as normas legais;

- *CF: art. 37, I a IV.*

6 – Usar de violência ou ameaça contra funcionário público para coagi-lo a proceder ilegalmente, bem como utilizar-se de suborno ou de qualquer outra forma de corrupção para o mesmo fim;

- *CP: art. 146.*

7 – proceder de modo incompatível com a dignidade, a honra e o decoro do cargo.

CAPÍTULO VI. DOS CRIMES CONTRA A LEI ORÇAMENTÁRIA

- *CP: arts. 359-A a 359-H.*

ART. 10. São crimes de responsabilidade contra a lei orçamentária:

1 – Não apresentar ao Congresso Nacional a proposta do orçamento da República dentro dos primeiros dois meses de cada sessão legislativa;

- *CF: arts. 165 a 169.*

2 – Exceder ou transportar, sem autorização legal, as verbas do orçamento;

3 – Realizar o estorno de verbas;

- *CF: arts. 167, II, III e VI.*

4 – Infringir patentemente, e de qualquer modo, dispositivo da lei orçamentária.

5 – deixar de ordenar a redução do montante da dívida consolidada, nos prazos estabelecidos em lei, quando o montante ultrapassar o valor resultante da aplicação do limite máximo fixado pelo Senado Federal; (Incluído pela Lei nº 10.028, de 19.10.2000)

6 – ordenar ou autorizar a abertura de crédito em desacordo com os limites estabelecidos pelo Senado Federal, sem fundamento na lei orçamentária ou na de crédito adicional ou com inobservância de prescrição legal; (Incluído pela Lei nº 10.028, de 19.10.2000)

7 – deixar de promover ou de ordenar na forma da lei, o cancelamento, a amortização ou a constituição de reserva para anular os efeitos de operação de crédito realizada com inobservância de limite, condição ou montante estabelecido em lei; (Incluído pela Lei nº 10.028, de 19.10.2000)

8 – deixar de promover ou de ordenar a liquidação integral de operação de crédito por antecipação de receita orçamentária, inclusive os respectivos juros e demais encargos, até o encerramento do exercício financeiro; (Incluído pela Lei nº 10.028, de 19.10.2000)

9 – ordenar ou autorizar, em desacordo com a lei, a realização de operação de crédito com qualquer um dos demais entes da Federação, inclusive suas entidades da administração indireta, ainda que na forma de novação, refinanciamento ou postergação de dívida contraída anteriormente; ((Incluído pela Lei nº 10.028, de 19.10.2000)

10 – captar recursos a título de antecipação de receita de tributo ou contribuição cujo fato gerador ainda não tenha ocorrido; (Incluído pela Lei nº 10.028, de 19.10.2000)

11 – ordenar ou autorizar a destinação de recursos provenientes da emissão de títulos para finalidade diversa da prevista na lei que a autorizou; (Incluído pela Lei nº 10.028, de 19.10.2000)

12 – realizar ou receber transferência voluntária em desacordo com limite ou condição estabelecida em lei. (Incluído pela Lei nº 10.028, de 19.10.2000)

Capítulo VII.
DOS CRIMES CONTRA A GUARDA E LEGAL EMPREGO DOS DINHEIROS PÚBLICOS

ART. 11. São crimes contra a guarda e legal emprego dos dinheiros públicos:

1 – ordenar despesas não autorizadas por lei ou sem observância das prescrições legais relativas às mesmas;

▸ *CF: art. 167, II.*

2 – Abrir crédito sem fundamento em lei ou sem as formalidades legais;

▸ *CF: art. 167, V, § 3º.*

3 – Contrair empréstimo, emitir moeda corrente ou apólices, ou efetuar operação de crédito sem autorização legal;

▸ *CF: arts. 21, VII, 22, VI, 48, II, XIII e XIV e 164, § 2º.*

4 – alienar imóveis nacionais ou empenhar rendas públicas sem autorização legal;

5 – negligenciar a arrecadação das rendas impostos e taxas, bem como a conservação do patrimônio nacional.

Capítulo VIII.
DOS CRIMES CONTRA O CUMPRIMENTO DAS DECISÕES JUDICIÁRIAS

ART. 12. São crimes contra o cumprimento das decisões judiciárias:

1 – impedir, por qualquer meio, o efeito dos atos, mandados ou decisões do Poder Judiciário;

▸ *CP: arts. 329 e 330.*

2 – Recusar o cumprimento das decisões do Poder Judiciário no que depender do exercício das funções do Poder Executivo;

3 – deixar de atender a requisição de intervenção federal do Supremo Tribunal Federal ou do Tribunal Superior Eleitoral;

▸ *CF: art. 36, I e II.*

4 – Impedir ou frustrar pagamento determinado por sentença judiciária.

▸ *CF: art. 100.*

Título II.
DOS MINISTROS DE ESTADO

▸ *CF: art. 50, § 2º.*

ART. 13. São crimes de responsabilidade dos Ministros de Estado;

1 – os atos definidos nesta lei, quando por eles praticados ou ordenados;

2 – os atos previstos nesta lei que os Ministros assinarem com o Presidente da República ou por ordem deste praticarem;

3 – A falta de comparecimento sem justificação, perante a Câmara dos Deputados ou o Senado Federal, ou qualquer das suas comissões, quando uma ou outra casa do Congresso os convocar para pessoalmente, prestarem informações acerca de assunto previamente determinado;

▸ *CF: art. 50, caput, § 1º.*

4 – Não prestarem dentro em trinta dias e sem motivo justo, a qualquer das Câmaras do Congresso Nacional, as informações que ela lhes solicitar por escrito, ou prestarem-nas com falsidade.

▸ *CF: art. 50, § 2º.*

Parte Segunda.
PROCESSO E JULGAMENTO

Título Único.
DO PRESIDENTE DA REPÚBLICA E MINISTROS DE ESTADO

Capítulo I.
DA DENÚNCIA

ART. 14. É permitido a qualquer cidadão denunciar o Presidente da República ou Ministro de Estado, por crime de responsabilidade, perante a Câmara dos Deputados.

▸ *CF: arts. 85 e 86.*

ART. 15. A denúncia só poderá ser recebida enquanto o denunciado não tiver, por qualquer motivo, deixado definitivamente o cargo.

ART. 16. A denúncia assinada pelo denunciante e com a firma reconhecida, deve ser acompanhada dos documentos que a comprovem, ou da declaração de impossibilidade de apresentá-los, com a indicação do local onde possam ser encontrados, nos crimes de que haja prova testemunhal, a denúncia deverá conter o rol das testemunhas, em número de cinco no mínimo.

ART. 17. No processo de crime de responsabilidade, servirá de escrivão um funcionário da Secretaria da Câmara dos Deputados, ou do Senado, conforme se achar o mesmo em uma ou outra casa do Congresso Nacional.

ART. 18. As testemunhas arroladas no processo deverão comparecer para prestar o seu depoimento, e a Mesa da Câmara dos Deputados ou do Senado por ordem de quem serão notificadas, tomará as providências legais que se tornarem necessárias legais que se tornarem necessárias para compeli-las a obediência.

CAPÍTULO II. DA ACUSAÇÃO

ART. 19. Recebida a denúncia, será lida no expediente da sessão seguinte e despachada a uma comissão especial eleita, da qual participem, observada a respectiva proporção, representantes de todos os partidos para opinar sobre a mesma.

ART. 20. A comissão a que alude o artigo anterior se reunirá dentro de 48 horas e, depois de eleger seu Presidente e relator, emitirá parecer, dentro do prazo de dez dias, sobre se a denúncia deve ser ou não julgada objeto de deliberação. Dentro desse período poderá a comissão proceder às diligências que julgar necessárias ao esclarecimento da denúncia.

§ 1°. O parecer da comissão especial será lido no expediente da sessão da Câmara dos Deputados e publicado integralmente no Diário do Congresso Nacional e em avulsos, juntamente com a denúncia, devendo as publicações ser distribuídas a todos os deputados.

§ 2°. Quarenta e oito horas após a publicação oficial do parecer da Comissão especial, será o mesmo incluído, em primeiro lugar, na ordem do dia da Câmara dos Deputados, para uma discussão única.

ART. 21. Cinco representantes de cada partido poderão falar, durante uma hora, sobre o parecer, ressalvado ao relator da comissão especial o direito de responder a cada um.

ART. 22. Encerrada a discussão do parecer, e submetido o mesmo a votação nominal, será a denúncia, com os documentos que a instruam, arquivada, se não for considerada objeto de deliberação. No caso contrário, será remetida por cópia autêntica ao denunciado, que terá o prazo de vinte dias para contestá-la e indicar os meios de prova com que pretenda demonstrar a verdade do alegado.

§ 1°. Findo esse prazo e com ou sem a contestação, a comissão especial determinará as diligências requeridas, ou que julgar convenientes, e realizará as sessões necessárias para a tomada do depoimento das testemunhas de ambas as partes, podendo ouvir o denunciante e o denunciado, que poderá assistir pessoalmente, ou por seu procurador, a todas as audiências e diligências realizadas pela comissão, interrogando e contestando as testemunhas e requerendo a reinquirição ou acareação das mesmas.

§ 2°. Findas essas diligências, a comissão especial proferirá, no prazo de dez dias, parecer sobre a procedência ou improcedência da denúncia.

§ 3°. Publicado e distribuído esse parecer na forma do § 1° do Art. 20, será o mesmo, incluído na ordem do dia da sessão imediata para ser submetido a duas discussões, com o interregno de 48 horas entre uma e outra.

§ 4°. Nas discussões do parecer sobre a procedência ou improcedência da denúncia, cada representante de partido poderá falar uma só vez e durante uma hora, ficando as questões de ordem subordinadas ao disposto no § 2° do Art. 20.

ART. 23. Encerrada a discussão do parecer, será o mesmo submetido a votação nominal, não sendo permitidas, então, questões de ordem, nem encaminhamento de votação.

§ 1°. Se da aprovação do parecer resultar a procedência da denúncia, considerar-se-á decretada a acusação pela Câmara dos Deputados.

§ 2°. Decretada a acusação, será o denunciado intimado imediatamente pela Mesa da Câmara dos Deputados, por intermédio do 1° Secretário.

§ 3°. Se o denunciado estiver ausente do Distrito Federal, a sua intimação será solicitada pela Mesa da Câmara dos Deputados, ao Presidente do Tribunal de Justiça do Estado em que ele se encontrar.

§ 4°. A Câmara dos Deputados elegerá uma comissão de três membros para acompanhar o julgamento do acusado.

§ 5°. São efeitos imediatos ao decreto da acusação do Presidente da República, ou de Ministro de Estado, a suspensão do exercício das funções do acusado e da metade do subsídio ou do vencimento, até sentença final.

§ 6°. Conforme se trate da acusação de crime comum ou de responsabilidade, o processo será enviado ao Supremo Tribunal Federal ou ao Senado Federal.

CAPÍTULO III. DO JULGAMENTO

ART. 24. Recebido no Senado o decreto de acusação com o processo enviado pela Câmara dos Deputados e apresentado o libelo pela comissão acusadora, remeterá o Presidente cópia de tudo ao acusado, que, na mesma ocasião e nos termos dos parágrafos 2° e 3° do Art. 23, será notificado para comparecer em dia prefixado perante o Senado.

Parágrafo único. Ao Presidente do Supremo Tribunal Federal enviar-se-á o processo em original, com a comunicação do dia designado para o julgamento.

ART. 25. O acusado comparecerá, por si ou pelos seus advogados, podendo, ainda, oferecer novos meios de prova.

ART. 26. No caso de revelia, marcará o Presidente novo dia para o julgamento e nomeará para a defesa do acusado um advogado, a quem se facultará o exame de todas as peças de acusação.

ART. 27. No dia aprazado para o julgamento, presentes o acusado, seus advogados, ou o defensor nomeado a sua revelia, e a comissão acusadora, o Presidente do Supremo Tribunal Federal, abrindo a sessão, mandará ler o processo preparatório o libelo e os artigos de defesa; em seguida inquirirá as testemunhas, que deverão depor publicamente e fora da presença umas das outras.

ART. 28. Qualquer membro da Comissão acusadora ou do Senado, e bem assim o acusado ou seus advogados, poderão requerer que se façam às testemunhas perguntas que julgarem necessárias.

Parágrafo único. A Comissão acusadora, ou o acusado ou seus advogados, poderão contestar ou arguir as testemunhas sem contudo interrompê-las e requerer a acareação.

ART. 29. Realizar-se-á a seguir o debate verbal entre a comissão acusadora e o acusado ou os seus advogados pelo prazo que o Presidente fixar e que não poderá exceder de duas horas.

ART. 30. Findos os debates orais e retiradas as partes, abrir-se-á discussão sobre o objeto da acusação.

ART. 31. Encerrada a discussão o Presidente do Supremo Tribunal Federal fará relatório resumido da denúncia e das provas da acusação e da defesa e submeterá a votação nominal dos senadores o julgamento.

ART. 32. Se o julgamento for absolutório produzirá desde logo, todos os efeitos a favor do acusado.

ART. 33. No caso de condenação, o Senado por iniciativa do presidente fixará o prazo de inabilitação do condenado para o exercício de qualquer função pública; e no caso de haver crime comum deliberará ainda sobre se o Presidente o deverá submeter à justiça ordinária, independentemente da ação de qualquer interessado.

ART. 34. Proferida a sentença condenatória, o acusado estará, ipso facto destituído do cargo.

ART. 35. A resolução do Senado constará de sentença que será lavrada, nos autos do processo, pelo Presidente do Supremo Tribunal Federal, assinada pelos senadores que funcionarem como juízes, transcrita na ata da sessão e, dentro desta, publicada no Diário Oficial e no Diário do Congresso Nacional.

ART. 36. Não pode interferir, em nenhuma fase do processo de responsabilidade do Presidente da República ou dos Ministros de Estado, o deputado ou senador;

a) que tiver parentesco consanguíneo ou afim, com o acusado, em linha reta; em linha colateral, os irmãos cunhados, enquanto durar o cunhado, e os primos coirmãos;

b) que, como testemunha do processo tiver deposto de ciência própria.

ART. 37. O congresso Nacional deverá ser convocado, extraordinariamente, pelo terço de uma de suas câmaras, caso a sessão legislativa se encerre sem que se tenha ultimado o julgamento do Presidente da República ou de Ministro de Estado, bem como no caso de ser necessário o início imediato do processo.

ART. 38. No processo e julgamento do Presidente da República e dos Ministros de Estado, serão subsidiários desta lei, naquilo em que lhes forem aplicáveis, assim os regimentos internos da Câmara dos Deputados e do Senado Federal, como o Código de Processo Penal.

PARTE TERCEIRA.

TÍTULO I.

CAPÍTULO I. DOS MINISTROS DO SUPREMO TRIBUNAL FEDERAL

ART. 39. São crimes de responsabilidade dos Ministros do Supremo Tribunal Federal:

1 – altera, por qualquer forma, exceto por via de recurso, a decisão ou voto já proferido em sessão do Tribunal;

2 – proferir julgamento, quando, por lei, seja suspeito na causa;

▸ *RISTF: arts. 277 a 287.*

3 – exercer atividade político-partidária;

▸ *CF: art. 95, par. ún., III.*

4 – ser patentemente desidioso no cumprimento dos deveres do cargo;

5 – proceder de modo incompatível com a honra dignidade e decoro de suas funções.

ART. 39-A. Constituem, também, crimes de responsabilidade do Presidente do Supremo Tribunal Federal ou de seu substituto quando no exercício da Presidência, as condutas previstas no art. 10 desta Lei, quando por eles ordenadas ou praticadas. (Incluído pela Lei nº 10.028, de 19.10.2000)

Parágrafo único. O disposto neste artigo aplica-se aos Presidentes, e respectivos substitutos quando no exercício da Presidência, dos Tribunais Superiores, dos Tribunais de Contas, dos Tribunais Regionais Federais, do Trabalho e Eleitorais, dos Tribunais de Justiça e de Alçada dos Estados e do Distrito Federal, e aos Juízes Diretores de Foro ou função equivalente no primeiro grau de jurisdição. (Incluído pela Lei nº 10.028, de 19.10.2000)

CAPÍTULO II. DO PROCURADOR GERAL DA REPÚBLICA

▸ *CF: art. 52, II.*

ART. 40. São crimes de responsabilidade do Procurador Geral da República:

1 – emitir parecer, quando, por lei, seja suspeito na causa;

2 – recusar-se a prática de ato que lhe incumba;

3 – ser patentemente desidioso no cumprimento de suas atribuições;

4 – proceder de modo incompatível com a dignidade e o decoro do cargo.

ART. 40-A. Constituem, também, crimes de responsabilidade do Procurador-Geral da República, ou de seu substituto quando no exercício da chefia do Ministério Público da União, as condutas previstas no art. 10 desta

Lei, quando por eles ordenadas ou praticadas. (Incluído pela Lei nº 10.028, de 19.10.2000)

Parágrafo único. O disposto neste artigo aplica-se: (Incluído pela Lei nº 10.028, de 19.10.2000)

I – ao Advogado-Geral da União; (Incluído pela Lei nº 10.028, de 19.10.2000)

II – aos Procuradores-Gerais do Trabalho, Eleitoral e Militar, aos Procuradores-Gerais de Justiça dos Estados e do Distrito Federal, aos Procuradores-Gerais dos Estados e do Distrito Federal, e aos membros do Ministério Público da União e dos Estados, da Advocacia-Geral da União, das Procuradorias dos Estados e do Distrito Federal, quando no exercício de função de chefia das unidades regionais ou locais das respectivas instituições. (Incluído pela Lei nº 10.028, de 19.10.2000)

TÍTULO II. DO PROCESSO E JULGAMENTO

CAPÍTULO I. DA DENÚNCIA

ART. 41. É permitido a todo cidadão denunciar perante o Senado Federal, os Ministros do Supremo Tribunal Federal e o Procurador Geral da República, pelos crimes de responsabilidade que cometerem (artigos 39 e 40).

ART. 41-A. Respeitada a prerrogativa de foro que assiste às autoridades a que se referem o parágrafo único do art. 39-A e o inciso II do parágrafo único do art. 40-A, as ações penais contra elas ajuizadas pela prática dos crimes de responsabilidade previstos no art. 10 desta Lei serão processadas e julgadas de acordo com o rito instituído pela Lei nº 8.038, de 28 de maio de 1990, permitido, a todo cidadão, o oferecimento da denúncia. (Incluído pela Lei nº 10.028, de 19.10.2000)

ART. 42. A denúncia só poderá ser recebida se o denunciado não tiver, por qualquer motivo, deixado definitivamente o cargo.

ART. 43. A denúncia, assinada pelo denunciante com a firma reconhecida deve ser acompanhada dos documentos que a comprovem ou da declaração de impossibilidade de apresentá-los, com a indicação do local onde possam ser encontrados. Nos crimes de que haja prova testemunhal, a denúncia deverá conter o rol das testemunhas, em número de cinco, no mínimo.

ART. 44. Recebida a denúncia pela Mesa do Senado, será lida no expediente da sessão seguinte e despachada a uma comissão especial, eleita para opinar sobre a mesma.

ART. 45. A comissão a que alude o artigo anterior, reunir-se-á dentro de 48 horas e, depois de eleger o seu presidente e relator, emitirá parecer no prazo de 10 dias sobre se a denúncia deve ser, ou não julgada objeto de deliberação. Dentro desse período poderá a comissão proceder às diligências que julgar necessárias.

ART. 46. O parecer da comissão, com a denúncia e os documentos que a instruírem, será lido no expediente de sessão do Senado, publicado no Diário do Congresso Nacional e em avulsos, que deverão ser distribuídos entre os senadores, e dado para ordem do dia da sessão seguinte.

ART. 47. O parecer será submetido a uma só discussão, e a votação nominal considerando-se aprovado se reunir a maioria simples de votos.

ART. 48. Se o Senado resolver que a denúncia não deve constituir objeto de deliberação, serão os papeis arquivados.

ART. 49. Se a denúncia for considerada objeto de deliberação, a Mesa remeterá cópia de tudo ao denunciado, para responder à acusação no prazo de 10 dias.

ART. 50. Se o denunciado estiver fora do Distrito Federal, a cópia lhe será entregue pelo Presidente do Tribunal de Justiça do Estado em que se achar. Caso se ache fora do país ou em lugar incerto e não sabido, o que será verificado pelo 1º Secretário do Senado, a intimação far-se-á por edital, publicado no Diário do Congresso Nacional, com a antecedência de 60 dias, aos quais se acrescerá, em comparecendo o denunciado, o prazo do art. 49.

ART. 51. Findo o prazo para a resposta do denunciado, seja esta recebida, ou não, a comissão dará parecer, dentro de dez dias, sobre a procedência ou improcedência da acusação.

ART. 52. Perante a comissão, o denunciante e o denunciado poderão comparecer pessoalmente ou por procurador, assistir a todos os atos e diligências por ela praticados, inquirir, reinquirir, contestar testemunhas e requerer a sua acareação. Para esse efeito, a comissão dará aos interessados conhecimento das suas reuniões e das diligências a que deva proceder, com a indicação de lugar, dia e hora.

ART. 53. Findas as diligências, a comissão emitirá sobre o seu parecer, que será publicado e distribuído, com todas as peças que o instruírem e dado para ordem do dia 48 horas, no mínimo, depois da distribuição.

ART. 54. Esse parecer terá uma só discussão e considerar-se-á aprovado se, em votação nominal, reunir a maioria simples dos votos.

ART. 55. Se o Senado entender que não procede a acusação, serão os papeis arquivados. Caso decida o contrário, a Mesa dará imediato conhecimento dessa decisão ao Supremo Tribunal Federal, ao Presidente da República, ao denunciante e ao denunciado.

ART. 56. Se o denunciado não estiver no Distrito Federal, a decisão ser-lhe-á comunicada a requisição da Mesa, pelo Presidente do Tribunal de Justiça do Estado onde se achar. Se estiver fora do país ou em lugar incerto e não sabido, o que será verificado pelo 1º Secretário do Senado, far-se-á a intimação mediante edital pelo Diário do Congresso Nacional, com a antecedência de 60 dias.

ART. 57. A decisão produzirá desde a data da sua intimação os seguintes efeitos, contra o denunciado:

a) ficar suspenso do exercício das suas funções até sentença final;

b) ficar sujeito a acusação criminal;

c) perder, até sentença final, um terço dos vencimentos, que lhe será pago no caso de absolvição.

CAPÍTULO II. DA ACUSAÇÃO E DA DEFESA

ART. 58. Intimado o denunciante ou o seu procurador da decisão a que aludem os três últimos artigos, ser-lhe-á dada vista do processo, na Secretaria do Senado, para, dentro de 48 horas, oferecer o libelo acusatório e o rol das testemunhas. Em seguida abrir-se-á vista ao denunciado ou ao seu defensor, pelo mesmo prazo para oferecer a contrariedade e o rol das testemunhas.

ART. 59. Decorridos esses prazos, com o libelo e a contrariedade ou sem eles, serão os autos remetidos, em original, ao Presidente do Supremo Tribunal Federal, ou ao seu substituto legal, quando seja ele o denunciado, comunicando-se lhe o dia designado para o julgamento e convidando-o para presidir a sessão.

ART. 60. O denunciante e o acusado serão notificados pela forma estabelecida no art. 56 para assistirem ao julgamento, devendo as testemunhas ser, por um magistrado, intimadas a comparecer a requisição da Mesa.

Parágrafo único. Entre a notificação e o julgamento deverá mediar o prazo mínimo de 10 dias.

ART. 61. No dia e hora marcados para o julgamento, o Senado reunir-se-á, sob a presidência do Presidente do Supremo Tribunal Federal ou do seu substituto legal. Verificada a presença de número legal de senadores, será aberta a sessão e feita a chamada das partes, acusador e acusado, que poderão comparecer pessoalmente ou pelos seus procuradores.

ART. 62. A revelia do acusador não importará transferência do julgamento, nem perempção da acusação.

§ 1º. A revelia do acusado determinará o adiamento de julgamento, para o qual o Presidente designará novo dia, nomeando um advogado para defender o revel.

§ 2º. Ao defensor nomeado será, facultado o exame de todas as peças do processo.

ART. 63. No dia definitivamente aprazado para o julgamento, verificado o número legal de senadores será aberta a sessão e facultado o ingresso às partes ou aos seus procuradores. Serão juízes todos os senadores presentes, com exceção dos impedidos nos termos do art. 36.

Parágrafo único. O impedimento poderá ser oposto pelo acusador ou pelo acusado e invocado por qualquer senador.

ART. 64. Constituído o Senado em Tribunal de julgamento, o Presidente mandará ler o processo e, em seguida, inquirirá publicamente as testemunhas, fora da presença umas das outras.

ART. 65. O acusador e o acusado, ou os seus procuradores, poderão reinquirir as testemunhas, contestá-las sem interrompê-las e requerer a sua acareação sejam feitas as perguntas que julgar necessárias.

ART. 66. Finda a inquirição, haverá debate oral, facultadas a réplica e a tréplica entre o acusador e o acusado, pelo prazo que o Presidente determinar,

Parágrafo único. Ultimado o debate, retirar-se-ão partes do recinto da sessão e abrir-se-á uma discussão única entre os senadores sobre o objeto da acusação.

ART. 67. Encerrada a discussão, fará o Presidente um relatório resumido dos fundamentos da acusação e da defesa, bem como das respectivas provas, submetendo em seguida o caso a julgamento.

CAPÍTULO III. DA SENTENÇA

ART. 68. O julgamento será feito, em votação nominal pelos senadores desimpedidos que responderão "sim" ou "não" à seguinte pergunta enunciada pelo Presidente: "Cometeu o acusado F. o crime que lhe é imputado e deve ser condenado à perda do seu cargo?"

Parágrafo único. Se a resposta afirmativa obtiver, pelo menos, dois terços dos votos dos senadores presentes, o Presidente fará nova consulta ao plenário sobre o tempo não excedente de cinco anos, durante o qual o condenado deverá ficar inabilitado para o exercício de qualquer função pública.

ART. 69. De acordo com a decisão do Senado, o Presidente lavrará nos autos, a sentença que será assinada por ele e pelos senadores, que tiverem tomado parte no julgamento, e transcrita na ata.

ART. 70. No caso de condenação, fica o acusado desde logo destituído do seu cargo. Se a sentença for absolutória, produzirá a imediata reabilitação do acusado, que voltará ao exercício do cargo, com direito à parte dos vencimentos de que tenha sido privado.

ART. 71. Da sentença, dar-se-á imediato conhecimento ao Presidente da República, ao Supremo Tribunal Federal e ao acusado.

ART. 72. Se no dia do encerramento do Congresso Nacional não estiver concluído o processo ou julgamento de Ministro do Supremo Tribunal Federal ou do Procurador Geral da República, deverá ele ser convocado extraordinariamente pelo terço do Senado Federal.

ART. 73. No processo e julgamento de Ministro do Supremo Tribunal, ou do Procurador Geral da República serão subsidiários desta lei, naquilo em que lhes forem aplicáveis, o Regimento Interno do Senado Federal e o Código de Processo Penal.

LEIS ORDINÁRIAS

PARTE QUARTA.

TÍTULO ÚNICO.

CAPÍTULO I.
DOS GOVERNADORES E SECRETÁRIOS DOS ESTADOS

ART. 74. Constituem crimes de responsabilidade dos governadores dos Estados ou dos seus Secretários, quando por eles praticados, os atos definidos como crimes nesta lei.

- *Lei nº 7.106, de 28-6-1983, dispõe sobre os crimes de responsabilidade do Governador e seus secretários.*

CAPÍTULO II.
DA DENÚNCIA, ACUSAÇÃO E JULGAMENTO

ART. 75. É permitido a todo cidadão denunciar o Governador perante a Assembleia Legislativa, por crime de responsabilidade.

ART. 76. A denúncia assinada pelo denunciante e com a firma reconhecida, deve ser acompanhada dos documentos que a comprovem, ou da declaração de impossibilidade de apresentá-los com a indicação do local em que possam ser encontrados. Nos crimes de que houver prova testemunhal, conterão rol das testemunhas, em número de cinco pelo menos.

Parágrafo único. Não será recebida a denúncia depois que o Governador, por qualquer motivo, houver deixado definitivamente o cargo.

ART. 77. Apresentada a denúncia e julgada objeto de deliberação, se a Assembleia Legislativa por maioria absoluta, decretar a procedência da acusação, será o Governador imediatamente suspenso de suas funções.

ART. 78. O Governador será julgado nos crimes de responsabilidade, pela forma que determinar a Constituição do Estado e não poderá ser condenado, senão à perda do cargo, com inabilitação até cinco anos, para o exercício de qualquer função pública, sem prejuízo da ação da justiça comum.

- *CF: art. 52, par. ún.*

§ 1º. Quando o tribunal de julgamento for de jurisdição mista, serão iguais, pelo número, os representantes dos órgãos que o integrarem, excluído o Presidente, que será o Presidente do Tribunal de Justiça.

§ 2º. Em qualquer hipótese, só poderá ser decretada a condenação pelo voto de dois terços dos membros de que se compuser o tribunal de julgamento.

§ 3º. Nos Estados, onde as Constituições não determinarem o processo nos crimes de responsabilidade dos Governadores, aplicar-se-á o disposto nesta lei, devendo, porém, o julgamento ser proferido por um tribunal composto de cinco membros do Legislativo e de cinco desembargadores, sob a presidência do Presidente do Tribunal de Justiça local, que terá direito de voto no caso de empate. A escolha desse Tribunal será feita – a dos membros do legislativo, mediante eleição pela Assembleia: a dos desembargadores, mediante sorteio.

§ 4º. Esses atos deverão ser executados dentro em cinco dias contados da data em que a Assembleia enviar ao Presidente do Tribunal de Justiça os autos do processo, depois de decretada a procedência da acusação.

ART. 79. No processo e julgamento do Governador serão subsidiários desta lei naquilo em que lhe forem aplicáveis, assim o regimento interno da Assembleia Legislativa e do Tribunal de Justiça, como o Código de Processo Penal.

Parágrafo único. Os Secretários de Estado, nos crimes conexos com os dos governadores, serão sujeitos ao mesmo processo e julgamento.

DISPOSIÇÕES GERAIS

ART. 80. Nos crimes de responsabilidade do Presidente da República e dos Ministros de Estado, a Câmara dos Deputados é tribunal de pronuncia e o Senado Federal, tribunal de julgamento; nos crimes de responsabilidade dos Ministros do Supremo Tribunal Federal e do Procurador Geral da República, o Senado Federal é, simultaneamente, tribunal de pronuncia e julgamento.

Parágrafo único. O Senado Federal, na apuração e julgamento dos crimes de responsabilidade funciona sob a presidência do Presidente do Supremo Tribunal, e só proferirá sentença condenatória pelo voto de dois terços dos seus membros.

ART. 81. A declaração de procedência da acusação nos crimes de responsabilidade só poderá ser decretada pela maioria absoluta da Câmara que a preferir.

ART. 82. Não poderá exceder de cento e vinte dias, contados da data da declaração da procedência da acusação, o prazo para o processo e julgamento dos crimes definidos nesta lei.

Rio de Janeiro, 10 de abril de 1950;
129º da Independência e 62º da República.

EURICO GASPAR DUTRA

Este texto não substitui o publicado no DOU de 12.4.1950.

LEI Nº 1.508, DE 19 DE DEZEMBRO DE 1951 – REGULA O PROCESSO DAS CONTRAVENÇÕES

Regula o Processo das Contravenções definidas nos artigos 58 e 60 do Decreto-lei nº 2.259, de 10 de fevereiro de 1944.

O PRESIDENTE DA REPÚBLICA, faço saber que o CONGRESSO NACIONAL decreta e eu sanciono a seguinte Lei:

ART. 1º. O procedimento sumário das contravenções definidas nos Arts. 58 e seu § 1º e 60 do Decreto-lei nº 6.259, de 10 de fevereiro de 1944, pode ser iniciado por auto de flagrante, denúncia do Ministério Público, ou portaria da autoridade policial ou do juiz.

ART. 2º. O auto de flagrante será lavrado por determinação da autoridade judiciária ou policial a que for apresentado o preso, observando-se o disposto no Art. 304, do Código do Processo Penal; e, quando policial a autoridade, será por ela imediatamente remetido ao Juiz.

§ 1º. Lavrado o auto de flagrante pelo juiz ou recebido o que for remetido pela polícia, o juiz designará, incontinenti, para daí a cinco dias, a audiência de instrução e julgamento, notificados da designação o Ministério Público, o réu e seu defensor, designando curador para o réu menor.

§ 2º. O réu, por seu defensor ou curador, poderá requerer, dentro do prazo de três dias anteriores à audiência, sejam ouvidas as testemunhas de defesa, em número não superior a três, pedindo sejam notificadas, ou declarando que comparecerão independente de notificação.

§ 3º. Na audiência de instrução e julgamento, o juiz ouvirá o réu e as testemunhas por ele arroladas. Em seguida, realizar-se-ão os debates e será proferida a sentença, de acordo com o que estatui o Art. 538, §§ 2º e 3º, do Código do Processo Penal.

ART. 3º. Quando o processo se iniciar por denúncia do Ministério Público, recebida esta, o juiz designará audiência de instrução e julgamento e mandará citar o réu, observando-se o disposto no § 2º do artigo precedente. (Redação dada pela Lei nº 7.187, de 1984)

Parágrafo único. Depois de interrogado o réu e inquiridas as testemunhas, o juiz dará a palavra pelo tempo de 20 (vinte) minutos, sucessivamente, ao representante do Ministério Público e ao defensor do réu e em seguida, ou no prazo de 5 (cinco) dias, proferirá a sentença. (Incluído pela Lei nº 7.187, de 1984)

ART. 4º. O mesmo procedimento será observado quando a ação for promovida por portaria do juiz. Nesse caso, a portaria conterá a designação da audiência e rol das testemunhas de acusação. Funcionará na audiência de instrução e julgamento o representante do Ministério Público, ao qual, desde então, incumbirá movimentar o processo em todos os seus termos.

ART. 5º. Quando a ação penal se iniciar por portaria da autoridade policial, observar-se-á o disposto no Art. 536 do Código do Processo Penal. Depois de ouvido o Ministério Público, designará o juiz dia e hora para a audiência de instrução e julgamento, nos termos do disposto nos §§ 2º e 3º do Art. 2º desta lei.

ART. 6º. Quando qualquer do povo provocar a iniciativa do Ministério Público, nos termos do Art. 27 do Código do Processo Penal, para o processo tratado nesta lei, a representação, depois do registro pelo distribuidor do juízo, será por este enviada, incontinenti, ao Promotor Público, para os fins legais.

Parágrafo único. Se a representação for arquivada, poderá o seu autor interpor recurso no sentido estrito.

▸ *CPP: art. 581.*

ART. 7º. São revogadas as disposições em contrário, e, especialmente, o disposto no Art. 58, § 3º, do Decreto-lei nº 6.259, de 10 de fevereiro de 1944.

ART. 8º. Esta lei entrará em vigor na data da sua publicação.

Rio de Janeiro, 19 de dezembro de 1951;
130º da Independência e 63º da República.

GETÚLIO VARGAS

Este texto não substitui o publicado no DOU de 20.12.1951

LEI Nº 1.521, DE 26 DE DEZEMBRO DE 1951 – CRIMES CONTRA A ECONOMIA POPULAR

Altera dispositivos da legislação vigente sobre crimes contra a economia popular.

O PRESIDENTE DA REPÚBLICA: Faço saber que o Congresso Nacional decreta e eu sanciono a seguinte Lei:

▸ *Lei nº 12.529, de 31-11-2011, art. 36, Lei do Sistema Brasileiro de Defesa da Concorrência.*

ART. 1º. Serão punidos, na forma desta Lei, os crimes e as contravenções contra a economia popular, Esta Lei regulará o seu julgamento.

ART. 2º. São crimes desta natureza:

I – recusar individualmente em estabelecimento comercial a prestação de serviços essenciais à subsistência; sonegar mercadoria ou recusar vendê-la a quem esteja em condições de comprar a pronto pagamento;

II – favorecer ou preferir comprador ou freguês em detrimento de outro, ressalvados os sistemas de entrega ao consumo por intermédio de distribuidores ou revendedores;

III – expor à venda ou vender mercadoria ou produto alimentício, cujo fabrico haja desatendido a determinações oficiais, quanto ao peso e composição;

IV – negar ou deixar o fornecedor de serviços essenciais de entregar ao freguês a nota relativa à prestação de serviço, desde que a importância exceda de quinze cruzeiros, e com a indicação do preço, do nome e endereço do estabelecimento, do nome da firma ou responsável, da data e local da transação e do nome e residência do freguês;

V – misturar gêneros e mercadorias de espécies diferentes, expô-los à venda ou vendê-los, como puros; misturar gêneros e mercadorias de qualidades desiguais para expô-los à venda ou vendê-los por preço marcado para os de mais alto custo;

VI – transgredir tabelas oficiais de gêneros e mercadorias, ou de serviços essenciais, bem como expor à venda ou oferecer ao público ou vender tais gêneros, mercadorias ou serviços, por preço superior ao tabelado, assim como não manter afixadas, em lugar visível e de fácil leitura, as tabelas de preços aprovadas pelos órgãos competentes;

VII – negar ou deixar o vendedor de fornecer nota ou caderno de venda de gêneros de primeira necessidade, seja à vista ou a prazo, e cuja importância exceda de dez cruzeiros, ou de especificar na nota ou caderno – que serão isentos de selo – o preço da mercadoria vendida, o nome e o endereço do estabelecimento, a firma ou o responsável, a data e local da transação e o nome e residência do freguês;

VIII – celebrar ajuste para impor determinado preço de revenda ou exigir do comprador que não compre de outro vendedor;

IX – obter ou tentar obter ganhos ilícitos em detrimento do povo ou de número indeterminado de pessoas mediante especulações ou processos fraudulentos ("bola de neve", "cadeias", "pichardismo" e quaisquer outros equivalentes);

X – violar contrato de venda a prestações, fraudando sorteios ou deixando de entregar a coisa vendida, sem devolução das prestações pagas, ou descontar destas, nas vendas com reserva de domínio, quando o contrato for rescindido por culpa do comprador, quantia maior do que a correspondente à depreciação do objeto.

XI – fraudar pesos ou medidas padronizados em lei ou regulamentos; possuí-los ou detê-los, para efeitos de comércio, sabendo estarem fraudados.

Pena – detenção, de 6 (seis) meses a 2 (dois) anos, e multa, de dois mil a cinquenta mil cruzeiros.

Parágrafo único. Na configuração dos crimes previstos nesta Lei, bem como na de qualquer outro de defesa da economia popular, sua guarda e seu emprego considerar-se-ão como de primeira necessidade ou necessários ao consumo do povo, os gêneros, artigos, mercadorias e qualquer outra espécie de coisas ou bens indispensáveis à subsistência do indivíduo em condições higiênicas e ao exercício normal de suas atividades. Estão compreendidos nesta definição os artigos destinados à alimentação, ao vestuário e à iluminação, os terapêuticos ou sanitários, o combustível, a habitação e os materiais de construção.

ART. 3º. São também crimes desta natureza:

▸ *Lei nº 12.529, de 31-11-2011, art. 36, Lei do Sistema Brasileiro de Defesa da Concorrência.*

I – destruir ou inutilizar, intencionalmente e sem autorização legal, com o fim de determinar alta de preços, em proveito próprio ou de terceiro, matérias-primas ou produtos necessários ao consumo do povo;

II – abandonar ou fazer abandonar lavoura ou plantações, suspender ou fazer suspender a atividade de fábricas, usinas ou quaisquer estabelecimentos de produção, ou meios de transporte, mediante indenização paga pela desistência da competição;

III – promover ou participar de consórcio, convênio, ajuste, aliança ou fusão de capitais, com o fim de impedir ou dificultar, para o efeito de aumento arbitrário de lucros, a concorrência em matéria de produção, transportes ou comércio;

IV – reter ou açambarcar matérias-primas, meios de produção ou produtos necessários ao consumo do povo, com o fim de dominar o mercado em qualquer ponto do País e provocar a alta dos preços;

V – vender mercadorias abaixo do preço de custo com o fim de impedir a concorrência.

VI – provocar a alta ou baixa de preços de mercadorias, títulos públicos, valores ou salários por meio de notícias falsas, operações fictícias ou qualquer outro artifício;

VII – dar indicações ou fazer afirmações falsas em prospectos ou anúncios, para fim de substituição, compra ou venda de títulos, ações ou quotas;

VIII – exercer funções de direção, administração ou gerência de mais de uma empresa ou sociedade do mesmo ramo de indústria ou comércio com o fim de impedir ou dificultar a concorrência;

IX – gerir fraudulenta ou temerariamente bancos ou estabelecimentos bancários, ou de capitalização; sociedades de seguros, pecúlios ou pensões vitalícias; sociedades para empréstimos ou financiamento de construções e de vendas e imóveis a prestações, com ou sem sorteio ou preferência por meio de pontos ou quotas; caixas econômicas; caixas Raiffeisen; caixas mútuas, de beneficência, socorros ou empréstimos; caixas de pecúlios, pensão e aposentadoria; caixas construtoras; cooperativas; sociedades de economia coletiva, levando-as à falência ou à insolvência, ou não cumprindo qualquer das cláusulas contratuais com prejuízo dos interessados;

▸ *Lei nº 7.492, de 16-06-1986, art. 4º, define os crimes contra o sistema financeiro.*

X – fraudar de qualquer modo escriturações, lançamentos, registros, relatórios, pareceres e outras informações devidas a sócios de sociedades civis ou comerciais, em que o capital seja fracionado em ações ou quotas de valor nominativo igual ou inferior a um mil cruzeiros com o fim de sonegar lucros, dividendos, percentagens, rateios ou bonificações, ou de desfalcar ou de desviar fundos de reserva ou reservas técnicas.

Pena – detenção, de 2 (dois) anos a 10 (dez) anos, e multa, de vinte mil a cem mil cruzeiros.

ART. 4º. Constitui crime da mesma natureza a usura pecuniária ou real, assim se considerando:

a) cobrar juros, comissões ou descontos percentuais, sobre dívidas em dinheiro superiores à taxa permitida por lei; cobrar ágio superior à taxa oficial de câmbio, sobre quantia permutada por moeda estrangeira; ou, ainda, emprestar sob penhor que seja privativo de instituição oficial de crédito;

b) obter, ou estipular, em qualquer contrato, abusando da premente necessidade, inexperiência ou leviandade de outra parte, lucro patrimonial que exceda o quinto do valor corrente ou justo da prestação feita ou prometida.

Pena – detenção, de 6 (seis) meses a 2 (dois) anos, e multa, de cinco mil a vinte mil cruzeiros.

§ 1º. Nas mesmas penas incorrerão os procuradores, mandatários ou mediadores que intervierem na operação usuária, bem como os cessionários de crédito usurário que, cientes de sua natureza ilícita, o fizerem valer em sucessiva transmissão ou execução judicial.

§ 2º. São circunstâncias agravantes do crime de usura:

I – ser cometido em época de grave crise econômica;

II – ocasionar grave dano individual;

III – dissimular-se a natureza usurária do contrato;

IV – quando cometido:

a) por militar, funcionário público, ministro de culto religioso; por pessoa cuja condição econômico-social seja manifestamente superior à da vítima;

b) em detrimento de operário ou de agricultor; de menor de 18 (dezoito) anos ou de deficiente mental, interditado ou não.

§ 3º. (Revogado pela Medida Provisória nº 2.172-32, de 2001)

ART. 5º. Nos crimes definidos nesta lei, haverá suspensão da pena e livramento condicional em todos os casos permitidos pela legislação comum. Será a fiança concedida nos termos da legislação em vigor, devendo ser arbitrada dentro dos limites de Cr$5.000,00 (cinco mil cruzeiros) a Cr$50.000,00 (cinquenta mil cruzeiros), nas hipóteses do artigo 2º, e dentro dos limites de Cr$10.000,00 (dez mil cruzeiros) a Cr$100.000,00 (cem mil cruzeiros) nos demais casos, reduzida à metade dentro desses limites, quando o infrator for empregado do estabelecimento comercial ou industrial, ou não ocupe cargo ou posto de direção dos negócios. (Redação dada pela Lei nº 3.290, de 1957)

ART. 6º. Verificado qualquer crime contra a economia popular ou contra a saúde pública (Capítulo III do Título VIII do Código Penal) e atendendo à gravidade do fato, sua repercussão e efeitos, o juiz, na sentença, declarará a interdição de direito, determinada no art. 69, IV, do Código Penal, de 6 (seis) meses a 1 (um) ano, assim como, mediante representação da autoridade policial, poderá decretar, dentro de 48 (quarenta e oito) horas, a suspensão provisória, pelo prazo de 15 (quinze) dias, do exercício da profissão ou atividade do infrator.

ART. 7º. Os juízes recorrerão de ofício sempre que absolverem os acusados em processo por crime contra a economia popular ou contra a saúde pública, ou quando determinarem o arquivamento dos autos do respectivo inquérito policial.

ART. 8º. Nos crimes contra a saúde pública, os exames periciais serão realizados, no Distrito Federal, pelas repartições da Secretaria-Geral da Saúde e Assistência e da Secretaria da Agricultura, Indústria e Comércio da Prefeitura ou pelo Gabinete de Exames Periciais do Departamento de Segurança Pública e nos Estados e Territórios pelos serviços congêneres, valendo qualquer dos laudos como corpo de delito.

ART. 9º. (Revogado pela Lei nº 6.649, de 1979)

ART. 10. Terá forma sumária, nos termos do Capítulo V, Título II, Livro II, do Código de Processo Penal, o processo das contravenções e dos crimes contra a economia popular, não submetidos ao julgamento pelo júri.

§ 1º. Os atos policiais (inquérito ou processo iniciado por portaria) deverão terminar no prazo de 10 (dez) dias.

§ 2º. O prazo para oferecimento da denúncia será de 2 (dois) dias, esteja ou não o réu preso.

§ 3º. A sentença do juiz será proferida dentro do prazo de 30 (trinta) dias contados do recebimento dos autos da autoridade policial (art. 536 do Código de Processo Penal).

§ 4º. A retardação injustificada, pura e simples, dos prazos indicados nos parágrafos anteriores, importa em crime de prevaricação (art. 319 do Código Penal).

ART. 11. No Distrito Federal, o processo das infrações penais relativas à economia popular caberá, indistintamente, a todas as varas criminais com exceção das 1ª e 20ª, observadas as disposições quanto aos crimes da competência do júri de que trata o art. 12.

ARTS. 12 a 30. (Prejudicados pela EC nº 1, de 17-10-1969)

ART. 31. Em tudo mais que couber e não contrariar esta Lei aplicar-se-á o Código de Processo Penal.

ART. 32. É o Poder Executivo autorizado a abrir ao Poder Judiciário o crédito especial de Cr$2.000.000,00 (dois milhões de cruzeiros) para ocorrer, Vetado, às despesas do pessoal e material necessários à execução desta Lei no Distrito Federal e nos Territórios.

ART. 33. Esta Lei entrará em vigor sessenta dias depois de sua publicação, aplicando-se aos processos iniciados na sua vigência.

ART. 34. Revogam-se as disposições em contrário.

Rio de Janeiro, 26 de dezembro de 1951; 130º da Independência e 63º da República.

GETÚLIO VARGAS

Este texto não substitui o publicado no DOU de 27.12.1951

LEI Nº 1.579, DE 18 DE MARÇO DE 1952 – COMISSÕES PARLAMENTARES DE INQUÉRITO

Dispõe sobre as Comissões Parlamentares de Inquérito.

O PRESIDENTE DA REPÚBLICA: Faço saber que o Congresso Nacional decreta e eu sanciono a seguinte Lei:

ART. 1º. As Comissões Parlamentares de Inquérito, criadas na forma do § 3º do art. 58 da Constituição Federal, terão poderes de investigação próprios das autoridades judiciais, além de outros previstos nos regimentos da Câmara dos Deputados e do Senado Federal, com ampla ação nas pesquisas destinadas a apurar fato determinado e por prazo certo. (Redação dada pela Lei nº 13.367, de 2016)

▸ *CF: art. 53, § 3º.*

Parágrafo único. A criação de Comissão Parlamentar de Inquérito dependerá de requerimento de um terço da totalidade dos membros da Câmara dos Deputados e do Senado Federal, em conjunto ou separadamente. (Redação dada pela Lei nº 13.367, de 2016)

ART. 2º. No exercício de suas atribuições, poderão as Comissões Parlamentares de Inquérito determinar diligências que reputarem necessárias e requerer a convocação de Ministros de Estado, tomar o depoimento de quaisquer autoridades federais, estaduais ou municipais, ouvir os indiciados, inquirir testemunhas sob compromisso, requisitar da administração pública direta, indireta ou fundacional informações e documentos, e transportar-se aos lugares onde se fizer mister a sua presença. (Redação dada pela Lei nº 13.367, de 2016)

▸ CPP: arts. 185 a 238.

ART. 3º. Indiciados e testemunhas serão intimados de acordo com as prescrições estabelecidas na legislação penal.

§ 1º. Em caso de não comparecimento da testemunha sem motivo justificado, a sua intimação será solicitada ao juiz criminal da localidade em que resida ou se encontre, nos termos dos arts. 218 e 219 do Decreto-Lei nº 3.689, de 3 de outubro de 1941 – Código de Processo Penal. (Redação dada pela Lei nº 13.367, de 2016)

▸ CPP: arts. 351 a 372.

§ 2º. O depoente poderá fazer-se acompanhar de advogado, ainda que em reunião secreta. (Incluído pela Lei nº 10.679, de 23.5.2003)

ART. 3º-A. Caberá ao presidente da Comissão Parlamentar de Inquérito, por deliberação desta, solicitar, em qualquer fase da investigação, ao juízo criminal competente medida cautelar necessária, quando se verificar a existência de indícios veementes da proveniência ilícita de bens. (Incluído pela Lei nº 13.367, de 2016)

ART. 4º. Constitui crime:

I – Impedir, ou tentar impedir, mediante violência, ameaça ou assuadas, o regular funcionamento de Comissão Parlamentar de Inquérito, ou o livre exercício das atribuições de qualquer dos seus membros.

Pena – A do art. 329 do Código Penal.

II – fazer afirmação falsa, ou negar ou calar a verdade como testemunha, perito, tradutor ou intérprete, perante a Comissão Parlamentar de Inquérito:

Pena – A do art. 342 do Código Penal.

ART. 5º. As Comissões Parlamentares de Inquérito apresentarão relatório de seus trabalhos à respectiva Câmara, concluindo por projeto de resolução.

§ 1º. Se forem diversos os fatos objeto de inquérito, a comissão dirá, em separado, sobre cada um, podendo fazê-lo antes mesmo de finda a investigação dos demais.

§ 2º. A incumbência da Comissão Parlamentar de Inquérito termina com a sessão legislativa em que tiver sido outorgada, salvo deliberação da respectiva Câmara, prorrogando-a dentro da Legislatura em curso.

ART. 6º. O processo e a instrução dos inquéritos obedecerão ao que prescreve esta Lei, no que lhes for aplicável, às normas do processo penal.

ART. 6º-A. A Comissão Parlamentar de Inquérito encaminhará relatório circunstanciado, com suas conclusões, para as devidas providências, entre outros órgãos, ao Ministério Público ou à Advocacia-Geral da União, com cópia da documentação, para que promovam a responsabilidade civil ou criminal por infrações apuradas e adotem outras medidas decorrentes de suas funções institucionais. (Incluído pela Lei nº 13.367, de 2016)

ART. 7º. Esta Lei entrará em vigor na data de sua publicação, revogadas as disposições em contrário.

Rio de Janeiro, 18 de março de 1952;
131º da Independência e 64º da República.

GETÚLIO VARGAS

Este texto não substitui o publicado no DOU de 21.3.1952

LEI Nº 2.860, DE 31 DE AGOSTO DE 1956 – ESTABELECE PRISÃO ESPECIAL

Estabelece Prisão Especial para os Dirigentes de Entidades Sindicais e para o Empregado do Exercício de Representação Profissional ou no Cargo de Administração Sindical.

O PRESIDENTE DA REPÚBLICA:

Faço saber que o Congresso Nacional decreta e eu sanciono a seguinte Lei:

ART. 1º. Terão direito à prisão especial os dirigentes de entidades sindicais de todos os graus e representativas de empregados, empregadores, profissionais liberais, agentes e trabalhadores autônomos.

ART. 2º. O empregado eleito para a função de representação profissional ou para cargo de administração sindical, quando sujeito a prisão antes de condenação definitiva, será recolhido a prisão especial à disposição da autoridade competente.

ART. 3º. Esta Lei entrará em vigor na data de sua publicação, revogadas as disposições em contrário.

Rio de Janeiro, em 31 de agosto de 1956;
135º Independência e 68º da República.

JUSCELINO KUBITSCHEK

Este texto não substitui o publicado na coleção de Leis de 1956

LEI Nº 2.889, DE 1 DE OUTUBRO DE 1956 – CRIME DE GENOCÍDIO

Define e pune o crime de genocídio.

O PRESIDENTE DA REPÚBLICA:

Faço saber que o Congresso Nacional decreta e eu sanciono a seguinte Lei:

ART. 1º. Quem, com a intenção de destruir, no todo ou em parte, grupo nacional, étnico, racial ou religioso, como tal:

a) matar membros do grupo;

b) causar lesão grave à integridade física ou mental de membros do grupo;

LEIS ORDINÁRIAS

c) submeter intencionalmente o grupo a condições de existência capazes de ocasionar-lhe a destruição física total ou parcial;

d) adotar medidas destinadas a impedir os nascimentos no seio do grupo;

e) efetuar a transferência forçada de crianças do grupo para outro grupo;

Será punido:

Com as penas do art. 121, § 2º, do Código Penal, no caso da letra a;

Com as penas do art. 129, § 2º, no caso da letra b;

Com as penas do art. 270, no caso da letra c;

Com as penas do art. 125, no caso da letra d;

Com as penas do art. 148, no caso da letra e;

▸ *Lei nº 8.072, de 25-07-1990, art. 9º, define os crimes hediondos.*

ART. 2º. Associarem-se mais de 3 (três) pessoas para prática dos crimes mencionados no artigo anterior:

Pena: Metade da cominada aos crimes ali previstos.

▸ *Lei nº 8.072, de 25-07-1990, art. 9º, define os crimes hediondos.*

ART. 3º. Incitar, direta e publicamente alguém a cometer qualquer dos crimes de que trata o art. 1º:

Pena: Metade das penas ali cominadas.

§ 1º. A pena pelo crime de incitação será a mesma de crime incitado, se este se consumar.

§ 2º. A pena será aumentada de 1/3 (um terço), quando a incitação for cometida pela imprensa.

ART. 4º. A pena será agravada de 1/3 (um terço), no caso dos arts. 1º, 2º e 3º, quando cometido o crime por governante ou funcionário público.

▸ *CP: art. 327.*

ART. 5º. Será punida com 2/3 (dois terços) das respectivas penas a tentativa dos crimes definidos nesta lei.

▸ *CP: art. 14, II.*

ART. 6º. Os crimes de que trata esta lei não serão considerados crimes políticos para efeitos de extradição.

▸ *CF: art. 5º, LII.*

ART. 7º. Revogam-se as disposições em contrário.

Rio de Janeiro, 1 de outubro de 1956;
135º da Independência e 68º da República.

JUSCELINO KUBITSCHEK

Este texto não substitui o publicado no DOU de 2.10.1956

LEI Nº 4.117, DE 27 DE AGOSTO DE 1962 (Excertos)

Institui o Código Brasileiro de Telecomunicações.

▸ *Lei 9.296, de 1996, Interceptação telefônica.*

▸ *Lei 9.472, de 1997, Organização dos serviços de telecomunicações.*

O PRESIDENTE DA REPÚBLICA Faço saber que o Congresso Nacional decreta e eu sanciono a seguinte Lei:

CAPÍTULO I
INTRODUÇÃO

ART. 1º Os serviços de telecomunicações em todo o território do País, inclusive águas territoriais e espaço aéreo, assim como nos lugares em que princípios e convenções internacionais lhes reconheçam extraterritorialidade obedecerão aos preceitos da presente lei e aos regulamentos baixados para a sua execução.

ART. 2º Os atos internacionais de natureza normativa, qualquer que seja a denominação adotada, serão considerados tratados ou convenções e só entrarão em vigor a partir de sua aprovação pelo Congresso Nacional.

Parágrafo único. O Poder Executivo enviará ao Congresso Nacional no prazo de 180 (c22ento e oitenta) dias, a contar da data da assinatura, os atos normativos sôbre telecomunicações, anexando-lhes os respectivos regulamentos, devidamente traduzidos.

ART. 3º Os atos internacionais de natureza administrativa entrarão em vigor na data estabelecida em sua publicação depois de aprovados pelo Presidente da República (art. 29, al)

• • • • • • • • • • • • • • • • • •

CAPÍTULO VII
DAS INFRAÇÕES E PENALIDADES

ART. 52. A liberdade de radiodifusão não exclui a punição dos que praticarem abusos no seu exercício.

ART. 53. Constitui abuso, no exercício de liberdade da radiodifusão, o emprêgo dêsse meio de comunicação para a prática de crime ou contravenção previstos na legislação em vigor no País, inclusive: (Redação dada pelo Decreto-Lei nº 236, de 1968)

a) incitar a desobediência às leis ou decisões judiciárias; (Redação dada pelo Decreto-Lei nº 236, de 1968)

b) divulgar segredos de Estado ou assuntos que prejudiquem a defesa nacional; (Redação dada pelo Decreto-Lei nº 236, de 1968)

c) ultrajar a honra nacional; (Redação dada pelo Decreto-Lei nº 236, de 1968)

d) fazer propaganda de guerra ou de processos de subversão da ordem política e social; (Redação dada pelo Decreto-Lei nº 236, de 1968)

e) promover campanha discriminatória de classe, côr, raça ou religião; (Redação dada pelo Decreto-Lei nº 236, de 1968)

f) insuflar a rebeldia ou a indisciplina nas fôrças armadas ou nas organizações de segurança pública; (Redação dada pelo Decreto-Lei nº 236, de 1968)

g) comprometer as relações internacionais do País; (Redação dada pelo Decreto-Lei nº 236, de 1968)

h) ofender a moral familiar, pública, ou os bons costumes; (Redação dada pelo Decreto-Lei nº 236, de 1968)

i) caluniar, injuriar ou difamar os Poderes Legislativos, Executivo ou Judiciário ou os respectivos membros; (Redação dada pelo Decreto-Lei nº 236, de 1968)

j) veicular notícias falsas, com perigo para a ordem pública, econômica e social; (Redação dada pelo Decreto-Lei nº 236, de 1968)

l) colaborar na prática de rebeldia desordens ou manifestações proibidas. (Redação dada pelo Decreto-Lei nº 236, de 1968)

Parágrafo único. Se a divulgação das notícias falsas houver resultado de êrro de informação e fôr objeto de desmentido imediato, a nenhuma penalidade ficará sujeita a concessionária ou permissionária.

ART. 54. São livres as críticas e os conceitos desfavoráveis, ainda que veementes, bem como a narrativa de fatos verdadeiros, guardadas as restrições estabelecidas em lei, inclusive de atos de qualquer dos podêres do Estado.

ART. 55. É inviolável a telecomunicação nos têrmos desta lei.

ART. 56. Pratica crime de violação de telecomunicação quem, transgredindo lei ou regulamento, exiba autógrafo ou qualquer documento do arquivo, divulgue ou comunique, informe ou capte, transmita a outrem ou utilize o conteúdo, resumo, significado, interpretação, indicação ou efeito de qualquer comunicação dirigida a terceiro.

§ 1º Pratica, também, crime de violação de telecomunicações quem ilegalmente receber, divulgar ou utilizar, telecomunicação interceptada.

§ 2º Somente os serviços fiscais das estações e postos oficiais poderão interceptar telecomunicação.

I - A recepção de telecomunicação dirigida por quem diretamente ou como cooperação esteja legalmente autorizado;

II - O conhecimento dado:

a) ao destinatário da telecomunicação ou a seu representante legal;

b) aos intervenientes necessários ao curso da telecomunicação;

c) ao comandante ou chefe, sob cujas ordens imediatas estiver servindo;

d) aos fiscais do Govêrno junto aos concessionários ou permissionários;

e) ao juiz competente, mediante requisição ou intimação dêste.

Parágrafo único. Não estão compreendidas nas proibições contidas nesta lei as radiocomunicações destinadas a ser livremente recebidas, as de amadores, as relativas a navios e aeronaves em perigo, ou as transmitidas nos casos de calamidade pública.

ART 57. Não constitui violação de telecomunicação:

I - A recepção de telecomunicação dirigida por quem diretamente ou como cooperação esteja legalmente autorizado;

II - O conhecimento dado:

a) ao destinatário da telecomunicação ou a seu representante legal;

b) aos intervenientes necessários ao curso da telecomunicação;

c) ao comandante ou chefe, sob cujas ordens imediatas estiver servindo;

d) aos fiscais do Govêrno junto aos concessionários ou permissionários;

e) ao juiz competente, mediante requisição ou intimação dêste.

Parágrafo único. Não estão compreendidas nas proibições contidas nesta lei as radiocomunicações destinadas a ser livremente recebidas, as de amadores, as relativas a navios e aeronaves em perigo, ou as transmitidas nos casos de calamidade pública.

ART. 58. Nos crimes de violação da telecomunicação, a que se referem esta Lei e o artigo 151 do Código Penal, caberão, ainda as seguintes penas: (Substituído pelo Decreto-lei nº 236, de 28.2.1967)

I - Para as concessionárias ou permissionárias as previstas no artigos 62 e 63, se culpados por ação ou omissão e independentemente da ação criminal.

II - Para as pessoas físicas:

a) 1 (um) a 2 (dois) anos de detenção ou perda de cargo ou emprego, apurada a responsabilidade em processo regular, iniciado com o afastamento imediato do acusado até decisão final;

b) para autoridade responsável por violação da telecomunicação, as penas previstas na legislação em vigor serão aplicadas em dobro;

c) serão suspensos ou cassados, na proporção da gravidade da infração, os certificados dos operadores profissionais e dos amadores responsáveis pelo crime de violação da telecomunicação.

• • • • • • • • • • • • • • • •

ART. 70. Constitui crime punível com a pena de detenção de 1 (um) a 2 (dois) anos, aumentada da metade se houver dano a terceiro, a instalação ou utilização de telecomunicações, sem observância do disposto nesta Lei e nos regulamentos. (Substituído pelo Decreto-lei nº 236, de 28.2.1967)

Parágrafo único. Precedendo ao processo penal, para os efeitos referidos neste artigo, será liminarmente procedida a busca e apreensão da estação ou aparelho ilegal.

• • • • • • • • • • • • • • • •

DISPOSIÇÕES FINAIS

ART. 128. Esta lei entrará em vigor na data de sua publicação e deverá ser regulamentada, por ato do Poder Executivo, dentro de 90 (noventa) dias.

ART. 129. Revogam-se as disposições em contrário.

Brasília, 27 de agôsto de 1962;
141º da Independência e 74º da República.

JOÃO GOULART
Francisco Brochado da Rocha
Candido de Oliveira Neto
Pedro Paulo de Araújo Suzano

Miguel Calmon
Hélio de Almeida
Reynaldo de Carvalho Filho
Carlos Siqueira Castro

Este texto não substitui o publicado no DOU de 5.10.1962 e retificado em 31.12.1962

LEI Nº 4.729, DE 14 DE JULHO DE 1965 – DEFINE O CRIME DE SONEGAÇÃO FISCAL

Define o crime de sonegação fiscal e dá outras providências.

▸ *Lei nº 8.137, de 27-12-1990, Define crimes contra a ordem tributária, econômica e contra as relações de consumo.*

▸ *Lei nº 9.249, de 26-12-1995, Altera a legislação do imposto de renda das pessoas jurídicas, bem como da contribuição social sobre o lucro líquido.*

▸ *Lei nº 13.254, de 13-01-2016, art. 5º, § 1º, II e § 2º, Regime Especial de Regularização Tributária.*

O PRESIDENTE DA REPÚBLICA, faço saber que o CONGRESSO NACIONAL decreta e eu sanciono a seguinte Lei:

ART. 1º. Constitui crime de sonegação fiscal:

▸ *Súmula nº 609 do STF.*

I – prestar declaração falsa ou omitir, total ou parcialmente, informação que deva ser produzida a agentes das pessoas jurídicas de direito público interno, com a intenção de eximir-se, total ou parcialmente, do pagamento de tributos, taxas e quaisquer adicionais devidos por lei;

II – inserir elementos inexatos ou omitir, rendimentos ou operações de qualquer natureza em documentos ou livros exigidos pelas leis fiscais, com a intenção de exonerar-se do pagamento de tributos devidos à Fazenda Pública;

III – alterar faturas e quaisquer documentos relativos a operações mercantis com o propósito de fraudar a Fazenda Pública;

IV – fornecer ou emitir documentos graciosos ou alterar despesas, majorando-as, com o objetivo de obter dedução de tributos devidos à Fazenda Pública, sem prejuízo das sanções administrativas cabíveis.

V – Exigir, pagar ou receber, para si ou para o contribuinte beneficiário da paga, qualquer percentagem sobre a parcela dedutível ou deduzida do imposto sobre a renda como incentivo fiscal. (Incluído pela Lei nº 5.569, de 1969)

Pena: Detenção, de seis meses a dois anos, e multa de duas a cinco vezes o valor do tributo.

§ 1º. Quando se tratar de criminoso primário, a pena será reduzida à multa de 10 (dez) vezes o valor do tributo.

§ 2º. Se o agente cometer o crime prevalecendo-se do cargo público que exerce, a pena será aumentada da sexta parte.

▸ *Lei nº 8.137, de 27-12-1990, art. 2º, define crimes contra a ordem tributária, econômica e contra as relações de consumo.*

§ 3º. O funcionário público com atribuições de verificação, lançamento ou fiscalização de tributos, que concorrer para a prática do crime de sonegação fiscal, será punido com a pena deste artigo aumentada da terça parte, com a abertura obrigatória do competente processo administrativo.

ART. 2º. (Revogado pela Lei nº 8.383, de 1991)

ART. 3º. Somente os atos definidos nesta Lei poderão constituir crime de sonegação fiscal.

ART. 4º. A multa aplicada nos termos desta Lei será computada e recolhida, integralmente, como receita pública extraordinária.

ART. 5º. No art. 334, do Código Penal, substituam-se os §§ 1º e 2º pelos seguintes:

§ 1º. Incorre na mesma pena quem:

a) pratica navegação de cabotagem, fora dos casos permitidos em lei;

b) pratica fato assimilado, em lei especial, a contrabando ou descaminho;

c) vende, expõe à venda, mantém em depósito ou, de qualquer forma, utiliza em proveito próprio ou alheio, no exercício de atividade comercial ou industrial, mercadoria de procedência estrangeira que introduziu clandestinamente no País ou importou fraudulentamente ou que sabe ser produto de introdução clandestina no território nacional ou de importação fraudulenta por parte de outrem;

d) adquire, recebe ou oculta, em proveito próprio ou alheio, no exercício de atividade comercial ou Industrial, mercadoria de procedência estrangeira, desacompanhada de documentação legal, ou acompanhada de documentos que sabe serem falsos.

§ 2º. Equipara-se às atividades comerciais, para os efeitos deste artigo, qualquer forma de comércio irregular ou clandestino de mercadorias estrangeiras, inclusive o exercido em residências.

§ 3º. A pena aplica-se em dobro, se o crime de contrabando ou descaminho é praticado em transporte aéreo".

ART. 6º. Quando se trata de pessoa jurídica, a responsabilidade penal pelas infrações previstas nesta Lei será de todos os que, direta ou indiretamente ligados à mesma, de modo permanente ou eventual, tenham praticado ou concorrido para a prática da sonegação fiscal.

ART. 7º. As autoridades administrativas que tiverem conhecimento de crime previsto nesta Lei, inclusive em autos e papéis que conhecerem, sob pena de responsabilidade, remeterão ao Ministério Público os elementos comprobatórios da infração, para instrução do procedimento criminal cabível.

▸ *CPP: art. 40.*

§ 1º. Se os elementos comprobatórios forem suficientes, o Ministério Público oferecerá, desde logo, denúncia.

§ 2º. Sendo necessários esclarecimentos, documentos ou diligências complementares, o Ministério Público os requisitará, na forma estabelecida no Código de Processo Penal.

ART. 8º. Em tudo o mais em que couber e não contrariar os arts. 1º a 7º desta Lei, aplicar-se-ão o Código Penal e o Código de Processo Penal.

ART. 9º. (Revogado pela Lei nº 8.021, de 1990)

LEIS ORDINÁRIAS

ART. 10. O Poder Executivo procederá às alterações do Regulamento do Imposto de Renda decorrentes das modificações constantes desta Lei.

ART. 11. Esta Lei entrará em vigor 60 (sessenta) dias após sua publicação.

ART. 12. Revogam-se as disposições em contrário.

Brasília, em 14 de julho de 1965;
144º da Independência e 77º da República.

H. CASTELLO BRANCO

Este texto não substitui o publicado no DOU de 19.7.1965

LEI Nº 4.898, DE 9 DE DEZEMBRO DE 1965 – LEI DE ABUSO DE AUTORIDADE (REVOGADA PELA LEI Nº 13.869, DE 5.9.2019)

Regula o Direito de Representação e o processo de Responsabilidade Administrativa Civil e Penal, nos casos de abuso de autoridade.

▸ *CPM: art. 9º, II, Código Penal Militar.*

▸ *Lei nº 5.249, de 09-02-1967, Dispõe sobre a Ação Pública de Crimes de Responsabilidade.*

▸ *Lei nº 9.099, de 26-09-1995, Dispõe sobre os Juizados Especiais Cíveis e Criminais.*

O PRESIDENTE DA REPÚBLICA Faço saber que o Congresso Nacional decreta e eu sanciono a seguinte Lei:

ART. 1º. O direito de representação e o processo de responsabilidade administrativa civil e penal, contra as autoridades que, no exercício de suas funções, cometerem abusos, são regulados pela presente lei.

ART. 2º. O direito de representação será exercido por meio de petição:

a) dirigida à autoridade superior que tiver competência legal para aplicar, à autoridade civil ou militar culpada, a respectiva sanção;

b) dirigida ao órgão do Ministério Público que tiver competência para iniciar processo-crime contra a autoridade culpada.

Parágrafo único. A representação será feita em duas vias e conterá a exposição do fato constitutivo do abuso de autoridade, com todas as suas circunstâncias, a qualificação do acusado e o rol de testemunhas, no máximo de três, se as houver.

ART. 3º. Constitui abuso de autoridade qualquer atentado:

▸ *CF: art. 5º, XL.*

▸ *CP: art. 2º.*

▸ *CPM: art. 9º, II, Código Penal Militar.*

a) à liberdade de locomoção;

▸ *Esta Lei: art. 4º, a.*

▸ *CF: art. 5º, caput e incisos XL, LXV e LXVIII.*

▸ *CP: arts. 2º, 146 a 149-A e 159.*

▸ *CPP: arts. 310, I, 647 e 648.*

▸ *Lei nº 13.869, de 5-9-2019, art. 9, Lei de Abuso de Autoridade.*

b) à inviolabilidade do domicílio;

▸ *CF: art. 5º, XI e LVI.*

▸ *CPP: arts. 157 e 240 a 250.*

▸ *CP: art. 150, caput e §§ 4º e 5º.*

▸ *Lei nº 13.869, de 5-9-2019, art. 22, Lei de Abuso de Autoridade.*

c) ao sigilo da correspondência;

▸ *CF: art. 5º, XII, XL e LVI.*

▸ *CP: arts. 2º, 151 e 152.*

▸ *CPP: art. 157.*

d) à liberdade de consciência e de crença;

▸ *CF: art. 5º, VIII.*

e) ao livre exercício do culto religioso;

▸ *CF: art. 5º, VI.*

▸ *CP: art. 208.*

f) à liberdade de associação;

▸ *CF: art. 5º, XVII a XX.*

g) aos direitos e garantias legais assegurados ao exercício do voto;

▸ *CF: arts. 14 e 60, § 4º, II.*

▸ *CE: arts. 298 e 300.*

h) ao direito de reunião;

▸ *CF: art. 5º, XVI.*

i) à incolumidade física do indivíduo;

▸ *CF: art. 5º, III.*

j) aos direitos e garantias legais assegurados ao exercício profissional. (Incluído pela Lei nº 6.657, de 05/06/79)

▸ *Lei nº 8.906, 04-07-1994, Dispõe sobre o Estatuto da Advocacia e a Ordem dos Advogados do Brasil (OAB).*

▸ *Lei nº 13.869, de 5-9-2019, arts. 15, parágrafo único, II, 20 e 32, Lei de Abuso de Autoridade.*

ART. 4º. Constitui também abuso de autoridade:

▸ *CP: art. 350.*

▸ *CPM: art. 9º, II, Código Penal Militar.*

a) ordenar ou executar medida privativa da liberdade individual, sem as formalidades legais ou com abuso de poder;

▸ *Súmula Vinculante nº 11.*

▸ *CF: art. 5º, XL, LXI, LXIII e LXIV.*

▸ *CP: art. 2º.*

▸ *Lei nº 13.869, de 5-9-2019, art. 9, Lei de Abuso de Autoridade.*

b) submeter pessoa sob sua guarda ou custódia a vexame ou a constrangimento não autorizado em lei;

▸ *CF: art. 5º, III, XL e XLIX.*

▸ *CP: art. 2º.*

▸ *Lei nº 13.869, de 5-9-2019, art. 13, II, Lei de Abuso de Autoridade.*

c) deixar de comunicar, imediatamente, ao juiz competente a prisão ou detenção de qualquer pessoa;

▸ CF: art. 5º, XL, LXII, LXV e LVIII.

▸ CPP: art. 310, I.

▸ CP: art. 2º

▸ Lei nº 13.869, de 5-9-2019, arts. 9 e 12, Lei de Abuso de Autoridade.

d) deixar o Juiz de ordenar o relaxamento de prisão ou detenção ilegal que lhe seja comunicada;

▸ CF: art. 5º, XL, LXV e LXVIII.

▸ CP: art. 2º.

▸ Lei nº 13.869, de 5-9-2019, art. 9, parágrafo único, I, Lei de Abuso de Autoridade.

e) levar à prisão e nela deter quem quer que se proponha a prestar fiança, permitida em lei;

▸ CF: art. 5º, XL, LXVI e LXVIII.

▸ CPP: arts. 310, III, 321 a 324, 647 e 648.

▸ CP: art. 2º.

▸ Lei nº 13.869, de 5-9-2019, art. 9, parágrafo único, II, Lei de Abuso de Autoridade.

f) cobrar o carcereiro ou agente de autoridade policial carceragem, custas, emolumentos ou qualquer outra despesa, desde que a cobrança não tenha apoio em lei, quer quanto à espécie quer quanto ao seu valor;

▸ CF: art. 5º., XL.

▸ CP: arts. 2º. e 317.

▸ Lei nº 13.869, de 5-9-2019, art. 33, parágrafo único, Lei de Abuso de Autoridade.

g) recusar o carcereiro ou agente de autoridade policial recibo de importância recebida a título de carceragem, custas, emolumentos ou de qualquer outra despesa;

▸ CF: art. 5º. XL.

▸ CP: arts. 2º. e 317.

▸ Lei nº 13.869, de 5-9-2019, art. 33, parágrafo único, Lei de Abuso de Autoridade.

h) o ato lesivo da honra ou do patrimônio de pessoa natural ou jurídica, quando praticado com abuso ou desvio de poder ou sem competência legal;

▸ CF: art. 5º, X e XL.

▸ CP: arts. 2º, 138 a 145.

▸ Lei nº 13.869, de 5-9-2019, art. 28, Lei de Abuso de Autoridade.

i) prolongar a execução de prisão temporária, de pena ou de medida de segurança, deixando de expedir em tempo oportuno ou de cumprir imediatamente ordem de liberdade. (Incluído pela Lei nº 7.960, de 21/12/89)

▸ Súmula nº 527 do STJ.

▸ CF: art. 5º, XL, LXV e LXVIII.

▸ CP: art. 2o.

▸ CPP: arts. 310, I, 647 e 648.

▸ Lei nº 7.960, de 21-12-1989, art. 2º, dispõe sobre prisão temporária.

▸ Lei nº 13.869, de 5-9-2019, arts. 9 e 12, parágrafo único, IV, Lei de Abuso de Autoridade.

ART. 5º. Considera-se autoridade, para os efeitos desta lei, quem exerce cargo, emprego ou função pública, de natureza civil, ou militar, ainda que transitoriamente e sem remuneração.

▸ CP: art. 327.

▸ Lei nº 13.869, de 5-9-2019, art. 2º., Lei de Abuso de Autoridade.

ART. 6º. O abuso de autoridade sujeitará o seu autor à sanção administrativa civil e penal.

▸ CP: arts. 90 a 92, e 327.

▸ Lei nº 13.869, de 5-9-2019, arts. 4º. a 8, Lei de Abuso de Autoridade.

§ 1º. A sanção administrativa será aplicada de acordo com a gravidade do abuso cometido e consistirá em:

a) advertência;

b) repreensão;

c) suspensão do cargo, função ou posto por prazo de cinco a cento e oitenta dias, com perda de vencimentos e vantagens;

d) destituição de função;

e) demissão;

f) demissão, a bem do serviço público.

§ 2º. A sanção civil, caso não seja possível fixar o valor do dano, consistirá no pagamento de uma indenização de quinhentos a dez mil cruzeiros.

§ 3º. A sanção penal será aplicada de acordo com as regras dos artigos 42 a 56 do Código Penal e consistirá em:

▸ CP: arts. 59 e 76.

a) multa de cem a cinco mil cruzeiros;

b) detenção por dez dias a seis meses;

c) perda do cargo e a inabilitação para o exercício de qualquer outra função pública por prazo até três anos.

§ 4º. As penas previstas no parágrafo anterior poderão ser aplicadas autônoma ou cumulativamente.

§ 5º. Quando o abuso for cometido por agente de autoridade policial, civil ou militar, de qualquer categoria, poderá ser cominada a pena autônoma ou acessória, de não poder o acusado exercer funções de natureza policial ou militar no município da culpa, por prazo de um a cinco anos.

▸ CP: arts. 90 a 92.

ART. 7º. Recebida a representação em que for solicitada a aplicação de sanção administrativa, a autoridade civil ou militar competente determinará a instauração de inquérito para apurar o fato.

▸ CF: art. 5º., XL.

▸ CP: art. 2º.

▸ Lei nº 13.869, de 5-9-2019, art. 3º., Lei de Abuso de Autoridade.

§ 1º. O inquérito administrativo obedecerá às normas estabelecidas nas leis municipais, estaduais ou federais, civis ou militares, que estabeleçam o respectivo processo.

§ 2º. Não existindo no município no Estado ou na legislação militar normas reguladoras do inquérito administrativo serão aplicadas supletivamente, as disposições dos arts. 219 a 225 da Lei nº 1.711, de 28 de outubro de 1952 (Estatuto dos Funcionários Públicos Civis da União).

▸ Lei nº 1.711/52 foi revogada pela Lei nº 8.112/90.

§ 3º. O processo administrativo não poderá ser sobrestado para o fim de aguardar a decisão da ação penal ou civil.

ART. 8º. A sanção aplicada será anotada na ficha funcional da autoridade civil ou militar.

ART. 9º. Simultaneamente com a representação dirigida à autoridade administrativa ou independentemente dela, poderá ser promovida pela vítima do abuso, a responsabilidade civil ou penal ou ambas, da autoridade culpada.

ART. 10. Vetado

ART. 11. À ação civil serão aplicáveis as normas do Código de Processo Civil.

ART. 12. A ação penal será iniciada, independentemente de inquérito policial ou justificação por denúncia do Ministério Público, instruída com a representação da vítima do abuso.

ART. 13. Apresentada ao Ministério Público a representação da vítima, aquele, no prazo de quarenta e oito horas, denunciará o réu, desde que o fato narrado constitua abuso de autoridade, e requererá ao Juiz a sua citação, e, bem assim, a designação de audiência de instrução e julgamento.

§ 1º. A denúncia do Ministério Público será apresentada em duas vias.

ART. 14. Se a ato ou fato constitutivo do abuso de autoridade houver deixado vestígios o ofendido ou o acusado poderá:

a) promover a comprovação da existência de tais vestígios, por meio de duas testemunhas qualificadas;

b) requerer ao Juiz, até setenta e duas horas antes da audiência de instrução e julgamento, a designação de um perito para fazer as verificações necessárias.

§ 1º. O perito ou as testemunhas farão o seu relatório e prestarão seus depoimentos verbalmente, ou o apresentarão por escrito, querendo, na audiência de instrução e julgamento.

§ 2º. No caso previsto na letra a deste artigo a representação poderá conter a indicação de mais duas testemunhas.

ART. 15. Se o órgão do Ministério Público, ao invés de apresentar a denúncia requerer o arquivamento da representação, o Juiz, no caso de considerar improcedentes as razões invocadas, fará remessa da representação ao Procurador-Geral e este oferecerá a denúncia, ou designará outro órgão do Ministério Público para oferecê-la ou insistirá no arquivamento, ao qual só então deverá o Juiz atender.

▸ *CPP: art. 28.*

ART. 16. Se o órgão do Ministério Público não oferecer a denúncia no prazo fixado nesta lei, será admitida ação privada. O órgão do Ministério Público poderá, porém, aditar a queixa, repudiá-la e oferecer denúncia substitutiva e intervir em todos os termos do processo, interpor recursos e, a todo tempo, no caso de negligência do querelante, retomar a ação como parte principal.

▸ *CF: art. 5º, LIX.*

▸ *CPP: art. 29.*

ART. 17. Recebidos os autos, o Juiz, dentro do prazo de quarenta e oito horas, proferirá despacho, recebendo ou rejeitando a denúncia.

▸ *CPP: art. 395.*

▸ *Lei nº 9.099, de 25-09-1995, art. 60 e ss. Dispõe sobre os Juizados Especiais Cíveis e Criminais.*

§ 1º. No despacho em que receber a denúncia, o Juiz designará, desde logo, dia e hora para a audiência de instrução e julgamento, que deverá ser realizada, improrrogavelmente dentro de cinco dias.

§ 2º. A citação do réu para se ver processar, até julgamento final e para comparecer à audiência de instrução e julgamento, será feita por mandado sucinto que, será acompanhado da segunda via da representação e da denúncia.

ART. 18. As testemunhas de acusação e defesa poderão ser apresentada em juízo, independentemente de intimação.

Parágrafo único. Não serão deferidos pedidos de precatória para a audiência ou a intimação de testemunhas ou, salvo o caso previsto no artigo 14, letra "b", requerimentos para a realização de diligências, perícias ou exames, a não ser que o Juiz, em despacho motivado, considere indispensáveis tais providências.

ART. 19. A hora marcada, o Juiz mandará que o porteiro dos auditórios ou o oficial de justiça declare aberta a audiência, apregoando em seguida o réu, as testemunhas, o perito, o representante do Ministério Público ou o advogado que tenha subscrito a queixa e o advogado ou defensor do réu.

Parágrafo único. A audiência somente deixará de realizar-se se ausente o Juiz.

ART. 20. Se até meia hora depois da hora marcada o Juiz não houver comparecido, os presentes poderão retirar-se, devendo o ocorrido constar do livro de termos de audiência.

ART. 21. A audiência de instrução e julgamento será pública, se contrariamente não dispuser o Juiz, e realizar-se-á em dia útil, entre dez (10) e dezoito (18) horas, na sede do Juízo ou, excepcionalmente, no local que o Juiz designar.

ART. 22. Aberta a audiência o Juiz fará a qualificação e o interrogatório do réu, se estiver presente.

Parágrafo único. Não comparecendo o réu nem seu advogado, o Juiz nomeará imediatamente defensor para funcionar na audiência e nos ulteriores termos do processo.

ART. 23. Depois de ouvidas as testemunhas e o perito, o Juiz dará a palavra sucessivamente, ao Ministério Público ou ao advogado que houver subscrito a queixa e ao advogado ou defensor do réu, pelo prazo de quinze minutos para cada um, prorrogável por mais dez (10), a critério do Juiz.

ART. 24. Encerrado o debate, o Juiz proferirá imediatamente a sentença.

ART. 25. Do ocorrido na audiência o escrivão lavrará no livro próprio, ditado pelo Juiz, termo que conterá, em resumo, os depoimentos e as alegações da acusação e da defesa, os requerimentos e, por extenso, os despachos e a sentença.

ART. 26. Subscreverão o termo o Juiz, o representante do Ministério Público ou o advogado que houver subscrito a queixa, o advogado ou defensor do réu e o escrivão.

ART. 27. Nas comarcas onde os meios de transporte forem difíceis e não permitirem a observância dos prazos fixados nesta lei, o juiz poderá aumentá-las, sempre motivadamente, até o dobro.

ART. 28. Nos casos omissos, serão aplicáveis as normas do Código de Processo Penal, sempre que compatíveis com o sistema de instrução e julgamento regulado por esta lei.

Parágrafo único. Das decisões, despachos e sentenças, caberão os recursos e apelações previstas no Código de Processo Penal.

ART. 29. Revogam-se as disposições em contrário.

Brasília, 9 de dezembro de 1965; 144º da Independência e 77º da República.

H. CASTELLO BRANCO

Este texto não substitui o publicado no DOU de 13.12.1965

LEI Nº 5.010, DE 30 DE MAIO DE 1966 – ORGANIZA A JUSTIÇA FEDERAL (EXCERTOS)

Organiza a Justiça Federal de primeira instância, e dá outras providências.

▸ Esta lei: art. 60.

O PRESIDENTE DA REPÚBLICA faço saber que o Congresso Nacional decreta e eu sanciono a seguinte lei:

CAPÍTULO I. DISPOSIÇÕES PRELIMINARES

ART. 1º. A administração da Justiça Federal de primeira instância nos Estados, no Distrito Federal e nos Territórios, compete a Juízes Federais e Juízes Federais Substitutos, com a colaboração dos órgãos auxiliares instituídos em lei e pela forma nela estabelecida.

• • • • • • • • • • • • • • • • • •

ART. 13. Compete aos Juízes Federais:

I – processar e julgar, em primeira instância, as causas sujeitas à jurisdição da Justiça Federal (artigo 10), ressalvado o disposto no artigo 15;

II – abrir, rubricar e encerrar os livros das respectivas Secretarias;

III – inspecionar, pelo menos uma vez por ano os serviços a cargo das Secretarias, providenciando no sentido de evitar ou punir erros, omissões ou abusos;

IV – dar conhecimento imediato da inspeção realizada ao Corregedor-Geral, em ofício reservado, solicitando-lhe as providências cabíveis;

V – fornecer, anualmente, dados para a organização de estatísticas;

VI – processar e julgar as suspeições arguidas, contra os auxiliares do Juízo;

VII – aplicar penas disciplinares aos servidores do próprio Juízo;

VIII – apresentar, anualmente, relatório circunstanciado dos trabalhos sob sua jurisdição.

IX – requisitar força federal ou estadual necessária ao cumprimento de suas decisões. (Incluído pelo Decreto Lei nº 253, de 1967)

IX – requisitar força federal ou estadual necessária ao cumprimento de suas decisões; (Redação dada pela Lei nº 5.345, de 1967)

ART. 14. Aos Juízes Federais Substitutos incumbe substituir os Juízes Federais nas suas férias, licenças e impedimentos eventuais e auxiliá-los, em caráter permanente, inclusive na instrução e julgamento de feitos, na forma que o Conselho da Justiça Federal estabelecer.

ART. 15. Quando a Comarca não for sede de Vara Federal, poderão ser processadas e julgadas na Justiça Estadual: (Redação dada pela Lei nº 13.876, de 2019 – DOU 23.09.2019, em vigor a partir do dia 1º de janeiro de 2020)

▸ CF: art. 109.

I – (Revogado pela Lei nº 13.043, de 2014).

II – as vistorias e justificações destinadas a fazer prova perante a administração federal, centralizada ou autárquica, quando o requerente for domiciliado na Comarca;

III - as causas em que forem parte instituição de previdência social e segurado e que se referirem a benefícios de natureza pecuniária, quando a Comarca de domicílio do segurado estiver localizada a mais de 70 km (setenta quilômetros) de Município sede de Vara Federal; (Redação dada pela Lei nº 13.876, de 2019 – DOU 23.09.2019, em vigor a partir do dia 1º de janeiro de 2020)

IV – as ações de qualquer natureza, inclusive os processos acessórios e incidentes a elas relativos, propostas por sociedades de economia mista com participação majoritária federal contra pessoas domiciliadas na Comarca, ou que versem sobre bens nela situados. (Incluído pelo Decreto-Lei nº 30, de 1966)

§ 1º Sem prejuízo do disposto no art. 42 desta Lei e no parágrafo único do art. 237 da Lei nº 13.105, de 16 de março de 2015 (Código de Processo Civil), poderão os Juízes e os auxiliares da Justiça Federal praticar atos e diligências processuais no território de qualquer Município abrangido pela seção, subseção ou circunscrição da respectiva Vara Federal. (Redação dada pela Lei nº 13.876, de 2019 – DOU 23.09.2019, em vigor a partir do dia 1º de janeiro de 2020)

§ 2º Caberá ao respectivo Tribunal Regional Federal indicar as Comarcas que se enquadram no critério de distância previsto no inciso III do caput deste artigo. (Redação dada pela Lei nº 13.876, de 2019 – DOU 23.09.2019, em vigor a partir do dia 1º de janeiro de 2020)

• • • • • • • • • • • • • • • • • •

ART. 60. Na Seção Judiciária em que houver apenas uma Vara, o Juiz Federal integrará o Tribunal Regional Eleitoral, tendo como suplente o Juiz Federal Substituto.

Parágrafo único. Quando houver mais de uma Vara, o Tribunal Federal de Recursos, indicará, com o seu suplente, o Juiz Federal que integrará o Tribunal Regional Eleitoral.

ART. 61. Na Seção em que houver Varas da Justiça Federal especializadas em matéria criminal, a estas caberá o processo e julgamento dos mandados de segurança e de quaisquer ações ou incidentes relativos a apreensão de mercadorias entradas ou saídas irregularmente do país ficando o Juiz prevento para o procedimento penal do crime de contrabando ou descaminho (Código Penal, artigo 334).

ART. 62. Além dos fixados em lei, serão feriados na Justiça Federal, inclusive nos Tribunais Superiores:

I – os dias compreendidos entre 20 de dezembro e 6 de janeiro, inclusive;

II – os dias da Semana Santa, compreendidos entre a quarta-feira e o Domingo de Páscoa;

III – os dias de segunda e terça-feira de Carnaval;

IV – os dias 11 de agosto, 1º e 2 de novembro e 8 de dezembro. (Redação dada pela Lei nº 6.741, de 1979)

ART. 63. O Tribunal Federal de Recursos organizará, para orientação da Justiça Federal de Primeira Instância, e dos interessados, Súmulas de sua jurisprudência, aprovadas pelo seu plenário, fazendo-as publicar, regularmente, no "Diário da Justiça" da União e nos Boletins da Justiça Federal das Seções.

§ 1º. Poderão ser inscritos na súmula os enunciados correspondentes às decisões firmadas por unanimidade dos membros componentes do Tribunal, num caso, ou por maioria qualificada, em dois julgamentos concordantes, pelo menos.

§ 2º. Os enunciados da Súmula prevalecem e serão revistos, no que couber, segundo a forma estabelecida no Regimento do Supremo Tribunal Federal.

ART. 64. Nos seus impedimentos temporários excedentes de trinta dias, ou quando necessário, os membros do Tribunal Federal de Recursos serão substituídos por Juízes Federais convocados na forma prevista no seu Regimento.

ART. 65. A polícia judiciária federal será exercida pelas autoridades policiais do Departamento Federal de Segurança Pública, observando-se, no que couber, as disposições do Código de Processo Penal (Decreto-Lei nº 3.689, de 3 de outubro de 1941), da Lei nº 4.483, de 16 de novembro de 1964 e demais normas legais aplicáveis ao processo penal.

ART. 66. O prazo para conclusão do inquérito policial será de quinze dias, quando o indiciado estiver preso, podendo ser prorrogado por mais quinze dias, a pedido, devidamente fundamentado, da autoridade policial e deferido pelo Juiz a que competir o conhecimento do processo.

Parágrafo único. Ao requerer a prorrogação do prazo para conclusão do inquérito, a autoridade policial deverá apresentar o preso ao Juiz.

ART. 67. A autoridade policial deverá remeter, em vinte e quatro horas, cópia do auto de prisão em flagrante ao Procurador da República que funcionar junto ao Juiz competente para o procedimento criminal.

ART. 68. Da expedição de alvará de soltura o Chefe de Secretaria dará imediato conhecimento ao Procurador da República.

ART. 69. O parágrafo único do artigo 21 do Código de Processo Penal passa a ter a seguinte redação:

▸ Alteração inserida no texto do referido código.

ART. 70. A União intervirá, obrigatoriamente, nas causas em que figurarem, como autores ou réus, os partidos políticos, excetuadas as de competência da Justiça Eleitoral, e as sociedades de economia mista ou empresas públicas com participação majoritária federal, bem assim os órgãos autônomos especiais e fundações criados por lei federal.

ART. 71. Caberá ao Tribunal Federal de Recursos, em sessão plenária, julgar os mandados de segurança contra ato ou decisão do Conselho da Justiça Federal.

ART. 72. É vedada, sob pena de nulidade, a nomeação de cônjuge ou de parente até o 2º grau, consanguíneo ou afim do Juiz Federal, para cargo dos serviços auxiliares da Seção Judiciária em que servir.

• • • • • • • • • • • • • • • • •

ART. 95. Esta Lei entrará em vigor na data de sua publicação.

ART. 96. Revogam-se as disposições em contrário.

H. CASTELLO BRANCO

Este texto não substitui o publicado no DOU de 1º.6.1966, retificada em 14.6 e 4.7.1966

LEI Nº 5.197, DE 3 DE JANEIRO DE 1967 – PROTEÇÃO À FAUNA (EXCERTOS)

Dispõe sobre a proteção à fauna e dá outras providências.

▸ Lei nº 7.643, de 18-12-1987, Proibição à pesca de cetáceos.

▸ Lei nº 9.605, de 12-02-1998, Dispõe sobre as sanções penais e administrativas derivadas de condutas e atividades lesivas ao meio ambiente.

▸ Lei nº 5.197, de 03-01-1967, art.27; Proteção à Fauna.

▸ Lei nº 7.643, de 18-12-1987, Proibição à pesca de cetáceos.

▸ Lei nº 9.605, de 12-02-1998, arts. 29, 32 e 34; Crimes Ambientais.

O PRESIDENTE DA REPÚBLICA Faço saber que o Congresso Nacional decreta e eu sanciono a seguinte Lei:

ART. 1º. Os animais de quaisquer espécies, em qualquer fase do seu desenvolvimento e que vivem naturalmente fora do cativeiro, constituindo a fauna silvestre, bem como seus ninhos, abrigos e criadouros naturais são propriedades do Estado, sendo proibida a sua utilização, perseguição, destruição, caça ou apanha.

§ 1º. Se peculiaridades regionais comportarem o exercício da caça, a permissão será estabelecida em ato regulamentador do Poder Público Federal.

§ 2º. A utilização, perseguição, caça ou apanha de espécies da fauna silvestre em terras de domínio privado, mesmo quando permitidas na forma do parágrafo anterior, poderão ser igualmente proibidas pelos respectivos proprietários, assumindo estes a responsabilidade de fiscalização de seus domínios. Nestas áreas, para a prática do ato de caça é necessário o consentimento expresso ou tácito dos proprietários, nos termos dos arts. 594, 595, 596, 597 e 598 do Código Civil.

ART. 2º. É proibido o exercício da caça profissional.

ART. 3º. É proibido o comércio de espécimes da fauna silvestre e de produtos e objetos que impliquem na sua caça, perseguição, destruição ou apanha.

§ 1º. Excetuam-se os espécimes provenientes legalizados.

§ 2º. Será permitida mediante licença da autoridade competente, a apanha de ovos, lavras e filhotes que se destinem aos estabelecimentos acima referidos, bem como a destruição de animais silvestres considerados nocivos à agricultura ou à saúde pública.

§ 3º. O simples desacompanhamento de comprovação de procedência de peles ou outros produtos de animais silvestres, nos carregamentos de via terrestre, fluvial, marítima ou aérea, que se iniciem ou transitem pelo País, caracterizará, de imediato, o descumprimento do disposto no *caput* deste artigo. (Incluído pela Lei nº 9.111, de 10.10.199)

ART. 4º. Nenhuma espécie poderá ser introduzida no País, sem parecer técnico oficial favorável e licença expedida na forma da Lei.

ART. 5º. (Revogado pela Lei nº 9.985, de 2000)

ART. 6º. O Poder Público estimulará:

a) a formação e o funcionamento de clubes e sociedades amadoristas de caça e de tiro ao voo objetivando alcançar o espírito associativista para a prática desse esporte.

b) a construção de criadouros destinadas à criação de animais silvestres para fins econômicos e industriais.

ART. 7º. A utilização, perseguição, destruição, caça ou apanha de espécimes da fauna silvestre, quando consentidas na forma desta Lei, serão considerados atos de caça.

ART. 8º. O Órgão público federal competente, no prazo de 120 dias, publicará e atualizará anualmente:

a) a relação das espécies cuja utilização, perseguição, caça ou apanha será permitida indicando e delimitando as respectivas áreas;

b) a época e o número de dias em que o ato acima será permitido;

c) a quota diária de exemplares cuja utilização, perseguição, caça ou apanha será permitida.

Parágrafo único. Poderão ser igualmente, objeto de utilização, caça, perseguição ou apanha os animais domésticos que, por abandono, se tornem selvagens ou ferais.

ART. 9º. Observado o disposto no artigo 8º e satisfeitas as exigências legais, poderão ser capturados e mantidos em cativeiro, espécimes da fauna silvestre.

ART. 10. A utilização, perseguição, destruição, caça ou apanha de espécimes da fauna silvestre são proibidas.

a) com visgos, atiradeiras, fundas, bodoques, veneno, incêndio ou armadilhas que maltratem a caça;

b) com armas a bala, a menos de três quilômetros de qualquer via térrea ou rodovia pública;

c) com armas de calibre 22 para animais de porte superior ao tapiti (sylvilagus brasiliensis);

d) com armadilhas, constituídas de armas de fogo;

e) nas zonas urbanas, suburbanas, povoados e nas estâncias hidrominerais e climáticas;

f) nos estabelecimentos oficiais e açudes do domínio público, bem como nos terrenos adjacentes, até a distância de cinco quilômetros;

g) na faixa de quinhentos metros de cada lado do eixo das vias férreas e rodovias públicas;

h) nas áreas destinadas à proteção da fauna, da flora e das belezas naturais;

i) nos jardins zoológicos, nos parques e jardins públicos;

j) fora do período de permissão de caça, mesmo em propriedades privadas;

l) à noite, exceto em casos especiais e no caso de animais nocivos;

m) do interior de veículos de qualquer espécie.

ART. 11. Os clubes ou Sociedades Amadoristas de Caça e de tiro ao voo, poderão ser organizados distintamente ou em conjunto com os de pesca, e só funcionarão validamente após a obtenção da personalidade jurídica, na forma da Lei civil e o registro no órgão público federal competente.

ART. 12. As entidades a que se refere o artigo anterior deverão requerer licença especial para seus associados transitarem com arma de caça e de esporte, para uso em suas sedes durante o período defeso e dentro do perímetro determinado.

ART. 13. Para exercício da caça, é obrigatória a licença anual, de caráter específico e de âmbito regional, expedida pela autoridade competente.

Parágrafo único. A licença para caçar com armas de fogo deverá ser acompanhada do porte de arma emitido pela Polícia Civil.

ART. 14. Poderá ser concedida a cientistas, pertencentes a instituições científicas, oficiais ou oficializadas, ou por estas indicadas, licença especial para a coleta de material destinado a fins científicos, em qualquer época.

§ 1º. Quando se tratar de cientistas estrangeiros, devidamente credenciados pelo país de origem, deverá o pedido de licença ser aprovado e encaminhado ao órgão público federal competente, por intermédio de instituição científica oficial do país.

§ 2º. As instituições a que se refere este artigo, para efeito da renovação anual da licença, darão ciência ao órgão

LEIS ORDINÁRIAS

público federal competente das atividades dos cientistas licenciados no ano anterior.

§ 3º. As licenças referidas neste artigo não poderão ser utilizadas para fins comerciais ou esportivos.

§ 4º. Aos cientistas das instituições nacionais que tenham por Lei, a atribuição de coletar material zoológico, para fins científicos, serão concedidas licenças permanentes.

ART. 15. O Conselho de Fiscalização das Expedições Artísticas e Cientificas do Brasil ouvirá o órgão público federal competente toda vez que, nos processos em julgamento, houver matéria referente á fauna.

ART. 16. Fica instituído o registro das pessoas físicas ou jurídicas que negociem com animais silvestres e seus produtos.

ART. 17. As pessoas físicas ou jurídicas, de que trata o artigo anterior, são obrigadas à apresentação de declaração de estoques e valores, sempre que exigida pela autoridade competente.

Parágrafo único. O não cumprimento do disposto neste artigo, além das penalidades previstas nesta lei obriga o cancelamento do registro.

ART. 18. É proibida a exportação para o Exterior, de peles e couros de anfíbios e répteis, em bruto.

ART. 19. O transporte interestadual e para o Exterior, de animas silvestres, lepidópteros, e outros insetos e seus produtos depende de guia de trânsito, fornecida pela autoridade competente.

Parágrafo único. Fica isento dessa exigência o material consignado a Instituições Científicas Oficiais.

ART. 20. As licenças de caçadores serão concedidas mediante pagamento de uma taxa anual equivalente a um décimo do salário-mínimo mensal.

Parágrafo único. Os turistas pagarão uma taxa equivalente a um salário-mínimo mensal, e a licença será válida por 30 dias.

ART. 21. O registro de pessoas físicas ou jurídicas, a que se refere o art. 16, será feito mediante o pagamento de uma taxa equivalente a meio salário-mínimo mensal.

Parágrafo único. As pessoas físicas ou jurídicas de que trata este artigo pagarão a título de licença, uma taxa anual para as diferentes formas de comércio até o limite de um salário-mínimo mensal.

ART. 22. O registro de clubes ou sociedades amadoristas, de que trata o art. 11, será concedido mediante pagamento de uma taxa equivalente a meio salário-mínimo mensal.

Parágrafo único. As licenças de trânsito com arma de caça e de esporte, referidas no art. 12, estarão sujeitas ao pagamento de uma taxa anual equivalente a um vigésimo do salário-mínimo mensal.

ART. 23. Far-se-á, com a cobrança da taxa equivalente a dois décimos do salário-mínimo mensal, o registro dos criadouros.

ART. 24. O pagamento das licenças, registros e taxas previstos nesta Lei, será recolhido ao Banco do Brasil S. A em conta especial, a crédito do Fundo Federal Agropecuário, sob o título "Recursos da Fauna".

ART. 25. A União fiscalizará diretamente pelo órgão executivo específico, do Ministério da Agricultura, ou em convênio com os Estados e Municípios, a aplicação das normas desta Lei, podendo, para tanto, criar os serviços indispensáveis.

Parágrafo único. A fiscalização da caça pelos órgãos especializados não exclui a ação da autoridade policial ou das Forças Armadas por iniciativa própria.

ART. 26. Todos os funcionários, no exercício da fiscalização da caça, são equiparados aos agentes de segurança pública, sendo-lhes assegurado o porte de armas.

ART. 27. Constitui crime punível com pena de reclusão de 2 (dois) a 5 (cinco) anos a violação do disposto nos arts. 2º, 3º, 17 e 18 desta lei. (Redação dada pela Lei nº 7.653, de 12.2.1988)

- *Artigo 27 revogado tacitamente pela Lei nº 9.605/98.*
- *Lei nº 7.643, de 18-12-1987. Proibição à pesca de cetáceos.*
- *Lei nº 9.605, de 12-02-1998, arts. 29, 32 e 34: Crimes Ambientais.*

§ 1º. É considerado crime punível com a pena de reclusão de 1 (um) a 3 (três) anos a violação do disposto no artigo 1º e seus parágrafos 4º, 8º e suas alíneas a, b, e c, 10 e suas alíneas a, b, c, d, e, f, g, h, i, j, l, e m, e 14 e seu § 3º desta lei. (Incluído pela Lei nº 7.653, de 12.2.1988)

§ 2º. Incorre na pena prevista no *caput* deste artigo quem provocar, pelo uso direto ou indireto de agrotóxicos ou de qualquer outra substância química, o perecimento de espécimes da fauna ictiológica existente em rios, lagos, açudes, lagoas, baías ou mar territorial brasileiro. (Incluído pela Lei nº 7.653, de 12.2.1988)

§ 3º. Incide na pena prevista no § 1º deste artigo quem praticar pesca predatória, usando instrumento proibido, explosivo, erva ou sustância química de qualquer natureza. (Incluído pela Lei nº 7.653, de 12.2.1988)

§ 4º. (Revogado pela Lei nº 7.679, de 23.11.1988)

§ 5º. Quem, de qualquer maneira, concorrer para os crimes previstos no *caput* e no § 1º deste artigo incidirá nas penas a eles cominadas. (Incluído pela Lei nº 7.653, de 12.2.1988)

§ 6º. Se o autor da infração considerada crime nesta lei for estrangeiro, será expulso do País, após o cumprimento da pena que lhe for imposta, (Vetado), devendo a autoridade judiciária ou administrativa remeter, ao Ministério da Justiça, cópia da decisão cominativa da pena aplicada, no prazo de 30 (trinta) dias do trânsito em julgado de sua decisão. (Incluído pela Lei nº 7.653, de 12.2.1988)

ART. 28. Além das contravenções estabelecidas no artigo precedente, subsistem os dispositivos sobre contravenções e crimes previstos no Código Penal e nas demais leis, com as penalidades neles contidas.

- *Artigo 28 revogado tacitamente pela Lei nº 9.605/98.*

ART. 29. São circunstâncias que agravam a pena fora, aquelas constantes do Código Penal e da Lei das Contravenções Penais, as seguintes:

- *Artigo 29 revogado tacitamente pela Lei nº 9.605/98.*

a) cometer a infração em período defeso à caça ou durante à noite;

b) empregar fraude ou abuso de confiança;

c) aproveitar indevidamente licença de autoridade;

d) incidir a infração sobre animais silvestres e seus produtos oriundos de áreas onde a caça é proibida.

ART. 30. As penalidades incidirão sobre os autores, sejam eles:

▸ *Artigo 30 revogado tacitamente pela Lei nº 9.605/98.*

a) direto;

b) arrendatários, parceiros, posseiros, gerentes, administradores, diretores, promitentes, compradores ou proprietários das áreas, desde que praticada por prepostos ou subordinados e no interesse dos proponentes ou dos superiores hierárquicos;

c) autoridades que por ação ou omissão consentirem na prática do ato ilegal, ou que cometerem abusos do poder.

Parágrafo único. Em caso de ações penais simultâneas pelo mesmo fato, iniciadas por várias autoridades. O juiz reunirá os processos na jurisdição em que se firmar a competência.

ART. 31. A ação penal independe de queixa mesmo em se tratando de lesão em propriedade privada, quando os bens atingidos, são animais silvestres e seus produtos, instrumentos de trabalho, documentos e atos relacionados com a proteção da fauna disciplinada nesta Lei.

▸ *Artigo 31 revogado tacitamente pela Lei nº 9.605/98.*

ART. 32. ~~São autoridades competentes para instaurar, presidir e proceder a inquéritos policiais, lavrar autos de prisão em flagrante e intentar a ação penal, nos casos de crimes ou de contravenções previstas nesta Lei ou em outras leis que tenham por objeto os animais silvestres seus produtos instrumentos e documentos relacionados com os mesmos as indicadas no Código de Processo Penal.~~

▸ *Lei nº 9.605, de 12-02-1998, arts. 25 e 26, Crimes ambientais.*

ART. 33. ~~A autoridade apreenderá os produtos da caça e/ou da pesca bem como os instrumentos utilizados na infração, e se estes, por sua natureza ou volume, não puderem acompanhar o inquérito, serão entregues ao depositário público local, se houver e, na sua falta, ao que for nomeado pelo juiz. (Redação dada pela Lei nº 7.653, de 12.2.1988)~~

▸ *Lei nº 9.605, de 12-02-1998, arts. 25 e 26, Crimes ambientais.*

Parágrafo único. Em se tratando de produtos perecíveis, poderão ser os mesmos doados a instituições científicas, penais, hospitais e /ou casas de caridade mais próximas. (Redação dada pela Lei nº 7.653, de 12.2.1988)

ART. 34. ~~Os crimes previstos nesta lei são inafiançáveis e serão apurados mediante processo sumário, aplicando-se no que couber, as normas do Título II, Capítulo V, do Código de Processo Penal. (Redação dada pela Lei nº 7.653, de 12.2.1988)~~

▸ *CF: arts. 5º, XLII, XLIII, XLIV.*

▸ *CPP: arts. 323 e 324*

ART. 35. Dentro de dois anos a partir da promulgação desta Lei, nenhuma autoridade poderá permitir a adoção de livros escolares de leitura que não contenham textos sobre a proteção da fauna, aprovados pelo Conselho Federal de Educação.

§ 1º. Os Programas de ensino de nível primário e médio deverão contar pelo menos com duas aulas anuais sobre a matéria a que se refere o presente artigo.

§ 2º. Igualmente os programas de rádio e televisão deverão incluir textos e dispositivos aprovados pelo órgão público federal competente, no limite mínimo de cinco minutos semanais, distribuídos ou não, em diferentes dias.

ART. 36. Fica instituído o Conselho Nacional de Proteção à fauna, com sede em Brasília, como órgão consultivo e normativo da política de proteção à fauna do País.

Parágrafo único. O Conselho, diretamente subordinado ao Ministério da Agricultura, terá sua composição e atribuições estabelecidas por decreto do Poder Executivo.

ART. 37. O Poder Executivo regulamentará a presente Lei no que for Julgado necessário à sua execução.

ART. 38. Esta Lei entra em vigor na data de sua publicação, revogados o Decreto-Lei nº 5.894, de 20 de outubro de 1943, e demais disposições em contrário.

Brasília, 3 de janeiro de 1967,
146º da Independência e 70º da República.

H. CASTELLO BRANCO

Este texto não substitui o publicado no DOU de 5.1.1967

LEI Nº 5.249, DE 9 DE FEVEREIRO DE 1967 – DISPÕE SOBRE A AÇÃO PÚBLICA DE CRIMES DE RESPONSABILIDADE

Dispõe sobre a Ação Pública de Crimes de Responsabilidade.

O PRESIDENTE DA REPÚBLICA, faço saber que o CONGRESSO NACIONAL decreta e eu sanciono a seguinte Lei:

ART. 1º. A falta de representação do ofendido, nos casos de abusos previstos na Lei nº 4.898, de 9 de dezembro de 1965, não obsta a iniciativa ou o curso de ação pública.

ART. 2º. A presente Lei entra em vigor na data de sua publicação.

ART. 3º. Revogam-se as disposições em contrário.

Brasília, 9 de fevereiro de 1967;
146º da Independência e 79º da República.

H. CASTELLO BRANCO

Este texto não substitui o publicado no DOU de 10.2.1967

LEI Nº 5.256, DE 6 DE ABRIL DE 1967 – PRISÃO ESPECIAL

Dispõe sobre a prisão especial.

O PRESIDENTE DA REPÚBLICA, faço saber que o CONGRESSO NACIONAL decreta e eu sanciono a seguinte Lei:

ART. 1º. Nas localidades em que não houver estabelecimento adequado ao recolhimento dos que tenham direito a prisão especial, o juiz, considerando a gravidade e as circunstâncias do crime, ouvido o representante do Ministério Público, poderá autorizar a prisão do réu ou indiciado na própria residência, de onde o mesmo não poderá afastar-se sem prévio consentimento judicial.

- *CPP: art. 295.*
- *Lei nº 7.210, de 11-07-1984, art. 115, Lei de Execução Penal.*

ART. 2º. A prisão domiciliar não exonera o réu ou indiciado da obrigação de comparecer aos atos policiais ou judiciais para os quais for convocado, ficando ainda sujeito a outras limitações que o juiz considerar indispensáveis à investigação policial e à instrução criminal.

ART. 3º. Por ato de ofício do juiz, a requerimento do Ministério Público ou da autoridade policial, o beneficiário da prisão domiciliar poderá ser submetido a vigilância policial, exercida sempre com discrição e sem constrangimento para o réu ou indiciado e sua família.

ART. 4º. A violação de qualquer das condições impostas na conformidade da presente Lei implicará na perda do benefício da prisão domiciliar, devendo o réu ou indiciado ser recolhido a estabelecimento penal, onde permanecerá separado dos demais presos.

Parágrafo único. Neste caso, o diretor do estabelecimento poderá aproveitar o réu ou indiciado nas tarefas administrativas da prisão.

ART. 5º. Esta Lei entra em vigor na data de sua publicação.

ART. 6º. Revogam-se as disposições em contrário.

Brasília, 6 de abril de 1967;
146º da Independência e 79º da República.

A. COSTA E SILVA

Este texto não substitui o publicado no DOU de 7.4.1964

LEI Nº 5.478, DE 25 DE JULHO DE 1968 (EXCERTOS)

Dispõe sobre ação de alimentos e dá outras providências.

O PRESIDENTE DA REPÚBLICA. Faço saber que o Congresso Nacional decreta e eu sanciono a seguinte Lei:

ART. 1º. A ação de alimentos é de rito especial, independente de prévia distribuição e de anterior concessão do benefício de gratuidade.

§ 1º A distribuição será determinada posteriormente por ofício do juízo, inclusive para o fim de registro do feito.

§ 2º A parte que não estiver em condições de pagar as custas do processo, sem prejuízo do sustento próprio ou de sua família, gozará do benefício da gratuidade, por simples afirmativa dessas condições perante o juiz, sob pena de pagamento até o décuplo das custas judiciais.

§ 3º Presume-se pobre, até prova em contrário, quem afirmar essa condição, nos termos desta lei.

§ 4º A impugnação do direito à gratuidade não suspende o curso do processo de alimentos e será feita em autos apartados.

....

ART. 22. Constitui crime contra a administração da Justiça deixar o empregador ou funcionário público de prestar ao juízo competente as informações necessárias à instrução de processo ou execução de sentença ou acordo que fixe pensão alimentícia:

Pena - Detenção de 6 (seis) meses a 1 (um) ano, sem prejuízo da pena acessória de suspensão do emprego de 30 (trinta) a 90 (noventa) dias.

Parágrafo único. Nas mesmas penas incide quem, de qualquer modo, ajuda o devedor a eximir-se ao pagamento de pensão alimentícia judicialmente acordada, fixada ou majorada, ou se recusa, ou procrastina a executar ordem de descontos em folhas de pagamento, expedida pelo juiz competente.

....

ART. 28. Esta lei entrará em vigor 30 (trinta) dias depois de sua publicação.

ART. 29. Revogam-se as disposições em contrário.

Brasília, 25 de julho de 1968; 147º da Independência e 80º da República.

A. COSTA E SILVA

Luís Antônio da Gama e Silva

LEI Nº 6.385, DE 7 DE DEZEMBRO DE 1976 – MERCADO DE VALORES MOBILIÁRIOS (EXCERTOS)

Dispõe sobre o mercado de valores mobiliários e cria a Comissão de Valores Mobiliários.

- *Esta lei: arts. 9º, 12, 27-C a 27-F.*

O PRESIDENTE DA REPÚBLICA, faço saber que o CONGRESSO NACIONAL decreta e eu sanciono a seguinte Lei:

LEIS ORDINÁRIAS

CAPÍTULO I. DAS DISPOSIÇÕES GERAIS

ART. 1º. Serão disciplinadas e fiscalizadas de acordo com esta Lei as seguintes atividades: (Redação dada pela Lei nº 10.303, de 31.10.2001)

I – a emissão e distribuição de valores mobiliários no mercado; (Redação dada pela Lei nº 10.303, de 31.10.2001)

II – a negociação e intermediação no mercado de valores mobiliários; (Redação dada pela Lei nº 10.303, de 31.10.2001)

III – a negociação e intermediação no mercado de derivativos; (Redação dada pela Lei nº 10.303, de 31.10.2001)

IV – a organização, o funcionamento e as operações das Bolsas de Valores; (Redação dada pela Lei nº 10.303, de 31.10.2001)

V – a organização, o funcionamento e as operações das Bolsas de Mercadorias e Futuros; (Redação dada pela Lei nº 10.303, de 31.10.2001)

VI – a administração de carteiras e a custódia de valores mobiliários; (Redação dada pela Lei nº 10.303, de 31.10.2001)

VII – a auditoria das companhias abertas; (Inciso incluído pela Lei nº 10.303, de 31.10.2001)

VIII – os serviços de consultor e analista de valores mobiliários. (Inciso incluído pela Lei nº 10.303, de 31.10.2001)

ART. 2º. São valores mobiliários sujeitos ao regime desta Lei: (Redação dada pela Lei nº 10.303, de 31.10.2001)

I – as ações, debêntures e bônus de subscrição; (Redação dada pela Lei nº 10.303, de 31.10.2001)

II – os cupons, direitos, recibos de subscrição e certificados de desdobramento relativos aos valores mobiliários referidos no inciso II; (Redação dada pela Lei nº 10.303, de 31.10.2001)

III – os certificados de depósito de valores mobiliários; (Redação dada pela Lei nº 10.303, de 31.10.2001)

IV – as cédulas de debêntures; (Inciso incluído pela Lei nº 10.303, de 31.10.2001)

V – as cotas de fundos de investimento em valores mobiliários ou de clubes de investimento em quaisquer ativos; (Inciso incluído pela Lei nº 10.303, de 31.10.2001)

VI – as notas comerciais; (Inciso incluído pela Lei nº 10.303, de 31.10.2001)

VII – os contratos futuros, de opções e outros derivativos, cujos ativos subjacentes sejam valores mobiliários; (Inciso incluído pela Lei nº 10.303, de 31.10.2001)

VIII – outros contratos derivativos, independentemente dos ativos subjacentes; e (Inciso incluído pela Lei nº 10.303, de 31.10.2001)

IX – quando ofertados publicamente, quaisquer outros títulos ou contratos de investimento coletivo, que gerem direito de participação, de parceria ou de remuneração, inclusive resultante de prestação de serviços, cujos rendimentos advêm do esforço do empreendedor ou de terceiros. (Inciso incluído pela Lei nº 10.303, de 31.10.2001)

§ 1º. Excluem-se do regime desta Lei: (Redação dada pela Lei nº 10.303, de 31.10.2001)

I – os títulos da dívida pública federal, estadual ou municipal; (Redação dada pela Lei nº 10.303, de 31.10.2001)

II – os títulos cambiais de responsabilidade de instituição financeira, exceto as debêntures. (Redação dada pela Lei nº 10.303, de 31.10.2001)

§ 2º. Os emissores dos valores mobiliários referidos neste artigo, bem como seus administradores e controladores, sujeitam-se à disciplina prevista nesta Lei, para as companhias abertas. (Parágrafo incluído pela Lei nº 10.303, de 31.10.2001)

§ 3º. Compete à Comissão de Valores Mobiliários expedir normas para a execução do disposto neste artigo, podendo: (Parágrafo incluído pela Lei nº 10.303, de 31.10.2001)

I – exigir que os emissores se constituam sob a forma de sociedade anônima; (Inciso incluído pela Lei nº 10.303, de 31.10.2001)

II – exigir que as demonstrações financeiras dos emissores, ou que as informações sobre o empreendimento ou projeto, sejam auditadas por auditor independente nela registrado; (Inciso incluído pela Lei nº 10.303, de 31.10.2001)

III – dispensar, na distribuição pública dos valores mobiliários referidos neste artigo, a participação de sociedade integrante do sistema previsto no art. 15 desta Lei; (Inciso incluído pela Lei nº 10.303, de 31.10.2001)

IV – estabelecer padrões de cláusulas e condições que devam ser adotadas nos títulos ou contratos de investimento, destinados à negociação em bolsa ou balcão, organizado ou não, e recusar a admissão ao mercado da emissão que não satisfaça a esses padrões. (Inciso incluído pela Lei nº 10.303, de 31.10.2001)

§ 4º. É condição de validade dos contratos derivativos, de que tratam os incisos VII e VIII do *caput*, celebrados a partir da entrada em vigor da Medida Provisória nº 539, de 26 de julho de 2011, o registro em câmaras ou prestadores de serviço de compensação, de liquidação e de registro autorizados pelo Banco Central do Brasil ou pela Comissão de Valores Mobiliários. (Incluído pela Lei nº 12.543, de 2011)

ART. 3º. Compete ao Conselho Monetário Nacional:

I – definir a política a ser observada na organização e no funcionamento do mercado de valores mobiliários;

II – regular a utilização do crédito nesse mercado;

III – fixar, a orientação geral a ser observada pela Comissão de Valores Mobiliários no exercício de suas atribuições;

IV – definir as atividades da Comissão de Valores Mobiliários que devem ser exercidas em coordenação com o Banco Central do Brasil.

V – aprovar o quadro e o regulamento de pessoal da Comissão de Valores Mobiliários, bem como fixar a retribuição do presidente, diretores, ocupantes de funções de confiança e demais servidores. (Inciso Incluído Pela Lei nº 6.422, de 8.6.1977)

VI – estabelecer, para fins da política monetária e cambial, condições específicas para negociação de contratos derivativos, independentemente da natureza do investidor, podendo, inclusive: (Incluído pela Lei nº 12.543, de 2011)

a) determinar depósitos sobre os valores nocionais dos contratos; e (Incluído pela Lei nº 12.543, de 2011)

b) fixar limites, prazos e outras condições sobre as negociações dos contratos derivativos. (Incluído pela Lei nº 12.543, de 2011)

§ 1º. Ressalvado o disposto nesta Lei, a fiscalização do mercado financeiro e de capitais continuará a ser exercida, nos termos da legislação em vigor, pelo Banco Central do Brasil. (Incluído pela Lei nº 12.543, de 2011)

§ 2º. As condições específicas de que trata o inciso VI do *caput* deste artigo não poderão ser exigidas para as operações em aberto na data de publicação do ato que as estabelecer. (Incluído pela Lei nº 12.543, de 2011)

ART. 4º. O Conselho Monetário Nacional e a Comissão de Valores Mobiliários exercerão as atribuições previstas na lei para o fim de:

I – estimular a formação de poupanças e a sua aplicação em valores mobiliários;

II – promover a expansão e o funcionamento eficiente e regular do mercado de ações, e estimular as aplicações permanentes em ações do capital social de companhias abertas sob controle de capitais privados nacionais;

III – assegurar o funcionamento eficiente e regular dos mercados da bolsa e de balcão;

IV – proteger os titulares de valores mobiliários e os investidores do mercado contra:

a) emissões irregulares de valores mobiliários;

b) atos ilegais de administradores e acionistas controladores das companhias abertas, ou de administradores de carteira de valores mobiliários.

c) o uso de informação relevante não divulgada no mercado de valores mobiliários. (Alínea incluída pela Lei nº 10.303, de 31.10.2001)

V – evitar ou coibir modalidades de fraude ou manipulação destinadas a criar condições artificiais de demanda, oferta ou preço dos valores mobiliários negociados no mercado;

VI – assegurar o acesso do público a informações sobre os valores mobiliários negociados e as companhias que os tenham emitido;

VII – assegurar a observância de práticas comerciais equitativas no mercado de valores mobiliários;

VIII – assegurar a observância no mercado, das condições de utilização de crédito fixadas pelo Conselho Monetário Nacional.

CAPÍTULO II. DA COMISSÃO DE VALORES MOBILIÁRIOS

ART. 5º. É instituída a Comissão de Valores Mobiliários, entidade autárquica em regime especial, vinculada ao Ministério da Fazenda, com personalidade jurídica e patrimônio próprios, dotada de autoridade administrativa independente, ausência de subordinação hierárquica, mandato fixo e estabilidade de seus dirigentes, e autonomia financeira e orçamentária. (Redação dada pela Lei nº 10.411, de 26.2.2002)

ART. 6º. A Comissão de Valores Mobiliários será administrada por um Presidente e quatro Diretores, nomeados pelo Presidente da República, depois de aprovados pelo Senado Federal, dentre pessoas de ilibada reputação e reconhecida competência em matéria de mercado de capitais. (Redação dada pela Lei nº 10.411, de 26.2.2002)

§ 1º. O mandato dos dirigentes da Comissão será de cinco anos, vedada a recondução, devendo ser renovado a cada ano um quinto dos membros do Colegiado. (Redação dada pela Lei nº 10.411, de 26.2.2002)

§ 2º. Os dirigentes da Comissão somente perderão o mandato em virtude de renúncia, de condenação judicial transitada em julgado ou de processo administrativo disciplinar. (Redação dada pela Lei nº 10.411, de 26.2.2002)

§ 3º. Sem prejuízo do que preveem a lei penal e a lei de improbidade administrativa, será causa da perda do mandato a inobservância, pelo Presidente ou Diretor, dos deveres e das proibições inerentes ao cargo. (Redação dada pela Lei nº 10.411, de 26.2.2002)

§ 4º. Cabe ao Ministro de Estado da Fazenda instaurar o processo administrativo disciplinar, que será conduzido por comissão especial, competindo ao Presidente da República determinar o afastamento preventivo, quando for o caso, e proferir o julgamento. (Redação dada pela Lei nº 10.411, de 26.2.2002)

§ 5º. No caso de renúncia, morte ou perda de mandato do Presidente da Comissão de Valores Mobiliários, assumirá o Diretor mais antigo ou o mais idoso, nessa ordem, até nova nomeação, sem prejuízo de suas atribuições. (Redação dada pela Lei nº 10.411, de 26.2.2002)

§ 6º. No caso de renúncia, morte ou perda de mandato de Diretor, proceder-se-á à nova nomeação pela forma disposta nesta Lei, para completar o mandato do substituído. (Redação dada pela Lei nº 10.411, de 26.2.2002)

§ 7º. A Comissão funcionará como órgão de deliberação colegiada de acordo com o seu regimento interno, e no qual serão fixadas as atribuições do Presidente, dos Diretores e do Colegiado. (Incluído pelo Decreto autônomo nº 3.995, de 2001)

ART. 7º. A Comissão custeará as despesas necessárias ao seu funcionamento com os recursos provenientes de:

I – dotações das reservas monetárias a que se refere o Art. 12 da Lei nº 5.143, de 20 de outubro de 1966, alterado pelo Decreto-lei nº 1.342, de 28 de agosto de 1974 que lhe forem atribuídas pelo Conselho Monetário Nacional;

II – dotações que lhe forem consignadas no orçamento federal;

III – receitas provenientes da prestação de serviços pela Comissão, observada a tabela aprovada pelo Conselho Monetário Nacional;

IV – renda de bens patrimoniais e receitas eventuais.

V – receitas de taxas decorrentes do exercício de seu poder de polícia, nos termos da lei. (Inciso incluído pela Lei nº 10.303, de 31.10.2001)

ART. 8º. Compete à Comissão de Valores Mobiliários:

I – regulamentar, com observância da política definida pelo Conselho Monetário Nacional, as matérias expressamente previstas nesta Lei e na lei de sociedades por ações;

II – administrar os registros instituídos por esta Lei;

III – fiscalizar permanentemente as atividades e os serviços do mercado de valores mobiliários, de que trata o Art. 1º, bem como a veiculação de informações relativas ao mercado, às pessoas que dele participem, e aos valores nele negociados;

IV – propor ao Conselho Monetário Nacional a eventual fixação de limites máximos de preço, comissões, emolumentos e quaisquer outras vantagens cobradas pelos intermediários do mercado;

V – fiscalizar e inspecionar as companhias abertas dada prioridade às que não apresentem lucro em balanço ou às que deixem de pagar o dividendo mínimo obrigatório.

§ 1º. O disposto neste artigo não exclui a competência das Bolsas de Valores, das Bolsas de Mercadorias e Futuros, e das entidades de compensação e liquidação com relação aos seus membros e aos valores mobiliários nelas negociados. (Redação pelo Decreto nº 3.995, de 31.10.2001)

§ 2º. Serão de acesso público todos os documentos e autos de processos administrativos, ressalvados aqueles cujo sigilo seja imprescindível para a defesa da intimidade ou do interesse social, ou cujo sigilo esteja assegurado por expressa disposição legal. (Redação pelo Decreto nº 3.995, de 31.10.2001)

§ 3º. Em conformidade com o que dispuser seu regimento, a Comissão de Valores Mobiliários poderá:

I – publicar projeto de ato normativo para receber sugestões de interessados;

II – convocar, a seu juízo, qualquer pessoa que possa contribuir com informações ou opiniões para o aperfeiçoamento das normas a serem promulgadas.

ART. 9º. A Comissão de Valores Mobiliários, observado o disposto no § 2º do art. 15, poderá: (Redação dada pelo Decreto nº 3.995, de 31.10.2001)

I – examinar e extrair cópias de registros contábeis, livros ou documentos, inclusive programas eletrônicos e arquivos magnéticos, ópticos ou de qualquer outra natureza, bem como papéis de trabalho de auditores independentes, devendo tais documentos ser mantidos em perfeita ordem e estado de conservação pelo prazo mínimo de cinco anos: (Redação dada pelo Decreto nº 3.995, de 31.10.2001)

a) as pessoas naturais e jurídicas que integram o sistema de distribuição de valores mobiliários (Art. 15);

b) das companhias abertas e demais emissoras de valores mobiliários e, quando houver suspeita fundada de atos ilegais, das respectivas sociedades controladoras, controladas, coligadas e sociedades sob controle comum; (Redação dada pela Lei nº 10.303, de 31.10.2001)

c) dos fundos e sociedades de investimento;

d) das carteiras e depósitos de valores mobiliários (Arts. 23 e 24);

e) dos auditores independentes;

f) dos consultores e analistas de valores mobiliários;

g) de outras pessoas quaisquer, naturais ou jurídicas, quando da ocorrência de qualquer irregularidade a ser apurada nos termos do inciso V deste artigo, para efeito de verificação de ocorrência de atos ilegais ou práticas não equitativas; (Redação dada pelo Decreto nº 3.995, de 31.10.2001)

II – intimar as pessoas referidas no inciso I a prestar informações, ou esclarecimentos, sob cominação de multa, sem prejuízo da aplicação das penalidades previstas no art. 11; (Redação dada pela Lei nº 10.303, de 31.10.2001)

III – requisitar informações de qualquer órgão público, autarquia ou empresa pública;

IV – determinar às companhias abertas que republiquem, com correções ou aditamentos, demonstrações financeiras, relatórios ou informações divulgadas;

V – apurar, mediante processo administrativo, atos ilegais e práticas não equitativas de administradores, membros do conselho fiscal e acionistas de companhias abertas, dos intermediários e dos demais participantes do mercado; (Redação dada pela Lei nº 10.303, de 31.10.2001)

VI – aplicar aos autores das infrações indicadas no inciso anterior as penalidades previstas no Art. 11, sem prejuízo da responsabilidade civil ou penal.

§ 1º. Com o fim de prevenir ou corrigir situações anormais do mercado, a Comissão poderá: (Redação pelo Decreto nº 3.995, de 31.10.2001)

I – suspender a negociação de determinado valor mobiliário ou decretar o recesso de bolsa de valores;

II – suspender ou cancelar os registros de que trata esta Lei;

III – divulgar informações ou recomendações com o fim de esclarecer ou orientar os participantes do mercado;

IV – proibir aos participantes do mercado, sob cominação de multa, a prática de atos que especificar, prejudiciais ao seu funcionamento regular.

§ 2º. O processo, nos casos do inciso V deste artigo, poderá ser precedido de etapa investigativa, em que será assegurado o sigilo necessário à elucidação dos fatos ou exigido pelo interesse público, e observará o procedimento fixado pela Comissão. (Redação pelo Decreto nº 3.995, de 31.10.2001)

§ 3º. Quando o interesse público exigir, a Comissão poderá divulgar a instauração do procedimento investigativo a que se refere o § 2º. (Parágrafo incluído pelo Decreto nº 3.995, de 31.10.2001)

§ 4º. Na apuração de infrações da legislação do mercado de valores mobiliários, a Comissão priorizará as infrações de natureza grave, cuja apenação proporcione maior efeito educativo e preventivo para os participantes do mercado, e poderá deixar de instaurar o processo administrativo sancionador, consideradas a pouca relevância da conduta, a baixa expressividade da lesão ao bem jurídico tutelado e a utilização de outros instrumentos e medidas de supervisão que julgar mais efetivos. (Redação dada pela Lei nº 13.506, de 13.11.2017)

§ 5º. As sessões de julgamento do Colegiado, no processo administrativo de que trata o inciso V deste artigo, serão públicas, podendo ser restringido o acesso de terceiros em função do interesse público envolvido. (Parágrafo incluído pelo Decreto nº 3.995, de 31.10.2001)

§ 6º. A Comissão será competente para apurar e punir condutas fraudulentas no mercado de valores mobiliários sempre que: (Parágrafo incluído pelo Decreto nº 3.995, de 31.10.2001)

I – seus efeitos ocasionem danos a pessoas residentes no território nacional, independentemente do local em que tenham ocorrido; e (Inciso incluído pelo Decreto nº 3.995, de 31.10.2001)

II – os atos ou omissões relevantes tenham sido praticados em território nacional. (Inciso incluído pelo Decreto nº 3.995, de 31.10.2001)

ART. 10. A Comissão de Valores Mobiliários poderá celebrar convênios com órgãos similares de outros países, ou com entidades internacionais, para assistência e cooperação na condução de investigações para apurar transgressões às normas atinentes ao mercado de valores mobiliários ocorridas no País e no exterior. (Redação dada pela Lei nº 10.303, de 31.10.2001)

§ 1º. A Comissão de Valores Mobiliários poderá se recusar a prestar a assistência referida no *caput* deste artigo quando houver interesse público a ser resguardado. (Parágrafo incluído pela Lei nº 10.303, de 31.10.2001)

§ 2º. O disposto neste artigo aplica-se, inclusive, às informações que, por disposição legal, estejam submetidas a sigilo. (Parágrafo incluído pela Lei nº 10.303, de 31.10.2001)

ART. 10-A. A Comissão de Valores Mobiliários, o Banco Central do Brasil e demais órgãos e agências reguladoras poderão celebrar convênio com entidade que tenha por objeto o estudo e a divulgação de princípios, normas e padrões de contabilidade e de auditoria, podendo, no exercício de suas atribuições regulamentares, adotar, no todo ou em parte, os pronunciamentos e demais orientações técnicas emitidas. (Incluído pela Lei nº 11.638, de 2007)

Parágrafo único. A entidade referida no *caput* deste artigo deverá ser majoritariamente composta por contadores, dela fazendo parte, paritariamente, representantes de entidades representativas de sociedades submetidas ao regime de elaboração de demonstrações financeiras previstas nesta Lei, de sociedades que auditam e analisam as demonstrações financeiras, do órgão federal de fiscalização do exercício da profissão contábil e de universidade ou instituto de pesquisa com reconhecida atuação na área contábil e de mercado de capitais. (Incluído pela Lei nº 11.638, de 2007)

ART. 11. A Comissão de Valores Mobiliários poderá impor aos infratores das normas desta Lei, da Lei nº 6.404, de 15 de dezembro de 1976 (Lei de Sociedades por Ações), de suas resoluções e de outras normas legais cujo cumprimento lhe caiba fiscalizar as seguintes penalidades, isoladas ou cumulativamente: (Redação dada pela Lei nº 13.506, de 13.11.2017)

I – advertência;

II – multa;

III – (Revogado pela Lei nº 13.506, de 13.11.2017)

IV – inabilitação temporária, até o máximo de 20 (vinte) anos, para o exercício de cargo de administrador ou de conselheiro fiscal de companhia aberta, de entidade do sistema de distribuição ou de outras entidades que dependam de autorização ou registro na Comissão de Valores Mobiliários; (Redação dada pela Lei nº 13.506, de 13.11.2017)

V – suspensão da autorização ou registro para o exercício das atividades de que trata esta Lei;

VI – inabilitação temporária, até o máximo de 20 (vinte) anos, para o exercício das atividades de que trata esta Lei; (Redação dada pela Lei nº 13.506, de 13.11.2017)

VII – proibição temporária, até o máximo de vinte anos, de praticar determinadas atividades ou operações, para os integrantes do sistema de distribuição ou de outras entidades que dependam de autorização ou registro na Comissão de Valores Mobiliários; (Incluído pela Lei nº 9.457, de 5.5.1997)

VIII – proibição temporária, até o máximo de dez anos, de atuar, direta ou indiretamente, em uma ou mais modalidades de operação no mercado de valores mobiliários. (Incluído pela Lei nº 9.457, de 5.5.1997)

§ 1º. A multa deverá observar, para fins de dosimetria, os princípios da proporcionalidade e da razoabilidade, a capacidade econômica do infrator e os motivos que justifiquem sua imposição, e não deverá exceder o maior destes valores: (Redação dada pela Lei nº 13.506, de 13.11.2017)

I – R$ 50.000.000,00 (cinquenta milhões de reais); (Redação dada pela Lei nº 13.506, de 13.11.2017)

II – o dobro do valor da emissão ou da operação irregular; (Redação dada pela Lei nº 13.506, de 13.11.2017)

III – 3 (três) vezes o montante da vantagem econômica obtida ou da perda evitada em decorrência do ilícito; ou (Redação dada pela Lei nº 13.506, de 13.11.2017)

IV – o dobro do prejuízo causado aos investidores em decorrência do ilícito. (Redação dada pela Lei nº 13.506, de 13.11.2017)

§ 2º. Nas hipóteses de reincidência, poderá ser aplicada multa de até o triplo dos valores fixados no § 1º deste artigo. (Redação dada pela Lei nº 13.506, de 13.11.2017)

§ 3º. As penalidades previstas nos incisos IV, V, VI, VII e VIII do caput deste artigo somente serão aplicadas nos casos de infração grave, assim definidas em normas da Comissão de Valores Mobiliários, ou nos casos de reincidência. (Redação dada pela Lei nº 13.506, de 13.11.2017)

§ 4º. As penalidades somente serão impostas com observância do procedimento previsto no § 2º do art. 9º desta Lei, cabendo recurso para o Conselho de Recursos do Sistema Financeiro Nacional. (Redação dada pela Lei nº 9.457, de 5.5.1997)

§ 5º. A Comissão de Valores Mobiliários, após análise de conveniência e oportunidade, com vistas a atender ao interesse público, poderá deixar de instaurar ou suspender, em qualquer fase que preceda a tomada da decisão de primeira instância, o procedimento administrativo destinado à apuração de infração prevista nas normas legais e regulamentares cujo cumprimento lhe caiba fiscalizar, se o investigado assinar termo de compromisso no qual se obrigue a: (Redação dada pela Lei nº 13.506, de 13.11.2017)

I – cessar a prática de atividades ou atos considerados ilícitos pela Comissão de Valores Mobiliários; e

II – corrigir as irregularidades apontadas, inclusive indenizando os prejuízos.

§ 6º. O compromisso a que se refere o parágrafo anterior não importará confissão quanto à matéria de fato, nem reconhecimento de ilicitude da conduta analisada. (Incluído pela Lei nº 9.457, de 5.5.1997)

§ 7º. O termo de compromisso deverá ser publicado no sítio eletrônico da Comissão de Valores Mobiliários, com discriminação do prazo para cumprimento das obrigações eventualmente assumidas, e constituirá título executivo extrajudicial. (Redação dada pela Lei nº 13.506, de 13.11.2017)

§ 8º. Não cumpridas as obrigações no prazo, a Comissão de Valores Mobiliários dará continuidade ao procedimento administrativo anteriormente suspenso, para a aplicação das penalidades cabíveis. (Incluído pela Lei nº 9.457, de 5.5.1997)

§ 9º. Serão considerados, na aplicação de penalidades previstas na lei, o arrependimento eficaz e o arrependimento posterior ou a circunstância de qualquer pessoa, espontaneamente, confessar ilícito ou prestar informações relativas à sua materialidade. (Incluído pela Lei nº 9.457, de 5.5.1997)

§ 10. A Comissão de Valores Mobiliários regulamentará a aplicação do disposto nos §§ 5º a 9º deste artigo aos procedimentos conduzidos pelas Bolsas de Valores, Bolsas de Mercadorias e Futuros, entidades do mercado de balcão organizado e entidades de compensação e liquidação de operações com valores mobiliários. (Redação pelo Decreto nº 3.995, de 31.10.2001)

§ 11. A multa aplicada pela inexecução de ordem da Comissão de Valores Mobiliários, nos termos do inciso II do caput e do inciso IV do § 1º do art. 9º desta Lei, independentemente do processo administrativo previsto no inciso V do caput do art. 9º desta Lei, não excederá, por dia de atraso no seu cumprimento, o maior destes valores: (Redação dada pela Lei nº 13.506, de 13.11.2017)

I – 1/1.000 (um milésimo) do valor do faturamento total individual ou consolidado do grupo econômico, obtido no exercício anterior à aplicação da multa; ou (Incluído pela Lei nº 13.506, de 13.11.2017)

II – R$ 100.000,00 (cem mil reais). (Incluído pela Lei nº 13.506, de 13.11.2017)

§ 12. Da decisão que aplicar a multa prevista no parágrafo anterior caberá recurso voluntário, no prazo de dez dias, ao Colegiado da Comissão de Valores Mobiliários, sem efeito suspensivo." (Incluído pela Lei nº 9.457, de 5.5.1997)

§ 13. Adicionalmente às penalidades previstas no caput deste artigo, a Comissão de Valores Mobiliários poderá proibir os acusados de contratar, por até de 5 (cinco) anos, com instituições financeiras oficiais e de participar de licitação que tenha por objeto aquisições, alienações, realizações de obras e serviços e concessões de serviços públicos, no âmbito da administração pública federal, estadual, distrital e municipal e das entidades da administração pública indireta. (Incluído pela Lei nº 13.506, de 13.11.2017)

§ 14. Os créditos oriundos de condenação do apenado ao pagamento de indenização em ação civil pública movida em benefício de investidores e demais credores do apenado e os créditos do Fundo Garantidor de Crédito (FGC) ou de outros mecanismos de ressarcimento aprovados pelo Banco Central do Brasil ou pela Comissão de Valores Mobiliários, se houver, preferirão aos créditos oriundos da aplicação da penalidade de multa. (Incluído pela Lei nº 13.506, de 13.11.2017)

§ 15. Em caso de falência, liquidação extrajudicial ou qualquer outra forma de concurso de credores do apenado, os créditos da Comissão de Valores Mobiliários oriundos da aplicação da penalidade de multa de que trata o inciso II do caput deste artigo serão subordinados. (Incluído pela Lei nº 13.506, de 13.11.2017)

ART. 12. Quando o inquérito, instaurado de acordo com o § 2º do art. 9º, concluir pela ocorrência de crime de ação pública, a Comissão de Valores Mobiliários oficiará ao Ministério Público, para a propositura da ação penal.

ART. 13. A Comissão de Valores Mobiliários manterá serviço para exercer atividade consultiva ou de orientação junto aos agentes do mercado de valores mobiliários ou a qualquer investidor.

Parágrafo único. Fica a critério na Comissão de Valores Mobiliários divulgar ou não as respostas às consultas ou aos critérios de orientação.

ART. 14. A Comissão de Valores Mobiliários poderá prever, em seu orçamento, dotações de verbas às Bolsas de Valores e às Bolsas de Mercadorias e Futuros. (Redação dada pela Lei nº 10.303, de 31.10.2001)

• • • • • • • • • • • • • • • • • •

CAPÍTULO VII-B.

DOS CRIMES CONTRA O MERCADO DE CAPITAIS

(Incluído pela Lei nº 10.303, de 31.10.2001)

MANIPULAÇÃO DO MERCADO (INCLUÍDO PELA LEI Nº 10.303, DE 31.10.2001)

ART. 27-C. Realizar operações simuladas ou executar outras manobras fraudulentas destinadas a elevar, manter ou baixar a cotação, o preço ou o volume negociado de um valor mobiliário, com o fim de obter vantagem indevida ou lucro, para si ou para outrem, ou causar dano a terceiros: (Redação dada pela Lei nº 13.506, de 13.11.2017)

Pena – reclusão, de 1 (um) a 8 (oito) anos, e multa de até 3 (três) vezes o montante da vantagem ilícita obtida em decorrência do crime. (Incluído pela Lei nº 10.303, de 31.10.2001)

USO INDEVIDO DE INFORMAÇÃO PRIVILEGIADA (INCLUÍDO PELA LEI Nº 10.303, DE 31.10.2001)

ART. 27-D. Utilizar informação relevante de que tenha conhecimento, ainda não divulgada ao mercado, que seja capaz de propiciar, para si ou para outrem, vantagem indevida, mediante negociação, em nome próprio ou de terceiros, de valores mobiliários: (Redação dada pela Lei nº 13.506, de 13.11.2017)

Pena – reclusão, de 1 (um) a 5 (cinco) anos, e multa de até 3 (três) vezes o montante da vantagem ilícita obtida em decorrência do crime. (Incluído pela Lei nº 10.303, de 31.10.2001)

§ 1º. Incorre na mesma pena quem repassa informação sigilosa relativa a fato relevante a que tenha tido acesso em razão de cargo ou posição que ocupe em emissor de valores mobiliários ou em razão de relação comercial, profissional ou de confiança com o emissor. (Incluído pela Lei nº 13.506, de 13.11.2017)

§ 2º. A pena é aumentada em 1/3 (um terço) se o agente comete o crime previsto no caput deste artigo valendo-se de informação relevante de que tenha conhecimento e da qual deva manter sigilo. (Incluído pela Lei nº 13.506, de 13.11.2017)

EXERCÍCIO IRREGULAR DE CARGO, PROFISSÃO, ATIVIDADE OU FUNÇÃO (INCLUÍDO PELA LEI Nº 10.303, DE 31.10.2001)

ART. 27-E. Exercer, ainda que a título gratuito, no mercado de valores mobiliários, a atividade de administrador de carteira, agente autônomo de investimento, auditor independente, analista de valores mobiliários, agente fiduciário ou qualquer outro cargo, profissão, atividade ou função, sem estar, para esse fim, autorizado ou registrado na autoridade administrativa competente, quando exigido por lei ou regulamento: (Redação dada pela Lei nº 13.506, de 13.11.2017)

Pena – detenção de 6 (seis) meses a 2 (dois) anos, e multa. (Incluído pela Lei nº 10.303, de 31.10.2001)

ART. 27-F. As multas cominadas para os crimes previstos nos arts. 27-C e 27-D deverão ser aplicadas em razão do dano provocado ou da vantagem ilícita auferida pelo agente. (Artigo incluído pela Lei nº 10.303, de 31.10.2001)

Parágrafo único. Nos casos de reincidência, a multa pode ser de até o triplo dos valores fixados neste artigo. (Parágrafo incluído pela Lei nº 10.303, de 31.10.2001)

CAPÍTULO VIII.

DAS DISPOSIÇÕES FINAIS E TRANSITÓRIAS

ART. 28. O Banco Central do Brasil, a Comissão de Valores Mobiliários, a Secretaria de Previdência Complementar, a Secretaria da Receita Federal e Superintendência de Seguros Privados manterão um sistema de intercâmbio de informações, relativas à fiscalização que exerçam, nas áreas de suas respectivas competências, no mercado de valores mobiliários. (Redação dada pela Lei nº 10.303, de 31.10.2001)

Parágrafo único. O dever de guardar sigilo de informações obtidas através do exercício do poder de fiscalização pelas entidades referidas no *caput* não poderá ser invocado como impedimento para o intercâmbio de que trata este artigo. (Parágrafo incluído pela Lei nº 10.303, de 31.10.2001)

ARTS. 29 e 30. (Revogados pela Lei nº 10.303, de 31.10.2001)

ART. 31. Nos processos judiciários que tenham por objetivo matéria incluída na competência da Comissão de Valores Mobiliários, será esta sempre intimada para, querendo, oferecer parecer ou prestar esclarecimentos, no prazo de quinze dias a contar da intimação. (Incluído pela Lei nº 6.616, de 16.12.1978)

§ 1º. A intimação far-se-á, logo após a contestação, por mandado ou por carta com aviso de recebimento, conforme a Comissão tenha, ou não, sede ou representação na comarca em que tenha sido proposta a ação. (Incluído pela Lei nº 6.616, de 16.12.1978)

§ 2º. Se a Comissão oferecer parecer ou prestar esclarecimentos, será intimada de todos os atos processuais subsequentes, pelo jornal oficial que publica expedientes forense ou por carta com aviso de recebimento, nos termos do parágrafo anterior. (Incluído pela Lei nº 6.616, de 16.12.1978)

§ 3º. A comissão é atribuída legitimidade para interpor recursos, quando as partes não o fizeram. (Incluído pela Lei nº 6.616, de 16.12.1978)

§ 4º. O prazo para os efeitos do parágrafo anterior começará a correr, independentemente de nova intimação, no dia imediato aquele em que findar o das partes. (Incluído pela Lei nº 6.616, de 16.12.1978)

ART. 32. As multas impostas pela Comissão de Valores Mobiliários, após a decisão final que as impôs na esfera administrativa, terão eficácia de título executivo e serão cobradas judicialmente, de acordo com o rito estabelecido pelo código de Processo Civil para o processo de execução. (Incluído pela Lei nº 6.616, de 16.12.1978)

ART. 33. (Revogado pela Lei nº 9.873, de 1999)

ART. 34. Revogam-se as disposições em contrário. (Renumerado do art. 34, pela Lei nº 9.457, 5.5.1997)

Brasília, 7 de dezembro de 1976;

155º da Independência e 88º da República.

ERNESTO GEISEL

Este texto não substitui o Publicado no DOU de 9.12.1976

LEI Nº 6.453, DE 17 DE OUTUBRO DE 1977 – RESPONSABILIDADE CRIMINAL POR ATOS RELACIONADOS COM ATIVIDADES NUCLEARES (EXCERTOS)

Dispõe sobre a responsabilidade civil por danos nucleares e a responsabilidade criminal por atos relacionados com atividades nucleares e dá outras providências.

• • • • • • • • • • • • • •

CAPÍTULO III.

DA RESPONSABILIDADE CRIMINAL

ART. 19. Constituem crimes na exploração e utilização de energia nuclear os descritos neste Capítulo, além dos tipificados na legislação sobre segurança nacional e nas demais leis.

ART. 20. Produzir, processar, fornecer ou usar material nuclear sem a necessária autorização ou para fim diverso do permitido em lei.

Pena: reclusão, de quatro a dez anos.

▸ Lei nº 9.605, de 12-02-1998, art. 56, dispõe sobre as sanções penais e administrativas derivadas de condutas e atividades lesivas ao meio ambiente.

ART. 21. Permitir o responsável pela instalação nuclear sua operação sem a necessária autorização.

Pena: reclusão, de dois a seis anos.

▸ Lei nº 9.605, de 12-02-1998, art. 67, dispõe sobre as sanções penais e administrativas derivadas de condutas e atividades lesivas ao meio ambiente.

ART. 22. Possuir, adquirir, transferir, transportar, guardar ou trazer consigo material nuclear, sem a necessária autorização.

Pena: reclusão, de dois a seis anos.

▸ Lei nº 9.605, de 12-02-1998, art. 56, dispõe sobre as sanções penais e administrativas derivadas de condutas e atividades lesivas ao meio ambiente.

ART. 23. Transmitir ilicitamente informações sigilosas, concernentes à energia nuclear.

Pena: reclusão, de quatro a oito anos.

ART. 24. Extrair, beneficiar ou comerciar ilegalmente minério nuclear.

Pena: reclusão, de dois a seis anos.

▸ Lei nº 9.605, de 12-02-1998, art. 55, dispõe sobre as sanções penais e administrativas derivadas de condutas e atividades lesivas ao meio ambiente.

ART. 25. Exportar ou importar, sem a necessária licença, material nuclear, minérios nucleares e seus concentrados, minérios de interesse para a energia nuclear e minérios e concentrados que contenham elementos nucleares.

Pena: reclusão, de dois a oito anos.

▸ Lei nº 9.605, de 12-02-1998, art. 56, dispõe sobre as sanções penais e administrativas derivadas de condutas e atividades lesivas ao meio ambiente.

ART. 26. Deixar de observar as normas de segurança ou de proteção relativas à instalação nuclear ou ao uso, transporte, posse e guarda de material nuclear, expondo a perigo a vida, a integridade física ou o patrimônio de outrem.

Pena: reclusão, de dois a oito anos.

ART. 27. Impedir ou dificultar o funcionamento de instalação nuclear ou o transporte de material nuclear.

Pena: reclusão, de quatro a dez anos.

ART. 28. Esta Lei entrará em vigor na data de sua publicação.

ART. 29. Revogam-se as disposições em contrário.

Brasília, em 17 de outubro de 1977;

156º da Independência e 89º da República.

ERNESTO GEISEL

Este texto não substitui o publicado no DOU de 18.10.1977

LEI Nº 6.538, DE 22 DE JUNHO DE 1978 – SERVIÇOS POSTAIS (EXCERTOS)

Dispõe sobre os Serviços Postais.

▸ Esta lei: arts. 36 a 46.

O PRESIDENTE DA REPÚBLICA. Faço saber que o Congresso Nacional decreta e eu sanciono a seguinte Lei:

Disposição Preliminar

ART. 1º. Esta Lei regula os direitos e obrigações concernentes ao serviço postal e ao serviço de telegrama em todo o território do País, incluídos as águas territoriais e o espaço aéreo, assim como nos lugares em que princípios e convenções internacionais lhes reconheçam extraterritorialidade.

Parágrafo único. O serviço postal e o serviço de telegrama internacionais são regidos também pelas convenções e acordos internacionais ratificados ou aprovados pelo Brasil.

• • • • • • • • • • • • • • • • •

ART. 5º. O sigilo da correspondência é inviolável.

Parágrafo único. A ninguém é permitido intervir no serviço postal ou no serviço de telegrama, salvo nos casos e na forma previstos em lei.

ART. 6º. As pessoas encarregadas do serviço postal ou do serviço de telegrama são obrigadas a manter segredo profissional sobre a existência de correspondência e do conteúdo de mensagem de que tenham conhecimento em razão de suas funções.

Parágrafo único. Não se considera violação do segredo profissional, indispensável à manutenção do sigilo de correspondência a divulgação do nome do destinatário de objeto postal ou de telegrama que não tenha podido ser entregue por erro ou insuficiência de endereço.

• • • • • • • • • • • • • • • • •

Art. 10. Não constitui violação de sigilo da correspondência postal a abertura de carta: I – endereçada a homônimo, no mesmo endereço;

II – que apresente indícios de conter objeto sujeito a pagamento de tributos;

III – que apresente indícios de conter valor não declarado, objeto ou substância de expedição, uso ou entrega proibidos;

IV – que deva ser inutilizada, na forma prevista em regulamento, em virtude de impossibilidade de sua entrega e restituição.

Parágrafo único. Nos casos dos incisos II e III a abertura será feita obrigatoriamente na presença do remetente ou do destinatário.

• • • • • • • • • • • • • • • • •

ART. 13. Não é aceito nem entregue:

I – objeto com peso, dimensões, volume, formato, endereçamento, franqueamento ou acondicionamento em desacordo

LEIS ORDINÁRIAS

com as normas regulamentares ou com as previstas em convenções e acordos internacionais aprovados pelo Brasil;

II – substância explosiva, deteriorável, fétida, corrosiva ou facilmente inflamável, cujo transporte constitua perigo ou possa danificar outro objeto;

III – cocaína, ópio, morfina, demais estupefacientes e outras substâncias de uso proibido;

IV – objeto com endereço, dizeres ou desenho injuriosos, Ameaçadores, ofensivos a moral ou ainda contrários a ordem pública ou aos interesses do País;

V – animal vivo, exceto os admitidos em convenção internacional ratificada pelo Brasil;

VI – planta viva;

VII – animal morto;

VIII – objeto cujas indicações de endereçamento não permitam assegurar a correta entrega ao destinatário;

IX – objeto cuja circulação no País, exportação ou importação, estejam proibidos por ato de autoridade competente.

§ 1º. A infringência a qualquer dos dispositivos de que trata este artigo acarretará a apreensão ou retenção do objeto, conforme disposto em regulamento, sem prejuízo das sanções penais cabíveis.

§ 2º. O remetente de qualquer objeto postal é responsável, perante a empresa exploradora do serviço postal, pela danificação produzida em outro objeto em virtude de inobservância de dispositivos legais e regulamentares, desde que não tenha havido erro ou negligência da empresa exploradora do serviço postal ou do transporte.

• • • • • • • • • • • • • • • • • • • •

TÍTULO V.

DOS CRIMES CONTRA O SERVIÇO POSTAL E O SERVIÇO DE TELEGRAMA FALSIFICAÇÃO DE SELO, FÓRMULA DE FRANQUEAMENTO OU VALEPOSTAL

ART. 36. Falsificar, fabricando ou adulterando, selo, outra fórmula de franqueamento ou vale-postal:

Pena: reclusão, até oito anos, e pagamento de cinco a quinze dias-multa.

USO DE SELO, FÓRMULA DE FRANQUEAMENTO OU VALE-POSTAL FALSIFICADOS.

Parágrafo único. Incorre nas mesmas penas quem importa ou exporta, adquire, vende, troca, cede, empresta, guarda, fornece, utiliza ou restitui à circulação, selo, outra fórmula de franqueamento ou vale-postal falsificados.

SUPRESSÃO DE SINAIS DE UTILIZAÇÃO

ART. 37. Suprimir, em selo, outra fórmula de franqueamento ou vale – postal, quando legítimos, com o fim de torná-los novamente utilizáveis; carimbo ou sinal indicativo de sua utilização:

Pena: reclusão, até quatro anos, e pagamento de cinco a quinze dias-multa.

FORMA ASSIMILADA

§ 1º. Incorre nas mesmas penas quem usa, vende, fornece ou guarda, depois de alterado, selo, outra fórmula de franqueamento ou vale-postal.

§ 2º. Quem usa ou restitui a circulação, embora recebido de boa-fé, selo, outra fórmula de franqueamento ou vale-postal, depois de conhecer a falsidade ou alteração, incorre na pena de detenção, de três meses a um ano, ou pagamento de três a dez dias-multa.

PETRECHOS DE FALSIFICAÇÃO DE SELO, FÓRMULA DE FRANQUEAMENTO OU VALE-POSTAL

ART. 38. Fabricar, adquirir, fornecer, ainda que gratuitamente, possuir, guardar, ou colocar em circulação objeto especialmente destinado à falsificação de selo, outra fórmula de franqueamento ou vale-postal.

Pena: reclusão, até três anos, e pagamento de cinco a quinze dias-multa.

REPRODUÇÃO E ADULTERAÇÃO DE PEÇA FILATÉLICA

ART. 39. Reproduzir ou alterar selo ou peça filatélica de valor para coleção, salvo quando a reprodução ou a alteração estiver visivelmente anotada na face ou no verso do selo ou peça:

Pena: detenção, até dois anos, e pagamento de três a dez dias-multa.

FORMA ASSIMILADA

Parágrafo único. Incorre nas mesmas penas, quem, para fins de comércio, faz uso de selo ou peça filatélica de valor para coleção, ilegalmente reproduzidos ou alterados.

VIOLAÇÃO DE CORRESPONDÊNCIA

ART. 40. Devassar indevidamente o conteúdo de correspondência fechada dirigida a outrem:

Pena: detenção, até seis meses, ou pagamento não excedente a vinte dias-multa.

SONEGAÇÃO OU DESTRUIÇÃO DE CORRESPONDÊNCIA.

§ 1º. Incorre nas mesmas penas quem se apossa indevidamente de correspondência alheia, embora não fechada, para sonegá-la ou destruí-la, no todo ou em parte.

AUMENTO DE PENA

§ 2º. As penas aumentam-se da metade se há dano para outrem.

QUEBRA DO SEGREDO PROFISSIONAL

ART. 41. Violar segredo profissional, indispensável à manutenção do sigilo da correspondência mediante:

I – divulgação de nomes de pessoas que mantenham, entre si, correspondência;

II – divulgação, no todo ou em parte, de assunto ou texto de correspondência de que, em razão ao ofício, se tenha conhecimento;

III – revelação do nome de assinante de caixa postal ou o número desta, quando houver pedido em contrário do usuário;

IV – revelação do modo pelo qual ou do local especial em que qualquer pessoa recebe correspondência;

Pena: detenção de três meses a um ano, ou pagamento não excedente a cinquenta dias-multa.

VIOLAÇÃO DO PRIVILÉGIO POSTAL DA UNIÃO

ART. 42. Coletar, transportar, transmitir ou distribuir, sem observância das condições legais, objetos de qualquer natureza sujeitos ao monopólio da União, ainda que pagas as tarifas postais ou de telegramas.

Pena: detenção, até dois meses, ou pagamento não excedente a dez dias-multa.

FORMA ASSIMILADA

Parágrafo único. Incorre nas mesmas penas quem promova ou facilite o contra bando postal ou pratique qualquer ato que importe em violação do monopólio exercido pela União sobre os serviços postais e de telegramas.

▸ *Esta lei: art. 9º.*

AGRAVAÇÃO DE PENA

ART. 43. Os crimes contra o serviço postal, ou serviço de telegrama quando praticados por pessoa prevalecendo-se do cargo, ou em abuso da função, terão pena agravada.

PESSOA JURÍDICA

ART. 44. Sempre que ficar caracterizada a vinculação de pessoa jurídica em crimes contra o serviço postal ou serviço de telegrama, a responsabilidade penal incidirá também sobre o dirigente da empresa que, de qualquer modo tenha contribuído para a pratica do crime.

REPRESENTAÇÃO

ART. 45. A autoridade administrativa, a partir da data em que tiver ciência da prática de crime relacionado com o serviço postal ou com o serviço de telegrama, é obrigada a representar, no prazo de 10 (dez) dias, ao Ministério Público Federal contra o autor ou autores do ilícito penal, sob pena de responsabilidade.

PROVAS DOCUMENTAIS E PERICIAIS

ART. 46. O Ministério das Comunicações colaborará com a entidade policial, fornecendo provas que forem colhidas em inquéritos ou processos administrativos e, quando possível, indicando servidor para efetuar perícias e acompanhar os agentes policiais em suas diligências.

• • • • • • • • • • • • • • • •

Disposições Finais

ART. 48. O Poder Executivo baixará os decretos regulamentares decorrentes desta Lei em prazo não superior a 1 (um) ano, a contar da data de sua publicação, permanecendo em vigor as disposições constantes dos atuais e que não tenham sido, explícita ou implicitamente, revogados ou derrogados.

ART. 49. Esta Lei entrará em vigor na data de sua publicação, revogadas as disposições em contrário.

Brasília, 22 de junho de 1978;

157º da Independência e 90º da República.

ERNESTO GEISEL

Este texto não substitui o publicado no DOU de 23.6.1978

LEI Nº 6.766, DE 19 DE DEZEMBRO DE 1979 – PARCELAMENTO DO SOLO URBANO

Dispõe sobre o Parcelamento do Solo Urbano e dá outras Providências.

▸ *Esta lei: arts. 50 a 52.*

O PRESIDENTE DA REPÚBLICA, faço saber que o CONGRESSO NACIONAL decreta e eu sanciono a seguinte Lei:

ART. 1º. O parcelamento do solo para fins urbanos será regido por esta Lei.

Parágrafo único. Os Estados, o Distrito Federal e os Municípios poderão estabelecer normas complementares relativas ao parcelamento do solo municipal para adequar o previsto nesta Lei às peculiaridades regionais e locais.

• • • • • • • • • • • • • • • •

ART. 9º. Orientado pelo traçado e diretrizes oficiais, quando houver, o projeto, contendo desenhos, memorial descritivo e cronograma de execução das obras com duração máxima de quatro anos, será apresentado à Prefeitura Municipal, ou ao Distrito Federal, quando for o caso, acompanhado de certidão atualizada da matrícula da gleba, expedida pelo Cartório de Registro de Imóveis competente, de certidão negativa de tributos municipais e do competente instrumento de garantia, ressalvado o disposto no § 4º do art. 18. (Redação dada pela Lei nº 9.785, de 1999)

§ 1º. Os desenhos conterão pelo menos:

I – a subdivisão das quadras em lotes, com as respectivas dimensões e numeração;

II – o sistema de vias com a respectiva hierarquia;

III – as dimensões lineares e angulares do projeto, com raios, cordas, arcos, pontos de tangência e ângulos centrais das vias;

IV – os perfis longitudinais e transversais de todas as vias de circulação e praças;

V – a indicação dos marcos de alinhamento e nivelamento localizados nos ângulos de curvas e vias projetadas;

VI – a indicação em planta e perfis de todas as linhas de escoamento das águas pluviais.

LEIS ORDINÁRIAS

§ 2º. O memorial descritivo deverá conter, obrigatoriamente, pelo menos:

I – a descrição sucinta do loteamento, com as suas características e a fixação da zona ou zonas de uso predominante;

II – as condições urbanísticas do loteamento e as limitações que incidem sobre os lotes e suas construções, além daquelas constantes das diretrizes fixadas;

III – a indicação das áreas públicas que passarão ao domínio do município no ato de registro do loteamento;

IV – a enumeração dos equipamentos urbanos, comunitários e dos serviços públicos ou de utilidade pública, já existentes no loteamento e adjacências.

§ 3º. Caso se constate, a qualquer tempo, que a certidão da matrícula apresentada como atual não tem mais correspondência com os registros e averbações cartorárias do tempo da sua apresentação, além das consequências penais cabíveis, serão consideradas insubsistentes tanto as diretrizes expedidas anteriormente, quanto as aprovações consequentes. (Incluído pela Lei nº 9.785, de 1999)

Capítulo IV.

Do Projeto de Desmembramento

ART. 10. Para a aprovação de projeto de desmembramento, o interessado apresentará requerimento à Prefeitura Municipal, ou ao Distrito Federal quando for o caso, acompanhado de certidão atualizada da matrícula da gleba, expedida pelo Cartório de Registro de Imóveis competente, ressalvado o disposto no § 4º do art. 18, e de planta do imóvel a ser desmembrado contendo: (Redação dada pela Lei nº 9.785, de 1999)

I – a indicação das vias existentes e dos loteamentos próximos;

II – a indicação do tipo de uso predominante no local;

III – a indicação da divisão de lotes pretendida na área.

• •

Capítulo VI.

Do Registro do Loteamento e Desmembramento

ART. 18. Aprovado o projeto de loteamento ou de desmembramento, o loteador deverá submetê-lo ao registro imobiliário dentro de 180 (cento e oitenta) dias, sob pena de caducidade da aprovação, acompanhado dos seguintes documentos:

I – título de propriedade do imóvel ou certidão da matrícula, ressalvado o disposto nos §§ 4º e 5º; (Redação dada pela Lei nº 9.785, de 1999)

II – histórico dos títulos de propriedade do imóvel, abrangendo os últimos 20 (vintes anos), acompanhados dos respectivos comprovantes;

III – certidões negativas:

a) de tributos federais, estaduais e municipais incidentes sobre o imóvel;

b) de ações reais referentes ao imóvel, pelo período de 10 (dez) anos;

c) de ações penais com respeito ao crime contra o patrimônio e contra a Administração Pública.

IV – certidões:

a) dos cartórios de protestos de títulos, em nome do loteador, pelo período de 10 (dez) anos;

b) de ações pessoais relativas ao loteador, pelo período de 10 (dez) anos;

c) de ônus reais relativos ao imóvel;

d) de ações penais contra o loteador, pelo período de 10 (dez) anos.

V - cópia do ato de aprovação do loteamento e comprovante do termo de verificação, pelo Município ou pelo Distrito Federal, da execução das obras exigidas pela legislação municipal, que incluirão, no mínimo, a execução das vias de circulação do loteamento, demarcação dos lotes, quadras e logradouros e das obras de escoamento das águas pluviais ou da aprovação de um cronograma, com a duração máxima de 4 (quatro) anos, prorrogáveis por mais 4 (quatro) anos, acompanhado de competente instrumento de garantia para a execução das obras; *(Redação dada pela Lei nº 14.118/2021)*

VI – exemplar do contrato padrão de promessa de venda, ou de cessão ou de promessa de cessão, do qual constarão obrigatoriamente as indicações previstas no art. 26 desta Lei;

VII – declaração do cônjuge do requerente de que consente no registro do loteamento.

§ 1º. Os períodos referidos nos incisos III, alínea b e IV, alíneas a, e d, tomarão por base a data do pedido de registro do loteamento, devendo todas elas serem extraídas em nome daqueles que, nos mencionados períodos, tenham sido titulares de direitos reais sobre o imóvel.

§ 2º. A existência de protestos, de ações pessoais ou de ações penais, exceto as referentes a crime contra o patrimônio e contra a administração, não impedirá o registro do loteamento se o requerente comprovar que esses protestos ou ações não poderão prejudicar os adquirentes dos lotes. Se o Oficial do Registro de Imóveis julgar insuficiente a comprovação feita, suscitará a dúvida perante o juiz competente.

§ 3º. A declaração a que se refere o inciso VII deste artigo não dispensará o consentimento do declarante para os atos de alienação ou promessa de alienação de lotes, ou de direitos a eles relativos, que venham a ser praticados pelo seu cônjuge.

§ 4º. O título de propriedade será dispensado quando se tratar de parcelamento popular, destinado às classes de menor renda, em imóvel declarado de utilidade pública, com processo de desapropriação judicial em curso e imissão provisória na posse, desde que promovido pela União, Estados, Distrito Federal, Municípios ou suas entidades delegadas, autorizadas por lei a implantar projetos de habitação. (Incluído pela Lei nº 9.785, de 1999)

§ 5º. No caso de que trata o § 4º, o pedido de registro do parcelamento, além dos documentos mencionados nos incisos V e VI deste artigo, será instruído com cópias autênticas da decisão que tenha concedido a imissão provisória na posse, do decreto de desapropriação, do comprovante de sua publicação na imprensa oficial e, quando formulado por entidades delegadas, da lei de criação e de seus atos constitutivos. (Incluído pela Lei nº 9.785, de 1999)

• •

CAPÍTULO IX.

DISPOSIÇÕES PENAIS

ART. 50. Constitui crime contra a Administração Pública.

I – dar início, de qualquer modo, ou efetuar loteamento ou desmembramento do solo para fins urbanos, sem autorização do órgão público competente, ou em desacorco com as disposições desta Lei ou das normas pertinentes do Distrito Federal, Estados e Municipíos;

II – dar início, de qualquer modo, ou efetuar loteamento ou desmembramento do solo para fins urbanos sem observância das determinações constantes do ato administrativo de licença;

III – fazer ou veicular em proposta, contrato, prospecto ou comunicação ao público ou a interessados, afirmação falsa sobre a legalidade de loteamento ou desmembramento do solo para fins urbanos, ou ocultar fraudulentamente fato a ele relativo.

Pena: Reclusão, de 1(um) a 4 (quatro) anos, e multa de 5 (cinco) a 50 (cinquenta) vezes o maior salário mínimo vigente no País.

Parágrafo único. O crime definido neste artigo é qualificado, se cometido.

I – por meio de venda, promessa de venda, reserva de lote ou quaisquer outros instrumentos que manifestem a intenção de vender lote em loteamento ou desmembramento não registrado no Registro de Imóveis competente.

II – com inexistência de título legítimo de propriedade do imóvel loteado ou desmembrado, ressalvado o disposto no art. 18, §§ 4º e 5º, desta Lei, ou com omissão fraudulenta de fato a ele relativo, se o fato não constituir crime mais grave. (Redação dada pela Lei nº 9.785, de 1999)

Pena: Reclusão, de 1 (um) a 5 (cinco) anos, e multa de 10 (dez) a 100 (cem) vezes o maior salário mínimo vigente no País.

ART. 51. Quem, de qualquer modo, concorra para a prática dos crimes previstos no artigo anterior desta Lei incide nas penas a estes cominadas, considerados em especial os atos praticados na qualidade de mandatário de loteador, diretor ou gerente de sociedade.

Parágrafo único. (VETADO) (Incluído pela Lei nº 9.785, de 1999)

ART. 52. Registrar loteamento ou desmembramento não aprovado pelos órgãos competentes, registrar o compromisso de compra e venda, a cessão ou promessa de cessão de direitos, ou efetuar registro de contrato de venda de loteamento ou desmembramento não registrado.

Pena: Detenção, de 1 (um) a 2 (dois) anos, e multa de 5 (cinco) a 50 (cinquenta) vezes o maior salário mínimo vigente no País, sem prejuízo das sanções administrativas cabíveis.

CAPÍTULO X.

DISPOSIÇÕES FINAIS

ART. 53. Todas as alterações de uso do solo rural para fins urbanos dependerão de prévia audiência do Instituto Nacional de Colonização e Reforma Agrária – INCRA, do Órgão Metropolitano, se houver, onde se localiza o Município, e da aprovação da Prefeitura municipal, ou do Distrito Federal quando for o caso, segundo as exigências da legislação pertinente.

ART. 53-A. São considerados de interesse público os parcelamentos vinculados a planos ou programas habitacionais de iniciativa das Prefeituras Municipais e do Distrito Federal, ou entidades autorizadas por lei, em especial as regularizações de parcelamentos e de assentamentos. (Incluído pela Lei nº 9.785, de 1999)

Parágrafo único. Às ações e intervenções de que trata este artigo não será exigível documentação que não seja a mínima necessária e indispensável aos registros no cartório competente, inclusive sob a forma de certidões, vedadas as exigências e as sanções pertinentes aos particulares, especialmente aquelas que visem garantir a realização de obras e serviços, ou que visem prevenir questões de domínio de glebas, que se presumirão asseguradas pelo Poder Público respectivo. (Incluído pela Lei nº 9.785, de 1999)

ART. 54. Esta Lei entrará em vigor na data de sua publicação.

ART. 55. Revogam-se as disposições em contrário.

Brasília, em 19 de dezembro de 1979; 158º da Independência e 91º da República.

JOÃO FIGUEIREDO

Este texto não substitui o publicado no DOU de 20.12.1979

LEI Nº 7.102, DE 20 DE JUNHO DE 1983

Dispõe sobre segurança para estabelecimentos financeiros, estabelece normas para constituição e funcionamento das empresas particulares que exploram serviços de vigilância e de transporte de valores, e dá outras providências.

O PRESIDENTE DA REPÚBLICA, faço saber que o Congresso Nacional decreta e eu sanciono a seguinte lei:

ART. 1º É vedado o funcionamento de qualquer estabelecimento financeiro onde haja guarda de valores ou movimentação de numerário, que não possua sistema de segurança com parecer favorável à sua aprovação, elaborado pelo Ministério da Justiça, na forma desta lei. (Redação dada pela Lei nº 9.017, de 1995) (Vide art. 16 da Lei nº 9.017, de 1995)

§ 1º Os estabelecimentos financeiros referidos neste artigo compreendem bancos oficiais ou privados, caixas

LEIS ORDINÁRIAS

econômicas, sociedades de crédito, associações de poupança, suas agências, postos de atendimento, subagências e seções, assim como as cooperativas singulares de crédito e suas respectivas dependências. (Renumerado do parágrafo único com nova redação pela Lei nº 11.718, de 2008)

§ 2º O Poder Executivo estabelecerá, considerando a reduzida circulação financeira, requisitos próprios de segurança para as cooperativas singulares de crédito e suas dependências que contemplem, entre outros, os seguintes procedimentos: (Incluído pela Lei nº 11.718, de 2008)

I – dispensa de sistema de segurança para o estabelecimento de cooperativa singular de crédito que se situe dentro de qualquer edificação que possua estrutura de segurança instalada em conformidade com o art. 2º desta Lei; (Incluído pela Lei nº 11.718, de 2008)

II – necessidade de elaboração e aprovação de apenas um único plano de segurança por cooperativa singular de crédito, desde que detalhadas todas as suas dependências; (Incluído pela Lei nº 11.718, de 2008)

III – dispensa de contratação de vigilantes, caso isso inviabilize economicamente a existência do estabelecimento. (Incluído pela Lei nº 11.718, de 2008)

§ 3º Os processos administrativos em curso no âmbito do Departamento de Polícia Federal observarão os requisitos próprios de segurança para as cooperativas singulares de crédito e suas dependências. (Incluído pela Lei nº 11.718, de 2008)

ART. 2º - O sistema de segurança referido no artigo anterior inclui pessoas adequadamente preparadas, assim chamadas vigilantes; alarme capaz de permitir, com segurança, comunicação entre o estabelecimento financeiro e outro da mesma instituição, empresa de vigilância ou órgão policial mais próximo; e, pelo menos, mais um dos seguintes dispositivos:

I - equipamentos elétricos, eletrônicos e de filmagens que possibilitem a identificação dos assaltantes;

II - artefatos que retardem a ação dos criminosos, permitindo sua perseguição, identificação ou captura; e

III - cabina blindada com permanência ininterrupta de vigilante durante o expediente para o público e enquanto houver movimentação de numerário no interior do estabelecimento.

Parágrafo único. (Revogado pela Lei 9.017, de 1995)

ART. 2º-A As instituições financeiras e demais instituições autorizadas a funcionar pelo Banco Central do Brasil, que colocarem à disposição do público caixas eletrônicos, são obrigadas a instalar equipamentos que inutilizem as cédulas de moeda corrente depositadas no interior das máquinas em caso de arrombamento, movimento brusco ou alta temperatura. (Incluído pela Lei nº 13.654, de 2018)

§ 1º Para cumprimento do disposto no caput deste artigo, as instituições financeiras poderão utilizar-se de qualquer tipo de tecnologia existente para inutilizar as cédulas de moeda corrente depositadas no interior dos seus caixas eletrônicos, tais como: (Incluído pela Lei nº 13.654, de 2018)

I – tinta especial colorida; (Incluído pela Lei nº 13.654, de 2018)

II – pó químico; (Incluído pela Lei nº 13.654, de 2018)

III – ácidos insolventes; (Incluído pela Lei nº 13.654, de 2018)

IV – pirotecnia, desde que não coloque em perigo os usuários e funcionários que utilizam os caixas eletrônicos; (Incluído pela Lei nº 13.654, de 2018)

V – qualquer outra substância, desde que não coloque em perigo os usuários dos caixas eletrônicos. (Incluído pela Lei nº 13.654, de 2018)

§ 2º Será obrigatória a instalação de placa de alerta, que deverá ser afixada de forma visível no caixa eletrônico, bem como na entrada da instituição bancária que possua caixa eletrônico em seu interior, informando a existência do referido dispositivo e seu funcionamento. (Incluído pela Lei nº 13.654, de 2018)

§ 3º O descumprimento do disposto acima sujeitará as instituições financeiras infratoras às penalidades previstas no art. 7º desta Lei. (Incluído pela Lei nº 13.654, de 2018)

§ 4º As exigências previstas neste artigo poderão ser implantadas pelas instituições financeiras de maneira gradativa, atingindo-se, no mínimo, os seguintes percentuais, a partir da entrada em vigor desta Lei: (Incluído pela Lei nº 13.654, de 2018)

I – nos municípios com até 50.000 (cinquenta mil) habitantes, 50% (cinquenta por cento) em nove meses e os outros 50% (cinquenta por cento) em dezoito meses; (Incluído pela Lei nº 13.654, de 2018)

II – nos municípios com mais de 50.000 (cinquenta mil) até 500.000 (quinhentos mil) habitantes, 100% (cem por cento) em até vinte e quatro meses; (Incluído pela Lei nº 13.654, de 2018)

III – nos municípios com mais de 500.000 (quinhentos mil) habitantes, 100% (cem por cento) em até trinta e seis meses. (Incluído pela Lei nº 13.654, de 2018)

ART. 3º A vigilância ostensiva e o transporte de valores serão executados: (Redação dada pela Lei nº 9.017, de 1995)

I - por empresa especializada contratada; ou (Redação dada pela Lei nº 9.017, de 1995)

II - pelo próprio estabelecimento financeiro, desde que organizado e preparado para tal fim, com pessoal próprio, aprovado em curso de formação de vigilante autorizado pelo Ministério da Justiça e cujo sistema de segurança tenha parecer favorável à sua aprovação emitido pelo Ministério da Justiça. (Redação dada pela Lei nº 9.017, de 1995)

Parágrafo único. Nos estabelecimentos financeiros estaduais, o serviço de vigilância ostensiva poderá ser desempenhado pelas Polícias Militares, a critério do Governo da respectiva Unidade da Federação. (Redação dada pela Lei nº 9.017, de 1995)

ART. 4º O transporte de numerário em montante superior a vinte mil Ufir, para suprimento ou recolhimento do movimento diário dos estabelecimentos financeiros, será obrigatoriamente efetuado em veículo especial da própria instituição ou de empresa especializada. (Redação dada pela Lei nº 9.017, de 1995)

ART. 5º O transporte de numerário entre sete mil e vinte mil Ufirs poderá ser efetuado em veículo comum, com a presença de dois vigilantes. (Redação dada pela Lei nº 9.017, de 1995)

ART. 6º Além das atribuições previstas no art. 20, compete ao Ministério da Justiça: (Redação dada pela Lei nº 9.017, de 1995) (Vide art. 16 da Lei nº 9.017, de 1995)

I - fiscalizar os estabelecimentos financeiros quanto ao cumprimento desta lei; (Redação dada pela Lei nº 9.017, de 1995)

II - encaminhar parecer conclusivo quanto ao prévio cumprimento desta lei, pelo estabelecimento financeiro, à autoridade que autoriza o seu funcionamento; (Redação dada pela Lei nº 9.017, de 1995)

III - aplicar aos estabelecimentos financeiros as penalidades previstas nesta lei.

Parágrafo único. Para a execução da competência prevista no inciso I, o Ministério da Justiça poderá celebrar convênio com as Secretarias de Segurança Pública dos respectivos Estados e Distrito Federal. (Redação dada pela Lei nº 9.017, de 1995)

ART. 7º O estabelecimento financeiro que infringir disposição desta lei ficará sujeito às seguintes penalidades, conforme a gravidade da infração e levando-se em conta a reincidência e a condição econômica do infrator: (Redação dada pela Lei nº 9.017, de 1995) (Vide art. 16 da Lei nº 9.017, de 1995)

I - advertência; (Redação dada pela Lei nº 9.017, de 1995)

II - multa, de mil a vinte mil Ufirs; (Redação dada pela Lei nº 9.017, de 1995)

III - interdição do estabelecimento. (Redação dada pela Lei nº 9.017, de 1995)

ART 8º - Nenhuma sociedade seguradora poderá emitir em favor de estabelecimentos financeiros, apólice de seguros que inclua cobertura garantindo riscos de roubo e furto qualificado de numerário e outros valores, sem comprovação de cumprimento, pelo segurado, das exigências previstas nesta Lei.

Parágrafo único - As apólices com infringência do disposto neste artigo não terão cobertura de resseguros pelo Instituto de Resseguros do Brasil.

ART. 9º - Nos seguros contra roubo e furto qualificado de estabelecimentos financeiros, serão concedidos descontos sobre os prêmios aos segurados que possuírem, além dos requisitos mínimos de segurança, outros meios de proteção previstos nesta Lei, na forma de seu regulamento.

ART. 10. São considerados como segurança privada as atividades desenvolvidas em prestação de serviços com a finalidade de: (Redação dada pela Lei nº 8.863, de 1994)

I - proceder à vigilância patrimonial das instituições financeiras e de outros estabelecimentos, públicos ou privados, bem como a segurança de pessoas físicas; (Incluído pela Lei nº 8.863, de 1994)

II - realizar o transporte de valores ou garantir o transporte de qualquer outro tipo de carga. (Incluído pela Lei nº 8.863, de 1994)

§ 1º Os serviços de vigilância e de transporte de valores poderão ser executados por uma mesma empresa. (Renumerado do parágrafo único pela Lei nº 8.863, de 1994)

§ 2º As empresas especializadas em prestação de serviços de segurança, vigilância e transporte de valores, constituídas sob a forma de empresas privadas, além das hipóteses previstas nos incisos do caput deste artigo, poderão se prestar ao exercício das atividades de segurança privada a pessoas; a estabelecimentos comerciais, industriais, de prestação de serviços e residências; a entidades sem fins lucrativos; e órgãos e empresas públicas. (Incluído pela Lei nº 8.863, de 1994)

§ 3º Serão regidas por esta lei, pelos regulamentos dela decorrentes e pelas disposições da legislação civil, comercial, trabalhista, previdenciária e penal, as empresas definidas no parágrafo anterior. (Incluído pela Lei nº 8.863, de 1994)

§ 4º As empresas que tenham objeto econômico diverso da vigilância ostensiva e do transporte de valores, que utilizem pessoal de quadro funcional próprio, para execução dessas atividades, ficam obrigadas ao cumprimento do disposto nesta lei e demais legislações pertinentes. (Incluído pela Lei nº 8.863, de 1994)

§ 5º (Vetado). (Incluído pela Lei nº 8.863, de 1994)

§ 6º (Vetado). (Incluído pela Lei nº 8.863, de 1994)

ART. 11 - A propriedade e a administração das empresas especializadas que vierem a se constituir são vedadas a estrangeiros.

ART. 12 - Os diretores e demais empregados das empresas especializadas não poderão ter antecedentes criminais registrados.

ART. 13. O capital integralizado das empresas especializadas não pode ser inferior a cem mil Ufirs. (Redação dada pela Lei nº 9.017, de 1995)

ART. 14 - São condições essenciais para que as empresas especializadas operem nos Estados, Territórios e Distrito Federal:

I - autorização de funcionamento concedida conforme o art. 20 desta Lei; e

II - comunicação à Secretaria de Segurança Pública do respectivo Estado, Território ou Distrito Federal.

ART. 15. Vigilante, para os efeitos desta lei, é o empregado contratado para a execução das atividades definidas nos incisos I e II do caput e §§ 2º, 3º e 4º do art. 10. (Redação dada pela Lei nº 8.863, de 1994)

ART. 16 - Para o exercício da profissão, o vigilante preencherá os seguintes requisitos:

I - ser brasileiro;

II - ter idade mínima de 21 (vinte e um) anos;

III - ter instrução correspondente à quarta série do primeiro grau;

IV - ter sido aprovado, em curso de formação de vigilante, realizado em estabelecimento com funcionamento autorizado nos termos desta lei. (Redação dada pela Lei nº 8.863, de 1994)

V - ter sido aprovado em exame de saúde física, mental e psicotécnico;

VI - não ter antecedentes criminais registrados; e

VII - estar quite com as obrigações eleitorais e militares.

Parágrafo único - O requisito previsto no inciso III deste artigo não se aplica aos vigilantes admitidos até a publicação da presente Lei

ART. 17. O exercício da profissão de vigilante requer prévio registro no Departamento de Polícia Federal, que se fará após a apresentação dos documentos comprobatórios das situações enumeradas no art. 16. (Redação dada pela Medida Provisória nº 2.184-23, de 2001)

ART. 18 - O vigilante usará uniforme somente quando em efetivo serviço.

ART. 19 - É assegurado ao vigilante:

I - uniforme especial às expensas da empresa a que se vincular;

II - porte de arma, quando em serviço;

III - prisão especial por ato decorrente do serviço;

IV - seguro de vida em grupo, feito pela empresa empregadora.

ART. 20. Cabe ao Ministério da Justiça, por intermédio do seu órgão competente ou mediante convênio com as Secretarias de Segurança Pública dos Estados e Distrito Federal: (Redação dada pela Lei nº 9.017, de 1995)

I - conceder autorização para o funcionamento:

a) das empresas especializadas em serviços de vigilância;

b) das empresas especializadas em transporte de valores; e

c) dos cursos de formação de vigilantes;

II - fiscalizar as empresas e os cursos mencionados dos no inciso anterior;

III - aplicar às empresas e aos cursos a que se refere o inciso I deste artigo as penalidades previstas no art. 23 desta Lei;

IV - aprovar uniforme;

V - fixar o currículo dos cursos de formação de vigilantes;

VI - fixar o número de vigilantes das empresas especializadas em cada unidade da Federação;

VII - fixar a natureza e a quantidade de armas de propriedade das empresas especializadas e dos estabelecimentos financeiros;

VIII - autorizar a aquisição e a posse de armas e munições; e

IX - fiscalizar e controlar o armamento e a munição utilizados.

X - rever anualmente a autorização de funcionamento das empresas elencadas no inciso I deste artigo. (Incluído pela Lei nº 8.863, de 1994)

Parágrafo único. As competências previstas nos incisos I e V deste artigo não serão objeto de convênio. (Redação dada pela Lei nº 9.017, de 1995)

ART. 21 - As armas destinadas ao uso dos vigilantes serão de propriedade e responsabilidade:

I - das empresas especializadas;

II - dos estabelecimentos financeiros quando dispuserem de serviço organizado de vigilância, ou mesmo quando contratarem empresas especializadas.

ART. 22 - Será permitido ao vigilante, quando em serviço, portar revólver calibre 32 ou 38 e utilizar cassetete de madeira ou de borracha.

Parágrafo único - Os vigilantes, quando empenhados em transporte de valores, poderão também utilizar espingarda de uso permitido, de calibre 12, 16 ou 20, de fabricação nacional.

ART. 23 - As empresas especializadas e os cursos de formação de vigilantes que infringirem disposições desta Lei ficarão sujeitos às seguintes penalidades, aplicáveis pelo Ministério da Justiça, ou, mediante convênio, pelas Secretarias de Segurança Pública, conforme a gravidade da infração, levando-se em conta a reincidência e a condição econômica do infrator:

I - advertência;

II - multa de quinhentas até cinco mil Ufirs: (Redação dada pela Lei nº 9.017, de 1995)

III - proibição temporária de funcionamento; e

IV - cancelamento do registro para funcionar.

Parágrafo único - Incorrerão nas penas previstas neste artigo as empresas e os estabelecimentos financeiros responsáveis pelo extravio de armas e munições.

ART. 24 - As empresas já em funcionamento deverão proceder à adaptação de suas atividades aos preceitos desta Lei no prazo de 180 (cento e oitenta) dias, a contar da data em que entrar em vigor o regulamento da presente Lei, sob pena de terem suspenso seu funcionamento até que comprovem essa adaptação.

ART. 25 - O Poder Executivo regulamentará esta Lei no prazo de 90 (noventa) dias a contar da data de sua publicação.

ART. 26 - Esta Lei entra em vigor na data de sua publicação.

ART. 27 - Revogam-se os Decretos-leis nº 1.034, de 21 de outubro de 1969, e nº 1.103, de 6 de abril de 1970, e as demais disposições em contrário.

Brasília, em 20 de junho de 1983; 162º da Independência e 95º da República.

JOÃO FIGUEIREDO
Ibrahim Abi-Ackel

Este texto não substitui o publicado no DOU de 21.6.1983*

LEI Nº 7.106, DE 28 DE JUNHO DE 1983 – CRIMES DE RESPONSABILIDADE DO GOVERNADOR E SECRETÁRIOS

Define os crimes de responsabilidade do Governador do Distrito Federal, dos Governadores dos Territórios Federais e de seus respectivos Secretários, e dá outras providências.

O PRESIDENTE DA REPÚBLICA, faço saber que o Congresso Nacional decreta e eu sanciono a seguinte Lei:

ART. 1º. São crimes de responsabilidade do Governador do Distrito Federal ou de seus Secretários, quando por eles praticados, os definidos na Lei nº 1.079, de 10 de abril de 1950, ou ainda quando simplesmente tentados.

ART. 2º. É facultado a qualquer cidadão denunciar o Governador ou Secretário do Governo do Distrito Federal perante o Senado Federal.

ART. 3º. Recebida pelo Presidente do Senado Federal, a denúncia, devidamente acompanhada dos elementos que a comprovem, ou da declaração de impossibilidade de apresentá-los, mas com a indicação do local em que possam ser encontrados, será remetida à Comissão de Constituição e Justiça e às que devam examinar-lhe o mérito, depois do que o Senado Federal, por maioria absoluta, poderá decretar a procedência da acusação e a consequente suspensão do Governador de suas funções.

ART. 4º. Declarada a procedência da acusação e suspensão do Governador, a Comissão Especial, constituída por 5 (cinco) Senadores e 5 (cinco) Desembargadores do Tribunal de Justiça, presidida pelo Presidente do Tribunal de Justiça do Distrito Federal, no prazo improrrogável de 90 (noventa) dias, concluirá pela condenação, ou não, do Governador à perda do cargo, com inabilitação até 5 (circo) anos para o exercício de qualquer função política, sem prejuízo da ação da justiça comum.

ART. 5º. O Governador do Distrito Federal e os Secretários do Governo, nos crimes conexos com os daquele, responderão, até 2 (dois) anos após haverem deixado o cargo, pelos atos que, consumados ou tentados, a lei considere crime de responsabilidade praticados no exercício da função pública.

§ 1º. Aplica-se o disposto neste artigo aos dirigentes de autarquias, órgãos e entidades do complexo administrativo do Distrito Federal.

§ 2º. Na hipótese do parágrafo anterior, a denúncia, a acusação e o julgamento se farão de acordo com a norma do processo administrativo, pelo órgão competente.

ART. 6º. As disposições da presente Lei aplicam-se aos Governadores e Secretários dos Territórios Federais.

ART. 7º. Esta Lei entra em vigor na data de sua publicação.

ART. 8º. Revogam-se as disposições em contrário.

Brasília, em 28 de junho de 1983;

162º da Independência e 95º da República.

JOÃO FIGUEIREDO

Este texto não substitui o publicado no DOU de 29.6.1983

LEI Nº 7.170, DE 14 DE DEZEMBRO DE 1983 – CRIMES CONTRA A SEGURANÇA NACIONAL, A ORDEM POLÍTICA E SOCIAL

Define os crimes contra a segurança nacional, a ordem política e social, estabelece seu processo e julgamento e dá outras providências.

O PRESIDENTE DA REPÚBLICA, faço saber que o CONGRESSO NACIONAL decreta e eu sanciono a seguinte Lei:

TÍTULO I. DISPOSIÇÕES GERAIS

ART. 1º. Esta Lei prevê os crimes que lesam ou expõem a perigo de lesão:

I – a integridade territorial e a soberania nacional;

II – o regime representativo e democrático, a Federação e o Estado de Direito;

III – a pessoa dos chefes dos Poderes da União.

ART. 2º. Quando o fato estiver também previsto como crime no Código Penal, no Código Penal Militar ou em leis especiais, levar-se-ão em conta, para a aplicação desta Lei:

▸ *Lei nº 13.260, de 16-03-2016, art. 2º, Regulamenta o disposto no inciso XLIII do art. 5º da Constituição Federal, disciplinando o terrorismo.*

I – a motivação e os objetivos do agente;

II – a lesão real ou potencial aos bens jurídicos mencionados no artigo anterior.

ART. 3º. Pune-se a tentativa com a pena correspondente ao crime consumado, reduzida de um a dois terços, quando não houver expressa previsão e cominação específica para a figura tentada.

▸ *CP: art. 14, II, par. ún.*

Parágrafo único. O agente que, voluntariamente, desiste de prosseguir na execução, ou impede que o resultado se produza, só responde pelos atos já praticados.

▸ *CP: art. 15.*

ART. 4º. São circunstâncias que sempre agravam a pena, quando não elementares do crime:

▸ *CP: art. 61.*

I – ser o agente reincidente;

▸ CP: arts. 61, I, e 63.

II – ter o agente:

a) praticado o crime com o auxílio, de qualquer espécie, de governo, organização internacional ou grupos estrangeiros;

b) promovido, organizado ou dirigido a atividade dos demais, no caso do concurso de agentes.

▸ CP: art. 62.

ART. 5º. Em tempo de paz, a execução da pena privativa da liberdade, não superior a dois anos, pode ser suspensa, por dois a seis anos, desde que:

▸ CP: arts. 77 e 82.

I – o condenado não seja reincidente em crime doloso, salvo o disposto no § 1º do art. 71 do Código Penal Militar;

II – os seus antecedentes e personalidade, os motivos e as circunstâncias do crime, bem como sua conduta posterior, autorizem a presunção de que não tornará a delinquir.

Parágrafo único. A sentença especificará as condições a que fica subordinada a suspensão.

ART. 6º. Extingue-se a punibilidade dos crimes previstos nesta Lei:

▸ CP: art. 107.

I – pela morte do agente;

II – pela anistia ou indulto;

III – pela retroatividade da lei que não mais considera o fato como criminoso;

IV – pela prescrição.

ART. 7º. Na aplicação desta Lei, observar-se-á, no que couber, a Parte Geral do Código Penal Militar e, subsidiariamente, a sua Parte Especial.

▸ Lei nº 13.260, de 16-03-2016, art. 2º, Regulamenta o disposto no inciso XLIII do art. 5º da Constituição Federal, disciplinando o terrorismo.

Parágrafo único. Os menores de dezoito anos são penalmente inimputáveis, ficando sujeitos às normas estabelecidas na legislação especial.

▸ CF: art. 228.

▸ CP: art. 27.

TÍTULO II.

DOS CRIMES E DAS PENAS

ART. 8º. Entrar em entendimento ou negociação com governo ou grupo estrangeiro, ou seus agentes, para provocar guerra ou atos de hostilidade contra o Brasil.

Pena: reclusão, de 3 a 15 anos.

Parágrafo único. Ocorrendo a guerra ou sendo desencadeados os atos de hostilidade, a pena aumenta-se até o dobro.

ART. 9º. Tentar submeter o território nacional, ou parte dele, ao domínio ou à soberania de outro país.

Pena: reclusão, de 4 a 20 anos.

Parágrafo único. Se do fato resulta lesão corporal grave, a pena aumenta-se até um terço; se resulta morte aumenta-se até a metade.

ART. 10. Aliciar indivíduos de outro país para invasão do território nacional.

Pena: reclusão, de 3 a 10 anos.

Parágrafo único. Ocorrendo a invasão, a pena aumenta-se até o dobro.

ART. 11. Tentar desmembrar parte do território nacional para constituir país independente.

Pena: reclusão, de 4 a 12 anos.

ART. 12. Importar ou introduzir, no território nacional, por qualquer forma, sem autorização da autoridade federal competente, armamento ou material militar privativo das Forças Armadas.

Pena: reclusão, de 3 a 10 anos.

Parágrafo único. Na mesma pena incorre quem, sem autorização legal, fabrica, vende, transporta, recebe, oculta, mantém em depósito ou distribui o armamento ou material militar de que trata este artigo.

ART. 13. Comunicar, entregar ou permitir a comunicação ou a entrega, a governo ou grupo estrangeiro, ou a organização ou grupo de existência ilegal, de dados, documentos ou cópias de documentos, planos, códigos, cifras ou assuntos que, no interesse do Estado brasileiro, são classificados como sigilosos.

Pena: reclusão, de 3 a 15 anos.

Parágrafo único. Incorre na mesma pena quem:

I – com o objetivo de realizar os atos previstos neste artigo, mantém serviço de espionagem ou dele participa;

II – com o mesmo objetivo, realiza atividade aerofotográfica ou de sensoreamento remoto, em qualquer parte do território nacional;

III – oculta ou presta auxílio a espião, sabendo-o tal, para subtraí-lo à ação da autoridade pública;

IV – obtém ou revela, para fim de espionagem, desenhos, projetos, fotografias, notícias ou informações a respeito de técnicas, de tecnologias, de componentes, de equipamentos, de instalações ou de sistemas de processamento automatizado de dados, em uso ou em desenvolvimento no País, que, reputados essenciais para a sua defesa, segurança ou economia, devem permanecer em segredo.

ART. 14. Facilitar, culposamente, a prática de qualquer dos crimes previstos nos arts. 12 e 13, e seus parágrafos.

Pena: detenção, de 1 a 5 anos.

ART. 15. Praticar sabotagem contra instalações militares, meios de comunicações, meios e vias de transporte, estaleiros, portos, aeroportos, fábricas, usinas, barragem, depósitos e outras instalações congêneres.

Pena: reclusão, de 3 a 10 anos.

§ 1º. Se do fato resulta:

a) lesão corporal grave, a pena aumenta-se até a metade;

b) dano, destruição ou neutralização de meios de defesa ou de segurança; paralisação, total ou parcial, de atividade ou serviços públicos reputados essenciais para a defesa, a segurança ou a economia do País, a pena aumenta-se até o dobro;

c) morte, a pena aumenta-se até o triplo.

§ 2º. Punem-se os atos preparatórios de sabotagem com a pena deste artigo reduzida de dois terços, se o fato não constitui crime mais grave.

ART. 16. Integrar ou manter associação, partido, comitê, entidade de classe ou grupamento que tenha por objetivo a mudança do regime vigente ou do Estado de Direito, por meios violentos ou com o emprego de grave ameaça.

Pena: reclusão, de 1 a 5 anos.

ART. 17. Tentar mudar, com emprego de violência ou grave ameaça, a ordem, o regime vigente ou o Estado de Direito.

Pena: reclusão, de 3 a 15 anos.

Parágrafo único. Se do fato resulta lesão corporal grave, a pena aumenta-se até a metade; se resulta morte, aumenta-se até o dobro.

ART. 18. Tentar impedir, com emprego de violência ou grave ameaça, o livre exercício de qualquer dos Poderes da União ou dos Estados.

Pena: reclusão, de 2 a 6 anos.

ART. 19. Apoderar-se ou exercer o controle de aeronave, embarcação ou veículo de transporte coletivo, com emprego de violência ou grave ameaça à tripulação ou a passageiros.
Pena: reclusão, de 2 a 10 anos.

Parágrafo único. Se do fato resulta lesão corporal grave, a pena aumenta-se até o dobro; se resulta morte, aumenta-se até o triplo.

ART. 20. Devastar, saquear, extorquir, roubar, sequestrar, manter em cárcere privado, incendiar, depredar, provocar explosão, praticar atentado pessoal ou atos de terrorismo, por inconformismo político ou para obtenção de fundos destinados à manutenção de organizações políticas clandestinas ou subversivas.

Pena: reclusão, de 3 a 10 anos.

Parágrafo único. Se do fato resulta lesão corporal grave, a pena aumenta-se até o dobro; se resulta morte, aumenta-se até o triplo.

ART. 21. Revelar segredo obtido em razão de cargo, emprego ou função pública, relativamente a planos, ações ou operações militares ou policiais contra rebeldes, insurretos ou revolucionários.

Pena: reclusão, de 2 a 10 anos.

ART. 22. Fazer, em público, propaganda:

I – de processos violentos ou ilegais para alteração da ordem política ou social;

II – de discriminação racial, de luta pela violência entre as classes sociais, de perseguição religiosa;

III – de guerra;

IV – de qualquer dos crimes previstos nesta Lei.

Pena: detenção, de 1 a 4 anos.

§ 1º. A pena é aumentada de um terço quando a propaganda for feita em local de trabalho ou por meio de rádio ou televisão.

§ 2º. Sujeita-se à mesma pena quem distribui ou redistribui:

a) fundos destinados a realizar a propaganda de que trata este artigo;

b) ostensiva ou clandestinamente boletins ou panfletos contendo a mesma propaganda.

§ 3º. Não constitui propaganda criminosa a exposição, a crítica ou o debate de quaisquer doutrinas.

ART. 23. Incitar:

I – à subversão da ordem política ou social;

II – à animosidade entre as Forças Armadas ou entre estas e as classes sociais ou as instituições civis;

III – à luta com violência entre as classes sociais;

IV – à prática de qualquer dos crimes previstos nesta Lei.

Pena: reclusão, de 1 a 4 anos.

ART. 24. Constituir, integrar ou manter organização ilegal de tipo militar, de qualquer forma ou natureza armada ou não, com ou sem fardamento, com finalidade combativa.

Pena: reclusão, de 2 a 8 anos.

ART. 25. Fazer funcionar, de fato, ainda que sob falso nome ou forma simulada, partido político ou associação dissolvidos por força de disposição legal ou de decisão judicial.

Pena: reclusão, de 1 a 5 anos.

ART. 26. Caluniar ou difamar o Presidente da República, o do Senado Federal, o da Câmara dos Deputados ou o do Supremo Tribunal Federal, imputando-lhes fato definido como crime ou fato ofensivo à reputação.

Pena: reclusão, de 1 a 4 anos.

Parágrafo único. Na mesma pena incorre quem, conhecendo o caráter ilícito da imputação, a propala ou divulga.

ART. 27. Ofender a integridade corporal ou a saúde de qualquer das autoridades mencionadas no artigo anterior.

Pena: reclusão, de 1 a 3 anos.

§ 1º. Se a lesão é grave, aplica-se a pena de reclusão de 3 a 15 anos.

§ 2º. Se da lesão resulta a morte e as circunstâncias evidenciam que este resultado pode ser atribuído a título de culpa ao agente, a pena é aumentada até um terço.

ART. 28. Atentar contra a liberdade pessoal de qualquer das autoridades referidas no art. 26.

Pena: reclusão, de 4 a 12 anos.

ART. 29. Matar qualquer das autoridades referidas no art. 26.

Pena: reclusão, de 15 a 30 anos.

LEIS ORDINÁRIAS

TÍTULO III.

DA COMPETÊNCIA, DO PROCESSO E DAS NORMAS ESPECIAIS DE PROCEDIMENTOS

ART. 30. Compete à Justiça Militar processar e julgar os crimes previstos nesta Lei, com observância das normas estabelecidas no Código de Processo Penal Militar, no que não colidirem com disposição desta Lei, ressalvada a competência originária do Supremo Tribunal Federal nos casos previstos na Constituição.

Parágrafo único. A ação penal é pública, promovendo-a o Ministério Público.

ART. 31. Para apuração de fato que configure crime previsto nesta Lei, instaurar-se-á inquérito policial, pela Polícia Federal:

▸ *CF: art. 109, IV.*

I – de ofício;

II – mediante requisição do Ministério Público;

III – mediante requisição de autoridade militar responsável pela segurança interna;

IV – mediante requisição do Ministro da Justiça.

Parágrafo único. Poderá a União delegar, mediante convênio, a Estado, ao Distrito Federal ou a Território, atribuições para a realização do inquérito referido neste artigo.

ART. 32. Será instaurado inquérito Policial Militar se o agente for militar ou assemelhado, ou quando o crime:

▸ *CF: art. 109, IV.*

I – lesar patrimônio sob administração militar;

II – for praticado em lugar diretamente sujeito à administração militar ou contra militar ou assemelhado em serviço;

III – for praticado nas regiões alcançadas pela decretação do estado de emergência ou do estado de sítio.

ART. 33. Durante as investigações, a autoridade de que presidir o inquérito poderá manter o indiciado preso ou sob custódia, pelo prazo de quinze dias, comunicando imediatamente o fato ao juízo competente.

▸ *CF: art. 109, IV.*

§ 1º. Em caso de justificada necessidade, esse prazo poderá ser dilatado por mais quinze dias, por decisão do juiz, a pedido do encarregado do inquérito, ouvido o Ministério Público.

§ 2º. A incomunicabilidade do indiciado, no período inicial das investigações, será permitida pelo prazo improrrogável de, no máximo, cinco dias.

§ 3º. O preso ou custodiado deverá ser recolhido e mantido em lugar diverso do destinado aos presos por crimes comuns, com estrita observância do disposto nos arts. 237 a 242 do Código de Processo Penal Militar.

§ 4º. Em qualquer fase do inquérito, a requerimento da defesa, do indiciado, de seu cônjuge, descendente ou ascendente, será realizado exame na pessoa do indiciado para verificação de sua integridade física e mental; uma via do laudo, elaborado por dois peritos médicos e instruída com fotografias, será juntada aos autos do inquérito.

§ 5º. Esgotado o prazo de quinze dias de prisão ou custódia ou de sua eventual prorrogação, o indiciado será imediatamente libertado, salvo se decretadas prisão preventiva, a requerimento do encarregado do inquérito ou do órgão do Ministério Público.

§ 6º. O tempo de prisão ou custódia será computado no de execução da pena privativa de liberdade.

ART. 34. Esta Lei entra em vigor na data de sua publicação.

ART. 35. Revogam-se a Lei nº 6.620, de 17 de dezembro de 1978, e demais disposições em contrário.

Brasília, em 14 de dezembro de 1983;
162º da Independência e 95º da República.

JOÃO FIGUEIREDO

Este texto não substitui o publicado no DOU de 15.12.1983

LEI Nº 7.210, DE 11 DE JULHO DE 1984 – LEI DE EXECUÇÃO PENAL

Institui a Lei de Execução Penal.

▸ *CF: art. 102, I, m.*

▸ *Súmulas 40, 192, 341, 439, 441, 471, 491, 520, 526, 533, 534, 535 e 562 do STJ.*

O PRESIDENTE DA REPÚBLICA, faço saber que o Congresso Nacional decreta e eu sanciono a seguinte Lei:

TÍTULO I.

DO OBJETO E DA APLICAÇÃO DA LEI DE EXECUÇÃO PENAL

ART. 1º. A execução penal tem por objetivo efetivar as disposições de sentença ou decisão criminal e proporcionar condições para a harmônica integração social do condenado e do internado.

▸ *Súmula nº 611 do STF.*

ART. 2º. A jurisdição penal dos Juízes ou Tribunais da Justiça ordinária, em todo o Território Nacional, será exercida, no processo de execução, na conformidade desta Lei e do Código de Processo Penal.

▸ *Súmula nº 192 do STJ.*

▸ *CPP: 668 a 779.*

▸ *Esta lei: art. 194.*

Parágrafo único. Esta Lei aplicar-se-á igualmente ao preso provisório e ao condenado pela Justiça Eleitoral ou Militar, quando recolhido a estabelecimento sujeito à jurisdição ordinária.

ART. 3º. Ao condenado e ao internado serão assegurados todos os direitos não atingidos pela sentença ou pela lei.

▸ *Esta lei: arts. 10 a 37, 40, 41, 120 a 130 e 200.*

Parágrafo único. Não haverá qualquer distinção de natureza racial, social, religiosa ou política.

ART. 4º. O Estado deverá recorrer à cooperação da comunidade nas atividades de execução da pena e da medida de segurança.

TÍTULO II. DO CONDENADO E DO INTERNADO

CAPÍTULO I. DA CLASSIFICAÇÃO

ART. 5º. Os condenados serão classificados, segundo os seus antecedentes e personalidade, para orientar a individualização da execução penal.

▸ *CF: art. 5º, XLVI.*

ART. 6º. A classificação será feita por Comissão Técnica de Classificação que elaborará o programa individualizador da pena privativa de liberdade adequada ao condenado ou preso provisório. (Redação dada pela Lei nº 10.792, de 2003)

ART. 7º. A Comissão Técnica de Classificação, existente em cada estabelecimento, será presidida pelo diretor e composta, no mínimo, por 2 (dois) chefes de serviço, 1 (um) psiquiatra, 1 (um) psicólogo e 1 (um) assistente social, quando se tratar de condenado à pena privativa de liberdade.

Parágrafo único. Nos demais casos a Comissão atuará junto ao Juízo da Execução e será integrada por fiscais do serviço social.

ART. 8º. O condenado ao cumprimento de pena privativa de liberdade, em regime fechado, será submetido a exame criminológico para a obtenção dos elementos necessários a uma adequada classificação e com vistas à individualização da execução.

▸ *Súmula Vinculante nº 26.*

▸ *Súmula nº 439 do STJ.*

▸ *CP: art. 34.*

▸ *Esta lei: art. 174.*

Parágrafo único. Ao exame de que trata este artigo poderá ser submetido o condenado ao cumprimento da pena privativa de liberdade em regime semi-aberto.

▸ *Esta lei: art. 35.*

ART. 9º. A Comissão, no exame para a obtenção de dados reveladores da personalidade, observando a ética profissional e tendo sempre presentes peças ou informações do processo, poderá:

▸ *Esta lei: art. 174.*

I – entrevistar pessoas;

II – requisitar, de repartições ou estabelecimentos privados, dados e informações a respeito do condenado;

III – realizar outras diligências e exames necessários.

Substituir o caput por:

ART. 9º-A. O condenado por crime doloso praticado com violência grave contra a pessoa, bem como por crime contra a vida, contra a liberdade sexual ou por crime sexual contra vulnerável, será submetido, obrigatoriamente, à identificação do perfil genético, mediante extração de DNA (ácido desoxirribonucleico), por técnica adequada e indolor, por ocasião do ingresso no estabelecimento prisional. (Redação dada pela Lei nº 13.964, de 24.12.2019)

▸ *CF: art. 5º., LVIII.*

▸ *CP: art. 213.*

▸ *Lei n. 12.037, de 01-10-2009, arts. 5o., par. ún, 5o.-A, 7-A e 7-B; Dispõe sobre a identificação criminal e coleta de material genético.*

▸ *Lei n. 14.069, de 1º-10-2020; Cadastro Nacional de Pessoas Condenadas por Crime de Estupro*

§ 1º. A identificação do perfil genético será armazenada em banco de dados sigiloso, conforme regulamento a ser expedido pelo Poder Executivo. (Incluído pela Lei nº 12.654, de 2012)

§ 1º-A. A regulamentação deverá fazer constar garantias mínimas de proteção de dados genéticos, observando as melhores práticas da genética forense. (Acrescido pela Lei nº 13.964, de 2019)

§ 2º. A autoridade policial, federal ou estadual, poderá requerer ao juiz competente, no caso de inquérito instaurado, o acesso ao banco de dados de identificação de perfil genético. (Incluído pela Lei nº 12.654, de 2012)

§ 3º Deve ser viabilizado ao titular de dados genéticos o acesso aos seus dados constantes nos bancos de perfis genéticos, bem como a todos os documentos da cadeia de custódia que gerou esse dado, de maneira que possa ser contraditado pela defesa. (Acrescido pela Lei nº 13.964, de 2019)

§ 4º O condenado pelos crimes previstos no caput deste artigo que não tiver sido submetido à identificação do perfil genético por ocasião do ingresso no estabelecimento prisional deverá ser submetido ao procedimento durante o cumprimento da pena. (Acrescido pela Lei nº 13.964, de 2019)

§ 5º A amostra biológica coletada só poderá ser utilizada para o único e exclusivo fim de permitir a identificação pelo perfil genético, não estando autorizadas as práticas de fenotipagem genética ou de busca familiar. (Incluído pela Lei nº 13.964, de 24-12-2019, promulgação em 29-04-2021)

§ 6º Uma vez identificado o perfil genético, a amostra biológica recolhida nos termos do caput deste artigo deverá ser correta e imediatamente descartada, de maneira a impedir a sua utilização para qualquer outro fim. (Incluído pela Lei nº 13.964, de 24-12-2019, promulgação em 29-04-2021)

§ 7º A coleta da amostra biológica e a elaboração do respectivo laudo serão realizadas por perito oficial. (Incluído pela Lei nº 13.964, de 24-12-2019, promulgação em 29-04-2021)

§ 8º Constitui falta grave a recusa do condenado em submeter-se ao procedimento de identificação do perfil genético. (Acrescido pela Lei nº 13.964, de 2019)

CAPÍTULO II. DA ASSISTÊNCIA

SEÇÃO I. DISPOSIÇÕES GERAIS

ART. 10. A assistência ao preso e ao internado é dever do Estado, objetivando prevenir o crime e orientar o retorno à convivência em sociedade.

Parágrafo único. A assistência estende-se ao egresso.

- *Esta lei: art. 26.*

ART. 11. A assistência será:

- *Esta lei: art. 41, VII.*

I – material;

II – à saúde;

III – jurídica;

IV – educacional;

V – social;

VI – religiosa.

SEÇÃO II. DA ASSISTÊNCIA MATERIAL

ART. 12. A assistência material ao preso e ao internado consistirá no fornecimento de alimentação, vestuário e instalações higiênicas.

- *Esta lei: art. 39, IX e 41, I.*

ART. 13. O estabelecimento disporá de instalações e serviços que atendam aos presos nas suas necessidades pessoais, além de locais destinados à venda de produtos e objetos permitidos e não fornecidos pela Administração.

SEÇÃO III. DA ASSISTÊNCIA À SAÚDE

ART. 14. A assistência à saúde do preso e do internado de caráter preventivo e curativo, compreenderá atendimento médico, farmacêutico e odontológico.

- *Esta lei: art. 41, VII, 43, 120, II e 183.*

§ 1º. (Vetado).

§ 2º. Quando o estabelecimento penal não estiver aparelhado para prover a assistência médica necessária, esta será prestada em outro local, mediante autorização da direção do estabelecimento.

§ 3º. Será assegurado acompanhamento médico à mulher, principalmente no pré-natal e no pós-parto, extensivo ao recém-nascido. (Incluído pela Lei nº 11.942, de 2009)

SEÇÃO IV. DA ASSISTÊNCIA JURÍDICA

ART. 15. A assistência jurídica é destinada aos presos e aos internados sem recursos financeiros para constituir advogado.

- *CF: art. 5º, LXXIV.*
- *Esta lei: art. 41, VII e IX.*
- *Lei nº 1.060, de 05-02-1950, dispõe sobre a Assistência Judiciária.*

ART. 16. As Unidades da Federação deverão ter serviços de assistência jurídica, integral e gratuita, pela Defensoria Pública, dentro e fora dos estabelecimentos penais. (Redação dada pela Lei nº 12.313, de 2010).

- *CF: art. 5º, LXXIV, e 134.*
- *Lei Complementar nº 80, de 12-01-1994, Organiza a defensoria pública.*

§ 1º. As Unidades da Federação deverão prestar auxílio estrutural, pessoal e material à Defensoria Pública, no exercício de suas funções, dentro e fora dos estabelecimentos penais. (Incluído pela Lei nº 12.313, de 2010).

§ 2º. Em todos os estabelecimentos penais, haverá local apropriado destinado ao atendimento pelo Defensor Público. (Incluído pela Lei nº 12.313, de 2010).

§ 3º. Fora dos estabelecimentos penais, serão implementados Núcleos Especializados da Defensoria Pública para a prestação de assistência jurídica integral e gratuita aos réus, sentenciados em liberdade, egressos e seus familiares, sem recursos financeiros para constituir advogado. (Incluído pela Lei nº 12.313, de 2010).

SEÇÃO V. DA ASSISTÊNCIA EDUCACIONAL

ART. 17. A assistência educacional compreenderá a instrução escolar e a formação profissional do preso e do internado.

- *CF: art. 205 e 208, § 1º.*
- *Esta lei: art. 41, VI.*

ART. 18. O ensino de 1º grau será obrigatório, integrando-se no sistema escolar da Unidade Federativa.

ART. 18-A. O ensino médio, regular ou supletivo, com formação geral ou educação profissional de nível médio, será implantado nos presídios, em obediência ao preceito constitucional de sua universalização. (Incluído pela Lei nº 13.163, de 2015)

§ 1º. O ensino ministrado aos presos e presas integrar-se-á ao sistema estadual e municipal de ensino e será mantido, administrativa e financeiramente, com o apoio da União, não só com os recursos destinados à educação, mas pelo sistema estadual de justiça ou administração penitenciária. (Incluído pela Lei nº 13.163, de 2015)

§ 2º. Os sistemas de ensino oferecerão aos presos e às presas cursos supletivos de educação de jovens e adultos. (Incluído pela Lei nº 13.163, de 2015)

§ 3º. A União, os Estados, os Municípios e o Distrito Federal incluirão em seus programas de educação à distância e de utilização de novas tecnologias de ensino, o atendimento aos presos e às presas. (Incluído pela Lei nº 13.163, de 2015)

ART. 19. O ensino profissional será ministrado em nível de iniciação ou de aperfeiçoamento técnico.

Parágrafo único. A mulher condenada terá ensino profissional adequado à sua condição.

ART. 20. As atividades educacionais podem ser objeto de convênio com entidades públicas ou particulares, que instalem escolas ou ofereçam cursos especializados.

ART. 21. Em atendimento às condições locais, dotar-se-á cada estabelecimento de uma biblioteca, para uso de todas as categorias de reclusos, provida de livros instrutivos, recreativos e didáticos.

ART. 21-A. O censo penitenciário deverá apurar: (Incluído pela Lei nº 13.163, de 2015)

I – o nível de escolaridade dos presos e das presas; (Incluído pela Lei nº 13.163, de 2015)

II – a existência de cursos nos níveis fundamental e médio e o número de presos e presas atendidos; (Incluído pela Lei nº 13.163, de 2015)

III – a implementação de cursos profissionais em nível de iniciação ou aperfeiçoamento técnico e o número de presos e presas atendidos; (Incluído pela Lei nº 13.163, de 2015)

IV – a existência de bibliotecas e as condições de seu acervo; (Incluído pela Lei nº 13.163, de 2015)

V – outros dados relevantes para o aprimoramento educacional de presos e presas. (Incluído pela Lei nº 13.163, de 2015)

SEÇÃO VI. DA ASSISTÊNCIA SOCIAL

ART. 22. A assistência social tem por finalidade amparar o preso e o internado e prepará-los para o retorno à liberdade.

▸ Esta lei: art. 41, VI.

ART. 23. Incumbe ao serviço de assistência social:

I – conhecer os resultados dos diagnósticos ou exames;

II – relatar, por escrito, ao Diretor do estabelecimento, os problemas e as dificuldades enfrentadas pelo assistido;

III – acompanhar o resultado das permissões de saídas e das saídas temporárias;

IV – promover, no estabelecimento, pelos meios disponíveis, a recreação;

V – promover a orientação do assistido, na fase final do cumprimento da pena, e do liberando, de modo a facilitar o seu retorno à liberdade;

VI – providenciar a obtenção de documentos, dos benefícios da Previdência Social e do seguro por acidente no trabalho;

VII – orientar e amparar, quando necessário, a família do preso, do internado e da vítima.

SEÇÃO VII. DA ASSISTÊNCIA RELIGIOSA

ART. 24. A assistência religiosa, com liberdade de culto, será prestada aos presos e aos internados, permitindo-se-lhes a participação nos serviços organizados no estabelecimento penal, bem como a posse de livros de instrução religiosa.

▸ CF: art. 5º, VI.

▸ Esta lei: art. 41, VII.

§ 1º. No estabelecimento haverá local apropriado para os cultos religiosos.

§ 2º. Nenhum preso ou internado poderá ser obrigado a participar de atividade religiosa.

SEÇÃO VIII. DA ASSISTÊNCIA AO EGRESSO

ART. 25. A assistência ao egresso consiste:

▸ Esta lei: art. 78.

I – na orientação e apoio para reintegrá-lo à vida em liberdade;

II – na concessão, se necessário, de alojamento e alimentação, em estabelecimento adequado, pelo prazo de 2 (dois) meses.

Parágrafo único. O prazo estabelecido no inciso II poderá ser prorrogado uma única vez, comprovado, por declaração do assistente social, o empenho na obtenção de emprego.

ART. 26. Considera-se egresso para os efeitos desta Lei:

I – o liberado definitivo, pelo prazo de 1 (um) ano a contar da saída do estabelecimento;

II – o liberado condicional, durante o período de prova.

ART. 27. O serviço de assistência social colaborará com o egresso para a obtenção de trabalho.

CAPÍTULO III. DO TRABALHO

SEÇÃO I. DISPOSIÇÕES GERAIS

ART. 28. O trabalho do condenado, como dever social e condição de dignidade humana, terá finalidade educativa e produtiva.

▸ Esta Lei: arts. 39, V e 41, II.

▸ CF: arts. 1º, III, 5º, XLVII, c.

▸ Esta lei: arts. 128 a 130.

§ 1º. Aplicam-se à organização e aos métodos de trabalho as precauções relativas à segurança e à higiene.

§ 2º. O trabalho do preso não está sujeito ao regime da Consolidação das Leis do Trabalho.

ART. 29. O trabalho do preso será remunerado, mediante prévia tabela, não podendo ser inferior a 3/4 (três quartos) do salário mínimo.

▸ CP: 39.

§ 1º. O produto da remuneração pelo trabalho deverá atender:

a) à indenização dos danos causados pelo crime, desde que determinados judicialmente e não reparados por outros meios;

b) à assistência à família;

c) a pequenas despesas pessoais;

d) ao ressarcimento ao Estado das despesas realizadas com a manutenção do condenado, em proporção a ser fixada e sem prejuízo da destinação prevista nas letras anteriores.

§ 2º. Ressalvadas outras aplicações legais, será depositada a parte restante para constituição do pecúlio, em Caderneta

LEIS ORDINÁRIAS

de Poupança, que será entregue ao condenado quando posto em liberdade.

ART. 30. As tarefas executadas como prestação de serviço à comunidade não serão remuneradas.

▸ *CP: arts. 43, IV e 46.*

SEÇÃO II.
DO TRABALHO INTERNO

ART. 31. O condenado à pena privativa de liberdade está obrigado ao trabalho na medida de suas aptidões e capacidade.

▸ *CF: arts. 1º, III, 5º, XLVII, c.*

▸ *CP: arts. 34, § 1º, e 35, § 1º.*

▸ *Esta lei: arts. 39, V, 41,II, 50, VI e 126 a 130.*

Parágrafo único. Para o preso provisório, o trabalho não é obrigatório e só poderá ser executado no interior do estabelecimento.

ART. 32. Na atribuição do trabalho deverão ser levadas em conta a habilitação, a condição pessoal e as necessidades futuras do preso, bem como as oportunidades oferecidas pelo mercado.

§ 1º. Deverá ser limitado, tanto quanto possível, o artesanato sem expressão econômica, salvo nas regiões de turismo.

§ 2º. Os maiores de 60 (sessenta) anos poderão solicitar ocupação adequada à sua idade.

§ 3º. Os doentes ou deficientes físicos somente exercerão atividades apropriadas ao seu estado.

ART. 33. A jornada normal de trabalho não será inferior a 6 (seis) nem superior a 8 (oito) horas, com descanso nos domingos e feriados.

Parágrafo único. Poderá ser atribuído horário especial de trabalho aos presos designados para os serviços de conservação e manutenção do estabelecimento penal.

ART. 34. O trabalho poderá ser gerenciado por fundação, ou empresa pública, com autonomia administrativa, e terá por objetivo a formação profissional do condenado.

§ 1º. Nessa hipótese, incumbirá à entidade gerenciadora promover e supervisionar a produção, com critérios e métodos empresariais, encarregar-se de sua comercialização, bem como suportar despesas, inclusive pagamento de remuneração adequada. (Renumerado pela Lei nº 10.792, de 2003)

§ 2º. Os governos federal, estadual e municipal poderão celebrar convênio com a iniciativa privada, para implantação de oficinas de trabalho referentes a setores de apoio dos presídios. (Incluído pela Lei nº 10.792, de 2003)

ART. 35. Os órgãos da Administração Direta ou Indireta da União, Estados, Territórios, Distrito Federal e dos Municípios adquirirão, com dispensa de concorrência pública, os bens ou produtos do trabalho prisional, sempre que não for possível ou recomendável realizar-se a venda a particulares.

Parágrafo único. Todas as importâncias arrecadadas com as vendas reverterão em favor da fundação ou empresa pública a que alude o artigo anterior ou, na sua falta, do estabelecimento penal.

SEÇÃO III.
DO TRABALHO EXTERNO

ART. 36. O trabalho externo será admissível para os presos em regime fechado somente em serviço ou obras públicas realizadas por órgãos da Administração Direta ou Indireta, ou entidades privadas, desde que tomadas as cautelas contra a fuga e em favor da disciplina.

▸ *Súmula 562 do STJ.*

▸ *CP: arts. 34, § 3º.*

§ 1º. O limite máximo do número de presos será de 10% (dez por cento) do total de empregados na obra.

§ 2º. Caberá ao órgão da administração, à entidade ou à empresa empreiteira a remuneração desse trabalho.

§ 3º. A prestação de trabalho à entidade privada depende do consentimento expresso do preso.

ART. 37. A prestação de trabalho externo, a ser autorizada pela direção do estabelecimento, dependerá de aptidão, disciplina e responsabilidade, além do cumprimento mínimo de 1/6 (um sexto) da pena.

▸ *Súmula nº 40 do STJ.*

Parágrafo único. Revogar-se-á a autorização de trabalho externo ao preso que vier a praticar fato definido como crime, for punido por falta grave, ou tiver comportamento contrário aos requisitos estabelecidos neste artigo.

▸ *Súmula nº 526 do STJ.*

CAPÍTULO IV.
DOS DEVERES, DOS DIREITOS E DA DISCIPLINA

SEÇÃO I.
DOS DEVERES

ART. 38. Cumpre ao condenado, além das obrigações legais inerentes ao seu estado, submeter-se às normas de execução da pena.

ART. 39. Constituem deveres do condenado:

I – comportamento disciplinado e cumprimento fiel da sentença;

II – obediência ao servidor e respeito a qualquer pessoa com quem deva relacionar-se;

▸ *Esta lei: arts. 50, VI e 51, III.*

III – urbanidade e respeito no trato com os demais condenados;

IV – conduta oposta aos movimentos individuais ou coletivos de fuga ou de subversão à ordem ou à disciplina;

V – execução do trabalho, das tarefas e das ordens recebidas;

▸ *Esta lei: arts. 50, VI e 51, III.*

VI – submissão à sanção disciplinar imposta;

VII – indenização à vítima ou aos seus sucessores;

VIII – indenização ao Estado, quando possível, das despesas realizadas com a sua manutenção, mediante desconto proporcional da remuneração do trabalho;

IX – higiene pessoal e asseio da cela ou alojamento;

X – conservação dos objetos de uso pessoal.

Parágrafo único. Aplica-se ao preso provisório, no que couber, o disposto neste artigo.

▸ Esta lei: art. 31, par. ún.

SEÇÃO II. DOS DIREITOS

ART. 40. Impõe-se a todas as autoridades o respeito à integridade física e moral dos condenados e dos presos provisórios.

▸ CF: art. 5º, III e XLIX.

▸ CP: art. 38.

ART. 41. Constituem direitos do preso:

I – alimentação suficiente e vestuário;

II – atribuição de trabalho e sua remuneração;

III – Previdência Social;

IV – constituição de pecúlio;

V – proporcionalidade na distribuição do tempo para o trabalho, o descanso e a recreação;

VI – exercício das atividades profissionais, intelectuais, artísticas e desportivas anteriores, desde que compatíveis com a execução da pena;

VII – assistência material, à saúde, jurídica, educacional, social e religiosa;

▸ Esta lei: arts. 10 e 11.

VIII – proteção contra qualquer forma de sensacionalismo;

▸ Esta lei: art. 198.

IX – entrevista pessoal e reservada com o advogado;

▸ CF: art. 5º, LXIX.

▸ Lei nº 8.906, de 04-07-1994, art. 7º, III, Estatuto da Advocacia e Ordem dos Advogados do Brasil (OAB).

X – visita do cônjuge, da companheira, de parentes e amigos em dias determinados;

XI – chamamento nominal;

XII – igualdade de tratamento salvo quanto às exigências da individualização da pena;

▸ CF: art. 5º, XLVI.

XIII – audiência especial com o diretor do estabelecimento;

XIV – representação e petição a qualquer autoridade, em defesa de direito;

XV – contato com o mundo exterior por meio de correspondência escrita, da leitura e de outros meios de informação que não comprometam a moral e os bons costumes.

XVI – atestado de pena a cumprir, emitido anualmente, sob pena da responsabilidade da autoridade judiciária competente. (Incluído pela Lei nº 10.713, de 2003)

Parágrafo único. Os direitos previstos nos incisos V, X e XV poderão ser suspensos ou restringidos mediante ato motivado do diretor do estabelecimento.

▸ Esta lei: art. 53, III.

ART. 42. Aplica-se ao preso provisório e ao submetido à medida de segurança, no que couber, o disposto nesta Seção.

▸ Súmula nº 527 do STJ.

ART. 43. É garantida a liberdade de contratar médico de confiança pessoal do internado ou do submetido a tratamento ambulatorial, por seus familiares ou dependentes, a fim de orientar e acompanhar o tratamento.

Parágrafo único. As divergências entre o médico oficial e o particular serão resolvidas pelo Juiz da execução.

SEÇÃO III. DA DISCIPLINA

SUBSEÇÃO I. DISPOSIÇÕES GERAIS

ART. 44. A disciplina consiste na colaboração com a ordem, na obediência às determinações das autoridades e seus agentes e no desempenho do trabalho.

Parágrafo único. Estão sujeitos à disciplina o condenado à pena privativa de liberdade ou restritiva de direitos e o preso provisório.

ART. 45. Não haverá falta nem sanção disciplinar sem expressa e anterior previsão legal ou regulamentar.

▸ CF: art. 5º, XXXIX.

▸ CP: art. 1º.

§ 1º. As sanções não poderão colocar em perigo a integridade física e moral do condenado.

§ 2º. É vedado o emprego de cela escura.

§ 3º. São vedadas as sanções coletivas.

ART. 46. O condenado ou denunciado, no início da execução da pena ou da prisão, será cientificado das normas disciplinares.

ART. 47. O poder disciplinar, na execução da pena privativa de liberdade, será exercido pela autoridade administrativa conforme as disposições regulamentares.

▸ Esta lei: art. 58, par. ún.

ART. 48. Na execução das penas restritivas de direitos, o poder disciplinar será exercido pela autoridade administrativa a que estiver sujeito o condenado.

▸ CP: art. 43.

Parágrafo único. Nas faltas graves, a autoridade representará ao Juiz da execução para os fins dos artigos 118, inciso I, 125, 127, 181, §§ 1º, letra d, e 2º desta Lei.

SUBSEÇÃO II. DAS FALTAS DISCIPLINARES

ART. 49. As faltas disciplinares classificam-se em leves, médias e graves. A legislação local especificará as leves e médias, bem assim as respectivas sanções.

▸ Esta lei: art. 53.

Parágrafo único. Pune-se a tentativa com a sanção correspondente à falta consumada.

LEIS ORDINÁRIAS

ART. 50. Comete falta grave o condenado à pena privativa de liberdade que:

▸ *Súmulas nº 526 e 535 do STJ.*

▸ *Esta Lei: arts. 9-A § 8º., 36 parágrafo único, 52, 112 §§ 4º. e 6º. 118 inc. I, 125, 127, 146-D inc. II e 181 inc. I e §. 1º.*

I – incitar ou participar de movimento para subverter a ordem ou a disciplina;

▸ *CP: art. 354.*

II – fugir;

III – possuir, indevidamente, instrumento capaz de ofender a integridade física de outrem;

IV – provocar acidente de trabalho;

V – descumprir, no regime aberto, as condições impostas;

▸ *Súmula nº 493 do STJ.*

▸ *Esta lei: arts. 113, 115 e 116.*

VI – inobservar os deveres previstos nos incisos II e V, do artigo 39, desta Lei.

VII – tiver em sua posse, utilizar ou fornecer aparelho telefônico, de rádio ou similar, que permita a comunicação com outros presos ou com o ambiente externo. (Incluído pela Lei nº 11.466, de 2007)

VIII – recusar submeter-se ao procedimento de identificação do perfil genético. (Incluído pela Lei nº 13.964, de 2019)

▸ *CF: art. 5º., LV.*

▸ *Dec. nº 678, de 06-11-1992, Promulga a Convenção Americana sobre Direitos Humanos – Pacto de São José da Costa Rica, art. 8º., 2, g.*

Parágrafo único. O disposto neste artigo aplica-se, no que couber, ao preso provisório.

▸ *CF: art. 5º., LV e LVII.*

▸ *Dec. nº 678, de 06-11-1992, Promulga a Convenção Americana sobre Direitos Humanos – Pacto de São José da Costa Rica, art. 8º., 2, g.*

ART. 51. Comete falta grave o condenado à pena restritiva de direitos que:

I – descumprir, injustificadamente, a restrição imposta;

II – retardar, injustificadamente, o cumprimento da obrigação imposta;

III – inobservar os deveres previstos nos incisos II e V, do artigo 39, desta Lei.

▸ *Súmula nº 526 do STJ.*

ART. 52. A prática de fato previsto como crime doloso constitui falta grave e, quando ocasionar subversão da ordem ou disciplina internas, sujeitará o preso provisório, ou condenado, nacional ou estrangeiro, sem prejuízo da sanção penal, ao regime disciplinar diferenciado, com as seguintes características: (Redação dada pela Lei nº 13.964, de 2019)

▸ **Redação anterior**: *Art. 52. A prática de fato previsto como crime doloso constitui falta grave e, quando ocasione subversão da ordem ou disciplina internas, sujeita o preso provisório, ou condenado, sem prejuízo da sanção penal, ao regime disciplinar diferenciado, com as seguintes características: (Redação dada pela Lei nº 10.792, de 2003)*

▸ *Súmula nº 526 do STJ.*

▸ *CF: art. 5º., XL.*

▸ *CP: art. 2º.*

I - duração máxima de até 2 (dois) anos, sem prejuízo de repetição da sanção por nova falta grave de mesma espécie; (Redação dada pela Lei nº 13.964, de 2019)

▸ **Redação anterior**: *I - duração máxima de trezentos e sessenta dias, sem prejuízo de repetição da sanção por nova falta grave de mesma espécie, até o limite de um sexto da pena aplicada; (Incluído pela Lei nº 10.792, de 2003)*

▸ *CF: art. 5º., XL.*

▸ *CP: art. 2º.*

II - recolhimento em cela individual; (Redação dada pela Lei nº 13.964, de 2019)

▸ **Redação anterior**: *II - recolhimento em cela individual; (Incluído pela Lei nº 10.792, de 2003)*

III - visitas quinzenais, de 2 (duas) pessoas por vez, a serem realizadas em instalações equipadas para impedir o contato físico e a passagem de objetos, por pessoa da família ou, no caso de terceiro, autorizado judicialmente, com duração de 2 (duas) horas; (Redação dada pela Lei nº 13.964, de 2019)

▸ **Redação anterior**: *III - visitas semanais de duas pessoas, sem contar as crianças, com duração de duas horas; (Incluído pela Lei nº 10.792, de 2003)*

▸ *CF: art. 5º., XL.*

▸ *CP: art. 2º.*

IV - direito do preso à saída da cela por 2 (duas) horas diárias para banho de sol, em grupos de até 4 (quatro) presos, desde que não haja contato com presos do mesmo grupo criminoso; (Redação dada pela Lei nº 13.964, de 2019)

▸ **Redação anterior**: *IV - o preso terá direito à saída da cela por 2 horas diárias para banho de sol. (Incluído pela Lei nº 10.792, de 2003)*

▸ *CF: art. 5º., XL.*

▸ *CP: art. 2º.*

V - entrevistas sempre monitoradas, exceto aquelas com seu defensor, em instalações equipadas para impedir o contato físico e a passagem de objetos, salvo expressa autorização judicial em contrário; (Acrescido pela Lei nº 13.964, de 2019)

▸ *CF: art. 5º., XL.*

▸ *CP: art. 2º.*

VI - fiscalização do conteúdo da correspondência; (Acrescido pela Lei nº 13.964, de 2019)

▸ *CF: art. 5º., XII e XL.*

▸ *CP: art. 2º.*

VII - participação em audiências judiciais preferencialmente por videoconferência, garantindo-se a participação do defensor no mesmo ambiente do preso. (Acrescido pela Lei nº 13.964, de 2019)

▸ *CF: art. 5º., XL e LV.*

▸ *CP: art. 2º.*

LEIS ORDINÁRIAS

§ 1º O regime disciplinar diferenciado também será aplicado aos presos provisórios ou condenados, nacionais ou estrangeiros: (Redação dada pela Lei nº 13.964, de 2019)

▸ *Súmula 639 do STJ.*

I - que apresentem alto risco para a ordem e a segurança do estabelecimento penal ou da sociedade; (Acrescido pela Lei nº 13.964, de 2019)

II - sob os quais recaiam fundadas suspeitas de envolvimento ou participação, a qualquer título, em organização criminosa, associação criminosa ou milícia privada, independentemente da prática de falta grave. (Acrescido pela Lei nº 13.964, de 2019)

§ 2º (Revogado pela Lei nº 13.964, de 2019)

§ 3º Existindo indícios de que o preso exerce liderança em organização criminosa, associação criminosa ou milícia privada, ou que tenha atuação criminosa em 2 (dois) ou mais Estados da Federação, o regime disciplinar diferenciado será obrigatoriamente cumprido em estabelecimento prisional federal. (Acrescido pela Lei nº 13.964, de 2019)

▸ *CF: art. 5º., XL.*

▸ *CP: art. 2º.*

§ 4º Na hipótese dos parágrafos anteriores, o regime disciplinar diferenciado poderá ser prorrogado sucessivamente, por períodos de 1 (um) ano, existindo indícios de que o preso: (Acrescido pela Lei nº 13.964, de 2019)

▸ *CF: art. 5º., XL.*

▸ *CP: art. 2º.*

I - continua apresentando alto risco para a ordem e a segurança do estabelecimento penal de origem ou da sociedade;

II - mantém os vínculos com organização criminosa, associação criminosa ou milícia privada, considerados também o perfil criminal e a função desempenhada por ele no grupo criminoso, a operação duradoura do grupo, a superveniência de novos processos criminais e os resultados do tratamento penitenciário.

§ 5º Na hipótese prevista no § 3º deste artigo, o regime disciplinar diferenciado deverá contar com alta segurança interna e externa, principalmente no que diz respeito à necessidade de se evitar contato do preso com membros de sua organização criminosa, associação criminosa ou milícia privada, ou de grupos rivais. (Acrescido pela Lei nº 13.964, de 2019)

§ 6º A visita de que trata o inciso III do caput deste artigo será gravada em sistema de áudio ou de áudio e vídeo e, com autorização judicial, fiscalizada por agente penitenciário. (Acrescido pela Lei nº 13.964, de 2019)

§ 7º Após os primeiros 6 (seis) meses de regime disciplinar diferenciado, o preso que não receber a visita de que trata o inciso III do caput deste artigo poderá, após prévio agendamento, ter contato telefônico, que será gravado, com uma pessoa da família, 2 (duas) vezes por mês e por 10 (dez) minutos. (Acrescido pela Lei nº 13.964, de 2019)

SUBSEÇÃO III.
DAS SANÇÕES E DAS RECOMPENSAS

ART. 53. Constituem sanções disciplinares:

I – advertência verbal;

II – repreensão;

III – suspensão ou restrição de direitos (artigo 41, parágrafo único);

▸ *Esta lei: art. 57, par. ún.*

IV – isolamento na própria cela, ou em local adequado, nos estabelecimentos que possuam alojamento coletivo, observado o disposto no artigo 88 desta Lei.

▸ *Esta lei: art. 57, par. ún.*

V – inclusão no regime disciplinar diferenciado. (Incluído pela Lei nº 10.792, de 2003)

▸ *Esta lei: art. 57, par. ún.*

ART. 54. As sanções dos incisos I a IV do art. 53 serão aplicadas por ato motivado do diretor do estabelecimento e a do inciso V, por prévio e fundamentado despacho do juiz competente. (Redação dada pela Lei nº 10.792, de 2003)

§ 1º. A autorização para a inclusão do preso em regime disciplinar dependerá de requerimento circunstanciado elaborado pelo diretor do estabelecimento ou outra autoridade administrativa. (Incluído pela Lei nº 10.792, de 2003)

§ 2º. A decisão judicial sobre inclusão de preso em regime disciplinar será precedida de manifestação do Ministério Público e da defesa e prolatada no prazo máximo de quinze dias. (Incluído pela Lei nº 10.792, de 2003)

ART. 55. As recompensas têm em vista o bom comportamento reconhecido em favor do condenado, de sua colaboração com a disciplina e de sua dedicação ao trabalho.

ART. 56. São recompensas:

I – o elogio;

II – a concessão de regalias.

Parágrafo único. A legislação local e os regulamentos estabelecerão a natureza e a forma de concessão de regalias.

SUBSEÇÃO IV.
DA APLICAÇÃO DAS SANÇÕES

ART. 57. Na aplicação das sanções disciplinares, levar-se-ão em conta a natureza, os motivos, as circunstâncias e as consequências do fato, bem como a pessoa do faltoso e seu tempo de prisão. (Redação dada pela Lei nº 10.792, de 2003)

▸ *Esta lei: arts. 126 e 127.*

Parágrafo único. Nas faltas graves, aplicam-se as sanções previstas nos incisos III a V do art. 53 desta Lei. (Redação dada pela Lei nº 10.792, de 2003)

ART. 58. O isolamento, a suspensão e a restrição de direitos não poderão exceder a trinta dias, ressalvada a hipótese do regime disciplinar diferenciado. (Redação dada pela Lei nº 10.792, de 2003)

▸ *Súmula Vinculante nº 9.*

Parágrafo único. O isolamento será sempre comunicado ao Juiz da execução.

LEIS ORDINÁRIAS

SUBSEÇÃO V. DO PROCEDIMENTO DISCIPLINAR

ART. 59. Praticada a falta disciplinar, deverá ser instaurado o procedimento para sua apuração, conforme regulamento, assegurado o direito de defesa.

Parágrafo único. A decisão será motivada.

▸ *Súmulas 441, 533, 534 e 535 do STJ.*

ART. 60. A autoridade administrativa poderá decretar o isolamento preventivo do faltoso pelo prazo de até dez dias. A inclusão do preso no regime disciplinar diferenciado, no interesse da disciplina e da averiguação do fato, dependerá de despacho do juiz competente. (Redação dada pela Lei nº 10.792, de 2003)

Parágrafo único. O tempo de isolamento ou inclusão preventiva no regime disciplinar diferenciado será computado no período de cumprimento da sanção disciplinar. (Redação dada pela Lei nº 10.792, de 2003)

TÍTULO III. DOS ÓRGÃOS DA EXECUÇÃO PENAL

CAPÍTULO I. DISPOSIÇÕES GERAIS

ART. 61. São órgãos da execução penal:

I – o Conselho Nacional de Política Criminal e Penitenciária;

II – o Juízo da Execução;

III – o Ministério Público;

IV – o Conselho Penitenciário;

V – os Departamentos Penitenciários;

VI – o Patronato;

VII – o Conselho da Comunidade.

VIII – a Defensoria Pública. (Incluído pela Lei nº 12.313, de 2010).

▸ *CF: art. 134.*

▸ *Lei Complementar nº 80, de 12-01-1994, Organiza a defensoria pública.*

CAPÍTULO II. DO CONSELHO NACIONAL DE POLÍTICA CRIMINAL E PENITENCIÁRIA

ART. 62. O Conselho Nacional de Política Criminal e Penitenciária, com sede na Capital da República, é subordinado ao Ministério da Justiça.

ART. 63. O Conselho Nacional de Política Criminal e Penitenciária será integrado por 13 (treze) membros designados através de ato do Ministério da Justiça, dentre professores e profissionais da área do Direito Penal, Processual Penal, Penitenciário e ciências correlatas, bem como por representantes da comunidade e dos Ministérios da área social.

Parágrafo único. O mandato dos membros do Conselho terá duração de 2 (dois) anos, renovado 1/3 (um terço) em cada ano.

ART. 64. Ao Conselho Nacional de Política Criminal e Penitenciária, no exercício de suas atividades, em âmbito federal ou estadual, incumbe:

I – propor diretrizes da política criminal quanto à prevenção do delito, administração da Justiça Criminal e execução das penas e das medidas de segurança;

II – contribuir na elaboração de planos nacionais de desenvolvimento, sugerindo as metas e prioridades da política criminal e penitenciária;

III – promover a avaliação periódica do sistema criminal para a sua adequação às necessidades do País;

IV – estimular e promover a pesquisa criminológica;

V – elaborar programa nacional penitenciário de formação e aperfeiçoamento do servidor;

VI – estabelecer regras sobre a arquitetura e construção de estabelecimentos penais e casas de albergados;

VII – estabelecer os critérios para a elaboração da estatística criminal;

VIII – inspecionar e fiscalizar os estabelecimentos penais, bem assim informar-se, mediante relatórios do Conselho Penitenciário, requisições, visitas ou outros meios, acerca do desenvolvimento da execução penal nos Estados, Territórios e Distrito Federal, propondo às autoridades dela incumbida as medidas necessárias ao seu aprimoramento;

IX – representar ao Juiz da execução ou à autoridade administrativa para instauração de sindicância ou procedimento administrativo, em caso de violação das normas referentes à execução penal;

X – representar à autoridade competente para a interdição, no todo ou em parte, de estabelecimento penal.

CAPÍTULO III. DO JUÍZO DA EXECUÇÃO

ART. 65. A execução penal competirá ao Juiz indicado na lei local de organização judiciária e, na sua ausência, ao da sentença.

▸ *Súmulas nos. 192 e 639 do STJ.*

▸ *CPP: art. 668.*

▸ *Esta lei: art. 194.*

ART. 66. Compete ao Juiz da execução:

▸ *Súmula nº 192 do STJ.*

I – aplicar aos casos julgados lei posterior que de qualquer modo favorecer o condenado;

▸ *Súmula nº 611 do STF.*

▸ *CF: art. 5º, XL.*

▸ *CP: art. 2º, par. ún.*

II – declarar extinta a punibilidade;

▸ *CP: arts. 107 e 109 e ss.*

III – decidir sobre:

LEIS ORDINÁRIAS

a) soma ou unificação de penas;

- *Súmula nº 715 do STF.*
- *CP: arts. 69, 75 e 76.*

b) progressão ou regressão nos regimes;

- *Súmula Vinculante nº 26.*
- *Esta lei: arts. 110 a 119.*

c) detração e remição da pena;

- *CP: art. 42.*
- *Esta lei: arts. 126 a 130.*

d) suspensão condicional da pena;

- *CPP: arts. 696 a 709.*
- *Esta lei: arts. 156 a 163.*

e) livramento condicional;

- *Súmulas nos. 441 e 617 do STJ.*
- *CP: Arts. 83 a 90.*
- *CPP: arts. 710 a 733.*
- *Esta lei: arts. 131 a 146.*

f) incidentes da execução.

IV – autorizar saídas temporárias;

- *Esta lei: arts. 122 a 125.*

V – determinar:

a) a forma de cumprimento da pena restritiva de direitos e fiscalizar sua execução;

- *Esta lei: arts. 147 a 155.*

b) a conversão da pena restritiva de direitos e de multa em privativa de liberdade;

- *CP: arts. 45 e 51.*

c) a conversão da pena privativa de liberdade em restritiva de direitos;

- *CP: art. 44.*

d) a aplicação da medida de segurança, bem como a substituição da pena por medida de segurança;

- *Súmula nº 527 do STJ.*
- *CP: art. 96.*

e) a revogação da medida de segurança;

- *Súmula nº 527 do STJ.*
- *Esta lei:: arts. 171 a 179.*

f) a desinternação e o restabelecimento da situação anterior;

g) o cumprimento de pena ou medida de segurança em outra comarca;

- *Súmula nº 527 do STJ.*

h) a remoção do condenado na hipótese prevista no § 1º, do artigo 86, desta Lei.

i) (VETADO); (Incluído pela Lei nº 12.258, de 2010)

VI – zelar pelo correto cumprimento da pena e da medida de segurança;

- *Súmula nº 527 do STJ.*

VII – inspecionar, mensalmente, os estabelecimentos penais, tomando providências para o adequado funcionamento e promovendo, quando for o caso, a apuração de responsabilidade;

VIII – interditar, no todo ou em parte, estabelecimento penal que estiver funcionando em condições inadequadas ou com infringência aos dispositivos desta Lei;

IX – compor e instalar o Conselho da Comunidade.

X – emitir anualmente atestado de pena a cumprir. (Incluído pela Lei nº 10.713, de 2003)

Capítulo IV. DO MINISTÉRIO PÚBLICO

ART. 67. O Ministério Público fiscalizará a execução da pena e da medida de segurança, oficiando no processo executivo e nos incidentes da execução.

- *Súmula nº 527 do STJ.*
- *CF: art. 129, II.*
- *Esta lei: art. 196.*
- *Lei nº 8.625, de 12-02-1993, dispõe sobre Lei Orgânica Nacional do Ministério Público.*

ART. 68. Incumbe, ainda, ao Ministério Público:

I – fiscalizar a regularidade formal das guias de recolhimento e de internamento;

II – requerer:

a) todas as providências necessárias ao desenvolvimento do processo executivo;

b) a instauração dos incidentes de excesso ou desvio de execução;

c) a aplicação de medida de segurança, bem como a substituição da pena por medida de segurança;

- *Súmula nº 527 do STJ.*

d) a revogação da medida de segurança;

- *Súmula nº 527 do STJ.*

e) a conversão de penas, a progressão ou regressão nos regimes e a revogação da suspensão condicional da pena e do livramento condicional;

f) a internação, a desinternação e o restabelecimento da situação anterior.

III – interpor recursos de decisões proferidas pela autoridade judiciária, durante a execução.

Parágrafo único. O órgão do Ministério Público visitará mensalmente os estabelecimentos penais, registrando a sua presença em livro próprio.

Capítulo V. DO CONSELHO PENITENCIÁRIO

ART. 69. O Conselho Penitenciário é órgão consultivo e fiscalizador da execução da pena.

§ 1º. O Conselho será integrado por membros nomeados pelo Governador do Estado, do Distrito Federal e dos Territórios, dentre professores e profissionais da área do Direito Penal, Processual Penal, Penitenciário e ciências correlatas, bem como por representantes da comunidade. A legislação federal e estadual regulará o seu funcionamento.

§ 2º. O mandato dos membros do Conselho Penitenciário terá a duração de 4 (quatro) anos.

ART. 70. Incumbe ao Conselho Penitenciário:

▸ *Esta lei: arts. 143, 145, 186, II, e 187.*

I – emitir parecer sobre indulto e comutação de pena, excetuada a hipótese de pedido de indulto com base no estado de saúde do preso; (Redação dada pela Lei nº 10.792, de 2003)

II – inspecionar os estabelecimentos e serviços penais;

III – apresentar, nº 1º (primeiro) trimestre de cada ano, ao Conselho Nacional de Política Criminal e Penitenciária, relatório dos trabalhos efetuados no exercício anterior;

IV – supervisionar os patronatos, bem como a assistência aos egressos.

CAPÍTULO VI.
DOS DEPARTAMENTOS PENITENCIÁRIOS

SEÇÃO I.
DO DEPARTAMENTO PENITENCIÁRIO NACIONAL

ART. 71. O Departamento Penitenciário Nacional, subordinado ao Ministério da Justiça, é órgão executivo da Política Penitenciária Nacional e de apoio administrativo e financeiro do Conselho Nacional de Política Criminal e Penitenciária.

ART. 72. São atribuições do Departamento Penitenciário Nacional:

I – acompanhar a fiel aplicação das normas de execução penal em todo o Território Nacional;

II – inspecionar e fiscalizar periodicamente os estabelecimentos e serviços penais;

III – assistir tecnicamente as Unidades Federativas na implementação dos princípios e regras estabelecidos nesta Lei;

IV – colaborar com as Unidades Federativas mediante convênios, na implantação de estabelecimentos e serviços penais;

V – colaborar com as Unidades Federativas para a realização de cursos de formação de pessoal penitenciário e de ensino profissionalizante do condenado e do internado.

VI – estabelecer, mediante convênios com as unidades federativas, o cadastro nacional das vagas existentes em estabelecimentos locais destinadas ao cumprimento de penas privativas de liberdade aplicadas pela justiça de outra unidade federativa, em especial para presos sujeitos a regime disciplinar. (Incluído pela Lei nº 10.792, de 2003)

VII – acompanhar a execução da pena das mulheres beneficiadas pela progressão especial de que trata o § 3º do art. 112 desta Lei, monitorando sua integração social e a ocorrência de reincidência, específica ou não, mediante a realização de avaliações periódicas e de estatísticas criminais. (Incluído pela Lei nº 13.769, de 2018)

§ 1º. Incumbem também ao Departamento a coordenação e supervisão dos estabelecimentos penais e de internamento federais. (Redação dada pela Lei nº 13.769, de 2018)

§ 2º. Os resultados obtidos por meio do monitoramento e das avaliações periódicas previstas no inciso VII do *caput* deste artigo serão utilizados para, em função da efetividade da progressão especial para a ressocialização das mulheres de que trata o § 3º do art. 112 desta Lei, avaliar eventual desnecessidade do regime fechado de cumprimento de pena para essas mulheres nos casos de crimes cometidos sem violência ou grave ameaça." (Incluído pela Lei nº 13.769, de 2018)

SEÇÃO II.
DO DEPARTAMENTO PENITENCIÁRIO LOCAL

ART. 73. A legislação local poderá criar Departamento Penitenciário ou órgão similar, com as atribuições que estabelecer.

ART. 74. O Departamento Penitenciário local, ou órgão similar, tem por finalidade supervisionar e coordenar os estabelecimentos penais da Unidade da Federação a que pertencer.

Parágrafo único. Os órgãos referidos no caput deste artigo realizarão o acompanhamento de que trata o inciso VII do caput do art. 72 desta Lei e encaminharão ao Departamento Penitenciário Nacional os resultados obtidos. (Incluído pela Lei nº 13.769, de 2018).

SEÇÃO III.
DA DIREÇÃO E DO PESSOAL DOS ESTABELECIMENTOS PENAIS

ART. 75. O ocupante do cargo de diretor de estabelecimento deverá satisfazer os seguintes requisitos:

I – ser portador de diploma de nível superior de Direito, ou Psicologia, ou Ciências Sociais, ou Pedagogia, ou Serviços Sociais;

II – possuir experiência administrativa na área;

III – ter idoneidade moral e reconhecida aptidão para o desempenho da função.

Parágrafo único. O diretor deverá residir no estabelecimento, ou nas proximidades, e dedicará tempo integral à sua função.

ART. 76. O Quadro do Pessoal Penitenciário será organizado em diferentes categorias funcionais, segundo as necessidades do serviço, com especificação de atribuições relativas às funções de direção, chefia e assessoramento do estabelecimento e às demais funções.

ART. 77. A escolha do pessoal administrativo, especializado, de instrução técnica e de vigilância atenderá a vocação, preparação profissional e antecedentes pessoais do candidato.

§ 1º. O ingresso do pessoal penitenciário, bem como a progressão ou a ascensão funcional dependerão de cursos específicos de formação, procedendo-se à reciclagem periódica dos servidores em exercício.

§ 2º. No estabelecimento para mulheres somente se permitirá o trabalho de pessoal do sexo feminino, salvo quando se tratar de pessoal técnico especializado.

CAPÍTULO VII. DO PATRONATO

ART. 78. O Patronato público ou particular destina-se a prestar assistência aos albergados e aos egressos (artigo 26).

▸ *Esta lei: arts. 26 e 70, IV.*

ART. 79. Incumbe também ao Patronato:

I – orientar os condenados à pena restritiva de direitos;

II – fiscalizar o cumprimento das penas de prestação de serviço à comunidade e de limitação de fim de semana;

III – colaborar na fiscalização do cumprimento das condições da suspensão e do livramento condicional.

CAPÍTULO VIII. DO CONSELHO DA COMUNIDADE

ART. 80. Haverá, em cada comarca, um Conselho da Comunidade composto, no mínimo, por 1 (um) representante de associação comercial ou industrial, 1 (um) advogado indicado pela Seção da Ordem dos Advogados do Brasil, 1 (um) Defensor Público indicado pelo Defensor Público Geral e 1 (um) assistente social escolhido pela Delegacia Seccional do Conselho Nacional de Assistentes Sociais. (Redação dada pela Lei nº 12.313, de 2010).

Parágrafo único. Na falta da representação prevista neste artigo, ficará a critério do Juiz da execução a escolha dos integrantes do Conselho.

ART. 81. Incumbe ao Conselho da Comunidade:

▸ *Esta lei: art. 139.*

I – visitar, pelo menos mensalmente, os estabelecimentos penais existentes na comarca;

II – entrevistar presos;

III – apresentar relatórios mensais ao Juiz da execução e ao Conselho Penitenciário;

IV – diligenciar a obtenção de recursos materiais e humanos para melhor assistência ao preso ou internado, em harmonia com a direção do estabelecimento.

CAPÍTULO IX. DA DEFENSORIA PÚBLICA (Incluído pela Lei nº 12.313, de 2010)

▸ *CF: arts. 5º, LXXIV, e 134.*

▸ *Lei Complementar nº 80, de 12-01-1994, organiza a Defensoria Pública.*

ART. 81-A. A Defensoria Pública velará pela regular execução da pena e da medida de segurança, oficiando, no processo executivo e nos incidentes da execução, para a defesa dos necessitados em todos os graus e instâncias, de forma individual e coletiva. (Incluído pela Lei nº 12.313, de 2010).

▸ *Súmula 527 do STJ.*

ART. 81-B. Incumbe, ainda, à Defensoria Pública: (Incluído pela Lei nº 12.313, de 2010).

I – requerer: (Incluído pela Lei nº 12.313, de 2010).

a) todas as providências necessárias ao desenvolvimento do processo executivo; (Incluído pela Lei nº 12.313, de 2010).

b) a aplicação aos casos julgados de lei posterior que de qualquer modo favorecer o condenado; (Incluído pela Lei nº 12.313, de 2010).

c) a declaração de extinção da punibilidade; (Incluído pela Lei nº 12.313, de 2010).

d) a unificação de penas; (Incluído pela Lei nº 12.313, de 2010).

e) a detração e remição da pena; (Incluído pela Lei nº 12.313, de 2010).

f) a instauração dos incidentes de excesso ou desvio de execução; (Incluído pela Lei nº 12.313, de 2010).

g) a aplicação de medida de segurança e sua revogação, bem como a substituição da pena por medida de segurança; (Incluído pela Lei nº 12.313, de 2010).

▸ *Súmula nº 527 do STJ.*

h) a conversão de penas, a progressão nos regimes, a suspensão condicional da pena, o livramento condicional, a comutação de pena e o indulto; (Incluído pela Lei nº 12.313, de 2010).

i) a autorização de saídas temporárias; (Incluído pela Lei nº 12.313, de 2010).

j) a internação, a desinternação e o restabelecimento da situação anterior; (Incluído pela Lei nº 12.313, de 2010).

k) o cumprimento de pena ou medida de segurança em outra comarca; (Incluído pela Lei nº 12.313, de 2010).

▸ *Súmula nº 527 do STJ.*

l) a remoção do condenado na hipótese prevista no § 1º do art. 86 desta Lei; (Incluído pela Lei nº 12.313, de 2010).

II – requerer a emissão anual do atestado de pena a cumprir; (Incluído pela Lei nº 12.313, de 2010).

III – interpor recursos de decisões proferidas pela autoridade judiciária ou administrativa durante a execução; (Incluído pela Lei nº 12.313, de 2010).

IV – representar ao Juiz da execução ou à autoridade administrativa para instauração de sindicância ou procedimento administrativo em caso de violação das normas referentes à execução penal; (Incluído pela Lei nº 12.313, de 2010).

V – visitar os estabelecimentos penais, tomando providências para o adequado funcionamento, e requerer, quando for o caso, a apuração de responsabilidade; (Incluído pela Lei nº 12.313, de 2010).

VI – requerer à autoridade competente a interdição, no todo ou em parte, de estabelecimento penal. (Incluído pela Lei nº 12.313, de 2010).

Parágrafo único. O órgão da Defensoria Pública visitará periodicamente os estabelecimentos penais, registrando a sua presença em livro próprio. (Incluído pela Lei nº 12.313, de 2010).

LEIS ORDINÁRIAS

TÍTULO IV. DOS ESTABELECIMENTOS PENAIS

CAPÍTULO I. DISPOSIÇÕES GERAIS

ART. 82. Os estabelecimentos penais destinam-se ao condenado, ao submetido à medida de segurança, ao preso provisório e ao egresso.

§ 1º. A mulher e o maior de sessenta anos, separadamente, serão recolhidos a estabelecimento próprio e adequado à sua condição pessoal. (Redação dada pela Lei nº 9.460, de 1997)

▸ *CF: art. 5º, XLVIII.*

§ 2º. O mesmo conjunto arquitetônico poderá abrigar estabelecimentos de destinação diversa desde que devidamente isolados.

ART. 83. O estabelecimento penal, conforme a sua natureza, deverá contar em suas dependências com áreas e serviços destinados a dar assistência, educação, trabalho, recreação e prática esportiva.

§ 1º. Haverá instalação destinada a estágio de estudantes universitários. (Renumerado pela Lei nº 9.046, de 1995)

§ 2º. Os estabelecimentos penais destinados a mulheres serão dotados de berçário, onde as condenadas possam cuidar de seus filhos, inclusive amamentá-los, no mínimo, até 6 (seis) meses de idade. (Redação dada pela Lei nº 11.942, de 2009)

▸ *CF: art. 5º, LXIX.*

§ 3º. Os estabelecimentos de que trata o § 2º deste artigo deverão possuir, exclusivamente, agentes do sexo feminino na segurança de suas dependências internas. (Incluído pela Lei nº 12.121, de 2009).

§ 4º. Serão instaladas salas de aulas destinadas a cursos do ensino básico e profissionalizante. (Incluído pela Lei nº 12.245, de 2010)

§ 5º. Haverá instalação destinada à Defensoria Pública. (Incluído pela Lei nº 12.313, de 2010).

▸ *CF: art. 134.*

▸ *Lei Complementar nº 80, de 12-01-1994, art. 4º, XVII e § 11, organiza a Defensoria Pública.*

ART. 83-A. Poderão ser objeto de execução indireta as atividades materiais acessórias, instrumentais ou complementares desenvolvidas em estabelecimentos penais, e notadamente: (Incluído pela Lei nº 13.190, de 2015).

I – serviços de conservação, limpeza, informática, copeiragem, portaria, recepção, reprografia, telecomunicações, lavanderia e manutenção de prédios, instalações e equipamentos internos e externos; (Incluído pela Lei nº 13.190, de 2015).

II – serviços relacionados à execução de trabalho pelo preso. (Incluído pela Lei nº 13.190, de 2015).

§ 1º. A execução indireta será realizada sob supervisão e fiscalização do poder público. (Incluído pela Lei nº 13.190, de 2015).

§ 2º. Os serviços relacionados neste artigo poderão compreender o fornecimento de materiais, equipamentos, máquinas e profissionais. (Incluído pela Lei nº 13.190, de 2015).

ART. 83-B. São indelegáveis as funções de direção, chefia e coordenação no âmbito do sistema penal, bem como todas as atividades que exijam o exercício do poder de polícia, e notadamente: (Incluído pela Lei nº 13.190, de 2015).

I – classificação de condenados; (Incluído pela Lei nº 13.190, de 2015).

II – aplicação de sanções disciplinares; (Incluído pela Lei nº 13.190, de 2015).

III – controle de rebeliões; (Incluído pela Lei nº 13.190, de 2015).

IV – transporte de presos para órgãos do Poder Judiciário, hospitais e outros locais externos aos estabelecimentos penais. (Incluído pela Lei nº 13.190, de 2015).

ART. 84. O preso provisório ficará separado do condenado por sentença transitada em julgado.

§ 1º. Os presos provisórios ficarão separados de acordo com os seguintes critérios: (Redação dada pela Lei nº 13.167, de 2015)

I – acusados pela prática de crimes hediondos ou equiparados; (Incluído pela Lei nº 13.167, de 2015)

II – acusados pela prática de crimes cometidos com violência ou grave ameaça à pessoa; (Incluído pela Lei nº 13.167, de 2015)

III – acusados pela prática de outros crimes ou contravenções diversos dos apontados nos incisos I e II. (Incluído pela Lei nº 13.167, de 2015)

§ 2º. O preso que, ao tempo do fato, era funcionário da Administração da Justiça Criminal ficará em dependência separada.

▸ *Esta lei: art. 106, § 3º.*

§ 3º. Os presos condenados ficarão separados de acordo com os seguintes critérios: (Incluído pela Lei nº 13.167, de 2015)

I – condenados pela prática de crimes hediondos ou equiparados; (Incluído pela Lei nº 13.167, de 2015)

II – reincidentes condenados pela prática de crimes cometidos com violência ou grave ameaça à pessoa; (Incluído pela Lei nº 13.167, de 2015)

III – primários condenados pela prática de crimes cometidos com violência ou grave ameaça à pessoa; (Incluído pela Lei nº 13.167, de 2015)

IV – demais condenados pela prática de outros crimes ou contravenções em situação diversa das previstas nos incisos I, II e III. (Incluído pela Lei nº 13.167, de 2015)

§ 4º. O preso que tiver sua integridade física, moral ou psicológica ameaçada pela convivência com os demais presos ficará segregado em local próprio. (Incluído pela Lei nº 13.167, de 2015)

ART. 85. O estabelecimento penal deverá ter lotação compatível com a sua estrutura e finalidade.

Parágrafo único. O Conselho Nacional de Política Criminal e Penitenciária determinará o limite máximo de capacidade do estabelecimento, atendendo a sua natureza e peculiaridades.

ART. 86. As penas privativas de liberdade aplicadas pela Justiça de uma Unidade Federativa podem ser executadas em outra unidade, em estabelecimento local ou da União.

§ 1º. A União Federal poderá construir estabelecimento penal em local distante da condenação para recolher os condenados, quando a medida se justifique no interesse da segurança pública ou do próprio condenado. (Redação dada pela Lei nº 10.792, de 2003)

▸ *Esta lei: art. 66, V, h.*

§ 2º. Conforme a natureza do estabelecimento, nele poderão trabalhar os liberados ou egressos que se dediquem a obras públicas ou ao aproveitamento de terras ociosas.

§ 3º. Caberá ao juiz competente, a requerimento da autoridade administrativa definir o estabelecimento prisional adequado para abrigar o preso provisório ou condenado, em atenção ao regime e aos requisitos estabelecidos. (Incluído pela Lei nº 10.792, de 2003)

CAPÍTULO II. DA PENITENCIÁRIA

ART. 87. A penitenciária destina-se ao condenado à pena de reclusão, em regime fechado.

▸ *CP: art. 33, § 1º.*

Parágrafo único. A União Federal, os Estados, o Distrito Federal e os Territórios poderão construir Penitenciárias destinadas, exclusivamente, aos presos provisórios e condenados que estejam em regime fechado, sujeitos ao regime disciplinar diferenciado, nos termos do art. 52 desta Lei. (Incluído pela Lei nº 10.792, de 2003)

ART. 88. O condenado será alojado em cela individual que conterá dormitório, aparelho sanitário e lavatório.

Parágrafo único. São requisitos básicos da unidade celular:

a) salubridade do ambiente pela concorrência dos fatores de aeração, insolação e condicionamento térmico adequado à existência humana;

▸ *Esta lei: art. 92, caput.*

b) área mínima de 6,00m² (seis metros quadrados).

▸ *Esta lei: arts. 53, IV, 99, par. ún. e 104.*

ART. 89. Além dos requisitos referidos no art. 88, a penitenciária de mulheres será dotada de seção para gestante e parturiente e de creche para abrigar crianças maiores de 6 (seis) meses e menores de 7 (sete) anos, com a finalidade de assistir a criança desamparada cuja responsável estiver presa. (Redação dada pela Lei nº 11.942, de 2009)

▸ *CF: art. 5º, XLVIII e L.*

▸ *CP: art. 37.*

Parágrafo único. São requisitos básicos da seção e da creche referidas neste artigo: (Incluído pela Lei nº 11.942, de 2009)

I – atendimento por pessoal qualificado, de acordo com as diretrizes adotadas pela legislação educacional e em unidades autônomas; e (Incluído pela Lei nº 11.942, de 2009)

II – horário de funcionamento que garanta a melhor assistência à criança e à sua responsável. (Incluído pela Lei nº 11.942, de 2009)

ART. 90. A penitenciária de homens será construída, em local afastado do centro urbano, à distância que não restrinja a visitação.

CAPÍTULO III. DA COLÔNIA AGRÍCOLA, INDUSTRIAL OU SIMILAR

ART. 91. A Colônia Agrícola, Industrial ou Similar destina-se ao cumprimento da pena em regime semi-aberto.

▸ *CP: art. 35.*

ART. 92. O condenado poderá ser alojado em compartimento coletivo, observados os requisitos da letra a, do parágrafo único, do artigo 88, desta Lei.

Parágrafo único. São também requisitos básicos das dependências coletivas:

a) a seleção adequada dos presos;

b) o limite de capacidade máxima que atenda os objetivos de individualização da pena.

CAPÍTULO IV. DA CASA DO ALBERGADO

ART. 93. A Casa do Albergado destina-se ao cumprimento de pena privativa de liberdade, em regime aberto, e da pena de limitação de fim de semana.

▸ *Súmula nº 493 do STJ.*

▸ *CP: arts. 36 e 48.*

▸ *Esta lei: art. 117.*

ART. 94. O prédio deverá situar-se em centro urbano, separado dos demais estabelecimentos, e caracterizar-se pela ausência de obstáculos físicos contra a fuga.

ART. 95. Em cada região haverá, pelo menos, uma Casa do Albergado, a qual deverá conter, além dos aposentos para acomodar os presos, local adequado para cursos e palestras.

▸ *CP: art. 48, par. ún.*

Parágrafo único. O estabelecimento terá instalações para os serviços de fiscalização e orientação dos condenados.

CAPÍTULO V. DO CENTRO DE OBSERVAÇÃO

ART. 96. No Centro de Observação realizar-se-ão os exames gerais e o criminológico, cujos resultados serão encaminhados à Comissão Técnica de Classificação.

▸ *CP: arts. 34, caput e 35.*

▸ *Esta lei: art. 106, § 3º.*

Parágrafo único. No Centro poderão ser realizadas pesquisas criminológicas.

ART. 97. O Centro de Observação será instalado em unidade autônoma ou em anexo a estabelecimento penal.

ART. 98. Os exames poderão ser realizados pela Comissão Técnica de Classificação, na falta do Centro de Observação.

CAPÍTULO VI.
DO HOSPITAL DE CUSTÓDIA E TRATAMENTO PSIQUIÁTRICO

ART. 99. O Hospital de Custódia e Tratamento Psiquiátrico destina-se aos inimputáveis e semi-imputáveis referidos no artigo 26 e seu parágrafo único do Código Penal.

▸ CP: art. 41.

▸ CPP: arts. 154 e 682.

Parágrafo único. Aplica-se ao hospital, no que couber, o disposto no parágrafo único, do artigo 88, desta Lei.

ART. 100. O exame psiquiátrico e os demais exames necessários ao tratamento são obrigatórios para todos os internados.

ART. 101. O tratamento ambulatorial, previsto no artigo 97, segunda parte, do Código Penal, será realizado no Hospital de Custódia e Tratamento Psiquiátrico ou em outro local com dependência médica adequada.

CAPÍTULO VII.
DA CADEIA PÚBLICA

ART. 102. A cadeia pública destina-se ao recolhimento de presos provisórios.

▸ Esta lei: art. 84.

ART. 103. Cada comarca terá, pelo menos 1 (uma) cadeia pública a fim de resguardar o interesse da Administração da Justiça Criminal e a permanência do preso em local próximo ao seu meio social e familiar.

ART. 104. O estabelecimento de que trata este Capítulo será instalado próximo de centro urbano, observando-se na construção as exigências mínimas referidas no artigo 88 e seu parágrafo único desta Lei.

TÍTULO V.
DA EXECUÇÃO DAS PENAS EM ESPÉCIE

CAPÍTULO I.
DAS PENAS PRIVATIVAS DE LIBERDADE

SEÇÃO I.
DISPOSIÇÕES GERAIS

ART. 105. Transitando em julgado a sentença que aplicar pena privativa de liberdade, se o réu estiver ou vier a ser preso, o Juiz ordenará a expedição de guia de recolhimento para a execução.

▸ CPP: arts. 674 a 685.

ART. 106. A guia de recolhimento, extraída pelo escrivão, que a rubricará em todas as folhas e a assinará com o Juiz, será remetida à autoridade administrativa incumbida da execução e conterá:

I – o nome do condenado;

II – a sua qualificação civil e o número do registro geral no órgão oficial de identificação;

III – o inteiro teor da denúncia e da sentença condenatória, bem como certidão do trânsito em julgado;

IV – a informação sobre os antecedentes e o grau de instrução;

V – a data da terminação da pena;

VI – outras peças do processo reputadas indispensáveis ao adequado tratamento penitenciário.

§ 1º. Ao Ministério Público se dará ciência da guia de recolhimento.

▸ Esta lei: art. 68, I.

§ 2º. A guia de recolhimento será retificada sempre que sobrevier modificação quanto ao início da execução ou ao tempo de duração da pena.

§ 3º. Se o condenado, ao tempo do fato, era funcionário da Administração da Justiça Criminal, far-se-á, na guia, menção dessa circunstância, para fins do disposto no § 2º, do artigo 84, desta Lei.

ART. 107. Ninguém será recolhido, para cumprimento de pena privativa de liberdade, sem a guia expedida pela autoridade judiciária.

▸ Lei nº 4.898, de 09-12-1965, art. 4º, a, que regula o Direito de Representação e o processo de Responsabilidade Administrativa Civil e Penal, nos casos de abuso de autoridade.

§ 1º. A autoridade administrativa incumbida da execução passará recibo da guia de recolhimento para juntá-la aos autos do processo, e dará ciência dos seus termos ao condenado.

§ 2º. As guias de recolhimento serão registradas em livro especial, segundo a ordem cronológica do recebimento, e anexadas ao prontuário do condenado, aditando-se, no curso da execução, o cálculo das remições e de outras retificações posteriores.

ART. 108. O condenado a quem sobrevier doença mental será internado em Hospital de Custódia e Tratamento Psiquiátrico.

ART. 109. Cumprida ou extinta a pena, o condenado será posto em liberdade, mediante alvará do Juiz, se por outro motivo não estiver preso.

SEÇÃO II.
DOS REGIMES

ART. 110. O Juiz, na sentença, estabelecerá o regime no qual o condenado iniciará o cumprimento da pena privativa de liberdade, observado o disposto no artigo 33 e seus parágrafos do Código Penal.

ART. 111. Quando houver condenação por mais de um crime, no mesmo processo ou em processos distintos, a determinação do regime de cumprimento será feita pelo resultado da soma ou unificação das penas, observada, quando for o caso, a detração ou remição.

▸ *CP: art. 42.*

▸ *Esta lei: arts. 118, II e 126.*

Parágrafo único. Sobrevindo condenação no curso da execução, somar-se-á a pena ao restante da que está sendo cumprida, para determinação do regime.

ART. 112. A pena privativa de liberdade será executada em forma progressiva com a transferência para regime menos rigoroso, a ser determinada pelo juiz, quando o preso tiver cumprido ao menos: (Redação dada pela Lei nº 13.964, de 2019)

▸ **Redação anterior**: *Art. 112. A pena privativa de liberdade será executada em forma progressiva com a transferência para regime menos rigoroso, a ser determinada pelo juiz, quando o preso tiver cumprido ao menos um sexto da pena no regime anterior e ostentar bom comportamento carcerário, comprovado pelo diretor do estabelecimento, respeitadas as normas que vedam a progressão. (Redação dada pela Lei nº 10.792, de 2003)*

▸ *CF: art. 5º., XL.*

▸ *CP: arts. 2º., parágrafo único.*

▸ *Súmulas Vinculantes 26 e 56.*

▸ *Súmula nº 716 do STF.*

▸ *Súmulas nº 341, 439, 471, 491, 493, 534 e 562 do STJ. .*

▸ *Esta Lei: art. 128.*

▸ *CP: arts. 10, 33 e 34.*

▸ *Lei nº 8.072, de 25-07-1990, art. 2º, § 2º, Crimes hediondos.*

I - 16% (dezesseis por cento) da pena, se o apenado for primário e o crime tiver sido cometido sem violência à pessoa ou grave ameaça; (Acrescido pela Lei nº 13.964, de 2019)

▸ *CF: art. 5º., XL.*

▸ *CP: arts. 2º.*

II - 20% (vinte por cento) da pena, se o apenado for reincidente em crime cometido sem violência à pessoa ou grave ameaça; (Acrescido pela Lei nº 13.964, de 2019)

▸ *CF: art. 5º., XL.*

▸ *CP: arts. 2º.*

III - 25% (vinte e cinco por cento) da pena, se o apenado for primário e o crime tiver sido cometido com violência à pessoa ou grave ameaça; (Acrescido pela Lei nº 13.964, de 2019)

▸ *CF: art. 5º., XL.*

▸ *CP: arts. 2º.*

IV - 30% (trinta por cento) da pena, se o apenado for reincidente em crime cometido com violência à pessoa ou grave ameaça; (Acrescido pela Lei nº 13.964, de 2019)

▸ *CF: art. 5º., XL.*

▸ *CP: arts. 2º.*

V - 40% (quarenta por cento) da pena, se o apenado for condenado pela prática de crime hediondo ou equiparado, se for primário; (Acrescido pela Lei nº 13.964, de 2019)

▸ *CF: art. 5º., XL.*

▸ *CP: arts. 2º.*

▸ *Lei nº 8.072, de 25-07-1990, art. 1º, Crimes hediondos.*

VI - 50% (cinquenta por cento) da pena, se o apenado for: (Acrescido pela Lei nº 13.964, de 2019)

▸ *CF: art. 5º., XL.*

▸ *CP: arts. 2º.*

a) condenado pela prática de crime hediondo ou equiparado, com resultado morte, se for primário, vedado o livramento condicional;

▸ *Lei nº 8.072, de 25-07-1990, art. 1º, Crimes hediondos.*

b) condenado por exercer o comando, individual ou coletivo, de organização criminosa estruturada para a prática de crime hediondo ou equiparado; ou

▸ *Lei nº 8.072, de 25-07-1990, art. 1º, Crimes hediondos.*

▸ *Lei nº 12.850, de 02-08-2013, art. 2º, Organização Criminosa.*

c) condenado pela prática do crime de constituição de milícia privada;

VII - 60% (sessenta por cento) da pena, se o apenado for reincidente na prática de crime hediondo ou equiparado; (Acrescido pela Lei nº 13.964, de 2019)

▸ *CF: art. 5º., XL.*

▸ *CP: arts. 2º. e art. 83, V.*

▸ *Lei nº 8.072, de 25-07-1990, art. 1º, Crimes hediondos.*

VIII - 70% (setenta por cento) da pena, se o apenado for reincidente em crime hediondo ou equiparado com resultado morte, vedado o livramento condicional. (Acrescido pela Lei nº 13.964, de 2019)

▸ *CF: art. 5º., XL.*

▸ *CP: arts. 2º. e art. 83, V.*

▸ *Lei nº 8.072, de 25-07-1990, art. 1º, Crimes hediondos.*

§ 1º Em todos os casos, o apenado só terá direito à progressão de regime se ostentar boa conduta carcerária, comprovada pelo diretor do estabelecimento, respeitadas as normas que vedam a progressão. (Redação dada pela Lei nº 13.964, de 2019)

▸ *CF: art. 5º., XL.*

▸ *CP: arts. 2º.*

▸ *Esta Lei: art. 197.*

§ 2º A decisão do juiz que determinar a progressão de regime será sempre motivada e precedida de manifestação do Ministério Público e do defensor, procedimento que também será adotado na concessão de livramento condicional, indulto e comutação de penas, respeitados os prazos previstos nas normas vigentes. (Redação dada pela Lei nº 13.964, de 2019)

▸ *CF: art. 5º., XL e 93, IX.*

▸ *CP: arts. 2º.*

▸ *CPP: arts. 315. e 564, V.*

§ 3º No caso de mulher gestante ou que for mãe ou responsável por crianças ou pessoas com deficiência, os requisitos para progressão de regime são, cumulativamente: (Acrescido pela Lei nº 13.769, de 2018)

I - não ter cometido crime com violência ou grave ameaça a pessoa;

II - não ter cometido o crime contra seu filho ou dependente;

III - ter cumprido ao menos 1/8 (um oitavo) da pena no regime anterior;

IV - ser primária e ter bom comportamento carcerário, comprovado pelo diretor do estabelecimento;

LEIS ORDINÁRIAS

V - não ter integrado organização criminosa.

▸ CF: art. 5º., XL.

▸ CP: arts. 2º.

§ 4º O cometimento de novo crime doloso ou falta grave implicará a revogação do benefício previsto no § 3º deste artigo. (Acrescido pela Lei nº 13.769, de 2018)

▸ CF: art. 5º., XL.

▸ CP: arts. 2º.

▸ Esta lei: art. 52.

§ 5º Não se considera hediondo ou equiparado, para os fins deste artigo, o crime de tráfico de drogas previsto no § 4º do art. 33 da Lei nº 11.343, de 23 de agosto de 2006. (Acrescido pela Lei nº 13.964, de 2019)

§ 6º O cometimento de falta grave durante a execução da pena privativa de liberdade interrompe o prazo para a obtenção da progressão no regime de cumprimento da pena, caso em que o reinício da contagem do requisito objetivo terá como base a pena remanescente. (Acrescido pela Lei nº 13.964, de 2019)

▸ Súmulas 441, 534 e 535 do STJ.

▸ CF: art. 5º., XL.

▸ CP: arts. 2º.

§ 7º O bom comportamento é readquirido após 1 (um) ano da ocorrência do fato, ou antes, após o cumprimento do requisito temporal exigível para a obtenção do direito. (Incluído pela Lei nº 13.964, de 24-12-2019, promulgação em 29-04-2021)

ART. 113. O ingresso do condenado em regime aberto supõe a aceitação de seu programa e das condições impostas pelo Juiz.

▸ Esta lei: art. 115.

ART. 114. Somente poderá ingressar no regime aberto o condenado que:

I – estiver trabalhando ou comprovar a possibilidade de fazê-lo imediatamente;

II – apresentar, pelos seus antecedentes ou pelo resultado dos exames a que foi submetido, fundados indícios de que irá ajustar-se, com autodisciplina e senso de responsabilidade, ao novo regime.

Parágrafo único. Poderão ser dispensadas do trabalho as pessoas referidas no artigo 117 desta Lei.

ART. 115. O Juiz poderá estabelecer condições especiais para a concessão de regime aberto, sem prejuízo das seguintes condições gerais e obrigatórias:

▸ Súmula nº 493 do STJ

▸ CP: art. 36

I – permanecer no local que for designado, durante o repouso e nos dias de folga;

II – sair para o trabalho e retornar, nos horários fixados;

III – não se ausentar da cidade onde reside, sem autorização judicial;

IV – comparecer a Juízo, para informar e justificar as suas atividades, quando for determinado.

ART. 116. O Juiz poderá modificar as condições estabelecidas, de ofício, a requerimento do Ministério Público, da autoridade administrativa ou do condenado, desde que as circunstâncias assim o recomendem.

ART. 117. Somente se admitirá o recolhimento do beneficiário de regime aberto em residência particular quando se tratar de:

▸ Esta lei: art. 114, par. ún.

I – condenado maior de 70 (setenta) anos;

II – condenado acometido de doença grave;

III – condenada com filho menor ou deficiente físico ou mental;

IV – condenada gestante.

ART. 118. A execução da pena privativa de liberdade ficará sujeita à forma regressiva, com a transferência para qualquer dos regimes mais rigorosos, quando o condenado:

▸ Esta lei: arts. 48, par. ún., 50 e 52.

I – praticar fato definido como crime doloso ou falta grave;

▸ Súmulas nº 441 e 526 do STJ.

II – sofrer condenação, por crime anterior, cuja pena, somada ao restante da pena em execução, torne incabível o regime (artigo 111).

§ 1º. O condenado será transferido do regime aberto se, além das hipóteses referidas nos incisos anteriores, frustrar os fins da execução ou não pagar, podendo, a multa cumulativamente imposta.

§ 2º. Nas hipóteses do inciso I e do parágrafo anterior, deverá ser ouvido previamente o condenado.

ART. 119. A legislação local poderá estabelecer normas complementares para o cumprimento da pena privativa de liberdade em regime aberto (artigo 36, § 1º, do Código Penal).

SEÇÃO III. DAS AUTORIZAÇÕES DE SAÍDA

SUBSEÇÃO I. DA PERMISSÃO DE SAÍDA

ART. 120. Os condenados que cumprem pena em regime fechado ou semi-aberto e os presos provisórios poderão obter permissão para sair do estabelecimento, mediante escolta, quando ocorrer um dos seguintes fatos:

I – falecimento ou doença grave do cônjuge, companheira, ascendente, descendente ou irmão;

II – necessidade de tratamento médico (parágrafo único do artigo 14).

Parágrafo único. A permissão de saída será concedida pelo diretor do estabelecimento onde se encontra o preso.

▸ Esta lei: art. 66, IV.

ART. 121. A permanência do preso fora do estabelecimento terá a duração necessária à finalidade da saída.

SUBSEÇÃO II. DA SAÍDA TEMPORÁRIA

ART. 122. Os condenados que cumprem pena em regime semi-aberto poderão obter autorização para saída temporária do estabelecimento, sem vigilância direta, nos seguintes casos:

▸ Súmula nº 40 do STJ

I – visita à família;

II – frequência a curso supletivo profissionalizante, bem como de instrução do 2º grau ou superior, na Comarca do Juízo da Execução;

III – participação em atividades que concorram para o retorno ao convívio social.

§ 1º A ausência de vigilância direta não impede a utilização de equipamento de monitoração eletrônica pelo condenado, quando assim determinar o juiz da execução. (Parágrafo único transformado em § 1º pela Lei nº 13.964, de 2019)

▸ Súmula nº 520 do STJ.

▸ CPP: art. 319, IX.

§ 2º Não terá direito à saída temporária a que se refere o caput deste artigo o condenado que cumpre pena por praticar crime hediondo com resultado morte. (Acrescido pela Lei nº 13.964, de 2019)

ART. 123. A autorização será concedida por ato motivado do Juiz da execução, ouvidos o Ministério Público e a administração penitenciária e dependerá da satisfação dos seguintes requisitos:

▸ Súmula nº 520 do STJ.

▸ Esta lei: art. 66, IV.

I – comportamento adequado;

II – cumprimento mínimo de 1/6 (um sexto) da pena, se o condenado for primário, e 1/4 (um quarto), se reincidente;

III – compatibilidade do benefício com os objetivos da pena.

ART. 124. A autorização será concedida por prazo não superior a 7 (sete) dias, podendo ser renovada por mais 4 (quatro) vezes durante o ano.

§ 1º. Ao conceder a saída temporária, o juiz imporá ao beneficiário as seguintes condições, entre outras que entender compatíveis com as circunstâncias do caso e a situação pessoal do condenado: (Incluído pela Lei nº 12.258, de 2010)

I – fornecimento do endereço onde reside a família a ser visitada ou onde poderá ser encontrado durante o gozo do benefício; (Incluído pela Lei nº 12.258, de 2010)

II – recolhimento à residência visitada, no período noturno; (Incluído pela Lei nº 12.258, de 2010)

III – proibição de frequentar bares, casas noturnas e estabelecimentos congêneres. (Incluído pela Lei nº 12.258, de 2010)

§ 2º. Quando se tratar de frequência a curso profissionalizante, de instrução de ensino médio ou superior, o tempo de saída será o necessário para o cumprimento das atividades discentes. (Renumerado do parágrafo único pela Lei nº 12.258, de 2010)

§ 3º. Nos demais casos, as autorizações de saída somente poderão ser concedidas com prazo mínimo de 45 (quarenta e cinco) dias de intervalo entre uma e outra. (Incluído pela Lei nº 12.258, de 2010)

ART. 125. O benefício será automaticamente revogado quando o condenado praticar fato definido como crime doloso, for punido por falta grave, desatender as condições impostas na autorização ou revelar baixo grau de aproveitamento do curso.

▸ Súmula nº 526 do STJ.

Parágrafo único. A recuperação do direito à saída temporária dependerá da absolvição no processo penal, do cancelamento da punição disciplinar ou da demonstração do merecimento do condenado.

SEÇÃO IV. DA REMIÇÃO

▸ Esta lei: art. 66, III, c.

ART. 126. O condenado que cumpre a pena em regime fechado ou semiaberto poderá remir, por trabalho ou por estudo, parte do tempo de execução da pena. (Redação dada pela Lei nº 12.433, de 2011).

▸ Súmulas nº 341 e 562 do STJ.

▸ Esta lei: art. 41, II e VII.

§ 1º. A contagem de tempo referida no *caput* será feita à razão de: (Redação dada pela Lei nº 12.433, de 2011)

I – 1 (um) dia de pena a cada 12 (doze) horas de frequência escolar – atividade de ensino fundamental, médio, inclusive profissionalizante, ou superior, ou ainda de requalificação profissional – divididas, no mínimo, em 3 (três) dias; (Incluído pela Lei nº 12.433, de 2011)

II – 1 (um) dia de pena a cada 3 (três) dias de trabalho. (Incluído pela Lei nº 12.433, de 2011)

§ 2º. As atividades de estudo a que se refere o § 1º deste artigo poderão ser desenvolvidas de forma presencial ou por metodologia de ensino a distância e deverão ser certificadas pelas autoridades educacionais competentes dos cursos frequentados. (Redação dada pela Lei nº 12.433, de 2011)

§ 3º. Para fins de cumulação dos casos de remição, as horas diárias de trabalho e de estudo serão definidas de forma a se compatibilizarem. (Redação dada pela Lei nº 12.433, de 2011)

§ 4º. O preso impossibilitado, por acidente, de prosseguir no trabalho ou nos estudos continuará a beneficiar-se com a remição. (Incluído pela Lei nº 12.433, de 2011)

▸ CP: art. 39.

§ 5º. O tempo a remir em função das horas de estudo será acrescido de 1/3 (um terço) no caso de conclusão do ensino fundamental, médio ou superior durante o cumprimento da pena, desde que certificada pelo órgão competente do sistema de educação. (Incluído pela Lei nº 12.433, de 2011)

§ 6º. O condenado que cumpre pena em regime aberto ou semiaberto e o que usufrui liberdade condicional poderão remir, pela frequência a curso de ensino regular ou de educação profissional, parte do tempo de execução da pena ou do período de prova, observado o disposto no inciso I do § 1º deste artigo. (Incluído pela Lei nº 12.433, de 2011)

▸ Súmula nº 341 do STJ

§ 7º. O disposto neste artigo aplica-se às hipóteses de prisão cautelar. (Incluído pela Lei nº 12.433, de 2011)

▸ *CPP: art. 311.*

▸ *Lei nº 7.960, de 21-12-1989, art. 1º, dispõe sobre prisão temporária.*

§ 8º. A remição será declarada pelo juiz da execução, ouvidos o Ministério Público e a defesa. (Incluído pela Lei nº 12.433, de 2011)

ART. 127. Em caso de falta grave, o juiz poderá revogar até 1/3 (um terço) do tempo remido, observado o disposto no art. 57, recomeçando a contagem a partir da data da infração disciplinar. (Redação dada pela Lei nº 12.433, de 2011)

▸ *Súmula Vinculante nº 9.*

▸ *Súmula nº 526 do STJ.*

▸ *Esta lei: arts. 48, par. ún., 50 a 52, e 57.*

ART. 128. O tempo remido será computado como pena cumprida, para todos os efeitos. (Redação dada pela Lei nº 12.433, de 2011)

▸ *Súmula nº 562 do STJ.*

ART. 129. A autoridade administrativa encaminhará mensalmente ao juízo da execução cópia do registro de todos os condenados que estejam trabalhando ou estudando, com informação dos dias de trabalho ou das horas de frequência escolar ou de atividades de ensino de cada um deles. (Redação dada pela Lei nº 12.433, de 2011)

▸ *Súmula nº 562 do STJ.*

§ 1º. O condenado autorizado a estudar fora do estabelecimento penal deverá comprovar mensalmente, por meio de declaração da respectiva unidade de ensino, a frequência e o aproveitamento escolar. (Incluído pela Lei nº 12.433, de 2011)

§ 2º. Ao condenado dar-se-á a relação de seus dias remidos. (Incluído pela Lei nº 12.433, de 2011)

ART. 130. Constitui o crime do artigo 299 do Código Penal declarar ou atestar falsamente prestação de serviço para fim de instruir pedido de remição.

SEÇÃO V. DO LIVRAMENTO CONDICIONAL

ART. 131. O livramento condicional poderá ser concedido pelo Juiz da execução, presentes os requisitos do artigo 83, incisos e parágrafo único, do Código Penal, ouvidos o Ministério Público e Conselho Penitenciário.

▸ *Súmula nº 441 do STJ.*

▸ *CP: arts. 10, 83 a 90.*

▸ *CPP: arts. 710 a 733.*

▸ *Esta lei: arts. 49 a 52.*

ART. 132. Deferido o pedido, o Juiz especificará as condições a que fica subordinado o livramento.

▸ *Esta lei: art. 178.*

§ 1º. Serão sempre impostas ao liberado condicional as obrigações seguintes:

a) obter ocupação lícita, dentro de prazo razoável se for apto para o trabalho;

b) comunicar periodicamente ao Juiz sua ocupação;

c) não mudar do território da comarca do Juízo da execução, sem prévia autorização deste.

§ 2º. Poderão ainda ser impostas ao liberado condicional, entre outras obrigações, as seguintes:

a) não mudar de residência sem comunicação ao Juiz e à autoridade incumbida da observação cautelar e de proteção;

b) recolher-se à habitação em hora fixada;

c) não frequentar determinados lugares.

d) (VETADO) (Incluído pela Lei nº 12.258, de 2010)

ART. 133. Se for permitido ao liberado residir fora da comarca do Juízo da execução, remeter-se-á cópia da sentença do livramento ao Juízo do lugar para onde ele se houver transferido e à autoridade incumbida da observação cautelar e de proteção.

▸ *Esta lei: art. 178.*

ART. 134. O liberado será advertido da obrigação de apresentar-se imediatamente às autoridades referidas no artigo anterior.

ART. 135. Reformada a sentença denegatória do livramento, os autos baixarão ao Juízo da execução, para as providências cabíveis.

ART. 136. Concedido o benefício, será expedida a carta de livramento com a cópia integral da sentença em 2 (duas) vias, remetendo-se uma à autoridade administrativa incumbida da execução e outra ao Conselho Penitenciário.

ART. 137. A cerimônia do livramento condicional será realizada solenemente no dia marcado pelo Presidente do Conselho Penitenciário, no estabelecimento onde está sendo cumprida a pena, observando-se o seguinte:

I – a sentença será lida ao liberando, na presença dos demais condenados, pelo Presidente do Conselho Penitenciário ou membro por ele designado, ou, na falta, pelo Juiz;

II – a autoridade administrativa chamará a atenção do liberando para as condições impostas na sentença de livramento;

III – o liberando declarará se aceita as condições.

§ 1º. De tudo em livro próprio, será lavrado termo subscrito por quem presidir a cerimônia e pelo liberando, ou alguém a seu rogo, se não souber ou não puder escrever.

§ 2º. Cópia desse termo deverá ser remetida ao Juiz da execução.

ART. 138. Ao sair o liberado do estabelecimento penal, ser-lhe-á entregue, além do saldo de seu pecúlio e do que lhe pertencer, uma caderneta, que exibirá à autoridade judiciária ou administrativa, sempre que lhe for exigida.

§ 1º. A caderneta conterá:

a) a identificação do liberado;

b) o texto impresso do presente Capítulo;

c) as condições impostas.

§ 2º. Na falta de caderneta, será entregue ao liberado um salvo-conduto, em que constem as condições do livramento, podendo substituir-se a ficha de identificação ou o seu retrato pela descrição dos sinais que possam identificá-lo.

§ 3º. Na caderneta e no salvo-conduto deverá haver espaço para consignar-se o cumprimento das condições referidas no artigo 132 desta Lei.

ART. 139. A observação cautelar e a proteção realizadas por serviço social penitenciário, Patronato ou Conselho da Comunidade terão a finalidade de:

I – fazer observar o cumprimento das condições especificadas na sentença concessiva do benefício;

II – proteger o beneficiário, orientando-o na execução de suas obrigações e auxiliando-o na obtenção de atividade laborativa.

Parágrafo único. A entidade encarregada da observação cautelar e da proteção do liberado apresentará relatório ao Conselho Penitenciário, para efeito da representação prevista nos artigos 143 e 144 desta Lei.

ART. 140. A revogação do livramento condicional dar-se-á nas hipóteses previstas nos artigos 86 e 87 do Código Penal.

Parágrafo único. Mantido o livramento condicional, na hipótese da revogação facultativa, o Juiz deverá advertir o liberado ou agravar as condições.

ART. 141. Se a revogação for motivada por infração penal anterior à vigência do livramento, computar-se-á como tempo de cumprimento da pena o período de prova, sendo permitida, para a concessão de novo livramento, a soma do tempo das 2 (duas) penas.

ART. 142. No caso de revogação por outro motivo, não se computará na pena o tempo em que esteve solto o liberado, e tampouco se concederá, em relação à mesma pena, novo livramento.

ART. 143. A revogação será decretada a requerimento do Ministério Público, mediante representação do Conselho Penitenciário, ou, de ofício, pelo Juiz, ouvido o liberado.

▸ *Esta lei: art. 139, par. ún.*

ART. 144. O Juiz, de ofício, a requerimento do Ministério Público, da Defensoria Pública ou mediante representação do Conselho Penitenciário, e ouvido o liberado, poderá modificar as condições especificadas na sentença, devendo o respectivo ato decisório ser lido ao liberado por uma das autoridades ou funcionários indicados no inciso I do *caput* do art. 137 desta Lei, observado o disposto nos incisos II e III e §§ 1º e 2º do mesmo artigo. (Redação dada pela Lei nº 12.313, de 2010).

▸ *Esta lei: art. 139, par. ún.*

ART. 145. Praticada pelo liberado outra infração penal, o Juiz poderá ordenar a sua prisão, ouvidos o Conselho Penitenciário e o Ministério Público, suspendendo o curso do livramento condicional, cuja revogação, entretanto, ficará dependendo da decisão final.

ART. 146. O Juiz, de ofício, a requerimento do interessado, do Ministério Público ou mediante representação do Conselho Penitenciário, julgará extinta a pena privativa de liberdade, se expirar o prazo do livramento sem revogação.

▸ *Súmula 617 do STJ.*

SEÇÃO VI. DA MONITORAÇÃO ELETRÔNICA (Incluído pela Lei nº 12.258, de 2010)

▸ *CPP: art. 319, IX.*

ART. 146-A. (VETADO). (Incluído pela Lei nº 12.258, de 2010)

ART. 146-B. O juiz poderá definir a fiscalização por meio da monitoração eletrônica quando: (Incluído pela Lei nº 12.258, de 2010)

I – (VETADO); (Incluído pela Lei nº 12.258, de 2010)

II – autorizar a saída temporária no regime semiaberto; (Incluído pela Lei nº 12.258, de 2010)

III – (VETADO); (Incluído pela Lei nº 12.258, de 2010)

IV – determinar a prisão domiciliar; (Incluído pela Lei nº 12.258, de 2010)

V – (VETADO); (Incluído pela Lei nº 12.258, de 2010)

Parágrafo único. (VETADO). (Incluído pela Lei nº 12.258, de 2010)

ART. 146-C. O condenado será instruído acerca dos cuidados que deverá adotar com o equipamento eletrônico e dos seguintes deveres: (Incluído pela Lei nº 12.258, de 2010)

I – receber visitas do servidor responsável pela monitoração eletrônica, responder aos seus contatos e cumprir suas orientações; (Incluído pela Lei nº 12.258, de 2010)

II – abster-se de remover, de violar, de modificar, de danificar de qualquer forma o dispositivo de monitoração eletrônica ou de permitir que outrem o faça; (Incluído pela Lei nº 12.258, de 2010)

III – (VETADO); (Incluído pela Lei nº 12.258, de 2010)

Parágrafo único. A violação comprovada dos deveres previstos neste artigo poderá acarretar, a critério do juiz da execução, ouvidos o Ministério Público e a defesa: (Incluído pela Lei nº 12.258, de 2010)

I – a regressão do regime; (Incluído pela Lei nº 12.258, de 2010)

II – a revogação da autorização de saída temporária; (Incluído pela Lei nº 12.258, de 2010)

III a V – (VETADOS); (Incluído pela Lei nº 12.258, de 2010)

VI – a revogação da prisão domiciliar; (Incluído pela Lei nº 12.258, de 2010)

VII – advertência, por escrito, para todos os casos em que o juiz da execução decida não aplicar alguma das medidas previstas nos incisos de I a VI deste parágrafo. (Incluído pela Lei nº 12.258, de 2010)

ART. 146-D. A monitoração eletrônica poderá ser revogada: (Incluído pela Lei nº 12.258, de 2010)

I – quando se tornar desnecessária ou inadequada; (Incluído pela Lei nº 12.258, de 2010)

II – se o acusado ou condenado violar os deveres a que estiver sujeito durante a sua vigência ou cometer falta grave. (Incluído pela Lei nº 12.258, de 2010)

▸ *Súmula nº 526 do STJ.*

CAPÍTULO II. DAS PENAS RESTRITIVAS DE DIREITOS

SEÇÃO I. DISPOSIÇÕES GERAIS

ART. 147. Transitada em julgado a sentença que aplicou a pena restritiva de direitos, o Juiz da execução, de ofício ou a requerimento do Ministério Público, promoverá a execução, podendo, para tanto, requisitar, quando necessário, a colaboração de entidades públicas ou solicitá-la a particulares.

▸ Súmula nº 643 do STJ.

▸ CP: arts. 43 a 48, 54 e 55.

ART. 148. Em qualquer fase da execução, poderá o Juiz, motivadamente, alterar, a forma de cumprimento das penas de prestação de serviços à comunidade e de limitação de fim de semana, ajustando-as às condições pessoais do condenado e às características do estabelecimento, da entidade ou do programa comunitário ou estatal.

SEÇÃO II. DA PRESTAÇÃO DE SERVIÇOS À COMUNIDADE

ART. 149. Caberá ao Juiz da execução:

▸ CP: art. 46.

I – designar a entidade ou programa comunitário ou estatal, devidamente credenciado ou convencionado, junto ao qual o condenado deverá trabalhar gratuitamente, de acordo com as suas aptidões;

II – determinar a intimação do condenado, cientificando-o da entidade, dias e horário em que deverá cumprir a pena;

III – alterar a forma de execução, a fim de ajustá-la às modificações ocorridas na jornada de trabalho.

§ 1º. o trabalho terá a duração de 8 (oito) horas semanais e será realizado aos sábados, domingos e feriados, ou em dias úteis, de modo a não prejudicar a jornada normal de trabalho, nos horários estabelecidos pelo Juiz.

§ 2º. A execução terá início a partir da data do primeiro comparecimento.

ART. 150. A entidade beneficiada com a prestação de serviços encaminhará mensalmente, ao Juiz da execução, relatório circunstanciado das atividades do condenado, bem como, a qualquer tempo, comunicação sobre ausência ou falta disciplinar.

SEÇÃO III. DA LIMITAÇÃO DE FIM DE SEMANA

ART. 151. Caberá ao Juiz da execução determinar a intimação do condenado, cientificando-o do local, dias e horário em que deverá cumprir a pena.

▸ CP: art. 48.

Parágrafo único. A execução terá início a partir da data do primeiro comparecimento.

ART. 152. Poderão ser ministrados ao condenado, durante o tempo de permanência, cursos e palestras, ou atribuídas atividades educativas.

Parágrafo único. Nos casos de violência doméstica contra a mulher, o juiz poderá determinar o comparecimento obrigatório do agressor a programas de recuperação e reeducação. (Incluído pela Lei nº 11.340, de 2006)

ART. 153. O estabelecimento designado encaminhará, mensalmente, ao Juiz da execução, relatório, bem assim comunicará, a qualquer tempo, a ausência ou falta disciplinar do condenado.

SEÇÃO IV. DA INTERDIÇÃO TEMPORÁRIA DE DIREITOS

ART. 154. Caberá ao Juiz da execução comunicar à autoridade competente a pena aplicada, determinada a intimação do condenado.

▸ CP: art. 47.

§ 1º. Na hipótese de pena de interdição do artigo 47, inciso I, do Código Penal, a autoridade deverá, em 24 (vinte e quatro) horas, contadas do recebimento do ofício, baixar ato, a partir do qual a execução terá seu início.

§ 2º. Nas hipóteses do artigo 47, incisos II e III, do Código Penal, o Juízo da execução determinará a apreensão dos documentos, que autorizam o exercício do direito interditado.

ART. 155. A autoridade deverá comunicar imediatamente ao Juiz da execução o descumprimento da pena.

▸ CP: art. 45.

▸ Esta lei: 181, § 3º.

Parágrafo único. A comunicação prevista neste artigo poderá ser feita por qualquer prejudicado.

CAPÍTULO III. DA SUSPENSÃO CONDICIONAL

ART. 156. O Juiz poderá suspender, pelo período de 2 (dois) a 4 (quatro) anos, a execução da pena privativa de liberdade, não superior a 2 (dois) anos, na forma prevista nos artigos 77 a 82 do Código Penal.

▸ CP: arts. 77 a 82.

▸ CPP: arts. 696 a 709.

ART. 157. O Juiz ou Tribunal, na sentença que aplicar pena privativa de liberdade, na situação determinada no artigo anterior, deverá pronunciar-se, motivadamente, sobre a suspensão condicional, quer a conceda, quer a denegue.

ART. 158. Concedida a suspensão, o Juiz especificará as condições a que fica sujeito o condenado, pelo prazo fixado, começando este a correr da audiência prevista no artigo 160 desta Lei.

§ 1º. As condições serão adequadas ao fato e à situação pessoal do condenado, devendo ser incluída entre as mesmas a de prestar serviços à comunidade, ou limitação de fim de semana, salvo hipótese do artigo 78, § 2º, do Código Penal.

§ 2º. O Juiz poderá, a qualquer tempo, de ofício, a requerimento do Ministério Público ou mediante proposta do Conselho Penitenciário, modificar as condições e regras estabelecidas na sentença, ouvido o condenado.

§ 3º. A fiscalização do cumprimento das condições, reguladas nos Estados, Territórios e Distrito Federal por normas supletivas, será atribuída a serviço social penitenciário, Patronato, Conselho da Comunidade ou instituição beneficiada com a prestação de serviços, inspecionados pelo Conselho Penitenciário, pelo Ministério Público, ou ambos, devendo o Juiz da execução suprir, por ato, a falta das normas supletivas.

§ 4º. O beneficiário, ao comparecer periodicamente à entidade fiscalizadora, para comprovar a observância das condições a que está sujeito, comunicará, também, a sua ocupação e os salários ou proventos de que vive.

§ 5º. A entidade fiscalizadora deverá comunicar imediatamente ao órgão de inspeção, para os fins legais, qualquer fato capaz de acarretar a revogação do benefício, a prorrogação do prazo ou a modificação das condições.

§ 6º. Se for permitido ao beneficiário mudar-se, será feita comunicação ao Juiz e à entidade fiscalizadora do local da nova residência, aos quais o primeiro deverá apresentar-se imediatamente.

ART. 159. Quando a suspensão condicional da pena for concedida por Tribunal, a este caberá estabelecer as condições do benefício.

§ 1º. De igual modo proceder-se-á quando o Tribunal modificar as condições estabelecidas na sentença recorrida.

§ 2º. O Tribunal, ao conceder a suspensão condicional da pena, poderá, todavia, conferir ao Juízo da execução a incumbência de estabelecer as condições do benefício, e, em qualquer caso, a de realizar a audiência admonitória.

ART. 160. Transitada em julgado a sentença condenatória, o Juiz a lerá ao condenado, em audiência, advertindo-o das consequências de nova infração penal e do descumprimento das condições impostas.

ART. 161. Se, intimado pessoalmente ou por edital com prazo de 20 (vinte) dias, o réu não comparecer injustificadamente à audiência admonitória, a suspensão ficará sem efeito e será executada imediatamente a pena.

ART. 162. A revogação da suspensão condicional da pena e a prorrogação do período de prova dar-se-ão na forma do artigo 81 e respectivos parágrafos do Código Penal.

ART. 163. A sentença condenatória será registrada, com a nota de suspensão em livro especial do Juízo a que couber a execução da pena.

§ 1º. Revogada a suspensão ou extinta a pena, será o fato averbado à margem do registro.

§ 2º. O registro e a averbação serão sigilosos, salvo para efeito de informações requisitadas por órgão judiciário ou pelo Ministério Público, para instruir processo penal.

CAPÍTULO IV. DA PENA DE MULTA

ART. 164. Extraída certidão da sentença condenatória com trânsito em julgado, que valerá como título executivo judicial, o Ministério Público requererá, em autos apartados, a citação do condenado para, no prazo de 10 (dez) dias, pagar o valor da multa ou nomear bens à penhora.

▸ *CP: arts. 49 a 52.*

▸ *CPP: arts. 686 a 690.*

§ 1º. Decorrido o prazo sem o pagamento da multa, ou o depósito da respectiva importância, proceder-se-á à penhora de tantos bens quantos bastem para garantir a execução.

§ 2º. A nomeação de bens à penhora e a posterior execução seguirão o que dispuser a lei processual civil.

ART. 165. Se a penhora recair em bem imóvel, os autos apartados serão remetidos ao Juízo Cível para prosseguimento.

ART. 166. Recaindo a penhora em outros bens, dar-se-á prosseguimento nos termos do § 2º do artigo 164, desta Lei.

ART. 167. A execução da pena de multa será suspensa quando sobrevier ao condenado doença mental (artigo 52 do Código Penal).

ART. 168. O Juiz poderá determinar que a cobrança da multa se efetue mediante desconto no vencimento ou salário do condenado, nas hipóteses do artigo 50, § 1º, do Código Penal, observando-se o seguinte:

I – o limite máximo do desconto mensal será o da quarta parte da remuneração e o mínimo o de um décimo;

II – o desconto será feito mediante ordem do Juiz a quem de direito;

III – o responsável pelo desconto será intimado a recolher mensalmente, até o dia fixado pelo Juiz, a importância determinada.

▸ *CP: art. 50, § 1º, a, b, c.*

ART. 169. Até o término do prazo a que se refere o artigo 164 desta Lei, poderá o condenado requerer ao Juiz o pagamento da multa em prestações mensais, iguais e sucessivas.

§ 1º. O Juiz, antes de decidir, poderá determinar diligências para verificar a real situação econômica do condenado e, ouvido o Ministério Público, fixará o número de prestações.

§ 2º. Se o condenado for impontual ou se melhorar de situação econômica, o Juiz, de ofício ou a requerimento do Ministério Público, revogará o benefício executando-se a multa, na forma prevista neste Capítulo, ou prosseguindo-se na execução já iniciada.

ART. 170. Quando a pena de multa for aplicada cumulativamente com pena privativa da liberdade, enquanto esta estiver sendo executada, poderá aquela ser cobrada mediante desconto na remuneração do condenado (artigo 168).

§ 1º. Se o condenado cumprir a pena privativa de liberdade ou obtiver livramento condicional, sem haver resgatado a multa, far-se-á a cobrança nos termos deste Capítulo.

§ 2º. Aplicar-se-á o disposto no parágrafo anterior aos casos em que for concedida a suspensão condicional da pena.

Título VI. DA EXECUÇÃO DAS MEDIDAS DE SEGURANÇA

Capítulo I. DISPOSIÇÕES GERAIS

ART. 171. Transitada em julgado a sentença que aplicar medida de segurança, será ordenada a expedição de guia para a execução.

▸ *Súmula nº 527 do STJ.*

▸ *CP: arts. 96 a 99.*

▸ *CPP: arts. 751 a 779.*

ART. 172. Ninguém será internado em Hospital de Custódia e Tratamento Psiquiátrico, ou submetido a tratamento ambulatorial, para cumprimento de medida de segurança, sem a guia expedida pela autoridade judiciária.

ART. 173. A guia de internamento ou de tratamento ambulatorial, extraída pelo escrivão, que a rubricará em todas as folhas e a subscreverá com o Juiz, será remetida à autoridade administrativa incumbida da execução e conterá:

I – a qualificação do agente e o número do registro geral do órgão oficial de identificação;

II – o inteiro teor da denúncia e da sentença que tiver aplicado a medida de segurança, bem como a certidão do trânsito em julgado;

III – a data em que terminará o prazo mínimo de internação, ou do tratamento ambulatorial;

IV – outras peças do processo reputadas indispensáveis ao adequado tratamento ou internamento.

§ 1º. Ao Ministério Público será dada ciência da guia de recolhimento e de sujeição a tratamento.

§ 2º. A guia será retificada sempre que sobrevier modificações quanto ao prazo de execução.

ART. 174. Aplicar-se-á, na execução da medida de segurança, naquilo que couber, o disposto nos artigos 8º e 9º desta Lei.

▸ *Súmula nº 527 do STJ.*

Capítulo II. DA CESSAÇÃO DA PERICULOSIDADE

ART. 175. A cessação da periculosidade será averiguada no fim do prazo mínimo de duração da medida de segurança, pelo exame das condições pessoais do agente, observando-se o seguinte:

▸ *Súmula nº 527 do STJ.*

I – a autoridade administrativa, até 1 (um) mês antes de expirar o prazo de duração mínima da medida, remeterá ao Juiz minucioso relatório que o habilite a resolver sobre a revogação ou permanência da medida;

II – o relatório será instruído com o laudo psiquiátrico;

III – juntado aos autos o relatório ou realizadas as diligências, serão ouvidos, sucessivamente, o Ministério Público e o curador ou defensor, no prazo de 3 (três) dias para cada um;

IV – o Juiz nomeará curador ou defensor para o agente que não o tiver;

V – o Juiz, de ofício ou a requerimento de qualquer das partes, poderá determinar novas diligências, ainda que expirado o prazo de duração mínima da medida de segurança;

VI – ouvidas as partes ou realizadas as diligências a que se refere o inciso anterior, o Juiz proferirá a sua decisão, no prazo de 5 (cinco) dias.

ART. 176. Em qualquer tempo, ainda no decorrer do prazo mínimo de duração da medida de segurança, poderá o Juiz da execução, diante de requerimento fundamentado do Ministério Público ou do interessado, seu procurador ou defensor, ordenar o exame para que se verifique a cessação da periculosidade, procedendo-se nos termos do artigo anterior.

▸ *Súmula nº 520 do STF.*

▸ *Súmula nº 527 do STJ.*

ART. 177. Nos exames sucessivos para verificar-se a cessação da periculosidade, observar-se-á, no que lhes for aplicável, o disposto no artigo anterior.

ART. 178. Nas hipóteses de desinternação ou de liberação (artigo 97, § 3º, do Código Penal), aplicar-se-á o disposto nos artigos 132 e 133 desta Lei.

ART. 179. Transitada em julgado a sentença, o Juiz expedirá ordem para a desinternação ou a liberação.

Título VII. DOS INCIDENTES DE EXECUÇÃO

Capítulo I. DAS CONVERSÕES

ART. 180. A pena privativa de liberdade, não superior a 2 (dois) anos, poderá ser convertida em restritiva de direitos, desde que:

I – o condenado a esteja cumprindo em regime aberto;

II – tenha sido cumprido pelo menos 1/4 (um quarto) da pena;

III – os antecedentes e a personalidade do condenado indiquem ser a conversão recomendável.

ART. 181. A pena restritiva de direitos será convertida em privativa de liberdade nas hipóteses e na forma do artigo 45 e seus incisos do Código Penal.

§ 1º. A pena de prestação de serviços à comunidade será convertida quando o condenado:

a) não for encontrado por estar em lugar incerto e não sabido, ou desatender a intimação por edital;

b) não comparecer, injustificadamente, à entidade ou programa em que deva prestar serviço;

c) recusar-se, injustificadamente, a prestar o serviço que lhe foi imposto;

d) praticar falta grave;

▸ Súmula nº 526 do STJ.

e) sofrer condenação por outro crime à pena privativa de liberdade, cuja execução não tenha sido suspensa.

§ 2º. A pena de limitação de fim de semana será convertida quando o condenado não comparecer ao estabelecimento designado para o cumprimento da pena, recusar-se a exercer a atividade determinada pelo Juiz ou se ocorrer qualquer das hipóteses das letras "a", "d" e "e" do parágrafo anterior.

§ 3º. A pena de interdição temporária de direitos será convertida quando o condenado exercer, injustificadamente, o direito interditado ou se ocorrer qualquer das hipóteses das letras "a" e "e", do § 1º, deste artigo.

ART. 182. (Revogado pela Lei nº 9.268, de 1996)

ART. 183. Quando, no curso da execução da pena privativa de liberdade, sobrevier doença mental ou perturbação da saúde mental, o Juiz, de ofício, a requerimento do Ministério Público, da Defensoria Pública ou da autoridade administrativa, poderá determinar a substituição da pena por medica de segurança. (Redação dada pela Lei nº 12.313, de 2010).

▸ Súmula nº 527 do STJ.

▸ CP: art. 41.

▸ CPP: art. 154.

ART. 184. O tratamento ambulatorial poderá ser convertido em internação se o agente revelar incompatibilidade com a medida.

Parágrafo único. Nesta hipótese, o prazo mínimo de internação será de 1 (um) ano.

CAPÍTULO II. DO EXCESSO OU DESVIO

ART. 185. Haverá excesso ou desvio de execução sempre que algum ato for praticado além dos limites fixados na sentença, em normas legais ou regulamentares.

ART. 186. Podem suscitar o incidente de excesso ou desvio de execução:

I – o Ministério Público;

II – o Conselho Penitenciário;

III – o sentenciado;

IV – qualquer dos demais órgãos da execução penal.

CAPÍTULO III. DA ANISTIA E DO INDULTO

ART. 187. Concedida a anistia, o Juiz, de ofício, a requerimento do interessado ou do Ministério Público, por proposta da autoridade administrativa ou do Conselho Penitenciário, declarará extinta a punibilidade.

▸ CF: arts. 21, XVII, 48, VIII, 84, XII.

▸ CP: art. 107, II.

▸ CPP: arts. 734 a 742.

ART. 188. O indulto individual poderá ser provocado por petição do condenado, por iniciativa do Ministério Público, do Conselho Penitenciário, ou da autoridade administrativa.

▸ Súmulas nº 535 e 631 do STJ.

ART. 189. A petição do indulto, acompanhada dos documentos que a instruírem, será entregue ao Conselho Penitenciário, para a elaboração de parecer e posterior encaminhamento ao Ministério da Justiça.

ART. 190. O Conselho Penitenciário, à vista dos autos do processo e do prontuário, promoverá as diligências que entender necessárias e fará, em relatório, a narração do ilícito penal e dos fundamentos da sentença condenatória, a exposição dos antecedentes do condenado e do procedimento deste depois da prisão, emitindo seu parecer sobre o mérito do pedido e esclarecendo qualquer formalidade ou circunstâncias omitidas na petição.

ART. 191. Processada no Ministério da Justiça com documentos e o relatório do Conselho Penitenciário, a petição será submetida a despacho do Presidente da República, a quem serão presentes os autos do processo ou a certidão de qualquer de suas peças, se ele o determinar.

ART. 192. Concedido o indulto e anexada aos autos cópia do decreto, o Juiz declarará extinta a pena ou ajustará a execução aos termos do decreto, no caso de comutação.

ART. 193. Se o sentenciado for beneficiado por indulto coletivo, o Juiz, de ofício, a requerimento do interessado, do Ministério Público, ou por iniciativa do Conselho Penitenciário ou da autoridade administrativa, providenciará de acordo com o disposto no artigo anterior.

TÍTULO VIII. DO PROCEDIMENTO JUDICIAL

ART. 194. O procedimento correspondente às situações previstas nesta Lei será judicial, desenvolvendo-se perante o Juízo da execução.

ART. 195. O procedimento judicial iniciar-se-á de ofício, a requerimento do Ministério Público, do interessado, de quem o represente, de seu cônjuge, parente ou descendente, mediante proposta do Conselho Penitenciário, ou, ainda, da autoridade administrativa.

ART. 196. A portaria ou petição será autuada ouvindo-se, em 3 (três) dias, o condenado e o Ministério Público, quando não figurem como requerentes da medida.

§ 1º. Sendo desnecessária a produção de prova, o Juiz decidirá de plano, em igual prazo.

§ 2º. Entendendo indispensável a realização de prova pericial ou oral, o Juiz a ordenará, decidindo após a produção daquela ou na audiência designada.

ART. 197. Das decisões proferidas pelo Juiz caberá recurso de agravo, sem efeito suspensivo.

- *Súmula nº 700 do STF.*
- *CP: arts. 77, 78 e 110.*
- *CPP: art. 581, XI, XII, XVII, XIX, XX, XXI, XXII, XXIII, 586, 588, 589, 648, VII.*
- *Esta lei: art. 66, II.*
- *Lei nº 9.099, de 26 de setembro de 1995: art. 89, Lei dos Juizados Especiais Cíveis e Criminais.*

TÍTULO IX. DAS DISPOSIÇÕES FINAIS E TRANSITÓRIAS

ART. 198. É defesa ao integrante dos órgãos da execução penal, e ao servidor, a divulgação de ocorrência que perturbe a segurança e a disciplina dos estabelecimentos, bem como exponha o preso à inconveniente notoriedade, durante o cumprimento da pena.

- *Esta lei: art. 41, VIII.*

ART. 199. O emprego de algemas será disciplinado por decreto federal.

- *Súmula Vinculante nº 11.*
- *CF: art. 5º, XLIX.*
- *CP: arts. 23, III, 329 a 331 e 352.*
- *CPP: arts. 28ª e 292.*
- *Esta lei: art. 40.*
- *Lei nº 4.898, de 09-12-1965, arts. 3º, i, e 4º, b, regula o Direito de Representação e o processo de Responsabilidade Administrativa Civil e Penal, nos casos de abuso de autoridade.*
- *Decreto nº 8.858, de 27-09-2016, Regulamenta o disposto no art. 199 da Lei nº 7.210, de 11 de julho de 1984 – Lei de Execução Penal.*

ART. 200. O condenado por crime político não está obrigado ao trabalho.

ART. 201. Na falta de estabelecimento adequado, o cumprimento da prisão civil e da prisão administrativa se efetivará em seção especial da Cadeia Pública.

ART. 202. Cumprida ou extinta a pena, não constarão da folha corrida, atestados ou certidões fornecidas por autoridade policial ou por auxiliares da Justiça, qualquer notícia ou referência à condenação, salvo para instruir processo pela prática de nova infração penal ou outros casos expressos em lei.

- *CP: arts. 93 a 95.*
- *CPP: arts. 743 a 750.*

ART. 203. No prazo de 6 (seis) meses, a contar da publicação desta Lei, serão editadas as normas complementares ou regulamentares, necessárias à eficácia dos dispositivos não auto-aplicáveis.

§ 1º. Dentro do mesmo prazo deverão as Unidades Federativas, em convênio com o Ministério da Justiça, projetar a adaptação, construção e equipamento de estabelecimentos e serviços penais previstos nesta Lei.

§ 2º. Também, no mesmo prazo, deverá ser providenciada a aquisição ou desapropriação de prédios para instalação de casas de albergados.

§ 3º. O prazo a que se refere o *caput* deste artigo poderá ser ampliado, por ato do Conselho Nacional de Política Criminal e Penitenciária, mediante justificada solicitação, instruída com os projetos de reforma ou de construção de estabelecimentos.

§ 4º. O descumprimento injustificado dos deveres estabelecidos para as Unidades Federativas implicará na suspensão de qualquer ajuda financeira a elas destinada pela União, para atender às despesas de execução das penas e medidas de segurança.

ART. 204. Esta Lei entra em vigor concomitantemente com a lei de reforma da Parte Geral do Código Penal, revogadas as disposições em contrário, especialmente a Lei nº 3.274, de 2 de outubro de 1957.

Brasília, 11 de julho de 1984;
163º da Independência e 96º da República.

JOÃO FIGUEIREDO

Este texto não substitui o publicado no DOU de 13.7.1984

LEI Nº 7.347, DE 24 DE JULHO DE 1985

Disciplina a ação civil pública de responsabilidade por danos causados ao meio-ambiente, ao consumidor, a bens e direitos de valor artístico, estético, histórico, turístico e paisagístico (VETADO) e dá outras providências.

- *Vide art. 10 desta Lei.*

O PRESIDENTE DA REPÚBLICA, faço saber que o Congresso Nacional decreta e eu sanciono a seguinte Lei:

ART. 1º Regem-se pelas disposições desta Lei, sem prejuízo da ação popular, as ações de responsabilidade por danos morais e patrimoniais causados: (Redação dada pela Lei nº 12.529, de 2011).

I - ao meio-ambiente;

II - ao consumidor;

III – a bens e direitos de valor artístico, estético, histórico, turístico e paisagístico;

IV - a qualquer outro interesse difuso ou coletivo. (Incluído pela Lei nº 8.078 de 1990)

V - por infração da ordem econômica; (Redação dada pela Lei nº 12.529, de 2011).

VI - à ordem urbanística. (Incluído pela Medida provisória nº 2.180-35, de 2001)

VII – à honra e à dignidade de grupos raciais, étnicos ou religiosos. (Incluído pela Lei nº 12.966, de 2014)

VIII – ao patrimônio público e social. (Incluído pela Lei nº 13.004, de 2014)

Parágrafo único. Não será cabível ação civil pública para veicular pretensões que envolvam tributos, contribuições previdenciárias, o Fundo de Garantia do Tempo de Serviço - FGTS ou outros fundos de natureza institucional cujos beneficiários podem ser individualmente determinados. (Incluído pela Medida provisória nº 2.180-35, de 2001)

ART. 2º As ações previstas nesta Lei serão propostas no foro do local onde ocorrer o dano, cujo juízo terá competência funcional para processar e julgar a causa.

Parágrafo único A propositura da ação prevenirá a jurisdição do juízo para todas as ações posteriormente intentadas que possuam a mesma causa de pedir ou o mesmo objeto. (Incluído pela Medida provisória nº 2.180-35, de 2001)

ART. 3º A ação civil poderá ter por objeto a condenação em dinheiro ou o cumprimento de obrigação de fazer ou não fazer.

ART. 4º Poderá ser ajuizada ação cautelar para os fins desta Lei, objetivando, inclusive, evitar dano ao patrimônio público e social, ao meio ambiente, ao consumidor, à honra e à dignidade de grupos raciais, étnicos ou religiosos, à ordem urbanística ou aos bens e direitos de valor artístico, estético, histórico, turístico e paisagístico. (Redação dada pela Lei nº 13.004, de 2014)

ART. 5º Têm legitimidade para propor a ação principal e a ação cautelar: (Redação dada pela Lei nº 11.448, de 2007).

I - o Ministério Público; (Redação dada pela Lei nº 11.448, de 2007).

II - a Defensoria Pública; (Redação dada pela Lei nº 11.448, de 2007).

III - a União, os Estados, o Distrito Federal e os Municípios; (Incluído pela Lei nº 11.448, de 2007).

IV - a autarquia, empresa pública, fundação ou sociedade de economia mista; (Incluído pela Lei nº 11.448, de 2007).

V - a associação que, concomitantemente: (Incluído pela Lei nº 11.448, de 2007).

a) esteja constituída há pelo menos 1 (um) ano nos termos da lei civil; (Incluído pela Lei nº 11.448, de 2007).

b) inclua, entre suas finalidades institucionais, a proteção ao patrimônio público e social, ao meio ambiente, ao consumidor, à ordem econômica, à livre concorrência, aos direitos de grupos raciais, étnicos ou religiosos ou ao patrimônio artístico, estético, histórico, turístico e paisagístico. (Redação dada pela Lei nº 13.004, de 2014)

§ 1º O Ministério Público, se não intervier no processo como parte, atuará obrigatoriamente como fiscal da lei.

§ 2º Fica facultado ao Poder Público e a outras associações legitimadas nos termos deste artigo habilitar-se como litisconsortes de qualquer das partes.

§ 3º Em caso de desistência infundada ou abandono da ação por associação legitimada, o Ministério Público ou outro legitimado assumirá a titularidade ativa. (Redação dada pela Lei nº 8.078, de 1990)

§ 4.º O requisito da pré-constituição poderá ser dispensado pelo juiz, quando haja manifesto interesse social evidenciado pela dimensão ou característica do dano, ou pela relevância do bem jurídico a ser protegido. (Incluído pela Lei nª 8.078, de 11.9.1990)

§ 5.º Admitir-se-á o litisconsórcio facultativo entre os Ministérios Públicos da União, do Distrito Federal e dos Estados na defesa dos interesses e direitos de que cuida esta lei. (Incluído pela Lei nª 8.078, de 11.9.1990) (Vide Mensagem de veto)

§ 6º Os órgãos públicos legitimados poderão tomar dos interessados compromisso de ajustamento de sua conduta às exigências legais, mediante cominações, que terá eficácia de título executivo extrajudicial. (Incluído pela Lei nª 8.078, de 11.9.1990) (Vide Mensagem de veto)

ART. 6º Qualquer pessoa poderá e o servidor público deverá provocar a iniciativa do Ministério Público, ministrando-lhe informações sobre fatos que constituam objeto da ação civil e indicando-lhe os elementos de convicção.

ART. 7º Se, no exercício de suas funções, os juízes e tribunais tiverem conhecimento de fatos que possam ensejar a propositura da ação civil, remeterão peças ao Ministério Público para as providências cabíveis.

ART. 8º Para instruir a inicial, o interessado poderá requerer às autoridades competentes as certidões e informações que julgar necessárias, a serem fornecidas no prazo de 15 (quinze) dias.

§ 1º O Ministério Público poderá instaurar, sob sua presidência, inquérito civil, ou requisitar, de qualquer organismo público ou particular, certidões, informações, exames ou perícias, no prazo que assinalar, o qual não poderá ser inferior a 10 (dez) dias úteis.

§ 2º Somente nos casos em que a lei impuser sigilo, poderá ser negada certidão ou informação, hipótese em que a ação poderá ser proposta desacompanhada daqueles documentos, cabendo ao juiz requisitá-los.

ART. 9º Se o órgão do Ministério Público, esgotadas todas as diligências, se convencer da inexistência de fundamento para a propositura da ação civil, promoverá o arquivamento dos autos do inquérito civil ou das peças informativas, fazendo-o fundamentadamente.

§ 1º Os autos do inquérito civil ou das peças de informação arquivadas serão remetidos, sob pena de se incorrer em falta grave, no prazo de 3 (três) dias, ao Conselho Superior do Ministério Público.

§ 2º Até que, em sessão do Conselho Superior do Ministério Público, seja homologada ou rejeitada a promoção de arquivamento, poderão as associações legitimadas apresentar razões escritas ou documentos, que serão juntados aos autos do inquérito ou anexados às peças de informação.

§ 3º A promoção de arquivamento será submetida a exame e deliberação do Conselho Superior do Ministério Público, conforme dispuser o seu Regimento.

§ 4º Deixando o Conselho Superior de homologar a promoção de arquivamento, designará, desde logo, outro órgão do Ministério Público para o ajuizamento da ação.

ART. 10. Constitui crime, punido com pena de reclusão de 1 (um) a 3 (três) anos, mais multa de 10 (dez) a 1.000 (mil) Obrigações Reajustáveis do Tesouro Nacional - ORTN, a recusa, o retardamento ou a omissão de dados técnicos indispensáveis à propositura da ação civil, quando requisitados pelo Ministério Público.

ART. 11. Na ação que tenha por objeto o cumprimento de obrigação de fazer ou não fazer, o juiz determinará o cumprimento da prestação da atividade devida ou a cessação da atividade nociva, sob pena de execução específica, ou de cominação de multa diária, se esta for suficiente ou compatível, independentemente de requerimento do autor.

ART. 12. Poderá o juiz conceder mandado liminar, com ou sem justificação prévia, em decisão sujeita a agravo.

§ 1º A requerimento de pessoa jurídica de direito público interessada, e para evitar grave lesão à ordem, à saúde, à segurança e à economia pública, poderá o Presidente do Tribunal a que competir o conhecimento do respectivo recurso suspender a execução da liminar, em decisão fundamentada, da qual caberá agravo para uma das turmas julgadoras, no prazo de 5 (cinco) dias a partir da publicação do ato.

§ 2º A multa cominada liminarmente só será exigível do réu após o trânsito em julgado da decisão favorável ao autor, mas será devida desde o dia em que se houver configurado o descumprimento.

ART. 13. Havendo condenação em dinheiro, a indenização pelo dano causado reverterá a um fundo gerido por um Conselho Federal ou por Conselhos Estaduais de que participarão necessariamente o Ministério Público e representantes da comunidade, sendo seus recursos destinados à reconstituição dos bens lesados.

§ 1º. Enquanto o fundo não for regulamentado, o dinheiro ficará depositado em estabelecimento oficial de crédito, em conta com correção monetária. (Renumerado do parágrafo único pela Lei nº 12.288, de 2010)

§ 2º Havendo acordo ou condenação com fundamento em dano causado por ato de discriminação étnica nos termos do disposto no art. 1o desta Lei, a prestação em dinheiro reverterá diretamente ao fundo de que trata o caput e será utilizada para ações de promoção da igualdade étnica, conforme definição do Conselho Nacional de Promoção da Igualdade Racial, na hipótese de extensão nacional, ou dos Conselhos de Promoção de Igualdade Racial estaduais ou locais, nas hipóteses de danos com extensão regional ou local, respectivamente. (Incluído pela Lei nº 12.288, de 2010) (Vigência)

ART. 14. O juiz poderá conferir efeito suspensivo aos recursos, para evitar dano irreparável à parte.

ART. 15. Decorridos sessenta dias do trânsito em julgado da sentença condenatória, sem que a associação autora lhe promova a execução, deverá fazê-lo o Ministério Público, facultada igual iniciativa aos demais legitimados. (Redação dada pela Lei nº 8.078, de 1990)

ART. 16. A sentença civil fará coisa julgada erga omnes, nos limites da competência territorial do órgão prolator, exceto se o pedido for julgado improcedente por insuficiência de provas, hipótese em que qualquer legitimado poderá intentar outra ação com idêntico fundamento, valendo-se de nova prova. (Redação dada pela Lei nº 9.494, de 10.9.1997)

ART. 17. Em caso de litigância de má-fé, a associação autora e os diretores responsáveis pela propositura da ação serão solidariamente condenados em honorários advocatícios e ao décuplo das custas, sem prejuízo da responsabilidade por perdas e danos. (Renumerado do Parágrafo Único com nova redação pela Lei nº 8.078, de 1990)

ART. 18. Nas ações de que trata esta lei, não haverá adiantamento de custas, emolumentos, honorários periciais e quaisquer outras despesas, nem condenação da associação autora, salvo comprovada má-fé, em honorários de advogado, custas e despesas processuais. (Redação dada pela Lei nº 8.078, de 1990)

ART. 19. Aplica-se à ação civil pública, prevista nesta Lei, o Código de Processo Civil, aprovado pela Lei nº 5.869, de 11 de janeiro de 1973, naquilo em que não contrarie suas disposições.

ART. 20. O fundo de que trata o art. 13 desta Lei será regulamentado pelo Poder Executivo no prazo de 90 (noventa) dias. (Regulamento)

ART. 21. Aplicam-se à defesa dos direitos e interesses difusos, coletivos e individuais, no que for cabível, os dispositivos do Título III da lei que instituiu o Código de Defesa do Consumidor. (Incluído Lei nº 8.078, de 1990)

ART. 22. Esta lei entra em vigor na data de sua publicação. (Renumerado do art. 21, pela Lei nº 8.078, de 1990)

ART. 23. Revogam-se as disposições em contrário. (Renumerado do art. 22, pela Lei nº 8.078, de 1990)

Brasília, em 24 de julho de 1985; 164º da Independência e 97º da República.

JOSÉ SARNEY

Fernando Lyra

Este texto não substitui o publicado no DOU de 25.7.1985

LEI Nº 7.437, DE 20 DE DEZEMBRO DE 1985 – CONTRAVENÇÕES PENAIS RELATIVAS À PRÁTICA DE ATOS RESULTANTES DE PRECONCEITO

Inclui, entre as contravenções penais a prática de atos resultantes de preconceito de raça, de cor, de sexo ou de estado civil, dando nova redação à Lei nº 1.390, de 3 de julho de 1951 – Lei Afonso Arinos.

- CF: art. 5º., XLII.
- CP: art. 140, § 3º.
- Lei nº 7.716 de 20-12-1989, dispõe sobre crimes resultantes de preconceito de raça ou cor.

LEIS ORDINÁRIAS

O PRESIDENTE DA REPÚBLICA, faço saber que o Congresso Nacional decreta e eu sanciono a seguinte Lei:

ART. 1º. Constitui contravenção, punida nos termos desta lei, a prática de atos resultantes de preconceito de raça, de cor, de sexo ou de estado civil.

ART. 2º. Será considerado agente de contravenção o diretor, gerente ou empregado do estabelecimento que incidir na prática referida no artigo 1º desta lei.

Das Contravenções

ART. 3º. Recusar hospedagem em hotel, pensão, estalagem ou estabelecimento de mesma finalidade, por preconceito de raça, de cor, de sexo ou de estado civil.

▸ *Lei nº 7.716 de 20-12-1989, art. 7º., dispõe sobre crimes resultantes de preconceito de raça ou cor.*

Pena – prisão simples, de 3 (três) meses a 1 (um) ano, e multa de 3 (três) a 10 (dez) vezes o maior valor de referência (MVR).

ART. 4º. Recusar a venda de mercadoria em lojas de qualquer gênero ou o atendimento de clientes em restaurantes, bares, confeitarias ou locais semelhantes, abertos ao público, por preconceito de raça, de cor, de sexo ou de estado civil.

▸ *Lei nº 7.716 de 20-12-1989, art. 5º., dispõe sobre crimes resultantes de preconceito de raça ou cor.*

Pena – Prisão simples, de 15 (quinze) dias a 3 (três) meses, e multa de 1 (uma) a 3 (três) vezes o maior valor de referência (MVR).

ART. 5º. Recusar a entrada de alguém em estabelecimento público, de diversões ou de esporte, por preconceito de raça, de cor, de sexo ou de estado civil.

▸ *Lei nº 7.716 de 20-12-1989, art. 9º., dispõe sobre crimes resultantes de preconceito de raça ou cor.*

Pena – Prisão simples, de 15 (quinze dias a 3 (três) meses, e multa de 1 (uma) a 3 (três) vezes o maior valor de referência (MVR).

ART. 6º. Recusar a entrada de alguém em qualquer tipo de estabelecimento comercial ou de prestação de serviço, por preconceito de raça, de cor, de sexo ou de estado civil.

▸ *Lei nº 7.716 de 20-12-1989, arts. 5º. a 13, dispõe sobre crimes resultantes de preconceito de raça ou cor.*

Pena – prisão simples, de 15 (quinze) dias e 3 (três) meses, e multa de 1 (uma) a 3 (três) vezes o maior valor de referência (MVR).

ART. 7º. Recusar a inscrição de aluno em estabelecimento de ensino de qualquer curso ou grau, por preconceito de raça, de cor, de sexo ou de estado civil.

▸ *Lei nº 7.716 de 20-12-1989, art. 6º., dispõe sobre crimes resultantes de preconceito de raça ou cor.*

Pena – prisão simples, de 3 (três) meses a 1 (um) ano, e multa de 1(uma) a três) vezes o maior valor de referência (MVR).

Parágrafo único. Se se tratar de estabelecimento oficial de ensino, a pena será a perda do cargo para o agente, desde que apurada em inquérito regular.

ART. 8º. Obstar o acesso de alguém a qualquer cargo público civil ou militar, por preconceito de raça, de cor, de sexo ou de estado civil.

▸ *Lei nº 7.716 de 20-12-1989, arts. 3º. e 13, dispõe sobre crimes resultantes de preconceito de raça ou cor.*

Pena – perda do cargo, depois de apurada a responsabilidade em inquérito regular, para o funcionário dirigente da repartição de que dependa a inscrição no concurso de habilitação dos candidatos.

ART. 9º. Negar emprego ou trabalho a alguém em autarquia, sociedade de economia mista, empresa concessionária de serviço público ou empresa privada, por preconceito de raça, de cor, de sexo ou de estado civil.

▸ *Lei nº 7.716 de 20-12-1989, art. 3º., dispõe sobre crimes resultantes de preconceito de raça ou cor.*

Pena – prisão simples, de 3 (três) meses a 1 (um) ano, e multa de 1 (uma) a 3 (três) vezes o maior valor de referência (MVR), no caso de empresa privada; perda do cargo para o responsável pela recusa, no caso de autarquia, sociedade de economia mista e empresa concessionária de serviço público.

ART. 10. Nos casos de reincidência havidos em estabelecimentos particulares, poderá o juiz determinar a pena adicional de suspensão do funcionamento, por prazo não superior a 3 (três) meses.

ART. 11. Esta lei entra em vigor na data de sua publicação.

ART. 12. Revogam-se as disposições em contrário.

Brasília, 20 de dezembro de 1985;
164º da Independência e 97º da República.

JOSÉ SARNEY

Este texto não substitui o publicado no DOU de 23.12.1985

LEI Nº 7.492, DE 16 DE JUNHO DE 1986 – CRIMES CONTRA O SISTEMA FINANCEIRO NACIONAL

Define os crimes contra o sistema financeiro nacional, e dá outras providências.

▸ *Súmula vinculante 24.*

▸ *Súmula 583 do STJ.*

▸ *CPP: arts. 395, III, 386, III, e 397, III.*

▸ *Lei nº 7.960, de 21-12-1989, prisão temporária.*

▸ *Lei nº 8.137, de 27-12-1990, art. 1º, crimes contra a ordem tributária, econômica e contra as relações de consumo.*

▸ *Lei nº 10.522, de 19-07-2002; art. 20.*

▸ *Portaria 75 da PGFN, de 22-3-2012, inscrição de débitos na Dívida Ativa da União e execuções fiscais pela PGFN.*

O PRESIDENTE DA REPÚBLICA, faço saber que o Congresso Nacional decreta e eu sanciono a seguinte lei:

ART. 1º. Considera-se instituição financeira, para efeito desta lei, a pessoa jurídica de direito público ou privado, que tenha como atividade principal ou acessória, cumulativamente ou não, a captação, intermediação ou aplicação de recursos financeiros (Vetado) de terceiros, em moeda nacional ou estrangeira, ou a custódia, emissão, distribuição, negociação, intermediação ou administração de valores mobiliários.

Parágrafo único. Equipara-se à instituição financeira:

I – a pessoa jurídica que capte ou administre seguros, câmbio, consórcio, capitalização ou qualquer tipo de poupança, ou recursos de terceiros;

II – a pessoa natural que exerça quaisquer das atividades referidas neste artigo, ainda que de forma eventual.

Dos Crimes contra o Sistema Financeiro Nacional

ART. 2º. Imprimir, reproduzir ou, de qualquer modo, fabricar ou pôr em circulação, sem autorização escrita da sociedade emissora, certificado, cautela ou outro documento representativo de título ou valor mobiliário:

▸ *CP: art. 297, § 2º.*

Pena – Reclusão, de 2 (dois) a 8 (oito) anos, e multa.

Parágrafo único. Incorre na mesma pena quem imprime, fabrica, divulga, distribui ou faz distribuir prospecto ou material de propaganda relativo aos papéis referidos neste artigo.

ART. 3º. Divulgar informação falsa ou prejudicialmente incompleta sobre instituição financeira:

▸ *Lei nº 11.101, de 09-02-2005, art. 170. Regula a recuperação judicial, a extrajudicial e a falência do empresário e da sociedade empresária.*

Pena – Reclusão, de 2 (dois) a 6 (seis) anos, e multa.

ART. 4º. Gerir fraudulentamente instituição financeira:

▸ *Lei nº 1.521, de 26-12-1951, art. 3º, IX, altera dispositivos da legislação vigente sobre crimes contra a economia popular.*

Pena – Reclusão, de 3 (três) a 12 (doze) anos, e multa.

Parágrafo único. Se a gestão é temerária:

Pena – Reclusão, de 2 (dois) a 8 (oito) anos, e multa.

ART. 5º. Apropriar-se, quaisquer das pessoas mencionadas no art. 25 desta lei, de dinheiro, título, valor ou qualquer outro bem móvel de que tem a posse, ou desviá-lo em proveito próprio ou alheio:

Pena – Reclusão, de 2 (dois) a 6 (seis) anos, e multa.

▸ *CP: arts. 168 e 312.*

Parágrafo único. Incorre na mesma pena qualquer das pessoas mencionadas no art. 25 desta lei, que negociar direito, título ou qualquer outro bem móvel ou imóvel de que tem a posse, sem autorização de quem de direito.

▸ *CP: art. 171, § 2º, I.*

ART. 6º. Induzir ou manter em erro, sócio, investidor ou repartição pública competente, relativamente a operação ou situação financeira, sonegando-lhe informação ou prestando-a falsamente:

Pena – Reclusão, de 2 (dois) a 6 (seis) anos, e multa.

▸ *CP: art. 171.*

ART. 7º. Emitir, oferecer ou negociar, de qualquer modo, títulos ou valores mobiliários:

I – falsos ou falsificados;

II – sem registro prévio de emissão junto à autoridade competente, em condições divergentes das constantes do registro ou irregularmente registrados;

III – sem lastro ou garantia suficientes, nos termos da legislação;

IV – sem autorização prévia da autoridade competente, quando legalmente exigida:

Pena – Reclusão, de 2 (dois) a 8 (oito) anos, e multa.

ART. 8º. Exigir, em desacordo com a legislação (Vetado), juro, comissão ou qualquer tipo de remuneração sobre operação de crédito ou de seguro, administração de fundo mútuo ou fiscal ou de consórcio, serviço de corretagem ou distribuição de títulos ou valores mobiliários:

Pena – Reclusão, de 1 (um) a 4 (quatro) anos, e multa.

ART. 9º. Fraudar a fiscalização ou o investidor, inserindo ou fazendo inserir, em documento comprobatório de investimento em títulos ou valores mobiliários, declaração falsa ou diversa da que dele deveria constar:

Pena – Reclusão, de 1 (um) a 5 (cinco) anos, e multa.

▸ *CP: art. 299.*

ART. 10. Fazer inserir elemento falso ou omitir elemento exigido pela legislação, em demonstrativos contábeis de instituição financeira, seguradora ou instituição integrante do sistema de distribuição de títulos de valores mobiliários:

Pena – Reclusão, de 1 (um) a 5 (cinco) anos, e multa.

▸ *CP: art. 299.*

ART. 11. Manter ou movimentar recurso ou valor paralelamente à contabilidade exigida pela legislação:

Pena – Reclusão, de 1 (um) a 5 (cinco) anos, e multa.

ART. 12. Deixar, o ex-administrador de instituição financeira, de apresentar, ao interventor, liquidante, ou síndico, nos prazos e condições estabelecidas em lei as informações, declarações ou documentos de sua responsabilidade:

Pena – Reclusão, de 1 (um) a 4 (quatro) anos, e multa.

ART. 13. Desviar (Vetado) bem alcançado pela indisponibilidade legal resultante de intervenção, liquidação extrajudicial ou falência de instituição financeira.

Pena – Reclusão, de 2 (dois) a 6 (seis) anos, e multa.

Parágrafo único. Na mesma pena incorra o interventor, o liquidante ou o síndico que se apropriar de bem abrangido pelo *caput* deste artigo, ou desviá-lo em proveito próprio ou alheio.

ART. 14. Apresentar, em liquidação extrajudicial, ou em falência de instituição financeira, declaração de crédito ou reclamação falsa, ou juntar a elas título falso ou simulado:

Pena – Reclusão, de 2 (dois) a 8 (oito) anos, e multa.

▸ *CP: art. 304.*

Parágrafo único. Na mesma pena incorre o ex-administrador ou falido que reconhecer, como verdadeiro, crédito que não o seja.

ART. 15. Manifestar-se falsamente o interventor, o liquidante ou o síndico, (Vetado) à respeito de assunto relativo a intervenção, liquidação extrajudicial ou falência de instituição financeira:

Pena – Reclusão, de 2 (dois) a 8 (oito) anos, e multa.

ART. 16. Fazer operar, sem a devida autorização, ou com autorização obtida mediante declaração (Vetado) falsa, instituição financeira, inclusive de distribuição de valores mobiliários ou de câmbio:

Pena – Reclusão, de 1 (um) a 4 (quatro) anos, e multa.

ART. 17. Tomar ou receber crédito, na qualidade de qualquer das pessoas mencionadas no art. 25, ou deferir operações de crédito vedadas, observado o disposto no art. 34 da Lei nº 4.595, de 31 de dezembro de 1964: (Redação dada pela Lei nº 13.506, de 13.11.2017)

Pena – Reclusão, de 2 (dois) a 6 (seis) anos, e multa.

Parágrafo único. Incorre na mesma pena quem:

I – em nome próprio, como controlador ou na condição de administrador da sociedade, conceder ou receber adiantamento de honorários, remuneração, salário ou qualquer outro pagamento, nas condições referidas neste artigo;

II – de forma disfarçada, promover a distribuição ou receber lucros de instituição financeira.

ART. 18. Violar sigilo de operação ou de serviço prestado por instituição financeira ou integrante do sistema de distribuição de títulos mobiliários de que tenha conhecimento, em razão de ofício:

Pena – Reclusão, de 1 (um) a 4 (quatro) anos, e multa.

▸ *CP: art. 154.*

ART. 19. Obter, mediante fraude, financiamento em instituição financeira:

Pena – Reclusão, de 2 (dois) a 6 (seis) anos, e multa.

Parágrafo único. A pena é aumentada de 1/3 (um terço) se o crime é cometido em detrimento de instituição financeira oficial ou por ela credenciada para o repasse de financiamento.

ART. 20. Aplicar, em finalidade diversa da prevista em lei ou contrato, recursos provenientes de financiamento concedido por instituição financeira oficial ou por instituição credenciada para repassá-lo:

Pena – Reclusão, de 2 (dois) a 6 (seis) anos, e multa.

▸ *CP: art. 315.*

ART. 21. Atribuir-se, ou atribuir a terceiro, falsa identidade, para realização de operação de câmbio:

Pena – Detenção, de 1 (um) a 4 (quatro) anos, e multa.

▸ *CP: art. 307.*

Parágrafo único. Incorre na mesma pena quem, para o mesmo fim, sonega informação que devia prestar ou presta informação falsa.

ART. 22. Efetuar operação de câmbio não autorizada, com o fim de promover evasão de divisas do País:

Pena – Reclusão, de 2 (dois) a 6 (seis) anos, e multa.

Parágrafo único. Incorre na mesma pena quem, a qualquer título, promove, sem autorização legal, a saída de moeda ou divisa para o exterior, ou nele mantiver depósitos não declarados à repartição federal competente.

▸ *Lei nº 13.254, de 13-01-2016, art. 5º, § 1º, VI e § 2º, Regime Especial de Regularização Tributária.*

ART. 23. Omitir, retardar ou praticar, o funcionário público, contra disposição expressa de lei, ato de ofício necessário ao regular funcionamento do sistema financeiro nacional, bem como a preservação dos interesses e valores da ordem econômico-financeira:

Pena – Reclusão, de 1 (um) a 4 (quatro) anos, e multa.

▸ *CP: art. 319.*

ART. 24. (VETADO).

Da Aplicação e do Procedimento Criminal

ART. 25. São penalmente responsáveis, nos termos desta lei, o controlador e os administradores de instituição financeira, assim considerados os diretores, gerentes (Vetado).

§ 1º. Equiparam-se aos administradores de instituição financeira (Vetado) o interventor, o liquidante ou o síndico.

▸ *Lei nº 11.101, de 09-02-2005, arts. 21 a 25, regula a recuperação judicial, a extrajudicial e a falência do empresário e da sociedade empresária.*

§ 2º. Nos crimes previstos nesta Lei, cometidos em quadrilha ou coautoria, o coautor ou partícipe que através de confissão espontânea revelar à autoridade policial ou judicial toda a trama delituosa terá a sua pena reduzida de um a dois terços. (Incluído pela Lei nº 9.080, de 19.7.1995)

ART. 26. A ação penal, nos crimes previstos nesta lei, será promovida pelo Ministério Público Federal, perante a Justiça Federal.

▸ *CF: arts. 109, VI, e 129, I.*

Parágrafo único. Sem prejuízo do disposto no art. 268 do Código de Processo Penal, aprovado pelo Decreto-lei nº 3.689, de 3 de outubro de 1941, será admitida a assistência da Comissão de Valores Mobiliários – CVM, quando o crime tiver sido praticado no âmbito de atividade sujeita à disciplina e à fiscalização dessa Autarquia, e do Banco Central do Brasil quando, fora daquela hipótese, houver sido cometido na órbita de atividade sujeita à sua disciplina e fiscalização.

ART. 27. Quando a denúncia não for intentada no prazo legal, o ofendido poderá representar ao Procurador-Geral da República, para que este a ofereça, designe outro órgão do Ministério Público para oferecê-la ou determine o arquivamento das peças de informação recebidas.

ART. 28. Quando, no exercício de suas atribuições legais, o Banco Central do Brasil ou a Comissão de Valores Mobiliários – CVM, verificar a ocorrência de crime previsto nesta lei, disso deverá informar ao Ministério Público Federal, enviando-lhe os documentos necessários à comprovação do fato.

Parágrafo único. A conduta de que trata este artigo será observada pelo interventor, liquidante ou síndico que, no curso de intervenção, liquidação extrajudicial ou falência, verificar a ocorrência de crime de que trata esta lei.

ART. 29. O órgão do Ministério Público Federal, sempre que julgar necessário, poderá requisitar, a qualquer autoridade, informação, documento ou diligência, relativa à prova dos crimes previstos nesta lei.

▸ *CF: art. 129, VIII.*

Parágrafo único. O sigilo dos serviços e operações financeiras não pode ser invocado como óbice ao atendimento da requisição prevista no *caput* deste artigo.

ART. 30. Sem prejuízo do disposto no art. 312 do Código de Processo Penal, aprovado pelo Decreto-lei nº 3.689, de 3 de outubro de 1941, a prisão preventiva do acusado da prática de crime previsto nesta lei poderá ser decretada em razão da magnitude da lesão causada (Vetado).

▸ *Esta lei: art. 26.*

ART. 31. Nos crimes previstos nesta lei e punidos com pena de reclusão, o réu não poderá prestar fiança, nem apelar antes de ser recolhido à prisão, ainda que primário e de bons antecedentes, se estiver configurada situação que autoriza a prisão preventiva.

▸ *CF: 5º, XLIII.*

▸ *CPP: arts. 311 a 316 e 323.*

ART. 32. (VETADO).

ART. 33. Na fixação da pena de multa relativa aos crimes previstos nesta lei, o limite a que se refere o § 1º do art. 49 do Código Penal, aprovado pelo Decreto-lei nº 2.848, de 7 de dezembro de 1940, pode ser estendido até o décuplo, se verificada a situação nele cogitada.

ART. 34. Esta lei entra em vigor na data de sua publicação.

ART. 35. Revogam-se as disposições em contrário.

Brasília, 16 de junho de 1986;
165º da Independência e 98º da República.

JOSÉ SARNEY

Este texto não substitui o publicado no DOU de 18.6.1986

LEI Nº 7.560, DE 19 DE DEZEMBRO DE 1986 (EXCERTOS).

Cria o Fundo de Prevenção, Recuperação e de Combate às Drogas de Abuso, dispõe sobre os bens apreendidos e adquiridos com produtos de tráfico ilícito de drogas ou atividades correlatas, e dá outras providências.

O PRESIDENTE DA REPÚBLICA, faço saber que o Congresso Nacional decreta e eu sanciono a seguinte lei:

ART. 1º Fica instituído, no âmbito do Ministério da Justiça e Segurança Pública, o Fundo Nacional Antidrogas (Funad), a ser gerido pela Secretaria Nacional de Políticas sobre Drogas (Senad), do Ministério da Justiça e Segurança Pública. (Redação dada pela Lei nº 13.886, de 17-10-2019)

....

ART. 4º Qualquer bem de valor econômico, apreendido ou sequestrado em decorrência do tráfico de drogas de abuso, ou de qualquer forma utilizado em atividades ilícitas de produção ou comercialização de drogas abusivas, ou, ainda, que haja sido adquirido com recursos provenientes do referido tráfico, e perdido em favor da União, constitui recurso do Funad, ressalvados os direitos do lesado ou de terceiro de boa-fé. (Redação dada pela Lei nº 13.886, de 17-10-2019)

▸ *Lei nº 11.343, de 23-08-2006, art. 60, Lei Antidrogas.*

Parágrafo único. As mercadorias a que se refere o art. 30 do Decreto-Lei nº 1.455, de 7 de abril de 1976, relacionadas com o tráfico de drogas de abuso ficam sujeitas, após sua regular apreensão, às cominações previstas no referido Decreto-Lei, e as mercadorias ou o produto de sua alienação reverterão em favor do Funad. (Redação dada pela Lei nº 13.886, de 17-10-2019)

ART. 5º Os recursos do Funad serão destinados: (Redação dada pela Lei nº 12.594, de 2012)

I – aos programas de formação profissional sobre educação, prevenção, tratamento, recuperação, repressão, controle e fiscalização do uso e tráfico de drogas; (Redação dada pela Lei nº 8.764, de 1993).

II – aos programas de educação técnico-científica preventiva sobre o uso de drogas; (Redação dada pela Lei nº 8.764, de 1993).

III – aos programas de esclarecimento ao público, incluídas campanhas educativas e de ação comunitária; (Redação dada pela Lei nº 8.764, de 1993).

IV – às organizações que desenvolvem atividades específicas de tratamento e recuperação de usuários; (Redação dada pela Lei nº 8.764, de 1993).

V – ao reaparelhamento e custeio das atividades de fiscalização, controle e repressão ao uso e tráfico ilícitos de drogas e produtos controlados; (Redação dada pela Lei nº 8.764, de 1993).

VI – ao pagamento das cotas de participação a que o Brasil esteja obrigado como membro de organismos internacionais ou regionais que se dediquem às questões de drogas; (Redação dada pela Lei nº 8.764, de 1993).

VII - aos custos de sua própria gestão e para o custeio de despesas decorrentes do cumprimento de atribuições da SENAD; (Redação dada pela Lei nº 9.804, de 1999).

VIII - ao pagamento do resgate dos certificados de emissão do Tesouro Nacional que caucionaram recursos transferidos para a conta do FUNAD; (Incluído pela Lei nº 9.804, de 1999).

IX - ao custeio das despesas relativas ao cumprimento das atribuições e às ações do Conselho de Controle de Atividades Financeiras – COAF, no combate aos crimes de "lavagem" ou ocultação de bens, direitos e valores, previstos na Lei nº 9.613, de 1998, até o limite da disponibilidade da receita decorrente do inciso VI do art. 2º. (Incluído pela Lei nº 9.804, de 1999).

X – às entidades governamentais e não governamentais integrantes do Sistema Nacional de Atendimento Socioeducativo (Sinase). (Incluído pela Lei nº 12.594, de 2012) (Vide)

§ 1º Deverá ser disponibilizado para as polícias estaduais e distrital, responsáveis pela apreensão do bem móvel ou pelo evento que der origem a sequestro de bem imóvel a que se refere o art. 4º desta Lei, percentual de 20% (vinte por cento) a 40% (quarenta por cento) dos recursos provenientes da alienação dos respectivos bens, a título de transferência voluntária, desde que os referidos órgãos: (Incluído pela Lei nº 13.886, de 17-10-2019)

I – demonstrem a existência de estruturas orgânicas destinadas à gestão de ativos apreendidos nas unidades federativas, capazes de auxiliar no controle e na alienação de bens apreendidos e na efetivação de suas destinações; e (Incluído pela Lei nº 13.886, de 17-10-2019)

II – estejam regulares com o fornecimento dos dados estatísticos previstos no art. 17 da Lei nº 11.343, de 23 de agosto de 2006. (Incluído pela Lei nº 13.886, de 17-10-2019)

§ 2º Os critérios e as condições que deverão ser observados na aplicação dos recursos prevista no § 1º deste artigo, o instrumento específico de adesão para viabilizar a transferência voluntária e os instrumentos de fiscalização deverão ser estabelecidos em regulamento específico do Ministério da Justiça e Segurança Pública. (Incluído pela Lei nº 13.886, de 17-10-2019)

§ 3º Deverá ser disponibilizado para a Polícia Federal e a Polícia Rodoviária Federal, do Ministério da Justiça e Segurança Pública, responsáveis pela apreensão do bem móvel ou pelo evento que der origem a sequestro de bem imóvel a que se refere o art. 4º desta Lei, percentual de até 40% (quarenta por cento) dos recursos provenientes da alienação dos respectivos bens. (Incluído pela Lei nº 13.886, de 17-10-2019)

§ 4º O percentual a que se refere o § 3º deste artigo será definido em regulamento específico do Ministério da Justiça e Segurança Pública, que também disporá sobre os critérios e as condições que deverão ser observados na sua aplicação. (Incluído pela Lei nº 13.886, de 17-10-2019)

....

ART. 8º Esta lei entra em vigor na data de sua publicação.

ART. 9º Revogam-se as disposições em contrário, especialmente o § 2º do art. 34 da Lei nº 6.368, de 21 de outubro de 1976.

Brasília, 19 de dezembro de 1986; 165º da Independência e 98º da República.

JOSÉ SARNEY
Paulo Brossard

Dilson Domingos Funaro

LEI Nº 7.565, DE 19 DE DEZEMBRO DE 1986 (EXCERTOS)

Dispõe sobre o Código Brasileiro de Aeronáutica.

O PRESIDENTE DA REPÚBLICA, faço saber que o Congresso Nacional decreta e eu sanciono a seguinte Lei:

TÍTULO I
INTRODUÇÃO

CAPÍTULO I
DISPOSIÇÕES GERAIS

ART. 1º O Direito Aeronáutico é regulado pelos Tratados, Convenções e Atos Internacionais de que o Brasil seja parte, por este Código e pela legislação complementar.

§ 1º Os Tratados, Convenções e Atos Internacionais, celebrados por delegação do Poder Executivo e aprovados pelo Congresso Nacional, vigoram a partir da data neles prevista para esse efeito, após o depósito ou troca das respectivas ratificações, podendo, mediante cláusula expressa, autorizar a aplicação provisória de suas disposições pelas autoridades aeronáuticas, nos limites de suas atribuições, a partir da assinatura (artigos 14, 204 a 214).

§ 2º Este Código se aplica a nacionais e estrangeiros, em todo o Território Nacional, assim como, no exterior, até onde for admitida a sua extraterritorialidade.

§ 3º A legislação complementar é formada pela regulamentação prevista neste Código, pelas leis especiais, decretos e normas sobre matéria aeronáutica (artigo 12).

ART. 2º Para os efeitos deste Código consideram-se autoridades aeronáuticas competentes as do Ministério da Aeronáutica, conforme as atribuições definidas nos respectivos regulamentos.

CAPÍTULO II
DISPOSIÇÕES DE DIREITO INTERNACIONAL PRIVADO

ART. 3º Consideram-se situadas no território do Estado de sua nacionalidade:

I - as aeronaves militares, bem como as civis de propriedade ou a serviço do Estado, por este diretamente utilizadas (artigo 107, §§ 1º e 3º);

II - as aeronaves de outra espécie, quando em alto mar ou região que não pertença a qualquer Estado.

Parágrafo único. Salvo na hipótese de estar a serviço do Estado, na forma indicada no item I deste artigo, não prevalece a extraterritorialidade em relação à aeronave privada, que se considera sujeita à lei do Estado onde se encontre.

ART. 4º Os atos que, originados de aeronave, produzirem efeito no Brasil, regem-se por suas leis, ainda que iniciados no território estrangeiro.

ART. 5º Os atos que, provenientes da aeronave, tiverem início no Território Nacional, regem-se pelas leis brasileiras, respeitadas as leis do Estado em que produzirem efeito.

ART. 6º Os direitos reais e os privilégios de ordem privada sobre aeronaves regem-se pela lei de sua nacionalidade.

ART. 7º As medidas assecuratórias de direito regulam-se pela lei do país onde se encontrar a aeronave.

LEIS ORDINÁRIAS

ART. 8° As avarias regulam-se pela lei brasileira quando a carga se destinar ao Brasil ou for transportada sob o regime de trânsito aduaneiro (artigo 244, § 6°).

ART. 9° A assistência, o salvamento e o abalroamento regem-se pela lei do lugar em que ocorrerem (artigos 23, § 2°, 49 a 65).

Parágrafo único. Quando pelo menos uma das aeronaves envolvidas for brasileira, aplica-se a lei do Brasil à assistência, salvamento e abalroamento ocorridos em região não submetida a qualquer Estado.

ART. 10. Não terão eficácia no Brasil, em matéria de transporte aéreo, quaisquer disposições de direito estrangeiro, cláusulas constantes de contrato, bilhete de passagem, conhecimento e outros documentos que:

I - excluam a competência de foro do lugar de destino;

II - visem à exoneração de responsabilidade do transportador, quando este Código não a admite;

III - estabeleçam limites de responsabilidade inferiores aos estabelecidos neste Código (artigos 246, 257, 260, 262, 269 e 277).

TÍTULO II
DO ESPAÇO AÉREO E SEU USO PARA FINS AERONÁUTICOS

CAPÍTULO I
DO ESPAÇO AÉREO BRASILEIRO

ART. 11. O Brasil exerce completa e exclusiva soberania sobre o espaço aéreo acima de seu território e mar territorial.

ART. 12. Ressalvadas as atribuições específicas, fixadas em lei, submetem-se às normas (artigo 1°, § 3°), orientação, coordenação, controle e fiscalização do Ministério da Aeronáutica:

I - a navegação aérea;

II - o tráfego aéreo;

III - a infra-estrutura aeronáutica;

IV - a aeronave;

V - a tripulação;

VI - os serviços, direta ou indiretamente relacionados ao vôo.

ART. 13. Poderá a autoridade aeronáutica deter a aeronave em vôo no espaço aéreo (artigo 18) ou em pouso no território brasileiro (artigos 303 a 311), quando, em caso de flagrante desrespeito às normas de direito aeronáutico (artigos 1° e 12), de tráfego aéreo (artigos 14, 16, § 3°, 17), ou às condições estabelecidas nas respectivas autorizações (artigos 14, §§ 1°, 3° e 4°, 15, §§ 1° e 2°, 19, parágrafo único, 21, 22), coloque em risco a segurança da navegação aérea ou de tráfego aéreo, a ordem pública, a paz interna ou externa.

• •

CAPÍTULO VI
(Redação dada pela Lei nº 12.970, de 2014)
SISTEMA DE INVESTIGAÇÃO E PREVENÇÃO DE ACIDENTES AERONÁUTICOS - SIPAER

SEÇÃO I
DA INVESTIGAÇÃO SIPAER

• •

ART. 88-D. Se, no curso de investigação Sipaer, forem encontrados indícios de crime, relacionados ou não à cadeia de eventos do acidente, far-se-á a comunicação à autoridade policial competente. (Incluído pela Lei nº 12.970, de 2014)

ART. 88-E. Mediante pedido da autoridade policial ou judicial, a autoridade de investigação Sipaer colocará especialistas à disposição para os exames necessários às diligências sobre o acidente aeronáutico com aeronave civil, desde que: (Incluído pela Lei nº 12.970, de 2014)

I - não exista, no quadro de pessoal do órgão solicitante, técnico capacitado ou equipamento apropriado para os exames requeridos; (Incluído pela Lei nº 12.970, de 2014)

II - a autoridade solicitante discrimine os exames a serem feitos; (Incluído pela Lei nº 12.970, de 2014)

III - exista, no quadro de pessoal da autoridade de investigação Sipaer, técnico capacitado e equipamento apropriado para os exames requeridos; e (Incluído pela Lei nº 12.970, de 2014)

IV - a entidade solicitante custeie todas as despesas decorrentes da solicitação. (Incluído pela Lei nº 12.970, de 2014)

Parágrafo único. O pessoal colocado à disposição pela autoridade de investigação Sipaer não poderá ter participado da investigação Sipaer do mesmo acidente. (Incluído pela Lei nº 12.970, de 2014)

• •

TÍTULO IV
DAS AERONAVES

CAPÍTULO I
DISPOSIÇÕES GERAIS

ART. 106. Considera-se aeronave todo aparelho manobrável em vôo, que possa sustentar-se e circular no espaço aéreo, mediante reações aerodinâmicas, apto a transportar pessoas ou coisas.

▸ *CF: art. 109, IX.*

Parágrafo único. A aeronave é bem móvel registrável para o efeito de nacionalidade, matrícula, aeronavegabilidade (artigos 72, I, 109 e 114), transferência por ato entre vivos (artigos 72, II e 115, IV), constituição de hipoteca (artigos 72, II e 138), publicidade (artigos 72, III e 117) e cadastramento geral (artigo 72, V).

....

CAPÍTULO II
DAS PROVIDÊNCIAS ADMINISTRATIVAS

• •

ART. 291. Toda vez que se verifique a ocorrência de infração prevista neste Código ou na legislação complementar, a autoridade aeronáutica lavrará o respectivo auto, remetendo-o à autoridade ou ao órgão competente para a apuração, julgamento ou providência administrativa cabível.

§ 1° Quando a infração constituir crime, a autoridade levará, imediatamente, o fato ao conhecimento da autoridade policial ou judicial competente.

§ 2° Tratando-se de crime, em que se deva deter membros de tripulação de aeronave que realize serviço público de transporte aéreo, a autoridade aeronáutica, concomitantemente à providência prevista no parágrafo anterior, deverá tomar as medidas que possibilitem a continuação do vôo.

• •

DISPOSIÇÕES FINAIS E TRANSITÓRIAS

• •

ART. 323. Este Código entra em vigor na data de sua publicação.

• •

Brasília, 19 de dezembro de 1986. 165º da Independência e 98º da República.

JOSÉ SARNEY

Octávio Júlio Moreira Lima

▸ *Este texto não substitui o publicado no DOU de 20.12.1986 e retificado em 30.12.1986*

LEI Nº 7.643, DE 18 DE DEZEMBRO DE 1987

Proíbe a pesca de cetáceo nas águas jurisdicionais brasileiras, e dá outras providências.

▸ *Lei n. 5.197, de 03-01-1967, art.27: Proteção à Fauna.*

▸ *Lei n. 9.605, de 12-02-1998, arts. 29, 32 e 34; Crimes Ambientais.*

O PRESIDENTE DA REPÚBLICA, faço saber que o Congresso Nacional decreta e eu sanciono a seguinte lei:

ART. 1º. Fica proibida a pesca, ou qualquer forma de molestamento intencional, de toda espécie de cetáceo nas águas jurisdicionais brasileiras.

ART. 2º. A infração ao disposto nesta lei será punida com a pena de 2 (dois) a 5 (cinco) anos de reclusão e multa de 50 (cinqüenta) a 100 (cem) Obrigações do Tesouro Nacional - OTN, com perda da embarcação em favor da União, em caso de reincidência.

ART. 3º. O Poder Executivo regulamentará esta lei no prazo de 60 (sessenta) dias, contados de sua publicação.

ART. 4º. Esta lei entra em vigor na data de sua publicação.

ART. 5º. Revogam-se as disposições em contrário.

Brasília, 18 de dezembro de 1987; 166º da Independência e 99º da República.

JOSÉ SARNEY

Henrique Saboia

Iris Rezende Machado

▸ *Este texto não substitui o publicado no DOU de 21.12.1987*

LEI Nº 7.716, DE 5 DE JANEIRO DE 1989 – CRIMES RESULTANTES DE PRECONCEITO DE RAÇA OU COR

Define os crimes resultantes de preconceito de raça ou de cor.

▸ *CF: arts. 3º, VIII e 5º, I e XLII.*

▸ *CP: art. 140, § 3º.*

▸ *CPP: art. 323, I.*

▸ *Lei nº 7.437, de 20-12-1985, dispõe sobre as contravenções penais relativas a prática de atos resultantes de preconceito.*

▸ *Lei nº 12.288, de 20-07-2010, Estatuto da Igualdade Racial.*

O PRESIDENTE DA REPÚBLICA, faço saber que o Congresso Nacional decreta e eu sanciono a seguinte Lei:

ART. 1º. Serão punidos, na forma desta Lei, os crimes resultantes de discriminação ou preconceito de raça, cor, etnia, religião ou procedência nacional. (Redação dada pela Lei nº 9.459, de 15/05/97)

▸ *CF: art. 5º, XLII.*

▸ *Lei nº 12.984, de 02-06-2014, art. 1º, define o crime de discriminação dos portadores do vírus da imunodeficiência humana (HIV) e doentes de aids.*

▸ *Lei nº 13.146, de 06-07-2015, arts. 4º e 88, Estatuto da Pessoa com Deficiência.*

▸ *Lei nº 13.260, de 16-03-2016, art. 2º, Regulamenta o disposto no inciso XLIII do art. 5º da Constituição Federal, disciplinando o terrorismo.*

ART. 2º. (Vetado).

ART. 3º. Impedir ou obstar o acesso de alguém, devidamente habilitado, a qualquer cargo da Administração Direta ou Indireta, bem como das concessionárias de serviços públicos.

▸ *Lei nº 13.146, de 06-07-2015, art. 8º, II, Estatuto da Pessoa com Deficiência.*

Parágrafo único. Incorre na mesma pena quem, por motivo de discriminação de raça, cor, etnia, religião ou procedência nacional, obstar a promoção funcional. (Incluído pela Lei nº 12.288, de 2010)

Pena: reclusão de dois a cinco anos.

▸ *Lei nº 7.437, de 20-12-1985, art. 8º, dispõe sobre as contravenções penais relativas a prática de atos resultantes de preconceito.*

ART. 4º. Negar ou obstar emprego em empresa privada.

▸ *Lei nº 13.146, de 06-07-2015, art. 8º, III, Estatuto da Pessoa com Deficiência.*

§ 1º. Incorre na mesma pena quem, por motivo de discriminação de raça ou de cor ou práticas resultantes do preconceito de descendência ou origem nacional ou étnica: (Incluído pela Lei nº 12.288, de 2010)

I – deixar de conceder os equipamentos necessários ao empregado em igualdade de condições com os demais trabalhadores; (Incluído pela Lei nº 12.288, de 2010)

II – impedir a ascensão funcional do empregado ou obstar outra forma de benefício profissional; (Incluído pela Lei nº 12.288, de 2010)

III – proporcionar ao empregado tratamento diferenciado no ambiente de trabalho, especialmente quanto ao salário. (Incluído pela Lei nº 12.288, de 2010)

§ 2º. Ficará sujeito às penas de multa e de prestação de serviços à comunidade, incluindo atividades de promoção da igualdade racial, quem, em anúncios ou qualquer outra forma de recrutamento de trabalhadores, exigir aspectos de aparência próprios de raça ou etnia para emprego cujas atividades não justifiquem essas exigências.

Pena: reclusão de dois a cinco anos.

▸ *Lei nº 7.437, de 20-12-1985, art. 9º, dispõe sobre as contravenções penais relativas a prática de atos resultantes de preconceito.*

ART. 5º. Recusar ou impedir acesso a estabelecimento comercial, negando-se a servir, atender ou receber cliente ou comprador.

Pena: reclusão de um a três anos.

▸ *Lei nº 7.437, de 20-12-1985, arts. 4º e 6º, dispõe sobre as contravenções penais relativas a prática de atos resultantes de preconceito.*

ART. 6º. Recusar, negar ou impedir a inscrição ou ingresso de aluno em estabelecimento de ensino público ou privado de qualquer grau.

Pena: reclusão de três a cinco anos.

▸ *Lei nº 7.437, de 20-12-1985, art. 7º, dispõe sobre as contravenções penais relativas a prática de atos resultantes de preconceito.*

▸ *Lei nº 13.146, de 06-07-2015, art. 8º, I, Estatuto da Pessoa com Deficiência.*

Parágrafo único. Se o crime for praticado contra menor de dezoito anos a pena é agravada de 1/3 (um terço).

ART. 7º. Impedir o acesso ou recusar hospedagem em hotel, pensão, estalagem, ou qualquer estabelecimento similar.

Pena: reclusão de três a cinco anos.

▸ *Lei nº 7.437, de 20-12-1985, art. 3º, dispõe sobre as contravenções penais relativas a prática de atos resultantes de preconceito.*

ART. 8º. Impedir o acesso ou recusar atendimento em restaurantes, bares, confeitarias, ou locais semelhantes abertos ao público.

Pena: reclusão de um a três anos.

▸ *Lei nº 7.437, de 20-12-1985, arts. 4º e 6º, dispõe sobre as contravenções penais relativas a prática de atos resultantes de preconceito.*

ART. 9º. Impedir o acesso ou recusar atendimento em estabelecimentos esportivos, casas de diversões, ou clubes sociais abertos ao público.

Pena: reclusão de um a três anos.

▸ *Lei nº 7.437, de 20-12-1985, art. 5º, dispõe sobre as contravenções penais relativas a prática de atos resultantes de preconceito.*

ART. 10. Impedir o acesso ou recusar atendimento em salões de cabeleireiros, barbearias, termas ou casas de massagem ou estabelecimento com as mesmas finalidades.

Pena: reclusão de um a três anos.

▸ *Lei nº 7.437, de 20-12-1985, art. 6º, dispõe sobre as contravenções penais relativas a prática de atos resultantes de preconceito.*

ART. 11. Impedir o acesso às entradas sociais em edifícios públicos ou residenciais e elevadores ou escada de acesso aos mesmos:

Pena: reclusão de um a três anos.

ART. 12. Impedir o acesso ou uso de transportes públicos, como aviões, navios barcas, barcos, ônibus, trens, metrô ou qualquer outro meio de transporte concedido.

Pena: reclusão de um a três anos.

▸ *Lei nº 7.437, de 20-12-1985, art. 6º, dispõe sobre as contravenções penais relativas a prática de atos resultantes de preconceito.*

ART. 13. Impedir ou obstar o acesso de alguém ao serviço em qualquer ramo das Forças Armadas.

Pena: reclusão de dois a quatro anos.

▸ *Lei nº 7.437, de 20-12-1985, art. 8º, dispõe sobre as contravenções penais relativas a prática de atos resultantes de preconceito.*

ART. 14. Impedir ou obstar, por qualquer meio ou forma, o casamento ou convivência familiar e social.

Pena: reclusão de dois a quatro anos.

ART. 15. (Vetado).

ART. 16. Constitui efeito da condenação a perda do cargo ou função pública, para o servidor público, e a suspensão do funcionamento do estabelecimento particular por prazo não superior a três meses.

▸ *Lei nº 7.437, de 20-12-1985, art. 7º, parágrafo único, dispõe sobre as contravenções penais relativas a prática de atos resultantes de preconceito.*

ART. 17. (Vetado).

ART. 18. Os efeitos de que tratam os arts. 16 e 17 desta Lei não são automáticos, devendo ser motivadamente declarados na sentença.

ART. 19. (Vetado).

ART. 20. Praticar, induzir ou incitar a discriminação ou preconceito de raça, cor, etnia, religião ou procedência nacional. (Redação dada pela Lei nº 9.459, de 15/05/97)

Pena: reclusão de um a três anos e multa. (Redação dada pela Lei nº 9.459, de 15/05/97)

§ 1º. Fabricar, comercializar, distribuir ou veicular símbolos, emblemas, ornamentos, distintivos ou propaganda que utilizem a cruz suástica ou gamada, para fins de divulgação do nazismo. (Redação dada pela Lei nº 9.459, de 15/05/97)

Pena: reclusão de dois a cinco anos e multa. (Incluído pela Lei nº 9.459, de 15/05/97)

§ 2º. Se qualquer dos crimes previstos no *caput* é cometido por intermédio dos meios de comunicação socia ou publicação de qualquer natureza: (Redação dada pela Lei nº 9.459, de 15/05/97)

Pena: reclusão de dois a cinco anos e multa. (Incluído pela Lei nº 9.459, de 15/05/97)

§ 3º. No caso do parágrafo anterior, o juiz poderá determinar, ouvido o Ministério Público ou a pedido deste, ainda antes do inquérito policial, sob pena de desobediência: (Redação dada pela Lei nº 9.459, de 15/05/97)

I – o recolhimento imediato ou a busca e apreensão dos exemplares do material respectivo; (Incluído pela Lei nº 9.459, de 15/05/97)

II – a cessação das respectivas transmissões radiofônicas, televisivas, eletrônicas ou da publicação por qualquer meio; (Redação dada pela Lei nº 12.735, de 2012)

III – a interdição das respectivas mensagens ou páginas de informação na rede mundial de computadores. (Incluído pela Lei nº 12.288, de 2010)

§ 4º. Na hipótese do § 2º, constitui efeito da condenação, após o trânsito em julgado da decisão, a destruição do material apreendido. (Incluído pela Lei nº 9.459, de 15/05/97)

ART. 21. Esta Lei entra em vigor na data de sua publicação. (Renumerado pela Lei nº 8.081, de 21.9.1990)

ART. 22. Revogam-se as disposições em contrário. (Renumerado pela Lei nº 8.081, de 21.9.1990)

Brasília, 5 de janeiro de 1989;
168º da Independência e 101º da República.

JOSÉ SARNEY

Este texto não substitui o publicado no DOU de 6.1.1989 e retificada em 9.1.1989

LEI Nº 7.802, DE 11 DE JULHO DE 1989

Dispõe sobre a pesquisa, a experimentação, a produção, a embalagem e rotulagem, o transporte, o armazenamento, a comercialização, a propaganda comercial, a utilização, a importação, a exportação, o destino final dos resíduos e embalagens, o registro, a classificação, o controle, a inspeção e a fiscalização de agrotóxicos, seus componentes e afins, e dá outras providências.

▸ Vide arts. 14 a 16.

O PRESIDENTE DA REPÚBLICA, faço saber que o Congresso Nacional decreta e eu sanciono a seguinte Lei:

ART. 1º A pesquisa, a experimentação, a produção, a embalagem e rotulagem, o transporte, o armazenamento, a comercialização, a propaganda comercial, a utilização, a importação, a exportação, o destino final dos resíduos e embalagens, o registro, a classificação, o controle, a inspeção e a fiscalização de agrotóxicos, seus componentes e afins, serão regidos por esta Lei.

ART. 2º Para os efeitos desta Lei, consideram-se:

I - agrotóxicos e afins:

a) os produtos e os agentes de processos físicos, químicos ou biológicos, destinados ao uso nos setores de produção, no armazenamento e beneficiamento de produtos agrícolas, nas pastagens, na proteção de florestas, nativas ou implantadas, e de outros ecossistemas e também de ambientes urbanos, hídricos e industriais, cuja finalidade seja alterar a composição da flora ou da fauna, a fim de preservá-las da ação danosa de seres vivos considerados nocivos;

b) substâncias e produtos, empregados como desfolhantes, dessecantes, estimuladores e inibidores de crescimento;

II - componentes: os princípios ativos, os produtos técnicos, suas matérias-primas, os ingredientes inertes e aditivos usados na fabricação de agrotóxicos e afins.

ART. 3º Os agrotóxicos, seus componentes e afins, de acordo com definição do art. 2º desta Lei, só poderão ser produzidos, exportados, importados, comercializados e utilizados, se previamente registrados em órgão federal, de acordo com as diretrizes e exigências dos órgãos federais responsáveis pelos setores da saúde, do meio ambiente e da agricultura.

§ 1º Fica criado o registro especial temporário para agrotóxicos, seus componentes e afins, quando se destinarem à pesquisa e à experimentação.

§ 2º Os registrantes e titulares de registro fornecerão, obrigatoriamente, à União, as inovações concernentes aos dados fornecidos para o registro de seus produtos.

§ 3º Entidades públicas e privadas de ensino, assistência técnica e pesquisa poderão realizar experimentação e pesquisas, e poderão fornecer laudos no campo da agronomia, toxicologia, resíduos, química e meio ambiente.

§ 4º Quando organizações internacionais responsáveis pela saúde, alimentação ou meio ambiente, das quais o Brasil seja membro integrante ou signatário de acordos e convênios, alertarem para riscos ou desaconselharem o uso de agrotóxicos, seus componentes e afins, caberá à autoridade competente tomar imediatas providências, sob pena de responsabilidade.

§ 5º O registro para novo produto agrotóxico, seus componentes e afins, será concedido se a sua ação tóxica sobre o ser humano e o meio ambiente for comprovadamente igual ou menor do que a daqueles já registrados, para o mesmo fim, segundo os parâmetros fixados na regulamentação desta Lei.

§ 6º Fica proibido o registro de agrotóxicos, seus componentes e afins:

a) para os quais o Brasil não disponha de métodos para desativação de seus componentes, de modo a impedir que os seus resíduos remanescentes provoquem riscos ao meio ambiente e à saúde pública;

b) para os quais não haja antídoto ou tratamento eficaz no Brasil;

c) que revelem características teratogênicas, carcinogênicas ou mutagênicas, de acordo com os resultados atualizados de experiências da comunidade científica;

d) que provoquem distúrbios hormonais, danos ao aparelho reprodutor, de acordo com procedimentos e experiências atualizadas na comunidade científica;

e) que se revelem mais perigosos para o homem do que os testes de laboratório, com animais, tenham podido demonstrar, segundo critérios técnicos e científicos atualizados;

f) cujas características causem danos ao meio ambiente.

ART. 4º As pessoas físicas e jurídicas que sejam prestadoras de serviços na aplicação de agrotóxicos, seus componentes e afins, ou que os produzam, importem, exportem ou comercializem, ficam obrigadas a promover os seus registros nos órgãos competentes, do Estado ou do Município, atendidas as diretrizes e exigências dos órgãos federais responsáveis que atuam nas áreas da saúde, do meio ambiente e da agricultura.

Parágrafo único. São prestadoras de serviços as pessoas físicas e jurídicas que executam trabalho de prevenção, destruição e controle de seres vivos, considerados nocivos, aplicando agrotóxicos, seus componentes e afins.

ART. 5º Possuem legitimidade para requerer o cancelamento ou a impugnação, em nome próprio, do registro de agrotóxicos e afins, argüindo prejuízos ao meio ambiente, à saúde humana e dos animais:

I - entidades de classe, representativas de profissões ligadas ao setor;

II - partidos políticos, com representação no Congresso Nacional;

III - entidades legalmente constituídas para defesa dos interesses difusos relacionados à proteção do consumidor, do meio ambiente e dos recursos naturais.

§ 1º Para efeito de registro e pedido de cancelamento ou impugnação de agrotóxicos e afins, todas as informações toxicológicas de contaminação ambiental e comportamento genético, bem como os efeitos no mecanismo hormonal, são de responsabilidade do estabelecimento registrante ou da entidade impugnante e devem proceder de laboratórios nacionais ou internacionais.

§ 2º A regulamentação desta Lei estabelecerá condições para o processo de impugnação ou cancelamento do registro, determinando que o prazo de tramitação não exceda 90 (noventa) dias e que os resultados apurados sejam publicados.

§ 3º Protocolado o pedido de registro, será publicado no Diário Oficial da União um resumo do mesmo.

ART. 6º As embalagens dos agrotóxicos e afins deverão atender, entre outros, aos seguintes requisitos:

I - devem ser projetadas e fabricadas de forma a impedir qualquer vazamento, evaporação, perda ou alteração de seu conteúdo e de modo a facilitar as operações de lavagem, classificação, reutilização e reciclagem; (Redação dada pela Lei nº 9.974, de 2000)

II - os materiais de que forem feitas devem ser insuscetíveis de ser atacados pelo conteúdo ou de formar com ele combinações nocivas ou perigosas;

III - devem ser suficientemente resistentes em todas as suas partes, de forma a não sofrer enfraquecimento e a responder adequadamente às exigências de sua normal conservação;

IV - devem ser providas de um lacre que seja irremediavelmente destruído ao ser aberto pela primeira vez.

§ 1º O fracionamento e a reembalagem de agrotóxicos e afins com o objetivo de comercialização somente poderão ser realizados pela empresa produtora, ou por estabelecimento devidamente credenciado, sob responsabilidade daquela, em locais e condições previamente autorizados pelos órgãos competentes. (Incluído pela Lei nº 9.974, de 2000)

§ 2º Os usuários de agrotóxicos, seus componentes e afins deverão efetuar a devolução das embalagens vazias dos produtos aos estabelecimentos comerciais em que foram adquiridos, de acordo com as instruções previstas nas respectivas bulas, no prazo de até um ano, contado da data de compra, ou prazo superior, se autorizado pelo órgão registrante, podendo a devolução ser intermediada por postos ou centros de recolhimento, desde que autorizados e fiscalizados pelo órgão competente.(Incluído pela Lei nº 9.974, de 2000)

§ 3º Quando o produto não for fabricado no País, assumirá a responsabilidade de que trata o § 2o a pessoa física ou jurídica responsável pela importação e, tratando-se de produto importado submetido a processamento industrial ou a novo acondicionamento, caberá ao órgão registrante defini-la.(Incluído pela Lei nº 9.974, de 2000)

§ 4º As embalagens rígidas que contiverem formulações miscíveis ou dispersíveis em água deverão ser submetidas pelo usuário à operação de tríplice lavagem, ou tecnologia equivalente, conforme normas técnicas oriundas dos órgãos competentes e orientação constante de seus rótulos e bulas.(Incluído pela Lei nº 9.974, de 2000)

§ 5º As empresas produtoras e comercializadoras de agrotóxicos, seus componentes e afins, são responsáveis pela destinação das embalagens vazias dos produtos por elas fabricados e comercializados, após a devolução pelos usuários, e pela dos produtos apreendidos pela ação fiscalizatória e dos impróprios para utilização ou em desuso, com vistas à sua reutilização, reciclagem ou inutilização, obedecidas as normas e instruções dos órgãos registrantes e sanitário-ambientais competentes. (Incluído pela Lei nº 9.974, de 2000)

§ 6º As empresas produtoras de equipamentos para pulverização deverão, no prazo de cento e oitenta dias da publicação desta Lei, inserir nos novos equipamentos adaptações destinadas a facilitar as operações de tríplice lavagem ou tecnologia equivalente.(Incluído pela Lei nº 9.974, de 2000)

ART. 7º Para serem vendidos ou expostos à venda em todo o território nacional, os agrotóxicos e afins são obrigados a exibir rótulos próprios e bulas, redigidos em português, que contenham, entre outros, os seguintes dados: (Redação dada pela Lei nº 9.974, de 2000)

I - indicações para a identificação do produto, compreendendo:

a) o nome do produto;

b) o nome e a percentagem de cada princípio ativo e a percentagem total dos ingredientes inertes que contém;

c) a quantidade de agrotóxicos, componentes ou afins, que a embalagem contém, expressa em unidades de peso ou volume, conforme o caso;

d) o nome e o endereço do fabricante e do importador;

e) os números de registro do produto e do estabelecimento fabricante ou importador;

f) o número do lote ou da partida;

g) um resumo dos principais usos do produto;

h) a classificação toxicológica do produto;

II - instruções para utilização, que compreendam:

a) a data de fabricação e de vencimento;

b) o intervalo de segurança, assim entendido o tempo que deverá transcorrer entre a aplicação e a colheita, uso ou consumo, a semeadura ou plantação, e a semeadura ou plantação do cultivo seguinte, conforme o caso;

c) informações sobre o modo de utilização, incluídas, entre outras: a indicação de onde ou sobre o que deve ser aplicado; o nome comum da praga ou enfermidade que se pode com ele combater ou os efeitos que se pode obter; a época em que a aplicação deve ser feita; o número de aplicações e o espaçamento entre elas, se for o caso; as doses e os limites de sua utilização;

d) informações sobre os equipamentos a serem utilizados e sobre o destino final das embalagens;

d) informações sobre os equipamentos a serem usados e a descrição dos processos de tríplice lavagem ou tecnologia equivalente, procedimentos para a devolução, destinação, transporte, reciclagem, reutilização e inutilização das embalagens vazias e efeitos sobre o meio ambiente decorrentes da destinação inadequada dos recipientes; (Redação dada pela Lei nº 9.974, de 2000)

III - informações relativas aos perigos potenciais, compreendidos:

a) os possíveis efeitos prejudiciais sobre a saúde do homem, dos animais e sobre o meio ambiente;

b) precauções para evitar danos a pessoas que os aplicam ou manipulam e a terceiros, aos animais domésticos, fauna, flora e meio ambiente;

c) símbolos de perigo e frases de advertência padronizados, de acordo com a classificação toxicológica do produto;

d) instruções para o caso de acidente, incluindo sintomas de alarme, primeiros socorros, antídotos e recomendações para os médicos;

IV - recomendação para que o usuário leia o rótulo antes de utilizar o produto.

§ 1º Os textos e símbolos impressos nos rótulos serão claramente visíveis e facilmente legíveis em condições normais e por pessoas comuns.

§ 2º Fica facultada a inscrição, nos rótulos, de dados não estabelecidos como obrigatórios, desde que:

I - não dificultem a visibilidade e a compreensão dos dados obrigatórios;

II - não contenham:

a) afirmações ou imagens que possam induzir o usuário a erro quanto à natureza, composição, segurança e eficácia do produto, e sua adequação ao uso;

b) comparações falsas ou equívocas com outros produtos;

c) indicações que contradigam as informações obrigatórias;

d) declarações de propriedade relativas à inocuidade, tais como "seguro", "não venenoso", "não tóxico"; com ou sem uma frase complementar, como: "quando utilizado segundo as instruções";

e) afirmações de que o produto é recomendado por qualquer órgão do Governo.

§ 3º Quando, mediante aprovação do órgão competente, for juntado folheto complementar que amplie os dados do rótulo, ou que contenha dados que obrigatoriamente deste devessem constar, mas que nele não couberam, pelas dimensões reduzidas da embalagem, observar-se-á o seguinte:

I - deve-se incluir no rótulo frase que recomende a leitura do folheto anexo, antes da utilização do produto;

II - em qualquer hipótese, os símbolos de perigo, o nome do produto, as precauções e instruções de primeiros socorros, bem como o nome e o endereço do fabricante ou importador devem constar tanto do rótulo como do folheto.

ART. 8º A propaganda comercial de agrotóxicos, componentes e afins, em qualquer meio de comunicação, conterá, obrigatoriamente, clara advertência sobre os riscos do produto à saúde dos homens, animais e ao meio ambiente, e observará o seguinte:

I - estimulará os compradores e usuários a ler atentamente o rótulo e, se for o caso, o folheto, ou a pedir que alguém os leia para eles, se não souberem ler;

II - não conterá nenhuma representação visual de práticas potencialmente perigosas, tais como a manipulação ou aplicação sem equipamento protetor, o uso em proximidade de alimentos ou em presença de crianças;

III - obedecerá ao disposto no inciso II do § 2º do art. 7º desta Lei.

ART. 9º No exercício de sua competência, a União adotará as seguintes providências:

I - legislar sobre a produção, registro, comércio interestadual, exportação, importação, transporte, classificação e controle tecnológico e toxicológico;

II - controlar e fiscalizar os estabelecimentos de produção, importação e exportação;

III - analisar os produtos agrotóxicos, seus componentes e afins, nacionais e importados;

IV - controlar e fiscalizar a produção, a exportação e a importação.

ART. 10. Compete aos Estados e ao Distrito Federal, nos termos dos arts. 23 e 24 da Constituição Federal, legislar sobre o uso, a produção, o consumo, o comércio e o armazenamento dos agrotóxicos, seus componentes e afins, bem como fiscalizar o uso, o consumo, o comércio, o armazenamento e o transporte interno.

ART. 11. Cabe ao Município legislar supletivamente sobre o uso e o armazenamento dos agrotóxicos, seus componentes e afins.

ART. 12. A União, através dos órgãos competentes, prestará o apoio necessário às ações de controle e fiscalização, à Unidade da Federação que não dispuser dos meios necessários.

ART. 12A. Compete ao Poder Público a fiscalização: (Incluído pela Lei nº 9.974, de 2000)

I – da devolução e destinação adequada de embalagens vazias de agrotóxicos, seus componentes e afins, de produtos apreendidos pela ação fiscalizadora e daqueles impróprios para utilização ou em desuso; (Incluído pela Lei nº 9.974, de 2000)

II – do armazenamento, transporte, reciclagem, reutilização e inutilização de embalagens vazias e produtos referidos no inciso I. (Incluído pela Lei nº 9.974, de 2000)

ART. 13. A venda de agrotóxicos e afins aos usuários será feita através de receituário próprio, prescrito por profissionais legalmente habilitados, salvo casos excepcionais que forem previstos na regulamentação desta Lei.

ART. 14. As responsabilidades administrativa, civil e penal pelos danos causados à saúde das pessoas e ao meio ambiente, quando a produção, comercialização, utilização, transporte e destinação de embalagens vazias de agrotóxicos, seus componentes e afins, não cumprirem o disposto na legislação pertinente, cabem: (Redação dada pela Lei nº 9.974, de 2000)

a) ao profissional, quando comprovada receita errada, displicente ou indevida;

b) ao usuário ou ao prestador de serviços, quando proceder em desacordo com o receituário ou as recomendações do fabricante e órgãos registrantes e sanitário-ambientais; (Redação dada pela Lei nº 9.974, de 2000)

c) ao comerciante, quando efetuar venda sem o respectivo receituário ou em desacordo com a receita ou recomendações do fabricante e órgãos registrantes e sanitário-ambientais; (Redação dada pela Lei nº 9.974, de 2000)

d) ao registrante que, por dolo ou por culpa, omitir informações ou fornecer informações incorretas;

e) ao produtor, quando produzir mercadorias em desacordo com as especificações constantes do registro do produto, do rótulo, da bula, do folheto e da propaganda, ou não der destinação às embalagens vazias em conformidade com a legislação pertinente; (Redação dada pela Lei nº 9.974, de 2000)

f) ao empregador, quando não fornecer e não fizer manutenção dos equipamentos adequados à proteção da saúde dos trabalhadores ou dos equipamentos na produção, distribuição e aplicação dos produtos.

ART. 15. Aquele que produzir, comercializar, transportar, aplicar, prestar serviço, der destinação a resíduos e embalagens vazias de agrotóxicos, seus componentes e afins, em descumprimento às exigências estabelecidas na legislação pertinente estará sujeito à pena de reclusão, de dois a quatro anos, além de multa. (Redação dada pela Lei nº 9.974, de 2000)

ART. 16. O empregador, profissional responsável ou o prestador de serviço, que deixar de promover as medidas necessárias de proteção à saúde e ao meio ambiente, estará sujeito à pena de reclusão de 2 (dois) a 4 (quatro) anos, além de multa de 100 (cem) a 1.000 (mil) MVR. Em caso de culpa, será punido com pena de reclusão de 1 (um) a 3 (três) anos, além de multa de 50 (cinqüenta) a 500 (quinhentos) MVR.

ART. 17. Sem prejuízo das responsabilidades civil e penal cabíveis, a infração de disposições desta Lei acarretará, isolada ou cumulativamente, nos termos previstos em regulamento, independente das medidas cautelares de estabelecimento e apreensão do produto ou alimentos contaminados, a aplicação das seguintes sanções:

I - advertência;

II - multa de até 1000 (mil) vezes o Maior Valor de Referência - MVR, aplicável em dobro em caso de reincidência;

III - condenação de produto;

IV - inutilização de produto;

V - suspensão de autorização, registro ou licença;

VI - cancelamento de autorização, registro ou licença;

VII - interdição temporária ou definitiva de estabelecimento;

VIII - destruição de vegetais, partes de vegetais e alimentos, com resíduos acima do permitido;

IX - destruição de vegetais, partes de vegetais e alimentos, nos quais tenha havido aplicação de agrotóxicos de uso não autorizado, a critério do órgão competente.

Parágrafo único. A autoridade fiscalizadora fará a divulgação das sanções impostas aos infratores desta Lei.

ART. 18. Após a conclusão do processo administrativo, os agrotóxicos e afins, apreendidos como resultado da ação fiscalizadora, serão inutilizados ou poderão ter outro destino, a critério da autoridade competente.

Parágrafo único. Os custos referentes a quaisquer dos procedimentos mencionados neste artigo correrão por conta do infrator.

ART. 19. O Poder Executivo desenvolverá ações de instrução, divulgação e esclarecimento, que estimulem o uso seguro e eficaz dos agrotóxicos, seus componentes e afins, com o objetivo de reduzir os efeitos prejudiciais para os seres humanos e o meio ambiente e de prevenir acidentes decorrentes de sua utilização imprópria.

Parágrafo único. As empresas produtoras e comercializadoras de agrotóxicos, seus componentes e afins, implementarão, em colaboração com o Poder Público, programas educativos e mecanismos de controle e estímulo à devolução das embalagens vazias por parte dos usuários, no prazo de cento e oitenta dias contado da publicação desta Lei. (Incluído pela Lei nº 9.974, de 2000)

ART. 20. As empresas e os prestadores de serviços que já exercem atividades no ramo de agrotóxicos, seus componentes e afins, têm o prazo de até 6 (seis) meses, a partir da regulamentação desta Lei, para se adaptarem às suas exigências.

Parágrafo único. Aos titulares do registro de produtos agrotóxicos que têm como componentes os organoclorados será exigida imediata reavaliação de seu registro, nos termos desta Lei.

ART. 21. O Poder Executivo regulamentará esta Lei no prazo de 90 (noventa) dias, contado da data de sua publicação.

ART. 22. Esta Lei entra em vigor na data de sua publicação.

ART. 23. Revogam-se as disposições em contrário.

Brasília, 11 de julho de 1989; 168º da Independência e 101º da República.

JOSÉ SARNEY

Íris Rezende Machado

João Alves Filho

Rubens Bayma Denys

Este texto não substitui o publicado no DOU de 12.7.1989.

LEI Nº 7.853, DE 24 DE OUTUBRO DE 1989 – APOIO ÀS PESSOAS PORTADORAS DE DEFICIÊNCIA

Dispõe sobre o apoio às pessoas portadoras de deficiência, sua integração social, sobre a Coordenadoria Nacional para Integração da Pessoa Portadora de Deficiência – Corde, institui a tutela jurisdicional de interesses coletivos ou difusos dessas pessoas, disciplina a atuação do Ministério Público, define crimes, e dá outras providências.

O PRESIDENTE DA REPÚBLICA, faço saber que o Congresso Nacional decreta e eu sanciono a seguinte Lei:

ART. 1º. Ficam estabelecidas normas gerais que asseguram o pleno exercício dos direitos individuais e sociais das pessoas portadoras de deficiências, e sua efetiva integração social, nos termos desta Lei.

§ 1º. Na aplicação e interpretação desta Lei, serão considerados os valores básicos da igualdade de tratamento e oportunidade, da justiça social, do respeito à dignidade da pessoa humana, do bem-estar, e outros, indicados na Constituição ou justificados pelos princípios gerais de direito.

§ 2º. As normas desta Lei visam garantir às pessoas portadoras de deficiência as ações governamentais necessárias ao seu cumprimento e das demais disposições constitucionais e legais que lhes concernem, afastadas as discriminações e os preconceitos de qualquer espécie, e entendida a matéria como obrigação nacional a cargo do Poder Público e da sociedade.

ART. 2º. Ao Poder Público e seus órgãos cabe assegurar às pessoas portadoras de deficiência o pleno exercício de seus direitos básicos, inclusive dos direitos à educação, à saúde, ao trabalho, ao lazer, à previdência social, ao amparo à infância e à maternidade, e de outros que, decorrentes da Constituição e das leis, propiciem seu bem-estar pessoal, social e econômico.

Parágrafo único. Para o fim estabelecido no *caput* deste artigo, os órgãos e entidades da administração direta e indireta devem dispensar, no âmbito de sua competência e finalidade, aos assuntos objetos esta Lei, tratamento prioritário e adequado, tendente a viabilizar, sem prejuízo de outras, as seguintes medidas:

I – na área da educação:

a) a inclusão, no sistema educacional, da Educação Especial como modalidade educativa que abranja a educação precoce, a pré-escolar, as de 1º e 2º graus, a supletiva, a habilitação e reabilitação profissionais, com currículos, etapas e exigências de diplomação próprios;

b) a inserção, no referido sistema educacional, das escolas especiais, privadas e públicas;

c) a oferta, obrigatória e gratuita, da Educação Especial em estabelecimento público de ensino;

d) o oferecimento obrigatório de programas de Educação Especial a nível pré-escolar, em unidades hospitalares e congêneres nas quais estejam internados, por prazo igual ou superior a 1 (um) ano, educandos portadores de deficiência;

e) o acesso de alunos portadores de deficiência aos benefícios conferidos aos demais educandos, inclusive material escolar, merenda escolar e bolsas de estudo;

f) a matrícula compulsória em cursos regulares de estabelecimentos públicos e particulares de pessoas portadoras de deficiência capazes de se integrarem no sistema regular de ensino;

II – na área da saúde:

a) a promoção de ações preventivas, como as referentes ao planejamento familiar, ao aconselhamento genético, ao acompanhamento da gravidez, do parto e do puerpério, à nutrição da mulher e da criança, à identificação e ao controle da gestante e do feto de alto risco, à imunização, às doenças do metabolismo e seu diagnóstico e ao encaminhamento precoce de outras doenças causadoras de deficiência;

b) o desenvolvimento de programas especiais de prevenção de acidente do trabalho e de trânsito, e de tratamento adequado a suas vítimas;

c) a criação de uma rede de serviços especializados em reabilitação e habilitação;

d) a garantia de acesso das pessoas portadoras de deficiência aos estabelecimentos de saúde públicos e privados, e de seu adequado tratamento neles, sob normas técnicas e padrões de conduta apropriados;

e) a garantia de atendimento domiciliar de saúde ao deficiente grave não internado;

f) o desenvolvimento de programas de saúde voltados para as pessoas portadoras de deficiência, desenvolvidos com a participação da sociedade e que lhes ensejem a integração social;

III – na área da formação profissional e do trabalho:

a) o apoio governamental à formação profissional, e a garantia de acesso aos serviços concernentes, inclusive aos cursos regulares voltados à formação profissional;

b) o empenho do Poder Público quanto ao surgimento e à manutenção de empregos, inclusive de tempo parcial,

LEIS ORDINÁRIAS

destinados às pessoas portadoras de deficiência que não tenham acesso aos empregos comuns;

c) a promoção de ações eficazes que propiciem a inserção, nos setores públicos e privado, de pessoas portadoras de deficiência;

d) a adoção de legislação específica que discipline a reserva de mercado de trabalho, em favor das pessoas portadoras de deficiência, nas entidades da Administração Pública e do setor privado, e que regulamente a organização de oficinas e congêneres integradas ao mercado de trabalho, e a situação, nelas, das pessoas portadoras de deficiência;

IV – na área de recursos humanos:

a) a formação de professores de nível médio para a Educação Especial, de técnicos de nível médio especializados na habilitação e reabilitação, e de instrutores para formação profissional;

b) a formação e qualificação de recursos humanos que, nas diversas áreas de conhecimento, inclusive de nível superior, atendam à demanda e às necessidades reais das pessoas portadoras de deficiências;

c) o incentivo à pesquisa e ao desenvolvimento tecnológico em todas as áreas do conhecimento relacionadas com a pessoa portadora de deficiência;

V – na área das edificações:

a) a adoção e a efetiva execução de normas que garantam a funcionalidade das edificações e vias públicas, que evitem ou removam os óbices às pessoas portadoras de deficiência, permitam o acesso destas a edifícios, a logradouros e a meios de transporte.

ART. 3º. As medidas judiciais destinadas à proteção de interesses coletivos, difusos, individuais homogêneos e individuais indisponíveis da pessoa com deficiência poderão ser propostas pelo Ministério Público, pela Defensoria Pública, pela União, pelos Estados, pelos Municípios, pelo Distrito Federal, por associação constituída há mais de 1 (um) ano, nos termos da lei civil, por autarquia, por empresa pública e por fundação ou sociedade de economia mista que inclua, entre suas finalidades institucionais, a proteção dos interesses e a promoção de direitos da pessoa com deficiência. (Redação dada pela Lei nº 13.146, de 2015)

§ 1º. Para instruir a inicial, o interessado poderá requerer às autoridades competentes as certidões e informações que julgar necessárias.

§ 2º. As certidões e informações a que se refere o parágrafo anterior deverão ser fornecidas dentro de 15 (quinze) dias da entrega, sob recibo, dos respectivos requerimentos, e só poderão se utilizadas para a instrução da ação civil.

§ 3º. Somente nos casos em que o interesse público, devidamente justificado, impuser sigilo, poderá ser negada certidão ou informação.

§ 4º. Ocorrendo a hipótese do parágrafo anterior, a ação poderá ser proposta desacompanhada das certidões ou informações negadas, cabendo ao juiz, após apreciar os motivos do indeferimento, e, salvo quando se tratar de razão de segurança nacional, requisitar umas e outras; feita a requisição, o processo correrá em segredo de justiça, que cessará com o trânsito em julgado da sentença.

§ 5º. Fica facultado aos demais legitimados ativos habilitarem-se como litisconsortes nas ações propostas por qualquer deles.

§ 6º. Em caso de desistência ou abandono da ação, qualquer dos co-legitimados pode assumir a titularidade ativa.

ART. 4º. A sentença terá eficácia de coisa julgada oponível erga omnes, exceto no caso de haver sido a ação julgada improcedente por deficiência de prova, hipótese em que qualquer legitimado poderá intentar outra ação com idêntico fundamento, valendo-se de nova prova.

§ 1º. A sentença que concluir pela carência ou pela improcedência da ação fica sujeita ao duplo grau de jurisdição, não produzindo efeito senão depois de confirmada pelo tribunal.

§ 2º. Das sentenças e decisões proferidas contra o autor da ação e suscetíveis de recurso, poderá recorrer qualquer legitimado ativo, inclusive o Ministério Público.

ART. 5º. O Ministério Público intervirá obrigatoriamente nas ações públicas, coletivas ou individuais, em que se discutam interesses relacionados à deficiência das pessoas.

ART. 6º. O Ministério Público poderá instaurar, sob sua presidência, inquérito civil, ou requisitar, de qualquer pessoa física ou jurídica, pública ou particular, certidões, informações, exame ou perícias, no prazo que assinalar, não inferior a 10 (dez) dias úteis.

§ 1º. Esgotadas as diligências, caso se convença o órgão do Ministério Público da inexistência de elementos para a propositura de ação civil, promoverá fundamentadamente o arquivamento do inquérito civil, ou das peças informativas. Neste caso, deverá remeter a reexame os autos ou as respectivas peças, em 3 (três) dias, ao Conselho Superior do Ministério Público, que os examinará, deliberando a respeito, conforme dispuser seu Regimento.

§ 2º. Se a promoção do arquivamento for reformada, o Conselho Superior do Ministério Público designará desde logo outro órgão do Ministério Público para o ajuizamento da ação.

ART. 7º. Aplicam-se à ação civil pública prevista nesta Lei, no que couber, os dispositivos da Lei nº 7.347, de 24 de julho de 1985.

ART. 8º. Constitui crime punível com reclusão de 2 (dois) a 5 (cinco) anos e multa: (Redação dada pela Lei nº 13.146, de 2015)

I – recusar, cobrar valores adicionais, suspender, procrastinar, cancelar ou fazer cessar inscrição de aluno em estabelecimento de ensino de qualquer curso ou grau, público ou privado, em razão de sua deficiência; (Redação dada pela Lei nº 13.146, de 2015)

II – obstar inscrição em concurso público ou acesso de alguém a qualquer cargo ou emprego público, em razão de sua deficiência; (Redação dada pela Lei nº 13.146, de 2015)

III – negar ou obstar emprego, trabalho ou promoção à pessoa em razão de sua deficiência; (Redação dada pela Lei nº 13.146, de 2015)

IV – recusar, retardar ou dificultar internação ou deixar de prestar assistência médico-hospitalar e ambulatorial à pessoa com deficiência; (Redação dada pela Lei nº 13.146, de 2015)

V – deixar de cumprir, retardar ou frustrar execução de ordem judicial expedida na ação civil a que alude esta Lei; (Redação dada pela Lei nº 13.146, de 2015)

VI – recusar, retardar ou omitir dados técnicos indispensáveis à propositura da ação civil pública objeto desta Lei, quando requisitados. (Redação dada pela Lei nº 13.146, de 2015)

§ 1º. Se o crime for praticado contra pessoa com deficiência menor de 18 (dezoito) anos, a pena é agravada em 1/3 (um terço). (Redação dada pela Lei nº 13.146, de 2015)

§ 2º. A pena pela adoção deliberada de critérios subjetivos para indeferimento de inscrição, de aprovação e de cumprimento de estágio probatório em concursos públicos não exclui a responsabilidade patrimonial pessoal do administrador público pelos danos causados. (Redação dada pela Lei nº 13.146, de 2015)

§ 3º. Incorre nas mesmas penas quem impede ou dificulta o ingresso de pessoa com deficiência em planos privados de assistência à saúde, inclusive com cobrança de valores diferenciados. (Redação dada pela Lei nº 13.146, de 2015)

§ 4º. Se o crime for praticado em atendimento de urgência e emergência, a pena é agravada em 1/3 (um terço). (Redação dada pela Lei nº 13.146, de 2015)

ART. 9º. A Administração Pública Federal conferirá aos assuntos relativos às pessoas portadoras de deficiência tratamento prioritário e apropriado, para que lhes seja efetivamente ensejado o pleno exercício de seus direitos individuais e sociais, bem como sua completa integração social.

§ 1º. Os assuntos a que alude este artigo serão objeto de ação, coordenada e integrada, dos órgãos da Administração Pública Federal, e incluir-se-ão em Política Nacional para Integração da Pessoa Portadora de Deficiência, na qual estejam compreendidos planos, programas e projetos sujeitos a prazos e objetivos determinados.

§ 2º. Ter-se-ão como integrantes da Administração Pública Federal, para os fins desta Lei, além dos órgãos públicos, das autarquias, das empresas públicas e sociedades de economia mista, as respectivas subsidiárias e as fundações públicas.

ART. 10. A coordenação superior dos assuntos, ações governamentais e medidas referentes a pessoas portadoras de deficiência caberá à Secretaria Especial dos Direitos Humanos da Presidência da República. (Redação dada pela Lei nº 11.958, de 2009)

Parágrafo único. Ao órgão a que se refere este artigo caberá formular a Política Nacional para a Integração da Pessoa Portadora de Deficiência, seus planos, programas e projetos e cumprir as instruções superiores que lhes digam respeito, com a cooperação dos demais órgãos públicos. (Redação dada pela Lei nº 8.028, de 1990)

ART. 11. (Revogado pela Lei nº 8.028, de 1990)

ART. 12. Compete à Corde:

I – coordenar as ações governamentais e medidas que se refiram às pessoas portadoras de deficiência;

II – elaborar os planos, programas e projetos subsumidos na Política Nacional para a Integração de Pessoa Portadora de Deficiência, bem como propor as providências necessárias a sua completa implantação e seu adequado desenvolvimento, inclusive as pertinentes a recursos e as de caráter legislativo;

III – acompanhar e orientar a execução, pela Administração Pública Federal, dos planos, programas e projetos mencionados no inciso anterior;

IV – manifestar-se sobre a adequação à Política Nacional para a Integração da Pessoa Portadora de Deficiência dos projetos federais a ela conexos, antes da liberação dos recursos respectivos;

V – manter, com os Estados, Municípios, Territórios, o Distrito Federal, e o Ministério Público, estreito relacionamento, objetivando a concorrência de ações destinadas à integração social das pessoas portadoras de deficiência;

VI – provocar a iniciativa do Ministério Público, ministrando-lhe informações sobre fatos que constituam objeto da ação civil de que esta Lei, e indicando-lhe os elementos de convicção;

VII – emitir opinião sobre os acordos, contratos ou convênios firmados pelos demais órgãos da Administração Pública Federal, no âmbito da Política Nacional para a Integração da Pessoa Portadora de Deficiência;

VIII – promover e incentivar a divulgação e o debate das questões concernentes à pessoa portadora de deficiência, visando à conscientização da sociedade.

Parágrafo único. Na elaboração dos planos, programas e projetos a seu cargo, deverá a Corde recolher, sempre que possível, a opinião das pessoas e entidades interessadas, bem como considerar a necessidade de efetivo apoio aos entes particulares voltados para a integração social das pessoas portadoras de deficiência.

ART. 13. (Revogado pela Medida Provisória nº 2.216-37, de 2001)

§ 1º. A composição e o funcionamento do Conselho Consultivo da Corde serão disciplinados em ato do Poder Executivo. Incluir-se-ão no Conselho representantes de órgãos e de organizações ligados aos assuntos pertinentes à pessoa portadora de deficiência, bem como representante do Ministério Público Federal.

§ 2º. Compete ao Conselho Consultivo:

I – opinar sobre o desenvolvimento da Política Nacional para Integração da Pessoa Portadora de Deficiência;

II – apresentar sugestões para o encaminhamento dessa política;

III – responder a consultas formuladas pela Corde.

§ 3º. O Conselho Consultivo reunir-se-á ordinariamente 1 (uma) vez por trimestre e, extraordinariamente, por iniciativa de 1/3 (um terço) de seus membros, mediante manifestação escrita, com antecedência de 10 (dez) dias, e deliberará por maioria de votos dos conselheiros presentes.

§ 4º. Os integrantes do Conselho não perceberão qualquer vantagem pecuniária, salvo as de seus cargos de origem, sendo considerados de relevância pública os seus serviços.

§ 5º. As despesas de locomoção e hospedagem dos conselheiros, quando necessárias, serão asseguradas pela Corde.

ART. 14. (Vetado).

ART. 15. Para atendimento e fiel cumprimento do que dispõe esta Lei, será reestruturada a Secretaria de Educação Especial do Ministério da Educação, e serão instituídos, no Ministério do Trabalho, no Ministério da Saúde e no Ministério da Previdência e Assistência Social, órgão encarregados da coordenação setorial dos assuntos concernentes às pessoas portadoras de deficiência.

ART. 16. O Poder Executivo adotará, nos 60 (sessenta) dias posteriores à vigência desta Lei, as providências necessárias à reestruturação e ao regular funcionamento da Corde, como aquelas decorrentes do artigo anterior.

ART. 17. Serão incluídas no censo demográfico de 1990, e nos subsequentes, questões concernentes à problemática da pessoa portadora de deficiência, objetivando o conhecimento atualizado do número de pessoas portadoras de deficiência no País.

Parágrafo único. Os censos demográficos realizados a partir de 2019 incluirão as especificidades inerentes ao transtorno do espectro autista, em consonância com o § 2º do art. 1º da Lei nº 12.764, de 27 de dezembro de 2012. (Acrescido pela Lei nº 13.861, de 2019)

ART. 18. Os órgãos federais desenvolverão, no prazo de 12 (doze) meses contado da publicação desta Lei, as ações necessárias à efetiva implantação das medidas indicadas no art. 2º desta Lei.

ART. 19. Esta Lei entra em vigor na data de sua publicação.

ART. 20. Revogam-se as disposições em contrário.

Brasília, 24 de outubro de 1989;
168º da Independência e 101º da República.
JOSÉ SARNEY

Este texto não substitui o publicado no DOU de 25.10.1989

LEI Nº 7.960, DE 21 DE DEZEMBRO DE 1989 – PRISÃO TEMPORÁRIA

Dispõe sobre prisão temporária.

O PRESIDENTE DA REPÚBLICA, faço saber que o Congresso Nacional decreta e eu sanciono a seguinte Lei:

▸ *Lei nº 8.072, de 25-07-1990, define os crimes hediondos.*

▸ *CPP: arts. 282, § 5º, e 316.*

ART. 1º. Caberá prisão temporária:

I – quando imprescindível para as investigações do inquérito policial;

II – quando o indicado não tiver residência fixa ou não fornecer elementos necessários ao esclarecimento de sua identidade;

III – quando houver fundadas razões, de acordo com qualquer prova admitida na legislação penal, de autoria ou participação do indiciado nos seguintes crimes:

a) homicídio doloso (art. 121, *caput*, e seu § 2º);

b) sequestro ou cárcere privado (art. 148, *caput*, e seus §§ 1º e 2º);

c) roubo (art. 157, *caput*, e seus §§ 1º, 2º e 3º);

d) extorsão (art. 158, *caput*, e seus §§ 1º e 2º);

e) extorsão mediante sequestro (art. 159, *caput*, e seus §§ 1º, 2º e 3º);

f) estupro (art. 213, *caput*, e sua combinação com o art. 223, *caput*, e parágrafo único);

g) atentado violento ao pudor (art. 214, *caput*, e sua combinação com o art. 223, *caput*, e parágrafo único);

h) rapto violento (art. 219, e sua combinação com o art. 223, *caput*, e parágrafo único);

i) epidemia com resultado de morte (art. 267, § 1º);

j) envenenamento de água potável ou substância alimentícia ou medicinal qualificado pela morte (art. 270, *caput*, combinado com art. 285);

l) quadrilha ou bando (art. 288), todos do Código Penal;

m) genocídio (arts. 1º, 2º e 3º da Lei nº 2.889, de 1º de outubro de 1956), em qualquer de suas formas típicas;

n) tráfico de drogas (art. 12 da Lei nº 6.368, de 21 de outubro de 1976);

o) crimes contra o sistema financeiro (Lei nº 7.492, de 16 de junho de 1986).

p) crimes previstos na Lei de Terrorismo. (Incluído pela Lei nº 13.260, de 2016)

ART. 2º. A prisão temporária será decretada pelo Juiz, em face da representação da autoridade policial ou de requerimento do Ministério Público, e terá o prazo de 5 (cinco) dias, prorrogável por igual período em caso de extrema e comprovada necessidade.

▸ *CP: art. 10.*

▸ *CPP: art. 581, V.*

▸ *Lei nº 8.072, de 25-07-1990, art. 2º, § 4º, define os crimes hediondos.*

§ 1º. Na hipótese de representação da autoridade policial, o Juiz, antes de decidir, ouvirá o Ministério Público.

§ 2º. O despacho que decretar a prisão temporária deverá ser fundamentado e prolatado dentro do prazo de 24 (vinte e quatro) horas, contadas a partir do recebimento da representação ou do requerimento.

§ 3º. O Juiz poderá, de ofício, ou a requerimento do Ministério Público e do Advogado, determinar que o preso lhe seja apresentado, solicitar informações e esclarecimentos da autoridade policial e submetê-lo a exame de corpo de delito.

§ 4º-A O mandado de prisão conterá necessariamente o período de duração da prisão temporária estabelecido no caput deste artigo, bem como o dia em que o preso deverá ser libertado. (Incluído pela Lei nº 13.869, de 2019, em vigor após decorridos 120 (cento e vinte) dias de sua publicação oficial – DOU 05.09.2019)

§ 5º. A prisão somente poderá ser executada depois da expedição de mandado judicial.

§ 6º. Efetuada a prisão, a autoridade policial informará o preso dos direitos previstos no art. 5º da Constituição Federal.

▸ *CF: art. 5º, LXIII e LXIV.*

§ 7º Decorrido o prazo contido no mandado de prisão, a autoridade responsável pela custódia deverá, independentemente de nova ordem da autoridade judicial, pôr imediatamente o preso em liberdade, salvo se já tiver sido comunicada da prorrogação da prisão temporária ou da decretação da prisão preventiva. (Redaçao dada pela Lei nº 13.869, de 2019, em vigor após decorridos 120 (cento e vinte) dias de sua publicação oficial – DOU 05.09.2019)

- **Redação anterior**: *§ 7º Decorrido o prazo de cinco dias de detenção, o preso deverá ser posto imediatamente em liberdade, salvo se já tiver sido decretada sua prisão preventiva.*
- *CF: art. 5º., LXV e LXVIII.*
- *CP: art. 10.*
- *CPP: arts. 647 e 648, II.*
- *Lei nº 13.869, de 5-9-2019, art. 12, IV, Lei de Abuso de Autoridade.*

§ 8º Inclui-se o dia do cumprimento do mandado de prisão no cômputo do prazo de prisão temporária. (Incluído pela Lei nº 13.869, de 2019, em vigor após decorridos 120 (cento e vinte) dias de sua publicação oficial – DOU 05.09.2019)

- *CF: art. 5º., LXV e LXVIII.*
- *CP: art. 10.*
- *CPP: arts. 647 e 648, II.*
- *Lei nº 13.869, de 5-9-2019, art. 12, IV, Lei de Abuso de Autoridade.*

ART. 3º. Os presos temporários deverão permanecer, obrigatoriamente, separados dos demais detentos.

- *Lei nº 7.210, de 11-07-1984, arts. 82 e 84, Lei de Execução Penal.*

ART. 4º. O art. 4º da Lei nº 4.898, de 9 de dezembro de 1965, fica acrescido da alínea i, com a seguinte redação:

- *Alteração incorporada ao texto da referida lei.*

ART. 5º. Em todas as comarcas e seções judiciárias haverá um plantão permanente de vinte e quatro horas do Poder Judiciário e do Ministério Público para apreciação dos pedidos de prisão temporária.

ART. 6º. Esta Lei entra em vigor na data de sua publicação.

- *CF: art. 5º, LXIII e LXIV.*

ART. 7º. Revogam-se as disposições em contrário.

Brasília, 21 de dezembro de 1989; 168º da Independência e 101º da República.

JOSÉ SARNEY

Este texto não substitui o publicado no DOU de 22.12.1989

LEI Nº 8.038, DE 28 DE MAIO DE 1990 – PROCEDIMENTO PARA OS PROCESSOS PERANTE O STJ E STF

Institui normas procedimentais para os processos que especifica, perante o Superior Tribunal de Justiça e o Supremo Tribunal Federal.

O PRESIDENTE DA REPÚBLICA, faço saber que o Congresso Nacional decreta e eu sanciono a seguinte lei:

TÍTULO I. PROCESSOS DE COMPETÊNCIA ORIGINÁRIA

CAPÍTULO I. AÇÃO PENAL ORIGINÁRIA

- *CF: arts. 29, X, 96, III, 102, I, 105, I e 108.*
- *CPP: arts. 69, VII, e 84 a 87.*

ART. 1º. Nos crimes de ação penal pública, o Ministério Público terá o prazo de quinze dias para oferecer denúncia ou pedir arquivamento do inquérito ou das peças informativas.

- *CF: art. 129.*
- *Lei nº 8.658, de 26-05-1993, Dispõe sobre a aplicação, nos Tribunais de Justiça e nos Tribunais Regionais Federais, das normas da Lei nº 8.038, de 28 de maio de 1990, sobre ações penais originárias.*

§ 1º. Diligências complementares poderão ser deferidas pelo relator, com interrupção do prazo deste artigo.

§ 2º. Se o indiciado estiver preso:

a) o prazo para oferecimento da denúncia será de cinco dias;

b) as diligências complementares não interromperão o prazo, salvo se o relator, ao deferi-las, determinar o relaxamento da prisão.

- *CF: art. 5º, LXVII.*
- *CPP: art. 648, II.*

§ 3º Não sendo o caso de arquivamento e tendo o investigado confessado formal e circunstanciadamente a prática de infração penal sem violência ou grave ameaça e com pena mínima inferior a 4 (quatro) anos, o Ministério Público poderá propor acordo de não persecução penal, desde que necessário e suficiente para a reprovação e prevenção do crime, nos termos do art. 28-A do Decreto-Lei nº 3.689, de 3 de outubro de 1941 (Código de Processo Penal). (Incluído pela Lei 13.964/2019)

- *CF: art. 5o., XL.*
- *CP: art 2o., parágrafo único.*
- *CPP: arts. 28-A.*

ART. 2º. O relator, escolhido na forma regimental, será o juiz da instrução, que se realizará segundo o disposto neste capítulo, no Código de Processo Penal, no que for aplicável, e no Regimento Interno do Tribunal.

- *Lei nº 8.658, de 26-05-1993, Dispõe sobre a aplicação, nos Tribunais de Justiça e nos Tribunais Regionais Federais, das normas da Lei nº 8.038, de 28 de maio de 1990, sobre ações penais originárias.*

Parágrafo único. O relator terá as atribuições que a legislação processual confere aos juízes singulares.

ART. 3º. Compete ao relator:

- *Lei nº 8.658, de 26-05-1993, Dispõe sobre a aplicação, nos Tribunais de Justiça e nos Tribunais Regionais Federais, das normas da Lei nº 8.038, de 28 de maio de 1990, sobre ações penais originárias.*

I – determinar o arquivamento do inquérito ou de peças informativas, quando o requerer o Ministério Público, ou submeter o requerimento à decisão competente do Tribunal;

II – decretar a extinção da punibilidade, nos casos previstos em lei.

▸ *CP: art. 107.*

III – convocar desembargadores de Turmas Criminais dos Tribunais de Justiça ou dos Tribunais Regionais Federais, bem como juízes de varas criminais da Justiça dos Estados e da Justiça Federal, pelo prazo de 6 (seis) meses, prorrogável por igual período, até o máximo de 2 (dois) anos, para a realização do interrogatório e de outros atos da instrução, na sede do tribunal ou no local onde se deva produzir o ato. (Incluído pela Lei nº 12.019, de 2009)

ART. 4º. Apresentada a denúncia ou a queixa ao Tribunal, far-se-á a notificação do acusado para oferecer resposta no prazo de quinze dias.

▸ *CF: art. 5º, LIV e LV.*

▸ *CPP: arts. 395, 396 e 564, IV.*

▸ *Esta Lei: art. 6º.*

▸ *Lei nº 8.658, de 26-05-1993, Dispõe sobre a aplicação, nos Tribunais de Justiça e nos Tribunais Regionais Federais, das normas da Lei nº 8.038, de 28 de maio de 1990, sobre ações penais originárias.*

§ 1º. Com a notificação, serão entregues ao acusado cópia da denúncia ou da queixa, do despacho do relator e dos documentos por este indicados.

§ 2º. Se desconhecido o paradeiro do acusado, ou se este criar dificuldades para que o oficial cumpra a diligência, proceder-se-á a sua notificação por edital, contendo o teor resumido da acusação, para que compareça ao Tribunal, em cinco dias, onde terá vista dos autos pelo prazo de quinze dias, a fim de apresentar a resposta prevista neste artigo.

ART. 5º. Se, com a resposta, forem apresentados novos documentos, será intimada a parte contrária para sobre eles se manifestar, no prazo de cinco dias.

▸ *Lei nº 8.658, de 26-05-1993, Dispõe sobre a aplicação, nos Tribunais de Justiça e nos Tribunais Regionais Federais, das normas da Lei nº 8.038, de 28 de maio de 1990, sobre ações penais originárias.*

Parágrafo único. Na ação penal de iniciativa privada, será ouvido, em igual prazo, o Ministério Público.

▸ *CPP: art. 45.*

ART. 6º. A seguir, o relator pedirá dia para que o Tribunal delibere sobre o recebimento, a rejeição da denúncia ou da queixa, ou a improcedência da acusação, se a decisão não depender de outras provas.

▸ *CPP: arts. 395 e 397.*

▸ *Lei nº 8.658, de 26-05-1993, Dispõe sobre a aplicação, nos Tribunais de Justiça e nos Tribunais Regionais Federais, das normas da Lei nº 8.038, de 28 de maio de 1990, sobre ações penais originárias.*

§ 1º. No julgamento de que trata este artigo, será facultada sustentação oral pelo prazo de quinze minutos, primeiro à acusação, depois à defesa.

§ 2º. Encerrados os debates, o Tribunal passará a deliberar, determinando o Presidente as pessoas que poderão permanecer no recinto, observado o disposto no inciso II do art. 12 desta lei.

ART. 7º. Recebida a denúncia ou a queixa, o relator designará dia e hora para o interrogatório, mandando citar o acusado ou querelado e intimar o órgão do Ministério Público, bem como o querelante ou o assistente, se for o caso.

▸ *CRFB: art. 5, LV.*

▸ *CPP: arts. 400 e 564, IV.*

▸ *Lei nº 8.658, de 26-05-1993, Dispõe sobre a aplicação, nos Tribunais de Justiça e nos Tribunais Regionais Federais, das normas da Lei nº 8.038, de 28 de maio de 1990, sobre ações penais originárias.*

ART. 8º. O prazo para defesa prévia será de cinco dias, contado do interrogatório ou da intimação do defensor dativo.

▸ *Lei nº 8.658, de 26-05-1993, Dispõe sobre a aplicação, nos Tribunais de Justiça e nos Tribunais Regionais Federais, das normas da Lei nº 8.038, de 28 de maio de 1990, sobre ações penais originárias.*

ART. 9º. A instrução obedecerá, no que couber, ao procedimento comum do Código de Processo Penal.

▸ *Lei nº 8.658, de 26-05-1993, Dispõe sobre a aplicação, nos Tribunais de Justiça e nos Tribunais Regionais Federais, das normas da Lei nº 8.038, de 28 de maio de 1990, sobre ações penais originárias.*

§ 1º. O relator poderá delegar a realização do interrogatório ou de outro ato da instrução ao juiz ou membro de tribunal com competência territorial no local de cumprimento da carta de ordem.

§ 2º. Por expressa determinação do relator, as intimações poderão ser feitas por carta registrada com aviso de recebimento.

ART. 10. Concluída a inquirição de testemunhas, serão intimadas a acusação e a defesa, para requerimento de diligências no prazo de cinco dias.

▸ *Lei nº 8.658, de 26-05-1993, Dispõe sobre a aplicação, nos Tribunais de Justiça e nos Tribunais Regionais Federais, das normas da Lei nº 8.038, de 28 de maio de 1990, sobre ações penais originárias.*

ART. 11. Realizadas as diligências, ou não sendo estas requeridas nem determinadas pelo relator, serão intimadas a acusação e a defesa para, sucessivamente, apresentarem, no prazo de quinze dias, alegações escritas.

▸ *Lei nº 8.658, de 26-05-1993, Dispõe sobre a aplicação, nos Tribunais de Justiça e nos Tribunais Regionais Federais, das normas da Lei nº 8.038, de 28 de maio de 1990, sobre ações penais originárias.*

§ 1º. Será comum o prazo do acusador e do assistente, bem como o dos corréus.

§ 2º. Na ação penal de iniciativa privada, o Ministério Público terá vista, por igual prazo, após as alegações das partes.

§ 3º. O relator poderá, após as alegações escritas, determinar de ofício a realização de provas reputadas imprescindíveis para o julgamento da causa.

ART. 12. Finda a instrução, o Tribunal procederá ao julgamento, na forma determinada pelo regimento interno, observando-se o seguinte:

▸ *Lei nº 8.658, de 26-05-1993, Dispõe sobre a aplicação, nos Tribunais de Justiça e nos Tribunais Regionais Federais, das normas da Lei nº 8.038, de 28 de maio de 1990, sobre ações penais originárias.*

I – a acusação e a defesa terão, sucessivamente, nessa ordem, prazo de uma hora para sustentação oral, assegurado ao assistente um quarto do tempo da acusação;

II – encerrados os debates, o Tribunal passará a proferir o julgamento, podendo o Presidente limitar a presença no recinto às partes e seus advogados, ou somente a estes, se o interesse público exigir.

CAPÍTULO II. RECLAMAÇÃO

ARTS. 13 a 18. (Revogados pela Lei nº 13.105, de 2015)

CAPÍTULO III. INTERVENÇÃO FEDERAL

ART. 19. A requisição de intervenção federal prevista nos incisos II e IV do art. 36 da Constituição Federal será promovida:

I – de ofício, ou mediante pedido de Presidente de Tribunal de Justiça do Estado, ou de Presidente de Tribunal Federal, quando se tratar de prover a execução de ordem ou decisão judicial, com ressalva, conforme a matéria, da competência do Supremo Tribunal Federal ou do Tribunal Superior Eleitoral;

II – de ofício, ou mediante pedido da parte interessada, quando se tratar de prover a execução de ordem ou decisão do Superior Tribunal de Justiça;

III – mediante representação do Procurador-Geral da República, quando se tratar de prover a execução de lei federal.

ART. 20. O Presidente, ao receber o pedido:

I – tomará as providências que lhe parecerem adequadas para remover, administrativamente, a causa do pedido;

II – mandará arquivá-lo, se for manifestamente infundado, cabendo do seu despacho agravo regimental.

ART. 21. Realizada a gestão prevista no inciso I do artigo anterior, solicitadas informações à autoridade estadual e ouvido o Procurador-Geral, o pedido será distribuído a um relator.

Parágrafo único. Tendo em vista o interesse público, poderá ser permitida a presença no recinto às partes e seus advogados, ou somente a estes.

ART. 22. Julgado procedente o pedido, o Presidente do Superior Tribunal de Justiça comunicará, imediatamente, a decisão aos órgãos do poder público interessados e requisitará a intervenção ao Presidente da República.

CAPÍTULO IV. HABEAS CORPUS

ART. 23. Aplicam-se ao Habeas Corpus perante o Superior Tribunal de Justiça as normas do Livro III, Título II, Capítulo X do Código de Processo Penal.

▸ *CF: art. 5º, LXVIII.*

CAPÍTULO V. OUTROS PROCEDIMENTOS

ART. 24. Na ação rescisória, nos conflitos de competência, de jurisdição e de atribuições, na revisão criminal e no mandado de segurança, será aplicada a legislação processual em vigor.

Parágrafo único. No mandado de injunção e no habeas data, serão observadas, no que couber, as normas do mandado de segurança, enquanto não editada legislação específica.

▸ *CF: art. 5º, LXXI e LXXII.*

▸ *CPP: arts. 621 a 631.*

▸ *Lei nº 12.016, de 07-08-2009, Mandado de Segurança.*

ART. 25. Salvo quando a causa tiver por fundamento matéria constitucional, compete ao Presidente do Superior Tribunal de Justiça, a requerimento do Procurador-Geral da República ou da pessoa jurídica de direito público interessada, e para evitar grave lesão à ordem, à saúde, à segurança e à economia pública, suspender, em despacho fundamentado, a execução de liminar ou de decisão concessiva de mandado de segurança, proferida, em única ou última instância, pelos Tribunais Regionais Federais ou pelos Tribunais dos Estados e do Distrito Federal.

§ 1º. O Presidente pode ouvir o impetrante, em cinco dias, e o Procurador-Geral quando não for o requerente, em igual prazo.

§ 2º. Do despacho que conceder a suspensão caberá agravo regimental.

§ 3º. A suspensão de segurança vigorará enquanto pender o recurso, ficando sem efeito, se a decisão concessiva for mantida pelo Superior Tribunal de Justiça ou transitar em julgado.

TÍTULO II. RECURSOS

CAPÍTULO I. RECURSO EXTRAORDINÁRIO E RECURSO ESPECIAL

▸ *Súmulas nº 7, 83, 126, 203, 207, 211, 256, 320 e 518 do STJ.*

▸ *CF: arts. 102, III, e 105, III.*

▸ *CPP: art. 637 e 638.*

ARTS. 26 a 29. (Revogados pela Lei nº 13.105, de 2015)

CAPÍTULO II. RECURSO ORDINÁRIO EM HABEAS CORPUS

ART. 30. O recurso ordinário para o Superior Tribunal de Justiça, das decisões denegatórias de Habeas Corpus, proferidas pelos Tribunais Regionais Federais ou pelos Tribunais dos Estados e do Distrito Federal, será interposto no prazo de cinco dias, com as razões do pedido de reforma.

▸ *CF: arts. 102, II, a e 105, II, a.*

LEIS ORDINÁRIAS

ART. 31. Distribuído o recurso, a Secretaria, imediatamente, fará os autos com vista ao Ministério Público, pelo prazo de dois dias.

Parágrafo único. Conclusos os autos ao relator, este submeterá o feito a julgamento independentemente de pauta.

ART. 32. Será aplicado, no que couber, ao processo e julgamento do recurso, o disposto com relação ao pedido originário de Habeas Corpus.

▸ *CF: art. 102, I, d e i.*

▸ *CPP: art. 650, I.*

CAPÍTULO III. RECURSO ORDINÁRIO EM MANDADO DE SEGURANÇA

ART. 33. O recurso ordinário para o Superior Tribunal de Justiça, das decisões denegatórias de mandado de segurança, proferidas em única instância pelos Tribunais Regionais Federais ou pelos Tribunais de Estados e do Distrito Federal, será interposto no prazo de quinze dias, com as razões do pedido de reforma.

▸ *CF: art. 105, II, b.*

ART. 34. Serão aplicadas, quanto aos requisitos de admissibilidade e ao procedimento no Tribunal recorrido, as regras do Código de Processo Civil relativas à apelação.

ART. 35. Distribuído o recurso, a Secretaria, imediatamente, fará os autos com vista ao Ministério Público, pelo prazo de cinco dias.

Parágrafo único. Conclusos os autos ao relator, este pedirá dia para julgamento.

CAPÍTULO IV. APELAÇÃO CÍVEL E AGRAVO DE INSTRUMENTO

ART. 36. Nas causas em que forem partes, de um lado, Estado estrangeiro ou organismo internacional e, de outro, município ou pessoa domiciliada ou residente no País, caberá:

I – apelação da sentença;

II – agravo de instrumento, das decisões interlocutórias.

ART. 37. Os recursos mencionados no artigo anterior serão interpostos para o Superior Tribunal de Justiça, aplicando-se-lhes, quanto aos requisitos de admissibilidade e ao procedimento, o disposto no Código de Processo Civil.

TÍTULO III. DISPOSIÇÕES GERAIS

ART. 38. (Revogado pela Lei nº 13.105, de 2015)

ART. 39. Da decisão do Presidente do Tribunal, de Seção, de Turma ou de Relator que causar gravame à parte, caberá agravo para o órgão especial, Seção ou Turma, conforme o caso, no prazo de cinco dias.

ART. 40. Haverá revisão, no Superior Tribunal de Justiça, nos seguintes processos:

I – ação rescisória;

II – ação penal originária;

III – revisão criminal.

ART. 41. Em caso de vaga ou afastamento de Ministro do Superior Tribunal de Justiça, por prazo superior a trinta dias, poderá ser convocado Juiz de Tribunal Regional Federal ou Desembargador, para substituição, pelo voto da maioria absoluta dos seus membros.

ART. 41-A. A decisão de Turma, no Superior Tribunal de Justiça, será tomada pelo voto da maioria absoluta de seus membros. (Incluído pela Lei nº 9.756, de 1998).

Parágrafo único. Em habeas corpus originário ou recursal, havendo empate, prevalecerá a decisão mais favorável ao paciente. (Incluído pela Lei nº 9.756, de 1998).

ART. 41-B. As despesas do porte de remessa e retorno dos autos serão recolhidas mediante documento de arrecadação, de conformidade com instruções e tabela expedidas pelo Supremo Tribunal Federal e pelo Superior Tribunal de Justiça. (Incluído pela Lei nº 9.756, de 1998).

Parágrafo único. A secretaria do tribunal local zelará pelo recolhimento das despesas postais. (Incluído pela Lei nº 9.756, de 1998).

ART. 42. Os arts. 496, 497, 498, inciso II do art. 500, e 508 da Lei nº 5.869, de 11 de janeiro de 1973 – Código de Processo Civil, passam a vigorar com a seguinte redação:

▸ *Artigos não relevantes para a matéria penal.*

ART. 43. Esta lei entra em vigor na data de sua publicação.

ART. 44. Revogam-se as disposições em contrário, especialmente os arts. 541 a 546 do Código de Processo Civil e a Lei nº 3.396, de 2 de junho de 1958.

Brasília, 28 de maio de 1990;
169º da Independência e 102º da República.

FERNANDO COLLOR

Este texto não substitui o publicado no DOU de 29.5.1990

LEI Nº 8.072, DE 25 DE JULHO DE 1990 – CRIMES HEDIONDOS

Dispõe sobre os crimes hediondos, nos termos do art. 5º, inciso XLIII, da Constituição Federal, e determina outras providências.

O PRESIDENTE DA REPÚBLICA, faço saber que o Congresso Nacional decreta e eu sanciono a seguinte lei:

ART. 1º. São considerados hediondos os seguintes crimes, todos tipificados no Decreto-Lei nº 2.848, de 7 de dezembro de 1940 – Código Penal, consumados ou tentados: (Redação dada pela Lei nº 8.930, de 1994)

I – homicídio (art. 121), quando praticado em atividade típica de grupo de extermínio, ainda que cometido por um só agente, e homicídio qualificado (art. 121, § 2º, incisos I, II, III, IV, V, VI, VII e VIII); (Redação dada pela Lei nº 13.964, de 2019)

▸ **Redação anterior**: *I – homicídio (art. 121), quando praticado em atividade típica de grupo de extermínio, ainda que cometido por um só agente, e homicídio qualificado (art. 121, § 2o, incisos I, II, III, IV, V, VI e VII); (Redação dada pelas Leis nº 13.104, de 09-03-2015 e 13.142, de 6-7-2015)*

I-A – lesão corporal dolosa de natureza gravíssima (art. 129, § 2º) e lesão corporal seguida de morte (art. 129, § 3º), quando praticadas contra autoridade ou agente descrito nos arts. 142 e 144 da Constituição Federal, integrantes do sistema prisional e da Força Nacional de Segurança Pública, no exercício da função ou em decorrência dela, ou contra seu cônjuge, companheiro ou parente consanguíneo até terceiro grau, em razão dessa condição; (Incluído pela Lei nº 13.142, de 06-07-2015)

II - roubo: (Redação dada pela Lei nº 13.964, de 2019)

▸ **Redação anterior**: *II - latrocínio (art. 157, § 3º, in fine); (Inciso incluído pela Lei nº 8.930, de 1994)*

▸ *CF: art. 5º., XL.*

▸ *CP: arts. 2º.*

a) circunstanciado pela restrição de liberdade da vítima (art 157, § 2º, inciso V); (Acrescida pela Lei nº 13.964, de 2019)

b) circunstanciado pelo emprego de arma de fogo (art. 157, § 2º-A, inciso I) ou pelo emprego de arma de fogo de uso proibido ou restrito (art. 157, § 2º-B); (Acrescida pela Lei nº 13.964, de 2019)

c) qualificado pelo resultado lesão corporal grave ou morte (art. 157, § 3º); (Acrescida pela Lei nº 13.964, de 2019)

III - extorsão qualificada pela restrição da liberdade da vítima, ocorrência de lesão corporal ou morte (art. 158, § 3º); (Redação dada pela Lei nº 13.964, de 2019)

▸ **Redação anterior**: *III - extorsão qualificada pela morte (art. 158, § 2º); (Inciso incluído pela Lei nº 8.930, de 1994)*

▸ *CF: art. 5º., XL.*

▸ *CP: arts. 2º.*

IV – extorsão mediante sequestro e na forma qualificada (art. 159, *caput*, e §§ 1º, 2º e 3º); (Inciso incluído pela Lei nº 8.930, de 1994)

▸ *CP: art. 158, § 3º.*

V – estupro (art. 213, *caput* e §§ 1º e 2º); (Redação dada pela Lei nº 12.015, de 2009)

VI – estupro de vulnerável (art. 217-A, *caput* e §§ 1º, 2º, 3º e 4º); (Redação dada pela Lei nº 12.015, de 2009)

VII – epidemia com resultado morte (art. 267, § 1º). (Inciso incluído pela Lei nº 8.930, de 1994)

VII-A – (VETADO) (Inciso incluído pela Lei nº 9.695, de 1998)

VII-B – falsificação, corrupção, adulteração ou alteração de produto destinado a fins terapêuticos ou medicinais (art. 273, *caput* e § 1º, § 1º-A e § 1º-B, com a redação dada pela Lei nº 9.677, de 2 de julho de 1998). (Inciso incluído pela Lei nº 9.695, de 1998)

VIII – favorecimento da prostituição ou de outra forma de exploração sexual de criança ou adolescente ou de vulnerável (art. 218-B, *caput*, e §§ 1º e 2º). (Incluído pela Lei nº 12.978, de 21-05 2014)

IX - furto qualificado pelo emprego de explosivo ou de artefato análogo que cause perigo comum (art. 155, § 4º-A). (Acrescido pela Lei nº 13.964, de 2019)

▸ *CF: art. 5º., XL.*

▸ *CP: art. 2º.*

Parágrafo único. Consideram-se também hediondos, tentados ou consumados: (Redação dada pela Lei nº 13.964, de 2019)

▸ **Redação anterior**: *Parágrafo único. Consideram-se também hediondos o crime de genocídio previsto nos arts. 1o, 2o e 3o da Lei no 2.889, de 1o de outubro de 1956, e o de posse ou porte ilegal de arma de fogo de uso restrito, previsto no art. 16 da Lei no 10.826, de 22 de dezembro de 2003, todos tentados ou consumados. (Redação dada pela Lei nº 13.497, de 26-10-2017)*

▸ **Redação anterior**: *Parágrafo único. Considera-se também hediondo o crime de genocídio previsto nos arts. 1o, 2o e 3o da Lei no 2.889, de 1o de outubro de 1956, tentado ou consumado. (Parágrafo incluído pela Lei nº 8.930, de 1994)*

▸ *CF: art. 5º., XL.*

▸ *CP: art. 2º.*

I – o crime de genocídio, previsto nos arts. 1º, 2º e 3º da Lei nº 2.889, de 1º de outubro de 1956; (Acrescido pela Lei nº 13.964, de 2019)

▸ *CF: art. 5º., XL.*

▸ *CP: art. 2º.*

II – o crime de posse ou porte ilegal de arma de fogo de uso proibido, previsto no art. 16 da Lei nº 10.826, de 22 de dezembro de 2003; (Acrescido pela Lei nº 13.964, de 2019)

▸ *CF: art. 5º., XL.*

▸ *CP: art. 2º.*

III – o crime de comércio ilegal de armas de fogo, previsto no art. 17 da Lei nº 10.826, de 22 de dezembro de 2003; (Acrescido pela Lei nº 13.964, de 2019)

▸ *CF: art. 5º., XL.*

▸ *CP: art. 2º.*

IV – o crime de tráfico internacional de arma de fogo, acessório ou munição, previsto no art. 18 da Lei nº 10.826, de 22 de dezembro de 2003; (Acrescido pela Lei nº 13.964, de 2019)

▸ *CF: art. 5º. XL.*

▸ *CP: art. 2º.*

V – o crime de organização criminosa, quando direcionado à prática de crime hediondo ou equiparado. (Acrescido pela Lei nº 13.964, de 2019)

▸ *CF: art. 5º, XL.*

▸ *CP: art. 2º.*

▸ *Lei nº 12.850, de 02-08-2013, arts. 1º e 2º, Organização Criminosa.*

ART. 2º. Os crimes hediondos, a prática da tortura, o tráfico ilícito de entorpecentes e drogas afins e o terrorismo são insuscetíveis de:

▸ *Súmula Vinculante nº 26.*

I – anistia, graça e indulto;

II – fiança. (Redação dada pela Lei nº 11.464, de 2007)

▸ *CF: arts. 5º, XLII, XLIII, XLIV.*

▸ *CPP: art. 323, II.*

LEIS ORDINÁRIAS

§ 1º. A pena por crime previsto neste artigo será cumprida inicialmente em regime fechado. (Redação dada pela Lei nº 11.464, de 2007)

▸ **Redação anterior**: *§ 1º A pena por crime previsto neste artigo será cumprida integralmente em regime fechado.*

▸ *Súmula Vinculante n. 26.*

▸ *Súmulas 471 e 534 do STJ.*

▸ *CF: art. 5º., XL.*

▸ *CP: arts. 2º, parágrafo único, e 10.*

▸ *Lei nº 7.210, de 11-07-1984, art. 112, Lei de Execução Penal.*

§ 2º (Revogado pela Lei nº 13.964, de 2019)

▸ **Redação anterior**: *§ 2º. A progressão de regime, no caso dos condenados pelos crimes previstos neste artigo, dar-se-á após o cumprimento de 2/5 (dois quintos) da pena, se o apenado for primário, e de 3/5 (três quintos), se reincidente, observado o disposto nos §§ 3º e 4º do art. 112 da Lei nº 7.210, de 11 de julho de 1984 (Lei de Execução Penal). (Redação dada pela Lei nº 13.769, de 2018)*

▸ **Redação anterior**: *§ 2º. A progressão de regime, no caso dos condenados aos crimes previstos neste artigo, dar-se-á após o cumprimento de 2/5 (dois quintos) da pena, se o apenado for primário, e de 3/5 (três quintos), se reincidente. (Redação dada pela Lei nº 11.464, de 2007)*

▸ *Súmula Vinculante n. 26.*

▸ *Súmulas 471 e 534 do STJ.*

▸ *CF: art. 5º., XL.*

▸ *CP: arts. 2º, caput e parágrafo único, e 10.*

▸ *Lei nº 7.210, de 11-07-1984, art. 112, Lei de Execução Penal.*

§ 3º. Em caso de sentença condenatória, o juiz decidirá fundamentadamente se o réu poderá apelar em liberdade. (Redação dada pela Lei nº 11.464, de 2007)

▸ *CPP: arts. 311 a 316.*

§ 4º. A prisão temporária, sobre a qual dispõe a Lei nº 7.960, de 21 de dezembro de 1989, nos crimes previstos neste artigo, terá o prazo de 30 (trinta) dias, prorrogável por igual período em caso de extrema e comprovada necessidade. (Incluído pela Lei nº 11.464, de 2007)

▸ *Lei nº 7.960, de 21-12-1989, art. 2º, dispõe sobre prisão temporária.*

ART. 3º. A União manterá estabelecimentos penais, de segurança máxima, destinados ao cumprimento de penas impostas a condenados de alta periculosidade, cuja permanência em presídios estaduais ponha em risco a ordem ou incolumidade pública.

▸ *Lei nº 7.210, de 11-07-1984, arts. 56 e 86, § 2º, Lei de Execução Penal.*

ART. 4º. (Vetado).

ART. 5º. Ao art. 83 do Código Penal é acrescido o seguinte inciso:

▸ *Alteração incorporada ao texto do referido código.*

ART. 6º. Os arts. 157, § 3º; 159, *caput* e seus §§ 1º, 2º e 3º; 213; 214; 223, *caput* e seu parágrafo único; 267, *caput* e 270; *caput*, todos do Código Penal, passam a vigorar com a seguinte redação:

▸ *Alteração incorporada ao texto do referido código.*

ART. 7º. Ao art. 159 do Código Penal fica acrescido o seguinte parágrafo:

▸ *Alteração incorporada ao texto do referido código.*

ART. 8º. Será de três a seis anos de reclusão a pena prevista no art. 288 do Código Penal, quando se tratar de crimes hediondos, prática da tortura, tráfico ilícito de entorpecentes e drogas afins ou terrorismo.

Parágrafo único. O participante e o associado que denunciar à autoridade o bando ou quadrilha, possibilitando seu desmantelamento, terá a pena reduzida de um a dois terços.

▸ *Lei nº 11.343, de 23-08-2006, art. 41, Lei Antidrogas.*

ART. 9º. As penas fixadas no art. 6º para os crimes capitulados nos arts. 157, § 3º, 158, § 2º, 159, *caput* e seus §§ 1º, 2º e 3º, 213, *caput* e sua combinação com o art. 223, *caput* e parágrafo único, 214 e sua combinação com o art. 223, *caput* e parágrafo único, todos do Código Penal, são acrescidas de metade, respeitado o limite superior de trinta anos de reclusão, estando a vítima em qualquer das hipóteses referidas no art. 224 também do Código Penal.

ART. 10. O art. 35 da Lei nº 6.368, de 21 de outubro de 1976, passa a vigorar acrescido de parágrafo único, com a seguinte redação:

▸ *Lei 11.343, de de 23-08-2006, art. 51, Lei Antidrogas.*

ART. 11. (Vetado).

ART. 12. Esta lei entra em vigor na data de sua publicação.

ART. 13. Revogam-se as disposições em contrário.

Brasília, 25 de julho de 1990;
169º da Independência e 102º da República.

FERNANDO COLLOR

Este texto não substitui o publicado no DOU de 26.7.1990

LEI Nº 8.137, DE 27 DE DEZEMBRO DE 1990 – CRIMES CONTRA A ORDEM TRIBUTÁRIA, ECONÔMICA E AS RELAÇÕES DE CONSUMO

Define crimes contra a ordem tributária, econômica e contra as relações de consumo, e dá outras providências.

O PRESIDENTE DA REPÚBLICA, faço saber que o Congresso Nacional decreta e eu sanciono a seguinte lei:

CAPÍTULO I. DOS CRIMES CONTRA A ORDEM TRIBUTÁRIA

SEÇÃO I. DOS CRIMES PRATICADOS POR PARTICULARES

ART. 1º. Constitui crime contra a ordem tributária suprimir ou reduzir tributo, ou contribuição social e qualquer acessório, mediante as seguintes condutas:

▸ *Súmula vinculante 24.*

▸ *Súmula 583 do STJ*

▸ *CPP: arts. 395, III, 386, III, e 397, III.*

▸ *Lei nº 7.492, de 16-06-1986, crimes contra o sistema financeiro nacional.*

▸ *Lei nº 10.522, de 19-07-2002; art. 20.*

▸ *Lei nº 13.254, de 13-01-2016, art. 5º, § 1º, I e § 2º, Regime Especial de Regularização Tributária.*

▸ *Portaria 75 da PGFN, de 22-3-2012, inscrição de débitos na Dívida Ativa da União e execuções fiscais pela PGFN.*

I – omitir informação, ou prestar declaração falsa às autoridades fazendárias;

II – fraudar a fiscalização tributária, inserindo elementos inexatos, ou omitindo operação de qualquer natureza, em documento ou livro exigido pela lei fiscal;

III – falsificar ou alterar nota fiscal, fatura, duplicata, nota de venda, ou qualquer outro documento relativo à operação tributável;

IV – elaborar, distribuir, fornecer, emitir ou utilizar documento que saiba ou deva saber falso ou inexato;

V – negar ou deixar de fornecer, quando obrigatório, nota fiscal ou documento equivalente, relativa a venda de mercadoria ou prestação de serviço, efetivamente realizada, ou fornecê-la em desacordo com a legislação.

▸ *Lei nº 1.521, de 26-12-1951, art. 2º, IV, altera dispositivos da legislação vigente sobre crimes contra a economia popular.*

Pena – reclusão de 2 (dois) a 5 (cinco) anos, e multa.

▸ *Esta lei: art. 8º, 10 e 12.*

Parágrafo único. A falta de atendimento da exigência da autoridade, no prazo de 10 (dez) dias, que poderá ser convertido em horas em razão da maior ou menor complexidade da matéria ou da dificuldade quanto ao atendimento da exigência, caracteriza a infração prevista no inciso V.

ART. 2º. Constitui crime da mesma natureza:

I – fazer declaração falsa ou omitir declaração sobre rendas, bens ou fatos, ou empregar outra fraude, para eximir-se, total ou parcialmente, de pagamento de tributo;

▸ *Lei nº 13.254, de 13-01-2016, art. 5º, § 1º, I e § 2º, Regime Especial de Regularização Tributária.*

II – deixar de recolher, no prazo legal, valor de tributo ou de contribuição social, descontado ou cobrado, na qualidade de sujeito passivo de obrigação e que deveria recolher aos cofres públicos;

▸ *CP: art. 168.*

▸ *Lei nº 13.254, de 13-01-2016, art. 5º, § 1º, I e § 2º, Regime Especial de Regularização Tributária.*

III – exigir, pagar ou receber, para si ou para o contribuinte beneficiário, qualquer percentagem sobre a parcela dedutível ou deduzida de imposto ou de contribuição como incentivo fiscal;

IV – deixar de aplicar, ou aplicar em desacordo com o estatuído, incentivo fiscal ou parcelas de imposto liberadas por órgão ou entidade de desenvolvimento;

V – utilizar ou divulgar programa de processamento de dados que permita ao sujeito passivo da obrigação tributária possuir informação contábil diversa daquela que é, por lei, fornecida à Fazenda Pública.

Pena – detenção, de 6 (seis) meses a 2 (dois) anos, e multa.

▸ *Esta lei: arts. 8º, 10 e 12.*

▸ *Lei nº 13.254, de 13-01-2016, art. 5º, § 1º, I e § 2º, Regime Especial de Regularização Tributária.*

SEÇÃO II. DOS CRIMES PRATICADOS POR FUNCIONÁRIOS PÚBLICOS

ART. 3º. Constitui crime funcional contra a ordem tributária, além dos previstos no Decreto-Lei nº 2.848, de 7 de dezembro de 1940 – Código Penal (Título XI, Capítulo I):

I – extraviar livro oficial, processo fiscal ou qualquer documento, de que tenha a guarda em razão da função; sonegá-lo, ou inutilizá-lo, total ou parcialmente, acarretando pagamento indevido ou inexato de tributo ou contribuição social;

II – exigir, solicitar ou receber, para si ou para outrem, direta ou indiretamente, ainda que fora da função ou antes de iniciar seu exercício, mas em razão dela, vantagem indevida; ou aceitar promessa de tal vantagem, para deixar de lançar ou cobrar tributo ou contribuição social, ou cobrá-los parcialmente. Pena – reclusão, de 3 (três) a 8 (oito) anos, e multa.

III – patrocinar, direta ou indiretamente, interesse privado perante a administração fazendária, valendo-se da qualidade de funcionário público.

▸ *Lei nº 8.666, de 21-06-1993, art. 91, institui normas para licitações e contratos da Administração Pública (REVOGADA pela Lei 14.133, de 01-04.2021*

Pena – reclusão, de 1 (um) a 4 (quatro) anos, e multa.

▸ *Esta lei: arts. 8º e 10.*

CAPÍTULO II. DOS CRIMES CONTRA A ECONOMIA E AS RELAÇÕES DE CONSUMO

ART. 4º. Constitui crime contra a ordem econômica:

I – abusar do poder econômico, dominando o mercado ou eliminando, total ou parcialmente, a concorrência mediante qualquer forma de ajuste ou acordo de empresas; (Redação dada pela Lei nº 12.529, de 2011).

▸ *CP: art. 46.*

▸ *Lei nº 1.521, de 26-12-1951, art. 2º, VIII e IX, altera dispositivos da legislação vigente sobre crimes contra a economia popular.*

a) a f) (Revogadas pela Lei nº 12.529, de 2011).

II – formar acordo, convênio, ajuste ou aliança entre ofertantes, visando: (Redação dada pela Lei nº 12.529, de 2011).

a) à fixação artificial de preços ou quantidades vendidas ou produzidas; (Redação dada pela Lei nº 12.529, de 2011).

b) ao controle regionalizado do mercado por empresa ou grupo de empresas; 1Redação dada pela Lei nº 12.529, de 2011).

c) ao controle, em detrimento da concorrência, de rede de distribuição ou de fornecedores. (Redação dada pela Lei nº 12.529, de 2011).

Pena – reclusão, de 2 (dois) a 5 (cinco) anos e multa. (Redação dada pela Lei nº 12.529, de 2011).

III a VII – (Revogados pela Lei nº 12.529, de 2011).

ARTS. 5º e 6º. (Revogados pela Lei nº 12.529, de 2011).

ART. 7º. Constitui crime contra as relações de consumo:

- *Súmula 696 do STF.*
- *CPP: arts. 28 e 564, IV.*
- *Lei nº 9.099, de 26 setembro de 1995: art. 89, Juizados Especiais Cíveis e Criminais.*

I – favorecer ou preferir, sem justa causa, comprador ou freguês, ressalvados os sistemas de entrega ao consumo por intermédio de distribuidores ou revendedores;

- *Lei nº 1.521, de 26-12-1951, art. 2º, II, altera dispositivos da legislação vigente sobre crimes contra a economia popular.*

II – vender ou expor à venda mercadoria cuja embalagem, tipo, especificação, peso ou composição esteja em desacordo com as prescrições legais, ou que não corresponda à respectiva classificação oficial;

- *Lei nº 1.521, de 26-12-1951, art. 2º, III, altera dispositivos da legislação vigente sobre crimes contra a economia popular.*

III – misturar gêneros e mercadorias de espécies diferentes, para vendê-los ou expô-los à venda como puros; misturar gêneros e mercadorias de qualidades desiguais para vendê-los ou expô-los à venda por preço estabelecido para os demais mais alto custo;

- *Lei nº 1.521, de 26-12-1951, art. 2º, V, altera dispositivos da legislação vigente sobre crimes contra a economia popular.*

IV – fraudar preços por meio de:

a) alteração, sem modificação essencial ou de qualidade, de elementos tais como denominação, sinal externo, marca, embalagem, especificação técnica, descrição, volume, peso, pintura ou acabamento de bem ou serviço;

b) divisão em partes de bem ou serviço, habitualmente oferecido à venda em conjunto;

c) junção de bens ou serviços, comumente oferecidos à venda em separado;

d) aviso de inclusão de insumo não empregado na produção do bem ou na prestação dos serviços;

V – elevar o valor cobrado nas vendas a prazo de bens ou serviços, mediante a exigência de comissão ou de taxa de juros ilegais;

- *Lei nº 1.521, de 26-12-1951, art. 4º, a, altera dispositivos da legislação vigente sobre crimes contra a economia popular.*

VI – sonegar insumos ou bens, recusando-se a vendê-los a quem pretenda comprá-los nas condições publicamente ofertadas, ou retê-los para o fim de especulação;

VII – induzir o consumidor ou usuário a erro, por via de indicação ou afirmação falsa ou enganosa sobre a natureza, qualidade do bem ou serviço, utilizando-se de qualquer meio, inclusive a veiculação ou divulgação publicitária;

VIII – destruir, inutilizar ou danificar matéria-prima ou mercadoria, com o fim de provocar alta de preço, em proveito próprio ou de terceiros;

- *Lei nº 1.521, de 26-12-1951, art. 3º, I, altera dispositivos da legislação vigente sobre crimes contra a economia popular.*

IX – vender, ter em depósito para vender ou expor à venda ou, de qualquer forma, entregar matéria-prima ou mercadoria, em condições impróprias ao consumo;

Pena – detenção, de 2 (dois) a 5 (cinco) anos, ou multa.

- *Esta lei: arts. 9º, III, e 12.*

Parágrafo único. Nas hipóteses dos incisos II, III e IX pune-se a modalidade culposa, reduzindo-se a pena e a detenção de 1/3 (um terço) ou a de multa à quinta parte.

CAPÍTULO III. DAS MULTAS

ART. 8º. Nos crimes definidos nos arts. 1º a 3º desta lei, a pena de multa será fixada entre 10 (dez) e 360 (trezentos e sessenta) dias-multa, conforme seja necessário e suficiente para reprovação e prevenção do crime.

Parágrafo único. O dia-multa será fixado pelo juiz em valor não inferior a 14 (quatorze) nem superior a 200 (duzentos) Bônus do Tesouro Nacional BTN.

ART. 9º. A pena de detenção ou reclusão poderá ser convertida em multa de valor equivalente a:

I – 200.000 (duzentos mil) até 5.000.000 (cinco milhões) de BTN, nos crimes definidos no art. 4º;

II – 5.000 (cinco mil) até 200.000 (duzentos mil) BTN, nos crimes definidos nos arts. 5º e 6º;

III – 50.000 (cinquenta mil) até 1.000.000 (um milhão de BTN), nos crimes definidos no art. 7º.

ART. 10. Caso o juiz, considerado o ganho ilícito e a situação econômica do réu, verifique a insuficiência ou excessiva onerosidade das penas pecuniárias previstas nesta lei, poderá diminuí-las até a décima parte ou elevá-las ao décuplo.

CAPÍTULO IV. DAS DISPOSIÇÕES GERAIS

ART. 11. Quem, de qualquer modo, inclusive por meio de pessoa jurídica, concorre para os crimes definidos nesta lei, incide nas penas a estes cominadas, na medida de sua culpabilidade.

- *CF: art. 5º, XLVI.*
- *CP: art. 13.*

Parágrafo único. Quando a venda ao consumidor for efetuada por sistema de entrega ao consumo ou por intermédio de outro em que o preço ao consumidor é estabelecido ou sugerido pelo fabricante ou concedente, o ato por este praticado não alcança o distribuidor ou revendedor.

ART. 12. São circunstâncias que podem agravar de 1/3 (um terço) até a metade as penas previstas nos arts. 1º, 2º e 4º a 7º:

I – ocasionar grave dano à coletividade;

II – ser o crime cometido por servidor público no exercício de suas funções;

III – ser o crime praticado em relação à prestação de serviços ou ao comércio de bens essenciais à vida ou à saúde.

ART. 13. (Vetado).

ART. 14. (Revogado pela Lei nº 8.383, de 30.12.1991)

ART. 15. Os crimes previstos nesta lei são de ação penal pública, aplicando-se-lhes o disposto no art. 100 do Decreto-Lei nº 2.848, de 7 de dezembro de 1940 – Código Penal.

ART. 16. Qualquer pessoa poderá provocar a iniciativa do Ministério Público nos crimes descritos nesta lei, fornecendo-lhe por escrito informações sobre o fato e a autoria, bem como indicando o tempo, o lugar e os elementos de convicção.

Parágrafo único. Nos crimes previstos nesta Lei, cometidos em quadrilha ou coautoria, o coautor ou partícipe que através de confissão espontânea revelar à autoridade policial ou judicial toda a trama delituosa terá a sua pena reduzida de um a dois terços. (Parágrafo incluído pela Lei nº 9.080, de 19.7.1995)

ART. 17. Compete ao Departamento Nacional de Abastecimento e Preços, quando e se necessário, providenciar a desapropriação de estoques, a fim de evitar crise no mercado ou colapso no abastecimento.

ART. 18. (Revogado pela Lei nº 8.176, de 8.2.1991)

ART. 19. O *caput* do art. 172 do Decreto-Lei nº 2.848, de 7 de dezembro de 1940 – Código Penal, passa a ter a seguinte redação:

▸ *Alteração incorporada ao texto do referido código.*

ART. 20. O § 1º do art. 316 do Decreto-Lei nº 2.848, de 7 de dezembro de 1940 Código Penal, passa a ter a seguinte redação:

▸ *Alteração incorporada ao texto do referido código.*

ART. 21. O art. 318 do Decreto-Lei nº 2.848, de 7 de dezembro de 1940 Código Penal, quanto à fixação da pena, passa a ter a seguinte redação:

▸ *Alteração incorporada ao texto do referido código.*

ART. 22. Esta lei entra em vigor na data de sua publicação.

ART. 23. Revogam-se as disposições em contrário e, em especial, o art. 279 do Decreto-Lei nº 2.848, de 7 de dezembro de 1940 – Código Penal.

Brasília, 27 de dezembro de 1990;
169º da Independência e 102º da República.

FERNANDO COLLOR

Este texto não substitui o publicado no DOU de 28.12.1990

LEI Nº 8.176, DE 8 DE FEVEREIRO DE 1991 – DEFINE OS CRIMES CONTRA A ORDEM ECONÔMICA

Define crimes contra a ordem econômica e cria o Sistema de Estoques de Combustíveis.

O PRESIDENTE DA REPÚBLICA, faço saber que o Congresso Nacional decreta e eu sanciono a seguinte lei:

ART. 1º. Constitui crime contra a ordem econômica:

I – adquirir, distribuir e revender derivados de petróleo, gás natural e suas frações recuperáveis, álcool etílico, hidratado carburante e demais combustíveis líquidos carburantes, em desacordo com as normas estabelecidas na forma da lei;

II – usar gás liquefeito de petróleo em motores de qualquer espécie, saunas, caldeiras e aquecimento de piscinas, ou para fins automotivos, em desacordo com as normas estabelecidas na forma da lei.

Pena: detenção de um a cinco anos.

ART. 2º. Constitui crime contra o patrimônio, na modalidade de usurpação, produzir bens ou explorar matéria-prima pertencentes à União, sem autorização legal ou em desacordo com as obrigações impostas pelo título autorizativo.

Pena: detenção, de um a cinco anos e multa.

▸ *CP: art. 161.*

§ 1º. Incorre na mesma pena aquele que, sem autorização legal, adquirir, transportar, industrializar, tiver consigo, consumir ou comercializar produtos ou matéria-prima, obtidos na forma prevista no *caput* deste artigo.

▸ *CP: art. 180.*

§ 2º. No crime definido neste artigo, a pena de multa será fixada entre dez e trezentos e sessenta dias-multa, conforme seja necessário e suficiente para a reprovação e a prevenção do crime.

▸ *CP: arts. 49 e 59.*

§ 3º. O dia-multa será fixado pelo juiz em valor não inferior a quatorze nem superior a duzentos Bônus do Tesouro Nacional (BTN).

▸ *CP: art. 49, § 1º.*

ART. 3º. (Vetado).

ART. 4º. Fica instituído o Sistema Nacional de Estoques de Combustíveis.

§ 1º. O Poder Executivo encaminhará ao Congresso Nacional, dentro de cada exercício financeiro, o Plano Anual de Estoques Estratégicos de Combustíveis para o exercício seguinte, do qual constarão as fontes de recursos financeiros necessários a sua manutenção.

§ 2º. O Poder Executivo estabelecerá, no prazo de sessenta dias as normas que regulamentarão o Sistema Nacional de Estoques de Combustíveis e o Plano Anual de Estoques Estratégicos de Combustíveis.

ART. 5º. Esta lei entra em vigor cinco dias após a sua publicação.

ART. 6º. Revogam-se as disposições em contrário, em especial o art. 18 da Lei nº 8.137, de 27 de dezembro de 1990, restaurando-se a numeração dos artigos do Decreto-Lei nº 2.848, de 7 de dezembro de 1940 Código Penal Brasileiro, alterado por aquele dispositivo.

Brasília, 8 de fevereiro de 1991; 170º da Independência e 103º da República.

FERNANDO COLLOR

LEI Nº 8.257, DE 26 DE NOVEMBRO DE 1991 – DISPÕE SOBRE A EXPROPRIAÇÃO DE GLEBAS NAS QUAIS SE LOCALIZEM CULTURAS ILEGAIS DE PLANTAS PSICOTRÓPICAS E DÁ OUTRAS PROVIDÊNCIAS

Dispõe sobre a expropriação das glebas nas quais se localizem culturas ilegais de plantas psicotrópicas e dá outras providências.

▸ *Lei nº 11.343, de 23-08-2006, Lei Antidrogas.*

O PRESIDENTE DA REPÚBLICA Faço saber que o Congresso Nacional decreta e eu sanciono a seguinte lei:

ART. 1º. As glebas de qualquer região do país onde forem localizadas culturas ilegais de plantas psicotrópicas serão imediatamente expropriadas e especificamente destinadas ao assentamento de colonos, para o cultivo de produtos alimentícios e medicamentosos, sem qualquer indenização ao proprietário e sem prejuízo de outras sanções previstas em lei, conforme o art. 243 da Constituição Federal.

Parágrafo único. Todo e qualquer bem de valor econômico apreendido em decorrência do tráfico ilícito de entorpecentes e drogas afins será confiscado e reverterá em benefício de instituições e pessoal especializado no tratamento e recuperação de viciados e no aparelhamento e custeio de atividades de fiscalização, controle, prevenção e repressão do crime de tráfico dessas substâncias.

ART. 2º. Para efeito desta lei, plantas psicotrópicas são aquelas que permitem a obtenção de substância entorpecente proscrita, plantas estas elencadas no rol emitido pelo órgão sanitário competente do Ministério da Saúde.

Parágrafo único. A autorização para a cultura de plantas psicotrópicas será concedida pelo órgão competente do Ministério da Saúde, atendendo exclusivamente a finalidades terapêuticas e científicas.

ART. 3º. A cultura das plantas psicotrópicas caracteriza-se pelo preparo da terra destinada a semeadura, ou plantio, ou colheita.

ART. 4º. As glebas referidas nesta lei, sujeitas à expropriação, são aquelas possuídas a qualquer título.

Parágrafo único. (Vetado)

ART. 5º. (Vetado)

ART. 6º. A ação expropriatória seguirá o procedimento judicial estabelecido nesta lei.

ART. 7º. Recebida a inicial, o Juiz determinará a citação dos expropriados, no prazo de cinco dias.

§ 1º. Ao ordenar a citação, o Juiz nomeará perito.

§ 2º. Após a investidura, o perito terá oito dias de prazo para entregar o laudo em cartório.

ART. 8º. O prazo para contestação e indicação de assistentes técnicos será de dez dias, a contar da data da juntada do mandado de citação aos autos.

ART. 9º. O Juiz determinará audiência de instrução e julgamento para dentro de quinze dias, a contar da data da contestação.

ART. 10. O Juiz poderá imitir, liminarmente, a União na posse do imóvel expropriando, garantindo-se o contraditório pela realização de audiência de justificação.

ART. 11. Na audiência de instrução e julgamento cada parte poderá indicar até cinco testemunhas.

ART. 12. É vedado o adiamento da audiência, salvo motivo de força maior, devidamente justificado.

Parágrafo único. Se a audiência, pela impossibilidade da produção de toda a prova oral no mesmo dia, tiver que ser postergada, em nenhuma hipótese será ela marcada para data posterior a três dias.

ART. 13. Encerrada a instrução, o Juiz prolatará a sentença em cinco dias.

ART. 14. Da sentença caberá recurso na forma da lei processual.

ART. 15. Transitada em julgado a sentença expropriatória, o imóvel será incorporado ao patrimônio da União.

Parágrafo único. Se a gleba expropriada nos termos desta lei, após o trânsito em julgado da sentença, não puder ter em cento e vinte dias a destinação prevista no art. 1º, ficará incorporada ao patrimônio da União, reservada, até que sobrevenham as condições necessárias àquela utilização.

ART. 16. (Vetado)

ART. 17. A expropriação de que trata esta lei prevalecerá sobre direitos reais de garantia, não se admitindo embargos de terceiro, fundados em dívida hipotecária, anticrética ou pignoratícia.

ART. 18. (Vetado)

ART. 19. (Vetado)

ART. 20. O não cumprimento dos prazos previstos nesta lei sujeitará o funcionário público responsável ou o perito judicial a multa diária, a ser fixada pelo Juiz.

ART. 21. (Vetado)

ART. 22. (Vetado)

ART. 23. Aplicam-se subsidiariamente as normas do Código de Processo Civil.

ART. 24. Esta lei entra em vigor na data de sua publicação.

ART. 25. Revogam-se as disposições em contrário.

Brasília, 26 de novembro de 1991;
170º da Independência e 103º da República.
FERNANDO COLLOR

Este texto não substitui o publicado no DOU de 27.11.1991

LEI Nº 8.429, DE 2 DE JUNHO DE 1992 – SANÇÕES APLICÁVEIS AOS AGENTES PÚBLICOS NOS CASOS DE ENRIQUECIMENTO ILÍCITO

Dispõe sobre as sanções aplicáveis aos agentes públicos nos casos de enriquecimento ilícito no exercício de mandato, cargo, emprego ou função na administração pública direta, indireta ou fundacional e dá outras providências.

O PRESIDENTE DA REPÚBLICA, Faço saber que o Congresso Nacional decreta e eu sanciono a seguinte lei:

CAPÍTULO I. DAS DISPOSIÇÕES GERAIS

▸ *CP: Título XI.*

▸ *Lei nº 9.613, de 1998: art. 1º, V, dispõe sobre os crimes de "lavagem" ou ocultação de bens, direitos e valores.*

ART. 1º. Os atos de improbidade praticados por qualquer agente público, servidor ou não, contra a administração direta, indireta ou fundacional de qualquer dos Poderes da União, dos Estados, do Distrito Federal, dos Municípios, de Território, de empresa incorporada ao patrimônio público ou de entidade para cuja criação ou custeio o erário haja concorrido ou concorra com mais de cinquenta por cento do patrimônio ou da receita anual, serão punidos na forma desta lei.

▸ *CF: art. 85.*

▸ *CPP: art. 84, §§ 1º e 2º.*

Parágrafo único. Estão também sujeitos às penalidades desta lei os atos de improbidade praticados contra o patrimônio de entidade que receba subvenção, benefício ou incentivo, fiscal ou creditício, de órgão público bem como daquelas para cuja criação ou custeio o erário haja concorrido ou concorra com menos de cinquenta por cento do patrimônio ou da receita anual, limitando-se, nestes casos, a sanção patrimonial à repercussão do ilícito sobre a contribuição dos cofres públicos.

▸ *CF: art. 37, § 4º.*

ART. 2º. Reputa-se agente público, para os efeitos desta lei, todo aquele que exerce, ainda que transitoriamente ou sem remuneração, por eleição, nomeação, designação, contratação ou qualquer outra forma de investidura ou vínculo, mandato, cargo, emprego ou função nas entidades mencionadas no artigo anterior.

▸ *CF: arts. 85, V e 102, I.*

▸ *CP: art. 327.*

▸ *Lei nº 1.079, de 1950, define os crimes de responsabilidade e regula o respectivo processo de julgamento.*

ART. 3º. As disposições desta lei são aplicáveis, no que couber, àquele que, mesmo não sendo agente público, induza ou concorra para a prática do ato de improbidade ou dele se beneficie sob qualquer forma direta ou indireta.

▸ *CP: arts. 29 e 30.*

ART. 4º. Os agentes públicos de qualquer nível ou hierarquia são obrigados a velar pela estrita observância dos princípios de legalidade, impessoalidade, moralidade e publicidade no trato dos assuntos que lhe são afetos.

▸ *CF: art. 37, caput.*

ART. 5º. Ocorrendo lesão ao patrimônio público por ação ou omissão, dolosa ou culposa, do agente ou de terceiros, dar-se-á o integral ressarcimento do dano.

▸ *CP: art. 91, I.*

ART. 6º. No caso de enriquecimento ilícito, perderá o agente público ou terceiro beneficiário os bens ou valores acrescidos ao seu patrimônio.

ART. 7º. Quando o ato de improbidade causar lesão ao patrimônio público ou ensejar enriquecimento ilícito, caberá a autoridade administrativa responsável pelo inquérito representar ao Ministério Público, para a indisponibilidade dos bens do indiciado.

Parágrafo único. A indisponibilidade a que se refere o *caput* deste artigo recairá sobre bens que assegurem o integral ressarcimento do dano, ou sobre o acréscimo patrimonial resultante do enriquecimento ilícito.

ART. 8º. O sucessor daquele que causar lesão ao patrimônio público ou se enriquecer ilicitamente está sujeito às cominações desta lei até o limite do valor da herança.

CAPÍTULO II. DOS ATOS DE IMPROBIDADE ADMINISTRATIVA

▸ *CP: art. 312.*

▸ *Dec. nº 4.410, de 2002, dispõe sobre a Convenção Interamericana contra a Corrupção.*

SEÇÃO I. DOS ATOS DE IMPROBIDADE ADMINISTRATIVA QUE IMPORTAM ENRIQUECIMENTO ILÍCITO

ART. 9º. Constitui ato de improbidade administrativa importando enriquecimento ilícito auferir qualquer tipo de vantagem patrimonial indevida em razão do exercício de cargo, mandato, função, emprego ou atividade nas entidades mencionadas no Art. 1º desta lei, e notadamente:

▸ Esta lei: art. 12, I.

I – receber, para si ou para outrem, dinheiro, bem móvel ou imóvel, ou qualquer outra vantagem econômica, direta ou indireta, a título de comissão, percentagem, gratificação ou presente de quem tenha interesse, direto ou indireto, que possa ser atingido ou amparado por ação ou omissão decorrente das atribuições do agente público;

▸ Esta lei: art. 12, I.

II – perceber vantagem econômica, direta ou indireta, para facilitar a aquisição, permuta ou locação de bem móvel ou imóvel, ou a contratação de serviços pelas entidades referidas no art. 1º por preço superior ao valor de mercado;

III – perceber vantagem econômica, direta ou indireta, para facilitar a alienação, permuta ou locação de bem público ou o fornecimento de serviço por ente estatal por preço inferior ao valor de mercado;

IV – utilizar, em obra ou serviço particular, veículos, máquinas, equipamentos ou material de qualquer natureza, de propriedade ou à disposição de qualquer das entidades mencionadas no art. 1º desta lei, bem como o trabalho de servidores públicos, empregados ou terceiros contratados por essas entidades;

V – receber vantagem econômica de qualquer natureza, direta ou indireta, para tolerar a exploração ou a prática de jogos de azar, de lenocínio, de narcotráfico, de contrabando, de usura ou de qualquer outra atividade ilícita, ou aceitar promessa de tal vantagem;

VI – receber vantagem econômica de qualquer natureza, direta ou indireta, para fazer declaração falsa sobre medição ou avaliação em obras públicas ou qualquer outro serviço, ou sobre quantidade, peso, medida, qualidade ou característica de mercadorias ou bens fornecidos a qualquer das entidades mencionadas no art. 1º desta lei;

VII – adquirir, para si ou para outrem, no exercício de mandato, cargo, emprego ou função pública, bens de qualquer natureza cujo valor seja desproporcional à evolução do patrimônio ou à renda do agente público;

VIII – aceitar emprego, comissão ou exercer atividade de consultoria ou assessoramento para pessoa física ou jurídica que tenha interesse suscetível de ser atingido ou amparado por ação ou omissão decorrente das atribuições do agente público, durante a atividade;

IX – perceber vantagem econômica para intermediar a liberação ou aplicação de verba pública de qualquer natureza;

X – receber vantagem econômica de qualquer natureza, direta ou indiretamente, para omitir ato de ofício, providência ou declaração a que esteja obrigado;

XI – incorporar, por qualquer forma, ao seu patrimônio bens, rendas, verbas ou valores integrantes do acervo patrimonial das entidades mencionadas no art. 1º desta lei;

XII – usar, em proveito próprio, bens, rendas, verbas ou valores integrantes do acervo patrimonial das entidades mencionadas no art. 1º desta lei.

▸ Esta Lei: art. 12, I.

SEÇÃO II. DOS ATOS DE IMPROBIDADE ADMINISTRATIVA QUE CAUSAM PREJUÍZO AO ERÁRIO

ART. 10. Constitui ato de improbidade administrativa que causa lesão ao erário qualquer ação ou omissão, dolosa ou culposa, que enseje perda patrimonial, desvio, apropriação, malbaratamento ou dilapidação dos bens ou haveres das entidades referidas no art. 1º desta lei, e notadamente:

▸ Esta lei: art. 12, II.

I – facilitar ou concorrer por qualquer forma para a incorporação ao patrimônio particular, de pessoa física ou jurídica, de bens, rendas, verbas ou valores integrantes do acervo patrimonial das entidades mencionadas no art. 1º desta lei;

II – permitir ou concorrer para que pessoa física ou jurídica privada utilize bens, rendas, verbas ou valores integrantes do acervo patrimonial das entidades mencionadas no art. 1º desta lei, sem a observância das formalidades legais ou regulamentares aplicáveis à espécie;

III – doar à pessoa física ou jurídica bem como ao ente despersonalizado, ainda que de fins educativos ou assistências, bens, rendas, verbas ou valores do patrimônio de qualquer das entidades mencionadas no art. 1º desta lei, sem observância das formalidades legais e regulamentares aplicáveis à espécie;

IV – permitir ou facilitar a alienação, permuta ou locação de bem integrante do patrimônio de qualquer das entidades referidas no art. 1º desta lei, ou ainda a prestação de serviço por parte delas, por preço inferior ao de mercado;

V – permitir ou facilitar a aquisição, permuta ou locação de bem ou serviço por preço superior ao de mercado;

VI – realizar operação financeira sem observância das normas legais e regulamentares ou aceitar garantia insuficiente ou inidônea;

VII – conceder benefício administrativo ou fiscal sem a observância das formalidades legais ou regulamentares aplicáveis à espécie;

VIII – frustrar a licitude de processo licitatório ou de processo seletivo para celebração de parcerias com entidades sem fins lucrativos, ou dispensá-los indevidamente; (Redação dada pela Lei nº 13.019, de 2014)

IX – ordenar ou permitir a realização de despesas não autorizadas em lei ou regulamento;

X – agir negligentemente na arrecadação de tributo ou renda, bem como no que diz respeito à conservação do patrimônio público;

XI – liberar verba pública sem a estrita observância das normas pertinentes ou influir de qualquer forma para a sua aplicação irregular;

XII – permitir, facilitar ou concorrer para que terceiro se enriqueça ilicitamente;

XIII – permitir que se utilize, em obra ou serviço particular, veículos, máquinas, equipamentos ou material de qualquer natureza, de propriedade ou à disposição de qualquer das entidades mencionadas no art. 1º desta lei, bem como o trabalho de servidor público, empregados ou terceiros contratados por essas entidades.

▸ *Esta lei: art. 12, II.*

XIV – celebrar contrato ou outro instrumento que tenha por objeto a prestação de serviços públicos por meio da gestão associada sem observar as formalidades previstas na lei; (Incluído pela Lei nº 11.107, de 2005)

XV – celebrar contrato de rateio de consórcio público sem suficiente e prévia dotação orçamentária, ou sem observar as formalidades previstas na lei. (Incluído pela Lei nº 11.107, de 2005)

XVI – facilitar ou concorrer, por qualquer forma, para a incorporação, ao patrimônio particular de pessoa física ou jurídica, de bens, rendas, verbas ou valores públicos transferidos pela administração pública a entidades privadas mediante celebração de parcerias, sem a observância das formalidades legais ou regulamentares aplicáveis à espécie; (Incluído pela Lei nº 13.019, de 2014)

XVII – permitir ou concorrer para que pessoa física ou jurídica privada utilize bens, rendas, verbas ou valores públicos transferidos pela administração pública a entidade privada mediante celebração de parcerias, sem a observância das formalidades legais ou regulamentares aplicáveis à espécie; (Incluído pela Lei nº 13.019, de 2014)

XVIII – celebrar parcerias da administração pública com entidades privadas sem a observância das formalidades legais ou regulamentares aplicáveis à espécie; (Incluído pela Lei nº 13.019, de 2014)

XIX – frustrar a licitude de processo seletivo para celebração de parcerias da administração pública com entidades privadas ou dispensá-lo indevidamente; (Incluído pela Lei nº 13.019, de 2014)

XX – agir negligentemente na celebração, fiscalização e análise das prestações de contas de parcerias firmadas pela administração pública com entidades privadas; (Incluído pela Lei nº 13.019, de 2014)

XXI – liberar recursos de parcerias firmadas pela administração pública com entidades privadas sem a estrita observância das normas pertinentes ou influir de qualquer forma para a sua aplicação irregular. (Incluído pela Lei nº 13.019, de 2014)

Seção II-A. Dos Atos de Improbidade Administrativa Decorrentes de Concessão ou Aplicação Indevida de Benefício Financeiro ou Tributário (Incluído pela Lei Complementar nº 157, de 2016)

ART. 10-A. Constitui ato de improbidade administrativa qualquer ação ou omissão para conceder, aplicar ou manter benefício financeiro ou tributário contrário ao que dispõem o caput e o § 1º do art. 8º-A da Lei Complementar nº 116, de 31 de julho de 2003. (Incluído pela Lei Complementar nº 157, de 2016)

Seção III. Dos Atos de Improbidade Administrativa que Atentam contra os Princípios da Administração Pública

ART. 11. Constitui ato de improbidade administrativa que atenta contra os princípios da administração pública qualquer ação ou omissão que viole os deveres de honestidade, imparcialidade, legalidade, e lealdade às instituições, e notadamente:

▸ *CF: art. 37, caput.*

I – praticar ato visando fim proibido em lei ou regulamento ou diverso daquele previsto, na regra de competência;

II – retardar ou deixar de praticar, indevidamente, ato de ofício;

III – revelar fato ou circunstância de que tem ciência em razão das atribuições e que deva permanecer em segredo;

IV – negar publicidade aos atos oficiais;

V – frustrar a licitude de concurso público;

▸ *CF: arts. 37, II, III, IV e 93.*

VI – deixar de prestar contas quando esteja obrigado a fazê-lo;

VII – revelar ou permitir que chegue ao conhecimento de terceiro, antes da respectiva divulgação oficial, teor de medida política ou econômica capaz de afetar o preço de mercadoria, bem ou serviço.

▸ *Esta lei: art. 12, III.*

VIII – descumprir as normas relativas à celebração, fiscalização e aprovação de contas de parcerias firmadas pela administração pública com entidades privadas. (Redação dada pela Lei nº 13.019, de 31-07-2014)

IX – deixar de cumprir a exigência de requisitos de acessibilidade previstos na legislação. (Redação dada pela Lei nº 13.146, de 2015)

X – transferir recurso a entidade privada, em razão da prestação de serviços na área de saúde sem a prévia celebração de contrato, convênio ou instrumento congênere, nos termos do parágrafo único do art. 24 da Lei nº 8.080, de 19 de setembro de 1990. (Acrescido pela Lei nº 13.650/2018)

Capítulo III. Das Penas

ART. 12. Independentemente das sanções penais, civis e administrativas previstas na legislação específica, está o responsável pelo ato de improbidade sujeito às seguintes cominações, que podem ser aplicadas isolada ou cumulativamente, de acordo com a gravidade do fato: (Redação dada pela Lei nº 12.120, de 2009).

▸ *CF: art. 37, § 4º.*

I – na hipótese do art. 9º, perda dos bens ou valores acrescidos ilicitamente ao patrimônio, ressarcimento integral do dano, quando houver, perda da função pública, suspensão dos direitos políticos de oito a dez anos, pagamento de multa civil de até três vezes o valor do acréscimo patrimonial e proibição de contratar com o Poder Público ou receber benefícios ou incentivos fiscais ou

LEIS ORDINÁRIAS

creditícios, direta ou indiretamente, ainda que por intermédio de pessoa jurídica da qual seja sócio majoritário, pelo prazo de dez anos;

II – na hipótese do art. 10, ressarcimento integral do dano, perda dos bens ou valores acrescidos ilicitamente ao patrimônio, se concorrer esta circunstância, perda da função pública, suspensão dos direitos políticos de cinco a oito anos, pagamento de multa civil de até duas vezes o valor do dano e proibição de contratar com o Poder Público ou receber benefícios ou incentivos fiscais ou creditícios, direta ou indiretamente, ainda que por intermédio de pessoa jurídica da qual seja sócio majoritário, pelo prazo de cinco anos;

III – na hipótese do art. 11, ressarcimento integral do dano, se houver, perda da função pública, suspensão dos direitos políticos de três a cinco anos, pagamento de multa civil de até cem vezes o valor da remuneração percebida pelo agente e proibição de contratar com o Poder Público ou receber benefícios ou incentivos fiscais ou creditícios, direta ou indiretamente, ainda que por intermédio de pessoa jurídica da qual seja sócio majoritário, pelo prazo de três anos.

IV – na hipótese prevista no art. 10-A, perda da função pública, suspensão dos direitos políticos de 5 (cinco) a 8 (oito) anos e multa civil de até 3 (três) vezes o valor do benefício financeiro ou tributário concedido. (Incluído pela Lei Complementar nº 157, de 2016)

Parágrafo único. Na fixação das penas previstas nesta lei o juiz levará em conta a extensão do dano causado, assim como o proveito patrimonial obtido pelo agente.

CAPÍTULO IV. DA DECLARAÇÃO DE BENS

ART. 13. A posse e o exercício de agente público ficam condicionados à apresentação de declaração dos bens e valores que compõem o seu patrimônio privado, a fim de ser arquivada no serviço de pessoal competente.

§ 1º. A declaração compreenderá imóveis, móveis, semoventes, dinheiro, títulos, ações, e qualquer outra espécie de bens e valores patrimoniais, localizado no País ou no exterior, e, quando for o caso, abrangerá os bens e valores patrimoniais do cônjuge ou companheiro, dos filhos e de outras pessoas que vivam sob a dependência econômica do declarante, excluídos apenas os objetos e utensílios de uso doméstico.

§ 2º. A declaração de bens será anualmente atualizada e na data em que o agente público deixar o exercício do mandato, cargo, emprego ou função.

§ 3º. Será punido com a pena de demissão, a bem do serviço público, sem prejuízo de outras sanções cabíveis, o agente público que se recusar a prestar declaração dos bens, dentro do prazo determinado, ou que a prestar falsa.

§ 4º. O declarante, a seu critério, poderá entregar cópia da declaração anual de bens apresentada à Delegacia da Receita Federal na conformidade da legislação do Imposto sobre a Renda e proventos de qualquer natureza, com as necessárias atualizações, para suprir a exigência contida no *caput* e no § 2º deste artigo.

CAPÍTULO V. DO PROCEDIMENTO ADMINISTRATIVO E DO PROCESSO JUDICIAL

ART. 14. Qualquer pessoa poderá representar à autoridade administrativa competente para que seja instaurada investigação destinada a apurar a prática de ato de improbidade.

§ 1º. A representação, que será escrita ou reduzida a termo e assinada, conterá a qualificação do representante, as informações sobre o fato e sua autoria e a indicação das provas de que tenha conhecimento.

§ 2º. A autoridade administrativa rejeitará a representação, em despacho fundamentado, se esta não contiver as formalidades estabelecidas no § 1º deste artigo. A rejeição não impede a representação ao Ministério Público, nos termos do art. 22 desta lei.

§ 3º. Atendidos os requisitos da representação, a autoridade determinará a imediata apuração dos fatos que, em se tratando de servidores federais, será processada na forma prevista nos arts. 148 a 182 da Lei nº 8.112, de 11 de dezembro de 1990 e, em se tratando de servidor militar, de acordo com os respectivos regulamentos disciplinares.

ART. 15. A comissão processante dará conhecimento ao Ministério Público e ao Tribunal ou Conselho de Contas da existência de procedimento administrativo para apurar a prática de ato de improbidade.

Parágrafo único. O Ministério Público ou Tribunal ou Conselho de Contas poderá, a requerimento, designar representante para acompanhar o procedimento administrativo.

ART. 16. Havendo fundados indícios de responsabilidade, a comissão representará ao Ministério Público ou à procuradoria do órgão para que requeira ao juízo competente a decretação do sequestro dos bens do agente ou terceiro que tenha enriquecido ilicitamente ou causado dano ao patrimônio público.

§ 1º. O pedido de sequestro será processado de acordo com o disposto nos arts. 822 e 825 do Código de Processo Civil.

§ 2º. Quando for o caso, o pedido incluirá a investigação, o exame e o bloqueio de bens, contas bancárias e aplicações financeiras mantidas pelo indiciado no exterior, nos termos da lei e dos tratados internacionais.

ART. 17. A ação principal, que terá o rito ordinário, será proposta pelo Ministério Público ou pela pessoa jurídica interessada, dentro de trinta dias da efetivação da medida cautelar.

▸ CPP: art. 84.

§ 1º As ações de que trata este artigo admitem a celebração de acordo de não persecução cível, nos termos desta Lei. (Redação dada pela Lei nº 13.964, de 2019)

§ 2º. A Fazenda Pública, quando for o caso, promoverá as ações necessárias à complementação do ressarcimento do patrimônio público.

§ 3º. No caso de a ação principal ter sido proposta pelo Ministério Público, aplica-se, no que couber, o disposto no § 3º do art. 6º da Lei nº 4.717, de 29 de junho de 1965. (Redação dada pela Lei nº 9.366, de 1996)

§ 4º. O Ministério Público, se não intervir no processo como parte, atuará obrigatoriamente, como fiscal da lei, sob pena de nulidade.

§ 5º. A propositura da ação prevenirá a jurisdição do juízo para todas as ações posteriormente intentadas que possuam a mesma causa de pedir ou o mesmo objeto. (Incluído pela Medida provisória nº 2.180-35, de 2001)

§ 6º. A ação será instruída com documentos ou justificação que contenham indícios suficientes da existência do ato de improbidade ou com razões fundamentadas da impossibilidade de apresentação de qualquer dessas provas, observada a legislação vigente, inclusive as disposições inscritas nos arts. 16 a 18 do Código de Processo Civil. (Incluído pela Medida Provisória nº 2.225-45, de 2001)

§ 7º.Estando a inicial em devida forma, o juiz mandará autuá-la e ordenará a notificação do requerido, para oferecer manifestação por escrito, que poderá ser instruída com documentos e justificações, dentro do prazo de quinze dias. (Incluído pela Medida Provisória nº 2.225-45, de 2001)

§ 8º. Recebida a manifestação, o juiz, no prazo de trinta dias, em decisão fundamentada, rejeitará a ação, se convencido da inexistência do ato de improbidade, da improcedência da ação ou da inadequação da via eleita. (Incluído pela Medida Provisória nº 2.225-45, de 2001)

§ 9º. Recebida a petição inicial, será o réu citado para apresentar contestação. (Incluído pela Medida Provisória nº 2.225-45, de 2001)

§ 10. Da decisão que receber a petição inicial, caberá agravo de instrumento. (Incluído pela Medida Provisória nº 2.225-45, de 2001)

§ 10-A. Havendo a possibilidade de solução consensual, poderão as partes requerer ao juiz a interrupção do prazo para a contestação, por prazo não superior a 90 (noventa) dias. (Incluído pela Lei nº 13.964, de 2019)

§ 11. Em qualquer fase do processo, reconhecida a inadequação da ação de improbidade, o juiz extinguirá o processo sem julgamento do mérito. (Incluído pela Medida Provisória nº 2.225-45, de 2001)

§ 12. Aplica-se aos depoimentos ou inquirições realizadas nos processos regidos por esta Lei o disposto no art. 221, *caput* e § 1º, do Código de Processo Penal. (Incluído pela Medida Provisória nº 2.225-45, de 2001)

§ 13. Para os efeitos deste artigo, também se considera pessoa jurídica interessada o ente tributante que figurar no polo ativo da obrigação tributária de que tratam o § 4º do art. 3º e o art. 8º-A da Lei Complementar nº 116, de 31 de julho de 2003. (Incluído pela Lei Complementar nº 157, de 2016)

ART. 17-A. (VETADO na Lei nº 13.964, de 2019)

ART. 18. A sentença que julgar procedente ação civil de reparação de dano ou decretar a perda dos bens havidos ilicitamente determinará o pagamento ou a reversão dos bens, conforme o caso, em favor da pessoa jurídica prejudicada pelo ilícito.

CAPÍTULO VI.
DAS DISPOSIÇÕES PENAIS

ART. 19. Constitui crime a representação por ato de improbidade contra agente público ou terceiro beneficiário, quando o autor da denúncia o sabe inocente.

Pena: detenção de seis a dez meses e multa.

▸ *CP: art. 339.*

Parágrafo único. Além da sanção penal, o denunciante está sujeito a indenizar o denunciado pelos danos materiais, morais ou à imagem que houver provocado.

ART. 20. A perda da função pública e a suspensão dos direitos políticos só se efetivam com o trânsito em julgado da sentença condenatória.

Parágrafo único. A autoridade judicial ou administrativa competente poderá determinar o afastamento do agente público do exercício do cargo, emprego ou função, sem prejuízo da remuneração, quando a medida se fizer necessária à instrução processual.

ART. 21. A aplicação das sanções previstas nesta lei independe:

I – da efetiva ocorrência de dano ao patrimônio público, salvo quanto à pena de ressarcimento; (Redação dada pela Lei nº 12.120, de 2009).

▸ *CF: art. 37, § 5º.*

II – da aprovação ou rejeição das contas pelo órgão de controle interno ou pelo Tribunal ou Conselho de Contas.

ART. 22. Para apurar qualquer ilícito previsto nesta lei, o Ministério Público, de ofício, a requerimento de autoridade administrativa ou mediante representação formulada de acordo com o disposto no art. 14, poderá requisitar a instauração de inquérito policial ou procedimento administrativo.

CAPÍTULO VII.
DA PRESCRIÇÃO

ART. 23. As ações destinadas a levar a efeitos as sanções previstas nesta lei podem ser propostas:

I – até cinco anos após o término do exercício de mandato, de cargo em comissão ou de função de confiança;

II – dentro do prazo prescricional previsto em lei específica para faltas disciplinares puníveis com demissão a bem do serviço público, nos casos de exercício de cargo efetivo ou emprego.

III – até cinco anos da data da apresentação à administração pública da prestação de contas final pelas entidades referidas no parágrafo único do art. 1º desta Lei. (Incluído pela Lei nº 13.019, de 2014)

CAPÍTULO VIII.
DAS DISPOSIÇÕES FINAIS

ART. 24. Esta lei entra em vigor na data de sua publicação.

ART. 25. Ficam revogadas as Leis nºs 3.164, de 1º de junho de 1957, e 3.502, de 21 de dezembro de 1958 e demais disposições em contrário.

Rio de Janeiro, 2 de junho de 1992;
171º da Independência e 104º da República.
FERNANDO COLLOR

Este texto não substitui o publicado no DOU de 3.6.1992

LEI Nº 8.617, DE 4 DE JANEIRO DE 1993 – MAR TERRITORIAL, ZONA ECONÔMICA EXCLUSIVA E A PLATAFORMA CONTINENTAL BRASILEIROS

Dispõe sobre o mar territorial, a zona contígua, a zona econômica exclusiva e a plataforma continental brasileiros, e dá outras providências.

O PRESIDENTE DA REPÚBLICA Faço saber que o Congresso Nacional decreta e eu sanciono a seguinte lei:

CAPÍTULO I. DO MAR TERRITORIAL

ART. 1º. O mar territorial brasileiro compreende uma faixa de doze milhas marítima de largura, medidas a partir da linha de baixa-mar do litoral continental e insular, tal como indicada nas cartas náuticas de grande escala, reconhecidas oficialmente no Brasil.

Parágrafo único. Nos locais em que a costa apresente recorte profundos e reentrâncias ou em que exista uma franja de ilhas ao longo da costa na sua proximidade imediata, será adotado o método das linhas de base retas, ligando pontos apropriados, para o traçado da linha de base, a partir da qual será medida a extensão do mar territorial.

ART. 2º. A soberania do Brasil estende-se ao mar territorial, ao espaço aéreo sobrejacente, bem como ao seu leito e subsolo.

ART. 3º. É reconhecido aos navios de todas as nacionalidades o direito de passagem inocente no mar territorial brasileiro.

§ 1º. A passagem será considerada inocente desde que não seja prejudicial à paz, à boa ordem ou à segurança do Brasil, devendo ser contínua e rápida.

§ 2º. A passagem inocente poderá compreender o parar e o fundear, mas apenas na medida em que tais procedimentos constituam incidentes comuns de navegação ou sejam impostos por motivos de força ou por dificuldade grave, ou tenham por fim prestar auxílio a pessoas a navios ou aeronaves em perigo ou em dificuldade grave.

§ 3º. Os navios estrangeiros no mar territorial brasileiro estarão sujeitos aos regulamentos estabelecidos pelo Governo brasileiro.

CAPÍTULO II. DA ZONA CONTÍGUA

ART. 4º. A zona contígua brasileira compreende uma faixa que se estende das doze às vinte e quatro milhas marítimas, contadas a partir das linhas de base que servem para medir a largura do mar territorial.

ART. 5º. Na zona contígua, o Brasil poderá tomar as medidas de fiscalização necessárias para:

I – evitar as infrações às leis e aos regulamentos aduaneiros, fiscais, de imigração ou sanitários, nos seus territórios, ou no seu mar territorial;

II – reprimir as infrações às leis e aos regulamentos, no seu território ou no seu mar territorial.

CAPÍTULO III. DA ZONA ECONÔMICA EXCLUSIVA

ART. 6º. A zona econômica exclusiva brasileira compreende uma faixa que se estende das doze às duzentas milhas marítimas, contadas a partir das linhas de base que servem para medir a largura do mar territorial.

ART. 7º. Na zona econômica exclusiva, o Brasil tem direitos de soberania para fins de exploração e aproveitamento, conservação e gestão dos recursos naturais, vivos ou não-vivos, das águas sobrejacentes ao leito do mar, do leito do mar e seu subsolo, e no que se refere a outras atividades com vistas à exploração e ao aproveitamento da zona para fins econômicos.

ART. 8º. Na zona econômica exclusiva, o Brasil, no exercício de sua jurisdição, tem o direito exclusivo de regulamentar a investigação científica marinha, a proteção e preservação do meio marítimo, bem como a construção, operação e uso de todos os tipos de ilhas artificiais, instalações e estruturas.

Parágrafo único. A investigação científica marinha na zona econômica exclusiva só poderá ser conduzida por outros Estados com o consentimento prévio do Governo brasileiro, nos termos da legislação em vigor que regula a matéria.

ART. 9º. A realização por outros Estados, na zona econômica exclusiva, de exercícios ou manobras militares, em particular as que impliquem o uso de armas ou explosivas, somente poderá ocorrer com o consentimento do Governo brasileiro.

ART. 10. É reconhecidos a todos os Estados o gozo, na zona econômica exclusiva, das liberdades de navegação e sobrevoo, bem como de outros usos do mar internacionalmente lícitos, relacionados com as referidas liberdades, tais como os ligados à operação de navios e aeronaves.

CAPÍTULO IV. DA PLATAFORMA CONTINENTAL

ART. 11. A plataforma continental do Brasil compreende o leito e o subsolo das áreas submarinas que se estendem além do seu mar territorial, em toda a extensão do prolongamento natural de seu território terrestre, até o bordo exterior da margem continental, ou até uma distância de duzentas milhas marítimas das linhas de base, a partir das quais se mede a largura do mar territorial, nos casos em que o bordo exterior da margem continental não atinja essa distância.

Parágrafo único. O limite exterior da plataforma continental será fixado de conformidade com os critérios estabelecidos no art. 76 da Convenção das Nações Unidas sobre o Direito do Mar, celebrada em Montego Bay, em 10 de dezembro de 1982.

ART. 12. O Brasil exerce direitos de soberania sobre a plataforma continental, para efeitos de exploração dos recursos naturais.

Parágrafo único. Os recursos naturais a que se refere o *caput* são os recursos minerais e outros não-vivos do leito do mar e subsolo, bem como os organismos vivos pertencentes a espécies sedentárias, isto é, àquelas que no período de captura estão imóveis no leito do mar ou no seu subsolo, ou que só podem mover-se em constante contato físico com esse leito ou subsolo.

ART. 13. Na plataforma continental, o Brasil, no exercício de sua jurisdição, tem o direito exclusivo de regulamentar a investigação científica marinha, a proteção e preservação do meio marinho, bem como a construção, operação e o uso de todos os tipos de ilhas artificiais, instalações e estruturas.

§ 1º. A investigação científica marinha, na plataforma continental, só poderá ser conduzida por outros Estados com o consentimento prévio do Governo brasileiro, nos termos da legislação em vigor que regula a matéria.

§ 2º. O Governo brasileiro tem o direito exclusivo de autorizar e regulamentar as perfurações na plataforma continental, quaisquer que sejam os seus fins.

ART. 14. É reconhecido a todos os Estados o direito de colocar cabos e dutos na plataforma continental.

§ 1º. O traçado da linha para a colocação de tais cabos e dutos na plataforma continental dependerá do consentimento do Governo brasileiro.

§ 2º. O Governo brasileiro poderá estabelecer condições para a colocação dos cabos e dutos que penetrem seu território ou seu mar territorial.

ART. 15. Esta lei entra em vigor na data de sua publicação.

ART. 16. Revogam-se o Decreto-Lei nº 1.098, de 25 de março de 1970, e as demais disposições em contrário.

Brasília, 4 de janeiro de 1993;
172º da Independência e 105º da República
ITAMAR FRANCO

Este texto não substitui o publicado no DOU de 5.1.1993

LEI Nº 8.625, DE 12 DE FEVEREIRO DE 1993 – LEI ORGÂNICA DO MINISTÉRIO PÚBLICO

Institui a Lei Orgânica Nacional do Ministério Público, dispõe sobre normas gerais para a organização do Ministério Público dos Estados e dá outras providências.

▸ *Súmula 234 do STJ.*

O PRESIDENTE DA REPÚBLICA Faço saber que o Congresso Nacional decreta e eu sanciono a seguinte Lei:

CAPÍTULO I. DAS DISPOSIÇÕES GERAIS

ART. 1º. O Ministério Público é instituição permanente, essencial à função jurisdicional do Estado, incumbindo-lhe a defesa da ordem jurídica, do regime democrático e dos interesses sociais e individuais indisponíveis.

▸ *CF: art. 127, caput.*

▸ *CPP: art. 257.*

▸ *Lei Complementar nº 75, de 1993: art. 1º, Institui a Lei Orgânica Nacional do Ministério Público.*

Parágrafo único. São princípios institucionais do Ministério Público a unidade, a indivisibilidade e a independência funcional.

▸ *CF: art. 127, § 1º.*

▸ *Lei Complementar nº 75, de 20-05-1993, art. 4º, Institui a Lei Orgânica Nacional do Ministério Público.*

ART. 2º. Lei complementar, denominada Lei Orgânica do Ministério Público, cuja iniciativa é facultada aos Procuradores-Gerais de Justiça dos Estados, estabelecerá, no âmbito de cada uma dessas unidades federativas, normas específicas de organização, atribuições e estatuto do respectivo Ministério Público.

▸ *CF: art. 128, § 5º.*

Parágrafo único. A organização, atribuições e estatuto do Ministério Público do Distrito Federal e Territórios serão objeto da Lei Orgânica do Ministério Público da União.

▸ *Lei Complementar nº 75, de 20-05-1993, Institui a Lei Orgânica Nacional do Ministério Público.*

ART. 3º. Ao Ministério Público é assegurada autonomia funcional, administrativa e financeira, cabendo-lhe, especialmente:

▸ *CF: art. 127, §§ 2º e 3º.*

I – praticar atos próprios de gestão;

II – praticar atos e decidir sobre a situação funcional e administrativa do pessoal, ativo e inativo, da carreira e dos serviços auxiliares, organizados em quadros próprios;

III – elaborar suas folhas de pagamento e expedir os competentes demonstrativos;

IV – adquirir bens e contratar serviços, efetuando a respectiva contabilização;

V – propor ao Poder Legislativo a criação e a extinção de cargos, bem como a fixação e o reajuste dos vencimentos de seus membros;

▸ CF: art. 127, § 2º.

VI – propor ao Poder Legislativo a criação e a extinção dos cargos de seus serviços auxiliares, bem como a fixação e o reajuste dos vencimentos de seus servidores;

VII – prover os cargos iniciais da carreira e dos serviços auxiliares, bem como nos casos de remoção, promoção e demais formas de provimento derivado;

VIII – editar atos de aposentadoria, exoneração e outros que importem em vacância de cargos e carreira e dos serviços auxiliares, bem como os de disponibilidade de membros do Ministério Público e de seus servidores;

IX – organizar suas secretarias e os serviços auxiliares das Procuradorias e Promotorias de Justiça;

X – compor os seus órgãos de administração;

XI – elaborar seus regimentos internos;

XII – exercer outras competências dela decorrentes.

Parágrafo único. As decisões do Ministério Público fundadas em sua autonomia funcional, administrativa e financeira, obedecidas as formalidades legais, têm eficácia plena e executoriedade imediata, ressalvada a competência constitucional do Poder Judiciário e do Tribunal de Contas.

ART. 4º. O Ministério Público elaborará sua proposta orçamentária dentro dos limites estabelecidos na Lei de Diretrizes Orçamentárias, encaminhando-a diretamente ao Governador do Estado, que a submeterá ao Poder Legislativo.

▸ CF: art. 127, § 3º.

§ 1º. Os recursos correspondentes às suas dotações orçamentárias próprias e globais, compreendidos os créditos suplementares e especiais, ser-lhe-ão entregues até o dia vinte de cada mês, sem vinculação a qualquer tipo de despesa.

§ 2º. A fiscalização contábil, financeira, orçamentária, operacional e patrimonial do Ministério Público, quanto à legalidade, legitimidade, economicidade, aplicação de dotações e recursos próprios e renúncia de receitas, será exercida pelo Poder Legislativo, mediante controle externo e pelo sistema de controle interno estabelecido na Lei Orgânica.

CAPÍTULO II. DA ORGANIZAÇÃO DO MINISTÉRIO PÚBLICO

SEÇÃO I. DOS ÓRGÃOS DE ADMINISTRAÇÃO

ART. 5º. São órgãos da Administração Superior do Ministério Público:

I – a Procuradoria-Geral de Justiça;

▸ Esta lei: arts. 9º a 11.

II – o Colégio de Procuradores de Justiça;

▸ Esta lei: arts. 12 a 13.

III – o Conselho Superior do Ministério Público;

▸ Esta lei: arts. 14 e 15.

IV – a Corregedoria-Geral do Ministério Público.

▸ Esta lei: arts. 16 a 18.

ART. 6º. São também órgãos de Administração do Ministério Público:

I – as Procuradorias de Justiça;

▸ Esta lei: arts. 19 a 22.

II – as Promotorias de Justiça.

▸ Esta lei: arts. 23 e 24.

SEÇÃO II. DOS ÓRGÃOS DE EXECUÇÃO

ART. 7º. São órgãos de execução do Ministério Público:

I – o Procurador-Geral de Justiça;

▸ Esta lei: art. 29.

II – o Conselho Superior do Ministério Público;

▸ Esta lei: art. 30.

III – os Procuradores de Justiça;

▸ Esta lei: art. 31.

IV – os Promotores de Justiça.

▸ Esta lei: art. 32.

SEÇÃO III. DOS ÓRGÃOS AUXILIARES

ART. 8º. São órgãos auxiliares do Ministério Público, além de outros criados pela Lei Orgânica:

I – os Centros de Apoio Operacional;

▸ Esta lei: art. 33.

II – a Comissão de Concurso;

▸ Esta lei: art. 34.

III – o Centro de Estudos e Aperfeiçoamento Funcional;

▸ Esta lei: art. 35.

IV – os órgãos de apoio administrativo;

▸ Esta lei: art. 36.

V – os estagiários.

▸ Esta lei: art. 37.

CAPÍTULO III. DOS ÓRGÃOS DE ADMINISTRAÇÃO

SEÇÃO I. DA PROCURADORIA-GERAL DE JUSTIÇA

ART. 9º. Os Ministérios Públicos dos Estados formarão lista tríplice, dentre integrantes da carreira, na forma da lei respectiva, para escolha de seu Procurador-Geral, que será nomeado pelo Chefe do Poder Executivo, para mandato de dois anos, permitida uma recondução, observado o mesmo procedimento.

▸ CF: art. 128, § 3º.

§ 1º. A eleição da lista tríplice far-se-á mediante voto plurinominal de todos os integrantes da carreira.

§ 2º. A destituição do Procurador-Geral de Justiça, por iniciativa do Colégio de Procuradores, deverá ser precedida de autorização de um terço dos membros da Assembleia Legislativa.

▸ CF: art. 128, § 4º.

§ 3º. Nos seus afastamentos e impedimentos o Procurador-Geral de Justiça será substituído na forma da Lei Orgânica.

§ 4º. Caso o Chefe do Poder Executivo não efetive a nomeação do Procurador-Geral de Justiça, nos quinze dias que se seguirem ao recebimento da lista tríplice, será investido automaticamente no cargo o membro do Ministério Público mais votado, para exercício do mandato.

ART. 10. Compete ao Procurador-Geral de Justiça:

▸ Esta lei: arts. 29, III e 38, § 2º.

I – exercer a chefia do Ministério Público, representando-o judicial e extrajudicialmente;

II – integrar, como membro nato, e presidir o colégio de Procuradores de Justiça e o Conselho Superior do Ministério Público;

▸ Esta lei: art. 14, I.

III – submeter ao Colégio de Procuradores de Justiça as propostas de criação e extinção de cargos e serviços auxiliares e de orçamento anual;

IV – encaminhar ao Poder Legislativo os projetos de lei de iniciativa do Ministério Público;

V – praticar atos e decidir questões relativas à administração geral e execução orçamentária do Ministério Público;

VI – prover os cargos iniciais da carreira e dos serviços auxiliares, bem como nos casos de remoção, promoção, convocação e demais formas de provimento derivado;

VII – editar atos de aposentadoria, exoneração e outros que importem em vacância de cargos da carreira ou dos serviços auxiliares e atos de disponibilidade de membros do Ministério Público e de seus servidores;

VIII – delegar suas funções administrativas;

IX – designar membros do Ministério Público para:

a) exercer as atribuições de dirigente dos Centros de Apoio Operacional;

b) ocupar cargo de confiança junto aos órgãos da Administração Superior;

c) integrar organismos estatais afetos a sua área de atuação;

▸ CF: art. 129, IX.

d) oferecer denúncia ou propor ação civil pública nas hipóteses de não confirmação de arquivamento de inquérito policial ou civil, bem como de quaisquer peças de informações;

e) acompanhar inquérito policial ou diligência investigatória, devendo recair a escolha sobre o membro do Ministério Público com atribuição para, em tese, oficiar no feito, segundo as regras ordinárias de distribuição de serviços;

f) assegurar a continuidade dos serviços, em caso de vacância, afastamento temporário, ausência, impedimento ou suspeição de titular de cargo, ou com consentimento deste;

g) por ato excepcional e fundamentado, exercer as funções processuais afetas a outro membro da instituição, submetendo sua decisão previamente ao Conselho Superior do Ministério Público;

h) oficiar perante a Justiça Eleitoral de primeira instância, ou junto ao Procurador-Regional Eleitoral, quando por este solicitado;

X – dirimir conflitos de atribuições entre membros do Ministério Público, designando quem deva oficiar no feito;

XI – decidir processo disciplinar contra membro do Ministério Público, aplicando as sanções cabíveis;

XII – expedir recomendações, sem caráter normativo aos órgãos do Ministério Público, para o desempenho de suas funções;

XIII – encaminhar aos Presidentes dos Tribunais as listas sêxtuplas a que se referem os arts. 94, *caput*, e 104, parágrafo único, inciso II, da Constituição Federal;

XIV – exercer outras atribuições previstas em lei.

ART. 11. O Procurador-Geral de Justiça poderá ter em seu Gabinete, no exercício de cargo de confiança, Procuradores ou Promotores de Justiça da mais elevada entrância ou categoria, por ele designados.

SEÇÃO II.
DO COLÉGIO DE PROCURADORES DE JUSTIÇA

ART. 12. O Colégio de Procuradores de Justiça é composto por todos os Procuradores de Justiça, competindo-lhe:

I – opinar, por solicitação do Procurador-Geral de Justiça ou de um quarto de seus integrantes, sobre matéria relativa à autonomia do Ministério Público, bem como sobre outras de interesse institucional;

II – propor ao Procurador-Geral de Justiça a criação de cargos e serviços auxiliares, modificações na Lei Orgânica e providências relacionadas ao desempenho das funções institucionais;

III – aprovar a proposta orçamentária anual do Ministério Público, elaborada pela Procuradoria-Geral de Justiça, bem como os projetos de criação de cargos e serviços auxiliares;

IV – propor ao Poder Legislativo a destituição do Procurador-Geral de Justiça, pelo voto de dois terços de seus membros e por iniciativa da maioria absoluta de seus integrantes em caso de abuso de poder, conduta incompatível ou grave omissão nos deveres do cargo, assegurada ampla defesa;

V – eleger o Corregedor-Geral do Ministério Público;

▸ Esta lei: art. 16.

VI – destituir o Corregedor-Geral do Ministério Público, pelo voto de dois terços de seus membros, em caso de abuso de poder, conduta incompatível ou grave omissão nos deveres do cargo, por representação do Procurador-Geral de Justiça ou da maioria de seus integrantes, assegurada ampla defesa;

VII – recomendar ao Corregedor-Geral do Ministério Público a instauração de procedimento administrativo disciplinar contra membro do Ministério Público;

VIII – julgar recurso contra decisão:

LEIS ORDINÁRIAS

a) de vitaliciamento, ou não, de membro do Ministério Público;

b) condenatória em procedimento administrativo disciplinar;

c) proferida em reclamação sobre o quadro geral de antiguidade;

d) de disponibilidade e remoção de membro do Ministério Público, por motivo de interesse público;

▸ CF: art. 128, § 5º, I, b.

e) de recusa prevista no § 3º do art. 15 desta lei;

IX – decidir sobre pedido de revisão de procedimento administrativo disciplinar;

X – deliberar por iniciativa de um quarto de seus integrantes ou do Procurador-Geral de Justiça, que este ajuíze ação cível de decretação de perda do cargo de membro vitalício do Ministério Público nos casos previstos nesta Lei;

▸ CF: art. 128, § 5º, I, b.

XI – rever, mediante requerimento de legítimo interessado, nos termos da Lei Orgânica, decisão de arquivamento de inquérito policial ou peças de informações determinada pelo Procurador-Geral de Justiça, nos casos de sua atribuição originária;

XII – elaborar seu regimento interno;

XIII – desempenhar outras atribuições que lhe forem conferidas por lei.

Parágrafo único. As decisões do Colégio de Procuradores da Justiça serão motivadas e publicadas, por extrato, salvo nas hipóteses legais de sigilo ou por deliberação da maioria de seus integrantes.

▸ CF: art. 37, caput.

ART. 13. Para exercer as atribuições do Colégio de Procuradores de Justiça com número superior a quarenta Procuradores de Justiça, poderá ser constituído Órgão Especial, cuja composição e número de integrantes a Lei Orgânica fixará.

Parágrafo único. O disposto neste artigo não se aplica às hipóteses previstas nos incisos I, IV, V e VI do artigo anterior, bem como a outras atribuições a serem deferidas à totalidade do Colégio de Procuradores de Justiça pela Lei Orgânica.

SEÇÃO III. DO CONSELHO SUPERIOR DO MINISTÉRIO PÚBLICO

ART. 14. Lei Orgânica de cada Ministério Público disporá sobre a composição, inelegibilidade e prazos de sua cessação, posse e duração do mandato dos integrantes do Conselho Superior do Ministério Público, respeitadas as seguintes disposições:

I – o Conselho Superior terá como membros natos apenas o Procurador-Geral de Justiça e o Corregedor-Geral do Ministério Público;

▸ Esta lei: arts. 10, II e 16, par. ún.

II – são elegíveis somente Procuradores de Justiça que não estejam afastados da carreira;

III – o eleitor poderá votar em cada um dos elegíveis até o número de cargos postos em eleição, na forma da lei complementar estadual.

ART. 15. Ao Conselho Superior do Ministério Público compete:

▸ Esta lei: art. 30.

I – elaborar as listas sêxtuplas a que se referem os arts. 94, *caput* e 104, parágrafo único, II, da Constituição Federal;

II – indicar ao Procurador-Geral de Justiça, em lista tríplice, os candidatos a remoção ou promoção por merecimento;

III – eleger, na forma da Lei Orgânica, os membros do Ministério Público que integrarão a Comissão de Concurso de ingresso na carreira;

▸ Esta lei: art. 34.

IV – indicar o nome do mais antigo membro do Ministério Público para remoção ou promoção por antiguidade;

V – indicar ao Procurador-Geral de Justiça Promotores de Justiça para substituição por convocação;

VI – aprovar os pedidos de remoção por permuta entre membros do Ministério Público;

VII – decidir sobre vitaliciamento de membros do Ministério Público;

▸ CF: art. 128, § 5º, I, a.

VIII – determinar por voto de dois terços de seus integrantes a disponibilidade ou remoção de membros do Ministério Público, por interesse público, assegurada ampla defesa;

▸ CF: art. 128, § 5º, I, b.

IX – aprovar o quadro geral de antiguidade do Ministério Público e decidir sobre reclamações formuladas a esse respeito;

X – sugerir ao Procurador-Geral a edição de recomendações, sem caráter vinculativo, aos órgãos do Ministério Público para o desempenho de suas funções e a adoção de medidas convenientes ao aprimoramento dos serviços;

XI – autorizar o afastamento de membro do Ministério Público para frequentar curso ou seminário de aperfeiçoamento e estudo, no País ou no exterior;

XII – elaborar seu regimento interno;

XIII – exercer outras atribuições previstas em lei.

§ 1º. As decisões do Conselho Superior do Ministério Público serão motivadas e publicadas, por extrato, salvo nas hipóteses legais de sigilo ou por deliberação da maioria de seus integrantes.

▸ CF: art. 37, caput.

§ 2º. A remoção e a promoção voluntária por antiguidade e por merecimento, bem como a convocação, dependerão de prévia manifestação escrita do interessado.

▸ CF: art. 128, § 5º, I, b.

§ 3º. Na indicação por antiguidade, o Conselho Superior do Ministério Público somente poderá recusar o membro do Ministério Público mais antigo pelo voto de dois terços de seus integrantes, conforme procedimento próprio, repetindo-se a votação até fixar-se a indicação, após o julgamento de eventual recurso interposto com apoio na alínea e do inciso VIII do art. 12 desta lei.

SEÇÃO IV. DA CORREGEDORIA-GERAL DO MINISTÉRIO PÚBLICO

ART. 16. O Corregedor-Geral do Ministério Público será eleito pelo Colégio de Procuradores, dentre os Procuradores de Justiça, para mandato de dois anos, permitida uma recondução, observado o mesmo procedimento.

▸ *Esta lei: arts. 12, V e 13.*

Parágrafo único. O Corregedor-Geral do Ministério Público é membro nato do Colégio de Procuradores de Justiça e do Conselho Superior do Ministério Público.

▸ *Esta lei: art. 14, I.*

ART. 17. A Corregedoria-Geral do Ministério Público é o órgão orientador e fiscalizador das atividades funcionais e da conduta dos membros do Ministério Público, incumbindo-lhe, dentre outras atribuições:

I – realizar correições e inspeções;

II – realizar inspeções nas Procuradorias de Justiça, remetendo relatório reservado ao Colégio de Procuradores de Justiça;

III – propor ao Conselho Superior do Ministério Público, na forma da Lei Orgânica, o não vitaliciamento de membro do Ministério Público;

IV – fazer recomendações, sem caráter vinculativo, a órgão de execução;

V – instaurar, de ofício ou por provocação dos demais órgãos da Administração Superior do Ministério Público, processo disciplinar contra membro da instituição, presidindo-o e aplicando as sanções administrativas cabíveis, na forma da Lei Orgânica;

VI – encaminhar ao Procurador-Geral de Justiça os processos administrativos disciplinares que, na forma da Lei Orgânica, incumba a este decidir;

VII – remeter aos demais órgãos da Administração Superior do Ministério Público informações necessárias ao desempenho de suas atribuições;

VIII – apresentar ao Procurador-Geral de Justiça, na primeira quinzena de fevereiro, relatório com dados estatísticos sobre as atividades das Procuradorias e Promotorias de Justiça, relativas ao ano anterior.

ART. 18. O Corregedor-Geral do Ministério Público será assessorado por Promotores de Justiça da mais elevada entrância ou categoria, por ele indicados e designados pelo Procurador-Geral de Justiça.

Parágrafo único. Recusando-se o Procurador-Geral de Justiça a designar os Promotores de Justiça que lhe foram indicados, o Corregedor-Geral do Ministério Público poderá submeter a indicação à deliberação do Colégio de Procuradores.

SEÇÃO V. DAS PROCURADORIAS DE JUSTIÇA

ART. 19. As Procuradorias de Justiça são órgãos de Administração do Ministério Público, com cargos de Procurador de Justiça e serviços auxiliares necessários ao desempenho das funções que lhe forem cometidas pela Lei Orgânica.

▸ *Esta lei: art. 6º, I.*

§ 1º. É obrigatória a presença de Procurador de Justiça nas sessões de julgamento dos processos da respectiva Procuradoria de Justiça.

§ 2º. Os Procuradores de Justiça exercerão inspeção permanente dos serviços dos Promotores de Justiça nos autos em que oficiem, remetendo seus relatórios à Corregedoria-Geral do Ministério Público.

ART. 20. Os Procuradores de Justiça das Procuradorias de Justiça civis e criminais, que oficiem junto ao mesmo Tribunal, reunir-se-ão para fixar orientações jurídicas, sem caráter vinculativo, encaminhando-as ao Procurador-Geral de Justiça.

ART. 21. A divisão interna dos serviços das Procuradorias de Justiça sujeitar-se-á a critérios objetivos definidos pelo Colégio de Procuradores, que visem à distribuição equitativa dos processos por sorteio, observadas, para esse efeito, as regras de proporcionalidade, especialmente a alternância fixada em função da natureza, volume e espécie dos feitos.

Parágrafo único. A norma deste artigo só não incidirá nas hipóteses em que os Procuradores de Justiça definam, consensualmente, conforme critérios próprios, a divisão interna dos serviços.

ART. 22. À Procuradoria de Justiça compete, na forma da Lei Orgânica, dentre outras atribuições:

I – escolher o Procurador de Justiça responsável pelos serviços administrativos da Procuradoria;

II – propor ao Procurador-Geral de Justiça a escala de férias de seus integrantes;

III – solicitar ao Procurador-Geral de Justiça, em caso de licença de Procurador de Justiça ou afastamento de suas funções junto à Procuradoria de Justiça, que convoque Promotor de Justiça da mais elevada entrância ou categoria para substituí-lo.

SEÇÃO VI. DAS PROMOTORIAS DE JUSTIÇA

ART. 23. As Promotorias de Justiça são órgãos de administração do Ministério Público com pelo menos um cargo de Promotor de Justiça e serviços auxiliares necessários ao desempenho das funções que lhe forem cometidas pela Lei Orgânica.

▸ *Esta lei: art. 6º, II.*

§ 1º. As Promotorias de Justiça poderão ser judiciais ou extrajudiciais, especializadas, gerais ou cumulativas.

§ 2º. As atribuições das Promotorias de Justiça e dos cargos dos Promotores de Justiça que a integram serão fixadas mediante proposta do Procurador-Geral de Justiça, aprovada pelo Colégio de Procuradores de Justiça.

§ 3º. A exclusão, inclusão ou outra modificação nas atribuições das Promotorias de Justiça ou dos cargos dos Promotores de Justiça que a integram serão efetuadas mediante proposta do Procurador-Geral de Justiça, aprovada por maioria absoluta do Colégio de Procuradores.

ART. 24. O Procurador-Geral de Justiça poderá, com a concordância do Promotor de Justiça titular, designar outro Promotor para funcionar em feito determinado, de atribuição daquele.

CAPÍTULO IV. DAS FUNÇÕES DOS ÓRGÃOS DE EXECUÇÃO

SEÇÃO I. DAS FUNÇÕES GERAIS

▸ Lei nº 10.741, de 01-10-2003, arts. 73 a 77, Estatuto do Idoso.

ART. 25. Além das funções previstas nas Constituições Federal e Estadual, na Lei Orgânica e em outras leis, incumbe, ainda, ao Ministério Público:

I – propor ação de inconstitucionalidade de leis ou atos normativos estaduais ou municipais, em face à Constituição Estadual;

▸ CF: art. 129, IV.

II – promover a representação de inconstitucionalidade para efeito de intervenção do Estado nos Municípios;

III – promover, privativamente, a ação penal pública, na forma da lei;

▸ CF: art. 129, I.

IV – promover o inquérito civil e a ação civil pública, na forma da lei:

a) para a proteção, prevenção e reparação dos danos causados ao meio ambiente, ao consumidor, aos bens e direitos de valor artístico, estético, histórico, turístico e paisagístico, e a outros interesses difusos, coletivos e individuais indisponíveis e homogêneos;

▸ CF: art. 129, III.

b) para a anulação ou declaração de nulidade de atos lesivos ao patrimônio público ou à moralidade administrativa do Estado ou de Município, de suas administrações indiretas ou fundacionais ou de entidades privadas de que participem;

V – manifestar-se nos processos em que sua presença seja obrigatória por lei e, ainda, sempre que cabível a intervenção, para assegurar o exercício de suas funções institucionais, não importando a fase ou grau de jurisdição em que se encontrem os processos;

▸ CPP: arts. 29 e 45.

VI – exercer a fiscalização dos estabelecimentos prisionais e dos que abriguem idosos, menores, incapazes ou pessoas portadoras de deficiência;

▸ Lei nº 7.210, de 11-07-1984, art. 68, par. ún., Lei de Execução Penal.

▸ Lei nº 8.069, de 13-07-1990, art. 201, XI, Estatuto da Criança e do Adolescente.

VII – deliberar sobre a participação em organismos estatais de defesa do meio ambiente, neste compreendido o do trabalho, do consumidor, de política penal e penitenciária e outros afetos à sua área de atuação;

▸ Esta lei: art. 44.

VIII – ingressar em juízo, de ofício, para responsabilizar os gestores do dinheiro público condenados por tribunais e conselhos de contas;

IX – interpor recursos ao Supremo Tribunal Federal e ao Superior Tribunal de Justiça;

X – (Vetado);

XI – (Vetado).

Parágrafo único. É vedado o exercício das funções do Ministério Público a pessoas a ele estranhas, sob pena de nulidade do ato praticado.

▸ CF: art. 129, § 2º.

ART. 26. No exercício de suas funções, o Ministério Público poderá:

I – instaurar inquéritos civis e outras medidas e procedimentos administrativos pertinentes e, para instruí-los:

a) expedir notificações para colher depoimento ou esclarecimentos e, em caso de não comparecimento injustificado, requisitar condução coercitiva, inclusive pela Polícia Civil ou Militar, ressalvadas as prerrogativas previstas em lei;

▸ CF: art. 129, VI.

b) requisitar informações, exames periciais e documentos de autoridades federais, estaduais e municipais, bem como dos órgãos e entidades da administração direta, indireta ou fundacional, de qualquer dos Poderes da União, dos Estados, do Distrito Federal e dos Municípios;

▸ CF: art. 129, VIII.

▸ CPP: art. 47.

c) promover inspeções e diligências investigatórias junto às autoridades, órgãos e entidades a que se refere a alínea anterior;

II – requisitar informações e documentos a entidades privadas, para instruir procedimentos ou processo em que oficie;

III – requisitar à autoridade competente a instauração de sindicância ou procedimento administrativo cabível;

IV – requisitar diligências investigatórias e a instauração de inquérito policial e de inquérito policial militar, observado o disposto no Art. 129, inciso VIII, da Constituição Federal, podendo acompanhá-los;

V – praticar atos administrativos executórios, de caráter preparatório;

VI – dar publicidade dos procedimentos administrativos não disciplinares que instaurar e das medidas adotadas;

VII – sugerir ao Poder competente a edição de normas e a alteração da legislação em vigor, bem como a adoção de medidas propostas, destinadas à prevenção e controle da criminalidade;

VIII – manifestar-se em qualquer fase dos processos, acolhendo solicitação do juiz, da parte ou por sua iniciativa, quando entender existente interesse em causa que justifique a intervenção.

§ 1º. As notificações e requisições previstas neste artigo, quando tiverem como destinatários o Governador do Estado, os membros do Poder Legislativo e os desembargadores, serão encaminhadas pelo Procurador-Geral de Justiça.

§ 2º. O membro do Ministério Público será responsável pelo uso indevido das informações e documentos que requisitar, inclusive nas hipóteses legais de sigilo.

§ 3º. Serão cumpridas gratuitamente as requisições feitas pelo Ministério Público às autoridades, órgãos e entidades da Administração Pública direta, indireta ou fundacional, de qualquer dos Poderes da União, dos Estados, do Distrito Federal e dos Municípios.

§ 4º. A falta ao trabalho, em virtude de atendimento à notificação ou requisição, na forma do inciso I deste artigo, não autoriza desconto de vencimentos ou salário, considerando-se de efetivo exercício, para todos os efeitos, mediante comprovação escrita do membro do Ministério Público.

§ 5º. Toda representação ou petição formulada ao Ministério Público será distribuída entre os membros da instituição que tenham atribuições para apreciá-la, observados os critérios fixados pelo Colégio de Procuradores.

ART. 27. Cabe ao Ministério Público exercer a defesa dos direitos assegurados nas Constituições Federal e Estadual, sempre que se cuidar de garantir-lhe o respeito:

I – pelos poderes estaduais ou municipais;

II – pelos órgãos da Administração Pública Estadual ou Municipal, direta ou indireta;

III – pelos concessionários e permissionários de serviço público estadual ou municipal;

IV – por entidades que exerçam outra função delegada do Estado ou do Município ou executem serviço de relevância pública.

Parágrafo único. No exercício das atribuições a que se refere este artigo, cabe ao Ministério Público, entre outras providências:

I – receber notícias de irregularidades, petições ou reclamações de qualquer natureza, promover as apurações cabíveis que lhes sejam próprias e dar-lhes as soluções adequadas;

II – zelar pela celeridade e racionalização dos procedimentos administrativos;

III – dar andamento, no prazo de trinta dias, às notícias de irregularidades, petições ou reclamações referidas no inciso I;

IV – promover audiências públicas e emitir relatórios, anual ou especiais, e recomendações dirigidas aos órgãos e entidades mencionadas no *caput* deste artigo, requisitando ao destinatário sua divulgação adequada e imediata, assim como resposta por escrito.

ART. 28. (Vetado).

SEÇÃO II.
DO PROCURADOR-GERAL DE JUSTIÇA

ART. 29. Além das atribuições previstas nas Constituições Federal e Estadual, na Lei Orgânica e em outras leis, compete ao Procurador-Geral de Justiça:

▸ *Esta lei: art. 10.*

I – representar aos Tribunais locais por inconstitucionalidade de leis ou atos normativos estaduais ou municipais, em face da Constituição Estadual;

II – representar para fins de intervenção do Estado no Município, com o objetivo de assegurar a observância de princípios indicados na Constituição Estadual ou prover a execução de lei, de ordem ou de decisão judicial;

▸ *CF: arts. 35, IV e 36, III.*

III – representar o Ministério Público nas sessões plenárias dos Tribunais;

IV – (Vetado);

V – ajuizar ação penal de competência originária dos Tribunais, nela oficiando;

VI – oficiar nos processos de competência originária dos Tribunais, nos limites estabelecidos na Lei Orgânica;

VII – determinar o arquivamento de representação, notícia de crime, peças de informação, conclusão de comissões parlamentares de inquérito ou inquérito policial, nas hipóteses de suas atribuições legais;

VIII – exercer as atribuições do art. 129, II e III, da Constituição Federal, quando a autoridade reclamada for o Governador do Estado, o Presidente da Assembleia Legislativa ou os Presidentes de Tribunais, bem como quando contra estes, por ato praticado em razão de suas funções, deva ser ajuizada a competente ação;

IX – delegar a membro do Ministério Público suas funções de órgão de execução.

SEÇÃO III.
DO CONSELHO SUPERIOR DO MINISTÉRIO PÚBLICO

ART. 30. Cabe ao Conselho Superior do Ministério Público rever o arquivamento de inquérito civil, na forma da lei.

SEÇÃO IV.
DOS PROCURADORES DE JUSTIÇA

ART. 31. Cabe aos Procuradores de Justiça exercer as atribuições junto aos Tribunais, desde que não cometidas ao Procurador-Geral de Justiça, e inclusive por delegação deste.

▸ *Esta lei: arts. 15, V e 22, III.*

SEÇÃO V.
DOS PROMOTORES DE JUSTIÇA

ART. 32. Além de outras funções cometidas nas Constituições Federal e Estadual, na Lei Orgânica e demais leis, compete aos Promotores de Justiça, dentro de suas esferas de atribuições:

I – impetrar habeas-corpus e mandado de segurança e requerer correição parcial, inclusive perante os Tribunais locais competentes;

II – atender a qualquer do povo, tomando as providências cabíveis;

▸ *Esta lei: art. 43, XIII.*

III – oficiar perante à Justiça Eleitoral de primeira instância, com as atribuições do Ministério Público Eleitoral previstas na Lei Orgânica do Ministério Público da União que forem pertinentes, além de outras estabelecidas na legislação eleitoral e partidária.

▸ *Esta lei: arts. 10, IX, h e 73.*

LEIS ORDINÁRIAS

CAPÍTULO V. DOS ÓRGÃOS AUXILIARES

SEÇÃO I. DOS CENTROS DE APOIO OPERACIONAL

ART. 33. Os Centros de Apoio Operacional são órgãos auxiliares da atividade funcional do Ministério Público, competindo-lhes, na forma da Lei Orgânica:

I – estimular a integração e o intercâmbio entre órgãos de execução que atuem na mesma área de atividade e que tenham atribuições comuns;

II – remeter informações técnico-jurídicas, sem caráter vinculativo, aos órgãos ligados à sua atividade;

III – estabelecer intercâmbio permanente com entidades ou órgãos públicos ou privados que atuem em áreas afins, para obtenção de elementos técnicos especializados necessários ao desempenho de suas funções;

IV – remeter, anualmente, ao Procurador-Geral de Justiça relatório das atividades do Ministério Público relativas às suas áreas de atribuições;

V – exercer outras funções compatíveis com suas finalidades, vedado o exercício de qualquer atividade de órgão de execução, bem como a expedição de atos normativos a estes dirigidos.

SEÇÃO II. DA COMISSÃO DE CONCURSO

ART. 34. À Comissão de Concurso, órgão auxiliar de natureza transitória, incumbe realizar a seleção de candidatos ao ingresso na carreira do Ministério Público, na forma da Lei Orgânica e observado o art. 129, § 3º, da Constituição Federal.

Parágrafo único. A Lei Orgânica definirá o critério de escolha do Presidente da Comissão de Concurso de ingresso na carreira, cujos demais integrantes serão eleitos na forma do art. 15, inciso III, desta Lei.

SEÇÃO III. DO CENTRO DE ESTUDOS E APERFEIÇOAMENTO FUNCIONAL

ART. 35. O Centro de Estudos e Aperfeiçoamento Funcional é órgão auxiliar do Ministério Público destinado a realizar cursos, seminários, congressos, simpósios, pesquisas, atividades, estudos e publicações visando ao aprimoramento profissional e cultural dos membros da instituição, de seus auxiliares e funcionários, bem como a melhor execução de seus serviços e racionalização de seus recursos materiais.

Parágrafo único. A Lei Orgânica estabelecerá a organização, funcionamento e demais atribuições do Centro de Estudos e Aperfeiçoamento Funcional.

SEÇÃO IV. DOS ÓRGÃOS DE APOIO ADMINISTRATIVO

ART. 36. Lei de iniciativa do Procurador-Geral de Justiça disciplinará os órgãos e serviços auxiliares de apoio administrativo, organizados em quadro próprio de carreiras, com os cargos que atendam às suas peculiaridades e às necessidades da administração e das atividades funcionais.

SEÇÃO V. DOS ESTAGIÁRIOS

ART. 37. Os estagiários do Ministério Público, auxiliares das Promotorias de Justiça, serão nomeados pelo Procurador-Geral de Justiça, para período não superior a três anos.

Parágrafo único. A Lei Orgânica disciplinará a seleção, investidura, vedações e dispensa dos estagiários, que serão alunos dos três últimos anos do curso de bacharelado de Direito, de escolas oficiais ou reconhecidas.

▸ Lei Complementar nº 75, de 20-05-1993, art. 284, caput. Institui a Lei Orgânica Nacional do Ministério Público.

CAPÍTULO VI. DAS GARANTIAS E PRERROGATIVAS DOS MEMBROS DO MINISTÉRIO PÚBLICO

ART. 38. Os membros do Ministério Público sujeitam-se a regime jurídico especial e têm as seguintes garantias:

I – vitaliciedade, após dois anos de exercício, não podendo perder o cargo senão por sentença judicial transitada em julgado;

▸ CF: art. 128, § 5º, I, a.

▸ Esta lei: art. 15, VII.

II – inamovibilidade, salvo por motivo de interesse público;

▸ CF: art. 128, § 5º, I, b.

III – irredutibilidade de vencimentos, observado, quanto à remuneração, o disposto na Constituição Federal.

▸ CF: art. 128, § 5º, I, c.

§ 1º. O membro vitalício do Ministério Público somente perderá o cargo por sentença judicial transitada em julgado, proferida em ação civil própria, nos seguintes casos:

▸ Esta lei: art. 12, VIII, a.

I – prática de crime incompatível com o exercício do cargo, após decisão judicial transitada em julgado;

II – exercício da advocacia;

III – abandono do cargo por prazo superior a trinta dias corridos.

§ 2º. A ação civil para a decretação da perda do cargo será proposta pelo Procurador-Geral de Justiça perante o Tribunal de Justiça local, após autorização do Colégio de Procuradores, na forma da Lei Orgânica.

▸ Esta lei: art. 12, X.

ART. 39. Em caso de extinção do órgão de execução, da Comarca ou mudança da sede da Promotoria de Justiça, será facultado ao Promotor de Justiça remover-se para outra Promotoria de igual entrância ou categoria, ou obter a disponibilidade com vencimentos integrais e a contagem do tempo de serviço como se em exercício estivesse.

§ 1º. O membro do Ministério Público em disponibilidade remunerada continuará sujeito às vedações constitucionais e será classificado em quadro especial, provendo-se a vaga que ocorrer.

▸ CF: art. 128, § 5º, II.

§ 2º. A disponibilidade, nos casos previstos no *caput* deste artigo outorga ao membro do Ministério Público o direito à percepção de vencimentos e vantagens integrais e à contagem do tempo de serviço como se em exercício estivesse.

▸ Esta lei: arts. 45 a 58.

ART. 40. Constituem prerrogativas dos membros do Ministério Público, além de outras previstas na Lei Orgânica:

▸ CPP: art. 221.

I – ser ouvido, como testemunha ou ofendido, em qualquer processo ou inquérito, em dia, hora e local previamente ajustados com o Juiz ou a autoridade competente;

II – estar sujeito a intimação ou convocação para comparecimento, somente se expedida pela autoridade judiciária ou por órgão da Administração Superior do Ministério Público competente, ressalvadas as hipóteses constitucionais;

III – ser preso somente por ordem judicial escrita, salvo em flagrante de crime inafiançável, caso em que a autoridade fará, no prazo máximo de vinte e quatro horas, a comunicação e a apresentação do membro do Ministério Público ao Procurador-Geral de Justiça;

▸ CPP: arts. 301 a 303, 310, I, e 323.

IV – ser processado e julgado originariamente pelo Tribunal de Justiça de seu Estado, nos crimes comuns e de responsabilidade, ressalvada exceção de ordem constitucional;

▸ CF: art. 96, III.

▸ CPP: arts. 69, VII e 87.

V – ser custodiado ou recolhido à prisão domiciliar ou à sala especial de Estado Maior, por ordem e à disposição do Tribunal competente, quando sujeito a prisão antes do julgamento final;

▸ CPP: art. 295.

VI – ter assegurado o direito de acesso, retificação e complementação dos dados e informações relativos à sua pessoa, existentes nos órgãos da instituição, na forma da Lei Orgânica.

ART. 41. Constituem prerrogativas dos membros do Ministério Público, no exercício de sua função, além de outras previstas na Lei Orgânica:

I – receber o mesmo tratamento jurídico e protocolar dispensado aos membros do Poder Judiciário junto aos quais oficiem;

II – não ser indiciado em inquérito policial, observado o disposto no parágrafo único deste artigo;

III – ter vista dos autos após distribuição às Turmas ou Câmaras e intervir nas sessões de julgamento, para sustentação oral ou esclarecimento de matéria de fato;

IV – receber intimação pessoal em qualquer processo e grau de jurisdição, através da entrega dos autos com vista;

V – gozar de inviolabilidade pelas opiniões que externar ou pelo teor de suas manifestações processuais ou procedimentos, nos limites de sua independência funcional;

▸ CF: art. 53 e 113.

VI – ingressar e transitar livremente:

▸ Lei nº 8.906, de 04-07-1994, art. 7º, VI, Estatuto da Advocacia e Ordem dos Advogados do Brasil (OAB).

a) nas salas de sessões de Tribunais, mesmo além dos limites que separam a parte reservada aos Magistrados;

b) nas salas e dependências de audiências, secretarias, cartórios, tabelionatos, ofícios da justiça, inclusive dos registros públicos, delegacias de polícia e estabelecimento de internação coletiva;

c) em qualquer recinto público ou privado, ressalvada a garantia constitucional de inviolabilidade de domicílio;

VII – examinar, em qualquer Juízo ou Tribunal, autos de processos findos ou em andamento, ainda que conclusos à autoridade, podendo copiar peças e tomar apontamentos;

▸ Lei nº 8.906, de 04-07-1994, art. 7º, VI, Estatuto da Advocacia e Ordem dos Advogados do Brasil (OAB).

VIII – examinar, em qualquer repartição policial, autos de flagrante ou inquérito, findos ou em andamento, ainda que conclusos à autoridade, podendo copiar peças e tomar apontamentos;

▸ Lei nº 8.906, de 04-07-1994, art. 7º, XIV, Estatuto da Advocacia e Ordem dos Advogados do Brasil (OAB).

IX – ter acesso ao indiciado preso, a qualquer momento, mesmo quando decretada a sua incomunicabilidade;

▸ Lei nº 8.906, de 04-07-1994, art. 7º, III, Estatuto da Advocacia e Ordem dos Advogados do Brasil (OAB).

X – usar as vestes talares e as insígnias privativas do Ministério Público;

XI – tomar assento à direita dos Juízes de primeira instância ou do Presidente do Tribunal, Câmara ou Turma.

▸ Lei nº 8.906, de 04-07-1994, art. 89, XIII, Estatuto da Advocacia e Ordem dos Advogados do Brasil (OAB).

Parágrafo único. Quando no curso de investigação, houver indício da prática de infração penal por parte de membro do Ministério Público, a autoridade policial, civil ou militar remeterá, imediatamente, sob pena de responsabilidade, os respectivos autos ao Procurador-Geral de Justiça, a quem competirá dar prosseguimento à apuração.

▸ CPP: art. 87.

ART. 42. Os membros do Ministério Público terão carteira funcional, expedida na forma da Lei Orgânica, valendo em todo o território nacional como cédula de identidade, e porte de arma, independentemente, neste caso, de qualquer ato formal de licença ou autorização.

▸ CF: art. 19, II.

CAPÍTULO VII.
DOS DEVERES E VEDAÇÕES DOS MEMBROS DO MINISTÉRIO PÚBLICO

ART. 43. São deveres dos membros do Ministério Público, além de outros previstos em lei:

I – manter ilibada conduta pública e particular;

LEIS ORDINÁRIAS

II – zelar pelo prestígio da Justiça, por suas prerrogativas e pela dignidade de suas funções;

III – indicar os fundamentos jurídicos de seus pronunciamentos processuais, elaborando relatório em sua manifestação final ou recursal;

▸ *CF: art. 129, VIII.*

IV – obedecer aos prazos processuais;

V – assistir aos atos judiciais, quando obrigatória ou conveniente a sua presença;

VI – desempenhar, com zelo e presteza, as suas funções;

VII – declarar-se suspeito ou impedido, nos termos da lei;

▸ *Súmula nº 234 do STJ.*

▸ *CPP: arts. 112 e 258.*

VIII – adotar, nos limites de suas atribuições, as providências cabíveis em face da irregularidade de que tenha conhecimento ou que ocorra nos serviços a seu cargo;

IX – tratar com urbanidade as partes, testemunhas, funcionários e auxiliares da Justiça;

X – residir, se titular, na respectiva Comarca;

XI – prestar informações solicitadas pelos órgãos da instituição;

XII – identificar-se em suas manifestações funcionais;

XIII – atender aos interessados, a qualquer momento, nos casos urgentes;

▸ *Esta lei: art. 32, II.*

XIV – acatar, no plano administrativo, as decisões dos órgãos da Administração Superior do Ministério Público.

ART. 44. Aos membros do Ministério Público se aplicam as seguintes vedações:

I – receber, a qualquer título e sob qualquer pretexto, honorários, percentagens ou custas processuais;

▸ *CF: art. 128, § 5º, II, a.*

II – exercer advocacia;

▸ *CF: art. 128, § 5º, II, b.*

III – exercer o comércio ou participar de sociedade comercial, exceto como cotista ou acionista;

▸ *CF: art. 128, § 5º, II, c.*

IV – exercer, ainda que em disponibilidade, qualquer outra função pública, salvo uma de Magistério;

▸ *CF: art. 128, § 5º, II, d.*

V – exercer atividade político-partidária, ressalvada a filiação e as exceções previstas em lei.

Parágrafo único. Não constituem acumulação, para os efeitos do inciso IV deste artigo, as atividades exercidas em organismos estatais afetos à área de atuação do Ministério Público, em Centro de Estudo e Aperfeiçoamento de Ministério Público, em entidades de representação de classe e o exercício de cargos de confiança na sua administração e nos órgãos auxiliares.

CAPÍTULO VIII. DOS VENCIMENTOS, VANTAGENS E DIREITOS

ART. 45. O membro do Ministério Público, convocado ou designado para substituição, terá direito à diferença de vencimento entre o seu cargo e o que ocupar.

ART. 46. A revisão da remuneração dos membros do Ministério Público far-se-á na forma da lei estadual.

ART. 47. Os vencimentos dos membros do Ministério Público serão fixados com diferença não excedente a dez por cento de uma para outra entrância ou categoria, ou da entrância mais elevada para o cargo de Procurador-Geral de Justiça, garantindo-se aos Procuradores de Justiça não menos de noventa e cinco por cento dos vencimentos atribuídos ao Procurador-Geral.

ART. 48. A remuneração dos membros dos Ministérios Públicos dos Estados observará, como limite máximo, os valores percebidos como remuneração, em espécie, a qualquer título, pelos membros do Poder Judiciário local.

ART. 49. ~~Os vencimentos do Procurador-Geral de Justiça, em cada Estado, para efeito do disposto no § 1º do art. 39 da Constituição Federal, guardarão equivalência com os vencimentos dos Desembargadores dos Tribunais de Justiça.~~

ART. 50. Além dos vencimentos, poderão ser outorgadas, a membro do Ministério Público, nos termos da lei, as seguintes vantagens:

I – ajuda de custo, para despesas de transporte e mudança;

II – auxílio-moradia, nas Comarcas em que não haja residência oficial condigna para o membro do Ministério Público;

III – salário-família;

IV – diárias;

V – verba de representação de Ministério Público;

VI – gratificação pela prestação de serviço à Justiça Eleitoral, equivalente àquela devida ao Magistrado ante o qual oficiar;

VII – gratificação pela prestação de serviço à Justiça do Trabalho, nas Comarcas em que não haja Junta de Conciliação e Julgamento;

VIII – gratificação adicional por ano de serviço, incidente sobre o vencimento básico e a verba de representação, observado o disposto no § 3º deste artigo e no inciso XIV do art. 37 da Constituição Federal;

IX – gratificação pelo efetivo exercício em Comarca de difícil provimento, assim definida e indicada em lei ou em ato do Procurador-Geral de Justiça;

X – gratificação pelo exercício cumulativo de cargos ou funções;

XI – verba de representação pelo exercício de cargos de direção ou de confiança junto aos órgãos da Administração Superior;

XII – outras vantagens previstas em lei, inclusive as concedidas aos servidores públicos em geral.

LEIS ORDINÁRIAS

§ 1º. Aplicam-se aos membros do Ministério Público os direitos sociais previstos no art. 7º, incisos VIII, XII, XVII, XVIII e XIX, da Constituição Federal.

§ 2º. Computar-se-á, para efeito de aposentadoria, disponibilidade e adicionais por tempo de serviço, o tempo de exercício da advocacia, até o máximo de quinze anos.

§ 3º. Constitui parcela dos vencimentos, para todos os efeitos, a gratificação de representação de Ministério Público.

ART. 51. O direito a férias anuais, coletivas e individuais, do membro do Ministério Público, será igual ao dos Magistrados, regulando a Lei Orgânica a sua concessão e aplicando-se o disposto no art. 7º, inciso XVII, da Constituição Federal.

ART. 52. Conceder-se-á licença:

I – para tratamento de saúde;

II – por motivo de doença de pessoa da família;

III – à gestante;

IV – paternidade;

V – em caráter especial;

VI – para casamento, até oito dias;

VII – por luto, em virtude de falecimento do cônjuge, ascendente, descendente, irmãos, sogros, noras e genros, até oito dias;

VIII – em outros casos previstos em lei.

Parágrafo único. A Lei Orgânica disciplinará as licenças referidas neste artigo, não podendo o membro do Ministério Público, nessas situações, exercer qualquer de suas funções.

ART. 53. São considerados como de efetivo exercício, para todos os efeitos legais, exceto para vitaliciamento, os dias em que o membro do Ministério Público estiver afastado de suas funções em razão:

I – de licença prevista no artigo anterior;

II – de férias;

III – de cursos ou seminários de aperfeiçoamento e estudos, no País ou no exterior, de duração máxima de dois anos e mediante prévia autorização do Conselho Superior do Ministério Público;

IV – de período de trânsito;

V – de disponibilidade remunerada, exceto para promoção, em caso de afastamento decorrente de punição;

VI – de designação do Procurador-Geral de Justiça para:

a) realização de atividade de relevância para a instituição;

b) direção de Centro de Estudos e Aperfeiçoamento Funcional do Ministério Público;

VII – de exercício de cargos ou de funções de direção de associação representativa de classe, na forma da Lei Orgânica;

VIII – de exercício das atividades previstas no parágrafo único do art. 44 desta lei;

IX – de outras hipóteses definidas em lei.

ART. 54. O membro do Ministério Público será aposentado, com proventos integrais, compulsoriamente, por invalidez ou aos setenta anos de idade, e, facultativamente, aos trinta anos de serviço, após cinco anos de efetivo exercício na carreira.

ART. 55. Os proventos da aposentadoria, que corresponderão à totalidade dos vencimentos percebidos no serviço ativo, a qualquer título, serão revistos na mesma proporção e na mesma data, sempre que se modificar a remuneração dos membros do Ministério Público em atividade, sendo também estendidos aos inativos quaisquer benefícios ou vantagens posteriormente concedidos àqueles, inclusive quando decorrentes de transformação ou reclassificação do cargo ou função em que se deu a aposentadoria.

Parágrafo único. Os proventos dos membros do Ministério Público aposentados serão pagos na mesma ocasião em que o forem os vencimentos dos membros do Ministério Público em atividade, figurando em folha de pagamento expedida pelo Ministério Público.

ART. 56. A pensão por morte, igual à totalidade dos vencimentos ou proventos percebidos pelos membros em atividade ou inatividade do Ministério Público, será reajustada na mesma data e proporção daqueles.

Parágrafo único. A pensão obrigatória não impedirá a percepção de benefícios decorrentes de contribuição voluntária para qualquer entidade de previdência.

ART. 57. Ao cônjuge sobrevivente e, em sua falta, aos herdeiros ou dependentes de membro do Ministério Público, ainda que aposentado ou em disponibilidade, será pago o auxílio-funeral, em importância igual a um mês de vencimentos ou proventos percebidos pelo falecido.

ART. 58. Para os fins deste Capítulo, equipara-se à esposa a companheira, nos termos da lei.

CAPÍTULO IX. DA CARREIRA

ART. 59. O ingresso nos cargos iniciais da carreira dependerá da aprovação prévia em concurso público de provas e títulos, organizado e realizado pela Procuradoria-Geral de Justiça, com participação da Ordem dos Advogados do Brasil.

§ 1º. É obrigatória a abertura do concurso de ingresso quando o número de vagas atingir a um quinto dos cargos iniciais da carreira.

§ 2º. Assegurar-se-ão ao candidato aprovado a nomeação e a escolha do cargo, de acordo com a ordem de classificação no concurso.

§ 3º. São requisitos para o ingresso na carreira, dentre outros estabelecidos pela Lei Orgânica:

I – ser brasileiro;

II – ter concluído o curso de bacharelado em Direito, em escola oficial ou reconhecida;

III – estar quite com o serviço militar;

V – estar em gozo dos direitos políticos.

LEIS ORDINÁRIAS

§ 4º. O candidato nomeado deverá apresentar, no ato de sua posse, declaração de seus bens e prestar compromisso de desempenhar, com retidão, as funções do cargo e de cumprir a Constituição e as leis.

ART. 60. Suspende-se, até definitivo julgamento, o exercício funcional de membro do Ministério Público quando, antes do decurso do prazo de dois anos, houver impugnação de seu vitaliciamento.

§ 1º. A Lei Orgânica disciplinará o procedimento de impugnação, cabendo ao Conselho Superior do Ministério Público decidir, no prazo máximo de sessenta dias, sobre o não vitaliciamento e ao Colégio de Procuradores, em trinta dias, eventual recurso.

§ 2º. Durante a tramitação do procedimento de impugnação, o membro do Ministério Público perceberá vencimentos integrais, contando-se para todos os efeitos o tempo de suspensão do exercício funcional, no caso de vitaliciamento.

ART. 61. A Lei Orgânica regulamentará o regime de remoção e promoção dos membros do Ministério Público, observados os seguintes princípios:

I – promoção voluntária, por antiguidade e merecimento, alternadamente, de uma para outra entrância ou categoria e da entrância ou categoria mais elevada para o cargo de Procurador de Justiça, aplicando-se, por assemelhação, o disposto no art. 93, incisos III e VI, da Constituição Federal;

II – apurar-se-á a antiguidade na entrância e o merecimento pela atuação do membro do Ministério Público em toda a carreira, com prevalência de critérios de ordem objetiva levando-se inclusive em conta sua conduta, operosidade e dedicação no exercício do cargo, presteza e segurança nas suas manifestações processuais, o número de vezes que já tenha participado de listas, bem como a frequência e o aproveitamento em cursos oficiais, ou reconhecidos, de aperfeiçoamento;

III – obrigatoriedade de promoção do Promotor de Justiça que figure por três vezes consecutivas ou cinco alternadas em lista de merecimento;

IV – a promoção por merecimento pressupõe dois anos de exercício na respectiva entrância ou categoria e integrar o Promotor de Justiça a primeira quinta parte da lista de antiguidade, salvo se não houver com tais requisitos quem aceite o lugar vago, ou quando o número limitado de membros do Ministério Público inviabilizar a formação de lista tríplice;

V – a lista de merecimento resultará dos três nomes mais votados, desde que obtida maioria de votos, procedendo-se, para alcançá-la, a tantas votações quantas necessárias, examinados em primeiro lugar os nomes dos remanescentes de lista anterior;

VI – não sendo caso de promoção obrigatória, a escolha recairá no membro do Ministério Público mais votado, observada a ordem dos escrutínios, prevalecendo, em caso de empate, a antiguidade na entrância ou categoria, salvo se preferir o Conselho Superior delegar a competência ao Procurador-Geral de Justiça.

ART. 62. Verificada a vaga para remoção ou promoção, o Conselho Superior do Ministério Público expedirá, no prazo máximo de sessenta dias, edital para preenchimento do cargo, salvo se ainda não instalado.

ART. 63. Para cada vaga destinada ao preenchimento por remoção ou promoção, expedir-se-á edital distinto, sucessivamente, com a indicação do cargo correspondente à vaga a ser preenchida.

ART. 64. Será permitida a remoção por permuta entre membros do Ministério Público da mesma entrância ou categoria, observado, além do disposto na Lei Orgânica:

I – pedido escrito e conjunto, formulado por ambos os pretendentes;

II – a renovação de remoção por permuta somente permitida após o decurso de dois anos;

III – que a remoção por permuta não confere direito a ajuda de custo.

ART. 65. A Lei Orgânica poderá prever a substituição por convocação, em caso de licença do titular de cargo da carreira ou de afastamento de suas funções junto à Procuradoria ou Promotoria de Justiça, somente podendo ser convocados membros do Ministério Público.

ART. 66. A reintegração, que decorrerá de sentença transitada em julgado, é o retorno do membro do Ministério Público ao cargo, com ressarcimento dos vencimentos e vantagens deixados de perceber em razão do afastamento, inclusive a contagem do tempo de serviço.

§ 1º. Achando-se provido o cargo no qual será reintegrado o membro do Ministério Público, o seu ocupante passará à disponibilidade, até posterior aproveitamento.

§ 2º. O membro do Ministério Público reintegrado será submetido a inspeção médica e, se considerado incapaz, será aposentado compulsoriamente, com as vantagens a que teria direito se efetivada a reintegração.

ART. 67. A reversão dar-se-á na entrância em que se aposentou o membro do Ministério Público, em vaga a ser provida pelo critério de merecimento, observados os requisitos legais.

ART. 68. O aproveitamento é o retorno do membro do Ministério Público em disponibilidade ao exercício funcional.

§ 1º. O membro do Ministério Público será aproveitado no órgão de execução que ocupava quando posto em disponibilidade, salvo se aceitar outro de igual entrância ou categoria, ou se for promovido.

§ 2º. Ao retornar à atividade, será o membro do Ministério Público submetido a inspeção médica e, se julgado incapaz, será aposentado compulsoriamente, com as vantagens a que teria direito se efetivado o seu retorno.

CAPÍTULO X.
DAS DISPOSIÇÕES FINAIS E TRANSITÓRIAS

ART. 69. Os Ministérios Públicos dos Estados adequarão suas tabelas de vencimentos ao disposto nesta Lei, visando à revisão da remuneração dos seus membros e servidores.

ART. 70. Fica instituída a gratificação pela prestação de serviço à Justiça Eleitoral, de que trata o art. 50. VI, desta Lei.

ART. 71. (Vetado).

ART. 72. Ao membro ou servidor do Ministério Público é vedado manter, sob sua chefia imediata, em cargo ou função de confiança, cônjuge, companheiro, ou parente até o segundo grau civil.

ART. 73. Para exercer as funções junto à Justiça Eleitoral, por solicitação do Procurador-Geral da República, os membros do Ministério Público do Estado serão designados, se for o caso, pelo respectivo Procurador-Geral de Justiça.

§ 1º. Não ocorrendo designação, exclusivamente para os serviços eleitorais, na forma do *caput* deste artigo, o Promotor Eleitoral será o membro do Ministério Público local que oficie perante o Juízo incumbido daqueles serviços.

§ 2º. Havendo impedimento ou recusa justificável, o Procurador-Geral de Justiça designará o substituto.

ART. 74. Para fins do disposto no Art. 104, parágrafo único, inciso II, da Constituição Federal e observado o que dispõe o Art. 15, inciso I, desta Lei, a lista sêxtupla de membros do Ministério Público será organizada pelo Conselho Superior de cada Ministério Público dos Estados.

ART. 75. Compete ao Procurador-Geral de Justiça, ouvido o Conselho Superior do Ministério Público, autorizar o afastamento da carreira de membro do Ministério Público que tenha exercido a opção de que trata o art. 29, § 3º, do Ato das Disposições Constitucionais Transitórias, para exercer o cargo, emprego ou função de nível equivalente ou maior na Administração Direta ou Indireta.

Parágrafo único. O período de afastamento da carreira estabelecido neste artigo será considerado de efetivo exercício, para todos os efeitos legais, exceto para remoção ou promoção por merecimento.

ART. 76. A Procuradoria-Geral de Justiça deverá propor, no prazo de um ano da promulgação desta Lei, a criação ou transformação de cargos correspondentes às funções não atribuídas aos cargos já existentes.

Parágrafo único. Aos Promotores de Justiça que executem as funções previstas neste artigo assegurar-se-á preferência no concurso de remoção.

ART. 77. No âmbito do Ministério Público, para os fins do disposto no art. 37, inciso XI, da Constituição Federal, ficam estabelecidos como limite de remuneração os valores percebidos em espécie, a qualquer título, pelo Procurador-Geral de Justiça.

ART. 78. O Ministério Público poderá firmar convênios com as associações de membros de instituição com vistas à manutenção de serviços assistenciais e culturais a seus associados.

ART. 79. O disposto nos arts. 57 e 58 desta Lei aplica-se, a partir de sua publicação, aos proventos e pensões anteriormente concedidos, não gerando efeitos financeiros anteriormente à sua vigência.

ART. 80. Aplicam-se aos Ministérios Públicos dos Estados, subsidiariamente, as normas da Lei Orgânica do Ministério Público da União.

ART. 81. Os Estados adaptarão a organização de seu Ministério Público aos preceitos desta lei, no prazo de cento e vinte dias a contar de sua publicação.

ART. 82. O dia 14 de dezembro será considerado "Dia Nacional do Ministério Público".

ART. 83. Esta lei entra em vigor na data de sua publicação.

ART. 84. Revogam-se as disposições em contrário.

Brasília, 12 de fevereiro de 1993,
172º da Independência e 105º da República.

ITAMAR FRANCO

LEI Nº 8.658, DE 26 DE MAIO DE 1993 – DISPÕE SOBRE A APLICAÇÃO DA LEI Nº 8.038 NOS TRIBUNAIS DE JUSTIÇA E NOS TRIBUNAIS REGIONAIS FEDERAIS

Dispõe sobre a aplicação, nos Tribunais de Justiça e nos Tribunais Regionais Federais, das normas da Lei nº 8.038, de 28 de maio de 1990, sobre ações penais originárias.

O PRESIDENTE DA CÂMARA DOS DEPUTADOS no exercício do cargo de PRESIDENTE DA REPÚBLICA Faço saber que o Congresso Nacional decreta e eu sanciono a seguinte lei:

ART. 1º. As normas dos arts. 1º a 12, inclusive, da Lei nº 8.038, de 28 de maio de 1990, aplicam-se às ações penais de competência originária dos Tribunais de Justiça dos Estados e do Distrito Federal, e dos Tribunais Regionais Federais.

ART. 2º. Esta lei entra em vigor na data de sua publicação.

ART. 3º. Revogam-se o Título III do Livro II do Decreto-Lei nº 3.689, de 3 de outubro de 1941, e demais disposições em contrário.

Brasília, 26 de maio de 1993;
172º da Independência e 105º da República.

INOCÊNCIO OLIVEIRA

LEI Nº 8.666, DE 21 DE JUNHO DE 1993 – INSTITUI NORMAS PARA LICITAÇÕES (EXCERTOS)

Regulamenta o art. 37, inciso XXI, da Constituição Federal, institui normas para licitações e contratos da Administração Pública e dá outras providências.

(REVOGADA pela Lei nº 14.133, de 01-04.2021, nova Lei de licitações e contratos)

O PRESIDENTE DA REPÚBLICA Faço saber que o Congresso Nacional decreta e eu sanciono a seguinte Lei:

Capítulo I. DAS DISPOSIÇÕES GERAIS

Seção I. DOS PRINCÍPIOS

ART. 1º. Esta Lei estabelece normas gerais sobre licitações e contratos administrativos pertinentes a obras, serviços, inclusive de publicidade, compras, alienações e locações no âmbito dos Poderes da União, dos Estados, do Distrito Federal e dos Municípios.

▸ *CF: arts. 22, XXVII, E 37, XXI, da CF.*

▸ *Esta lei: art. 54.*

Parágrafo único. Subordinam-se ao regime desta Lei, além dos órgãos da administração direta, os fundos especiais, as autarquias, as fundações públicas, as empresas públicas, as sociedades de economia mista e demais entidades controladas direta ou indiretamente pela União, Estados, Distrito Federal e Municípios.

▸ *CF: art. 173, parágrafo único, III.*

▸ *Esta lei: art. 4º.*

ART. 2º. As obras, serviços, inclusive de publicidade, compras, alienações, concessões, permissões e locações da Administração Pública, quando contratadas com terceiros, serão necessariamente precedidas de licitação, ressalvadas as hipóteses previstas nesta Lei.

▸ *CF: art. 37, XXI.*

Parágrafo único. Para os fins desta Lei, considera-se contrato todo e qualquer ajuste entre órgãos ou entidades da Administração Pública e particulares, em que haja um acordo de vontades para a formação de vínculo e a estipulação de obrigações recíprocas, seja qual for a denominação utilizada.

▸ *CF: art. 37, caput.*

▸ *Esta lei: art. 54.*

ART. 3º. A licitação destina-se a garantir a observância do princípio constitucional da isonomia, a seleção da proposta mais vantajosa para a administração e a promoção do desenvolvimento nacional sustentável e será processada e julgada em estrita conformidade com os princípios básicos da legalidade, da impessoalidade, da moralidade, da igualdade, da publicidade, da probidade administrativa, da vinculação ao instrumento convocatório, do julgamento objetivo e dos que lhes são correlatos. (Redação dada pela Lei nº 12.349, de 2010)

▸ *CF: art. 37, caput.*

§ 1º. É vedado aos agentes públicos:

I – admitir, prever, incluir ou tolerar, nos atos de convocação, cláusulas ou condições que comprometam, restrinjam ou frustrem o seu caráter competitivo, inclusive nos casos de sociedades cooperativas, e estabeleçam preferências ou distinções em razão da naturalidade, da sede ou domicílio dos licitantes ou de qualquer outra circunstância impertinente ou irrelevante para o específico objeto do contrato, ressalvado o disposto nos §§ 5º a 12 deste artigo e no Art. 3º da Lei nº 8.248, de 23 de outubro de 1991; (Redação dada pela Lei nº 12.349, de 2010)

II – estabelecer tratamento diferenciado de natureza comercial, legal, trabalhista, previdenciária ou qualquer outra, entre empresas brasileiras e estrangeiras, inclusive no que se refere a moeda, modalidade e local de pagamentos, mesmo quando envolvidos financiamentos de agências internacionais, ressalvado o disposto no parágrafo seguinte e no Art. 3º da Lei nº 8.248, de 23 de outubro de 1991.

§ 2º. Em igualdade de condições, como critério de desempate, será assegurada preferência, sucessivamente, aos bens e serviços:

▸ *Esta lei: art. 45, § 2º.*

I – (Revogado pela Lei nº 12.349, de 2010)

II – produzidos no País;

III – produzidos ou prestados por empresas brasileiras.

IV – produzidos ou prestados por empresas que invistam em pesquisa e no desenvolvimento de tecnologia no País. (Incluído pela Lei nº 11.196, de 2005)

V – produzidos ou prestados por empresas que comprovem cumprimento de reserva de cargos prevista em lei para pessoa com deficiência ou para reabilitado da Previdência Social e que atendam às regras de acessibilidade previstas na legislação. (Incluído pela Lei nº 13.146, de 2015)

§ 3º. A licitação não será sigilosa, sendo públicos e acessíveis ao público os atos de seu procedimento, salvo quanto ao conteúdo das propostas, até a respectiva abertura.

§ 4º. (Vetado).

§ 5º. Nos processos de licitação, poderá ser estabelecida margem de preferência para: (Incluído pela Lei nº 13.146, de 2015)

I – produtos manufaturados e para serviços nacionais que atendam a normas técnicas brasileiras; e (Incluído pela Lei nº 13.146, de 2015)

II – bens e serviços produzidos ou prestados por empresas que comprovem cumprimento de reserva de cargos prevista em lei para pessoa com deficiência ou para reabilitado da Previdência Social e que atendam às regras de acessibilidade previstas na legislação. (Incluído pela Lei nº 13.146, de 2015)

§ 6º. A margem de preferência de que trata o § 5º será estabelecida com base em estudos revistos periodicamente, em prazo não superior a 5 (cinco) anos, que levem em consideração: (Incluído pela Lei nº 12.349, de 2010)

I – geração de emprego e renda; (Incluído pela Lei nº 12.349, de 2010)

LEIS ORDINÁRIAS

II – efeito na arrecadação de tributos federais, estaduais e municipais; (Incluído pela Lei nº 12.349, de 2010)

III – desenvolvimento e inovação tecnológica realizados no País; (Incluído pela Lei nº 12.349, de 2010)

IV – custo adicional dos produtos e serviços; e (Incluído pela Lei nº 12.349, de 2010)

V – em suas revisões, análise retrospectiva de resultados. (Incluído pela Lei nº 12.349, de 2010)

§ 7º. Para os produtos manufaturados e serviços nacionais resultantes de desenvolvimento e inovação tecnológica realizados no País, poderá ser estabelecido margem de preferência adicional àquela prevista no § 5º. (Incluído pela Lei nº 12.349, de 2010)

§ 8º. As margens de preferência por produto, serviço, grupo de produtos ou grupo de serviços, a que se referem os §§ 5º e 7º, serão definidas pelo Poder Executivo federal, não podendo a soma delas ultrapassar o montante de 25% (vinte e cinco por cento) sobre o preço dos produtos manufaturados e serviços estrangeiros. (Incluído pela Lei nº 12.349, de 2010)

§ 9º. As disposições contidas nos §§ 5º e 7º deste artigo não se aplicam aos bens e aos serviços cuja capacidade de produção ou prestação no País seja inferior: (Incluído pela Lei nº 12.349, de 2010)

I – à quantidade a ser adquirida ou contratada; ou (Incluído pela Lei nº 12.349, de 2010)

II – ao quantitativo fixado com fundamento no § 7º do Art. 23 desta Lei, quando for o caso. (Incluído pela Lei nº 12.349, de 2010)

§ 10. A margem de preferência a que se refere o § 5º poderá ser estendida, total ou parcialmente, aos bens e serviços originários dos Estados Partes do Mercado Comum do Sul – Mercosul. (Incluído pela Lei nº 12.349, de 2010)

§ 11. Os editais de licitação para a contratação de bens, serviços e obras poderão, mediante prévia justificativa da autoridade competente, exigir que o contratado promova, em favor de órgão ou entidade integrante da administração pública ou daqueles por ela indicados a partir de processo isonômico, medidas de compensação comercial, industrial, tecnológica ou acesso a condições vantajosas de financiamento, cumulativamente ou não, na forma estabelecida pelo Poder Executivo federal. (Incluído pela Lei nº 12.349, de 2010)

§ 12. Nas contratações destinadas à implantação, manutenção e ao aperfeiçoamento dos sistemas de tecnologia de informação e comunicação, considerados estratégicos em ato do Poder Executivo federal, a licitação poderá ser restrita a bens e serviços com tecnologia desenvolvida no País e produzidos de acordo com o processo produtivo básico de que trata a Lei nº 10.176, de 11 de janeiro de 2001. (Incluído pela Lei nº 12.349, de 2010)

§ 13. Será divulgada na internet, a cada exercício financeiro, a relação de empresas favorecidas em decorrência do disposto nos §§ 5º, 7º, 10, 11 e 12 deste artigo, com indicação do volume de recursos destinados a cada uma delas. (Incluído pela Lei nº 12.349, de 2010)

§ 14. As preferências definidas neste artigo e nas demais normas de licitação e contratos devem privilegiar o tratamento diferenciado e favorecido às microempresas e empresas de pequeno porte na forma da lei. (Incluído pela Lei Complementar nº 147, de 2014)

§ 15. As preferências dispostas neste artigo prevalecem sobre as demais preferências previstas na legislação quando estas forem aplicadas sobre produtos ou serviços estrangeiros. (Incluído pela Lei Complementar nº 147, de 2014)

ART. 4º. Todos quantos participem de licitação promovida pelos órgãos ou entidades a que se refere o art. 1º têm direito público subjetivo à fiel observância do pertinente procedimento estabelecido nesta lei, podendo qualquer cidadão acompanhar o seu desenvolvimento, desde que não interfira de modo a perturbar ou impedir a realização dos trabalhos.

Parágrafo único. O procedimento licitatório previsto nesta lei caracteriza ato administrativo formal, seja ele praticado em qualquer esfera da Administração Pública.

ART. 5º. Todos os valores, preços e custos utilizados nas licitações terão como expressão monetária a moeda corrente nacional, ressalvado o disposto no art. 42 desta Lei, devendo cada unidade da Administração, no pagamento das obrigações relativas ao fornecimento de bens, locações, realização de obras e prestação de serviços, obedecer, para cada fonte diferenciada de recursos, a estrita ordem cronológica das datas de suas exigibilidades, salvo quando presentes relevantes razões de interesse público e mediante prévia justificativa da autoridade competente, devidamente publicada.

§ 1º. Os créditos a que se refere este artigo terão seus valores corrigidos por critérios previstos no ato convocatório e que lhes preservem o valor.

§ 2º. A correção de que trata o parágrafo anterior cujo pagamento será feito junto com o principal, correrá à conta das mesmas dotações orçamentárias que atenderam aos créditos a que se referem. (Redação dada pela Lei nº 8.883, de 1994)

§ 3º. Observados o disposto no caput, os pagamentos decorrentes de despesas cujos valores não ultrapassem o limite de que trata o inciso II do art. 24, sem prejuízo do que dispõe seu parágrafo único, deverão ser efetuados no prazo de até 5 (cinco) dias úteis, contados da apresentação da fatura. (Incluído pela Lei nº 9.648, de 1998)

ART. 5º-A. As normas de licitações e contratos devem privilegiar o tratamento diferenciado e favorecido às microempresas e empresas de pequeno porte na forma da lei. (Incluído pela Lei Complementar nº 147, de 2014)

SEÇÃO II. DAS DEFINIÇÕES

ART. 6º. Para os fins desta Lei, considera-se:

I – Obra – toda construção, reforma, fabricação, recuperação ou ampliação, realizada por execução direta ou indireta;

II – Serviço – toda atividade destinada a obter determinada utilidade de interesse para a Administração, tais como: demolição, conserto, instalação, montagem, operação, conservação, reparação, adaptação, manutenção, transporte, locação de bens, publicidade, seguro ou trabalhos técnico-profissionais;

▸ *Esta lei: arts. 14 a 16.*

LEIS ORDINÁRIAS

III – Compra – toda aquisição remunerada de bens para fornecimento de uma só vez ou parceladamente;

▸ *Esta lei: arts. 14 a 16.*

IV – Alienação – toda transferência de domínio de bens a terceiros;

▸ *Esta lei: arts. 17 a 19.*

V – Obras, serviços e compras de grande vulto – aquelas cujo valor estimado seja superior a 25 (vinte e cinco) vezes o limite estabelecido na alínea "c" do inciso I do Art. 23 desta Lei;

VI – Seguro-Garantia – o seguro que garante o fiel cumprimento das obrigações assumidas por empresas em licitações e contratos;

VII – Execução direta – a que é feita pelos órgãos e entidades da Administração, pelos próprios meios;

VIII – Execução indireta – a que o órgão ou entidade contrata com terceiros sob qualquer dos seguintes regimes: (Redação dada pela Lei nº 8.883, de 1994)

a) empreitada por preço global – quando se contrata a execução da obra ou do serviço por preço certo e total;

b) empreitada por preço unitário – quando se contrata a execução da obra ou do serviço por preço certo de unidades determinadas;

c) (Vetado).

d) tarefa – quando se ajusta mão-de-obra para pequenos trabalhos por preço certo, com ou sem fornecimento de materiais;

e) empreitada integral – quando se contrata um empreendimento em sua integralidade, compreendendo todas as etapas das obras, serviços e instalações necessárias, sob inteira responsabilidade da contratada até a sua entrega ao contratante em condições de entrada em operação, atendidos os requisitos técnicos e legais para sua utilização em condições de segurança estrutural e operacional e com as características adequadas às finalidades para que foi contratada;

IX – Projeto Básico – conjunto de elementos necessários e suficientes, com nível de precisão adequado, para caracterizar a obra ou serviço, ou complexo de obras ou serviços objeto da licitação, elaborado com base nas indicações dos estudos técnicos preliminares, que assegurem a viabilidade técnica e o adequado tratamento do impacto ambiental do empreendimento, e que possibilite a avaliação do custo da obra e a definição dos métodos e do prazo de execução, devendo conter os seguintes elementos:

a) desenvolvimento da solução escolhida de forma a fornecer visão global da obra e identificar todos os seus elementos constitutivos com clareza;

b) soluções técnicas globais e localizadas, suficientemente detalhadas, de forma a minimizar a necessidade de reformulação ou de variantes durante as fases de elaboração do projeto executivo e de realização das obras e montagem;

c) identificação dos tipos de serviços a executar e de materiais e equipamentos a incorporar à obra, bem como suas especificações que assegurem os melhores resultados para o empreendimento, sem frustrar o caráter competitivo para a sua execução;

d) informações que possibilitem o estudo e a dedução de métodos construtivos, instalações provisórias e condições organizacionais para a obra, sem frustrar o caráter competitivo para a sua execução;

e) subsídios para montagem do plano de licitação e gestão da obra, compreendendo a sua programação, a estratégia de suprimentos, as normas de fiscalização e outros dados necessários em cada caso;

f) orçamento detalhado do custo global da obra, fundamentado em quantitativos de serviços e fornecimentos propriamente avaliados;

X – Projeto Executivo – o conjunto dos elementos necessários e suficientes à execução completa da obra, de acordo com as normas pertinentes da Associação Brasileira de Normas Técnicas – ABNT;

XI – Administração Pública – a administração direta e indireta da União, dos Estados, do Distrito Federal e dos Municípios, abrangendo inclusive as entidades com personalidade jurídica de direito privado sob controle do poder público e das fundações por ele instituídas ou mantidas;

XII – Administração – órgão, entidade ou unidade administrativa pela qual a Administração Pública opera e atua concretamente;

XIII – Imprensa Oficial – veículo oficial de divulgação da Administração Pública, sendo para a União o Diário Oficial da União, e, para os Estados, o Distrito Federal e os Municípios, o que for definido nas respectivas leis; (Redação dada pela Lei nº 8.883, de 1994)

XIV – Contratante – é o órgão ou entidade signatária do instrumento contratual;

XV – Contratado – a pessoa física ou jurídica signatária de contrato com a Administração Pública;

XVI – Comissão – comissão, permanente ou especial, criada pela Administração com a função de receber, examinar e julgar todos os documentos e procedimentos relativos às licitações e ao cadastramento de licitantes.

XVII – produtos manufaturados nacionais – produtos manufaturados, produzidos no território nacional de acordo com o processo produtivo básico ou com as regras de origem estabelecidas pelo Poder Executivo federal; (Incluído pela Lei nº 12.349, de 2010)

XVIII – serviços nacionais – serviços prestados no País, nas condições estabelecidas pelo Poder Executivo federal; (Incluído pela Lei nº 12.349, de 2010)

XIX – sistemas de tecnologia de informação e comunicação estratégicos – bens e serviços de tecnologia da informação e comunicação cuja descontinuidade provoque dano significativo à administração pública e que envolvam pelo menos um dos seguintes requisitos relacionados às informações críticas: disponibilidade, confiabilidade, segurança e confidencialidade. (Incluído pela Lei nº 12.349, de 2010)

XX – produtos para pesquisa e desenvolvimento – bens, insumos, serviços e obras necessários para atividade de pesquisa científica e tecnológica, desenvolvimento de tecnologia ou inovação tecnológica, discriminados em projeto de pesquisa aprovado pela instituição contratante. (Incluído pela Lei nº 13.243, de 2016)

• • • • • • • • • • • • • • • • • • • •

Capítulo II. DA LICITAÇÃO

Seção I. DAS MODALIDADES, LIMITES E DISPENSA

ART. 20. As licitações serão efetuadas no local onde se situar a repartição interessada, salvo por motivo de interesse público, devidamente justificado.

Parágrafo único. O disposto neste artigo não impedirá a habilitação de interessados residentes ou sediados em outros locais.

ART. 21. Os avisos contendo os resumos dos editais das concorrências e das tomadas de preços, dos concursos e dos leilões, embora realizadas no local da repartição interessada, deverão ser publicados com antecedência, no mínimo, por uma vez:

I – no Diário Oficial da União, quando se tratar de licitação feita por órgão ou entidade da Administração Pública Federal e, ainda, quando se tratar de obras financiadas parcial ou totalmente com recursos federais ou garantidas por instituições federais;

II – no Diário Oficial do Estado, ou do Distrito Federal, quando se tratar respectivamente, de licitação feita por órgão ou entidade da Administração Pública Estadual ou Municipal, ou do Distrito Federal;

III – em jornal diário de grande circulação no Estado e também, se houver, em jornal de circulação no Município ou na região onde será realizada a obra, prestado o serviço, fornecido, alienado ou alugado o bem, podendo, ainda, a Administração, conforme o vulto da licitação, utilizar-se de outros meios de divulgação para ampliar a área de competição.

§ 1º O aviso publicado conterá a indicação do local em que os interessados poderão ler e obter o texto integral do edital e todas as informações sobre a licitação.

§ 2º O prazo mínimo até o recebimento das propostas ou da realização do evento será:

I – quarenta e cinco dias para:

a) concurso;

b) concorrência, quando o contrato a ser celebrado contemplar o regime de empreitada integral ou quando a licitação for do tipo "melhor técnica" ou "técnica e preço";

II – trinta dias para:

a) concorrência, nos casos não especificados na alínea b do inciso anterior;

b) tomada de preços, quando a licitação for do tipo "melhor técnica" ou "técnica e preço".

III – quinze dias para tomada de preços, nos casos não especificados na alínea b do inciso anterior, ou leilão;

IV – cinco dias úteis para convite.

§ 3º Os prazos estabelecidos no parágrafo anterior serão contados a partir da última publicação do edital resumido ou da expedição do convite, ou ainda da efetiva disponibilidade do edital ou do convite e respectivos anexos, prevalecendo a data que ocorrer mais tarde.

§ 4º Qualquer modificação no edital exige divulgação pela mesma forma que se deu o texto original, reabrindo-se o prazo inicialmente estabelecido, exceto quando, inquestionavelmente, a alteração não afetar a formulação das propostas.

ART. 22. São modalidades de licitação:

I – concorrência;

II – tomada de preços;

III – convite;

IV – concurso;

V – leilão;

§ 1º Concorrência é a modalidade de licitação entre quaisquer interessados que, na fase inicial de habilitação preliminar, comprovem possuir os requisitos mínimos de qualificação exigidos no edital para execução de seu objeto.

§ 2º Tomada de preços é a modalidade de licitação entre interessados devidamente cadastrados ou que atenderem a todas as condições exigidas para cadastramento até o terceiro dia anterior à data do recebimento das propostas, observada a necessária qualificação.

§ 3º Convite é a modalidade de licitação entre interessados do ramo pertinente ao seu objeto, cadastrados ou não, escolhidos e convidados em número mínimo e 3 (três), pela unidade administrativa, a qual afixará, em local apropriado, cópia do instrumento convocatório e o estenderá aos demais cadastrados na correspondente especialidade que manifestarem seu interesse com antecedência de até 24 (vinte e quatro) horas da apresentação das propostas.

§ 4º Concurso é a modalidade de licitação entre quaisquer interessados para escolha de trabalho técnico, científico ou artístico, mediante a instituição de prêmios ou remuneração aos vencedores, conforme critérios constantes de edital publicado na imprensa oficial com antecedência mínima de 45 (quarenta e cinco) dias.

§ 5º Leilão é a modalidade de licitação entre quaisquer interessados para a venda de bens móveis inservíveis para a Administração ou de produtos legalmente apreendidos ou penhorados, ou para a alienação de bens imóveis prevista no art. 19, a quem oferecer o maior lance, igual ou superior ao valor da avaliação.

§ 6º Na hipótese do § 3º deste artigo, existindo na praça mais de três possíveis interessados, a cada novo convite, realizado para objeto idêntico ou assemelhado, é obrigatório o convite a, no mínimo, mais um interessado, enquanto existirem cadastrados não convidados nas últimas licitações.

§ 7º Quando, por limitações do mercado ou manifesto desinteresse dos convidados, for impossível a obtenção do número mínimo de licitantes exigidos no § 3º deste artigo, essas circunstâncias deverão ser devidamente justificadas no processo, sob pena de repetição do convite.

§ 8º É vedada a criação de outras modalidades de licitação ou a combinação das referidas neste artigo.

§ 9º Na hipótese do § 2º deste artigo, a Administração somente poderá exigir do licitante não cadastrado os documentos previstos nos arts. 27 a 31, que comprovem habilitação compatível com o objeto da licitação, nos termos do edital.

ART. 23. As modalidades de licitação a que se referem os incisos I a III do artigo anterior serão determinadas em função dos seguintes limites, tendo em vista o valor estimado da contratação:

I – para obras e serviços de engenharia:

a) convite: até R$ 150.000,00 (cento e cinqüenta mil reais); (Valor atualizado para R$ 330.000,00 (trezentos e trinta mil reais) pelo Decreto nº 9.412, de 18-06-2018)

b) tomada de preços: até R$ 1.500.000,00 (um milhão e quinhentos mil reais); (Valor atualizado para R$ 3.300.000,00 (três milhões e trezentos mil reais) pelo Decreto nº 9.412, de 18-06-2018)

c) concorrência: acima de R$ 1.500.000,00 (um milhão e quinhentos mil reais); (Valor atualizado para R$ 3.300.000,00 (três milhões e trezentos mil reais) pelo Decreto nº 9.412, de 18-06-2018)

II – para compras e serviços não referidos no inciso anterior:

a) convite: até R$ 80.000,00 (oitenta mil reais); (Valor atualizado para R$ 176.000,00 (cento e setenta e seis mil reais) pelo Decreto nº 9.412, 18-06-2018)

b) tomada de preços: até R$ 650.000,00 (seiscentos e cinqüenta mil reais); (Valor atualizado para R$ 1.430.000,00 (um milhão, quatrocentos e trinta mil reais) pelo Decreto nº 9.412, de 18-06-2018)

c) concorrência: acima de R$ 650.000,00 (seiscentos e cinqüenta mil reais). (Inciso com redação dada pela Lei nº 9.648, de 27/5/1998) (Valor atualizado para R$ 1.430.000,00 (um milhão, quatrocentos e trinta mil reais) pelo Decreto nº 9.412, de 18-06-2018)

§ 1º As obras, serviços e compras efetuadas pela Administração serão divididas em tantas parcelas quantas se comprovarem técnica e economicamente viáveis, procedendo-se à licitação com vistas ao melhor aproveitamento dos recursos disponíveis no mercado e à ampliação da competitividade sem perda da economia de escala.

§ 2º Na execução de obras e serviços e nas compras de bens, parceladas nos termos do parágrafo anterior, a cada etapa ou conjunto de etapas da obra, serviço ou compra há de corresponder licitação distinta, preservada a modalidade pertinente para a execução do objeto em licitação.

§ 3º A concorrência é a modalidade de licitação cabível, qualquer que seja o valor de seu objeto, tanto na compra ou alienação de bens imóveis, ressalvado o disposto no art. 19, como nas concessões de direito real de uso e nas licitações internacionais, admitindo-se neste último caso, observados os limites deste artigo, a tomada de preços, quando o órgão ou entidade dispuser de cadastro internacional de fornecedores ou o convite, quando não houver fornecedor do bem ou serviço no País.

§ 4º Nos casos em que couber convite, a Administração poderá utilizar a tomada de preços e, em qualquer caso, a concorrência.

§ 5º É vedada a utilização da modalidade convite ou tomada de preços, conforme o caso, para parcelas de uma mesma obra ou serviço, ou ainda para obras e serviços da mesma natureza e no mesmo local que possam ser realizadas conjunta e concomitantemente, sempre que o somatório de seus valores caracterizar o caso de tomada de preços ou concorrência, respectivamente, nos termos deste artigo, exceto para as parcelas de natureza específica que possam ser executadas por pessoas ou empresas de especialidade diversa daquele do executor da obra ou serviço.

§ 6º As organizações industriais da Administração Federal direta, em face de suas peculiaridades, obedecerão aos limites estabelecidos no inciso I deste artigo também para suas compras e serviços em geral, desde que para a aquisição de materiais aplicados exclusivamente na manutenção, reparo ou fabricação de meios operacionais bélicos pertencentes à União.

§ 7º Na compra de bens de natureza divisível e desde que não haja prejuízo para o conjunto ou complexo, é permitida a cotação de quantidade inferior à demandada na licitação, com vistas a ampliação da competitividade, podendo o edital fixar quantitativo mínimo para preservar a economia de escala. (Incluído pela Lei nº 9.648, de 27-05-1998)

§ 8º No caso de consórcios públicos, aplicar-se-á o dobro dos valores mencionados no caput deste artigo quando formado por até 3 (três) entes da Federação, e o triplo, quando formado por maior número. (Incluído pela Lei nº 11.107, de 06-04-2005)

ART. 24. É dispensável a licitação: (Vide Lei nº 12.188, de 2.010)

I – para obras e serviços de engenharia de valor até 10% (dez por cento) do limite previsto na alínea "a", do inciso I do artigo anterior, desde que não se refiram a parcelas de uma mesma obra ou serviço ou ainda para obras e serviços da mesma natureza e no mesmo local que possam ser realizadas conjunta e concomitantemente; (Redação dada pela Lei nº 9.648, de 1998)

II – para outros serviços e compras de valor até 10% (dez por cento) do limite previsto na alínea "a", do inciso II do artigo anterior e para alienações, nos casos previstos nesta Lei, desde que não se refiram a parcelas de um mesmo serviço, compra ou alienação de maior vulto que possa ser realizada de uma só vez; (Redação dada pela Lei nº 9.648, de 1998)

III – nos casos de guerra ou grave perturbação da ordem;

IV – nos casos de emergência ou de calamidade pública, quando caracterizada urgência de atendimento de situação que possa ocasionar prejuízo ou comprometer a segurança de pessoas, obras, serviços, equipamentos e outros bens, públicos ou particulares, e somente para os bens necessários ao atendimento da situação emergencial ou calamitosa e para as parcelas de obras e serviços que possam ser concluídas no prazo máximo de 180 (cento e oitenta) dias consecutivos e ininterruptos, contados da ocorrência da emergência ou calamidade, vedada a prorrogação dos respectivos contratos;

V – quando não acudirem interessados à licitação anterior e esta, justificadamente, não puder ser repetida sem prejuízo para a Administração, mantidas, neste caso, todas as condições preestabelecidas;

VI – quando a União tiver que intervir no domínio econômico para regular preços ou normalizar o abastecimento;

VII – quando as propostas apresentadas consignarem preços manifestamente superiores aos praticados no mercado nacional, ou forem incompatíveis com os fixados pelos órgãos oficiais competentes, casos em que, observado o parágrafo único do art. 48 desta Lei e, persistindo a situação, será admitida a adjudicação direta dos bens ou serviços, por valor não superior ao constante do registro de preços, ou dos serviços;

VIII – para a aquisição, por pessoa jurídica de direito público interno, de bens produzidos ou serviços prestados por órgão ou entidade que integre a Administração Pública e que tenha sido criado para esse fim específico em data anterior à vigência desta Lei, desde que o preço contratado seja compatível com o praticado no mercado; (Redação dada pela Lei nº 8.883, de 1994)

IX – quando houver possibilidade de comprometimento da segurança nacional, nos casos estabelecidos em decreto do Presidente da República, ouvido o Conselho de Defesa Nacional;

X – para a compra ou locação de imóvel destinado ao atendimento das finalidades precípuas da administração, cujas necessidades de instalação e localização condicionem a sua escolha, desde que o preço seja compatível com o valor de mercado, segundo avaliação prévia; (Redação dada pela Lei nº 8.883, de 1994)

XI – na contratação de remanescente de obra, serviço ou fornecimento, em conseqüência de rescisão contratual, desde que atendida a ordem de classificação da licitação anterior e aceitas as mesmas condições oferecidas pelo licitante vencedor, inclusive quanto ao preço, devidamente corrigido;

XII – nas compras de hortifrutigranjeiros, pão e outros gêneros perecíveis, no tempo necessário para a realização dos processos licitatórios correspondentes, realizadas diretamente com base no preço do dia; (Redação dada pela Lei nº 8.883, de 1994)

XIII – na contratação de instituição brasileira incumbida regimental ou estatutariamente da pesquisa, do ensino ou do desenvolvimento institucional, ou de instituição dedicada à recuperação social do preso, desde que a contratada detenha inquestionável reputação ético-profissional e não tenha fins lucrativos; (Redação dada pela Lei nº 8.883, de 1994)

XIV – para a aquisição de bens ou serviços nos termos de acordo internacional específico aprovado pelo Congresso Nacional, quando as condições ofertadas forem manifestamente vantajosas para o Poder Público; (Redação dada pela Lei nº 8.883, de 1994)

XV – para a aquisição ou restauração de obras de arte e objetos históricos, de autenticidade certificada, desde que compatíveis ou inerentes às finalidades do órgão ou entidade.

XVI – para a impressão dos diários oficiais, de formulários padronizados de uso da administração, e de edições técnicas oficiais, bem como para prestação de serviços de informática a pessoa jurídica de direito público interno, por órgãos ou entidades que integrem a Administração Pública, criados para esse fim específico; (Incluído pela Lei nº 8.883, de 1994)

XVII – para a aquisição de componentes ou peças de origem nacional ou estrangeira, necessários à manutenção de equipamentos durante o período de garantia técnica, junto ao fornecedor original desses equipamentos, quando tal condição de exclusividade for indispensável para a vigência da garantia; (Incluído pela Lei nº 8.883, de 1994)

XVIII – nas compras ou contratações de serviços para o abastecimento de navios, embarcações, unidades aéreas ou tropas e seus meios de deslocamento quando em estada eventual de curta duração em portos, aeroportos ou localidades diferentes de suas sedes, por motivo de movimentação operacional ou de adestramento, quando a exiguidade dos prazos legais puder comprometer a normalidade e os propósitos das operações e desde que seu valor não exceda ao limite previsto na alínea "a" do inciso II do art. 23 desta Lei: (Incluído pela Lei nº 8.883, de 1994)

XIX – para as compras de material de uso pelas Forças Armadas, com exceção de materiais de uso pessoal e administrativo, quando houver necessidade de manter a padronização requerida pela estrutura de apoio logístico dos meios navais, aéreos e terrestres, mediante parecer de comissão instituída por decreto; (Incluído pela Lei nº 8.883, de 1994)

XX – na contratação de associação de portadores de deficiência física, sem fins lucrativos e de comprovada idoneidade, por órgãos ou entidades da Admininistração Pública, para a prestação de serviços ou fornecimento de mão-de-obra, desde que o preço contratado seja compatível com o praticado no mercado. (Incluído pela Lei nº 8.883, de 1994)

XXI – para a aquisição ou contratação de produto para pesquisa e desenvolvimento, limitada, no caso de obras e serviços de engenharia, a 20% (vinte por cento) do valor de que trata a alínea "b" do inciso I do caput do art. 23; (Incluído pela Lei nº 13.243, de 2016)

XXII – na contratação de fornecimento ou suprimento de energia elétrica e gás natural com concessionário, permissionário ou autorizado, segundo as normas da legislação específica; (Incluído pela Lei nº 9.648, de 1998)

XXIII – na contratação realizada por empresa pública ou sociedade de economia mista com suas subsidiárias e controladas, para a aquisição ou alienação de bens, prestação ou obtenção de serviços, desde que o preço contratado seja compatível com o praticado no mercado. (Incluído pela Lei nº 9.648, de 1998)

XXIV – para a celebração de contratos de prestação de serviços com as organizações sociais, qualificadas no âmbito das respectivas esferas de governo, para atividades contempladas no contrato de gestão. (Incluído pela Lei nº 9.648, de 1998)

XXV – na contratação realizada por Instituição Científica e Tecnológica – ICT ou por agência de fomento para a transferência de tecnologia e para o licenciamento de direito de uso ou de exploração de criação protegida. (Incluído pela Lei nº 10.973, de 2004)

XXVI – na celebração de contrato de programa com ente da Federação ou com entidade de sua administração indireta, para a prestação de serviços públicos de forma associada nos termos do autorizado em contrato de consórcio público ou em convênio de cooperação. (Incluído pela Lei nº 11.107, de 2005)

XXVII – na contratação da coleta, processamento e comercialização de resíduos sólidos urbanos recicláveis ou reutilizáveis, em áreas com sistema de coleta seletiva de lixo, efetuados por associações ou cooperativas formadas exclusivamente por pessoas físicas de baixa renda reconhecidas pelo poder público como catadores de materiais recicláveis, com o uso de equipamentos compatíveis com as normas técnicas, ambientais e de saúde pública. (Redação dada pela Lei nº 11.445, de 2007).

XXVIII – para o fornecimento de bens e serviços, produzidos ou prestados no País, que envolvam, cumulativamente, alta complexidade tecnológica e defesa nacional, mediante parecer de comissão especialmente designada pela autoridade máxima do órgão. (Incluído pela Lei nº 11.484, de 2007).

XXIX – na aquisição de bens e contratação de serviços para atender aos contingentes militares das Forças Singulares brasileiras empregadas em operações de paz no exterior, necessariamente justificadas quanto ao preço e à escolha do fornecedor ou executante e ratificadas pelo Comandante da Força. (Incluído pela Lei nº 11.783, de 2008).

XXX – na contratação de instituição ou organização, pública ou privada, com ou sem fins lucrativos, para a prestação de serviços de assistência técnica e extensão rural no âmbito do Programa Nacional de Assistência Técnica e Extensão Rural na Agricultura Familiar e na Reforma Agrária, instituído por lei federal. (Incluído pela Lei nº 12.188, de 2.010)

XXXI – nas contratações visando ao cumprimento do disposto nos arts. 3º, 4º, 5º e 20 da Lei nº 10.973, de 2 de dezembro de 2004, observados os princípios gerais de contratação dela constantes. (Incluído pela Lei nº 12.349, de 2010)

XXXII – na contratação em que houver transferência de tecnologia de produtos estratégicos para o Sistema Único de Saúde – SUS, no âmbito da Lei nº 8.080, de 19 de setembro de 1990, conforme elencados em ato da direção nacional do SUS, inclusive por ocasião da aquisição destes produtos durante as etapas de absorção tecnológica. (Incluído pela Lei nº 12.715, de 2012)

XXXIII – na contratação de entidades privadas sem fins lucrativos, para a implementação de cisternas ou outras tecnologias sociais de acesso à água para consumo humano e produção de alimentos, para beneficiar as famílias rurais de baixa renda atingidas pela seca ou falta regular de água. (Incluído pela Lei nº 12.873, de 2013)

XXXIV – para a aquisição por pessoa jurídica de direito público interno de insumos estratégicos para a saúde produzidos ou distribuídos por fundação que, regimental ou estatutariamente, tenha por finalidade apoiar órgão da administração pública direta, sua autarquia ou fundação em projetos de ensino, pesquisa, extensão, desenvolvimento institucional, científico e tecnológico e estímulo à inovação, inclusive na gestão administrativa e financeira necessária à execução desses projetos, ou em parcerias que envolvam transferência de tecnologia de produtos estratégicos para o Sistema Único de Saúde – SUS, nos termos do inciso XXXII deste artigo, e que tenha sido criada para esse fim específico em data anterior à vigência desta Lei, desde que o preço contratado seja compatível com o praticado no mercado. (Incluído pela Lei nº 13.204, de 2015)

XXXV – para a construção, a ampliação, a reforma e o aprimoramento de estabelecimentos penais, desde que configurada situação de grave e iminente risco à segurança pública. (Incluído pela Lei nº 13.500, de 2017)

§ 1º. Os percentuais referidos nos incisos I e II do caput deste artigo serão 20% (vinte por cento) para compras, obras e serviços contratados por consórcios públicos, sociedade de economia mista, empresa pública e por autarquia ou fundação qualificadas, na forma da lei, como Agências Executivas. (Incluído pela Lei nº 12.715, de 2012)

§ 2º. O limite temporal de criação do órgão ou entidade que integre a administração pública estabelecido no inciso VIII do caput deste artigo não se aplica aos órgãos ou entidades que produzem produtos estratégicos para o SUS, no âmbito da Lei nº 8.080, de 19 de setembro de 1990, conforme elencados em ato da direção nacional do SUS. (Incluído pela Lei nº 12.715, de 2012)

§ 3º. A hipótese de dispensa prevista no inciso XXI do caput, quando aplicada a obras e serviços de engenharia, seguirá procedimentos especiais instituídos em regulamentação específica. (Incluído pela Lei nº 13.243, de 2016)

§ 4º. Não se aplica a vedação prevista no inciso I do caput do art. 9º à hipótese prevista no inciso XXI do caput. (Incluído pela Lei nº 13.243, de 2016)

ART. 25. É inexigível a licitação quando houver inviabilidade de competição, em especial:

I – para aquisição de materiais, equipamentos, ou gêneros que só possam ser fornecidos por produtor, empresa ou representante comercial exclusivo, vedada a preferência de marca, devendo a comprovação de exclusividade ser feita através de atestado fornecido pelo órgão de registro do comércio do local em que se realizaria a licitação ou a obra ou o serviço, pelo Sindicato, Federação ou Confederação Patronal, ou, ainda, pelas entidades equivalentes;

II – para a contratação de serviços técnicos enumerados no art. 13 desta Lei, de natureza singular, com profissionais ou empresas de notória especialização, vedada a inexigibilidade para serviços de publicidade e divulgação;

III – para contratação de profissional de qualquer setor artístico, diretamente ou através de empresário exclusivo, desde que consagrado pela crítica especializada ou pela opinião pública.

§ 1º. Considera-se de notória especialização o profissional ou empresa cujo conceito no campo de sua especialidade, decorrente de desempenho anterior, estudos, experiências, publicações, organização, aparelhamento, equipe técnica, ou de outros requisitos relacionados com suas atividades, permita inferir que o seu trabalho é essencial e indiscutivelmente o mais adequado à plena satisfação do objeto do contrato.

§ 2º. Na hipótese deste artigo e em qualquer dos casos de dispensa, se comprovado superfaturamento, respondem solidariamente pelo dano causado à Fazenda Pública o fornecedor ou o prestador de serviços e o agente público responsável, sem prejuízo de outras sanções legais cabíveis.

CAPÍTULO IV. DAS SANÇÕES ADMINISTRATIVAS E DA TUTELA JUDICIAL

SEÇÃO I. DISPOSIÇÕES GERAIS

ART. 81. A recusa injustificada do adjudicatário em assinar o contrato, aceitar ou retirar o instrumento equivalente, dentro do prazo estabelecido pela Administração, caracteriza o descumprimento total da obrigação assumida, sujeitando-o às penalidades legalmente estabelecidas.

- *Esta lei: art. 64.*

Parágrafo único. O disposto neste artigo não se aplica aos licitantes convocados nos termos do art. 64, § 2º desta Lei, que não aceitarem a contratação, nas mesmas condições propostas pelo primeiro adjudicatário, inclusive quanto ao prazo e preço.

ART. 82. Os agentes administrativos que praticarem atos em desacordo com os preceitos desta Lei ou visando a frustrar os objetivos da licitação sujeitam-se às sanções previstas nesta Lei e nos regulamentos próprios, sem prejuízo das responsabilidades civil e criminal que seu ato ensejar.

- *CP: arts. 312 a 329.*
- *Lei nº 4.898, de 09-12-1965. Regula o Direito de Representação e o processo de Responsabilidade Administrativa Civil e Penal, nos casos de abuso de autoridade.*
- *Lei nº 8.429, de 02-06-1992, que dispõe sobre as sanções aplicáveis aos agentes públicos nos casos de enriquecimento ilícito no exercício de mandato, cargo, emprego ou função na administração pública direta, indireta ou fundacional.*

ART. 83. Os crimes definidos nesta Lei, ainda que simplesmente tentados, sujeitam os seus autores, quando servidores públicos, além das sanções penais, à perda do cargo, emprego, função ou mandato eletivo.

- *CP: art. 84.*
- *Esta lei: art. 14, II.*

▸ *Lei nº 8.429, de 02-06-1992, que dispõe sobre as sanções aplicáveis aos agentes públicos nos casos de enriquecimento ilícito no exercício de mandato, cargo, emprego ou função na administração pública direta, indireta ou fundacional.*

ART. 84. Considera-se servidor público, para os fins desta Lei, aquele que exerce, mesmo que transitoriamente ou sem remuneração, cargo, função ou emprego público.

▸ *CP: art. 327.*

▸ *Lei nº 8.112, de 11-12-1990. Dispõe sobre o regime jurídico dos servidores públicos civis da União, das autarquias e das fundações públicas federais.*

§ 1º. Equipara-se a servidor público, para os fins desta Lei, quem exerce cargo, emprego ou função em entidade paraestatal, assim consideradas, além das fundações, empresas públicas e sociedades de economia mista, as demais entidades sob controle, direto ou indireto, do Poder Público.

▸ *CP: art. 327, § 1º.*

§ 2º. A pena imposta será acrescida da terça parte, quando os autores dos crimes previstos nesta Lei forem ocupantes de cargo em comissão ou de função de confiança em órgão da Administração direta, autarquia, empresa pública, sociedade de economia mista, fundação pública, ou outra entidade controlada direta ou indiretamente pelo Poder Público.

▸ *CP: art. 327, § 2º.*

ART. 85. As infrações penais previstas nesta Lei pertinem às licitações e aos contratos celebrados pela União, Estados, Distrito Federal, Municípios, e respectivas autarquias, empresas públicas, sociedades de economia mista, fundações públicas, e quaisquer outras entidades sob seu controle direto ou indireto.

Seção II. DAS SANÇÕES ADMINISTRATIVAS

ART. 86. O atraso injustificado na execução do contrato sujeitará o contratado à multa de mora, na forma prevista no instrumento convocatório ou no contrato.

§ 1º. A multa a que alude este artigo não impede que a Administração rescinda unilateralmente o contrato e aplique as outras sanções previstas nesta Lei.

§ 2º. A multa, aplicada após regular processo administrativo, será descontada da garantia do respectivo contratado.

§ 3º. Se a multa for de valor superior ao valor da garantia prestada, além da perda desta, responderá o contratado pela sua diferença, a qual será descontada dos pagamentos eventualmente devidos pela Administração ou ainda, quando for o caso, cobrada judicialmente.

ART. 87. Pela inexecução total ou parcial do contrato a Administração poderá, garantida a prévia defesa, aplicar ao contratado as seguintes sanções:

▸ *CF: art. 5º, LV.*

I – advertência;

II – multa, na forma prevista no instrumento convocatório ou no contrato;

III – suspensão temporária de participação em licitação e impedimento de contratar com a Administração, por prazo não superior a 2 (dois) anos;

▸ *Esta lei: art. 6º, XII.*

IV – declaração de inidoneidade para licitar ou contratar com a Administração Pública enquanto perdurarem os motivos determinantes da punição ou até que seja promovida a reabilitação perante a própria autoridade que aplicou a penalidade, que será concedida sempre que o contratado ressarcir a Administração pelos prejuízos resultantes e após decorrido o prazo da sanção aplicada com base no inciso anterior.

▸ *Esta lei: art. 6º, XII.*

§ 1º. Se a multa aplicada for superior ao valor da garantia prestada, além da perda desta, responderá o contratado pela sua diferença, que será descontada dos pagamentos eventualmente devidos pela Administração ou cobrada judicialmente.

§ 2º. As sanções previstas nos incisos I, III e IV deste artigo poderão ser aplicadas juntamente com a do inciso II, facultada a defesa prévia do interessado, no respectivo processo, no prazo de 5 (cinco) dias úteis.

§ 3º. A sanção estabelecida no inciso IV deste artigo é de competência exclusiva do Ministro de Estado, do Secretário Estadual ou Municipal, conforme o caso, facultada a defesa do interessado no respectivo processo, no prazo de 10 (dez) dias da abertura de vista, podendo a reabilitação ser requerida após 2 (dois) anos de sua aplicação.

▸ *Esta lei: art. 109, III.*

ART. 88. As sanções previstas nos incisos III e IV do artigo anterior poderão também ser aplicadas às empresas ou aos profissionais que, em razão dos contratos regidos por esta Lei:

I – tenham sofrido condenação definitiva por praticarem, por meios dolosos, fraude fiscal no recolhimento de quaisquer tributos;

II – tenham praticado atos ilícitos visando a frustrar os objetivos da licitação;

III – demonstrem não possuir idoneidade para contratar com a Administração em virtude de atos ilícitos praticados.

Seção III. DOS CRIMES E DAS PENAS

ARTS. 89 a 99 (Revogados pela Lei nº 14.133 de 01-04-2021)

Seção IV. DO PROCESSO E DO PROCEDIMENTO JUDICIAL

ARTS. 100 a 108 (Revogados pela Lei nº 14.133 de 01-04-2021)

• • • • • • • • • • • • • • • • •

ART. 125. Esta Lei entra em vigor na data de sua publicação. (Renumerado por força do disposto no Art. 3º da Lei nº 8.883, de 1994)

ART. 126. Revogam-se as disposições em contrário, especialmente os Decretos-leis nº 2.300, de 21 de novembro de 1986, 2.348, de 24 de julho de 1987, 2.360, de 16 de setembro de 1987, a Lei nº 8.220, de 4 de setembro de 1991, e o art. 83 da Lei nº 5.194, de 24 de dezembro de 1966. (Renumerado por força do disposto no Art. 3º da Lei nº 8.883, de 1994)

Brasília, 21 de junho de 1993,
172º da Independência e 105º da República.

ITAMAR FRANCO

Este texto não substitui o publicado no DOU de 22.6.1993 e republicado em 6.7.1994 e retificado em de 6.7.1994

LEIS ORDINÁRIAS

LEI Nº 9.029, DE 13 DE ABRIL DE 1995 – PROÍBE A EXIGÊNCIA DE ATESTADO DE GRAVIDEZ (EXCERTOS)

Proíbe a exigência de atestados de gravidez e esterilização, e outras práticas discriminatórias, para efeitos admissionais ou de permanência da relação jurídica de trabalho, e dá outras providências.

O PRESIDENTE DA REPÚBLICA Faço saber que o Congresso Nacional decreta e eu sanciono a seguinte lei:

ART. 1º. É proibida a adoção de qualquer prática discriminatória e limitativa para efeito de acesso à relação de trabalho, ou de sua manutenção, por motivo de sexo, origem, raça, cor, estado civil, situação familiar, deficiência, reabilitação profissional, idade, entre outros, ressalvadas, nesse caso, as hipóteses de proteção à criança e ao adolescente previstas no inciso XXXIII do art. 7º da Constituição Federal. (Redação dada pela Lei nº 13.146, de 2015)

ART. 2º. Constituem crime as seguintes práticas discriminatórias:

I – a exigência de teste, exame, perícia, laudo, atestado, declaração ou qualquer outro procedimento relativo à esterilização ou a estado de gravidez;

II – a adoção de quaisquer medidas, de iniciativa do empregador, que configurem;

a) indução ou instigamento à esterilização genética;

b) promoção do controle de natalidade, assim não considerado o oferecimento de serviços e de aconselhamento ou planejamento familiar, realizados através de instituições públicas ou privadas, submetidas às normas do Sistema Único de Saúde (SUS).

Pena: detenção de um a dois anos e multa.

Parágrafo único. São sujeitos ativos dos crimes a que se refere este artigo:

I – a pessoa física empregadora;

II – o representante legal do empregador, como definido na legislação trabalhista;

III – o dirigente, direto ou por delegação, de órgãos públicos e entidades das administrações públicas direta, indireta e fundacional de qualquer dos Poderes da União, dos Estados, do Distrito Federal e dos Municípios.

ART. 3º. Sem prejuízo do prescrito no art. 2º desta Lei e nos dispositivos legais que tipificam os crimes resultantes de preconceito de etnia, raça, cor ou deficiência, as infrações ao disposto nesta Lei são passíveis das seguintes cominações: (Redação dada pela Lei nº 13.146, de 2015)

I – multa administrativa de dez vezes o valor do maior salário pago pelo empregador, elevado em cinquenta por cento em caso de reincidência;

II – proibição de obter empréstimo ou financiamento junto a instituições financeiras oficiais.

ART. 4º. O rompimento da relação de trabalho por ato discriminatório, nos moldes desta Lei, além do direito à reparação pelo dano moral, faculta ao empregado optar entre: (Redação dada pela Lei nº 12.288, de 2010)

I – a reintegração com ressarcimento integral de todo o período de afastamento, mediante pagamento das remunerações devidas, corrigidas monetariamente e acrescidas de juros legais; (Redação dada pela Lei nº 13.146, de 2015)

II – a percepção, em dobro, da remuneração do período de afastamento, corrigida monetariamente e acrescida dos juros legais.

ART. 5º. Esta lei entra em vigor na data de sua publicação.

ART. 6º. Revogam-se as disposições em contrário.

Brasília, 13 de abril de 1995;
174º da Independência e 107º da República.
FERNANDO HENRIQUE CARDOSO

Este texto não substitui o publicado no DOU de 17.4.1995

LEI Nº 9.099, DE 26 DE SETEMBRO DE 1995 – JUIZADOS ESPECIAIS CÍVEIS E CRIMINAIS

Dispõe sobre os Juizados Especiais Cíveis e Criminais e dá outras providências.

O PRESIDENTE DA REPÚBLICA Faço saber que o Congresso Nacional decreta e eu sanciono a seguinte Lei:

CAPÍTULO I. DISPOSIÇÕES GERAIS

ART. 1º. Os Juizados Especiais Cíveis e Criminais, órgãos da Justiça Ordinária, serão criados pela União, no Distrito Federal e nos Territórios, e pelos Estados, para conciliação, processo, julgamento e execução, nas causas de sua competência.

▸ *CF: arts. 24, X, e 98, I.*

ART. 2º. O processo orientar-se-á pelos critérios da oralidade, simplicidade, informalidade, economia processual e celeridade, buscando, sempre que possível, a conciliação ou a transação.

▸ *Esta lei: art. 13.*

CAPÍTULO II. DOS JUIZADOS ESPECIAIS CÍVEIS

SEÇÃO I. DA COMPETÊNCIA

ART. 3º. O Juizado Especial Cível tem competência para conciliação, processo e julgamento das causas cíveis de menor complexidade, assim consideradas:

LEIS ORDINÁRIAS

I – as causas cujo valor não exceda a quarenta vezes o salário mínimo;

II – as enumeradas no art. 275, inciso II, do Código de Processo Civil;

III – a ação de despejo para uso próprio;

IV – as ações possessórias sobre bens imóveis de valor não excedente ao fixado no inciso I deste artigo.

§ 1º. Compete ao Juizado Especial promover a execução:

I – dos seus julgados;

II – dos títulos executivos extrajudiciais, no valor de até quarenta vezes o salário mínimo, observado o disposto no § 1º do Art. 8º desta Lei.

§ 2º. Ficam excluídas da competência do Juizado Especial as causas de natureza alimentar, falimentar, fiscal e de interesse da Fazenda Pública, e também as relativas a acidentes de trabalho, a resíduos e ao estado e capacidade das pessoas, ainda que de cunho patrimonial.

§ 3º. A opção pelo procedimento previsto nesta Lei importará em renúncia ao crédito excedente ao limite estabelecido neste artigo, excetuada a hipótese de conciliação.

ART. 4º. É competente, para as causas previstas nesta Lei, o Juizado do foro:

I – do domicílio do réu ou, a critério do autor, do local onde aquele exerça atividades profissionais ou econômicas ou mantenha estabelecimento, filial, agência, sucursal ou escritório;

II – do lugar onde a obrigação deva ser satisfeita;

III – do domicílio do autor ou do local do ato ou fato, nas ações para reparação de dano de qualquer natureza.

Parágrafo único. Em qualquer hipótese, poderá a ação ser proposta no foro previsto no inciso I deste artigo.

SEÇÃO II. DO JUIZ, DOS CONCILIADORES E DOS JUÍZES LEIGOS

ART. 5º. O Juiz dirigirá o processo com liberdade para determinar as provas a serem produzidas, para apreciá-las e para dar especial valor às regras de experiência comum ou técnica.

ART. 6º. O Juiz adotará em cada caso a decisão que reputar mais justa e equânime, atendendo aos fins sociais da lei e às exigências do bem comum.

ART. 7º. Os conciliadores e Juízes leigos são auxiliares da Justiça, recrutados, os primeiros, preferentemente, entre os bacharéis em Direito, e os segundos, entre advogados com mais de cinco anos de experiência.

Parágrafo único. Os Juízes leigos ficarão impedidos de exercer a advocacia perante os Juizados Especiais, enquanto no desempenho de suas funções.

SEÇÃO III. DAS PARTES

ART. 8º. Não poderão ser partes, no processo instituído por esta Lei, o incapaz, o preso, as pessoas jurídicas de direito público, as empresas públicas da União, a massa falida e o insolvente civil.

§ 1º. Somente serão admitidas a propor ação perante o Juizado Especial: (Redação dada pela Lei nº 12.126, de 2009)

I – as pessoas físicas capazes, excluídos os cessionários de direito de pessoas jurídicas; (Incluído pela Lei nº 12.126, de 2009)

II – as pessoas enquadradas como microempreendedores individuais, microempresas e empresas de pequeno porte na forma da Lei Complementar nº 123, de 14 de dezembro de 2006; (Redação dada pela Lei Complementar nº 147, de 2014)

III – as pessoas jurídicas qualificadas como Organização da Sociedade Civil de Interesse Público, nos termos da Lei nº 9.790, de 23 de março de 1999; (Incluído pela Lei nº 12.126, de 2009)

IV – as sociedades de crédito ao microempreendedor, nos termos do Art. 1º da Lei nº 10.194, de 14 de fevereiro de 2001. (Incluído pela Lei nº 12.126, de 2009)

§ 2º. O maior de dezoito anos poderá ser autor, independentemente de assistência, inclusive para fins de conciliação.

ART. 9º. Nas causas de valor até vinte salários mínimos, as partes comparecerão pessoalmente, podendo ser assistidas por advogado; nas de valor superior, a assistência é obrigatória.

§ 1º. Sendo facultativa a assistência, se uma das partes comparecer assistida por advogado, ou se o réu for pessoa jurídica ou firma individual, terá a outra parte, se quiser, assistência judiciária prestada por órgão instituído junto ao Juizado Especial, na forma da lei local.

§ 2º. O Juiz alertará as partes da conveniência do patrocínio por advogado, quando a causa o recomendar.

§ 3º. O mandato ao advogado poderá ser verbal, salvo quanto aos poderes especiais.

§ 4º. O réu, sendo pessoa jurídica ou titular de firma individual, poderá ser representado por preposto credenciado, munido de carta de preposição com poderes para transigir, sem haver necessidade de vínculo empregatício. (Redação dada pela Lei nº 12.137, de 2009)

ART. 10. Não se admitirá, no processo, qualquer forma de intervenção de terceiro nem de assistência. Admitir-se-á o litisconsórcio.

ART. 11. O Ministério Público intervirá nos casos previstos em lei.

SEÇÃO IV. DOS ATOS PROCESSUAIS

ART. 12. Os atos processuais serão públicos e poderão realizar-se em horário noturno, conforme dispuserem as normas de organização judiciária.

ART. 12-A. Na contagem de prazo em dias, estabelecido por lei ou pelo juiz, para a prática de qualquer ato processual, inclusive para a interposição de recursos, computar-se-ão somente os dias úteis. (Incluído pela Lei nº 13.728, de 2018)

▸ *CPP: art. 798.*

ART. 13. Os atos processuais serão válidos sempre que preencherem as finalidades para as quais forem realizados, atendidos os critérios indicados no Art. 2º desta Lei.

§ 1º. Não se pronunciará qualquer nulidade sem que tenha havido prejuízo.

§ 2º. A prática de atos processuais em outras comarcas poderá ser solicitada por qualquer meio idôneo de comunicação.

§ 3º. Apenas os atos considerados essenciais serão registrados resumidamente, em notas manuscritas, datilografadas, taquigrafadas ou estenotipadas. Os demais atos poderão ser gravados em fita magnética ou equivalente, que será inutilizada após o trânsito em julgado da decisão.

§ 4º. As normas locais disporão sobre a conservação das peças do processo e demais documentos que o instruem.

SEÇÃO V. DO PEDIDO

ART. 14. O processo instaurar-se-á com a apresentação do pedido, escrito ou oral, à Secretaria do Juizado.

§ 1º. Do pedido constarão, de forma simples e em linguagem acessível:

I – o nome, a qualificação e o endereço das partes;

II – os fatos e os fundamentos, de forma sucinta;

III – o objeto e seu valor.

§ 2º. É lícito formular pedido genérico quando não for possível determinar, desde logo, a extensão da obrigação.

§ 3º. O pedido oral será reduzido a escrito pela Secretaria do Juizado, podendo ser utilizado o sistema de fichas ou formulários impressos.

ART. 15. Os pedidos mencionados no Art. 3º desta Lei poderão ser alternativos ou cumulados; nesta última hipótese, desde que conexos e a soma não ultrapasse o limite fixado naquele dispositivo.

ART. 16. Registrado o pedido, independentemente de distribuição e autuação, a Secretaria do Juizado designará a sessão de conciliação, a realizar-se no prazo de quinze dias.

ART. 17. Comparecendo inicialmente ambas as partes, instaurar-se-á, desde logo, a sessão de conciliação, dispensados o registro prévio de pedido e a citação.

Parágrafo único. Havendo pedidos contrapostos, poderá ser dispensada a contestação formal e ambos serão apreciados na mesma sentença.

▸ *Esta lei: arts. 30 e 31.*

SEÇÃO VI. DAS CITAÇÕES E INTIMAÇÕES

ART. 18. A citação far-se-á:

I – por correspondência, com aviso de recebimento em mão própria;

II – tratando-se de pessoa jurídica ou firma individual, mediante entrega ao encarregado da recepção, que será obrigatoriamente identificado;

III – sendo necessário, por oficial de justiça, independentemente de mandado ou carta precatória.

§ 1º. A citação conterá cópia do pedido inicial, dia e hora para comparecimento do citando e advertência de que, não comparecendo este, considerar-se-ão verdadeiras as alegações iniciais, e será proferido julgamento, de plano.

§ 2º. Não se fará citação por edital.

§ 3º. O comparecimento espontâneo suprirá a falta ou nulidade da citação.

ART. 19. As intimações serão feitas na forma prevista para citação, ou por qualquer outro meio idôneo de comunicação.

§ 1º. Dos atos praticados na audiência, considerar-se-ão desde logo cientes as partes.

§ 2º. As partes comunicarão ao juízo as mudanças de endereço ocorridas no curso do processo, reputando-se eficazes as intimações enviadas ao local anteriormente indicado, na ausência da comunicação.

SEÇÃO VII. DA REVELIA

ART. 20. Não comparecendo o demandado à sessão de conciliação ou à audiência de instrução e julgamento, reputar-se-ão verdadeiros os fatos alegados no pedido inicial, salvo se o contrário resultar da convicção do Juiz.

SEÇÃO VIII. DA CONCILIAÇÃO E DO JUÍZO ARBITRAL

ART. 21. Aberta a sessão, o Juiz togado ou leigo esclarecerá as partes presentes sobre as vantagens da conciliação, mostrando-lhes os riscos e as consequências do litígio, especialmente quanto ao disposto no § 3º do Art. 3º desta Lei.

ART. 22. A conciliação será conduzida pelo Juiz togado ou leigo ou por conciliador sob sua orientação.

§ 1º Obtida a conciliação, esta será reduzida a escrito e homologada pelo Juiz togado mediante sentença com eficácia de título executivo. (Parágrafo único transformado em § 1º e com redação dada pela Lei nº 13.994, de 2020)

§ 2º É cabível a conciliação não presencial conduzida pelo Juizado mediante o emprego dos recursos tecnológicos disponíveis de transmissão de sons e imagens em tempo real, devendo o resultado da tentativa de conciliação ser reduzido a escrito com os anexos pertinentes. (Incluído pela Lei nº 13.994, de 2020)

ART. 23. Se o demandado não comparecer ou recusar-se a participar da tentativa de conciliação não presencial, o Juiz togado proferirá sentença. (Redação dada pela Lei nº 13.994, de 2020)

ART. 24. Não obtida a conciliação, as partes poderão optar, de comum acordo, pelo juízo arbitral, na forma prevista nesta Lei.

§ 1º. O juízo arbitral considerar-se-á instaurado, independentemente de termo de compromisso, com a escolha do árbitro pelas partes. Se este não estiver presente, o Juiz convocá-lo-á e designará, de imediato, a data para a audiência de instrução.

§ 2º. O árbitro será escolhido dentre os juízes leigos.

ART. 25. O árbitro conduzirá o processo com os mesmos critérios do Juiz, na forma dos arts. 5º e 6º desta Lei, podendo decidir por equidade.

ART. 26. Ao término da instrução, ou nos cinco dias subsequentes, o árbitro apresentará o laudo ao Juiz togado para homologação por sentença irrecorrível.

LEIS ORDINÁRIAS

SEÇÃO IX.
DA INSTRUÇÃO E JULGAMENTO

ART. 27. Não instituído o juízo arbitral, proceder-se-á imediatamente à audiência de instrução e julgamento, desde que não resulte prejuízo para a defesa.

Parágrafo único. Não sendo possível a sua realização imediata, será a audiência designada para um dos quinze dias subsequentes, cientes, desde logo, as partes e testemunhas eventualmente presentes.

ART. 28. Na audiência de instrução e julgamento serão ouvidas as partes, colhida a prova e, em seguida, proferida a sentença.

ART. 29. Serão decididos de plano todos os incidentes que possam interferir no regular prosseguimento da audiência. As demais questões serão decididas na sentença.

Parágrafo único. Sobre os documentos apresentados por uma das partes, manifestar-se-á imediatamente a parte contrária, sem interrupção da audiência.

SEÇÃO X.
DA RESPOSTA DO RÉU

ART. 30. A contestação, que será oral ou escrita, conterá toda matéria de defesa, exceto arguição de suspeição ou impedimento do Juiz, que se processará na forma da legislação em vigor.

ART. 31. Não se admitirá a reconvenção. É lícito ao réu, na contestação, formular pedido em seu favor, nos limites do Art. 3º desta Lei, desde que fundado nos mesmos fatos que constituem objeto da controvérsia.

Parágrafo único. O autor poderá responder ao pedido do réu na própria audiência ou requerer a designação da nova data, que será desde logo fixada, cientes todos os presentes.

SEÇÃO XI.
DAS PROVAS

ART. 32. Todos os meios de prova moralmente legítimos, ainda que não especificados em lei, são hábeis para provar a veracidade dos fatos alegados pelas partes.

ART. 33. Todas as provas serão produzidas na audiência de instrução e julgamento, ainda que não requeridas previamente, podendo o Juiz limitar ou excluir as que considerar excessivas, impertinentes ou protelatórias.

ART. 34. As testemunhas, até o máximo de três para cada parte, comparecerão à audiência de instrução e julgamento levadas pela parte que as tenha arrolado, independentemente de intimação, ou mediante esta, se assim for requerido.

§ 1º. O requerimento para intimação das testemunhas será apresentado à Secretaria no mínimo cinco dias antes da audiência de instrução e julgamento.

§ 2º. Não comparecendo a testemunha intimada, o Juiz poderá determinar sua imediata condução, valendo-se, se necessário, do concurso da força pública.

ART. 35. Quando a prova do fato exigir, o Juiz poderá inquirir técnicos de sua confiança, permitida às partes a apresentação de parecer técnico.

Parágrafo único. No curso da audiência, poderá o Juiz, de ofício ou a requerimento das partes, realizar inspeção em pessoas ou coisas, ou determinar que o faça pessoa de sua confiança, que lhe relatará informalmente o verificado.

ART. 36. A prova oral não será reduzida a escrito, devendo a sentença referir, no essencial, os informes trazidos nos depoimentos.

ART. 37. A instrução poderá ser dirigida por Juiz leigo, sob a supervisão de Juiz togado.

SEÇÃO XII.
DA SENTENÇA

ART. 38. A sentença mencionará os elementos de convicção do Juiz, com breve resumo dos fatos relevantes ocorridos em audiência, dispensado o relatório.

Parágrafo único. Não se admitirá sentença condenatória por quantia ilíquida, ainda que genérico o pedido.

ART. 39. É ineficaz a sentença condenatória na parte que exceder a alçada estabelecida nesta Lei.

ART. 40. O Juiz leigo que tiver dirigido a instrução proferirá sua decisão e imediatamente a submeterá ao Juiz togado, que poderá homologá-la, proferir outra em substituição ou, antes de se manifestar, determinar a realização de atos probatórios indispensáveis.

ART. 41. Da sentença, excetuada a homologatória de conciliação ou laudo arbitral, caberá recurso para o próprio Juizado.

§ 1º. O recurso será julgado por uma turma composta por três Juízes togados, em exercício no primeiro grau de jurisdição, reunidos na sede do Juizado.

▸ *Súmula nº 376 do STJ.*

§ 2º. No recurso, as partes serão obrigatoriamente representadas por advogado.

ART. 42. O recurso será interposto no prazo de dez dias, contados da ciência da sentença, por petição escrita, da qual constarão as razões e o pedido do recorrente.

§ 1º. O preparo será feito, independentemente de intimação, nas quarenta e oito horas seguintes à interposição, sob pena de deserção.

§ 2º. Após o preparo, a Secretaria intimará o recorrido para oferecer resposta escrita no prazo de dez dias.

ART. 43. O recurso terá somente efeito devolutivo, podendo o Juiz dar-lhe efeito suspensivo, para evitar dano irreparável para a parte.

ART. 44. As partes poderão requerer a transcrição da gravação da fita magnética a que alude o § 3º do Art. 13 desta Lei, correndo por conta do requerente as despesas respectivas.

ART. 45. As partes serão intimadas da data da sessão de julgamento.

ART. 46. O julgamento em segunda instância constará apenas da ata, com a indicação suficiente do processo, fundamentação sucinta e parte dispositiva. Se a sentença for confirmada pelos próprios fundamentos, a súmula do julgamento servirá de acórdão.

ART. 47. (VETADO)

SEÇÃO XIII. DOS EMBARGOS DE DECLARAÇÃO

ART. 48. Caberão embargos de declaração contra sentença ou acórdão nos casos previstos no Código de Processo Civil. (Redação dada pela Lei nº 13.105, de 2015)

Parágrafo único. Os erros materiais podem ser corrigidos de ofício.

ART. 49. Os embargos de declaração serão interpostos por escrito ou oralmente, no prazo de cinco dias, contados da ciência da decisão.

ART. 50. Os embargos de declaração interrompem o prazo para a interposição de recurso. (Redação dada pela Lei nº 13.105, de 2015)

SEÇÃO XIV. DA EXTINÇÃO DO PROCESSO SEM JULGAMENTO DO MÉRITO

ART. 51. Extingue-se o processo, além dos casos previstos em lei:

I – quando o autor deixar de comparecer a qualquer das audiências do processo;

II – quando inadmissível o procedimento instituído por esta Lei ou seu prosseguimento, após a conciliação;

III – quando for reconhecida a incompetência territorial;

IV – quando sobrevier qualquer dos impedimentos previstos no Art. 8º desta Lei;

V – quando, falecido o autor, a habilitação depender de sentença ou não se der no prazo de trinta dias;

VI – quando, falecido o réu, o autor não promover a citação dos sucessores no prazo de trinta dias da ciência do fato.

§ 1º. A extinção do processo independerá, em qualquer hipótese, de prévia intimação pessoal das partes.

§ 2º. No caso do inciso I deste artigo, quando comprovar que a ausência decorre de força maior, a parte poderá ser isentada, pelo Juiz, do pagamento das custas.

SEÇÃO XV. DA EXECUÇÃO

ART. 52. A execução da sentença processar-se-á no próprio Juizado, aplicando-se, no que couber, o disposto no Código de Processo Civil, com as seguintes alterações:

I – as sentenças serão necessariamente líquidas, contendo a conversão em Bônus do Tesouro Nacional – BTN ou índice equivalente;

II – os cálculos de conversão de índices, de honorários, de juros e de outras parcelas serão efetuados por servidor judicial;

III – a intimação da sentença será feita, sempre que possível, na própria audiência em que for proferida. Nessa intimação, o vencido será instado a cumprir a sentença tão logo ocorra seu trânsito em julgado, e advertido dos efeitos do seu descumprimento (inciso V);

IV – não cumprida voluntariamente a sentença transitada em julgado, e tendo havido solicitação do interessado, que poderá ser verbal, proceder-se-á desde logo à execução, dispensada nova citação;

V – nos casos de obrigação de entregar, de fazer, ou de não fazer, o Juiz, na sentença ou na fase de execução, cominará multa diária, arbitrada de acordo com as condições econômicas do devedor, para a hipótese de inadimplemento. Não cumprida a obrigação, o credor poderá requerer a elevação da multa ou a transformação da condenação em perdas e danos, que o Juiz de imediato arbitrará, seguindo-se a execução por quantia certa, incluída a multa vencida de obrigação de dar, quando evidenciada a malícia do devedor na execução do julgado;

VI – na obrigação de fazer, o Juiz pode determinar o cumprimento por outrem, fixado o valor que o devedor deve depositar para as despesas, sob pena de multa diária;

VII – na alienação forçada dos bens, o Juiz poderá autorizar o devedor, o credor ou terceira pessoa idônea a tratar da alienação do bem penhorado, a qual se aperfeiçoará em juízo até a data fixada para a praça ou leilão. Sendo o preço inferior ao da avaliação, as partes serão ouvidas. Se o pagamento não for à vista, será oferecida caução idônea, nos casos de alienação de bem móvel, ou hipotecado o imóvel;

VIII – é dispensada a publicação de editais em jornais, quando se tratar de alienação de bens de pequeno valor;

IX – o devedor poderá oferecer embargos, nos autos da execução, versando sobre:

a) falta ou nulidade da citação no processo, se ele correu à revelia;

b) manifesto excesso de execução;

c) erro de cálculo;

d) causa impeditiva, modificativa ou extintiva da obrigação, superveniente à sentença.

ART. 53. A execução de título executivo extrajudicial, no valor de até quarenta salários mínimos, obedecerá ao disposto no Código de Processo Civil, com as modificações introduzidas por esta Lei.

§ 1º. Efetuada a penhora, o devedor será intimado a comparecer à audiência de conciliação, quando poderá oferecer embargos (art. 52, IX), por escrito ou verbalmente.

§ 2º. Na audiência, será buscado o meio mais rápido e eficaz para a solução do litígio, se possível com dispensa da alienação judicial, devendo o conciliador propor, entre outras medidas cabíveis, o pagamento do débito a prazo ou a prestação, a dação em pagamento ou a imediata adjudicação do bem penhorado.

§ 3º. Não apresentados os embargos em audiência, ou julgados improcedentes, qualquer das partes poderá requerer ao Juiz a adoção de uma das alternativas do parágrafo anterior.

§ 4º. Não encontrado o devedor ou inexistindo bens penhoráveis, o processo será imediatamente extinto, devolvendo-se os documentos ao autor.

SEÇÃO XVI. DAS DESPESAS

ART. 54. O acesso ao Juizado Especial independerá, em primeiro grau de jurisdição, do pagamento de custas, taxas ou despesas.

Parágrafo único. O preparo do recurso, na forma do § 1º do art. 42 desta Lei, compreenderá todas as despesas processuais, inclusive aquelas dispensadas em primeiro grau de jurisdição, ressalvada a hipótese de assistência judiciária gratuita.

▸ *Lei nº 1.060, de 05-02-1950, dispõe sobre a Assistência Judiciária.*

ART. 55. A sentença de primeiro grau não condenará o vencido em custas e honorários de advogado, ressalvados os casos de litigância de má-fé. Em segundo grau, o recorrente, vencido, pagará as custas e honorários de advogado, que serão fixados entre dez por cento e vinte por cento do valor de condenação ou, não havendo condenação, do valor corrigido da causa.

Parágrafo único. Na execução não serão contadas custas, salvo quando:

I – reconhecida a litigância de má-fé;

II – improcedentes os embargos do devedor;

III – tratar-se de execução de sentença que tenha sido objeto de recurso improvido do devedor.

SEÇÃO XVII. DISPOSIÇÕES FINAIS

ART. 56. Instituído o Juizado Especial, serão implantadas as curadorias necessárias e o serviço de assistência judiciária.

ART. 57. O acordo extrajudicial, de qualquer natureza ou valor, poderá ser homologado, no juízo competente, independentemente de termo, valendo a sentença como título executivo judicial.

Parágrafo único. Valerá como título extrajudicial o acordo celebrado pelas partes, por instrumento escrito, referendado pelo órgão competente do Ministério Público.

ART. 58. As normas de organização judiciária local poderão estender a conciliação prevista nos arts. 22 e 23 a causas não abrangidas por esta Lei.

ART. 59. Não se admitirá ação rescisória nas causas sujeitas ao procedimento instituído por esta Lei.

CAPÍTULO III. DOS JUIZADOS ESPECIAIS CRIMINAIS

DISPOSIÇÕES GERAIS

▸ *CF: 102, III.*

▸ *CPP: arts. 519 a 523.*

▸ *Lei nº 11.340, de 07-08-2006: art. 41, Lei Maria da Penha.*

▸ *Lei nº 11.343, de 23-08-2006: art. 48, § 1º, Lei de Entorpecentes.*

ART. 60. O Juizado Especial Criminal, provido por juízes togados ou togados e leigos, tem competência para a conciliação, o julgamento e a execução das infrações penais de menor potencial ofensivo, respeitadas as regras de conexão e continência. (Redação dada pela Lei nº 11.313, de 2006)

▸ *CPP: art. 538.*

Parágrafo único. Na reunião de processos, perante o juízo comum ou o tribunal do júri, decorrentes da aplicação das regras de conexão e continência, observar-se-ão os institutos da transação penal e da composição dos danos civis. (Incluído pela Lei nº 11.313, de 2006)

ART. 61. Consideram-se infrações penais de menor potencial ofensivo, para os efeitos desta Lei, as contravenções penais e os crimes a que a lei comine pena máxima não superior a 2 (dois) anos, cumulada ou não com multa. (Redação dada pela Lei nº 11.313, de 2006)

▸ *CF: art. 98, I.*

▸ *Lei nº 10.259, de 12-07-2001, art. 2º, dispõe sobre a instituição dos Juizados Especiais Cíveis e Criminais no âmbito da Justiça Federal.*

▸ *Lei nº 10.741, de 01-10-2003, art. 94, Estatuto do Idoso.*

▸ *Lei nº 11.340, de 07-08-2006, art. 41, cria mecanismos para coibir a violência doméstica e familiar contra a mulher.*

ART. 62. O processo perante o Juizado Especial orientar-se-á pelos critérios da oralidade, simplicidade, informalidade, economia processual e celeridade, objetivando, sempre que possível, a reparação dos danos sofridos pela vítima e a aplicação de pena não privativa de liberdade. (Redação dada pela Lei nº 13.603, de 2018)

▸ *Súmula nº 536 do STJ.*

▸ *CF: art. 5º, LXXVIII.*

▸ *CP: art. 9º, I, 16, 43 a 52, 65, III, b, 91, I, e 312, § 3º.*

▸ *Lei nº 7.210, de 11-07-1984, arts. 147 a 155 e 164 a 170, Lei de Execução Penal.*

▸ *Esta lei: art. 65.*

SEÇÃO I. DA COMPETÊNCIA E DOS ATOS PROCESSUAIS

ART. 63. A competência do Juizado será determinada pelo lugar em que foi praticada a infração penal.

▸ *CP: art. 6º.*

▸ *CPP: arts. 30, 69, I, 70 e 71.*

ART. 64. Os atos processuais serão públicos e poderão realizar-se em horário noturno e em qualquer dia da semana, conforme dispuserem as normas de organização judiciária.

ART. 65. Os atos processuais serão válidos sempre que preencherem as finalidades para as quais foram realizados, atendidos os critérios indicados no art. 62 desta Lei.

§ 1º. Não se pronunciará qualquer nulidade sem que tenha havido prejuízo.

▸ *Súmula nº 523 do STF.*

▸ *CPP: arts. 563 e 566.*

§ 2º. A prática de atos processuais em outras comarcas poderá ser solicitada por qualquer meio hábil de comunicação.

▸ *CPP: arts. 353 a 356.*

§ 3º. Serão objeto de registro escrito exclusivamente os atos havidos por essenciais. Os atos realizados em audiência de instrução e julgamento poderão ser gravados em fita magnética ou equivalente.

▸ *Esta lei: art. 82, § 3º.*

ART. 66. A citação será pessoal e far-se-á no próprio Juizado, sempre que possível, ou por mandado.

▸ *CPP: arts. 351, 352, 357 e 358.*

▸ *Esta lei: art. 78, § 1º.*

Parágrafo único. Não encontrado o acusado para ser citado, o Juiz encaminhará as peças existentes ao Juízo comum para adoção do procedimento previsto em lei.

▸ *CPP: art. 366.*

▸ *Esta lei. art. 77, § 2º.*

ART. 67. A intimação far-se-á por correspondência, com aviso de recebimento pessoal ou, tratando-se de pessoa jurídica ou firma individual, mediante entrega ao encarregado

LEIS ORDINÁRIAS

da recepção, que será obrigatoriamente identificado, ou, sendo necessário, por oficial de justiça, independentemente de mandado ou carta precatória, ou ainda por qualquer meio idôneo de comunicação.

- CPP: arts. 370 a 372.
- Esta lei: arts. 71 e 78, § 2º.

Parágrafo único. Dos atos praticados em audiência considerar-se-ão desde logo cientes as partes, os interessados e defensores.

ART. 68. Do ato de intimação do autor do fato e do mandado de citação do acusado, constará a necessidade de seu comparecimento acompanhado de advogado, com a advertência de que, na sua falta, ser-lhe-á designado defensor público.

- Súmula nº 523 do STF.
- CPP: arts. 370 a 372.
- Esta lei: arts. 71 e 78, § 2º.

Seção II. DA FASE PRELIMINAR

- CPP: art. 492, § 1º.

ART. 69. A autoridade policial que tomar conhecimento da ocorrência lavrará termo circunstanciado e o encaminhará imediatamente ao Juizado, com o autor do fato e a vítima, providenciando-se as requisições dos exames periciais necessários.

- CPP: arts. 4º, 6º, e 158 a 184.
- Esta lei: art. 77, § 1º.

Parágrafo único. Ao autor do fato que, após a lavratura do termo, for imediatamente encaminhado ao juizado ou assumir o compromisso de a ele comparecer, não se imporá prisão em flagrante, nem se exigirá fiança. Em caso de violência doméstica, o juiz poderá determinar, como medida de cautela, seu afastamento do lar, domicílio ou local de convivência com a vítima. (Redação dada pela Lei nº 10.455, de 13.5.2002)

- CF: art. 5º, LXV, LXVI e LXVIII.
- CPP: arts. 301 a 310, 313, III, 322 a 350 e 648, I.
- Lei nº 4.898, de 09-12-1965, regula o Direito de Representação e o processo de Responsabilidade Administrativa Civil e Penal, nos casos de abuso de autoridade.
- Lei nº 11.340, de 07-08-2006; art. 41, Cria mecanismos para coibir a violência doméstica e familiar contra a mulher.
- Lei nº 12.037, de 01-10-2009, dispõe sobre a identificação criminal do civilmente identificado.

ART. 70. Comparecendo o autor do fato e a vítima, e não sendo possível a realização imediata da audiência preliminar, será designada data próxima, da qual ambos sairão cientes.

ART. 71. Na falta do comparecimento de qualquer dos envolvidos, a Secretaria providenciará sua intimação e, se for o caso, a do responsável civil, na forma dos arts. 67 e 68 desta Lei.

- CPP: art. 370 a 372.
- CC: art. 932.

ART. 72. Na audiência preliminar, presente o representante do Ministério Público, o autor do fato e a vítima e, se possível, o responsável civil, acompanhados por seus advogados, o Juiz esclarecerá sobre a possibilidade da composição dos danos e da aceitação da proposta de aplicação imediata de pena não privativa de liberdade.

- Súmula nº 536 do STJ.
- CP: arts. 43 a 52.
- CPP: arts. 370 a 372.
- Lei nº 7.210, de 11-07-1984, arts. 147 a 155 e 164 a 170, Lei de Execução Penal.
- Esta lei: art. 79.

ART. 73. A conciliação será conduzida pelo Juiz ou por conciliador sob sua orientação.

Parágrafo único. Os conciliadores são auxiliares da Justiça, recrutados, na forma da lei local, preferentemente entre bacharéis em Direito, excluídos os que exerçam funções na administração da Justiça Criminal.

ART. 74. A composição dos danos civis será reduzida a escrito e, homologada pelo Juiz mediante sentença irrecorrível, terá eficácia de título a ser executado no juízo civil competente.

- CPP: art. 564, IV.
- CTB: art. 291.
- Esta lei: art. 87.
- Lei nº 11.340, de 07-08-2006: art. 41, Lei Maria da Penha.

Parágrafo único. Tratando-se de ação penal de iniciativa privada ou de ação penal pública condicionada à representação, o acordo homologado acarreta a renúncia ao direito de queixa ou representação.

- CP: arts. 100, 104, par. ún. e 107, V.
- CPP: arts. 24, § 1º, 25, 30, 31, 36 a 39, 49, 50 e 57.

ART. 75. Não obtida a composição dos danos civis, será dada imediatamente ao ofendido a oportunidade de exercer o direito de representação verbal, que será reduzida a termo.

Parágrafo único. O não oferecimento da representação na audiência preliminar não implica decadência do direito, que poderá ser exercido no prazo previsto em lei.

- CP: art. 103.
- CPP: arts. 25, 38 e 39.

ART. 76. Havendo representação ou tratando-se de crime de ação penal pública incondicionada, não sendo caso de arquivamento, o Ministério Público poderá propor a aplicação imediata de pena restritiva de direitos ou multas, a ser especificada na proposta.

- Súmula Vinculante 35.
- Súmula 696 do STF.
- Súmula 536 do STJ.
- CF: art. 5º, LXIX.
- CP: arts. 43 a 52.
- CPP: arts. 24, 28, 28-A, 564, IV, e 581, XXV.
- CTB: art. 291.
- Lei nº 7.210, de 11-07-1984, arts. 147 a 155 e 164 a 170, Lei de Execução Penal.
- Esta lei: art. 77.
- Lei nº 9.605, de 12-02-1998, art. 27, Dispõe sobre as sanções penais e administrativas derivadas de condutas e atividades lesivas ao meio ambiente.
- Lei nº 11.340, de 07-08-2006: art. 41, Lei Maria da Penha.
- Lei nº 11.343, de 23-08-2006: art. 48, § 5º, Lei de Entorpecentes.

§ 1º. Nas hipóteses de ser a pena de multa a única aplicável, o Juiz poderá reduzi-la até a metade.

- CP: arts. 49 a 52 e 60.
- Lei nº 7.210, de 11-07-1984, art. 164 a 170, Lei de Execução Penal.

§ 2º. Não se admitirá a proposta se ficar comprovado:

I – ter sido o autor da infração condenado, pela prática de crime, à pena privativa de liberdade, por sentença definitiva;

- CPP: arts. 381 a 392.
- Lei nº 7.210, de 11-07-1984, arts. 105 a 109, Lei de Execução Penal.

LEIS ORDINÁRIAS

II – ter sido o agente beneficiado anteriormente, no prazo de cinco anos, pela aplicação de pena restritiva ou multa, nos termos deste artigo;

▸ CP: arts. 43 a 52.

▸ Lei nº 7.210, de 11-07-1984, arts. 147 a 155 e 164 a 170, Lei de Execução Penal.

III – não indicarem os antecedentes, a conduta social e a personalidade do agente, bem como os motivos e as circunstâncias, ser necessária e suficiente a adoção da medida.

▸ CF: art. 5º, XLVI.

▸ CP: art. 59.

§ 3º. Aceita a proposta pelo autor da infração e seu defensor, será submetida à apreciação do Juiz.

§ 4º. Acolhendo a proposta do Ministério Público aceita pelo autor da infração, o Juiz aplicará a pena restritiva de direitos ou multa, que não importará em reincidência, sendo registrada apenas para impedir novamente o mesmo benefício no prazo de cinco anos.

▸ CP: arts. 43 a 52, 63 e 64.

▸ Lei nº 7.210, de 11-07-1984, arts. 147 a 155 e 164 a 170, Lei de Execução Penal.

▸ Esta lei: art. 87.

§ 5º. Da sentença prevista no parágrafo anterior caberá a apelação referida no art. 82 desta Lei.

§ 6º. A imposição da sanção de que trata o § 4º deste artigo não constará de certidão de antecedentes criminais, salvo para os fins previstos no mesmo dispositivo, e não terá efeitos civis, cabendo aos interessados propor ação cabível no juízo cível.

▸ CP: art. 91, I.

▸ Lei nº 7.210, de 11-07-1984, art. 202, Lei de Execução Penal.

SEÇÃO III. DO PROCEDIMENTO SUMARÍSSIMO

▸ Lei n. 10.741, de 1-10-2003, art. 94, Estatuto do Idoso.

ART. 77. Na ação penal de iniciativa pública, quando não houver aplicação de pena, pela ausência do autor do fato, ou pela não ocorrência da hipótese prevista no art. 76 desta Lei, o Ministério Público oferecerá ao Juiz, de imediato, denúncia oral, se não houver necessidade de diligências imprescindíveis.

▸ CF: art. 129, I e VIII.

▸ CP: art. 100, caput e § 1º.

▸ CPP: art. 24, 27, 41 e 47.

§ 1º. Para o oferecimento da denúncia, que será elaborada com base no termo de ocorrência referido no art. 69 desta Lei, com dispensa do inquérito policial, prescindir-se-á do exame do corpo de delito quando a materialidade do crime estiver aferida por boletim médico ou prova equivalente.

▸ CPP: arts. 12, 39, § 5º, 158 e 564, III, b.

§ 2º. Se a complexidade ou circunstâncias do caso não permitirem a formulação da denúncia, o Ministério Público poderá requerer ao Juiz o encaminhamento das peças existentes, na forma do parágrafo único do art. 66 desta Lei.

§ 3º. Na ação penal de iniciativa do ofendido poderá ser oferecida queixa oral, cabendo ao Juiz verificar se a complexidade e as circunstâncias do caso determinam a adoção das providências previstas no parágrafo único do art. 66 desta Lei.

▸ CPP: arts. 30, 41, 44, 45 e 48.

ART. 78. Oferecida a denúncia ou queixa, será reduzida a termo, entregando-se cópia ao acusado, que com ela ficará citado e imediatamente cientificado da designação de dia e hora para a audiência de instrução e julgamento, da qual também tomarão ciência o Ministério Público, o ofendido, o responsável civil e seus advogados.

▸ CPP: art. 564, III, d e e.

§ 1º. Se o acusado não estiver presente, será citado na forma dos arts. 66 e 68 desta Lei e cientificado da data da audiência de instrução e julgamento, devendo a ela trazer suas testemunhas ou apresentar requerimento para intimação, no mínimo cinco dias antes de sua realização.

▸ CPP: arts. 202 a 225, 351, 352, 357 e 358.

§ 2º. Não estando presentes o ofendido e o responsável civil, serão intimados nos termos do art. 67 desta Lei para comparecerem à audiência de instrução e julgamento.

§ 3º. As testemunhas arroladas serão intimadas na forma prevista no art. 67 desta Lei.

▸ CPP: arts. 202 a 225.

ART. 79. No dia e hora designados para a audiência de instrução e julgamento, se na fase preliminar não tiver havido possibilidade de tentativa de conciliação e de oferecimento de proposta pelo Ministério Público, proceder-se-á nos termos dos arts. 72, 73, 74 e 75 desta Lei.

ART. 80. Nenhum ato será adiado, determinando o Juiz, quando imprescindível, a condução coercitiva de quem deva comparecer.

▸ CPP: arts. 206 e 260.

ART. 81. Aberta a audiência, será dada a palavra ao defensor para responder à acusação, após o que o Juiz receberá, ou não, a denúncia ou queixa; havendo recebimento, serão ouvidas a vítima e as testemunhas de acusação e defesa, interrogando-se a seguir o acusado, se presente, passando-se imediatamente aos debates orais e à prolação da sentença.

▸ CPP: arts. 185 a 196, 201 a 225 e 381 a 392, 394, § 4º, 396, 396-A e 403, § 3º.

§ 1º. Todas as provas serão produzidas na audiência de instrução e julgamento, podendo o Juiz limitar ou excluir as que considerar excessivas, impertinentes ou protelatórias.

§ 2º. De todo o ocorrido na audiência será lavrado termo, assinado pelo Juiz e pelas partes, contendo breve resumo dos fatos relevantes ocorridos em audiência e a sentença.

§ 3º. A sentença, dispensado o relatório, mencionará os elementos de convicção do Juiz.

▸ CF: art. 93, IX.

ART. 82. Da decisão de rejeição da denúncia ou queixa e da sentença caberá apelação, que poderá ser julgada por turma composta de três Juízes em exercício no primeiro grau de jurisdição, reunidos na sede do Juizado.

▸ Súmula 203 do STJ.

▸ CPP: arts. 395 e 581, I.

▸ Esta lei: art. 76, § 5º.

§ 1º. A apelação será interposta no prazo de dez dias, contados da ciência da sentença pelo Ministério Público, pelo réu e seu defensor, por petição escrita, da qual constarão as razões e o pedido do recorrente.

▸ CPP: arts. 564, III, d e e, e 593.

§ 2º. O recorrido será intimado para oferecer resposta escrita no prazo de dez dias.

▸ CPP: art. 600.

§ 3º. As partes poderão requerer a transcrição da gravação da fita magnética a que alude o § 3º do art. 65 desta Lei.

§ 4º. As partes serão intimadas da data da sessão de julgamento pela imprensa.

▸ CPP: arts. 370 e 372.

§ 5º. Se a sentença for confirmada pelos próprios fundamentos, a súmula do julgamento servirá de acórdão.

ART. 83. Cabem embargos de declaração quando, em sentença ou acórdão, houver obscuridade, contradição ou omissão. (Redação dada pela Lei nº 13.105, de 2015)

▸ CPP: art. 619.

§ 1º. Os embargos de declaração serão opostos por escrito ou oralmente, no prazo de cinco dias, contados da ciência da decisão.

§ 2º. Os embargos de declaração interrompem o prazo para a interposição de recurso. (Redação dada pela Lei nº 13.105, de 16-03-2015)

§ 3º. Os erros materiais podem ser corrigidos de ofício.

SEÇÃO IV. DA EXECUÇÃO

ART. 84. Aplicada exclusivamente pena de multa, seu cumprimento far-se-á mediante pagamento na Secretaria do Juizado.

Parágrafo único. Efetuado o pagamento, o Juiz declarará extinta a punibilidade, determinando que a condenação não fique constando dos registros criminais, exceto para fins de requisição judicial.

ART. 85. Não efetuado o pagamento de multa, será feita a conversão em pena privativa da liberdade, ou restritiva de direitos, nos termos previstos em lei.

▸ Súmula Vinculante 35.

▸ CP: art. 51, caput.

ART. 86. A execução das penas privativas de liberdade e restritivas de direitos, ou de multa cumulada com estas, será processada perante o órgão competente, nos termos da lei.

SEÇÃO V. DAS DESPESAS PROCESSUAIS

ART. 87. Nos casos de homologação do acordo civil e aplicação de pena restritiva de direitos ou multa (arts. 74 e 76, § 4º), as despesas processuais serão reduzidas, conforme dispuser lei estadual.

SEÇÃO VI. DISPOSIÇÕES FINAIS

ART. 88. Além das hipóteses do Código Penal e da legislação especial, dependerá de representação a ação penal relativa aos crimes de lesões corporais leves e lesões culposas.

▸ CP: arts. 129, 140 § 2º, 145 e 171, § 5º.

▸ CTB: arts. 291 e 303.

▸ Lei nº 11.340, de 07-08-2006: art. 41, Lei Maria da Penha.

ART. 89. Nos crimes em que a pena mínima cominada for igual ou inferior a um ano, abrangidas ou não por esta Lei, o Ministério Público, ao oferecer a denúncia, poderá propor a suspensão do processo, por dois a quatro anos, desde que o acusado não esteja sendo processado ou não tenha sido condenado por outro crime, presentes os demais requisitos que autorizariam a suspensão condicional da pena (art. 77 do Código Penal).

▸ Súmulas nº 696 e 723 do STF.

▸ Súmulas nº 243, 337 e 536 do STJ.

▸ CPP: arts. 28, 28-A, 564, IV, e 581, XI.

▸ CTB: art. 291.

▸ Lei nº 8.137, de 27-12-1990, art. 7, define crimes contra a ordem tributária, econômica e contra as relações de consumo.

▸ Lei nº 11.340, de 07-08-2006: art. 41, Lei Maria da Penha.

§ 1º. Aceita a proposta pelo acusado e seu defensor, na presença do Juiz, este, recebendo a denúncia, poderá suspender o processo, submetendo o acusado a período de prova, sob as seguintes condições:

I – reparação do dano, salvo impossibilidade de fazê-lo;

II – proibição de frequentar determinados lugares;

III – proibição de ausentar-se da comarca onde reside, sem autorização do Juiz;

IV – comparecimento pessoal e obrigatório a juízo, mensalmente, para informar e justificar suas atividades.

§ 2º. O Juiz poderá especificar outras condições a que fica subordinada a suspensão, desde que adequadas ao fato e à situação pessoal do acusado.

§ 3º. A suspensão será revogada se, no curso do prazo, o beneficiário vier a ser processado por outro crime ou não efetuar, sem motivo justificado, a reparação do dano.

▸ CPP: art. 581, XI.

§ 4º. A suspensão poderá ser revogada se o acusado vier a ser processado, no curso do prazo, por contravenção, ou descumprir qualquer outra condição imposta.

§ 5º. Expirado o prazo sem revogação, o Juiz declarará extinta a punibilidade.

§ 6º. Não correrá a prescrição durante o prazo de suspensão do processo.

▸ Súmula nº 415 do STJ.

▸ CP: art. 116, I.

§ 7º. Se o acusado não aceitar a proposta prevista neste artigo, o processo prosseguirá em seus ulteriores termos.

▸ Esta lei: arts. 77 a 83.

▸ Lei nº 9.605, de 12-02-1998, art. 28, Dispõe sobre as sanções penais e administrativas derivadas de condutas e atividades lesivas ao meio ambiente.

ART. 90. As disposições desta Lei não se aplicam aos processos penais cuja instrução já estiver iniciada.

▸ CPP: art. 2º.

ART. 90-A. As disposições desta Lei não se aplicam no âmbito da Justiça Militar. (Artigo incluído pela Lei nº 9.839, de 27.9.1999)

▸ CF: arts. 42, 124, 125, §§ 4º e 5º, e 142.

ART. 91. Nos casos em que esta Lei passa a exigir representação para a propositura da ação penal pública, o ofendido ou seu representante legal será intimado para oferecê-la no prazo de trinta dias, sob pena de decadência.

▸ CP: art. 103.

▸ CPP: art. 38.

ART. 92. Aplicam-se subsidiariamente as disposições dos Códigos Penal e de Processo Penal, no que não forem incompatíveis com esta Lei.

CAPÍTULO IV.
DISPOSIÇÕES FINAIS COMUNS

ART. 93. Lei Estadual disporá sobre o Sistema de Juizados Especiais Cíveis e Criminais, sua organização, composição e competência.

ART. 94. Os serviços de cartório poderão ser prestados, e as audiências realizadas fora da sede da Comarca, em bairros ou cidades a ela pertencentes, ocupando instalações de prédios públicos, de acordo com audiências previamente anunciadas.

ART. 95. Os Estados, Distrito Federal e Territórios criarão e instalarão os Juizados Especiais no prazo de seis meses, a contar da vigência desta Lei.

Parágrafo único. No prazo de 6 (seis) meses, contado da publicação desta Lei, serão criados e instalados os Juizados Especiais Itinerantes, que deverão dirimir, prioritariamente, os conflitos existentes nas áreas rurais ou nos locais de menor concentração populacional. (Redação dada pela Lei nº 12.726, de 2012)

ART. 96. Esta Lei entra em vigor no prazo de sessenta dias após a sua publicação.

ART. 97. Ficam revogadas a Lei nº 4.611, de 2 de abril de 1965 e a Lei nº 7.244, de 7 de novembro de 1984.

Brasília, 26 de setembro de 1995;
174º da Independência e 107º da República.

FERNANDO HENRIQUE CARDOSO

Este texto não substitui o publicado no DOU de 27.9.1995

LEI Nº 9.249, DE 26 DE DEZEMBRO DE 1995 – ALTERA A LEGISLAÇÃO DO IMPOSTO DE RENDA DAS PESSOAS JURÍDICAS (EXCERTOS)

Altera a legislação do imposto de renda das pessoas jurídicas, bem como da contribuição social sobre o lucro líquido, e dá outras providências.

O PRESIDENTE DA REPÚBLICA Faço saber que o Congresso Nacional decreta e eu sanciono a seguinte Lei:

ART. 1º. As bases de cálculo e o valor dos tributos e contribuições federais serão expressos em Reais.

ART. 2º. O imposto de renda das pessoas jurídicas e a contribuição social sobre o lucro líquido serão determinados segundo as normas da legislação vigente, com as alterações desta Lei.

• • • • • • • • • • • • • • • •

ART. 34. Extingue-se a punibilidade dos crimes definidos na Lei nº 8.137, de 27 de dezembro de 1990, e na Lei nº 4.729, de 14 de julho de 1965, quando o agente promover o pagamento do tributo ou contribuição social, inclusive acessórios, antes do recebimento da denúncia.

§§ 1º e 2º. (VETADOS)

ART. 35. Esta Lei entra em vigor na data de sua publicação, produzindo efeitos a partir de 1º de janeiro de 1996.

ART. 36. Ficam revogadas as disposições em contrário, especialmente:

I – o Decreto-Lei nº 1.215, de 4 de maio de 1972, observado o disposto no art. 178 da Lei nº 5.172, de 25 de outubro de 1966;

II – os arts. 2º a 19 da Lei nº 7.799, de 10 de julho de 1989;

III – os arts. 9º e 12 da Lei nº 8.023, de 12 de abril de 1990;

IV – os arts. 43 e 44 da Lei nº 8.541, de 23 de dezembro de 1992;

V – o art. 28 e os incisos VI, XI e XII e o parágrafo único do art. 36, os arts. 46, 48 e 54, e o inciso II do art. 60, todos da Lei nº 8.981, de 20 de janeiro de 1995, alterada pela Lei nº 9.065, de 20 de junho de 1995, e o art. 10 da Lei nº 9.065, de 20 de junho de 1995.

Brasília, 26 de dezembro de 1995;
174º da Independência e 107º da República.

FERNANDO HENRIQUE CARDOSO

Este texto não substitui o publicado no DOU de 27.12.1995

LEI Nº 9.263, DE 12 DE JANEIRO DE 1996 – PLANEJAMENTO FAMILIAR E ESTABELECE PENALIDADES (EXCERTOS)

Regula o § 7º do art. 226 da Constituição Federal, que trata do planejamento familiar, estabelece penalidades e dá outras providências.

O PRESIDENTE DA REPÚBLICA Faço saber que o Congresso Nacional decreta e eu sanciono a seguinte Lei:

CAPÍTULO I.
DO PLANEJAMENTO FAMILIAR

ART. 1º. O planejamento familiar é direito de todo cidadão, observado o disposto nesta Lei.

ART. 2º. Para fins desta Lei, entende-se planejamento familiar como o conjunto de ações de regulação da fecundidade que garanta direitos iguais de constituição, limitação ou aumento da prole pela mulher, pelo homem ou pelo casal.

LEIS ORDINÁRIAS

Parágrafo único. É proibida a utilização das ações a que se refere o *caput* para qualquer tipo de controle demográfico.

• •

CAPÍTULO II. DOS CRIMES E DAS PENALIDADES

ART. 15. Realizar esterilização cirúrgica em desacordo com o estabelecido no art. 10 desta Lei. (Artigo vetado e mantido pelo Congresso Nacional)

Pena – reclusão, de dois a oito anos, e multa, se a prática não constitui crime mais grave.

Parágrafo único. A pena é aumentada de um terço se a esterilização for praticada:

I – durante os períodos de parto ou aborto, salvo o disposto no inciso II do art. 10 desta Lei.

II – com manifestação da vontade do esterilizado expressa durante a ocorrência de alterações na capacidade de discernimento por influência de álcool, drogas, estados emocionais alterados ou incapacidade mental temporária ou permanente;

III – através de histerectomia e ooforectomia;

IV – em pessoa absolutamente incapaz, sem autorização judicial;

V – através de cesária indicada para fim exclusivo de esterilização.

ART. 16. Deixar o médico de notificar à autoridade sanitária as esterilizações cirúrgicas que realizar.

Pena – detenção, de seis meses a dois anos, e multa.

ART. 17. Induzir ou instigar dolosamente a prática de esterilização cirúrgica.

Pena – reclusão, de um a dois anos.

Parágrafo único. Se o crime for cometido contra a coletividade, caracteriza-se como genocídio, aplicando-se o disposto na Lei nº 2.889, de 1º de outubro de 1956.

ART. 18. Exigir atestado de esterilização para qualquer fim.

Pena – reclusão, de um a dois anos, e multa.

ART. 19. Aplica-se aos gestores e responsáveis por instituições que permitam a prática de qualquer dos atos ilícitos previstos nesta Lei o disposto no *caput* e nos §§ 1º e 2º do art. 29 do Decreto-lei nº 2.848, de 7 de dezembro de 1940 – Código Penal.

ART. 20. As instituições a que se refere o artigo anterior sofrerão as seguintes sanções, sem prejuízo das aplicáveis aos agentes do ilícito, aos coautores ou aos partícipes:

I – se particular a instituição:

a) de duzentos a trezentos e sessenta dias-multa e, se reincidente, suspensão das atividades ou descredenciamento, sem direito a qualquer indenização ou cobertura de gastos ou investimentos efetuados;

b) proibição de estabelecer contratos ou convênios com entidades públicas e de se beneficiar de créditos oriundos de instituições governamentais ou daquelas em que o Estado é acionista;

II – se pública a instituição, afastamento temporário ou definitivo dos agentes do ilícito, dos gestores e responsáveis dos cargos ou funções ocupados, sem prejuízo de outras penalidades.

ART. 21. Os agentes do ilícito e, se for o caso, as instituições a que pertençam ficam obrigados a reparar os danos morais e materiais decorrentes de esterilização não autorizada na forma desta Lei, observados, nesse caso, o disposto nos arts. 159, 1.518 e 1.521 e seu parágrafo único do Código Civil, combinados com o art. 63 do Código de Processo Penal.

CAPÍTULO III. DAS DISPOSIÇÕES FINAIS

ART. 22. Aplica-se subsidiariamente a esta Lei o disposto no Decreto-lei nº 2.848, de 7 de dezembro de 1940 – Código Penal, e, em especial, nos seus arts. 29, *caput*, e §§ 1º e 2º; 43, *caput* e incisos I, II e III; 44, *caput* e incisos I e II e III e parágrafo único; 45, *caput* e incisos I e II; 46, *caput* e parágrafo único; 47, *caput* e incisos I, II e III; 48, *caput* e parágrafo único; 49, *caput* e §§ 1º e 2º; 50, *caput*, § 1º e alíneas e § 2º; 51, *caput* e §§ 1º e 2º; 52; 56; 129, *caput* e § 1º, incisos I, II e III, § 2º, incisos I, III e IV e § 3º.

ART. 23. O Poder Executivo regulamentará esta Lei no prazo de noventa dias, a contar da data de sua publicação.

ART. 24. Esta Lei entra em vigor na data de sua publicação.

ART. 25. Revogam-se as disposições em contrário.

Brasília, 12 de janeiro de 1996;
175º da Independência e 108º da República.
FERNANDO HENRIQUE CARDOSO

Este texto não substitui o publicado no DOU de 15.1.1996

LEI Nº 9.279, DE 14 DE MAIO DE 1996 – PROPRIEDADE INDUSTRIAL (EXCERTOS)

Regula direitos e obrigações relativos à propriedade industrial.

- *Súmula 502 e 574 do STJ.*
- *CP: art. 184 e ss.*
- *CPP: 524 a 530-I.*
- *Lei 9.609, de19-2-1998, Lei de proteção da propriedade intelectual de programa de computador.*
- *Lei 9.610 de 19-2-1998, Lei dos direitos autorais.*
- *Dec. nº 9.875, de 27 de junho de 2019, Dispõe sobre o Conselho Nacional de Combate à Pirataria e aos Delitos contra a Propriedade Intelectual.*

O PRESIDENTE DA REPÚBLICA Faço saber que o Congresso Nacional decreta e eu sanciono a seguinte Lei:

DISPOSIÇÕES PRELIMINARES

ART. 1º. Esta Lei regula direitos e obrigações relativos à propriedade industrial.

LEIS ORDINÁRIAS

ART. 2º. A proteção dos direitos relativos à propriedade industrial, considerado o seu interesse social e o desenvolvimento tecnológico e econômico do País, efetua-se mediante:

I – concessão de patentes de invenção e de modelo de utilidade;

II – concessão de registro de desenho industrial;

III – concessão de registro de marca;

IV – repressão às falsas indicações geográficas; e

V – repressão à concorrência desleal.

ART. 3º. Aplica-se também o disposto nesta Lei:

I – ao pedido de patente ou de registro proveniente do exterior e depositado no País por quem tenha proteção assegurada por tratado ou convenção em vigor no Brasil; e

II – aos nacionais ou pessoas domiciliadas em país que assegure aos brasileiros ou pessoas domiciliadas no Brasil a reciprocidade de direitos iguais ou equivalentes.

ART. 4º. As disposições dos tratados em vigor no Brasil são aplicáveis, em igualdade de condições, às pessoas físicas e jurídicas nacionais ou domiciliadas no País.

ART. 5º. Consideram-se bens móveis, para os efeitos legais, os direitos de propriedade industrial.

• • • • • • • • • • • • • • • • • •

TÍTULO V. DOS CRIMES CONTRA A PROPRIEDADE INDUSTRIAL

▸ *Súmula 502 e 574 do STJ.*

CAPÍTULO I. DOS CRIMES CONTRA AS PATENTES

ART. 183. Comete crime contra patente de invenção ou de modelo de utilidade quem:

I – fabrica produto que seja objeto de patente de invenção ou de modelo de utilidade, sem autorização do titular; ou

II – usa meio ou processo que seja objeto de patente de invenção, sem autorização do titular.

Pena – detenção, de 3 (três) meses a 1 (um) ano, ou multa.

ART. 184. Comete crime contra patente de invenção ou de modelo de utilidade quem:

I – exporta, vende, expõe ou oferece à venda, tem em estoque, oculta ou recebe, para utilização com fins econômicos, produto fabricado com violação de patente de invenção ou de modelo de utilidade, ou obtido por meio ou processo patenteado; ou

II – importa produto que seja objeto de patente de invenção ou de modelo de utilidade ou obtido por meio ou processo patenteado no País, para os fins previstos no inciso anterior, e que não tenha sido colocado no mercado externo diretamente pelo titular da patente ou com seu consentimento.

Pena – detenção, de 1 (um) a 3 (três) meses, ou multa.

ART. 185. Fornecer componente de um produto patenteado, ou material ou equipamento para realizar um processo patenteado, desde que a aplicação final do componente, material ou equipamento induza, necessariamente, à exploração do objeto da patente.

Pena – detenção, de 1 (um) a 3 (três) meses, ou multa.

ART. 186. Os crimes deste Capítulo caracterizam-se ainda que a violação não atinja todas as reivindicações da patente ou se restrinja à utilização de meios equivalentes ao objeto da patente.

CAPÍTULO II. DOS CRIMES CONTRA OS DESENHOS INDUSTRIAIS

ART. 187. Fabricar, sem autorização do titular, produto que incorpore desenho industrial registrado, ou imitação substancial que possa induzir em erro ou confusão.

Pena – detenção, de 3 (três) meses a 1 (um) ano, ou multa.

ART. 188. Comete crime contra registro de desenho industrial quem:

I – exporta, vende, expõe ou oferece à venda, tem em estoque, oculta ou recebe, para utilização com fins econômicos, objeto que incorpore ilicitamente desenho industrial registrado, ou imitação substancial que possa induzir em erro ou confusão; ou

II – importa produto que incorpore desenho industrial registrado no País, ou imitação substancial que possa induzir em erro ou confusão, para os fins previstos no inciso anterior, e que não tenha sido colocado no mercado externo diretamente pelo titular ou com seu consentimento.

Pena – detenção, de 1 (um) a 3 (três) meses, ou multa.

CAPÍTULO III. DOS CRIMES CONTRA AS MARCAS

ART. 189. Comete crime contra registro de marca quem:

I – reproduz, sem autorização do titular, no todo ou em parte, marca registrada, ou imita-a de modo que possa induzir confusão; ou

II – altera marca registrada de outrem já aposta em produto colocado no mercado.

Pena – detenção, de 3 (três) meses a 1 (um) ano, ou multa.

ART. 190. Comete crime contra registro de marca quem importa, exporta, vende, oferece ou expõe à venda, oculta ou tem em estoque:

I – produto assinalado com marca ilicitamente reproduzida ou imitada, de outrem, no todo ou em parte; ou

II – produto de sua indústria ou comércio, contido em vasilhame, recipiente ou embalagem que contenha marca legítima de outrem.

Pena – detenção, de 1 (um) a 3 (três) meses, ou multa.

CAPÍTULO IV. DOS CRIMES COMETIDOS POR MEIO DE MARCA, TÍTULO DE ESTABELECIMENTO E SINAL DE PROPAGANDA

ART. 191. Reproduzir ou imitar, de modo que possa induzir em erro ou confusão, armas, brasões ou distintivos oficiais nacionais, estrangeiros ou internacionais, sem a necessária autorização, no todo ou em parte, em marca, título de estabelecimento, nome comercial, insígnia ou sinal de propaganda, ou usar essas reproduções ou imitações com fins econômicos.

Pena – detenção, de 1 (um) a 3 (três) meses, ou multa.

Parágrafo único. Incorre na mesma pena quem vende ou expõe ou oferece à venda produtos assinalados com essas marcas.

CAPÍTULO V. DOS CRIMES CONTRA INDICAÇÕES GEOGRÁFICAS E DEMAIS INDICAÇÕES

ART. 192. Fabricar, importar, exportar, vender, expor ou oferecer à venda ou ter em estoque produto que apresente falsa indicação geográfica.

Pena – detenção, de 1 (um) a 3 (três) meses, ou multa.

ART. 193. Usar, em produto, recipiente, invólucro, cinta, rótulo, fatura, circular, cartaz ou em outro meio de divulgação ou propaganda, termos retificativos, tais como "tipo", "espécie", "gênero", "sistema", "semelhante", "sucedâneo", "idêntico", ou equivalente, não ressalvando a verdadeira procedência do produto.

Pena – detenção, de 1 (um) a 3 (três) meses, ou multa.

ART. 194. Usar marca, nome comercial, título de estabelecimento, insígnia, expressão ou sinal de propaganda ou qualquer outra forma que indique procedência que não a verdadeira, ou vender ou expor à venda produto com esses sinais.

Pena – detenção, de 1 (um) a 3 (três) meses, ou multa.

CAPÍTULO VI. DOS CRIMES DE CONCORRÊNCIA DESLEAL

ART. 195. Comete crime de concorrência desleal quem:

I – publica, por qualquer meio, falsa afirmação, em detrimento de concorrente, com o fim de obter vantagem;

II – presta ou divulga, acerca de concorrente, falsa informação, com o fim de obter vantagem;

III – emprega meio fraudulento, para desviar, em proveito próprio ou alheio, clientela de outrem;

IV – usa expressão ou sinal de propaganda alheios, ou os imita, de modo a criar confusão entre os produtos ou estabelecimentos;

V – usa, indevidamente, nome comercial, título de estabelecimento ou insígnia alheios ou vende, expõe ou oferece à venda ou tem em estoque produto com essas referências;

VI – substitui, pelo seu próprio nome ou razão social, em produto de outrem, o nome ou razão social deste, sem o seu consentimento;

VII – atribui-se, como meio de propaganda, recompensa ou distinção que não obteve;

VIII – vende ou expõe ou oferece à venda, em recipiente ou invólucro de outrem, produto adulterado ou falsificado, ou dele se utiliza para negociar com produto da mesma espécie, embora não adulterado ou falsificado, se o fato não constitui crime mais grave;

IX – dá ou promete dinheiro ou outra utilidade a empregado de concorrente, para que o empregado, faltando ao dever do emprego, lhe proporcione vantagem;

X – recebe dinheiro ou outra utilidade, ou aceita promessa de paga ou recompensa, para, faltando ao dever de empregado, proporcionar vantagem a concorrente do empregador;

XI – divulga, explora ou utiliza-se, sem autorização, de conhecimentos, informações ou dados confidenciais, utilizáveis na indústria, comércio ou prestação de serviços, excluídos aqueles que sejam de conhecimento público ou que sejam evidentes para um técnico no assunto, a que teve acesso mediante relação contratual ou empregatícia, mesmo após o término do contrato;

XII – divulga, explora ou utiliza-se, sem autorização, de conhecimentos ou informações a que se refere o inciso anterior, obtidos por meios ilícitos ou a que teve acesso mediante fraude; ou

XIII – vende, expõe ou oferece à venda produto, declarando ser objeto de patente depositada, ou concedida, ou de desenho industrial registrado, que não o seja, ou menciona-o, em anúncio ou papel comercial, como depositado ou patenteado, ou registrado, sem o ser;

XIV – divulga, explora ou utiliza-se, sem autorização, de resultados de testes ou outros dados não divulgados, cuja elaboração envolva esforço considerável e que tenham sido apresentados a entidades governamentais como condição para aprovar a comercialização de produtos.

Pena – detenção, de 3 (três) meses a 1 (um) ano, ou multa.

§ 1º. Inclui-se nas hipóteses a que se referem os incisos XI e XII o empregador, sócio ou administrador da empresa, que incorrer nas tipificações estabelecidas nos mencionados dispositivos.

§ 2º. O disposto no inciso XIV não se aplica quanto à divulgação por órgão governamental competente para autorizar a comercialização de produto, quando necessário para proteger o público.

CAPÍTULO VII. DAS DISPOSIÇÕES GERAIS

ART. 196. As penas de detenção previstas nos Capítulos I, II e III deste Título serão aumentadas de um terço à metade se:

I – o agente é ou foi representante, mandatário, preposto, sócio ou empregado do titular da patente ou do registro, ou, ainda, do seu licenciado; ou

II – a marca alterada, reproduzida ou imitada for de alto renome, notoriamente conhecida, de certificação ou coletiva.

ART. 197. As penas de multa previstas neste Título serão fixadas, no mínimo, em 10 (dez) e, no máximo, em 360 (trezentos e sessenta) dias-multa, de acordo com a sistemática do Código Penal.

Parágrafo único. A multa poderá ser aumentada ou reduzida, em até 10 (dez) vezes, em face das condições pessoais do agente e da magnitude da vantagem auferida, independentemente da norma estabelecida no artigo anterior.

ART. 198. Poderão ser apreendidos, de ofício ou a requerimento do interessado, pelas autoridades alfandegárias, no ato de conferência, os produtos assinalados com marcas falsificadas, alteradas ou imitadas ou que apresentem falsa indicação de procedência.

ART. 199. Nos crimes previstos neste Título somente se procede mediante queixa, salvo quanto ao crime do art. 191, em que a ação penal será pública.

ART. 200. A ação penal e as diligências preliminares de busca e apreensão, nos crimes contra a propriedade industrial, regulam-se pelo disposto no Código de Processo Penal, com as modificações constantes dos artigos deste Capítulo.

ART. 201. Na diligência de busca e apreensão, em crime contra patente que tenha por objeto a invenção de processo, o oficial do juízo será acompanhado por perito, que verificará, preliminarmente, a existência do ilícito, podendo o juiz ordenar a apreensão de produtos obtidos pelo contrafator com o emprego do processo patenteado.

ART. 202. Além das diligências preliminares de busca e apreensão, o interessado poderá requerer:

I – apreensão de marca falsificada, alterada ou imitada onde for preparada ou onde quer que seja encontrada, antes de utilizada para fins criminosos; ou

II – destruição de marca falsificada nos volumes ou produtos que a contiverem, antes de serem distribuídos, ainda que fiquem destruídos os envoltórios ou os próprios produtos.

ART. 203. Tratando-se de estabelecimentos industriais ou comerciais legalmente organizados e que estejam funcionando publicamente, as diligências preliminares limitar-se-ão à vistoria e apreensão dos produtos, quando ordenadas pelo juiz, não podendo ser paralisada a sua atividade licitamente exercida.

ART. 204. Realizada a diligência de busca e apreensão, responderá por perdas e danos a parte que a tiver requerido de má-fé, por espírito de emulação, mero capricho ou erro grosseiro.

ART. 205. Poderá constituir matéria de defesa na ação penal a alegação de nulidade da patente ou registro em que a ação se fundar. A absolvição do réu, entretanto, não importará a nulidade da patente ou do registro, que só poderá ser demandada pela ação competente.

ART. 206. Na hipótese de serem reveladas, em juízo, para a defesa dos interesses de qualquer das partes, informações que se caracterizem como confidenciais, sejam segredo de indústria ou de comércio, deverá o juiz determinar que o processo prossiga em segredo de justiça, vedado o uso de tais informações também à outra parte para outras finalidades.

ART. 207. Independentemente da ação criminal, o prejudicado poderá intentar as ações cíveis que considerar cabíveis na forma do Código de Processo Civil.

ART. 208. A indenização será determinada pelos benefícios que o prejudicado teria auferido se a violação não tivesse ocorrido.

ART. 209. Fica ressalvado ao prejudicado o direito de haver perdas e danos em ressarcimento de prejuízos causados por atos de violação de direitos de propriedade industrial e atos de concorrência desleal não previstos nesta Lei, tendentes a prejudicar a reputação ou os negócios alheios, a criar confusão entre estabelecimentos comerciais, industriais ou prestadores de serviço, ou entre os produtos e serviços postos no comércio.

§ 1º. Poderá o juiz, nos autos da própria ação, para evitar dano irreparável ou de difícil reparação, determinar liminarmente a sustação da violação ou de ato que a enseje, antes da citação do réu, mediante, caso julgue necessário, caução em dinheiro ou garantia fidejussória.

§ 2º. Nos casos de reprodução ou de imitação flagrante de marca registrada, o juiz poderá determinar a apreensão de todas as mercadorias, produtos, objetos, embalagens, etiquetas e outros que contenham a marca falsificada ou imitada.

ART. 210. Os lucros cessantes serão determinados pelo critério mais favorável ao prejudicado, dentre os seguintes:

I – os benefícios que o prejudicado teria auferido se a violação não tivesse ocorrido; ou

II – os benefícios que foram auferidos pelo autor da violação do direito; ou

III – a remuneração que o autor da violação teria pago ao titular do direito violado pela concessão de uma licença que lhe permitisse legalmente explorar o bem.

• • • • • • • • • • • • • • • • •

CAPÍTULO IV. DA PRESCRIÇÃO

ART. 225. Prescreve em 5 (cinco) anos a ação para reparação de dano causado ao direito de propriedade industrial.

• • • • • • • • • • • • • • • • •

ART. 243. Esta Lei entra em vigor na data de sua publicação quanto às matérias disciplinadas nos arts. 230, 231, 232 e 239, e 1 (um) ano após sua publicação quanto aos demais artigos.

ART. 244. Revogam-se a Lei nº 5.772, de 21 de dezembro de 1971, a Lei nº 6.348, de 7 de julho de 1976, os arts. 187 a 196 do Decreto-Lei nº 2.848, de 7 de dezembro de 1940, os arts. 169 a 189 do Decreto-Lei nº 7.903, de 27 de agosto de 1945, e as demais disposições em contrário.

Brasília, 14 de maio de 1996; 175º da Independência e 108º da República.

FERNANDO HENRIQUE CARDOSO

Este texto não substitui o publicado no DOU de 15.5.1996

LEI Nº 9.296, DE 24 DE JULHO DE 1996 – INTERCEPTAÇÃO TELEFÔNICA

Regulamenta o inciso XII, parte final, do art. 5º da Constituição Federal.

O PRESIDENTE DA REPÚBLICA Faço saber que o Congresso Nacional decreta e eu sanciono a seguinte Lei:

ART. 1º. A interceptação de comunicações telefônicas, de qualquer natureza, para prova em investigação criminal e em instrução processual penal, observará o disposto nesta Lei e dependerá de ordem do juiz competente da ação principal, sob segredo de justiça.

▸ *Dec. nº 56.435, de 08-06-1965, art. 27, Promulga a Convenção de Viena sobre Relações Diplomáticas.*

▸ *Lei 4.117, de 1962, Código Brasileiro de Telecomunicações.*

▸ *Lei 9.472, de 1997, Organização dos serviços de telecomunicações.*

Parágrafo único. O disposto nesta Lei aplica-se à interceptação do fluxo de comunicações em sistemas de informática e telemática.

ART. 2º. Não será admitida a interceptação de comunicações telefônicas quando ocorrer qualquer das seguintes hipóteses:

▸ *Dec. nº 56.435, de 08-06-1965, art. 27, Promulga a Convenção de Viena sobre Relações Diplomáticas.*

I – não houver indícios razoáveis da autoria ou participação em infração penal;

II – a prova puder ser feita por outros meios disponíveis;

III – o fato investigado constituir infração penal punida, no máximo, com pena de detenção.

Parágrafo único. Em qualquer hipótese deve ser descrita com clareza a situação objeto da investigação, inclusive com a indicação e qualificação dos investigados, salvo impossibilidade manifesta, devidamente justificada.

ART. 3º. A interceptação das comunicações telefônicas poderá ser determinada pelo juiz, de ofício ou a requerimento:

I – da autoridade policial, na investigação criminal;

II – do representante do Ministério Público, na investigação criminal e na instrução processual penal.

ART. 4º. O pedido de interceptação de comunicação telefônica conterá a demonstração de que a sua realização é necessária à apuração de infração penal, com indicação dos meios a serem empregados.

§ 1º. Excepcionalmente, o juiz poderá admitir que o pedido seja formulado verbalmente, desde que estejam presentes os pressupostos que autorizem a interceptação, caso em que a concessão será condicionada à sua redução a termo.

§ 2º. O juiz, no prazo máximo de vinte e quatro horas, decidirá sobre o pedido.

ART. 5º. A decisão será fundamentada, sob pena de nulidade, indicando também a forma de execução da diligência, que não poderá exceder o prazo de quinze dias, renovável por igual tempo uma vez comprovada a indispensabilidade do meio de prova.

▸ *CF: art. 93, IX.*

ART. 6º. Deferido o pedido, a autoridade policial conduzirá os procedimentos de interceptação, dando ciência ao Ministério Público, que poderá acompanhar a sua realização.

§ 1º. No caso de a diligência possibilitar a gravação da comunicação interceptada, será determinada a sua transcrição.

§ 2º. Cumprida a diligência, a autoridade policial encaminhará o resultado da interceptação ao juiz, acompanhado de auto circunstanciado, que deverá conter o resumo das operações realizadas.

§ 3º. Recebidos esses elementos, o juiz determinará a providência do art. 8º, ciente o Ministério Público.

ART. 7º. Para os procedimentos de interceptação de que trata esta Lei, a autoridade policial poderá requisitar serviços e técnicos especializados às concessionárias de serviço público.

ART. 8º. A interceptação de comunicação telefônica, de qualquer natureza, ocorrerá em autos apartados, apensados aos autos do inquérito policial ou do processo criminal, preservando-se o sigilo das diligências, gravações e transcrições respectivas.

Parágrafo único. A apensação somente poderá ser realizada imediatamente antes do relatório da autoridade, quando se tratar de inquérito policial (Código de Processo Penal, art. 10, § 1º) ou na conclusão do processo ao juiz para o despacho decorrente do disposto nos arts. 407, 502 ou 538 do Código de Processo Penal.

ART. 8º-A. Para investigação ou instrução criminal, poderá ser autorizada pelo juiz, a requerimento da autoridade policial ou do Ministério Público, a captação ambiental de sinais eletromagnéticos, ópticos ou acústicos, quando: (Incluído pela Lei nº 13.964, de 2019)

I - a prova não puder ser feita por outros meios disponíveis e igualmente eficazes; e

II - houver elementos probatórios razoáveis de autoria e participação em infrações criminais cujas penas máximas sejam superiores a 4 (quatro) anos ou em infrações penais conexas.

§ 1º O requerimento deverá descrever circunstanciadamente o local e a forma de instalação do dispositivo de captação ambiental.

§ 2º A instalação do dispositivo de captação ambiental poderá ser realizada, quando necessária, por meio de operação policial disfarçada ou no período noturno, exceto na casa, nos termos do inciso XI do caput do art. 5º da Constituição Federal. (Incluído pela Lei nº 13.964, de 24-12-2019, promulgação em 29-4-2021).

§ 3º A captação ambiental não poderá exceder o prazo de 15 (quinze) dias, renovável por decisão judicial por iguais períodos, se comprovada a indispensabilidade do meio de prova e quando presente atividade criminal permanente, habitual ou continuada.

§ 4º A captação ambiental feita por um dos interlocutores sem o prévio conhecimento da autoridade policial ou do Ministério Público poderá ser utilizada, em matéria de defesa, quando demonstrada a integridade da gravação. (Incluído pela Lei nº 13.964, de 24-12-2019, promulgação em 29-4-2021).

§ 5º Aplicam-se subsidiariamente à captação ambiental as regras previstas na legislação específica para a interceptação telefônica e telemática.

ART. 9º. A gravação que não interessar à prova será inutilizada por decisão judicial, durante o inquérito, a instrução processual ou após esta, em virtude de requerimento do Ministério Público ou da parte interessada.

Parágrafo único. O incidente de inutilização será assistido pelo Ministério Público, sendo facultada a presença do acusado ou de seu representante legal.

ART. 10. Constitui crime realizar interceptação de comunicações telefônicas, de informática ou telemática, promover escuta ambiental ou quebrar segredo da Justiça, sem autorização judicial ou com objetivos não autorizados em lei: (Redação dada pela Lei nº 13.869, de 2019)

Pena - reclusão, de 2 (dois) a 4 (quatro) anos, e multa. (Redação dada pela Lei nº 13.869, de 2019)

▸ **Redação anterior**: *Art. 10. Constitui crime realizar interceptação de comunicações telefônicas, de informática ou telemática, ou quebrar segredo da Justiça, sem autorização judicial ou com objetivos não autorizados em lei.*

▸ *Pena: reclusão, de dois a quatro anos, e multa.*

▸ *CF: art. 5º., XL.*

▸ *CP: arts. 2º.*

Parágrafo único. Incorre na mesma pena a autoridade judicial que determina a execução de conduta prevista no caput deste artigo com objetivo não autorizado em lei. (Incluído pela Lei nº 13.869, de 2019)

▸ *CF: art. 5º., XL.*

▸ *CP: arts. 2º.*

ART. 10-A. Realizar captação ambiental de sinais eletromagnéticos, ópticos ou acústicos para investigação ou instrução criminal sem autorização judicial, quando esta for exigida: (Incluído pela Lei nº 13.964, de 2019)

Pena - reclusão, de 2 (dois) a 4 (quatro) anos, e multa.

▸ *CF: art. 5º., XL.*

▸ *CP: arts. 2º.*

§ 1º Não há crime se a captação é realizada por um dos interlocutores.

§ 2º A pena será aplicada em dobro ao funcionário público que descumprir determinação de sigilo das investigações que envolvam a captação ambiental ou revelar o conteúdo das gravações enquanto mantido o sigilo judicial.

ART. 11. Esta Lei entra em vigor na data de sua publicação.

ART. 12. Revogam-se as disposições em contrário.

Brasília, 24 de julho de 1996;
175º da Independência e 108º da República.
FERNANDO HENRIQUE CARDOSO

Este texto não substitui o publicado no DOU de 25.7.1996

LEI Nº 9.394, DE 20 DE DEZEMBRO DE 1996 (EXCERTOS)

Estabelece as diretrizes e bases da educação nacional.

O PRESIDENTE DA REPÚBLICA Faço saber que o Congresso Nacional decreta e eu sanciono a seguinte Lei:

TÍTULO I
DA EDUCAÇÃO

ART. 1º A educação abrange os processos formativos que se desenvolvem na vida familiar, na convivência humana, no trabalho, nas instituições de ensino e pesquisa, nos movimentos sociais e organizações da sociedade civil e nas manifestações culturais.

§ 1º Esta Lei disciplina a educação escolar, que se desenvolve, predominantemente, por meio do ensino, em instituições próprias.

§ 2º A educação escolar deverá vincular-se ao mundo do trabalho e à prática social.

TÍTULO II
DOS PRINCÍPIOS E FINS DA EDUCAÇÃO NACIONAL

ART. 2º A educação, dever da família e do Estado, inspirada nos princípios de liberdade e nos ideais de solidariedade humana, tem por finalidade o pleno desenvolvimento do educando, seu preparo para o exercício da cidadania e sua qualificação para o trabalho.

ART. 3º O ensino será ministrado com base nos seguintes princípios:

I - igualdade de condições para o acesso e permanência na escola;

II - liberdade de aprender, ensinar, pesquisar e divulgar a cultura, o pensamento, a arte e o saber;

III - pluralismo de idéias e de concepções pedagógicas;

IV - respeito à liberdade e apreço à tolerância;

V - coexistência de instituições públicas e privadas de ensino;

VI - gratuidade do ensino público em estabelecimentos oficiais;

VII - valorização do profissional da educação escolar;

VIII - gestão democrática do ensino público, na forma desta Lei e da legislação dos sistemas de ensino;

IX - garantia de padrão de qualidade;

X - valorização da experiência extra-escolar;

XI - vinculação entre a educação escolar, o trabalho e as práticas sociais.

XII - consideração com a diversidade étnico-racial. (Incluído pela Lei nº 12.796, de 2013)

XIII - garantia do direito à educação e à aprendizagem ao longo da vida. (Incluído pela Lei nº 13.632, de 2018)

XIV - respeito à diversidade humana, linguística, cultural e identitária das pessoas surdas, surdo-cegas e com deficiência auditiva. (Incluído pela Lei nº 14.191, de 03-8-2021)

TÍTULO III DO DIREITO À EDUCAÇÃO E DO DEVER DE EDUCAR

ART. 4º O dever do Estado com educação escolar pública será efetivado mediante a garantia de:

I - educação básica obrigatória e gratuita dos 4 (quatro) aos 17 (dezessete) anos de idade, organizada da seguinte forma: (Redação dada pela Lei nº 12.796, de 2013)

a) pré-escola; (Incluído pela Lei nº 12.796, de 2013)

b) ensino fundamental; (Incluído pela Lei nº 12.796, de 2013)

c) ensino médio; (Incluído pela Lei nº 12.796, de 2013)

II - educação infantil gratuita às crianças de até 5 (cinco) anos de idade; (Redação dada pela Lei nº 12.796, de 2013)

III - atendimento educacional especializado gratuito aos educandos com deficiência, transtornos globais do desenvolvimento e altas habilidades ou superdotação, transversal a todos os níveis, etapas e modalidades, preferencialmente na rede regular de ensino; (Redação dada pela Lei nº 12.796, de 2013)

IV - acesso público e gratuito aos ensinos fundamental e médio para todos os que não os concluíram na idade própria; (Redação dada pela Lei nº 12.796, de 2013)

V - acesso aos níveis mais elevados do ensino, da pesquisa e da criação artística, segundo a capacidade de cada um;

VI - oferta de ensino noturno regular, adequado às condições do educando;

VII - oferta de educação escolar regular para jovens e adultos, com características e modalidades adequadas às suas necessidades e disponibilidades, garantindo-se aos que forem trabalhadores as condições de acesso e permanência na escola;

VIII - atendimento ao educando, em todas as etapas da educação básica, por meio de programas suplementares de material didático-escolar, transporte, alimentação e assistência à saúde; (Redação dada pela Lei nº 12.796, de 2013)

IX - padrões mínimos de qualidade de ensino, definidos como a variedade e quantidade mínimas, por aluno, de insumos indispensáveis ao desenvolvimento do processo de ensino-aprendizagem.

X – vaga na escola pública de educação infantil ou de ensino fundamental mais próxima de sua residência a toda criança a partir do dia em que completar 4 (quatro) anos de idade. (Incluído pela Lei nº 11.700, de 2008).

ART. 4º-A. É assegurado atendimento educacional, durante o período de internação, ao aluno da educação básica internado para tratamento de saúde em regime hospitalar ou domiciliar por tempo prolongado, conforme dispuser o Poder Público em regulamento, na esfera de sua competência federativa. (Incluído pela Lei nº 13.716, de 24-9-2018)

ART. 5º O acesso à educação básica obrigatória é direito público subjetivo, podendo qualquer cidadão, grupo de cidadãos, associação comunitária, organização sindical, entidade de classe ou outra legalmente constituída e, ainda, o Ministério Público, acionar o poder público para exigi-lo. (Redação dada pela Lei nº 12.796, de 2013)

§ 1º O poder público, na esfera de sua competência federativa, deverá: (Redação dada pela Lei nº 12.796, de 2013)

I - recensear anualmente as crianças e adolescentes em idade escolar, bem como os jovens e adultos que não concluíram a educação básica; (Redação dada pela Lei nº 12.796, de 2013)

II - fazer-lhes a chamada pública;

III - zelar, junto aos pais ou responsáveis, pela freqüência à escola.

§ 2º Em todas as esferas administrativas, o Poder Público assegurará em primeiro lugar o acesso ao ensino obrigatório, nos termos deste artigo, contemplando em seguida os demais níveis e modalidades de ensino, conforme as prioridades constitucionais e legais.

§ 3º Qualquer das partes mencionadas no caput deste artigo tem legitimidade para peticionar no Poder Judiciário, na hipótese do § 2º do art. 208 da Constituição Federal, sendo gratuita e de rito sumário a ação judicial correspondente.

§ 4º Comprovada a negligência da autoridade competente para garantir o oferecimento do ensino obrigatório, poderá ela ser imputada por crime de responsabilidade.

▸ Lei 1.079, de 1950.

§ 5º Para garantir o cumprimento da obrigatoriedade de ensino, o Poder Público criará formas alternativas de acesso aos diferentes níveis de ensino, independentemente da escolarização anterior.

ART. 6º É dever dos pais ou responsáveis efetuar a matrícula das crianças na educação básica a partir dos 4 (quatro) anos de idade. (Redação dada pela Lei nº 12.796, de 2013)

ART. 7º O ensino é livre à iniciativa privada, atendidas as seguintes condições:

I - cumprimento das normas gerais da educação nacional e do respectivo sistema de ensino;

II - autorização de funcionamento e avaliação de qualidade pelo Poder Público;

III - capacidade de autofinanciamento, ressalvado o previsto no art. 213 da Constituição Federal.

ART. 7º-A Ao aluno regularmente matriculado em instituição de ensino pública ou privada, de qualquer nível, é assegurado, no exercício da liberdade de consciência e de crença, o direito de, mediante prévio e motivado requerimento, ausentar-se de prova ou de aula marcada para dia em que, segundo os preceitos de sua religião, seja vedado o exercício de tais atividades, devendo-se-lhe atribuir, a critério da instituição e sem custos para o aluno, uma das seguintes prestações alternativas, nos termos do inciso VIII do *caput* do art. 5º da Constituição Federal: (Incluído pela Lei nº 13.796, de 03-01-2019)

I – prova ou aula de reposição, conforme o caso, a ser realizada em data alternativa, no turno de estudo do aluno ou em outro horário agendado com sua anuência expressa; (Incluído pela Lei nº 13.796, de 03-01-2019)

II – trabalho escrito ou outra modalidade de atividade de pesquisa, com tema, objetivo e data de entrega definidos pela instituição de ensino. (Incluído pela Lei nº 13.796, de 03-01-2019)

§ 1º. A prestação alternativa deverá observar os parâmetros curriculares e o plano de aula do dia da ausência do aluno. (Incluído pela Lei nº 13.796, de 03-01-2019)

§ 2º. O cumprimento das formas de prestação alternativa de que trata este artigo substituirá a obrigação original para todos os efeitos, inclusive regularização do registro de frequência. (Incluído pela Lei nº 13.796, de 03-01-2019)

§ 3º. As instituições de ensino implementarão progressivamente, no prazo de 2 (dois) anos, as providências e adaptações necessárias à adequação de seu funcionamento às medidas previstas neste artigo. (Incluído pela Lei nº 13.796, de 03-01-2019)

§ 4º. O disposto neste artigo não se aplica ao ensino militar a que se refere o art. 83 desta Lei. (Incluído pela Lei nº 13.796, de 03-01-2019)

• • • • • • • • • • • • • • • • • •

ART. 26. Os currículos da educação infantil, do ensino fundamental e do ensino médio devem ter base nacional comum, a ser complementada, em cada sistema de ensino e em cada estabelecimento escolar, por uma parte diversificada, exigida pelas características regionais e locais da sociedade, da cultura, da economia e dos educandos. (Redação dada pela Lei nº 12.796, de 2013)

§ 1º Os currículos a que se refere o caput devem abranger, obrigatoriamente, o estudo da língua portuguesa e da matemática, o conhecimento do mundo físico e natural e da realidade social e política, especialmente do Brasil.

§ 2º O ensino da arte, especialmente em suas expressões regionais, constituirá componente curricular obrigatório da educação básica. (Redação dada pela Lei nº 13.415, de 2017)

§ 3º A educação física, integrada à proposta pedagógica da escola, é componente curricular obrigatório da educação básica, sendo sua prática facultativa ao aluno: (Redação dada pela Lei nº 10.793, de 1º.12.2003)

I – que cumpra jornada de trabalho igual ou superior a seis horas; (Incluído pela Lei nº 10.793, de 1º.12.2003)

II – maior de trinta anos de idade; (Incluído pela Lei nº 10.793, de 1º.12.2003)

III – que estiver prestando serviço militar inicial ou que, em situação similar, estiver obrigado à prática da educação física; (Incluído pela Lei nº 10.793, de 1º.12.2003)

IV – amparado pelo Decreto-Lei no 1.044, de 21 de outubro de 1969; (Incluído pela Lei nº 10.793, de 1º.12.2003)

V – (VETADO) (Incluído pela Lei nº 10.793, de 1º.12.2003)

VI – que tenha prole. (Incluído pela Lei nº 10.793, de 1º.12.2003)

§ 4º O ensino da História do Brasil levará em conta as contribuições das diferentes culturas e etnias para a formação do povo brasileiro, especialmente das matrizes indígena, africana e européia.

§ 5º No currículo do ensino fundamental, a partir do sexto ano, será ofertada a língua inglesa. (Redação dada pela Lei nº 13.415, de 2017)

§ 6º As artes visuais, a dança, a música e o teatro são as linguagens que constituirão o componente curricular de que trata o § 2o deste artigo. (Redação dada pela Lei nº 13.278, de 2016)

§ 7º A integralização curricular poderá incluir, a critério dos sistemas de ensino, projetos e pesquisas envolvendo os temas transversais de que trata o caput. (Redação dada pela Lei nº 13.415, de 2017)

§ 8º A exibição de filmes de produção nacional constituirá componente curricular complementar integrado à proposta pedagógica da escola, sendo a sua exibição obrigatória por, no mínimo, 2 (duas) horas mensais. (Incluído pela Lei nº 13.006, de 2014)

§ 9º Conteúdos relativos aos direitos humanos e à prevenção de todas as formas de violência contra a criança, o adolescente e a mulher serão incluídos, como temas transversais, nos currículos de que trata o caput deste artigo, observadas as diretrizes da legislação correspondente e a produção e distribuição de material didático adequado a cada nível de ensino. (Redação dada pela Lei nº 14.164, de 2021)

§ 9º-A. A educação alimentar e nutricional será incluída entre os temas transversais de que trata o caput. (Incluído pela Lei nº 13.666, de 2018)

§ 10. A inclusão de novos componentes curriculares de caráter obrigatório na Base Nacional Comum Curricular dependerá de aprovação do Conselho Nacional de Educação e de homologação pelo Ministro de Estado da Educação. (Incluído pela Lei nº 13.415, de 2017)

• • • • • • • • • • • • • • • • • •

ART. 91. Esta Lei entra em vigor na data de sua publicação.

• • • • • • • • • • • • • • • • • •

Brasília, 20 de dezembro de 1996;
175º da Independência e 108º da República.

FERNANDO HENRIQUE CARDOSO
Paulo Renato Souza

Este texto não substitui o publicado no DOU de 23.12.1996

LEI Nº 9.430, DE 27 DE DEZEMBRO DE 1996 – LEGISLAÇÃO TRIBUTÁRIA FEDERAL (EXCERTOS)

Dispõe sobre a legislação tributária federal, as contribuições para a seguridade social, o processo administrativo de consulta e dá outras providências.

O PRESIDENTE DA REPÚBLICA Faço saber que o Congresso Nacional decreta e eu sanciono a seguinte Lei:

• • • • • • • • • • • • • • • • • •

Crime contra a Ordem Tributária

ART. 83. A representação fiscal para fins penais relativa aos crimes contra a ordem tributária previstos nos arts. 1º e 2º da Lei nº 8.137, de 27 de dezembro de 1990, e aos

LEIS ORDINÁRIAS

crimes contra a Previdência Social, previstos nos arts. 168-A e 337-A do Decreto-Lei nº 2.848, de 7 de dezembro de 1940 (Código Penal), será encaminhada ao Ministério Público depois de proferida a decisão final, na esfera administrativa, sobre a exigência fiscal do crédito tributário correspondente. (Redação dada pela Lei nº 12.350, de 2010)

- *Súmula Vinculante nº 24.*
- *Lei nº 8.137, de 27-12-1990, define crimes contra a ordem tributária, econômica e contra as relações de consumo.*

§ 1º. Na hipótese de concessão de parcelamento do crédito tributário, a representação fiscal para fins penais somente será encaminhada ao Ministério Público após a exclusão da pessoa física ou jurídica do parcelamento. (Incluído pela Lei nº 12.382, de 2011).

§ 2º. É suspensa a pretensão punitiva do Estado referente aos crimes previstos no *caput*, durante o período em que a pessoa física ou a pessoa jurídica relacionada com o agente dos aludidos crimes estiver incluída no parcelamento, desde que o pedido de parcelamento tenha sido formalizado antes do recebimento da denúncia criminal. (Incluído pela Lei nº 12.382, de 2011).

§ 3º. A prescrição criminal não corre durante o período de suspensão da pretensão punitiva. (Incluído pela Lei nº 12.382, de 2011).

§ 4º. Extingue-se a punibilidade dos crimes referidos no *caput* quando a pessoa física ou a pessoa jurídica relacionada com o agente efetuar o pagamento integral dos débitos oriundos de tributos, inclusive acessórios, que tiverem sido objeto de concessão de parcelamento. (Incluído pela Lei nº 12.382, de 2011).

§ 5º. O disposto nos §§ 1º a 4º não se aplica nas hipóteses de vedação legal de parcelamento. (Incluído pela Lei nº 12.382, de 2011).

§ 6º. As disposições contidas no *caput* do art. 34 da Lei nº 9.249, de 26 de dezembro de 1995, aplicam-se aos processos administrativos e aos inquéritos e processos em curso, desde que não recebida a denúncia pelo juiz. (Renumerado do Parágrafo único pela Lei nº 12.382, de 2011).

• • • • • • • • • • • • • • • • • • • •

ART. 87. Esta Lei entra em vigor na data da sua publicação, produzindo efeitos financeiros a partir de 1º de janeiro de 1997.

• • • • • • • • • • • • • • • • • • • •

Brasília, 27 de dezembro de 1996; 175º da Independência e 108º da República.

FERNANDO HENRIQUE CARDOSO

Este texto não substitui o publicado no DOU de 30.12.1996

LEI Nº 9.434, DE 4 DE FEVEREIRO DE 1997 – LEI DE TRANSPLANTES

Dispõe sobre a remoção de órgãos, tecidos e partes do corpo humano para fins de transplante e tratamento e dá outras providências.

O PRESIDENTE DA REPÚBLICA Faço saber que o Congresso Nacional decreta e eu sanciono a seguinte Lei:

CAPÍTULO I. DAS DISPOSIÇÕES GERAIS

ART. 1º. A disposição gratuita de tecidos, órgãos e partes do corpo humano, em vida ou post mortem, para fins de transplante e tratamento, é permitida na forma desta Lei.

Parágrafo único. Para os efeitos desta Lei, não estão compreendidos entre os tecidos a que se refere este artigo o sangue, o esperma e o óvulo.

ART. 2º. A realização de transplante ou enxertos de tecidos, órgãos ou partes do corpo humano só poderá ser realizada por estabelecimento de saúde, público ou privado, e por equipes médico-cirúrgicas de remoção e transplante previamente autorizados pelo órgão de gestão nacional do Sistema Único de Saúde.

Parágrafo único. A realização de transplantes ou enxertos de tecidos, órgãos e partes do corpo humano só poderá ser autorizada após a realização, no doador, de todos os testes de triagem para diagnóstico de infecção e infestação exigidos em normas regulamentares expedidas pelo Ministério da Saúde. (Redação dada pela Lei nº 10.211, de 23.3.2001)

CAPÍTULO II. DA DISPOSIÇÃO POST MORTEM DE TECIDOS, ÓRGÃOS E PARTES DO CORPO HUMANO PARA FINS DE TRANSPLANTE.

ART. 3º. A retirada post mortem de tecidos, órgãos ou partes do corpo humano destinados a transplante ou tratamento deverá ser precedida de diagnóstico de morte encefálica, constatada e registrada por dois médicos não participantes das equipes de remoção e transplante, mediante a utilização de critérios clínicos e tecnológicos definidos por resolução do Conselho Federal de Medicina.

§ 1º. Os prontuários médicos, contendo os resultados ou os laudos dos exames referentes aos diagnósticos de morte encefálica e cópias dos documentos de que tratam os arts. 2º, parágrafo único; 4º e seus parágrafos; 5º; 7º; 9º, §§ 2º, 4º, 6º e 8º, e 10, quando couber, e detalhando os atos cirúrgicos relativos aos transplantes e enxertos, serão mantidos nos arquivos das instituições referidas no art. 2º por um período mínimo de cinco anos.

§ 2º. Às instituições referidas no art. 2º enviarão anualmente um relatório contendo os nomes dos pacientes receptores ao órgão gestor estadual do Sistema único de Saúde.

§ 3º. Será admitida a presença de médico de confiança da família do falecido no ato da comprovação e atestação da morte encefálica.

ART. 4º. A retirada de tecidos, órgãos e partes do corpo de pessoas falecidas para transplantes ou outra finalidade terapêutica, dependerá da autorização do cônjuge ou parente, maior de idade, obedecida a linha sucessória, reta ou colateral, até o segundo grau inclusive, firmada em documento subscrito por duas testemunhas presentes à verificação da morte. (Redação dada pela Lei nº 10.211, de 23.3.2001)

Parágrafo único. (VETADO) (Incluído pela Lei nº 10.211, de 23.3.2001)

§§ 1º a 5º (Revogado pela Lei nº 10.211, de 23.3.2001)

ART. 5º. A remoção post mortem de tecidos, órgãos ou partes do corpo de pessoa juridicamente incapaz poderá ser feita desde que permitida expressamente por ambos os pais, ou por seus responsáveis legais.

ART. 6º. É vedada a remoção post mortem de tecidos, órgãos ou partes do corpo de pessoas não identificadas.

ART. 7º. (VETADO)

Parágrafo único. No caso de morte sem assistência médica, de óbito em decorrência de causa mal definida ou de outras situações nas quais houver indicação de verificação da causa médica da morte, a remoção de tecidos, órgãos ou partes de cadáver para fins de transplante ou terapêutica somente poderá ser realizada após a autorização do patologista do serviço de verificação de óbito responsável pela investigação e citada em relatório de necropsia.

ART. 8º. Após a retirada de tecidos, órgãos e partes, o cadáver será imediatamente necropsiado, se verificada a hipótese do parágrafo único do art. 7º, e, em qualquer caso, condignamente recomposto para ser entregue, em seguida, aos parentes do morto ou seus responsáveis legais para sepultamento. (Redação dada pela Lei nº 10.211, de 23.3.2001)

CAPÍTULO III.
DA DISPOSIÇÃO DE TECIDOS, ÓRGÃOS E PARTES DO CORPO HUMANO VIVO PARA FINS DE TRANSPLANTE OU TRATAMENTO

ART. 9º. É permitida à pessoa juridicamente capaz dispor gratuitamente de tecidos, órgãos e partes do próprio corpo vivo, para fins terapêuticos ou para transplantes em cônjuge ou parentes consanguíneos até o quarto grau, inclusive, na forma do § 4º deste artigo, ou em qualquer outra pessoa, mediante autorização judicial, dispensada esta em relação à medula óssea. (Redação dada pela Lei nº 10.211, de 23.3.2001)

§§ 1º a 2º (VETADO)

§ 3º. Só é permitida a doação referida neste artigo quando se tratar de órgãos duplos, de partes de órgãos, tecidos ou partes do corpo cuja retirada não impeça o organismo do doador de continuar vivendo sem risco para a sua integridade e não represente grave comprometimento de suas aptidões vitais e saúde mental e não cause mutilação ou deformação inaceitável, e corresponda a uma necessidade terapêutica comprovadamente indispensável à pessoa receptora.

§ 4º. O doador deverá autorizar, preferencialmente por escrito e diante de testemunhas, especificamente o tecido, órgão ou parte do corpo objeto da retirada.

§ 5º. A doação poderá ser revogada pelo doador ou pelos responsáveis legais a qualquer momento antes de sua concretização.

§ 6º. O indivíduo juridicamente incapaz, com compatibilidade imunológica comprovada, poderá fazer doação nos casos de transplante de medula óssea, desde que haja consentimento de ambos os pais ou seus responsáveis legais e autorização judicial e o ato não oferecer risco para a sua saúde.

§ 7º. É vedado à gestante dispor de tecidos, órgãos ou partes de seu corpo vivo, exceto quando se tratar de doação de tecido para ser utilizado em transplante de medula óssea e o ato não oferecer risco à sua saúde ou ao feto.

§ 8º. O autotransplante depende apenas do consentimento do próprio indivíduo, registrado em seu prontuário médico ou, se ele for juridicamente incapaz, de um de seus pais ou responsáveis legais.

ART. 9º-A É garantido a toda mulher o acesso a informações sobre as possibilidades e os benefícios da doação voluntária de sangue do cordão umbilical e placentário durante o período de consultas pré-natais e no momento da realização do parto. (Incluído pela Lei nº 11.633, de 2007).

CAPÍTULO IV.
DAS DISPOSIÇÕES COMPLEMENTARES

ART. 10. O transplante ou enxerto só se fará com o consentimento expresso do receptor, assim inscrito em lista única de espera, após aconselhamento sobre a excepcionalidade e os riscos do procedimento. (Redação dada pela Lei nº 10.211, de 23.3.2001)

§ 1º. Nos casos em que o receptor seja juridicamente incapaz ou cujas condições de saúde impeçam ou comprometam a manifestação válida da sua vontade, o consentimento de que trata este artigo será dado por um de seus pais ou responsáveis legais. (Parágrafo incluído pela Lei nº 10.211, de 23.3.2001)

§ 2º. A inscrição em lista única de espera não confere ao pretenso receptor ou à sua família direito subjetivo a indenização, se o transplante não se realizar em decorrência de alteração do estado de órgãos, tecidos e partes, que lhe seriam destinados, provocado por acidente ou incidente em seu transporte. (Parágrafo incluído pela Lei nº 10.211, de 23.3.2001)

Parágrafo único. Nos casos em que o receptor seja juridicamente incapaz ou cujas condições de saúde impeçam ou comprometam a manifestação válida de sua vontade, o consentimento de que trata este artigo será dado por um de seus pais ou responsáveis legais.

ART. 11. É proibida a veiculação, através de qualquer meio de comunicação social de anúncio que configure:

a) publicidade de estabelecimentos autorizados a realizar transplantes e enxertos, relativa a estas atividades;

b) apelo público no sentido da doação de tecido, órgão ou parte do corpo humano para pessoa determinada identificada ou não, ressalvado o disposto no parágrafo único;

c) apelo público para a arrecadação de fundos para o financiamento de transplante ou enxerto em benefício de particulares.

Parágrafo único. Os órgãos de gestão nacional, regional e local do Sistema único de Saúde realizarão periodicamente, através dos meios adequados de comunicação social, campanhas de esclarecimento público dos benefícios esperados a partir da vigência desta Lei e de estímulo à doação de órgãos.

ART. 12. (VETADO)

ART. 13. É obrigatório, para todos os estabelecimentos de saúde notificar, às centrais de notificação, captação e distribuição de órgãos da unidade federada onde ocorrer, o diagnóstico de morte encefálica feito em pacientes por eles atendidos.

Parágrafo único. Após a notificação prevista no *caput* deste artigo, os estabelecimentos de saúde não autorizados a retirar tecidos, órgãos ou partes do corpo humano destinados a transplante ou tratamento deverão permitir a imediata remoção do paciente ou franquear suas instalações e fornecer o apoio operacional necessário às equipes médico-cirúrgicas de remoção e transplante, hipótese em que serão ressarcidos na forma da lei. (Incluído pela Lei nº 11.521, de 2007)

CAPÍTULO V. DAS SANÇÕES PENAIS E ADMINISTRATIVAS

SEÇÃO I. DOS CRIMES

ART. 14. Remover tecidos, órgãos ou partes do corpo de pessoa ou cadáver, em desacordo com as disposições desta Lei:

▸ *CP: arts. 129, 211 e 212.*

Pena – reclusão, de dois a seis anos, e multa, de 100 a 360 dias-multa.

§ 1º. Se o crime é cometido mediante paga ou promessa de recompensa ou por outro motivo torpe:

Pena – reclusão, de três a oito anos, e multa, de 100 a 150 dias-multa.

§ 2º. Se o crime é praticado em pessoa viva, e resulta para o ofendido:

I – incapacidade para as ocupações habituais, por mais de trinta dias;

II – perigo de vida;

III – debilidade permanente de membro, sentido ou função;

IV – aceleração de parto:

Pena – reclusão, de três a dez anos, e multa, de 100 a 200 dias-multa

▸ *CP: art. 129, § 1º.*

§ 3º. Se o crime é praticado em pessoa viva e resulta para o ofendido:

I – Incapacidade para o trabalho;

II – Enfermidade incurável;

III – perda ou inutilização de membro, sentido ou função;

IV – deformidade permanente;

V – aborto:

Pena – reclusão, de quatro a doze anos, e multa, de 150 a 300 dias-multa.

▸ *CP: art. 129, § 2º.*

§ 4º. Se o crime é praticado em pessoa viva e resulta morte:

Pena – reclusão, de oito a vinte anos, e multa de 200 a 360 dias-multa.

▸ *CP: art. 129, § 3º.*

ART. 15. Comprar ou vender tecidos, órgãos ou partes do corpo humano:

Pena – reclusão, de três a oito anos, e multa, de 200 a 360 dias-multa.

Parágrafo único. Incorre na mesma pena quem promove, intermedeia, facilita ou aufere qualquer vantagem com a transação.

ART. 16. Realizar transplante ou enxerto utilizando tecidos, órgãos ou partes do corpo humano de que se tem ciência terem sido obtidos em desacordo com os dispositivos desta Lei:

Pena – reclusão, de um a seis anos, e multa, de 150 a 300 dias-multa.

ART. 17. Recolher, transportar, guardar ou distribuir partes do corpo humano de que se tem ciência terem sido obtidos em desacordo com os dispositivos desta Lei:

Pena – reclusão, de seis meses a dois anos, e multa, de 100 a 250 dias-multa.

ART. 18. Realizar transplante ou enxerto em desacordo com o disposto no art. 10 desta Lei e seu parágrafo único:

Pena – detenção, de seis meses a dois anos.

ART. 19. Deixar de recompor cadáver, devolvendo-lhe aspecto condigno, para sepultamento ou deixar de entregar ou retardar sua entrega aos familiares ou interessados:

Pena – detenção, de seis meses a dois anos.

▸ *CP: arts. 211 e 212.*

ART. 20. Publicar anúncio ou apelo público em desacordo com o disposto no art. 11:

Pena – multa, de 100 a 200 dias-multa.

SEÇÃO II. DAS SANÇÕES ADMINISTRATIVAS

ART. 21. No caso dos crimes previstos nos arts. 14, 15, 16 e 17, o estabelecimento de saúde e as equipes médico-cirúrgicas envolvidas poderão ser desautorizadas temporária ou permanentemente pelas autoridades competentes.

§ 1º. Se a instituição é particular, a autoridade competente poderá multá-la em 200 a 360 dias-multa e, em caso de reincidência, poderá ter suas atividades suspensas temporária ou definitivamente, sem direito a qualquer indenização ou compensação por investimentos realizados.

§ 2º. Se a instituição é particular, é proibida de estabelecer contratos ou convênios com entidades públicas, bem como se beneficiar de créditos oriundos de instituições governamentais ou daquelas em que o Estado é acionista, pelo prazo de cinco anos.

ART. 22. As instituições que deixarem de manter em arquivo relatórios dos transplantes realizados, conforme o disposto no art. 3º § 1º, ou que não enviarem os relatórios

LEIS ORDINÁRIAS

mencionados no art. 3º, § 2º ao órgão de gestão estadual do Sistema único de Saúde, estão sujeitas a multa, de 100 a 200 dias-multa.

§ 1º. Incorre na mesma pena o estabelecimento de saúde que deixar de fazer as notificações previstas no art. 13 desta Lei ou proibir, dificultar ou atrasar as hipóteses definidas em seu Parágrafo único. (Redação dada pela Lei nº 11.521, de 2007)

§ 2º. Em caso de reincidência, além de multa, o órgão de gestão estadual do Sistema Único de Saúde poderá determinar a desautorização temporária ou permanente da instituição.

ART. 23. Sujeita-se às penas do art. 59 da Lei nº 4.117, de 27 de agosto de 1962, a empresa de comunicação social que veicular anúncio em desacordo com o disposto no art. 11.

CAPÍTULO VI. DAS DISPOSIÇÕES FINAIS

ART. 24. (VETADO)

ART. 25. Revogam-se as disposições em contrário, particularmente a Lei nº 8.489, de 18 de novembro de 1992, e Decreto nº 879, de 22 de julho de 1993.

Brasília,4 de fevereiro de 1997;

176º da Independência e 109º da República.

FERNANDO HENRIQUE CARDOSO

Este texto não substitui o publicado no DOU de 5.2.1997

LEI Nº 9.455, DE 7 DE ABRIL DE 1997 – DEFINE OS CRIMES DE TORTURA

Define os crimes de tortura e dá outras providências.

▸ *Lei nº 8.072/90, de 25-07-1990, dispõe sobre os crimes hediondos.*

O PRESIDENTE DA REPÚBLICA Faço saber que o Congresso Nacional decreta e eu sanciono a seguinte Lei:

ART. 1º. Constitui crime de tortura:

▸ *CF: art. 5º, III e XLIII.*

▸ *CP: arts. 61, II, d, 83, V, 121, § 2º, III, e 136.*

I – constranger alguém com emprego de violência ou grave ameaça, causando-lhe sofrimento físico ou mental:

a) com o fim de obter informação, declaração ou confissão da vítima ou de terceira pessoa;

b) para provocar ação ou omissão de natureza criminosa;

c) em razão de discriminação racial ou religiosa;

II – submeter alguém, sob sua guarda, poder ou autoridade, com emprego de violência ou grave ameaça, a intenso sofrimento físico ou mental, como forma de aplicar castigo pessoal ou medida de caráter preventivo.

Pena – reclusão, de dois a oito anos.

§ 1º. Na mesma pena incorre quem submete pessoa presa ou sujeita a medida de segurança a sofrimento físico ou mental, por intermédio da prática de ato não previsto em lei ou não resultante de medida legal.

§ 2º. Aquele que se omite em face dessas condutas, quando tinha o dever de evitá-las ou apurá-las, incorre na pena de detenção de um a quatro anos.

§ 3º. Se resulta lesão corporal de natureza grave ou gravíssima, a pena é de reclusão de quatro a dez anos; se resulta morte, a reclusão é de oito a dezesseis anos.

§ 4º. Aumenta-se a pena de um sexto até um terço:

I – se o crime é cometido por agente público;

II – se o crime é cometido contra criança, gestante, portador de deficiência, adolescente ou maior de 60 (sessenta) anos; (Redação dada pela Lei nº 10.741, de 2003)

III – se o crime é cometido mediante sequestro.

§ 5º. A condenação acarretará a perda do cargo, função ou emprego público e a interdição para seu exercício pelo dobro do prazo da pena aplicada.

§ 6º. O crime de tortura é inafiançável e insuscetível de graça ou anistia.

§ 7º. O condenado por crime previsto nesta Lei, salvo a hipótese do § 2º, iniciará o cumprimento da pena em regime fechado.

ART. 2º. O disposto nesta Lei aplica-se ainda quando o crime não tenha sido cometido em território nacional, sendo a vítima brasileira ou encontrando-se o agente em local sob jurisdição brasileira.

ART. 3º. Esta Lei entra em vigor na data de sua publicação.

ART. 4º. Revoga-se o art. 233 da Lei nº 8.069, de 13 de julho de 1990 – Estatuto da Criança e do Adolescente.

Brasília, 7 de abril de 1997;

176º da Independência e 109º da República.

FERNANDO HENRIQUE CARDOSO

Este texto não substitui o publicado no DOU de 8.4.1997

LEI Nº 9.472, DE 16 DE JULHO DE 1997 (EXCERTOS)

Dispõe sobre a organização dos serviços de telecomunicações.

▸ *Lei 9.296, de 1996, Interceptação telefônica.*

▸ *Lei 4.117, de 1962, Código Brasileiro de Telecomunicações.*

O PRESIDENTE DA REPÚBLICA Faço saber que o Congresso Nacional decreta e eu sanciono a seguinte Lei:

LIVRO I
DOS PRINCÍPIOS FUNDAMENTAIS

ART. 1° Compete à União, por intermédio do órgão regulador e nos termos das políticas estabelecidas pelos Poderes Executivo e Legislativo, organizar a exploração dos serviços de telecomunicações.

Parágrafo único. A organização inclui, entre outros aspectos, o disciplinamento e a fiscalização da execução, comercialização e uso dos serviços e da implantação e funcionamento de redes de telecomunicações, bem como da utilização dos recursos de órbita e espectro de radiofreqüências.

• • • • • • • • • • • • • • • • • • • •

TÍTULO VI
DAS SANÇÕES

CAPÍTULO I
DAS SANÇÕES ADMINISTRATIVAS

ART. 173. A infração desta Lei ou das demais normas aplicáveis, bem como a inobservância dos deveres decorrentes dos contratos de concessão ou dos atos de permissão, autorização de serviço ou autorização de uso de radiofreqüência, sujeitará os infratores às seguintes sanções, aplicáveis pela Agência, sem prejuízo das de natureza civil e penal:

I - advertência;

II - multa;

III - suspensão temporária;

IV - caducidade;

V - declaração de inidoneidade.

ART. 174. Toda acusação será circunstanciada, permanecendo em sigilo até sua completa apuração.

ART. 175. Nenhuma sanção será aplicada sem a oportunidade de prévia e ampla defesa.

Parágrafo único. Apenas medidas cautelares urgentes poderão ser tomadas antes da defesa.

ART. 176. Na aplicação de sanções, serão considerados a natureza e a gravidade da infração, os danos dela resultantes para o serviço e para os usuários, a vantagem auferida pelo infrator, as circunstâncias agravantes, os antecedentes do infrator e a reincidência específica.

Parágrafo único. Entende-se por reincidência específica a repetição de falta de igual natureza após o recebimento de notificação anterior.

ART. 177. Nas infrações praticadas por pessoa jurídica, também serão punidos com a sanção de multa seus administradores ou controladores, quando tiverem agido de má-fé.

ART. 178. A existência de sanção anterior será considerada como agravante na aplicação de outra sanção.

ART. 179. A multa poderá ser imposta isoladamente ou em conjunto com outra sanção, não devendo ser superior a R$ 50.000.000,00 (cinqüenta milhões de reais) para cada infração cometida.

§ 1° Na aplicação de multa serão considerados a condição econômica do infrator e o princípio da proporcionalidade entre a gravidade da falta e a intensidade da sanção.

§ 2° A imposição, a prestadora de serviço de telecomunicações, de multa decorrente de infração da ordem econômica, observará os limites previstos na legislação especifica.

ART. 180. A suspensão temporária será imposta, em relação à autorização de serviço ou de uso de radiofreqüência, em caso de infração grave cujas circunstâncias não justifiquem a decretação de caducidade.

Parágrafo único. O prazo da suspensão não será superior a trinta dias.

ART. 181. A caducidade importará na extinção de concessão, permissão, autorização de serviço ou autorização de uso de radiofreqüência, nos casos previstos nesta Lei.

ART. 182. A declaração de inidoneidade será aplicada a quem tenha praticado atos ilícitos visando frustrar os objetivos de licitação.

Parágrafo único. O prazo de vigência da declaração de inidoneidade não será superior a cinco anos.

CAPÍTULO II
DAS SANÇÕES PENAIS

ART. 183. Desenvolver clandestinamente atividades de telecomunicação:

Pena - detenção de dois a quatro anos, aumentada da metade se houver dano a terceiro, e multa de R$ 10.000,00 (dez mil reais).

Parágrafo único. Incorre na mesma pena quem, direta ou indiretamente, concorrer para o crime.

▸ Súmula 606 do STJ

ART. 184. São efeitos da condenação penal transitada em julgado:

I - tornar certa a obrigação de indenizar o dano causado pelo crime;

II - a perda, em favor da Agência, ressalvado o direito do lesado ou de terceiros de boa-fé, dos bens empregados na atividade clandestina, sem prejuízo de sua apreensão cautelar.

Parágrafo único. Considera-se clandestina a atividade desenvolvida sem a competente concessão, permissão ou autorização de serviço, de uso de radiofreqüência e de exploração de satélite.

ART. 185. O crime definido nesta Lei é de ação penal pública, incondicionada, cabendo ao Ministério Público promovê-la.

DISPOSIÇÕES FINAIS E TRANSITÓRIAS

ART. 215. Ficam revogados:

I - a Lei nº 4.117, de 27 de agosto de 1962, salvo quanto a matéria penal não tratada nesta Lei e quanto aos preceitos relativos à radiodifusão;

• • • • • • • • • • • • • • • • • •

ART. 216. Esta Lei entra em vigor na data de sua publicação.

Brasília, 16 de julho de 1997;
176º da Independência e 109º da República.

FERNANDO HENRIQUE CARDOSO
Iris Resende
Antonio Kandir
Sergio Motta
Cláudia Maria Costin

Este texto não substitui o publicado no DOU de 17.7.1997

LEI Nº 9.504, DE 30 DE SETEMBRO DE 1997 – ESTABELECE NORMAS PARA AS ELEIÇÕES (EXCERTOS)

Estabelece normas para as eleições.

O VICE PRESIDENTE DA REPÚBLICA no exercício do cargo de PRESIDENTE DA REPÚBLICA Faço saber que o Congresso Nacional decreta e eu sanciono a seguinte Lei:

DISPOSIÇÕES GERAIS

ART. 1º. As eleições para Presidente e Vice-Presidente da República, Governador e Vice-Governador de Estado e do Distrito Federal, Prefeito e Vice-Prefeito, Senador, Deputado Federal, Deputado Estadual, Deputado Distrital e Vereador dar-se-ão, em todo o País, no primeiro domingo de outubro do ano respectivo.

▸ CE: arts. 23, VII, 30, IV, e 85.

Parágrafo único. Serão realizadas simultaneamente as eleições:

▸ CE: art. 23, VII.

I – para Presidente e Vice-Presidente da República, Governador e Vice-Governador de Estado e do Distrito Federal, Senador, Deputado Federal, Deputado Estadual e Deputado Distrital;

▸ CE: art. 85.

II – para Prefeito, Vice-Prefeito e Vereador.

ART. 2º. Será considerado eleito o candidato a Presidente ou a Governador que obtiver a maioria absoluta de votos, não computados os em branco e os nulos.

§ 1º. Se nenhum candidato alcançar maioria absoluta na primeira votação, far-se-á nova eleição no último domingo de outubro, concorrendo os dois candidatos mais votados, e considerando-se eleito o que obtiver a maioria dos votos válidos.

▸ CE: arts. 23, VII, e 213, caput.

§ 2º. Se, antes de realizado o segundo turno, ocorrer morte, desistência ou impedimento legal de candidato, convocar-se-á, dentre os remanescentes, o de maior votação.

▸ CE: arts. 30, IV, e 213, § 2º.

§ 3º. Se, na hipótese dos parágrafos anteriores, remanescer em segundo lugar mais de um candidato com a mesma votação, qualificar-se-á o mais idoso.

▸ CE: art. 30, IV.

§ 4º. A eleição do Presidente importará a do candidato a Vice-Presidente com ele registrado, o mesmo se aplicando à eleição de Governador.

▸ CE: arts. 30, IV, e 211, § 1º.

ART. 3º. Será considerado eleito Prefeito o candidato que obtiver a maioria dos votos, não computados os em branco e os nulos.

§ 1º. A eleição do Prefeito importará a do candidato a Vice-Prefeito com ele registrado.

§ 2º. Nos Municípios com mais de duzentos mil eleitores, aplicar-se-ão as regras estabelecidas nos §§ 1º a 3º do artigo anterior.

ART. 4º. Poderá participar das eleições o partido que, até seis meses antes do pleito, tenha registrado seu estatuto no Tribunal Superior Eleitoral, conforme o disposto em lei, e tenha, até a data da convenção, órgão de direção constituído na circunscrição, de acordo com o respectivo estatuto. (Redação dada pela Lei nº 13.488, de 06.10.2017)

▸ CE: art. 90.

ART. 5º. Nas eleições proporcionais, contam-se como válidos apenas os votos dados a candidatos regularmente inscritos e às legendas partidárias.

▸ CE: art. 106.

• • • • • • • • • • • • • • • • • •

DAS PESQUISAS E TESTES PRÉ-ELEITORAIS

ART. 33. As entidades e empresas que realizarem pesquisas de opinião pública relativas às eleições ou aos candidatos, para conhecimento público, são obrigadas, para cada pesquisa, a registrar, junto à Justiça Eleitoral, até cinco dias antes da divulgação, as seguintes informações:

I – quem contratou a pesquisa;

II – valor e origem dos recursos despendidos no trabalho;

III – metodologia e período de realização da pesquisa;

IV – plano amostral e ponderação quanto a sexo, idade, grau de instrução, nível econômico e área física de realização do trabalho a ser executado, intervalo de confiança e margem de erro; (Redação dada pela Lei nº 12.891, de 2013)

V – sistema interno de controle e verificação, conferência e fiscalização da coleta de dados e do trabalho de campo;

VI – questionário completo aplicado ou a ser aplicado;

LEIS ORDINÁRIAS

VII – nome de quem pagou pela realização do trabalho e cópia da respectiva nota fiscal. (Redação dada pela Lei nº 12.891, de 2013)

§ 1º. As informações relativas às pesquisas serão registradas nos órgãos da Justiça Eleitoral aos quais compete fazer o registro dos candidatos.

§ 2º. A Justiça Eleitoral afixará no prazo de vinte e quatro horas, no local de costume, bem como divulgará em seu sítio na internet, aviso comunicando o registro das informações a que se refere este artigo, colocando-as à disposição dos partidos ou coligações com candidatos ao pleito, os quais a elas terão livre acesso pelo prazo de 30 (trinta) dias. (Redação dada pela Lei nº 12.034, de 2009)

§ 3º. A divulgação de pesquisa sem o prévio registro das informações de que trata este artigo sujeita os responsáveis a multa no valor de cinquenta mil a cem mil UFIR.

§ 4º. A divulgação de pesquisa fraudulenta constitui crime, punível com detenção de seis meses a um ano e multa no valor de cinquenta mil a cem mil UFIR.

§ 5º. É vedada, no período de campanha eleitoral, a realização de enquetes relacionadas ao processo eleitoral. (Incluído pela Lei nº 12.891, de 2013)

ART. 34. (VETADO)

§ 1º. Mediante requerimento à Justiça Eleitoral, os partidos poderão ter acesso ao sistema interno de controle, verificação e fiscalização da coleta de dados das entidades que divulgaram pesquisas de opinião relativas às eleições, incluídos os referentes à identificação dos entrevistadores e, por meio de escolha livre e aleatória de planilhas individuais, mapas ou equivalentes, confrontar e conferir os dados publicados, preservada a identidade dos respondentes.

§ 2º. O não-cumprimento do disposto neste artigo ou qualquer ato que vise a retardar, impedir ou dificultar a ação fiscalizadora dos partidos constitui crime, punível com detenção, de seis meses a um ano, com a alternativa de prestação de serviços à comunidade pelo mesmo prazo, e multa no valor de dez mil a vinte mil UFIR.

§ 3º. A comprovação de irregularidade nos dados publicados sujeita os responsáveis às penas mencionadas no parágrafo anterior, sem prejuízo da obrigatoriedade da veiculação dos dados corretos no mesmo espaço, local, horário, página, caracteres e outros elementos de destaque, de acordo com o veículo usado.

ART. 35. Pelos crimes definidos nos arts. 33, § 4º e 34, §§ 2º e 3º, podem ser responsabilizados penalmente os representantes legais da empresa ou entidade de pesquisa e do órgão veiculador.

DA PROPAGANDA ELEITORAL EM GERAL

ART. 36. A propaganda eleitoral somente é permitida após o dia 15 de agosto do ano da eleição. (Redação dada pela Lei nº 13.165, de 2015)

▸ CE: arts. 240 e 244.

§ 1º. Ao postulante a candidatura a cargo eletivo é permitida a realização, na quinzena anterior à escolha pelo partido, de propaganda intrapartidária com vista à indicação de seu nome, vedado o uso de rádio, televisão e outdoor.

§ 2º. Não será permitido qualquer tipo de propaganda política paga no rádio e na televisão. (Redação dada pela Lei nº 13.487, de 06.10.2017)

§ 3º. A violação do disposto neste artigo sujeitará o responsável pela divulgação da propaganda e, quando comprovado o seu prévio conhecimento, o beneficiário à multa no valor de R$ 5.000,00 (cinco mil reais) a R$ 25.000,00 (vinte e cinco mil reais), ou ao equivalente ao custo da propaganda, se este for maior. (Redação dada pela Lei nº 12.034, de 2009)

§ 4º. Na propaganda dos candidatos a cargo majoritário deverão constar, também, os nomes dos candidatos a vice ou a suplentes de senador, de modo claro e legível, em tamanho não inferior a 30% (trinta por cento) do nome do titular. (Redação dada pela Lei nº 13.165, de 2015)

§ 5º. A comprovação do cumprimento das determinações da Justiça Eleitoral relacionadas a propaganda realizada em desconformidade com o disposto nesta Lei poderá ser apresentada no Tribunal Superior Eleitoral, no caso de candidatos a Presidente e Vice-Presidente da República, nas sedes dos respectivos Tribunais Regionais Eleitorais, no caso de candidatos a Governador, Vice-Governador, Deputado Federal, Senador da República, Deputados Estadual e Distrital, e, no Juízo Eleitoral, na hipótese de candidato a Prefeito, Vice-Prefeito e Vereador. (Incluído pela Lei nº 12.034, de 2009)

ART. 36-A. Não configuram propaganda eleitoral antecipada, desde que não envolvam pedido explícito de voto, a menção à pretensa candidatura, a exaltação das qualidades pessoais dos pré-candidatos e os seguintes atos, que poderão ter cobertura dos meios de comunicação social, inclusive via internet: (Redação dada pela Lei nº 13.165, de 2015)

I – a participação de filiados a partidos políticos ou de pré-candidatos em entrevistas, programas, encontros ou debates no rádio, na televisão e na internet, inclusive com a exposição de plataformas e projetos políticos, observado pelas emissoras de rádio e de televisão o dever de conferir tratamento isonômico; (Redação dada pela Lei nº 12.891, de 2013)

II – a realização de encontros, seminários ou congressos, em ambiente fechado e a expensas dos partidos políticos, para tratar da organização dos processos eleitorais, discussão de políticas públicas, planos de governo ou alianças partidárias visando às eleições, podendo tais atividades ser divulgadas pelos instrumentos de comunicação intrapartidária; (Redação dada pela Lei nº 12.891, de 2013)

III – a realização de prévias partidárias e a respectiva distribuição de material informativo, a divulgação dos nomes dos filiados que participarão da disputa e a realização de debates entre os pré-candidatos; (Redação dada pela Lei nº 13.165, de 2015)

IV – a divulgação de atos de parlamentares e debates legislativos, desde que não se faça pedido de votos; (Redação dada pela Lei nº 12.891, de 2013)

V – a divulgação de posicionamento pessoal sobre questões políticas, inclusive nas redes sociais; (Redação dada pela Lei nº 13.165, de 2015)

VI – a realização, a expensas de partido político, de reuniões de iniciativa da sociedade civil, de veículo ou meio de comunicação ou do próprio partido, em qualquer localidade, para divulgar ideias, objetivos e propostas partidárias. (Incluído pela Lei nº 13.165, de 2015)

VII – campanha de arrecadação prévia de recursos na modalidade prevista no inciso IV do § 4º do art. 23 desta Lei. (Incluído dada pela Lei nº 13.488, de 06.10.2017)

§ 1º. É vedada a transmissão ao vivo por emissoras de rádio e de televisão das prévias partidárias, sem prejuízo da cobertura dos meios de comunicação social. (Incluído pela Lei nº 13.165, de 2015)

§ 2º. Nas hipóteses dos incisos I a VI do caput, são permitidos o pedido de apoio político e a divulgação da pré-candidatura, das ações políticas desenvolvidas e das que se pretende desenvolver. (Incluído pela Lei nº 13.165, de 2015)

§ 3º; O disposto no § 2º não se aplica aos profissionais de comunicação social no exercício da profissão. (Incluído pela Lei nº 13.165, de 2015)

ART. 36-B. Será considerada propaganda eleitoral antecipada a convocação, por parte do Presidente da República, dos Presidentes da Câmara dos Deputados, do Senado Federal e do Supremo Tribunal Federal, de redes de radiodifusão para divulgação de atos que denotem propaganda política ou ataques a partidos políticos e seus filiados ou instituições. (Incluído pela Lei nº 12.891, de 2013)

Parágrafo único. Nos casos permitidos de convocação das redes de radiodifusão, é vedada a utilização de símbolos ou imagens, exceto aqueles previstos no § 1º do art. 13 da Constituição Federal. (Incluído pela Lei nº 12.891, de 2013)

ART. 37. Nos bens cujo uso dependa de cessão ou permissão do poder público, ou que a ele pertençam, e nos bens de uso comum, inclusive postes de iluminação pública, sinalização de tráfego, viadutos, passarelas, pontes, paradas de ônibus e outros equipamentos urbanos, é vedada a veiculação de propaganda de qualquer natureza, inclusive pichação, inscrição a tinta e exposição de placas, estandartes, faixas, cavaletes, bonecos e assemelhados. (Redação dada pela Lei nº 13.165, de 2015)

§ 1º. A veiculação de propaganda em desacordo com o disposto no *caput* deste artigo sujeita o responsável, após a notificação e comprovação, à restauração do bem e, caso não cumprida no prazo, a multa no valor de R$ 2.000,00 (dois mil reais) a R$ 8.000,00 (oito mil reais). (Redação dada pela Lei nº 11.300, de 2006)

§ 2º. Não é permitida a veiculação de material de propaganda eleitoral em bens públicos ou particulares, exceto de: (Redação dada pela Lei nº 13.488, de 06.10.2017)

I – bandeiras ao longo de vias públicas, desde que móveis e que não dificultem o bom andamento do trânsito de pessoas e veículos; (Incluído dada pela Lei nº 13.488, de 06.10.2017)

II – adesivo plástico em automóveis, caminhões, bicicletas, motocicletas e janelas residenciais, desde que não exceda a 0,5 m² (meio metro quadrado). (Incluído dada pela Lei nº 13.488, de 06.10.2017)

§ 3º. Nas dependências do Poder Legislativo, a veiculação de propaganda eleitoral fica a critério da Mesa Diretora.

§ 4º. Bens de uso comum, para fins eleitorais, são os assim definidos pela Lei nº 10.406, de 10 de janeiro de 2002 – Código Civil e também aqueles a que a população em geral tem acesso, tais como cinemas, clubes, lojas, centros comerciais, templos, ginásios, estádios, ainda que de propriedade privada. (Incluído pela Lei nº 12.034, de 2009)

§ 5º. Nas árvores e nos jardins localizados em áreas públicas, bem como em muros, cercas e tapumes divisórios, não é permitida a colocação de propaganda eleitoral de qualquer natureza, mesmo que não lhes cause dano. (Incluído pela Lei nº 12.034, de 2009)

§ 6º. É permitida a colocação de mesas para distribuição de material de campanha e a utilização de bandeiras ao longo das vias públicas, desde que móveis e que não dificultem o bom andamento do trânsito de pessoas e veículos. (Redação dada pela Lei nº 12.891, de 2013)

§ 7º. A mobilidade referida no § 6º estará caracterizada com a colocação e a retirada dos meios de propaganda entre as seis horas e as vinte e duas horas. (Incluído pela Lei nº 12.034, de 2009)

§ 8º. A veiculação de propaganda eleitoral em bens particulares deve ser espontânea e gratuita, sendo vedado qualquer tipo de pagamento em troca de espaço para esta finalidade. (Incluído pela Lei nº 12.034, de 2009)

ART. 38. Independe da obtenção de licença municipal e de autorização da Justiça Eleitoral a veiculação de propaganda eleitoral pela distribuição de folhetos, adesivos, volantes e outros impressos, os quais devem ser editados sob a responsabilidade do partido, coligação ou candidato. (Redação dada pela Lei nº 12.891, de 2013)

§ 1º. Todo material impresso de campanha eleitoral deverá conter o número de inscrição no Cadastro Nacional da Pessoa Jurídica – CNPJ ou o número de inscrição no Cadastro de Pessoas Físicas – CPF do responsável pela confecção, bem como de quem a contratou, e a respectiva tiragem. (Incluído pela Lei nº 12.034, de 2009)

§ 2º. Quando o material impresso veicular propaganda conjunta de diversos candidatos, os gastos relativos a cada um deles deverão constar na respectiva prestação de contas, ou apenas naquela relativa ao que houver arcado com os custos. (Incluído pela Lei nº 12.034, de 2009)

§ 3º. Os adesivos de que trata o *caput* deste artigo poderão ter a dimensão máxima de 50 (cinquenta) centímetros por 40 (quarenta) centímetros. (Incluído pela Lei nº 12.891, de 2013)

§ 4º. É proibido colar propaganda eleitoral em veículos, exceto adesivos microperfurados até a extensão total do para-brisa traseiro e, em outras posições, adesivos até a dimensão máxima fixada no § 3º. (Incluído pela Lei nº 12.891, de 2013)

ART. 39. A realização de qualquer ato de propaganda partidária ou eleitoral, em recinto aberto ou fechado, não depende de licença da polícia.

▸ CE: art. 245.

§ 1º. O candidato, partido ou coligação promotora do ato fará a devida comunicação à autoridade policial em, no mínimo, vinte e quatro horas antes de sua realização, a fim de que esta lhe garanta, segundo a prioridade do aviso, o direito contra quem tencione usar o local no mesmo dia e horário.

▸ CE: art. 39, § 1º.

§ 2º. A autoridade policial tomará as providências necessárias à garantia da realização do ato e ao funcionamento do tráfego e dos serviços públicos que o evento possa afetar.

§ 3º. O funcionamento de alto-falantes ou amplificadores de som, ressalvada a hipótese contemplada no parágrafo seguinte, somente é permitido entre as oito e as vinte e duas horas, sendo vedados a instalação e o uso daqueles equipamentos em distância inferior a duzentos metros:

▸ *CE: art. 244, par. ún.*

I – das sedes dos Poderes Executivo e Legislativo da União, dos Estados, do Distrito Federal e dos Municípios, das sedes dos Tribunais Judiciais, e dos quartéis e outros estabelecimentos militares;

II – dos hospitais e casas de saúde;

III – das escolas, bibliotecas públicas, igrejas e teatros, quando em funcionamento.

§ 4º. A realização de comícios e a utilização de aparelhagens de sonorização fixas são permitidas no horário compreendido entre as 8 (oito) e as 24 (vinte e quatro) horas, com exceção do comício de encerramento da campanha, que poderá ser prorrogado por mais 2 (duas) horas. (Redação dada pela Lei nº 12.891, de 2013)

§ 5º. Constituem crimes, no dia da eleição, puníveis com detenção, de seis meses a um ano, com a alternativa de prestação de serviços à comunidade pelo mesmo período, e multa no valor de cinco mil a quinze mil UFIR:

▸ *CE: art. 240, par. ún.*

I – o uso de alto-falantes e amplificadores de som ou a promoção de comício ou carreata;

II – a arregimentação de eleitor ou a propaganda de boca de urna; (Redação dada pela Lei nº 11.300, de 2006)

III – a divulgação de qualquer espécie de propaganda de partidos políticos ou de seus candidatos. (Redação dada pela Lei nº 12.034, de 2009)

IV – a publicação de novos conteúdos ou o impulsionamento de conteúdos nas aplicações de internet de que trata o art. 57-B desta Lei, podendo ser mantidos em funcionamento as aplicações e os conteúdos publicados anteriormente. (Incluído dada pela Lei nº 13.488, de 06.10.2017)

§ 6º. É vedada na campanha eleitoral a confecção, utilização, distribuição por comitê, candidato, ou com a sua autorização, de camisetas, chaveiros, bonés, canetas, brindes, cestas básicas ou quaisquer outros bens ou materiais que possam proporcionar vantagem ao eleitor. (Incluído pela Lei nº 11.300, de 2006)

§ 7º. É proibida a realização de showmício e de evento assemelhado para promoção de candidatos, bem como a apresentação, remunerada ou não, de artistas com a finalidade de animar comício e reunião eleitoral. (Incluído pela Lei nº 11.300, de 2006)

§ 8º. É vedada a propaganda eleitoral mediante outdoors, inclusive eletrônicos, sujeitando-se a empresa responsável, os partidos, as coligações e os candidatos à imediata retirada da propaganda irregular e ao pagamento de multa no valor de R$ 5.000,00 (cinco mil reais) a R$ 15.000,00 (quinze mil reais). (Redação dada pela Lei nº 12.891, de 2013)

§ 9º. Até as vinte e duas horas do dia que antecede a eleição, serão permitidos distribuição de material gráfico, caminhada, carreata, passeata ou carro de som que transite pela cidade divulgando jingles ou mensagens de candidatos. (Incluído pela Lei nº 12.034, de 2009)

§ 9º-A. Considera-se carro de som, além do previsto no § 12, qualquer veículo, motorizado ou não, ou ainda tracionado por animais, que transite divulgando jingles ou mensagens de candidatos. (Incluído pela Lei nº 13.165, de 2015)

§ 10. Fica vedada a utilização de trios elétricos em campanhas eleitorais, exceto para a sonorização de comícios. (Incluído pela Lei nº 12.034, de 2009)

§ 11. É permitida a circulação de carros de som e minitrios como meio de propaganda eleitoral, desde que observado o limite de oitenta decibéis de nível de pressão sonora, medido a sete metros de distância do veículo, e respeitadas as vedações previstas no § 3º deste artigo, apenas em carreatas, caminhadas e passeatas ou durante reuniões e comícios. (Redação dada pela Lei nº 13.488, de 06.10.2017)

§ 12. Para efeitos desta Lei, considera-se: (Incluído pela Lei nº 12.891, de 2013)

I – carro de som: veículo automotor que usa equipamento de som com potência nominal de amplificação de, no máximo, 10.000 (dez mil) watts; (Incluído pela Lei nº 12.891, de 2013)

II – minitrio: veículo automotor que usa equipamento de som com potência nominal de amplificação maior que 10.000 (dez mil) watts e até 20.000 (vinte mil) watts; (Incluído pela Lei nº 12.891, de 2013)

III – trio elétrico: veículo automotor que usa equipamento de som com potência nominal de amplificação maior que 20.000 (vinte mil) watts. (Incluído pela Lei nº 12.891, de 2013)

ART. 39-A. É permitida, no dia das eleições, a manifestação individual e silenciosa da preferência do eleitor por partido político, coligação ou candidato, revelada exclusivamente pelo uso de bandeiras, broches, dísticos e adesivos. (Incluído pela Lei nº 12.034, de 2009)

§ 1º. É vedada, no dia do pleito, até o término do horário de votação, a aglomeração de pessoas portando vestuário padronizado, bem como os instrumentos de propaganda referidos no *caput*, de modo a caracterizar manifestação coletiva, com ou sem utilização de veículos. (Incluído pela Lei nº 12.034, de 2009)

§ 2º. No recinto das seções eleitorais e juntas apuradoras, é proibido aos servidores da Justiça Eleitoral, aos mesários e aos escrutinadores o uso de vestuário ou objeto que contenha qualquer propaganda de partido político, de coligação ou de candidato. (Incluído pela Lei nº 12.034, de 2009)

§ 3º. Aos fiscais partidários, nos trabalhos de votação, só é permitido que, em seus crachás, constem o nome e a sigla do partido político ou coligação a que sirvam, vedada a padronização do vestuário. (Incluído pela Lei nº 12.034, de 2009)

§ 4º. No dia do pleito, serão afixadas cópias deste artigo em lugares visíveis nas partes interna e externa das seções eleitorais. (Incluído pela Lei nº 12.034, de 2009)

ART. 40. O uso, na propaganda eleitoral, de símbolos, frases ou imagens, associadas ou semelhantes às empregadas por órgão de governo, empresa pública ou sociedade de economia mista constitui crime, punível com detenção, de seis meses a um ano, com a alternativa de prestação de serviços à comunidade pelo mesmo período, e multa no valor de dez mil a vinte mil UFIR.

ART. 40-A. (VETADO) (Redação dada pela Lei nº 11.300, de 2006)

ART. 40-B. A representação relativa à propaganda irregular deve ser instruída com prova da autoria ou do prévio conhecimento do beneficiário, caso este não seja por ela responsável. (Incluído pela Lei nº 12.034, de 2009)

Parágrafo único. A responsabilidade do candidato estará demonstrada se este, intimado da existência da propaganda irregular, não providenciar, no prazo de quarenta e oito horas, sua retirada ou regularização e, ainda, se as circunstâncias e as peculiaridades do caso específico revelarem a impossibilidade de o beneficiário não ter tido conhecimento da propaganda. (Incluído pela Lei nº 12.034, de 2009)

ART. 41. A propaganda exercida nos termos da legislação eleitoral não poderá ser objeto de multa nem cerceada sob alegação do exercício do poder de polícia ou de violação de postura municipal, casos em que se deve proceder na forma prevista no art. 40. (Redação dada pela Lei nº 12.034, de 2009)

§ 1º. O poder de polícia sobre a propaganda eleitoral será exercido pelos juízes eleitorais e pelos juízes designados pelos Tribunais Regionais Eleitorais. (Incluído pela Lei nº 12.034, de 2009)

§ 2º. O poder de polícia se restringe às providências necessárias para inibir práticas ilegais, vedada a censura prévia sobre o teor dos programas a serem exibidos na televisão, no rádio ou na internet. (Incluído pela Lei nº 12.034, de 2009)

ART. 41-A. Ressalvado o disposto no art. 26 e seus incisos, constitui captação de sufrágio, vedada por esta Lei, o candidato doar, oferecer, prometer, ou entregar, ao eleitor, com o fim de obter-lhe o voto, bem ou vantagem pessoal de qualquer natureza, inclusive emprego ou função pública, desde o registro da candidatura até o dia da eleição, inclusive, sob pena de multa de mil a cinquenta mil Ufir, e cassação do registro ou do diploma, observado o procedimento previsto no art. 22 da Lei Complementar nº 64, de 18 de maio de 1990. (Incluído pela Lei nº 9.840, de 28.9.1999)

§ 1º. Para a caracterização da conduta ilícita, é desnecessário o pedido explícito de votos, bastando a evidência do dolo, consistente no especial fim de agir. (Incluído pela Lei nº 12.034, de 2009)

§ 2º. As sanções previstas no *caput* aplicam-se contra quem praticar atos de violência ou grave ameaça a pessoa, com o fim de obter-lhe o voto. (Incluído pela Lei nº 12.034, de 2009)

§ 3º. A representação contra as condutas vedadas no *caput* poderá ser ajuizada até a data da diplomação. (Incluído pela Lei nº 12.034, de 2009)

§ 4º. O prazo de recurso contra decisões proferidas com base neste artigo será de 3 (três) dias, a contar da data da publicação do julgamento no Diário Oficial. (Incluído pela Lei nº 12.034, de 2009)

• • • • • • • • • • • • • • • • • •

ART. 57-H. Sem prejuízo das demais sanções legais cabíveis, será punido, com multa de R$ 5.000,00 (cinco mil reais) a R$ 30.000,00 (trinta mil reais), quem realizar propaganda eleitoral na internet, atribuindo indevidamente sua autoria a terceiro, inclusive a candidato, partido ou coligação. (Incluído pela Lei nº 12.034, de 2009)

§ 1º. Constitui crime a contratação direta ou indireta de grupo de pessoas com a finalidade específica de emitir mensagens ou comentários na internet para ofender a honra ou denegrir a imagem de candidato, partido ou coligação, punível com detenção de 2 (dois) a 4 (quatro) anos e multa de R$ 15.000,00 (quinze mil reais) a R$ 50.000,00 (cinquenta mil reais). (Incluído pela Lei nº 12.891, de 2013)

§ 2º. Igualmente incorrem em crime, punível com detenção de 6 (seis) meses a 1 (um) ano, com alternativa de prestação de serviços à comunidade pelo mesmo período, e multa de R$ 5.000,00 (cinco mil reais) a R$ 30.000,00 (trinta mil reais), as pessoas contratadas na forma do § 1º. (Incluído pela Lei nº 12.891, de 2013)

• • • • • • • • • • • • • • • • • •

ART. 57-J. O Tribunal Superior Eleitoral regulamentará o disposto nos arts. 57-A a 57-I desta Lei de acordo com o cenário e as ferramentas tecnológicas existentes em cada momento eleitoral e promoverá, para os veículos, partidos e demais entidades interessadas, a formulação e a ampla divulgação de regras de boas práticas relativas a campanhas eleitorais na internet. (Incluído pela Lei nº 13.488, de 2017)

• • • • • • • • • • • • • • • • • •

DO DIREITO DE RESPOSTA

ART. 58. A partir da escolha de candidatos em convenção, é assegurado o direito de resposta a candidato, partido ou coligação atingidos, ainda que de forma indireta, por conceito, imagem ou afirmação caluniosa, difamatória, injuriosa ou sabidamente inverídica, difundidos por qualquer veículo de comunicação social.

§ 1º. O ofendido, ou seu representante legal, poderá pedir o exercício do direito de resposta à Justiça Eleitoral nos seguintes prazos, contados a partir da veiculação da ofensa:

I – vinte e quatro horas, quando se tratar do horário eleitoral gratuito;

II – quarenta e oito horas, quando se tratar da programação normal das emissoras de rádio e televisão;

III – setenta e duas horas, quando se tratar de órgão da imprensa escrita.

IV – a qualquer tempo, quando se tratar de conteúdo que esteja sendo divulgado na internet, ou em 72 (setenta e duas) horas, após a sua retirada. (Incluído pela Lei nº 13.165, de 2015)

§ 2º. Recebido o pedido, a Justiça Eleitoral notificará imediatamente o ofensor para que se defenda em vinte e quatro horas, devendo a decisão ser prolatada no prazo máximo de setenta e duas horas da data da formulação do pedido.

§ 3º. Observar-se-ão, ainda, as seguintes regras no caso de pedido de resposta relativo a ofensa veiculada:

I – em órgão da imprensa escrita:

a) o pedido deverá ser instruído com um exemplar da publicação e o texto para resposta;

b) deferido o pedido, a divulgação da resposta dar-se-á no mesmo veículo, espaço, local, página, tamanho, caracteres e outros elementos de realce usados na ofensa, em até quarenta e oito horas após a decisão ou, tratando-se de veículo com periodicidade de circulação maior que quarenta e oito horas, na primeira vez em que circular;

c) por solicitação do ofendido, a divulgação da resposta será feita no mesmo dia da semana em que a ofensa foi divulgada, ainda que fora do prazo de quarenta e oito horas;

d) se a ofensa for produzida em dia e hora que inviabilizem sua reparação dentro dos prazos estabelecidos nas alíneas anteriores, a Justiça Eleitoral determinará a imediata divulgação da resposta;

e) o ofensor deverá comprovar nos autos o cumprimento da decisão, mediante dados sobre a regular distribuição dos exemplares, a quantidade impressa e o raio de abrangência na distribuição;

II – em programação normal das emissoras de rádio e de televisão:

a) a Justiça Eleitoral, à vista do pedido, deverá notificar imediatamente o responsável pela emissora que realizou o programa para que entregue em vinte e quatro horas, sob as penas do art. 347 da Lei nº 4.737, de 15 de julho de 1965 - Código Eleitoral, cópia da fita da transmissão, que será devolvida após a decisão;

b) o responsável pela emissora, ao ser notificado pela Justiça Eleitoral ou informado pelo reclamante ou representante, por cópia protocolada do pedido de resposta, preservará a gravação até a decisão final do processo;

c) deferido o pedido, a resposta será dada em até quarenta e oito horas após a decisão, em tempo igual ao da ofensa, porém nunca inferior a um minuto;

III – no horário eleitoral gratuito:

a) o ofendido usará, para a resposta, tempo igual ao da ofensa, nunca inferior, porém, a um minuto;

b) a resposta será veiculada no horário destinado ao partido ou coligação responsável pela ofensa, devendo necessariamente dirigir-se aos fatos nela veiculados;

c) se o tempo reservado ao partido ou coligação responsável pela ofensa for inferior a um minuto, a resposta será levada ao ar tantas vezes quantas sejam necessárias para a sua complementação;

d) deferido o pedido para resposta, a emissora geradora e o partido ou coligação atingidos deverão ser notificados imediatamente da decisão, na qual deverão estar indicados quais os períodos, diurno ou noturno, para a veiculação da resposta, que deverá ter lugar no início do programa do partido ou coligação;

ART. 58-A. Os pedidos de direito de resposta e as representações por propaganda eleitoral irregular em rádio, televisão e internet tramitarão preferencialmente em relação aos demais processos em curso na Justiça Eleitoral. (Incluído pela Lei nº 12.034, de 2009)

• •

ART. 68. O boletim de urna, segundo modelo aprovado pelo Tribunal Superior Eleitoral, conterá os nomes e os números dos candidatos nela votados.

▸ *CE: art. 179, II.*

§ 1º. O Presidente da Mesa Receptora é obrigado a entregar cópia do boletim de urna aos partidos e coligações concorrentes ao pleito cujos representantes o requeiram até uma hora após a expedição.

§ 2º. O descumprimento do disposto no parágrafo anterior constitui crime, punível com detenção, de um a três meses, com a alternativa de prestação de serviço à comunidade pelo mesmo período, e multa no valor de um mil a cinco mil UFIR.

▸ *CE: arts. 179, § 4º, e 313, par. ún.*

ART. 69. A impugnação não recebida pela Junta Eleitoral pode ser apresentada diretamente ao Tribunal Regional Eleitoral, em quarenta e oito horas, acompanhada de declaração de duas testemunhas.

▸ *CE: art. 169.*

Parágrafo único. O Tribunal decidirá sobre o recebimento em quarenta e oito horas, publicando o acórdão na própria sessão de julgamento e transmitindo imediatamente à Junta, via telex, fax ou qualquer outro meio eletrônico, o inteiro teor da decisão e da impugnação.

ART. 70. O Presidente de Junta Eleitoral que deixar de receber ou de mencionar em ata os protestos recebidos, ou ainda, impedir o exercício de fiscalização, pelos partidos ou coligações, deverá ser imediatamente afastado, além de responder pelos crimes previstos na Lei nº 4.737, de 15 de julho de 1965 – Código Eleitoral.

ART. 71. Cumpre aos partidos e coligações, por seus fiscais e delegados devidamente credenciados, e aos candidatos, proceder à instrução dos recursos interpostos contra a apuração, juntando, para tanto, cópia do boletim relativo à urna impugnada.

▸ *CE: art. 169, § 4º.*

Parágrafo único. Na hipótese de surgirem obstáculos à obtenção do boletim, caberá ao recorrente requerer, mediante a indicação dos dados necessários, que o órgão da Justiça Eleitoral perante o qual foi interposto o recurso o instrua, anexando o respectivo boletim de urna.

ART. 72. Constituem crimes, puníveis com reclusão, de cinco a dez anos:

I – obter acesso a sistema de tratamento automático de dados usado pelo serviço eleitoral, a fim de alterar a apuração ou a contagem de votos;

II – desenvolver ou introduzir comando, instrução, ou programa de computador capaz de destruir, apagar, eliminar, alterar, gravar ou transmitir dado, instrução ou programa ou provocar qualquer outro resultado diverso do esperado em sistema de tratamento automático de dados usados pelo serviço eleitoral;

III – causar, propositadamente, dano físico ao equipamento usado na votação ou na totalização de votos ou a suas partes.

DAS CONDUTAS VEDADAS AOS AGENTES PÚBLICOS EM CAMPANHAS ELEITORAIS

ART. 73. São proibidas aos agentes públicos, servidores ou não, as seguintes condutas tendentes a afetar a igualdade de oportunidades entre candidatos nos pleitos eleitorais:

I – ceder ou usar, em benefício de candidato, partido político ou coligação, bens móveis ou imóveis pertencentes à administração direta ou indireta da União, dos Estados, do Distrito Federal, dos Territórios e dos Municípios, ressalvada a realização de convenção partidária;

II – usar materiais ou serviços, custeados pelos Governos ou Casas Legislativas, que excedam as prerrogativas consignadas nos regimentos e normas dos órgãos que integram;

III – ceder servidor público ou empregado da administração direta ou indireta federal, estadual ou municipal do Poder Executivo, ou usar de seus serviços, para comitês de campanha eleitoral de candidato, partido político ou coligação, durante o horário de expediente normal, salvo se o servidor ou empregado estiver licenciado;

IV – fazer ou permitir uso promocional em favor de candidato, partido político ou coligação, de distribuição gratuita de bens e serviços de caráter social custeados ou subvencionados pelo Poder Público;

V – nomear, contratar ou de qualquer forma admitir, demitir sem justa causa, suprimir ou readaptar vantagens ou por outros meios dificultar ou impedir o exercício funcional e, ainda, ex officio, remover, transferir ou exonerar servidor público, na circunscrição do pleito, nos três meses que o antecedem e até a posse dos eleitos, sob pena de nulidade de pleno direito, ressalvados:

a) a nomeação ou exoneração de cargos em comissão e designação ou dispensa de funções de confiança;

b) a nomeação para cargos do Poder Judiciário, do Ministério Público, dos Tribunais ou Conselhos de Contas e dos órgãos da Presidência da República;

c) a nomeação dos aprovados em concursos públicos homologados até o início daquele prazo;

d) a nomeação ou contratação necessária à instalação ou ao funcionamento inadiável de serviços públicos essenciais, com prévia e expressa autorização do Chefe do Poder Executivo;

e) a transferência ou remoção *ex officio* de militares, policiais civis e de agentes penitenciários;

VI – nos três meses que antecedem o pleito:

a) realizar transferência voluntária de recursos da União aos Estados e Municípios, e dos Estados aos Municípios, sob pena de nulidade de pleno direito, ressalvados os recursos destinados a cumprir obrigação formal preexistente para execução de obra ou serviço em andamento e com cronograma prefixado, e os destinados a atender situações de emergência e de calamidade pública;

b) com exceção da propaganda de produtos e serviços que tenham concorrência no mercado, autorizar publicidade institucional dos atos, programas, obras, serviços e campanhas dos órgãos públicos federais, estaduais ou municipais, ou das respectivas entidades da administração indireta, salvo em caso de grave e urgente necessidade pública, assim reconhecida pela Justiça Eleitoral;

c) fazer pronunciamento em cadeia de rádio e televisão, fora do horário eleitoral gratuito, salvo quando, a critério da Justiça Eleitoral, tratar-se de matéria urgente, relevante e característica das funções de governo;

VII – realizar, no primeiro semestre do ano de eleição, despesas com publicidade dos órgãos públicos federais, estaduais ou municipais, ou das respectivas entidades da administração indireta, que excedam a média dos gastos no primeiro semestre dos três últimos anos que antecedem o pleito; (Redação dada pela Lei nº 13.165, de 2015)

VIII – fazer, na circunscrição do pleito, revisão geral da remuneração dos servidores públicos que exceda a recomposição da perda de seu poder aquisitivo ao longo do ano da eleição, a partir do início do prazo estabelecido no art. 7º desta Lei e até a posse dos eleitos.

§ 1º. Reputa-se agente público, para os efeitos deste artigo, quem exerce, ainda que transitoriamente ou sem remuneração, por eleição, nomeação, designação, contratação ou qualquer outra forma de investidura ou vínculo, mandato, cargo, emprego ou função nos órgãos ou entidades da administração pública direta, indireta, ou fundacional.

§ 2º. A vedação do inciso I do caput não se aplica ao uso, em campanha, de transporte oficial pelo Presidente da República, obedecido o disposto no art. 76, nem ao uso, em campanha, pelos candidatos a reeleição de Presidente e Vice-Presidente da República, Governador e Vice-Governador de Estado e do Distrito Federal, Prefeito e Vice-Prefeito, de suas residências oficiais para realização de contatos, encontros e reuniões pertinentes à própria campanha, desde que não tenham caráter de ato público.

§ 3º. As vedações do inciso VI do *caput*, alíneas b e c, aplicam-se apenas aos agentes públicos das esferas administrativas cujos cargos estejam em disputa na eleição.

§ 4º. O descumprimento do disposto neste artigo acarretará a suspensão imediata da conduta vedada, quando for o caso, e sujeitará os responsáveis a multa no valor de cinco a cem mil UFIR.

§ 5º. Nos casos de descumprimento do disposto nos incisos do *caput* e no § 10, sem prejuízo do disposto no § 4º, o candidato beneficiado, agente público ou não, ficará sujeito à cassação do registro ou do diploma. (Redação dada pela Lei nº 12.034, de 2009)

§ 6º. As multas de que trata este artigo serão duplicadas a cada reincidência.

§ 7º. As condutas enumeradas no *caput* caracterizam, ainda, atos de improbidade administrativa, a que se refere o art. 11, inciso I, da Lei nº 8.429, de 2 de junho de 1992, e sujeitam-se às disposições daquele diploma legal, em especial às cominações do art. 12, inciso III.

§ 8º. Aplicam-se as sanções do § 4º aos agentes públicos responsáveis pelas condutas vedadas e aos partidos, coligações e candidatos que delas se beneficiarem.

§ 9º Na distribuição dos recursos do Fundo Partidário (Lei nº 9.096, de 19 de setembro de 1995) oriundos da aplicação do disposto no § 4º, deverão ser excluídos os partidos beneficiados pelos atos que originaram as multas.

§ 10. No ano em que se realizar eleição, fica proibida a distribuição gratuita de bens, valores ou benefícios por parte da Administração Pública, exceto nos casos de calamidade pública, de estado de emergência ou de programas sociais autorizados em lei e já em execução orçamentária no exercício anterior, casos em que o Ministério Público poderá promover o acompanhamento de sua execução financeira e administrativa. (Incluído pela Lei nº 11.300, de 2006)

§ 11. Nos anos eleitorais, os programas sociais de que trata o § 10 não poderão ser executados por entidade nominalmente vinculada a candidato ou por esse mantida. (Incluído pela Lei nº 12.034, de 2009)

§ 12. A representação contra a não observância do disposto neste artigo observará o rito do art. 22 da Lei Complementar nº 64, de 18 de maio de 1990, e poderá ser ajuizada até a data da diplomação. (Incluído pela Lei nº 12.034, de 2009)

§ 13. O prazo de recurso contra decisões proferidas com base neste artigo será de 3 (três) dias, a contar da data da publicação do julgamento no Diário Oficial. (Incluído pela Lei nº 12.034, de 2009)

ART. 74. Configura abuso de autoridade, para os fins do disposto no art. 22 da Lei Complementar nº 64, de 18 de maio de 1990, a infringência do disposto no § 1º do art. 37 da Constituição Federal, ficando o responsável, se candidato, sujeito ao cancelamento do registro ou do diploma. (Redação dada pela Lei nº 12.034, de 2009)

ART. 75. Nos três meses que antecederem as eleições, na realização de inaugurações é vedada a contratação de shows artísticos pagos com recursos públicos.

Parágrafo único. Nos casos de descumprimento do disposto neste artigo, sem prejuízo da suspensão imediata da conduta, o candidato beneficiado, agente público ou não, ficará sujeito à cassação do registro ou do diploma. (Incluído pela Lei nº 12.034, de 2009)

ART. 76. O ressarcimento das despesas com o uso de transporte oficial pelo Presidente da República e sua comitiva em campanha eleitoral será de responsabilidade do partido político ou coligação a que esteja vinculado.

§ 1º. O ressarcimento de que trata este artigo terá por base o tipo de transporte usado e a respectiva tarifa de mercado cobrada no trecho correspondente, ressalvado o uso do avião presidencial, cujo ressarcimento corresponderá ao aluguel de uma aeronave de propulsão a jato do tipo táxi aéreo.

§ 2º. No prazo de dez dias úteis da realização do pleito, em primeiro turno, ou segundo, se houver, o órgão competente de controle interno procederá ex officio à cobrança dos valores devidos nos termos dos parágrafos anteriores.

§ 3º. A falta do ressarcimento, no prazo estipulado, implicará a comunicação do fato ao Ministério Público Eleitoral, pelo órgão de controle interno.

§ 4º. Recebida a denúncia do Ministério Público, a Justiça Eleitoral apreciará o feito no prazo de trinta dias, aplicando aos infratores pena de multa correspondente ao dobro das despesas, duplicada a cada reiteração de conduta.

ART. 77. É proibido a qualquer candidato comparecer, nos 3 (três) meses que precedem o pleito, a inaugurações de obras públicas. (Redação dada pela Lei nº 12.034, de 2009)

Parágrafo único. A inobservância do disposto neste artigo sujeita o infrator à cassação do registro ou do diploma. (Redação dada pela Lei nº 12.034, de 2009)

ART. 78. A aplicação das sanções cominadas no art. 73, §§ 4º e 5º, dar-se-á sem prejuízo de outras de caráter constitucional, administrativo ou disciplinar fixadas pelas demais leis vigentes.

• • • • • • • • • • • • • • • • • •

DISPOSIÇÕES TRANSITÓRIAS

ART. 87. Na apuração, será garantido aos fiscais e delegados dos partidos e coligações o direito de observar diretamente, a distância não superior a um metro da mesa, a abertura da urna, a abertura e a contagem das cédulas e o preenchimento do boletim.

▸ CE: art. 162.

§ 1º. O não-atendimento ao disposto no *caput* enseja a impugnação do resultado da urna, desde que apresentada antes da divulgação do boletim.

§ 2º. Ao final da transcrição dos resultados apurados no boletim, o Presidente da Junta Eleitoral é obrigado a entregar cópia deste aos partidos e coligações concorrentes ao pleito cujos representantes o requeiram até uma hora após sua expedição.

▸ CE: art. 179, § 4º.

§ 3º. Para os fins do disposto no parágrafo anterior, cada partido ou coligação poderá credenciar até três fiscais perante a Junta Eleitoral, funcionando um de cada vez.

§ 4º. O descumprimento de qualquer das disposições deste artigo constitui crime, punível com detenção de um a três meses, com a alternativa de prestação de serviços à comunidade pelo mesmo período e multa, no valor de um mil a cinco mil UFIR.

▸ CE: art. 179, § 4º.

§ 5º. O rascunho ou qualquer outro tipo de anotação fora dos boletins de urna, usados no momento da apuração dos votos, não poderão servir de prova posterior perante a Junta apuradora ou totalizadora.

▸ CE: art. 179, § 5º.

§ 6º. O boletim mencionado no § 2º deverá conter o nome e o número dos candidatos nas primeiras colunas, que precederão aquelas onde serão designados os votos e o partido ou coligação.

▸ CE: art. 179.

• • • • • • • • • • • • • • • • • •

DISPOSIÇÕES FINAIS

ART. 90. Aos crimes definidos nesta Lei, aplica-se o disposto nos arts. 287 e 355 a 364 da Lei nº 4.737, de 15 de julho de 1965 – Código Eleitoral.

▸ CE: arts. 8º., 287 e 355 a 364.

§ 1º. Para os efeitos desta Lei, respondem penalmente pelos partidos e coligações os seus representantes legais.

§ 2º. Nos casos de reincidência, as penas pecuniárias previstas nesta Lei aplicam-se em dobro.

ART. 90-A. (VETADO) (Incluído pela Lei nº 11.300, de 2006)

ART. 91. Nenhum requerimento de inscrição eleitoral ou de transferência será recebido dentro dos cento e cinqüenta dias anteriores à data da eleição.

Parágrafo único. A retenção de título eleitoral ou do comprovante de alistamento eleitoral constitui crime, punível com detenção, de um a três meses, com a alternativa de prestação de serviços à comunidade por igual período, e multa no valor de cinco mil a dez mil UFIR.

▸ *CE: art. 295.*

• • • • • • • • • • • • • • • • • •

ART. 94. Os feitos eleitorais, no período entre o registro das candidaturas até cinco dias após a realização do segundo turno das eleições, terão prioridade para a participação do Ministério Público e dos Juízes de todas as Justiças e instâncias, ressalvados os processos de habeas corpus e mandado de segurança.

§ 1º. É defeso às autoridades mencionadas neste artigo deixar de cumprir qualquer prazo desta Lei, em razão do exercício das funções regulares.

§ 2º. O descumprimento do disposto neste artigo constitui crime de responsabilidade e será objeto de anotação funcional para efeito de promoção na carreira.

▸ *CE: arts. 22, I, i, e 345.*

§ 3º. Além das polícias judiciárias, os órgãos da receita federal, estadual e municipal, os tribunais e órgãos de contas auxiliarão a Justiça Eleitoral na apuração dos delitos eleitorais, com prioridade sobre suas atribuições regulares.

§ 4º. Os advogados dos candidatos ou dos partidos e coligações serão notificados para os feitos de que trata esta Lei com antecedência mínima de vinte e quatro horas, ainda que por fax, telex ou telegrama.

§ 5º. Nos Tribunais Eleitorais, os advogados dos candidatos ou dos partidos e coligações serão intimados para os feitos que não versem sobre a cassação do registro ou do diploma de que trata esta Lei por meio da publicação de edital eletrônico publicado na página do respectivo Tribunal na internet, iniciando-se a contagem do prazo no dia seguinte ao da divulgação. (Incluído pela Lei nº 13.165, de 2015)

ART. 94-A. Os órgãos e entidades da Administração Pública direta e indireta poderão, quando solicitados, em casos específicos e de forma motivada, pelos Tribunais Eleitorais: (Incluído pela Lei nº 11.300, de 2006)

I – fornecer informações na área de sua competência; (Incluído pela Lei nº 11.300, de 2006)

II – ceder funcionários no período de 3 (três) meses antes a 3 (três) meses depois de cada eleição. (Incluído pela Lei nº 11.300, de 2006)

ART. 94-B. (VETADO) (Incluído pela Lei nº 11.300, de 2006)

ART. 95. Ao Juiz Eleitoral que seja parte em ações judiciais que envolvam determinado candidato é defeso exercer suas funções em processo eleitoral no qual o mesmo candidato seja interessado.

▸ *CE: art. 14, § 3º.*

ART. 96. Salvo disposições específicas em contrário desta Lei, as reclamações ou representações relativas ao seu descumprimento podem ser feitas por qualquer partido político, coligação ou candidato, e devem dirigir-se:

I – aos Juízes Eleitorais, nas eleições municipais;

II – aos Tribunais Regionais Eleitorais, nas eleições federais, estaduais e distritais;

III – ao Tribunal Superior Eleitoral, na eleição presidencial.

§ 1º. As reclamações e representações devem relatar fatos, indicando provas, indícios e circunstâncias.

§ 2º. Nas eleições municipais, quando a circunscrição abranger mais de uma Zona Eleitoral, o Tribunal Regional designará um Juiz para apreciar as reclamações ou representações.

§ 3º. Os Tribunais Eleitorais designarão três juízes auxiliares para a apreciação das reclamações ou representações que lhes forem dirigidas.

§ 4º. Os recursos contra as decisões dos juízes auxiliares serão julgados pelo Plenário do Tribunal.

§ 5º. Recebida a reclamação ou representação, a Justiça Eleitoral notificará imediatamente o reclamado ou representado para, querendo, apresentar defesa em quarenta e oito horas.

§ 6º. (Revogado pela Lei nº 9.840, de 28.9.99)

§ 7º. Transcorrido o prazo previsto no § 5º, apresentada ou não a defesa, o órgão competente da Justiça Eleitoral decidirá e fará publicar a decisão em vinte e quatro horas.

§ 8º. Quando cabível recurso contra a decisão, este deverá ser apresentado no prazo de vinte e quatro horas da publicação da decisão em cartório ou sessão, assegurado ao recorrido o oferecimento de contrarrazões, em igual prazo, a contar da sua notificação.

§ 9º. Os Tribunais julgarão o recurso no prazo de quarenta e oito horas.

§ 10. Não sendo o feito julgado nos prazos fixados, o pedido pode ser dirigido ao órgão superior, devendo a decisão ocorrer de acordo com o rito definido neste artigo.

§ 11. As sanções aplicadas a candidato em razão do descumprimento de disposições desta Lei não se estendem ao respectivo partido, mesmo na hipótese de esse ter se beneficiado da conduta, salvo quando comprovada a sua participação. (Incluído pela Lei nº 13.165, de 2015)

ART. 96-A. Durante o período eleitoral, as intimações via fac-símile encaminhadas pela Justiça Eleitoral a candidato deverão ser exclusivamente realizadas na linha telefônica por ele previamente cadastrada, por ocasião do preenchimento do requerimento de registro de candidatura. (Incluído pela Lei nº 12.034, de 2009)

Parágrafo único. O prazo de cumprimento da determinação prevista no *caput* é de quarenta e oito horas, a contar do recebimento do fac-símile. (Incluído pela Lei nº 12.034, de 2009)

ART. 96-B. Serão reunidas para julgamento comum as ações eleitorais propostas por partes diversas sobre o mesmo fato, sendo competente para apreciá-las o juiz ou relator que tiver recebido a primeira. (Incluído pela Lei nº 13.165, de 2015)

§ 1º. O ajuizamento de ação eleitoral por candidato ou partido político não impede ação do Ministério Público no mesmo sentido. (Incluído pela Lei nº 13.165, de 2015)

§ 2º. Se proposta ação sobre o mesmo fato apreciado em outra cuja decisão ainda não transitou em julgado, será ela apensada ao processo anterior na instância em que ele se encontrar, figurando a parte como litisconsorte no feito principal. (Incluído pela Lei nº 13.165, de 2015)

LEIS ORDINÁRIAS

§ 3º. Se proposta ação sobre o mesmo fato apreciado em outra cuja decisão já tenha transitado em julgado, não será ela conhecida pelo juiz, ressalvada a apresentação de outras ou novas provas. (Incluído pela Lei nº 13.165, de 2015)

ART. 97. Poderá o candidato, partido ou coligação representar ao Tribunal Regional Eleitoral contra o Juiz Eleitoral que descumprir as disposições desta Lei ou der causa ao seu descumprimento, inclusive quanto aos prazos processuais; neste caso, ouvido o representado em vinte e quatro horas, o Tribunal ordenará a observância do procedimento que explicitar, sob pena de incorrer o Juiz em desobediência.

§ 1º. É obrigatório, para os membros dos Tribunais Eleitorais e do Ministério Público, fiscalizar o cumprimento desta Lei pelos juízes e promotores eleitorais das instâncias inferiores, determinando, quando for o caso, a abertura de procedimento disciplinar para apuração de eventuais irregularidades que verificarem. (Incluído pela Lei nº 12.034, de 2009)

§ 2º. No caso de descumprimento das disposições desta Lei por Tribunal Regional Eleitoral, a representação poderá ser feita ao Tribunal Superior Eleitoral, observado o disposto neste artigo. (Renumerado do parágrafo único pela Lei nº 12.034, de 2009)

ART. 97-A. Nos termos do inciso LXXVIII do art. 5º da Constituição Federal, considera-se duração razoável do processo que possa resultar em perda de mandato eletivo o período máximo de 1 (um) ano, contado da sua apresentação à Justiça Eleitoral. (Incluído pela Lei nº 12.034, de 2009)

§ 1º. A duração do processo de que trata o *caput* abrange a tramitação em todas as instâncias da Justiça Eleitoral. (Incluído pela Lei nº 12.034, de 2009)

§ 2º. Vencido o prazo de que trata o *caput*, será aplicável o disposto no art. 97, sem prejuízo de representação ao Conselho Nacional de Justiça. (Incluído pela Lei nº 12.034, de 2009)

ART. 98. Os eleitores nomeados para compor as Mesas Receptoras ou Juntas Eleitorais e os requisitados para auxiliar seus trabalhos serão dispensados do serviço, mediante declaração expedida pela Justiça Eleitoral, sem prejuízo do salário, vencimento ou qualquer outra vantagem, pelo dobro dos dias de convocação.

▸ *CE: arts. 36, caput, e 98.*

• • • • • • • • • • • • • • • • • • •

ART. 100. A contratação de pessoal para prestação de serviços nas campanhas eleitorais não gera vínculo empregatício com o candidato ou partido contratantes, aplicando-se à pessoa física contratada o disposto na alínea h do inciso V do art. 12 da Lei nº 8.212, de 24 de julho de 1991. (Redação dada pela Lei nº 13.165, de 2015)

Parágrafo único. Não se aplica aos partidos políticos, para fins da contratação de que trata o caput, o disposto no parágrafo único do art. 15 da Lei nº 8.212, de 24 de julho de 1991. (Incluído pela Lei nº 13.165, de 2015)

ART. 100-A. A contratação direta ou terceirizada de pessoal para prestação de serviços referentes a atividades de militância e mobilização de rua nas campanhas eleitorais observará os seguintes limites, impostos a cada candidato: (Incluído pela Lei nº 12.891, de 2013)

I – em Municípios com até 30.000 (trinta mil) eleitores, não excederá a 1% (um por cento) do eleitorado; (Incluído pela Lei nº 12.891, de 2013)

II – nos demais Municípios e no Distrito Federal, corresponderá ao número máximo apurado no inciso I, acrescido de 1 (uma) contratação para cada 1.000 (mil) eleitores que exceder o número de 30.000 (trinta mil). (Incluído pela Lei nº 12.891, de 2013)

§ 1º. As contratações observarão ainda os seguintes limites nas candidaturas aos cargos a: (Incluído pela Lei nº 12.891, de 2013)

I – Presidente da República e Senador: em cada Estado, o número estabelecido para o Município com o maior número de eleitores; (Incluído pela Lei nº 12.891, de 2013)

II – Governador de Estado e do Distrito Federal: no Estado, o dobro do limite estabelecido para o Município com o maior número de eleitores, e, no Distrito Federal, o dobro do número alcançado no inciso II do *caput*; (Incluído pela Lei nº 12.891, de 2013)

III – Deputado Federal: na circunscrição, 70% (setenta por cento) do limite estabelecido para o Município com o maior número de eleitores, e, no Distrito Federal, esse mesmo percentual aplicado sobre o limite calculado na forma do inciso II do *caput*, considerado o eleitorado da maior região administrativa; (Incluído pela Lei nº 12.891, de 2013)

IV – Deputado Estadual ou Distrital: na circunscrição, 50% (cinquenta por cento) do limite estabelecido para Deputados Federais; (Incluído pela Lei nº 12.891, de 2013)

V – Prefeito: nos limites previstos nos incisos I e II do *caput*; (Incluído pela Lei nº 12.891, de 2013)

VI – Vereador: 50% (cinquenta por cento) dos limites previstos nos incisos I e II do *caput*, até o máximo de 80% (oitenta por cento) do limite estabelecido para Deputados Estaduais. (Incluído pela Lei nº 12.891, de 2013)

§ 2º. Nos cálculos previstos nos incisos I e II do *caput* e no § 1º, a fração será desprezada, se inferior a 0,5 (meio), e igualada a 1 (um), se igual ou superior. (Incluído pela Lei nº 12.891, de 2013)

§ 3º. A contratação de pessoal por candidatos a Vice-Presidente, Vice-Governador, Suplente de Senador e Vice-Prefeito é, para todos os efeitos, contabilizada como contratação pelo titular, e a contratação por partidos fica vinculada aos limites impostos aos seus candidatos. (Incluído pela Lei nº 12.891, de 2013)

§ 4º. (Revogado pela Lei nº 13.165, de 2015)

§ 5º. O descumprimento dos limites previstos nesta Lei sujeitará o candidato às penas previstas no art. 299 da Lei nº 4.737, de 15 de julho de 1965. (Incluído pela Lei nº 12.891, de 2013)

§ 6º. São excluídos dos limites fixados por esta Lei a militância não remunerada, pessoal contratado para apoio administrativo e operacional, fiscais e delegados credenciados para trabalhar nas eleições e os advogados dos candidatos ou dos partidos e coligações. (Incluído pela Lei nº 12.891, de 2013)

• • • • • • • • • • • • • • • • • •

ART. 105-A. Em matéria eleitoral, não são aplicáveis os procedimentos previstos na Lei nº 7.347, de 24 de julho de 1985. (Incluído pela Lei nº 12.034, de 2009)

ART. 106. Esta Lei entra em vigor na data de sua publicação.

ART. 107. Revogam-se os arts. 92, 246, 247, 250, 322, 328, 329, 333 e o parágrafo único do art. 106 da Lei nº 4.737, de 15 de julho de 1965 – Código Eleitoral; o § 4º do art. 39 da Lei nº 9.096, de 19 de setembro de 1995; o § 2º do art. 50 e o § 1º do art. 64 da Lei nº 9.100, de 29 de setembro de 1995; e o § 2º do art. 7º do Decreto-Lei nº 201, de 27 de fevereiro de 1967.

Brasília, 30 de setembro de 1997;
176º da Independência e 109º da República.

MARCO ANTONIO DE OLIVEIRA MACIEL

Este texto não substitui o publicado no DOU de 1º.10.1997

LEI Nº 9.605, DE 12 DE FEVEREIRO DE 1998 – CRIMES AMBIENTAIS

Dispõe sobre as sanções penais e administrativas derivadas de condutas e atividades lesivas ao meio ambiente, e dá outras providências.

O PRESIDENTE DA REPÚBLICA Faço saber que o Congresso Nacional decreta e eu sanciono a seguinte Lei:

CAPÍTULO I. DISPOSIÇÕES GERAIS

▸ *CF: art. 225, § 3º.*

ART. 1º. (VETADO)

ART. 2º. Quem, de qualquer forma, concorre para a prática dos crimes previstos nesta Lei, incide nas penas a estes cominadas, na medida da sua culpabilidade, bem como o diretor, o administrador, o membro de conselho e de órgão técnico, o auditor, o gerente, o preposto ou mandatário de pessoa jurídica, que, sabendo da conduta criminosa de outrem, deixar de impedir a sua prática, quando podia agir para evitá-la.

▸ *CP: arts. 29 e 31.*

ART. 3º. As pessoas jurídicas serão responsabilizadas administrativa, civil e penalmente conforme o disposto nesta Lei, nos casos em que a infração seja cometida por decisão de seu representante legal ou contratual, ou de seu órgão colegiado, no interesse ou benefício da sua entidade.

▸ *CF: art. 225, § 3º.*

Parágrafo único. A responsabilidade das pessoas jurídicas não exclui a das pessoas físicas, autoras, coautoras ou partícipes do mesmo fato.

ART. 4º. Poderá ser desconsiderada a pessoa jurídica sempre que sua personalidade for obstáculo ao ressarcimento de prejuízos causados à qualidade do meio ambiente.

▸ *CDC: art. 28.*

ART. 5º. (VETADO)

CAPÍTULO II. DA APLICAÇÃO DA PENA

ART. 6º. Para imposição e gradação da penalidade, a autoridade competente observará:

▸ *CPP: arts. 6º, IX, 381, III, e 387, II e III.*

▸ *Lei nº 7.210, de 11-07-1984, art. 5º, Lei de Execução Penal.*

I – a gravidade do fato, tendo em vista os motivos da infração e suas consequências para a saúde pública e para o meio ambiente;

II – os antecedentes do infrator quanto ao cumprimento da legislação de interesse ambiental;

III – a situação econômica do infrator, no caso de multa.

▸ *CF: art. 5º, XLVI.*

▸ *CP: arts. 59 e 60.*

ART. 7º. As penas restritivas de direitos são autônomas e substituem as privativas de liberdade quando:

I – tratar-se de crime culposo ou for aplicada a pena privativa de liberdade inferior a quatro anos;

II – a culpabilidade, os antecedentes, a conduta social e a personalidade do condenado, bem como os motivos e as circunstâncias do crime indicarem que a substituição seja suficiente para efeitos de reprovação e prevenção do crime.

Parágrafo único. As penas restritivas de direitos a que se refere este artigo terão a mesma duração da pena privativa de liberdade substituída.

▸ *CP: arts. 44, 46, § 4º, 55, 59, IV.*

ART. 8º. As penas restritivas de direito são:

I – prestação de serviços à comunidade;

II – interdição temporária de direitos;

III – suspensão parcial ou total de atividades;

IV – prestação pecuniária;

V – recolhimento domiciliar.

▸ *CP: art. 43.*

ART. 9º. A prestação de serviços à comunidade consiste na atribuição ao condenado de tarefas gratuitas junto a parques e jardins públicos e unidades de conservação, e, no caso de dano da coisa particular, pública ou tombada, na restauração desta, se possível.

▸ *CP: art. 46.*

ART. 10. As penas de interdição temporária de direito são a proibição de o condenado contratar com o Poder Público, de receber incentivos fiscais ou quaisquer outros benefícios, bem como de participar de licitações, pelo prazo de cinco anos, no caso de crimes dolosos, e de três anos, no de crimes culposos.

▸ *CP: arts. 47.*

ART. 11. A suspensão de atividades será aplicada quando estas não estiverem obedecendo às prescrições legais.

ART. 12. A prestação pecuniária consiste no pagamento em dinheiro à vítima ou à entidade pública ou privada com fim social, de importância, fixada pelo juiz, não inferior a um salário mínimo nem superior a trezentos e sessenta salários mínimos. O valor pago será deduzido do montante de eventual reparação civil a que for condenado o infrator.

ART. 13. O recolhimento domiciliar baseia-se na autodisciplina e senso de responsabilidade do condenado, que deverá, sem vigilância, trabalhar, frequentar curso ou exercer atividade autorizada, permanecendo recolhido nos dias e horários de folga em residência ou em qualquer local destinado a sua moradia habitual, conforme estabelecido na sentença condenatória.

▸ *CP: art. 36.*

ART. 14. São circunstâncias que atenuam a pena:

I – baixo grau de instrução ou escolaridade do agente;

II – arrependimento do infrator, manifestado pela espontânea reparação do dano, ou limitação significativa da degradação ambiental causada;

III – comunicação prévia pelo agente do perigo iminente de degradação ambiental;

IV – colaboração com os agentes encarregados da vigilância e do controle ambiental.

▸ *CP: arts. 65 e 66.*

ART. 15. São circunstâncias que agravam a pena, quando não constituem ou qualificam o crime:

I – reincidência nos crimes de natureza ambiental;

II – ter o agente cometido a infração:

a) para obter vantagem pecuniária;

b) coagindo outrem para a execução material da infração;

c) afetando ou expondo a perigo, de maneira grave, a saúde pública ou o meio ambiente;

d) concorrendo para danos à propriedade alheia;

e) atingindo áreas de unidades de conservação ou áreas sujeitas, por ato do Poder Público, a regime especial de uso;

f) atingindo áreas urbanas ou quaisquer assentamentos humanos;

g) em período de defeso à fauna;

h) em domingos ou feriados;

i) à noite;

j) em épocas de seca ou inundações;

l) no interior do espaço territorial especialmente protegido;

m) com o emprego de métodos cruéis para abate ou captura de animais;

n) mediante fraude ou abuso de confiança;

o) mediante abuso do direito de licença, permissão ou autorização ambiental;

p) no interesse de pessoa jurídica mantida, total ou parcialmente, por verbas públicas ou beneficiada por incentivos fiscais;

q) atingindo espécies ameaçadas, listadas em relatórios oficiais das autoridades competentes;

r) facilitada por funcionário público no exercício de suas funções.

▸ *CP: arts. 61 e 62.*

ART. 16. Nos crimes previstos nesta Lei, a suspensão condicional da pena pode ser aplicada nos casos de condenação a pena privativa de liberdade não superior a três anos.

▸ *CP: art. 77.*

ART. 17. A verificação da reparação a que se refere o § 2º do art. 78 do Código Penal será feita mediante laudo de reparação do dano ambiental, e as condições a serem impostas pelo juiz deverão relacionar-se com a proteção ao meio ambiente.

ART. 18. A multa será calculada segundo os critérios do Código Penal; se revelar-se ineficaz, ainda que aplicada no valor máximo, poderá ser aumentada até três vezes, tendo em vista o valor da vantagem econômica auferida.

▸ *CP: arts. 49 a 52 e 60.*

ART. 19. A perícia de constatação do dano ambiental, sempre que possível, fixará o montante do prejuízo causado para efeitos de prestação de fiança e cálculo de multa.

▸ *CPP: art. 326.*

Parágrafo único. A perícia produzida no inquérito civil ou no juízo cível poderá ser aproveitada no processo penal, instaurando-se o contraditório.

ART. 20. A sentença penal condenatória, sempre que possível, fixará o valor mínimo para reparação dos danos causados pela infração, considerando os prejuízos sofridos pelo ofendido ou pelo meio ambiente.

Parágrafo único. Transitada em julgado a sentença condenatória, a execução poderá efetuar-se pelo valor fixado nos termos do *caput*, sem prejuízo da liquidação para apuração do dano efetivamente sofrido.

ART. 21. As penas aplicáveis isolada, cumulativa ou alternativamente às pessoas jurídicas, de acordo com o disposto no art. 3º, são:

I – multa;

II – restritivas de direitos;

III – prestação de serviços à comunidade.

▸ *CF: art. 225, § 3º.*

▸ *CP: arts. 32, II e III, e 43, IV.*

ART. 22. As penas restritivas de direitos da pessoa jurídica são:

I – suspensão parcial ou total de atividades;

II – interdição temporária de estabelecimento, obra ou atividade;

III – proibição de contratar com o Poder Público, bem como dele obter subsídios, subvenções ou doações.

§ 1º. A suspensão de atividades será aplicada quando estas não estiverem obedecendo às disposições legais ou regulamentares, relativas à proteção do meio ambiente.

§ 2º. A interdição será aplicada quando o estabelecimento, obra ou atividade estiver funcionando sem a devida autorização, ou em desacordo com a concedida, ou com violação de disposição legal ou regulamentar.

§ 3º. A proibição de contratar com o Poder Público e dele obter subsídios, subvenções ou doações não poderá exceder o prazo de dez anos.

ART. 23. A prestação de serviços à comunidade pela pessoa jurídica consistirá em:

I – custeio de programas e de projetos ambientais;

II – execução de obras de recuperação de áreas degradadas;

III – manutenção de espaços públicos;

IV – contribuições a entidades ambientais ou culturais públicas.

▸ *CF: art. 5º, XLVI, d.*

▸ *CP: art. 78, § 1º.*

ART. 24. A pessoa jurídica constituída ou utilizada, preponderantemente, com o fim de permitir, facilitar ou ocultar a prática de crime definido nesta Lei terá decretada sua liquidação forçada, seu patrimônio será considerado instrumento do crime e como tal perdido em favor do Fundo Penitenciário Nacional.

▸ *CF: art. 5º, XLVI, b.*

Capítulo III.
DA APREENSÃO DO PRODUTO E DO INSTRUMENTO DE INFRAÇÃO ADMINISTRATIVA OU DE CRIME

ART. 25. Verificada a infração, serão apreendidos seus produtos e instrumentos, lavrando-se os respectivos autos.

§ 1º. Os animais serão prioritariamente libertados em seu habitat ou, sendo tal medida inviável ou não recomendável por questões sanitárias, entregues a jardins zoológicos, fundações ou entidades assemelhadas, para guarda e cuidados sob a responsabilidade de técnicos habilitados. (Redação dada pela Lei nº 13.052, de 2014)

§ 2º. Até que os animais sejam entregues às instituições mencionadas no § 1º deste artigo, o órgão autuante zelará para que eles sejam mantidos em condições adequadas de acondicionamento e transporte que garantam o seu bem-estar físico. (Redação dada pela Lei nº 13.052, de 2014)

§ 3º. Tratando-se de produtos perecíveis ou madeiras, serão estes avaliados e doados a instituições científicas, hospitalares, penais e outras com fins beneficentes. (Renumerando do § 2º para § 3º pela Lei nº 13.052, de 2014)

§ 4º. Os produtos e subprodutos da fauna não perecíveis serão destruídos ou doados a instituições científicas, culturais ou educacionais. (Renumerando do § 3º para § 4º pela Lei nº 13.052, de 2014)

§ 5º. Os instrumentos utilizados na prática da infração serão vendidos, garantida a sua descaracterização por meio da reciclagem. (Renumerando do § 4º para § 5º pela Lei nº 13.052, de 2014)

▸ *CPP: art. 6º.*

▸ *Lei nº 9.099, de 26-05-1995, art. 69, dispõe sobre Juizados Especiais Cíveis e Criminais.*

Capítulo IV.
DA AÇÃO E DO PROCESSO PENAL

ART. 26. Nas infrações penais previstas nesta Lei, a ação penal é pública incondicionada.

▸ *CF: art. 129, I.*

▸ *CP: art. 100.*

▸ *CPP: arts. 24 e 29.*

Parágrafo único. (VETADO)

ART. 27. Nos crimes ambientais de menor potencial ofensivo, a proposta de aplicação imediata de pena restritiva de direitos ou multa, prevista no art. 76 da Lei nº 9.099, de 26 de setembro de 1995, somente poderá ser formulada desde que tenha havido a prévia composição do dano ambiental, de que trata o art. 74 da mesma lei, salvo em caso de comprovada impossibilidade.

▸ *Súmula nº 629 do STJ.*

ART. 28. As disposições do art. 89 da Lei nº 9.099, de 26 de setembro de 1995, aplicam-se aos crimes de menor potencial ofensivo definidos nesta Lei, com as seguintes modificações:

▸ *Súmula nº 629 do STJ.*

I – a declaração de extinção de punibilidade, de que trata o § 5º do artigo referido no *caput*, dependerá de laudo de constatação de reparação do dano ambiental, ressalvada a impossibilidade prevista no inciso I do § 1º do mesmo artigo;

II – na hipótese de o laudo de constatação comprovar não ter sido completa a reparação, o prazo de suspensão do processo será prorrogado, até o período máximo previsto no artigo referido no *caput*, acrescido de mais um ano, com suspensão do prazo da prescrição;

III – no período de prorrogação, não se aplicarão as condições dos incisos II, III e IV do § 1º do artigo mencionado no *caput*;

IV – findo o prazo de prorrogação, proceder-se-á à lavratura de novo laudo de constatação de reparação do dano ambiental, podendo, conforme seu resultado, ser novamente prorrogado o período de suspensão, até o máximo previsto no inciso II deste artigo, observado o disposto no inciso III;

V – esgotado o prazo máximo de prorrogação, a declaração de extinção de punibilidade dependerá de laudo de constatação que comprove ter o acusado tomado as providências necessárias à reparação integral do dano.

▸ *Lei nº 9.099, de 26-05-1995, arts. 74, 76 e 89, dispõe sobre Juizados Especiais Cíveis e Criminais.*

Capítulo V.
DOS CRIMES CONTRA O MEIO AMBIENTE

Seção I.
DOS CRIMES CONTRA A FAUNA

ART. 29. Matar, perseguir, caçar, apanhar, utilizar espécimes da fauna silvestre, nativos ou em rota migratória, sem a devida permissão, licença ou autorização da autoridade competente, ou em desacordo com a obtida:

- *Lei n. 5.197, de 03-01-1967, art.27; Proteção à Fauna.*
- *Lei n. 7.643, de 18-12-1987, Proibição à pesca de cetáceos.*

Pena – detenção de seis meses a um ano, e multa.

§ 1º. Incorre nas mesmas penas:

I – quem impede a procriação da fauna, sem licença, autorização ou em desacordo com a obtida;

II – quem modifica, danifica ou destrói ninho, abrigo ou criadouro natural;

III – quem vende, expõe à venda, exporta ou adquire, guarda, tem em cativeiro ou depósito, utiliza ou transporta ovos, larvas ou espécimes da fauna silvestre, nativa ou em rota migratória, bem como produtos e objetos dela oriundos, provenientes de criadouros não autorizados ou sem a devida permissão, licença ou autorização da autoridade competente.

§ 2º. No caso de guarda doméstica de espécie silvestre não considerada ameaçada de extinção, pode o juiz, considerando as circunstâncias, deixar de aplicar a pena.

§ 3º. São espécimes da fauna silvestre todos aqueles pertencentes às espécies nativas, migratórias e quaisquer outras, aquáticas ou terrestres, que tenham todo ou parte de seu ciclo de vida ocorrendo dentro dos limites do território brasileiro, ou águas jurisdicionais brasileiras.

§ 4º. A pena é aumentada de metade, se o crime é praticado:

I – contra espécie rara ou considerada ameaçada de extinção, ainda que somente no local da infração;

II – em período proibido à caça;

III – durante a noite;

IV – com abuso de licença;

V – em unidade de conservação;

VI – com emprego de métodos ou instrumentos capazes de provocar destruição em massa.

§ 5º. A pena é aumentada até o triplo, se o crime decorre do exercício de caça profissional.

§ 6º. As disposições deste artigo não se aplicam aos atos de pesca.

- *Lei nº 5.197, de 03-01-1967, arts. 1º a 3º e 27, Dispõe sobre a proteção à fauna.*

ART. 30. Exportar para o exterior peles e couros de anfíbios e répteis em bruto, sem a autorização da autoridade ambiental competente:

Pena – reclusão, de um a três anos, e multa.

- *Lei nº 5.197, de 03-01-1967, arts. 3º, § 3º, e 18, Dispõe sobre a proteção à fauna.*

ART. 31. Introduzir espécime animal no País, sem parecer técnico oficial favorável e licença expedida por autoridade competente:

Pena – detenção, de três meses a um ano, e multa.

- *Lei nº 5.197, de 03-01-1967, art. 4º, Dispõe sobre a proteção à fauna.*

ART. 32. Praticar ato de abuso, maus-tratos, ferir ou mutilar animais silvestres, domésticos ou domesticados, nativos ou exóticos:

- *Lei n. 5.197, de 03-01-1967, art.27; Proteção à Fauna.*
- *Lei n. 7.643, de 18-12-1987, Proibição à pesca de cetáceos.*

Pena – detenção, de três meses a um ano, e multa.

§ 1º. Incorre nas mesmas penas quem realiza experiência dolorosa ou cruel em animal vivo, ainda que para fins didáticos ou científicos, quando existirem recursos alternativos.

§ 1º-A Quando se tratar de cão ou gato, a pena para as condutas descritas no caput deste artigo será de reclusão, de 2 (dois) a 5 (cinco) anos, multa e proibição da guarda. (Incluído pela Lei nº 14.064, de 2020)

- *CF: art. 5º, XL.*
- *CP: art. 2º.*

§ 2º. A pena é aumentada de um sexto a um terço, se ocorre morte do animal.

- *Dec.-lei nº 3.688, de 03-10-1941, art. 64, Lei das Contravenções Penais.*

ART. 33. Provocar, pela emissão de efluentes ou carreamento de materiais, o perecimento de espécimes da fauna aquática existentes em rios, lagos, açudes, lagoas, baías ou águas jurisdicionais brasileiras:

Pena – detenção, de um a três anos, ou multa, ou ambas cumulativamente.

Parágrafo único. Incorre nas mesmas penas:

I – quem causa degradação em viveiros, açudes ou estações de aquicultura de domínio público;

II – quem explora campos naturais de invertebrados aquáticos e algas, sem licença, permissão ou autorização da autoridade competente;

III – quem fundeia embarcações ou lança detritos de qualquer natureza sobre bancos de moluscos ou corais, devidamente demarcados em carta náutica.

ART. 34. Pescar em período no qual a pesca seja proibida ou em lugares interditados por órgão competente:

- *Lei n. 5.197, de 03-01-1967, art.27; Proteção à Fauna.*
- *Lei n. 7.643, de 18-12-1987, Proibição à pesca de cetáceos.*

Pena – detenção de um ano a três anos ou multa, ou ambas as penas cumulativamente.

Parágrafo único. Incorre nas mesmas penas quem:

I – pesca espécies que devam ser preservadas ou espécimes com tamanhos inferiores aos permitidos;

II – pesca quantidades superiores às permitidas, ou mediante a utilização de aparelhos, petrechos, técnicas e métodos não permitidos;

III – transporta, comercializa, beneficia ou industrializa espécimes provenientes da coleta, apanha e pesca proibidas.

ART. 35. Pescar mediante a utilização de:

I – explosivos ou substâncias que, em contato com a água, produzam efeito semelhante;

II – substâncias tóxicas, ou outro meio proibido pela autoridade competente:

Pena – reclusão de um ano a cinco anos.

ART. 36. Para os efeitos desta Lei, considera-se pesca todo ato tendente a retirar, extrair, coletar, apanhar, apreender ou capturar espécimes dos grupos dos peixes, crustáceos, moluscos e vegetais hidróbios, suscetíveis ou não de aproveitamento econômico, ressalvadas as espécies ameaçadas de extinção, constantes nas listas oficiais da fauna e da flora.

ART. 37. Não é crime o abate de animal, quando realizado:

▸ *CP: art. 24.*

▸ *CPP: art. 65.*

I – em estado de necessidade, para saciar a fome do agente ou de sua família;

II – para proteger lavouras, pomares e rebanhos da ação predatória ou destruidora de animais, desde que legal e expressamente autorizado pela autoridade competente;

III – (VETADO)

IV – por ser nocivo o animal, desde que assim caracterizado pelo órgão competente.

SEÇÃO II. DOS CRIMES CONTRA A FLORA

ART. 38. Destruir ou danificar floresta considerada de preservação permanente, mesmo que em formação, ou utilizá-la com infringência das normas de proteção:

Pena – detenção, de um a três anos, ou multa, ou ambas as penas cumulativamente.

Parágrafo único. Se o crime for culposo, a pena será reduzida à metade.

ART. 38-A. Destruir ou danificar vegetação primária ou secundária, em estágio avançado ou médio de regeneração, do Bioma Mata Atlântica, ou utilizá-la com infringência das normas de proteção: (Incluído pela Lei nº 11.428, de 2006).

Pena – detenção, de 1 (um) a 3 (três) anos, ou multa, ou ambas as penas cumulativamente. (Incluído pela Lei nº 11.428, de 2006).

Parágrafo único. Se o crime for culposo, a pena será reduzida à metade. (Incluído pela Lei nº 11.428, de 2006).

ART. 39. Cortar árvores em floresta considerada de preservação permanente, sem permissão da autoridade competente:

Pena – detenção, de um a três anos, ou multa, ou ambas as penas cumulativamente.

ART. 40. Causar dano direto ou indireto às Unidades de Conservação e às áreas de que trata o art. 27 do Decreto nº 99.274, de 6 de junho de 1990, independentemente de sua localização:

Pena – reclusão, de um a cinco anos.

§ 1º. Entende-se por Unidades de Conservação de Proteção Integral as Estações Ecológicas, as Reservas Biológicas, os Parques Nacionais, os Monumentos Naturais e os Refúgios de Vida Silvestre. (Redação dada pela Lei nº 9.985, de 18.7.2000)

§ 2º. A ocorrência de dano afetando espécies ameaçadas de extinção no interior das Unidades de Conservação de Proteção Integral será considerada circunstância agravante para a fixação da pena. (Redação dada pela Lei nº 9.985, de 18.7.2000)

§ 3º. Se o crime for culposo, a pena será reduzida à metade.

ART. 40-A. (VETADO) (Incluído pela Lei nº 9.985, de 18.7.2000)

§ 1º. Entende-se por Unidades de Conservação de Uso Sustentável as Áreas de Proteção Ambiental, as Áreas de Relevante Interesse Ecológico, as Florestas Nacionais, as Reservas Extrativistas, as Reservas de Fauna, as Reservas de Desenvolvimento Sustentável e as Reservas Particulares do Patrimônio Natural. (Incluído pela Lei nº 9.985, de 18.7.2000)

§ 2º. A ocorrência de dano afetando espécies ameaçadas de extinção no interior das Unidades de Conservação de Uso Sustentável será considerada circunstância agravante para a fixação da pena. (Incluído pela Lei nº 9.985, de 18.7.2000)

§ 3º. Se o crime for culposo, a pena será reduzida à metade. (Incluído pela Lei nº 9.985, de 18.7.2000)

ART. 41. Provocar incêndio em mata ou floresta:

Pena – reclusão, de dois a quatro anos, e multa.

Parágrafo único. Se o crime é culposo, a pena é de detenção de seis meses a um ano, e multa.

▸ *CP: art. 250, § 1º, II, h.*

▸ *CFL: art. 38.*

▸ *Lei nº 5.197, de 03-01-1967, art. 10, a. Dispõe sobre a proteção à fauna.*

ART. 42. Fabricar, vender, transportar ou soltar balões que possam provocar incêndios nas florestas e demais formas de vegetação, em áreas urbanas ou qualquer tipo de assentamento humano:

Pena – detenção de um a três anos ou multa, ou ambas as penas cumulativamente.

ART. 43. (VETADO)

ART. 44. Extrair de florestas de domínio público ou consideradas de preservação permanente, sem prévia autorização, pedra, areia, cal ou qualquer espécie de minerais:

Pena – detenção, de seis meses a um ano, e multa.

ART. 45. Cortar ou transformar em carvão madeira de lei, assim classificada por ato do Poder Público, para fins industriais, energéticos ou para qualquer outra exploração, econômica ou não, em desacordo com as determinações legais:

Pena – reclusão, de um a dois anos, e multa.

ART. 46. Receber ou adquirir, para fins comerciais ou industriais, madeira, lenha, carvão e outros produtos de origem vegetal, sem exigir a exibição de licença do vendedor, outorgada pela autoridade competente, e sem munir-se da via que deverá acompanhar o produto até final beneficiamento:

Pena – detenção, de seis meses a um ano, e multa.

Parágrafo único. Incorre nas mesmas penas quem vende, expõe à venda, tem em depósito, transporta ou guarda madeira, lenha, carvão e outros produtos de origem vegetal,

LEIS ORDINÁRIAS

sem licença válida para todo o tempo da viagem ou do armazenamento, outorgada pela autoridade competente.

ART. 47. (VETADO)

ART. 48. Impedir ou dificultar a regeneração natural de florestas e demais formas de vegetação:

Pena – detenção, de seis meses a um ano, e multa.

ART. 49. Destruir, danificar, lesar ou maltratar, por qualquer modo ou meio, plantas de ornamentação de logradouros públicos ou em propriedade privada alheia:

Pena – detenção, de três meses a um ano, ou multa, ou ambas as penas cumulativamente.

Parágrafo único. No crime culposo, a pena é de um a seis meses, ou multa.

ART. 50. Destruir ou danificar florestas nativas ou plantadas ou vegetação fixadora de dunas, protetora de mangues, objeto de especial preservação:

Pena – detenção, de três meses a um ano, e multa.

ART. 50-A. Desmatar, explorar economicamente ou degradar floresta, plantada ou nativa, em terras de domínio público ou devolutas, sem autorização do órgão competente: (Incluído pela Lei nº 11.284, de 2006)

Pena – reclusão de 2 (dois) a 4 (quatro) anos e multa. (Incluído pela Lei nº 11.284, de 2006)

§ 1º. Não é crime a conduta praticada quando necessária à subsistência imediata pessoal do agente ou de sua família. (Incluído pela Lei nº 11.284, de 2006)

§ 2º. Se a área explorada for superior a 1.000 ha (mil hectares), a pena será aumentada de 1 (um) ano por milhar de hectare. (Incluído pela Lei nº 11.284, de 2006)

ART. 51. Comercializar motosserra ou utilizá-la em florestas e nas demais formas de vegetação, sem licença ou registro da autoridade competente:

Pena – detenção, de três meses a um ano, e multa.

ART. 52. Penetrar em Unidades de Conservação conduzindo substâncias ou instrumentos próprios para caça ou para exploração de produtos ou subprodutos florestais, sem licença da autoridade competente:

Pena – detenção, de seis meses a um ano, e multa.

ART. 53. Nos crimes previstos nesta Seção, a pena é aumentada de um sexto a um terço se:

I – do fato resulta a diminuição de águas naturais, a erosão do solo ou a modificação do regime climático;

II – o crime é cometido:

a) no período de queda das sementes;

b) no período de formação de vegetações;

c) contra espécies raras ou ameaçadas de extinção, ainda que a ameaça ocorra somente no local da infração;

d) em época de seca ou inundação;

e) durante a noite, em domingo ou feriado.

SEÇÃO III.
DA POLUIÇÃO E OUTROS CRIMES AMBIENTAIS

ART. 54. Causar poluição de qualquer natureza em níveis tais que resultem ou possam resultar em danos à saúde humana, ou que provoquem a mortandade de animais ou a destruição significativa da flora:

Pena – reclusão, de um a quatro anos, e multa.

§ 1º. Se o crime é culposo:

Pena – detenção, de seis meses a um ano, e multa.

§ 2º. Se o crime:

I – tornar uma área, urbana ou rural, imprópria para a ocupação humana;

II – causar poluição atmosférica que provoque a retirada, ainda que momentânea, dos habitantes das áreas afetadas, ou que cause danos diretos à saúde da população;

III – causar poluição hídrica que torne necessária a interrupção do abastecimento público de água de uma comunidade;

▸ *CP: arts. 270 e 271.*

▸ *Lei nº 7.960, de 21-12-1989, art. 1º, III, j, dispõe sobre prisão temporária.*

IV – dificultar ou impedir o uso público das praias;

V – ocorrer por lançamento de resíduos sólidos, líquidos ou gasosos, ou detritos, óleos ou substâncias oleosas, em desacordo com as exigências estabelecidas em leis ou regulamentos:

Pena – reclusão, de um a cinco anos.

§ 3º. Incorre nas mesmas penas previstas no parágrafo anterior quem deixar de adotar, quando assim o exigir a autoridade competente, medidas de precaução em caso de risco de dano ambiental grave ou irreversível.

▸ *CP: arts. 270, caput e 271.*

▸ *Dec.-lei nº 3.688, de 03-10-1941, art. 38, Lei das Contravenções Penais.*

ART. 55. Executar pesquisa, lavra ou extração de recursos minerais sem a competente autorização, permissão, concessão ou licença, ou em desacordo com a obtida:

Pena – detenção, de seis meses a um ano, e multa.

Parágrafo único. Nas mesmas penas incorre quem deixa de recuperar a área pesquisada ou explorada, nos termos da autorização, permissão, licença, concessão ou determinação do órgão competente.

ART. 56. Produzir, processar, embalar, importar, exportar, comercializar, fornecer, transportar, armazenar, guardar, ter em depósito ou usar produto ou substância tóxica, perigosa ou nociva à saúde humana ou ao meio ambiente, em desacordo com as exigências estabelecidas em leis ou nos seus regulamentos:

Pena – reclusão, de um a quatro anos, e multa.

§ 1º. Nas mesmas penas incorre quem: (Redação dada pela Lei nº 12.305, de 2010)

I – abandona os produtos ou substâncias referidos no *caput* ou os utiliza em desacordo com as normas ambientais ou de segurança; (Incluído pela Lei nº 12.305, de 2010)

II – manipula, acondiciona, armazena, coleta, transporta, reutiliza, recicla ou dá destinação final a resíduos perigosos de forma diversa da estabelecida em lei ou regulamento. (Incluído pela Lei nº 12.305, de 2010)

§ 2º. Se o produto ou a substância for nuclear ou radioativa, a pena é aumentada de um sexto a um terço.

§ 3º. Se o crime é culposo:
Pena – detenção, de seis meses a um ano, e multa

ART. 57. (VETADO)

ART. 58. Nos crimes dolosos previstos nesta Seção, as penas serão aumentadas:

I – de um sexto a um terço, se resulta dano irreversível à flora ou ao meio ambiente em geral;

II – de um terço até a metade, se resulta lesão corporal de natureza grave em outrem;

III – até o dobro, se resultar a morte de outrem.

Parágrafo único. As penalidades previstas neste artigo somente serão aplicadas se do fato não resultar crime mais grave.

ART. 59. (VETADO)

ART. 60. Construir, reformar, ampliar, instalar ou fazer funcionar, em qualquer parte do território nacional, estabelecimentos, obras ou serviços potencialmente poluidores, sem licença ou autorização dos órgãos ambientais competentes, ou contrariando as normas legais e regulamentares pertinentes:

Pena – detenção, de um a seis meses, ou multa, ou ambas as penas cumulativamente.

▸ *CF: art. 225, § 1º, IV.*

ART. 61. Disseminar doença ou praga ou espécies que possam causar dano à agricultura, à pecuária, à fauna, à flora ou aos ecossistemas:

Pena – reclusão, de um a quatro anos, e multa.

SEÇÃO IV.
DOS CRIMES CONTRA O ORDENAMENTO URBANO E O PATRIMÔNIO CULTURAL

ART. 62. Destruir, inutilizar ou deteriorar:

I – bem especialmente protegido por lei, ato administrativo ou decisão judicial;

II – arquivo, registro, museu, biblioteca, pinacoteca, instalação científica ou similar protegido por lei, ato administrativo ou decisão judicial:

Pena – reclusão, de um a três anos, e multa.

Parágrafo único. Se o crime for culposo, a pena é de seis meses a um ano de detenção, sem prejuízo da multa.

▸ *CF: art. 216.*

▸ *CP: art. 163, III.*

ART. 63. Alterar o aspecto ou estrutura de edificação ou local especialmente protegido por lei, ato administrativo ou decisão judicial, em razão de seu valor paisagístico, ecológico, turístico, artístico, histórico, cultural, religioso, arqueológico, etnográfico ou monumental, sem autorização da autoridade competente ou em desacordo com a concedida:

Pena – reclusão, de um a três anos, e multa.

▸ *CF: art. 216.*

▸ *CP: art. 163, III.*

ART. 64. Promover construção em solo não edificável, ou no seu entorno, assim considerado em razão de seu valor paisagístico, ecológico, artístico, turístico, histórico, cultural, religioso, arqueológico, etnográfico ou monumental, sem autorização da autoridade competente ou em desacordo com a concedida:

Pena – detenção, de seis meses a um ano, e multa.

▸ *CP: arts. 165 e 166.*

▸ *CPP: art. 169.*

ART. 65. Pichar ou por outro meio conspurcar edificação ou monumento urbano: (Redação dada pela Lei nº 12.408, de 2011)

Pena – detenção, de 3 (três) meses a 1 (um) ano, e multa. (Redação dada pela Lei nº 12.408, de 2011)

§ 1º. Se o ato for realizado em monumento ou coisa tombada em virtude do seu valor artístico, arqueológico ou histórico, a pena é de 6 (seis) meses a 1 (um) ano de detenção e multa. (Renumerado do parágrafo único pela Lei nº 12.408, de 2011)

§ 2º. Não constitui crime a prática de grafite realizada com o objetivo de valorizar o patrimônio público ou privado mediante manifestação artística, desde que consentida pelo proprietário e, quando couber, pelo locatário ou arrendatário do bem privado e, no caso de bem público, com a autorização do órgão competente e a observância das posturas municipais e das normas editadas pelos órgãos governamentais responsáveis pela preservação e conservação do patrimônio histórico e artístico nacional. (Incluído pela Lei nº 12.408, de 2011)

▸ *CP: art. 163, III.*

SEÇÃO V.
DOS CRIMES CONTRA A ADMINISTRAÇÃO AMBIENTAL

ART. 66. Fazer o funcionário público afirmação falsa ou enganosa, omitir a verdade, sonegar informações ou dados técnico-científicos em procedimentos de autorização ou de licenciamento ambiental:

Pena – reclusão, de um a três anos, e multa.

▸ *CP: arts. 312 a 327.*

ART. 67. Conceder o funcionário público licença, autorização ou permissão em desacordo com as normas ambientais, para as atividades, obras ou serviços cuja realização depende de ato autorizativo do Poder Público:

▸ *CP: art. 327.*

Pena – detenção, de um a três anos, e multa.

Parágrafo único. Se o crime é culposo, a pena é de três meses a um ano de detenção, sem prejuízo da multa.

ART. 68. Deixar, aquele que tiver o dever legal ou contratual de fazê-lo, de cumprir obrigação de relevante interesse ambiental:

Pena – detenção, de um a três anos, e multa.

Parágrafo único. Se o crime é culposo, a pena é de três meses a um ano, sem prejuízo da multa.

ART. 69. Obstar ou dificultar a ação fiscalizadora do Poder Público no trato de questões ambientais:

Pena – detenção, de um a três anos, e multa.

ART. 69-A. Elaborar ou apresentar, no licenciamento, concessão florestal ou qualquer outro procedimento administrativo, estudo, laudo ou relatório ambiental total ou parcialmente falso ou enganoso, inclusive por omissão: (Incluído pela Lei nº 11.284, de 2006)

Pena – reclusão, de 3 (três) a 6 (seis) anos, e multa. (Incluído pela Lei nº 11.284, de 2006)

§ 1º. Se o crime é culposo: (Incluído pela Lei nº 11.284, de 2006)

Pena – detenção, de 1 (um) a 3 (três) anos. (Incluído pela Lei nº 11.284, de 2006)

§ 2º. A pena é aumentada de 1/3 (um terço) a 2/3 (dois terços), se há dano significativo ao meio ambiente, em decorrência do uso da informação falsa, incompleta ou enganosa. (Incluído pela Lei nº 11.284, de 2006)

CAPÍTULO VI. DA INFRAÇÃO ADMINISTRATIVA

ART. 70. Considera-se infração administrativa ambiental toda ação ou omissão que viole as regras jurídicas de uso, gozo, promoção, proteção e recuperação do meio ambiente.

§ 1º. São autoridades competentes para lavrar auto de infração ambiental e instaurar processo administrativo os funcionários de órgãos ambientais integrantes do Sistema Nacional de Meio Ambiente – SISNAMA, designados para as atividades de fiscalização, bem como os agentes das Capitanias dos Portos, do Ministério da Marinha.

§ 2º. Qualquer pessoa, constatando infração ambiental, poderá dirigir representação às autoridades relacionadas no parágrafo anterior, para efeito do exercício do seu poder de polícia.

§ 3º. A autoridade ambiental que tiver conhecimento de infração ambiental é obrigada a promover a sua apuração imediata, mediante processo administrativo próprio, sob pena de corresponsabilidade.

§ 4º. As infrações ambientais são apuradas em processo administrativo próprio, assegurado o direito de ampla defesa e o contraditório, observadas as disposições desta Lei.

ART. 71. O processo administrativo para apuração de infração ambiental deve observar os seguintes prazos máximos:

I – vinte dias para o infrator oferecer defesa ou impugnação contra o auto de infração, contados da data da ciência da autuação;

II – trinta dias para a autoridade competente julgar o auto de infração, contados da data da sua lavratura, apresentada ou não a defesa ou impugnação;

III – vinte dias para o infrator recorrer da decisão condenatória à instância superior do Sistema Nacional do Meio Ambiente – SISNAMA, ou à Diretoria de Portos e Costas, do Ministério da Marinha, de acordo com o tipo de autuação;

IV – cinco dias para o pagamento de multa, contados da data do recebimento da notificação.

ART. 72. As infrações administrativas são punidas com as seguintes sanções, observado o disposto no art. 6º:

I – advertência;

II – multa simples;

III – multa diária;

IV – apreensão dos animais, produtos e subprodutos da fauna e flora, instrumentos, petrechos, equipamentos ou veículos de qualquer natureza utilizados na infração;

V – destruição ou inutilização do produto;

VI – suspensão de venda e fabricação do produto;

VII – embargo de obra ou atividade;

VIII – demolição de obra;

IX – suspensão parcial ou total de atividades;

X – (VETADO)

XI – restritiva de direitos.

§ 1º. Se o infrator cometer, simultaneamente, duas ou mais infrações, ser-lhe-ão aplicadas, cumulativamente, as sanções a elas cominadas.

§ 2º. A advertência será aplicada pela inobservância das disposições desta Lei e da legislação em vigor, ou de preceitos regulamentares, sem prejuízo das demais sanções previstas neste artigo.

§ 3º. A multa simples será aplicada sempre que o agente, por negligência ou dolo:

I – advertido por irregularidades que tenham sido praticadas, deixar de saná-las, no prazo assinalado por órgão competente do SISNAMA ou pela Capitania dos Portos, do Ministério da Marinha;

II – opuser embaraço à fiscalização dos órgãos do SISNAMA ou da Capitania dos Portos, do Ministério da Marinha.

§ 4º. A multa simples pode ser convertida em serviços de preservação, melhoria e recuperação da qualidade do meio ambiente.

§ 5º. A multa diária será aplicada sempre que o cometimento da infração se prolongar no tempo.

§ 6º. A apreensão e destruição referidas nos incisos IV e V do *caput* obedecerão ao disposto no art. 25 desta Lei.

§ 7º. As sanções indicadas nos incisos VI a IX do *caput* serão aplicadas quando o produto, a obra, a atividade ou o estabelecimento não estiverem obedecendo às prescrições legais ou regulamentares.

§ 8º. As sanções restritivas de direito são:

I – suspensão de registro, licença ou autorização;

II – cancelamento de registro, licença ou autorização;

III – perda ou restrição de incentivos e benefícios fiscais;

IV – perda ou suspensão da participação em linhas de financiamento em estabelecimentos oficiais de crédito;

V – proibição de contratar com a Administração Pública, pelo período de até três anos.

ART. 73. Os valores arrecadados em pagamento de multas por infração ambiental serão revertidos ao Fundo Nacional do Meio Ambiente, criado pela Lei nº 7.797, de 10 de julho de 1989, Fundo Naval, criado pelo Decreto nº 20.923, de 8 de janeiro de 1932, fundos estaduais ou municipais de meio ambiente, ou correlatos, conforme dispuser o órgão arrecadador.

ART. 74. A multa terá por base a unidade, hectare, metro cúbico, quilograma ou outra medida pertinente, de acordo com o objeto jurídico lesado.

ART. 75. O valor da multa de que trata este Capítulo será fixado no regulamento desta Lei e corrigido periodicamente, com base nos índices estabelecidos na legislação pertinente, sendo o mínimo de R$ 50,00 (cinquenta reais) e o máximo de R$ 50.000.000,00 (cinquenta milhões de reais).

ART. 76. O pagamento de multa imposta pelos Estados, Municípios, Distrito Federal ou Territórios substitui a multa federal na mesma hipótese de incidência.

CAPÍTULO VII. DA COOPERAÇÃO INTERNACIONAL PARA A PRESERVAÇÃO DO MEIO AMBIENTE

ART. 77. Resguardados a soberania nacional, a ordem pública e os bons costumes, o Governo brasileiro prestará, no que concerne ao meio ambiente, a necessária cooperação a outro país, sem qualquer ônus, quando solicitado para:

I – produção de prova;

II – exame de objetos e lugares;

III – informações sobre pessoas e coisas;

IV – presença temporária da pessoa presa, cujas declarações tenham relevância para a decisão de uma causa;

V – outras formas de assistência permitidas pela legislação em vigor ou pelos tratados de que o Brasil seja parte.

§ 1º. A solicitação de que trata este artigo será dirigida ao Ministério da Justiça, que a remeterá, quando necessário, ao órgão judiciário competente para decidir a seu respeito, ou a encaminhará à autoridade capaz de atendê-la.

§ 2º. A solicitação deverá conter:

I – o nome e a qualificação da autoridade solicitante;

II – o objeto e o motivo de sua formulação;

III – a descrição sumária do procedimento em curso no país solicitante;

IV – a especificação da assistência solicitada;

V – a documentação indispensável ao seu esclarecimento, quando for o caso.

▸ *CF: arts. 1º, I, e 4º, IX.*

ART. 78. Para a consecução dos fins visados nesta Lei e especialmente para a reciprocidade da cooperação internacional, deve ser mantido sistema de comunicações apto a facilitar o intercâmbio rápido e seguro de informações com órgãos de outros países.

CAPÍTULO VIII. DISPOSIÇÕES FINAIS

ART. 79. Aplicam-se subsidiariamente a esta Lei as disposições do Código Penal e do Código de Processo Penal.

ART. 79-A. Para o cumprimento do disposto nesta Lei, os órgãos ambientais integrantes do SISNAMA, responsáveis pela execução de programas e projetos e pelo controle e fiscalização dos estabelecimentos e das atividades suscetíveis de degradarem a qualidade ambiental, ficam autorizados a celebrar, com força de título executivo extrajudicial, termo de compromisso com pessoas físicas ou jurídicas responsáveis pela construção, instalação, ampliação e funcionamento de estabelecimentos e atividades utilizadores de recursos ambientais, considerados efetiva ou potencialmente poluidores. (Incluído pela Medida Provisória nº 2.163-41, de 23.8.2001)

§ 1º. O termo de compromisso a que se refere este artigo destinar-se-á, exclusivamente, a permitir que as pessoas físicas e jurídicas mencionadas no *caput* possam promover as necessárias correções de suas atividades, para o atendimento das exigências impostas pelas autoridades ambientais competentes, sendo obrigatório que o respectivo instrumento disponha sobre: (Incluído pela Medida Provisória nº 2.163-41, de 23.8.2001)

I – o nome, a qualificação e o endereço das partes compromissadas e dos respectivos representantes legais; (Incluído pela Medida Provisória nº 2.163-41, de 23.8.2001)

II – o prazo de vigência do compromisso, que, em função da complexidade das obrigações nele fixadas, poderá variar entre o mínimo de noventa dias e o máximo de três anos, com possibilidade de prorrogação por igual período; (Incluído pela Medida Provisória nº 2.163-41, de 23.8.2001)

III – a descrição detalhada de seu objeto, o valor do investimento previsto e o cronograma físico de execução e de implantação das obras e serviços exigidos, com metas trimestrais a serem atingidas; (Incluído pela Medida Provisória nº 2.163-41, de 23.8.2001)

IV – as multas que podem ser aplicadas à pessoa física ou jurídica compromissada e os casos de rescisão, em decorrência do não-cumprimento das obrigações nele pactuadas; (Incluído pela Medida Provisória nº 2.163-41, de 23.8.2001)

V – o valor da multa de que trata o inciso IV não poderá ser superior ao valor do investimento previsto; (Incluído pela Medida Provisória nº 2.163-41, de 23.8.2001)

VI – o foro competente para dirimir litígios entre as partes. (Incluído pela Medida Provisória nº 2.163-41, de 23.8.2001)

§ 2º. No tocante aos empreendimentos em curso até o dia 30 de março de 1998, envolvendo construção, instalação, ampliação e funcionamento de estabelecimentos e atividades utilizadores de recursos ambientais, considerados efetiva ou potencialmente poluidores, a assinatura do termo de compromisso deverá ser requerida pelas pessoas físicas e jurídicas interessadas, até o dia 31 de dezembro de 1998, mediante requerimento escrito protocolizado junto aos órgãos competentes do SISNAMA, devendo ser firmado pelo dirigente máximo do estabelecimento. (Incluído pela Medida Provisória nº 2.163-41, de 23.8.2001)

LEIS ORDINÁRIAS

§ 3º. Da data da protocolização do requerimento previsto no § 2º e enquanto perdurar a vigência do correspondente termo de compromisso, ficarão suspensas, em relação aos fatos que deram causa à celebração do instrumento, a aplicação de sanções administrativas contra a pessoa física ou jurídica que o houver firmado. (Incluído pela Medida Provisória nº 2.163-41, de 23.8.2001)

§ 4º. A celebração do termo de compromisso de que trata este artigo não impede a execução de eventuais multas aplicadas antes da protocolização do requerimento. (Incluído pela Medida Provisória nº 2.163-41, de 23.8.2001)

§ 5º. Considera-se rescindido de pleno direito o termo de compromisso, quando descumprida qualquer de suas cláusulas, ressalvado o caso fortuito ou de força maior. (Incluído pela Medida Provisória nº 2.163-41, de 23.8.2001)

§ 6º. O termo de compromisso deverá ser firmado em até noventa dias, contados da protocolização do requerimento. (Incluído pela Medida Provisória nº 2.163-41, de 23.8.2001)

§ 7º. O requerimento de celebração do termo de compromisso deverá conter as informações necessárias à verificação da sua viabilidade técnica e jurídica, sob pena de indeferimento do plano. (Incluído pela Medida Provisória nº 2.163-41, de 23.8.2001)

§ 8º. Sob pena de ineficácia, os termos de compromisso deverão ser publicados no órgão oficial competente, mediante extrato. (Incluído pela Medida Provisória nº 2.163-41, de 23.8.2001)

ART. 80. O Poder Executivo regulamentará esta Lei no prazo de noventa dias a contar de sua publicação.

ART. 81. (VETADO)

ART. 82. Revogam-se as disposições em contrário.

Brasília, 12 de fevereiro de 1998;
177º da Independência e 110º da República.

FERNANDO HENRIQUE CARDOSO

Este texto não substitui o publicado no DOU de 13.2.1998 e retificado no DOU de 17.2.1998

LEI Nº 9.609, DE 19 DE FEVEREIRO DE 1998 – PROTEÇÃO DA PROPRIEDADE INTELECTUAL

Dispõe sobre a proteção da propriedade intelectual de programa de computador, sua comercialização no País, e dá outras providências.

- *Súmula 502 e 574 do STJ.*
- *CP: art. 184 e ss.*
- *CPP: arts. 524 a 530-I.*
- *Lei 9.279, de 14-5-1996, Lei de propriedade industrial.*
- *Lei 9.610 de 19-2-1998, Lei dos direitos autorais.*
- *Dec. nº 9.875, de 27 de junho de 2019, Dispõe sobre o Conselho Nacional de Combate à Pirataria e aos Delitos contra a Propriedade Intelectual.*

O PRESIDENTE DA REPÚBLICA Faço saber que o Congresso Nacional decreta e eu sanciono a seguinte Lei:

CAPÍTULO I. DISPOSIÇÕES PRELIMINARES

ART. 1º. Programa de computador é a expressão de um conjunto organizado de instruções em linguagem natural ou codificada, contida em suporte físico de qualquer natureza, de emprego necessário em máquinas automáticas de tratamento da informação, dispositivos, instrumentos ou equipamentos periféricos, baseados em técnica digital ou análoga, para fazê-los funcionar de modo e para fins determinados.

CAPÍTULO II. DA PROTEÇÃO AOS DIREITOS DE AUTOR E DO REGISTRO

ART. 2º. O regime de proteção à propriedade intelectual de programa de computador é o conferido às obras literárias pela legislação de direitos autorais e conexos vigentes no País, observado o disposto nesta Lei.

§ 1º. Não se aplicam ao programa de computador as disposições relativas aos direitos morais, ressalvado, a qualquer tempo, o direito do autor de reivindicar a paternidade do programa de computador e o direito do autor de opor-se a alterações não-autorizadas, quando estas impliquem deformação, mutilação ou outra modificação do programa de computador, que prejudiquem a sua honra ou a sua reputação.

§ 2º. Fica assegurada a tutela dos direitos relativos a programa de computador pelo prazo de cinquenta anos, contados a partir de 1º de janeiro do ano subsequente ao da sua publicação ou, na ausência desta, da sua criação.

§ 3º. A proteção aos direitos de que trata esta Lei independe de registro.

§ 4º. Os direitos atribuídos por esta Lei ficam assegurados aos estrangeiros domiciliados no exterior, desde que o país de origem do programa conceda, aos brasileiros e estrangeiros domiciliados no Brasil, direitos equivalentes.

§ 5º. Inclui-se dentre os direitos assegurados por esta Lei e pela legislação de direitos autorais e conexos vigentes no País aquele direito exclusivo de autorizar ou proibir o aluguel comercial, não sendo esse direito exaurível pela venda, licença ou outra forma de transferência da cópia do programa.

§ 6º. O disposto no parágrafo anterior não se aplica aos casos em que o programa em si não seja objeto essencial do aluguel.

ART. 3º. Os programas de computador poderão, a critério do titular, ser registrados em órgão ou entidade a ser designado por ato do Poder Executivo, por iniciativa do Ministério responsável pela política de ciência e tecnologia. (Regulamento)

§ 1º. O pedido de registro estabelecido neste artigo deverá conter, pelo menos, as seguintes informações:

I – os dados referentes ao autor do programa de computador e ao titular, se distinto do autor, sejam pessoas físicas ou jurídicas;

II – a identificação e descrição funcional do programa de computador; e

LEIS ORDINÁRIAS

III – os trechos do programa e outros dados que se considerar suficientes para identificá-lo e caracterizar sua originalidade, ressalvando-se os direitos de terceiros e a responsabilidade do Governo.

§ 2º. As informações referidas no inciso III do parágrafo anterior são de caráter sigiloso, não podendo ser reveladas, salvo por ordem judicial ou a requerimento do próprio titular.

ART. 4º. Salvo estipulação em contrário, pertencerão exclusivamente ao empregador, contratante de serviços ou órgão público, os direitos relativos ao programa de computador, desenvolvido e elaborado durante a vigência de contrato ou de vínculo estatutário, expressamente destinado à pesquisa e desenvolvimento, ou em que a atividade do empregado, contratado de serviço ou servidor seja prevista, ou ainda, que decorra da própria natureza dos encargos concernentes a esses vínculos.

§ 1º. Ressalvado ajuste em contrário, a compensação do trabalho ou serviço prestado limitar-se-á à remuneração ou ao salário convencionado.

§ 2º. Pertencerão, com exclusividade, ao empregado, contratado de serviço ou servidor os direitos concernentes a programa de computador gerado sem relação com o contrato de trabalho, prestação de serviços ou vínculo estatutário, e sem a utilização de recursos, informações tecnológicas, segredos industriais e de negócios, materiais, instalações ou equipamentos do empregador, da empresa ou entidade com a qual o empregador mantenha contrato de prestação de serviços ou assemelhados, do contratante de serviços ou órgão público.

§ 3º. O tratamento previsto neste artigo será aplicado nos casos em que o programa de computador for desenvolvido por bolsistas, estagiários e assemelhados.

ART. 5º. Os direitos sobre as derivações autorizadas pelo titular dos direitos de programa de computador, inclusive sua exploração econômica, pertencerão à pessoa autorizada que as fizer, salvo estipulação contratual em contrário.

ART. 6º. Não constituem ofensa aos direitos do titular de programa de computador:

I – a reprodução, em um só exemplar, de cópia legitimamente adquirida, desde que se destine à cópia de salvaguarda ou armazenamento eletrônico, hipótese em que o exemplar original servirá de salvaguarda;

II – a citação parcial do programa, para fins didáticos, desde que identificados o programa e o titular dos direitos respectivos;

III – a ocorrência de semelhança de programa a outro, preexistente, quando se der por força das características funcionais de sua aplicação, da observância de preceitos normativos e técnicos, ou de limitação de forma alternativa para a sua expressão;

IV – a integração de um programa, mantendo-se suas características essenciais, a um sistema aplicativo ou operacional, tecnicamente indispensável às necessidades do usuário, desde que para o uso exclusivo de quem a promoveu.

CAPÍTULO III. DAS GARANTIAS AOS USUÁRIOS DE PROGRAMA DE COMPUTADOR

ART. 7º. O contrato de licença de uso de programa de computador, o documento fiscal correspondente, os suportes físicos do programa ou as respectivas embalagens deverão consignar, de forma facilmente legível pelo usuário, o prazo de validade técnica da versão comercializada.

ART. 8º. Aquele que comercializar programa de computador, quer seja titular dos direitos do programa, quer seja titular dos direitos de comercialização, fica obrigado, no território nacional, durante o prazo de validade técnica da respectiva versão, a assegurar aos respectivos usuários a prestação de serviços técnicos complementares relativos ao adequado funcionamento do programa, consideradas as suas especificações.

Parágrafo único. A obrigação persistirá no caso de retirada de circulação comercial do programa de computador durante o prazo de validade, salvo justa indenização de eventuais prejuízos causados a terceiros.

CAPÍTULO IV. DOS CONTRATOS DE LICENÇA DE USO, DE COMERCIALIZAÇÃO E DE TRANSFERÊNCIA DE TECNOLOGIA

ART. 9º. O uso de programa de computador no País será objeto de contrato de licença.

Parágrafo único. Na hipótese de eventual inexistência do contrato referido no *caput* deste artigo, o documento fiscal relativo à aquisição ou licenciamento de cópia servirá para comprovação da regularidade do seu uso.

ART. 10. Os atos e contratos de licença de direitos de comercialização referentes a programas de computador de origem externa deverão fixar, quanto aos tributos e encargos exigíveis, a responsabilidade pelos respectivos pagamentos e estabelecerão a remuneração do titular dos direitos de programa de computador residente ou domiciliado no exterior.

§ 1º. Serão nulas as cláusulas que:

I – limitem a produção, a distribuição ou a comercialização, em violação às disposições normativas em vigor;

II – eximam qualquer dos contratantes das responsabilidades por eventuais ações de terceiros, decorrentes de vícios, defeitos ou violação de direitos de autor.

§ 2º. O remetente do correspondente valor em moeda estrangeira, em pagamento da remuneração de que se trata, conservará em seu poder, pelo prazo de cinco anos, todos os documentos necessários à comprovação da licitude das remessas e da sua conformidade ao *caput* deste artigo.

ART. 11. Nos casos de transferência de tecnologia de programa de computador, o Instituto Nacional da Propriedade Industrial fará o registro dos respectivos contratos, para que produzam efeitos em relação a terceiros.

Parágrafo único. Para o registro de que trata este artigo, é obrigatória a entrega, por parte do fornecedor ao receptor de tecnologia, da documentação completa, em especial do código-fonte comentado, memorial descritivo, especificações funcionais internas, diagramas, fluxogramas e outros dados técnicos necessários à absorção da tecnologia.

CAPÍTULO V. DAS INFRAÇÕES E DAS PENALIDADES

ART. 12. Violar direitos de autor de programa de computador:

▸ *CF: art. 5º, IX.*

▸ *CP: art. 184.*

▸ *Lei nº 9.504, de 30-09-1997, art. 72, Estabelece normas para as eleições.*

Pena – Detenção de seis meses a dois anos ou multa.

§ 1º. Se a violação consistir na reprodução, por qualquer meio, de programa de computador, no todo ou em parte, para fins de comércio, sem autorização expressa do autor ou de quem o represente:

Pena – Reclusão de um a quatro anos e multa.

§ 2º. Na mesma pena do parágrafo anterior incorre quem vende, expõe à venda, introduz no País, adquire, oculta ou tem em depósito, para fins de comércio, original ou cópia de programa de computador, produzido com violação de direito autoral.

▸ *CP: art. 334, § 1º, b, c e d.*

§ 3º. Nos crimes previstos neste artigo, somente se procede mediante queixa, salvo:

▸ *CF: art. 5º, LIX.*

▸ *CP: art. 100, §§ 2º a 4º.*

▸ *CPP: art. 30.*

I – quando praticados em prejuízo de entidade de direito público, autarquia, empresa pública, sociedade de economia mista ou fundação instituída pelo poder público;

II – quando, em decorrência de ato delituoso, resultar sonegação fiscal, perda de arrecadação tributária ou prática de quaisquer dos crimes contra a ordem tributária ou contra as relações de consumo.

§ 4º. No caso do inciso II do parágrafo anterior, a exigibilidade do tributo, ou contribuição social e qualquer acessório, processar-se-á independentemente de representação.

ART. 13. A ação penal e as diligências preliminares de busca e apreensão, nos casos de violação de direito de autor de programa de computador, serão precedidas de vistoria, podendo o juiz ordenar a apreensão das cópias produzidas ou comercializadas com violação de direito de autor, suas versões e derivações, em poder do infrator ou de quem as esteja expondo, mantendo em depósito, reproduzindo ou comercializando.

▸ *CPP: arts. 240 a 250.*

ART. 14. Independentemente da ação penal, o prejudicado poderá intentar ação para proibir ao infrator a prática do ato incriminado, com cominação de pena pecuniária para o caso de transgressão do preceito.

§ 1º. A ação de abstenção de prática de ato poderá ser cumulada com a de perdas e danos pelos prejuízos decorrentes da infração.

§ 2º. Independentemente de ação cautelar preparatória, o juiz poderá conceder medida liminar proibindo ao infrator a prática do ato incriminado, nos termos deste artigo.

§ 3º. Nos procedimentos cíveis, as medidas cautelares de busca e apreensão observarão o disposto no artigo anterior.

§ 4º. Na hipótese de serem apresentadas, em juízo, para a defesa dos interesses de qualquer das partes, informações que se caracterizem como confidenciais, deverá o juiz determinar que o processo prossiga em segredo de justiça, vedado o uso de tais informações também à outra parte para outras finalidades.

§ 5º. Será responsabilizado por perdas e danos aquele que requerer e promover as medidas previstas neste e nos arts. 12 e 13, agindo de má-fé ou por espírito de emulação, capricho ou erro grosseiro, nos termos dos arts. 16, 17 e 18 do Código de Processo Civil.

CAPÍTULO VI. DISPOSIÇÕES FINAIS

ART. 15. Esta Lei entra em vigor na data de sua publicação.

ART. 16. Fica revogada a Lei nº 7.646, de 18 de dezembro de 1987.

Brasília, 19 de fevereiro de 1998; 177º da Independência e 110º da República.

FERNANDO HENRIQUE CARDOSO

Este texto não substitui o publicado no DOU de 20.2.1998 e retificado no DOU de 25.2.1998

LEI Nº 9.610, DE 19 DE FEVEREIRO DE 1998 – DIREITOS AUTORAIS

Altera, atualiza e consolida a legislação sobre direitos autorais e dá outras providências.

TÍTULO I. DISPOSIÇÕES PRELIMINARES

▸ *Súmula 502 e 574 do STJ.*

▸ *CP: art. 184 e ss.*

▸ *CPP: arts. 524 a 530-I.*

▸ *Lei 9.279, de 14-5-1996, Lei de propriedade industrial.*

▸ *Lei 9.609, de19-2-1998, Lei de proteção da propriedade intelectual de programa de computador.*

ART. 1º. Esta Lei regula os direitos autorais, entendendo-se sob esta denominação os direitos de autor e os que lhes são conexos.

ART. 2º. Os estrangeiros domiciliados no exterior gozarão da proteção assegurada nos acordos, convenções e tratados em vigor no Brasil.

Parágrafo único. Aplica-se o disposto nesta Lei aos nacionais ou pessoas domiciliadas em país que assegure aos brasileiros ou pessoas domiciliadas no Brasil a reciprocidade na proteção aos direitos autorais ou equivalentes.

ART. 3º. Os direitos autorais reputam-se, para os efeitos legais, bens móveis.

ART. 4º. Interpretam-se restritivamente os negócios jurídicos sobre os direitos autorais.

ART. 5º. Para os efeitos desta Lei, considera-se:

I – publicação – o oferecimento de obra literária, artística ou científica ao conhecimento do público, com o consentimento do autor, ou de qualquer outro titular de direito de autor, por qualquer forma ou processo;

II – transmissão ou emissão – a difusão de sons ou de sons e imagens, por meio de ondas radioelétricas; sinais de satélite; fio, cabo ou outro condutor; meios óticos ou qualquer outro processo eletromagnético;

III – retransmissão – a emissão simultânea da transmissão de uma empresa por outra;

IV – distribuição – a colocação à disposição do público do original ou cópia de obras literárias, artísticas ou científicas, interpretações ou execuções fixadas e fonogramas, mediante a venda, locação ou qualquer outra forma de transferência de propriedade ou posse;

V – comunicação ao público – ato mediante o qual a obra é colocada ao alcance do público, por qualquer meio ou procedimento e que não consista na distribuição de exemplares;

VI – reprodução – a cópia de um ou vários exemplares de uma obra literária, artística ou científica ou de um fonograma, de qualquer forma tangível, incluindo qualquer armazenamento permanente ou temporário por meios eletrônicos ou qualquer outro meio de fixação que venha a ser desenvolvido;

VII – contrafação – a reprodução não autorizada;

VIII – obra:

a) em co-autoria – quando é criada em comum, por dois ou mais autores;

b) anônima – quando não se indica o nome do autor, por sua vontade ou por ser desconhecido;

c) pseudônima – quando o autor se oculta sob nome suposto;

d) inédita – a que não haja sido objeto de publicação;

e) póstuma – a que se publique após a morte do autor;

f) originária – a criação primígena;

g) derivada – a que, constituindo criação intelectual nova, resulta da transformação de obra originária;

h) coletiva – a criada por iniciativa, organização e responsabilidade de uma pessoa física ou jurídica, que a publica sob seu nome ou marca e que é constituída pela participação de diferentes autores, cujas contribuições se fundem numa criação autônoma;

i) audiovisual – a que resulta da fixação de imagens com ou sem som, que tenha a finalidade de criar, por meio de sua reprodução, a impressão de movimento, independentemente dos processos de sua captação, do suporte usado inicial ou posteriormente para fixá-lo, bem como dos meios utilizados para sua veiculação;

IX – fonograma – toda fixação de sons de uma execução ou interpretação ou de outros sons, ou de uma representação de sons que não seja uma fixação incluída em uma obra audiovisual;

X – editor – a pessoa física ou jurídica à qual se atribui o direito exclusivo de reprodução da obra e o dever de divulgá-la, nos limites previstos no contrato de edição;

XI – produtor – a pessoa física ou jurídica que toma a iniciativa e tem a responsabilidade econômica da primeira fixação do fonograma ou da obra audiovisual, qualquer que seja a natureza do suporte utilizado;

XII – radiodifusão – a transmissão sem fio, inclusive por satélites, de sons ou imagens e sons ou das representações desses, para recepção ao público e a transmissão de sinais codificados, quando os meios de decodificação sejam oferecidos ao público pelo organismo de radiodifusão ou com seu consentimento;

XIII – artistas intérpretes ou executantes – todos os atores, cantores, músicos, bailarinos ou outras pessoas que representem um papel, cantem, recitem, declamem, interpretem ou executem em qualquer forma obras literárias ou artísticas ou expressões do folclore.

XIV – titular originário – o autor de obra intelectual, o intérprete, o executante, o produtor fonográfico e as empresas de radiodifusão. (Incluído pela Lei nº 12.853, de 2013)

ART. 6º. Não serão de domínio da União, dos Estados, do Distrito Federal ou dos Municípios as obras por eles simplesmente subvencionadas.

TÍTULO II. DAS OBRAS INTELECTUAIS

CAPÍTULO I. DAS OBRAS PROTEGIDAS

ART. 7º. São obras intelectuais protegidas as criações do espírito, expressas por qualquer meio ou fixadas em qualquer suporte, tangível ou intangível, conhecido ou que se invente no futuro, tais como:

I – os textos de obras literárias, artísticas ou científicas;

II – as conferências, alocuções, sermões e outras obras da mesma natureza;

III – as obras dramáticas e dramático-musicais;

IV – as obras coreográficas e pantomímicas, cuja execução cênica se fixe por escrito ou por outra qualquer forma;

V – as composições musicais, tenham ou não letra;

VI – as obras audiovisuais, sonorizadas ou não, inclusive as cinematográficas;

VII – as obras fotográficas e as produzidas por qualquer processo análogo ao da fotografia;

VIII – as obras de desenho, pintura, gravura, escultura, litografia e arte cinética;

IX – as ilustrações, cartas geográficas e outras obras da mesma natureza;

X – os projetos, esboços e obras plásticas concernentes à geografia, engenharia, topografia, arquitetura, paisagismo, cenografia e ciência;

XI – as adaptações, traduções e outras transformações de obras originais, apresentadas como criação intelectual nova;

XII – os programas de computador;

XIII – as coletâneas ou compilações, antologias, enciclopédias, dicionários, bases de dados e outras obras, que, por sua seleção, organização ou disposição de seu conteúdo, constituam uma criação intelectual.

§ 1º. Os programas de computador são objeto de legislação específica, observadas as disposições desta Lei que lhes sejam aplicáveis.

§ 2º. A proteção concedida no inciso XIII não abarca os dados ou materiais em si mesmos e se entende sem prejuízo de quaisquer direitos autorais que subsistam a respeito dos dados ou materiais contidos nas obras.

§ 3º. No domínio das ciências, a proteção recairá sobre a forma literária ou artística, não abrangendo o seu conteúdo científico ou técnico, sem prejuízo dos direitos que protegem os demais campos da propriedade imaterial.

ART. 8º. Não são objeto de proteção como direitos autorais de que trata esta Lei:

I – as ideias, procedimentos normativos, sistemas, métodos, projetos ou conceitos matemáticos como tais;

II – os esquemas, planos ou regras para realizar atos mentais, jogos ou negócios;

III – os formulários em branco para serem preenchidos por qualquer tipo de informação, científica ou não, e suas instruções;

IV – os textos de tratados ou convenções, leis, decretos, regulamentos, decisões judiciais e demais atos oficiais;

V – as informações de uso comum tais como calendários, agendas, cadastros ou legendas;

VI – os nomes e títulos isolados;

VII – o aproveitamento industrial ou comercial das ideias contidas nas obras.

ART. 9º. À cópia de obra de arte plástica feita pelo próprio autor é assegurada a mesma proteção de que goza o original.

ART. 10. A proteção à obra intelectual abrange o seu título, se original e inconfundível com o de obra do mesmo gênero, divulgada anteriormente por outro autor.

Parágrafo único. O título de publicações periódicas, inclusive jornais, é protegido até um ano após a saída do seu último número, salvo se forem anuais, caso em que esse prazo se elevará a dois anos.

CAPÍTULO II. DA AUTORIA DAS OBRAS INTELECTUAIS

ART. 11. Autor é a pessoa física criadora de obra literária, artística ou científica.

Parágrafo único. A proteção concedida ao autor poderá aplicar-se às pessoas jurídicas nos casos previstos nesta Lei.

ART. 12. Para se identificar como autor, poderá o criador da obra literária, artística ou científica usar de seu nome civil, completo ou abreviado até por suas iniciais, de pseudônimo ou qualquer outro sinal convencional.

ART. 13. Considera-se autor da obra intelectual, não havendo prova em contrário, aquele que, por uma das modalidades de identificação referidas no artigo anterior, tiver, em conformidade com o uso, indicada ou anunciada essa qualidade na sua utilização.

ART. 14. É titular de direitos de autor quem adapta, traduz, arranja ou orquestra obra caída no domínio público, não podendo opor-se a outra adaptação, arranjo, orquestração ou tradução, salvo se for cópia da sua.

ART. 15. A co-autoria da obra é atribuída àqueles em cujo nome, pseudônimo ou sinal convencional for utilizada.

§ 1º. Não se considera co-autor quem simplesmente auxiliou o autor na produção da obra literária, artística ou científica, revendo-a, atualizando-a, bem como fiscalizando ou dirigindo sua edição ou apresentação por qualquer meio.

§ 2º. Ao co-autor, cuja contribuição possa ser utilizada separadamente, são asseguradas todas as faculdades inerentes à sua criação como obra individual, vedada, porém, a utilização que possa acarretar prejuízo à exploração da obra comum.

ART. 16. São co-autores da obra audiovisual o autor do assunto ou argumento literário, musical ou lítero-musical e o diretor.

Parágrafo único. Consideram-se co-autores de desenhos animados os que criam os desenhos utilizados na obra audiovisual.

ART. 17. É assegurada a proteção às participações individuais em obras coletivas.

§ 1º. Qualquer dos participantes, no exercício de seus direitos morais, poderá proibir que se indique ou anuncie seu nome na obra coletiva, sem prejuízo do direito de haver a remuneração contratada.

§ 2º. Cabe ao organizador a titularidade dos direitos patrimoniais sobre o conjunto da obra coletiva.

§ 3º. O contrato com o organizador especificará a contribuição do participante, o prazo para entrega ou realização, a remuneração e demais condições para sua execução.

CAPÍTULO III. DO REGISTRO DAS OBRAS INTELECTUAIS

ART. 18. A proteção aos direitos de que trata esta Lei independe de registro.

ART. 19. É facultado ao autor registrar a sua obra no órgão público definido no caput e no § 1º do art. 17 da Lei nº 5.988, de 14 de dezembro de 1973.

ART. 20. Para os serviços de registro previstos nesta Lei será cobrada retribuição, cujo valor e processo de recolhimento serão estabelecidos por ato do titular do órgão da administração pública federal a que estiver vinculado o registro das obras intelectuais.

ART. 21. Os serviços de registro de que trata esta Lei serão organizados conforme preceitua o § 2º do art. 17 da Lei nº 5.988, de 14 de dezembro de 1973.

TÍTULO III. DOS DIREITOS DO AUTOR

CAPÍTULO I. DISPOSIÇÕES PRELIMINARES

ART. 22. Pertencem ao autor os direitos morais e patrimoniais sobre a obra que criou.

ART. 23. Os co-autores da obra intelectual exercerão, de comum acordo, os seus direitos, salvo convenção em contrário.

CAPÍTULO II. DOS DIREITOS MORAIS DO AUTOR

ART. 24. São direitos morais do autor:

I – o de reivindicar, a qualquer tempo, a autoria da obra;

II – o de ter seu nome, pseudônimo ou sinal convencional indicado ou anunciado, como sendo o do autor, na utilização de sua obra;

III – o de conservar a obra inédita;

IV – o de assegurar a integridade da obra, opondo-se a quaisquer modificações ou à prática de atos que, de qualquer forma, possam prejudicá-la ou atingi-lo, como autor, em sua reputação ou honra;

V – o de modificar a obra, antes ou depois de utilizada;

VI – o de retirar de circulação a obra ou de suspender qualquer forma de utilização já autorizada, quando a circulação ou utilização implicarem afronta à sua reputação e imagem;

VII – o de ter acesso a exemplar único e raro da obra, quando se encontre legitimamente em poder de outrem, para o fim de, por meio de processo fotográfico ou assemelhado, ou audiovisual, preservar sua memória, de forma que cause o menor inconveniente possível a seu detentor, que, em todo caso, será indenizado de qualquer dano ou prejuízo que lhe seja causado.

§ 1º. Por morte do autor, transmitem-se a seus sucessores os direitos a que se referem os incisos I a IV.

§ 2º. Compete ao Estado a defesa da integridade e autoria da obra caída em domínio público.

§ 3º. Nos casos dos incisos V e VI, ressalvam-se as prévias indenizações a terceiros, quando couberem.

ART. 25. Cabe exclusivamente ao diretor o exercício dos direitos morais sobre a obra audiovisual.

ART. 26. O autor poderá repudiar a autoria de projeto arquitetônico alterado sem o seu consentimento durante a execução ou após a conclusão da construção.

Parágrafo único. O proprietário da construção responde pelos danos que causar ao autor sempre que, após o repúdio, der como sendo daquele a autoria do projeto repudiado.

ART. 27. Os direitos morais do autor são inalienáveis e irrenunciáveis.

CAPÍTULO III. DOS DIREITOS PATRIMONIAIS DO AUTOR E DE SUA DURAÇÃO

ART. 28. Cabe ao autor o direito exclusivo de utilizar, fruir e dispor da obra literária, artística ou científica.

ART. 29. Depende de autorização prévia e expressa do autor a utilização da obra, por quaisquer modalidades, tais como:

I – a reprodução parcial ou integral;

II – a edição;

III – a adaptação, o arranjo musical e quaisquer outras transformações;

IV – a tradução para qualquer idioma;

V – a inclusão em fonograma ou produção audiovisual;

VI – a distribuição, quando não intrínseca ao contrato firmado pelo autor com terceiros para uso ou exploração da obra;

VII – a distribuição para oferta de obras ou produções mediante cabo, fibra ótica, satélite, ondas ou qualquer outro sistema que permita ao usuário realizar a seleção da obra ou produção para percebê-la em um tempo e lugar previamente determinados por quem formula a demanda, e nos casos em que o acesso às obras ou produções se faça por qualquer sistema que importe em pagamento pelo usuário;

VIII – a utilização, direta ou indireta, da obra literária, artística ou científica, mediante:

a) representação, recitação ou declamação;

b) execução musical;

c) emprego de alto-falante ou de sistemas análogos;

d) radiodifusão sonora ou televisiva;

e) captação de transmissão de radiodifusão em locais de frequência coletiva;

f) sonorização ambiental;

g) a exibição audiovisual, cinematográfica ou por processo assemelhado;

h) emprego de satélites artificiais;

i) emprego de sistemas óticos, fios telefônicos ou não, cabos de qualquer tipo e meios de comunicação similares que venham a ser adotados;

j) exposição de obras de artes plásticas e figurativas;

IX – a inclusão em base de dados, o armazenamento em computador, a microfilmagem e as demais formas de arquivamento do gênero;

X – quaisquer outras modalidades de utilização existentes ou que venham a ser inventadas.

ART. 30. No exercício do direito de reprodução, o titular dos direitos autorais poderá colocar à disposição do público a obra, na forma, local e pelo tempo que desejar, a título oneroso ou gratuito.

§ 1º. O direito de exclusividade de reprodução não será aplicável quando ela for temporária e apenas tiver o propósito de tornar a obra, fonograma ou interpretação perceptível em meio eletrônico ou quando for de natureza transitória e incidental, desde que ocorra no curso do uso devidamente autorizado da obra, pelo titular.

§ 2º. Em qualquer modalidade de reprodução, a quantidade de exemplares será informada e controlada, cabendo a quem reproduzir a obra a responsabilidade de manter os registros que permitam, ao autor, a fiscalização do aproveitamento econômico da exploração.

ART. 31. As diversas modalidades de utilização de obras literárias, artísticas ou científicas ou de fonogramas são independentes entre si, e a autorização concedida pelo autor, ou pelo produtor, respectivamente, não se estende a quaisquer das demais.

ART. 32. Quando uma obra feita em regime de co-autoria não for divisível, nenhum dos co-autores, sob pena de responder por perdas e danos, poderá, sem consentimento dos demais, publicá-la ou autorizar-lhe a publicação, salvo na coleção de suas obras completas.

§ 1º. Havendo divergência, os co-autores decidirão por maioria.

§ 2º. Ao co-autor dissidente é assegurado o direito de não contribuir para as despesas de publicação, renunciando a sua parte nos lucros, e o de vedar que se inscreva seu nome na obra.

§ 3º. Cada co-autor pode, individualmente, sem aquiescência dos outros, registrar a obra e defender os próprios direitos contra terceiros.

ART. 33. Ninguém pode reproduzir obra que não pertença ao domínio público, a pretexto de anotá-la, comentá-la ou melhorá-la, sem permissão do autor.

Parágrafo único. Os comentários ou anotações poderão ser publicados separadamente.

ART. 34. As cartas missivas, cuja publicação está condicionada à permissão do autor, poderão ser juntadas como documento de prova em processos administrativos e judiciais.

ART. 35. Quando o autor, em virtude de revisão, tiver dado à obra versão definitiva, não poderão seus sucessores reproduzir versões anteriores.

ART. 36. O direito de utilização econômica dos escritos publicados pela imprensa, diária ou periódica, com exceção dos assinados ou que apresentem sinal de reserva, pertence ao editor, salvo convenção em contrário.

Parágrafo único. A autorização para utilização econômica de artigos assinados, para publicação em diários e periódicos, não produz efeito além do prazo da periodicidade acrescido de vinte dias, a contar de sua publicação, findo o qual recobra o autor o seu direito.

ART. 37. A aquisição do original de uma obra, ou de exemplar, não confere ao adquirente qualquer dos direitos patrimoniais do autor, salvo convenção em contrário entre as partes e os casos previstos nesta Lei.

ART. 38. O autor tem o direito, irrenunciável e inalienável, de perceber, no mínimo, cinco por cento sobre o aumento do preço eventualmente verificável em cada revenda de obra de arte ou manuscrito, sendo originais, que houver alienado.

Parágrafo único. Caso o autor não perceba o seu direito de sequência no ato da revenda, o vendedor é considerado depositário da quantia a ele devida, salvo se a operação for realizada por leiloeiro, quando será este o depositário.

ART. 39. Os direitos patrimoniais do autor, excetuados os rendimentos resultantes de sua exploração, não se comunicam, salvo pacto antenupcial em contrário.

ART. 40. Tratando-se de obra anônima ou pseudônima, caberá a quem publicá-la o exercício dos direitos patrimoniais do autor.

Parágrafo único. O autor que se der a conhecer assumirá o exercício dos direitos patrimoniais, ressalvados os direitos adquiridos por terceiros.

ART. 41. Os direitos patrimoniais do autor perduram por setenta anos contados de 1º de janeiro do ano subsequente ao de seu falecimento, obedecida a ordem sucessória da lei civil.

Parágrafo único. Aplica-se às obras póstumas o prazo de proteção a que alude o caput deste artigo.

ART. 42. Quando a obra literária, artística ou científica realizada em co-autoria for indivisível, o prazo previsto no artigo anterior será contado da morte do último dos co-autores sobreviventes.

Parágrafo único. Acrescer-se-ão aos dos sobreviventes os direitos do co-autor que falecer sem sucessores.

ART. 43. Será de setenta anos o prazo de proteção aos direitos patrimoniais sobre as obras anônimas ou pseudônimas, contado de 1º de janeiro do ano imediatamente posterior ao da primeira publicação.

Parágrafo único. Aplicar-se-á o disposto no art. 41 e seu parágrafo único, sempre que o autor se der a conhecer antes do termo do prazo previsto no caput deste artigo.

ART. 44. O prazo de proteção aos direitos patrimoniais sobre obras audiovisuais e fotográficas será de setenta anos, a contar de 1º de janeiro do ano subsequente ao de sua divulgação.

ART. 45. Além das obras em relação às quais decorreu o prazo de proteção aos direitos patrimoniais, pertencem ao domínio público:

I – as de autores falecidos que não tenham deixado sucessores;

II – as de autor desconhecido, ressalvada a proteção legal aos conhecimentos étnicos e tradicionais.

CAPÍTULO IV. DAS LIMITAÇÕES AOS DIREITOS AUTORAIS

ART. 46. Não constitui ofensa aos direitos autorais:

▸ CP: art. 184.

I – a reprodução:

a) na imprensa diária ou periódica, de notícia ou de artigo informativo, publicado em diários ou periódicos, com a menção do nome do autor, se assinados, e da publicação de onde foram transcritos;

b) em diários ou periódicos, de discursos pronunciados em reuniões públicas de qualquer natureza;

c) de retratos, ou de outra forma de representação da imagem, feitos sob encomenda, quando realizada pelo proprietário do objeto encomendado, não havendo a oposição da pessoa neles representada ou de seus herdeiros;

d) de obras literárias, artísticas ou científicas, para uso exclusivo de deficientes visuais, sempre que a reprodução, sem fins comerciais, seja feita mediante o sistema Braille ou outro procedimento em qualquer suporte para esses destinatários;

II – a reprodução, em um só exemplar de pequenos trechos, para uso privado do copista, desde que feita por este, sem intuito de lucro;

III – a citação em livros, jornais, revistas ou qualquer outro meio de comunicação, de passagens de qualquer obra, para fins de estudo, crítica ou polêmica, na medida justificada para o fim a atingir, indicando-se o nome do autor e a origem da obra;

IV – o apanhado de lições em estabelecimentos de ensino por aqueles a quem elas se dirigem, vedada sua publicação, integral ou parcial, sem autorização prévia e expressa de quem as ministrou;

V – a utilização de obras literárias, artísticas ou científicas, fonogramas e transmissão de rádio e televisão em estabelecimentos comerciais, exclusivamente para demonstração à clientela, desde que esses estabelecimentos comercializem os suportes ou equipamentos que permitam a sua utilização;

VI – a representação teatral e a execução musical, quando realizadas no recesso familiar ou, para fins exclusivamente didáticos, nos estabelecimentos de ensino, não havendo em qualquer caso intuito de lucro;

VII – a utilização de obras literárias, artísticas ou científicas para produzir prova judiciária ou administrativa;

VIII – a reprodução, em quaisquer obras, de pequenos trechos de obras preexistentes, de qualquer natureza, ou de obra integral, quando de artes plásticas, sempre que a reprodução em si não seja o objetivo principal da obra nova e que não prejudique a exploração normal da obra reproduzida nem cause um prejuízo injustificado aos legítimos interesses dos autores.

ART. 47. São livres as paráfrases e paródias que não forem verdadeiras reproduções da obra originária nem lhe implicarem descrédito.

▸ CP: art. 184.

ART. 48. As obras situadas permanentemente em logradouros públicos podem ser representadas livremente, por meio de pinturas, desenhos, fotografias e procedimentos audiovisuais.

▸ CP: art. 184.

• • • • • • • • • • • • • • • • • •

TÍTULO V. DOS DIREITOS CONEXOS

CAPÍTULO I. DISPOSIÇÕES PRELIMINARES

ART. 89. As normas relativas aos direitos de autor aplicam-se, no que couber, aos direitos dos artistas intérpretes ou executantes, dos produtores fonográficos e das empresas de radiodifusão.

Parágrafo único. A proteção desta Lei aos direitos previstos neste artigo deixa intactas e não afeta as garantias asseguradas aos autores das obras literárias, artísticas ou científicas.

• • • • • • • • • • • • • • • • • •

Brasília, 19 de fevereiro de 1998;
177º da Independência e 110º da República.

FERNANDO HENRIQUE CARDOSO

Este texto não substitui o publicado no DOU de 20.2.1998

LEI Nº 9.613, DE 3 DE MARÇO DE 1998 – CRIMES DE LAVAGEM OU OCULTAÇÃO DE BENS, DIREITOS E VALORES

Dispõe sobre os crimes de "lavagem" ou ocultação de bens, direitos e valores; a prevenção da utilização do sistema financeiro para os ilícitos previstos nesta Lei; cria o Conselho de Controle de Atividades Financeiras – COAF, e dá outras providências.

O PRESIDENTE DA REPÚBLICA Faço saber que o Congresso Nacional decreta e eu sanciono a seguinte Lei:

CAPÍTULO I. DOS CRIMES DE "LAVAGEM" OU OCULTAÇÃO DE BENS, DIREITOS E VALORES

ART. 1º. Ocultar ou dissimular a natureza, origem, localização, disposição, movimentação ou propriedade de bens, direitos ou valores provenientes, direta ou indiretamente, de infração penal. (Redação dada pela Lei nº 12.683, de 2012)

▸ CP: art. 180.

▸ Lei nº 13.254, de 13-01-2016, art. 5º, § 1º, VII e § 2º, Regime Especial de Regularização Tributária.

▸ Lei nº 13.260, de 16-03-2016, art. 6º, Regulamenta o disposto no inciso XLIII do art. 5º da Constituição Federal, disciplinando o terrorismo.

▸ Lei nº 13.756, de 12-12-2018, art. 35, dispõe sobre o Fundo Nacional de Segurança Pública (FNSP), sobre a destinação do produto da arrecadação das loterias.

I a VIII – (Revogados pela Lei nº 12.683, de 2012)

Pena: reclusão, de 3 (três) a 10 (dez) anos, e multa. (Redação dada pela Lei nº 12.683, de 2012)

§ 1º. Incorre na mesma pena quem, para ocultar ou dissimular a utilização de bens, direitos ou valores provenientes de infração penal: (Redação dada pela Lei nº 12.683, de 2012)

I – os converte em ativos lícitos;

II – os adquire, recebe, troca, negocia, dá ou recebe em garantia, guarda, tem em depósito, movimenta ou transfere;

III – importa ou exporta bens com valores não correspondentes aos verdadeiros.

§ 2º. Incorre, ainda, na mesma pena quem: (Redação dada pela Lei nº 12.683, de 2012)

I – utiliza, na atividade econômica ou financeira, bens, direitos ou valores provenientes de infração penal; (Redação dada pela Lei nº 12.683, de 2012)

II – participa de grupo, associação ou escritório tendo conhecimento de que sua atividade principal ou secundária é dirigida à prática de crimes previstos nesta Lei.

§ 3º. A tentativa é punida nos termos do parágrafo único do art. 14 do Código Penal.

§ 4º. A pena será aumentada de um a dois terços, se os crimes definidos nesta Lei forem cometidos de forma reiterada ou por intermédio de organização criminosa. (Redação dada pela Lei nº 12.683, de 2012)

§ 5º. A pena poderá ser reduzida de um a dois terços e ser cumprida em regime aberto ou semiaberto, facultando-se ao juiz deixar de aplicá-la ou substituí-la, a qualquer tempo, por pena restritiva de direitos, se o autor, coautor ou partícipe colaborar espontaneamente com as autoridades, prestando esclarecimentos que conduzam à apuração das infrações penais, à identificação dos autores, coautores e partícipes, ou à localização dos bens, direitos ou valores objeto do crime. (Redação dada pela Lei nº 12.683, de 2012)

▸ CP: art. 65, III, d.

▸ Lei nº 12.850, de 03-05-1995, art. 4º, Organização Criminosa.

§ 6º Para a apuração do crime de que trata este artigo, admite-se a utilização da ação controlada e da infiltração de agentes. (Incluído pela Lei nº 13.964, de 2019)

▸ Lei nº 12.850, de 03-05-1995, arts. 8º a 14, Organização Criminosa.

Capítulo II. DISPOSIÇÕES PROCESSUAIS ESPECIAIS

ART. 2º. O processo e julgamento dos crimes previstos nesta Lei:

▸ CPP: arts. 394 a 405.

I – obedecem às disposições relativas ao procedimento comum dos crimes punidos com reclusão, da competência do juiz singular;

II – independem do processo e julgamento das infrações penais antecedentes, ainda que praticados em outro país, cabendo ao juiz competente para os crimes previstos nesta Lei a decisão sobre a unidade de processo e julgamento; (Redação dada pela Lei nº 12.683, de 2012)

III – são da competência da Justiça Federal:

a) quando praticados contra o sistema financeiro e a ordem econômico-financeira, ou em detrimento de bens, serviços ou interesses da União, ou de suas entidades autárquicas ou empresas públicas;

b) quando a infração penal antecedente for de competência da Justiça Federal. (Redação dada pela Lei nº 12.683, de 2012)

§ 1º. A denúncia será instruída com indícios suficientes da existência da infração penal antecedente, sendo puníveis os fatos previstos nesta Lei, ainda que desconhecido ou isento de pena o autor, ou extinta a punibilidade da infração penal antecedente. (Redação dada pela Lei nº 12.683, de 2012)

▸ CPP: arts. 41 e 239.

▸ Lei nº 12.850, de 03-05-1995, art. 4º, Organização Criminosa.

§ 2º. No processo por crime previsto nesta Lei, não se aplica o disposto no art. 366 do Decreto-Lei nº 3.689, de 3 de outubro de 1941 (Código de Processo Penal), devendo o acusado que não comparecer nem constituir advogado ser citado por edital, prosseguindo o feito até o julgamento, com a nomeação de defensor dativo. (Redação dada pela Lei nº 12.683, de 2012)

ART. 3º. (Revogado pela Lei nº 12.683, de 2012)

ART. 4º. O juiz, de ofício, a requerimento do Ministério Público ou mediante representação do delegado de polícia, ouvido o Ministério Público em 24 (vinte e quatro) horas, havendo indícios suficientes de infração penal, poderá decretar medidas assecuratórias de bens, direitos ou valores do investigado ou acusado, ou existentes em nome de interpostas pessoas, que sejam instrumento, produto ou proveito dos crimes previstos nesta Lei ou das infrações penais antecedentes. (Redação dada pela Lei nº 12.683, de 2012)

§ 1º. Proceder-se-á à alienação antecipada para preservação do valor dos bens sempre que estiverem sujeitos a qualquer grau de deterioração ou depreciação, ou quando houver dificuldade para sua manutenção. (Redação dada pela Lei nº 12.683, de 2012)

§ 2º. O juiz determinará a liberação total ou parcial dos bens, direitos e valores quando comprovada a licitude de sua origem, mantendo-se a constrição dos bens, direitos e valores necessários e suficientes à reparação dos danos e ao pagamento de prestações pecuniárias, multa e custas decorrentes da infração penal. (Redação dada pela Lei nº 12.683, de 2012)

§ 3º. Nenhum pedido de liberação será conhecido sem o comparecimento pessoal do acusado ou de interposta pessoa a que se refere o *caput* deste artigo, podendo o juiz determinar a prática de atos necessários à conservação de bens, direitos ou valores, sem prejuízo do disposto no § 1º. (Redação dada pela Lei nº 12.683, de 2012)

§ 4º. Poderão ser decretadas medidas assecuratórias sobre bens, direitos ou valores para reparação do dano decorrente da infração penal antecedente ou da prevista nesta Lei ou para pagamento de prestação pecuniária, multa e custas. (Redação dada pela Lei nº 12.683, de 2012)

ART. 4º-A. A alienação antecipada para preservação de valor de bens sob constrição será decretada pelo juiz, de ofício, a requerimento do Ministério Público ou por solicitação da parte interessada, mediante petição autônoma, que será autuada em apartado e cujos autos terão tramitação em separado em relação ao processo principal. (Incluído pela Lei nº 12.683, de 2012)

§ 1º. O requerimento de alienação deverá conter a relação de todos os demais bens, com a descrição e a especificação de cada um deles, e informações sobre quem os detém e local onde se encontram. (Incluído pela Lei nº 12.683, de 2012)

§ 2º. O juiz determinará a avaliação dos bens, nos autos apartados, e intimará o Ministério Público. (Incluído pela Lei nº 12.683, de 2012)

§ 3º. Feita a avaliação e dirimidas eventuais divergências sobre o respectivo laudo, o juiz, por sentença, homologará o valor atribuído aos bens e determinará sejam alienados em leilão ou pregão, preferencialmente eletrônico, por valor não inferior a 75% (setenta e cinco por cento) da avaliação. (Incluído pela Lei nº 12.683, de 2012)

§ 4º. Realizado o leilão, a quantia apurada será depositada em conta judicial remunerada, adotando-se a seguinte disciplina: (Incluído pela Lei nº 12.683, de 2012)

I – nos processos de competência da Justiça Federal e da Justiça do Distrito Federal: (Incluído pela Lei nº 12.683, de 2012)

a) os depósitos serão efetuados na Caixa Econômica Federal ou em instituição financeira pública, mediante documento adequado para essa finalidade; (Incluída pela Lei nº 12.683, de 2012)

b) os depósitos serão repassados pela Caixa Econômica Federal ou por outra instituição financeira pública para a Conta Única do Tesouro Nacional, independentemente de qualquer formalidade, no prazo de 24 (vinte e quatro) horas; e (Incluída pela Lei nº 12.683, de 2012)

c) os valores devolvidos pela Caixa Econômica Federal ou por instituição financeira pública serão debitados à Conta Única do Tesouro Nacional, em subconta de restituição; (Incluída pela Lei nº 12.683, de 2012)

II – nos processos de competência da Justiça dos Estados: (Incluído pela Lei nº 12.683, de 2012)

a) os depósitos serão efetuados em instituição financeira designada em lei, preferencialmente pública, de cada Estado ou, na sua ausência, em instituição financeira pública da União; (Incluída pela Lei nº 12.683, de 2012)

b) os depósitos serão repassados para a conta única de cada Estado, na forma da respectiva legislação. (Incluída pela Lei nº 12.683, de 2012)

§ 5º. Mediante ordem da autoridade judicial, o valor do depósito, após o trânsito em julgado da sentença proferida na ação penal, será: (Incluído pela Lei nº 12.683, de 2012)

I – em caso de sentença condenatória, nos processos de competência da Justiça Federal e da Justiça do Distrito Federal, incorporado definitivamente ao patrimônio da União, e, nos processos de competência da Justiça Estadual, incorporado ao patrimônio do Estado respectivo; (Incluído pela Lei nº 12.683, de 2012)

II – em caso de sentença absolutória extintiva de punibilidade, colocado à disposição do réu pela instituição financeira, acrescido da remuneração da conta judicial. (Incluído pela Lei nº 12.683, de 2012)

§ 6º. A instituição financeira depositária manterá controle dos valores depositados ou devolvidos. (Incluído pela Lei nº 12.683, de 2012)

§ 7º. Serão deduzidos da quantia apurada no leilão todos os tributos e multas incidentes sobre o bem alienado, sem prejuízo de iniciativas que, no âmbito da competência de cada ente da Federação, venham a desonerar bens sob constrição judicial daqueles ônus. (Incluído pela Lei nº 12.683, de 2012)

§ 8º. Feito o depósito a que se refere o § 4º deste artigo, os autos da alienação serão apensados aos do processo principal. (Incluído pela Lei nº 12.683, de 2012)

§ 9º. Terão apenas efeito devolutivo os recursos interpostos contra as decisões proferidas no curso do procedimento previsto neste artigo. (Incluído pela Lei nº 12.683, de 2012)

§ 10. Sobrevindo o trânsito em julgado de sentença penal condenatória, o juiz decretará, em favor, conforme o caso, da União ou do Estado: (Incluído pela Lei nº 12.683, de 2012)

I – a perda dos valores depositados na conta remunerada e da fiança; (Incluído pela Lei nº 12.683, de 2012)

II – a perda dos bens não alienados antecipadamente e daqueles aos quais não foi dada destinação prévia; e (Incluído pela Lei nº 12.683, de 2012)

III – a perda dos bens não reclamados no prazo de 90 (noventa) dias após o trânsito em julgado da sentença condenatória, ressalvado o direito de lesado ou terceiro de boa-fé. (Incluído pela Lei nº 12.683, de 2012)

§ 11. Os bens a que se referem os incisos II e III do § 10 deste artigo serão adjudicados ou levados a leilão, depositando-se o saldo na conta única do respectivo ente. (Incluído pela Lei nº 12.683, de 2012)

§ 12. O juiz determinará ao registro público competente que emita documento de habilitação à circulação e utilização dos bens colocados sob o uso e custódia das entidades a que se refere o *caput* deste artigo. (Incluído pela Lei nº 12.683, de 2012)

§ 13. Os recursos decorrentes da alienação antecipada de bens, direitos e valores oriundos do crime de tráfico ilícito de drogas e que tenham sido objeto de dissimulação e ocultação nos termos desta Lei permanecem submetidos à disciplina definida em lei específica. (Incluído pela Lei nº 12.683, de 2012)

ART. 4º-B. A ordem de prisão de pessoas ou as medidas assecuratórias de bens, direitos ou valores poderão ser suspensas pelo juiz, ouvido o Ministério Público, quando a sua execução imediata puder comprometer as investigações. (Incluído pela Lei nº 12.683, de 2012)

ART. 5º. Quando as circunstâncias o aconselharem, o juiz, ouvido o Ministério Público, nomeará pessoa física ou jurídica qualificada para a administração dos bens, direitos ou valores sujeitos a medidas assecuratórias, mediante termo de compromisso. (Redação dada pela Lei nº 12.683, de 2012)

ART. 6º. A pessoa responsável pela administração dos bens: (Redação dada pela Lei nº 12.683, de 2012)

I - fará jus a uma remuneração, fixada pelo juiz, que será satisfeita com o produto dos bens objeto da administração;

II – prestará, por determinação judicial, informações periódicas da situação dos bens sob sua administração, bem como explicações e detalhamentos sobre investimentos e reinvestimentos realizados.

Parágrafo único. Os atos relativos à administração dos bens sujeitos a medidas assecuratórias serão levados ao conhecimento do Ministério Público, que requererá o que entender cabível. (Redação dada pela Lei nº 12.683, de 2012)

CAPÍTULO III. DOS EFEITOS DA CONDENAÇÃO

ART. 7º. São efeitos da condenação, além dos previstos no Código Penal:

▸ CF: art. 5º, XLV.

▸ CP: arts. 91 e 92.

I – a perda, em favor da União – e dos Estados, nos casos de competência da Justiça Estadual –, de todos os bens, direitos e valores relacionados, direta ou indiretamente, à prática dos crimes previstos nesta Lei, inclusive aqueles utilizados para prestar a fiança, ressalvado o direito do lesado ou de terceiro de boa-fé; (Redação dada pela Lei nº 12.683, de 2012)

▸ CP: art. 91, II.

II – a interdição do exercício de cargo ou função pública de qualquer natureza e de diretor, de membro de conselho de administração ou de gerência das pessoas jurídicas referidas no art. 9º, pelo dobro do tempo da pena privativa de liberdade aplicada.

▸ CP: art. 92, I.

§ 1º. A União e os Estados, no âmbito de suas competências, regulamentarão a forma de destinação dos bens, direitos e valores cuja perda houver sido declarada, assegurada, quanto aos processos de competência da Justiça Federal, a sua utilização pelos órgãos federais encarregados da prevenção, do combate, da ação penal e do julgamento dos crimes previstos nesta Lei, e, quanto aos processos de competência da Justiça Estadual, a preferência dos órgãos locais com idêntica função. (Incluído pela Lei nº 12.683, de 2012)

§ 2º. Os instrumentos do crime sem valor econômico cuja perda em favor da União ou do Estado for decretada serão inutilizados ou doados a museu criminal ou a entidade pública, se houver interesse na sua conservação. (Incluído pela Lei nº 12.683, de 2012)

CAPÍTULO IV. DOS BENS, DIREITOS OU VALORES ORIUNDOS DE CRIMES PRATICADOS NO ESTRANGEIRO

ART. 8º. O juiz determinará, na hipótese de existência de tratado ou convenção internacional e por solicitação de autoridade estrangeira competente, medidas assecuratórias sobre bens, direitos ou valores oriundos de crimes descritos no art. 1º praticados no estrangeiro. (Redação dada pela Lei nº 12.683, de 2012)

▸ CF: art. 109, V.

▸ CP: arts. 5º, 7º e 8º.

§ 1º. Aplica-se o disposto neste artigo, independentemente de tratado ou convenção internacional, quando o governo do país da autoridade solicitante prometer reciprocidade ao Brasil.

§ 2º. Na falta de tratado ou convenção, os bens, direitos ou valores privados sujeitos a medidas assecuratórias por solicitação de autoridade estrangeira competente ou os recursos provenientes da sua alienação serão repartidos entre o Estado requerente e o Brasil, na proporção de metade, ressalvado o direito do lesado ou de terceiro de boa-fé. (Redação dada pela Lei nº 12.683, de 2012)

CAPÍTULO V. DAS PESSOAS SUJEITAS AO MECANISMO DE CONTROLE

▸ (Redação dada pela Lei nº 12.683, de 2012)

ART. 9º. Sujeitam-se às obrigações referidas nos arts. 10 e 11 as pessoas físicas e jurídicas que tenham, em caráter permanente ou eventual, como atividade principal ou acessória, cumulativamente ou não: (Redação dada pela Lei nº 12.683, de 2012)

I – a captação, intermediação e aplicação de recursos financeiros de terceiros, em moeda nacional ou estrangeira;

II – a compra e venda de moeda estrangeira ou ouro como ativo financeiro ou instrumento cambial;

III – a custódia, emissão, distribuição, liquidação, negociação, intermediação ou administração de títulos ou valores mobiliários.

Parágrafo único. Sujeitam-se às mesmas obrigações:

I – as bolsas de valores, as bolsas de mercadorias ou futuros e os sistemas de negociação do mercado de balcão organizado; (Redação dada pela Lei nº 12.683, de 2012)

II – as seguradoras, as corretoras de seguros e as entidades de previdência complementar ou de capitalização;

III – as administradoras de cartões de credenciamento ou cartões de crédito, bem como as administradoras de consórcios para aquisição de bens ou serviços;

IV – as administradoras ou empresas que se utilizem de cartão ou qualquer outro meio eletrônico, magnético ou equivalente, que permita a transferência de fundos;

V – as empresas de arrendamento mercantil (leasing), as empresas de fomento comercial (factoring) e as Empresas Simples de Crédito (ESC); (Redação dada pela Lei Complementar nº 167, de 2019)

LEIS ORDINÁRIAS

VI - as sociedades que, mediante sorteio, método assemelhado, exploração de loterias, inclusive de apostas de quota fixa, ou outras sistemáticas de captação de apostas com pagamento de prêmios, realizem distribuição de dinheiro, de bens móveis, de bens imóveis e de outras mercadorias ou serviços, bem como concedam descontos na sua aquisição ou contratação; (Redação dada pela Lei nº 14.183 de 14-07-2021)

VII – as filiais ou representações de entes estrangeiros que exerçam no Brasil qualquer das atividades listadas neste artigo, ainda que de forma eventual;

VIII – as demais entidades cujo funcionamento dependa de autorização de órgão regulador dos mercados financeiro, de câmbio, de capitais e de seguros;

IX – as pessoas físicas ou jurídicas, nacionais ou estrangeiras, que operem no Brasil como agentes, dirigentes, procuradoras, comissionarias ou por qualquer forma representem interesses de ente estrangeiro que exerça qualquer das atividades referidas neste artigo;

X – as pessoas físicas ou jurídicas que exerçam atividades de promoção imobiliária ou compra e venda de imóveis; (Redação dada pela Lei nº 12.683, de 2012)

XI – as pessoas físicas ou jurídicas que comercializem joias, pedras e metais preciosos, objetos de arte e antiguidades.

XII – as pessoas físicas ou jurídicas que comercializem bens de luxo ou de alto valor, intermedeiem a sua comercialização ou exerçam atividades que envolvam grande volume de recursos em espécie; (Redação dada pela Lei nº 12.683, de 2012)

XIII – as juntas comerciais e os registros públicos; (Incluído pela Lei nº 12.683, de 2012)

XIV – as pessoas físicas ou jurídicas que prestem, mesmo que eventualmente, serviços de assessoria, consultoria, contadoria, auditoria, aconselhamento ou assistência, de qualquer natureza, em operações: (Incluído pela Lei nº 12.683, de 2012)

a) de compra e venda de imóveis, estabelecimentos comerciais ou industriais ou participações societárias de qualquer natureza; (Incluída pela Lei nº 12.683, de 2012)

b) de gestão de fundos, valores mobiliários ou outros ativos; (Incluída pela Lei nº 12.683, de 2012)

c) de abertura ou gestão de contas bancárias, de poupança, investimento ou de valores mobiliários; (Incluída pela Lei nº 12.683, de 2012)

d) de criação, exploração ou gestão de sociedades de qualquer natureza, fundações, fundos fiduciários ou estruturas análogas; (Incluída pela Lei nº 12.683, de 2012)

e) financeiras, societárias ou imobiliárias; e (Incluída pela Lei nº 12.683, de 2012)

f) de alienação ou aquisição de direitos sobre contratos relacionados a atividades desportivas ou artísticas profissionais; (Incluída pela Lei nº 12.683, de 2012)

XV – pessoas físicas ou jurídicas que atuem na promoção, intermediação, comercialização, agenciamento ou negociação de direitos de transferência de atletas, artistas ou feiras, exposições ou eventos similares; (Incluído pela Lei nº 12.683, de 2012)

XVI – as empresas de transporte e guarda de valores; (Incluído pela Lei nº 12.683, de 2012)

XVII – as pessoas físicas ou jurídicas que comercializem bens de alto valor de origem rural ou animal ou intermedeiem a sua comercialização; e (Incluído pela Lei nº 12.683, de 2012)

XVIII – as dependências no exterior das entidades mencionadas neste artigo, por meio de sua matriz no Brasil, relativamente a residentes no País. (Incluído pela Lei nº 12.683, de 2012)

CAPÍTULO VI. DA IDENTIFICAÇÃO DOS CLIENTES E MANUTENÇÃO DE REGISTROS

ART. 10. As pessoas referidas no art. 9º:

I – identificarão seus clientes e manterão cadastro atualizado, nos termos de instruções emanadas das autoridades competentes;

II – manterão registro de toda transação em moeda nacional ou estrangeira, títulos e valores mobiliários, títulos de crédito, metais, ou qualquer ativo passível de ser convertido em dinheiro, que ultrapassar limite fixado pela autoridade competente e nos termos de instruções por esta expedidas;

III – deverão adotar políticas, procedimentos e controles internos, compatíveis com seu porte e volume de operações, que lhes permitam atender ao disposto neste artigo e no art. 11, na forma disciplinada pelos órgãos competentes; (Redação dada pela Lei nº 12.683, de 2012)

IV – deverão cadastrar-se e manter seu cadastro atualizado no órgão regulador ou fiscalizador e, na falta deste, no Conselho de Controle de Atividades Financeiras (Coaf), na forma e condições por eles estabelecidas; (Incluído pela Lei nº 12.683, de 2012)

V – deverão atender às requisições formuladas pelo Coaf na periodicidade, forma e condições por ele estabelecidas, cabendo-lhe preservar, nos termos da lei, o sigilo das informações prestadas. (Incluído pela Lei nº 12.683, de 2012)

§ 1º. Na hipótese de o cliente constituir-se em pessoa jurídica, a identificação referida no inciso I deste artigo deverá abranger as pessoas físicas autorizadas a representá-la, bem como seus proprietários.

§ 2º. Os cadastros e registros referidos nos incisos I e II deste artigo deverão ser conservados durante o período mínimo de cinco anos a partir do encerramento da conta ou da conclusão da transação, prazo este que poderá ser ampliado pela autoridade competente.

§ 3º. O registro referido no inciso II deste artigo será efetuado também quando a pessoa física ou jurídica, seus entes ligados, houver realizado, em um mesmo mês-calendário, operações com uma mesma pessoa, conglomerado ou grupo que, em seu conjunto, ultrapassem o limite fixado pela autoridade competente.

ART. 10-A. O Banco Central manterá registro centralizado formando o cadastro geral de correntistas e clientes de instituições financeiras, bem como de seus procuradores. (Incluído pela Lei nº 10.701, de 9.7.2003)

CAPÍTULO VII. DA COMUNICAÇÃO DE OPERAÇÕES FINANCEIRAS

ART. 11. As pessoas referidas no art. 9º:

I – dispensarão especial atenção às operações que, nos termos de instruções emanadas das autoridades competentes, possam constituir-se em sérios indícios dos crimes previstos nesta Lei, ou com eles relacionar-se;

II – deverão comunicar ao Coaf, abstendo-se de dar ciência de tal ato a qualquer pessoa, inclusive àquela à qual se refira a informação, no prazo de 24 (vinte e quatro) horas, a proposta ou realização: (Redação dada pela Lei nº 12.683, de 2012)

a) de todas as transações referidas no inciso II do art. 10, acompanhadas da identificação de que trata o inciso I do mencionado artigo; e (Redação dada pela Lei nº 12.683, de 2012)

b) das operações referidas no inciso I; (Redação dada pela Lei nº 12.683, de 2012)

III – deverão comunicar ao órgão regulador ou fiscalizador da sua atividade ou, na sua falta, ao Coaf, na periodicidade, forma e condições por eles estabelecidas, a não ocorrência de propostas, transações ou operações passíveis de serem comunicadas nos termos do inciso II. (Incluído pela Lei nº 12.683, de 2012)

§ 1º. As autoridades competentes, nas instruções referidas no inciso I deste artigo, elaborarão relação de operações que, por suas características, no que se refere às partes envolvidas, valores, forma de realização, instrumentos utilizados, ou pela falta de fundamento econômico ou legal, possam configurar a hipótese nele prevista.

§ 2º. As comunicações de boa-fé, feitas na forma prevista neste artigo, não acarretarão responsabilidade civil ou administrativa.

§ 3º. O Coaf disponibilizará as comunicações recebidas com base no inciso II do *caput* aos respectivos órgãos responsáveis pela regulação ou fiscalização das pessoas a que se refere o art. 9º. (Redação dada pela Lei nº 12.683, de 2012)

ART. 11-A. As transferências internacionais e os saques em espécie deverão ser previamente comunicados à instituição financeira, nos termos, limites, prazos e condições fixados pelo Banco Central do Brasil. (Incluído pela Lei nº 12.683, de 2012)

CAPÍTULO VIII. DA RESPONSABILIDADE ADMINISTRATIVA

ART. 12. Às pessoas referidas no art. 9º, bem como aos administradores das pessoas jurídicas, que deixem de cumprir as obrigações previstas nos arts. 10 e 11 serão aplicadas, cumulativamente ou não, pelas autoridades competentes, as seguintes sanções:

I – advertência;

II – multa pecuniária variável não superior: (Redação dada pela Lei nº 12.683, de 2012)

a) ao dobro do valor da operação; (Incluída pela Lei nº 12.683, de 2012)

b) ao dobro do lucro real obtido ou que presumivelmente seria obtido pela realização da operação; ou (Incluída pela Lei nº 12.683, de 2012)

c) ao valor de R$ 20.000.000,00 (vinte milhões de reais); (Incluída pela Lei nº 12.683, de 2012)

III – inabilitação temporária, pelo prazo de até dez anos, para o exercício do cargo de administrador das pessoas jurídicas referidas no art. 9º;

IV – cassação ou suspensão da autorização para o exercício de atividade, operação ou funcionamento. (Redação dada pela Lei nº 12.683, de 2012)

§ 1º. A pena de advertência será aplicada por irregularidade no cumprimento das instruções referidas nos incisos I e II do art. 10.

§ 2º. A multa será aplicada sempre que as pessoas referidas no art. 9º, por culpa ou dolo: (Redação dada pela Lei nº 12.683, de 2012)

I – deixarem de sanar as irregularidades objeto de advertência, no prazo assinalado pela autoridade competente;

II – não cumprirem o disposto nos incisos I a IV do art. 10; (Redação dada pela Lei nº 12.683, de 2012)

III – deixarem de atender, no prazo estabelecido, a requisição formulada nos termos do inciso V do art. 10; (Redação dada pela Lei nº 12.683, de 2012)

IV – descumprirem a vedação ou deixarem de fazer a comunicação a que se refere o art. 11.

§ 3º. A inabilitação temporária será aplicada quando forem verificadas infrações graves quanto ao cumprimento das obrigações constantes desta Lei ou quando ocorrer reincidência específica, devidamente caracterizada em transgressões anteriormente punidas com multa.

§ 4º. A cassação da autorização será aplicada nos casos de reincidência específica de infrações anteriormente punidas com a pena prevista no inciso III do *caput* deste artigo.

ART. 13. (Revogado pela Lei nº 13.974, de 2020)

CAPÍTULO IX. DO CONSELHO DE CONTROLE DE ATIVIDADES FINANCEIRAS

ART. 14. É criado, no âmbito do Ministério da Fazenda, o Conselho de Controle de Atividades Financeiras - COAF, com a finalidade de disciplinar, aplicar penas administrativas, receber, examinar e identificar as ocorrências suspeitas de atividades ilícitas previstas nesta Lei, sem prejuízo da competência de outros órgãos e entidades.

§ 1º. As instruções referidas no art. 10 destinadas às pessoas mencionadas no art. 9º, para as quais não exista órgão próprio fiscalizador ou regulador, serão expedidas pelo COAF, competindo-lhe, para esses casos, a definição das pessoas abrangidas e a aplicação das sanções enumeradas no art. 12.

§ 2º. O COAF deverá, ainda, coordenar e propor mecanismos de cooperação e de troca de informações que viabilizem ações rápidas e eficientes no combate à ocultação ou dissimulação de bens, direitos e valores.

§ 3º. O COAF poderá requerer aos órgãos da Administração Pública as informações cadastrais bancárias e financeiras de pessoas envolvidas em atividades suspeitas. (Incluído pela Lei nº 10.701, de 9.7.2003)

ART. 15. O COAF comunicará às autoridades competentes para a instauração dos procedimentos cabíveis, quando concluir pela existência de crimes previstos nesta Lei, de fundados indícios de sua prática, ou de qualquer outro ilícito.

ARTS. 16 E 17. (Revogados pela Lei nº 13.974, de 2020)

CAPÍTULO X. DISPOSIÇÕES GERAIS (Incluído pela Lei nº 12.683, de 2012)

ART. 17-A. Aplicam-se, subsidiariamente, as disposições do Decreto-Lei nº 3.689, de 3 de outubro de 1941 (Código de Processo Penal), no que não forem incompatíveis com esta Lei. (Incluído pela Lei nº 12.683, de 2012)

ART. 17-B. A autoridade policial e o Ministério Público terão acesso, exclusivamente, aos dados cadastrais do investigado que informam qualificação pessoal, filiação e endereço, independentemente de autorização judicial, mantidos pela Justiça Eleitoral, pelas empresas telefônicas, pelas instituições financeiras, pelos provedores de internet e pelas administradoras de cartão de crédito. (Incluído pela Lei nº 12.683, de 2012)

ART. 17-C. Os encaminhamentos das instituições financeiras e tributárias em resposta às ordens judiciais de quebra ou transferência de sigilo deverão ser, sempre que determinado, em meio informático, e apresentados em arquivos que possibilitem a migração de informações para os autos do processo sem redigitação. (Incluído pela Lei nº 12.683, de 2012)

ART. 17-D. Em caso de indiciamento de servidor público, este será afastado, sem prejuízo de remuneração e demais direitos previstos em lei, até que o juiz competente autorize, em decisão fundamentada, o seu retorno. (Incluído pela Lei nº 12.683, de 2012)

ART. 17-E. A Secretaria da Receita Federal do Brasil conservará os dados fiscais dos contribuintes pelo prazo mínimo de 5 (cinco) anos, contado a partir do início do exercício seguinte ao da declaração de renda respectiva ou ao do pagamento do tributo. (Incluído pela Lei nº 12.683, de 2012)

ART. 18. Esta Lei entra em vigor na data de sua publicação.

Brasília, 3 de março de 1998;
177º da Independência e 110º da República.

FERNANDO HENRIQUE CARDOSO

Este texto não substitui o publicado no DOU de 4.3.1998

LEI Nº 9.807, DE 13 DE JULHO DE 1999 – LEI DE PROTEÇÃO A VÍTIMAS E A TESTEMUNHAS

Estabelece normas para a organização e a manutenção de programas especiais de proteção a vítimas e a testemunhas ameaçadas, institui o Programa Federal de Assistência a Vítimas e a Testemunhas Ameaçadas e dispõe sobre a proteção de acusados ou condenados que tenham voluntariamente prestado efetiva colaboração à investigação policial e ao processo criminal.

O PRESIDENTE DA REPÚBLICA Faço saber que o Congresso Nacional decreta e eu sanciono a seguinte Lei:

CAPÍTULO I. DA PROTEÇÃO ESPECIAL A VÍTIMAS E A TESTEMUNHAS

ART. 1º. As medidas de proteção requeridas por vítimas ou por testemunhas de crimes que estejam coagidas ou expostas a grave ameaça em razão de colaborarem com a investigação ou processo criminal serão prestadas pela União, pelos Estados e pelo Distrito Federal, no âmbito das respectivas competências, na forma de programas especiais organizados com base nas disposições desta Lei.

§ 1º. A União, os Estados e o Distrito Federal poderão celebrar convênios, acordos, ajustes ou termos de parceria entre si ou com entidades não-governamentais objetivando a realização dos programas.

§ 2º. A supervisão e a fiscalização dos convênios, acordos, ajustes e termos de parceria de interesse da União ficarão a cargo do órgão do Ministério da Justiça com atribuições para a execução da política de direitos humanos.

ART. 2º. A proteção concedida pelos programas e as medidas dela decorrentes levarão em conta a gravidade da coação ou da ameaça à integridade física ou psicológica, a dificuldade de preveni-las ou reprimi-las pelos meios convencionais e a sua importância para a produção da prova.

§ 1º. A proteção poderá ser dirigida ou estendida ao cônjuge ou companheiro, ascendentes, descendentes e dependentes que tenham convivência habitual com a vítima ou testemunha, conforme o especificamente necessário em cada caso.

§ 2º. Estão excluídos da proteção os indivíduos cuja personalidade ou conduta seja incompatível com as restrições de comportamento exigidas pelo programa, os condenados que estejam cumprindo pena e os indiciados ou acusados sob prisão cautelar em qualquer de suas modalidades. Tal exclusão não trará prejuízo a eventual prestação de medidas de preservação da integridade física desses indivíduos por parte dos órgãos de segurança pública.

§ 3º. O ingresso no programa, as restrições de segurança e demais medidas por ele adotadas terão sempre a anuência da pessoa protegida, ou de seu representante legal.

§ 4º. Após ingressar no programa, o protegido ficará obrigado ao cumprimento das normas por ele prescritas.

§ 5º. As medidas e providências relacionadas com os programas serão adotadas, executadas e mantidas em sigilo pelos protegidos e pelos agentes envolvidos em sua execução.

ART. 3º. Toda admissão no programa ou exclusão dele será precedida de consulta ao Ministério Público sobre o disposto no art. 2º e deverá ser subsequentemente comunicada à autoridade policial ou ao juiz competente.

ART. 4º. Cada programa será dirigido por um conselho deliberativo em cuja composição haverá representantes do Ministério Público, do Poder Judiciário e de órgãos públicos e privados relacionados com a segurança pública e a defesa dos direitos humanos.

§ 1º. A execução das atividades necessárias ao programa ficará a cargo de um dos órgãos representados no conselho deliberativo, devendo os agentes dela incumbidos ter formação e capacitação profissional compatíveis com suas tarefas.

§ 2º. Os órgãos policiais prestarão a colaboração e o apoio necessários à execução de cada programa.

ART. 5º. A solicitação objetivando ingresso no programa poderá ser encaminhada ao órgão executor:

I - pelo interessado;

II - por representante do Ministério Público;

III - pela autoridade policial que conduz a investigação criminal;

IV - pelo juiz competente para a instrução do processo criminal;

V - por órgãos públicos e entidades com atribuições de defesa dos direitos humanos.

§ 1º. A solicitação será instruída com a qualificação da pessoa a ser protegida e com informações sobre a sua vida pregressa, o fato delituoso e a coação ou ameaça que a motiva.

§ 2º. Para fins de instrução do pedido, o órgão executor poderá solicitar, com a aquiescência do interessado:

I - documentos ou informações comprobatórios de sua identidade, estado civil, situação profissional, patrimônio e grau de instrução, e da pendência de obrigações civis, administrativas, fiscais, financeiras ou penais;

II - exames ou pareceres técnicos sobre a sua personalidade, estado físico ou psicológico.

§ 3º. Em caso de urgência e levando em consideração a procedência, gravidade e a iminência da coação ou ameaça, a vítima ou testemunha poderá ser colocada provisoriamente sob a custódia de órgão policial, pelo órgão executor, no aguardo de decisão do conselho deliberativo, com comunicação imediata a seus membros e ao Ministério Público.

ART. 6º. O conselho deliberativo decidirá sobre:

I - o ingresso do protegido no programa ou a sua exclusão;

II - as providências necessárias ao cumprimento do programa.

Parágrafo único. As deliberações do conselho serão tomadas por maioria absoluta de seus membros e sua execução ficará sujeita à disponibilidade orçamentária.

ART. 7º. Os programas compreendem, dentre outras, as seguintes medidas, aplicáveis isolada ou cumulativamente em benefício da pessoa protegida, segundo a gravidade e as circunstâncias de cada caso:

I - segurança na residência, incluindo o controle de telecomunicações;

II - escolta e segurança nos deslocamentos da residência, inclusive para fins de trabalho ou para a prestação de depoimentos;

III - transferência de residência ou acomodação provisória em local compatível com a proteção;

IV - preservação da identidade, imagem e dados pessoais;

V - ajuda financeira mensal para prover as despesas necessárias à subsistência individual ou familiar, no caso de a pessoa protegida estar impossibilitada de desenvolver trabalho regular ou de inexistência de qualquer fonte de renda;

VI - suspensão temporária das atividades funcionais, sem prejuízo dos respectivos vencimentos ou vantagens, quando servidor público ou militar;

VII - apoio e assistência social, médica e psicológica;

VIII - sigilo em relação aos atos praticados em virtude da proteção concedida;

IX - apoio do órgão executor do programa para o cumprimento de obrigações civis e administrativas que exijam o comparecimento pessoal.

Parágrafo único. A ajuda financeira mensal terá um teto fixado pelo conselho deliberativo no início de cada exercício financeiro.

ART. 8º. Quando entender necessário, poderá o conselho deliberativo solicitar ao Ministério Público que requeira ao juiz a concessão de medidas cautelares direta ou indiretamente relacionadas com a eficácia da proteção.

ART. 9º. Em casos excepcionais e considerando as características e gravidade da coação ou ameaça, poderá o conselho deliberativo encaminhar requerimento da pessoa protegida ao juiz competente para registros públicos objetivando a alteração de nome completo.

§ 1º. A alteração de nome completo poderá estender-se às pessoas mencionadas no § 1º do art. 2º desta Lei, inclusive aos filhos menores, e será precedida das providências necessárias ao resguardo de direitos de terceiros.

§ 2º. O requerimento será sempre fundamentado e o juiz ouvirá previamente o Ministério Público, determinando, em seguida, que o procedimento tenha rito sumaríssimo e corra em segredo de justiça.

§ 3º. Concedida a alteração pretendida, o juiz determinará na sentença, observando o sigilo indispensável à proteção do interessado:

I - a averbação no registro original de nascimento da menção de que houve alteração de nome completo em conformidade com o estabelecido nesta Lei, com expressa referência à sentença autorizatória e ao juiz que a exarou e sem a aposição do nome alterado;

II - a determinação aos órgãos competentes para o fornecimento dos documentos decorrentes da alteração;

III - a remessa da sentença ao órgão nacional competente para o registro único de identificação civil, cujo procedimento obedecerá às necessárias restrições de sigilo.

§ 4º. O conselho deliberativo, resguardado o sigilo das informações, manterá controle sobre a localização do protegido cujo nome tenha sido alterado.

§ 5º. Cessada a coação ou ameaça que deu causa à alteração, ficará facultado ao protegido solicitar ao juiz competente o retorno à situação anterior, com a alteração para o nome original, em petição que será encaminhada pelo conselho deliberativo e terá manifestação prévia do Ministério Público.

ART. 10. A exclusão da pessoa protegida de programa de proteção a vítimas e a testemunhas poderá ocorrer a qualquer tempo:

I – por solicitação do próprio interessado;

II – por decisão do conselho deliberativo, em consequência de:

a) cessação dos motivos que ensejaram a proteção;

b) conduta incompatível do protegido.

ART. 11. A proteção oferecida pelo programa terá a duração máxima de dois anos.

Parágrafo único. Em circunstâncias excepcionais, perdurando os motivos que autorizam a admissão, a permanência poderá ser prorrogada.

ART. 12. Fica instituído, no âmbito do órgão do Ministério da Justiça com atribuições para a execução da política de direitos humanos, o Programa Federal de Assistência a Vítimas e a Testemunhas Ameaçadas, a ser regulamentado por decreto do Poder Executivo. Regulamento

CAPÍTULO II. DA PROTEÇÃO AOS RÉUS COLABORADORES

ART. 13. Poderá o juiz, de ofício ou a requerimento das partes, conceder o perdão judicial e a consequente extinção da punibilidade ao acusado que, sendo primário, tenha colaborado efetiva e voluntariamente com a investigação e o processo criminal, desde que dessa colaboração tenha resultado:

I – a identificação dos demais coautores ou partícipes da ação criminosa;

II – a localização da vítima com a sua integridade física preservada;

III – a recuperação total ou parcial do produto do crime.

Parágrafo único. A concessão do perdão judicial levará em conta a personalidade do beneficiado e a natureza, circunstâncias, gravidade e repercussão social do fato criminoso.

ART. 14. O indiciado ou acusado que colaborar voluntariamente com a investigação policial e o processo criminal na identificação dos demais coautores ou partícipes do crime, na localização da vítima com vida e na recuperação total ou parcial do produto do crime, no caso de condenação, terá pena reduzida de um a dois terços.

ART. 15. Serão aplicadas em benefício do colaborador, na prisão ou fora dela, medidas especiais de segurança e proteção a sua integridade física, considerando ameaça ou coação eventual ou efetiva.

§ 1º. Estando sob prisão temporária, preventiva ou em decorrência de flagrante delito, o colaborador será custodiado em dependência separada dos demais presos.

§ 2º. Durante a instrução criminal, poderá o juiz competente determinar em favor do colaborador qualquer das medidas previstas no art. 8º desta Lei.

§ 3º. No caso de cumprimento da pena em regime fechado, poderá o juiz criminal determinar medidas especiais que proporcionem a segurança do colaborador em relação aos demais apenados.

DISPOSIÇÕES GERAIS

ART. 16. O art. 57 da Lei nº 6.015, de 31 de dezembro de 1973, fica acrescido do seguinte § 7º:

▸ *Alteração realizada no texto da lei.*

ART. 17. O parágrafo único do art. 58 da Lei nº 6.015, de 31 de dezembro de 1973, com a redação dada pela Lei nº 9.708, de 18 de novembro de 1998, passa a ter a seguinte redação:

▸ *Alteração realizada no texto da lei.*

ART. 18. O art. 18 da Lei nº 6.015, de 31 de dezembro de 1973, passa a ter a seguinte redação:

▸ *Alteração realizada no texto da lei.*

ART. 19. A União poderá utilizar estabelecimentos especialmente destinados ao cumprimento de pena de condenados que tenham prévia e voluntariamente prestado a colaboração de que trata esta Lei.

Parágrafo único. Para fins de utilização desses estabelecimentos, poderá a União celebrar convênios com os Estados e o Distrito Federal.

ART. 19-A. Terão prioridade na tramitação o inquérito e o processo criminal em que figure indiciado, acusado, vítima ou réu colaboradores, vítima ou testemunha protegidas pelos programas de que trata esta Lei. (Incluído pela Lei nº 12.483, de 2011)

Parágrafo único. Qualquer que seja o rito processual criminal, o juiz, após a citação, tomará antecipadamente o depoimento das pessoas incluídas nos programas de proteção previstos nesta Lei, devendo justificar a eventual impossibilidade de fazê-lo no caso concreto ou o possível prejuízo que a oitiva antecipada traria para a instrução criminal. (Incluído pela Lei nº 12.483, de 2011)

ART. 20. As despesas decorrentes da aplicação desta Lei, pela União, correrão à conta de dotação consignada no orçamento.

ART. 21. Esta Lei entra em vigor na data de sua publicação.

Brasília, 13 de julho de 1999;
178º da Independência e 111º da República.

FERNANDO HENRIQUE CARDOSO

Este texto não substitui o publicado no DOU de 14.7.1999

LEI Nº 9.964, DE 10 DE ABRIL DE 2000 – PROGRAMA DE RECUPERAÇÃO FISCAL (EXCERTOS)

Institui o Programa de Recuperação Fiscal – Refis e dá outras providências, e altera as Leis nº 8.036, de 11 de maio de 1990, e 8.844, de 20 de janeiro de 1994.

O PRESIDENTE DA REPÚBLICA Faço saber que o Congresso Nacional decreta e eu sanciono a seguinte Lei:

ART. 1º. É instituído o Programa de Recuperação Fiscal – Refis, destinado a promover a regularização de créditos da União, decorrentes de débitos de pessoas jurídicas, relativos a tributos e contribuições, administrados pela Secretaria da Receita Federal e pelo Instituto Nacional do Seguro Social – INSS, com vencimento até 29 de fevereiro de 2000, constituídos ou não, inscritos ou não em dívida ativa, ajuizados ou a ajuizar, com exigibilidade suspensa ou não, inclusive os decorrentes de falta de recolhimento de valores retidos. (Vide Lei nº 10.189, de 2001)

§ 1º. O Refis será administrado por um Comitê Gestor, com competência para implementar os procedimentos necessários à execução do Programa, observado o disposto no regulamento.

§ 2º. O Comitê Gestor será integrado por um representante de cada órgão a seguir indicado, designados por seus respectivos titulares:

I – Ministério da Fazenda:

a) Secretaria da Receita Federal, que o presidirá;

b) Procuradoria-Geral da Fazenda Nacional;

II – (Revogado pela Lei nº 11.941, de 2009)

§ 3º. O Refis não alcança débitos:

I – de órgãos da administração pública direta, das fundações instituídas e mantidas pelo poder público e das autarquias;

II – relativos ao Imposto sobre a Propriedade Territorial Rural – ITR;

III – relativos a pessoa jurídica cindida a partir de 1º de outubro de 1999.

• •

ART. 12. Alternativamente ao ingresso no Refis, a pessoa jurídica poderá optar pelo parcelamento, em até sessenta parcelas mensais, iguais e sucessivas, dos débitos referidos no art. 1º, observadas todas as demais regras aplicáveis àquele Programa.

§ 1º. O valor de cada parcela não poderá ser inferior a:

I – R$ 300,00 (trezentos reais), no caso de pessoa jurídica optante pelo Simples;

II – R$ 1.000,00 (um mil reais), no caso de pessoa jurídica submetida ao regime de tributação com base no lucro presumido;

III – R$ 3.000,00 (três mil reais), nos demais casos.

§ 2º. Ao disposto neste artigo não se aplica a restrição de que trata o inciso II do § 3º do art. 1º.

ART. 13. Os débitos não tributários inscritos em dívida ativa, com vencimento até 29 de fevereiro de 2000, poderão ser parcelados em até sessenta parcelas mensais, iguais e sucessivas, perante a Procuradoria-Geral da Fazenda Nacional, observadas as demais regras aplicáveis ao parcelamento de que trata o art. 12.

§ 1º. Para débitos não tributários inscritos, sujeitos ao parcelamento simplificado ou para os quais não se exige garantia no parcelamento ordinário, não se aplica a vedação de novos parcelamentos.

§ 2º. Para os débitos não tributários inscritos, não alcançados pelo disposto no § 1º, admitir-se-á o reparcelamento, desde que requerido até o último dia útil do mês de abril de 2000.

§ 3º. O disposto neste artigo aplica-se à verba de sucumbência devida por desistência de ação judicial para fins de inclusão dos respectivos débitos, inclusive no âmbito do INSS, no Refis ou no parcelamento alternativo a que se refere o art. 2º.

§ 4º. Na hipótese do § 3º, o parcelamento deverá ser solicitado pela pessoa jurídica no prazo de trinta dias, contado da data em que efetivada a desistência, na forma e condições a serem estabelecidas pelos órgãos competentes.

ART. 14. As obrigações decorrentes dos débitos incluídos no Refis ou nos parcelamentos referidos nos arts. 12 e 13 não serão consideradas para fins de determinação de índices econômicos vinculados a licitações promovidas pela administração pública direta ou indireta, bem assim a operações de financiamentos realizadas por instituições financeiras oficiais federais.

ART. 15. É suspensa a pretensão punitiva do Estado, referente aos crimes previstos nos arts. 1º e 2º da Lei nº 8.137, de 27 de dezembro de 1990, e no art. 95 da Lei nº 8.212, de 24 de julho de 1991, durante o período em que a pessoa jurídica relacionada com o agente dos aludidos crimes estiver incluída no Refis, desde que a inclusão no referido Programa tenha ocorrido antes do recebimento da denúncia criminal.

§ 1º. A prescrição criminal não corre durante o período de suspensão da pretensão punitiva.

§ 2º. O disposto neste artigo aplica-se, também:

I – a programas de recuperação fiscal instituídos pelos Estados, pelo Distrito Federal e pelos Municípios, que adotem, no que couber, normas estabelecidas nesta Lei;

II – aos parcelamentos referidos nos arts. 12 e 13.

§ 3º. Extingue-se a punibilidade dos crimes referidos neste artigo quando a pessoa jurídica relacionada com o agente efetuar o pagamento integral dos débitos oriundos de tributos e contribuições sociais, inclusive acessórios, que tiverem sido objeto de concessão de parcelamento antes do recebimento da denúncia criminal.

ART. 16. Na hipótese de novação ou repactuação de débitos de responsabilidade de pessoas jurídicas optantes pelo Refis ou pelo parcelamento alternativo a que se refere o art. 12, a recuperação de créditos anteriormente deduzidos como perda, até 31 de dezembro de 1999, será, para fins do disposto no art. 12 da Lei nº 9.430, de 1996, computada na determinação do lucro real e da base de cálculo da contribuição social sobre o lucro líquido, pelas pessoas jurídicas de que trata o inciso II do art. 14 da Lei nº 9.718, de 1998, à medida do efetivo recebimento, na forma a ser estabelecida pela Secretaria da Receita Federal.

Parágrafo único. O disposto neste artigo aplica-se aos débitos vinculados ao Programa de Revitalização de Cooperativas de Produção Agropecuária – Recoop, instituído pela Medida Provisória nº 1.961-20, de 2 de março de 2000, ainda que a pessoa jurídica devedora não seja optante por qualquer das formas de parcelamento referida no *caput*.

ART. 17. São convalidados os atos praticados com base na Medida Provisória nº 2.004-5, de 11 de fevereiro de 2000.

ART. 18. Esta Lei entra em vigor na data de sua publicação.

Brasília, 10 de abril de 2000;
179º da Independência e 112º da República.
FERNANDO HENRIQUE CARDOSO

Este texto não substitui o Publicado no DOU de 11.4.2000

LEI Nº 10.216, DE 6 DE ABRIL DE 2001

Dispõe sobre a proteção e os direitos das pessoas portadoras de transtornos mentais e redireciona o modelo assistencial em saúde mental.

▸ *Súmula 527 do STJ.*

O PRESIDENTE DA REPÚBLICA Faço saber que o Congresso Nacional decreta e eu sanciono a seguinte Lei:

ART. 1º Os direitos e a proteção das pessoas acometidas de transtorno mental, de que trata esta Lei, são assegurados sem qualquer forma de discriminação quanto à raça, cor, sexo, orientação sexual, religião, opção política, nacionalidade, idade, família, recursos econômicos e ao grau de gravidade ou tempo de evolução de seu transtorno, ou qualquer outra.

ART. 2º Nos atendimentos em saúde mental, de qualquer natureza, a pessoa e seus familiares ou responsáveis serão formalmente cientificados dos direitos enumerados no parágrafo único deste artigo.

Parágrafo único. São direitos da pessoa portadora de transtorno mental:

I - ter acesso ao melhor tratamento do sistema de saúde, consentâneo às suas necessidades;

II - ser tratada com humanidade e respeito e no interesse exclusivo de beneficiar sua saúde, visando alcançar sua recuperação pela inserção na família, no trabalho e na comunidade;

III - ser protegida contra qualquer forma de abuso e exploração;

IV - ter garantia de sigilo nas informações prestadas;

V - ter direito à presença médica, em qualquer tempo, para esclarecer a necessidade ou não de sua hospitalização involuntária;

VI - ter livre acesso aos meios de comunicação disponíveis;

VII - receber o maior número de informações a respeito de sua doença e de seu tratamento;

VIII - ser tratada em ambiente terapêutico pelos meios menos invasivos possíveis;

IX - ser tratada, preferencialmente, em serviços comunitários de saúde mental.

ART. 3º É responsabilidade do Estado o desenvolvimento da política de saúde mental, a assistência e a promoção de ações de saúde aos portadores de transtornos mentais, com a devida participação da sociedade e da família, a qual será prestada em estabelecimento de saúde mental, assim entendidas as instituições ou unidades que ofereçam assistência em saúde aos portadores de transtornos mentais.

ART. 4º A internação, em qualquer de suas modalidades, só será indicada quando os recursos extra-hospitalares se mostrarem insuficientes.

§ 1º O tratamento visará, como finalidade permanente, a reinserção social do paciente em seu meio.

§ 2º O tratamento em regime de internação será estruturado de forma a oferecer assistência integral à pessoa portadora de transtornos mentais, incluindo serviços médicos, de assistência social, psicológicos, ocupacionais, de lazer, e outros.

§ 3º É vedada a internação de pacientes portadores de transtornos mentais em instituições com características asilares, ou seja, aquelas desprovidas dos recursos mencionados no § 2º e que não assegurem aos pacientes os direitos enumerados no parágrafo único do Art. 2º.

ART. 5º O paciente há longo tempo hospitalizado ou para o qual se caracterize situação de grave dependência institucional, decorrente de seu quadro clínico ou de ausência de suporte social, será objeto de política específica de alta planejada e reabilitação psicossocial assistida, sob responsabilidade da autoridade sanitária competente e supervisão de instância a ser definida pelo Poder Executivo, assegurada a continuidade do tratamento, quando necessário.

ART. 6º A internação psiquiátrica somente será realizada mediante laudo médico circunstanciado que caracterize os seus motivos.

Parágrafo único. São considerados os seguintes tipos de internação psiquiátrica:

I - internação voluntária: aquela que se dá com o consentimento do usuário;

II - internação involuntária: aquela que se dá sem o consentimento do usuário e a pedido de terceiro; e

III - internação compulsória: aquela determinada pela Justiça.

ART. 7º A pessoa que solicita voluntariamente sua internação, ou que a consente, deve assinar, no momento da admissão, uma declaração de que optou por esse regime de tratamento.

Parágrafo único. O término da internação voluntária dar-se-á por solicitação escrita do paciente ou por determinação do médico assistente.

ART. 8º A internação voluntária ou involuntária somente será autorizada por médico devidamente registrado no Conselho Regional de Medicina - CRM do Estado onde se localize o estabelecimento.

§ 1º A internação psiquiátrica involuntária deverá, no prazo de setenta e duas horas, ser comunicada ao Ministério Público Estadual pelo responsável técnico do estabelecimento no qual tenha ocorrido, devendo esse mesmo procedimento ser adotado quando da respectiva alta.

§ 2º O término da internação involuntária dar-se-á por solicitação escrita do familiar, ou responsável legal, ou quando estabelecido pelo especialista responsável pelo tratamento.

ART. 9º A internação compulsória é determinada, de acordo com a legislação vigente, pelo juiz competente, que levará em conta as condições de segurança do estabelecimento, quanto à salvaguarda do paciente, dos demais internados e funcionários.

ART. 10. Evasão, transferência, acidente, intercorrência clínica grave e falecimento serão comunicados pela direção do estabelecimento de saúde mental aos familiares, ou ao representante legal do paciente, bem como à autoridade sanitária responsável, no prazo máximo de vinte e quatro horas da data da ocorrência.

ART. 11. Pesquisas científicas para fins diagnósticos ou terapêuticos não poderão ser realizadas sem o consentimento expresso do paciente, ou de seu representante legal, e sem a devida comunicação aos conselhos profissionais competentes e ao Conselho Nacional de Saúde.

ART. 12. O Conselho Nacional de Saúde, no âmbito de sua atuação, criará comissão nacional para acompanhar a implementação desta Lei.

ART. 13. Esta Lei entra em vigor na data de sua publicação.

Brasília, 6 de abril de 2001; 180º da Independência e 113º da República.

FERNANDO HENRIQUE CARDOSO
Publicado no D.O.U. de 09.04.2001.

LEI Nº 10.259, DE 12 DE JULHO DE 2001 – JUIZADOS ESPECIAIS CÍVEIS E CRIMINAIS FEDERAIS

Dispõe sobre a instituição dos Juizados Especiais Cíveis e Criminais no âmbito da Justiça Federal.

O PRESIDENTE DA REPÚBLICA Faço saber que o Congresso Nacional decreta e eu sanciono a seguinte Lei:

▸ *Súmula nº 428 do STJ.*

ART. 1º. São instituídos os Juizados Especiais Cíveis e Criminais da Justiça Federal, aos quais se aplica, no que não conflitar com esta Lei, o disposto na Lei nº 9.099, de 26 de setembro de 1995.

▸ *Súmula nº 376 do STJ.*

ART. 2º. Compete ao Juizado Especial Federal Criminal processar e julgar os feitos de competência da Justiça Federal relativos às infrações de menor potencial ofensivo, respeitadas as regras de conexão e continência. (Redação dada pela Lei nº 11.313, de 2006)

Parágrafo único. Na reunião de processos, perante o juízo comum ou o tribunal do júri, decorrente da aplicação das regras de conexão e continência, observar-se-ão os institutos da transação penal e da composição dos danos civis. (Redação dada pela Lei nº 11.313, de 2006)

ART. 3º. Compete ao Juizado Especial Federal Cível processar, conciliar e julgar causas de competência da Justiça Federal até o valor de sessenta salários mínimos, bem como executar as suas sentenças.

§ 1º. Não se incluem na competência do Juizado Especial Cível as causas:

I – referidas no art. 109, incisos II, III e XI, da Constituição Federal, as ações de mandado de segurança, de desapropriação, de divisão e demarcação, populares, execuções fiscais e por improbidade administrativa e as demandas sobre direitos ou interesses difusos, coletivos ou individuais homogêneos;

II – sobre bens imóveis da União, autarquias e fundações públicas federais;

III – para a anulação ou cancelamento de ato administrativo federal, salvo o de natureza previdenciária e o de lançamento fiscal;

IV – que tenham como objeto a impugnação da pena de demissão imposta a servidores públicos civis ou de sanções disciplinares aplicadas a militares.

§ 2º. Quando a pretensão versar sobre obrigações vincendas, para fins de competência do Juizado Especial, a soma de doze parcelas não poderá exceder o valor referido no art. 3º, *caput*.

§ 3º. No foro onde estiver instalada Vara do Juizado Especial, a sua competência é absoluta.

▸ *Súmula nº 376 do STJ.*

ART. 4º. O Juiz poderá, de ofício ou a requerimento das partes, deferir medidas cautelares no curso do processo, para evitar dano de difícil reparação.

ART. 5º. Exceto nos casos do art. 4º, somente será admitido recurso de sentença definitiva.

ART. 6º. Podem ser partes no Juizado Especial Federal Cível:

I – como autores, as pessoas físicas e as microempresas e empresas de pequeno porte, assim definidas na Lei nº 9.317, de 5 de dezembro de 1996;

II – como rés, a União, autarquias, fundações e empresas públicas federais.

ART. 7º. As citações e intimações da União serão feitas na forma prevista nos arts. 35 a 38 da Lei Complementar nº 73, de 10 de fevereiro de 1993.

Parágrafo único. A citação das autarquias, fundações e empresas públicas será feita na pessoa do representante máximo da entidade, no local onde proposta a causa, quando ali instalado seu escritório ou representação; se não, na sede da entidade.

ART. 8º. As partes serão intimadas da sentença, quando não proferida esta na audiência em que estiver presente seu representante, por ARMP (aviso de recebimento em mão própria).

§ 1º. As demais intimações das partes serão feitas na pessoa dos advogados ou dos Procuradores que oficiem nos respectivos autos, pessoalmente ou por via postal.

§ 2º. Os tribunais poderão organizar serviço de intimação das partes e de recepção de petições por meio eletrônico.

ART. 9º. Não haverá prazo diferenciado para a prática de qualquer ato processual pelas pessoas jurídicas de direito público, inclusive a interposição de recursos, devendo a citação para audiência de conciliação ser efetuada com antecedência mínima de trinta dias.

ART. 10. As partes poderão designar, por escrito, representantes para a causa, advogado ou não.

Parágrafo único. Os representantes judiciais da União, autarquias, fundações e empresas públicas federais, bem como os indicados na forma do *caput*, ficam autorizados a conciliar, transigir ou desistir, nos processos da competência dos Juizados Especiais Federais.

ART. 11. A entidade pública ré deverá fornecer ao Juizado a documentação de que disponha para o esclarecimento da causa, apresentando-a até a instalação da audiência de conciliação.

Parágrafo único. Para a audiência de composição dos danos resultantes de ilícito criminal (arts. 71, 72 e 74 da Lei nº 9.099, de 26 de setembro de 1995), o representante da entidade que comparecer terá poderes para acordar desistir ou transigir, na forma do art. 10.

ART. 12. Para efetuar o exame técnico necessário à conciliação ou ao julgamento da causa, o Juiz nomeará pessoa habilitada, que apresentará o laudo até cinco dias antes da audiência, independentemente de intimação das partes.

§ 1º. Os honorários do técnico serão antecipados à conta de verba orçamentária do respectivo Tribunal e, quando vencida na causa a entidade pública, seu valor será incluído na ordem de pagamento a ser feita em favor do Tribunal.

§ 2º. Nas ações previdenciárias e relativas à assistência social, havendo designação de exame, serão as partes intimadas para, em dez dias, apresentar quesitos e indicar assistentes.

ART. 13. Nas causas de que trata esta Lei, não haverá reexame necessário.

ART. 14. Caberá pedido de uniformização de interpretação de lei federal quando houver divergência entre decisões sobre questões de direito material proferidas por Turmas Recursais na interpretação da lei.

§ 1º. O pedido fundado em divergência entre Turmas da mesma Região será julgado em reunião conjunta das Turmas em conflito, sob a presidência do Juiz Coordenador.

§ 2º. O pedido fundado em divergência entre decisões de turmas de diferentes regiões ou da proferida em contrariedade a súmula ou jurisprudência dominante do STJ será julgado por Turma de Uniformização, integrada por juízes de Turmas Recursais, sob a presidência do Coordenador da Justiça Federal.

§ 3º. A reunião de juízes domiciliados em cidades diversas será feita pela via eletrônica.

§ 4º. Quando a orientação acolhida pela Turma de Uniformização, em questões de direito material, contrariar súmula ou jurisprudência dominante no Superior Tribunal de Justiça – STJ, a parte interessada poderá provocar a manifestação deste, que dirimirá a divergência.

§ 5º. No caso do § 4º, presente a plausibilidade do direito invocado e havendo fundado receio de dano de difícil reparação, poderá o relator conceder, de ofício ou a requerimento do interessado, medida liminar determinando a suspensão dos processos nos quais a controvérsia esteja estabelecida.

§ 6º. Eventuais pedidos de uniformização idênticos, recebidos subsequentemente em quaisquer Turmas Recursais, ficarão retidos nos autos, aguardando-se pronunciamento do Superior Tribunal de Justiça.

§ 7º. Se necessário, o relator pedirá informações ao Presidente da Turma Recursal ou Coordenador da Turma de Uniformização e ouvirá o Ministério Público, no prazo de cinco dias. Eventuais interessados, ainda que não sejam partes no processo, poderão se manifestar, no prazo de trinta dias.

§ 8º. Decorridos os prazos referidos no § 7º, o relator incluirá o pedido em pauta na Seção, com preferência sobre todos os demais feitos, ressalvados os processos com réus presos, os habeas corpus e os mandados de segurança.

§ 9º. Publicado o acórdão respectivo, os pedidos retidos referidos no § 6º serão apreciados pelas Turmas Recursais, que poderão exercer juízo de retratação ou declará-los prejudicados, se veicularem tese não acolhida pelo Superior Tribunal de Justiça.

§ 10. Os Tribunais Regionais, o Superior Tribunal de Justiça e o Supremo Tribunal Federal, no âmbito de suas competências, expedirão normas regulamentando a composição dos órgãos e os procedimentos a serem adotados para o processamento e o julgamento do pedido de uniformização e do recurso extraordinário.

ART. 15. O recurso extraordinário, para os efeitos desta Lei, será processado e julgado segundo o estabelecido nos §§ 4º a 9º do art. 14, além da observância das normas do Regimento.

ART. 16. O cumprimento do acordo ou da sentença, com trânsito em julgado, que imponham obrigação de fazer, não fazer ou entrega de coisa certa, será efetuado mediante ofício do Juiz à autoridade citada para a causa, com cópia da sentença ou do acordo.

ART. 17. Tratando-se de obrigação de pagar quantia certa, após o trânsito em julgado da decisão, o pagamento será efetuado no prazo de sessenta dias, contados da entrega da requisição, por ordem do Juiz, à autoridade citada para a causa, na agência mais próxima da Caixa Econômica Federal ou do Banco do Brasil, independentemente de precatório.

§ 1º. Para os efeitos do § 3º do art. 100 da Constituição Federal, as obrigações ali definidas como de pequeno valor, a serem pagas independentemente de precatório, terão como limite o mesmo valor estabelecido nesta Lei para a competência do Juizado Especial Federal Cível (art. 3º, *caput*).

§ 2º. Desatendida a requisição judicial, o Juiz determinará o sequestro do numerário suficiente ao cumprimento da decisão.

§ 3º. São vedados o fracionamento, repartição ou quebra do valor da execução, de modo que o pagamento se faça, em parte, na forma estabelecida no § 1º deste artigo, e, em parte, mediante expedição do precatório, e a expedição de precatório complementar ou suplementar do valor pago.

§ 4º. Se o valor da execução ultrapassar o estabelecido no § 1º, o pagamento far-se-á, sempre, por meio do precatório, sendo facultado à parte exequente a renúncia ao crédito do valor excedente, para que possa optar pelo pagamento do saldo sem o precatório, da forma lá prevista.

ART. 18. Os Juizados Especiais serão instalados por decisão do Tribunal Regional Federal. O Juiz presidente do Juizado designará os conciliadores pelo período de dois anos, admitida a recondução. O exercício dessas funções será gratuito, assegurados os direitos e prerrogativas do jurado (art. 437 do Código de Processo Penal).

Parágrafo único. Serão instalados Juizados Especiais Adjuntos nas localidades cujo movimento forense não justifique a existência de Juizado Especial, cabendo ao Tribunal designar a Vara onde funcionará.

ART. 19. No prazo de seis meses, a contar da publicação desta Lei, deverão ser instalados os Juizados Especiais nas capitais dos Estados e no Distrito Federal.

Parágrafo único. Na capital dos Estados, no Distrito Federal e em outras cidades onde for necessário, neste último caso, por decisão do Tribunal Regional Federal, serão instalados Juizados com competência exclusiva para ações previdenciárias.

ART. 20. Onde não houver Vara Federal, a causa poderá ser proposta no Juizado Especial Federal mais próximo do foro definido no art. 4º da Lei nº 9.099, de 26 de setembro de 1995, vedada a aplicação desta Lei no juízo estadual.

ART. 21. As Turmas Recursais serão instituídas por decisão do Tribunal Regional Federal, que definirá sua composição e área de competência, podendo abranger mais de uma seção.

§§ 1º e 2º. (Revogados pela Lei nº 12.665, de 2012)

ART. 22. Os Juizados Especiais serão coordenados por Juiz do respectivo Tribunal Regional, escolhido por seus pares, com mandato de dois anos.

Parágrafo único. O Juiz Federal, quando o exigirem as circunstâncias, poderá determinar o funcionamento do Juizado Especial em caráter itinerante, mediante autorização prévia do Tribunal Regional Federal, com antecedência de dez dias.

ART. 23. O Conselho da Justiça Federal poderá limitar, por até três anos, contados a partir da publicação desta Lei, a competência dos Juizados Especiais Cíveis, atendendo à necessidade da organização dos serviços judiciários ou administrativos.

ART. 24. O Centro de Estudos Judiciários do Conselho da Justiça Federal e as Escolas de Magistratura dos Tribunais Regionais Federais criarão programas de informática necessários para subsidiar a instrução das causas submetidas aos Juizados e promoverão cursos de aperfeiçoamento destinados aos seus magistrados e servidores.

ART. 25. Não serão remetidas aos Juizados Especiais as demandas ajuizadas até a data de sua instalação.

ART. 26. Competirá aos Tribunais Regionais Federais prestar o suporte administrativo necessário ao funcionamento dos Juizados Especiais.

ART. 27. Esta Lei entra em vigor seis meses após a data de sua publicação.

Brasília, 12 de julho de 2001;
180º da Independência e 113º da República.
FERNANDO HENRIQUE CARDOSO

Este texto não substitui o publicado no DOU de 13.7.2001

LEI Nº 10.446, DE 8 DE MAIO DE 2002 – INFRAÇÕES PENAIS DE REPERCUSSÃO INTERESTADUAL OU INTERNACIONAL QUE EXIGEM REPRESSÃO UNIFORME

Dispõe sobre infrações penais de repercussão interestadual ou internacional que exigem repressão uniforme, para os fins do disposto no inciso I do § 1º do art. 144 da Constituição.

O PRESIDENTE DA REPÚBLICA Faço saber que o Congresso Nacional decreta e eu sanciono a seguinte Lei:

ART. 1º. Na forma do inciso I do § 1º do art. 144 da Constituição, quando houver repercussão interestadual ou internacional que exija repressão uniforme, poderá o Departamento de Polícia Federal do Ministério da Justiça, sem prejuízo da responsabilidade dos órgãos de segurança pública arrolados no art. 144 da Constituição Federal, em especial das Polícias Militares e Civis dos Estados, proceder à investigação, dentre outras, das seguintes infrações penais:

I – sequestro, cárcere privado e extorsão mediante sequestro (arts. 148 e 159 do Código Penal), se o agente foi impelido

LEIS ORDINÁRIAS

LEI 10259 JEF MARCAFÁCIL

por motivação política ou quando praticado em razão da função pública exercida pela vítima;

II – formação de cartel (incisos I, a, II, III e VII do art. 4º da Lei nº 8.137, de 27 de dezembro de 1990); e

III – relativas à violação a direitos humanos, que a República Federativa do Brasil se comprometeu a reprimir em decorrência de tratados internacionais de que seja parte; e

IV – furto, roubo ou receptação de cargas, inclusive bens e valores, transportadas em operação interestadual ou internacional, quando houver indícios da atuação de quadrilha ou bando em mais de um Estado da Federação.

V – falsificação, corrupção, adulteração ou alteração de produto destinado a fins terapêuticos ou medicinais e venda, inclusive pela internet, depósito ou distribuição do produto falsificado, corrompido, adulterado ou alterado (art. 273 do Decreto-Lei nº 2.848, de 7 de dezembro de 1940 – Código Penal).

VI – furto, roubo ou dano contra instituições financeiras, incluindo agências bancárias ou caixas eletrônicos, quando houver indícios da atuação de associação criminosa em mais de um Estado da Federação. (Incluído pela Lei nº 13.124, de 2015)

VII – quaisquer crimes praticados por meio da rede mundial de computadores que difundam conteúdo misógino, definidos como aqueles que propagam o ódio ou a aversão às mulheres. (Incluído pela Lei nº 13.642, de 2018)

Parágrafo único. Atendidos os pressupostos do *caput*, o Departamento de Polícia Federal procederá à apuração de outros casos, desde que tal providência seja autorizada ou determinada pelo Ministro de Estado da Justiça. (Incluído pela Lei nº 12.894, de 2013)

ART. 2º. Esta Lei entra em vigor na data de sua publicação.

Brasília, 8 de maio de 2002;
181º da Independência e 114º da República.

FERNANDO HENRIQUE CARDOSO

Este texto não substitui o publicado no DOU de 9.5.2002

LEI Nº 10.522, DE 19 DE JULHO DE 2002 (EXCERTOS)

Dispõe sobre o Cadastro Informativo dos créditos não quitados de órgãos e entidades federais e dá outras providências.

O PRESIDENTE DA REPÚBLICA Faço saber que o Congresso Nacional decreta e eu sanciono a seguinte Lei:

ART. 1º O Cadastro Informativo de créditos não quitados do setor público federal (Cadin) passa a ser regulado por esta Lei.

....

ART. 20. Serão arquivados, sem baixa na distribuição, por meio de requerimento do Procurador da Fazenda Nacional, os autos das execuções fiscais de débitos inscritos em dívida ativa da União pela Procuradoria-Geral da Fazenda Nacional ou por ela cobrados, de valor consolidado igual ou inferior àquele estabelecido em ato do Procurador-Geral da Fazenda Nacional. (Redação dada pela Lei nº 13.874, de 2019)

▸ *Vide Portaria 74 da PGFN*

§ 1º Os autos de execução a que se refere este artigo serão reativados quando os valores dos débitos ultrapassarem os limites indicados.

§ 2º Serão extintas, mediante requerimento do Procurador da Fazenda Nacional, as execuções que versem exclusivamente sobre honorários devidos à Fazenda Nacional de valor igual ou inferior a R$ 1.000,00 (mil reais). (Redação dada pela Lei nº 11.033, de 2004)

§ 3º (Revogado pela Lei nº 13.043, de 2014)

§ 4º No caso de reunião de processos contra o mesmo devedor, na forma do art. 28 da Lei nº 6.830, de 22 de setembro de 1980, para os fins de que trata o limite indicado no **caput** deste artigo, será considerada a soma dos débitos consolidados das inscrições reunidas. (Incluído pela Lei nº 11.033, de 2004)

....

ART. 40. Esta Lei entra em vigor na data de sua publicação.

Brasília, 19 de julho de 2002; 181º da Independência e 114º da República.

FERNANDO HENRIQUE CARDOSO
Pedro Malan

LEI Nº 10.684, DE 30 DE MAIO DE 2003 – PARCELAMENTO DE DÉBITOS TRIBUTÁRIOS (EXCERTOS)

Altera a legislação tributária, dispõe sobre parcelamento de débitos junto à Secretaria da Receita Federal, à Procuradoria-Geral da Fazenda Nacional e ao Instituto Nacional do Seguro Social e dá outras providências.

O PRESIDENTE DA REPÚBLICA Faço saber que o Congresso Nacional decreta e eu sanciono a seguinte Lei:

ART. 1º. Os débitos junto à Secretaria da Receita Federal ou à Procuradoria-Geral da Fazenda Nacional, com vencimento até 28 de fevereiro de 2003, poderão ser parcelados em até cento e oitenta prestações mensais e sucessivas.

§ 1º. O disposto neste artigo aplica-se aos débitos constituídos ou não, inscritos ou não como Dívida Ativa, mesmo em fase de execução fiscal já ajuizada, ou que tenham sido objeto de parcelamento anterior, não integralmente quitado, ainda que cancelado por falta de pagamento.

§ 2º. Os débitos ainda não constituídos deverão ser confessados, de forma irretratável e irrevogável.

§ 3º. O débito objeto do parcelamento será consolidado no mês do pedido e será dividido pelo número de prestações, sendo que o montante de cada parcela mensal não poderá ser inferior a:

I – um inteiro e cinco décimos por cento da receita bruta auferida, pela pessoa jurídica, no mês imediatamente anterior ao do vencimento da parcela, exceto em relação às optantes pelo Sistema Simplificado de Pagamento de Impostos e Contribuições das Microempresas e das Empresas de Pequeno Porte – SIMPLES, instituído pela Lei nº 9.317, de 5 de dezembro de 1996, e às microempresas e empresas de pequeno porte enquadradas no disposto no art. 2º da Lei nº 9.841, de 5 de outubro de 1999, observado o disposto no art. 8º desta Lei, salvo na hipótese do inciso II deste parágrafo, o prazo mínimo de cento e vinte meses;

II – dois mil reais, considerado cumulativamente com o limite estabelecido no inciso I, no caso das pessoas jurídicas ali referidas;

III – cinquenta reais, no caso de pessoas físicas.

§ 4º. Relativamente às pessoas jurídicas optantes pelo SIMPLES e às microempresas e empresas de pequeno porte, enquadradas no disposto no art. 2º da Lei nº 9.841, de 5 de outubro de 1999, o valor da parcela mínima mensal corresponderá a um cento e oitenta avos do total do débito ou a três décimos por cento da receita bruta auferida no mês imediatamente anterior ao do vencimento da parcela, o que for menor, não podendo ser inferior a:

I – cem reais, se enquadrada na condição de microempresa;

II – duzentos reais, se enquadrada na condição de empresa de pequeno porte.

§ 5º. Aplica-se o disposto no § 4º às pessoas jurídicas que foram excluídas ou impedidas de ingressar no SIMPLES exclusivamente em decorrência do disposto no inciso XV do art. 9º da Lei nº 9.317, de 5 de dezembro de 1996, desde que a pessoa jurídica exerça a opção pelo SIMPLES até o último dia útil de 2003, com efeitos a partir de 1º de janeiro de 2004, nos termos e condições definidos pela Secretaria da Receita Federal.

§ 6º. O valor de cada uma das parcelas, determinado na forma dos §§ 3º e 4º, será acrescido de juros correspondentes à variação mensal da Taxa de Juros de Longo Prazo – TJLP, a partir do mês subsequente ao da consolidação, até o mês do pagamento.

§ 7º. Para os fins da consolidação referida no § 3º, os valores correspondentes à multa, de mora ou de ofício, serão reduzidos em cinquenta por cento.

§ 8º. A redução prevista no § 7º não será cumulativa com qualquer outra redução admitida em lei, ressalvado o disposto no § 11.

§ 9º. Na hipótese de anterior concessão de redução de multa em percentual diverso de cinquenta por cento, prevalecerá o percentual referido no § 7º, determinado sobre o valor original da multa.

§ 10. A opção pelo parcelamento de que trata este artigo exclui a concessão de qualquer outro, extinguindo os parcelamentos anteriormente concedidos, admitida a transferência de seus saldos para a modalidade desta Lei.

§ 11. O sujeito passivo fará jus a redução adicional da multa, após a redução referida no § 7º, à razão de vinte e cinco centésimos por cento sobre o valor remanescente para cada ponto percentual do saldo do débito que for liquidado até a data prevista para o requerimento do parcelamento referido neste artigo, após deduzida a primeira parcela determinada nos termos do § 3º ou 4º.

• •

ART. 9º. É suspensa a pretensão punitiva do Estado, referente aos crimes previstos nos arts. 1º e 2º da Lei nº 8.137, de 27 de dezembro de 1990, e nos arts. 168-A e 337-A do Decreto-Lei nº 2.848, de 7 de dezembro de 1940 – Código Penal, durante o período em que a pessoa jurídica relacionada com o agente dos aludidos crimes estiver incluída no regime de parcelamento.

§ 1º. A prescrição criminal não corre durante o período de suspensão da pretensão punitiva.

§ 2º. Extingue-se a punibilidade dos crimes referidos neste artigo quando a pessoa jurídica relacionada com o agente efetuar o pagamento integral dos débitos oriundos de tributos e contribuições sociais, inclusive acessórios.

▸ *Súmula Vinculante nº 24.*

• •

ART. 29. Esta Lei entra em vigor na data de sua publicação, produzindo efeitos:

I – em relação ao art. 17, a partir de 1º de janeiro de 2003;

II – em relação ao art. 25, a partir de 1º de fevereiro de 2003;

III – em relação aos arts. 18, 19, 20 e 22, a partir do mês subsequente ao do termo final do prazo nonagesimal, a que refere o § 6º do art. 195 da Constituição Federal.

Brasília, 30 de maio de 2003;
182º da Independência e 115º da República.
LUIZ INÁCIO LULA DA SILVA

Este texto não substitui o publicado no DOU de 31.5.2003 (Edição extra)

LEI Nº 10.778, DE 24 DE NOVEMBRO DE 2003

Estabelece a notificação compulsória, no território nacional, do caso de violência contra a mulher que for atendida em serviços de saúde públicos ou privados.

▸ *Lei nº 11.340, de 07-08-2006, Violência doméstica e familiar contra a mulher.*

O PRESIDENTE DA REPÚBLICA Faço saber que o Congresso Nacional decreta e eu sanciono a seguinte Lei:

ART. 1º Constituem objeto de notificação compulsória, em todo o território nacional, os casos em que houver indícios ou confirmação de violência contra a mulher atendida em serviços de saúde públicos e privados. (Redação dada pela Lei nº 13.931, de 2019)

§ 1º Para os efeitos desta Lei, entende-se por violência contra a mulher qualquer ação ou conduta, baseada no gênero, inclusive decorrente de discriminação ou desigualdade étnica, que cause morte, dano ou sofrimento físico, sexual ou psicológico à mulher, tanto no âmbito público quanto no privado. (Redação dada pela Lei nº 12.288, de 2010)

§ 2º Entender-se-á que violência contra a mulher inclui violência física, sexual e psicológica e que:

I – tenha ocorrido dentro da família ou unidade doméstica ou em qualquer outra relação interpessoal, em que o agressor conviva ou haja convivido no mesmo domicílio que a mulher e que compreende, entre outros, estupro, violação, maus-tratos e abuso sexual;

II – tenha ocorrido na comunidade e seja perpetrada por qualquer pessoa e que compreende, entre outros, violação, abuso sexual, tortura, maus-tratos de pessoas, tráfico de mulheres, prostituição forçada, seqüestro e assédio sexual no lugar de trabalho, bem como em instituições educacionais, estabelecimentos de saúde ou qualquer outro lugar; e

III – seja perpetrada ou tolerada pelo Estado ou seus agentes, onde quer que ocorra.

§ 3º Para efeito da definição serão observados também as convenções e acordos internacionais assinados pelo Brasil, que disponham sobre prevenção, punição e erradicação da violência contra a mulher.

§ 4º Os casos em que houver indícios ou confirmação de violência contra a mulher referidos no caput deste artigo serão obrigatoriamente comunicados à autoridade policial no prazo de 24 (vinte e quatro) horas, para as providências cabíveis e para fins estatísticos. (Incluído pela Lei nº 13.931, de 2019)

ART. 2º A autoridade sanitária proporcionará as facilidades ao processo de notificação compulsória, para o fiel cumprimento desta Lei.

ART. 3º A notificação compulsória dos casos de violência de que trata esta Lei tem caráter sigiloso, obrigando nesse sentido as autoridades sanitárias que a tenham recebido.

Parágrafo único. A identificação da vítima de violência referida nesta Lei, fora do âmbito dos serviços de saúde, somente poderá efetivar-se, em caráter excepcional, em caso de risco à comunidade ou à vítima, a juízo da autoridade sanitária e com conhecimento prévio da vítima ou do seu responsável.

ART. 4º As pessoas físicas e as entidades, públicas ou privadas, abrangidas ficam sujeitas às obrigações previstas nesta Lei.

ART. 5º A inobservância das obrigações estabelecidas nesta Lei constitui infração da legislação referente à saúde pública, sem prejuízo das sanções penais cabíveis.

ART. 6º Aplica-se, no que couber, à notificação compulsória prevista nesta Lei, o disposto na Lei no 6.259, de 30 de outubro de 1975.

ART. 7º O Poder Executivo, por iniciativa do Ministério da Saúde, expedirá a regulamentação desta Lei.

ART. 8º Esta Lei entrará em vigor 120 (cento e vinte) dias após a sua publicação.

Brasília, 24 de novembro de 2003; 182o da Independência e 115o da República.

LUIZ INÁCIO LULA DA SILVA
Humberto Sérgio Costa Lima
José Dirceu de Oliveira e Silva

Este texto não substitui o publicado no DOU de 25.11.2003

LEI Nº 11.101, DE 9 DE FEVEREIRO DE 2005 – LEI DE FALÊNCIAS (EXCERTOS)

Regula a recuperação judicial, a extrajudicial e a falência do empresário e da sociedade empresária.

O PRESIDENTE DA REPÚBLICA Faço saber que o Congresso Nacional decreta e eu sanciono a seguinte Lei:

CAPÍTULO I. DISPOSIÇÕES PRELIMINARES

ART. 1º. Esta Lei disciplina a recuperação judicial, a recuperação extrajudicial e a falência do empresário e da sociedade empresária, doravante referidos simplesmente como devedor.

ART. 2º. Esta Lei não se aplica a:

I – empresa pública e sociedade de economia mista;

II – instituição financeira pública ou privada, cooperativa de crédito, consórcio, entidade de previdência complementar, sociedade operadora de plano de assistência à saúde, sociedade seguradora, sociedade de capitalização e outras entidades legalmente equiparadas às anteriores.

ART. 3º. É competente para homologar o plano de recuperação extrajudicial, deferir a recuperação judicial ou decretar a falência o juízo do local do principal estabelecimento do devedor ou da filial de empresa que tenha sede fora do Brasil.

ART. 4º. (VETADO)

• • • • • • • • • • • • • • • • • •

ART. 18. O administrador judicial será responsável pela consolidação do quadro-geral de credores, a ser homologado pelo juiz, com base na relação dos credores a que se refere o art. 7º, § 2º, desta Lei e nas decisões proferidas nas impugnações oferecidas.

Parágrafo único. O quadro-geral, assinado pelo juiz e pelo administrador judicial, mencionará a importância e a classificação de cada crédito na data do requerimento da recuperação judicial ou da decretação da falência, será juntado aos autos e publicado no órgão oficial, no prazo de 5 (cinco) dias, contado da data da sentença que houver julgado as impugnações.

ART. 19. O administrador judicial, o Comitê, qualquer credor ou o representante do Ministério Público poderá, até o encerramento da recuperação judicial ou da falência, observado, no que couber, o procedimento ordinário previsto no Código de Processo Civil, pedir a exclusão, outra classificação ou a retificação de qualquer crédito, nos casos de descoberta de falsidade, dolo, simulação, fraude, erro essencial ou, ainda, documentos ignorados na época do julgamento do crédito ou da inclusão no quadro-geral de credores.

§ 1º. A ação prevista neste artigo será proposta exclusivamente perante o juízo da recuperação judicial ou da falência ou, nas hipóteses previstas no art. 6º, §§ 1º e

2º, desta Lei, perante o juízo que tenha originariamente reconhecido o crédito.

§ 2º. Proposta a ação de que trata este artigo, o pagamento ao titular do crédito por ela atingido somente poderá ser realizado mediante a prestação de caução no mesmo valor do crédito questionado.

ART. 20. As habilitações dos credores particulares do sócio ilimitadamente responsável processar-se-ão de acordo com as disposições desta Seção.

SEÇÃO III. DO ADMINISTRADOR JUDICIAL E DO COMITÊ DE CREDORES

ART. 21. O administrador judicial será profissional idôneo, preferencialmente advogado, economista, administrador de empresas ou contador, ou pessoa jurídica especializada.

Parágrafo único. Se o administrador judicial nomeado for pessoa jurídica, declarar-se-á, no termo de que trata o art. 33 desta Lei, o nome de profissional responsável pela condução do processo de falência ou de recuperação judicial, que não poderá ser substituído sem autorização do juiz.

ART. 22. Ao administrador judicial compete, sob a fiscalização do juiz e do Comitê, além de outros deveres que esta Lei lhe impõe:

I – na recuperação judicial e na falência:

a) enviar correspondência aos credores constantes na relação de que trata o inciso III do *caput* do art. 51, o inciso III do *caput* do art. 99 ou o inciso II do *caput* do art. 105 desta Lei, comunicando a data do pedido de recuperação judicial ou da decretação da falência, a natureza, o valor e a classificação dada ao crédito;

b) fornecer, com presteza, todas as informações pedidas pelos credores interessados;

c) dar extratos dos livros do devedor, que merecerão fé de ofício, a fim de servirem de fundamento nas habilitações e impugnações de créditos;

d) exigir dos credores, do devedor ou seus administradores quaisquer informações;

e) elaborar a relação de credores de que trata o § 2º do art. 7º desta Lei;

f) consolidar o quadro-geral de credores nos termos do art. 18 desta Lei;

g) requerer ao juiz convocação da assembleia-geral de credores nos casos previstos nesta Lei ou quando entender necessária sua ouvida para a tomada de decisões;

h) contratar, mediante autorização judicial, profissionais ou empresas especializadas para, quando necessário, auxiliá-lo no exercício de suas funções;

i) manifestar-se nos casos previstos nesta Lei;

j) estimular, sempre que possível, a conciliação, a mediação e outros métodos alternativos de solução de conflitos relacionados à recuperação judicial e à falência, respeitados os direitos de terceiros, na forma do § 3º do art. 3º da Lei nº 13.105, de 16 de março de 2015 (Código de Processo Civil); (Acrescido pela Lei nº 14.112 de 24-12-2020)

k) manter endereço eletrônico na internet, com informações atualizadas sobre os processos de falência e de recuperação judicial, com a opção de consulta às peças principais do processo, salvo decisão judicial em sentido contrário; (Acrescido pela Lei nº 14.112 de 24-12-2020)

l) manter endereço eletrônico específico para o recebimento de pedidos de habilitação ou a apresentação de divergências, ambos em âmbito administrativo, com modelos que poderão ser utilizados pelos credores, salvo decisão judicial em sentido contrário; (Acrescido pela Lei nº 14.112 de 24-12-2020)

m) providenciar, no prazo máximo de 15 (quinze) dias, as respostas aos ofícios e às solicitações enviadas por outros juízos e órgãos públicos, sem necessidade de prévia deliberação do juízo; (Acrescido pela Lei nº 14.112 de 24-12-2020)

II – na recuperação judicial:

a) fiscalizar as atividades do devedor e o cumprimento do plano de recuperação judicial;

b) requerer a falência no caso de descumprimento de obrigação assumida no plano de recuperação;

c) apresentar ao juiz, para juntada aos autos, relatório mensal das atividades do devedor, fiscalizando a veracidade e a conformidade das informações prestadas pelo devedor; (Redação dada pela Lei nº 14.112 de 24-12-2020)

d) apresentar o relatório sobre a execução do plano de recuperação, de que trata o inciso III do *caput* do art. 63 desta Lei;

e) fiscalizar o decurso das tratativas e a regularidade das negociações entre devedor e credores; (Acrescido pela Lei nº 14.112 de 24-12-2020)

f) assegurar que devedor e credores não adotem expedientes dilatórios, inúteis ou, em geral, prejudiciais ao regular andamento das negociações;(Acrescido pela Lei nº 14.112 de 24-12-2020)

g) assegurar que as negociações realizadas entre devedor e credores sejam regidas pelos termos convencionados entre os interessados ou, na falta de acordo, pelas regras propostas pelo administrador judicial e homologadas pelo juiz, observado o princípio da boa-fé para solução construtiva de consensos, que acarretem maior efetividade econômico-financeira e proveito social para os agentes econômicos envolvidos;(Acrescido pela Lei nº 14.112 de 24-12-2020)

h) apresentar, para juntada aos autos, e publicar no endereço eletrônico específico relatório mensal das atividades do devedor e relatório sobre o plano de recuperação judicial, no prazo de até 15 (quinze) dias contado da apresentação do plano, fiscalizando a veracidade e a conformidade das informações prestadas pelo devedor, além de informar eventual ocorrência das condutas previstas no art. 64 desta Lei; (Acrescido pela Lei nº 14.112 de 24-12-2020)

III – na falência:

a) avisar, pelo órgão oficial, o lugar e hora em que, diariamente, os credores terão à sua disposição os livros e documentos do falido;

b) examinar a escrituração do devedor;

c) relacionar os processos e assumir a representação judicial e extrajudicial, incluídos os processos arbitrais, da massa falida; (Redação dada pela Lei nº 14.112 de 24-12-2020)

d) receber e abrir a correspondência dirigida ao devedor, entregando a ele o que não for assunto de interesse da massa;

e) apresentar, no prazo de 40 (quarenta) dias, contado da assinatura do termo de compromisso, prorrogável por igual período, relatório sobre as causas e circunstâncias que conduziram à situação de falência, no qual apontará a responsabilidade civil e penal dos envolvidos, observado o disposto no art. 186 desta Lei;

f) arrecadar os bens e documentos do devedor e elaborar o auto de arrecadação, nos termos dos arts. 108 e 110 desta Lei;

g) avaliar os bens arrecadados;

h) contratar avaliadores, de preferência oficiais, mediante autorização judicial, para a avaliação dos bens caso entenda não ter condições técnicas para a tarefa;

i) praticar os atos necessários à realização do ativo e ao pagamento dos credores;

j) proceder à venda de todos os bens da massa falida no prazo máximo de 180 (cento e oitenta) dias, contado da data da juntada do auto de arrecadação, sob pena de destituição, salvo por impossibilidade fundamentada, reconhecida por decisão judicial; (Redação dada pela Lei nº 14.112 de 24-12-2020)

l) praticar todos os atos conservatórios de direitos e ações, diligenciar a cobrança de dívidas e dar a respectiva quitação;

m) remir, em benefício da massa e mediante autorização judicial, bens apenhados, penhorados ou legalmente retidos;

n) representar a massa falida em juízo, contratando, se necessário, advogado, cujos honorários serão previamente ajustados e aprovados pelo Comitê de Credores;

o) requerer todas as medidas e diligências que forem necessárias para o cumprimento desta Lei, a proteção da massa ou a eficiência da administração;

p) apresentar ao juiz para juntada aos autos, até o 10º (décimo) dia do mês seguinte ao vencido, conta demonstrativa da administração, que especifique com clareza a receita e a despesa;

q) entregar ao seu substituto todos os bens e documentos da massa em seu poder, sob pena de responsabilidade;

r) prestar contas ao final do processo, quando for substituído, destituído ou renunciar ao cargo.

s) arrecadar os valores dos depósitos realizados em processos administrativos ou judiciais nos quais o falido figure como parte, oriundos de penhoras, de bloqueios, de apreensões, de leilões, de alienação judicial e de outras hipóteses de constrição judicial, ressalvado o disposto nas Leis nos 9.703, de 17 de novembro de 1998, e 12.099, de 27 de novembro de 2009, e na Lei Complementar nº 151, de 5 de agosto de 2015. (Acrescido pela Lei nº 14.112 de 24-12-2020)

§ 1º. As remunerações dos auxiliares do administrador judicial serão fixadas pelo juiz, que considerará a complexidade dos trabalhos a serem executados e os valores praticados no mercado para o desempenho de atividades semelhantes.

§ 2º. Na hipótese da alínea d do inciso I do *caput* deste artigo, se houver recusa, o juiz, a requerimento do administrador judicial, intimará aquelas pessoas para que compareçam à sede do juízo, sob pena de desobediência, oportunidade em que as interrogará na presença do administrador judicial, tomando seus depoimentos por escrito.

§ 3º. Na falência, o administrador judicial não poderá, sem autorização judicial, após ouvidos o Comitê e o devedor no prazo comum de 2 (dois) dias, transigir sobre obrigações e direitos da massa falida e conceder abatimento de dívidas, ainda que sejam consideradas de difícil recebimento.

§ 4º. Se o relatório de que trata a alínea e do inciso III do *caput* deste artigo apontar responsabilidade penal de qualquer dos envolvidos, o Ministério Público será intimado para tomar conhecimento de seu teor.

ART. 23. O administrador judicial que não apresentar, no prazo estabelecido, suas contas ou qualquer dos relatórios previstos nesta Lei será intimado pessoalmente a fazê-lo no prazo de 5 (cinco) dias, sob pena de desobediência.

Parágrafo único. Decorrido o prazo do *caput* deste artigo, o juiz destituirá o administrador judicial e nomeará substituto para elaborar relatórios ou organizar as contas, explicitando as responsabilidades de seu antecessor.

• • • • • • • • • • • • • • • • •

Seção IV.
DA ASSEMBLEIA-GERAL DE CREDORES

ART. 35. A assembleia-geral de credores terá por atribuições deliberar sobre:

I – na recuperação judicial:

a) aprovação, rejeição ou modificação do plano de recuperação judicial apresentado pelo devedor;

b) a constituição do Comitê de Credores, a escolha de seus membros e sua substituição;

c) (VETADO)

d) o pedido de desistência do devedor, nos termos do § 4º do art. 52 desta Lei;

e) o nome do gestor judicial, quando do afastamento do devedor;

f) qualquer outra matéria que possa afetar os interesses dos credores;

g) alienação de bens ou direitos do ativo não circulante do devedor, não prevista no plano de recuperação judicial; (Acrescido pela Lei nº 14.112 de 24-12-2020)

II – na falência:

a) (VETADO)

b) a constituição do Comitê de Credores, a escolha de seus membros e sua substituição;

c) a adoção de outras modalidades de realização do ativo, na forma do art. 145 desta Lei;

d) qualquer outra matéria que possa afetar os interesses dos credores.

• • • • • • • • • • • • • • • • •

ART. 50. Constituem meios de recuperação judicial, observada a legislação pertinente a cada caso, dentre outros:

I – concessão de prazos e condições especiais para pagamento das obrigações vencidas ou vincendas;

LEIS ORDINÁRIAS

II – cisão, incorporação, fusão ou transformação de sociedade, constituição de subsidiária integral, ou cessão de cotas ou ações, respeitados os direitos dos sócios, nos termos da legislação vigente;

III – alteração do controle societário;

IV – substituição total ou parcial dos administradores do devedor ou modificação de seus órgãos administrativos;

V – concessão aos credores de direito de eleição em separado de administradores e de poder de veto em relação às matérias que o plano especificar;

VI – aumento de capital social;

VII – trespasse ou arrendamento de estabelecimento, inclusive à sociedade constituída pelos próprios empregados;

VIII – redução salarial, compensação de horários e redução da jornada, mediante acordo ou convenção coletiva;

IX – dação em pagamento ou novação de dívidas do passivo, com ou sem constituição de garantia própria ou de terceiro;

X – constituição de sociedade de credores;

XI – venda parcial dos bens;

XII – equalização de encargos financeiros relativos a débitos de qualquer natureza, tendo como termo inicial a data da distribuição do pedido de recuperação judicial, aplicando-se inclusive aos contratos de crédito rural, sem prejuízo do disposto em legislação específica;

XIII – usufruto da empresa;

XIV – administração compartilhada;

XV – emissão de valores mobiliários;

XVI – constituição de sociedade de propósito específico para adjudicar, em pagamento dos créditos, os ativos do devedor.

XVII - conversão de dívida em capital social; (Acrescido pela Lei nº 14.112 de 24-12-2020)

XVIII - venda integral da devedora, desde que garantidas aos credores não submetidos ou não aderentes condições, no mínimo, equivalentes àquelas que teriam na falência, hipótese em que será, para todos os fins, considerada unidade produtiva isolada. (Acrescido pela Lei nº 14.112 de 24-12-2020)

§ 1º. Na alienação de bem objeto de garantia real, a supressão da garantia ou sua substituição somente serão admitidas mediante aprovação expressa do credor titular da respectiva garantia.

§ 2º. Nos créditos em moeda estrangeira, a variação cambial será conservada como parâmetro de indexação da correspondente obrigação e só poderá ser afastada se o credor titular do respectivo crédito aprovar expressamente previsão diversa no plano de recuperação judicial.

§ 3º Não haverá sucessão ou responsabilidade por dívidas de qualquer natureza a terceiro credor, investidor ou novo administrador em decorrência, respectivamente, da mera conversão de dívida em capital, de aporte de novos recursos na devedora ou de substituição dos administradores desta. (Acrescido pela Lei nº 14.112 de 24-12-2020)

§ 4º O imposto sobre a renda e a Contribuição Social sobre o Lucro Líquido (CSLL) incidentes sobre o ganho de capital resultante da alienação de bens ou direitos pela pessoa jurídica em recuperação judicial poderão ser parcelados, com atualização monetária das parcelas, observado o seguinte: (Acrescido pela Lei nº 14.112 de 24-12-2020)

I - o disposto na Lei nº 10.522, de 19 de julho de 2002; e

II - a utilização, como limite, da mediana de alongamento no plano de recuperação judicial em relação aos créditos a ele sujeitos.

§ 5º O limite de alongamento de prazo a que se refere o inciso II do § 4º deste artigo será readequado na hipótese de alteração superveniente do plano de recuperação judicial. (Acrescido pela Lei nº 14.112 de 24-12-2020)

• •

ART. 64. Durante o procedimento de recuperação judicial, o devedor ou seus administradores serão mantidos na condução da atividade empresarial, sob fiscalização do Comitê, se houver, e do administrador judicial, salvo se qualquer deles:

I – houver sido condenado em sentença penal transitada em julgado por crime cometido em recuperação judicial ou falência anteriores ou por crime contra o patrimônio, a economia popular ou a ordem econômica previstos na legislação vigente;

II – houver indícios veementes de ter cometido crime previsto nesta Lei;

III – houver agido com dolo, simulação ou fraude contra os interesses de seus credores;

IV – houver praticado qualquer das seguintes condutas:

a) efetuar gastos pessoais manifestamente excessivos em relação a sua situação patrimonial;

b) efetuar despesas injustificáveis por sua natureza ou vulto, em relação ao capital ou gênero do negócio, ao movimento das operações e a outras circunstâncias análogas;

c) descapitalizar injustificadamente a empresa ou realizar operações prejudiciais ao seu funcionamento regular;

d) simular ou omitir créditos ao apresentar a relação de que trata o inciso III do *caput* do art. 51 desta Lei, sem relevante razão de direito ou amparo de decisão judicial;

V – negar-se a prestar informações solicitadas pelo administrador judicial ou pelos demais membros do Comitê;

VI – tiver seu afastamento previsto no plano de recuperação judicial.

Parágrafo único. Verificada qualquer das hipóteses do *caput* deste artigo, o juiz destituirá o administrador, que será substituído na forma prevista nos atos constitutivos do devedor ou do plano de recuperação judicial.

• •

CAPÍTULO V. DA FALÊNCIA

SEÇÃO I. DISPOSIÇÕES GERAIS

ART. 75. falência, ao promover o afastamento do devedor de suas atividades, visa a: (Redação dada pela Lei nº 14.112 de 24-12-2020)

I - preservar e a otimizar a utilização produtiva dos bens, dos ativos e dos recursos produtivos, inclusive os intangíveis, da empresa; (Acrescido pela Lei nº 14.112 de 24-12-2020)

II - permitir a liquidação célere das empresas inviáveis, com vistas à realocação eficiente de recursos na economia; e (Acrescido pela Lei nº 14.112 de 24-12-2020)

III - fomentar o empreendedorismo, inclusive por meio da viabilização do retorno célere do empreendedor falido à atividade econômica. (Acrescido pela Lei nº 14.112 de 24-12-2020)

§ 1º O processo de falência atenderá aos princípios da celeridade e da economia processual, sem prejuízo do contraditório, da ampla defesa e dos demais princípios previstos na Lei nº 13.105, de 16 de março de 2015 (Código de Processo Civil). (Acrescido pela Lei nº 14.112 de 24-12-2020)

§ 2º A falência é mecanismo de preservação de benefícios econômicos e sociais decorrentes da atividade empresarial, por meio da liquidação imediata do devedor e da rápida realocação útil de ativos na economia.(Acrescido pela Lei nº 14.112 de 24-12-2020)

ART. 76. O juízo da falência é indivisível e competente para conhecer todas as ações sobre bens, interesses e negócios do falido, ressalvadas as causas trabalhistas, fiscais e aquelas não reguladas nesta Lei em que o falido figurar como autor ou litisconsorte ativo.

Parágrafo único. Todas as ações, inclusive as excetuadas no *caput* deste artigo, terão prosseguimento com o administrador judicial, que deverá ser intimado para representar a massa falida, sob pena de nulidade do processo.

ART. 77. A decretação da falência determina o vencimento antecipado das dívidas do devedor e dos sócios ilimitada e solidariamente responsáveis, com o abatimento proporcional dos juros, e converte todos os créditos em moeda estrangeira para a moeda do País, pelo câmbio do dia da decisão judicial, para todos os efeitos desta Lei.

ART. 78. Os pedidos de falência estão sujeitos a distribuição obrigatória, respeitada a ordem de apresentação.

Parágrafo único. As ações que devam ser propostas no juízo da falência estão sujeitas a distribuição por dependência.

ART. 79. Os processos de falência e os seus incidentes preferem a todos os outros na ordem dos feitos, em qualquer instância.

ART. 80. Considerar-se-ão habilitados os créditos remanescentes da recuperação judicial, quando definitivamente incluídos no quadro-geral de credores, tendo prosseguimento as habilitações que estejam em curso.

ART. 81. A decisão que decreta a falência da sociedade com sócios ilimitadamente responsáveis também acarreta a falência destes, que ficam sujeitos aos mesmos efeitos jurídicos produzidos em relação à sociedade falida e, por isso, deverão ser citados para apresentar contestação, se assim o desejarem.

§ 1º. O disposto no *caput* deste artigo aplica-se ao sócio que tenha se retirado voluntariamente ou que tenha sido excluído da sociedade, há menos de 2 (dois) anos, quanto às dívidas existentes na data do arquivamento da alteração do contrato, no caso de não terem sido solvidas até a data da decretação da falência.

§ 2º. As sociedades falidas serão representadas na falência por seus administradores ou liquidantes, os quais terão os mesmos direitos e, sob as mesmas penas, ficarão sujeitos às obrigações que cabem ao falido.

ART. 82. A responsabilidade pessoal dos sócios de responsabilidade limitada, dos controladores e dos administradores da sociedade falida, estabelecida nas respectivas leis, será apurada no próprio juízo da falência, independentemente da realização do ativo e da prova da sua insuficiência para cobrir o passivo, observado o procedimento ordinário previsto no Código de Processo Civil.

§ 1º. Prescreverá em 2 (dois) anos, contados do trânsito em julgado da sentença de encerramento da falência, a ação de responsabilização prevista no *caput* deste artigo.

§ 2º. O juiz poderá, de ofício ou mediante requerimento das partes interessadas, ordenar a indisponibilidade de bens particulares dos réus, em quantidade compatível com o dano provocado, até o julgamento da ação de responsabilização.

SEÇÃO II. DA CLASSIFICAÇÃO DOS CRÉDITOS

ART. 83. A classificação dos créditos na falência obedece à seguinte ordem:

I - os créditos derivados da legislação trabalhista, limitados a 150 (cento e cinquenta) salários-mínimos por credor, e aqueles decorrentes de acidentes de trabalho; (Redação dada pela Lei nº 14.112 de 24-12-2020)

II - os créditos gravados com direito real de garantia até o limite do valor do bem gravado; (Redação dada pela Lei nº 14.112 de 24-12-2020)

III - os créditos tributários, independentemente da sua natureza e do tempo de constituição, exceto os créditos extraconcursais e as multas tributárias; (Redação dada pela Lei nº 14.112 de 24-12-2020)

IV - Revogado pela Lei nº 14.112 de 24-12-2020;

V - Revogado pela Lei nº 14.112 de 24-12-2020;

VI - os créditos quirografários, a saber:(Redação dada pela Lei nº 14.112 de 24-12-2020)

a) aqueles não previstos nos demais incisos deste artigo;

b) os saldos dos créditos não cobertos pelo produto da alienação dos bens vinculados ao seu pagamento; e (Redação dada pela Lei nº 14.112 de 24-12-2020)

c) os saldos dos créditos derivados da legislação trabalhista que excederem o limite estabelecido no inciso I do caput deste artigo; (Redação dada pela Lei nº 14.112 de 24-12-2020)

VII - as multas contratuais e as penas pecuniárias por infração das leis penais ou administrativas, incluídas as multas tributárias; (Redação dada pela Lei nº 14.112 de 24-12-2020)

VIII - os créditos subordinados, a saber: (Redação dada pela Lei nº 14.112 de 24-12-2020)

a) os previstos em lei ou em contrato; e (Redação dada pela Lei nº 14.112 de 24-12-2020)

b) os créditos dos sócios e dos administradores sem vínculo empregatício cuja contratação não tenha observado as condições estritamente comutativas e as práticas de mercado; e (Redação dada pela Lei nº 14.112 de 24-12-2020)

IX - os juros vencidos após a decretação da falência, conforme previsto no art. 124 desta Lei. (Acrescido pela Lei nº 14.112 de 24-12-2020)

§ 1º. Para os fins do inciso II do *caput* deste artigo, será considerado como valor do bem objeto de garantia real a importância efetivamente arrecadada com sua venda, ou, no caso de alienação em bloco, o valor de avaliação do bem individualmente considerado.

§ 2º. Não são oponíveis à massa os valores decorrentes de direito de sócio ao recebimento de sua parcela do capital social na liquidação da sociedade.

§ 3º. As cláusulas penais dos contratos unilaterais não serão atendidas se as obrigações neles estipuladas se vencerem em virtude da falência.

§ 4º Revogado pela Lei nº 14.112 de 24-12-2020.

§ 5º Para os fins do disposto nesta Lei, os créditos cedidos a qualquer título manterão sua natureza e classificação. (Acrescido pela Lei nº 14.112 de 24-12-2020)

§ 6º Para os fins do disposto nesta Lei, os créditos que disponham de privilégio especial ou geral em outras normas integrarão a classe dos créditos quirografários.(Acrescido pela Lei nº 14.112 de 24-12-2020)

ART. 84. Serão considerados créditos extraconcursais e serão pagos com precedência sobre os mencionados no art. 83 desta Lei, na ordem a seguir, aqueles relativos: (Redação dada pela Lei nº 14.112 de 24-12-2020)

I -Revogado pela Lei nº 14.112 de 24-12-2020;

I-A - às quantias referidas nos arts. 150 e 151 desta Lei; (Acrescido pela Lei nº 14.112 de 24-12-2020)

I-B - ao valor efetivamente entregue ao devedor em recuperação judicial pelo financiador, em conformidade com o disposto na Seção IV-A do Capítulo III desta Lei; (Acrescido pela Lei nº 14.112 de 24-12-2020)

I-C - aos créditos em dinheiro objeto de restituição, conforme previsto no art. 86 desta Lei;

I-D - às remunerações devidas ao administrador judicial e aos seus auxiliares, aos reembolsos devidos a membros do Comitê de Credores, e aos créditos derivados da legislação trabalhista ou decorrentes de acidentes de trabalho relativos a serviços prestados após a decretação da falência; (Acrescido pela Lei nº 14.112 de 24-12-2020)

I-E - às obrigações resultantes de atos jurídicos válidos praticados durante a recuperação judicial, nos termos do art. 67 desta Lei, ou após a decretação da falência; (Acrescido pela Lei nº 14.112 de 24-12-2020)

II - às quantias fornecidas à massa falida pelos credores; (Redação dada pela Lei nº 14.112 de 24-12-2020)

III - às despesas com arrecadação, administração, realização do ativo, distribuição do seu produto e custas do processo de falência; (Redação dada pela Lei nº 14.112 de 24-12-2020)

IV - às custas judiciais relativas às ações e às execuções em que a massa falida tenha sido vencida; (Redação dada pela Lei nº 14.112 de 24-12-2020)

V - aos tributos relativos a fatos geradores ocorridos após a decretação da falência, respeitada a ordem estabelecida no art. 83 desta Lei. (Redação dada pela Lei nº 14.112 de 24-12-2020)

§ 1º As despesas referidas no inciso I-A do caput deste artigo serão pagas pelo administrador judicial com os recursos disponíveis em caixa. (Acrescido pela Lei nº 14.112 de 24-12-2020)

§ 2º O disposto neste artigo não afasta a hipótese prevista no art. 122 desta Lei.(Acrescido pela Lei nº 14.112 de 24-12-2020)

• • • • • • • • • • • • • • • •

SEÇÃO IV. DO PROCEDIMENTO PARA A DECRETAÇÃO DA FALÊNCIA

ART. 94. Será decretada a falência do devedor que:

I – sem relevante razão de direito, não paga, no vencimento, obrigação líquida materializada em título ou títulos executivos protestados cuja soma ultrapasse o equivalente a 40 (quarenta) salários-mínimos na data do pedido de falência;

II – executado por qualquer quantia líquida, não paga, não deposita e não nomeia à penhora bens suficientes dentro do prazo legal;

III – pratica qualquer dos seguintes atos, exceto se fizer parte de plano de recuperação judicial:

a) procede à liquidação precipitada de seus ativos ou lança mão de meio ruinoso ou fraudulento para realizar pagamentos;

b) realiza ou, por atos inequívocos, tenta realizar, com o objetivo de retardar pagamentos ou fraudar credores, negócio simulado ou alienação de parte ou da totalidade de seu ativo a terceiro, credor ou não;

c) transfere estabelecimento a terceiro, credor ou não, sem o consentimento de todos os credores e sem ficar com bens suficientes para solver seu passivo;

d) simula a transferência de seu principal estabelecimento com o objetivo de burlar a legislação ou a fiscalização ou para prejudicar credor;

e) dá ou reforça garantia a credor por dívida contraída anteriormente sem ficar com bens livres e desembaraçados suficientes para saldar seu passivo;

f) ausenta-se sem deixar representante habilitado e com recursos suficientes para pagar os credores, abandona estabelecimento ou tenta ocultar-se de seu domicílio, do local de sua sede ou de seu principal estabelecimento;

g) deixa de cumprir, no prazo estabelecido, obrigação assumida no plano de recuperação judicial.

§ 1º. Credores podem reunir-se em litisconsórcio a fim de perfazer o limite mínimo para o pedido de falência com base no inciso I do *caput* deste artigo.

§ 2º. Ainda que líquidos, não legitimam o pedido de falência os créditos que nela não se possam reclamar.

§ 3º. Na hipótese do inciso I do *caput* deste artigo, o pedido de falência será instruído com os títulos executivos na forma do parágrafo único do art. 9º desta Lei, acompanhados, em

LEIS ORDINÁRIAS

qualquer caso, dos respectivos instrumentos de protesto para fim falimentar nos termos da legislação específica.

§ 4º. Na hipótese do inciso II do *caput* deste artigo, o pedido de falência será instruído com certidão expedida pelo juízo em que se processa a execução.

§ 5º. Na hipótese do inciso III do *caput* deste artigo, o pedido de falência descreverá os fatos que a caracterizam, juntando-se as provas que houver e especificando-se as que serão produzidas.

ART. 95. Dentro do prazo de contestação, o devedor poderá pleitear sua recuperação judicial.

ART. 96. A falência requerida com base no art. 94, inciso I do *caput*, desta Lei, não será decretada se o requerido provar:

I – falsidade de título;

II – prescrição;

III – nulidade de obrigação ou de título;

IV – pagamento da dívida;

V – qualquer outro fato que extinga ou suspenda obrigação ou não legitime a cobrança de título;

VI – vício em protesto ou em seu instrumento;

VII – apresentação de pedido de recuperação judicial no prazo da contestação, observados os requisitos do art. 51 desta Lei;

VIII – cessação das atividades empresariais mais de 2 (dois) anos antes do pedido de falência, comprovada por documento hábil do Registro Público de Empresas, o qual não prevalecerá contra prova de exercício posterior ao ato registrado.

§ 1º. Não será decretada a falência de sociedade anônima após liquidado e partilhado seu ativo nem do espólio após 1 (um) ano da morte do devedor.

§ 2º. As defesas previstas nos incisos I a VI do *caput* deste artigo não obstam a decretação de falência se, ao final, restarem obrigações não atingidas pelas defesas em montante que supere o limite previsto naquele dispositivo.

ART. 97. Podem requerer a falência do devedor:

I – o próprio devedor, na forma do disposto nos arts. 105 a 107 desta Lei;

II – o cônjuge sobrevivente, qualquer herdeiro do devedor ou o inventariante;

III – o cotista ou o acionista do devedor na forma da lei ou do ato constitutivo da sociedade;

IV – qualquer credor.

§ 1º. O credor empresário apresentará certidão do Registro Público de Empresas que comprove a regularidade de suas atividades.

§ 2º. O credor que não tiver domicílio no Brasil deverá prestar caução relativa às custas e ao pagamento da indenização de que trata o art. 101 desta Lei.

ART. 98. Citado, o devedor poderá apresentar contestação no prazo de 10 (dez) dias.

Parágrafo único. Nos pedidos baseados nos incisos I e II do *caput* do art. 94 desta Lei, o devedor poderá, no prazo da contestação, depositar o valor correspondente ao total do crédito, acrescido de correção monetária, juros e honorários advocatícios, hipótese em que a falência não será decretada e, caso julgado procedente o pedido de falência, o juiz ordenará o levantamento do valor pelo autor.

ART. 99. A sentença que decretar a falência do devedor, dentre outras determinações:

I – conterá a síntese do pedido, a identificação do falido e os nomes dos que forem a esse tempo seus administradores;

II – fixará o termo legal da falência, sem poder retrotraí-lo por mais de 90 (noventa) dias contados do pedido de falência, do pedido de recuperação judicial ou do 1º (primeiro) protesto por falta de pagamento, excluindo-se, para esta finalidade, os protestos que tenham sido cancelados;

III – ordenará ao falido que apresente, no prazo máximo de 5 (cinco) dias, relação nominal dos credores, indicando endereço, importância, natureza e classificação dos respectivos créditos, se esta já não se encontrar nos autos, sob pena de desobediência;

IV – explicitará o prazo para as habilitações de crédito, observado o disposto no § 1º do art. 7º desta Lei;

V – ordenará a suspensão de todas as ações ou execuções contra o falido, ressalvadas as hipóteses previstas nos §§ 1º e 2º do art. 6º desta Lei;

VI – proibirá a prática de qualquer ato de disposição ou oneração de bens do falido, submetendo-os preliminarmente à autorização judicial e do Comitê, se houver, ressalvados os bens cuja venda faça parte das atividades normais do devedor se autorizada a continuação provisória nos termos do inciso XI do *caput* deste artigo;

VII – determinará as diligências necessárias para salvaguardar os interesses das partes envolvidas, podendo ordenar a prisão preventiva do falido ou de seus administradores quando requerida com fundamento em provas da prática de crime definido nesta Lei;

VIII - ordenará ao Registro Público de Empresas e à Secretaria Especial da Receita Federal do Brasil que procedam à anotação da falência no registro do devedor, para que dele constem a expressão "falido", a data da decretação da falência e a inabilitação de que trata o art. 102 desta Lei; (Redação dada pela Lei nº 14.112 de 24-12-2020)

IX – nomeará o administrador judicial, que desempenhará suas funções na forma do inciso III do *caput* do art. 22 desta Lei sem prejuízo do disposto na alínea a do inciso II do *caput* do art. 35 desta Lei;

X – determinará a expedição de ofícios aos órgãos e repartições públicas e outras entidades para que informem a existência de bens e direitos do falido;

XI – pronunciar-se-á a respeito da continuação provisória das atividades do falido com o administrador judicial ou da lacração dos estabelecimentos, observado o disposto no art. 109 desta Lei;

XII – determinará, quando entender conveniente, a convocação da assembleia-geral de credores para a constituição de Comitê de Credores, podendo ainda autorizar a manutenção do Comitê eventualmente em funcionamento na recuperação judicial quando da decretação da falência;

XIII - ordenará a intimação eletrônica, nos termos da legislação vigente e respeitadas as prerrogativas funcionais, respectivamente, do Ministério Público e das Fazendas Públicas federal e de todos os Estados, Distrito Federal e Municípios em que o devedor tiver estabelecimento, para que tomem conhecimento da falência. (Redação dada pela Lei nº 14.112 de 24-12-2020)

§ 1º O juiz ordenará a publicação de edital eletrônico com a íntegra da decisão que decreta a falência e a relação de credores apresentada pelo falido. (Acrescido pela Lei nº 14.112 de 24-12-2020)

§ 2º A intimação eletrônica das pessoas jurídicas de direito público integrantes da administração pública indireta dos entes federativos referidos no inciso XIII do caput deste artigo será direcionada: (Acrescido pela Lei nº 14.112 de 24-12-2020)

I - no âmbito federal, à Procuradoria-Geral Federal e à Procuradoria-Geral do Banco Central do Brasil;

II - no âmbito dos Estados e do Distrito Federal, à respectiva Procuradoria-Geral, à qual competirá dar ciência a eventual órgão de representação judicial específico das entidades interessadas; e

III - no âmbito dos Municípios, à respectiva Procuradoria-Geral ou, se inexistir, ao gabinete do Prefeito, à qual competirá dar ciência a eventual órgão de representação judicial específico das entidades interessadas.

§ 3º Após decretada a quebra ou convolada a recuperação judicial em falência, o administrador deverá, no prazo de até 60 (sessenta) dias, contado do termo de nomeação, apresentar, para apreciação do juiz, plano detalhado de realização dos ativos, inclusive com a estimativa de tempo não superior a 180 (cento e oitenta) dias a partir da juntada de cada auto de arrecadação, na forma do inciso III do caput do art. 22 desta Lei.(Acrescido pela Lei nº 14.112 de 24-12-2020)

ART. 100. Da decisão que decreta a falência cabe agravo, e da sentença que julga a improcedência do pedido cabe apelação.

ART. 101. Quem por dolo requerer a falência de outrem será condenado, na sentença que julgar improcedente o pedido, a indenizar o devedor, apurando-se as perdas e danos em liquidação de sentença.

§ 1º. Havendo mais de 1 (um) autor do pedido de falência, serão solidariamente responsáveis aqueles que se conduziram na forma prevista no *caput* deste artigo.

§ 2º. Por ação própria, o terceiro prejudicado também pode reclamar indenização dos responsáveis.

SEÇÃO V.
DA INABILITAÇÃO EMPRESARIAL, DOS DIREITOS E DEVERES DO FALIDO

ART. 102. O falido fica inabilitado para exercer qualquer atividade empresarial a partir da decretação da falência e até a sentença que extingue suas obrigações, respeitado o disposto no § 1º do art. 181 desta Lei.

Parágrafo único. Findo o período de inabilitação, o falido poderá requerer ao juiz da falência que proceda à respectiva anotação em seu registro.

ART. 103. Desde a decretação da falência ou do sequestro, o devedor perde o direito de administrar os seus bens ou deles dispor.

Parágrafo único. O falido poderá, contudo, fiscalizar a administração da falência, requerer as providências necessárias para a conservação de seus direitos ou dos bens arrecadados e intervir nos processos em que a massa falida seja parte ou interessada, requerendo o que for de direito e interpondo os recursos cabíveis.

ART. 104. A decretação da falência impõe ao falido os seguintes deveres:

I - assinar nos autos, desde que intimado da decisão, termo de comparecimento, com a indicação do nome, da nacionalidade, do estado civil e do endereço completo do domicílio, e declarar, para constar do referido termo, diretamente ao administrador judicial, em dia, local e hora por ele designados, por prazo não superior a 15 (quinze) dias após a decretação da falência, o seguinte: (Redação dada pela Lei nº 14.112 de 24-12-2020)

a) as causas determinantes da sua falência, quando requerida pelos credores;

b) tratando-se de sociedade, os nomes e endereços de todos os sócios, acionistas controladores, diretores ou administradores, apresentando o contrato ou estatuto social e a prova do respectivo registro, bem como suas alterações;

c) o nome do contador encarregado da escrituração dos livros obrigatórios;

d) os mandatos que porventura tenha outorgado, indicando seu objeto, nome e endereço do mandatário;

e) seus bens imóveis e os móveis que não se encontram no estabelecimento;

f) se faz parte de outras sociedades, exibindo respectivo contrato;

g) suas contas bancárias, aplicações, títulos em cobrança e processos em andamento em que for autor ou réu;

II - entregar ao administrador judicial os seus livros obrigatórios e os demais instrumentos de escrituração pertinentes, que os encerrará por termo;(Redação dada pela Lei nº 14.112 de 24-12-2020

III – não se ausentar do lugar onde se processa a falência sem motivo justo e comunicação expressa ao juiz, e sem deixar procurador bastante, sob as penas cominadas na lei;

IV – comparecer a todos os atos da falência, podendo ser representado por procurador, quando não for indispensável sua presença;

V - entregar ao administrador judicial, para arrecadação, todos os bens, papéis, documentos e senhas de acesso a sistemas contábeis, financeiros e bancários, bem como indicar aqueles que porventura estejam em poder de terceiros; (Redação dada pela Lei nº 14.112 de 24-12-2020)

VI – prestar as informações reclamadas pelo juiz, administrador judicial, credor ou Ministério Público sobre circunstâncias e fatos que interessem à falência;

VII – auxiliar o administrador judicial com zelo e presteza;

VIII – examinar as habilitações de crédito apresentadas;

IX – assistir ao levantamento, à verificação do balanço e ao exame dos livros;

X – manifestar-se sempre que for determinado pelo juiz;

XI - apresentar ao administrador judicial a relação de seus credores, em arquivo eletrônico, no dia em que prestar as declarações referidas no inciso I do caput deste artigo;(Redação dada pela Lei nº 14.112 de 24-12-2020)

XII – examinar e dar parecer sobre as contas do administrador judicial.

Parágrafo único. Faltando ao cumprimento de quaisquer dos deveres que esta Lei lhe impõe, após intimado pelo juiz a fazê-lo, responderá o falido por crime de desobediência.

SEÇÃO VI. DA FALÊNCIA REQUERIDA PELO PRÓPRIO DEVEDOR

ART. 105. O devedor em crise econômico-financeira que julgue não atender aos requisitos para pleitear sua recuperação judicial deverá requerer ao juízo sua falência, expondo as razões da impossibilidade de prosseguimento da atividade empresarial, acompanhadas dos seguintes documentos:

I – demonstrações contábeis referentes aos 3 (três) últimos exercícios sociais e as levantadas especialmente para instruir o pedido, confeccionadas com estrita observância da legislação societária aplicável e compostas obrigatoriamente de:

a) balanço patrimonial;

b) demonstração de resultados acumulados;

c) demonstração do resultado desde o último exercício social;

d) relatório do fluxo de caixa;

II – relação nominal dos credores, indicando endereço, importância, natureza e classificação dos respectivos créditos;

III – relação dos bens e direitos que compõem o ativo, com a respectiva estimativa de valor e documentos comprobatórios de propriedade;

IV – prova da condição de empresário, contrato social ou estatuto em vigor ou, se não houver, a indicação de todos os sócios, seus endereços e a relação de seus bens pessoais;

V – os livros obrigatórios e documentos contábeis que lhe forem exigidos por lei;

VI – relação de seus administradores nos últimos 5 (cinco) anos, com os respectivos endereços, suas funções e participação societária.

ART. 106. Não estando o pedido regularmente instruído, o juiz determinará que seja emendado.

ART. 107. A sentença que decretar a falência do devedor observará a forma do art. 99 desta Lei.

Parágrafo único. Decretada a falência, aplicam-se integralmente os dispositivos relativos à falência requerida pelas pessoas referidas nos incisos II a IV do *caput* do art. 97 desta Lei.

• •

CAPÍTULO VII. DISPOSIÇÕES PENAIS

SEÇÃO I. DOS CRIMES EM ESPÉCIE

FRAUDE A CREDORES

ART. 168. Praticar, antes ou depois da sentença que decretar a falência, conceder a recuperação judicial ou homologar a recuperação extrajudicial, ato fraudulento de que resulte ou possa resultar prejuízo aos credores, com o fim de obter ou assegurar vantagem indevida para si ou para outrem.

Pena – reclusão, de 3 (três) a 6 (seis) anos, e multa.

AUMENTO DA PENA

§ 1º. A pena aumenta-se de 1/6 (um sexto) a 1/3 (um terço), se o agente:

I – elabora escrituração contábil ou balanço com dados inexatos;

II – omite, na escrituração contábil ou no balanço, lançamento que deles deveria constar, ou altera escrituração ou balanço verdadeiros;

III – destrói, apaga ou corrompe dados contábeis ou negociais armazenados em computador ou sistema informatizado;

IV – simula a composição do capital social;

V – destrói, oculta ou inutiliza, total ou parcialmente, os documentos de escrituração contábil obrigatórios.

CONTABILIDADE PARALELA E DISTRIBUIÇÃO DE LUCROS OU DIVIDENDOS A SÓCIOS E ACIONISTAS ATÉ A APROVAÇÃO DO PLANO DE RECUPERAÇÃO JUDICIAL (REDAÇÃO DADA PELA LEI Nº 14.112 DE 24-12-2020)

§ 2º A pena é aumentada de 1/3 (um terço) até metade se o devedor manteve ou movimentou recursos ou valores paralelamente à contabilidade exigida pela legislação, inclusive na hipótese de violação do disposto no art. 6º-A desta Lei. (Redação dada pela Lei nº 14.112 de 24-12-2020)

CONCURSO DE PESSOAS

§ 3º. Nas mesmas penas incidem os contadores, técnicos contábeis, auditores e outros profissionais que, de qualquer modo, concorrerem para as condutas criminosas descritas neste artigo, na medida de sua culpabilidade.

REDUÇÃO OU SUBSTITUIÇÃO DA PENA

§ 4º. Tratando-se de falência de microempresa ou de empresa de pequeno porte, e não se constatando prática habitual de condutas fraudulentas por parte do falido, poderá o juiz reduzir a pena de reclusão de 1/3 (um terço) a 2/3 (dois terços) ou substituí-la pelas penas restritivas de direitos, pelas de perda de bens e valores ou pelas de prestação de serviços à comunidade ou a entidades públicas.

VIOLAÇÃO DE SIGILO EMPRESARIAL

ART. 169. Violar, explorar ou divulgar, sem justa causa, sigilo empresarial ou dados confidenciais sobre operações

LEIS ORDINÁRIAS

ou serviços, contribuindo para a condução do devedor a estado de inviabilidade econômica ou financeira:

Pena – reclusão, de 2 (dois) a 4 (quatro) anos, e multa.

DIVULGAÇÃO DE INFORMAÇÕES FALSAS

ART. 170. Divulgar ou propalar, por qualquer meio, informação falsa sobre devedor em recuperação judicial, com o fim de levá-lo à falência ou de obter vantagem:

Pena – reclusão, de 2 (dois) a 4 (quatro) anos, e multa.

INDUÇÃO A ERRO

ART. 171. Sonegar ou omitir informações ou prestar informações falsas no processo de falência, de recuperação judicial ou de recuperação extrajudicial, com o fim de induzir a erro o juiz, o Ministério Público, os credores, a assembleia-geral de credores, o Comitê ou o administrador judicial:

Pena – reclusão, de 2 (dois) a 4 (quatro) anos, e multa.

FAVORECIMENTO DE CREDORES

ART. 172. Praticar, antes ou depois da sentença que decretar a falência, conceder a recuperação judicial ou homologar plano de recuperação extrajudicial, ato de disposição ou oneração patrimonial ou gerador de obrigação, destinado a favorecer um ou mais credores em prejuízo dos demais:

Pena – reclusão, de 2 (dois) a 5 (cinco) anos, e multa.

Parágrafo único. Nas mesmas penas incorre o credor que, em conluio, possa beneficiar-se de ato previsto no *caput* deste artigo.

DESVIO, OCULTAÇÃO OU APROPRIAÇÃO DE BENS

ART. 173. Apropriar-se, desviar ou ocultar bens pertencentes ao devedor sob recuperação judicial ou à massa falida, inclusive por meio da aquisição por interposta pessoa:

Pena – reclusão, de 2 (dois) a 4 (quatro) anos, e multa.

AQUISIÇÃO, RECEBIMENTO OU USO ILEGAL DE BENS

ART. 174. Adquirir, receber, usar, ilicitamente, bem que sabe pertencer à massa falida ou influir para que terceiro, de boa-fé, o adquira, receba ou use:

Pena – reclusão, de 2 (dois) a 4 (quatro) anos, e multa.

HABILITAÇÃO ILEGAL DE CRÉDITO

ART. 175. Apresentar, em falência, recuperação judicial ou recuperação extrajudicial, relação de créditos, habilitação de créditos ou reclamação falsas, ou juntar a elas título falso ou simulado:

Pena – reclusão, de 2 (dois) a 4 (quatro) anos, e multa.

EXERCÍCIO ILEGAL DE ATIVIDADE

ART. 176. Exercer atividade para a qual foi inabilitado ou incapacitado por decisão judicial, nos termos desta Lei:

Pena – reclusão, de 1 (um) a 4 (quatro) anos, e multa.

VIOLAÇÃO DE IMPEDIMENTO

ART. 177. Adquirir o juiz, o representante do Ministério Público, o administrador judicial, o gestor judicial, o perito, o avaliador, o escrivão, o oficial de justiça ou o leiloeiro, por si ou por interposta pessoa, bens de massa falida ou de devedor em recuperação judicial, ou, em relação a estes, entrar em alguma especulação de lucro, quando tenham atuado nos respectivos processos:

Pena – reclusão, de 2 (dois) a 4 (quatro) anos, e multa.

OMISSÃO DOS DOCUMENTOS CONTÁBEIS OBRIGATÓRIOS

ART. 178. Deixar de elaborar, escriturar ou autenticar, antes ou depois da sentença que decretar a falência, conceder a recuperação judicial ou homologar o plano de recuperação extrajudicial, os documentos de escrituração contábil obrigatórios:

Pena – detenção, de 1 (um) a 2 (dois) anos, e multa, se o fato não constitui crime mais grave.

SEÇÃO II. DISPOSIÇÕES COMUNS

ART. 179. Na falência, na recuperação judicial e na recuperação extrajudicial de sociedades, os seus sócios, diretores, gerentes, administradores e conselheiros, de fato ou de direito, bem como o administrador judicial, equiparam-se ao devedor ou falido para todos os efeitos penais decorrentes desta Lei, na medida de sua culpabilidade.

ART. 180. A sentença que decreta a falência, concede a recuperação judicial ou concede a recuperação extrajudicial de que trata o art. 163 desta Lei é condição objetiva de punibilidade das infrações penais descritas nesta Lei.

ART. 181. São efeitos da condenação por crime previsto nesta Lei:

I – a inabilitação para o exercício de atividade empresarial;

II – o impedimento para o exercício de cargo ou função em conselho de administração, diretoria ou gerência das sociedades sujeitas a esta Lei;

III – a impossibilidade de gerir empresa por mandato ou por gestão de negócio.

§ 1º. Os efeitos de que trata este artigo não são automáticos, devendo ser motivadamente declarados na sentença, e perdurarão até 5 (cinco) anos após a extinção da punibilidade, podendo, contudo, cessar antes pela reabilitação penal.

§ 2º. Transitada em julgado a sentença penal condenatória, será notificado o Registro Público de Empresas para que tome as medidas necessárias para impedir novo registro em nome dos inabilitados.

ART. 182. A prescrição dos crimes previstos nesta Lei reger-se-á pelas disposições do Decreto-Lei nº 2.848, de 7 de dezembro de 1940 – Código Penal, começando a correr do dia da decretação da falência, da concessão da recuperação judicial ou da homologação do plano de recuperação extrajudicial.

Parágrafo único. A decretação da falência do devedor interrompe a prescrição cuja contagem tenha iniciado com a concessão da recuperação judicial ou com a homologação do plano de recuperação extrajudicial.

Seção III. DO PROCEDIMENTO PENAL

ART. 183. Compete ao juiz criminal da jurisdição onde tenha sido decretada a falência, concedida a recuperação judicial ou homologado o plano de recuperação extrajudicial, conhecer da ação penal pelos crimes previstos nesta Lei.

ART. 184. Os crimes previstos nesta Lei são de ação penal pública incondicionada.

Parágrafo único. Decorrido o prazo a que se refere o art. 187, § 1º, sem que o representante do Ministério Público ofereça denúncia, qualquer credor habilitado ou o administrador judicial poderá oferecer ação penal privada subsidiária da pública, observado o prazo decadencial de 6 (seis) meses.

▸ *CPP: art. 29.*

ART. 185. Recebida a denúncia ou a queixa, observar-se-á o rito previsto nos arts. 531 a 540 do Decreto-Lei nº 3.689, de 3 de outubro de 1941 – Código de Processo Penal.

ART. 186. No relatório previsto na alínea e do inciso III do *caput* do art. 22 desta Lei, o administrador judicial apresentará ao juiz da falência exposição circunstanciada, considerando as causas da falência, o procedimento do devedor, antes e depois da sentença, e outras informações detalhadas a respeito da conduta do devedor e de outros responsáveis, se houver, por atos que possam constituir crime relacionado com a recuperação judicial ou com a falência, ou outro delito conexo a estes.

Parágrafo único. A exposição circunstanciada será instruída com laudo do contador encarregado do exame da escrituração do devedor.

ART. 187. Intimado da sentença que decreta a falência ou concede a recuperação judicial, o Ministério Público, verificando a ocorrência de qualquer crime previsto nesta Lei, promoverá imediatamente a competente ação penal ou, se entender necessário, requisitará a abertura de inquérito policial.

§ 1º. O prazo para oferecimento da denúncia regula-se pelo art. 46 do Decreto-Lei nº 3.689, de 3 de outubro de 1941 – Código de Processo Penal, salvo se o Ministério Público, estando o réu solto ou afiançado, decidir aguardar a apresentação da exposição circunstanciada de que trata o art. 186 desta Lei, devendo, em seguida, oferecer a denúncia em 15 (quinze) dias.

§ 2º. Em qualquer fase processual, surgindo indícios da prática dos crimes previstos nesta Lei, o juiz da falência ou da recuperação judicial ou da recuperação extrajudicial cientificará o Ministério Público.

ART. 188. Aplicam-se subsidiariamente as disposições do Código de Processo Penal, no que não forem incompatíveis com esta Lei.

Capítulo VIII. DISPOSIÇÕES FINAIS E TRANSITÓRIAS

ART. 189. Aplica-se, no que couber, aos procedimentos previstos nesta Lei, o disposto na Lei nº 13.105, de 16 de março de 2015 (Código de Processo Civil), desde que não seja incompatível com os princípios desta Lei. (Redação dada pela Lei nº 14.112 de 24-12-2020)

§ 1º Para os fins do disposto nesta Lei: (Acrescido pela Lei nº 14.112 de 24-12-2020)

I - todos os prazos nela previstos ou que dela decorram serão contados em dias corridos; e

II - as decisões proferidas nos processos a que se refere esta Lei serão passíveis de agravo de instrumento, exceto nas hipóteses em que esta Lei previr de forma diversa.

§ 2º Para os fins do disposto no art. 190 da Lei nº 13.105, de 16 de março de 2015 (Código de Processo Civil), a manifestação de vontade do devedor será expressa e a dos credores será obtida por maioria, na forma prevista no art. 42 desta Lei.(Acrescido pela Lei nº 14.112 de 24-12-2020)

ART. 190. Todas as vezes que esta Lei se referir a devedor ou falido, compreender-se-á que a disposição também se aplica aos sócios ilimitadamente responsáveis.

ART. 191. Ressalvadas as disposições específicas desta Lei, as publicações ordenadas serão feitas em sítio eletrônico próprio, na internet, dedicado à recuperação judicial e à falência, e as intimações serão realizadas por notificação direta por meio de dispositivos móveis previamente cadastrados e autorizados pelo interessado. (Redação dada pela Lei nº 14.112 de 24-12-2020)

Parágrafo único. As publicações ordenadas nesta Lei conterão a epígrafe "recuperação judicial de", "recuperação extrajudicial de" ou "falência de".

ART. 192. Esta Lei não se aplica aos processos de falência ou de concordata ajuizados anteriormente ao início de sua vigência, que serão concluídos nos termos do Decreto-Lei nº 7.661, de 21 de junho de 1945.

§ 1º. Fica vedada a concessão de concordata suspensiva nos processos de falência em curso, podendo ser promovida a alienação dos bens da massa falida assim que concluída sua arrecadação, independentemente da formação do quadro-geral de credores e da conclusão do inquérito judicial.

§ 2º. A existência de pedido de concordata anterior à vigência desta Lei não obsta o pedido de recuperação judicial pelo devedor que não houver descumprido obrigação no âmbito da concordata, vedado, contudo, o pedido baseado no plano especial de recuperação judicial para microempresas e empresas de pequeno porte a que se refere a Seção V do Capítulo III desta Lei.

§ 3º. No caso do § 2º deste artigo, se deferido o processamento da recuperação judicial, o processo de concordata será extinto e os créditos submetidos à concordata serão inscritos por seu valor original na recuperação judicial, deduzidas as parcelas pagas pelo concordatário.

§ 4º. Esta Lei aplica-se às falências decretadas em sua vigência resultantes de convolação de concordatas ou de pedidos de falência anteriores, às quais se aplica, até a decretação, o Decreto-Lei nº 7.661, de 21 de junho de 1945, observado, na decisão que decretar a falência, o disposto no art. 99 desta Lei.

§ 5º. O juiz poderá autorizar a locação ou arrendamento de bens imóveis ou móveis a fim de evitar a sua deterioração, cujos resultados reverterão em favor da massa. (Incluído pela Lei nº 11.127, de 2005)

• •

ART. 200. Ressalvado o disposto no art. 192 desta Lei, ficam revogados o Decreto-Lei nº 7.661, de 21 de junho de 1945, e os arts. 503 a 512 do Decreto-Lei nº 3.689, de 3 de outubro de 1941 – Código de Processo Penal.

ART. 201. Esta Lei entra em vigor 120 (cento e vinte) dias após sua publicação.

Brasília, 9 de fevereiro de 2005; 184º da Independência e 117º da República.

LUIZ INÁCIO LULA DA SILVA

Este texto não substitui o publicado no DOU de 9.2.2005 – Edição extra

LEI Nº 11.105, DE 24 DE MARÇO DE 2005 – LEI DE BIOSSEGURANÇA

Regulamenta os incisos II, IV e V do § 1º do art. 225 da Constituição Federal, estabelece normas de segurança e mecanismos de fiscalização de atividades que envolvam organismos geneticamente modificados – OGM e seus derivados, cria o Conselho Nacional de Biossegurança – CNBS, reestrutura a Comissão Técnica Nacional de Biossegurança – CTNBio, dispõe sobre a Política Nacional de Biossegurança – PNB, revoga a Lei nº 8.974, de 5 de janeiro de 1995, e a Medida Provisória nº 2.191-9, de 23 de agosto de 2001, e os arts. 5º, 6º, 7º, 8º, 9º, 10 e 16 da Lei nº 10.814, de 15 de dezembro de 2003, e dá outras providências.

O PRESIDENTE DA REPÚBLICA Faço saber que o Congresso Nacional decreta e eu sanciono a seguinte Lei:

CAPÍTULO I. DISPOSIÇÕES PRELIMINARES E GERAIS

▸ *CF: art. 225, § 1º, I, II e VII.*

ART. 1º. Esta Lei estabelece normas de segurança e mecanismos de fiscalização sobre a construção, o cultivo, a produção, a manipulação, o transporte, a transferência, a importação, a exportação, o armazenamento, a pesquisa, a comercialização, o consumo, a liberação no meio ambiente e o descarte de organismos geneticamente modificados – OGM e seus derivados, tendo como diretrizes o estímulo ao avanço científico na área de biossegurança e biotecnologia, a proteção à vida e à saúde humana, animal e vegetal, e a observância do princípio da precaução para a proteção do meio ambiente.

§ 1º. Para os fins desta Lei, considera-se atividade de pesquisa a realizada em laboratório, regime de contenção ou campo, como parte do processo de obtenção de OGM e seus derivados ou de avaliação da biossegurança de OGM e seus derivados, o que engloba, no âmbito experimental, a construção, o cultivo, a manipulação, o transporte, a transferência, a importação, a exportação, o armazenamento, a liberação no meio ambiente e o descarte de OGM e seus derivados.

§ 2º. Para os fins desta Lei, considera-se atividade de uso comercial de OGM e seus derivados a que não se enquadra como atividade de pesquisa, e que trata do cultivo, da produção, da manipulação, do transporte, da transferência, da comercialização, da importação, da exportação, do armazenamento, do consumo, da liberação e do descarte de OGM e seus derivados para fins comerciais.

ART. 2º. As atividades e projetos que envolvam OGM e seus derivados, relacionados ao ensino com manipulação de organismos vivos, à pesquisa científica, ao desenvolvimento tecnológico e à produção industrial ficam restritos ao âmbito de entidades de direito público ou privado, que serão responsáveis pela obediência aos preceitos desta Lei e de sua regulamentação, bem como pelas eventuais consequências ou efeitos advindos de seu descumprimento.

§ 1º. Para os fins desta Lei, consideram-se atividades e projetos no âmbito de entidade os conduzidos em instalações próprias ou sob a responsabilidade administrativa, técnica ou científica da entidade.

§ 2º. As atividades e projetos de que trata este artigo são vedados a pessoas físicas em atuação autônoma e independente, ainda que mantenham vínculo empregatício ou qualquer outro com pessoas jurídicas.

§ 3º. Os interessados em realizar atividade prevista nesta Lei deverão requerer autorização à Comissão Técnica Nacional de Biossegurança – CTNBio, que se manifestará no prazo fixado em regulamento.

§ 4º. As organizações públicas e privadas, nacionais, estrangeiras ou internacionais, financiadoras ou patrocinadoras de atividades ou de projetos referidos no *caput* deste artigo devem exigir a apresentação de Certificado de Qualidade em Biossegurança, emitido pela CTNBio, sob pena de se tornarem corresponsáveis pelos eventuais efeitos decorrentes do descumprimento desta Lei ou de sua regulamentação.

ART. 3º. Para os efeitos desta Lei, considera-se:

I – organismo: toda entidade biológica capaz de reproduzir ou transferir material genético, inclusive vírus e outras classes que venham a ser conhecidas;

II – ácido desoxirribonucléico – ADN, ácido ribonucléico – ARN: material genético que contém informações determinantes dos caracteres hereditários transmissíveis à descendência;

III – moléculas de ADN/ARN recombinante: as moléculas manipuladas fora das células vivas mediante a modificação de segmentos de ADN/ARN natural ou sintético e que possam multiplicar-se em uma célula viva, ou ainda as moléculas de ADN/ARN resultantes dessa multiplicação; consideram-se também os segmentos de ADN/ARN sintéticos equivalentes aos de ADN/ARN natural;

LEIS ORDINÁRIAS

IV – engenharia genética: atividade de produção e manipulação de moléculas de ADN/ARN recombinante;

V – organismo geneticamente modificado – OGM: organismo cujo material genético – ADN/ARN tenha sido modificado por qualquer técnica de engenharia genética;

VI – derivado de OGM: produto obtido de OGM e que não possua capacidade autônoma de replicação ou que não contenha forma viável de OGM;

VII – célula germinal humana: célula-mãe responsável pela formação de gametas presentes nas glândulas sexuais femininas e masculinas e suas descendentes diretas em qualquer grau de ploidia;

VIII – clonagem: processo de reprodução assexuada, produzida artificialmente, baseada em um único patrimônio genético, com ou sem utilização de técnicas de engenharia genética;

IX – clonagem para fins reprodutivos: clonagem com a finalidade de obtenção de um indivíduo;

X – clonagem terapêutica: clonagem com a finalidade de produção de células-tronco embrionárias para utilização terapêutica;

XI – células-tronco embrionárias: células de embrião que apresentam a capacidade de se transformar em células de qualquer tecido de um organismo.

§ 1º. Não se inclui na categoria de OGM o resultante de técnicas que impliquem a introdução direta, num organismo, de material hereditário, desde que não envolvam a utilização de moléculas de ADN/ARN recombinante ou OGM, inclusive fecundação in vitro, conjugação, transdução, transformação, indução poliploide e qualquer outro processo natural.

§ 2º. Não se inclui na categoria de derivado de OGM a substância pura, quimicamente definida, obtida por meio de processos biológicos e que não contenha OGM, proteína heteróloga ou ADN recombinante.

ART. 4º. Esta Lei não se aplica quando a modificação genética for obtida por meio das seguintes técnicas, desde que não impliquem a utilização de OGM como receptor ou doador:

I – mutagênese;

II – formação e utilização de células somáticas de hibridoma animal;

III – fusão celular, inclusive a de protoplasma, de células vegetais, que possa ser produzida mediante métodos tradicionais de cultivo;

IV – autoclonagem de organismos não-patogênicos que se processe de maneira natural.

ART. 5º. É permitida, para fins de pesquisa e terapia, a utilização de células-tronco embrionárias obtidas de embriões humanos produzidos por fertilização in vitro e não utilizados no respectivo procedimento, atendidas as seguintes condições:

I – sejam embriões inviáveis; ou

II – sejam embriões congelados há 3 (três) anos ou mais, na data da publicação desta Lei, ou que, já congelados na data da publicação desta Lei, depois de completarem 3 (três) anos, contados a partir da data de congelamento.

§ 1º. Em qualquer caso, é necessário o consentimento dos genitores.

§ 2º. Instituições de pesquisa e serviços de saúde que realizem pesquisa ou terapia com células-tronco embrionárias humanas deverão submeter seus projetos à apreciação e aprovação dos respectivos comitês de ética em pesquisa.

§ 3º. É vedada a comercialização do material biológico a que se refere este artigo e sua prática implica o crime tipificado no art. 15 da Lei nº 9.434, de 4 de fevereiro de 1997.

ART. 6º. Fica proibido:

I – implementação de projeto relativo a OGM sem a manutenção de registro de seu acompanhamento individual;

II – engenharia genética em organismo vivo ou o manejo in vitro de ADN/ARN natural ou recombinante, realizado em desacordo com as normas previstas nesta Lei;

III – engenharia genética em célula germinal humana, zigoto humano e embrião humano;

IV – clonagem humana;

V – destruição ou descarte no meio ambiente de OGM e seus derivados em desacordo com as normas estabelecidas pela CTNBio, pelos órgãos e entidades de registro e fiscalização, referidos no art. 16 desta Lei, e as constantes desta Lei e de sua regulamentação;

VI – liberação no meio ambiente de OGM ou seus derivados, no âmbito de atividades de pesquisa, sem a decisão técnica favorável da CTNBio e, nos casos de liberação comercial, sem o parecer técnico favorável da CTNBio, ou sem o licenciamento do órgão ou entidade ambiental responsável, quando a CTNBio considerar a atividade como potencialmente causadora de degradação ambiental, ou sem a aprovação do Conselho Nacional de Biossegurança – CNBS, quando o processo tenha sido por ele avocado, na forma desta Lei e de sua regulamentação;

VII – a utilização, a comercialização, o registro, o patenteamento e o licenciamento de tecnologias genéticas de restrição do uso.

Parágrafo único. Para os efeitos desta Lei, entende-se por tecnologias genéticas de restrição do uso qualquer processo de intervenção humana para geração ou multiplicação de plantas geneticamente modificadas para produzir estruturas reprodutivas estéreis, bem como qualquer forma de manipulação genética que vise à ativação ou desativação de genes relacionados à fertilidade das plantas por indutores químicos externos.

ART. 7º. São obrigatórias:

I – a investigação de acidentes ocorridos no curso de pesquisas e projetos na área de engenharia genética e o envio de relatório respectivo à autoridade competente no prazo máximo de 5 (cinco) dias a contar da data do evento;

II – a notificação imediata à CTNBio e às autoridades da saúde pública, da defesa agropecuária e do meio ambiente sobre acidente que possa provocar a disseminação de OGM e seus derivados;

III – a adoção de meios necessários para plenamente informar à CTNBio, às autoridades da saúde pública, do meio ambiente, da defesa agropecuária, à coletividade e aos demais empregados da instituição ou empresa sobre os riscos a que possam estar submetidos, bem como os procedimentos a serem tomados no caso de acidentes com OGM.

Capítulo II.
DO CONSELHO NACIONAL DE BIOSSEGURANÇA – CNBS

ART. 8º. Fica criado o Conselho Nacional de Biossegurança – CNBS, vinculado à Presidência da República, órgão de assessoramento superior do Presidente da República para a formulação e implementação da Política Nacional de Biossegurança – PNB.

§ 1º. Compete ao CNBS:

I – fixar princípios e diretrizes para a ação administrativa dos órgãos e entidades federais com competências sobre a matéria;

II – analisar, a pedido da CTNBio, quanto aos aspectos da conveniência e oportunidade socioeconômicas e do interesse nacional, os pedidos de liberação para uso comercial de OGM e seus derivados;

III – avocar e decidir, em última e definitiva instância, com base em manifestação da CTNBio e, quando julgar necessário, dos órgãos e entidades referidos no art. 16 desta Lei, no âmbito de suas competências, sobre os processos relativos a atividades que envolvam o uso comercial de OGM e seus derivados;

IV – (VETADO)

§ 2º. (VETADO)

§ 3º. Sempre que o CNBS deliberar favoravelmente à realização da atividade analisada, encaminhará sua manifestação aos órgãos e entidades de registro e fiscalização referidos no art. 16 desta Lei.

§ 4º. Sempre que o CNBS deliberar contrariamente à atividade analisada, encaminhará sua manifestação à CTNBio para informação ao requerente.

ART. 9º. O CNBS é composto pelos seguintes membros:

I – Ministro de Estado Chefe da Casa Civil da Presidência da República, que o presidirá;

II – Ministro de Estado da Ciência e Tecnologia;

III – Ministro de Estado do Desenvolvimento Agrário;

IV – Ministro de Estado da Agricultura, Pecuária e Abastecimento;

V – Ministro de Estado da Justiça;

VI – Ministro de Estado da Saúde;

VII – Ministro de Estado do Meio Ambiente;

VIII – Ministro de Estado do Desenvolvimento, Indústria e Comércio Exterior;

IX – Ministro de Estado das Relações Exteriores;

X – Ministro de Estado da Defesa;

XI – Secretário Especial de Aquicultura e Pesca da Presidência da República.

§ 1º. O CNBS reunir-se-á sempre que convocado pelo Ministro de Estado Chefe da Casa Civil da Presidência da República, ou mediante provocação da maioria de seus membros.

§ 2º. (VETADO)

§ 3º. Poderão ser convidados a participar das reuniões, em caráter excepcional, representantes do setor público e de entidades da sociedade civil.

§ 4º. O CNBS contará com uma Secretaria-Executiva, vinculada à Casa Civil da Presidência da República.

§ 5º. A reunião do CNBS poderá ser instalada com a presença de 6 (seis) de seus membros e as decisões serão tomadas com votos favoráveis da maioria absoluta.

Capítulo III.
DA COMISSÃO TÉCNICA NACIONAL DE BIOSSEGURANÇA – CTNBIO

ART. 10. A CTNBio, integrante do Ministério da Ciência e Tecnologia, é instância colegiada multidisciplinar de caráter consultivo e deliberativo, para prestar apoio técnico e de assessoramento ao Governo Federal na formulação, atualização e implementação da PNB de OGM e seus derivados, bem como no estabelecimento de normas técnicas de segurança e de pareceres técnicos referentes à autorização para atividades que envolvam pesquisa e uso comercial de OGM e seus derivados, com base na avaliação de seu risco zoofitossanitário, à saúde humana e ao meio ambiente.

Parágrafo único. A CTNBio deverá acompanhar o desenvolvimento e o progresso técnico e científico nas áreas de biossegurança, biotecnologia, bioética e afins, com o objetivo de aumentar sua capacitação para a proteção da saúde humana, dos animais e das plantas e do meio ambiente.

ART. 11. A CTNBio, composta de membros titulares e suplentes, designados pelo Ministro de Estado da Ciência e Tecnologia, será constituída por 27 (vinte e sete) cidadãos brasileiros de reconhecida competência técnica, de notória atuação e saber científicos, com grau acadêmico de doutor e com destacada atividade profissional nas áreas de biossegurança, biotecnologia, biologia, saúde humana e animal ou meio ambiente, sendo:

I – 12 (doze) especialistas de notório saber científico e técnico, em efetivo exercício profissional, sendo:

a) 3 (três) da área de saúde humana;

b) 3 (três) da área animal;

c) 3 (três) da área vegetal;

d) 3 (três) da área de meio ambiente;

II – um representante de cada um dos seguintes órgãos, indicados pelos respectivos titulares:

a) Ministério da Ciência e Tecnologia;

b) Ministério da Agricultura, Pecuária e Abastecimento;

c) Ministério da Saúde;

d) Ministério do Meio Ambiente;

e) Ministério do Desenvolvimento Agrário;

f) Ministério do Desenvolvimento, Indústria e Comércio Exterior;

g) Ministério da Defesa;

LEIS ORDINÁRIAS

h) Secretaria Especial de Aquicultura e Pesca da Presidência da República;

i) Ministério das Relações Exteriores;

III – um especialista em defesa do consumidor, indicado pelo Ministro da Justiça;

IV – um especialista na área de saúde, indicado pelo Ministro da Saúde;

V – um especialista em meio ambiente, indicado pelo Ministro do Meio Ambiente;

VI – um especialista em biotecnologia, indicado pelo Ministro da Agricultura, Pecuária e Abastecimento;

VII – um especialista em agricultura familiar, indicado pelo Ministro do Desenvolvimento Agrário;

VIII – um especialista em saúde do trabalhador, indicado pelo Ministro do Trabalho e Emprego.

§ 1º. Os especialistas de que trata o inciso I do *caput* deste artigo serão escolhidos a partir de lista tríplice, elaborada com a participação das sociedades científicas, conforme disposto em regulamento.

§ 2º. Os especialistas de que tratam os incisos III a VIII do *caput* deste artigo serão escolhidos a partir de lista tríplice, elaborada pelas organizações da sociedade civil, conforme disposto em regulamento.

§ 3º. Cada membro efetivo terá um suplente, que participará dos trabalhos na ausência do titular.

§ 4º. Os membros da CTNBio terão mandato de 2 (dois) anos, renovável por até mais 2 (dois) períodos consecutivos.

§ 5º. O presidente da CTNBio será designado, entre seus membros, pelo Ministro da Ciência e Tecnologia para um mandato de 2 (dois) anos, renovável por igual período.

§ 6º. Os membros da CTNBio devem pautar a sua atuação pela observância estrita dos conceitos ético-profissionais, sendo vedado participar do julgamento de questões com as quais tenham algum envolvimento de ordem profissional ou pessoal, sob pena de perda de mandato, na forma do regulamento.

§ 7º. A reunião da CTNBio poderá ser instalada com a presença de 14 (catorze) de seus membros, incluído pelo menos um representante de cada uma das áreas referidas no inciso I do *caput* deste artigo.

§ 8º. (VETADO)

§ 8º.-A As decisões da CTNBio serão tomadas com votos favoráveis da maioria absoluta de seus membros. (Incluído pela Lei nº 11.460, de 2007)

§ 9º. Órgãos e entidades integrantes da administração pública federal poderão solicitar participação nas reuniões da CTNBio para tratar de assuntos de seu especial interesse, sem direito a voto.

§ 10. Poderão ser convidados a participar das reuniões, em caráter excepcional, representantes da comunidade científica e do setor público e entidades da sociedade civil, sem direito a voto.

ART. 12. O funcionamento da CTNBio será definido pelo regulamento desta Lei.

§ 1º. A CTNBio contará com uma Secretaria-Executiva e cabe ao Ministério da Ciência e Tecnologia prestar-lhe o apoio técnico e administrativo.

§ 2º. (VETADO)

ART. 13. A CTNBio constituirá subcomissões setoriais permanentes na área de saúde humana, na área animal, na área vegetal e na área ambiental, e poderá constituir subcomissões extraordinárias, para análise prévia dos temas a serem submetidos ao plenário da Comissão.

§ 1º. Tanto os membros titulares quanto os suplentes participarão das subcomissões setoriais e caberá a todos a distribuição dos processos para análise.

§ 2º. O funcionamento e a coordenação dos trabalhos nas subcomissões setoriais e extraordinárias serão definidos no regimento interno da CTNBio.

ART. 14. Compete à CTNBio:

I – estabelecer normas para as pesquisas com OGM e derivados de OGM;

II – estabelecer normas relativamente às atividades e aos projetos relacionados a OGM e seus derivados;

III – estabelecer, no âmbito de suas competências, critérios de avaliação e monitoramento de risco de OGM e seus derivados;

IV – proceder à análise da avaliação de risco, caso a caso, relativamente a atividades e projetos que envolvam OGM e seus derivados;

V – estabelecer os mecanismos de funcionamento das Comissões Internas de Biossegurança – CIBio, no âmbito de cada instituição que se dedique ao ensino, à pesquisa científica, ao desenvolvimento tecnológico e à produção industrial que envolvam OGM ou seus derivados;

VI – estabelecer requisitos relativos à biossegurança para autorização de funcionamento de laboratório, instituição ou empresa que desenvolverá atividades relacionadas a OGM e seus derivados;

VII – relacionar-se com instituições voltadas para a biossegurança de OGM e seus derivados, em âmbito nacional e internacional;

VIII – autorizar, cadastrar e acompanhar as atividades de pesquisa com OGM ou derivado de OGM, nos termos da legislação em vigor;

IX – autorizar a importação de OGM e seus derivados para atividade de pesquisa;

X – prestar apoio técnico consultivo e de assessoramento ao CNBS na formulação da PNB de OGM e seus derivados;

XI – emitir Certificado de Qualidade em Biossegurança – CQB para o desenvolvimento de atividades com OGM e seus derivados em laboratório, instituição ou empresa e enviar cópia do processo aos órgãos de registro e fiscalização referidos no art. 16 desta Lei;

XII – emitir decisão técnica, caso a caso, sobre a biossegurança de OGM e seus derivados no âmbito das atividades de pesquisa e de uso comercial de OGM e seus derivados, inclusive a classificação quanto ao grau de risco e nível de biossegurança exigido, bem como medidas de segurança exigidas e restrições ao uso;

XIII – definir o nível de biossegurança a ser aplicado ao OGM e seus usos, e os respectivos procedimentos e medidas de segurança quanto ao seu uso, conforme as normas estabelecidas na regulamentação desta Lei, bem como quanto aos seus derivados;

XIV – classificar os OGM segundo a classe de risco, observados os critérios estabelecidos no regulamento desta Lei;

XV – acompanhar o desenvolvimento e o progresso técnico-científico na biossegurança de OGM e seus derivados;

XVI – emitir resoluções, de natureza normativa, sobre as matérias de sua competência;

XVII – apoiar tecnicamente os órgãos competentes no processo de prevenção e investigação de acidentes e de enfermidades, verificados no curso dos projetos e das atividades com técnicas de ADN/ARN recombinante;

XVIII – apoiar tecnicamente os órgãos e entidades de registro e fiscalização, referidos no art. 16 desta Lei, no exercício de suas atividades relacionadas a OGM e seus derivados;

XIX – divulgar no Diário Oficial da União, previamente à análise, os extratos dos pleitos e, posteriormente, dos pareceres dos processos que lhe forem submetidos, bem como dar ampla publicidade no Sistema de Informações em Biossegurança – SIB a sua agenda, processos em trâmite, relatórios anuais, atas das reuniões e demais informações sobre suas atividades, excluídas as informações sigilosas, de interesse comercial, apontadas pelo proponente e assim consideradas pela CTNBio;

XX – identificar atividades e produtos decorrentes do uso de OGM e seus derivados potencialmente causadores de degradação do meio ambiente ou que possam causar riscos à saúde humana;

XXI – reavaliar suas decisões técnicas por solicitação de seus membros ou por recurso dos órgãos e entidades de registro e fiscalização, fundamentado em fatos ou conhecimentos científicos novos, que sejam relevantes quanto à biossegurança do OGM ou derivado, na forma desta Lei e seu regulamento;

XXII – propor a realização de pesquisas e estudos científicos no campo da biossegurança de OGM e seus derivados;

XXIII – apresentar proposta de regimento interno ao Ministro da Ciência e Tecnologia.

§ 1º. Quanto aos aspectos de biossegurança do OGM e seus derivados, a decisão técnica da CTNBio vincula os demais órgãos e entidades da administração.

§ 2º. Nos casos de uso comercial, dentre outros aspectos técnicos de sua análise, os órgãos de registro e fiscalização, no exercício de suas atribuições em caso de solicitação pela CTNBio, observarão, quanto aos aspectos de biossegurança do OGM e seus derivados, a decisão técnica da CTNBio.

§ 3º. Em caso de decisão técnica favorável sobre a biossegurança no âmbito da atividade de pesquisa, a CTNBio remeterá o processo respectivo aos órgãos e entidades referidos no art. 16 desta Lei, para o exercício de suas atribuições.

§ 4º. A decisão técnica da CTNBio deverá conter resumo de sua fundamentação técnica, explicitar as medidas de segurança e restrições ao uso do OGM e seus derivados e considerar as particularidades das diferentes regiões do País, com o objetivo de orientar e subsidiar os órgãos e entidades de registro e fiscalização, referidos no art. 16 desta Lei, no exercício de suas atribuições.

§ 5º. Não se submeterá a análise e emissão de parecer técnico da CTNBio o derivado cujo OGM já tenha sido por ela aprovado.

§ 6º. As pessoas físicas ou jurídicas envolvidas em qualquer das fases do processo de produção agrícola, comercialização ou transporte de produto geneticamente modificado que tenham obtido a liberação para uso comercial estão dispensadas de apresentação do CQB e constituição de CIBio, salvo decisão em contrário da CTNBio.

ART. 15. A CTNBio poderá realizar audiências públicas, garantida participação da sociedade civil, na forma do regulamento.

Parágrafo único. Em casos de liberação comercial, audiência pública poderá ser requerida por partes interessadas, incluindo-se entre estas organizações da sociedade civil que comprovem interesse relacionado à matéria, na forma do regulamento.

CAPÍTULO IV. DOS ÓRGÃOS E ENTIDADES DE REGISTRO E FISCALIZAÇÃO

ART. 16. Caberá aos órgãos e entidades de registro e fiscalização do Ministério da Saúde, do Ministério da Agricultura, Pecuária e Abastecimento e do Ministério do Meio Ambiente, e da Secretaria Especial de Aquicultura e Pesca da Presidência da República entre outras atribuições, no campo de suas competências, observadas a decisão técnica da CTNBio, as deliberações do CNBS e os mecanismos estabelecidos nesta Lei e na sua regulamentação:

I – fiscalizar as atividades de pesquisa de OGM e seus derivados;

II – registrar e fiscalizar a liberação comercial de OGM e seus derivados;

III – emitir autorização para a importação de OGM e seus derivados para uso comercial;

IV – manter atualizado no SIB o cadastro das instituições e responsáveis técnicos que realizam atividades e projetos relacionados a OGM e seus derivados;

V – tornar públicos, inclusive no SIB, os registros e autorizações concedidas;

VI – aplicar as penalidades de que trata esta Lei;

VII – subsidiar a CTNBio na definição de quesitos de avaliação de biossegurança de OGM e seus derivados.

§ 1º. Após manifestação favorável da CTNBio, ou do CNBS, em caso de avocação ou recurso, caberá, em decorrência de análise específica e decisão pertinente:

I – ao Ministério da Agricultura, Pecuária e Abastecimento emitir as autorizações e registros e fiscalizar produtos e atividades que utilizem OGM e seus derivados destinados a uso animal, na agricultura, pecuária, agroindústria e áreas afins, de acordo com a legislação em vigor e segundo o regulamento desta Lei;

II – ao órgão competente do Ministério da Saúde emitir as autorizações e registros e fiscalizar produtos e atividades com OGM e seus derivados destinados a uso humano, farmacológico, domissanitário e áreas afins, de acordo com a legislação em vigor e segundo o regulamento desta Lei;

III – ao órgão competente do Ministério do Meio Ambiente emitir as autorizações e registros e fiscalizar produtos e atividades que envolvam OGM e seus derivados a serem liberados nos ecossistemas naturais, de acordo com a legislação em vigor e segundo o regulamento desta Lei, bem como o licenciamento, nos casos em que a CTNBio deliberar, na forma desta Lei, que o OGM é potencialmente causador de significativa degradação do meio ambiente;

IV – à Secretaria Especial de Aquicultura e Pesca da Presidência da República emitir as autorizações e registros de produtos e atividades com OGM e seus derivados destinados ao uso na pesca e aquicultura, de acordo com a legislação em vigor e segundo esta Lei e seu regulamento.

§ 2º. Somente se aplicam as disposições dos incisos I e II do art. 8º e do *caput* do art. 10 da Lei nº 6.938, de 31 de agosto de 1981, nos casos em que a CTNBio deliberar que o OGM é potencialmente causador de significativa degradação do meio ambiente.

§ 3º. A CTNBio delibera, em última e definitiva instância, sobre os casos em que a atividade é potencial ou efetivamente causadora de degradação ambiental, bem como sobre a necessidade do licenciamento ambiental.

§ 4º. A emissão dos registros, das autorizações e do licenciamento ambiental referidos nesta Lei deverá ocorrer no prazo máximo de 120 (cento e vinte) dias.

§ 5º. A contagem do prazo previsto no § 4º deste artigo será suspensa, por até 180 (cento e oitenta) dias, durante a elaboração, pelo requerente, dos estudos ou esclarecimentos necessários.

§ 6º. As autorizações e registros de que trata este artigo estarão vinculados à decisão técnica da CTNBio correspondente, sendo vedadas exigências técnicas que extrapolem as condições estabelecidas naquela decisão, nos aspectos relacionados à biossegurança.

§ 7º. Em caso de divergência quanto à decisão técnica da CTNBio sobre a liberação comercial de OGM e derivados, os órgãos e entidades de registro e fiscalização, no âmbito de suas competências, poderão apresentar recurso ao CNBS, no prazo de até 30 (trinta) dias, a contar da data de publicação da decisão técnica da CTNBio.

Capítulo V.
DA COMISSÃO INTERNA DE BIOSSEGURANÇA – CIBIO

ART. 17. Toda instituição que utilizar técnicas e métodos de engenharia genética ou realizar pesquisas com OGM e seus derivados deverá criar uma Comissão Interna de Biossegurança – CIBio, além de indicar um técnico principal responsável para cada projeto específico.

ART. 18. Compete à CIBio, no âmbito da instituição onde constituída:

I – manter informados os trabalhadores e demais membros da coletividade, quando suscetíveis de serem afetados pela atividade, sobre as questões relacionadas com a saúde e a segurança, bem como sobre os procedimentos em caso de acidentes;

II – estabelecer programas preventivos e de inspeção para garantir o funcionamento das instalações sob sua responsabilidade, dentro dos padrões e normas de biossegurança, definidos pela CTNBio na regulamentação desta Lei;

III – encaminhar à CTNBio os documentos cuja relação será estabelecida na regulamentação desta Lei, para efeito de análise, registro ou autorização do órgão competente, quando couber;

IV – manter registro do acompanhamento individual de cada atividade ou projeto em desenvolvimento que envolvam OGM ou seus derivados;

V – notificar à CTNBio, aos órgãos e entidades de registro e fiscalização, referidos no art. 16 desta Lei, e às entidades de trabalhadores o resultado de avaliações de risco a que estão submetidas as pessoas expostas, bem como qualquer acidente ou incidente que possa provocar a disseminação de agente biológico;

VI – investigar a ocorrência de acidentes e as enfermidades possivelmente relacionados a OGM e seus derivados e notificar suas conclusões e providências à CTNBio.

Capítulo VI.
DO SISTEMA DE INFORMAÇÕES EM BIOSSEGURANÇA – SIB

ART. 19. Fica criado, no âmbito do Ministério da Ciência e Tecnologia, o Sistema de Informações em Biossegurança – SIB, destinado à gestão das informações decorrentes das atividades de análise, autorização, registro, monitoramento e acompanhamento das atividades que envolvam OGM e seus derivados.

§ 1º. As disposições dos atos legais, regulamentares e administrativos que alterem, complementem ou produzam efeitos sobre a legislação de biossegurança de OGM e seus derivados deverão ser divulgadas no SIB concomitantemente com a entrada em vigor desses atos.

§ 2º. Os órgãos e entidades de registro e fiscalização, referidos no art. 16 desta Lei, deverão alimentar o SIB com as informações relativas às atividades de que trata esta Lei, processadas no âmbito de sua competência.

Capítulo VII.
DA RESPONSABILIDADE CIVIL E ADMINISTRATIVA

ART. 20. Sem prejuízo da aplicação das penas previstas nesta Lei, os responsáveis pelos danos ao meio ambiente e a terceiros responderão, solidariamente, por sua indenização ou reparação integral, independentemente da existência de culpa.

ART. 21. Considera-se infração administrativa toda ação ou omissão que viole as normas previstas nesta Lei e demais disposições legais pertinentes.

Parágrafo único. As infrações administrativas serão punidas na forma estabelecida no regulamento desta Lei, independentemente das medidas cautelares de apreensão de produtos, suspensão de venda de produto e embargos de atividades, com as seguintes sanções:

I – advertência;

II – multa;

III – apreensão de OGM e seus derivados;

IV – suspensão da venda de OGM e seus derivados;

V – embargo da atividade;

VI – interdição parcial ou total do estabelecimento, atividade ou empreendimento;

VII – suspensão de registro, licença ou autorização;

VIII – cancelamento de registro, licença ou autorização;

IX – perda ou restrição de incentivo e benefício fiscal concedidos pelo governo;

X – perda ou suspensão da participação em linha de financiamento em estabelecimento oficial de crédito;

XI – intervenção no estabelecimento;

XII – proibição de contratar com a administração pública, por período de até 5 (cinco) anos.

ART. 22. Compete aos órgãos e entidades de registro e fiscalização, referidos no art. 16 desta Lei, definir critérios, valores e aplicar multas de R$ 2.000,00 (dois mil reais) a R$ 1.500.000,00 (um milhão e quinhentos mil reais), proporcionalmente à gravidade da infração.

§ 1º. As multas poderão ser aplicadas cumulativamente com as demais sanções previstas neste artigo.

§ 2º. No caso de reincidência, a multa será aplicada em dobro.

§ 3º. No caso de infração continuada, caracterizada pela permanência da ação ou omissão inicialmente punida, será a respectiva penalidade aplicada diariamente até cessar sua causa, sem prejuízo da paralisação imediata da atividade ou da interdição do laboratório ou da instituição ou empresa responsável.

ART. 23. As multas previstas nesta Lei serão aplicadas pelos órgãos e entidades de registro e fiscalização dos Ministérios da Agricultura, Pecuária e Abastecimento, da Saúde, do Meio Ambiente e da Secretaria Especial de Aquicultura e Pesca da Presidência da República, referidos no art. 16 desta Lei, de acordo com suas respectivas competências.

§ 1º. Os recursos arrecadados com a aplicação de multas serão destinados aos órgãos e entidades de registro e fiscalização, referidos no art. 16 desta Lei, que aplicarem a multa.

§ 2º. Os órgãos e entidades fiscalizadores da administração pública federal poderão celebrar convênios com os Estados, Distrito Federal e Municípios, para a execução de serviços relacionados à atividade de fiscalização prevista nesta Lei e poderão repassar-lhes parcela da receita obtida com a aplicação de multas.

§ 3º. A autoridade fiscalizadora encaminhará cópia do auto de infração à CTNBio.

§ 4º. Quando a infração constituir crime ou contravenção, ou lesão à Fazenda Pública ou ao consumidor, a autoridade fiscalizadora representará junto ao órgão competente para apuração das responsabilidades administrativa e penal.

CAPÍTULO VIII. DOS CRIMES E DAS PENAS

ART. 24. Utilizar embrião humano em desacordo com o que dispõe o art. 5º desta Lei:

Pena – detenção, de 1 (um) a 3 (três) anos, e multa.

ART. 25. Praticar engenharia genética em célula germinal humana, zigoto humano ou embrião humano:

Pena – reclusão, de 1 (um) a 4 (quatro) anos, e multa.

ART. 26. Realizar clonagem humana:

Pena – reclusão, de 2 (dois) a 5 (cinco) anos, e multa.

ART. 27. Liberar ou descartar OGM no meio ambiente, em desacordo com as normas estabelecidas pela CTNBio e pelos órgãos e entidades de registro e fiscalização:

Pena – reclusão, de 1 (um) a 4 (quatro) anos, e multa.

§ 1º. (VETADO)

§ 2º. Agrava-se a pena:

I – de 1/6 (um sexto) a 1/3 (um terço), se resultar dano à propriedade alheia;

II – de 1/3 (um terço) até a metade, se resultar dano ao meio ambiente;

III – da metade até 2/3 (dois terços), se resultar lesão corporal de natureza grave em outrem;

IV – de 2/3 (dois terços) até o dobro, se resultar a morte de outrem.

ART. 28. Utilizar, comercializar, registrar, patentear e licenciar tecnologias genéticas de restrição do uso:

Pena – reclusão, de 2 (dois) a 5 (cinco) anos, e multa.

ART. 29. Produzir, armazenar, transportar, comercializar, importar ou exportar OGM ou seus derivados, sem autorização ou em desacordo com as normas estabelecidas pela CTNBio e pelos órgãos e entidades de registro e fiscalização:

Pena – reclusão, de 1 (um) a 2 (dois) anos, e multa.

CAPÍTULO IX. DISPOSIÇÕES FINAIS E TRANSITÓRIAS

ART. 30. Os OGM que tenham obtido decisão técnica da CTNBio favorável a sua liberação comercial até a entrada em vigor desta Lei poderão ser registrados e comercializados, salvo manifestação contrária do CNBS, no prazo de 60 (sessenta) dias, a contar da data da publicação desta Lei.

ART. 31. A CTNBio e os órgãos e entidades de registro e fiscalização, referidos no art. 16 desta Lei, deverão rever suas deliberações de caráter normativo, no prazo de 120 (cento e vinte) dias, a fim de promover sua adequação às disposições desta Lei.

ART. 32. Permanecem em vigor os Certificados de Qualidade em Biossegurança, comunicados e decisões técnicas já emitidos pela CTNBio, bem como, no que não contrariarem o disposto nesta Lei, os atos normativos emitidos ao amparo da Lei nº 8.974, de 5 de janeiro de 1995.

ART. 33. As instituições que desenvolverem atividades reguladas por esta Lei na data de sua publicação deverão adequar-se as suas disposições no prazo de 120 (cento e vinte) dias, contado da publicação do decreto que a regulamentar.

ART. 34. Ficam convalidados e tornam-se permanentes os registros provisórios concedidos sob a égide da Lei nº 10.814, de 15 de dezembro de 2003.

ART. 35. Ficam autorizadas a produção e a comercialização de sementes de cultivares de soja geneticamente modificadas tolerantes a glifosato registradas no Registro Nacional de Cultivares – RNC do Ministério da Agricultura, Pecuária e Abastecimento.

ART. 36. Fica autorizado o plantio de grãos de soja geneticamente modificada tolerante a glifosato, reservados pelos produtores rurais para uso próprio, na safra 2004/2005, sendo vedada a comercialização da produção como semente.

Parágrafo único. O Poder Executivo poderá prorrogar a autorização de que trata o *caput* deste artigo.

ART. 37. A descrição do Código 20 do Anexo VIII da Lei nº 6.938, de 31 de agosto de 1981, acrescido pela Lei nº 10.165, de 27 de dezembro de 2000, passa a vigorar com a seguinte redação:

[...]

ART. 38. (VETADO)

ART. 39. Não se aplica aos OGM e seus derivados o disposto na Lei nº 7.802, de 11 de julho de 1989, e suas alterações, exceto para os casos em que eles sejam desenvolvidos para servir de matéria-prima para a produção de agrotóxicos.

ART. 40. Os alimentos e ingredientes alimentares destinados ao consumo humano ou animal que contenham ou sejam produzidos a partir de OGM ou derivados deverão conter informação nesse sentido em seus rótulos, conforme regulamento.

ART. 41. Esta Lei entra em vigor na data de sua publicação.

ART. 42. Revogam-se a Lei nº 8.974, de 5 de janeiro de 1995, a Medida Provisória nº 2.191-9, de 23 de agosto de 2001, e os arts. 5º, 6º, 7º, 8º, 9º, 10 e 16 da Lei nº 10.814, de 15 de dezembro de 2003.

Brasília, 24 de março de 2005;
184º da Independência e 117º da República.

LUIZ INÁCIO LULA DA SILVA

Este texto não substitui o publicado no DOU de 28.3.2005.

LEI Nº 11.340, DE 7 DE AGOSTO DE 2006 – COIBIR A VIOLÊNCIA DOMÉSTICA E FAMILIAR CONTRA A MULHER

Cria mecanismos para coibir a violência doméstica e familiar contra a mulher, nos termos do § 8º do art. 226 da Constituição Federal, da Convenção sobre a Eliminação de Todas as Formas de Discriminação contra as Mulheres e da Convenção Interamericana para Prevenir, Punir e Erradicar a Violência contra a Mulher; dispõe sobre a criação dos Juizados de Violência Doméstica e Familiar contra a Mulher; altera o Código de Processo Penal, o Código Penal e a Lei de Execução Penal; e dá outras providências.

O PRESIDENTE DA REPÚBLICA Faço saber que o Congresso Nacional decreta e eu sanciono a seguinte Lei:

▸ Súmulas do STJ: 536, 542, 588, 589 e 600.

TÍTULO I. DISPOSIÇÕES PRELIMINARES

ART. 1º. Esta Lei cria mecanismos para coibir e prevenir a violência doméstica e familiar contra a mulher, nos termos do § 8º do art. 226 da Constituição Federal, da Convenção sobre a Eliminação de Todas as Formas de Violência contra a Mulher, da Convenção Interamericana para Prevenir, Punir e Erradicar a Violência contra a Mulher e de outros tratados internacionais ratificados pela República Federativa do Brasil; dispõe sobre a criação dos Juizados de Violência Doméstica e Familiar contra a Mulher; e estabelece medidas de assistência e proteção às mulheres em situação de violência doméstica e familiar.

▸ *CF: art. 5º, I.*

ART. 2º. Toda mulher, independentemente de classe, raça, etnia, orientação sexual, renda, cultura, nível educacional, idade e religião, goza dos direitos fundamentais inerentes à pessoa humana, sendo-lhe asseguradas as oportunidades e facilidades para viver sem violência, preservar sua saúde física e mental e seu aperfeiçoamento moral, intelectual e social.

▸ *CF: arts. 3º, IV.*

ART. 3º. Serão asseguradas às mulheres as condições para o exercício efetivo dos direitos à vida, à segurança, à saúde, à alimentação, à educação, à cultura, à moradia, ao acesso à justiça, ao esporte, ao lazer, ao trabalho, à cidadania, à liberdade, à dignidade, ao respeito e à convivência familiar e comunitária.

▸ *CF: art. 5º e 6º.*

§ 1º. O poder público desenvolverá políticas que visem garantir os direitos humanos das mulheres no âmbito das relações domésticas e familiares no sentido de resguardá-las de toda forma de negligência, discriminação, exploração, violência, crueldade e opressão.

§ 2º. Cabe à família, à sociedade e ao poder público criar as condições necessárias para o efetivo exercício dos direitos enunciados no *caput*.

▸ *CF: arts. 226 a 230.*

ART. 4º. Na interpretação desta Lei, serão considerados os fins sociais a que ela se destina e, especialmente, as condições peculiares das mulheres em situação de violência doméstica e familiar.

TÍTULO II. DA VIOLÊNCIA DOMÉSTICA E FAMILIAR CONTRA A MULHER

▸ Súmulas do STJ: 536, 542, 588, 589 e 600.

CAPÍTULO I. DISPOSIÇÕES GERAIS

ART. 5º. Para os efeitos desta Lei, configura violência doméstica e familiar contra a mulher qualquer ação ou omissão baseada no gênero que lhe cause morte, lesão,

LEIS ORDINÁRIAS

sofrimento físico, sexual ou psicológico e dano moral ou patrimonial:

▸ Súmulas 536, 542, 588, 589 e 600 do do STJ.

I – no âmbito da unidade doméstica, compreendida como o espaço de convívio permanente de pessoas, com ou sem vínculo familiar, inclusive as esporadicamente agregadas;

II – no âmbito da família, compreendida como a comunidade formada por indivíduos que são ou se consideram aparentados, unidos por laços naturais, por afinidade ou por vontade expressa;

III – em qualquer relação íntima de afeto, na qual o agressor conviva ou tenha convivido com a ofendida, independentemente de coabitação.

▸ Súmula 600 do STJ.

▸ CP: art. 121, § 2-A.

Parágrafo único. As relações pessoais enunciadas neste artigo independem de orientação sexual.

ART. 6º. A violência doméstica e familiar contra a mulher constitui uma das formas de violação dos direitos humanos.

▸ CF: art. 4º, II.

Capítulo II. DAS FORMAS DE VIOLÊNCIA DOMÉSTICA E FAMILIAR CONTRA A MULHER

ART. 7º. São formas de violência doméstica e familiar contra a mulher, entre outras:

▸ Súmula 600 do STJ.

I – a violência física, entendida como qualquer conduta que ofenda sua integridade ou saúde corporal;

▸ CP: art. 121 a 154 do CP.

II – a violência psicológica, entendida como qualquer conduta que lhe cause dano emocional e diminuição da autoestima ou que lhe prejudique e perturbe o pleno desenvolvimento ou que vise degradar ou controlar suas ações, comportamentos, crenças e decisões, mediante ameaça, constrangimento, humilhação, manipulação, isolamento, vigilância constante, perseguição contumaz, insulto, chantagem, violação de sua intimidade, ridicularização, exploração e limitação do direito de ir e vir ou qualquer outro meio que lhe cause prejuízo à saúde psicológica e à autodeterminação; (Redação dada pela Lei nº 13.772, de 19-12-2018)

▸ CP: art. 146 a 149.

III – a violência sexual, entendida como qualquer conduta que a constranja a presenciar, a manter ou a participar de relação sexual não desejada, mediante intimidação, ameaça, coação ou uso da força; que a induza a comercializar ou a utilizar, de qualquer modo, a sua sexualidade, que a impeça de usar qualquer método contraceptivo ou que a force ao matrimônio, à gravidez, ao aborto ou à prostituição, mediante coação, chantagem, suborno ou manipulação; ou que limite ou anule o exercício de seus direitos sexuais e reprodutivos;

▸ CP: art. 213 a 234-C.

▸ Lei 12.845, de 1-08-2013.

IV – a violência patrimonial, entendida como qualquer conduta que configure retenção, subtração, destruição parcial ou total de seus objetos, instrumentos de trabalho, documentos pessoais, bens, valores e direitos ou recursos econômicos, incluindo os destinados a satisfazer suas necessidades;

▸ CP: art. 155 a 183.

V – a violência moral, entendida como qualquer conduta que configure calúnia, difamação ou injúria.

▸ CP: art. 138 a 145.

Título III. DA ASSISTÊNCIA À MULHER EM SITUAÇÃO DE VIOLÊNCIA DOMÉSTICA E FAMILIAR

Capítulo I. DAS MEDIDAS INTEGRADAS DE PREVENÇÃO

ART. 8º. A política pública que visa coibir a violência doméstica e familiar contra a mulher far-se-á por meio de um conjunto articulado de ações da União, dos Estados, do Distrito Federal e dos Municípios e de ações não-governamentais, tendo por diretrizes:

I – a integração operacional do Poder Judiciário, do Ministério Público e da Defensoria Pública com as áreas de segurança pública, assistência social, saúde, educação, trabalho e habitação;

II – a promoção de estudos e pesquisas, estatísticas e outras informações relevantes, com a perspectiva de gênero e de raça ou etnia, concernentes às causas, às consequências e à frequência da violência doméstica e familiar contra a mulher, para a sistematização de dados, a serem unificados nacionalmente, e a avaliação periódica dos resultados das medidas adotadas;

III – o respeito, nos meios de comunicação social, dos valores éticos e sociais da pessoa e da família, de forma a coibir os papéis estereotipados que legitimem ou exacerbem a violência doméstica e familiar, de acordo com o estabelecido no inciso III do art. 1º, no inciso IV do art. 3º e no inciso IV do art. 221 da Constituição Federal;

IV – a implementação de atendimento policial especializado para as mulheres, em particular nas Delegacias de Atendimento à Mulher;

V – a promoção e a realização de campanhas educativas de prevenção da violência doméstica e familiar contra a mulher, voltadas ao público escolar e à sociedade em geral, e a difusão desta Lei e dos instrumentos de proteção aos direitos humanos das mulheres;

VI – a celebração de convênios, protocolos, ajustes, termos ou outros instrumentos de promoção de parceria entre órgãos governamentais ou entre estes e entidades não-governamentais, tendo por objetivo a implementação de programas de erradicação da violência doméstica e familiar contra a mulher;

VII – a capacitação permanente das Polícias Civil e Militar, da Guarda Municipal, do Corpo de Bombeiros e dos profissionais pertencentes aos órgãos e às áreas enunciados no inciso I quanto às questões de gênero e de raça ou etnia;

VIII – a promoção de programas educacionais que disseminem valores éticos de irrestrito respeito à dignidade da pessoa humana com a perspectiva de gênero e de raça ou etnia;

IX – o destaque, nos currículos escolares de todos os níveis de ensino, para os conteúdos relativos aos direitos humanos, à equidade de gênero e de raça ou etnia e ao problema da violência doméstica e familiar contra a mulher.

Capítulo II. DA ASSISTÊNCIA À MULHER EM SITUAÇÃO DE VIOLÊNCIA DOMÉSTICA E FAMILIAR

ART. 9º. A assistência à mulher em situação de violência doméstica e familiar será prestada de forma articulada e conforme os princípios e as diretrizes previstos na Lei Orgânica da Assistência Social, no Sistema Único de Saúde, no Sistema Único de Segurança Pública, entre outras normas e políticas públicas de proteção, e emergencialmente quando for o caso.

▸ *CF: arts. 144, 196 a 200, 203 e 204.*

§ 1º. O juiz determinará, por prazo certo, a inclusão da mulher em situação de violência doméstica e familiar no cadastro de programas assistenciais do governo federal, estadual e municipal.

§ 2º. O juiz assegurará à mulher em situação de violência doméstica e familiar, para preservar sua integridade física e psicológica:

I – acesso prioritário à remoção quando servidora pública, integrante da administração direta ou indireta;

II – manutenção do vínculo trabalhista, quando necessário o afastamento do local de trabalho, por até seis meses.

III – encaminhamento à assistência judiciária, quando for o caso, inclusive para eventual ajuizamento da ação de separação judicial, de divórcio, de anulação de casamento ou de dissolução de união estável perante o juízo competente. (Incluído pela Lei nº 13.894, de 29-10-2019)

§ 3º. A assistência à mulher em situação de violência doméstica e familiar compreenderá o acesso aos benefícios decorrentes do desenvolvimento científico e tecnológico, incluindo os serviços de contracepção de emergência, a profilaxia das Doenças Sexualmente Transmissíveis (DST) e da Síndrome da Imunodeficiência Adquirida (AIDS) e outros procedimentos médicos necessários e cabíveis nos casos de violência sexual.

§ 4º Aquele que, por ação ou omissão, causar lesão, violência física, sexual ou psicológica e dano moral ou patrimonial a mulher fica obrigado a ressarcir todos os danos causados, inclusive ressarcir ao Sistema Único de Saúde (SUS), de acordo com a tabela SUS, os custos relativos aos serviços de saúde prestados para o total tratamento das vítimas em situação de violência doméstica e familiar, recolhidos os recursos assim arrecadados ao Fundo de Saúde do ente federado responsável pelas unidades de saúde que prestarem os serviços. (Incluído pela Lei nº 13.871, de 2019)

§ 5º Os dispositivos de segurança destinados ao uso em caso de perigo iminente e disponibilizados para o monitoramento das vítimas de violência doméstica ou familiar amparadas por medidas protetivas terão seus custos ressarcidos pelo agressor. (Incluído pela Lei nº 13.871, de 2019)

§ 6º O ressarcimento de que tratam os §§ 4º e 5º deste artigo não poderá importar ônus de qualquer natureza ao patrimônio da mulher e dos seus dependentes, nem configurar atenuante ou ensejar possibilidade de substituição da pena aplicada. (Incluído pela Lei nº 13.871, de 2019)

§ 7º A mulher em situação de violência doméstica e familiar tem prioridade para matricular seus dependentes em instituição de educação básica mais próxima de seu domicílio, ou transferi-los para essa instituição, mediante a apresentação dos documentos comprobatórios do registro da ocorrência policial ou do processo de violência doméstica e familiar em curso. (Incluído pela Lei nº 13.882, de 2019)

§ 8º Serão sigilosos os dados da ofendida e de seus dependentes matriculados ou transferidos conforme o disposto no § 7º deste artigo, e o acesso às informações será reservado ao juiz, ao Ministério Público e aos órgãos competentes do poder público. (Incluído pela Lei nº 13.882, de 2019)

Capítulo III. DO ATENDIMENTO PELA AUTORIDADE POLICIAL

ART. 10. Na hipótese da iminência ou da prática de violência doméstica e familiar contra a mulher, a autoridade policial que tomar conhecimento da ocorrência adotará, de imediato, as providências legais cabíveis.

Parágrafo único. Aplica-se o disposto no *caput* deste artigo ao descumprimento de medida protetiva de urgência deferida.

ART. 10-A. É direito da mulher em situação de violência doméstica e familiar o atendimento policial e pericial especializado, ininterrupto e prestado por servidores – preferencialmente do sexo feminino – previamente capacitados. (Incluído pela Lei nº 13.505, de 2017)

§ 1º. A inquirição de mulher em situação de violência doméstica e familiar ou de testemunha de violência doméstica, quando se tratar de crime contra a mulher, obedecerá às seguintes diretrizes: (Incluído pela Lei nº 13.505, de 2017)

I – salvaguarda da integridade física, psíquica e emocional da depoente, considerada a sua condição peculiar de pessoa em situação de violência doméstica e familiar; (Incluído pela Lei nº 13.505, de 2017)

II – garantia de que, em nenhuma hipótese, a mulher em situação de violência doméstica e familiar, familiares e testemunhas terão contato direto com investigados ou suspeitos e pessoas a eles relacionadas; (Incluído pela Lei nº 13.505, de 2017)

III – não revitimização da depoente, evitando sucessivas inquirições sobre o mesmo fato nos âmbitos criminal, cível e administrativo, bem como questionamentos sobre a vida privada. (Incluído pela Lei nº 13.505, de 2017)

§ 2º. Na inquirição de mulher em situação de violência doméstica e familiar ou de testemunha de delitos de que

LEIS ORDINÁRIAS

trata esta Lei, adotar-se-á, preferencialmente, o seguinte procedimento: (Incluído pela Lei nº 13.505, de 2017)

I – a inquirição será feita em recinto especialmente projetado para esse fim, o qual conterá os equipamentos próprios e adequados à idade da mulher em situação de violência doméstica e familiar ou testemunha e ao tipo e à gravidade da violência sofrida; (Incluído pela Lei nº 13.505, de 2017)

II – quando for o caso, a inquirição será intermediada por profissional especializado em violência doméstica e familiar designado pela autoridade judiciária ou policial; (Incluído pela Lei nº 13.505, de 2017)

III – o depoimento será registrado em meio eletrônico ou magnético, devendo a degravação e a mídia integrar o inquérito. (Incluído pela Lei nº 13.505, de 2017)

ART. 11. No atendimento à mulher em situação de violência doméstica e familiar, a autoridade policial deverá, entre outras providências:

I – garantir proteção policial, quando necessário, comunicando de imediato ao Ministério Público e ao Poder Judiciário;

II – encaminhar a ofendida ao hospital ou posto de saúde e ao Instituto Médico Legal;

III – fornecer transporte para a ofendida e seus dependentes para abrigo ou local seguro, quando houver risco de vida;

IV – se necessário, acompanhar a ofendida para assegurar a retirada de seus pertences do local da ocorrência ou do domicílio familiar;

V – informar à ofendida os direitos a ela conferidos nesta Lei e os serviços disponíveis, inclusive os de assistência judiciária para o eventual ajuizamento perante o juízo competente da ação de separação judicial, de divórcio, de anulação de casamento ou de dissolução de união estável. (Redação dada pela Lei nº 13.894, de 29-10-2019).

ART. 12. Em todos os casos de violência doméstica e familiar contra a mulher, feito o registro da ocorrência, deverá a autoridade policial adotar, de imediato, os seguintes procedimentos, sem prejuízo daqueles previstos no Código de Processo Penal:

I – ouvir a ofendida, lavrar o boletim de ocorrência e tomar a representação a termo, se apresentada;

▸ *Súmula 542 do STJ.*

▸ *Esta lei: art. 16.*

II – colher todas as provas que servirem para o esclarecimento do fato e de suas circunstâncias;

III – remeter, no prazo de 48 (quarenta e oito) horas, expediente apartado ao juiz com o pedido da ofendida, para a concessão de medidas protetivas de urgência;

IV – determinar que se proceda ao exame de corpo de delito da ofendida e requisitar outros exames periciais necessários;

V – ouvir o agressor e as testemunhas;

VI – ordenar a identificação do agressor e fazer juntar aos autos sua folha de antecedentes criminais, indicando a existência de mandado de prisão ou registro de outras ocorrências policiais contra ele;

VI-A – verificar se o agressor possui registro de porte ou posse de arma de fogo e, na hipótese de existência, juntar aos autos essa informação, bem como notificar a ocorrência à instituição responsável pela concessão do registro ou da emissão do porte, nos termos da Lei nº 10.826, de 22 de dezembro de 2003 (Estatuto do Desarmamento); (Incluído pela Lei nº13.880, de 2019).

VII – remeter, no prazo legal, os autos do inquérito policial ao juiz e ao Ministério Público.

§ 1º. O pedido da ofendida será tomado a termo pela autoridade policial e deverá conter:

I – qualificação da ofendida e do agressor;

II – nome e idade dos dependentes;

III – descrição sucinta do fato e das medidas protetivas solicitadas pela ofendida.

IV – informação sobre a condição de a ofendida ser pessoa com deficiência e se da violência sofrida resultou deficiência ou agravamento de deficiência preexistente. (Incluído pela Lei nº 13.836, de 04-06-2019)

§ 2º. A autoridade policial deverá anexar ao documento referido no § 1º o boletim de ocorrência e cópia de todos os documentos disponíveis em posse da ofendida.

§ 3º. Serão admitidos como meios de prova os laudos ou prontuários médicos fornecidos por hospitais e postos de saúde.

ART. 12-A. Os Estados e o Distrito Federal, na formulação de suas políticas e planos de atendimento à mulher em situação de violência doméstica e familiar, darão prioridade, no âmbito da Polícia Civil, à criação de Delegacias Especializadas de Atendimento à Mulher (Deams), de Núcleos Investigativos de Feminicídio e de equipes especializadas para o atendimento e a investigação das violências graves contra a mulher.

ART. 12-B. (VETADO). (Incluído pela Lei nº 13.505, de 2017)

§ 1º. (VETADO). (Incluído pela Lei nº 13.505, de 2017)

§ 2º. (VETADO. (Incluído pela Lei nº 13.505, de 2017)

§ 3º. A autoridade policial poderá requisitar os serviços públicos necessários à defesa da mulher em situação de violência doméstica e familiar e de seus dependentes. (Incluído pela Lei nº 13.505, de 2017)

ART. 12-C. Verificada a existência de risco atual ou iminente à vida ou à integridade física ou psicológica da mulher em situação de violência doméstica e familiar, ou de seus dependentes, o agressor será imediatamente afastado do lar, domicílio ou local de convivência com a ofendida: (Redação dada pela Lei nº 14.188, de 05-05-2021)

I - pela autoridade judicial (Incluído pela Lei nº 13.827, de 13-05-2019);

II - pelo delegado de polícia, quando o Município não for sede de comarca (Incluído pela Lei nº 13.827, de 13-05-2019); ou

III - pelo policial, quando o Município não for sede de comarca e não houver delegado disponível no momento da denúncia (Incluído pela Lei nº 13.827, de 13-05-2019).

§ 1º Nas hipóteses dos incisos II e III do caput deste artigo, o juiz será comunicado no prazo máximo de 24 (vinte e quatro) horas e decidirá, em igual prazo, sobre a manutenção ou a revogação da medida aplicada, devendo dar ciência ao Ministério Público concomitantemente (Incluído pela Lei nº 13.827, de 13-05-2019).

§ 2º Nos casos de risco à integridade física da ofendida ou à efetividade da medida protetiva de urgência, não será concedida liberdade provisória ao preso (Incluído pela Lei nº 13.827, de 13-05-2019).

TÍTULO IV. DOS PROCEDIMENTOS

CAPÍTULO I. DISPOSIÇÕES GERAIS

ART. 13. Ao processo, ao julgamento e à execução das causas cíveis e criminais decorrentes da prática de violência doméstica e familiar contra a mulher aplicar-se-ão as normas dos Códigos de Processo Penal e Processo Civil e da legislação específica relativa à criança, ao adolescente e ao idoso que não conflitarem com o estabelecido nesta Lei.

▸ *Súmula nº 536 do STJ.*

▸ *Lei 8.069, de 13-07-1990, Estatuto da Criança e do Adolescente*

▸ *Lei 10.741, de 1-10-2003, Estatuto do Idoso.*

ART. 14. Os Juizados de Violência Doméstica e Familiar contra a Mulher, órgãos da Justiça Ordinária com competência cível e criminal, poderão ser criados pela União, no Distrito Federal e nos Territórios, e pelos Estados, para o processo, o julgamento e a execução das causas decorrentes da prática de violência doméstica e familiar contra a mulher.

Parágrafo único. Os atos processuais poderão realizar-se em horário noturno, conforme dispuserem as normas de organização judiciária.

ART. 14-A. A ofendida tem a opção de propor ação de divórcio ou de dissolução de união estável no Juizado de Violência Doméstica e Familiar contra a Mulher. (Incluído pela Lei nº 13.894, de 29-10-2019; promulgado pelo Congresso após veto presencial em 10-12-2019)

§ 1º. Exclui-se da competência dos Juizados de Violência Doméstica e Familiar contra a Mulher a pretensão relacionada à partilha de bens. (Incluído pela Lei nº 13.894, de 29-10-2019; promulgado pelo Congresso após veto presencial em 10-12-2019)

§ 2º. Iniciada a situação de violência doméstica e familiar após o ajuizamento da ação de divórcio ou de dissolução de união estável, a ação terá preferência no juízo onde estiver. (Incluído pela Lei nº 13.894, de 29-10-2019; promulgado pelo Congresso após veto presencial em 10-12-2019)

ART. 15. É competente, por opção da ofendida, para os processos cíveis regidos por esta Lei, o Juizado:

I – do seu domicílio ou de sua residência;

II – do lugar do fato em que se baseou a demanda;

III – do domicílio do agressor.

ART. 16. Nas ações penais públicas condicionadas à representação da ofendida de que trata esta Lei, só será admitida a renúncia à representação perante o juiz, em audiência especialmente designada com tal finalidade, antes do recebimento da denúncia e ouvido o Ministério Público.

▸ *Súmula nº 542 do STJ.*

▸ *CPP: arts. 25 e 38.*

▸ *Esta lei: art. 12, I.*

ART. 17. É vedada a aplicação, nos casos de violência doméstica e familiar contra a mulher, de penas de cesta básica ou outras de prestação pecuniária, bem como a substituição de pena que implique o pagamento isolado de multa.

▸ *Súmulas nº 536, 588 e 589 do STJ.*

CAPÍTULO II. DAS MEDIDAS PROTETIVAS DE URGÊNCIA

SEÇÃO I. DISPOSIÇÕES GERAIS

ART. 18. Recebido o expediente com o pedido da ofendida, caberá ao juiz, no prazo de 48 (quarenta e oito) horas:

I – conhecer do expediente e do pedido e decidir sobre as medidas protetivas de urgência;

II – determinar o encaminhamento da ofendida ao órgão de assistência judiciária, quando for o caso, inclusive para o ajuizamento da ação de separação judicial, de divórcio, de anulação de casamento ou de dissolução de união estável perante o juízo competente; (Redação dada pela Lei nº 13.894, de 29-10-2019);

III – comunicar ao Ministério Público para que adote as providências cabíveis.

IV – determinar a apreensão imediata de arma de fogo sob a posse do agressor. (Incluído pela Lei nº 13.880, de 2019)

ART. 19. As medidas protetivas de urgência poderão ser concedidas pelo juiz, a requerimento do Ministério Público ou a pedido da ofendida.

▸ *CPC/2015: arts. 1.015, I e 1.019.*

§ 1º. As medidas protetivas de urgência poderão ser concedidas de imediato, independentemente de audiência das partes e de manifestação do Ministério Público, devendo este ser prontamente comunicado.

§ 2º. As medidas protetivas de urgência serão aplicadas isolada ou cumulativamente, e poderão ser substituídas a qualquer tempo por outras de maior eficácia, sempre que os direitos reconhecidos nesta Lei forem ameaçados ou violados.

§ 3º. Poderá o juiz, a requerimento do Ministério Público ou a pedido da ofendida, conceder novas medidas protetivas de urgência ou rever aquelas já concedidas, se entender necessário à proteção da ofendida, de seus familiares e de seu patrimônio, ouvido o Ministério Público.

ART. 20. Em qualquer fase do inquérito policial ou da instrução criminal, caberá a prisão preventiva do agressor, decretada pelo juiz, de ofício, a requerimento do Ministério Público ou mediante representação da autoridade policial.

Parágrafo único. O juiz poderá revogar a prisão preventiva se, no curso do processo, verificar a falta de motivo para

LEIS ORDINÁRIAS

que subsista, bem como de novo decretá-la, se sobrevierem razões que a justifiquem.

▸ CPP: arts. 311 a 313, e 316.

ART. 21. A ofendida deverá ser notificada dos atos processuais relativos ao agressor, especialmente dos pertinentes ao ingresso e à saída da prisão, sem prejuízo da intimação do advogado constituído ou do defensor público.

Parágrafo único. A ofendida não poderá entregar intimação ou notificação ao agressor.

▸ CPP: art. 201.

SEÇÃO II. DAS MEDIDAS PROTETIVAS DE URGÊNCIA QUE OBRIGAM O AGRESSOR

ART. 22. Constatada a prática de violência doméstica e familiar contra a mulher, nos termos desta Lei, o juiz poderá aplicar, de imediato, ao agressor, em conjunto ou separadamente, as seguintes medidas protetivas de urgência, entre outras:

I – suspensão da posse ou restrição do porte de armas, com comunicação ao órgão competente, nos termos da Lei nº 10.826, de 22 de dezembro de 2003;

II – afastamento do lar, domicílio ou local de convivência com a ofendida;

III – proibição de determinadas condutas, entre as quais:

a) aproximação da ofendida, de seus familiares e das testemunhas, fixando o limite mínimo de distância entre estes e o agressor;

b) contato com a ofendida, seus familiares e testemunhas por qualquer meio de comunicação;

c) frequentação de determinados lugares a fim de preservar a integridade física e psicológica da ofendida;

IV – restrição ou suspensão de visitas aos dependentes menores, ouvida a equipe de atendimento multidisciplinar ou serviço similar;

V – prestação de alimentos provisionais ou provisórios.

VI – comparecimento do agressor a programas de recuperação e reeducação; e (Incluído pela Lei nº 13.984, de 2020)

VII – acompanhamento psicossocial do agressor, por meio de atendimento individual e/ou em grupo de apoio. (Incluído pela Lei nº 13.984, de 2020)

§ 1º. As medidas referidas neste artigo não impedem a aplicação de outras previstas na legislação em vigor, sempre que a segurança da ofendida ou as circunstâncias o exigirem, devendo a providência ser comunicada ao Ministério Público.

§ 2º. Na hipótese de aplicação do inciso I, encontrando-se o agressor nas condições mencionadas no *caput* e incisos do art. 6º da Lei nº 10.826, de 22 de dezembro de 2003, o juiz comunicará ao respectivo órgão, corporação ou instituição as medidas protetivas de urgência concedidas e determinará a restrição do porte de armas, ficando o superior imediato do agressor responsável pelo cumprimento da determinação judicial, sob pena de incorrer nos crimes de prevaricação ou de desobediência, conforme o caso.

§ 3º. Para garantir a efetividade das medidas protetivas de urgência, poderá o juiz requisitar, a qualquer momento, auxílio da força policial.

§ 4º. Aplica-se às hipóteses previstas neste artigo, no que couber, o disposto no *caput* e nos §§ 5º e 6º do art. 461 da Lei nº 5.869, de 11 de janeiro de 1973 (Código de Processo Civil).

SEÇÃO III. DAS MEDIDAS PROTETIVAS DE URGÊNCIA À OFENDIDA

ART. 23. Poderá o juiz, quando necessário, sem prejuízo de outras medidas:

I – encaminhar a ofendida e seus dependentes a programa oficial ou comunitário de proteção ou de atendimento;

II – determinar a recondução da ofendida e a de seus dependentes ao respectivo domicílio, após afastamento do agressor;

III – determinar o afastamento da ofendida do lar, sem prejuízo dos direitos relativos a bens, guarda dos filhos e alimentos;

IV – determinar a separação de corpos.

V – determinar a matrícula dos dependentes da ofendida em instituição de educação básica mais próxima do seu domicílio, ou a transferência deles para essa instituição, independentemente da existência de vaga. (Incluído pela Lei nº 13.882, de 2019).

ART. 24. Para a proteção patrimonial dos bens da sociedade conjugal ou daqueles de propriedade particular da mulher, o juiz poderá determinar, liminarmente, as seguintes medidas, entre outras:

I – restituição de bens indevidamente subtraídos pelo agressor à ofendida;

II – proibição temporária para a celebração de atos e contratos de compra, venda e locação de propriedade em comum, salvo expressa autorização judicial;

III – suspensão das procurações conferidas pela ofendida ao agressor;

IV – prestação de caução provisória, mediante depósito judicial, por perdas e danos materiais decorrentes da prática de violência doméstica e familiar contra a ofendida.

Parágrafo único. Deverá o juiz oficiar ao cartório competente para os fins previstos nos incisos II e III deste artigo.

SEÇÃO IV DO CRIME DE DESCUMPRIMENTO DE MEDIDAS PROTETIVAS DE URGÊNCIA

DESCUMPRIMENTO DE MEDIDAS PROTETIVAS DE URGÊNCIA

▸ (Incluído pela Lei nº 13.641, de 2018)

ART. 24-A. Descumprir decisão judicial que defere medidas protetivas de urgência previstas nesta Lei: (Incluído pela Lei nº 13.641, de 03-04-2018)

▸ CF: art. 5º., XL.

▸ CP: art. 330.

▸ CPP: art. 313, III.

LEIS ORDINÁRIAS

Pena – detenção, de 3 (três) meses a 2 (dois) anos. (Incluído pela Lei nº 13.641, de 03-04-2018)

§ 1º A configuração do crime independe da competência civil ou criminal do juiz que deferiu as medidas. (Incluído pela Lei nº 13.641, de 03-04-2018)

§ 2º Na hipótese de prisão em flagrante, apenas a autoridade judicial poderá conceder fiança. (Incluído pela Lei nº 13.641, de 03-04-2018)

§ 3º O disposto neste artigo não exclui a aplicação de outras sanções cabíveis. (Incluído pela Lei nº 13.641, de 03-04-2018)

▸ *CP: art. 330.*

Capítulo III. DA ATUAÇÃO DO MINISTÉRIO PÚBLICO

ART. 25. O Ministério Público intervirá, quando não for parte, nas causas cíveis e criminais decorrentes da violência doméstica e familiar contra a mulher.

▸ *CF: arts. 127 a 129.*

ART. 26. Caberá ao Ministério Público, sem prejuízo de outras atribuições, nos casos de violência doméstica e familiar contra a mulher, quando necessário:

I – requisitar força policial e serviços públicos de saúde, de educação, de assistência social e de segurança, entre outros;

II – fiscalizar os estabelecimentos públicos e particulares de atendimento à mulher em situação de violência doméstica e familiar, e adotar, de imediato, as medidas administrativas ou judiciais cabíveis no tocante a quaisquer irregularidades constatadas;

III – cadastrar os casos de violência doméstica e familiar contra a mulher.

Capítulo IV. DA ASSISTÊNCIA JUDICIÁRIA

ART. 27. Em todos os atos processuais, cíveis e criminais, a mulher em situação de violência doméstica e familiar deverá estar acompanhada de advogado, ressalvado o previsto no art. 19 desta Lei.

ART. 28. É garantido a toda mulher em situação de violência doméstica e familiar o acesso aos serviços de Defensoria Pública ou de Assistência Judiciária Gratuita, nos termos da lei, em sede policial e judicial, mediante atendimento específico e humanizado.

▸ *CF: art. 5º, LXXIV.*

▸ *Lei Complementar nº 80, de 12-11-1994, organiza a Defensoria Pública.*

▸ *Lei nº 1.060, de 05-02-1950, assistência judiciária.*

Título V. DA EQUIPE DE ATENDIMENTO MULTIDISCIPLINAR

ART. 29. Os Juizados de Violência Doméstica e Familiar contra a Mulher que vierem a ser criados poderão contar com uma equipe de atendimento multidisciplinar, a ser integrada por profissionais especializados nas áreas psicossocial, jurídica e de saúde.

ART. 30. Compete à equipe de atendimento multidisciplinar, entre outras atribuições que lhe forem reservadas pela legislação local, fornecer subsídios por escrito ao juiz, ao Ministério Público e à Defensoria Pública, mediante laudos ou verbalmente em audiência, e desenvolver trabalhos de orientação, encaminhamento, prevenção e outras medidas, voltados para a ofendida, o agressor e os familiares, com especial atenção às crianças e aos adolescentes.

▸ *Lei 8.069, de 13-07-1990, Estatuto da Criança e do Adolescente.*

ART. 31. Quando a complexidade do caso exigir avaliação mais aprofundada, o juiz poderá determinar a manifestação de profissional especializado, mediante a indicação da equipe de atendimento multidisciplinar.

ART. 32. O Poder Judiciário, na elaboração de sua proposta orçamentária, poderá prever recursos para a criação e manutenção da equipe de atendimento multidisciplinar, nos termos da Lei de Diretrizes Orçamentárias.

Título VI. DISPOSIÇÕES TRANSITÓRIAS

ART. 33. Enquanto não estruturados os Juizados de Violência Doméstica e Familiar contra a Mulher, as varas criminais acumularão as competências cível e criminal para conhecer e julgar as causas decorrentes da prática de violência doméstica e familiar contra a mulher, observadas as previsões do Título IV desta Lei, subsidiada pela legislação processual pertinente.

Parágrafo único. Será garantido o direito de preferência, nas varas criminais, para o processo e o julgamento das causas referidas no *caput*.

Título VII. DISPOSIÇÕES FINAIS

ART. 34. A instituição dos Juizados de Violência Doméstica e Familiar contra a Mulher poderá ser acompanhada pela implantação das curadorias necessárias e do serviço de assistência judiciária.

ART. 35. A União, o Distrito Federal, os Estados e os Municípios poderão criar e promover, no limite das respectivas competências:

I – centros de atendimento integral e multidisciplinar para mulheres e respectivos dependentes em situação de violência doméstica e familiar;

II – casas-abrigos para mulheres e respectivos dependentes menores em situação de violência doméstica e familiar;

III – delegacias, núcleos de defensoria pública, serviços de saúde e centros de perícia médico-legal especializados no atendimento à mulher em situação de violência doméstica e familiar;

IV – programas e campanhas de enfrentamento da violência doméstica e familiar;

V – centros de educação e de reabilitação para os agressores.

ART. 36. A União, os Estados, o Distrito Federal e os Municípios promoverão a adaptação de seus órgãos e de seus programas às diretrizes e aos princípios desta Lei.

ART. 37. A defesa dos interesses e direitos transindividuais previstos nesta Lei poderá ser exercida, concorrentemente, pelo Ministério Público e por associação de atuação na área, regularmente constituída há pelo menos um ano, nos termos da legislação civil.

Parágrafo único. O requisito da pré-constituição poderá ser dispensado pelo juiz quando entender que não há outra entidade com representatividade adequada para o ajuizamento da demanda coletiva.

ART. 38. As estatísticas sobre a violência doméstica e familiar contra a mulher serão incluídas nas bases de dados dos órgãos oficiais do Sistema de Justiça e Segurança a fim de subsidiar o sistema nacional de dados e informações relativo às mulheres.

Parágrafo único. As Secretarias de Segurança Pública dos Estados e do Distrito Federal poderão remeter suas informações criminais para a base de dados do Ministério da Justiça.

ART. 38-A. O juiz competente providenciará o registro da medida protetiva de urgência. (Incluído pela Lei nº 13.827, de 13-05-2019)

Parágrafo único. As medidas protetivas de urgência serão registradas em banco de dados mantido e regulamentado pelo Conselho Nacional de Justiça, garantido o acesso do Ministério Público, da Defensoria Pública e dos órgãos de segurança pública e de assistência social, com vistas à fiscalização e à efetividade das medidas protetivas.

ART. 39. A União, os Estados, o Distrito Federal e os Municípios, no limite de suas competências e nos termos das respectivas leis de diretrizes orçamentárias, poderão estabelecer dotações orçamentárias específicas, em cada exercício financeiro, para a implementação das medidas estabelecidas nesta Lei.

ART. 40. As obrigações previstas nesta Lei não excluem outras decorrentes dos princípios por ela adotados.

ART. 41. Aos crimes praticados com violência doméstica e familiar contra a mulher, independentemente da pena prevista, não se aplica a Lei nº 9.099, de 26 de setembro de 1995.

▸ *Súmulas 536 e 542 do STJ.*

▸ *CP: art. 129, §9º.*

ART. 42. O art. 313 do Decreto-Lei nº 3.689, de 3 de outubro de 1941 (Código de Processo Penal), passa a vigorar acrescido do seguinte inciso IV:

▸ *Este inciso foi revogado pela Lei nº 12.403/11.*

ART. 43. A alínea f do inciso II do art. 61 do Decreto-Lei nº 2.848, de 7 de dezembro de 1940 (Código Penal), passa a vigorar com a seguinte redação:

▸ *Alteração incorporada ao texto do referido código.*

ART. 44. O art. 129 do Decreto-Lei nº 2.848, de 7 de dezembro de 1940 (Código Penal), passa a vigorar com as seguintes alterações:

▸ *Alteração incorporada ao texto do referido código.*

ART. 45. O art. 152 da Lei nº 7.210, de 11 de julho de 1984 (Lei de Execução Penal), passa a vigorar com a seguinte redação:

▸ *Alteração incorporada ao texto da referida lei.*

ART. 46. Esta Lei entra em vigor 45 (quarenta e cinco) dias após sua publicação.

Brasília, 7 de agosto de 2006;
185º da Independência e 118º da República.
LUIZ INÁCIO LULA DA SILVA
Este texto não substitui o publicado no DOU de 8.8.2006

LEI Nº 11.343, DE 23 DE AGOSTO DE 2006 – ESTABELECE NORMAS PARA A REPRESSÃO AO TRÁFICO ILÍCITO DE DROGAS

Institui o Sistema Nacional de Políticas Públicas sobre Drogas – SISNAD; prescreve medidas para prevenção do uso indevido, atenção e reinserção social de usuários e dependentes de drogas; estabelece normas para repressão à produção não autorizada e ao tráfico ilícito de drogas; define crimes e dá outras providências.

▸ *Súmula 522 do STF.*

▸ *Súmulas 492, 501, 512, 528, 587 e 607 do STJ.*

▸ *Portaria 344, de 12-5-1998, Anvisa.*

▸ *Lei nº 8.072, de 25-07-1990, art. 2º, Crimes hediondos e equiparados.*

▸ *Lei nº 8.257, de 26-11-1991, Expropriação de glebas.*

O PRESIDENTE DA REPÚBLICA Faço saber que o Congresso Nacional decreta e eu sanciono a seguinte Lei:

TÍTULO I. DISPOSIÇÕES PRELIMINARES

ART. 1º. Esta Lei institui o Sistema Nacional de Políticas Públicas sobre Drogas – SISNAD; prescreve medidas para prevenção do uso indevido, atenção e reinserção social de usuários e dependentes de drogas; estabelece normas para repressão à produção não autorizada e ao tráfico ilícito de drogas e define crimes.

Parágrafo único. Para fins desta Lei, consideram-se como drogas as substâncias ou os produtos capazes de causar dependência, assim especificados em lei ou relacionados em listas atualizadas periodicamente pelo Poder Executivo da União.

▸ *Portaria nº 344, de 12-05-1998, Anvisa.*

ART. 2º. Ficam proibidas, em todo o território nacional, as drogas, bem como o plantio, a cultura, a colheita e a exploração de vegetais e substratos dos quais possam ser extraídas ou produzidas drogas, ressalvada a hipótese de autorização legal ou regulamentar, bem como o que estabelece a Convenção de Viena, das Nações Unidas, sobre Substâncias Psicotrópicas, de 1971, a respeito de plantas de uso estritamente ritualístico-religioso.

▸ CF: art. 243.

Parágrafo único. Pode a União autorizar o plantio, a cultura e a colheita dos vegetais referidos no *caput* deste artigo, exclusivamente para fins medicinais ou científicos, em local e prazo predeterminados, mediante fiscalização, respeitadas as ressalvas supramencionadas.

TÍTULO II. DO SISTEMA NACIONAL DE POLÍTICAS PÚBLICAS SOBRE DROGAS

▸ Decreto 5.912, de 27-9-2006.

ART. 3º. O SISNAD tem a finalidade de articular, integrar, organizar e coordenar as atividades relacionadas com:

I – a prevenção do uso indevido, a atenção e a reinserção social de usuários e dependentes de drogas;

▸ Esta Lei: arts. 18 a 30.

II – a repressão da produção não autorizada e do tráfico ilícito de drogas.

▸ Esta Lei: arts. 31 a 64.

§ 1º Entende-se por Sisnad o conjunto ordenado de princípios, regras, critérios e recursos materiais e humanos que envolvem as políticas, planos, programas, ações e projetos sobre drogas, incluindo-se nele, por adesão, os Sistemas de Políticas Públicas sobre Drogas dos Estados, Distrito Federal e Municípios. (Incluído pela Lei nº 13.840, de 2019)

§ 2º O Sisnad atuará em articulação com o Sistema Único de Saúde - SUS, e com o Sistema Único de Assistência Social - SUAS. (Incluído pela Lei nº 13.840, de 2019)

CAPÍTULO I. DOS PRINCÍPIOS E DOS OBJETIVOS DO SISTEMA NACIONAL DE POLÍTICAS PÚBLICAS SOBRE DROGAS

ART. 4º. São princípios do SISNAD:

I – o respeito aos direitos fundamentais da pessoa humana, especialmente quanto à sua autonomia e à sua liberdade;

▸ CF: arts. 3º e 5º.

II – o respeito à diversidade e às especificidades populacionais existentes;

III – a promoção dos valores éticos, culturais e de cidadania do povo brasileiro, reconhecendo-os como fatores de proteção para o uso indevido de drogas e outros comportamentos correlacionados;

IV – a promoção de consensos nacionais, de ampla participação social, para o estabelecimento dos fundamentos e estratégias do SISNAD;

V – a promoção da responsabilidade compartilhada entre Estado e Sociedade, reconhecendo a importância da participação social nas atividades do SISNAD;

VI – o reconhecimento da intersetorialidade dos fatores correlacionados com o uso indevido de drogas, com a sua produção não autorizada e o seu tráfico ilícito;

VII – a integração das estratégias nacionais e internacionais de prevenção do uso indevido, atenção e reinserção social de usuários e dependentes de drogas e de repressão à sua produção não autorizada e ao seu tráfico ilícito;

VIII – a articulação com os órgãos do Ministério Público e dos Poderes Legislativo e Judiciário visando à cooperação mútua nas atividades do SISNAD;

IX – a adoção de abordagem multidisciplinar que reconheça a interdependência e a natureza complementar das atividades de prevenção do uso indevido, atenção e reinserção social de usuários e dependentes de drogas, repressão da produção não autorizada e do tráfico ilícito de drogas;

X – a observância do equilíbrio entre as atividades de prevenção do uso indevido, atenção e reinserção social de usuários e dependentes de drogas e de repressão à sua produção não autorizada e ao seu tráfico ilícito, visando a garantir a estabilidade e o bem-estar social;

XI – a observância às orientações e normas emanadas do Conselho Nacional Antidrogas – CONAD.

ART. 5º. O SISNAD tem os seguintes objetivos:

I – contribuir para a inclusão social do cidadão, visando a torná-lo menos vulnerável a assumir comportamentos de risco para o uso indevido de drogas, seu tráfico ilícito e outros comportamentos correlacionados;

II – promover a construção e a socialização do conhecimento sobre drogas no país;

III – promover a integração entre as políticas de prevenção do uso indevido, atenção e reinserção social de usuários e dependentes de drogas e de repressão à sua produção não autorizada e ao tráfico ilícito e as políticas públicas setoriais dos órgãos do Poder Executivo da União, Distrito Federal, Estados e Municípios;

IV – assegurar as condições para a coordenação, a integração e a articulação das atividades de que trata o art. 3º desta Lei.

CAPÍTULO II (Redação dada pela Lei nº 13.840, de 2019) DO SISTEMA NACIONAL DE POLÍTICAS PÚBLICAS SOBRE DROGAS

SEÇÃO I (Incluído pela Lei nº 13.840, de 2019) DA COMPOSIÇÃO DO SISTEMA NACIONAL DE POLÍTICAS PÚBLICAS SOBRE DROGAS

ART. 6º. (VETADO)

ART. 7º. A organização do SISNAD assegura a orientação central e a execução descentralizada das atividades realizadas em seu âmbito, nas esferas federal, distrital, estadual e municipal e se constitui matéria definida no regulamento desta Lei.

ART. 8º. (VETADO)

SEÇÃO II
(Incluído pela Lei nº 13.840, de 2019)
DAS COMPETÊNCIAS

ART. 8º-A. Compete à União: (Incluído pela Lei nº 13.840, de 2019)

I - formular e coordenar a execução da Política Nacional sobre Drogas; (Incluído pela Lei nº 13.840, de 2019)

II - elaborar o Plano Nacional de Políticas sobre Drogas, em parceria com Estados, Distrito Federal, Municípios e a sociedade; (Incluído pela Lei nº 13.840, de 2019)

III - coordenar o Sisnad; (Incluído pela Lei nº 13.840, de 2019)

IV - estabelecer diretrizes sobre a organização e funcionamento do Sisnad e suas normas de referência; (Incluído pela Lei nº 13.840, de 2019)

V - elaborar objetivos, ações estratégicas, metas, prioridades, indicadores e definir formas de financiamento e gestão das políticas sobre drogas; (Incluído pela Lei nº 13.840, de 2019)

VI – (VETADO); (Incluído pela Lei nº 13.840, de 2019)

VII – (VETADO); (Incluído pela Lei nº 13.840, de 2019)

VIII - promover a integração das políticas sobre drogas com os Estados, o Distrito Federal e os Municípios; (Incluído pela Lei nº 13.840, de 2019)

IX - financiar, com Estados, Distrito Federal e Municípios, a execução das políticas sobre drogas, observadas as obrigações dos integrantes do Sisnad; (Incluído pela Lei nº 13.840, de 2019)

X - estabelecer formas de colaboração com Estados, Distrito Federal e Municípios para a execução das políticas sobre drogas; (Incluído pela Lei nº 13.840, de 2019)

XI - garantir publicidade de dados e informações sobre repasses de recursos para financiamento das políticas sobre drogas; (Incluído pela Lei nº 13.840, de 2019)

XII - sistematizar e divulgar os dados estatísticos nacionais de prevenção, tratamento, acolhimento, reinserção social e econômica e repressão ao tráfico ilícito de drogas; (Incluído pela Lei nº 13.840, de 2019)

XIII - adotar medidas de enfretamento aos crimes transfronteiriços; e (Incluído pela Lei nº 13.840, de 2019)

XIV - estabelecer uma política nacional de controle de fronteiras, visando a coibir o ingresso de drogas no País. (Incluído pela Lei nº 13.840, de 2019)

ART. 8º-B. (VETADO). (Incluído pela Lei nº 13.840, de 2019)

ART. 8º-C. (VETADO). (Incluído pela Lei nº 13.840, de 2019)

CAPÍTULO II-A
(Incluído pela Lei nº 13.840, de 2019)
DA FORMULAÇÃO DAS POLÍTICAS SOBRE DROGAS

SEÇÃO I
(Incluído pela Lei nº 13.840, de 2019)
DO PLANO NACIONAL DE POLÍTICAS SOBRE DROGAS

ART. 8º-D. São objetivos do Plano Nacional de Políticas sobre Drogas, dentre outros: (Incluído pela Lei nº 13.840, de 2019)

I - promover a interdisciplinaridade e integração dos programas, ações, atividades e projetos dos órgãos e entidades públicas e privadas nas áreas de saúde, educação, trabalho, assistência social, previdência social, habitação, cultura, desporto e lazer, visando à prevenção do uso de drogas, atenção e reinserção social dos usuários ou dependentes de drogas; (Incluído pela Lei nº 13.840, de 2019)

II - viabilizar a ampla participação social na formulação, implementação e avaliação das políticas sobre drogas; (Incluído pela Lei nº 13.840, de 2019)

III - priorizar programas, ações, atividades e projetos articulados com os estabelecimentos de ensino, com a sociedade e com a família para a prevenção do uso de drogas; (Incluído pela Lei nº 13.840, de 2019)

IV - ampliar as alternativas de inserção social e econômica do usuário ou dependente de drogas, promovendo programas que priorizem a melhoria de sua escolarização e a qualificação profissional; (Incluído pela Lei nº 13.840, de 2019)

V - promover o acesso do usuário ou dependente de drogas a todos os serviços públicos; (Incluído pela Lei nº 13.840, de 2019)

VI - estabelecer diretrizes para garantir a efetividade dos programas, ações e projetos das políticas sobre drogas; (Incluído pela Lei nº 13.840, de 2019)

VII - fomentar a criação de serviço de atendimento telefônico com orientações e informações para apoio aos usuários ou dependentes de drogas; (Incluído pela Lei nº 13.840, de 2019)

VIII - articular programas, ações e projetos de incentivo ao emprego, renda e capacitação para o trabalho, com objetivo de promover a inserção profissional da pessoa que haja cumprido o plano individual de atendimento nas fases de tratamento ou acolhimento; (Incluído pela Lei nº 13.840, de 2019)

IX - promover formas coletivas de organização para o trabalho, redes de economia solidária e o cooperativismo, como forma de promover autonomia ao usuário ou dependente de drogas egresso de tratamento ou acolhimento, observando-se as especificidades regionais;

X - propor a formulação de políticas públicas que conduzam à efetivação das diretrizes e princípios previstos no art. 22;

XI - articular as instâncias de saúde, assistência social e de justiça no enfrentamento ao abuso de drogas; e

XII - promover estudos e avaliação dos resultados das políticas sobre drogas.

§ 1º O plano de que trata o caput terá duração de 5 (cinco) anos a contar de sua aprovação.

§ 2º O poder público deverá dar a mais ampla divulgação ao conteúdo do Plano Nacional de Políticas sobre Drogas.

SEÇÃO II
DOS CONSELHOS DE POLÍTICAS SOBRE DROGAS
(Seção acrescida pela Lei nº 13.840, de 2019)

ART. 8º-E. Os conselhos de políticas sobre drogas, constituídos por Estados, Distrito Federal e Municípios, terão os seguintes objetivos: (Incluído pela Lei nº 13.840, de 2019)

I - auxiliar na elaboração de políticas sobre drogas;

II - colaborar com os órgãos governamentais no planejamento e na execução das políticas sobre drogas, visando à efetividade das políticas sobre drogas;

III - propor a celebração de instrumentos de cooperação, visando à elaboração de programas, ações, atividades e projetos voltados à prevenção, tratamento, acolhimento, reinserção social e econômica e repressão ao tráfico ilícito de drogas;

IV - promover a realização de estudos, com o objetivo de subsidiar o planejamento das políticas sobre drogas;

V - propor políticas públicas que permitam a integração e a participação do usuário ou dependente de drogas no processo social, econômico, político e cultural no respectivo ente federado; e

VI - desenvolver outras atividades relacionadas às políticas sobre drogas em consonância com o Sisnad e com os respectivos planos.

Seção III
DOS MEMBROS DOS CONSELHOS DE POLÍTICAS SOBRE DROGAS
(Seção acrescida pela Lei nº 13.840, de 2019)

ART. 8º-F. (VETADO na Lei nº 13.840, de 5/6/2019)

Capítulo III.

ARTS. 9º a 14. (VETADOS)

Capítulo IV
(Redação dada pela Lei nº 13.840, de 2019)
DO ACOMPANHAMENTO E DA AVALIAÇÃO DAS POLÍTICAS SOBRE DROGAS

ART. 15. (VETADO)

ART. 16. As instituições com atuação nas áreas da atenção à saúde e da assistência social que atendam usuários ou dependentes de drogas devem comunicar ao órgão competente do respectivo sistema municipal de saúde os casos atendidos e os óbitos ocorridos, preservando a identidade das pessoas, conforme orientações emanadas da União.

ART. 17. Os dados estatísticos nacionais de repressão ao tráfico ilícito de drogas integrarão sistema de informações do Poder Executivo.

Título III.
DAS ATIVIDADES DE PREVENÇÃO DO USO INDEVIDO, ATENÇÃO E REINSERÇÃO SOCIAL DE USUÁRIOS E DEPENDENTES DE DROGAS

Capítulo I.
DA PREVENÇÃO

Seção I
(Incluído pela Lei nº 13.840, de 2019)
DAS DIRETRIZES

ART. 18. Constituem atividades de prevenção do uso indevido de drogas, para efeito desta Lei, aquelas direcionadas para a redução dos fatores de vulnerabilidade e risco e para a promoção e o fortalecimento dos fatores de proteção.

ART. 19. As atividades de prevenção do uso indevido de drogas devem observar os seguintes princípios e diretrizes:

I – o reconhecimento do uso indevido de drogas como fator de interferência na qualidade de vida do indivíduo e na sua relação com a comunidade à qual pertence;

II – a adoção de conceitos objetivos e de fundamentação científica como forma de orientar as ações dos serviços públicos comunitários e privados e de evitar preconceitos e estigmatização das pessoas e dos serviços que as atendam;

III – o fortalecimento da autonomia e da responsabilidade individual em relação ao uso indevido de drogas;

IV – o compartilhamento de responsabilidades e a colaboração mútua com as instituições do setor privado e com os diversos segmentos sociais, incluindo usuários e dependentes de drogas e respectivos familiares, por meio do estabelecimento de parcerias;

V – a adoção de estratégias preventivas diferenciadas e adequadas às especificidades socioculturais das diversas populações, bem como das diferentes drogas utilizadas;

VI – o reconhecimento do "não-uso", do "retardamento do uso" e da redução de riscos como resultados desejáveis das atividades de natureza preventiva, quando da definição dos objetivos a serem alcançados;

VII – o tratamento especial dirigido às parcelas mais vulneráveis da população, levando em consideração as suas necessidades específicas;

VIII – a articulação entre os serviços e organizações que atuam em atividades de prevenção do uso indevido de drogas e a rede de atenção a usuários e dependentes de drogas e respectivos familiares;

IX – o investimento em alternativas esportivas, culturais, artísticas, profissionais, entre outras, como forma de inclusão social e de melhoria da qualidade de vida;

X – o estabelecimento de políticas de formação continuada na área da prevenção do uso indevido de drogas para profissionais de educação nos 3 (três) níveis de ensino;

XI – a implantação de projetos pedagógicos de prevenção do uso indevido de drogas, nas instituições de ensino público e privado, alinhados às Diretrizes Curriculares Nacionais e aos conhecimentos relacionados a drogas;

XII – a observância das orientações e normas emanadas do CONAD;

XIII – o alinhamento às diretrizes dos órgãos de controle social de políticas setoriais específicas.

Parágrafo único. As atividades de prevenção do uso indevido de drogas dirigidas à criança e ao adolescente deverão estar em consonância com as diretrizes emanadas pelo Conselho Nacional dos Direitos da Criança e do Adolescente – CONANDA.

SEÇÃO II
(Incluído pela Lei nº 13.840, de 2019)
DA SEMANA NACIONAL DE POLÍTICAS SOBRE DROGAS

ART. 19-A. Fica instituída a Semana Nacional de Políticas sobre Drogas, comemorada anualmente, na quarta semana de junho. (Incluído pela Lei nº 13.840, de 2019)

§ 1º No período de que trata o caput, serão intensificadas as ações de: (Incluído pela Lei nº 13.840, de 2019)

I - difusão de informações sobre os problemas decorrentes do uso de drogas; (Incluído pela Lei nº 13.840, de 2019)

II - promoção de eventos para o debate público sobre as políticas sobre drogas; (Incluído pela Lei nº 13.840, de 2019)

III - difusão de boas práticas de prevenção, tratamento, acolhimento e reinserção social e econômica de usuários de drogas; (Incluído pela Lei nº 13.840, de 2019)

IV - divulgação de iniciativas, ações e campanhas de prevenção do uso indevido de drogas; (Incluído pela Lei nº 13.840, de 2019)

V - mobilização da comunidade para a participação nas ações de prevenção e enfrentamento às drogas; (Incluído pela Lei nº 13.840, de 2019)

VI - mobilização dos sistemas de ensino previstos na Lei nº 9.394, de 20 de dezembro de 1996 - Lei de Diretrizes e Bases da Educação Nacional, na realização de atividades de prevenção ao uso de drogas. (Incluído pela Lei nº 13.840, de 2019)

CAPÍTULO II
(Redação dada pela Lei nº 13.840, de 2019)
DAS ATIVIDADES DE PREVENÇÃO, TRATAMENTO, ACOLHIMENTO E DE REINSERÇÃO SOCIAL E ECONÔMICA DE USUÁRIOS OU DEPENDENTES DE DROGAS

SEÇÃO I
(Incluído pela Lei nº 13.840, de 2019)
DISPOSIÇÕES GERAIS

▸ *CC: art. 4º, II.*

ART. 20. Constituem atividades de atenção ao usuário e dependente de drogas e respectivos familiares, para efeito desta Lei, aquelas que visem à melhoria da qualidade de vida e à redução dos riscos e dos danos associados ao uso de drogas.

ART. 21. Constituem atividades de reinserção social do usuário ou do dependente de drogas e respectivos familiares, para efeito desta Lei, aquelas direcionadas para sua integração ou reintegração em redes sociais.

ART. 22. As atividades de atenção e as de reinserção social do usuário e do dependente de drogas e respectivos familiares devem observar os seguintes princípios e diretrizes:

I – respeito ao usuário e ao dependente de drogas, independentemente de quaisquer condições, observados os direitos fundamentais da pessoa humana, os princípios e diretrizes do Sistema Único de Saúde e da Política Nacional de Assistência Social;

II – a adoção de estratégias diferenciadas de atenção e reinserção social do usuário e do dependente de drogas e respectivos familiares que considerem as suas peculiaridades socioculturais;

III – definição de projeto terapêutico individualizado, orientado para a inclusão social e para a redução de riscos e de danos sociais e à saúde;

IV – atenção ao usuário ou dependente de drogas e aos respectivos familiares, sempre que possível, de forma multidisciplinar e por equipes multiprofissionais;

V – observância das orientações e normas emanadas do CONAD;

VI – o alinhamento às diretrizes dos órgãos de controle social de políticas setoriais específicas.

VII - estímulo à capacitação técnica e profissional; (Incluído pela Lei nº 13.840, de 2019)

VIII - efetivação de políticas de reinserção social voltadas à educação continuada e ao trabalho; (Incluído pela Lei nº 13.840, de 2019)

IX - observância do plano individual de atendimento na forma do art. 23-B desta Lei; (Incluído pela Lei nº 13.840, de 2019)

X - orientação adequada ao usuário ou dependente de drogas quanto às consequências lesivas do uso de drogas, ainda que ocasional. (Incluído pela Lei nº 13.840, de 2019)

SEÇÃO II
(Incluído pela Lei nº 13.840, de 2019)
DA EDUCAÇÃO NA REINSERÇÃO SOCIAL E ECONÔMICA

ART. 22-A. As pessoas atendidas por órgãos integrantes do Sisnad terão atendimento nos programas de educação profissional e tecnológica, educação de jovens e adultos e alfabetização. (Incluído pela Lei nº 13.840, de 2019)

SEÇÃO III
(Incluído pela Lei nº 13.840, de 2019)
DO TRABALHO NA REINSERÇÃO SOCIAL E ECONÔMICA

ART. 22-B. (VETADO).

SEÇÃO IV
(Incluído pela Lei nº 13.840, de 2019)
DO TRATAMENTO DO USUÁRIO OU DEPENDENTE DE DROGAS

ART. 23. As redes dos serviços de saúde da União, dos Estados, do Distrito Federal, dos Municípios desenvolverão programas de atenção ao usuário e ao dependente de drogas, respeitadas as diretrizes do Ministério da Saúde e os princípios explicitados no art. 22 desta Lei, obrigatória a previsão orçamentária adequada.

LEIS ORDINÁRIAS

ART. 23-A. O tratamento do usuário ou dependente de drogas deverá ser ordenado em uma rede de atenção à saúde, com prioridade para as modalidades de tratamento ambulatorial, incluindo excepcionalmente formas de internação em unidades de saúde e hospitais gerais nos termos de normas dispostas pela União e articuladas com os serviços de assistência social e em etapas que permitam: (Incluído pela Lei nº 13.840, de 2019)

I - articular a atenção com ações preventivas que atinjam toda a população; (Incluído pela Lei nº 13.840, de 2019)

II - orientar-se por protocolos técnicos predefinidos, baseados em evidências científicas, oferecendo atendimento individualizado ao usuário ou dependente de drogas com abordagem preventiva e, sempre que indicado, ambulatorial; (Incluído pela Lei nº 13.840, de 2019)

III - preparar para a reinserção social e econômica, respeitando as habilidades e projetos individuais por meio de programas que articulem educação, capacitação para o trabalho, esporte, cultura e acompanhamento individualizado; e (Incluído pela Lei nº 13.840, de 2019)

IV - acompanhar os resultados pelo SUS, Suas e Sisnad, de forma articulada. (Incluído pela Lei nº 13.840, de 2019)

§ 1º Caberá à União dispor sobre os protocolos técnicos de tratamento, em âmbito nacional. (Incluído pela Lei nº 13.840, de 2019)

§ 2º A internação de dependentes de drogas somente será realizada em unidades de saúde ou hospitais gerais, dotados de equipes multidisciplinares e deverá ser obrigatoriamente autorizada por médico devidamente registrado no Conselho Regional de Medicina - CRM do Estado onde se localize o estabelecimento no qual se dará a internação. (Incluído pela Lei nº 13.840, de 2019)

§ 3º São considerados 2 (dois) tipos de internação: (Incluído pela Lei nº 13.840, de 2019)

I - internação voluntária: aquela que se dá com o consentimento do dependente de drogas; (Incluído pela Lei nº 13.840, de 2019)

II - internação involuntária: aquela que se dá, sem o consentimento do dependente, a pedido de familiar ou do responsável legal ou, na absoluta falta deste, de servidor público da área de saúde, da assistência social ou dos órgãos públicos integrantes do Sisnad, com exceção de servidores da área de segurança pública, que constate a existência de motivos que justifiquem a medida. (Incluído pela Lei nº 13.840, de 2019)

§ 4º A internação voluntária: (Incluído pela Lei nº 13.840, de 2019)

I - deverá ser precedida de declaração escrita da pessoa solicitante de que optou por este regime de tratamento; (Incluído pela Lei nº 13.840, de 2019)

II - seu término dar-se-á por determinação do médico responsável ou por solicitação escrita da pessoa que deseja interromper o tratamento. (Incluído pela Lei nº 13.840, de 2019)

§ 5º A internação involuntária: (Incluído pela Lei nº 13.840, de 2019)

I - deve ser realizada após a formalização da decisão por médico responsável; (Incluído pela Lei nº 13.840, de 2019)

II - será indicada depois da avaliação sobre o tipo de droga utilizada, o padrão de uso e na hipótese comprovada da impossibilidade de utilização de outras alternativas terapêuticas previstas na rede de atenção à saúde; (Incluído pela Lei nº 13.840, de 2019)

III - perdurará apenas pelo tempo necessário à desintoxicação, no prazo máximo de 90 (noventa) dias, tendo seu término determinado pelo médico responsável; (Incluído pela Lei nº 13.840, de 2019)

IV - a família ou o representante legal poderá, a qualquer tempo, requerer ao médico a interrupção do tratamento. (Incluído pela Lei nº 13.840, de 2019)

§ 6º A internação, em qualquer de suas modalidades, só será indicada quando os recursos extra-hospitalares se mostrarem insuficientes. (Incluído pela Lei nº 13.840, de 2019)

§ 7º Todas as internações e altas de que trata esta Lei deverão ser informadas, em, no máximo, de 72 (setenta e duas) horas, ao Ministério Público, à Defensoria Pública e a outros órgãos de fiscalização, por meio de sistema informatizado único, na forma do regulamento desta Lei. (Incluído pela Lei nº 13.840, de 2019)

§ 8º É garantido o sigilo das informações disponíveis no sistema referido no § 7º e o acesso será permitido apenas às pessoas autorizadas a conhecê-las, sob pena de responsabilidade. (Incluído pela Lei nº 13.840, de 2019)

§ 9º É vedada a realização de qualquer modalidade de internação nas comunidades terapêuticas acolhedoras. (Incluído pela Lei nº 13.840, de 2019)

§ 10. O planejamento e a execução do projeto terapêutico individual deverão observar, no que couber, o previsto na Lei nº 10.216, de 6 de abril de 2001, que dispõe sobre a proteção e os direitos das pessoas portadoras de transtornos mentais e redireciona o modelo assistencial em saúde mental. (Incluído pela Lei nº 13.840, de 2019)

SEÇÃO V
(Incluído pela Lei nº 13.840, de 2019)
DO PLANO INDIVIDUAL DE ATENDIMENTO

ART. 23-B. O atendimento ao usuário ou dependente de drogas na rede de atenção à saúde dependerá de: (Incluído pela Lei nº 13.840, de 2019)

I - avaliação prévia por equipe técnica multidisciplinar e multissetorial; e (Incluído pela Lei nº 13.840, de 2019)

II - elaboração de um Plano Individual de Atendimento - PIA. (Incluído pela Lei nº 13.840, de 2019)

§ 1º A avaliação prévia da equipe técnica subsidiará a elaboração e execução do projeto terapêutico individual a ser adotado, levantando no mínimo: (Incluído pela Lei nº 13.840, de 2019)

I - o tipo de droga e o padrão de seu uso; e (Incluído pela Lei nº 13.840, de 2019)

II - o risco à saúde física e mental do usuário ou dependente de drogas ou das pessoas com as quais convive. (Incluído pela Lei nº 13.840, de 2019)

§ 2º (VETADO). (Incluído pela Lei nº 13.840, de 2019)

§ 3º O PIA deverá contemplar a participação dos familiares ou responsáveis, os quais têm o dever de contribuir com

LEIS ORDINÁRIAS

o processo, sendo esses, no caso de crianças e adolescentes, passíveis de responsabilização civil, administrativa e criminal, nos termos da Lei nº 8.069, de 13 de julho de 1990 - Estatuto da Criança e do Adolescente. (Incluído pela Lei nº 13.840, de 2019)

§ 4º O PIA será inicialmente elaborado sob a responsabilidade da equipe técnica do primeiro projeto terapêutico que atender o usuário ou dependente de drogas e será atualizado ao longo das diversas fases do atendimento. (Incluído pela Lei nº 13.840, de 2019)

§ 5º Constarão do plano individual, no mínimo: (Incluído pela Lei nº 13.840, de 2019)

I - os resultados da avaliação multidisciplinar; (Incluído pela Lei nº 13.840, de 2019)

II - os objetivos declarados pelo atendido; (Incluído pela Lei nº 13.840, de 2019)

III - a previsão de suas atividades de integração social ou capacitação profissional; (Incluído pela Lei nº 13.840, de 2019)

IV - atividades de integração e apoio à família; (Incluído pela Lei nº 13.840, de 2019)

V - formas de participação da família para efetivo cumprimento do plano individual; (Incluído pela Lei nº 13.840, de 2019)

VI - designação do projeto terapêutico mais adequado para o cumprimento do previsto no plano; e (Incluído pela Lei nº 13.840, de 2019)

VII - as medidas específicas de atenção à saúde do atendido. (Incluído pela Lei nº 13.840, de 2019)

§ 6º O PIA será elaborado no prazo de até 30 (trinta) dias da data do ingresso no atendimento. (Incluído pela Lei nº 13.840, de 2019)

§ 7º As informações produzidas na avaliação e as registradas no plano individual de atendimento são consideradas sigilosas. (Incluído pela Lei nº 13.840, de 2019)

ART. 24. A União, os Estados, o Distrito Federal e os Municípios poderão conceder benefícios às instituições privadas que desenvolverem programas de reinserção no mercado de trabalho, do usuário e do dependente de drogas encaminhados por órgão oficial.

ART. 25. As instituições da sociedade civil, sem fins lucrativos, com atuação nas áreas da atenção à saúde e da assistência social, que atendam usuários ou dependentes de drogas poderão receber recursos do FUNAD, condicionados à sua disponibilidade orçamentária e financeira.

ART. 26. O usuário e o dependente de drogas que, em razão da prática de infração penal, estiverem cumprindo pena privativa de liberdade ou submetidos a medida de segurança, têm garantidos os serviços de atenção à sua saúde, definidos pelo respectivo sistema penitenciário.

SEÇÃO VI (Incluído pela Lei nº 13.840, de 2019) DO ACOLHIMENTO EM COMUNIDADE TERAPÊUTICA ACOLHEDORA

ART. 26-A. O acolhimento do usuário ou dependente de drogas na comunidade terapêutica acolhedora caracteriza-se por: (Incluído pela Lei nº 13.840, de 2019)

I - oferta de projetos terapêuticos ao usuário ou dependente de drogas que visam à abstinência; (Incluído pela Lei nº 13.840, de 2019)

II - adesão e permanência voluntária, formalizadas por escrito, entendida como uma etapa transitória para a reinserção social e econômica do usuário ou dependente de drogas; (Incluído pela Lei nº 13.840, de 2019)

III - ambiente residencial, propício à formação de vínculos, com a convivência entre os pares, atividades práticas de valor educativo e a promoção do desenvolvimento pessoal, vocacionada para acolhimento ao usuário ou dependente de drogas em vulnerabilidade social; (Incluído pela Lei nº 13.840, de 2019)

IV - avaliação médica prévia; (Incluído pela Lei nº 13.840, de 2019)

V - elaboração de plano individual de atendimento na forma do art. 23-B desta Lei; e (Incluído pela Lei nº 13.840, de 2019)

VI - vedação de isolamento físico do usuário ou dependente de drogas. (Incluído pela Lei nº 13.840, de 2019)

§ 1º Não são elegíveis para o acolhimento as pessoas com comprometimentos biológicos e psicológicos de natureza grave que mereçam atenção médico-hospitalar contínua ou de emergência, caso em que deverão ser encaminhadas à rede de saúde. (Incluído pela Lei nº 13.840, de 2019)

§ 2º (VETADO). (Incluído pela Lei nº 13.840, de 2019)

§ 3º (VETADO). (Incluído pela Lei nº 13.840, de 2019)

§ 4º (VETADO). (Incluído pela Lei nº 13.840, de 2019)

§ 5º (VETADO). (Incluído pela Lei nº 13.840, de 2019)

CAPÍTULO III. DOS CRIMES E DAS PENAS

▸ *Dec-Lei 3.914, de 9-12-1941: arts. 1º, Lei de Introdução ao Código Penal.*

ART. 27. As penas previstas neste Capítulo poderão ser aplicadas isolada ou cumulativamente, bem como substituídas a qualquer tempo, ouvidos o Ministério Público e o defensor.

ART. 28. Quem adquirir, guardar, tiver em depósito, transportar ou trouxer consigo, para consumo pessoal, drogas sem autorização ou em desacordo com determinação legal ou regulamentar será submetido às seguintes penas:

▸ *Súmula nº 630 do STJ.*

▸ *Esta lei: art. 48.*

▸ *Lei nº 9.099, de 26-09-1995, arts. 69 e 76, Lei dos Juizados Especiais Cíveis e Criminais.*

I – advertência sobre os efeitos das drogas;

II – prestação de serviços à comunidade;

III – medida educativa de comparecimento a programa ou curso educativo.

§ 1º. Às mesmas medidas submete-se quem, para seu consumo pessoal, semeia, cultiva ou colhe plantas destinadas à preparação de pequena quantidade de substância ou produto capaz de causar dependência física ou psíquica.

▸ *CF: art. 243.*

▸ *Esta Lei: art. 33, § 1º, I.*

§ 2º. Para determinar se a droga destinava-se a consumo pessoal, o juiz atenderá à natureza e à quantidade da substância apreendida, ao local e às condições em que se desenvolveu a ação, às circunstâncias sociais e pessoais, bem como à conduta e aos antecedentes do agente.

§ 3º. As penas previstas nos incisos II e III do *caput* deste artigo serão aplicadas pelo prazo máximo de 5 (cinco) meses.

§ 4º. Em caso de reincidência, as penas previstas nos incisos II e III do *caput* deste artigo serão aplicadas pelo prazo máximo de 10 (dez) meses.

§ 5º. A prestação de serviços à comunidade será cumprida em programas comunitários, entidades educacionais ou assistenciais, hospitais, estabelecimentos congêneres, públicos ou privados sem fins lucrativos, que se ocupem, preferencialmente, da prevenção do consumo ou da recuperação de usuários e dependentes de drogas.

§ 6º. Para garantia do cumprimento das medidas educativas a que se refere o *caput*, nos incisos I, II e III, a que injustificadamente se recuse o agente, poderá o juiz submetê-lo, sucessivamente a:

I – admoestação verbal;

II – multa.

§ 7º. O juiz determinará ao Poder Público que coloque à disposição do infrator, gratuitamente, estabelecimento de saúde, preferencialmente ambulatorial, para tratamento especializado.

ART. 29. Na imposição da medida educativa a que se refere o inciso II do § 6º do art. 28, o juiz, atendendo à reprovabilidade da conduta, fixará o número de dias-multa, em quantidade nunca inferior a 40 (quarenta) nem superior a 100 (cem), atribuindo depois a cada um, segundo a capacidade econômica do agente, o valor de um trinta avos até 3 (três) vezes o valor do maior salário mínimo.

Parágrafo único. Os valores decorrentes da imposição da multa a que se refere o § 6º do art. 28 serão creditados à conta do Fundo Nacional Antidrogas.

ART. 30. Prescrevem em 2 (dois) anos a imposição e a execução das penas, observado, no tocante à interrupção do prazo, o disposto nos arts. 107 e seguintes do Código Penal.

TÍTULO IV.
DA REPRESSÃO À PRODUÇÃO NÃO AUTORIZADA E AO TRÁFICO ILÍCITO DE DROGAS

CAPÍTULO I.
DISPOSIÇÕES GERAIS

ART. 31. É indispensável a licença prévia da autoridade competente para produzir, extrair, fabricar, transformar, preparar, possuir, manter em depósito, importar, exportar, reexportar, remeter, transportar, expor, oferecer, vender, comprar, trocar, ceder ou adquirir, para qualquer fim, drogas ou matéria-prima destinada à sua preparação, observadas as demais exigências legais.

ART. 32. As plantações ilícitas serão imediatamente destruídas pelo delegado de polícia na forma do art. 50-A, que recolherá quantidade suficiente para exame pericial, de tudo lavrando auto de levantamento das condições encontradas, com a delimitação do local, asseguradas as medidas necessárias para a preservação da prova. (Redação dada pela Lei nº 12.961, de 2014)

§§ 1º e 2º (Revogados pela Lei nº 12.961, de 2014)

§ 3º. Em caso de ser utilizada a queimada para destruir a plantação, observar-se-á, além das cautelas necessárias à proteção ao meio ambiente, o disposto no Decreto nº 2.661, de 8 de julho de 1998, no que couber, dispensada a autorização prévia do órgão próprio do Sistema Nacional do Meio Ambiente – SISNAMA.

§ 4º. As glebas cultivadas com plantações ilícitas serão expropriadas, conforme o disposto no art. 243 da Constituição Federal, de acordo com a legislação em vigor.

- *Lei 8.257, de 26-11-1991, dispõe sobre a expropriação de glebas.*

CAPÍTULO II.
DOS CRIMES

ART. 33. Importar, exportar, remeter, preparar, produzir, fabricar, adquirir, vender, expor à venda, oferecer, ter em depósito, transportar, trazer consigo, guardar, prescrever, ministrar, entregar a consumo ou fornecer drogas, ainda que gratuitamente, sem autorização ou em desacordo com determinação legal ou regulamentar:

- *Súmula nº 711 do STF.*
- *Súmulas nº 528 e 630 do STJ.*
- *Esta lei: art. 40 e 44.*
- *Lei nº 8.072, de 25-07-1990, art. 2º, Crimes hediondos e equiparados.*

Pena – reclusão de 5 (cinco) a 15 (quinze) anos e pagamento de 500 (quinhentos) a 1.500 (mil e quinhentos) dias-multa.

§ 1º. Nas mesmas penas incorre quem:

- *Esta lei: art. 44.*
- *Lei nº 8.072, de 25-07-1990, art. 2º, Crimes hediondos e equiparados.*

I – importa, exporta, remete, produz, fabrica, adquire, vende, expõe à venda, oferece, fornece, tem em depósito, transporta, traz consigo ou guarda, ainda que gratuitamente, sem autorização ou em desacordo com determinação legal ou regulamentar, matéria-prima, insumo ou produto químico destinado à preparação de drogas;

II – semeia, cultiva ou faz a colheita, sem autorização ou em desacordo com determinação legal ou regulamentar, de plantas que se constituam em matéria-prima para a preparação de drogas;

- *CF: art. 243.*
- *Esta Lei: art. 28, § 1º.*
- *Lei nº 8.072, de 25-07-1990, art. 2º, Crimes hediondos e equiparados.*
- *Lei nº 8.257, de 26-11-1991, Expropriação de glebas.*

III – utiliza local ou bem de qualquer natureza de que tem a propriedade, posse, administração, guarda ou vigilância, ou consente que outrem dele se utilize, ainda que gratuitamente, sem autorização ou em desacordo com determinação legal ou regulamentar, para o tráfico ilícito de drogas.

▸ Lei nº 8.072, de 25-07-1990, art. 2º, Crimes hediondos e equiparados.

IV – vende ou entrega drogas ou matéria-prima, insumo ou produto químico destinado à preparação de drogas, sem autorização ou em desacordo com a determinação legal ou regulamentar, a agente policial disfarçado, quando presentes elementos probatórios razoáveis de conduta criminal preexistente. (Incluído pela Lei nº 13.964, de 24.12.2019)

▸ Súmula 145 do STF.

▸ CF: art. 5º, XL.

▸ CP: art. 2º e 17.

▸ CPP: art. 303.

§ 2º. Induzir, instigar ou auxiliar alguém ao uso indevido de droga:

Pena – detenção, de 1 (um) a 3 (três) anos, e multa de 100 (cem) a 300 (trezentos) dias-multa.

▸ CP: art. 62, II e III.

▸ Lei nº 8.072, de 25-07-1990, art. 2º, Crimes hediondos e equiparados.

▸ Lei 9.099, de 26-9-1995, art. 89, Juizados Especiais Criminais.

§ 3º. Oferecer droga, eventualmente e sem objetivo de lucro, a pessoa de seu relacionamento, para juntos a consumirem:

Pena – detenção, de 6 (seis) meses a 1 (um) ano, e pagamento de 700 (setecentos) a 1.500 (mil e quinhentos) dias-multa, sem prejuízo das penas previstas no art. 28.

▸ Lei 9.099, de 26-9-1995, art. 61, Juizados Especiais Criminais.

§ 4º. Nos delitos definidos no *caput* e no § 1º deste artigo, as penas poderão ser reduzidas de um sexto a dois terços, ~~vedada a conversão em penas restritivas de direitos~~, desde que o agente seja primário, de bons antecedentes, não se dedique às atividades criminosas nem integre organização criminosa.

▸ Resolução nº 5, de 15-02-2012, do Senado Federal.

▸ Esta lei: art. 44.

ART. 34. Fabricar, adquirir, utilizar, transportar, oferecer, vender, distribuir, entregar a qualquer título, possuir, guardar ou fornecer, ainda que gratuitamente, maquinário, aparelho, instrumento ou qualquer objeto destinado à fabricação, preparação, produção ou transformação de drogas, sem autorização ou em desacordo com determinação legal ou regulamentar:

Pena – reclusão, de 3 (três) a 10 (dez) anos, e pagamento de 1.200 (mil e duzentos) a 2.000 (dois mil) dias-multa.

▸ Esta lei: arts. 40 e 44.

ART. 35. Associarem-se duas ou mais pessoas para o fim de praticar, reiteradamente ou não, qualquer dos crimes previstos nos arts. 33, *caput* e § 1º, e 34 desta Lei:

▸ CP: 288.

▸ Esta lei: art. 44.

Pena – reclusão, de 3 (três) a 10 (dez) anos, e pagamento de 700 (setecentos) a 1.200 (mil e duzentos) dias-multa.

▸ Esta lei: art. 40.

Parágrafo único. Nas mesmas penas do *caput* deste artigo incorre quem se associa para a prática reiterada do crime definido no art. 36 desta Lei.

ART. 36. Financiar ou custear a prática de qualquer dos crimes previstos nos arts. 33, *caput* e § 1º, e 34 desta Lei:

▸ Esta lei: art. 44.

Pena – reclusão, de 8 (oito) a 20 (vinte) anos, e pagamento de 1.500 (mil e quinhentos) a 4.000 (quatro mil) dias-multa.

▸ Esta lei: art. 40.

ART. 37. Colaborar, como informante, com grupo, organização ou associação destinados à prática de qualquer dos crimes previstos nos arts. 33, *caput* e § 1º, e 34 desta Lei:

Pena – reclusão, de 2 (dois) a 6 (seis) anos, e pagamento de 300 (trezentos) a 700 (setecentos) dias-multa.

▸ Esta lei: art. 40 e 44.

ART. 38. Prescrever ou ministrar, culposamente, drogas, sem que delas necessite o paciente, ou fazê-lo em doses excessivas ou em desacordo com determinação legal ou regulamentar:

Pena – detenção, de 6 (seis) meses a 2 (dois) anos, e pagamento de 50 (cinquenta) a 200 (duzentos) dias-multa.

▸ Lei 9.099, de 26-9-1995, art. 61, Juizados Especiais Criminais.

Parágrafo único. O juiz comunicará a condenação ao Conselho Federal da categoria profissional a que pertença o agente.

ART. 39. Conduzir embarcação ou aeronave após o consumo de drogas, expondo a dano potencial a incolumidade de outrem:

▸ CF: arts. 109, V e IX, e 144, § 1º.

▸ CTB: arts. 291 e 306.

Pena – detenção, de 6 (seis) meses a 3 (três) anos, além da apreensão do veículo, cassação da habilitação respectiva ou proibição de obtê-la, pelo mesmo prazo da pena privativa de liberdade aplicada, e pagamento de 200 (duzentos) a 400 (quatrocentos) dias-multa.

Parágrafo único. As penas de prisão e multa, aplicadas cumulativamente com as demais, serão de 4 (quatro) a 6 (seis) anos e de 400 (quatrocentos) a 600 (seiscentos) dias-multa, se o veículo referido no *caput* deste artigo for de transporte coletivo de passageiros.

ART. 40. As penas previstas nos arts. 33 a 37 desta Lei são aumentadas de um sexto a dois terços, se:

I – a natureza, a procedência da substância ou do produto apreendido e as circunstâncias do fato evidenciarem a transnacionalidade do delito;

▸ Súmula nº 522 do STF.

▸ Súmulas nº 528, 587 e 607 do STJ.

▸ CP: art. 5º e 7º.

II – o agente praticar o crime prevalecendo-se de função pública ou no desempenho de missão de educação, poder familiar, guarda ou vigilância;

▸ CC: arts. 1.630 a 1.638.

III – a infração tiver sido cometida nas dependências ou imediações de estabelecimentos prisionais, de ensino ou hospitalares, de sedes de entidades estudantis, sociais, culturais, recreativas, esportivas, ou beneficentes, de locais de trabalho coletivo, de recintos onde se realizem espetáculos ou diversões de qualquer natureza, de serviços de tratamento de dependentes de drogas ou de reinserção social, de unidades militares ou policiais ou em transportes públicos;

IV – o crime tiver sido praticado com violência, grave ameaça, emprego de arma de fogo, ou qualquer processo de intimidação difusa ou coletiva;

V – caracterizado o tráfico entre Estados da Federação ou entre estes e o Distrito Federal;

▸ Súmula 587 do STJ.

VI – sua prática envolver ou visar a atingir criança ou adolescente ou a quem tenha, por qualquer motivo, diminuída ou suprimida a capacidade de entendimento e determinação;

VII – o agente financiar ou custear a prática do crime.

ART. 41. O indiciado ou acusado que colaborar voluntariamente com a investigação policial e o processo criminal na identificação dos demais coautores ou partícipes do crime e na recuperação total ou parcial do produto do crime, no caso de condenação, terá pena reduzida de um terço a dois terços.

ART. 42. O juiz, na fixação das penas, considerará, com preponderância sobre o previsto no art. 59 do Código Penal, a natureza e a quantidade da substância ou do produto, a personalidade e a conduta social do agente.

ART. 43. Na fixação da multa a que se referem os arts. 33 a 39 desta Lei, o juiz, atendendo ao que dispõe o art. 42 desta Lei, determinará o número de dias-multa, atribuindo a cada um, segundo as condições econômicas dos acusados, valor não inferior a um trinta avos nem superior a 5 (cinco) vezes o maior salário-mínimo.

▸ CP: art. 49, § 1º.

Parágrafo único. As multas, que em caso de concurso de crimes serão impostas sempre cumulativamente, podem ser aumentadas até o décuplo se, em virtude da situação econômica do acusado, considerá-las o juiz ineficazes, ainda que aplicadas no máximo.

ART. 44. Os crimes previstos nos arts. 33, *caput* e § 1º, e 34 a 37 desta Lei são inafiançáveis e insuscetíveis de sursis, graça, indulto, anistia e ~~liberdade provisória, vedada a conversão de suas penas em restritivas de direitos~~.

▸ CF: art. 5º, XLIII.

▸ CP: arts. 33 a 37, 43 a 48, 77 a 82, 83, V.

▸ CPP: 321 a 350.

▸ Resolução nº 5 do Senado.

▸ Esta lei: art. 33, § 4º.

▸ Lei nº 7.210, de 11-07-1984, art. 156 a 163 e 187 a 193, Lei de Execução Penal.

▸ Lei 8.072, de 25-7-1990, art. 2º, crimes hediondos e equiparados.

Parágrafo único. Nos crimes previstos no *caput* deste artigo, dar-se-á o livramento condicional após o cumprimento de dois terços da pena, vedada sua concessão ao reincidente específico.

ART. 45. É isento de pena o agente que, em razão da dependência, ou sob o efeito, proveniente de caso fortuito ou força maior, de droga, era, ao tempo da ação ou da omissão, qualquer que tenha sido a infração penal praticada, inteiramente incapaz de entender o caráter ilícito do fato ou de determinar-se de acordo com esse entendimento.

▸ CP: art. 28, § 1º.

Parágrafo único. Quando absolver o agente, reconhecendo, por força pericial, que este apresentava, à época do fato previsto neste artigo, as condições referidas no *caput* deste artigo, poderá determinar o juiz, na sentença, o seu encaminhamento para tratamento médico adequado.

ART. 46. As penas podem ser reduzidas de um terço a dois terços se, por força das circunstâncias previstas no art. 45 desta Lei, o agente não possuía, ao tempo da ação ou da omissão, a plena capacidade de entender o caráter ilícito do fato ou de determinar-se de acordo com esse entendimento.

▸ CP: art. 28, § 2º.

ART. 47. Na sentença condenatória, o juiz, com base em avaliação que ateste a necessidade de encaminhamento do agente para tratamento, realizada por profissional de saúde com competência específica na forma da lei, determinará que a tal se proceda, observado o disposto no art. 26 desta Lei.

CAPÍTULO III. DO PROCEDIMENTO PENAL

ART. 48. O procedimento relativo aos processos por crimes definidos neste Título rege-se pelo disposto neste Capítulo, aplicando-se, subsidiariamente, as disposições do Código de Processo Penal e da Lei de Execução Penal.

▸ CF: art. 5º, LXV.

§ 1º. O agente de qualquer das condutas previstas no art. 28 desta Lei, salvo se houver concurso com os crimes previstos nos arts. 33 a 37 desta Lei, será processado e julgado na forma dos arts. 60 e seguintes da Lei nº 9.099, de 26 de setembro de 1995, que dispõe sobre os Juizados Especiais Criminais.

§ 2º. Tratando-se da conduta prevista no art. 28 desta Lei, não se imporá prisão em flagrante, devendo o autor do fato ser imediatamente encaminhado ao juízo competente ou, na falta deste, assumir o compromisso de a ele comparecer, lavrando-se termo circunstanciado e providenciando-se as requisições dos exames e perícias necessários.

▸ CF: art. 5º, LXV e LXVIII.

▸ CPP: art. 310, I e 648, I.

▸ CTB: art. 301.

▸ Lei n. 9.099, de 26-09-1995: art. 69, Juizados Especiais Criminais.

§ 3º. Se ausente a autoridade judicial, as providências previstas no § 2º deste artigo serão tomadas de imediato pela autoridade policial, no local em que se encontrar, vedada a detenção do agente.

§ 4º. Concluídos os procedimentos de que trata o § 2º deste artigo, o agente será submetido a exame de corpo de delito, se o requerer ou se a autoridade de polícia judiciária entender conveniente, e em seguida liberado.

§ 5º. Para os fins do disposto no art. 76 da Lei nº 9.099, de 1995, que dispõe sobre os Juizados Especiais Criminais, o Ministério Público poderá propor a aplicação imediata de pena prevista no art. 28 desta Lei, a ser especificada na proposta

LEIS ORDINÁRIAS

ART. 49. Tratando-se de condutas tipificadas nos arts. 33, *caput* e § 1º, e 34 a 37 desta Lei, o juiz, sempre que as circunstâncias o recomendem, empregará os instrumentos protetivos de colaboradores e testemunhas previstos na Lei nº 9.807, de 13 de julho de 1999.

SEÇÃO I. DA INVESTIGAÇÃO

ART. 50. Ocorrendo prisão em flagrante, a autoridade de polícia judiciária fará, imediatamente, comunicação ao juiz competente, remetendo-lhe cópia do auto lavrado, do qual será dada vista ao órgão do Ministério Público, em 24 (vinte e quatro) horas.

§ 1º. Para efeito da lavratura do auto de prisão em flagrante e estabelecimento da materialidade do delito, é suficiente o laudo de constatação da natureza e quantidade da droga, firmado por perito oficial ou, na falta deste, por pessoa idônea.

▸ *CPP: arts. 158 e 564, III, b.*

§ 2º. O perito que subscrever o laudo a que se refere o § 1º deste artigo não ficará impedido de participar da elaboração do laudo definitivo.

§ 3º. Recebida cópia do auto de prisão em flagrante, o juiz, no prazo de 10 (dez) dias, certificará a regularidade formal do laudo de constatação e determinará a destruição das drogas apreendidas, guardando-se amostra necessária à realização do laudo definitivo. (Incluído pela Lei nº 12.961, de 2014)

▸ *CPP: arts. 158 e 564, III, b.*

§ 4º. A destruição das drogas será executada pelo delegado de polícia competente no prazo de 15 (quinze) dias na presença do Ministério Público e da autoridade sanitária. (Incluído pela Lei nº 12.961, de 2014)

§ 5º. O local será vistoriado antes e depois de efetivada a destruição das drogas referida no § 3º, sendo lavrado auto circunstanciado pelo delegado de polícia, certificando-se neste a destruição total delas. (Incluído pela Lei nº 12.961, de 2014)

ART. 50-A. A destruição das drogas apreendidas sem a ocorrência de prisão em flagrante será feita por incineração, no prazo máximo de 30 (trinta) dias contados da data da apreensão, guardando-se amostra necessária à realização do laudo definitivo. (Redação dada pela Lei nº 13.840, de 2019)

ART. 51. O inquérito policial será concluído no prazo de 30 (trinta) dias, se o indiciado estiver preso, e de 90 (noventa) dias, quando solto.

▸ *CPP: art. 10.*

Parágrafo único. Os prazos a que se refere este artigo podem ser duplicados pelo juiz, ouvido o Ministério Público, mediante pedido justificado da autoridade de polícia judiciária.

ART. 52. Findos os prazos a que se refere o art. 51 desta Lei, a autoridade de polícia judiciária, remetendo os autos do inquérito ao juízo:

I – relatará sumariamente as circunstâncias do fato, justificando as razões que a levaram à classificação do delito, indicando a quantidade e natureza da substância ou do produto apreendido, o local e as condições em que se desenvolveu a ação criminosa, as circunstâncias da prisão, a conduta, a qualificação e os antecedentes do agente; ou

II – requererá sua devolução para a realização de diligências necessárias.

Parágrafo único. A remessa dos autos far-se-á sem prejuízo de diligências complementares:

I – necessárias ou úteis à plena elucidação do fato, cujo resultado deverá ser encaminhado ao juízo competente até 3 (três) dias antes da audiência de instrução e julgamento;

II – necessárias ou úteis à indicação dos bens, direitos e valores de que seja titular o agente, ou que figurem em seu nome, cujo resultado deverá ser encaminhado ao juízo competente até 3 (três) dias antes da audiência de instrução e julgamento.

ART. 53. Em qualquer fase da persecução criminal relativa aos crimes previstos nesta Lei, são permitidos, além dos previstos em lei, mediante autorização judicial e ouvido o Ministério Público, os seguintes procedimentos investigatórios:

▸ *CF: art. 5º, XXXV, LIII, LIV, LV e LVII.*

I – a infiltração por agentes de polícia, em tarefas de investigação, constituída pelos órgãos especializados pertinentes;

▸ *Lei nº 12.850, de 02-08-2013, arts. 3º, III e VII, 8º e 10, define organização criminosa e dispõe sobre a investigação criminal, os meios de obtenção da prova, infrações penais correlatas e o procedimento criminal.*

II – a não-atuação policial sobre os portadores de drogas, seus precursores químicos ou outros produtos utilizados em sua produção, que se encontrem no território brasileiro, com a finalidade de identificar e responsabilizar maior número de integrantes de operações de tráfico e distribuição, sem prejuízo da ação penal cabível.

Parágrafo único. Na hipótese do inciso II deste artigo, a autorização será concedida desde que sejam conhecidos o itinerário provável e a identificação dos agentes do delito ou de colaboradores.

SEÇÃO II. DA INSTRUÇÃO CRIMINAL

ART. 54. Recebidos em juízo os autos do inquérito policial, de Comissão Parlamentar de Inquérito ou peças de informação, dar-se-á vista ao Ministério Público para, no prazo de 10 (dez) dias, adotar uma das seguintes providências:

▸ *Súmula nº 528 do STJ.*

I – requerer o arquivamento;

II – requisitar as diligências que entender necessárias;

▸ *CPP: art. 47.*

III – oferecer denúncia, arrolar até 5 (cinco) testemunhas e requerer as demais provas que entender pertinentes.

ART. 55. Oferecida a denúncia, o juiz ordenará a notificação do acusado para oferecer defesa prévia, por escrito, no prazo de 10 (dez) dias.

▸ *CF: art. 5, LV.*

▸ *CPP: arts. 394, § 4º, 395 e 564, IV.*

§ 1º. Na resposta, consistente em defesa preliminar e exceções, o acusado poderá arguir preliminares e invocar todas as razões de defesa, oferecer documentos e justificações, especificar as provas que pretende produzir e, até o número de 5 (cinco), arrolar testemunhas.

§ 2º. As exceções serão processadas em apartado, nos termos dos arts. 95 a 113 do Decreto-Lei nº 3.689, de 3 de outubro de 1941 – Código de Processo Penal.

§ 3º. Se a resposta não for apresentada no prazo, o juiz nomeará defensor para oferecê-la em 10 (dez) dias, concedendo-lhe vista dos autos no ato de nomeação.

§ 4º. Apresentada a defesa, o juiz decidirá em 5 (cinco) dias.

§ 5º. Se entender imprescindível, o juiz, no prazo máximo de 10 (dez) dias, determinará a apresentação do preso, realização de diligências, exames e perícias.

ART. 56. Recebida a denúncia, o juiz designará dia e hora para a audiência de instrução e julgamento, ordenará a citação pessoal do acusado, a intimação do Ministério Público, do assistente, se for o caso, e requisitará os laudos periciais.

§ 1º. Tratando-se de condutas tipificadas como infração do disposto nos arts. 33, *caput* e § 1º, e 34 a 37 desta Lei, o juiz, ao receber a denúncia, poderá decretar o afastamento cautelar do denunciado de suas atividades, se for funcionário público, comunicando ao órgão respectivo.

§ 2º. A audiência a que se refere o *caput* deste artigo será realizada dentro dos 30 (trinta) dias seguintes ao recebimento da denúncia, salvo se determinada a realização de avaliação para atestar dependência de drogas, quando se realizará em 90 (noventa) dias.

ART. 57. Na audiência de instrução e julgamento, após o interrogatório do acusado e a inquirição das testemunhas, será dada a palavra, sucessivamente, ao representante do Ministério Público e ao defensor do acusado, para sustentação oral, pelo prazo de 20 (vinte) minutos para cada um, prorrogável por mais 10 (dez), a critério do juiz.

Parágrafo único. Após proceder ao interrogatório, o juiz indagará das partes se restou algum fato para ser esclarecido, formulando as perguntas correspondentes se o entender pertinente e relevante.

▸ *Súmulas 630 do STJ.*

▸ *CRFB: art. 5º, LV.*

▸ *CPP: arts. 400, 403, § 3º e 564, III, "e", e IV.*

ART. 58. Encerrados os debates, proferirá o juiz sentença de imediato, ou o fará em 10 (dez) dias, ordenando que os autos para isso lhe sejam conclusos.

▸ *Súmulas 545 e 630 do STJ.*

§§ 1º e 2º. (Revogado pela Lei nº 12.961, de 2014)

ART. 59. Nos crimes previstos nos arts. 33, *caput* e § 1º, e 34 a 37 desta Lei, o réu não poderá apelar sem recolher-se à prisão, salvo se for primário e de bons antecedentes, assim reconhecido na sentença condenatória.

▸ *Lei 8.072, de 25-7-1990: art. 2º, § 2º, crimes hediondos e equiparados.*

Capítulo IV.
DA APREENSÃO, ARRECADAÇÃO E DESTINAÇÃO DE BENS DO ACUSADO

ART. 60. O juiz, a requerimento do Ministério Público ou do assistente de acusação, ou mediante representação da autoridade de polícia judiciária, poderá decretar, no curso do inquérito ou da ação penal, a apreensão e outras medidas assecuratórias nos casos em que haja suspeita de que os bens, direitos ou valores sejam produto do crime ou constituam proveito dos crimes previstos nesta Lei, procedendo-se na forma dos arts. 125 e seguintes do Decreto-Lei nº 3.689, de 3 de outubro de 1941 - Código de Processo Penal. (Redação dada pela Lei nº 13.840, de 2019)

▸ *Lei 7.560, de 19-12-1986, arts. 4º, e 5º, cria o fundo de prevenção, recuperação e de combate às drogas.*

§ 1º (Revogado). (Redação dada pela Lei nº 13.840, de 2019)

§ 2º (Revogado). (Redação dada pela Lei nº 13.840, de 2019)

§ 3º Na hipótese do art. 366 do Decreto-Lei nº 3.689, de 3 de outubro de 1941 - Código de Processo Penal, o juiz poderá determinar a prática de atos necessários à conservação dos bens, direitos ou valores. (Redação dada pela Lei nº 13.840, de 2019)

§ 4º A ordem de apreensão ou sequestro de bens, direitos ou valores poderá ser suspensa pelo juiz, ouvido o Ministério Público, quando a sua execução imediata puder comprometer as investigações. (Redação dada pela Lei nº 13.840, de 2019)

ART. 60-A. Se as medidas assecuratórias de que trata o art. 60 desta Lei recaírem sobre moeda estrangeira, títulos, valores mobiliários ou cheques emitidos como ordem de pagamento, será determinada, imediatamente, a sua conversão em moeda nacional. (Incluído pela Lei nº 13.886, de 17-10-2019)

§ 1º A moeda estrangeira apreendida em espécie deve ser encaminhada a instituição financeira, ou equiparada, para alienação na forma prevista pelo Conselho Monetário Nacional. (Incluído pela Lei nº 13.886, de 17-10-2019)

§ 2º Na hipótese de impossibilidade da alienação a que se refere o § 1º deste artigo, a moeda estrangeira será custodiada pela instituição financeira até decisão sobre o seu destino. (Incluído pela Lei nº 13.886, de 17-10-2019)

§ 3º Após a decisão sobre o destino da moeda estrangeira a que se refere o § 2º deste artigo, caso seja verificada a inexistência de valor de mercado, seus espécimes poderão ser destruídos ou doados à representação diplomática do país de origem. (Incluído pela Lei nº 13.886, de 17-10-2019)

§ 4º Os valores relativos às apreensões feitas antes da data de entrada em vigor da Medida Provisória nº 885, de 17 de junho de 2019, e que estejam custodiados nas dependências do Banco Central do Brasil devem ser transferidos à Caixa Econômica Federal, no prazo de 360 (trezentos e sessenta) dias, para que se proceda à alienação ou custódia, de acordo com o previsto nesta Lei. (Incluído pela Lei nº 13.886, de 17-10-2019)

▸ *Lei 7.560, de 19-12-1986, arts. 4o. e 5o., cria o fundo de prevenção, recuperação e de combate às drogas.*

ART. 61. A apreensão de veículos, embarcações, aeronaves e quaisquer outros meios de transporte e dos maquinários, utensílios, instrumentos e objetos de qualquer natureza utilizados para a prática dos crimes definidos nesta Lei será imediatamente comunicada pela autoridade de polícia judiciária responsável pela investigação ao juízo competente. (Redação dada pela Lei nº 13.840, de 2019)

§ 1º O juiz, no prazo de 30 (trinta) dias contado da comunicação de que trata o caput, determinará a alienação

LEIS ORDINÁRIAS

dos bens apreendidos, excetuadas as armas, que serão recolhidas na forma da legislação específica. (Incluído pela Lei nº 13.840, de 2019)

§ 2º A alienação será realizada em autos apartados, dos quais constará a exposição sucinta do nexo de instrumentalidade entre o delito e os bens apreendidos, a descrição e especificação dos objetos, as informações sobre quem os tiver sob custódia e o local em que se encontrem. (Incluído pela Lei nº 13.840, de 2019)

§ 3º O juiz determinará a avaliação dos bens apreendidos, que será realizada por oficial de justiça, no prazo de 5 (cinco) dias a contar da autuação, ou, caso sejam necessários conhecimentos especializados, por avaliador nomeado pelo juiz, em prazo não superior a 10 (dez) dias. (Incluído pela Lei nº 13.840, de 2019)

§ 4º Feita a avaliação, o juiz intimará o órgão gestor do Funad, o Ministério Público e o interessado para se manifestarem no prazo de 5 (cinco) dias e, dirimidas eventuais divergências, homologará o valor atribuído aos bens. (Incluído pela Lei nº 13.840, de 2019)

§ 5º (VETADO). (Incluído pela Lei nº 13.840, de 2019)

§ 6º (Revogado). (Redação dada pela Lei nº 13.886, de 17-10-2019)

§ 7º (Revogado). (Redação dada pela Lei nº 13.886, de 17-10-2019)

§ 8º (Revogado). (Redação dada pela Lei nº 13.886, de 17-10-2019)

§ 9º O Ministério Público deve fiscalizar o cumprimento da regra estipulada no § 1º deste artigo. (Incluído pela Lei nº 13.886, de 17-10-2019)

§ 10. Aplica-se a todos os tipos de bens confiscados a regra estabelecida no § 1º deste artigo. (Incluído pela Lei nº 13.886, de 17-10-2019)

§ 11. Os bens móveis e imóveis devem ser vendidos por meio de hasta pública, preferencialmente por meio eletrônico, assegurada a venda pelo maior lance, por preço não inferior a 50% (cinquenta por cento) do valor da avaliação judicial. (Incluído pela Lei nº 13.886, de 17-10-2019)

§ 12. O juiz ordenará às secretarias de fazenda e aos órgãos de registro e controle que efetuem as averbações necessárias, tão logo tenha conhecimento da apreensão. (Incluído pela Lei nº 13.886, de 17-10-2019)

§ 13. Na alienação de veículos, embarcações ou aeronaves, a autoridade de trânsito ou o órgão congênere competente para o registro, bem como as secretarias de fazenda, devem proceder à regularização dos bens no prazo de 30 (trinta) dias, ficando o arrematante isento do pagamento de multas, encargos e tributos anteriores, sem prejuízo de execução fiscal em relação ao antigo proprietário. (Incluído pela Lei nº 13.886, de 17-10-2019)

§ 14. Eventuais multas, encargos ou tributos pendentes de pagamento não podem ser cobrados do arrematante ou do órgão público alienante como condição para regularização dos bens. (Incluído pela Lei nº 13.886, de 17-10-2019)

§ 15. Na hipótese de que trata o § 13 deste artigo, a autoridade de trânsito ou o órgão congênere competente para o registro poderá emitir novos identificadores dos bens. (Incluído pela Lei nº 13.886, de 17-10-2019)

ART. 62. Comprovado o interesse público na utilização de quaisquer dos bens de que trata o art. 61, os órgãos de polícia judiciária, militar e rodoviária poderão deles fazer uso, sob sua responsabilidade e com o objetivo de sua conservação, mediante autorização judicial, ouvido o Ministério Público e garantida a prévia avaliação dos respectivos bens. (Redação dada pela Lei nº 13.840, de 2019)

▸ *Esta lei: art. 61.*

▸ *Lei 10.826, de 22-12-2003: art. 25, Estatuto do Desarmamento.*

§ 1º (Revogado). (Redação dada pela Lei nº 13.886, de 17-10-2019)

§ 1º-A. O juízo deve cientificar o órgão gestor do Funad para que, em 10 (dez) dias, avalie a existência do interesse público mencionado no caput deste artigo e indique o órgão que deve receber o bem. (Incluído pela Lei nº 13.886, de 17-10-2019)

§ 1º-B. Têm prioridade, para os fins do § 1º-A deste artigo, os órgãos de segurança pública que participaram das ações de investigação ou repressão ao crime que deu causa à medida. (Incluído pela Lei nº 13.886, de 17-10-2019)

§ 2º A autorização judicial de uso de bens deverá conter a descrição do bem e a respectiva avaliação e indicar o órgão responsável por sua utilização. (Redação dada pela Lei nº 13.840, de 2019)

§ 3º O órgão responsável pela utilização do bem deverá enviar ao juiz periodicamente, ou a qualquer momento quando por este solicitado, informações sobre seu estado de conservação. (Redação dada pela Lei nº 13.840, de 2019)

§ 4º Quando a autorização judicial recair sobre veículos, embarcações ou aeronaves, o juiz ordenará à autoridade ou ao órgão de registro e controle a expedição de certificado provisório de registro e licenciamento em favor do órgão ao qual tenha deferido o uso ou custódia, ficando este livre do pagamento de multas, encargos e tributos anteriores à decisão de utilização do bem até o trânsito em julgado da decisão que decretar o seu perdimento em favor da União. (Redação dada pela Lei nº 13.840, de 2019)

§ 5º Na hipótese de levantamento, se houver indicação de que os bens utilizados na forma deste artigo sofreram depreciação superior àquela esperada em razão do transcurso do tempo e do uso, poderá o interessado requerer nova avaliação judicial. (Redação dada pela Lei nº 13.840, de 2019)

§ 6º Constatada a depreciação de que trata o § 5º, o ente federado ou a entidade que utilizou o bem indenizará o detentor ou proprietário dos bens. (Redação dada pela Lei nº 13.840, de 2019)

§ 7º (Revogado). (Redação dada pela Lei nº 13.840, de 2019)

§ 8º (Revogado). (Redação dada pela Lei nº 13.840, de 2019)

§ 9º (Revogado). (Redação dada pela Lei nº 13.840, de 2019)

§ 10. (Revogado). (Redação dada pela Lei nº 13.840, de 2019)

§ 11. (Revogado). (Redação dada pela Lei nº 13.840, de 2019)

ART. 62-A. O depósito, em dinheiro, de valores referentes ao produto da alienação ou a numerários apreendidos ou que tenham sido convertidos deve ser efetuado na Caixa Econômica Federal, por meio de documento de arrecadação destinado a essa finalidade. (Incluído pela Lei nº 13.886, de 17-10-2019)

§ 1º Os depósitos a que se refere o caput deste artigo devem ser transferidos, pela Caixa Econômica Federal, para a conta única do Tesouro Nacional, independentemente de qualquer formalidade, no prazo de 24 (vinte e quatro) horas, contado do momento da realização do depósito, onde ficarão à disposição do Funad. (Incluído pela Lei nº 13.886, de 17-10-2019)

§ 2º Na hipótese de absolvição do acusado em decisão judicial, o valor do depósito será devolvido a ele pela Caixa Econômica Federal no prazo de até 3 (três) dias úteis, acrescido de juros, na forma estabelecida pelo § 4º do art. 39 da Lei nº 9.250, de 26 de dezembro de 1995. (Incluído pela Lei nº 13.886, de 17-10-2019)

§ 3º Na hipótese de decretação do seu perdimento em favor da União, o valor do depósito será transformado em pagamento definitivo, respeitados os direitos de eventuais lesados e de terceiros de boa-fé. (Incluído pela Lei nº 13.886, de 17-10-2019)

§ 4º Os valores devolvidos pela Caixa Econômica Federal, por decisão judicial, devem ser efetuados como anulação de receita do Funad no exercício em que ocorrer a devolução. (Incluído pela Lei nº 13.886, de 17-10-2019)

§ 5º A Caixa Econômica Federal deve manter o controle dos valores depositados ou devolvidos. (Incluído pela Lei nº 13.886, de 17-10-2019)

ART. 63. Ao proferir a sentença, o juiz decidirá sobre: (Redação dada pela Lei nº 13.840, de 2019)

I - o perdimento do produto, bem, direito ou valor apreendido ou objeto de medidas assecuratórias; e (Incluído pela Lei nº 13.840, de 2019)

II - o levantamento dos valores depositados em conta remunerada e a liberação dos bens utilizados nos termos do art. 62. (Incluído pela Lei nº 13.840, de 2019)

§ 1º Os bens, direitos ou valores apreendidos em decorrência dos crimes tipificados nesta Lei ou objeto de medidas assecuratórias, após decretado seu perdimento em favor da União, serão revertidos diretamente ao Funad. (Redação dada pela Lei nº 13.840, de 2019)

§ 2º O juiz remeterá ao órgão gestor do Funad relação dos bens, direitos e valores declarados perdidos, indicando o local em que se encontram e a entidade ou o órgão em cujo poder estejam, para os fins de sua destinação nos termos da legislação vigente. (Redação dada pela Lei nº 13.840, de 2019)

§ 3º (Revogado). (Redação dada pela Lei nº 13.886, 17-10-de 2019)

§ 4º Transitada em julgado a sentença condenatória, o juiz do processo, de ofício ou a requerimento do Ministério Público, remeterá à Senad relação dos bens, direitos e valores declarados perdidos em favor da União, indicando, quanto aos bens, o local em que se encontram e a entidade ou o órgão em cujo poder estejam, para os fins de sua destinação nos termos da legislação vigente.

§ 4º-A. Antes de encaminhar os bens ao órgão gestor do Funad, o juíz deve: (Incluído pela Lei nº 13.886, de 17-10-2019)

I – ordenar às secretarias de fazenda e aos órgãos de registro e controle que efetuem as averbações necessárias, caso não tenham sido realizadas quando da apreensão; e (Incluído pela Lei nº 13.886, de 17-10-2019)

II – determinar, no caso de imóveis, o registro de propriedade em favor da União no cartório de registro de imóveis competente, nos termos do caput e do parágrafo único do art. 243 da Constituição Federal, afastada a responsabilidade de terceiros prevista no inciso VI do caput do art. 134 da Lei nº 5.172, de 25 de outubro de 1966 (Código Tributário Nacional), bem como determinar à Secretaria de Coordenação e Governança do Patrimônio da União a incorporação e entrega do imóvel, tornando-o livre e desembaraçado de quaisquer ônus para sua destinação. (Incluído pela Lei nº 13.886, de 17-10-2019)

§ 5º (VETADO). (Incluído pela Lei nº 13.840, de 2019)

§ 6º Na hipótese do inciso II do caput, decorridos 360 (trezentos e sessenta) dias do trânsito em julgado e do conhecimento da sentença pelo interessado, os bens apreendidos, os que tenham sido objeto de medidas assecuratórias ou os valores depositados que não forem reclamados serão revertidos ao Funad. (Incluído pela Lei nº 13.840, de 2019)

ART. 63-A. Nenhum pedido de restituição será conhecido sem o comparecimento pessoal do acusado, podendo o juiz determinar a prática de atos necessários à conservação de bens, direitos ou valores. (Incluído pela Lei nº 13.840, de 2019)

ART. 63-B. O juiz determinará a liberação total ou parcial dos bens, direitos e objeto de medidas assecuratórias quando comprovada a licitude de sua origem, mantendo-se a constrição dos bens, direitos e valores necessários e suficientes à reparação dos danos e ao pagamento de prestações pecuniárias, multas e custas decorrentes da infração penal. (Incluído pela Lei nº 13.840, de 2019)

ART. 63-C. Compete à Senad, do Ministério da Justiça e Segurança Pública, proceder à destinação dos bens apreendidos e não leiloados em caráter cautelar, cujo perdimento seja decretado em favor da União, por meio das seguintes modalidades: (Incluído pela Lei nº 13.886, de 17-10-2019)

I – alienação, mediante: (Incluído pela Lei nº 13.886, de 17-10-2019)

a) licitação; (Incluído pela Lei nº 13.886, de 17-10-2019)

b) doação com encargo a entidades ou órgãos públicos, bem como a comunidades terapêuticas acolhedoras que contribuam para o alcance das finalidades do Funad; ou (Incluído pela Lei nº 13.886, de 17-10-2019)

c) venda direta, observado o disposto no inciso II do *caput* do art. 24 da Lei nº 8.666, de 21 de junho de 1993; (Incluído pela Lei nº 13.886, de 17-10-2019)

II – incorporação ao patrimônio de órgão da administração pública, observadas as finalidades do Funad; (Incluído pela Lei nº 13.886, de 17-10-2019)

III – destruição; ou (Incluído pela Lei nº 13.886, de 17-10-2019)

IV – inutilização. (Incluído pela Lei nº 13.886, de 17-10-2019)

§ 1º A alienação por meio de licitação deve ser realizada na modalidade leilão, para bens móveis e imóveis, independentemente do valor de avaliação, isolado ou global, de bem ou de lotes, assegurada a venda pelo maior lance, por preço não inferior a 50% (cinquenta por cento) do valor da avaliação. (Incluído pela Lei nº 13.886, de 17-10-2019)

§ 2º O edital do leilão a que se refere o § 1º deste artigo será amplamente divulgado em jornais de grande circulação e em sítios eletrônicos oficiais, principalmente no Município em que será realizado, dispensada a publicação em diário oficial. (Incluído pela Lei nº 13.886, de 17-10-2019)

LEIS ORDINÁRIAS

§ 3º Nas alienações realizadas por meio de sistema eletrônico da administração pública, a publicidade dada pelo sistema substituirá a publicação em diário oficial e em jornais de grande circulação. (Incluído pela Lei nº 13.886, de 17-10-2019)

§ 4º Na alienação de imóveis, o arrematante fica livre do pagamento de encargos e tributos anteriores, sem prejuízo de execução fiscal em relação ao antigo proprietário. (Incluído pela Lei nº 13.886, de 17-10-2019)

§ 5º Na alienação de veículos, embarcações ou aeronaves deverão ser observadas as disposições dos §§ 13 e 15 do art. 61 desta Lei. (Incluído pela Lei nº 13.886, de 17-10-2019)

§ 6º Aplica-se às alienações de que trata este artigo a proibição relativa à cobrança de multas, encargos ou tributos prevista no § 14 do art. 61 desta Lei. (Incluído pela Lei nº 13.886, de 17-10-2019)

§ 7º A Senad, do Ministério da Justiça e Segurança Pública, pode celebrar convênios ou instrumentos congêneres com órgãos e entidades da União, dos Estados, do Distrito Federal ou dos Municípios, bem como com comunidades terapêuticas acolhedoras, a fim de dar imediato cumprimento ao estabelecido neste artigo. (Incluído pela Lei nº 13.886, de 17-10-2019)

§ 8º Observados os procedimentos licitatórios previstos em lei, fica autorizada a contratação da iniciativa privada para a execução das ações de avaliação, de administração e de alienação dos bens a que se refere esta Lei. (Incluído pela Lei nº 13.886, de 17-10-2019)

ART. 63-D. Compete ao Ministério da Justiça e Segurança Pública regulamentar os procedimentos relativos à administração, à preservação e à destinação dos recursos provenientes de delitos e atos ilícitos e estabelecer os valores abaixo dos quais se deve proceder à sua destruição ou inutilização. (Incluído pela Lei nº 13.886, de 17-10-2019)

ART. 63-E. O produto da alienação dos bens apreendidos ou confiscados será revertido integralmente ao Funad, nos termos do parágrafo único do art. 243 da Constituição Federal, vedada a sub-rogação sobre o valor da arrematação para saldar eventuais multas, encargos ou tributos pendentes de pagamento. (Incluído pela Lei nº 13.886, de 17-10-2019)

Parágrafo único. O disposto no caput deste artigo não prejudica o ajuizamento de execução fiscal em relação aos antigos devedores. (Incluído pela Lei nº 13.886, de 17-10-2019)

ART. 63-F. Na hipótese de condenação por infrações às quais esta Lei comine pena máxima superior a 6 (seis) anos de reclusão, poderá ser decretada a perda, como produto ou proveito do crime, dos bens correspondentes à diferença entre o valor do patrimônio do condenado e aquele compatível com o seu rendimento lícito. (Incluído pela Lei nº 13.886, de 17-10-2019)

§ 1º A decretação da perda prevista no caput deste artigo fica condicionada à existência de elementos probatórios que indiquem conduta criminosa habitual, reiterada ou profissional do condenado ou sua vinculação a organização criminosa. (Incluído pela Lei nº 13.886, de 17-10-2019)

§ 2º Para efeito da perda prevista no caput deste artigo, entende-se por patrimônio do condenado todos os bens: (Incluído pela Lei nº 13.886, de 17-10-2019)

I – de sua titularidade, ou sobre os quais tenha domínio e benefício direto ou indireto, na data da infração penal, ou recebidos posteriormente; e (Incluído pela Lei nº 13.886, de 17-10-2019)

II – transferidos a terceiros a título gratuito ou mediante contraprestação irrisória, a partir do início da atividade criminal. (Incluído pela Lei nº 13.886, de 17-10-2019)

§ 3º O condenado poderá demonstrar a inexistência da incompatibilidade ou a procedência lícita do patrimônio. (Incluído pela Lei nº 13.886, de 17-10-2019)

ART. 64. A União, por intermédio da SENAD, poderá firmar convênio com os Estados, com o Distrito Federal e com organismos orientados para a prevenção do uso indevido de drogas, a atenção e a reinserção social de usuários ou dependentes e a atuação na repressão à produção não autorizada e ao tráfico ilícito de drogas, com vistas na liberação de equipamentos e de recursos por ela arrecadados, para a implantação e execução de programas relacionados à questão das drogas.

TÍTULO V. DA COOPERAÇÃO INTERNACIONAL

▸ CF: art. 5º, LI, e 109, V.

▸ Decreto 154, de 26-6-1991, promulga a Convenção Contra o Tráfico Ilícito de Entorpecentes e Substâncias Psicotrópicas.

ART. 65. De conformidade com os princípios da não-intervenção em assuntos internos, da igualdade jurídica e do respeito à integridade territorial dos Estados e às leis e aos regulamentos nacionais em vigor, e observado o espírito das Convenções das Nações Unidas e outros instrumentos jurídicos internacionais relacionados à questão das drogas, de que o Brasil é parte, o governo brasileiro prestará, quando solicitado, cooperação a outros países e organismos internacionais e, quando necessário, deles solicitará a colaboração, nas áreas de:

I – intercâmbio de informações sobre legislações, experiências, projetos e programas voltados para atividades de prevenção do uso indevido, de atenção e de reinserção social de usuários e dependentes de drogas;

II – intercâmbio de inteligência policial sobre produção e tráfico de drogas e delitos conexos, em especial o tráfico de armas, a lavagem de dinheiro e o desvio de precursores químicos;

III – intercâmbio de informações policiais e judiciais sobre produtores e traficantes de drogas e seus precursores químicos.

TÍTULO V-A (Incluído pela Lei nº 13.840, de 2019) DO FINANCIAMENTO DAS POLÍTICAS SOBRE DROGAS

Art. 65-A. (VETADO). (Incluído pela Lei nº 13.840, de 2019)

TÍTULO VI. DISPOSIÇÕES FINAIS E TRANSITÓRIAS

ART. 66. Para fins do disposto no parágrafo único do art. 1º desta Lei, até que seja atualizada a terminologia da lista mencionada no preceito, denominam-se drogas substâncias entorpecentes, psicotrópicas, precursoras e outras sob controle especial, da Portaria SVS/MS nº 344, de 12 de maio de 1998.

ART. 67. A liberação dos recursos previstos na Lei nº 7.560, de 19 de dezembro de 1986, em favor de Estados e do Distrito Federal, dependerá de sua adesão e respeito às diretrizes básicas contidas nos convênios firmados e do fornecimento de dados necessários à atualização do sistema previsto no art. 17 desta Lei, pelas respectivas polícias judiciárias.

ART. 67-A. Os gestores e entidades que recebam recursos públicos para execução das políticas sobre drogas deverão garantir o acesso às suas instalações, à documentação e a todos os elementos necessários à efetiva fiscalização pelos órgãos competentes. (Incluído pela Lei nº 13.840, de 2019)

ART. 68. A União, os Estados, o Distrito Federal e os Municípios poderão criar estímulos fiscais e outros, destinados às pessoas físicas e jurídicas que colaborem na prevenção do uso indevido de drogas, atenção e reinserção social de usuários e dependentes e na repressão da produção não autorizada e do tráfico ilícito de drogas.

ART. 69. No caso de falência ou liquidação extrajudicial de empresas ou estabelecimentos hospitalares, de pesquisa, de ensino, ou congêneres, assim como nos serviços de saúde que produzirem, venderem, adquirirem, consumirem, prescreverem ou fornecerem drogas ou de qualquer outro em que existam essas substâncias ou produtos, incumbe ao juízo perante o qual tramite o feito:

▸ *Lei 11.101, de 9-2-2005, Lei de Falências.*

I – determinar, imediatamente à ciência da falência ou liquidação, sejam lacradas suas instalações;

II – ordenar à autoridade sanitária competente a urgente adoção das medidas necessárias ao recebimento e guarda, em depósito, das drogas arrecadadas;

III – dar ciência ao órgão do Ministério Público, para acompanhar o feito.

§ 1º. Da licitação para alienação de substâncias ou produtos não proscritos referidos no inciso II do *caput* deste artigo, só podem participar pessoas jurídicas regularmente habilitadas na área de saúde ou de pesquisa científica que comprovem a destinação lícita a ser dada ao produto a ser arrematado.

§ 2º. Ressalvada a hipótese de que trata o § 3º deste artigo, o produto não arrematado será, ato contínuo à hasta pública, destruído pela autoridade sanitária, na presença dos Conselhos Estaduais sobre Drogas e do Ministério Público.

§ 3º. Figurando entre o praceado e não arrematadas especialidades farmacêuticas em condições de emprego terapêutico, ficarão elas depositadas sob a guarda do Ministério da Saúde, que as destinará à rede pública de saúde.

ART. 70. O processo e o julgamento dos crimes previstos nos arts. 33 a 37 desta Lei, se caracterizado ilícito transnacional, são da competência da Justiça Federal.

▸ *Súmula nº 528 e 607 do STJ.*

▸ *CF: art. 5º, LI, e 109, V.*

▸ *Decreto 154, de 26-6-1991, promulga a Convenção Contra o Tráfico Ilícito de Entorpecentes e Substâncias Psicotrópicas.*

Parágrafo único. Os crimes praticados nos Municípios que não sejam sede de vara federal serão processados e julgados na vara federal da circunscrição respectiva.

ART. 71. (VETADO)

ART. 72. Encerrado o processo criminal ou arquivado o inquérito policial, o juiz, de ofício, mediante representação da autoridade de polícia judiciária, ou a requerimento do Ministério Público, determinará a destruição das amostras guardadas para contraprova, certificando nos autos. (Redação dada pela Lei nº 13.840, de 2019)

ART. 73. A União poderá estabelecer convênios com os Estados e o com o Distrito Federal, visando à prevenção e repressão do tráfico ilícito e do uso indevido de drogas, e com os Municípios, com o objetivo de prevenir o uso indevido delas e de possibilitar a atenção e reinserção social de usuários e dependentes de drogas. (Redação dada pela Lei nº 12.219, de 2010)

ART. 74. Esta Lei entra em vigor 45 (quarenta e cinco) dias após a sua publicação.

ART. 75. Revogam-se a Lei nº 6.368, de 21 de outubro de 1976, e a Lei nº 10.409, de 11 de janeiro de 2002.

▸ *Súmula 501 do STJ.*

Brasília, 23 de agosto de 2006;
185º da Independência e 118º da República.

LUIZ INÁCIO LULA DA SILVA

Este texto não substitui o publicado no DOU de 24.8.2006

LEI Nº 11.419, DE 19 DE DEZEMBRO DE 2006 – INFORMATIZAÇÃO DO PROCESSO JUDICIAL

Dispõe sobre a informatização do processo judicial; altera a Lei nº 5.869, de 11 de janeiro de 1973 – Código de Processo Civil; e dá outras providências.

O PRESIDENTE DA REPÚBLICA Faço saber que o Congresso Nacional decreta e eu sanciono a seguinte Lei:

CAPÍTULO I. DA INFORMATIZAÇÃO DO PROCESSO JUDICIAL

ART. 1º. O uso de meio eletrônico na tramitação de processos judiciais, comunicação de atos e transmissão de peças processuais será admitido nos termos desta Lei.

LEIS ORDINÁRIAS

§ 1º. Aplica-se o disposto nesta Lei, indistintamente, aos processos civil, penal e trabalhista, bem como aos juizados especiais, em qualquer grau de jurisdição.

§ 2º. Para o disposto nesta Lei, considera-se:

I – meio eletrônico qualquer forma de armazenamento ou tráfego de documentos e arquivos digitais;

II – transmissão eletrônica toda forma de comunicação a distância com a utilização de redes de comunicação, preferencialmente a rede mundial de computadores;

III – assinatura eletrônica as seguintes formas de identificação inequívoca do signatário:

a) assinatura digital baseada em certificado digital emitido por Autoridade Certificadora credenciada, na forma de lei específica;

b) mediante cadastro de usuário no Poder Judiciário, conforme disciplinado pelos órgãos respectivos.

ART. 2º. O envio de petições, de recursos e a prática de atos processuais em geral por meio eletrônico serão admitidos mediante uso de assinatura eletrônica, na forma do art. 1º desta Lei, sendo obrigatório o credenciamento prévio no Poder Judiciário, conforme disciplinado pelos órgãos respectivos.

§ 1º. O credenciamento no Poder Judiciário será realizado mediante procedimento no qual esteja assegurada a adequada identificação presencial do interessado.

§ 2º. Ao credenciado será atribuído registro e meio de acesso ao sistema, de modo a preservar o sigilo, a identificação e a autenticidade de suas comunicações.

§ 3º. Os órgãos do Poder Judiciário poderão criar um cadastro único para o credenciamento previsto neste artigo.

ART. 3º. Consideram-se realizados os atos processuais por meio eletrônico no dia e hora do seu envio ao sistema do Poder Judiciário, do que deverá ser fornecido protocolo eletrônico.

Parágrafo único. Quando a petição eletrônica for enviada para atender prazo processual, serão consideradas tempestivas as transmitidas até as 24 (vinte e quatro) horas do seu último dia.

CAPÍTULO II. DA COMUNICAÇÃO ELETRÔNICA DOS ATOS PROCESSUAIS

ART. 4º. Os tribunais poderão criar Diário da Justiça eletrônico, disponibilizado em sítio da rede mundial de computadores, para publicação de atos judiciais e administrativos próprios e dos órgãos a eles subordinados, bem como comunicações em geral.

§ 1º. O sítio e o conteúdo das publicações de que trata este artigo deverão ser assinados digitalmente com base em certificado emitido por Autoridade Certificadora credenciada na forma da lei específica.

§ 2º. A publicação eletrônica na forma deste artigo substitui qualquer outro meio e publicação oficial, para quaisquer efeitos legais, à exceção dos casos que, por lei, exigem intimação ou vista pessoal.

§ 3º. Considera-se como data da publicação o primeiro dia útil seguinte ao da disponibilização da informação no Diário da Justiça eletrônico.

§ 4º. Os prazos processuais terão início no primeiro dia útil que seguir ao considerado como data da publicação.

§ 5º. A criação do Diário da Justiça eletrônico deverá ser acompanhada de ampla divulgação, e o ato administrativo correspondente será publicado durante 30 (trinta) dias no diário oficial em uso.

ART. 5º. As intimações serão feitas por meio eletrônico em portal próprio aos que se cadastrarem na forma do art. 2º desta Lei, dispensando-se a publicação no órgão oficial, inclusive eletrônico.

§ 1º. Considerar-se-á realizada a intimação no dia em que o intimando efetivar a consulta eletrônica ao teor da intimação, certificando-se nos autos a sua realização.

§ 2º. Na hipótese do § 1º deste artigo, nos casos em que a consulta se dê em dia não útil, a intimação será considerada como realizada no primeiro dia útil seguinte.

§ 3º. A consulta referida nos §§ 1º e 2º deste artigo deverá ser feita em até 10 (dez) dias corridos contados da data do envio da intimação, sob pena de considerar-se a intimação automaticamente realizada na data do término desse prazo.

§ 4º. Em caráter informativo, poderá ser efetivada remessa de correspondência eletrônica, comunicando o envio da intimação e a abertura automática do prazo processual nos termos do § 3º deste artigo, aos que manifestarem interesse por esse serviço.

§ 5º. Nos casos urgentes em que a intimação feita na forma deste artigo possa causar prejuízo a quaisquer das partes ou nos casos em que for evidenciada qualquer tentativa de burla ao sistema, o ato processual deverá ser realizado por outro meio que atinja a sua finalidade, conforme determinado pelo juiz.

§ 6º. As intimações feitas na forma deste artigo, inclusive da Fazenda Pública, serão consideradas pessoais para todos os efeitos legais.

ART. 6º. Observadas as formas e as cautelas do art. 5º desta Lei, as citações, inclusive da Fazenda Pública, excetuadas as dos Direitos Processuais Criminal e Infracional, poderão ser feitas por meio eletrônico, desde que a íntegra dos autos seja acessível ao citando.

ART. 7º. As cartas precatórias, rogatórias, de ordem e, de um modo geral, todas as comunicações oficiais que transitem entre órgãos do Poder Judiciário, bem como entre os deste e os dos demais Poderes, serão feitas preferentemente por meio eletrônico.

CAPÍTULO III. DO PROCESSO ELETRÔNICO

ART. 8º. Os órgãos do Poder Judiciário poderão desenvolver sistemas eletrônicos de processamento de ações judiciais por meio de autos total ou parcialmente digitais, utilizando, preferencialmente, a rede mundial de computadores e acesso por meio de redes internas e externas.

Parágrafo único. Todos os atos processuais do processo eletrônico serão assinados eletronicamente na forma estabelecida nesta Lei.

ART. 9º. No processo eletrônico, todas as citações, intimações e notificações, inclusive da Fazenda Pública, serão feitas por meio eletrônico, na forma desta Lei.

LEIS ORDINÁRIAS

§ 1º. As citações, intimações, notificações e remessas que viabilizem o acesso à íntegra do processo correspondente serão consideradas vista pessoal do interessado para todos os efeitos legais.

§ 2º. Quando, por motivo técnico, for inviável o uso do meio eletrônico para a realização de citação, intimação ou notificação, esses atos processuais poderão ser praticados segundo as regras ordinárias, digitalizando-se o documento físico, que deverá ser posteriormente destruído.

ART. 10. A distribuição da petição inicial e a juntada da contestação, dos recursos e das petições em geral, todos em formato digital, nos autos de processo eletrônico, podem ser feitas diretamente pelos advogados públicos e privados, sem necessidade da intervenção do cartório ou secretaria judicial, situação em que a autuação deverá se dar de forma automática, fornecendo-se recibo eletrônico de protocolo.

§ 1º. Quando o ato processual tiver que ser praticado em determinado prazo, por meio de petição eletrônica, serão considerados tempestivos os efetivados até as 24 (vinte e quatro) horas do último dia.

§ 2º. No caso do § 1º deste artigo, se o Sistema do Poder Judiciário se tornar indisponível por motivo técnico, o prazo fica automaticamente prorrogado para o primeiro dia útil seguinte à resolução do problema.

§ 3º. Os órgãos do Poder Judiciário deverão manter equipamentos de digitalização e de acesso à rede mundial de computadores à disposição dos interessados para distribuição de peças processuais.

ART. 11. Os documentos produzidos eletronicamente e juntados aos processos eletrônicos com garantia da origem e de seu signatário, na forma estabelecida nesta Lei, serão considerados originais para todos os efeitos legais.

§ 1º. Os extratos digitais e os documentos digitalizados e juntados aos autos pelos órgãos da Justiça e seus auxiliares, pelo Ministério Público e seus auxiliares, pelas procuradorias, pelas autoridades policiais, pelas repartições públicas em geral e por advogados públicos e privados têm a mesma força probante dos originais, ressalvada a alegação motivada e fundamentada de adulteração antes ou durante o processo de digitalização.

§ 2º. A arguição de falsidade do documento original será processada eletronicamente na forma da lei processual em vigor.

§ 3º. Os originais dos documentos digitalizados, mencionados no § 2º deste artigo, deverão ser preservados pelo seu detentor até o trânsito em julgado da sentença ou, quando admitida, até o final do prazo para interposição de ação rescisória.

§ 4º. (VETADO)

§ 5º. Os documentos cuja digitalização seja tecnicamente inviável devido ao grande volume ou por motivo de ilegibilidade deverão ser apresentados ao cartório ou secretaria no prazo de 10 (dez) dias contados do envio de petição eletrônica comunicando o fato, os quais serão devolvidos à parte após o trânsito em julgado.

§ 6º. Os documentos digitalizados juntados em processo eletrônico estarão disponíveis para acesso por meio da rede externa pelas respectivas partes processuais, pelos advogados, independentemente de procuração nos autos, pelos membros do Ministério Público e pelos magistrados, sem prejuízo da possibilidade de visualização nas secretarias dos órgãos julgadores, à exceção daqueles que tramitarem em segredo de justiça. (Incluído pela Lei nº 13.793, de 2019)

§ 7º. Os sistemas de informações pertinentes a processos eletrônicos devem possibilitar que advogados, procuradores e membros do Ministério Público cadastrados, mas não vinculados a processo previamente identificado, acessem automaticamente todos os atos e documentos processuais armazenados em meio eletrônico, desde que demonstrado interesse para fins apenas de registro, salvo nos casos de processos em segredo de justiça. (Incluído pela Lei nº 13.793, de 2019)

ART. 12. A conservação dos autos do processo poderá ser efetuada total ou parcialmente por meio eletrônico.

§ 1º. Os autos dos processos eletrônicos deverão ser protegidos por meio de sistemas de segurança de acesso e armazenados em meio que garanta a preservação e integridade dos dados, sendo dispensada a formação de autos suplementares.

§ 2º. Os autos de processos eletrônicos que tiverem de ser remetidos a outro juízo ou instância superior que não disponham de sistema compatível deverão ser impressos em papel, autuados na forma dos arts. 166 a 168 da Lei nº 5.869, de 11 de janeiro de 1973 – Código de Processo Civil, ainda que de natureza criminal ou trabalhista, ou pertinentes a juizado especial.

§ 3º. No caso do § 2º deste artigo, o escrivão ou o chefe de secretaria certificará os autores ou a origem dos documentos produzidos nos autos, acrescentando, ressalvada a hipótese de existir segredo de justiça, a forma pela qual o banco de dados poderá ser acessado para aferir a autenticidade das peças e das respectivas assinaturas digitais.

§ 4º. Feita a autuação na forma estabelecida no § 2º deste artigo, o processo seguirá a tramitação legalmente estabelecida para os processos físicos.

§ 5º. A digitalização de autos em mídia não digital, em tramitação ou já arquivados, será precedida de publicação de editais de intimações ou da intimação pessoal das partes e de seus procuradores, para que, no prazo preclusivo de 30 (trinta) dias, se manifestem sobre o desejo de manterem pessoalmente a guarda de algum dos documentos originais.

ART. 13. O magistrado poderá determinar que sejam realizados por meio eletrônico a exibição e o envio de dados e de documentos necessários à instrução do processo.

§ 1º. Consideram-se cadastros públicos, para os efeitos deste artigo, dentre outros existentes ou que venham a ser criados, ainda que mantidos por concessionárias de serviço público ou empresas privadas, os que contenham informações indispensáveis ao exercício da função judicante.

§ 2º. O acesso de que trata este artigo dar-se-á por qualquer meio tecnológico disponível, preferentemente o de menor custo, considerada sua eficiência.

§ 3º. (VETADO)

CAPÍTULO IV. DISPOSIÇÕES GERAIS E FINAIS

ART. 14. Os sistemas a serem desenvolvidos pelos órgãos do Poder Judiciário deverão usar, preferencialmente, programas com código aberto, acessíveis ininterruptamente por meio da rede mundial de computadores, priorizando-se a sua padronização.

Parágrafo único. Os sistemas devem buscar identificar os casos de ocorrência de prevenção, litispendência e coisa julgada.

ART. 15. Salvo impossibilidade que comprometa o acesso à justiça, a parte deverá informar, ao distribuir a petição inicial de qualquer ação judicial, o número no cadastro de pessoas físicas ou jurídicas, conforme o caso, perante a Secretaria da Receita Federal.

Parágrafo único. Da mesma forma, as peças de acusação criminais deverão ser instruídas pelos membros do Ministério Público ou pelas autoridades policiais com os números de registros dos acusados no Instituto Nacional de Identificação do Ministério da Justiça, se houver.

ART. 16. Os livros cartorários e demais repositórios dos órgãos do Poder Judiciário poderão ser gerados e armazenados em meio totalmente eletrônico.

ART. 17. (VETADO)

ART. 18. Os órgãos do Poder Judiciário regulamentarão esta Lei, no que couber, no âmbito de suas respectivas competências.

ART. 19. Ficam convalidados os atos processuais praticados por meio eletrônico até a data de publicação desta Lei, desde que tenham atingido sua finalidade e não tenha havido prejuízo para as partes.

ART. 20. A Lei nº 5.869, de 11 de janeiro de 1973 – Código de Processo Civil, passa a vigorar com as seguintes alterações:

[...]

ART. 21. (VETADO)

ART. 22. Esta Lei entra em vigor 90 (noventa) dias depois de sua publicação.

Brasília, 19 de dezembro de 2006;
185º da Independência e 118º da República.

LUIZ INÁCIO LULA DA SILVA

Este texto não substitui o publicado no DOU de 20.12.2006

LEI Nº 11.473, DE 10 DE MAIO DE 2007 – COOPERAÇÃO FEDERATIVA NO ÂMBITO DA SEGURANÇA PÚBLICA

Dispõe sobre cooperação federativa no âmbito da segurança pública e revoga a Lei nº 10.277, de 10 de setembro de 2001.

ART. 1º. A União poderá firmar convênio com os Estados e o Distrito Federal para executar atividades e serviços imprescindíveis à preservação da ordem pública e da incolumidade das pessoas e do patrimônio.

ART. 2º. A cooperação federativa de que trata o art. 1º desta Lei, para os fins nela dispostos, compreende operações conjuntas, transferências de recursos e desenvolvimento de atividades de capacitação e qualificação de profissionais, no âmbito do Ministério da Justiça e Segurança Pública. (Redação dada pela Lei nº 13.844, de 2019)

Parágrafo único. As atividades de cooperação federativa têm caráter consensual e serão desenvolvidas sob a coordenação conjunta da União e do Ente convenente.

ART. 3º. Consideram-se atividades e serviços imprescindíveis à preservação da ordem pública e da incolumidade das pessoas e do patrimônio, para os fins desta Lei:

I – o policiamento ostensivo;

II – o cumprimento de mandados de prisão;

III – o cumprimento de alvarás de soltura;

IV – a guarda, a vigilância e a custódia de presos;

V – os serviços técnico-periciais, qualquer que seja sua modalidade;

VI – o registro e a investigação de ocorrências policiais; (Incluído pela Lei nº 13.500, de 26.10.2017)

VII – as atividades relacionadas à segurança dos grandes eventos. (Redação dada pela Lei nº 13.173, de 2015)

VIII – as atividades de inteligência de segurança pública; (Redação dada pela Lei nº 13.500, de 26.10.2017)

IX – a coordenação de ações e operações integradas de segurança pública; (Redação dada pela Lei nº 13.756, de 2018)

X – o auxílio na ocorrência de catástrofes ou desastres coletivos, inclusive para reconhecimento de vitimados; e. (Redação dada pela Lei nº 13.756, de 2018)

XI – o apoio às atividades de conservação e policiamento ambiental. (Redação dada pela Lei nº 13.756, de 2018)

§ 1º (Revogado pela Lei nº 13.844, de 2019)

§ 2º A cooperação federativa no âmbito do Ministério da Segurança Pública também ocorrerá para fins de desenvolvimento de atividades de apoio administrativo e de projetos na área de segurança pública. (Incluído pela Lei nº 13.756, de 2018)

ART. 4º. Os ajustes celebrados na forma do art. 1º desta Lei deverão conter, essencialmente:

I – identificação do objeto;

II – identificação de metas;

III – definição das etapas ou fases de execução;

IV – plano de aplicação dos recursos financeiros;

V – cronograma de desembolso;

VI – previsão de início e fim da execução do objeto; e

VII – especificação do aporte de recursos, quando for o caso.

Parágrafo único. A União, por intermédio do Ministério da Justiça, poderá colocar à disposição dos Estados e do Distrito Federal, em caráter emergencial e provisório, servidores públicos federais, ocupantes de cargos congêneres e de formação técnica compatível, para execução do convênio de cooperação federativa de que trata esta Lei, sem ônus.

ART. 5º. As atividades de cooperação federativa no âmbito do Ministério da Justiça e Segurança Pública serão desempenhadas por militares dos Estados e do Distrito Federal e por servidores das atividades-fim dos órgãos de segurança pública, do sistema prisional e de perícia criminal dos entes federativos que celebrarem convênio, na forma do art. 1º desta Lei. (Redação dada pela Lei nº 13.844, de 2019)

§ 1º. Se forem insuficientes os convênios firmados entre a União e os entes federados para suprir a previsão do efetivo da Força Nacional de Segurança Pública (FNSP), e em face da necessidade de excepcional interesse público, as atividades previstas no caput deste artigo poderão ser desempenhadas em caráter voluntário: (Redação dada pela Lei nº 13.500, de 26.10.2017)

I – por militares e por servidores das atividades-fim dos órgãos de segurança pública e dos órgãos de perícia criminal da União, dos Estados e do Distrito Federal que tenham passado para a inatividade há menos de cinco anos; (Redação dada pela Lei nº 13.500, de 26.10.2017)

II – por reservistas que tenham servido como militares temporários das Forças Armadas e passado para a reserva há menos de cinco anos, nos termos de convênio celebrado entre o Ministério da Defesa e o Ministério da Justiça e Segurança Pública. (Redação dada pela Lei nº 13.500, de 26.10.2017)

§ 2º. (VETADO): (Redação dada pela Lei nº 13.500, de 26.10.2017)

§ 3º. Os militares, os servidores e os reservistas de que trata o § 1º deste artigo serão mobilizados na FNSP, no mesmo posto, graduação ou cargo que exerciam nas respectivas instituições quando estavam no serviço ativo. (Redação dada pela Lei nº 13.500, de 26.10.2017)

§ 4º. O disposto no § 1º deste artigo aplica-se às hipóteses em que a condição de inatividade não tenha ocorrido em razão de doença, acidente, invalidez, incapacidade, idade-limite, aposentadoria compulsória, licenciamento ou exclusão a bem da disciplina, condenação judicial transitada em julgado ou expulsão. (Redação dada pela Lei nº 13.500, de 26.10.2017)

§ 5º. Aos militares, aos servidores e aos reservistas de que trata o § 1º deste artigo aplica-se o regime disciplinar a que estão submetidos nas respectivas instituições de origem. (Redação dada pela Lei nº 13.500, de 26.10.2017)

§ 6º. O disposto nos arts. 6º e 7º desta Lei aplica-se aos militares, aos servidores e aos reservistas de que trata o § 1º deste artigo. (Redação dada pela Lei nº 13.500, de 26.10.2017)

§ 7º. Anualmente, será realizada a previsão do efetivo da FNSP pelo Ministério da Justiça e Segurança Pública, com prioridade para a convocação, na seguinte ordem: (Redação dada pela Lei nº 13.500, de 26.10.2017)

I – dos militares e dos servidores referidos no caput deste artigo; (Incluído pela Lei nº 13.500, de 26.10.2017)

II – dos militares, dos servidores e dos reservistas referidos no § 1º deste artigo que já possuírem o curso de formação da FNSP na data de publicação desta Lei. (Incluído pela Lei nº 13.500, de 26.10.2017)

§ 8º. A convocação dos voluntários dar-se-á por processo seletivo cujos critérios serão definidos em regulamento. (Incluído pela Lei nº 13.500, de 26.10.2017)

§ 9º. Os militares e os servidores referidos no caput e no § 1º deste artigo, mobilizados para a Senasp, inclusive para a FNSP, poderão nela permanecer pelo prazo máximo de dois anos, prorrogável por ato do Ministro de Estado da Justiça e Segurança Pública, mediante anuência específica do respectivo ente federado convenente. (Incluído pela Lei nº 13.500, de 26.10.2017)

§ 10. A permanência, até o dia 31 de janeiro de 2020, dos reservistas referidos no inciso II do § 1º deste artigo que, na data da publicação desta Lei, estiverem mobilizados pela FNSP, está condicionada à previsão orçamentária a que se refere o § 7º deste artigo e sua situação será definida por regulamento do Ministério da Justiça e Segurança Pública. (Incluído pela Lei nº 13.500, de 26.10.2017)

§ 11. Os integrantes da Secretaria Nacional de Segurança Pública, incluídos os da Força Nacional de Segurança Pública, os da Secretaria de Operações Integradas e os do Departamento Penitenciário Nacional que venham a responder a inquérito policial ou a processo judicial em função do seu emprego nas atividades e nos serviços referidos no art. 3º desta Lei serão representados judicialmente pela Advocacia-Geral da União. (Redação dada pela Lei nº 13.844, de 2019)

§ 12. (VETADO). (Incluído pela Lei nº 13.500, de 26.10.2017)

§ 13. A mobilização para a FNSP dos reservistas a que se refere o inciso II do § 1º deste artigo será restrita àqueles que contarem mais de um ano de serviço militar e menos de nove anos de serviço público e que atenderem às demais condições estabelecidas por esta Lei e pelo Ministério da Justiça e Segurança Pública, considerando, ainda, que a eventual prorrogação de sua permanência na FNSP só será concedida se não implicar estabilidade. (Incluído pela Lei nº 13.500, de 26.10.2017)

§ 14. As despesas com a convocação e com a manutenção dos reservistas a que se refere o inciso II do § 1º deste artigo serão custeadas com dotações orçamentárias do Ministério da Justiça e Segurança Pública, nos termos do convênio estabelecido com o Ministério da Defesa, no período em que integrarem os quadros da Força Nacional de Segurança Pública. (Incluído pela Lei nº 13.500, de 26.10.2017)

§ 15. O disposto no inciso II do caput do art. 6º da Lei nº 10.826, de 22 de dezembro de 2003, aplica-se aos militares da reserva remunerada dos Estados e do Distrito Federal que exerçam cargo ou função em Gabinete Militar, em Casa Militar ou em órgão equivalente dos governos dos Estados e do Distrito Federal. (Incluído pela Lei nº 13.500, de 26.10.2017)

ART. 6º. Os servidores civis e militares dos Estados e do Distrito Federal que participarem de atividades desenvolvidas em decorrência de convênio de cooperação de que trata esta Lei farão jus ao recebimento de diária a ser paga na forma prevista no art. 4º da Lei nº 8.162, de 8 de janeiro de 1991.

§ 1º. A diária de que trata o caput deste artigo será concedida aos servidores enquanto mobilizados no âmbito do programa da Força Nacional de Segurança Pública em razão de deslocamento da sede em caráter eventual ou transitório para outro ponto do território nacional e não será computada para efeito de adicional de férias e do 13º (décimo terceiro) salário, nem integrará os salários, remunerações, subsídios, proventos ou pensões, inclusive alimentícias.

§ 2º. A diária de que trata o caput deste artigo será custeada pelo Fundo Nacional de Segurança Pública, instituído pela Lei nº 10.201, de 14 de fevereiro de 2001, e, excepcionalmente, à conta de dotação orçamentária da União.

ART. 7º. O servidor civil ou militar vitimado durante as atividades de cooperação federativa de que trata esta Lei, bem como o Policial Federal, o Policial Rodoviário Federal, o Policial Civil e o Policial Militar, em ação operacional conjunta com a Força Nacional de Segurança Pública, farão jus, no caso de invalidez incapacitante para o trabalho, à indenização no valor de R$ 100.000,00 (cem mil reais), e seus dependentes, ao mesmo valor, no caso de morte.

Parágrafo único. A indenização de que trata o caput deste artigo correrá à conta do Fundo Nacional de Segurança Pública.

ART. 8º. As indenizações previstas nesta Lei não excluem outros direitos e vantagens previstos em legislação específica.

ART. 9º. Ficam criados, no âmbito do Poder Executivo Federal, para atender às necessidades do Programa da Força Nacional de Segurança Pública, 9 (nove) cargos em comissão do Grupo Direção e Assessoramento Superiores DAS, sendo 1 (um) DAS-5, 3 (três) DAS-4 e 5 (cinco) DAS-3.

ART. 10. Esta Lei entra em vigor na data de sua publicação.

ART. 11. Fica revogada a Lei nº 10.277, de 10 de setembro de 2001.

Brasília, 10 de maio de 2007;

186º da Independência e 119º da República.

LUIZ INÁCIO LULA DA SILVA

Este texto não substitui o publicado no DOU de 11.5.2007

LEI Nº 11.671, DE 8 DE MAIO DE 2008 – INCLUSÃO DE PRESOS EM ESTABELECIMENTOS DE SEGURANÇA MÁXIMA

Dispõe sobre a transferência e inclusão de presos em estabelecimentos penais federais de segurança máxima e dá outras providências.

O PRESIDENTE DA REPÚBLICA Faço saber que o Congresso Nacional decreta e eu sanciono a seguinte Lei:

ART. 1º. A inclusão de presos em estabelecimentos penais federais de segurança máxima e a transferência de presos de outros estabelecimentos para aqueles obedecerão ao disposto nesta Lei.

ART. 2º. A atividade jurisdicional de execução penal nos estabelecimentos penais federais será desenvolvida pelo juízo federal da seção ou subseção judiciária em que estiver localizado o estabelecimento penal federal de segurança máxima ao qual for recolhido o preso.

Parágrafo único. O juízo federal de execução penal será competente para as ações de natureza penal que tenham por objeto fatos ou incidentes relacionados à execução da pena ou infrações penais ocorridas no estabelecimento penal federal. (Incluído pela Lei nº 13.964, de 2019)

ART. 3º Serão incluídos em estabelecimentos penais federais de segurança máxima aqueles para quem a medida se justifique no interesse da segurança pública ou do próprio preso, condenado ou provisório. (Redação dada pela Lei nº 13.964, de 2019)

▸ *Lei n. 7.210, de 11-7-1984, art. 52; Lei de Execuções Penais.*

§ 1º A inclusão em estabelecimento penal federal de segurança máxima, no atendimento do interesse da segurança pública, será em regime fechado de segurança máxima, com as seguintes características: (Incluído pela Lei nº 13.964, de 2019)

I - recolhimento em cela individual;

II - visita do cônjuge, do companheiro, de parentes e de amigos somente em dias determinados, por meio virtual ou no parlatório, com o máximo de 2 (duas) pessoas por vez, além de eventuais crianças, separados por vidro e comunicação por meio de interfone, com filmagem e gravações;

III - banho de sol de até 2 (duas) horas diárias; e

IV - monitoramento de todos os meios de comunicação, inclusive de correspondência escrita.

§ 2º Os estabelecimentos penais federais de segurança máxima deverão dispor de monitoramento de áudio e vídeo no parlatório e nas áreas comuns, para fins de preservação da ordem interna e da segurança pública, vedado seu uso nas celas e no atendimento advocatício, salvo expressa autorização judicial em contrário. (Incluído pela Lei nº 13.964, de 2019)

§ 3º As gravações das visitas não poderão ser utilizadas como meio de prova de infrações penais pretéritas ao ingresso do preso no estabelecimento. (Incluído pela Lei nº 13.964, de 2019)

§ 4º Os diretores dos estabelecimentos penais federais de segurança máxima ou o Diretor do Sistema Penitenciário Federal poderão suspender e restringir o direito de visitas previsto no inciso II do § 1º deste artigo por meio de ato fundamentado. (Incluído pela Lei nº 13.964, de 2019)

§ 5º Configura o crime do art. 325 do Decreto-Lei nº 2.848, de 7 de dezembro de 1940 (Código Penal), a violação ao disposto no § 2º deste artigo. (Incluído pela Lei nº 13.964, de 2019)

ART. 4º. A admissão do preso, condenado ou provisório, dependerá de decisão prévia e fundamentada do juízo federal competente, após receber os autos de transferência enviados pelo juízo responsável pela execução penal ou pela prisão provisória.

§ 1º. A execução penal da pena privativa de liberdade, no período em que durar a transferência, ficará a cargo do juízo federal competente.

§ 2º. Apenas a fiscalização da prisão provisória será deprecada, mediante carta precatória, pelo juízo de origem ao juízo federal competente, mantendo aquele juízo a competência para o processo e para os respectivos incidentes.

ART. 5º. São legitimados para requerer o processo de transferência, cujo início se dá com a admissibilidade pelo juiz da origem da necessidade da transferência do preso para estabelecimento penal federal de segurança máxima, a autoridade administrativa, o Ministério Público e o próprio preso.

§ 1º. Caberá à Defensoria Pública da União a assistência jurídica ao preso que estiver nos estabelecimentos penais federais de segurança máxima.

§ 2º. Instruídos os autos do processo de transferência, serão ouvidos, no prazo de 5 (cinco) dias cada, quando não requerentes, a autoridade administrativa, o Ministério Público e a defesa, bem como o Departamento Penitenciário Nacional – DEPEN, a quem é facultado indicar o estabelecimento penal federal mais adequado.

§ 3º. A instrução dos autos do processo de transferência será disciplinada no regulamento para fiel execução desta Lei.

§ 4º. Na hipótese de imprescindibilidade de diligências complementares, o juiz federal ouvirá, no prazo de 5 (cinco) dias, o Ministério Público Federal e a defesa e, em seguida, decidirá acerca da transferência no mesmo prazo.

§ 5º. A decisão que admitir o preso no estabelecimento penal federal de segurança máxima indicará o período de permanência.

§ 6º. Havendo extrema necessidade, o juiz federal poderá autorizar a imediata transferência do preso e, após a instrução dos autos, na forma do § 2º deste artigo, decidir pela manutenção ou revogação da medida adotada.

§ 7º. A autoridade policial será comunicada sobre a transferência do preso provisório quando a autorização da transferência ocorrer antes da conclusão do inquérito policial que presidir.

ART. 6º. Admitida a transferência do preso condenado, o juízo de origem deverá encaminhar ao juízo federal os autos da execução penal.

ART. 7º. Admitida a transferência do preso provisório, será suficiente a carta precatória remetida pelo juízo de origem, devidamente instruída, para que o juízo federal competente dê início à fiscalização da prisão no estabelecimento penal federal de segurança máxima.

ART. 8º. As visitas feitas pelo juiz responsável ou por membro do Ministério Público, às quais se referem os arts. 66 e 68 da Lei nº 7.210, de 11 de julho de 1984, serão registradas em livro próprio, mantido no respectivo estabelecimento.

ART. 9º. Rejeitada a transferência, o juízo de origem poderá suscitar o conflito de competência perante o tribunal competente, que o apreciará em caráter prioritário.

ART. 10. A inclusão de preso em estabelecimento penal federal de segurança máxima será excepcional e por prazo determinado.

§ 1º O período de permanência será de até 3 (três) anos, renovável por iguais períodos, quando solicitado motivadamente pelo juízo de origem, observados os requisitos da transferência, e se persistirem os motivos que a determinaram. (Redação dada pela Lei nº 13.964, de 2019)

- **Redação anterior:** *§ 1º O período de permanência não poderá ser superior a 360 (trezentos e sessenta) dias, renovável, excepcionalmente, quando solicitado motivadamente pelo juízo de origem, observados os requisitos da transferência.*
- *CF: art. 5º., XL.*
- *CP: art. 2o.*
- *CPP: art. 315.*
- *Esta lei: art. 3º.*
- *Lei n. 7.210, de 11-7-1984, art. 52; Lei de Execuções Penais.*

§ 2º. Decorrido o prazo, sem que seja feito, imediatamente após seu decurso, pedido de renovação da permanência do preso em estabelecimento penal federal de segurança máxima, ficará o juízo de origem obrigado a receber o preso no estabelecimento penal sob sua jurisdição.

§ 3º. Tendo havido pedido de renovação, o preso, recolhido no estabelecimento federal em que estiver, aguardará que o juízo federal profira decisão.

§ 4º. Aceita a renovação, o preso permanecerá no estabelecimento federal de segurança máxima em que estiver, retroagindo o termo inicial do prazo ao dia seguinte ao término do prazo anterior.

§ 5º. Rejeitada a renovação, o juízo de origem poderá suscitar o conflito de competência, que o tribunal apreciará em caráter prioritário.

§ 6º. Enquanto não decidido o conflito de competência em caso de renovação, o preso permanecerá no estabelecimento penal federal.

ART. 11. A lotação máxima do estabelecimento penal federal de segurança máxima não será ultrapassada.

§ 1º. O número de presos, sempre que possível, será mantido aquém do limite de vagas, para que delas o juízo federal competente possa dispor em casos emergenciais.

§ 2º. No julgamento dos conflitos de competência, o tribunal competente observará a vedação estabelecida no *caput* deste artigo.

ART. 11-A. As decisões relativas à transferência ou à prorrogação da permanência do preso em estabelecimento penal federal de segurança máxima, à concessão ou à denegação de benefícios prisionais ou à imposição de sanções ao preso federal poderão ser tomadas por órgão colegiado de juízes, na forma das normas de organização interna dos tribunais. (Incluído pela Lei nº 13.964, de 2019)

ART. 11-B. Os Estados e o Distrito Federal poderão construir estabelecimentos penais de segurança máxima, ou adaptar os já existentes, aos quais será aplicável, no que couber, o disposto nesta Lei. (Incluído pela Lei nº 13.964, de 2019)

ART. 12. Esta Lei entra em vigor na data de sua publicação.

Brasília, 8 de maio de 2008;

187º da Independência e 120º da República.

LUIZ INÁCIO LULA DA SILVA

Este texto não substitui o publicado no DOU de 9.5.2008

LEI Nº 11.922, DE 13 DE ABRIL DE 2009 – PRORROGA OS PRAZOS PREVISTOS NOS ARTS. 5º E 30 DA LEI 10.826/2003 (EXCERTOS)

Dispõe sobre a dispensa de recolhimento de parte dos dividendos e juros sobre capital próprio pela Caixa Econômica Federal; altera as Leis nº 11.124, de 16 de junho de 2005, 8.427, de 27 de maio de 1992, 11.322, de 13 de julho de 2006, 11.775, de 17 de setembro de 2008, e a Medida Provisória nº 2.185-35, de 24 de

LEIS ORDINÁRIAS

agosto de 2001; prorroga os prazos previstos nos arts. 5º e 30 da Lei nº 10.826, de 22 de dezembro de 2003; e dá outras providências.

• • • • • • • • • • • • • • • • • • • •

ART. 20. Ficam prorrogados para 31 de dezembro de 2009 os prazos de que tratam o § 3º do art. 5º e o art. 30, ambos da Lei nº 10.826, de 22 de dezembro de 2003.

ART. 21. Esta Lei entra em vigor na data de sua publicação.

Brasília, 13 de abril de 2009; 188º da Independência e 121º da República.

LUIZ INÁCIO LULA DA SILVA

Este texto não substitui o publicado no DOU de 14.4.2009

LEI Nº 11.977, DE 7 DE JULHO DE 2009 (EXCERTOS)

Dispõe sobre o Programa Minha Casa, Minha Vida - PMCMV e a regularização fundiária de assentamentos localizados em áreas urbanas; altera o Decreto-Lei nº 3.365, de 21 de junho de 1941, as Leis nºs 4.380, de 21 de agosto de 1964, 6.015, de 31 de dezembro de 1973, 8.036, de 11 de maio de 1990, e 10.257, de 10 de julho de 2001, e a Medida Provisória nº 2.197-43, de 24 de agosto de 2001; e dá outras providências.

▸ *Vide CP: art. 161, § 1º, inc. II*

O VICE-PRESIDENTE DA REPÚBLICA, no exercício do cargo de **PRESIDENTE DA REPÚBLICA** Faço saber que o Congresso Nacional decreta e eu sanciono a seguinte Lei:

CAPÍTULO I.

DO PROGRAMA MINHA CASA, MINHA VIDA - PMCMV

SEÇÃO I.

DA ESTRUTURA E FINALIDADE DO PMCMV

ART. 1º. O Programa Minha Casa, Minha Vida - PMCMV tem por finalidade criar mecanismos de incentivo à produção e aquisição de novas unidades habitacionais ou requalificação de imóveis urbanos e produção ou reforma de habitações rurais, para famílias com renda mensal de até R$ 4.650,00 (quatro mil, seiscentos e cinquenta reais) e compreende os seguintes subprogramas: (Redação dada pela Lei nº 12.424, de 2011)

I - o Programa Nacional de Habitação Urbana (PNHU); (Redação dada pela Lei nº 13.173, de 2015)

II - o Programa Nacional de Habitação Rural (PNHR); e (Redação dada pela Lei nº 13.173, de 2015)

III - (VETADO). (Redação dada pela Lei nº 13.173, de 2015)

§ 1º. Para os fins desta Lei, considera-se: (Redação dada pela Lei nº 13.173, de 2015)

I - grupo familiar: unidade nuclear composta por um ou mais indivíduos que contribuem para o seu rendimento ou têm suas despesas por ela atendidas e abrange todas as espécies reconhecidas pelo ordenamento jurídico brasileiro, incluindo-se nestas a família unipessoal; (Incluído pela Lei nº 12.424, de 2011)

II - imóvel novo: unidade habitacional com até 180 (cento e oitenta) dias de "habite-se", ou documento equivalente, expedido pelo órgão público municipal competente ou, nos casos de prazo superior, que não tenha sido habitada ou alienada; (Incluído pela Lei nº 12.424, de 2011)

III - oferta pública de recursos: procedimento realizado pelo Poder Executivo federal destinado a prover recursos às instituições e agentes financeiros do Sistema Financeiro da Habitação - SFH para viabilizar as operações previstas no inciso III do art. 2º; (Incluído pela Lei nº 12.424, de 2011)

IV - requalificação de imóveis urbanos: aquisição de imóveis conjugada com a execução de obras e serviços voltados à recuperação e ocupação para fins habitacionais, admitida ainda a execução de obras e serviços necessários à modificação de uso; (Incluído pela Lei nº 12.424, de 2011)

V - agricultor familiar: aquele definido no *caput*, nos seus incisos e no § 2º do art. 3º da Lei nº 11.326, de 24 de julho de 2006; e (Incluído pela Lei nº 12.424, de 2011)

VI - trabalhador rural: pessoa física que, em propriedade rural, presta serviços de natureza não eventual a empregador rural, sob a dependência deste e mediante salário. (Incluído pela Lei nº 12.424, de 2011)

§ 2º. (VETADO). (Redação dada pela Lei nº 13.173, de 2015)

[...]

ART. 7º-C. Vencida antecipadamente a dívida, o FAR, na condição de credor fiduciário, munido de certidão comprobatória de processo administrativo que ateste a ocorrência de uma das hipóteses previstas no art. 7º-B desta Lei, deverá requerer, ao oficial do registro de imóveis competente, que intime o beneficiário, ou seu representante legal ou procurador regularmente constituído, para satisfazer, no prazo previsto no § 1º do art. 26 da Lei nº 9.514, de 20 de novembro de 1997, a integralidade da dívida, compreendendo a devolução da subvenção devidamente corrigida nos termos do art. 7º desta Lei. (Incluído pela Lei nº 13.465, de 2017)

§ 1º. Decorrido o prazo de que trata o caput deste artigo sem o pagamento da dívida antecipadamente vencida, o contrato será reputado automaticamente resolvido de pleno direito, e o oficial do registro de imóveis competente, certificando esse fato, promoverá a averbação, na matrícula do imóvel, da consolidação da propriedade fiduciária em nome do FAR, respeitada a Lei nº 9.514, de 20 de novembro de 1997. (Incluído pela Lei nº 13.465, de 2017)

§ 2º. Uma vez consolidada a propriedade fiduciária em nome do FAR, proceder-se-á em conformidade com o disposto no § 9º do art. 6º-A desta Lei, e o imóvel deve ser-lhe imediatamente restituído, sob pena de esbulho possessório. (Incluído pela Lei nº 13.465, de 2017)

[...]

ART. 83. Esta Lei entra em vigor na data de sua publicação.

Brasília, 7 de julho de 2009; 188º da Independência e 121º da República.

JOSÉ ALENCAR GOMES DA SILVA

Este texto não substitui o publicado no DOU de 8.7.2009

LEI Nº 12.016, DE 7 DE AGOSTO DE 2009 – DISCIPLINA O MANDADO DE SEGURANÇA

Disciplina o mandado de segurança individual e coletivo e dá outras providências.

O PRESIDENTE DA REPÚBLICA Faço saber que o Congresso Nacional decreta e eu sanciono a seguinte Lei:

- *Súmulas nº 622 a 632 do STF.*
- *Súmulas nº 41, 460 e 604 do STJ.*
- *CF: arts. 5º, LXIX e LXX, 102, I, d, e II, a, 105, I, b, e II, b, 108, I, c, 109, VIII, e 121, § 4º, V.*

ART. 1º. Conceder-se-á mandado de segurança para proteger direito líquido e certo, não amparado por habeas corpus ou habeas data, sempre que, ilegalmente ou com abuso de poder, qualquer pessoa física ou jurídica sofrer violação ou houver justo receio de sofrê-la por parte de autoridade, seja de que categoria for e sejam quais forem as funções que exerça.

- *Súmula nº 625 do STF.*
- *CF: art. 5º, LXIX.*

§ 1º. Equiparam-se às autoridades, para os efeitos desta Lei, os representantes ou órgãos de partidos políticos e os administradores de entidades autárquicas, bem como os dirigentes de pessoas jurídicas ou as pessoas naturais no exercício de atribuições do poder público, somente no que disser respeito a essas atribuições.

§ 2º. Não cabe mandado de segurança contra os atos de gestão comercial praticados pelos administradores de empresas públicas, de sociedade de economia mista e de concessionárias de serviço público.

§ 3º. Quando o direito ameaçado ou violado couber a várias pessoas, qualquer delas poderá requerer o mandado de segurança.

ART. 2º. Considerar-se-á federal a autoridade coatora se as consequências de ordem patrimonial do ato contra o qual se requer o mandado houverem de ser suportadas pela União ou entidade por ela controlada.

ART. 3º. O titular de direito líquido e certo decorrente de direito, em condições idênticas, de terceiro poderá impetrar mandado de segurança a favor do direito originário, se o seu titular não o fizer, no prazo de 30 (trinta) dias, quando notificado judicialmente.

Parágrafo único. O exercício do direito previsto no *caput* deste artigo submete-se ao prazo fixado no art. 23 desta Lei, contado da notificação.

ART. 4º. Em caso de urgência, é permitido, observados os requisitos legais, impetrar mandado de segurança por telegrama, radiograma, fax ou outro meio eletrônico de autenticidade comprovada.

§ 1º. Poderá o juiz, em caso de urgência, notificar a autoridade por telegrama, radiograma ou outro meio que assegure a autenticidade do documento e a imediata ciência pela autoridade.

- *Esta lei: art. 11.*

§ 2º. O texto original da petição deverá ser apresentado nos 5 (cinco) dias úteis seguintes.

§ 3º. Para os fins deste artigo, em se tratando de documento eletrônico, serão observadas as regras da Infraestrutura de Chaves Públicas Brasileira – ICP-Brasil.

ART. 5º. Não se concederá mandado de segurança quando se tratar:

I – de ato do qual caiba recurso administrativo com efeito suspensivo, independentemente de caução;

- *Súmula nº 429 do STF.*
- *CF: art. 5º, XXXV.*

II – de decisão judicial da qual caiba recurso com efeito suspensivo;

- *Súmula nº 267 do STF.*
- *Súmula nº 202 do STJ.*

III – de decisão judicial transitada em julgado.

- *Súmula nº 268 do STF.*

Parágrafo único. (VETADO)

ART. 6º. A petição inicial, que deverá preencher os requisitos estabelecidos pela lei processual, será apresentada em 2 (duas) vias com os documentos que instruírem a primeira reproduzidos na segunda e indicará, além da autoridade coatora, a pessoa jurídica que esta integra, à qual se acha vinculada ou da qual exerce atribuições.

- *CPC/2015: art. 291.*

§ 1º. No caso em que o documento necessário à prova do alegado se ache em repartição ou estabelecimento público ou em poder de autoridade que se recuse a fornecê-lo por certidão ou de terceiro, o juiz ordenará, preliminarmente, por ofício, a exibição desse documento em original ou em cópia autêntica e marcará, para o cumprimento da ordem, o prazo de 10 (dez) dias. O escrivão extrairá cópias do documento para juntá-las à segunda via da petição.

§ 2º. Se a autoridade que tiver procedido dessa maneira for a própria coatora, a ordem far-se-á no próprio instrumento da notificação.

§ 3º. Considera-se autoridade coatora aquela que tenha praticado o ato impugnado ou da qual emane a ordem para a sua prática.

- *Súmula nº 627 do STF.*

§ 4º. (VETADO)

§ 5º. Denega-se o mandado de segurança nos casos previstos pelo art. 267 da Lei nº 5.869, de 11 de janeiro de 1973 – Código de Processo Civil.

§ 6º. O pedido de mandado de segurança poderá ser renovado dentro do prazo decadencial, se a decisão denegatória não lhe houver apreciado o mérito.

▸ *Esta lei: art. 23.*

ART. 7º. Ao despachar a inicial, o juiz ordenará:

I – que se notifique o coator do conteúdo da petição inicial, enviando-lhe a segunda via apresentada com as cópias dos documentos, a fim de que, no prazo de 10 (dez) dias, preste as informações;

▸ *Esta lei: art. 12.*

II – que se dê ciência do feito ao órgão de representação judicial da pessoa jurídica interessada, enviando-lhe cópia da inicial sem documentos, para que, querendo, ingresse no feito;

III – que se suspenda o ato que deu motivo ao pedido, quando houver fundamento relevante e do ato impugnado puder resultar a ineficácia da medida, caso seja finalmente deferida, sendo facultado exigir do impetrante caução, fiança ou depósito, com o objetivo de assegurar o ressarcimento à pessoa jurídica.

§ 1º. Da decisão do juiz de primeiro grau que conceder ou denegar a liminar caberá agravo de instrumento, observado o disposto na Lei nº 5.869, de 11 de janeiro de 1973 – Código de Processo Civil.

▸ *Súmula nº 405 do STF.*

§ 2º. Não será concedida medida liminar que tenha por objeto a compensação de créditos tributários, a entrega de mercadorias e bens provenientes do exterior, a reclassificação ou equiparação de servidores públicos e a concessão de aumento ou a extensão de vantagens ou pagamento de qualquer natureza.

▸ *Súmulas nº 212 e 213 do STF.*

§ 3º. Os efeitos da medida liminar, salvo se revogada ou cassada, persistirão até a prolação da sentença.

§ 4º. Deferida a medida liminar, o processo terá prioridade para julgamento.

§ 5º. As vedações relacionadas com a concessão de liminares previstas neste artigo se estendem à tutela antecipada a que se referem os arts. 273 e 461 da Lei nº 5.869, de 11 janeiro de 1973 – Código de Processo Civil.

ART. 8º. Será decretada a perempção ou caducidade da medida liminar ex officio ou a requerimento do Ministério Público quando, concedida a medida, o impetrante criar obstáculo ao normal andamento do processo ou deixar de promover, por mais de 3 (três) dias úteis, os atos e as diligências que lhe cumprirem.

▸ *Súmula nº 631 do STF.*

ART. 9º. As autoridades administrativas, no prazo de 48 (quarenta e oito) horas da notificação da medida liminar, remeterão ao Ministério ou órgão a que se acham subordinadas e ao Advogado-Geral da União ou a quem tiver a representação judicial da União, do Estado, do Município ou da entidade apontada como coatora cópia autenticada do mandado notificatório, assim como indicações e elementos outros necessários às providências a serem tomadas para a eventual suspensão da medida e defesa do ato apontado como ilegal ou abusivo de poder.

ART. 10. A inicial será desde logo indeferida, por decisão motivada, quando não for o caso de mandado de segurança ou lhe faltar algum dos requisitos legais ou quando decorrido o prazo legal para a impetração.

§ 1º. Do indeferimento da inicial pelo juiz de primeiro grau caberá apelação e, quando a competência para o julgamento do mandado de segurança couber originariamente a um dos tribunais, do ato do relator caberá agravo para o órgão competente do tribunal que integre.

▸ *Súmula nº 41 do STJ.*

§ 2º. O ingresso de litisconsorte ativo não será admitido após o despacho da petição inicial.

ART. 11. Feitas as notificações, o serventuário em cujo cartório corra o feito juntará aos autos cópia autêntica dos ofícios endereçados ao coator e ao órgão de representação judicial da pessoa jurídica interessada, bem como a prova da entrega a estes ou da sua recusa em aceitá-los ou dar recibo e, no caso do art. 4º desta Lei, a comprovação da remessa.

ART. 12. Findo o prazo a que se refere o inciso I do *caput* do art. 7º desta Lei, o juiz ouvirá o representante do Ministério Público, que opinará, dentro do prazo improrrogável de 10 (dez) dias.

Parágrafo único. Com ou sem o parecer do Ministério Público, os autos serão conclusos ao juiz, para a decisão, a qual deverá ser necessariamente proferida em 30 (trinta) dias.

ART. 13. Concedido o mandado, o juiz transmitirá em ofício, por intermédio do oficial do juízo, ou pelo correio, mediante correspondência com aviso de recebimento, o inteiro teor da sentença à autoridade coatora e à pessoa jurídica interessada.

Parágrafo único. Em caso de urgência, poderá o juiz observar o disposto no art. 4º desta Lei.

ART. 14. Da sentença, denegando ou concedendo o mandado, cabe apelação.

▸ *Súmula nº 405 do STF.*

▸ *Súmulas nº 169 e 177 do STJ.*

§ 1º. Concedida a segurança, a sentença estará sujeita obrigatoriamente ao duplo grau de jurisdição.

§ 2º. Estende-se à autoridade coatora o direito de recorrer.

§ 3º. A sentença que conceder o mandado de segurança pode ser executada provisoriamente, salvo nos casos em que for vedada a concessão da medida liminar.

▸ *Esta lei: art. 7º, § 2º.*

§ 4º. O pagamento de vencimentos e vantagens pecuniárias assegurados em sentença concessiva de mandado de segurança a servidor público da administração direta ou autárquica federal, estadual e municipal somente será efetuado relativamente às prestações que se vencerem a contar da data do ajuizamento da inicial.

ART. 15. Quando, a requerimento de pessoa jurídica de direito público interessada ou do Ministério Público e para evitar grave lesão à ordem, à saúde, à segurança e à economia públicas, o presidente do tribunal ao qual couber o conhecimento do respectivo recurso suspender, em decisão fundamentada, a execução da liminar e da sentença, dessa decisão caberá agravo, sem efeito suspensivo, no prazo de 5 (cinco) dias, que será levado a julgamento na sessão seguinte à sua interposição.

▸ *Súmula nº 626 do STF.*

▸ *Lei nº 8.038, de 28-05-1990, art. 25. Institui normas procedimentais para os processos que especifica, perante o Superior Tribunal de Justiça e o Supremo Tribunal Federal.*

§ 1º. Indeferido o pedido de suspensão ou provido o agravo a que se refere o *caput* deste artigo, caberá novo pedido de suspensão ao presidente do tribunal competente para conhecer de eventual recurso especial ou extraordinário.

§ 2º. É cabível também o pedido de suspensão a que se refere o § 1º deste artigo, quando negado provimento a agravo de instrumento interposto contra a liminar a que se refere este artigo.

§ 3º. A interposição de agravo de instrumento contra liminar concedida nas ações movidas contra o poder público e seus agentes não prejudica nem condiciona o julgamento do pedido de suspensão a que se refere este artigo.

§ 4º. O presidente do tribunal poderá conferir ao pedido efeito suspensivo liminar se constatar, em juízo prévio, a plausibilidade do direito invocado e a urgência na concessão da medida.

§ 5º. As liminares cujo objeto seja idêntico poderão ser suspensas em uma única decisão, podendo o presidente do tribunal estender os efeitos da suspensão a liminares supervenientes, mediante simples aditamento do pedido original.

ART. 16. Nos casos de competência originária dos tribunais, caberá ao relator a instrução do processo, sendo assegurada a defesa oral na sessão do julgamento do mérito ou do pedido liminar. (Redação dada pela Lei nº 13.676, de 2018)

▸ *Súmula nº 624 do STF.*

Parágrafo único. Da decisão do relator que conceder ou denegar a medida liminar caberá agravo ao órgão competente do tribunal que integre.

ART. 17. Nas decisões proferidas em mandado de segurança e nos respectivos recursos, quando não publicado, no prazo de 30 (trinta) dias, contado da data do julgamento, o acórdão será substituído pelas respectivas notas taquigráficas, independentemente de revisão.

ART. 18. Das decisões em mandado de segurança proferidas em única instância pelos tribunais cabe recurso especial e extraordinário, nos casos legalmente previstos, e recurso ordinário, quando a ordem for denegada.

▸ *CF: art. 102, III, e 105, III.*

▸ *Lei nº 8.038, de 28-05-1990, arts. 33 a 35. Institui normas procedimentais para os processos que especifica, perante o Superior Tribunal de Justiça e o Supremo Tribunal Federal.*

ART. 19. A sentença ou o acórdão que denegar mandado de segurança, sem decidir o mérito, não impedirá que o requerente, por ação própria, pleiteie os seus direitos e os respectivos efeitos patrimoniais.

▸ *Súmulas nº 271 e 304 do STF.*

ART. 20. Os processos de mandado de segurança e os respectivos recursos terão prioridade sobre todos os atos judiciais, salvo habeas corpus.

§ 1º. Na instância superior, deverão ser levados a julgamento na primeira sessão que se seguir à data em que forem conclusos ao relator.

§ 2º. O prazo para a conclusão dos autos não poderá exceder de 5 (cinco) dias.

ART. 21. O mandado de segurança coletivo pode ser impetrado por partido político com representação no Congresso Nacional, na defesa de seus interesses legítimos relativos a seus integrantes ou à finalidade partidária, ou por organização sindical, entidade de classe ou associação legalmente constituída e em funcionamento há, pelo menos, 1 (um) ano, em defesa de direitos líquidos e certos da totalidade, ou de parte, dos seus membros ou associados, na forma dos seus estatutos e desde que pertinentes às suas finalidades, dispensada, para tanto, autorização especial.

▸ *Súmulas nº 629 e 630 do STF.*

▸ *CF: art. 5º, LXX.*

Parágrafo único. Os direitos protegidos pelo mandado de segurança coletivo podem ser:

I – coletivos, assim entendidos, para efeito desta Lei, os transindividuais, de natureza indivisível, de que seja titular grupo ou categoria de pessoas ligadas entre si ou com a parte contrária por uma relação jurídica básica;

II – individuais homogêneos, assim entendidos, para efeito desta Lei, os decorrentes de origem comum e da atividade ou situação específica da totalidade ou de parte dos associados ou membros do impetrante.

ART. 22. No mandado de segurança coletivo, a sentença fará coisa julgada limitadamente aos membros do grupo ou categoria substituídos pelo impetrante.

§ 1º. O mandado de segurança coletivo não induz litispendência para as ações individuais, mas os efeitos da coisa julgada não beneficiarão o impetrante a título individual se não requerer a desistência de seu mandado de segurança no prazo de 30 (trinta) dias a contar da ciência comprovada da impetração da segurança coletiva.

§ 2º. No mandado de segurança coletivo, a liminar só poderá ser concedida após a audiência do representante judicial da pessoa jurídica de direito público, que deverá se pronunciar no prazo de 72 (setenta e duas) horas.

ART. 23. O direito de requerer mandado de segurança extinguir-se-á decorridos 120 (cento e vinte) dias, contados da ciência, pelo interessado, do ato impugnado.

▸ *Súmula nº 632 do STF.*

▸ *Esta lei: art. 6º, § 6º.*

ART. 24. Aplicam-se ao mandado de segurança os arts. 46 a 49 da Lei nº 5.869, de 11 de janeiro de 1973 – Código de Processo Civil.

▸ *Súmula nº 631 do STF.*

ART. 25. Não cabem, no processo de mandado de segurança, a interposição de embargos infringentes e a condenação ao pagamento dos honorários advocatícios, sem prejuízo da aplicação de sanções no caso de litigância de má-fé.

▸ Súmulas nº 294, 512 e 597 do STF.

▸ Súmulas nº 105 e 169 do STF.

ART. 26. Constitui crime de desobediência, nos termos do art. 330 do Decreto-Lei nº 2.848, de 7 de dezembro de 1940, o não cumprimento das decisões proferidas em mandado de segurança, sem prejuízo das sanções administrativas e da aplicação da Lei nº 1.079, de 10 de abril de 1950, quando cabíveis.

ART. 27. Os regimentos dos tribunais e, no que couber, as leis de organização judiciária deverão ser adaptados às disposições desta Lei no prazo de 180 (cento e oitenta) dias, contado da sua publicação.

ART. 28. Esta Lei entra em vigor na data de sua publicação.

ART. 29. Revogam-se as Leis nº 1.533, de 31 de dezembro de 1951, 4.166, de 4 de dezembro de 1962, 4.348, de 26 de junho de 1964, 5.021, de 9 de junho de 1966; o art. 3º da Lei nº 6.014, de 27 de dezembro de 1973, o art. 1º da Lei nº 6.071, de 3 de julho de 1974, o art. 12 da Lei nº 6.978, de 19 de janeiro de 1982, e o art. 2º da Lei nº 9.259, de 9 de janeiro de 1996.

Brasília, 7 de agosto de 2009; 188º da Independência e 121º da República.

LUIZ INÁCIO LULA DA SILVA

Este texto não substitui o publicado no DOU de 10.8.2009

LEIS ORDINÁRIAS

LEI Nº 12.037, DE 1º DE OUTUBRO DE 2009 – IDENTIFICAÇÃO CRIMINAL

Dispõe sobre a identificação criminal do civilmente identificado, regulamentando o art. 5º, inciso LVIII, da Constituição Federal.

▸ CF: art. 5º., LVIII.

▸ CP: art. 213.

▸ Lei nº 7.210, de 11-07-1984, art. 9-A, Lei de Execução Penal.

▸ Lei n. 14.069, de 1º-10-2020; Cadastro Nacional de Pessoas Condenadas por Crime de Estupro

O VICE-PRESIDENTE DA REPÚBLICA, no exercício do cargo de PRESIDENTE DA REPÚBLICA Faço saber que o Congresso Nacional decreta e eu sanciono a seguinte Lei:

▸ CF: art. 5º, LVIII.

▸ CPP: art. 6º, VIII.

ART. 1º. O civilmente identificado não será submetido a identificação criminal, salvo nos casos previstos nesta Lei.

ART. 2º. A identificação civil é atestada por qualquer dos seguintes documentos:

I – carteira de identidade;

II – carteira de trabalho;

III – carteira profissional;

IV – passaporte;

V – carteira de identificação funcional;

VI – outro documento público que permita a identificação do indiciado.

Parágrafo único. Para as finalidades desta Lei, equiparam-se aos documentos de identificação civis os documentos de identificação militares.

ART. 3º. Embora apresentado documento de identificação, poderá ocorrer identificação criminal quando:

I – o documento apresentar rasura ou tiver indício de falsificação;

II – o documento apresentado for insuficiente para identificar cabalmente o indiciado;

III – o indiciado portar documentos de identidade distintos, com informações conflitantes entre si;

IV – a identificação criminal for essencial às investigações policiais, segundo despacho da autoridade judiciária competente, que decidirá de ofício ou mediante representação da autoridade policial, do Ministério Público ou da defesa;

V – constar de registros policiais o uso de outros nomes ou diferentes qualificações;

VI – o estado de conservação ou a distância temporal ou da localidade da expedição do documento apresentado impossibilite a completa identificação dos caracteres essenciais.

Parágrafo único. As cópias dos documentos apresentados deverão ser juntadas aos autos do inquérito, ou outra forma de investigação, ainda que consideradas insuficientes para identificar o indiciado.

ART. 4º. Quando houver necessidade de identificação criminal, a autoridade encarregada tomará as providências necessárias para evitar o constrangimento do identificado.

ART. 5º. A identificação criminal incluirá o processo datiloscópico e o fotográfico, que serão juntados aos autos da comunicação da prisão em flagrante, ou do inquérito policial ou outra forma de investigação.

Parágrafo único. Na hipótese do inciso IV do art. 3º, a identificação criminal poderá incluir a coleta de material biológico para a obtenção do perfil genético. (Incluído pela Lei nº 12.654, de 2012)

▸ CP: art. 213.

▸ Esta Lei: arts. 5o.-A, 7-A e 7-B.

▸ Lei n. 7.210, de 11-7-1984, art. 9-A; Lei de Execuções Penais.

▸ Lei n. 14.069, de 1º-10-2020; Cadastro Nacional de Pessoas Condenadas por Crime de Estupro.

ART. 5º-A. Os dados relacionados à coleta do perfil genético deverão ser armazenados em banco de dados de perfis genéticos, gerenciado por unidade oficial de perícia criminal. (Incluído pela Lei nº 12.654, de 2012)

▸ CP: art. 213.

▸ Esta Lei: arts. 5o., par. ún., 7-A e 7-B.

▸ Lei n. 7.210, de 11-7-1984, art. 9-A; Lei de Execuções Penais.

▸ Lei n. 14.069, de 1º-10-2020; Cadastro Nacional de Pessoas Condenadas por Crime de Estupro.

§ 1º. As informações genéticas contidas nos bancos de dados de perfis genéticos não poderão revelar traços somáticos ou comportamentais das pessoas, exceto determinação genética de gênero, consoante as normas constitucionais e internacionais sobre direitos humanos, genoma humano e dados genéticos. (Incluído pela Lei nº 12.654, de 2012)

§ 2º. Os dados constantes dos bancos de dados de perfis genéticos terão caráter sigiloso, respondendo civil, penal e administrativamente aquele que permitir ou promover sua utilização para fins diversos dos previstos nesta Lei ou em decisão judicial. (Incluído pela Lei nº 12.654, de 2012)

§ 3º. As informações obtidas a partir da coincidência de perfis genéticos deverão ser consignadas em laudo pericial firmado por perito oficial devidamente habilitado. (Incluído pela Lei nº 12.654, de 2012)

ART. 6º. É vedado mencionar a identificação criminal do indiciado em atestados de antecedentes ou em informações não destinadas ao juízo criminal, antes do trânsito em julgado da sentença condenatória.

- *CF: art. 5º, LVII.*
- *CPP: arts. 20, parágrafo único, 748.*

ART. 7º. No caso de não oferecimento da denúncia, ou sua rejeição, ou absolvição, é facultado ao indiciado ou ao réu, após o arquivamento definitivo do inquérito, ou trânsito em julgado da sentença, requerer a retirada da identificação fotográfica do inquérito ou processo, desde que apresente provas de sua identificação civil.

ART. 7º-A. A exclusão dos perfis genéticos dos bancos de dados ocorrerá: (Redação dada pela Lei nº 13.964, de 24.12.2019)

I – no caso de absolvição do acusado; ou (Incluído pela Lei nº 13.964, de 24.12.2019)

II – no caso de condenação do acusado, mediante requerimento, após decorridos 20 (vinte) anos do cumprimento da pena. (Incluído pela Lei nº 13.964, de 24.12.2019)

- *CF: art. 5o., LVII.*
- *Dec. nº 678, de 06-11-1992, Promulga a Convenção Americana sobre Direitos Humanos – Pacto de São José da Costa Rica, art. 8º., 2, g.*
- *CP: arts. 63, 64 e 213.*
- *Esta Lei: arts. 5o., par. ún., 5-A, e 7-B.*
- *Lei n. 7.210, de 11-7-1984, art. 9-A; Lei de Execuções Penais.*
- *Lei n. 14.069, de 1º-10-2020; Cadastro Nacional de Pessoas Condenadas por Crime de Estupro.*

ART. 7º-B. A identificação do perfil genético será armazenada em banco de dados sigiloso, conforme regulamento a ser expedido pelo Poder Executivo. (Incluído pela Lei nº 12.654, de 2012)

- *CP: art. 213.*
- *Esta Lei: arts. 5o., par. ún., 5-A, e 7-A.*
- *Lei n. 7.210, de 11-7-1984, art. 9-A; Lei de Execuções Penais.*
- *Lei n. 14.069, de 1º-10-2020; Cadastro Nacional de Pessoas Condenadas por Crime de Estupro.*

ART. 7º-C. Fica autorizada a criação, no Ministério da Justiça e Segurança Pública, do Banco Nacional Multibiométrico e de Impressões Digitais. (Incluído pela Lei nº 13.964, de 24.12.2019)

§ 1º A formação, a gestão e o acesso ao Banco Nacional Multibiométrico e de Impressões Digitais serão regulamentados em ato do Poder Executivo federal.

§ 2º O Banco Nacional Multibiométrico e de Impressões Digitais tem como objetivo armazenar dados de registros biométricos, de impressões digitais e, quando possível, de íris, face e voz, para subsidiar investigações criminais federais, estaduais ou distritais.

§ 3º O Banco Nacional Multibiométrico e de Impressões Digitais será integrado pelos registros biométricos, de impressões digitais, de íris, face e voz colhidos em investigações criminais ou por ocasião da identificação criminal.

§ 4º Poderão ser colhidos os registros biométricos, de impressões digitais, de íris, face e voz dos presos provisórios ou definitivos quando não tiverem sido extraídos por ocasião da identificação criminal.

§ 5º Poderão integrar o Banco Nacional Multibiométrico e de Impressões Digitais, ou com ele interoperar, os dados de registros constantes em quaisquer bancos de dados geridos por órgãos dos Poderes Executivo, Legislativo e Judiciário das esferas federal, estadual e distrital, inclusive pelo Tribunal Superior Eleitoral e pelos Institutos de Identificação Civil.

§ 6º No caso de bancos de dados de identificação de natureza civil, administrativa ou eleitoral, a integração ou o compartilhamento dos registros do Banco Nacional Multibiométrico e de Impressões Digitais será limitado às impressões digitais e às informações necessárias para identificação do seu titular.

§ 7º A integração ou a interoperação dos dados de registros multibiométricos constantes de outros bancos de dados com o Banco Nacional Multibiométrico e de Impressões Digitais ocorrerá por meio de acordo ou convênio com a unidade gestora.

§ 8º Os dados constantes do Banco Nacional Multibiométrico e de Impressões Digitais terão caráter sigiloso, e aquele que permitir ou promover sua utilização para fins diversos dos previstos nesta Lei ou em decisão judicial responderá civil, penal e administrativamente.

§ 9º As informações obtidas a partir da coincidência de registros biométricos relacionados a crimes deverão ser consignadas em laudo pericial firmado por perito oficial habilitado.

§ 10. É vedada a comercialização, total ou parcial, da base de dados do Banco Nacional Multibiométrico e de Impressões Digitais.

§ 11. A autoridade policial e o Ministério Público poderão requerer ao juiz competente, no caso de inquérito ou ação penal instaurados, o acesso ao Banco Nacional Multibiométrico e de Impressões Digitais.

ART. 8º. Esta Lei entra em vigor na data de sua publicação.

ART. 9º. Revoga-se a Lei nº 10.054, de 7 de dezembro de 2000.

Brasília, 1º de outubro de 2009;
188º da Independência e 121º da República.

JOSÉ ALENCAR GOMES DA SILVA

Este texto não substitui o publicado no DOU de 2.10.2009

LEI Nº 12.382, DE 25 DE FEVEREIRO DE 2011 – REPRESENTAÇÃO FISCAL PARA FINS PENAIS NOS CASOS EM QUE HOUVE PARCELAMENTO DO CRÉDITO TRIBUTÁRIO

Dispõe sobre o valor do salário mínimo em 2011 e a sua política de valorização de longo prazo; disciplina a representação fiscal para fins penais nos casos em que houve parcelamento do crédito tributário; altera a Lei nº 9.430, de 27 de dezembro de 1996; e revoga a Lei nº 12.255, de 15 de junho de 2010.

A PRESIDENTA DA REPÚBLICA Faço saber que o Congresso Nacional decreta e eu sanciono a seguinte Lei:

ART. 1º. O salário mínimo passa a corresponder ao valor de R$ 545,00 (quinhentos e quarenta e cinco reais).

Parágrafo único. Em virtude do disposto no *caput*, o valor diário do salário mínimo corresponderá a R$ 18,17 (dezoito reais e dezessete centavos) e o valor horário, a R$ 2,48 (dois reais e quarenta e oito centavos).

ART. 2º. Ficam estabelecidas as diretrizes para a política de valorização do salário mínimo a vigorar entre 2012 e 2015, inclusive, a serem aplicadas em 1º de janeiro do respectivo ano.

§ 1º. Os reajustes para a preservação do poder aquisitivo do salário mínimo corresponderão à variação do Índice Nacional de Preços ao Consumidor - INPC, calculado e divulgado pela Fundação Instituto Brasileiro de Geografia e Estatística - IBGE, acumulada nos doze meses anteriores ao mês do reajuste.

§ 2º. Na hipótese de não divulgação do INPC referente a um ou mais meses compreendidos no período do cálculo até o último dia útil imediatamente anterior à vigência do reajuste, o Poder Executivo estimará os índices dos meses não disponíveis.

§ 3º. Verificada a hipótese de que trata o § 2º, os índices estimados permanecerão válidos para os fins desta Lei, sem qualquer revisão, sendo os eventuais resíduos compensados no reajuste subsequente, sem retroatividade.

§ 4º. A título de aumento real, serão aplicados os seguintes percentuais:

I – em 2012, será aplicado o percentual equivalente à taxa de crescimento real do Produto Interno Bruto – PIB, apurada pelo IBGE, para o ano de 2010;

II – em 2013, será aplicado o percentual equivalente à taxa de crescimento real do PIB, apurada pelo IBGE, para o ano de 2011;

III – em 2014, será aplicado o percentual equivalente à taxa de crescimento real do PIB, apurada pelo IBGE, para o ano de 2012; e

IV – em 2015, será aplicado o percentual equivalente à taxa de crescimento real do PIB, apurada pelo IBGE, para o ano de 2013.

§ 5º. Para fins do disposto no § 4º, será utilizada a taxa de crescimento real do PIB para o ano de referência, divulgada pelo IBGE até o último dia útil do ano imediatamente anterior ao de aplicação do respectivo aumento real.

ART. 3º. Os reajustes e aumentos fixados na forma do art. 2º serão estabelecidos pelo Poder Executivo, por meio de decreto, nos termos desta Lei.

Parágrafo único. O decreto do Poder Executivo a que se refere o *caput* divulgará a cada ano os valores mensal, diário e horário do salário mínimo decorrentes do disposto neste artigo, correspondendo o valor diário a um trinta avos e o valor horário a um duzentos e vinte avos do valor mensal.

ART. 4º. Até 31 de dezembro de 2015, o Poder Executivo encaminhará ao Congresso Nacional projeto de lei dispondo sobre a política de valorização do salário mínimo para o período compreendido entre 2016 e 2019, inclusive.

ART. 5º. O Poder Executivo constituirá grupo interministerial, sob coordenação do Ministério do Trabalho e Emprego, encarregado de definir e implementar sistemática de monitoramento e avaliação da política de valorização do salário mínimo.

Parágrafo único. O grupo a que se refere o *caput* identificará a cesta básica dos produtos adquiridos pelo salário mínimo e suas projeções futuras decorrentes do aumento de seu poder de compra, nos termos definidos em decreto.

ART. 6º. O art. 83 da Lei nº 9.430, de 27 de dezembro de 1996, passa a vigorar acrescido dos seguintes §§ 1º a 5º, renumerando-se o atual parágrafo único para § 6º:

▸ *Alteração incorporada ao texto da referida lei.*

ART. 7º. Esta Lei entra em vigor no primeiro dia do mês subsequente à data de sua publicação.

ART. 8º. Fica revogada a Lei nº 12.255, de 15 de junho de 2010.

Brasília, 25 de fevereiro de 2011;
190º da Independência e 123º da República.

DILMA ROUSSEFF

Este texto não substitui o publicado no DOU de 28.2.2011

LEI Nº 12.529, DE 30 DE NOVEMBRO DE 2011 – ESTRUTURA O SISTEMA BRASILEIRO DE DEFESA DA CONCORRÊNCIA

Estrutura o Sistema Brasileiro de Defesa da Concorrência; dispõe sobre a prevenção e repressão às infrações contra a ordem econômica; altera a Lei nº 8.137, de 27 de dezembro de 1990, o Decreto-Lei nº 3.689, de 3 de outubro de 1941 – Código de Processo Penal, e a Lei nº 7.347, de 24 de julho de 1985; revoga dispositivos da Lei nº 8.884, de 11 de junho de 1994, e a Lei nº 9.781, de 19 de janeiro de 1999; e dá outras providências.

A PRESIDENTA DA REPÚBLICA Faço saber que o Congresso Nacional decreta e eu sanciono a seguinte Lei:

TÍTULO I. DISPOSIÇÕES GERAIS

CAPÍTULO I. DA FINALIDADE

ART. 1º. Esta Lei estrutura o Sistema Brasileiro de Defesa da Concorrência – SBDC e dispõe sobre a prevenção e a repressão às infrações contra a ordem econômica, orientada pelos ditames constitucionais de liberdade de iniciativa, livre concorrência, função social da propriedade, defesa dos consumidores e repressão ao abuso do poder econômico.

▸ *CF: arts. 1º, IV, 170, III, IV, e V, 173, § 4º.*

Parágrafo único. A coletividade é a titular dos bens jurídicos protegidos por esta Lei.

CAPÍTULO II. DA TERRITORIALIDADE

ART. 2º. Aplica-se esta Lei, sem prejuízo de convenções e tratados de que seja signatário o Brasil, às práticas cometidas no todo ou em parte no território nacional ou que nele produzam ou possam produzir efeitos.

§ 1º. Reputa-se domiciliada no território nacional a empresa estrangeira que opere ou tenha no Brasil filial, agência, sucursal, escritório, estabelecimento, agente ou representante.

§ 2º. A empresa estrangeira será notificada e intimada de todos os atos processuais previstos nesta Lei, independentemente de procuração ou de disposição contratual ou estatutária, na pessoa do agente ou representante ou pessoa responsável por sua filial, agência, sucursal, estabelecimento ou escritório instalado no Brasil.

TÍTULO II. DO SISTEMA BRASILEIRO DE DEFESA DA CONCORRÊNCIA

CAPÍTULO I. DA COMPOSIÇÃO

ART. 3º. O SBDC é formado pelo Conselho Administrativo de Defesa Econômica – CADE e pela Secretaria de Acompanhamento Econômico do Ministério da Fazenda, com as atribuições previstas nesta Lei.

CAPÍTULO II. DO CONSELHO ADMINISTRATIVO DE DEFESA ECONÔMICA – CADE

ART. 4º. O Cade é entidade judicante com jurisdição em todo o território nacional, que se constitui em autarquia federal, vinculada ao Ministério da Justiça, com sede e foro no Distrito Federal, e competências previstas nesta Lei.

SEÇÃO I. DA ESTRUTURA ORGANIZACIONAL DO CADE

ART. 5º. O Cade é constituído pelos seguintes órgãos:

I – Tribunal Administrativo de Defesa Econômica;

II – Superintendência-Geral; e

III – Departamento de Estudos Econômicos.

SEÇÃO II. DO TRIBUNAL ADMINISTRATIVO DE DEFESA ECONÔMICA

ART. 6º. O Tribunal Administrativo, órgão judicante, tem como membros um Presidente e seis Conselheiros escolhidos dentre cidadãos com mais de 30 (trinta) anos de idade, de notório saber jurídico ou econômico e reputação ilibada, nomeados pelo Presidente da República, depois de aprovados pelo Senado Federal.

§ 1º. O mandato do Presidente e dos Conselheiros é de 4 (quatro) anos, não coincidentes, vedada a recondução.

§ 2º. Os cargos de Presidente e de Conselheiro são de dedicação exclusiva, não se admitindo qualquer acumulação, salvo as constitucionalmente permitidas.

§ 3º. No caso de renúncia, morte, impedimento, falta ou perda de mandato do Presidente do Tribunal, assumirá o Conselheiro mais antigo no cargo ou o mais idoso, nessa ordem, até nova nomeação, sem prejuízo de suas atribuições.

§ 4º. No caso de renúncia, morte ou perda de mandato de Conselheiro, proceder-se-á a nova nomeação, para completar o mandato do substituído.

§ 5º. Se, nas hipóteses previstas no § 4º deste artigo, ou no caso de encerramento de mandato dos Conselheiros, a composição do Tribunal ficar reduzida a número inferior ao estabelecido no § 1º do art. 9º desta Lei, considerar-se-ão automaticamente suspensos os prazos previstos nesta Lei, e suspensa a tramitação de processos, continuando-se a contagem imediatamente após a recomposição do quorum.

ART. 7º. A perda de mandato do Presidente ou dos Conselheiros do Cade só poderá ocorrer em virtude de decisão do Senado Federal, por provocação do Presidente da República, ou em razão de condenação penal irrecorrível por crime doloso, ou de processo disciplinar de conformidade com o que prevê a Lei nº 8.112, de 11 de dezembro de 1990 e a Lei nº 8.429, de 2 de junho de 1992, e por infringência de quaisquer das vedações previstas no art. 8º desta Lei.

Parágrafo único. Também perderá o mandato, automaticamente, o membro do Tribunal que faltar a 3 (três) reuniões ordinárias consecutivas, ou 20 (vinte) intercaladas, ressalvados os afastamentos temporários autorizados pelo Plenário.

ART. 8º. Ao Presidente e aos Conselheiros é vedado:

I – receber, a qualquer título, e sob qualquer pretexto, honorários, percentagens ou custas;

II – exercer profissão liberal;

III – participar, na forma de controlador, diretor, administrador, gerente, preposto ou mandatário, de sociedade civil, comercial ou empresas de qualquer espécie;

IV – emitir parecer sobre matéria de sua especialização, ainda que em tese, ou funcionar como consultor de qualquer tipo de empresa;

V – manifestar, por qualquer meio de comunicação, opinião sobre processo pendente de julgamento, ou juízo depreciativo sobre despachos, votos ou sentenças de órgãos judiciais, ressalvada a crítica nos autos, em obras técnicas ou no exercício do magistério; e

VI – exercer atividade político-partidária.

§ 1º. É vedado ao Presidente e aos Conselheiros, por um período de 120 (cento e vinte) dias, contado da data em que deixar o cargo, representar qualquer pessoa, física ou jurídica, ou interesse perante o SBDC, ressalvada a defesa de direito próprio.

§ 2º. Durante o período mencionado no § 1º deste artigo, o Presidente e os Conselheiros receberão a mesma remuneração do cargo que ocupavam.

§ 3º. Incorre na prática de advocacia administrativa, sujeitando-se à pena prevista no art. 321 do Decreto-Lei nº 2.848, de 7 de dezembro de 1940 – Código Penal, o ex-presidente ou ex-conselheiro que violar o impedimento previsto no § 1º deste artigo.

§ 4º. É vedado, a qualquer tempo, ao Presidente e aos Conselheiros utilizar informações privilegiadas obtidas em decorrência do cargo exercido.

SUBSEÇÃO I. DA COMPETÊNCIA DO PLENÁRIO DO TRIBUNAL

ART. 9º. Compete ao Plenário do Tribunal, dentre outras atribuições previstas nesta Lei:

I – zelar pela observância desta Lei e seu regulamento e do regimento interno;

II – decidir sobre a existência de infração à ordem econômica e aplicar as penalidades previstas em lei;

III – decidir os processos administrativos para imposição de sanções administrativas por infrações à ordem econômica instaurados pela Superintendência-Geral;

IV – ordenar providências que conduzam à cessação de infração à ordem econômica, dentro do prazo que determinar;

V – aprovar os termos do compromisso de cessação de prática e do acordo em controle de concentrações, bem como determinar à Superintendência-Geral que fiscalize seu cumprimento;

VI – apreciar, em grau de recurso, as medidas preventivas adotadas pelo Conselheiro-Relator ou pela Superintendência-Geral;

VII – intimar os interessados de suas decisões;

VIII – requisitar dos órgãos e entidades da administração pública federal e requerer às autoridades dos Estados, Municípios, do Distrito Federal e dos Territórios as medidas necessárias ao cumprimento desta Lei;

IX – contratar a realização de exames, vistorias e estudos, aprovando, em cada caso, os respectivos honorários profissionais e demais despesas de processo, que deverão ser pagas pela empresa, se vier a ser punida nos termos desta Lei;

X – apreciar processos administrativos de atos de concentração econômica, na forma desta Lei, fixando, quando entender conveniente e oportuno, acordos em controle de atos de concentração;

XI – determinar à Superintendência-Geral que adote as medidas administrativas necessárias à execução e fiel cumprimento de suas decisões;

XII – requisitar serviços e pessoal de quaisquer órgãos e entidades do Poder Público Federal;

XIII – requerer à Procuradoria Federal junto ao Cade a adoção de providências administrativas e judiciais;

XIV – instruir o público sobre as formas de infração da ordem econômica;

XV – elaborar e aprovar regimento interno do Cade, dispondo sobre seu funcionamento, forma das deliberações, normas de procedimento e organização de seus serviços internos;

XVI – propor a estrutura do quadro de pessoal do Cade, observado o disposto no inciso II do *caput* do art. 37 da Constituição Federal;

XVII – elaborar proposta orçamentária nos termos desta Lei;

XVIII – requisitar informações de quaisquer pessoas, órgãos, autoridades e entidades públicas ou privadas, respeitando e mantendo o sigilo legal quando for o caso, bem como determinar as diligências que se fizerem necessárias ao exercício das suas funções; e

XIX – decidir pelo cumprimento das decisões, compromissos e acordos.

§ 1º. As decisões do Tribunal serão tomadas por maioria, com a presença mínima de 4 (quatro) membros, sendo o quorum de deliberação mínimo de 3 (três) membros.

§ 2º. As decisões do Tribunal não comportam revisão no âmbito do Poder Executivo, promovendo-se, de imediato, sua execução e comunicando-se, em seguida, ao Ministério Público, para as demais medidas legais cabíveis no âmbito de suas atribuições.

§ 3º. As autoridades federais, os diretores de autarquia, fundação, empresa pública e sociedade de economia mista federais e agências reguladoras são obrigados a prestar, sob pena de responsabilidade, toda a assistência e colaboração que lhes for solicitada pelo Cade, inclusive elaborando pareceres técnicos sobre as matérias de sua competência.

§ 4º. O Tribunal poderá responder consultas sobre condutas em andamento, mediante pagamento de taxa e acompanhadas dos respectivos documentos.

§ 5º. O Cade definirá, em resolução, normas complementares sobre o procedimento de consultas previsto no § 4º deste artigo.

SUBSEÇÃO II. DA COMPETÊNCIA DO PRESIDENTE DO TRIBUNAL

ART. 10. Compete ao Presidente do Tribunal:

I – representar legalmente o Cade no Brasil ou no exterior, em juízo ou fora dele;

II – presidir, com direito a voto, inclusive o de qualidade, as reuniões do Plenário;

III – distribuir, por sorteio, os processos aos Conselheiros;

IV – convocar as sessões e determinar a organização da respectiva pauta;

V – solicitar, a seu critério, que a Superintendência-Geral auxilie o Tribunal na tomada de providências extrajudiciais para o cumprimento das decisões do Tribunal;

VI – fiscalizar a Superintendência-Geral na tomada de providências para execução das decisões e julgados do Tribunal

VII – assinar os compromissos e acordos aprovados pelo Plenário;

VIII – submeter à aprovação do Plenário a proposta orçamentária e a lotação ideal do pessoal que prestará serviço ao Cade;

IX – orientar, coordenar e supervisionar as atividades administrativas do Cade;

X – ordenar as despesas atinentes ao Cade, ressalvadas as despesas da unidade gestora da Superintendência-Geral;

XI – firmar contratos e convênios com órgãos ou entidades nacionais e submeter, previamente, ao Ministro de Estado da Justiça os que devam ser celebrados com organismos estrangeiros ou internacionais; e

XII – determinar à Procuradoria Federal junto ao Cade as providências judiciais determinadas pelo Tribunal.

SUBSEÇÃO III. DA COMPETÊNCIA DOS CONSELHEIROS DO TRIBUNAL

ART. 11. Compete aos Conselheiros do Tribunal:

I – emitir voto nos processos e questões submetidas ao Tribunal;

II – proferir despachos e lavrar as decisões nos processos em que forem relatores;

III – requisitar informações e documentos de quaisquer pessoas, órgãos, autoridades e entidades públicas ou privadas, a serem mantidos sob sigilo legal, quando for o caso, bem como determinar as diligências que se fizerem necessárias;

IV – adotar medidas preventivas, fixando o valor da multa diária pelo seu descumprimento;

V – solicitar, a seu critério, que a Superintendência-Geral realize as diligências e a produção das provas que entenderem pertinentes nos autos do processo administrativo, na forma desta Lei;

VI – requerer à Procuradoria Federal junto ao Cade emissão de parecer jurídico nos processos em que forem relatores, quando entenderem necessário e em despacho fundamentado, na forma prevista no inciso VII do art. 15 desta Lei;

VII – determinar ao Economista-Chefe, quando necessário, a elaboração de pareceres nos processos em que forem relatores, sem prejuízo da tramitação normal do processo e sem que tal determinação implique a suspensão do prazo de análise ou prejuízo à tramitação normal do processo;

VIII – desincumbir-se das demais tarefas que lhes forem cometidas pelo regimento;

IX – propor termo de compromisso de cessação e acordos para aprovação do Tribunal;

X – prestar ao Poder Judiciário, sempre que solicitado, todas as informações sobre andamento dos processos, podendo, inclusive, fornecer cópias dos autos para instruir ações judiciais.

SEÇÃO III. DA SUPERINTENDÊNCIA-GERAL

ART. 12. O Cade terá em sua estrutura uma Superintendência-Geral, com 1 (um) Superintendente-Geral e 2 (dois) Superintendentes-Adjuntos, cujas atribuições específicas serão definidas em Resolução.

§ 1º. O Superintendente-Geral será escolhido dentre cidadãos com mais de 30 (trinta) anos de idade, notório saber jurídico ou econômico e reputação ilibada, nomeado pelo Presidente da República, depois de aprovado pelo Senado Federal.

§ 2º. O Superintendente-Geral terá mandato de 2 (dois) anos, permitida a recondução para um único período subsequente.

§ 3º. Aplicam-se ao Superintendente-Geral as mesmas normas de impedimentos, perda de mandato, substituição e as vedações do art. 8º desta Lei, incluindo o disposto no § 2º do art. 8º desta Lei, aplicáveis ao Presidente e aos Conselheiros do Tribunal.

§ 4º. Os cargos de Superintendente-Geral e de Superintendentes-Adjuntos são de dedicação exclusiva, não se admitindo qualquer acumulação, salvo as constitucionalmente permitidas.

§ 5º. Durante o período de vacância que anteceder à nomeação de novo Superintendente-Geral, assumirá interinamente o cargo um dos superintendentes adjuntos, indicado pelo Presidente do Tribunal, o qual permanecerá no cargo até a posse do novo Superintendente-Geral, escolhido na forma do § 1º deste artigo.

§ 6º. Se, no caso da vacância prevista no § 5º deste artigo, não houver nenhum Superintendente Adjunto nomeado na Superintendência do Cade, o Presidente do Tribunal indicará servidor em exercício no Cade, com conhecimento jurídico ou econômico na área de defesa da concorrência e reputação ilibada, para assumir interinamente o cargo, permanecendo neste até a posse do novo Superintendente-Geral, escolhido na forma do § 1º deste artigo.

§ 7º. Os Superintendentes-Adjuntos serão indicados pelo Superintendente-Geral.

ART. 13. Compete à Superintendência-Geral:

I – zelar pelo cumprimento desta Lei, monitorando e acompanhando as práticas de mercado;

II – acompanhar, permanentemente, as atividades e práticas comerciais de pessoas físicas ou jurídicas que detiverem posição dominante em mercado relevante de bens ou serviços, para prevenir infrações da ordem econômica, podendo, para tanto, requisitar as informações e documentos necessários, mantendo o sigilo legal, quando for o caso;

III – promover, em face de indícios de infração da ordem econômica, procedimento preparatório de inquérito administrativo e inquérito administrativo para apuração de infrações à ordem econômica;

IV – decidir pela insubsistência dos indícios, arquivando os autos do inquérito administrativo ou de seu procedimento preparatório;

V – instaurar e instruir processo administrativo para imposição de sanções administrativas por infrações à ordem econômica, procedimento para apuração de ato de concentração, processo administrativo para análise de ato de concentração econômica e processo administrativo para imposição de sanções processuais incidentais instaurados para prevenção, apuração ou repressão de infrações à ordem econômica;

VI – no interesse da instrução dos tipos processuais referidos nesta Lei:

a) requisitar informações e documentos de quaisquer pessoas, físicas ou jurídicas, órgãos, autoridades e entidades, públicas ou privadas, mantendo o sigilo legal, quando for o caso, bem como determinar as diligências que se fizerem necessárias ao exercício de suas funções;

b) requisitar esclarecimentos orais de quaisquer pessoas, físicas ou jurídicas, órgãos, autoridades e entidades, públicas ou privadas, na forma desta Lei;

c) realizar inspeção na sede social, estabelecimento, escritório, filial ou sucursal de empresa investigada, de estoques, objetos, papéis de qualquer natureza, assim como livros comerciais, computadores e arquivos eletrônicos, podendo-se extrair ou requisitar cópias de quaisquer documentos ou dados eletrônicos;

d) requerer ao Poder Judiciário, por meio da Procuradoria Federal junto ao Cade, mandado de busca e apreensão de objetos, papéis de qualquer natureza, assim como de livros comerciais, computadores e arquivos magnéticos de empresa ou pessoa física, no interesse de inquérito administrativo ou de processo administrativo para imposição de sanções administrativas por infrações à ordem econômica, aplicando-se, no que couber, o disposto no art. 839 e seguintes da Lei nº 5.869, de 11 de janeiro de 1973 – Código de Processo Civil, sendo inexigível a propositura de ação principal;

e) requisitar vista e cópia de documentos e objetos constantes de inquéritos e processos administrativos instaurados por órgãos ou entidades da administração pública federal;

f) requerer vista e cópia de inquéritos policiais, ações judiciais de quaisquer natureza, bem como de inquéritos e processos administrativos instaurados por outros entes da federação, devendo o Conselho observar as mesmas restrições de sigilo eventualmente estabelecidas nos procedimentos de origem;

VII – recorrer de ofício ao Tribunal quando decidir pelo arquivamento de processo administrativo para imposição de sanções administrativas por infrações à ordem econômica;

VIII – remeter ao Tribunal, para julgamento, os processos administrativos que instaurar, quando entender configurada infração da ordem econômica;

IX – propor termo de compromisso de cessação de prática por infração à ordem econômica, submetendo-o à aprovação do Tribunal, e fiscalizar o seu cumprimento;

X – sugerir ao Tribunal condições para a celebração de acordo em controle de concentrações e fiscalizar o seu cumprimento;

XI – adotar medidas preventivas que conduzam à cessação de prática que constitua infração da ordem econômica, fixando prazo para seu cumprimento e o valor da multa diária a ser aplicada, no caso de descumprimento;

XII – receber, instruir e aprovar ou impugnar perante o Tribunal os processos administrativos para análise de ato de concentração econômica;

XIII – orientar os órgãos e entidades da administração pública quanto à adoção de medidas necessárias ao cumprimento desta Lei;

XIV – desenvolver estudos e pesquisas objetivando orientar a política de prevenção de infrações da ordem econômica;

XV – instruir o público sobre as diversas formas de infração da ordem econômica e os modos de sua prevenção e repressão;

XVI – exercer outras atribuições previstas em lei;

XVII – prestar ao Poder Judiciário, sempre que solicitado, todas as informações sobre andamento das investigações, podendo, inclusive, fornecer cópias dos autos para instruir ações judiciais; e

XVIII – adotar as medidas administrativas necessárias à execução e ao cumprimento das decisões do Plenário.

ART. 14. São atribuições do Superintendente-Geral:

I – participar, quando entender necessário, sem direito a voto, das reuniões do Tribunal e proferir sustentação oral, na forma do regimento interno;

II – cumprir e fazer cumprir as decisões do Tribunal na forma determinada pelo seu Presidente;

III – requerer à Procuradoria Federal junto ao Cade as providências judiciais relativas ao exercício das competências da Superintendência-Geral;

IV – determinar ao Economista-Chefe a elaboração de estudos e pareceres;

V – ordenar despesas referentes à unidade gestora da Superintendência-Geral; e

LEIS ORDINÁRIAS

VI – exercer outras atribuições previstas em lei.

SEÇÃO IV. DA PROCURADORIA FEDERAL JUNTO AO CADE

ART. 15. Funcionará junto ao Cade Procuradoria Federal Especializada, competindo-lhe:

I – prestar consultoria e assessoramento jurídico ao Cade;

II – representar o Cade judicial e extrajudicialmente;

III – promover a execução judicial das decisões e julgados do Cade;

IV – proceder à apuração da liquidez dos créditos do Cade, inscrevendo-os em dívida ativa para fins de cobrança administrativa ou judicial;

V – tomar as medidas judiciais solicitadas pelo Tribunal ou pela Superintendência-Geral, necessárias à cessação de infrações da ordem econômica ou à obtenção de documentos para a instrução de processos administrativos de qualquer natureza;

VI – promover acordos judiciais nos processos relativos a infrações contra a ordem econômica, mediante autorização do Tribunal;

VII – emitir, sempre que solicitado expressamente por Conselheiro ou pelo Superintendente-Geral, parecer nos processos de competência do Cade, sem que tal determinação implique a suspensão do prazo de análise ou prejuízo à tramitação normal do processo;

VIII – zelar pelo cumprimento desta Lei; e

IX – desincumbir-se das demais tarefas que lhe sejam atribuídas pelo regimento interno.

Parágrafo único. Compete à Procuradoria Federal junto ao Cade, ao dar execução judicial às decisões da Superintendência-Geral e do Tribunal, manter o Presidente do Tribunal, os Conselheiros e o Superintendente-Geral informados sobre o andamento das ações e medidas judiciais.

ART. 16. O Procurador-Chefe será nomeado pelo Presidente da República, depois de aprovado pelo Senado Federal, dentre cidadãos brasileiros com mais de 30 (trinta) anos de idade, de notório conhecimento jurídico e reputação ilibada.

§ 1º. O Procurador-Chefe terá mandato de 2 (dois) anos, permitida sua recondução para um único período.

§ 2º. O Procurador-Chefe poderá participar, sem direito a voto, das reuniões do Tribunal, prestando assistência e esclarecimentos, quando requisitado pelos Conselheiros, na forma do Regimento Interno do Tribunal.

§ 3º. Aplicam-se ao Procurador-Chefe as mesmas normas de impedimento aplicáveis aos Conselheiros do Tribunal, exceto quanto ao comparecimento às sessões.

§ 4º. Nos casos de faltas, afastamento temporário ou impedimento do Procurador-Chefe, o Plenário indicará e o Presidente do Tribunal designará o substituto eventual dentre os integrantes da Procuradoria Federal Especializada.

SEÇÃO V. DO DEPARTAMENTO DE ESTUDOS ECONÔMICOS

ART. 17. O Cade terá um Departamento de Estudos Econômicos, dirigido por um Economista-Chefe, a quem incumbirá elaborar estudos e pareceres econômicos, de ofício ou por solicitação do Plenário, do Presidente, do Conselheiro-Relator ou do Superintendente-Geral, zelando pelo rigor e atualização técnica e científica das decisões do órgão.

ART. 18. O Economista-Chefe será nomeado, conjuntamente, pelo Superintendente-Geral e pelo Presidente do Tribunal, dentre brasileiros de ilibada reputação e notório conhecimento econômico.

§ 1º. O Economista-Chefe poderá participar das reuniões do Tribunal, sem direito a voto.

§ 2º. Aplicam-se ao Economista-Chefe as mesmas normas de impedimento aplicáveis aos Conselheiros do Tribunal, exceto quanto ao comparecimento às sessões.

CAPÍTULO III. DA SECRETARIA DE ACOMPANHAMENTO ECONÔMICO

ART. 19. Compete à Secretaria de Acompanhamento Econômico promover a concorrência em órgãos de governo e perante a sociedade cabendo-lhe, especialmente, o seguinte:

I – opinar, nos aspectos referentes à promoção da concorrência, sobre propostas de alterações de atos normativos de interesse geral dos agentes econômicos, de consumidores ou usuários dos serviços prestados submetidos a consulta pública pelas agências reguladoras e, quando entender pertinente, sobre os pedidos de revisão de tarifas e as minutas;

II – opinar, quando considerar pertinente, sobre minutas de atos normativos elaborados por qualquer entidade pública ou privada submetidos à consulta pública, nos aspectos referentes à promoção da concorrência;

III – opinar, quando considerar pertinente, sobre proposições legislativas em tramitação no Congresso Nacional, nos aspectos referentes à promoção da concorrência;

IV – elaborar estudos avaliando a situação concorrencial de setores específicos da atividade econômica nacional, de ofício ou quando solicitada pelo Cade, pela Câmara de Comércio Exterior ou pelo Departamento de Proteção e Defesa do Consumidor do Ministério da Justiça ou órgão que vier a sucedê-lo;

V – elaborar estudos setoriais que sirvam de insumo para a participação do Ministério da Fazenda na formulação de políticas públicas setoriais nos fóruns em que este Ministério tem assento;

VI – propor a revisão de leis, regulamentos e outros atos normativos da administração pública federal, estadual, municipal e do Distrito Federal que afetem ou possam afetar a concorrência nos diversos setores econômicos do País;

VII – manifestar-se, de ofício ou quando solicitada, a respeito do impacto concorrencial de medidas em discussão no âmbito de fóruns negociadores relativos às atividades de alteração tarifária, ao acesso a mercados e à defesa comercial, ressalvadas as competências dos órgãos envolvidos;

VIII – encaminhar ao órgão competente representação para que este, a seu critério, adote as medidas legais cabíveis, sempre que for identificado ato normativo que tenha caráter anticompetitivo.

§ 1º. Para o cumprimento de suas atribuições, a Secretaria de Acompanhamento Econômico poderá:

I – requisitar informações e documentos de quaisquer pessoas, órgãos, autoridades e entidades, públicas ou privadas, mantendo o sigilo legal quando for o caso;

II – celebrar acordos e convênios com órgãos ou entidades públicas ou privadas, federais, estaduais, municipais, do Distrito Federal e dos Territórios para avaliar e/ou sugerir medidas relacionadas à promoção da concorrência.

§ 2º. A Secretaria de Acompanhamento Econômico divulgará anualmente relatório de suas ações voltadas para a promoção da concorrência.

TÍTULO III.
DO MINISTÉRIO PÚBLICO FEDERAL PERANTE O CADE

ART. 20. O Procurador-Geral da República, ouvido o Conselho Superior, designará membro do Ministério Público Federal para, nesta qualidade, emitir parecer, nos processos administrativos para imposição de sanções administrativas por infrações à ordem econômica, de ofício ou a requerimento do Conselheiro-Relator.

TÍTULO IV.
DO PATRIMÔNIO, DAS RECEITAS E DA GESTÃO ADMINISTRATIVA, ORÇAMENTÁRIA E FINANCEIRA

ART. 21. Compete ao Presidente do Tribunal orientar, coordenar e supervisionar as atividades administrativas do Cade, respeitadas as atribuições dos dirigentes dos demais órgãos previstos no art. 5º desta Lei.

§ 1º. A Superintendência-Geral constituirá unidade gestora, para fins administrativos e financeiros, competindo ao seu Superintendente-Geral ordenar as despesas pertinentes às respectivas ações orçamentárias.

§ 2º. Para fins administrativos e financeiros, o Departamento de Estudos Econômicos estará ligado ao Tribunal.

ART. 22. Anualmente, o Presidente do Tribunal, ouvido o Superintendente-Geral, encaminhará ao Poder Executivo a proposta de orçamento do Cade e a lotação ideal do pessoal que prestará serviço àquela autarquia.

ART. 23. Instituem-se taxas processuais sobre os processos de competência do Cade, no valor de R$ 85.000,00 (oitenta e cinco mil reais), para os processos que têm como fato gerador a apresentação dos atos previstos no art. 88 desta Lei, e no valor de R$ 15.000,00 (quinze mil reais), para os processos que têm como fato gerador a apresentação das consultas referidas no § 4º do art. 9º desta Lei. (Redação dada pela Lei nº 13.196, de 2015)

Parágrafo único. A taxa processual de que trata o caput deste artigo poderá ser atualizada por ato do Poder Executivo, após autorização do Congresso Nacional.

ART. 24. São contribuintes da taxa processual que tem como fato gerador a apresentação dos atos previstos no art. 88 desta Lei qualquer das requerentes.

ART. 25. O recolhimento da taxa processual que tem como fato gerador a apresentação dos atos previstos no art. 88 desta Lei deverá ser comprovado no momento da protocolização do ato.

§ 1º. A taxa processual não recolhida no momento fixado no *caput* deste artigo será cobrada com os seguintes acréscimos:

I – juros de mora, contados do mês seguinte ao do vencimento, à razão de 1% (um por cento), calculados na forma da legislação aplicável aos tributos federais;

II – multa de mora de 20% (vinte por cento).

§ 2º. Os juros de mora não incidem sobre o valor da multa de mora.

ART. 26. (VETADO).

ART. 27. As taxas de que tratam os arts. 23 e 26 desta Lei serão recolhidas ao Tesouro Nacional na forma regulamentada pelo Poder Executivo.

ART. 28. Constituem receitas próprias do Cade:

I – o produto resultante da arrecadação das taxas previstas nos arts. 23 e 26 desta Lei;

II – a retribuição por serviços de qualquer natureza prestados a terceiros;

III – as dotações consignadas no Orçamento Geral da União, créditos especiais, créditos adicionais, transferências e repasses que lhe forem conferidos;

IV – os recursos provenientes de convênios, acordos ou contratos celebrados com entidades ou organismos nacionais e internacionais;

V – as doações, legados, subvenções e outros recursos que lhe forem destinados;

VI – os valores apurados na venda ou aluguel de bens móveis e imóveis de sua propriedade;

VII – o produto da venda de publicações, material técnico, dados e informações;

VIII – os valores apurados em aplicações no mercado financeiro das receitas previstas neste artigo, na forma definida pelo Poder Executivo; e

IX – quaisquer outras receitas, afetas às suas atividades, não especificadas nos incisos I a VIII do *caput* deste artigo.

§ 1º. (VETADO).

§ 2º. (VETADO).

§ 3º. O produto da arrecadação das multas aplicadas pelo Cade, inscritas ou não em dívida ativa, será destinado ao Fundo de Defesa de Direitos Difusos de que trata o art. 13 da Lei nº 7.347, de 24 de julho de 1985, e a Lei nº 9.008, de 21 de março de 1995.

§ 4º. As multas arrecadadas na forma desta Lei serão recolhidas ao Tesouro Nacional na forma regulamentada pelo Poder Executivo.

ART. 29. O Cade submeterá anualmente ao Ministério da Justiça a sua proposta de orçamento, que será encaminhada ao Ministério do Planejamento, Orçamento e Gestão para inclusão na lei orçamentária anual, a que se refere o § 5º do art. 165 da Constituição Federal.

§ 1º. O Cade fará acompanhar as propostas orçamentárias de quadro demonstrativo do planejamento plurianual das receitas e despesas, visando ao seu equilíbrio orçamentário e financeiro nos 5 (cinco) exercícios subsequentes.

§ 2º. A lei orçamentária anual consignará as dotações para as despesas de custeio e capital do Cade, relativas ao exercício a que ela se referir.

ART. 30. Somam-se ao atual patrimônio do Cade os bens e direitos pertencentes ao Ministério da Justiça atualmente afetados às atividades do Departamento de Proteção e Defesa Econômica da Secretaria de Direito Econômico.

TÍTULO V. DAS INFRAÇÕES DA ORDEM ECONÔMICA

CAPÍTULO I. DISPOSIÇÕES GERAIS

ART. 31. Esta Lei aplica-se às pessoas físicas ou jurídicas de direito público ou privado, bem como a quaisquer associações de entidades ou pessoas, constituídas de fato ou de direito, ainda que temporariamente, com ou sem personalidade jurídica, mesmo que exerçam atividade sob regime de monopólio legal.

ART. 32. As diversas formas de infração da ordem econômica implicam a responsabilidade da empresa e a responsabilidade individual de seus dirigentes ou administradores, solidariamente.

ART. 33. Serão solidariamente responsáveis as empresas ou entidades integrantes de grupo econômico, de fato ou de direito, quando pelo menos uma delas praticar infração à ordem econômica.

ART. 34. A personalidade jurídica do responsável por infração da ordem econômica poderá ser desconsiderada quando houver da parte deste abuso de direito, excesso de poder, infração da lei, fato ou ato ilícito ou violação dos estatutos ou contrato social.

Parágrafo único. A desconsideração também será efetivada quando houver falência, estado de insolvência, encerramento ou inatividade da pessoa jurídica provocados por má administração.

ART. 35. A repressão das infrações da ordem econômica não exclui a punição de outros ilícitos previstos em lei.

CAPÍTULO II. DAS INFRAÇÕES

ART. 36. Constituem infração da ordem econômica, independentemente de culpa, os atos sob qualquer forma manifestados, que tenham por objeto ou possam produzir os seguintes efeitos, ainda que não sejam alcançados:

I – limitar, falsear ou de qualquer forma prejudicar a livre concorrência ou a livre iniciativa;

II – dominar mercado relevante de bens ou serviços;

III – aumentar arbitrariamente os lucros; e

IV – exercer de forma abusiva posição dominante.

§ 1º. A conquista de mercado resultante de processo natural fundado na maior eficiência de agente econômico em relação a seus competidores não caracteriza o ilícito previsto no inciso II do *caput* deste artigo.

§ 2º. Presume-se posição dominante sempre que uma empresa ou grupo de empresas for capaz de alterar unilateral ou coordenadamente as condições de mercado ou quando controlar 20% (vinte por cento) ou mais do mercado relevante, podendo este percentual ser alterado pelo Cade para setores específicos da economia.

§ 3º. As seguintes condutas, além de outras, na medida em que configurem hipótese prevista no *caput* deste artigo e seus incisos, caracterizam infração da ordem econômica:

I – acordar, combinar, manipular ou ajustar com concorrente, sob qualquer forma:

a) os preços de bens ou serviços ofertados individualmente;

b) a produção ou a comercialização de uma quantidade restrita ou limitada de bens ou a prestação de um número, volume ou frequência restrita ou limitada de serviços;

c) a divisão de partes ou segmentos de um mercado atual ou potencial de bens ou serviços, mediante, dentre outros, a distribuição de clientes, fornecedores, regiões ou períodos;

d) preços, condições, vantagens ou abstenção em licitação pública;

II – promover, obter ou influenciar a adoção de conduta comercial uniforme ou concertada entre concorrentes;

III – limitar ou impedir o acesso de novas empresas ao mercado;

IV – criar dificuldades à constituição, ao funcionamento ou ao desenvolvimento de empresa concorrente ou de fornecedor, adquirente ou financiador de bens ou serviços;

V – impedir o acesso de concorrente às fontes de insumo, matérias-primas, equipamentos ou tecnologia, bem como aos canais de distribuição;

VI – exigir ou conceder exclusividade para divulgação de publicidade nos meios de comunicação de massa;

VII – utilizar meios enganosos para provocar a oscilação de preços de terceiros;

VIII – regular mercados de bens ou serviços, estabelecendo acordos para limitar ou controlar a pesquisa e o desenvolvimento tecnológico, a produção de bens ou prestação de serviços, ou para dificultar investimentos destinados à produção de bens ou serviços ou à sua distribuição;

IX – impor, no comércio de bens ou serviços, a distribuidores, varejistas e representantes preços de revenda, descontos, condições de pagamento, quantidades mínimas ou máximas, margem de lucro ou quaisquer outras condições de comercialização relativos a negócios destes com terceiros;

X – discriminar adquirentes ou fornecedores de bens ou serviços por meio da fixação diferenciada de preços, ou de condições operacionais de venda ou prestação de serviços;

XI – recusar a venda de bens ou a prestação de serviços, dentro das condições de pagamento normais aos usos e costumes comerciais;

XII – dificultar ou romper a continuidade ou desenvolvimento de relações comerciais de prazo indeterminado em razão de recusa da outra parte em submeter-se a cláusulas e condições comerciais injustificáveis ou anticoncorrenciais;

XIII – destruir, inutilizar ou açambarcar matérias-primas, produtos intermediários ou acabados, assim como destruir, inutilizar ou dificultar a operação de equipamentos destinados a produzi-los, distribuí-los ou transportá-los;

XIV – açambarcar ou impedir a exploração de direitos de propriedade industrial ou intelectual ou de tecnologia;

XV – vender mercadoria ou prestar serviços injustificadamente abaixo do preço de custo;

XVI – reter bens de produção ou de consumo, exceto para garantir a cobertura dos custos de produção;

XVII – cessar parcial ou totalmente as atividades da empresa sem justa causa comprovada;

XVIII – subordinar a venda de um bem à aquisição de outro ou à utilização de um serviço, ou subordinar a prestação de um serviço à utilização de outro ou à aquisição de um bem; e

XIX – exercer ou explorar abusivamente direitos de propriedade industrial, intelectual, tecnologia ou marca.

CAPÍTULO III. DAS PENAS

ART. 37. A prática de infração da ordem econômica sujeita os responsáveis às seguintes penas:

I – no caso de empresa, multa de 0,1% (um décimo por cento) a 20% (vinte por cento) do valor do faturamento bruto da empresa, grupo ou conglomerado obtido, no último exercício anterior à instauração do processo administrativo, no ramo de atividade empresarial em que ocorreu a infração, a qual nunca será inferior à vantagem auferida, quando for possível sua estimação;

II – no caso das demais pessoas físicas ou jurídicas de direito público ou privado, bem como quaisquer associações de entidades ou pessoas constituídas de fato ou de direito, ainda que temporariamente, com ou sem personalidade jurídica, que não exerçam atividade empresarial, não sendo possível utilizar-se o critério do valor do faturamento bruto, a multa será entre R$ 50.000,00 (cinquenta mil reais) e R$ 2.000.000.000,00 (dois bilhões de reais);

III – no caso de administrador, direta ou indiretamente responsável pela infração cometida, quando comprovada a sua culpa ou dolo, multa de 1% (um por cento) a 20% (vinte por cento) daquela aplicada à empresa, no caso previsto no inciso I do *caput* deste artigo, ou às pessoas jurídicas ou entidades, nos casos previstos no inciso II do *caput* deste artigo.

§ 1º. Em caso de reincidência, as multas cominadas serão aplicadas em dobro.

§ 2º. No cálculo do valor da multa de que trata o inciso I do *caput* deste artigo, o Cade poderá considerar o faturamento total da empresa ou grupo de empresas, quando não dispuser do valor do faturamento no ramo de atividade empresarial em que ocorreu a infração, definido pelo Cade, ou quando este for apresentado de forma incompleta e/ou não demonstrado de forma inequívoca e idônea.

ART. 38. Sem prejuízo das penas cominadas no art. 37 desta Lei, quando assim exigir a gravidade dos fatos ou o interesse público geral, poderão ser impostas as seguintes penas, isolada ou cumulativamente:

I – a publicação, em meia página e a expensas do infrator, em jornal indicado na decisão, de extrato da decisão condenatória, por 2 (dois) dias seguidos, de 1 (uma) a 3 (três) semanas consecutivas;

II – a proibição de contratar com instituições financeiras oficiais e participar de licitação tendo por objeto aquisições, alienações, realização de obras e serviços, concessão de serviços públicos, na administração pública federal, estadual, municipal e do Distrito Federal, bem como em entidades da administração indireta, por prazo não inferior a 5 (cinco) anos;

III – a inscrição do infrator no Cadastro Nacional de Defesa do Consumidor;

IV – a recomendação aos órgãos públicos competentes para que:

a) seja concedida licença compulsória de direito de propriedade intelectual de titularidade do infrator, quando a infração estiver relacionada ao uso desse direito;

b) não seja concedido ao infrator parcelamento de tributos federais por ele devidos ou para que sejam cancelados, no todo ou em parte, incentivos fiscais ou subsídios públicos;

V – a cisão de sociedade, transferência de controle societário, venda de ativos ou cessação parcial de atividade;

VI – a proibição de exercer o comércio em nome próprio ou como representante de pessoa jurídica, pelo prazo de até 5 (cinco) anos; e

VII – qualquer outro ato ou providência necessários para a eliminação dos efeitos nocivos à ordem econômica.

ART. 39. Pela continuidade de atos ou situações que configurem infração da ordem econômica, após decisão do Tribunal determinando sua cessação, bem como pelo não cumprimento de obrigações de fazer ou não fazer impostas, ou pelo descumprimento de medida preventiva ou termo de compromisso de cessação previstos nesta Lei, o responsável fica sujeito a multa diária fixada em valor de R$ 5.000,00 (cinco mil reais), podendo ser aumentada em até 50 (cinquenta) vezes, se assim recomendar a situação econômica do infrator e a gravidade da infração.

ART. 40. A recusa, omissão ou retardamento injustificado de informação ou documentos solicitados pelo Cade ou pela Secretaria de Acompanhamento Econômico constitui infração punível com multa diária de R$ 5.000,00 (cinco mil reais), podendo ser aumentada em até 20 (vinte) vezes, se necessário para garantir sua eficácia, em razão da situação econômica do infrator.

§ 1º. O montante fixado para a multa diária de que trata o *caput* deste artigo constará do documento que contiver a requisição da autoridade competente.

§ 2º. Compete à autoridade requisitante a aplicação da multa prevista no *caput* deste artigo.

§ 3º. Tratando-se de empresa estrangeira, responde solidariamente pelo pagamento da multa de que trata o *caput* sua filial, sucursal, escritório ou estabelecimento situado no País.

ART. 41. A falta injustificada do representado ou de terceiros, quando intimados para prestar esclarecimentos, no curso de inquérito ou processo administrativo, sujeitará o faltante à multa de R$ 500,00 (quinhentos reais) a R$ 15.000,00 (quinze mil reais) para cada falta, aplicada conforme sua situação econômica.

Parágrafo único. A multa a que se refere o *caput* deste artigo será aplicada mediante auto de infração pela autoridade competente.

ART. 42. Impedir, obstruir ou de qualquer outra forma dificultar a realização de inspeção autorizada pelo Plenário do Tribunal, pelo Conselheiro-Relator ou pela Superintendência-Geral no curso de procedimento preparatório, inquérito administrativo, processo administrativo ou qualquer outro procedimento sujeitará o inspecionado ao pagamento de multa de R$ 20.000,00 (vinte mil reais) a R$ 400.000,00 (quatrocentos mil reais), conforme a situação econômica do infrator, mediante a lavratura de auto de infração pelo órgão competente.

ART. 43. A enganosidade ou a falsidade de informações, de documentos ou de declarações prestadas por qualquer pessoa ao Cade ou à Secretaria de Acompanhamento Econômico será punível com multa pecuniária no valor de R$ 5.000,00 (cinco mil reais) a R$ 5.000.000,00 (cinco milhões de reais), de acordo com a gravidade dos fatos e a situação econômica do infrator, sem prejuízo das demais cominações legais cabíveis.

ART. 44. Aquele que prestar serviços ao Cade ou a Seae, a qualquer título, e que der causa, mesmo que por mera culpa, à disseminação indevida de informação acerca de empresa, coberta por sigilo, será punível com multa pecuniária de R$ 1.000,00 (mil reais) a R$ 20.000,00 (vinte mil reais), sem prejuízo de abertura de outros procedimentos cabíveis.

§ 1º. Se o autor da disseminação indevida estiver servindo o Cade em virtude de mandato, ou na qualidade de Procurador Federal ou Economista-Chefe, a multa será em dobro.

§ 2º. O Regulamento definirá o procedimento para que uma informação seja tida como sigilosa, no âmbito do Cade e da Seae.

ART. 45. Na aplicação das penas estabelecidas nesta Lei, levar-se-á em consideração:

I – a gravidade da infração;

II – a boa-fé do infrator;

III – a vantagem auferida ou pretendida pelo infrator;

IV – a consumação ou não da infração;

V – o grau de lesão, ou perigo de lesão, à livre concorrência, à economia nacional, aos consumidores, ou a terceiros;

VI – os efeitos econômicos negativos produzidos no mercado;

VII – a situação econômica do infrator; e

VIII – a reincidência.

Capítulo IV. Da Prescrição

ART. 46. Prescrevem em 5 (cinco) anos as ações punitivas da administração pública federal, direta e indireta, objetivando apurar infrações da ordem econômica, contados da data da prática do ilícito ou, no caso de infração permanente ou continuada, do dia em que tiver cessada a prática do ilícito.

§ 1º. Interrompe a prescrição qualquer ato administrativo ou judicial que tenha por objeto a apuração da infração contra a ordem econômica mencionada no *caput* deste artigo, bem como a notificação ou a intimação da investigada.

§ 2º. Suspende-se a prescrição durante a vigência do compromisso de cessação ou do acordo em controle de concentrações.

§ 3º. Incide a prescrição no procedimento administrativo paralisado por mais de 3 (três) anos, pendente de julgamento ou despacho, cujos autos serão arquivados de ofício ou mediante requerimento da parte interessada, sem prejuízo da apuração da responsabilidade funcional decorrente da paralisação, se for o caso.

§ 4º. Quando o fato objeto da ação punitiva da administração também constituir crime, a prescrição reger-se-á pelo prazo previsto na lei penal.

Capítulo V. Do Direito de Ação

ART. 47. Os prejudicados, por si ou pelos legitimados referidos no art. 82 da Lei nº 8.078, de 11 de setembro de 1990, poderão ingressar em juízo para, em defesa de seus interesses individuais ou individuais homogêneos, obter a cessação de práticas que constituam infração da ordem econômica, bem como o recebimento de indenização por perdas e danos sofridos, independentemente do inquérito ou processo administrativo, que não será suspenso em virtude do ajuizamento de ação.

Título VI. Das Diversas Espécies de Processo Administrativo

Capítulo I. Disposições Gerais

ART. 48. Esta Lei regula os seguintes procedimentos administrativos instaurados para prevenção, apuração e repressão de infrações à ordem econômica:

I – procedimento preparatório de inquérito administrativo para apuração de infrações à ordem econômica;

II – inquérito administrativo para apuração de infrações à ordem econômica;

III – processo administrativo para imposição de sanções administrativas por infrações à ordem econômica;

IV – processo administrativo para análise de ato de concentração econômica;

V – procedimento administrativo para apuração de ato de concentração econômica; e

VI – processo administrativo para imposição de sanções processuais incidentais.

ART. 49. O Tribunal e a Superintendência-Geral assegurarão nos procedimentos previstos nos incisos II, III, IV e VI do *caput* do art. 48 desta Lei o tratamento sigiloso de documentos, informações e atos processuais necessários à elucidação dos fatos ou exigidos pelo interesse da sociedade.

Parágrafo único. As partes poderão requerer tratamento sigiloso de documentos ou informações, no tempo e modo definidos no regimento interno.

ART. 50. A Superintendência-Geral ou o Conselheiro-Relator poderá admitir a intervenção no processo administrativo de:

I – terceiros titulares de direitos ou interesses que possam ser afetados pela decisão a ser adotada; ou

II – legitimados à propositura de ação civil pública pelos incisos III e IV do art. 82 da Lei nº 8.078, de 11 de setembro de 1990.

ART. 51. Na tramitação dos processos no Cade, serão observadas as seguintes disposições, além daquelas previstas no regimento interno:

I – os atos de concentração terão prioridade sobre o julgamento de outras matérias;

II – a sessão de julgamento do Tribunal é pública, salvo nos casos em que for determinado tratamento sigiloso ao processo, ocasião em que as sessões serão reservadas;

III – nas sessões de julgamento do Tribunal, poderão o Superintendente-Geral, o Economista-Chefe, o Procurador-Chefe e as partes do processo requerer a palavra, que lhes será concedida, nessa ordem, nas condições e no prazo definido pelo regimento interno, a fim de sustentarem oralmente suas razões perante o Tribunal;

IV – a pauta das sessões de julgamento será definida pelo Presidente, que determinará sua publicação, com pelo menos 120 (cento e vinte) horas de antecedência; e

V – os atos e termos a serem praticados nos autos dos procedimentos enumerados no art. 48 desta Lei poderão ser encaminhados de forma eletrônica ou apresentados em meio magnético ou equivalente, nos termos das normas do Cade.

ART. 52. O cumprimento das decisões do Tribunal e de compromissos e acordos firmados nos termos desta Lei poderá, a critério do Tribunal, ser fiscalizado pela Superintendência-Geral, com o respectivo encaminhamento dos autos, após a decisão final do Tribunal.

§ 1º. Na fase de fiscalização da execução das decisões do Tribunal, bem como do cumprimento de compromissos e acordos firmados nos termos desta Lei, poderá a Superintendência-Geral valer-se de todos os poderes instrutórios que lhe são assegurados nesta Lei.

§ 2º. Cumprida integralmente a decisão do Tribunal ou os acordos em controle de concentrações e compromissos de cessação, a Superintendência-Geral, de ofício ou por provocação do interessado, manifestar-se-á sobre seu cumprimento.

CAPÍTULO II. DO PROCESSO ADMINISTRATIVO NO CONTROLE DE ATOS DE CONCENTRAÇÃO ECONÔMICA

SEÇÃO I. DO PROCESSO ADMINISTRATIVO NA SUPERINTENDÊNCIA-GERAL

ART. 53. O pedido de aprovação dos atos de concentração econômica a que se refere o art. 88 desta Lei deverá ser endereçado ao Cade e instruído com as informações e documentos indispensáveis à instauração do processo administrativo, definidos em resolução do Cade, além do comprovante de recolhimento da taxa respectiva.

§ 1º. Ao verificar que a petição não preenche os requisitos exigidos no *caput* deste artigo ou apresenta defeitos e irregularidades capazes de dificultar o julgamento de mérito, a Superintendência-Geral determinará, uma única vez, que os requerentes a emendem, sob pena de arquivamento.

§ 2º. Após o protocolo da apresentação do ato de concentração, ou de sua emenda, a Superintendência-Geral fará publicar edital, indicando o nome dos requerentes, a natureza da operação e os setores econômicos envolvidos.

ART. 54. Após cumpridas as providências indicadas no art. 53, a Superintendência-Geral:

I – conhecerá diretamente do pedido, proferindo decisão terminativa, quando o processo dispensar novas diligências ou nos casos de menor potencial ofensivo à concorrência, assim definidos em resolução do Cade; ou

II – determinará a realização da instrução complementar, especificando as diligências a serem produzidas.

ART. 55. Concluída a instrução complementar determinada na forma do inciso II do *caput* do art. 54 desta Lei, a Superintendência-Geral deverá manifestar-se sobre seu satisfatório cumprimento, recebendo-a como adequada ao exame de mérito ou determinando que seja refeita, por estar incompleta.

ART. 56. A Superintendência-Geral poderá, por meio de decisão fundamentada, declarar a operação como complexa e determinar a realização de nova instrução complementar, especificando as diligências a serem produzidas.

Parágrafo único. Declarada a operação como complexa, poderá a Superintendência-Geral requerer ao Tribunal a prorrogação do prazo de que trata o § 2º do art. 88 desta Lei.

ART. 57. Concluídas as instruções complementares de que tratam o inciso II do art. 54 e o art. 56 desta Lei, a Superintendência-Geral:

LEIS ORDINÁRIAS

I – proferirá decisão aprovando o ato sem restrições;

II – oferecerá impugnação perante o Tribunal, caso entenda que o ato deva ser rejeitado, aprovado com restrições ou que não existam elementos conclusivos quanto aos seus efeitos no mercado.

Parágrafo único. Na impugnação do ato perante o Tribunal, deverão ser demonstrados, de forma circunstanciada, o potencial lesivo do ato à concorrência e as razões pelas quais não deve ser aprovado integralmente ou rejeitado.

SEÇÃO II. DO PROCESSO ADMINISTRATIVO NO TRIBUNAL

ART. 58. O requerente poderá oferecer, no prazo de 30 (trinta) dias da data de impugnação da Superintendência-Geral, em petição escrita, dirigida ao Presidente do Tribunal, manifestação expondo as razões de fato e de direito com que se opõe à impugnação do ato de concentração da Superintendência-Geral e juntando todas as provas, estudos e pareceres que corroboram seu pedido.

Parágrafo único. Em até 48 (quarenta e oito) horas da decisão de que trata a impugnação pela Superintendência-Geral, disposta no inciso II do *caput* do art. 57 desta Lei e na hipótese do inciso I do art. 65 desta Lei, o processo será distribuído, por sorteio, a um Conselheiro-Relator.

ART. 59. Após a manifestação do requerente, o Conselheiro-Relator:

I – proferirá decisão determinando a inclusão do processo em pauta para julgamento, caso entenda que se encontre suficientemente instruído;

II – determinará a realização de instrução complementar, se necessário, podendo, a seu critério, solicitar que a Superintendência-Geral a realize, declarando os pontos controversos e especificando as diligências a serem produzidas.

§ 1º. O Conselheiro-Relator poderá autorizar, conforme o caso, precária e liminarmente, a realização do ato de concentração econômica, impondo as condições que visem à preservação da reversibilidade da operação, quando assim recomendarem as condições do caso concreto.

§ 2º. O Conselheiro-Relator poderá acompanhar a realização das diligências referidas no inciso II do *caput* deste artigo.

ART. 60. Após a conclusão da instrução, o Conselheiro-Relator determinará a inclusão do processo em pauta para julgamento.

ART. 61. No julgamento do pedido de aprovação do ato de concentração econômica, o Tribunal poderá aprová-lo integralmente, rejeitá-lo ou aprová-lo parcialmente, caso em que determinará as restrições que deverão ser observadas como condição para a validade e eficácia do ato.

§ 1º. O Tribunal determinará as restrições cabíveis no sentido de mitigar os eventuais efeitos nocivos do ato de concentração sobre os mercados relevantes afetados.

§ 2º. As restrições mencionadas no § 1º deste artigo incluem:

I – a venda de ativos ou de um conjunto de ativos que constitua uma atividade empresarial;

II – a cisão de sociedade;

III – a alienação de controle societário;

IV – a separação contábil ou jurídica de atividades;

V – o licenciamento compulsório de direitos de propriedade intelectual; e

VI – qualquer outro ato ou providência necessários para a eliminação dos efeitos nocivos à ordem econômica.

§ 3º. Julgado o processo no mérito, o ato não poderá ser novamente apresentado nem revisto no âmbito do Poder Executivo.

ART. 62. Em caso de recusa, omissão, enganosidade, falsidade ou retardamento injustificado, por parte dos requerentes, de informações ou documentos cuja apresentação for determinada pelo Cade, sem prejuízo das demais sanções cabíveis, poderá o pedido de aprovação do ato de concentração ser rejeitado por falta de provas, caso em que o requerente somente poderá realizar o ato mediante apresentação de novo pedido, nos termos do art. 53 desta Lei.

ART. 63. Os prazos previstos neste Capítulo não se suspendem ou interrompem por qualquer motivo, ressalvado o disposto no § 5º do art. 6º desta Lei, quando for o caso.

ART. 64. (VETADO).

SEÇÃO III. DO RECURSO CONTRA DECISÃO DE APROVAÇÃO DO ATO PELA SUPERINTENDÊNCIA-GERAL

ART. 65. No prazo de 15 (quinze) dias contado a partir da publicação da decisão da Superintendência-Geral que aprovar o ato de concentração, na forma do inciso I do *caput* do art. 54 e do inciso I do *caput* do art. 57 desta Lei:

I – caberá recurso da decisão ao Tribunal, que poderá ser interposto por terceiros interessados ou, em se tratando de mercado regulado, pela respectiva agência reguladora;

II – o Tribunal poderá, mediante provocação de um de seus Conselheiros e em decisão fundamentada, avocar o processo para julgamento ficando prevento o Conselheiro que encaminhou a provocação.

§ 1º. Em até 5 (cinco) dias úteis a partir do recebimento do recurso, o Conselheiro-Relator:

I – conhecerá do recurso e determinará a sua inclusão em pauta para julgamento;

II – conhecerá do recurso e determinará a realização de instrução complementar, podendo, a seu critério, solicitar que a Superintendência-Geral a realize, declarando os pontos controversos e especificando as diligências a serem produzidas; ou

III – não conhecerá do recurso, determinando o seu arquivamento.

§ 2º. As requerentes poderão manifestar-se acerca do recurso interposto, em até 5 (cinco) dias úteis do conhecimento do recurso no Tribunal ou da data do recebimento do relatório com a conclusão da instrução complementar elaborada pela Superintendência-Geral, o que ocorrer por último.

LEIS ORDINÁRIAS

§ 3º. O litigante de má-fé arcará com multa, em favor do Fundo de Defesa de Direitos Difusos, a ser arbitrada pelo Tribunal entre R$ 5.000,00 (cinco mil reais) e R$ 5.000.000,00 (cinco milhões de reais), levando-se em consideração sua condição econômica, sua atuação no processo e o retardamento injustificado causado à aprovação do ato.

§ 4º. A interposição do recurso a que se refere o *caput* deste artigo ou a decisão de avocar suspende a execução do ato de concentração econômica até decisão final do Tribunal.

§ 5º. O Conselheiro-Relator poderá acompanhar a realização das diligências referidas no inciso II do § 1º deste artigo.

CAPÍTULO III. DO INQUÉRITO ADMINISTRATIVO PARA APURAÇÃO DE INFRAÇÕES À ORDEM ECONÔMICA E DO PROCEDIMENTO PREPARATÓRIO

ART. 66. O inquérito administrativo, procedimento investigatório de natureza inquisitorial, será instaurado pela Superintendência-Geral para apuração de infrações à ordem econômica.

§ 1º. O inquérito administrativo será instaurado de ofício ou em face de representação fundamentada de qualquer interessado, ou em decorrência de peças de informação, quando os indícios de infração à ordem econômica não forem suficientes para a instauração de processo administrativo.

§ 2º. A Superintendência-Geral poderá instaurar procedimento preparatório de inquérito administrativo para apuração de infrações à ordem econômica para apurar se a conduta sob análise trata de matéria de competência do Sistema Brasileiro de Defesa da Concorrência, nos termos desta Lei.

§ 3º. As diligências tomadas no âmbito do procedimento preparatório de inquérito administrativo para apuração de infrações à ordem econômica deverão ser realizadas no prazo máximo de 30 (trinta) dias.

§ 4º. Do despacho que ordenar o arquivamento de procedimento preparatório, indeferir o requerimento de abertura de inquérito administrativo, ou seu arquivamento, caberá recurso de qualquer interessado ao Superintendente-Geral, na forma determinada em regulamento, que decidirá em última instância.

§ 5º. (VETADO).

§ 6º. A representação de Comissão do Congresso Nacional, ou de qualquer de suas Casas, bem como da Secretaria de Acompanhamento Econômico, das agências reguladoras e da Procuradoria Federal junto ao Cade, independe de procedimento preparatório, instaurando-se desde logo o inquérito administrativo ou processo administrativo.

§ 7º. O representante e o indiciado poderão requerer qualquer diligência, que será realizada ou não, a juízo da Superintendência-Geral.

§ 8º. A Superintendência-Geral poderá solicitar o concurso da autoridade policial ou do Ministério Público nas investigações.

§ 9º. O inquérito administrativo deverá ser encerrado no prazo de 180 (cento e oitenta) dias, contado da data de sua instauração, prorrogáveis por até 60 (sessenta) dias, por meio de despacho fundamentado e quando o fato for de difícil elucidação e o justificarem as circunstâncias do caso concreto.

§ 10. Ao procedimento preparatório, assim como ao inquérito administrativo, poderá ser dado tratamento sigiloso, no interesse das investigações, a critério da Superintendência-Geral.

ART. 67. Até 10 (dez) dias úteis a partir da data de encerramento do inquérito administrativo, a Superintendência-Geral decidirá pela instauração do processo administrativo ou pelo seu arquivamento.

§ 1º. O Tribunal poderá, mediante provocação de um Conselheiro e em decisão fundamentada, avocar o inquérito administrativo ou procedimento preparatório de inquérito administrativo arquivado pela Superintendência-Geral, ficando prevento o Conselheiro que encaminhou a provocação.

§ 2º. Avocado o inquérito administrativo, o Conselheiro-Relator terá o prazo de 30 (trinta) dias úteis para:

I – confirmar a decisão de arquivamento da Superintendência-Geral, podendo, se entender necessário, fundamentar sua decisão;

II – transformar o inquérito administrativo em processo administrativo, determinando a realização de instrução complementar, podendo, a seu critério, solicitar que a Superintendência-Geral a realize, declarando os pontos controversos e especificando as diligências a serem produzidas.

§ 3º. Ao inquérito administrativo poderá ser dado tratamento sigiloso, no interesse das investigações, a critério do Plenário do Tribunal.

ART. 68. O descumprimento dos prazos fixados neste Capítulo pela Superintendência-Geral, assim como por seus servidores, sem justificativa devidamente comprovada nos autos, poderá resultar na apuração da respectiva responsabilidade administrativa, civil e criminal.

CAPÍTULO IV. DO PROCESSO ADMINISTRATIVO PARA IMPOSIÇÃO DE SANÇÕES ADMINISTRATIVAS POR INFRAÇÕES À ORDEM ECONÔMICA

ART. 69. O processo administrativo, procedimento em contraditório, visa a garantir ao acusado a ampla defesa a respeito das conclusões do inquérito administrativo, cuja nota técnica final, aprovada nos termos das normas do Cade, constituirá peça inaugural.

ART. 70. Na decisão que instaurar o processo administrativo, será determinada a notificação do representado para, no prazo de 30 (trinta) dias, apresentar defesa e especificar as provas que pretende sejam produzidas, declinando a qualificação completa de até 3 (três) testemunhas.

§ 1º. A notificação inicial conterá o inteiro teor da decisão de instauração do processo administrativo e da representação, se for o caso.

§ 2º. A notificação inicial do representado será feita pelo correio, com aviso de recebimento em nome próprio ou outro meio que assegure a certeza da ciência do interessado ou, não tendo êxito a notificação postal, por edital publicado no Diário Oficial da União e em jornal de grande circulação no Estado em que resida ou tenha sede, contando-se os prazos da juntada do aviso de recebimento, ou da publicação, conforme o caso.

§ 3º. A intimação dos demais atos processuais será feita mediante publicação no Diário Oficial da União, da qual deverá constar o nome do representado e de seu procurador, se houver.

§ 4º. O representado poderá acompanhar o processo administrativo por seu titular e seus diretores ou gerentes, ou por seu procurador, assegurando-se-lhes amplo acesso aos autos no Tribunal.

§ 5º. O prazo de 30 (trinta) dias mencionado no *caput* deste artigo poderá ser dilatado por até 10 (dez) dias, improrrogáveis, mediante requisição do representado.

ART. 71. Considerar-se-á revel o representado que, notificado, não apresentar defesa no prazo legal, incorrendo em confissão quanto à matéria de fato, contra ele correndo os demais prazos, independentemente de notificação.

Parágrafo único. Qualquer que seja a fase do processo, nele poderá intervir o revel, sem direito à repetição de qualquer ato já praticado.

ART. 72. Em até 30 (trinta) dias úteis após o decurso do prazo previsto no art. 70 desta Lei, a Superintendência-Geral, em despacho fundamentado, determinará a produção de provas que julgar pertinentes, sendo-lhe facultado exercer os poderes de instrução previstos nesta Lei, mantendo-se o sigilo legal, quando for o caso.

ART. 73. Em até 5 (cinco) dias úteis da data de conclusão da instrução processual determinada na forma do art. 72 desta Lei, a Superintendência-Geral notificará o representado para apresentar novas alegações, no prazo de 5 (cinco) dias úteis.

ART. 74. Em até 15 (quinze) dias úteis contados do decurso do prazo previsto no art. 73 desta Lei, a Superintendência-Geral remeterá os autos do processo ao Presidente do Tribunal, opinando, em relatório circunstanciado, pelo seu arquivamento ou pela configuração da infração.

ART. 75. Recebido o processo, o Presidente do Tribunal o distribuirá, por sorteio, ao Conselheiro-Relator, que poderá, caso entenda necessário, solicitar à Procuradoria Federal junto ao Cade que se manifeste no prazo de 20 (vinte) dias.

ART. 76. O Conselheiro-Relator poderá determinar diligências, em despacho fundamentado, podendo, a seu critério, solicitar que a Superintendência-Geral as realize, no prazo assinado.

Parágrafo único. Após a conclusão das diligências determinadas na forma deste artigo, o Conselheiro-Relator notificará o representado para, no prazo de 15 (quinze) dias úteis, apresentar alegações finais.

ART. 77. No prazo de 15 (quinze) dias úteis contado da data de recebimento das alegações finais, o Conselheiro-Relator solicitará a inclusão do processo em pauta para julgamento.

ART. 78. A convite do Presidente, por indicação do Conselheiro-Relator, qualquer pessoa poderá apresentar esclarecimentos ao Tribunal, a propósito de assuntos que estejam em pauta.

ART. 79. A decisão do Tribunal, que em qualquer hipótese será fundamentada, quando for pela existência de infração da ordem econômica, conterá:

I – especificação dos fatos que constituam a infração apurada e a indicação das providências a serem tomadas pelos responsáveis para fazê-la cessar;

II – prazo dentro do qual devam ser iniciadas e concluídas as providências referidas no inciso I do *caput* deste artigo;

III – multa estipulada;

IV – multa diária em caso de continuidade da infração; e

V – multa em caso de descumprimento das providências estipuladas.

Parágrafo único. A decisão do Tribunal será publicada dentro de 5 (cinco) dias úteis no Diário Oficial da União.

ART. 80. Aplicam-se às decisões do Tribunal o disposto na Lei nº 8.437, de 30 de junho de 1992.

ART. 81. Descumprida a decisão, no todo ou em parte, será o fato comunicado ao Presidente do Tribunal, que determinará à Procuradoria Federal junto ao Cade que providencie sua execução judicial.

ART. 82. O descumprimento dos prazos fixados neste Capítulo pelos membros do Cade, assim como por seus servidores, sem justificativa devidamente comprovada nos autos, poderá resultar na apuração da respectiva responsabilidade administrativa, civil e criminal.

ART. 83. O Cade disporá de forma complementar sobre o inquérito e o processo administrativo.

CAPÍTULO V. DA MEDIDA PREVENTIVA

ART. 84. Em qualquer fase do inquérito administrativo para apuração de infrações ou do processo administrativo para imposição de sanções por infrações à ordem econômica, poderá o Conselheiro-Relator ou o Superintendente-Geral, por iniciativa própria ou mediante provocação do Procurador-Chefe do Cade, adotar medida preventiva, quando houver indício ou fundado receio de que o representado, direta ou indiretamente, cause ou possa causar ao mercado lesão irreparável ou de difícil reparação, ou torne ineficaz o resultado final do processo.

§ 1º. Na medida preventiva, determinar-se-á a imediata cessação da prática e será ordenada, quando materialmente possível, a reversão à situação anterior, fixando multa diária nos termos do art. 39 desta Lei.

§ 2º. Da decisão que adotar medida preventiva caberá recurso voluntário ao Plenário do Tribunal, em 5 (cinco) dias, sem efeito suspensivo.

LEIS ORDINÁRIAS

CAPÍTULO VI. DO COMPROMISSO DE CESSAÇÃO

ART. 85. Nos procedimentos administrativos mencionados nos incisos I, II e III do art. 48 desta Lei, o Cade poderá tomar do representado compromisso de cessação da prática sob investigação ou dos seus efeitos lesivos, sempre que, em juízo de conveniência e oportunidade, devidamente fundamentado, entender que atende aos interesses protegidos por lei.

§ 1º. Do termo de compromisso deverão constar os seguintes elementos:

I – a especificação das obrigações do representado no sentido de não praticar a conduta investigada ou seus efeitos lesivos, bem como obrigações que julgar cabíveis;

II – a fixação do valor da multa para o caso de descumprimento, total ou parcial, das obrigações compromissadas;

III – a fixação do valor da contribuição pecuniária ao Fundo de Defesa de Direitos Difusos quando cabível.

§ 2º. Tratando-se da investigação da prática de infração relacionada ou decorrente das condutas previstas nos incisos I e II do § 3º do art. 36 desta Lei, entre as obrigações a que se refere o inciso I do § 1º deste artigo figurará, necessariamente, a obrigação de recolher ao Fundo de Defesa de Direitos Difusos um valor pecuniário que não poderá ser inferior ao mínimo previsto no art. 37 desta Lei.

§ 3º. (VETADO).

§ 4º. A proposta de termo de compromisso de cessação de prática somente poderá ser apresentada uma única vez.

§ 5º. A proposta de termo de compromisso de cessação de prática poderá ter caráter confidencial.

§ 6º. A apresentação de proposta de termo de compromisso de cessação de prática não suspende o andamento do processo administrativo.

§ 7º. O termo de compromisso de cessação de prática terá caráter público, devendo o acordo ser publicado no sítio do Cade em 5 (cinco) dias após a sua celebração.

§ 8º. O termo de compromisso de cessação de prática constitui título executivo extrajudicial.

§ 9º. O processo administrativo ficará suspenso enquanto estiver sendo cumprido o compromisso e será arquivado ao término do prazo fixado, se atendidas todas as condições estabelecidas no termo.

§ 10. A suspensão do processo administrativo a que se refere o § 9º deste artigo dar-se-á somente em relação ao representado que firmou o compromisso, seguindo o processo seu curso regular para os demais representados.

§ 11. Declarado o descumprimento do compromisso, o Cade aplicará as sanções nele previstas e determinará o prosseguimento do processo administrativo e as demais medidas administrativas e judiciais cabíveis para sua execução.

§ 12. As condições do termo de compromisso poderão ser alteradas pelo Cade se se comprovar sua excessiva onerosidade para o representado, desde que a alteração não acarrete prejuízo para terceiros ou para a coletividade.

§ 13. A proposta de celebração do compromisso de cessação de prática será indeferida quando a autoridade não chegar a um acordo com os representados quanto aos seus termos.

§ 14. O Cade definirá, em resolução, normas complementares sobre o termo de compromisso de cessação.

§ 15. Aplica-se o disposto no art. 50 desta Lei ao Compromisso de Cessação da Prática.

CAPÍTULO VII. DO PROGRAMA DE LENIÊNCIA

ART. 86. O Cade, por intermédio da Superintendência-Geral, poderá celebrar acordo de leniência, com a extinção da ação punitiva da administração pública ou a redução de 1 (um) a 2/3 (dois terços) da penalidade aplicável, nos termos deste artigo, com pessoas físicas e jurídicas que forem autoras de infração à ordem econômica, desde que colaborem efetivamente com as investigações e o processo administrativo e que dessa colaboração resulte:

I – a identificação dos demais envolvidos na infração; e

II – a obtenção de informações e documentos que comprovem a infração noticiada ou sob investigação.

§ 1º. O acordo de que trata o *caput* deste artigo somente poderá ser celebrado se preenchidos, cumulativamente, os seguintes requisitos:

I – a empresa seja a primeira a se qualificar com respeito à infração noticiada ou sob investigação;

II – a empresa cesse completamente seu envolvimento na infração noticiada ou sob investigação a partir da data de propositura do acordo;

III – a Superintendência-Geral não disponha de provas suficientes para assegurar a condenação da empresa ou pessoa física por ocasião da propositura do acordo; e

IV – a empresa confesse sua participação no ilícito e coopere plena e permanentemente com as investigações e o processo administrativo, comparecendo, sob suas expensas, sempre que solicitada, a todos os atos processuais, até seu encerramento.

§ 2º. Com relação às pessoas físicas, elas poderão celebrar acordos de leniência desde que cumpridos os requisitos II, III e IV do § 1º deste artigo.

§ 3º. O acordo de leniência firmado com o Cade, por intermédio da Superintendência-Geral, estipulará as condições necessárias para assegurar a efetividade da colaboração e o resultado útil do processo.

§ 4º. Compete ao Tribunal, por ocasião do julgamento do processo administrativo, verificado o cumprimento do acordo:

I – decretar a extinção da ação punitiva da administração pública em favor do infrator, nas hipóteses em que a proposta de acordo tiver sido apresentada à Superintendência-Geral sem que essa tivesse conhecimento prévio da infração noticiada; ou

II – nas demais hipóteses, reduzir de 1 (um) a 2/3 (dois terços) as penas aplicáveis, observado o disposto no art. 45 desta Lei, devendo ainda considerar na gradação da pena a efetividade da colaboração prestada e a boa-fé do infrator no cumprimento do acordo de leniência.

§ 5º. Na hipótese do inciso II do § 4º deste artigo, a pena sobre a qual incidirá o fator redutor não será superior à menor das penas aplicadas aos demais coautores da infração, relativamente aos percentuais fixados para a aplicação das multas de que trata o inciso I do art. 37 desta Lei.

§ 6º. Serão estendidos às empresas do mesmo grupo, de fato ou de direito, e aos seus dirigentes, administradores e empregados envolvidos na infração os efeitos do acordo de leniência, desde que o firmem em conjunto, respeitadas as condições impostas.

§ 7º. A empresa ou pessoa física que não obtiver, no curso de inquérito ou processo administrativo, habilitação para a celebração do acordo de que trata este artigo, poderá celebrar com a Superintendência-Geral, até a remessa do processo para julgamento, acordo de leniência relacionado a uma outra infração, da qual o Cade não tenha qualquer conhecimento prévio.

§ 8º. Na hipótese do § 7º deste artigo, o infrator se beneficiará da redução de 1/3 (um terço) da pena que lhe for aplicável naquele processo, sem prejuízo da obtenção dos benefícios de que trata o inciso I do § 4º deste artigo em relação à nova infração denunciada.

§ 9º. Considera-se sigilosa a proposta de acordo de que trata este artigo, salvo no interesse das investigações e do processo administrativo.

§ 10. Não importará em confissão quanto à matéria de fato, nem reconhecimento de ilicitude da conduta analisada, a proposta de acordo de leniência rejeitada, da qual não se fará qualquer divulgação.

§ 11. A aplicação do disposto neste artigo observará as normas a serem editadas pelo Tribunal.

§ 12. Em caso de descumprimento do acordo de leniência, o beneficiário ficará impedido de celebrar novo acordo de leniência pelo prazo de 3 (três) anos, contado da data de seu julgamento.

ART. 87. Nos crimes contra a ordem econômica, tipificados na Lei nº 8.137, de 27 de dezembro de 1990, e nos demais crimes diretamente relacionados à prática de cartel, tais como os tipificados na Lei nº 8.666, de 21 de junho de 1993, e os tipificados no art. 288 do Decreto-Lei nº 2.848, de 7 de dezembro de 1940 – Código Penal, a celebração de acordo de leniência, nos termos desta Lei, determina a suspensão do curso do prazo prescricional e impede o oferecimento da denúncia com relação ao agente beneficiário da leniência.

Parágrafo único. Cumprido o acordo de leniência pelo agente, extingue-se automaticamente a punibilidade dos crimes a que se refere o *caput* deste artigo.

TÍTULO VII. DO CONTROLE DE CONCENTRAÇÕES

CAPÍTULO I. DOS ATOS DE CONCENTRAÇÃO

ART. 88. Serão submetidos ao Cade pelas partes envolvidas na operação os atos de concentração econômica em que, cumulativamente:

I – pelo menos um dos grupos envolvidos na operação tenha registrado, no último balanço, faturamento bruto anual ou volume de negócios total no País, no ano anterior à operação, equivalente ou superior a R$ 400.000.000,00 (quatrocentos milhões de reais); e

II – pelo menos um outro grupo envolvido na operação tenha registrado, no último balanço, faturamento bruto anual ou volume de negócios total no País, no ano anterior à operação, equivalente ou superior a R$ 30.000.000,00 (trinta milhões de reais).

§ 1º. Os valores mencionados nos incisos I e II do *caput* deste artigo poderão ser adequados, simultânea ou independentemente, por indicação do Plenário do Cade, por portaria interministerial dos Ministros de Estado da Fazenda e da Justiça.

§ 2º. O controle dos atos de concentração de que trata o *caput* deste artigo será prévio e realizado em, no máximo, 240 (duzentos e quarenta) dias, a contar do protocolo de petição ou de sua emenda.

§ 3º. Os atos que se subsumirem ao disposto no *caput* deste artigo não podem ser consumados antes de apreciados, nos termos deste artigo e do procedimento previsto no Capítulo II do Título VI desta Lei, sob pena de nulidade, sendo ainda imposta multa pecuniária, de valor não inferior a R$ 60.000,00 (sessenta mil reais) nem superior a R$ 60.000.000,00 (sessenta milhões de reais), a ser aplicada nos termos da regulamentação, sem prejuízo da abertura de processo administrativo, nos termos do art. 69 desta Lei.

§ 4º. Até a decisão final sobre a operação, deverão ser preservadas as condições de concorrência entre as empresas envolvidas, sob pena de aplicação das sanções previstas no § 3º deste artigo.

§ 5º. Serão proibidos os atos de concentração que impliquem eliminação da concorrência em parte substancial de mercado relevante, que possam criar ou reforçar uma posição dominante ou que possam resultar na dominação de mercado relevante de bens ou serviços, ressalvado o disposto no § 6º deste artigo.

§ 6º. Os atos a que se refere o § 5º deste artigo poderão ser autorizados, desde que sejam observados os limites estritamente necessários para atingir os seguintes objetivos:

I – cumulada ou alternativamente:

a) aumentar a produtividade ou a competitividade;

b) melhorar a qualidade de bens ou serviços; ou

c) propiciar a eficiência e o desenvolvimento tecnológico ou econômico; e

II – sejam repassados aos consumidores parte relevante dos benefícios decorrentes.

§ 7º. É facultado ao Cade, no prazo de 1 (um) ano a contar da respectiva data de consumação, requerer a submissão dos atos de concentração que não se enquadrem no disposto neste artigo.

§ 8º. As mudanças de controle acionário de companhias abertas e os registros de fusão, sem prejuízo da obrigação das partes envolvidas, devem ser comunicados ao Cade pela Comissão de Valores Mobiliários – CVM e pelo Departamento Nacional do Registro do Comércio do Ministério do Desenvolvimento, Indústria e Comércio Exterior, respectivamente, no prazo de 5 (cinco) dias úteis para, se for o caso, ser examinados.

§ 9º. O prazo mencionado no § 2º deste artigo somente poderá ser dilatado:

I - por até 60 (sessenta) dias, improrrogáveis, mediante requisição das partes envolvidas na operação; ou

II - por até 90 (noventa) dias, mediante decisão fundamentada do Tribunal, em que sejam especificados as razões para a extensão, o prazo da prorrogação, que será não renovável, e as providências cuja realização seja necessária para o julgamento do processo.

ART. 89. Para fins de análise do ato de concentração apresentado, serão obedecidos os procedimentos estabelecidos no Capítulo II do Título VI desta Lei.

Parágrafo único. O Cade regulamentará, por meio de Resolução, a análise prévia de atos de concentração realizados com o propósito específico de participação em leilões, licitações e operações de aquisição de ações por meio de oferta pública.

ART. 90. Para os efeitos do art. 88 desta Lei, realiza-se um ato de concentração quando:

I - 2 (duas) ou mais empresas anteriormente independentes se fundem;

II - 1 (uma) ou mais empresas adquirem, direta ou indiretamente, por compra ou permuta de ações, quotas, títulos ou valores mobiliários conversíveis em ações, ou ativos, tangíveis ou intangíveis, por via contratual ou por qualquer outro meio ou forma, o controle ou partes de uma ou outras empresas;

III - 1 (uma) ou mais empresas incorporam outra ou outras empresas; ou

IV - 2 (duas) ou mais empresas celebram contrato associativo, consórcio ou joint venture.

Parágrafo único. Não serão considerados atos de concentração, para os efeitos do disposto no art. 88 desta Lei, os descritos no inciso IV do *caput*, quando destinados às licitações promovidas pela administração pública direta e indireta e aos contratos delas decorrentes.

ART. 91. A aprovação de que trata o art. 88 desta Lei poderá ser revista pelo Tribunal, de ofício ou mediante provocação da Superintendência-Geral, se a decisão for baseada em informações falsas ou enganosas prestadas pelo interessado, se ocorrer o descumprimento de quaisquer das obrigações assumidas ou não forem alcançados os benefícios visados.

Parágrafo único. Na hipótese referida no *caput* deste artigo, a falsidade ou enganosidade será punida com multa pecuniária, de valor não inferior a R$ 60.000,00 (sessenta mil reais) nem superior a R$ 6.000.000,00 (seis milhões de reais), a ser aplicada na forma das normas do Cade, sem prejuízo da abertura de processo administrativo, nos termos do art. 67 desta Lei, e da adoção das demais medidas cabíveis.

CAPÍTULO II.
DO ACORDO EM CONTROLE DE CONCENTRAÇÕES

ART. 92. (VETADO).

TÍTULO VIII.
DA EXECUÇÃO JUDICIAL DAS DECISÕES DO CADE

CAPÍTULO I.
DO PROCESSO

ART. 93. A decisão do Plenário do Tribunal, cominando multa ou impondo obrigação de fazer ou não fazer, constitui título executivo extrajudicial.

ART. 94. A execução que tenha por objeto exclusivamente a cobrança de multa pecuniária será feita de acordo com o disposto na Lei nº 6.830, de 22 de setembro de 1980.

ART. 95. Na execução que tenha por objeto, além da cobrança de multa, o cumprimento de obrigação de fazer ou não fazer, o Juiz concederá a tutela específica da obrigação, ou determinará providências que assegurem o resultado prático equivalente ao do adimplemento.

§ 1º. A conversão da obrigação de fazer ou não fazer em perdas e danos somente será admissível se impossível a tutela específica ou a obtenção do resultado prático correspondente.

§ 2º. A indenização por perdas e danos far-se-á sem prejuízo das multas.

ART. 96. A execução será feita por todos os meios, inclusive mediante intervenção na empresa, quando necessária.

ART. 97. A execução das decisões do Cade será promovida na Justiça Federal do Distrito Federal ou da sede ou domicílio do executado, à escolha do Cade.

ART. 98. O oferecimento de embargos ou o ajuizamento de qualquer outra ação que vise à desconstituição do título executivo não suspenderá a execução, se não for garantido o juízo no valor das multas aplicadas, para que se garanta o cumprimento da decisão final proferida nos autos, inclusive no que tange a multas diárias.

§ 1º. Para garantir o cumprimento das obrigações de fazer, deverá o juiz fixar caução idônea.

§ 2º. Revogada a liminar, o depósito do valor da multa converter-se-á em renda do Fundo de Defesa de Direitos Difusos.

§ 3º. O depósito em dinheiro não suspenderá a incidência de juros de mora e atualização monetária, podendo o Cade, na hipótese do § 2º deste artigo, promover a execução para cobrança da diferença entre o valor revertido ao Fundo de Defesa de Direitos Difusos e o valor da multa atualizado, com os acréscimos legais, como se sua exigibilidade do crédito jamais tivesse sido suspensa.

§ 4º. (Revogado pela Lei nº 13.105, de 2015)

ART. 99. Em razão da gravidade da infração da ordem econômica, e havendo fundado receio de dano irreparável ou de difícil reparação, ainda que tenha havido o depósito das multas e prestação de caução, poderá o Juiz determinar a adoção imediata, no todo ou em parte, das providências contidas no título executivo.

ART. 100. No cálculo do valor da multa diária pela continuidade da infração, tomar-se-á como termo inicial a data final fixada pelo Cade para a adoção voluntária das providências contidas em sua decisão, e como termo final o dia do seu efetivo cumprimento.

ART. 101. O processo de execução em juízo das decisões do Cade terá preferência sobre as demais espécies de ação, exceto habeas corpus e mandado de segurança.

CAPÍTULO II. DA INTERVENÇÃO JUDICIAL

ART. 102. O Juiz decretará a intervenção na empresa quando necessária para permitir a execução específica, nomeando o interventor.

Parágrafo único. A decisão que determinar a intervenção deverá ser fundamentada e indicará, clara e precisamente, as providências a serem tomadas pelo interventor nomeado.

ART. 103. Se, dentro de 48 (quarenta e oito) horas, o executado impugnar o interventor por motivo de inaptidão ou inidoneidade, feita a prova da alegação em 3 (três) dias, o juiz decidirá em igual prazo.

ART. 104. Sendo a impugnação julgada procedente, o juiz nomeará novo interventor no prazo de 5 (cinco) dias.

ART. 105. A intervenção poderá ser revogada antes do prazo estabelecido, desde que comprovado o cumprimento integral da obrigação que a determinou.

ART. 106. A intervenção judicial deverá restringir-se aos atos necessários ao cumprimento da decisão judicial que a determinar e terá duração máxima de 180 (cento e oitenta) dias, ficando o interventor responsável por suas ações e omissões, especialmente em caso de abuso de poder e desvio de finalidade.

§ 1º. Aplica-se ao interventor, no que couber, o disposto nos arts. 153 a 159 da Lei nº 6.404, de 15 de dezembro de 1976.

§ 2º. A remuneração do interventor será arbitrada pelo Juiz, que poderá substituí-lo a qualquer tempo, sendo obrigatória a substituição quando incorrer em insolvência civil, quando for sujeito passivo ou ativo de qualquer forma de corrupção ou prevaricação, ou infringir quaisquer de seus deveres.

ART. 107. O juiz poderá afastar de suas funções os responsáveis pela administração da empresa que, comprovadamente, obstarem o cumprimento de atos de competência do interventor, devendo eventual substituição dar-se na forma estabelecida no contrato social da empresa.

§ 1º. Se, apesar das providências previstas no *caput* deste artigo, um ou mais responsáveis pela administração da empresa persistirem em obstar a ação do interventor, o juiz procederá na forma do disposto no § 2º deste artigo.

§ 2º. Se a maioria dos responsáveis pela administração da empresa recusar colaboração ao interventor, o juiz determinará que este assuma a administração total da empresa.

ART. 108. Compete ao interventor:

I – praticar ou ordenar que sejam praticados os atos necessários à execução;

II – denunciar ao Juiz quaisquer irregularidades praticadas pelos responsáveis pela empresa e das quais venha a ter conhecimento; e

III – apresentar ao Juiz relatório mensal de suas atividades.

ART. 109. As despesas resultantes da intervenção correrão por conta do executado contra quem ela tiver sido decretada.

ART. 110. Decorrido o prazo da intervenção, o interventor apresentará ao juiz relatório circunstanciado de sua gestão, propondo a extinção e o arquivamento do processo ou pedindo a prorrogação do prazo na hipótese de não ter sido possível cumprir integralmente a decisão exequenda.

ART. 111. Todo aquele que se opuser ou obstaculizar a intervenção ou, cessada esta, praticar quaisquer atos que direta ou indiretamente anulem seus efeitos, no todo ou em parte, ou desobedecer a ordens legais do interventor será, conforme o caso, responsabilizado criminalmente por resistência, desobediência ou coação no curso do processo, na forma dos arts. 329, 330 e 344 do Decreto-Lei nº 2.848, de 7 de dezembro de 1940 – Código Penal.

TÍTULO IX. DISPOSIÇÕES FINAIS E TRANSITÓRIAS

ART. 112. (VETADO).

ART. 113. Visando a implementar a transição para o sistema de mandatos não coincidentes, as nomeações dos Conselheiros observarão os seguintes critérios de duração dos mandatos, nessa ordem:

I – 2 (dois) anos para os primeiros 2 (dois) mandatos vagos; e

II – 3 (três) anos para o terceiro e o quarto mandatos vagos.

§ 1º. Os mandatos dos membros do Cade e do Procurador-Chefe em vigor na data de promulgação desta Lei serão mantidos e exercidos até o seu término original, devendo as nomeações subsequentes à extinção desses mandatos observar o disposto neste artigo.

§ 2º. Na hipótese do § 1º deste artigo, o Conselheiro que estiver exercendo o seu primeiro mandato no Cade, após o término de seu mandato original, poderá ser novamente nomeado no mesmo cargo, observado o disposto nos incisos I e II do *caput* deste artigo.

§ 3º. O Conselheiro que estiver exercendo o seu segundo mandato no Cade, após o término de seu mandato original, não poderá ser novamente nomeado para o período subsequente.

§ 4º. Não haverá recondução para o Procurador-Chefe que estiver exercendo mandato no Cade, após o término de seu mandato original, podendo ele ser indicado para permanecer no cargo na forma do art. 16 desta Lei.

ART. 114. (VETADO).

ART. 115. Aplicam-se subsidiariamente aos processos administrativo e judicial previstos nesta Lei as disposições das Leis nº 5.869, de 11 de janeiro de 1973 – Código de

Processo Civil, 7.347, de 24 de julho de 1985, 8.078, de 11 de setembro de 1990, e 9.784, de 29 de janeiro de 1999.

ART. 116. O art. 4º da Lei nº 8.137, de 27 de dezembro de 1990, passa a vigorar com a seguinte redação:

▸ *Alteração incorporada ao texto da referida lei.*

ART. 117. O *caput* e o inciso V do art. 1º da Lei nº 7.347, de 24 de julho de 1985, passam a vigorar com a seguinte redação:

▸ *Alteração não relevante para a área penal.*

ART. 118. Nos processos judiciais em que se discuta a aplicação desta Lei, o Cade deverá ser intimado para, querendo, intervir no feito na qualidade de assistente.

ART. 119. O disposto nesta Lei não se aplica aos casos de dumping e subsídios de que tratam os Acordos Relativos à Implementação do Artigo VI do Acordo Geral sobre Tarifas Aduaneiras e Comércio, promulgados pelos Decretos nº 93.941 e 93.962, de 16 e 22 de janeiro de 1987, respectivamente.

ART. 120. (VETADO).

ART. 121. Ficam criados, para exercício na Secretaria de Acompanhamento Econômico e, prioritariamente, no Cade, observadas as diretrizes e quantitativos estabelecidos pelo Órgão Supervisor da Carreira, 200 (duzentos) cargos de Especialistas em Políticas Públicas e Gestão Governamental, integrantes da Carreira de Especialista em Políticas Públicas e Gestão Governamental, para o exercício das atribuições referidas no art. 1º da Lei nº 7.834, de 6 de outubro de 1989, a serem providos gradualmente, observados os limites e a autorização específica da lei de diretrizes orçamentárias, nos termos do inciso II do § 1º do art. 169 da Constituição Federal.

Parágrafo único. Ficam transferidos para o Cade os cargos pertencentes ao Ministério da Justiça atualmente alocados no Departamento de Proteção e Defesa Econômica da Secretaria de Direito Econômico, bem como o DAS-6 do Secretário de Direito Econômico. (Vide Decreto nº 7.738, de 2012)

ART. 122. Os órgãos do SBDC poderão requisitar servidores da administração pública federal direta, autárquica ou fundacional para neles ter exercício, independentemente do exercício de cargo em comissão ou função de confiança.

Parágrafo único. Ao servidor requisitado na forma deste artigo são assegurados todos os direitos e vantagens a que façam jus no órgão ou entidade de origem, considerando-se o período de requisição para todos os efeitos da vida funcional, como efetivo exercício no cargo que ocupe no órgão ou entidade de origem.

ART. 123. Ato do Ministro de Estado do Planejamento, Orçamento e Gestão fixará o quantitativo ideal de cargos efetivos, ocupados, a serem mantidos, mediante lotação, requisição ou exercício, no âmbito do Cade e da Secretaria de Acompanhamento Econômico, bem como fixará cronograma para que sejam atingidos os seus quantitativos, observadas as dotações consignadas nos Orçamentos da União.

ART. 124. Ficam criados, no âmbito do Poder Executivo Federal, para alocação ao Cade, os seguintes cargos em comissão do Grupo-Direção e Assessoramento Superiores – DAS: 2 (dois) cargos de natureza especial NES de Presidente do Cade e Superintendente-Geral do Cade, 7 (sete) DAS-6, 16 (dezesseis) DAS-4, 8 (oito) DAS-3, 11 (onze) DAS-2 e 21 (vinte e um) DAS-1.

ART. 125. O Poder Executivo disporá sobre a estrutura regimental do Cade, sobre as competências e atribuições, denominação das unidades e especificações dos cargos, promovendo a alocação, nas unidades internas da autarquia, dos cargos em comissão e das funções gratificadas.

ART. 126. Ficam extintos, no âmbito do Poder Executivo Federal, os seguintes cargos em comissão do Grupo-Direção e Assessoramento Superiores – DAS e Funções Gratificadas – FG: 3 (três) DAS-5, 2 (duas) FG-1 e 16 (dezesseis) FG-3. (Vide Decreto nº 7.738, de 2012)

ART. 127. Ficam revogados a Lei nº 9.781, de 19 de janeiro de 1999, os arts. 5º e 6º da Lei nº 8.137, de 27 de dezembro de 1990, e os arts. 1º a 85 e 88 a 93 da Lei nº 8.884, de 11 de junho de 1994.

ART. 128. Esta Lei entra em vigor após decorridos 180 (cento e oitenta) dias de sua publicação oficial.

Brasília, 30 de novembro de 2011;
190º da Independência e 123º da República.

DILMA ROUSSEFF

Este texto não substitui o publicado no DOU de 1º.11.2011 e retificado em 2.12.2011

LEI Nº 12.594, DE 18 DE JANEIRO DE 2012 – INSTITUI O SINASE E REGULAMENTA A EXECUÇÃO DAS MEDIDAS SOCIOEDUCATIVAS

Institui o Sistema Nacional de Atendimento Socioeducativo (Sinase), regulamenta a execução das medidas socioeducativas destinadas a adolescente que pratique ato infracional; e altera as Leis nº 8.069, de 13 de julho de 1990 (Estatuto da Criança e do Adolescente); 7.560, de 19 de dezembro de 1986, 7.998, de 11 de janeiro de 1990, 5.537, de 21 de novembro de 1968, 8.315, de 23 de dezembro de 1991, 8.706, de 14 de setembro de 1993, os Decretos-Leis nº 4.048, de 22 de janeiro de 1942, 8.621, de 10 de janeiro de 1946, e a Consolidação das Leis do Trabalho (CLT), aprovada pelo Decreto-Lei nº 5.452, de 1º de maio de 1943.

A PRESIDENTA DA REPÚBLICA Faço saber que o Congresso Nacional decreta e eu sanciono a seguinte Lei:

TÍTULO I. DO SISTEMA NACIONAL DE ATENDIMENTO SOCIOEDUCATIVO (SINASE)

CAPÍTULO I. DISPOSIÇÕES GERAIS

ART. 1º. Esta Lei institui o Sistema Nacional de Atendimento Socioeducativo (Sinase) e regulamenta a execução das medidas destinadas a adolescente que pratique ato infracional.

§ 1º. Entende-se por Sinase o conjunto ordenado de princípios, regras e critérios que envolvem a execução de medidas socioeducativas, incluindo-se nele, por adesão, os sistemas estaduais, distrital e municipais, bem como todos os planos, políticas e programas específicos de atendimento a adolescente em conflito com a lei.

§ 2º. Entendem-se por medidas socioeducativas as previstas no art. 112 da Lei nº 8.069, de 13 de julho de 1990 (Estatuto da Criança e do Adolescente), as quais têm por objetivos:

I – a responsabilização do adolescente quanto às consequências lesivas do ato infracional, sempre que possível incentivando a sua reparação;

II – a integração social do adolescente e a garantia de seus direitos individuais e sociais, por meio do cumprimento de seu plano individual de atendimento; e

III – a desaprovação da conduta infracional, efetivando as disposições da sentença como parâmetro máximo de privação de liberdade ou restrição de direitos, observados os limites previstos em lei.

§ 3º. Entendem-se por programa de atendimento a organização e o funcionamento, por unidade, das condições necessárias para o cumprimento das medidas socioeducativas.

§ 4º. Entende-se por unidade a base física necessária para a organização e o funcionamento de programa de atendimento.

§ 5º. Entendem-se por entidade de atendimento a pessoa jurídica de direito público ou privado que instala e mantém a unidade e os recursos humanos e materiais necessários ao desenvolvimento de programas de atendimento.

ART. 2º. O Sinase será coordenado pela União e integrado pelos sistemas estaduais, distrital e municipais responsáveis pela implementação dos seus respectivos programas de atendimento a adolescente ao qual seja aplicada medida socioeducativa, com liberdade de organização e funcionamento, respeitados os termos desta Lei.

CAPÍTULO II. DAS COMPETÊNCIAS

ART. 3º. Compete à União:

I – formular e coordenar a execução da política nacional de atendimento socioeducativo;

II – elaborar o Plano Nacional de Atendimento Socioeducativo, em parceria com os Estados, o Distrito Federal e os Municípios;

III – prestar assistência técnica e suplementação financeira aos Estados, ao Distrito Federal e aos Municípios para o desenvolvimento de seus sistemas;

IV – instituir e manter o Sistema Nacional de Informações sobre o Atendimento Socioeducativo, seu funcionamento, entidades, programas, incluindo dados relativos a financiamento e população atendida;

V – contribuir para a qualificação e ação em rede dos Sistemas de Atendimento Socioeducativo;

VI – estabelecer diretrizes sobre a organização e funcionamento das unidades e programas de atendimento e as normas de referência destinadas ao cumprimento das medidas socioeducativas de internação e semiliberdade;

VII – instituir e manter processo de avaliação dos Sistemas de Atendimento Socioeducativo, seus planos, entidades e programas;

VIII – financiar, com os demais entes federados, a execução de programas e serviços do Sinase; e

IX – garantir a publicidade de informações sobre repasses de recursos aos gestores estaduais, distrital e municipais, para financiamento de programas de atendimento socioeducativo.

§ 1º. São vedados à União o desenvolvimento e a oferta de programas próprios de atendimento.

§ 2º. Ao Conselho Nacional dos Direitos da Criança e do Adolescente (Conanda) competem as funções normativa, deliberativa, de avaliação e de fiscalização do Sinase, nos termos previstos na Lei nº 8.242, de 12 de outubro de 1991, que cria o referido Conselho.

§ 3º. O Plano de que trata o inciso II do *caput* deste artigo será submetido à deliberação do Conanda.

§ 4º. À Secretaria de Direitos Humanos da Presidência da República (SDH/PR) competem as funções executiva e de gestão do Sinase.

ART. 4º. Compete aos Estados:

I – formular, instituir, coordenar e manter Sistema Estadual de Atendimento Socioeducativo, respeitadas as diretrizes fixadas pela União;

II – elaborar o Plano Estadual de Atendimento Socioeducativo em conformidade com o Plano Nacional;

III – criar, desenvolver e manter programas para a execução das medidas socioeducativas de semiliberdade e internação;

IV – editar normas complementares para a organização e funcionamento do seu sistema de atendimento e dos sistemas municipais;

V – estabelecer com os Municípios formas de colaboração para o atendimento socioeducativo em meio aberto;

VI – prestar assessoria técnica e suplementação financeira aos Municípios para a oferta regular de programas de meio aberto;

VII – garantir o pleno funcionamento do plantão interinstitucional, nos termos previstos no inciso V do art. 88 da Lei nº 8.069, de 13 de julho de 1990 (Estatuto da Criança e do Adolescente);

VIII – garantir defesa técnica do adolescente a quem se atribua prática de ato infracional;

LEIS ORDINÁRIAS

IX – cadastrar-se no Sistema Nacional de Informações sobre o Atendimento Socioeducativo e fornecer regularmente os dados necessários ao povoamento e à atualização do Sistema; e

X – cofinanciar, com os demais entes federados, a execução de programas e ações destinados ao atendimento inicial de adolescente apreendido para apuração de ato infracional, bem como aqueles destinados a adolescente a quem foi aplicada medida socioeducativa privativa de liberdade.

§ 1º. Ao Conselho Estadual dos Direitos da Criança e do Adolescente competem as funções deliberativas e de controle do Sistema Estadual de Atendimento Socioeducativo, nos termos previstos no inciso II do art. 88 da Lei nº 8.069, de 13 de julho de 1990 (Estatuto da Criança e do Adolescente), bem como outras definidas na legislação estadual ou distrital.

§ 2º. O Plano de que trata o inciso II do *caput* deste artigo será submetido à deliberação do Conselho Estadual dos Direitos da Criança e do Adolescente.

§ 3º. Competem ao órgão a ser designado no Plano de que trata o inciso II do *caput* deste artigo as funções executiva e de gestão do Sistema Estadual de Atendimento Socioeducativo.

ART. 5º. Compete aos Municípios:

I – formular, instituir, coordenar e manter o Sistema Municipal de Atendimento Socioeducativo, respeitadas as diretrizes fixadas pela União e pelo respectivo Estado;

II – elaborar o Plano Municipal de Atendimento Socioeducativo, em conformidade com o Plano Nacional e o respectivo Plano Estadual;

III – criar e manter programas de atendimento para a execução das medidas socioeducativas em meio aberto;

IV – editar normas complementares para a organização e funcionamento dos programas do seu Sistema de Atendimento Socioeducativo;

V – cadastrar-se no Sistema Nacional de Informações sobre o Atendimento Socioeducativo e fornecer regularmente os dados necessários ao povoamento e à atualização do Sistema; e

VI – cofinanciar, conjuntamente com os demais entes federados, a execução de programas e ações destinados ao atendimento inicial de adolescente apreendido para apuração de ato infracional, bem como aqueles destinados a adolescente a quem foi aplicada medida socioeducativa em meio aberto.

§ 1º. Para garantir a oferta de programa de atendimento socioeducativo de meio aberto, os Municípios podem instituir os consórcios dos quais trata a Lei nº 11.107, de 6 de abril de 2005, que dispõe sobre normas gerais de contratação de consórcios públicos e dá outras providências, ou qualquer outro instrumento jurídico adequado, como forma de compartilhar responsabilidades.

§ 2º. Ao Conselho Municipal dos Direitos da Criança e do Adolescente competem as funções deliberativas e de controle do Sistema Municipal de Atendimento Socioeducativo, nos termos previstos no inciso II do art. 88 da Lei nº 8.069, de 13 de julho de 1990 (Estatuto da Criança e do Adolescente), bem como outras definidas na legislação municipal.

§ 3º. O Plano de que trata o inciso II do *caput* deste artigo será submetido à deliberação do Conselho Municipal dos Direitos da Criança e do Adolescente.

§ 4º. Competem ao órgão a ser designado no Plano de que trata o inciso II do *caput* deste artigo as funções executiva e de gestão do Sistema Municipal de Atendimento Socioeducativo.

ART. 6º. Ao Distrito Federal cabem, cumulativamente, as competências dos Estados e dos Municípios.

CAPÍTULO III. DOS PLANOS DE ATENDIMENTO SOCIOEDUCATIVO

ART. 7º. O Plano de que trata o inciso II do art. 3º desta Lei deverá incluir um diagnóstico da situação do Sinase, as diretrizes, os objetivos, as metas, as prioridades e as formas de financiamento e gestão das ações de atendimento para os 10 (dez) anos seguintes, em sintonia com os princípios elencados na Lei nº 8.069, de 13 de julho de 1990 (Estatuto da Criança e do Adolescente).

§ 1º. As normas nacionais de referência para o atendimento socioeducativo devem constituir anexo ao Plano de que trata o inciso II do art. 3º desta Lei.

§ 2º. Os Estados, o Distrito Federal e os Municípios deverão, com base no Plano Nacional de Atendimento Socioeducativo, elaborar seus planos decenais correspondentes, em até 360 (trezentos e sessenta) dias a partir da aprovação do Plano Nacional.

ART. 8º. Os Planos de Atendimento Socioeducativo deverão, obrigatoriamente, prever ações articuladas nas áreas de educação, saúde, assistência social, cultura, capacitação para o trabalho e esporte, para os adolescentes atendidos, em conformidade com os princípios elencados na Lei nº 8.069, de 13 de julho de 1990 (Estatuto da Criança e do Adolescente).

Parágrafo único. Os Poderes Legislativos federal, estaduais, distrital e municipais, por meio de suas comissões temáticas pertinentes, acompanharão a execução dos Planos de Atendimento Socioeducativo dos respectivos entes federados.

CAPÍTULO IV. DOS PROGRAMAS DE ATENDIMENTO

SEÇÃO I. DISPOSIÇÕES GERAIS

ART. 9º. Os Estados e o Distrito Federal inscreverão seus programas de atendimento e alterações no Conselho Estadual ou Distrital dos Direitos da Criança e do Adolescente, conforme o caso.

ART. 10. Os Municípios inscreverão seus programas e alterações, bem como as entidades de atendimento executoras, no Conselho Municipal dos Direitos da Criança e do Adolescente.

ART. 11. Além da especificação do regime, são requisitos obrigatórios para a inscrição de programa de atendimento:

I – a exposição das linhas gerais dos métodos e técnicas pedagógicas, com a especificação das atividades de natureza coletiva;

II – a indicação da estrutura material, dos recursos humanos e das estratégias de segurança compatíveis com as necessidades da respectiva unidade;

III – regimento interno que regule o funcionamento da entidade, no qual deverá constar, no mínimo:

a) o detalhamento das atribuições e responsabilidades do dirigente, de seus prepostos, dos membros da equipe técnica e dos demais educadores;

b) a previsão das condições do exercício da disciplina e concessão de benefícios e o respectivo procedimento de aplicação; e

c) a previsão da concessão de benefícios extraordinários e enaltecimento, tendo em vista tornar público o reconhecimento ao adolescente pelo esforço realizado na consecução dos objetivos do plano individual;

IV – a política de formação dos recursos humanos;

V – a previsão das ações de acompanhamento do adolescente após o cumprimento de medida socioeducativa;

VI – a indicação da equipe técnica, cuja quantidade e formação devem estar em conformidade com as normas de referência do sistema e dos conselhos profissionais e com o atendimento socioeducativo a ser realizado; e

VII – a adesão ao Sistema de Informações sobre o Atendimento Socioeducativo, bem como sua operação efetiva.

Parágrafo único. O não cumprimento do previsto neste artigo sujeita as entidades de atendimento, os órgãos gestores, seus dirigentes ou prepostos à aplicação das medidas previstas no art. 97 da Lei nº 8.069, de 13 de julho de 1990 (Estatuto da Criança e do Adolescente).

ART. 12. A composição da equipe técnica do programa de atendimento deverá ser interdisciplinar, compreendendo, no mínimo, profissionais das áreas de saúde, educação e assistência social, de acordo com as normas de referência.

§ 1º. Outros profissionais podem ser acrescentados às equipes para atender necessidades específicas do programa.

§ 2º. Regimento interno deve discriminar as atribuições de cada profissional, sendo proibida a sobreposição dessas atribuições na entidade de atendimento.

§ 3º. O não cumprimento do previsto neste artigo sujeita as entidades de atendimento, seus dirigentes ou prepostos à aplicação das medidas previstas no art. 97 da Lei nº 8.069, de 13 de julho de 1990 (Estatuto da Criança e do Adolescente).

SEÇÃO II. DOS PROGRAMAS DE MEIO ABERTO

ART. 13. Compete à direção do programa de prestação de serviços à comunidade ou de liberdade assistida:

I – selecionar e credenciar orientadores, designando-os, caso a caso, para acompanhar e avaliar o cumprimento da medida;

II – receber o adolescente e seus pais ou responsável e orientá-los sobre a finalidade da medida e a organização e funcionamento do programa;

III – encaminhar o adolescente para o orientador credenciado;

IV – supervisionar o desenvolvimento da medida; e

V – avaliar, com o orientador, a evolução do cumprimento da medida e, se necessário, propor à autoridade judiciária sua substituição, suspensão ou extinção.

Parágrafo único. O rol de orientadores credenciados deverá ser comunicado, semestralmente, à autoridade judiciária e ao Ministério Público.

ART. 14. Incumbe ainda à direção do programa de medida de prestação de serviços à comunidade selecionar e credenciar entidades assistenciais, hospitais, escolas ou outros estabelecimentos congêneres, bem como os programas comunitários ou governamentais, de acordo com o perfil do socioeducando e o ambiente no qual a medida será cumprida.

Parágrafo único. Se o Ministério Público impugnar o credenciamento, ou a autoridade judiciária considerá-lo inadequado, instaurará incidente de impugnação, com a aplicação subsidiária do procedimento de apuração de irregularidade em entidade de atendimento regulamentado na Lei nº 8.069, de 13 de julho de 1990 (Estatuto da Criança e do Adolescente), devendo citar o dirigente do programa e a direção da entidade ou órgão credenciado.

SEÇÃO III. DOS PROGRAMAS DE PRIVAÇÃO DA LIBERDADE

ART. 15. São requisitos específicos para a inscrição de programas de regime de semiliberdade ou internação:

I – a comprovação da existência de estabelecimento educacional com instalações adequadas e em conformidade com as normas de referência;

II – a previsão do processo e dos requisitos para a escolha do dirigente;

III – a apresentação das atividades de natureza coletiva;

IV – a definição das estratégias para a gestão de conflitos, vedada a previsão de isolamento cautelar, exceto nos casos previstos no § 2º do art. 49 desta Lei; e

V – a previsão de regime disciplinar nos termos do art. 72 desta Lei.

ART. 16. A estrutura física da unidade deverá ser compatível com as normas de referência do Sinase.

§ 1º. É vedada a edificação de unidades socioeducacionais em espaços contíguos, anexos, ou de qualquer outra forma integrados a estabelecimentos penais.

§ 2º. A direção da unidade adotará, em caráter excepcional, medidas para proteção do interno em casos de risco à sua integridade física, à sua vida, ou à de outrem, comunicando, de imediato, seu defensor e o Ministério Público.

ART. 17. Para o exercício da função de dirigente de programa de atendimento em regime de semiliberdade ou de internação, além dos requisitos específicos previstos no respectivo programa de atendimento, é necessário:

I – formação de nível superior compatível com a natureza da função;

II - comprovada experiência no trabalho com adolescentes de, no mínimo, 2 (dois) anos; e

III - reputação ilibada.

CAPÍTULO V. DA AVALIAÇÃO E ACOMPANHAMENTO DA GESTÃO DO ATENDIMENTO SOCIOEDUCATIVO

ART. 18. A União, em articulação com os Estados, o Distrito Federal e os Municípios, realizará avaliações periódicas da implementação dos Planos de Atendimento Socioeducativo em intervalos não superiores a 3 (três) anos.

§ 1º. O objetivo da avaliação é verificar o cumprimento das metas estabelecidas e elaborar recomendações aos gestores e operadores dos Sistemas.

§ 2º. O processo de avaliação deverá contar com a participação de representantes do Poder Judiciário, do Ministério Público, da Defensoria Pública e dos Conselhos Tutelares, na forma a ser definida em regulamento.

§ 3º. A primeira avaliação do Plano Nacional de Atendimento Socioeducativo realizar-se-á no terceiro ano de vigência desta Lei, cabendo ao Poder Legislativo federal acompanhar o trabalho por meio de suas comissões temáticas pertinentes.

ART. 19. É instituído o Sistema Nacional de Avaliação e Acompanhamento do Atendimento Socioeducativo, com os seguintes objetivos:

I - contribuir para a organização da rede de atendimento socioeducativo;

II - assegurar conhecimento rigoroso sobre as ações do atendimento socioeducativo e seus resultados;

III - promover a melhora da qualidade da gestão e do atendimento socioeducativo; e

IV - disponibilizar informações sobre o atendimento socioeducativo.

§ 1º. A avaliação abrangerá, no mínimo, a gestão, as entidades de atendimento, os programas e os resultados da execução das medidas socioeducativas.

§ 2º. Ao final da avaliação, será elaborado relatório contendo histórico e diagnóstico da situação, as recomendações e os prazos para que essas sejam cumpridas, além de outros elementos a serem definidos em regulamento.

§ 3º. O relatório da avaliação deverá ser encaminhado aos respectivos Conselhos de Direitos, Conselhos Tutelares e ao Ministério Público.

§ 4º. Os gestores e entidades têm o dever de colaborar com o processo de avaliação, facilitando o acesso às suas instalações, à documentação e a todos os elementos necessários ao seu efetivo cumprimento.

§ 5º. O acompanhamento tem por objetivo verificar o cumprimento das metas dos Planos de Atendimento Socioeducativo.

ART. 20. O Sistema Nacional de Avaliação e Acompanhamento da Gestão do Atendimento Socioeducativo assegurará, na metodologia a ser empregada:

I - a realização da autoavaliação dos gestores e das instituições de atendimento;

II - a avaliação institucional externa, contemplando a análise global e integrada das instalações físicas, relações institucionais, compromisso social, atividades e finalidades das instituições de atendimento e seus programas;

III - o respeito à identidade e à diversidade de entidades e programas;

IV - a participação do corpo de funcionários das entidades de atendimento e dos Conselhos Tutelares da área de atuação da entidade avaliada; e

V - o caráter público de todos os procedimentos, dados e resultados dos processos avaliativos.

ART. 21. A avaliação será coordenada por uma comissão permanente e realizada por comissões temporárias, essas compostas, no mínimo, por 3 (três) especialistas com reconhecida atuação na área temática e definidas na forma do regulamento.

Parágrafo único. É vedado à comissão permanente designar avaliadores:

I - que sejam titulares ou servidores dos órgãos gestores avaliados ou funcionários das entidades avaliadas;

II - que tenham relação de parentesco até o 3º grau com titulares ou servidores dos órgãos gestores avaliados e/ou funcionários das entidades avaliadas; e

III - que estejam respondendo a processos criminais.

ART. 22. A avaliação da gestão terá por objetivo:

I - verificar se o planejamento orçamentário e sua execução se processam de forma compatível com as necessidades do respectivo Sistema de Atendimento Socioeducativo;

II - verificar a manutenção do fluxo financeiro, considerando as necessidades operacionais do atendimento socioeducativo, as normas de referência e as condições previstas nos instrumentos jurídicos celebrados entre os órgãos gestores e as entidades de atendimento;

III - verificar a implementação de todos os demais compromissos assumidos por ocasião da celebração dos instrumentos jurídicos relativos ao atendimento socioeducativo; e

IV - a articulação interinstitucional e intersetorial das políticas.

ART. 23. A avaliação das entidades terá por objetivo identificar o perfil e o impacto de sua atuação, por meio de suas atividades, programas e projetos, considerando as diferentes dimensões institucionais e, entre elas, obrigatoriamente, as seguintes:

I - o plano de desenvolvimento institucional;

II - a responsabilidade social, considerada especialmente sua contribuição para a inclusão social e o desenvolvimento socioeconômico do adolescente e de sua família;

III - a comunicação e o intercâmbio com a sociedade;

IV - as políticas de pessoal quanto à qualificação, aperfeiçoamento, desenvolvimento profissional e condições de trabalho;

V - a adequação da infraestrutura física às normas de referência;

VI – o planejamento e a autoavaliação quanto aos processos, resultados, eficiência e eficácia do projeto pedagógico e da proposta socioeducativa;

VII – as políticas de atendimento para os adolescentes e suas famílias;

VIII – a atenção integral à saúde dos adolescentes em conformidade com as diretrizes do art. 60 desta Lei; e

IX – a sustentabilidade financeira.

ART. 24. A avaliação dos programas terá por objetivo verificar, no mínimo, o atendimento ao que determinam os arts. 94, 100, 117, 119, 120, 123 e 124 da Lei nº 8.069, de 13 de julho de 1990 (Estatuto da Criança e do Adolescente).

ART. 25. A avaliação dos resultados da execução de medida socioeducativa terá por objetivo, no mínimo:

I – verificar a situação do adolescente após cumprimento da medida socioeducativa, tomando por base suas perspectivas educacionais, sociais, profissionais e familiares; e

II – verificar reincidência de prática de ato infracional.

ART. 26. Os resultados da avaliação serão utilizados para:

I – planejamento de metas e eleição de prioridades do Sistema de Atendimento Socioeducativo e seu financiamento;

II – reestruturação e/ou ampliação da rede de atendimento socioeducativo, de acordo com as necessidades diagnosticadas;

III – adequação dos objetivos e da natureza do atendimento socioeducativo prestado pelas entidades avaliadas;

IV – celebração de instrumentos de cooperação com vistas à correção de problemas diagnosticados na avaliação;

V – reforço de financiamento para fortalecer a rede de atendimento socioeducativo;

VI – melhorar e ampliar a capacitação dos operadores do Sistema de Atendimento Socioeducativo; e

VII – os efeitos do art. 95 da Lei nº 8.069, de 13 de julho de 1990 (Estatuto da Criança e do Adolescente).

Parágrafo único. As recomendações originadas da avaliação deverão indicar prazo para seu cumprimento por parte das entidades de atendimento e dos gestores avaliados, ao fim do qual estarão sujeitos às medidas previstas no art. 28 desta Lei.

ART. 27. As informações produzidas a partir do Sistema Nacional de Informações sobre Atendimento Socioeducativo serão utilizadas para subsidiar a avaliação, o acompanhamento, a gestão e o financiamento dos Sistemas Nacional, Distrital, Estaduais e Municipais de Atendimento Socioeducativo.

CAPÍTULO VI. DA RESPONSABILIZAÇÃO DOS GESTORES, OPERADORES E ENTIDADES DE ATENDIMENTO

ART. 28. No caso do desrespeito, mesmo que parcial, ou do não cumprimento integral às diretrizes e determinações desta Lei, em todas as esferas, são sujeitos:

I – gestores, operadores e seus prepostos e entidades governamentais às medidas previstas no inciso I e no § 1º do art. 97 da Lei nº 8.069, de 13 de julho de 1990 (Estatuto da Criança e do Adolescente); e

II – entidades não governamentais, seus gestores, operadores e prepostos às medidas previstas no inciso II e no § 1º do art. 97 da Lei nº 8.069, de 13 de julho de 1990 (Estatuto da Criança e do Adolescente).

Parágrafo único. A aplicação das medidas previstas neste artigo dar-se-á a partir da análise de relatório circunstanciado elaborado após as avaliações, sem prejuízo do que determinam os arts. 191 a 197, 225 a 227, 230 a 236, 243 e 245 a 247 da Lei nº 8.069, de 13 de julho de 1990 (Estatuto da Criança e do Adolescente).

ART. 29. Àqueles que, mesmo não sendo agentes públicos, induzam ou concorram, sob qualquer forma, direta ou indireta, para o não cumprimento desta Lei, aplicam-se, no que couber, as penalidades dispostas na Lei nº 8.429, de 2 de junho de 1992, que dispõe sobre as sanções aplicáveis aos agentes públicos nos casos de enriquecimento ilícito no exercício de mandato, cargo, emprego ou função na administração pública direta, indireta ou fundacional e dá outras providências (Lei de Improbidade Administrativa).

CAPÍTULO VII. DO FINANCIAMENTO E DAS PRIORIDADES

ART. 30. O Sinase será cofinanciado com recursos dos orçamentos fiscal e da seguridade social, além de outras fontes.

§ 1º. (VETADO).

§ 2º. Os entes federados que tenham instituído seus sistemas de atendimento socioeducativo terão acesso aos recursos na forma de transferência adotada pelos órgãos integrantes do Sinase.

§ 3º. Os entes federados beneficiados com recursos dos orçamentos dos órgãos responsáveis pelas políticas integrantes do Sinase, ou de outras fontes, estão sujeitos às normas e procedimentos de monitoramento estabelecidos pelas instâncias dos órgãos das políticas setoriais envolvidas, sem prejuízo do disposto nos incisos IX e X do art. 4º, nos incisos V e VI do art. 5º e no art. 6º desta Lei.

ART. 31. Os Conselhos de Direitos, nas 3 (três) esferas de governo, definirão, anualmente, o percentual de recursos dos Fundos dos Direitos da Criança e do Adolescente a serem aplicados no financiamento das ações previstas nesta Lei, em especial para capacitação, sistemas de informação e de avaliação.

Parágrafo único. Os entes federados beneficiados com recursos do Fundo dos Direitos da Criança e do Adolescente para ações de atendimento socioeducativo prestarão informações sobre o desempenho dessas ações por meio do Sistema de Informações sobre Atendimento Socioeducativo.

ART. 32. A Lei nº 7.560, de 19 de dezembro de 1986, passa a vigorar com as seguintes alterações:

▸ *Alteração realizada no texto da lei.*

LEIS ORDINÁRIAS

ART. 33. A Lei nº 7.998, de 11 de janeiro de 1990, passa a vigorar acrescida do seguinte art. 19-A:

▸ *Alteração realizada no texto da lei.*

ART. 34. O art. 2º da Lei nº 5.537, de 21 de novembro de 1968, passa a vigorar acrescido do seguinte § 3º:

▸ *Alteração realizada no texto da lei.*

TÍTULO II. DA EXECUÇÃO DAS MEDIDAS SOCIOEDUCATIVAS

CAPÍTULO I. DISPOSIÇÕES GERAIS

ART. 35. A execução das medidas socioeducativas reger-se-á pelos seguintes princípios:

I – legalidade, não podendo o adolescente receber tratamento mais gravoso do que o conferido ao adulto;

II – excepcionalidade da intervenção judicial e da imposição de medidas, favorecendo-se meios de autocomposição de conflitos;

III – prioridade a práticas ou medidas que sejam restaurativas e, sempre que possível, atendam às necessidades das vítimas;

IV – proporcionalidade em relação à ofensa cometida;

V – brevidade da medida em resposta ao ato cometido, em especial o respeito ao que dispõe o art. 122 da Lei nº 8.069, de 13 de julho de 1990 (Estatuto da Criança e do Adolescente);

VI – individualização, considerando-se a idade, capacidades e circunstâncias pessoais do adolescente;

VII – mínima intervenção, restrita ao necessário para a realização dos objetivos da medida;

VIII – não discriminação do adolescente, notadamente em razão de etnia, gênero, nacionalidade, classe social, orientação religiosa, política ou sexual, ou associação ou pertencimento a qualquer minoria ou status; e

IX – fortalecimento dos vínculos familiares e comunitários no processo socioeducativo.

CAPÍTULO II. DOS PROCEDIMENTOS

ART. 36. A competência para jurisdicionar a execução das medidas socioeducativas segue o determinado pelo art. 146 da Lei nº 8.069, de 13 de julho de 1990 (Estatuto da Criança e do Adolescente).

ART. 37. A defesa e o Ministério Público intervirão, sob pena de nulidade, no procedimento judicial de execução de medida socioeducativa, asseguradas aos seus membros as prerrogativas previstas na Lei nº 8.069, de 13 de julho de 1990 (Estatuto da Criança e do Adolescente), podendo requerer as providências necessárias para adequar a execução aos ditames legais e regulamentares.

ART. 38. As medidas de proteção, de advertência e de reparação do dano, quando aplicadas de forma isolada, serão executadas nos próprios autos do processo de conhecimento, respeitado o disposto nos arts. 143 e 144 da Lei nº 8.069, de 13 de julho de 1990 (Estatuto da Criança e do Adolescente).

ART. 39. Para aplicação das medidas socioeducativas de prestação de serviços à comunidade, liberdade assistida, semiliberdade ou internação, será constituído processo de execução para cada adolescente, respeitado o disposto nos arts. 143 e 144 da Lei nº 8.069, de 13 de julho de 1990 (Estatuto da Criança e do Adolescente), e com autuação das seguintes peças:

I – documentos de caráter pessoal do adolescente existentes no processo de conhecimento, especialmente os que comprovem sua idade; e

II – as indicadas pela autoridade judiciária, sempre que houver necessidade e, obrigatoriamente:

a) cópia da representação;

b) cópia da certidão de antecedentes;

c) cópia da sentença ou acórdão; e

d) cópia de estudos técnicos realizados durante a fase de conhecimento.

Parágrafo único. Procedimento idêntico será observado na hipótese de medida aplicada em sede de remissão, como forma de suspensão do processo.

ART. 40. Autuadas as peças, a autoridade judiciária encaminhará, imediatamente, cópia integral do expediente ao órgão gestor do atendimento socioeducativo, solicitando designação do programa ou da unidade de cumprimento da medida.

ART. 41. A autoridade judiciária dará vistas da proposta de plano individual de que trata o art. 53 desta Lei ao defensor e ao Ministério Público pelo prazo sucessivo de 3 (três) dias, contados do recebimento da proposta encaminhada pela direção do programa de atendimento.

§ 1º. O defensor e o Ministério Público poderão requerer, e o Juiz da Execução poderá determinar, de ofício, a realização de qualquer avaliação ou perícia que entenderem necessárias para complementação do plano individual.

§ 2º. A impugnação ou complementação do plano individual, requerida pelo defensor ou pelo Ministério Público, deverá ser fundamentada, podendo a autoridade judiciária indeferi-la, se entender insuficiente a motivação.

§ 3º. Admitida a impugnação, ou se entender que o plano é inadequado, a autoridade judiciária designará, se necessário, audiência da qual cientificará o defensor, o Ministério Público, a direção do programa de atendimento, o adolescente e seus pais ou responsável.

§ 4º. A impugnação não suspenderá a execução do plano individual, salvo determinação judicial em contrário.

§ 5º. Findo o prazo sem impugnação, considerar-se-á o plano individual homologado.

ART. 42. As medidas socioeducativas de liberdade assistida, de semiliberdade e de internação deverão ser reavaliadas no máximo a cada 6 (seis) meses, podendo a autoridade judiciária, se necessário, designar audiência, no prazo máximo de 10 (dez) dias, cientificando o defensor, o Ministério Público, a direção do programa de atendimento, o adolescente e seus pais ou responsável.

§ 1º. A audiência será instruída com o relatório da equipe técnica do programa de atendimento sobre a evolução do plano de que trata o art. 52 desta Lei e com qualquer outro parecer técnico requerido pelas partes e deferido pela autoridade judiciária.

§ 2º. A gravidade do ato infracional, os antecedentes e o tempo de duração da medida não são fatores que, por si, justifiquem a não substituição da medida por outra menos grave.

§ 3º. Considera-se mais grave a internação, em relação a todas as demais medidas, e mais grave a semiliberdade, em relação às medidas de meio aberto.

ART. 43. A reavaliação da manutenção, da substituição ou da suspensão das medidas de meio aberto ou de privação da liberdade e do respectivo plano individual pode ser solicitada a qualquer tempo, a pedido da direção do programa de atendimento, do defensor, do Ministério Público, do adolescente, de seus pais ou responsável.

§ 1º. Justifica o pedido de reavaliação, entre outros motivos:

I – o desempenho adequado do adolescente com base no seu plano de atendimento individual, antes do prazo da reavaliação obrigatória;

II – a inadaptação do adolescente ao programa e o reiterado descumprimento das atividades do plano individual; e

III – a necessidade de modificação das atividades do plano individual que importem em maior restrição da liberdade do adolescente.

§ 2º. A autoridade judiciária poderá indeferir o pedido, de pronto, se entender insuficiente a motivação.

§ 3º. Admitido o processamento do pedido, a autoridade judiciária, se necessário, designará audiência, observando o princípio do § 1º do art. 42 desta Lei.

§ 4º. A substituição por medida mais gravosa somente ocorrerá em situações excepcionais, após o devido processo legal, inclusive na hipótese do inciso III do art. 122 da Lei nº 8.069, de 13 de julho de 1990 (Estatuto da Criança e do Adolescente), e deve ser:

I – fundamentada em parecer técnico;

II – precedida de prévia audiência, e nos termos do § 1º do art. 42 desta Lei.

ART. 44. Na hipótese de substituição da medida ou modificação das atividades do plano individual, a autoridade judiciária remeterá o inteiro teor da decisão à direção do programa de atendimento, assim como as peças que entender relevantes à nova situação jurídica do adolescente.

Parágrafo único. No caso de a substituição da medida importar em vinculação do adolescente a outro programa de atendimento, o plano individual e o histórico do cumprimento da medida deverão acompanhar a transferência.

ART. 45. Se, no transcurso da execução, sobrevier sentença de aplicação de nova medida, a autoridade judiciária procederá à unificação, ouvidos, previamente, o Ministério Público e o defensor, no prazo de 3 (três) dias sucessivos, decidindo-se em igual prazo.

§ 1º. É vedado à autoridade judiciária determinar reinício de cumprimento de medida socioeducativa, ou deixar de considerar os prazos máximos, e de liberação compulsória previstos na Lei nº 8.069, de 13 de julho de 1990 (Estatuto da Criança e do Adolescente), excetuada a hipótese de medida aplicada por ato infracional praticado durante a execução.

§ 2º. É vedado à autoridade judiciária aplicar nova medida de internação, por atos infracionais praticados anteriormente, a adolescente que já tenha concluído cumprimento de medida socioeducativa dessa natureza, ou que tenha sido transferido para cumprimento de medida menos rigorosa, sendo tais atos absorvidos por aqueles aos quais se impôs a medida socioeducativa extrema.

ART. 46. A medida socioeducativa será declarada extinta:

I – pela morte do adolescente;

II – pela realização de sua finalidade;

III – pela aplicação de pena privativa de liberdade, a ser cumprida em regime fechado ou semiaberto, em execução provisória ou definitiva;

IV – pela condição de doença grave, que torne o adolescente incapaz de submeter-se ao cumprimento da medida; e

V – nas demais hipóteses previstas em lei.

§ 1º. No caso de o maior de 18 (dezoito) anos, em cumprimento de medida socioeducativa, responder a processo-crime, caberá à autoridade judiciária decidir sobre eventual extinção da execução, cientificando da decisão o juízo criminal competente.

§ 2º. Em qualquer caso, o tempo de prisão cautelar não convertida em pena privativa de liberdade deve ser descontado do prazo de cumprimento da medida socioeducativa.

ART. 47. O mandado de busca e apreensão do adolescente terá vigência máxima de 6 (seis) meses, a contar da data da expedição, podendo, se necessário, ser renovado, fundamentadamente.

ART. 48. O defensor, o Ministério Público, o adolescente e seus pais ou responsável poderão postular revisão judicial de qualquer sanção disciplinar aplicada, podendo a autoridade judiciária suspender a execução da sanção até decisão final do incidente.

§ 1º. Postulada a revisão após ouvida a autoridade colegiada que aplicou a sanção e havendo provas a produzir em audiência, procederá o magistrado na forma do § 1º do art. 42 desta Lei.

§ 2º. É vedada a aplicação de sanção disciplinar de isolamento a adolescente interno, exceto seja essa imprescindível para garantia da segurança de outros internos ou do próprio adolescente a quem seja imposta a sanção, sendo necessária ainda comunicação ao defensor, ao Ministério Público e à autoridade judiciária em até 24 (vinte e quatro) horas.

CAPÍTULO III.
DOS DIREITOS INDIVIDUAIS

ART. 49. São direitos do adolescente submetido ao cumprimento de medida socioeducativa, sem prejuízo de outros previstos em lei:

I – ser acompanhado por seus pais ou responsável e por seu defensor, em qualquer fase do procedimento administrativo ou judicial;

II – ser incluído em programa de meio aberto quando inexistir vaga para o cumprimento de medida de privação da liberdade, exceto nos casos de ato infracional cometido mediante grave ameaça ou violência à pessoa, quando o adolescente deverá ser internado em Unidade mais próxima de seu local de residência;

III – ser respeitado em sua personalidade, intimidade, liberdade de pensamento e religião e em todos os direitos não expressamente limitados na sentença;

IV – peticionar, por escrito ou verbalmente, diretamente a qualquer autoridade ou órgão público, devendo, obrigatoriamente, ser respondido em até 15 (quinze) dias;

V – ser informado, inclusive por escrito, das normas de organização e funcionamento do programa de atendimento e também das previsões de natureza disciplinar;

VI – receber, sempre que solicitar, informações sobre a evolução de seu plano individual, participando, obrigatoriamente, de sua elaboração e, se for o caso, reavaliação;

VII – receber assistência integral à sua saúde, conforme o disposto no art. 60 desta Lei; e

VIII – ter atendimento garantido em creche e pré-escola aos filhos de 0 (zero) a 5 (cinco) anos.

§ 1º. As garantias processuais destinadas a adolescente autor de ato infracional previstas na Lei nº 8.069, de 13 de julho de 1990 (Estatuto da Criança e do Adolescente), aplicam-se integralmente na execução das medidas socioeducativas, inclusive no âmbito administrativo.

§ 2º. A oferta irregular de programas de atendimento socioeducativo em meio aberto não poderá ser invocada como motivo para aplicação ou manutenção de medida de privação da liberdade.

ART. 50. Sem prejuízo do disposto no § 1º do art. 121 da Lei nº 8.069, de 13 de julho de 1990 (Estatuto da Criança e do Adolescente), a direção do programa de execução de medida de privação da liberdade poderá autorizar a saída, monitorada, do adolescente nos casos de tratamento médico, doença grave ou falecimento, devidamente comprovados, de pai, mãe, filho, cônjuge, companheiro ou irmão, com imediata comunicação ao juízo competente.

ART. 51. A decisão judicial relativa à execução de medida socioeducativa será proferida após manifestação do defensor e do Ministério Público.

CAPÍTULO IV.
DO PLANO INDIVIDUAL DE ATENDIMENTO (PIA)

ART. 52. O cumprimento das medidas socioeducativas, em regime de prestação de serviços à comunidade, liberdade assistida, semiliberdade ou internação, dependerá de Plano Individual de Atendimento (PIA), instrumento de previsão, registro e gestão das atividades a serem desenvolvidas com o adolescente.

Parágrafo único. O PIA deverá contemplar a participação dos pais ou responsáveis, os quais têm o dever de contribuir com o processo ressocializador do adolescente, sendo esses passíveis de responsabilização administrativa, nos termos do art. 249 da Lei nº 8.069, de 13 de julho de 1990 (Estatuto da Criança e do Adolescente), civil e criminal.

ART. 53. O PIA será elaborado sob a responsabilidade da equipe técnica do respectivo programa de atendimento, com a participação efetiva do adolescente e de sua família, representada por seus pais ou responsável.

ART. 54. Constarão do plano individual, no mínimo:

I – os resultados da avaliação interdisciplinar;

II – os objetivos declarados pelo adolescente;

III – a previsão de suas atividades de integração social e/ou capacitação profissional;

IV – atividades de integração e apoio à família;

V – formas de participação da família para efetivo cumprimento do plano individual; e

VI – as medidas específicas de atenção à sua saúde.

ART. 55. Para o cumprimento das medidas de semiliberdade ou de internação, o plano individual conterá, ainda:

I – a designação do programa de atendimento mais adequado para o cumprimento da medida;

II – a definição das atividades internas e externas, individuais ou coletivas, das quais o adolescente poderá participar; e

III – a fixação das metas para o alcance de desenvolvimento de atividades externas.

Parágrafo único. O PIA será elaborado no prazo de até 45 (quarenta e cinco) dias da data do ingresso do adolescente no programa de atendimento.

ART. 56. Para o cumprimento das medidas de prestação de serviços à comunidade e de liberdade assistida, o PIA será elaborado no prazo de até 15 (quinze) dias do ingresso do adolescente no programa de atendimento.

ART. 57. Para a elaboração do PIA, a direção do respectivo programa de atendimento, pessoalmente ou por meio de membro da equipe técnica, terá acesso aos autos do procedimento de apuração do ato infracional e aos dos procedimentos de apuração de outros atos infracionais atribuídos ao mesmo adolescente.

§ 1º. O acesso aos documentos de que trata o *caput* deverá ser realizado por funcionário da entidade de atendimento, devidamente credenciado para tal atividade, ou por membro da direção, em conformidade com as normas a serem definidas pelo Poder Judiciário, de forma a preservar o que determinam os arts. 143 e 144 da Lei nº 8.069, de 13 de julho de 1990 (Estatuto da Criança e do Adolescente).

§ 2º. A direção poderá requisitar, ainda:

I – ao estabelecimento de ensino, o histórico escolar do adolescente e as anotações sobre o seu aproveitamento;

II – os dados sobre o resultado de medida anteriormente aplicada e cumprida em outro programa de atendimento; e

III – os resultados de acompanhamento especializado anterior.

ART. 58. Por ocasião da reavaliação da medida, é obrigatória a apresentação pela direção do programa de atendimento de relatório da equipe técnica sobre a evolução do adolescente no cumprimento do plano individual.

ART. 59. O acesso ao plano individual será restrito aos servidores do respectivo programa de atendimento, ao adolescente e a seus pais ou responsável, ao Ministério Público e ao defensor, exceto expressa autorização judicial.

CAPÍTULO V. DA ATENÇÃO INTEGRAL À SAÚDE DE ADOLESCENTE EM CUMPRIMENTO DE MEDIDA SOCIOEDUCATIVA

SEÇÃO I. DISPOSIÇÕES GERAIS

ART. 60. A atenção integral à saúde do adolescente no Sistema de Atendimento Socioeducativo seguirá as seguintes diretrizes:

I – previsão, nos planos de atendimento socioeducativo, em todas as esferas, da implantação de ações de promoção da saúde, com o objetivo de integrar as ações socioeducativas, estimulando a autonomia, a melhoria das relações interpessoais e o fortalecimento de redes de apoio aos adolescentes e suas famílias;

II – inclusão de ações e serviços para a promoção, proteção, prevenção de agravos e doenças e recuperação da saúde;

III – cuidados especiais em saúde mental, incluindo os relacionados ao uso de álcool e outras substâncias psicoativas, e atenção aos adolescentes com deficiências;

IV – disponibilização de ações de atenção à saúde sexual e reprodutiva e à prevenção de doenças sexualmente transmissíveis;

V – garantia de acesso a todos os níveis de atenção à saúde, por meio de referência e contrarreferência, de acordo com as normas do Sistema Único de Saúde (SUS);

VI – capacitação das equipes de saúde e dos profissionais das entidades de atendimento, bem como daqueles que atuam nas unidades de saúde de referência voltadas às especificidades de saúde dessa população e de suas famílias;

VII – inclusão, nos Sistemas de Informação de Saúde do SUS, bem como no Sistema de Informações sobre Atendimento Socioeducativo, de dados e indicadores de saúde da população de adolescentes em atendimento socioeducativo; e

VIII – estruturação das unidades de internação conforme as normas de referência do SUS e do Sinase, visando ao atendimento das necessidades de Atenção Básica.

ART. 61. As entidades que ofereçam programas de atendimento socioeducativo em meio aberto e de semiliberdade deverão prestar orientações aos socioeducandos sobre o acesso aos serviços e às unidades do SUS.

ART. 62. As entidades que ofereçam programas de privação de liberdade deverão contar com uma equipe mínima de profissionais de saúde cuja composição esteja em conformidade com as normas de referência do SUS.

ART. 63. (VETADO).

§ 1º. O filho de adolescente nascido nos estabelecimentos referidos no *caput* deste artigo não terá tal informação lançada em seu registro de nascimento.

§ 2º. Serão asseguradas as condições necessárias para que a adolescente submetida à execução de medida socioeducativa de privação de liberdade permaneça com o seu filho durante o período de amamentação.

SEÇÃO II. DO ATENDIMENTO A ADOLESCENTE COM TRANSTORNO MENTAL E COM DEPENDÊNCIA DE ÁLCOOL E DE SUBSTÂNCIA PSICOATIVA

ART. 64. O adolescente em cumprimento de medida socioeducativa que apresente indícios de transtorno mental, de deficiência mental, ou associadas, deverá ser avaliado por equipe técnica multidisciplinar e multissetorial.

§ 1º. As competências, a composição e a atuação da equipe técnica de que trata o *caput* deverão seguir, conjuntamente, as normas de referência do SUS e do Sinase, na forma do regulamento.

§ 2º. A avaliação de que trata o *caput* subsidiará a elaboração e execução da terapêutica a ser adotada, a qual será incluída no PIA do adolescente, prevendo, se necessário, ações voltadas para a família.

§ 3º. As informações produzidas na avaliação de que trata o *caput* são consideradas sigilosas.

§ 4º. Excepcionalmente, o juiz poderá suspender a execução da medida socioeducativa, ouvidos o defensor e o Ministério Público, com vistas a incluir o adolescente em programa de atenção integral à saúde mental que melhor atenda aos objetivos terapêuticos estabelecidos para o seu caso específico.

§ 5º. Suspensa a execução da medida socioeducativa, o juiz designará o responsável por acompanhar e informar sobre a evolução do atendimento ao adolescente.

§ 6º. A suspensão da execução da medida socioeducativa será avaliada, no mínimo, a cada 6 (seis) meses.

§ 7º. O tratamento a que se submeterá o adolescente deverá observar o previsto na Lei nº 10.216, de 6 de abril de 2001, que dispõe sobre a proteção e os direitos das pessoas portadoras de transtornos mentais e redireciona o modelo assistencial em saúde mental.

§ 8º. (VETADO).

ART. 65. Enquanto não cessada a jurisdição da Infância e Juventude, a autoridade judiciária, nas hipóteses tratadas no art. 64, poderá remeter cópia dos autos ao Ministério Público para eventual propositura de interdição e outras providências pertinentes.

ART. 66. (VETADO).

LEIS ORDINÁRIAS

CAPÍTULO VI. DAS VISITAS A ADOLESCENTE EM CUMPRIMENTO DE MEDIDA DE INTERNAÇÃO

ART. 67. A visita do cônjuge, companheiro, pais ou responsáveis, parentes e amigos a adolescente a quem foi aplicada medida socioeducativa de internação observará dias e horários próprios definidos pela direção do programa de atendimento.

ART. 68. É assegurado ao adolescente casado ou que viva, comprovadamente, em união estável o direito à visita íntima.

Parágrafo único. O visitante será identificado e registrado pela direção do programa de atendimento, que emitirá documento de identificação, pessoal e intransferível, específico para a realização da visita íntima.

ART. 69. É garantido aos adolescentes em cumprimento de medida socioeducativa de internação o direito de receber visita dos filhos, independentemente da idade desses.

ART. 70. O regulamento interno estabelecerá as hipóteses de proibição da entrada de objetos na unidade de internação, vedando o acesso aos seus portadores.

CAPÍTULO VII. DOS REGIMES DISCIPLINARES

ART. 71. Todas as entidades de atendimento socioeducativo deverão, em seus respectivos regimentos, realizar a previsão de regime disciplinar que obedeça aos seguintes princípios:

I – tipificação explícita das infrações como leves, médias e graves e determinação das correspondentes sanções;

II – exigência da instauração formal de processo disciplinar para a aplicação de qualquer sanção, garantidos a ampla defesa e o contraditório;

III – obrigatoriedade de audiência do socioeducando nos casos em que seja necessária a instauração de processo disciplinar;

IV – sanção de duração determinada;

V – enumeração das causas ou circunstâncias que eximam, atenuem ou agravem a sanção a ser imposta ao socioeducando, bem como os requisitos para a extinção dessa;

VI – enumeração explícita das garantias de defesa;

VII – garantia de solicitação e rito de apreciação dos recursos cabíveis; e

VIII – apuração da falta disciplinar por comissão composta por, no mínimo, 3 (três) integrantes, sendo 1 (um), obrigatoriamente, oriundo da equipe técnica.

ART. 72. O regime disciplinar é independente da responsabilidade civil ou penal que advenha do ato cometido.

ART. 73. Nenhum socioeducando poderá desempenhar função ou tarefa de apuração disciplinar ou aplicação de sanção nas entidades de atendimento socioeducativo.

ART. 74. Não será aplicada sanção disciplinar sem expressa e anterior previsão legal ou regulamentar e o devido processo administrativo.

ART. 75. Não será aplicada sanção disciplinar ao socioeducando que tenha praticado a falta:

I – por coação irresistível ou por motivo de força maior;

II – em legítima defesa, própria ou de outrem.

CAPÍTULO VIII. DA CAPACITAÇÃO PARA O TRABALHO

ART. 76. O art. 2º do Decreto-Lei nº 4.048, de 22 de janeiro de 1942, passa a vigorar acrescido do seguinte § 1º, renumerando-se o atual parágrafo único para § 2º:

▸ *Alteração realizada no texto da lei.*

ART. 77. O art. 3º do Decreto-Lei nº 8.621, de 10 de janeiro de 1946, passa a vigorar acrescido do seguinte § 1º, renumerando-se o atual parágrafo único para § 2º:

▸ *Alteração realizada no texto da lei.*

ART. 78. O art. 1º da Lei nº 8.315, de 23 de dezembro de 1991, passa a vigorar acrescido do seguinte parágrafo único:

▸ *Alteração realizada no texto da lei.*

ART. 79. O art. 3º da Lei nº 8.706, de 14 de setembro de 1993, passa a vigorar acrescido do seguinte parágrafo único:

▸ *Alteração realizada no texto da lei.*

ART. 80. O art. 429 do Decreto-Lei nº 5.452, de 1º de maio de 1943, passa a vigorar acrescido do seguinte § 2º:

▸ *Alteração realizada no texto da lei.*

TÍTULO III. DISPOSIÇÕES FINAIS E TRANSITÓRIAS

ART. 81. As entidades que mantenham programas de atendimento têm o prazo de até 6 (seis) meses após a publicação desta Lei para encaminhar ao respectivo Conselho Estadual ou Municipal dos Direitos da Criança e do Adolescente proposta de adequação da sua inscrição, sob pena de interdição.

ART. 82. Os Conselhos dos Direitos da Criança e do Adolescente, em todos os níveis federados, com os órgãos responsáveis pelo sistema de educação pública e as entidades de atendimento, deverão, no prazo de 1 (um) ano a partir da publicação desta Lei, garantir a inserção de adolescentes em cumprimento de medida socioeducativa na rede pública de educação, em qualquer fase do período letivo, contemplando as diversas faixas etárias e níveis de instrução.

ART. 83. Os programas de atendimento socioeducativo sob a responsabilidade do Poder Judiciário serão, obrigatoriamente, transferidos ao Poder Executivo no prazo máximo de 1 (um) ano a partir da publicação desta Lei e de acordo com a política de oferta dos programas aqui definidos.

LEIS ORDINÁRIAS

ART. 84. Os programas de internação e semiliberdade sob a responsabilidade dos Municípios serão, obrigatoriamente, transferidos para o Poder Executivo do respectivo Estado no prazo máximo de 1 (um) ano a partir da publicação desta Lei e de acordo com a política de oferta dos programas aqui definidos.

ART. 85. A não transferência de programas de atendimento para os devidos entes responsáveis, no prazo determinado nesta Lei, importará na interdição do programa e caracterizará ato de improbidade administrativa do agente responsável, vedada, ademais, ao Poder Judiciário e ao Poder Executivo municipal, ao final do referido prazo, a realização de despesas para a sua manutenção.

ART. 86. Os arts. 90, 97, 121, 122, 198 e 208 da Lei nº 8.069, de 13 de julho de 1990 (Estatuto da Criança e do Adolescente), passam a vigorar com a seguinte redação:

▸ *Alteração incorporada ao texto do referido estatuto.*

ART. 87. A Lei nº 8.069, de 13 de julho de 1990 (Estatuto da Criança e do Adolescente), passa a vigorar com as seguintes alterações:

▸ *Alteração incorporada ao texto do referido estatuto.*

ART. 88. O parágrafo único do art. 3º da Lei nº 12.213, de 20 de janeiro de 2010, passa a vigorar com a seguinte redação:

▸ *Alteração realizada no texto da lei.*

ART. 89. (VETADO).

ART. 90. Esta Lei entra em vigor após decorridos 90 (noventa) dias de sua publicação oficial.

Brasília, 18 de janeiro de 2012;
191º da Independência e 124º da República.

DILMA ROUSSEFF

Este texto não substitui o publicado no DOU de 19.1.2012 retificado em 20.1.2012

LEI Nº 12.651, DE 25 DE MAIO DE 2012 – CÓDIGO FLORESTAL (EXCERTOS)

Dispõe sobre a proteção da vegetação nativa; altera as Leis nº 6.938, de 31 de agosto de 1981, 9.393, de 19 de dezembro de 1996, e 11.428, de 22 de dezembro de 2006; revoga as Leis nº 4.771, de 15 de setembro de 1965, e 7.754, de 14 de abril de 1989, e a Medida Provisória nº 2.166-67, de 24 de agosto de 2001; e dá outras providências.

A PRESIDENTA DA REPÚBLICA Faço saber que o Congresso Nacional decreta e eu sanciono a seguinte Lei:

CAPÍTULO I. DISPOSIÇÕES GERAIS

ART. 1º. (VETADO).

ART. 1º-A. Esta Lei estabelece normas gerais sobre a proteção da vegetação, áreas de Preservação Permanente e as áreas de Reserva Legal; a exploração florestal, o suprimento de matéria-prima florestal, o controle da origem dos produtos florestais e o controle e prevenção dos incêndios florestais, e prevê instrumentos econômicos e financeiros para o alcance de seus objetivos. (Incluído pela Lei nº 12.727, de 2012).

Parágrafo único. Tendo como objetivo o desenvolvimento sustentável, esta Lei atenderá aos seguintes princípios: (Incluído pela Lei nº 12.727, de 2012).

I – afirmação do compromisso soberano do Brasil com a preservação das suas florestas e demais formas de vegetação nativa, bem como da biodiversidade, do solo, dos recursos hídricos e da integridade do sistema climático, para o bem estar das gerações presentes e futuras; (Incluído pela Lei nº 12.727, de 2012).

II – reafirmação da importância da função estratégica da atividade agropecuária e do papel das florestas e demais formas de vegetação nativa na sustentabilidade, no crescimento econômico, na melhoria da qualidade de vida da população brasileira e na presença do País nos mercados nacional e internacional de alimentos e bioenergia; (Incluído pela Lei nº 12.727, de 2012).

III – ação governamental de proteção e uso sustentável de florestas, consagrando o compromisso do País com a compatibilização e harmonização entre o uso produtivo da terra e a preservação da água, do solo e da vegetação; (Incluído pela Lei nº 12.727, de 2012).

IV – responsabilidade comum da União, Estados, Distrito Federal e Municípios, em colaboração com a sociedade civil, na criação de políticas para a preservação e restauração da vegetação nativa e de suas funções ecológicas e sociais nas áreas urbanas e rurais; (Incluído pela Lei nº 12.727, de 2012).

V – fomento à pesquisa científica e tecnológica na busca da inovação para o uso sustentável do solo e da água, a recuperação e a preservação das florestas e demais formas de vegetação nativa; (Incluído pela Lei nº 12.727, de 2012).

VI – criação e mobilização de incentivos econômicos para fomentar a preservação e a recuperação da vegetação nativa e para promover o desenvolvimento de atividades produtivas sustentáveis. (Incluído pela Lei nº 12.727, de 2012).

ART. 2º. As florestas existentes no território nacional e as demais formas de vegetação nativa, reconhecidas de utilidade às terras que revestem, são bens de interesse comum a todos os habitantes do País, exercendo-se os direitos de propriedade com as limitações que a legislação em geral e especialmente esta Lei estabelecem.

§ 1º. Na utilização e exploração da vegetação, as ações ou omissões contrárias às disposições desta Lei são consideradas uso irregular da propriedade, aplicando-se o procedimento sumário previsto no inciso II do art. 275 da Lei nº 5.869, de 11 de janeiro de 1973 – Código de Processo Civil, sem prejuízo da responsabilidade civil, nos termos do

§ 1º do art. 14 da Lei nº 6.938, de 31 de agosto de 1981, e das sanções administrativas, civis e penais.

§ 2º. As obrigações previstas nesta Lei têm natureza real e são transmitidas ao sucessor, de qualquer natureza, no caso de transferência de domínio ou posse do imóvel rural.

ART. 3º. Para os efeitos desta Lei, entende-se por:

I – Amazônia Legal: os Estados do Acre, Pará, Amazonas, Roraima, Rondônia, Amapá e Mato Grosso e as regiões situadas ao norte do paralelo 13º S, dos Estados de Tocantins e Goiás, e ao oeste do meridiano de 44º W, do Estado do Maranhão;

II – Área de Preservação Permanente – APP: área protegida, coberta ou não por vegetação nativa, com a função ambiental de preservar os recursos hídricos, a paisagem, a estabilidade geológica e a biodiversidade, facilitar o fluxo gênico de fauna e flora, proteger o solo e assegurar o bem-estar das populações humanas;

III – Reserva Legal: área localizada no interior de uma propriedade ou posse rural, delimitada nos termos do art. 12, com a função de assegurar o uso econômico de modo sustentável dos recursos naturais do imóvel rural, auxiliar a conservação e a reabilitação dos processos ecológicos e promover a conservação da biodiversidade, bem como o abrigo e a proteção de fauna silvestre e da flora nativa;

IV – área rural consolidada: área de imóvel rural com ocupação antrópica preexistente a 22 de julho de 2008, com edificações, benfeitorias ou atividades agrossilvipastoris, admitida, neste último caso, a adoção do regime de pousio;

V – pequena propriedade ou posse rural familiar: aquela explorada mediante o trabalho pessoal do agricultor familiar e empreendedor familiar rural, incluindo os assentamentos e projetos de reforma agrária, e que atenda ao disposto no art. 3º da Lei nº 11.326, de 24 de julho de 2006;

VI – uso alternativo do solo: substituição de vegetação nativa e formações sucessoras por outras coberturas do solo, como atividades agropecuárias, industriais, de geração e transmissão de energia, de mineração e de transporte, assentamentos urbanos ou outras formas de ocupação humana;

VII – manejo sustentável: administração da vegetação natural para a obtenção de benefícios econômicos, sociais e ambientais, respeitando-se os mecanismos de sustentação do ecossistema objeto do manejo e considerando-se, cumulativa ou alternativamente, a utilização de múltiplas espécies madeireiras ou não, de múltiplos produtos e subprodutos da flora, bem como a utilização de outros bens e serviços;

VIII – utilidade pública:

a) as atividades de segurança nacional e proteção sanitária;

b) as obras de infraestrutura destinadas às concessões e aos serviços públicos de transporte, sistema viário, inclusive aquele necessário aos parcelamentos de solo urbano aprovados pelos Municípios, saneamento, ~~gestão de resíduos~~, energia, telecomunicações, radiodifusão, ~~instalações necessárias à realização de competições esportivas estaduais, nacionais ou internacionais~~, bem como mineração, exceto, neste último caso, a extração de areia, argila, saibro e cascalho;

c) atividades e obras de defesa civil;

d) atividades que comprovadamente proporcionem melhorias na proteção das funções ambientais referidas no inciso II deste artigo;

e) outras atividades similares devidamente caracterizadas e motivadas em procedimento administrativo próprio, quando inexistir alternativa técnica e locacional ao empreendimento proposto, definidas em ato do Chefe do Poder Executivo federal;

IX – interesse social:

a) as atividades imprescindíveis à proteção da integridade da vegetação nativa, tais como prevenção, combate e controle do fogo, controle da erosão, erradicação de invasoras e proteção de plantios com espécies nativas;

b) a exploração agroflorestal sustentável praticada na pequena propriedade ou posse rural familiar ou por povos e comunidades tradicionais, desde que não descaracterize a cobertura vegetal existente e não prejudique a função ambiental da área;

c) a implantação de infraestrutura pública destinada a esportes, lazer e atividades educacionais e culturais ao ar livre em áreas urbanas e rurais consolidadas, observadas as condições estabelecidas nesta Lei;

d) a regularização fundiária de assentamentos humanos ocupados predominantemente por população de baixa renda em áreas urbanas consolidadas, observadas as condições estabelecidas na Lei nº 11.977, de 7 de julho de 2009;

e) implantação de instalações necessárias à captação e condução de água e de efluentes tratados para projetos cujos recursos hídricos são partes integrantes e essenciais da atividade;

f) as atividades de pesquisa e extração de areia, argila, saibro e cascalho, outorgadas pela autoridade competente;

g) outras atividades similares devidamente caracterizadas e motivadas em procedimento administrativo próprio, quando inexistir alternativa técnica e locacional à atividade proposta, definidas em ato do Chefe do Poder Executivo federal;

X – atividades eventuais ou de baixo impacto ambiental:

a) abertura de pequenas vias de acesso interno e suas pontes e pontilhões, quando necessárias à travessia de um curso d'água, ao acesso de pessoas e animais para a obtenção de água ou à retirada de produtos oriundos das atividades de manejo agroflorestal sustentável;

b) implantação de instalações necessárias à captação e condução de água e efluentes tratados, desde que comprovada a outorga do direito de uso da água, quando couber;

c) implantação de trilhas para o desenvolvimento do ecoturismo;

d) construção de rampa de lançamento de barcos e pequeno ancoradouro;

e) construção de moradia de agricultores familiares, remanescentes de comunidades quilombolas e outras populações extrativistas e tradicionais em áreas rurais, onde o abastecimento de água se dê pelo esforço próprio dos moradores;

f) construção e manutenção de cercas na propriedade;

g) pesquisa científica relativa a recursos ambientais, respeitados outros requisitos previstos na legislação aplicável;

h) coleta de produtos não madeireiros para fins de subsistência e produção de mudas, como sementes, castanhas e frutos, respeitada a legislação específica de acesso a recursos genéticos;

i) plantio de espécies nativas produtoras de frutos, sementes, castanhas e outros produtos vegetais, desde que não implique supressão da vegetação existente nem prejudique a função ambiental da área;

j) exploração agroflorestal e manejo florestal sustentável, comunitário e familiar, incluindo a extração de produtos florestais não madeireiros, desde que não descaracterizem a cobertura vegetal nativa existente nem prejudiquem a função ambiental da área;

k) outras ações ou atividades similares, reconhecidas como eventuais e de baixo impacto ambiental em ato do Conselho Nacional do Meio Ambiente – CONAMA ou dos Conselhos Estaduais de Meio Ambiente;

XI – (VETADO);

XII – vereda: fitofisionomia de savana, encontrada em solos hidromórficos, usualmente com a palmeira arbórea Mauritia flexuosa – buriti emergente, sem formar dossel, em meio a agrupamentos de espécies arbustivo-herbáceas; (Redação pela Lei nº 12.727, de 2012).

XIII – manguezal: ecossistema litorâneo que ocorre em terrenos baixos, sujeitos à ação das marés, formado por vasas lodosas recentes ou arenosas, às quais se associa, predominantemente, a vegetação natural conhecida como mangue, com influência fluviomarinha, típica de solos limosos de regiões estuarinas e com dispersão descontínua ao longo da costa brasileira, entre os Estados do Amapá e de Santa Catarina;

XIV – salgado ou marismas tropicais hipersalinos: áreas situadas em regiões com frequências de inundações intermediárias entre marés de sizígias e de quadratura, com solos cuja salinidade varia entre 100 (cem) e 150 (cento e cinquenta) partes por 1.000 (mil), onde pode ocorrer a presença de vegetação herbácea específica;

XV – apicum: áreas de solos hipersalinos situadas nas regiões entremarés superiores, inundadas apenas pelas marés de sizígias, que apresentam salinidade superior a 150 (cento e cinquenta) partes por 1.000 (mil), desprovidas de vegetação vascular;

XVI – restinga: depósito arenoso paralelo à linha da costa, de forma geralmente alongada, produzido por processos de sedimentação, onde se encontram diferentes comunidades que recebem influência marinha, com cobertura vegetal em mosaico, encontrada em praias, cordões arenosos, dunas e depressões, apresentando, de acordo com o estágio sucessional, estrato herbáceo, arbustivo e arbóreo, este último mais interiorizado;

XVII – nascente: afloramento natural do lençol freático que apresenta perenidade e dá início a um curso d'água;

XVIII – olho d'água: afloramento natural do lençol freático, mesmo que intermitente;

XIX – leito regular: a calha por onde correm regularmente as águas do curso d'água durante o ano;

XX – área verde urbana: espaços, públicos ou privados, com predomínio de vegetação, preferencialmente nativa, natural ou recuperada, previstos no Plano Diretor, nas Leis de Zoneamento Urbano e Uso do Solo do Município, indisponíveis para construção de moradias, destinados aos propósitos de recreação, lazer, melhoria da qualidade ambiental urbana, proteção dos recursos hídricos, manutenção ou melhoria paisagística, proteção de bens e manifestações culturais;

XXI – várzea de inundação ou planície de inundação: áreas marginais a cursos d'água sujeitas a enchentes e inundações periódicas;

XXII – faixa de passagem de inundação: área de várzea ou planície de inundação adjacente a cursos d'água que permite o escoamento da enchente;

XXIII – relevo ondulado: expressão geomorfológica usada para designar área caracterizada por movimentações do terreno que geram depressões, cuja intensidade permite sua classificação como relevo suave ondulado, ondulado, fortemente ondulado e montanhoso.

XXIV – pousio: prática de interrupção temporária de atividades ou usos agrícolas, pecuários ou silviculturais, por no máximo 5 (cinco) anos, para possibilitar a recuperação da capacidade de uso ou da estrutura física do solo; (Incluído pela Lei nº 12.727, de 2012).

XXV – áreas úmidas: pantanais e superfícies terrestres cobertas de forma periódica por águas, cobertas originalmente por florestas ou outras formas de vegetação adaptadas à inundação; (Incluído pela Lei nº 12.727, de 2012).

XXVI – área urbana consolidada: aquela de que trata o inciso II do *caput* do art. 47 da Lei nº 11.977, de 7 de julho de 2009; e (Incluído pela Lei nº 12.727, de 2012).

XXVII – crédito de carbono: título de direito sobre bem intangível e incorpóreo transacionável. (Incluído pela Lei nº 12.727, de 2012).

Parágrafo único. Para os fins desta Lei, estende-se o tratamento dispensado aos imóveis a que se refere o inciso V deste artigo às propriedades e posses rurais com até 4 (quatro) módulos fiscais que desenvolvam atividades agrossilvipastoris, bem como às terras indígenas ~~demarcadas~~ e às demais áreas ~~tituladas~~ de povos e comunidades tradicionais que façam uso coletivo do seu território.

Capítulo II.
DAS ÁREAS DE PRESERVAÇÃO PERMANENTE

Seção I.
DA DELIMITAÇÃO DAS ÁREAS DE PRESERVAÇÃO PERMANENTE

ART. 4º. Considera-se Área de Preservação Permanente, em zonas rurais ou urbanas, para os efeitos desta Lei:

I – as faixas marginais de qualquer curso d'água natural perene e intermitente, excluídos os efêmeros, desde a borda da calha do leito regular, em largura mínima de: (Incluído pela Lei nº 12.727, de 2012).

a) 30 (trinta) metros, para os cursos d'água de menos de 10 (dez) metros de largura;

b) 50 (cinquenta) metros, para os cursos d'água que tenham de 10 (dez) a 50 (cinquenta) metros de largura;

c) 100 (cem) metros, para os cursos d'água que tenham de 50 (cinquenta) a 200 (duzentos) metros de largura;

d) 200 (duzentos) metros, para os cursos d'água que tenham de 200 (duzentos) a 600 (seiscentos) metros de largura;

e) 500 (quinhentos) metros, para os cursos d'água que tenham largura superior a 600 (seiscentos) metros;

II - as áreas no entorno dos lagos e lagoas naturais, em faixa com largura mínima de:

a) 100 (cem) metros, em zonas rurais, exceto para o corpo d'água com até 20 (vinte) hectares de superfície, cuja faixa marginal será de 50 (cinquenta) metros;

b) 30 (trinta) metros, em zonas urbanas;

III - as áreas no entorno dos reservatórios d'água artificiais, decorrentes de barramento ou represamento de cursos d'água naturais, na faixa definida na licença ambiental do empreendimento; (Incluído pela Lei nº 12.727, de 2012).

IV - as áreas no entorno das nascentes e dos olhos d'água perenes, qualquer que seja sua situação topográfica, no raio mínimo de 50 (cinquenta) metros; (Redação dada pela Lei nº 12.727, de 2012).

V - as encostas ou partes destas com declividade superior a 45°, equivalente a 100% (cem por cento) na linha de maior declive;

VI - as restingas, como fixadoras de dunas ou estabilizadoras de mangues;

VII - os manguezais, em toda a sua extensão;

VIII - as bordas dos tabuleiros ou chapadas, até a linha de ruptura do relevo, em faixa nunca inferior a 100 (cem) metros em projeções horizontais;

IX - no topo de morros, montes, montanhas e serras, com altura mínima de 100 (cem) metros e inclinação média maior que 25°, as áreas delimitadas a partir da curva de nível correspondente a 2/3 (dois terços) da altura mínima da elevação sempre em relação à base, sendo esta definida pelo plano horizontal determinado por planície ou espelho d'água adjacente ou, nos relevos ondulados, pela cota do ponto de sela mais próximo da elevação;

X - as áreas em altitude superior a 1.800 (mil e oitocentos) metros, qualquer que seja a vegetação;

XI - em veredas, a faixa marginal, em projeção horizontal, com largura mínima de 50 (cinquenta) metros, a partir do espaço permanentemente brejoso e encharcado. (Redação dada pela Lei nº 12.727, de 2012).

§ 1º. Não será exigida Área de Preservação Permanente no entorno de reservatórios artificiais de água que não decorram de barramento ou represamento de cursos d'água naturais. (Redação dada pela Lei nº 12.727, de 2012).

§ 2º. (Revogado de acordo com a Lei nº 12.727, de 2012).

§ 3º. (VETADO).

§ 4º. Nas acumulações naturais ou artificiais de água com superfície inferior a 1 (um) hectare, fica dispensada a reserva da faixa de proteção prevista nos incisos II e III do *caput*, vedada nova supressão de áreas de vegetação nativa, salvo autorização do órgão ambiental competente do Sistema Nacional do Meio Ambiente - SISNAMA. (Redação dada pela Lei nº 12.727, de 2012).

§ 5º. É admitido, para a pequena propriedade ou posse rural familiar, de que trata o inciso V do art. 3º desta Lei, o plantio de culturas temporárias e sazonais de vazante de ciclo curto na faixa de terra que fica exposta no período de vazante dos rios ou lagos, desde que não implique supressão de novas áreas de vegetação nativa, seja conservada a qualidade da água e do solo e seja protegida a fauna silvestre.

§ 6º. Nos imóveis rurais com até 15 (quinze) módulos fiscais, é admitida, nas áreas de que tratam os incisos I e II do *caput* deste artigo, a prática da aquicultura e a infraestrutura física diretamente a ela associada, desde que:

I - sejam adotadas práticas sustentáveis de manejo de solo e água e de recursos hídricos, garantindo sua qualidade e quantidade, de acordo com norma dos Conselhos Estaduais de Meio Ambiente;

II - esteja de acordo com os respectivos planos de bacia ou planos de gestão de recursos hídricos;

III - seja realizado o licenciamento pelo órgão ambiental competente;

IV - o imóvel esteja inscrito no Cadastro Ambiental Rural - CAR.

V - não implique novas supressões de vegetação nativa. (Incluído pela Lei nº 12.727, de 2012).

§ 7º. (VETADO).

§ 8º. (VETADO).

§ 9º. (VETADO). (Incluído pela Lei nº 12.727, de 2012).

ART. 5º. Na implantação de reservatório d'água artificial destinado a geração de energia ou abastecimento público, é obrigatória a aquisição, desapropriação ou instituição de servidão administrativa pelo empreendedor das Áreas de Preservação Permanente criadas em seu entorno, conforme estabelecido no licenciamento ambiental, observando-se a faixa mínima de 30 (trinta) metros e máxima de 100 (cem) metros em área rural, e a faixa mínima de 15 (quinze) metros e máxima de 30 (trinta) metros em área urbana. (Redação dada pela Lei nº 12.727, de 2012).

§ 1º. Na implantação de reservatórios d'água artificiais de que trata o *caput*, o empreendedor, no âmbito do licenciamento ambiental, elaborará Plano Ambiental de Conservação e Uso do Entorno do Reservatório, em conformidade com termo de referência expedido pelo órgão competente do Sistema Nacional do Meio Ambiente - SISNAMA, não podendo o uso exceder a 10% (dez por cento) do total da Área de Preservação Permanente. (Redação dada pela Lei nº 12.727, de 2012).

§ 2º. O Plano Ambiental de Conservação e Uso do Entorno de Reservatório Artificial, para os empreendimentos licitados a partir da vigência desta Lei, deverá ser apresentado ao órgão ambiental concomitantemente com o Plano Básico Ambiental e aprovado até o início da operação do empreendimento, não constituindo a sua ausência impedimento para a expedição da licença de instalação.

§ 3º. (VETADO).

ART. 6º. Consideram-se, ainda, de preservação permanente, quando declaradas de interesse social por ato do Chefe do Poder Executivo, as áreas cobertas com florestas ou outras formas de vegetação destinadas a uma ou mais das seguintes finalidades:

I - conter a erosão do solo e mitigar riscos de enchentes e deslizamentos de terra e de rocha;

II - proteger as restingas ou veredas;

III – proteger várzeas;

IV – abrigar exemplares da fauna ou da flora ameaçados de extinção;

V – proteger sítios de excepcional beleza ou de valor científico, cultural ou histórico;

VI – formar faixas de proteção ao longo de rodovias e ferrovias;

VII – assegurar condições de bem-estar público;

VIII – auxiliar a defesa do território nacional, a critério das autoridades militares.

IX – proteger áreas úmidas, especialmente as de importância internacional. (Incluído pela Lei nº 12.727, de 2012).

Seção II. DO REGIME DE PROTEÇÃO DAS ÁREAS DE PRESERVAÇÃO PERMANENTE

ART. 7º. A vegetação situada em Área de Preservação Permanente deverá ser mantida pelo proprietário da área, possuidor ou ocupante a qualquer título, pessoa física ou jurídica, de direito público ou privado.

§ 1º. Tendo ocorrido supressão de vegetação situada em Área de Preservação Permanente, o proprietário da área, possuidor ou ocupante a qualquer título é obrigado a promover a recomposição da vegetação, ressalvados os usos autorizados previstos nesta Lei.

§ 2º. A obrigação prevista no § 1º tem natureza real e é transmitida ao sucessor no caso de transferência de domínio ou posse do imóvel rural.

§ 3º. No caso de supressão não autorizada de vegetação realizada após 22 de julho de 2008, é vedada a concessão de novas autorizações de supressão de vegetação enquanto não cumpridas as obrigações previstas no § 1º.

ART. 8º. A intervenção ou a supressão de vegetação nativa em Área de Preservação Permanente somente ocorrerá nas hipóteses de utilidade pública, de interesse social ou de baixo impacto ambiental previstas nesta Lei.

§ 1º. A supressão de vegetação nativa protetora de nascentes, dunas e restingas somente poderá ser autorizada em caso de utilidade pública.

§ 2º. A intervenção ou a supressão de vegetação nativa em Área de Preservação Permanente de que tratam os incisos VI e VII do *caput* do art. 4º poderá ser autorizada, excepcionalmente, em locais onde a função ecológica do manguezal esteja comprometida, para execução de obras habitacionais e de urbanização, inseridas em projetos de regularização fundiária de interesse social, em áreas urbanas consolidadas ocupadas por população de baixa renda.

§ 3º. É dispensada a autorização do órgão ambiental competente para a execução, em caráter de urgência, de atividades de segurança nacional e obras de interesse da defesa civil destinadas à prevenção e mitigação de acidentes em áreas urbanas.

§ 4º. Não haverá, em qualquer hipótese, direito à regularização de futuras intervenções ou supressões de vegetação nativa, além das previstas nesta Lei.

ART. 9º. É permitido o acesso de pessoas e animais às Áreas de Preservação Permanente para obtenção de água e para realização de atividades de baixo impacto ambiental.

Capítulo III. DAS ÁREAS DE USO RESTRITO

ART. 10. Nos pantanais e planícies pantaneiras, é permitida a exploração ecologicamente sustentável, devendo-se considerar as recomendações técnicas dos órgãos oficiais de pesquisa, ficando novas supressões de vegetação nativa para uso alternativo do solo condicionadas à autorização do órgão estadual do meio ambiente, com base nas recomendações mencionadas neste artigo. (Redação dada pela Lei nº 12.727, de 2012).

ART. 11. Em áreas de inclinação entre 25º e 45º, serão permitidos o manejo florestal sustentável e o exercício de atividades agrossilvipastoris, bem como a manutenção da infraestrutura física associada ao desenvolvimento das atividades, observadas boas práticas agronômicas, sendo vedada a conversão de novas áreas, excetuadas as hipóteses de utilidade pública e interesse social.

• • • • • • • • • • • • • • • • •

Capítulo IX. DA PROIBIÇÃO DO USO DE FOGO E DO CONTROLE DOS INCÊNDIOS

ART. 38. É proibido o uso de fogo na vegetação, exceto nas seguintes situações:

I – em locais ou regiões cujas peculiaridades justifiquem o emprego do fogo em práticas agropastoris ou florestais, mediante prévia aprovação do órgão estadual ambiental competente do SISNAMA, para cada imóvel rural ou de forma regionalizada, que estabelecerá os critérios de monitoramento e controle;

II – emprego da queima controlada em Unidades de Conservação, em conformidade com o respectivo plano de manejo e mediante prévia aprovação do órgão gestor da Unidade de Conservação, visando ao manejo conservacionista da vegetação nativa, cujas características ecológicas estejam associadas evolutivamente à ocorrência do fogo;

III – atividades de pesquisa científica vinculada a projeto de pesquisa devidamente aprovado pelos órgãos competentes e realizada por instituição de pesquisa reconhecida, mediante prévia aprovação do órgão ambiental competente do SISNAMA.

§ 1º. Na situação prevista no inciso I, o órgão estadual ambiental competente do SISNAMA exigirá que os estudos demandados para o licenciamento da atividade rural contenham planejamento específico sobre o emprego do fogo e o controle dos incêndios.

§ 2º. Excetuam-se da proibição constante no *caput* as práticas de prevenção e combate aos incêndios e as de agricultura de subsistência exercidas pelas populações tradicionais e indígenas.

§ 3º. Na apuração da responsabilidade pelo uso irregular do fogo em terras públicas ou particulares, a autoridade competente para fiscalização e autuação deverá comprovar o nexo de causalidade entre a ação do proprietário ou qualquer preposto e o dano efetivamente causado.

§ 4º. É necessário o estabelecimento de nexo causal na verificação das responsabilidades por infração pelo uso irregular do fogo em terras públicas ou particulares.

• • • • • • • • • • • • • • • • • • •

ART. 60. A assinatura de termo de compromisso para regularização de imóvel ou posse rural perante o órgão ambiental competente, mencionado no art. 59, suspenderá a punibilidade dos crimes previstos nos arts. 38, 39 e 48 da Lei nº 9.605, de 12 de fevereiro de 1998, enquanto o termo estiver sendo cumprido.

§ 1º. A prescrição ficará interrompida durante o período de suspensão da pretensão punitiva.

§ 2º. Extingue-se a punibilidade com a efetiva regularização prevista nesta Lei.

• • • • • • • • • • • • • • • • • • •

CAPÍTULO XIV. DISPOSIÇÕES COMPLEMENTARES E FINAIS

ART. 69. São obrigados a registro no órgão federal competente do SISNAMA os estabelecimentos comerciais responsáveis pela comercialização de motosserras, bem como aqueles que as adquirirem.

§ 1º. A licença para o porte e uso de motosserras será renovada a cada 2 (dois) anos.

§ 2º. Os fabricantes de motosserras são obrigados a imprimir, em local visível do equipamento, numeração cuja sequência será encaminhada ao órgão federal competente do SISNAMA e constará nas correspondentes notas fiscais.

• • • • • • • • • • • • • • • • • • •

ART. 83. Revogam-se as Leis nº 4.771, de 15 de setembro de 1965, e 7.754, de 14 de abril de 1989, e suas alterações posteriores, e a Medida Provisória nº 2.166-67, de 24 de agosto de 2001.

ART. 84. Esta Lei entra em vigor na data de sua publicação.

Brasília, 25 de maio de 2012;
191º da Independência e 124º da República.

DILMA ROUSSEFF

Este texto não substitui o publicado no DOU de 28.5.2012

LEI Nº 12.663, DE 5 DE JUNHO DE 2012 (EXCERTOS)

Dispõe sobre as medidas relativas à Copa das Confederações FIFA 2013, à Copa do Mundo FIFA 2014 e à Jornada Mundial da Juventude - 2013, que serão realizadas no Brasil; altera as Leis nos 6.815, de 19 de agosto de 1980, e 10.671, de 15 de maio de 2003; e estabelece concessão de prêmio e de auxílio especial mensal aos jogadores das seleções campeãs do mundo em 1958, 1962 e 1970.

▸ *Vide Lei nº 13.445, de 24-05-2017: art. 124, Lei de Migração.*

A PRESIDENTA DA REPÚBLICA Faço saber que o Congresso Nacional decreta e eu sanciono a seguinte Lei:

CAPÍTULO I DISPOSIÇÕES PRELIMINARES

ART. 1º Esta Lei dispõe sobre as medidas relativas à Copa das Confederações FIFA 2013, à Copa do Mundo FIFA 2014 e aos eventos relacionados, que serão realizados no Brasil.

• • • • • • • • • • • • • • • • • • •

CAPÍTULO VIII DISPOSIÇÕES PENAIS

UTILIZAÇÃO INDEVIDA DE SÍMBOLOS OFICIAIS

ART. 30. Reproduzir, imitar, falsificar ou modificar indevidamente quaisquer Símbolos Oficiais de titularidade da FIFA:

Pena - detenção, de 3 (três) meses a 1 (um) ano ou multa.

ART. 31. Importar, exportar, vender, distribuir, oferecer ou expor à venda, ocultar ou manter em estoque Símbolos Oficiais ou produtos resultantes da reprodução, imitação, falsificação ou modificação não autorizadas de Símbolos Oficiais para fins comerciais ou de publicidade:

Pena - detenção, de 1 (um) a 3 (três) meses ou multa.

MARKETING DE EMBOSCADA POR ASSOCIAÇÃO

ART. 32. Divulgar marcas, produtos ou serviços, com o fim de alcançar vantagem econômica ou publicitária, por meio de associação direta ou indireta com os Eventos ou Símbolos Oficiais, sem autorização da FIFA ou de pessoa por ela indicada, induzindo terceiros a acreditar que tais marcas, produtos ou serviços são aprovados, autorizados ou endossados pela FIFA:

Pena - detenção, de 3 (três) meses a 1 (um) ano ou multa.

LEIS ORDINÁRIAS

Parágrafo único. Na mesma pena incorre quem, sem autorização da FIFA ou de pessoa por ela indicada, vincular o uso de Ingressos, convites ou qualquer espécie de autorização de acesso aos Eventos a ações de publicidade ou atividade comerciais, com o intuito de obter vantagem econômica.

MARKETING DE EMBOSCADA POR INTRUSÃO

ART. 33. Expor marcas, negócios, estabelecimentos, produtos, serviços ou praticar atividade promocional, não autorizados pela FIFA ou por pessoa por ela indicada, atraindo de qualquer forma a atenção pública nos locais da ocorrência dos Eventos, com o fim de obter vantagem econômica ou publicitária:

Pena - detenção, de 3 (três) meses a 1 (um) ano ou multa.

ART. 34. Nos crimes previstos neste Capítulo, somente se procede mediante representação da FIFA.

ART. 35. Na fixação da pena de multa prevista neste Capítulo e nos arts. 41-B a 41-G da Lei nº 10.671, de 15 de maio de 2003, quando os delitos forem relacionados às Competições, o limite a que se refere o § 1º do art. 49 do Decreto-Lei nº 2.848, de 7 de dezembro de 1940 (Código Penal), pode ser acrescido ou reduzido em até 10 (dez) vezes, de acordo com as condições financeiras do autor da infração e da vantagem indevidamente auferida.

ART. 36. Os tipos penais previstos neste Capítulo terão vigência até o dia 31 de dezembro de 2014.

• •

ART. 71. Esta Lei entra em vigor na data de sua publicação.

Parágrafo único. As disposições constantes dos arts. 37 a 47 desta Lei somente produzirão efeitos a partir de 1º de janeiro de 2013.

Brasília, 5 de junho de 2012;
191º da Independência e 124º da República.

Dilma Rousseff
José Eduardo Cardozo
Antonio de Aguiar Patriota
Guido Mantega
Carlos Daudt Brizola
Fernando Damata Pimentel
Miriam Belchior
Paulo Bernardo Silva
Aldo Rebelo
Anna Maria Buarque de Hollanda
Luis Inácio Lucena Adams

Este texto não substitui o publicado no DOU de 6.6.2012 e retificado em 8.6.2012

LEI Nº 12.694, DE 24 DE JULHO DE 2012 – O PROCESSO E JULGAMENTO COLEGIADO EM PRIMEIRO GRAU DE JURISDIÇÃO DE CRIMES PRATICADOS POR ORGANIZAÇÃO CRIMINOSA

Dispõe sobre o processo e o julgamento colegiado em primeiro grau de jurisdição de crimes praticados por organizações criminosas; altera o Decreto-Lei nº 2.848, de 7 de dezembro de 1940 - Código Penal, o Decreto-Lei nº 3.689, de 3 de outubro de 1941 - Código de Processo Penal, e as Leis nº 9.503, de 23 de setembro de 1997 - Código de Trânsito Brasileiro, e 10.826, de 22 de dezembro de 2003; e dá outras providências.

A PRESIDENTA DA REPÚBLICA Faço saber que o Congresso Nacional decreta e eu sanciono a seguinte Lei:

▸ *Lei nº 12.850, de 02-08-2013. Define organização criminosa e dispõe sobre a investigação criminal, os meios de obtenção da prova, infrações penais correlatas e o procedimento criminal.*

ART. 1º. Em processos ou procedimentos que tenham por objeto crimes praticados por organizações criminosas, o juiz poderá decidir pela formação de colegiado para a prática de qualquer ato processual, especialmente:

I - decretação de prisão ou de medidas assecuratórias;

II - concessão de liberdade provisória ou revogação de prisão;

III - sentença;

IV - progressão ou regressão de regime de cumprimento de pena;

V - concessão de liberdade condicional;

VI - transferência de preso para estabelecimento prisional de segurança máxima; e

VII - inclusão do preso no regime disciplinar diferenciado.

§ 1º. O juiz poderá instaurar o colegiado, indicando os motivos e as circunstâncias que acarretam risco à sua integridade física em decisão fundamentada, da qual será dado conhecimento ao órgão correicional.

▸ *Lei nº 12.694, de 24-07-2012, art. 2º.; Dispõe sobre o processo e o julgamento colegiado em primeiro grau de jurisdição de crimes praticados por organizações criminosas.*

§ 2º. O colegiado será formado pelo juiz do processo e por 2 (dois) outros juízes escolhidos por sorteio eletrônico dentre aqueles de competência criminal em exercício no primeiro grau de jurisdição.

§ 3º. A competência do colegiado limita-se ao ato para o qual foi convocado.

§ 4º. As reuniões poderão ser sigilosas sempre que houver risco de que a publicidade resulte em prejuízo à eficácia da decisão judicial.

§ 5º. A reunião do colegiado composto por juízes domiciliados em cidades diversas poderá ser feita pela via eletrônica.

§ 6º. As decisões do colegiado, devidamente fundamentadas e firmadas, sem exceção, por todos os seus integrantes, serão publicadas sem qualquer referência a voto divergente de qualquer membro.

§ 7º. Os tribunais, no âmbito de suas competências, expedirão normas regulamentando a composição do colegiado e os procedimentos a serem adotados para o seu funcionamento.

ART. 1º-A. Os Tribunais de Justiça e os Tribunais Regionais Federais poderão instalar, nas comarcas sedes de Circunscrição ou Seção Judiciária, mediante resolução, Varas Criminais Colegiadas com competência para o processo e julgamento: (Incluído pela Lei nº 13.964, de 2019)

▸ CPP: art. 74.

I - de crimes de pertinência a organizações criminosas armadas ou que tenham armas à disposição;

II - do crime do art. 288-A do Decreto-Lei nº 2.848, de 7 de dezembro de 1940 (Código Penal); e

III - das infrações penais conexas aos crimes a que se referem os incisos I e II do caput deste artigo.

§ 1º As Varas Criminais Colegiadas terão competência para todos os atos jurisdicionais no decorrer da investigação, da ação penal e da execução da pena, inclusive a transferência do preso para estabelecimento prisional de segurança máxima ou para regime disciplinar diferenciado.

§ 2º Ao receber, segundo as regras normais de distribuição, processos ou procedimentos que tenham por objeto os crimes mencionados no caput deste artigo, o juiz deverá declinar da competência e remeter os autos, em qualquer fase em que se encontrem, à Vara Criminal Colegiada de sua Circunscrição ou Seção Judiciária.

§ 3º Feita a remessa mencionada no § 2º deste artigo, a Vara Criminal Colegiada terá competência para todos os atos processuais posteriores, incluindo os da fase de execução.

ART. 2º. Para os efeitos desta Lei, considera-se organização criminosa a associação, de 3 (três) ou mais pessoas, estruturalmente ordenada e caracterizada pela divisão de tarefas, ainda que informalmente, com objetivo de obter, direta ou indiretamente, vantagem de qualquer natureza, mediante a prática de crimes cuja pena máxima seja igual ou superior a 4 (quatro) anos ou que sejam de caráter transnacional.

▸ Lei n. 12.850, de 02-8-2013, art. 1º, § 1º: Organização criminosa.

ART. 3º. Os tribunais, no âmbito de suas competências, são autorizados a tomar medidas para reforçar a segurança dos prédios da Justiça, especialmente:

I – controle de acesso, com identificação, aos seus prédios, especialmente aqueles com varas criminais, ou às áreas dos prédios com varas criminais;

II – instalação de câmeras de vigilância nos seus prédios, especialmente nas varas criminais e áreas adjacentes;

III – instalação de aparelhos detectores de metais, aos quais se devem submeter todos que queiram ter acesso aos seus prédios, especialmente às varas criminais ou às respectivas salas de audiência, ainda que exerçam qualquer cargo ou função pública, ressalvados os integrantes de missão policial, a escolta de presos e os agentes ou inspetores de segurança próprios.

ART. 4º. O art. 91 do Decreto-Lei nº 2.848, de 7 de dezembro de 1940 – Código Penal, passa a vigorar acrescido dos seguintes §§ 1º e 2º:

▸ Alteração incorporada ao texto do referido código.

ART. 5º. O Decreto-Lei nº 3.689, de 3 de outubro de 1941 – Código de Processo Penal, passa a vigorar acrescido do seguinte art. 144-A:

▸ Alteração incorporada ao texto do referido código.

ART. 6º. O art. 115 da Lei nº 9.503, de 23 de setembro de 1997 – Código de Trânsito Brasileiro, passa a vigorar acrescido do seguinte § 7º:

▸ Alteração incorporadora ao texto do referido código.

ART. 7º. O art. 6º da Lei nº 10.826, de 22 de dezembro de 2003, passa a vigorar acrescido do seguinte inciso XI:

▸ Alteração incorporada ao texto "da referida lei."

ART. 8º. A Lei nº 10.826, de 22 de dezembro de 2003, passa a vigorar acrescida do seguinte art. 7º-A:

▸ Alteração incorporada ao texto "da referida lei."

ART. 9º. Diante de situação de risco, decorrente do exercício da função, das autoridades judiciais ou membros do Ministério Público e de seus familiares, o fato será comunicado à polícia judiciária, que avaliará a necessidade, o alcance e os parâmetros da proteção pessoal.

§ 1º. A proteção pessoal será prestada de acordo com a avaliação realizada pela polícia judiciária e após a comunicação à autoridade judicial ou ao membro do Ministério Público, conforme o caso:

I – pela própria polícia judiciária;

II – pelos órgãos de segurança institucional;

III – por outras forças policiais;

IV – de forma conjunta pelos citados nos incisos I, II e III.

§ 2º. Será prestada proteção pessoal imediata nos casos urgentes, sem prejuízo da adequação da medida, segundo a avaliação a que se referem o *caput* e o § 1º deste artigo.

§ 3º. A prestação de proteção pessoal será comunicada ao Conselho Nacional de Justiça ou ao Conselho Nacional do Ministério Público, conforme o caso.

§ 4º. Verificado o descumprimento dos procedimentos de segurança definidos pela polícia judiciária, esta encaminhará relatório ao Conselho Nacional de Justiça – CNJ ou ao Conselho Nacional do Ministério Público – CNMP.

ART. 10. Esta Lei entra em vigor após decorridos 90 (noventa) dias de sua publicação oficial.

Brasília, 24 de julho de 2012;
191º da Independência e 124º da República.

DILMA ROUSSEFF

Este texto não substitui o publicado no DOU de 25.7.2012

LEI Nº 12.714, DE 14 DE SETEMBRO DE 2012 – SISTEMA DE ACOMPANHAMENTO DA EXECUÇÃO DAS PENAS, DA PRISÃO CAUTELAR E DA MEDIDA DE SEGURANÇA

Dispõe sobre o sistema de acompanhamento da execução das penas, da prisão cautelar e da medida de segurança.

ART. 1º. Os dados e as informações da execução da pena, da prisão cautelar e da medida de segurança deverão ser mantidos e atualizados em sistema informatizado de acompanhamento da execução da pena.

§ 1º. Os sistemas informatizados de que trata o caput serão, preferencialmente, de tipo aberto.

§ 2º. Considera-se sistema ou programa aberto aquele cuja licença de uso não restrinja sob nenhum aspecto a sua cessão, distribuição, utilização ou modificação, assegurando ao usuário o acesso irrestrito e sem custos adicionais ao seu código fonte e documentação associada, permitindo a sua modificação parcial ou total, garantindo-se os direitos autorais do programador.

§ 3º. Os dados e as informações previstos no caput serão acompanhados pelo magistrado, pelo representante do Ministério Público e pelo defensor e estarão disponíveis à pessoa presa ou custodiada.

§ 4º. O sistema de que trata o caput deverá permitir o cadastramento do defensor, dos representantes dos conselhos penitenciários estaduais e do Distrito Federal e dos conselhos da comunidade para acesso aos dados e informações.

ART. 2º. O sistema previsto no art. 1º deverá conter o registro dos seguintes dados e informações:

I – nome, filiação, data de nascimento e sexo;

II – data da prisão ou da internação;

III – comunicação da prisão à família e ao defensor;

IV – tipo penal e pena em abstrato;

V – tempo de condenação ou da medida aplicada;

VI – dias de trabalho ou estudo;

VII – dias remidos;

VIII – atestado de comportamento carcerário expedido pelo diretor do estabelecimento prisional;

IX – faltas graves;

X – exame de cessação de periculosidade, no caso de medida de segurança; e

XI – utilização de equipamento de monitoração eletrônica pelo condenado.

ART. 3º. O lançamento dos dados ou das informações de que trata o art. 2º ficará sob a responsabilidade:

I – da autoridade policial, por ocasião da prisão, quanto ao disposto nos incisos I a IV do caput do art. 2º;

II – do magistrado que proferir a decisão ou acórdão, quanto ao disposto nos incisos V, VII e XI do caput do art. 2º;

III – do diretor do estabelecimento prisional, quanto ao disposto nos incisos VI, VIII e IX do caput do art. 2º; e

IV – do diretor da unidade de internação, quanto ao disposto no inciso X do caput do art. 2º.

Parágrafo único. Os dados e informações previstos no inciso II do caput do art. 2º poderão, a qualquer momento, ser revistos pelo magistrado.

ART. 4º. O sistema referido no art. 1º deverá conter ferramentas que:

I – informem as datas estipuladas para:

a) conclusão do inquérito;

b) oferecimento da denúncia;

c) obtenção da progressão de regime;

d) concessão do livramento condicional;

e) realização do exame de cessação de periculosidade; e

f) enquadramento nas hipóteses de indulto ou de comutação de pena;

II – calculem a remição da pena; e

III – identifiquem a existência de outros processos em que tenha sido determinada a prisão do réu ou acusado.

§ 1º. O sistema deverá ser programado para informar tempestiva e automaticamente, por aviso eletrônico, as datas mencionadas no inciso I do caput:

I – ao magistrado responsável pela investigação criminal, processo penal ou execução da pena ou cumprimento da medida de segurança;

II – ao Ministério Público; e

III – ao defensor.

§ 2º. Recebido o aviso previsto no § 1º, o magistrado verificará o cumprimento das condições legalmente previstas para soltura ou concessão de outros benefícios à pessoa presa ou custodiada e dará vista ao Ministério Público.

ART. 5º. O Poder Executivo federal instituirá sistema nacional, visando à interoperabilidade das bases de dados e informações dos sistemas informatizados instituídos pelos Estados e pelo Distrito Federal.

Parágrafo único. A União poderá apoiar os Estados e o Distrito Federal no desenvolvimento, implementação e adequação de sistemas próprios que permitam interoperabilidade com o sistema nacional de que trata o caput.

ART. 6º. Esta Lei entra em vigor após decorridos 365 (trezentos e sessenta e cinco) dias de sua publicação oficial.

Brasília, 14 de setembro de 2012;
191º da Independência e 124º da República.

DILMA ROUSSEFF

Publicado no DOU de 17.09.2012

LEI Nº 12.830, DE 20 DE JUNHO DE 2013 – INVESTIGAÇÃO CRIMINAL CONDUZIDA PELO DELEGADO

Dispõe sobre a investigação criminal conduzida pelo delegado de polícia.

A PRESIDENTA DA REPÚBLICA Faço saber que o Congresso Nacional decreta e eu sanciono a seguinte Lei:

ART. 1º. Esta Lei dispõe sobre a investigação criminal conduzida pelo delegado de polícia.

ART. 2º. As funções de polícia judiciária e a apuração de infrações penais exercidas pelo delegado de polícia são de natureza jurídica, essenciais e exclusivas de Estado.

§ 1º. Ao delegado de polícia, na qualidade de autoridade policial, cabe a condução da investigação criminal por meio de inquérito policial ou outro procedimento previsto em lei, que tem como objetivo a apuração das circunstâncias, da materialidade e da autoria das infrações penais.

§ 2º. Durante a investigação criminal, cabe ao delegado de polícia a requisição de perícia, informações, documentos e dados que interessem à apuração dos fatos.

§ 3º. (VETADO).

§ 4º. O inquérito policial ou outro procedimento previsto em lei em curso somente poderá ser avocado ou redistribuído por superior hierárquico, mediante despacho fundamentado, por motivo de interesse público ou nas hipóteses de inobservância dos procedimentos previstos em regulamento da corporação que prejudique a eficácia da investigação.

§ 5º. A remoção do delegado de polícia dar-se-á somente por ato fundamentado.

§ 6º. O indiciamento, privativo do delegado de polícia, dar-se-á por ato fundamentado, mediante análise técnico-jurídica do fato, que deverá indicar a autoria, materialidade e suas circunstâncias.

ART. 3º. O cargo de delegado de polícia é privativo de bacharel em Direito, devendo-lhe ser dispensado o mesmo tratamento protocolar que recebem os magistrados, os membros da Defensoria Pública e do Ministério Público e os advogados.

ART. 4º. Esta Lei entra em vigor na data de sua publicação.

Brasília, 20 de junho de 2013;
192º da Independência e 125º da República.

DILMA ROUSSEFF

Este texto não substitui o publicado no DOU de 21.6.2013

LEI Nº 12.845, DE 1º DE AGOSTO DE 2013

Dispõe sobre o atendimento obrigatório e integral de pessoas em situação de violência sexual.

A PRESIDENTA DA REPÚBLICA Faço saber que o Congresso Nacional decreta e eu sanciono a seguinte Lei:

ART. 1º Os hospitais devem oferecer às vítimas de violência sexual atendimento emergencial, integral e multidisciplinar, visando ao controle e ao tratamento dos agravos físicos e psíquicos decorrentes de violência sexual, e encaminhamento, se for o caso, aos serviços de assistência social.

ART. 2º Considera-se violência sexual, para os efeitos desta Lei, qualquer forma de atividade sexual não consentida.

ART. 3º O atendimento imediato, obrigatório em todos os hospitais integrantes da rede do SUS, compreende os seguintes serviços:

I - diagnóstico e tratamento das lesões físicas no aparelho genital e nas demais áreas afetadas;

II - amparo médico, psicológico e social imediatos;

III - facilitação do registro da ocorrência e encaminhamento ao órgão de medicina legal e às delegacias especializadas com informações que possam ser úteis à identificação do agressor e à comprovação da violência sexual;

IV - profilaxia da gravidez;

V - profilaxia das Doenças Sexualmente Transmissíveis - DST;

VI - coleta de material para realização do exame de HIV para posterior acompanhamento e terapia;

VII - fornecimento de informações às vítimas sobre os direitos legais e sobre todos os serviços sanitários disponíveis.

§ 1º Os serviços de que trata esta Lei são prestados de forma gratuita aos que deles necessitarem.

§ 2º No tratamento das lesões, caberá ao médico preservar materiais que possam ser coletados no exame médico legal.

§ 3º Cabe ao órgão de medicina legal o exame de DNA para identificação do agressor.

ART. 4º Esta Lei entra em vigor após decorridos 90 (noventa) dias de sua publicação oficial.

Brasília, 1º de agosto de 2013; 192º da Independência e 125º da República.

DILMA ROUSSEFF
José Eduardo Cardozo
Alexandre Rocha Santos Padilha
Eleonora Menicucci de Oliveira
Maria do Rosário Nunes

LEI Nº 12.846, DE 1º DE AGOSTO DE 2013 – RESPONSABILIZAÇÃO ADMINISTRATIVA E CIVIL DE PESSOAS JURÍDICAS

Dispõe sobre a responsabilização administrativa e civil de pessoas jurídicas pela prática de atos contra a administração pública, nacional ou estrangeira, e dá outras providências.

CAPÍTULO I. DISPOSIÇÕES GERAIS

ART. 1º. Esta Lei dispõe sobre a responsabilização objetiva administrativa e civil de pessoas jurídicas pela prática de atos contra a administração pública, nacional ou estrangeira.

Parágrafo único. Aplica-se o disposto nesta Lei às sociedades empresárias e às sociedades simples, personificadas ou não, independentemente da forma de organização ou modelo societário adotado, bem como a quaisquer fundações, associações de entidades ou pessoas, ou sociedades estrangeiras, que tenham sede, filial ou representação no território brasileiro, constituídas de fato ou de direito, ainda que temporariamente.

ART. 2º. As pessoas jurídicas serão responsabilizadas objetivamente, nos âmbitos administrativo e civil, pelos atos lesivos previstos nesta Lei praticados em seu interesse ou benefício, exclusivo ou não.

ART. 3º. A responsabilização da pessoa jurídica não exclui a responsabilidade individual de seus dirigentes ou administradores ou de qualquer pessoa natural, autora, coautora ou partícipe do ato ilícito.

§ 1º. A pessoa jurídica será responsabilizada independentemente da responsabilização individual das pessoas naturais referidas no caput.

§ 2º. Os dirigentes ou administradores somente serão responsabilizados por atos ilícitos na medida da sua culpabilidade.

ART. 4º. Subsiste a responsabilidade da pessoa jurídica na hipótese de alteração contratual, transformação, incorporação, fusão ou cisão societária.

§ 1º. Nas hipóteses de fusão e incorporação, a responsabilidade da sucessora será restrita à obrigação de pagamento de multa e reparação integral do dano causado, até o limite do patrimônio transferido, não lhe sendo aplicáveis as demais sanções previstas nesta Lei decorrentes de atos e fatos ocorridos antes da data da fusão ou incorporação, exceto no caso de simulação ou evidente intuito de fraude, devidamente comprovados.

§ 2º. As sociedades controladoras, controladas, coligadas ou, no âmbito do respectivo contrato, as consorciadas serão solidariamente responsáveis pela prática dos atos previstos nesta Lei, restringindo-se tal responsabilidade à obrigação de pagamento de multa e reparação integral do dano causado.

CAPÍTULO II. DOS ATOS LESIVOS À ADMINISTRAÇÃO PÚBLICA NACIONAL OU ESTRANGEIRA

ART. 5º. Constituem atos lesivos à administração pública, nacional ou estrangeira, para os fins desta Lei, todos aqueles praticados pelas pessoas jurídicas mencionadas no parágrafo único do art. 1º, que atentem contra o patrimônio público nacional ou estrangeiro, contra princípios da administração pública ou contra os compromissos internacionais assumidos pelo Brasil, assim definidos:

I – prometer, oferecer ou dar, direta ou indiretamente, vantagem indevida a agente público, ou a terceira pessoa a ele relacionada;

II – comprovadamente, financiar, custear, patrocinar ou de qualquer modo subvencionar a prática dos atos ilícitos previstos nesta Lei;

III – comprovadamente, utilizar-se de interposta pessoa física ou jurídica para ocultar ou dissimular seus reais interesses ou a identidade dos beneficiários dos atos praticados;

IV – no tocante a licitações e contratos:

a) frustrar ou fraudar, mediante ajuste, combinação ou qualquer outro expediente, o caráter competitivo de procedimento licitatório público;

b) impedir, perturbar ou fraudar a realização de qualquer ato de procedimento licitatório público;

c) afastar ou procurar afastar licitante, por meio de fraude ou oferecimento de vantagem de qualquer tipo;

d) fraudar licitação pública ou contrato dela decorrente;

e) criar, de modo fraudulento ou irregular, pessoa jurídica para participar de licitação pública ou celebrar contrato administrativo;

f) obter vantagem ou benefício indevido, de modo fraudulento, de modificações ou prorrogações de contratos celebrados com a administração pública, sem autorização em lei, no ato convocatório da licitação pública ou nos respectivos instrumentos contratuais; ou

g) manipular ou fraudar o equilíbrio econômico-financeiro dos contratos celebrados com a administração pública;

V – dificultar atividade de investigação ou fiscalização de órgãos, entidades ou agentes públicos, ou intervir em sua atuação, inclusive no âmbito das agências reguladoras e dos órgãos de fiscalização do sistema financeiro nacional.

§ 1º. Considera-se administração pública estrangeira os órgãos e entidades estatais ou representações diplomáticas de país estrangeiro, de qualquer nível ou esfera de governo, bem como as pessoas jurídicas controladas, direta ou indiretamente, pelo poder público de país estrangeiro.

§ 2º. Para os efeitos desta Lei, equiparam-se à administração pública estrangeira as organizações públicas internacionais.

§ 3º. Considera-se agente público estrangeiro, para os fins desta Lei, quem, ainda que transitoriamente ou sem remuneração, exerça cargo, emprego ou função pública em órgãos, entidades estatais ou em representações diplomáticas de país estrangeiro, assim como em pessoas jurídicas controladas, direta ou indiretamente, pelo poder público de país estrangeiro ou em organizações públicas internacionais.

CAPÍTULO III. DA RESPONSABILIZAÇÃO ADMINISTRATIVA

ART. 6º. Na esfera administrativa, serão aplicadas às pessoas jurídicas consideradas responsáveis pelos atos lesivos previstos nesta Lei as seguintes sanções:

I – multa, no valor de 0,1% (um décimo por cento) a 20% (vinte por cento) do faturamento bruto do último exercício anterior ao da instauração do processo administrativo, excluídos os tributos, a qual nunca será inferior à vantagem auferida, quando for possível sua estimação; e

II – publicação extraordinária da decisão condenatória.

§ 1º. As sanções serão aplicadas fundamentadamente, isolada ou cumulativamente, de acordo com as peculiaridades do caso concreto e com a gravidade e natureza das infrações.

§ 2º. A aplicação das sanções previstas neste artigo será precedida da manifestação jurídica elaborada pela Advocacia Pública ou pelo órgão de assistência jurídica, ou equivalente, do ente público.

§ 3º. A aplicação das sanções previstas neste artigo não exclui, em qualquer hipótese, a obrigação da reparação integral do dano causado.

§ 4º. Na hipótese do inciso I do caput, caso não seja possível utilizar o critério do valor do faturamento bruto da pessoa jurídica, a multa será de R$ 6.000,00 (seis mil reais) a R$ 60.000.000,00 (sessenta milhões de reais).

§ 5º. A publicação extraordinária da decisão condenatória ocorrerá na forma de extrato de sentença, a expensas da pessoa jurídica, em meios de comunicação de grande circulação na área da prática da infração e de atuação da pessoa jurídica ou, na sua falta, em publicação de circulação nacional, bem como por meio de afixação de edital, pelo prazo mínimo de 30 (trinta) dias, no próprio estabelecimento ou no local de exercício da atividade, de modo visível ao público, e no sítio eletrônico na rede mundial de computadores.

§ 6º. (VETADO).

ART. 7º. Serão levados em consideração na aplicação das sanções:

I – a gravidade da infração;

II – a vantagem auferida ou pretendida pelo infrator;

III – a consumação ou não da infração;

IV – o grau de lesão ou perigo de lesão;

V – o efeito negativo produzido pela infração;

VI – a situação econômica do infrator;

VII – a cooperação da pessoa jurídica para a apuração das infrações;

VIII – a existência de mecanismos e procedimentos internos de integridade, auditoria e incentivo à denúncia de irregularidades e a aplicação efetiva de códigos de ética e de conduta no âmbito da pessoa jurídica;

IX – o valor dos contratos mantidos pela pessoa jurídica com o órgão ou entidade pública lesados; e

X – (VETADO).

Parágrafo único. Os parâmetros de avaliação de mecanismos e procedimentos previstos no inciso VIII do caput serão estabelecidos em regulamento do Poder Executivo federal.

CAPÍTULO IV. DO PROCESSO ADMINISTRATIVO DE RESPONSABILIZAÇÃO

ART. 8º. A instauração e o julgamento de processo administrativo para apuração da responsabilidade de pessoa jurídica cabem à autoridade máxima de cada órgão ou entidade dos Poderes Executivo, Legislativo e Judiciário, que agirá de ofício ou mediante provocação, observados o contraditório e a ampla defesa.

§ 1º. A competência para a instauração e o julgamento do processo administrativo de apuração de responsabilidade da pessoa jurídica poderá ser delegada, vedada a subdelegação.

§ 2º. No âmbito do Poder Executivo federal, a Controladoria-Geral da União – CGU terá competência concorrente para instaurar processos administrativos de responsabilização de pessoas jurídicas ou para avocar os processos instaurados com fundamento nesta Lei, para exame de sua regularidade ou para corrigir-lhes o andamento.

ART. 9º. Competem à Controladoria-Geral da União – CGU a apuração, o processo e o julgamento dos atos ilícitos previstos nesta Lei, praticados contra a administração pública estrangeira, observado o disposto no Artigo 4 da Convenção sobre o Combate da Corrupção de Funcionários Públicos Estrangeiros em Transações Comerciais Internacionais, promulgada pelo Decreto nº 3.678, de 30 de novembro de 2000.

ART. 10. O processo administrativo para apuração da responsabilidade de pessoa jurídica será conduzido por comissão designada pela autoridade instauradora e composta por 2 (dois) ou mais servidores estáveis.

§ 1º. O ente público, por meio do seu órgão de representação judicial, ou equivalente, a pedido da comissão a que se refere o caput, poderá requerer as medidas judiciais necessárias para a investigação e o processamento das infrações, inclusive de busca e apreensão.

§ 2º. A comissão poderá, cautelarmente, propor à autoridade instauradora que suspenda os efeitos do ato ou processo objeto da investigação.

§ 3º. A comissão deverá concluir o processo no prazo de 180 (cento e oitenta) dias contados da data da publicação do ato que a instituir e, ao final, apresentar relatórios sobre os fatos apurados e eventual responsabilidade da pessoa jurídica, sugerindo de forma motivada as sanções a serem aplicadas.

§ 4º. O prazo previsto no § 3º poderá ser prorrogado, mediante ato fundamentado da autoridade instauradora.

ART. 11. No processo administrativo para apuração de responsabilidade, será concedido à pessoa jurídica prazo de 30 (trinta) dias para defesa, contados a partir da intimação.

ART. 12. O processo administrativo, com o relatório da comissão, será remetido à autoridade instauradora, na forma do art. 10, para julgamento.

ART. 13. A instauração de processo administrativo específico de reparação integral do dano não prejudica a aplicação imediata das sanções estabelecidas nesta Lei.

Parágrafo único. Concluído o processo e não havendo pagamento, o crédito apurado será inscrito em dívida ativa da fazenda pública.

ART. 14. A personalidade jurídica poderá ser desconsiderada sempre que utilizada com abuso do direito para facilitar, encobrir ou dissimular a prática dos atos ilícitos previstos nesta Lei ou para provocar confusão patrimonial, sendo estendidos todos os efeitos das sanções aplicadas à pessoa jurídica aos seus administradores e sócios com poderes de administração, observados o contraditório e a ampla defesa.

ART. 15. A comissão designada para apuração da responsabilidade de pessoa jurídica, após a conclusão do procedimento administrativo, dará conhecimento ao Ministério Público de sua existência, para apuração de eventuais delitos.

CAPÍTULO V. DO ACORDO DE LENIÊNCIA

ART. 16. A autoridade máxima de cada órgão ou entidade pública poderá celebrar acordo de leniência com as pessoas jurídicas responsáveis pela prática dos atos previstos nesta Lei que colaborem efetivamente com as investigações e o processo administrativo, sendo que dessa colaboração resulte:

I – a identificação dos demais envolvidos na infração, quando couber; e

II – a obtenção célere de informações e documentos que comprovem o ilícito sob apuração.

§ 1º. O acordo de que trata o caput somente poderá ser celebrado se preenchidos, cumulativamente, os seguintes requisitos:

I – a pessoa jurídica seja a primeira a se manifestar sobre seu interesse em cooperar para a apuração do ato ilícito;

II – a pessoa jurídica cesse completamente seu envolvimento na infração investigada a partir da data de propositura do acordo;

III – a pessoa jurídica admita sua participação no ilícito e coopere plena e permanentemente com as investigações e o processo administrativo, comparecendo, sob suas expensas, sempre que solicitada, a todos os atos processuais, até seu encerramento.

§ 2º. A celebração do acordo de leniência isentará a pessoa jurídica das sanções previstas no inciso II do art. 6º e no inciso IV do art. 19 e reduzirá em até 2/3 (dois terços) o valor da multa aplicável.

§ 3º. O acordo de leniência não exime a pessoa jurídica da obrigação de reparar integralmente o dano causado.

§ 4º. O acordo de leniência estipulará as condições necessárias para assegurar a efetividade da colaboração e o resultado útil do processo.

§ 5º. Os efeitos do acordo de leniência serão estendidos às pessoas jurídicas que integram o mesmo grupo econômico, de fato e de direito, desde que firmem o acordo em conjunto, respeitadas as condições nele estabelecidas.

§ 6º. A proposta de acordo de leniência somente se tornará pública após a efetivação do respectivo acordo, salvo no interesse das investigações e do processo administrativo.

§ 7º. Não importará em reconhecimento da prática do ato ilícito investigado a proposta de acordo de leniência rejeitada.

§ 8º. Em caso de descumprimento do acordo de leniência, a pessoa jurídica ficará impedida de celebrar novo acordo pelo prazo de 3 (três) anos contados do conhecimento pela administração pública do referido descumprimento.

§ 9º. A celebração do acordo de leniência interrompe o prazo prescricional dos atos ilícitos previstos nesta Lei.

§ 10. A Controladoria-Geral da União – CGU é o órgão competente para celebrar os acordos de leniência no âmbito do Poder Executivo federal, bem como no caso de atos lesivos praticados contra a administração pública estrangeira.

ART. 17. A administração pública poderá também celebrar acordo de leniência com a pessoa jurídica responsável pela prática de ilícitos previstos na Lei nº 8.666, de 21 de junho de 1993, com vistas à isenção ou atenuação das sanções administrativas estabelecidas em seus arts. 86 a 88.

CAPÍTULO VI. DA RESPONSABILIZAÇÃO JUDICIAL

ART. 18. Na esfera administrativa, a responsabilidade da pessoa jurídica não afasta a possibilidade de sua responsabilização na esfera judicial.

ART. 19. Em razão da prática de atos previstos no art. 5º desta Lei, a União, os Estados, o Distrito Federal e os Municípios, por meio das respectivas Advocacias Públicas ou órgãos de representação judicial, ou equivalentes, e o Ministério Público, poderão ajuizar ação com vistas à aplicação das seguintes sanções às pessoas jurídicas infratoras:

I – perdimento dos bens, direitos ou valores que representem vantagem ou proveito direta ou indiretamente obtidos da infração, ressalvado o direito do lesado ou de terceiro de boa-fé;

II – suspensão ou interdição parcial de suas atividades;

III – dissolução compulsória da pessoa jurídica;

IV – proibição de receber incentivos, subsídios, subvenções, doações ou empréstimos de órgãos ou entidades públicas e de instituições financeiras públicas ou controladas pelo poder público, pelo prazo mínimo de 1 (um) e máximo de 5 (cinco) anos.

§ 1º. A dissolução compulsória da pessoa jurídica será determinada quando comprovado:

I – ter sido a personalidade jurídica utilizada de forma habitual para facilitar ou promover a prática de atos ilícitos; ou

II – ter sido constituída para ocultar ou dissimular interesses ilícitos ou a identidade dos beneficiários dos atos praticados.

§ 2º. (VETADO).

§ 3º. As sanções poderão ser aplicadas de forma isolada ou cumulativa.

§ 4º. O Ministério Público ou a Advocacia Pública ou órgão de representação judicial, ou equivalente, do ente público poderá requerer a indisponibilidade de bens, direitos ou valores necessários à garantia do pagamento da multa ou da reparação integral do dano causado, conforme previsto no art. 7º, ressalvado o direito do terceiro de boa-fé.

ART. 20. Nas ações ajuizadas pelo Ministério Público, poderão ser aplicadas as sanções previstas no art. 6º, sem prejuízo daquelas previstas neste Capítulo, desde que constatada a omissão das autoridades competentes para promover a responsabilização administrativa.

ART. 21. Nas ações de responsabilização judicial, será adotado o rito previsto na Lei nº 7.347, de 24 de julho de 1985.

Parágrafo único. A condenação torna certa a obrigação de reparar, integralmente, o dano causado pelo ilícito, cujo valor será apurado em posterior liquidação, se não constar expressamente da sentença.

CAPÍTULO VII. DISPOSIÇÕES FINAIS

ART. 22. Fica criado no âmbito do Poder Executivo federal o Cadastro Nacional de Empresas Punidas – CNEP, que reunirá e dará publicidade às sanções aplicadas pelos órgãos ou entidades dos Poderes Executivo, Legislativo e Judiciário de todas as esferas de governo com base nesta Lei.

§ 1º. Os órgãos e entidades referidos no caput deverão informar e manter atualizados, no Cnep, os dados relativos às sanções por eles aplicadas.

§ 2º. O Cnep conterá, entre outras, as seguintes informações acerca das sanções aplicadas:

I – razão social e número de inscrição da pessoa jurídica ou entidade no Cadastro Nacional da Pessoa Jurídica – CNPJ;

II – tipo de sanção; e

III – data de aplicação e data final da vigência do efeito limitador ou impeditivo da sanção, quando for o caso.

§ 3º. As autoridades competentes, para celebrarem acordos de leniência previstos nesta Lei, também deverão prestar e manter atualizadas no Cnep, após a efetivação do respectivo acordo, as informações acerca do acordo de leniência celebrado, salvo se esse procedimento vier a causar prejuízo às investigações e ao processo administrativo.

§ 4º. Caso a pessoa jurídica não cumpra os termos do acordo de leniência, além das informações previstas no § 3º, deverá ser incluída no Cnep referência ao respectivo descumprimento.

§ 5º. Os registros das sanções e acordos de leniência serão excluídos depois de decorrido o prazo previamente estabelecido no ato sancionador ou do cumprimento integral do acordo de leniência e da reparação do eventual dano causado, mediante solicitação do órgão ou entidade sancionadora.

ART. 23. Os órgãos ou entidades dos Poderes Executivo, Legislativo e Judiciário de todas as esferas de governo deverão informar e manter atualizados, para fins de publicidade, no Cadastro Nacional de Empresas Inidôneas e Suspensas – CEIS, de caráter público, instituído no âmbito do Poder Executivo federal, os dados relativos às sanções por eles aplicadas, nos termos do disposto nos arts. 87 e 88 da Lei nº 8.666, de 21 de junho de 1993.

ART. 24. A multa e o perdimento de bens, direitos ou valores aplicados com fundamento nesta Lei serão destinados preferencialmente aos órgãos ou entidades públicas lesadas.

ART. 25. Prescrevem em 5 (cinco) anos as infrações previstas nesta Lei, contados da data da ciência da infração ou, no caso de infração permanente ou continuada, do dia em que tiver cessado.

Parágrafo único. Na esfera administrativa ou judicial, a prescrição será interrompida com a instauração de processo que tenha por objeto a apuração da infração.

ART. 26. A pessoa jurídica será representada no processo administrativo na forma do seu estatuto ou contrato social.

§ 1º. As sociedades sem personalidade jurídica serão representadas pela pessoa a quem couber a administração de seus bens.

§ 2º. A pessoa jurídica estrangeira será representada pelo gerente, representante ou administrador de sua filial, agência ou sucursal aberta ou instalada no Brasil.

ART. 27. A autoridade competente que, tendo conhecimento das infrações previstas nesta Lei, não adotar providências para a apuração dos fatos será responsabilizada penal, civil e administrativamente nos termos da legislação específica aplicável.

ART. 28. Esta Lei aplica-se aos atos lesivos praticados por pessoa jurídica brasileira contra a administração pública estrangeira, ainda que cometidos no exterior.

ART. 29. O disposto nesta Lei não exclui as competências do Conselho Administrativo de Defesa Econômica, do Ministério da Justiça e do Ministério da Fazenda para processar e julgar fato que constitua infração à ordem econômica.

ART. 30. A aplicação das sanções previstas nesta Lei não afeta os processos de responsabilização e aplicação de penalidades decorrentes de:

I – ato de improbidade administrativa nos termos da Lei nº 8.429, de 2 de junho de 1992; e

II – atos ilícitos alcançados pela Lei nº 8.666, de 21 de junho de 1993, ou outras normas de licitações e contratos da administração pública, inclusive no tocante ao Regime Diferenciado de Contratações Públicas – RDC instituído pela Lei nº 12.462, de 4 de agosto de 2011.

LEIS ORDINÁRIAS

ART. 31. Esta Lei entra em vigor 180 (cento e oitenta) dias após a data de sua publicação.

Brasília, 1º de agosto de 2013;
192º da Independência e 125º da República.

DILMA ROUSSEFF

Este texto não substitui o publicado no DOU de 2.8.2013

LEI Nº 12.847, DE 2 DE AGOSTO DE 2013 – INSTITUI O SISTEMA NACIONAL DE PREVENÇÃO E COMBATE À TORTURA

Institui o Sistema Nacional de Prevenção e Combate à Tortura; cria o Comitê Nacional de Prevenção e Combate à Tortura e o Mecanismo Nacional de Prevenção e Combate à Tortura; e dá outras providências.

A PRESIDENTA DA REPÚBLICA Faço saber que o Congresso Nacional decreta e eu sanciono a seguinte Lei:

CAPÍTULO I. DO SISTEMA NACIONAL DE PREVENÇÃO E COMBATE À TORTURA – SNPCT

ART. 1º. Fica instituído o Sistema Nacional de Prevenção e Combate à Tortura – SNPCT, com o objetivo de fortalecer a prevenção e o combate à tortura, por meio de articulação e atuação cooperativa de seus integrantes, dentre outras formas, permitindo as trocas de informações e o intercâmbio de boas práticas.

ART. 2º. O SNPCT será integrado por órgãos e entidades públicas e privadas com atribuições legais ou estatutárias de realizar o monitoramento, a supervisão e o controle de estabelecimentos e unidades onde se encontrem pessoas privadas de liberdade, ou de promover a defesa dos direitos e interesses dessas pessoas.

§ 1º. O SNPCT será composto pelo Comitê Nacional de Prevenção e Combate à Tortura – CNPCT, pelo Mecanismo Nacional de Prevenção e Combate à Tortura – MNPCT, pelo Conselho Nacional de Política Criminal e Penitenciária – CNPCP e pelo órgão do Ministério da Justiça responsável pelo sistema penitenciário nacional.

§ 2º. O SNPCT poderá ser integrado, ainda, pelos seguintes órgãos e entidades, dentre outros:

I – comitês e mecanismos estaduais e distrital de prevenção e combate à tortura;

II – órgãos do Poder Judiciário com atuação nas áreas de infância, de juventude, militar e de execução penal;

III – comissões de direitos humanos dos poderes legislativos federal, estaduais, distrital e municipais;

IV – órgãos do Ministério Público com atuação no controle externo da atividade policial, pelas promotorias e procuradorias militares, da infância e da juventude e de proteção ao cidadão ou pelos vinculados à execução penal;

V – defensorias públicas;

VI – conselhos da comunidade e conselhos penitenciários estaduais e distrital;

VII – corregedorias e ouvidorias de polícia, dos sistemas penitenciários federal, estaduais e distrital e demais ouvidorias com atuação relacionada à prevenção e combate à tortura, incluídas as agrárias;

VIII – conselhos estaduais, municipais e distrital de direitos humanos;

IX – conselhos tutelares e conselhos de direitos de crianças e adolescentes; e

X – organizações não governamentais que reconhecidamente atuem no combate à tortura.

§ 3º. Ato do Poder Executivo disporá sobre o funcionamento do SNPCT.

ART. 3º. Para os fins desta Lei, considera-se:

I – tortura: os tipos penais previstos na Lei nº 9.455, de 7 de abril de 1997, respeitada a definição constante do Artigo 1 da Convenção Contra a Tortura e Outros Tratamentos ou Penas Cruéis, Desumanos ou Degradantes, promulgada pelo Decreto nº 40, de 15 de fevereiro de 1991; e

II – pessoas privadas de liberdade: aquelas obrigadas, por mandado ou ordem de autoridade judicial, ou administrativa ou policial, a permanecerem em determinados locais públicos ou privados, dos quais não possam sair de modo independente de sua vontade, abrangendo locais de internação de longa permanência, centros de detenção, estabelecimentos penais, hospitais psiquiátricos, casas de custódia, instituições socioeducativas para adolescentes em conflito com a lei e centros de detenção disciplinar em âmbito militar, bem como nas instalações mantidas pelos órgãos elencados no art. 61 da Lei nº 7.210, de 11 de julho de 1984.

ART. 4º. São princípios do SNPCT:

I – proteção da dignidade da pessoa humana;

II – universalidade;

III – objetividade;

IV – igualdade;

V – imparcialidade;

VI – não seletividade; e

VII – não discriminação.

ART. 5º. São diretrizes do SNPCT:

I – respeito integral aos direitos humanos, em especial aos direitos das pessoas privadas de liberdade;

II – articulação com as demais esferas de governo e de poder e com os órgãos responsáveis pela segurança pública, pela custódia de pessoas privadas de liberdade, por locais de internação de longa permanência e pela proteção de direitos humanos; e

III – adoção das medidas necessárias, no âmbito de suas competências, para a prevenção e o combate à tortura

LEIS ORDINÁRIAS

e a outros tratamentos ou penas cruéis, desumanos ou degradantes.

CAPÍTULO II. DO COMITÊ NACIONAL DE PREVENÇÃO E COMBATE À TORTURA - CNPCT

ART. 6º. Fica instituído no âmbito da Secretaria de Direitos Humanos da Presidência da República o Comitê Nacional de Prevenção e Combate à Tortura - CNPCT, com a função de prevenir e combater a tortura e outros tratamentos ou penas cruéis, desumanos ou degradantes, mediante o exercício das seguintes atribuições, entre outras:

I - acompanhar, avaliar e propor aperfeiçoamentos às ações, aos programas, aos projetos e aos planos de prevenção e combate à tortura e a outros tratamentos ou penas cruéis, desumanos ou degradantes desenvolvidos em âmbito nacional;

II - acompanhar, avaliar e colaborar para o aprimoramento da atuação de órgãos de âmbito nacional, estadual, distrital e municipal cuja função esteja relacionada com suas finalidades;

III - acompanhar a tramitação dos procedimentos de apuração administrativa e judicial, com vistas ao seu cumprimento e celeridade;

IV - acompanhar a tramitação de propostas normativas;

V - avaliar e acompanhar os projetos de cooperação firmados entre o Governo brasileiro e organismos internacionais;

VI - recomendar a elaboração de estudos e pesquisas e incentivar a realização de campanhas;

VII - apoiar a criação de comitês ou comissões semelhantes na esfera estadual e distrital para o monitoramento e a avaliação das ações locais;

VIII - articular-se com organizações e organismos locais, regionais, nacionais e internacionais, em especial no âmbito do Sistema Interamericano e da Organização das Nações Unidas;

IX - participar da implementação das recomendações do MNPCT e com ele se empenhar em diálogo sobre possíveis medidas de implementação;

X - subsidiar o MNPCT com dados e informações;

XI - construir e manter banco de dados, com informações sobre a atuação dos órgãos governamentais e não governamentais;

XII - construir e manter cadastro de alegações, denúncias criminais e decisões judiciais;

XIII - difundir as boas práticas e as experiências exitosas de órgãos e entidades;

XIV - elaborar relatório anual de atividades, na forma e no prazo dispostos em seu regimento interno;

XV - fornecer informações relativas ao número, tratamento e condições de detenção das pessoas privadas de liberdade; e

XVI - elaborar e aprovar o seu regimento interno.

ART. 7º. O CNPCT será composto por 23 (vinte e três) membros, escolhidos e designados pelo Presidente da República, sendo 11 (onze) representantes de órgãos do Poder Executivo federal e 12 (doze) de conselhos de classes profissionais e de organizações da sociedade civil, tais como entidades representativas de trabalhadores, estudantes, empresários, instituições de ensino e pesquisa, movimentos de direitos humanos e outras cuja atuação esteja relacionada com a temática de que trata esta Lei.

§ 1º. O CNPCT será presidido pelo Ministro de Estado Chefe da Secretaria de Direitos Humanos da Presidência da República.

§ 2º. O Vice-Presidente será eleito pelos demais membros do CNPCT e exercerá mandato fixo de 1 (um) ano, assegurando-se a alternância entre os representantes do Poder Executivo federal e os representantes de conselhos de classes profissionais e de organizações da sociedade civil, na forma do regulamento.

§ 3º. Haverá 1 (um) suplente para cada membro titular do CNPCT.

§ 4º. Representantes do Ministério Público, do Poder Judiciário, da Defensoria Pública e de outras instituições públicas participarão do CNPCT na condição de convidados em caráter permanente, com direito a voz.

§ 5º. Poderão participar das reuniões do CNPCT, a convite de seu Presidente, e na qualidade de observadores, especialistas e representantes de instituições públicas ou privadas que exerçam relevantes atividades no enfrentamento à tortura.

§ 6º. A participação no CNPCT será considerada prestação de serviço público relevante, não remunerada.

§ 7º. Ato do Poder Executivo disporá sobre a composição e o funcionamento do CNPCT.

§ 8º. Para a composição do CNPCT - Comitê Nacional de Prevenção e Combate à Tortura, será assegurada a realização de prévia consulta pública para a escolha dos membros de classe e da sociedade civil, observadas a representatividade e a diversidade da representação.

CAPÍTULO III. DO MECANISMO NACIONAL DE PREVENÇÃO E COMBATE À TORTURA - MNPCT

ART. 8º. Fica criado o Mecanismo Nacional de Prevenção e Combate à Tortura-MNPCT, órgão integrante da estrutura da Secretaria de Direitos Humanos da Presidência da República, responsável pela prevenção e combate à tortura e a outros tratamentos ou penas cruéis, desumanos ou degradantes, nos termos do Artigo 3 do Protocolo Facultativo à Convenção das Nações Unidas contra a Tortura e Outros Tratamentos ou Penas Cruéis, Desumanos ou Degradantes, promulgado pelo Decreto nº 6.085, de 19 de abril de 2007.

§ 1º. O MNPCT será composto por 11 (onze) peritos, escolhidos pelo CNPCT entre pessoas com notório conhecimento e formação de nível superior, atuação e experiência na área de prevenção e combate à tortura e a outros tratamentos ou penas cruéis, desumanos ou degradantes, e nomeados pelo Presidente da República, para mandato fixo de 3 (três) anos, permitida uma recondução.

§ 2º. Os membros do MNPCT terão independência na sua atuação e garantia do seu mandato, do qual não serão destituídos senão pelo Presidente da República nos casos de condenação penal transitada em julgado, ou de processo disciplinar, em conformidade com as Leis nº 8.112, de 11 de dezembro de 1990, e 8.429, de 2 de junho de 1992.

§ 3º. O afastamento cautelar de membro do MNPCT poderá ser determinado por decisão fundamentada do CNPCT, no caso de constatação de indício de materialidade e autoria de crime ou de grave violação ao dever funcional, o que perdurará até a conclusão do procedimento disciplinar de que trata o § 2º.

§ 4º. Não poderão compor o MNPCT, na condição de peritos, aqueles que:

I – exerçam cargos executivos em agremiação partidária;

II – não tenham condições de atuar com imparcialidade no exercício das competências do MNPCT.

§ 5º. Os Estados poderão criar o Mecanismo Estadual de Prevenção e Combate à Tortura – MEPCT, órgão responsável pela prevenção e combate à tortura e a outros tratamentos ou penas cruéis, desumanos ou degradantes, no âmbito estadual.

§ 6º. A visita periódica a que se refere o inciso I do *caput* e o § 2º, ambos do art. 9º, deverá ser realizada em conjunto com o Mecanismo Estadual, que será avisado com antecedência de 24 (vinte e quatro) horas.

§ 7º. A inexistência, a recusa ou a impossibilidade de o Mecanismo Estadual acompanhar a visita periódica no dia e hora marcados não impede a atuação do MNPCT.

ART. 9º. Compete ao MNPCT:

I – planejar, realizar e monitorar visitas periódicas e regulares a pessoas privadas de liberdade em todas as unidades da Federação, para verificar as condições de fato e de direito a que se encontram submetidas;

II – articular-se com o Subcomitê de Prevenção da Organização das Nações Unidas, previsto no Artigo 2 do Protocolo Facultativo à Convenção das Nações Unidas contra a Tortura e Outros Tratamentos ou Penas Cruéis, Desumanos ou Degradantes, promulgado pelo Decreto nº 6.085, de 19 de abril de 2007, de forma a dar apoio a suas missões no território nacional, com o objetivo de unificar as estratégias e políticas de prevenção da tortura e de outros tratamentos e práticas cruéis, desumanos ou degradantes;

III – requerer à autoridade competente que instaure procedimento criminal e administrativo mediante a constatação de indícios da prática de tortura e de outros tratamentos e práticas cruéis, desumanos ou degradantes;

IV – elaborar relatório circunstanciado de cada visita realizada nos termos do inciso I e, no prazo máximo de 30 (trinta) dias, apresentá-lo ao CNPCT, à Procuradoria-Geral da República e às autoridades responsáveis pela detenção e outras autoridades competentes;

V – elaborar, anualmente, relatório circunstanciado e sistematizado sobre o conjunto de visitas realizadas e recomendações formuladas, comunicando ao dirigente imediato do estabelecimento ou da unidade visitada e ao dirigente máximo do órgão ou da instituição a que esteja vinculado o estabelecimento ou unidade visitada de qualquer dos entes federativos, ou ao particular responsável, do inteiro teor do relatório produzido, a fim de que sejam solucionados os problemas identificados e o sistema aprimorado;

VI – fazer recomendações e observações às autoridades públicas ou privadas, responsáveis pelas pessoas em locais de privação de liberdade, com vistas a garantir a observância dos direitos dessas pessoas;

VII – publicar os relatórios de visitas periódicas e regulares realizadas e o relatório anual e promover a difusão deles;

VIII – sugerir propostas e observações a respeito da legislação existente; e

IX – elaborar e aprovar o seu regimento interno.

§ 1º. A atuação do MNPCT dar-se-á sem prejuízo das competências atribuídas aos demais órgãos e entidades que exerçam funções semelhantes.

§ 2º. Nas visitas previstas no inciso I do *caput*, o MNPCT poderá ser representado por todos os seus membros ou por grupos menores e poderá convidar representantes de entidades da sociedade civil, peritos e especialistas com atuação em áreas afins.

§ 3º. A seleção de projetos que utilizem recursos oriundos do Fundo Penitenciário Nacional, do Fundo Nacional de Segurança Pública, do Fundo Nacional do Idoso e do Fundo Nacional para a Criança e o Adolescente deverá levar em conta as recomendações formuladas pelo MNPCT.

§ 4º. O Departamento de Polícia Federal e o Departamento de Polícia Rodoviária Federal prestarão o apoio necessário à atuação do MNPCT.

ART. 10. São assegurados ao MNPCT e aos seus membros:

I – a autonomia das posições e opiniões adotadas no exercício de suas funções;

II – o acesso, independentemente de autorização, a todas as informações e registros relativos ao número, à identidade, às condições de detenção e ao tratamento conferido às pessoas privadas de liberdade;

III – o acesso ao número de unidades de detenção ou execução de pena privativa de liberdade e a respectiva lotação e localização de cada uma;

IV – o acesso a todos os locais arrolados no inciso II do *caput* do art. 3º, públicos e privados, de privação de liberdade e a todas as instalações e equipamentos do local;

V – a possibilidade de entrevistar pessoas privadas de liberdade ou qualquer outra pessoa que possa fornecer informações relevantes, reservadamente e sem testemunhas, em local que garanta a segurança e o sigilo necessários;

VI – a escolha dos locais a visitar e das pessoas a serem entrevistadas, com a possibilidade, inclusive, de fazer registros por meio da utilização de recursos audiovisuais, respeitada a intimidade das pessoas envolvidas; e

VII – a possibilidade de solicitar a realização de perícias oficiais, em consonância com as normas e diretrizes internacionais e com o art. 159 do Decreto-Lei nº 3.689, de 3 de outubro de 1941 – Código de Processo Penal.

§ 1º. As informações obtidas pelo MNPCT serão públicas, observado o disposto na Lei nº 12.527, de 18 de novembro de 2011.

§ 2º. O MNPCT deverá proteger as informações pessoais das pessoas privadas de liberdade, de modo a preservar sua segurança, intimidade, vida privada, honra ou imagem, sendo vedada a publicação de qualquer dado pessoal sem o seu consentimento expresso.

§ 3º. Os documentos e relatórios elaborados no âmbito das visitas realizadas pelo MNPCT nos termos do inciso I do *caput* do art. 9º poderão produzir prova em juízo, de acordo com a legislação vigente.

§ 4º. Não se prejudicará pessoa, órgão ou entidade por ter fornecido informação ao MNPCT, assim como não se permitirá que nenhum servidor público ou autoridade tolere ou lhes ordene, aplique ou permita sanção relacionada com esse fato.

ART. 11. O MNPCT trabalhará de forma articulada com os demais órgãos que compõem o SNPCT e, anualmente, prestará contas das atividades realizadas ao CNPCT.

CAPÍTULO IV. DISPOSIÇÕES FINAIS E TRANSITÓRIAS

ART. 12. A Secretaria de Direitos Humanos da Presidência da República garantirá o apoio técnico, financeiro e administrativo necessários ao funcionamento do SNPCT, do CNPCT e do MNPCT, em especial à realização das visitas periódicas e regulares previstas no inciso I do *caput* do art. 9º por parte do MNPCT, em todas as unidades da Federação.

ART. 13. A Secretaria de Direitos Humanos da Presidência da República fomentará a criação de mecanismos preventivos de combate à tortura no âmbito dos Estados ou do Distrito Federal, em consonância com o Protocolo Facultativo à Convenção das Nações Unidas contra a Tortura e Outros Tratamentos ou Penas Cruéis, Desumanos ou Degradantes, promulgado pelo Decreto nº 6.085, de 19 de abril de 2007.

ART. 14. Os primeiros membros do MNPCT cumprirão mandatos diferenciados, nos seguintes termos:

I – 3 (três) peritos serão nomeados para cumprir mandato de 2 (dois) anos;

II – 4 (quatro) peritos serão nomeados para cumprir mandato de 3 (três) anos; e

III – 4 (quatro) peritos serão nomeados para cumprir mandato de 4 (quatro) anos.

Parágrafo único. Nos mandatos subsequentes deverá ser aplicado o disposto no § 1º do art. 8º.

ART. 15. Esta Lei entra em vigor na data de sua publicação.

Brasília, 2 de agosto de 2013;
192º da Independência e 125º da República.
DILMA ROUSSEFF

Este texto não substitui o publicado no DOU de 5.8.2013 – Edição extra

LEI Nº 12.850, DE 2 DE AGOSTO DE 2013 – DEFINE ORGANIZAÇÃO CRIMINOSA

Define organização criminosa e dispõe sobre a investigação criminal, os meios de obtenção da prova, infrações penais correlatas e o procedimento criminal; altera o Decreto-Lei nº 2.848, de 7 de dezembro de 1940 (Código Penal); revoga a Lei nº 9.034, de 3 de maio de 1995; e dá outras providências.

A PRESIDENTA DA REPÚBLICA Faço saber que o Congresso Nacional decreta e eu sanciono a seguinte Lei:

CAPÍTULO I. DA ORGANIZAÇÃO CRIMINOSA

▸ *Lei nº 12.694, de 24-07-2012, dispõe sobre o processo e o julgamento colegiado em primeiro grau de jurisdição de crimes praticados por organizações criminosas.*

ART. 1º. Esta Lei define organização criminosa e dispõe sobre a investigação criminal, os meios de obtenção da prova, infrações penais correlatas e o procedimento criminal a ser aplicado.

§ 1º. Considera-se organização criminosa a associação de 4 (quatro) ou mais pessoas estruturalmente ordenada e caracterizada pela divisão de tarefas, ainda que informalmente, com objetivo de obter, direta ou indiretamente, vantagem de qualquer natureza, mediante a prática de infrações penais cujas penas máximas sejam superiores a 4 (quatro) anos, ou que sejam de caráter transnacional.

▸ *Lei nº 13.260, de 16-03-2016, art. 2º, Regulamenta o disposto no inciso XLIII do art. 5º da Constituição Federal, disciplinando o terrorismo.*

§ 2º. Esta Lei se aplica também:

I – às infrações penais previstas em tratado ou convenção internacional quando, iniciada a execução no País, o resultado tenha ou devesse ter ocorrido no estrangeiro, ou reciprocamente;

II – às organizações terroristas, entendidas como aquelas voltadas para a prática dos atos de terrorismo legalmente definidos. (Redação dada pela Lei nº 13.260, de 2016)

ART. 2º. Promover, constituir, financiar ou integrar, pessoalmente ou por interposta pessoa, organização criminosa:

▸ *Lei nº 13.260, de 16-03-2016, art. 3º, Regulamenta o disposto no inciso XLIII do art. 5º da Constituição Federal, disciplinando o terrorismo.*

Pena – reclusão, de 3 (três) a 8 (oito) anos, e multa, sem prejuízo das penas correspondentes às demais infrações penais praticadas.

§ 1º. Nas mesmas penas incorre quem impede ou, de qualquer forma, embaraça a investigação de infração penal que envolva organização criminosa.

§ 2º. As penas aumentam-se até a metade se na atuação da organização criminosa houver emprego de arma de fogo.

LEIS ORDINÁRIAS

§ 3º. A pena é agravada para quem exerce o comando, individual ou coletivo, da organização criminosa, ainda que não pratique pessoalmente atos de execução.

§ 4º. A pena é aumentada de 1/6 (um sexto) a 2/3 (dois terços):

I – se há participação de criança ou adolescente;

II – se há concurso de funcionário público, valendo-se a organização criminosa dessa condição para a prática de infração penal;

III – se o produto ou proveito da infração penal destinar-se, no todo ou em parte, ao exterior;

IV – se a organização criminosa mantém conexão com outras organizações criminosas independentes;

V – se as circunstâncias do fato evidenciarem a transnacionalidade da organização.

§ 5º. Se houver indícios suficientes de que o funcionário público integra organização criminosa, poderá o juiz determinar seu afastamento cautelar do cargo, emprego ou função, sem prejuízo da remuneração, quando a medida se fizer necessária à investigação ou instrução processual.

§ 6º. A condenação com trânsito em julgado acarretará ao funcionário público a perda do cargo, função, emprego ou mandato eletivo e a interdição para o exercício de função ou cargo público pelo prazo de 8 (oito) anos subsequentes ao cumprimento da pena.

§ 7º. Se houver indícios de participação de policial nos crimes de que trata esta Lei, a Corregedoria de Polícia instaurará inquérito policial e comunicará ao Ministério Público, que designará membro para acompanhar o feito até a sua conclusão.

§ 8º As lideranças de organizações criminosas armadas ou que tenham armas à disposição deverão iniciar o cumprimento da pena em estabelecimentos penais de segurança máxima. (Incluído pela Lei nº 13.964, de 2019)

- CF: art. 5º., XL.
- CP: art. 33.
- Lei n. 7.210, de 11-7-1984, art. 52, §§ 1º. e 3º.; Lei de Execuções Penais.
- Lei n. 11.671, de 08-5-2008, art. 3º., Dispõe sobre a transferência e inclusão de presos em estabelecimentos de segurança máxima.

§ 9º O condenado expressamente em sentença por integrar organização criminosa ou por crime praticado por meio de organização criminosa não poderá progredir de regime de cumprimento de pena ou obter livramento condicional ou outros benefícios prisionais se houver elementos probatórios que indiquem a manutenção do vínculo associativo. (Incluído pela Lei nº 13.964, de 2019)

- CF: art. 5º., XL.
- CP: arts. 2º. e 83 a 90.
- Lei n. 7.210, de 11-7-1984, arts. 112, 126 e 131; Lei de Execuções Penais.

Capítulo II.
DA INVESTIGAÇÃO E DOS MEIOS DE OBTENÇÃO DA PROVA

ART. 3º. Em qualquer fase da persecução penal, serão permitidos, sem prejuízo de outros já previstos em lei, os seguintes meios de obtenção da prova:

I – colaboração premiada;

II – captação ambiental de sinais eletromagnéticos, ópticos ou acústicos;

III – ação controlada;

IV – acesso a registros de ligações telefônicas e telemáticas, a dados cadastrais constantes de bancos de dados públicos ou privados e a informações eleitorais ou comerciais;

V – interceptação de comunicações telefônicas e telemáticas, nos termos da legislação específica;

VI – afastamento dos sigilos financeiro, bancário e fiscal, nos termos da legislação específica;

VII – infiltração, por policiais, em atividade de investigação, na forma do art. 11;

VIII – cooperação entre instituições e órgãos federais, distritais, estaduais e municipais na busca de provas e informações de interesse da investigação ou da instrução criminal.

§ 1º. Havendo necessidade justificada de manter sigilo sobre a capacidade investigatória, poderá ser dispensada licitação para contratação de serviços técnicos especializados, aquisição ou locação de equipamentos destinados à polícia judiciária para o rastreamento e obtenção de provas previstas nos incisos II e V. (Incluído pela Lei nº 13.097, de 2015)

§ 2º. No caso do § 1º, fica dispensada a publicação de que trata o parágrafo único do art. 61 da Lei nº 8.666, de 21 de junho de 1993, devendo ser comunicado o órgão de controle interno da realização da contratação. (Incluído pela Lei nº 13.097, de 2015)

Seção I.
DA COLABORAÇÃO PREMIADA

ART. 3º-A. O acordo de colaboração premiada é negócio jurídico processual e meio de obtenção de prova, que pressupõe utilidade e interesse públicos. (Incluído pela Lei nº 13.964, de 2019)

ART. 3º-B. O recebimento da proposta para formalização de acordo de colaboração demarca o início das negociações e constitui também marco de confidencialidade, configurando violação de sigilo e quebra da confiança e da boa-fé a divulgação de tais tratativas iniciais ou de documento que as formalize, até o levantamento de sigilo por decisão judicial. (Incluído pela Lei nº 13.964, de 2019)

§ 1º A proposta de acordo de colaboração premiada poderá ser sumariamente indeferida, com a devida justificativa, cientificando-se o interessado.

§ 2º Caso não haja indeferimento sumário, as partes deverão firmar Termo de Confidencialidade para prosseguimento das tratativas, o que vinculará os órgãos envolvidos na negociação e impedirá o indeferimento posterior sem justa causa.

§ 3º O recebimento de proposta de colaboração para análise ou o Termo de Confidencialidade não implica, por si só, a suspensão da investigação, ressalvado acordo em contrário quanto à propositura de medidas processuais penais cautelares e assecuratórias, bem como medidas processuais cíveis admitidas pela legislação processual civil em vigor.

§ 4º O acordo de colaboração premiada poderá ser precedido de instrução, quando houver necessidade de identificação ou complementação de seu objeto, dos fatos narrados, sua definição jurídica, relevância, utilidade e interesse público.

§ 5º Os termos de recebimento de proposta de colaboração e de confidencialidade serão elaborados pelo celebrante e assinados por ele, pelo colaborador e pelo advogado ou defensor público com poderes específicos.

§ 6º Na hipótese de não ser celebrado o acordo por iniciativa do celebrante, esse não poderá se valer de nenhuma das informações ou provas apresentadas pelo colaborador, de boa-fé, para qualquer outra finalidade.

ART. 3º-C. A proposta de colaboração premiada deve estar instruída com procuração do interessado com poderes específicos para iniciar o procedimento de colaboração e suas tratativas, ou firmada pessoalmente pela parte que pretende a colaboração e seu advogado ou defensor público. (Incluído pela Lei nº 13.964, de 2019)

§ 1º Nenhuma tratativa sobre colaboração premiada deve ser realizada sem a presença de advogado constituído ou defensor público.

§ 2º Em caso de eventual conflito de interesses, ou de colaborador hipossuficiente, o celebrante deverá solicitar a presença de outro advogado ou a participação de defensor público.

§ 3º No acordo de colaboração premiada, o colaborador deve narrar todos os fatos ilícitos para os quais concorreu e que tenham relação direta com os fatos investigados.

§ 4º Incumbe à defesa instruir a proposta de colaboração e os anexos com os fatos adequadamente descritos, com todas as suas circunstâncias, indicando as provas e os elementos de corroboração.

ART. 4º. O juiz poderá, a requerimento das partes, conceder o perdão judicial, reduzir em até 2/3 (dois terços) a pena privativa de liberdade ou substituí-la por restritiva de direitos daquele que tenha colaborado efetiva e voluntariamente com a investigação e com o processo criminal, desde que dessa colaboração advenha um ou mais dos seguintes resultados:

I – a identificação dos demais coautores e partícipes da organização criminosa e das infrações penais por eles praticadas;

II – a revelação da estrutura hierárquica e da divisão de tarefas da organização criminosa;

III – a prevenção de infrações penais decorrentes das atividades da organização criminosa;

IV – a recuperação total ou parcial do produto ou do proveito das infrações penais praticadas pela organização criminosa;

V – a localização de eventual vítima com a sua integridade física preservada.

§ 1º. Em qualquer caso, a concessão do benefício levará em conta a personalidade do colaborador, a natureza, as circunstâncias, a gravidade e a repercussão social do fato criminoso e a eficácia da colaboração.

§ 2º. Considerando a relevância da colaboração prestada, o Ministério Público, a qualquer tempo, e o delegado de polícia, nos autos do inquérito policial, com a manifestação do Ministério Público, poderão requerer ou representar ao juiz pela concessão de perdão judicial ao colaborador, ainda que esse benefício não tenha sido previsto na proposta inicial, aplicando-se, no que couber, o art. 28 do Decreto-Lei nº 3.689, de 3 de outubro de 1941 (Código de Processo Penal).

§ 3º. O prazo para oferecimento de denúncia ou o processo, relativos ao colaborador, poderá ser suspenso por até 6 (seis) meses, prorrogáveis por igual período, até que sejam cumpridas as medidas de colaboração, suspendendo-se o respectivo prazo prescricional.

§ 4º Nas mesmas hipóteses do caput deste artigo, o Ministério Público poderá deixar de oferecer denúncia se a proposta de acordo de colaboração referir-se a infração de cuja existência não tenha prévio conhecimento e o colaborador: (Redação dada pela Lei nº 13.964, de 2019)

I - não for o líder da organização criminosa;

II - for o primeiro a prestar efetiva colaboração nos termos deste artigo.

§ 4º-A. Considera-se existente o conhecimento prévio da infração quando o Ministério Público ou a autoridade policial competente tenha instaurado inquérito ou procedimento investigatório para apuração dos fatos apresentados pelo colaborador. (Incluído pela Lei nº 13.964, de 2019)

§ 5º. Se a colaboração for posterior à sentença, a pena poderá ser reduzida até a metade ou será admitida a progressão de regime ainda que ausentes os requisitos objetivos.

§ 6º. O juiz não participará das negociações realizadas entre as partes para a formalização do acordo de colaboração, que ocorrerá entre o delegado de polícia, o investigado e o defensor, com a manifestação do Ministério Público, ou, conforme o caso, entre o Ministério Público e o investigado ou acusado e seu defensor.

§ 7º Realizado o acordo na forma do § 6º deste artigo, serão remetidos ao juiz, para análise, o respectivo termo, as declarações do colaborador e cópia da investigação, devendo o juiz ouvir sigilosamente o colaborador, acompanhado de seu defensor, oportunidade em que analisará os seguintes aspectos na homologação: (Redação dada pela Lei nº 13.964, de 2019)

I - regularidade e legalidade; (Incluído pela Lei nº 13.964, de 2019)

II - adequação dos benefícios pactuados àqueles previstos no caput e nos §§ 4º e 5º deste artigo, sendo nulas as cláusulas que violem o critério de definição do regime inicial de cumprimento de pena do art. 33 do Decreto-Lei nº 2.848, de 7 de dezembro de 1940 (Código Penal), as regras de cada um dos regimes previstos no Código Penal e na Lei nº 7.210, de 11 de julho de 1984 (Lei de Execução Penal) e os requisitos de progressão de regime não abrangidos pelo § 5º deste artigo; (Incluído pela Lei nº 13.964, de 2019)

III - adequação dos resultados da colaboração aos resultados mínimos exigidos nos incisos I, II, III, IV e V do caput deste artigo; (Incluído pela Lei nº 13.964, de 2019)

IV - voluntariedade da manifestação de vontade, especialmente nos casos em que o colaborador está ou esteve sob efeito de medidas cautelares. (Incluído pela Lei nº 13.964, de 2019)

§ 7º-A O juiz ou o tribunal deve proceder à análise fundamentada do mérito da denúncia, do perdão judicial e das primeiras etapas de aplicação da pena, nos termos do Decreto-Lei nº 2.848, de 7 de dezembro de 1940 (Código

Penal) e do Decreto-Lei nº 3.689, de 3 de outubro de 1941 (Código de Processo Penal), antes de conceder os benefícios pactuados, exceto quando o acordo prever o não oferecimento da denúncia na forma dos §§ 4º e 4º-A deste artigo ou já tiver sido proferida sentença. (Incluído pela Lei nº 13.964, de 2019)

§ 7º-B. São nulas de pleno direito as previsões de renúncia ao direito de impugnar a decisão homologatória. (Incluído pela Lei nº 13.964, de 2019)

§ 8º O juiz poderá recusar a homologação da proposta que não atender aos requisitos legais, devolvendo-a às partes para as adequações necessárias. (Redação dada pela Lei nº 13.964, de 2019)

§ 9º. Depois de homologado o acordo, o colaborador poderá, sempre acompanhado pelo seu defensor, ser ouvido pelo membro do Ministério Público ou pelo delegado de polícia responsável pelas investigações.

§ 10. As partes podem retratar-se da proposta, caso em que as provas autoincriminatórias produzidas pelo colaborador não poderão ser utilizadas exclusivamente em seu desfavor.

§ 10-A. Em todas as fases do processo, deve-se garantir ao réu delatado a oportunidade de manifestar-se após o decurso do prazo concedido ao réu que o delatou. (Incluído pela Lei nº 13.964, de 2019)

- *CF: art. 5o., LIV e LV.*
- *CPP: arts. 403, 411, § 4º, e 564, III, e.*

§ 11. A sentença apreciará os termos do acordo homologado e sua eficácia.

§ 12. Ainda que beneficiado por perdão judicial ou não denunciado, o colaborador poderá ser ouvido em juízo a requerimento das partes ou por iniciativa da autoridade judicial.

§ 13. O registro das tratativas e dos atos de colaboração deverá ser feito pelos meios ou recursos de gravação magnética, estenotipia, digital ou técnica similar, inclusive audiovisual, destinados a obter maior fidelidade das informações, garantindo-se a disponibilização de cópia do material ao colaborador. (Redação dada pela Lei nº 13.964, de 2019)

§ 14. Nos depoimentos que prestar, o colaborador renunciará, na presença de seu defensor, ao direito ao silêncio e estará sujeito ao compromisso legal de dizer a verdade.

§ 15. Em todos os atos de negociação, confirmação e execução da colaboração, o colaborador deverá estar assistido por defensor.

- *Súmula 523 do STF.*
- *CF: art. 5º., LV.*
- *CPP: art. 261.*

§ 16. Nenhuma das seguintes medidas será decretada ou proferida com fundamento apenas nas declarações do colaborador: (Redação dada pela Lei nº 13.964, de 2019)

I - medidas cautelares reais ou pessoais; (Incluído pela Lei nº 13.964, de 2019)

II - recebimento de denúncia ou queixa-crime; (Incluído pela Lei nº 13.964, de 2019)

III - sentença condenatória. (Incluído pela Lei nº 13.964, de 2019)

- *CPP: arts. 315 e 564, V.*

§ 17. O acordo homologado poderá ser rescindido em caso de omissão dolosa sobre os fatos objeto da colaboração. (Incluído pela Lei nº 13.964, de 2019)

- *CP: art. 347, par. único.*

§ 18. O acordo de colaboração premiada pressupõe que o colaborador cesse o envolvimento em conduta ilícita relacionada ao objeto da colaboração, sob pena de rescisão. (Incluído pela Lei nº 13.964, de 2019)

ART. 5º. São direitos do colaborador:

I – usufruir das medidas de proteção previstas na legislação específica;

II – ter nome, qualificação, imagem e demais informações pessoais preservados;

III – ser conduzido, em juízo, separadamente dos demais coautores e partícipes;

IV – participar das audiências sem contato visual com os outros acusados;

V – não ter sua identidade revelada pelos meios de comunicação, nem ser fotografado ou filmado, sem sua prévia autorização por escrito;

VI – cumprir pena ou prisão cautelar em estabelecimento penal diverso dos demais corréus ou condenados. (Redação dada pela Lei nº 13.964, de 2019)

ART. 6º. O termo de acordo da colaboração premiada deverá ser feito por escrito e conter:

I – o relato da colaboração e seus possíveis resultados;

II – as condições da proposta do Ministério Público ou do delegado de polícia;

III – a declaração de aceitação do colaborador e de seu defensor;

IV – as assinaturas do representante do Ministério Público ou do delegado de polícia, do colaborador e de seu defensor;

V – a especificação das medidas de proteção ao colaborador e à sua família, quando necessário.

ART. 7º. O pedido de homologação do acordo será sigilosamente distribuído, contendo apenas informações que não possam identificar o colaborador e o seu objeto.

§ 1º. As informações pormenorizadas da colaboração serão dirigidas diretamente ao juiz a que recair a distribuição, que decidirá no prazo de 48 (quarenta e oito) horas.

§ 2º. O acesso aos autos será restrito ao juiz, ao Ministério Público e ao delegado de polícia, como forma de garantir o êxito das investigações, assegurando-se ao defensor, no interesse do representado, amplo acesso aos elementos de prova que digam respeito ao exercício do direito de defesa, devidamente precedido de autorização judicial, ressalvados os referentes às diligências em andamento.

§ 3º O acordo de colaboração premiada e os depoimentos do colaborador serão mantidos em sigilo até o recebimento da denúncia ou da queixa-crime, sendo vedado ao magistrado decidir por sua publicidade em qualquer hipótese. (Redação dada pela Lei nº 13.964, de 2019)

SEÇÃO II.
DA AÇÃO CONTROLADA

ART. 8º. Consiste a ação controlada em retardar a intervenção policial ou administrativa relativa à ação praticada por organização criminosa ou a ela vinculada, desde que mantida sob observação e acompanhamento para que a medida legal se concretize no momento mais eficaz à formação de provas e obtenção de informações.

▸ *Lei nº 11.343, de 23-08-2006, art. 53, Lei Antidrogas.*

§ 1º. O retardamento da intervenção policial ou administrativa será previamente comunicado ao juiz competente que, se for o caso, estabelecerá os seus limites e comunicará ao Ministério Público.

§ 2º. A comunicação será sigilosamente distribuída de forma a não conter informações que possam indicar a operação a ser efetuada.

§ 3º. Até o encerramento da diligência, o acesso aos autos será restrito ao juiz, ao Ministério Público e ao delegado de polícia, como forma de garantir o êxito das investigações.

§ 4º. Ao término da diligência, elaborar-se-á auto circunstanciado acerca da ação controlada.

ART. 9º. Se a ação controlada envolver transposição de fronteiras, o retardamento da intervenção policial ou administrativa somente poderá ocorrer com a cooperação das autoridades dos países que figurem como provável itinerário ou destino do investigado, de modo a reduzir os riscos de fuga e extravio do produto, objeto, instrumento ou proveito do crime.

SEÇÃO III.
DA INFILTRAÇÃO DE AGENTES

ART. 10. A infiltração de agentes de polícia em tarefas de investigação, representada pelo delegado de polícia ou requerida pelo Ministério Público, após manifestação técnica do delegado de polícia quando solicitada no curso de inquérito policial, será precedida de circunstanciada, motivada e sigilosa autorização judicial, que estabelecerá seus limites.

▸ *Lei nº 11.343, de 23-08-2006, art. 53, Lei Antidrogas.*

§ 1º. Na hipótese de representação do delegado de polícia, o juiz competente, antes de decidir, ouvirá o Ministério Público.

§ 2º. Será admitida a infiltração se houver indícios de infração penal de que trata o art. 1º e se a prova não puder ser produzida por outros meios disponíveis.

§ 3º. A infiltração será autorizada pelo prazo de até 6 (seis) meses, sem prejuízo de eventuais renovações, desde que comprovada sua necessidade.

§ 4º. Findo o prazo previsto no § 3º, o relatório circunstanciado será apresentado ao juiz competente, que imediatamente cientificará o Ministério Público.

§ 5º. No curso do inquérito policial, o delegado de polícia poderá determinar aos seus agentes, e o Ministério Público poderá requisitar, a qualquer tempo, relatório da atividade de infiltração.

ART. 10-A. Será admitida a ação de agentes de polícia infiltrados virtuais, obedecidos os requisitos do caput do art. 10, na internet, com o fim de investigar os crimes previstos nesta Lei e a eles conexos, praticados por organizações criminosas, desde que demonstrada sua necessidade e indicados o alcance das tarefas dos policiais, os nomes ou apelidos das pessoas investigadas e, quando possível, os dados de conexão ou cadastrais que permitam a identificação dessas pessoas. (Incluído pela Lei nº 13.964, de 2019)

§ 1º Para efeitos do disposto nesta Lei, consideram-se:

I - dados de conexão: informações referentes a hora, data, início, término, duração, endereço de Protocolo de Internet (IP) utilizado e terminal de origem da conexão;

II - dados cadastrais: informações referentes a nome e endereço de assinante ou de usuário registrado ou autenticado para a conexão a quem endereço de IP, identificação de usuário ou código de acesso tenha sido atribuído no momento da conexão.

§ 2º Na hipótese de representação do delegado de polícia, o juiz competente, antes de decidir, ouvirá o Ministério Público.

§ 3º Será admitida a infiltração se houver indícios de infração penal de que trata o art. 1º desta Lei e se as provas não puderem ser produzidas por outros meios disponíveis.

§ 4º A infiltração será autorizada pelo prazo de até 6 (seis) meses, sem prejuízo de eventuais renovações, mediante ordem judicial fundamentada e desde que o total não exceda a 720 (setecentos e vinte) dias e seja comprovada sua necessidade.

§ 5º Findo o prazo previsto no § 4º deste artigo, o relatório circunstanciado, juntamente com todos os atos eletrônicos praticados durante a operação, deverão ser registrados, gravados, armazenados e apresentados ao juiz competente, que imediatamente cientificará o Ministério Público.

§ 6º No curso do inquérito policial, o delegado de polícia poderá determinar aos seus agentes, e o Ministério Público e o juiz competente poderão requisitar, a qualquer tempo, relatório da atividade de infiltração.

§ 7º É nula a prova obtida sem a observância do disposto neste artigo.

ART. 10-B. As informações da operação de infiltração serão encaminhadas diretamente ao juiz responsável pela autorização da medida, que zelará por seu sigilo. (Incluído pela Lei nº 13.964, de 2019)

Parágrafo único. Antes da conclusão da operação, o acesso aos autos será reservado ao juiz, ao Ministério Público e ao delegado de polícia responsável pela operação, com o objetivo de garantir o sigilo das investigações.

ART. 10-C. Não comete crime o policial que oculta a sua identidade para, por meio da internet, colher indícios de autoria e materialidade dos crimes previstos no art. 1º desta Lei. (Incluído pela Lei nº 13.964, de 2019)

Parágrafo único. O agente policial infiltrado que deixar de observar a estrita finalidade da investigação responderá pelos excessos praticados.

ART. 10-D. Concluída a investigação, todos os atos eletrônicos praticados durante a operação deverão ser registrados, gravados, armazenados e encaminhados ao juiz e ao Ministério Público, juntamente com relatório circunstanciado. (Incluído pela Lei nº 13.964, de 2019)

Parágrafo único. Os atos eletrônicos registrados citados no caput deste artigo serão reunidos em autos apartados e apensados ao processo criminal juntamente com o inquérito policial, assegurando-se a preservação da identidade do agente policial infiltrado e a intimidade dos envolvidos.

ART. 11. O requerimento do Ministério Público ou a representação do delegado de polícia para a infiltração de agentes conterão a demonstração da necessidade da medida, o alcance das tarefas dos agentes e, quando possível, os nomes ou apelidos das pessoas investigadas e o local da infiltração.

Parágrafo único. Os órgãos de registro e cadastro público poderão incluir nos bancos de dados próprios, mediante procedimento sigiloso e requisição da autoridade judicial, as informações necessárias à efetividade da identidade fictícia criada, nos casos de infiltração de agentes na internet. (Incluído pela Lei nº 13.964, de 2019)

ART. 12. O pedido de infiltração será sigilosamente distribuído, de forma a não conter informações que possam indicar a operação a ser efetivada ou identificar o agente que será infiltrado.

§ 1º. As informações quanto à necessidade da operação de infiltração serão dirigidas diretamente ao juiz competente, que decidirá no prazo de 24 (vinte e quatro) horas, após manifestação do Ministério Público na hipótese de representação do delegado de polícia, devendo-se adotar as medidas necessárias para o êxito das investigações e a segurança do agente infiltrado.

§ 2º. Os autos contendo as informações da operação de infiltração acompanharão a denúncia do Ministério Público, quando serão disponibilizados à defesa, assegurando-se a preservação da identidade do agente.

§ 3º. Havendo indícios seguros de que o agente infiltrado sofre risco iminente, a operação será sustada mediante requisição do Ministério Público ou pelo delegado de polícia, dando-se imediata ciência ao Ministério Público e à autoridade judicial.

ART. 13. O agente que não guardar, em sua atuação, a devida proporcionalidade com a finalidade da investigação, responderá pelos excessos praticados.

Parágrafo único. Não é punível, no âmbito da infiltração, a prática de crime pelo agente infiltrado no curso da investigação, quando inexigível conduta diversa.

ART. 14. São direitos do agente:

I – recusar ou fazer cessar a atuação infiltrada;

II – ter sua identidade alterada, aplicando-se, no que couber, o disposto no art. 9º da Lei nº 9.807, de 13 de julho de 1999, bem como usufruir das medidas de proteção a testemunhas;

III – ter seu nome, sua qualificação, sua imagem, sua voz e demais informações pessoais preservadas durante a investigação e o processo criminal, salvo se houver decisão judicial em contrário;

IV – não ter sua identidade revelada, nem ser fotografado ou filmado pelos meios de comunicação, sem sua prévia autorização por escrito.

SEÇÃO IV. DO ACESSO A REGISTROS, DADOS CADASTRAIS, DOCUMENTOS E INFORMAÇÕES

ART. 15. O delegado de polícia e o Ministério Público terão acesso, independentemente de autorização judicial, apenas aos dados cadastrais do investigado que informem exclusivamente a qualificação pessoal, a filiação e o endereço mantidos pela Justiça Eleitoral, empresas telefônicas, instituições financeiras, provedores de internet e administradoras de cartão de crédito.

ART. 16. As empresas de transporte possibilitarão, pelo prazo de 5 (cinco) anos, acesso direto e permanente do juiz, do Ministério Público ou do delegado de polícia aos bancos de dados de reservas e registro de viagens.

ART. 17. As concessionárias de telefonia fixa ou móvel manterão, pelo prazo de 5 (cinco) anos, à disposição das autoridades mencionadas no art. 15, registros de identificação dos números dos terminais de origem e de destino das ligações telefônicas internacionais, interurbanas e locais.

SEÇÃO V. DOS CRIMES OCORRIDOS NA INVESTIGAÇÃO E NA OBTENÇÃO DA PROVA

ART. 18. Revelar a identidade, fotografar ou filmar o colaborador, sem sua prévia autorização por escrito:

Pena – reclusão, de 1 (um) a 3 (três) anos, e multa.

ART. 19. Imputar falsamente, sob pretexto de colaboração com a Justiça, a prática de infração penal a pessoa que sabe ser inocente, ou revelar informações sobre a estrutura de organização criminosa que sabe inverídicas:

Pena – reclusão, de 1 (um) a 4 (quatro) anos, e multa.

ART. 20. Descumprir determinação de sigilo das investigações que envolvam a ação controlada e a infiltração de agentes:

Pena – reclusão, de 1 (um) a 4 (quatro) anos, e multa.

ART. 21. Recusar ou omitir dados cadastrais, registros, documentos e informações requisitadas pelo juiz, Ministério Público ou delegado de polícia, no curso de investigação ou do processo:

Pena – reclusão, de 6 (seis) meses a 2 (dois) anos, e multa.

Parágrafo único. Na mesma pena incorre quem, de forma indevida, se apossa, propala, divulga ou faz uso dos dados cadastrais de que trata esta Lei.

CAPÍTULO III. DISPOSIÇÕES FINAIS

ART. 22. Os crimes previstos nesta Lei e as infrações penais conexas serão apurados mediante procedimento ordinário previsto no Decreto-Lei nº 3.689, de 3 de outubro de 1941 (Código de Processo Penal), observado o disposto no parágrafo único deste artigo.

Parágrafo único. A instrução criminal deverá ser encerrada em prazo razoável, o qual não poderá exceder a 120 (cento e vinte) dias quando o réu estiver preso, prorrogáveis em até igual período, por decisão fundamentada, devidamente motivada pela complexidade da causa ou por fato procrastinatório atribuível ao réu.

ART. 23. O sigilo da investigação poderá ser decretado pela autoridade judicial competente, para garantia da celeridade e da eficácia das diligências investigatórias, assegurando-se ao defensor, no interesse do representado, amplo acesso aos elementos de prova que digam respeito ao exercício do direito de defesa, devidamente precedido de autorização judicial, ressalvados os referentes às diligências em andamento.

Parágrafo único. Determinado o depoimento do investigado, seu defensor terá assegurada a prévia vista dos autos, ainda que classificados como sigilosos, no prazo mínimo de 3 (três) dias que antecedem ao ato, podendo ser ampliado, a critério da autoridade responsável pela investigação.

ART. 24. O art. 288 do Decreto-Lei nº 2.848, de 7 de dezembro de 1940 (Código Penal), passa a vigorar com a seguinte redação:

▸ *Alteração incorporada ao texto do referido código.*

ART. 25. O art. 342 do Decreto-Lei nº 2.848, de 7 de dezembro de 1940 (Código Penal), passa a vigorar com a seguinte redação:

▸ *Alteração incorporada ao texto do referido código.*

ART. 26. Revoga-se a Lei nº 9.034, de 3 de maio de 1995.

ART. 27. Esta Lei entra em vigor após decorridos 45 (quarenta e cinco) dias de sua publicação oficial.

Brasília, 2 de agosto de 2013;
192º da Independência e 125º da República.

DILMA ROUSSEFF

Este texto não substitui o publicado no DOU de 5.8.2013 – Edição extra

LEI Nº 12.965, DE 23 DE ABRIL DE 2014 – USO DA INTERNET NO BRASIL

Estabelece princípios, garantias, direitos e deveres para o uso da Internet no Brasil.

CAPÍTULO I. DISPOSIÇÕES PRELIMINARES

ART. 1º. Esta Lei estabelece princípios, garantias, direitos e deveres para o uso da internet no Brasil e determina as diretrizes para atuação da União, dos Estados, do Distrito Federal e dos Municípios em relação à matéria.

ART. 2º. A disciplina do uso da internet no Brasil tem como fundamento o respeito à liberdade de expressão, bem como:

I – o reconhecimento da escala mundial da rede;

II – os direitos humanos, o desenvolvimento da personalidade e o exercício da cidadania em meios digitais;

III – a pluralidade e a diversidade;

IV – a abertura e a colaboração;

V – a livre iniciativa, a livre concorrência e a defesa do consumidor; e

VI – a finalidade social da rede.

ART. 3º. A disciplina do uso da internet no Brasil tem os seguintes princípios:

I – garantia da liberdade de expressão, comunicação e manifestação de pensamento, nos termos da Constituição Federal;

II – proteção da privacidade;

III – proteção dos dados pessoais, na forma da lei;

IV – preservação e garantia da neutralidade de rede;

V – preservação da estabilidade, segurança e funcionalidade da rede, por meio de medidas técnicas compatíveis com os padrões internacionais e pelo estímulo ao uso de boas práticas;

VI – responsabilização dos agentes de acordo com suas atividades, nos termos da lei;

VII – preservação da natureza participativa da rede;

VIII – liberdade dos modelos de negócios promovidos na internet, desde que não conflitem com os demais princípios estabelecidos nesta Lei.

Parágrafo único. Os princípios expressos nesta Lei não excluem outros previstos no ordenamento jurídico pátrio relacionados à matéria ou nos tratados internacionais em que a República Federativa do Brasil seja parte.

ART. 4º. A disciplina do uso da internet no Brasil tem por objetivo a promoção:

I – do direito de acesso à internet a todos;

II – do acesso à informação, ao conhecimento e à participação na vida cultural e na condução dos assuntos públicos;

III – da inovação e do fomento à ampla difusão de novas tecnologias e modelos de uso e acesso; e

IV – da adesão a padrões tecnológicos abertos que permitam a comunicação, a acessibilidade e a interoperabilidade entre aplicações e bases de dados.

ART. 5º. Para os efeitos desta Lei, considera-se:

I – internet: o sistema constituído do conjunto de protocolos lógicos, estruturado em escala mundial para uso público e irrestrito, com a finalidade de possibilitar a comunicação de dados entre terminais por meio de diferentes redes;

II – terminal: o computador ou qualquer dispositivo que se conecte à internet;

III – endereço de protocolo de internet (endereço IP): o código atribuído a um terminal de uma rede para permitir sua identificação, definido segundo parâmetros internacionais;

IV – administrador de sistema autônomo: a pessoa física ou jurídica que administra blocos de endereço IP específicos e o respectivo sistema autônomo de roteamento, devidamente cadastrada no ente nacional responsável pelo registro e distribuição de endereços IP geograficamente referentes ao País;

V – conexão à internet: a habilitação de um terminal para envio e recebimento de pacotes de dados pela internet, mediante a atribuição ou autenticação de um endereço IP;

VI – registro de conexão: o conjunto de informações referentes à data e hora de início e término de uma conexão à internet, sua duração e o endereço IP utilizado pelo terminal para o envio e recebimento de pacotes de dados;

VII – aplicações de internet: o conjunto de funcionalidades que podem ser acessadas por meio de um terminal conectado à internet; e

VIII – registros de acesso a aplicações de internet: o conjunto de informações referentes à data e hora de uso de uma determinada aplicação de internet a partir de um determinado endereço IP.

ART. 6º. Na interpretação desta Lei serão levados em conta, além dos fundamentos, princípios e objetivos previstos, a natureza da internet, seus usos e costumes particulares e sua importância para a promoção do desenvolvimento humano, econômico, social e cultural.

CAPÍTULO II. DOS DIREITOS E GARANTIAS DOS USUÁRIOS

ART. 7º. O acesso à internet é essencial ao exercício da cidadania, e ao usuário são assegurados os seguintes direitos:

I – inviolabilidade da intimidade e da vida privada, sua proteção e indenização pelo dano material ou moral decorrente de sua violação;

II – inviolabilidade e sigilo do fluxo de suas comunicações pela internet, salvo por ordem judicial, na forma da lei;

III – inviolabilidade e sigilo de suas comunicações privadas armazenadas, salvo por ordem judicial;

IV – não suspensão da conexão à internet, salvo por débito diretamente decorrente de sua utilização;

V – manutenção da qualidade contratada da conexão à internet;

VI – informações claras e completas constantes dos contratos de prestação de serviços, com detalhamento sobre o regime de proteção aos registros de conexão e aos registros de acesso a aplicações de internet, bem como sobre práticas de gerenciamento da rede que possam afetar sua qualidade;

VII – não fornecimento a terceiros de seus dados pessoais, inclusive registros de conexão, e de acesso a aplicações de internet, salvo mediante consentimento livre, expresso e informado ou nas hipóteses previstas em lei;

VIII – informações claras e completas sobre coleta, uso, armazenamento, tratamento e proteção de seus dados pessoais, que somente poderão ser utilizados para finalidades que:

a) justifiquem sua coleta;

b) não sejam vedadas pela legislação; e

c) estejam especificadas nos contratos de prestação de serviços ou em termos de uso de aplicações de internet;

IX – consentimento expresso sobre coleta, uso, armazenamento e tratamento de dados pessoais, que deverá ocorrer de forma destacada das demais cláusulas contratuais;

X – exclusão definitiva dos dados pessoais que tiver fornecido a determinada aplicação de internet, a seu requerimento, ao término da relação entre as partes, ressalvadas as hipóteses de guarda obrigatória de registros previstas nesta Lei e na que dispõe sobre a proteção de dados pessoais; (Redação dada pela Lei nº 13.709, de 14-8-2018)

XI – publicidade e clareza de eventuais políticas de uso dos provedores de conexão à internet e de aplicações de internet;

XII – acessibilidade, consideradas as características físico-motoras, perceptivas, sensoriais, intelectuais e mentais do usuário, nos termos da lei; e

XIII – aplicação das normas de proteção e defesa do consumidor nas relações de consumo realizadas na internet.

ART. 8º. A garantia do direito à privacidade e à liberdade de expressão nas comunicações é condição para o pleno exercício do direito de acesso à internet.

Parágrafo único. São nulas de pleno direito as cláusulas contratuais que violem o disposto no caput, tais como aquelas que:

I – impliquem ofensa à inviolabilidade e ao sigilo das comunicações privadas, pela internet; ou

II – em contrato de adesão, não ofereçam como alternativa ao contratante a adoção do foro brasileiro para solução de controvérsias decorrentes de serviços prestados no Brasil.

CAPÍTULO III. DA PROVISÃO DE CONEXÃO E DE APLICAÇÕES DE INTERNET

SEÇÃO I. DA NEUTRALIDADE DE REDE

ART. 9º. O responsável pela transmissão, comutação ou roteamento tem o dever de tratar de forma isonômica quaisquer pacotes de dados, sem distinção por conteúdo, origem e destino, serviço, terminal ou aplicação.

§ 1º. A discriminação ou degradação do tráfego será regulamentada nos termos das atribuições privativas do Presidente da República previstas no inciso IV do art. 84 da Constituição Federal, para a fiel execução desta Lei, ouvidos o Comitê Gestor da Internet e a Agência Nacional de Telecomunicações, e somente poderá decorrer de:

I – requisitos técnicos indispensáveis à prestação adequada dos serviços e aplicações; e

II – priorização de serviços de emergência.

§ 2º. Na hipótese de discriminação ou degradação do tráfego prevista no § 1º, o responsável mencionado no caput deve:

I – abster-se de causar dano aos usuários, na forma do art. 927 da Lei nº 10.406, de 10 de janeiro de 2002 – Código Civil;

II – agir com proporcionalidade, transparência e isonomia;

LEIS ORDINÁRIAS

III – informar previamente de modo transparente, claro e suficientemente descritivo aos seus usuários sobre as práticas de gerenciamento e mitigação de tráfego adotadas, inclusive as relacionadas à segurança da rede; e

IV – oferecer serviços em condições comerciais não discriminatórias e abster-se de praticar condutas anticoncorrenciais.

§ 3º. Na provisão de conexão à internet, onerosa ou gratuita, bem como na transmissão, comutação ou roteamento, é vedado bloquear, monitorar, filtrar ou analisar o conteúdo dos pacotes de dados, respeitado o disposto neste artigo.

SEÇÃO II.
DA PROTEÇÃO AOS REGISTROS, AOS DADOS PESSOAIS E ÀS COMUNICAÇÕES PRIVADAS

ART. 10. A guarda e a disponibilização dos registros de conexão e de acesso a aplicações de internet de que trata esta Lei, bem como de dados pessoais e do conteúdo de comunicações privadas, devem atender à preservação da intimidade, da vida privada, da honra e da imagem das partes direta ou indiretamente envolvidas.

§ 1º. O provedor responsável pela guarda somente será obrigado a disponibilizar os registros mencionados no caput, de forma autônoma ou associados a dados pessoais ou a outras informações que possam contribuir para a identificação do usuário ou do terminal, mediante ordem judicial, na forma do disposto na Seção IV deste Capítulo, respeitado o disposto no art. 7º.

§ 2º. O conteúdo das comunicações privadas somente poderá ser disponibilizado mediante ordem judicial, nas hipóteses e na forma que a lei estabelecer, respeitado o disposto nos incisos II e III do art. 7º.

§ 3º. O disposto no caput não impede o acesso aos dados cadastrais que informem qualificação pessoal, filiação e endereço, na forma da lei, pelas autoridades administrativas que detenham competência legal para a sua requisição.

§ 4º. As medidas e os procedimentos de segurança e de sigilo devem ser informados pelo responsável pela provisão de serviços de forma clara e atender a padrões definidos em regulamento, respeitado seu direito de confidencialidade quanto a segredos empresariais.

ART. 11. Em qualquer operação de coleta, armazenamento, guarda e tratamento de registros, de dados pessoais ou de comunicações por provedores de conexão e de aplicações de internet em que pelo menos um desses atos ocorra em território nacional, deverão ser obrigatoriamente respeitados a legislação brasileira e os direitos à privacidade, à proteção dos dados pessoais e ao sigilo das comunicações privadas e dos registros.

§ 1º. O disposto no caput aplica-se aos dados coletados em território nacional e ao conteúdo das comunicações, desde que pelo menos um dos terminais esteja localizado no Brasil.

§ 2º. O disposto no caput aplica-se mesmo que as atividades sejam realizadas por pessoa jurídica sediada no exterior, desde que oferte serviço ao público brasileiro ou pelo menos uma integrante do mesmo grupo econômico possua estabelecimento no Brasil.

§ 3º. Os provedores de conexão e de aplicações de internet deverão prestar, na forma da regulamentação, informações que permitam a verificação quanto ao cumprimento da legislação brasileira referente à coleta, à guarda, ao armazenamento ou ao tratamento de dados, bem como quanto ao respeito à privacidade e ao sigilo de comunicações.

§ 4º. Decreto regulamentará o procedimento para apuração de infrações ao disposto neste artigo.

ART. 12. Sem prejuízo das demais sanções cíveis, criminais ou administrativas, as infrações às normas previstas nos arts. 10 e 11 ficam sujeitas, conforme o caso, às seguintes sanções, aplicadas de forma isolada ou cumulativa:

I – advertência, com indicação de prazo para adoção de medidas corretivas;

II – multa de até 10% (dez por cento) do faturamento do grupo econômico no Brasil no seu último exercício, excluídos os tributos, considerados a condição econômica do infrator e o princípio da proporcionalidade entre a gravidade da falta e a intensidade da sanção;

III – suspensão temporária das atividades que envolvam os atos previstos no art. 11; ou

IV – proibição de exercício das atividades que envolvam os atos previstos no art. 11.

Parágrafo único. Tratando-se de empresa estrangeira, responde solidariamente pelo pagamento da multa de que trata o caput sua filial, sucursal, escritório ou estabelecimento situado no País.

SUBSEÇÃO I.
DA GUARDA DE REGISTROS DE CONEXÃO

ART. 13. Na provisão de conexão à internet, cabe ao administrador de sistema autônomo respectivo o dever de manter os registros de conexão, sob sigilo, em ambiente controlado e de segurança, pelo prazo de 1 (um) ano, nos termos do regulamento.

§ 1º. A responsabilidade pela manutenção dos registros de conexão não poderá ser transferida a terceiros.

§ 2º. A autoridade policial ou administrativa ou o Ministério Público poderá requerer cautelarmente que os registros de conexão sejam guardados por prazo superior ao previsto no caput.

§ 3º. Na hipótese do § 2º, a autoridade requerente terá o prazo de 60 (sessenta) dias, contados a partir do requerimento, para ingressar com o pedido de autorização judicial de acesso aos registros previstos no caput.

§ 4º. O provedor responsável pela guarda dos registros deverá manter sigilo em relação ao requerimento previsto no § 2º, que perderá sua eficácia caso o pedido de autorização judicial seja indeferido ou não tenha sido protocolado no prazo previsto no § 3º.

§ 5º. Em qualquer hipótese, a disponibilização ao requerente dos registros de que trata este artigo deverá ser precedida de autorização judicial, conforme disposto na Seção IV deste Capítulo.

§ 6º. Na aplicação de sanções pelo descumprimento ao disposto neste artigo, serão considerados a natureza e a gravidade da infração, os danos dela resultantes, eventual vantagem auferida pelo infrator, as circunstâncias agravantes, os antecedentes do infrator e a reincidência.

SUBSEÇÃO II. DA GUARDA DE REGISTROS DE ACESSO A APLICAÇÕES DE INTERNET NA PROVISÃO DE CONEXÃO

ART. 14. Na provisão de conexão, onerosa ou gratuita, é vedado guardar os registros de acesso a aplicações de internet.

SUBSEÇÃO III. DA GUARDA DE REGISTROS DE ACESSO A APLICAÇÕES DE INTERNET NA PROVISÃO DE APLICAÇÕES

ART. 15. O provedor de aplicações de internet constituído na forma de pessoa jurídica e que exerça essa atividade de forma organizada, profissionalmente e com fins econômicos deverá manter os respectivos registros de acesso a aplicações de internet, sob sigilo, em ambiente controlado e de segurança, pelo prazo de 6 (seis) meses, nos termos do regulamento.

§ 1º. Ordem judicial poderá obrigar, por tempo certo, os provedores de aplicações de internet que não estão sujeitos ao disposto no caput a guardarem registros de acesso a aplicações de internet, desde que se trate de registros relativos a fatos específicos em período determinado.

§ 2º. A autoridade policial ou administrativa ou o Ministério Público poderão requerer cautelarmente a qualquer provedor de aplicações de internet que os registros de acesso a aplicações de internet sejam guardados, inclusive por prazo superior ao previsto no caput, observado o disposto nos §§ 3º e 4º do art. 13.

§ 3º. Em qualquer hipótese, a disponibilização ao requerente dos registros de que trata este artigo deverá ser precedida de autorização judicial, conforme disposto na Seção IV deste Capítulo.

§ 4º. Na aplicação de sanções pelo descumprimento ao disposto neste artigo, serão considerados a natureza e a gravidade da infração, os danos dela resultantes, eventual vantagem auferida pelo infrator, as circunstâncias agravantes, os antecedentes do infrator e a reincidência.

ART. 16. Na provisão de aplicações de internet, onerosa ou gratuita, é vedada a guarda:

I – dos registros de acesso a outras aplicações de internet sem que o titular dos dados tenha consentido previamente, respeitado o disposto no art. 7º; ou

II – de dados pessoais que sejam excessivos em relação à finalidade para a qual foi dado consentimento pelo seu titular, exceto nas hipóteses previstas na Lei que dispõe sobre a proteção de dados pessoais. (Redação dada pela Lei nº 13.709, de 14-8-2018)

ART. 17. Ressalvadas as hipóteses previstas nesta Lei, a opção por não guardar os registros de acesso a aplicações de internet não implica responsabilidade sobre danos decorrentes do uso desses serviços por terceiros.

SEÇÃO III. DA RESPONSABILIDADE POR DANOS DECORRENTES DE CONTEÚDO GERADO POR TERCEIROS

ART. 18. O provedor de conexão à internet não será responsabilizado civilmente por danos decorrentes de conteúdo gerado por terceiros.

ART. 19. Com o intuito de assegurar a liberdade de expressão e impedir a censura, o provedor de aplicações de internet somente poderá ser responsabilizado civilmente por danos decorrentes de conteúdo gerado por terceiros se, após ordem judicial específica, não tomar as providências para, no âmbito e nos limites técnicos do seu serviço e dentro do prazo assinalado, tornar indisponível o conteúdo apontado como infringente, ressalvadas as disposições legais em contrário.

§ 1º. A ordem judicial de que trata o caput deverá conter, sob pena de nulidade, identificação clara e específica do conteúdo apontado como infringente, que permita a localização inequívoca do material.

§ 2º. A aplicação do disposto neste artigo para infrações a direitos de autor ou a direitos conexos depende de previsão legal específica, que deverá respeitar a liberdade de expressão e demais garantias previstas no art. 5ºda Constituição Federal.

§ 3º. As causas que versem sobre ressarcimento por danos decorrentes de conteúdos disponibilizados na internet relacionados à honra, à reputação ou a direitos de personalidade, bem como sobre a indisponibilização desses conteúdos por provedores de aplicações de internet, poderão ser apresentadas perante os juizados especiais.

§ 4º. O juiz, inclusive no procedimento previsto no § 3º, poderá antecipar, total ou parcialmente, os efeitos da tutela pretendida no pedido inicial, existindo prova inequívoca do fato e considerado o interesse da coletividade na disponibilização do conteúdo na internet, desde que presentes os requisitos de verossimilhança da alegação do autor e de fundado receio de dano irreparável ou de difícil reparação.

ART. 20. Sempre que tiver informações de contato do usuário diretamente responsável pelo conteúdo a que se refere o art. 19, caberá ao provedor de aplicações de internet comunicar-lhe os motivos e informações relativos à indisponibilização de conteúdo, com informações que permitam o contraditório e a ampla defesa em juízo, salvo expressa previsão legal ou expressa determinação judicial fundamentada em contrário.

Parágrafo único. Quando solicitado pelo usuário que disponibilizou o conteúdo tornado indisponível, o provedor de aplicações de internet que exerce essa atividade de forma organizada, profissionalmente e com fins econômicos substituirá o conteúdo tornado indisponível pela motivação ou pela ordem judicial que deu fundamento à indisponibilização.

ART. 21. O provedor de aplicações de internet que disponibilize conteúdo gerado por terceiros será responsabilizado subsidiariamente pela violação da intimidade decorrente da divulgação, sem autorização de seus participantes, de imagens, de vídeos ou de outros materiais contendo cenas de nudez ou de atos sexuais de caráter privado quando, após o recebimento de notificação pelo participante ou seu representante legal, deixar de promover, de forma diligente, no âmbito e nos limites técnicos do seu serviço, a indisponibilização desse conteúdo.

Parágrafo único. A notificação prevista no caput deverá conter, sob pena de nulidade, elementos que permitam a identificação específica do material apontado como violador da intimidade do participante e a verificação da legitimidade para apresentação do pedido.

SEÇÃO IV. DA REQUISIÇÃO JUDICIAL DE REGISTROS

ART. 22. A parte interessada poderá, com o propósito de formar conjunto probatório em processo judicial cível ou penal, em caráter incidental ou autônomo, requerer ao juiz que ordene ao responsável pela guarda o fornecimento de registros de conexão ou de registros de acesso a aplicações de internet.

Parágrafo único. Sem prejuízo dos demais requisitos legais, o requerimento deverá conter, sob pena de inadmissibilidade:

I – fundados indícios da ocorrência do ilícito;

II – justificativa motivada da utilidade dos registros solicitados para fins de investigação ou instrução probatória; e

III – período ao qual se referem os registros.

ART. 23. Cabe ao juiz tomar as providências necessárias à garantia do sigilo das informações recebidas e à preservação da intimidade, da vida privada, da honra e da imagem do usuário, podendo determinar segredo de justiça, inclusive quanto aos pedidos de guarda de registro.

CAPÍTULO IV. DA ATUAÇÃO DO PODER PÚBLICO

ART. 24. Constituem diretrizes para a atuação da União, dos Estados, do Distrito Federal e dos Municípios no desenvolvimento da internet no Brasil:

I – estabelecimento de mecanismos de governança multiparticipativa, transparente, colaborativa e democrática, com a participação do governo, do setor empresarial, da sociedade civil e da comunidade acadêmica;

II – promoção da racionalização da gestão, expansão e uso da internet, com participação do Comitê Gestor da internet no Brasil;

III – promoção da racionalização e da interoperabilidade tecnológica dos serviços de governo eletrônico, entre os diferentes Poderes e âmbitos da Federação, para permitir o intercâmbio de informações e a celeridade de procedimentos;

IV – promoção da interoperabilidade entre sistemas e terminais diversos, inclusive entre os diferentes âmbitos federativos e diversos setores da sociedade;

V – adoção preferencial de tecnologias, padrões e formatos abertos e livres;

VI – publicidade e disseminação de dados e informações públicos, de forma aberta e estruturada;

VII – otimização da infraestrutura das redes e estímulo à implantação de centros de armazenamento, gerenciamento e disseminação de dados no País, promovendo a qualidade técnica, a inovação e a difusão das aplicações de internet, sem prejuízo à abertura, à neutralidade e à natureza participativa;

VIII – desenvolvimento de ações e programas de capacitação para uso da internet;

IX – promoção da cultura e da cidadania; e

X – prestação de serviços públicos de atendimento ao cidadão de forma integrada, eficiente, simplificada e por múltiplos canais de acesso, inclusive remotos.

ART. 25. As aplicações de internet de entes do poder público devem buscar:

I – compatibilidade dos serviços de governo eletrônico com diversos terminais, sistemas operacionais e aplicativos para seu acesso;

II – acessibilidade a todos os interessados, independentemente de suas capacidades físico-motoras, perceptivas, sensoriais, intelectuais, mentais, culturais e sociais, resguardados os aspectos de sigilo e restrições administrativas e legais;

III – compatibilidade tanto com a leitura humana quanto com o tratamento automatizado das informações;

IV – facilidade de uso dos serviços de governo eletrônico; e

V – fortalecimento da participação social nas políticas públicas.

ART. 26. O cumprimento do dever constitucional do Estado na prestação da educação, em todos os níveis de ensino, inclui a capacitação, integrada a outras práticas educacionais, para o uso seguro, consciente e responsável da internet como ferramenta para o exercício da cidadania, a promoção da cultura e o desenvolvimento tecnológico.

ART. 27. As iniciativas públicas de fomento à cultura digital e de promoção da internet como ferramenta social devem:

I – promover a inclusão digital;

II – buscar reduzir as desigualdades, sobretudo entre as diferentes regiões do País, no acesso às tecnologias da informação e comunicação e no seu uso; e

III – fomentar a produção e circulação de conteúdo nacional.

ART. 28. O Estado deve, periodicamente, formular e fomentar estudos, bem como fixar metas, estratégias, planos e cronogramas, referentes ao uso e desenvolvimento da internet no País.

CAPÍTULO V. DISPOSIÇÕES FINAIS

ART. 29. O usuário terá a opção de livre escolha na utilização de programa de computador em seu terminal para exercício do controle parental de conteúdo entendido por ele como impróprio a seus filhos menores, desde que respeitados os princípios desta Lei e da Lei nº 8.069, de 13 de julho de 1990 – Estatuto da Criança e do Adolescente.

Parágrafo único. Cabe ao poder público, em conjunto com os provedores de conexão e de aplicações de internet e a sociedade civil, promover a educação e fornecer informações sobre o uso dos programas de computador previstos no caput, bem como para a definição de boas práticas para a inclusão digital de crianças e adolescentes.

ART. 30. A defesa dos interesses e dos direitos estabelecidos nesta Lei poderá ser exercida em juízo, individual ou coletivamente, na forma da lei.

ART. 31. Até a entrada em vigor da lei específica prevista no § 2º do art. 19, a responsabilidade do provedor de aplicações de internet por danos decorrentes de conteúdo gerado por terceiros, quando se tratar de infração a direitos de autor ou a direitos conexos, continuará a ser disciplinada pela legislação autoral vigente aplicável na data da entrada em vigor desta Lei.

ART. 32. Esta Lei entra em vigor após decorridos 60 (sessenta) dias de sua publicação oficial.

Brasília, 23 de abril de 2014;
193º da Independência e 126º da República.

DILMA ROUSSEFF

LEI Nº 12.984, DE 2 JUNHO DE 2014 – CRIME DE DISCRIMINAÇÃO DOS PORTADORES DE VÍRUS HIV

Define o crime de discriminação dos portadores do vírus da imunodeficiência humana (HIV) e doentes de aids.

A PRESIDENTA DA REPÚBLICA Faço saber que o Congresso Nacional decreta e eu sanciono a seguinte Lei:

ART. 1º. Constitui crime punível com reclusão, de 1 (um) a 4 (quatro) anos, e multa, as seguintes condutas discriminatórias contra o portador do HIV e o doente de aids, em razão da sua condição de portador ou de doente:

I – recusar, procrastinar, cancelar ou segregar a inscrição ou impedir que permaneça como aluno em creche ou estabelecimento de ensino de qualquer curso ou grau, público ou privado;

II – negar emprego ou trabalho;

III – exonerar ou demitir de seu cargo ou emprego;

IV – segregar no ambiente de trabalho ou escolar;

V – divulgar a condição do portador do HIV ou de doente de aids, com intuito de ofender-lhe a dignidade;

VI – recusar ou retardar atendimento de saúde.

ART. 2º. Esta Lei entra em vigor na data de sua publicação.

Brasília, 2 de junho de 2014;
193º da Independência e 126º da República.

DILMA ROUSSEFF

Este texto não substitui o publicado no DOU de 3.6.2014

LEI Nº 12.990, DE 9 JUNHO DE 2014 – ESTABELECE COTAS PARA NEGROS E PARDOS EM CONCURSO PÚBLICO

Reserva aos negros 20% (vinte por cento) das vagas oferecidas nos concursos públicos para provimento de cargos efetivos e empregos públicos no âmbito da administração pública federal, das autarquias, das fundações públicas, das empresas públicas e das sociedades de economia mista controladas pela União.

A PRESIDENTA DA REPÚBLICA Faço saber que o Congresso Nacional decreta e eu sanciono a seguinte Lei:

ART. 1º. Ficam reservadas aos negros 20% (vinte por cento) das vagas oferecidas nos concursos públicos para provimento de cargos efetivos e empregos públicos no âmbito da administração pública federal, das autarquias, das fundações públicas, das empresas públicas e das sociedades de economia mista controladas pela União, na forma desta Lei.

§ 1º. A reserva de vagas será aplicada sempre que o número de vagas oferecidas no concurso público for igual ou superior a 3 (três).

§ 2º. Na hipótese de quantitativo fracionado para o número de vagas reservadas a candidatos negros, esse será aumentado para o primeiro número inteiro subsequente, em caso de fração igual ou maior que 0,5 (cinco décimos), ou diminuído para número inteiro imediatamente inferior, em caso de fração menor que 0,5 (cinco décimos).

§ 3º. A reserva de vagas a candidatos negros constará expressamente dos editais dos concursos públicos, que deverão especificar o total de vagas correspondentes à reserva para cada cargo ou emprego público oferecido.

ART. 2º. Poderão concorrer às vagas reservadas a candidatos negros aqueles que se autodeclararem pretos ou pardos no ato da inscrição no concurso público, conforme o quesito cor ou raça utilizado pela Fundação Instituto Brasileiro de Geografia e Estatística – IBGE.

Parágrafo único. Na hipótese de constatação de declaração falsa, o candidato será eliminado do concurso e, se houver sido nomeado, ficará sujeito à anulação da sua admissão ao serviço ou emprego público, após procedimento administrativo em que lhe sejam assegurados o contraditório e a ampla defesa, sem prejuízo de outras sanções cabíveis.

ART. 3º. Os candidatos negros concorrerão concomitantemente às vagas reservadas e às vagas destinadas à ampla concorrência, de acordo com a sua classificação no concurso.

§ 1º. Os candidatos negros aprovados dentro do número de vagas oferecido para ampla concorrência não serão computados para efeito do preenchimento das vagas reservadas.

§ 2º. Em caso de desistência de candidato negro aprovado em vaga reservada, a vaga será preenchida pelo candidato negro posteriormente classificado.

§ 3º. Na hipótese de não haver número de candidatos negros aprovados suficiente para ocupar as vagas reservadas, as vagas remanescentes serão revertidas para a ampla concorrência e serão preenchidas pelos demais candidatos aprovados, observada a ordem de classificação.

ART. 4º. A nomeação dos candidatos aprovados respeitará os critérios de alternância e proporcionalidade, que consideram a relação entre o número de vagas total e o número de vagas reservadas a candidatos com deficiência e a candidatos negros.

ART. 5º. O órgão responsável pela política de promoção da igualdade étnica de que trata o § 1º do art. 49 da Lei nº 12.288, de 20 de julho de 2010, será responsável pelo acompanhamento e avaliação anual do disposto nesta Lei, nos moldes previstos no art. 59 da Lei nº 12.288, de 20 de julho de 2010.

ART. 6º. Esta Lei entra em vigor na data de sua publicação e terá vigência pelo prazo de 10 (dez) anos.

Parágrafo único. Esta Lei não se aplicará aos concursos cujos editais já tiverem sido publicados antes de sua entrada em vigor.

Brasília, 9 de junho de 2014;
193º da Independência e 126º da República.

DILMA ROUSSEFF

Este texto não substitui o publicado no DOU de 10.6.2014

LEI Nº 13.060, DE 22 DE DEZEMBRO DE 2014 – USO DE INSTRUMENTOS DE MENOR POTENCIAL OFENSIVO PELOS AGENTES DE SEGURANÇA PÚBLICA

Disciplina o uso dos instrumentos de menor potencial ofensivo pelos agentes de segurança pública, em todo o território nacional.

A PRESIDENTA DA REPÚBLICA Faço saber que o Congresso Nacional decreta e eu sanciono a seguinte Lei:

ART. 1º. Esta Lei disciplina o uso dos instrumentos de menor potencial ofensivo pelos agentes de segurança pública em todo o território nacional.

ART. 2º. Os órgãos de segurança pública deverão priorizar a utilização dos instrumentos de menor potencial ofensivo, desde que o seu uso não coloque em risco a integridade física ou psíquica dos policiais, e deverão obedecer aos seguintes princípios:

I – legalidade;

II – necessidade;

III – razoabilidade e proporcionalidade.

Parágrafo único. Não é legítimo o uso de arma de fogo:

I – contra pessoa em fuga que esteja desarmada ou que não represente risco imediato de morte ou de lesão aos agentes de segurança pública ou a terceiros; e

II – contra veículo que desrespeite bloqueio policial em via pública, exceto quando o ato represente risco de morte ou lesão aos agentes de segurança pública ou a terceiros.

ART. 3º. Os cursos de formação e capacitação dos agentes de segurança pública deverão incluir conteúdo programático que os habilite ao uso dos instrumentos não letais.

ART. 4º. Para os efeitos desta Lei, consideram-se instrumentos de menor potencial ofensivo aqueles projetados especificamente para, com baixa probabilidade de causar mortes ou lesões permanentes, conter, debilitar ou incapacitar temporariamente pessoas.

ART. 5º. O poder público tem o dever de fornecer a todo agente de segurança pública instrumentos de menor potencial ofensivo para o uso racional da força.

ART. 6º. Sempre que do uso da força praticada pelos agentes de segurança pública decorrerem ferimentos em pessoas, deverá ser assegurada a imediata prestação de assistência e socorro médico aos feridos, bem como a comunicação do ocorrido à família ou à pessoa por eles indicada.

ART. 7º. O Poder Executivo editará regulamento classificando e disciplinando a utilização dos instrumentos não letais.

ART. 8º. Esta Lei entra em vigor na data de sua publicação.

Brasília, 22 de dezembro de 2014;
193º da Independência e 126º da República.

DILMA ROUSSEFF

Este texto não substitui o publicado no DOU de 23.12.2014

LEI Nº 13.111, DE 25 DE MARÇO DE 2015 – OBRIGAÇÕES DOS EMPRESÁRIOS QUE COMERCIALIZAM VEÍCULOS AUTOMOTORES

Dispõe sobre a obrigatoriedade de os empresários que comercializam veículos automotores informarem ao comprador o valor dos tributos incidentes sobre a venda e a situação de regularidade do veículo quanto a furto, multas, taxas anuais, débitos de impostos, alienação fiduciária ou quaisquer outros registros que limitem ou impeçam a circulação do veículo.

ART. 1º. Esta Lei dispõe sobre a obrigatoriedade de os empresários que comercializam veículos automotores, novos ou usados, informarem ao comprador:

LEIS ORDINÁRIAS

I – o valor dos tributos incidentes sobre a comercialização do veículo;

II – a situação de regularidade do veículo quanto a:

a) furto;

b) multas e taxas anuais legalmente devidas;

c) débitos de impostos;

d) alienação fiduciária; ou

e) quaisquer outros registros que limitem ou impeçam a circulação do veículo.

ART. 2º. Os empresários que comercializam veículos automotores, novos ou usados, são obrigados a informar ao comprador a situação de regularidade do veículo junto às autoridades policiais, de trânsito e fazendária das unidades da Federação onde o veículo for registrado e estiver sendo comercializado, relativa a:

I – furto;

II – multas e taxas anuais legalmente devidas;

III – débitos quanto ao pagamento de impostos;

IV – alienação fiduciária; ou

V – quaisquer outros registros que limitem ou impeçam a circulação do veículo.

Parágrafo único. No contrato de compra e venda assinado entre vendedor e comprador devem constar cláusulas contendo informações sobre a natureza e o valor dos tributos incidentes sobre a comercialização do veículo, bem como sobre a situação de regularidade em que se encontra o bem quanto às eventuais restrições previstas no caput.

ART. 3º. O descumprimento do disposto nesta Lei implica a obrigação de os empresários que comercializam veículos automotores, novos ou usados, arcarem com:

I – o pagamento do valor correspondente ao montante dos tributos, taxas, emolumentos e multas incidentes sobre o veículo e existentes até o momento da aquisição do bem pelo comprador;

II – a restituição do valor integral pago pelo comprador, no caso de o veículo ter sido objeto de furto.

Parágrafo único. As sanções previstas neste artigo serão aplicadas sem prejuízo das demais sanções previstas na Lei nº 8.078, de 11 de setembro de 1990.

ART. 4º. Esta Lei entra em vigor após decorridos 60 (sessenta) dias de sua publicação oficial.

Brasília, 25 de março de 2015;
194º da Independência e 127º da República.
DILMA ROUSSEFF

Este texto não substitui o publicado no DOU de 26.3.2015

LEI Nº 13.188, DE 11 DE NOVEMBRO DE 2015 – DIREITO DE RESPOSTA OU RETIFICAÇÃO DO OFENDIDO EM MATÉRIA DIVULGADA, PUBLICADA OU TRANSMITIDA POR VEÍCULO DE COMUNICAÇÃO SOCIAL

Dispõe sobre o direito de resposta ou retificação do ofendido em matéria divulgada, publicada ou transmitida por veículo de comunicação social.

ART. 1º. Esta Lei disciplina o exercício do direito de resposta ou retificação do ofendido em matéria divulgada, publicada ou transmitida por veículo de comunicação social.

ART. 2º. Ao ofendido em matéria divulgada, publicada ou transmitida por veículo de comunicação social é assegurado o direito de resposta ou retificação, gratuito e proporcional ao agravo.

§ 1º. Para os efeitos desta Lei, considera-se matéria qualquer reportagem, nota ou notícia divulgada por veículo de comunicação social, independentemente do meio ou da plataforma de distribuição, publicação ou transmissão que utilize, cujo conteúdo atente, ainda que por equívoco de informação, contra a honra, a intimidade, a reputação, o conceito, o nome, a marca ou a imagem de pessoa física ou jurídica identificada ou passível de identificação.

§ 2º. São excluídos da definição de matéria estabelecida no § 1º deste artigo os comentários realizados por usuários da internet nas páginas eletrônicas dos veículos de comunicação social.

§ 3º. A retratação ou retificação espontânea, ainda que a elas sejam conferidos os mesmos destaque, publicidade, periodicidade e dimensão do agravo, não impedem o exercício do direito de resposta pelo ofendido nem prejudicam a ação de reparação por dano moral.

ART. 3º. O direito de resposta ou retificação deve ser exercido no prazo decadencial de 60 (sessenta) dias, contado da data de cada divulgação, publicação ou transmissão da matéria ofensiva, mediante correspondência com aviso de recebimento encaminhada diretamente ao veículo de comunicação social ou, inexistindo pessoa jurídica constituída, a quem por ele responda, independentemente de quem seja o responsável intelectual pelo agravo.

§ 1º. O direito de resposta ou retificação poderá ser exercido, de forma individualizada, em face de todos os veículos de comunicação social que tenham divulgado, publicado, republicado, transmitido ou retransmitido o agravo original.

§ 2º. O direito de resposta ou retificação poderá ser exercido, também, conforme o caso:

I – pelo representante legal do ofendido incapaz ou da pessoa jurídica;

II – pelo cônjuge, descendente, ascendente ou irmão do ofendido que esteja ausente do País ou tenha falecido depois do agravo, mas antes de decorrido o prazo de decadência do direito de resposta ou retificação.

§ 3º. No caso de divulgação, publicação ou transmissão continuada e ininterrupta da mesma matéria ofensiva, o prazo será contado da data em que se iniciou o agravo.

ART. 4º. A resposta ou retificação atenderá, quanto à forma e à duração, ao seguinte:

I – praticado o agravo em mídia escrita ou na internet, terá a resposta ou retificação o destaque, a publicidade, a periodicidade e a dimensão da matéria que a ensejou;

II – praticado o agravo em mídia televisiva, terá a resposta ou retificação o destaque, a publicidade, a periodicidade e a duração da matéria que a ensejou;

III – praticado o agravo em mídia radiofônica, terá a resposta ou retificação o destaque, a publicidade, a periodicidade e a duração da matéria que a ensejou.

§ 1º. Se o agravo tiver sido divulgado, publicado, republicado, transmitido ou retransmitido em mídia escrita ou em cadeia de rádio ou televisão para mais de um Município ou Estado, será conferido proporcional alcance à divulgação da resposta ou retificação.

§ 2º. O ofendido poderá requerer que a resposta ou retificação seja divulgada, publicada ou transmitida nos mesmos espaço, dia da semana e horário do agravo.

§ 3º. A resposta ou retificação cuja divulgação, publicação ou transmissão não obedeça ao disposto nesta Lei é considerada inexistente.

§ 4º. Na delimitação do agravo, deverá ser considerado o contexto da informação ou matéria que gerou a ofensa.

ART. 5º. Se o veículo de comunicação social ou quem por ele responda não divulgar, publicar ou transmitir a resposta ou retificação no prazo de 7 (sete) dias, contado do recebimento do respectivo pedido, na forma do art. 3º, restará caracterizado o interesse jurídico para a propositura de ação judicial.

§ 1º. É competente para conhecer do feito o juízo do domicílio do ofendido ou, se este assim o preferir, aquele do lugar onde o agravo tenha apresentado maior repercussão.

§ 2º. A ação de rito especial de que trata esta Lei será instruída com as provas do agravo e do pedido de resposta ou retificação não atendido, bem como com o texto da resposta ou retificação a ser divulgado, publicado ou transmitido, sob pena de inépcia da inicial, e processada no prazo máximo de 30 (trinta) dias, vedados:

I – a cumulação de pedidos;

II – a reconvenção;

III – o litisconsórcio, a assistência e a intervenção de terceiros.

§ 3º. (VETADO).

ART. 6º. Recebido o pedido de resposta ou retificação, o juiz, dentro de 24 (vinte e quatro) horas, mandará citar o responsável pelo veículo de comunicação social para que:

I – em igual prazo, apresente as razões pelas quais não o divulgou, publicou ou transmitiu;

II – no prazo de 3 (três) dias, ofereça contestação.

Parágrafo único. O agravo consistente em injúria não admitirá a prova da verdade.

ART. 7º. O juiz, nas 24 (vinte e quatro) horas seguintes à citação, tenha ou não se manifestado o responsável pelo veículo de comunicação, conhecerá do pedido e, havendo prova capaz de convencer sobre a verossimilhança da alegação ou justificado receio de ineficácia do provimento final, fixará desde logo as condições e a data para a veiculação, em prazo não superior a 10 (dez) dias, da resposta ou retificação.

§ 1º. Se o agravo tiver sido divulgado ou publicado por veículo de mídia impressa cuja circulação seja periódica, a resposta ou retificação será divulgada na edição seguinte à da ofensa ou, ainda, excepcionalmente, em edição extraordinária, apenas nos casos em que o prazo entre a ofensa e a próxima edição indique desproporcionalidade entre a ofensa e a resposta ou retificação.

§ 2º. A medida antecipatória a que se refere o caput deste artigo poderá ser reconsiderada ou modificada a qualquer momento, em decisão fundamentada.

§ 3º. O juiz poderá, a qualquer tempo, impor multa diária ao réu, independentemente de pedido do autor, bem como modificar-lhe o valor ou a periodicidade, caso verifique que se tornou insuficiente ou excessiva.

§ 4º. Para a efetivação da tutela específica de que trata esta Lei, poderá o juiz, de ofício ou mediante requerimento, adotar as medidas cabíveis para o cumprimento da decisão.

ART. 8º. Não será admitida a divulgação, publicação ou transmissão de resposta ou retificação que não tenha relação com as informações contidas na matéria a que pretende responder nem se enquadre no § 1º do art. 2º desta Lei.

ART. 9º. O juiz prolatará a sentença no prazo máximo de 30 (trinta) dias, contado do ajuizamento da ação, salvo na hipótese de conversão do pedido em reparação por perdas e danos.

Parágrafo único. As ações judiciais destinadas a garantir a efetividade do direito de resposta ou retificação previsto nesta Lei processam-se durante as férias forenses e não se suspendem pela superveniência delas.

ART. 10. Das decisões proferidas nos processos submetidos ao rito especial estabelecido nesta Lei, poderá ser concedido efeito suspensivo pelo tribunal competente, desde que constatadas, em juízo colegiado prévio, a plausibilidade do direito invocado e a urgência na concessão da medida.

ART. 11. A gratuidade da resposta ou retificação divulgada pelo veículo de comunicação, em caso de ação temerária, não abrange as custas processuais nem exime o autor do ônus da sucumbência.

Parágrafo único. Incluem-se entre os ônus da sucumbência os custos com a divulgação, publicação ou transmissão da resposta ou retificação, caso a decisão judicial favorável ao autor seja reformada em definitivo.

ART. 12. Os pedidos de reparação ou indenização por danos morais, materiais ou à imagem serão deduzidos em ação própria, salvo se o autor, desistindo expressamente da tutela específica de que trata esta Lei, os requerer, caso em que o processo seguirá pelo rito ordinário.

§ 1º. O ajuizamento de ação cível ou penal contra o veículo de comunicação ou seu responsável com fundamento na divulgação, publicação ou transmissão ofensiva não prejudica o exercício administrativo ou judicial do direito de resposta ou retificação previsto nesta Lei.

§ 2º. A reparação ou indenização dar-se-á sem prejuízo da multa a que se refere o § 3º do art. 7º.

ART. 13. O art. 143 do Decreto-Lei nº 2.848, de 7 de dezembro de 1940 (Código Penal), passa a vigorar acrescido do seguinte parágrafo único:

▸ *Alterações incorporadas ao texto da referida Lei.*

ART. 14. Esta Lei entra em vigor na data de sua publicação.

Brasília, 11 de novembro de 2015;
194º da Independência e 127º da República.

DILMA ROUSSEFF

Este texto não substitui o publicado no DOU de 12.11.2015

LEI Nº 13.254, DE 13 DE JANEIRO DE 2016 – REGIME ESPECIAL DE REGULARIZAÇÃO CAMBIAL E TRIBUTÁRIA (RERCT)

Dispõe sobre o Regime Especial de Regularização Cambial e Tributária (RERCT) de recursos, bens ou direitos de origem lícita, não declarados ou declarados incorretamente, remetidos, mantidos no exterior ou repatriados por residentes ou domiciliados no País.

▸ *art. 5º., § 1º, desta Lei.*

ART. 1º. É instituído o Regime Especial de Regularização Cambial e Tributária (RERCT), para declaração voluntária de recursos, bens ou direitos de origem lícita, não declarados ou declarados com omissão ou incorreção em relação a dados essenciais, remetidos ou mantidos no exterior, ou repatriados por residentes ou domiciliados no País, conforme a legislação cambial ou tributária, nos termos e condições desta Lei.

§ 1º. O RERCT aplica-se aos residentes ou domiciliados no País em 31 de dezembro de 2014 que tenham sido ou ainda sejam proprietários ou titulares de ativos, bens ou direitos em períodos anteriores a 31 de dezembro de 2014, ainda que, nessa data, não possuam saldo de recursos ou título de propriedade de bens e direitos.

§ 2º. Os efeitos desta Lei serão aplicados aos titulares de direito ou de fato que, voluntariamente, declararem ou retificarem a declaração incorreta referente a recursos, bens ou direitos, acompanhados de documentos e informações sobre sua identificação, titularidade ou destinação.

§ 3º. O RERCT aplica-se também aos não residentes no momento da publicação desta Lei, desde que residentes ou domiciliados no País conforme a legislação tributária em 31 de dezembro de 2014.

§ 4º. Os efeitos desta Lei serão aplicados também ao espólio cuja sucessão esteja aberta em 31 de dezembro de 2014.

§ 4º-A. O RERCT aplica-se também ao espólio cuja sucessão tenha sido aberta até a data de adesão ao RERCT. (Redação dada pela Lei nº 13.428, de 2017)

§ 5º. Esta Lei não se aplica aos sujeitos que tiverem sido condenados em ação penal:

I – (VETADO); e

II – cujo objeto seja um dos crimes listados no § 1º do art. 5º, ainda que se refira aos recursos, bens ou direitos a serem regularizados pelo RERCT.

ART. 2º. Consideram-se, para os fins desta Lei:

I – Recursos ou patrimônio não declarados ou declarados com omissão ou incorreção em relação a dados essenciais: os valores, os bens materiais ou imateriais, os capitais e os direitos, independentemente da natureza, origem ou moeda que sejam ou tenham sido, anteriormente a 31 de dezembro de 2014, de propriedade de pessoas físicas ou jurídicas residentes, domiciliadas ou com sede no País;

II – recursos ou patrimônio de origem lícita: os bens e os direitos adquiridos com recursos oriundos de atividades permitidas ou não proibidas pela lei, bem como o objeto, o produto ou o proveito dos crimes previstos no § 1º do art. 5º;

III – recursos ou patrimônio repatriados objeto do RERCT: todos os recursos ou patrimônio, em qualquer moeda ou forma, de propriedade de residentes ou de domiciliados no País, ainda que sob a titularidade de não residentes, da qual participe, seja sócio, proprietário ou beneficiário, que foram adquiridos, transferidos ou empregados no Brasil, com ou sem registro no Banco Central do Brasil, e não se encontrem devidamente declarados;

IV – recursos ou patrimônio remetidos ou mantidos no exterior: os valores, os bens materiais ou imateriais, os capitais e os direitos não declarados ou declarados com omissão ou incorreção em relação a dados essenciais e remetidos ou mantidos fora do território nacional;

V – titular: proprietário dos recursos ou patrimônio não declarados, remetidos ou mantidos no exterior ou repatriados indevidamente.

ART. 3º. O RERCT aplica-se a todos os recursos, bens ou direitos de origem lícita de residentes ou domiciliados no País até 31 de dezembro de 2014, incluindo movimentações anteriormente existentes, remetidos ou mantidos no exterior, bem como aos que tenham sido transferidos para o País, em qualquer caso, e que não tenham sido declarados ou

LEIS ORDINÁRIAS

tenham sido declarados com omissão ou incorreção em relação a dados essenciais, como:

I – depósitos bancários, certificados de depósitos, cotas de fundos de investimento, instrumentos financeiros, apólices de seguro, certificados de investimento ou operações de capitalização, depósitos em cartões de crédito, fundos de aposentadoria ou pensão;

II – operação de empréstimo com pessoa física ou jurídica;

III – recursos, bens ou direitos de qualquer natureza, decorrentes de operações de câmbio ilegítimas ou não autorizadas;

IV – recursos, bens ou direitos de qualquer natureza, integralizados em empresas estrangeiras sob a forma de ações, integralização de capital, contribuição de capital ou qualquer outra forma de participação societária ou direito de participação no capital de pessoas jurídicas com ou sem personalidade jurídica;

V – ativos intangíveis disponíveis no exterior de qualquer natureza, como marcas, copyright, software, know-how, patentes e todo e qualquer direito submetido ao regime de royalties;

VI – bens imóveis em geral ou ativos que representem direitos sobre bens imóveis;

VII – veículos, aeronaves, embarcações e demais bens móveis sujeitos a registro em geral, ainda que em alienação fiduciária;

VIII – (VETADO); e

IX – (VETADO).

ART. 4º. Para adesão ao RERCT, a pessoa física ou jurídica deverá apresentar à Secretaria da Receita Federal do Brasil (RFB) e, em cópia para fins de registro, ao Banco Central do Brasil declaração única de regularização específica contendo a descrição pormenorizada dos recursos, bens e direitos de qualquer natureza de que seja titular em 31 de dezembro de 2014 a serem regularizados, com o respectivo valor em real, ou, no caso de inexistência de saldo ou título de propriedade em 31 de dezembro de 2014, a descrição das condutas praticadas pelo declarante que se enquadrem nos crimes previstos no § 1º do art. 5º desta Lei e dos respectivos bens e recursos que possuiu.

§ 1º. A declaração única de regularização a que se refere o caput deverá conter:

I – a identificação do declarante;

II – as informações fornecidas pelo contribuinte necessárias à identificação dos recursos, bens ou direitos a serem regularizados, bem como de sua titularidade e origem;

III – o valor, em real, dos recursos, bens ou direitos de qualquer natureza declarados;

IV – declaração do contribuinte de que os bens ou direitos de qualquer natureza declarados têm origem em atividade econômica lícita;

V – na hipótese de inexistência de saldo dos recursos, ou de titularidade de propriedade de bens ou direitos referidos no caput, em 31 de dezembro de 2014, a descrição das condutas praticadas pelo declarante que se enquadrem nos crimes previstos no § 1º do art. 5º desta Lei e dos respectivos recursos, bens ou direitos de qualquer natureza não declarados, remetidos ou mantidos no exterior ou repatriados, ainda que posteriormente repassados à titularidade ou responsabilidade, direta ou indireta, de trust de quaisquer espécies, fundações, sociedades despersonalizadas, fideicomissos, ou dispostos mediante a entrega a pessoa física ou jurídica, personalizada ou não, para guarda, depósito, investimento, posse ou propriedade de que sejam beneficiários efetivos o interessado, seu representante ou pessoa por ele designada; e

VI – (VETADO).

§ 2º. Os recursos, bens e direitos de qualquer natureza constantes da declaração única para adesão ao RERCT deverão também ser informados na:

I – declaração retificadora de ajuste anual do imposto de renda relativa ao ano-calendário de 2014 e posteriores, no caso de pessoa física;

II – declaração retificadora da declaração de bens e capitais no exterior relativa ao ano-calendário de 2014 e posteriores, no caso de pessoa física e jurídica, se a ela estiver obrigada; e

III – escrituração contábil societária relativa ao ano-calendário da adesão e posteriores, no caso de pessoa jurídica.

§ 3º. A declaração das condutas e bens referidos no inciso V do § 1º não implicará a apresentação das declarações previstas nos incisos I, II e III do § 2º.

§ 4º. Após a adesão ao RERCT e consequente regularização nos termos do caput, a opção de repatriação pelo declarante de ativos financeiros no exterior deverá ocorrer por intermédio de instituição financeira autorizada a funcionar no País e a operar no mercado de câmbio, mediante apresentação do protocolo de entrega da declaração de que trata o caput deste artigo.

§ 5º. A regularização de ativos mantidos em nome de interposta pessoa estenderá a ela a extinção de punibilidade prevista no § 1º do art. 5º, nas condições previstas no referido artigo.

§ 6º. É a pessoa física ou jurídica que aderir ao RERCT obrigada a manter em boa guarda e ordem e em sua posse, pelo prazo de 5 (cinco) anos, cópia dos documentos referidos no § 8º que ampararam a declaração de adesão ao RERCT e a apresentá-los se e quando exigidos pela RFB.

§ 7º. Os rendimentos, frutos e acessórios decorrentes do aproveitamento, no exterior ou no País, dos recursos, bens ou direitos de qualquer natureza regularizados por meio da declaração única a que se refere o caput deste artigo, obtidos no ano-calendário de 2015, deverão ser incluídos nas declarações previstas no § 2º referentes ao ano-calendário da adesão e posteriores, aplicando-se o disposto no art. 138 da Lei nº 5.172, de 25 de outubro de 1966 (Código Tributário Nacional), se as retificações necessárias forem feitas até o último dia do prazo para adesão ao RERCT.

§ 8º. Para fins da declaração prevista no caput, o valor dos ativos a serem declarados deve corresponder aos valores de mercado, presumindo-se como tal:

I – para os ativos referidos nos incisos I e III do art. 3º, o saldo existente em 31 de dezembro de 2014, conforme documento disponibilizado pela instituição financeira custodiante;

II – para os ativos referidos no inciso II do art. 3º, o saldo credor remanescente em 31 de dezembro de 2014, conforme contrato entre as partes;

III – para os ativos referidos no inciso IV do art. 3º, o valor de patrimônio líquido apurado em 31 de dezembro de 2014, conforme balanço patrimonial levantado nessa data;

IV – para os ativos referidos nos incisos V, VI, VII e IX do art. 3º, o valor de mercado apurado conforme avaliação feita por entidade especializada;

V – (VETADO); e

LEIS ORDINÁRIAS

VI – para os ativos não mais existentes ou que não sejam de propriedade do declarante em 31 de dezembro de 2014, o valor apontado por documento idôneo que retrate o bem ou a operação a ele referente.

§ 9º. Para fins de apuração do valor do ativo em real, o valor expresso em moeda estrangeira deve ser convertido:

I – em dólar norte-americano pela cotação do dólar fixada, para venda, pelo Banco Central do Brasil, para o último dia útil do mês de dezembro de 2014; e

II – em moeda nacional pela cotação do dólar fixada, para venda, pelo Banco Central do Brasil, para o último dia útil do mês de dezembro de 2014.

§ 10. Para os recursos já repatriados, a declaração deverá ser feita tendo como base o valor do ativo em real em 31 de dezembro de 2014.

§ 11. Estão isentos da multa de que trata o art. 8º os valores disponíveis em contas no exterior no limite de até R$ 10.000,00 (dez mil reais) por pessoa, convertidos em dólar norte-americano em 31 de dezembro de 2014.

§ 12. A declaração de regularização de que trata o caput não poderá ser, por qualquer modo, utilizada:

I – como único indício ou elemento para efeitos de expediente investigatório ou procedimento criminal;

II – para fundamentar, direta ou indiretamente, qualquer procedimento administrativo de natureza tributária ou cambial em relação aos recursos dela constantes.

§ 13. Sempre que o montante de ativos financeiros for superior a USD 100.000,00 (cem mil dólares norte-americanos), sem prejuízo do previsto no § 4º, o declarante deverá solicitar e autorizar a instituição financeira no exterior a enviar informação sobre o saldo desses ativos em 31 de dezembro de 2014 para instituição financeira autorizada a funcionar no País, que prestará tal informação à RFB, não cabendo à instituição financeira autorizada a funcionar no País responsabilidade alguma quanto à averiguação das informações prestadas pela instituição financeira estrangeira

ART. 5º. A adesão ao programa dar-se-á mediante entrega da declaração dos recursos, bens e direitos sujeitos à regularização prevista no caput do art. 4º e pagamento integral do imposto previsto no art. 6º e da multa prevista no art. 8º desta Lei.

§ 1º. O cumprimento das condições previstas no caput antes de decisão criminal extinguirá, em relação a recursos, bens e direitos a serem regularizados nos termos desta Lei, a punibilidade dos crimes a seguir previstos, praticados até a data de adesão ao RERCT: (Redação dada pela Lei nº 13.428, de 2017)

I – no art. 1º e nos incisos I, II e V do art. 2º da Lei nº 8.137, de 27 de dezembro de 1990;

II – na Lei nº 4.729, de 14 de julho de 1965;

III – no art. 337-A do Decreto-Lei nº 2.848, de 7 de dezembro de 1940 (Código Penal);

IV – nos seguintes arts. do Decreto-Lei nº 2.848, de 7 de dezembro de 1940 (Código Penal), quando exaurida sua potencialidade lesiva com a prática dos crimes previstos nos incisos I a III:

a) 297;

b) 298;

c) 299;

d) 304;

V – (VETADO);

VI – no caput e no parágrafo único do art. 22 da Lei nº 7.492, de 16 de junho de 1986;

VII – no art. 1º da Lei nº 9.613, de 3 de março de 1998, quando o objeto do crime for bem, direito ou valor proveniente, direta ou indiretamente, dos crimes previstos nos incisos I a VI;

VIII – (VETADO).

§ 2º. A extinção da punibilidade a que se refere o § 1º:

I – (VETADO);

II – somente ocorrerá se o cumprimento das condições se der antes do trânsito em julgado da decisão criminal condenatória;

III – produzirá, em relação à administração pública, a extinção de todas as obrigações de natureza cambial ou financeira, principais ou acessórias, inclusive as meramente formais, que pudessem ser exigíveis em relação aos bens e direitos declarados, ressalvadas as previstas nesta Lei.

§ 3º. (VETADO).

§ 4º. (VETADO).

§ 5º. Na hipótese dos incisos V e VI do § 1º, a extinção da punibilidade será restrita aos casos em que os recursos utilizados na operação de câmbio não autorizada, as divisas ou moedas saídas do País sem autorização legal ou os depósitos mantidos no exterior e não declarados à repartição federal competente possuírem origem lícita ou forem provenientes, direta ou indiretamente, de quaisquer dos crimes previstos nos incisos I, II, III, VII ou VIII do § 1º.

ART. 6º. Para fins do disposto nesta Lei, o montante dos ativos objeto de regularização será considerado acréscimo patrimonial adquirido em 31 de dezembro de 2014, ainda que nessa data não exista saldo ou título de propriedade, na forma do inciso II do caput e do § 1º do art. 43 da Lei nº 5.172, de 25 de outubro de 1966 (Código Tributário Nacional), sujeitando-se a pessoa, física ou jurídica, ao pagamento do imposto de renda sobre ele, a título de ganho de capital, à alíquota de 15% (quinze por cento), vigente em 31 de dezembro de 2014.

§ 1º. A arrecadação referida no caput será compartilhada com Estados e Municípios na forma estabelecida pela Constituição Federal, especialmente nos termos do que dispõe o inciso I de seu art. 159.

§ 2º. Na apuração da base de cálculo dos tributos de que trata este artigo, correspondente ao valor do ativo em real, não serão admitidas deduções de espécie alguma ou descontos de custo de aquisição.

§ 3º. Para fins de apuração do valor do ativo em real, o valor expresso em moeda estrangeira deve ser convertido:

I – em dólar norte-americano pela cotação do dólar fixada, para venda, pelo Banco Central do Brasil, para o último dia útil do mês de dezembro de 2014; e

II – em moeda nacional pela cotação do dólar fixada, para venda, pelo Banco Central do Brasil, para o último dia útil do mês de dezembro de 2014.

§ 4º. A regularização dos bens e direitos e o pagamento dos tributos na forma deste artigo e da multa de que trata o art. 8º implicarão a remissão dos créditos tributários decorrentes do descumprimento de obrigações tributárias e a redução de 100% (cem por cento) das multas de mora, de ofício ou isoladas e dos encargos legais diretamente relacionados a esses bens e direitos em relação a fatos geradores ocorridos até 31 de dezembro de 2014 e excluirão a multa pela não entrega completa e tempestiva da declaração de capitais brasileiros no exterior, na forma definida pelo Banco Central do Brasil, as penalidades aplicadas pela Comissão de Valores Mobiliários ou outras entidades regulatórias e as penalidades previstas na Lei nº 4.131, de 3 de setembro de 1962, na Lei nº 9.069, de 29 de junho de 1995, e na Medida Provisória nº 2.224, de 4 de setembro de 2001.

§ 5º. A remissão e a redução das multas previstas no § 4º não alcançam os tributos retidos por sujeito passivo, na condição de responsável, e não recolhidos aos cofres públicos no prazo legal.

§ 6º. A opção pelo RERCT dispensa o pagamento de acréscimos moratórios incidentes sobre o imposto de que trata o caput.

§ 7º. O imposto pago na forma deste artigo será considerado como tributação definitiva e não permitirá a restituição de valores anteriormente pagos.

§ 8º. A opção pelo RERCT e o pagamento do imposto na forma do caput importam confissão irrevogável e irretratável dos débitos em nome do sujeito passivo na condição de contribuinte ou responsável, configuram confissão extrajudicial nos termos dos arts. 348, 353 e 354 da Lei nº 5.869, de 11 de janeiro de 1973 (Código de Processo Civil), e condicionam o sujeito passivo à aceitação plena e irretratável de todas as condições estabelecidas nesta Lei.

ART. 7º. A adesão ao RERCT poderá ser feita no prazo de 210 (duzentos e dez) dias, contado a partir da data de entrada em vigor do ato da RFB de que trata o art. 10, com declaração da situação patrimonial em 31 de dezembro de 2014 e o consequente pagamento do tributo e da multa.

§ 1º. A divulgação ou a publicidade das informações presentes no RERCT implicarão efeito equivalente à quebra do sigilo fiscal, sujeitando o responsável às penas previstas na Lei Complementar nº 105, de 10 de janeiro de 2001, e no art. 325 do Decreto-Lei nº 2.848, de 7 de dezembro de 1940 (Código Penal), e, no caso de funcionário público, à pena de demissão.

§ 2º. Sem prejuízo do disposto no § 6º do art. 4º, é vedada à RFB, ao Conselho Monetário Nacional (CMN), ao Banco Central do Brasil e aos demais órgãos públicos intervenientes do RERCT a divulgação ou o compartilhamento das informações prestadas pelos declarantes que tiverem aderido ao RERCT com os Estados, o Distrito Federal e os Municípios, inclusive para fins de constituição de crédito tributário.

ART. 8º. Sobre o valor do imposto apurado na forma do art. 6º incidirá multa de 100% (cem por cento).

§ 1º. (VETADO).

§ 2º. Compete à RFB a administração das atividades relativas à operacionalização, à cobrança, à arrecadação, à restituição e à fiscalização da multa de que trata o caput.

ART. 9º. Será excluído do RERCT o contribuinte que apresentar declarações ou documentos falsos relativos à titularidade e à condição jurídica dos recursos, bens ou direitos declarados nos termos do art. 1º desta Lei ou aos documentos previstos no § 8º do art. 4º.

§ 1º. Em caso de exclusão do RERCT, serão cobrados os valores equivalentes aos tributos, multas e juros incidentes, deduzindo-se o que houver sido anteriormente pago, sem prejuízo da aplicação das penalidades cíveis, penais e administrativas cabíveis.

§ 2º. Na hipótese de exclusão do contribuinte do RERCT, a instauração ou a continuidade de procedimentos investigatórios quanto à origem dos ativos objeto de regularização somente poderá ocorrer se houver evidências documentais não relacionadas à declaração do contribuinte.

§ 3º. A declaração com incorreção em relação ao valor dos ativos não ensejará a exclusão do RERCT, resguardado o direito da Fazenda Pública de exigir o pagamento dos tributos e acréscimos legais incidentes sobre os valores declarados incorretamente, nos termos da legislação do imposto sobre a renda. (Incluído pela Lei nº 13.428, de 2017)

§ 4º. Somente o pagamento integral dos tributos e acréscimos de que trata o § 3º no prazo de 30 (trinta) dias da ciência do auto de infração extinguirá a punibilidade dos crimes praticados pelo declarante previstos no § 1º do art. 5º relacionados aos ativos declarados incorretamente. (Incluído pela Lei nº 13.428, de 2017)

ART. 10. O disposto nesta Lei será regulamentado:

I – pela RFB, no âmbito de suas competências; e

II – (VETADO).

ART. 11. Os efeitos desta Lei não serão aplicados aos detentores de cargos, empregos e funções públicas de direção ou eletivas, nem ao respectivo cônjuge e aos parentes consanguíneos ou afins, até o segundo grau ou por adoção, na data de publicação desta Lei.

ART. 12. Esta Lei entra em vigor na data de sua publicação.

Brasília, 13 de janeiro de 2016;
195º da Independência e 128º da República.

DILMA ROUSSEFF

Este texto não substitui o publicado no DOU de 14.1.2016

LEI Nº 13.260, DE 16 DE MARÇO DE 2016 – TERRORISMO

Regulamenta o disposto no inciso XLIII do art. 5º da Constituição Federal, disciplinando o terrorismo, tratando de disposições investigatórias e processuais e reformulando o conceito de organização terrorista; e altera as Leis nº 7.960, de 21 de dezembro de 1989, e 12.850, de 2 de agosto de 2013.

▸ Vide Lei 13. 810, de 8-3-2019.

ART. 1º. Esta Lei regulamenta o disposto no inciso XLIII do art. 5º da Constituição Federal, disciplinando o terrorismo, tratando de disposições investigatórias e processuais e reformulando o conceito de organização terrorista.

ART. 2º. O terrorismo consiste na prática por um ou mais indivíduos dos atos previstos neste artigo, por razões de xenofobia, discriminação ou preconceito de raça, cor, etnia e religião, quando cometidos com a finalidade de provocar terror social ou generalizado, expondo a perigo pessoa, patrimônio, a paz pública ou a incolumidade pública.

§ 1º. São atos de terrorismo:

I – usar ou ameaçar usar, transportar, guardar, portar ou trazer consigo explosivos, gases tóxicos, venenos, conteúdos biológicos, químicos, nucleares ou outros meios capazes de causar danos ou promover destruição em massa;

II – (VETADO);

III – (VETADO);

IV – sabotar o funcionamento ou apoderar-se, com violência, grave ameaça a pessoa ou servindo-se de mecanismos cibernéticos, do controle total ou parcial, ainda que de modo temporário, de meio de comunicação ou de transporte, de portos, aeroportos, estações ferroviárias ou rodoviárias, hospitais, casas de saúde, escolas, estádios esportivos, instalações públicas ou locais onde funcionem serviços públicos essenciais, instalações de geração ou transmissão de energia, instalações militares, instalações de exploração, refino e processamento de petróleo e gás e instituições bancárias e sua rede de atendimento;

V – atentar contra a vida ou a integridade física de pessoa:

Pena – reclusão, de doze a trinta anos, além das sanções correspondentes à ameaça ou à violência.

§ 2º. O disposto neste artigo não se aplica à conduta individual ou coletiva de pessoas em manifestações políticas, movimentos sociais, sindicais, religiosos, de classe ou de categoria profissional, direcionados por propósitos sociais ou reivindicatórios, visando a contestar, criticar, protestar ou apoiar, com o objetivo de defender direitos, garantias e liberdades constitucionais, sem prejuízo da tipificação penal contida em lei.

ART. 3º. Promover, constituir, integrar ou prestar auxílio, pessoalmente ou por interposta pessoa, a organização terrorista:

Pena – reclusão, de cinco a oito anos, e multa.

§ 1º. (VETADO).

§ 2º. (VETADO).

ART. 4º. (VETADO).

ART. 5º. Realizar atos preparatórios de terrorismo com o propósito inequívoco de consumar tal delito:

Pena – a correspondente ao delito consumado, diminuída de um quarto até a metade.

§ 1º. Incorre nas mesmas penas o agente que, com o propósito de praticar atos de terrorismo:

I – recrutar, organizar, transportar ou municiar indivíduos que viajem para país distinto daquele de sua residência ou nacionalidade; ou

II – fornecer ou receber treinamento em país distinto daquele de sua residência ou nacionalidade.

§ 2º. Nas hipóteses do § 1º, quando a conduta não envolver treinamento ou viagem para país distinto daquele de sua residência ou nacionalidade, a pena será a correspondente ao delito consumado, diminuída de metade a dois terços.

ART. 6º. Receber, prover, oferecer, obter, guardar, manter em depósito, solicitar, investir, de qualquer modo, direta ou indiretamente, recursos, ativos, bens, direitos, valores ou serviços de qualquer natureza, para o planejamento, a preparação ou a execução dos crimes previstos nesta Lei:

Pena – reclusão, de quinze a trinta anos.

Parágrafo único. Incorre na mesma pena quem oferecer ou receber, obtiver, guardar, mantiver em depósito, solicitar, investir ou de qualquer modo contribuir para a obtenção de ativo, bem ou recurso financeiro, com a finalidade de financiar, total ou parcialmente, pessoa, grupo de pessoas, associação, entidade, organização criminosa que tenha como atividade principal ou secundária, mesmo em caráter eventual, a prática dos crimes previstos nesta Lei.

ART. 7º. Salvo quando for elementar da prática de qualquer crime previsto nesta Lei, se de algum deles resultar lesão corporal grave, aumenta-se a pena de um terço, se resultar morte, aumenta-se a pena da metade.

ART. 8º. (VETADO).

ART. 9º. (VETADO).

ART. 10. Mesmo antes de iniciada a execução do crime de terrorismo, na hipótese do art. 5º desta Lei, aplicam-se as disposições do art. 15 do Decreto-Lei nº 2.848, de 7 de dezembro de 1940 – Código Penal.

ART. 11. Para todos os efeitos legais, considera-se que os crimes previstos nesta Lei são praticados contra o interesse da União, cabendo à Polícia Federal a investigação criminal, em sede de inquérito policial, e à Justiça Federal o seu processamento e julgamento, nos termos do inciso IV do art. 109 da Constituição Federal.

Parágrafo único. (VETADO).

ART. 12. O juiz, de ofício, a requerimento do Ministério Público ou mediante representação do delegado de polícia, ouvido o Ministério Público em vinte e quatro horas, havendo indícios suficientes de crime previsto nesta Lei, poderá decretar, no curso da investigação ou da ação penal, medidas assecuratórias de bens, direitos ou valores do investigado ou acusado, ou existentes em nome de interpostas pessoas, que sejam instrumento, produto ou proveito dos crimes previstos nesta Lei.

§ 1º. Proceder-se-á à alienação antecipada para preservação do valor dos bens sempre que estiverem sujeitos a qualquer grau de deterioração ou depreciação, ou quando houver dificuldade para sua manutenção.

§ 2º. O juiz determinará a liberação, total ou parcial, dos bens, direitos e valores quando comprovada a licitude de sua origem e destinação, mantendo-se a constrição dos bens, direitos e valores necessários e suficientes à reparação dos danos e ao pagamento de prestações pecuniárias, multas e custas decorrentes da infração penal.

§ 3º. Nenhum pedido de liberação será conhecido sem o comparecimento pessoal do acusado ou de interposta pessoa a que se refere o caput deste artigo, podendo o juiz determinar a prática de atos necessários à conservação de bens, direitos ou valores, sem prejuízo do disposto no § 1º.

§ 4º. Poderão ser decretadas medidas assecuratórias sobre bens, direitos ou valores para reparação do dano decorrente da infração penal antecedente ou da prevista nesta Lei ou para pagamento de prestação pecuniária, multa e custas.

ART. 13. Quando as circunstâncias o aconselharem, o juiz, ouvido o Ministério Público, nomeará pessoa física ou jurídica qualificada para a administração dos bens, direitos ou valores sujeitos a medidas assecuratórias, mediante termo de compromisso.

ART. 14. A pessoa responsável pela administração dos bens:

I – fará jus a uma remuneração, fixada pelo juiz, que será satisfeita preferencialmente com o produto dos bens objeto da administração;

II – prestará, por determinação judicial, informações periódicas da situação dos bens sob sua administração, bem como explicações e detalhamentos sobre investimentos e reinvestimentos realizados.

Parágrafo único. Os atos relativos à administração dos bens serão levados ao conhecimento do Ministério Público, que requererá o que entender cabível.

ART. 15. O juiz determinará, na hipótese de existência de tratado ou convenção internacional e por solicitação de autoridade estrangeira competente, medidas assecuratórias sobre bens, direitos ou valores oriundos de crimes descritos nesta Lei praticados no estrangeiro.

§ 1º. Aplica-se o disposto neste artigo, independentemente de tratado ou convenção internacional, quando houver reciprocidade do governo do país da autoridade solicitante.

§ 2º. Na falta de tratado ou convenção, os bens, direitos ou valores sujeitos a medidas assecuratórias por solicitação de autoridade estrangeira competente ou os recursos provenientes da sua alienação serão repartidos entre o Estado requerente e o Brasil, na proporção de metade, ressalvado o direito do lesado ou de terceiro de boa-fé.

ART. 16. Aplicam-se as disposições da Lei nº 12.850, de 2 agosto de 2013, para a investigação, processo e julgamento dos crimes previstos nesta Lei.

▸ *Lei nº 12.694, de 24-07-2012, dispõe sobre o processo e o julgamento colegiado em primeiro grau de jurisdição de crimes praticados por organizações criminosas.*

▸ *Lei nº 12.850, de 02-08-2013, arts. 3º a 14, Organização Criminosa.*

ART. 17. Aplicam-se as disposições da Lei nº 8.072, de 25 de julho de 1990, aos crimes previstos nesta Lei.

ART. 18. O inciso III do art. 1º da Lei nº 7.960, de 21 de dezembro de 1989, passa a vigorar acrescido da seguinte alínea p:

▸ *Alterações já incorporadas ao texto da referida lei.*

ART. 19. O art. 1º da Lei nº 12.850, de 2 de agosto de 2013, passa a vigorar com a seguinte alteração:

▸ *Alterações já incorporadas ao texto da referida lei.*

ART. 20. Esta Lei entra em vigor na data de sua publicação.

Brasília, 16 de março de 2016;
195º da Independência e 128º da República.

DILMA ROUSSEFF

Este texto não substitui o publicado no DOU de 17.3.2016 – Edição extra e retificada em 18.3.2016.

LEI Nº 13.271, DE 15 DE ABRIL DE 2016 – REVISTA ÍNTIMA

Dispõe sobre a proibição de revista íntima de funcionárias nos locais de trabalho e trata da revista íntima em ambientes prisionais.

ART. 1º. As empresas privadas, os órgãos e entidades da administração pública, direta e indireta, ficam proibidos de adotar qualquer prática de revista íntima de suas funcionárias e de clientes do sexo feminino.

ART. 2º. Pelo não cumprimento do art. 1º, ficam os infratores sujeitos a:

I – multa de R$ 20.000,00 (vinte mil reais) ao empregador, revertidos aos órgãos de proteção dos direitos da mulher;

II – multa em dobro do valor estipulado no inciso I, em caso de reincidência, independentemente da indenização por danos morais e materiais e sanções de ordem penal.

ART. 3º. (VETADO).

ART. 4º. Esta Lei entra em vigor na data de sua publicação.

Brasília, 15 de abril de 2016;
195º da Independência e 128º da República.

DILMA ROUSSEFF

Este texto não substitui o publicado no DOU de 18.4.2016

LEI Nº 13.344, DE 6 DE OUTUBRO DE 2016

Dispõe sobre prevenção e repressão ao tráfico interno e internacional de pessoas e sobre medidas de atenção às vítimas; altera a Lei nº 6.815, de 19 de agosto de 1980, o Decreto-Lei nº 3.689, de 3 de outubro de 1941 (Código de Processo Penal), e o Decreto-Lei nº 2.848, de 7 de dezembro de 1940 (Código Penal); e revoga dispositivos do Decreto-Lei nº 2.848, de 7 de dezembro de 1940 (Código Penal).

▸ *Vide Lei nº 13.445, de 24-05-2017: art. 124, Lei de Migração.*

O PRESIDENTE DA REPÚBLICA Faço saber que o Congresso Nacional decreta e eu sanciono a seguinte Lei:

ART. 1º. Esta Lei dispõe sobre o tráfico de pessoas cometido no território nacional contra vítima brasileira ou estrangeira e no exterior contra vítima brasileira.

Parágrafo único. O enfrentamento ao tráfico de pessoas compreende a prevenção e a repressão desse delito, bem como a atenção às suas vítimas.

CAPÍTULO I. DOS PRINCÍPIOS E DAS DIRETRIZES

ART. 2º. O enfrentamento ao tráfico de pessoas atenderá aos seguintes princípios:

I – respeito à dignidade da pessoa humana;

II – promoção e garantia da cidadania e dos direitos humanos;

III – universalidade, indivisibilidade e interdependência;

IV – não discriminação por motivo de gênero, orientação sexual, origem étnica ou social, procedência, nacionalidade, atuação profissional, raça, religião, faixa etária, situação migratória ou outro status;

V – transversalidade das dimensões de gênero, orientação sexual, origem étnica ou social, procedência, raça e faixa etária nas políticas públicas;

VI – atenção integral às vítimas diretas e indiretas, independentemente de nacionalidade e de colaboração em investigações ou processos judiciais;

VII – proteção integral da criança e do adolescente.

ART. 3º. O enfrentamento ao tráfico de pessoas atenderá às seguintes diretrizes:

I – fortalecimento do pacto federativo, por meio da atuação conjunta e articulada das esferas de governo no âmbito das respectivas competências;

II – articulação com organizações governamentais e não governamentais nacionais e estrangeiras;

III – incentivo à participação da sociedade em instâncias de controle social e das entidades de classe ou profissionais na discussão das políticas sobre tráfico de pessoas;

IV – estruturação da rede de enfrentamento ao tráfico de pessoas, envolvendo todas as esferas de governo e organizações da sociedade civil;

V – fortalecimento da atuação em áreas ou regiões de maior incidência do delito, como as de fronteira, portos, aeroportos, rodovias e estações rodoviárias e ferroviárias;

VI – estímulo à cooperação internacional;

VII – incentivo à realização de estudos e pesquisas e ao seu compartilhamento;

VIII – preservação do sigilo dos procedimentos administrativos e judiciais, nos termos da lei;

IX – gestão integrada para coordenação da política e dos planos nacionais de enfrentamento ao tráfico de pessoas.

CAPÍTULO II. DA PREVENÇÃO AO TRÁFICO DE PESSOAS

ART. 4º. A prevenção ao tráfico de pessoas dar-se-á por meio:

I – da implementação de medidas intersetoriais e integradas nas áreas de saúde, educação, trabalho, segurança pública, justiça, turismo, assistência social, desenvolvimento rural, esportes, comunicação, cultura e direitos humanos;

II – de campanhas socioeducativas e de conscientização, considerando as diferentes realidades e linguagens;

III – de incentivo à mobilização e à participação da sociedade civil; e

IV – de incentivo a projetos de prevenção ao tráfico de pessoas.

CAPÍTULO III. DA REPRESSÃO AO TRÁFICO DE PESSOAS

ART. 5º. A repressão ao tráfico de pessoas dar-se-á por meio:

I – da cooperação entre órgãos do sistema de justiça e segurança, nacionais e estrangeiros;

II – da integração de políticas e ações de repressão aos crimes correlatos e da responsabilização dos seus autores;

III – da formação de equipes conjuntas de investigação.

CAPÍTULO IV. DA PROTEÇÃO E DA ASSISTÊNCIA ÀS VÍTIMAS

ART. 6º. A proteção e o atendimento à vítima direta ou indireta do tráfico de pessoas compreendem:

I – assistência jurídica, social, de trabalho e emprego e de saúde;

II – acolhimento e abrigo provisório;

III – atenção às suas necessidades específicas, especialmente em relação a questões de gênero, orientação sexual, origem étnica ou social, procedência, nacionalidade, raça, religião, faixa etária, situação migratória, atuação profissional, diversidade cultural, linguagem, laços sociais e familiares ou outro status;

IV – preservação da intimidade e da identidade;

V – prevenção à revitimização no atendimento e nos procedimentos investigatórios e judiciais;

VI – atendimento humanizado;

VII – informação sobre procedimentos administrativos e judiciais.

§ 1º. A atenção às vítimas dar-se-á com a interrupção da situação de exploração ou violência, a sua reinserção social, a garantia de facilitação do acesso à educação, à cultura, à formação profissional e ao trabalho e, no caso de crianças e adolescentes, a busca de sua reinserção familiar e comunitária.

§ 2º. No exterior, a assistência imediata a vítimas brasileiras estará a cargo da rede consular brasileira e será prestada independentemente de sua situação migratória, ocupação ou outro status.

§ 3º. A assistência à saúde prevista no inciso I deste artigo deve compreender os aspectos de recuperação física e psicológica da vítima.

ART. 7º. A Lei nº 6.815, de 19 de agosto de 1980, passa a vigorar acrescida dos seguintes artigos:

▸ *Lei nº 13.445, de 24-05-2017: arts. 30, II, g, e 124, Lei de Migração.*

LEIS ORDINÁRIAS

"Art. 18-A. Conceder-se-á residência permanente às vítimas de tráfico de pessoas no território nacional, independentemente de sua situação migratória e de colaboração em procedimento administrativo, policial ou judicial.

§ 1º. O visto ou a residência permanentes poderão ser concedidos, a título de reunião familiar:

I – a cônjuges, companheiros, ascendentes e descendentes; e

II – a outros membros do grupo familiar que comprovem dependência econômica ou convivência habitual com a vítima.

§ 2º. Os beneficiários do visto ou da residência permanentes são isentos do pagamento da multa prevista no inciso II do art. 125.

§ 3º. Os beneficiários do visto ou da residência permanentes de que trata este artigo são isentos do pagamento das taxas e emolumentos previstos nos arts. 20, 33 e 131."

"Art. 18-B. Ato do Ministro de Estado da Justiça e Cidadania estabelecerá os procedimentos para concessão da residência permanente de que trata o art. 18-A."

"Art. 42-A. O estrangeiro estará em situação regular no País enquanto tramitar pedido de regularização migratória."

CAPÍTULO V. DISPOSIÇÕES PROCESSUAIS

ART. 8º. O juiz, de ofício, a requerimento do Ministério Público ou mediante representação do delegado de polícia, ouvido o Ministério Público, havendo indícios suficientes de infração penal, poderá decretar medidas assecuratórias relacionadas a bens, direitos ou valores pertencentes ao investigado ou acusado, ou existentes em nome de interpostas pessoas, que sejam instrumento, produto ou proveito do crime de tráfico de pessoas, procedendo-se na forma dos arts. 125 a 144-A do Decreto-Lei nº 3.689, de 3 de outubro de 1941 (Código de Processo Penal).

§ 1º. Proceder-se-á à alienação antecipada para preservação do valor dos bens sempre que estiverem sujeitos a qualquer grau de deterioração ou depreciação, ou quando houver dificuldade para sua manutenção.

§ 2º. O juiz determinará a liberação total ou parcial dos bens, direitos e valores quando comprovada a licitude de sua origem, mantendo-se a constrição dos bens, direitos e valores necessários e suficientes à reparação dos danos e ao pagamento de prestações pecuniárias, multas e custas decorrentes da infração penal.

§ 3º. Nenhum pedido de liberação será conhecido sem o comparecimento pessoal do acusado ou investigado, ou de interposta pessoa a que se refere o caput, podendo o juiz determinar a prática de atos necessários à conservação de bens, direitos ou valores, sem prejuízo do disposto no § 1º.

§ 4º. Ao proferir a sentença de mérito, o juiz decidirá sobre o perdimento do produto, bem ou valor apreendido, sequestrado ou declarado indisponível.

ART. 9º. Aplica-se subsidiariamente, no que couber, o disposto na Lei nº 12.850, de 2 de agosto de 2013.

ART. 10. O Poder Público é autorizado a criar sistema de informações visando à coleta e à gestão de dados que orientem o enfrentamento ao tráfico de pessoas.

ART. 11. O Decreto-Lei nº 3.689, de 3 de outubro de 1941 (Código de Processo Penal), passa a vigorar acrescido dos seguintes arts. 13-A e 13-B:

"Art. 13-A. Nos crimes previstos nos arts. 148, 149 e 149-A, no § 3º do art. 158 e no art. 159 do Decreto-Lei nº 2.848, de 7 de dezembro de 1940 (Código Penal), e no art. 239 da Lei nº 8.069, de 13 de julho de 1990 (Estatuto da Criança e do Adolescente), o membro do Ministério Público ou o delegado de polícia poderá requisitar, de quaisquer órgãos do poder público ou de empresas da iniciativa privada, dados e informações cadastrais da vítima ou de suspeitos.

Parágrafo único. A requisição, que será atendida no prazo de 24 (vinte e quatro) horas, conterá:

I – o nome da autoridade requisitante;

II – o número do inquérito policial; e

III – a identificação da unidade de polícia judiciária responsável pela investigação."

"Art. 13-B. Se necessário à prevenção e à repressão dos crimes relacionados ao tráfico de pessoas, o membro do Ministério Público ou o delegado de polícia poderão requisitar, mediante autorização judicial, às empresas prestadoras de serviço de telecomunicações e/ou telemática que disponibilizem imediatamente os meios técnicos adequados – como sinais, informações e outros – que permitam a localização da vítima ou dos suspeitos do delito em curso.

§ 1º. Para os efeitos deste artigo, sinal significa posicionamento da estação de cobertura, setorização e intensidade de radiofrequência.

§ 2º. Na hipótese de que trata o caput, o sinal:

I – não permitirá acesso ao conteúdo da comunicação de qualquer natureza, que dependerá de autorização judicial, conforme disposto em lei;

II – deverá ser fornecido pela prestadora de telefonia móvel celular por período não superior a 30 (trinta) dias, renovável por uma única vez, por igual período;

III – para períodos superiores àquele de que trata o inciso II, será necessária a apresentação de ordem judicial.

§ 3º. Na hipótese prevista neste artigo, o inquérito policial deverá ser instaurado no prazo máximo de 72 (setenta e duas) horas, contado do registro da respectiva ocorrência policial.

§ 4º. Não havendo manifestação judicial no prazo de 12 (doze) horas, a autoridade competente requisitará às empresas prestadoras de serviço de telecomunicações e/ou telemática que disponibilizem imediatamente os meios técnicos adequados – como sinais, informações e outros – que permitam a localização da vítima ou dos suspeitos do delito em curso, com imediata comunicação ao juiz."

ART. 12. O inciso V do art. 83 do Decreto-Lei nº 2.848, de 7 de dezembro de 1940 (Código Penal), passa a vigorar com a seguinte redação:

"Art. 83. [...]

V – cumpridos mais de dois terços da pena, nos casos de condenação por crime hediondo, prática de tortura, tráfico ilícito de entorpecentes e drogas afins, tráfico de pessoas e terrorismo, se o apenado não for reincidente específico em crimes dessa natureza [...]" (NR)

ART. 13. O Decreto-Lei nº 2.848, de 7 de dezembro de 1940 (Código Penal), passa a vigorar acrescido do seguinte art. 149-A:

"Tráfico de Pessoas

Art. 149-A. Agenciar, aliciar, recrutar, transportar, transferir, comprar, alojar ou acolher pessoa, mediante grave ameaça, violência, coação, fraude ou abuso, com a finalidade de:

I – remover-lhe órgãos, tecidos ou partes do corpo;

II – submetê-la a trabalho em condições análogas à de escravo;

III – submetê-la a qualquer tipo de servidão;

IV – adoção ilegal; ou

V – exploração sexual.

Pena – reclusão, de 4 (quatro) a 8 (oito) anos, e multa.

§ 1º. A pena é aumentada de um terço até a metade se:

I – o crime for cometido por funcionário público no exercício de suas funções ou a pretexto de exercê-las;

II – o crime for cometido contra criança, adolescente ou pessoa idosa ou com deficiência;

III – o agente se prevalecer de relações de parentesco, domésticas, de coabitação, de hospitalidade, de dependência econômica, de autoridade ou de superioridade hierárquica inerente ao exercício de emprego, cargo ou função; ou

IV – a vítima do tráfico de pessoas for retirada do território nacional.

§ 2º. A pena é reduzida de um a dois terços se o agente for primário e não integrar organização criminosa."

CAPÍTULO VI. DAS CAMPANHAS RELACIONADAS AO ENFRENTAMENTO AO TRÁFICO DE PESSOAS

ART. 14. É instituído o Dia Nacional de Enfrentamento ao Tráfico de Pessoas, a ser comemorado, anualmente, em 30 de julho.

ART. 15. Serão adotadas campanhas nacionais de enfrentamento ao tráfico de pessoas, a serem divulgadas em veículos de comunicação, visando à conscientização da sociedade sobre todas as modalidades de tráfico de pessoas.

CAPÍTULO VII. DISPOSIÇÕES FINAIS

ART. 16. Revogam-se os arts. 231 e 231-A do Decreto-Lei nº 2.848, de 7 de dezembro de 1940 (Código Penal).

ART. 17. Esta Lei entra em vigor após decorridos 45 (quarenta e cinco) dias de sua publicação oficial.

Brasília, 6 de outubro de 2016; 195º da Independência e 128º da República.

MICHEL TEMER

Publicado no DOU de 7.10.2016

LEI Nº 13.428, DE 30 DE MARÇO DE 2017

Altera a Lei nº 13.254, de 13 de janeiro de 2016, que "Dispõe sobre o Regime Especial de Regularização Cambial e Tributária (RERCT) de recursos, bens ou direitos de origem lícita, não declarados ou declarados incorretamente, remetidos, mantidos no exterior ou repatriados por residentes ou domiciliados no País".

O PRESIDENTE DA REPÚBLICA Faço saber que o Congresso Nacional decreta e eu sanciono a seguinte Lei:

ART. 1º. A Lei nº 13.254, de 13 de janeiro de 2016, passa a vigorar com as seguintes alterações:

▸ *Alterações inseridas no texto da referida Lei.*

ART. 2º. O prazo para adesão ao RERCT de que trata a Lei nº 13.254, de 13 de janeiro de 2016, será reaberto por 120 (cento e vinte) dias, contados da data da regulamentação para a declaração voluntária da situação patrimonial em 30 de junho de 2016 de ativos, bens e direitos existentes em períodos anteriores a essa data, mediante pagamento de imposto e multa.

§ 1º. Para as adesões efetuadas nos termos deste artigo, altera-se:

I – a referência a "31 de dezembro de 2014" constante da Lei no 13.254, de 13 de janeiro de 2016, para "30 de junho de 2016";

II – a referência a "mês de dezembro de 2014" constante da Lei no 13.254, de 13 de janeiro de 2016, para "mês de junho de 2016";

III – a referência a "no ano-calendário de 2015" constante do § 7º do art. 4º da Lei nº 13.254, de 13 de janeiro de 2016, para "a partir de 1º de julho de 2016".

§ 2º. Os bens ou direitos de qualquer natureza regularizados nos termos deste artigo e os rendimentos, frutos e acessórios decorrentes do seu aproveitamento, no exterior ou no País, obtidos a partir de 1º de julho de 2016, deverão ser incluídos na:

I – declaração de ajuste anual do imposto sobre a renda relativa ao ano-calendário de 2016, ou em sua retificadora, no caso de pessoa física;

II – declaração de bens e capitais no exterior relativa ao ano-calendário de 2016, no caso de pessoa física ou jurídica, se a ela estiver obrigada; e

III – escrituração contábil societária relativa ao ano-calendário da adesão e posteriores, no caso de pessoa jurídica.

§ 3º. Às adesões efetuadas nos termos deste artigo não se aplica o disposto nº § 2º do art. 4º da Lei nº 13.254, de 13 de janeiro de 2016.

§ 4º. Aos rendimentos, frutos e acessórios de que trata o § 2º deste artigo incluídos nas declarações nele indicadas aplica-se o disposto no art. 138 da Lei nº 5.172, de 25 de outubro de 1966 (Código Tributário Nacional), inclusive com dispensa do pagamento de multas moratórias, se as inclusões forem feitas até o último dia do prazo para adesão ao RERCT ou até o último dia do prazo regular

LEIS ORDINÁRIAS

de apresentação da respectiva declaração anual, o que for posterior.

§ 5º. Às adesões ocorridas no período previsto neste artigo aplica-se a alíquota do imposto de renda de que trata o art. 6º da Lei nº 13.254, de 13 de janeiro de 2016.

§ 6º. Em substituição à multa a que se refere o **caput** do art. 8º da Lei nº 13.254, de 13 de janeiro de 2016, sobre o valor do imposto apurado na forma do § 5º deste artigo incidirá multa administrativa de 135% (cento e trinta e cinco por cento).

§ 7º. Do produto da arrecadação da multa prevista no § 6º a União entregará 46% (quarenta e seis por cento) aos Estados, ao Distrito Federal e aos Municípios na forma das alíneas «a», «b», «d» e «e» do inciso I do art. 159 da Constituição Federal.

ART. 3º. As adesões realizadas com base no § 4º-A do art. 1º da Lei nº 13.254, de 13 de janeiro de 2016, submetem-se aos requisitos do art. 2º desta Lei.

ART. 4º. É facultado ao contribuinte que aderiu ao RERCT até 31 de outubro de 2016 complementar a declaração de que trata o art. 5º da Lei nº 13.254, de 13 de janeiro de 2016, obrigando-se, caso exerça esse direito, a pagar os respectivos imposto e multa devidos sobre o valor adicional e a observar a nova data fixada para a conversão do valor expresso em moeda estrangeira, nos termos do art. 2º desta Lei.

ART. 5º. O disposto nesta Lei será regulamentado pela Secretaria da Receita Federal do Brasil em até 30 (trinta) dias.

ART. 6º. Esta Lei entra em vigor na data de sua publicação.

Brasília, 30 de março de 2017;
196º da Independência e 129º da República.

MICHEL TEMER
Henrique Meirelles
Dyogo Henrique de Oliveira

Este texto não substitui o publicado no DOU de 31.3.2017

LEI Nº 13.431, DE 4 DE ABRIL DE 2017

Estabelece o sistema de garantia de direitos da criança e do adolescente vítima ou testemunha de violência e altera a Lei nº 8.069, de 13 de julho de 1990 (Estatuto da Criança e do Adolescente). O PRESIDENTE DA REPÚBLICA Faço saber que o Congresso Nacional decreta e eu sanciono a seguinte Lei:

TÍTULO I. DISPOSIÇÕES GERAIS

ART. 1º. Esta Lei normatiza e organiza o sistema de garantia de direitos da criança e do adolescente vítima ou testemunha de violência, cria mecanismos para prevenir e coibir a violência, nos termos do art. 227 da Constituição Federal, da Convenção sobre os Direitos da Criança e seus protocolos adicionais, da Resolução nº 20/2005 do Conselho Econômico e Social das Nações Unidas e de outros diplomas internacionais, e estabelece medidas de assistência e proteção à criança e ao adolescente em situação de violência.

ART. 2º. A criança e o adolescente gozam dos direitos fundamentais inerentes à pessoa humana, sendo-lhes asseguradas a proteção integral e as oportunidades e facilidades para viver sem violência e preservar sua saúde física e mental e seu desenvolvimento moral, intelectual e social, e gozam de direitos específicos à sua condição de vítima ou testemunha.

Parágrafo único. A União, os Estados, o Distrito Federal e os Municípios desenvolverão políticas integradas e coordenadas que visem a garantir os direitos humanos da criança e do adolescente no âmbito das relações domésticas, familiares e sociais, para resguardá-los de toda forma de negligência, discriminação, exploração, violência, abuso, crueldade e opressão.

ART. 3º. Na aplicação e interpretação desta Lei, serão considerados os fins sociais a que ela se destina e, especialmente, as condições peculiares da criança e do adolescente como pessoas em desenvolvimento, às quais o Estado, a família e a sociedade devem assegurar a fruição dos direitos fundamentais com absoluta prioridade.

Parágrafo único. A aplicação desta Lei é facultativa para as vítimas e testemunhas de violência entre 18 (dezoito) e 21 (vinte e um) anos, conforme disposto no parágrafo único do art. 2º da Lei nº 8.069, de 13 de julho de 1990 (Estatuto da Criança e do Adolescente).

ART. 4º. Para os efeitos desta Lei, sem prejuízo da tipificação das condutas criminosas, são formas de violência:

I – violência física, entendida como a ação infligida à criança ou ao adolescente que ofenda sua integridade ou saúde corporal ou que lhe cause sofrimento físico;

II – violência psicológica:

a) qualquer conduta de discriminação, depreciação ou desrespeito em relação à criança ou ao adolescente mediante ameaça, constrangimento, humilhação, manipulação, isolamento, agressão verbal e xingamento, ridicularização, indiferença, exploração ou intimidação sistemática (bullying) que possa comprometer seu desenvolvimento psíquico ou emocional;

b) o ato de alienação parental, assim entendido como a interferência na formação psicológica da criança ou do adolescente, promovida ou induzida por um dos genitores, pelos avós ou por quem os tenha sob sua autoridade, guarda ou vigilância, que leve ao repúdio de genitor ou que cause prejuízo ao estabelecimento ou à manutenção de vínculo com este;

c) qualquer conduta que exponha a criança ou o adolescente, direta ou indiretamente, a crime violento contra membro de sua família ou de sua rede de apoio, independentemente do ambiente em que cometido, particularmente quando isto a torna testemunha;

III – violência sexual, entendida como qualquer conduta que constranja a criança ou o adolescente a praticar ou presenciar conjunção carnal ou qualquer outro ato libidinoso, inclusive exposição do corpo em foto ou vídeo por meio eletrônico ou não, que compreenda:

a) abuso sexual, entendido como toda ação que se utiliza da criança ou do adolescente para fins sexuais, seja conjunção carnal ou outro ato libidinoso, realizado de modo presencial ou por meio eletrônico, para estimulação sexual do agente ou de terceiro;

b) exploração sexual comercial, entendida como o uso da criança ou do adolescente em atividade sexual em troca de remuneração ou qualquer outra forma de compensação, de forma independente ou sob patrocínio, apoio ou incentivo de terceiro, seja de modo presencial ou por meio eletrônico;

c) tráfico de pessoas, entendido como o recrutamento, o transporte, a transferência, o alojamento ou o acolhimento da criança ou do adolescente, dentro do território nacional ou para o estrangeiro, com o fim de exploração sexual, mediante ameaça, uso de força ou outra forma de coação, rapto, fraude, engano, abuso de autoridade, aproveitamento de situação de vulnerabilidade ou entrega ou aceitação de pagamento, entre os casos previstos na legislação;

IV – violência institucional, entendida como a praticada por instituição pública ou conveniada, inclusive quando gerar revitimização.

§ 1º. Para os efeitos desta Lei, a criança e o adolescente serão ouvidos sobre a situação de violência por meio de escuta especializada e depoimento especial.

§ 2º. Os órgãos de saúde, assistência social, educação, segurança pública e justiça adotarão os procedimentos necessários por ocasião da revelação espontânea da violência.

§ 3º. Na hipótese de revelação espontânea da violência, a criança e o adolescente serão chamados a confirmar os fatos na forma especificada no § 1º deste artigo, salvo em caso de intervenções de saúde.

§ 4º. O não cumprimento do disposto nesta Lei implicará a aplicação das sanções previstas na Lei nº 8.069, de 13 de julho de 1990 (Estatuto da Criança e do Adolescente).

TÍTULO II.
DOS DIREITOS E GARANTIAS

ART. 5º. A aplicação desta Lei, sem prejuízo dos princípios estabelecidos nas demais normas nacionais e internacionais de proteção dos direitos da criança e do adolescente, terá como base, entre outros, os direitos e garantias fundamentais da criança e do adolescente a:

I – receber prioridade absoluta e ter considerada a condição peculiar de pessoa em desenvolvimento;

II – receber tratamento digno e abrangente;

III – ter a intimidade e as condições pessoais protegidas quando vítima ou testemunha de violência;

IV – ser protegido contra qualquer tipo de discriminação, independentemente de classe, sexo, raça, etnia, renda, cultura, nível educacional, idade, religião, nacionalidade, procedência regional, regularidade migratória, deficiência ou qualquer outra condição sua, de seus pais ou de seus representantes legais;

V – receber informação adequada à sua etapa de desenvolvimento sobre direitos, inclusive sociais, serviços disponíveis, representação jurídica, medidas de proteção, reparação de danos e qualquer procedimento a que seja submetido;

VI – ser ouvido e expressar seus desejos e opiniões, assim como permanecer em silêncio;

VII – receber assistência qualificada jurídica e psicossocial especializada, que facilite a sua participação e o resguarde contra comportamento inadequado adotado pelos demais órgãos atuantes no processo;

VIII – ser resguardado e protegido de sofrimento, com direito a apoio, planejamento de sua participação, prioridade na tramitação do processo, celeridade processual, idoneidade do atendimento e limitação das intervenções;

IX – ser ouvido em horário que lhe for mais adequado e conveniente, sempre que possível;

X – ter segurança, com avaliação contínua sobre possibilidades de intimidação, ameaça e outras formas de violência;

XI – ser assistido por profissional capacitado e conhecer os profissionais que participam dos procedimentos de escuta especializada e depoimento especial;

XII – ser reparado quando seus direitos forem violados;

XIII – conviver em família e em comunidade;

XIV – ter as informações prestadas tratadas confidencialmente, sendo vedada a utilização ou o repasse a terceiro das declarações feitas pela criança e pelo adolescente vítima, salvo para os fins de assistência à saúde e de persecução penal;

XV – prestar declarações em formato adaptado à criança e ao adolescente com deficiência ou em idioma diverso do português.

Parágrafo único. O planejamento referido no inciso VIII, no caso de depoimento especial, será realizado entre os profissionais especializados e o juízo.

ART. 6º. A criança e o adolescente vítima ou testemunha de violência têm direito a pleitear, por meio de seu representante legal, medidas protetivas contra o autor da violência.

Parágrafo único. Os casos omissos nesta Lei serão interpretados à luz do disposto na Lei nº 8.069, de 13 de julho de 1990 (Estatuto da Criança e do Adolescente), na Lei nº 11.340, de 7 de agosto de 2006 (Lei Maria da Penha), e em normas conexas.

TÍTULO III.
DA ESCUTA ESPECIALIZADA E DO DEPOIMENTO ESPECIAL

ART. 7º. Escuta especializada é o procedimento de entrevista sobre situação de violência com criança ou adolescente perante órgão da rede de proteção, limitado o relato estritamente ao necessário para o cumprimento de sua finalidade.

ART. 8º. Depoimento especial é o procedimento de oitiva de criança ou adolescente vítima ou testemunha de violência perante autoridade policial ou judiciária.

ART. 9º A criança ou o adolescente será resguardado de qualquer contato, ainda que visual, com o suposto autor

LEIS ORDINÁRIAS

ou acusado, ou com outra pessoa que represente ameaça, coação ou constrangimento.

ART. 10. A escuta especializada e o depoimento especial serão realizados em local apropriado e acolhedor, com infraestrutura e espaço físico que garantam a privacidade da criança ou do adolescente vítima ou testemunha de violência.

ART. 11. O depoimento especial reger-se-á por protocolos e, sempre que possível, será realizado uma única vez, em sede de produção antecipada de prova judicial, garantida a ampla defesa do investigado.

§ 1º. O depoimento especial seguirá o rito cautelar de antecipação de prova:

I – quando a criança ou o adolescente tiver menos de 7 (sete) anos;

II – em caso de violência sexual.

§ 2º. Não será admitida a tomada de novo depoimento especial, salvo quando justificada a sua imprescindibilidade pela autoridade competente e houver a concordância da vítima ou da testemunha, ou de seu representante legal.

ART. 12. O depoimento especial será colhido conforme o seguinte procedimento:

I – os profissionais especializados esclarecerão a criança ou o adolescente sobre a tomada do depoimento especial, informando-lhe os seus direitos e os procedimentos a serem adotados e planejando sua participação, sendo vedada a leitura da denúncia ou de outras peças processuais;

II – é assegurada à criança ou ao adolescente a livre narrativa sobre a situação de violência, podendo o profissional especializado intervir quando necessário, utilizando técnicas que permitam a elucidação dos fatos;

III – no curso do processo judicial, o depoimento especial será transmitido em tempo real para a sala de audiência, preservado o sigilo;

IV – findo o procedimento previsto no inciso II deste artigo, o juiz, após consultar o Ministério Público, o defensor e os assistentes técnicos, avaliará a pertinência de perguntas complementares, organizadas em bloco;

V – o profissional especializado poderá adaptar as perguntas à linguagem de melhor compreensão da criança ou do adolescente;

VI – o depoimento especial será gravado em áudio e vídeo.

§ 1º. À vítima ou testemunha de violência é garantido o direito de prestar depoimento diretamente ao juiz, se assim o entender.

§ 2º. O juiz tomará todas as medidas apropriadas para a preservação da intimidade e da privacidade da vítima ou testemunha.

§ 3º. O profissional especializado comunicará ao juiz se verificar que a presença, na sala de audiência, do autor da violência pode prejudicar o depoimento especial ou colocar o depoente em situação de risco, caso em que, fazendo constar em termo, será autorizado o afastamento do imputado.

§ 4º. Nas hipóteses em que houver risco à vida ou à integridade física da vítima ou testemunha, o juiz tomará as medidas de proteção cabíveis, inclusive a restrição do disposto nos incisos III e VI deste artigo.

§ 5º. As condições de preservação e de segurança da mídia relativa ao depoimento da criança ou do adolescente serão objeto de regulamentação, de forma a garantir o direito à intimidade e à privacidade da vítima ou testemunha.

§ 6º. O depoimento especial tramitará em segredo de justiça.

TÍTULO IV. DA INTEGRAÇÃO DAS POLÍTICAS DE ATENDIMENTO

CAPÍTULO I. DISPOSIÇÕES GERAIS

ART. 13. Qualquer pessoa que tenha conhecimento ou presencie ação ou omissão, praticada em local público ou privado, que constitua violência contra criança ou adolescente tem o dever de comunicar o fato imediatamente ao serviço de recebimento e monitoramento de denúncias, ao conselho tutelar ou à autoridade policial, os quais, por sua vez, cientificarão imediatamente o Ministério Público.

Parágrafo único. A União, os Estados, o Distrito Federal e os Municípios poderão promover, periodicamente, campanhas de conscientização da sociedade, promovendo a identificação das violações de direitos e garantias de crianças e adolescentes e a divulgação dos serviços de proteção e dos fluxos de atendimento, como forma de evitar a violência institucional.

ART. 14. As políticas implementadas nos sistemas de justiça, segurança pública, assistência social, educação e saúde deverão adotar ações articuladas, coordenadas e efetivas voltadas ao acolhimento e ao atendimento integral às vítimas de violência.

§ 1º. As ações de que trata o caput observarão as seguintes diretrizes:

I – abrangência e integralidade, devendo comportar avaliação e atenção de todas as necessidades da vítima decorrentes da ofensa sofrida;

II – capacitação interdisciplinar continuada, preferencialmente conjunta, dos profissionais;

III – estabelecimento de mecanismos de informação, referência, contrarreferência e monitoramento;

IV – planejamento coordenado do atendimento e do acompanhamento, respeitadas as especificidades da vítima ou testemunha e de suas famílias;

V – celeridade do atendimento, que deve ser realizado imediatamente – ou tão logo quanto possível – após a revelação da violência;

VI – priorização do atendimento em razão da idade ou de eventual prejuízo ao desenvolvimento psicossocial, garantida a intervenção preventiva;

VII – mínima intervenção dos profissionais envolvidos; e

VIII – monitoramento e avaliação periódica das políticas de atendimento.

§ 2º. Nos casos de violência sexual, cabe ao responsável da rede de proteção garantir a urgência e a celeridade necessárias ao atendimento de saúde e à produção probatória, preservada a confidencialidade.

ART. 15. A União, os Estados, o Distrito Federal e os Municípios poderão criar serviços de atendimento, de ouvidoria ou de resposta, pelos meios de comunicação disponíveis, integrados às redes de proteção, para receber denúncias de violações de direitos de crianças e adolescentes.

Parágrafo único. As denúncias recebidas serão encaminhadas:

I – à autoridade policial do local dos fatos, para apuração;

II – ao conselho tutelar, para aplicação de medidas de proteção; e

III – ao Ministério Público, nos casos que forem de sua atribuição específica.

ART. 16. O poder público poderá criar programas, serviços ou equipamentos que proporcionem atenção e atendimento integral e interinstitucional às crianças e adolescentes vítimas ou testemunhas de violência, compostos por equipes multidisciplinares especializadas.

Parágrafo único. Os programas, serviços ou equipamentos públicos poderão contar com delegacias especializadas, serviços de saúde, perícia médico-legal, serviços socioassistenciais, varas especializadas, Ministério Público e Defensoria Pública, entre outros possíveis de integração, e deverão estabelecer parcerias em caso de indisponibilidade de serviços de atendimento.

CAPÍTULO II. DA SAÚDE

ART. 17. A União, os Estados, o Distrito Federal e os Municípios poderão criar, no âmbito do Sistema Único de Saúde (SUS), serviços para atenção integral à criança e ao adolescente em situação de violência, de forma a garantir o atendimento acolhedor.

ART. 18. A coleta, guarda provisória e preservação de material com vestígios de violência serão realizadas pelo Instituto Médico Legal (IML) ou por serviço credenciado do sistema de saúde mais próximo, que entregará o material para perícia imediata, observado o disposto no art. 5º desta Lei.

CAPÍTULO III. DA ASSISTÊNCIA SOCIAL

ART. 19. A União, os Estados, o Distrito Federal e os Municípios poderão estabelecer, no âmbito do Sistema Único de Assistência Social (Suas), os seguintes procedimentos:

I – elaboração de plano individual e familiar de atendimento, valorizando a participação da criança e do adolescente e, sempre que possível, a preservação dos vínculos familiares;

II – atenção à vulnerabilidade indireta dos demais membros da família decorrente da situação de violência, e solicitação, quando necessário, aos órgãos competentes, de inclusão da vítima ou testemunha e de suas famílias nas políticas, programas e serviços existentes;

III – avaliação e atenção às situações de intimidação, ameaça, constrangimento ou discriminação decorrentes da vitimização, inclusive durante o trâmite do processo judicial, as quais deverão ser comunicadas imediatamente à autoridade judicial para tomada de providências; e

IV – representação ao Ministério Público, nos casos de falta de responsável legal com capacidade protetiva em razão da situação de violência, para colocação da criança ou do adolescente sob os cuidados da família extensa, de família substituta ou de serviço de acolhimento familiar ou, em sua falta, institucional.

CAPÍTULO IV. DA SEGURANÇA PÚBLICA

ART. 20. O poder público poderá criar delegacias especializadas no atendimento de crianças e adolescentes vítimas de violência.

§ 1º. Na elaboração de suas propostas orçamentárias, as unidades da Federação alocarão recursos para manutenção de equipes multidisciplinares destinadas a assessorar as delegacias especializadas.

§ 2º. Até a criação do órgão previsto no caput deste artigo, a vítima será encaminhada prioritariamente a delegacia especializada em temas de direitos humanos.

§ 3º. A tomada de depoimento especial da criança ou do adolescente vítima ou testemunha de violência observará o disposto no art. 14 desta Lei.

ART. 21. Constatado que a criança ou o adolescente está em risco, a autoridade policial requisitará à autoridade judicial responsável, em qualquer momento dos procedimentos de investigação e responsabilização dos suspeitos, as medidas de proteção pertinentes, entre as quais:

I – evitar o contato direto da criança ou do adolescente vítima ou testemunha de violência com o suposto autor da violência;

II – solicitar o afastamento cautelar do investigado da residência ou local de convivência, em se tratando de pessoa que tenha contato com a criança ou o adolescente;

III – requerer a prisão preventiva do investigado, quando houver suficientes indícios de ameaça à criança ou adolescente vítima ou testemunha de violência;

IV – solicitar aos órgãos socioassistenciais a inclusão da vítima e de sua família nos atendimentos a que têm direito;

V – requerer a inclusão da criança ou do adolescente em programa de proteção a vítimas ou testemunhas ameaçadas; e

VI – representar ao Ministério Público para que proponha ação cautelar de antecipação de prova, resguardados os pressupostos legais e as garantias previstas no art. 5º desta Lei, sempre que a demora possa causar prejuízo ao desenvolvimento da criança ou do adolescente.

ART. 22. Os órgãos policiais envolvidos envidarão esforços investigativos para que o depoimento especial não seja o único meio de prova para o julgamento do réu.

CAPÍTULO V. DA JUSTIÇA

ART. 23. Os órgãos responsáveis pela organização judiciária poderão criar juizados ou varas especializadas em crimes contra a criança e o adolescente.

Parágrafo único. Até a implementação do disposto no caput deste artigo, o julgamento e a execução das causas decorrentes das práticas de violência ficarão, preferencialmente, a cargo dos juizados ou varas especializadas em violência doméstica e temas afins.

TÍTULO V. DOS CRIMES

ART. 24. Violar sigilo processual, permitindo que depoimento de criança ou adolescente seja assistido por pessoa estranha ao processo, sem autorização judicial e sem o consentimento do depoente ou de seu representante legal.

Pena – reclusão, de 1 (um) a 4 (quatro) anos, e multa.

TÍTULO VI. DISPOSIÇÕES FINAIS E TRANSITÓRIAS

ART. 25. O art. 208 da Lei nº 8.069, de 13 de julho de 1990 (Estatuto da Criança e do Adolescente), passa a vigorar acrescido do seguinte inciso XI:

- *"Art. 208. [...]*
- *[...]*
- *XI – de políticas e programas integrados de atendimento à criança e ao adolescente vítima ou testemunha de violência.*
- *[...]" (NR)*

ART. 26. Cabe ao poder público, no prazo máximo de 60 (sessenta) dias contado da entrada em vigor desta Lei, emanar atos normativos necessários à sua efetividade.

ART. 27. Cabe aos Estados, ao Distrito Federal e aos Municípios, no prazo máximo de 180 (cento e oitenta) dias contado da entrada em vigor desta Lei, estabelecer normas sobre o sistema de garantia de direitos da criança e do adolescente vítima ou testemunha de violência, no âmbito das respectivas competências.

ART. 28. Revoga-se o art. 248 da Lei nº 8.069, de 13 de julho de 1990 (Estatuto da Criança e do Adolescente).

ART. 29. Esta Lei entra em vigor após decorrido 1 (um) ano de sua publicação oficial.

Brasília, 4 de abril de 2017; 196º da Independência e 129º da República.

MICHEL TEMER

(DOU de 5.4.2017)

LEI Nº 13.445, DE 24 DE MAIO DE 2017

Institui a Lei de Migração.

- *Dec. nº 9.199, de 20-11-2017.*
- *Portaria MJSP nº 770, de 11-10-2019.*

O PRESIDENTE DA REPÚBLICA Faço saber que o Congresso Nacional decreta e eu sanciono a seguinte Lei:

CAPÍTULO I. DISPOSIÇÕES PRELIMINARES

SEÇÃO I. DISPOSIÇÕES GERAIS

ART. 1º. Esta Lei dispõe sobre os direitos e os deveres do migrante e do visitante, regula a sua entrada e estada no País e estabelece princípios e diretrizes para as políticas públicas para o emigrante.

§ 1º. Para os fins desta Lei, considera-se:

I – (VETADO);

II – imigrante: pessoa nacional de outro país ou apátrida que trabalha ou reside e se estabelece temporária ou definitivamente no Brasil;

III – emigrante: brasileiro que se estabelece temporária ou definitivamente no exterior;

IV – residente fronteiriço: pessoa nacional de país limítrofe ou apátrida que conserva a sua residência habitual em município fronteiriço de país vizinho;

V – visitante: pessoa nacional de outro país ou apátrida que vem ao Brasil para estadas de curta duração, sem pretensão de se estabelecer temporária ou definitivamente no território nacional;

VI – apátrida: pessoa que não seja considerada como nacional por nenhum Estado, segundo a sua legislação, nos termos da Convenção sobre o Estatuto dos Apátridas, de 1954, promulgada pelo Decreto nº 4.246, de 22 de maio de 2002, ou assim reconhecida pelo Estado brasileiro.

§ 2º. (VETADO).

ART. 2º. Esta Lei não prejudica a aplicação de normas internas e internacionais específicas sobre refugiados, asilados, agentes e pessoal diplomático ou consular, funcionários de organização internacional e seus familiares.

SEÇÃO II. DOS PRINCÍPIOS E DAS GARANTIAS

ART. 3º. A política migratória brasileira rege-se pelos seguintes princípios e diretrizes:

I – universalidade, indivisibilidade e interdependência dos direitos humanos;

II – repúdio e prevenção à xenofobia, ao racismo e a quaisquer formas de discriminação;

III – não criminalização da migração;

IV – não discriminação em razão dos critérios ou dos procedimentos pelos quais a pessoa foi admitida em território nacional;

V – promoção de entrada regular e de regularização documental;

VI – acolhida humanitária;

VII – desenvolvimento econômico, turístico, social, cultural, esportivo, científico e tecnológico do Brasil;

VIII – garantia do direito à reunião familiar;

IX – igualdade de tratamento e de oportunidade ao migrante e a seus familiares;

X – inclusão social, laboral e produtiva do migrante por meio de políticas públicas;

XI – acesso igualitário e livre do migrante a serviços, programas e benefícios sociais, bens públicos, educação, assistência jurídica integral pública, trabalho, moradia, serviço bancário e seguridade social;

XII – promoção e difusão de direitos, liberdades, garantias e obrigações do migrante;

XIII – diálogo social na formulação, na execução e na avaliação de políticas migratórias e promoção da participação cidadã do migrante;

XIV – fortalecimento da integração econômica, política, social e cultural dos povos da América Latina, mediante constituição de espaços de cidadania e de livre circulação de pessoas;

XV – cooperação internacional com Estados de origem, de trânsito e de destino de movimentos migratórios, a fim de garantir efetiva proteção aos direitos humanos do migrante;

XVI – integração e desenvolvimento das regiões de fronteira e articulação de políticas públicas regionais capazes de garantir efetividade aos direitos do residente fronteiriço;

XVII – proteção integral e atenção ao superior interesse da criança e do adolescente migrante;

XVIII – observância ao disposto em tratado;

XIX – proteção ao brasileiro no exterior;

XX – migração e desenvolvimento humano no local de origem, como direitos inalienáveis de todas as pessoas;

XXI – promoção do reconhecimento acadêmico e do exercício profissional no Brasil, nos termos da lei; e

XXII – repúdio a práticas de expulsão ou de deportação coletivas.

ART. 4º. Ao migrante é garantida no território nacional, em condição de igualdade com os nacionais, a inviolabilidade do direito à vida, à liberdade, à igualdade, à segurança e à propriedade, bem como são assegurados:

I – direitos e liberdades civis, sociais, culturais e econômicos;

II – direito à liberdade de circulação em território nacional;

III – direito à reunião familiar do migrante com seu cônjuge ou companheiro e seus filhos, familiares e dependentes;

IV – medidas de proteção a vítimas e testemunhas de crimes e de violações de direitos;

V – direito de transferir recursos decorrentes de sua renda e economias pessoais a outro país, observada a legislação aplicável;

VI – direito de reunião para fins pacíficos;

VII – direito de associação, inclusive sindical, para fins lícitos;

VIII – acesso a serviços públicos de saúde e de assistência social e à previdência social, nos termos da lei, sem discriminação em razão da nacionalidade e da condição migratória;

IX – amplo acesso à justiça e à assistência jurídica integral gratuita aos que comprovarem insuficiência de recursos;

X – direito à educação pública, vedada a discriminação em razão da nacionalidade e da condição migratória;

XI – garantia de cumprimento de obrigações legais e contratuais trabalhistas e de aplicação das normas de proteção ao trabalhador, sem discriminação em razão da nacionalidade e da condição migratória;

XII – isenção das taxas de que trata esta Lei, mediante declaração de hipossuficiência econômica, na forma de regulamento;

XIII – direito de acesso à informação e garantia de confidencialidade quanto aos dados pessoais do migrante, nos termos da Lei nº 12.527, de 18 de novembro de 2011;

XIV – direito a abertura de conta bancária;

XV – direito de sair, de permanecer e de reingressar em território nacional, mesmo enquanto pendente pedido de autorização de residência, de prorrogação de estada ou de transformação de visto em autorização de residência; e

XVI – direito do imigrante de ser informado sobre as garantias que lhe são asseguradas para fins de regularização migratória.

§ 1º. Os direitos e as garantias previstos nesta Lei serão exercidos em observância ao disposto na Constituição Federal, independentemente da situação migratória, observado o disposto no § 4º deste artigo, e não excluem outros decorrentes de tratado de que o Brasil seja parte.

§ 2º. (VETADO).

§ 3º. (VETADO).

§ 4º. (VETADO).

CAPÍTULO II. DA SITUAÇÃO DOCUMENTAL DO MIGRANTE E DO VISITANTE

SEÇÃO I. DOS DOCUMENTOS DE VIAGEM

ART. 5º. São documentos de viagem:

I – passaporte;

II – *laissez-passer*;

III – autorização de retorno;

IV – salvo-conduto;

V – carteira de identidade de marítimo;

VI – carteira de matrícula consular;

VII – documento de identidade civil ou documento estrangeiro equivalente, quando admitidos em tratado;

VIII – certificado de membro de tripulação de transporte aéreo; e

IX – outros que vierem a ser reconhecidos pelo Estado brasileiro em regulamento.

§ 1º. Os documentos previstos nos incisos I, II, III, IV, V, VI e IX, quando emitidos pelo Estado brasileiro, são de propriedade da União, cabendo a seu titular a posse direta e o uso regular.

§ 2º. As condições para a concessão dos documentos de que trata o § 1º serão previstas em regulamento.

SEÇÃO II. DOS VISTOS

SUBSEÇÃO I. DISPOSIÇÕES GERAIS

ART. 6º. O visto é o documento que dá a seu titular expectativa de ingresso em território nacional.

Parágrafo único. (VETADO).

ART. 7º. O visto será concedido por embaixadas, consulados-gerais, consulados, vice-consulados e, quando habilitados pelo órgão competente do Poder Executivo, por escritórios comerciais e de representação do Brasil no exterior.

Parágrafo único. Excepcionalmente, os vistos diplomático, oficial e de cortesia poderão ser concedidos no Brasil.

ART. 8º. Poderão ser cobrados taxas e emolumentos consulares pelo processamento do visto.

ART. 9º. Regulamento disporá sobre:

I – requisitos de concessão de visto, bem como de sua simplificação, inclusive por reciprocidade;

II – prazo de validade do visto e sua forma de contagem;

III – prazo máximo para a primeira entrada e para a estada do imigrante e do visitante no País;

IV – hipóteses e condições de dispensa recíproca ou unilateral de visto e de taxas e emolumentos consulares por seu processamento; e

V – solicitação e emissão de visto por meio eletrônico.

Parágrafo único. A simplificação e a dispensa recíproca de visto ou de cobrança de taxas e emolumentos consulares por seu processamento poderão ser definidas por comunicação diplomática.

ART. 10. Não se concederá visto:

I – a quem não preencher os requisitos para o tipo de visto pleiteado;

II – a quem comprovadamente ocultar condição impeditiva de concessão de visto ou de ingresso no País; ou

III – a menor de 18 (dezoito) anos desacompanhado ou sem autorização de viagem por escrito dos responsáveis legais ou de autoridade competente.

ART. 11. Poderá ser denegado visto a quem se enquadrar em pelo menos um dos casos de impedimento definidos nos incisos I, II, III, IV e IX do art. 45.

Parágrafo único. A pessoa que tiver visto brasileiro denegado será impedida de ingressar no País enquanto permanecerem as condições que ensejaram a denegação.

SUBSEÇÃO II. DOS TIPOS DE VISTO

ART. 12. Ao solicitante que pretenda ingressar ou permanecer em território nacional poderá ser concedido visto:

I – de visita;

II – temporário;

III – diplomático;

IV – oficial;

V – de cortesia.

SUBSEÇÃO III. DO VISTO DE VISITA

ART. 13. O visto de visita poderá ser concedido ao visitante que venha ao Brasil para estada de curta duração, sem intenção de estabelecer residência, nos seguintes casos:

I – turismo;

II – negócios;

III – trânsito;

IV – atividades artísticas ou desportivas; e

V – outras hipóteses definidas em regulamento.

§ 1º. É vedado ao beneficiário de visto de visita exercer atividade remunerada no Brasil.

§ 2º. O beneficiário de visto de visita poderá receber pagamento do governo, de empregador brasileiro ou de entidade privada a título de diária, ajuda de custo, cachê, pró-labore ou outras despesas com a viagem, bem como concorrer a prêmios, inclusive em dinheiro, em competições desportivas ou em concursos artísticos ou culturais.

§ 3º. O visto de visita não será exigido em caso de escala ou conexão em território nacional, desde que o visitante não deixe a área de trânsito internacional.

SUBSEÇÃO IV. DO VISTO TEMPORÁRIO

ART. 14. O visto temporário poderá ser concedido ao imigrante que venha ao Brasil com o intuito de estabelecer residência por tempo determinado e que se enquadre em pelo menos uma das seguintes hipóteses:

I – o visto temporário tenha como finalidade:

a) pesquisa, ensino ou extensão acadêmica;

b) tratamento de saúde;

c) acolhida humanitária;

d) estudo;

e) trabalho;

f) férias-trabalho;

g) prática de atividade religiosa ou serviço voluntário;

h) realização de investimento ou de atividade com relevância econômica, social, científica, tecnológica ou cultural;

i) reunião familiar;

j) atividades artísticas ou desportivas com contrato por prazo determinado;

II – o imigrante seja beneficiário de tratado em matéria de vistos;

III – outras hipóteses definidas em regulamento.

§ 1º. O visto temporário para pesquisa, ensino ou extensão acadêmica poderá ser concedido ao imigrante com ou sem vínculo empregatício com a instituição de pesquisa ou de ensino brasileira, exigida, na hipótese de vínculo, a comprovação de formação superior compatível ou equivalente reconhecimento científico.

§ 2º. O visto temporário para tratamento de saúde poderá ser concedido ao imigrante e a seu acompanhante, desde que o imigrante comprove possuir meios de subsistência suficientes.

§ 3º. O visto temporário para acolhida humanitária poderá ser concedido ao apátrida ou ao nacional de qualquer país em situação de grave ou iminente instabilidade institucional, de conflito armado, de calamidade de grande proporção, de desastre ambiental ou de grave violação de direitos humanos ou de direito internacional humanitário, ou em outras hipóteses, na forma de regulamento.

§ 4º. O visto temporário para estudo poderá ser concedido ao imigrante que pretenda vir ao Brasil para frequentar curso regular ou realizar estágio ou intercâmbio de estudo ou de pesquisa.

§ 5º. Observadas as hipóteses previstas em regulamento, o visto temporário para trabalho poderá ser concedido ao imigrante que venha exercer atividade laboral, com ou sem vínculo empregatício no Brasil, desde que comprove oferta de trabalho formalizada por pessoa jurídica em atividade no País, dispensada esta exigência se o imigrante comprovar titulação em curso de ensino superior ou equivalente.

§ 6º. O visto temporário para férias-trabalho poderá ser concedido ao imigrante maior de 16 (dezesseis) anos que seja nacional de país que conceda idêntico benefício ao nacional brasileiro, em termos definidos por comunicação diplomática.

§ 7º. Não se exigirá do marítimo que ingressar no Brasil em viagem de longo curso ou em cruzeiros marítimos pela costa brasileira o visto temporário de que trata a alínea "e" do inciso I do caput, bastando a apresentação da carteira internacional de marítimo, nos termos de regulamento.

§ 8º. É reconhecida ao imigrante a quem se tenha concedido visto temporário para trabalho a possibilidade de modificação do local de exercício de sua atividade laboral.

§ 9º. O visto para realização de investimento poderá ser concedido ao imigrante que aporte recursos em projeto com potencial para geração de empregos ou de renda no País.

§ 10. (VETADO).

SUBSEÇÃO V. DOS VISTOS DIPLOMÁTICO, OFICIAL E DE CORTESIA

ART. 15. Os vistos diplomático, oficial e de cortesia serão concedidos, prorrogados ou dispensados na forma desta Lei e de regulamento.

Parágrafo único. Os vistos diplomático e oficial poderão ser transformados em autorização de residência, o que importará cessação de todas as prerrogativas, privilégios e imunidades decorrentes do respectivo visto.

ART. 16. Os vistos diplomático e oficial poderão ser concedidos a autoridades e funcionários estrangeiros que viajem ao Brasil em missão oficial de caráter transitório ou permanente, representando Estado estrangeiro ou organismo internacional reconhecido.

§ 1º. Não se aplica ao titular dos vistos referidos no caput o disposto na legislação trabalhista brasileira.

§ 2º. Os vistos diplomático e oficial poderão ser estendidos aos dependentes das autoridades referidas no caput.

ART. 17. O titular de visto diplomático ou oficial somente poderá ser remunerado por Estado estrangeiro ou organismo internacional, ressalvado o disposto em tratado que contenha cláusula específica sobre o assunto.

Parágrafo único. O dependente de titular de visto diplomático ou oficial poderá exercer atividade remunerada no Brasil, sob o amparo da legislação trabalhista brasileira, desde que seja nacional de país que assegure reciprocidade de tratamento ao nacional brasileiro, por comunicação diplomática.

ART. 18. O empregado particular titular de visto de cortesia somente poderá exercer atividade remunerada para o titular de visto diplomático, oficial ou de cortesia ao qual esteja vinculado, sob o amparo da legislação trabalhista brasileira.

Parágrafo único. O titular de visto diplomático, oficial ou de cortesia será responsável pela saída de seu empregado do território nacional.

SEÇÃO III. DO REGISTRO E DA IDENTIFICAÇÃO CIVIL DO IMIGRANTE E DOS DETENTORES DE VISTOS DIPLOMÁTICO, OFICIAL E DE CORTESIA

ART. 19. O registro consiste na identificação civil por dados biográficos e biométricos, e é obrigatório a todo imigrante detentor de visto temporário ou de autorização de residência.

§ 1º. O registro gerará número único de identificação que garantirá o pleno exercício dos atos da vida civil.

§ 2º. O documento de identidade do imigrante será expedido com base no número único de identificação.

§ 3º. Enquanto não for expedida identificação civil, o documento comprobatório de que o imigrante a solicitou à autoridade competente garantirá ao titular o acesso aos direitos disciplinados nesta Lei.

ART. 20. A identificação civil de solicitante de refúgio, de asilo, de reconhecimento de apatridia e de acolhimento humanitário poderá ser realizada com a apresentação dos documentos de que o imigrante dispuser.

ART. 21. Os documentos de identidade emitidos até a data de publicação desta Lei continuarão válidos até sua total substituição.

ART. 22. A identificação civil, o documento de identidade e as formas de gestão da base cadastral dos detentores de vistos diplomático, oficial e de cortesia atenderão a disposições específicas previstas em regulamento.

CAPÍTULO III. DA CONDIÇÃO JURÍDICA DO MIGRANTE E DO VISITANTE

SEÇÃO I. DO RESIDENTE FRONTEIRIÇO

ART. 23. A fim de facilitar a sua livre circulação, poderá ser concedida ao residente fronteiriço, mediante requerimento, autorização para a realização de atos da vida civil.

Parágrafo único. Condições específicas poderão ser estabelecidas em regulamento ou tratado.

ART. 24. A autorização referida no caput do art. 23 indicará o Município fronteiriço no qual o residente estará autorizado a exercer os direitos a ele atribuídos por esta Lei.

§ 1º. O residente fronteiriço detentor da autorização gozará das garantias e dos direitos assegurados pelo regime geral de migração desta Lei, conforme especificado em regulamento.

§ 2º. O espaço geográfico de abrangência e de validade da autorização será especificado no documento de residente fronteiriço.

ART. 25. O documento de residente fronteiriço será cancelado, a qualquer tempo, se o titular:

I – tiver fraudado documento ou utilizado documento falso para obtê-lo;

II – obtiver outra condição migratória;

III – sofrer condenação penal; ou

IV – exercer direito fora dos limites previstos na autorização.

SEÇÃO II. DA PROTEÇÃO DO APÁTRIDA E DA REDUÇÃO DA APATRIDIA

ART. 26. Regulamento disporá sobre instituto protetivo especial do apátrida, consolidado em processo simplificado de naturalização.

§ 1º. O processo de que trata o caput será iniciado tão logo seja reconhecida a situação de apatridia.

§ 2º. Durante a tramitação do processo de reconhecimento da condição de apátrida, incidem todas as garantias e mecanismos protetivos e de facilitação da inclusão social relativos à Convenção sobre o Estatuto dos Apátridas de 1954, promulgada pelo Decreto nº 4.246, de 22 de maio de 2002, à Convenção relativa ao Estatuto dos Refugiados, promulgada pelo Decreto nº 50.215, de 28 de janeiro de 1961, e à Lei nº 9.474, de 22 de julho de 1997.

§ 3º. Aplicam-se ao apátrida residente todos os direitos atribuídos ao migrante relacionados no art. 4º.

§ 4º. O reconhecimento da condição de apátrida assegura os direitos e garantias previstos na Convenção sobre o Estatuto dos Apátridas, de 1954, promulgada pelo Decreto nº 4.246, de 22 de maio de 2002, bem como outros direitos e garantias reconhecidos pelo Brasil.

§ 5º. O processo de reconhecimento da condição de apátrida tem como objetivo verificar se o solicitante é considerado nacional pela legislação de algum Estado e poderá considerar informações, documentos e declarações prestadas pelo próprio solicitante e por órgãos e organismos nacionais e internacionais.

§ 6º. Reconhecida a condição de apátrida, nos termos do inciso VI do § 1º do art. 1º, o solicitante será consultado sobre o desejo de adquirir a nacionalidade brasileira.

§ 7º. Caso o apátrida opte pela naturalização, a decisão sobre o reconhecimento será encaminhada ao órgão competente do Poder Executivo para publicação dos atos necessários à efetivação da naturalização no prazo de 30 (trinta) dias, observado o art. 65.

§ 8º. O apátrida reconhecido que não opte pela naturalização imediata terá a autorização de residência outorgada em caráter definitivo.

§ 9º. Caberá recurso contra decisão negativa de reconhecimento da condição de apátrida.

§ 10. Subsistindo a denegação do reconhecimento da condição de apátrida, é vedada a devolução do indivíduo para país onde sua vida, integridade pessoal ou liberdade estejam em risco.

§ 11. Será reconhecido o direito de reunião familiar a partir do reconhecimento da condição de apátrida.

§ 12. Implica perda da proteção conferida por esta Lei:

I – a renúncia;

II – a prova da falsidade dos fundamentos invocados para o reconhecimento da condição de apátrida; ou

III – a existência de fatos que, se fossem conhecidos por ocasião do reconhecimento, teriam ensejado decisão negativa.

SEÇÃO III. DO ASILADO

ART. 27. O asilo político, que constitui ato discricionário do Estado, poderá ser diplomático ou territorial e será outorgado como instrumento de proteção à pessoa.

Parágrafo único. Regulamento disporá sobre as condições para a concessão e a manutenção de asilo.

ART. 28. Não se concederá asilo a quem tenha cometido crime de genocídio, crime contra a humanidade, crime de guerra ou crime de agressão, nos termos do Estatuto de Roma do Tribunal Penal Internacional, de 1998, promulgado pelo Decreto nº 4.388, de 25 de setembro de 2002.

ART. 29. A saída do asilado do País sem prévia comunicação implica renúncia ao asilo.

SEÇÃO IV. DA AUTORIZAÇÃO DE RESIDÊNCIA

ART. 30. A residência poderá ser autorizada, mediante registro, ao imigrante, ao residente fronteiriço ou ao visitante que se enquadre em uma das seguintes hipóteses:

I – a residência tenha como finalidade:

a) pesquisa, ensino ou extensão acadêmica;

b) tratamento de saúde;

c) acolhida humanitária;

d) estudo;

e) trabalho;

f) férias-trabalho;

g) prática de atividade religiosa ou serviço voluntário;

h) realização de investimento ou de atividade com relevância econômica, social, científica, tecnológica ou cultural;

i) reunião familiar;

II – a pessoa:

a) seja beneficiária de tratado em matéria de residência e livre circulação;

b) seja detentora de oferta de trabalho;

c) já tenha possuído a nacionalidade brasileira e não deseje ou não reúna os requisitos para readquiri-la;

d) (VETADO);

e) seja beneficiária de refúgio, de asilo ou de proteção ao apátrida;

f) seja menor nacional de outro país ou apátrida, desacompanhado ou abandonado, que se encontre nas fronteiras brasileiras ou em território nacional;

g) tenha sido vítima de tráfico de pessoas, de trabalho escravo ou de violação de direito agravada por sua condição migratória;

h) esteja em liberdade provisória ou em cumprimento de pena no Brasil;

III – outras hipóteses definidas em regulamento.

§ 1º. Não se concederá a autorização de residência a pessoa condenada criminalmente no Brasil ou no exterior por sentença transitada em julgado, desde que a conduta esteja tipificada na legislação penal brasileira, ressalvados os casos em que:

I – a conduta caracterize infração de menor potencial ofensivo;

II – (VETADO); ou

III – a pessoa se enquadre nas hipóteses previstas nas alíneas "b", "c" e "i" do inciso I e na alínea "a" do inciso II do caput deste artigo.

§ 2º. O disposto no § 1º não obsta progressão de regime de cumprimento de pena, nos termos da Lei nº 7.210, de 11 de julho de 1984, ficando a pessoa autorizada a trabalhar quando assim exigido pelo novo regime de cumprimento de pena.

§ 3º. Nos procedimentos conducentes ao cancelamento de autorização de residência e no recurso contra a negativa de concessão de autorização de residência devem ser respeitados o contraditório e a ampla defesa.

ART. 31. Os prazos e o procedimento da autorização de residência de que trata o art. 30 serão dispostos em regulamento, observado o disposto nesta Lei.

§ 1º. Será facilitada a autorização de residência nas hipóteses das alíneas "a" e "e" do inciso I do art. 30 desta Lei, devendo a deliberação sobre a autorização ocorrer em prazo não superior a 60 (sessenta) dias, a contar de sua solicitação.

§ 2º. Nova autorização de residência poderá ser concedida, nos termos do art. 30, mediante requerimento.

§ 3º. O requerimento de nova autorização de residência após o vencimento do prazo da autorização anterior implicará aplicação da sanção prevista no inciso II do art. 109.

§ 4º. O solicitante de refúgio, de asilo ou de proteção ao apátrida fará jus a autorização provisória de residência até a obtenção de resposta ao seu pedido.

§ 5º. Poderá ser concedida autorização de residência independentemente da situação migratória.

ART. 32. Poderão ser cobradas taxas pela autorização de residência.

ART. 33. Regulamento disporá sobre a perda e o cancelamento da autorização de residência em razão de fraude ou de ocultação de condição impeditiva de concessão de visto, de ingresso ou de permanência no País, observado procedimento administrativo que garanta o contraditório e a ampla defesa.

ART. 34. Poderá ser negada autorização de residência com fundamento nas hipóteses previstas nos incisos I, II, III, IV e IX do art. 45.

ART. 35. A posse ou a propriedade de bem no Brasil não confere o direito de obter visto ou autorização de residência em território nacional, sem prejuízo do disposto sobre visto para realização de investimento.

ART. 36. O visto de visita ou de cortesia poderá ser transformado em autorização de residência, mediante requerimento e registro, desde que satisfeitos os requisitos previstos em regulamento.

SEÇÃO V. DA REUNIÃO FAMILIAR

ART. 37. O visto ou a autorização de residência para fins de reunião familiar será concedido ao imigrante:

I – cônjuge ou companheiro, sem discriminação alguma;

II – filho de imigrante beneficiário de autorização de residência, ou que tenha filho brasileiro ou imigrante beneficiário de autorização de residência;

III – ascendente, descendente até o segundo grau ou irmão de brasileiro ou de imigrante beneficiário de autorização de residência; ou

IV – que tenha brasileiro sob sua tutela ou guarda.

Parágrafo único. (VETADO).

Capítulo IV. DA ENTRADA E DA SAÍDA DO TERRITÓRIO NACIONAL

Seção I. DA FISCALIZAÇÃO MARÍTIMA, AEROPORTUÁRIA E DE FRONTEIRA

ART. 38. As funções de polícia marítima, aeroportuária e de fronteira serão realizadas pela Polícia Federal nos pontos de entrada e de saída do território nacional.

Parágrafo único. É dispensável a fiscalização de passageiro, tripulante e estafe de navio em passagem inocente, exceto quando houver necessidade de descida de pessoa a terra ou de subida a bordo do navio.

ART. 39. O viajante deverá permanecer em área de fiscalização até que seu documento de viagem tenha sido verificado, salvo os casos previstos em lei.

ART. 40. Poderá ser autorizada a admissão excepcional no País de pessoa que se encontre em uma das seguintes condições, desde que esteja de posse de documento de viagem válido:

I – não possua visto;

II – seja titular de visto emitido com erro ou omissão;

III – tenha perdido a condição de residente por ter permanecido ausente do País na forma especificada em regulamento e detenha as condições objetivas para a concessão de nova autorização de residência;

IV – (VETADO); ou

V – seja criança ou adolescente desacompanhado de responsável legal e sem autorização expressa para viajar desacompanhado, independentemente do documento de viagem que portar, hipótese em que haverá imediato encaminhamento ao Conselho Tutelar ou, em caso de necessidade, a instituição indicada pela autoridade competente.

Parágrafo único. Regulamento poderá dispor sobre outras hipóteses excepcionais de admissão, observados os princípios e as diretrizes desta Lei.

ART. 41. A entrada condicional, em território nacional, de pessoa que não preencha os requisitos de admissão poderá ser autorizada mediante a assinatura, pelo transportador ou por seu agente, de termo de compromisso de custear as despesas com a permanência e com as providências para a repatriação do viajante.

ART. 42. O tripulante ou o passageiro que, por motivo de força maior, for obrigado a interromper a viagem em território nacional poderá ter seu desembarque permitido mediante termo de responsabilidade pelas despesas decorrentes do transbordo.

ART. 43. A autoridade responsável pela fiscalização contribuirá para a aplicação de medidas sanitárias em consonância com o Regulamento Sanitário Internacional e com outras disposições pertinentes

Seção II. DO IMPEDIMENTO DE INGRESSO

ART. 44. (VETADO).

ART. 45. Poderá ser impedida de ingressar no País, após entrevista individual e mediante ato fundamentado, a pessoa:

I – anteriormente expulsa do País, enquanto os efeitos da expulsão vigorarem;

II – condenada ou respondendo a processo por ato de terrorismo ou por crime de genocídio, crime contra a humanidade, crime de guerra ou crime de agressão, nos termos definidos pelo Estatuto de Roma do Tribunal Penal Internacional, de 1998, promulgado pelo Decreto nº 4.388, de 25 de setembro de 2002;

III – condenada ou respondendo a processo em outro país por crime doloso passível de extradição segundo a lei brasileira;

IV – que tenha o nome incluído em lista de restrições por ordem judicial ou por compromisso assumido pelo Brasil perante organismo internacional;

V – que apresente documento de viagem que:

a) não seja válido para o Brasil;

b) esteja com o prazo de validade vencido; ou

c) esteja com rasura ou indício de falsificação;

VI – que não apresente documento de viagem ou documento de identidade, quando admitido;

VII – cuja razão da viagem não seja condizente com o visto ou com o motivo alegado para a isenção de visto;

VIII – que tenha, comprovadamente, fraudado documentação ou prestado informação falsa por ocasião da solicitação de visto; ou

IX – que tenha praticado ato contrário aos princípios e objetivos dispostos na Constituição Federal.

Parágrafo único. Ninguém será impedido de ingressar no País por motivo de raça, religião, nacionalidade, pertinência a grupo social ou opinião política.

Capítulo V. DAS MEDIDAS DE RETIRADA COMPULSÓRIA

Seção I. DISPOSIÇÕES GERAIS

ART. 46. A aplicação deste Capítulo observará o disposto na Lei nº 9.474, de 22 de julho de 1997, e nas disposições legais, tratados, instrumentos e mecanismos que tratem da proteção aos apátridas ou de outras situações humanitárias.

ART. 47. A repatriação, a deportação e a expulsão serão feitas para o país de nacionalidade ou de procedência do migrante ou do visitante, ou para outro que o aceite, em observância aos tratados dos quais o Brasil seja parte.

ART. 48. Nos casos de deportação ou expulsão, o chefe da unidade da Polícia Federal poderá representar perante o juízo federal, respeitados, nos procedimentos judiciais, os direitos à ampla defesa e ao devido processo legal.

SEÇÃO II. DA REPATRIAÇÃO

ART. 49. A repatriação consiste em medida administrativa de devolução de pessoa em situação de impedimento ao país de procedência ou de nacionalidade.

§ 1º. Será feita imediata comunicação do ato fundamentado de repatriação à empresa transportadora e à autoridade consular do país de procedência ou de nacionalidade do migrante ou do visitante, ou a quem o representa.

§ 2º. A Defensoria Pública da União será notificada, preferencialmente por via eletrônica, no caso do § 4º deste artigo ou quando a repatriação imediata não seja possível.

§ 3º. Condições específicas de repatriação podem ser definidas por regulamento ou tratado, observados os princípios e as garantias previstos nesta Lei.

§ 4º. Não será aplicada medida de repatriação à pessoa em situação de refúgio ou de apatridia, de fato ou de direito, ao menor de 18 (dezoito) anos desacompanhado ou separado de sua família, exceto nos casos em que se demonstrar favorável para a garantia de seus direitos ou para a reintegração a sua família de origem, ou a quem necessite de acolhimento humanitário, nem, em qualquer caso, medida de devolução para país ou região que possa apresentar risco à vida, à integridade pessoal ou à liberdade da pessoa.

§ 5º. (VETADO).

SEÇÃO III. DA DEPORTAÇÃO

ART. 50. A deportação é medida decorrente de procedimento administrativo que consiste na retirada compulsória de pessoa que se encontre em situação migratória irregular em território nacional.

§ 1º. A deportação será precedida de notificação pessoal ao deportando, da qual constem, expressamente, as irregularidades verificadas e prazo para a regularização não inferior a 60 (sessenta) dias, podendo ser prorrogado, por igual período, por despacho fundamentado e mediante compromisso de a pessoa manter atualizadas suas informações domiciliares.

§ 2º. A notificação prevista no § 1º não impede a livre circulação em território nacional, devendo o deportando informar seu domicílio e suas atividades.

§ 3º. Vencido o prazo do § 1º sem que se regularize a situação migratória, a deportação poderá ser executada.

§ 4º. A deportação não exclui eventuais direitos adquiridos em relações contratuais ou decorrentes da lei brasileira.

§ 5º. A saída voluntária de pessoa notificada para deixar o País equivale ao cumprimento da notificação de deportação para todos os fins.

§ 6º. O prazo previsto no § 1º poderá ser reduzido nos casos que se enquadrem no inciso IX do art. 45.

ART. 51. Os procedimentos conducentes à deportação devem respeitar o contraditório e a ampla defesa e a garantia de recurso com efeito suspensivo.

§ 1º. A Defensoria Pública da União deverá ser notificada, preferencialmente por meio eletrônico, para prestação de assistência ao deportando em todos os procedimentos administrativos de deportação.

§ 2º. A ausência de manifestação da Defensoria Pública da União, desde que prévia e devidamente notificada, não impedirá a efetivação da medida de deportação.

ART. 52. Em se tratando de apátrida, o procedimento de deportação dependerá de prévia autorização da autoridade competente.

ART. 53. Não se procederá à deportação se a medida configurar extradição não admitida pela legislação brasileira.

SEÇÃO IV. DA EXPULSÃO

ART. 54. A expulsão consiste em medida administrativa de retirada compulsória de migrante ou visitante do território nacional, conjugada com o impedimento de reingresso por prazo determinado.

§ 1º. Poderá dar causa à expulsão a condenação com sentença transitada em julgado relativa à prática de:

I – crime de genocídio, crime contra a humanidade, crime de guerra ou crime de agressão, nos termos definidos pelo Estatuto de Roma do Tribunal Penal Internacional, de 1998, promulgado pelo Decreto nº 4.388, de 25 de setembro de 2002; ou

II – crime comum doloso passível de pena privativa de liberdade, consideradas a gravidade e as possibilidades de ressocialização em território nacional.

§ 2º. Caberá à autoridade competente resolver sobre a expulsão, a duração do impedimento de reingresso e a suspensão ou a revogação dos efeitos da expulsão, observado o disposto nesta Lei.

§ 3º. O processamento da expulsão em caso de crime comum não prejudicará a progressão de regime, o cumprimento da pena, a suspensão condicional do processo, a comutação da pena ou a concessão de pena alternativa, de indulto coletivo ou individual, de anistia ou de quaisquer benefícios concedidos em igualdade de condições ao nacional brasileiro.

§ 4º. O prazo de vigência da medida de impedimento vinculada aos efeitos da expulsão será proporcional ao prazo total da pena aplicada e nunca será superior ao dobro de seu tempo.

ART. 55. Não se procederá à expulsão quando:

I – a medida configurar extradição inadmitida pela legislação brasileira;

II – o expulsando:

a) tiver filho brasileiro que esteja sob sua guarda ou dependência econômica ou socioafetiva ou tiver pessoa brasileira sob sua tutela;

b) tiver cônjuge ou companheiro residente no Brasil, sem discriminação alguma, reconhecido judicial ou legalmente;

c) tiver ingressado no Brasil até os 12 (doze) anos de idade, residindo desde então no País;

d) for pessoa com mais de 70 (setenta) anos que resida no País há mais de 10 (dez) anos, considerados a gravidade e o fundamento da expulsão; ou

e) (VETADO).

ART. 56. Regulamento definirá procedimentos para apresentação e processamento de pedidos de suspensão e de revogação dos efeitos das medidas de expulsão e de impedimento de ingresso e permanência em território nacional.

ART. 57. Regulamento disporá sobre condições especiais de autorização de residência para viabilizar medidas de ressocialização a migrante e a visitante em cumprimento de penas aplicadas ou executadas em território nacional.

ART. 58. No processo de expulsão serão garantidos o contraditório e a ampla defesa.

§ 1º. A Defensoria Pública da União será notificada da instauração de processo de expulsão, se não houver defensor constituído.

§ 2º. Caberá pedido de reconsideração da decisão sobre a expulsão no prazo de 10 (dez) dias, a contar da notificação pessoal do expulsando.

ART. 59. Será considerada regular a situação migratória do expulsando cujo processo esteja pendente de decisão, nas condições previstas no art. 55.

ART. 60. A existência de processo de expulsão não impede a saída voluntária do expulsando do País.

Seção V.
DAS VEDAÇÕES

ART. 61. Não se procederá à repatriação, à deportação ou à expulsão coletivas.

Parágrafo único. Entende-se por repatriação, deportação ou expulsão coletiva aquela que não individualiza a situação migratória irregular de cada pessoa.

ART. 62. Não se procederá à repatriação, à deportação ou à expulsão de nenhum indivíduo quando subsistirem razões para acreditar que a medida poderá colocar em risco a vida ou a integridade pessoal.

Capítulo VI.
DA OPÇÃO DE NACIONALIDADE E DA NATURALIZAÇÃO

Seção I.
DA OPÇÃO DE NACIONALIDADE

ART. 63. O filho de pai ou de mãe brasileiro nascido no exterior e que não tenha sido registrado em repartição consular poderá, a qualquer tempo, promover ação de opção de nacionalidade.

Parágrafo único. O órgão de registro deve informar periodicamente à autoridade competente os dados relativos à opção de nacionalidade, conforme regulamento.

Seção II.
DAS CONDIÇÕES DA NATURALIZAÇÃO

ART. 64. A naturalização pode ser:

I – ordinária;

II – extraordinária;

III – especial; ou

IV – provisória.

ART. 65. Será concedida a naturalização ordinária àquele que preencher as seguintes condições:

I – ter capacidade civil, segundo a lei brasileira;

II – ter residência em território nacional, pelo prazo mínimo de 4 (quatro) anos;

III – comunicar-se em língua portuguesa, consideradas as condições do naturalizando; e

IV – não possuir condenação penal ou estiver reabilitado, nos termos da lei.

ART. 66. O prazo de residência fixado no inciso II do caput do art. 65 será reduzido para, no mínimo, 1 (um) ano se o naturalizando preencher quaisquer das seguintes condições:

I – (VETADO);

II – ter filho brasileiro;

III – ter cônjuge ou companheiro brasileiro e não estar dele separado legalmente ou de fato no momento de concessão da naturalização;

IV – (VETADO);

V – haver prestado ou poder prestar serviço relevante ao Brasil; ou

VI – recomendar-se por sua capacidade profissional, científica ou artística.

Parágrafo único. O preenchimento das condições previstas nos incisos V e VI do caput será avaliado na forma disposta em regulamento.

ART. 67. A naturalização extraordinária será concedida a pessoa de qualquer nacionalidade fixada no Brasil há mais de 15 (quinze) anos ininterruptos e sem condenação penal, desde que requeira a nacionalidade brasileira.

ART. 68. A naturalização especial poderá ser concedida ao estrangeiro que se encontre em uma das seguintes situações:

I – seja cônjuge ou companheiro, há mais de 5 (cinco) anos, de integrante do Serviço Exterior Brasileiro em atividade ou de pessoa a serviço do Estado brasileiro no exterior; ou

II – seja ou tenha sido empregado em missão diplomática ou em repartição consular do Brasil por mais de 10 (dez) anos ininterruptos.

ART. 69. São requisitos para a concessão da naturalização especial:

I – ter capacidade civil, segundo a lei brasileira;

II – comunicar-se em língua portuguesa, consideradas as condições do naturalizando; e

III – não possuir condenação penal ou estiver reabilitado, nos termos da lei.

ART. 70. A naturalização provisória poderá ser concedida ao migrante criança ou adolescente que tenha fixado residência em território nacional antes de completar 10 (dez) anos de idade e deverá ser requerida por intermédio de seu representante legal.

Parágrafo único. A naturalização prevista no caput será convertida em definitiva se o naturalizando expressamente assim o requerer no prazo de 2 (dois) anos após atingir a maioridade.

ART. 71. O pedido de naturalização será apresentado e processado na forma prevista pelo órgão competente do Poder Executivo, sendo cabível recurso em caso de denegação.

§ 1º. No curso do processo de naturalização, o naturalizando poderá requerer a tradução ou a adaptação de seu nome à língua portuguesa.

§ 2º. Será mantido cadastro com o nome traduzido ou adaptado associado ao nome anterior.

ART. 72. No prazo de até 1 (um) ano após a concessão da naturalização, deverá o naturalizado comparecer perante a Justiça Eleitoral para o devido cadastramento.

SEÇÃO III.
DOS EFEITOS DA NATURALIZAÇÃO

ART. 73. A naturalização produz efeitos após a publicação no Diário Oficial do ato de naturalização.

ART. 74. (VETADO).

SEÇÃO IV.
DA PERDA DA NACIONALIDADE

ART. 75. O naturalizado perderá a nacionalidade em razão de condenação transitada em julgado por atividade nociva ao interesse nacional, nos termos do inciso I do § 4º do art. 12 da Constituição Federal.

Parágrafo único. O risco de geração de situação de apatridia será levado em consideração antes da efetivação da perda da nacionalidade.

SEÇÃO V.
DA REAQUISIÇÃO DA NACIONALIDADE

ART. 76. O brasileiro que, em razão do previsto no inciso II do § 4º do art. 12 da Constituição Federal, houver perdido a nacionalidade, uma vez cessada a causa, poderá readquiri-la ou ter o ato que declarou a perda revogado, na forma definida pelo órgão competente do Poder Executivo.

CAPÍTULO VII.
DO EMIGRANTE

SEÇÃO I.
DAS POLÍTICAS PÚBLICAS PARA OS EMIGRANTES

ART. 77. As políticas públicas para os emigrantes observarão os seguintes princípios e diretrizes:

I – proteção e prestação de assistência consular por meio das representações do Brasil no exterior;

II – promoção de condições de vida digna, por meio, entre outros, da facilitação do registro consular e da prestação de serviços consulares relativos às áreas de educação, saúde, trabalho, previdência social e cultura;

III – promoção de estudos e pesquisas sobre os emigrantes e as comunidades de brasileiros no exterior, a fim de subsidiar a formulação de políticas públicas;

IV – atuação diplomática, nos âmbitos bilateral, regional e multilateral, em defesa dos direitos do emigrante brasileiro, conforme o direito internacional

V – ação governamental integrada, com a participação de órgãos do governo com atuação nas áreas temáticas mencionadas nos incisos I, II, III e IV, visando a assistir as comunidades brasileiras no exterior; e

VI – esforço permanente de desburocratização, atualização e modernização do sistema de atendimento, com o objetivo de aprimorar a assistência ao emigrante.

SEÇÃO II.
DOS DIREITOS DO EMIGRANTE

ART. 78. Todo emigrante que decida retornar ao Brasil com ânimo de residência poderá introduzir no País, com isenção de direitos de importação e de taxas aduaneiras, os bens novos ou usados que um viajante, em compatibilidade com as circunstâncias de sua viagem, puder destinar para seu uso ou consumo pessoal e profissional, sempre que, por sua quantidade, natureza ou variedade, não permitam presumir importação ou exportação com fins comerciais ou industriais.

ART. 79. Em caso de ameaça à paz social e à ordem pública por grave ou iminente instabilidade institucional ou de calamidade de grande proporção na natureza, deverá ser prestada especial assistência ao emigrante pelas representações brasileiras no exterior.

ART. 80. O tripulante brasileiro contratado por embarcação ou armadora estrangeira, de cabotagem ou a longo curso e com sede ou filial no Brasil, que explore economicamente o mar territorial e a costa brasileira terá direito a seguro a cargo do contratante, válido para todo o período da contratação, conforme o disposto no Registro de Embarcações Brasileiras (REB), contra acidente de trabalho, invalidez total ou parcial e morte, sem prejuízo de benefícios de apólice mais favorável vigente no exterior.

CAPÍTULO VIII.
DAS MEDIDAS DE COOPERAÇÃO

SEÇÃO I.
DA EXTRADIÇÃO

ART. 81. A extradição é a medida de cooperação internacional entre o Estado brasileiro e outro Estado pela qual se concede ou solicita a entrega de pessoa sobre quem recaia condenação criminal definitiva ou para fins de instrução de processo penal em curso.

§ 1º. A extradição será requerida por via diplomática ou pelas autoridades centrais designadas para esse fim.

§ 2º. A extradição e sua rotina de comunicação serão realizadas pelo órgão competente do Poder Executivo em coordenação com as autoridades judiciárias e policiais competentes.

ART. 82. Não se concederá a extradição quando:

I – o indivíduo cuja extradição é solicitada ao Brasil for brasileiro nato;

II – o fato que motivar o pedido não for considerado crime no Brasil ou no Estado requerente;

III – o Brasil for competente, segundo suas leis, para julgar o crime imputado ao extraditando;

IV – a lei brasileira impuser ao crime pena de prisão inferior a 2 (dois) anos;

V – o extraditando estiver respondendo a processo ou já houver sido condenado ou absolvido no Brasil pelo mesmo fato em que se fundar o pedido;

VI – a punibilidade estiver extinta pela prescrição, segundo a lei brasileira ou a do Estado requerente;

VII – o fato constituir crime político ou de opinião;

VIII – o extraditando tiver de responder, no Estado requerente, perante tribunal ou juízo de exceção; ou

IX – o extraditando for beneficiário de refúgio, nos termos da Lei nº 9.474, de 22 de julho de 1997, ou de asilo territorial.

§ 1º. A previsão constante do inciso VII do caput não impedirá a extradição quando o fato constituir, principalmente, infração à lei penal comum ou quando o crime comum, conexo ao delito político, constituir o fato principal.

§ 2º. Caberá à autoridade judiciária competente a apreciação do caráter da infração.

§ 3º. Para determinação da incidência do disposto no inciso I, será observada, nos casos de aquisição de outra nacionalidade por naturalização, a anterioridade do fato gerador da extradição.

§ 4º. O Supremo Tribunal Federal poderá deixar de considerar crime político o atentado contra chefe de Estado ou quaisquer autoridades, bem como crime contra a humanidade, crime de guerra, crime de genocídio e terrorismo.

§ 5º. Admite-se a extradição de brasileiro naturalizado, nas hipóteses previstas na Constituição Federal.

ART. 83. São condições para concessão da extradição:

I – ter sido o crime cometido no território do Estado requerente ou serem aplicáveis ao extraditando as leis penais desse Estado; e

II – estar o extraditando respondendo a processo investigatório ou a processo penal ou ter sido condenado pelas autoridades judiciárias do Estado requerente a pena privativa de liberdade.

ART. 84. Em caso de urgência, o Estado interessado na extradição poderá, previamente ou conjuntamente com a formalização do pedido extradicional, requerer, por via diplomática ou por meio de autoridade central do Poder Executivo, prisão cautelar com o objetivo de assegurar a executoriedade da medida de extradição que, após exame da presença dos pressupostos formais de admissibilidade exigidos nesta Lei ou em tratado, deverá representar à autoridade judicial competente, ouvido previamente o Ministério Público Federal.

§ 1º. O pedido de prisão cautelar deverá conter informação sobre o crime cometido e deverá ser fundamentado, podendo ser apresentado por correio, fax, mensagem eletrônica ou qualquer outro meio que assegure a comunicação por escrito.

§ 2º. O pedido de prisão cautelar poderá ser transmitido à autoridade competente para extradição no Brasil por meio de canal estabelecido com o ponto focal da Organização Internacional de Polícia Criminal (Interpol) no País, devidamente instruído com a documentação comprobatória da existência de ordem de prisão proferida por Estado estrangeiro, e, em caso de ausência de tratado, com a promessa de reciprocidade recebida por via diplomática.

§ 3º. Efetivada a prisão do extraditando, o pedido de extradição será encaminhado à autoridade judiciária competente.

§ 4º. Na ausência de disposição específica em tratado, o Estado estrangeiro deverá formalizar o pedido de extradição no prazo de 60 (sessenta) dias, contado da data em que tiver sido cientificado da prisão do extraditando.

§ 5º. Caso o pedido de extradição não seja apresentado no prazo previsto no § 4º, o extraditando deverá ser posto em liberdade, não se admitindo novo pedido de prisão cautelar pelo mesmo fato sem que a extradição tenha sido devidamente requerida.

§ 6º. A prisão cautelar poderá ser prorrogada até o julgamento final da autoridade judiciária competente quanto à legalidade do pedido de extradição.

ART. 85. Quando mais de um Estado requerer a extradição da mesma pessoa, pelo mesmo fato, terá preferência o pedido daquele em cujo território a infração foi cometida.

§ 1º. Em caso de crimes diversos, terá preferência, sucessivamente:

I – o Estado requerente em cujo território tenha sido cometido o crime mais grave, segundo a lei brasileira;

II – o Estado que em primeiro lugar tenha pedido a entrega do extraditando, se a gravidade dos crimes for idêntica;

III – o Estado de origem, ou, em sua falta, o domiciliar do extraditando, se os pedidos forem simultâneos.

§ 2º. Nos casos não previstos nesta Lei, o órgão competente do Poder Executivo decidirá sobre a preferência do pedido, priorizando o Estado requerente que mantiver tratado de extradição com o Brasil.

§ 3º. Havendo tratado com algum dos Estados requerentes, prevalecerão suas normas no que diz respeito à preferência de que trata este artigo.

ART. 86. O Supremo Tribunal Federal, ouvido o Ministério Público, poderá autorizar prisão albergue ou domiciliar ou determinar que o extraditando responda ao processo de extradição em liberdade, com retenção do documento de viagem ou outras medidas cautelares necessárias, até o julgamento da extradição ou a entrega do extraditando, se pertinente, considerando a situação administrativa migratória, os antecedentes do extraditando e as circunstâncias do caso.

ART. 87. O extraditando poderá entregar-se voluntariamente ao Estado requerente, desde que o declare expressamente, esteja assistido por advogado e seja advertido de que tem direito ao processo judicial de extradição e à proteção que tal direito encerra, caso em que o pedido será decidido pelo Supremo Tribunal Federal.

ART. 88. Todo pedido que possa originar processo de extradição em face de Estado estrangeiro deverá ser encaminhado ao órgão competente do Poder Executivo diretamente pelo órgão do Poder Judiciário responsável pela decisão ou pelo processo penal que a fundamenta.

§ 1º. Compete a órgão do Poder Executivo o papel de orientação, de informação e de avaliação dos elementos formais de admissibilidade dos processos preparatórios para encaminhamento ao Estado requerido.

§ 2º. Compete aos órgãos do sistema de Justiça vinculados ao processo penal gerador de pedido de extradição a apresentação de todos os documentos, manifestações e demais elementos necessários para o processamento do pedido, inclusive suas traduções oficiais.

§ 3º. O pedido deverá ser instruído com cópia autêntica ou com o original da sentença condenatória ou da decisão penal proferida, conterá indicações precisas sobre o local, a data, a natureza e as circunstâncias do fato criminoso e a identidade do extraditando e será acompanhado de cópia dos textos legais sobre o crime, a competência, a pena e a prescrição.

§ 4º. O encaminhamento do pedido de extradição ao órgão competente do Poder Executivo confere autenticidade aos documentos.

ART. 89. O pedido de extradição originado de Estado estrangeiro será recebido pelo órgão competente do Poder Executivo e, após exame da presença dos pressupostos formais de admissibilidade exigidos nesta Lei ou em tratado, encaminhado à autoridade judiciária competente.

Parágrafo único. Não preenchidos os pressupostos referidos no caput, o pedido será arquivado mediante decisão fundamentada, sem prejuízo da possibilidade de renovação do pedido, devidamente instruído, uma vez superado o óbice apontado.

ART. 90. Nenhuma extradição será concedida sem prévio pronunciamento do Supremo Tribunal Federal sobre sua legalidade e procedência, não cabendo recurso da decisão.

ART. 91. Ao receber o pedido, o relator designará dia e hora para o interrogatório do extraditando e, conforme o caso, nomear-lhe-á curador ou advogado, se não o tiver.

§ 1º. A defesa, a ser apresentada no prazo de 10 (dez) dias contado da data do interrogatório, versará sobre a identidade da pessoa reclamada, defeito de forma de documento apresentado ou ilegalidade da extradição.

§ 2º. Não estando o processo devidamente instruído, o Tribunal, a requerimento do órgão do Ministério Público Federal correspondente, poderá converter o julgamento em diligência para suprir a falta.

§ 3º. Para suprir a falta referida no § 2º, o Ministério Público Federal terá prazo improrrogável de 60 (sessenta) dias, após o qual o pedido será julgado independentemente da diligência.

§ 4º. O prazo referido no § 3º será contado da data de notificação à missão diplomática do Estado requerente.

ART. 92. Julgada procedente a extradição e autorizada a entrega pelo órgão competente do Poder Executivo, será o ato comunicado por via diplomática ao Estado requerente, que, no prazo de 60 (sessenta) dias da comunicação, deverá retirar o extraditando do território nacional.

ART. 93. Se o Estado requerente não retirar o extraditando do território nacional no prazo previsto no art. 92, será ele posto em liberdade, sem prejuízo de outras medidas aplicáveis.

ART. 94. Negada a extradição em fase judicial, não se admitirá novo pedido baseado no mesmo fato.

ART. 95. Quando o extraditando estiver sendo processado ou tiver sido condenado, no Brasil, por crime punível com pena privativa de liberdade, a extradição será executada somente depois da conclusão do processo ou do cumprimento da pena, ressalvadas as hipóteses de liberação antecipada pelo Poder Judiciário e de determinação da transferência da pessoa condenada.

§ 1º. A entrega do extraditando será igualmente adiada se a efetivação da medida puser em risco sua vida em virtude de enfermidade grave comprovada por laudo médico oficial.

§ 2º. Quando o extraditando estiver sendo processado ou tiver sido condenado, no Brasil, por infração de menor potencial ofensivo, a entrega poderá ser imediatamente efetivada.

ART. 96. Não será efetivada a entrega do extraditando sem que o Estado requerente assuma o compromisso de:

I – não submeter o extraditando a prisão ou processo por fato anterior ao pedido de extradição;

II – computar o tempo da prisão que, no Brasil, foi imposta por força da extradição;

III – comutar a pena corporal, perpétua ou de morte em pena privativa de liberdade, respeitado o limite máximo de cumprimento de 30 (trinta) anos;

IV – não entregar o extraditando, sem consentimento do Brasil, a outro Estado que o reclame;

V – não considerar qualquer motivo político para agravar a pena; e

VI – não submeter o extraditando a tortura ou a outros tratamentos ou penas cruéis, desumanos ou degradantes.

ART. 97. A entrega do extraditando, de acordo com as leis brasileiras e respeitado o direito de terceiro, será feita com os objetos e instrumentos do crime encontrados em seu poder.

Parágrafo único. Os objetos e instrumentos referidos neste artigo poderão ser entregues independentemente da entrega do extraditando.

ART. 98. O extraditando que, depois de entregue ao Estado requerente, escapar à ação da Justiça e homiziar-se no Brasil, ou por ele transitar, será detido mediante pedido feito diretamente por via diplomática ou pela Interpol e novamente entregue, sem outras formalidades.

ART. 99. Salvo motivo de ordem pública, poderá ser permitido, pelo órgão competente do Poder Executivo, o trânsito no território nacional de pessoa extraditada por Estado estrangeiro, bem como o da respectiva guarda, mediante apresentação de documento comprobatório de concessão da medida.

SEÇÃO II. DA TRANSFERÊNCIA DE EXECUÇÃO DA PENA

ART. 100. Nas hipóteses em que couber solicitação de extradição executória, a autoridade competente poderá solicitar ou autorizar a transferência de execução da pena, desde que observado o princípio do non bis in idem.

Parágrafo único. Sem prejuízo do disposto no Decreto-Lei nº 2.848, de 7 de dezembro de 1940 (Código Penal), a transferência de execução da pena será possível quando preenchidos os seguintes requisitos:

I – o condenado em território estrangeiro for nacional ou tiver residência habitual ou vínculo pessoal no Brasil;

II – a sentença tiver transitado em julgado;

III – a duração da condenação a cumprir ou que restar para cumprir for de, pelo menos, 1 (um) ano, na data de apresentação do pedido ao Estado da condenação;

IV – o fato que originou a condenação constituir infração penal perante a lei de ambas as partes; e

V – houver tratado ou promessa de reciprocidade.

ART. 101. O pedido de transferência de execução da pena de Estado estrangeiro será requerido por via diplomática ou por via de autoridades centrais.

§ 1º. O pedido será recebido pelo órgão competente do Poder Executivo e, após exame da presença dos pressupostos formais de admissibilidade exigidos nesta Lei ou em tratado, encaminhado ao Superior Tribunal de Justiça para decisão quanto à homologação.

§ 2º. Não preenchidos os pressupostos referidos no § 1º, o pedido será arquivado mediante decisão fundamentada, sem prejuízo da possibilidade de renovação do pedido, devidamente instruído, uma vez superado o óbice apontado.

ART. 102. A forma do pedido de transferência de execução da pena e seu processamento serão definidos em regulamento.

Parágrafo único. Nos casos previstos nesta Seção, a execução penal será de competência da Justiça Federal.

SEÇÃO III. DA TRANSFERÊNCIA DE PESSOA CONDENADA

ART. 103. A transferência de pessoa condenada poderá ser concedida quando o pedido se fundamentar em tratado ou houver promessa de reciprocidade.

§ 1º. O condenado no território nacional poderá ser transferido para seu país de nacionalidade ou país em que tiver residência habitual ou vínculo pessoal, desde que expresse interesse nesse sentido, a fim de cumprir pena a ele imposta pelo Estado brasileiro por sentença transitada em julgado.

§ 2º. A transferência de pessoa condenada no Brasil pode ser concedida juntamente com a aplicação de medida de impedimento de reingresso em território nacional, na forma de regulamento.

ART. 104. A transferência de pessoa condenada será possível quando preenchidos os seguintes requisitos:

I – o condenado no território de uma das partes for nacional ou tiver residência habitual ou vínculo pessoal no território da outra parte que justifique a transferência;

II – a sentença tiver transitado em julgado;

III – a duração da condenação a cumprir ou que restar para cumprir for de, pelo menos, 1 (um) ano, na data de apresentação do pedido ao Estado da condenação;

IV – o fato que originou a condenação constituir infração penal perante a lei de ambos os Estados;

V – houver manifestação de vontade do condenado ou, quando for o caso, de seu representante; e

VI – houver concordância de ambos os Estados.

ART. 105. A forma do pedido de transferência de pessoa condenada e seu processamento serão definidos em regulamento.

§ 1º. Nos casos previstos nesta Seção, a execução penal será de competência da Justiça Federal.

§ 2º. Não se procederá à transferência quando inadmitida a extradição.

§ 3º. (VETADO).

CAPÍTULO IX. DAS INFRAÇÕES E DAS PENALIDADES ADMINISTRATIVAS

ART. 106. Regulamento disporá sobre o procedimento de apuração das infrações administrativas e seu processamento e sobre a fixação e a atualização das multas, em observância ao disposto nesta Lei.

ART. 107. As infrações administrativas previstas neste Capítulo serão apuradas em processo administrativo próprio, assegurados o contraditório e a ampla defesa e observadas as disposições desta Lei.

§ 1º. O cometimento simultâneo de duas ou mais infrações importará cumulação das sanções cabíveis, respeitados os limites estabelecidos nos incisos V e VI do art. 108.

§ 2º. A multa atribuída por dia de atraso ou por excesso de permanência poderá ser convertida em redução equivalente do período de autorização de estada para o visto de visita, em caso de nova entrada no País.

ART. 108. O valor das multas tratadas neste Capítulo considerará:

I – as hipóteses individualizadas nesta Lei;

II – a condição econômica do infrator, a reincidência e a gravidade da infração;

III – a atualização periódica conforme estabelecido em regulamento;

IV – o valor mínimo individualizável de R$ 100,00 (cem reais);

LEIS ORDINÁRIAS

V – o valor mínimo de R$ 100,00 (cem reais) e o máximo de R$ 10.000,00 (dez mil reais) para infrações cometidas por pessoa física;

VI – o valor mínimo de R$ 1.000,00 (mil reais) e o máximo de R$ 1.000.000,00 (um milhão de reais) para infrações cometidas por pessoa jurídica, por ato infracional.

ART. 109. Constitui infração, sujeitando o infrator às seguintes sanções:

I – entrar em território nacional sem estar autorizado:

Sanção: deportação, caso não saia do País ou não regularize a situação migratória no prazo fixado;

II – permanecer em território nacional depois de esgotado o prazo legal da documentação migratória:

Sanção: multa por dia de excesso e deportação, caso não saia do País ou não regularize a situação migratória no prazo fixado;

III – deixar de se registrar, dentro do prazo de 90 (noventa) dias do ingresso no País, quando for obrigatória a identificação civil:

Sanção: multa;

IV – deixar o imigrante de se registrar, para efeito de autorização de residência, dentro do prazo de 30 (trinta) dias, quando orientado a fazê-lo pelo órgão competente:

Sanção: multa por dia de atraso;

V – transportar para o Brasil pessoa que esteja sem documentação migratória regular:

Sanção: multa por pessoa transportada;

VI – deixar a empresa transportadora de atender a compromisso de manutenção da estada ou de promoção da saída do território nacional de quem tenha sido autorizado a ingresso condicional no Brasil por não possuir a devida documentação migratória:

Sanção: multa;

VII – furtar-se ao controle migratório, na entrada ou saída do território nacional:

Sanção: multa.

ART. 110. As penalidades aplicadas serão objeto de pedido de reconsideração e de recurso, nos termos de regulamento.

Parágrafo único. Serão respeitados o contraditório, a ampla defesa e a garantia de recurso, assim como a situação de hipossuficiência do migrante ou do visitante.

CAPÍTULO X. DISPOSIÇÕES FINAIS E TRANSITÓRIAS

ART. 111. Esta Lei não prejudica direitos e obrigações estabelecidos por tratados vigentes no Brasil e que sejam mais benéficos ao migrante e ao visitante, em particular os tratados firmados no âmbito do Mercosul.

ART. 112. As autoridades brasileiras serão tolerantes quanto ao uso do idioma do residente fronteiriço e do imigrante quando eles se dirigirem a órgãos ou repartições públicas para reclamar ou reivindicar os direitos decorrentes desta Lei.

ART. 113. As taxas e emolumentos consulares são fixados em conformidade com a tabela anexa a esta Lei.

§ 1º. Os valores das taxas e emolumentos consulares poderão ser ajustados pelo órgão competente da administração pública federal, de forma a preservar o interesse nacional ou a assegurar a reciprocidade de tratamento.

§ 2º. Não serão cobrados emolumentos consulares pela concessão de:

I – vistos diplomáticos, oficiais e de cortesia; e

II – vistos em passaportes diplomáticos, oficiais ou de serviço, ou equivalentes, mediante reciprocidade de tratamento a titulares de documento de viagem similar brasileiro.

§ 3º. Não serão cobrados taxas e emolumentos consulares pela concessão de vistos ou para a obtenção de documentos para regularização migratória aos integrantes de grupos vulneráveis e indivíduos em condição de hipossuficiência econômica.

§ 4º. (VETADO).

ART. 114. Regulamento poderá estabelecer competência para órgãos do Poder Executivo disciplinarem aspectos específicos desta Lei.

ART. 115. O Decreto-Lei nº 2.848, de 7 de dezembro de 1940 (Código Penal), passa a vigorar acrescido do seguinte art. 232-A:

"Promoção de migração ilegal

Art. 232-A. Promover, por qualquer meio, com o fim de obter vantagem econômica, a entrada ilegal de estrangeiro em território nacional ou de brasileiro em país estrangeiro:

Pena – reclusão, de 2 (dois) a 5 (cinco) anos, e multa.

§ 1º. Na mesma pena incorre quem promover, por qualquer meio, com o fim de obter vantagem econômica, a saída de estrangeiro do território nacional para ingressar ilegalmente em país estrangeiro.

§ 2º. A pena é aumentada de 1/6 (um sexto) a 1/3 (um terço) se:

I – o crime é cometido com violência; ou

II – a vítima é submetida a condição desumana ou degradante.

§ 3º. A pena prevista para o crime será aplicada sem prejuízo das correspondentes às infrações conexas."

ART. 116. (VETADO).

ART. 117. O documento conhecido por Registro Nacional de Estrangeiro passa a ser denominado Registro Nacional Migratório.

ART. 118. (VETADO).

ART. 119. O visto emitido até a data de entrada em vigor desta Lei poderá ser utilizado até a data prevista de expiração de sua validade, podendo ser transformado ou ter seu prazo de estada prorrogado, nos termos de regulamento.

ART. 120. A Política Nacional de Migrações, Refúgio e Apatridia terá a finalidade de coordenar e articular ações setoriais implementadas pelo Poder Executivo federal em regime de cooperação com os Estados, o Distrito Federal e os Municípios, com participação de organizações da sociedade civil, organismos internacionais e entidades privadas, conforme regulamento.

§ 1°. Ato normativo do Poder Executivo federal poderá definir os objetivos, a organização e a estratégia de coordenação da Política Nacional de Migrações, Refúgio e Apatridia.

§ 2°. Ato normativo do Poder Executivo federal poderá estabelecer planos nacionais e outros instrumentos para a efetivação dos objetivos desta Lei e a coordenação entre órgãos e colegiados setoriais.

§ 3°. Com vistas à formulação de políticas públicas, deverá ser produzida informação quantitativa e qualitativa, de forma sistemática, sobre os migrantes, com a criação de banco de dados.

ART. 121. Na aplicação desta Lei, devem ser observadas as disposições da Lei n° 9.474, de 22 de julho de 1997, nas situações que envolvam refugiados e solicitantes de refúgio.

ART. 122. A aplicação desta Lei não impede o tratamento mais favorável assegurado por tratado em que a República Federativa do Brasil seja parte.

ART. 123. Ninguém será privado de sua liberdade por razões migratórias, exceto nos casos previstos nesta Lei.

ART. 124. Revogam-se:

I – a Lei n° 818, de 18 de setembro de 1949; e

II – a Lei n° 6.815, de 19 de agosto de 1980 (Estatuto do Estrangeiro).

ART. 125. Esta Lei entra em vigor após decorridos 180 (cento e oitenta) dias de sua publicação oficial.

Brasília, 24 de maio de 2017;
196° da Independência e 129° da República.

MICHEL TEMER

Publicado no D.O.U. de 25.5.2017

LEI N° 13.473, DE 8 DE AGOSTO DE 2017 (EXCERTOS)

Dispõe sobre as diretrizes para a elaboração e execução da Lei Orçamentária de 2018 e dá outras providências. O PRESIDENTE DA REPÚBLICA Faço saber que o Congresso Nacional decreta e eu sanciono a seguinte Lei:

[...]

CAPÍTULO VIII.
DA POLÍTICA DE APLICAÇÃO DOS RECURSOS DAS AGÊNCIAS FINANCEIRAS OFICIAIS DE FOMENTO

ART. 110. As agências financeiras oficiais de fomento terão como diretriz geral a preservação e a geração do emprego e, respeitadas suas especificidades, observarão as seguintes prioridades:

[...]

§ 1°. A concessão ou a renovação de quaisquer empréstimos ou financiamentos pelas agências financeiras oficiais de fomento não será permitida:

[...]

IV – para instituições cujos dirigentes sejam condenados por trabalho infantil, trabalho escravo, crime contra o meio ambiente, assédio moral ou sexual ou racismo.

[...]

ART. 157. Esta Lei entra em vigor na data de sua publicação.

Brasília, 8 de agosto de 2017;
196° da Independência e 129° da República.

MICHEL TEMER

Este texto não substitui o publicado no DOU de 9.8.2017

LEI N° 13.756, DE 12 DE DEZEMBRO DE 2018 (EXCERTOS)

Dispõe sobre o Fundo Nacional de Segurança Pública (FNSP), sobre a destinação do produto da arrecadação das loterias e sobre a promoção comercial e a modalidade lotérica denominada apostas de quota fixa; altera as Leis n ° 8.212, de 24 de julho de 1991, 9.615, de 24 março de 1998, 10.891, de 9 de julho de 2004, 11.473, de 10 de maio de 2007, e 13.675, de 11 de junho de 2018; e revoga dispositivos das Leis n ° 6.168, de 9 de dezembro de 1974, 6.717, de 12 de novembro de 1979, 8.313, de 23 de dezembro de 1991, 9.649, de 27 de maio de 1998, 10.260, de 12 de julho de 2001, 11.345, de 14 de setembro de 2006, e 13.155, de 4 de agosto de 2015, da Lei Complementar n° 79, de 7 de janeiro de 1994, e dos Decretos-Leis n ° 204, de 27 de fevereiro de 1967, e 594, de 27 de maio de 1969, as Leis n ° 6.905, de 11 de maio de 1981, 9.092, de 12 de setembro de 1995, 9.999, de 30 de agosto de 2000, 10.201, de 14 de fevereiro de 2001, e 10.746, de 10 de outubro de 2003, e os Decretos-Leis n°s 1.405, de 20 de junho de 1975, e 1.923, de 20 de janeiro de 1982.

O PRESIDENTE DA REPÚBLICA Faço saber que o Congresso Nacional decreta e eu sanciono a seguinte Lei:

CAPÍTULO I.
DISPOSIÇÕES PRELIMINARES

ART. 1° Esta Lei dispõe sobre o Fundo Nacional de Segurança Pública (FNSP) e sobre a destinação do produto da arrecadação das loterias, com o objetivo de promover:

I – as alterações necessárias ao funcionamento do FNSP, para conferir efetividade às ações do Ministério da Segurança Pública quanto à execução de sua competência de coordenar e promover a integração da segurança pública em cooperação com os entes federativos; e

II – a consolidação dos dispositivos legais relacionados com a destinação do produto da arrecadação das loterias, para proporcionar clareza e transparência ao sistema de rateio e, por meio de alterações pontuais, garantir recursos às ações de segurança pública.

CAPÍTULO II. DO FUNDO NACIONAL DE SEGURANÇA PÚBLICA (FNSP)

SEÇÃO I. DISPOSIÇÕES GERAIS

ART. 2º O Fundo Nacional de Segurança Pública (FNSP), fundo especial de natureza contábil, instituído pela Lei nº 10.201, de 14 de fevereiro de 2001 , tem por objetivo garantir recursos para apoiar projetos, atividades e ações nas áreas de segurança pública e de prevenção à violência observadas as diretrizes do Plano Nacional de Segurança Pública e Defesa Social.

Parágrafo único. A gestão do FNSP caberá ao Ministério da Segurança Pública.

ART. 3º Constituem recursos do FNSP:

I – as doações e os auxílios de pessoas naturais ou jurídicas, públicas ou privadas, nacionais ou estrangeiras;

II – as receitas decorrentes:

a) da exploração de loterias, nos termos da legislação; e

b) das aplicações de recursos orçamentários do FNSP, observada a legislação aplicável;

c) da decretação do perdimento dos bens móveis e imóveis, quando apreendidos ou sequestrados em decorrência das atividades criminosas perpetradas por milicianos, estendida aos sucessores e contra eles executada, até o limite do valor do patrimônio transferido; (Incluído pela Lei nº 13.886, de 2019)

III – as dotações consignadas na lei orçamentária anual e nos créditos adicionais; e

IV – as demais receitas destinadas ao FNSP.

V – os recursos provenientes de convênios, contratos ou acordos firmados com entidades públicas ou privadas, nacionais, internacionais ou estrangeiras; (Incluído pela Lei 13.964, de 24-12-2019)

VI – os recursos confiscados ou provenientes da alienação dos bens perdidos em favor da União Federal, nos termos da legislação penal ou processual penal; (Incluído pela Lei 13.964, de 24-12-2019)

VII – as fianças quebradas ou perdidas, em conformidade com o disposto na lei processual penal; (Acrescido pela Lei 13.964, de 2019)

VIII – os rendimentos de qualquer natureza, auferidos como remuneração, decorrentes de aplicação do patrimônio do FNSP. (Incluído pela Lei 13.964, de 24-12-2019)

Parágrafo único. Excetuam-se do disposto na alínea *c* do inciso II do **caput** deste artigo os bens relacionados com o tráfico de drogas de abuso, ou de qualquer forma utilizados em atividades ilícitas de produção ou comercialização de drogas abusivas, ou, ainda, que tenham sido adquiridos com recursos provenientes do referido tráfico, e perdidos em favor da União, que constituem recursos destinados ao Funad, nos termos do art. 4º da Lei nº 7.560, de 19 de dezembro de 1986. (Incluído pela Lei nº 13.886, de 2019)

ART. 4º O Conselho Gestor do FNSP será composto pelos seguintes representantes, titular e suplente:

I – 3 (três) do Ministério da Segurança Pública;

II – 1 (um) da Casa Civil da Presidência da República;

III – 1 (um) do Ministério do Planejamento, Desenvolvimento e Gestão;

IV – 1 (um) do Ministério dos Direitos Humanos;

V – 1 (um) do Gabinete de Segurança Institucional da Presidência da República; e

VI – 2 (dois) do Colégio Nacional de Secretários de Segurança Pública (Consesp), de regiões geográficas distintas.

§ 1º Os representantes a que se referem os incisos I a V do caput deste artigo serão indicados pelos titulares dos respectivos órgãos e designados em ato do Ministro de Estado da Segurança Pública.

§ 2º Os representantes a que se refere o inciso VI do caput deste artigo serão indicados pelo Consesp e designados em ato do Ministro de Estado da Segurança Pública.

§ 3º O Conselho Gestor do FNSP será presidido por um dos representantes do Ministério da Segurança Pública, a ser designado no ato do Ministro de Estado da Segurança Pública a que se refere o § 1º deste artigo.

§ 4º As decisões do Conselho Gestor serão homologadas pelo Ministro de Estado da Segurança Pública.

§ 5º Caberá ao Conselho Gestor zelar pela aplicação dos recursos do FNSP em consonância com o disposto na Política Nacional de Segurança Pública e Defesa Social.

§ 6º O Conselho Gestor poderá instituir comissão para monitorar a prestação de contas e a análise do relatório de gestão apresentados pelos entes federativos beneficiários dos recursos do FNSP.

ART. 5º Os recursos do FNSP serão destinados a:

I – construção, reforma, ampliação e modernização de unidades policiais, periciais, de corpos de bombeiros militares e de guardas municipais;

II – aquisição de materiais, de equipamentos e de veículos imprescindíveis ao funcionamento da segurança pública;

III – tecnologia e sistemas de informações e de estatísticas de segurança pública;

IV – inteligência, investigação, perícia e policiamento;

V – programas e projetos de prevenção ao delito e à violência, incluídos os programas de polícia comunitária e de perícia móvel;

VI – capacitação de profissionais da segurança pública e de perícia técnico-científica;

VII – integração de sistemas, base de dados, pesquisa, monitoramento e avaliação de programas de segurança pública;

VIII – atividades preventivas destinadas à redução dos índices de criminalidade;

IX – serviço de recebimento de denúncias, com garantia de sigilo para o usuário;

X – premiação em dinheiro por informações que auxiliem na elucidação de crimes, a ser regulamentada em ato do Poder Executivo federal; e

XI – ações de custeio relacionadas com a cooperação federativa de que trata a Lei nº 11.473, de 10 de maio de 2007 .

§ 1º Entre 10% (dez por cento) e 15% (quinze por cento) dos recursos do FNSP devem ser destinados a aplicação em programas:

I – habitacionais em benefício dos profissionais da segurança pública; e

II – de melhoria da qualidade de vida dos profissionais da segurança pública.

§ 2º É vedado o contingenciamento de recursos do FNSP.

§ 3º É vedada a utilização de recursos do FNSP em:

I – despesas e encargos sociais de qualquer natureza, relacionados com pessoal civil ou militar, ativo, inativo ou pensionista; e

II – unidades de órgãos e de entidades destinadas exclusivamente à realização de atividades administrativas.

ART. 6º Os recursos do FNSP serão aplicados diretamente pela União ou transferidos aos Estados ou ao Distrito Federal na hipótese de estes entes federativos terem instituído fundo estadual ou distrital de segurança pública, observado o limite previsto no inciso I do caput do art. 7º desta Lei.

§ 1º É admitida a transferência de recursos aos Estados, ao Distrito Federal ou aos Municípios, por meio de convênios ou de contratos de repasse, nos termos do inciso II do caput do art. 7º desta Lei.

§ 2º A responsabilidade pela execução dos recursos e pelo alcance dos objetivos do FNSP é comum à União e aos entes federativos.

§ 3º Os entes federativos zelarão pela consistência técnica dos projetos, das atividades e das ações e estabelecerão regime de acompanhamento da execução com vistas a viabilizar a prestação de contas aos órgãos competentes.

SEÇÃO II. DA TRANSFERÊNCIA DOS RECURSOS

ART. 7º As transferências dos recursos do FNSP destinadas aos Estados, ao Distrito Federal e aos Municípios serão repassadas aos entes federativos, nos termos da legislação em vigor, observadas as seguintes proporções e condições:

I – a título de transferência obrigatória, no mínimo, 50% (cinquenta por cento) dos recursos de que trata a alínea *a* do inciso II do caput do art. 3º desta Lei para o fundo estadual ou distrital, independentemente da celebração de convênio, de contrato de repasse ou de instrumento congênere; e

II – por meio da celebração de convênio, de contrato de repasse ou de instrumento congênere, as demais receitas destinadas ao FNSP e os recursos de que trata *a* alínea a do inciso II do caput do art. 3º desta Lei não transferidos nos termos do disposto no inciso I do caput deste artigo.

Parágrafo único. As despesas de que trata este artigo correrão à conta das dotações orçamentárias destinadas ao FNSP.

Art. 8º O repasse dos recursos de que trata o inciso I do caput do art. 7º desta Lei ficará condicionado:

I – à instituição e ao funcionamento de:

a) Conselho Estadual ou Distrital de Segurança Pública e Defesa Social; e

b) Fundo Estadual ou Distrital de Segurança Pública, cujas gestão e movimentação financeira ocorrerão por meio de conta bancária específica, aberta pelo Ministério da Segurança Pública em nome dos destinatários, mantida em instituição financeira pública federal;

II – à existência de:

a) plano de segurança e de aplicação dos recursos no âmbito dos Estados e do Distrito Federal, observadas as diretrizes do Plano Nacional de Segurança Pública e Defesa Social; e

b) conjunto de critérios para a promoção e a progressão funcional, por antiguidade e merecimento, de peritos, de policiais civis e militares e de integrantes dos corpos de bombeiros militares;

III – à integração aos sistemas nacionais e ao fornecimento e à atualização de dados e informações de segurança pública ao Ministério da Segurança Pública, nos termos estabelecidos em ato do Ministro de Estado da Segurança Pública; e

IV – ao cumprimento de percentual máximo de profissionais da área de segurança que atuem fora das corporações de segurança pública, nos termos estabelecidos em ato do Ministro de Estado da Segurança Pública.

§ 1º A instituição financeira pública federal de que trata a alínea *b* do inciso I do caput deste artigo disponibilizará as informações relacionadas com as movimentações financeiras ao Ministério da Segurança Pública por meio de aplicativo que identifique o destinatário do recurso.

§ 2º Os recursos do FNSP liberados para os Estados e o Distrito Federal não poderão ser transferidos para outras contas do próprio ente federativo.

§ 3º Enquanto não forem destinados às finalidades previstas no art. 5º desta Lei, os recursos serão automaticamente aplicados em fundos de investimento lastreados em títulos públicos federais de curto prazo.

§ 4º Os rendimentos das aplicações de que trata o § 3º deste artigo serão obrigatoriamente destinados às ações de segurança pública, observadas as finalidades, as regras e as condições de prestação de contas exigidas para os recursos transferidos.

§ 5º A conta-corrente recebedora dos recursos será movimentada por meio eletrônico.

§ 6º O ente federativo enviará, anualmente, relatório de gestão referente à aplicação dos recursos de que trata o art. 6º desta Lei.

§ 7º O Ministério da Segurança Pública fica autorizado a realizar o bloqueio dos recursos repassados de que trata o inciso I do caput do art. 7º desta Lei quando identificada a ocorrência de desvio ou de irregularidade que possa resultar em dano ao erário ou em comprometimento da aplicação regular dos recursos.

Seção III. DA EXECUÇÃO DIRETA PELA UNIÃO E DA TRANSFERÊNCIA POR CONVÊNIOS E CONTRATOS DE REPASSE

ART. 9º Os recursos a que se refere o art. 3º desta Lei que não forem destinados na forma prevista no inciso I do caput do art. 7º desta Lei serão executados diretamente pela União ou transferidos por meio de convênios ou contratos de repasse.

Parágrafo único. A transferência de recursos de que trata o caput deste artigo ficará condicionada aos seguintes critérios:

I – existência de plano de segurança nos Estados, no Distrito Federal e nos Municípios; e

II – integração aos sistemas nacionais e fornecimento e atualização de dados e informações de segurança pública ao Ministério da Segurança Pública, estabelecidos em ato do Ministro de Estado da Segurança Pública.

ART. 10. Os projetos habilitados a receber recursos do FNSP, por meio de convênios ou contratos de repasse, não poderão ter prazo superior a 2 (dois) anos, admitida uma prorrogação por até igual período.

ART. 11. Os Estados, o Distrito Federal e os Municípios prestarão contas ao Ministério da Segurança Pública e darão publicidade e transparência durante o período de aplicação dos recursos de que trata o art. 3º desta Lei.

....

Capítulo III. DA DESTINAÇÃO DOS RECURSOS DAS LOTERIAS

ART. 14. O produto da arrecadação total obtida por meio da captação de apostas ou da venda de bilhetes de loterias, em meio físico ou em meio virtual, será destinado na forma prevista neste Capítulo, ressalvado o disposto no Capítulo V desta Lei.

§ 1º Consideram-se modalidades lotéricas:

I – loteria federal (espécie passiva): loteria em que o apostador adquire bilhete já numerado, em meio físico (impresso) ou virtual (eletrônico);

II – loteria de prognósticos numéricos: loteria em que o apostador tenta prever quais serão os números sorteados no concurso;

III – loteria de prognóstico específico: loteria instituída pela Lei nº 11.345, de 14 de setembro de 2006 ;

IV – loteria de prognósticos esportivos: loteria em que o apostador tenta prever o resultado de eventos esportivos; e

V – loteria instantânea exclusiva (Lotex): loteria que apresenta, de imediato, se o apostador foi ou não agraciado com alguma premiação.

§ 2º Os valores dos prêmios relativos às modalidades lotéricas a que se referem os incisos I a IV do § 1º deste artigo não reclamados pelos apostadores contemplados no prazo de prescrição serão revertidos ao Fundo de Financiamento Estudantil (Fies), observada a programação financeira e orçamentária do Poder Executivo federal.

§ 3º Os recursos de que trata o § 2º deste artigo serão depositados na conta única do Tesouro Nacional e transferidos ao Fundo Garantidor do Fies (FG-Fies) até que seja alcançado o valor-limite da participação global da União, na forma estabelecida no art. 6º -G da Lei nº 10.260, de 12 de julho de 2001 .

§ 4º Eventual discrepância positiva entre o valor esperado da premiação homologado pelo Ministério da Fazenda e o valor de premiação efetivamente pago na modalidade lotérica de que trata o inciso V do § 1º deste artigo, entre séries de uma mesma emissão, será equalizada por meio de promoção comercial, em favor dos apostadores, em séries subsequentes no prazo de 1 (um) ano após o fim do período definido para a emissão, de forma que a totalidade da arrecadação de cada emissão cumpra o disposto no art. 20 desta Lei.

§ 5º O Ministério da Fazenda editará as normas complementares para o cumprimento do disposto neste artigo.

§ 6º A destinação de recursos de que trata este Capítulo somente produzirá efeitos:

I – a partir da data da homologação pelo Ministério da Fazenda dos planos de premiação apresentados pelo agente operador da modalidade a que se refere o inciso I do § 1º deste artigo, observado o disposto no art. 15 desta Lei; e

II – na forma prevista nos arts. 16, 17 e 18 desta Lei, nas modalidades lotéricas de que tratam, respectivamente, os incisos II, III e IV do § 1º deste artigo.

§ 7º O superávit financeiro apurado em balanço patrimonial do exercício anterior, relacionado com as receitas lotéricas recolhidas à conta única do Tesouro Nacional, será utilizado na amortização e no pagamento do serviço da dívida pública federal.

....

Capítulo IV. DA PROMOÇÃO COMERCIAL

ART. 26. Ressalvadas as competências do Conselho Monetário Nacional, são de responsabilidade do Ministério da Fazenda as atribuições inerentes ao poder público estabelecidas na Lei nº 5.768, de 20 de dezembro de 1971 .

§ 1º Em razão do disposto no caput deste artigo, ficam sob responsabilidade do Ministério da Fazenda a análise dos pedidos de autorização, a emissão das autorizações e a fiscalização das operações de que trata a Lei nº 5.768, de 20 de dezembro de 1971 .

§ 2º As autorizações serão concedidas a título precário e por evento promocional, o qual não poderá exceder o prazo de 12 (doze) meses.

§ 3º A partir da data de publicação desta Lei, os pedidos de autorização que estiverem em tramitação na Caixa Econômica Federal deverão ser repassados ao Ministério da Fazenda, para fins do disposto neste artigo.

ART. 27. A taxa de fiscalização de que trata o art. 50 da Medida Provisória nº 2.158-35, de 24 de agosto de 2001, será atualizada monetariamente, desde que o valor da atualização não exceda a variação do índice oficial de inflação apurado no período desde a última correção, em periodicidade não inferior a 1 (um) ano, na forma do regulamento.

ART. 28. As infrações à Lei nº 5.768, de 20 de dezembro de 1971 , e respectivas regulamentações, não alcançadas pelo disposto nos arts. 12, 13 e 14 da referida Lei sujeitam o infrator, de modo isolado ou cumulativo, às seguintes sanções:

I – cassação da autorização;

II – proibição de realizar as operações regidas pela Lei nº 5.768, de 20 de dezembro de 1971 , por período estabelecido pelo Ministério da Fazenda, que não poderá exceder 2 (dois) anos; e

III – multa de até 100% (cem por cento) da soma dos valores dos bens prometidos como prêmios, a ser estabelecida pelo Ministério da Fazenda.

CAPÍTULO V. DAS APOSTAS DE QUOTA FIXA

ART. 29. Fica criada a modalidade lotérica, sob a forma de serviço público exclusivo da União, denominada apostas de quota fixa, cuja exploração comercial ocorrerá em todo o território nacional.

§ 1º A modalidade lotérica de que trata o caput deste artigo consiste em sistema de apostas relativas a eventos reais de temática esportiva, em que é definido, no momento de efetivação da aposta, quanto o apostador pode ganhar em caso de acerto do prognóstico.

§ 2º A loteria de apostas de quota fixa será autorizada ou concedida pelo Ministério da Fazenda e será explorada, exclusivamente, em ambiente concorrencial, com possibilidade de ser comercializada em quaisquer canais de distribuição comercial, físicos e em meios virtuais.

§ 3º O Ministério da Fazenda regulamentará no prazo de até 2 (dois) anos, prorrogável por até igual período, a contar da data de publicação desta Lei, o disposto neste artigo.

ART. 30. O produto da arrecadação da loteria de apostas de quota fixa será destinado da seguinte forma:

I – em meio físico:

a) 80% (oitenta por cento), no mínimo, para o pagamento de prêmios e o recolhimento do imposto de renda incidente sobre a premiação;

b) 0,5% (cinco décimos por cento) para a seguridade social;

c) 1% (um por cento) para as entidades executoras e unidades executoras próprias das unidades escolares públicas de educação infantil, ensino fundamental e ensino médio que tiverem alcançado as metas estabelecidas para os resultados das avaliações nacionais da educação básica, conforme ato do Ministério da Educação;

d) 2,5% (dois inteiros e cinco décimos por cento) para o FNSP;

e) 2% (dois por cento) para as entidades desportivas da modalidade futebol que cederem os direitos de uso de suas denominações, suas marcas, seus emblemas, seus hinos, seus símbolos e similares para divulgação e execução da loteria de apostas de quota fixa;

f) 14% (quatorze por cento), no máximo, para a cobertura de despesas de custeio e manutenção do agente operador da loteria de apostas de quota fixa; e

II – em meio virtual:

a) 89% (oitenta e nove por cento), no mínimo, para o pagamento de prêmios e o recolhimento do imposto de renda incidente sobre a premiação;

b) 0,25% (vinte e cinco centésimos por cento) para a seguridade social;

c) 0,75% (setenta e cinco centésimos por cento) para as entidades executoras e unidades executoras próprias das unidades escolares públicas de educação infantil, ensino fundamental e ensino médio que tiverem alcançado as metas estabelecidas para os resultados das avaliações nacionais da educação básica, conforme ato do Ministério da Educação;

d) 1% (um por cento) para o FNSP;

e) 1% (um por cento) para as entidades desportivas da modalidade futebol que cederem os direitos de uso de suas denominações, suas marcas, seus emblemas, seus hinos, seus símbolos e similares para divulgação e execução da loteria de apostas de quota fixa;

f) 8% (oito por cento), no máximo, para a cobertura de despesas de custeio e de manutenção do agente operador da loteria de apostas de quota fixa.

§ 1º Os percentuais destinados à premiação e às despesas de custeio e manutenção previstos nas alíneas *a* e *f* dos incisos I e II do caput deste artigo poderão variar, desde que a média anual atenda aos percentuais mínimos e máximos estabelecidos nas referidas alíneas.

§ 2º Os agentes operadores repassarão as arrecadações das loterias diretamente aos beneficiários legais de que tratam as alíneas *c* e *e* dos incisos I e II do caput deste artigo.

§ 3º Os recursos de que tratam a alínea *c* dos incisos I e II do caput deste artigo deverão ser aplicados em custeio e investimentos que concorram para a garantia do funcionamento e a melhoria da infraestrutura física e pedagógica dos estabelecimentos de ensino.

§ 4º Para os fins desta Lei, consideram-se:

I – entidades executoras: as secretarias distrital, estaduais e municipais responsáveis pela formalização dos procedimentos necessários ao recebimento e execução de recursos destinados às escolas de suas redes de ensino que não apresentam unidades executoras próprias;

II – unidades executoras próprias: as entidades privadas sem fins lucrativos, representativas das escolas públicas e integradas por membros da comunidade escolar, comumente denominadas caixas escolares, conselhos escolares, colegiados escolares, associações de pais e mestres, entre outras denominações, responsáveis pela formalização dos procedimentos necessários ao recebimento de repasses, bem como pela execução desses recursos.

ART. 31. Sobre os ganhos obtidos com prêmios decorrentes de apostas na loteria de apostas de quota fixa incidirá imposto de renda na forma prevista no art. 14 da Lei nº 4.506, de 30 de novembro de 1964 , observado para cada ganho o disposto no art. 56 da Lei nº 11.941, de 27 de maio de 2009 .

ART. 32. Fica instituída a Taxa de Fiscalização devida pela exploração comercial da loteria de apostas de quota fixa, que tem como fato gerador o exercício regular do poder de polícia de que trata o § 2º do art. 29 desta Lei, e incide sobre o total destinado à premiação distribuída mensalmente.

§ 1º A Taxa de Fiscalização abrange todos os atos do regular poder de polícia inerentes à atividade e será aplicada de acordo com as faixas de prêmios ofertados mensalmente, na forma do Anexo desta Lei.

§ 2º A Taxa de Fiscalização será recolhida até o dia 10 (dez) do mês seguinte ao da distribuição da premiação.

§ 3º A Taxa de Fiscalização não paga no prazo previsto na legislação será acrescida de multa de mora e juros de mora, nos termos do art. 61 da Lei nº 9.430, de 27 de dezembro de 1996 .

§ 4º Os débitos referentes à Taxa de Fiscalização serão inscritos em dívida ativa da União.

§ 5º O valor decorrente da cobrança da Taxa de Fiscalização será repassado para a unidade do Ministério da Fazenda responsável pela fiscalização da exploração comercial da loteria de apostas de quota fixa.

§ 6º A taxa de que trata o caput deste artigo será atualizada monetariamente, desde que o valor da atualização não exceda a variação do índice oficial de inflação apurado no período desde a instituição da taxa, para a primeira atualização, e a partir da última correção, para as atualizações subsequentes, em periodicidade não inferior a 1 (um) ano, na forma de regulamento.

§ 7º São contribuintes da Taxa de Fiscalização as pessoas jurídicas que, nos termos do art. 29 desta Lei, explorarem a loteria de apostas de quota fixa.

ART. 33. As ações de comunicação, publicidade e marketing da loteria de apostas de quota fixa deverão ser pautadas pelas melhores práticas de responsabilidade social corporativa direcionadas à exploração de loterias, conforme regulamento.

ART. 34. Os apostadores perdem o direito de receber seus prêmios ou de solicitar reembolsos se o pagamento não for reclamado em até 90 (noventa) dias, contados da data da primeira divulgação do resultado do último evento real objeto da aposta.

ART. 35. Em observância à Lei nº 9.613, de 3 de março de 1998 , a pessoa jurídica detentora da autorização remeterá ao Conselho de Controle de Atividades Financeiras (Coaf), na forma das normas expedidas pelo Poder Executivo, informações sobre os apostadores relativas à prevenção de lavagem de dinheiro e de financiamento ao terrorismo.

CAPÍTULO VI. DISPOSIÇÕES FINAIS

....

ART. 47. Esta Lei entra em vigor:

I – após decorridos 180 (cento e oitenta dias) da data de sua publicação oficial, em relação à alteração do art. 18-A da Lei nº 9.615, de 24 de março de 1998 , constante do art. 37 desta Lei ; e

II – na data de sua publicação, em relação aos demais dispositivos.

Brasília, 12 de dezembro de 2018; 197º da Independência e 130º da República.

MICHEL TEMER
Eduardo Refinetti Guardia
Esteves Pedro Colnago Junior
Cláudia Maria Mendes de Almeida Pedrozo
Leandro Cruz Fróes da Silva
Gustavo do Vale Rocha
Raul Jungmann

Este texto não substitui o publicado no DOU de 13.12.2018 e retificado em 19.12.2018

LEI Nº 13.810, DE 8 DE MARÇO DE 2019

Dispõe sobre o cumprimento de sanções impostas por resoluções do Conselho de Segurança das Nações Unidas, incluída a indisponibilidade de ativos de pessoas naturais e jurídicas e de entidades, e a designação nacional de pessoas investigadas ou acusadas de terrorismo, de seu financiamento ou de atos a ele correlacionados; e revoga a Lei nº 13.170, de 16 de outubro de 2015.

O PRESIDENTE DA REPÚBLICA Faço saber que o Congresso Nacional decreta e eu sanciono a seguinte Lei:

CAPÍTULO I DISPOSIÇÕES GERAIS

ART. 1º Esta Lei dispõe sobre o cumprimento de sanções impostas por resoluções do Conselho de Segurança das Nações Unidas, incluída a indisponibilidade de ativos de pessoas naturais e jurídicas e de entidades, e a designação nacional de pessoas investigadas ou acusadas de terrorismo, de seu financiamento ou de atos a ele correlacionados.

ART. 2º Para fins do disposto nesta Lei, considera-se:

I – ativos: bens, direitos, valores, fundos, recursos ou serviços, de qualquer natureza, financeiros ou não;

II – indisponibilidade de ativos: proibição de transferir, converter, trasladar, disponibilizar ativos, ou deles dispor, direta ou indiretamente;

III – fundamentos objetivos: existência de indícios ou provas da prática de terrorismo, de seu financiamento ou de atos a ele correlacionados, por pessoa natural ou por intermédio de pessoa jurídica ou entidade, conforme disposto na Lei nº 13.260, de 16 de março de 2016 ;

IV – entidades: arranjos ou estruturas legais que não possuem personalidade jurídica, tais como fundos ou clubes de investimento; e

V – sem demora: imediatamente ou dentro de algumas horas.

ART. 3º A indisponibilidade de ativos de que trata esta Lei ocorrerá nas seguintes hipóteses:

I – por execução de resoluções do Conselho de Segurança das Nações Unidas ou por designações de seus comitês de sanções; ou

II – a requerimento de autoridade central estrangeira, desde que o pedido de indisponibilidade esteja de acordo com os princípios legais aplicáveis e apresente fundamentos objetivos para exclusivamente atender aos critérios de designação estabelecidos em resoluções do Conselho de Segurança das Nações Unidas ou de seus comitês de sanções.

ART. 4º A indisponibilidade de ativos não constitui a perda do direito de propriedade.

ART. 5º São nulos e ineficazes atos de disposição relacionados aos ativos indisponibilizados com fundamento nesta Lei, ressalvados os direitos de terceiro de boafé.

CAPÍTULO II DA EXECUÇÃO DE RESOLUÇÕES DO CONSELHO DE SEGURANÇA DAS NAÇÕES UNIDAS OU DE DESIGNAÇÕES DE SEUS COMITÊS DE SANÇÕES

SEÇÃO I DO CUMPRIMENTO IMEDIATO

ART. 6º As resoluções sancionatórias do Conselho de Segurança das Nações Unidas e as designações de seus comitês de sanções são dotadas de executoriedade imediata na República Federativa do Brasil.

Parágrafo único. (VETADO).

ART. 7º Sem prejuízo da obrigação de cumprimento imediato das resoluções sancionatórias do Conselho de Segurança das Nações Unidas e das designações de seus comitês de sanções, as resoluções e as designações de que trata este Capítulo, ou seus extratos, serão publicadas no Diário Oficial da União pelo Ministério das Relações Exteriores, em língua portuguesa, para fins de publicidade.

ART. 8º É vedado a todos os brasileiros, residentes ou não, ou a pessoas naturais, pessoas jurídicas ou entidades em território brasileiro, descumprir, por ação ou omissão, sanções impostas por resoluções do Conselho de Segurança das Nações Unidas ou por designações de seus comitês de sanções, em benefício de pessoas naturais, pessoas jurídicas ou entidades sancionadas, inclusive para disponibilizar ativos, direta ou indiretamente, em favor dessas pessoas ou entidades.

Parágrafo único. A vedação de que trata o caput deste artigo aplica-se aos órgãos dos Poderes da União, dos Estados, do Distrito Federal e dos Municípios e às entidades da administração pública indireta.

ART. 9º As pessoas naturais e jurídicas de que trata o art. 9º da Lei nº 9.613, de 3 de março de 1998 , cumprirão, sem demora e sem prévio aviso aos sancionados, as resoluções do Conselho de Segurança das Nações Unidas ou as designações de seus comitês de sanções que determinem a indisponibilidade de ativos de titularidade, direta ou indireta, de pessoas físicas, de pessoas jurídicas ou de entidades submetidas a sanções decorrentes de tais resoluções, na forma e nas condições definidas por seu órgão regulador ou fiscalizador.

ART. 10. Sem prejuízo da obrigação de cumprimento imediato, o Ministério da Justiça e Segurança Pública comunicará, sem demora, as sanções de:

I – indisponibilidade de ativos aos órgãos reguladores ou fiscalizadores, para que comuniquem imediatamente às pessoas naturais ou jurídicas de que trata o art. 9º da Lei nº 9.613, de 3 março de 1998 ;

II – restrições à entrada de pessoas no território nacional, ou à saída dele, à Polícia Federal, para que adote providências imediatas de comunicação às empresas de transporte internacional; e

III – restrições à importação ou à exportação de bens à Secretaria Especial da Receita Federal do Ministério da Economia, à Polícia Federal e às Capitanias dos Portos, para que adotem providências imediatas de comunicação às administrações aeroportuárias, às empresas aéreas e às autoridades e operadores portuários.

§ 1º A comunicação a que se refere o inciso I do caput deste artigo será dirigida pelo Ministério da Justiça e Segurança Pública, também, para cumprimento sem demora:

I – às corregedorias de justiça dos Estados e do Distrito Federal;

II – à Agência Nacional de Aviação Civil;

III – ao Departamento Nacional de Trânsito do Ministério do Desenvolvimento Regional;

IV – às Capitanias dos Portos;

V – à Agência Nacional de Telecomunicações; e

VI – aos outros órgãos de registro público competentes.

§ 2º As comunicações de que trata este artigo poderão ser feitas por via eletrônica, com confirmação de recebimento.

ART. 11. A indisponibilidade de ativos e as tentativas de sua transferência relacionadas às pessoas naturais, às pessoas jurídicas ou às entidades sancionadas por resolução do Conselho de Segurança das Nações Unidas ou por designações de seus comitês de sanções serão comunicadas ao Ministério da Justiça e Segurança Pública, aos órgãos reguladores ou fiscalizadores das pessoas naturais ou das pessoas jurídicas de que trata o art. 9º da Lei nº 9.613, de 3 de março de 1998, e ao Conselho de Controle de Atividades Financeiras.

SEÇÃO II DO AUXÍLIO DIRETO JUDICIAL

ART. 12. Na hipótese de haver informações sobre a existência de ativos sujeitos à indisponibilidade ou de pessoas e bens sujeitos a outra espécie de sanção determinada em resoluções do Conselho de Segurança das Nações Unidas ou em designações de seus comitês de sanções, sem que tenha ocorrido seu cumprimento na forma da Seção I deste Capítulo, a União ingressará, sem demora, com auxílio direto judicial para obtê-la. Parágrafo único. As pessoas naturais e as pessoas jurídicas de que trata o art. 9º da Lei nº 9.613, de 3 de março de 1998 , na forma e nas condições definidas por seu órgão regulador ou fiscalizador, e os órgãos e as entidades referidos no art. 10 desta Lei informarão, sem demora, ao Ministério da Justiça e Segurança Pública, a existência de pessoas e ativos sujeitos à sanção e as razões pelas quais deixaram de cumpri-la.

ART. 13. O Ministério da Justiça e Segurança Pública comunicará, sem demora, a existência de ativos sujeitos à indisponibilidade ou de pessoas e bens sujeitos a outra espécie de sanção à Advocacia-Geral da União, para que promova, sem demora, o auxílio direto judicial.

ART. 14. Instruído o pedido com os elementos a que se refere o art. 12 desta Lei, o juiz determinará, no prazo de 24 (vinte e quatro) horas, contado da data do recebimento dos autos, e sem a prévia oitiva do requerido, as medidas pertinentes para cumprimento da sanção. Parágrafo único. Da determinação de que trata o caput deste artigo serão intimados para ciência e cumprimento da decisão as partes, os órgãos e as entidades referidos no art. 10 desta Lei e, caso seja necessário, a pessoa natural ou jurídica que informou a existência de pessoas ou de ativos sujeitos à sanção.

ART. 15. O juiz ordenará a citação do requerido para, caso deseje, impugnar a determinação no prazo de 15 (quinze) dias, contado da data da citação.

§ 1º A impugnação de que trata o caput deste artigo não terá efeito suspensivo e versará somente sobre:

I – homonímia;

II – erro na identificação do requerido ou dos ativos que sejam objeto de sanção;

III – exclusão do requerido da lista de sanções, por força de resolução proferida pelo Conselho de Segurança das Nações Unidas ou por designação de seus comitês de sanções; ou

IV – expiração do prazo de vigência do regime de sanções.

§ 2º A União será ouvida sobre a impugnação no prazo de 15 (quinze) dias, contado da data da intimação.

ART. 16. Havendo ou não a impugnação, o juiz proferirá sentença. Parágrafo único. Intimados as partes, os órgãos e as entidades referidos no art. 10 desta Lei e, caso seja necessário, a pessoa natural ou jurídica que informou a existência dos ativos sujeitos à sanção, e se não houver interposição de recurso, os autos serão arquivados.

ART. 17. Na hipótese de sobrevir a exclusão posterior do requerido da ação originária da lista de pessoas sujeitas ao regime de sanções ou qualquer outra razão que, segundo o Conselho de Segurança das Nações Unidas ou seus comitês de sanções, fundamente a revogação da sanção, as partes poderão ingressar com ação revisional do que foi estatuído na sentença.

CAPÍTULO III
DO AUXÍLIO DIRETO JUDICIAL A REQUERIMENTO DE AUTORIDADE CENTRAL ESTRANGEIRA

ART. 18. A União poderá ingressar com auxílio direto judicial para indisponibilidade de ativos, a requerimento de autoridade central estrangeira, de modo a assegurar o resultado de investigações administrativas ou criminais e ações em curso em jurisdição estrangeira em face de terrorismo, de seu financiamento ou de atos a ele correlacionados.

§ 1º O Ministério da Justiça e Segurança Pública, em coordenação com o Ministério das Relações Exteriores, verificará, sem demora, se o requerimento de indisponibilidade de ativos formulado por autoridade central estrangeira está de acordo com os princípios legais aplicáveis e apresenta fundamentos objetivos para o seu atendimento.

§ 2º Verificado que o requerimento da autoridade central estrangeira está de acordo com os princípios legais aplicáveis e apresenta fundamentos objetivos para o seu atendimento, o Ministério da Justiça e Segurança Pública encaminhará, sem demora, o requerimento à Advocacia-Geral da União, para que promova, sem demora, o auxílio direto judicial, se houver elementos que demonstrem a existência, na República Federativa do Brasil, de ativos sujeitos à medida de indisponibilidade.

ART. 19. Aplica-se o disposto no art. 14, nos incisos I e II do § 1º e no § 2º do art. 15 e no art. 16 desta Lei ao auxílio direto judicial. Parágrafo único. A impugnação de que trata o art. 15 desta Lei poderá versar também sobre a ausência de fundamentos objetivos para estabelecer a relação entre os ativos e os fatos investigados.

ART. 20. Compete ao Ministério da Justiça e Segurança Pública, em consulta com a autoridade central estrangeira, informar a Advocacia-Geral da União sobre a situação da investigação ou da ação.

ART. 21. Na hipótese de a autoridade central estrangeira informar que não é mais necessária a indisponibilidade de ativos, as partes poderão ingressar com ação revisional do que foi estatuído na sentença.

ART. 22. Aplica-se, no que couber, o auxílio direto judicial para atender a requerimento de autoridade central estrangeira que tenha por objetivo promover comunicações de atos processuais e obter outras medidas cautelares ou provas necessárias à investigação criminal ou às ações criminais em curso em outro país relativas ao financiamento ou apoio a atos terroristas, nos termos das alíneas "e" e "f" do item 2 da Resolução 1373 (2001) do Conselho de Segurança das Nações Unidas, de que trata o Decreto nº 3.976, de 18 de outubro de 2001 .

Parágrafo único. No caso de auxílio direto para a prática de atos que não necessitem de prestação jurisdicional, o Ministério da Justiça e Segurança Pública adotará as providências necessárias para seu cumprimento.

ART. 23. O Ministério da Justiça e Segurança Pública informará à autoridade central estrangeira requerente:

I – as medidas adotadas; ou

II – a ausência de fundamentos objetivos para possibilitar o atendimento do requerimento.

CAPÍTULO IV
DAS DESIGNAÇÕES NACIONAIS

ART. 24. A União será intimada pelo juiz, de ofício, de decisões que decretem medidas assecuratórias de bens, direitos ou valores de pessoas investigadas ou acusadas, ou existentes em nome de pessoas interpostas, que sejam instrumento, produto ou proveito dos crimes de terrorismo, nos termos do art. 12 da Lei nº 13.260, de 16 de março de 2016 , para que adote, caso seja necessário, as providências de designação nacional perante o Conselho de Segurança das Nações Unidas ou seu comitê de sanções pertinente.

§ 1º A Advocacia-Geral da União comunicará a decisão ao Ministério da Justiça e Segurança Pública e ao Ministério das Relações Exteriores, para que deliberem sobre a designação nacional e, caso seja necessário, comuniquem-na, sem demora, ao Conselho de Segurança das Nações Unidas ou ao seu comitê de sanções pertinente.

§ 2º A designação nacional será acompanhada dos elementos que a fundamentem, de acordo com o procedimento estabelecido na resolução correspondente do Conselho de Segurança das Nações Unidas.

CAPÍTULO V
DISPOSIÇÕES FINAIS

ART. 25. Os órgãos reguladores ou fiscalizadores das pessoas naturais ou jurídicas a que se refere o art. 9º da Lei nº 9.613, de 3 de março de 1998 , editarão as normas necessárias ao cumprimento das disposições desta Lei. Parágrafo único. Cabe aos órgãos reguladores ou fiscalizadores orientar, supervisionar e fiscalizar o cumprimento das medidas de indisponibilidade de ativos pelas pessoas naturais ou pelas pessoas jurídicas de que trata o art. 9º da Lei nº 9.613, de 3 de março de 1998 , e aplicar as penalidades administrativas cabíveis.

ART. 26. O Ministério da Justiça e Segurança Pública manterá lista de pessoas naturais e jurídicas e entidades cujos ativos estão sujeitos à indisponibilidade em decorrência de resoluções do Conselho de Segurança das Nações Unidas ou de designação de seus comitês de sanções, de requerimento de outro país ou de designação nacional.

ART. 27. Qualquer pessoa natural ou jurídica ou entidade sancionada em decorrência de resoluções do Conselho de Segurança das Nações Unidas ou de designação de seus comitês de sanções poderá solicitar a sua exclusão das listas de sanções.

§ 1º A solicitação de exclusão será fundamentada, com vistas a atender aos critérios estabelecidos na resolução pertinente do Conselho de Segurança das Nações Unidas ou de designação de seus comitês de sanções, e encaminhada ao Ministério da Justiça e Segurança Pública.

§ 2º Analisada a solicitação de exclusão, o Ministério da Justiça e Segurança Pública deverá encaminhá-la ao Ministério das Relações Exteriores, que a transmitirá ao Conselho de Segurança das Nações Unidas ou ao comitê de sanções pertinente para sua deliberação.

ART. 28. Os ativos indisponibilizados poderão ser parcialmente liberados, caso necessário, para o custeio de despesas ordinárias ou extraordinárias.

§ 1º Para fins do disposto neste artigo, consideram-se despesas ordinárias, entre outras:

I – despesas básicas com alimentos, aluguéis, hipotecas, medicamentos, tratamentos médicos, impostos, seguros e tarifas de serviços públicos;

II – pagamento de honorários profissionais de montante razoável e reembolso de gastos efetuados com a prestação de serviços jurídicos; e

III – pagamento de taxas ou encargos relacionados com a administração e a manutenção ordinárias de fundos ou de outros ativos ou recursos indisponíveis.

§ 2º Na hipótese de pessoas naturais, pessoas jurídicas ou entidades incluídas nas listas de sanções do Conselho de Segurança das Nações Unidas ou de designação de seus comitês de sanções, a liberação parcial dos ativos bloqueados será autorizada:

I – para o custeio de despesas ordinárias, após notificação do Conselho de Segurança das Nações Unidas ou do seu comitê de sanções competente, sem que tenha havido objeção no prazo de 48 (quarenta e oito) horas, contado da data da notificação; e

II – para o custeio de despesas extraordinárias, após notificação e aprovação pelo Conselho de Segurança das Nações Unidas ou pelo seu comitê de sanções competente.

§ 3º Nas hipóteses de indisponibilidade de ativos decorrente de requerimento de autoridade central estrangeira ou de ordem judicial brasileira, a liberação parcial compete ao juiz que decidiu sobre a indisponibilidade, do que será intimada a União, com vistas à comunicação ao Conselho de Segurança das Nações Unidas ou a seu comitê de sanções competente.

ART. 29. As medidas de auxílio direto judicial previstas nesta Lei tramitarão sob segredo de justiça.

ART. 30. Nas hipóteses de os ativos estarem sujeitos a qualquer grau de deterioração ou depreciação ou de haver dificuldade para sua manutenção, poderá ser requerida ao juízo competente a alienação antecipada dos ativos declarados indisponíveis para a preservação de seus valores.

§ 1º O interessado será intimado da avaliação dos ativos para, caso deseje, manifestar-se no prazo de 10 (dez) dias, contado da data da intimação.

§ 2º Feita a avaliação dos ativos e dirimidas eventuais divergências sobre o valor a eles atribuído, será determinada a sua alienação em leilão ou pregão, preferencialmente eletrônico, por valor não inferior a 75% (setenta e cinco por cento) do valor atribuído pela avaliação.

§ 3º Realizado o leilão ou o pregão, a quantia apurada será depositada em conta bancária remunerada.

§ 4º Serão deduzidos da quantia apurada no leilão ou no pregão os tributos e as multas incidentes sobre o ativo alienado.

ART. 31. Será designada pessoa qualificada para a administração, a guarda ou a custódia dos ativos indisponibilizados, caso necessário.

§ 1º Aplicam-se à pessoa designada para os fins do disposto no caput deste artigo, no que couber, as disposições legais relativas ao administrador judicial.

§ 2º No caso de ativos financeiros, a sua administração caberá às instituições em que se encontrem, com incidência do bloqueio dos juros e de outros frutos civis e rendimentos decorrentes do contrato.

ART. 32. O Ministério da Justiça e Segurança Pública comunicará:

I – ao Ministério Público Federal e à Polícia Federal as medidas de indisponibilidade de ativos adotadas e as tentativas de transferência relacionadas às pessoas naturais, às pessoas jurídicas ou às entidades designadas, para avaliação de abertura ou não de investigação criminal; e

II – ao Ministério das Relações Exteriores as medidas de indisponibilidade de ativos adotadas em cumprimento das resoluções do Conselho de Segurança das Nações Unidas ou de designações de seus comitês de sanções, para conhecimento e comunicação ao respectivo organismo internacional

ART. 33. Aplicam-se subsidiariamente a esta Lei, no que couber, as disposições da Lei nº 13.105, de 16 de março de 2015 (Código de Processo Civil), e do Decreto-Lei nº 3.689, de 3 de outubro de 1941 (Código de Processo Penal).

ART. 34. O Poder Executivo federal regulamentará esta Lei no prazo de 90 (noventa) dias, contado da data de sua publicação.

ART. 35. Revoga-se a Lei nº 13.170, de 16 de outubro de 2015 .

ART. 36. Esta Lei entra em vigor após decorridos 90 (noventa) dias de sua publicação oficial.

Brasília, 8 de março de 2019; 198º da Independência e 131º da República.

JAIR MESSIAS BOLSONARO
Sérgio Moro
Ernesto Henrique Fraga Araújo
André Luiz de Almeida Mendonça

Este texto não substitui o publicado no DOU de 8.3.2019 – Edição extra

LEI Nº 13.869, DE 5 DE SETEMBRO DE 2019

Dispõe sobre os crimes de abuso de autoridade; altera a Lei nº 7.960, de 21 de dezembro de 1989, a Lei nº 9.296, de 24 de julho de 1996, a Lei nº 8.069, de 13 de julho de 1990, e a Lei nº 8.906, de 4 de julho de 1994; e revoga a Lei nº 4.898, de 9 de dezembro de 1965, e dispositivos do Decreto-Lei nº 2.848, de 7 de dezembro de 1940 (Código Penal).

- *CF: art. 5º., XL.*
- *CP: art. 2º.*

O PRESIDENTE DA REPÚBLICA

Faço saber que o Congresso Nacional decreta e eu sanciono a seguinte Lei:

CAPÍTULO I
DISPOSIÇÕES GERAIS

ART. 1º Esta Lei define os crimes de abuso de autoridade, cometidos por agente público, servidor ou não, que, no exercício de suas funções ou a pretexto de exercê-las, abuse do poder que lhe tenha sido atribuído.

§ 1º As condutas descritas nesta Lei constituem crime de abuso de autoridade quando praticadas pelo agente com a finalidade específica de prejudicar outrem ou beneficiar a si mesmo ou a terceiro, ou, ainda, por mero capricho ou satisfação pessoal.

§ 2º A divergência na interpretação de lei ou na avaliação de fatos e provas não configura abuso de autoridade.

CAPÍTULO II
DOS SUJEITOS DO CRIME

ART. 2º É sujeito ativo do crime de abuso de autoridade qualquer agente público, servidor ou não, da administração direta, indireta ou fundacional de qualquer dos Poderes da União, dos Estados, do Distrito Federal, dos Municípios e de Território, compreendendo, mas não se limitando a:

- *CP: art. 327.*
- *Lei nº 4.898 de 9-12-1965, art. 5º., Lei de Abuso de Autoridade (Revogada pela Lei nº 13.869, de 5.9.2019)*

I - servidores públicos e militares ou pessoas a eles equiparadas;

II - membros do Poder Legislativo;

III - membros do Poder Executivo;

IV - membros do Poder Judiciário;

V - membros do Ministério Público;

VI - membros dos tribunais ou conselhos de contas.

Parágrafo único. Reputa-se agente público, para os efeitos desta Lei, todo aquele que exerce, ainda que transitoriamente ou sem remuneração, por eleição, nomeação, designação, contratação ou qualquer outra forma de investidura ou vínculo, mandato, cargo, emprego ou função em órgão ou entidade abrangidos pelo caput deste artigo.

CAPÍTULO III
DA AÇÃO PENAL

ART. 3º Os crimes previstos nesta Lei são de ação penal pública incondicionada.

- *CF: art. 129, I.*
- *CP: art. 100, caput.*
- *CPP: art. 24.*
- *Lei nº 4.898 de 9-12-1965, art. 7º., Lei de Abuso de Autoridade (Revogada pela Lei nº 13.869, de 5.9.2019)*

§ 1º Será admitida ação privada se a ação penal pública não for intentada no prazo legal, cabendo ao Ministério Público aditar a queixa, repudiá-la e oferecer denúncia substitutiva, intervir em todos os termos do processo, fornecer elementos de prova, interpor recurso e, a todo tempo, no caso de negligência do querelante, retomar a ação como parte principal.

- *CF: art. 5o., LIX.*
- *CP: art. 100, § 3o.*
- *CPP: art. 29*

§ 2º A ação privada subsidiária será exercida no prazo de 6 (seis) meses, contado da data em que se esgotar o prazo para oferecimento da denúncia.

▸ *CP: arts. 10 e 103.*

▸ *CPP: art. 38.*

CAPÍTULO IV
DOS EFEITOS DA CONDENAÇÃO E DAS PENAS RESTRITIVAS DE DIREITOS

SEÇÃO I
DOS EFEITOS DA CONDENAÇÃO

ART. 4º São efeitos da condenação:

▸ *CP: arts. 91 e 92.*

I - tornar certa a obrigação de indenizar o dano causado pelo crime, devendo o juiz, a requerimento do ofendido, fixar na sentença o valor mínimo para reparação dos danos causados pela infração, considerando os prejuízos por ele sofridos;

II - a inabilitação para o exercício de cargo, mandato ou função pública, pelo período de 1 (um) a 5 (cinco) anos;

III - a perda do cargo, do mandato ou da função pública.

Parágrafo único. Os efeitos previstos nos incisos II e III do caput deste artigo são condicionados à ocorrência de reincidência em crime de abuso de autoridade e não são automáticos, devendo ser declarados motivadamente na sentença.

SEÇÃO II
DAS PENAS RESTRITIVAS DE DIREITOS

ART. 5º As penas restritivas de direitos substitutivas das privativas de liberdade previstas nesta Lei são:

▸ *CP: art. 44.*

I - prestação de serviços à comunidade ou a entidades públicas;

II - suspensão do exercício do cargo, da função ou do mandato, pelo prazo de 1 (um) a 6 (seis) meses, com a perda dos vencimentos e das vantagens;

III - (VETADO).

Parágrafo único. As penas restritivas de direitos podem ser aplicadas autônoma ou cumulativamente.

CAPÍTULO V
DAS SANÇÕES DE NATUREZA CIVIL E ADMINISTRATIVA

ART. 6º As penas previstas nesta Lei serão aplicadas independentemente das sanções de natureza civil ou administrativa cabíveis.

Parágrafo único. As notícias de crimes previstos nesta Lei que descreverem falta funcional serão informadas à autoridade competente com vistas à apuração.

ART. 7º As responsabilidades civil e administrativa são independentes da criminal, não se podendo mais questionar sobre a existência ou a autoria do fato quando essas questões tenham sido decididas no juízo criminal.

ART. 8º Faz coisa julgada em âmbito cível, assim como no administrativo-disciplinar, a sentença penal que reconhecer ter sido o ato praticado em estado de necessidade, em legítima defesa, em estrito cumprimento de dever legal ou no exercício regular de direito.

CAPÍTULO VI
DOS CRIMES E DAS PENAS

▸ *CF: art. 5º, XL.*

▸ *CP: art. 2º.*

▸ *Lei n. 9.296, de 24-07-1996, arts. 10 e 10-A, Interceptação telefônica.*

ART. 9º Decretar medida de privação da liberdade em manifesta desconformidade com as hipóteses legais:

▸ *CF: arts. 5º, caput e incisos XL, LXV e LXVIII e 93, IX.*

▸ *Dec. nº 678, de 06-11-1992, art. 7º., Promulga a Convenção Americana sobre Direitos Humanos – Pacto de São José da Costa Rica.*

▸ *CP: arts. 2º., 146 a 149-A e 159.*

▸ *CPP: arts. 310, 311 a 316, 321, 647 e 648.*

▸ *Esta lei: art. 1º., § 1º.*

▸ *Lei nº 4.898 de 9-12-1965, arts. 3º., a, 4º., alíneas a, c, d, e, i, Lei de Abuso de Autoridade (Revogada pela Lei nº 13.869, de 5.9.2019)*

▸ *Lei nº 7.960, de 21-12-1989, dispõe sobre prisão temporária.*

Pena - detenção, de 1 (um) a 4 (quatro) anos, e multa.

▸ *CPP: art. 28-A.*

▸ *Lei nº 9.099, de 25-09-1995, art. 89, Juizados Especiais Cíveis e Criminais.*

Parágrafo único. Incorre na mesma pena a autoridade judiciária que, dentro de prazo razoável, deixar de:

I - relaxar a prisão manifestamente ilegal;

▸ *Súmula Vinculante nº 11.*

▸ *CF: art. 5º, XL, LXI, LXIII, LXIV, LXV e LXVIII.*

▸ *Dec. nº 678, de 06-11-1992, art. 7º., Promulga a Convenção Americana sobre Direitos Humanos – Pacto de São José da Costa Rica.*

▸ *CP: art. 2o.*

▸ *CPP: art. 310, I.*

▸ *Esta lei: art. 1º., § 1º.*

▸ *Lei nº 4.898 de 9-12-1965, art. 4º, a e d, Lei de Abuso de Autoridade (Revogada pela Lei nº 13.869, de 5.9.2019)*

II - substituir a prisão preventiva por medida cautelar diversa ou de conceder liberdade provisória, quando manifestamente cabível;

▸ *CF: art. 5º, XL, LXVI e LXVIII.*

▸ *Dec. nº 678, de 06-11-1992, art. 7º., 5, Promulga a Convenção Americana sobre Direitos Humanos – Pacto de São José da Costa Rica.*

▸ *CP: art. 2º.*

▸ *CPP: arts. 310, III, 312 e 313, 319, 321 a 324, 647 e 648.*

▸ *Esta lei: art. 1º., § 1º.*

▸ *Lei nº 4.898 de 9-12-1965, art. 4º, e, Lei de Abuso de Autoridade (Revogada pela Lei nº 13.869, de 5.9.2019)*

III - deferir liminar ou ordem de habeas corpus, quando manifestamente cabível.'

▸ *CF: art. 5º, XL, LXVIII, 102, II, a, 105, II, a.*

▸ *Dec. nº 678, de 06-11-1992, art. 7º., Promulga a Convenção Americana sobre Direitos Humanos – Pacto de São José da Costa Rica.*

▸ *CP: art. 2º.*

▸ *CPP: arts. 647, 648, 654, § 2º..*

▸ *Esta lei: art. 1º., § 1º.*

▸ *Lei nº 4.898 de 9-12-1965, art. 4º, a e d, Lei de Abuso de Autoridade (Revogada pela Lei nº 13.869, de 5.9.2019)*

ART. 10. Decretar a condução coercitiva de testemunha ou investigado manifestamente descabida ou sem prévia intimação de comparecimento ao juízo:

▸ *CF: art. 5º, XL, LV, LXVIII.*

▸ *Dec. nº 678, de 06-11-1992, art. 7º., 3, e art. 8º, 2, g, Promulga a Convenção Americana sobre Direitos Humanos – Pacto de São José da Costa Rica.*

▸ *CP: art. 2º.*

▸ *CPP: arts. 201, § 1o., 218, 260, 411, § 7o., 457, 461, § 1o., e 478, II.*

▸ *Esta lei: art. 1º., § 1º.*

Pena - detenção, de 1 (um) a 4 (quatro) anos, e multa.

▸ *CPP: art. 28-A.*

▸ *Lei nº 9.099, de 25-09-1995, art. 89, Juizados Especiais Cíveis e Criminais.*

ART. 11. (VETADO).

ART. 12. Deixar injustificadamente de comunicar prisão em flagrante à autoridade judiciária no prazo legal:

▸ *CF: art. 5º, XL, LXII, LXV e LVIII.*

▸ *Dec. 592, de 6-7-1992, Promulga a Pacto Internacional sobre Direitos Civis e Políticos, art. 9, 3.*

▸ *Dec. nº 678, de 06-11-1992, Promulga a Convenção Americana sobre Direitos Humanos – Pacto de São José da Costa Rica, art. 7º., 5.*

▸ *CP: art. 2o.*

▸ *CPP: arts. 306 e 310.*

▸ *Esta lei: art. 1º., § 1º.*

▸ *Lei nº 4.898 de 9-12-1965, art. 4º., c, Lei de Abuso de Autoridade (Revogada pela Lei nº 13.869, de 5.9.2019)*

Pena - detenção, de 6 (seis) meses a 2 (dois) anos, e multa.

▸ *CPP: art. 28-A.*

▸ *Lei nº 9.099, de 25-09-1995, arts. 61, 76 e 89, Juizados Especiais Cíveis e Criminais.*

Parágrafo único. Incorre na mesma pena quem:

I - deixa de comunicar, imediatamente, a execução de prisão temporária ou preventiva à autoridade judiciária que a decretou;

▸ *CF: art. 5º., XL.*

▸ *Dec. 592, de 6-7-1992, Promulga a Pacto Internacional sobre Direitos Civis e Políticos, art. 9, 3 e 4.*

▸ *Dec. nº 678, de 06-11-1992, Promulga a Convenção Americana sobre Direitos Humanos – Pacto de São José da Costa Rica, art. 7º., 5 e 6.*

▸ *CP: art. 2º.*

▸ *CPP: arts. 287 e 310.*

▸ *Esta lei: art. 1º., § 1º.*

II - deixa de comunicar, imediatamente, a prisão de qualquer pessoa e o local onde se encontra à sua família ou à pessoa por ela indicada;

▸ *CF: art. 5º., XL, LXII, LXV e LXVIII.*

▸ *CP: art. 2º.*

▸ *CPP: art. 306, 310, I, 647 e 648.*

▸ *Esta lei: art. 1º., § 1º.*

III - deixa de entregar ao preso, no prazo de 24 (vinte e quatro) horas, a nota de culpa, assinada pela autoridade, com o motivo da prisão e os nomes do condutor e das testemunhas;

▸ *CF: art. 5º., XL, LXIII, LXV e LXVIII.*

▸ *CP: art. 2º.*

▸ *CPP: arts. 306, § 2º., 310, I, 647 e 648.*

▸ *Esta lei: art. 1º., § 1º.*

IV - prolonga a execução de pena privativa de liberdade, de prisão temporária, de prisão preventiva, de medida de segurança ou de internação, deixando, sem motivo justo e excepcionalíssimo, de executar o alvará de soltura imediatamente após recebido ou de promover a soltura do preso quando esgotado o prazo judicial ou legal.

▸ *Súmula nº 527 do STJ.*

▸ *CF: art. 5º, XL, LXV e LXVIII.*

▸ *CP: art. 2º.*

▸ *CPP: arts. 310, I, 647 e 648.*

▸ *Esta lei: art. 1º., § 1º.*

▸ *Lei nº 4.898 de 9-12-1965, art. 4º., i, Lei de Abuso de Autoridade (Revogada pela Lei nº 13.869, de 5.9.2019)*

▸ *Lei nº 7.960, de 21-12-1989, art. 2º, dispõe sobre prisão temporária.*

ART. 13. Constranger o preso ou o detento, mediante violência, grave ameaça ou redução de sua capacidade de resistência, a:

I - exibir-se ou ter seu corpo ou parte dele exibido à curiosidade pública;

▸ *CF: art. 5º., X e XL.*

▸ *CP: art. 2º.*

▸ *Esta lei: art. 1º., § 1º.*

II - submeter-se a situação vexatória ou a constrangimento não autorizado em lei;

▸ *CF: art. 5º, III, X e XLIX.*

▸ *Esta lei: art. 1º., § 1º.*

▸ *Lei nº 4.898 de 9-12-1965, art. 4º., b, Lei de Abuso de Autoridade (Revogada pela Lei nº 13.869, de 5.9.2019)*

III - produzir prova contra si mesmo ou contra terceiro:

▸ *CF: art. 5º., XL, LV e LVII.*

▸ *Dec. nº 678, de 06-11-1992, Promulga a Convenção Americana sobre Direitos Humanos – Pacto de São José da Costa Rica, art. 8º., 2, g.*

▸ *CP: art. 2º.*

▸ *Esta lei: art. 1º., § 1º.*

Pena - detenção, de 1 (um) a 4 (quatro) anos, e multa, sem prejuízo da pena cominada à violência.

▸ *CPP: art. 28-A.*

▸ *Lei nº 9.099, de 25-09-1995, art. 89, Juizados Especiais Cíveis e Criminais.*

ART. 14. (VETADO).

ART. 15. Constranger a depor, sob ameaça de prisão, pessoa que, em razão de função, ministério, ofício ou profissão, deva guardar segredo ou resguardar sigilo:

- CF: art. 5º., XL.
- CP: arts. 2º., 154, 325 e 326.
- CPP: arts. 207, 252, II e III.
- Esta lei: art. 1º., § 1º.

Pena - detenção, de 1 (um) a 4 (quatro) anos, e multa.

- CPP: art. 28-A.
- Lei nº 9.099, de 25-09-1995, art. 89, Juizados Especiais Cíveis e Criminais.

Parágrafo único. Incorre na mesma pena quem prossegue com o interrogatório:

I - de pessoa que tenha decidido exercer o direito ao silêncio; ou

- CF: arts. 5º., XL, LV, LVI, LVII, LXIII, LXV e LXVIII e 136, § 3º., IV.
- Dec. nº 678, de 06-11-1992, Promulga a Convenção Americana sobre Direitos Humanos – Pacto de São José da Costa Rica, art. 8, 2, g.
- Dec. n. 592, de 6-7-1992, Promulga o Pacto Internacional sobre Direitos Civis e Políticos, art. 14, 3, g.
- CP: art. 2º.
- CPP: arts. 6º., V, 157, 186, 187, 198, 260, 289-A, § 4º., 304, 306, 310, I, 478, II, 647 e 648.
- Esta lei: art. 1º., § 1º.
- Lei nº 8.906, de 04-07-1994, art. 7º, XXI, dispõe sobre o Estatuto da Advocacia e a Ordem dos Advogados do Brasil (OAB).
- Lei nº 13.869, de 5-9-2019, arts. 13, III, 15, parágrafo único, e 18, Lei de Abuso de Autoridade.

II - de pessoa que tenha optado por ser assistida por advogado ou defensor público, sem a presença de seu patrono.

- CF: art. 5º., XL.
- CP: art. 2º.
- Esta lei: art. 1º., § 1º.
- Lei n. 8.906, de 04-7-1994, art. 7º., XIV e XXI; Estatudo da OAB.

ART. 16. Deixar de identificar-se ou identificar-se falsamente ao preso por ocasião de sua captura ou quando deva fazê-lo durante sua detenção ou prisão:

- CF: art. 5º., XL.
- CP: art. 2º.
- Esta lei: art. 1º., § 1º.

Pena - detenção, de 6 (seis) meses a 2 (dois) anos, e multa.

- CPP: art. 28-A.
- Lei nº 9.099, de 25-09-1995, arts. 61, 76 e 89, Juizados Especiais Cíveis e Criminais.

Parágrafo único. Incorre na mesma pena quem, como responsável por interrogatório em sede de procedimento investigatório de infração penal, deixa de identificar-se ao preso ou atribui a si mesmo falsa identidade, cargo ou função.

- CF: art. 5º., XL.
- CP: art. 2º.
- Esta lei: art. 1º., § 1º.

ART. 17. (VETADO).

ART. 18. Submeter o preso a interrogatório policial durante o período de repouso noturno, salvo se capturado em flagrante delito ou se ele, devidamente assistido, consentir em prestar declarações:

- CF: art. 5º., III, XL, LV, LVI, LVII, LXIII, LXV e LXVIII e 136, § 3º., IV.
- Dec. n. 592, de 6-7-1992, Promulga o Pacto Internacional sobre Direitos Civis e Políticos, art. 14, 3, g.
- Dec. nº 678, de 06-11-1992, Promulga a Convenção Americana sobre Direitos Humanos – Pacto de São José da Costa Rica, art. 8º., 2, g e art. 3º.
- CPP: arts. 6º., V, 157, 186, 187, 198, 260, 289-A, § 4º., 304, 306, 310, I, 478, II, 647 e 648.
- Lei nº 8.906, de 04-07-1994, art. 7º, XXI, dispõe sobre o Estatuto da Advocacia e a Ordem dos Advogados do Brasil (OAB).
- Lei nº 9.455, de 07-04-1997: art. 1º, I, a, define os crimes de tortura.
- Lei nº 13.869, de 5-9-2019, arts. 13, II e III, 15, parágrafo único, e 18, Lei de Abuso de Autoridade.

Pena - detenção, de 6 (seis) meses a 2 (dois) anos, e multa.

- CPP: art. 28-A.
- Lei nº 9.099, de 25-09-1995, arts. 61, 76 e 89, Juizados Especiais Cíveis e Criminais.

ART. 19. Impedir ou retardar, injustificadamente, o envio de pleito de preso à autoridade judiciária competente para a apreciação da legalidade de sua prisão ou das circunstâncias de sua custódia:

- CF: art. 5º., XL, LXII, LXV, LXVI e LXVIII.
- CP: art. 2º.
- CPP: art. 287, 306, caput e § 1o., 310, caput, incisos I e III e §§ 3o. e 4º., 647 e 648.
- Esta lei: art. 1º., § 1º.

Pena - detenção, de 1 (um) a 4 (quatro) anos, e multa.

- CPP: art. 28-A.
- Lei nº 9.099, de 25-09-1995, art. 89, Juizados Especiais Cíveis e Criminais.

Parágrafo único. Incorre na mesma pena o magistrado que, ciente do impedimento ou da demora, deixa de tomar as providências tendentes a saná-lo ou, não sendo competente para decidir sobre a prisão, deixa de enviar o pedido à autoridade judiciária que o seja.

- CF: art. 5º., XL.
- CP: art. 2º.
- Esta lei: art. 1º., § 1º.

ART. 20. Impedir, sem justa causa, a entrevista pessoal e reservada do preso com seu advogado:

- CF: art. 5º., XL.
- CP: art. 2º.
- Lei n. 8.906, de 04-7-1994, art. 7º., XIV e XXI; Estatudo da OAB.
- Esta lei: art. 1º., § 1º.

Pena - detenção, de 6 (seis) meses a 2 (dois) anos, e multa.

- CPP: art. 28-A.
- Lei nº 9.099, de 25-09-1995, arts. 61, 76 e 89, Juizados Especiais Cíveis e Criminais.

Parágrafo único. Incorre na mesma pena quem impede o preso, o réu solto ou o investigado de entrevistar-se pessoal e reservadamente com seu advogado ou defensor, por prazo razoável, antes de audiência judicial, e de sentar-se ao seu lado e com ele comunicar-se durante a audiência, salvo no curso de interrogatório ou no caso de audiência realizada por videoconferência.

- CF: art. 5º., XL.
- CP: art. 2º.
- Esta lei: art. 1º., § 1º.

ART. 21. Manter presos de ambos os sexos na mesma cela ou espaço de confinamento:

- CF: art. 5º., XL.
- CP: art. 2º.
- Esta lei: art. 1º., § 1º.

Pena - detenção, de 1 (um) a 4 (quatro) anos, e multa.

- CPP: art. 28-A.
- Lei nº 9.099, de 25-09-1995, art. 89, Juizados Especiais Cíveis e Criminais.

Parágrafo único. Incorre na mesma pena quem mantém, na mesma cela, criança ou adolescente na companhia de maior de idade ou em ambiente inadequado, observado o disposto na Lei nº 8.069, de 13 de julho de 1990 (Estatuto da Criança e do Adolescente).

- CF: art. 5º., XL.
- CP: art. 2º.
- Esta lei: art. 1º., § 1º.

ART. 22. Invadir ou adentrar, clandestina ou astuciosamente, ou à revelia da vontade do ocupante, imóvel alheio ou suas dependências, ou nele permanecer nas mesmas condições, sem determinação judicial ou fora das condições estabelecidas em lei:

- CF: art. 5º., XI, XL e LVI.
- CPP: arts. 157 e 240 a 250.
- CP: arts. 2º. e 150, caput e §§ 4o. e 5o.
- Esta lei: art. 1º., § 1º.
- Lei nº 4.898 de 9-12-1965, art. 3º, b, Lei de Abuso de Autoridade (Revogada pela Lei nº 13.869, de 5.9.2019)

Pena - detenção, de 1 (um) a 4 (quatro) anos, e multa.

- CPP: art. 28-A.
- Lei nº 9.099, de 25-09-1995, art. 89, Juizados Especiais Cíveis e Criminais.

§ 1º Incorre na mesma pena, na forma prevista no caput deste artigo, quem:

I - coage alguém, mediante violência ou grave ameaça, a franquear-lhe o acesso a imóvel ou suas dependências;

- CF: art. 5º., XL.
- CP: art. 2º.
- Esta lei: art. 1º., § 1º.

II - (VETADO);

III - cumpre mandado de busca e apreensão domiciliar após as 21h (vinte e uma horas) ou antes das 5h (cinco horas).

- CF: art. 5º., XL e LVI..
- CP: art. 2º.
- CPP: art. 157.
- Esta lei: art. 1º., § 1º.

§ 2º Não haverá crime se o ingresso for para prestar socorro, ou quando houver fundados indícios que indiquem a necessidade do ingresso em razão de situação de flagrante delito ou de desastre.

ART. 23. Inovar artificiosamente, no curso de diligência, de investigação ou de processo, o estado de lugar, de coisa ou de pessoa, com o fim de eximir-se de responsabilidade ou de responsabilizar criminalmente alguém ou agravar-lhe a responsabilidade:

- CF: art. 5º., XL.
- CP: art. 2º.
- CPP: arts. 157 e 158-A a 158-F.
- Esta lei: art. 1º., § 1º.

Pena - detenção, de 1 (um) a 4 (quatro) anos, e multa.

- CPP: art. 28-A.
- Lei nº 9.099, de 25-09-1995, art. 89, Juizados Especiais Cíveis e Criminais.

Parágrafo único. Incorre na mesma pena quem pratica a conduta com o intuito de:

I - eximir-se de responsabilidade civil ou administrativa por excesso praticado no curso de diligência;

- CF: art. 5º., XL.
- CP: art. 2º.
- Esta lei: art. 1º., § 1º.

II - omitir dados ou informações ou divulgar dados ou informações incompletos para desviar o curso da investigação, da diligência ou do processo.

- CF: art. 5º., XL.
- CP: art. 2º.
- Esta lei: art. 1º., § 1º.

ART. 24. Constranger, sob violência ou grave ameaça, funcionário ou empregado de instituição hospitalar pública ou privada a admitir para tratamento pessoa cujo óbito já tenha ocorrido, com o fim de alterar local ou momento de crime, prejudicando sua apuração:

- CF: art. 5º., XL.
- CP: art. 2º.
- Esta lei: art. 1º., § 1º.

Pena - detenção, de 1 (um) a 4 (quatro) anos, e multa, além da pena correspondente à violência.

- CPP: art. 28-A.
- Lei nº 9.099, de 25-09-1995, art. 89, Juizados Especiais Cíveis e Criminais.

ART. 25. Proceder à obtenção de prova, em procedimento de investigação ou fiscalização, por meio manifestamente ilícito:

- CF: art. 5º., XL.
- CP: art. 2º.
- CPP: arts. 157 e 158-A a 158-F.
- Esta lei: art. 1º., § 1º.

Pena - detenção, de 1 (um) a 4 (quatro) anos, e multa.

- CPP: art. 28-A.
- Lei nº 9.099, de 25-09-1995, art. 89, Juizados Especiais Cíveis e Criminais.

Parágrafo único. Incorre na mesma pena quem faz uso de prova, em desfavor do investigado ou fiscalizado, com prévio conhecimento de sua ilicitude.

- CF: art. 5º., XL.
- CP: art. 2º.
- Esta lei: art. 1º., § 1º.

LEIS ORDINÁRIAS

ART. 26. (VETADO).

ART. 27. Requisitar instauração ou instaurar procedimento investigatório de infração penal ou administrativa, em desfavor de alguém, à falta de qualquer indício da prática de crime, de ilícito funcional ou de infração administrativa:

- *CF: art. 5º., XL.*
- *CP: art. 2º.*
- *Esta lei: art. 1º., § 1º.*

Pena - detenção, de 6 (seis) meses a 2 (dois) anos, e multa.

- *CPP: art. 28-A.*
- *Lei nº 9.099, de 25-09-1995, arts. 61, 76 e 89, Juizados Especiais Cíveis e Criminais.*

Parágrafo único. Não há crime quando se tratar de sindicância ou investigação preliminar sumária, devidamente justificada.

ART. 28. Divulgar gravação ou trecho de gravação sem relação com a prova que se pretenda produzir, expondo a intimidade ou a vida privada ou ferindo a honra ou a imagem do investigado ou acusado:

- *CF: art. 5º., X, XL e LVII.*
- *CP: arts. 2º., 138 a 145.*
- *Esta lei: art. 1º., § 1º.*
- *Lei nº 4.898 de 9-12-1965, art. 4º., h, Lei de Abuso de Autoridade (Revogada pela Lei nº 13.869, de 5.9.2019)*

Pena - detenção, de 1 (um) a 4 (quatro) anos, e multa.

- *CPP: art. 28-A.*
- *Lei nº 9.099, de 25-09-1995, art. 89, Juizados Especiais Cíveis e Criminais.*

ART. 29. Prestar informação falsa sobre procedimento judicial, policial, fiscal ou administrativo com o fim de prejudicar interesse de investigado:

- *CF: art. 5º., XL.*
- *CP: art. 2º.*
- *Esta lei: art. 1º., § 1º.*

Pena - detenção, de 6 (seis) meses a 2 (dois) anos, e multa.

- *CPP: art. 28-A.*
- *Lei nº 9.099, de 25-09-1995, arts. 61, 76 e 89, Juizados Especiais Cíveis e Criminais.*

Parágrafo único. (VETADO).

ART. 30. Dar início ou proceder à persecução penal, civil ou administrativa sem justa causa fundamentada ou contra quem sabe inocente:

- *CF: art. 5º., XL e LVII.*
- *CP: art. 2º.*
- *Esta lei: art. 1º., § 1º.*

Pena - detenção, de 1 (um) a 4 (quatro) anos, e multa.

- *CPP: art. 28-A.*
- *Lei nº 9.099, de 25-09-1995, art. 89, Juizados Especiais Cíveis e Criminais.*

ART. 31. Estender injustificadamente a investigação, procrastinando-a em prejuízo do investigado ou fiscalizado:

- *CF: art. 5º., XL e LXXVIII.*
- *CP: art. 2º.*
- *CPP: art. 3-B, IX.*
- *Esta lei: art. 1º., § 1º.*

Pena - detenção, de 6 (seis) meses a 2 (dois) anos, e multa.

- *CPP: art. 28-A.*
- *Lei nº 9.099, de 25-09-1995, arts. 61, 76 e 89, Juizados Especiais Cíveis e Criminais.*

Parágrafo único. Incorre na mesma pena quem, inexistindo prazo para execução ou conclusão de procedimento, o estende de forma imotivada, procrastinando-o em prejuízo do investigado ou do fiscalizado.

- *CF: art. 5º., XL.*
- *CP: art. 2º.*
- *Esta lei: art. 1º., § 1º.*

ART. 32. Negar ao interessado, seu defensor ou advogado acesso aos autos de investigação preliminar, ao termo circunstanciado, ao inquérito ou a qualquer outro procedimento investigatório de infração penal, civil ou administrativa, assim como impedir a obtenção de cópias, ressalvado o acesso a peças relativas a diligências em curso, ou que indiquem a realização de diligências futuras, cujo sigilo seja imprescindível:

- *Súmula vinculante 14.*
- *CF: art. 5º., XL e LV.*
- *CP: art. 2º.*
- *Lei nº 8.906, de 04-07-1994, art. 7º, XIV, dispõe sobre o Estatuto da Advocacia e a Ordem dos Advogados do Brasil (OAB).*
- *Esta lei: art. 1º., § 1º.*

Pena - detenção, de 6 (seis) meses a 2 (dois) anos, e multa.

- *CPP: art. 28-A.*
- *Lei nº 9.099, de 25-09-1995, arts. 61, 76 e 89, Juizados Especiais Cíveis e Criminais.*

ART. 33. Exigir informação ou cumprimento de obrigação, inclusive o dever de fazer ou de não fazer, sem expresso amparo legal:

- *CF: art. 5º., XL.*
- *CP: art. 2º.*
- *Esta lei: art. 1º., § 1º.*

Pena - detenção, de 6 (seis) meses a 2 (dois) anos, e multa.

- *CPP: art. 28-A.*
- *Lei nº 9.099, de 25-09-1995, arts. 61, 76 e 89, Juizados Especiais Cíveis e Criminais.*

Parágrafo único. Incorre na mesma pena quem se utiliza de cargo ou função pública ou invoca a condição de agente público para se eximir de obrigação legal ou para obter vantagem ou privilégio indevido.

- *CP: art. 317.*
- *Esta lei: art. 1º., § 1º.*
- *Lei nº 4.898 de 9-12-1965, art. 4º., f e g, Lei de Abuso de Autoridade (Revogada pela Lei nº 13.869, de 5.9.2019)*

ART. 34. (VETADO).

ART. 35. (VETADO).

ART. 36. Decretar, em processo judicial, a indisponibilidade de ativos financeiros em quantia que extrapole exacerbadamente o valor estimado para a satisfação da dívida da parte e, ante a demonstração, pela parte, da excessividade da medida, deixar de corrigi-la:

- *CF: art. 5º., XL.*
- *CP: art. 2º.*
- *CPP: arts. 125 a 144-A.*
- *Esta lei: art. 1º., § 1º.*
- *Lei n. 9.613, de 3-3-1998, art. 4º.; Lavagem de capitais.*
- *Lei 11.343, de 23-8-2006, art. 60; Lei Antidrogas.*

Pena - detenção, de 1 (um) a 4 (quatro) anos, e multa.

- *CPP: art. 28-A.*
- *Lei nº 9.099, de 25-09-1995, art. 89, Juizados Especiais Cíveis e Criminais.*

ART. 37. Demorar demasiada e injustificadamente no exame de processo de que tenha requerido vista em órgão colegiado, com o intuito de procrastinar seu andamento ou retardar o julgamento:

- *CF: art. 5º., XL.*
- *CP: art. 2º.*
- *Esta lei: art. 1º., § 1º.*

Pena - detenção, de 6 (seis) meses a 2 (dois) anos, e multa.

- *CPP: art. 28-A.*
- *Lei nº 9.099, de 25-09-1995, arts. 61, 76 e 89, Juizados Especiais Cíveis e Criminais.*

ART. 38. Antecipar o responsável pelas investigações, por meio de comunicação, inclusive rede social, atribuição de culpa, antes de concluídas as apurações e formalizada a acusação:

- *CF: art. 5º., III, X, XL, LVII.*
- *CP: art. 2º.*
- *CPP: art. 20.*
- *Esta lei: art. 1º., § 1º.*

Pena - detenção, de 6 (seis) meses a 2 (dois) anos, e multa.

- *CPP: art. 28-A.*
- *Lei nº 9.099, de 25-09-1995, arts. 61, 76 e 89, Juizados Especiais Cíveis e Criminais.*

CAPÍTULO VII
DO PROCEDIMENTO

ART. 39. Aplicam-se ao processo e ao julgamento dos delitos previstos nesta Lei, no que couber, as disposições do Decreto-Lei nº 3.689, de 3 de outubro de 1941 (Código de Processo Penal), e da Lei nº 9.099, de 26 de setembro de 1995.

CAPÍTULO VIII
DISPOSIÇÕES FINAIS

ART. 40. O art. 2º da Lei nº 7.960, de 21 de dezembro de 1989, passa a vigorar com a seguinte redação:

- *Alterações já incorporadas no texto da referida lei.*

"Art.2º ....

....

....

§ 4º-A O mandado de prisão conterá necessariamente o período de duração da prisão temporária estabelecido no caput deste artigo, bem como o dia em que o preso deverá ser libertado.

....

....

§ 7º Decorrido o prazo contido no mandado de prisão, a autoridade responsável pela custódia deverá, independentemente de nova ordem da autoridade judicial, pôr imediatamente o preso em liberdade, salvo se já tiver sido comunicada da prorrogação da prisão temporária ou da decretação da prisão preventiva.

§ 8º Inclui-se o dia do cumprimento do mandado de prisão no cômputo do prazo de prisão temporária." (NR)

ART. 41. O art. 10 da Lei nº 9.296, de 24 de julho de 1996, passa a vigorar com a seguinte redação:

- *Alterações já incorporadas no texto da referida lei.*

ART. 42. A Lei nº 8.069, de 13 de julho de 1990 (Estatuto da Criança e do Adolescente), passa a vigorar acrescida do seguinte art. 227-A:

- *Alterações já incorporadas no texto da referida lei.*

ART. 43. A Lei nº 8.906, de 4 de julho de 1994, passa a vigorar acrescida do seguinte art. 7º-B:

- *Alterações já incorporadas no texto da referida lei.*

'Art. 7º-B Constitui crime violar direito ou prerrogativa de advogado previstos nos incisos II, III, IV e V do caput do art. 7º desta Lei:

Pena - detenção, de 3 (três) meses a 1 (um) ano, e multa.'"

ART. 44. Revogam-se a Lei nº 4.898, de 9 de dezembro de 1965, e o § 2º do art. 150 e o art. 350, ambos do Decreto-Lei nº 2.848, de 7 de dezembro de 1940 (Código Penal).

ART. 45. Esta Lei entra em vigor após decorridos 120 (cento e vinte) dias de sua publicação oficial.

Brasília, 5 de setembro de 2019; 198o da Independência e 131o da República.

JAIR MESSIAS BOLSONARO
Sérgio Moro
Wagner de Campos Rosário
Jorge Antonio de Oliveira Francisco
André Luiz de Almeida Mendonça

Este texto não substitui o publicado no DOU de 5.9.2019 - Edição extra-A e retificado em 18.9.2019

LEI Nº 14.069, DE 1º DE OUTUBRO DE 2020

Cria o Cadastro Nacional de Pessoas Condenadas por Crime de Estupro.

- *CF: art. 5º., LVIII.*
- *CP: art. 213.*
- *Lei nº 7.210, de 11-07-1984, art. 9-A, Lei de Execução Penal.*
- *Lei nº 12.037, de 01-10-2009, identificação criminal.*

O PRESIDENTE DA REPÚBLICA Faço saber que o Congresso Nacional decreta e eu sanciono a seguinte Lei:

ART. 1º Fica criado, no âmbito da União, o Cadastro Nacional de Pessoas Condenadas por Crime de Estupro, o qual conterá, no mínimo, as seguintes informações sobre as pessoas condenadas por esse crime:

I – características físicas e dados de identificação datiloscópica;

II – identificação do perfil genético;

III – fotos;

IV – local de moradia e atividade laboral desenvolvida, nos últimos 3 (três) anos, em caso de concessão de livramento condicional.

ART. 2º Instrumento de cooperação celebrado entre a União e os entes federados definirá:

I – o acesso às informações constantes da base de dados do Cadastro de que trata esta Lei;

II – as responsabilidades pelo processo de atualização e de validação dos dados inseridos na base de dados do Cadastro de que trata esta Lei.

ART. 3º Os custos relativos ao desenvolvimento, à instalação e à manutenção da base de dados do Cadastro Nacional de Pessoas Condenadas por Crime de Estupro serão suportados por recursos do Fundo Nacional de Segurança Pública.

ART. 4º Esta Lei entra em vigor na data de sua publicação

Brasília, 1º de outubro de 2020; 199o da Independência e 132º da República.

JAIR MESSIAS BOLSONARO

André Luiz de Almeida Mendonça

Damares Regina Alves

*Este texto não substitui o publicado no DOU de 2.10 de 2020**

LEI Nº 14.113, DE 25 DE DEZEMBRO DE 2020 (EXCERTOS)

Regulamenta o Fundo de Manutenção e Desenvolvimento da Educação Básica e de Valorização dos Profissionais da Educação (Fundeb), de que trata o art. 212-A da Constituição Federal; revoga dispositivos da Lei nº 11.494, de 20 de junho de 2007; e dá outras providências.

- *Esta Lei: arts. 4º, § 4º. 11, § 2º. e 50.*
- *Lei no. 1.079, DE 10 DE ABRIL DE 1950 – Crimes de responsabilidade.*
- *Decreto-Lei no. 201, DE 27 DE FEVEREIRO DE 1967 – Crimes de responsabilidade de prefeitos.*

O PRESIDENTE DA REPÚBLICA Faço saber que o Congresso Nacional decreta e eu sanciono a seguinte Lei:

CAPÍTULO I
DISPOSIÇÕES GERAIS

ART. 1º Fica instituído, no âmbito de cada Estado e do Distrito Federal, um Fundo de Manutenção e Desenvolvimento da Educação Básica e de Valorização dos Profissionais da Educação (Fundeb), de natureza contábil, nos termos do art. 212-A da Constituição Federal.

Parágrafo único. A instituição dos Fundos previstos no caput deste artigo e a aplicação de seus recursos não isentam os Estados, o Distrito Federal e os Municípios da obrigatoriedade da aplicação na manutenção e no desenvolvimento do ensino, na forma prevista no art. 212 da Constituição Federal e no inciso VI do caput e parágrafo único do art. 10 e no inciso V do caput do art. 11 da Lei nº 9.394, de 20 de dezembro de 1996 , de:

I - pelo menos 5% (cinco por cento) do montante dos impostos e transferências que compõem a cesta de recursos do Fundeb, a que se referem os incisos I, II, III, IV, V, VI, VII, VIII e IX do caput e o § 1º do art. 3º desta Lei, de modo que os recursos previstos no art. 3º desta Lei somados aos referidos neste inciso garantam a aplicação do mínimo de 25% (vinte e cinco por cento) desses impostos e transferências em favor da manutenção e do desenvolvimento do ensino;

II - pelo menos 25% (vinte e cinco por cento) dos demais impostos e transferências.

ART. 2º Os Fundos destinam-se à manutenção e ao desenvolvimento da educação básica pública e à valorização dos profissionais da educação, incluída sua condigna remuneração, observado o disposto nesta Lei.

CAPÍTULO II
DA COMPOSIÇÃO FINANCEIRA

SEÇÃO I
DAS FONTES DE RECEITA DOS FUNDOS

ART. 3º Os Fundos, no âmbito de cada Estado e do Distrito Federal, são compostos por 20% (vinte por cento) das seguintes fontes de receita:

I - Imposto sobre Transmissão Causa Mortis e Doação de Quaisquer Bens ou Direitos (ITCD) previsto no inciso I do caput do art. 155 da Constituição Federal;

II - Imposto sobre Operações Relativas à Circulação de Mercadorias e sobre Prestações de Serviços de Transportes Interestadual e Intermunicipal e de Comunicação (ICMS) previsto no inciso II do caput do art. 155 combinado com o inciso IV do caput do art. 158 da Constituição Federal;

III - Imposto sobre a Propriedade de Veículos Automotores (IPVA) previsto no inciso III do caput do art. 155 combinado com o inciso III do caput do art. 158 da Constituição Federal;

IV - parcela do produto da arrecadação do imposto que a União eventualmente instituir no exercício da competência que lhe é atribuída pelo inciso I do caput do art. 154 da Constituição Federal , prevista no inciso II do caput do art. 157 da Constituição Federal;

V - parcela do produto da arrecadação do Imposto sobre a Propriedade Territorial Rural (ITR), relativamente a imóveis situados nos Municípios, prevista no inciso II do caput do art. 158 da Constituição Federal;

VI - parcela do produto da arrecadação do Imposto sobre a Renda e Proventos de Qualquer Natureza e do Imposto sobre Produtos Industrializados (IPI) devida ao Fundo de Participação dos Estados e do Distrito Federal (FPE), prevista na alínea a do inciso I do caput do art. 159 da Constituição Federal e na Lei nº 5.172, de 25 de outubro de 1966 (Código Tributário Nacional);

VII - parcela do produto da arrecadação do Imposto sobre a Renda e Proventos de Qualquer Natureza e do IPI devida ao Fundo de Participação dos Municípios (FPM), prevista na alínea b do inciso I do caput do art. 159 da Constituição Federal e na Lei nº 5.172, de 25 de outubro de 1966 (Código Tributário Nacional);

VIII - parcela do produto da arrecadação do IPI devida aos Estados e ao Distrito Federal, prevista no inciso II do caput do art. 159 da Constituição Federal e na Lei Complementar nº 61, de 26 de dezembro de 1989;

IX - receitas da dívida ativa tributária relativa aos impostos previstos neste artigo, bem como juros e multas eventualmente incidentes.

§ 1º Inclui-se ainda na base de cálculo dos recursos referidos nos incisos I a IX do caput deste artigo o adicional na alíquota do ICMS de que trata o § 1º do art. 82 do Ato das Disposições Constitucionais Transitórias.

§ 2º Além dos recursos mencionados nos incisos I a IX do caput e no § 1º deste artigo, os Fundos contarão com a complementação da União, nos termos da Seção II deste Capítulo.

Seção II
DA COMPLEMENTAÇÃO DA UNIÃO

ART. 4º A União complementará os recursos dos Fundos a que se refere o art. 3º desta Lei, conforme disposto nesta Lei.

§ 1º A complementação da União destina-se exclusivamente a assegurar recursos financeiros aos Fundos, aplicando-se o disposto no caput do art. 160 da Constituição Federal.

§ 2º É vedada a utilização dos recursos oriundos da arrecadação da contribuição social do salário-educação a que se refere o § 5º do art. 212 da Constituição Federal na complementação da União aos Fundos.

§ 3º A União poderá utilizar, no máximo, 30% (trinta por cento) do valor de complementação ao Fundeb previsto no caput deste artigo para cumprimento da aplicação mínima na manutenção e no desenvolvimento do ensino estabelecida no art. 212 da Constituição Federal.

§ 4º O não cumprimento do disposto neste artigo importará em crime de responsabilidade da autoridade competente.

ART. 5º A complementação da União será equivalente a, no mínimo, 23% (vinte e três por cento) do total de recursos a que se refere o art. 3º desta Lei, nas seguintes modalidades:

I - complementação-VAAF: 10 (dez) pontos percentuais no âmbito de cada Estado e do Distrito Federal sempre que o valor anual por aluno (VAAF), nos termos da alínea a do inciso I do caput do art. 6º desta Lei não alcançar o mínimo definido nacionalmente;

II - complementação-VAAT: no mínimo, 10,5 (dez inteiros e cinco décimos) pontos percentuais, em cada rede pública de ensino municipal, estadual ou distrital, sempre que o valor anual total por aluno (VAAT), nos termos da alínea a do inciso II do caput do art. 6º desta Lei não alcançar o mínimo definido nacionalmente;

III - complementação-VAAR: 2,5 (dois inteiros e cinco décimos) pontos percentuais nas redes públicas que, cumpridas condicionalidades de melhoria de gestão, alcançarem evolução de indicadores a serem definidos, de atendimento e de melhoria da aprendizagem com redução das desigualdades, nos termos do sistema nacional de avaliação da educação básica, conforme disposto no art. 14 desta Lei.

Parágrafo único. A complementação da União, nas modalidades especificadas, a ser distribuída em determinado exercício financeiro, será calculada considerando-se as receitas totais dos Fundos do mesmo exercício.

....

Seção III
DA DISTRIBUIÇÃO INTRAESTADUAL

ART. 11. A distribuição de recursos que compõem os Fundos, nos termos do art. 3º desta Lei, no âmbito de cada Estado e do Distrito Federal, dar-se-á, na forma do Anexo desta Lei, entre o governo estadual e os seus Municípios, na proporção do número de alunos matriculados nas respectivas redes de educação básica pública presencial, nos termos do art. 8º desta Lei.

§ 1º A distribuição de que trata o caput deste artigo resultará no valor anual por aluno (VAAF) no âmbito de cada Fundo, anteriormente à complementação-VAAF, nos termos da alínea a do inciso I do caput do art. 6º desta Lei.

§ 2º O não cumprimento do disposto neste artigo importará em crime de responsabilidade da autoridade competente, nos termos do inciso IX do caput do art. 212-A da Constituição Federal.

....

CAPÍTULO VI
DO ACOMPANHAMENTO, DA AVALIAÇÃO, DO MONITORAMENTO, DO CONTROLE SOCIAL, DA COMPROVAÇÃO E DA FISCALIZAÇÃO DOS RECURSOS

Seção I
DA FISCALIZAÇÃO E DO CONTROLE

ART. 30. A fiscalização e o controle referentes ao cumprimento do disposto no art. 212 da Constituição Federal e do disposto nesta Lei, especialmente em relação à aplicação da totalidade dos recursos dos Fundos, serão exercidos:

I - pelo órgão de controle interno no âmbito da União e pelos órgãos de controle interno no âmbito dos Estados, do Distrito Federal e dos Municípios;

LEIS ORDINÁRIAS

II - pelos Tribunais de Contas dos Estados, do Distrito Federal e dos Municípios, perante os respectivos entes governamentais sob suas jurisdições;

III - pelo Tribunal de Contas da União, no que tange às atribuições a cargo dos órgãos federais, especialmente em relação à complementação da União;

IV - pelos respectivos conselhos de acompanhamento e controle social dos Fundos, referidos nos arts. 33 e 34 desta Lei.

ART. 31. Os Estados, o Distrito Federal e os Municípios prestarão contas dos recursos dos Fundos conforme os procedimentos adotados pelos Tribunais de Contas competentes, observada a regulamentação aplicável.

Parágrafo único. As prestações de contas serão instruídas com parecer do conselho responsável, que deverá ser apresentado ao Poder Executivo respectivo em até 30 (trinta) dias antes do vencimento do prazo para a apresentação da prestação de contas prevista no caput deste artigo.

ART. 32. A defesa da ordem jurídica, do regime democrático, dos interesses sociais e individuais indisponíveis, relacionada ao pleno cumprimento desta Lei, compete ao Ministério Público dos Estados e do Distrito Federal e Territórios e ao Ministério Público Federal, especialmente quanto às transferências de recursos federais.

§ 1º A legitimidade do Ministério Público prevista no caput deste artigo não exclui a de terceiros para a propositura de ações a que se referem o inciso LXXIII do caput do art. 5º e o § 1º do art. 129 da Constituição Federa l, assegurado a eles o acesso gratuito aos documentos mencionados nos arts. 31 e 36 desta Lei.

§ 2º Admitir-se-á litisconsórcio facultativo entre os Ministérios Públicos da União, do Distrito Federal e Territórios e dos Estados para a fiscalização da aplicação dos recursos dos Fundos que receberem complementação da União.

....

SEÇÃO II
DISPOSIÇÕES FINAIS

....

ART. 50. A União desenvolverá e apoiará políticas de estímulo às iniciativas de melhoria de qualidade do ensino, de acesso e de permanência na escola, promovidas pelas unidades federadas, em especial aquelas direcionadas à inclusão de crianças e adolescentes em situação de risco social.

Parágrafo único. A União, os Estados e o Distrito Federal desenvolverão, em regime de colaboração, programas de apoio ao esforço para conclusão da educação básica dos alunos regularmente matriculados no sistema público de educação:

I - que cumpram pena no sistema penitenciário, ainda que na condição de presos provisórios;

II - aos quais tenham sido aplicadas medidas socioeducativas nos termos da Lei nº 8.069, de 13 de julho de 1990.

ART. 51. Os Estados, o Distrito Federal e os Municípios deverão implantar planos de carreira e remuneração dos profissionais da educação básica, de modo a assegurar:

I - remuneração condigna dos profissionais na educação básica da rede pública;

II - integração entre o trabalho individual e a proposta pedagógica da escola;

III - melhoria da qualidade do ensino e da aprendizagem;

IV - medidas de incentivo para que profissionais mais bem avaliados exerçam suas funções em escolas de locais com piores indicadores socioeconômicos ou que atendam estudantes com deficiência, transtornos globais do desenvolvimento e altas habilidades ou superdotação.

Parágrafo único. Os planos de carreira deverão contemplar capacitação profissional especialmente direcionada à formação continuada com vistas à melhoria da qualidade do ensino.

ART. 52. Na hipótese prevista no § 8º do art. 212 da Constituição Federal, inclusive quanto a isenções tributárias, deverão ser avaliados os impactos nos Fundos e os meios para que não haja perdas ao financiamento da educação básica.

Parágrafo único. Para efeitos do disposto no caput deste artigo, deve-se buscar meios para que o montante dos recursos vinculados ao Fundeb nos entes federativos seja no mínimo igual à média aritmética dos 3 (três) últimos exercícios, na forma de regulamento.

ART. 53. Fica revogada, a partir de 1º de janeiro de 2021, a Lei nº 11.494, de 20 de junho de 2007 , ressalvado o art. 12 e mantidos seus efeitos financeiros no que se refere à execução dos Fundos relativa ao exercício de 2020.

ART. 54. Esta Lei entra em vigor na data da sua publicação.

Brasília, 25 de dezembro de 2020; 199o da Independência e 132o da República.

JAIR MESSIAS BOLSONARO

Paulo Guedes

Milton Ribeiro

LEI Nº 14.133, DE 1º DE ABRIL DE 2021 (EXCERTOS)

Lei de Licitações e Contratos Administrativos.

O PRESIDENTE DA REPÚBLICA Faço saber que o Congresso Nacional decreta e eu sanciono a seguinte Lei:

TÍTULO I
DISPOSIÇÕES PRELIMINARES

CAPÍTULO I
DO ÂMBITO DE APLICAÇÃO DESTA LEI

ART. 1º Esta Lei estabelece normas gerais de licitação e contratação para as Administrações Públicas diretas,

LEIS ORDINÁRIAS

autárquicas e fundacionais da União, dos Estados, do Distrito Federal e dos Municípios, e abrange:

I - os órgãos dos Poderes Legislativo e Judiciário da União, dos Estados e do Distrito Federal e os órgãos do Poder Legislativo dos Municípios, quando no desempenho de função administrativa;

II - os fundos especiais e as demais entidades controladas direta ou indiretamente pela Administração Pública.

§ 1º Não são abrangidas por esta Lei as empresas públicas, as sociedades de economia mista e as suas subsidiárias, regidas pela Lei nº 13.303, de 30 de junho de 2016, ressalvado o disposto no art. 178 desta Lei.

§ 2º As contratações realizadas no âmbito das repartições públicas sediadas no exterior obedecerão às peculiaridades locais e aos princípios básicos estabelecidos nesta Lei, na forma de regulamentação específica a ser editada por ministro de Estado.

§ 3º Nas licitações e contratações que envolvam recursos provenientes de empréstimo ou doação oriundos de agência oficial de cooperação estrangeira ou de organismo financeiro de que o Brasil seja parte, podem ser admitidas:

I - condições decorrentes de acordos internacionais aprovados pelo Congresso Nacional e ratificados pelo Presidente da República;

II - condições peculiares à seleção e à contratação constantes de normas e procedimentos das agências ou dos organismos, desde que:

a) sejam exigidas para a obtenção do empréstimo ou doação;

b) não conflitem com os princípios constitucionais em vigor;

c) sejam indicadas no respectivo contrato de empréstimo ou doação e tenham sido objeto de parecer favorável do órgão jurídico do contratante do financiamento previamente à celebração do referido contrato;

d) (VETADO).

§ 4º A documentação encaminhada ao Senado Federal para autorização do empréstimo de que trata o § 3º deste artigo deverá fazer referência às condições contratuais que incidam na hipótese do referido parágrafo.

§ 5º As contratações relativas à gestão, direta e indireta, das reservas internacionais do País, inclusive as de serviços conexos ou acessórios a essa atividade, serão disciplinadas em ato normativo próprio do Banco Central do Brasil, assegurada a observância dos princípios estabelecidos no caput do art. 37 da Constituição Federal.

ART. 2º Esta Lei aplica-se a:

I - alienação e concessão de direito real de uso de bens;

II - compra, inclusive por encomenda;

III - locação;

IV - concessão e permissão de uso de bens públicos;

V - prestação de serviços, inclusive os técnico-profissionais especializados;

VI - obras e serviços de arquitetura e engenharia;

VII - contratações de tecnologia da informação e de comunicação.

ART. 3º Não se subordinam ao regime desta Lei:

I - contratos que tenham por objeto operação de crédito, interno ou externo, e gestão de dívida pública, incluídas as contratações de agente financeiro e a concessão de garantia relacionadas a esses contratos;

II - contratações sujeitas a normas previstas em legislação própria.

ART. 4º Aplicam-se às licitações e contratos disciplinados por esta Lei as disposições constantes dos arts. 42 a 49 da Lei Complementar nº 123, de 14 de dezembro de 2006.

§ 1º As disposições a que se refere o caput deste artigo não são aplicadas:

I - no caso de licitação para aquisição de bens ou contratação de serviços em geral, ao item cujo valor estimado for superior à receita bruta máxima admitida para fins de enquadramento como empresa de pequeno porte;

II - no caso de contratação de obras e serviços de engenharia, às licitações cujo valor estimado for superior à receita bruta máxima admitida para fins de enquadramento como empresa de pequeno porte.

§ 2º A obtenção de benefícios a que se refere o caput deste artigo fica limitada às microempresas e às empresas de pequeno porte que, no ano-calendário de realização da licitação, ainda não tenham celebrado contratos com a Administração Pública cujos valores somados extrapolem a receita bruta máxima admitida para fins de enquadramento como empresa de pequeno porte, devendo o órgão ou entidade exigir do licitante declaração de observância desse limite na licitação.

§ 3º Nas contratações com prazo de vigência superior a 1 (um) ano, será considerado o valor anual do contrato na aplicação dos limites previstos nos §§ 1º e 2º deste artigo.

CAPÍTULO II
DOS PRINCÍPIOS

ART. 5º Na aplicação desta Lei, serão observados os princípios da legalidade, da impessoalidade, da moralidade, da publicidade, da eficiência, do interesse público, da probidade administrativa, da igualdade, do planejamento, da transparência, da eficácia, da segregação de funções, da motivação, da vinculação ao edital, do julgamento objetivo, da segurança jurídica, da razoabilidade, da competitividade, da proporcionalidade, da celeridade, da economicidade e do desenvolvimento nacional sustentável, assim como as disposições do Decreto-Lei nº 4.657, de 4 de setembro de 1942 (Lei de Introdução às Normas do Direito Brasileiro).

CAPÍTULO III
DAS DEFINIÇÕES

....

CAPÍTULO IV
DOS AGENTES PÚBLICOS

....

TÍTULO II
DAS LICITAÇÕES

CAPÍTULO I
DO PROCESSO LICITATÓRIO

ART. 11. O processo licitatório tem por objetivos:

I - assegurar a seleção da proposta apta a gerar o resultado de contratação mais vantajoso para a Administração Pública, inclusive no que se refere ao ciclo de vida do objeto;

II - assegurar tratamento isonômico entre os licitantes, bem como a justa competição;

III - evitar contratações com sobrepreço ou com preços manifestamente inexequíveis e superfaturamento na execução dos contratos;

IV - incentivar a inovação e o desenvolvimento nacional sustentável.

Parágrafo único. A alta administração do órgão ou entidade é responsável pela governança das contratações e deve implementar processos e estruturas, inclusive de gestão de riscos e controles internos, para avaliar, direcionar e monitorar os processos licitatórios e os respectivos contratos, com o intuito de alcançar os objetivos estabelecidos no caput deste artigo, promover um ambiente íntegro e confiável, assegurar o alinhamento das contratações ao planejamento estratégico e às leis orçamentárias e promover eficiência, efetividade e eficácia em suas contratações.

ART. 12. No processo licitatório, observar-se-á o seguinte:

I - os documentos serão produzidos por escrito, com data e local de sua realização e assinatura dos responsáveis;

II - os valores, os preços e os custos utilizados terão como expressão monetária a moeda corrente nacional, ressalvado o disposto no art. 52 desta Lei;

III - o desatendimento de exigências meramente formais que não comprometam a aferição da qualificação do licitante ou a compreensão do conteúdo de sua proposta não importará seu afastamento da licitação ou a invalidação do processo;

IV - a prova de autenticidade de cópia de documento público ou particular poderá ser feita perante agente da Administração, mediante apresentação de original ou de declaração de autenticidade por advogado, sob sua responsabilidade pessoal;

V - o reconhecimento de firma somente será exigido quando houver dúvida de autenticidade, salvo imposição legal;

VI - os atos serão preferencialmente digitais, de forma a permitir que sejam produzidos, comunicados, armazenados e validados por meio eletrônico;

VII - a partir de documentos de formalização de demandas, os órgãos responsáveis pelo planejamento de cada ente federativo poderão, na forma de regulamento, elaborar plano de contratações anual, com o objetivo de racionalizar as contratações dos órgãos e entidades sob sua competência, garantir o alinhamento com o seu planejamento estratégico e subsidiar a elaboração das respectivas leis orçamentárias.

§ 1º O plano de contratações anual de que trata o inciso VII do caput deste artigo deverá ser divulgado e mantido à disposição do público em sítio eletrônico oficial e será observado pelo ente federativo na realização de licitações e na execução dos contratos.

§ 2º É permitida a identificação e assinatura digital por pessoa física ou jurídica em meio eletrônico, mediante certificado digital emitido em âmbito da Infraestrutura de Chaves Públicas Brasileira (ICP-Brasil).

ART. 13. Os atos praticados no processo licitatório são públicos, ressalvadas as hipóteses de informações cujo sigilo seja imprescindível à segurança da sociedade e do Estado, na forma da lei.

Parágrafo único. A publicidade será diferida:

I - quanto ao conteúdo das propostas, até a respectiva abertura;

II - quanto ao orçamento da Administração, nos termos do art. 24 desta Lei.

ART. 14. Não poderão disputar licitação ou participar da execução de contrato, direta ou indiretamente:

I - autor do anteprojeto, do projeto básico ou do projeto executivo, pessoa física ou jurídica, quando a licitação versar sobre obra, serviços ou fornecimento de bens a ele relacionados;

II - empresa, isoladamente ou em consórcio, responsável pela elaboração do projeto básico ou do projeto executivo, ou empresa da qual o autor do projeto seja dirigente, gerente, controlador, acionista ou detentor de mais de 5% (cinco por cento) do capital com direito a voto, responsável técnico ou subcontratado, quando a licitação versar sobre obra, serviços ou fornecimento de bens a ela necessários;

III - pessoa física ou jurídica que se encontre, ao tempo da licitação, impossibilitada de participar da licitação em decorrência de sanção que lhe foi imposta;

IV - aquele que mantenha vínculo de natureza técnica, comercial, econômica, financeira, trabalhista ou civil com dirigente do órgão ou entidade contratante ou com agente público que desempenhe função na licitação ou atue na fiscalização ou na gestão do contrato, ou que deles seja cônjuge, companheiro ou parente em linha reta, colateral ou por afinidade, até o terceiro grau, devendo essa proibição constar expressamente do edital de licitação;

V - empresas controladoras, controladas ou coligadas, nos termos da Lei nº 6.404, de 15 de dezembro de 1976, concorrendo entre si;

VI - pessoa física ou jurídica que, nos 5 (cinco) anos anteriores à divulgação do edital, tenha sido condenada judicialmente, com trânsito em julgado, por exploração de trabalho infantil, por submissão de trabalhadores a condições análogas às de escravo ou por contratação de adolescentes nos casos vedados pela legislação trabalhista.

§ 1º O impedimento de que trata o inciso III do caput deste artigo será também aplicado ao licitante que atue em substituição a outra pessoa, física ou jurídica, com o intuito de burlar a efetividade da sanção a ela aplicada, inclusive a sua controladora, controlada ou coligada, desde que devidamente comprovado o ilícito ou a utilização fraudulenta da personalidade jurídica do licitante.

§ 2º A critério da Administração e exclusivamente a seu serviço, o autor dos projetos e a empresa a que se referem os incisos I e II do caput deste artigo poderão participar no apoio das atividades de planejamento da contratação, de execução da licitação ou de gestão do contrato, desde que sob supervisão exclusiva de agentes públicos do órgão ou entidade.

§ 3º Equiparam-se aos autores do projeto as empresas integrantes do mesmo grupo econômico.

§ 4º O disposto neste artigo não impede a licitação ou a contratação de obra ou serviço que inclua como encargo do contratado a elaboração do projeto básico e do projeto executivo, nas contratações integradas, e do projeto executivo, nos demais regimes de execução.

§ 5º Em licitações e contratações realizadas no âmbito de projetos e programas parcialmente financiados por agência oficial de cooperação estrangeira ou por organismo financeiro internacional com recursos do financiamento ou da contrapartida nacional, não poderá participar pessoa física ou jurídica que integre o rol de pessoas sancionadas por essas entidades ou que seja declarada inidônea nos termos desta Lei.

ART. 15. Salvo vedação devidamente justificada no processo licitatório, pessoa jurídica poderá participar de licitação em consórcio, observadas as seguintes normas:

I - comprovação de compromisso público ou particular de constituição de consórcio, subscrito pelos consorciados;

II - indicação da empresa líder do consórcio, que será responsável por sua representação perante a Administração;

III - admissão, para efeito de habilitação técnica, do somatório dos quantitativos de cada consorciado e, para efeito de habilitação econômico-financeira, do somatório dos valores de cada consorciado;

IV - impedimento de a empresa consorciada participar, na mesma licitação, de mais de um consórcio ou de forma isolada;

V - responsabilidade solidária dos integrantes pelos atos praticados em consórcio, tanto na fase de licitação quanto na de execução do contrato.

§ 1º O edital deverá estabelecer para o consórcio acréscimo de 10% (dez por cento) a 30% (trinta por cento) sobre o valor exigido de licitante individual para a habilitação econômico-financeira, salvo justificação.

§ 2º O acréscimo previsto no § 1º deste artigo não se aplica aos consórcios compostos, em sua totalidade, de microempresas e pequenas empresas, assim definidas em lei.

§ 3º O licitante vencedor é obrigado a promover, antes da celebração do contrato, a constituição e o registro do consórcio, nos termos do compromisso referido no inciso I do caput deste artigo.

§ 4º Desde que haja justificativa técnica aprovada pela autoridade competente, o edital de licitação poderá estabelecer limite máximo para o número de empresas consorciadas.

§ 5º A substituição de consorciado deverá ser expressamente autorizada pelo órgão ou entidade contratante e condicionada à comprovação de que a nova empresa do consórcio possui, no mínimo, os mesmos quantitativos para efeito de habilitação técnica e os mesmos valores para efeito de qualificação econômico-financeira apresentados pela empresa substituída para fins de habilitação do consórcio no processo licitatório que originou o contrato.

ART. 16. Os profissionais organizados sob a forma de cooperativa poderão participar de licitação quando:

I - a constituição e o funcionamento da cooperativa observarem as regras estabelecidas na legislação aplicável, em especial a Lei nº 5.764, de 16 de dezembro de 1971, a Lei nº 12.690, de 19 de julho de 2012, e a Lei Complementar nº 130, de 17 de abril de 2009;

II - a cooperativa apresentar demonstrativo de atuação em regime cooperado, com repartição de receitas e despesas entre os cooperados;

III - qualquer cooperado, com igual qualificação, for capaz de executar o objeto contratado, vedado à Administração indicar nominalmente pessoas;

IV - o objeto da licitação referir-se, em se tratando de cooperativas enquadradas na Lei nº 12.690, de 19 de julho de 2012, a serviços especializados constantes do objeto social da cooperativa, a serem executados de forma complementar à sua atuação.

ART. 17. O processo de licitação observará as seguintes fases, em sequência:

I - preparatória;

II - de divulgação do edital de licitação;

III - de apresentação de propostas e lances, quando for o caso;

IV - de julgamento;

V - de habilitação;

VI - recursal;

VII - de homologação.

§ 1º A fase referida no inciso V do caput deste artigo poderá, mediante ato motivado com explicitação dos benefícios decorrentes, anteceder as fases referidas nos incisos III e IV do caput deste artigo, desde que expressamente previsto no edital de licitação.

§ 2º As licitações serão realizadas preferencialmente sob a forma eletrônica, admitida a utilização da forma presencial, desde que motivada, devendo a sessão pública ser registrada em ata e gravada em áudio e vídeo.

§ 3º Desde que previsto no edital, na fase a que se refere o inciso IV do caput deste artigo, o órgão ou entidade licitante poderá, em relação ao licitante provisoriamente vencedor, realizar análise e avaliação da conformidade da proposta, mediante homologação de amostras, exame de conformidade e prova de conceito, entre outros testes de interesse da Administração, de modo a comprovar sua aderência às especificações definidas no termo de referência ou no projeto básico.

§ 4º Nos procedimentos realizados por meio eletrônico, a Administração poderá determinar, como condição de validade e eficácia, que os licitantes pratiquem seus atos em formato eletrônico.

§ 5º Na hipótese excepcional de licitação sob a forma presencial a que refere o § 2º deste artigo, a sessão pública de apresentação de propostas deverá ser gravada em áudio e vídeo, e a gravação será juntada aos autos do processo licitatório depois de seu encerramento.

§ 6º A Administração poderá exigir certificação por organização independente acreditada pelo Instituto Nacional

LEIS ORDINÁRIAS

de Metrologia, Qualidade e Tecnologia (Inmetro) como condição para aceitação de:

I - estudos, anteprojetos, projetos básicos e projetos executivos;

II - conclusão de fases ou de objetos de contratos;

III - material e corpo técnico apresentados por empresa para fins de habilitação.

....

CAPÍTULO XI
DA NULIDADE DOS CONTRATOS

ART. 147. Constatada irregularidade no procedimento licitatório ou na execução contratual, caso não seja possível o saneamento, a decisão sobre a suspensão da execução ou sobre a declaração de nulidade do contrato somente será adotada na hipótese em que se revelar medida de interesse público, com avaliação, entre outros, dos seguintes aspectos:

I - impactos econômicos e financeiros decorrentes do atraso na fruição dos benefícios do objeto do contrato;

II - riscos sociais, ambientais e à segurança da população local decorrentes do atraso na fruição dos benefícios do objeto do contrato;

III - motivação social e ambiental do contrato;

IV - custo da deterioração ou da perda das parcelas executadas;

V - despesa necessária à preservação das instalações e dos serviços já executados;

VI - despesa inerente à desmobilização e ao posterior retorno às atividades;

VII - medidas efetivamente adotadas pelo titular do órgão ou entidade para o saneamento dos indícios de irregularidades apontados;

VIII - custo total e estágio de execução física e financeira dos contratos, dos convênios, das obras ou das parcelas envolvidas;

IX - fechamento de postos de trabalho diretos e indiretos em razão da paralisação;

X - custo para realização de nova licitação ou celebração de novo contrato;

XI - custo de oportunidade do capital durante o período de paralisação.

Parágrafo único. Caso a paralisação ou anulação não se revele medida de interesse público, o poder público deverá optar pela continuidade do contrato e pela solução da irregularidade por meio de indenização por perdas e danos, sem prejuízo da apuração de responsabilidade e da aplicação de penalidades cabíveis.

ART. 148. A declaração de nulidade do contrato administrativo requererá análise prévia do interesse público envolvido, na forma do art. 147 desta Lei, e operará retroativamente, impedindo os efeitos jurídicos que o contrato deveria produzir ordinariamente e desconstituindo os já produzidos.

§ 1º Caso não seja possível o retorno à situação fática anterior, a nulidade será resolvida pela indenização por perdas e danos, sem prejuízo da apuração de responsabilidade e aplicação das penalidades cabíveis.

§ 2º Ao declarar a nulidade do contrato, a autoridade, com vistas à continuidade da atividade administrativa, poderá decidir que ela só tenha eficácia em momento futuro, suficiente para efetuar nova contratação, por prazo de até 6 (seis) meses, prorrogável uma única vez.

ART. 149. A nulidade não exonerará a Administração do dever de indenizar o contratado pelo que houver executado até a data em que for declarada ou tornada eficaz, bem como por outros prejuízos regularmente comprovados, desde que não lhe seja imputável, e será promovida a responsabilização de quem lhe tenha dado causa.

ART. 150. Nenhuma contratação será feita sem a caracterização adequada de seu objeto e sem a indicação dos créditos orçamentários para pagamento das parcelas contratuais vincendas no exercício em que for realizada a contratação, sob pena de nulidade do ato e de responsabilização de quem lhe tiver dado causa.

CAPÍTULO XII
DOS MEIOS ALTERNATIVOS DE RESOLUÇÃO DE CONTROVÉRSIAS

ART. 151. Nas contratações regidas por esta Lei, poderão ser utilizados meios alternativos de prevenção e resolução de controvérsias, notadamente a conciliação, a mediação, o comitê de resolução de disputas e a arbitragem.

Parágrafo único. Será aplicado o disposto no caput deste artigo às controvérsias relacionadas a direitos patrimoniais disponíveis, como as questões relacionadas ao restabelecimento do equilíbrio econômico-financeiro do contrato, ao inadimplemento de obrigações contratuais por quaisquer das partes e ao cálculo de indenizações.

ART. 152. A arbitragem será sempre de direito e observará o princípio da publicidade.

ART. 153. Os contratos poderão ser aditados para permitir a adoção dos meios alternativos de resolução de controvérsias.

ART. 154. O processo de escolha dos árbitros, dos colegiados arbitrais e dos comitês de resolução de disputas observará critérios isonômicos, técnicos e transparentes.

TÍTULO IV
DAS IRREGULARIDADES

CAPÍTULO I
DAS INFRAÇÕES E SANÇÕES ADMINISTRATIVAS

ART. 155. O licitante ou o contratado será responsabilizado administrativamente pelas seguintes infrações:

I - dar causa à inexecução parcial do contrato;

II - dar causa à inexecução parcial do contrato que cause grave dano à Administração, ao funcionamento dos serviços públicos ou ao interesse coletivo;

III - dar causa à inexecução total do contrato;

IV - deixar de entregar a documentação exigida para o certame;

V - não manter a proposta, salvo em decorrência de fato superveniente devidamente justificado;

VI - não celebrar o contrato ou não entregar a documentação exigida para a contratação, quando convocado dentro do prazo de validade de sua proposta;

VII - ensejar o retardamento da execução ou da entrega do objeto da licitação sem motivo justificado;

VIII - apresentar declaração ou documentação falsa exigida para o certame ou prestar declaração falsa durante a licitação ou a execução do contrato;

IX - fraudar a licitação ou praticar ato fraudulento na execução do contrato;

X - comportar-se de modo inidôneo ou cometer fraude de qualquer natureza;

XI - praticar atos ilícitos com vistas a frustrar os objetivos da licitação;

XII - praticar ato lesivo previsto no art. 5º da Lei nº 12.846, de 1º de agosto de 2013.

ART. 156. Serão aplicadas ao responsável pelas infrações administrativas previstas nesta Lei as seguintes sanções:

I - advertência;

II - multa;

III - impedimento de licitar e contratar;

IV - declaração de inidoneidade para licitar ou contratar.

§ 1º Na aplicação das sanções serão considerados:

I - a natureza e a gravidade da infração cometida;

II - as peculiaridades do caso concreto;

III - as circunstâncias agravantes ou atenuantes;

IV - os danos que dela provierem para a Administração Pública;

V - a implantação ou o aperfeiçoamento de programa de integridade, conforme normas e orientações dos órgãos de controle.

§ 2º A sanção prevista no inciso I do caput deste artigo será aplicada exclusivamente pela infração administrativa prevista no inciso I do caput do art. 155 desta Lei, quando não se justificar a imposição de penalidade mais grave.

§ 3º A sanção prevista no inciso II do caput deste artigo, calculada na forma do edital ou do contrato, não poderá ser inferior a 0,5% (cinco décimos por cento) nem superior a 30% (trinta por cento) do valor do contrato licitado ou celebrado com contratação direta e será aplicada ao responsável por qualquer das infrações administrativas previstas no art. 155 desta Lei.

§ 4º A sanção prevista no inciso III do caput deste artigo será aplicada ao responsável pelas infrações administrativas previstas nos incisos II, III, IV, V, VI e VII do caput do art. 155 desta Lei, quando não se justificar a imposição de penalidade mais grave, e impedirá o responsável de licitar ou contratar no âmbito da Administração Pública direta e indireta do ente federativo que tiver aplicado a sanção, pelo prazo máximo de 3 (três) anos.

§ 5º A sanção prevista no inciso IV do caput deste artigo será aplicada ao responsável pelas infrações administrativas previstas nos incisos VIII, IX, X, XI e XII do caput do art. 155 desta Lei, bem como pelas infrações administrativas previstas nos incisos II, III, IV, V, VI e VII do caput do referido artigo que justifiquem a imposição de penalidade mais grave que a sanção referida no § 4º deste artigo, e impedirá o responsável de licitar ou contratar no âmbito da Administração Pública direta e indireta de todos os entes federativos, pelo prazo mínimo de 3 (três) anos e máximo de 6 (seis) anos.

§ 6º A sanção estabelecida no inciso IV do caput deste artigo será precedida de análise jurídica e observará as seguintes regras:

I - quando aplicada por órgão do Poder Executivo, será de competência exclusiva de ministro de Estado, de secretário estadual ou de secretário municipal e, quando aplicada por autarquia ou fundação, será de competência exclusiva da autoridade máxima da entidade;

II - quando aplicada por órgãos dos Poderes Legislativo e Judiciário, pelo Ministério Público e pela Defensoria Pública no desempenho da função administrativa, será de competência exclusiva de autoridade de nível hierárquico equivalente às autoridades referidas no inciso I deste parágrafo, na forma de regulamento.

§ 7º As sanções previstas nos incisos I, III e IV do caput deste artigo poderão ser aplicadas cumulativamente com a prevista no inciso II do caput deste artigo.

§ 8º Se a multa aplicada e as indenizações cabíveis forem superiores ao valor de pagamento eventualmente devido pela Administração ao contratado, além da perda desse valor, a diferença será descontada da garantia prestada ou será cobrada judicialmente.

§ 9º A aplicação das sanções previstas no caput deste artigo não exclui, em hipótese alguma, a obrigação de reparação integral do dano causado à Administração Pública.

ART. 157. Na aplicação da sanção prevista no inciso II do caput do art. 156 desta Lei, será facultada a defesa do interessado no prazo de 15 (quinze) dias úteis, contado da data de sua intimação.

ART. 158. A aplicação das sanções previstas nos incisos III e IV do caput do art. 156 desta Lei requererá a instauração de processo de responsabilização, a ser conduzido por comissão composta de 2 (dois) ou mais servidores estáveis, que avaliará fatos e circunstâncias conhecidos e intimará o licitante ou o contratado para, no prazo de 15 (quinze) dias úteis, contado da data de intimação, apresentar defesa escrita e especificar as provas que pretenda produzir.

§ 1º Em órgão ou entidade da Administração Pública cujo quadro funcional não seja formado de servidores estatutários, a comissão a que se refere o caput deste artigo será composta de 2 (dois) ou mais empregados públicos pertencentes aos seus quadros permanentes, preferencialmente com, no mínimo, 3 (três) anos de tempo de serviço no órgão ou entidade.

§ 2º Na hipótese de deferimento de pedido de produção de novas provas ou de juntada de provas julgadas indispensáveis pela comissão, o licitante ou o contratado poderá apresentar alegações finais no prazo de 15 (quinze) dias úteis, contado da data da intimação.

§ 3º Serão indeferidas pela comissão, mediante decisão fundamentada, provas ilícitas, impertinentes, desnecessárias, protelatórias ou intempestivas.

§ 4º A prescrição ocorrerá em 5 (cinco) anos, contados da ciência da infração pela Administração, e será:

I - interrompida pela instauração do processo de responsabilização a que se refere o caput deste artigo;

II - suspensa pela celebração de acordo de leniência previsto na Lei nº 12.846, de 1º de agosto de 2013;

III - suspensa por decisão judicial que inviabilize a conclusão da apuração administrativa.

ART. 159. Os atos previstos como infrações administrativas nesta Lei ou em outras leis de licitações e contratos da Administração Pública que também sejam tipificados como atos lesivos na Lei nº 12.846, de 1º de agosto de 2013, serão apurados e julgados conjuntamente, nos mesmos autos, observados o rito procedimental e a autoridade competente definidos na referida Lei.

Parágrafo único. (VETADO).

ART. 160. A personalidade jurídica poderá ser desconsiderada sempre que utilizada com abuso do direito para facilitar, encobrir ou dissimular a prática dos atos ilícitos previstos nesta Lei ou para provocar confusão patrimonial, e, nesse caso, todos os efeitos das sanções aplicadas à pessoa jurídica serão estendidos aos seus administradores e sócios com poderes de administração, a pessoa jurídica sucessora ou a empresa do mesmo ramo com relação de coligação ou controle, de fato ou de direito, com o sancionado, observados, em todos os casos, o contraditório, a ampla defesa e a obrigatoriedade de análise jurídica prévia.

ART. 161. Os órgãos e entidades dos Poderes Executivo, Legislativo e Judiciário de todos os entes federativos deverão, no prazo máximo 15 (quinze) dias úteis, contado da data de aplicação da sanção, informar e manter atualizados os dados relativos às sanções por eles aplicadas, para fins de publicidade no Cadastro Nacional de Empresas Inidôneas e Suspensas (Ceis) e no Cadastro Nacional de Empresas Punidas (Cnep), instituídos no âmbito do Poder Executivo federal.

Parágrafo único. Para fins de aplicação das sanções previstas nos incisos I, II, III e IV do caput do art. 156 desta Lei, o Poder Executivo regulamentará a forma de cômputo e as consequências da soma de diversas sanções aplicadas a uma mesma empresa e derivadas de contratos distintos.

ART. 162. O atraso injustificado na execução do contrato sujeitará o contratado a multa de mora, na forma prevista em edital ou em contrato.

Parágrafo único. A aplicação de multa de mora não impedirá que a Administração a converta em compensatória e promova a extinção unilateral do contrato com a aplicação cumulada de outras sanções previstas nesta Lei.

ART. 163. É admitida a reabilitação do licitante ou contratado perante a própria autoridade que aplicou a penalidade, exigidos, cumulativamente:

I - reparação integral do dano causado à Administração Pública;

II - pagamento da multa;

III - transcurso do prazo mínimo de 1 (um) ano da aplicação da penalidade, no caso de impedimento de licitar e contratar, ou de 3 (três) anos da aplicação da penalidade, no caso de declaração de inidoneidade;

IV - cumprimento das condições de reabilitação definidas no ato punitivo;

V - análise jurídica prévia, com posicionamento conclusivo quanto ao cumprimento dos requisitos definidos neste artigo.

Parágrafo único. A sanção pelas infrações previstas nos incisos VIII e XII do caput do art. 155 desta Lei exigirá, como condição de reabilitação do licitante ou contratado, a implantação ou aperfeiçoamento de programa de integridade pelo responsável.

CAPÍTULO II
DAS IMPUGNAÇÕES, DOS PEDIDOS DE ESCLARECIMENTO E DOS RECURSOS

....

CAPÍTULO III
DO CONTROLE DAS CONTRATAÇÕES

ART. 169. As contratações públicas deverão submeter-se a práticas contínuas e permanentes de gestão de riscos e de controle preventivo, inclusive mediante adoção de recursos de tecnologia da informação, e, além de estar subordinadas ao controle social, sujeitar-se-ão às seguintes linhas de defesa:

I - primeira linha de defesa, integrada por servidores e empregados públicos, agentes de licitação e autoridades que atuam na estrutura de governança do órgão ou entidade;

II - segunda linha de defesa, integrada pelas unidades de assessoramento jurídico e de controle interno do próprio órgão ou entidade;

III - terceira linha de defesa, integrada pelo órgão central de controle interno da Administração e pelo tribunal de contas.

§ 1º Na forma de regulamento, a implementação das práticas a que se refere o caput deste artigo será de responsabilidade da alta administração do órgão ou entidade e levará em consideração os custos e os benefícios decorrentes de sua implementação, optando-se pelas medidas que promovam relações íntegras e confiáveis, com segurança jurídica para todos os envolvidos, e que produzam o resultado mais vantajoso para a Administração, com eficiência, eficácia e efetividade nas contratações públicas.

§ 2º Para a realização de suas atividades, os órgãos de controle deverão ter acesso irrestrito aos documentos e às informações necessárias à realização dos trabalhos, inclusive aos documentos classificados pelo órgão ou entidade nos termos da Lei nº 12.527, de 18 de novembro de 2011, e o órgão de controle com o qual foi compartilhada eventual informação sigilosa tornar-se-á corresponsável pela manutenção do seu sigilo.

§ 3º Os integrantes das linhas de defesa a que se referem os incisos I, II e III do caput deste artigo observarão o seguinte:

I - quando constatarem simples impropriedade formal, adotarão medidas para o seu saneamento e para a mitigação de riscos de sua nova ocorrência, preferencialmente com o aperfeiçoamento dos controles preventivos e com a capacitação dos agentes públicos responsáveis;

II - quando constatarem irregularidade que configure dano à Administração, sem prejuízo das medidas previstas no inciso I deste § 3º, adotarão as providências necessárias para a apuração das infrações administrativas, observadas a segregação de funções e a necessidade de individualização das condutas, bem como remeterão ao Ministério Público competente cópias dos documentos cabíveis para a apuração dos ilícitos de sua competência.

ART. 170. Os órgãos de controle adotarão, na fiscalização dos atos previstos nesta Lei, critérios de oportunidade, materialidade, relevância e risco e considerarão as razões apresentadas pelos órgãos e entidades responsáveis e os resultados obtidos com a contratação, observado o disposto no § 3º do art. 169 desta Lei.

§ 1º As razões apresentadas pelos órgãos e entidades responsáveis deverão ser encaminhadas aos órgãos de controle até a conclusão da fase de instrução do processo e não poderão ser desentranhadas dos autos.

§ 2º A omissão na prestação das informações não impedirá as deliberações dos órgãos de controle nem retardará a aplicação de qualquer de seus prazos de tramitação e de deliberação.

§ 3º Os órgãos de controle desconsiderarão os documentos impertinentes, meramente protelatórios ou de nenhum interesse para o esclarecimento dos fatos.

§ 4º Qualquer licitante, contratado ou pessoa física ou jurídica poderá representar aos órgãos de controle interno ou ao tribunal de contas competente contra irregularidades na aplicação desta Lei.

ART. 171. Na fiscalização de controle será observado o seguinte:

I - viabilização de oportunidade de manifestação aos gestores sobre possíveis propostas de encaminhamento que terão impacto significativo nas rotinas de trabalho dos órgãos e entidades fiscalizados, a fim de que eles disponibilizem subsídios para avaliação prévia da relação entre custo e benefício dessas possíveis proposições;

II - adoção de procedimentos objetivos e imparciais e elaboração de relatórios tecnicamente fundamentados, baseados exclusivamente nas evidências obtidas e organizados de acordo com as normas de auditoria do respectivo órgão de controle, de modo a evitar que interesses pessoais e interpretações tendenciosas interfiram na apresentação e no tratamento dos fatos levantados;

III - definição de objetivos, nos regimes de empreitada por preço global, empreitada integral, contratação semi-integrada e contratação integrada, atendidos os requisitos técnicos, legais, orçamentários e financeiros, de acordo com as finalidades da contratação, devendo, ainda, ser perquirida a conformidade do preço global com os parâmetros de mercado para o objeto contratado, considerada inclusive a dimensão geográfica.

§ 1º Ao suspender cautelarmente o processo licitatório, o tribunal de contas deverá pronunciar-se definitivamente sobre o mérito da irregularidade que tenha dado causa à suspensão no prazo de 25 (vinte e cinco) dias úteis, contado da data do recebimento das informações a que se refere o § 2º deste artigo, prorrogável por igual período uma única vez, e definirá objetivamente:

I - as causas da ordem de suspensão;

II - o modo como será garantido o atendimento do interesse público obstado pela suspensão da licitação, no caso de objetos essenciais ou de contratação por emergência.

§ 2º Ao ser intimado da ordem de suspensão do processo licitatório, o órgão ou entidade deverá, no prazo de 10 (dez) dias úteis, admitida a prorrogação:

I - informar as medidas adotadas para cumprimento da decisão;

II - prestar todas as informações cabíveis;

III - proceder à apuração de responsabilidade, se for o caso.

§ 3º A decisão que examinar o mérito da medida cautelar a que se refere o § 1º deste artigo deverá definir as medidas necessárias e adequadas, em face das alternativas possíveis, para o saneamento do processo licitatório, ou determinar a sua anulação.

§ 4º O descumprimento do disposto no § 2º deste artigo ensejará a apuração de responsabilidade e a obrigação de reparação do prejuízo causado ao erário.

ART. 172. (VETADO).

ART. 173. Os tribunais de contas deverão, por meio de suas escolas de contas, promover eventos de capacitação para os servidores efetivos e empregados públicos designados para o desempenho das funções essenciais à execução desta Lei, incluídos cursos presenciais e a distância, redes de aprendizagem, seminários e congressos sobre contratações públicas.

....

CAPÍTULO II
DAS ALTERAÇÕES LEGISLATIVAS

ART. 177. O caput do art. 1.048 da Lei nº 13.105, de 16 de março de 2015 (Código de Processo Civil), passa a vigorar acrescido do seguinte inciso IV:

"Art.1.048. ....

....

IV - em que se discuta a aplicação do disposto nas normas gerais de licitação e contratação a que se refere o inciso XXVII do caput do art. 22 da Constituição Federal.

...." (NR)

ART. 178. O Título XI da Parte Especial do Decreto-Lei nº 2.848, de 7 de dezembro de 1940 (Código Penal), passa a vigorar acrescido do seguinte Capítulo II-B:

"CAPÍTULO II-B
DOS CRIMES EM LICITAÇÕES E CONTRATOS ADMINISTRATIVOS

Contratação direta ilegal

Art. 337-E. Admitir, possibilitar ou dar causa à contratação direta fora das hipóteses previstas em lei:

Pena - reclusão, de 4 (quatro) a 8 (oito) anos, e multa.

LEIS ORDINÁRIAS

Frustração do caráter competitivo de licitação

Art. 337-F. Frustrar ou fraudar, com o intuito de obter para si ou para outrem vantagem decorrente da adjudicação do objeto da licitação, o caráter competitivo do processo licitatório:

Pena - reclusão, de 4 (quatro) anos a 8 (oito) anos, e multa.

Patrocínio de contratação indevida

Art. 337-G. Patrocinar, direta ou indiretamente, interesse privado perante a Administração Pública, dando causa à instauração de licitação ou à celebração de contrato cuja invalidação vier a ser decretada pelo Poder Judiciário:

Pena - reclusão, de 6 (seis) meses a 3 (três) anos, e multa.

Modificação ou pagamento irregular em contrato administrativo

Art. 337-H. Admitir, possibilitar ou dar causa a qualquer modificação ou vantagem, inclusive prorrogação contratual, em favor do contratado, durante a execução dos contratos celebrados com a Administração Pública, sem autorização em lei, no edital da licitação ou nos respectivos instrumentos contratuais, ou, ainda, pagar fatura com preterição da ordem cronológica de sua exigibilidade:

Pena - reclusão, de 4 (quatro) anos a 8 (oito) anos, e multa.

Perturbação de processo licitatório

Art. 337-I. Impedir, perturbar ou fraudar a realização de qualquer ato de processo licitatório:

Pena - detenção, de 6 (seis) meses a 3 (três) anos, e multa.

Violação de sigilo em licitação

Art. 337-J. Devassar o sigilo de proposta apresentada em processo licitatório ou proporcionar a terceiro o ensejo de devassá-lo:

Pena - detenção, de 2 (dois) anos a 3 (três) anos, e multa.

Afastamento de licitante

Art. 337-K. Afastar ou tentar afastar licitante por meio de violência, grave ameaça, fraude ou oferecimento de vantagem de qualquer tipo:

Pena - reclusão, de 3 (três) anos a 5 (cinco) anos, e multa, além da pena correspondente à violência.

Parágrafo único. Incorre na mesma pena quem se abstém ou desiste de licitar em razão de vantagem oferecida.

Fraude em licitação ou contrato

Art. 337-L. Fraudar, em prejuízo da Administração Pública, licitação ou contrato dela decorrente, mediante:

I - entrega de mercadoria ou prestação de serviços com qualidade ou em quantidade diversas das previstas no edital ou nos instrumentos contratuais;

II - fornecimento, como verdadeira ou perfeita, de mercadoria falsificada, deteriorada, inservível para consumo ou com prazo de validade vencido;

III - entrega de uma mercadoria por outra;

IV - alteração da substância, qualidade ou quantidade da mercadoria ou do serviço fornecido;

V - qualquer meio fraudulento que torne injustamente mais onerosa para a Administração Pública a proposta ou a execução do contrato:

Pena - reclusão, de 4 (quatro) anos a 8 (oito) anos, e multa.

Contratação inidônea

Art. 337-M. Admitir à licitação empresa ou profissional declarado inidôneo:

Pena - reclusão, de 1 (um) ano a 3 (três) anos, e multa.

§ 1º Celebrar contrato com empresa ou profissional declarado inidôneo:

Pena - reclusão, de 3 (três) anos a 6 (seis) anos, e multa.

§ 2º Incide na mesma pena do caput deste artigo aquele que, declarado inidôneo, venha a participar de licitação e, na mesma pena do § 1º deste artigo, aquele que, declarado inidôneo, venha a contratar com a Administração Pública.

Impedimento indevido

Art. 337-N. Obstar, impedir ou dificultar injustamente a inscrição de qualquer interessado nos registros cadastrais ou promover indevidamente a alteração, a suspensão ou o cancelamento de registro do inscrito:

Pena - reclusão, de 6 (seis) meses a 2 (dois) anos, e multa.

Omissão grave de dado ou de informação por projetista

Art. 337-O. Omitir, modificar ou entregar à Administração Pública levantamento cadastral ou condição de contorno em relevante dissonância com a realidade, em frustração ao caráter competitivo da licitação ou em detrimento da seleção da proposta mais vantajosa para a Administração Pública, em contratação para a elaboração de projeto básico, projeto executivo ou anteprojeto, em diálogo competitivo ou em procedimento de manifestação de interesse:

Pena - reclusão, de 6 (seis) meses a 3 (três) anos, e multa.

§ 1º Consideram-se condição de contorno as informações e os levantamentos suficientes e necessários para a definição da solução de projeto e dos respectivos preços pelo licitante, incluídos sondagens, topografia, estudos de demanda, condições ambientais e demais elementos ambientais impactantes, considerados requisitos mínimos ou obrigatórios em normas técnicas que orientam a elaboração de projetos.

§ 2º Se o crime é praticado com o fim de obter benefício, direto ou indireto, próprio ou de outrem, aplica-se em dobro a pena prevista no caput deste artigo.

Art. 337-P. A pena de multa cominada aos crimes previstos neste Capítulo seguirá a metodologia de cálculo prevista neste Código e não poderá ser inferior a 2% (dois por cento) do valor do contrato licitado ou celebrado com contratação direta."

ART. 179. Os incisos II e III do caput do art. 2º da Lei nº 8.987, de 13 de fevereiro de 1995, passam a vigorar com a seguinte redação:

"Art. 2º ....

....

II - concessão de serviço público: a delegação de sua prestação, feita pelo poder concedente, mediante licitação, na modalidade concorrência ou diálogo competitivo, a pessoa jurídica ou consórcio de empresas que demonstre capacidade para seu desempenho, por sua conta e risco e por prazo determinado;

III - concessão de serviço público precedida da execução de obra pública: a construção, total ou parcial, conservação, reforma, ampliação ou melhoramento de quaisquer obras de interesse público, delegados pelo poder concedente, mediante licitação, na modalidade concorrência ou diálogo competitivo, a pessoa jurídica ou consórcio de empresas que demonstre capacidade para a sua realização, por sua conta e risco, de forma que o investimento da concessionária seja remunerado e amortizado mediante a exploração do serviço ou da obra por prazo determinado;

...." (NR)

ART. 180. O caput do art. 10 da Lei nº 11.079, de 30 de dezembro de 2004, passa a vigorar com a seguinte redação:

"Art. 10. A contratação de parceria público-privada será precedida de licitação na modalidade concorrência ou diálogo competitivo, estando a abertura do processo licitatório condicionada a:

...." (NR)

CAPÍTULO III
DISPOSIÇÕES TRANSITÓRIAS E FINAIS

....

ART. 193. Revogam-se:

I - os arts. 89 a 108 da Lei nº 8.666, de 21 de junho de 1993, na data de publicação desta Lei;

II - a Lei nº 8.666, de 21 de junho de 1993, a Lei nº 10.520, de 17 de julho de 2002, e os arts. 1º a 47-A da Lei nº 12.462, de 4 de agosto de 2011, após decorridos 2 (dois) anos da publicação oficial desta Lei.

ART. 194. Esta Lei entra em vigor na data de sua publicação.

Brasília, 1º de abril de 2021; 200º da Independência e 133º da República.

JAIR MESSIAS BOLSONARO

Anderson Gustavo Torres

Paulo Guedes

Tarcisio Gomes de Freitas

Marcelo Antônio Cartaxo Queiroga Lopes

Wagner de Campos Rosário

André Luiz de Almeida Mendonça

Este texto não substitui o publicado no DOU de 1º.4.2021 - Edição extra-F

LEI Nº 14.188, DE 28 DE JULHO DE 2021

Define o programa de cooperação Sinal Vermelho contra a Violência Doméstica como uma das medidas de enfrentamento da violência doméstica e familiar contra a mulher previstas na Lei nº 11.340, de 7 de agosto de 2006 (Lei Maria da Penha), e no Decreto-Lei nº 2.848, de 7 de dezembro de 1940 (Código Penal), em todo o território nacional; e altera o Decreto-Lei nº 2.848, de 7 de dezembro de 1940 (Código Penal), para modificar a modalidade da pena da lesão corporal simples cometida contra a mulher por razões da condição do sexo feminino e para criar o tipo penal de violência psicológica contra a mulher.

O PRESIDENTE DA REPÚBLICA Faço saber que o Congresso Nacional decreta e eu sanciono a seguinte Lei:

ART. 1º Esta Lei define o programa de cooperação Sinal Vermelho contra a Violência Doméstica como uma das medidas de enfrentamento da violência doméstica e familiar contra a mulher previstas na Lei nº 11.340, de 7 de agosto de 2006 (Lei Maria da Penha), e no Decreto-Lei nº 2.848, de 7 de dezembro de 1940 (Código Penal), altera a modalidade da pena da lesão corporal simples cometida contra a mulher por razões da condição do sexo feminino e cria o tipo penal de violência psicológica contra a mulher.

ART. 2º Fica autorizada a integração entre o Poder Executivo, o Poder Judiciário, o Ministério Público, a Defensoria Pública, os órgãos de segurança pública e as entidades privadas, para a promoção e a realização do programa Sinal Vermelho contra a Violência Doméstica como medida de ajuda à mulher vítima de violência doméstica e familiar, conforme os incisos I, V e VII do caput do art. 8º da Lei nº 11.340, de 7 de agosto de 2006.

Parágrafo único. Os órgãos mencionados no caput deste artigo deverão estabelecer um canal de comunicação imediata com as entidades privadas de todo o País participantes do programa, a fim de viabilizar assistência e segurança à vítima, a partir do momento em que houver sido efetuada a denúncia por meio do código "sinal em formato de X", preferencialmente feito na mão e na cor vermelha.

ART. 3º A identificação do código referido no parágrafo único do art. 2º desta Lei poderá ser feita pela vítima pessoalmente em repartições públicas e entidades privadas de todo o País e, para isso, deverão ser realizadas campanha informativa e capacitação permanente dos profissionais pertencentes ao programa, conforme dispõe o inciso VII do caput do art. 8º da Lei nº 11.340, de 7 de agosto de 2006 (Lei Maria da Penha), para encaminhamento da vítima ao atendimento especializado na localidade.

ART. 4º O Decreto-Lei nº 2.848, de 7 de dezembro de 1940 (Código Penal), passa a vigorar com as seguintes alterações:

LEIS ORDINÁRIAS

"Art. 129 ....

....

§ 13. Se a lesão for praticada contra a mulher, por razões da condição do sexo feminino, nos termos do § 2º-A do art. 121 deste Código:

Pena - reclusão, de 1 (um) a 4 (quatro anos)." (NR)

"Violência psicológica contra a mulher

Art. 147-B. Causar dano emocional à mulher que a prejudique e perturbe seu pleno desenvolvimento ou que vise a degradar ou a controlar suas ações, comportamentos, crenças e decisões, mediante ameaça, constrangimento, humilhação, manipulação, isolamento, chantagem, ridicularização, limitação do direito de ir e vir ou qualquer outro meio que cause prejuízo à sua saúde psicológica e autodeterminação:

Pena - reclusão, de 6 (seis) meses a 2 (dois) anos, e multa, se a conduta não constitui crime mais grave."

ART. 5º O caput do art. 12-C da Lei nº 11.340, de 7 de agosto de 2006 (Lei Maria da Penha), passa a vigorar com a seguinte redação:

"Art. 12-C. Verificada a existência de risco atual ou iminente à vida ou à integridade física ou psicológica da mulher em situação de violência doméstica e familiar, ou de seus dependentes, o agressor será imediatamente afastado do lar, domicílio ou local de convivência com a ofendida:

...." (NR)

ART. 6º Esta Lei entra em vigor na data de sua publicação.

Brasília, 28 de julho de 2021; 200o da Independência e 133o da República.

JAIR MESSIAS BOLSONARO

Damares Regina Alves

Este texto não substitui o publicado no DOU de 29.7.2021

LEI Nº 14.192, DE 4 DE AGOSTO DE 2021

Estabelece normas para prevenir, reprimir e combater a violência política contra a mulher; e altera a Lei nº 4.737, de 15 de julho de 1965 (Código Eleitoral), a Lei nº 9.096, de 19 de setembro de 1995 (Lei dos Partidos Políticos), e a Lei nº 9.504, de 30 de setembro de 1997 (Lei das Eleições), para dispor sobre os crimes de divulgação de fato ou vídeo com conteúdo inverídico no período de campanha eleitoral, para criminalizar a violência política contra a mulher e para assegurar a participação de mulheres em debates eleitorais proporcionalmente ao número de candidatas às eleições proporcionais.

O PRESIDENTE DA REPÚBLICA Faço saber que o Congresso Nacional decreta e eu sanciono a seguinte Lei:

ART. 1º Esta Lei estabelece normas para prevenir, reprimir e combater a violência política contra a mulher, nos espaços e atividades relacionados ao exercício de seus direitos políticos e de suas funções públicas, e para assegurar a participação de mulheres em debates eleitorais e dispõe sobre os crimes de divulgação de fato ou vídeo com conteúdo inverídico no período de campanha eleitoral.

ART. 2º Serão garantidos os direitos de participação política da mulher, vedadas a discriminação e a desigualdade de tratamento em virtude de sexo ou de raça no acesso às instâncias de representação política e no exercício de funções públicas.

Parágrafo único. As autoridades competentes priorizarão o imediato exercício do direito violado, conferindo especial importância às declarações da vítima e aos elementos indiciários.

ART. 3º Considera-se violência política contra a mulher toda ação, conduta ou omissão com a finalidade de impedir, obstaculizar ou restringir os direitos políticos da mulher.

Parágrafo único. Constituem igualmente atos de violência política contra a mulher qualquer distinção, exclusão ou restrição no reconhecimento, gozo ou exercício de seus direitos e de suas liberdades políticas fundamentais, em virtude do sexo.

ART. 4º A Lei nº 4.737, de 15 de julho de 1965 (Código Eleitoral), passa a vigorar com as seguintes alterações:

▸ *Alterações já incorporadas ao texto da lei em referência.*

ART. 5º O caput do art. 15 da Lei nº 9.096, de 19 de setembro de 1995 (Lei dos Partidos Políticos), passa a vigorar acrescido do seguinte inciso X:

"Art. 15. ....

....

X - prevenção, repressão e combate à violência política contra a mulher." (NR)

ART. 6º O inciso II do caput do art. 46 da Lei nº 9.504, de 30 de setembro de 1997 (Lei das Eleições), passa a vigorar com a seguinte redação:

"Art. 46. ....

....

II - nas eleições proporcionais, os debates poderão desdobrar-se em mais de um dia e deverão ser organizados de modo que assegurem a presença de número equivalente de candidatos de todos os partidos que concorrem a um mesmo cargo eletivo, respeitada a proporção de homens e mulheres estabelecida no § 3º do art. 10 desta Lei;

...." (NR)

ART. 7º Os partidos políticos deverão adequar seus estatutos ao disposto nesta Lei no prazo de 120 (cento e vinte) dias, contado da data de sua publicação.

ART. 8º Esta Lei entra em vigor na data de sua publicação.

Brasília, 4 de agosto de 2021; 200o da Independência e 133o da República.

JAIR MESSIAS BOLSONARO

Damares Regina Alves

REGIMENTOS INTERNOS DOS TRIBUNAIS SUPERIORES

REGIMENTO INTERNO DO SUPREMO TRIBUNAL FEDERAL – STF

Atualizado com a introdução das Emendas Regimentais 1 a 57.

DISPOSIÇÃO INICIAL

ART. 1º. Este Regimento estabelece a composição e a competência dos órgãos do Supremo Tribunal Federal, regula o processo e o julgamento dos feitos que lhe são atribuídos pela Constituição da República e a disciplina dos seus serviços.

PARTE I. DA ORGANIZAÇÃO E COMPETÊNCIA

TÍTULO I. DO TRIBUNAL

CAPÍTULO I. DA COMPOSIÇÃO DO TRIBUNAL

ART. 2º. O Tribunal compõe-se de onze Ministros, tem sede na Capital da República e jurisdição em todo território nacional.

Parágrafo único. O Presidente e Vice-Presidente são eleitos pelo Tribunal, dentre os Ministros.

ART. 3º. São órgãos do Tribunal o Plenário, as Turmas e o Presidente.

ART. 4º. As Turmas são constituídas de cinco Ministros.

§ 1º. A Turma é presidida pelo Ministro mais antigo dentre seus membros, por um período de um ano, vedada a recondução, até que todos os seus integrantes hajam exercido a Presidência, observada a ordem decrescente de antiguidade. (Redação dada pela Emenda Regimental 25/2008)

§ 2º. É facultado ao Ministro mais antigo recusar a Presidência, desde que o faça antes da proclamação de sua escolha. (Redação dada pela Emenda Regimental 25/2008)

§ 3º. Na hipótese de vacância do cargo de Presidente de Turma, assumir-lhe-á, temporariamente, a Presidência o Ministro mais antigo que nela tiver assento. (Redação dada pela Emenda Regimental 25/2008)

§ 4º. A escolha do Presidente da Turma, observado o critério estabelecido no § 1º deste artigo, dar-se-á na última sessão ordinária da Turma que preceder a cessação ordinária do mandato anual, ressalvada a situação prevista no parágrafo seguinte. (Redação dada pela Emenda Regimental 25/2008)

§ 5. Se a Presidência da Turma vagar-se por outro motivo, a escolha a que se refere o § 4º deste artigo dar-se-á na sessão ordinária imediatamente posterior à ocorrência da vaga, hipótese em que o novo Presidente exercerá, por inteiro, o mandato de um ano a contar da data de sua investidura. (Redação dada pela Emenda Regimental 25/2008)

§ 6º. Considera-se empossado o sucessor, em qualquer das situações a que se referem os § 4º e § 5º deste artigo, na mesma data de sua escolha para a Presidência da Turma, com início e exercício do respectivo mandato a partir da primeira sessão subsequente. (Redação dada pela Emenda Regimental 25/2008)

§ 7º. O Presidente da Turma é substituído, nas suas ausências ou impedimentos eventuais ou temporários, pelo Ministro mais antigo dentre os membros que a compõem. (Redação dada pela Emenda Regimental 25/2008)

§ 8º. O Presidente do Tribunal, ao deixar o cargo, passa a integrar a Turma de que sai o novo Presidente. (Redação dada pela Emenda Regimental 25/2008)

§ 9º. O Ministro que for eleito Vice-Presidente permanece em sua Turma. (Redação dada pela Emenda Regimental 25/2008)

§ 10. O Ministro que se empossa no Supremo Tribunal Federal integra a Turma onde existe a vaga. (Redação dada pela Emenda Regimental 25/2008)

CAPÍTULO II. DA COMPETÊNCIA DO PLENÁRIO

ART. 5º. Compete ao Plenário processar e julgar originariamente:

I – nos crimes comuns, o Presidente da República, o Vice-Presidente da República, os Deputados e Senadores, os Ministros do Supremo Tribunal Federal e o Procurador-Geral da República, e nos crimes comuns e de responsabilidade, os Ministros de Estado e os Comandantes da Marinha, do Exército e da Aeronáutica, ressalvado o disposto no art. 52, I, da Constituição Federal, os membros dos Tribunais Superiores, os do Tribunal de Contas da União e os chefes de missão diplomática de caráter permanente, bem como apreciar pedidos de arquivamento por atipicidade da conduta. (Redação dada pela Emenda Regimental nº 57/2020)

II – REVOGADO; (Redação dada pela Emenda Regimental 49/2014)

III – os litígios entre Estados estrangeiros ou organismos internacionais e a União, os Estados, o Distrito Federal ou os Territórios;

IV – as causas e conflitos entre a União, os Estados, o Distrito Federal e os Territórios ou entre uns e outros, inclusive os respectivos órgãos da administração indireta;

V – os mandados de segurança contra atos do Presidente da República, das Mesas da Câmara e do Senado Federal, do Supremo Tribunal Federal , bem como os impetrados pela União contra atos de governos estaduais, ou por um Estado contra outro; (Redação dada pela Emenda Regimental 49/2014)

VI – a declaração de suspensão de direitos prevista no art. 154 da Constituição;

VII – a representação do Procurador-Geral da República, por inconstitucionalidade ou para interpretação de lei ou ato normativo federal ou estadual;

VIII – a requisição de intervenção federal nos Estados, ressalvada a competência do Tribunal Superior Eleitoral prevista no art. 11, § 1º, b, da Constituição;

IX – o pedido de avocação e as causas avocadas a que se refere o art. 119, I, o, da Constituição5;

X – o pedido de medida cautelar nas representações oferecidas pelo Procurador-Geral da República;

XI – as ações contra atos individuais do Presidente do Conselho Nacional de Justiça e do Presidente do Conselho Nacional do Ministério Público. (Redação dada pela Emenda Regimental 49/2014)

XII – apreciar, ad referendum, decisão do relator sobre pedido de tutela de urgência, quando o objeto de questionamento for ato do Presidente da República, do Presidente da Câmara dos Deputados, do Presidente do Senado Federal e do Presidente do Supremo Tribunal Federal. (Incluído pela Emenda Regimental nº 54/2020)

ART. 6º. Também compete ao Plenário:

I – processar e julgar originariamente:

a) o habeas corpus, quando for coator ou paciente o Presidente da República, a Câmara, o Senado, o próprio Tribunal ou qualquer de seus Ministros, o Conselho Nacional da Magistratura, o Procurador-Geral da República, ou quando a coação provier do Tribunal Superior Eleitoral, ou, nos casos do art. 129, § 2º, da Constituição, do Superior Tribunal Militar, bem assim quando se relacionar com extradição requisitada por Estado estrangeiro;

b) a revisão criminal de julgado do Tribunal;

c) a ação rescisória de julgado do Tribunal;

d a g) (Revogadas com a introdução da Emenda Regimental 45/2011)

h) as arguições de suspeição;

i) (Revogado com a introdução da Emenda Regimental 45/2011)

II – julgar:

a) além do disposto no art. 5º, VII, as arguições de inconstitucionalidade suscitadas nos demais processos;

b) os processos remetidos pelas Turmas e os incidentes de execução que, de acordo com o art. 343, lhe forem submetidos;

c) os habeas corpus remetidos ao seu julgamento pelo Relator;

d) o agravo regimental contra ato do Presidente e contra despacho do Relator nos processos de sua competência;

III – julgar em recurso ordinário:

a) os habeas corpus denegados pelo Tribunal Superior Eleitoral ou, nos casos do art. 129, § 2º, da Constituição, pelo Superior Tribunal Militar;

b) os habeas corpus denegados pelo Tribunal Federal de Recursos, quando for coator Ministro de Estado;

c) a ação penal julgada pelo Superior Tribunal Militar, quando o acusado for Governador ou Secretário de Estado;

d) as causas em que forem partes Estado estrangeiro ou organismo internacional, de um lado, e, de outro, município ou pessoa domiciliada ou residente no país;

IV – julgar, em grau de embargos, os processos decididos pelo Plenário ou pelas Turmas, nos casos previstos neste regimento;

Parágrafo único. Nos casos das letras a e b do inciso III, o recurso ordinário não poderá ser substituído por pedido originário.

ART. 7º. Compete ainda ao Plenário:

I – eleger o Presidente e o Vice-Presidente do Tribunal e os membros do Conselho Nacional da Magistratura4;

II – eleger, dentre os Ministros, os que devam compor o Tribunal Superior Eleitoral e organizar, para o mesmo fim, as listas de advogados de notável saber jurídico e idoneidade moral a serem submetidas ao Presidente da República;

III – elaborar e votar o Regimento do Tribunal e nele dispor sobre os recursos do art. 119, III, a e d, da Constituição, atendendo à natureza, espécie ou valor pecuniário das causas em que forem interpostos, bem como à relevância da questão federal;

IV – resolver as dúvidas que forem submetidas pelo Presidente ou pelos Ministros sobre a ordem do serviço ou a interpretação e a execução do Regimento;

V – criar comissões temporárias;

VI – conceder licença ao Presidente e, por mais de três meses, aos Ministros;

VII – deliberar sobre a inclusão, alteração e cancelamento de enunciados da Súmula da Jurisprudência Predominante do Supremo Tribunal Federal.

VIII – decidir, administrativamente, sobre o encaminhamento de solicitação de opinião consultiva ao Tribunal Permanente de Revisão do Mercosul, mediante prévio e necessário juízo de admissibilidade do pedido e sua pertinência processual a ser relatado pelo Presidente do Supremo Tribunal Federal. (Redação dada pela Emenda Regimental 48/2012)

ART. 8º. Compete ao Plenário e às Turmas, nos feitos de sua competência:

I – julgar o agravo regimental, o de instrumento, os embargos declaratórios e as medidas cautelares;

II – censurar ou advertir os juízes das instâncias inferiores e condená-los nas custas, sem prejuízo da competência do Conselho Nacional da Magistratura;

III – homologar as desistências requeridas em sessão, antes de iniciada a votação;

IV – representar à autoridade competente quando, em autos ou documentos de que conhecer, houver indício de crime de ação pública;

V – mandar riscar expressões desrespeitosas em requerimentos, pareceres ou quaisquer alegações submetidas ao Tribunal.

CAPÍTULO III.
DA COMPETÊNCIA DAS TURMAS

ART. 9º. Além do disposto no art. 8º, compete às Turmas:

I – processar e julgar originariamente:

a) o habeas corpus, quando o coator ou paciente for Tribunal, funcionário ou autoridade, cujos atos estejam diretamente subordinados à jurisdição do Supremo Tribunal Federal, ou se tratar de crime sujeito à mesma jurisdição em única instância, ressalvada a competência do Plenário;

b) os incidentes de execução que, de acordo com o art. 343, III, lhes forem submetidos;

c) a reclamação que vise a preservar a competência do Tribunal ou a garantir a autoridade de suas decisões ou Súmulas Vinculantes; (Redação dada pela Emenda Regimental 49/2014.)

d) os mandados de segurança contra atos do Tribunal de Contas da União e do Procurador-Geral da República; (Redação dada pela Emenda Regimental 49/2014.)

e) os mandados de injunção contra atos do Tribunal de Contas da União e dos Tribunais Superiores; (Redação dada pela Emenda Regimental 45/2011.)

f) os habeas data contra atos do Tribunal de Contas da União e do Procurador Geral da República; (Redação dada pela Emenda Regimental 45/2011.)

g) a ação em que todos os membros da magistratura sejam direta ou indiretamente interessados, e aquela em que mais da metade dos membros do tribunal de origem estejam impedidos ou sejam direta ou indiretamente interessados; (Redação dada pela Emenda Regimental 45/2011.)

h) a extradição requisitada por Estado estrangeiro. (Redação dada pela Emenda Regimental 45/2011.)

i) as ações contra o Conselho Nacional de Justiça ou contra o Conselho Nacional do Ministério Público, ressalvada a competência do Plenário; (Redação dada pela Emenda Regimental 49/2014)

j) e k) (Revogados pela Emenda Regimental nº 57/2020)

II – julgar em recurso ordinário:

a) os habeas corpus denegados em única ou última instância pelos tribunais locais ou federais, ressalvada a competência do Plenário;

b) a ação penal nos casos do art. 129, § 1º, da Constituição, ressalvada a hipótese prevista no art. 6º, inciso III, letra c.

III – julgar, em recurso extraordinário, as causas a que se referem os arts. 119, III, 139 e 143 da Constituição, observado o disposto no art. 11 e seu parágrafo único.

Parágrafo único. No caso da letra a do inciso II, o recurso ordinário não poderá ser substituído por pedido originário.

ART. 10. A Turma que tiver conhecimento da causa ou de algum de seus incidentes, inclusive de agravo para subida de recurso denegado ou procrastinado na instância de origem, tem jurisdição preventa para os recursos, reclamações e incidentes posteriores, mesmo em execução, ressalvada a competência do Plenário e do Presidente do Tribunal. (Redação dada pela Emenda Regimental 09/2011)

§ 1º. Prevalece o disposto neste artigo, ainda que a Turma haja submetido a causa, ou algum de seus incidentes, ao julgamento do Plenário.

§ 2º. A prevenção, se não reconhecida de ofício, poderá ser arguida por qualquer das partes ou pelo Procurador-Geral até o início do julgamento pela outra Turma.

§ 3º. Desaparecerá a prevenção se da Turma não fizer parte nenhum dos Ministros que funcionaram em julgamento anterior ou se tiver havido total alteração da composição das Turmas.

§ 4º. Salvo o caso do parágrafo anterior, prevenção do Relator que deixe o Tribunal comunica-se à Turma. (Redação dada pela Emenda Regimental 34/2009).

ART. 11. A Turma remeterá o feito ao julgamento do Plenário independente de acórdão e de nova pauta:

I – quando considerar relevante a arguição de inconstitucionalidade ainda não decidida pelo Plenário, e o Relator não lhe houver afetado o julgamento;

II – quando, não obstante decidida pelo Plenário, a questão de inconstitucionalidade, algum Ministro propuser o seu reexame;

III – quando algum Ministro propuser revisão da jurisprudência compendiada na Súmula.

Parágrafo único. Poderá a Turma proceder da mesma forma, nos casos do art. 22, parágrafo único, quando não o houver feito o Relator.

CAPÍTULO IV. DO PRESIDENTE E DO VICE-PRESIDENTE

ART. 12. O Presidente e o Vice-Presidente têm mandato por dois anos, vedada a reeleição para o período imediato.

§ 1º. Proceder-se-á à eleição, por voto secreto, na segunda sessão ordinária do mês anterior ao da expiração do mandato, ou na segunda sessão ordinária imediatamente posterior à ocorrência de vaga por outro motivo.

§ 2º. O quorum para a eleição é de oito Ministros; se não alcançado, será designada sessão extraordinária para a data mais próxima, convocados os Ministros ausentes.

§ 3º. Considera-se presente à eleição o Ministro, mesmo licenciado, que enviar o seu voto, em sobrecarta fechada, que será aberta publicamente pelo Presidente, depositando-se a cédula na urna, sem quebra do sigilo.

§ 4º. Está eleito, em primeiro escrutínio, o Ministro que obtiver número de votos superior à metade dos membros do Tribunal.

§ 5º. Em segundo escrutínio, concorrerão somente os dois Ministros mais votados no primeiro.

§ 6º. Não alcançada, no segundo escrutínio, a maioria a que se refere o § 4º, proclamar-se-á eleito, dentre os dois, o mais antigo.

§ 7º. Realizar-se-á a posse, em sessão solene, em dia e hora marcados naquela em que se proceder à eleição.

§ 8º. Os mandatos do Presidente e do Vice-Presidente estender-se-ão até a posse dos respectivos sucessores, se marcada para data excedente do biênio.

ART. 13. São atribuições do Presidente:

I – velar pelas prerrogativas do Tribunal;

II – representá-lo perante os demais poderes e autoridades;

III – dirigir-lhe os trabalhos e presidir-lhe as sessões plenárias, cumprindo e fazendo cumprir este Regimento;

IV – (SUPRIMIDO) (Redação dada pela Emenda Regimental 18/2006)

V – despachar:

a) antes da distribuição, o pedido de assistência judiciária;

b) a reclamação por erro de ata referente a sessão que lhe caiba presidir;

c) como Relator, nos termos dos arts. 932 e 1.042 do Código de Processo Civil, até eventual distribuição, as petições, os recursos extraordinários e os agravos em recurso extraordinário ineptos ou manifestamente inadmissíveis, inclusive por incompetência, intempestividade, deserção, prejuízo ou ausência de preliminar formal e fundamentada de repercussão geral, bem como aqueles cujo tema seja destituído de repercussão geral, conforme jurisprudência do Tribunal; (Redação dada pela Emenda Regimental nº 54/2020)

d) como Relator, nos termos dos arts. 932 e 1.042 do Código de Processo Civil, até eventual distribuição, os recursos extraordinários e os agravos que veiculem pretensão contrária a jurisprudência dominante ou a súmula do Supremo Tribunal Federal; (Redação dada pela Emenda Regimental nº 54/2020)

e) como Relator, até eventual distribuição, os habeas corpus que sejam inadmissíveis em razão de incompetência manifesta, encaminhando os autos ao órgão que repute competente. (Incluído pela Emenda Regimental nº 54/2020)

VI – executar e fazer cumprir os seus despachos, suas decisões monocráticas, suas resoluções, suas ordens e os acórdãos transitados em julgado e por ele relatados, bem como as deliberações do Tribunal tomadas em sessão administrativa e outras de interesse institucional, facultada a delegação de atribuições para a prática de atos processuais não decisórios; (Redação dada pela Emenda Regimental 41/2010.)

VII – decidir questões de ordem ou submetê-las ao Tribunal quando entender necessário;

VIII – decidir questões urgentes nos períodos de recesso ou de férias; (Redação dada pela Emenda Regimental 26/2008)

IX – proferir voto de qualidade nas decisões do Plenário, para as quais o Regimento Interno não preveja solução diversa, quando o empate na votação decorra de ausência de Ministro em virtude de:

a) impedimento ou suspeição;

b) vaga ou licença médica superior a trinta dias, quando seja urgente a matéria e não se possa convocar o Ministro licenciado. (Redação dada pela Emenda Regimental 35/2009)

X – dar posse aos Ministros e conceder-lhes transferência de Turma;

XI – conceder licença aos Ministros, de até três meses, e aos servidores do Tribunal;

XII – nomear e dar posse ao Diretor-Geral, ao Secretário-Geral da Presidência, aos Secretários e aos Assessores-Chefes; (Redação dada pela Emenda Regimental 50/2016)

XIII – superintender a ordem e a disciplina do Tribunal, bem como aplicar penalidades aos seus servidores;

XIV – apresentar ao Tribunal relatório circunstanciado dos trabalhos do ano;

XV – relatar a arguição de suspeição oposta a Ministro;

XVI – assinar a correspondência destinada ao Presidente da República; ao Vice-Presidente da República; ao Presidente do Senado Federal; aos Presidentes dos Tribunais Superiores, entre estes incluído o Tribunal de Contas da União; ao Procurador-Geral da República; aos Governadores dos Estados e do Distrito Federal; aos Chefes de Governo estrangeiro e seus representantes no Brasil; às autoridades públicas, em resposta a pedidos de informação sobre assunto pertinente ao Poder Judiciário e ao Supremo Tribunal Federal, ressalvado o disposto no inciso XVI do art. 21; (Redação dada pela Emenda Regimental 7/1998).

XVI-A – designar magistrados para atuação como Juiz Auxiliar do Supremo Tribunal Federal em auxílio à Presidência e aos Ministros, sem prejuízo dos direitos e vantagens de seu cargo, além dos definidos pelo Presidente em ato próprio; (Redação dada pela Emenda Regimental 32/2009)

XVII – convocar audiência pública para ouvir o depoimento de pessoas com experiência e autoridade em determinada matéria, sempre que entender necessário o esclarecimento de questões ou circunstâncias de fato, com repercussão geral e de interesse público relevante, debatidas no âmbito do Tribunal. (Redação dada pela Emenda Regimental 29/2009)

XVIII – decidir, de forma irrecorrível, sobre a manifestação de terceiros, subscrita por procurador habilitado, em audiências públicas ou em qualquer processo em curso no âmbito da Presidência. (Redação dada pela Emenda Regimental 29/2009.

XIX– praticar os demais atos previstos na lei e no Regimento. (Redação dada pela Emenda Regimental 29/2009.)

Parágrafo único. O Presidente poderá delegar a outro Ministro o exercício da faculdade prevista no inciso VIII.

ART. 14. O Vice-Presidente substitui o Presidente nas licenças, ausências e impedimentos eventuais. Em caso de vaga, assume a presidência até a posse do novo titular.

CAPÍTULO V. DOS MINISTROS

SEÇÃO I. DISPOSIÇÕES GERAIS

ART. 15. Os Ministros tomam posse em sessão solene do Tribunal, ou perante o Presidente, em período de recesso ou de férias.

§ 1º. No ato da posse, o Ministro prestará compromisso de bem cumprir os deveres do cargo, de conformidade com a Constituição e as leis da República.

§ 2º. Do compromisso de posse será lavrado termo assinado pelo Presidente, pelo empossado, pelos Ministros presentes e pelo Diretor-Geral.

ART. 16. Os Ministros têm as prerrogativas, garantias, direitos e incompatibilidades inerentes ao exercício da magistratura.

Parágrafo único. Receberão o tratamento de Excelência, conservando o título e as honras correspondentes, mesmo após a aposentadoria, e usarão vestes talares, nas sessões solenes, e capas, nas sessões ordinárias ou extraordinárias.

ART. 17. A antiguidade do Ministro no Tribunal é regulada na seguinte ordem:

I – a posse;

II – a nomeação;

III – a idade.

Parágrafo único. Esgotada a lista, nos casos em que o Regimento manda observar a antiguidade decrescente, o imediato ao Ministro mais moderno será o mais antigo no Tribunal, ou na Turma conforme o caso.

ART. 18. Não podem ter assento, simultaneamente, no Tribunal, parentes consanguíneos ou afins na linha ascendente ou descendente, e na colateral, até o terceiro grau, inclusive.

Parágrafo único. A incompatibilidade resolve-se na seguinte ordem:

I – antes da posse:

a) contra o último nomeado;

b) se a nomeação for da mesma data, contra o menos idoso.

II – depois da posse:

a) contra o que deu causa à incompatibilidade;

b) se a causa for imputável a ambos, contra o mais moderno.

ART. 19. O Ministro de uma Turma tem o direito de transferir-se para outra onde haja vaga; havendo mais de um pedido, terá preferência o do mais antigo.

ART. 20. Os Ministros têm jurisdição em todo o território nacional.

SEÇÃO II. DO RELATOR

ART. 21. São atribuições do Relator:

I – ordenar e dirigir o processo;

II – executar e fazer cumprir os seus despachos, suas decisões monocráticas, suas ordens e seus acórdãos transitados em julgado, bem como determinar às autoridades judiciárias e administrativas providências relativas ao andamento e à instrução dos processos de sua competência, facultada a delegação de atribuições para a prática de atos processuais não decisórios a outros Tribunais e a juízos de primeiro grau de jurisdição; (Redação dada pela Emenda Regimental 41/2010)

III – submeter ao Plenário, à Turma, ou aos Presidentes, conforme a competência, questões de ordem para o bom andamento dos processos;

IV – submeter ao Plenário ou à Turma, nos processos da competência respectiva, medidas cautelares necessárias à proteção de direito suscetível de grave dano de incerta reparação, ou ainda destinadas a garantir a eficácia da ulterior decisão da causa;

V – determinar, em caso de urgência, as medidas do inciso anterior, ad referendum do Plenário ou da Turma;

V-A – decidir questões urgentes no plantão judicial realizado nos dias de sábado, domingo, feriados e naqueles em que o Tribunal o determinar, na forma regulamentada em Resolução; (Redação dada pela Emenda Regimental 42/2010)

VI – determinar, em agravo de instrumento, a subida, com as razões das partes, de recurso denegado ou procrastinado, para melhor exame;

VII – requisitar os autos originais, quando necessário;

VIII – homologar as desistências, ainda que o feito se ache em mesa para julgamento;

IX – julgar prejudicado pedido ou recurso que haja perdido o objeto;

X – pedir dia para julgamento dos feitos nos quais estiver habilitado a proferir voto, ou passá-los ao Revisor, com o relatório, se for o caso;

XI – remeter habeas corpus ou recurso de habeas corpus ao julgamento do Plenário;

XII – assinar cartas de sentença;

XIII – delegar atribuições a outras autoridades judiciárias, nos casos previstos em lei e neste Regimento;

XIV – apresentar em mesa para julgamento os feitos que independam de pauta;

XV – determinar a instauração de inquérito a pedido do Procurador-Geral da República, da autoridade policial ou do ofendido, bem como o seu arquivamento, quando o requerer o Procurador-Geral da República, ou quando verificar: (Redação dada pela Emenda Regimental 44/2011.)

a) a existência manifesta de causa excludente da ilicitude do fato;

b) a existência manifesta de causa excludente da culpabilidade do agente, salvo inimputabilidade;

c) que o fato narrado evidentemente não constitui crime;

d) extinta a punibilidade do agente; ou

e) ausência de indícios mínimos de autoria ou materialidade.

XVI – assinar a correspondência oficial, em nome do Supremo Tribunal Federal, nas matérias e nos processos sujeitos à sua competência jurisdicional, podendo dirigir-se a qualquer autoridade pública, inclusive ao Chefe dos Poderes da República. (Redação dada pela Emenda Regimental 7/1998)

XVII – convocar audiência pública para ouvir o depoimento de pessoas com experiência e autoridade em determinada matéria, sempre que entender necessário o esclarecimento de questões ou circunstâncias de fato, com repercussão geral ou de interesse público relevante. (Redação dada pela Emenda Regimental 29/2009)

XVIII – decidir, de forma irrecorrível, sobre a manifestação de terceiros, subscrita por procurador habilitado, em audiências públicas ou nos processos de sua relatoria. (Redação dada pela Emenda Regimental 29/2009)

XIX – julgar o pedido de assistência judiciária; (Redação dada pela Emenda Regimental 33/2009)

XX – praticar os demais atos que lhe incumbam ou sejam facultados em lei e no Regimento. (Redação dada pela Emenda Regimental 33/2009.)

§ 1º. Poderá o(a) Relator(a) negar seguimento a pedido ou recurso manifestamente inadmissível, improcedente ou contrário à jurisprudência dominante ou a Súmula do Tribunal, deles não conhecer em caso de incompetência manifesta, encaminhando os autos ao órgão que repute competente, bem como cassar ou reformar, liminarmente,

REGIMENTOS INTERNOS

acórdão contrário à orientação firmada nos termos do art. 543-B do Código de Processo Civil. (Redação dada pela Emenda Regimental 21/2007)

§ 2º. Poderá ainda o Relator, em caso de manifesta divergência com a Súmula, prover, desde logo, o recurso extraordinário. (Redação dada pela Emenda Regimental 2/1985)

§ 3º. Ao pedir dia para julgamento ou apresentar o feito em mesa, indicará o Relator, nos autos, se o submete ao Plenário ou à Turma, salvo se pela simples designação da classe estiver fixado o órgão competente. (Redação dada pela Emenda Regimental 2/1985)

§ 4º. O Relator comunicará à Presidência, para os fins do art. 328 deste Regimento, as matérias sobre as quais proferir decisões de sobrestamento ou devolução de autos, nos termos do art. 543-B do CPC. (Redação dada pela Emenda Regimental 22/2007).

ART. 21-A. Compete ao relator convocar juízes ou desembargadores para a realização do interrogatório e de outros atos da instrução dos inquéritos criminais e ações penais originárias, na sede do tribunal ou no local onde se deva produzir o ato, bem como definir os limites de sua atuação.

§ 1º. Caberá ao magistrado instrutor, convocado na forma do caput:

I – designar e realizar as audiências de interrogatório, inquirição de testemunhas, acareação, transação, suspensão condicional do processo, admonitórias e outras;

II – requisitar testemunhas e determinar condução coercitiva, caso necessário;

III – expedir e controlar o cumprimento das cartas de ordem;

IV – determinar intimações e notificações;

V – decidir questões incidentes durante a realização dos atos sob sua responsabilidade;

VI – requisitar documentos ou informações existentes em bancos de dados;

VII – fixar ou prorrogar prazos para a prática de atos durante a instrução;

VIII – realizar inspeções judiciais;

IX – requisitar, junto aos órgãos locais do Poder Judiciário, o apoio de pessoal, equipamentos e instalações adequados para os atos processuais que devam ser produzidos fora da sede do Tribunal;

X – exercer outras funções que lhes sejam delegadas pelo Relator ou pelo Tribunal e relacionadas à instrução dos inquéritos criminais e das ações penais originárias.

§ 2º. As decisões proferidas pelo magistrado instrutor, no exercício das atribuições previstas no parágrafo anterior, ficam sujeitas ao posterior controle do relator, de ofício ou mediante provocação do interessado, no prazo de cinco dias contados da ciência do ato. (Redação dada pela Emenda Regimental 36/2009)

ART. 21-B. Todos os processos de competência do Tribunal poderão, a critério do relator ou do ministro vistor com a concordância do relator, ser submetidos a julgamento em listas de processos em ambiente presencial ou eletrônico, observadas as respectivas competências das Turmas ou do Plenário. (Redação dada pela Emenda Regimental nº 53/2020)

§ 1º Serão julgados preferencialmente em ambiente eletrônico os seguintes processos:

I – agravos internos, agravos regimentais e embargos de declaração; (Redação dada pela Emenda Regimental nº 53/2020)

II – medidas cautelares em ações de controle concentrado; (Redação dada pela Emenda Regimental nº 53/2020)

III – referendo de medidas cautelares e de tutelas provisórias; (Redação dada pela Emenda Regimental nº 53/2020)

IV – demais classes processuais, inclusive recursos com repercussão geral reconhecida, cuja matéria discutida tenha jurisprudência dominante no âmbito do STF. (Redação dada pela Emenda Regimental nº 53/2020)

§ 2º Nas hipóteses de cabimento de sustentação oral previstas neste regimento interno, fica facultado à Procuradoria-Geral da República, à Advocacia-Geral da União, à Defensoria Pública da União, aos advogados e demais habilitados nos autos encaminhar as respectivas sustentações por meio eletrônico após a publicação da pauta e até 48 horas antes de iniciado o julgamento em ambiente virtual. (Incluído pela Emenda Regimental nº 53/2020)

§ 3º No caso de pedido de destaque feito por qualquer ministro, o relator encaminhará o processo ao órgão colegiado competente para julgamento presencial, com publicação de nova pauta. (Incluído pela Emenda Regimental nº 53/2020)

§ 4º Em caso de excepcional urgência, o Presidente do Supremo Tribunal Federal e os Presidentes das Turmas poderão convocar sessão virtual extraordinária, com prazos fixados no respectivo ato convocatório. (Incluído pela Emenda Regimental nº 53/2020)

§ 5º Ato do Presidente do Tribunal regulamentará os procedimentos das sessões virtuais. (Incluído pela Emenda Regimental nº 53/2020)

ART. 22. O Relator submeterá o feito ao julgamento do Plenário, quando houver relevante arguição de inconstitucionalidade ainda não decidida.

Parágrafo único. Poderá o Relator proceder na forma deste artigo:

a) quando houver matérias em que divirjam as Turmas entre si ou alguma delas em relação ao Plenário.

b) quando em razão da relevância da questão jurídica ou da necessidade de prevenir divergência entre as Turmas, convier pronunciamento do Plenário.

SEÇÃO III. DO REVISOR

ART. 23. Há revisão nos seguintes processos:

I – ação rescisória;

II – revisão criminal;

III – ação penal originária prevista no art. 5º, I e II;

IV – recurso ordinário criminal previsto no art. 6º, III, c;

V – declaração de suspensão de direitos do art. 5º, VI.

Parágrafo único. Nos embargos relativos aos processos referidos não haverá revisão.

ART. 24. Será Revisor o Ministro que se seguir ao Relator na ordem decrescente de antiguidade.

Parágrafo único. Em caso de substituição definitiva do Relator, será também substituído o Revisor, consoante o disposto neste artigo.

ART. 25. Compete ao Revisor:

I – sugerir ao Relator medidas ordinatórias do processo que tenham sido omitidas;

II – confirmar, completar ou retificar o relatório;

III – pedir dia para julgamento dos feitos nos quais estiver habilitado a proferir voto.

CAPÍTULO VI. DAS COMISSÕES

ART. 26. As Comissões colaboram no desempenho dos encargos do Tribunal.

ART. 27. As Comissões são:

I – Permanentes;

II – Temporárias;

§ 1º. São Permanentes:

I – a Comissão de Regimento;

II – a Comissão de Jurisprudência;

III – a Comissão de Documentação;

IV – a Comissão de Coordenação.

§ 2º. As Comissões Temporárias podem ser criadas pelo Plenário ou pelo Presidente e se extinguem preenchido o fim a que se destinem.

§ 3º. As Comissões Permanentes compõem-se de três membros, podendo funcionar com a presença de dois, sendo que a Comissão de Regimento possui um membro suplente.

§ 4º. As Comissões Temporárias podem ter qualquer número de membros.

ART. 28. O Presidente designará os membros das Comissões, com mandatos coincidentes com o seu, assegurada a participação de Ministros das duas Turmas. (Redação dada pela Emenda Regimental 24/2008)

ART. 29. Cada Comissão será presidida pelo mais antigo de seus integrantes.

ART. 30. Compete às Comissões Permanentes e Temporárias:

I – expedir normas de serviço e sugerir ao Presidente do Tribunal as que envolvam matéria de sua competência;

II – requisitar ao Presidente do Tribunal os servidores necessários, que não poderão ser deslocados sem audiência dos Ministros perante os quais servirem;

III – entender-se, por seu Presidente, com outras autoridades ou instituições, nas matérias de sua competência, ressalvada a do Presidente do Tribunal.

ART. 31. São atribuições da Comissão de Regimento:

I – velar pela atualização do Regimento, propondo emendas no texto em vigor e emitindo parecer àquelas de iniciativa de outras Comissões ou de Ministros;

II – opinar em processo administrativo, quando consultada pelo Presidente.

ART. 32. São atribuições da Comissão de Jurisprudência:

I – selecionar os acórdãos que devam publicar-se em seu inteiro teor na Revista Trimestral de Jurisprudência, preferindo os indicados pelos Relatores;

II – promover a divulgação, em sumário, das decisões não publicadas na íntegra, bem como a edição de um boletim interno, para conhecimento, antes da publicação dos acórdãos, das questões jurídicas decididas pelas Turmas e pelo Plenário;

III – providenciar a publicação abreviada ou por extenso, das decisões sobre matéria constitucional, em volumes seriados;

IV – velar pela expansão, atualização e publicação da Súmula;

V – superintender:

a) os serviços de sistematização e divulgação da jurisprudência do Tribunal;

b) a edição da Revista Trimestral de Jurisprudência e outras publicações, bem como de índices que facilitem a pesquisa de julgados ou processos.

VI – emitir pronunciamento sobre pedido de inscrição como repertório autorizado.

ART. 33. São atribuições da Comissão de Documentação:

I – orientar os serviços de guarda e conservação dos processos, livros e documentos do Tribunal;

II – manter serviço de documentação para recolher elementos que sirvam de subsídio à história do Tribunal, com pastas individuais, contendo dados bibliográficos dos Ministros e dos Procuradores-Gerais.

ART. 34. É atribuição da Comissão de Coordenação sugerir aos Presidentes do Tribunal e das Turmas, bem como aos Ministros, medidas destinadas a prevenir decisões discrepantes, aumentar o rendimento das sessões, abreviar a publicação dos acórdãos e facilitar a tarefa dos advogados.

CAPÍTULO VII. DAS LICENÇAS, SUBSTITUIÇÕES E CONVOCAÇÕES

ART. 35. A licença é requerida com a indicação do período, começando a correr do dia em que passar a ser utilizada.

ART. 36. O Ministro licenciado não poderá exercer qualquer das suas funções jurisdicionais ou administrativas.

Parágrafo único. Salvo contraindicação médica, o Ministro licenciado poderá reassumir o cargo a qualquer tempo, entendendo-se que desistiu do restante do prazo, bem assim proferir decisões em processos que, antes da licença, lhe hajam sido conclusos para julgamento ou tenham recebido o seu visto como Relator ou Revisor.

ART. 37. Nas ausências ou impedimentos eventuais ou temporários, são substituídos:

I – o Presidente do Tribunal pelo Vice-Presidente, e este pelos demais Ministros, na ordem decrescente de antiguidade;

II – o Presidente da Turma pelo Ministro mais antigo dentre os seus membros;

III – o Presidente da Comissão pelo mais antigo dentre os seus membros;

IV – qualquer dos membros da Comissão de Regimento pelo suplente.

ART. 38. O Relator é substituído:

I – pelo Revisor, se houver, ou pelo Ministro imediato em antiguidade, dentre os do Tribunal ou da Turma, conforme a competência, na vacância, nas licenças ou ausências em razão de missão oficial, de até trinta dias, quando se tratar de deliberação sobre medida urgente; (Redação dada pela Emenda Regimental 42/2010.)

II – pelo Ministro designado para lavrar o acórdão, quando vencido no julgamento;

III – mediante redistribuição, nos termos do art. 68 deste Regimento Interno; (Redação dada pela Emenda Regimental 42/2010)

IV – em caso de aposentadoria, renúncia ou morte:

a) pelo Ministro nomeado para a sua vaga;

b) pelo Ministro que tiver proferido o primeiro voto vencedor, acompanhando o do Relator, para lavrar ou assinar os acórdãos dos julgamentos anteriores à abertura da vaga;

c) pela mesma forma da letra b deste inciso, e enquanto não empossado o novo Ministro, para assinar carta de sentença e admitir recurso.

ART. 39. O Revisor é substituído, em caso de vaga, impedimento ou licença por mais de trinta dias, pelo Ministro que se lhe seguir em ordem decrescente de antiguidade.

ART. 40. Para completar quorum no Plenário, em razão de impedimento ou licença superior a trinta dias, o Presidente do Tribunal convocará o Ministro licenciado. (Redação dada pela Emenda Regimental 35/2009)

ART. 41. Para completar quorum em uma das Turmas, serão convocados Ministros da outra, na ordem crescente de antiguidade.

CAPÍTULO VIII. DA POLÍCIA DO TRIBUNAL

ART. 42. O Presidente responde pela polícia do Tribunal. No exercício dessa atribuição pode requisitar o auxílio de outras autoridades, quando necessário.

ART. 43. Ocorrendo infração à lei penal na sede ou dependência do Tribunal, o Presidente instaurará inquérito, se envolver autoridade ou pessoa sujeita à sua jurisdição, ou delegará esta atribuição a outro Ministro.

§ 1º. Nos demais casos, o Presidente poderá proceder na forma deste artigo ou requisitar a instauração de inquérito à autoridade competente.

§ 2º. O Ministro incumbido do inquérito designará escrivão dentre os servidores do Tribunal.

ART. 44. A polícia das sessões e das audiências compete ao seu Presidente.

ART. 45. Os inquéritos administrativos serão realizados consoante as normas próprias.

CAPÍTULO IX. DA REPRESENTAÇÃO POR DESOBEDIÊNCIA OU DESACATO

ART. 46. Sempre que tiver conhecimento de desobediência a ordem emanada do Tribunal ou de seus Ministros, no exercício da função, ou de desacato ao Tribunal ou a seus Ministros, o Presidente comunicará o fato ao órgão competente do Ministério Público, provendo-o dos elementos de que dispuser para a propositura da ação penal.

ART. 47. Decorrido o prazo de trinta dias, sem que tenha sido instaurada a ação penal, o Presidente dará ciência ao Tribunal, em sessão secreta, para as providências que julgar necessárias.

TÍTULO II. DA PROCURADORIA-GERAL DA REPÚBLICA

ART. 48. O Procurador-Geral da República toma assento à mesa à direita do Presidente.

Parágrafo único. Os Subprocuradores-Gerais poderão oficiar junto às Turmas mediante delegação do Procurador-Geral.

ART. 49. O Procurador-Geral manifestar-se-á nas oportunidades previstas em lei e neste Regimento.

ART. 50. Sempre que couber ao Procurador-Geral manifestar-se, o Relator mandará abrir-lhe vista antes de pedir dia para julgamento ou passar os autos ao Revisor.

§ 1º. Quando não fixado diversamente neste Regimento, será de quinze dias o prazo para o Procurador-Geral manifestar-se.

§ 2º. Excedido o prazo, o Relator poderá requisitar os autos, facultando, se ainda oportuna, a posterior juntada do parecer.

§ 3º. Caso omitida a vista, considerar-se-á sanada a falta se não for arguida até a abertura da sessão de julgamento, exceto na ação penal originária ou inquérito de que possa resultar responsabilidade penal.

ART. 51. Nos processos em que atuar como representante judicial da União, ou como titular da ação penal, o Procurador-Geral tem os mesmos poderes e ônus que as partes, ressalvadas as disposições expressas em lei ou neste Regimento.

ART. 52. O Procurador-Geral terá vista dos autos:

I – nas representações e outras arguições de inconstitucionalidade;

II – nas causas avocadas;

▸ Norma não prevista na CF/1988.

III – nos processos oriundos de Estados estrangeiros;

IV – nos litígios entre Estado estrangeiro ou organismo internacional e a União, os Estados, o Distrito Federal e os Territórios;

V – nas ações penais originárias;

VI – nas ações cíveis originárias;

VII – nos conflitos de jurisdição ou competência e de atribuições;

VIII – nos habeas corpus originários e nos recursos de habeas corpus;

IX – nos mandados de segurança;

X – nas revisões criminais e ações rescisórias;

XI – nos pedidos de intervenção federal;

XII – nos inquéritos de que possa resultar responsabilidade penal;

XIII – nos recursos criminais;

XIV – nos outros processos em que a lei impuser a intervenção do Ministério Público;

XV – nos demais processos, quando, pela relevância da matéria, ele a requerer, ou for determinada pelo Relator, Turma ou Plenário.

Parágrafo único. Salvo na ação penal originária ou nos inquéritos, poderá o Relator dispensar a vista ao Procurador-Geral quando houver urgência, ou quando sobre a matéria versada no processo já houver o Plenário firmado jurisprudência.

ART. 53. O Procurador-Geral poderá pedir preferência para julgamento de processo em pauta.

PARTE II. DO PROCESSO

TÍTULO I. DISPOSIÇÕES GERAIS

CAPÍTULO I. DO REGISTRO E CLASSIFICAÇÃO

ART. 54. As petições iniciais e os processos remetidos, ou incidentes, serão protocolados no dia da entrada, na ordem de recebimento, e registrados no primeiro dia útil imediato.

ART. 55. O registro far-se-á em numeração contínua e seriada em cada uma das classes seguintes:

I – Ação Cível Originária;

II – Ação Penal;

III – Ação Rescisória;

IV – Agravo de Instrumento;

V – Apelação Cível;

VI – Arguição de Relevância;

VII – Arguição de Suspeição;

VIII – Carta Rogatória;

IX – Comunicação;

X – Conflito de Atribuições;

XI – Conflito de Jurisdição;

XII – Extradição;

XIII – Habeas Corpus;

XIV – Inquérito;

XV – Intervenção Federal;

XVI – Mandado de Segurança;

XVII – Pedido de Avocação;

XVIII – Petição;

XIX – Processo Administrativo;

XX – Reclamação;

XXI – Recurso Criminal;

XXII – Recurso Extraordinário;

XXIII – Representação;

XXIV – Revisão Criminal;

XXV – Sentença Estrangeira;

XXVI – Suspensão de Direitos;

XXVII – Suspensão de Segurança;

XXVIII – Proposta de Súmula Vinculante. (Redação dada pela Emenda Regimental 46/2011)

ART. 56. O Presidente resolverá, mediante instrução normativa, as dúvidas que se suscitarem na classificação dos feitos, observando-se as seguintes normas:

I – na classe Habeas Corpus, serão incluídos os pedidos originários e os recursos, inclusive os da Justiça Eleitoral;

II – na classe Recurso Extraordinário serão incluídos:

a) os recursos eleitorais e trabalhistas fundados em inconstitucionalidade;

b) os recursos extraordinários criminais;

c) os recursos extraordinários em mandado de segurança;

III – na classe Recurso Criminal serão incluídos os recursos criminais ordinários;

IV – na classe Ação Penal serão incluídas as ações penais privadas;

V – na classe Inquérito serão incluídos os policiais e os administrativos, de que possa resultar responsabilidade penal, e que só passarão à classe Ação Penal após o recebimento da denúncia ou queixa;

VI – a classe Intervenção Federal compreende os pedidos autônomos e os formulados em execução de julgado do Tribunal; estes últimos serão autuados em apenso, salvo se os autos principais tiverem sido enviados a outra instância;

VII – na classe Processo Administrativo serão incluídos os que devam ser apreciados pelo Tribunal; os que devam ser submetidos ao Presidente ou ao Diretor-Geral obedecerão à classificação estabelecida pelo Presidente;

VIII – na classe Pedido de Avocação se compreende o julgamento das causas avocadas;

IX – os expedientes que não tenham classificação específica nem que sejam acessórios ou incidentes serão incluídos na classe Petição, se contiverem requerimento, ou na classe Comunicação, em qualquer outro caso;

X – não se altera a classe do processo:

a) pela interposição de embargos ou agravo regimental;

b) pela exceção de suspeição de juiz de outra instância;

c) pela arguição de inconstitucionalidade formulada incidentemente pelas partes ou pelo Procurador-Geral;

d) pela reclamação por erro de ata;

e) pelos pedidos incidentes ou acessórios;

f) pelos pedidos de execução, salvo a intervenção federal.

XI – far-se-á na autuação nota distintiva do recurso ou incidente, quando este não alterar a classe e o número do processo.

CAPÍTULO II. DO PREPARO E DA DESERÇÃO

ART. 57. Salvo os casos de isenção, compete às partes antecipar o pagamento do respectivo preparo.

Parágrafo único. O preparo compreende o recolhimento de custas e das despesas de todos os atos do processo, inclusive o porte de remessa e retorno, quando for o caso. (Redação dada pela Emenda Regimental 42/2010)

ART. 58. Quando autor e réu recorrerem, cada recurso estará sujeito a preparo integral.

§ 1°. Tratando-se de litisconsortes necessários, bastará que um dos recursos seja preparado, para que todos sejam julgados, ainda que não coincidam suas pretensões.

§ 2°. O assistente é equiparado para esse efeito ao litisconsorte.

§ 3°. O terceiro prejudicado que recorrer fará o preparo do seu recurso, independentemente do preparo dos recursos que, porventura, tenham sido interpostos pelo autor ou pelo réu.

ART. 59. O recolhimento do preparo:

I – quando se tratar de recurso, será feito no tribunal de origem, perante as suas secretarias e no prazo previsto na lei processual;

II – quando se tratar de feitos de competência originária, será comprovado no ato de seu protocolo. (Artigo Redação dada pela Emenda Regimental 42/2010.)

§ 1°. Nenhum recurso subirá ao Supremo Tribunal Federal, salvo caso de isenção, sem a prova do respectivo preparo e do pagamento das despesas de remessa e retorno, no prazo legal.

§ 2°. O preparo efetuar-se-á, mediante guia, à repartição arrecadadora competente, juntando-se aos autos o comprovante.

§ 3°. A não comprovação do pagamento do preparo no ato do protocolo da ação originária ou seu pagamento parcial serão certificados nos autos pela Secretaria Judiciária. (Redação dada pela Emenda Regimental 42/2010).

ART. 60. Com ou sem o preparo, os autos serão distribuídos ao Relator ou registrados à Presidência, de acordo com a respectiva competência, salvo os casos definidos neste Regimento. (Redação dada pela Emenda Regimental 42/2010).

ART. 61. Cabe às partes prover o pagamento antecipado das despesas dos atos que realizem ou requeiram no processo, ficando o vencido, afinal, responsável pelas custas e despesas pagas pelo vencedor.

§ 1°. Haverá isenção do preparo:

I – nos conflitos de jurisdição, nos habeas corpus, e nos demais processos criminais, salvo a ação penal privada;

II – nos pedidos e recursos formulados ou interpostos pelo Procurador-Geral da República, pela Fazenda Pública em geral ou por beneficiário de assistência judiciária.

§ 2°. Nas causas em que forem partes Estados estrangeiros e organismos internacionais, prevalecerá o que dispuserem os tratados ratificados pelo Brasil.

ART. 62. A assistência judiciária, perante o Tribunal, será requerida ao Presidente antes da distribuição; nos demais casos, ao Relator.

ART. 63. Sem prejuízo da nomeação, quando couber, de defensor ou curador dativo, o pedido de assistência judiciária será deferido ou não, de acordo com a legislação em vigor.

Parágrafo único. Prevalecerá no Tribunal a assistência judiciária já concedida em outra instância.

ART. 64. O pagamento dos preços cobrados pelo fornecimento de cópias, autenticadas ou não, ou de certidões por fotocópia ou meio equivalente será antecipado ou garantido com depósito na Secretaria, consoante tabela aprovada pelo Presidente.

ART. 65. A deserção do recurso por falta de preparo será declarada:

I – pelo Presidente, antes da distribuição;

II – pelo Relator;

III– pelo Plenário ou pela Turma, ao conhecer do feito.

Parágrafo único. Do despacho que declarar a deserção caberá agravo regimental.

CAPÍTULO III. DA DISTRIBUIÇÃO

ART. 66. A distribuição será feita por sorteio ou prevenção, mediante sistema informatizado, acionado automaticamente, em cada classe de processo. (Redação dada pela Emenda Regimental 38/2010)

§ 1°. O sistema informatizado de distribuição automática e aleatória de processos é público, e seus dados são acessíveis aos interessados.

§ 2°. Sorteado o Relator, ser-lhe-ão imediatamente conclusos os autos. (Redação dada pela Emenda Regimental 18/2006)

ART. 67. Far-se-á a distribuição entre todos os Ministros, inclusive os ausentes ou licenciados por até trinta dias, excetuando o Presidente.

§ 1º. Não haverá distribuição a cargo vago e a Ministro licenciado ou em missão oficial por mais de trinta dias, impondo-se a compensação dos feitos livremente distribuídos ao Ministro que vier assumir o cargo ou retornar da licença ou missão oficial, salvo se o Tribunal dispensar a compensação. (Redação dada pela Emenda Regimental 42/2010)

§ 2º. Será compensada a distribuição que deixar de ser feita ao Vice-Presidente quando substituir o Presidente. (Redação dada pela Emenda Regimental 42/2010)

§ 3º. Declarado o impedimento ou a suspeição pelo Relator ou pelo Tribunal, a Secretaria Judiciária procederá, ex officio, a novo sorteio, compensando-se a distribuição. (Redação dada pela Emenda Regimental 49/2014)

§ 4º. Haverá também compensação quando o processo tiver de ser distribuído por prevenção a determinado Ministro. (Redação dada pela Emenda Regimental 2/1985).

§ 5º Salvo os casos de prevenção, o ministro que estiver ocupando a Presidência do Tribunal Superior Eleitoral será excluído da distribuição de processos com pedido de medida liminar ou qualquer outro pedido de natureza urgente, com posterior compensação, durante os três meses anteriores e o mês posterior ao pleito eleitoral. (Redação dada pela Emenda Regimental nº 54/2020)

§ 6º. A prevenção deve ser alegada pela parte na primeira oportunidade que se lhe apresente, sob pena de preclusão. (Redação dada pela Emenda Regimental 34/2009)

§ 7º. O processo que retornar ao Tribunal, por alegado erro material em decisão transitada em julgado, será encaminhado ao Relator ou ao sucessor. (Redação dada pela Emenda Regimental 34/2009).

§ 8º. O processo que tiver como objeto ato de Ministro do Tribunal será distribuído com sua exclusão. (Redação dada pela Emenda Regimental 34/2009)

§ 9º. O Ministro que tiver exercido a Presidência do Conselho Nacional de Justiça será excluído da distribuição de processo no qual se impugne ato por ele praticado em tal exercício. (Redação dada pela Emenda Regimental 34/2009)

§ 10. Nos períodos de recesso e de férias, os processos de que trata o parágrafo anterior serão encaminhados ao Vice-Presidente. (Redação dada pela Emenda Regimental 34/2009)

§ 11. O processo de acervo de cargo vago que determinar a prevenção de outro feito será redistribuído ao Relator sorteado para o processo prevento, com compensação. (Redação dada pela Emenda Regimental 42/2010.)

§ 12. A prevenção do Ministro Vice-Presidente, ainda quando no exercício da Presidência, não o exclui da distribuição. (Redação dada pela Emenda Regimental 42/2010)

§ 13. Salvo os casos de prevenção, o Ministro que estiver próximo da aposentadoria ficará excluído da distribuição nos sessenta dias que antecederem a aposentadoria, aplicando-se a mesma regra e o mesmo limite de tempo àquele que requerer aposentadoria antecipada, compensado-se a distribuição em caso de desistência. (Incluído pela Emenda Regimental nº 56/2020)

ART. 68. Em habeas corpus, mandado de segurança, reclamação, extradição, conflitos de jurisdição e de atribuições, diante de risco grave de perecimento de direito ou na hipótese de a prescrição da pretensão punitiva ocorrer nos seis meses seguintes ao início da licença, ausência ou vacância, poderá o Presidente determinar a redistribuição, se o requerer o interessado ou o Ministério Público, quando o Relator estiver licenciado, ausente ou o cargo estiver vago por mais de trinta dias. (Redação dada pela Emenda Regimental 42/2010)

§ 1º. Em caráter excepcional poderá o Presidente do Tribunal, nos demais feitos, fazer uso da faculdade prevista neste artigo.

§ 2º. REVOGADO. (Redação dada pela Emenda Regimental 42/2010)

§ 3º. Far-se-á compensação, salvo dispensa do Tribunal, quando cessar a licença ou ausência ou preenchido o cargo vago. (Redação dada pela Emenda Regimental 42/2010)

ART. 69. A distribuição da ação ou do recurso gera prevenção para todos os processos a eles vinculados por conexão ou continência. (Redação dada pela Emenda Regimental 34/2009).

§ 1º. O conhecimento excepcional de processo por outro Ministro que não o prevento prorroga-lhe a competência nos termos do § 6º do art. 67. (Redação dada pela Emenda Regimental 34/2009)

§ 2º. Não se caracterizará prevenção, se o Relator, sem ter apreciado liminar, nem o mérito da causa, não conhecer do pedido, declinar da competência, ou homologar pedido de desistência por decisão transitada em julgado. (Redação dada pela Emenda Regimental 34/2009)

ART. 70. Será distribuída ao Relator do feito principal a reclamação que tenha como causa de pedir o descumprimento de decisão cujos efeitos sejam restritos às partes.

§ 1º. Será objeto de livre distribuição a reclamação que tenha como causa de pedir o descumprimento de súmula vinculante ou de decisão dotada de efeito erga omnes.

§ 2º. Se o Relator da causa principal já não integrar o Tribunal, a reclamação será distribuída ao sucessor.

§ 3º. Se o Relator assumir a Presidência do Tribunal, a reclamação será redistribuída ao Ministro que o substituir na Turma.

§ 4º. Será distribuída ao Presidente a reclamação que tiver como causa de pedir a usurpação da sua competência ou o descumprimento de decisão sua.

§ 5º. Julgada procedente a reclamação por usurpação da competência, fica prevento o Relator para o processo avocado.

§ 6º. A reclamação, que tiver como causa de pedir a usurpação da competência por prerrogativa de foro, será distribuída ao Relator de habeas corpus oriundo do mesmo inquérito ou ação penal. (Redação dada pela Emenda Regimental 34/2009.)

ART. 71. Os embargos declaratórios e as questões incidentes terão como Relator o do processo principal.

ART. 72. O prolator do despacho impugnado será o Relator do agravo regimental.

REGIMENTOS INTERNOS

ART. 73. A arguição de suspeição a Ministro terá como Relator o Presidente do Tribunal, ou o Vice-Presidente, se aquele for o recusado.

ART. 74. A ação penal será distribuída ao mesmo Relator do inquérito.

§ 1º. O inquérito ou a ação penal, que retornar ao Tribunal por restabelecimento da competência por prerrogativa de foro, será distribuído ao Relator original. (Redação dada pela Emenda Regimental 34/2009)

§ 2º. Na hipótese anterior, se o Relator original já não estiver no Tribunal, o processo será distribuído livremente. (Redação dada pela Emenda Regimental 34/2009)

ART. 75. O Ministro eleito Presidente continuará como Relator ou Revisor do processo em que tiver lançado o relatório ou aposto o seu visto.

ART. 76. Se a decisão embargada for de uma Turma, far-se-á a distribuição dos embargos dentre os Ministros da outra; se do Plenário, serão excluídos da distribuição o Relator e o Revisor.

ART. 77. Na distribuição de ação rescisória e de revisão criminal, será observado o critério estabelecido no artigo anterior.

Parágrafo único. Tratando-se de recurso extraordinário eleitoral, de habeas corpus contra ato do Tribunal Superior Eleitoral, ou de recurso de habeas corpus denegado pelo mesmo Tribunal, serão excluídos da distribuição, se possível, os Ministros que ali tenham funcionado no mesmo processo ou no processo originário.

ART. 77-A. Serão distribuídos ao mesmo Relator a ação cautelar e o processo ou recurso principais. (Redação dada pela Emenda Regimental 34/2009)

ART. 77-B. Na ação direta de inconstitucionalidade, na ação direta de inconstitucionalidade por omissão, na ação declaratória de constitucionalidade e na arguição de descumprimento de preceito fundamental, aplica-se a regra de distribuição por prevenção quando haja coincidência total ou parcial de objetos. (Redação dada pela Emenda Regimental 34/2009)

ART. 77-C. Serão distribuídos ao mesmo Relator requerimento de prisão preventiva para extradição e outro pedido de extradição da mesma pessoa, ainda que formulado por Estado diferente. (Redação dada pela Emenda Regimental 34/2009)

Parágrafo único. Fica prevento para reiteração de pedido de extradição o Relator que tenha negado seguimento ao primeiro pedido por decisão transitada em julgado. (Redação dada pela Emenda Regimental 34/2009)

ART. 77-D. Serão distribuídos por prevenção os habeas corpus oriundos do mesmo inquérito ou ação penal. (Redação dada pela Emenda Regimental 34/2009)

§ 1º. A prevenção para habeas corpus relativo a ações penais distintas oriundas de um mesmo inquérito observará os critérios de conexão e de continência.

§ 2º. O Relator da reclamação que tenha como causa de pedir a usurpação da competência em inquérito ou ação penal fica prevento para habeas corpus a eles relativo.

§ 3º. Habeas corpus contra ato praticado em inquérito ou ação penal em trâmite no Tribunal será distribuído com exclusão do respectivo Relator.

§ 4º. Os inquéritos e as ações penais, que passem a ser de competência do Tribunal em virtude de prerrogativa de foro, serão distribuídos por prevenção ao Relator de habeas corpus a eles relativo.

§ 5º. O Relator da revisão criminal fica prevento para habeas corpus relativo ao mesmo processo. (Redação dada pela Emenda Regimental 34/2009)

CAPÍTULO IV. DOS ATOS E FORMALIDADES

SEÇÃO I. DISPOSIÇÕES GERAIS

ART. 78. O ano judiciário no Tribunal divide-se em dois períodos, recaindo as férias em janeiro e julho.

§ 1º. Constituem recesso os feriados forenses compreendidos entre os dias 20 de dezembro e 6 de janeiro, inclusive. (Redação dada pela Emenda Regimental 50/2016)

§ 2º. Sem prejuízo do disposto no inciso VIII do art. 13 e inciso V-A do art. 21, suspendem-se os trabalhos do Tribunal durante o recesso e as férias, bem como nos sábados, domingos, feriados e nos dias em que o Tribunal o determinar. (Redação dada pela Emenda Regimental 42/2010)

§ 3º. Os Ministros indicarão seu endereço para eventual convocação durante as férias ou recesso.

ART. 79. Os atos processuais serão autenticados, conforme o caso, mediante a assinatura ou a rubrica do Presidente, dos Ministros ou dos servidores para tal fim qualificados.

§ 1º. É exigida a assinatura usual nos acórdãos, na correspondência oficial, no fecho das cartas de sentença e nas certidões.

§ 2º. Os livros necessários ao expediente serão rubricados pelo Presidente ou por funcionário designado.

§ 3º. As rubricas e assinaturas usuais dos servidores serão registradas em livro próprio, para a identificação do signatário.

ART. 80. As peças que devam integrar ato ordinatório ou executório poderão ser-lhes anexadas em cópia autenticada.

ART. 81. A critério do Presidente do Tribunal, dos Presidentes das Turmas ou do Relator, conforme o caso, a notificação de ordens ou decisões será feita:

I – por servidor credenciado da Secretaria;

II – por via postal ou por qualquer modo eficaz de telecomunicação, com as cautelas necessárias à autenticação da mensagem e do seu recebimento.

Parágrafo único. Poder-se-á admitir a resposta pela forma indicada no inciso II deste artigo.

ART. 82. Da publicação do expediente de cada processo constará, além do nome das partes e o de seu advogado, o número sequencial indicativo de sua posição na edição respectiva. (Redação dada pela Emenda Regimental 6/1996.)

§ 1º. Nos recursos, figurarão os nomes dos advogados constituídos pelas partes no processo, salvo se constituído perante o Tribunal outro advogado que requeira a menção de seu nome nas publicações.

§ 2º. É suficiente a indicação do nome de um dos advogados, quando a parte houver constituído mais de um, ou o constituído substabelecer a outro com reserva de poderes.

§ 3º. As publicações dos expedientes dos diversos processos serão acompanhadas, em cada edição do Diário da Justiça, do índice alfabético dos nomes de todos os advogados neles indicados e do índice numérico dos feitos cujo expediente constar da edição, ambos referidos aos números sequenciais mencionados, no caput deste artigo.

§ 4º. Quando a parte não estiver representada por advogado, constará do índice alfabético o seu nome.

§ 5º. O erro ou omissão das referências correspondentes a determinado processo nos índices alfabéticos ou numérico implicará a ineficácia da respectiva publicação.

§ 6º. A retificação de publicação no Diário da Justiça, com efeito de intimação, decorrente de incorreções ou omissões, será providenciada pela Secretaria, ex officio, ou mediante despacho do Presidente ou do Relator, conforme dispuser ato normativo da Presidência do Tribunal.

ART. 83. A publicação da pauta de julgamento antecederá quarenta e oito horas, pelo menos, à sessão em que os processos possam ser chamados.

§ 1º. Independem de pauta:

I – as questões de ordem sobre a tramitação dos processos;

II – o julgamento do processo remetido pela Turma ao Plenário;

III – o julgamento de habeas corpus ou de conflito de jurisdições, competências ou atribuições; e (Redação dada pela Emenda Regimental nº 54/2020)

IV – o julgamento de embargos de declaração ou de agravo regimental em matéria processual penal. (Incluído pela Emenda Regimental nº 54/2020)

§ 2º. Havendo expressa concordância das partes, poderá ser dispensada a inclusão de outros processos na pauta de julgamento.

ART. 84. Os editais destinados a divulgação de ato poderão conter, apenas, o essencial à defesa ou resposta, observados os requisitos processuais.

§ 1º. A parte que requerer a publicação nos termos deste artigo fornecerá o respectivo resumo, respondendo pelas suas deficiências.

§ 2º. O prazo do edital será determinado entre vinte e sessenta dias, a critério do Relator, e correrá da data de sua publicação, por uma só vez, no Diário da Justiça

§ 3º. A publicação do edital deverá ser feita no prazo de vinte dias contados de sua expedição, certificada nos autos, sob pena de extinguir-se o processo, sem julgamento do mérito, se a parte, intimada pelo Diário da Justiça, não suprir a falta em dez dias.

§ 4º. O prazo para a defesa ou resposta começará a correr do termo do prazo determinado no edital.

ART. 85. Nenhuma publicação terá efeito de citação ou intimação, quando ocorrida durante o recesso ou as férias do Tribunal.

ART. 86. A vista às partes transcorre na Secretaria, podendo o advogado retirar autos nos casos previstos em lei, mediante recibo, pelo prazo de cinco dias se outro não lhe for assinado, observando-se, em relação ao Procurador-Geral, o disposto nos arts. 50 e 52.

§ 1º. Os advogados constituídos após a remessa do processo ao Tribunal poderão, a requerimento, ter vista dos autos, na oportunidade e pelo prazo que o Relator estabelecer.

§ 2º. O Relator indeferirá o pedido, se houver justo motivo.

ART. 87. Aos Ministros julgadores será distribuída cópia do relatório antecipadamente:

I – nas representações por inconstitucionalidade ou para interpretação de lei ou ato normativo federal ou estadual;

II – nos feitos em que haja Revisor;

III – nas causas avocadas;

IV – nos demais feitos, a critério do Relator.

SEÇÃO II.
DAS ATAS E DA RECLAMAÇÃO POR ERRO

ART. 88. As atas serão submetidas a aprovação na sessão seguinte.

ART. 89. Contra erro contido em ata, poderá o interessado reclamar, dentro de quarenta e oito horas, em petição dirigida ao Presidente do Tribunal ou da Turma, conforme o caso.

§ 1º. Não se admitirá a reclamação a pretexto de modificar o julgado.

§ 2º. A reclamação não suspenderá o prazo para recurso, salvo o disposto no art. 91.

ART. 90. A petição será entregue ao protocolo, e por este encaminhada ao encarregado da ata, que levará a despacho no mesmo dia, com sua informação.

ART. 91. Se o pedido for julgado procedente, far-se-á a retificação da ata e nova publicação.

ART. 92. O despacho que julgar a reclamação será irrecorrível.

SEÇÃO III.
DAS DECISÕES

ART. 93. As conclusões do Plenário e das Turmas, em suas decisões, constarão de acórdão, do qual fará parte a transcrição do áudio do julgamento. (Redação dada pela Emenda Regimental 26/2008)

Parágrafo único. Dispensam acórdão as decisões de remessa de processo ao Plenário e de provimento de agravo de instrumento.

ART. 94. Nos processos julgados no Pleno e nas Turmas, o Relator subscreverá o acórdão, registrando o nome do Presidente. (Redação dada pela Emenda Regimental 16/2005)

ART. 95. A publicação do acórdão, por suas conclusões e ementa, far-se-á, para todos os efeitos, no Diário da Justiça.

§ 1° Salvo manifestação expressa de ministro em sentido contrário, a publicação do acórdão no Diário da Justiça far-se-á automaticamente quando transcorrido o prazo de sessenta dias desde a proclamação do resultado do julgamento. (Parágrafo único transformado em § 1° e com redação dada pela Emenda Regimental n° 54/2020)

§ 2° Nos casos em que não tenham sido liberados pelos respectivos Ministros o relatório, os votos escritos e a revisão de apartes de julgamento, no prazo previsto no § 1°, a Secretaria Judiciária fará constar do texto transcrito do julgamento a ressalva de que ele não foi revisto pelo respectivo ministro. (Incluído pela Emenda Regimental n° 54/2020)

§ 3° Na hipótese prevista no § 2°, a ementa do acórdão consistirá no dispositivo do voto vencedor. (Incluído pela Emenda Regimental n° 54/2020)

ART. 96. Em cada julgamento a transcrição do áudio registrará o relatório, a discussão, os votos fundamentados, bem como as perguntas feitas aos advogados e suas respostas, e será juntada aos autos com o acórdão, depois de revista rubricada. (Redação dada pela Emenda Regimental 26/2008).

§ 1°. Após a sessão de julgamento, a Secretaria das Sessões procederá à transcrição da discussão, dos votos orais, bem como das perguntas feitas aos advogados e suas respostas.

§ 2°. Os Gabinetes dos Ministros liberarão o relatório, os votos escritos e a transcrição da discussão, no prazo de vinte dias contados da sessão de julgamento.

§ 3°. A Secretaria das Sessões procederá à transcrição do áudio do relatório e dos votos lidos que não tenham sido liberados no prazo do § 2°, com a ressalva de que não foram revistos.

§ 4°. A Secretaria das Sessões encaminhará os autos ao Relator sorteado ou ao Relator para o acórdão, para elaboração deste e da ementa no prazo de dez dias.

§ 5°. A transcrição do áudio dos feitos julgados conjuntamente será trasladada para os autos do chamado em primeiro lugar e anexada aos demais em cópia autêntica.

§ 6°. As inexatidões materiais e os erros de escrita ou de cálculo, contidos na decisão, podem ser corrigidos por despacho do Relator, mediante reclamação, quando referentes à ata, ou por via de embargos de declaração, quando couberem.

§ 7°. O Relator sorteado ou o Relator para o acórdão poderá autorizar, antes da publicação, a divulgação, em texto ou áudio, do teor do julgamento.

ART. 97. Também se juntará aos autos, como parte integrante do acórdão, um extrato da ata que conterá:

I – a decisão proclamada pelo Presidente;

II – os nomes do Presidente, do Relator, ou, quando vencido, do que for designado, dos demais Ministros que tiverem participado do julgamento, e do Procurador-Geral ou Subprocurador-Geral, quando presente;

III – os nomes dos Ministros impedidos e ausentes;

IV – os nomes dos advogados que tiverem feito sustentação oral.

ART. 98. O acórdão de julgamento em sessão secreta será lavrado pelo autor do primeiro voto vencedor, que não se mencionará, e conterá, de forma sucinta, a exposição da controvérsia, a fundamentação adotada e o dispositivo, bem como o enunciado da conclusão de voto divergente se houver.

Parágrafo único. O acórdão será assinado pelo Presidente, que lhe rubricará todas as folhas, e pelos Ministros que houverem participado do julgamento, na ordem decrescente de antiguidade.

SEÇÃO IV. DA JURISPRUDÊNCIA

ART. 99. São repositórios oficiais da jurisprudência do Tribunal:

I – o Diário da Justiça, a Revista Trimestral de Jurisprudência, a Súmula da Jurisprudência Predominante do Supremo Tribunal Federal, e outras publicações por ele editadas, bem como as de outras entidades, que venham a ser autorizadas mediante convênio;

II – para períodos anteriores, as seguintes publicações: Supremo Tribunal Federal – Jurisprudência (1892 – 1898); Revista do Supremo Tribunal Federal; Jurisprudência do Supremo Tribunal Federal, a primeira e a última editadas pela Imprensa Nacional.

Parágrafo único. Além dos consagrados por sua tradição, são repositórios autorizados para indicação de julgados, perante o Tribunal, os repertórios, revistas e periódicos, registrados de conformidade com o ato normativo baixado pela Presidência.

ART. 100. Constarão do Diário da Justiça a ementa e conclusões de todos os acórdãos; e, dentre eles, a Comissão de Jurisprudência selecionará os que devam publicar-se em seu inteiro teor na Revista Trimestral de Jurisprudência.

Parágrafo único. A distribuição gratuita das publicações do Tribunal far-se-á de acordo com os planos organizados (Decreto-Lei n° 102, de 13 de janeiro de 1967, alterado pela Lei n° 6.201, de 16 de abril de 1975).

ART. 101. A declaração de constitucionalidade ou inconstitucionalidade de lei ou ato normativo, pronunciada por maioria qualificada, aplica-se aos novos feitos submetidos às Turmas ou ao Plenário, salvo o disposto no art. 103.

ART. 102. A jurisprudência assentada pelo Tribunal será compendiada na Súmula do Supremo Tribunal Federal.

§ 1°. A inclusão de enunciados na Súmula, bem como a sua alteração ou cancelamento, serão deliberados em Plenário, por maioria absoluta.

§ 2°. Os verbetes cancelados ou alterados guardarão a respectiva numeração com a nota correspondente, tomando novos números os que forem modificados.

§ 3º. Os adendos e emendas à Súmula, datados e numerados em séries separadas e sucessivas, serão publicados três vezes consecutivas no Diário da Justiça.

§ 4º. A citação da Súmula, pelo número correspondente, dispensará, perante o Tribunal, a referência a outros julgados no mesmo sentido.

ART. 103. Qualquer dos Ministros pode propor a revisão da jurisprudência assentada em matéria constitucional e da compendiada na Súmula, procedendo-se ao sobrestamento do feito, se necessário.

CAPÍTULO V.
DOS PRAZOS

ART. 104. Os prazos no Tribunal correm da publicação do ato ou do aviso no Diário da Justiça, salvo o disposto nos parágrafos seguintes.

§ 1º. As intimações decorrentes de publicação de ato ou aviso consideram-se feitas no dia da circulação do Diário da Justiça.

§ 2º. Os prazos somente começam a correr a partir do primeiro dia útil após a

§ 3º. As decisões ou despachos designativos de prazos podem determinar que estes corram da intimação pessoal ou da ciência por outro meio eficaz.

§ 4º. Os prazos marcados em correspondência postal, telegráfica ou telefônica correm do seu recebimento, a menos que, sendo confirmativa ou pro memoria, tal comunicação se refira a prazo com data diversa para o seu começo.

§ 5º. Considera-se prorrogado o prazo até o primeiro dia útil imediato, se o vencimento cair em feriado, ou em dia em que for determinado o fechamento da Secretaria ou o encerramento do expediente antes da hora normal.

§ 6º. As citações obedecerão ao disposto nas leis processuais.

ART. 105. Não correm os prazos nos períodos de férias e recesso, salvo as hipóteses previstas em lei ou neste Regimento.

§ 1º. Nos casos deste artigo, os prazos começam ou continuam a fluir no dia de reabertura do expediente.

§ 2º. Também não corre prazo, havendo obstáculo judicial ou motivo de força maior comprovado, reconhecido pelo Tribunal.

§ 3º. As informações oficiais, apresentadas fora do prazo por justo motivo, podem ser admitidas, se ainda oportuna a sua apreciação.

§ 4º. Ficam inalterados, durante os recessos forenses e as férias do Tribunal, os prazos determinados pela Presidência no exercício da competência prevista no art. 13, VIII, deste Regimento Interno. (Redação dada pela Emenda Regimental 37/2010)

ART. 106. Mediante pedido conjunto de ambas as partes, inclusive por telegrama ou radiograma, o Relator pode admitir redução ou prorrogação de prazo dilatório por tempo razoável.

Parágrafo único. Na hipótese deste artigo, cabe às partes diligenciar o conhecimento do despacho concessivo ou denegatório, independente de publicação ou intimação.

ART. 107. O prazo para o preparo que deva ser feito no Supremo Tribunal Federal é de dez dias.

ART. 108. Os prazos para diligências serão fixadas nos atos que as ordenarem, salvo disposição em contrário deste Regimento.

ART. 109. Os prazos para editais são os fixados neste Regimento e na lei.

ART. 110. Os prazos não especificados neste Regimento:

I – serão fixados pelo Tribunal, pelo Presidente, pelas Turmas ou por seus Presidentes, ou pelo Relator, conforme o caso;

II – não tendo sido fixado prazo, nos termos do item anterior, este será de quinze dias para contestação e de cinco dias para interposição de recurso ou qualquer outro ato.

Parágrafo único. O Procurador-Geral da República e a Fazenda Pública em geral têm prazo em quádruplo para contestação e em dobro para interposição de recurso, observando-se, no mais, o que dispõem a lei e o Regimento.

ART. 111. Os prazos para os Ministros, salvo acúmulo de serviço, são os seguintes:

I – dez dias para atos administrativos e despachos em geral;

II – vinte dias para o visto do Revisor;

III– trinta dias para o visto do Relator.

ART. 112. Salvo disposição em contrário, os servidores do Tribunal terão o prazo de quarenta e oito horas para os atos do processo.

TÍTULO II.
DAS PROVAS

CAPÍTULO I.
DISPOSIÇÕES GERAIS

ART. 113. A proposição, admissão e produção de provas no Tribunal obedecerão as leis processuais, observados os preceitos especiais deste Título.

CAPÍTULO II.
DOS DOCUMENTOS E INFORMAÇÕES

ART. 114. Se a parte não puder instruir, desde logo, suas alegações, por impedimento ou demora em obter certidões ou cópias autenticadas de notas ou registros em repartições ou estabelecimentos públicos, o Relator conceder-lhe-á prazo para esse fim. Se houver recusa no fornecimento, o Relator as requisitará.

REGIMENTOS INTERNOS

ART. 115. Nos recursos interpostos em instância inferior, não se admitirá juntada de documentos desde que recebidos os autos no Tribunal, salvo:

I – para comprovação de textos legais ou de precedentes judiciais, desde que estes últimos não se destinem a suprir, tardiamente, pressuposto recursal não observado;

II – para prova de fatos supervenientes, inclusive decisões em processos conexos, que afetem ou prejudiquem os direitos postulados;

III – em cumprimento de determinação do Relator, do Plenário ou da Turma.

§ 1°. O disposto neste artigo aplica-se aos recursos interpostos perante o Tribunal.

§ 2°. Após o julgamento, serão devolvidos às partes os documentos que estiverem juntos por linha, salvo se deliberada a sua anexação aos autos.

ART. 116. Em caso de impugnação, as partes comprovarão a fidelidade da transcrição de textos de leis e demais atos do poder público, bem como a vigência e o teor de normas pertinentes à causa, quando emanarem de Estado estrangeiro, de organismo internacional ou, no Brasil, de Estado e Municípios.

ART. 117. A parte será intimada por publicação no Diário da Justiça ou, se o Relator o determinar, pela forma indicada no art. 81, para falar sobre o documento junto pela parte contrária, após sua última intervenção no processo.

ART. 118. O advogado prestará os esclarecimentos pedidos pelos Ministros, durante o julgamento, sobre peças dos autos e sobre citações que tiver feito de textos legais, precedentes judiciais e trabalhos doutrinários.

CAPÍTULO III. DA APRESENTAÇÃO DE PESSOAS E OUTRAS DILIGÊNCIAS

ART. 119. No processo em que se fizer necessária a presença da parte ou de terceiro, o Plenário, a Turma ou o Relator poderá, independente de outras sanções legais, expedir ordem de condução da pessoa que, intimada, deixar de comparecer sem motivo justificado.

ART. 120. Observar-se-ão as formalidades da lei na realização de exames periciais, arbitramentos, buscas e apreensões, na exibição de conferência de documentos e em quaisquer outras diligências determinadas ou deferidas pelo Plenário, pela Turma ou pelo Relator.

CAPÍTULO IV. DOS DEPOIMENTOS

ART. 121. Os depoimentos poderão ser gravados e, depois de transcritos, serão assinados pelo Relator e pelo depoente. (Redação dada pela Emenda Regimental 26/2008)

Parágrafo único. Aplica-se o disposto neste artigo ao interrogatório dos acusados.

TÍTULO III. DAS SESSÕES

CAPÍTULO I. DISPOSIÇÕES GERAIS

ART. 122. Haverá sessões ordinárias, do Plenário e das Turmas, nos dias designados, e extraordinárias, mediante convocação.

ART. 123. As sessões ordinárias do Plenário terão início às 14 horas e terminarão às 18 horas, com intervalo de trinta minutos, podendo ser prorrogadas sempre que o serviço o exigir. (Redação dada pela Emenda Regimental 7/1998)

§ 1°. As sessões ordinárias das Turmas terão início às 14 horas e terminarão às 18 horas, com intervalo de trinta minutos, podendo ser prorrogadas sempre que o serviço o exigir.

§ 2°. As sessões extraordinárias terão início à hora designada e serão encerradas quando cumprido o fim a que se destinem.

ART. 124. As sessões serão públicas, salvo quando este Regimento determinar que sejam secretas, ou assim o deliberar o Plenário ou a Turma.

Parágrafo único. Os advogados ocuparão a tribuna para formularem requerimento, produzirem sustentação oral, ou responderem às perguntas que lhes forem feitas pelos Ministros.

ART. 125. Nas sessões do Plenário e das Turmas, observar-se-á a seguinte ordem:

I – verificação do número de Ministros;

II – discussão e aprovação da ata anterior;

III – indicações e propostas;

IV – julgamento dos processos em mesa.

ART. 126. Os processos conexos poderão ser objeto de um só julgamento.

Parágrafo único. Se houver mais de um Relator, os relatórios serão feitos sucessivamente, antes do debate e julgamento.

ART. 127. Podem ser julgados conjuntamente os processos que versarem a mesma questão jurídica, ainda que apresentem peculiaridades.

Parágrafo único. Na hipótese deste artigo, os relatórios sucessivos reportar-se-ão ao anterior, indicando as peculiaridades do caso.

ART. 128. Os julgamentos a que o Regimento não der prioridade realizar-se-ão, sempre que possível, de conformidade com a ordem crescente de numeração dos feitos em cada classe.

§ 1°. Os processos serão chamados pela ordem de antiguidade decrescente dos respectivos Relatores. O critério da numeração referir-se-á a cada Relator.

§ 2°. O Presidente poderá dar preferência aos julgamentos nos quais os advogados devam produzir sustentação oral.

ART. 129. Em caso de urgência, o Relator poderá indicar preferência para o julgamento.

ART. 130. Poderá ser deferida a preferência, a requerimento do Procurador-Geral, de julgamento relativo a processos em que houver medida cautelar.

ART. 131. Nos julgamentos, o Presidente do Plenário ou da Turma, feito o relatório, dará a palavra, sucessivamente, ao autor, recorrente, peticionário ou impetrante, e ao réu, recorrido ou impetrado, para sustentação oral.

§ 1º. O assistente somente poderá produzir sustentação oral quando já admitido.

§ 2º. Não haverá sustentação oral nos julgamentos de agravo, embargos declaratórios, arguição de suspeição e medida cautelar.

§ 3º. Admitida a intervenção de terceiros no processo de controle concentrado de constitucionalidade, fica-lhes facultado produzir sustentação oral, aplicando-se, quando for o caso, a regra do § 2º do art. 132 deste Regimento. (Artigo Redação dada pela Emenda Regimental 15/2004)

§ 4º. No julgamento conjunto de causas ou recursos sobre questão idêntica, a sustentação oral por mais de um advogado obedecerá ao disposto no § 2º do art. 132. (Redação dada pela Emenda Regimental 20/2006)

§ 5º Os advogados e procuradores que desejarem realizar sustentação oral por videoconferência, nas sessões presenciais de julgamento do Plenário e das Turmas, deverão inscrever-se, utilizando o formulário eletrônico disponibilizado no sítio eletrônico do Supremo Tribunal Federal até 48 horas antes do dia da sessão. (Incluído pela Emenda Regimental nº 53/2020)

ART. 132. Cada uma das partes falará pelo tempo máximo de quinze minutos, excetuada a ação penal originária, na qual o prazo será de uma hora, prorrogável pelo Presidente.

§ 1º. O Procurador-Geral terá o prazo igual ao das partes, falando em primeiro lugar se a União for autora ou recorrente.

§ 2º Se houver litisconsortes não representados pelo mesmo advogado, o prazo, que se contará em dobro, será dividido igualmente entre os do mesmo grupo, se diversamente entre eles não se convencionar.

§ 3º. O opoente terá prazo próprio para falar, igual ao das partes.

§ 4º. Havendo assistente, na ação penal pública, falará depois do Procurador-Geral, a menos que o recurso seja deste.

§ 5º Os advogados e procuradores que desejarem realizar sustentação oral por videoconferência, nas sessões presenciais de julgamento do Plenário e das Turmas, deverão inscrever-se, utilizando o formulário eletrônico disponibilizado no sítio eletrônico do Supremo Tribunal Federal até 48 horas antes do dia da sessão." (Incluído pela Emenda Regimental n. 53, de 18-03-2020)

§ 6º. Se, em ação penal, houver recurso de corréus em posição antagônica, cada grupo terá prazo completo para falar.

§ 7º. Nos processos criminais, havendo corréus que sejam coautores, se não tiverem o mesmo defensor, o prazo será contado em dobro e dividido igualmente entre os defensores, salvo se estes convencionarem outra divisão de tempo.

ART. 133. Cada Ministro poderá falar duas vezes sobre o assunto em discussão e mais uma vez, se for o caso, para explicar a modificação do voto. Nenhum falará sem autorização do Presidente, nem interromperá a quem estiver usando a palavra, salvo para apartes, quando solicitados e concedidos.

Parágrafo único. Os apartes constarão do acórdão, salvo se cancelados pelo Ministro aparteante, caso em que será anotado o cancelamento. (Redação dada pela Emenda Regimental 40/2010)

ART. 134. O ministro que pedir vista dos autos deverá apresentá-los, para prosseguimento da votação, no prazo de trinta dias, contado da data da publicação da ata de julgamento. (Redação dada pela Emenda Regimental nº 54/2020)

§ 1º. Ao reencetar-se o julgamento, serão computados os votos já proferidos pelos Ministros, ainda que não compareçam ou hajam deixado o exercício do cargo.

§ 2º. Não participarão do julgamento os Ministros que não tenham assistido ao relatório ou aos debates, salvo quando se derem por esclarecidos. (Redação dada pela Emenda Regimental 2/1985)

§ 3º. Se, para o efeito do quorum ou desempate na votação, for necessário o voto de Ministro nas condições do parágrafo anterior, serão renovados o relatório e a sustentação oral, computando-se os votos anteriormente proferidos.

§ 4º O prazo a que se refere o caput ficará suspenso nos períodos de recesso ou férias coletivas e poderá ser prorrogado, por uma única vez, por igual período, mediante manifestação expressa do ministro vistor ao presidente do respectivo colegiado. (Incluído pela Emenda Regimental nº 54/2020)

ART. 135. Concluído o debate oral, o Presidente tomará os votos do Relator, do Revisor, se houver, e dos outros Ministros, na ordem inversa de antiguidade.

§ 1º. Os Ministros poderão antecipar o voto se o Presidente autorizar.

§ 2º. Encerrada a votação, o Presidente proclamará a decisão.

§ 3º. Se o Relator for vencido, ficará designado o Revisor para redigir o acórdão.

§ 4º. Se não houver Revisor, ou se este também ficar vencido, designar-se-á para redigir o acórdão o Ministro que houver proferido o primeiro voto prevalecente, ressalvado o disposto no art. 324, § 3º, deste Regimento. (Redação dada pela Emenda Regimental 49/2014)

ART. 136. As questões preliminares serão julgadas antes do mérito, deste não se conhecendo se incompatível com a decisão daquelas.

§ 1º. Sempre que, no curso do relatório, ou antes dele, algum dos Ministros suscitar preliminar, será ela, antes de julgada, discutida pelas partes, que poderão usar da palavra pelo prazo regimental. Se não acolhida a preliminar, prosseguir-se-á no julgamento.

§ 2º. Quando a preliminar versar nulidade suprível, converter-se-á o julgamento em diligência e o Relator, se for necessário, ordenará a remessa dos autos ao juiz de primeira instância ou ao Presidente do Tribunal a quo para os fins de direito.

ART. 137. Rejeitada a preliminar, ou se com ela for compatível a apreciação do mérito, seguir-se-ão a discussão e julgamento da matéria principal, pronunciando-se sobre esta os juízes vencidos na preliminar.

ART. 138. Preferirá aos demais, na sua classe, o processo, em mesa, cujo julgamento tenha sido iniciado.

ART. 139. O julgamento, uma vez iniciado, ultimar-se-á na mesma sessão, ainda que excedida a hora regimental.

ART. 140. O Plenário ou a Turma poderá converter o julgamento em diligência, quando necessária à decisão da causa.

CAPÍTULO II. DAS SESSÕES SOLENES (Resolução 6/1982: normas do cerimonial do Supremo Tribunal Federal)

ART. 141. O Tribunal reúne-se em sessão solene:

I – para dar posse ao Presidente e ao Vice-Presidente;

II – para dar posse aos Ministros;

III– para receber o Presidente da República;

IV – para receber Chefe de Estado estrangeiro, em visita oficial ao Brasil;

V – para celebrar acontecimento de alta relevância, quando convocado por deliberação plenária em sessão administrativa.

VI – para instalar o ano judiciário. (Redação dada pela Emenda Regimental 14/2004)

§ 1º. A sessão solene a que se refere o inciso VI realizar-se-á sempre no primeiro dia útil do mês de fevereiro de cada ano.

§ 2º. Na solenidade de instalação do ano judiciário, integrarão a Mesa, mediante convite, os Presidentes da República, do Congresso Nacional, da Câmara dos Deputados, do Tribunal Superior Eleitoral, do Superior Tribunal de Justiça, do Superior Tribunal Militar, do Tribunal Superior do Trabalho e do Procurador-Geral da República e farão uso da palavra as autoridades indicadas pelo Presidente do Supremo Tribunal Federal.

ART. 142. O cerimonial das sessões solenes será regulado por ato do Presidente.

CAPÍTULO III. DAS SESSÕES DO PLENÁRIO

ART. 143. O Plenário, que se reúne com a presença mínima de seis Ministros, é dirigido pelo Presidente do Tribunal.

Parágrafo único. O quorum para votação de matéria constitucional e para a eleição do Presidente e do Vice-Presidente, dos membros do Conselho Nacional da Magistratura e do Tribunal Superior Eleitoral é de oito Ministros.

ART. 144. Nas sessões do Plenário, o Presidente tem assento à mesa, na parte central, ficando o Procurador-Geral à sua direita. Os demais Ministros sentar-se-ão, pela ordem decrescente de antiguidade, alternadamente, nos lugares laterais, a começar pela direita.

ART. 145. Terão prioridade, no julgamento do Plenário, observados os arts. 128 a 130 e 138:

I – os habeas corpus;

II – os pedidos de extradição;

III – as causas criminais e, dentre estas, as de réu preso;

IV – os conflitos de jurisdição;

V – os recursos oriundos do Tribunal Superior Eleitoral;

VI – os mandados de segurança;

VII – as reclamações;

VIII – as representações;

IX – os pedidos de avocação e as causas avocadas.

ART. 146. Havendo, por ausência ou falta de um Ministro, nos termos do art. 13, IX, empate na votação de matéria cuja solução dependa de maioria absoluta, considerar-se-á julgada a questão proclamando-se a solução contrária à pretendida ou à proposta. (Redação dada pela Emenda Regimental 35/2009)

Parágrafo único. No julgamento de habeas corpus e de recursos de habeas corpus proclamar-se-á, na hipótese de empate, a decisão mais favorável ao paciente. (Redação dada pela Emenda Regimental 35/2009)

CAPÍTULO IV. DAS SESSÕES DAS TURMAS

ART. 147. As Turmas reúnem-se com a presença, pelo menos, de três Ministros.

ART. 148. Nas sessões das Turmas, o Presidente tem assento à mesa, na parte central, ficando o Procurador-Geral à sua direita. Os demais Ministros sentar-se-ão, pela ordem decrescente de antiguidade, alternadamente, nos lugares laterais, a começar pela direita.

Parágrafo único. Quando o Presidente do Tribunal comparecer à sessão de Turma para julgar processo a que estiver vinculado, ou do qual houver pedido vista, assumir-lhe-á a presidência pelo tempo correspondente ao julgamento.

ART. 149. Terão prioridade, no julgamento, observados os arts. 128 a 130 e 138:

I – os habeas corpus;

II – as causas criminais, dentre estas as de réu preso;

III – as reclamações. (Redação dada pela Emenda Regimental 9/2001)

ART. 150. O Presidente da Turma terá sempre direito a voto.

§ 1º. Se ocorrer empate, será adiada a decisão até tomar-se o voto do Ministro que esteve ausente.

§ 2º. Persistindo a ausência, ou havendo vaga, impedimento ou licença de Ministro da Turma, por mais de um mês, convocar-se-á Ministro da outra, na ordem decrescente de antiguidade.

§ 3º. Nos habeas corpus e recursos em matéria criminal, exceto o recurso extraordinário, havendo empate, prevalecerá a decisão mais favorável ao paciente ou réu.

REGIMENTOS INTERNOS

CAPÍTULO V.
DAS SESSÕES ADMINISTRATIVAS E DO CONSELHO

ART. 151. As sessões serão secretas:

I – quando algum dos Ministros pedir que o Plenário ou a Turma se reúna em Conselho;

II – quando convocados pelo Presidente para assunto administrativo ou da economia do Tribunal.

ART. 152. Nenhuma pessoa, além dos Ministros, será admitida às sessões secretas, salvo quando convocada especialmente.

Parágrafo único. No caso do inciso I do artigo anterior, o julgamento prosseguirá em sessão pública.

ART. 153. O registro das sessões secretas conterá somente a data e os nomes dos presentes, exceto quando as deliberações devam ser publicadas.

TÍTULO IV.
DAS AUDIÊNCIAS

ART. 154. Serão públicas as audiências:

I – (Suprimido) (Redação dada pela Emenda Regimental 18/2006)

II – para instrução de processo, salvo motivo relevante.

III – para ouvir o depoimento das pessoas de que tratam os arts. 13, inciso XVII, e 21, inciso XVII, deste Regimento. (Redação dada pela Emenda Regimental 29/2009)

Parágrafo único. A audiência prevista no inciso III observará o seguinte procedimento: (Redação dada pela Emenda Regimental 29/2009)

I – o despacho que a convocar será amplamente divulgado e fixará prazo para a indicação das pessoas a serem ouvidas;

II – havendo defensores e opositores relativamente à matéria objeto da audiência, será garantida a participação das diversas correntes de opinião;

III – caberá ao Ministro que presidir a audiência pública selecionar as pessoas que serão ouvidas, divulgar a lista dos habilitados, determinando a ordem dos trabalhos e fixando o tempo que cada um disporá para se manifestar;

IV – o depoente deverá limitar-se ao tema ou questão em debate;

V – a audiência pública será transmitida pela TV Justiça e pela Rádio Justiça;

VI – os trabalhos da audiência pública serão registrados e juntados aos autos do processo, quando for o caso, ou arquivados no âmbito da Presidência;

VII – os casos omissos serão resolvidos pelo Ministro que convocar a audiência.

ART. 155. O Ministro que presidir a audiência deliberará sobre o que lhe for requerido.

§ 1º. Respeitada a prerrogativa dos advogados, nenhum dos presentes se dirigirá ao presidente da audiência a não ser de pé e com sua licença.

§ 2º. O secretário da audiência fará constar em ata o que nela ocorrer.

TÍTULO V.
DOS PROCESSOS SOBRE COMPETÊNCIA

CAPÍTULO I.
DA RECLAMAÇÃO

ART. 156. Caberá reclamação do Procurador-Geral da República, ou do interessado na causa, para preservar a competência do Tribunal ou garantir a autoridade das suas decisões.

Parágrafo único. A reclamação será instruída com prova documental.

ART. 157. O Relator requisitará informações da autoridade, a quem for imputada a prática do ato impugnado, que as prestará no prazo de cinco dias.

ART. 158. O Relator poderá determinar a suspensão do curso do processo em que se tenha verificado o ato reclamado, ou a remessa dos respectivos autos ao Tribunal.

ART. 159. Qualquer interessado poderá impugnar o pedido do reclamante.

ART. 160. Decorrido o prazo para informações, dar-se-á vista ao Procurador-Geral, quando a reclamação não tenha sido por ele formulada.

ART. 161. Julgando procedente a reclamação, o Plenário ou a Turma poderá: (Redação dada pela Emenda Regimental 9/2001)

I – avocar o conhecimento do processo em que se verifique usurpação de sua competência;

II – ordenar que lhe sejam remetidos, com urgência, os autos do recurso para ele interposto;

III– cassar decisão exorbitante de seu julgado, ou determinar medida adequada observância de sua jurisdição.

Parágrafo único. O Relator poderá julgar a reclamação quando a matéria for objeto de jurisprudência consolidada do Tribunal. (Redação dada pela Emenda Regimental 13/2004)

ART. 162. O Presidente do Tribunal ou da Turma determinará o imediato cumprimento da decisão, lavrando-se o acórdão posteriormente. (Redação dada pela Emenda Regimental 9/2001)

CAPÍTULO II.
DO CONFLITO DE JURISDIÇÃO OU COMPETÊNCIA E DE ATRIBUIÇÕES

ART. 163. O conflito de jurisdição ou competência poderá ocorrer entre autoridades judiciárias; o de atribuições, entre autoridades judiciárias e administrativas.

ART. 164. Dar-se-á conflito nos casos previstos nas leis processuais.

REGIMENTOS INTERNOS

ART. 165. O conflito poderá ser suscitado pela parte interessada, pelo Ministério Público ou por qualquer das autoridades conflitantes.

ART. 166. Poderá o Relator, de ofício, ou a requerimento de qualquer das partes, determinar, quando o conflito for positivo, seja sobrestado o processo e, neste caso, bem assim no de conflito negativo, designar um dos órgãos para resolver, em caráter provisório, as medidas urgentes.

ART. 167. Sempre que necessário, o Relator mandará ouvir as autoridades em conflito, no prazo de dez dias.

ART. 168. Prestadas ou não as informações, o Relator dará vista do processo ao Procurador-Geral e, a seguir, apresentá-lo-á em mesa para julgamento.

§ 1º. Na decisão do conflito, compreender-se-á como expresso o que nela virtualmente se contenha ou dela resulte.

§ 2º. Da decisão de conflito não caberá recurso.

§ 3º. No caso de conflito positivo, o Presidente poderá determinar o imediato cumprimento da decisão, lavrando-se o acórdão, posteriormente.

TÍTULO VI. DA DECLARAÇÃO DE INCONSTITUCIONALIDADE E DA INTERPRETAÇÃO DE LEI

CAPÍTULO I. DA DECLARAÇÃO DE INCONSTITUCIONALIDADE DE LEI OU ATO NORMATIVO

ART. 169. O Procurador-Geral da República poderá submeter ao Tribunal, mediante representação, o exame de lei ou ato normativo federal ou estadual, para que seja declarada a sua inconstitucionalidade.

§ 1º. Proposta a representação, não se admitirá desistência, ainda que afinal o Procurador-Geral se manifeste pela sua improcedência. (Redação dada pela Emenda Regimental 2/85)

§ 2º. Não se admitirá assistência a qualquer das partes. (Redação dada pela Emenda Regimental 2/85)

ART. 170. O Relator pedirá informações à autoridade da qual tiver emanado o ato, bem como ao Congresso Nacional ou à Assembleia Legislativa, se for o caso.

§ 1º. Se houver pedido de medida cautelar, o Relator submetê-la-á ao Plenário e somente após a decisão solicitará as informações.

§ 2º. As informações serão prestadas no prazo de trinta dias, contados do recebimento do pedido, podendo ser dispensadas, em caso de urgência, pelo Relator, ad referendum do Tribunal.

§ 3º. Se, ao receber os autos, ou no curso do processo, o Relator entender que a decisão é urgente, em face do relevante interesse de ordem pública que envolve, poderá, com prévia ciência das partes, submetê-lo ao conhecimento do Tribunal, que terá a faculdade de julgá-lo com os elementos de que dispuser.

ART. 171. Recebidas as informações, será aberta vista ao Procurador-Geral, pelo prazo de quinze dias, para emitir parecer.

ART. 172. Decorrido o prazo do artigo anterior, ou dispensadas as informações em razão da urgência, o Relator, lançado o relatório, do qual a Secretaria remeterá cópia a todos os Ministros, pedirá dia para julgamento.

ART. 173. Efetuado o julgamento, com o quorum do art. 143, parágrafo único, proclamar-se-á a inconstitucionalidade ou a constitucionalidade do preceito ou do ato impugnados, se num ou noutro sentido se tiverem manifestado seis Ministros.

Parágrafo único. Se não for alcançada a maioria necessária à declaração de inconstitucionalidade, estando licenciados ou ausentes Ministros em número que possa influir no julgamento, este será suspenso a fim de aguardar-se o comparecimento dos Ministros ausentes, até que se atinja o quorum.

ART. 174. Proclamada a constitucionalidade na forma do artigo anterior, julgar-se-á improcedente a representação. (Redação dada pela Emenda Regimental 2/85)

ART. 175. Julgada procedente a representação e declarada a inconstitucionalidade total ou parcial de Constituição Estadual, de lei ou decreto federal ou estadual, de resolução de órgão judiciário ou legislativo, bem como de qualquer outro ato normativo federal ou estadual ou de autoridade da administração direta ou indireta, far-se-á comunicação à autoridade ou órgão responsável pela expedição do ato normativo impugnado.

Parágrafo único. Se a declaração de inconstitucionalidade de lei ou ato estadual se fundar nos incisos VI e VII do art. 10 da Constituição, a comunicação será feita, logo após a decisão, à autoridade interessada, bem como, depois do trânsito em julgado, ao Presidente da República, para os efeitos do § 2º do art. 11 da Constituição.

ART. 176. Arguida a inconstitucionalidade de lei ou ato normativo federal, estadual ou municipal, em qualquer outro processo submetido ao Plenário, será ela julgada em conformidade com o disposto nos arts. 172 a 174, depois de ouvido o Procurador-Geral.

§ 1º. Feita a arguição em processo de competência da Turma, e considerada relevante, será ele submetido ao Plenário, independente de acórdão, depois de ouvido o Procurador-Geral.

§ 2º. De igual modo procederão o Presidente do Tribunal e os das Turmas, se a inconstitucionalidade for alegada em processo de sua competência.

ART. 177. O Plenário julgará a prejudicial de inconstitucionalidade e as demais questões da causa.

ART. 178. Declarada, incidentalmente, a inconstitucionalidade, na forma prevista nos arts. 176 e 177, far-se-á comunicação, logo após a decisão, à autoridade ou órgão interessado, bem como, depois do trânsito em julgado, ao Senado Federal, para os efeitos do art. 42, VII, da Constituição.

CAPÍTULO II.
DA INTERPRETAÇÃO DE LEI

ART. 179. O Procurador-Geral da República poderá submeter ao Tribunal o exame de lei ou ato normativo federal ou estadual para que este lhe fixe a interpretação.

ART. 180. A representação será instruída com o texto integral da lei ou do ato normativo e conterá os motivos que justificam a necessidade de sua interpretação prévia, bem como o entendimento que lhe dá o representante.

ART. 181. Proposta a representação, dela não poderá desistir o Procurador-Geral.

Parágrafo único. Não se admitirá assistência a qualquer das partes. (Redação dada pela Emenda Regimental 2/85)

ART. 182. O Relator, se entender que não há motivos que justifiquem a necessidade da interpretação prévia, poderá indeferir, liminarmente, a representação, em despacho fundamentado, do qual caberá agravo regimental.

ART. 183. Se não indeferir liminarmente a representação, o Relator solicitará informações à autoridade da qua tiver emanado o ato, bem como ao Congresso Nacional ou à Assembleia Legislativa, se for o caso.

Parágrafo único. As informações, prestadas no prazo de trinta dias, serão acompanhadas, em se tratando de lei, de cópia de todas as peças do processo legislativo.

ART. 184. Recebidas as informações, o Relator, lançado o relatório do qual a secretaria remeterá cópia a todos os Ministros, pedirá dia para julgamento.

ART. 185. Efetuado o julgamento, com o quorum do parágrafo único do art. 143, proclamar-se-á a interpretação que tiver apoio de, pelo menos, seis Ministros.

§ 1º. Se não for alcançada a maioria necessária, estando licenciados ou ausentes Ministros em número que possa influir no julgamento, este será suspenso a fim de aguardar-se o comparecimento desses Ministros, até que se atinja o quorum.

§ 2º Na hipótese de os votos se dividirem entre mais de duas interpretações, proceder-se-á, em outra sessão designada pelo Presidente, à segunda votação restrita à escolha, pelo quorum de seis Ministros, pelo menos, de uma dentre as duas interpretações anteriormente mais votadas.

ART. 186. A interpretação adotada no julgamento da representação será imediatamente comunicada, pelo Presidente do Tribunal, à autoridade a quem tiverem sido solicitadas as informações.

ART. 187. A partir da publicação do acórdão, por suas conclusões e ementa, no Diário da Justiça da União, a interpretação nele fixada terá força vinculante para todos os efeitos.

TÍTULO VII.
DAS GARANTIAS CONSTITUCIONAIS

CAPÍTULO I.
DO HABEAS CORPUS

ART. 188. Dar-se-á habeas corpus sempre que alguém sofrer ou se achar ameaçado de sofrer violência ou coação em sua liberdade de locomoção, por ilegalidade ou abuso de poder.

ART. 189. O habeas corpus pode ser impetrado:

I – por qualquer pessoa, em seu favor ou de outrem;

II – pelo Ministério Público.

ART. 190. A petição de habeas corpus deverá conter:

I – o nome do impetrante, bem como o do paciente e do coator;

II – os motivos do pedido e, quando possível, a prova documental dos fatos alegados;

III – a assinatura do impetrante ou de alguém a seu rogo, se não souber ou não puder escrever.

ART. 191. O Relator requisitará informações do apontado coator e, sem prejuízo do disposto no art. 21, IV e V, poderá:

I – sendo relevante a matéria, nomear advogado para acompanhar e defender oralmente o pedido, se o impetrante não for diplomado em direito;

II – ordenar diligências necessárias à instrução do pedido, no prazo que estabelecer, se a deficiência deste não for imputável ao impetrante;

III – determinar a apresentação do paciente à sessão do julgamento, se entender conveniente;

IV – no habeas corpus preventivo, expedir salvo-conduto em favor do paciente, até decisão do feito, se houver grave risco de consumar-se a violência.

ART. 192. Quando a matéria for objeto de jurisprudência consolidada do Tribunal, o Relator poderá desde logo denegar ou conceder a ordem, ainda que de ofício, à vista da documentação da petição inicial ou do teor das informações. (Redação dada pela Emenda Regimental 30/2009)

§ 1º. Não se verificando a hipótese do caput, instruído o processo e ouvido o Procurador-Geral em dois dias, o Relator apresentará o feito em mesa para julgamento na primeira sessão da Turma ou do Plenário, observando-se, quanto à votação, o disposto nos arts. 146, parágrafo único, e 150, § 3º.

§ 2º. Não apresentado o processo na primeira sessão, o impetrante poderá requerer seja cientificado pelo Gabinete, por qualquer via, da data do julgamento.

§ 3º. Não se conhecerá de pedido desautorizado pelo paciente.

ART. 193. O Tribunal poderá, de ofício:

REGIMENTOS INTERNOS

I – usar da faculdade prevista no art. 191, III;

II – expedir ordem de habeas corpus quando, no curso de qualquer processo, verificar que alguém sofre ou se ache ameaçado de sofrer violência ou coação em sua liberdade de locomoção por ilegalidade ou abuso de poder.

ART. 194. A decisão concessiva de habeas corpus será imediatamente comunicada às autoridades a quem couber cumpri-la, sem prejuízo da remessa de cópia autenticada do acórdão.

Parágrafo único. A comunicação mediante ofício, telegrama ou radiograma, bem como o salvo-conduto, em caso de ameaça de violência ou coação, serão firmados pelo Presidente do Tribunal ou da Turma.

ART. 195. Ordenada a soltura do paciente, em virtude de habeas corpus, a autoridade que, por má-fé ou evidente abuso de poder, tiver determinado a coação, será condenada nas custas, remetendo-se ao Ministério Público traslado das peças necessárias à apuração de sua responsabilidade penal.

ART. 196. O carcereiro ou diretor da prisão, o escrivão, o oficial de justiça ou a autoridade judiciária, policial ou militar que embaraçarem ou procrastinarem o encaminhamento do pedido de habeas corpus, as informações sobre a causa da violência, coação ou ameaça, ou a condução e apresentação do paciente, serão multados na forma da legislação processual vigente, sem prejuízo de outras sanções penais e administrativas.

ART. 197. Havendo desobediência ou retardamento abusivo no cumprimento da ordem de habeas corpus, por parte do detentor ou carcereiro, o Presidente do Tribunal expedirá mandado de prisão contra o desobediente e oficiará ao Ministério Público, a fim de que promova a ação penal.

Parágrafo único. Na hipótese deste artigo, o Tribunal ou o seu Presidente tomarão as providências necessárias ao cumprimento da decisão, com emprego de meios legais cabíveis, e determinarão, se necessário, a apresentação do paciente ao Relator ou a magistrado local por ele designado.

ART. 198. As fianças que se tiverem de prestar perante o Tribunal, em virtude de habeas corpus, serão processadas pelo Relator, a menos que este delegue essa atribuição a outro magistrado.

ART. 199. Se, pendente o processo de habeas corpus, cessar a violência ou coação, julgar-se-á prejudicado o pedido, podendo, porém, o Tribunal declarar a ilegalidade do ato e tomar as providência cabíveis para a punição do responsável.

Capítulo II.
DO MANDADO DE SEGURANÇA

ART. 200. Conceder-se – á mandado de segurança para proteger direito líquido e certo não amparado por habeas corpus, quando a autoridade responsável pela ilegalidade ou abuso de poder estiver sob a jurisdição do Tribunal.

Parágrafo único. O direito de pedir segurança extingue-se após cento e vinte dias da ciência, pelo interessado, do ato impugnado.

ART. 201. Não se dará mandado de segurança quando estiver em causa:

I – ato de que caiba recurso administrativo com efeito suspensivo, independente de caução;

II – despacho ou decisão judicial, de que caiba recurso, ou que seja suscetível de correição;

III – ato disciplinar, salvo se praticado por autoridade incompetente ou com inobservância de formalidade essencial.

ART. 202. A petição inicial, que deverá preencher os requisitos dos arts. 282 e 283 do Código de Processo Civil, será apresentada em duas vias, e os documentos que instruírem a primeira deverão ser reproduzidos, por cópia, na segunda, salvo o disposto no art. 114 deste Regimento.

ART. 203. O Relator mandará notificar a autoridade coatora para prestar informações no prazo previsto em lei.

§ 1º. Quando relevante o fundamento e do ato impugnado puder resultar a ineficácia da medida, caso deferida, o Relator determinar-lhe-á a suspensão, salvo nos casos vedados em lei.

§ 2º. A notificação será instruída com a segunda via da inicial e cópias dos documentos, bem como do despacho concessivo da liminar, se houver.

ART. 204. A medida liminar vigorará pelo prazo de noventa dias, contado de sua efetivação e prorrogável por mais trinta dias, se o acúmulo de serviço o justificar.

Parágrafo único. Se, por ação ou omissão, o beneficiário da liminar der causa à procrastinação do julgamento do pedido, poderá o Relator revogar a medida.

ART. 205. Recebidas as informações ou transcorrido o respectivo prazo, sem o seu oferecimento, o Relator, após vista ao Procurador-Geral, pedirá dia para julgamento, ou, quando a matéria for objeto de jurisprudência consolidada do Tribunal, julgará o pedido. (Redação dada pela Emenda Regimental 28/2009)

Parágrafo único. O julgamento de mandado de segurança contra ato do Presidente do Supremo Tribunal Federal ou do Conselho Nacional da Magistratura será presidido pelo Vice-Presidente ou, no caso de ausência ou impedimento, pelo Ministro mais antigo dentre os presentes à sessão. Se lhe couber votar, nos termos do art. 146, I a III, e seu voto produzir empate, observar-se-á o seguinte:

I – não havendo votado algum Ministro, por motivo de ausência ou licença que não deva durar por mais de três meses, aguardar-se-á o seu voto;

II – havendo votado todos os Ministros, salvo os impedidos ou licenciados por período remanescente superior a três meses, prevalecerá o ato impugnado.

ART. 206. A concessão ou a denegação de segurança na vigência de medida liminar serão imediatamente comunicadas à autoridade apontada como coatora.

REGIMENTOS INTERNOS

TÍTULO VIII. DOS PROCESSOS ORIUNDOS DE ESTADOS ESTRANGEIROS

CAPÍTULO I. DA EXTRADIÇÃO

ART. 207. Não se concederá extradição sem prévio pronunciamento do Supremo Tribunal Federal sobre a legalidade e a procedência do pedido, observada a legislação vigente.

ART. 208. Não terá andamento o pedido de extradição sem que o extraditando seja preso e colocado à disposição do Tribunal.

ART. 209. O Relator designará dia e hora para o interrogatório do extraditando e requisitará a sua apresentação.

ART. 210. No interrogatório, ou logo após, intimar-se-á o defensor do extraditando para apresentar defesa escrita no prazo de dez dias.

§ 1º. O Relator dará advogado ao extraditando que não o tiver, e curador, se for o caso.

§ 2º. Será substituído o defensor, constituído ou dativo, que não apresentar a defesa no prazo deste artigo.

ART. 211. É facultado ao Relator delegar o interrogatório do extraditando a juiz do local onde estiver preso.

Parágrafo único. Para o fim deste artigo, serão os autos remetidos ao juiz delegado, que os devolverá, uma vez apresentada a defesa ou exaurido o prazo.

ART. 212. Junta a defesa e aberta vista por dez dias ao Procurador-Geral, o Relator pedirá dia para julgamento.

Parágrafo único. O Estado requerente da extradição poderá ser representado por advogado para acompanhar o processo perante o Tribunal.

ART. 213. O extraditando permanecerá na prisão, à disposição do Tribunal, até o julgamento final.

ART. 214. No processo de extradição, não se suspende no recesso e nas férias o prazo fixado por lei para o cumprimento de diligência determinada pelo Relator ou pelo Tribunal.

CAPÍTULO II. DA HOMOLOGAÇÃO DE SENTENÇA ESTRANGEIRA

ART. 215. A sentença estrangeira não terá eficácia no Brasil sem a prévia homologação pelo Supremo Tribunal Federal ou por seu Presidente. (Redação dada pela Emenda Regimental 1/1981)

ART. 216. Não será homologada sentença que ofenda a soberania nacional, a ordem pública e os bons costumes.

ART. 217. Constituem requisitos indispensáveis à homologação da sentença estrangeira:

I – haver sido proferida por juiz competente;

II – terem sido as partes citadas ou haver-se legalmente verificado a revelia;

III – ter passado em julgado e estar revestida das formalidades necessárias à execução no lugar em que foi proferida;

IV – estar autenticada pelo cônsul brasileiro e acompanhada de tradução oficial.

ART. 218. A homologação será requerida pela parte interessada, devendo a petição inicial conter as indicações constantes da lei processual e ser instruída com a certidão ou cópia autêntica do texto integral da sentença estrangeira e com outros documentos indispensáveis, devidamente traduzidos e autenticados.

Parágrafo único. (Suprimido). (Redação dada pela Emenda Regimental 1/1981)

ART. 219. Se a petição inicial não preencher os requisitos exigidos no artigo anterior ou apresentar defeitos ou irregularidades que dificultem o julgamento, o Presidente mandará que o requerente a emende ou complete, no prazo de dez dias, sob pena de indeferimento.

Parágrafo único. Se o requerente não promover, no prazo marcado, mediante intimação ao advogado, ato ou diligência que lhe for determinado no curso do processo, será este julgado extinto pelo Presidente ou pelo Plenário, conforme o caso. (Redação dada pela Emenda Regimental 1/1981)

ART. 220. Autuados a petição e os documentos, o Presidente mandará citar o requerido para, em quinze dias, contestar o pedido.

§ 1º. O requerido será citado por oficial de justiça, se domiciliado no Brasil, expedindo-se, para isso, carta de ordem; se domiciliado no estrangeiro, pela forma estabelecida na lei do País, expedindo-se carta rogatória.

§ 2º. Certificado pelo oficial de justiça ou firmado, em qualquer caso, pelo requerente, que o citando se encontre em lugar ignorado, incerto ou inacessível, a citação far-se-á por edital.

ART. 221. A contestação somente poderá versar sobre a autenticidade dos documentos, a inteligência da sentença e a observância dos requisitos indicados nos arts. 217 e 218.

§ 1º. Revel ou incapaz o requerido, dar-se-lhe-á curador especial que será pessoalmente notificado.

§ 2º. Apresentada a contestação, será admitida réplica em cinco dias.

§ 3º. Transcorrido o prazo da contestação ou da réplica oficiará o Procurador-Geral no prazo de dez dias.

ART. 222. Se o requerido, o curador especial ou o Procurador-Geral não impugnarem o pedido de homologação, sobre ele decidirá o Presidente. (Redação dada pela Emenda Regimental 1/1981)

Parágrafo único. Da decisão do Presidente que negar a homologação cabe agravo regimental.

ART. 223. Havendo impugnação à homologação, o processo será distribuído para julgamento pelo Plenário. (Redação dada pela Emenda Regimental 1/1981)

REGIMENTOS INTERNOS

Parágrafo único. Caberão ao Relator os demais atos relativos ao andamento e à instrução do processo e o pedido de dia para o julgamento

ART. 224. A execução far-se-á por carta de sentença, no juízo competente, observadas as regras estabelecidas para a execução de julgado nacional da mesma natureza.

CAPÍTULO III. DA CARTA ROGATÓRIA

ART. 225. Compete ao Presidente do Tribunal conceder exequatur a cartas rogatórias de Juízos ou Tribunais estrangeiros.

ART. 226. Recebida a rogatória, o interessado residente no país será intimado, podendo, no prazo de cinco dias, impugná-la. (Redação dada pela Emenda Regimental 2/1985)

§ 1º. Findo esse prazo, abrir-se-á vista ao Procurador-Geral, que também poderá impugnar o cumprimento da rogatória.

§ 2º. A impugnação só será admitida se a rogatória atentar contra a soberania nacional ou a ordem pública, ou se lhe faltar autenticidade.

ART. 227. Concedido o exequatur, seguir-se-á a remessa da rogatória ao juízo no qual deva ser cumprida.

Parágrafo único. Da concessão ou denegação do exequatur cabe agravo regimental.

ART. 228. No cumprimento da carta rogatória cabem embargos relativos a quaisquer atos que lhe sejam referentes, opostos no prazo de dez dias, por qualquer interessado ou pelo Ministério Público local, julgando-os o Presidente, após audiência do Procurador-Geral. (Redação dada pela Emenda Regimental 2/1985)

Parágrafo único. Da decisão que julgar os embargos cabe agravo regimental.

ART. 229. Cumprida a rogatória, será devolvida ao Supremo Tribunal Federal, no prazo de dez dias, e por este remetida, em igual prazo, por via diplomática, ao juízo ou tribunal de origem.

TÍTULO IX. DAS AÇÕES ORIGINÁRIAS

CAPÍTULO I. DA AÇÃO PENAL ORIGINÁRIA

ART. 230. A denúncia nos crimes de ação pública, a queixa nos de ação privada, bem como a representação, quando indispensável ao exercício da primeira, obedecerão ao que dispõe a lei processual.

ART. 230-A. Ao receber inquérito oriundo de instância inferior, o Relator verificará a competência do Supremo Tribunal Federal, recebendo-o no estado em que se encontrar. (Redação dada pela Emenda Regimental 44/2011.)

ART. 230-B. O Tribunal não processará comunicação de crime, encaminhando-a à Procuradoria-Geral da República. (Redação dada pela Emenda Regimental 44/2011)

ART. 230-C. Instaurado o inquérito, a autoridade policial deverá em sessenta dias reunir os elementos necessários à conclusão das investigações, efetuando as inquirições e realizando as demais diligências necessárias à elucidação dos fatos, apresentando, ao final, peça informativa. (Redação dada pela Emenda Regimental 44/2011)

§ 1º. O Relator poderá deferir a prorrogação do prazo sob requerimento fundamentado da autoridade policial ou do Procurador-Geral da República, que deverão indicar as diligências que faltam ser concluídas. (Redação dada pela Emenda Regimental 44/2011)

§ 2º. Os requerimentos de prisão, busca e apreensão, quebra de sigilo telefônico, bancário, fiscal, e telemático, interceptação telefônica, além de outras medidas invasivas, serão processados e apreciados, em autos apartados e sob sigilo, pelo Relator. (Redação dada pela Emenda Regimental 44/2011)

ART. 231. Apresentada a peça informativa pela autoridade policial, o Relator encaminhará os autos ao Procurador-Geral da República, que terá quinze dias para oferecer a denúncia ou requerer o arquivamento. (Redação dada pela Emenda Regimental 44/2011)

§ 1º. As diligências complementares ao inquérito podem ser requeridas pelo Procurador-Geral ao Relator, interrompendo o prazo deste artigo, se deferidas.

§ 2º. As diligências complementares não interrompem o prazo para oferecimento de denúncia, se o indiciado estiver preso.

§ 3º. Na hipótese do parágrafo anterior, se as diligências forem indispensáveis ao oferecimento da denúncia, o Relator determinará o relaxamento da prisão do indiciado; se não o forem, mandará, depois de oferecida a denúncia, que se realizem em separado, sem prejuízo da prisão e do processo.

§ 4º. O Relator tem competência para determinar o arquivamento, quando o requerer o Procurador-Geral da República ou quando verificar: (Redação dada pela Emenda Regimental 44/2011)

a) a existência manifesta de causa excludente da ilicitude do fato;

b) a existência manifesta de causa excludente da culpabilidade do agente, salvo inimputabilidade;

c) que o fato narrado evidentemente não constitui crime;

d) extinta a punibilidade do agente; ou

e) ausência de indícios mínimos de autoria ou materialidade, nos casos em que forem descumpridos os prazos para a instrução do inquérito ou para oferecimento de denúncia.

§ 5º. Se o indiciado estiver preso, o prazo a que se refere o caput será de cinco dias. (Redação dada pela Emenda Regimental 44/2011)

§ 6º. O inquérito arquivado por falta de indícios mínimos de autoria ou materialidade poderá ser reaberto, caso surjam novos elementos. (Redação dada pela Emenda Regimental 44/2011.)

ART. 232. Se o inquérito versar sobre a prática de crime de ação privada, o Relator determinará seja aguardada a iniciativa do ofendido ou de quem por lei esteja autorizado a oferecer queixa.

Parágrafo único. Verificando a extinção da punibilidade, ainda que não haja iniciativa do ofendido, o Relator, após ouvir o Procurador-Geral da República, poderá arquivar o feito. (Redação dada pela Emenda Regimental 44/2011)

ART. 233. O Relator, antes do recebimento ou da rejeição da denúncia ou da queixa, mandará notificar o acusado para oferecer resposta escrita no prazo de quinze dias.

§ 1º. A notificação será feita na forma da lei processual penal. (Redação dada pela Emenda Regimental 44/2011)

§ 2º. Com a notificação, será entregue ao acusado cópia da denúncia ou queixa, do despacho do Relator e dos documentos por este indicados. (Redação dada pela Emenda Regimental 44/2011)

§ 3º. Se desconhecido o paradeiro do acusado, será este notificado por edital, com o prazo de cinco dias, para que apresente a resposta prevista neste artigo.

ART. 234. Apresentada, ou não, a resposta, o Relator pedirá dia para que o Plenário ou a Turma, conforme o caso, delibere sobre o recebimento ou a rejeição da denúncia ou da queixa. (Redação dada pela Emenda Regimental 49/2014)

§ 1º. É facultada a sustentação oral, pelo tempo máximo de quinze minutos, no julgamento de que trata este artigo. (Redação dada pela Emenda Regimental 02/1985)

§ 2º. Encerrados os debates, o Tribunal passará a deliberar em sessão pública. (Redação dada pela Emenda Regimental 44/2011)

ART. 235. Recebida a denúncia ou a queixa, o Relator designará dia e hora para o interrogatório, mandando citar o acusado e intimar o Procurador-Geral, bem como o querelante ou o assistente, se for o caso. (Redação dada pela Emenda Regimental 2/1985)

Parágrafo único. Ao receber ação penal oriunda de instância inferior, o Relator verificará a competência do Supremo Tribunal Federal, recebendo-a no estado em que se encontrar. (Redação dada pela Emenda Regimental 44/2011)

ART. 236. Requerida a suspensão do exercício de mandato parlamentar, nos termos do art. 32, § 5º, da Constituição, o Tribunal, dada vista à defesa pelo prazo de quinze dias, julgará o pedido, observado o procedimento previsto no artigo anterior. (Redação dada pela Emenda Regimental 2/1985)

Parágrafo único. O pedido, de que trata este artigo, será processado em apartado, como incidente, e não obstará o prosseguimento da ação penal.

ART. 237. Não comparecendo o acusado, ou não constituindo advogado, o Relator nomear-lhe-á defensor.

ART. 238. O prazo para a defesa prévia será de cinco dias e contar-se-á do interrogatório ou da intimação do defensor dativo.

ART. 239. A instrução do processo obedecerá, no que couber, ao procedimento comum do Código de Processo Penal.

§ 1º. O Relator poderá delegar o interrogatório do réu e qualquer dos atos de instrução a juiz ou membro de outro Tribunal, que tenha competência territorial no local onde devam ser produzidos. (Redação dada pela Emenda Regimental 2/1985)

§ 2º. Na hipótese de a Câmara dos Deputados ou o Senado Federal comunicar ao Tribunal que, por iniciativa de sua Mesa, resolveu sustar o processo, o Plenário decidirá sobre a suspensão deste. (Redação dada pela Emenda Regimental 2/1985)

ART. 240. Terminada a inquirição de testemunhas, o Relator dará vista sucessiva à acusação e à defesa, pelo prazo de cinco dias, para requererem diligências, em razão de circunstâncias ou fatos apurados na instrução.

ART. 241. Concluídas as diligências acaso deferidas, mandará o Relator dar vista às partes para alegações, pelo prazo de quinze dias, sendo comum o prazo do acusador e do assistente, bem como o dos corréus.

ART. 242. Findos os prazos do artigo anterior, e após ouvir o Procurador-Geral na ação penal privada, pelo prazo de quinze dias, o Relator poderá ordenar diligências para sanar nulidade ou suprir falta que prejudique a apuração da verdade.

ART. 243. Observado o disposto no artigo anterior, o Relator lançará o relatório e passará os autos ao Revisor, que pedirá dia para julgamento.

Parágrafo único. A Secretaria remeterá cópia do relatório aos Ministros logo após o pedido de dia formulado pelo Revisor.

ART. 244. A requerimento das partes ou do Procurador-Geral, o Relator poderá admitir que deponham, na sessão de julgamento, testemunhas arroladas com antecedência de quinze dias, intimadas na forma da lei e do Regimento.

ART. 245. Na sessão de julgamento observar-se-á o seguinte:

I – o Relator apresentará o relatório lavrado e, se houver, o aditamento ou retificação do Revisor;

II – as testemunhas arroladas serão inquiridas pelo Relator e, facultativamente, pelos demais Ministros; em primeiro lugar, as de acusação e, depois, as de defesa;

III – admitir-se-ão, a seguir, perguntas do Procurador-Geral e das partes;

IV – ouvir-se-ão os peritos para esclarecimentos previamente ordenados pelo Relator, de ofício, ou a requerimento das partes ou do Procurador-Geral;

V – findas as inquirições e efetuadas quaisquer diligências que o Tribunal houver determinado, será dada a palavra à acusação e à defesa, pelo tempo de uma hora, prorrogável pelo Presidente;

VI – na ação penal privada, o Procurador-Geral falará por último, por trinta minutos;

VII – encerrados os debates, o Tribunal passará a deliberar em sessão secreta, sem a presença das partes e do Procurador-Geral, e proclamará o resultado do julgamento em sessão pública.

§ 1º. O julgamento efetuar-se-á, em uma ou mais sessões, a critério do Tribunal.

§ 2º. Nomear-se-á defensor ad hoc se o advogado constituído pelo réu ou o defensor anteriormente nomeado não comparecer à sessão de julgamento, a qual será adiada se aquele o requerer para exame dos autos.

ART. 246. Aplica-se o art. 105 aos prazos fixados neste Capítulo, salvo se o acusado estiver preso ou se a ação penal estiver na iminência de extinguir-se pela prescrição.

CAPÍTULO II. DA AÇÃO CÍVEL ORIGINÁRIA

ART. 247. A ação cível originária, prevista no art. 119, I, c e d, da Constituição, será processada nos termos deste Regimento e da lei.

§ 1º. O prazo para a contestação será fixado pelo Relator;

§ 2º. O Relator poderá delegar atos instrutórios a juiz ou membro de outro Tribunal que tenha competência territorial no local onde devam ser produzidos.

ART. 248. Encerrada a fase postulatória, o Relator proferirá despacho saneador, nos termos da lei processual.

ART. 249. Finda a instrução, o Relator dará vista, sucessivamente, ao autor, ao réu e ao Procurador-Geral, se não for parte, para arrazoarem, no prazo de cinco dias.

ART. 250. Findos os prazos do artigo anterior, o Relator lançará nos autos o relatório, do qual a Secretaria remeterá cópia aos demais Ministros, e pedirá dia para julgamento.

ART. 251. Na sessão de julgamento, será dada a palavra às partes e ao Procurador-Geral pelo tempo de trinta minutos, prorrogável pelo Presidente.

CAPÍTULO III. DA AVOCAÇÃO DE CAUSAS

ART. 252. Quando, de decisão proferida em qualquer juízo ou tribunal, decorrer imediato perigo de grave lesão à ordem, à saúde, à segurança ou às finanças públicas, poderá o Procurador-Geral da República requerer a avocação da causa, para que se lhe suspendam os efeitos, devolvendo-se o conhecimento integral do litígio ao Supremo Tribunal Federal, salvo se a decisão se restringir a questão incidente, caso em que o conhecimento a ela se limitará.

Parágrafo único. Não caberá pedido de avocação, se a decisão impugnada houver transitado em julgado, ou admitir recurso com efeito suspensivo.

ART. 253. No requerimento, que deverá ser acompanhado de certidão da decisão impugnada e da data de sua intimação, o Procurador-Geral da República identificará a causa a ser avocada e apresentará as razões que justificam a avocação.

ART. 254. Distribuído o pedido, poderá o Relator:

I – se entender necessário, solicitar, para serem prestadas em dez dias, informações ao juiz ou tribunal que houver proferido a decisão;

II – indeferir, liminarmente, por despacho do qual caberá agravo regimental, o pedido que manifestamente não atenda aos requisitos da avocatória;

III – determinar a imediata suspensão dos efeitos da decisão, até a deliberação final do Plenário.

ART. 255. Se não indeferir liminarmente o pedido, determinará o Relator ao juiz ou tribunal de origem que faça intimar os procuradores das partes para que se manifestem nos autos principais no prazo comum de dez dias.

Parágrafo único. Com a manifestação das partes, ou sem ela, subirão os autos principais ao Supremo Tribunal Federal, onde serão apensados aos do pedido de avocação.

ART. 256. Observado o disposto no artigo anterior e conclusos os autos ao Relator, deverá este, no prazo de dez dias, mandar incluí-los em pauta para julgamento.

§ 1º. Após o relatório, será facultada a palavra ao Procurador-Geral e às partes pelo tempo máximo de quinze minutos.

§ 2º. Encerrados os debates, o Tribunal passará a deliberar, em sessão secreta, sem a presença das partes e do Procurador-Geral, e proclamará o resultado do julgamento em sessão pública.

ART. 257. Indeferida a avocatória, os autos apensados serão devolvidos à instância de origem, onde os prazos, considerados suspensos (arts. 254, III, e 255), retomarão seu curso, após intimação das partes.

ART. 258. Deferido o pedido, os autos da causa avocada serão conclusos ao Relator, que, se não determinar diligência, mandará ouvir, sucessivamente, pelo prazo de cinco dias, as partes e o Procurador-Geral; em seguida, lançará o relatório, do qual a Secretaria remeterá cópia a todos os Ministros, e pedirá dia para julgamento.

CAPÍTULO IV. DA AÇÃO RESCISÓRIA

ART. 259. Caberá ação rescisória de decisão proferida pelo Plenário ou por Turma do Tribunal, bem assim pelo Presidente, nos casos previstos na lei processual.

ART. 260. Distribuída a inicial, o Relator mandará citar o réu, fixando-lhe prazo para contestação.

ART. 261. Contestada a ação, ou transcorrido o prazo, o Relator proferirá despacho saneador e deliberará sobre as provas requeridas.

Parágrafo único. O Relator poderá delegar atos instrutórios a juiz ou membro de outro Tribunal que tenha competência territorial no local onde devam ser produzidos.

ART. 262. Concluída a instrução, o Relator abrirá vista sucessiva às partes, por dez dias, para oferecimento de razões e, após ouvido o Procurador-Geral, lançará o relatório e passará os autos ao Revisor, que pedirá dia para julgamento.

CAPÍTULO V.
DA REVISÃO CRIMINAL

ART. 263. Será admitida a revisão, pelo Tribunal, dos processos criminais findos, em que a condenação tiver sido por ele proferida ou mantida no julgamento de ação penal originária ou recurso criminal ordinário:

I – quando a decisão condenatória for contrária ao texto expresso da lei penal ou à evidência dos autos;

II – quando a decisão condenatória se fundar em depoimentos, exames ou documentos comprovadamente falsos;

III – quando, após a decisão condenatória, se descobrirem novas provas de inocência do condenado ou de circunstância que determine ou autorize diminuição especial da pena.

Parágrafo único. No caso do inciso I, primeira parte, caberá revisão, pelo Tribunal, de processo em que a condenação tiver sido por ele proferida ou mantida no julgamento de recurso extraordinário, se seu fundamento coincidir com a questão federal apreciada.

ART. 264. A revisão poderá ser requerida a qualquer tempo, depois de transitada em julgado a decisão condenatória, esteja ou não extinta a pena.

Parágrafo único. Não é admissível reiteração do pedido, com o mesmo fundamento, salvo se fundado em novas provas.

ART. 265. A revisão poderá ser pedida pelo próprio condenado ou seu procurador legalmente habilitado, ou, falecido aquele, pelo seu cônjuge, ascendente, descendente ou irmão.

Parágrafo único. Aplica-se ao processo de revisão o disposto nos incisos I e II do art. 191 deste Regimento.

ART. 266. O pedido de revisão será sempre instruído com o inteiro teor, autenticado, da decisão condenatória, com a prova de haver esta passado em julgado e com os documentos comprobatórios das alegações em que se fundar, indicadas, igualmente, as provas que serão produzidas.

Parágrafo único. Se a decisão impugnada for confirmatória de outras, estas deverão, também, vir comprovadas no seu inteiro teor.

ART. 267. O Relator admitirá ou não as provas requeridas e determinará a produção de outras que entender necessárias, facultado o agravo regimental.

Parágrafo único. A qualquer tempo, o Relator poderá solicitar informações ao juiz da execução e requisitar os autos do processo sob revisão.

ART. 268. Instruído o processo, o Relator ouvirá o requerente e o Procurador-Geral, no prazo de cinco dias para cada um, e, lançado o relatório, passará os autos ao Revisor, que pedirá dia para julgamento.

Parágrafo único. Quando a condenação houver sido imposta em ação penal originária, o julgamento da revisão atenderá ao disposto no art. 245, inciso VII, deste Regimento.

ART. 269. Se julgar procedente a revisão, o Tribunal poderá absolver o acusado, alterar a classificação da infração, modificar a pena ou anular o processo.

Parágrafo único. A pena imposta pela decisão revista não poderá ser agravada.

ART. 270. À vista da certidão do acórdão que houver cassado ou reformado a decisão condenatória, o juiz da execução mandará juntá-la aos autos, para o seu cumprimento, determinando desde logo o que for de sua competência.

ART. 271. A absolvição implicará o restabelecimento de todos os direitos perdidos em virtude da condenação, devendo o Tribunal, se for o caso, impor a medida de segurança cabível.

ART. 272. O Tribunal, se o interessado o requerer, poderá reconhecer, na forma da lei, o direito a uma justa indenização pelos prejuízos sofridos.

CAPÍTULO VI.
DOS LITÍGIOS COM ESTADOS ESTRANGEIROS OU ORGANISMOS INTERNACIONAIS

ART. 273. O processo dos litígios entre Estados estrangeiros e a União, os Estados, o Distrito Federal ou os Territórios observará o rito estabelecido para ação cível originária.

ART. 274. Obedecerão ao mesmo procedimento as ações entre os organismos internacionais, de que o Brasil participe, e as entidades de direito público interno referidas no artigo anterior.

ART. 275. A capacidade processual e a legitimidade de representação dos Estados estrangeiros e dos organismos internacionais regulam-se pelas normas estabelecidas nos tratados ratificados pelo Brasil.

CAPÍTULO VII.
DA SUSPENSÃO DE DIREITOS

ART. 276. A representação prevista no art. 154 da Constituição terá o procedimento da ação penal originária.

Parágrafo único. Desde que não tenha havido liminar, o Presidente poderá proceder na forma do art. 162.

TÍTULO X.
DOS PROCESSOS INCIDENTES

CAPÍTULO I.
DOS IMPEDIMENTOS E DA SUSPEIÇÃO

ART. 277. Os Ministros declarar-se-ão impedidos ou suspeitos nos casos pre-

Parágrafo único. Não estão impedidos os Ministros que, no Tribunal Superior Eleitoral, tenham funcionado no mesmo processo ou no processo originário, os quais devem ser excluídos, se possível, da distribuição. (Redação dada pela Emenda Regimental 2/1985)

ART. 278. A suspeição será arguida perante o Presidente, ou o Vice-Presidente, se aquele for o recusado.

Parágrafo único. A petição será instruída com os documentos comprobatórios da arguição e o rol das testemunhas.

ART. 279. A suspeição do Relator poderá ser suscitada até cinco dias após a distribuição; a do Revisor, em igual prazo, após a conclusão dos autos; e a dos demais Ministros, até o início do julgamento.

ART. 280. O Presidente mandará arquivar a petição, se manifesta a sua improcedência.

ART. 281. Será ilegítima a arguição de suspeição, quando provocada pelo excipiente, ou quando houver ele praticado ato que importe na aceitação do Ministro.

ART. 282. Se admitir a arguição, o Presidente ouvirá o Ministro recusado e, a seguir, inquirirá as testemunhas indicadas, submetendo o incidente ao Tribunal em sessão secreta.

ART. 283. O Ministro que não reconhecer a suspeição funcionará até o julgamento da arguição.

Parágrafo único. A afirmação de suspeição pelo arguido, ainda que por outro fundamento, põe fim ao incidente.

ART. 284. A arguição será sempre individual, não ficando os demais Ministros impedidos de apreciá-la, ainda que também recusados.

ART. 285. Afirmada a suspeição pelo arguido, ou declarada pelo Tribunal, ter-se-ão por nulos os atos por ele praticados.

ART. 286. Não se fornecerá, salvo ao arguente e ao arguido, certidão de qualquer peça do processo de suspeição, antes de afirmada pelo arguido ou declarada pelo Tribunal.

Parágrafo único. Da certidão constará obrigatoriamente o nome de quem a requereu, bem assim desfecho que houver tido a arguição.

ART. 287. Aplicar-se-á aos impedimentos dos Ministros o processo estabelecido para a suspeição, no que couber.

CAPÍTULO II. DA HABILITAÇÃO INCIDENTE

ART. 288. Em caso de falecimento de alguma das partes:

I – o cônjuge, herdeiro ou legatário requererá sua habilitação, bem como a citação da outra parte para contestá-la no prazo de quinze dias;

II – qualquer dos outros interessados poderá requerer a citação do cônjuge, herdeiro ou legatário para providenciarem sua habilitação em quinze dias.

§ 1°. No caso do inciso II deste artigo, se a parte não providenciar a habilitação, o processo correrá à revelia.

§ 2°. Na hipótese do parágrafo anterior, nomear-se-á curador ao revel, oficiando também o Procurador-Geral.

ART. 289. A citação far-se-á na pessoa do procurador constituído nos autos, mediante publicação no Diário da Justiça, ou à parte, pessoalmente, se não estiver representada no processo.

ART. 290. Quando incertos os sucessores, a citação far-se-á por edital.

ART. 291. O cessionário ou sub-rogado poderão habilitar-se apresentando o documento da cessão ou sub-rogação e pedindo a citação dos interessados.

Parágrafo único. O cessionário de herdeiro somente após a habilitação deste poderá apresentar-se.

ART. 292. O Relator, se contestado o pedido, facultará às partes sumária produção de provas, em cinco dias, e julgará, em seguida, a habilitação.

ART. 293. Não dependerá de decisão do Relator, processando-se nos autos da causa principal, o pedido de habilitação:

I – do cônjuge e herdeiros necessários que provem por documento sua qualidade e o óbito do falecido;

II – fundado em sentença, com trânsito em julgado, que atribua ao requerente a qualidade de herdeiro ou sucessor;

III – do herdeiro que for incluído sem qualquer oposição no inventário;

IV – quando estiver declarada a ausência ou determinada a arrecadação da herança jacente;

V – quando oferecidos os artigos de habilitação, a parte reconhecer a procedência do pedido e não houver oposição de terceiro.

ART. 294. O cessionário ou o adquirente podem prosseguir na causa, juntando aos autos o respectivo título e provando a sua identidade, caso em que sucederão ao cedente ou ao credor originário que houverem falecido.

ART. 295. Já havendo pedido de dia para julgamento, não se decidirá o requerimento de habilitação.

ART. 296. A parte que não se habilitar perante o Tribunal poderá fazê-lo em outra instância.

CAPÍTULO III. DA SUSPENSÃO DE SEGURANÇA

ART. 297. Pode o Presidente, a requerimento do Procurador-Geral, ou da pessoa jurídica de direito público interessada, e para evitar grave lesão à ordem, à saúde, à segurança e à economia pública, suspender, em despacho fundamentado, a execução de liminar, ou da decisão concessiva de mandado de segurança, proferida em única ou última instância, pelos tribunais locais ou federais.

§ 1°. O Presidente pode ouvir o impetrante, em cinco dias, e o Procurador-Geral, quando não for o requerente, em igual prazo.

§ 2°. Do despacho que conceder a suspensão caberá agravo regimental.

§ 3° A suspensão de segurança vigorará enquanto pender o recurso, ficando sem efeito, se a decisão concessiva for mantida pelo Supremo Tribunal Federal ou transitar em julgado.

CAPÍTULO IV. DA RECONSTITUIÇÃO DE AUTOS PERDIDOS

ART. 298. O pedido de reconstituição de autos, no Tribunal, será apresentado ao Presidente e distribuído ao Relator do processo desaparecido ou ao seu substituto.

ART. 299. A parte contrária será citada para contestar o pedido no prazo de cinco dias, cabendo ao Relator exigir as cópias, contrafés e reproduções dos atos e documentos que estiverem em seu poder.

Parágrafo único. Se o citado concordar com a reconstituição, lavrar-se-á o respectivo auto que, assinado pelas partes e homologado pelo Relator, suprirá o processo desaparecido.

ART. 300. O Relator determinará as diligências necessárias, solicitando informações e cópias autênticas, se for o caso, a outros juízes e Tribunais.

ART. 301. O julgamento de reconstituição caberá ao Plenário ou à Turma competente para o processo extraviado.

ART. 302. Quem tiver dado causa à perda ou extravio responderá pelas despesas de reconstituição.

ART. 303. Julgada a reconstituição, o processo seguirá os trâmites normais.

Parágrafo único. Encontrado o processo original, nele prosseguirá o feito, apensando-se os autos reconstituídos.

TÍTULO XI. DOS RECURSOS

CAPÍTULO I. DISPOSIÇÕES GERAIS

ART. 304. Admitir-se-ão medidas cautelares nos recursos, independentemente dos seus efeitos.

ART. 305. Não caberá recurso da deliberação da Turma ou do Relator que remeter o processo ao julgamento do Plenário, ou que determinar, em agravo de instrumento, o processamento de recurso denegado ou procrastinado.

ART. 306. Os recursos serão processados, na instância de origem, pelas normas da legislação aplicável, observados os arts. 59, 307 e 308 deste Regimento.

CAPÍTULO II. DOS RECURSOS CRIMINAIS

SEÇÃO I. DOS RECURSOS ORDINÁRIOS

ART. 307. Caberá recurso ordinário para o Tribunal, no prazo de três dias (art. 565 do Código de Processo Penal Militar), de decisão de única ou de última instância da Justiça Militar, nos casos do art. 129, § 1º e § 2º, da Constituição.

ART. 308. Recebido o recurso, abrir-se-á vista às partes, sucessivamente, por cinco dias, para o oferecimento de razões, na instância de origem (art. 566 do Código de Processo Penal Militar).

ART. 309. Distribuído o recurso, a Secretaria, imediatamente, fará os autos com vista ao Procurador-Geral. Devolvidos e conclusos ao Relator, este pedirá dia para julgamento, no Plenário ou na Turma, conforme o caso.

Parágrafo único. Na hipótese do art. 6º, III, c, lançado o relatório, passará os autos ao Revisor que pedirá dia para julgamento. Logo após, a Secretaria remeterá cópia do relatório aos Ministros.

SEÇÃO II. DO RECURSO DE HABEAS CORPUS

ART. 310. O recurso ordinário para o Tribunal, das decisões denegatórias de habeas corpus, será interposto no prazo de cinco dias, nos próprios autos em que se houver proferido a decisão recorrida, com as razões do pedido de reforma.

ART. 311. Distribuído o recurso, a Secretaria, imediatamente, fará os autos com vista ao Procurador-Geral, pelo prazo de dois dias. Conclusos ao Relator, este submeterá o feito a julgamento do Plenário ou da Turma, conforme o caso.

ART. 312. Aplicar-se-á, no que couber, ao processamento do recurso o disposto com relação ao pedido de habeas corpus.

CAPÍTULO III. DOS AGRAVOS

SEÇÃO I. DO AGRAVO DE INSTRUMENTO

ART. 313. Caberá agravo de instrumento:

I – de decisão de juiz de primeira instância nas causas a que se refere o art. 6º, III, d, nos casos admitidos na legislação processual;

II – de despacho de Presidente de Tribunal que não admitir recurso da competência do Supremo Tribunal Federal;

III – quando se retardar, injustificadamente, por mais de trinta dias, o despacho a que se refere o inciso anterior, ou a remessa do processo ao Tribunal.

Parágrafo único. Na petição do agravo a que se refere o inciso I deste artigo, poderá o agravante requerer que o agravo fique retido nos autos, a fim de que o Tribunal dele conheça, preliminarmente, por ocasião do julgamento da apelação, desde que assim o solicite nas razões ou contrarrazões desta.

ART. 314. O agravo de instrumento obedecerá, no juízo ou tribunal de origem, às normas da legislação processual vigente.

ART. 314-A. O agravo em recurso extraordinário será registrado ao Presidente para que exerça as atribuições conferidas no art. 13, inciso v, alíneas c e d, ou determine a distribuição dos processos quando não identificar a

REGIMENTOS INTERNOS

presença dos óbices nelas previstos. (Incluído pela Emenda Regimental nº 54/2020)

Parágrafo único. Os agravos oriundos do Tribunal Superior Eleitoral e aqueles concernentes a matérias criminais em que haja prevenção, nos termos deste regimento, serão encaminhados diretamente à distribuição.

ART. 315. Distribuído o agravo e ouvido, se necessário, o Procurador-Geral, o Relator o colocará em mesa para julgamento, sem prejuízo das atribuições que lhe confere o art. 21, nos incisos VI e IX e no seu § 1º.

Parágrafo único. Quando interposto contra despacho que houver indeferido o processamento de arguição de relevância5, o agravo de instrumento prescindirá de Relator e será julgado em Conselho, observando-se, no que couber, o disposto no art. 328, VII e X.

ART. 316. O provimento de agravo de instrumento, ou a determinação do Relator para que subam os autos, não prejudica o exame e o julgamento, no momento oportuno, do cabimento do recurso denegado.

§ 1º. O provimento será registrado na ata e certificado nos autos, juntando-se ulteriormente a transcrição do áudio. (Redação dada pela Emenda Regimental 26/2008)

§ 2º. O provimento do agravo de instrumento e a determinação do Relator para que suba o recurso serão comunicadas ao tribunal de origem pelo Presidente do Tribunal para processamento do recurso.

§ 3º. Se os autos principais tiverem subido em virtude de recurso da parte contrária, serão devolvidos à origem para processamento do recurso admitido.

SEÇÃO II.
DO AGRAVO REGIMENTAL

ART. 317. Ressalvadas as exceções previstas neste Regimento, caberá agravo regimental, no prazo de cinco dias de decisão do Presidente do Tribunal, de Presidente de Turma ou do Relator, que causar prejuízo ao direito da parte.

§ 1º. A petição conterá, sob pena de rejeição liminar, as razões do pedido de reforma da decisão agravada.

§ 2º. O agravo regimental será protocolado e, sem qualquer outra formalidade, submetido ao prolator do despacho, que poderá reconsiderar o seu ato ou submeter o agravo ao julgamento do Plenário ou da Turma, a quem caiba a competência, computando-se também o seu voto.

§ 3º. Provido o agravo, o Plenário ou a Turma determinará o que for de direito.

§ 4º. O agravo regimental não terá efeito suspensivo.

§ 5º. O agravo interno poderá, a critério do relator, ser submetido a julgamento por meio eletrônico, observada a respectiva competência da Turma ou do Plenário. (Atualizado com a introdução da Emenda Regimental 51/2016)

CAPÍTULO IV.
DA APELAÇÃO CÍVEL

ART. 318. Caberá apelação nas causas em que forem partes um estado estrangeiro ou organismo internacional, de um lado, e, de outro, município ou pessoa domiciliada ou residente no país.

ART. 319. O Relator, após a vista ao Procurador-Geral, pedirá dia para o julgamento.

ART. 320. O agravo retido nos autos, se houver, será julgado preliminarmente.

Parágrafo único. Quando não influir na decisão do mérito, o provimento do agravo não impedirá o imediato julgamento da apelação.

CAPÍTULO V.
DO RECURSO EXTRAORDINÁRIO

ART. 321. O recurso extraordinário para o Tribunal será interposto no prazo estabelecido na lei processual pertinente, com indicação do dispositivo que o autorize, dentre os casos previstos nos arts. 102, III, a, b, c, e 121, § 3º, da Constituição Federal. (Redação dada pela Emenda Regimental 12/2003)

§ 1º. Se na causa tiverem sido vencidos autor e réu, qualquer deles poderá aderir ao recurso da outra parte nos termos da lei processual civil.

§ 2º. Aplicam-se ao recurso adesivo as normas de admissibilidade, preparo e julgamento do recurso extraordinário, não sendo processado ou conhecido, quando houver desistência do recurso principal, ou for este declarado inadmissível ou deserto.

§ 3º. Se o recurso extraordinário for admitido pelo Tribunal ou pelo Relator do agravo de instrumento, o recorrido poderá interpor recurso adesivo juntamente com a apresentação de suas contrarrazões.

§ 4º. O recurso extraordinário não tem efeito suspensivo.

§ 5º. (Revogado.) (Redação dada pela Emenda Regimental 21/2007).

ART. 322. O Tribunal recusará recurso extraordinário cuja questão constitucional não oferecer repercussão geral, nos termos deste capítulo. (Redação dada pela Emenda Regimental 21/2007)

Parágrafo único. Para efeito da repercussão geral, será considerada a existência, ou não, de questões que, relevantes do ponto de vista econômico, político, social ou jurídico, ultrapassem os interesses subjetivos das partes.

ART. 323. Quando não for caso de inadmissibilidade do recurso por outra razão, o(a) Relator(a) ou o Presidente submeterá, por meio eletrônico, aos demais Ministros, cópia de sua manifestação sobre a existência, ou não, de repercussão geral. (Redação dada pela Emenda Regimental 42/2010)

§ 1º. Nos processos em que o Presidente atuar como Relator, sendo reconhecida a existência de repercussão geral, seguir-se-á livre distribuição para o julgamento de mérito.

§ 2º. Tal procedimento não terá lugar, quando o recurso versar questão cuja repercussão já houver sido reconhecida pelo Tribunal, ou quando impugnar decisão contrária a súmula ou a jurisprudência dominante, casos em que se presume a existência de repercussão geral.

§ 3º. Mediante decisão irrecorrível, poderá o(a) Relator(a) admitir de ofício ou a requerimento, em prazo que fixar, a manifestação de terceiros, subscrita por procurador habilitado, sobre a questão da repercussão geral.

ART. 323-A. O julgamento de mérito de questões com repercussão geral, nos casos de reafirmação de jurisprudência dominante da Corte, também poderá ser realizado por meio eletrônico. (Redação dada pela Emenda Regimental 42/2010)

Parágrafo único.Quando o relator não propuser a reafirmação de jurisprudência dominante, outro ministro poderá fazê-lo, mediante manifestação devidamente fundamentada. (Incluído pela Emenda Regimental nº 54/2020)

ART. 323-B. O relator poderá propor, por meio eletrônico, a revisão do reconhecimento da repercussão geral quando o mérito do tema ainda não tiver sido julgado. (Incluído pela Emenda Regimental nº 54/2020)

ART. 324. Recebida a manifestação do(a) Relator(a), os demais Ministros encaminhar-lhe-ão, também por meio eletrônico, no prazo comum de vinte dias, manifestação sobre a questão da repercussão geral. Redação dada pela Emenda Regimental 31/2009)

§ 1º Somente será analisada a repercussão geral da questão se a maioria absoluta dos ministros reconhecerem a existência de matéria constitucional. (Redação dada pela Emenda Regimental nº 54/2020)

§ 2º A decisão da maioria absoluta dos ministros no sentido da natureza infraconstitucional da matéria terá os mesmos efeitos da ausência de repercussão geral, autorizando a negativa de seguimento aos recursos extraordinários sobrestados na origem que versem sobre matéria idêntica. (Redação dada pela Emenda Regimental nº 54/2020)

§ 3º O ministro que não se manifestar no prazo previsto no caput terá sua não participação registrada na ata do julgamento. (Redação dada pela Emenda Regimental nº 54/2020)

§ 4º Não alcançado o quórum necessário para o reconhecimento da natureza infraconstitucional da questão ou da existência, ou não, de repercussão geral, o julgamento será suspenso e automaticamente retomado na sessão em meio eletrônico imediatamente seguinte, com a coleta das manifestações dos ministros ausentes. (Incluído pela Emenda Regimental nº 54/2020)

§ 5º No julgamento realizado por meio eletrônico, se vencido o relator, redigirá o acórdão o ministro sorteado dentre aqueles que dele divergiram ou não se manifestaram, a quem competirá relatar o caso para o exame do mérito ou de eventuais incidentes processuais. (Incluído pela Emenda Regimental nº 54/2020)

ART. 325. O(A) Relator(a) juntará cópia das manifestações aos autos, quando não se tratar de processo informatizado, e, uma vez definida a existência da repercussão geral, julgará o recurso ou pedirá dia para seu julgamento, após vista ao Procurador-Geral, se necessária; negada a existência, formalizará e subscreverá decisão de recusa do recurso. (Redação dada pela Emenda Regimental 21/2007)

Parágrafo único. O teor da decisão preliminar sobre a existência da repercussão geral, que deve integrar a decisão monocrática ou o acórdão, constará sempre das publicações dos julgamentos no Diário Oficial, com menção clara à matéria do recurso.

ART. 325-A. Reconhecida a repercussão geral, serão distribuídos ou redistribuídos ao Relator do recurso paradigma, por prevenção, os processos relacionados ao mesmo tema. (Redação dada pela Emenda Regimental 42/2010)

ART. 326. Toda decisão de inexistência de repercussão geral é irrecorrível e, valendo para todos os recursos sobre questão idêntica, deve ser comunicada, pelo(a) Relator(a), à Presidência do Tribunal, para os fins do artigo subsequente e do art. 329. (Redação dada pela Emenda Regimental 21/2007)

§ 1º Poderá o relator negar repercussão geral com eficácia apenas para o caso concreto. (Incluído pela Emenda Regimental nº 54/2020)

§ 2º Se houver recurso, a decisão do relator de restringir a eficácia da ausência de repercussão geral ao caso concreto deverá ser confirmada por dois terços dos ministros para prevalecer. (Incluído pela Emenda Regimental nº 54/2020)

§ 3º Caso a proposta do relator não seja confirmada por dois terços dos ministros, o feito será redistribuído, na forma do art. 324, § 5º, deste Regimento Interno, sem que isso implique reconhecimento automático da repercussão geral da questão constitucional discutida no caso. (Incluído pela Emenda Regimental nº 54/2020)

§ 4º Na hipótese do § 3º, o novo relator sorteado prosseguirá no exame de admissibilidade do recurso, na forma dos arts. 323 e 324 deste Regimento Interno. (Incluído pela Emenda Regimental nº 54/2020)

ART. 326-A. Os recursos indicados como representativos de controvérsia constitucional pelas instâncias de origem e os feitos julgados no Superior Tribunal de Justiça sob a sistemática de recursos repetitivos serão registrados previamente ao Presidente, que poderá afetar o tema diretamente ao Plenário Virtual, na forma do art. 323 do regimento interno, distribuindo-se o feito por sorteio, em caso de reconhecimento da repercussão geral, a um dos ministros que tenham se manifestado nesse sentido. (Incluído pela Emenda Regimental nº 54/2020)

§ 1º Caso os recursos representativos de controvérsia constitucional ou os feitos julgados no stj sob a sistemática de recursos repetitivos não recebam proposta de afetação pelo Presidente e sejam distribuídos, poderá o relator proceder na forma do art. 326, caput e parágrafos.

§ 2º A decisão proferida nos processos mencionados no § 1º será comunicada à instância de origem e ao Superior Tribunal de Justiça, respectivamente, inclusive para os fins do art. 1.037, § 1º, do Código de Processo Civil.

ART. 327. A Presidência do Tribunal recusará recursos que não apresentem preliminar formal e fundamentada de repercussão geral, bem como aqueles cuja matéria carecer de repercussão geral, segundo precedente do Tribunal, salvo se a tese tiver sido revista ou estiver em procedimento de revisão. (Redação dada pela Emenda Regimental 21/2007)

§ 1º. Igual competência exercerá o(a) Relator(a) sorteado(a), quando o recurso não tiver sido liminarmente recusado pela Presidência.

§ 2º Da decisão que recusar recurso, nos termos deste artigo, caberá agravo.

ART. 328. Protocolado ou distribuído recurso cuja questão for suscetível de reproduzir-se em múltiplos feitos, a Presidência do Tribunal ou o(a) Relator(a), de ofício ou a requerimento da parte interessada, comunicará o fato aos tribunais ou turmas de juizado especial, a fim de que observem o disposto no art. 543-B do Código de Processo Civil, podendo pedir-lhes informações, que deverão ser prestadas em cinco dias, e sobrestar todas as demais causas com questão idêntica. (Redação dada pela Emenda Regimental 21/2007)

Parágrafo único. Quando se verificar subida ou distribuição de múltiplos recursos com fundamento em idêntica controvérsia, a Presidência do Tribunal ou o(a) Relator(a) selecionará um ou mais representativos da questão e determinará a devolução dos demais aos tribunais ou turmas de juizado especial de origem, para aplicação dos parágrafos do art. 543-B do Código de Processo Civil.

ART. 328-A. Nos casos previstos no art. 543-B, caput, do Código de Processo Civil, o Tribunal de origem não emitirá juízo de admissibilidade sobre os recursos extraordinários já sobrestados, nem sobre os que venham a ser interpostos, até que o Supremo Tribunal Federal decida os que tenham sido selecionados nos termos do § 1º daquele artigo. (Redação dada pela Emenda Regimental 23/2008)

§ 1º. Nos casos anteriores, o Tribunal de origem sobrestará os agravos de instrumento contra decisões que não tenham admitido os recursos extraordinários, julgando-os prejudicados nas hipóteses do art. 543-B, § 2º, e, quando coincidente o teor dos julgamentos, § 3º. (Redação dada pela Emenda Regimental 27/2008)

§ 2º. Julgado o mérito do recurso extraordinário em sentido contrário ao dos acórdãos recorridos, o Tribunal de origem remeterá ao Supremo Tribunal Federal os agravos em que não se retratar. (Redação dada pela Emenda Regimental 23/2008)

ART. 329. A Presidência do Tribunal promoverá ampla e específica divulgação do teor das decisões sobre repercussão geral, bem como formação e atualização de banco eletrônico de dados a respeito. (Redação dada pela Emenda Regimental 21/2007)

CAPÍTULO VI. DOS EMBARGOS

SEÇÃO I. DOS EMBARGOS DE DIVERGÊNCIA E DOS EMBARGOS INFRINGENTES

ART. 330. Cabem embargos de divergência à decisão de Turma que, em recurso extraordinário ou em agravo de instrumento, divergir de julgado de outra Turma ou do Plenário na interpretação do direito federal.

ART. 331. A divergência será comprovada mediante certidão, cópia autenticada ou pela citação do repositório de jurisprudência, oficial ou credenciado, inclusive em mídia eletrônica, em que tiver sido publicada a decisão divergente, ou ainda pela reprodução de julgado disponível na internet, com indicação da respectiva fonte, mencionando, em qualquer caso, as circunstâncias que identifiquem ou assemelhem os casos confrontados.

Parágrafo único. (Revogado.) (Redação dada pela Emenda Regimental 26/2008.)

ART. 332. Não cabem embargos, se a jurisprudência do Plenário ou de ambas as Turmas estiver firmada no sentido da decisão embargada, salvo o disposto no art. 103.

ART. 333. Cabem embargos infringentes à decisão não unânime do Plenário ou da Turma:

I – que julgar procedente a ação penal;

II – que julgar improcedente a revisão criminal;

II – que julgar a ação rescisória;

IV – que julgar a representação de inconstitucionalidade;

V – que, em recurso criminal ordinário, for desfavorável ao acusado.

Parágrafo único. O cabimento dos embargos, em decisão do Plenário, depende da existência, no mínimo, de quatro votos divergentes, salvo nos casos de julgamento criminal em sessão secreta. (Redação dada pela Emenda Regimental 2/1985)

ART. 334. Os embargos de divergência e os embargos infringentes serão opostos no prazo de quinze dias, perante a Secretaria, e juntos aos autos, independentemente de despacho.

ART. 335. Interpostos os embargos, o Relator abrirá vista ao recorrido, por quinze dias, para contrarrazões. (Redação dada pela Emenda Regimental 47/2012)

§ 1º. Transcorrido o prazo do caput, o Relator do acórdão embargado apreciará a admissibilidade do recurso.

§ 2º. Da decisão que não admitir os embargos, caberá agravo, em cinco dias, para o órgão competente para o julgamento do recurso.

§ 3º. Admitidos os embargos, proceder-se-á à distribuição nos termos do art. 76.

ART. 336. Na sessão de julgamento, aplicar-se-ão, supletivamente, as normas do processo originário, observado o disposto no art. 146.

Parágrafo único. Recebidos os embargos de divergência, o Plenário julgará a matéria restante, salvo nos casos do art. 313, I e II, quando determinará a subida do recurso principal.

SEÇÃO II. DOS EMBARGOS DE DECLARAÇÃO

ART. 337. Cabem embargos de declaração, quando houver no acórdão obscuridade, dúvida, contradição ou omissão que devam ser sanadas.

§ 1º. Os embargos declaratórios serão interpostos no prazo de cinco dias.

§ 2º. Independentemente de distribuição ou preparo, a petição será dirigida ao Relator do acórdão que, sem qualquer outra formalidade, a submeterá a julgamento na primeira sessão da Turma ou do Plenário, conforme o caso.

§ 3º. Os embargos de declaração poderão, a critério do relator, ser submetidos a julgamento por meio eletrôn co, observada a respectiva competência da Turma ou do Plenário. (Atualizado com a introdução da Emenda Regimental 51/2016)

ART. 338. Se os embargos forem recebidos, a nova decisão se limitará a corrigir a inexatidão, ou a sanar a obscuridade, dúvida, omissão ou contradição, salvo se algum outro aspecto da causa tiver de ser apreciado como consequência necessária.

ART. 339. Os embargos declaratórios suspendem o prazo para interposição de outro recurso, salvo na hipótese do § 2º deste artigo.

§ 1º. O prazo para a interposição de outro recurso, nos termos deste artigo, é suspenso na data de interposição dos embargos de declaração, e o que lhe sobejar começa a correr do primeiro dia útil seguinte à publicação da decisão proferida nos mesmos embargos.

§ 2º. Quando meramente protelatórios, assim declarados expressamente, será o embargante condenado a pagar ao embargado multa não excedente de um por cento sobre o valor da causa.

TÍTULO XII. DA EXECUÇÃO

CAPÍTULO I. DISPOSIÇÕES GERAIS

ART. 340. A execução e o cumprimento das decisões do Tribunal observarão o disposto nos arts. 13, VI, e 21, II, do Regimento Interno e, no que couber, à legislação processual. (Redação dada pela Emenda Regimental 41/2010)

ART. 341. Os atos de execução e de cumprimento das decisões e acórdãos transitados em julgado serão requisitados diretamente ao Ministro que funcionou como Relator do processo na fase de conhecimento, observado o disposto nos arts. 38, IV, e 75 do Regimento Interno. (Redação dada pela Emenda Regimental 41/2010)

ART. 342. Os atos de execução que não dependerem de carta de sentença serão ordenados a quem os deva praticar ou delegados a outras autoridades judiciárias.

ART. 343. Se necessário, os incidentes de execução poderão ser levados à apreciação:

I – do Presidente, por qualquer dos Ministros;

II – do Plenário, pelo Presidente, pelo Relator ou pelas Turmas ou seus Presidentes;

III – da Turma, por seu Presidente ou pelo Relator.

ART. 344. (Revogado.) (Redação dada pela Emenda Regimental 41/2010)

CAPÍTULO II. DA EXECUÇÃO CONTRA A FAZENDA PÚBLICA

ART. 345. Na execução por quantia certa, fundada em decisão proferida contra a Fazenda Pública em ação de competência originária do Tribunal, citar-se-á a devedora para opor embargos em dez dias; se esta não os opuser, no prazo regimental, observar-se-ão as seguintes regras:

I – o Presidente do Tribunal requisitará o pagamento ao Presidente da República, ao Governador ou ao Prefeito, conforme o caso;

II – far-se-á o pagamento na ordem de apresentação do respectivo pedido e conta do crédito próprio.

ART. 346. Se o credor for preterido no seu direito de preferência, o Presidente do Tribunal poderá, depois de ouvido o Procurador-Geral, em cinco dias, ordenar o sequestro da quantia necessária para satisfazer o débito.

CAPÍTULO III. DA CARTA DE SENTENÇA

ART. 347. Será extraída carta de sentença, a requerimento do interessado, para execução da decisão:

I – quando deferida a homologação de sentença estrangeira;

II – quando o interessado não a houver providenciado na instância de origem e pender de julgamento do Tribunal recurso sem efeito suspensivo.

ART. 348. O pedido será dirigido ao Presidente ou ao Relator, que o apreciará.

ART. 349. A carta de sentença conterá as peças indicadas na lei processual e outras que o requerente indicar; será autenticada pelo funcionário encarregado e assinada pelo Presidente ou Relator.

CAPÍTULO IV. DA INTERVENÇÃO FEDERAL NOS ESTADOS

ART. 350. A requisição de intervenção federal, prevista no art. 11, § 1º, a, b e c, da Constituição, será promovida:

I – de ofício, ou mediante pedido do Presidente do Tribunal de Justiça do Estado, no caso do inciso IV do art. 10 da Constituição, se a coação for exercida contra o Poder Judiciário;

II – de ofício, ou mediante pedido do Presidente de Tribunal de Justiça do Estado ou de Tribunal Federal, quando se tratar de prover a execução de ordem ou decisão judiciária, com ressalva, conforme a matéria, da competência do Tribunal Superior Eleitoral e do disposto no inciso seguinte;

III – de ofício, ou mediante pedido da parte interessada, quando se tratar de prover a execução de ordem ou decisão do Supremo Tribunal Federal;

IV – mediante representação do Procurador-Geral, no caso do inciso VII do art. 10 da Constituição, assim como no

REGIMENTOS INTERNOS

do inciso VI, quando se tratar de prover a execução de lei federal.

ART. 351. O Presidente, ao receber o pedido:

I - tomará as providências oficiais que lhe parecerem adequadas para remover, administrativamente, a causa do pedido;

II - mandará arquivá-lo, se for manifestamente infundado, cabendo do seu despacho agravo regimental.

ART. 352. Realizada a gestão prevista no inciso I do artigo anterior, solicitadas informações à autoridade estadual e ouvido o Procurador-Geral, o pedido será relatado pelo Presidente, em sessão plenária pública ou secreta.

ART. 353. O julgamento, se não tiver sido público, será proclamado em sessão pública.

ART. 354. Julgado procedente o pedido, o Presidente do Supremo Tribunal Federal imediatamente comunicará a decisão aos órgãos do Poder Público interessados e requisitará a intervenção ao Presidente da República.

TÍTULO XIII. DA SÚMULA VINCULANTE (Redação dada pela Emenda Regimental 46/2011)

ART. 354-A. Recebendo proposta de edição, revisão ou cancelamento de súmula vinculante, a Secretaria Judiciária a autuará e registrará ao Presidente, para apreciação, no prazo de cinco dias, quanto à adequação formal da proposta.

ART. 354-B. Verificado o atendimento dos requisitos formais, a Secretaria Judiciária publicará edital no sítio do Tribunal e no Diário da Justiça Eletrônico, para ciência e manifestação de interessados no prazo de cinco dias, encaminhando a seguir os autos ao Procurador-Geral da República.

ART. 354-C. Devolvidos os autos com a manifestação do Procurador-Geral da República, o Presidente submeterá as manifestações e a proposta de edição, revisão ou cancelamento de súmula aos Ministros da Comissão de Jurisprudência, em meio eletrônico, para que se manifestem no prazo comum de quinze dias; decorrido o prazo, a proposta, com ou sem manifestação, será submetida, também por meio eletrônico, aos demais Ministros, pelo mesmo prazo comum.

ART. 354-D. Decorridos os prazos previstos no art. 354-c, o Presidente submeterá a proposta de edição, revisão ou cancelamento de súmula vinculante à deliberação do Tribunal Pleno, mediante inclusão em pauta, salvo se já houver manifestação contrária à proposta por parte da maioria absoluta dos Ministros do Tribunal, hipótese em que o Presidente a rejeitará monocraticamente. (Redação dada pela Emenda Regimental nº 54/2020)

Parágrafo único. Contra a decisão do Presidente pela rejeição de proposta atinente a súmula vinculante caberá agravo regimental, na forma do art. 317 deste regimento. (Incluído pela Emenda Regimental nº 54/2020)

ART. 354-E. A proposta de edição, revisão ou cancelamento de súmula vinculante poderá versar sobre questão com repercussão geral reconhecida, caso em que poderá ser apresentada por qualquer Ministro logo após o julgamento de mérito do processo, para deliberação imediata do Tribunal Pleno na mesma sessão.

ART. 354-F. O teor da proposta de súmula aprovada, que deve constar do acórdão, conterá cópia dos debates que lhe deram origem, integrando-o, e constarão das publicações dos julgamentos no Diário da Justiça Eletrônico.

ART. 354-G. A proposta de edição, revisão ou cancelamento de súmula tramitará sob a forma eletrônica, e as informações correspondentes ficarão disponíveis aos interessados no sítio do STF. (Redação dada pela Emenda Regimental 46/2011)

TÍTULO XIV. DA SOLICITAÇÃO DE OPINIÃO CONSULTIVA AO TRIBUNAL PERMANENTE DE REVISÃO DO MERCOSUL

ART. 354-H. A solicitação de opinião consultiva deve originar-se necessariamente de processo em curso perante o Poder Judiciário brasileiro e restringe-se exclusivamente à vigência ou interpretação jurídica do Tratado de Assunção, do Protocolo de Ouro Preto, dos protocolos e acordos celebrados no âmbito do Tratado de Assunção, das Decisões do Conselho do Mercado Comum - CMC, das Resoluções do Grupo Mercado Comum - GMC e das Diretrizes da Comissão de Comércio do Mercosul - CCM.

ART. 354-I. Têm legitimidade para requerer o encaminhamento de solicitação de opinião consultiva ao Tribunal Permanente de Revisão do Mercosul, o juiz da causa ou alguma das partes.

ART. 354-J. A solicitação de opinião consultiva indicará:

I - a exposição dos fatos e do objeto da solicitação;

II - a descrição das razões que motivaram a solicitação;

III - a indicação precisa da Normativa Mercosul a respeito da qual se realiza a consulta; e

IV - a indicação do juízo e da ação em que originada a solicitação;

Parágrafo único. A solicitação deve ser feita por escrito e poderá estar acompanhada das considerações, se as houver, formuladas pelas partes em litígio e pelo Ministério Público acerca da questão objeto da consulta e de qualquer documentação que possa contribuir para sua instrução.

ART. 354-K. Ao receber a solicitação, o Presidente do Supremo Tribunal Federal iniciará o processo de colheita de votos dos demais Ministros pelo processo virtual ou, se entender conveniente, encaminhará cópias aos demais Ministros antes da sessão administrativa designada para deliberação sobre a presença dos requisitos de admissibilidade do pedido e sua pertinência processual.

ART. 354-L. Uma vez preenchidos os requisitos de admissibilidade, a solicitação será encaminhada ao Tribunal Permanente de Revisão, com cópia para a Secretaria do Mercosul, e para as demais Cortes Supremas dos Estados Partes do Mercosul.

ART. 354-M. A opinião consultiva emitida pelo Tribunal Permanente de Revisão não terá caráter vinculante nem obrigatório. (Redação dada pela Emenda Regimental 48/2012)

PARTE III.
DOS SERVIÇOS DO TRIBUNAL

TÍTULO I.
DA SECRETARIA

ART. 355. À Secretaria do Tribunal incumbe a execução dos serviços administrativos e será dirigida pelo Diretor-Geral, com habilitação universitária em nível superior, nomeado, em comissão, pelo Presidente, nos termos da lei. (Redação dada pela Emenda Regimental nº 55/2020)

§ 1º. A organização da Secretaria do Tribunal, a competência de seus vários órgãos e as atribuições dos secretários, chefes e servidores serão fixadas em ato próprio, pelo Tribunal. (Redação dada pela Emenda Regimental 8/2001)

§ 2º. O Secretário de Controle Interno e os demais titulares das Secretarias que integram a Secretaria do Tribunal serão nomeados, em Comissão, pelo Presidente, nos termos da lei. (Redação dada pela Emenda Regimental 11/2003)

§ 3º. Além das atribuições fixadas no Regulamento da Secretaria, incumbe ao Diretor-Geral:

a) apresentar ao Presidente todas as petições e papéis dirigidos ao Tribunal;

b) manter sob sua direta fiscalização, e permanentemente atualizado, o assentamento funcional dos Ministros;

c) manter sob sua guarda o selo do Tribunal.

§ 4º. Ao Secretário do Pleno incumbe:

a) secretariar as sessões e lavrar as respectivas atas, assinando-as, com o Presidente, depois de lidas e aprovadas;

b) secretariar as audiências de instrução processual.

§ 5º. As Turmas serão secretariadas pelos funcionários do Quadro da Secretaria que forem designados pelo Presidente do Tribunal.

§ 6º. Os funcionários da Secretaria, quando tiverem de comparecer a serviço perante o Plenário ou Turma, em sessão, usarão vestuário adequado e capa preta.

§ 7º. Salvo se funcionário efetivo do Tribunal, não poderá ser nomeado para cargo em Comissão, ou designado para função gratificada, cônjuge ou parente (arts. 330 a 336 do Código Civil), em linha reta ou colateral, até terceiro grau, inclusive, de qualquer dos Ministros em atividade. (Redação dada pela Emenda Regimental 2/1985)

TÍTULO II.
DO GABINETE DO PRESIDENTE

ART. 356. O Gabinete da Presidência, órgão de assessoramento desta no tocante à superintendência administrativa que a ela compete, é dirigido pelo Chefe de Gabinete da Presidência, bacharel em Direito, nomeado, em comissão, pelo Presidente. (Redação dada pela Emenda Regimental 50/2016)

Parágrafo único. Incumbe ao Presidente, observado o disposto nos parágrafos 1º e 2º do art. 357, deste Regimento, organizar seu Gabinete e assessorias, dando-lhes estrutura necessária à execução de suas atribuições e fixando sua lotação. (Redação dada pela Emenda Regimental 50/2016)

ART. 356-A. À Secretaria Geral da Presidência incumbe a execução dos serviços judiciários, e será dirigida pelo Secretário-Geral da Presidência, bacharel em Direito, nomeado, em comissão, pelo Presidente. (Redação dada pela Emenda Regimental 50/2016)

TÍTULO III.
DOS GABINETES DOS MINISTROS

ART. 357. Comporão os Gabinetes dos Ministros:

I– um Chefe de Gabinete, portador de diploma de curso de nível superior; (Redação dada pela Emenda Regimental 43/2010.)

II – cinco Assessores, bacharéis em Direito; (Redação dada pela Emenda Regimental 43/2010.)

III – dois Assistentes Judiciários, portadores de diploma de curso de nível superior; (Redação dada pela Emenda Regimental 43/2010.)

IV – servidores e funções comissionadas em quantitativo definido pela Corte. (Redação dada pela Emenda Regimental 43/2010.)

§ 1º. No mínimo três, do total de cargos em comissão de cada Gabinete de Ministro, deverão ser recrutados do Quadro de Pessoal da Secretaria do Tribunal. (Redação dada pela Emenda Regimental 43/2010.)

§ 2º. Não pode ser nomeado para cargo em comissão, na forma deste artigo, cônjuge ou parente, em linha reta ou colateral, até o terceiro grau, inclusive, de qualquer dos Ministros em atividade. (Redação dada pela Emenda Regimental 43/2010.)

ART. 358. São atribuições dos Assessores de Ministros:

I – classificar os votos proferidos pelo Ministro e velar pela conservação das cópias e índices necessários à consulta;

II – verificar as pautas, de modo que o Ministro vogal, em casos de julgamento interrompido, ou de embargos, ação rescisória ou reclamação, possa consultar, na sessão, a cópia do voto que houver proferido anteriormente;

III – cooperar na revisão da transcrição do áudio e cópias dos votos e acórdãos do Ministro, antes da juntada nos autos; (Redação dada pela Emenda Regimental 26/2008)

IV – selecionar, dentre os processos submetidos ao exame do Ministro, aqueles que versem questões de solução

REGIMENTOS INTERNOS

já compendiada na Súmula, para serem conferidos pelo Ministro;

V – fazer pesquisa de doutrina e de jurisprudência;

VI – executar outros trabalhos compatíveis com suas atribuições, que forem determinados pelo Ministro, cujas instruções deverá observar.

Parágrafo único. Quando a nomeação para Assessor de Ministro recair em funcionário efetivo de outro serviço, autarquia, entidade paraestatal ou sociedade de economia mista, dar-se-á prévio entendimento com o seu dirigente.

ART. 359. Para trabalhos urgentes, os Ministros poderão requisitar o auxílio do serviço de áudio do Tribunal. (Redação dada pela Emenda Regimental 26/2008)

ART. 360. O horário do pessoal do Gabinete, observadas a duração legal e as peculiaridades do serviço, será o determinado pelo Ministro.

PARTE IV. DISPOSIÇÕES FINAIS

TÍTULO ÚNICO. DAS EMENDAS REGIMENTAIS E DEMAIS ATOS NORMATIVOS OU INDIVIDUAIS, E DISPOSIÇÕES GERAIS E TRANSITÓRIAS (Redação dada pela Emenda Regimental 1/1981)

CAPÍTULO I. DAS EMENDAS REGIMENTAIS E DEMAIS ATOS NORMATIVOS OU INDIVIDUAIS (Redação dada pela Emenda Regimental 1/1981.)

ART. 361. Os demais atos da competência do Tribunal, normativos ou individuais, obedecem à seguinte nomenclatura: (Redação dada pela Emenda Regimental 1/1981)

I – em matéria regimental:

a) Emenda Regimental – para emendar o Regimento Interno, suprimindo-lhe, acrescentando-lhe ou modificando-lhe disposições;

b) Ato Regimental – para complementar o Regimento Interno;

II – em matéria administrativa:

a) Regulamento da Secretaria – para fixar a organização da Secretaria, a competência de seus vários órgãos e as atribuições dos diretores, chefes e servidores, bem assim para complementar, no âmbito do Tribunal, a legislação relativa ao funcionalismo, ou regular sua aplicação;

b) Ato Regulamentar – para introduzir modificações no Regulamento da Secretaria, bem assim para dispor normativamente, quando necessário ou conveniente, sobre matéria correlata com a que nele se regula;

c) Deliberação – para dar solução, sem caráter normativo, a casos determinados;

Parágrafo único. Salvo o Regulamento da Secretaria e a Deliberação, os atos de que trata este artigo são numerados, como segue:

I – a Emenda Regimental e o Ato Regimental, em séries próprias e numeração seguida que prosseguem enquanto vigente o Regimento Interno ao qual se referem;

II – o Ato Regulamentar, em numeração seguida e ininterrupta.

ART. 362. Ao Presidente, aos Ministros e às Comissões é facultada a apresentação de propostas de atos normativos da competência do Tribunal. (Redação dada pela Emenda Regimental 1/1981)

§ 1º. As propostas considerar-se-ão aprovadas se obtiverem o voto favorável da maioria absoluta do Tribunal.

§ 2º. A Comissão de Regimento opinará previamente, por escrito, sobre as propostas em matéria regimental, salvo quando subscritas por seus membros ou pela maioria do Tribunal, ou em caso de urgência.

ART. 363. Os atos da competência própria do Presidente, em matéria regimental ou administrativa, obedecem à seguinte nomenclatura: (Redação dada pela Emenda Regimental 1/1981)

I – Resolução – numerada seguida e ininterruptamente, para complementar o Regimento Interno ou o Regulamento da Secretaria e resolver os casos omissos, bem assim para complementar a legislação relativa ao funcionalismo, ou regular sua aplicação;

II – Portaria – sem numeração, para designar os membros das Comissões Permanentes e Temporárias, nomear, designar, exonerar, demitir e aposentar servidores ou aplicar-lhes penalidades.

III – Despacho – para designar a realização de audiência pública de que trata o art. 13, XVII, deste Regimento. (Redação dada pela Emenda Regimental 29/2009)

ART. 364. Os atos normativos de que trata este Capítulo entrarão em vigor na data de sua publicação no Diário da Justiça, salvo se dispuserem de modo diverso. (Redação dada pela Emenda Regimental 1/1981)

Parágrafo único. No que se referirem apenas à economia interna do Tribunal, os atos normativos entrarão em vigor desde que aprovados.

CAPÍTULO II. DISPOSIÇÕES GERAIS E TRANSITÓRIAS

ART. 365. O Tribunal presta homenagem aos Ministros: (Redação dada pela Emenda Regimental 1/1981)

I – por motivo de afastamento definitivo do seu serviço;

II – por motivo de falecimento;

III– para celebrar o centenário de nascimento.

REGIMENTOS INTERNOS

§ 1º. Por deliberação plenária tomada em sessão administrativa com a presença mínima de oito Ministros e os votos favoráveis de seis, o Tribunal pode homenagear pessoa estranha e falecida, de excepcional relevo no governo do País, na administração da Justiça ou no aperfeiçoamento das instituições jurídicas.

§ 2º. Quando a homenagem consistir na aposição de busto ou estátua em dependência do Tribunal, dependerá de proposta escrita e justificada de quatro Ministros, pelo menos, sobre a qual opinará fundamentalmente Comissão especial de três Ministros, designada pelo Presidente, e de aprovação do Plenário, por maioria mínima de oito votos, em duas sessões administrativas consecutivas, com intervalo não inferior a seis meses entre uma e outra.

ART. 365-A. Quando requerida a realização de sessão administrativa por três Ministros, pelo menos, o Presidente a convocará de imediato para que o Tribunal aprecie a matéria objeto desse requerimento. (Redação dada pela Emenda Regimental 8/2001)

ART. 366. Os casos omissos serão resolvidos pelo Presidente, ouvida a Comissão de Regimento.

ART. 367. Compete ao Presidente o julgamento do pedido de reexame de decisão do Supremo Tribunal Federal, ou de seu Presidente, que houver homologado sentença estrangeira do divórcio de brasileiro com as restrições inerentes ao art. 7º, § 6º, da Lei de Introdução ao Código Civil, na redação anterior à que lhe deu o art. 49 da Lei 6.515, de 26 de dezembro de 1977.

§ 1º. O pedido de reexame poderá ser feito por ambos os cônjuges ou por um deles, devendo processar-se nos próprios autos da homologação.

§ 2º. Aplicam-se, no que couber, ao pedido de reexame as normas regimentais do procedimento de homologação, inclusive as pertinentes à execução e ao recurso cabível.

ART. 368. Este Regimento entrará em vigor em 1º de dezembro de 1980.

Parágrafo único. Às decisões proferidas até 30 de novembro de 1980 continuará aplicável o art. 308 do Regimento Interno aprovado a 18 de junho de 1970, com as modificações introduzidas pelas Emendas Regimentais posteriores.

ART. 369. Revogam-se o Regimento Interno aprovado a 18 de junho de 1970, as Emendas Regimentais que lhe alteraram a redação, e as Emendas Regimentais números 6, de 9 de março de 1978, 7, de 23 de agosto de 1978, e 8, de 7 de junho de 1979, bem assim as demais disposições em contrário.

Sala das Sessões, em 15 de outubro de 1980.

Antonio Neder, Presidente;
DJ de 27-10-1980.

REGIMENTO INTERNO DO SUPERIOR TRIBUNAL DE JUSTIÇA – STJ

▸ *Atualizada até a Emenda Regimental nº 38, de 2020.*

PARTE I. DA COMPOSIÇÃO, ORGANIZAÇÃO E COMPETÊNCIA

TÍTULO I. DO TRIBUNAL

CAPÍTULO I. DA COMPOSIÇÃO E ORGANIZAÇÃO

ART. 1º. O Superior Tribunal de Justiça, com sede na Capital Federal e jurisdição em todo o território nacional, compõe-se de trinta e três Ministros.

ART. 2º. O Tribunal funciona:

I – em Plenário e pelo seu órgão especial (Constituição, Art. 93, XI), denominado Corte Especial;

II – em Seções especializadas;

III – em Turmas especializadas.

§ 1º. O Plenário, constituído da totalidade dos Ministros, é presidido pelo Presidente do Tribunal.

§ 2º. A Corte Especial será integrada pelos quinze Ministros mais antigos e presidida pelo Presidente do Tribunal. (Redação dada pela Emenda Regimental nº 9, de 2008)

§ 3º. Há no Tribunal três Seções, integradas pelos componentes das Turmas da respectiva área de especialização. As Seções são presididas pelo Ministro mais antigo, por um período de dois anos, vedada a recondução, até que todos os componentes da Seção hajam exercido a presidência.

§ 4º. As Seções compreendem seis Turmas, constituídas de cinco Ministros cada uma. A Primeira e a Segunda Turmas compõem a Primeira Seção; a Terceira e a Quarta Turmas, a Segunda Seção; e a Quinta e a Sexta Turmas, a Terceira Seção. O Ministro mais antigo integrante da Turma é o seu presidente, observada a disposição do parágrafo anterior quanto à periodicidade. (Redação dada pela Emenda Regimental nº 4, de 1993)

§ 5º. Na composição das Turmas, observar-se-á a opção feita pelo Ministro, atendendo-se à ordem de antiguidade.

§ 6º. Para os fins dos §§ 3º e 4º deste artigo, considerar-se-á a antiguidade dos Ministros no respectivo órgão fracionário. (Incluído pela Emenda Regimental nº 4, de 1993)

ART. 3º O Presidente, o Vice-Presidente e o Corregedor Nacional de Justiça são eleitos pelo Plenário, dentre os seus membros; o Corregedor-Geral da Justiça Federal é o Vice-Presidente e o Vice-Corregedor-Geral, o Ministro mais antigo integrante do Conselho da Justiça Federal, que não exerça cargo de direção naquele órgão. (Redação dada pela Emenda Regimental n. 29, de 2018)

§ 1º O Presidente, o Vice-Presidente e o Corregedor Nacional de Justiça integram apenas o Plenário e a Corte Especial, respeitado o art. 2º, § 2º, deste Regimento. (Redação dada pela Emenda Regimental n. 29, de 2018)

§ 2º O Presidente, o Vice-Presidente e o Corregedor Nacional de Justiça, ao concluírem seus mandatos e retornarem às Turmas, ocuparão as vagas disponíveis, respeitada sempre,

REGIMENTOS INTERNOS
MARCAFÁCIL
RISTJ

nas escolhas, a ordem de antiguidade. (Redação dada pela Emenda Regimental n. 29, de 2018)

I e II - (Revogados pela Emenda Regimental n. 29, de 2018)

§ 3º O Ministro que houver exercido o cargo de Presidente do Superior Tribunal de Justiça não poderá ocupar outro cargo ou função administrativa no âmbito do Tribunal, no Conselho da Justiça Federal, no Conselho Nacional de Justiça, na Escola Nacional de Formação e Aperfeiçoamento de Magistrados Ministro Sálvio de Figueiredo Teixeira e no Tribunal Superior Eleitoral, salvo presidência de Turma, Seção ou composição de Comissão Permanente. (Redação dada pela Emenda Regimental n. 29, de 2018)

§ 4º Os Ministros não poderão exercer mais de uma função administrativa cumulativamente, com exceção da hipótese prevista no caput deste artigo, no caso de todas já terem sido preenchidas e nos casos previstos em lei. (Redação dada pela Emenda Regimental n. 29, de 2018)

§ 5º Não há vedação para acumulação de cargo administrativo com suplência nem de cargo administrativo com função jurisdicional, inclusive quando se tratar do Tribunal Superior Eleitoral, salvo para o exercício dos cargos de Corregedor-Geral da Justiça Eleitoral, Corregedor Nacional de Justiça e Diretor-Geral da Escola Nacional de Formação e Aperfeiçoamento de Magistrados Ministro Sálvio de Figueiredo Teixeira. (Redação dada pela Emenda Regimental n. 29, de 2018)

§ 6º. Não será elegível o Ministro para os cargos de Presidente e Vice-Presidente do Tribunal, Corregedor Nacional de Justiça, membro efetivo do Conselho da Justiça Federal, Diretor-Geral da Escola Nacional de Formação e Aperfeiçoamento de Magistrados Ministro Sálvio de Figueiredo Teixeira, Ministro Ouvidor do Superior Tribunal de Justiça e membro efetivo e suplente do Tribunal Superior Eleitoral, caso Ministro mais novo em ordem de antiguidade já tenha exercido o mesmo cargo ou função. (Incluído pela Emenda Regimental nº 15, de 2014)

ART. 4º. O Ministro empossado integrará a Turma onde se deu a vaga para a qual foi nomeado, ou ocupará vaga resultante da transferência de Ministro (Art. 32).

ART. 5º. O Conselho de Administração será integrado pelos onze Ministros mais antigos e presidido pelo Presidente do Tribunal, competindo-lhe decidir sobre matéria administrativa, nos termos deste Regimento. (Redação dada pela Emenda Regimental nº 9, de 2008)

§ 1º O Conselho de Administração reunir-se-á, ordinariamente, ao menos uma vez a cada trimestre. (Incluído pela Emenda Regimental nº 38/2020)

§ 2º As reuniões ordinárias do Conselho de Administração serão convocadas pelo Presidente, mediante aviso escrito enviado com antecedência mínima de cinco dias corridos, contendo a pauta correspondente. (Incluído pela Emenda Regimental nº 38/2020)

§ 3º O Presidente convocará o Conselho de Administração em caráter extraordinário, sempre que a necessidade exigir, não sendo necessária a observância do prazo previsto no parágrafo anterior. (Incluído pela Emenda Regimental nº 38/2020)

ART. 6º. Junto ao Tribunal funciona o Conselho da Justiça Federal, com atuação em todo o território nacional, cabendo-lhe a supervisão administrativa e orçamentária da Justiça Federal de primeiro e segundo graus. (Redação dada pela Emenda Regimental nº 4, de 1993)

ART. 7º. O Conselho da Justiça Federal é integrado pelo Presidente, Vice-Presidente, e três Ministros do Tribunal, eleitos por dois anos, e pelos Presidentes dos cinco Tribunais Regionais Federais. (Redação dada pela Emenda Regimental nº 4, de 1993)

§ 1º. O Presidente do Tribunal preside o Conselho da Justiça Federal. (Incluído pela Emenda Regimental nº 4, de 1993)

§ 2º. Ao escolher os três Ministros que integrarão o Conselho, o Tribunal elegerá, também, os respectivos suplentes. (Incluído pela Emenda Regimental nº 4, de 1993)

CAPÍTULO II. DA COMPETÊNCIA DO PLENÁRIO, DA CORTE ESPECIAL, DAS SEÇÕES E DAS TURMAS

SEÇÃO I. DAS ÁREAS DE ESPECIALIZAÇÃO

ART. 8º. Há no Tribunal três áreas de especialização estabelecidas em razão da matéria. (Redação dada pela Emenda Regimental nº 2, de 1992)

Parágrafo único. A competência da Corte Especial não está sujeita à especialização.

ART. 9º. A competência das Seções e das respectivas Turmas é fixada em função da natureza da relação jurídica litigiosa.

§ 1º. À Primeira Seção cabe processar e julgar os feitos relativos a: (Redação dada pela Emenda Regimental nº 2, de 1992)

I – licitações e contratos administrativos; (Redação dada pela Emenda Regimental nº 2, de 1992)

II – nulidade ou anulabilidade de atos administrativos; (Redação dada pela Emenda Regimental nº 2, de 1992)

III – ensino superior; (Redação dada pela Emenda Regimental nº 2, de 1992)

IV – inscrição e exercício profissionais; (Redação dada pela Emenda Regimental nº 2, de 1992)

V – direito sindical; (Redação dada pela Emenda Regimental nº 2, de 1992)

VI – nacionalidade; (Redação dada pela Emenda Regimental nº 2, de 1992)

VII – desapropriação, inclusive a indireta; (Redação dada pela Emenda Regimental nº 2, de 1992)

VIII – responsabilidade civil do Estado; (Redação dada pela Emenda Regimental nº 2, de 1992)

IX – tributos de modo geral, impostos, taxas, contribuições e empréstimos compulsórios; (Redação dada pela Emenda Regimental nº 2, de 1992)

X – preços públicos e multas de qualquer natureza; (Redação dada pela Emenda Regimental nº 2, de 1992)

XI – servidores públicos civis e militares; (Redação dada pela Emenda Regimental nº 11, de 2010)

XII – habeas corpus referentes às matérias de sua competência; (Incluído pela Emenda Regimental nº 11, de 2010)

XIII – benefícios previdenciários, inclusive os decorrentes de acidentes do trabalho; (Redação dada pela Emenda Regimental nº 14, de 2011)

XIV – direito público em geral. (Incluído pela Emenda Regimental nº 14, de 2011)

§ 2º. À Segunda Seção cabe processar e julgar os feitos relativos a: (Redação dada pela Emenda Regimental nº 2, de 1992)

I – domínio, posse e direitos reais sobre coisa alheia, salvo quando se tratar de desapropriação; (Redação dada pela Emenda Regimental nº 2, de 1992)

II – obrigações em geral de direito privado, mesmo quando o Estado participar do contrato; (Redação dada pela Emenda Regimental nº 2, de 1992)

III – responsabilidade civil, salvo quando se tratar de responsabilidade civil do Estado; (Redação dada pela Emenda Regimental nº 2, de 1992)

IV – direito de família e sucessões; (Redação dada pela Emenda Regimental nº 2, de 1992)

V – direito do trabalho; (Redação dada pela Emenda Regimental nº 2, de 1992)

VI – propriedade industrial, mesmo quando envolverem arguição de nulidade do registro; (Redação dada pela Emenda Regimental nº 2, de 1992)

VII – constituição, dissolução e liquidação de sociedade; (Redação dada pela Emenda Regimental nº 2, de 1992)

VIII – comércio em geral, inclusive o marítimo e o aéreo, bolsas de valores, instituições financeiras e mercado de capitais; (Redação dada pela Emenda Regimental nº 2, de 1992)

IX – falências e concordatas; (Redação dada pela Emenda Regimental nº 2, de 1992)

X – títulos de crédito; (Redação dada pela Emenda Regimental nº 2, de 1992)

XI – registros públicos, mesmo quando o Estado participar da demanda; (Incluído pela Emenda Regimental nº 2, de 1992)

XII – locação predial urbana; (Redação dada pela Emenda Regimental nº 11, de 2010)

XIII – habeas corpus referentes às matérias de sua competência; (Incluído pela Emenda Regimental nº 11, de 2010)

XIV – direito privado em geral. (Incluído pela Emenda Regimental nº 11, de 2010)

§ 3º. À Terceira Seção cabe processar e julgar os feitos relativos à matéria penal em geral, salvo os casos de competência originária da Corte Especial e os habeas corpus de competência das Turmas que compõem a Primeira e a Segunda Seção. (Redação dada pela Emenda Regimental nº 14, de 2011)

I – (Revogado pela Emenda Regimental nº 14, de 2011)

II – (Revogado pela Emenda Regimental nº 14, de 2011)

III – (Revogado pela Emenda Regimental nº 11, de 2010)

IV – (Revogado pela Emenda Regimental nº 11, de 2010)

SEÇÃO II. DA COMPETÊNCIA DO PLENÁRIO

ART. 10. Compete ao Plenário:

I – dar posse aos membros do Tribunal;

II – eleger o Presidente e o Vice-Presidente do Tribunal, os Ministros membros do Conselho da Justiça Federal, titulares e suplentes, e o Diretor da Revista do Tribunal, dando-lhes posse; (Redação dada pela Emenda Regimental nº 4, de 1993)

III – eleger, dentre os Ministros do Tribunal, os que devam compor o Tribunal Superior Eleitoral, na condição de membros efetivos e substitutos;

IV – decidir sobre a disponibilidade e aposentadoria de membro do Tribunal, por interesse público;

V – votar o Regimento Interno e as suas emendas;

VI – elaborar as listas tríplices dos Juízes, Desembargadores, Advogados e membros do Ministério Público que devam compor o Tribunal (Constituição, Art. 104 e seu parágrafo único);

VII – propor ao Poder Legislativo a alteração do número de membros do Tribunal e dos Tribunais Regionais Federais, a criação e a extinção de cargos, e a fixação de vencimentos de seus membros, dos Juízes dos Tribunais Regionais e dos Juízes Federais, bem assim a criação ou extinção de Tribunal Regional Federal e a alteração da organização e divisão judiciárias; (Redação dada pela Emenda Regimental nº 4, de 1993)

VIII – aprovar o Regimento Interno do Conselho da Justiça Federal. (Incluído pela Emenda Regimental nº 4, de 1993)

IX – eleger, dentre os Ministros do Tribunal, o que deve compor o Conselho Nacional de Justiça, observada a ordem de antiguidade; (Incluído pela Emenda Regimental nº 15, de 2014)

X – indicar, na forma do inciso XXXII e do parágrafo único do Art. 21, um juiz federal e um juiz de Tribunal Regional Federal para as vagas do Conselho Nacional de Justiça e um juiz para a vaga do Conselho Nacional do Ministério Público. (Incluído pela Emenda Regimental nº 15, de 2014)

SEÇÃO III. DA COMPETÊNCIA DA CORTE ESPECIAL

ART. 11. Compete à Corte Especial processar e julgar:

I – nos crimes comuns, os Governadores dos Estados e do Distrito Federal, e, nestes e nos de responsabilidade, os Desembargadores dos Tribunais de Justiça dos Estados e do Distrito Federal, os membros dos Tribunais de Contas dos Estados e do Distrito Federal, os dos Tribunais Regionais Federais, dos Tribunais Regionais Eleitorais e do Trabalho, os membros dos Conselhos ou Tribunais de Contas dos Municípios e os do Ministério Público da União que oficiem perante Tribunais;

II – os habeas corpus, quando for paciente qualquer das pessoas mencionadas no inciso anterior;

III – os mandados de injunção, quando a elaboração da norma regulamentadora for atribuição de órgão, entidade ou autoridade federal, da administração direta ou indireta, excetuados os casos de competência do Supremo Tribunal

Federal e dos órgãos da Justiça Militar, da Justiça Eleitoral, da Justiça do Trabalho e da Justiça Federal;

IV – os mandados de segurança e os habeas data contra ato do próprio Tribunal ou de qualquer de seus órgãos;

V – as revisões criminais e as ações rescisórias de seus próprios julgados;

VI – o incidente de assunção de competência quando a matéria for comum a mais de uma seção; (Redação dada pela Emenda Regimental nº 24, de 2016);

VII – a exceção da verdade, quando o querelante, em virtude de prerrogativa de função, deva ser julgado originariamente pelo Tribunal;

VIII – a requisição de intervenção federal nos Estados e no Distrito Federal, ressalvada a competência do Supremo Tribunal Federal e do Tribunal Superior Eleitoral (Constituição, Art. 36, II e IV);

IX – as arguições de inconstitucionalidade de lei ou ato normativo suscitadas nos processos submetidos ao julgamento do Tribunal;

X – as reclamações para a preservação de sua competência e garantia de suas decisões;

XI – as questões incidentes, em processos da competência das Seções ou Turmas, as quais lhe tenham sido submetidas (Art. 16);

XII – os conflitos de competência entre relatores ou Turmas integrantes de Seções diversas, ou entre estas;

XIII – os embargos de divergência, se a divergência for entre Turmas de Seções diversas, entre Seções, entre Turma e Seção que não integre ou entre Turma e Seção com a própria Corte Especial; (Redação dada pela Emenda Regimental nº 24, de 2016)

XIV – (Revogado pela Emenda Regimental nº 22, de 2016)

XV – as suspeições e impedimentos levantados contra Ministro em processo de sua competência.

XVI – o recurso especial repetitivo. (Incluído pela Emenda Regimental nº 24, de 2016)

Parágrafo único. Compete, ainda, à Corte Especial:

I – prorrogar o prazo para a posse e o início do exercício dos Ministros, na forma da lei;

II – dirimir as dúvidas que lhe forem submetidas pelo Presidente ou pelos Ministros, sobre a interpretação e execução de norma regimental ou a ordem dos processos de sua competência;

III – conceder licença ao Presidente e aos Ministros, bem assim julgar os processos de verificação de invalidez de seus membros;

IV – constituir comissões, bem como aprovar a designação do Ministro Coordenador do Centro de Soluções Consensuais de Conflitos do Superior Tribunal de Justiça; (Redação dada pela Emenda Regimental nº 23, de 2016)

V – elaborar e encaminhar a proposta orçamentária do Superior Tribunal de Justiça, bem como aprovar e encaminhar as propostas orçamentárias dos Tribunais Regionais Federais, da Justiça Federal de primeiro grau e do Conselho da Justiça Federal; (Redação dada pela Emenda Regimental nº 4, de 1993)

VI – deliberar sobre a substituição de Ministro, nos termos do Art. 56; (Redação dada pela Emenda Regimental nº 3, de 1993)

VII – sumular a jurisprudência uniforme comum às Seções e deliberar sobre a alteração e o cancelamento de suas súmulas;

VIII – apreciar e encaminhar ao Poder Legislativo propostas de criação ou extinção de cargos do quadro de servidores do Tribunal e a fixação dos respectivos vencimentos, bem como do Conselho da Justiça Federal e da Justiça Federal de primeiro e segundo graus; (Redação dada pela Emenda Regimental nº 4, de 1993)

IX – apreciar e encaminhar ao Poder Legislativo projeto de lei sobre o regimento de custas da Justiça Federal e do Superior Tribunal de Justiça. (Redação dada pela Emenda Regimental nº 22, de 2016)

X – (Suprimido pela Emenda Regimental nº 9, de 2008)

SEÇÃO IV. DA COMPETÊNCIA DAS SEÇÕES

ART. 12. Compete às Seções processar e julgar:

I – os mandados de segurança, os habeas corpus e os habeas data contra ato de Ministro de Estado;

II – as revisões criminais e as ações rescisórias de seus julgados e das Turmas que compõem a respectiva área de especialização;

III – as reclamações para a preservação de suas competências e garantia da autoridade de suas decisões e das Turmas;

IV – os conflitos de competência entre quaisquer tribunais, ressalvada a competência do Supremo Tribunal Federal (Constituição, artigo 102, I, o), bem assim entre Tribunal e Juízes a ele não vinculados e Juízes vinculados a Tribunais diversos;

V – os conflitos de competência entre relatores e Turmas integrantes da Seção;

VI – os conflitos de atribuições entre autoridades administrativas e judiciárias da União, ou entre autoridades judiciárias de um Estado e administrativas de outro, ou do Distrito Federal, ou entre as deste e da União;

VII – as questões incidentes em processos da competência das Turmas da respectiva área de especialização, as quais lhes tenham sido submetidas por essas;

VIII – as suspeições e os impedimentos levantados contra os Ministros, salvo em se tratando de processo da competência da Corte Especial;

IX – o incidente de assunção de competência quando a matéria for restrita a uma Seção; (Redação dada pela Emenda Regimental nº 24, de 2016)

X – o recurso especial repetitivo. (Incluído pela Emenda Regimental nº 24, de 2016).

Parágrafo único. Compete, ainda, às Seções:

I – julgar embargos de divergência, quando as Turmas divergirem entre si ou de decisão da Seção que integram; (Redação dada pela Emenda Regimental nº 24, de 2016);

II – julgar feitos de competência de Turma, e por esta remetidos (Art. 14);

III – sumular a jurisprudência uniforme das Turmas da respectiva área de especialização e deliberar sobre a alteração e o cancelamento de súmulas.

SEÇÃO V.
DA COMPETÊNCIA DAS TURMAS

ART. 13. Compete às Turmas:

I – processar e julgar, originariamente:

a) os habeas corpus, quando for coator Governador de Estado e do Distrito Federal, Desembargador dos Tribunais de Justiça dos Estados e do Distrito Federal, membro dos Tribunais de Contas dos Estados e do Distrito Federal, dos Tribunais Regionais Federais, dos Tribunais Regionais Eleitorais e do Trabalho, dos Conselhos ou Tribunais de Contas dos Municípios e do Ministério Público da União que oficie perante Tribunais;

b) os habeas corpus, quando o coator for Tribunal cujos atos estejam diretamente subordinados à jurisdição do Superior Tribunal de Justiça.

II – julgar em recurso ordinário:

a) os habeas corpus decididos em única ou última instância pelos Tribunais Regionais Federais ou pelos Tribunais dos Estados, do Distrito Federal e Territórios, quando denegatória a decisão;

b) os mandados de segurança decididos em única instância pelos Tribunais Regionais

Federais ou pelos Tribunais dos Estados, do Distrito Federal e Territórios, quando denegatória a decisão.

III – julgar os recursos ordinários e os agravos nas causas em que forem partes Estado estrangeiro ou organismo internacional de um lado e, do outro, Município ou pessoa residente ou domiciliada no país; (Redação dada pela Emenda Regimental nº 24, de 2016)

IV – julgar, em recurso especial, as causas decididas em única ou última instância pelos Tribunais Regionais Federais ou pelos Tribunais dos Estados, do Distrito Federal e Territórios, quando a decisão recorrida:

a) contrariar tratado ou lei federal, ou negar-lhes vigência;

b) julgar válida lei ou ato de governo local contestado em face de lei federal;

c) der à lei federal interpretação divergente da que lhe haja atribuído outro Tribunal.

ART. 14. As Turmas remeterão os feitos de sua competência à Seção de que são integrantes:

I – quando algum dos Ministros propuser revisão da jurisprudência assentada em Súmula pela Seção;

II – quando convier pronunciamento da Seção, em razão da relevância da questão, e para prevenir divergência entre as Turmas da mesma Seção;

III – nos incidentes de assunção de competência. (Redação dada pela Emenda Regimental nº 24, de 2016).

Parágrafo único. A remessa do feito à Seção far-se-á independentemente de acórdão, salvo no caso do item III (Art. 118, § 1º).

SEÇÃO VI.
DISPOSIÇÕES COMUNS

ART. 15. À Corte Especial, às Seções e às Turmas cabe, ainda, nos processos de sua competência:

I – julgar os agravos, os embargos de declaração e as demais arguições; (Redação dada pela Emenda regimental nº 22, de 2016)

II – julgar os incidentes de execução que lhes forem submetidos;

III – julgar a restauração de autos físicos ou eletrônicos desaparecidos; (Redação dada pela Emenda Regimental nº 22, de 2016)

IV – representar à autoridade competente, quando, em autos ou documentos de que conhecer, houver indício de crime de ação pública.

ART. 16. As Seções e as Turmas remeterão os feitos de sua competência à Corte Especial:

I – quando acolherem a arguição de inconstitucionalidade, desde que a matéria ainda não tenha sido decidida pela Corte Especial;

II – quando algum dos Ministros propuser revisão da jurisprudência assentada em súmula pela Corte Especial;

III – (Revogado pela Emenda Regimental nº 22, de 2016)

IV – quando convier pronunciamento da Corte Especial em razão da relevância da questão jurídica, ou da necessidade de prevenir divergência entre as Seções.

Parágrafo único. A remessa do feito à Corte Especial far-se-á independentemente de acórdão, salvo nos casos dos itens I e III. 31

CAPÍTULO III.
DO PRESIDENTE E DO VICE-PRESIDENTE

SEÇÃO I.
DISPOSIÇÕES GERAIS

ART. 17. O Presidente e o Vice-Presidente têm mandato por dois anos, a contar da posse, vedada a reeleição.

§ 1º. O disposto neste artigo aplica-se aos Ministros efetivos e suplentes do Conselho da Justiça Federal e ao Diretor da Revista. (Redação dada pela Emenda Regimental nº 4, de 1993)

§ 2º. A eleição, por voto secreto do Plenário, dar-se-á trinta dias antes do término do biênio; a posse, no último dia desse. Se as respectivas datas não recaírem em dia útil, a eleição ou a posse serão transferidas para o primeiro dia útil seguinte. (Redação dada pela Emenda Regimental nº 5, de 1995)

§ 3º. A eleição far-se-á com a presença de, pelo menos, dois terços dos membros do Tribunal, inclusive o Presidente. Não se verificando quórum, será designada sessão extraordinária para a data mais próxima, convocados os Ministros ausentes. Ministro licenciado não participará da eleição.

§ 4º. Considera-se eleito, em primeiro escrutínio, o Ministro que obtiver a maioria absoluta dos votos dos membros do

REGIMENTOS INTERNOS

Tribunal. Em segundo escrutínio, concorrerão somente os dois Ministros mais votados no primeiro, concorrendo, entretanto, todos os nomes com igual número de votos na última posição a considerar. Se nenhum reunir a maioria absoluta de sufrágios, proclamar-se-á eleito o mais votado, ou o mais antigo, no caso de empate.

§ 5º. A eleição do Presidente precederá à do Vice-Presidente, quando ambas se realizarem na mesma sessão.

ART. 18. O Vice-Presidente assumirá a Presidência quando ocorrer vacância e imediatamente convocará o Plenário para, no prazo máximo de trinta dias, fazer a eleição. (Redação dada pela Emenda Regimental nº 5, de 1995)

§ 1º. O eleito tomará posse no prazo de quinze dias, exercendo o mandato pelo período fixado no artigo 17. (Incluído pela Emenda Regimental nº 5, de 1995)

§ 2º. No caso de o Vice-Presidente ser eleito Presidente, na mesma sessão eleger-se á o seu sucessor, aplicando-se-lhe o disposto no parágrafo anterior. (Incluído pela Emenda Regimental nº 5, de 1995)

ART. 19. Se ocorrer vaga no cargo de Vice-Presidente, será o Plenário convocado a fazer eleição. O eleito completará o período do seu antecessor, salvo o caso previsto no § 2º do artigo anterior. (Redação dada pela Emenda Regimental nº 5, de 1995)

ART. 20. A eleição, por votação secreta, do Corregedor Nacional de Justiça, dos membros do Conselho da Justiça Federal e de seus suplentes e do Ministro Diretor da Revista far-se-á juntamente com a do Presidente e do Vice-Presidente, salvo se, por qualquer motivo, não houver coincidência do mandato, caso em que a eleição se realizará no prazo máximo de trinta dias antes do término do biênio. (Redação dada pela Emenda Regimental nº 15, de 2014)

Parágrafo único. Ocorrendo vaga em qualquer desses cargos, o Plenário será convocado a fazer eleição, assegurado ao eleito o mandato de dois anos. (Incluído pela Emenda Regimental nº 5, de 1995)

SEÇÃO II. DAS ATRIBUIÇÕES DO PRESIDENTE

ART. 21. São atribuições do Presidente:

I – representar o Tribunal perante os Poderes da República, dos Estados e dos Municípios, e demais autoridades;

II – velar pelas prerrogativas do Tribunal, cumprindo e fazendo cumprir o seu Regimento

Interno;

III – dirigir os trabalhos do Tribunal, presidindo as sessões plenárias e da Corte Especial;

IV – convocar as sessões extraordinárias do Plenário e da Corte Especial;

V – designar dia para julgamento dos processos da competência do Plenário e da Corte Especial;

VI – proferir, no Plenário e na Corte Especial, o voto de desempate;

VII – relatar o agravo interposto de sua decisão; (Redação dada pela Emenda Regimental nº 22, de 2016)

VIII – manter a ordem nas sessões, adotando, para isso, as providências necessárias;

IX – submeter questões de ordem ao Tribunal;

X – determinar as providências necessárias ao cumprimento das ordens e das decisões do Tribunal, ressalvadas as atribuições dos Presidentes das Seções, das Turmas e dos relatores; (Redação dada pela Emenda Regimental nº 22, de 2016)

XI – assinar, com o relator, os acórdãos da Corte Especial, bem assim as cartas de sentença e as rogatórias;

XII – (Revogado pela Emenda Regimental nº 10, de 2009)

XIII – decidir:

a) as petições de recursos para o Supremo Tribunal Federal, resolvendo os incidentes que se suscitarem;

b) os pedidos de suspensão da execução de medida liminar ou de sentença, sendo ele o relator das reclamações para preservar a sua competência ou garantir a autoridade das suas decisões nesses feitos; (Redação dada pela Emenda Regimental nº 7, de 2004)

c) durante o recesso do Tribunal ou nas férias coletivas dos seus membros, os pedidos de liminar em mandado de segurança, podendo, ainda, determinar liberdade provisória ou sustação de ordem de prisão, e demais medidas que reclamem urgência;

d) sobre pedidos de livramento condicional, bem assim sobre os incidentes em processos de indulto, anistia e graça;

e) sobre deserção de recursos não preparados no Tribunal;

f) sobre a expedição de ordens de pagamento devido pela Fazenda Pública, despachando os precatórios;

g) sobre o sequestro, no caso do Art. 731 do CPC;

h) os pedidos de extração de carta de sentença;

i) (Revogado pela Emenda Regimental nº 24, de 2016);

j) as reclamações, por erro da ata do Plenário e da Corte Especial, e na publicação de acórdãos.

k) (Revogado pela Emenda Regimental nº 24, de 2016).

l) sobre dúvidas suscitadas pela Secretaria do Tribunal relacionadas a distribuição de feitos e a incidentes referentes à redistribuição disciplinada no art. 72; (Incluído pela Emenda Regimental nº 24, de 2016)

m) sobre os pedidos de suspensão de processos em incidente de resolução de demandas repetitivas; (Incluído pela Emenda Regimental nº 24, de 2016)

n) sobre a necessidade de determinar, na autuação do feito, a identificação do nome da parte apenas por suas iniciais, nas hipóteses em que, expressamente, a lei indicar ser indispensável a restrição à publicidade de seu nome como meio para a proteção de bem objeto de sigilo no processo. (Incluído pela Emenda Regimental nº 24, de 2016)

XIV – proferir os despachos do expediente;

XV – dar posse aos Ministros durante o recesso do Tribunal ou nas férias, e conceder-lhes transferências de Seção ou Turma;

XVI – conceder licença aos Ministros ad referendum da Corte Especial;

XVII – criar comissões temporárias e designar os seus membros e ainda os das comissões permanentes, bem como designar o Ministro Coordenador do Centro de Soluções Consensuais de Conflitos do Superior Tribunal de Justiça, com aprovação da Corte Especial; (Redação dada pela Emenda Regimental nº 23, de 2016);

XVIII – determinar, em cumprimento de deliberação do Tribunal, o início do processo de verificação da invalidez de Ministro;

XIX – nomear curador ao paciente, na hipótese do item anterior, se se tratar de incapacidade mental, bem assim praticar os demais atos preparatórios do procedimento;

XX – baixar as resoluções e instruções normativas referentes à deliberação do Plenário, da Corte Especial ou do Conselho de Administração, bem como as que digam respeito à rotina dos trabalhos de distribuição;

XXI – baixar os atos indispensáveis à disciplina dos serviços e à polícia do Tribunal;

XXII – adotar as providências necessárias à elaboração da proposta orçamentária do Tribunal e encaminhar pedidos de abertura de créditos adicionais e especiais;

XXIII – resolver as dúvidas suscitadas na classificação dos feitos e papéis registrados na Secretaria do Tribunal, baixando as instruções necessárias;

XXIV – rubricar os livros necessários ao expediente ou designar funcionário para fazê-lo;

XXV – assinar os atos de provimento e vacância dos cargos e empregos da Secretaria do Tribunal, dando posse aos servidores;

XXVI – assinar os atos relativos à vida funcional dos servidores; (Redação dada pela Emenda Regimental nº 4, de 1993)

XXVII – impor penas disciplinares aos servidores da Secretaria;

XXVIII – delegar, nos termos da lei, competência ao Diretor-Geral da Secretaria do Tribunal, para a prática de atos administrativos; (Redação dada pela Emenda Regimental nº 4, de 1993)

XXIX – velar pela regularidade e exatidão das publicações dos dados estatísticos sobre os trabalhos do Tribunal a cada mês;

XXX – apresentar ao Tribunal, no mês de fevereiro, relatório circunstanciado dos trabalhos efetuados no ano decorrido, bem como mapas dos julgados;

XXXI – praticar todos os demais atos de gestão necessários ao funcionamento dos serviços administrativos. (Redação dada pela Emenda Regimental nº 4, de 1993)

XXXII – fixar a data de início do procedimento de escolha e indicação de um juiz federal e de um juiz do Tribunal Regional Federal para as vagas do Conselho Nacional de Justiça e de um juiz para a vaga do Conselho Nacional do Ministério Público. (Incluído pela Emenda Regimental nº 15, de 2014)

Parágrafo único. O procedimento previsto neste inciso terá início até sessenta dias do término do mandato do conselheiro, ou, caso não cumprido integralmente, logo após a vacância do cargo, observadas as seguintes disposições: (Incluído pela Emenda Regimental nº 15, de 2014)

I – os magistrados de primeiro e segundo graus interessados em ocupar uma das vagas disponíveis deverão apresentar seus currículos ao Superior Tribunal de Justiça e serão convocados mediante: (Incluído pela Emenda Regimental nº 15, de 2014)

a) publicação no Diário da Justiça eletrônico; (Incluído pela Emenda Regimental nº 15, de 2014)

b) divulgação na página eletrônica do Superior Tribunal de Justiça na rede mundial de computadores (internet); (Incluído pela Emenda Regimental nº 15, de 2014)

c) comunicação aos respectivos Tribunais, para que divulguem, por todos os meios disponíveis, o prazo e a forma de inscrição aos juízes de primeiro e segundo graus a eles vinculados, informando à Presidência do Superior Tribunal de Justiça as medidas efetivamente tomadas para a divulgação da convocação; (Incluído pela Emenda Regimental nº 15, de 2014)

II – o prazo para encaminhamento dos currículos será de dez dias, se outro não fixar a Presidência, contados da data da publicação da convocação no Diário da Justiça eletrônico; (Incluído pela Emenda Regimental nº 15, de 2014)

III – o currículo deverá ser encaminhado ao Superior Tribunal de Justiça por via eletrônica, e seu conteúdo deverá ser preenchido em formulário padronizado posto à disposição na página eletrônica; (Incluído pela Emenda Regimental nº 15, de 2014)

IV – encerrado o prazo, a Presidência colocará os currículos à disposição dos Ministros e convocará sessão do Plenário para a escolha do nome; (Incluído pela Emenda Regimental nº 15, de 2014)

V – a lista de magistrados inscritos, com links para os respectivos currículos, será colocada à disposição do público, inclusive na página eletrônica; (Incluído pela Emenda Regimental nº 15, de 2014)

VI – a indicação será definida em sessão do Plenário, por votação secreta, cabendo a cada Ministro votar em um juiz ou em um desembargador por vaga; (Incluído pela Emenda Regimental nº 15, de 2014)

VII – será indicado o juiz ou o desembargador que obtiver a maioria absoluta dos votos; (Incluído pela Emenda Regimental nº 15, de 2014)

VIII – não sendo alcançada a maioria absoluta de votos por nenhum juiz ou desembargador, seguir-se-á um segundo sufrágio, em que concorrerão os candidatos que tiverem obtido as duas maiores votações na etapa anterior, sendo indicado o que obtiver a maioria simples dos votos; (Incluído pela Emenda Regimental nº 15, de 2014)

IX – em caso de empate no segundo sufrágio, será indicado o juiz ou o desembargador mais antigo na carreira e, persistindo o empate, o mais idoso; (Incluído pela Emenda Regimental nº 15, de 2014)

X – o nome do juiz ou do desembargador escolhido será publicado no Diário da Justiça eletrônico e divulgado na página eletrônica do Superior Tribunal de Justiça. (Incluído pela Emenda Regimental nº 15, de 2014)

ART. 21-A. O Presidente do Tribunal, por indicação do relator, poderá convocar magistrado vitalício para a realização de atos de instrução das sindicâncias, inquéritos, ações e demais procedimentos penais originários, na sede do STJ ou no local onde se deva produzir o ato, bem como

REGIMENTOS INTERNOS

definir os limites de sua atuação. (Incluído pela Emenda Regimental nº 21, de 2016)

§ 1º. Caberá ao magistrado instrutor convocado na forma do caput: (Incluído pela Emenda Regimental nº 21, de 2016)

I – designar e realizar as audiências de interrogatório, inquirição de testemunhas, acareação, transação, suspensão condicional do processo, admonitórias e outras; (Incluído pela Emenda Regimental nº 21, de 2016)

II – requisitar testemunhas e determinar condução coercitiva, caso necessário; (Incluído pela Emenda Regimental nº 21, de 2016)

III – expedir e controlar o cumprimento das cartas de ordem; (Incluído pela Emenda Regimental nº 21, de 2016)

IV – determinar intimações e notificações; (Incluído pela Emenda Regimental nº 21, de 2016)

V – decidir questões incidentes durante a realização dos atos sob sua responsabilidade; (Incluído pela Emenda Regimental nº 21, de 2016)

VI – requisitar documentos ou informações existentes em bancos de dados; (Incluído pela Emenda Regimental nº 21, de 2016)

VII – fixar ou prorrogar prazos para a prática de atos durante a instrução; (Incluído pela Emenda Regimental nº 21, de 2016)

VIII – realizar inspeções judiciais; (Incluído pela Emenda Regimental nº 21º de 2016)

IX – requisitar aos órgãos locais do Poder Judiciário apoio de pessoal e de equipamentos e instalações adequados para os atos processuais que devam ser produzidos fora da sede do Tribunal; (Incluído pela Emenda Regimental nº 21, de 2016)

X – exercer outras funções que lhe sejam delegadas pelo relator ou pelo Tribunal. (Incluído pela Emenda Regimental nº 21, de 2016)

§ 2º. As decisões proferidas pelo magistrado instrutor no exercício das atribuições previstas no parágrafo anterior ficam sujeitas a posterior controle do relator, de ofício ou mediante provocação do interessado, no prazo de cinco dias da ciência do ato. (Incluído pela Emenda Regimental nº 21, de 2016)

§ 3º. A convocação de magistrados instrutores vigerá pelo prazo de seis meses, prorrogável por igual período, até o máximo de dois anos, a critério do relator, sem prejuízo das vantagens e direitos de seu cargo de origem, ficando condicionada à disponibilidade orçamentária. (Incluído pela Emenda Regimental nº 21º de 2016)

§ 4º. O número máximo de juízes instrutores no Tribunal é restrito a treze, um para cada gabinete de Ministro integrante da Corte Especial, excluídos o Presidente e o Corregedor Nacional de Justiça. (Incluído pela Emenda Regimental nº 21, de 2016)

ART. 21-B. O Presidente do Tribunal poderá convocar magistrados vitalícios até o número de sete, para atuarem como juízes auxiliares em apoio à Presidência. (Redação dada pela Emenda Regimental nº 37/2020)

§ 1º O Presidente ainda convocará um juiz federal para exercer a função de Secretário-Geral do Conselho da Justiça Federal e um juiz vitalício para prestar auxílio à Escola Nacional de Formação e Aperfeiçoamento de Magistrados Ministro Sálvio de Figueiredo Teixeira, por indicação do Diretor-Geral da Escola. (Redação dada pela Emenda Regimental nº 37/2020)

§ 2º A convocação de juiz auxiliar vigerá pelo prazo de um ano, prorrogável por igual período, sem prejuízo dos direitos e vantagens de seu cargo de origem, ficando condicionada à disponibilidade orçamentária. (Redação dada pela Emenda Regimental nº 37/2020)

§ 3º (Revogado pela Emenda Regimental nº 37/2020)

ART. 21-C. Sem prejuízo dos arts. 21-A e 21-B, os Ministros podem indicar ao Presidente a convocação de um magistrado vitalício para auxiliá-los nos afazeres de seus gabinetes, em caráter excepcional, quando o justificado acúmulo de serviço o exigir. (Incluído pela Emenda Regimental nº 21, de 2016)

Parágrafo único. A convocação de juiz auxiliar vigerá pelo prazo de um ano, prorrogável por igual período, sem prejuízo dos direitos e vantagens de seu cargo de origem, ficando condicionada à disponibilidade orçamentária. (Incluído pela Emenda Regimental nº 21, de 2016)

ART. 21-D. Serão regulados por resolução as convocações, direitos, vantagens, vencimentos e dispensas dos magistrados instrutores e auxiliares. (Incluído pela Emenda Regimental nº 21, de 2016)

ART. 21-E. São atribuições do Presidente antes da distribuição: (Incluído pela Emenda Regimental nº 24, de 2016)

I – apreciar e homologar pedidos de desistência, de autocomposição das partes e de habilitação em razão de falecimento de qualquer das partes; (Incluído pela Emenda Regimental nº 24, de 2016)

II – apreciar os pedidos de gratuidade da justiça nos feitos de competência originária; (Incluído pela Emenda Regimental nº 24, de 2016)

III – determinar o cancelamento do registro do feito se a parte, intimada na pessoa de seu advogado, não realizar o pagamento, em quinze dias, das custas e despesas de ingresso; (Incluído pela Emenda Regimental nº 24, de 2016)

IV – apreciar os habeas corpus e as revisões criminais inadmissíveis por incompetência manifesta, encaminhando os autos ao órgão que repute competente; (Incluído pela Emenda Regimental nº 24, de 2016)

V – não conhecer de recurso inadmissível, prejudicado ou que não tiver impugnado especificamente todos os fundamentos da decisão recorrida; (Incluído pela Emenda Regimental nº 24, de 2016)

VI – negar provimento a recurso que for contrário a súmula do Supremo Tribunal Federal ou do Superior Tribunal de Justiça, a acórdão proferido em julgamento de recursos repetitivos ou a entendimento firmado em incidente de assunção de competência; (Incluído pela Emenda Regimental nº 24, de 2016)

VII – dar provimento a recurso se a decisão recorrida for contrária a súmula do Supremo Tribunal Federal ou do Superior Tribunal de Justiça, a acórdão proferido em julgamento de recursos repetitivos ou a entendimento firmado em incidente de assunção de competência; (Incluído pela Emenda Regimental nº 24, de 2016)

REGIMENTOS INTERNOS

VIII – determinar a devolução ao Tribunal de origem dos recursos fundados em controvérsia idêntica àquela já submetida ao rito de julgamento de casos repetitivos para adoção das medidas cabíveis; (Incluído pela Emenda Regimental nº 24, de 2016)

IX – remeter o processo ao Supremo Tribunal Federal após juízo positivo de admissibilidade quando entender versar o recurso especial sobre matéria constitucional, dando vista ao recorrente pelo prazo de quinze dias para que demonstre a existência de repercussão geral e manifeste-se sobre a questão constitucional, bem como vista à parte adversa para, por igual prazo, apresentar contrarrazões. (Incluído pela Emenda Regimental nº 24, de 2016)

§ 1º Opostos embargos de declaração contra decisão do Presidente, caberá a ele a sua análise. (Incluído pela Emenda Regimental nº 24, de 2016)

§ 2º Interposto agravo interno contra a decisão do Presidente proferida no exercício das competências previstas neste artigo, os autos serão distribuídos, observado o disposto no art. 9º deste Regimento, caso não haja retratação da decisão agravada. (Incluído pela Emenda Regimental nº 24, de 2016)

§ 3º O Presidente do Tribunal poderá delegar ao Vice-Presidente e aos Presidentes das Seções, dentro de suas respectivas áreas de atuação, a análise das matérias previstas neste artigo, observado o que dispõem os §§ 1º e 2º. (Incluído pela Emenda Regimental nº 24, de 2016)

§ 4º A delegação de que trata o § 3º far-se-á mediante ato do Presidente do Tribunal, se houver concordância dos delegatários. (Incluído pela Emenda Regimental nº 24, de 2016)

§ 5º Os Presidentes das Seções poderão indicar ao Presidente do Tribunal, para subdelegação, um membro integrante da respectiva Seção. (Incluído pela Emenda Regimental nº 24, de 2016)

SEÇÃO III. DAS ATRIBUIÇÕES DO VICE-PRESIDENTE

ART. 22. Ao Vice-Presidente incumbe substituir o Presidente nas férias, licenças, ausências e impedimentos eventuais, e sucedê-lo, no caso de vaga, na forma do artigo 18.

§ 1º. O Vice-Presidente integra o Plenário e a Corte Especial também nas funções de relator e revisor.

§ 2º. Ao Vice-Presidente incumbe, ainda:

I – por delegação do Presidente:

a) decidir as petições de recursos para o Supremo Tribunal Federal, resolvendo os incidentes que suscitarem;

b) auxiliar na supervisão e fiscalização dos serviços da Secretaria do Tribunal;

c) (Revogado pela Emenda Regimental nº 10, de 2009)

d) decidir as matérias previstas no art. 21-E deste Regimento. (Incluído pela Emenda Regimental nº 24, de 2016)

II – exercer, no Conselho da Justiça Federal, as funções que lhe competirem, de acordo com o Regimento Interno.

§ 3º. A delegação das atribuições previstas no item I do parágrafo anterior far-se-á mediante ato do Presidente e de comum acordo com o Vice-Presidente.

CAPÍTULO IV. DAS ATRIBUIÇÕES DO CORREGEDOR-GERAL DA JUSTIÇA FEDERAL (Redação dada pela Emenda Regimental nº 22, de 2016)

ART. 23. O Corregedor-Geral exercerá, no Conselho da Justiça Federal, as atribuições que lhe couberem, na conformidade da lei e do seu Regimento Interno e integrará o Plenário e a Corte Especial também nas funções de relator e revisor. (Redação dada pela Emenda Regimental nº 22, de 2016)

CAPÍTULO V. DAS ATRIBUIÇÕES DO PRESIDENTE DE SEÇÃO

ART. 24. Compete ao Presidente de Seção:

I – presidir as sessões, onde terá apenas o voto de desempate;

II – manter a ordem nas sessões;

III – convocar sessões extraordinárias;

IV – mandar incluir em pauta os processos de sua Seção e assinar as atas das sessões;

V – assinar os ofícios executórios e quaisquer comunicações referentes aos processos julgados pela respectiva Seção; (Redação dada pela Emenda Regimental nº 6, de 2002)

VI – indicar ao Presidente funcionários da Secretaria do Tribunal a serem designados para os cargos de direção de sua Seção; (Redação dada pela Emenda Regimental nº 6, de 2002)

VII – assinar a correspondência de sua Seção. (Redação dada pela Emenda Regimental nº 6, de 2002)

VIII – decidir, por delegação do Presidente do Tribunal e no âmbito de sua atuação, as matérias previstas no art. 21-E deste Regimento. (Incluído pela Emenda Regimental nº 24, de 2016)

CAPÍTULO VI. DAS ATRIBUIÇÕES DO PRESIDENTE DE TURMA

ART. 25. Compete ao Presidente de Turma:

I – presidir as sessões de sua Turma, onde terá participação também na condição de relator, revisor ou vogal;

II – manter a ordem nas sessões;

III – convocar as sessões extraordinárias;

IV – mandar incluir em pauta os processos da respectiva Turma e assinar as atas das sessões;

V – assinar os ofícios executórios e quaisquer comunicações referentes aos processos julgados pela respectiva Turma; (Redação dada pela Emenda Regimental nº 6, de 2002)

VI – indicar ao Presidente funcionários da Secretaria do Tribunal a serem designados para os cargos de direção de sua Turma; (Redação dada pela Emenda Regimental nº 6, de 2002)

VII – assinar a correspondência de sua Turma. (Redação dada pela Emenda Regimental nº 6, de 2002)

CAPÍTULO VII. DOS MINISTROS

SEÇÃO I. DISPOSIÇÕES GERAIS

ART. 26. A indicação, pelo Superior Tribunal de Justiça, de Juízes, Desembargadores, Advogados e membros do Ministério Público, a serem nomeados pelo Presidente da República, para comporem o Tribunal, far-se-á em lista tríplice.

§ 1º. Ocorrendo vaga destinada a Advogado ou a membro do Ministério Público, o Presidente do Tribunal, nos cinco dias seguintes, solicitará ao órgão de representação da classe que providencie a lista sêxtupla dos candidatos, observados os requisitos constitucionais (Constituição, Art. 104, parágrafo único).

§ 2º. Tratando-se de vaga a ser preenchida por Juiz ou Desembargador, o Presidente solicitará aos Tribunais Regionais Federais e aos Tribunais de Justiça que enviem, no prazo de dez dias, relação dos magistrados que contém mais de trinta e cinco e menos de sessenta e cinco anos de idade, com indicação das datas de nascimento (Constituição, Art. 104, parágrafo único).

§ 3º. Recebida a lista sêxtupla, ou esgotado o prazo indicado no parágrafo anterior, convocará o Presidente, de imediato, sessão do Tribunal para elaboração da lista tríplice.

§ 4º. Para a composição da lista tríplice, o Tribunal reunir-se-á, em sessão pública, com o quórum de dois terços de seus membros, além do Presidente.

§ 5º. Somente constará de lista tríplice o candidato que obtiver, em primeiro ou subsequente escrutínio, a maioria absoluta dos votos dos membros do Tribunal, observado o disposto no artigo 27, § 3º. (Redação dada pela Emenda Regimental nº 1, de 1991)

§ 6º. Os candidatos figurarão na lista de acordo com a ordem decrescente dos sufrágios que obtiverem, respeitado, também, o número de ordem do escrutínio. Em caso de empate, terá preferência o mais idoso. (Redação dada pela Emenda Regimental nº 1, de 1991)

§ 7º. A escolha dos nomes que comporão lista tríplice far-se-á em votação secreta, realizando-se tantos escrutínios quantos forem necessários.

§ 8º. Para colocação dos nomes na lista, em caso de empate, far-se-á o desempate em favor do candidato mais idoso; se ainda persistir o empate, adotar-se-á o critério do tempo de serviço público no cargo, para os magistrados e membros do Ministério Público, ou tempo de inscrição na Ordem como advogado, para os advogados.

ART. 27. Aberta a sessão, será ela transformada em conselho, para que o Tribunal aprecie aspectos gerais referentes à escolha dos candidatos, seus currículos, vida pregressa e se satisfazem os requisitos constitucionais exigidos. Os membros do Tribunal receberão, quando possível, com antecedência de, no mínimo, setenta e duas horas da data da sessão, relação dos candidatos, instruída com cópia dos respectivos currículos.

§ 1º. Tornada pública a sessão, o Presidente designará a Comissão Escrutinadora, que será integrada por três membros do Tribunal.

§ 2º. Existindo mais de uma vaga a ser preenchida por advogado ou membros do Ministério Público, para cada lista sêxtupla, será elaborada lista tríplice, observando-se o que dispõe o parágrafo 3º deste artigo.

§ 3º. Tratando-se de lista tríplice única, cada Ministro, no primeiro escrutínio, votará em três nomes. Ter-se-á como constituída se, em primeiro escrutínio, três ou mais candidatos obtiverem maioria absoluta dos votos do Tribunal, hipótese em que figurarão na lista, pela ordem decrescente de sufrágios, os nomes dos três mais votados. Em caso contrário, efetuar-se-á segundo escrutínio e, se necessário, novos escrutínios, concorrendo, em cada um, candidatos em número correspondente ao dobro dos nomes a serem inseridos, ainda, na lista, de acordo com a ordem da votação alcançada no escrutínio anterior, incluídos, entretanto, todos os nomes com igual número de votos na última posição a ser considerada. Restando, apenas, uma vaga a preencher, será considerado escolhido o candidato mais votado, com preferência ao mais idoso, em caso de empate. (Redação dada pela Emenda Regimental nº 1, de 1991)

§ 4º. Se existirem duas ou mais vagas a serem providas dentre Juízes ou Desembargadores, o Tribunal deliberará, preliminarmente, se as listas se constituirão, cada uma, com três nomes distintos, ou se, composta a primeira com três nomes, a segunda e subsequentes deverão ser integradas pelos dois nomes remanescentes da lista anterior, acrescidos de mais um nome.

§ 5º. Se o Tribunal deliberar que, em cada lista, constarão três nomes distintos, cada Ministro, no primeiro escrutínio, votará em tantos nomes quantos necessários à constituição das listas tríplices. Nesse caso, na organização simultânea das listas, os nomes que obtiverem, em primeiro escrutínio, maioria absoluta dos votos dos membros do Tribunal, figurarão, pela ordem decrescente de votos, em primeiro lugar, em cada uma das listas, de acordo com sua numeração, e nos lugares subsequentes das listas, horizontalmente considerados, pela mesma ordem, da primeira à última. Se, no primeiro escrutínio, não se preencherem todos os lugares das diversas listas, proceder-se-á a segundo e, se necessário, a novos escrutínios, na forma definida na última parte do parágrafo terceiro deste artigo, distribuindo-se, nas listas, os nomes escolhidos, de acordo com a ordem prevista para o primeiro escrutínio. No segundo e subsequentes escrutínios, cada Ministro votará em tantos nomes quantos faltarem para serem incluídos nas listas.

§ 6º. Se o Tribunal deliberar que, na constituição das listas, será adotado o critério previsto na segunda hipótese do parágrafo quarto deste artigo, cada Ministro, em primeiro escrutínio, votará em tantos nomes quantas forem as vagas a preencher e em mais dois. Nessa hipótese, na organização simultânea das listas, atendido o disposto no parágrafo 5º do artigo 27, a primeira será integrada, na ordem decrescente dos sufrágios alcançados, por três nomes; a segunda lista constituir-se-á dos dois nomes remanescentes da primeira, mais o nome que tenha obtido a quarta votação; a terceira lista dar-se-á por composta dos dois nomes remanescentes da lista anterior, mais o nome que haja obtido a quinta votação, respeitada a ordem dos escrutínios,

REGIMENTOS INTERNOS

e assim sucessivamente. Se, no primeiro escrutínio, não se preencherem todos os lugares das diversas listas, nos termos deste parágrafo, proceder-se-á a segundo e a novos escrutínios, na forma definida no parágrafo anterior e na última parte do parágrafo terceiro deste artigo.

§ 7º. No ofício de encaminhamento ao Poder Executivo, da lista tríplice única ou das diversas listas tríplices, far-se-á referência ao número de votos obtidos pelos indicados e a ordem do escrutínio em que se deu a escolha.

ART. 28. Os Ministros tomarão posse, no prazo de trinta (30) dias, em sessão plenária e solene do Tribunal, podendo fazê-lo perante o Presidente em período de recesso ou férias. (Redação dada pela Emenda Regimental nº 1, de 1991)

§ 1º. No ato da posse, o Ministro prestará compromisso de bem desempenhar os deveres do cargo, e de bem cumprir e fazer cumprir a Constituição e as leis do País.

§ 2º. Do compromisso lavrar-se-á, em livro especial, termo que será assinado pelo Presidente, pelo empossado e pelo Diretor-Geral da Secretaria.

§ 3º. Somente será dada posse ao Ministro que antes haja provado:

a) ser brasileiro;

b) contar mais de trinta e cinco e menos de sessenta e cinco anos de idade;

c) satisfazer aos demais requisitos inscritos em lei.

§ 4º. O prazo para a posse poderá ser prorrogado pela Corte Especial, na forma da lei.

ART. 29. Os Ministros têm as prerrogativas, garantias, direitos e incompatibilidades inerentes ao exercício da Magistratura.

§ 1º. Os Ministros receberão o tratamento de Excelência e usarão vestes talares nas sessões solenes, e capas, nas sessões ordinárias ou extraordinárias; conservarão o título e as honras correspondentes, mesmo depois da aposentadoria. (Redação dada pela Emenda Regimental nº 1, de 1991)

§ 2º. A Presidência do Tribunal velará pela preservação dos direitos, interesses e prerrogativas dos Ministros aposentados. (Redação dada pela Emenda Regimental nº 1, de 1991)

ART. 30. A antiguidade do Ministro no Tribunal, para sua colocação nas sessões, distribuição de serviço, revisão dos processos, substituições e outros quaisquer efeitos legais ou regimentais, é regulada na seguinte ordem:

I – pela posse;

II – pela nomeação;

III – pela idade.

Parágrafo único. Respeitar-se-á, no Superior Tribunal de Justiça, a antiguidade que vinha sendo observada no Tribunal Federal de Recursos, em relação aos seus Ministros.

ART. 31. Havendo, dentre os Ministros do Tribunal, cônjuges, parentes consangüíneos ou afins, em linha reta ou no terceiro grau da linha colateral, integrarão Seções diferentes, e o primeiro que conhecer da causa impede que o outro participe do julgamento quando da competência da Corte Especial.

ART. 32. Os Ministros têm direito de transferir-se para Seção ou Turma, onde haja vaga, antes da posse de novo Ministro, ou, em caso de permuta, para qualquer outra. Havendo mais de um pedido, terá preferência o do mais antigo.

ART. 33. Os Ministros têm jurisdição em todo o território nacional e domicílio no Distrito Federal. (Redação dada pela Emenda Regimental nº 7, de 2004)

Parágrafo único. É dever dos Ministros, entre outros estabelecidos em lei e neste Regimento: (Incluído pela Emenda Regimental nº 7, de 2004)

I – manter residência no Distrito Federal; (Incluído pela Emenda Regimental nº 7, de 2004)

II – comparecer às sessões de julgamento, nelas permanecendo até o seu final, salvo com autorização prévia do Presidente do órgão julgador. (Incluído pela Emenda Regimental nº 7, de 2004)

SEÇÃO II. DO RELATOR

ART. 34. São atribuições do relator:

I – ordenar e dirigir o processo;

II – determinar às autoridades judiciárias e administrativas, sujeitas à sua jurisdição, providências relativas ao andamento e à instrução do processo, exceto se forem da competência da Corte Especial, da Seção, da Turma ou de seus Presidentes;

III – delegar atribuições a autoridades judiciárias de instância inferior, nos casos previstos em lei ou neste Regimento;

IV – submeter à Corte Especial, à Seção, à Turma, ou aos Presidentes, conforme a competência, questões de ordem para o bom andamento dos processos;

V – submeter à Corte Especial, à Seção, à Turma, nos processos da competência respectiva, medidas cautelares ou tutelas provisórias necessárias à proteção de direito suscetível de grave dano de incerta reparação ou ainda destinadas a garantir a eficácia da ulterior decisão da causa; (Redação dada pela Emenda Regimental nº 24, de 2016);

VI – determinar, em caso de urgência, as medidas do inciso anterior, ad referendum da Corte Especial, da Seção ou da Turma;

VII – decidir o agravo interposto de decisão que inadmitir recurso especial; (Redação dada pela Emenda Regimental nº 24, de 2016)

VIII – requisitar os autos originais, quando necessário;

IX – apreciar e homologar pedidos de desistência, de autocomposição das partes e de habilitação em razão de falecimento de qualquer das partes, ainda que o feito se ache em pauta ou em mesa para julgamento; (Redação dada pela Emenda Regimental nº 24, de 2016);

X – pedir dia para julgamento dos feitos que lhe couberem por distribuição, ou passá-los ao revisor, com o relatório, se for o caso;

XI – julgar prejudicado pedido ou recurso que haja perdido objeto;

XII – propor à Seção ou à Turma seja o processo submetido à Corte Especial ou à Seção, conforme o caso;

XIII – decidir o pedido de carta de sentença e assiná-la;

XIV – apresentar em mesa para julgamento os feitos que independem de pauta;

XV – redigir o acórdão, quando o seu voto for o vencedor no julgamento;

XVI – determinar a autuação do agravo como recurso especial;

XVII – determinar o arquivamento de inquérito, ou peças informativas, quando o requerer o Ministério Público, ou submeter o requerimento à decisão do órgão competente do Tribunal;

XVIII – distribuídos os autos: (Redação dada pela Emenda Regimental nº 22, de 2016)

a) não conhecer do recurso ou pedido inadmissível, prejudicado ou daquele que não tiver impugnado especificamente todos os fundamentos da decisão recorrida; (Incluído pela Emenda Regimental nº 22, de 2016)

b) negar provimento ao recurso ou pedido que for contrário a tese fixada em julgamento de recurso repetitivo ou de repercussão geral, a entendimento firmado em incidente de assunção de competência, a súmula do Supremo Tribunal Federal ou do Superior Tribunal de Justiça ou, ainda, a jurisprudência dominante acerca do tema; (Incluído pela Emenda Regimental nº 22, de 2016)

c) dar provimento ao recurso se o acórdão recorrido for contrário a tese fixada em julgamento de recurso repetitivo ou de repercussão geral, a entendimento firmado em incidente de assunção de competência, a súmula do Supremo Tribunal Federal ou do Superior Tribunal de Justiça ou, ainda, a jurisprudência dominante acerca do tema; (Incluído pela Emenda Regimental nº 22, de 2016)

XIX – decidir o mandado de segurança quando for inadmissível, prejudicado ou quando se conformar com tese fixada em julgamento de recurso repetitivo ou de repercussão geral, a entendimento firmado em incidente de assunção de competência, a súmula do Superior Tribunal de Justiça ou do Supremo Tribunal Federal, a jurisprudência dominante acerca do tema ou as confrontar; (Redação dada pela Emenda Regimental nº 24, de 2016)

XX – decidir o habeas corpus quando for inadmissível, prejudicado ou quando a decisão impugnada se conformar com tese fixada em julgamento de recurso repetitivo ou de repercussão geral, a entendimento firmado em incidente de assunção de competência, a súmula do Superior Tribunal de Justiça ou do Supremo Tribunal Federal, a jurisprudência dominante acerca do tema ou as confrontar; (Redação dada pela Emenda Regimental nº 24, de 2016)

XXI – decidir o agravo de instrumento interposto com base no Art. 1.027, § 1º, do CPC; (Incluído pela Emenda Regimental nº 22, de 2016)

XXII – decidir o conflito de competência quando for inadmissível, prejudicado ou quando se conformar com tese fixada em julgamento de recurso repetitivo ou de repercussão geral, a entendimento firmado em incidente de assunção de competência, a súmula do Superior Tribunal de Justiça ou do Supremo Tribunal Federal, a jurisprudência dominante acerca do tema ou as confrontar; (Incluído pela Emenda Regimental nº 24, de 2016)

XXIII – remeter o processo ao Supremo Tribunal Federal após juízo positivo de admissibilidade quando entender versar o recurso especial sobre matéria constitucional, dando vista ao recorrente pelo prazo de quinze dias para que demonstre a existência de repercussão geral e manifeste-se sobre a questão constitucional, bem como vista à parte adversa para, por igual prazo, apresentar contrarrazões; (Incluído pela Emenda Regimental nº 24, de 2016)

XXIV – determinar a devolução ao Tribunal de origem dos recursos especiais fundados em controvérsia idêntica àquela já submetida ao rito de julgamento de casos repetitivos para adoção das medidas cabíveis; (Incluído pela Emenda Regimental nº 24, de 2016)

XXV – julgar recurso fundado em nulidade da decisão recorrida por vício de procedimento;(Incluído pela Emenda Regimental nº 24, de 2016)

XXVI – executar e fazer cumprir os despachos, as decisões monocráticas, as ordens e os acórdãos transitados em julgado nas ações penais, inquéritos e demais procedimentos penais originários de sua relatoria, bem como determinar às autoridades judiciárias e administrativas providências relativas ao andamento e à instrução de processos, facultada a delegação de atribuições para a prática de atos processuais previstos no art. 21-A deste Regimento a outros Tribunais e a juízos de primeiro grau de jurisdição, ficando as decisões proferidas sujeitas a posterior controle do relator, de ofício ou mediante provocação do interessado, no prazo de cinco dias da ciência do ato. (Incluído pela Emenda Regimental nº 24, de 2016)

SEÇÃO III.
DO REVISOR

ART. 35. Sujeitam-se a revisão os seguintes processos: (Redação dada pela Emenda Regimental nº 1, de 1991)

I – ação rescisória; (Redação dada pela Emenda Regimental nº 1, de 1991)

II – ação penal originária; (Redação dada pela Emenda Regimental nº 1, de 1991)

III – revisão criminal. (Redação dada pela Emenda Regimental nº 1, de 1991)

ART. 36. Será revisor o Ministro que se seguir ao relator, na ordem decrescente de antiguidade, no órgão julgador.

Parágrafo único. Em caso de substituição definitiva do relator, será também substituído o revisor, na conformidade do disposto neste artigo. (Incluído pela Emenda Regimental nº 4, de 1993)

ART. 37. Compete ao revisor:

I – sugerir ao relator medidas ordinatórias do processo, que tenham sido omitidas;

II – confirmar, completar ou retificar o relatório;

III – pedir dia para julgamento;

IV – determinar a juntada de petição, enquanto os autos lhe estiverem conclusos, submetendo, conforme o caso, desde logo, a matéria à consideração do relator.

CAPÍTULO VIII.
DO CONSELHO DE ADMINISTRAÇÃO

ART. 38. Ao Conselho de Administração incumbe:

I – deliberar sobre a organização dos serviços administrativos da Secretaria do Tribunal; (Redação dada pela Emenda Regimental nº 4, de 1993)

II – dispor sobre os cargos de direção e assessoramento superiores, as funções de direção e assistência intermediárias e as funções de representação de gabinete, a forma do respectivo provimento, os níveis de vencimentos e gratificação, dentro dos limites estabelecidos em lei;

III – aprovar os critérios para as progressões e ascensões funcionais dos servidores da Secretaria do Tribunal;

IV – deliberar sobre as demais matérias administrativas e referentes a servidores do Tribunal, que lhe sejam submetidas pelo Presidente;

V – exercer as atribuições administrativas não previstas na competência do Plenário, da Corte Especial ou do Presidente ou as que lhe hajam sido delegadas;

VI – (Revogado pela Emenda Regimental nº 19, de 2015)

Parágrafo único. Para ausentar-se do território nacional, o ministro deverá comunicar o fato, em regra, com a antecedência mínima de 15 dias, ao Conselho de Administração, salvo quando se tratar de férias, licença, recesso ou feriado. (Incluído pela Emenda Regimental nº 19, de 2015)

ART. 39. Dos atos e decisões do Conselho de Administração não cabe recurso administrativo.

CAPÍTULO IX. DAS COMISSÕES

ART. 40. As comissões, permanentes ou temporárias, colaboram no desempenho dos encargos do Tribunal.

§ 1º. São Comissões permanentes: (Redação dada pela Emenda Regimental nº 2, de 1992)

I – a Comissão de Regimento Interno; (Redação dada pela Emenda Regimental nº 2, de 1992)

II – a Comissão de Jurisprudência; (Redação dada pela Emenda Regimental nº 2, de 1992)

III – a Comissão de Documentação; (Redação dada pela Emenda Regimental nº 2, de 1992)

IV – a Comissão de Coordenação. (Redação dada pela Emenda Regimental nº 2, de 1992)

V – a Comissão Gestora de Precedentes. (Incluído pela Emenda Regimental nº 26, de 2016)

§ 2º As Comissões permanentes serão integradas de três Ministros efetivos e um suplente, salvo a de Jurisprudência e a de Regimento Interno, que serão compostas de seis Ministros efetivos, respeitada, em todos os casos, a paridade de representação de cada uma das Seções do Tribunal. (Redação dada pela Emenda Regimental n. 30, de 2018)

§ 3º. As Comissões temporárias, que podem ser criadas pela Corte Especial ou pelo Presidente do Tribunal e ter qualquer número de membros, extinguem-se preenchido o fim a que se destinem. (Incluído pela Emenda Regimental nº 2, de 1992)

ART. 41. O Presidente designará os membros das comissões, submetendo-os à aprovação da Corte Especial.

§ 1º. A comissão será presidida pelo Ministro mais antigo dentre os seus integrantes.

§ 2º. (Revogado pela Emenda Regimental nº 15, de 2014)

ART. 42. As comissões permanentes ou temporárias poderão:

I – sugerir ao Presidente do Tribunal normas de serviço relativas à matéria de sua competência;

II – entender-se, por seu Presidente, com outras autoridades ou instituições, nos assuntos de sua competência, por delegação do Presidente do Tribunal.

ART. 43. À Comissão de Regimento Interno cabe:

I – velar pela atualização do Regimento, propondo emendas ao texto em vigor e emitindo parecer sobre as emendas de iniciativa de outra comissão ou de Ministro;

II – opinar em processo administrativo, quando consultada pelo Presidente.

ART. 44. À Comissão de Jurisprudência cabe:

I – velar pela expansão, atualização e publicação da súmula da jurisprudência predominante do Tribunal;

II – supervisionar os serviços de sistematização da jurisprudência do Tribunal, sugerindo medidas que facilitem a pesquisa de julgados ou processos;

III – orientar iniciativas de coleta e divulgação dos trabalhos dos Ministros que já se afastaram definitivamente do Tribunal;

IV – propor à Corte Especial ou à Seção que seja compendiada em súmula a jurisprudência do Tribunal, quando verificar que as Turmas não divergem na interpretação do direito;

V – sugerir medidas destinadas a abreviar a publicação dos acórdãos.

ART. 45. À Comissão de Documentação cabe:

I – supervisionar a administração dos serviços da biblioteca, do arquivo e do museu do Tribunal, sugerindo ao Presidente medidas tendentes ao seu aperfeiçoamento; (Redação dada pela Emenda Regimental nº 7, de 2004)

II – acompanhar a política de guarda e conservação de processos, livros, periódicos e documentos históricos do Tribunal; (Redação dada pela Emenda Regimental nº 7, de 2004)

III – manter, na Secretaria de Documentação, serviço de documentação para recolher elementos que sirvam de subsídio à história do Tribunal, com pastas individuais contendo dados biográficos e bibliográficos dos Ministros; (Redação dada pela Emenda Regimental nº 7, de 2004)

IV – deliberar sobre questões que excedam a esfera de competência administrativa da Secretaria de Documentação. (Incluído pela Emenda Regimental nº 7, de 2004)

ART. 46. À Comissão de Coordenação cabe:

I – sugerir ao Presidente medidas tendentes à modernização administrativa do Tribunal;

II – sugerir aos Presidentes do Tribunal, das Seções e das Turmas, medidas destinadas a aumentar o rendimento das sessões, abreviar a publicação dos acórdãos e facilitar a tarefa dos advogados;

III – supervisionar os serviços de informática, fiscalizando a sua execução e propondo as providências para a sua atualização e aperfeiçoamento.

ART. 46-A. À Comissão Gestora de Precedentes cabe: (Incluído pela Emenda Regimental nº 26, de 2016)

I – supervisionar os trabalhos do Núcleo de Gerenciamento de Precedentes – Nugep, em especial os relacionados à gestão dos casos repetitivos e dos incidentes de assunção de competência, bem como ao controle e ao acompanhamento de processos sobrestados na Corte em razão da aplicação da sistemática dos recursos repetitivos e da repercussão geral; (Incluído pela Emenda Regimental nº 26, de 2016)

II – sugerir ao Presidente do Tribunal medidas para o aperfeiçoamento da formação e da divulgação dos precedentes qualificados, conforme disposto no Código de Processo Civil; (Incluído pela Emenda Regimental nº 26, de 2016)

III – sugerir aos Presidentes do Tribunal e das Seções medidas destinadas a ampliar a afetação de processos aos ritos dos recursos repetitivos e da assunção de competência; (Incluído pela Emenda Regimental nº 26, de 2016)

IV – desenvolver trabalho de inteligência, em conjunto com o Conselho Nacional de Justiça, com os Tribunais Regionais Federais e com os Tribunais de Justiça, a fim de identificar matérias com potencial de repetitividade ou com relevante questão de direito, de grande repercussão social, aptas a serem submetidas ao Superior Tribunal de Justiça sob a sistemática dos recursos repetitivos e da assunção de competência; (Incluído pela Emenda Regimental nº 26, de 2016)

V – acompanhar, inclusive antes da distribuição, os processos que possuam matéria com potencial de repetitividade ou com relevante questão de direito, de grande repercussão social, a fim de propor ao Presidente do Tribunal medidas para a racionalização dos julgamentos desta Corte por meio de definições de teses jurídicas em recursos repetitivos ou em assunção de competência; (Incluído pela Emenda Regimental nº 26, de 2016)

VI – deliberar sobre questões que excedam a esfera de competência administrativa do Núcleo de Gerenciamento de Precedentes – Nugep, além de outras atribuições referentes a casos repetitivos e a incidentes de assunção de competência. (Incluído pela Emenda Regimental nº 26, de 2016)

CAPÍTULO X.
DO CONSELHO DA JUSTIÇA FEDERAL

ART. 47. Ao Conselho da Justiça Federal, que funciona junto ao Tribunal, cabe exercer a supervisão administrativa e orçamentária da Justiça Federal de primeiro e segundo graus. (Redação dada pela Emenda Regimental nº 4, de 1993)

ART. 48. O Conselho da Justiça Federal elaborará o seu Regimento Interno e o submeterá à aprovação do Plenário do Tribunal. (Redação dada pela Emenda Regimental nº 4, de 1993)

ART. 49. Dos atos e decisões do Conselho da Justiça Federal não cabe recurso administrativo.

CAPÍTULO XI.
DAS LICENÇAS, SUBSTITUIÇÕES E CONVOCAÇÕES

ART. 50. A licença é requerida pelo Ministro com a indicação do prazo e do dia do início.

§ 1º. Salvo contraindicação médica, o Ministro licenciado poderá proferir decisões em processos de que, antes da licença, haja pedido vista, ou que tenha recebido o seu visto como relator ou revisor.

§ 2º. O Ministro licenciado pode reassumir o cargo, a qualquer tempo, entendendo-se que desistiu do restante do prazo.

§ 3º. Se a licença for para tratamento da própria saúde, o Ministro somente poderá reassumir o cargo, antes do término do prazo, se não houver contraindicação médica.

ART. 51. Nas ausências ou impedimentos eventuais ou temporários, a substituição no Tribunal dar-se-á da seguinte maneira:

I – o Presidente do Tribunal, pelo Vice-Presidente, e este, pelos demais Ministros, na ordem decrescente de antiguidade;

II – o Presidente da Seção, pelo Ministro que o seguir na antiguidade dentre os seus membros;

III – o Presidente da Turma, pelo Ministro que o seguir na antiguidade dentre os seus membros;

IV – os Presidentes das Comissões, pelo mais antigo dentre os seus membros;

V – qualquer dos membros das comissões, pelo suplente;

VI – O Corregedor-Geral da Justiça Federal, pelo Vice-Corregedor-Geral, inclusive mediante delegação, e esse pelo Ministro integrante do Conselho da Justiça Federal imediato em antiguidade naquele órgão. (Redação dada pela Emenda Regimental n. 29, de 2018)

ART. 52. O relator é substituído:

I – no caso de impedimento, ausência ou obstáculos eventuais, em se cogitando da adoção de medidas urgentes, pelo revisor, se houver, ou pelo Ministro imediato em antiguidade, no Plenário, na Corte Especial, na Seção ou na Turma, conforme a competência;

II – quando vencido, em sessão de julgamento, pelo Ministro designado para redigir o acórdão;

III – em caso de ausência por mais de trinta dias, mediante redistribuição;

IV – em caso de transferência para outra Seção, salvo quanto aos processos em que tiver lançado seu visto, e, bem assim, quando de aposentadoria, exoneração ou morte: (Redação dada pela Emenda Regimental nº 1, de 1991)

a) pelo Ministro que preencher sua vaga na Turma;

b) pelo Ministro que tiver proferido o primeiro voto vencedor, condizente com o do relator, para lavrar ou assinar os acórdãos dos julgamentos anteriores à abertura da vaga;

c) pela mesma forma da letra b deste inciso, e, enquanto não preenchida sua vaga, para assinar carta de sentença e admitir recurso. (Redação dada pela Emenda Regimental nº 1, de 1991)

ART. 53. O revisor é substituído, em caso de vaga, impedimento ou licença por mais de trinta dias, na Corte Especial, Seção ou Turma, pelo Ministro que o seguir em antiguidade.

ART. 54. (Revogado pela Emenda Regimental nº 22, de 2016)

ART. 55. Para as sessões da Corte Especial, nos casos de impedimento de Ministros dela integrantes, serão convocados outros Ministros, obedecida a ordem de antiguidade. (Redação dada pela Emenda Regimental nº 1, de 1991)

Parágrafo único. Para completar quórum em uma das Seções, serão convocados Ministros de outra Seção, e, em uma das Turmas, Ministros de outra Turma, de preferência da mesma Seção, observada, quando possível, a ordem de antiguidade, de modo a que a substituição seja feita por Ministro que ocupe, em sua Seção ou Turma, posição correspondente à do substituído. (Incluído pela Emenda Regimental nº 1, de 1991)

ART. 56. Em caso de vaga ou de afastamento de Ministro, por prazo superior a trinta dias, poderá ser convocado Juiz de Tribunal Regional Federal ou Desembargador, sempre pelo voto da maioria absoluta dos membros da Corte Especial. (Redação dada pela Emenda Regimental n. 29, de 2018)

Parágrafo único. O magistrado convocado receberá a diferença de vencimento correspondente ao cargo de Ministro, inclusive diárias e transporte, se for o caso.

CAPÍTULO XII. DA POLÍCIA DO TRIBUNAL

ART. 57. O Presidente, no exercício da atribuição referente à polícia do Tribunal, poderá requisitar o auxílio de outras autoridades, quando necessário.

ART. 58. Ocorrendo infração à lei penal na sede ou dependências do Tribunal, o Presidente instaurará inquérito, se envolver autoridade ou pessoa sujeita à sua jurisdição, ou delegará esta atribuição a outro Ministro.

§ 1º. Nos demais casos, o Presidente poderá proceder na forma deste artigo ou requisitar a instauração de inquérito à autoridade competente.

§ 2º. O Ministro incumbido do inquérito designará secretário dentre os servidores do Tribunal.

ART. 59. A polícia das sessões e das audiências compete ao seu Presidente.

CAPÍTULO XIII. DA REPRESENTAÇÃO POR DESOBEDIÊNCIA OU DESACATO

ART. 60. Sempre que tiver conhecimento de desobediência a ordem emanada do Tribunal ou de seus Ministros, no exercício da função, ou de desacato ao Tribunal, ou a seus Ministros, o Presidente comunicará o fato ao órgão competente do Ministério Público, provendo-o dos elementos de que dispuser para a propositura da ação penal.

Parágrafo único. Decorrido o prazo de trinta dias, sem que tenha sido instaurada a ação penal, o Presidente dará ciência ao Tribunal, em sessão secreta, para as providências que julgar necessárias.

TÍTULO II. DO MINISTÉRIO PÚBLICO

ART. 61. Perante o Tribunal, funciona o Procurador-Geral da República, ou o Subprocurador-Geral, mediante delegação do Procurador-Geral.

ART. 62. O Ministério Público Federal manifestar-se-á nas oportunidades previstas em lei e neste Regimento.

ART. 63. Nos processos em que atuar como titular da ação penal, o Procurador-Geral ou o Subprocurador-Geral têm os mesmos poderes e ônus que as partes, ressalvadas as disposições expressas em lei ou neste Regimento.

ART. 64. O Ministério Público terá vista dos autos:

I – nas arguições de inconstitucionalidade;

II – nos incidentes de assunção de competência; (Redação dada pela Emenda Regimental nº 24, de 2016);

III – nos mandados de segurança, mandados de injunção, habeas corpus e habeas data, originários ou em grau de recurso;

IV – nas ações penais originárias e nas revisões criminais;

V – nos conflitos de competência e de atribuições;

VI – nas ações rescisórias e apelações cíveis;

VII – nos pedidos de intervenção federal;

VIII – nas notícias crime; (Redação dada pela Emenda Regimental nº 4, de 1993)

IX – nos inquéritos de que possa resultar responsabilidade penal; (Redação dada pela Emenda Regimental nº 4, de 1993)

X – nos recursos criminais; (Redação dada pela Emenda Regimental nº 4, de 1993)

XI – nas reclamações que não houver formulado; (Redação dada pela Emenda Regimental nº 4, de 1993)

XII – nos outros processos em que a lei impuser a intervenção do Ministério Público; (Redação dada pela Emenda Regimental nº 4, de 1993)

XIII – nos demais feitos quando, pela relevância da matéria, ele a requerer, ou for determinada pelo relator. (Incluído pela Emenda Regimental nº 4, de 1993)

Parágrafo único. Salvo na ação penal originária ou nos inquéritos, poderá o relator, quando houver urgência, ou quando sobre a matéria versada no processo já houver a Corte Especial firmado jurisprudência, tomar o parecer do Ministério Público oralmente. (Redação dada pela Emenda Regimental nº 4, de 1993)

ART. 65. O Procurador-Geral ou Subprocurador – Geral poderão pedir preferência para julgamento de processo em pauta.

TÍTULO III. DA DEFENSORIA PÚBLICA (Incluído pela Emenda Regimental nº 19, de 2015)

ART. 65-A. Perante o Tribunal, atuarão os defensores públicos: (Incluído pela Emenda Regimental nº 19, de 2015)

I - em processos oriundos: (Incluído pela Emenda Regimental nº 19, de 2015)

a) da Defensoria Pública da União nos Estados e no Distrito Federal; (Incluído pela Emenda Regimental nº 19, de 2015)

b) das Defensorias Públicas dos Estados e do Distrito Federal; (Incluído pela Emenda Regimental nº 19, de 2015)

II – nos casos de curadoria especial; (Incluído pela Emenda Regimental nº 19, de 2015)

III – em processos nos quais houver parte desassistida por advogado ou patrocinada por advogado dativo. (Incluído pela Emenda Regimental nº 19, de 2015)

ART. 65-B. O relator do recurso especial repetitivo poderá autorizar manifestação da Defensoria Pública na condição de amicus curiae. (Incluído pela Emenda Regimental nº 19, de 2015)

PARTE II. DO PROCESSO

TÍTULO I. DISPOSIÇÕES GERAIS

CAPÍTULO I. DO REGISTRO E CLASSIFICAÇÃO DOS FEITOS

ART. 66. As petições e os processos serão registrados no protocolo da Secretaria do Tribunal no mesmo dia do recebimento.

Parágrafo único. O Presidente do Tribunal, mediante instrução normativa, disciplinará o uso de meio eletrônico na tramitação de processos judiciais, comunicação de atos e transmissão de peças processuais, com observância da lei processual. (Redação dada pela Emenda Regimental nº 22, de 2016)

ART. 67. O registro far-se-á em numeração contínua e seriada em cada uma das classes seguintes:

I – Ação Penal (APn);

II – Ação Rescisória (AR);

III – Agravo de Instrumento (Ag);

IV – Recurso Ordinário (RO); (Redação dada pela Emenda Regimental nº 24, de 2016);

V – Comunicação (Com);

VI – Conflito de Competência (CC);

VII – Conflito de Atribuições (CAt);

VIII – Exceção de Impedimento (ExImp);

IX – Exceção de Suspeição (ExSusp);

X – Exceção da Verdade (ExVerd);

XI – Habeas corpus (HC);

XII – Habeas data (HD);

XIII – Inquérito (Inq); (Redação dada pela Emenda Regimental nº 4, de 1993)

XIV – Interpelação Judicial (IJ); (Redação dada pela Emenda Regimental nº 4, de 1993)

XV – Intervenção Federal (IF); (Redação dada pela Emenda Regimental nº 4, de 1993)

XVI – Mandado de Injunção (MI); (Redação dada pela Emenda Regimental nº 4, de1993)

XVII – Mandado de Segurança (MS); (Redação dada pela Emenda Regimental nº 4, de 1993)

XVIII – Pedido de Tutela Provisória (TP); (Redação dada pela Emenda Regimental nº 24, de 2016)

XIX – Petição (Pet); (Redação dada pela Emenda Regimental nº 7, de 2004)

XX – Precatório (Prc); (Redação dada pela Emenda Regimental nº 7, de 2004)

XXI – Processo Administrativo (PA); (Redação dada pela Emenda Regimental nº 7, de 2004)

XXII – Reclamação (Rcl); (Redação dada pela Emenda Regimental nº 7, de 2004)

XXIII – Recurso Especial (REsp); (Redação dada pela Emenda Regimental nº 7, de 2004)

XXIV – Representação (Rp); (Redação dada pela Emenda Regimental nº 7, de 2004)

XXV – Recurso em Habeas Corpus (RHC); (Redação dada pela Emenda Regimental nº 7, de 2004)

XXVI – Recurso em Mandado de Segurança (RMS); (Redação dada pela Emenda Regimental nº 7, de 2004)

XXVII – Revisão Criminal (RvCr); (Redação dada pela Emenda Regimental nº 7, de 2004)

XXVIII – Sindicância (Sd); (Redação dada pela Emenda Regimental nº 7, de 2004)

XXIX – Suspensão de Liminar e de Sentença (SLS); (Redação dada pela Emenda Regimental nº 7, de 2004)

XXX – Suspensão de Segurança (SS); (Redação dada pela Emenda Regimental nº 7, de 2004)

XXXI – Homologação de Decisão Estrangeira (HDE); (Redação dada pela Emenda Regimental nº 24, de 2016)

XXXII – Carta Rogatória (CR). (Incluído pela Emenda Regimental nº 18, de 2014)

XXXIII – Agravo em Recurso Especial (AREsp); (Incluído pela Emenda Regimental nº 22, de 2016)

XXXIV – Embargos de Divergência em Recurso Especial (EREsp); (Incluído pela Emenda Regimental nº 22, de 2016)

XXXV – Embargos de Divergência em Agravo em Recurso Especial (EAREsp); (Incluído pela Emenda Regimental nº 22, de 2016)

XXXVI – Suspensão em Incidente de Resolução de Demandas Repetitivas (SIRDR); (Incluído pela Emenda Regimental nº 22, de 2016)

XXXVII – Medidas Protetivas de Urgência – Lei Maria da Penha (MPUMP); (Incluído pela Emenda Regimental nº 22, de 2016)

XXXVIII – Medidas Protetivas – Estatuto do Idoso (MPEI); (Incluído pela Emenda Regimental nº 22, de 2016)

XXXIX – Pedido de Busca e Apreensão Criminal (PBAC); (Incluído pela Emenda Regimental nº 22, de 2016)

XL – Pedido de Prisão Preventiva (PePrPr); (Incluído pela Emenda Regimental nº 22, de 2016)

XLI – Pedido de Prisão Temporária (Pe-PrTe); (Incluído pela Emenda Regimental nº 22, de 2016)

XLII – Pedido de Quebra de Sigilo de Dados e/ou Telefônico (QuebSig); (Incluído pela Emenda Regimental nº 22, de 2016)

XLIII – Medidas Investigativas sobre Organizações Criminosas (MISOC); (Incluído pela Emenda Regimental nº 22, de 2016)

XLIV – Cautelar Inominada Criminal (CauInomCrim); (Incluído pela Emenda Regimental nº 22, de 2016)

XLV – Alienação de Bens do Acusado (AlienBac); (Incluído pela Emenda Regimental nº 22, de 2016)

XLVI – Embargos de Terceiro (ET); (Incluído pela Emenda Regimental nº 22, de 2016)

XLVII – Embargos do Acusado (EmbAc); (Incluído pela Emenda Regimental nº 22, de 2016)

XLVIII – Insanidade Mental do Acusado (InsanAc); (Incluído pela Emenda Regimental nº 22, de 2016)

XLIX – Restituição de Coisas Apreendidas (ReCoAp); (Incluído pela Emenda Regimental nº 22, de 2016)

L – Pedido de Uniformização de Interpretação de Lei (PUIL). (Incluído pela Emenda Regimental nº 22, de 2016)

Parágrafo único. O Presidente resolverá, mediante instrução normativa, as dúvidas que se suscitarem na classificação dos feitos e papéis, observando-se as seguintes normas: (Redação dada pela Emenda Regimental nº 4, de 1993)

I – na classe Comunicação (Com), incluem-se as comunicações de prisão;

II – na classe Recurso Especial (REsp), incluem-se os recursos especiais de modo geral: cíveis, criminais, em mandado de segurança e em habeas corpus;

III – a classe Recurso Ordinário (RO) compreende o recurso ordinário interposto nas causas em que forem partes Estado estrangeiro ou organismo internacional de um lado e, do outro, Município ou pessoa residente ou domiciliada no País; (Redação dada pela Emenda Regimental nº 24, de 2016);

IV – as classes Recurso em Habeas Corpus (RHC) e Recurso em Mandado de Segurança (RMS) compreendem os recursos ordinários interpostos na forma do disposto no Art. 105, II, a e b, da Constituição; (Redação dada pela Emenda Regimental nº 4, de 1993)

IV-A – a classe Suspensão em Incidente de Resolução de Demandas Repetitivas (SIRDR) compreende o pedido de suspensão de todos os processos individuais ou coletivos em curso no território nacional que versem sobre a questão objeto do incidente já instaurado; (Incluído pela Emenda Regimental nº 22, de 2016)

V – na classe Inquérito (Inq), são incluídos os policiais e os administrativos que possam resultar em responsabilidade penal, e que só passarão à classe Ação Penal (APn) após oferecimento da denúncia ou queixa; (Redação dada pela Emenda Regimental nº 4, de 1993)

VI – na classe Sindicância (Sd), são incluídas as administrativas ou policiais, assim como quaisquer informações relativas à prática de ilícitos; (Redação dada pela Emenda Regimental nº 7, de 2004)

VII – a classe Intervenção Federal (IF) compreende os pedidos autônomos e os formulados em execução de julgado do Tribunal; estes últimos serão autuados em apenso, salvo se os autos principais tiverem sido enviados a outra instância;

VIII – os expedientes que não tenham classificação específica, nem sejam acessórios ou incidentes, serão incluídos na classe Petição (Pet), se contiverem requerimento, ou na classe Comunicação (Com), em qualquer outro caso;

VIII-A – a classe Pedido de Uniformização de Interpretação de Lei (PUIL) compreende a medida interposta contra decisão: a) da Turma Nacional de Uniformização no âmbito da Justiça Federal que, em questões de direito material, contrarie súmula ou jurisprudência dominante no Superior Tribunal de Justiça; b) da Turma Recursal dos Juizados Especiais da Fazenda Pública no âmbito dos Estados, do Distrito Federal, dos Territórios e dos Municípios quando as Turmas de diferentes Estados derem a lei federal interpretações divergentes, ou quando a decisão proferida estiver em contrariedade com súmula do Superior Tribunal de Justiça; e c) das Turmas de Uniformização dos Juizados Especiais da Fazenda Pública no âmbito dos Estados, do Distrito Federal, dos Territórios e dos Municípios quando a orientação adotada pelas Turmas de Uniformização contrariar súmula do Superior Tribunal de Justiça; (Redação dada pela Emenda Regimental nº 24, de 2016)

VIII-B – a classe Pedido de Tutela Provisória (TP) compreende o pedido de tutela provisória de urgência de caráter antecedente; (Incluído pela Emenda Regimental nº 24, de 2016)

IX – não se altera a classe do processo:

a) pela oposição de Embargos de Declaração (EDcl) e pela interposição de Agravo Interno (AgInt); (Redação dada pela Emenda Regimental nº 22, de 2016)

b) pelos pedidos incidentes ou acessórios, inclusive pela interposição de exceções de impedimento e de suspeição;

c) pela arguição de inconstitucionalidade formulada incidentemente pelas partes;

d) pelos pedidos de execução, salvo a intervenção federal.

X – far-se-á na autuação nota distintiva do recurso ou incidente, quando este não alterar a classe e o número do processo.

CAPÍTULO II.
DA DISTRIBUIÇÃO

ART. 68. Os processos da competência do Tribunal serão distribuídos por classe, tendo, cada uma, designação distintiva e numeração segundo a ordem em que houverem sido apresentados os feitos, observando-se as classes mencionadas no artigo 67.

Parágrafo único. Fazendo-se a distribuição pelo computador, além da numeração por classe, adotar-se-á numeração geral, que poderá ser a que tomou o feito na instância inferior, desde que integrada no sistema de computação eletrônica do Tribunal.

ART. 69. Far-se-á a distribuição dos feitos da competência do Tribunal mediante sorteio automático, por sistema informatizado, observados os princípios da publicidade e da alternatividade, bem como a instrução normativa prevista no Art. 21, XX, deste Regimento. (Redação dada pela Emenda Regimental nº 22, de 2016)

Parágrafo único. O registro ao Presidente do Tribunal equipara-se em seus efeitos à distribuição regular. (Incluído pela Emenda Regimental nº 22, de 2016)

ART. 70. Far-se-á a distribuição entre todos os Ministros, inclusive os licenciados por até trinta dias.

§ 1º. A distribuição poderá ser dispensada pela Corte Especial.

§ 2º. Não será compensada a distribuição que deixar de ser feita ao Vice-Presidente, quando substituir o Presidente.

§ 3º. Em caso de impedimento do relator, será feito novo sorteio, compensando-se a distribuição.

§ 4º. Haverá também compensação quando o processo tiver de ser distribuído, por prevenção, a determinado Ministro.

§ 5º. O Ministro que se deva aposentar por implemento de idade ficará excluído da distribuição, a requerimento seu, durante os sessenta dias que antecederem o afastamento; aplica-se a mesma regra ao que requerer aposentadoria, suspendendo-se a distribuição a partir da apresentação do requerimento e pelo prazo máximo de sessenta dias. Se ocorrer desistência do pedido, proceder-se-á a compensação. (Incluído pela Emenda Regimental nº 4, de 1993)

§ 6º. Suspende-se a distribuição de processos, sem posterior compensação, aos Ministros que compõem o Tribunal Superior Eleitoral na condição de membros efetivos, nos seguintes termos: (Incluído pela Emenda Regimental nº 22, de 2016)

I – para o Corregedor da Justiça Eleitoral, entre os noventa dias anteriores e os trinta posteriores à data fixada para a realização das eleições; (Incluído pela Emenda Regimental nº 22, de 2016)

II – para o outro membro efetivo, entre os sessenta dias anteriores e os trinta posteriores à data fixada para a realização das eleições. (Incluído pela Emenda Regimental nº 22, de 2016)

ART. 71. A distribuição da ação, do recurso ou do incidente torna preventa a competência do relator para todos os feitos posteriores referentes ao mesmo processo ou a processo conexo, inclusive na fase de cumprimento de decisão; a distribuição do inquérito e da sindicância, bem como a realizada para efeito da concessão de fiança ou de decretação de prisão preventiva ou de qualquer diligência anterior à denúncia ou queixa, prevenirá a da ação penal. (Redação dada pela Emenda Regimental nº 24, de 2016)

§ 1º. Se o relator deixar o Tribunal ou transferir-se de Seção, a prevenção será do órgão julgador.

§ 2º. Vencido o relator, a prevenção referir-se-á ao Ministro designado para lavrar o acórdão.

§ 3º. Se o recurso tiver subido por decisão do relator no agravo de instrumento, ser-lhe-á distribuído ou ao seu sucessor.

§ 4º. A prevenção, se não for reconhecida, de ofício, poderá ser arguida por qualquer das partes ou pelo órgão do Ministério Público, até o início do julgamento.

§ 5º Observar-se-á a regra da distribuição por prevenção de processo para o Presidente de Seção e para as hipóteses previstas no art. 70, §§ 5º e 6º. (Incluído pela Emenda Regimental nº 24, de 2016)

§ 6º Há prevenção nas ações e nos recursos decorrentes do mesmo procedimento policial investigatório, ainda que derivados de inquéritos diversos. (Incluído pela Emenda Regimental nº 24, de 2016)

ART. 72. Nos casos de afastamento de Ministro, proceder-se-á da seguinte forma: (Redação dada pela Emenda Regimental nº 1, de 1991)

I – se o afastamento for por prazo entre quatro e trinta dias, os processos considerados de natureza urgente, consoante fundada alegação do interessado, serão redistribuídos aos demais integrantes da respectiva Seção ou, se for o caso, da Corte Especial, com oportuna compensação; (Redação dada pela Emenda Regimental nº 22, de 2016)

II – se o afastamento for por prazo superior a trinta dias e não for convocado substituto, será suspensa a distribuição ao Ministro afastado, e os processos a seu cargo, considerados de natureza urgente, consoante fundada alegação do interessado, serão redistribuídos aos demais integrantes da respectiva Seção ou, se for o caso, da Corte Especial, com oportuna compensação; (Redação dada pela Emenda Regimental nº 22, de 2016)

III – se o afastamento for por prazo superior a trinta dias e for convocado substituto, não haverá redistribuição, e o substituto receberá os processos que lhe forem distribuídos e os do substituído; nesta última hipótese, renova-se, se for caso, o pedido de data para o julgamento ou o relatório. (Incluído pela Emenda Regimental nº 1, de 1991)

Parágrafo único. Quando o Ministro afastado já houver proferido decisão em processo de competência de Turma, a redistribuição mencionada nas hipóteses dos incisos I e II far-se-á somente entre os membros daquele Órgão Julgador. (Incluído pela Emenda Regimental nº 22, de 2016)

ART. 73. Os embargos declaratórios e as questões incidentes terão como relator o Ministro que redigiu o acórdão embargado. (Redação dada pela Emenda Regimental nº 7, de 2004)

ART. 74. No caso de embargos de divergência, apenas se fará o sorteio de novo relator. (Redação dada pela Emenda Regimental nº 22, de 2016)

ART. 75. O prolator da decisão impugnada será o relator do agravo regimental, com direito a voto.

ART. 76. Na arguição de suspeição a Ministro, observar-se-á o disposto no Art. 276. (Redação dada pela Emenda Regimental nº 1, de 1991)

ART. 77. O Ministro eleito Presidente, Vice-Presidente ou Corregedor Geral da Justiça Federal continuará como relator ou revisor do processo em que tiver lançado o relatório ou aposto o seu visto. (Redação dada pela Emenda Regimental nº 22 de 2016)

ART. 78. Se a decisão embargada for de uma Turma, far-se-á distribuição dos embargos dentre os Ministros da outra; se da Corte Especial, serão excluídos da distribuição o relator e o revisor.

ART. 79. Na distribuição de ação rescisória e de revisão criminal, será observado o critério estabelecido no artigo anterior.

Parágrafo único. A distribuição do mandado de segurança contra ato do próprio Tribunal, far-se-á de preferência a Ministro que não haja participado da decisão impugnada. (Incluído pela Emenda Regimental nº 2, de 1992)

ART. 80. O Ministro a quem tocar a distribuição é o preparador e relator do processo.

CAPÍTULO III.
DOS ATOS E FORMALIDADES

SEÇÃO I.
DISPOSIÇÕES GERAIS

ART. 81. O ano judiciário no Tribunal divide-se em dois períodos, recaindo as férias dos Ministros nos períodos de 2 a 31 de janeiro e de 2 a 31 de julho.

§ 1º. O Tribunal iniciará e encerrará seus trabalhos, respectivamente, no primeiro e no último dia útil de cada período, com a realização de sessão da Corte Especial.

§ 2º. Além dos fixados em lei, serão feriados no Tribunal:

I – os dias compreendidos no período de 20 de dezembro a 6 de janeiro; (Redação dada pela Emenda Regimental nº 16, de 2014)

II – os dias da Semana Santa, compreendidos desde a quarta-feira até o domingo de Páscoa;

III – os dias de segunda e terça-feira de carnaval;

IV – os dias 11 de agosto, 1º e 2 de novembro e 8 de dezembro.

ART. 82. Se a necessidade do serviço judiciário lhes exigir a contínua presença no Tribunal, gozarão trinta dias consecutivos de férias individuais, por semestre:

I – o Presidente e o Vice-Presidente;

II – o Corregedor-Geral da Justiça Federal. (Redação dada pela Emenda Regimental nº 22, de 2016)

ART. 83. Suspendem-se as atividades judicantes do Tribunal nos feriados, nas férias coletivas e nos dias em que o Tribunal o determinar.

§ 1º. Nas hipóteses previstas neste artigo, poderá o Presidente ou seu substituto legal decidir pedidos de liminar em mandado de segurança e habeas corpus, determinar liberdade provisória ou sustação de ordem de prisão, e demais medidas que reclamem urgência.

§ 2º. Os Ministros indicarão seu endereço para eventual convocação durante as férias.

ART. 84. Os atos e termos do processo serão autenticados, conforme o caso, mediante a assinatura ou rubrica dos Ministros ou a dos servidores para tal fim qualificados, podendo ser produzidos, transmitidos, armazenados e assinados por meio eletrônico, na forma da lei. (Redação dada pela Emenda Regimental nº 22, de 2016)

§§ 1º a 3º. (Revogados pela Emenda Regimental nº 22, de 2016)

ART. 85. As peças que devam integrar ato ordinatório, instrutório ou executório poderão ser a ele anexadas em cópia autenticada.

ART. 86. Se as nulidades ou irregularidades no processamento dos feitos forem sanáveis, proceder-se-á pelo modo menos oneroso para as partes e para o serviço do Tribunal.

ART. 87. A critério do Presidente do Tribunal, dos Presidentes das Seções, das Turmas ou do relator, a comunicação oficial dos atos será feita: (Redação dada pela Emenda Regimental nº 22, de 2016)

I – por servidor credenciado da Secretaria, na forma da lei processual; (Redação dada pela Emenda Regimental nº 22, de 2016)

II – por meio eletrônico, via postal ou qualquer outro modo eficaz de telecomunicação, com as cautelas necessárias à autenticação da mensagem e do seu recebimento. (Redação dada pela Emenda Regimental nº 22, de 2016)

Parágrafo único. Poder-se-á admitir a resposta pela forma indicada no inciso II deste artigo.

ART. 88. Da autuação e da publicação do expediente de cada processo constará, além do nome das partes e o de seu advogado, o da respectiva sociedade a que pertença, desde que esta esteja devidamente registrada na Ordem dos Advogados do Brasil. (Redação dada pela Emenda Regimental nº 22, de 2016)

§ 1º. Constando dos autos pedido expresso para que as comunicações dos atos processuais sejam feitas especificamente em nome dos advogados ou das sociedades indicadas, a Secretaria adotará as medidas necessárias ao seu atendimento, conforme a lei processual. (Redação dada pela Emenda Regimental nº 22, de 2016).

§ 2º. O Presidente do Tribunal, mediante ato próprio, disciplinará o cadastramento das sociedades de advogados perante o Superior Tribunal de Justiça, para atender aos fins previstos na legislação processual. (Redação dada pela Emenda Regimental nº 22, de 2016)

ART. 89. As pautas do Plenário, da Corte Especial, das Seções e das Turmas serão organizadas pelos Secretários, com aprovação dos respectivos Presidentes.

ART. 90. A publicação da pauta de julgamento antecederá cinco dias úteis, pelo menos, à sessão em que os processos poderão ser chamados e será certificada nos autos. (Redação dada pela Emenda Regimental nº 20, de 2015)

§ 1º. A pauta de julgamento será afixada na entrada da sala em que se realizará a sessão de julgamento. (Redação dada pela Emenda Regimental nº 20, de 2015)

§ 2º. Serão incluídos em nova pauta os processos que não tiverem sido julgados, salvo aqueles expressamente adiados para a primeira sessão seguinte, observado o disposto no parágrafo único do Art. 150 deste Regimento. (Redação dada pela Emenda Regimental nº 20, de 2015)

ART. 91. Independem de pauta:

I – o julgamento de habeas corpus, recursos de habeas corpus, conflitos de competência e de atribuições e exceções de suspeição e impedimento; (Redação dada pela Emenda Regimental nº 22, de 2016)

II – as questões de ordem sobre o processamento de feitos.

Parágrafo único. A regra deste artigo não se aplica ao processo cuja matéria tenha sido objeto de audiência pública nos termos do inciso I do Art. 185 deste Regimento. (Redação dada pela Emenda Regimental nº 22, de 2016)

ART. 92. Os editais destinados à divulgação do ato poderão conter, apenas, o essencial à defesa ou à resposta, observados os requisitos processuais.

§ 1º. A parte que requerer a publicação nos termos deste artigo fornecerá o respectivo resumo, respondendo pelas suas deficiências, nos termos da lei processual. (Redação dada pela Emenda Regimental nº 22, de 2016)

§ 2º. O prazo do edital será determinado entre vinte e sessenta dias, a critério do relator, e correrá da data de sua publicação no Diário da Justiça eletrônico, com observância da lei processual. (Redação dada pela Emenda Regimental nº 22, de 2016)

§ 3º. A publicação do edital deverá ser feita no prazo de vinte dias, contados de sua expedição, e certificada nos autos, sob pena de extinguir-se o processo sem resolução do mérito, se a parte, intimada pelo Diário da Justiça eletrônico, não suprir a falta em dez dias. (Redação dada pela Emenda Regimental nº 22, de 2016)

§ 4º. O prazo para a defesa ou resposta começará a correr do termo do prazo determinado no edital.

ART. 93. Nenhuma publicação terá efeito de citação ou intimação, quando ocorrida nos feriados ou nas férias do Tribunal, salvo nos casos do Art. 83, § 1º.

ART. 94. A vista às partes transcorre na Secretaria, podendo o advogado retirar autos nos casos previstos em lei, mediante recibo.

§ 1º. Os advogados constituídos após a remessa do processo ao Tribunal poderão, a requerimento, ter vista dos autos, na oportunidade e pelo prazo que o relator estabelecer.

§ 2º. O relator indeferirá o pedido, se houver justo motivo.

SEÇÃO II.
DAS ATAS E DA RECLAMAÇÃO POR ERRO

ART. 95. As atas serão lidas e submetidas à aprovação na sessão seguinte.

ART. 96. Contra erro contido em ata, poderá o interessado reclamar, dentro de quarenta e oito horas, em petição dirigida ao Presidente do Tribunal, da Seção ou da Turma, conforme o caso.

§ 1º. Não se admitirá a reclamação quando importar modificação do julgado.

§ 2º. A reclamação não suspenderá o prazo para recurso, salvo o disposto no Art. 98.

ART. 97. A petição será entregue ao protocolo, e por este encaminhada ao encarregado da ata, que a levará a despacho no mesmo dia, com sua informação.

ART. 98. Se o pedido for julgado procedente, far-se-á retificação da ata e nova publicação.

ART. 99. A decisão que julgar a reclamação será irrecorrível.

SEÇÃO III.
DAS DECISÕES
(Redação dada pela Emenda Regimental nº 35, de 2019)

ART. 100. As conclusões da Corte Especial, das Seções e das Turmas, em suas decisões, constarão de acórdão. (Redação dada pela Emenda Regimental nº 35, de 2019)

Parágrafo único. Dispensam acórdão:

I – a remessa do feito à Seção ou à Corte Especial, em razão da relevância da questão jurídica, ou da necessidade de prevenir divergência entre as Turmas;

II – a remessa do feito à Corte Especial, ou à Seção respectiva, para o fim de ser compendiada em Súmula a jurisprudência do Tribunal, ou para revisão da Súmula;

III – a conversão do julgamento em diligência;

IV – se o órgão julgador do Tribunal o determinar.

ART. 101. Subscreve o acórdão o relator que o lavrou, e, na Corte Especial, também o Ministro que presidiu o julgamento. Se o relator for vencido na questão principal, ficará designado o revisor para redigir o acórdão. Se não houver revisor, ou se este também tiver sido vencido, será designado para redigir o acórdão o Ministro que proferiu o primeiro voto vencedor (Art. 52, II). (Redação dada pela Emenda Regimental nº 6, de 2002)

§ 1º. Se o relator, por ausência ou outro motivo relevante não o puder fazer, lavrará o acórdão o revisor, ou o Ministro que o seguir na ordem de antiguidade.

§ 2º. Se o Ministro que presidiu o julgamento na Corte Especial, por ausência ou outro motivo relevante, não puder assinar o acórdão, apenas o relator o fará, mencionando-se, no local da assinatura do Presidente, a circunstância. (Redação dada pela Emenda Regimental nº 6, de 2002)

ART. 102. A publicação do acórdão por suas conclusões e ementa far-se-á, para intimar as partes, no Diário da Justiça eletrônico. (Redação dada pela Emenda Regimental nº 22, de 2016)

Parágrafo único. As partes serão intimadas, das decisões em que se tiver dispensado o acórdão, pela publicação da ata da sessão de julgamento.

ART. 103. Em cada julgamento, o relatório e os votos, fundamentados, serão juntados aos autos com o acórdão, depois de revistos. (Redação dada pela Emenda Regimental nº 35, de 2019)

§ 1º. As inexatidões materiais e os erros de escrita ou cálculo contidos na decisão poderão ser corrigidos por despacho do relator ou por via de embargos de declaração, quando couberem. (Redação dada pela Emenda Regimental nº 35, de 2019)

§ 2º. Concluído o julgamento, o Gabinete do Ministro providenciará a elaboração dos documentos para publicação no prazo improrrogável de trinta dias. (Redação dada pela Emenda Regimental nº 35, de 2019)

§ 3º. Decorridos os trinta dias mencionados no parágrafo anterior, os autos serão conclusos ao relator, para que lavre o acórdão. (Redação dada pela Emenda Regimental nº 35, de 2019)

§ 4º. A publicação do acórdão no Diário da Justiça eletrônico far-se-á no prazo máximo de quarenta dias, contados a partir da data da sessão em que tiver sido proclamado o resultado do julgamento. (Redação dada pela Emenda Regimental nº 35, de 2019)

§ 5º. Escoado o prazo de que trata o parágrafo anterior sem que tenha sido publicado o acórdão, a secretaria do órgão julgador providenciará, nos dez dias subsequentes, a publicação do acórdão independentemente de revisão, adotandose como ementa a apresentação em sessão. (Redação dada pela Emenda Regimental nº 35, de 2019)

§ 6º. O prazo de publicação ficará suspenso nos períodos de recesso e de férias coletivas. (Redação dada pela Emenda Regimental nº 35, de 2019)

§§ 7º e 8º. (Revogados pela Emenda Regimental nº 35, de 2019)

ART. 104. Também se juntará aos autos, como parte integrante do acórdão, a minuta do julgamento que conterá:

I – a decisão proclamada pelo Presidente;

II – os nomes do Presidente do órgão julgador, do relator, ou, quando vencido, do que for designado, dos demais Ministros que tiverem participado do julgamento e do Subprocurador-Geral, quando presente;

III – os nomes dos Ministros impedidos e ausentes;

IV – os nomes dos advogados que tiverem feito sustentação oral.

ART. 104-A. Os acórdãos proferidos em julgamento de incidente de assunção de competência e de recursos especiais repetitivos deverão, nos termos do § 3º do art. 1.038, c/c art. 984, § 2º, do Código de Processo Civil, conter: (Incluído pela Emenda Regimental nº 24, de 2016)

I – os fundamentos relevantes da questão jurídica discutida, favoráveis ou contrários, entendidos esses como a conclusão dos argumentos deduzidos no processo capazes de, em tese, respectivamente, confirmar ou infirmar a conclusão adotada pelo órgão julgador; (Incluído pela Emenda Regimental nº 24, de 2016)

II – a definição dos fundamentos determinantes do julgado; (Incluído pela Emenda Regimental nº 24, de 2016)

III – a tese jurídica firmada pelo órgão julgador, em destaque; (Incluído pela Emenda Regimental nº 24, de 2016)

IV – a solução dada ao caso concreto pelo órgão julgador. (Incluído pela Emenda Regimental nº 24, de 2016)

§ 1º Para definição dos fundamentos determinantes do julgado, o processo poderá ter etapas diferentes de deliberação, caso o órgão julgador, mesmo com votos convergentes, tenha adotado fundamentos diversos para a solução da causa. (Incluído pela Emenda Regimental nº 24, de 2016)

§ 2º O Presidente do órgão julgador, identificando que o(s) fundamento(s) determinante(s) para o julgamento da causa não possui(em) a adesão da maioria dos votos dos Ministros, convocará, na mesma sessão de julgamento, nova etapa de deliberação, que contemplará apenas a definição do(s) fundamento(s) determinante(s). (Incluído pela Emenda Regimental nº 24, de 2016)

SEÇÃO IV.
DOS PRAZOS

ART. 105. A contagem dos prazos observará o disposto na lei processual. (Redação dada pela Emenda Regimental nº 22, de 2016)

§§ 1º e 2º. (Revogados pela Emenda Regimental nº 22, de 2016)

ART. 106. Não correm os prazos no período aludido no Art. 81, § 2º, inciso I, e nas férias, salvo nas hipóteses previstas em lei. (Redação dada pela Emenda Regimental nº 1, de 1991)

§ 1º. Nos casos deste artigo, os prazos começam ou continuam a fluir no dia de reabertura do expediente.

§ 2º. Também não corre prazo nas hipóteses previstas em lei, quando houver obstáculo criado em detrimento da parte ou for comprovado motivo de força maior, reconhecido pelo Tribunal. (Redação dada pela Emenda Regimental nº 22, de 2016)

§ 3º. As informações oficiais apresentadas fora do prazo por justo motivo poderão ser admitidas, se ainda oportuna a sua apreciação.

ART. 107. Mediante pedido conjunto das partes, o relator poderá admitir prorrogação de prazo por tempo razoável.

ART. 108. Os prazos para diligências serão fixados nos atos que as ordenarem, salvo disposição em contrário deste Regimento.

ART. 109. Os prazos não especificados em lei ou neste Regimento serão fixados pela Corte Especial, pelo Presidente, pelas Seções, pelas Turmas, ou por seus Presidentes, ou pelo relator, conforme o caso.

§ 1º. Computar-se-á em dobro o prazo para manifestações nos autos, quando forem partes o Ministério Público, a Defensoria Pública, a União, os Estados, o Distrito Federal, os Municípios ou suas respectivas autarquias e fundações de direito público. (Redação dada pela Emenda Regimental nº 24, de 2016)

§ 2º. O Ministério Público, a Defensoria Pública e os entes públicos mencionados no § 1º serão intimados pessoalmente, mediante carga, nos autos físicos, ou por meio eletrônico, contando-se-lhes em dobro todos os prazos. (Redação dada pela Emenda Regimental nº 24, de 2016)

§ 3º Não se aplica o prazo em dobro ao Ministério Público quando se tratar de processo criminal. (Incluído pela Emenda Regimental nº 24, de 2016)

ART. 110. Os prazos para os Ministros, salvo acúmulo de serviço, se de outra forma não dispuser a lei processual ou este Regimento, são os seguintes: (Redação dada pela Emenda Regimental nº 22, de 2016)

I – dez dias para atos administrativos e para decisões interlocutórias; (Redação dada pela Emenda Regimental nº 22, de 2016)

II – vinte dias para o "visto" do revisor;

III – trinta dias para o "visto" do relator.

ART. 111. Salvo disposição em contrário, os servidores do Tribunal terão o prazo de cinco dias para executar os atos do processo, inclusive para certificar a data do trânsito em julgado da decisão e, na sequência, independentemente de despacho e conforme o caso, arquivar os autos, remeter ao Supremo Tribunal Federal ou baixar ao juízo de origem. (Redação dada pela Emenda Regimental nº 22, de 2016)

SEÇÃO V. DAS DESPESAS PROCESSUAIS

ART. 112. No Tribunal, serão devidas custas nos processos de sua competência originária e recursal, nos termos da lei. (Redação dada pela Emenda Regimental nº 9, de 2008)

§ 1º. Não são custas os preços cobrados pelo fornecimento de cópias autenticadas ou não, ou de certidões e traslados por fotocópia ou processo equivalente de reprodução.

§ 2º. O pagamento dos preços será antecipado ou garantido com depósito, consoante tabela aprovada pelo Presidente.

§ 3º. O Presidente do Tribunal, anualmente, fará expedir a tabela de custas atualizada segundo o índice estabelecido em lei. (Incluído pela Emenda Regimental nº 9, de 2008)

§ 4º. É dispensado o recolhimento do porte de remessa e de retorno no processo em autos eletrônicos. (Incluído pela Emenda Regimental nº 22, de 2016)

§ 5º. O Presidente do Tribunal, mediante instrução normativa, disciplinará o regime de cobrança do porte de remessa e retorno dos autos dos processos que tiverem de ser digitalizados. (Incluído pela Emenda Regimental nº 22, de 2016)

ART. 113. O preparo de recurso da competência do Supremo Tribunal Federal será feito no prazo e na forma do disposto na lei processual, bem como no Regimento Interno e na Tabela de Custas do Supremo Tribunal Federal. (Redação dada pela Emenda Regimental nº 22, de 2016)

SEÇÃO VI. DA ASSISTÊNCIA JUDICIÁRIA

ART. 114. O requerimento dos benefícios da assistência judiciária, no Tribunal, será apresentado ao Presidente ou ao relator, conforme o estado da causa, na forma da Lei nº 1.060/50, com as alterações introduzidas pela Lei nº 7.510/86.

ART. 115. Sem prejuízo da nomeação, quando couber, de defensor ou curador dativo, o pedido de assistência judiciária será decidido de acordo com a legislação em vigor.

§ 1º. Não cabe recurso da decisão que se proferir, mas a Corte Especial, a Seção ou a Turma, ao conhecerem do feito, poderão conceder o benefício negado.

§ 2º. Prevalecerá no Tribunal a assistência judiciária já concedida em outra instância.

ART. 116. Nos crimes de ação privada, o Presidente ou o relator, a requerimento da parte necessitada, oficiará à Defensoria Pública da União para que promova a ação penal quando de competência originária do Tribunal, ou intimará membro da Defensoria Pública a prosseguir no processo quando em grau de recurso. (Redação dada pela Emenda Regimental nº 19, de 2015)

SEÇÃO VII. DOS DADOS ESTATÍSTICOS

ART. 117. Serão divulgados, mensalmente, dados estatísticos sobre os trabalhos do Tribunal no mês anterior, entre os quais: o número de votos que cada Ministro, nominalmente indicado, proferiu como relator ou revisor; o número de feitos que lhe foram distribuídos no mesmo período e o número de processos que recebeu em consequência de pedido de vista ou como revisor.

Parágrafo único. Os dados estatísticos solicitados pelo Conselho Nacional de Justiça serão transmitidos eletronicamente. (Incluído pela Emenda Regimental nº 22, de 2016)

CAPÍTULO IV. DA JURISPRUDÊNCIA

SEÇÃO I. DA UNIFORMIZAÇÃO DE JURISPRUDÊNCIA

ARTS. 118 a 121. (Revogados pela Emenda Regimental nº 22, de 2016)

SEÇÃO I-A DO REGISTRO E DA FORMAÇÃO DOS PRECEDENTES QUALIFICADOS

(Incluído pela Emenda Regimental nº 24, de 2016)

ART. 121-A. Os acórdãos proferidos em julgamento de incidente de assunção de competência e de recursos especiais repetitivos bem como os enunciados de súmulas do Superior Tribunal de Justiça constituem, segundo o art. 927 do Código de Processo Civil, precedentes qualificados de estrita observância pelos Juízes e Tribunais. (Incluído pela Emenda Regimental nº 24, de 2016)

§ 1º Os incidentes de assunção de competência e os processos afetados para julgamento sob o rito dos recursos especiais repetitivos serão organizados e divulgados por meio de enunciados de temas com numeração sequencial, contendo o registro da matéria a ser decidida e, após o julgamento, a tese firmada e seus fundamentos determinantes. (Incluído pela Emenda Regimental nº 24, de 2016)

§ 2º Os precedentes qualificados deverão ser divulgados na internet, de forma sistematizada, com a indicação precisa das informações relacionadas a todas as fases percorridas de seu procedimento. (Incluído pela Emenda Regimental nº 24, de 2016)

SEÇÃO II. DA SÚMULA

ART. 122. A jurisprudência firmada pelo Tribunal será compendiada na Súmula do Superior Tribunal de Justiça.

§ 1º. Poderão ser inscritos na súmula os enunciados correspondentes às decisões firmadas por unanimidade dos membros componentes da Corte Especial ou da Seção, em um caso, por maioria absoluta em pelo menos dois julgamentos concordantes. (Redação dada pela Emenda Regimental nº 24, de 2016)

§ 2º. A inclusão da matéria objeto de julgamento na Súmula da Jurisprudência do Tribunal será deliberada pela Corte Especial ou pela Seção, por maioria absoluta dos seus membros.

§ 3º. Se a Seção entender que a matéria a ser sumulada é comum às Seções, remeterá o feito à Corte Especial.

ART. 123. Os enunciados da súmula, seus adendos e emendas, datados e numerados, serão publicados três vezes no Diário da União, em datas próximas.

Parágrafo único. As edições ulteriores da súmula incluirão os adendos e emendas.

ART. 124. A citação da súmula pelo número correspondente dispensará, perante o Tribunal, a referência a outros julgados no mesmo sentido.

ART. 125. Os enunciados da súmula prevalecem e serão revistos na forma estabelecida neste Regimento Interno.

§ 1º. Qualquer dos Ministros poderá propor, em novos feitos, a revisão da jurisprudência compendiada na súmula, sobrestando-se o julgamento, se necessário.

§ 2º. Se algum dos Ministros propuser revisão da jurisprudência compendiada na súmula, em julgamento perante a Turma, esta, se acolher a proposta, remeterá o feito ao julgamento da Corte Especial ou da Seção, dispensada a lavratura do acórdão, juntando-se, entretanto, a certidão de julgamento e tomando-se o parecer do Ministério Público Federal. (Redação dada pela Emenda Regimental nº 35, de 2019)

§ 3º. A alteração ou o cancelamento do enunciado da súmula serão deliberados na Corte Especial ou nas Seções, conforme o caso, por maioria absoluta dos seus membros, com a presença de, no mínimo, dois terços de seus componentes.

§ 4º. Ficarão vagos, com a nota correspondente, para efeito de eventual restabelecimento, os números dos enunciados que o Tribunal cancelar ou alterar, tomando os que forem modificados novos números da série.

ART. 126. Qualquer Ministro poderá propor, na Turma, a remessa do feito à Corte Especial, ou à Seção, para o fim de ser compendiada em súmula a jurisprudência do Tribunal, quando verificar que as Turmas não divergem na interpretação do direito.

§ 1º. Na hipótese referida neste artigo, dispensa-se a lavratura de acórdão, certificada nos autos a decisão da Turma. (Redação dada pela Emenda Regimental nº 35, de 2019)

§ 2º. O processo e o julgamento observarão, no que couber, o disposto nos arts. 271-B e seguintes deste Regimento. (Redação dada pela Emenda Regimental nº 24, de 2016)

§ 3º. A Comissão de Jurisprudência poderá, também, propor à Corte Especial ou à Seção que seja compendiada em súmula a jurisprudência do Tribunal, quando verificar que as Turmas não divergem na interpretação do direito.

§ 4º. Proferido o julgamento, em decisão tomada pela maioria absoluta dos membros que integram o Órgão Julgador, o relator deverá redigir o projeto de súmula, a ser aprovado pelo Tribunal na mesma sessão ou na primeira sessão ordinária seguinte. (Incluído pela Emenda Regimental nº 22, de 2016)

ART. 127. Quando convier pronunciamento da Corte Especial ou da Seção, em razão da relevância da questão jurídica, ou da necessidade de prevenir divergências entre as Turmas, o relator, ou outro Ministro, no julgamento de qualquer recurso, poderá propor a remessa do feito à apreciação da Seção respectiva, ou da Corte Especial, se a matéria for comum às Seções.

§ 1º. Acolhida a proposta, a Turma remeterá o feito ao julgamento da Seção ou da Corte Especial, dispensada a lavratura do acórdão. Com a certidão de julgamento, os autos irão ao Presidente do órgão do Tribunal, para designar a sessão de julgamento. A secretaria expedirá cópias do relatório e fará sua distribuição aos Ministros que compuserem o órgão competente para o julgamento. (Redação dada pela Emenda Regimental nº 35, de 2019)

§ 2º. Proferido o julgamento, cópia do acórdão será, no prazo da sua publicação, remetida à Comissão de Jurisprudência, para elaboração de projeto de súmula, se for o caso.

SEÇÃO III. DA DIVULGAÇÃO DA JURISPRUDÊNCIA (Redação dada pela Emenda Regimental nº 1, de 1991)

ART. 128. A jurisprudência do Tribunal será divulgada pelas seguintes publicações: (Redação dada pela Emenda Regimental nº 1, de 1991)

I – Diário da Justiça eletrônico; (Redação dada pela Emenda Regimental nº 22, de 2016)

II – (Revogado pela Emenda Regimental nº 10, de 2009)

III – Revista do Superior Tribunal de Justiça; (Incluído pela Emenda Regimental nº 1, de 1991)

IV – repositórios autorizados. (Incluído pela Emenda Regimental nº 1, de 1991)

ART. 129. Serão publicadas no Diário da Justiça eletrônico as ementas de todos os acórdãos do Tribunal e as decisões dos relatores, sem prejuízo de sua divulgação em meio eletrônico diverso. (Redação dada pela Emenda Regimental nº 22, de 2016)

§ 1º. Autorizando o relator, as suas decisões poderão ser publicadas por ementas. (Incluído pela Emenda Regimental nº 6, de 2002)

§ 2º. Quando de idêntico conteúdo, as decisões e as ementas de acórdãos e de decisões poderão ser publicadas com única redação, indicando-se o número dos respectivos processos. (Incluído pela Emenda Regimental nº 6, de 2002)

SEÇÃO III-A
DO GABINETE DA REVISTA
(Incluído pela Emenda Regimental nº 34, de 2019)

ART. 129-A. O Gabinete da Revista será responsável por editar as seguintes publicações repositório de jurisprudência: (Incluído pela Emenda Regimental nº 34, de 2019)

I - Revista do Superior Tribunal de Justiça;

II - Revista de Súmulas do Superior Tribunal de Justiça

III - Outras a critério do Ministro Diretor da Revista.

ART. 129-B. Mediante ato do Ministro Diretor da Revista, o Gabinete editará, ainda, as publicações especiais em memória de eventos relevantes do Tribunal, o Regimento Interno do Superior Tribunal de Justiça e a Revista Jurídica do Superior Tribunal de Justiça. (Incluído pela Emenda Regimental nº 34, de 2019)

ART. 130. (Revogado pela Emenda Regimental nº 10, de 2009)

ART. 131. Na Revista do Superior Tribunal de Justiça serão publicados em seu inteiro teor: (Redação dada pela Emenda Regimental nº 1, de 1991)

I - os acórdãos selecionados pelo Ministro Diretor; (Incluído pela Emenda Regimental nº 1, de 1991)

II - os atos normativos expedidos pelo Tribunal e pelo Conselho da Justiça Federal; (Incluído pela Emenda Regimental nº 1, de 1991)

III - as súmulas editadas pela Corte e pelas Seções. (Incluído pela Emenda Regimental nº 1, de 1991)

§ 1º. As decisões sobre matéria constitucional e as que ensejarem a edição de súmulas serão, também, publicadas em volumes seriados, distintos da publicação normal da Revista. (Incluído pela Emenda Regimental nº 1, de 1991)

§ 2º. A Comissão de Jurisprudência colaborará na seleção dos acórdãos a publicar, dando-se preferência aos que forem indicados pelos respectivos relatores. (Incluído pela Emenda Regimental nº 1, de 1991)

§ 3º. (Revogado pela Emenda Regimental nº 34, de 2019)

ART. 132. A direção da Revista é exercida por um Ministro, escolhido pelo Tribunal, nos termos do Art. 17 deste Regimento. (Redação dada pela Emenda Regimental nº 4, de 1993)

ART. 133. São repositórios autorizados as publicações de entidades oficiais ou particulares, habilitadas na forma deste Regimento. (Redação dada pela Emenda Regimental nº 1, de 1991)

ART. 134. Para a habilitação prevista no artigo anterior, o representante ou editor responsável pela publicação solicitará inscrição por escrito ao Ministro Diretor da Revista, com os seguintes elementos: (Redação dada pela Emenda Regimental nº 1, de 1991)

I - denominação, sede e endereço da pessoa jurídica que edita a revista; (Incluído pela Emenda Regimental nº 1, de 1991)

II - nome de seu diretor ou responsável; (Incluído pela Emenda Regimental nº 1, de 1991)

III - um exemplar dos três números antecedentes ao mês do pedido de inscrição, dispensáveis no caso de a Biblioteca do Tribunal já os possuir; (Incluído pela Emenda Regimental nº 1, de 1991)

IV - compromisso de os acórdãos selecionados para publicação corresponderem, na íntegra, às cópias fornecidas, gratuitamente, pelo Tribunal, autorizada a supressão do nome das partes e seus advogados. (Incluído pela Emenda Regimental nº 1, de 1991)

Parágrafo único. Poderão ser credenciadas como repositório da jurisprudência, para os efeitos do § 1º, b, do Art. 255 deste Regimento, publicações especializadas, sem a obrigação de divulgar a jurisprudência deste Tribunal. (Incluído pela Emenda Regimental nº 1, de 1991)

ART. 135. O deferimento da inscrição implicará a obrigação de fornecer, gratuitamente, dois exemplares de cada publicação subsequente à Biblioteca do Tribunal. (Redação dada pela Emenda Regimental nº 1, de 1991)

ART. 136. A inscrição poderá ser cancelada a qualquer tempo, por conveniência do Tribunal. (Redação dada pela Emenda Regimental nº 1, de 1991)

ART. 137. As publicações inscritas poderão mencionar seu registro como repositórios autorizados de divulgação dos julgados do Tribunal. (Redação dada pela Emenda Regimental nº 1, de 1991)

ART. 138. A direção da Revista manterá em dia o registro das inscrições e cancelamentos, articulando-se com a Biblioteca para efeito de acompanhar o atendimento da obrigação prevista no Art. 135. (Redação dada pela Emenda Regimental nº 1, de 1991)

TÍTULO II.
DAS PROVAS

CAPÍTULO I.
DISPOSIÇÃO GERAL

ART. 139. A proposição, admissão e produção de provas, no Tribunal, obedecerão às leis processuais, observados os preceitos especiais deste título.

CAPÍTULO II.
DOS DOCUMENTOS E INFORMAÇÕES

ART. 140. Se a parte não puder instruir, desde logo, suas alegações, por impedimento ou demora em obter certidões ou cópias autenticadas de notas ou registros em estabelecimentos públicos, o relator conceder-lhe-á prazo para esse fim ou as requisitará diretamente àqueles estabelecimentos.

ART. 141. (Revogado pela Emenda Regimental nº 22, de 2016)

REGIMENTOS INTERNOS

ART. 142. Em caso de impugnação, ou por determinação do relator, as partes deverão provar a fidelidade da transcrição de textos de leis e demais atos do poder público, bem como a vigência e o teor de normas pertinentes à causa, quando emanarem de Estado estrangeiro, de organismo internacional, ou, no Brasil, de Estados e Municípios.

ART. 143. A parte será intimada por publicação no Diário da Justiça eletrônico ou, se o relator o determinar, pela forma indicada no Art. 87 deste Regimento, para pronunciar-se sobre documento juntado pela parte contrária, após a última intervenção dela no processo. (Redação dada pela Emenda Regimental nº 22, de 2016)

ART. 144. Os Ministros poderão solicitar esclarecimento ao advogado, durante o julgamento, sobre peças dos autos e sobre as citações que tiver feito de textos legais, de precedentes judiciais e de trabalhos doutrinários.

CAPÍTULO III. DA APRESENTAÇÃO DE PESSOAS E OUTRAS DILIGÊNCIAS

ART. 145. Quando, em qualquer processo, for necessária a apresentação da parte ou de terceiro que não tiver atendido à notificação, a Corte Especial, a Seção, a Turma ou o relator poderá expedir ordem de condução do recalcitrante.

ART. 146. Observar-se-ão as formalidades da lei na realização de exames periciais, arbitramentos, buscas e apreensões, na exibição e conferência de documentos e em quaisquer outras diligências determinadas ou deferidas pela Corte Especial, pela Seção, pela Turma ou pelo relator.

CAPÍTULO IV. DOS DEPOIMENTOS

ART. 147. Os depoimentos poderão ser gravados com a utilização de recursos audiovisuais, e os termos de audiência serão assinados no ato pelo relator, pelo depoente, pelo membro do Ministério Público e pelos advogados. (Redação dada pela Emenda Regimental nº 35, de 2019)

§ 1º. Admite-se a prática de atos processuais por meio de videoconferência ou de outro recurso tecnológico de transmissão de sons e imagens em tempo real. (Incluído pela Emenda Regimental nº 22, de 2016)

§ 2º. Aplica-se o disposto neste artigo ao interrogatório. (Incluído pela Emenda Regimental nº 22, de 2016)

Parágrafo único. (Revogado pela Emenda Regimental nº 22, de 2016)

TÍTULO III. DAS SESSÕES

CAPÍTULO I. DISPOSIÇÕES GERAIS

ART. 148. O Plenário reúne-se, mediante convocação do Presidente, quando houver matéria em pauta de Justiça

Parágrafo único. Haverá sessão da Corte Especial, de Seção ou de Turmas nos dias designados e, extraordinariamente, mediante convocação especial.

ART. 149. Nas sessões, o Presidente tem assento na parte central da mesa de julgamento, ficando o representante do Ministério Público à sua direita. Os demais Ministros sentar-se-ão, pela ordem de antiguidade, alternadamente, nos lugares laterais, a começar pela direita.

§ 1º. Se o Presidente do Tribunal comparecer à Seção ou à Turma, para julgar processo a que estiver vinculado, assumirá a sua presidência.

§ 2º. Havendo juiz convocado, este tomará o lugar do Ministro mais moderno; se houver mais de um juiz convocado, a antiguidade será regulada na seguinte ordem:

a) pela data da convocação;

b) pela posse no Tribunal de origem.

ART. 150. As sessões ordinárias começarão às quatorze horas, podendo ser prorrogadas após as dezoito horas, sempre que o serviço o exigir.

Parágrafo único. Em caso de acúmulo de processos pendentes de julgamento, poderá a Seção ou a Turma marcar o prosseguimento da sessão para o subsequente dia livre, considerando-se intimados os interessados, mediante o anúncio em sessão. (Redação dada pela Emenda Regimental nº 1, de 1991)

ART. 151. As sessões e votações serão públicas, ressalvada a hipótese prevista no Art. 93, inciso IX, da Constituição Federal e as disposições inscritas nos artigos 182, 183 e 184 deste Regimento.

§ 1º. Os advogados ocuparão a tribuna para formular requerimento, produzir sustentação oral, ou para responder às perguntas que lhes forem feitas pelos Ministros.

§ 2º. Aos advogados é facultado requerer que conste de ata sua presença na sessão de julgamento, podendo prestar esclarecimentos em matéria de fato.

§ 3º. Os advogados deverão usar beca sempre que ocuparem a tribuna.

ART. 152. Nas sessões do Plenário, da Corte Especial, de Seção e de Turma, observar se-á a seguinte ordem, no que couber:

I – verificação do número de Ministros;

II – leitura, discussão e aprovação da ata da sessão anterior;

III – indicações e propostas;

IV – julgamento dos processos.

ART. 153. Os processos conexos poderão ser objeto de um só julgamento, fazendo-se a oportuna apensação.

Parágrafo único. Os processos que versem sobre a mesma questão jurídica, ainda que apresentem aspectos peculiares, poderão ser julgados conjuntamente. (Incluído pela Emenda Regimental nº 1, de 1991)

ART. 154. No julgamento das ações penais originárias, das revisões criminais, dos pedidos de intervenção federal, dos recursos especiais, dos embargos de divergência, dos recursos ordinários, dos mandados de segurança, dos recursos ordinários em mandados de segurança, dos mandados de injunção e das ações rescisórias, o relator distribuirá, sempre que possível, por meio eletrônico, cópia do relatório aos demais integrantes do órgão julgador. (Redação dada pela Emenda Regimental nº 24, de 2016)

ART. 155. Os julgamentos a que este Regimento ou a lei não derem prioridade serão realizados, preferencialmente, segundo a ordem de conclusão dos feitos, nos termos da legislação processual.(Redação dada pela Emenda Regimental nº 22, de 2016)

Parágrafo único. (Revogado pela Emenda Regimental nº 22, de 2016)

ART. 156. A Secretaria atenderá, preferencialmente, à ordem cronológica de recebimento dos pronunciamentos judiciais para sua publicação e efetivação, nos termos da legislação processual. (Redação dada pela Emenda Regimental nº 22, de 2016)

ART. 157. Quando deferida preferência solicitada pelo representante do Ministério Público, para processo em que houver medida liminar ou acautelatória, o julgamento far-se-á com prioridade.

ART. 158. O pedido de sustentação oral deverá ser requerido à coordenadoria do órgão julgador: (Redação dada pela Emenda Regimental n. 28, de 06.12.2017)

I – até dois dias úteis após a publicação da pauta, com preferência sobre as demais sustentações, respeitada a ordem de inscrição, e sem prejuízo das preferências legais e regimentais; (Incluído pela Emenda Regimental n. 28, de 06.12.2017)

II – ainda que ultrapassado o prazo previsto no inciso anterior, o pedido de sustentação oral poderá ser feito até o início da sessão. (Incluído pela Emenda Regimental n. 28, de 06.12.2017)

§ 1º. Terão preferência para a sustentação oral, na seguinte ordem, mediante comprovação de sua condição, aqueles com necessidades especiais; as gestantes, as lactantes, enquanto perdurar o estado gravídico ou o período de amamentação; as adotantes, as que derem à luz, pelo período de 120 dias (art. 7-A da Lei nº 8.906, de 4 de julho de 1994); e os idosos com idade igual ou superior a sessenta anos. (Redação dada pela Emenda Regimental nº 25, de 2016)

§ 2º. O Plenário poderá disciplinar o uso de videoconferência ou de outro recurso tecnológico de transmissão de sons e imagens em tempo real, para realização de sustentação oral. (Redação dada pela Emenda Regimental n. 28, de 06.12.2017)

ART. 159. Não haverá sustentação oral no julgamento de: (Redação dada pela Emenda Regimental nº 22, de 2016)

I – embargos declaratórios; (Incluído pela Emenda Regimental nº 22, de 2016)

II – arguição de suspeição; (Incluído pela Emenda Regimental nº 22, de 2016)

III – tutela de urgência requerida no Superior Tribunal de Justiça, em caráter antecedente; (Incluído pela Emenda Regimental nº 22, de 2016)

IV – agravo, salvo expressa disposição legal em contrário; (Incluído pela Emenda Regimental nº 22, de 2016)

V – exceção de suspeição; (Incluído pela Emenda Regimental nº 22, de 2016)

VI – exceção de impedimento; (Incluído pela Emenda Regimental nº 22, de 2016)

VII – medidas protetivas de urgência – Lei Maria da Penha; (Incluído pela Emenda Regimental nº 22, de 2016)

VIII – medidas protetivas – Estatuto do Idoso; (Incluído pela Emenda Regimental nº 22, de 2016)

IX – pedido de busca e apreensão criminal; (Incluído pela Emenda Regimental nº 22, de 2016)

X – pedido de quebra de sigilo de dados e/ou telefônico; (Incluído pela Emenda Regimental nº 22, de 2016)

XI – cautelar inominada criminal; (Incluído pela Emenda Regimental nº 22, de 2016)

XII – alienação de bens do acusado; (Incluído pela Emenda Regimental nº 22, de 2016)

XIII – embargos de terceiro; (Incluído pela Emenda Regimental nº 22, de 2016)

XIV – embargos do acusado; (Incluído pela Emenda Regimental nº 22, de 2016)

XV – insanidade mental do acusado; (Incluído pela Emenda Regimental nº 22, de 2016)

XVI – restituição de coisas apreendidas; (Incluído pela Emenda Regimental nº 22, de 2016)

XVII – pedido de uniformização de interpretação de lei; (Incluído pela Emenda Regimental nº 22, de 2016)

XVIII – prisão preventiva; (Incluído pela Emenda Regimental nº 22, de 2016)

XIX – prisão temporária. (Incluído pela Emenda Regimental nº 22, de 2016)

§ 1º. Nos demais julgamentos, o Presidente da Corte Especial, da Seção ou da Turma, feito o relatório, dará a palavra, sucessivamente, ao autor, recorrente ou impetrante, e ao réu, recorrido ou impetrado, para sustentação de suas alegações.

§ 2º. Se o representante do Ministério Público estiver agindo como fiscal da lei, fará uso da palavra após o recorrente e o recorrido.

ART. 160. Nos casos do § 1º do artigo anterior, cada uma das partes falará pelo tempo máximo de quinze minutos, excetuado o julgamento da ação penal originária, na qual o prazo será de uma hora (Art. 229, V).

§ 1º. O representante do Ministério Público terá prazo igual ao das partes, quando em tal situação processual estiver agindo.

§ 2º. Se houver litisconsortes não representados pelo mesmo advogado, o prazo será contado em dobro e dividido igualmente entre os do mesmo grupo, se diversamente não o convencionarem.

§ 3º. O opoente falará após as partes originárias e pelo mesmo prazo.

§ 4º. O assistente, na ação penal pública, falará depois do representante do Ministério Público, a menos que o recurso seja dele.

§ 5º. O representante do Ministério Público falará depois do autor da ação penal privada.

§ 6º. Se, em ação penal, houver recurso de corréus, em posição antagônica, cada grupo terá prazo completo para falar.

§ 7º. Nos processos criminais, havendo corréus que sejam coautores do delito, se não tiverem o mesmo defensor, o prazo será contado em dobro e dividido igualmente entre os defensores, salvo se convencionarem outra divisão do tempo.

§ 8º. Admitida a intervenção de terceiros nas hipóteses de recurso especial repetitivo, fica-lhes facultado produzir sustentação oral, observado o § 2º deste artigo. (Incluído pela Emenda Regimental nº 20, de 2015)

ART. 161. Cada Ministro poderá falar duas vezes sobre o assunto em discussão e mais uma vez, se for o caso, para explicar a modificação de voto. Nenhum falará sem que o Presidente lhe conceda a palavra, nem interromperá aquele que a estiver usando.

Parágrafo único. (Revogado pela Emenda Regimental nº 33, de 2019)

§ 1º Em qualquer fase do julgamento, posterior ao relatório ou à sustentação oral, poderão os julgadores pedir esclarecimentos ao relator, ao revisor e aos advogados dos litigantes, quando presentes, sobre fatos e circunstâncias pertinentes à matéria em debate, ou, ainda, pedir vista dos autos, caso em que o julgamento será suspenso. Surgindo questão nova, o próprio relator poderá pedir a suspensão do julgamento por uma única oportunidade. (Incluído pela Emenda Regimental nº 33, de 2019)

§ 2º Havendo segundo pedido de vista dos autos. o pleito será tido como coletivo, de modo que o prazo de sessenta dias constante do art. 162 deste Regimento será contado de forma conjunta, beneficiando-se da prorrogação do prazo por trinta dias apenas os Ministros que a recuererem. (Incluído pela Emenda Regimental nº 33, de 2019)

§ 3º O pedido de vista coletivo impede a posterior solicitação de vista de qualquer Ministro. (Incluído pela Emenda Regimental nº 33, de 2019)

§ 4º O julgador poderá proferir seu voto-vista mesmo que os Ministros que o antecedem na ordem de votação ainda não estejam habilitados para tal. (Incluído pela Emenda Regimental nº 33, de 2019)

ART. 162. Nos julgamentos, o pedido de vista não impede votem os Ministros que se tenham por habilitados a fazê-lo, e o Ministro que o formular restituirá os autos ao Presidente do Órgão Julgador dentro de, no máximo, sessenta dias a contar do momento em que os autos lhe forem disponibilizados, devendo prosseguir o julgamento do feito na sessão subsequente ao fim do prazo, com ou sem o voto-vista. (Redação dada pela Emenda Regimental nº 17, de 2014)

§ 1º. O prazo a que se refere o caput poderá ser prorrogado por trinta dias, mediante requerimento fundamentado ao Colegiado. (Redação dada pela Emenda Regimental nº 17, de 2014)

§ 2º. O prazo de restituição dos autos ficará suspenso nos períodos de recesso e de férias coletivas. (Redação dada pela Emenda Regimental nº 17, de 2014)

§ 3º. O julgamento que tiver sido iniciado prosseguirá, computando-se os votos já proferidos pelos Ministros, mesmo que não compareçam ou hajam deixado o exercício do cargo, ainda que o Ministro afastado seja o relator. (Redação dada pela Emenda Regimental nº 17, de 2014)

§ 4º Não participará do julgamento o Ministro que não tiver assistido à sustentação oral. (Redação dada pela Emenda Regimental nº 32, de 2019)

§ 5º Se, para efeito do quorum ou desempate na votação, for necessário o voto de Ministro que não tenha assistido à sustentação oral, esta será renovada, computando-se os votos proferidos. (Redação dada pela Emenda Regimental nº 32, de 2019)

§ 6º Nos casos de julgamento de declaração de inconstitucionalidade de lei ou ato normativo do Poder Público, recurso especial repetitivo, revisão de tese firmada em recurso repetitivo, incidente de assunção de competência e revisão de tese firmada em incidente de assunção de competência, se o órgão julgador entender necessária a tomada de votos de Ministros que não assistiram à sustentação oral, aplicar-se-á o disposto no parágrafo anterior. (Redação dada pela Emenda Regimental nº 32, de 2019)

§ 7º Se estiver ausente o Ministro que houver comparecido ao início do julgamento, mas ainda não tiver votado, o seu voto será dispensado, desde que obtidos suficientes votos concordantes sobre todas as questões. (Redação dada pela Emenda Regimental nº 32, de 2019)

§ 8º Ausente o Presidente que iniciou o julgamento, este prosseguirá sob a presidência de seu substituto. Na Corte Especial ou na Seção, a substituição será feita por quem não houver proferido voto. (Incluído pela Emenda Regimental nº 32, de 2019)

ART. 163. Concluído o debate oral, o Presidente tomará os votos do relator, do revisor, se houver, e dos outros Ministros, que os seguirem na ordem decrescente de antiguidade. Esgotada a lista, o imediato ao Ministro mais moderno será o mais antigo. Encerrada a votação, o Presidente proclamará a decisão.

ART. 164. As questões preliminares serão julgadas antes do mérito, deste não se conhecendo se incompatível com a decisão daquelas.

§ 1º. Se, antes ou no curso do relatório, algum dos Ministros suscitar preliminar, será ela, antes de julgada, discutida pelas partes, que poderão usar da palavra. Se não for acolhida, o relator fará o relatório, prosseguindo-se no julgamento.

§ 2º. Quando a preliminar versar nulidade suprível, converter-se-á o julgamento em diligência e o relator, se for necessário, ordenará a remessa dos autos à instância inferior, para os fins de direito.

ART. 165. Se for rejeitada a preliminar, ou, se embora acolhida, não vedar a apreciação do mérito, seguir-se-ão a discussão e o julgamento da matéria principal, e sobre ela também proferirão votos os Ministros vencidos na anterior conclusão.

ART. 166. Preferirá aos demais, com dia designado, o processo cujo julgamento houver sido suspenso, salvo se o adiamento tiver resultado de vista e se estiver aguardando a devolução dos autos.

REGIMENTOS INTERNOS

ART. 167. O julgamento, uma vez iniciado, ultimar-se-á na mesma sessão, ainda que excedida a hora regimental.

ART. 168. A Corte Especial, a Seção ou a Turma poderão converter o julgamento em diligência quando necessária à decisão da causa. Neste caso, o feito será novamente incluído em pauta. (Redação dada pela Emenda Regimental nº 1, de 1991)

CAPÍTULO II. DAS SESSÕES SOLENES

ART. 169. O Tribunal, pelo seu Plenário, reúne-se em sessão solene:

I – para dar posse aos Ministros e aos titulares de sua direção;

II – para celebrar acontecimentos de alta relevância, mediante convocação do Presidente.

ART. 170. O cerimonial das sessões será regulado por ato do Presidente.

CAPÍTULO III. DAS SESSÕES DO PLENÁRIO

ART. 171. O Plenário, que se reúne com a presença da maioria absoluta dos seus membros, é dirigido pelo Presidente do Tribunal.

Parágrafo único. Quando o Plenário se reunir para apreciar e deliberar a respeito das matérias inscritas no Art. 10, incisos II, IV, V, VI e VII, deste Regimento, será observado o quórum de dois terços dos membros do Tribunal.

CAPÍTULO IV. DAS SESSÕES DA CORTE ESPECIAL

ART. 172. A Corte Especial, que se reúne com a presença da maioria absoluta de seus membros, é dirigida pelo Presidente do Tribunal.

Parágrafo único. No julgamento de matéria constitucional, intervenção federal, ação penal originária, sumulação de jurisprudência e alteração ou cancelamento de enunciado de súmula e incidente de assunção de competência, será exigida a presença de dois terços de seus membros. (Redação dada pela Emenda Regimental nº 24, de 2016).

ART. 173. Terão prioridade no julgamento da Corte Especial:

I – as causas criminais, havendo réu preso;

II – o mandado de segurança, o mandado de injunção e o habeas data;

III – a requisição de intervenção federal nos Estados;

IV – as reclamações;

V – os conflitos de competência e de atribuições.

VI – recurso especial repetitivo. (Incluído pela Emenda Regimental nº 22, de 2016)

ART. 174. Excetuados os casos em que se exige o voto de maioria qualificada, as decisões serão tomadas pelo voto da maioria dos Ministros.

ART. 175. O Presidente não proferirá voto, salvo:

I – nos casos em que o julgamento depender de quórum qualificado para apuração do resultado;

II – em matéria administrativa;

III – nos demais casos, quando ocorrer empate.

CAPÍTULO V. DAS SESSÕES DAS SEÇÕES

ART. 176. As Seções se reúnem com a presença da maioria absoluta de seus integrantes.

Parágrafo único. No julgamento da sumulação de jurisprudência e alteração ou cancelamento de súmula e incidente de assunção de competência, será exigida a presença de dois terços de seus membros. (Redação dada pela Emenda Regimental nº 24, de 2016)

ART. 177. Terão prioridade no julgamento da Seção:

I – as causas criminais, havendo réu preso;

II – os habeas corpus;

III – o mandado de segurança e o habeas data;

IV – os conflitos de competência e de atribuições.

V – recurso especial repetitivo. (Incluído pela Emenda Regimental nº 22, de 2016)

ART. 178. Excetuados os casos em que se exige o voto da maioria absoluta dos seus membros, as decisões serão tomadas pelo voto da maioria dos Ministros.

CAPÍTULO VI. DAS SESSÕES DAS TURMAS

ART. 179. As Turmas reúnem-se com a presença de, pelo menos, três Ministros.

ART. 180. Terão prioridade no julgamento das Turmas:

I – as causas criminais, havendo réu preso;

II – os habeas corpus.

ART. 181. A decisão da Turma será tomada pelo voto da maioria absoluta dos seus membros.

§ 1º. O Presidente da Turma participa dos seus julgamentos com as funções de relator, revisor e vogal.

§ 2º. Não alcançada a maioria de que trata este artigo, será adiado o julgamento para o fim de ser tomado o voto do Ministro ausente.

§ 3º. Persistindo a ausência, ou havendo vaga, impedimento ou licença, por mais de um mês, convocar-se-á Ministro de outra Turma (Art. 55).

§ 4º. No habeas corpus e no recurso em habeas corpus, havendo empate, prevalecerá a decisão mais favorável ao paciente.

CAPÍTULO VII. DAS SESSÕES ADMINISTRATIVAS E DE CONSELHO

ART. 182. Observado o disposto no artigo 151, serão reservadas as sessões:

I – quando o Presidente ou algum dos Ministros pedir que a Corte Especial, a Seção ou Turma se reúna em Conselho;

II – quando convocadas pelo Presidente para assunto administrativo ou da economia interna do Tribunal.

ART. 183. As sessões do Conselho de Administração serão reservadas.

Parágrafo único. Nenhuma pessoa, além dos Ministros, será admitida às sessões reservadas do Conselho de Administração e nos casos do inciso II do artigo anterior.

ART. 184. As decisões tomadas em sessão administrativa serão motivadas, sendo as disciplinares tomadas pelo voto da maioria absoluta dos membros do órgão julgador.

TÍTULO III-A. DO JULGAMENTO VIRTUAL

CAPÍTULO I. DISPOSIÇÕES GERAIS (Incluído pela Emenda Regimental nº 27, de 2016)

ART. 184-A. Ficam criados órgãos julgadores virtuais correspondentes à Corte Especial, às Seções e às Turmas do Superior Tribunal de Justiça, com a fi nalidade de julgamento eletrônico de recursos. (Redação dada pela Emenda Regimental nº 36/2020)

Parágrafo único. Os seguintes recursos podem ser submetidos ao julgamento virtual: (Incluído pela Emenda Regimental nº 27, de 2016)

I – Embargos de Declaração; (Incluído pela Emenda Regimental nº 27, de 2016)

II – Agravo Interno; (Incluído pela Emenda Regimental nº 27, de 2016)

III – Agravo Regimental. (Incluído pela Emenda Regimental nº 27, de 2016)

ART. 184-B. As sessões virtuais devem estar disponíveis para acesso às partes, a seus advogados, aos defensores públicos e aos membros do Ministério Público na página do Superior Tribunal de Justiça na internet, mediante identificação eletrônica. (Redação dada pela Emenda Regimental nº 40, de 2021)

ART. 184-C. As sessões virtuais contemplarão as seguintes etapas: (Incluído pela Emenda Regimental nº 27, de 2016)

I – inclusão do processo, pelo relator, na plataforma eletrônica para julgamento; (Incluído pela Emenda Regimental nº 27, de 2016)

II – publicação da pauta no Diário da Justiça eletrônico com a informação da inclusão do processo; (Incluído pela Emenda Regimental nº 27, de 2016)

III - início das sessões virtuais, que coincidirá, preferencialmente, com assessões ordinárias dos respectivos órgãos colegiados, restringindo-se, no caso das Turmas, às sessões ordinárias de terça-feira; (Redação dada pela Emenda Regimental nº 36/2020)

IV – fim do julgamento, que corresponderá ao sétimo dia corrido do início do julgamento. (Incluído pela Emenda Regimental nº 27, de 2016)

CAPÍTULO II. DO PROCEDIMENTO PARA JULGAMENTO VIRTUAL (Incluído pela Emenda Regimental nº 27, de 2016)

ART. 184-D. O relator no julgamento virtual incluirá os dados do processo na plataforma eletrônica do STJ com a indicação do Órgão Julgador, acompanhados do relatório e do voto do processo. (Incluído pela Emenda Regimental nº 27, de 2016)

Parágrafo único. A pauta será publicada no Diário da Justiça eletrônico cinco dias úteis antes do início da sessão de julgamento virtual, prazo no qual: (Incluído pela Emenda Regimental nº 27, de 2016)

I – é facultado aos integrantes do Órgão Julgador expressar a não concordância com o julgamento virtual; (Incluído pela Emenda Regimental nº 27, de 2016)

II – as partes, por meio de advogado devidamente constituído, bem como o Ministério Público e os defensores públicos poderão apresentar memoriais e, de forma fundamentada, manifestar oposição ao julgamento virtual ou solicitar sustentação oral, observado o disposto no art. 159. (Incluído pela Emenda Regimental nº 27, de 2016)

ART. 184-E. Transcorrido o prazo previsto no parágrafo único do art. 184-D, de maneira automática, será liberada a consulta ao relatório e voto do relator aos Ministros integrantes do respectivo Órgão Julgador que decidirão, no prazo de sete dias corridos, os processos incluídos na sessão de julgamento eletrônico. (Incluído pela Emenda Regimental nº 27, de 2016)

ART. 184-F. Somente serão computados os votos expressamente manifestados. (Redação dada pela Emenda Regimental nº 39, de 2021)

§ 1º. (Revogado pela Emenda Regimental nº 39, de 2021)

§ 2º. O processo será excluído da pauta de julgamento virtual nas hipóteses em que, no prazo do parágrafo único do art. 184-D, qualquer integrante do Órgão Julgador expresse não concordância com o julgamento virtual, se acolhida a oposição feita por qualquer das partes, pelo defensor público ou pelo Ministério Público ou se houver o deferimento de sustentação oral. (Incluído pela Emenda Regimental nº 27, de 2016)

§ 3º Aplicam-se ao julgamento virtual, no que couber, as disposições dos arts. 55 e 103, § 6º. (Redação dada pela Emenda Regimental n. 39, de 2021)

§ 4º Não alcançado o quórum na votação, o julgamento será suspenso e incluído na sessão virtual imediatamente subsequente.(Incluído pela Emenda Regimental n. 39, de 2021)

ART. 184-G. Findo o prazo de sete dias corridos de que trata o art. 184-E, o sistema contará os votos e lançará, de forma automatizada, na plataforma eletrônica, o resultado do julgamento. (Incluído pela Emenda Regimental nº 27, de 2016)

ART. 184-H. Caberá às Coordenadorias dos Órgãos Julgadores a finalização dos acórdãos relativos aos processos julgados em sessões virtuais, disponibilizando-os, lavrados, para assinatura dos Ministros. (Incluído pela Emenda Regimental nº 27, de 2016)

TÍTULO IV. DAS AUDIÊNCIAS

ART. 185. Serão públicas as audiências:

I – do Presidente ou do relator para ouvir pessoas ou entidades com experiência e conhecimento em matéria de interesse para a fixação ou alteração de tese repetitiva ou de enunciado de súmula; (Redação dada pela Emenda Regimental nº 22, de 2016)

II – do relator, para instrução do processo, salvo exceção legal.

ART. 186. O Ministro que presidir a audiência deliberará sobre o que lhe for requerido, ressalvada a competência da Corte Especial, da Seção, da Turma e dos demais Ministros.

§ 1º. Respeitada a prerrogativa dos advogados e dos membros do Ministério Público, nenhum dos presentes se dirigirá ao Presidente da audiência, a não ser de pé e com a sua licença.

§ 2º. O Secretário da audiência fará constar em ata o que nela ocorrer.

§ 3º. A audiência pública prevista no inciso I do Art. 185 será presidida pelo Ministro que a convocou, facultada a delegação a outro Ministro. (Incluído pela Emenda Regimental nº 22, de 2016)

§ 4º. O Ministro que convocou a audiência prevista no inciso I do Art. 185 divulgará, com antecedência mínima de trinta dias, as orientações gerais sobre o procedimento a ser adotado, observado o seguinte: (Incluído pela Emenda Regimental nº 22, de 2016)

I – o despacho convocatório da audiência pública será amplamente divulgado e delimitará a(s) questão(ões) objeto de debate, fixará prazo para a indicação das pessoas a serem ouvidas e determinará a notificação dos Ministros do respectivo Órgão Julgador e o encaminhamento de convites a pessoas ou a entidades que possuam estreita relação com a questão a ser apresentada; (Incluído pela Emenda Regimental nº 22, de 2016)

II – será garantida a participação de pessoas ou de entidades que defendam diferentes opiniões relativas à matéria objeto da audiência pública; (Incluído pela Emenda Regimental nº 22, de 2016)

III – caberá ao Ministro que presidir a audiência pública selecionar as pessoas que serão ouvidas, divulgar a lista dos habilitados, determinar a ordem dos trabalhos, fixar o tempo de que cada um disporá para se manifestar e zelar, na medida do possível, pela garantia de pluralidade de expositores; (Incluído pela Emenda Regimental nº 22, de 2016)

IV – os depoentes deverão limitar-se à questão em debate; (Incluído pela Emenda Regimental nº 22, de 2016)

V – os trabalhos da audiência pública serão registrados e juntados aos autos do processo e ao projeto de súmula e disponibilizados no sítio eletrônico do Tribunal; (Incluído pela Emenda Regimental nº 22, de 2016)

VI – os casos omissos serão resolvidos pelo Ministro que convocou a audiência. (Incluído pela Emenda Regimental nº 22, de 2016)

TÍTULO V. DOS PROCESSOS SOBRE COMPETÊNCIA

CAPÍTULO I. DA RECLAMAÇÃO

ART. 187. Para preservar a competência do Tribunal, garantir a autoridade de suas decisões e a observância de julgamento proferido em incidente de assunção de competência, caberá reclamação da parte interessada ou do Ministério Público desde que, na primeira hipótese, haja esgotado a instância ordinária. (Redação dada pela Emenda Regimental nº 24, de 2016).

Parágrafo único. A reclamação, dirigida ao Presidente do Tribunal e instruída com prova documental, será autuada e distribuída ao relator da causa principal, sempre que possível.

ART. 188. Ao despachar a reclamação, o relator:

I – requisitará informações da autoridade a quem for imputada a prática do ato impugnado, a qual as prestará no prazo de dez dias;

II – ordenará, se necessário, para evitar dano irreparável a suspensão do processo ou do ato impugnado.

III – determinará a citação do beneficiário da decisão impugnada, que terá quinze dias para apresentar contestação. (Incluído pela Emenda Regimental nº 22, de 2016)

ART. 189. Qualquer interessado poderá impugnar o pedido do reclamante.

ART. 190. O Ministério Público, nas reclamações que não houver formulado, terá vista do processo por cinco dias, após o decurso do prazo para informações e para oferecimento da contestação pelo beneficiário do ato impugnado. (Redação dada pela Emenda Regimental nº 22, de 2016)

ART. 191. Julgando procedente a reclamação, o Tribunal cassará a decisão exorbitante de seu julgado ou determinará medida adequada à preservação de sua competência.

ART. 192. O Presidente determinará o imediato cumprimento da decisão, lavrando-se o acórdão posteriormente.

Capítulo II
DO CONFLITO DE COMPETÊNCIA E DE ATRIBUIÇÕES

ART. 193. O conflito de competência poderá ocorrer entre autoridades judiciárias; o de atribuições, entre autoridades judiciárias e administrativas.

ART. 194. Dar-se-á o conflito nos casos previstos nas leis processuais.

ART. 195. O conflito poderá ser suscitado pela parte interessada, pelo Ministério Público, ou por qualquer das autoridades conflitantes.

ART. 196. Poderá o relator, de ofício, ou a requerimento de qualquer das partes, determinar, quando o conflito for positivo, seja sobrestado o processo, e, neste caso, bem assim no de conflito negativo, designar um dos órgãos para resolver, em caráter provisório, as medidas urgentes.

ART. 197. Sempre que necessário, o relator mandará ouvir as autoridades em conflito no prazo de dez dias.

ART. 198. Prestadas ou não as informações, o relator dará vista do processo ao Ministério Público, pelo prazo de quinze dias, e, após, apresenta-lo-á em mesa para julgamento. (Redação dada pela Emenda Regimental nº 1, de 1991)

§ 1º. Da decisão será dada ciência, antes mesmo da lavratura do acórdão, por via telegráfica, aos órgãos envolvidos no conflito.

§ 2º. No caso de conflito entre relatores ou Turmas integrantes de Seções diversas, ou entre estas, feita a distribuição, proceder-se-á, no que couber, na forma estabelecida no presente capítulo.

Título VI.
DA DECLARAÇÃO DE INCONSTITUCIONALIDADE DE LEI OU DE ATO NORMATIVO DO PODER PÚBLICO

ART. 199. Se, por ocasião do julgamento perante a Corte Especial, for arguida a inconstitucionalidade de lei ou ato normativo do poder público, suspender-se-á o julgamento, a fim de ser tomado o parecer do Ministério Público, no prazo de quinze dias.

§ 1º. Devolvidos os autos e lançado o relatório, serão eles encaminhados ao Presidente da Corte Especial para designar a sessão de julgamento. A Secretaria distribuirá cópias autenticadas do relatório aos Ministros.

§ 2º. Proclamar-se-á a inconstitucionalidade ou a constitucionalidade do preceito ou ato impugnado, se num ou noutro sentido se tiver manifestado a maioria absoluta dos membros da Corte Especial.

§ 3º. Se não for alcançada a maioria absoluta necessária à declaração de inconstitucionalidade, estando ausentes Ministros em número que possa influir no julgamento este será suspenso, a fim de aguardar-se o comparecimento dos Ministros ausentes, até que se atinja o quórum; não atingido, desta forma, o quórum, será convocado Ministro não integrante da Corte, observada a ordem de antiguidade (Art. 162, § 3º).

§ 4º. Cópia do acórdão será, no prazo para sua publicação, remetida à Comissão de Jurisprudência que, após registrá-lo, ordenará a sua publicação na Revista do Tribunal.

ART. 200. A Seção ou a Turma remeterá o feito ao julgamento da Corte Especial quando a maioria acolher arguição de inconstitucionalidade por ela ainda não decidida.

§ 1º. Acolhida a arguição, será publicado o acórdão, ouvido, em seguida, o representante do Ministério Público, em quinze dias.

§ 2º. Devolvidos os autos, observar-se-á o disposto nos parágrafos 1º e 3º do artigo anterior.

§ 3º. O relator, ainda que não integre a Corte Especial, dela participará no julgamento do incidente, excluindo-se o Ministro mais moderno.

Título VII.
DAS GARANTIAS CONSTITUCIONAIS

Capítulo I.
DO HABEAS CORPUS

ART. 201. O relator requisitará informações do apontado coator, no prazo que fixar, podendo, ainda:

I – nomear advogado para acompanhar e defender oralmente o pedido, se o impetrante não for bacharel em Direito;

II – ordenar diligências necessárias à instrução do pedido;

III – se convier ouvir o paciente, determinar sua apresentação à sessão de julgamento;

IV – no habeas corpus preventivo, expedir salvo-conduto em favor do paciente, até decisão do feito, se houver grave risco de consumar-se a violência.

ART. 202. Instruído o processo e ouvido o Ministério Público em dois dias, o relator o colocará em mesa para julgamento, na primeira sessão da Turma, da Seção ou da Corte Especial, ou, se a matéria for objeto de jurisprudência consolidada do Superior Tribunal de Justiça ou do Supremo Tribunal Federal, poderá decidir monocraticamente. (Redação dada pela Emenda Regimental nº 16, de 2014)

§ 1º. Opondo-se o paciente, não se conhecerá do pedido.

§ 2º. Às comunicações de prisão aplicam-se o procedimento previsto neste artigo e, no que couber, as disposições do presente capítulo.

ART. 203. O Tribunal poderá, de ofício:

I – se convier ouvir o paciente, determinar sua apresentação à sessão de julgamento;

II – expedir ordem de habeas corpus, quando, no curso de qualquer processo, verificar que alguém sofre ou está na iminência de sofrer coação ilegal.

ART. 204. A decisão concessiva de habeas corpus será imediatamente comunicada às autoridades a quem couber cumpri-la, sem prejuízo da remessa de cópia do acórdão.

§ 1º. A comunicação, mediante ofício ou telegrama, bem como o salvo conduto, em caso de ameaça de violência ou coação, serão firmados pelo Presidente do órgão julgador que tiver concedido a ordem.

§ 2º. Na hipótese de anulação do processo, poderá o Tribunal ou o Juiz aguardar o recebimento da cópia do acórdão para efeito de renovação dos atos processuais.

ART. 205. Ordenada a soltura do paciente, em virtude de habeas corpus, a autoridade que, por má-fé ou evidente abuso de poder, tiver determinado a coação, será condenada nas custas, remetendo-se ao Ministério Público traslado das peças necessárias à propositura da ação penal.

ART. 206. O carcereiro ou o diretor da prisão, o escrivão, o oficial de justiça ou a autoridade judiciária, policial ou militar, que embaraçarem ou procrastinarem o encaminhamento do pedido de habeas corpus, ou as informações sobre a causa da violência, coação ou ameaça, serão multados na forma da legislação processual vigente, sem prejuízo de outras sanções penais ou administrativas.

ART. 207. Havendo desobediência ou retardamento abusivo no cumprimento da ordem de habeas corpus, de parte do detentor ou carcereiro, o Presidente do Tribunal, Seção ou da Turma expedirá mandado contra o desobediente e oficiará ao Ministério Público, a fim de que promova a ação penal.

Parágrafo único. Na hipótese deste artigo, a Seção, a Turma ou respectivo Presidente tomará as providências necessárias ao cumprimento da decisão, com emprego dos meios legais cabíveis, e determinará, se necessário, a apresentação do paciente ao relator ou ao Juiz por ele designado.

ART. 208. As fianças que tiverem de ser prestadas perante o Tribunal serão processadas e julgadas pelo relator, a menos que este delegue essa atribuição a outro magistrado.

ART. 209. Se, pendente o processo de habeas corpus, cessar a violência ou coação, julgar-se-á prejudicado o pedido, podendo, porém, o Tribunal declarar a ilegalidade do ato e tomar as providências cabíveis para punição do responsável.

ART. 210. Quando o pedido for manifestamente incabível, ou for manifesta a incompetência do Tribunal para dele tomar conhecimento originariamente, ou for reiteração de outro com os mesmos fundamentos, o relator o indeferirá liminarmente.

Capítulo II.
DO MANDADO DE SEGURANÇA

ART. 211. O mandado de segurança, de competência originária do Tribunal, terá seu processo iniciado por petição em duplicata que preencherá os requisitos legais e conterá a indicação precisa da autoridade a quem se atribua o ato impugnado.

§ 1º. A segunda via da inicial será instruída com cópias de todos os documentos, autenticadas pelo requerente e conferidas pela Secretaria do Tribunal.

§ 2º. Se o requerente afirmar que o documento necessário à prova de suas alegações se acha em repartição ou estabelecimento público, ou em poder de autoridade que lhe recuse certidão, o relator requisitará, preliminarmente, por ofício, a exibição do documento, em original ou cópia autenticada, no prazo de dez dias. Se a autoridade indicada pelo requerente for a coatora, a requisição se fará no próprio instrumento da notificação.

§ 3º. Nos casos do parágrafo anterior, a Secretaria do Tribunal mandará extrair tantas cópias do documento quantas se tornarem necessárias à instrução do processo.

ART. 212. Se for manifesta a incompetência do Tribunal, ou manifestamente incabível a segurança, ou se a petição inicial não atender aos requisitos legais, ou excedido o prazo estabelecido no artigo 18, da Lei nº 1.533, de 1951, poderá o relator indeferir, desde logo, o pedido.

ART. 213. Ao despachar a inicial, o relator mandará ouvir a autoridade apontada coatora, mediante ofício, acompanhado da segunda via da petição, instruída com as cópias dos documentos, a fim de que preste informações, no prazo de dez dias.

§ 1º. Se o relator entender relevante o fundamento do pedido, e do ato impugnado puder resultar a ineficácia da medida, caso deferida, ordenará a respectiva suspensão liminar até o julgamento.

§ 2º. Havendo litisconsortes, a citação far-se-á, também, mediante ofício, para o que serão apresentadas tantas cópias quantos forem os citados. O ofício será remetido pelo correio, através de carta registrada, com aviso de recepção, a fim de ser juntado aos autos.

§ 3º. A Secretaria juntará aos autos cópia autenticada de ofício e prova de sua remessa ao destinatário.

ART. 214. Transcorrido o prazo de dez dias do pedido de informações, com ou sem estas, serão os autos encaminhados ao Ministério Público que emitirá parecer no prazo de cinco dias.

Parágrafo único. Devolvidos os autos, o relator, em cinco dias, pedirá dia para julgamento, ou, se a matéria for objeto de jurisprudência consolidada do Superior Tribunal de Justiça ou do Supremo Tribunal Federal, poderá decidir monocraticamente. (Redação dada pela Emenda Regimental nº 16, de 2014)

ART. 215. Os processos de mandado de segurança terão prioridade sobre todos os feitos, salvo habeas corpus.

Capítulo III.
DO MANDADO DE INJUNÇÃO E DO HABEAS DATA

ART. 216. No mandado de injunção e no habeas data, serão observadas as normas da legislação de regência. Enquanto estas não forem promulgadas, observar-se-ão, no que couber, o Código de Processo Civil e a Lei nº 1.533, de 1951.

TÍTULO VII-A. DOS PROCESSOS ORIUNDOS DE ESTADOS ESTRANGEIROS (Incluído pela Emenda Regimental nº 18, de 2014)

CAPÍTULO I. DA HOMOLOGAÇÃO DE DECISÃO ESTRANGEIRA (Redação dada pela Emenda Regimental nº 24, de 2016)

ART. 216-A. É atribuição do Presidente do Tribunal homologar decisão estrangeira, ressalvado o disposto no art. 216-K. (Redação dada pela Emenda Regimental nº 24, de 2016)

§ 1º. Serão homologados os provimentos não judiciais que, pela lei brasileira, tiverem natureza de sentença. (Incluído pela Emenda Regimental nº 18, de 2014)

§ 2º. As decisões estrangeiras poderão ser homologadas parcialmente. (Redação dada pela Emenda Regimental nº 24, de 2016)

ART. 216-B. A decisão estrangeira não terá eficácia no Brasil sem a prévia homologação do Superior Tribunal de Justiça. (Redação dada pela Emenda Regimental nº 24, de 2016)

ART. 216-C. A homologação da decisão estrangeira será proposta pela parte requerente, devendo a petição inicial conter os requisitos indicados na lei processual, bem como os previstos no art. 216-D, e ser instruída com o original ou cópia autenticada da decisão homologanda e de outros documentos indispensáveis, devidamente traduzidos por tradutor oficial ou juramentado no Brasil e chancelados pela autoridade consular brasileira competente, quando for o caso. (Redação dada pela Emenda Regimental nº 24, de 2016)

ART. 216-D. A decisão estrangeira deverá: (Redação dada pela Emenda Regimental nº 24, de 2016)

I – ter sido proferida por autoridade competente; (Incluído pela Emenda Regimental nº 18, de 2014)

II – conter elementos que comprovem terem sido as partes regularmente citadas ou ter sido legalmente verificada a revelia; (Incluído pela Emenda Regimental nº 18, de 2014)

III – ter transitado em julgado. (Incluído pela Emenda Regimental nº 18, de 2014)

ART. 216-E. Se a petição inicial não preencher os requisitos exigidos nos artigos anteriores ou apresentar defeitos ou irregularidades que dificultem o julgamento do mérito, o Presidente assinará prazo razoável para que o requerente a emende ou complete. (Incluído pela Emenda Regimental nº 18, de 2014)

Parágrafo único. Após a intimação, se o requerente ou o seu procurador não promover, no prazo assinalado, ato ou diligência que lhe for determinada no curso do processo, será este arquivado pelo Presidente. (Incluído pela Emenda Regimental nº 18, de 2014)

ART. 216-F. Não será homologada a decisão estrangeira que ofender a soberania nacional, a dignidade da pessoa humana e/ou a ordem pública. (Redação dada pela Emenda Regimental nº 24, de 2016)

ART. 216-G. Admitir-se-á a tutela provisória nos procedimentos de homologação de decisão estrangeira. (Redação dada pela Emenda Regimental nº 24, de 2016)

ART. 216-H. A parte interessada será citada para, no prazo de quinze dias, contestar o pedido. (Incluído pela Emenda Regimental nº 18, de 2014)

Parágrafo único. A defesa somente poderá versar sobre a inteligência da decisão alienígena e a observância dos requisitos indicados nos arts. 216-C, 216-D e 216-F. (Incluído pela Emenda Regimental nº 18, de 2014)

ART. 216-I. Revel ou incapaz o requerido, dar-se-lhe-á curador especial, que será pessoalmente notificado. (Incluído pela Emenda Regimental nº 18, de 2014)

ART. 216-J. Apresentada contestação, serão admitidas réplica e tréplica em cinco dias. (Incluído pela Emenda Regimental nº 18, de 2014)

ART. 216-K. Contestado o pedido, o processo será distribuído para julgamento pela Corte Especial, cabendo ao relator os demais atos relativos ao andamento e à instrução do processo. (Incluído pela Emenda Regimental nº 18, de 2014)

Parágrafo único. O relator poderá decidir monocraticamente nas hipóteses em que já houver jurisprudência consolidada da Corte Especial a respeito do tema. (Incluído pela Emenda Regimental nº 18, de 2014)

ART. 216-L. O Ministério Público terá vista dos autos pelo prazo de quinze dias, podendo impugnar o pedido. (Redação dada pela Emenda Regimental nº 24, de 2016)

ART. 216-M. Das decisões do Presidente ou do relator caberá agravo. (Incluído pela Emenda Regimental nº 18, de 2014)

ART. 216-N. A decisão estrangeira homologada será executada por carta de sentença no Juízo Federal competente. (Redação dada pela Emenda Regimental nº 24, de 2016)

CAPÍTULO II. DA CONCESSÃO DE EXEQUATUR A CARTAS ROGATÓRIAS (Incluído pela emenda regimental nº 18, de 2014)

ART. 216-O. É atribuição do Presidente conceder exequatur a cartas rogatórias, ressalvado o disposto no Art. 216-T. (Incluído pela Emenda Regimental nº 18, de 2014)

§ 1º. Será concedido exequatur à carta rogatória que tiver por objeto atos decisórios ou não decisórios. (Incluído pela Emenda Regimental nº 18, de 2014)

REGIMENTOS INTERNOS

§ 2º. Os pedidos de cooperação jurídica internacional que tiverem por objeto atos que não ensejem juízo deliberatório do Superior Tribunal de Justiça, ainda que denominados de carta rogatória, serão encaminhados ou devolvidos ao Ministério da Justiça para as providências necessárias ao cumprimento por auxílio direto. (Incluído pela Emenda Regimental nº 18, de 2014)

ART. 216-P. Não será concedido exequatur à carta rogatória que ofender a soberania nacional, a dignidade da pessoa humana e/ou a ordem pública. (Incluído pela Emenda Regimental nº 18, de 2014)

ART. 216-Q. A parte requerida será intimada para, no prazo de quinze dias, impugnar o pedido de concessão do exequatur. (Incluído pela Emenda Regimental nº 18, de 2014)

§ 1º. A medida solicitada por carta rogatória poderá ser realizada sem ouvir a parte requerida, quando sua intimação prévia puder resultar na ineficiência da cooperação internacional. (Incluído pela Emenda Regimental nº 18, de 2014)

§ 2º. No processo de concessão do exequatur, a defesa somente poderá versar sobre a autenticidade dos documentos, a inteligência da decisão e a observância dos requisitos previstos neste Regimento. (Incluído pela Emenda Regimental nº 18, de 2014)

ART. 216-R. Revel ou incapaz a parte requerida, dar-se-lhe-á curador especial. (Incluído pela Emenda Regimental nº 18, de 2014)

ART. 216-S. O Ministério Público terá vista dos autos nas cartas rogatórias pelo prazo de quinze dias, podendo impugnar o pedido de concessão do exequatur. (Redação dada pela Emenda Regimental nº 24, de 2016)

ART. 216-T. Havendo impugnação ao pedido de concessão de exequatur a carta rogatória de ato decisório, o Presidente poderá determinar a distribuição dos autos do processo para julgamento pela Corte Especial. (Incluído pela Emenda Regimental nº 18, de 2014)

ART. 216-U. Das decisões do Presidente ou do relator na concessão de exequatur a carta rogatória caberá agravo. (Incluído pela Emenda Regimental nº 18, de 2014)

ART. 216-V. Após a concessão do exequatur, a carta rogatória será remetida ao Juízo Federal competente para cumprimento. (Incluído pela Emenda Regimental nº 18, de 2014)

§ 1º. Das decisões proferidas pelo Juiz Federal competente no cumprimento da carta rogatória caberão embargos, que poderão ser opostos pela parte interessada ou pelo Ministério Público Federal no prazo de dez dias, julgando-os o Presidente deste Tribunal. (Incluído pela Emenda Regimental nº 18, de 2014)

§ 2º. Os embargos de que trata o parágrafo anterior poderão versar sobre qualquer ato referente ao cumprimento da carta rogatória, exceto sobre a própria concessão da medida ou o seu mérito. (Incluído pela Emenda Regimental nº 18, de 2014)

ART. 216-W. Da decisão que julgar os embargos cabe agravo. (Incluído pela Emenda Regimental nº 18, de 2014)

Parágrafo único. O Presidente ou o relator do agravo, quando possível, poderá ordenar diretamente o atendimento à medida solicitada. (Incluído pela Emenda Regimental nº 18, de 2014)

ART. 216-X. Cumprida a carta rogatória ou verificada a impossibilidade de seu cumprimento, será devolvida ao Presidente deste Tribunal no prazo de dez dias, e ele a remeterá, em igual prazo, por meio do Ministério da Justiça ou do Ministério das Relações Exteriores, à autoridade estrangeira de origem. (Incluído pela Emenda Regimental nº 18, de 2014)

TÍTULO VIII. DAS AÇÕES ORIGINÁRIAS

CAPÍTULO I. DA AÇÃO PENAL ORIGINÁRIA

ART. 217. Nos crimes de ação penal pública, o Ministério Público terá o prazo de quinze dias para oferecer denúncia ou pedir arquivamento do inquérito ou das peças informativas.

§ 1º. Diligências complementares poderão ser deferidas pelo relator, com interrupção do prazo deste artigo.

§ 2º. Se o indiciado estiver preso:

a) o prazo para oferecimento da denúncia será de cinco dias;

b) as diligências complementares não interromperão o prazo, salvo se o relator, ao deferi-las, determinar o relaxamento da prisão.

ART. 218. O relator será o juiz da instrução, que se realizará segundo o disposto neste capítulo, no Código de Processo Penal, no que for aplicável, e neste Regimento Interno.

Parágrafo único. O relator terá as atribuições que a legislação penal confere aos juízes singulares, podendo submeter diretamente à decisão do órgão colegiado competente as questões surgidas durante a instrução. (Redação dada pela Emenda Regimental nº 2, de 1992)

ART. 219. Competirá ao relator:

I – determinar o arquivamento do inquérito ou das peças informativas, quando o requerer o Ministério Público, ou submeter o requerimento à decisão da Corte Especial;

II – decretar a extinção da punibilidade nos casos previstos em lei.

ART. 220. Apresentada a denúncia ou a queixa ao Tribunal, far-se-á a notificação do acusado para oferecer resposta no prazo de quinze dias.

§ 1º. Com a notificação, serão entregues ao acusado cópia da denúncia ou da queixa, do despacho do relator e dos documentos por este indicados.

§ 2º. Se desconhecido o paradeiro do acusado, ou se este criar dificuldades para que o oficial cumpra a diligência, proceder-se-á a sua notificação por edital, contendo o teor resumido da acusação, para que compareça ao Tribunal, em cinco dias, onde terá vista dos autos pelo prazo de quinze dias, a fim de apresentar a resposta prevista neste artigo.

REGIMENTOS INTERNOS

ART. 221. Se, com a resposta, forem apresentados novos documentos, será intimada a parte contrária para sobre eles se manifestar no prazo de cinco dias.

Parágrafo único. Na ação penal de iniciativa privada, será ouvido, em igual prazo, o Ministério Público.

ART. 222. A seguir, o relator pedirá dia para que a Corte Especial delibere sobre o recebimento ou a rejeição da denúncia ou da queixa, ou sobre a improcedência da acusação, se a decisão não depender de outras provas.

§ 1°. No julgamento de que trata este artigo, será facultada sustentação oral pelo prazo de quinze minutos, primeiro à acusação, depois à defesa.

§ 2°. Encerrados os debates, a Corte Especial passará a deliberar, determinando o Presidente as pessoas que poderão permanecer no recinto, observado o disposto no Art. 229, VI.

ART. 223. Recebida a denúncia ou a queixa, o relator designará dia e hora para o interrogatório, mandando citar o acusado ou querelado, e intimar o órgão do Ministério Público, bem como o querelante ou o assistente, se for o caso. Penal, no que for aplicável, e neste Regimento Interno.

Parágrafo único. O relator terá as atribuições que a legislação penal confere aos juízes singulares, podendo submeter diretamente à decisão do órgão colegiado competente as questões surgidas durante a instrução. (Redação dada pela Emenda Regimental nº 2, de 1992)

ART. 224. O prazo para defesa prévia será de cinco dias, contado do interrogatório ou da intimação do defensor dativo.

ART. 225. A instrução obedecerá, no que couber, ao procedimento comum do Código de Processo Penal.

§ 1°. O relator poderá delegar a realização do interrogatório ou de outro ato da instrução a Juiz ou membro de Tribunal do local de cumprimento da carta de ordem.

§ 2°. Por expressa determinação do relator, as intimações poderão ser feitas por carta registrada com aviso de recebimento.

ART. 226. Concluída a inquirição de testemunhas, serão intimadas a acusação e a defesa, para requerimento de diligências no prazo de cinco dias.

ART. 227. Realizadas as diligências ou não sendo estas requeridas nem determinadas pelo relator, serão intimadas a acusação e a defesa para, sucessivamente, apresentarem, no prazo de quinze dias, alegações escritas.

§ 1°. Será comum o prazo do acusador e do assistente, bem como o dos corréus.

§ 2°. Na ação penal de iniciativa privada, o Ministério Público terá vista, por igual prazo, após as alegações das partes.

§ 3°. O relator poderá, após as alegações escritas, determinar, de ofício, a realização de provas reputadas imprescindíveis para o julgamento da causa.

ART. 228. Finda a instrução, o relator dará vista do processo às partes, pelo prazo de cinco dias, para requererem o que considerarem conveniente apresentar na sessão de julgamento.

§ 1°. O relator apreciará e decidirá esses requerimentos para, em seguida, lançando relatório nos autos, encaminhá-los ao revisor, que pedirá dia para o julgamento.

§ 2°. Ao designar a sessão de julgamento, o Presidente determinará a intimação das partes e das testemunhas cujos depoimentos o relator tenha deferido.

§ 3°. A Secretaria expedirá cópias do relatório e fará sua distribuição aos Ministros.

ART. 229. Na sessão de julgamento, observar-se-á o seguinte:

I – a Corte Especial reunir-se-á com a presença de pelo menos dois terços de seus membros, excluído o Presidente;

II – aberta a sessão, apregoadas as partes e as testemunhas arroladas e admitidas, lançado o querelante que deixar de comparecer (CPP, Art. 29) e, salvo o caso do Art. 60, III, do CPP, proceder-se-á às demais diligências preliminares;

III – a seguir, o relator apresentará relatório do feito, resumindo as principais peças dos autos e a prova produzida. Se algum dos Ministros solicitar a leitura integral dos autos ou de partes deles, o relator poderá ordenar seja ela efetuada pelo Secretário;

IV – o relator passará a inquirir as testemunhas cujos depoimentos tenha deferido, podendo repergunta-las os outros Ministros, o órgão do Ministério Público e as partes;

V – findas as inquirições e efetuadas as diligências que o relator ou o Tribunal houver determinado, o Presidente dará a palavra, sucessivamente, ao querelante, se houver, ao órgão do Ministério Público e ao acusado, ou ao seu defensor, para sustentação oral, podendo cada um ocupar a tribuna durante uma hora, assegurado ao assistente um quarto do tempo da acusação;

VI – encerrados os debates, a Corte Especial passará a proferir o julgamento, podendo o Presidente limitar a presença no recinto às partes e aos seus advogados, ou somente a estes, se o interesse público o exigir.

ART. 230. O julgamento efetuar-se-á em uma ou mais sessões, a critério do Tribunal, observado, no que for aplicável, o disposto no Título XII do Livro I, do Código de Processo Penal (artigos 381 a 393 do Código de Processo Penal).

ART. 231. O acórdão será lavrado pelo relator e, se vencido este, pelo Ministro que for designado (Art. 52, II). (Redação dada pela Emenda Regimental nº 1, de 1991)

ART. 232. Nos casos em que somente se procede mediante queixa, considerar-se-á perempta a ação penal quando o querelante deixar de comparecer, sem motivo justificado, a qualquer ato a que deva estar presente, ou deixar de formular o pedido de condenação nas alegações finais, tudo na forma da lei processual.

CAPÍTULO II.
DA AÇÃO RESCISÓRIA

ART. 233. A ação rescisória terá início por petição escrita, acompanhada de tantas cópias quantos forem os réus.

ART. 234. Distribuída a inicial, preenchendo esta os requisitos legais (Código de Processo Civil, arts. 319, 320, 330, 332 e 968), o relator mandará citar o réu, assinando-lhe prazo nunca inferior a quinze dias nem superior a trinta, para responder aos termos da ação. (Redação dada pela Emenda Regimental nº 22, de 2016)

ART. 235. Contestada a ação, ou transcorrido o prazo, o relator fará o saneamento do processo, deliberando sobre as provas requeridas.

ART. 236. O relator poderá delegar competência a Juiz ou a membro de outro Tribunal do local onde deva ser produzida a prova, fixando prazo para a devolução dos autos.

ART. 237. Concluída a instrução, o relator abrirá vista, sucessivamente, ao autor e ao réu pelo prazo de dez dias, para razões finais, cabendo ao representante do Ministério Público emitir parecer após o prazo para as razões finais do autor e do réu; em seguida, o relator pedirá dia para julgamento. (Redação dada pela Emenda Regimental nº 24, de 2016)

Parágrafo único. A Secretaria, ao ser incluído o feito em pauta, expedirá cópias autenticadas do relatório e as distribuirá entre os Ministros que compuserem o órgão do Tribunal competente para o julgamento.

ART. 238. A escolha de relator recairá, sempre que possível, em Ministro que não haja participado do julgamento rescindendo. (Redação dada pela Emenda Regimental nº 24, de 2016).

CAPÍTULO III.
DA REVISÃO CRIMINAL

ART. 239. À Corte Especial caberá a revisão de decisões criminais que tiver proferido, e à Seção, das decisões suas e das Turmas.

ART. 240. No caso do inciso I, primeira parte, do artigo 621 do Código de Processo Penal, caberá a revisão, pelo Tribunal, do processo em que a condenação tiver sido por ele proferida ou mantida no julgamento de recurso especial, se seu fundamento coincidir com a questão federal apreciada.

ART. 241. A revisão terá início por uma petição instruída com a certidão de haver passado em julgado a decisão condenatória e com as peças necessárias à comprovação dos fatos arguidos, e será processada e julgada na forma da lei processual.

ART. 242. Dirigida ao Presidente, será a petição distribuída, quando possível, a um relator que não haja participado do julgamento objeto da revisão.

§ 1º. O relator poderá determinar que se apensem os autos originais, se daí não advier dificuldade à execução normal da sentença.

§ 2º. Não estando a petição suficientemente instruída, e julgando o relator inconveniente ao interesse da Justiça que se apensem os autos originais, este a indeferirá liminarmente.

ART. 243. Se a petição for recebida, será ouvido o Ministério Público, que dará parecer no prazo de dez dias. Em seguida, o relator, lançando relatório, passará os autos ao revisor, que pedirá dia para julgamento.

Parágrafo único. A Secretaria expedirá cópias do relatório e fará a sua distribuição aos Ministros.

TÍTULO IX.
DOS RECURSOS

CAPÍTULO I.
DOS RECURSOS ORDINÁRIOS

SEÇÃO I.
DO RECURSO ORDINÁRIO EM HABEAS CORPUS

ART. 244. O recurso ordinário em habeas corpus será interposto na forma e no prazo estabelecidos na legislação processual vigente.

ART. 245. Distribuído o recurso, a Secretaria fará os autos com vista ao Ministério Público pelo prazo de dois dias.

Parágrafo único. Conclusos os autos ao relator, este submeterá o feito a julgamento na primeira sessão que se seguir à data da conclusão.

ART. 246. Será aplicado, no que couber, ao processo e julgamento do recurso, o disposto com relação ao pedido originário de habeas corpus (artigos 201 e seguintes).

SEÇÃO II.
DO RECURSO ORDINÁRIO EM MANDADO DE SEGURANÇA

ART. 247. Aplicam-se ao recurso ordinário em mandado de segurança, quanto aos requisitos de admissibilidade e ao procedimento no Tribunal recorrido, as regras do Art. 1.028 do Código de Processo Civil. (Redação dada pela Emenda Regimental nº 22, de 2016)

ART. 248. Distribuído o recurso, a Secretaria fará os autos com vista ao Ministério Público pelo prazo de cinco dias.

Parágrafo único. Conclusos os autos ao relator, este pedirá dia para julgamento.

SEÇÃO III.
DO RECURSO ORDINÁRIO EM PROCESSOS EM QUE FOR PARTE ESTADO ESTRANGEIRO

(Redação dada pela Emenda Regimental nº 22, de 2016)

ART. 249. Aplicam-se ao recurso ordinário, quanto aos requisitos de admissibilidade e ao procedimento no Juízo de origem, as normas do Código de Processo Civil relativas à apelação, no que couber. (Redação dada pela Emenda Regimental nº 22, de 2016)

ART. 250. Distribuído o recurso ordinário, será aberta vista ao Ministério Público pelo prazo de vinte dias. (Redação dada pela Emenda Regimental nº 22, de 2016)

Parágrafo único. Conclusos os autos ao relator, este pedirá dia para julgamento.

ART. 251. O recurso ordinário não será incluído em pauta antes do agravo de instrumento interposto do mesmo processo. (Redação dada pela Emenda Regimental nº 22, de 2016)

ART. 252. (Revogado pela Emenda Regimental nº 22, de 2016)

SEÇÃO IV. DO AGRAVO EM RECURSO ESPECIAL (Redação dada pela Emenda Regimental nº 16, de 2014)

ART. 253. O agravo interposto de decisão que não admitiu o recurso especial obedecerá, no Tribunal de origem, às normas da legislação processual vigente. (Redação dada pela Emenda Regimental nº 16, de 2014)

Parágrafo único. Distribuído o agravo e ouvido, se necessário, o Ministério Público no prazo de cinco dias, o relator poderá: (Redação dada pela Emenda Regimental nº 16, de 2014)

I – não conhecer do agravo inadmissível, prejudicado ou daquele que não tenha impugnado especificamente todos os fundamentos da decisão recorrida; (Redação dada pela Emenda Regimental nº 22, de 2016)

II – conhecer do agravo para: (Redação dada pela Emenda Regimental nº 22, de 2016)

a) não conhecer do recurso especial inadmissível, prejudicado ou daquele que não tenha impugnado especificamente todos os fundamentos da decisão recorrida; (Redação dada pela Emenda Regimental nº 22, de 2016)

b) negar provimento ao recurso especial que for contrário a tese fixada em julgamento de recurso repetitivo ou de repercussão geral, a entendimento firmado em incidente de assunção de competência, a súmula do Supremo Tribunal Federal ou do Superior Tribunal de Justiça ou, ainda, a jurisprudência dominante acerca do tema; (Redação dada pela Emenda Regimental nº 22, de 2016)

c) dar provimento ao recurso especial se o acórdão recorrido for contrário a tese fixada em julgamento de recurso repetitivo ou de repercussão geral, a entendimento firmado em incidente de assunção de competência, a súmula do Supremo Tribunal Federal ou do Superior Tribunal de Justiça ou, ainda, a jurisprudência dominante acerca do tema. (Redação dada pela Emenda Regimental nº 22, de 2016)

d) determinar sua autuação como recurso especial quando não verificada qualquer das hipóteses previstas nas alíneas b e c, observando-se, daí em diante, o procedimento relativo a esse recurso. (Redação dada pela Emenda Regimental nº 16, de 2014)

SEÇÃO V. DO AGRAVO DE INSTRUMENTO (Incluído pela Emenda Regimental nº 16, de 2014)

ART. 254. O agravo interposto de decisão interlocutória nas causas em que forem partes Estado estrangeiro ou organismo internacional de um lado e, do outro, Município ou pessoa residente ou domiciliada no País seguirá o disposto na legislação processual em vigor. (Incluído pela Emenda Regimental nº 16, de 2014)

CAPÍTULO II. DO RECURSO ESPECIAL

ART. 255. O recurso especial será interposto na forma e no prazo estabelecido na legislação processual vigente e recebido no efeito devolutivo, salvo quando interposto do julgamento de mérito do incidente de resolução de demandas repetitivas, hipótese em que terá efeito suspensivo. (Redação dada pela Emenda Regimental nº 22, de 2016)

§ 1º. Quando o recurso fundar-se em dissídio jurisprudencial, o recorrente fará a prova da divergência com a certidão, cópia ou citação do repositório de jurisprudência, oficial ou credenciado, inclusive em mídia eletrônica, em que houver sido publicado o acórdão divergente, ou ainda com a reprodução de julgado disponível na internet, com indicação da respectiva fonte, devendo-se, em qualquer caso, mencionar as circunstâncias que identifiquem ou assemelhem os casos confrontados. (Redação dada pela Emenda Regimental nº 22, de 2016)

§ 2º. (Revogado pela Emenda Regimental nº 22, de 2016)

§ 3º. São repositórios oficiais de jurisprudência, para o fim do § 1º deste artigo, a Revista Trimestral de Jurisprudência do Supremo Tribunal Federal, a Revista do Superior Tribunal de Justiça e a Revista do Tribunal Federal de Recursos e, autorizados ou credenciados, os habilitados na forma do Art. 134 e seu parágrafo único deste Regimento. (Redação dada pela Emenda Regimental nº 22, de 2016)

§ 4º. Distribuído o recurso, o relator, após vista ao Ministério Público, se necessário, pelo prazo de vinte dias, poderá: (Redação dada pela Emenda Regimental nº 24, de 2016)

I – não conhecer do recurso especial inadmissível, prejudicado ou que não tiver impugnado especificamente os fundamentos da decisão recorrida; (Redação dada pela Emenda Regimental nº 24, de 2016)

II – negar provimento ao recurso especial que for contrário a tese fixada em julgamento de recurso repetitivo ou de repercussão geral, a entendimento firmado em incidente de assunção de competência, ou, ainda, a súmula ou jurisprudência consolidada do Supremo Tribunal Federal ou do Superior Tribunal de Justiça; (Redação dada pela Emenda Regimental nº 24, de 2016)

III – dar provimento ao recurso especial após vista ao recorrido, se o acórdão recorrido for contrário a tese fixada em julgamento de recurso repetitivo ou de repercussão geral, a entendimento firmado em incidente de assunção de competência ou, ainda, a súmula ou jurisprudência consolidada do Supremo Tribunal Federal ou do Superior Tribunal de Justiça. (Redação dada pela Emenda Regimental nº 24, de 2016)

§ 5º No julgamento do recurso especial, verificar-se-á, preliminarmente, se o recurso é cabível. Decidida a preliminar pela negativa, a Turma não conhecerá do recurso; se pela afirmativa, julgará a causa, aplicando o direito à espécie, com observância da regra prevista no art. 10 do Código de Processo Civil. (Incluído pela Emenda Regimental nº 24, de 2016)

§ 6º Julgado o recurso especial criminal, a decisão favorável ao réu preso será imediatamente comunicada às autoridades a quem couber cumpri-la, sem prejuízo da remessa de cópia do acórdão. (Incluído pela Emenda Regimental nº 24, de 2016)

CAPÍTULO II-A. DO RECURSO ESPECIAL REPETITIVO (Incluído pela Emenda Regimental nº 24, de 2016)

SEÇÃO I. DO RECURSO ESPECIAL REPRESENTATIVO DA CONTROVÉRSIA (Incluído pela Emenda Regimental nº 24, de 2016)

ART. 256. Havendo multiplicidade de recursos especiais com fundamento em idêntica questão de direito, caberá ao presidente ou ao vice-presidente dos Tribunais de origem (Tribunal de Justiça ou Tribunal Regional Federal), conforme o caso, admitir dois ou mais recursos especiais representativos da controvérsia, que serão encaminhados ao Superior Tribunal de Justiça, ficando os demais processos, individuais ou coletivos, suspensos até o pronunciamento do STJ. (Incluído pela Emenda Regimental nº 24, de 2016)

§ 1º. Os recursos especiais representativos da controvérsia serão selecionados pelo Tribunal de origem, que deverá levar em consideração o preenchimento dos requisitos de admissibilidade e, preferencialmente: (Incluído pela Emenda Regimental nº 24, de 2016)

I – a maior diversidade de fundamentos constantes do acórdão e dos argumentos no recurso especial; (Incluído pela Emenda Regimental nº 24, de 2016)

II – a questão de mérito que puder tornar prejudicadas outras questões suscitadas no recurso; (Incluído pela Emenda Regimental nº 24, de 2016)

III – a divergência, se existente, entre órgãos julgadores do Tribunal de origem, caso em que deverá ser observada a representação de todas as teses em confronto. (Incluído pela Emenda Regimental nº 24, de 2016)

§ 2º. O Tribunal de origem, no juízo de admissibilidade: (Incluído pela Emenda Regimental nº 24, de 2016)

I – delimitará a questão de direito a ser processada e julgada sob o rito do recurso especial repetitivo, com a indicação dos respectivos códigos de assuntos da Tabela Processual Unificada do Conselho Nacional de Justiça; (Incluído pela Emenda Regimental nº 24, de 2016)

II – informará, objetivamente, a situação fática específica na qual surgiu a controvérsia; (Incluído pela Emenda Regimental nº 24, de 2016)

III – indicará, precisamente, os dispositivos legais em que se fundou o acórdão recorrido; (Incluído pela Emenda Regimental nº 24, de 2016)

IV – informará a quantidade de processos que ficarão suspensos na origem com a mesma questão de direito em tramitação no STJ; (Incluído pela Emenda Regimental nº 24, de 2016)

V – informará se outros recursos especiais representativos da mesma controvérsia estão sendo remetidos conjuntamente, destacando, na decisão de admissibilidade de cada um deles, os números dos demais; (Incluído pela Emenda Regimental nº 24, de 2016)

VI – explicitará, na parte dispositiva, que o recurso especial foi admitido como representativo da controvérsia. (Incluído pela Emenda Regimental nº 24, de 2016)

ART. 256-A. No Superior Tribunal de Justiça, os recursos especiais encaminhados pelos Tribunais de origem como representativos da controvérsia deverão receber identificação própria no sistema informatizado e, após as etapas de autuação e classificação, ser registrados ao Presidente do STJ. (Incluído pela Emenda Regimental nº 24, de 2016)

ART. 256-B. Compete ao Presidente do STJ: (Incluído pela Emenda Regimental nº 24, de 2016)

I – oficiar ao presidente ou ao vice-presidente do Tribunal de origem, conforme o caso, para complementar informações do recurso especial representativo da controvérsia; (Incluído pela Emenda Regimental nº 24, de 2016)

II – abrir vista dos autos ao Ministério Público Federal para que, no prazo improrrogável de quinze dias, manifeste-se exclusivamente a respeito dos pressupostos de admissibilidade do recurso especial como representativo da controvérsia. (Incluído pela Emenda Regimental nº 24, de 2016)

ART. 256-C. Com ou sem o parecer do Ministério Público Federal, o processo será concluso ao Presidente do STJ para que, no prazo de vinte dias, em despacho irrecorrível, decida se o recurso especial representativo da controvérsia preenche os requisitos do art. 256 deste Regimento. (Incluído pela Emenda Regimental nº 24, de 2016)

ART. 256-D. Caso o Presidente do STJ admita o recurso especial, determinará a distribuição dos autos nos seguintes termos: (Incluído pela Emenda Regimental nº 24, de 2016)

I – por dependência, para os recursos especiais representativos da controvérsia que contiverem a mesma questão de direito; (Incluído pela Emenda Regimental nº 24, de 2016)

II – de forma livre, mediante sorteio automático, para as demais hipóteses. (Incluído pela Emenda Regimental nº 24, de 2016)

Parágrafo único. O Superior Tribunal de Justiça manterá, em sua página na internet, em destaque, relação dos recursos especiais representativos da controvérsia aptos, com a respectiva descrição da questão de direito e com o número sequencial correspondente à controvérsia. (Incluído pela Emenda Regimental nº 24, de 2016)

ART. 256-E. Compete ao relator do recurso especial representativo da controvérsia, no prazo máximo de sessenta dias úteis a contar da data de conclusão do processo, reexaminar a admissibilidade do recurso representativo da

REGIMENTOS INTERNOS

controvérsia a fim de: (Incluído pela Emenda Regimental nº 24, de 2016)

I – rejeitar, de forma fundamentada, a indicação do recurso especial como representativo da controvérsia devido à ausência dos pressupostos recursais genéricos ou específicos e ao não cumprimento dos requisitos regimentais, observado o disposto no art. 256-F deste Regimento; (Incluído pela Emenda Regimental nº 24, de 2016)

II – propor à Corte Especial ou à Seção a afetação do recurso especial representativo da controvérsia para julgamento sob o rito dos recursos repetitivos, nos termos do Código de Processo Civil e da Seção II deste Capítulo. (Incluído pela Emenda Regimental nº 24, de 2016)

ART. 256-F. Caso o relator inadmita o recurso especial como representativo da controvérsia devido à ausência dos pressupostos recursais genéricos ou específicos ou ao não cumprimento dos requisitos previstos neste Regimento, indicará recursos especiais existentes em seu acervo em substituição ao recurso inadmitido ou determinará a comunicação ao presidente ou vice-presidente do Tribunal de origem para que remeta ao STJ, em substituição, dois ou mais recursos especiais aptos que tratem da mesma questão de direito. (Incluído pela Emenda Regimental nº 24, de 2016)

§ 1º. Será inadmitido na origem recurso especial que apresente o mesmo óbice de admissibilidade reconhecido pelo Presidente do STJ ou pelo relator no julgamento de recurso representativo de idêntica questão de direito. (Incluído pela Emenda Regimental nº 24, de 2016)

§ 2º. Os recursos especiais aptos encaminhados pelo Tribunal de origem em substituição, nos termos do caput deste artigo, seguirão, no STJ, o mesmo procedimento do recurso representativo da controvérsia. (Incluído pela Emenda Regimental nº 24, de 2016)

§ 3º. Os recursos anteriormente suspensos nos Tribunais de origem permanecerão nessa condição, contendo a indicação do número sequencial da controvérsia de que trata o parágrafo único do art. 256-D deste Regimento. (Incluído pela Emenda Regimental nº 24, de 2016)

§ 4º. Caso o relator inadmita o recurso especial representativo da controvérsia porque a matéria não é apta a julgamento repetitivo ou porque não caracterizada a multiplicidade de recursos capaz de ensejar a afetação do processo para julgamento pelo sistema dos recursos repetitivos à Seção ou à Corte Especial, os processos suspensos em todo o território nacional retomarão seu curso normal. (Incluído pela Emenda Regimental nº 24, de 2016)

ART. 256-G. Não adotadas as providências previstas nos incisos I e II do art. 256-E deste Regimento no prazo estabelecido no seu caput, presumir-se-á que o recurso especial representativo da controvérsia teve sua indicação rejeitada pelo relator. (Incluído pela Emenda Regimental nº 24, de 2016)

§ 1º. A rejeição, expressa ou presumida, do recurso especial representativo da controvérsia será comunicada aos Ministros do STJ e aos presidentes ou vice-presidentes dos Tribunais de origem. (Incluído pela Emenda Regimental nº 24, de 2016)

§ 2º. Os processos suspensos em todo o território nacional em razão de recurso especial representativo da controvérsia rejeitado retomarão seu curso normal. (Incluído pela Emenda Regimental nº 24, de 2016)

ART. 256-H. Os recursos especiais interpostos em julgamento de mérito do incidente de resolução de demandas repetitivas serão processados nos termos desta Seção, não se aplicando a presunção prevista no art. 256-G deste Regimento. (Incluído pela Emenda Regimental nº 24, de 2016)

Seção II.
DA COMPETÊNCIA PARA AFETAÇÃO E DO PROCEDIMENTO PREPARATÓRIO PARA O JULGAMENTO DO RECURSO ESPECIAL REPETITIVO
(Incluído pela Emenda Regimental nº 24, de 2016)

ART. 256-I. O recurso especial representativo da controvérsia apto, bem como o recurso especial distribuído cuja multiplicidade de processos com idêntica questão de direito seja reconhecida pelo relator, nos termos do art. 1.037 do Código de Processo Civil, será submetido pela Seção ou pela Corte Especial, conforme o caso, ao rito dos recursos repetitivos para julgamento, observadas as regras previstas no Capítulo II-B do Título IX da Parte I do Regimento Interno. (Incluído pela Emenda Regimental nº 24, de 2016)

Parágrafo único. O Superior Tribunal de Justiça manterá, em sua página na internet, em destaque, relação dos recursos especiais afetados, com a respectiva descrição da questão de direito e com o número sequencial correspondente ao tema afetado. (Incluído pela Emenda Regimental nº 24, de 2016)

ART. 256-J. O relator poderá solicitar informações aos Tribunais de origem a respeito da questão afetada e autorizar, em decisão irrecorrível, ante a relevância da matéria, a manifestação escrita de pessoas naturais ou jurídicas, órgãos ou entidades especializadas, com representatividade adequada, a serem prestadas no prazo improrrogável de quinze dias. (Incluído pela Emenda Regimental nº 24, de 2016)

ART. 256-K. A fim de instruir o procedimento, pode o relator, nos termos dos arts. 185 e 186 deste Regimento, fixar data para ouvir pessoas ou entidades com experiência e conhecimento na matéria em audiência pública. (Incluído pela Emenda Regimental nº 24, de 2016)

ART. 256-L. Publicada a decisão de afetação, os demais recursos especiais em tramitação no STJ fundados em idêntica questão de direito: (Incluído pela Emenda Regimental nº 24, de 2016)

I – se já distribuídos, serão devolvidos ao Tribunal de origem, para nele permanecerem suspensos, por meio de decisão fundamentada do relator; (Incluído pela Emenda Regimental nº 24, de 2016)

II – se ainda não distribuídos, serão devolvidos ao Tribunal de origem por decisão fundamentada do Presidente do STJ. (Incluído pela Emenda Regimental nº 24, de 2016)

ART. 256-M. Após a publicação da decisão de afetação, será concedida vista dos autos ao Ministério Público

Federal pelo prazo de quinze dias. (Incluído pela Emenda Regimental nº 24, de 2016)

Parágrafo único. Com ou sem o parecer do Ministério Público Federal, o processo será concluso ao relator para elaboração do voto. (Incluído pela Emenda Regimental nº 24, de 2016)

SEÇÃO III. DO JULGAMENTO DO RECURSO ESPECIAL REPETITIVO (Incluído pela Emenda Regimental nº 24, de 2016)

ART. 256-N. Após a liberação do relator, o processo será incluído na pauta para julgamento na Seção ou na Corte Especial. (Incluído pela Emenda Regimental nº 24, de 2016)

§ 1º. O julgamento de recurso especial repetitivo terá preferência sobre os demais processos, ressalvados os casos de réu preso e os pedidos de habeas corpus e de mandado de segurança. (Incluído pela Emenda Regimental nº 24, de 2016)

§ 2º. Deve ser observado o prazo máximo de um ano para o julgamento do tema repetitivo, a contar da data da publicação da afetação. (Incluído pela Emenda Regimental nº 24, de 2016)

§ 3º. Quando o órgão julgador decidir questão relativa ao procedimento de recursos repetitivos ou à aplicação da sistemática da repercussão geral no Tribunal, os documentos relacionados ao julgamento serão disponibilizados ao Núcleo de Gerenciamento de Precedentes – Nugep. (Incluído pela Emenda Regimental nº 24, de 2016)

ART. 256-O. Desafetado o processo da sistemática do recurso repetitivo, deverão constar da decisão ou do resultado do julgamento as consequências desse ato e sua motivação. (Incluído pela Emenda Regimental nº 24, de 2016)

§ 1º. Caso não seja cancelado o tema, a decisão de que trata o caput explicitará, ainda, se há necessidade de envio de novos recursos representativos da controvérsia tratando da mesma questão de direito, em substituição, para julgamento do mérito do tema. (Incluído pela Emenda Regimental nº 24, de 2016)

§ 2º. A Secretaria comunicará o teor da decisão proferida nos termos do caput e do § 1º deste artigo aos Ministros integrantes do respectivo órgão julgador e aos Tribunais de origem. (Incluído pela Emenda Regimental nº 24, de 2016)

§ 3º. Os recursos especiais enviados em substituição serão distribuídos por dependência ao Ministro que determinou a desafetação do recurso especial ou ao sucessor do acervo, excetuada a hipótese de o Ministro não compor mais o órgão julgador competente para apreciar a matéria ou de alteração de competência para apreciação da matéria, caso em que o recurso será distribuído entre os integrantes do órgão julgador competente para apreciar a questão. (Incluído pela Emenda Regimental nº 24, de 2016)

§ 4º. Na hipótese do § 2º deste artigo, os recursos anteriormente suspensos permanecerão nessa condição, vinculados ao número do tema no STJ. (Incluído pela Emenda Regimental nº 24, de 2016)

§ 5º. Caso seja cancelado o tema, os processos suspensos em todo o território nacional retomarão seu curso normal. (Incluído pela Emenda Regimental nº 24, de 2016)

ART. 256-P. O Presidente do respectivo órgão julgador velará pelo cumprimento dos prazos previstos neste capítulo. (Incluído pela Emenda Regimental nº 24, de 2016)

Parágrafo único. A fim de dar cumprimento ao disposto no caput, quando ultrapassados oito meses a contar da publicação da decisão de afetação, o Presidente do órgão julgador determinará que seja cientifi cado o relator ou o Ministro que tiver pedido vista, respeitados os prazos do art. 162 deste Regimento. (Incluído pela Emenda Regimental nº 24, de 2016)

ART. 256-Q. No julgamento de mérito do tema repetitivo, o relator ou o Ministro relator para acórdão delimitará objetivamente a tese firmada pelo órgão julgador. (Incluído pela Emenda Regimental nº 24, de 2016)

§ 1º. Alterada a tese firmada no julgamento de recurso interposto contra o acórdão citado no caput, proceder-se-á à nova delimitação com os fundamentos determinantes da tese. (Incluído pela Emenda Regimental nº 24, de 2016)

§ 2º. A decisão de que trata o § 1º deste artigo será objeto de comunicação aos Ministros do órgão julgador, ao Presidente do STJ e aos presidentes ou vice-presidentes dos Tribunais de origem. (Incluído pela Emenda Regimental nº 24, de 2016)

§ 3º. O acórdão deverá ser redigido nos termos do art. 104-A deste Regimento. (Incluído pela Emenda Regimental nº 24, de 2016)

SEÇÃO IV. DA PUBLICAÇÃO DO ACÓRDÃO (Incluído pela Emenda Regimental nº 24, de 2016)

ART. 256-R. O acórdão proferido no julgamento do recurso especial repetitivo gerará as seguintes consequências nos demais recursos especiais fundados em idêntica questão de direito: (Incluído pela Emenda Regimental nº 24, de 2016)

I – se já distribuídos e não devolvidos à origem por trazerem outras questões além da afetada, serão julgados pelo relator, observada a tese firmada no julgamento de mérito do respetivo tema; (Incluído pela Emenda Regimental nº 24, de 2016)

II – se ainda não distribuídos e não devolvidos à origem, serão julgados pelo Presidente do STJ; (Incluído pela Emenda Regimental nº 24, de 2016)

III – se suspensos nas instâncias de origem, aplicam-se os arts. 1.040 e 1.041 do Código de Processo Civil. (Incluído pela Emenda Regimental nº 24, de 2016)

Parágrafo único. O disposto no inciso III aplica-se a todos os processos que tratem de idêntica questão de direito, mesmo que não tenham sido objeto de suspensão. (Incluído pela Emenda Regimental nº 24, de 2016)

SEÇÃO V. DA REVISÃO DE ENTENDIMENTO FIRMADO EM TEMA REPETITIVO (Incluído pela Emenda Regimental nº 24, de 2016)

ART. 256-S. É cabível a revisão de entendimento consolidado em enunciado de tema repetitivo, por proposta de Ministro integrante do respectivo órgão julgador ou de representante do Ministério Público Federal que oficie perante o Superior Tribunal de Justiça. (Incluído pela Emenda Regimental nº 24, de 2016)

§ 1º. A revisão ocorrerá nos próprios autos do processo julgado sob o rito dos recursos repetitivos, caso ainda esteja em tramitação, ou será objeto de questão de ordem, independentemente de processo a ela vinculado. (Incluído pela Emenda Regimental nº 24, de 2016)

§ 2º. A revisão de entendimento terá como relator o Ministro integrante do órgão julgador que a propôs ou o seu Presidente nos casos de proposta formulada pelo representante do Ministério Público Federal. (Incluído pela Emenda Regimental nº 24, de 2016)

§ 3º. O acórdão proferido na questão de ordem será inserido, como peça eletrônica complementar, no(s) processo(s) relacionado(s) ao enunciado de tema repetitivo. (Incluído pela Emenda Regimental nº 24, de 2016)

ART. 256-T. O procedimento de revisão de entendimento será iniciado por: (Incluído pela Emenda Regimental nº 24, de 2016)

I – decisão do Ministro proponente com a indicação expressa de se tratar de proposta de revisão de enunciado de tema repetitivo e exposição dos fundamentos da alteração da tese anteriormente firmada; (Incluído pela Emenda Regimental nº 24, de 2016)

II – petição do representante do Ministério Público Federal dirigida ao relator do processo que ensejou a criação do tema, ou ao Presidente do órgão julgador, dependendo do caso, com os requisitos previstos no inciso I. (Incluído pela Emenda Regimental nº 24, de 2016)

§ 1º. No prazo de vinte dias, o relator do processo que ensejou a criação do tema ou o Presidente do órgão julgador decidirá se a proposta de revisão de entendimento preenche os requisitos deste artigo. (Incluído pela Emenda Regimental nº 24, de 2016)

§ 2º. Nos casos de propostas formuladas por Ministro do STJ, será concedida vista dos autos ao Ministério Público Federal pelo prazo improrrogável de quinze dias para manifestação sobre a revisão proposta. (Incluído pela Emenda Regimental nº 24, de 2016)

ART. 256-U. Com ou sem o parecer do Ministério Público Federal, o processo será concluso ao relator ou ao Presidente do órgão julgador, conforme o caso, para julgamento. (Incluído pela Emenda Regimental nº 24, de 2016)

Parágrafo único. A revisão deve observar, em relação ao julgamento e à publicação do acórdão, o disposto nas Seções III e IV deste Capítulo. (Incluído pela Emenda Regimental nº 24, de 2016)

ART. 256-V. O Presidente do órgão julgador poderá propor, em questão de ordem, a revisão de entendimento consolidado em enunciado de tema repetitivo para adequação ao entendimento do Supremo Tribunal Federal em repercussão geral, em ação de controle concentrado de constitucionalidade, em enunciado de súmula vinculante e em incidente de assunção de competência. (Incluído pela Emenda Regimental nº 24, de 2016)

§ 1º. A revisão ocorrerá nos próprios autos do recurso julgado sob o rito dos repetitivos, caso ainda esteja em tramitação, ou será objeto de questão de ordem, independentemente de processo a ela vinculado. (Incluído pela Emenda Regimental nº 24, de 2016)

§ 2º. O acórdão proferido na questão de ordem será inserido, como peça eletrônica complementar, no(s) processo(s) relacionado(s) ao tema repetitivo. (Incluído pela Emenda Regimental nº 24, de 2016)

SEÇÃO VI. DAS DISPOSIÇÕES FINAIS (Incluído pela Emenda Regimental nº 24, de 2016)

ART. 256-W. O Superior Tribunal de Justiça publicará, em sua página na internet, até o dia 15 de cada mês, relatório com o quantitativo de decisões proferidas pela Presidência com fundamento nos incisos I e II do art. 1.040 do Código de Processo Civil. (Incluído pela Emenda Regimental nº 24, de 2016)

Parágrafo único. O relatório previsto no caput será encaminhado eletronicamente ao Conselho Nacional de Justiça. (Incluído pela Emenda Regimental nº 24, de 2016)

ART. 256-X. As competências atribuídas ao Presidente do STJ neste capítulo podem ser delegadas ao Vice-Presidente e aos Presidentes das Seções, dentro de suas respectivas áreas de atuação. (Incluído pela Emenda Regimental nº 24, de 2016)

§ 1º. A delegação de que trata o caput far-se-á mediante ato do Presidente do Tribunal, se houver concordância do Presidente do respectivo Órgão Fracionário. (Incluído pela Emenda Regimental nº 24, de 2016)

§ 2º. Os Presidentes das Seções poderão indicar ao Presidente do Tribunal, para subdelegação, um membro integrante da respectiva Seção. (Incluído pela Emenda Regimental nº 24, de 2016)

CAPÍTULO II-B. DA AFETAÇÃO DE PROCESSOS À SISTEMÁTICA DOS RECURSOS REPETITIVOS E DA ADMISSÃO DE INCIDENTE DE ASSUNÇÃO DE COMPETÊNCIA EM MEIO ELETRÔNICO (Incluído pela Emenda Regimental nº 24, de 2016)

ART. 257. É obrigatório ao relator o uso da ferramenta eletrônica de afetação do recurso especial à sistemática dos repetitivos e de admissão do incidente de assunção de competência, nos termos desse capítulo. (Incluído pela Emenda Regimental nº 24, de 2016)

ART. 257-A. Incluída pelo relator, em meio eletrônico, a proposta de afetação ou de admissão do processo à sistemática dos recursos repetitivos ou da assunção de competência, os demais Ministros do respectivo órgão julgador terão o prazo de sete dias corridos para se manifestar sobre a proposição. (Incluído pela Emenda Regimental nº 24, de 2016)

§ 1º. Para a afetação ou admissão eletrônica, os Ministros deverão observar, entre outros requisitos, se o processo veicula matéria de competência do STJ, se preenche os pressupostos recursais genéricos e específicos, se não possui vício grave que impeça o seu conhecimento e, no caso da afetação do recurso à sistemática dos repetitivos, se possui multiplicidade de processos com idêntica questão de direito ou potencial de multiplicidade. (Incluído pela Emenda Regimental nº 24, de 2016)

§ 2º. Caso a maioria dos Ministros integrantes do respectivo órgão julgador decidam, na sessão eletrônica, pelo não preenchimento dos requisitos previstos no § 1º, a questão não será afetada ou admitida para julgamento repetitivo ou como assunção de competência, retornando os autos ao relator para decisão. (Incluído pela Emenda Regimental nº 24, de 2016)

§ 3º. Rejeitada a proposta de afetação ou de admissão porque a questão não é de competência do STJ, a matéria discutida no processo não será objeto de nova inclusão para afetação ou admissão eletrônica. (Incluído pela Emenda Regimental nº 24, de 2016)

ART. 257-B. Somente serão computados os votos expressamente manifestados.(Redação dada pela Emenda Regimental nº 39, de 2021)

Parágrafo único. Não alcançado o quórum ou havendo empate na votação, o julgamento será suspenso e incluído na sessão virtual imediatamente subsequente. (Incluído pela Emenda Regimental nº 39, de 2021)

ART. 257-C. Findo o prazo de que trata o art. 257-A deste Regimento, o sistema contabilizará as manifestações e lançará, de forma automatizada, na plataforma eletrônica, suma com o resultado da deliberação colegiada sobre a afetação do processo à sistemática dos recursos repetitivos ou a admissão do incidente de assunção de competência. (Incluído pela Emenda Regimental nº 24, de 2016)

Parágrafo único. Será afetado para julgamento pela sistemática dos recursos repetitivos ou admitido o incidente de assunção de competência à Corte Especial ou à Seção o processo que contar com o voto da maioria simples dos Ministros. (Incluído pela Emenda Regimental nº 24, de 2016)

ART. 257-D. Afetado o recurso ou admitido o incidente, os dados serão incluídos no sistema informatizado do Tribunal, sendo-lhe atribuído número sequencial referente ao enunciado de tema. (Incluído pela Emenda Regimental nº 24, de 2016)

ART. 257-E. Será publicada, no Diário da Justiça eletrônico, a decisão colegiada pela afetação do recurso ou pela admissão do incidente, acompanhada das manifestações porventura apresentadas pelos demais Ministros. (Incluído pela Emenda Regimental nº 24, de 2016)

CAPÍTULO III. DOS RECURSOS DE DECISÕES PROFERIDAS NO TRIBUNAL

SEÇÃO I. DO AGRAVO REGIMENTAL EM MATÉRIA PENAL (Redação dada pela Emenda Regimental nº 24, de 2016)

ART. 258. A parte que se considerar agravada por decisão do Presidente da Corte Especial, de Seção, de Turma ou de relator, à exceção do indeferimento de liminar em procedimento de habeas corpus e recurso ordinário em habeas corpus, poderá requerer, dentro de cinco dias, a apresentação do feito em mesa relativo à matéria penal em geral, para que a Corte Especial, a Seção ou a Turma sobre ela se pronuncie, confirmando-a ou reformando-a. (Redação dada pela Emenda Regimental nº 24, de 2016)

§ 1º. O órgão do Tribunal competente para conhecer do agravo é o que seria competente para o julgamento do pedido ou recurso.

§ 2º. Não cabe agravo regimental da decisão do relator que der provimento a agravo de instrumento, para determinar a subida de recurso não admitido.

§ 3º. O agravo regimental será submetido ao prolator da decisão, que poderá reconsiderá-la ou submeter o agravo ao julgamento da Corte Especial, da Seção ou da Turma, conforme o caso, computando-se também o seu voto. (Incluído pela Emenda Regimental nº 24, de 2016)

§ 4º. Se a decisão agravada for do Presidente da Corte Especial ou da Seção, o julgamento será presidido por seu substituto, que votará no caso de empate. (Incluído pela Emenda Regimental nº 24, de 2016)

SEÇÃO I-A. DO AGRAVO INTERNO (Incluído pela Emenda Regimental nº 24, de 2016)

ART. 259. Contra decisão proferida por Ministro caberá agravo interno para que o respectivo órgão colegiado sobre ela se pronuncie, confirmando-a ou reformando-a. (Incluído pela Emenda Regimental nº 24, de 2016)

§ 1º. O órgão do Tribunal competente para conhecer do agravo é o que seria competente para o julgamento do pedido ou recurso. (Incluído pela Emenda Regimental nº 24, de 2016)

§ 2º. Na petição de agravo interno, o recorrente impugnará especificadamente os fundamentos da decisão agravada. (Incluído pela Emenda Regimental nº 24, de 2016)

§ 3º. O agravo será dirigido ao relator, que intimará o agravado para manifestar-se sobre o recurso no prazo de quinze dias, ao final do qual, não havendo retratação, o relator levá-lo-á a julgamento pelo órgão colegiado, com inclusão em pauta. (Incluído pela Emenda Regimental nº 24, de 2016)

§ 4º. Quando o agravo interno for declarado manifestamente inadmissível ou improcedente em votação unânime, o órgão colegiado, em decisão fundamentada, condenará o agravante a pagar ao agravado multa fixada entre 1% e 5% do valor atualizado da causa. (Incluído pela Emenda Regimental nº 24, de 2016)

§ 5º. A interposição de qualquer outro recurso está condicinada ao depósito prévio do valor da multa prevista no § 4º, à exceção da Fazenda Pública e do beneficiário de gratuidade da justiça, que farão o pagamento ao final. (Incluído pela Emenda Regimental nº 24, de 2016)

§ 6º. O agravo interno será submetido ao prolator da decisão, que poderá reconsiderá-la ou submeter o agravo ao julgamento da Corte Especial, da Seção ou da Turma, conforme o caso, computando-se também o seu voto. (Incluído pela Emenda Regimental nº 24, de 2016)

§ 7º. Se a decisão agravada for do Presidente da Corte Especial ou da Seção, o julgamento será presidido por seu substituto, que votará no caso de empate. (Incluído pela Emenda Regimental nº 24, de 2016)

Parágrafo único. (Revogado pela Emenda Regimental n. 29, de 2018)

Seção II. DOS EMBARGOS INFRINGENTES

ARTS. 260 a 262. (Revogados pela Emenda Regimental nº 22, de 2016)

Seção III. DOS EMBARGOS DE DECLARAÇÃO

ART. 263. Cabem embargos de declaração contra qualquer decisão judicial, a serem opostos no prazo legal, para: (Redação dada pela Emenda Regimental nº 22, de 2016)

I – esclarecer obscuridade ou eliminar contradição; (Incluído pela Emenda Regimental nº 22, de 2016)

II – suprir omissão de ponto ou questão sobre a qual devia pronunciar-se o Órgão Julgador de ofício ou a requerimento; ou (Incluído pela Emenda Regimental nº 22, de 2016)

III – corrigir erro material. (Incluído pela Emenda Regimental nº 22, de 2016)

§ 1º. O embargado será intimado para, querendo, manifestar-se, no prazo legal, sobre os embargos opostos, caso seu eventual acolhimento possa implicar a modificação da decisão embargada. (Redação dada pela Emenda Regimental nº 22, de 2016)

§ 2º. (Revogado pela Emenda Regimental nº 22, de 2016)

ART. 264. Os embargos de declaração serão incluídos em pauta, salvo se opostos nas classes previstas no art. 91 deste Regimento ou nas demais classes criminais. (Redação dada pela Emenda Regimental nº 24, de 2016)

§ 1º. Se os embargos de declaração forem opostos contra decisão de relator ou outra decisão unipessoal, o Órgão Julgador da decisão embargada decidi-los-á monocraticamente. (Incluído pela Emenda Regimental nº 22, de 2016)

§ 2º. Quando manifestamente protelatórios os embargos de declaração, na forma do § 4º do Art. 1.026 do Código de Processo Civil, condenar-se-á o embargante, em decisão fundamentada, a pagar ao embargado multa não excedente a 2% sobre o valor atualizado da causa. (Incluído pela Emenda Regimental nº 22, de 2016)

Parágrafo único. (Revogado pela Emenda Regimental nº 22, de 2016)

ART. 265. Os embargos de declaração interrompem o prazo para a interposição de recursos por qualquer das partes, salvo quando manifestamente protelatórios, na forma do § 4º do Art. 1.026 do Código de Processo Civil. (Redação dada pela Emenda Regimental nº 22, de 2016)

Parágrafo único. (Revogado pela Emenda Regimental nº 22, de 2016)

Seção IV. DOS EMBARGOS DE DIVERGÊNCIA

ART. 266. Cabem embargos de divergência contra acórdão de Órgão Fracionário que, em recurso especial, divergir do julgamento atual de qualquer outro Órgão Jurisdicional deste Tribunal, sendo: (Redação dada pela Emenda Regimental nº 22, de 2016)

I – os acórdãos, embargado e paradigma, de mérito; (Incluído pela Emenda Regimental nº 22, de 2016)

II – um acórdão de mérito e outro que não tenha conhecido do recurso, embora tenha apreciado a controvérsia. (Incluído pela Emenda Regimental nº 22, de 2016)

§ 1º. Poderão ser confrontadas teses jurídicas contidas em julgamentos de recursos e de ações de competência originária. (Redação dada pela Emenda Regimental nº 22, de 2016)

§ 2º. A divergência que autoriza a interposição de embargos de divergência pode verificar-se na aplicação do direito material ou do direito processual. (Redação dada pela Emenda Regimental nº 22, de 2016)

§ 3º. Cabem embargos de divergência quando o acórdão paradigma for do mesmo Órgão Fracionário que proferiu a decisão embargada, desde que sua composição tenha sofrido alteração em mais da metade de seus membros. (Redação dada pela Emenda Regimental nº 22, de 2016)

§ 4º. O recorrente provará a divergência com certidão, cópia ou citação de repositório oficial ou credenciado de jurisprudência, inclusive em mídia eletrônica, em que foi publicado o acórdão divergente, ou com a reprodução de julgado disponível na internet, indicando a respectiva fonte, e mencionará as circunstâncias que identificam ou assemelham os casos confrontados. (Redação dada pela Emenda Regimental nº 22, de 2016)

ART. 266-A. Os embargos de divergência serão juntados aos autos independentemente de despacho, e sua oposição interrompe o prazo para interposição de recurso extraordinário por qualquer das partes. (Incluído pela Emenda Regimental nº 22, de 2016)

REGIMENTOS INTERNOS

ART. 266-B. Se os embargos de divergência não forem providos ou não alterarem a conclusão do julgamento anterior, o recurso extraordinário interposto pela outra parte antes da publicação do julgamento dos embargos de divergência será processado e julgado independentemente de ratificação. (Incluído pela Emenda Regimental nº 22, de 2016)

ART. 266-C. Sorteado o relator, ele poderá indeferir os embargos de divergência liminarmente se intempestivos ou se não comprovada ou não configurada a divergência jurisprudencial atual, ou negar-lhes provimento caso a tese deduzida no recurso seja contrária a fixada em julgamento de recurso repetitivo ou de repercussão geral, a entendimento firmado em incidente de assunção de competência, a súmula do Supremo Tribunal Federal ou do Superior Tribunal de Justiça ou, ainda, a jurisprudência dominante acerca do tema. (Incluído pela Emenda Regimental nº 22, de 2016)

ART. 266-D. O Ministério Público, quando necessário seu pronunciamento sobre os embargos de divergência, terá vista dos autos por vinte dias. (Incluído pela Emenda Regimental nº 22, de 2016)

ART. 267. Admitidos os embargos de divergência em decisão fundamentada, promover-se-á a publicação, no Diário da Justiça eletrônico, do termo de vista ao embargado, para apresentar impugnação nos quinze dias subsequentes. (Redação dada pela Emenda Regimental nº 22, de 2016)

Parágrafo único. Impugnados ou não os embargos, serão os autos conclusos ao relator, que pedirá a inclusão do feito na pauta de julgamento.

CAPÍTULO IV. DOS RECURSOS PARA O SUPREMO TRIBUNAL FEDERAL

ART. 268. Das decisões do Tribunal são cabíveis os seguintes recursos para o Supremo Tribunal Federal:

I – recurso ordinário, nos casos previstos no Art. 102, II, a, da Constituição;

II – recurso extraordinário, nos casos previstos no Art. 102, III, a, b e c, da Constituição.

ART. 269. Os recursos serão processados, no âmbito do Tribunal, na conformidade da legislação processual vigente e do Regimento Interno do Supremo Tribunal Federal.

ART. 270. O Presidente do Tribunal decidirá a respeito da admissibilidade do recurso.

Parágrafo único. Da decisão que não admitir o recurso, caberá agravo para o Supremo Tribunal Federal, salvo quando fundado na aplicação de entendimento firmado em regime de repercussão geral ou em julgamento de recurso repetitivo. (Redação dada pela Emenda Regimental nº 24, de 2016).

TÍTULO X. DOS PROCESSOS INCIDENTES

CAPÍTULO I. DA SUSPENSÃO DE SEGURANÇA, DE LIMINAR E DE SENTENÇA (Redação dada pela Emenda Regimental nº 7, de 2004)

ART. 271. Poderá o Presidente do Tribunal, a requerimento da pessoa jurídica de direito público interessada ou do Procurador – Geral da República, e para evitar grave lesão à ordem, à saúde, à segurança e à economia públicas, suspender, em despacho fundamentado, a execução de liminar ou de decisão concessiva de mandado de segurança, proferida, em única ou última instância, pelos Tribunais Regionais Federais ou pelos Tribunais dos Estados e do Distrito Federal. Igualmente, em caso de manifesto interesse público ou de flagrante ilegitimidade e para evitar grave lesão à ordem, à saúde, à segurança e à economia públicas, poderá o Presidente do Tribunal suspender, em despacho fundamentado, a requerimento do Ministério Público ou da pessoa jurídica de direito público interessada, a execução da liminar nas ações movidas contra o Poder Público ou seus agentes que for concedida ou mantida pelos Tribunais Regionais Federais ou pelos Tribunais dos Estados e do Distrito Federal, inclusive em tutela antecipada, bem como suspender a execução de sentença proferida em processo de ação cautelar inominada, em processo de ação popular e em ação civil pública, enquanto não transitada em julgado. (Redação dada pela Emenda Regimental nº 7, de 2004)

§ 1º. O Presidente poderá ouvir o impetrante, em cinco dias, e, o Procurador-Geral, quando este não for o requerente, em igual prazo. (Redação dada pela Emenda Regimental nº 1, de 1991)

§ 2º. Da decisão a que se refere este artigo caberá agravo regimental, no prazo de cinco dias, para a Corte Especial. (Redação dada pela Emenda Regimental nº 12, de 2010)

§ 3º. A suspensão vigorará enquanto pender o recurso, ficando sem efeito se a decisão concessiva for mantida pelo Superior Tribunal de Justiça ou transitar em julgado. (Incluído pela Emenda Regimental nº 1, de 1991)

CAPÍTULO I-A. DA SUSPENSÃO DE PROCESSOS EM INCIDENTE DE RESOLUÇÃO DE DEMANDAS REPETITIVAS (Incluído pela Emenda Regimental nº 22, de 2016)

ART. 271-A. Poderá o Presidente do Tribunal, a requerimento do Ministério Público, da Defensoria Pública ou das partes de incidente de resolução de demandas repetitivas em tramitação, considerando razões de segurança jurídica ou de excepcional interesse social, suspender, em decisão fundamentada, todos os processos individuais ou coletivos em curso no território nacional que versem sobre a questão objeto do incidente. (Incluído pela Emenda Regimental nº 22, de 2016)

§ 1°. A parte de processo em curso em localidade de competência territorial diversa daquela em que tramita o incidente de resolução de demandas repetitivas deverá comprovar a inadmissão do incidente no Tribunal com jurisdição sobre o estado ou região em que tramite a sua demanda. (Incluído pela Emenda Regimental n° 22, de 2016)

§ 2°. O Presidente poderá ouvir, no prazo de cinco dias, o relator do incidente no Tribunal de origem e o Ministério Público Federal. (Incluído pela Emenda Regimental n° 22, de 2016)

§ 3°. A suspensão vigorará até o trânsito em julgado da decisão proferida no incidente de resolução de demanda repetitiva. (Incluído pela Emenda Regimental n° 22, de 2016)

CAPÍTULO I-B. DO INCIDENTE DE ASSUNÇÃO DE COMPETÊNCIA

(Incluído pela Emenda Regimental n° 24, de 2016)

ART. 271-B. O relator ou o Presidente proporá, de ofício ou a requerimento da parte, do Ministério Público ou da Defensoria Pública, na forma preconizada pelo Capítulo II-B do Título IX da Parte I do Regimento Interno, mediante decisão irrecorrível, a assunção de competência de julgamento de recurso, de remessa necessária ou de processo de competência originária que envolver relevante questão de direito, com grande repercussão social, sem repetição em múltiplos processos. (Incluído pela Emenda Regimental n° 24, de 2016)

§ 1°. A Corte Especial ou a Seção, conforme o caso, admitirá o recurso, a remessa necessária ou o processo de competência originária se reconhecer interesse público na assunção de competência. (Incluído pela Emenda Regimental n° 24, de 2016)

§ 2°. A desistência ou o abandono do processo não impedem o exame do mérito. (Incluído pela Emenda Regimental n° 24, de 2016)

§ 3°. Se não for o requerente, o Ministério Público intervirá obrigatoriamente no processo e deverá assumir sua titularidade em caso de desistência ou de abandono. (Incluído pela Emenda Regimental n° 24, de 2016)

ART. 271-C. Na decisão que determinou a assunção de competência, o relator ou o Presidente identificará com precisão a questão a ser submetida a julgamento. (Incluído pela Emenda Regimental n° 24, de 2016)

ART. 271-D. O relator ou o Presidente ouvirá as partes e os demais interessados, inclusive pessoas, órgãos e entidades com interesse na controvérsia, que, no prazo comum de quinze dias, poderão requerer a juntada de documentos, bem como as diligências necessárias para a elucidação da questão de direito controvertida; em seguida, manifestar-se-á o Ministério Público Federal no mesmo prazo. (Incluído pela Emenda Regimental n° 24, de 2016)

§ 1°. A fim de instruir o procedimento, pode o Presidente ou o relator, nos termos dos arts. 185 e 186 deste Regimento, fixar data para ouvir pessoas ou entidades com experiência e conhecimento na matéria em audiência pública. (Incluído pela Emenda Regimental n° 24, de 2016)

§ 2°. Concluídas as diligências, o Presidente ou o relator solicitará dia para julgamento do processo. (Incluído pela Emenda Regimental n° 24, de 2016)

ART. 271-E. No julgamento do incidente de assunção de competência, a Corte Especial e as Seções se reunirão com o quorum mínimo de dois terços de seus membros. (Incluído pela Emenda Regimental n° 24, de 2016)

ART. 271-F. O acórdão deverá ser redigido nos termos do art. 104-A deste Regimento. (Incluído pela Emenda Regimental n° 24, de 2016)

ART. 271-G. O acórdão proferido, em assunção de competência, pela Corte Especial vinculará todos os órgãos do Tribunal e, pela Seção, vinculará as Turmas e Ministros que a compõem, exceto se houver revisão de tese. (Incluído pela Emenda Regimental n° 24, de 2016)

Parágrafo único. O Superior Tribunal de Justiça manterá, em sua página na internet, em destaque, relação dos incidentes de assunção de competência pendentes de julgamento e julgados, com a indicação da respectiva descrição da questão de direito e com o número sequencial do incidente. (Incluído pela Emenda Regimental n° 24, de 2016)

CAPÍTULO II. DOS IMPEDIMENTOS E DA SUSPEIÇÃO

ART. 272. Os Ministros se declararão impedidos ou suspeitos nos casos previstos em lei.

Parágrafo único. Poderá o Ministro, ainda, dar-se por suspeito se afirmar a existência de motivo de ordem íntima que, em consciência, o iniba de julgar.

ART. 273. Se a suspeição ou impedimento for do relator ou revisor, tal fato será declarado por despacho nos autos. Se for do relator, irá o processo ao Presidente, para nova distribuição; se do revisor, o processo passará ao Ministro que o seguir na ordem de antiguidade.

Parágrafo único. Nos demais casos, o Ministro declarará o seu impedimento verbalmente, registrando-se na ata a declaração.

ART. 274. A arguição de suspeição do relator poderá ser suscitada até quinze dias após a distribuição, quando fundada em motivo preexistente; no caso de motivo superveniente, o prazo de quinze dias será contado do fato que a ocasionou. A do revisor, em igual prazo, após a conclusão; a dos demais Ministros, até o início do julgamento.

ART. 275. A suspeição deverá ser deduzida em petição assinada pela própria parte, ou procurador com poderes especiais, indicando os fatos que a motivaram e acompanhada de prova documental e rol de testemunhas, se houver.

ART. 276. Se o Ministro averbado de suspeito for o relator e reconhecer a suspeição, por despacho nos autos, ordenará a remessa deles ao Presidente, para nova distribuição; se for o revisor, passará ao Ministro que o seguir na ordem de antiguidade.

§ 1º. Não aceitando a suspeição, o Ministro continuará vinculado ao feito. Neste caso, será suspenso o julgamento até a solução do incidente, que será autuado em apartado, com designação do relator. (Incluído pela Emenda Regimental nº 1, de 1991)

§ 2º. Em matéria penal, nos processos de competência originária da Corte Especial, será relator o Presidente do Tribunal ou o Vice-Presidente se aquele for o recusado. (Redação dada pela Emenda Regimental nº 22, de 2016)

ART. 277. Autuada e distribuída a petição, e se reconhecida, preliminarmente, a relevância da arguição, o relator mandará ouvir o Ministro recusado, no prazo de dez dias, e, com ou sem resposta, ordenará o processo, colhendo as provas.

§ 1º. Se a suspeição for de manifesta improcedência, o relator a rejeitará liminarmente.

§ 2º. A afirmação de suspeição pelo arguido, ainda que por outro fundamento, põe fim ao incidente.

ART. 278. Preenchidas as formalidades do artigo anterior, o relator levará o incidente à mesa, na primeira sessão, quando se procederá ao julgamento, sem a presença do Ministro recusado.

Parágrafo único. Competirá à Seção da qual participe o Ministro recusado o julgamento do incidente, a menos que este haja sido suscitado em processo da competência da Corte Especial, caso em que a esta competirá o julgamento.

ART. 279. Reconhecida a procedência da suspeição, se haverá por nulo o que tiver sido processado perante o Ministro recusado, após o fato que ocasionou a suspeição. Caso contrário, o arguente será condenado ao pagamento das custas.

Parágrafo único. Será ilegítima a suspeição quando o arguente a tiver provocado ou, depois de manifestada a causa, praticar qualquer ato que importe a aceitação do Ministro recusado.

ART. 280. Afirmados o impedimento ou a suspeição pelo arguido, ter-se-ão por nulos os atos por ele praticados.

ART. 281. A arguição será sempre individual, não ficando os demais Ministros impedidos de apreciá-la, ainda que também recusados.

ART. 282. Não se fornecerá, salvo ao arguente e ao arguido, certidão de qualquer peça do processo de suspeição.

Parágrafo único. Da certidão constará, obrigatoriamente, o nome do requerente e a decisão que houver sido proferida.

Capítulo III. DA HABILITAÇÃO INCIDENTE

ART. 283. A habilitação incidente será processada na forma da lei processual.

ART. 284. O relator, se contestado o pedido, facultará às partes sumária produção de provas, em cinco dias, e julgará, em seguida, a habilitação, cabendo agravo regimental da decisão.

ART. 285. Não dependerá de decisão do relator o pedido de habilitação:

I – do cônjuge e herdeiros necessários que provem por documento sua qualidade e o óbito do de cujus, e promovam a citação dos interessados para a renovação da instância;

II – fundado em sentença, com trânsito em julgado, que atribua ao requerente a qualidade de herdeiro necessário ou sucessor;

III – quando confessado ou não impugnado pela outra parte o parentesco, e se não houver oposição de terceiro.

ART. 286. Já havendo pedido de dia para julgamento, não se decidirá o requerimento de habilitação.

ART. 287. A parte que não se habilitar perante o Tribunal, poderá fazê-lo na instância inferior.

Capítulo IV. DA TUTELA PROVISÓRIA (Redação dada pela Emenda Regimental nº 22, de 2016)

ART. 288. Admitir-se-ão tutela de urgência ou tutela da evidência requeridas em caráter antecedente ou incidental na forma da lei processual. (Redação dada pela Emenda Regimental nº 22, de 2016)

§ 1º. A petição inicial da ação que visa à prestação de tutela de urgência em caráter antecedente será apensada oportunamente ao processo a que se refere. (Redação dada pela Emenda Regimental nº 22, de 2016)

§ 2º. O relator poderá apreciar a liminar e a própria tutela de urgência, ou submetê-las ao Órgão Julgador competente. (Redação dada pela Emenda Regimental nº 22, de 2016)

Capítulo V. DA MEDIAÇÃO (Incluído pela Emenda Regimental nº 23, de 2016)

ART. 288-A. O Centro de Soluções Consensuais de Conflitos do Superior Tribunal de Justiça, responsável por realizar sessões e audiências de conciliação e mediação e por desenvolver programas destinados a auxiliar, orientar e estimular a autocomposição, será coordenado pelo Ministro designado pelo Presidente. (Incluído pela Emenda Regimental nº 23, de 2016)

Parágrafo único. O Presidente, por proposta do Ministro Coordenador, disciplinará a criação e o funcionamento do Centro, bem como a inscrição, a remuneração, os impedimentos, a forma de desligamento e os afastamentos dos mediadores, com observância das normas de regência. (Incluído pela Emenda Regimental nº 23, de 2016)

ART. 288-B. O mediador judicial será designado pelo Ministro Coordenador dentre aqueles que constarem do cadastro de mediadores mantido pelo Centro de Soluções

REGIMENTOS INTERNOS

Consensuais de Conflitos do Superior Tribunal de Justiça ou de cadastro de âmbito nacional. (Incluído pela Emenda Regimental nº 23, de 2016)

§ 1º. O relator poderá solicitar ao Centro a indicação de mediador para auxiliá-lo também em procedimento de conciliação. (Incluído pela Emenda Regimental nº 23, de 2016)

§ 2º. O relator pode encaminhar o processo de ofício para a mediação. (Incluído pela Emenda Regimental nº 23, de 2016)

ART. 288-C. É admitido o uso da mediação para solução das controvérsias sujeitas à competência do Tribunal que versem sobre direitos disponíveis ou sobre direitos indisponíveis que admitam transação, conforme a legislação de regência, resguardada a gratuidade da mediação aos necessitados. (Incluído pela Emenda Regimental nº 23, de 2016)

CAPÍTULO VI. DA DESCONSIDERAÇÃO DA PERSONALIDADE JURÍDICA (Incluído pela Emenda Regimental nº 24, de 2016)

ART. 288-D. O incidente de desconsideração da personalidade jurídica será instaurado a pedido da parte ou do Ministério Público, quando lhe couber intervir no processo, e é cabível em todas as fases da ação de competência originária. (Incluído pela Emenda Regimental nº 24, de 2016)

§ 1º. Compete ao relator apreciar o pedido de desconsideração da personalidade jurídica, que deve ser fundamentado e demonstrar o preenchimento dos pressupostos específicos previstos em lei. (Incluído pela Emenda Regimental nº 24, de 2016)

§ 2º. A instauração do incidente de desconsideração da personalidade jurídica suspenderá o processo e será comunicada imediatamente à Secretaria Judiciária, para as anotações devidas. (Incluído pela Emenda Regimental nº 24, de 2016)

§ 3º. Dispensa-se a instauração do incidente se a desconsideração da personalidade jurídica for requerida na petição inicial de ação de competência originária, hipótese em que haverá imediata distribuição, será citado o sócio ou a pessoa jurídica e não se suspenderá o processo. (Incluído pela Emenda Regimental nº 24, de 2016)

ART. 288-E. Instaurado o incidente, o sócio ou a pessoa jurídica será citado para manifestar-se e requerer as provas cabíveis no prazo de quinze dias. (Incluído pela Emenda Regimental nº 24, de 2016)

ART. 288-F. Concluída a instrução, se necessária, o incidente será resolvido pelo relator por decisão interlocutória, sujeita a agravo interno. (Incluído pela Emenda Regimental nº 24, de 2016)

ART. 288-G. Aplica-se o disposto neste Capítulo à hipótese de desconsideração inversa da personalidade jurídica. (Incluído pela Emenda Regimental nº 24, de 2016)

TÍTULO XI. DOS PROCEDIMENTOS ADMINISTRATIVOS

CAPÍTULO I. DA ELEIÇÃO DE MEMBROS DO TRIBUNAL SUPERIOR ELEITORAL

ART. 289. A eleição, em escrutínio secreto, de Ministro para integrar o Tribunal Superior Eleitoral, é feita na primeira sessão do Plenário a que se seguir a comunicação de extinção de mandato, feita pelo Presidente do Tribunal Superior Eleitoral.

Parágrafo único. Não podem ser eleitos membros efetivos ou suplentes o Presidente, o Vice-Presidente, o Corregedor Nacional de Justiça, o Corregedor-Geral da Justiça Federal, o Diretor-Geral da Escola Nacional de Formação e Aperfeiçoamento de Magistrados Ministro Sálvio de Figueiredo Teixeira e o Ministro Ouvidor do Superior Tribunal de Justiça, observado o disposto nos §§ 5º e 6º do Art. 3º deste Regimento. (Redação dada pela Emenda Regimental nº 15, de 2014)

CAPÍTULO II. DA DISPONIBILIDADE E DA APOSENTADORIA POR INTERESSE PÚBLICO

ART. 290. O Tribunal poderá determinar por motivo de interesse público, em escrutínio secreto e pelo voto de dois terços de seus membros, a disponibilidade ou a aposentadoria de Ministro do Tribunal, assegurada ampla defesa.

CAPÍTULO III. DA VERIFICAÇÃO DE INVALIDEZ

ART. 291. O processo de verificação de invalidez do magistrado, para o fim de aposentadoria, terá início a seu requerimento, ou por ordem do Presidente do Tribunal, de ofício, ou em cumprimento de deliberação do Tribunal.

§ 1º. Instaurado o processo de verificação de invalidez, o paciente será afastado, desde logo, do exercício do cargo, até final decisão, devendo ficar concluído o processo no prazo de sessenta dias.

§ 2º. Tratando-se de incapacidade mental, o Presidente nomeará curador ao paciente, sem prejuízo da defesa que este queira oferecer pessoalmente, ou por procurador que constituir.

ART. 292. Como preparador do processo, funcionará o Presidente do Tribunal, até as razões finais, inclusive, efetuando-se, depois delas, a sua distribuição.

ART. 293. O paciente será notificado, por ofício do Presidente, para alegar, em dez dias, prorrogáveis por mais dez, o que entender a bem de seus direitos, podendo juntar documentos. Com o ofício, será remetida cópia da ordem inicial.

ART. 294. Decorrido o prazo do artigo antecedente, com a resposta, ou sem ela, o Presidente nomeará uma junta de

REGIMENTOS INTERNOS

três médicos para proceder ao exame do paciente e ordenará as demais diligências necessárias à averiguação do caso.

Parágrafo único. A recusa do paciente em submeter-se à perícia médica permitirá o julgamento baseado em quaisquer outras provas.

ART. 295. Concluídas as diligências, poderá o paciente, ou o seu curador, apresentar alegações no prazo de dez dias. Os autos, a seguir, serão informados pela Secretaria e distribuídos.

ART. 296. O julgamento será feito pela Corte Especial, participando o Presidente da votação.

ART. 297. A decisão do Tribunal, pela incapacidade do magistrado, será tomada pelo voto da maioria absoluta dos seus membros.

ART. 298. A decisão que concluir pela incapacidade do magistrado será imediatamente comunicada ao Poder Executivo, para os devidos fins.

ART. 299. O magistrado que, por dois anos consecutivos, afastar-se, ao todo, por seis meses ou mais, para tratamento de saúde, deverá submeter-se, ao requerer nova licença para igual fim, dentro de dois anos, a exame para verificação de invalidez.

ART. 300. Na hipótese de a verificação de invalidez houver sido requerida pelo magistrado, o processo, após parecer da junta médica designada pelo Presidente do Tribunal, será informado pela Secretaria e distribuído a um Ministro, observando-se as normas inscritas nos artigos 296 e seguintes.

TÍTULO XII. DO CUMPRIMENTO DAS DECISÕES DO TRIBUNAL (Redação dada pela Emenda Regimental nº 22, de 2016)

CAPÍTULO I. DISPOSIÇÕES GERAIS

ART. 301. As determinações necessárias ao cumprimento das decisões competem: (Redação dada pela Emenda Regimental nº 22, de 2016)

I – ao Presidente, quanto às decisões que houver proferido e quanto às decisões tomadas pelo Plenário, pela Corte Especial e pelo Conselho de Administração. (Redação dada pela Emenda Regimental nº 22, de 2016)

II – ao Presidente da Seção, quanto aos acórdãos e às decisões desta e às suas decisões individuais. (Redação dada pela Emenda Regimental nº 22, de 2016)

III – ao Presidente de Turma, quanto aos acórdãos e às decisões desta e às suas decisões individuais; (Incluído pela Emenda Regimental nº 22, de 2016)

IV – ao relator, quanto às suas decisões acautelatórias ou de instrução e direção do processo. (Incluído pela Emenda Regimental nº 22, de 2016)

Parágrafo único. As disposições deste artigo não se aplicam às ações penais originárias. (Incluído pela Emenda Regimental nº 24, de 2016)

ART. 302. (Revogado pela Emenda Regimental nº 22, de 2016)

ART. 302-A. Nas ações penais originárias, os atos de execução e de cumprimento das decisões e acórdãos transitados em julgado serão requisitados diretamente ao Ministro que funcionou como relator do processo na fase de conhecimento. (Incluído pela Emenda Regimental nº 24, de 2016)

ART. 303. Os atos executivos de cumprimento das decisões do Tribunal serão requisitados ou delegados a quem os deva praticar. (Redação dada pela Emenda Regimental nº 22, de 2016)

ART. 304. As impugnações ao cumprimento das decisões e os eventuais incidentes poderão ser levados à apreciação: (Redação dada pela Emenda Regimental nº 22, de 2016)

I – da Corte Especial, pelo Presidente, pelo relator, pela Seção ou pela Turma ou por seus Presidentes;

II – da Seção, por seu Presidente ou pelo relator;

III – da Turma, por seu Presidente ou pelo relator.

ART. 305. O cumprimento das decisões do Tribunal atenderá, no que couber, à legislação processual. (Redação dada pela Emenda Regimental nº 22, de 2016)

CAPÍTULO II. DA CARTA DE SENTENÇA PENAL (Redação dada pela Emenda Regimental nº 24, de 2016)

ART. 306. A carta de sentença deve conter, pelo menos, as seguintes peças e informações: (Redação dada pela Emenda Regimental nº 24, de 2016)

I – qualificação completa do executado; (Redação dada pela Emenda Regimental nº 24, de 2016)

II – interrogatório do executado na polícia e em juízo, conforme o caso; (Redação dada pela Emenda Regimental nº 24, de 2016)

III – cópia da denúncia; (Incluído pela Emenda Regimental nº 24, de 2016)

IV – cópia da sentença, voto(s) e acórdão(s) e respectivo(s) termo(s) de publicação, inclusive contendo, se for o caso, a menção expressa ao deferimento de detração que importe determinação de regime de cumprimento de pena mais benéfico do que o legalmente cabível sem a detração, pelo próprio juízo do processo de conhecimento, nos termos do art. 387, § 2º, do Código de Processo Penal, acrescentado pela Lei nº 12.736/2012; (Incluído pela Emenda Regimental nº 24, de 2016)

V – informação sobre os endereços em que o executado possa ser localizado, os antecedentes criminais e o grau de instrução; (Incluído pela Emenda Regimental nº 24, de 2016)

VI – instrumentos de mandato, substabelecimentos, despachos de nomeação de defensores dativos ou de intimação da Defensoria Pública; (Incluído pela Emenda Regimental nº 24, de 2016)

VII – certidões de trânsito em julgado da condenação para a acusação e para a defesa; (Incluído pela Emenda Regimental nº 24, de 2016)

VIII – cópia do mandado de prisão temporária e/ou preventiva, com a respectiva certidão da data do cumprimento, para cômputo da detração; (Incluído pela Emenda Regimental nº 24, de 2016)

IX – cópia de eventual alvará de soltura, com a certidão da data do cumprimento da ordem de soltura, para cômputo da detração, caso esta já não tenha sido apreciada pelo Juízo do processo de conhecimento para determinação do regime de cumprimento de pena, nos termos do art. 387, § 2º, do Código de Processo Penal, acrescentado pela Lei nº 12.736/2012; (Incluído pela Emenda Regimental nº 24, de 2016)

X – nome e endereço do curador, se houver; (Incluído pela Emenda Regimental nº 24, de 2016)

XI – informações acerca do estabelecimento prisional em que o condenado encontra-se recolhido e para o qual deve ser removido, na hipótese de deferimento de detração que importe determinação de regime de cumprimento de pena mais benéfico do que o legalmente cabível sem a detração pelo próprio juízo do processo de conhecimento, nos termos do art. 387, § 2º, do Código de Processo Penal, acrescentado pela Lei nº 12.736/2012; (Incluído pela Emenda Regimental nº 24, de 2016)

XII – cópias da decisão de pronúncia e da certidão de preclusão em se tratando de condenação em crime doloso contra a vida; (Incluído pela Emenda Regimental nº 24, de 2016)

XIII – certidão carcerária; (Incluído pela Emenda Regimental nº 24, de 2016)

XIV – cópias de outras peças do processo reputadas indispensáveis à adequada execução da pena, a critério do relator. (Incluído pela Emenda Regimental nº 24, de 2016).

ART. 307. (Revogado pela Emenda Regimental nº 24, de 2016)

ART. 308. (Revogado pela Emenda Regimental nº 24, de 2016)

CAPÍTULO III.
DO CUMPRIMENTO DE DECISÃO DO TRIBUNAL QUE RECONHEÇA A EXIGIBILIDADE DE OBRIGAÇÃO DE PAGAR QUANTIA CERTA PELA FAZENDA PÚBLICA

(Redação dada pela Emenda Regimental nº 22, de 2016)

ART. 309. A execução por quantia certa fundada em decisão proferida contra a Fazenda Pública em ação da competência originária do Tribunal observará o disposto na lei processual. (Redação dada pela Emenda Regimental nº 22, de 2016)

I e II – (Revogados pela Emenda Regimental nº 22, de 2016)

§ 1º. A Fazenda Pública será intimada na pessoa de seu representante judicial por carga ou meio eletrônico, para, querendo, no prazo de trinta dias e nos próprios autos, impugnar o cumprimento de decisão. (Incluído pela Emenda Regimental nº 22, de 2016)

§ 2º. Se não houver impugnação no prazo regimental ou se forem rejeitadas as arguições da executada, observar-se-á o disposto na lei processual. (Incluído pela Emenda Regimental nº 22, de 2016)

ART. 310. As requisições de pagamento das somas ao qual a Fazenda Pública for condenada serão dirigidas ao Presidente do Tribunal, que determinará as providências ao devedor para depósito ou alocação orçamentária. (Redação dada pela Emenda Regimental nº 22, de 2016)

ART. 311. O Presidente do Tribunal determinará o pagamento integral das requisições e autorizará, a requerimento do credor e exclusivamente para os casos de preterimento de seu direito de precedência ou de não alocação orçamentária do valor necessário à satisfação do seu débito, o sequestro da quantia respectiva. (Redação dada pela Emenda Regimental nº 22, de 2016)

CAPÍTULO IV.
DA INTERVENÇÃO FEDERAL NOS ESTADOS

ART. 312. A requisição de intervenção federal, prevista nos artigos 34, VI e 36, II e IV, da Constituição, será promovida:

I – de ofício, ou mediante pedido do Presidente do Tribunal de Justiça do Estado, ou do Presidente de Tribunal Federal, quando se tratar de prover a execução de ordem ou decisão judicial, com ressalva, conforme a matéria, da competência do Supremo Tribunal Federal ou do Tribunal Superior Eleitoral (Constituição, Art. 34, VI, e Art. 36, II);

II – de ofício, ou mediante pedido da parte interessada, quando se tratar de prover a execução de ordem ou decisão do Superior Tribunal de Justiça (Constituição, Art. 34, VI, e Art. 36, II);

III – mediante representação do Procurador-Geral da República, quando se tratar de prover a execução de lei federal (Constituição, Art. 34, VI, e Art. 36, IV).

ART. 313. O Presidente, ao receber o pedido:

I – tomará as providências oficiais que lhe parecerem adequadas para remover, administrativamente, a causa do pedido;

II – mandará arquivá-lo, se for manifestamente infundado, cabendo da sua decisão agravo regimental.

ART. 314. Realizada a gestão prevista no inciso I do artigo anterior, solicitadas informações à autoridade estadual, que as deverá prestar, no prazo de trinta (30) dias, e ouvido o Procurador-Geral, em igual prazo, o pedido será distribuído a um relator. (Redação dada pela Emenda Regimental nº 1, de 1991)

Parágrafo único. Tendo em vista o interesse público, poderá a Corte Especial limitar a presença no recinto às partes e seus advogados, ou somente a estes. (Incluído pela Emenda Regimental nº 1, de 1991)

ART. 315. Julgado procedente o pedido, o Presidente do Tribunal comunicará imediatamente a decisão aos órgãos interessados do Poder Público e requisitará a intervenção ao Presidente da República.

PARTE III. DOS SERVIÇOS ADMINISTRATIVOS

TÍTULO I. DA SECRETARIA DO TRIBUNAL

ART. 316. À Secretaria do Tribunal incumbe a execução dos serviços administrativos do Tribunal.

§ 1º. O Diretor-Geral da Secretaria do Tribunal, com formação superior, será nomeado em comissão pelo Presidente do Tribunal. (Incluído dada pela Emenda Regimental nº 12, de 2010)

§ 2º. Compete ao Diretor-Geral supervisionar, coordenar e dirigir todas as atividades administrativas da Secretaria, observadas as orientações estabelecidas pelo Presidente e de acordo com as deliberações do Tribunal. (Incluído dada pela Emenda Regimental nº 12, de 2010)

ART. 317. A organização da Secretaria do Tribunal será fixada em resolução do Conselho de Administração (Art. 38, I), cabendo ao Presidente, em ato próprio, especificar as atribuições das diversas unidades, bem assim de seus diretores, chefes e servidores.

ART. 318. O Diretor-Geral da Secretaria, em suas férias, faltas e impedimentos, será substituído por Diretor de Secretaria, com os requisitos exigidos para o cargo, e designado pelo Presidente.

ART. 319. Além das atribuições estabelecidas no ato do Presidente a que se refere o artigo 317, incumbe ao Diretor-Geral da Secretaria: (Redação dada pela Emenda Regimental nº 4, de 1993)

I – apresentar ao Presidente as petições e papéis dirigidos ao Tribunal;

II – despachar com o Presidente o expediente da Secretaria;

III – manter sob sua direta fiscalização, e permanentemente atualizado, o assentamento funcional dos Ministros;

IV – relacionar-se, pessoalmente, com os Ministros no encaminhamento dos assuntos administrativos referentes a seus gabinetes, ressalvada a competência do Presidente;

V – secretariar, salvo dispensa do Presidente, as sessões administrativas do Plenário e do Conselho de Administração, lavrando as respectivas atas e assinando – as com o Presidente. (Redação dada pela Emenda Regimental nº 4, de 1993)

ART. 320. Os Secretários do Plenário e da Corte Especial, das Seções e das Turmas, serão designados pelo Presidente do Tribunal, dentre funcionários do Quadro de Pessoal da Secretaria, e mediante indicação do respectivo Presidente, em se tratando das Seções e Turmas.

ART. 321. Os secretários dos órgãos julgadores, o Diretor-Geral, qualquer diretor, chefe ou servidor da Secretaria, que tiverem de servir nas sessões do Plenário, da Corte Especial, Seção ou Turma, ou a elas comparecer a serviço, usarão capa e vestuário condigno.

TÍTULO II. DO GABINETE DO PRESIDENTE

ART. 322. Ao Gabinete da Presidência do Tribunal incumbe o exercício das atividades de apoio administrativo à execução das funções do Presidente e a assessoria no planejamento e fixação das diretrizes para a administração do Tribunal, bem assim, no desempenho de suas demais atribuições previstas em lei e neste Regimento, inclusive no que concerne às funções de auditoria e de representação oficial e social do Tribunal. (Redação dada pela Emenda Regimental nº 4, de 1993)

Parágrafo único. Ao Secretário-Geral da Presidência, bacharel em Direito, Administração ou Economia, nomeado em comissão, compete supervisionar e coordenar as atividades administrativas, e de assessoramento e planejamento do Gabinete, de acordo com a orientação estabelecida pelo Presidente. (Redação dada pela Emenda Regimental nº 1, de 1991)

ART. 323. A organização administrativa e dos órgãos de assessoramento, planejamento e auditoria do Gabinete, será estabelecida por ato do Presidente.

ART. 324. (Revogado pela Emenda Regimental nº 35, de 2019)

TÍTULO III. DOS GABINETES DOS MINISTROS

ART. 325. Cada Ministro disporá de um gabinete para executar os serviços administrativos e de assessoramento jurídico.

§ 1º. Os servidores do Gabinete, de estrita confiança do Ministro, serão por este indicados ao Presidente, que os designará para nele terem exercício.

§ 2º. O Assessor de Ministro, bacharel em Direito, nomeado em comissão pelo Presidente, mediante indicação do Ministro, poderá ser recrutado do Quadro de Pessoal da Secretaria, ou não, e permanecerá em exercício, enquanto bem servir, a critério do Ministro.

§ 3º. No caso de afastamento definitivo do Ministro, o assessor permanecerá no exercício das respectivas funções até o encerramento dos trabalhos do Gabinete, não podendo, porém, esse exercício prolongar-se por mais de noventa dias, devendo, de qualquer modo, cessar à data da nomeação do novo titular. (Redação dada pela Emenda Regimental nº 31, de 2019)

ART. 326. Ao Assessor cabe executar trabalhos e tarefas que lhe forem atribuídos pelo Ministro.

ART. 327. O horário do pessoal do Gabinete, observada a duração legal e as peculiaridades do serviço, será o estabelecido pelo Ministro.

Parágrafo único. (Revogado pela Emenda Regimental nº 35, de 2019)

REGIMENTOS INTERNOS

TÍTULO IV. (Revogado pela emenda regimental nº 4, de 1993)

ARTS. 328 a 331. (Revogados pela Emenda Regimental nº 4, de 1993)

DISPOSIÇÕES FINAIS

TÍTULO I. DAS EMENDAS AO REGIMENTO

ART. 332. A iniciativa de emenda ao Regimento Interno cabe a qualquer membro ou comissão do Tribunal.

Parágrafo único. A proposta de emenda que não for de iniciativa da Comissão de Regimento será encaminhada a ela, que dará seu parecer, dentro de dez dias. Nos casos urgentes, esse prazo poderá ser reduzido.

ART. 333. Quando ocorrer mudanças na legislação que determine alteração do Regimento Interno esta será proposta ao Tribunal pela Comissão de Regimento, no prazo de dez dias, contados da vigência da lei.

ART. 334. As emendas considerar-se-ão aprovadas se obtiverem o voto favorável de dois terços dos membros do Tribunal, não entrando em vigor antes de sua publicação no Diário da Justiça eletrônico. (Redação dada pela Emenda Regimental nº 22, de 2016)

ART. 335. As emendas aprovadas serão numeradas ordinalmente.

TÍTULO II. DAS DISPOSIÇÕES GERAIS E TRANSITÓRIAS

ART. 336. Ocorrendo alteração do número de Ministros, previsto na data da publicação deste Regimento, a competência do Plenário limitar-se-á às eleições do Presidente do Tribunal, do Vice-Presidente, dos membros do Conselho da Justiça Federal e do Diretor da Revista, transferindo-se para a Corte Especial as demais competências elencadas no artigo 10.

ART. 337. O Tribunal presta homenagem aos Ministros:

I – por motivo de afastamento definitivo do seu serviço;

II – por motivo de falecimento;

III – para celebrar centenário de nascimento.

Parágrafo único. Por deliberação da Corte Especial, tomada com a presença de dois terços dos seus membros e pelo voto da maioria absoluta dos seus integrantes, o Tribunal pode homenagear pessoa estranha e falecida, de excepcional relevo no governo do País, na administração da Justiça ou no aperfeiçoamento das instituições jurídicas.

ART. 338. O Presidente do Tribunal, mediante instrução normativa, disciplinará a remessa aos Tribunais Regionais Federais, dos feitos da competência destes e que se encontrem na Secretaria do Superior Tribunal de Justiça, pendentes de julgamento.

ART. 339. O Conselho da Justiça Federal elaborará o seu Regimento Interno e o submeterá à aprovação da Corte Especial, no prazo de cento e vinte dias da vigência deste Regimento.

ART. 340. Os embargos de declaração, interpostos de acórdãos proferidos em processos dos quais o Tribunal haja perdido a competência para julgar, serão encaminhados ao Tribunal Regional Federal respectivo.

ART. 341. Os acórdãos proferidos pelo Tribunal Federal de Recursos e ainda não publicados, serão incluídos no expediente de publicação do Tribunal, e aguardarão, na Secretaria deste, a interposição de recurso.

Parágrafo único. Interposto o recurso, serão os autos encaminhados ao Tribunal Regional Federal respectivo, para o seu processamento. Igual procedimento será adotado em relação a recursos interpostos de acórdãos do Tribunal Federal de Recursos, que estejam sendo processados na Secretaria do Superior Tribunal de Justiça.

ART. 342. Os feitos da competência do Tribunal Federal de Recursos e incluídos na competência do Superior Tribunal de Justiça serão redistribuídos.

ART. 343. Os precatórios de requisição de pagamento das somas a que a Fazenda Pública tiver sido condenada, e em andamento na Secretaria do Tribunal, serão objeto de resolução a ser baixada pela Presidência do Tribunal.

ART. 344. Este Regimento Interno entrará em vigor quinze dias após a sua publicação, revogadas as disposições em contrário.

Superior Tribunal de Justiça,
22 de junho de 1989.

LEGISLAÇÃO COMPLEMENTAR

PORTARIA Nº 75, DE 22 DE MARÇO DE 2012

Dispõe sobre a inscrição de débitos na Dívida Ativa da União e o ajuizamento de execuções fiscais pela Procuradoria-Geral da Fazenda Nacional.

▸ *Vide art. 20 da Lei 10.522/2002*

O MINISTRO DE ESTADO DA FAZENDA, no uso da atribuição que lhe confere o parágrafo único, inciso II, do art. 87 da Constituição da República Federativa do Brasil e tendo em vista o disposto no art. 5º do Decreto-Lei nº 1.569, de 8 de agosto de 1977; no parágrafo único do art. 65 da Lei nº 7.799, de 10 de julho de 1989; no § 1º do art. 18 da Lei nº 10.522, de 19 de julho de 2002; no art. 68 da Lei nº 9.430, de 27 de dezembro de 1996; e no art. 54 da Lei nº 8.212, de 24 de julho de 1991, resolve:

ART. 1º Determinar:

I – a não inscrição na Dívida Ativa da União de débito de um mesmo devedor com a Fazenda Nacional de valor consolidado igual ou inferior a R$ 1.000,00 (mil reais); e II – o não ajuizamento de execuções fiscais de débitos com a Fazenda Nacional, cujo valor consolidado seja igual ou inferior a R$ 20.000,00 (vinte mil reais).

§ 1º Os limites estabelecidos no caput não se aplicam quando se tratar de débitos decorrentes de aplicação de multa criminal.

§ 2º Entende-se por valor consolidado o resultante da atualização do respectivo débito originário, somado aos encargos e acréscimos legais ou contratuais, vencidos até a data da apuração.

§ 3º O disposto no inciso I do caput não se aplica na hipótese de débitos, de mesma natureza e relativos ao mesmo devedor, que forem encaminhados em lote, cujo valor total seja superior ao limite estabelecido.

§ 4º Para alcançar o valor mínimo determinado no inciso I do caput, o órgão responsável pela constituição do crédito poderá proceder à reunião dos débitos do devedor na forma do parágrafo anterior.

§ 5º Os órgãos responsáveis pela administração, apuração e cobrança de créditos da Fazenda Nacional não remeterão às unidades da Procuradoria-Geral da Fazenda Nacional (PGFN) processos relativos aos débitos de que trata o inciso I do caput.

§ 6º O Procurador da Fazenda Nacional poderá, após despacho motivado nos autos do processo administrativo, promover o ajuizamento de execução fiscal de débito cujo valor consolidado seja igual ou inferior ao previsto no inciso II do caput, desde que exista elemento objetivo que, no caso específico, ateste elevado potencial de recuperabilidade do crédito.

§ 7º O Procurador-Geral da Fazenda Nacional, observados os critérios de eficiência, economicidade, praticidade e as peculiaridades regionais e/ou do débito, poderá autorizar, mediante ato normativo, as unidades por ele indicadas a promoverem a inscrição e o ajuizamento de débitos de valores consolidados inferiores aos estabelecidos nos incisos I e II do caput.

ART. 2º O Procurador da Fazenda Nacional requererá o arquivamento, sem baixa na distribuição, das execuções fiscais de débitos com a Fazenda Nacional, cujo valor consolidado seja igual ou inferior a R$ 20.000,00 (vinte mil reais), desde que não ocorrida a citação pessoal do executado ou não conste dos autos garantia útil à satisfação do crédito.

Parágrafo único. O disposto no caput se aplica às execuções que ainda não tenham sido esgotadas as diligências para que se considere frustrada a citação do executado.

ART. 3º A adoção das medidas previstas no art. 1º não afasta a incidência de correção monetária, juros de mora e outros encargos legais, não obsta a exigência legalmente prevista de prova de quitação de débitos perante a União e suspende a prescrição dos créditos de natureza não tributária, de acordo com o disposto no art. 5º do Decreto-Lei nº 1.569, de 8 de agosto de 1977.

ART. 4º Os débitos administrados pela Secretaria da Receita Federal do Brasil (RFB) deverão ser agrupados:

I – por espécie de tributo, respectivos acréscimos e multas;

II – por débitos de outras naturezas, inclusive multas;

III – no caso do Imposto Territorial Rural (ITR), por débitos relativos ao mesmo devedor.

ART. 5º São elementos mínimos para inscrição de débito na Dívida Ativa, sem prejuízo de outros que possam ser exigidos:

I – o nome do devedor, dos corresponsáveis e, sempre que conhecido, o domicílio ou residência de um e de outros;

II – o número de inscrição do devedor no Cadastro de Pessoas Físicas (CPF) ou no Cadastro Nacional da Pessoa Jurídica (CNPJ);

III – o valor originário da dívida, bem como o termo inicial e a forma de calcular os juros de mora e demais encargos previstos em lei ou contrato;

IV – a origem, a natureza e o fundamento legal ou contratual da dívida;

V – a indicação, se for o caso, de estar a dívida sujeita à atualização monetária, bem como o respectivo fundamento legal e o termo inicial para o cálculo;

VI – o processo administrativo ou outro expediente em que tenha sido apurado o débito;

VII – a comprovação da notificação para pagamento, nos casos em que exigida;

VIII – o demonstrativo de débito atualizado e individualizado para cada devedor.

ART. 6º O Procurador-Geral da Fazenda Nacional e o Secretário da Receita Federal do Brasil, em suas respectivas áreas de competência, expedirão as instruções complementares ao disposto nesta Portaria, inclusive para autorizar a adoção de outras formas de cobrança extrajudicial, que poderão envolver débitos de qualquer montante, inscritos ou não em Dívida Ativa.

ART. 7º Serão cancelados:

I – os débitos inscritos na Dívida Ativa da União, quando o valor consolidado remanescente for igual ou inferior a R$ 100,00 (cem reais);

II – os saldos de parcelamentos concedidos no âmbito da PGFN ou da RFB, cujos montantes não sejam superiores aos valores mínimos estipulados para recolhimento por meio de documentação de arrecadação.

ART. 8º Fica revogada a Portaria MF nº 49, de 1º de abril de 2004.

ART. 9º Esta Portaria entra em vigor na data de sua publicação.

GUIDO MANTEGA

PORTARIA/SVS Nº 344, DE 12 DE MAIO DE 1998 (Excertos)

(Publicada em DOU nº 91, de 15 de maio de 1998; republicada em DOU nº 93, de 19 de maio de 1998; republicada em DOU nº 251, de 31 de dezembro de 1998; republicada em DOU nº 21, de 01 de fevereiro de 1999)

Aprova o Regulamento Técnico sobre substâncias e medicamentos sujeitos a controle especial.

O SECRETÁRIO DE VIGILÂNCIA SANITÁRIA DO MINISTÉRIO DA SAÚDE, no uso de suas atribuições e considerando a Convenção Única sobre Entorpecentes de 1961 (Decreto n.º 54.216/64), a Convenção sobre Substâncias Psicotrópicas, de 1971 (Decreto n.º 79.388/77), a Convenção Contra o Tráfico Ilícito de Entorpecentes e Substâncias Psicotrópicas, de 1988 (Decreto n.º 154/91), o Decreto-Lei n.º 891/38, o Decreto-Lei n.º 157/67, a Lei nº 5.991/73, a Lei nº 6.360/76, a Lei nº 6.368/76, a Lei nº 6.437/77, o Decreto nº 74.170/74, o Decreto nº 79.094/77, o Decreto nº 78.922/76 e as Resoluções GMC nº 24/98 e nº 27/98, resolve:

CAPÍTULO I
DAS DEFINIÇÕES

ART. 1º Para os efeitos deste Regulamento e para a sua adequada aplicação, são adotadas as seguintes definições:

Autorização Especial - Licença concedida pela Secretaria de Vigilância Sanitária do Ministério da Saúde (SVS/MS) a empresas, instituições e órgãos, para o exercício de atividades de extração, produção, transformação, fabricação, fracionamento, manipulação, embalagem, reembalagem, importação e exportação das substâncias constantes das listas anexas a este Regulamento, bem como os medicamentos que as contenham.

Autorização de Exportação - Documento expedido pela Secretaria de Vigilância Sanitária do Ministério da Saúde (SVS/MS), que consubstancia a exportação de substâncias constantes das listas "A1" e "A2" (entorpecentes), "A3", "B1" e "B2" (psicotrópicas), "C3" (imunossupressores) e "D1" (precursores) deste Regulamento Técnico ou de suas atualizações, bem como os medicamentos que as contenham.

Autorização de Importação - Documento expedido pela Secretaria de Vigilância Sanitária do Ministério da Saúde (SVS/MS), que consubstancia a importação de substâncias constantes das listas "A1" e "A2" (entorpecentes), "A3", "B1" e "B2" (psicotrópicas), "C3" (imunossupressores) e "D1" (precursores) deste Regulamento Técnico ou de suas atualizações, bem como os medicamentos que as contenham.

Certificado de Autorização Especial - Documento expedido pela Secretaria de Vigilância Sanitária do Ministério da Saúde (SVS/MS), que consubstancia a concessão da Autorização Especial.

Certificado de Não-Objeção - Documento expedido pelo órgão competente do Ministério da Saúde do Brasil , certificando que as substâncias ou medicamentos objeto da importação ou exportação não está sob controle especial neste país.

CID - Classificação Internacional de Doenças.

Cota Anual de Importação - Quantidade de substância constante das listas "A1" e "A2" (entorpecentes), "A3", "B1" e "B2" (psicotrópicas) "C3" (imunossupressores) e "D1" (percursoras) deste Regulamento Técnico ou de suas atualizações que a empresa é autorizada a importar até o 1º (primeiro) trimestre do ano seguinte a sua concessão.

Cota Suplementar de Importação - Quantidade de substância constante das listas "A1" e "A2" (entorpecentes), "A3", "B1" e "B2" (psicotrópicas), "C3" (imunossupressores) e "D1" (precursoras) deste Regulamento Técnico ou de suas atualizações, que a empresa é autorizada a importar, em caráter suplementar à cota anual, nos casos em que ficar caracterizada sua necessidade adicional, para o atendimento da demanda interna dos serviços de saúde, ou para fins de exportação.

Cota Total Anual de Importação - Somatório das Cotas Anual e Suplementar autorizadas para cada empresa, no ano em curso.

DCB - Denominação Comum Brasileira.

DCI - Denominação Comum Internacional.

Droga - Substância ou matéria-prima que tenha finalidade medicamentosa ou sanitária.

Entorpecente - Substância que pode determinar dependência física ou psíquica relacionada, como tal, nas listas aprovadas pela Convenção Única sobre Entorpecentes, reproduzidas nos anexos deste Regulamento Técnico.

Licença de Funcionamento - Permissão concedida pelo órgão de saúde competente dos Estados, Municípios e Distrito Federal, para o funcionamento de estabelecimento vinculado a empresa que desenvolva qualquer das atividades enunciadas no artigo 2º deste Regulamento.

Livro de Registro Específico - Livro destinado à anotação, em ordem cronológica, de estoques, de entradas (por aquisição ou produção), de saídas (por venda, processamento, uso) e de perdas de medicamentos sujeitos ao controle especial.

Livro de Receituário Geral - Livro destinado ao registro de todas as preparações magistrais manipuladas em farmácias.

Medicamento - Produto farmacêutico, tecnicamente obtido ou elaborado, com finalidade profilática, curativa, paliativa ou para fins de diagnóstico.

Notificação de Receita - Documento padronizado destinado à notificação da prescrição de medicamentos:

a) entorpecentes (cor amarela);

b) psicotrópicos (cor azul) e

c) retinóides de uso sistêmico e imunossupressores (cor branca).

A Notificação concernente aos dois primeiros grupos (a e b) deverá ser firmada por profissional devidamente inscrito no Conselho Regional de Medicina, no Conselho Regional de Medicina Veterinária ou no Conselho Regional de Odontologia; a concernente ao terceiro grupo (c), exclusivamente por profissional devidamente inscrito no Conselho Regional de Medicina.

Precursores - Substâncias utilizadas para a obtenção de entorpecentes ou psicotrópicos e constantes das listas aprovadas pela Convenção Contra o Tráfico Ilícito de Entorpecentes e de Substâncias Psicotrópicas, reproduzidas nos anexos deste Regulamento Técnico.

Preparação Magistral - Medicamento preparado mediante manipulação em farmácia, a partir de fórmulas constante de prescrição médica.

Psicotrópico - Substância que pode determinar dependência física ou psíquica e relacionada, como tal, nas listas aprovadas pela Convenção sobre Substâncias Psicotrópicas, reproduzidas nos anexos deste Regulamento Técnico.

Receita - Prescrição escrita de medicamento, contendo orientação de uso para o paciente, efetuada por profissional legalmente habilitado, quer seja de formulação magistral ou de produto industrializado.

Substância Proscrita - Substância cujo uso está proibido no Brasil.

• • • • • • • • • • • • • • • • • • • •

LISTA - D2

LISTA DE INSUMOS QUÍMICOS UTILIZADOS PARA FABRICAÇÃO E SÍNTESE DE ENTORPECENTES E/OU PSICOTRÓPICOS

(Sujeitos a Controle do Ministério da Justiça e Segurança Pública)

1. ACETONA
2. ÁCIDO CLORÍDRICO
3. ÁCIDO SULFÚRICO
4. ANIDRIDO ACÉTICO
5. CLORETO DE ETILA
6. CLORETO DE METILENO/DICLOROMETANO
7. CLOROFÓRMIO
8. ÉTER ETÍLICO
9. METIL ETIL CETONA
10. PERMANGANATO DE POTÁSSIO
11. SULFATO DE SÓDIO
12. TOLUENO
13. TRICLOROETILENO

ADENDO:

1) os produtos e insumos químicos desta Lista estão sujeitos a controle da Polícia Federal, de acordo com a Lei nº 10.357 de 27/12/2001, o Decreto nº 4.262 de 10/06/2002 e a Portaria MJSP nº 240, de 12/03/2019.

2) o insumo químico ou substância CLOROFÓRMIO está proibido para uso em medicamentos.

3) quando os insumos desta lista forem utilizados para fins de fabricação de produtos sujeitos a vigilância sanitária, as empresas devem atender a legislação sanitária específica.

LISTA - E

LISTA DE PLANTAS PROSCRITAS QUE PODEM ORIGINAR SUBSTÂNCIAS ENTORPECENTES E/OU PSICOTRÓPICAS

1. Cannabis sativa L.
2. Claviceps paspali Stevens & Hall.
3. Datura suaveolens Willd.
4. Erythroxylum coca Lam.
5. Lophophora williamsii Coult.
6. Papaver somniferum L.
7. Prestonia amazonica J. F. Macbr.
8. Salvia divinorum

ADENDO:

1) ficam proibidas a importação, a exportação, o comércio, a manipulação e o uso das plantas enumeradas acima.

2) ficam também sob controle, todas as substâncias obtidas a partir das plantas elencadas acima, bem como os sais, isômeros, ésteres e éteres destas substâncias.

3) a planta Lophophora williamsii Coult. é comumente conhecida como cacto peyote.

4) excetua-se do controle estabelecido nas Portarias SVS/MS n.º 344/98 e 6/99, a importação de semente de dormideira (Papaver somniferum L.) quando, comprovadamente, for utilizada com finalidade alimentícia, devendo, portanto, atender legislação sanitária específica.

5) excetuam-se dos controles referentes a esta lista a substância CANABIDIOL obtida sinteticamente, que está relacionada na Lista "C1" deste regulamento, e a substância DRONABINOL obtida sinteticamente, que está relacionada na Lista "A3" deste regulamento.

6) excetua-se das disposições legais deste Regulamento Técnico a substância papaverina, bem como as formulações que a contenham, desde que estas não possuam outras substâncias sujeitas ao controle especial da Portaria SVS/MS nº 344/98.

7) fica permitida a importação de Produto derivado de Cannabis, por pessoa física, para uso próprio, mediante prescrição de profissional legalmente habilitado, para tratamento de saúde, aplicando-se os requisitos estabelecidos pela Resolução da Diretoria Colegiada - RDC nº 335, de 24 de janeiro de 2020.

8) excetuam-se dos controles referentes a esta lista os medicamentos registrados na Anvisa que possuam em sua

formulação derivados de Cannabis sativa, em concentração de no máximo 30 mg de tetrahidrocannabinol (THC) por mililitro e 30 mg de canabidiol por mililitro, desde que sejam atendidas as exigências desta Resolução.

9) excetuam-se dos controles referentes a esta lista os isômeros das substâncias obtidas a partir das plantas elencadas acima não listados nominalmente e que sejam componentes de medicamentos registrados na Anvisa, bem como os medicamentos que os contenham.

10) excetuam-se dos controles referentes a esta lista os Produtos de Cannabis regularizados nos termos da Resolução da Diretoria Colegiada - RDC nº 327, de 09 de dezembro de 2019, os quais estão sujeitos aos controles estabelecidos pelos adendos 8 da Lista "A3" e 8 da Lista "B1", bem como os insumos farmacêuticos, nas formas de derivado vegetal, fitofármaco e a granel, à base de derivados de Cannabis sativa, a serem utilizados em sua fabricação, os quais estão sujeitos aos controles estabelecidos pelo adendo 7 da Lista "A3".

LISTA - F

LISTA DAS SUBSTÂNCIAS DE USO PROSCRITO NO BRASIL

LISTA F1 - SUBSTÂNCIAS ENTORPECENTES

1.	3-METILFENTANILA	ou	N-(3-METIL-1-(FENETIL-4-PIPERIDIL)PROPIONANILIDA
2.	3-METILTIOFENTANILA	ou	N-[3-METIL-1-[2-(2-TIENIL)ETIL]-4-PIPERIDIL]PROPIONANILIDA
3.	4-FLUOROISOBUTIRFENTANIL	ou	N-(4-FLUOROFENIL)-N-(1-FENILETILPIPERIDIN-4-IL)ISOBUTIRAMIDA
4.	ACETIL-ALFA-METILFENTANILA	ou	N-[1-(ALFA-METILFENETIL)-4-PIPERIDIL]ACETANILIDA
5.	ACETILFENTANIL	ou	N-[1-(2-FENILETIL)-4-PIPERIDIL]-N-FENILACETAMIDA
6.	ACETORFINA	ou	3-O-ACETILTETRAHIDRO-7-ALFA-(1-HIDROXI-1-METILBUTIL)-6,-14-ENDOETENO-ORIPAVINA
7.	ACRILOILFENTANIL	ou	N-FENIL-N-[1-(2-FENILETIL)PIPERIDIN-4-IL]PROP-2-ENAMIDA
8.	AH-7921	ou	3,4-DICLORO-N-{[1-(DIMETILAMINO)CICLO-HEXIL] METIL} BENZAMIDA
9.	*ALFA*-METILFENTANILA	ou	N-[1-(ALFA-METILFENETIL)-4-PIPERIDIL]PROPIONANILIDA
10.	*ALFA*-METILTIOFENTANILA	ou	N-[1-[1-METIL-2-(2-TIENII)ETIL]-4-PIPERIDIL]PROPIONANILIDA
11.	*BETA*-HIDROXI-3-METILFENTANILA	ou	N-[1-(BETA-HIDROXIFENETIL)-3-METIL-4-PIPERIDIL] PROPIONANILIDA
12.	BETA-HIDROXIFENTANILA	ou	N-[1-(BETA-HIDROXIFENETIL)-4-PIPERIDIL]PROPIONANILIDA
13.	BUTIRFENTANIL	ou	BUTIRIL FENTANIL; N-(1-FENETILPIPERIDIN-4-IL)-N-FENILBUTIRAMIDA
14.	CARFENTANIL	ou	4-CARBOMETOXIFENTANIL; METIL-FENILETIL-4-(N-FENILPROPIONAMIDA)PIPERIDINA-4-CARBOXILATO
15.	CETOBEMIDONA	ou	4-META-HIDROXIFENIL-1-METIL-4-PROPIONILPIPERIDINA
16.	CICLOPROPILFENTANIL	ou	N-FENIL-N-[1-(2-FENILETIL)PIPERIDIN-4-IL] CICLOPROPANOCARBOXAMIDA
17.	COCAINA	ou	ÉSTER METÍLICO DA BENZOILECGONINA
18.	CROTONILFENTANIL	ou	(2E)-N-FENIL-N-[1-(2-FENILETIL)PIPERIDIN-4-IL]BUT-2-ENAMIDA
19.	DESOMORFINA	ou	DIIDRODEOXIMORFINA
20.	DIIDROETORFINA	ou	7,8-DIIDRO-7-ALFA-[1-(R)-HIDROXI-1-METILBUTIL]-6,14-ENDO-ETANOTETRAHIDROORIPAVINA
21.	ECGONINA	ou	(-)-3-HIDROXITROPANO-2-CARBOXILATO
22.	ETORFINA	ou	TETRAHIDRO-7-ALFA-(1-HIDROXI-1-METILBUTIL)-6,14-ENDOETENO-ORIPAVINA
23.	FURANILFENTANIL	ou	N-(1-FENILETILPIPERIDIN-4-IL)-N-FENILFURAN-2-CARBOXAMIDA
24.	HEROINA	ou	DIACETILMORFINA
25.	MDPV	ou	1-(1,3-BENZODIOXOL-5-IL)-2-(PIRROLIDIN-1-IL)-1-PENTANONA
26.	METOXIACETILFENTANIL	ou	2-METOXI-N-FENIL-N-[1-(2-FENILETIL)-4-PIPERIDINIL]ACETAMIDA
27.	MPPP	ou	1-METIL-4-FENIL-4-PROPIONATO DE PIPERIDINA (ÉSTER)

28.	MT-45	ou	1-CICLOHEXIL-4-(1,2-DIFENILETIL)PIPERAZINA
29.	OCFENTANIL	ou	N-(2-FLUOROFENIL)-2-METOXI-N-[1-(2-FENILETIL)PIPERIDIN-4-YL] ACETAMIDA
30.	ORTO-FLUOROFENTANIL	ou	2-FLUOROFENTANIL; N-(2-FLUOROFENIL)-N-[1-(2-FENILETIL)-4-PIPERIDINIL]PROPANAMIDA
31.	PARA-FLUOROBUTIRFENTANIL	ou	4-FLUOROBUTIRILFENTANIL; 4F-BF; N- (4-FLUOROFENIL) -N-[1-(2-FENILETIL) PIPERIDIN-4-IL] BUTANAMIDA)
32.	*PARA*-FLUOROFENTANILA	ou	4'-FLUORO-N-(1-FENETIL-4-PIPERIDIL])PROPIONANILIDA
33.	PEPAP	ou	1-FENETIL-4-FENIL-4-ACETATO DE PIPERIDINA (ÉSTER)
34.	TETRAHIDROFURANILFENTANIL	ou	N-(1-FENILETILPIPERIDIN-4-IL)-N-FENILTETRAHIDROFURAN--2-CARBOXAMIDA
35.	TIOFENTANILA	ou	N-[1-[2-(TIENIL)ETIL]-4-PIPERIDIL]PROPIONANILIDA
36	U-47700	ou	3,4-DICLORO-N-((1S,2S)-2-(DIMETILAMINO) ICLOHEXIL)-N-METILBENZAMIDA
37	VALERILFENTANIL	ou	N-FENIL-N-[1-(2-FENILETIL)PIPERIDIN-4- IL]PENTANAMIDA

ADENDO:

1) ficam também sob controle:

1.1. todos os sais e isômeros das substâncias enumeradas acima, sempre que seja possível a sua existência.

1.2. todos os ésteres e derivados da substância ECGONINA que sejam transformáveis em ECGONINA E COCAÍNA.

2) excetuam-se dos controles referentes a esta Lista os isômeros relacionados nominalmente em outra Lista deste regulamento.

3) exclui-se da proibição o uso médico-veterinário das substâncias carfentanil e etorfina, desde que devidamente autorizado pelo Ministério da Agricultura, Pecuária e Abastecimento e atendidos os demais requisitos de controle estabelecidos pelas legislações vigentes.

4) excetuam-se dos controles referentes a esta lista os isômeros não listados nominalmente e que sejam componentes de medicamentos registrados na Anvisa, bem como os medicamentos que os contenham.

LISTA F2 - SUBSTÂNCIAS PSICOTRÓPICAS

A) SUBSTÂNCIAS

1.	(+) - LISÉRGIDA	ou	LSD; LSD-25; 9,10-DIDEHIDRO-N,N-DIETIL-6-METILERGOLINA--8BETA-CARBOXAMIDA
2.	2C-B	ou	4-BROMO-2,5-DIMETOXIFENILETILAMINA
3.	2C-C	ou	4-CLORO-2,5-DIMETOXIFENILETILAMINA
4.	2C-D	ou	4-METIL-2,5-DIMETOXIFENILETILAMINA
5.	2C-E	ou	4-ETIL-2,5-DIMETOXIFENILETILAMINA
6.	2C-F	ou	4-FLUOR-2,5-DIMETOXIFENILETILAMINA
7.	2C-I	ou	4-IODO-2,5-DIMETOXIFENILETILAMINA
8.	2C-T-2	ou	4-ETIL-TIO-2,5-DIMETOXIFENILETILAMINA
9.	2C-T-7	ou	2,5-DIMETOXI-4-PROPILTIOFENILETILAMINA (2C-T-7)
10.	2-MeO-DIFENIDINA	ou	1-(1-(2-METOXIFENIL)-2-FENILETIL)PIPERIDINA; MXP; METOXIFENIDINA
11.	3-FLUOROFENMETRAZINA	ou	2-(3-FLUOROFENIL)-3-METILMORFOLINA; 3-FPM
12.	3-MeO-PCP	ou	3-METOXIFENCICLIDINA; 1-[1-(3-METOXIFENIL)CICLOHEXIL] PIPERIDINA
13.	3-MMC	ou	3-METILMETCATINONA; 2 - (METILAMINO) -1- (3-METILFENIL) -1-PROPANONA

LEGISLAÇÃO COMPLEMENTAR

14.	4-AcO-DMT	ou	4-ACETOXI-N, N-DIMETILTRIPTAMINA
15.	4-BROMOMETCATINONA	ou	4-BMC; BREFEDRONA; 1-(4-BROMOFENIL)-2-(METILAMINO) PROPAN-1-ONA
16.	4-Cl-ALFA-PVP	ou	1-(4-CLOROFENIL)-2-(PIRROLIDIN-1-IL)PENTAN-1-ONA
17.	4-CLOROMETCATINONA	ou	CLEFEDRONA; 4-CMC; 1-(4-CLOROFENIL)-2-(METILAMINO) PROPAN-1-ONA
18.	4-FA	ou	4-FLUOROANFETAMINA; 1-(4-FLUOROFENIL) PROPAN-2-AMINA
19.	4-FLUOROMETCATINONA	ou	FLEFEDRONA; 4-FMC; 1-(4-FLUOROFENIL)-2-(METILAMINO) PROPAN-1-ONA
20.	4-F-MDMB-BINACA		4F-MDMB-BUTINACA; METIL 2-{[1-(4-FLUOROBUTIL)-1H-INDAZOL-3-CARBONIL]AMINO}-3,3-DIMETILBUTANOATO
21.	4-HO-MIPT	ou	3-{2-[METIL(PROPAN-2-IL)AMINO]ETIL}-1H-INDOL-4-OL ; 4-HIDROXI-N-ISOPROPIL-N-METILTRIPTAMINA
22.	4-MEAPP	ou	2-(ETILAMINO)-1-(4-METILFENIL)-1-PENTANONA; 4-METIL-ALFA--ETILAMINOPENTIOFENONA; N-ETIL-4'-METILNORPENTEDRONA
23.	4-MEC	ou	4- METILETILCATINONA; 2-(ETILAMINA)-1-(4-METILFENIL) - PROPAN-1-ONA
24.	4-METILAMINOREX	ou	(±)-CIS-2-AMINO-4-METIL-5-FENIL-2-OXAZOLINA
25.	4-MTA	ou	4-METILTIOANFETAMINA
26.	4,4'- DMAR	ou	4,4'- DIMETILAMINOREX; 4-METIL-5-(4-METILFENIL) - 4,5-DIHIDRO-1,3-OXAZOL-2-AMINA
27.	5-APB	ou	1-(BENZOFURAN-5-IL)PROPAN-2-AMINA
28.	5-APDB	ou	1-(2,3-DIHIDROBENZOFURAN-5-IL)PROPAN-2-AMINA
29.	5-EAPB	ou	1-(BENZOFURAN-5-IL)-N-ETILPROPAN-2-AMINA
30.	5F-ADB	ou	METIL-S-2-[1-(5-FLUOROPENTIL)-1H-INDAZOL-3-CARBOXAMIDO]-3,3-DIMETILBUTANOATO
31.	5F-AKB48	ou	5F-APINACA; N-(1-ADAMANTIL)-1-(5-FLUOROPENTIL) INDAZOL-3-CARBOXAMIDA
32.	5F-AMB-PINACA	ou	5F-AMB; 5F-MMB-PINACA; METIL 2-{[1-(5-FLUOROPENTIL)-1H--INDAZOL-3-CARBONIL]AMINO}-3- METILBUTANOATO
33.	5F-MDMB-PICA	ou	5F-MDMB-2201; METIL 2-{[1-(5-FLUOROPENTIL)-1HINDOL--3-CARBONIL]AMINO}-3,3-DIMETILBUTANOATO
34.	5F-PB-22	ou	QUINOLIN-8-IL 1-(5-FLUOROPENTIL)-1H-INDOL-3-CARBOXILATO
35.	5-IAI	ou	2,3-DIHIDRO-5-IODO-1H-INDENO-2-AMINA
36.	5-MAPDB	ou	1-(2,3-DIHIDROBENZOFURAN-5-IL)-N-METILPROPAN-2-AMINA
37.	5-MeO-AMT	ou	5-METOXI-ALFA-METILTRIPTAMINA
38.	5-MeO-DALT	ou	N-[2-(5-METOXI-1H-INDOL-3-IL)ETIL]-N-(PROP-2-EN-1-IL)PROP-2-EN-1-AMINA; 5-METÓXI-N,N-DIALILTRIPTAMINA
39.	5-MeO-DIPT	ou	5-METOXI-N,N-DIISOPROPILTRIPTAMINA
40.	5-MeO-DMT	ou	5-METOXI-N,N-DIMETILTRIPTAMINA
41.	5-MeO-MIPT	ou	5-METOXI-N,N-METIL ISOPROPILTRIPTAMINA
42.	25B-NBOH	ou	2-({[2-(4-BROMO-2,5-DIMETOXIFENIL)ETIL]AMINO}METIL)FENOL

43.	25B-NBOMe	ou	2-(4-BROMO-2,5-DIMETOXI-FENIL)-N-[(2-METOXIFENIL)METIL] ETANOAMINA
44.	25C-NBF	ou	2-(4-CLORO-2,5-DIMETOXIFENIL)-N-(2-FLUOROBENZIL) ETANAMINA
45.	25C-NBOH	ou	2-({[2-(4-CLORO-2,5-DIMETOXIFENIL)ETIL]AMINO}METIL)FENOL
46.	25C-NBOMe	ou	2-(4-CLORO-2,5-DIMETOXI-FENIL)-N-[(2-METOXIFENIL)METIL] ETANOAMINA
47.	25D-NBOMe	ou	2-(4-METIL-2,5-DIMETOXI-FENIL)-N-[(2-METOXIFENIL)METIL] ETANOAMINA
48.	25E-NBOH	ou	2-({[2-(4-ETIL-2,5-DIMETOXIFENIL)ETIL]AMINO}METIL)FENOL
49.	25E-NBOMe	ou	2-(4-ETIL-2,5-DIMETOXI-FENIL)-N-[(2-METOXIFENIL)METIL] ETANOAMINA
50.	25H-NBOH	ou	2-({[2,5-DIMETOXIFENIL)ETIL]AMINO}METIL)FENOL
51.	25H-NBOMe	ou	2-(2,5-DIMETOXI-FENIL)-N-[(2-METOXIFENIL)METIL]ETANOAMINA
52.	25I-NBF	ou	Cimbi-21; 2C-I-NBF; N-(2-FLUOROBENZIL)-2-(4-IODO-2,5-DIMETOXIFENIL)ETAN-1-AMINA
53.	25I-NBOH	ou	2CI-NBOH; 2-({[2-(4-IODO-2,5-DIMETOXIFENIL)ETIL]AMINO} METIL)FENOL
54.	25I-NBOMe	ou	2-(4-IODO-2,5-DIMETOXI-FENIL)-N-[(2-METOXIFENIL)METIL] ETANOAMINA
55.	25N-NBOMe	ou	2-(4-NITRO-2,5-DIMETOXI-FENIL)-N-[(2-METOXIFENIL)METIL] ETANOAMINA
56.	25P-NBOMe	ou	2-(4-PROPIL-2,5-DIMETOXI-FENIL)-N-[(2-METOXIFENIL)METIL] ETANOAMINA
57.	25T2-NBOMe	ou	2-(4-TIOETIL-2,5-DIMETOXI-FENIL)-N-[(2-METOXIFENIL)METIL] ETANOAMINA
58.	25T4-NBOMe	ou	2-[4-(1-METIL-TIOETIL)-2,5-DIMETOXI-FENIL]-N-[(2-METOXIFENIL) METIL]ETANOAMINA
59.	25T7-NBOMe	ou	2-(4-TIOPROPIL-2,5-DIMETOXI-FENIL)-N-[(2-METOXIFENIL) METIL]ETANOAMINA
60.	30C-NBOMe	ou	C30-NBOMe; 2-(4-CLORO-2,5-DIMETOXIFENIL)-N-(3,4,5-TRIMETOXIBENZIL)ETAN-1-AMINA
61.	AB-CHMINACA	ou	N-(1-AMINO-3-METIL-1-OXOBUTAN-2-IL)-1-(CICLOHEXILMETIL)-1H-INDAZOL-3-CARBOXAMIDA
62.	AB-FUBINACA	ou	N-[1-AMINO-3-METIL-1-OXOBUTAN-2-IL]-1-[(4-FLUOROFENIL) METIL]-1H-INDAZOL-3-CARBOXAMIDA
63.	AB-PINACA	ou	N-[(2S)-1-AMINO-3-METIL-1-OXOBUTAN-2-IL]-1-PENTIL-1H-INDAZOL-3-CARBOXAMIDA
64.	ADB-CHMINACA	ou	MAB-CHMINACA; N-(-1-AMINO-3,3-DIMETIL-1-OXOBUTAN-2-IL)-1- (CICLOHEXILMETIL)-1-H-INDAZOL-3-CARBOXAMIDA
65.	ADB-FUBINACA	ou	N-(1-AMINO-3,3-DIMETIL-1-OXOBUTAN-2-IL)-1-(4-FLUOROBENZIL)-1H-INDAZOL-3-CARBOXAMIDA
66.	ALFA-EAPP	ou	ALFA-ETILAMINOPENTIOFENONA; 2- (ETILAMINO) - 1-FENILPENTAN-1-ONA
67.	ALFA-PHP	ou	1-FENIL-2-(PIRROLIDIN-1-IL)HEXAN-1-ONA

68.	ALFA-PVP	ou	1-FENIL-2-(PIRROLIDIN-1-IL)PENTAN-1-ONA
69.	AKB48	ou	APINACA; N-ADAMANTIL-1-PENTILINDAZOL-3-CARBOXAMIDA
70.	AM-2201	ou	(1-(5-FLUOROPENTIL)-1H-INDOL-3-IL)-1-NAFTALENIL- METANONA
71.	AMT	ou	ALFA-METILTRIPTAMINA
72.	BENZOFETAMINA	ou	N-BENZIL-N,ALFA-DIMETILFENETILAMINA
73.	BETACETO-DMBDB	ou	DIBUTILONA; METILBUTILONA; bk-DMBDB; bk-MMBDB; 1-BENZO[D] [1,3]DIOXOL-5-IL)-2-(DIMETILAMINO)BUTAN-1-ONA
74.	BROLANFETAMINA	ou	DOB; (±)-4-BROMO-2,5-DIMETOXI-ALFA-METILFENETILAMINA
75.	BZP	ou	1-BENZILPIPERAZINA
76.	CATINONA	ou	(-)-(S)-2-AMINOPROPIOFENONA
77.	CLOBENZOREX	ou	N-[(2-CLOROFENIL)METIL]-1-FENILPROPAN-2-AMINA
78.	CUMYL-4-CN-BINACA	ou	SGT-78; 4-CN-CUMYL-BINACA; CUMYL-CB-PINACA; CUMYL-CYBINACA; 4-CYANO CUMYL-BUTINACA; 1-(4-CIANOBUTIL)-N-(1-METIL-1-FENILETIL)-1H-INDAZOL-3- CARBOXAMIDA
79.	DET	ou	3-[2-(DIETILAMINO)ETIL]INDOL
80.	DIFENIDINA	ou	1-(1,2-DIFENILETIL)PIPERIDINA; DEP
81.	DIIDRO-LSD	ou	(8b)-N,N-DIETIL-6-METIL-9,10-DIDEHIDRO-2,3-DIHIDROERGOLINA-8-CARBOXAMIDA
82.	DIMETILONA	ou	bk-MDDMA; bk-DMBDP; 1-(BENZO[d][1,3]DIOXOL-5-IL)-2-(DIMETILAMINO)PROPAN-1-ONA
83.	DMA	ou	(±)-2,5-DIMETOXI-ALFA-METILFENETILAMINA
84.	DMAA	ou	1,3-DIMETILAMILAMINA; 4-METILHEXAN-2-AMINA
85.	DMBA	ou	1,3-DIMETILBUTILAMINA; 4-METILPENTAN-2-AMINA
86.	DMHP	ou	3-(1,2-DIMETILHEPTIL)-7,8,9,10-TETRAHIDRO-6,6,9-TRIMETIL-6H-DIBENZO[B,D]PIRANO-1-OL
87.	DMT	ou	3-[2-(DIMETILAMINO)ETIL] INDOL ; N,N-DIMETILTRIPTAMINA
88.	DOC	ou	4-CLORO-2,5-DIMETOXIANFETAMINA
89.	DOET	ou	(±)-4-ETIL-2,5-DIMETOXI-ALFA-METILFENETILAMINA
90.	DOI	ou	4-IODO-2,5-DIMETOXIANFETAMINA
91.	EAM-2201	ou	(1-(5-FLUOROPENTIL)-1H-INDOL-3-IL)-(4-ETIL-1-NAFTALENIL)-METANONA
92.	ERGINA	ou	LSA (AMIDA DO ÁCIDO D-LISÉRGICO)
93.	ETICICLIDINA	ou	PCE ; N-ETIL-1-FENILCICLOHEXILAMINA
94.	ETILFENIDATO	ou	ACETATO DE ETIL-2-FENIL-2-(PIPERIDIN-2-IL)
95.	ETILONA	ou	bk-MDEA; MDEC; 1-(1,3-BENZODIOXOL-5-IL)-2-(ETILAMINO)-1-PROPANONA
96.	ETRIPTAMINA	ou	3-(2-AMINOBUTIL)INDOL
97.	FUB-AMB	ou	AMB-FUBINACA; MMB-FUBINACA; METIL (2S)-2-[[-1-[(4-FLUOROFENIL)METIL]INDAZOL-3-CARBONIL] AMINO]-3- METILBUTANOATO

LEGISLAÇÃO COMPLEMENTAR

98.	JWH-018	ou	1-NAFTALENIL-(1-PENTIL-1H-INDOL-3-IL)-METANONA
99.	JWH-071	ou	(1-ETIL-1H-INDOL-3-IL)-1-NAFTALENIL-METANONA
100.	JWH-072	ou	(1-PROPILINDOL-3-IL)NAFTALEN-1-IL-METANONA
101.	JWH-073	ou	NAFTALEN-1-IL(1-BUTILINDOL-3-IL) METANONA
102.	JWH-081	ou	4-METOXINAFTALEN-1-IL-(1-PENTILINDOL-3-IL) METANONA
103.	JWH-098	ou	(4-METOXI1-NAFTALENIL)(2-METIL-1- PENTIL-1H-INDOL-3-IL) METANONA
104.	JWH-122	ou	4-METILNAFTALEN-1-IL-(1-PENTILINDOL-3-IL) METANONA
105.	JWH-210	ou	4-ETILNAFTALEN-1-IL-(1-PENTILINDOL-3-IL) METANONA
106.	JWH-250	ou	2-(2-METOXIFENIL)-1-(1-PENTIL-1-INDOL-3-IL) ETANONA
107.	JWH-251	ou	2-(2-METILFENIL)-1-(1-PENTIL-1H-INDOL-3-IL) ETANONA
108.	JWH-252	ou	1-(2-METIL-1-PENTILINDOL-3-IL)-2-(2-METILFENIL) ETANONA
109.	JWH-253	ou	1-(2-METIL-1-PENTIL-1H-INDOL-3-IL)-2-(3-METOXI-FENIL) ETANONA
110.	MAM-2201	ou	(1-(5-FLUOROPENTIL)-1H-INDOL-3-IL](4 - METIL -1- NAFTALENIL) -METANONA
111.	MAM-2201 N-(4-hidroxipentil)	ou	[1-(5-FLUORO-4-HIDROXIPENTIL)-1H-INDOL-3-IL](4-METIL--1-NAFTALENIL)METANONA
112.	MAM-2201 N-(5-cloropentil)	ou	[1-(5-CLOROPENTIL)-1H-INDOL-3-IL](4-METIL-1-NAFTALENIL) METANONA
113.	mCPP	ou	1-(3-CLOROFENIL)PIPERAZINA
114.	MDAI	ou	5,6-METILENODIOXI-2-AMINOINDANO
115.	MDE	ou	MDEA; N-ETIL MDA; (±)-N-ETIL-ALFA-METIL-3,4-(METILENEDIOXI) FENETILAMINA
116.	MDMA	ou	(±)-N,ALFA-DIMETIL-3,4-(METILENODIOXI)FENETILAMINA; 3,4 METILENODIOXIMETANFETAMINA
117.	MECLOQUALONA	ou	3-(O-CLOROFENIL)-2-METIL-4(3H)-QUINAZOLINONA
118.	MEFEDRONA	ou	2-METILAMINO-1-(4-METILFENIL)-PROPAN-1-ONA
119.	MESCALINA	ou	3,4,5-TRIMETOXIFENETILAMINA
120.	METALILESCALINA	ou	2-[3,5-DIMETOXI-4-(2-METILPROP-2-ENOXI)FENIL]ETANAMINA
121.	METANFETAMINA		
122.	METAQUALONA	ou	2-METIL-3-O-TOLIL-4(3H)-QUINAZOLINONA
123.	METCATINONA	ou	2-(METILAMINO)-1-FENILPROPAN-1-ONA
124.	METILONA	ou	bk-MDMA; MDMC; 1-(1,3-BENZODIOXOL-5-IL)-2-(METILAMI-NO)-1- PROPANONA
125.	METIOPROPAMINA	ou	N-METIL-1-TIOFEN-2-ILPROPAN-2-AMINA
126.	MMDA	ou	5-METOXI-ALFA-METIL-3,4-(METILENODIOXI)FENETILAMINA
127.	MXE	ou	METOXETAMINA; 2-(ETILAMINO)-2-(3-METOXIFENIL)-CICLOHE-XANONA

128.	N-ACETIL-3,4-MDMC	ou	N-ACETIL-3,4-METILENODIOXIMETCATINONA; N-ACETILMETILONA; N-[2-(1,3-BENZODIOXOL-5-IL)-1-METIL-2-OXOETIL]-N-METIL-ACETAMIDA
129.	N-ETILCATINONA	ou	2-(ETILAMINA)-1-FENILPROPAN-1-ONA
130.	N-ETILHEXEDRONA	ou	2-(ETILAMINO)-1-FENILHEXAN-1-ONA; HEXEN; NEH
131.	N-ETILPENTILONA	ou	EFILONA; N-ETILNORPENTILONA;1-(2H-1,3-BENZODIOXOL-5-IL)-2-(ETILAMINO)PENTAN-1-ONA; 1-(BENZO[D][1,3]DIOXOL-5-IL)-2-(ETILAMINO)PENTAN-1-ONA
132.	PARAHEXILA	ou	3-HEXIL-7,8,9,10-TETRAHIDRO-6,6,9-TRIMETIL-6H-DIBENZO[B,D]PIRANO-1-OL
133.	PENTEDRONA	ou	2-(METILAMINO)-1-FENIL-PENTAN-1-ONA
134.	PENTILONA	ou	bk-MBDP; bk-MBDP; bk-METIL-K; 1-(BENZO[d][1,3]DIOXOL-5-IL)-2-(METILAMINO)PENTAN-1-ONA
135.	PMA	ou	P-METOXI-ALFA-METILFENETILAMINA
136.	PMMA	ou	PARA-METOXIMETANFETAMINA; [1-(4-METOXIFENIL)PROPANO-2-IL](METIL)AZANO]
137.	PSILOCIBINA	ou	FOSFATO DIIDROGENADO DE 3-[2-(DIMETILAMINOETIL)]INDOL-4-ILO
138.	PSILOCINA	ou	PSILOTSINA ; 3-[2-(DIMETILAMINO)ETIL]INDOL-4-OL
139.	RH-34	ou	3-(2-((2-METOXIBENZIL)AMINO)ETIL)QUINAZOLINA - 2,4 (1H,3H)-DIONA
140.	ROLICICLIDINA	ou	PHP; PCPY ; 1-(1-FENILCICLOHEXIL)PIRROLIDINA
141.	SALVINORINA A	ou	METIL (2S,4AR,6AR,7R,9S,10AS,10BR)-9-ACETOXI-2-(3-FURIL)-6A,10B-DIMETIL-4,10-DIOXODODECAHIDRO-2H-BENZO[F]ISOCROMENO-7-CARBOXILATO
142.	STP	ou	DOM ; 2,5-DIMETOXI-ALFA,4-DIMETILFENETILAMINA
143.	TENANFETAMINA	ou	MDA; ALFA-METIL-3,4-(METILENODIOXI)FENETILAMINA
144.	TENOCICLIDINA	ou	TCP ; 1-[1-(2-TIENIL)CICLOHEXIL]PIPERIDINA
145.	TETRAHIDROCANNABINOL	ou	THC
146.	TH-PVP	ou	2-(PIRROLIDIN-1-IL)-1-(5,6,7,8-TETRAHIDRONAFTALEN-2-IL)PENTAN-1-ONA
147.	TMA	ou	(±)-3,4,5-TRIMETOXI-ALFA-METILFENETILAMINA
148.	TFMPP	ou	1-(3-TRIFLUORMETILFENIL)PIPERAZINA
149.	UR-144	ou	(1-PENTIL-1H-INDOL-3-IL) (2,2,3,3- TETRAMETILCICLOPROPIL)-METANONA
150.	XLR-11	ou	5F-UR-144; [1-(5-FLUOROPENTIL)-1H-INDOL-3-IL](2,2,3,3-TETRAMETILCICLOPROPIL)-METANONA
151.	ZIPEPROL	ou	ALFA-(ALFA-METOXIBENZIL)-4-(BETA-METOXIFENETIL)-1-PIPERAZINAETANOL

ADENDO:

1) ficam também sob controle:

1.1. sempre que seja possível a sua existência, todos os sais e isômeros das substâncias desta Lista.

1.2. os seguintes isômeros e suas variantes estereoquímicas da substância TETRAHIDROCANNABINOL:

7,8,9,10-tetrahidro-6,6,9-trimetil-3-pentil-6H-dibenzo[b,d] pirano-1-ol

(9R,10aR)-8,9,10,10a-tetrahidro-6,6,9-trimetil-3-pentil-6H--dibenzo[b,d]pirano-1-ol

(6aR,9R,10aR)-6a,9,10,10a-tetrahidro-6,6,9-trimetil-3-pentil-6H-dibenzo[b,d]pirano-1-ol

(6aR,10aR)-6a,7,10,10a-tetrahidro-6,6,9-trimetil-3-pentil--6H-dibenzo[b,d]pirano-1-ol

6a,7,8,9-tetrahidro-6,6,9-trimetil-3-pentil-6H-dibenzo[b,d] pirano-1-ol

(6aR,10aR)-6a,7,8,9,10,10a-hexahidro-6,6-dimetil-9-metileno-3-pentil-6H-dibenzo[b,d]pirano-1-ol

2) excetua-se dos controles referentes a esta Lista, o isômero fentermina que está relacionado na Lista "B2" deste Regulamento.

3) excetua-se dos controles referentes a esta lista a substância canabidiol, que está relacionada na Lista "C1" deste Regulamento.

4) excetua-se das disposições legais deste Regulamento Técnico a substância ropivacaína.

5) excetua-se dos controles referentes a esta Lista a substância milnaciprana, que está relacionada na lista "C1" deste Regulamento.

6) excetuam-se dos controles referentes a esta lista os medicamentos registrados na Anvisa que possuam em sua formulação a substância tetrahidrocannabinol (THC), desde que sejam atendidas as exigências a serem regulamentadas previamente à concessão do registro.

7) excetuam-se dos controles referentes a esta Lista os isômeros das substâncias classificadas nos itens "b", "c" ou "d", desde que esses isômeros não se enquadrem em nenhuma das classes estruturais descritas nos referidos itens e nem sejam isômeros de substâncias descritas nominalmente no item "a" desta Lista.

8) excetuam-se dos controles referentes aos itens "b", "c" e "d" quaisquer substâncias que estejam descritas nominalmente nas listas deste Regulamento

9) excetua-se dos controles referentes a esta Lista o isômero metazocina, que está relacionado na Lista "A1" deste Regulamento.

10) excetua-se das disposições legais deste Regulamento Técnico a substância mepivacaína.

11) excetua-se dos controles referentes a esta Lista o isômero fendimetrazina, que está relacionado na Lista "B2" deste regulamento.

12) excetua-se das disposições legais deste Regulamento Técnico a substância DEET (N,N-dietil-3-metilbenzamida).

13) excetua-se dos controles referentes a esta Lista o isômero pentazocina, que está relacionado na Lista "B1" deste Regulamento.

14) excetuam-se dos controles referentes a esta Lista os isômeros relacionados nominalmente em outra Lista deste Regulamento.

15) excetuam-se dos controles referentes a esta Lista as substâncias componentes de medicamentos registrados na Anvisa que se enquadrem nos itens "b", "c" ou "d", bem como os medicamentos que as contenham.

16) A importação e a exportação de padrões analíticos à base das substâncias 2C-C, 2C-D, 2C-E, 2C-F, 2C-I, 2C-T-2, 2C-T-7, 2-MeO-DIFENIDINA, 3-FLUOROFENMETRAZINA, 3-MeO-PCP, 4-AcO-DMT, 4-BROMOMETCATINONA, 4-Cl-ALFA-PVP, 4-CLOROMETCATINONA, 4-FLUORO-METCATINONA, 4-HO-MIPT, 4-MEAPP, 5-APB, 5-APDB, 5-EAPB, 5-IAI, 5-MAPDB, 5-MeO-AMT, 5-MeO-DALT, 5-MeO-DIPT, 5-MeO-DMT, 5-MeO-MIPT, 25B-NBOH, 25C-NBF, 25C-NBOH, 25D-NBOME, 25E-NBOH, 25E-NBOME, 25H-NBOH, 25H-NBOME, 25I-NBF, 25I-NBOH, 25N-NBOME, 25P-NBOME, 25T2-NBOME, 25T4-NBOME, 25T7-NBOME, 30C-NBOMe, AKB48, ALFA-EAPP, AMT, BETACETO-DMBDB, CLOBENZOREX, DIIDRO-LSD, DIFENIDINA, DIMETILONA, DMAA,DMBA, DOC, DOI, EAM-2201, ERGINA, JWH-071, JWH-072, JWH-081, JWH-098, JWH-122, JWH-210, JWH-250, JWH-251, JWH-252, JWH-253, MAM-2201, MAM-2201 N-(4-hidroxipentil), MAM-2201 N-(5-cloropentil), mCPP, MDAI, METALILESCALINA, N-ACETIL-3,4-MDMC, N-ETILCATINONA, N-ETILHEXEDRONA, PENTILONA, RH-34, SALVINORINA A, TH-PVP e TFMPP, em que a quantidade do ativo sujeito a controle especial não exceda 500 mg por unidade, não requer Autorização de Importação e Autorização de Exportação, respectivamente. O disposto neste adendo também se aplica aos padrões analíticos à base dos sais e isômeros das substâncias citadas, a menos que sejam explicitamente excetuados ou constantes de listas de controle mais restrito e desde que a quantidade do ativo sujeito a controle especial não ultrapasse o limite especificado.

17) excetuam-se dos controles referentes a esta lista os isômeros não listados nominalmente e que sejam componentes de medicamentos registrados na Anvisa, bem como os medicamentos que os contenham.

LISTA F3 - SUBSTÂNCIAS PRECURSORAS

1. FENILPROPANOLAMINA OU NOREFEDRINA

ADENDO:

1) ficam também sob controle todos os sais e isômeros das substâncias enumeradas acima, sempre que seja possível a sua existência.

2) excetuam-se dos controles referentes a esta Lista os isômeros relacionados nominalmente em outra Lista deste regulamento.

3) excetuam-se dos controles referentes a esta lista os isômeros não listados nominalmente e que sejam componentes de medicamentos registrados na Anvisa, bem como os medicamentos que os contenham.

LISTA F4 - OUTRAS SUBSTÂNCIAS

1.DEXFENFLURAMINA

2.DINITROFENOL

3.ESTRICNINA

4.ETRETINATO

5.FENFLURAMINA

6.LINDANO

7.TERFENADINA

ADENDO:

1) ficam também sob controle todos os sais e isômeros das substâncias enumeradas acima, sempre que seja possível a sua existência.

2) fica autorizado o uso de LINDANO como padrão analítico para fins laboratoriais ou monitoramento de resíduos ambientais, conforme legislação específica.

3) excetuam-se dos controles referentes a esta Lista os isômeros relacionados nominalmente em outra Lista deste regulamento.

4) A importação e a exportação de padrões analíticos à base de substâncias constantes desta lista, em que a quantidade do ativo sujeito a controle especial não exceda 500 mg por unidade, não requer Autorização de Importação e Autorização de Exportação, respectivamente. O disposto neste adendo também se aplica aos padrões analíticos à base dos sais e isômeros das substâncias, a menos que sejam explicitamente excetuados ou constantes de listas de controle mais restrito e desde que a quantidade do ativo sujeito a controle especial não ultrapasse o limite especificado.

5) excetuam-se dos controles referentes a esta lista os isômeros não listados nominalmente e que sejam componentes de medicamentos registrados na Anvisa, bem como os medicamentos que os contenham.

RESOLUÇÃO Nº 05, DE 2012 – DO SENADO FEDERAL

▸ *Lei 11.343/2006: art. 44.*

Suspende, nos termos do art. 52, inciso X, da Constituição Federal, a execução de parte do § 4º do art. 33 da Lei nº 11.343, de 23 de agosto de 2006.

O SENADO FEDERAL resolve:

ART. 1º. É suspensa a execução da expressão "vedada a conversão em penas restritivas de direitos" do § 4º do art. 33 da Lei nº 11.343, de 23 de agosto de 2006, declarada inconstitucional por decisão definitiva do Supremo Tribunal Federal nos autos do Habeas Corpus nº 97.256/RS.

ART. 2º. Esta Resolução entra em vigor na data de sua publicação.

Senado Federal, em 15 de fevereiro de 2012.

Senador JOSÉ SARNEY

Presidente do Senado Federal

Este texto não substitui o publicado no DOU de 16.2.2012

PORTARIA Nº 770, DE 11 DE OUTUBRO DE 2019

Dispõe sobre o impedimento de ingresso, a repatriação e a deportação de pessoa perigosa ou que tenha praticado ato contrário aos princípios e objetivos dispostos na Constituição Federal.

▸ *Lei nº 13.445, de 24-05-2017, Lei de Migração.*

▸ *Dec. nº 9.199, de 20-11-2017.*

O MINISTRO DE ESTADO DA JUSTIÇA E SEGURANÇA PÚBLICA, no uso de suas atribuições que lhe conferem o inciso II do parágrafo único do art. 87 da Constituição, o inciso V do art. 37 da Lei nº 13.844, de 18 de junho de 2019, o parágrafo único do art. 191 e o art. 207 do Decreto nº 9.199, de 20 de novembro de 2017, e tendo em vista o disposto no § 2º do art. 7º da Lei nº 9.474, de 22 de julho de 1997, no inciso IX do art. 45 e no § 6º do art. 50, ambos da Lei nº 13.445, de 24 de maio de 2017, resolve:

ART. 1º Esta Portaria regula o impedimento de ingresso, a repatriação e a deportação de pessoa perigosa para a segurança do Brasil ou que tenha praticado ato contrário aos princípios e objetivos dispostos na Constituição Federal, para aplicação do § 2º do art. 7º da Lei nº 9.474, de 22 de julho de 1997, do inciso IX do art. 45 e do § 6º do art. 50, ambos da Lei nº 13.445, de 24 de maio de 2017, do parágrafo único do art. 191 e do art. 207, ambos do Decreto nº 9.199, de 20 de novembro de 2017.

ART. 2º Para os efeitos desta Portaria, é considerada pessoa perigosa ou que tenha praticado ato contrário aos princípios e objetivos dispostos na Constituição Federal aquela sobre a qual recaem razões sérias que indiquem envolvimento em:

I - terrorismo, nos termos da Lei nº 13.260, de 16 de março de 2016;

II - grupo criminoso organizado ou associação criminosa armada ou que tenha armas à disposição, nos termos da Lei nº 12.850, de 2 de agosto de 2013;

III - tráfico de drogas, pessoas ou armas de fogo; ou

IV - pornografia ou exploração sexual infantojuvenil.

§ 1º As hipóteses mencionadas nos incisos do caput deste artigo poderão ser conhecidas e avaliadas pela autoridade migratória por meio de:

I - difusão ou informação oficial em ação de cooperação internacional;

II - lista de restrições estabelecida em ordem judicial ou em compromisso assumido pela República Federativa do Brasil perante organismo internacional ou Estado estrangeiro;

III - informação de inteligência proveniente de autoridade brasileira ou estrangeira;

IV - investigação criminal em curso; ou

V - sentença penal condenatória.

§ 2º As informações de que tratam os incisos I, II, III e IV do § 1º, para fundamentar os atos previstos nesta Portaria, deverão constar nos sistemas de controle migratório da Polícia Federal.

§ 3º A inclusão nos sistemas de controle migratório mencionada no § 2º deverá ser precedida de análise e avaliação por unidade central da Polícia Federal especializada para a investigação da informação.

§ 4º A unidade central da Polícia Federal, na execução das atividades mencionadas no § 3º, poderá buscar, sempre que necessário, apoio de outros órgãos ou instituições.

§ 5º A pessoa incursa neste artigo não poderá ingressar no País e fica sujeita à repatriação e à deportação.

§ 6º Para fins de aplicação do disposto no § 2º do art. 7º da Lei nº 9.474, de 1997, considera-se perigosa para a segurança do Brasil a pessoa que se enquadre no rol do caput deste artigo.

§ 7º No ato previsto no § 3º deste artigo, incidindo hipótese em que haja necessidade de restrição de acesso, a unidade central da Polícia Federal indicará as informações disponíveis, nos termos da legislação vigente.

ART. 3º Ninguém será impedido de ingressar no País, repatriado ou deportado por motivo de raça, religião, nacionalidade, grupo social ou opinião política.

ART. 4º Não será impedido o ingresso no País ou não será submetida à repatriação ou à deportação a pessoa perseguida no exterior por crime puramente político ou de opinião.

ART. 5º Não se procederá à repatriação ou à deportação de nenhum indivíduo quando subsistirem razões para acreditar que a medida poderá colocar em risco a vida ou a integridade pessoal, nos termos do § 1º do art. 7º da Lei nº 9.474, de 1997.

ART. 6º A pessoa sobre quem recaia a medida de deportação de que trata esta Portaria será pessoalmente notificada para que apresente defesa ou deixe o País voluntariamente, no prazo de até cinco dias, contado da notificação.

§ 1º Os procedimentos de deportação serão instaurados e decididos pelo chefe da respectiva unidade da Polícia Federal, mediante ato fundamentado.

§ 2º No ato de notificação, o deportando deverá informar endereço onde poderá ser localizado.

§ 3º Na ausência de defensor constituído, a Defensoria Pública deverá ser notificada, preferencialmente por meio eletrônico, para manifestação no prazo mencionado no caput.

§ 4º Findo o prazo para apresentação de defesa, a ausência de manifestação do deportando ou de seu defensor não impedirá a efetivação da medida de deportação.

§ 5º Da decisão de deportação caberá recurso, com efeito suspensivo, no prazo de até cinco dias, contado da notificação do deportando ou de seu defensor.

§ 6º O recurso será dirigido à autoridade que proferiu a decisão, a qual, se não a reconsiderar, o encaminhará ao Delegado Regional Executivo da Superintendência da Polícia Federal do respectivo Estado ou do Distrito Federal.

§ 7º A decisão em grau recursal não será passível de novo recurso administrativo.

ART. 7º A autoridade policial federal poderá representar perante o juízo federal pela prisão ou por outra medida cautelar, em qualquer fase do processo de deportação disciplinado nesta Portaria, observado, no que couber, o disposto no Título IX do Decreto-Lei nº 3.689, de 3 de outubro de 1941 - Código de Processo Penal.

Parágrafo único. A autoridade policial deverá comunicar a prisão do deportando à missão diplomática de seu País de nacionalidade ou, na sua falta, ao Ministério das Relações Exteriores, no prazo de quarenta e oito horas.

ART. 8º As medidas disciplinadas nesta Portaria não serão efetivadas de forma coletiva e não se aplicam:

I - aos residentes no País regularmente registrados nos termos da Lei nº 13.445, de 2017; e

II - à pessoa reconhecida como refugiada pelo Estado brasileiro, nos termos da Lei nº 9.474, de 1997.

ART. 9º A expulsão de pessoa reconhecida como refugiada pelo Estado brasileiro está sujeita ao disposto nos arts. 54 a 60 da Lei nº 13.445, de 2017, e nos arts. 36 e 37 da Lei nº 9.474, de 1997.

ART. 10. O prazo de estada do visitante que se enquadre no disposto do art. 2º desta Portaria poderá ser reduzido ou cancelado.

Parágrafo único. Na hipótese de cancelamento do prazo previsto no caput, será instaurado, de imediato, o procedimento de deportação descrito no art. 6º desta Portaria.

ART. 11. Fica revogada a Portaria nº 666, de 25 de julho de 2019, do Ministério da Justiça e Segurança Pública.

ART. 12. Esta Portaria entra em vigor na data de sua publicação.

SERGIO MORO

§ 2º As informações de que tratam os incisos I, II, III e IV do § 1º para fundamentar os atos previstos nesta Portaria deverão constar nos sistemas de controle migratório da Polícia Federal.

§ 3º A inclusão nos sistemas de controle migratório mencionada no § 2º deverá ser precedida de análise e avaliação por unidade central da Polícia Federal especializada para a investigação da informação.

§ 4º A unidade central da Polícia Federal, na execução das atividades mencionadas no § 3º, poderá buscar, sempre que necessário, apoio de outros órgãos ou instituições.

§ 5º A pessoa incursa neste artigo não poderá ingressar no País e fica sujeita à repatriação e à deportação.

§ 6º Para fins de aplicação do disposto no § 2º do art. 7º da Lei nº 9.474, de 1997, considera-se perigosa para a segurança do Brasil a pessoa que se enquadre no rol do caput deste artigo.

§ 7º No ato previsto no § 3º deste artigo, incidindo hipótese em que haja necessidade de restrição de acesso, a unidade central da Polícia Federal indicará as informações disponíveis, nos termos da legislação vigente.

ART. 3º Ninguém será impedido de ingressar no País, repatriado ou deportado por motivo de raça, religião, nacionalidade, grupo social ou opinião política.

ART. 4º Não será impedido o ingresso no País ou não será submetida à repatriação ou à deportação a pessoa perseguida no exterior por crime puramente político ou de opinião.

ART. 5º Não se procederá à repatriação ou à deportação de nenhum indivíduo quando subsistirem razões para acreditar que a medida poderá colocar em risco a vida ou a integridade pessoal, nos termos do § 1º do art. 7º da Lei nº 9.474, de 1997.

ART. 6º A pessoa sobre quem recai a medida de deportação de que trata esta Portaria será pessoalmente notificada para que apresente defesa ou deixe o País voluntariamente, no prazo de até cinco dias, contado da notificação.

§ 1º Os procedimentos de deportação serão instaurados e decididos pelo chefe da respectiva unidade da Polícia Federal, mediante ato fundamentado.

§ 2º No ato de notificação, o deportando deverá informar endereço onde poderá ser localizado.

§ 3º Na ausência de defensor constituído, a Defensoria Pública deverá ser notificada, preferencialmente por meio eletrônico, para manifestação no prazo mencionado no caput.

§ 4º Findo o prazo para apresentação da defesa, a ausência de manifestação do deportando ou de seu defensor não impedirá a efetivação da medida de deportação.

§ 5º Da decisão de deportação caberá recurso, com efeito suspensivo, no prazo de até cinco dias, contado da notificação do deportando ou de seu defensor.

§ 6º O recurso será dirigido à autoridade que proferiu a decisão, a qual, se não a reconsiderar, o encaminhará ao Delegado Regional Executivo da Superintendência da Polícia Federal no respectivo Estado ou do Distrito Federal.

§ 7º A decisão em grau recursal não será passível de novo recurso administrativo.

ART. 7º A autoridade policial federal poderá representar perante o juízo federal pela prisão ou por outra medida cautelar, em qualquer fase do processo de deportação disciplinado nesta Portaria, observado, no que couber, o disposto no Título IX do Decreto-Lei nº 3.689, de 3 de outubro de 1941 – Código de Processo Penal.

Parágrafo único. A autoridade policial deverá comunicar a prisão do deportando à missão diplomática de seu País de nacionalidade ou, na sua falta, ao Ministério das Relações Exteriores, no prazo de quarenta e oito horas.

ART. 8º As medidas disciplinadas nesta Portaria não serão efetivadas de forma coletiva e não se aplicam:

I – aos residentes no País regularmente registrados nos termos da Lei nº 13.445, de 2017; e

II – à pessoa reconhecida como refugiada pelo Estado brasileiro, nos termos da Lei nº 9.474, de 1997.

ART. 9º A expulsão de pessoa reconhecida como refugiada pelo Estado brasileiro está sujeita ao disposto nos arts. 54 a 59 da Lei nº 13.445, de 2017, e nos arts. 36 e 37 da Lei nº 9.474, de 1997.

ART. 10. O prazo de estada do visitante que se enquadre no disposto do art. 2º desta Portaria poderá ser reduzido ou cancelado.

Parágrafo único. Na hipótese de cancelamento do prazo previsto no caput, será instaurado, de imediato, o procedimento de deportação descrito no art. 6º desta Portaria.

ART. 11. Fica revogada a Portaria nº 666, de 25 de julho de 2019, do Ministério da Justiça e Segurança Pública.

ART. 12. Esta Portaria entra em vigor na data de sua publicação.

SÚMULAS

SÚMULAS VINCULANTES

Súmulas selecionadas.

3. Nos processos perante o Tribunal de Contas da União asseguram-se o contraditório e a ampla defesa quando da decisão puder resultar anulação ou revogação de ato administrativo que beneficie o interessado, excetuada a apreciação da legalidade do ato de concessão inicial de aposentadoria, reforma e pensão.

5. A falta de defesa técnica por advogado no processo administrativo disciplinar não ofende a Constituição.

8. São inconstitucionais o parágrafo único do artigo 5º do Decreto-Lei nº 1.569/1977 e os artigos 45 e 46 da Lei nº 8.212/1991, que tratam de prescrição e decadência de crédito tributário.

9. O disposto no artigo 127 da Lei nº 7.210/1984 (Lei de Execução Penal) foi recebido pela ordem constitucional vigente, e não se lhe aplica o limite temporal previsto no *caput* do artigo 58.

10. Viola a cláusula de reserva de plenário (CF, artigo 97) a decisão de órgão fracionário de Tribunal que embora não declare expressamente a inconstitucionalidade de lei ou ato normativo do poder público, afasta sua incidência, no todo ou em parte.

11. Só é lícito o uso de algemas em casos de resistência e de fundado receio de fuga ou de perigo à integridade física própria ou alheia, por parte do preso ou de terceiros, justificada a excepcionalidade por escrito, sob pena de responsabilidade disciplinar, civil e penal do agente ou da autoridade e de nulidade da prisão ou do ato processual a que se refere, sem prejuízo da responsabilidade civil do Estado.

- *CF: art. 5º, LXV.*
- *CPP: arts. 292, parágrafo único, 310, I, 474, § 3º., 478, I, e 564, IV.*
- *Lei n. 7.210, de 1984, art. 199, Lei de Execução Penal.*

13. A nomeação de cônjuge, companheiro ou parente em linha reta, colateral ou por afinidade, até o terceiro grau, inclusive, da autoridade nomeante ou de servidor da mesma pessoa jurídica investido em cargo de direção, chefia ou assessoramento, para o exercício de cargo em comissão ou de confiança ou, ainda, de função gratificada na administração pública direta e indireta em qualquer dos Poderes da União, dos Estados, do Distrito Federal e dos Municípios, compreendido o ajuste mediante designações recíprocas, viola a Constituição Federal.

- *CF: art. 5o., XL.*
- *Lei n. 8429, de 02-06-1992; Improbidade administrativa.*

14. É direito do defensor, no interesse do representado, ter acesso amplo aos elementos de prova que, já documentados em procedimento investigatório realizado por órgão com competência de polícia judiciária, digam respeito ao exercício do direito de defesa.

- *Lei nº 8.906, de 04-07-1994, art. 7º, XIV Estatuto da Advocacia e Ordem dos Advogados do Brasil (OAB).*
- *CF: art. 5º, LXIII e LXIX.*

21. É inconstitucional a exigência de depósito ou arrolamento prévios de dinheiro ou bens para admissibilidade de recurso administrativo.

24. Não se tipifica crime material contra a ordem tributária, previsto no art. 1º, incisos I a IV, da Lei nº 8.137/90, antes do lançamento definitivo do tributo.

- *Súmula 583 do STJ.*
- *CPP: arts. 395, III, 386, III, e 397, III.*
- *Lei nº 7.492, de 16-06-1986, crimes contra o sistema financeiro nacional.*
- *Lei nº 8.137, de 27-12-1990, art. 1º, crimes contra a ordem tributária, econômica e contra as relações de consumo.*
- *Lei nº 10.522, de 19-07-2002; art. 20.*
- *Portaria 75 da PGFN, de 22-3-2012, inscrição de débitos na Dívida Ativa da União e execuções fiscais pela PGFN.*

25. É ilícita a prisão civil de depositário infiel, qualquer que seja a modalidade do depósito.

- *Dec. nº 678, de 06-11-1992, art. 7º; Promulga a Convenção Americana sobre Direitos Humanos – Pacto de São José da Costa Rica.*

26. Para efeito de progressão de regime no cumprimento de pena por crime hediondo, ou equiparado, o juízo da execução observará a inconstitucionalidade do art. 2º da Lei nº 8.072, de 25 de julho de 1990, sem prejuízo de avaliar se o condenado preenche, ou não, os requisitos objetivos e subjetivos do benefício, podendo determinar, para tal fim, de modo fundamentado, a realização de exame criminológico.

- *CP: art. 33, § 2º.*
- *Lei n. 7.210, de 1984, art. 112, Lei de Execução Penal.*

30. (A Súmula Vinculante 30 está pendente de publicação).

35. A homologação da transação penal no artigo 76 da Lei 9.099/1995 não faz coisa julgada material e, descumpridas suas cláusulas, retoma-se a situação anterior, possibilitando-se ao Ministério Público a continuidade da persecução penal mediante oferecimento de denúncia ou requisição de inquérito policial.

- *Lei n. 9.099, de 26-09-1995; art. 76, Juizados Especiais Criminais.*

36. Compete à justiça federal comum processar e julgar civil condenado denunciado pelos crimes de falsificação e de uso de documento falso quando se tratar de falsificação da caderneta de inscrição e registro (CIR) ou de carteira de habilitação de amador (CHA), ainda que expedidas pela Marinha do Brasil.

- *CF: art. 109, IV.*
- *CP: art. 297.*

44. Só por lei se pode sujeitar a exame psicotécnico a habilitação de candidato a cargo público.

45. A competência constitucional do Tribunal do Júri prevalece sobre o foro por prerrogativa de função estabelecido exclusivamente pela Constituição Estadual.

- *Súmula nº 721 do STF.* Art 78, I, CPP

46. A definição dos crimes de responsabilidade e o estabelecimento das respectivas normas de processo e julgamento são da competência legislativa privativa da União.

- *Súmula 722 do STF.*

56. A falta de estabelecimento penal adequado não autoriza a manutenção do condenado em regime prisional mais gravoso, devendo-se observar, nessa hipótese, os parâmetros fixados no RE 641.320/RS.

- *Súmula 491 do STJ.*
- *CP: art. 33.*
- *Lei nº 7.210, de 11-07-1984, art. 112, Lei de Execução Penal.*

SÚMULAS DO SUPREMO TRIBUNAL FEDERAL

▸ Súmulas selecionadas.

1. É vedada a expulsão de estrangeiro casado com Brasileira, ou que tenha filho Brasileiro, dependente da economia paterna.

18. Pela falta residual, não compreendida na absolvição pelo juízo criminal, é admissível a punição administrativa do servidor público.

72. No julgamento de questão constitucional, vinculada a decisão do Tribunal Superior Eleitoral, não estão impedidos os Ministros do Supremo Tribunal Federal que ali tenham funcionado no mesmo processo, ou no processo originário.

145. Não há crime, quando a preparação do flagrante pela polícia torna impossível a sua consumação.

▸ CP: art. 17.

▸ CPP: arts. 302 e 303.

146. A prescrição da ação penal regula-se pela pena concretizada na sentença, quando não há recurso da acusação.

▸ CP: art. 110.

147. A prescrição de crime falimentar começa a correr da data em que deveria estar encerrada a falência, ou do trânsito em julgado da sentença que a encerrar ou que julgar cumprida a concordata.

▸ Lei nº 11.101, de 09-02-2005: Art. 182

155. É relativa a nulidade do processo criminal por falta de intimação da expedição de precatória para inquirição de testemunha.

▸ CPP: arts. 563 a 573.

156. É absoluta a nulidade do julgamento, pelo júri, por falta de quesito obrigatório.

▸ CPP: arts. 482 a 491 e 564, III, k.

160. É nula a decisão do tribunal que acolhe, contra o réu, nulidade não arguida no recurso da acusação, ressalvados os casos de recurso de ofício.

▸ CPP: arts. 564, IV, 565, 593, III, a, e 617.

162. É absoluta a nulidade do julgamento, pelo júri, quando os quesitos da defesa não precedem aos das circunstâncias agravantes.

▸ CPP: arts. 482 a 491 e 563 a 573.

206. É nulo o julgamento ulterior pelo júri com a participação de jurado que funcionou em julgamento anterior do mesmo processo.

▸ CPP: arts. 563 a 573.

208. O assistente do Ministério Público não pode recorrer, extraordinariamente, de decisão concessiva de *habeas-corpus*.

▸ Súmula nº 210 do STF.

▸ CPP: arts. 268 a 273.

210. O assistente do Ministério Público pode recorrer, inclusive extraordinariamente, na ação penal, nos casos dos arts. 584, parágrafo 1º e 598 do Código de Processo Penal.

▸ Súmula nº 208 do STF.

▸ CPP: arts. 268 a 273.

245. A imunidade parlamentar não se estende ao co-réu sem essa prerrogativa.

▸ CF: art. 53.

246. Comprovado não ter havido fraude, não se configura o crime de emissão de cheque sem fundos.

▸ Súmula nº 554 do STF.

▸ CP: arts. 171, § 2º, I.

253. Nos embargos da L. 623, de 19.2.49, no Supremo Tribunal Federal, a divergência somente será acolhida, se tiver sido indicada na petição de recurso extraordinário.

267. Não cabe mandado de segurança contra ato judicial passível de recurso ou correição.

268. Não cabe mandado de segurança contra decisão judicial com trânsito em julgado.

271. Concessão de mandado de segurança não produz efeitos patrimoniais em relação a período pretérito, os quais devem ser reclamados administrativamente ou pela via judicial própria.

279. Para simples reexame de prova não cabe recurso extraordinário.

280. Por ofensa a direito local não cabe recurso extraordinário.

281. É inadmissível o recurso extraordinário, quando couber na justiça de origem, recurso ordinário da decisão impugnada.

▸ CPP: art. 609, parágrafo único.

282. É inadmissível o Recurso Extraordinário, quando não ventilada, na decisão recorrida, a questão federal suscitada.

▸ Súmulas 98 e 211 do STJ.

▸ Súmulas 282, 284 e 356 do STF.

▸ CF: arts. 102, III, e 105, III.

▸ CPP: art. 619.

▸ CPC: art. 1029 e ss.

283. É inadmissível o Recurso Extraordinário, quando a decisão recorrida assenta em mais de um fundamento suficiente e o recurso não abrange todos eles.

▸ CPP: art. 609, par. ún.

284. É inadmissível o Recurso Extraordinário, quando a deficiência na sua fundamentação não permitir a exata compreensão da controvérsia.

285. Não sendo razoável a arguição de inconstitucionalidade, não se conhece do recurso extraordinário fundado na letra "c" do art. 101, III, da Constituição Federal.

▸ CF: art. 102, III.

286. Não se conhece do recurso extraordinário fundado em divergência jurisprudencial, quando a orientação do plenário do Supremo Tribunal Federal já se firmou no mesmo sentido da decisão recorrida.

287. Nega-se provimento ao agravo, quando a deficiência na sua fundamentação, ou na do recurso extraordinário, não permitir a exata compreensão da controvérsia.

288. Nega-se provimento a agravo para subida de recurso extraordinário, quando faltar no traslado o despacho agravado, a decisão recorrida, a petição de recurso extraordinário ou qualquer peça essencial a compreensão da controvérsia.

289. O provimento do agravo por uma das turmas do Supremo Tribunal Federal ainda que ressalva, não prejudica a questão do cabimento do recurso extraordinário.

291. No recurso extraordinário pela letra d do art. 101, n. III, da Constituição, a prova do dissídio jurisprudencial far-se-á por certidão, ou mediante indicação do Diário da Justiça ou de repertório de jurisprudência autorizado, com a transcrição do trecho que configure a divergência, mencionadas as circunstâncias que identifiquem ou assemelhem os casos confrontados.

▸ CF: art. 105, III, "c".

292. Interposto o recurso extraordinário por mais de um dos fundamentos indicados no art. 101, n. III, da Constituição, a admissão apenas por um deles não prejudica o seu conhecimento por qualquer dos outros.

▸ CF: art. 102, III.

294. São inadmissíveis embargos infringentes contra decisão do supremo tribunal federal em mandado de segurança.

297. Oficiais e praças das milícias dos estados, no exercício de função policial civil, não são considerados militares para efeitos penais, sendo competente a justiça comum para julgar os crimes cometidos por ou contra eles.

299. O recurso ordinário e o extraordinário interpostos no mesmo processo de mandado de segurança, ou de "habeas corpus", serão julgados conjuntamente pelo tribunal pleno.

300. São incabíveis os embargos da L. 623, de 19.2.49, contra provimento de agravo para subida de recurso extraordinário.

304. Decisão denegatória de mandado de segurança, não fazendo coisa julgada contra o impetrante, não impede o uso da ação própria.

310. Quando a intimação tiver lugar na sexta-feira, ou a publicação com efeito de intimação for feita nesse dia, o prazo judicial terá início na segunda-feira imediata, salvo se não houver expediente, caso em que começará no primeiro dia útil que se seguir.

319. O prazo do recurso ordinário para o Supremo Tribunal Federal, em "habeas corpus" ou mandado de segurança, é de cinco dias.

322. Não terá seguimento pedido ou recurso dirigido ao Supremo Tribunal Federal, quando manifestamente incabível, ou apresentado fora do prazo, ou quando for evidente a incompetência do tribunal.

- *CF: art. 102.*
- *CPP: arts. 574 e seguintes.*

344. Sentença de primeira instância concessiva de *habeas-corpus,* em caso de crime praticado em detrimento de bens, serviços ou interesses da União, está sujeita a recurso "ex *officio*".

- *CPP: art. 574, I.*

351. É nula a citação por edital de réu preso na mesma unidade da federação em que o juiz exerce a sua jurisdição.

- *CPP: arts. 360 e 361.*

352. Não é nulo o processo penal por falta de nomeação de curador ao réu menor que teve a assistência de defensor dativo.

- *Superada, pelo art. 5º CC e art. 185 do CPP.*

354. Em caso de embargos infringentes parciais, é definitiva a parte da decisão embargada em que não houve divergência na votação.

- *CPP: art. 609, parágrafo único.*

355. Em caso de embargos infringentes parciais, é tardio o recurso extraordinário interposto após o julgamento dos embargos, quanto à parte da decisão embargada que não fora por eles abrangida.

- *CPP: art. 609, parágrafo único.*

356. O ponto omisso da decisão, sobre o qual não foram opostos embargos declaratórios, não pode ser objeto de recurso extraordinário, por faltar o requisito do prequestionamento.

- *Súmulas 98 e 211 do STJ.*
- *Súmulas 282 e 284 do STF.*
- *CF: arts. 102, III, e 105, III.*
- *CPP: art. 619.*
- *CPC: art. 1029 e ss.*

~~**361.** No processo penal, é nulo o exame realizado por um só perito, considerando-se impedido o que tiver funcionando anteriormente na diligência de apreensão.~~

- *Superada pela reforma da Lei 11.690/2008.*
- *CPP: arts. 159, 527 e 563 a 573.*
- *Lei nº 11.343, de 23-08-2006: art. 50, § 2º, Lei de Entorpecentes.*

362. A condição de ter o clube sede própria para a prática de jogo lícito não o obriga a ser proprietário do imóvel em que tem sede.

366. Não é nula a citação por edital que indica o dispositivo da lei penal, embora não transcreva a denúncia ou queixa, ou não resuma os fatos em que se baseia.

- *CPP: art. 365.*

367. Concede-se liberdade ao extraditando que não fôr retirado do país no prazo do art. 16 do Decreto-Lei 394, de 28-4-1938.

369. Julgados do mesmo tribunal não servem para fundamentar o recurso extraordinário por divergência jurisprudencial.

- *CF: art. 105, III, "c".*

392. O prazo para recorrer de acórdão concessivo de segurança conta-se da publicação oficial de suas conclusões, e não da anterior ciência à autoridade para cumprimento da decisão.

393. Para requerer revisão criminal, o condenado não é obrigado a recolher-se à prisão.

- *CPP: art. 622.*

395. Não se conhece de recurso de *habeas corpus* cujo objeto seja resolver sobre o ônus das custas, por não estar mais em causa a liberdade de locomoção.

- *CPP: art. 647.*

396. Para a ação penal por ofensa à honra, sendo admissível a exceção da verdade quanto ao desempenho de função pública, prevalece a competência especial por prerrogativa de função, ainda que já tenha cessado o exercício funcional do ofendido.

- *Superada.*

397. O poder de polícia da Câmara dos Deputados e do Senado Federal, em caso de crime cometido nas suas dependências, compreende, consoante o regimento, a prisão em flagrante do acusado e a realização do inquérito.

~~**398.** O Supremo Tribunal Federal não é competente para processar e julgar, originariamente, deputado ou senador acusado de crime.~~

- *Superada.*
- *Súmula anterior à CF/88.*

399. Não cabe recurso extraordinário, por violação de lei federal, quando a ofensa alegada for a regimento de tribunal.

- *CF: art. 105, III, "a".*

405. Denegado o mandado de segurança pela sentença, ou no julgamento do agravo, dela interposto, fica sem efeito a liminar concedida, retroagindo os efeitos da decisão contrária.

420. Não se homologa sentença proferida no estrangeiro sem prova do trânsito em julgado.

- *CP: art. 9º.*

422. A absolvição criminal não prejudica a medida de segurança, quando couber, ainda que importe privação da liberdade.

- *CP: art. 96.*

423. Não transita em julgado a sentença por haver omitido o recurso "ex officio", que se considera interposto "ex lege."

- *CPP: art. 574.*

428. Não fica prejudicada a apelação entregue em cartório no prazo legal, embora despachada tardiamente.

- *CPP: arts. 416 e 593.*

429. A existência de recurso administrativo com efeito suspensivo não impede o uso do mandado de segurança contra omissão da autoridade.

431. É nulo o julgamento de recurso criminal, na segunda instância, sem prévia intimação, ou publicação da pauta, salvo em *Habeas Corpus*.

448. O prazo para o assistente recorrer, supletivamente, começa a correr imediatamente após o transcurso do prazo do Ministério Público.

▸ *CPP: art. 598.*

451. A competência especial por prerrogativa de função não se estende ao crime cometido após a cessação definitiva do exercício funcional.

453. Não se aplicam à segunda instância o art. 384 e parágrafo único do Código de Processo Penal, que possibilitam dar nova definição jurídica ao fato delituoso, em virtude de circunstância elementar não contida, explícita ou implicitamente, na denúncia ou queixa.

456. O Supremo Tribunal Federal, conhecendo do recurso extraordinário, julgará a causa, aplicando o direito à espécie.

474. Não há direito líquido e certo, amparado pelo mandado de segurança, quando se escuda em lei cujos efeitos foram anulados por outra, declarada constitucional pelo Supremo Tribunal Federal.

491. É indenizável o acidente que cause a morte de filho menor, ainda que não exerça trabalho remunerado

▸ *CPP: arts. 63 a 68.*

497. Quando se tratar de crime continuado, a prescrição regula-se pela pena imposta na sentença, não se computando o acréscimo decorrente da continuação.

▸ *CP: arts. 69 a 71, 110, 119 e 113.*

498. Compete à justiça dos estados, em ambas as instâncias, o processo e o julgamento dos crimes contra a economia popular.

499. Não obsta a concessão do "sursis" condenação anterior à pena de multa.

▸ *CP: art. 77, § 1º.*

508. Compete à justiça estadual, em ambas as instâncias, processar e julgar as causas em que for parte o Banco do Brasil S.A.

510. Praticado o ato por autoridade, no exercício de competência delegada, contra ela cabe o mandado de segurança ou a medida judicial.

512. Não cabe condenação em honorários de advogado na ação de mandado de segurança.

520. Não exige a lei que, para requerer o exame a que se refere o art. 777 do Código de Processo Penal, tenha o sentenciado cumprido mais de metade do prazo da medida de segurança imposta.

521. O foro competente para o processo e julgamento dos crimes de estelionato, sob a modalidade da emissão dolosa de cheque sem provisão de fundos, é o do local onde se deu a recusa do pagamento pelo sacado.

▸ *Súmula nº 246 do STF.*

▸ *CP: arts. 171, § 2º, VI.*

522. Salvo ocorrência de tráfico com o exterior, quando, então, a competência será da Justiça Federal, compete à justiça dos Estados o processo e o julgamento dos crimes relativos a entorpecentes.

▸ *Súmula nº 528 do STJ.*

523. No processo penal, a falta da defesa constitui nulidade absoluta, mas a sua deficiência só o anulará se houver prova de prejuízo para o réu.

▸ *CF: art. 5º, LV, e 133.*

▸ *CPP: arts. 261, 403, 411, §§ 4º. e 5º., e 564, III, c e e.*

▸ *Lei n. 12.850, de 02-8-2013, art. 4º., § 10-A; Organização criminosa.*

524. Arquivado o inquérito policial, por despacho do juiz, a requerimento do Promotor de Justiça, não pode a ação penal ser iniciada, sem novas provas.

▸ *CPP: arts. 67, I, e 414, par. ún.*

▸ *Lei nº 1.521, de 26-12-1951, art. 7º, altera dispositivos da legislação vigente sobre crimes contra a economia popular.*

525. A medida de segurança não será aplicada em segunda instância, quando só o réu tenha recorrido.

▸ *CPP: arts. 617.*

526. Subsiste a competência do Supremo Tribunal Federal para conhecer e julgar a apelação, nos crimes da Lei de Segurança Nacional, se houve sentença antes da vigência do Ato Institucional 2.

▸ *Súmula anterior à CF/88.*

528. Se a decisão contiver partes autônomas, a admissão parcial, pelo Presidente do Tribunal a quo, de recurso extraordinário que, sobre qualquer delas se manifestar, não limitará a apreciação de todas pelo Supremo Tribunal Federal, independentemente de interposição de agravo de instrumento.

554. O pagamento de cheque emitido sem provisão de fundos, após o recebimento da denúncia, não obsta ao prosseguimento da ação penal.

▸ *Súmula nº 246 do STF.*

▸ *CP: arts. 171, § 2º, I.*

555. É competente o Tribunal de Justiça para julgar conflito de jurisdição entre juiz de direito do Estado e a justiça militar local.

▸ *Superada.*

▸ *Súmula nº 297 do STF.*

▸ *CF: arts. 102, I, o, 105, I, d, e 108, I, e.*

560. A extinção de punibilidade, pelo pagamento do tributo devido, estende-se ao crime de contrabando ou descaminho, por força do art. 18, § 2º, do decreto-lei nº 157/1967.

▸ *Lei nº 9.249, de 26-12-1995, art. 34, Altera a legislação do imposto de renda das pessoas jurídicas, bem como da contribuição social sobre o lucro líquido.*

▸ *Lei nº 10.684, de 30-05-2003, art. 9º, § 2º, Altera a legislação tributária, dispõe sobre parcelamento de débitos junto à Secretaria da Receita Federal, à Procuradoria-Geral da Fazenda Nacional e ao Instituto Nacional do Seguro Social.*

▸ *Lei nº 12.382, de 25-02-2011, art. 6º, altera a lei 9.430, de 27-12-1996*

564. A ausência de fundamentação do despacho de recebimento de denúncia por crime falimentar enseja nulidade processual, salvo se já houver sentença condenatória.

~~**568.** A identificação criminal não constitui constrangimento ilegal, ainda que o indiciado já tenha sido identificado civilmente.~~

▸ *Súmula superada com base no art. 5º, LVIII, da Constituição Federal.*

592. Nos crimes falimentares, aplicam-se as causas interruptivas da prescrição, previstas no Código Penal.

▸ *Súmula nº 147 do STF.*

▸ *CP: art. 117.*

▸ *Lei nº 11.101, de 09-02-2005, art. 182.*

594. Os direitos de queixa e de representação podem ser exercidos, independentemente, pelo ofendido ou por seu representante legal.

▸ *CPP: arts. 34 e 39.*

▸ *CP: art. 100, par. 2º.*

▸ *CC: art. 5º.*

597. Não cabem embargos infringentes de acórdão que, em mandado de segurança decidiu, por maioria de votos, a apelação.

598. Nos embargos de divergência não servem como padrão de discordância os mesmos paradigmas invocados para demonstrá-la mas repelidos como não dissidentes no julgamento do recurso extraordinário.

~~**601.** Os arts. 3º, II, e 55 da Lei Complementar 40/1981 (Lei Orgânica do Ministério Público) não revogaram a legislação~~

~~anterior que atribui a iniciativa para a ação penal pública, no processo sumário, ao juiz ou à autoridade policial, mediante portaria ou auto de prisão em flagrante.~~

▸ *Superada, pelo art. 129, I, da CRFB/88.*

~~**602.** Nas causas criminais, o prazo de interposição de recurso extraordinário é de 10 (dez) dias.~~

▸ *Superada.*

603. A competência para o processo e julgamento de latrocínio é do juiz singular e não do Tribunal do Júri.

▸ *CP: art. 157, § 3º, parte final.*

604. A prescrição pela pena em concreto é somente da pretensão executória da pena privativa de liberdade.

▸ *Súmula nº 438 do STJ.*

▸ *CP: art. 110.*

~~**605.** Não se admite continuidade delitiva nos crimes contra a vida.~~

▸ *Superada.*

▸ *CP: arts. 71 e 121.*

606. Não cabe *habeas corpus* originário para o Tribunal Pleno de decisão de turma, ou do plenário, proferida em *habeas corpus* ou no respectivo recurso.

▸ *CPP: art. 647.*

608. No crime de estupro, praticado mediante violência real, a ação penal é pública incondicionada.

▸ *Súmula anterior à Lei 13.718/2018.*

▸ *CP: arts. 213 e 225.*

609. É pública incondicionada a ação penal por crime de sonegação fiscal.

▸ *Súmula Vinculante 24.*

▸ *Lei 8.137, de 27-12-1990, arts. 1º e 2º, Crimes contra a ordem tributária, econômica e contra as relações de consumo.*

610. Há crime de latrocínio, quando o homicídio se consuma, ainda que não se realize o agente a subtração de bens da vítima.

▸ *CP: art. 157, § 3º, parte final.*

611. Transitada em julgado a sentença condenatória, compete ao juízo das execuções a aplicação de lei mais benigna.

▸ *CF: art. 5º, XL.*

▸ *Lei nº 7.210, de 11-07-1984, art. 66, I, Lei de Execução Penal.*

622. Não cabe agravo regimental contra decisão do relator que concede ou Indefere liminar em mandado de segurança.

623. Não gera por si só a competência originária do supremo tribunal federal para conhecer do mandado de segurança com base no art. 102, i, "n", da constituição, dirigir-se o pedido contra deliberação administrativa do tribunal de origem, da qual haja participado a maioria ou a totalidade de seus membros.

624. Não compete ao supremo tribunal federal conhecer originariamente de mandado de segurança contra atos de outros tribunais.

625. Controvérsia sobre matéria de direito não impede concessão de mandado de segurança.

626. A suspensão da liminar em mandado de segurança, salvo determinação em contrário da decisão que a deferir, vigorará até o trânsito em julgado da decisão definitiva de concessão da segurança ou, havendo recurso, até a sua manutenção pelo supremo tribunal federal, desde que o objeto da liminar deferida coincida, total ou parcialmente, com o da impetração.

627. No mandado de segurança contra a nomeação de magistrado da competência do presidente da república, este é considerado autoridade coatora, ainda que o fundamento da impetração seja nulidade ocorrida em fase anterior do procedimento.

631. Extingue-se o processo de mandado de segurança se o impetrante não promove, no prazo assinado, a citação do litisconsorte passivo necessário.

632. É constitucional lei que fixa o prazo de decadência para a impetração de mandado de segurança.

634. Não compete ao Supremo Tribunal Federal conceder medida cautelar para dar efeito suspensivo a recurso extraordinário que ainda não foi objeto de juízo de admissibilidade na origem.

635. Cabe ao presidente do tribunal de origem decidir o pedido de medida cautelar em recurso extraordinário ainda pendente do seu juízo de admissibilidade.

636. Não cabe recurso extraordinário por contrariedade ao princípio constitucional da legalidade, quando a sua verificação pressuponha rever a interpretação dada a normas infraconstitucionais pela decisão recorrida.

639. Aplica-se a súmula 288 quando não constarem do traslado do agravo de instrumento as cópias das peças necessárias à verificação da tempestividade do recurso extraordinário não admitido pela decisão agravada.

640. É cabível recurso extraordinário contra decisão proferida por juiz de primeiro grau nas causas de alçada, ou por turma recursal de juizado especial cível e criminal.

~~**690.** Compete originariamente ao Supremo Tribunal Federal o julgamento de "habeas corpus" contra decisão de turma recursal de juizados especiais criminais.~~

▸ *Superada.*

691. Não compete ao Supremo Tribunal Federal conhecer de *habeas corpus* impetrado contra decisão do Relator que, em *habeas corpus* requerido a tribunal superior, indefere a liminar.

▸ *CF: art. 102, I, i.*

▸ *CPP: art. 647.*

692. Não se conhece de *habeas corpus* contra omissão de relator de extradição, se fundado em fato ou direito estrangeiro cuja prova não constava dos autos, nem foi ele provocado a respeito.

▸ *CPP: art. 647.*

▸ *Lei nº 13.445, de 24-05-2017: arts. 81 a 99, Lei de Migração.*

693. Não cabe *habeas corpus* contra decisão condenatória a pena de multa, ou relativo a processo em curso por infração penal a que a pena pecuniária seja a única cominada.

▸ *CPP: art. 647.*

▸ *CP: art. 51.*

694. Não cabe *habeas corpus* contra a imposição da pena de exclusão de militar ou de perda de patente ou de função pública.

▸ *CPP: art. 647.*

▸ *CP: art. 92.*

695. Não cabe *habeas corpus* quando já extinta a pena privativa de liberdade.

▸ *CPP: art. 647.*

696. Reunidos os pressupostos legais permissivos da suspensão condicional do processo, mas se recusando o Promotor de Justiça a propô-la, o Juiz, dissentindo, remeterá a questão ao Procurador-Geral, aplicando-se por analogia o art. 28 do Código de Processo Penal.

▸ *Lei nº 9.099, de 26-09-1995, arts. 76 e 89, dispõe sobre Juizados Especiais Cíveis e Criminais.*

697. A proibição de liberdade provisória nos processos por crimes hediondos não veda o relaxamento da prisão processual por excesso de prazo.

▸ *Superada pela alteração do art. 2º da Lei nº 8.072/90 pela Lei nº 11.464/2007.*

~~**698.** Não se estende aos demais crimes hediondos a admissibilidade de progressão no regime de execução da pena aplicada ao crime de tortura.~~

▸ Superada.

▸ Lei nº 8.072, 25-07-1990, art. 2º, §§ 1º e 2º, Lei de Crimes Hediondos.

~~**699.** O prazo para interposição de agravo, em processo penal, é de cinco dias, de acordo com a Lei nº 8.038/90, não se aplicando o disposto a respeito nas alterações da Lei nº 8.950/94 ao Código de Processo Civil.~~

▸ Superada pelo CPC/2015.

700. É de cinco dias o prazo para interposição de agravo contra decisão do juiz da execução penal.

▸ CPP: art. 586.

▸ Lei nº 7.210, de 11-07-1984, art. 197, Lei de Execução Penal.

701. No mandado de segurança impetrado pelo Ministério Público contra decisão proferida em processo penal, é obrigatória a citação do réu como litisconsorte passivo.

▸ CF: art. 5º, LXIX.

702. A competência do Tribunal de Justiça para julgar prefeitos restringe-se aos crimes de competência da justiça comum estadual; nos demais casos, a competência originária caberá ao respectivo tribunal de segundo grau.

▸ Súmula 208 do STJ.

▸ CF: art. 29, X.

703. A extinção do mandato do prefeito não impede a instauração de processo pela prática dos crimes previstos no art. 1º do Decreto-Lei nº 201/1967.

▸ CF: art. 29, X.

704. Não viola as garantias do juiz natural, da ampla defesa e do devido processo legal a atração por continência ou conexão do processo do co-réu ao foro por prerrogativa de função de um dos denunciados.

▸ CF: art. 5º, LIII, LIV e LV.

▸ CPP: arts. 76, 77, 79 e 84.

705. A renúncia do réu ao direito de apelação, manifestada sem a assistência do defensor, não impede o conhecimento da apelação por este interposta.

▸ CF: art. 5º, LV.

▸ CPP: art. 577.

706. É relativa a nulidade decorrente da inobservância da competência penal por prevenção.

▸ CPP: arts. 75, par. ún., 83 e 563 a 573.

707. Constitui nulidade a falta de intimação do denunciado para oferecer contrarrazões ao recurso interposto da rejeição da denúncia, não a suprimindo a nomeação de defensor dativo.

▸ CF: art. 5º, LV.

▸ CPP: arts. 563 a 573.

708. É nulo o julgamento da apelação se, após a manifestação nos autos da renúncia do único defensor, o réu não foi previamente intimado para constituir outro.

▸ CF: arts. 5º, LV, e 133.

▸ CPP: arts. 261 e 564, III, c.

709. Salvo quando nula a decisão de primeiro grau, o acórdão que provê o recurso contra a rejeição da denúncia vale, desde logo, pelo recebimento dela.

▸ CP: art. 117, I.

▸ CPP: arts. 395 e 396.

710. No Processo Penal, contam-se os prazos da data da intimação, e não da juntada aos autos do mandado ou de carta precatória ou de ordem.

▸ CF: art. 5º, LV.

▸ CPP: art. 396 e 798, §5º, "a".

711. A Lei penal mais grave aplica-se ao crime continuado ou ao crime permanente, se a sua vigência é anterior à cessação da continuidade ou da permanência.

▸ CP: art. 71.

▸ CPP: art. 303.

712. É nula a decisão que determina o desaforamento de processo da competência do Júri sem audiência da defesa.

▸ CF: arts. 5º, XXXVIII e LV.

▸ CPP: arts. 70, 74, 427 e 428.

713. O efeito devolutivo da apelação contra decisões do júri é adstrito aos fundamentos da sua interposição.

▸ CPP: arts. 593, III, e 599.

714. É concorrente a legitimidade do ofendido, mediante queixa, e do Ministério Público, condicionada à representação do ofendido, para a ação penal por crime contra a honra de servidor público em razão do exercício de suas funções.

▸ CF: art. 5º, X.

▸ CP: arts. 138 a 145.

715. A pena unificada para atender ao limite de trinta anos de cumprimento, determinado pelo art. 75 do Código Penal, não é considerada para a concessão de outros benefícios, como o livramento condicional ou regime mais favorável de execução.

▸ Lei nº 7.210, de 11-07-1984, art. 111, Lei de Execução Penal.

716. Admite-se a progressão de regime de cumprimento da pena ou a aplicação imediata de regime menos severo nela determinada, antes do trânsito em julgado da sentença condenatória.

▸ Súmula nº 471 do STJ.

▸ Lei nº 7.210, de 11-07-1984, art. 112, Lei de Execução Penal.

717. Não impede a progressão de regime de execução da pena, fixada em sentença não transitada em julgado, o fato de o réu se encontrar em prisão especial.

▸ CPP: art. 295.

718. A opinião do julgador sobre a gravidade em abstrato do crime não constitui motivação idônea para a imposição de regime mais severo do que o permitido segundo a pena aplicada.

▸ Súmula nº 440 do STJ.

▸ CP: arts. 33, § 2º, e 59, III.

719. A imposição do regime de cumprimento mais severo do que a pena aplicada permitir exige motivação idônea.

▸ Súmula nº 440 do STJ.

▸ CF: art. 93, IX.

▸ CP: arts. 33, § 2º, e 59, III.

720. O art. 309 do Código de Trânsito Brasileiro, que reclama decorra do fato perigo de dano, derrogou o art. 32 da Lei das Contravenções Penais no tocante à direção sem habilitação em vias terrestre.

721. A competência constitucional do Tribunal do Júri prevalece sobre o foro por prerrogativa de função estabelecido exclusivamente pela Constituição estadual.

▸ Súmula Vinculante nº 45.

▸ CF: art. 5º, XXXVIII, d, e 125, § 1º.

722. São da competência legislativa da união a definição dos crimes de responsabilidade e o estabelecimento das respectivas normas de processo e julgamento.

▸ Súmula Vinculante nº 46.

723. Não se admite a suspensão condicional do processo por crime continuado, se a soma da pena mínima da infração mais grave com o aumento mínimo de um sexto for superior a um ano.

▸ CP: art. 71.

▸ Lei nº 9.099, de 26-09-1995, art. 89, dispõe sobre Juizacos Especiais Cíveis e Criminais.

727. Não pode o magistrado deixar de encaminhar ao Supremo Tribunal Federal o agravo de instrumento interposto da decisão que não admite recurso extraordinário, ainda que referente a causa instaurada no âmbito dos Juizados Especiais.

728. É de três dias o prazo para a interposição de recurso extraordinário contra decisão do tribunal superior eleitoral, contado, quando for o caso, a partir da publicação do acórdão, na própria sessão de julgamento, nos termos do art. 12 da Lei nº 6055/1974, que não foi revogado pela Lei nº 8950/1994.

733. Não cabe recurso extraordinário contra decisão proferida no processamento de precatórios.

734. Não cabe reclamação quando já houver transitado em julgado o ato judicial que se alega tenha desrespeitado decisão do Supremo Tribunal Federal.

735. Não cabe recurso extraordinário contra acórdão que defere medida liminar.

SÚMULAS DO SUPERIOR TRIBUNAL DE JUSTIÇA

▸ Súmulas selecionadas.

3. Compete ao tribunal regional federal dirimir conflito de competência verificado, na respectiva região, entre juiz federal e juiz estadual investido de jurisdição federal.

▸ CF: art. 108, I, e.

6. Compete a justiça comum estadual processar e julgar delito decorrente de acidente de transito envolvendo viatura de policia militar, salvo se autor e vitima forem policiais militares em situação de atividade.

▸ CF: art. 125, § 4º.

7. A pretensão de simples reexame de prova não enseja recurso especial.

▸ CF: art. 105, III, "a" a "c".

▸ RISTJ: art. 257.

~~**9.** A exigência da prisão provisória, para apelar, não ofende a garantia constitucional da presunção de inocência.~~

▸ Superada pela revogação dos arts. 393 e 594 do Código de Processo Penal.

▸ Súmula nº 347 do STJ.

▸ CF: art. 5º, LVII.

13. A divergência entre julgados do mesmo tribunal não enseja recurso especial.

▸ CF: art. 105, III, c.

▸ RISTJ: art. 255.

17. Quando o falso se exaure no estelionato, sem mais potencialidade lesiva, é por este absorvido.

▸ CP: art. 171.

18. A sentença concessiva do perdão judicial é declaratória da extinção da punibilidade, não subsistindo qualquer efeito condenatório.

▸ CP: arts. 107, IX, e 120.

21. Pronunciado o réu, fica superada a alegação do constrangimento ilegal da prisão por excesso de prazo na instrução.

▸ CPP: art. 413.

22. Não ha conflito de competência entre o tribunal de justiça e tribunal de alçada do mesmo estado-membro.

▸ EC nº 45/2004, art. 4º.

24. Aplica-se ao crime de estelionato, em que figure como vítima entidade autárquica da previdência social, a qualificadora do § 3º, do art. 171 do Código Penal.

32. Compete a justiça federal processar justificações judiciais destinadas a instruir pedidos perante entidades que nela tem exclusividade de foro, ressalvada a aplicação do art. 15, II da Lei nº 5010/66.

33. A incompetência relativa não pode ser declarada de ofício.

38. Compete a justiça estadual comum, na vigência da constituição de 1988, o processo por contravenção penal, ainda que praticada em detrimento de bens, serviços ou interesse da união ou de suas entidades.

▸ CF: art. 109, IV.

40. Para obtenção dos benefícios de saída temporária e trabalho externo, considera-se o tempo de cumprimento da pena no regime fechado.

▸ Lei nº 7.210, de 11-07-1984, arts. 40 e 122, Lei de Execução Penal.

41. O superior tribunal de justiça não tem competência para processar e julgar, originariamente, mandado de segurança contra ato de outros tribunais ou dos respectivos órgãos.

▸ CF: art. 105, I, b.

42. Compete à justiça comum estadual processar e julgar as causas cíveis em que é parte sociedade de economia mista e os crimes praticados em seu detrimento.

47. Compete à justiça militar processar e julgar crime cometido por militar contra civil, com emprego de arma pertencente a corporação, mesmo não estando em serviço.

▸ CPM: art. 9, II.

48. Compete ao juízo do local da obtenção da vantagem ilícita processar e julgar crime de estelionato cometido mediante falsificação de cheque.

▸ CP: art. 171.

51. A punição do intermediador, no jogo do bicho, independe da identificação do "apostador" ou do "banqueiro."

▸ Dec.-lei nº 3.688, de 03-10-1941, art. 58, Lei das Contravenções Penais.

52. Encerrada a instrução criminal, fica superada a alegação de constrangimento por excesso de prazo.

▸ CPP: arts. 400, 412 e 531.

53. Compete à justiça comum estadual processar e julgar civil acusado de pratica de crime contra instituições militares estaduais.

▸ CF: 125, § 4º e 5º.

55. Tribunal regional federal não é competente para julgar recurso de decisão proferida por juiz estadual não investido de jurisdição federal.

▸ CF: art. 108, II.

59. Não ha conflito de competência se já existe sentença com transito em julgado, proferida por um dos juízos conflitantes.

62. Compete à justiça estadual processar e julgar o crime de falsa anotação na carteira de trabalho e previdência social, atribuído a empresa privada.

64. Não constitui constrangimento ilegal o excesso de prazo na instrução, provocado pela defesa.

▸ CF: art. 5º, LXV e LXVIII.

▸ CPP: arts. 310, I, 400, 412, 531, 648, II.

73. A utilização de papel moeda grosseiramente falsificado configura, em tese, o crime de estelionato, da competência da justiça estadual.

▸ CP: art. 171 e 289.

74. Para efeitos penais, o reconhecimento da menoridade do réu requer prova por documento hábil.

▸ CP: art. 65, I.

▸ CPP: art. 155, parágrafo único.

75. Compete a justiça comum estadual processar e julgar o policial militar por crime de promover ou facilitar a fuga de preso de estabelecimento penal.

▸ CP: art. 351.

▸ CPM: art. 9, II.

78. Compete à justiça militar processar e julgar policial de corporação estadual, ainda que o delito tenha sido praticado em outra unidade federativa.

▸ CPM: art. 9, II.

81. Não se concede fiança quando, em concurso material, a soma das penas mínimas cominadas for superior a dois anos de reclusão.

▸ Súmula anterior à reforma pela Lei 12.403/2011.

▸ CP: arts. 69, 70 e 71.

▸ CPP: art. 322.

83. Não se conhece do recurso especial pela divergência, quando a orientação do tribunal se firmou no mesmo sentido da decisão recorrida.

▸ CF: art. 105, III, "a" a "c".

86. Cabe recurso especial contra acórdão proferido no julgamento de agravo de instrumento.

90. Compete a justiça estadual militar processar e julgar o policial militar pela pratica do crime militar, e a comum pela pratica do crime comum simultâneo aquele.

▸ CF: art. 125, § 4º e 5º.

▸ CPM: art. 9, II.

~~**91.** Compete a justiça federal processar e julgar os crimes praticados contra a fauna.~~ (CANCELADA)

96. O crime de extorsão consuma-se independentemente da obtenção da vantagem indevida.

▸ CP: art. 158.

▸ CPP: art. 70.

98. Embargos de declaração manifestados com notório propósito de prequestionamento não tem caráter protelatório.

▸ Súmula 211 do STJ.

▸ Súmulas 282, 284 e 356 do STF.

▸ CF: arts. 102, III, e 105, III.

▸ CPP: art. 619.

▸ CPC: art. 1.029 e ss.

99. O ministério público tem legitimidade para recorrer no processo em que oficiou como fiscal da Lei, ainda que não haja recurso da parte.

104. Compete a justiça estadual o processo e julgamento dos crimes de falsificação e uso de documento falso relativo a estabelecimento particular de ensino.

▸ CP: arts. 297 e 304.

105. Na ação de mandado de segurança não se admite condenação em honorários advocatícios.

107. Compete à justiça comum estadual processar e julgar crime de estelionato praticado mediante falsificação das guias de recolhimento das contribuições previdenciárias, quando não ocorrente lesão a autarquia federal.

▸ CP: art. 171, § 3º.

108. A aplicação de medidas socioeducativas ao adolescente, pela pratica de ato infracional, e da competência exclusiva do juiz.

▸ Lei nº 8.069, de 13-07-1990, arts. 112 e 148, I, Estatuto da Criança e do Adolescente.

115. Na instância especial é inexistente recurso interposto por advogado sem procuração nos autos.

117. A inobservância do prazo de 48 horas, entre a publicação de pauta e o julgamento sem a presença das partes, acarreta nulidade.

122. Compete a justiça federal o processo e julgamento unificado dos crimes conexos de competência federal e estadual, não se aplicando a regra do art. 78, II, "a", do Código de Processo Penal.

▸ CF: art. 109.

▸ CPP: art. 78, II, a, e III.

123. A decisão que admite, ou não, o recurso especial deve ser fundamentada, com o exame dos seus pressupostos gerais e constitucionais.

▸ CF: arts. 93, IX, e 105, "a" a "c".

126. É inadmissível recurso especial, quando o acórdão recorrido assenta em fundamentos constitucional e infraconstitucional, qualquer deles suficiente, por si só, para mantê-lo, e a parte vencida não manifesta recurso extraordinário.

▸ CF: art. 105, "a" a "c".

140. Compete a justiça comum estadual processar e julgar crime em que o indígena figure como autor ou vítima.

▸ CF: art. 109, XI.

147. Compete a justiça federal processar e julgar os crimes praticados contra funcionário publico federal, quando relacionados com o exercício da função.

151. A competência para o processo e julgamento por crime de contrabando ou descaminho define-se pela prevenção do juízo federal do lugar da apreensão dos bens.

▸ CPP: art. 71.

▸ CP: art. 334.

158. Não se presta a justificar embargos de divergência o dissídio com acórdão de turma ou seção que não mais tenha competência para a matéria neles versada.

164. O prefeito municipal, após a extinção do mandato, continua sujeito a processo por crime previsto no art. 1º do Dec.-lei nº 201, de 27/02/67.

165. Compete a justiça federal processar e julgar crime de falso testemunho cometido no processo trabalhista.

▸ CF: art. 109, XI.

168. Não cabem embargos de divergência, quando a jurisprudência do tribunal se firmou no mesmo sentido do acórdão embargado.

169. São inadmissíveis embargos infringentes no processo de mandado de segurança.

▸ RISTJ: art. 260.

171. Cominadas cumulativamente, em Lei especial, penas privativas de liberdade e pecuniária, e defeso a substituição da prisão por multa.

▸ CP: arts. 44, § 2º e 60, § 2º.

▸ CPP: art. 387.

172. Compete a justiça comum processar e julgar militar por crime de abuso de autoridade, ainda que praticado em serviço.

▸ CPM: art. 9, II.

~~**174.** No crime de roubo, a intimidação feita com arma de brinquedo autoriza o aumento da pena.~~ (CANCELADA)

177. O Superior Tribunal de Justiça é incompetente para processar e julgar, originariamente, mandado de segurança contra ato de órgão colegiado presidido por ministro de estado.

187. E deserto o recurso interposto para o superior tribunal de justiça, quando o recorrente não recolhe, na origem, a importância das despesas de remessa e retorno dos autos.

▸ *RISTJ: art. 112.*

191. A pronuncia é causa interruptiva da prescrição, ainda que o tribunal do juri venha a desclassificar o crime.

▸ *CPP: art. 413.*

▸ *CP: art. 117, II.*

192. Compete ao juízo das execuções penais do estado a execução das penas impostas a sentenciados pela justiça federal, militar ou eleitoral, quando recolhidos a estabelecimentos sujeitos a administração estadual.

▸ *CF: art. 109.*

▸ *Lei nº 7.210, de 11-07-1984, arts. 2º, 65 e 66, Lei de Execução Penal.*

200. O juízo federal competente para processar e julgar acusado de crime de uso de passaporte falso e o do lugar onde o delito se consumou.

▸ *CF: art. 109.*

▸ *CPP: arts. 69, I, e 70.*

▸ *CP: arts. 304 e 308.*

202. A impetração de segurança por terceiro, contra ato judicial, não se condiciona a interposição de recurso.

203. Não cabe recurso especial contra decisão proferida por órgão de segundo grau dos juizados especiais.

▸ *CF: arts. 102, III, e 105, III.*

206. A existência de vara privativa, instituída por lei estadual, não altera a competência territorial resultante das leis de processo.

▸ *Súmula nº 706 do STF.*

▸ *CPP: arts. 69, 70, 71, 74, 78 e 83.*

207. É inadmissível recurso especial quando cabíveis embargos infringentes contra o acórdão proferido no tribunal de origem.

▸ *CF: art. 105, III.*

▸ *CPP: art. 609, parágrafo único.*

208. Compete à justiça federal processar e julgar prefeito municipal por desvio de verba sujeita a prestação de contas perante órgão federal.

▸ *Súmula 702 do STF.*

▸ *CF: art. 109.*

209. Compete a justiça estadual processar e julgar prefeito por desvio de verba transferida e incorporada ao patrimônio municipal.

▸ *CF: art. 29, x.*

211. Inadmissível recurso especial quanto à questão que, a despeito da oposição de embargos declaratórios, não foi apreciada pelo tribunal a quo.

▸ *Súmula 98 do STJ.*

▸ *Súmulas 282, 284 e 356 do STF.*

▸ *CF: arts. 102, III, e 105, III.*

▸ *CPP: art. 619.*

▸ *CPC: art. 1.029 e ss.*

216. A tempestividade de recurso interposto no superior tribunal de justiça é aferida pelo registro no protocolo da secretaria e não pela data da entrega na agência do correio.

▸ *RISTJ: art. 66.*

220. A reincidência não influi no prazo da prescrição da pretensão punitiva.

▸ *CP: arts. 63 e 110.*

231. A incidência da circunstância atenuante não pode conduzir à redução da pena abaixo do mínimo legal.

▸ *CP: art. 65.*

234. A participação de membro do Ministério Público na fase investigatória criminal não acarreta o seu impedimento ou suspeição para o oferecimento da denúncia.

▸ *CPP: arts. 251 a 258.*

235. A conexão não determina a reunião dos processos, se um deles já foi julgado.

▸ *CPP: arts. 76 a 82.*

241. A reincidência penal não pode ser considerada como circunstância agravante e, simultaneamente, como circunstância judicial.

▸ *Súmula nº 444 do STJ.*

▸ *CP: arts. 59, 61, i, e 63.*

243. O benefício da suspensão do processo não é aplicável em relação às infrações penais cometidas em concurso material, concurso formal ou continuidade delitiva, quando a pena mínima cominada, seja pelo somatório, seja pela incidência da majorante, ultrapassar o limite de um (01) ano.

▸ *CP: arts. 69 a 71.*

▸ *Lei nº 9.099, de 26-09-1995, art. 89, dispõe sobre Juizados Especiais Cíveis e Criminais.*

244. Compete ao foro do local da recusa processar e julgar o crime de estelionato mediante cheque sem provisão de fundos.

▸ *CP: art. 171, § 2º, VI.*

~~**256.** O sistema de "protocolo integrado" não se aplica aos recursos dirigidos ao superior tribunal de justiça.~~ (CANCELADA)

265. É necessária a oitiva do menor infrator antes de decretar-se a regressão da medida socioeducativa.

▸ *Lei nº 8.069, de 13-07-1990, arts. 110 e 112, Estatuto da Criança e do Adolescente.*

267. A interposição de recurso, sem efeito suspensivo, contra decisão condenatória não obsta a expedição de mandado de prisão.

▸ *CPP: art. 637.*

269. É admissível a adoção do regime prisional semiaberto aos reincidentes condenados a pena igual ou inferior a quatro anos se favoráveis às circunstâncias judiciais.

▸ *CP: arts. 35, 59 e 63.*

273. Intimada a defesa da expedição da carta precatória, torna-se desnecessária intimação da data da audiência no juízo deprecado.

▸ *CF: art. 5º, LV.*

▸ *CPP: art. 222.*

280. O art. 35 do Decreto-Lei nº 7.661, de 1945, que estabelece a prisão administrativa, foi revogado pelos incisos IXI e LXVII do art. 5º da constituição federal de 1988.

▸ *Lei nº 11.101, de 09-02-2005.*

315. Não cabem embargos de divergência no âmbito do agravo de instrumento que não admite recurso especial.

▸ *RISTJ: art. 266.*

316. Cabem embargos de divergência contra acórdão que, em agravo regimental, decide recurso especial.

▸ *RISTJ: art. 266.*

320. A questão federal somente ventilada no voto vencido não atende ao requisito do prequestionamento.

329. O ministério público tem legitimidade para propor ação civil pública em defesa do patrimônio público.

- *CF: art. 129, III.*

330. É desnecessária a resposta preliminar de que trata o artigo 514 do Código de Processo Penal, na ação penal instruída por inquérito policial.

- *CF: art. 5º, LV.*
- *CP: arts. 312 a 323.*
- *CPP: arts. 514 e 564, IV.*

337. É cabível a suspensão condicional do processo na desclassificação do crime e na procedência parcial da pretensão punitiva.

- *Lei nº 9.099, de 26-09-1995, art. 89, dispõe sobre Juizados Especiais Cíveis e Criminais.*
- *CPP: arts. 383 e 384.*

338. A prescrição penal é aplicável nas medidas socioeducativas.

- *CP: arts. 109 e 110.*
- *Lei nº 8.069, de 13-07-1990, arts. 112 e 226, Estatuto da Criança e do Adolescente.*

341. A frequência a curso de ensino formal é causa de remição de parte do tempo de execução de pena sob regime fechado ou semiaberto.

- *Lei nº 7.210, de 11-07-1984, arts. 126 a 130, Lei de Execução Penal.*

342. No procedimento para aplicação de medida socioeducativa, é nula a desistência de outras provas em face da confissão do adolescente.

- *Lei nº 8.069, de 13-07-1990, art. 112, Estatuto da Criança e do Adolescente.*

~~**343.** É obrigatória a presença de advogado em todas as fases do processo administrativo disciplinar.~~ (CANCELADA)

- *Súmula Vinculante nº 5.*
- *CF: art. 5º, IV, e 133.*
- *Lei nº 8.112, de 11-12-1990, arts. 153, 163 e 164, Dispõe sobre o regime jurídico dos servidores públicos civis da União, das autarquias e das fundações públicas federais.*

347. O conhecimento de recurso de apelação do réu independe de sua prisão.

- *CF: art. 5º, LV.*
- *CPP: art. 387, § 1º.*

~~**348.** Compete ao superior tribunal de justiça decidir os conflitos de competência entre juizado especial federal e juízo federal, ainda que da mesma seção judiciária.~~ (CANCELADA)

376. Compete a turma recursal processar e julgar o mandado de segurança contra ato de juizado especial.

- *CF: art. 98, I.*
- *Lei nº 9.099, de 26-09-1995, art. 41, § 1º, dispõe sobre Juizados Especiais Cíveis e Criminais.*

383. A competência para processar e julgar as ações conexas de interesse de menor é, em princípio, do foro do domicílio do detentor de sua guarda.

415. O período de suspensão do prazo prescricional é regulado pelo máximo da pena cominada.

- *CP: art. 109.*
- *CPP: art. 366.*

~~**418.** É inadmissível o recurso especial interposto antes da publicação do acórdão dos embargos de declaração, sem posterior ratificação.~~ (CANCELADA)

419. Descabe a prisão civil do depositário judicial infiel.

428. Compete ao tribunal regional federal decidir os conflitos de competência entre juizado especial federal e juízo federal da mesma seção judiciária.

- *CF: art. 109, I, e.*

~~**429.** A citação postal, quando autorizada por lei, exige o aviso de recebimento.~~

- *CPC: art. 247.*

438. É inadmissível a extinção da punibilidade pela prescrição da pretensão punitiva com fundamento em pena hipotética, independentemente da existência ou sorte do processo penal.

- *CP: arts. 107, XI, 109 e 110.*
- *CPP: art. 581, VIII.*

439. Admite-se o exame criminológico pelas peculiaridades do caso, desde que em decisão motivada.

- *Súmula Vinculante nº 26.*
- *CP: arts. 34 e 97, § 1º.*
- *Lei nº 7.210, de 11-07-1984, arts. 8º, 112 e 174, Lei de Execução Penal.*

440. Fixada a pena-base no mínimo legal, é vedado o estabelecimento de regime prisional mais gravoso do que o cabível em razão da sanção imposta, com base apenas na gravidade abstrata do delito.

- *Súmula nº 718 do STF.*
- *CP: arts. 33, §§ 2º e 3º, 59 e 68.*

441. A falta grave não interrompe o prazo para obtenção de livramento condicional.

- *CP: art. 83.*
- *Lei nº 7.210, de 11-07-1984, arts. 49 a 52, 118 e 131, Lei de Execução Penal.*

442. É inadmissível aplicar, no furto qualificado, pelo concurso de agentes, a majorante do roubo.

- *CP: arts. 155, § 4º, IV, e 157, § 2º, II.*

443. O aumento na terceira fase de aplicação da pena no crime de roubo circunstanciado exige fundamentação concreta, não sendo suficiente para a sua exasperação a mera indicação do número de majorantes.

- *CP: arts. 68, parágrafo único, e 157, § 2º.*

444. É vedada a utilização de inquéritos policiais e ações penais em curso para agravar a pena-base.

- *CF: art. 5º, LVII.*
- *CP: arts. 59 e 68.*

455. A decisão que determina a produção antecipada de provas com base no art. 366 do CPP deve ser concretamente fundamentada, não a justificando unicamente o mero decurso do tempo.

- *CPP: arts. 225 e 366.*

460. É incabível o mandado de segurança para convalidar a compensação tributária realizada pelo contribuinte.

471. Os condenados por crimes hediondos ou assemelhados cometidos antes da vigência da Lei nº 11.464/2007 sujeitam-se ao disposto no art. 112 da Lei nº 7.210/1984 (Lei de execução penal) para a progressão de regime prisional.

- *Súmula Vinculante nº 26.*
- *Súmula nº 716 do STF.*
- *CF: art. 5º, XL.*
- *CP: arts. 2º, par. ún.*
- *Lei nº 8.072, de 25-07-1990, art. 2º, §§ 1º e 2º, define os crimes hediondos.*

484. Admite-se que o preparo seja efetuado no primeiro dia útil subsequente, quando a interposição do recurso ocorrer após o encerramento do expediente bancário.

491. É inadmissível a chamada progressão *per saltum* de regime prisional.

▸ *Súmula Vinculante 56.*

▸ *Lei nº 7.210, de 11-07-1984, art. 112, Lei de Execução Penal.*

492. O ato infracional análogo ao tráfico de drogas, por si só, não conduz obrigatoriamente à imposição de medida socioeducativa de internação do adolescente.

▸ *Lei 8.069, de 13-07-1990, art. 122, Estatuto da Criança e do Adolescente.*

493. É inadmissível a fixação de pena substitutiva (art. 44 do CP) como condição especial ao regime aberto.

▸ *CP: arts. 33 e 44.*

498. Compete à Justiça dos Estados, em ambas as instâncias, o processo e o julgamento dos crimes contra a economia popular.

500. A configuração do crime do art. 244-B do ECA independe da prova da efetiva corrupção do menor, por se tratar de delito formal.

501. É cabível a aplicação retroativa da Lei nº 11.343/2006, desde que o resultado da incidência das suas disposições, na íntegra, seja mais favorável ao réu do que o advindo da aplicação da Lei nº 6.368/1976, sendo vedada a combinação de leis.

502. Presentes a materialidade e a autoria, afigura-se típica, em relação ao crime previsto no art. 184, § 2º, do CP, a conduta de expor à venda CDs e DVDs piratas.

511. É possível o reconhecimento do privilégio previsto no § 2º do art. 155 do CP nos casos de crime de furto qualificado, se estiverem presentes a primariedade do agente, o pequeno valor da coisa e a qualificadora for de ordem objetiva.

~~**512.** A aplicação da causa de diminuição de pena prevista no art. 33, § 4º, da Lei nº 11.343/2006 não afasta a hediondez do crime de tráfico de drogas.~~ (CANCELADA)

513. A abolitio criminis temporária prevista na Lei nº 10.826/2003 aplica-se ao crime de posse de arma de fogo de uso permitido com numeração, marca ou qualquer outro sinal de identificação raspado, suprimido ou adulterado, praticado somente até 23/10/2005.

518. Para fins do art. 105, III, a, da Constituição Federal, não é cabível recurso especial fundado em alegada violação de enunciado de súmula.

520. O benefício de saída temporária no âmbito da execução penal é ato jurisdicional insuscetível de delegação à autoridade administrativa do estabelecimento prisional.

521. A legitimidade para execução fiscal de multa pendente de pagamento imposta em sentença condenatória é exclusiva da Procuradoria da Fazenda Pública.

522. A conduta de atribuir-se falsa identidade perante autoridade policial é típica, ainda que em situação de alegada autodefesa.

▸ *CF: art. 5º, LV.*

▸ *CP: arts. 297, 299, 304 e 307.*

526. O reconhecimento de falta grave decorrente do cometimento de fato definido como crime doloso no cumprimento da pena prescinde do trânsito em julgado de sentença penal condenatória no processo penal instaurado para apuração do fato.

527. O tempo de duração da medida de segurança não deve ultrapassar o limite máximo da pena abstratamente cominada ao delito praticado.

▸ *CP: arts. 97, §. 1º.*

▸ *Lei nº 7.210, de 11-07-1984, art. 171, Lei de Execução Penal.*

528. Compete ao juiz federal do local da apreensão da droga remetida do exterior pela via postal processar e julgar o crime de tráfico internacional.

▸ *CPP: art. 70.*

▸ *Lei nº 11.343, de 23-08-2006: art. 70, Lei de Entorpecentes.*

533. Para o reconhecimento da prática de falta disciplinar no âmbito da execução penal, é imprescindível a instauração de procedimento administrativo pelo diretor do estabelecimento prisional, assegurado o direito de defesa, a ser realizado por advogado constituído ou defensor público nomeado.

▸ *CF: art. 5º, LV.*

534. A prática de falta grave interrompe a contagem do prazo para a progressão de regime de cumprimento de pena, o qual se reinicia a partir do cometimento dessa infração.

▸ *Lei nº 7.210, de 11-07-1984: art. 50 e 112, Lei de Execução Penal.*

▸ *Lei 11.343, de 23-08-2006: art. 2º, Lei de Entorpecentes.*

535. A prática de falta grave não interrompe o prazo para fim de comutação de pena ou indulto.

▸ *Lei 7.210, de 11-07-1984, arts. 50 e 188 Lei de Execução Penal.*

536. A suspensão condicional do processo e a transação penal não se aplicam na hipótese de delitos sujeitos ao rito da Lei Maria da Penha.

▸ *Lei n. 9.099, de 26-09-1995: arts. 76 e 89, Juizados Especiais Criminais.*

▸ *Lei n. 11.340, de 07-08-2006: art. 41, Lei Maria da Penha.*

542. A ação penal relativa ao crime de lesão corporal resultante de violência doméstica contra a mulher é pública incondicionada.

▸ *CP: art. 129, § 9º.*

▸ *Lei nº 11. 340, de 07-08-2006, arts. 5º e 41, cria mecanismos para coibir a violência doméstica e familiar contra a mulher.*

545. Quando a confissão for utilizada para a formação do convencimento do julgador, o réu fará jus à atenuante prevista no art. 65, III, d, do Código Penal.

▸ *Súmula nº 630 do STJ.*

▸ *CF: art. 5º, LV.*

▸ *CPP: arts. 197 e 200.*

546. A competência para processar e julgar o crime de uso de documento falso é firmada em razão da entidade ou órgão ao qual foi apresentado o documento público, não importando a qualificação do órgão expedidor.

▸ *CP: art. 304.*

562. É possível a remição de parte do tempo de execução da pena quando o condenado, em regime fechado ou semiaberto, desempenha atividade laborativa, ainda que extramuros.

▸ *Lei nº 7.210, de 11-07-1984, arts. 126, 128 e 129, Lei de Execução Penal.*

567. Sistema de vigilância realizado por monitoramento eletrônico ou por existência de segurança no interior de estabelecimento comercial, por si só, não torna impossível a configuração do crime de furto.

▸ *CP: arts. 17 e 155.*

568. O relator, monocraticamente e no Superior Tribunal de Justiça, poderá dar ou negar provimento ao recurso quando houver entendimento dominante acerca do tema.

570. Compete à Justiça Federal o processo e julgamento de demanda em que se discute a ausência de ou o obstáculo ao credenciamento de instituição particular de ensino superior no Ministério da Educação como condição de expedição de diploma de ensino a distância aos estudantes.

574. Para a configuração do delito de violação de direito autoral e a comprovação de sua materialidade, é suficiente a perícia realizada por amostragem do produto apreendido, nos aspectos externos do material, e é desnecessária a identificação dos titulares dos direitos autorais violados ou daqueles que os representem.

- *CPP: art. 564, III, "b".*
- *Súmula 502 do STJ.*
- *CP: art. 184 e ss.*
- *CPP: arts. 524 a 530-I.*
- *Lei 9.279, de 14-5-1996, Lei de propriedade industrial.*
- *Lei 9.610 de 19-2-1998, Lei dos direitos autorais.*

575. Constitui crime a conduta de permitir, confiar ou entregar a direção de veículo automotor a pessoa que não seja habilitada, ou que se encontre em qualquer das situações previstas no art. 310 do CTB, independentemente da ocorrência de lesão ou de perigo de dano concreto na condução do veículo.

- *CTB: art. 310.*

579. Não é necessário ratificar o recurso especial interposto na pendência do julgamento dos embargos de declaração quando inalterado o julgamento anterior.

582. Consuma-se o crime de roubo com a inversão da posse do bem mediante emprego de violência ou grave ameaça, ainda que por breve tempo e em seguida à perseguição imediata ao agente e recuperação da coisa roubada, sendo prescindível a posse mansa e pacífica ou desvigiada.

- *CP: art. 157.*

583. O arquivamento provisório previsto no art. 20 da Lei n. 10.522/2002, dirigido aos débitos inscritos como dívida ativa da União pela Procuradoria-Geral da Fazenda Nacional ou por ela cobrados, não se aplica às execuções fiscais movidas pelos conselhos de fiscalização profissional ou pelas autarquias federais.

- *Súmula vinculante 24.*
- *Súmula 583 do STJ.*
- *CPP: arts. 395, III, 386, III, e 397, III.*
- *Lei nº 7.492, de 16-06-1986, crimes contra o sistema financeiro nacional.*
- *Lei nº 8.137, de 27-12-1990, art. 1º, crimes contra a ordem tributária, econômica e contra as relações de consumo.*
- *Lei nº 10.522, de 19-07-2002; art. 20.*
- *Portaria 75 da PGFN, de 22-3-2012, inscrição de débitos na Dívida Ativa da União e execuções fiscais pela PGFN.*

587. Para a incidência da majorante prevista no art. 40, V, da Lei n. 11.343/2006, é desnecessária a efetiva transposição de fronteiras entre estados da Federação, sendo suficiente a demonstração inequívoca da intenção de realizar o tráfico interestadual.

588. A prática de crime ou contravenção penal contra a mulher com violência ou grave ameaça no ambiente doméstico impossibilita a substituição da pena privativa de liberdade por restritiva de direitos.

- *Súmula 536 do STJ.*
- *CP: art. 44.*
- *Lei 11.343/2006: art. 17.*

589. É inaplicável o princípio da insignificância nos crimes ou contravenções penais praticados contra a mulher no âmbito das relações domésticas.

- *Lei 11.343/2006.*
- *Súmulas 599 e 606 do STJ*

591. É permitida a prova emprestada no processo administrativo disciplinar, desde que devidamente autorizada pelo juízo competente e respeitados o contraditório e a ampla defesa.

- *CF: art. 5º, LV.*
- *Lei 9.296/96.*

592. O excesso de prazo para a conclusão do processo administrativo disciplinar só causa nulidade se houver demonstração de prejuízo à defesa.

- *CF: art. 5º, LV.*

593. O crime de estupro de vulnerável se configura com a conjunção carnal ou prática de ato libidinoso com menor de 14 anos, sendo irrelevante eventual consentimento da vítima para a prática do ato, sua experiência sexual anterior ou existência de relacionamento amoroso com o agente.

- *CP: art. 217, § 5º.*

599. O princípio da insignificância é inaplicável aos crimes contra a administração pública.

- *CP: Arts. 312 a 327.*
- *CPP: art. 317, III e 386, III.*
- *Súmulas 589 e 606 do STJ*

600. Para a configuração da violência doméstica e familiar prevista no artigo 5º da Lei nº 11.340/2006 (Lei Maria da Penha) não se exige a coabitação entre autor e vítima.

604. O mandado de segurança não se presta para atribuir efeito suspensivo a recurso criminal interposto pelo Ministério Público.

- *CRFB: art. 5º, LXIX.*
- *CPP: arts. 584 e 597.*
- *CPC: art. 1.029, § 5º.*
- *Lei 12.016, de 2009.*

605. A superveniência da maioridade penal não interfere na apuração de ato infracional nem na aplicabilidade de medida socioeducativa em curso, inclusive na liberdade assistida, enquanto não atingida a idade de 21 anos.

- *CRFB: art. 228.*
- *CP: art. 27.*
- *Lei 8.069, de 1990, Estatuto da Criança e do Adolescente: art. 2º, parágrafo único.*

606. Não se aplica o princípio da insignificância a casos de transmissão clandestina de sinal de internet via radiofrequência, que caracteriza o fato típico previsto no art. 183 da Lei n. 9.472/1997.

- *Súmulas 589 e 606 do STJ*

607. A majorante do tráfico transnacional de drogas (art. 40, I, da Lei n. 11.343/2006) configura-se com a prova da destinação internacional das drogas, ainda que não consumada a transposição de fronteiras.

- *CRFB: art. 109, V.*
- *Lei 11.343, de 2006, Lei de Entorpecentes: arts. 40, I, e 70.*

611. Desde que devidamente motivada e com amparo em investigação ou sindicância, é permitida a instauração de processo administrativo disciplinar com base em denúncia anônima, em face do poder-dever de autotutela imposto à Administração.

617. A ausência de suspensão ou revogação do livramento condicional antes do término do período de prova enseja a extinção da punibilidade pelo integral cumprimento da pena.

- *CP: art. 90.*

629. Quanto ao dano ambiental, é admitida a condenação do réu à obrigação de fazer ou à de não fazer cumulada com a de indenizar.

- *Lei nº 9.605, DE 12-02-1998: arts. 27 e 28, Crimes ambientais.*

630. A incidência da atenuante da confissão espontânea no crime de tráfico ilícito de entorpecentes exige o reconhecimento da traficância pelo acusado, não bastando a mera admissão da posse ou propriedade para uso próprio.

- *Súmula 545 do STJ.*
- *CP: art. 65, III, d.*
- *CPP: art. 197 e 200.*
- *Lei nº 11.343, DE 23-08-2006: arts. 28, 33, 57 e 58 Lei de Entorpecentes.*

631. O indulto extingue os efeitos primários da condenação (pretensão executória), mas não atinge os efeitos secundários, penais ou extrapenais.

- *CP: arts. 91, 92 e 107, II.*

636. A folha de antecedentes criminais é documento suficiente a comprovar os maus antecedentes e a reincidência.

- *- CP: arts. 33, §2º, "c", 44, §3º, 59, 61, I, 63, 64, 67, 77, II, 83, I, 117, VI.*
- *- CPP: art. 155, parágrafo único.*

637. O ente público detém legitimidade e interesse para intervir, incidentalmente, na ação possessória entre particulares, podendo deduzir qualquer matéria defensiva, inclusive, se for o caso, o domínio.

638. É abusiva a cláusula contratual que restringe a responsabilidade de instituição financeira pelos danos decorrentes de roubo, furto ou extravio de bem entregue em garantia no âmbito de contrato de penhor civil.

- *CPP: arts. 63 a 68.*
- *CDC: arts. 80 e 90.*

639. Não fere o contraditório e o devido processo decisão que, sem ouvida prévia da defesa, determine transferência ou permanência de custodiado em estabelecimento penitenciário federal.

- *Súmula 192 do STJ.*
- *CF: art. 5º., LIV e LV e 109.*
- *Lei nº 7.210, de 11-07-1984, arts. 2º, 65 e 66, Lei de Execução Penal.*

642. O direito à indenização por danos morais transmite-se com o falecimento do titular, possuindo os herdeiros da vítima legitimidade ativa para ajuizar ou prosseguir a ação indenizatória.

- *CPP: art. 63.*

643. A execução da pena restritiva de direitos depende do trânsito em julgado da condenação.

644. O núcleo de prática jurídica deve apresentar o instrumento de mandato quando constituído pelo réu hipossuficiente, salvo nas hipóteses em que é nomeado pelo juízo.

645. O crime de fraude à licitação é formal, e sua consumação prescinde da comprovação do prejuízo ou da obtenção de vantagem.

648. A superveniência da sentença condenatória prejudica o pedido de trancamento da ação penal por falta de justa causa feito em habeas corpus.

SÚMULAS DO TRIBUNAL SUPERIOR ELEITORAL – TSE

- *Súmulas selecionadas.*

1. ~~Proposta a ação para desconstituir a decisão que rejeitou as contas, anteriormente à impugnação, fica suspensa a inelegibilidade. (Lei Complementar 64/90, art. 1º, I, g)~~ (CANCELADA)

2. Assinada e recebida a ficha de filiação partidária até o termo final do prazo fixado em lei, considera-se satisfeita a correspondente condição de elegibilidade, ainda que não tenha fluído, até a mesma data, o tríduo legal de impugnação.

3. No processo de registro de candidatos, não tendo o juiz aberto prazo para o suprimento de defeito da instrução do pedido, pode o documento, cuja falta houver motivado o indeferimento, ser juntado com o recurso ordinário.

4. Não havendo preferência entre candidatos que pretendam o registro da mesma variação nominal, defere-se o do que primeiro o tenha requerido.

5. Serventuário de cartório, celetista, não se inclui na exigência do art. 1º, II, l, da LC nº 64/90.

6. É inelegível, para o cargo de prefeito, o cônjuge e os parentes indicados no par. 7º do art. 14 da Constituição, do titular do mandato, ainda que este haja renunciado ao cargo há mais de seis meses do pleito.

7. ~~É inelegível para o cargo de prefeito a irmã da concubina do atual titular do mandato.~~ (CANCELADA)

8. ~~O vice-prefeito é inelegível para o mesmo cargo.~~ (CANCELADA)

9. A suspensão de direitos políticos decorrente de condenação criminal transitada em julgado cessa com o cumprimento ou a extinção da pena, independendo de reabilitação ou de prova de reparação dos danos.

10. No processo de registro de candidatos, quando a sentença for entregue em cartório antes de três dias contados da conclusão ao juiz, o prazo para o recurso ordinário, salvo intimação pessoal anterior, só se conta do termo final daquele tríduo.

11. No processo de registro de candidatos, o partido que não o impugnou não tem legitimidade para recorrer da sentença que o deferiu, salvo se se cuidar de matéria constitucional.

12. São inelegíveis, no município desmembrado, e ainda não instalado, o cônjuge e os parentes consangüíneos ou afins, até o segundo grau ou por adoção, do prefeito do município-mãe, ou de quem o tenha substituído, dentro dos seis meses anteriores ao pleito, salvo se já titular de mandato eletivo.

13. Não é auto-aplicável o § 9º, art. 14, da Constituição, com a redação da Emenda Constitucional de Revisão nº 4/94.

14. ~~A duplicidade de que cuida o parágrafo único do artigo 22 da Lei nº 9.096/95 somente fica caracterizada caso a nova filiação houver ocorrido após a remessa das listas previstas no parágrafo único do artigo 58 da referida lei.~~ (CANCELADA)

15. O exercício de cargo eletivo não é circunstância suficiente para, em recurso especial, determinar-se a reforma da decisão mediante a qual o candidato foi considerado analfabeto.

16. ~~A falta de abertura de conta bancária específica não é fundamento suficiente para a rejeição de contas de campanha eleitoral, desde que, por outros meios, se possa demonstrar sua regularidade.~~ (CANCELADA)

17. ~~Não é admissível a presunção de que o candidato, por ser beneficiário de propaganda eleitoral irregular, tenha prévio conhecimento de sua veiculação. (arts. 36 e 37 da Lei nº 9.504, de 30/09/97)~~ (CANCELADA)

18. Conquanto investido de poder de polícia, não tem legitimidade o juiz eleitoral para, de ofício, instaurar procedimento com a finalidade de impor multa pela veiculação de propaganda eleitoral em desacordo com a Lei nº 9.504/97.

19. O prazo de inelegibilidade de três anos, por abuso de poder econômico ou político, é contado a partir da data da eleição em que se verificou (art. 22, XIV, da LC nº 64, de 18.5.90).

20. A falta do nome do filiado ao partido na lista por este encaminhada à Justiça Eleitoral, nos termos do art. 19 da Lei nº 9.096, de 19.9.95, pode ser suprida por outros elementos de prova de oportuna filiação.

21. ~~O prazo para ajuizamento da representação contra doação de campanha acima do limite legal é de 180 dias, contados da data da diplomação.~~ (CANCELADA)

22. Não cabe mandado de segurança contra decisão judicial recorrível, salvo situações de teratologia ou manifestamente ilegais.

23. Não cabe mandado de segurança contra decisão judicial transitada em julgado.

24. Não cabe recurso especial eleitoral para simples reexame do conjunto fático-probatório.

25. É indispensável o esgotamento das instâncias ordinárias para a interposição de recurso especial eleitoral.

26. É inadmissível o recurso que deixa de impugnar especificamente fundamento da decisão recorrida que é, por si só, suficiente para a manutenção desta.

27. É inadmissível recurso cuja deficiência de fundamentação impossibilite a compreensão da controvérsia.

28. A divergência jurisprudencial que fundamenta o recurso especial interposto com base na alínea b do inciso I do art. 276 do Código Eleitoral somente estará demonstrada mediante a realização de cotejo analítico e a existência de similitude fática entre os acórdãos paradigma e o aresto recorrido.

29. A divergência entre julgados do mesmo Tribunal não se presta a configurar dissídio jurisprudencial apto a fundamentar recurso especial eleitoral.

30. Não se conhece de recurso especial eleitoral por dissídio jurisprudencial, quando a decisão recorrida estiver em conformidade com a jurisprudência do Tribunal Superior Eleitoral.

31. Não cabe recurso especial eleitoral contra acórdão que decide sobre pedido de medida liminar.

32. É inadmissível recurso especial eleitoral por violação à legislação municipal ou estadual, ao Regimento Interno dos Tribunais Eleitorais ou às normas partidárias.

33. Somente é cabível ação rescisória de decisões do Tribunal Superior Eleitoral que versem sobre a incidência de causa de inelegibilidade.

34. Não compete ao Tribunal Superior Eleitoral processar e julgar mandado de segurança contra ato de membro de Tribunal Regional Eleitoral.

35. Não é cabível reclamação para arguir o descumprimento de resposta a consulta ou de ato normativo do Tribunal Superior Eleitoral.

36. Cabe recurso ordinário de acórdão de Tribunal Regional Eleitoral que decida sobre inelegibilidade, expedição ou anulação de diploma ou perda de mandato eletivo nas eleições federais ou estaduais (art. 121, § 4°, incisos III e IV, da Constituição Federal).

37. Compete originariamente ao Tribunal Superior Eleitoral processar e julgar recurso contra expedição de diploma envolvendo eleições federais ou estaduais.

38. Nas ações que visem à cassação de registro, diploma ou mandato, há litisconsórcio passivo necessário entre o titular e o respectivo vice da chapa majoritária.

39. Não há formação de litisconsórcio necessário em processos de registro de candidatura.

40. O partido político não é litisconsorte passivo necessário em ações que visem à cassação de diploma.

41. Não cabe à Justiça Eleitoral decidir sobre o acerto ou desacerto das decisões proferidas por outros Órgãos do Judiciário ou dos Tribunais de Contas que configurem causa de inelegibilidade.

42. A decisão que julga não prestadas as contas de campanha impede o candidato de obter a certidão de quitação eleitoral durante o curso do mandato ao qual concorreu, persistindo esses efeitos, após esse período, até a efetiva apresentação das contas.

43. As alterações fáticas ou jurídicas supervenientes ao registro que beneficiem o candidato, nos termos da parte final do art. 11, § 10, da Lei n° 9.504/97, também devem ser admitidas para as condições de elegibilidade.

44. O disposto no art. 26-C da LC n° 64/90 não afasta o poder geral de cautela conferido ao magistrado pelo Código de Processo Civil.

45. Nos processos de registro de candidatura, o Juiz Eleitoral pode conhecer de ofício da existência de causas de inelegibilidade ou da ausência de condição de elegibilidade, desde que resguardados o contraditório e a ampla defesa.

46. É ilícita a prova colhida por meio da quebra do sigilo fiscal sem prévia e fundamentada autorização judicial, podendo o Ministério Público Eleitoral acessar diretamente apenas a relação dos doadores que excederam os limites legais, para os fins da representação cabível, em que poderá requerer, judicialmente e de forma individualizada, o acesso aos dados relativos aos rendimentos do doador.

47. A inelegibilidade superveniente que autoriza a interposição de recurso contra expedição de diploma, fundado no art. 262 do Código Eleitoral, é aquela de índole constitucional ou, se infraconstitucional, superveniente ao registro de candidatura, e que surge até a data do pleito.

48. A retirada da propaganda irregular, quando realizada em bem particular, não é capaz de elidir a multa prevista no art. 37, § 1°, da Lei n° 9.504/97.

49. O prazo de cinco dias, previsto no art. 3° da LC n° 64/90, para o Ministério Público impugnar o registro inicia-se com a publicação do edital, caso em que é excepcionada a regra que determina a sua intimação pessoal.

50. O pagamento da multa eleitoral pelo candidato ou a comprovação do cumprimento regular de seu parcelamento após o pedido de registro, mas antes do julgamento respectivo, afasta a ausência de quitação eleitoral.

51. O processo de registro de candidatura não é o meio adequado para se afastarem os eventuais vícios apurados no processo de prestação de contas de campanha ou partidárias.

52. Em registro de candidatura, não cabe examinar o acerto ou desacerto da decisão que examinou, em processo específico, a filiação partidária do eleitor.

53. O filiado a partido político, ainda que não seja candidato, possui legitimidade e interesse para impugnar pedido de registro de coligação partidária da qual é integrante, em razão de eventuais irregularidades havidas em convenção.

54. A desincompatibilização de servidor público que possui cargo em comissão é de três meses antes do pleito e pressupõe a exoneração do cargo comissionado, e não apenas seu afastamento de fato.

55. A Carteira Nacional de Habilitação gera a presunção da escolaridade necessária ao deferimento do registro de candidatura.

56. A multa eleitoral constitui dívida ativa de natureza não tributária, submetendo-se ao prazo prescricional de 10 (dez) anos, nos moldes do art. 205 do Código Civil.

57. A apresentação das contas de campanha é suficiente para a obtenção da quitação eleitoral, nos termos da nova redação conferida ao art. 11, § 7°, da Lei n° 9.504/97, pela Lei n° 12.034/2009.

58. Não compete à Justiça Eleitoral, em processo de registro de candidatura, verificar a prescrição da pretensão punitiva ou executória do candidato e declarar a extinção da pena imposta pela Justiça Comum.

59. O reconhecimento da prescrição da pretensão executória pela Justiça Comum não afasta a inelegibilidade prevista no art. 1°, I, e, da LC n° 64/90, porquanto não extingue os efeitos secundários da condenação.

60. O prazo da causa de inelegibilidade prevista no art. 1°, I, e, da LC n° 64/90 deve ser contado a partir da data em que ocorrida a prescrição da pretensão executória e não do momento da sua declaração judicial.

61. O prazo concernente à hipótese de inelegibilidade prevista no art. 1°, I, e, da LC n° 64/90 projeta-se por oito anos após o cumprimento da pena, seja ela privativa de liberdade, restritiva de direito ou multa.

62. Os limites do pedido são demarcados pelos fatos imputados na inicial, dos quais a parte se defende, e não pela capitulação legal atribuída pelo autor.

63. A execução fiscal de multa eleitoral só pode atingir os sócios se preenchidos os requisitos para a desconsideração da personalidade jurídica previstos no art. 50 do Código Civil, tendo em vista a natureza não tributária da dívida, observados, ainda, o contraditório e a ampla defesa.

64. Contra acórdão que discute, simultaneamente, condições de elegibilidade e de inelegibilidade, é cabível o recurso ordinário.

65. Considera-se tempestivo o recurso interposto antes da publicação da decisão recorrida.

66. A incidência do § 2º do art. 26-C da LC nº 64/90 não acarreta o imediato indeferimento do registro ou o cancelamento do diploma, sendo necessário o exame da presença de todos os requisitos essenciais à configuração da inelegibilidade, observados os princípios do contraditório e da ampla defesa.

67. A perda do mandato em razão da desfiliação partidária não se aplica aos candidatos eleitos pelo sistema majoritário.

68. A União é parte legítima para requerer a execução de astreintes, fixada por descumprimento de ordem judicial no âmbito da Justiça Eleitoral.

69. Os prazos de inelegibilidade previstos nas alíneas j e h do inciso I do art. 1º da LC nº 64/90 têm termo inicial no dia do primeiro turno da eleição e termo final no dia de igual número no oitavo ano seguinte.

70. O encerramento do prazo de inelegibilidade antes do dia da eleição constitui fato superveniente que afasta a inelegibilidade, nos termos do art. 11, § 10, da Lei nº 9.504/97.

71. Na hipótese de negativa de seguimento ao recurso especial e da consequente interposição de agravo, a parte deverá apresentar contrarrazões tanto ao agravo quanto ao recurso especial, dentro do mesmo tríduo legal.

72. É inadmissível o recurso especial eleitoral quando a questão suscitada não foi debatida na decisão recorrida e não foi objeto de embargos de declaração.

SÚMULAS DO TRIBUNAL FEDERAL DE RECURSOS

20. Compete à Justiça Militar Estadual processar e julgar os integrantes das Polícias Militares estaduais nos crimes militares (CPM, Art. 9º).

23. O Juízo da execução criminal é o competente para a aplicação de lei nova mais benigna a fato julgado por sentença condenatória irrecorrível.

30. Conexos os crimes praticados por policial militar e por civil, ou acusados estes como coautores pela mesma infração, compete à Justiça Militar Estadual processar e julgar o policial militar pelo crime militar (CPM, art. 9º), e à Justiça comum, o civil.

31. Compete à Justiça Estadual o processo e julgamento de crime de falsificação ou de uso de certificado de conclusão de curso de 1º e 2º graus, desde que não se refira a estabelecimento federal de ensino ou a falsidade não seja de assinatura de funcionário federal.

52. Compete à Justiça Federal o processo e julgamento unificado dos crimes conexos de competência federal e estadual, não se aplicando a regra do art. 78, II, "a", do Código de Processo Penal.

54. Compete à Justiça Estadual de primeira instância processar e julgar crimes de tráfico internacional de entorpecentes, quando praticado o delito em comarca que não seja sede de Vara do Juízo Federal.

55. Compete à Justiça Comum o julgamento de militar das Forças Armadas que, não se encontrando numa das situações previstas no art. 9º do Código Penal Militar, praticar delito contra integrante da Polícia Militar em função policial civil.

92. O pagamento dos tributos, para efeito de extinção da punibilidade (Decreto-Lei nº 157, de 1967, art. 18, § 2º; STF, Súmula 560) não elide a pena de perdimento de bens autorizada pelo Decreto-Lei nº 1.455, de 1976, art. 23.

98. Compete à Justiça Federal processar e julgar os crimes praticados contra servidor público federal, no exercício de suas funções com estas relacionados.

115. Compete à Justiça Federal processar e julgar os crimes contra a organização do trabalho, quando tenham por objeto a organização geral do trabalho ou direitos dos trabalhadores considerados coletivamente.

125. Compete à Justiça Comum Estadual processar e julgar ação penal instaurada em decorrência de acidente de trânsito envolvendo veículo da União, de autarquia ou de empresa pública federal.

186. A prescrição de que trata o art. 110, § 1º, do Código Penal é da pretensão punitiva.

199. Compete à Justiça Militar Estadual processar e julgar os crimes cometidos por policial militar, mediante uso de arma da corporação, mesmo que se encontre no exercício de policiamento civil.

200. Compete à Justiça Federal processar e julgar o crime de falsificação ou de uso de documento perante a Justiça do Trabalho.

203. O procedimento sumário previsto na Lei nº 1.508, de 1951, compreende também a iniciativa do Ministério Público para a ação penal, nas contravenções referentes à caça, conforme remissão feita pelo art. 34 da Lei nº 5.197, de 1967.

233. Compete à Justiça Comum Estadual processar e julgar o policial militar por crime de promover ou facilitar fuga de preso de cadeia pública.

238. A saída de veículo furtado para o exterior não configura o crime de descaminho ou contrabando, competindo à Justiça Comum Estadual o processo e julgamento dos delitos dela decorrentes.

249. A reparação do dano não pode ser imposta como condição da suspensão da execução da pena.

ÍNDICE REMISSIVO DAS SÚMULAS DO STF E STJ

SÚMULAS

EDITORA
JusPODIVM
www.editorajuspodivm.com.br

ar fernandez
Pensando em você e no futuro do planeta.